周锡山 编校

王国维集

第三册

中国社会科学出版社

目　录

九　戏曲学研究

九　戏曲学研究

宋元戏曲考

自　序

　　凡一代有一代之文学：楚之骚，汉之赋，六代之骈语，唐之诗，宋之词，元之曲，皆所谓一代之文学，而后世莫能继焉者也。独元人之曲，为时既近，托体稍卑，故两朝史志与《四库》集部，均不著于录；后世儒硕，皆鄙弃不复道。而为此学者，大率不学之徒；即有一二学子，以余力及此，亦未有能观其会通，窥其奥窔者。遂使一代文献，郁堙沈晦者且数百年，愚甚惑焉。往者读元人杂剧而善之，以为能道人情，状物态，词采俊拔，而出乎自然，盖古所未有，而后人所不能仿佛也。辄思究其渊源，明其变化之迹，以为非求诸唐宋辽金之文学，弗能得也；乃成《曲录》六卷，《戏曲考原》一卷，《宋大曲考》一卷，《优语录》二卷，《古剧脚色考》一卷，《曲调源流表》一卷。从事既久，续有所得，颇觉昔人之说，与自己之书，罅漏日多，而手所疏记与心所领会者，亦日有增益。壬子岁莫，旅居多暇，乃以三月之力，写为此书。凡诸材料，皆余所搜集；其所说明，亦大抵余之所创获也。世之为此学者自余始，其所贡于此学者，亦以此书为多。非吾辈才力过于古人，实以古人未尝为此学故也。写定有日，辄记其缘起，其有匡正补益，则俟诸异日云。海宁王国维序。

第一章　上古至五代之戏剧

　　歌舞之兴，其始于古之巫乎？巫之兴也，盖在上古之世。《楚语》："古者民神不杂，民之精爽不携贰者；而又能齐肃衷正。（中略）如此，则明神降之。在男曰觋，在女曰巫。（中略）及少皞之衰，九黎乱德，民神杂糅，不可方物。夫人作享，家为巫史。"然则巫觋之兴，在少皞之前，盖此事与文化俱古矣。巫之事神，必用歌舞。《说文解字》（五）："巫，祝也。女能事无形以舞降神者也。象人两褒舞形，与工同意。"故《商书》言："恒舞于宫，酣歌于室，时谓巫风。"《汉书·地理志》言："陈太姬妇人尊贵，好祭祀，用史巫，故其俗巫鬼。"《陈诗》曰："坎其击鼓，宛邱之下，无冬无夏，值其鹭羽。"又曰："东门之枌，宛邱之栩，子仲之子，婆娑其下。"此其风也。郑氏《诗谱》亦云。是古代之巫，实以歌舞为职，以乐神人者也。商人好鬼，故伊尹独有巫风之戒。及周公制礼，礼秩百神，而定其祀典。官有常职，礼有常数，乐有常节，古之巫风稍杀。然其余习，犹有存者：方相氏之驱疫也，大蜡之索万物也，皆是物也。故子贡观于蜡，而曰一国之人皆若狂，孔子告以张而不弛，文武不能。后人以八蜡为三代之戏礼（《东坡志林》），非过言也。

周礼既废，巫风大兴；楚越之间，其风尤盛。王逸《楚辞章句》谓："楚国南部之邑，沅、湘之间，其俗信鬼而好祠，其祠必作歌乐鼓舞，以乐诸神。屈原见俗人祭祀之礼，歌舞之乐，其词鄙俚，因为作《九歌》之曲。"古之所谓巫，楚人谓之曰灵。《东皇太一》曰："灵偃蹇兮姣服，芳菲菲兮满堂。"《云中君》曰："灵连蜷兮既留，烂昭昭兮未央。"此二者，王逸皆训为巫，而他灵字则训为神。案《说文》（一）："灵，巫也。"古虽言巫而不言灵，观于屈巫之字子灵，则楚人谓巫为灵，不自战国始矣。

古之祭也必有尸。宗庙之尸，以子弟为之。至天地百神之祀，用尸与否，虽不可考，然《晋语》载"晋祀夏郊，以董伯为尸"，则非宗庙之祀，固亦用之。《楚辞》之灵，殆以巫而兼尸之用者也。其词谓巫曰灵，谓神亦曰灵，盖群巫之中，必有象神之衣服形貌动作者，而视为神之所冯依：故谓之曰灵，或谓之灵保。《东君》曰："思灵保兮贤姱。"王逸《章句》，训灵为神，训保为安。余疑《楚辞》之灵保，与《诗》之神保，皆尸之异名。《诗·楚茨》云："神保是缩。"又云："神保是格。"又云："鼓钟送尸，神保聿归。"《毛传》云："保，安也。"郑《笺》亦云："神安而缩其祭祀。"又云："神安归者，归于天也。"然如毛、郑之说，则谓神安是缩，神安是格，神安聿归者，于辞为不文。《楚茨》一诗，郑、孔二君皆以为述绎祭宾尸之事，其礼亦与古礼《有司彻》一篇相合，则所谓神保，殆谓尸也。其曰"鼓钟送尸，神保聿归"，盖参互言之，以避复耳。知《诗》之神保为尸，则《楚辞》之灵保可知矣。至于浴兰沐芳，华衣若英，衣服之丽也；缓节安歌，竽瑟浩倡，歌舞之盛也；乘风载云之词，生别新知之语，荒淫之意也。是则灵之为职，或偃蹇以象神，或婆娑以乐神，盖后世戏剧之萌芽，已有存焉者矣。

巫觋之兴，虽在上皇之世，然俳优则远在其后。《列女传》云："夏桀既弃礼义，求倡优侏儒狎徒，为奇伟之戏。"此汉人所纪，或不足信。其可信者，则晋之优施，楚之优孟，皆在春秋之世。案《说文》（八）："优，饶也；一曰倡也，又曰倡乐也。"古代之优，本以乐为职，故优施假歌舞以说里克。《史记》称优孟，亦云"楚之乐人"。又优之为言戏也，《左传》："宋华弱与乐辔少相狎，长相优。"杜注："优，调戏也。"故优人之言，无不以调戏为主。优施鸟乌之歌，优孟爱马之对，皆以微词托意，甚有谲而为虐者。《榖梁传》："颊谷之会，齐人使优施舞于鲁君之幕下。"孔子曰："笑君者罪当死，使司马行法焉。"厥后秦之优旃，汉之幸倡郭舍人，其言无不以调戏为事。要之，巫与优之别：巫以乐神，而优以乐人；巫以歌舞为主，而优以调谑为主；巫以女为之，而优以男为之。至若优孟之为孙叔敖衣冠，而楚王欲以为相；优施一舞，而孔子谓其笑君；则于言语之外，其调戏亦以动作行之，与后世之优，颇复相类。后世戏剧，当自巫、优二者出；而此二者，固未可以后世戏剧视之也。

附考：古之优人，其始皆以侏儒为之，《乐记》称优侏儒。颊谷之会，孔子所诛者，《榖梁传》谓之优，而《孔子家语》、何休《公羊解诂》，均谓之侏儒。《史记·李斯列传》："侏儒倡优之好，不列于前。"《滑稽列传》亦云："优旃者，秦倡侏儒也。"故其自言曰："我虽短也，幸休居。"此实以侏儒为优之一确证也。《晋语》"侏儒扶卢"，韦昭注："扶，缘也；卢，矛戟之秘，缘之以为戏。"此即汉寻橦之戏所由起。而优人于歌舞调戏外，且兼以竞技为事矣。

汉之俳优，亦用以乐人，而非以乐神。《盐铁论·散不足》篇虽云："富者祈名岳，望山川，椎牛击鼓，戏倡舞像"；然《汉书·礼乐志》载郊祭乐人员，初无优人，惟朝贺置酒陈前殿房中，有常从倡三十人，常从象人（孟康曰：象人，若今戏鱼虾、狮子者也。韦昭曰：著假面者也。）四人，诏随常从倡十六人，秦倡员二十九人，秦倡象人员三人，诏随秦倡一人，此外尚有黄门倡。此种倡人，以郭舍人例之，亦当以歌舞调谑为事。以倡而兼象人，则又兼以竞技为事，盖自汉初已有之，贾子《新书·匈奴》篇所陈者是也。至武帝元封三年，而角抵戏始兴。《史记·大宛传》："安息以黎轩善眩人献于汉。是时上方巡狩海上，乃悉从外国客，大觳抵，出奇戏诸怪物，及加其眩者之工；而觳抵奇戏岁增变，甚盛益兴，自此始。"按角抵者，应劭曰："角者，角技也，抵者，相抵触也。"文颖曰："名此乐为角抵者，两两相当，角力角技艺射御，故名角抵，盖杂技乐也。"是角抵以角技为义，故所包颇广，后世所谓百戏者是也。角抵之地，汉时在平乐观。观张衡《西京赋》所赋平乐事，殆兼诸技而有之。"乌获扛鼎，都卢寻橦，冲狭燕濯，胸突铦锋，跳丸剑之挥霍，走索上而相逢"，则角力角技之本事也。"巨兽之为曼延，舍利之化仙车，吞刀吐火，云雾杳冥"，所谓加眩者之工而增变者也。"总会仙倡，戏豹舞罴，白虎鼓瑟，苍龙吹篪"，则假面之戏也。"女娲坐而长歌，声清畅而委蛇，洪厓立而指挥，被毛羽之襳褵，度曲未终，云起雪飞"，则歌舞之人，又作古人之形象矣。"东海黄公，赤刀粤祝，冀厌白虎，卒不能救"，则且敷衍故事矣。至李尤《平乐观赋》（《艺文类聚》六十三）亦云："有仙驾雀，其形蚴虬，骑驴驰射，狐兔惊走，侏儒巨人，戏谑为偶"，则明明有俳优在其间矣。及元帝初元五年，始罢角抵，然其支流之流传于后世者尚多，故张衡、李尤在后汉时，犹得取而赋之也。

至魏明帝时，复修汉平乐故事。《魏略》（《魏志·明帝纪》裴注所引）："帝引谷水过九龙殿前，水转百戏。岁首，建巨兽，鱼龙曼延，弄马倒骑，备如汉西京之制。"故魏时优人，乃复著闻。《魏志·齐王纪》注引《世语》及《魏氏春秋》云："司马文王镇许昌，征还击姜维，至京师，帝于平乐观，以临军过中领军许允，与左右小臣谋，因文王辞，杀之，勒其众以退大将军，已书诏于前。文王入，帝方食栗，优人云午等唱曰：'青头鸡，青头鸡。'青头鸡者，鸭也（谓押诏书），帝惧，不敢发。"又《魏书》（裴注引）载：司马师等《废帝奏》亦云："使小优郭怀、袁信，于广望观下作辽东妖妇，嬉亵过度，道路行人掩目。"太后《废帝令》亦云："日延倡优，恣其丑谲。"则此时倡优，亦以歌舞戏谲为事；其作辽东妖妇，或演故事，盖犹汉世角抵之余风也。

晋时优戏，殊无可考。惟《赵书》（《太平御览》卷五百六十九引）云："石勒参军周延为馆陶令，断官绢数万匹，下狱，以八议宥之。后每大会，使俳优著介帻，黄绢单衣。优问：'汝何官，在我辈中？'曰：'我本为馆陶令。'斗数单衣，曰：'正坐取是，入汝辈中。'以为笑。"唐段安节《乐府杂录》，亦载此事云："参军始自后汉馆陶令石耽。"然后汉之世，尚无参军之官，则《赵书》之说殆是。此事虽非演故事而演时事，又专以调谲为主，然唐、宋以后，脚色中有名之参军，实出于此。自此以后以迄南朝，亦有俗乐。梁时设乐，有曲、有舞、有技；然六朝之季，恩幸虽盛，而俳优罕闻，盖视魏、晋之优，殆未有以大异也。

由是观之，则古之俳优，但以歌舞及戏谲为事。自汉以后，则间演故事；而合歌舞以演一事者，实始于北齐。顾其事至简，与其谓之戏，不若谓之舞之为当也。然后世戏剧之源，实自此始。《旧唐书·音乐志》云："代面出于北齐。北齐兰陵王长恭，才武而面美，常著假面以对敌。尝击周师金墉城下，勇冠三军，齐人壮之，为此舞以效其指挥击刺之容，谓之《兰陵王入阵曲》。"《乐府杂录》与崔令钦《教坊记》所载略同。又《教坊记》云："《踏〔摇〕（谣）娘》：北齐有人姓苏，龅鼻，实不仕，而自号为郎中。嗜饮酗酒，每醉，辄殴其妻。妻衔悲诉于邻里。时人弄之：丈夫著妇人衣，徐步入场，行歌。每一叠，旁人齐声和之云：'踏［摇］（谣）和来，踏［摇］（谣）娘苦，和来。'以其且步且歌，故谓之踏［摇］（谣）；以其称冤，故言苦。及其夫至，则作殴斗之状，以为笑乐。"此事《旧唐书·音乐志》及《乐府杂录》亦纪之。但一以苏为隋末河内人，一以为后周士人。齐、周、隋相距，历年无几，而《教坊记》所纪独详，以为齐人，或当不谬。此二者皆有歌有舞，以演一事；而前此虽有歌舞，未用之以演故事，虽演故事，未尝合以歌舞：不可谓非优戏之创例也。盖魏、齐、周三朝，皆以外族入主中国，其与西域诸国，交通频繁，龟兹、天竺、康国、安国等乐，皆于此时入中国；而龟兹乐则自隋、唐以来，相承用之，以迄于今。此时外国戏剧，当与之俱入中国，如《旧唐书·音乐志》所载《拨头》一戏，其最著之例也。案《兰陵王》、《踏摇娘》二舞，《旧志》列之歌舞戏中，其间尚有《拨头》一戏。《志》云："《拨头》者，出西域，胡人为猛兽所噬，其子求兽杀之，为此舞以象之也。"《乐府杂录》谓之"钵头"，此语之为外国语之译音，固不待言；且于国名、地名、人名三者中，必居其一焉。其入中国，不审在何时。按：《北史·西域传》有拔豆国，去代五万一千里（按：五万一千里，必有误字，《北史·西域传》诸国，虽大秦之远，亦仅去代三万九千四百里，拔豆上之南天竺国去代三万一千五百里，叠伏罗国去代三万一千里，此五万一千里，疑亦三万一千里之误也），隋、唐二《志》，即无此国，盖于后魏之初，一通中国，后或亡或隔绝，已不可知。如使"拨头"与"拔豆"为同音异译，而此戏出于拔豆国，或由龟兹等国而入中国，则其时自不应在隋、唐以后，或北齐时已有此戏；而《兰陵王》、《踏摇娘》等戏，皆模仿而为之者欤。

此种歌舞戏，当时尚未盛行，实不过为百戏之一种。盖汉、魏以来之角抵奇戏，尚行于南北朝，而北朝尤盛。《魏书·乐志》言：太宗增修百戏，撰合大曲。《隋书·音乐志》亦云："齐武平中，有鱼龙烂漫，俳优侏儒，（中略）奇怪异端，百有余物，名为百戏。周明帝武成间，朔旦会群臣，亦用百戏。及宣帝时，征齐散乐人并会京师为之。至隋炀帝大业二年，突厥染干来朝，炀帝欲夸之，总追四方散乐，大集东都。自是每岁正月，万国来朝，留至十五日，于端门外建国门内，绵亘八里，列为戏场。百官起棚夹路，从昏至旦，以纵观，至晦而罢。伎人皆衣锦绣缯彩，其歌舞者多为妇人服，鸣环佩，饰以花眊者，殆三万人。"故柳彧上书谓："鸣鼓聒天，燎炬照地，人戴兽面，男为女服，倡优杂技，诡状异形。"（《隋书·柳彧传》）薛道衡《和许给事善心戏场转韵诗》（《初学记》卷十五），所咏亦略同。虽侈靡跨于汉代，然视张衡之赋西京，李尤之赋平乐观，其言固未有大异也。

至唐而所谓歌舞戏者，始多概见。有本于前代者，有出新撰者，今备举之。

一、《代面》《大面》

《旧唐书·音乐志》一则（见前）。

《乐府杂录》"鼓架部"条："有代面：始自北齐神武弟，有胆勇，善斗战，以其颜貌无威，每入阵即著面具，后乃百战百胜。戏者衣紫、腰金、执鞭也。"

《教坊记》："大面——出北齐。兰陵王长恭，性胆勇，而貌妇人，自嫌不足以威敌，乃刻（木）为假面，临阵著之，因为此戏，亦入歌曲。"

二、《拨头》《钵头》

《旧唐书·音乐志》一则（见前）。

《乐府杂录》"鼓架部"条："钵头：昔有人父为虎所伤，遂上山寻其父尸。山有八折，故曲八叠。戏者被发，素衣，面作啼，盖遭丧之状也。"

三、《踏摇娘》《苏中郎》《苏郎中》

《旧书·音乐志》："踏摇娘生于隋末河内。河内有人，貌恶而嗜酒，常自号郎中；醉归，必殴其妻。其妻美色善歌，为怨苦之辞。河朔演其声而被之弦管，因写其夫之容；妻悲诉，每摇顿其身，故号'踏摇娘'。近代优人改其制度，非旧旨也。"

《乐府杂录》"鼓架部"条:"苏中郎:后周士人苏葩,嗜酒落魄,自号中郎;每有歌场,辄入独舞。今为戏者,著绯、[带](戴)帽,面正赤,盖状其醉也。即有踏摇娘。"

《教坊记》一则(见前)。

四、参军戏

《乐府杂录》"俳优"条:"开元中,黄幡绰、张野狐弄参军——始自汉馆陶令石耽。耽有赃犯,和帝惜其才,免罪;每宴乐,即令衣白夹衫,命[俳优](伶戏)弄辱之,经年乃放。后为参军,误也。开元中,有李仙鹤善此戏,明皇特授韶州同正参军,以食其禄;是以陆鸿渐撰词,言韶州参军,盖由此也。"

赵璘《因话录》(卷一):"肃宗宴于宫中,女优有弄假官戏,其绿衣秉简者,谓之参军桩。"

范摅《云溪友议》(卷九):元稹廉问浙东,"有俳优周季南季崇,及妻刘采春,自淮甸而来,善弄《陆参军》,歌声彻云"。

(附)《五代史·吴世家》:"徐氏之专政也,杨隆演幼懦,不能自持;而知训尤凌侮之。尝饮酒楼上,命优人高贵卿侍酒,知训为参军,隆演鹑衣髽髻为苍鹘。"

(附)姚宽《西溪丛语》(下)引《吴史》:"徐知训怙威骄淫,调谑王,无敬长之心。尝登楼狎戏,荷衣木简,自称参军,令王髽髻鹑衣,为苍头以从。"

五、《樊哙排君难》戏、《樊哙排闼》剧

《唐会要》(卷三十三):"光化四年正月,宴于保宁殿,上制曲,名曰《赞成功》。时盐州雄毅军使孙德昭等,杀刘季述反正,帝乃制曲以褒之,仍作《樊哙排君难》戏以乐焉。"

宋敏求《长安志》(卷六):"昭宗宴李继昭等将于保宁殿,亲制《赞成功》曲以褒之,仍命伶官作《樊哙排君难》戏以乐之。"

陈旸《乐书》(卷一百八十六):"昭宗光化中,孙德昭之徒刃刘季述,始作《樊哙排闼》剧。"

此五剧中，其出于后赵者一（参军），出于北齐或周、隋者二（《大面》、《踏摇娘》），出于西域者一（《拨头》），惟《樊哙排君难》戏乃唐代所自制，且其布置甚简，而动作有节，固与《破阵乐》、《庆善乐》诸舞，相去不远；其所异者，在演故事一事耳。顾唐代歌舞戏之发达，虽止于此，而滑稽戏则殊进步。此种戏剧，优人恒随时地而自由为之；虽不必有故事，而恒托为故事之形；惟不容合以歌舞，故与前者稍异耳。其见于载籍者，兹复汇举之，其可资比较之助者，颇不少也。

《资治通鉴》（卷二百十二）："侍中宋璟，疾负罪而妄诉不已者，悉付御史台治之，谓中丞李谨度曰：'服不更诉者，出之，尚诉未已者，且系。'由是人多怨者。会天旱，优人作魃状，戏于上前。问：'魃何为出？'对曰："奉相公处分。'又问：'何故？'对曰："负罪者三百余人，相公悉以系狱抑之，故魃不得不出。'上心以为然。"

《旧唐书·文宗纪》："太和六年二月己丑寒食节，上宴群臣于麟德殿。是日，杂戏人弄孔子。帝曰：'孔子古今之师，安得侮黩。'亟命驱出。"

高彦休《唐阙史》（卷下）："咸通中，优人李可及者，滑稽谐戏，独出辈流。虽不能托讽匡正，然智巧敏捷，亦不可多得。尝因延庆节缁黄讲论毕，次及倡优为戏，可及乃儒服险巾，褒衣博带，摄齐以升讲座，自称'三教论衡'。其隅坐者问曰：'既言博通三教，释迦如来是何人？'对曰：'是妇人。'问者惊曰：'何也？'对曰：'《金刚经》云：敷座而坐。或非妇人，何烦夫坐然后而坐也。'上为之启齿。又问曰：'太上老君何人也？'对曰：'亦妇人也。'问者益所不喻。乃曰：'《道德经》云："吾有大患，是吾有身，及吾无身，吾复何患。"倘非妇人，何患乎有娠乎？'上大悦。又问：'文宣王何人也？'对曰：'妇人也。'问者曰：'何以知之？'对曰：'《论语》云：沽之哉！沽之哉！吾待贾者也。向非妇人，待嫁奚为？'上意极欢，宠锡甚厚。翌日，授环卫之员外职。"

唐无名氏《玉泉子真录》（《说郛》卷四十六）："崔公铉之在淮南，尝俾乐工集其家僮，教以诸戏。一日，其乐工告以成就，且请试焉。铉命阅于堂下，与妻李坐观之。僮以李氏妒忌，即以数僮衣妇人衣，曰妻曰妾，列于旁侧。一僮则执简束带，旋辟唯诺其间。张乐，命酒，不能无属意者，李氏未之悟也。久之，戏愈甚，悉类李氏平昔所尝为。李氏虽少悟，以其戏偶合，私谓不敢而然，且观之。僮志在发悟，愈益戏之。李果怒，骂之曰：'奴敢无礼，吾何尝如此。'僮指之，且出，曰：'咄咄！赤眼而作白眼，讳乎？'铉大笑，几至绝倒。"

孙光宪《北梦琐言》（卷六）："光化中，朱朴自《毛诗》博士登庸，恃其口辩，可以立致太平。由藩邸引导，闻于昭宗，遂有此拜。对扬之日，面陈时事数条，每言'臣为陛下致之'。洎操大柄，无以施展，自是恩泽日衰，中外腾沸。内宴日，俳优穆刀陵作念经行者，至御前曰：'若是朱相，即是非相。'翌日出官。"

附　五代

《北梦琐言》（卷十四）："刘仁恭之军，为汴帅败于内黄。尔后汴帅攻燕，亦败于唐河。他日命使聘汴，汴帅开宴，俳优戏医病人以讥之。且问：'病状内黄，以何药可瘥？'其聘使谓汴帅曰：'内黄，可以唐河水浸之，必愈。'宾主大笑。"

钱易《南部新书》（卷癸）："王延彬独据建州，称伪号。一旦大设，为伶官作戏，辞云：'只闻有泗州和尚，不见有五县天子。'"

郑文宝《江南馀载》（卷上）："徐知训在宣州，聚敛苛暴，百姓苦之。入觐侍宴，伶人戏，作绿衣大面若鬼神者。旁一人问：'谁？'对曰：'我宣州土地神也，吾主人入觐，和地皮掘来，故得至此。'"

又（卷上）："张崇帅庐州，人苦其不法。因具入觐，相谓曰：'渠伊必不来矣。'崇闻之，计口征渠伊钱。明年又入觐，人不敢交语，唯道路相目，捋须为庆而已。崇归，又征捋须钱。其在建康，伶人戏为死而获谴者曰：'焦湖百里，一任作獭。'"

观上文之所汇集，知此种滑稽戏，始于开元，而盛于晚唐。以此与歌舞戏相比较，则一以歌舞为主，一以言语为主；一则演故事，一则讽时事；一为应节之舞蹈，一为随意之动作；一可永久演之，一则除一时一地外，不容施于他处：此其相异者也。而此二者之关纽，实在参军一戏。参军之戏，本演石耽或周延故事。又《云溪友议》谓"周季南等弄《陆参军》，歌声彻云"，则似为歌舞剧。然至唐中叶以后，所谓参军者，不必演石耽或周延；凡一切假官，皆谓之参军。《因话录》所谓"女优（有）弄假官戏，其绿衣秉简者，谓之参军桩"是也。由是参军一色，遂为脚色之主。其与之相对者，谓之苍鹘。李义山《骄儿诗》："忽复学参军，按声唤苍鹘。"《五代史·吴世家》所纪，足以证之。上所载滑稽剧中，无在不可见此二色之对立。如李可及之儒服险巾，褒衣博带；崔铉家童之执简束带，旋辟唯诺；南唐伶人之绿衣大面，作宣州土地神：皆所谓参军者为之，而与之对待者，则为苍鹘。此说观下章所载宋代戏剧，自可了然，此非想象之说也。要之：唐、五代戏剧，或以歌舞为主，而失其自由；或演一事，而不能被以歌舞。其视南宋、金、元之戏剧，尚未可同日而语也。

第二章　宋之滑稽戏

今日流传之古剧，其最古者出于金、元之间。观其结构，实综合前此所有之滑稽戏及杂戏、小说为之。又宋、元之际，始有南曲、北曲之分，此二者，亦皆综合宋代各种乐曲而为之者也。今欲溯其发达之迹，当分为三章论之：一、宋之滑稽戏，二、宋之杂戏小说，三、宋之乐曲是也。

宋之滑稽戏，大略与唐滑稽戏同，当时亦谓之杂剧。兹复汇集之如下：

> 刘攽《中山诗话》："祥符、天禧中，杨大年、钱文僖、晏元献、刘子仪以文章立朝，为诗皆宗李义山，后进多窃义山语句。尝内宴，优人有为义山者，衣服败裂，告人曰：'吾为诸馆职挦撦至此。'闻者欢笑。"

> 范镇《东斋记事》（卷一）："赏花、钓鱼、赋诗，往往有宿构者。天圣中，永兴军进山水石适至，会命赋山水石，其间多荒恶者，盖出其不意耳。中坐，优人入戏，各执笔若吟咏状。其一人忽仆于界石上，众扶掖起之。既起，曰：'数日来作赏花钓鱼诗，准备应制，却被这石头擦倒。'左右皆大笑。翌日，降出其诗，令中书铨定。秘阁校理韩义最为鄙恶，落职与外任。"

> 张师正《倦游杂录》（江少虞《皇宋事实类苑》卷六十四引）："景祐末，诏以郑州为奉宁军，蔡州为淮康军。范雍自侍郎领淮康节钺，镇延安。时羌人旅拒戍边之卒，延安为盛。有内臣卢押班者，为钤辖，心常轻范。一日军府开宴，有军伶人杂剧，称参军梦得一黄瓜，长丈余，是何祥也？一伶贺曰：'黄瓜上有刺，必作黄州刺史。'一伶批其颊曰：'若梦见镇府萝卜，须作蔡州节度使？'范疑卢所教，即取二伶杖背，黥为城旦。"

> 宋无名氏《续墨客挥犀》（卷五）："熙宁九年，太皇生辰，教坊例有献香杂剧。时判都水监侯叔献新卒，伶人丁仙现假为一道士善出神，一僧善入定。或诘其出神何所见，道士云：'近曾出神至大罗，见玉皇殿上，有一人披金紫，熟视之，乃本朝韩侍中也。手捧一物，窃问旁立者，曰：韩侍中献国家金枝玉叶万世不绝图。'僧曰：'近入定到地狱，见阎罗殿侧，有一人衣绯垂鱼，细视之，乃判都水监侯工部也。手中亦擎一物，窃问左右，云：为奈河水浅，献图欲别开河道耳。'时叔献兴水利以图恩赏，百姓苦之，故伶人有此语。"（江少虞《皇宋事实类苑》卷六十五引此条作《倦游杂录》。）

> 朱彧《萍洲可谈》（卷三）："熙宁间，王介甫行新法，（中

略）其时多引人上殿。伶人对上作俳，跨驴直登轩陛，左右止之。其人曰：'将谓有脚者尽上得。'荐者少沮。"

陈师道《谈丛》（卷一）："王荆公改科举，暮年乃觉其失，曰：'欲变学究为秀才，不谓变秀才为学究也。'盖举子专诵《王氏章句》而不解其义，正如学究诵注疏尔。教坊杂戏亦曰：'学诗于陆农师，学易于龚深之（之当作父）。'盖讥士之寡闻也。"

王辟之《渑水燕谈录》（卷十）："顷有秉政者，深被眷倚，言事无不从。一日御宴，教坊杂剧为小商，自称姓赵，明瓦瓶卖沙糖。道逢故人，喜而拜之。伸足误踏瓶倒，糖流于地。小商弹采叹息曰：'甜采，你即溜也，怎奈何？'左右皆笑，俚语以王姓为甜采。"

李廌《师友谈记》："东坡先生近令门人作《人不易物赋》，或戏作一联曰：'伏其几而袭其裳，岂为孔子；学其书而戴其帽，未是苏公。'（士大夫近年仿东坡桶高檐短帽，名曰'子瞻样'。）廌因言之，公笑曰：'近扈从醴泉观，优人以相与自夸文章为戏者，一优丁仙现曰："吾之文章，汝辈不可及也。"众优曰："何也？"曰："汝不见吾头上子瞻乎？"'上为解颜，顾公久之。"

《萍洲可谈》（卷三）："王德用为使相，黑色，俗号黑相。尝与北使伴射，使已中的，黑相取箭焊头，一发破前矢，俗号劈筈箭。姚麟亦善射，为殿帅十年，伴射，尝蒙奖赐。崇宁初，王恩以遭遇处位殿帅，不习弓矢，岁岁以伴射为窘。伶人对御作俳，先一人持一矢入，曰：'黑相劈筈箭，售钱三百万。'又一人持八矢入，曰：'老姚射不输箭，售钱三百万。'后二人挽箭一车入，曰：'车箭卖一钱。'或问：'此何人家箭，价贱如此？'答曰：'王恩不及垜箭。'"

又："崇宁铸九鼎，帝鼐居中，八鼎各镇一隅。是时行当十钱。苏州无赖子弟冒法盗铸。会浙中大水，伶人对御作俳：今岁东南大水，乞遣彤鼎往镇苏州。或作鼎神附奏云：'不愿前去，恐一例铸作当十钱。'朝廷因治章绖之狱。"

曾敏行《独醒杂志》（卷九）："崇宁二年，铸大钱，蔡元长建议，俾为折十。民间不便。优人因内宴，为卖浆者，或投一（大）钱，饮一杯，而索偿其余。卖浆者对以方出市，未有钱，可更饮浆。乃连饮至于五六，其人鼓腹曰：'使相公改作折百钱，奈何！'上为之动。法由是改。又，大农告乏时，有献廪俸减半之议。优人乃为衣冠之士，自束带衣裾，被身之物，辄除其半。众怪而问之，则曰：'减半'。已而两足共穿半袴，蹩而来前。复问之，则又曰：'减半。'乃长叹曰：'但知减半，岂料难行。'语传禁中，亦遂罢议。"

洪迈《夷坚志》丁集（卷四）："俳优侏儒，周技之下且贱者，然亦能因戏语而箴讽时政，有合于古矇诵工谏之义，世目为杂剧者是已。崇宁初，斥远元祐忠贤，禁锢学术，凡偶涉其时所为所行，无论大小，一切不得志。伶者对御为戏：推一参军作宰相，据坐，宣扬朝政之美。一僧乞给公据游方，视其戒牒，则元祐三年者，立涂毁之，而加以冠巾。一道士失亡度牒，闻被载时，亦元祐也，剥其羽服，使为民。一士人以元祐五年获荐，当免举，礼部不为引用，来自言，即押送所属屏斥。已而，主管宅库者附耳语曰：'今日在左藏库，请相公料钱一千贯，尽是元祐钱，合取钧旨。'其人俯首久之，曰：'从后门搬入去。'副者举所（持）梃杖其背，曰：'你做到宰相，元来也只要钱！'是时，至尊亦解颜。"

又："蔡京作宰，弟卞为元枢。卞乃王安石婿，尊崇妇翁。当孔庙释奠时，跻于配享而封舒王。优人设孔子正坐，颜、孟与安石侍侧。孔子命之坐，安石揖孟子居上，孟辞曰：'天下达尊，爵居其一，轲近蒙公爵，相公贵为真王，何必谦光如此。'遂揖颜，曰：'回也陋巷匹夫，平生无分毫事业，公为命世真儒，位貌有间，辞之过矣。'安石遂处其上。夫子不能安席，亦避位。安石惶惧拱手，云'不敢'。往复未决。子路在外，情愤不能堪，径趋从礼室，挽公冶长臂而出。公冶为窘迫之状，谢曰：'长何罪？'乃责数之曰：'汝全不救护丈人，看取别人家女婿。'其意以讥卞也。时方议欲升安石于孟子之上，为此而止。"

又："又常设三辈为儒、道、释，各称颂其教。儒者曰：'吾之所学，仁、义、礼、智、信，曰五常。'遂演畅其旨，皆采引经书，不杂媟语。次至道士，曰：'吾之所学，金、木、水、火、土，曰五行。'亦说大意。末至僧，僧抵掌曰：'二子腐生常谈，不足听；吾之所学，生、老、病、死、苦，曰五化。藏经渊奥，非汝等所得闻，当以现世佛菩萨法理之妙，为汝陈之。盍以次问我？'曰：'敢问生？'曰：'内自太学辟雍，外至下州偏县，凡秀才读书者，尽为三舍生。华屋美馔，月书季考，三岁大比，脱白挂绿，上可以为卿相。国家之于生也如此。'曰：'敢问老？'曰：'老而孤独贫困，必沦沟壑，今所在立孤老院，养之终身。国家之于老也如此。'曰：'敢问病？'曰：'不幸而有疾，家贫不能拯疗，于是有安济坊，使之存处，差医付药，责以十全之效。其于病也如此。'曰：'敢问死？'曰：'死者人所不免，惟贫民无所归，则择空隙地为漏泽园；无以敛，则与之棺，使得葬埋。春秋享祀，恩及泉壤。其于死也如此。'曰：'敢问苦？'其人瞑目不应，阳若恻悚然。促之再三，乃蹙额答曰：'只是百姓一般受无量苦。'徽宗为恻然长思，弗以为罪。"

周密《齐东野语》（卷二十）："宣和间，徽宗与蔡攸辈在禁中，自为优戏。上作参军趋出，攸戏上曰：'陛下好个神宗皇帝。'上以杖鞭之曰：'你也好个司马丞相。'"

又（卷十）："宣和中，童贯用兵燕蓟，败而窜。一日内宴，教坊进伎，为三四婢，首饰皆不同。其一当额为髻，曰：蔡太师家人也；其二髻偏坠，曰：郑太宰家人也；又一人满头为髻如小儿，曰：童大王家人也。问其故。蔡氏者曰：'太师觐清光，此名朝天髻。'郑氏者曰：'吾太宰奉祠就第，此懒梳髻。'至童氏者曰：'大王方用兵，此三十六髻也。'"（"三十六计，走为上计"，宋人有此俗语。）

刘绩《霏雪录》："宋高宗时，饔人瀹馄饨不熟，下大理寺。

优人扮两士人，相貌各异；问其年，一曰甲子生，一曰丙子生。优人告曰：'此二人皆合下大理。'高宗问故。优人曰：'饺子饼子皆生，与馄饨不熟者同罪。'上大笑，赦原饔人。"

张知甫《可书》："金人自侵中国，惟以敲棒击人脑而毙。绍兴间，有伶人作杂戏云：'若要胜金人，须是我中国一件件相敌，乃可。且如金国有粘罕，我国有韩少保；金国有柳叶枪，我国有凤凰弓；金国有凿子箭，我国有锁子甲；金国有敲棒，我国有天灵盖。'人皆笑之。"

岳珂《桯史》（卷七）："秦桧以绍兴十五年四月丙子朔，赐第望仙桥；丁丑，赐银绢万匹两，钱千万，彩千缣。有诏：'就第赐燕，假以教坊优伶。'宰执咸与。中席，优长诵致语，退，有参军者前，褒桧功德，一伶以荷叶交椅从之。诙语杂至，宾欢既洽。参军方拱揖谢，将就椅，忽坠其幞头，乃总发为髻，如行伍之巾，后有大巾镮，为双叠胜。伶指而问曰：'此何镮?'曰：'二圣镮。'遽以朴击其首，曰：'尔但坐太师交椅，请取银绢例物，此镮掉脑后可也。'一坐失色。桧怒，明日下伶于狱，有死者。于是语禁始益繁。"

《夷坚志》丁集（卷四）："绍兴中，李椿年行经界量田法。方事之初，郡县奉命严急，民当其职者颇困苦之。优者为先圣先师，鼎足而坐。有弟子从末席起，咨叩所疑。孟子奋然曰：'仁政必自经界始。吾下世千五百年，其言乃为圣世所施用，三千之徒皆不如。'颜子默默无语。或于傍笑曰：'使汝不是短命而死，也须做出一场害人事。'时秦桧方主李议，闻者畏获罪，不待此段之毕，即以谤亵圣贤叱执送狱。明日，杖而逐出境。"

又："壬戌省试，秦桧之子熺，侄昌时、昌龄，皆奏名。公议籍籍，而无敢辄语。至乙丑春首，优者即戏场，设为士子赴南宫，相与推论知举官为谁。指侍从某尚书、某侍郎当主文柄，优长者非之曰：'今年必差彭越。'问者曰：'朝廷之上，不闻有此官员。'曰：'汉梁王也。'曰：'彼是古人，死已千年，如何来得?'曰：'前举是楚王韩信、彭越一等人，所以知今为彭王。'

问者嗤其妄，且扣厥指。笑曰：'若不是韩信，如何取得他三秦！'四座不敢领略，一哄而出。秦亦不敢明行谴罚云。"

明田汝成《西湖游览志馀》（卷二十二，此条当出宋人小说，未知所本）："绍兴间，内宴，有优人作善天文者，云：'世间贵官人，必应星象，我悉能窥之。法当用浑仪，设玉衡，若对其人窥之，则见星而不见其人。玉衡不能卒办，用铜钱一文亦可。'乃令窥光尧，云：'帝星也。'秦师垣，曰：'相星也。'韩蕲王，曰：'将星也。'张循王，曰：'不见其星。'众皆骇，复令窥之，曰：'中不见星，只见张郡王在钱眼内坐。'殿上大笑。俊最多资，故讥之。"

张端义《贵耳集》（卷下）："寿皇赐宰执宴，御前杂剧，妆秀才三人。首问曰：'第一秀才，仙乡何处？'曰：'上党人。'次问第二秀才仙乡何处？曰：'泽州人。'次问第三秀才，曰：'湖州人。'又问上党秀才：'汝乡出何生药？'曰：'某乡出人参。'次问泽州秀才：'汝乡出甚生药？'曰：'某乡出甘草。'次问'湖州出甚生药？'曰：'出黄蘗。''如何湖州出黄蘗？''最是黄蘗苦人！'当时皇伯秀王在湖州，故有此语。寿皇即日召入，赐第，奉朝请。"

又："何自然中丞，上疏乞朝廷并库，寿皇从之。方且讲究未定，御前有燕，杂剧伶人妆一卖故衣者，持裤一腰，只有一只裤口。买者得之，问：'如何著？'卖者曰：'两脚并做一裤口。'买者曰：'裤却并了，只恐行不得。'寿皇即寝此议。"

《桯史》（卷十）：淳熙间，"胡给事元质既新贡院，嗣岁庚子，适大比，（中略）会初场赋题，出《舜闻善若决江河》，而以'闻善而行，沛然莫御'为韵。士既就案矣。（中略）忽一老儒摘《礼部韵》示诸生，谓沛字惟十四泰有之，一为颠沛，一为沛邑，注无沛决之义。惟它有霈字，乃从雨，为可疑。众曰是，哄然叩帘请。（中略）或入于房，执考校者一人殴之。考校者惶遽，急曰：'有雨头也得，无雨头也得。'或又咎其误，曰：'第二场更不敢也。'盖一时祈脱之辞。移时稍定，试司申'鼓噪场屋'，胡以其不称于礼遇也，怒，物色为首者，尽系狱。韦布益不平。既拆号，例宴主司以劳还，毕三爵，优伶序进。有儒服立于前者，一人旁揖之，相与诧博洽，辨古今，岸然不相下。因各求挑试所诵忆。其一问：'汉名宰相凡几?'儒服以萧、曹以下，枚数之无遗。群优咸赞其能。乃曰：'汉相吾言之矣。敢问唐三百年间，名将帅何人也?'旁揖者亦诎指英卫以及季叶，曰'张巡、许远、田万春'。儒服奋起争曰：'巡、远是也。万春之姓雷，历考史牒，未有以雷为田者。'揖者不服，撑拒腾口。俄一绿衣参军，自称教授，据几，二人敬质疑。曰：'是故雷姓。'揖者大诟，袒裼奋拳，教授遽作恐惧状，曰：'有雨头也得，无雨头也得!'坐中方失色，知其讽己也。忽优有黄衣者，持令旗跃出稠人中，曰：'制置大学给事台旨：试官在座，尔辈安得无礼。'群优亟敛下，咠曰：'第二场更不敢也。'侠閈皆笑，席客大惭。明日遁去，遂释系者。胡意其为郡士所使，录优而诘之，杖而出诸境。然其语盛传至今"。

又（卷五）："韩平原在庆元初，其弟仰胄为知阁门事，颇与密议，时人谓之大小韩，求捷径者争趋之。一日内宴，优人有为衣冠到选者，自叙履历才艺，应得美官，而流滞铨曹，自春徂冬，未有所拟。方徘徊浩叹，又为日者敝帽持扇，过其旁，遂邀使谈庚申，问以得禄之期。日者厉声曰：'君命甚高，但以五星局中，财帛宫若有所碍。目下若欲亨达，先见小寒；更望事成，必见大寒可也。'优盖以寒为韩。侍宴者皆缩颈匿笑。"

张仲文《白獭髓》（《说郛》卷三十八）："嘉泰末年，平原公恃有扶日之功，凡事自作威福，政事皆不由内出。会内宴，伶人王公瑾曰：'今日政如客人卖伞，不由里面。'"

叶绍翁《四朝闻见录》（戊集）："韩侂胄用兵既败，为之须发俱白，困闷不知所为。优伶因上赐侂胄宴，设樊迟、樊哙，旁有一人曰樊恼，又设一人，揖问迟：'谁与你取名?'对以夫子所取。则拜曰：'此圣门之高弟也。'又揖问哙，曰：'谁名汝?'对曰：'汉高祖所命。'则拜曰：'真汉家之名将也。'又揖恼，曰：'谁名汝？'对以'樊恼自取'。又因郭倪、郭果（按，果当作倬）败，因赐宴，优伶以生菱进于桌上，命二人移桌，忽生菱坠，尽碎。其一人曰：'苦，苦，苦！坏了多少生灵，只因移果桌！'"

《贵耳集》（卷下）："袁彦纯尹京，专一留意酒政。煮酒卖尽，取常州宜兴县酒、衢州龙游县酒，在都下卖。御前杂剧，三个官人：一曰京尹，二曰常州太守，三曰衢州太守。三人争坐位，常守让京尹曰：'岂宜在我二州之下？'衢守争曰：'京尹合在我二州之下。'常守问曰：'如何有此说？'衢守云：'他是我二州拍户。'宁庙亦大笑。"

又："史同叔为相日，府中开宴，用杂剧人，作一士人念诗，曰：'满朝朱紫贵，尽是读书人。'旁一士人曰：'非也，满朝朱紫贵，尽是四明人。'自后相府有宴，二十年不用杂剧。"

《桯史》（卷十三）："蜀伶多能文，俳语率杂以经史，凡制帅幕府之燕集，多用之。嘉定中，吴畏斋帅成都，从行者多选人，类以京削系念。伶知其然。一日，为古衣冠服数人，游于庭，自称孔门弟子。交质以姓氏，或曰常，或曰於，或曰吾。问其所莅官，则合而应曰：'皆选人也。'固请析之，居首者率然对曰：'子乃不我知，《论语》所谓常从事於斯矣，即某其人也。官为从事而系以姓，固理之然。'问其次，曰：'亦出《论语》，於从政乎何有，盖即某官氏之称。'又问其次，曰：'某又《论语》十七篇所谓：吾将仕者。'遂相与叹诧，以选调为淹抑。有恧恧其旁者，曰：'子之名不见于七十子，固圣门下第，盍叩十哲而［请］（受）教焉？'如其言，见颜、闵方在堂，群而请益。子［蹇］（謇）戚额（颂）曰：'如之何？何必改！'兖公应之曰：'然！回也不改。'众怃然不怡，曰：'无已，质诸夫子。'如之，夫子不答，久而曰：'钻遂改火，急可已矣。'坐客皆愧而笑。闻者至今启颜。优流侮圣言，直可诛绝。特记一时之戏语如此。"

《齐东野语》（卷十三）："蜀优尤能涉猎古今，援引经史，以

佐口吻，资笑谈。当史丞相弥远用事，选人改官，多出其门。制
闻大宴，有优为衣冠者数辈，皆称为孔门弟子。相与言，吾侪皆
选人。遂各言其姓，曰'吾为常从事'，'吾为於从政'，'吾为
吾将仕'，'吾为路文学'。别有二人出，曰：'吾宰予也。夫子
曰："於予与改。"可谓侥幸。'其一曰：'吾颜回也。夫子曰：
"回也不改。"吾为四科之首而不改，汝何为独改？'曰：'吾钻
故（改），汝何不钻？'曰：'吾非不钻，而钻弥坚耳。'曰：
'汝之不改，宜也。何不钻弥远乎？'具离析文义，可谓侮圣言；
而巧发微中，有足称言者焉。有袁三者，名尤著。有从官姓袁
者，制蜀，颇乏廉声。群优四人，分主酒、色、财、气，各夸张
其好尚之乐，而余者互讥笑之。至袁优，则曰：'吾所好者，财
也。'因极言财之美利，众亦讥诮（之）不已。徐以手自指曰：
'任你讥笑，其如袁丈好此何！'"

又："近者己亥（岁），史岩之为京尹，其弟以参政督兵于
淮。一日内宴，伶人衣金紫，而幞头忽脱，乃红巾也。或惊问
曰：'贼裹红巾，何为官亦如此？'傍一人答云：'如今做官
[的]（底），都是如此。'于是褫其衣冠，则有万回佛自怀中坠
地。其旁者曰：'他虽做贼，且看他哥哥面。'"

又："女冠吴知古用事，人皆侧目。内宴（日），参军[肆]
（四）筵张乐，胥辈请佥文书，参军怒曰：'吾方听觱栗，可少
缓。'请至[再三]（三四），其答如前。胥击其首曰：'甚事不
被觱栗坏了！'盖是俗呼黄冠为觱栗也。"

又："王叔知吴门日，名其酒曰'彻底清'。锡宴日，伶人
持一樽，夸于众曰：'此酒名彻底清。'既而开樽，则浊醪也。
旁诮之云：'汝既为彻底清，却如何如此？'答云：'本是彻底
清，被钱打得浑了。'"

罗大经《鹤林玉露》（卷三）（按，丙编卷三）："端平间，真西
山参大政，未及有所建置而薨。魏鹤山督师，亦未及有所（按，
此字衍）设施而罢。临安优人，装一儒生，手持一鹤；别一儒
生与之[解后]（邂逅），问其姓名，曰：'姓钟名庸。'问所持

何物，曰：'大鹤也。'因倾盖欢然，呼酒对饮。其人大嚼洪吸，酒肉靡有孑遗。忽颓仆于地，群数人曳之不动。一人乃批其颊，大骂曰：说甚《中庸》、《大学》，吃了许多酒食，一动也动不得。'遂一笑而罢。或谓有使其为此，以姗侮君子者，府尹乃悉黥其人。"

《西湖游览志馀》（卷二，不知其所本）："丁大全作相，与董宋臣表里。（中略）一日内宴，一人专打锣，一人扑之，曰：'今日排当，不奏他乐，丁丁董董不已，何也？'曰：'方今事皆丁董，吾安得不丁董？'"

仇远《稗史》（《说郛》卷二十五）："至元丙子，北兵入杭，庙朝为虚。有金姓者，世为伶官，流离无所归。一日，道遇左丞范文虎，向为宋殿帅时，熟知其为人，谓金曰：'来日公宴，汝来献伎，不愁贫贱。'如期往，为优戏，作诨曰：'某寺有钟，寺僧不敢击者数日，主僧问故，乃言钟楼有巨神，神怪不敢登也。主僧亟往视之，神即跪伏投拜，主僧曰："汝何神也？"答曰："钟神。"主僧曰："既是钟神，何故投拜？"'众皆大笑，范为之不怿。其人亦不顾。识者莫不多之。"

附　辽、金、伪齐

《宋史·孔道辅传》："道辅奉使契丹，契丹宴使者，优人以文宣王为戏，道辅艴然径出。"

邵伯温《闻见前录》（卷十）："潞公谓温公曰：'吾留守北京，遣人入大辽侦事，回云：见辽主大宴群臣，伶人剧戏作衣冠者，见物必攫取，怀之。有从其后以梃朴之者，曰：司马端明耶？君实清名，在夷狄如此。'温公愧谢。"

沈作喆《寓简》（卷十）："伪齐刘豫既僭位，大宴群臣。教坊进杂剧。有处士问星翁曰：'自古帝王之兴，必有受命之符，今新主有天下，抑有嘉祥美瑞以应之乎？'星翁曰：'固有之。新主即位之前一日，有一星聚东井，真所谓符命也。'处士以杖击之，曰：'五星，非一也，乃云聚耳。一星，又何聚焉？'星翁曰：'汝固不知也。新主圣德，比汉高祖只少四星儿里。'"

　　《金史·后妃传》：章宗元妃李氏，"势位熏赫，与皇后侔。一日，宴官中，优人玳瑁头者，戏于上前。或问：'上国有何符瑞?'优曰：'汝不闻凤凰见乎?'曰：'知之而未闻其详。'优曰：'其飞有四，所应亦异。若向上飞，则风雨顺时；向下飞，则五谷丰登；向外飞，则四国来朝；向里飞（音同李妃），则加官进禄。'上笑而罢。"

　　宋、辽、金三朝之滑稽剧，其见于载籍者略具于此。此种滑稽剧，宋人亦谓之杂剧，或谓之杂戏。吕本中《童蒙训》曰："作杂剧者，打猛诨入，却打猛诨出。"吴自牧《梦粱录》亦云："杂剧全用故事，务在滑稽。"孟元老《东京梦华录》云："圣节内殿杂戏，为有使人预宴，不敢深作谐谑。"则无使人时可知。是宋人杂剧，固纯以诙谐为主，与唐之滑稽剧无异。但其中脚色，较为著名，而布置亦稍复杂；然不能被以歌舞，其去真正戏剧尚远。然谓宋人戏剧，遂止于此，则大不然。虽明之中叶，尚有此种滑稽剧，观文林《琅邪漫钞》、徐咸《西园杂记》、沈德符《万历野获编》所载者，全与宋滑稽剧无异。若以此概明之戏剧，未有不笑之者也。宋剧亦然。故欲知宋元戏剧之渊源，不可不兼于宋之小说、杂戏及乐曲他方面求之也。

第三章　宋之小说杂戏

　　宋之滑稽戏，虽托故事以讽时事，然不以演事实为主，而以所含之意义为主。至其变为演事实之戏剧，则当时之小说，实有力焉。

　　小说之名起于汉，《西京赋》云："小说九百，本自虞初。"《汉书·艺文志》有"《虞初周说》九百四十四篇"。其书之体例如何，今无由知。唯《魏略》（《魏志·王粲传》注引）言："临淄侯植，诵俳优小说数千言。"则似与后世小说，已不相远。六朝时，干宝、任昉、刘义庆诸人，咸有著述；至唐而大盛。今《太平广记》所载，实集其成。然但为著述上之事，与宋之小说无与焉。宋之小说，则不以著述为事，而以讲演为事。灌园耐得翁《都城纪胜》谓说话有四种：一小说，一说经，一说参请，一说史书。《梦粱录》（卷二十）所纪略同。《武林旧事》（卷六）所载诸色伎艺人中，有书会（谓说书会），有演史，有说经诨经，有小说。而《都城纪胜》、《梦粱录》均谓小说人能以一朝一代故事，顷刻间提破。则演史与小说，自为一类。此三书所纪，皆南渡以后之事；而其源则发于宋初。高承《事物纪原》（卷九）："仁宗时，市人有能谈三国事者，或采其说，加缘饰，作影人。"《东坡志林》（卷六）：王彭尝云："涂巷中小儿薄劣，为其家所厌苦，辄与钱令聚坐，听说古话，至说三国事"云云。《东京梦华录》（卷五）所载京瓦伎艺，有霍四究说三分，尹常卖《五代史》。至南渡以后，有敷衍《复华篇》及《中兴名将传》者，见于《梦粱录》，此皆演史之类也。其无关史事者，则谓之小说。《梦粱录》云："小说一名银字儿，如烟粉、灵怪、传奇、公案、朴刀、杆棒、发迹、变泰等事。"则其体例，亦当与演史大略相同。今日所传之《五代平话》，实演史之遗；《宣和遗事》，殆小说之遗也。此种说话，以叙事为主，与滑稽剧之但托故事者迥异。其发达之迹，虽略与戏曲平行；而后世戏剧之题目，多取诸此，其结构亦多依仿为之，所以资戏剧之发达者，实不少也。

至与戏剧更相近者，则为傀儡。傀儡起于周季，《列子》以偃师刻木人事，为在周穆王时，或系寓言；然谓列子时已有此事，当不诬也。《乐府杂录》以为起于汉祖平城之围，其说无稽。《通典》则云："《窟礧子》作偶人以戏，善歌舞，本丧家乐也。汉末始用之于嘉会。"其说本于应劭《风俗通》，则汉时固确有此戏矣。汉时此戏结构如何，虽不可考，然六朝之际，此戏已演故事。《颜氏家训·书证篇》："或问：'俗名傀儡子为郭秃，有故实乎？'答曰：'《风俗通》云：诸郭皆讳秃，当是前世有姓郭而病秃者，滑稽调戏，故后人为其象，呼为郭秃。'"唐时傀儡戏中之郭郎实出于此，至宋犹有此名。唐之傀儡，亦演故事。《封氏闻见记》（卷六）："大历中，太原节度辛景云葬日，诸道节度使使人修祭。范阳祭盘，最为高大，刻木为尉迟鄂公突厥斗将之象，机关动作，不异于生。祭讫，灵车欲过，使者请曰：'对数未尽。'又停车，设项羽与汉高祖会鸿门之象，良久乃毕。"至宋而傀儡最盛，种类亦最繁：有悬丝傀儡，走线傀儡，杖头傀儡，药发傀儡，肉傀儡，水傀儡各种（见《东京梦华录》、《武林旧事》、《梦粱录》）。《梦粱录》云："凡傀儡，敷衍烟粉、灵怪、铁骑、公案、史书、历代君臣将相故事话本，或讲史，或作杂剧，或如崖词。（中略）大抵弄此，多虚少实，如《巨灵神》、《朱姬大仙》等也。"则宋时此戏，实与戏剧同时发达，其以敷衍故事为主，且较胜于滑稽剧。此于戏剧之进步上，不能不注意者也。

傀儡之外，似戏剧而非真戏剧者，尚有影戏。此则自宋始有之。《事物纪原》（卷九）："宋朝仁宗时，市人有能谈三国事者，或采其说加缘饰、作影人，始为魏、吴、蜀三分战争之象。"《东京梦华录》所载京瓦伎艺，有影戏，有乔影戏。南宋尤盛。《梦粱录》云："有弄影戏者，元汴京初以素纸雕簇，自后人巧工精，以羊皮雕形，以彩色装饰，不致损坏。（中略）其话本与讲史书者颇同，大抵真假相半。公忠者雕以正貌，奸邪者刻以丑形，盖亦寓褒贬于其间耳。"然则影戏之为物，专以演故事为事，与傀儡同。此亦有助于戏剧之进步者也。

以上三者，皆以演故事为事。小说但以口演，傀儡、影戏则为其形象矣，然而非以人演也。其以人演者，戏剧之外，尚有种种，亦戏剧之支流，而不可不一注意也：

三教　《东京梦华录》（卷十）：十二月，"即有贫者三教人，为一火，装妇人神鬼，敲锣击鼓，巡门乞钱，俗呼为打夜胡"。

讶鼓　《续墨客挥犀》（卷七）："王子醇初平熙河，边陲宁静，讲武之暇，因教军士为讶鼓戏，数年间遂盛行于世。其举动舞装之状，与优人之词，皆子醇初制也。或云：'子醇初与西人对阵，兵未交，子醇命军士百余人，装为讶鼓队，绕出军前，虏见皆愕眙，进兵奋击，大破之。'"《朱子语类》（卷一百三十九）亦云："如舞讶鼓，其间男子、妇人、僧道、杂色，无所不有，但都是假的。"

舞队　《武林旧事》（卷二）所纪舞队，全与前二者相似。今列其目：

《查查鬼》（《查大》）、《李大口》（《一字口》）、《贺丰年》、《长瓠敛》（《长头》）、《兔吉》（《兔毛大伯》）、《吃遂》、《大憨儿》、《粗妲》、《麻婆子》、《快活三郎》、《黄金杏》、《瞎判官》、《快活三娘》、《沈承务》、《一脸膜》、《猫儿相公》、《洞公眷》、《细妲》、《河东子》、《黑遂》、《王铁儿》、《交椅》、《夹棒》、《屏风》、《男女竹马》、《男女杵歌》、《大小斫刀鲍老》、《交衮鲍老》、《子弟清音》、《女童清音》、《诸国献宝》、《穿心国入贡》、《孙武子教女兵》、《六国朝》、《四国朝》、《遏云社》、《绯绿社》、《胡安女》、《凤阮稽琴》、《扑蝴蝶》、《回阳丹》、《火药》、《瓦盆鼓》、《焦锤架儿》、《乔三教》、《乔迎酒》、《乔亲事》、《乔乐神》（《马明王》）、《乔捉蛇》、《乔学堂》、《乔宅眷》、《乔像生》、《乔师娘》、《独自乔》、《地仙》、《旱划船》、《教象》、《装态》、《村田乐》、《鼓板》、《踏撬》（一作《踏跷》）、《扑旗》、《抱锣装鬼》、《狮豹蛮牌》、《十斋郎》、《耍和尚》、《刘衮》、《散钱行》、《货郎》、《打娇惜》。

其中装作种种人物，或有故事。其所以异于戏剧者，则演剧有定所，此则巡回演之。然后来戏名曲名中，多用其名目，可知其与戏剧非毫无关系也。

第四章　宋之乐曲

前二章既述宋代之滑稽戏及小说杂戏，后世戏剧之渊源，略可于此窥之。然后代之戏剧，必合言语、动作、歌唱，以演一故事，而后戏剧之意义始全。故真戏剧必与戏曲相表里。然则戏曲之为物，果如何发达乎？此不可不先研究宋代之乐曲也。

宋之歌曲，其最通行而为人人所知者，是为词，亦谓之近体乐府，亦谓之长短句。其体始于唐之中叶，至晚唐五代，而作者渐多，及宋而大盛。宋人宴集，无不歌以侑觞；然大率徒歌而不舞。其歌亦以一阕为率。其有连续歌此一曲者，如欧阳公之〔采桑子〕，凡十一首；赵德麟之〔商调·蝶恋花〕，凡十首。一述西湖之胜，一咏《会真》之事，皆徒歌而不舞。其所以异于普通之词者，不过重叠此曲，以咏一事而已。

其歌舞相兼者，则谓之传踏（曾慥《乐府雅词》卷上），亦谓之转踏（王灼《碧鸡漫志》卷三），亦谓之缠达（《梦粱录》卷二十）。北宋之转踏，恒以一曲连续歌之。每一首咏一事，共若干首则咏若干事。然亦有合若干首而咏一事者。《碧鸡漫志》（卷三）谓石曼卿作《拂霓裳转踏》，述开元天宝遗事是也。其曲调唯〔调笑〕一调用之最多。今举其一例：

调笑转踏　　郑仅（《乐府雅词》卷上）

良辰易失，信四者之难并。佳客相逢，实一时之盛会。用陈妙曲，上助清欢。女伴相将，调笑入队。

秦楼有女字罗敷，二十未满十五余，金镮约腕携笼去，攀枝折叶城南隅。使君春思如飞絮，五马徘徊芳草路。东风吹鬓不可亲，日晚蚕饥欲归去。

归去，携笼女，南陌春愁三月暮，使君春思如飞絮，五马徘徊频驻。蚕饥日晚空留顾，笑指秦楼归去。

石城女子名莫愁，家住石城西渡头，拾翠每寻芳草路，采莲时过绿蘋洲。五陵豪客青楼上，醉倒金壶待清唱，风高江阔白浪飞，急催艇子操双桨。

双桨，小舟荡，唤取莫愁迎叠浪，五陵豪客青楼上，不道风高江广。千金难买倾城样，那听绕梁清唱。

绣户朱帘翠幕张，主人置酒宴华堂，相如年少多才调，消得文君暗断肠。断肠初认琴心挑，么弦暗写相思调。从来万曲不关心，此度伤心何草草！

草草，最年少，绣户银屏人窈窕，瑶琴暗写相思调，一曲关心多少。临邛客舍成都道，苦恨相逢不早！（此三曲分咏罗敷、莫愁、文君三事，尚有九曲咏九事，文多略之。）

放　　队

新词宛转递相传，振袖倾鬟风露前。月落乌啼云雨散，游人陌上拾花钿。

此种词前有勾队词，后以一诗一曲相间，终以放队词，则亦用七绝，此宋初体格如此。然至汴宋之末，则其体渐变。《梦粱录》（卷二十）："在京时，只有缠令缠达，有引子尾声为缠令，引子后只有两腔迎互循环，间有缠达。"此缠达之音，与传踏同，其为一物无疑也。吴《录》所云，与上文之传踏相比较，其变化之迹显然。盖勾队之词，变而为引子；放队之词，变而为尾声；曲前之诗，后亦变而用他曲：故云引子后只有两腔迎互循环也。今缠达之词皆亡，唯元剧中正宫套曲，其体例全自此出，观第七章所引例，自可了然矣。

传踏之制，以歌者为一队，且歌且舞，以侑宾客。宋时有与此相似，或同实异名者，是为队舞。《宋史·乐志》："队舞之制，其名各十。小儿队凡七十二人：一曰柘枝队，二曰剑器队，三曰婆罗门队，四曰醉胡腾队，五曰浑臣万岁乐队，六曰儿童感圣乐队，七曰玉兔浑脱队，八曰异域朝天队，九曰儿童解红队，十曰射雕回鹘队。女弟子队凡一百五十三人：一曰菩萨蛮队，二曰感化乐队，三曰抛球乐队，四曰佳人剪牡丹队，五曰拂霓裳队，六曰采莲队，七曰凤迎乐队，八曰菩萨献香花队，九曰彩云仙队，十曰打球乐队。"其装饰各由其队名而异：如佳人剪牡丹队，则衣红生色砌衣，戴金冠，剪牡丹花；采莲队则执莲花；菩萨献香花队则执香花盘。其舞未详，其曲宋人或取以填词。其中有拂霓裳队，而《碧鸡漫志》谓石曼卿作《拂霓裳［传］（转）踏》，恐与传踏为一，或为传踏之所自出也。

宋时舞曲，尚有曲破。《宋史·乐志》："太宗洞晓音律，制曲破二十九。"此在唐五代已有之，至宋时又藉以演故事。史浩《鄮峰真隐漫录》之《剑舞》即是也。今录其辞如下：

剑舞（《鄮峰真隐漫录》卷四十六）

二舞者对厅立褥上，（下略）乐部唱《剑器曲破》，作舞一段了。

二舞者同唱《霜天晓角》。

莹莹巨阙，左右凝霜雪；且向玉阶掀舞，终当有用时节。唱彻，人尽说，宝此刚不折，内使奸雄落胆，外须遣豺狼灭。

　　　　乐部唱曲子，作舞《剑器曲破》一段。舞罢，二人分立两边。别
　　二人汉装者出，对坐。桌上设酒桌。竹竿子念：

伏以断蛇大泽，逐鹿中原，佩赤帝之真符，接苍姬之正统。
皇威既振，天命有归，量势虽盛于重瞳，度德难胜于隆准。鸿门
设会，亚父输谋，徒矜起舞之雄姿，厥有解纷之壮士。想当时之
贾勇，激烈飞扬，宜后世之效颦，回翔宛转。双鸾奏技，四座
腾欢。

　　　　乐部唱曲子，舞《剑器曲破》一段。一人左立者，上衵舞，有欲
　　刺右汉装者之势，又一人舞进前，翼蔽之。舞罢，两舞者并退。汉装
　　者亦退。复有两人唐装者出，对坐，桌上设笔砚纸，舞者一人换妇人
　　装，立衵上，竹竿子念：

伏以云鬟耸苍璧，雾縠罩香肌，袖翻紫电以连轩，手握青蛇
而的皪。花影下游龙自跃，锦衵上跄凤来仪，逸态横生，瑰姿谲
起。领此入神之技，诚为骇目之观，巴女心惊，燕姬色沮。岂唯
张长史草书大进，抑亦杜工部丽句新成。称妙一时，流芳万古，
宜呈雅态，以洽浓欢。

　　　　乐部唱曲子，舞《剑器曲破》一段，作龙蛇蜿蜒曼舞之势。两人
　　唐装者起。二舞者，一男一女，对舞，结《剑器曲破》彻。竹竿
　　子念：

项伯有功扶帝业，大娘驰誉满文场，合兹二妙甚奇特，欲使
嘉宾醉一觞。霍如羿射九日落，矫如群帝骖龙翔，来如雷霆收震
怒，罢如江海含晴光。歌舞既终，相将好去。

　　　　念了，二舞者出队。

由此观之，其乐有声无词，且于舞踏之中，寓以故事，颇与唐之
歌舞戏相似。而其曲中有"破"有"彻"，盖截大曲入破以后用
之也。

此外兼歌舞之伎，则为大曲。大曲自南北朝已有此名。南朝大
曲，则清商三调中之大曲，《宋书·乐志》所载者是也。北朝大曲，
则《魏书·乐志》言之而不详。至唐而雅乐、清乐、燕乐、西凉、

龟兹、安国、天竺、疏勒、高昌乐中，均有大曲（见《大唐六典》卷十四《协律郎》条注）。然传于后世者，唯胡乐大曲耳。其名悉载于《教坊记》，而其词尚略存于《乐府诗集》近代曲辞中。宋之大曲，即自此出。教坊所奏，凡十八调四十大曲，《文献通考》及《宋史·乐志》具载其目。此外亦尚有之，故又有五十大曲，及五十四大曲之称（详见予《唐宋大曲考》，兹略之）。其曲辞之存于今日者，有董颖〔薄媚〕（《乐府雅词》卷上）、曾布〔水调歌头〕（王明清《玉照新志》卷二）、史浩〔采莲〕（《鄮峰真隐漫录》卷四十五），三曲稍长，然亦非其全遍。其中间一二遍，则于宋词中间遇之。大曲遍数，多至一二十。其各遍之名，则唐时有排遍、入破、彻（《乐府诗集》卷七十九），而排遍、入破，又各有数遍。彻者，入破之末一遍也。宋大曲则王灼谓："凡大曲有散序、靸、排遍、攧、正攧、入破、虚催、实催、衮遍、歇拍、杀衮，始成一曲，谓之大遍。"（《碧鸡漫志》卷三）沈括亦云："所谓大遍者，有序、引、歌、靸、嗺、哨、催、攧、衮、破、行、中腔、踏歌之类，凡数十解。"（《梦溪笔谈》卷五）沈氏所列各名，与现存大曲不合。王说近之。惟攧后尚有延遍，实催前尚有衮遍（即张炎《词源》所谓中衮）。而散序与排遍，均不止一遍，排遍且多至八九，故大曲遍数，往往至于数十，唯宋人多裁截用之。即其所用者，亦以声与舞为主，而不以词为主，故多有声无词者。自北宋时，葛守诚撰四十大曲，而教坊大曲，始全有词。然南宋修内司所编《乐府混成集》，大曲一项，凡数百解，有谱无词者居半（周密《齐东野语》卷十），则亦不以词重矣。其攧、破、催、衮，以舞之节名之。此种大曲，遍数既多，自于叙事为便，故宋人咏事多用之。今录董颖〔薄媚〕，以示其一例；宋人大曲之存者，以此为最长矣。

薄媚 （西子词）（《乐府雅词》卷上）

排遍第八

怒涛卷雪，巍岫布云，越襟吴带如斯。有客经游，月伴风随。值盛世，观此江山美，合放怀，何事却兴悲？不为回头，旧国天涯，为想前君事，越王嫁祸献西施，吴即中深机。　　阖庐死，有遗誓，句践必诛夷。吴未干戈出境，仓卒越兵，投怒夫差，鼎沸鲸鲵。越遭劲敌，可怜无计脱重围！归路茫然，城郭邱墟，飘泊稽山里。旅魂暗逐战尘飞，天日惨无辉。

排遍第九

自笑平生，英气凌云，凛然万里宣威。那知此际，熊虎涂穷，来伴麋鹿卑栖。既甘臣妾，犹不许，何为计？争若都燔宝器，尽诛吾妻子，径将死战决雄雌，天意恐怜之。　　偶闻太宰正擅权，贪赂市恩私。因将宝玩献诚，虽脱霜戈，石室囚系，忧嗟又经时，恨不如巢燕自由归。残月朦胧，寒雨潇潇，有血都成泪。备尝崄厄反邦畿，冤愤刻肝脾。

第十撷

种陈谋，谓吴兵正炽，越勇难施；破吴策，唯妖姬。有倾城妙丽，名称（一作字）西子岁方笄。算夫差惑此，须致颠危。范蠡微行，珠贝为香饵，苎萝不钓钓深闺。吞饵果殊姿。　　素肌纤弱，不胜罗绮。鸾镜畔，粉面淡匀，梨花一朵琼壶里。嫣然意态娇春，寸眸剪水，斜鬟松翠，人无双宜。名动君王，〔翠〕（绣）履容易，来登玉陛。

入破第一

窣湘裙，摇汉珮，步步香风起。敛双蛾，论时事，兰心巧会君意。殊珍异宝，犹自朝臣未与，妾何人，被此隆恩，虽令效死奉严旨。　　隐约龙姿忻悦，更把甘言说。辞俊美，质娉婷，天教汝众美兼备。闻吴重色，凭汝和亲，应为靖边陲。将别金门，俄挥粉泪，靓妆洗。

第二虚催

飞云驶香车，故国难回睇，芳心渐摇，迤逦吴都繁丽。忠臣子胥，预知道为邦祟，谏言先启，愿勿容其至。周亡褒姒，商倾妲己。　　吴王却嫌胥逆耳，才经眼，便深思爱，东风暗绽娇蕊。彩鸾翻妒伊。得取次于飞，共戏金屋，看承他宫尽废。

第三衮遍

华宴夕。灯摇醉粉，菡萏笼蟾桂。扬翠袖，含风舞，轻妙处，惊鸿态。分明是，瑶台琼树，阆苑蓬壶景，尽移此地。花绕仙步，莺随管吹。　　宝帐暖，留春百和，馥郁融鸳被。银漏永，楚云浓，三竿日犹褪霞衣。宿醒轻腕嗅，宫花双带系，合同心时，波下比目，深怜到底。

第四催拍

耳盈丝竹，眼摇珠翠，迷乐事，宫闱内。争知渐国势陵夷。奸臣献佞，转恣奢淫，天谴岁屡饥。从此万姓，离心解体。越遣使阴窥虚实，蚤夜营边备。兵未动，子胥存，虽堪伐，尚畏忠义。斯人既戮，又且严兵卷土赴黄池，观衅种蠡，方云可矣。

第五衮遍

机有神，征鼙一鼓，万马襟喉地。庭喋血，诛留守，怜屈服，敛兵还，危如此。当除祸本，重结人心，争奈竟荒迷。战骨方埋，灵旗又指。　　势连败，柔荑携泣，不忍相抛弃。身在今，心先死，宵奔兮，兵已前围。谋穷计尽，唳鹤啼猿，闻处分外悲。丹穴纵近，谁容再归。

第六歇拍

哀诚屡吐，甬东分赐，垂暮日，置荒隅，心知愧。宝锷红委，鸾存凤去，辜负恩怜，情不似虞姬。尚望论功，荣归故里。

降令曰：吴无赦汝，越与吴何异。吴正怨，越方疑，从公论合去妖类。蛾眉宛转，竟殒鲛绡，香骨委尘泥。渺渺姑苏，荒芜鹿戏。

第七煞衮

王公子，青春更才美，风流慕连理。耶溪一日，悠悠回首凝思。云鬟烟鬓，玉珮霞裾，依约露妍姿。送目惊喜，俄迁玉趾。

同仙骑，洞府归去，帘枕窈窕戏鱼水。正一点犀通，遽别恨何已！媚魄千载，教人属意，况当时，金殿里。

此曲自〔排遍第八〕至〔煞衮〕，共十遍，而截去〔排遍第七〕以上不用。此种大曲，遍数既多，虽便于叙事，然其动作，皆有定则，欲以完全演一故事，固非易易。且现存大曲，皆为叙事体，而非代言体。即有故事，要亦为歌舞戏之一种，未足以当戏曲之名也。

由上所述宋乐曲观之，则传踏仅以一曲反复歌之；曲破与大曲，则曲之遍数虽多，然仍限于一曲。至合数曲而成一乐者，唯宋鼓吹曲中有之。宋大驾鼓吹，恒用〔导引〕、〔六州〕、〔十二时〕三曲。梓宫发引，则加《祔陵歌》，虞主回京，则加《虞主歌》，各为四曲。南渡后郊祀，则于〔导引〕、〔六州〕、〔十二时〕三曲外，又加〔奉裸歌〕、〔降仙台〕二曲，共为五曲。合曲之体例，始于鼓吹见之。若求之于通常乐曲中，则合诸曲以成全体者，实自诸宫调始。诸宫调者，小说之支流，而被之以乐曲者也。《碧鸡漫志》（卷二）："熙宁、元丰间，泽州孔三传始创诸宫调古传，士大夫皆能诵之。"《梦粱录》（卷二十）云："说唱诸宫调，昨汴京有孔三传，编成传奇灵怪，入曲说唱。"《东京梦华录》（卷五）纪崇观以来瓦舍伎艺，有"孔三传、耍秀才诸宫调"。《武林旧事》（卷六）所载诸色伎艺人，诸宫调传奇有高郎妇等四人。则南北宋均有之。今其词尚存者，唯金董解元之《西厢》耳。董解元《西厢》，胡元瑞、焦理堂、施北研笔记中，均有考订，讫不知为何体。沈德符《野获编》（卷二十五）且妄以为金人院本模范。以余考之，确为诸宫调无疑。观陶南村《辍耕录》谓："金章宗时董解元所编《西厢记》，时代未远，犹罕有人能解之。"则后人不识此体，固不足怪也。此编之为诸宫调，有三证：本书卷一《太平赚》词云："俺平生情性好疏狂，疏狂的情性难拘束。一回家想么，诗魔多，爱选多情曲。比前贤乐府不中听，在诸宫调里却著数。"此开卷自叙作词缘起，而自云"在诸宫调里"，其证一也。元凌云翰《柘轩词》有〔定风波〕词赋《崔莺莺传》云："翻残金旧日诸宫调本，才入时人听。"则金人所赋《西厢》词，自为诸宫调，其证二也。此书体例，求之古曲，无一相似。独元王伯成《天宝遗事》，见于《雍熙乐府》、《九宫大成》所选者，大致相同。而元钟嗣成《录鬼簿》（卷上）于王伯成条下注云："有《天宝遗事诸宫调》行于世。"王词既为诸宫调，则董词之为诸宫调无疑，其证三也。其所以名诸宫调者，则由宋人所用大曲传踏，不过一曲，其为同一宫调中甚明；唯此编每宫调中，多或十余曲，少或一二曲，即易他宫调，合若干宫调以咏一事，故谓之诸宫调。今录二三调以示其例：

〔黄钟宫·出队子〕最苦是离别，彼此心头难弃舍。莺莺哭得似
痴呆，脸上啼痕都是血，有千种恩情何处说。夫人道"天晚教
郎疾去"，怎奈红娘心似铁，把莺莺扶上七香车。君瑞攀鞍空自
撅，道得个冤家宁奈些。

〔尾〕马儿登程，坐车儿归舍。马儿往西行，坐车儿往东拽，两
口儿一步儿离得远如一步也。

〔仙吕调·点绛唇〕〔缠令〕美满生离，据鞍兀兀离肠痛。旧欢
新宠，变作高唐梦。回首孤城，依约青山拥。西风送，戍楼寒
重，初品梅花弄。

〔瑞莲儿〕衰草凄凄一径通，丹枫索索满林红。平生踪迹无定
著，如断蓬。听塞鸿，哑哑的飞过暮云重。

〔风吹荷叶〕忆得枕鸳衾凤，今宵管半壁儿没用。触目凄凉千万
种：见滴流流的红叶，淅零零的微雨，率剌剌的西风。

〔尾〕驴鞭半袅，吟肩双耸，休问离愁轻重，向个马儿上驼也驼
不动。（离蒲西行三十里，日色晚矣，野景堪画。）

〔仙吕调·赏花时〕落日平林噪晚鸦，风袖翩翩催瘦马，一径入
天涯，荒凉古岸，衰草带霜滑。瞥见个孤林端入画，篱落萧疏带
浅沙，一个老大伯捕鱼虾，横桥流水，茅舍映荻花。

〔尾〕驼腰的柳树上有鱼槎，一竿风旆茅檐上挂。澹烟潇洒，横
锁著两三家。（生投宿于村落。）

此上八曲，已易三调，全书体例皆如是。此于叙事最为便利，盖
大曲等先有曲，而后人借以咏事；此则制曲之始，本为叙事而设。故
宋、金杂剧院本中，后亦用之（见后二章），非徒供说唱之用而已。

宋人乐曲之不限一曲者，诸宫调之外，又有赚词。赚词者，取一
宫调之曲若干，合之以成一全体。此体久为世人所不知，案《梦梁
录》（卷二十）："绍兴年间，有张五牛大夫，因听动鼓板中有〔太平
令〕或赚鼓板，即今拍板大节抑扬处是也，遂撰为赚。赚者，误赚

之之义，正堪美听中，不觉已至尾声，是不宜为片序也。又有覆赚，其中变花前月下之情，及铁骑之类。"云云。是唱赚之中，亦有敷演故事者，今已不传。其常用赚词，余始于《事林广记》（日本翻元泰定本戊集卷二）中发见之。其前且有唱赚规例，今具录如下：

（遏云要诀）夫唱赚一家，古谓之道赚。腔必真，字必正。欲有墩亢掣拽之殊，字有唇喉齿舌之异，抑分轻清重浊之声，必别合口半合口之字，更忌马鬣靸子，俗语乡谈。如对圣案，但唱乐道、山居、水居、清雅之词，切不可以风情花柳艳冶之曲；如此，则为渎圣。社条不赛，筵会吉席，上寿庆贺，不在此限。假如未唱之初，执拍当胸，不可高过鼻，须假鼓板村掇，三拍起引子，唱头一句。又三拍至两片结尾，三拍煞；入序，尾，三拍巾斗煞；入赚，头一字当一拍，第一片三拍，后仿此。出赚三拍，出声巾斗又三拍煞。尾声，总十二拍：第一句四拍，第二句五拍，第三句三拍煞。此一定不逾之法。

遏云致语（筵会用）〔鹧鸪天〕

遇酒当歌酒满斟，一筋一咏乐天真，三杯五盏陶情性，对月临风自赏心。环列处，总佳宾，歌声缭亮遏行云，春风满座知音者，一曲教君侧耳听。

圆社市语〔中吕官·圆里圆〕

〔**紫苏丸**〕相逢闲暇时，有闲的打唤睄儿，呵喝啰声嗽道糜厮，俺嗏欢喜，才下脚，须和美。试问伊家，有甚夹气，又管甚官场侧背，算人间落花流水。

〔**缕缕金**〕把金银锭打旋起，花星临照我，怎鞢避？近日闲游戏，因到花市帘儿下，瞥见一个表儿圆，咱每便著意。

〔**好女儿**〕生得宝妆跷，身分美，绣带儿缠脚，更好肩背。画眉儿人鬓春山翠。带著粉钳儿，更绾个朝天髻。

〔**大夫娘**〕忙入步，又迟疑，又怕五角儿冲撞我没跷踢。网儿尽是札，圆底都松例，要抛声忒壮果难为，真个费脚力。

〔好孩儿〕供送饮三杯，先入气，道今宵打歇处，把人拍惜。怎知他水脉透不由得你。咱们只要表儿圆时，复地一合儿美。

〔赚〕春游禁陌，流莺往来穿梭戏，紫燕归巢，叶底桃花绽蕊。赏芳菲，蹴秋千高而不远，似踏火不沾地，见小池，风摆荷叶戏水。素秋天气，正玩月斜插花枝，赏登高佳料沙羔美，最好当场落帽，陶潜菊绕篱。仲冬时，那孩儿忌酒怕风，帐幕中缠脚忒稔腻。讲论处，下梢团圆到底，怎不则剧。

〔越恁好〕勘脚并打二步步随定伊，何曾见走衮，你于我，我与你，场场有踢，没些拗背。两个对垒，天生不枉作一对。脚头果然厮稠密密。

〔鹘打兔〕从今后一来一往，休要放脱些儿，又管甚搅闲底拽，闲定白打赚厮，有千般解数，真个难比。

骨 自 有

〔尾声〕五花丛里英雄辈，倚玉偎香不暂离，做得个风流第一。

《事林广记》虽载此词，然不著其为何时人所作。以余考之，则当出南渡之后。词前有"遏云要诀"，遏云者，南宋歌社之名。《武林旧事》（卷三）"二月八日，为相川张王生辰，霍山行宫朝拜极盛，百戏竞集。如绯绿社（杂剧）、齐云社（蹴球）、遏云社（唱赚）等"云云。《梦粱录》（卷十九）"社会"条下亦载之。今此词之首，有遏云要诀、遏云致语，又云"唱赚"、"道赚"，而词中又有赚词，则为宋遏云社所唱赚词无疑也。所唱之曲，题为"圆社市语"，圆社，谓蹴球，《事林广记》戊集（卷二）"圆社摸场"条，起四句云："四海齐云社，当场蹴气球，作家偏著所，圆社最风流。"今曲题如此，而曲中所使，皆蹴球家语，则圆社为齐云社无疑。以遏云社之人，唱齐云社之事，谓非南宋人所作不可也。此词自其结构观之，则似北曲；自其曲名，则疑为南曲。盖其用一宫调之曲，颇似北曲套数。其曲名则〔缕缕金〕、〔好孩儿〕、〔越恁好〕三曲，均在南曲中吕宫，〔紫苏丸〕则在南曲仙吕宫，北曲中无此数调。〔鹘打兔〕则南北曲皆有，唯皆无〔大夫娘〕一曲。盖南北曲之形式及材料，在南宋已全具矣。

第五章　宋官本杂剧段数

由前三章研究之所得，而后宋之戏曲，可得而论焉。戏曲之作，不能言其始于何时。宋《崇文总目》（卷一）已有周优人《曲辞》二卷。原释云："周吏部侍郎赵上交，翰林学士李昉，谏议大夫刘陶，司勋郎中冯古，纂录燕优人曲辞。"此燕为刘守光之燕，或契丹之燕，其曲辞为乐曲或戏曲，均不可考。《宋史·乐志》亦言真宗不喜郑声，而或为杂剧词，未尝宣布于外。《梦粱录》（卷二十）亦云："向者汴京教坊大使孟角球，曾做杂剧本子，葛守诚撰四十大曲。"则北宋固确有戏曲。然其体裁如何，则不可知。惟《武林旧事》（卷十）所载官本杂剧段数，多至二百八十本。今虽仅存其目，可以窥两宋戏曲之大概焉。

就此二百八十本精密考之，则其用大曲者一百有三，用法曲者四，用诸宫调者二，用普通词调者三十有五。兹分别叙之。

大曲一百有三本：

〔六么〕二十本（案《宋史·乐志》、《文献通考·教坊部》十八调中，中吕调、南吕调、仙吕调，均有〔绿腰〕大曲，"六么"即其略字也。）

《争曲六么》、《扯拦六么》、《教鳌六么》、《鞭帽六么》、《衣笼六么》、《厨子六么》、《孤夺旦六么》、《王子高六么》、《崔护六么》、《骰子六么》、《照道六么》、《莺莺六么》、《大宴六么》、《驴精六么》、《女生外向六么》、《慕道六么》、《三偌慕道六么》、《双拦哮六么》、《赶厌夹六么》、《羹汤六么》

〔瀛府〕六本（《宋史·乐志》及《通考·教坊部》十八调中，正宫、南吕宫中，均有〔瀛府〕大曲。）

《索拜瀛府》、《厚熟瀛府》、《哭骰子瀛府》、《醉院君瀛

府》、《懊骨头瀛府》、《赌钱望瀛府》

〔**梁州**〕七本（《宋史·乐志》及《通考·教坊部》十八调中，正宫调、道调宫、仙吕宫、黄钟宫，均有〔梁州〕大曲。）

《四僧梁州》、《三索梁州》、《诗曲梁州》、《头钱梁州》、《食店梁州》、《法事馒头梁州》、《四哮梁州》

〔**伊州**〕五本（《宋史·乐志》及《通考·教坊部》十八调，越调、歇指调中，均有〔伊州〕大曲。）

《领伊州》、《铁指甲伊州》、《闹伍伯伊州》、《裴少俊伊州》、《食店伊州》

〔**新水**〕四本（《宋史·乐志》及《通考·教坊部》十八调，双调中有〔新水调〕大曲。〔新水〕，即〔新水调〕之略也。）

《桶担新水》、《双哮新水》、《烧花新水》、《新水爨》

〔**薄媚**〕九本（《宋史·乐志》及《通考·教坊部》十八调，道调宫、南吕宫中，均有〔薄媚〕大曲。）

《简帖薄媚》、《请客薄媚》、《错取薄媚》、《传神薄媚》、《九妆薄媚》、《本事现薄媚》、《打调薄媚》、《拜褥薄媚》、《郑生遇龙女薄媚》

〔**大明乐**〕三本（《宋史·乐志》及《通考·教坊部》十八调，大石调中有〔大明乐〕大曲。）

《土地大明乐》、《打球大明乐》、《三爷老大明乐》

〔**降黄龙**〕五本（案《宋史·乐志》及《通考·教坊部》大曲中，无〔降黄龙〕之名，然张炎《词源》卷下云："如〔六么〕，如〔降黄龙〕，皆大曲。"又云："大曲〔降黄龙〕花十六，当用十六拍。"今《董西厢》及南北曲均有〔降黄龙衮〕一调，衮者，大曲中一遍之名，则此五本为大曲无疑。）

《列女降黄龙》、《双旦降黄龙》、《柳玭上官降黄龙》、《入寺降黄龙》、《偷标降黄龙》

〔**胡渭州**〕四本（《宋史·乐志》及《通考·教坊部》十八调，小石调、林钟商中均有〔胡渭州〕大曲。）

《赶厥胡渭州》、《单番将胡渭州》、《银器胡渭州》、《看灯胡渭州》

〔石州〕三本（《宋史·乐志》及《通考·教坊部》十八调，越调中有〔石州〕大曲。）

《单打石州》、《和尚那石州》、《赶厥石州》

〔大圣乐〕三本（《宋史·乐志》及《通考·教坊部》十八调，道调宫中有〔大圣乐〕大曲。）

《塑金刚大圣乐》、《单打大圣乐》、《柳毅大圣乐》

〔中和乐〕四本（《宋史·乐志》及《通考·教坊部》十八调，黄钟宫中有〔中和乐〕大曲。）

《霸王中和乐》、《马头中和乐》、《大打调中和乐》、《封鸳中和乐》

〔万年欢〕二本（《宋史·乐志》及《通考·教坊部》十八调，中吕宫中有〔万年欢〕大曲。）

《喝贴万年欢》、《托合万年欢》

〔熙州〕三本（案《宋史·乐志》及《通考·教坊部》十八调，四十大曲中无〔熙州〕之名。然洪迈《容斋随笔》卷十四云："今世所传大曲，皆出于唐。而以州名者五：伊、凉、熙、石、渭也。"周邦彦《片玉词》有〔氏州第一〕词。毛晋注《清真集》作〔熙州摘遍〕，是氏州即熙州。摘遍者，谓摘大曲之一遍为之，亦宋人语，则〔熙州〕之为大曲审矣。）

《迓鼓熙州》、《骆驼熙州》、《二郎熙州》

〔道人欢〕四本（《宋史·乐志》及《通考·教坊部》十八调，中吕调中有〔道人欢〕大曲。）

《大打调道人欢》、《会子道人欢》、《打拍道人欢》、《越娘道人欢》

〔长寿仙〕三本（《宋史·乐志》及《通考·教坊部》十八调，般涉调中有〔长寿仙〕大曲。）

《打勘长寿仙》、《偌卖旦长寿仙》、《分头子长寿仙》

〔剑器〕二本（《宋史·乐志》及《通考·教坊部》十八调，中吕宫、黄钟宫中，均有〔剑器〕大曲。）

《病爷老剑器》、《霸王剑器》

〔延寿乐〕二本（《宋史·乐志》及《通考·教坊部》十八调，仙吕官中有〔延寿乐〕大曲。）

　　《黄杰进延寿乐》、《义养娘延寿乐》

　　〔**贺皇恩**〕二本（《宋史·乐志》及《通考·教坊部》十八调，林钟商中有〔贺皇恩〕大曲。）

　　《扯篮儿贺皇恩》、《催妆贺皇恩》

　　〔**采莲**〕三本（《宋史·乐志》及《通考·教坊部》十八调，双调中有〔采莲〕大曲。）

　　《唐辅采莲》、《双哮采莲》、《病和采莲》

　　〔**保金枝**〕一本（《宋史·乐志》及《通考·教坊部》十八调，仙吕官中有〔保金枝〕大曲。）

　　《槛偌保金枝》

　　〔**嘉庆乐**〕一本（《宋史·乐志》及《通考·教坊部》十八调，小石调中有〔嘉庆乐〕大曲。）

　　《老孤嘉庆乐》

　　〔**庆云乐**〕一本（《宋史·乐志》及《通考·教坊部》十八调，歇指调中有〔庆云乐〕大曲。）

　　《进笔庆云乐》

　　〔**君臣相遇乐**〕一本（《宋史·乐志》及《通考·教坊部》十八调，歇指调中有〔君臣相遇乐〕大曲，“相遇乐”，即〔君臣相遇乐〕之略也。）

　　《裴航相遇乐》

　　〔**泛清波**〕二本（《宋史·乐志》及《通考·教坊部》十八调，林钟商中有〔泛清波〕大曲。）

　　《能知他泛清波》、《三钓鱼泛清波》

　　〔**彩云归**〕二本（《宋史·乐志》及《通考·教坊部》十八调，仙吕调中有〔彩云归〕大曲。）

　　《梦巫山彩云归》、《青阳观碑彩云归》

　　〔**千春乐**〕一本（《宋史·乐志》及《通考·教坊部》十八调，黄钟羽中有〔千春乐〕大曲。）

　　《禾打千春乐》

　　〔**罢金钲**〕一本（《宋史·乐志》及《通考·教坊部》十八调，南吕调中有〔罢金钲〕大曲。）

　　《牛五郎罢金钲》（原作〔罢金征〕，误也）

以上百有三本，皆为大曲。其为曲二十有八，而其中二十六，在《教坊部》四十大曲中。余如〔降黄龙〕、〔熙州〕二曲之为大曲，亦有宋人之说可证也。

法曲四本：

　　《棋盘法曲》、《孤和法曲》、《藏瓶法曲》、《车儿法曲》

《宋史·乐志》有法曲部。其曲二：一曰〔道调宫·望瀛〕，二曰〔小石调·献仙音〕。《词源》（卷下）谓大曲片数（即遍数）与法曲相上下，则二者略相似也。

诸宫调二本：

　　《诸宫调霸王》、《诸宫调卦册儿》

按此即以诸宫调慎曲也。

普通词调三十本：

　　《打地铺逍遥乐》、《病郑逍遥乐》、《崔护逍遥乐》、《瀽洒逍遥乐》、《四郑舞杨花》、《四偌满皇州》（原脱满字）、《浮沤暮云归》、《五柳菊花新》、《四季夹竹桃》、《醉花阴爨》、《夜半乐爨》、《木兰花爨》、《月当厅爨》、《醉还醒爨》、《扑蝴蝶爨》、《满皇州卦铺儿》、《白苎卦铺儿》、《探春卦铺儿》、《三哮好女儿》、《二郎神变二郎神》、《大双头莲》、《小双头莲》、《三笑月中行》、《三登乐院公狗儿》、《三教安公子》、《普天乐打三教》、《满皇州打三教》、《三姐醉还醒》、《三姐黄莺儿》、《卖花黄莺儿》

其不见宋词，而见于金元曲调者九本：

　　《四小将整乾坤》、《棹孤舟爨》、《庆时丰卦铺儿》、《三哮上小楼》、《鹘打兔变二郎神》、《双罗罗啄木儿》、《赖房钱啄木儿》、《围城啄木儿》、《四国朝》

此外有不著其名，而实用曲调者。 如《三十拍爨》则李涪《刊误》云："罹酒三十拍，促曲名〔三台〕。"则实用〔三台〕曲也。《三十六拍爨》当亦仿此。《钱手帕爨》注云："小字〔太平歌〕"，则用〔太平歌〕曲也。余如《两相宜万年芳》之〔万年芳〕,《病孤三乡题》、《王魁三乡题》、《强偌三乡题》之〔三乡题〕,《三哕文字儿》之〔文字儿〕,虽词曲调中,均不见其名,以他本例之,疑亦俗曲之名也。又如《崔智韬艾虎儿》、《雌虎》(原注云:崔智韬)二本,并不见有用歌曲之迹,而关汉卿《谢天香》杂剧楔子曰:"郑六遇妖狐,崔韬逢雌虎,大曲内尽是寒儒。"则此二本之一,当以大曲演之。此外各本之类此者,当亦不乏也。

由此观之,则此二百八十本中,其用大曲、法曲、诸宫调、词曲调者,共一百五十余本,已过全数之半,则南宋杂剧,殆多以歌曲演之,与第二章所载滑稽戏迥异。其用大曲、法曲、诸宫调者,则曲之片数颇多,以敷衍一故事,自觉不难。其单用词调及曲调者,只有一曲,当以此曲循环敷演,如上章传踏之例,此在元、明南曲中,尚得发见其例也。

且此二百八十本,不皆纯正之戏剧。如《打调薄媚》、《大打调中和乐》、《大打调道人欢》三本,则刘昌诗《芦浦笔记》(卷三)谓街市戏谑,有打砌打调之类,实滑稽戏之支流,而佐以歌曲者也。如《门子打三教爨》、《双三教》、《三教安公子》、《三教闹著棋》、《打三教庵宇》、《普天乐打三教》、《满皇州打三教》、《领三教》,则演前章所述三教人者也。《迓鼓儿熙州》、《迓鼓孤》,则前章所云讶鼓之戏也。《天下太平爨》及《百花爨》,则《乐府杂录》所谓字舞花舞也。案《齐东野语》(卷十)云:"州郡遇圣节锡宴,率命猥伎数十,群舞于庭,作天下太平字,殊为不经;而唐王建《宫词》云:'每过舞头分两向,太平万岁字当中。'则此事由来久矣",云云。可知宋代戏剧,实综合种种之杂戏;而其戏曲,亦综合种种之乐曲,此事观后数章自益明也。

此项官本杂剧,虽著录于宋末,然其中实有北宋之戏曲,不可不知也。如《王子高六么》一本,实神宗元丰以前之作。赵彦卫《云麓漫钞》(卷十):"王迥字子高,旧有周琼姬事,胡徽之为作传,或用其传作〔六么〕。"朱彧《萍洲可谈》(卷一):"王迥美姿容,有才思,少年时不甚持重,间为狎邪辈所诬,播入乐府。今〔六么〕所歌奇俊王家郎者，乃迥也。元丰初，蔡持正举之，可任监司，神宗忽云：'此乃奇俊王家郎乎？'持正叩头请罪。"（又见一宋人小说云：或荐子高于王荆公，公举此语。今不能举其书名。案子高尝从荆公游，则语或近是。）则此曲实作于神宗时，然至南宋末尚存。吴文英《梦窗乙稿》中，〔惜秋华〕词自注尚及之。然其为北宋之作，无可疑也。又如《三爷老大明乐》、《病老爷剑器》二本，爷老二字，中国夙未闻有此，疑是契丹语。《唐书·房琯传》："彼曳落河虽多，岂能当我刘秩等。"愚谓曳落河即《辽史》屡见之拽剌。《辽史·百官志》云："走卒谓之拽剌。"元马致远《荐福碑》杂剧，尚有曳剌，为从傔之属。爷老二字，当亦曳剌之同音异译，此必北宋与辽盟聘时输入之语。则此二本，当亦为北宋之作。以此推之，恐尚不止此数本。然则此二百八十本，与其视为南宋之作，不若视为两宋之作为妥也。

第六章　金院本名目

两宋戏剧，均谓之杂剧，至金而始有院本之名。院本者，《太和正音谱》云："行院之本也。"初不知行院为何语，后读元刊《张千替杀妻》杂剧云："你是良人良人宅眷，不是小末小末行院。"则行院者，大抵金、元人谓倡伎所居，其所演唱之本，即谓之院本云尔。院本名目六百九十种，见于陶九成《辍耕录》（卷二十五）者，不言其为何代之作。而院本之名，金、元皆有之，故但就其名，颇难区别。以余考之，其为金人所作，殆无可疑者也（见下）。自此目观之，甚与宋官本杂剧段数相似，而复杂过之。其中又分子目若干。曰"和曲院本"者十有四本。其所著曲名，皆大曲法曲，则和曲殆大曲法曲之总名也。曰"上皇院本"者十有四本。其中如《金明池》、《万岁山》、《错入内》、《断上皇》等，皆明示宋徽宗时事，他可类推，则上皇者谓徽宗也。曰"题目院本"者二十本。按题目，即唐以来合生之别名。高承《事物纪原》（卷九）"合生"条言《唐书·武平一传》平一上书：比来妖伎胡人于御座之前，"或言妃主情貌，或列王公名质，咏歌舞踏，名曰合生，始自王公，稍及闾巷"，即合生之原，起于唐中宗时也，今人亦谓之唱题目云云。此云题目，即唱题目之略也。曰"霸王院本"者六本，疑演项羽之事。曰"诸杂大小院本"者一百八十有九，曰"院么"者二十有一，曰"诸杂院爨"者一百有七。陶氏云："院本又谓之五花爨弄。"则爨亦院本之异名也。曰"冲撞引首"者一百有九，曰"拴搐艳段"者九十有二。案《梦粱录》（卷二十）云："杂剧先做寻常熟事一段，名曰艳段；次做正杂剧。"则引首与艳段，疑各相类。艳段，《辍耕录》又谓之焰段。曰："焰段，亦院本之意，但差简耳。取其如火焰，易明而易灭也。"其所以不得为正杂剧者，当以此；但不知所谓冲撞、拴搐，作何解耳。曰"打略拴搐"者八十有八，曰"诸杂砌"者三十。案《芦浦笔记》谓："街市戏谑，有打砌、打调之类。"疑杂砌亦滑稽戏之流。然其目则颇多故事，则又似与打砌无涉。《云麓漫抄》（卷八）："近日优人作杂班，似杂剧而稍简略。金虏官制，有文班武班，若医卜倡优，谓之杂班。每宴集，伶人进，曰杂班上，故流传作此。"然《东京梦华录》已有杂扮之名。《梦粱录》亦云："杂扮或曰杂班，又名经（当作纽）元子，又谓之拔和，即杂剧之后散段也。顷在汴京时，村落野夫，罕得入城，遂撰此端，多是借装为山东河北村叟，以资笑端。"则自北宋已有之。今"打略拴搐"中，有《和尚家门》、《先生家门》、《秀才家门》、《列良家门》、《禾下家门》各种，每种各有数本，疑皆装此种人物以资笑剧，或为杂扮之类；而所谓杂砌者，或亦类是也。

更就其所著曲名分之，则为大曲者十六：

《上坟伊州》、《烧花新水》、《熙州骆驼》、《列良瀛府》、《贺贴万年欢》、《掴虏降黄龙》、《列女降黄龙》（以上和曲院本）
《进奉伊州》（诸杂大小院本）
《闹夹棒六么》、《送宣道人欢》、《扯彩延寿乐》、《讳老长寿仙》、《背箱伊州》、《酒楼伊州》、《抹面长寿仙》、《羹汤六么》（以上诸杂院爨）

为法曲者七:

《月明法曲》、《郓王法曲》、《烧香法曲》、《送香法曲》（以上和曲院本）

《闹夹棒法曲》、《望瀛法曲》、《分拐法曲》（以上诸杂院爨）

为词曲调者三十有七:

《病郑逍遥乐》、《四皓逍遥乐》、《四酸逍遥乐》（以上和曲院本）

《春从天上来》（上皇院本）

《杨柳枝》（题目院本）

《似娘儿》、《丑奴儿》、《马明王》、《斗鹌鹑》、《满朝欢》、《花前饮》、《卖花声》、《隔帘听》、《击梧桐》、《海棠春》、《更漏子》（以上诸杂大小院本）

《逍遥乐打马铺》、《夜半乐打明皇》、《集贤宾打三教》、《喜迁莺刹草鞋》、《上小楼衮头子》、《单兜望梅花》、《双声叠韵》、《河转迓鼓》、《和燕归梁》、《谒金门爨》（以上诸杂院爨）

《憨郭郎》、《乔捉蛇》、《天下乐》、《山麻秸》、《捣练子》、《净瓶儿》、《调笑令》、《斗鼓笛》、《柳青娘》（以上冲撞引首）

《归塞北》、《少年游》（以上拴搐艳段）

《春从天上来》、《水龙吟》（以上打略拴搐）

又"拴搐艳段"中，有一本名《诸宫调》，殆以诸宫调敷演之。则其体裁，全与宋官本杂剧段数相似；唯著曲名者，不及全体十分之一，而官本杂剧则过十分之五，此其相异者也。

此院本名目中，不但有简易之剧，且有说唱杂戏在其间。如:

《讲来年好》、《讲圣州序》、《讲乐章序》、《讲道德经》、《讲蒙求爨》、《讲心字爨》

此即推说经诨经之例而广之。他如：

《订注论语》、《论语谒食》、《擂鼓孝经》、《唐韵六帖》

疑亦此类。又有：

《背鼓千字文》、《变龙千字文》、《摔盒千字文》、《错打千字文》、《木驴千字文》、《埋头千字文》

此当取周兴嗣《千字文》中语，以演一事，以悦俗耳，在后世南曲宾白中犹时遇之；盖其由来已古，此亦说唱之类也。又如：

《神农大说药》、《讲百果爨》、《讲百花爨》、《讲百禽爨》

案《武林旧事》（卷六）载说药有杨郎中、徐郎中、乔七官人，则南宋亦有之。其说或借药名以制曲，或说而不唱，则不可知；至讲百果、百花、百禽，亦其类也。

"打略拴搐"中，有《星象名》、《果子名》、《草名》等。以名字终者二十六种，当亦说药之类。又有：

《和尚家门》四本，《先生家门》四本（自其子目观之，先生谓道士也），《秀才家门》十本，《列良家门》六本（列良谓日者），《禾下家门》五本（禾下谓农夫），《大夫家门》八本（大夫谓医士），《卒子家门》四本，《良头家门》二本（良头未详），《邦老家门》二本（邦老谓盗贼），《都子家门》三本（都子谓乞丐），《孤下家门》三本（孤下谓官吏），《司吏家门》二本，《仵作行家门》一本，《撅俫家门》一本（撅俫未详）

此五十五本，殆摹写社会上种种人物职业，与三教、迓鼓等戏相似。此外如"拴搐艳段"中之《遮截架解》、《三打步》、《穿百倬》，

"打略拴搐"中之《难字儿》、《猜谜》等，则并竞技游戏等事而有之。此种或占演剧之一部分，或用为戏剧中之材料，虽不可知，然可见此种戏剧，实综合当时所有之游戏技艺，尚非纯粹之戏剧也。

此院本名目之为金人所作，盖无可疑。《辍耕录》云："金有杂剧、院本、诸宫调。院本、杂剧，其实一也。国朝院本杂剧，始厘而二之。"今此目之与官本杂剧段数同名者十余种，而一谓之杂剧，一谓之院本，足明其为金之院本，而非元之院本，一证也。中有《金皇圣德》一本，明为金人之作，而非宋、元人之作，二证也。如《水龙吟》、《双声叠韵》等之以曲调名者，其曲仅见于《董西厢》，而不见于元曲，三证也。与宋官本杂剧名例相同，足证其为同时之作，四证也。且其中关系开封者颇多，开封者，宋之东都，金之南都，而宣宗贞祐后迁居于此者也，故多演宋汴京时事。"上皇院本"且勿论，他如郓王、蔡奴，汴京之人也，金明池、陈桥，汴京之地也，其中与宋官本杂剧同名者，或犹是北宋之作，亦未可知。然宋、金之间，戏剧之交通颇易，如杂班之名，由北而入南，唱赚之作，由南而入北（唱赚始于绍兴间，然《董西厢》中亦多用之）。又如演蔡中郎事者，则南有负鼓盲翁之唱，而院本名目中亦有《蔡伯喈》一本，可知当时戏曲流传，不以国土限也。

第七章　古剧之结构

宋、金以前杂剧院本，今无一存。又自其目观之，其结构与后世戏剧迥异，故谓之古剧。古剧者，非尽纯正之剧，而兼有竞技游戏在其中，既如前二章所述矣。盖古人杂剧，非瓦舍所演，则于宴集用之。瓦舍所演者，技艺甚多，不止杂剧一种；而宴集时所以娱耳目者，杂剧之外，亦尚有种种技艺。观《宋史·乐志》、《东京梦华录》、《梦粱录》、《武林旧事》，所载天子大宴礼节可知。即以杂剧言，其种类亦不一。正杂剧之前，有艳段，其后散段谓之杂扮（见第六章），二者皆较正杂剧为简。此种简易之剧，当以滑稽戏竞技游戏充之，故此等亦时冒杂剧之名，此在后世犹然。明顾起元

《客座赘语》谓:"南都万历以前,大席则用教坊打院本,乃北曲四大套者。中间错以撮垫圈,舞观音,或百丈旗,或跳队。"明代且然,则宋、金固不足怪。但其相异者,则明代竞技等,错在正剧之中间,而宋、金则在其前后耳。至正杂剧之数,每次所演,亦复不多。《东京梦华录》谓:"杂剧入场,一场两段。"《梦粱录》亦云:"次做正杂剧,通名两段。"《武林旧事》(卷一)所载"天基圣节排当乐次",亦皇帝初坐,进杂剧二段,再坐,复进二段。此可以例其余矣。

脚色之名,在唐时只有参军、苍鹘,至宋而其名稍繁。《梦粱录》(卷二十)云:"杂剧中末泥为长,每一场四人或五人。(中略)末泥色主张,引戏色分付,副净色发乔,副末色打诨。或添一人,名曰装孤。"《辍耕录》(卷二十五)所述略同。唯《武林旧事》(卷一)所载"乾淳教坊乐部"中,杂剧三甲,一甲或八人或五人。其所列脚色五,则有戏头而无末泥,有装旦而无装孤,而引戏、副净、副末三色相同,唯副净则谓之次净耳。《梦粱录》云:"杂剧中末泥为长。"则末泥或即戏头;然戏头、引戏,实出古舞中之舞头、引舞。(唐王建《宫词》:"舞头先拍第三声。"又:"每过舞头分两句。"则舞头唐时已有之。《宋史·乐志》有引舞,亦谓之引舞头。《乐府杂录·傀儡》条有引歌舞者郭郎,则引舞亦始于唐也。)则末泥亦当出于古舞中之舞末。《东京梦华录》(卷九)云:"舞旋多是雷中庆……舞曲破撷前一遍,舞者入场,至歇拍,一人入场,对舞数拍,前舞者退,独后舞者终其曲,谓之舞末。"末之名当出于此。又长言之则为末泥也。净者,参军之促音,宋代演剧时,参军色手执竹竿子以句之(见《东京梦华录》卷九),亦如唐代协律郎之举麾乐作,偃麾乐止相似,故参军亦谓之竹竿子。由是观之,则末泥色以主张为职,参军色以指麾为职,不亲在搬演之列,故宋戏剧中净、末二色,反不如副净、副末之著也。

唐之参军、苍鹘,至宋而为副净、副末二色。夫上既言净为参军之促音,兹何故复以副净为参军也?曰:副净本净之副,故宋人亦谓之参军。《梦华录》中执竹竿子之参军,当为净;而第二章滑稽剧中所屡见之参军，则副净也。此说有征乎？曰：《辍耕录》云："副净古谓之参军，副末古谓之苍鹘，鹘能击禽鸟，末可打副净。"此说以第二章所引《夷坚志》（丁集卷四）、《桯史》（卷七）、《齐东野语》（卷十三）诸事证之，无乎不合；则参军之为副净，当可信也。故净与末，始见于宋末诸书；而副净与副末，则北宋人著述中已见之。黄山谷〔鼓笛令〕词云："副靖传语木大，鼓儿里且打一和。"王直方《诗话》（《苕溪渔隐丛话》前集卷二十引）载："欧阳公致梅圣俞简云：'正如杂剧人，上名下韵不来，须副末接续。'"凡宋滑稽剧中，与参军相对待者，虽不言其为何色，其实皆为副末。此出于唐代参军与苍鹘之关系，其来已古。而《梦粱录》所谓末泥色主张，引戏色分付，副净色发乔，副末色打诨，此四语实能道尽宋代脚色之职分也。主张、分付，皆编排命令之事，故其自身不复演剧。发乔者，盖乔作愚谬之态，以供嘲讽；而打诨，则益发挥之以成一笑柄也。试细玩第二章所载滑稽剧，无在不可见发乔、打诨二者之关系。至他种杂剧，虽不知如何，然谓副净、副末二色，为古剧中最重之脚色，无不可也。

至装孤、装旦二语，亦有可寻味者。元人脚色中有孤有旦，其实二者非脚色之名；孤者，当时官吏之称，旦者，妇女之称。其假作官吏、妇女者，谓之装孤、装旦则可；若径谓之孤与旦，则已过矣。孤者，当以帝王官吏自称孤寡，故谓之孤；旦与姐不知其义。然《青楼集》谓张奔儿为风流旦，李娇儿为温柔旦，则旦疑为宋、元倡伎之称。优伶本非官吏，又非妇人，故其假作官吏妇人者，谓之装孤、装旦也。

要之：宋杂剧、金院本二目所现之人物，若姐、若旦、若倈，则示其男女及年齿；若孤、若酸、若爷老、若邦老，则示其职业及位置；若厥、若偌，则示其性情举止（其解均见拙著《古剧脚色考》）；若哮、若郑、若和，虽不解其义，亦当有所指示。然此等皆有某脚色以扮之，而其自身非脚色之名，则可信也。

宋杂剧、金院本二目中，多被以歌曲。当时歌者与演者，果一人否，亦所当考也。滑稽剧之言语，必由演者自言之；至自唱歌曲与否，则当视此时已有代言体之戏曲否以为断。若仅有叙事体之曲，则当如第四章所载史浩《剑舞》，歌唱与动作，分为二事也。

综上所述者观之，则唐代仅有歌舞剧及滑稽剧。至宋、金二代而始有纯粹演故事之剧，故虽谓真正之戏剧起于宋代，无不可也。然宋、金演剧之结构，虽略如上，而其本则无一存，故当日已有代言体之戏曲否，已不可知。而论真正之戏曲，不能不从元杂剧始也。

第八章　元杂剧之渊源

由前数章之说，则宋、金之所谓杂剧院本者，其中有滑稽戏，有正杂剧，有艳段，有杂班，又有种种技艺游戏。其所用之曲，有大曲，有法曲，有诸宫调，有词，其名虽同，而其实颇异。至成一定之体段，用一定之曲调，而百余年间无敢逾越者，则元杂剧是也。元杂剧之视前代戏曲之进步，约而言之，则有二焉。宋杂剧中用大曲者几半。大曲之为物，遍数虽多，然通前后为一曲，其次序不容颠倒，而字句不容增减，格律至严，故其运用亦颇不便。其用诸宫调者，则不拘于一曲，凡同在一宫调中之曲，皆可用之。顾一宫调中，虽或有联至十余曲者，然大抵用二三曲而止，移宫换韵，转变至多，故于雄肆之处，稍有欠焉。元杂剧则不然，每剧皆用四折，每折易一宫调，每调中之曲，必在十曲以上；其视大曲为自由，而较诸宫调为雄肆。且于正宫之〔端正好〕、〔货郎儿〕、〔煞尾〕，仙吕宫之〔混江龙〕、〔后庭花〕、〔青哥儿〕，南吕宫之〔草池春〕、〔鹌鹑儿〕、〔黄钟尾〕，中吕宫之〔道和〕，双调之□□□（〔新水令〕）、〔折桂令〕、〔梅花酒〕、〔尾声〕，共十四曲：皆字句不拘，可以增损，此乐曲上之进步也。其二则由叙事体而变为代言体也。宋人大曲，就其现存者观之，皆为叙事体；金之诸宫调，虽有代言之处，而其大体只可谓之叙事。独元杂剧于科白中叙事，而曲文全为代言。虽宋、金时或当已有代言体之戏曲，而就现存者言之，则断自元剧始，不可谓非戏曲上之一大进步也。此二者之进步，一属形式，一属材质，二者兼备，而后我中国之真戏曲出焉。

顾自元剧之进步言之，虽若出于创作者，然就其形式分析观之，则颇不然。元剧所用曲，据周德清《中原音韵》所纪，则黄钟宫二十四章，正宫二十五章，大石调二十一章，小石调五章，仙吕四十二章，中吕三十二章，南吕二十一章，双调一百章，越调三十五章，商调十六章，商角调六章，般涉调八章，都三百三十五章（章即曲也）。而其中小石、商角、般涉三调，元剧中从未用之。故陶九成《辍耕录》（卷二十七）无此三调之曲，仅有正宫二十五章，黄钟十五章，南吕二十章，中吕三十八章，仙吕三十六章，商调十六章，大石十九章，双调六十章，都二百三十章。二者不同。观《太和正音谱》所录，全与《中原音韵》同。则以曲言之，陶说为未备矣。然剧中所用，则出于陶《录》二百三十章外者甚少。此外百余章，不过元人小令套数中用之耳。今就此三百三十五章研究之，则其曲为前此所有者几半。更分析之，则出于大曲者十一：

〔降黄龙衮〕（黄钟）

〔小梁州〕、〔六么遍〕（以上正宫）

〔催拍子〕（大石）

〔伊州遍〕（小石）

〔八声甘州〕、〔六么序〕、〔六幺令〕（以上仙吕）

〔普天乐〕（《宋史·乐志》太宗撰大曲，有《平晋普天乐》，此或其略语也）、〔齐天乐〕（以上中吕）

〔梁州第七〕（南吕）

出于唐宋词者七十有五：

〔醉花阴〕、〔喜迁莺〕、〔贺圣朝〕、〔昼夜乐〕、〔人月圆〕、〔抛球乐〕、〔侍香金童〕、〔女冠子〕（以上黄钟宫）

〔滚绣球〕、〔菩萨蛮〕（以上正宫）

〔归塞北〕（即词之〔望江南〕）、〔雁过南楼〕（晏殊《珠玉词》〔清商怨〕中有此句，其调即词之〔清商怨〕）、〔念奴娇〕、〔青杏儿〕

（宋词作〔青杏子〕）、〔还京乐〕、〔百字令〕（以上大石）

〔点绛唇〕、〔天下乐〕、〔鹊踏枝〕、〔金盏儿〕（词作〔金盏子〕）、〔忆王孙〕、〔瑞鹤仙〕、〔后庭花〕、〔太常引〕、〔柳外楼〕（即〔忆王孙〕）（以上仙吕）

〔粉蝶儿〕、〔醉春风〕、〔醉高歌〕、〔上小楼〕、〔满庭芳〕、〔剔银灯〕、〔柳青娘〕、〔朝天子〕（以上中吕）

〔乌夜啼〕、〔感皇恩〕、〔贺新郎〕（以上南吕）

〔驻马听〕、〔夜行船〕、〔月上海棠〕、〔风入松〕、〔万花方三台〕、〔滴滴金〕、〔太清歌〕、〔捣练子〕、〔快活年〕（宋词作〔快活年近拍〕）、〔豆叶黄〕、〔川拨棹〕（宋词作〔拨棹子〕）、〔金盏儿〕、〔也不罗〕（原注：即〔野落索〕。案其调即宋词之〔一落索〕也）、〔行香子〕、〔碧玉箫〕、〔骤雨打新荷〕、〔减字木兰花〕、〔青玉案〕、〔鱼游春水〕（以上双调）

〔金蕉叶〕、〔小桃红〕、〔三台印〕、〔耍三台〕、〔梅花引〕、〔看花回〕、〔南乡子〕、〔糖多令〕（以上越调）

〔集贤宾〕、〔逍遥乐〕、〔望远行〕、〔玉抱肚〕、〔秦楼月〕（以上商调）

〔黄莺儿〕、〔踏莎行〕、〔垂丝钓〕、〔应天长〕（以上商角调）

〔哨遍〕、〔瑶台月〕（以上般涉调）

其出于诸宫调中各曲者，二十有八：

〔出队子〕、〔刮地风〕、〔寨儿令〕、〔神仗儿〕、〔四门子〕、〔文如锦〕、〔啄木儿煞〕（以上黄钟）

〔脱布衫〕（正宫）

〔荼蘼香〕、〔玉翼蝉煞〕（以上大石）

〔赏花时〕、〔胜葫芦〕、〔混江龙〕（以上仙吕）

〔迎仙客〕、〔石榴花〕、〔鹊打兔〕、〔乔捉蛇〕（以上中吕）

〔一枝花〕、〔牧羊关〕（以上南吕）

〔搅筝琶〕、〔庆宣和〕（以上双调）

〔斗鹌鹑〕、〔青山口〕、〔凭栏人〕、〔雪里梅〕（以上越调）

〔耍孩儿〕、〔墙头花〕、〔急曲子〕、〔麻婆子〕（以上般涉调）

然则此三百三十五章，出于古曲者一百有十，殆当全数之三分之一，虽其词、字、句之数，或与古词不同，当由时代迁移之故，其渊源所自，要不可诬也。此外曲名，尚有虽不见于古词曲，而可确知其非创造者如左：

〔六国朝〕（大石）　曾敏行《独醒杂志》（卷五）："先君尝言宣和末客京师，街巷鄙人，多歌蕃曲，名曰〔异国朝〕、〔四国朝〕、〔六国朝〕、〔蛮牌序〕、〔蓬蓬花〕等。其言至俚，一时士大夫亦皆歌之。"则汴宋末已有此曲也。

〔憨郭郎〕（大石）　《乐府杂录·傀儡子》条云："其引歌舞有郭郎者，发正秃，善优笑，闾里呼为郭郎，凡戏场必在俳儿之首也。"《后山诗话》载杨大年《傀儡诗》："鲍老当筵笑郭郎。"则宋时尚有之，其曲当出宋代也。

〔叫声〕（中吕）　《事物纪原》（卷九）"吟叫"条："嘉祐末，仁宗上仙"，"四海遏密，故市井初有叫果子之戏。其本盖自至和、嘉祐之间叫〔紫苏丸〕，洎乐工杜人经'十叫子'始也。京师凡卖一物，必有声韵，其吟哦俱不同；故市人采其声调，间以词章，以为戏乐也。今盛行于世，又谓之吟哦也。"《梦粱录》（卷二十）："今街市与宅院，往往效京师叫声，以市井诸色歌叫卖合之声，采合宫商，成其词也。"

〔快活三〕（中吕）　《东京梦华录》（卷七）：关扑"有名者，任大头、快活三之类"。《武林旧事》（卷二）"舞队"有《快活三郎》、《快活三娘》二种，盖亦宋时语也。

〔鲍老儿〕、〔古鲍老〕（中吕）　杨文公诗："鲍老当筵笑郭郎。"《武林旧事》（卷二）"舞队"中有《大小斫刀鲍老》、《交衮鲍老》，则此亦宋时语也。

〔四边静〕（中吕）　《云麓漫钞》（卷四）："巾之制，有圆顶、方顶、砖顶、琴顶，秦伯阳又以砖顶服去顶上之重纱，谓之四边净。"则此亦宋时语也。

〔乔捉蛇〕（中吕）　《武林旧事》（卷二）"舞队"中有《乔捉蛇》，金人院本名目中，亦有《乔捉蛇》一本。

〔拨不断〕（仙吕）　《武林旧事》（卷六）："唱〔拨不断〕"有张胡子、黄三二人，则亦宋时旧曲也。

〔太平令〕（仙吕）　《梦粱录》（卷二十）："绍兴年间，有张五牛大夫，因听动鼓板中有〔太平令〕或赚鼓板"，"遂撰为赚"，则亦宋时旧曲也。

此上十章，虽不见于现存宋词中，然可证其为宋代旧曲，或为宋时习用之语，则其有所本，盖无可疑，由此推之，则其他二百十余章，其为宋、金旧曲者，当复不鲜，特无由证明之耳。

虽元剧诸曲配置之法，亦非尽由创造。《梦粱录》谓宋之缠达，引子后只有两腔，迎互循环。今于元剧仙吕宫，正宫中曲，实有用此体例者。今举其例：如马致远《陈抟高卧》剧第一折，（仙吕）第五曲后，实以〔后庭花〕、〔金盏儿〕二曲迎互循环。今举其全折之曲名：

〔仙吕·点绛唇〕、〔混江龙〕、〔油葫芦〕、〔天下乐〕、〔醉中天〕、〔后庭花〕、〔金盏儿〕、〔后庭花〕、〔金盏儿〕、〔醉中天〕、〔金盏儿〕、〔赚煞〕

郑廷玉《看钱奴买冤家债主》第二折，则其例更明：

〔正宫·端正好〕、〔滚绣球〕、〔倘秀才〕、〔滚绣球〕、〔倘秀才〕、〔滚绣球〕、〔倘秀才〕、〔滚绣球〕、〔倘秀才〕、〔塞鸿秋〕、〔随煞〕

此中〔端正好〕一曲，当宋缠达中之引字，而以〔滚绣球〕、〔倘秀才〕二曲循环迎互，至于四次，〔随煞〕则当缠达之尾声，唯其上多〔塞鸿秋〕一曲。《陈抟高卧》剧之第四折亦然。其全折之曲名如下：

> 〔正宫·端正好〕、〔滚绣球〕、〔倘秀才〕、〔滚绣球〕、〔倘秀才〕、〔叨叨令〕、〔倘秀才〕、〔滚绣球〕、〔倘秀才〕、〔滚绣球〕、〔倘秀才〕、〔三煞〕、〔二煞〕、〔煞尾〕

元刊无名氏《张千替杀妻》杂剧第二折亦同：

> 〔端正好〕、〔滚绣球〕、〔倘秀才〕、〔滚绣球〕、〔倘秀才〕、〔滚绣球〕、〔倘秀才〕、〔滚绣球〕、〔叨叨令〕、〔尾声〕

此亦皆以〔滚绣球〕、〔倘秀才〕二曲相循环，中唯杂以〔叨叨令〕一曲。他剧正宫曲中之相循环者，亦皆用此二曲，故《中原音韵》于此二曲下皆注"子母调"。此种自宋代缠达出，毫无可疑。可知元剧之构造，实多取诸旧有之形式也。

且不独元剧之形式为然，即就其材质言之，其取诸古剧者不少。兹列表以明之：

元杂剧		宋官本杂剧	金院本名目	其 他
作者	剧名			
关汉卿	姑苏台范蠡进西施		范 蠡	董颖薄媚大曲
同	包待制三勘蝴蝶梦		蝴蝶梦	
同	隋炀帝牵龙舟		牵龙舟	
同	刘盼盼闹衡州		刘盼盼	
高文秀	刘先主襄阳会		襄阳会	
白 朴	鸳鸯简墙头马上 （一作裴少俊墙头马上）	裴少俊伊州	鸳鸯简 墙头马上	
同	崔护谒浆	崔护六么 崔护逍遥乐		

续表

元杂剧		宋官本杂剧	金院本名目	其 他
作者	剧名			
庾天锡	隋炀帝风月锦帆舟		牵龙舟	
同	薛昭误入兰昌宫		兰昌宫	
同	封骘先生骂上元	封陟中和乐		
李文蔚	蔡逍遥醉写石州慢		蔡消[闲](遥)	
李直夫	尾生期女渰蓝桥		渰蓝桥	
吴昌龄	唐三藏西天取经		唐三藏	
同	张天师断风花雪月	风花雪月爨	风花雪月	
王实父	韩彩云丝竹芙蓉亭		芙蓉亭	
同	崔莺莺待月西厢记	莺莺六么		董解元西厢诸宫调
李寿卿	船子和尚秋莲梦		船子和尚四不犯	
尚仲贤	海神庙王魁负桂英	王魁三乡题		宋末有王魁戏文
同	凤凰坡越娘背灯	越娘道人欢		
同	洞庭湖柳毅传书	柳毅大圣乐		
同	崔护谒浆	（见前）		
同	张生煮海		张生煮海	
史九敬先	花间四友庄周梦		庄周梦	
郑光祖	崔怀宝月夜闻筝		月夜闻筝	
范 康	曲江池杜甫游春		杜甫游春	
沈 和	徐驸马乐昌分镜记			南宋有乐昌分镜戏文
周文质	孙武子教女兵			宋舞队有孙武子教女兵
赵善庆	孙武子教女兵			同上
无名氏	朱砂担滴水浮沤记	浮沤传永成双浮沤暮云归		
同	逞风流王焕百花亭			宋末有王焕戏文
同	双斗医		双斗医	
同	十样锦诸葛论功		十样锦	

今元剧目录之见于《录鬼簿》、《太和正音谱》者，共五百余种，而其与古剧名相同，或出于古剧者，共三十二种。且古剧之目，存亡恐亦相半，则其相同者，想尚不止于此也。

由元剧之形式、材料两面研究之，可知元剧虽有特色，而非尽出于创造；由是其创作之时代，亦可得而略定焉。

第九章　元剧之时地

元杂剧之体，创自何人，不见于纪载。钟嗣成《录鬼簿》所著录，以关汉卿为首。宁献王《太和正音谱》以马致远为首。然《正音谱》之评曲也，于关汉卿则云："观其词语，乃可上可下之才；盖所以取者，初为杂剧之始，故卓以前列。"盖《正音谱》之次第，以词之甲乙论，而非以时代之先后。其以汉卿为杂剧之始，固与《录鬼簿》同也。汉卿时代，颇多异说。杨铁崖《元宫词》云："开国遗音乐府传，白翎飞上十三弦，大金优谏关卿在，《伊尹扶汤》进剧编。"此关卿当指汉卿而言。虽《录鬼簿》所录汉卿杂剧六十本中，无《伊尹扶汤》，而郑光祖所作杂剧目中有之。然马致远《汉宫秋》杂剧中有云："不说它《伊尹扶汤》，则说那《武王伐纣》。"案《武王伐纣》乃赵文殷所作杂剧，则《伊尹扶汤》亦必为杂剧之名。马致远时代，在汉卿之后，郑光祖之前，则其所云《伊尹扶汤》剧，自当为关氏之作，而非郑氏之作。其不见于《录鬼簿》者，亦犹其所作《窦娥冤》、《续西厢》等，亦未为钟氏所著录也。杨诗云云，正指汉卿，则汉卿固逮事金源矣。《录鬼簿》云："汉卿，大都人，太医院尹。"明蒋仲舒《尧山堂外纪》（卷六十八）则云："金末为太医院尹，金亡不仕。"则不知所据。据《辍耕录》（卷二十三）则汉卿至中统初尚存。案自金亡至元中统元年，凡二十六年。果使金亡不仕，则似无于元代进杂剧之理。宁视汉卿生于金代，仕元，为太医院尹，为稍当也。又《鬼董》五卷末，有元泰定丙寅临安钱孚跋，云"关解元之所传"，后人皆以解元为即汉卿。《尧山堂外纪》遂误以此书为汉卿所作。钱氏《元史·艺文志》仍之。案解元之称，始于唐；

而其见于正史也，始于《金史·选举志》。金人亦喜称人为解元，如董解元是已。则汉卿得解，自当在金末。若元则唯太宗九年（金亡后三年）秋八月一行科举，后废而不举者七十八年。至仁宗延祐元年八月，始复以科目取士，遂为定制。故汉卿得解，即非在金世，亦必在蒙古太宗九年。至世祖中统之初，固已垂老矣。杂剧苟为汉卿所创，则其创作之时，必在金天兴与元中统间二三十年之中，此可略得而推测者也。

《正音谱》虽云汉卿为杂剧之始，然汉卿同时，杂剧家业已辈出，此未必由新体流行之速，抑由元剧之创作诸家亦各有所尽力也。据《录鬼簿》所载，于杨显之则云"与汉卿莫逆交，凡有珠玉，与公较之"；于费君祥则云"与汉卿交，有《爱女论》行于世"；于梁进之则云"与汉卿世交"。又如红字李二、花李郎二人，皆注教坊刘耍和婿。按《辍耕录》所载院本名目，前章既定为金人之作，而云教坊魏、武、刘三人鼎新编辑，刘疑即刘耍和。金李治敬斋《古今黈》（卷一）云："近者伶官刘子才，蓄才人隐语数十卷。"疑亦此人，则其人自当在金末，而其婿之时代，当与汉卿不甚相远也。他如石子章，则《元遗山诗集》（卷九）有《答石子璋兼送其行》七律一首；李庭《寓庵集》（卷二）亦有《送石子章北上》七律一首。按寓庵生于金承安三年，卒于元至元十三年，其年代与遗山略同。如杂剧家之石子章，即《遗山》、《寓庵集》中之人，则亦当与汉卿同时矣。

此外与汉卿同时者，尚有王实父。《西厢记》五剧，《录鬼簿》属之实父。后世或谓王作，而关续之（都穆《南濠诗话》，王世贞《艺苑卮言》）；或谓关作，而王续之者（《雍熙乐府》卷十九，载无名氏《西厢十咏》）。然元人一剧，如《黄粱梦》、《骗骗裘》等，恒以数人合作，况五剧之多乎？且合作者，皆同时人，自不能以作者与续者定时代之先后也。则实父生年，固不后于汉卿。又汉卿有《闺怨佳人拜月亭》一剧，实甫亦有《才子佳人拜月亭》剧，其所谱者乃金南迁时事，事在宣宗贞祐之初，距金亡二十年。或二人均及见此事，故各有此本软。

此外元初杂剧家，其时代确可考者，则有白仁甫朴。据元王博文《天籁集序》谓："仁甫年甫七岁，遭壬辰之难。"又谓："中统初，开府史公，将以所业荐之于朝。"按壬辰为金哀宗天兴元年，时仁甫年七岁，则至中统元年庚辰，年正三十五岁，故于至元一统后，尚游金陵。盖视汉卿为后辈矣。

由是观之，则元剧创造之时代，可得而略定矣。至有元一代之杂剧，可分为三期："一、蒙古时代：此自太宗取中原以后，至至元一统之初。《录鬼簿》卷上所录之作者五十七人，大都在此期中。（中如马致远、尚仲贤、戴善甫，均为江浙行省务官，姚守中为平江路吏，李文蔚为江州路瑞昌县尹，赵天锡为镇江府判，张寿卿为浙江省掾吏，皆在至元一统之后。侯正卿亦曾游杭州，然《录鬼簿》均谓之前辈名公才人，与汉卿无别，或其游宦江浙，为晚年之事矣。）其人皆北方人也。二、一统时代：则自至元后至至顺、后至元间，《录鬼簿》所谓"已亡名公才人，与余相知或不相知者"是也。其人则南方为多，否则北人而侨寓南方者也。三、至正时代：《录鬼簿》所谓"方今才人"是也。此三期，以第一期之作者为最盛，其著作存者亦多，元剧之杰作大抵出于此期中。至第二期，则除宫天挺、郑光祖、乔吉三家外，殆无足观，而其剧存者亦罕。第三期则存者更罕，仅有秦简夫、萧德祥、朱凯、王晔五剧，其去蒙古时代之剧远矣。

就诸家之时代，今取其有杂剧存于今者，著之。

第一期

关汉卿　杨显之　张国宝（一作国宾）　石子章　王实父　高文秀
郑廷玉　白　朴　马致远　李文蔚　李直夫　吴昌龄　武汉臣
王仲文　李寿卿　尚仲贤　石君宝　纪君祥　戴善甫　李好古
孟汉卿　李行道　孙仲章　岳伯川　康进之　孔文卿　张寿卿

第二期

杨梓　宫天挺　郑光祖　范康　金仁杰　曾瑞　乔吉

第三期

秦简夫　萧德祥　朱凯　王晔

　　此外如王子一、刘东生、谷子敬、贾仲名、杨文奎、杨景言、汤式，其名均不见《录鬼簿》。《元曲选》于谷子敬、贾仲名诸剧，皆云元人，《太和正音谱》则直以为明人。案王、刘诸人不见他书；唯贾仲名，则元人有同姓名者。《元史·贾居贞传》："居贞字仲明，真定获鹿人，官至江西行省参知政事。卒于至元十七年，年六十三。"则尚为元初人，似非作曲之贾仲名。且《正音谱》宁献王所作，纪其同时之人，当无大谬。又谷、贾二人之曲，虽气骨颇高，而伤于绮丽，颇于元曲不类；则视为明初人，当无大误也。

　　更就杂剧家之里居研究之，则如左表。

大都	中书省所属		河南江北等处行中书省所属	江浙等处行中书省所属
关汉卿	李好古（保定）	陈无妄（东平）	赵天锡（汴梁）	金仁杰（杭州）
王实甫	彭伯威（同）	王廷秀（益都）		范　康（同）
庾天锡	白　朴（真定）	武汉臣（济南）	陆显之（同）	沈　和（同）
马致远	李文蔚（同）	岳伯川（同）	钟嗣成（同）	鲍天祐（同）
王仲文	尚仲贤（同）	康进之（棣州）	姚守中（洛阳）	陈以仁（同）
杨显之	戴善甫（同）	吴昌龄（西京即大同）	孟汉卿（亳州）	范居中（同）
	李寿卿（太原）			
纪君祥	侯正卿（同）	刘唐卿（同）	张鸣善（扬州）	施　惠（同）
费君祥	史九敬先（同）	乔吉甫（同）	孙子羽（同）	黄天泽（同）
费唐臣	江泽民（同）	石君宝（平阳）		沈　拱（同）
张国宝	郑廷玉（彰德）	于伯渊（同）		周文质（同）
石子章	赵公辅（同）			萧德祥（同）
李宽甫	赵文殷（同）	狄君厚（同）		陆登善（同）
梁进之	陈宁甫（大名）	孔文卿（同）		王　晔（同）
孙仲章	李进取（同）	郑光祖（同）		王仲元（同）
赵明道	宫天挺（同）	李行甫（同）		杨　梓（嘉兴）
李子中	高文秀（东平）			
李时中	张时起（同）			
曾　瑞	顾仲清（同）			
	张寿卿（同）			
王伯成（涿州）	赵良弼（同）			

由右表观之，则六十二人中，北人四十九，而南人十三。而北人之中，中书省所属之地，即今直隶、山东、西产者，又得四十六人。而其中大都产者，十九人；且此四十六人中，其十分之九，为第一期之杂剧家，则杂剧之渊源地，自不难推测也。又北人之中，大都之外，以平阳为最多。其数当大都之五分之二。按《元史·太宗纪》："太宗二七年，耶律楚材请立编修所于燕京，经籍所于平阳，编集经史，至世祖至元二年，始徙平阳经籍所于京师。"则元初除大都外，此为文化最盛之地，宜杂剧家之多也。至中叶以后，则剧家悉为杭州人。中如宫天挺、郑光祖、曾瑞、乔吉、秦简夫、钟嗣成等，虽为北籍，亦均久居浙江。盖杂剧之根本地，已移而至南方，岂非以南宋旧都，文化颇盛之故欤。

元初名臣中有作小令套数者，唯杂剧之作者，大抵布衣，否则为省掾令史之属。蒙古、色目人中，亦有作小令套数者，而作杂剧者，则唯汉人（其中唯李直夫为女真人）。盖自金末重吏，自掾史出身者，其任用反优于科目。至蒙古灭金，而科目之废，垂八十年，为自有科目来未有之事。故文章之士，非刀笔吏无以进身；则杂剧家之多为掾史，固自不足怪也。沈德符《万历野获编》（卷二十五）及臧懋循《元曲选序》均谓蒙古时代，曾以词曲取士，其说固诞妄不足道。余则谓元初之废科目，却为杂剧发达之因。盖自唐、宋以来，士之竞于科目者，已非一朝一夕之事，一旦废之，彼其才力无所用，而一于词曲发之。且金时科目之学，最为浅陋（观刘祁《归潜志》卷七、八、九数卷可知）。此种人士，一旦失所业，固不能为学术上之事，而高文典册，又非其所素习也。适杂剧之新体出，遂多从事于此；而又有一二天才出于其间，充其才力，而元剧之作，遂为千古独绝之文字。然则由杂剧家之时代爵里，以推元剧创造之时代，及其发达之原因，如上所推论，固非想象之说也。

附考： 案金以律赋策论取士。逮金亡后，科目虽废，民间犹有为此学者。如王博文《白仁甫天籁集序》谓："律赋为专门之学，而太素有能声（太素，仁甫字），号后进之翘楚。"案仁甫金亡时不及十岁，则其作律赋，必在科目已废之后。当时人士之热中科目如此。又元代士人不平之气，读宫天挺《范张鸡黍》剧第一、二折，可见一斑也。

第十章 元剧之存亡

元人所作杂剧，共若干种，今不可考。明李开先作《张小山乐府序》云："洪武初年，亲王之国，必以词曲千七百本赐之。"然宁献王权亦当时亲王之一，其所作《太和正音谱》卷首，著录元人杂剧，仅五百三十五本，加以明初人所作，亦仅五百六十六本。则李氏之言或过矣。元钟嗣成《录鬼簿序》，作于至顺元年，而书中纪事，讫于至正五年。其所著录者，亦仅四百五十八本。虽此二书所未著录而见于他书，或尚传于今者，亦尚有之；然现今传本出于二书外者，不及百分之五，则李氏所云千七百本，或兼小令、套数言之。而其中杂剧，至多当亦不出千种；又其煊赫有名者，大都尽于二书所录，良可信也。至明隆、万间而流传渐少，长兴臧懋循之刻《元曲选》也，从黄州刘延伯借元人杂剧二百五十种。然其所刻百种内，已有明初人作六种（《儿女团圆》、《金安寿》、《城南柳》、《误入桃源》、《对玉梳》、《萧淑兰》），则二百五十种中，亦非尽元人作矣。与臧氏同时刊行杂剧者，有无名氏之《元人杂剧选》，海宁陈与郊之《古名家杂剧》，而金陵唐氏世德堂亦有汇刊之本。唐氏所刊，仅见残本三种：一为明王九思作，余二种皆《元曲选》所已刊。至《元人杂剧选》与《古名家杂剧》二书，至为罕觏，存佚已不可知。第就其目观之，则《元人杂剧选》之出《元曲选》外者，仅马致远《踏雪寻梅》，罗贯中《龙虎风云会》，无名氏《九世同居》、《苟金锭》四种耳。《古名家杂剧》正续二集，虽多至六十种，然并刻明人之作，内同于《元曲选》者三十九种，同于《元人杂剧选》者一种；此外则除明周宪王、徐文长、汪南溟各四种外，所余唯八种，且为元为明，尚不可知。可知隆、万间人所见元曲，当以臧氏为富矣。姚士粦《见只编》谓："汤海若先生妙于音律，酷嗜元人院本。自言箧中所藏，多世不常有，已至千种。"朱竹垞《静志居诗话》谓："山阴祁氏淡生堂所藏元、明传奇，多至八百余部。"汤氏自言，未免过于夸大。若祁氏所藏，有明人作在内，则其中元剧，当亦不过二三百种。何元朗《四友斋丛说》（卷三十七）谓其家所藏杂剧本，几三百种，则当时元剧存者，其数略可知矣。惟钱遵王《也是园藏曲》，则目录具存。其中确为元人作者一百四十一种，而注元、明间人及古今无名氏杂剧者，凡二百有二种，共三百四十三种。其后钱书归泰兴季氏，《季沧苇书目》载钞本元曲三百种一百本，当即此书。则季氏之元曲三百种，当亦含明人作在内也。自是以后，藏书家罕注意元剧。唯黄氏丕烈于题跋中时时夸其所藏词曲之富，而其所跋元曲，仅《太平乐府》数种。向颇疑其夸大，然其所藏《元刊杂剧三十种》，今藏乃显于世。此书木函上，刊黄氏手书题字，有云"《元刻古今杂剧乙编》。士礼居藏"。不知当时共有几编。而其前尚有甲编，则固无疑。如甲编种数，与乙编同，则其所藏元刊杂剧，当有六十种，可谓最大之秘笈矣。今甲编存佚不可知，但就其乙编言之，则三十种中为《元曲选》所无者，已有十七种。合以《元曲选》中真元剧九十四种，与《西厢》五剧，则今日确存之元剧，而为吾辈所能见者，实得一百十六种。今从《录鬼簿》之次序，并补其所未载者，叙录之如左：

关汉卿十三本（凡元刊本均不著作者姓名，并识。）

《关张双赴西蜀梦》（元刊本。 《录鬼簿》、《太和正音谱》并著录。 《正音谱》作《双赴梦》。）

《闺怨佳人拜月亭》（元刊本。 《录鬼簿》、《正音谱》、《也是园书目》并著录。"亭"，《录鬼簿》作"庭"。 钱目作《王瑞兰私祷拜月亭》。）

《钱大尹智宠谢天香》（《元曲选》甲集下。 《录鬼簿》、《正音谱》、《也是园书目》并著录。）

《杜蕊娘智赏金线池》（《元曲选》辛集上。 《录鬼簿》、《正音谱》、《也是园书目》著录。）

《望江亭中秋切鲙旦》（《元曲选》癸集上。 《录鬼簿》、《正音谱》、《也是园书目》著录。）

《赵盼儿风月救风尘》（《元曲选》乙集上。 《录鬼簿》、《正音谱》、《也是园书目》著录。　《录鬼簿》作《烟月旧风尘》。)

　　《关大王单刀会》(元刊本。　《录鬼簿》、《正音谱》、《也是园书目》著录。)

　　《温太真玉镜台》(《元曲选》甲集下。　《录鬼簿》、《正音谱》、《也是园书目》著录。)

　　《诈妮子调风月》(元刊本。　《录鬼簿》、《正音谱》著录。)

　　《包待制三勘蝴蝶梦》(《元曲选》丁集下。　《正音谱》、《也是园书目》著录。)

　　《感天动地窦娥冤》(《元曲选》壬集下。　《正音谱》、《也是园书目》著录。)

　　《包待制智斩鲁斋郎》(《元曲选》戊集下。　《也是园书目》著录，作元无名氏。　《元曲选》题元大都关汉卿撰。)

　　《崔莺莺待月西厢记》第五剧 (明归安凌氏覆周定王刊本。　近贵池刘氏覆凌本。　他本皆改易体例，不足信据。　《南濠诗话》、《艺苑卮言》，皆以第五剧为汉卿作，是也。)

高文秀三本：

　　《黑旋风双献功》(《元曲选》丁集下。　《录鬼簿》、《正音谱》著录。　《录鬼簿》作《黑旋风双献头》。)

　　《须贾诨范叔》(《元曲选》庚集下。　《录鬼簿》、《正音谱》、《也是园书目》著录。　《录鬼簿》作《须贾诨范睢》。)

　　《好酒赵元遇上皇》(元刊本。　《录鬼簿》、《正音谱》、《也是园书目》著录。)

郑廷玉五本：

　　《楚昭王疏者下船》(元刊本。　《元曲选》乙集下。　《录鬼簿》、《正音谱》、《也是园书目》著录。)

　　《包待制智勘后庭花》(《元曲选》己集上。　《录鬼簿》、《正音谱》、《也是园书目》著录。)

　　《布袋和尚忍字记》(《元曲选》庚集上。　《录鬼簿》、《正音谱》、《也是园书目》著录。)

《看钱奴买冤家债主》(元刊本。 《元曲选》癸集上。 《录鬼簿》、《正音谱》、《也是园书目》著录。)

《崔府君断冤家债主》(《元曲选》庚集上。 《也是园书目》著录,作元郑廷玉撰。 《元曲选》题元无名氏撰。)

白朴二本:

《唐明皇秋夜梧桐雨》(《元曲选》丙集上。 《录鬼簿》、《正音谱》、《也是园书目》著录。)

《裴少俊墙头马上》(《元曲选》乙集下。 《录鬼簿》、《正音谱》、《也是园书目》著录。 《录鬼簿》作《鸳鸯简墙头马上》。)

马致远六本:

《江州司马青衫泪》(《元曲选》己集上。 《录鬼簿》、《正音谱》、《也是园书目》著录。)

《吕洞宾三醉岳阳楼》(《元曲选》丁集下。 《录鬼簿》、《正音谱》、《也是园书目》著录。)

《太华山陈抟高卧》(元刊本。 《元曲选》戊集上。 《录鬼簿》、《正音谱》、《也是园书目》著录。)

《破幽梦孤雁汉宫秋》(《元曲选》甲集上。 《录鬼簿》、《正音谱》、《也是园书目》著录。 《录鬼簿》无"破幽梦"三字。)

《半夜雷轰荐福碑》(《元曲选》丁集上。 《正音谱》、《也是园书目》著录。)

《马丹阳三度任风子》(元刊本。 《元曲选》癸集下。 《正音谱》、《也是园书目》著录。)

李文蔚一本:

《同乐院燕青博鱼》(《元曲选》乙集上。 《录鬼簿》、《正音谱》、《也是园书目》著录。 《录鬼簿》作《报冤台燕青扑鱼》。)

李直夫一本:

《便宜行事虎头牌》(《元曲选》丙集上。 《录鬼簿》、《正音谱》、《也是园书目》著录。 《录鬼簿》作《武元皇帝虎头牌》。)

吴昌龄二本：

《张天师断风花雪月》（《元曲选》乙集上。 《录鬼簿》、《正音谱》著录。 《录鬼簿》作《张天师夜断辰钩月》，《正音谱》作《辰钩月》。）

《花间四友东坡梦》（《元曲选》辛集上。 《正音谱》、《也是园书目》著录。）

王实甫二本：

《崔莺莺待月西厢记》（明归安凌氏覆周定王刊本。 近覆凌本。《录鬼簿》、《正音谱》、《也是园书目》著录。）

《四丞相歌舞丽春堂》（《元曲选》己集上。 《录鬼簿》、《正音谱》、《也是园书目》著录。 《录鬼簿》"四丞相"作"四大王"。）

武汉臣三本：

《散家财天赐老生儿》（元刊本。 《元曲选》丙集上。 《录鬼簿》、《正音谱》、《也是园书目》著录。）

《李素兰风月玉壶春》（《元曲选》丙集下。 《也是园书目》著录，作元无名氏；《元曲选》题武汉臣撰。）

《包待制智勘生金阁》（《元曲选》癸集下。 《也是园书目》著录，作元无名氏；《元曲选》题武汉臣撰。）

王仲文一本：

《救孝子烈母不认尸》（《元曲选》戊集上。 《录鬼簿》、《正音谱》著录。）

李寿卿二本：

《说专诸伍员吹箫》（《元曲选》丁集下。 《录鬼簿》、《正音谱》、《也是园书目》著录。）

《月明和尚度柳翠》（《元曲选》辛集下。 《录鬼簿》、《正音谱》、《也是园书目》著录。 《录鬼簿》作《月明三度临［歧］（岐）柳》。）

尚仲贤四本：

《洞庭湖柳毅传书》（《元曲选》癸集上。　《录鬼簿》、《正音谱》、《也是园书目》著录。）

《尉迟公三夺槊》（元刊本。　《录鬼簿》、《正音谱》著录。）

《汉高祖濯足气英布》（元刊本。　《元曲选》辛集上。　《录鬼簿》、《正音谱》、《也是园书目》著录。　《元曲选》不著谁作。）

《尉迟公单鞭夺槊》（《元曲选》庚集下。　《也是园书目》著录。）

石君宝三本：

《鲁大夫秋胡戏妻》（《元曲选》丁集上。　《录鬼簿》、《正音谱》、《也是园书目》著录。）

《李亚仙诗酒曲江池》（《元曲选》乙集下。　《录鬼簿》、《正音谱》著录。）

《诸宫调风月紫云庭》（元刊本。　《录鬼簿》、《正音谱》著录。《录鬼簿》"庭"作"亭"，又戴善甫亦有《宫调风月紫云亭》，此不知石作或戴作也。）

杨显之二本：

《临江驿潇湘夜雨》（《元曲选》乙集上。　《录鬼簿》、《正音谱》、《也是园书目》著录。）

《郑孔目风雪酷寒亭》（《元曲选》己集下。　《录鬼簿》、《正音谱》、《也是园书目》著录。　"郑孔目"《录鬼簿》作"萧县君"。）

纪君祥一本：

《赵氏孤儿冤报冤》（元刊本。　《元曲选》壬集上。　《录鬼簿》、《正音谱》、《也是园书目》著录。　"冤报冤"钱目作"大报仇"。）

戴善甫一本：

《陶学士醉写风光好》（《元曲选》丁集上。　《录鬼簿》、《正音谱》、《也是园书目》著录。　"陶学士"《录鬼簿》作"陶秀实"。)

李好古一本：

《沙门岛张生煮海》（《元曲选》癸集下。　《录鬼簿》、《正音谱》、《也是园书目》著录。　《录鬼簿》无"沙门岛"三字。)

张国宾三本：

《公孙汗衫记》（元刊本。　《元曲选》甲集下。　《录鬼簿》、《正音谱》著录。　《录鬼簿》"公"字上有"相国寺"三字。　《元曲选》作《相国寺公孙合汗衫》。)

《薛仁贵衣锦还乡》（元刊本。　《元曲选》乙集下。　《录鬼簿》、《正音谱》著录。)

《罗李郎大闹相国寺》（《元曲选》壬集下。　《也是园书目》著录，元无名氏；《元曲选》题元张国宾撰。)

石子章一本：

《秦脩然竹坞听琴》（《元曲选》壬集上。　《录鬼簿》、《正音谱》、《也是园书目》著录。)

孟汉卿一本：

《张鼎智勘魔合罗》（元刊本。　《元曲选》辛集下。　《录鬼簿》、《正音谱》、《也是园书目》著录。　钱目及《元曲选》作《张孔目智勘魔合罗》。)

李行道一本：

《包待制智勘灰阑记》（《元曲选》庚集上。　《录鬼簿》、《正音谱》著录。)

王伯成一本：

《李太白贬夜郎》（元刊本。　《录鬼簿》、《正音谱》著录。)

孙仲章一本：

《河南府张鼎勘头巾》（《元曲选》丁集下。　《也是园书目》著录。　《录鬼簿》孙仲章下无此本，而陆登善下有之，《元曲选》题元孙仲章撰。）

康进之一本：

《梁山泊李逵负荆》（《元曲选》壬集下。　《录鬼簿》、《正音谱》著录。　《录鬼簿》作《梁山泊黑旋风负荆》。）

岳伯川一本：

《岳孔目借铁拐李还魂》（元刊本。　《元曲选》丙集下。　《录鬼簿》、《正音谱》、《也是园书目》著录。　《录鬼簿》、《元曲选》作《吕洞宾度铁拐李岳》。　钱目作《铁拐李借尸还魂》。）

狄君厚一本：

《晋文公火烧介子推》（元刊本。　《录鬼簿》、《正音谱》著录。）

孔文卿一本：

《东窗事犯》（元刊本。　《录鬼簿》、《正音谱》、《也是园书目》著录。　《录鬼簿》、钱目均作《秦太师东窗事犯》。　案金仁杰亦有此本，未知孔作或金作也。）

张寿卿一本：

《谢金莲诗酒红梨花》（《元曲选》庚集上。　《录鬼簿》、《正音谱》、《也是园书目》著录。）

马致远、李时中、花李郎、红字李二合作一本：

《邯郸道省悟黄粱梦》（《元曲选》戊集上。　《录鬼簿》、《正音谱》、《也是园书目》著录。　《录鬼簿》、钱目作《开坛阐教黄粱梦》。）

宫天挺一本：

《死生交范张鸡黍》（元刊本。　《元曲选》己集上。　《录鬼簿》、《正音谱》、《也是园书目》著录。）

郑光祖四本：

《㑇梅香翰林风月》（《元曲选》庚集下。　《录鬼簿》、《正音谱》、《也是园书目》著录。　钱目作《㑇梅香骗翰林风月》。）

《周公辅成王摄政》（元刊本。　《录鬼簿》、《正音谱》著录。）

《醉思乡王粲登楼》（《元曲选》戊集下。　《录鬼簿》、《正音谱》、《也是园书目》著录。）

《迷青琐倩女离魂》（《元曲选》戊集上。　《录鬼簿》、《正音谱》、《也是园书目》著录。）

金仁杰一本：

《萧何追韩信》（元刊本。　《录鬼簿》、《正音谱》著录。　《录鬼簿》作《萧何月夜追韩信》。）

范康一本：

《陈季卿悟道竹叶舟》（元刊本。　《元曲选》己集下。　《录鬼簿》、《正音谱》、《也是园书目》著录。）

曾瑞一本：

《王月英元夜留鞋记》（《元曲选》辛集上。　《录鬼簿》、《正音谱》、《也是园书目》著录。　《录鬼簿》作《佳人才子误元宵》。）

乔吉甫三本：

《玉箫女两世姻缘》（《元曲选》己集下。　《录鬼簿》、《正音谱》、《也是园书目》著录。）

《杜牧之诗酒扬州梦》（《元曲选》戊集下。　《录鬼簿》、《正音谱》、《也是园书目》著录。）

《李太白匹配金钱记》(《元曲选》甲集上。 《录鬼簿》、《正音谱》、《也是园书目》著录。 《录鬼簿》作《唐明皇御断金钱记》。)

秦简夫二本：

《东堂老劝破家子弟》(《元曲选》乙集上。 《录鬼簿》、《正音谱》、《也是园书目》著录。)

《宜秋山赵礼让肥》(《元曲选》己集下。 《录鬼簿》、《正音谱》、《也是园书目》著录。)

萧德祥一本：

《王𬤁然断杀狗劝夫》(《元曲选》甲集下。 《录鬼簿》、《也是园书目》著录。 钱目作无名氏撰。)

朱凯一本：

《昊天塔孟良盗骨殖》(《元曲选》甲集下。 《录鬼簿》、《正音谱》著录。 《录鬼簿》无"昊天塔"三字，《正音谱》及《元曲选》作元无名氏撰。)

王晔一本：

《破阴阳八卦桃花女》(《元曲选》戊集下。 《录鬼簿》、《也是园书目》著录。 钱目作元无名氏撰。)

杨梓一本：

《霍光鬼谏》(元刊本。 《正音谱》著录，作元无名氏撰。 今据姚桐寿《乐郊私语》定为杨梓撰。)

李致远一本：

《都孔目风雨还牢末》(《元曲选》癸集上。 《正音谱》、《也是园书目》著录，均作元无名氏撰。 《元曲选》题元李致远撰。 钱目作《小妻大妇还牢末》。)

杨景贤一本：

《马丹阳度脱刘行首》（《元曲选》辛集上。　《正音谱》、《也是园书目》均作无名氏撰。　《元曲选》题元杨景贤撰，或与明初之杨景言为一人。）

无名氏二十七本：

《严子陵垂钓七里滩》（元刊本。　各家均未著录，唯《录鬼簿》官天挺条下有《严子陵钓鱼台》。此剧气骨，亦与官氏《范张鸡黍》相似，疑或即此本。）

《诸葛亮博望烧屯》（元刊本。　《正音谱》、《也是园书目》著录。）

《张千替杀妻》（元刊本。　《正音谱》著录，作《张子替杀妻》。）

《小张屠焚儿救母》（元刊本。　各家均未著录。）

《陈州粜米》（《元曲选》甲集上。　未著录。）

《玉清庵错送鸳鸯被》（《元曲选》甲集上。　《也是园书目》著录。）

《随何赚风魔蒯通》（《元曲选》甲集上。　未著录。）

《争报恩三虎下山》（《元曲选》甲集下。　未著录。）

《庞居士误放来生债》（《元曲选》乙集下。　未著录。）

《硃砂担滴水浮沤记》（《元曲选》丙集上。　《正音谱》、《也是园书目》著录。）

《包待制智赚合同文字》（《元曲选》丙集上。　《也是园书目》著录。）

《冻苏秦衣锦还乡》（《元曲选》丙集下。　《正音谱》著录，作《苏秦还乡》，又有《张仪冻苏秦》一本。）

《小尉迟将斗将认父归朝》（《元曲选》丙集下。　《也是园书目》著录，《小尉迟将斗将将鞭认父》。）

《神奴儿大闹开封府》（《元曲选》丁集上。　《正音谱》、《也是园书目》著录。）

《谢金吾诈拆清风府》（《元曲选》丁集上。　未著录。）

《庞涓夜走马陵道》（《元曲选》戊集上。　《正音谱》、《也是园书目》著录。）

《朱太守风雪渔樵记》（《元曲选》戊集下。　《也是园书目》著录。）

《孟德耀举案齐眉》（《元曲选》己集上。　《正音谱》、《也是园书目》著录。）

《李云英风送梧桐叶》（《元曲选》庚集下。　《也是园书目》著录。）

《两军师隔江斗智》（《元曲选》辛集上。　未著录。）

《玎玎珰珰盆儿鬼》（《元曲选》辛集下。　《正音谱》、《也是园书目》著录。）

《逞风流王焕百花亭》（《元曲选》壬集上。　《也是园书目》著录。）

《锦云堂暗定连环计》（《元曲选》壬集上。　《正音谱》、《也是园书目》著录。　《正音谱》作《王允连环计》。　钱目作《锦云堂美女连环计》。）

《金水桥陈琳抱妆匣》（《元曲选》壬集上。　《正音谱》、《也是园书目》著录。）

《风雨像生货郎旦》（《元曲选》癸集上。　《正音谱》、《也是园书目》著录。）

《萨真人夜断碧桃花》（《元曲选》癸集上。　《也是园书目》著录。"夜断"作"夜斩"。）

《冯玉兰夜月泣江舟》（《元曲选》癸集下。　未著录。）

右百十六本，我辈今日所据以为研究之资者，实止于此。此外零星折数，如白朴之《箭射双雕》，费唐臣之《苏子瞻风雪贬黄州》，李进取之《神龙殿栾巴喷酒》，赵明道之《陶朱公范蠡归湖》，鲍天祐之《王妙妙死哭秦少游》，周文质之《持汉节苏武还乡》，《雍熙乐府》中均有一折，吾人耳目所及，仅至于此。至如明季所刊之《元人杂剧选》、《古名家杂剧》与钱遵王所藏钞本，虽绝不经见，要不能遽谓之已佚。此外佚籍，恐尚有发现之一日，但以大数计之，恐不能出二百种以上也。

第十一章　元剧之结构

元剧以一宫调之曲一套为一折。普通杂剧，大抵四折，或加楔子。案《说文》（六）："楔，櫼也。"今木工于两木间有不固处，则斫木札入之，谓之楔子，亦谓之櫼。杂剧之楔子亦然。四折之外，意有未尽，则以楔子足之。昔人谓北曲之楔子，即南曲之引子，其实不然。元剧楔子，或在前，或在各折之间，大抵用〔仙吕·赏花时〕或〔端正好〕二曲。唯《西厢记》第二剧中之楔子，则用〔正宫·端正好〕全套，与一折等，其实亦楔子也。除楔子计之，仍为四折。唯纪君祥之《赵氏孤儿》，则有五折，又有楔子，此为元剧变例。又张时起之《赛花月秋千记》，今虽不存，然据《录鬼簿》所纪，则有六折。此外无闻焉。若《西厢记》之二十折，则自五剧构成，合之为一，分之则仍为五。此在元剧中亦非仅见之作。如吴昌龄之《西游记》，其书至国初尚存，其著录于《也是园书目》者云四卷，见于曹寅《楝亭书目》者云六卷。明凌濛初《西厢序》云："吴昌龄《西游记》有六本"，则每本为一卷矣。凌氏又云："王实甫《破窑记》、《丽春园》、《贩茶船》、《进梅谏》、《于公高门》，各有二本。关汉卿《破窑记》、《浇花旦》，亦有二本。"此必与《西厢记》同一体例。此外，《录鬼簿》所载：如李文蔚有《谢安东山高卧》，下注云："赵公辅次本。"而于赵公辅之《晋谢安东山高卧》下，则注云："次本"；武汉臣有《虎牢关三战吕布》，下注云："郑德辉次本。"而于郑德辉此剧下，则注云："次本。"盖李、武二人作前本，而赵、郑续之，以成一全体者也。余如武汉臣之《曹伯明错勘赃》，尚仲贤之《崔护谒浆》，赵子祥之《太祖夜斩石守信》、《风月害夫人》，赵文殷之《宦门子弟错立身》，金仁杰之《蔡琰还朝》，皆注"次本"。虽不言所续何人，当亦续《西厢记》之类。然此不过增多剧数，而每剧之以四折为率，则固无甚出入也。

杂剧之为物，合动作、言语、歌唱三者而成。故元剧对此三者，各有其相当之物。其纪动作者，曰科；纪言语者，曰宾、曰白；纪所歌唱者，曰曲。元剧中所纪动作，皆以科字终。后人与白并举，谓之科白，其实自为二事。《辍耕录》纪金人院本，谓教坊"魏、武、刘三人，鼎新编辑，魏长于念诵，武长于筋斗，刘长于科泛"。科泛或即指动作而言也。宾白，则余所见周宪王自刊杂剧，每剧题目下，即有全宾字样。明姜南《抱璞简记》（《续说郛》卷十九）曰："北曲中有全宾全白。两人相说曰宾，一人自说曰白。"则宾白又有别矣。臧氏《元曲选序》云："或谓元取士有填词科，（中略）主司所定题目外，止曲名及韵耳。其宾白，则演剧时伶人自为之，故多鄙俚蹈袭之语。"填词取士说之妄，今不必辨。至谓宾白为伶人自为，其说亦颇难通。元剧之词，大抵曲白相生；苟不兼作白，则曲亦无从作，此最易明之理也。今就其存者言之，则《元曲选》中百种，无不有白，此犹可诬为明人之作也。然白中所用之语，如马致远《荐福碑》剧中之"曳剌"，郑光祖《王粲登楼》剧中之"点汤"，一为辽、金人语，一为宋人语，明人已无此语，必为当时之作无疑。至《元刊杂剧三十种》，则有曲无白者诚多；然其与《元曲选》复出者，字句亦略相同，而有曲白相生之妙，恐坊间刊刻时，删去其白，如今日坊刊脚本然。盖白则人人皆知，而曲则听者不能尽解。此种刊本，当为供观剧者之便故也。且元剧中宾白，鄙俚蹈袭者固多，然其杰作如《老生儿》等，其妙处全在于白，苟去其白，则其曲全无意味。欲强分为二人之作，安可得也。且周宪王时代，去元未远，观其所自刊杂剧，曲白俱全，则元剧亦当如此。愈以知臧说之不足信矣。

元剧每折唱者，止限一人，若末，若旦；他色则有白无唱，若唱，则限于楔子中；至四折中之唱者，则非末若旦不可。而末若旦所扮者，不必皆为剧中主要之人物；苟剧中主要之人物，于此折不唱，则亦退居他色，而以末若旦扮唱者，此一定之例也。然亦有出于例外者，如关汉卿之《蝴蝶梦》第三折，则旦之外，俫儿亦唱；尚仲贤之《气英布》第四折，则正末扮探子唱，又扮英布唱；张国宾之《薛仁贵》第三折，则丑扮禾旦上唱，正末复扮伴哥唱；范子安之《竹叶舟》第三折，则首列御寇唱，次正末唱。然《气英布》剧探子所唱，已至尾声，故元刊本及《雍熙乐府》所选，皆至尾声而止，后三曲或后人所加。《蝴蝶梦》、《薛仁贵》中，俫及丑所唱者，既非本宫之曲，且刊本中皆低一格，明非曲。《竹叶舟》中，列御寇所唱，明曰道情，至下〔端正好〕曲，乃入正剧。盖但以供点缀之用，不足破元剧之例也。唯《西厢记》第一、第四、第五剧之第四折，皆以二人唱。今《西厢》只有明人所刊，其为原本如此，抑由后人窜入，则不可考矣。

元剧脚色中，除末、旦主唱，为当场正色外，则有净有丑。而末、旦二色，支派弥繁。今举其见于元剧者，则末有外末、冲末、二末、小末，旦有老旦、大旦、小旦、旦俫、色旦、搽旦、外旦、贴旦等。《青楼集》云："凡妓以墨点破其面为花旦。"元剧中之色旦、搽旦，殆即是也。元剧有外旦、外末，而又有外；外则或扮男，或扮女，当为外末、外旦之省。外末、外旦之省为外，犹贴旦之后省为贴也。案《宋史·职官志》："凡直馆院则谓之馆职，以他官兼者谓之贴职。"又《武林旧事》（卷四）"乾淳教坊乐部"，有"衙前"，有"和顾"；而和顾人中，如朱和、蒋宁、王原全下，皆注云"次贴衙前"，意当与贴职之贴同，即谓非衙前而充衙前（衙前谓临安府乐人）也。然则曰冲、曰外、曰贴，均系一义，谓于正色之外，又加某色，以充之也。此外见于元剧者，以年龄言，则有若孛老、卜儿、俫儿，以地位职业言，则有若孤、细酸、伴哥、禾旦、曳剌、邦老，皆有某色以扮之；而其身则非脚色之名，与宋、金之脚色无异也。

元剧中歌者与演者之为一人，固不待言。毛西河《词话》独创异说，以为演者不唱，唱者不演。然《元曲选》各剧，明云末唱、旦唱；《元刊杂剧》亦云"正末开"，或"正末放"，则为旦、末自唱可知。且毛氏"连厢"之说，元、明人著述中从未见之，疑其言犹蹈明人杜撰之习。即有此事，亦不过演剧中之一派，而不足以概元剧也。

演剧时所用之物，谓之砌末。焦理堂《易馀籥录》（卷十七）曰："《辍耕录》有诸杂砌之目，不知所谓。按元曲《杀狗劝夫》，祇从取砌末上，谓所埋之死狗也。《货郎旦》外旦取砌末付净科，谓金银财宝也。《梧桐雨》正末引宫娥挑灯拿砌末上，谓七夕乞巧筵所设物也。《陈抟高卧》外扮使臣引卒子捧砌末上，谓诏书缥帛也。《冤家债主》和尚交砌末科，谓银也。《误入桃源》正末扮刘晨，外扮阮肇带砌末上，谓行李包裹或采药器具也。又净扮刘德引沙三、王留等将砌末上，谓春社中羊酒纸钱之属也。"余谓焦氏之解砌末是也，然以之与杂砌相牵合，则颇不然。杂砌之解，已见上文，似与砌末无涉。砌末之语，虽始见元剧，必为古语。案宋无名氏《续墨客挥犀》（卷七）云："问今州郡有公宴，将作曲，伶人呼细末将来，此是何义？对曰：凡御宴进乐，先以弦声发之，然后众乐和之，故号丝抹将来。今所在起曲，遂先之以竹声，不唯讹其名，亦失其实矣。"又张表臣《珊瑚钩诗话》（卷二）亦云："始作乐必曰丝抹将来，亦唐以来如是。"余疑砌末或为细末之讹。盖丝抹一语，即讹为细末，其义已广，而其语独存，遂误视为将某物来之意，因以指演剧时所用之物耳。

第十二章 元剧之文章

元杂剧之为一代之绝作，元人未之知也。明之文人始激赏之，至有以关汉卿比司马子长者（韩文靖邦奇）。三百年来，学者文人，大抵屏元剧不观，其见元剧者，无不加以倾倒。如焦里堂《易馀籥录》之说，可谓具眼矣。焦氏谓一代有一代之所胜，欲自楚骚以下，撰为一集：汉则专取其赋，魏晋六朝至隋，则专录其五言诗，唐则专录其律诗，宋专录其词，元专录其曲。余谓律诗与词，固莫盛于唐、宋，然此二者果为二代文学中最佳之作否，尚属疑问。若元之文学，则固未有尚于其曲者也。元曲之佳处何在？一言以蔽之，曰：自然而已矣。古今之大文学，无不以自然胜，而莫著于元曲。盖元剧之作者，其人均非有名位学问也；其作剧也，非有藏之名山，传之其人之意也。彼以意兴之所至为之，以自娱娱人。关目之拙劣，所不问也；思想之卑陋，所不讳也；人物之矛盾，所不顾也。彼但摹写其胸中之感想，与时代之情状，而真挚之理，与秀杰之气，时流露于其间。故谓元曲为中国最自然之文学，无不可也。若其文字之自然，则又为其必然之结果，抑其次也。

明以后传奇，无非喜剧，而元则有悲剧在其中。就其存者言之：如《汉宫秋》、《梧桐雨》、《西蜀梦》、《火烧介子推》、《张千替杀妻》等，初无所谓先离后合、始困终亨之事也。其最有悲剧之性质者，则如关汉卿之《窦娥冤》，纪君祥之《赵氏孤儿》，剧中虽有恶人交构其间，而其蹈汤赴火者，仍出于其主人翁之意志，即列之于世界大悲剧中，亦无愧色也。

元剧关目之拙，固不待言。此由当日未尝重视此事，故往往互相蹈袭，或草草为之。然如武汉臣之《老生儿》，关汉卿之《救风尘》，其布置结构，亦极意匠惨淡之致，宁较后世之传奇，有优无劣也。

然元剧最佳之处，不在其思想结构，而在其文章。其文章之妙，亦一言以蔽之，曰：有意境而已矣。何以谓之有意境？曰：写情则沁人心脾，写景则在人耳目，述事则如其口出是也。古诗词之佳者，无不如是，元曲亦然。明以后，其思想结构，尽有胜于前人者，唯意境则为元人所独擅。兹举数例以证之。其言情述事之佳者，如关汉卿《谢天香》第三折：

〔正宫·端正好〕我往常在风尘，为歌妓，不过多见了几个筵席，回家来仍作个自由鬼；今日倒落在无底磨牢笼内！

马致远《任风子》第二折：

〔正宫·端正好〕添酒力晚风凉，助杀气秋云暮，尚兀自脚趔趄醉眼模糊。他化的我一方之地都食素，单则俺杀生的无缘度。

语语明白如画，而言外有无穷之意。又如《窦娥冤》第二折：

〔斗虾蟆〕空悲戚，没理会，人生死，是轮回。感著这般病疾，值著这般时势，可是风寒暑湿，或是饥饱劳役；各人证候自知，人命关天关地，别人怎生替得？寿数非干一世，相守三朝五夕。

说甚一家一计，又无羊酒缎匹，又无花红财礼，把手为活过日，撒手如同休弃。不是窦娥忤逆，生怕旁人论议。不如听咱劝你，认个自家悔气。割舍的一具棺材停置，几件布帛收拾，出了咱家门里，送入他家坟地。这不是你那从小儿年纪指脚的夫妻，我其实不关亲，无半点凄怆泪。休得要心如醉，意似痴，便这等嗟嗟怨怨，哭哭啼啼。

此一曲，直是宾白，令人忘其为曲。元初所谓当行家，大率如此；至中叶以后，已罕觏矣。其写男女离别之情者，如郑光祖《倩女离魂》第三折：

〔醉春风〕空服遍晒眩药不能痊，知他这腌臜病何日起。要好时直等的见他时，也只为这症候因他上得。得。一会家缥渺呵，忘了魂灵；一会家精细呵，使著躯骸；一会家混沌呵，不知天地。

〔迎仙客〕日长也愁更长，红稀也信尤稀，春归也奄然人未归。我则道相别也数十年，我则道相隔著数万里；为数归期，则那竹院里刻遍琅玕翠。

此种词，如弹丸脱手，后人无能为役；唯南曲中《拜月》、《琵琶》，差能近之。至写景之工者，则马致远之《汉宫秋》第三折：

〔梅花酒〕呀！对著这迥野凄凉，草色已添黄，兔起早迎霜。犬褪得毛苍，人挪起缨枪，马负著行装，车运著餱粮，打猎起围场。他他他伤心辞汉主，我我我携手上河梁。他部从，入穷荒；我銮舆，返咸阳。返咸阳，过宫墙；过宫墙，绕回廊；绕回廊，近椒房；近椒房，月昏黄；月昏黄，夜生凉；夜生凉，泣寒蛩；泣寒蛩，绿纱窗；绿纱窗，不思量。

〔收江南〕呀！不思量，便是铁心肠，铁心肠也愁泪滴千行；美人图今夜挂昭阳，我那里供养，便是我高烧银烛照红妆。（尚书云）陛下回銮罢，娘娘去远了也。（驾唱）

〔鸳鸯煞〕我煞大臣行，说一个推辞谎，又则怕笔尖儿那火编修讲。不见那花朵儿精神，怎趁那草地里风光。唱道伫立多时，徘徊半晌，猛听的塞雁南翔，呀呀的声嘹亮，却原来满目牛羊，是兀那载离恨的毡车半坡里响。

以上数曲，真所谓写情则沁人心脾，写景则在人耳目，述事则如其口出者。第一期之元剧，虽浅深大小不同，而莫不有此意境也。

古代文学之形容事物也，率用古语，其用俗语者绝无。又所用之字数亦不甚多。独元曲以许用衬字故，故辄以许多俗语或以自然之声音形容之。此自古文学上所未有也。兹举其例，如《西厢记》第四剧第四折：

〔雁儿落〕绿依依墙高柳半遮，静悄悄门掩清秋夜，疏刺刺林梢落叶风，昏惨惨云际穿窗月。

〔得胜令〕惊觉我的是颤巍巍竹影走龙蛇，虚飘飘庄周梦蝴蝶，絮叨叨促织儿无休歇，韵悠悠砧声儿不断绝；痛煞煞伤别，急煎煎好梦儿应难舍，冷清清的咨嗟，娇滴滴玉人儿何处也？

此犹仅用三字也。其用四字者，如马致远《黄粱梦》第四折：

〔叨叨令〕我这里稳丕丕土炕上迷颩没腾的坐，那婆婆将粗剌剌陈米喜收希和的播，那蹇驴儿柳阴下舒著足乞留恶滥的卧，那汉子去脖项上婆娑没索的摸。你则早醒来了也么哥，你则早醒来了也么哥，可正是窗前弹指时光过。

其更奇绝者，则如郑光祖《倩女离魂》第四折：

〔古水仙子〕全不想这姻亲是旧盟，则待教祆庙火刮刮匝匝烈焰生。将水面上鸳鸯忒楞楞腾分开交颈，疏剌剌沙辅雕鞍撒了锁鞚，厮琅琅汤偷香处喝号提铃，支楞楞争弦断了不续碧玉筝，吉丁丁珰精砖上摔破菱花镜，扑通通东井底坠银瓶。

又无名氏《货郎旦》剧第四折，则用叠字，其数更多。

〔货郎儿六转〕我则见黯黯惨惨天涯云布，万万点点潇湘夜雨；正值著窄窄狭狭沟沟堑堑路崎岖，黑黑黯黯彤云布，赤留赤律潇潇洒洒断断续续，出出律律忽忽鲁鲁阴云开处，霍霍闪闪电光星注；正值著飕飕摔摔风，淋淋渌渌雨，高高下下凹凹答答一水模糊，扑扑簌簌湿湿渌渌疏林人物，却便似一幅惨惨昏昏潇湘水墨图。

由是观之，则元剧实于新文体中自由使用新言语，在我国文学中，于《楚辞》、《内典》外，得此而三。然其源远在宋、金二代，不过至元而大成。其写景抒情述事之美，所负于此者，实不少也。

元曲分三种，杂剧之外，尚有小令、套数。小令只用一曲，与宋词略同。套数则合一宫调中诸曲为一套，与杂剧之一折略同。但杂剧以代言为事，而套数则以自叙为事，此其所以异也。元人小令套数之佳，亦不让于其杂剧。兹各录其最佳者一篇，以示其例，略可以见元人之能事也。

小　令

〔天净沙〕（无名氏。　此词《庶斋老学丛谈》及元刊《乐府新声》，均不著名氏，《尧山堂外纪》以为马致远撰，朱竹垞《词综》仍之，不知何据。）

　　枯藤老树昏鸦，小桥流水人家。古道西风瘦马，夕阳西下，断肠人在天涯。

套　数

《秋思》（马致远。　见元刊《中原音韵》、《乐府新声》。）

〔双调·夜行船〕百岁光阴如梦蝶，重回首往事堪嗟！昨日春来，今朝花谢，急罚盏夜阑灯灭。

〔乔木查〕秦宫汉阙，做衰草牛羊野，不恁渔樵无话说。纵荒坟横断碑，不辨龙蛇。

〔庆宣和〕投至狐踪与兔穴，多少豪杰，鼎足三分半腰折，魏耶？晋耶？

〔落梅风〕天教富，不待奢，无多时好天良夜，看钱奴硬将心似铁，空辜负锦堂风月。

〔风入松〕眼前红日又西斜，疾似下坡车，晚来清镜添白雪，上床与鞋履相别。莫笑鸠巢计拙，葫芦提一就装呆。

〔拨不断〕利名竭，是非绝，红尘不向门前惹，绿树偏宜屋角遮，青山正补墙东缺，竹篱茅舍。

〔离亭宴煞〕蛩吟罢一枕才宁贴，鸡鸣后万事无休歇，算名利何年是彻！密匝匝蚁排兵，乱纷纷蜂酿蜜，闹穰穰蝇争血。裴公绿野堂，陶令白莲社，爱秋来那些？和露滴黄花，带霜烹紫蟹，煮酒烧红叶。人生有限杯，几个登高节？嘱付与顽童记者，便北海探吾来，道东篱醉了也。

〔天净沙〕小令，纯是天籁，仿佛唐人绝句。马东篱《秋思》一套，周德清评之以为万中无一，明王元美等亦推为套数中第一，诚定论也。此二体虽与元杂剧无涉，可知元人之于曲，天实纵之，非后世所能望其项背也。

元代曲家，自明以来，称关马郑白。然以其年代及造诣论之，宁称关白马郑为妥也。关汉卿一空倚傍，自铸伟词，而其言曲尽人情，字字本色，故当为元人第一。白仁甫、马东篱，高华雄浑，情深文明。郑德辉清丽芊绵，自成馨逸。均不失为第一流。其余曲家，均在四家范围内。唯宫大用瘦硬通神，独树一帜。以唐诗喻之：则汉卿似白乐天，仁甫似刘梦得，东篱似李义山，德辉似温飞卿，而大用则似韩昌黎。以宋词喻之：则汉卿似柳耆卿，仁甫似苏东坡，东篱似欧阳永叔，德辉似秦少游，大用似张子野。虽地位不必同，而品格则略相似也。明宁献王曲品，跻马致远于第一，而抑汉卿于第十。盖元中叶以后，曲家多祖马、郑，而祧汉卿，故宁王之评如是，其实非笃论也。

元剧自文章上言之，优足以当一代之文学。又以其自然故，故能写当时政治及社会之情状，足以供史家论世之资者不少。又曲中多用俗语，故宋、金、元三朝遗语，所存甚多。辑而存之，理而董之，自足为一专书。此又言语学上之事，而非此书之所有事也。

第十三章　元院本

元人杂剧之外，尚有院本。《辍耕录》云："国朝杂剧院本，分而为二。"盖杂剧为元人所创，而院本则金源之遗，然元人犹有作之者。《录鬼簿》（卷下）云："屈英甫，名彦英，编《一百二十行》及《看钱奴》院本"是也。元人院本，今无存者，故其体例如何，全不可考。唯明周宪王《吕洞宾花月神仙会》杂剧中，有院本一段。此段系宪王自撰，或剪裁金、元旧院本充之，虽不可知；然其结构简易，与北剧南戏，均截然不同。故作元院本观可，即金人院本，亦即此而可想像矣。今全录其文如下：

末云："小生昨日街上闲行，见了四个乐工，自山东瀛州来到此处，打趔觅钱。小生邀他今日在大姐家，庆会小生生辰，若早晚还不见来。"

办净同捷讥、付末、末泥上，相见了，做院本《长寿仙献香添寿》。院本上。捷云："歌声才住。"末泥云："丝竹暂停。"净云："俺四人佳戏向前。"付末云："道甚清才谢乐？"捷云："今日双秀才的生日，您一人要一句添寿的诗。"捷先云："桧柏青松常四时。"付末云："仙鹤仙鹿献灵芝。"末泥云："瑶池金母蟠桃宴。"付净云："都活一千八百岁。"付末打云："这言语不成文章，再说。"净云："都活二千九百岁。"付末云："也不成文章。"净云："有了，有了，都活三万三千三百岁，白了髭髯白了眉。"付末云："好好！到是一个寿星。"捷云："我问你一人要一件祝寿底物。"捷云："我有一幅画儿，上面三个人儿：两个是福禄星君，一个是南极老儿。"问付末云："我有一幅画儿，上面四科树儿：两科是青松翠柏，两科是紫竹灵芝。"问末泥云："我有一幅画儿，上面两般物儿：一个是送酒黄鹤，一个是衔花鹿儿。"净趋抢云："我也有。我有一幅图儿，上面一个靶儿，我也不识是甚物，人都道是春画儿。"付末打云："这个甚底，将来献寿。"净云："我子愿欢会长生。"净趋抢云："俺一人要两般乐器：一般是丝，一般是竹，与双秀才添寿咱。"捷云："我有一个玉笙，有一架银筝，就有一个小曲儿添寿，名是〔醉太平〕。"

捷唱："有一排玉笙，有一架银筝，将来献寿凤鸾鸣，感天仙降庭。玉笙吹出悠然兴，银筝挡得新词令，都来添寿乐官星，祝千年寿宁。"

末泥云："我也有一管龙笛，一张锦瑟，就有一个曲儿添寿。"

末泥唱："品龙笛凤声，弹锦瑟泉鸣，供筵前添寿老人星，庆千春万龄。瑟呵！冰蚕吐出丝明净，笛呵！紫筠调得声相应。我将这龙笛锦瑟贺升平，饮香醪玉瓶！"

付末云："我也有一面琵琶，一管紫箫，就有个曲儿添寿。"

付末唱："拨琵琶韵美，吹箫管声齐，琵琶箫管庆樽席，向筵前奏只。琵琶弹出长生意，紫箫吹得天仙会，都来添寿笑嘻嘻，老人星贺喜！"

净趋抢云："小子儿也有一条弦儿一个孔儿的丝竹，就有一个曲儿添寿。"

净唱："弹棉花的木弓，吹柴草的火筒，这两般丝竹不相同，是俺付净色的受用。这木弓弹了棉花呵！一夜温暖衣衾重。这火筒吹著柴草呵！一生饱食凭他用。这两般，不受饥，不受冷，过三冬，比你乐器的有功。"

付末打云："付净的巧语能言。"净云："说遍这丝竹管弦。"付末云："蓝采和手执檀板。"净云："汉钟离书捧真筌。"付末云："铁拐李忙吹玉管。"净云："白玉蟾舞袖翩翩。"付末云："韩湘子生花藏叶。"净云："张果老击鼓喧阗。"付末云："曹国舅高歌大曲。"净云："徐神翁慢抚琴弦。"付末云："东方朔学蹬焰爨。"净云："吕洞宾掌记词篇。"付末云："总都是神仙作戏。"净云："庆千秋福寿双全。"付末云："问你付净的办个甚色?"净云："哎哎!哎哎!我办个富乐院里乐探官员。"付末收住："世财红粉高楼酒,都是人间喜乐时。"

末云："深谢四位伶官,逢场作戏,果然是锦心绣口,弄月嘲风。"

此中脚色,末泥、付末、付净(即副末、副净)三色,与《辍耕录》所载院本中脚色同,唯有捷讥而无引戏。案上文说唱,皆捷讥在前,则捷讥或即引戏。捷讥之名,亦起于宋。《武林旧事》(卷六)"诸色伎艺人"中,商谜有捷机和尚是也。此四色中,以付净、付末二色为重,且以付净色为尤重,较然可见。此犹唐、宋遗风。其中付末打付净者三次,亦古代鹘打参军之遗;而末一段,付净、付末各道一句,又欧阳公《与梅圣俞书》所谓如"杂剧人上名下韵不来,须副末接续"者也。此一段之为古曲,当无可疑。即非古曲,亦必全仿古剧为之者。以其足窥金、元之院本,故兹著之。

院本之体例,有白有唱,与杂剧无异。唯唱者不限一人,如上例中捷讥、末泥、付末、付净,各唱〔醉太平〕一曲是也。明徐充《暖姝由笔》(《续说郛》卷十九)曰:"有白有唱者名杂剧,用弦索者名套数,扮演戏跳而不唱者名院本。"杂剧与套数之别,既见上章,绝非如徐氏之说。至谓院本演而不唱,则不独金人院本以曲名者甚多,即上例之中,亦有歌曲。而《水浒传》载白秀英之演院本,亦有白有唱,可知其说之无根矣。且院本一段之中,各色皆唱,又与南曲戏文相近,但一行于北,一行于南。其实院本与南戏之间,其关系较二者之与元杂剧更近。以二者一出于金院本,一出于宋戏文,其根本要有相似之处;而元杂剧则出于一时之创造故也。

第十四章　南戏之渊源及时代

元剧进步之二大端，既于第八章述之矣。然元剧大都限于四折，且每折限一宫调，又限一人唱，其律至严，不容逾越。故庄严雄肆，是其所长；而于曲折详尽，犹其所短也。至除此限制，而一剧无一定之折数，一折（南戏中谓之一出）无一定之宫调；且不独以数色合唱一折，并有以数色合唱一曲，而各色皆有白有唱者，此则南戏之一大进步，而不得不大书特书，以表之者也。

南戏之渊源于宋，殆无可疑。至何时进步至此，则无可考。吾辈所知，但元季既有此种南戏耳。然其渊源所自，或反古于元杂剧。今试就其曲名分析之，则其出于古曲者，更较元北曲为多。今南曲谱录之存者，皆属明代之作。以吾人所见，则其最古者，唯沈璟之《南九宫谱》二十二卷耳。此书前有李维桢序，谓出于陈白二谱；然其注新增者不少。今除其中之犯曲（即集曲）不计，则仙吕宫曲凡六十九章，羽调九章，正宫四十六章，大石调十五章，中吕宫六十五章，般涉调一章，南吕宫八十四章，黄钟宫四十章，越调五十章，商调三十六章，双调八十八章，附录三十九章，都五百四十三章。而其中出于古曲者如左。

出于大曲者二十四：

〔剑器令〕（仙吕引子）、〔八声甘州〕（仙吕慢词）、〔梁州令〕、〔齐天乐〕（以上正宫引子）

〔普天乐〕（正宫过曲）、〔催拍〕、〔长寿仙〕（以上大石调过曲）

〔大胜乐〕（疑即〔大圣乐〕）、〔薄媚〕（以上南吕引子）

〔梁州序〕、〔大胜乐〕、〔薄媚衮〕（以上南吕过曲）

〔降黄龙〕（黄钟过曲）、〔入破〕、〔出破〕（以上越调近词）

〔新水令〕（双调引子）、〔六么令〕（双调过曲）、〔薄媚曲破〕（附录过曲）、〔入破第一〕、〔破第二〕、〔衮第三〕、〔歇拍〕、〔中衮第五〕、〔煞尾〕、〔出破〕（以上黄钟过曲，见《琵琶记》。　七曲相连，实大曲之七遍，而亡其调名者也。)

其出于唐宋词者一百九十：

〔卜算子〕、〔番卜算〕、〔探春令〕、〔醉落魄〕、〔天下乐〕、〔鹊桥仙〕、〔唐多令〕、〔似娘儿〕、〔鹧鸪天〕（以上仙吕引子）

〔碧牡丹〕、〔望梅花〕、〔感庭秋〕、〔喜还京〕、〔桂枝香〕、〔河传序〕、〔惜黄花〕、〔春从天上来〕（以上仙吕过曲）

〔河传〕、〔声声慢〕、〔杜韦娘〕、〔桂枝香〕（以上仙吕慢词）

〔天下乐〕、〔喜还京〕（以上仙吕近词）

〔浪淘沙〕（羽调近词）

〔燕归梁〕、〔七娘子〕、〔破阵子〕、〔瑞鹤仙〕、〔喜迁莺〕、〔缑山月〕、〔新荷叶〕（以上正宫引子）

〔玉芙蓉〕、〔锦缠道〕、〔小桃红〕、〔三字令〕、〔倾杯序〕、〔满江红急〕、〔醉太平〕、〔双鸂鶒〕、〔洞仙歌〕、〔丑奴儿近〕（以上正宫过曲）

〔安公子〕（正宫慢词）

〔东风第一枝〕、〔少年游〕、〔念奴娇〕、〔烛影摇红〕（以上大石引子）

〔沙塞子〕、〔沙塞子急〕、〔念奴娇序〕、〔人月圆〕（以上大石过曲）

〔蓦山溪〕、〔乌夜啼〕、〔丑奴儿〕（以上大石慢词）

〔插花三台〕（大石近词）

〔粉蝶儿〕、〔行香子〕、〔菊花新〕、〔青玉案〕、〔尾犯〕、〔剔银灯引〕、〔金菊对芙蓉〕（以上中吕引子）

〔泣颜回〕（见《太平广记》有〔哭颜回〕曲）、〔好事近〕、〔驻马听〕、〔古轮台〕、〔渔家傲〕、〔尾犯序〕、〔丹凤吟〕、〔舞霓裳〕、〔山花子〕、〔千秋岁〕（以上中吕过曲）

〔醉春风〕、〔贺圣朝〕、〔沁园春〕、〔柳梢青〕（以上中吕慢词）

〔迎仙客〕（中吕近词）

〔哨遍〕（般涉调慢词）

〔恋芳春〕、〔女冠子〕、〔临江仙〕、〔一剪梅〕、〔虞美人〕、〔意难忘〕、〔薄幸〕、〔生查子〕、〔于飞乐〕、〔步蟾宫〕、〔满江红〕、〔上林春〕、〔满园春〕（以上南吕引子）

〔贺新郎〕、〔贺新郎衮〕、〔女冠子〕、〔解连环〕、〔引驾行〕、〔竹马儿〕、〔绣带儿〕、〔锁窗寒〕、〔阮郎归〕、〔浣溪沙〕、〔五更转〕、〔满园春〕、〔八宝妆〕（以上南吕过曲）

〔贺新郎〕、〔木兰花〕、〔乌夜啼〕（以上南吕慢词）

〔绛都春〕、〔疏影〕、〔瑞云浓〕、〔女冠子〕、〔点绛唇〕、〔传言玉女〕、〔西地锦〕、〔玉漏迟〕（以上黄钟引子）

〔绛都春序〕、〔画眉序〕、〔滴滴金〕、〔双声子〕、〔归朝欢〕、〔春云怨〕、〔玉漏迟序〕、〔传言玉女〕、〔侍香金童〕、〔天仙子〕（以上黄钟过曲）

〔浪淘沙〕、〔霜天晓角〕、〔金蕉叶〕、〔杏花天〕、〔祝英台近〕（以上越调引子）

〔小桃红〕、〔雁过南楼〕、〔亭前柳〕、〔绣停针〕、〔祝英台〕、〔忆多娇〕、〔江神子〕（以上越调过曲）

〔凤凰阁〕、〔高阳台〕、〔忆秦娥〕、〔逍遥乐〕、〔绕池游〕、〔三台令〕、〔二郎神慢〕、〔十二时〕（以上商调引子）

〔满园春〕、〔高阳台〕、〔击梧桐〕、〔二郎神〕、〔集贤宾〕、〔莺啼序〕、〔黄莺儿〕（以上商调过曲）

〔集贤宾〕、〔永遇乐〕、〔熙州三台〕、〔解连环〕（以上商调慢词）

〔骤雨打新荷〕（小石调近词）

〔真珠帘〕、〔花心动〕、〔谒金门〕、〔惜奴娇〕、〔宝鼎现〕、〔捣练子〕、〔风入松慢〕、〔海棠春〕、〔夜行船〕、〔贺圣朝〕、〔秋蕊香〕、〔梅花引〕（以上双调引子）

〔昼锦堂〕、〔红林檎〕、〔醉公子〕（以上双调过曲）

〔柳摇金〕、〔月上海棠〕、〔柳梢青〕、〔夜行船序〕、〔惜奴娇〕、〔品令〕、〔豆叶黄〕、〔字字双〕、〔玉交枝〕、〔玉抱肚〕、〔川拨棹〕（以上仙吕入双调过曲）

〔红林檎〕、〔泛兰舟〕（以上双调慢词）

〔帝台春〕（附录引子）

〔鹤冲天〕、〔疏影〕（以上附录过曲）

出于金诸宫调者十三：

〔胜葫芦〕、〔美中美〕（以上仙吕过曲）

〔石榴花〕、〔古轮台〕、〔鹊打兔〕、〔麻婆子〕、〔荼蘼香傍拍〕（以上中吕过曲）

〔一枝花〕（南吕引子）

〔出队子〕、〔神仗儿〕、〔啄木儿〕、〔刮地风〕（以上黄钟过曲）

〔山麻秸〕（越调过曲）

出于南宋唱赚者十：

〔赚〕、〔薄媚赚〕（以上仙吕近词）

〔赚〕、〔黄钟赚〕（以上正宫过曲）

〔本宫赚〕（大石过曲）

〔本宫赚〕、〔梁州赚〕（以上南吕过曲）

〔赚〕（南吕近词）

〔本宫赚〕（越调过曲）

〔入赚〕（越调近词）

同于元杂剧曲名者十有三：

〔青哥儿〕（仙吕过曲）

〔四边静〕（正宫过曲）

〔红绣鞋〕、〔红芍药〕（以上中吕过曲）

〔红衫儿〕（南吕过曲）

〔水仙子〕（黄钟过曲）

〔秃厮儿〕、〔梅花酒〕（以上越调过曲）

〔绵搭絮〕（越调近词）

〔梧叶儿〕（商调过曲）

〔五供养〕（双调过曲）

〔沉醉东风〕、〔雁儿落〕、〔步步娇〕（以上仙吕入双调过曲）

〔货郎儿〕（附录过曲）

其有古词曲所未见、而可知其出于古者，如左：

〔紫苏丸〕（仙吕过曲）　《事物纪原》（卷九）《吟叫》条："嘉祐末，仁宗上仙……四海遏密，故市井初有叫果子之戏。盖自至和、嘉祐之间，叫〔紫苏丸〕，泊乐工杜人经十叫子始也。京师凡卖一物，必有声韵，其吟哦俱不同，故市人采其声调，间以词章，以为戏曲也。"则〔紫苏丸〕乃北宋叫声之遗，南宋赚词中，犹有此曲，见第四章。

〔好女儿〕、〔缕缕金〕、〔越恁好〕（均中吕过曲）　均见第四章所录南宋赚词。

〔耍鲍老〕（中吕过曲）、又（黄钟过曲）、〔鲍老催〕（黄钟过曲）　见第八章〔鲍老儿〕条。

〔合生〕（中吕过曲）　见第六章。

〔杵歌〕（中吕过曲）、〔园林杵歌〕（越调过曲）　《事物纪原》（卷九）有《杵歌》一条；又《武林旧事》（卷二）舞队中有《男女杵歌》。

〔大迓鼓〕（南吕过曲）　见第三章。

〔刘衮〕（南吕过曲）、〔山东刘衮〕（仙吕入双调过曲）　《武林旧事》（卷四）杂剧三甲，内中祗应一甲五人，内有次净刘衮。又（卷二）舞队中有《刘衮》。又金院本名目中有《调刘衮》一本。

〔太平歌〕（黄钟过曲）　南宋官本杂剧段数，《钱手帕爨》下，注小字〔太平歌〕。

〔蛮牌令〕（越调过曲）　见第八章〔六国朝〕条。

〔四国朝〕（双调引子）　见第八章〔六国朝〕条。

〔破金歌〕（仙吕入双调过曲）　此词云"破金"，必南宋所作也。

〔中都俏〕（附录过曲）　案金以燕京为中都。元世祖至元元年，又改燕京为中都，九年改大都，则此为金人或元初遗曲也。

以上十八章，其为古曲或自古曲出，盖尤可疑。此外，想尚不少。总而计之，则南曲五百四十三章中，出于古曲者凡二百六十章，几当全数之半；而北曲之出于古曲者，不过能举其三分之一，可知南曲渊源之古也。

南戏之曲名，出于古曲者其多如此。至其配置之法，一出中不以一宫调之曲为限，颇似诸宫调。其有一出首尾，只用一曲，终而复始者，又颇似北宋之传踏。又《琵琶记》中第十六出，有大曲一段，凡七遍；虽失其曲名，且其各遍之次序，与宋大曲不尽合，要必有所出。可知南戏之曲，亦综合旧曲而成，并非出于一时之创造也。

更以南戏之材质言之，则本于古者更多。今日所存最古之南戏，仅《荆》、《刘》、《拜》、《杀》与《琵琶记》五种耳。《荆》谓《荆钗》，《刘》谓《白兔》，《拜》、《杀》则谓《拜月》、《杀狗》二记。此四本与《琵琶》，均出于元明之间（见下），然其源颇古。施愚山《矩斋杂记》云："传奇《荆钗记》，丑诋孙汝权。按汝权，宋名进士，有文集，尚气谊，王梅溪先生好友也。梅溪劾史浩八罪，汝权怂恿之，史氏切齿，故入传奇，谬其事以污之。温州周天锡，字懋宠，尝辨其诬，见《竹懒新著》。"施氏之说，信否不可知，要足备参考也。《白兔记》演李三娘事，然元刘唐卿已有《李三娘麻地捧印》杂剧，则亦非创作矣。《杀狗》则元萧德祥有《王翛然断杀狗劝夫》杂剧。《拜月》之先，已有关汉卿《闺怨佳人拜月亭》、王实甫《才子佳人拜月亭》二剧。《琵琶》则陆放翁既有"满村听唱蔡中郎"之句；而金人院本名目，亦有《蔡伯喈》一本。又祝允明《猥谈》谓：南戏，"余见旧牒，其时有赵闳夫榜禁，颇述名目，如《赵真女蔡二郎》等，亦不甚多"。余案元岳伯川《吕洞宾度铁拐李岳》杂剧，第二折〔煞尾〕云："你学那守三贞赵真女，罗裙包土将坟台建"，则其事正与《琵琶记》中之赵五娘同。岳伯川，元初人，则元初确有此南戏矣。且今日《琵琶记》传本第一出末，有四语，末二语云："有贞有烈赵真女，全忠全孝蔡伯喈。"此四语实与北剧之题目正名相同。则虽今本《琵琶记》，其初亦当名《赵真女》或《蔡伯喈》；而《琵琶》之名，乃由后人追改，则不徒用其事，且袭其名矣。然则今日所传最古之南戏，其故事关目，皆有所由来，视元杂剧对古剧之关系，更为亲密也。

南戏始于何时，未有定说。明祝允明《猥谈》（《续说郛》卷四十六）云："南戏出于宣和之后，南渡之际，谓之温州杂剧。予见旧牒，其时有赵闳夫榜禁，颇述名目，如《赵真女蔡二郎》等，亦不甚多"云云。其言"出于宣和之后"，不知何据。以余所考，则南戏当出于南宋之戏文，与宋杂剧无涉；唯其与温州相关系，则不可诬也。戏文二字，未见于宋人书中；然其源则出于宋季。元周德清《中原音韵》云："南宋都杭，吴兴与切邻，故其戏文如《乐昌分镜》等，唱念呼吸，皆如约韵。"（谓沈约韵）此但浑言南宋，不著其为何时。刘一清《钱唐遗事》则云："贾似道少时，佻伿尤甚。自入相后，犹微服闲行，或饮于伎家。至戊辰、己巳间，《王焕》戏文盛行于都下，始自太学，有黄可道者为之。"则戏文于度宗咸淳四五年间，既已盛行，尚不言其始于何时也。叶子奇《草木子》则云："俳优戏文，始于王魁，永嘉人作之。识者曰：若见永嘉人作相，国当亡。及宋将亡，乃永嘉陈宜中作相。其后元朝南戏盛行，及当乱，北院本特盛，南戏遂绝。"案宋官本杂剧中，有《王魁三乡题》，其翻为戏文，不知始于何时，要在宋亡前百数十年间。至以戏文为永嘉人所作，亦非无据。案周密《癸辛杂［志］（识）志》别集上，纪温州乐清县僧祖杰，杨髡之党，（中略）旁观不平，乃撰为戏文，以广其事。又撰《琵琶记》之高则诚，亦温州永嘉人。叶盛《菉竹堂书目》，有《东嘉韫玉传奇》。则宋、元戏文大都出于温州，然则叶氏永嘉始作之言，祝氏"温州杂剧"之说，其或信矣。元一统后，南戏与北杂剧并行。《青楼集》云："龙楼景、丹墀秀，皆金门高之女，俱有姿色，专工南戏。"《录鬼簿》谓："南北调合腔，自沈和甫始。"又云："萧德祥，凡古文俱檃括为南曲，街市盛行，又有南曲戏文等。"以"南曲戏文"四字连称，则南戏出于宋末之戏文，固昭昭矣。

然就现存之南戏言之，则时代稍后。后人称《荆》、《刘》、《拜》、《杀》，为元四大家。明无名氏亦以《荆钗记》为柯丹邱撰，世亦传有元刊本。（贵池刘氏有之，余未见。然闻缪艺风秘监言，中有制义数篇，则为洪武后刊本明矣。）然柯敬仲未闻以制曲称，想旧本当题丹邱子或丹邱先生撰。丹邱子者，明宁献王道号也。（《千顷堂书目》，有丹邱子《太和正音谱》二卷，谱中亦自称丹邱先生。其实此书，乃宁献王撰，故书中著录，讫于明初人也。）后人不知，见丹邱二字，即以为敬仲耳。《白兔记》不知撰人。《杀狗记》据《静志居诗话》（卷四），则为徐畖所作。畖字仲由，淳安人，洪武初征秀才，至藩省辞归。则其人至明初尚存，其制作之时，在元在明，已不可考矣。《拜月亭》（其刻于《六十种曲》中者，易名《幽闺记》）则明王元美、何元朗、臧晋叔等皆以为元施君美（惠）所撰。君美，杭人，卒于至顺、至正间。然《录鬼簿》谓君美诗酒之暇，唯以填词和曲为事，有《古今砌话》，编成一集，而无一语及《拜月亭》。虽《录鬼簿》但录杂剧，不录南戏，然其人苟有南戏或院本，亦必及之，如范居中、屈彦英、萧德祥等是也。则《拜月》是否出君美手，尚属疑问，唯就曲文观之，定为元人之作，当无大谬。而其撰人与时代，确乎可知者，唯《琵琶》一记耳。

作《琵琶》者，人人皆知其为高则诚。然其名则或以为高拭，或以为高明，其字则或以为则诚，或以为则成。蒋仲舒《尧山堂外记》（卷七十六）："高拭字则成，作《琵琶记》者。或谓方国真据庆元时，有高明者，避地鄞之栎社，以词曲自娱。（中略）案高明，温州瑞安人，以《春秋》中至正乙酉第，其字则诚，非则成也。或曰二人同时同郡，字又同音，遂误耳。"以上皆蒋氏说。王元美《艺苑卮言》，亦云南曲高拭则诚，遂掩前后。朱竹垞《静志居诗话》，于高明条下，引《外纪》之说，复云"涵虚子曲谱，有高拭而无高明，则蒋氏之言，或有所据"云云。余案元刊本张小山《北曲联乐府》，前有海粟冯子振、燕山高拭题词，此即涵虚子曲谱中之高拭。《琵琶》乃南曲戏文，则其作者自当为永嘉之高明，而非燕山之高拭。

况明人中如姚福《青溪暇笔》、田艺衡《留青日札》，皆以作《琵琶》者为高明，当不谬也。既为高明，则其字自当为则诚，而非则成。至其作《琵琶记》之时代，则据《青溪暇笔》及《留青日札》，均谓在寓居栎社之后。其寓居栎社，据《留青日札》及《列朝诗集》，又在方国珍降元之后。按国珍降元者再，其初降时，尚未据庆元，其再降则在至正十六年；则此记之作，亦在至正十六年以后矣。然《留青日札》，又谓高皇帝微时，尝奇此戏。案明太祖起兵在至正十二年闰三月，若微时已有此戏，则当成于十二年以前。又《日札》引一说，谓："初，东嘉以伯喈为不忠不孝，梦伯喈谓之曰：'公能易我为全忠全孝，当有以报公。'遂以全忠全孝易之，东嘉后果发解。"案则诚中进士第，在至正五年，则成书又当在五年以前。然明人小说所载，大抵无稽之说，宁从《青溪暇笔》及《留青日札》前说，谓成书于避地栎社之后，为较妥也。

由是观之，则现存南戏，其最古者，大抵作于元、明之间。而《草木子》反谓"元朝南戏盛行，及当乱，北院本（此谓元人杂剧）特盛，南戏遂绝"者，果何说欤？曰：叶氏所记，或金华一地之事。然元代南戏之盛，与其至明初而衰息，此亦事实，不可诬也。沈氏《南九宫谱》所选古传奇，如《刘盼盼》、《王焕》、《韩寿》、《朱买臣》、《古西厢》、《王魁》、《孟姜女》、《冤家债主》、《玩江楼》、《李勉》、《燕子楼》、《郑孔目》、《墙头马上》、《司马相如》、《进梅谏》、《诈妮子》、《复落倡》、《崔护》等，其名各与宋杂剧段数、金院本名目、元人杂剧相同，复与明代传奇不类，疑皆元人所作南戏。此外命名相类者，亦尚有二十余种，亦当为同时之作也。而自明洪武至成弘间，则南戏反少。沈德符《万历野获编》（卷二十五）原明之南曲，谓"《四节》、《连环》、《绣襦》之属，出于成、弘间，始为时所称"，则元、明之间，南曲一时衰熄，事或然也。观明初曲家所作，杂剧多而传奇绝少，或足证此事欤。

第十五章　元南戏之文章

元之南戏，以《荆》、《刘》、《拜》、《杀》并称，得《琵琶》而五。此五本尤以《拜月》、《琵琶》为眉目，此明以来之定论也。元南戏之佳处，亦一言以蔽之，曰自然而已矣。申言之，则亦不过一言，曰有意境而已矣。故元代南北二戏，佳处略同；唯北剧悲壮沈雄，南戏清柔曲折，此外殆无区别。此由地方之风气，及曲之体制使然。而元曲之能事，则固未有间也。

　　元人南戏，推《拜月》、《琵琶》。明代如何元朗、臧晋叔、沈德符辈，皆谓《拜月》出《琵琶》之上。然《拜月》佳处，大都蹈袭关汉卿《闺怨佳人拜月亭》杂剧，但变其体制耳。明人罕睹关剧，又尚南曲，故盛称之。今举其例，资读者之比较焉。

　　关剧第一折：

〔油葫芦〕分明是风雨催人辞故国，行一步一叹息，两行愁泪脸边垂。一点雨间一行凄惶泪，一阵风对一声长吁气。百忙里一步一撒，索与他一步一提。这一对绣鞋儿分不得帮和底，稠紧紧粘糇糇带着淤泥。

南戏《拜月亭》第十三出：

〔剔银灯〕（老旦）迢迢路不知是那里？前途去安身在何处？（旦）一点点雨间著一行行凄惶泪，一阵阵风对著一声声愁和气。（合）云低，天色向晚，子母命存亡，兀自尚未知。

〔摊破地锦花〕（旦）绣鞋儿分不得帮和底，一步步提，百忙里褪了跟儿。（老旦）冒雨冲风，带水拖泥。（合）步迟迟，全没些气和力。

　　又如《拜月》南戏中第三十二出，实为全书中之杰作；然大抵本于关剧第三折。今先录关剧一段如下：

　　（旦做入房里科）（小旦云了）"夜深也，妹子你歇息去波，我也待睡也。"（小旦云了）"梅香安排香案儿去，我去烧炷夜香咱。"（梅香云了）。

〔伴读书〕你靠栏槛临台榭，我准备名香爇，心事悠悠凭谁说，只除向金鼎焚龙麝，与你殷勤参拜遥天月，此意也无别。

〔笑和尚〕韵悠悠比及把角品绝，碧荧荧投致那镫儿灭，薄设设衾共枕空舒设。冷清清不恁迭，闲遥遥生枝节，闷恹恹怎捱他如年夜？

（梅香云了）（做烧香科）

〔倘秀才〕天那！这一炷香，则愿削减俺尊君狠切。这一炷香，则愿俺那抛闪下的男儿较些。那一个耶娘不间叠，不似俺忒咛嗻，劣缺。

（做拜月科，云）愿天下心厮爱的夫妻，永无分离，教俺两口儿早得团圆！

（小旦云了，做羞科）

〔叨叨令〕元来你深深的花底将身儿遮，搭搭的背后把鞋儿捻，涩涩的轻把我裙儿拽，熅熅的羞得我腮儿热。小鬼头，直到撞破我也末哥，直到撞破我也末哥，我一星星都索从头儿说。

（小旦云了）"妹子，你不知我兵火中多得他本人气力来，我已此忘不下他。"（小旦云了，打悲科）"恁姐夫姓蒋名世隆，字彦通，如今二十三岁也。"

（小旦打悲科，做猛问科）

〔倘秀才〕来波，我怨感、我合哽咽；不剌，你啼哭、你为甚迭？（小旦云了）你莫不元是俺男儿旧妻妾？阿！是是是！当时只争个字儿别，我错呵了应者。

（小旦云了）你两个是亲弟兄？（小旦云了，做欢喜科）

〔呆古朵〕似恁的呵，咱从今后越索著疼热，休想似在先时节！你又是我妹妹、姑姑，我又是你嫂嫂、姐姐。（小旦云了）这般者，俺父母多宗派，您兄弟无枝叶。从今后休从俺耶娘家根脚排，只做俺儿夫家亲眷者。

（小旦云了）若说著俺那相别呵，话长。

〔三煞〕他正天行汗病，换脉交阳，那其间敲俺耶把我横拖倒拽在招商舍，硬厮强扶上走马车。谁想舞燕啼莺，翠鸾娇凤，撞著猛虎狞狼，蝎蝎顽蛇。又不敢号咷悲哭，又不敢嘱付丁宁，空则索感叹伤嗟！据著那凄凉惨切，一霎儿似痴呆。

〔二煞〕则就里先肝肠眉黛千千结，烟水云山万万叠。他便似烈焰飘风，劣心卒性；怎禁他后拥前推，乱捧胡茄。阿！谁无个老父，谁无个尊君，谁无个亲耶。从头儿看来，都不似俺那狠爹爹。

〔尾〕他把世间毒害收拾彻，我将天下忧愁结揽绝。（小旦云了）没盘缠，在店舍，有谁人，厮抬贴？那萧疏，那凄切，生分离，厮抛撇。从相别，那时节，音书无，信音绝。我这些时眼跳腮红耳轮热，眠梦交杂不宁贴。您哥哥暑湿风寒纵较些，多被那烦恼忧愁上断送也。（下）

《拜月》南戏第三十二出，全从此出，而情事更明白曲尽，今亦录一段以比较之。

（旦）呀！这丫头去了！天色已晚，只见半弯新月，斜挂柳梢，不免安排香案，对月祷告一番，争些误了。

〔二郎神慢〕拜星月，宝鼎中明香满蓺（小旦潜上听科，旦）上苍！这一炷香呵！愿我抛闪下的男儿疾效些，得再睹同欢同悦！（小旦）悄悄轻把衣袂拽，却不道小鬼头春心动也。（走科，旦）妹子到那里去？（小旦）我也到父亲行去说。（旦扯科，小旦）放手！我这回定要去。（旦跪科）妹子饶过姐姐罢。（小旦）姐姐请起，那娇怯，无言俯首，红晕满腮颊。

〔莺集御林春〕怡才的乱掩胡遮，事到如今漏泄，姊妹心肠休见别，夫妻每是些周折。（旦）教我难推恁阻，罢！妹子，我一星星对伊仔细从头说。（小旦）姐姐，他姓什么？（旦）姓蒋。（小旦）呀！他也姓蒋？叫做什么名字？（旦）世隆名。（小旦）呀！他家在那里？（旦）中都路是家。（小旦）呀！姐姐，你怎么认得他？他是什么样人？（旦）是我男儿受儒业。

〔前腔〕（小旦悲科）听说罢姓名家乡，这情苦意切。闷海愁山，将我心上撇，不由人不泪珠流血。（旦）我凄惶是正理，只合此愁休对愁人说。妹子！他啼哭为何因，莫非是我男儿旧妻妾？

〔前腔〕（小旦）他须是瑞莲亲兄。（旦）呀！元来是令兄。为何失散了？（小旦）为军马犯阙。（旦）是！我晓得了，散失忙寻相应者，那时节只争个字儿差送。妹子，和你比先前又亲，自今越更著疼热，你休随著我跟脚，久已后是我男儿那枝叶。

〔前腔〕（小旦）我须是你妹妹姑姑，你是我嫂嫂又是姐姐。未审家兄和你因甚别，两分离是何时节？（旦）正遇寒冬冷月，恨爹爹将奴拆散在招商舍。（小旦）你如今还思量著他么？（旦）思量起痛心酸，那其间染病耽疾。（小旦）那时怎生割舍得撇了？（旦）是我男儿，教我怎割舍。

〔四犯黄莺儿〕（小旦）他直恁太情切，你十分忒软怯，眼睁睁忍相抛撇。（旦）枉自怨嗟，无可计设，当不过他抢来推去望前拽。（合）意似虺蛇，性似蝎螫，一言如何诉说。

〔前腔〕（小旦）流水一似马和车，顷刻间途路赊，他在穷途逆旅应难舍。（旦）那时节呵，囊箧又竭，药食又缺，他那里闷恹恹捱不过如年夜。（合）宝镜分裂，玉钗断折，何日重圆再接。

〔尾〕自从别后信音绝，这些时魂惊梦怯，莫不是烦恼忧愁将人断送也。

细较南北二戏，则汉卿杂剧固酣畅淋漓，而南戏中二人对唱，亦宛转详尽，情与词偕，非元人不办。然则《拜月》纵不出于施君美，亦必元代高手也。

《拜月亭》南戏，前有所因；至《琵琶》则独铸伟词，其佳处殆兼南北之胜。今录其《吃糠》一节，可窥其一斑。

（商调过曲）〔山坡羊〕（旦）乱荒荒不丰稔的年岁，远迢迢不回来的夫婿，急煎煎不耐烦的二亲，软怯怯不济事的孤身体。衣典尽，寸丝不挂体，几番拚死了奴身己，争奈没主公婆教谁看取。思之，虚飘飘命怎期，难捱，实丕丕灾共危。

〔前腔〕滴溜溜难穷尽的珠泪，乱纷纷难宽解的愁绪，骨崖崖难扶持的病身，战兢兢难捱过的时和岁。这糠，我待不吃你呵，教奴怎忍饥？我待吃你呵，教奴怎生吃？思量起来不如奴先死，图得不知亲死时。思之，虚飘飘命怎期，难捱，实丕丕灾共危。奴家早上，安排些饭与公婆吃，岂不欲买些鲑菜，争奈无钱可买。不想公婆抵死埋怨，只道奴家背他自吃了甚么东西，不知奴家吃的是米膜糠秕。又不敢教他知道，便使他埋怨杀我，我也不敢分说。苦，这些糠秕，怎生吃得下！（吃吐科）

（双调过曲）〔**孝顺歌**〕（旦）呕得我肝肠痛，珠泪垂，喉咙尚兀自牢嘎住。糠那！你遭砻，被舂杵，筛你簸扬你，吃尽控持。好似奴家身狼狈，千辛万苦皆经历。苦人吃著苦滋味，两苦相逢，可知道欲吞不去。（外、净潜上觑科）

〔**前腔**〕（旦）糠和米，本是相依倚，被簸扬作两处飞。一贵与一贱，好似奴家与夫婿，终无见期。丈夫便是米呵，米在他方没处寻；奴家便似糠呵，怎的把糠来救得人饥馁？好似儿夫出去，怎的教奴供膳得公婆甘旨。（外、净潜下科）

〔**前腔**〕（旦）思量我生无益，死又值甚底，不如忍饥死了为怨鬼。只一件，公婆老年纪，靠奴家相依倚，只得苟活片时。片时苟活虽容易，到底日久也难相聚。漫把糠来相比，这糠尚兀自有人吃，奴家的骨头，知他埋在何处？

（外、净上）（净云）媳妇，你在这里吃甚么？（旦云）奴家不曾吃甚么。（净搜夺科）（旦云）婆婆你吃不得！（外云）咳！这是甚么东西？

〔**前腔**〕（旦）这是谷中膜，米上皮。（外云）呀！这便是糠，要他何用？（旦）将来伴锣可疗饥。（净云）嗳！这糠只好将去喂猪狗，如何把来自吃。（旦）尝闻古贤书，狗彘食人食，也强如草根树皮。（外、净云）恁的苦涩东西，怕不噎坏了你。（旦）啮雪吞毡，苏卿犹健，餐松食柏，到做得神仙侣。这糠呵！纵然吃些何虑。（净云）阿公，你休听他说谎，这糠如何吃得？（旦）爹妈休疑，奴须是你孩儿的糟糠妻室。

（外、净看，哭科）媳妇，我元来错埋怨了你，兀的不痛杀我也。

此一出实为一篇之警策，竹垞《静志居诗话》，谓闻则诚填词，夜案烧双烛，填至《吃糠》一出，句云"糠和米本一处飞"，双烛花交为一。吴舒凫《长生殿传奇序》，亦谓则诚居栎社沈氏楼，清夜案歌，几上蜡烛二枚，光交为一，因名其楼曰瑞光。此事固属附会，可知自昔皆以此出为神来之作。然记中笔意近此者，亦尚不乏。此种笔墨，明以后人全无能为役，故虽谓北剧南戏，限于元代可也。

第十六章　余论

一

由此书所研究者观之，知我国戏剧，汉、魏以来，与百戏合，至唐而分为歌舞戏及滑稽戏二种；宋时滑稽戏尤盛，又渐藉歌舞以缘饰故事，于是向之歌舞戏，不以歌舞为主，而以故事为主；至元杂剧出，而体制遂定，南戏出而变化更多。于是我国始有纯粹之戏曲；然其与百戏及滑稽戏之关系，亦非全绝。此于第八章论古剧之结构时，已略及之。元代亦然。意大利人马哥朴禄《游记》中，记元世祖时曲宴礼节云："宴毕彻案，伎人入，优戏者，奏乐者，倒植者，弄手技者，皆呈艺于大汗之前，观者大悦。"则元时戏剧，亦与百戏合演矣。明代亦然。吕毖《明宫史》（木集）谓："钟鼓司过锦之戏，约有百回，每回十余人不拘。浓淡相间，雅俗并陈，全在结局有趣。如说笑话之类，又如杂剧故事之类，各有引旗一对，锣鼓送上。所装扮者，备极世间骗局俗态，并闺阃拙妇骏男，及市井商匠刁赖词讼杂耍把戏等项。"则与宋之杂扮略同。至杂耍把戏，则又兼及百戏，虽在今日，犹与戏剧未尝全无关系也。

二

由前章观之，则北剧南戏，皆至元而大成，其发达，亦至元代而止。嗣是以后，则明初杂剧，如谷子敬、贾仲名辈，矜重典丽，尚似元代中叶之作。至仁、宣间，而周宪王有燉，最以杂剧知名，其所著见于《也是园书目》者，共三十种。即以平生听见者论：其所自刊者九种，刊于《杂剧十段锦》者十种，而一种复出，共得十八种。

其词虽谐稳，然元人生气，至是顿尽；且中颇杂以南曲，且每折唱者不限一人，已失元人法度矣。此后唯王渼陂九思、康对山海，皆以北曲擅场，而二人所作《杜甫游春》、《中山狼》二剧，均鲜动人之处。徐文长渭之《四声猿》，虽有佳处，然不逮元人远甚。至明季所谓杂剧，如汪伯玉道昆、陈玉阳与郊、梁伯龙辰鱼、梅禹金鼎祚、王辰玉衡、卓珂月人月所作，蒐于《盛明杂剧》中者，既无定折，又多用南曲，其词亦无足观。南戏亦然。此戏明中叶以前，作者寥寥，至隆、万后始盛，而尤以吴江沈伯英璟、临川汤义仍显祖为巨擘。沈氏之词，以合律称，而其文则庸俗不足道。汤氏才思，诚一时之隽，然较之元人，显有人工与自然之别。故余谓北剧南戏，限于元代，非过为苛论也。

三

　　杂剧、院本、传奇之名，自古迄今，其义颇不一。宋时所谓杂剧，其初殆专指滑稽戏言之。孔平仲《谈苑》（卷五）："山谷云：作诗正如作杂剧，初时布置，临了须打诨。"吕本中《童蒙训》亦云："如作杂剧，打猛诨入，却打猛诨出。"《梦粱录》亦云："杂剧全用故事，务在滑稽。"故第二章所集之滑稽戏，宋人恒谓之杂剧，此杂剧最初之意也。至《武林旧事》所载之官本杂剧段数，则多以故事为主，与滑稽戏截然不同，而亦谓之杂剧，盖其初本为滑稽戏之名，后扩而为戏剧之总名也。元杂剧又与宋官本杂剧截然不同。至明中叶以后，则以戏曲之短者为杂剧，其折数则自一折至六七折皆有之，又舍北曲而用南曲，又非元人所谓杂剧矣。

　　院本之名义亦不一。金之院本，与宋杂剧略同。元人既创新杂剧，而又有院本，则院本殆即金之旧剧也。然至明初，则已有谓元杂剧为院本者，如《草木子》所谓"北院本特盛，南戏遂绝"者，实谓北杂剧也。顾起元《客座赘语》谓：南都万历以前，"大席则用教坊打院本，乃北曲四大套者"。此亦指北杂剧言之也。然明文林《琅琊漫钞》（《苑录汇编》卷一百九十七）所纪太监阿丑打院本事，与《万历野获编》（卷六十二）所纪郭武定家优人打院本事，皆与唐、宋以来之滑稽戏同，则犹用金、元院本之本义也。但自明以后，大抵谓北剧或南戏为院本。《野获编》谓"逮本朝院本久不传，今尚称院本者，犹沿宋、元之旧也。金章宗时，董解元《西厢》尚是院本模范"云云，其以《董西厢》为院本固误，然可知明以后所谓院本，实与戏曲之意无异也。

传奇之名，实始于唐。唐裴铏所作《传奇》六卷，本小说家言，此传奇之第一义也。至宋则以诸宫调为传奇，《武林旧事》所载诸色伎艺人，诸宫调传奇，有高郎妇、黄淑卿、王双莲、袁太道等。《梦粱录》亦云："说唱诸宫调，昨汴京有孔三传，编成传奇灵怪入曲说唱。"即《碧鸡漫志》所谓"泽州孔三传，首唱诸宫调古传，士大夫皆能诵之"者也。则宋之传奇，即诸宫调，一谓之古传，与戏曲亦无涉也。元人则以元杂剧为传奇，《录鬼簿》所著录者，均为杂剧，而录中则谓之传奇。又杨铁崖《元宫词》云："《尸谏灵公》演传奇，一朝传到九重知，奉宣赏与中书省，诸路都教唱此词。"案《尸谏灵公》，乃鲍天祐所撰杂剧，则元人均以杂剧为传奇也。至明人则以戏曲之长者为传奇（如沈璟《南九宫谱》等），以与北杂剧相别。乾隆间，黄文旸编《曲海目》，遂分戏曲为杂剧、传奇二种。余曩作《曲录》从之。盖传奇之名，至明凡四变矣。

戏文之名，出于宋、元之间，其意盖指南戏。明人亦多用此语，意亦略同。唯《野获编》始云："自北有《西厢》，南有《拜月》，杂剧变为戏文。以至《琵琶》，遂演为四十余折，几倍杂剧。"则戏曲之长者，不问北剧南戏，皆谓之戏文，意与明以后所谓传奇无异。而戏曲之长者，北少而南多，故亦恒指南戏。要之，意义之最少变化者，唯此一语耳。

四

至我国乐曲与外国之关系，亦可略言焉。三代之顷，庙中已列夷蛮之乐。汉张骞之使西域也，得《摩诃兜勒》之曲以归。至晋吕光平西域，得龟兹之乐，而变其声。魏太武平河西得之，谓之西凉乐；魏、周之际，遂谓之国伎。龟兹之乐，亦于后魏时入中国。至齐、周二代，而胡乐更盛。《隋志》谓："齐后主唯好胡戎乐，耽爱无已，于是繁手淫声，争新哀怨，故曹妙达、安未弱、安马驹之徒，至有封王开府者（曹妙达之祖曹婆罗门，受琵琶曲于龟兹商人，盖亦西域人也）。遂服簪缨而为伶人之事。后主亦能自度曲，亲执乐器，悦玩无厌，使胡儿阉官之辈，齐唱和之。"北周亦然。太祖辅魏之时，得高昌伎，教习以备飨宴之礼。及武帝大和六年，罗掖庭四夷乐，其后帝娉皇后于北狄，得其所获康国、龟兹等乐，更杂以高昌之旧，并于大司乐习焉。故齐、周二代，并用胡乐。至隋初而太常雅乐，并用胡声；而龟兹之八十四调，遂由苏祗婆郑译而显。当时九部伎，除清乐、文康为江南旧乐外，余七部皆胡乐也。有唐仍之。其大曲、法曲，大抵胡乐，而龟兹之八十四调，其中二十八调尤为盛行。宋教坊之十八调，亦唐二十八调之遗物。北曲之十二宫调，与南曲之十三宫调，又宋教坊十八调之遗物也。故南北曲之声，皆来自外国。而曲亦有自外国来者，其出于大曲、法曲等，自唐以前入中国者，且勿论；即以宋以后言之，则徽宗时蕃曲复盛行于世。吴曾《能改斋漫录》（卷一）云：徽宗"政和初，有旨立赏钱五百千，若用鼓板改作北曲子，并著北服之类，并禁止支赏。其后民间不废鼓板之戏，第改名太平鼓"云云，至绍兴年间，有张五牛大夫听动鼓板，中有〔太平令〕，因撰为赚（见上），则北曲中之〔太平令〕，与南曲中之〔太平歌〕，皆北曲子。又第四章所载南宋赚词，其结构似北曲，而曲名似南曲者，亦当自蕃曲出。而南北曲之赚，又自赚词出也。至宣和末，京师街巷鄙人，多歌蕃曲，名曰〔异国朝〕、〔四国朝〕、〔六国朝〕、〔蛮牌序〕、〔蓬蓬花〕等，其言至俚，一时士大夫皆能歌之（见上）。今南北曲中尚有〔四国朝〕、〔六国朝〕、〔蛮牌〔令〕（儿）〕，此亦蕃曲，而于宣和时已入中原矣。至金人入主中国，而女真乐亦随之而入。《中原音韵》谓："女真〔风流体〕等乐章，皆以女真人音声歌之。虽字有舛讹，不伤于音律者，不为害也。"则北曲双调中之〔风流体〕等，实女真曲也。此外如北曲黄钟宫之〔者剌古〕，双调之〔阿纳忽〕、〔古都白〕、〔唐兀歹〕、〔阿忽令〕，越调之〔拙鲁速〕，商调之〔浪来里〕，皆非中原之语，亦当为女真或蒙古之曲也。

　　以上就乐曲之方面论之。至于戏剧，则除《拨头》一戏自西域入中国外，别无所闻。辽、金之杂剧、院本，与唐、宋之杂剧，结构全同。吾辈宁谓辽、金之剧皆自宋往，而宋之杂剧，不自辽、金来，较可信也。至元剧之结构，诚为创见；然创之者，实为汉人；而亦大用古剧之材料，与古曲之形式，不能谓之自外国输入也。

　　至我国戏曲之译为外国文字也，为时颇早。如《赵氏孤儿》，则法人特赫尔特（Du Halde）实译于（一）千七百六十二年，至一千八百三十四年，而裴利安（Julian）又重译之。又英人大维斯（Davis）之译《老生儿》在千八百十七年，其译《汉宫秋》在千八百二十九年。又裴利安所译，尚有《灰阑记》、《连环计》、《看钱奴》，均在千八百三四十年间。而拔残（Bazin）氏所译尤多，如《金钱记》、《鸳鸯被》、《赚蒯通》、《合汗衫》、《来生债》、《薛仁贵》、《铁拐李》、《秋胡戏妻》、《倩女离魂》、《黄粱梦》、《昊天塔》、《忍字记》、《窦娥冤》、《货郎旦》，皆其所译也。此种译书，皆据《元曲选》；而《元曲选》百种中，译成外国文者，已达三十种矣。

附录　元戏曲家小传
（今取有戏曲传于今者为之传）

一　杂剧家

　　关汉卿，不知其为名或字也。号已斋叟，大都人。金末，以解元贡于乡，后为太医院尹；则亦未知其在金世欤？元世欤？元初大名王和卿，滑稽佻达，传播四方。中统初，燕市有一蝴蝶；其大异常，王赋〔醉中天〕小令，由是其名益著。汉卿与之善，王尝以讥谑加之；汉卿虽极意还答，终不能胜。王忽坐逝，而鼻垂双涕尺余，人皆叹骇。汉卿来吊唁，询其由，或曰："此释家所谓坐化也。"复问鼻悬何物，又对曰："此玉箸也。"汉卿曰："我道你不识，不是玉箸，是嗓。"咸发一笑。或戏汉卿云："你被王和卿轻侮半世，死后方还得一筹。"凡六畜劳伤，则鼻中常流脓水，谓之嗓；又爱讦人之过者，亦谓之嗓，故云尔（《录鬼簿》，参《辍耕录》、《鬼董跋》、《尧山堂外纪》）。

高文秀，东平人，府学生，早卒（《录鬼簿》）。

郑廷玉，彰德人（同上）。

白朴，字太素，一字仁甫，号兰谷，隩州人。后居真定，故又为真定人焉。祖元遗山为作墓表，所谓善人白公是也。父华，字文举，号寓斋，仕金贵显，为枢密院判官，《金史》有传。仁甫为寓斋仲子，于遗山为通家姓。甫七岁，遭壬辰之难，寓斋以事远适。明年春，京城变，遗山遂挈以北渡。自是不茹荤血，人问其故，曰："俟见吾亲则如初。"尝罹疫，遗山昼夜抱持，凡六日，竟于臂上得汗而愈。盖视亲子侄，不啻过之。数年，寓斋北归，以诗谢遗山云："顾我真成丧家狗，赖君曾护落巢儿。"居无何，父子卜筑于滹阳。律赋为专门之学，而太素有能声，为后进之翘楚。遗山每遇之，必问为学次第，尝赠之诗曰："元白通家旧，诸郎独汝贤。"未几，生长见闻，学问博览。然自幼经丧乱，仓皇失母，便有满目山川之叹。逮亡国，恒郁郁不乐，以故放浪形骸，期于适意。中统初，开府史公将以所业荐之于朝，再三逊谢，栖迟衡门，视荣利蔑如也。至元一统后，徙家金陵，从诸遗老放情山水间，日以诗酒优游，用示雅志，诗词篇翰，在在有之。后以子贵，赠嘉议大夫，掌礼仪院大卿。著有《天籁词》二卷（《金史·白华传》、《录鬼簿》、《元遗山文集》，王博文、孙大雅《天籁集序》）。

马致远，号东篱，大都人，任江浙行省务官（《录鬼簿》）。

李文蔚，真定人，江州路瑞昌县尹（同上）。

李直夫，女直人，居德兴府，一称蒲察李五（同上）。

吴昌龄，西京人（同上）。

王实甫，大都人（同上）。

武汉臣，济南府人（同上）。

王仲文，大都人（同上）。

李寿卿，太原人，将仕郎，除县丞（同上）。

尚仲贤，真定人，江浙行省务官（同上）。

石君宝，平阳人（同上）。

杨显之，大都人，与汉卿莫逆交。凡有珠玉，与公校之（同上）。

纪君祥（一作天祥），大都人，与李寿卿、郑廷玉同时（同上）。

戴善甫，真定人，江浙行省务官（同上）。

李好古，保定人，或云西平人（同上）。

张国宾（一作国宝），大都人，即喜时营教坊句管（同上）。

石子章，大都人，与元遗山、李显卿同时（《录鬼簿》、《遗山集》、《寓庵集》）。

孟汉卿，亳州人（《录鬼簿》）。

李行道（一作行甫），绛州人（同上）。

王伯成，涿州人，有《天宝遗事》诸宫调行于世（同上）。

孙仲章，大都人，或云姓李（同上）。

岳伯川，济南人，或云镇江人（同上）。

康进之，棣州人，一云姓陈（同上）。

狄君厚，平阳人（同上）。

孔文卿，平阳人（同上）。

张寿卿，东平人，浙江省掾史（同上）。

李时中，大都人（同上）。

杨梓，字□□，海盐人。至元三十年二月，元师征爪哇，公以招谕爪哇等处宣慰司官，随福建行省平章政事伊克穆苏，以五百余人、船十艘，先往招谕之。大军继进，爪哇降，公引其宰相昔剌难答吒耶等五十余人来迎。后为安抚总使，官至嘉议大夫，杭州路总管。致仕卒，赠两浙都转运使，上轻车都尉，追封弘农郡侯，谥康惠。公节侠风流，善音律，与武林阿里海涯之子云石交善。云石翩翩公子，所制乐府散套，骏逸为当行之冠，即歌声高引，可彻云汉。而公独得其传。杂剧中有《豫让吞炭》、《霍光鬼谏》、《敬德不伏老》，皆公自制，以寓祖父之意，特去其著作姓名耳。其后长公国材，少公次中，复与鲜于去矜交好。去矜亦乐府擅场，以故杨氏家僮千指，无不善南北歌调者；由是州人往往得其家法，以能歌名于浙右云（《元史·爪哇传》、元姚桐寿《乐郊私语》、明董谷《续澉水志》）。

宫天挺，字大用，大名开州人。历学官，除钓台书院山长。为权豪所中，事获辨明，亦不见用，卒于常州（《录鬼簿》）。

郑光祖，字德辉，平阳襄陵人，以儒补杭州路吏。为人方直，不妄与人交。病卒，火葬于西湖之灵芝寺。伶伦辈称郑老先生，皆知其为德辉也（同上）。

范康，字子安，杭州人。明性理，善讲解，能词章，通音律。因王伯成有《李太白贬夜郎》，乃编《杜子美游曲江》，一下笔即新奇，盖天资卓异，人不可及也（同上）。

曾瑞，字瑞卿，大兴人。自北来南，喜江浙人才之多，羡钱唐景物之盛，因而家焉。神采卓异，衣冠整肃，优游于市井，洒然如神仙中人。志不屈物，故不愿仕，自号褐夫。江湖之达者，岁时馈送不绝，遂得以徜徉卒岁。善丹青，能隐语、小曲，有《诗酒馀音》行于世（同上）。

乔吉（一作吉甫），字梦符，号笙鹤翁，又号惺惺道人，太原人。美容仪，能词章，以威严自饬，人敬畏之。居杭州太乙宫前，有题西湖〔梧叶儿〕百篇，名公为之序。江湖间四十年，欲刊行所作，竟无成事者。至正五年，病卒于家。尝谓："作乐府亦有法，凤头、猪肚、豹尾是也。大概起要美丽，中要浩荡，结要响亮；尤贵在首尾贯串，意思清新，能若是，斯可以言乐府矣。"明李中麓辑其所作小令，为《惺惺道人乐府》一卷，与《小山乐府》并刊焉（《录鬼簿》，参《辍耕录》）。

秦简夫，初擅名都下，后居杭州（《录鬼簿》）。

萧德祥，号复斋，杭州人，以医为业。凡古文俱檃括为南曲，街市盛行。所作杂剧外，又有南曲戏文等（同上）。

朱凯，字士凯，所编《昇平乐府》及《隐语》、《包罗天地谜韵》，皆大梁钟嗣成为之序（同上）。

王晔，字日华，杭州人。能词章乐府，所制工巧。又尝作《优戏录》，杨铁崖为之序云："侏儒奇伟之戏，出于古亡国之君。春秋之世，陵铄大诸侯，后代离析文义，至侮圣人之言为大剧，盖在诛绝之法。而太史公为滑戏者作传，取其谈言微中，则感世道者实深矣。钱唐王晔，集历代之优辞有关于世道者，自楚国优孟而下，至金人玳瑁头，凡若干条。太史公之旨，其有概于中者乎！予闻仲尼论谏之义有五，始曰谲谏，终曰讽谏，且曰：吾从者讽乎！盖以讽之效，从容一言之中，而龙逢、比干不获称，良臣者之所不及也。及观优之寓于讽者，如'漆城'、'瓦衣'、'雨税'之类，皆一言之微，有回天倒日之力，而勿烦乎牵裾、伏蒲之勃也。则优戏之伎，虽在诛绝，而优谏之功，岂可少乎？他如安金藏之刳肠，申渐高之饮鸩，敬新磨之免戮疲令，杨花飞之易乱主于治，君子之论，且有谓台官不如伶官。至其锡教及于弥侯解愁，其死也，足以愧北面二君者，则优世君子不能不三喈于此矣。故吾于晔之编为书如此，使览者不徒为轩渠一噱之助，则知晔之感，太史氏之感也欤！至正六年秋七月序。"（《录鬼簿》、《东维子文集》）

二　南戏家

施惠（一云姓沈），字君美，杭州人。居吴山城隍庙前，以坐贾为业。巨目美髯，好谈笑，诗酒之暇，唯以填词和曲为事。有《古今砌话》，编成一集，其好事也如此（《录鬼簿》）。

高明，字则诚，温州瑞安人（《玉山草堂雅集》、《列朝诗集》皆云永嘉平阳人）。以《春秋》中至正乙酉第，授处州录事。后改调浙江阃幕都事，转江西行台掾，又转福建行省都事。初方国珍叛，省臣以则诚温人，知海滨事，择以自从。后仍以江西、福建官佐幕事，与幕府论事不合。国珍就抚，欲留置幕下，不从，即日解官，旅寓鄞栎社沈氏，以词曲自娱。明太祖闻其名，召之，以老病辞归，卒于宁海。则诚所交，皆当世名士，尝往来无锡顾阿瑛玉山草堂。阿瑛选其诗，入《草堂雅集》；称其长才硕学，为时名流。其为浙幕都事与归温州也，会稽杨维桢与东山赵汸作序送之。尝有《岳鄂王墓》诗云："莫向中州叹黍离，英雄生死系安危。内廷不下班师诏，绝漠全收大将旗。父子一门甘伏节，山河万里竟分支。孤臣尚有埋身地，二帝游魂更可悲！"又尝作《乌宝传》（谓钞也），虽以文为戏，亦有裨于世教。其卒也，孙德旸以诗哭之曰："乱离遭世变，出处叹才难。坠地文将丧，忧天寝不安！名题前进士，爵署旧郎官，一代儒林传，真堪入史刊。"所著有《柔克斋集》(《辍耕录》、《玉山草堂雅集》、《东维子文集》、《留青日札》、《列朝诗集》、《静志居诗话》)。

徐畹，字仲由，淳安人。明洪武初，征秀才，至藩省辞归。尝谓吾诗文未足品藻，唯传奇词曲，不多让古人。有《叶儿乐府》〔满庭芳〕云："乌纱裹头，清霜篱落，黄叶林丘。渊明彭泽辞官后，不事王侯。爱的是青山旧友，喜的是绿酒新筹，相拖逗，金樽在手，烂醉菊花秋。"比于张小山、马东篱，亦未多逊。有《巢松集》(《静志居诗话》)。

　　附考：元代曲家，与同时人同姓名者不少。就见闻所及，则有三白贲，三刘时中，三赵天锡，二马致远，二赵良弼，二秦简夫，二张鸣善。《中州集》有白贲，汴人，自上世以来至其孙渊，俱以经术著名，此一白贲也。元遗山《善人白公墓表》次子贲（即仁甫仲父），则陕州人，此又一白贲也。曲家之白无咎，亦名贲，姚际恒《好古堂书画记》"白贲，字无咎，大德间钱唐人"是也。《元史·世祖纪》："以刘时中为宣慰使，安辑大理。"此一刘时中也。《遂昌杂录》又有刘时中，名致。曲家之刘时中，则号逋斋，洪都人，官学士，《阳春白雪》所谓古洪刘时中者是也（此与《遂昌杂录》之刘时中时代略同，或系一人）。世祖武臣有赵天锡，冠氏人，《元史》有传。《遂昌杂录》谓今河南行省参事宛邱赵公名颐字子期，其先府君宛邱公讳祐字天锡，为江浙行省照磨，此又一赵天锡也。曲家之赵天锡，则汴梁人，官镇江府判者也。马致远，其一制曲者，为大都人；一为金陵人，即马文璧（琬）之父，见张以宁《翠屏集》。赵良弼，一为世祖大臣，《元史》有传；一为东平人，即见于《录鬼簿》者也。秦简夫，一名略，陵川人，与元遗山同时；一为制曲者，即《录鬼簿》所谓"见在都下擅名，近岁来杭"者也。张鸣善，一名择，平阳人（或云湖南人），为江浙提学，谢病隐居吴江，见王逢《梧溪集》；一为扬州人，宣慰司令史，则制曲者也。元代曲家，名位既微，传记更阙，恐世或疑为一人，故附著焉。

曲　录

自　序

余作《词录》竟，因思古人所作戏曲，何虑万本，而传世者寥寥。正史艺文志及《四库全书提要》，于戏曲一门，既未著录；海内藏书家，亦罕有搜罗者。其传世总集，除臧懋循之《元曲选》、毛晋之《六十种曲》外，若《古名家杂剧》等，今日皆绝不可睹，余亦仅寄之伶人之手，且颇遭改窜，以就其唇吻。今昆曲且废，则此区区之寄于伶人之手者，恐亦不可问矣。明李中麓作《张小山小令序》，谓明初诸王之国，必以杂剧千七百本资遣之。今元曲目之载于《元曲选》首卷及程明善《啸馀谱》者，仅五百余本，则其散失不自今日始矣。继此作曲目者，有焦循之《曲考》，黄文旸之《曲目》，无名氏之《传奇汇考》等。焦氏丛书中未刻《曲考》，《曲目》则仅征李斗载之《扬州画舫录》，《传奇汇考》仅有旧钞残本，惟黄氏之书稍为完具。其所见之曲，通杂剧、《传奇汇考》共一千零十三种，复益以《曲考》所有而黄氏未见者六十八种，余乃参考诸书并各种曲谱及藏书家目录，共得二千二百二十本，视黄氏之目增逾一倍。又就曲家姓名可考者考之，可补者补之，粗为排比，成书二卷。黄氏所见之书，今日存者恐不及十之三四，何况百种外之元曲，曲谱中之原本，岂可问哉，岂可问哉！则兹录之作，又乌可以已也。光绪戊申八月。

又

戏曲之兴，由来远矣。宣和之末，姑见萌芽；乾、淳以还，渐多纂述。泗水潜夫纪武林之杂剧，南村野叟录金人之院本。丑斋《点鬼》，丹邱《正音》，著录斯开，搜罗尤盛。上自洪武诸王就国之装（见李开先《张小山小令跋》），下讫天、崇私家插架之轴，则有若：章邱之李（《列朝诗集》李开先小传），临川之汤（姚士粦《见只编》卷中），黄州之刘（《静志居诗话》卷十五臧懋循条下），山阴之淡生（同上，卷十六祁承爜条下），海虞之述古（钱曾《也是园书目》），富者千余，次亦百数。然中麓诸家未传目录，《也是》一编仅窥崖略，存什一于千百，或有录而无书。暨乎国朝，亦有撰著。然《传奇汇考》之作，仅见残钞；广陵进御之书，惟存《总目》。放失之厄，斯为甚矣！鄙薄之原，抑有由焉。粤自贸丝抱布，开叙事之端；织素裁衣，肇代言之体。追原戏曲之作，实亦古诗之流。所以穷品性之纤微，极遭遇之变化，激荡物态，抉发人心，舒轸哀乐之余，摹写声容之末，婉转附物，怊怅切情，虽雅颂之博徒，亦滑稽之魁杰。惟语取易解，不以鄙俗为嫌；事贵翻空，不以谬悠为讳。庸人乐于染指，壮夫薄而不为。遂使陋巷言怀，人人青紫；香闺寄怨，字字桑间。抗志极于利禄，美谈止于兰芍，意匠同于千手，性格歧于一人，岂托体之不尊，抑作者之自弃也？然而明昌一编，尽金源之文献；吴兴百种，抗皇元之风雅：百年之风会成焉，三朝之人文系焉。况乎第其卷帙，轶两宋之诗余；论具体裁，开有明之制义。考古者征其事，论世者观其心，游艺者玩其辞，知音者辨其律。此则石渠存目，不废《雍熙》；洙泗删诗，犹存郑卫者矣。国维雅好声诗，粗谙流别，痛往籍之日丧，惧来者之无征，是用博稽故简，撰为总目。存佚未见，未敢颂言，时代姓名，粗具条理，为书六卷，为目三千有奇，非徒为考镜之资，亦欲作搜讨之资，亦欲作搜讨之助。补三朝之志，所不敢言，成一家之书，请俟异日。宣统改元夏五月，海宁王国维自序。

卷一　宋金杂剧、院本部

《王焕》一本。

　　宋黄可道撰。刘一清《钱唐遗事》云：湖山歌舞，沈酣百年。贾似道少时佻达尤甚，自入相后，犹微服间或饮于伎家。至戊辰、己巳间，《王焕》戏文盛行于都下，始自太学，有黄可道者为之。一仓官诸妾见之，至于群奔，遂以言去，云云。

《乐昌分镜》一本。

　　宋无名氏撰。周德清《中原音韵》云：沈约之韵，乃闽、浙之音而制中原之韵者。南宋都杭，吴兴与切邻，故其戏文如《乐昌分镜》等类，唱念呼吸，皆如约韵。则此本德清犹及见之矣。

《王魁》一本。

　　宋无名氏撰。明叶子奇《草木子》云：俳优戏文，始于《王魁》，永嘉人作之。识者曰，若见永嘉人作相，宋当亡。及宋将亡，乃永嘉陈宜中作相。其后元朝南戏盛行。及当乱，北院本特盛，南戏遂绝。

《争曲六么》一本。（“六么”即“绿腰”。《宋史·乐志·教坊部》十八调中，中吕调、南吕调、仙吕调，均有《绿腰曲》。）

《扯拦六么》一本。（原注云：三哮。）

《教声六么》一本。

《鞭帽六么》一本。

《衣笼六么》一本。

《厨子六么》一本。

《孤夺旦六么》一本。

《王子高六么》一本。

《崔护六么》一本。

《骰子六么》一本。

《照道六么》一本。

《莺莺六么》一本。

《大宴六么》一本。

《驴精六么》一本。

《女生外向六么》一本。

《慕道六么》一本。

《三偌慕道六么》一本。

《双拦哮六么》一本。

《赶厥夹六么》一本。

《羹汤六么》一本。

《索拜瀛府》一本。(《瀛府》，曲名；《宋史·乐志·教坊部》正宫、南吕宫中均有《瀛府曲》。)

《厚熟瀛府》一本。

《哭骰子瀛府》一本。

《醉院君瀛府》一本。("院君"，一作"县君"。)

《懊骨头瀛府》一本。("懊"，一作"燠"。)

《赌钱望瀛府》一本。

《四僧梁州》一本。

《三索梁州》一本。

《诗曲梁州》一本。

《头钱梁州》一本。

《食店梁州》一本。

《法事馒头梁州》一本。

《四哮梁州》一本。("梁州"，一作"伊州"。)

《领伊州》一本。(《宋史·乐志·教坊部》越调、歇指调中均有《伊州曲》。)

《铁指甲伊州》一本。

《闹五伯伊州》一本。

《裴少俊伊州》一本。

《食店伊州》一本。

《桶担新水》一本。（"桶"，一作"橘"。　《宋史·乐志·教坊部》双调中有《新水调曲》，《新水》或即《新水调》之略也。）

《双哮新水》一本。

《烧花新水》一本。

《简帖薄媚》一本。（《宋史·乐志·教坊部》道调宫、南吕宫中，均有《薄媚曲》。）

《请客薄媚》一本。

《错取薄媚》一本。

《传神薄媚》一本。

《九妆薄媚》一本。

《本事现薄媚》一本。

《打调薄媚》一本。

《拜褥薄媚》一本。

《郑生遇龙女薄媚》一本。

《土地大明乐》一本。（《宋志·教坊部》大石调中有《大明乐》。）

《打球大明乐》一本。

《三爷老大明乐》一本。

《列女降黄龙》一本。（《降黄龙》，黄钟宫曲名，《宋志》无考。）

《双旦降黄龙》一本。

《柳耻上官降黄龙》一本。

《入寺降黄龙》一本。

《偷标降黄龙》一本。

《赶厥胡渭州》一本。（《宋志·教坊部》所奏小石调、林钟商，《云韶部》所奏越调中，皆有《胡渭州曲》。）

《单番将胡渭州》一本。

《银器胡渭州》一本。

《看灯胡渭州》一本。（原注云：三厥。）

《打地铺逍遥乐》一本。（《逍遥乐》宋词有之，亦入曲双调，《宋志》无考。）

《病郑逍遥乐》一本。

《崔护逍遥乐》一本。

《瀽涵逍遥乐》一本。

《单打石州》一本。（《宋志·教坊部》越调中有《石州曲》。）

《和尚那石州》一本。（"和尚"，一作"石和"。）

《赶厥石州》一本。

《塑金刚大圣乐》一本。（《宋志·教坊部》道调宫有《大圣乐曲》。）

《单打大圣乐》一本。

《柳毅大圣乐》一本。

《霸王中和乐》一本。（《宋志·教坊部》黄钟宫有《中和乐曲》。）

《马头中和乐》一本。

《大打调中和乐》一本。

《喝贴万年欢》一本。（《宋志·教坊部》中吕宫有《万年欢曲》。）

《托合万年欢》一本。

《迓鼓儿熙州》一本。（《熙州》，宋词有之，《乐志》无考。）

《骆驼熙州》一本。

《二郎熙州》一本。

《大打调道人欢》一本。（《宋志·教坊部》中吕调有《道人欢曲》。）

《会子道人欢》一本。

《双拍道人欢》一本。（"双"，一作"打"。）

《越娘道人欢》一本。

《打勘长寿仙》一本。（《宋志·教坊部》般涉调中有《长寿仙曲》。）

《偌卖旦长寿仙》一本。

《分头子长寿仙》一本。

《棋盘法曲》一本。

《孤和法曲》一本。

《藏瓶儿法曲》一本。

《车儿法曲》一本。

《病爷老剑器》一本。（《宋志·教坊部》中吕宫、黄钟宫中均有《剑器曲》。）

《霸王剑器》一本。

《黄杰进延寿乐》一本。（《宋志·教坊部》仙吕宫有《延寿乐曲》。）

《义养娘延寿乐》一本。

《扯篮儿贺皇恩》一本。（"篮"一作"槛"。　《宋志·教坊部》林钟商有《贺皇恩曲》。）

《催妆贺皇恩》一本。（原注云：三偌。）

《封涉中和乐》一本。

《唐辅采莲》一本。（《宋志·教坊部》双调中有《采莲曲》。）

《双哮采莲》一本。

《病和采莲》一本。

《诸宫调霸王》一本。

《诸宫调卦册儿》一本。

《相如文君》一本。

《崔智韬艾虎儿》一本。

《王宗道休妻》一本。（"宗"，一作"崇"。）

《李勉负心》一本。

《四郑舞杨花》一本。

《四偌皇州》一本。

《槛偌宝金枝》一本。（原注云：磕瓦。"宝"，一作"保"。　《宋志·教坊》仙吕宫有《保金枝曲》。）

《浮沤传永成双》一本。

《浮沤暮云归》一本。

《老孤嘉庆乐》一本。

《两相宜万年芳》一本。

《进笔庆云乐》一本。（《宋志·教坊》歇指调中有《庆云乐》。）

《裴航相遇乐》一本。（《宋志·教坊》歇指调中有《君臣相遇乐》。）

《能知他泛清波》一本。（《宋志》林钟商中有《泛清波曲》。）

《三钓鱼泛清波》一本。

《五柳菊花新》一本。

《梦巫山彩云归》一本。（《宋志》仙吕调有《彩云归曲》。）

《青阳观碑彩云归》一本。

《四小将整乾坤》一本。

《四季夹竹桃花》一本。

《禾打千秋乐》一本。（"秋"，一作"春"。　《宋志·教坊》十八调、四十六曲中有《千春乐》，而无《千秋乐》，则自以作"春"为是。）

《牛五郎罢金征》一本。（《宋志》南吕调有《罢金钲曲》。　"征"，当作"钲"。）

《新水爨》一本。（"爨"，院本之别名，见陶宗仪《辍耕录》。）

《三十拍爨》一本。

《天下太平爨》一本。

《百花爨》一本。

《三十六拍爨》一本。

《四子打三教爨》一本。

《孝经借衣爨》一本。

《大孝经孙爨》一本。

《喜朝天爨》一本。

《说月爨》一本。

《风花雪月爨》一本。

《醉青楼爨》一本。

《宴瑶池爨》一本。

《钱手帕爨》一本。（原注云：小字太平歌。"帕"，一作"拍"。）

《诗书礼乐爨》一本。

《醉花阴爨》一本。

《钱爨》一本。

《鹡鸰爨》一本。（"鹡"，一作"鹤"。）

《借听爨》一本。

《大彻底错爨》一本。

《黄河赋爨》一本。

《睡爨》一本。

《门儿爨》一本。

《上借门儿爨》一本。

《抹紫粉爨》一本。

《夜半乐爨》一本。

《火发爨》一本。

《借衫爨》一本。

《烧饼爨》一本。

《调燕爨》一本。

《棹孤舟爨》一本。

《木兰花爨》一本。

《月当厅爨》一本。

《醉还醒爨》一本。

《闹夹棒爨》一本。

《扑胡蝶爨》一本。

《闹八妆爨》一本。

《钟馗爨》一本。

《铜博爨》一本。

《恋双双爨》一本。

《恼子爨》一本。

《像生爨》一本。

《金莲子爨》一本。

《思乡早行孤》一本。（《辍耕录》："院本五人，一曰孤装。"宁王权《太和正音谱》云："孤，当场装官者。"）

《睡孤》一本。

《迓鼓孤》一本。

《论禅孤》一本。

《讳药孤》一本。（"药"，一作"乐"。）

《大暮故孤》一本。

《小暮故孤》一本。

《老姑遣妲》一本。（"姑"，一作"孤"；"妲"即"旦"也。）

《孤惨》一本。

《双孤惨》一本。（原注云：骨突肉。）

《三孤惨》一本。

《四孤醉留客》一本。

《四孤夜宴》一本。

《四孤好》一本。

《四孤披头》一本。

《四孤擂》一本。

《病孤三乡题》一本。

《王魁三乡题》一本。

《强偌三乡题》一本。

《文武问命》一本。

《两同心卦铺儿》一本。

《一井金卦铺儿》一本。

《满皇州卦铺儿》一本。

《变猫卦铺儿》一本。

《白苎卦铺儿》一本。

《探春卦铺儿》一本。

《庆时丰卦铺儿》一本。

《三哮卦铺儿》一本。

《三哮揭榜》一本。

《三哮上小楼》一本。

《三哮文字儿》一本。

《三哮好女儿》一本。

《三哮一檐脚》一本。

《褴哮合房》一本。

《褴哮店休妲》一本。

《褴哮负酸》一本。（胡应麟《少室山房笔丛》：世谓秀才为措大，元人以秀才为细酸。《倩女离魂》首折，末扮细酸，为王文举是也。）

《秀才下酸擂》一本。

《急慢酸》一本。

《眼药酸》一本。

《食药酸》一本。

《风流药》一本。

《黄元儿》一本。

《论淡》一本。

《医淡》一本。

《医马》一本。

《调笑驴儿》一本。

《雌虎》一本。（原注云：崔智韬。）

《觧熊》一本。

《鹘打兔变二郎》一本。（《鹘打兔》，曲名，见董解元《西厢》。）

《二郎神变二郎神》一本。（《二郎神》，曲名，见唐崔令钦《教坊记》。）

《毁庙》一本。

《入庙霸王儿》一本。

《单调霸王儿》一本。

《单调宿》一本。

《单背影》一本。

《单顶戴》一本。

《单唐突》一本。

《单折洗》一本。

《单兜》一本。

《单搭手》一本。

《双搭手》一本。

《双厥送》一本。

《双厥投拜》一本。

《双打球》一本。

《双顶戴》一本。

《双园子》一本。

《双索帽》一本。

《双三教》一本。

《双虞候》一本。

《双养娘》一本。

《双快》一本。（"快"，一作"抉"。）

《双捉》一本。

《双禁师》一本。

《双罗罗啄木儿》一本。（《啄木儿》，曲调名。）

《赖房钱啄木儿》一本。

《围城啄木儿》一本。

《大双头莲》一本。

《小双头莲》一本。

《大双惨》一本。

《小双惨》一本。

《小双索》一本。

《双排军》一本。

《醉排军》一本。

《双卖妲》一本。

《三入舍》一本。

《三出舍》一本。

《三笑月中行》一本。

《三登乐院公狗儿》一本。

《三教安公子》一本。（《安公子》，曲名。）

《三社争赛》一本。

《三顶戴》一本。

《三偌一赁驴》一本。

《三盲一偌》一本。

《三教闹著棋》一本。

《三借窑货儿》一本。

《三献身》一本。

《三教化》一本。

《三京下书》一本。

《三短鞭》一本。

《打三教庵宇》一本。

《普天乐打三教》一本。

《满皇州打三教》一本。

《领三教》一本。

《三姐醉还醒》一本。

《三姐黄莺儿》一本。

《卖花黄莺儿》一本。

《大四小将》一本。

《四小将》一本。

《四国朝》一本。

《四脱空》一本。

《四教化》一本。

《泥孤》一本。（右凡二百八十本，见周密《武林旧事》卷十，题曰："官本杂剧段数。"）

《君圣臣贤爨》一本。

《杨饭》一本。

《四偌少年游》一本。（右三本，见《武林旧事》卷一，系南宋圣节所用者。）

　　右二百八十四种，宋无名氏撰。杂剧之名，始见于《宋史·乐志》。《志》称："真宗不喜郑声，而或为杂剧词，未尝宣布于外。"则北宋初叶，杂剧固已有脚本，唯无传于后世者、且并亡其目耳。右二百余种，大率以所演之事，系所歌之曲，其例与陶宗仪《辍耕录》所载院本名目相同，且有十余本互见。

《月明法曲》一本。

《郓王法曲》一本。

《烧香法曲》一本。

《送香法曲》一本。

《上坟伊州》一本。

《烧花新水》一本。（与前官本杂剧重出，或一本也。）

《熙州骆驼》一本。（宋官本杂剧有《骆驼熙州》，疑是一本。）

《列良赢府》一本。（"赢府"当为"瀛府"之讹。）

《病郑逍遥乐》一本。（与宋官本杂剧重出，当是一本。）

《四皓逍遥乐》一本。

《四酸逍遥乐》一本。

《贺贴万年欢》一本。（宋官本杂剧有《喝贴万年欢》，不知即此本否。）

《捭禀降黄龙》一本。

《列女降黄龙》一本。（与宋官本杂剧重出，当是一本。右十四种陶宗仪《辍耕录》题曰："和曲院本。"）

《壶堂春》一本。

《太湖石》一本。

《金明池》一本。（词调名。）

《恋鳌山》一本。

《六变妆》一本。

《万岁山》一本。

《打草阵》一本。

《赏花灯》一本。

《错入内》一本。

《问相思》一本。

《探花街》一本。

《断上皇》一本。

《打球会》一本。

《春从天上来》一本。（右十四种，《辍耕录》题："上皇院本。"《打球会》一本，元无名氏有杂剧，当自此出。《春从天上来》，则调名宋词有之，元曲不用，《金明池》同。）

《柳絮风》一本。

《红索冷》一本。

《墙外道》一本。

《共粉泪》一本。

《杨柳枝》一本。

《蔡消闲》一本。（金蔡丞相松年，号萧闲老人，元李文蔚有《蔡萧闲醉写石州慢》杂剧，当自此本出。）

《方偷眼》一本。

《呆太守》一本。

《画堂前》一本。

《梦周公》一本。

《梅花底》一本。

《三笑图》一本。

《窄布衫》一本。

《呆秀才》一本。

《隔年期》一本。

《贺方回》一本。

《王安石》一本。

《断三行》一本。

《竞寻芳》一本。

《双打梨花院》一本。（右二十种，《辍耕录》题曰："题目院本。"）

《悲怨霸王》一本。

《范增霸王》一本。

《草马霸王》一本。

《散楚霸王》一本。

《三官霸王》一本。

《补塑霸王》一本。（右六种，《辍耕录》题曰："霸王院本。" 愚意，"霸王"亦调名，因创调之人始咏霸王，即以名其调，故有《范增霸王》、《三官霸王》等异名。）

《乔记孤》一本。

《旦判孤》一本。

《计算孤》一本。

《双判孤》一本。

《百戏孤》一本。

《哨喏孤》一本。

《烧枣孤》一本。

《孝经孤》一本。

《菜园孤》一本。

《货郎孤》一本。

《合房酸》一本。

《麻皮酸》一本。

《花酒酸》一本。

《狗皮酸》一本。

《还魂酸》一本。

《别离酸》一本。

《王缠酸》一本。

《谒食酸》一本。

《三揲酸》一本。

《哭贫酸》一本。

《插拨酸》一本。

《酸孤旦》一本。

《毛诗旦》一本。

《老孤遣旦》一本。（宋官本杂剧亦有此目，当是一本。）

《缠三旦》一本。

《禾哨旦》一本。

《哮卖旦》一本。

《贫富旦》一本。

《书柜儿》一本。

《纸襕儿》一本。

《蔡奴儿》一本。

《剁毛儿》一本。

《喜牌儿》一本。

《卦册儿》一本。

《绣箧儿》一本。

《粥碗儿》一本。

《似娘儿》一本。（宋人词调，即《丑奴儿》之异名。）

《卦铺儿》一本。

《师婆儿》一本。

《教学儿》一本。

《鸡鸭儿》一本。

《黄丸儿》一本。

《稜角儿》一本。

《田牛儿》一本。

《小丸儿》一本。

《丑奴儿》一本。

《病襄王》一本。

《马明王》一本。

《闹学堂》一本。

《闹浴堂》一本。

《宽布衫》一本。

《泥布衫》一本。

《赶汤瓶》一本。

《纸汤瓶》一本。

《闹旗亭》一本。

《芙蓉亭》一本。（元王实父有杂剧，当自此出。）

《坏食店》一本。

《闹酒店》一本。

《坏粥店》一本。

《庄周梦》一本。

《花酒梦》一本。

《蝴蝶梦》一本。（元关汉卿有《蝴蝶梦》杂剧，当自此出。）

《三出舍》一本。

《三人舍》一本。（右二本与宋官本杂剧重出，当是一本。）

《瑶池会》一本。

《八仙会》一本。

《蟠桃会》一本。

《洗儿会》一本。

《藏阄会》一本。

《打五脏》一本。

《兰昌宫》一本。（元庚天锡有《薛昭误入兰昌宫》杂剧，当自此出。）

《广寒宫》一本。

《闹结亲》一本。

《倦成亲》一本。

《强风情》一本。

《大论情》一本。

《三园子》一本。

《红娘子》一本。

《太平还乡》一本。

《衣锦还乡》一本。

《四论艺》一本。

《殿前四艺》一本。

《竞敲门》一本。

《都子撞门》一本。

《呆大郎》一本。

《四酸擂》一本。

《问前程》一本。

《十样锦》一本。（元无名氏有《十样锦诸葛论功》杂剧，或自此出。）

《长庆馆》一本。

《癫将军》一本。

《两相同》一本。

《竞花枝》一本。

《五变妆》一本。

《白牡丹》一本。

《洪福无疆》一本。

《赤壁鏖兵》一本。

《穷相思》一本。

《金坛谒宿》一本。

《调双渐》一本。

《官吏不和》一本。

《闹巡铺》一本。

《判不由己》一本。

《大勘刀》一本。

《同官不睦》一本。

《闹平康》一本。

《赶门不上》一本。

《卖花容》一本。

《同官贺授》一本。

《无鬼论》一本。

《四酸讳喏》一本。

《闹棚阑》一本。

《双药盘街》一本。

《闹文林》一本。

《四国来朝》一本。

《双捉婿》一本。

《酒色财气》一本。

《医作媒》一本。

《风流药院》一本。

《监法童》一本。

《渔樵问话》一本。

《斗鹌鹑》一本。(《斗鹌鹑》，越调曲名。)

《杜甫游春》一本。(元范康有《曲江池杜甫游春》杂剧，当自此出。)

《鸳鸯简》一本。(元白朴有《鸳鸯简墙头马上》剧，或自此出。)

《四酸提候》一本。

《满朝欢》一本。（宋词调名。）

《月夜闻筝》一本。（元郑光祖有杂剧。）

《鼓角将》一本。

《闹芙蓉城》一本。

《双斗医》一本。

《张生煮海》一本。（元尚仲贤、李好古有杂剧。）

《赊馒头》一本。

《文房四宝》一本。

《谢神天》一本。

《陈桥兵变》一本。

《双揭榜》一本。

《矇哑质库》一本。

《双福神》一本。

《院公狗儿》一本。

《告和来》一本。

《佛印烧猪》一本。

《酸卖［俫］（俫）》一本。（元曲中谓童子为"［俫］（俫）"。）

《琴剑书箱》一本。

《花前饮》一本。（《词律拾遗》收无名氏"花前饮"一调，在词曲之间。）

《五鬼听琴》一本。

《白云庵》一本。

《迓鼓二郎》一本。（《迓鼓》，仙吕曲名。）

《坏道场》一本。

《独脚五郎》一本。

《卖花声》一本。（宋词调名，入曲中吕官，名《升平乐》。）

《进奉伊州》一本。

《错上坟》一本。

《医五方》一本。

《打五铺》一本。

《拷梅香》一本。

《四道姑》一本。

《隔帘听》一本。（《隔帘听》，宋词调名。）

《硬行蔡》一本。

《义养娘》一本。

《唗师姨》一本。

《论秋蝉》一本。

《刘盼盼》一本。（元关汉卿有《刘盼盼闹衡州》剧，当自此出。）

《墙头马》一本。　　（元白朴有《墙头马上》剧，此"马"字下当有
"上"字。）

《刺董卓》一本。

《锯周村》一本。

《四拍板》一本。

《大论谈》一本。

《牵龙舟》一本。（元关汉卿有杂剧。）

《击梧桐》一本。

《淯蓝桥》一本。（元李直夫有《水浒蓝桥》杂剧。）

《入桃园》一本。（王实父有《误入桃源》杂剧。）

《双防送》一本。

《海棠春》一本。（宋词调名。）

《香药车》一本。

《四方和》一本。

《九头顶》一本。

《闹元宵》一本。

《赶材禾》一本。

《眼药孤》一本。（与宋官本杂剧重出，当是一本。）

《两同心》一本。

《更漏子》一本。（词调名。）

《阴阳孤》一本。

《提头巾》一本。

《三索债》一本。

《防送哨》一本。

《偌卖旦》一本。

《是耶酸》一本。

《怕水酸》一本。

《回回梨花院》一本。

《晋宣成道记》一本。（右一百八十九种，《辍耕录》题目："诸杂剧大小院本。"）

《海棠轩》一本。

《海棠园》一本。

《海棠怨》一本。

《海棠院》一本。

《鲁李王》一本。

《庆七夕》一本。

《再相逢》一本。

《风流婿》一本。

《王子端卷帘记》一本。

《紫云迷四李》一本。

《张与梦孟杨妃》一本。

《女状元春桃记》一本。

《粉墙梨花院》一本。

《妮女梨花院》一本。

《庞方温道德经》一本。

《大江东注》一本。

《吴彦举》一本。

《不抽关》一本。

《不掀帘》一本。

《红梨院》一本。

《玎珰天赐暗姻缘》一本。（右二十一种，《辍耕录》题目："院么。"）

《闹夹棒六么》一本。

《闹夹棒法曲》一本。

《望赢法曲》一本。（"望赢"当作"望瀛"。《宋史·乐志·法曲部》："其曲二，一曰道调宫《望瀛》。"）

《分拐法曲》一本。

《送宣道人欢》一本。

《逍遥乐打马铺》一本。

《扯采延寿乐》一本。

《讳老长寿仙》一本。（《长寿仙》，般涉调中曲名，《董西厢》用之，元曲无。）

《夜半乐打明皇》一本。（《夜半乐》，词调名。）

《欢呼万里》一本。

《山水日月》一本。

《集贤宾打三教》一本。（《集贤宾》，商调曲名。）

《打白雪歌》一本。

《地水火风》一本。

《夜深深三磕胞》一本。

《佳景堪游》一本。

《琴棋书画》一本。

《喜迁莺剁草鞋》一本。（《喜迁莺》，黄钟宫曲名。）

《太公家教》一本。

《十五郎》一本。

《滕王阁闹八妆》一本。

《春夏秋冬》一本。

《风花雪月》一本。

《上小楼衮头子》一本。

《喷水胡僧》一本。

《汀注论语》一本。

《恨秋风鬼点偌》一本。

《诗书礼乐》一本。

《论语谒食》一本。

《下角瓶大医淡》一本。

《再游恩地》一本。

《累受恩深》一本。

《送羹汤放火子》一本。

《摛鼓孝经》一本。

《香茶酒果》一本。

《船子和尚四不犯》一本。

《徐演黄河》一本。

《单兜望梅花》一本。（《望梅花》，词调名。）

《皇都好景》一本。

《四偌大提猴》一本。

《双声叠韵》一本。（《双声叠韵》乃黄钟宫及中吕宫曲调名，惟《董西厢》中用之，元人不用。）

《上皇四轴画》一本。

《三偌一卜》一本。

《调猿卦铺》一本。

《倬刀馒头》一本。

《河转迓鼓》一本。

《背箱伊州》一本。

《酒楼伊州》一本。

《蓑衣百家诗》一本。

《埋头百家诗》一本。

《偷酒牡丹香》一本。

《雪诗打樊哙》一本。

《抹面长寿仙》一本。

《四偌贾诨》一本。

《四偌祈雨》一本。

《松竹龟鹤》一本。

《王母祝寿》一本。

《四偌抹紫粉》一本。

《四偌劈马桩》一本。

《截红闹浴堂》一本。

《和燕归梁》一本。

《苏武和番》一本。

《羹汤六么》一本。（与宋官本杂剧重出，当是一本。）

《河阳舅舅》一本。

《偌请都子》一本。

《双女赖饭》一本。

《一贯质库儿》一本。

《私媒质库儿》一本。

《清朝无事》一本。

《丰稔太平》一本。

《一人有庆》一本。

《四海民和》一本。

《金皇圣德》一本。

《皇家万岁》一本。

《背鼓千字文》一本。

《变龙千字文》一本。

《摔盒千字文》一本。

《错打千字文》一本。

《木驴千字文》一本。

《埋头千字文》一本。

《讲来年好》一本。

《讲圣州序》一本。

《讲乐章序》一本。

《讲道德经》一本。

《神农大说药》一本。

《食店提猴》一本。

《人参脑子爨》一本。

《断朱温爨》一本。

《变二郎爨》一本。

《讲百果爨》一本。

《讲百花爨》一本。

《讲蒙求爨》一本。

《讲百禽爨》一本。

《讲心字爨》一本。

《变柳七爨》一本。

《三跳涧爨》一本。

《打王枢密爨》一本。

《水酒梅花爨》一本。

《调猿香字爨》一本。

《三分食爨》一本。

《煎布衫爨》一本。

《赖布衫爨》一本。

《双揲纸爨》一本。

《谒金门爨》一本。

《跳布袋爨》一本。

《文房四宝爨》一本。

《开山五花爨》一本。（右一百七种，《辍耕录》题曰："诸杂院爨。"
内《百家诗》、《质库儿》、《千字文》，虽不见传记，似是曲调之名。）

《打三十》一本。

《打谢乐》一本。

《打八哥》一本。

《错打了》一本。

《错取儿》一本。

《说狄青》一本。

《憨郭郎》一本。（大石调曲名。）

《枝头巾》一本。

《小闹揎》一本。

《莺哥猫儿》一本。

《大阳唐》一本。

《小阳唐》一本。

《歇贴勋》一本。

《三般尿》一本。

《大惊睡》一本。

《小惊睡》一本。

《大分界》一本。

《小分界》一本。

《双雁儿》一本。

《唐韵六贴》一本。

《我来也》一本。

《情知本分》一本。

《乔捉蛇》一本。（中吕曲调名。）

《铛锅釜灶》一本。

《代元保》一本。

《母子御头》一本。

《觜苗儿》一本。

《山梨柿子》一本。

《打淡的》一本。

《一日一个》一本。

《村城诗》一本。

《胡椒虽小》一本。

《蔡伯喈》一本。（陆游《剑南诗稿》："斜阳古柳赵家庄，负鼓盲翁正作场。死后是非谁管得？满村听唱蔡中郎。"此本不知较南宋盲词同异若何？要为东嘉《琵琶》祖本。）

《遮截架解》一本。

《窄砖儿》一本。

《三打步》一本。

《穿百倬》一本。

《盘榛子》一本。

《四鱼名》一本。

《四坐山》一本。

《提头带》一本。

《天下乐》一本。（仙吕曲调名。）

《四怕水》一本。

《四门儿》一本。

《说古人》一本。

《山麻秸》一本。（《山麻秸》，越调曲名，唯《董西厢》用之，元人不用。）

《乔道伤》一本。

《黄风荡荡》一本。

《贪狼观》一本。

《通一母》一本。

《串梆子》一本。

《拖下来》一本。

《哑伴哥》一本。

《刘千刘义》一本。

《欢会旗》一本。

《生死鼓》一本。

《捣练子》一本。（双调曲名。）

《三群头》一本。

《酒糟儿》一本。

《净瓶儿》一本。（大石调曲名。）

《卖官衣》一本。

《苗青根白》一本。

《调笑令》一本。（越调曲名。）

《斗鼓笛》一本。

《柳青娘》一本。（正宫曲名。）

《调刘衮》一本。

《请车儿》一本。

《身边有艺》一本。

《论句儿》一本。

《霸王草》一本。

《难古典》一本。

《左必来》一本。

《香供养》一本。

《合五百》一本。

《奶奶喷》一本。

《一借一与》一本。

《己己己》一本。

《舞秦始皇》一本。

《学像生》一本。

《支道馒头》一本。

《打调劫》一本。

《驴城白守》一本。

《呆木大》一本。（黄山谷《鼓笛令词》：“副靖传语木大，鼓儿里且打一和。”副靖即副净，则木大亦脚色之名也。）

《定魂刀》一本。

《说罚钱》一本。

《年纪大小》一本。

《打扇》一本。

《盘蛇》一本。

《相眼》一本。

《告假》一本。

《捉记》一本。

《照淡》一本。

《矇哑》一本。

《投河》一本。

《略通》一本。

《调贼》一本。

《多笔》一本。

《金押》一本。

《扯状》一本。

《罗打》一本。

《记水》一本。

《求楞》一本。

《烧奏》一本。

《转花枝》一本。

《计头儿》一本。

《长娇怜》一本。

《歇后语》一本。

《芦子语》一本。

《回且语》一本。

《大支散》一本。（右一百九本，《辍耕录》题曰："冲撞引首。"）

《襄阳会》一本。 （元高文秀有《刘立德独赴襄阳会》杂剧，当自此出。）

《驴轴不了》一本。

《鞭敲金镫》一本。

《门帘儿》一本。

《天长地久》一本。

《衙府则例》一本。

《金含楞》一本。

《天下太平》一本。

《归塞北》一本。

《春夏秋冬》一本。

《斗百草》一本。

《叫子盖头》一本。

《大刘备》一本。

《石榴花诗》一本。

《哑汉书》一本。

《说古棒》一本。

《唱柱杖》一本。

《日月山河》一本。

《胡饼大》一本。

《觜揾地》一本。

《屋里藏》一本。

《骂吕布》一本。

《张天觉》一本。

《打论语》一本。

《十果顽》一本。

《十般乞》一本。

《还故里》一本。

《刘金带》一本。

《四草虫》一本。

《四厨子》一本。

《四妃艳》一本。

《望长安》一本。

《长安住》一本。

《骂江南》一本。

《风花雪月》一本。

《错寄书》一本。

《睡起教柱》一本。

《打婆束》一本。

《三文两扑》一本。

《大对景》一本。

《小护乡》一本。

《少年游》一本。（词调名。）

《打青提》一本。

《千字文》一本。

《酒家诗》一本。

《三拖旦》一本。

《睡马杓》一本。

《四生厉》一本。

《乔唱诨》一本。

《桃李子》一本。

《麦屯儿》一本。

《大菜园》一本。

《乔打圣》一本。

《杏汤来》一本。

《谢天地》一本。

《十只脚》一本。

《请生打纳》一本。

《建成》一本。

《缚食》一本。

《球棒艳》一本。（"艳"与"焰"同，"焰段"亦院本之意，但差简耳；取其如火焰，易明而易灭也。）

《破巢艳》一本。

《开封艳》一本。

《鞍子艳》一本。

《打虎艳》一本。

《四王艳》一本。

《蝗虫艳》一本。

《撅子艳》一本。

《七捉艳》一本。

《修行艳》一本。

《般调艳》一本。

《枣儿艳》一本。

《蛮子艳》一本。

《快乐艳》一本。

《慈乌艳》一本。

《眼里乔》一本。

《访戴》一本。

《众半》一本。

《陈蔡》一本。

《范蠡》一本。

《扯休书》一本。

《鞭寨》一本。

《枚朳扫竹》一本。

《感吾智》一本。

《诸宫调》一本。

《金铃》一本。

《雕出板来》一本。

《套靴》一本。

《舌智》一本。

《俯饮》一本。

《钗发多》一本。

《襄阳府》一本。

《仙哥儿》一本。（右九十二种，《辍耕录》题曰："拴搐艳段。"）

《照天红》一本。

《琴家弄》一本。

《著棋名》一本。

《衮骰子》一本。

《乐人名》一本。

《闷葫芦》一本。

《握龟》一本。（右七种，赌扑名。）

《说驾顽》一本。

《敲待制》一本。

《上官赴任》一本。

《押剌花赤》一本。（右四种，官职名。）

《青鹉》一本。

《老鸦》一本。

《厮料》一本。

《鹰鹞雕鹘》一本。（右四种，飞禽名。）

《石竹子》一本。

《调狗》一本。

《散水》一本。（右三种，花名。）

《厨难偌》一本。

《蘑菇菜》一本。（右二种，吃食名。）

《成佛板》一本。

《爷娘佛》一本。（右二种，佛名。）

《盘驴》一本。

《害字》一本。

《刘三》一本。

《一板子》一本。（右四种，难字儿。）

《数酒》一本。

《三元四子》一本。（右二种，酒下栓。）

《孟姜女》一本。

《遮盖了》一本。

《诗头曲尾》一本。

《虎皮袍》一本。（右四种，唱尾声。）

《杜大伯》一本。

《大黄》一本。（右二种，猜谜。）

《秃丑生》一本。

《窗下僧》一本。

《坐化》一本。

《唐三藏》一本。（右四种，和尚家门。）

《入口鬼》一本。

《则要胡孙》一本。

《大烧饼》一本。

《清闲真道本》一本。（右四种，先生家门。）

《大口赋》一本。

《六十八头》一本。

《拂袖便去》一本。

《绍运冨》一本。

《十二月》一本。

《胡说话》一本。

《风魔赋》一本。

《疗丁赋》一本。

《牵著骆驼》一本。

《看马胡孙》一本。（右十种，秀才家门。）

《说卦象》一本。

《由命赋》一本。

《混星图》一本。

《柳簸箕》一本。

《二十八宿》一本。

《春从天上来》一本。（右六种，列良家门。）

《万民快乐》一本。

《咬的响》一本。

《莫延》一本。

《九斗一石》一本。

《共牛》一本。（右五种，禾下家门。）

《三十六风》一本。

《伤寒》一本。

《合死汉》一本。

《马屁勃》一本。

《安排锹镢》一本。

《三百六十骨节》一本。

《便痛赋》一本。（右七种，大夫家门。）

《针儿线》一本。

《甲仗库》一本。

《军闹》一本。

《阵败》一本。（右四种，卒子家门。）

《方头赋》一本。

《水龙吟》一本。（右二种，良头家门。）

《脚言脚语》一本。

《则是便是贼》一本。（右二种，邦老家门。）

《后人收》一本。

《桃李子》一本。

《上一上》一本。（右三种，都下家门。）

《朕闻上古》一本。

《刀包待制》一本。

《绢儿来》一本。（右三种，孤下家门。）

《罢笔赋》一本。

《是故榜》一本。（右二种，司吏家门。）

《一遍生活》一本。（右，仵作行家门。）

《受胎成气》一本。（右，撅徕家门。 以上八十八种，《辍耕录》题曰："打略拴搐。"又赌扑名七种之前，尚有星象名、果子名、草名、军器名、神道名、灯火名、衣裳名、铁器名、书籍名、节令名、斋菜名、县道名、州府名、相扑名、法器名、门名、草名、军名、鱼名、菩萨名，则有其目而无其曲。又赌扑名中著棋名、乐人名，恐亦为目而非曲，当属传写之误。）

《模石江》一本。

《梅妃》一本。

《浴佛》一本。

《三教》一本。

《姜武》一本。

《救驾》一本。

《赵娥娥》一本。

《石妇吟》一本。

《变猫》一本。

《水母》一本。

《玉环》一本。

《走鹦哥》一本。

《上料》一本。

《瞎脚》一本。

《易基》一本。

《武则天》一本。

《告子》一本。

《拔蛇》一本。

《鹿皮》一本。

《新太公》一本。

《黄巢》一本。

《恰来》一本。

《蛇师》一本。

《没字碑》一本。

《卧草》一本。

《衲袄》一本。

《封碑》一本。

《锯周村》一本。

《史弘肇》一本。

《悬头梁上》一本。（右三十种，《辍耕录》题曰："诸杂砌。"）

　　右六百九十种，见陶宗仪《辍耕录》卷二十五。"院本名目"，余定为金人之作。其目凌乱诡异，不可钩稽，约举之：有以调名者（如《金明池》之类）；有以所谱之事名者（如《赏花灯》之类）；有以所谱之人名者（如《蔡消闲》之类）；有以曲之首句名者（如《清朝无事》之类）；有以事系扮演之人者（如《菜园孤》之类）；有以事系曲调者（如《四皓逍遥乐》之类）。何以知为金人之作？中有《金皇圣德》一本，一证也；其以调名者，如《山麻秸》、《水龙吟》、《双声叠韵》各调，惟金时董解元《西厢》中用之，元人从未用此数调，二证也；《董西厢》多用宋人词调，此目中之以调名者，亦词曲相半，三证也；中有十余本同南宋官本杂剧，四证也。惟此种院本，大抵出于伶人之手者多，出于士大夫之手者少耳。

卷二　杂剧部（上）

《刘阮误入天台洞》一本。（明宁献王权《太和正音谱》作《误入桃园》。）

《吕太后人彘戚夫人》一本。

《江州司马青衫泪》一本。（明臧懋循《元曲选》本、明陈与郊《古名家杂剧》本。）

《风雪骑驴孟浩然》一本。

《吕洞宾三醉岳阳楼》一本。（《元曲选》本、《古名家杂剧》本。）

《王祖师三度马丹阳》一本。

《太华山陈抟高卧》一本。（《元曲选》本、《古名家杂剧》本、明息机子《元人杂剧选》本。）

《孟朝云风雪岁寒亭》一本。

《冻吟诗踏雪寻梅》一本。（《元人杂剧选》本。　《也是园书目》作《孟浩然踏雪寻梅》，《大和正音谱》有此本，而无《风雪骑驴孟浩然》一本。或二本关目略同欤。）

《吕蒙正风雪斋后钟》一本。

《大人先生酒德颂》一本。

《破幽梦孤雁汉宫秋》一本。（《元曲选》本。　上十二本见元钟嗣成《录鬼簿》。）

《半夜雷轰荐福碑》一本。（《元曲选》本、《古名家杂剧》本。）

《马丹阳三度任风子》一本。（《元曲选》本、《古名家杂剧》本。上二本见《太和正音谱》。）

　　右十四种元马致远撰。致远，号东篱，大都人。江浙行省务官。案：元有两马致远。钱谦益《列朝诗集》甲十三有张学士以宁题马致远《清溪晓渡图》自注云：致远，广西宪掾子琬，从余学。琬，字文璧，秦淮人，则其父非大都之马致远也。

　　（《太和正音谱》："马东篱之词，如朝阳鸣凤。"又云："其词典雅清丽，可与《灵光景福》相颉颃。有振鬣长鸣，万马皆喑之意。又若神凤飞鸣于九霄，岂可与凡鸟共语哉？宜列群英之上。")

《东海郡于公高门》一本。

《韩彩云丝竹芙蓉亭》一本。

《曹子建七步成章》一本。

《苏小卿月夜贩茶船》一本。

《孝父母明达卖子》一本。

《才子佳人拜月亭》一本。

《四大王歌舞丽春堂》一本。(《元曲选》本。 "四大王"，《元曲选》作 "四丞相"。)

《赵光普进梅谏》一本。

《吕蒙正风雪破窑记》一本。

《陆绩怀橘》一本。

《诗酒丽春园》一本。

《双渠怨》一本。(《乐府纪》：闻大名民家，有男女以私情不遂赴水者。后三日，二尸相抱出水滨。是年，此陂荷花无不并蒂，李冶赋《双蕖怨》词，云云。此剧疑谱此事。然则，"渠" 当作 "蕖"。《太和正音谱》作《双题怨》，似误。都穆《南濠诗话》引此，正作《双蕖怨》。)

《娇红记》一本。(右均见《录鬼簿》。尚有《西厢记》入第四卷 "传奇部"，兹不录。)

右十三种，元王实父撰。实父，大都人。案，实父所作《丽春堂》杂剧，谱金完颜某事，而剧末云："早先声把烟尘扫荡，从今后四方八荒万邦齐仰贺当今皇上。" 以颂祷金皇作结，则此剧之作，尚在金世，实父亦由金入元者矣。

(《太和正音谱》曰："王实父之词，如花间美人。" 又曰："铺叙委婉，深得骚人之趣。极有佳句，如玉环之出浴华池，绿珠之采莲洛浦。")

《关张双赴西蜀梦》一本。

《董解元醉走柳丝亭》一本。

《丙吉教子立宣帝》一本。

《薄太后走马救周勃》一本。

《太常公主认先皇》一本。

《曹太后死哭刘夫人》一本。

《荒坟梅竹鬼团圆》一本。

《刘夫人写恨万花堂》一本。

《闺怨佳人拜月亭》一本。（《也是园书目》作《王瑞兰私祷拜月亭》。《太和正音谱》亦作《拜月亭》，即《幽闺记》祖本。）

《吕蒙正风雪破窑记》一本。

《风月状元三负心》一本。

《晏叔原风月鹧鸪天》一本。

《没兴风雪瘸马记》一本。

《钱大尹智宠谢天香》一本。（《元曲选》本、《古名家杂剧》本。）

《金银交钞三告状》一本。

《姑苏台范蠡进西施》一本。

《苏氏造织锦回文》一本。

《开封府萧王勘龙衣》一本。

《介休县敬德降唐》一本。

《杜蕊娘智赏金线池》一本。（《元曲选》本、《古名家杂剧》本。）

《升仙桥相如题柱》一本。

《金谷园绿珠坠楼》一本。

《汉匡衡凿壁偷光》一本。

《柳花亭李婉复落倡》一本。

《风雪狄梁公》一本。

《望江亭中秋切鲙旦》一本。（《元曲选》本、《元人杂剧选》本。）

《甲马营降生赵太祖》一本。

《贤孝妇风雪双驾车》一本。

《屈勘宣华妃》一本。

《双提尸冤报汴河冤》一本。

《月落江梅怨》一本。

《老女婿金马玉堂春》一本。

《烟月旧风尘》一本。（《也是园书目》作《赵盼儿风月救风尘》。《太和正音谱》、《元曲选》亦作《救风尘》。《元曲选》本、《古名家杂剧》本。）

《宋上皇御断［冘央］（鸳鸯）簿》一本。

《管宁割席》一本。

《崔玉箫担水浇花》一本。

《晋国公裴度还带》一本。（《也是园书目》作《山神庙裴度还带》。）

《隋炀帝牵龙舟》一本。

《白衣相高凤漂麦》一本。

《唐明皇哭香囊》一本。

《孙康映雪》一本。

《唐太宗哭魏徵》一本。

《邓夫人哭存孝》一本。

《关大王单刀会》一本。

《温太真玉镜台》一本。（《元曲选》本、《古名家杂剧》本。）

《武则天肉醉王皇后》一本。

《翠华妃对玉钗》一本。（《太和正音谱》作《对玉钏》。）

《汉元帝哭昭君》一本。

《刘盼盼闹衡州》一本。（《太和正音谱》作《闹邢州》。）

《刘夫人救哑子》一本。

《吕无双铜瓦记》一本。

《风流孔目春衫记》一本。

《萱草堂玉簪记》一本。

《钱太尹鬼报绯衣梦》一本。（《也是园书目》作《钱大尹智勘绯衣梦》。）

《醉娘子三撇》一本。（《太和正音谱》作《三撇嵌》。）

《楚云公主酹江月》一本。

《诈妮子调风月》一本。

《鲁元公主三啖赦》一本。（右五十八本，见《录鬼簿》。）

《感天动地窦娥冤》一本。（《元曲选》本、《古名家杂剧》本。）

《包待制三勘蝴蝶梦》一本。（《元曲选》本、《续古名家杂剧》本。）

《状元堂陈母教子》一本。（右三本，见《太和正音谱》、《也是园书目》。）

《刘夫人庆赏五侯宴》一本。（右见《也是园书目》。）

《包待制智斩鲁斋郎》一本。（《元曲选》本、《古名家杂剧》本。
《元曲选》题："大都关汉卿撰。"）

《姻缘簿》一本。（见《太和正音谱》。疑即《录鬼簿》之《宋上皇御断
［夗央］（鸳鸯）簿》，附录于此。）

　　右六十三种，元关汉卿撰。汉卿，号已斋叟，大都人。官大
医院尹，按：杨维桢《元宫词》云："开国遗音乐府传，白翎飞
上十三弦。大金优谏关卿在，《伊尹扶汤》进剧编。"此关卿，
当指汉卿，则汉卿犹逮事金矣。然《伊尹扶汤》杂剧，据《录
鬼簿》及《太和正音谱》，乃郑德辉作，岂杨诗之误欤？抑汉卿
自有此剧，而不传于世欤？

　　（《太和正音谱》曰："关汉卿之词，如琼筵醉客。"又曰："观其词语，
乃可上可下之才，盖所以取者，初为杂剧之始，故卓以前列。"

　　《辍耕录》：大名王和卿，滑稽佻达、传播四方。中统初，燕市有一蝴
蝶，其大异常。王赋《醉中天》小令曰："撑破庄周梦，两翅驾东风，三
百处名园，一采一个空。难道风流种，諕杀寻芳蜜蜂，轻轻的飞动，卖花
人搁过桥东。"由是，其名益著。同时有关汉卿者，亦高才风流人也。王
尝以讥谑加之，关虽极意还答，终不能胜。王忽坐逝，而鼻垂双涕尺余。
人皆叹骇。关来吊唁，询其由，或对曰："此释家所谓坐化也。"复问：
"鼻悬何物？"又对曰："此玉箸（锡山按：一作筋）也。"关云："我道你不
识，不是玉箸（锡山按：一作筋），是嗓。"咸发一笑。或戏关云："你被王
和卿轻侮半世，死后方还得一筹。"凡六畜劳伤，则鼻中常流脓水，谓之
嗓病；又爱讦人之过者，亦谓之嗓，故云尔。）

《秋江风月凤皇船》一本。

《唐明皇秋夜梧桐雨》一本。（《元曲选》本、《古名家杂剧》本。）

《鸳［央］（鸯）简墙头马上》一本。（《元曲选》本、《古名家杂
剧》本、《元曲选》、《也是园书目》均作《裴少俊墙头马上》。）

《韩翠苹御水流红叶》一本。

《唐明皇游月宫》一本。

《董秀英花月东墙记》一本。

《汉高祖斩白蛇》一本。

《祝英台死嫁梁山伯》一本。

《阎师道赶江》一本。

《楚庄王夜宴绝缨会》一本。

《萧翼智赚兰亭记》一本。

《泗上亭长》一本。（《太和正音谱》作《高祖归庄》。）

《崔护谒浆》一本。

《苏小小月夜钱唐梦》一本。

《薛琼琼月夜银筝怨》一本。（右十五本，见《录鬼簿》。）

《李克用箭射双雕》一本。（右见李玉《北词广正谱》。）

　　右十七种，元白朴撰。朴，字仁甫，后改字太素，号兰谷，真定人。父华，字文举，号寓斋，金枢密院判。《金史》有传。《录鬼簿》云："朴，赠嘉议大夫，掌礼仪院太卿。"（维案，《金史·白华传》："华，隩州人。"《录鬼簿》云："仁甫，真定人。"殆以其父子卜筑滹阳时言之耳。）

　　（《太和正音谱》曰："白仁甫之词，如鹏抟九霄。"又曰："风骨磊瑰，词源滂沛，若大鹏之起北溟，奋翼凌乎九霄，有一举万里之志，宜冠于首。"

　　元王博文《天籁集序》曰：元、白为中州世契，两家子弟，每举长庆故一事，以诗文相往来。太素即寓斋仲子，于遗山为通家侄。甫七岁，遭壬辰之难。寓斋以事远适。明年春，京城变，遗山遂挈以北渡，自是不茹荤血。人问其故，曰："俟见吾亲则如初。"尝罹疫，遗山昼夜抱持，凡六日，竟于臂上得汗而愈。盖视亲子侄不啻过之。读书颖悟异常儿，日亲炙遗山，謦欬谈笑，悉能默记。数年，寓斋北归，以诗谢遗山云："顾我真成丧家狗，赖君曾护落巢儿。"居无何，父子卜筑于滹阳。律赋为专门之学，而太素有能声，号后进之翘楚者。遗山每过之，必问为学次第，尝赠之诗曰："元白通家旧，诸郎独汝贤。"未几，生长见闻，学问博览。然自幼经丧乱，苍皇失母，便有满目山川之叹。逮亡国，恒郁郁不乐，以故放浪形骸，期于适意。中统初，开府史公将以所业荐之于朝，再三逊谢，栖迟衡门，视荣利蔑如也。

　　明孙大雅《天籁集序》：先生少有志天下，已而事乃大谬。顾其先为金世臣，既不欲高蹈远引，以抗其节，又不欲使爵禄，以干其身。于是屈已降志，玩世滑稽。徙家金陵，从诸遗老放情山水间，日以诗酒优游，用示雅志，以忘天下，诗词篇翰，在在有之。

王鹏运《天籁集跋》：康熙中，六安杨氏希洛以曝书亭订本授梓，卷首有仁甫小像，末附《摭遗》，为所制曲。)

《黑旋风斗鸡会》一本。

《黑旋风诗酒丽春园》一本。

《黑旋风穷风月》一本。

《黑旋风大闹牡丹园》一本。

《黑旋风乔教学》一本。

《黑旋风敷衍刘要和》一本。（"要和"，《太和正音谱》作"耍和"。《录鬼簿》于"红字李二"、"花李郎"二人下皆注云："教坊刘要和婿。"《辍耕录》谓：教坊色长魏、武、刘三人，鼎新编辑院本，魏长于念诵，武长于筋斗，刘长于念诵，即此人也。)

《黑旋风双献头》一本。（《元曲选》本。 《太和正音谱》、《元曲选》均作《双献功》。)

《老郎君养子不及父》一本。

《病樊哙打吕青》一本。（《太和正音谱》作《打吕胥》。 案，《史记·樊哙列传》：以吕后女弟吕须为妇。"胥"、"须"由音同而误，又由"胥"而误为"青"耳。)

《黑旋风借尸还魂》一本。

《刘先主襄阳会》一本。

《禹王庙霸王举鼎》一本。

《穷秀才双弃瓢》一本。

《忠义士班超投笔》一本。

《烟月门神诉冤》一本。

《五凤楼潘安掷果》一本。

《须贾诈范睢》一本。（《元曲选》本。)

《好酒赵元遇上皇》一本。

《周瑜谒鲁肃》一本。

《木叉行者镇水母》一本。

《伍子胥弃子走樊城》一本。

《豹子尚书谎秀才》一本。

《豹子秀才不当差》一本。

《豹子令史自请俸》一本。

《太液池儿女并头莲》一本。

《风月害夫人》一本。

《相府门廉颇负荆》一本。

《郑元和风雪打瓦罐》一本。

《御史台赵尧辞金》一本。

《醉秀才戒酒论杜康》一本。

《志公和尚开哑禅》一本。（《大和正音谱》作《问哑禅》。）

《宣帝问张敞画眉》一本。（右三十二本，见《录鬼簿》。）

《双献头武松大报仇》一本。

《保成公竟赴渑池会》一本。（右二本，见《也是园书目》。）

  右三十四种，元高文秀撰。文秀，东平人，府学生，蚤卒。

 （《太和正音谱》曰："高文秀之词，如金瓶牡丹。"）

《楚昭王疏者下船》一本。（《元曲选本》。）

《宋上皇御断凤皇钗》一本。

《齐景公驷马奔阵》一本。（《太和正音谱》作《驿马奔陈》。）

《包待制智勘后庭花》一本。（《元曲选》本。）

《采石渡渔父辞剑》一本。

《吹箫女悔教凤皇儿》一本。

《冷脸刘斌料到底》一本。

《尉迟公鞭打李道焕》一本。（《太和正音谱》作《打李夬》，恐谱敬德打任城王道宗事。）

《布袋和尚忍字记》一本。（《元曲选》本、《元人杂剧选》本。）

《子父梦秋夜栾城驿》一本。

《孟县宰因祸致福》一本。

《卖儿女没兴王公绰》一本。

《风月郎君双教化》一本。

《一百二十行贩扬州》一本。

《冤报冤贫儿乍富》一本。

《看钱奴买冤家债主》一本。（《元曲选》本。）

《曹伯明复勘赃》一本。

《汉高祖哭韩信》一本。

《风月七真堂》一本。

《萧丞相复勘赃》一本。

《孙恪遇猿》一本。

《孟姜女送寒衣》一本。

《奴杀主因祸折福》一本。（右二十三本，见《录鬼簿》。）

《崔府君断冤家债主》一本。（《元曲选》本、《元人杂剧选》本。　《元曲选》题："元无名氏撰。"今从《也是园书目》定为廷玉撰。）

　　　右二十四本，元郑廷玉撰。廷玉，彰德人。

　　（《太和正音谱》曰："郑廷玉之词，如佩玉鸣銮。"）

《常何荐马周》一本。

《隋炀帝江月锦帆舟》一本。

《裴航遇云英》一本。

《孟尝君鸡鸣度关》一本。

《列女青绫台》一本。

《会稽山买臣负薪》一本。

《玉女琵琶怨》一本。

《薛昭误入兰昌宫》一本。

《秋夜凌波梦》一本。

《封陟先生骂上元》一本。

《英烈士周处三害》一本。

《苏小卿丽春园》一本。

《秋月蕊珠宫》一本。

《杨太真霓裳怨》一本。

《杨太真华清宫》一本。（右见《录鬼簿》、《太和正音谱》。）

　　右十五种，元庾天锡撰。天锡，字吉甫，大都人，中书省掾，除员外郎。

　　（《太和正音谱》曰："庾吉甫之词，如奇峰散绮。"）

《张子房圯桥进履》一本。

《汉武帝死哭李夫人》一本。

《谢安东山高卧》一本。（《录鬼簿》云："赵公辅次本，盐咸韵。"）

《蔡逍遥醉写石州慢》一本。（"逍遥"当作"萧闲"。萧闲老人，金蔡松年别号也。松年在翰林日，奉使高丽。东夷故事，每上国使来馆，有侍伎。松年于使还日，为赋《石州慢词》，见萧闲老人《明秀集》第五卷。今《明秀集》四卷以下已佚，元杨朝英《阳春白雪》载之。）

《谢玄破苻坚》一本。（《也是园书目》作《破苻坚蒋神灵应》。）

《卢亭亭担水浇花》一本。

《金水题红怨》一本。

《秋夜芭蕉雨》一本。

《燕青射雁》一本。

《报冤台燕青扑鱼》一本。（《元曲选》本。　　《元曲选》、《也是园书目》均作《同乐院燕青博鱼》。）

《风雪推车记》一本。（《太和正音谱》作《风月推车旦》。）

《濯锦江鱼雁传情》一本。（右均见《录鬼簿》。）

　　右十二种，元李文蔚撰。文蔚，真定人，江州路瑞昌县尹。

　　（《太和正音谱》曰："李文蔚之词，如雪压苍松。"）

《武元皇帝虎头牌》一本。（《元曲选》本。）

《颖考叔孝谏庄公》一本。

《风月郎君怕媳妇》一本。

《邓伯道弃子留侄》一本。

《宦门子弟错立身》一本。

《尾生期女湇蓝桥》一本。

《歹斗娘子劝丈夫》一本。

《念奴教乐府》一本。

《晏元叔风月夕阳楼》一本。（"晏元叔"，疑当作"晏叔原"。）

《俏郎君占断风光好》一本。

《谎郎君败坏尽风光好》一本。（右十一本，见《录鬼簿》。）

《火烧袄庙》一本。（见《太和正音谱》。）

右十二种，元李直夫撰。直夫，女直人，德兴府住，即蒲察李五也。

（《太和正音谱》曰："李直夫之词，如梅边月影。"）

《唐三藏西天取经》一本。

《张天师夜祭辰钩月》一本。（《元曲选》本。　《元曲选》作《张天师断风花雪月》。）

《浣纱女抱石投江》一本。

《鬼子母揭钵记》一本。

《哪吒太子眼睛记》一本。

《狄青扑马》一本。

《浪子回回赏黄花》一本。

《货郎末泥》一本。

《月夜走昭君》一本。（右九本，见《录鬼簿》。）

《花间四友东坡梦》一本。（《元曲选》本。　《元曲选》题："吴昌龄撰。"并见《太和正音谱》。）

《搜胡洞》一本。（见《太和正音谱》。）

右十一种，元吴昌龄撰。昌龄，西京人。

（《太和正音谱》曰："吴昌龄之词，如庭草交翠。"）

《抱侄携男鲁义姑》一本。

《赵太子创立天子班》一本。

《虎牢关三战吕布》一本。

《郑琼娥梅雪玉堂春》一本。

《女元帅挂甲朝天》一本。

《谢琼双千里关山怨》一本。

《曹伯明错勘赃》一本。

《四哥哥神助》一本。

《穷韩信登坛拜将》一本。

《散家财天赐老生儿》一本。(《元曲选》本、《元人杂剧选》本。德人叔本华《意志及写象之世界》第三册《诗论》中，述英人大辟曾译此本于千八百十七年，在伦敦出版，迄今九十余年矣。　右十本见《录鬼簿》。)

《提头鬼》一本。(见《太和正音谱》。)

《李素兰风月玉壶春》一本。(《元曲选》本。)

《包待制智勘生金阁》一本。(《元曲选》本。　右二本《元曲选》题："武汉臣撰。")

　　　　右十三种，元武汉臣撰。汉臣，济南府人。

　　(《太和正音谱》曰："武汉臣之词，如远山叠翠。")

《淮阴县韩信乞食》一本。

《齐贤母三教王孙贾》一本。

《洛阳令董宣强项》一本。

《诸葛亮秋风五丈原》一本。

《感天地王祥卧冰》一本。

《赵太祖夜斩石守信》一本。

《七星坛诸葛公祭风》一本。

《救孝子烈母不认尸》一本。(《元曲选》本。)

《汉张良辞朝归山》一本。

《孟月梅写恨锦江亭》一本。(右均见《录鬼簿》、《太和正音谱》。)

　　　　右十种，元王仲文撰。仲文，大都人。

　　(《太和正音谱》曰："王仲文之词，如剑气腾空。")

《说专诸伍员吹箫》一本。(《元曲选》本。)

《月明三度临〔歧〕(岐)柳》一本。(《元曲选》本，即《月明和尚度柳翠》。)

《鼓盆歌庄子叹骷髅》一本。

《司马昭复夺受禅台》一本。

《船子和尚秋莲梦》一本。

《吕太后夜镇鉴湖亭》一本。

《吕太后定计斩韩信》一本。

《吕太后祭泸水》一本。

《吕无双远波亭》一本。

《辜负吕无双》一本。(《录鬼簿》云："与《远波亭》关目同。"　右均见《录鬼簿》、《太和正音谱》。)

右十种，元李寿卿撰。寿卿，太原人，将仕郎，除县丞。

(《太和正音谱》曰："李寿卿之词，如洞天春晓。"又曰："其词雍容典雅，变化幽玄，造语不凡，非神仙中人，孰能致此？")

《陶渊明归去来辞》一本。

《海神庙王魁负桂英》一本。

《凤凰坡越娘背灯》一本。

《洞庭湖柳毅传书》一本。(《元曲选》本。)

《张生煮海》一本。

《崔护谒浆》一本。

《没兴花前秉烛旦》一本。(《太和正音谱》作"秉烛达旦"，误。)

《武成庙诸葛论功》一本。(《也是园书目》作《玉清殿诸葛论功》。)

《尉迟公三夺槊》一本。(《元曲选》本。)

《汉高祖濯足气英布》一本。(《元曲选》本。右均见《录鬼簿》、《太和正音谱》。)

右十种，元尚仲贤撰。仲贤，真定人，江浙行省务官。

(《太和正音谱》曰："尚仲贤之词，如山花献笑。")

《鲁大夫秋胡戏妻》一本。(《元曲选》本。)

《李亚仙诗酒曲江池》一本。(《元曲选》本、《古名家杂剧》本。)

《吕太后醢彭越》一本。

《赵二世醉走雪香亭》一本。

《柳眉儿金钱记》一本。

《张天师断岁寒三友》一本。

《穷解子红绡驿》一本。

《东吴小乔哭周瑜》一本。

《士女秋香怨》一本。

《诸宫调风月紫云亭》一本。（右均见《录鬼簿》、《太和正音谱》。）

　　　右十种，元石君实撰。君实，平阳人。（锡山按：一作君宝，《太和正音谱》作君实。）

　　　（《太和正音谱》曰："石君实之词，如罗浮梅雪。"）

《临江驿潇湘夜雨》一本。（《元曲选》本。）

《萧县君风雪酷寒亭》一本。（《元曲选》本、《古名家杂剧》本。二书俱作《郑孔目风雪酷寒亭》。）

《丑驸马射金钱》一本。

《薄鲁忽刘屠大拜门》一本。

《黑旋风乔断案》一本。

《大报冤两世辨刘屠》一本。（《太和正音谱》有《小刘屠》，恐即此本。）

《刘泉进瓜》一本。

《借通县跳神师婆旦》一本。（右均见《录鬼簿》。）

　　　右八种，元杨显之撰。显之，大都人。

　　　（《太和正音谱》曰："杨显之之词，如瑶台夜月。"

　　　《录鬼簿》：显之"与汉卿莫逆交，凡有珠玉，与公较之"。）

《赵氏孤儿冤报冤》一本。（《元曲选》本。）

《韩湘子三度韩退之》一本。

《曹伯明错勘赃》一本。

《信安王断复贩茶船》一本。

《李元真松阴记》一本。

《驴皮记》一本。（右均见《录鬼簿》、《太和正音谱》。）

　　　右六种，元纪君祥撰。君祥，大都人，与李寿卿、郑廷玉同时。

（《太和正音谱》曰："纪君祥之词，如雪里梅花。"）

《丁香回回鬼风月》一本。

《莽和尚复夺珍珠船》一本。（《太和正音谱》作"珍珠旗"。）

《吕太后饿刘友》一本。

《尉迟公病立小秦王》一本。

《白门斩吕布》一本。

《狄梁公智斩武三思》一本。（右均见《录鬼簿》。）

　　　　右六种，元于伯渊撰。平阳人。

　　　　（《太和正音谱》曰："于伯渊之词，如翠柳黄鹂。"）

《陶秀实醉写风光好》一本。（《元曲选》本、《古名家杂剧》本。）

《柳耆卿诗酒玩江楼》一本。（《也是园书目》作"玩江亭"。）

《关大王三捉红衣怪》一本。

《伯俞泣杖》一本。

《宫调风月紫云亭》一本。（右均见《录鬼簿》、《太和正音谱》。）

　　　　右五种，元戴善甫撰。善甫，真定人，江浙行省务官。

　　　　（《太和正音谱》曰："戴善甫之词，如荷花映水。"）

《秦始皇坑儒焚典》一本。

《周亚夫屯细柳营》一本。

《石头和尚草庵歌》一本。

《盐客三告状》一本。（右均见《录鬼簿》、《太和正音谱》。）

　　　　右四种，元王廷秀撰。廷秀，山东益都人，淘金千户。

　　　　（《太和正音谱》曰："王廷秀之词，如月印寒潭。"）

《霸王垓下别虞姬》一本。

《昭君出塞》一本。

《赛花月秋千记》一本。

《沈香太子劈华山》一本。（右均见《录鬼簿》。）

　　右四种，元张时起撰。时起，字才英，东平府学生，居长芦。

　　（《太和正音谱》曰："张时起之词，如雁阵惊寒。"）

《太祖夜斩石守信》一本。

《崔和担土》一本。

《风月害夫人》一本。（右均见《录鬼簿》。）

《訾夫人》一本。（《太和正音谱》无《风月害夫人》，而有此本，疑字形之误，姑附于此。）

　　右四种，元赵子祥撰。

　　（《太和正音谱》曰："赵子祥之词，如马嘶芳草。"）

《褚遂良拉诏立东宫》一本。

《神武门逢萌挂冠》一本。

《汉太守郝廉留钱》一本。（右均见《录鬼簿》、《太和正音谱》。）

　　右三种，元姚守中撰。守中，洛阳人，平江路吏。牧庵学士燧之侄也。

　　（《太和正音谱》曰："姚守中之词，如秋月扬辉。"）

《张生煮海》一本。（《元曲选》本。）

《赵太祖镇凶宅》一本。

《巨灵劈华岳》一本。（《也是园书目》作《劈华山神香救母》。　右均见《录鬼簿》、《太和正音谱》。）

　　右三种，李好古撰。好古，保定人，或云西平人。案：宋末元初，有两李好古。一作《碎锦词》者，自署"乡贡免解进士"，一字敏仲，见赵闻礼《阳春白雪》。此李好古，或即二人中之一，然曲家多以字行，则恐又是一人矣。

　　（《太和正音谱》曰："李好古之词，如孤松挂月。"）

《试汤饼何郎傅粉》一本。

《贾爱卿金钱剪烛》一本。(《太和正音谱》作"金钗剪烛"。)

　　右二种，元赵天锡撰。天锡，汴梁人，镇江府判。《辍耕录》载宛邱赵天锡为吾邱衍买妾事，殆即其人，非《元史》立传之赵天锡也。

　　　　(《太和正音谱》曰："赵天锡之词，如秋水芙蓉。")

《荥阳城火烧纪信》一本。

《陵母伏剑》一本。(右均见《录鬼簿》、《太和正音谱》。)

　　右二种，元顾仲清撰。仲清，东平人。

　　　　(《太和正音谱》曰："顾仲清之词，如雕鹗冲霄。")

《黄贵娘秋夜竹窗雨》一本。

《秦脩然竹坞听琴》一本。(《元曲选》本、《续古名家杂剧》本、《元人杂剧选》本。　右均见《录鬼簿》、《太和正音谱》。)

　　右二种，元石子章撰。子章，大都人。

　　　　(《太和正音谱》曰："石子章之词，如蓬莱瑶草。")

《关盼盼春风燕子楼》一本。

　　元侯克中撰。克中，字正卿，号艮斋先生，真定人。

　　(《四库全书提要》：正卿幼丧明，聆群儿诵书，不终日能悉记其所授。稍长，习词章，自谓不学可造诣。既而悔之，以为刊华食实，莫首于理，原《易》以求，乃为得之。于是精意读《易》，著书名《大易道义》。年至九十余而卒。有《艮斋诗集》十四卷。

　　周密《癸辛杂识》云：方回年登希岁，适牟献之与之同庚。其子成文与乃翁为庆，且征友朋之诗。仇仁近有句云："姓名不入六臣传，容貌堪传九老碑。"且作方句云："老尚留樊素，贫休比范丹。"方尝有句："今生穷似范丹。"于是方大怒其褒牟贬己，遂摭"六臣"之语，以此比今上为朱温，必欲告官杀之。诸友皆为谢过，不从。仇遂谋之北客侯正卿。正卿访之，徐扣曰："闻仇仁近得罪于虚谷，何耶？"方曰："此子无礼，遂比今上为朱温。"侯笑曰："仇亦止言六臣，今比上为朱温者，执事也。"方色变，侯遂索其诗之元本，手碎之乃已。)

《花间四友庄周梦》一本。（《也是园书目》作《老庄周一枕蝴蝶梦》。）

　　元史九敬先撰。《录鬼簿》作："史九散人，真定人，武昌万户。"

《张鼎智勘魔合罗》一本。（《元曲选》本、《续古名家杂剧》本。）

　　元孟汉卿撰。汉卿，亳州人。

《汉丞相丙吉问牛喘》一本。

　　元李宽夫撰。宽夫，大都人。刑部令史，除庐州合肥县尹。

《包待制智赚灰阑记》一本。（《元曲选》本。）

　　元李行道撰。行道，《录鬼簿》作："行甫，绛州人。"

《才子佳人菊花会》一本。

　　元费君祥撰。君祥，大都人。

　　（《录鬼簿》曰："与汉卿交，有《爱女论》行于世。"）

《苏子瞻风雪贬黄州》一本。

《斩邓通》一本。

《汉丞相韦贤籑金》一本。

　　右三种，元费唐臣撰。唐臣，大都人，君祥之子。

　　（《太和正音谱》曰："费唐臣之词，如三峡波涛。"又曰："风神耸秀，气势纵横，放则惊涛拍天，敛则山川倒影，自是一般气象。"）

《糊突包待制》一本。

　　元江泽民撰。泽民，真定人，见钟嗣成《录鬼簿》。而《太和正音谱》及王世贞《艺苑卮言》均作"汪泽民"。汪，字叔志，婺源人，官集贤直学士，死宣州之难，谥文节。《元史》有传。文节死事，远在嗣成作《录鬼簿》之后。今《录鬼簿》中，泽民在已死才人之列，则自以从姓江为是。

《风月两无功》一本。

　　　　元陈宁夫撰。宁夫，《太和正音谱》作"定夫"，大名人。

《东海郡于公高门》一本。

《赵光普进梅谏》一本。

　　　　右二种，元梁进之撰。进之，大都人。警巡院判，除县尹。
又除大兴府判，除知和州。

　　　　（《太和正音谱》曰："梁进之之词，如花里啼莺。"）

《李太白贬夜郎》一本。

《张骞泛浮槎》一本。（右二本，见《录鬼簿》、《太和正音谱》。）

《兴刘灭项》一本。（无名氏《九宫大成谱》有此本数阕。）

　　　　右三种，元王伯成撰。伯成，涿州人。

　　　　（《太和正音谱》曰："王伯成之词，如红鸳戏波。"）

《金章宗断遗留文书》一本。

《卓文君白头吟》一本。

《河南府张鼎勘头巾》一本。（《元曲选》本、《续古名家杂剧》本。
《元曲选》题"孙仲章撰"，然《录鬼簿》"孙仲章"下无此本，而"陆登
善"下有之，恐《元曲选》误也。）

　　　　右三种。元孙仲章撰。仲章，或云姓李，大都人。

　　　　（《太和正音谱》曰："孙仲章之词，如秋风铁笛。"）

《韩湘子三赴牡丹亭》一本。

《陶朱公范蠡归湖》一本。

　　　　右二种，元赵明道撰。明道，《太和正音谱》作"明远"，
大都人。

　　　　（《太和正音谱》曰："赵明远之词，如太华晴云。"）

《晋谢安东山高卧》一本。（汴本。）

《栖凤堂倩女离魂》一本。

　　右二种，元赵公辅撰。公辅，平阳人，儒学提举。

　　　（《太和正音谱》曰："赵公辅之词，如空岩清啸。"）

《贾充宅韩寿偷香》一本。

《崔子弑齐君》一本。

　　右二种，元李子中撰。子中，大都人。知事，除县尹。

　　　（《太和正音谱》曰："李子中之词，如清庙朱瑟。"）

《神龙殿栾巴噀酒》一本。

《穷解子破雨伞》一本。

《司马昭复夺受禅台》一本。

　　右三种，元李进取撰。进取，大名人，官医大夫。

　　　（《太和正音谱》曰："李进取之词，如壮士舞剑。"）

《罗光远梦断杨贵妃》一本。

《吕洞宾度铁拐李岳》一本。（《元曲选》本。）

　　右二种，元岳伯川撰。伯川，济南府人，或云镇江人。

　　　（《太和正音谱》曰："岳伯川之词，如秀林翘楚。"）

《梁山泊黑旋风负荆》一本。（《元曲选》本。）

《黑旋风老收心》一本。

　　右二种，元康进之撰。进之，一云姓陈，棣州人。

《宋上皇碎冬凌》一本。

　　元陆显之撰。显之，汴梁人。

　　　（《录鬼簿》云："显之有《好儿赵正》话本。"）

《火烧介子推》一本。

　　元狄君厚撰。君厚，平阳人。

《秦太师东窗事犯》一本。

　　元孔文卿撰。文卿，平阳人。

《谢金莲诗酒红梨花》一本。（《元曲选》本、《古名家杂剧》本。）

　　元张寿卿撰。寿卿，东平人，浙江省掾吏。

《李三娘麻地捧印》一本。

《蔡顺摘椹养母》一本。

　　右二种，元刘唐卿撰。唐卿，太原人，皮货所提举。《录鬼簿》曰：唐卿"在文彦博席上，曾咏'博山铜细袅香风'者"。

　　（《辍耕录》：虞邵庵先生集在翰苑时，宴散散学士家，歌儿顺时秀者，唱今乐府。其《折桂令》起句云"博山铜细袅香风"，一句而两韵，名曰"短柱"，极不易作，先生爱其新奇。　其词见杨朝英《阳春白雪》，曰："博山铜细袅香风，两行纱笼，烛影摇红。翠袖殷勤捧金钟，半露春葱。唱好是会受用文章巨公。绮罗丛醉眼朦胧，夜宴将终，十二帘拢，月转梧桐。"其词颇美，但署姚牧庵作，不署唐卿也。）

《四不知月夜京娘怨》一本。

　　元彭伯威撰。又云郭安道撰。伯威，一作伯成，保定人。

《宋仁宗御览托公书》一本。

《会稽山越王尝胆》一本。

《宋上皇御赏凤皇楼》一本。

《生死交范张鸡黍》一本。（《元曲选》本、《元人杂剧选》本。）

《严子陵钓鱼台》一本。

《济饥民汲黯开仓》一本。（右均见《录鬼簿》、《太和正音谱》。）

　　右六种，元宫天挺撰。天挺，字大用，大名开州人，历学官，除钓台书院山长，卒于常州。

　　[《太和正音谱》曰："宫大用之词，如西风雕鹗。""其词锋犀利，神彩烨然，若健翮摩空，下视林薮，使狐兔缩颈（于蓬棘之势）。"]

《李太白醉写秦楼月》一本。

《丑齐后无盐破连环》一本。

《陈后主玉树后庭花》一本。

《放太甲伊尹扶汤》一本。（《也是园书目》作《立成汤伊尹耕莘》。）

《三落水鬼泛采莲船》一本。

《秦赵高指鹿为马》一本。

《㑇梅香翰林风月》一本。（《元曲选》本、《元人杂剧选》本。）

《崔怀宝月夜闻筝》一本。

《醉思乡王粲登楼》一本。（《元曲选》本。）

《周公辅成王摄政》一本。

《王太后摔印哭孺子》一本。

《迷青琐倩女离魂》一本。（《元曲选》本、《古名家杂剧选》本。）

《虎牢关三战吕布》一本。

《齐景公哭晏婴》一本。

《谢阿蛮梨园乐府》一本。（《太和正音谱》作"梁园乐府"。）

《周亚夫细柳营》一本。

《紫云娘》一本。（右均见《录鬼簿》、《太和正音谱》。）

《哭孙子》一本。（见《太和正音谱》。）

《钟离春智勇定济》一本。（见《也是园书目》。）

　　右十九种，元郑光祖撰。光祖，字德辉，平阳襄陵人，以儒补杭州路吏。

　　（《太和正音谱》曰："郑德辉之词，如九天珠玉。"）

《玉津园智斩韩太师》一本。

《秦太师东窗事犯》一本。

《萧何月夜追韩信》一本。

《周公旦抱子摄朝》一本。

《长孙皇后鼎镬谏》一本。

《蔡琰还朝》一本。

《苏东坡夜宴西湖梦》一本。（右均见《录鬼簿》、《太和正音谱》。）

右七种，元金仁杰撰。仁杰，字志甫，杭州人，建康崇宁务官。

（《太和正音谱》曰："金志甫之词，如西山爽气。"）

《陈季卿悟道竹叶舟》一本。（《元曲选》本。 《元曲选》作《误上竹叶舟》。）

《曲江池杜甫游春》一本。（右均见《录鬼簿》、《太和正音谱》。）

右二种，元范康撰。康，字子安，杭州人。

（《太和正音谱》曰："范子安之词，如竹里鸣泉。"）

《才子佳人误元宵》一本。（即《留鞋记》。 《元曲选》本、《元人杂剧选》本。）

元曾瑞撰。瑞，字瑞卿，大兴人，寓居钱唐。

《祈甘雨货郎朱蛇记》一本。

《徐驸马乐昌分镜记》一本。

《郑玉娥燕山逢故人》一本。

《闹法场郭兴阿扬》一本。（右均见《录鬼簿》、《正音谱》。）

《潇湘八景》一本。

《欢喜冤家》一本。 （右二本见《正音谱》，然《录鬼簿》不录，疑散曲。）

右六种，元沈和撰。和，字和甫，杭州人，后居江州。

（《太和正音谱》曰："沈和甫之词，如翠屏孔雀。"

《录鬼簿》：以南北调合腔，自和甫始，如《潇湘八景》、《欢喜冤家》，极为工巧。后居江州，近年方卒。江西称为"蛮子关汉卿"者是也。）

《王妙妙死哭秦少游》一本。

《史鱼尸谏卫灵公》一本。

《忠义士班超投笔》一本。

《贪财汉为富不仁》一本。

《摘星楼比干剖腹》一本。

《英雄士杨震辞金》一本。

《汉丞相宋弘不谐》一本。（右均见《录鬼簿》、《正音谱》。）

　　　右七种，元鲍天祐撰。天祐字吉甫，杭州人，昆山州吏。

　　（《太和正音谱》曰："鲍吉甫之词，如老蛟泣珠。"

　　周定王《元官词》云："尸谏灵公演传奇，一朝传到九重知。奉宣赍
与中书省，诸路都教唱此词。"即吉甫所作《卫灵公》也。）

《孝烈女曹娥泣江》一本。（中二折汪勉之作。）

　　　元鲍天祐、汪勉之合撰。勉之，庆元人，由学官历浙东帅府
令史。

《十八骑误入长安》一本。

《锦堂风月》一本。（右均见《录鬼簿》、《正音谱》。）

　　　右二种，元陈以仁撰。以仁，字存甫，杭州人。

　　（《太和正音谱》曰："陈存甫之词，如湘江雪竹。"）

《春夜梨花雨》一本。

　　　元赵良弼撰。良弼，字君卿，别作君祥，东平人，嘉兴路吏
调杭州。

《怨风月娇云认玉钗》一本。

《玉箫女两世姻缘》一本。（《元曲选》本、《古名家杂剧》本。）

《杜牧之诗酒扬州梦》一本。（《元曲选》本、《古名家杂剧》本。）

《死生交托妻寄子》一本。

《马光祖勘风尘》一本。（《太和正音谱》作"勘风情"。）

《荆公遣妾》一本。

《唐明皇御断金钱记》一本。（《元曲选》本、《续古名家杂剧》本、
《元人杂剧选》本。）

　　《节妇牌》一本。

　　《贤孝妇》一本。

　　《九龙庙》一本。

《燕乐毅黄金台》一本。（右均见《录鬼簿》。）

　　右十一种，元乔吉撰。吉，字梦符，太原人。

　　（《太和正音谱》曰："乔梦符之词，如神鳌鼓浪。"

　　《录鬼簿》：乔梦符，号笙鹤翁，又号惺惺道人。美容仪，能词章。以威严自饬，人敬畏之。居杭州太乙宫前。有《题西湖·梧叶儿》百篇，名公为之序。江湖间四十年，欲刊行所作，竟无成事者。至正五年二月，病卒于家。

　　《辍耕录》：乔孟符吉，博学多能，以乐府称。尝云："作乐府亦有法，曰凤头、猪肚、豹尾六字是也。大概起要美丽，中要浩荡，结要响亮。尤贵在首尾贯串，意思清新，能若是，斯可以言乐府矣。"）

《楚大夫屈原投江》一本。

《莺莺牡丹记》一本。

《千里投人》一本。

　　右三种，元睢景臣撰。景臣，后字景贤，扬州人。

　　（《太和正音谱》曰："睢景臣之词，如凤管秋声。"

　　《录鬼簿》：维扬诸公，俱作《高祖还乡》套数，唯公《哨遍》制作新奇，皆出其下。又有〔南吕·一枝花〕《题情》云："人间燕子楼，被冷鸳鸯锦。酒空鹦鹉盏，钗折凤皇金。"亦为工巧，人所不及也。）

《镜新磨戏谏唐庄宗》一本。

《孙武子教女兵》一本。

《持汉节苏武还乡》一本。

《春风杜韦娘》一本。

　　右四种，元周文质撰。文质，字仲彬，建德人，后居杭州，就路吏。

　　（《太和正音谱》曰："周仲彬之词，如平原孤隼。"）

《楚大夫屈原投江》一本。

《火烧正阳门》一本。

《子房货剑》一本。

《醉游阿房宫》一本。（右均见《录鬼簿》。）

《手卷记》一本。（见《太和正音谱》。）

　　右五种，元吴弘道撰。弘道，字仁卿，号克斋先生，历仕府判。

　　（《太和正音谱》曰："吴仁卿之词，如碧山明月。"）

《东堂老劝破家子弟》一本。（《元曲选》本、《元人杂剧选》本。）

《义士死赵礼让肥》一本。（《元曲选》本、《元人杂剧选》本。）

《天寿太子邢台记》一本。

《玉溪馆》一本。

《陶贤母剪发待宾》一本。

　　右五种，元秦简夫撰。案，《中州集》有"秦略，字简夫，陵川人，辈行长于元遗山"，非此人也。

　　（《太和正音谱》曰："秦简夫之词，如峭壁孤松。"）

《孙武子教女兵》一本。

《唐太宗骊山七德舞》一本。

《醉写满庭芳》一本。

《村学堂》一本。

《烧樊城糜竺收资》一本。（右均见《录鬼簿》。）

《执笏谏》一本。

《姜肱共被》一本。（右见《太和正音谱》。）

　　右七种，元赵善庆撰。善庆，字文贤，饶州乐平人，别作赵孟庆，字文宝。

　　（《太和正音谱》曰："赵文宝之词，如蓝田美玉。"）

《田单复齐》一本。

《孟宗哭竹》一本。

《升仙桥相如题柱》一本。

《宋上皇三恨李师师》一本。

《敬德扑马》一本。(右均见《录鬼簿》。)

　　右五种，元屈子敬撰。

《王翛然断杀狗劝夫》一本。(《元曲选》本。)

《四大王歌舞丽春园》一本。

《包待制三勘蝴蝶梦》一本。

《四春园》一本。

《小孙屠》一本。(右均见《录鬼簿》。)

　　右五种，元萧德祥撰。德祥，杭州人，以医为业。

《张鼎勘头巾》一本。

《开仓粜米》一本。(右见《录鬼簿》。)

　　右二种，元陆登善撰。登善，字仲良，扬州人。

《昊天塔孟良盗骨殖》一本。(《元曲选》本。　《元曲选》题："无
名氏撰。")

《醉走黄鹤楼》一本。(右均见《录鬼簿》。)

　　右二种，元朱凯撰。凯，字士凯，里居未详。

《破阴阳八卦桃花女》一本。(《元曲选》本。)

《卧龙冈》一本。

《双卖华》一本。(右均见《录鬼簿》。)

　　右三种，元王晔撰。晔，字日华，杭州人。

　　(杨维桢《铁崖文集·优戏录序》：太史公为滑稽者作传，取其谈言微
中。钱唐王晔集列代之优辞有闻于世道者，自楚国优孟而下，至金人玳瑁
头，凡若干条。太史公之旨，其有慨于中者乎?)

《东海郡于公高门》一本。

《袁盎却坐》一本。

《私下三关》一本。(右均见《录鬼簿》。)

　　右三种，元王仲元撰。仲元，杭州人。

《杜秋娘夜月紫鸾箫》一本。

　　元孙子羽撰。子羽，仪征人。

《包待制判断烟花鬼》一本。
《党金莲夜月瑶琴怨》一本。（右见《录鬼簿》、《正音谱》。）
　　右二种，元张鸣善撰。鸣善，扬州人，宣慰司令史。
　　（《太和正音谱》曰："张鸣善之词，如彩凤刷羽。"
　　《辍耕录》：张鸣善作北乐府〔水仙子〕《讥时》云："铺眉苦眼早三公，裸袖揎拳享万钟，胡言乱语成时用，大纲来都是烘（上声）。说英雄，谁是英雄？五眼鸡岐山鸣凤，两头蛇南阳卧龙，三脚猫渭水非熊。"）

《豫让吞炭》一本。
《霍光鬼谏》一本。
《敬德不伏老》一本。（右见《盐邑志·林中》、《乐郊私语》。）
　　右三种，元杨梓撰。梓，字□□，海盐人，官至浙江路总管，追封弘农郡公，谥康惠。
　　（元姚桐寿《乐郊私语》：海盐少年多善歌，乐府皆出于澉川杨氏。当康惠公梓，存时节侠风流，善音律，与武林阿里海涯之子云石交善。云石翩翩公子，无论所制乐府散套，骏逸为当行之冠。即歌声高引，可彻云汉，而康惠独得其传。今杂剧中有《豫让吞炭》、《霍光鬼谏》、《敬德不伏老》，皆康惠自制，以寓祖父之意，第去其著作姓名耳。其后长公国材，次公少中，复与鲜于去矜交好。去矜亦乐府擅场，以故杨氏家僮千指，无有不善南北歌调者。由是州人往往得其家法，以能歌名于浙右云。）

《冯谖收券》一本。
《诈游云梦》一本。
《钱神论》一本。
《斩陈馀》一本。
《章台柳》一本。
《郑庄公》一本。

《蟠桃会》一本。（右均见朱士凯《录鬼簿后序》。）

　　右七种，元钟嗣成撰。嗣成，字继先，号丑斋，大梁人，有《录鬼簿》行于世。

　　　　（《太和正音谱》曰："钟继先之词，如腾空宝气。"）

《都孔目风雨还牢末》一本。（《元曲选》本、《古名家杂剧》本。《太和正音（谱）》作"无名氏"。《元曲选》题："李致远撰。"）

　　元李致远撰。

　　　　（《太和正音谱》曰："李致远之词，如玉匣昆吾。"）

《马丹阳度脱刘行首》一本。（《元曲选》本、《续古名家杂剧》本。《正音谱》作"无名氏"。《元曲选》题："元杨景贤撰。"）

　　元杨景贤撰，与明初之杨景言，或是一人。

《宋太祖龙虎风云会》一本。（《续古名家杂剧》本、《元人杂剧选》本。　见《也是园书目》。）

　　元罗本撰。本，字贯中，武林人。

《玉娇春》一本。

《鸳〔央〕（鸯）冢》一本。（右见李玉《北词广正谱》。）

　　右二种，元邾经撰。经，字仲谊，仁和人。元进士，有《玩斋集》，见《辍耕录》、《列朝诗集》、《明诗综》。但《北词广正谱》于上二本皆注"朱仲谊"。而仲谊于《青楼集跋》及《录鬼簿题词》亦自称朱经仲义，则"邾"、"朱"固通用也。

《肃霜裘》一本。（见《太和正音谱》。）

　　元范居中、施惠、黄天泽、沈拱合撰。居中，字子正，号冰壶；惠，字君美，一云姓沈；天泽，字德润；拱，字拱之，均杭州人。

《开坛阐教黄粱梦》一本。（《元曲选》本、《古名家杂剧》本。）

元马致远、李时中、花李郎、红字李二合撰。时中，大都人。

《张果老度脱哑观音》一本。

《渡孟津武王伐纣》一本。

《宦门子弟错立身》一本。（右均见《录鬼簿》。）

右三种，元赵文敬撰。文敬，一作明镜，彰德人，教坊色长。

《相国寺公孙汗衫记》一本。（《元曲选》本。）

《汉高祖衣锦还乡》一本。

《薛仁贵衣锦还乡》一本。（《元曲选》本。　右均见《录鬼簿》、《正音谱》。）

《罗李郎大闹相国寺》一本。（《元曲选》本题："张国宾撰。"）

右四本，元张国宾撰。国宾，一作酷贫，大都人，教坊勾管。

《折担儿武松打虎》一本。

《病扬雄》一本。

《板踏儿黑旋风》一本。（《正音谱》作"板杏儿"。　右均见《录鬼簿》。）

右三种，元红字李二撰。李二，京兆人，教坊刘耍和婿。

《莽张飞大闹相府院》一本。

《懒惰判官钉一钉》一本。（右均见《录鬼簿》、《正音谱》。）

《勘吉平》一本。（见《北词广正谱》。）

右三种，元花李郎撰。花李郎，《录鬼簿》但作"李郎"，云："刘耍和婿。"但于《黄粱梦》下又云："花李郎，学士。"岂李郎与花李郎，一为伶人，一为士大夫欤？抑以伶人而进为学士欤？

卷三　杂剧部(下)

《辩三教》一本。

《勘妒妇》一本。

《烟花判》一本。

《瑶天笙鹤》一本。

《白日飞升》一本。

《九合诸侯》一本。

《私奔相如》一本。

《豫章三害》一本。

《肃清瀚海》一本。

《客窗夜话》一本。

《独步大罗天》一本。

《杨姨复落娼》一本。（右见《太和正音谱》。）

　　右十二种，明宁献王权撰。王，太祖第十六子，洪武二十四年就封大宁，永乐元年改封南昌。晚慕冲举，自号臞仙。涵虚子、丹邱先生，均其别号也。上十二本，《太和正音谱》题：丹邱先生。盖其自称之词如此。

　　(《列朝诗集》：江右俗故质朴，俭于文藻，士人不乐声誉。王弘奖风流，增益标胜。博学好古，诸书无所不窥。旁通释老，尤深于史。凡群书有秘本，莫不刊布国中。所著有：《通鉴博论》二卷，《汉唐秘史》二卷，《史断》一卷，《文谱》八卷，《诗谱》一卷，《神隐》、《肘后神枢》各二卷，《寿域神方》四卷，《活人心》二卷，《大古遗音》二卷，《异域志》一卷，《遐龄洞天志》二卷，《运化玄枢》、《琴阮启蒙》各一卷，《乾坤生意》、《神奇秘谱》各三卷，《采芝吟》四卷。其他注纂数十种，经、子、九流、星历、医卜、黄冶诸术皆具。古今著述之富，无逾王者。又作《家训》六篇，《宁国仪范》七十四章。)

《天香圃牡丹品》一本。
《十美人庆赏牡丹园》一本。

《兰红叶从良烟花梦》一本。

《瑶池会八仙庆寿》一本。

《河嵩神灵芝庆寿》一本。

《四时花月赛娇容》一本。

《南极星度脱海棠仙》一本。

《文殊菩萨降狮子》一本。

《关云长义勇辞金》一本。

《惠禅师三度小桃红》一本。

《抅搜判官乔断鬼》一本。

《豹子和尚自还俗》一本。

《甄月娥春风庆朔堂》一本。

《美姻缘风月桃源会》一本。

《宣平巷刘金儿复落倡》一本。

《福禄寿仙官庆会》一本。

《神后山秋狝得驺虞》一本。

《黑旋风仗义疏财》一本。

《小天香半夜朝元》一本。

《张天师明断辰勾月》一本。

《李妙清花里悟真如》一本。

《洛阳风月牡丹仙》一本。（《盛明杂剧》本。）

《李亚仙花酒曲江池》一本。

《清河县继母大贤》一本。

《赵贞姬身后团圆梦》一本。

《刘盼春守志香囊怨》一本。（《盛明杂剧》本。）

《紫阳仙三度常椿寿》一本。（《古名家杂剧》本。）

《东华仙三度十长生》一本。（《古名家杂剧》本。）

《群仙庆寿蟠桃会》一本。（《古名家杂剧》本。）

《吕洞宾花月神仙会》一本。（《古名家杂剧》本。　右均见《也是园书目》。）

　　右三十种，明周宪王有燉撰。王，周定王长子，洪熙元年袭封，景泰三年薨。

（《列朝诗集》：宪王遭世隆平，奉藩多暇，勤学好古，留心翰墨。制《诚斋乐府传奇》若干种，音律谐美，流传内府，至今中原弦索多用之。李梦阳《汴中元宵》绝句曰："中山孺子倚新妆，赵女燕姬总擅场。齐唱宪王新乐府，金梁桥外月如霜。"由今思之，东京梦华之感，可胜道哉！王诗有《诚斋录》、《新录》诸集传于世。）

《刘晨阮肇误入桃源》一本。（《元曲选》本、《古名家杂剧》本、《元人杂剧选》本。）

《海棠风》一本。

《楚阳台》一本。

《莺燕蜂蝶》一本。（右见《正音谱》。）

　　右四种，明王子一撰。

（《太和正音谱》曰："王子一之词，如长鲸饮海。"又曰："风神苍古，才思丰艳。如汉廷老吏之词，不容一字增减，其高处如披琅玕，而叫阊阖。"）

《娇红记》一本。

《月下老世间配偶》一本。（右见《正音谱》。）

　　右二种，明刘东生撰。

（《太和正音谱》曰："刘东生之词，如海峤云霞。"又云："熔意铸词，纤无尘气，可与王实父辈并驱。"）

《吕洞宾三度城南柳》一本。（《元曲选》本、《古名家杂剧》本、《元人杂剧选》本。）

《枕中记》一本。

《雪恨闹阴司》一本。（右见《正音谱》。）

　　右三种，明谷子敬撰。

（《太和正音谱》曰："谷子敬之词，如昆山片玉。"）

《娇红记》一本。

《风月瑞仙亭》一本。（右见《正音谱》。）

　　右二种，明汤式撰。式，字舜民，号菊庄，宁波人。

　　（《太和正音谱》曰："汤舜民之词，如锦屏春风。"）

《风月海棠亭》一本。

《史教坊断生死夫妻》一本。（右见《正音谱》。）

　　右二种，明杨景言撰。

　　（《太和正音谱》曰："杨景言之词，如雨中之花。"）

《铁拐李度金童玉女》一本。（《元曲选》本、《古名家杂剧》本。右见《正音谱》。）

《荆楚臣重对玉梳记》一本。（《元曲选》本、《古名家杂剧》本。）

《萧淑兰情寄菩萨蛮》一本。（《元曲选》本。）

《吕洞宾桃柳升仙梦》一本。（《古名家杂剧》本。　右见《也是园书目》。）

　　右四种，明贾仲名撰。仲名，一作仲明。

　　（《太和正音谱》曰："贾仲名之词，如锦幄琼筵。"）

《翠红乡儿女两团圆》一本。（《元曲选》本、《元人杂剧选》本。）

《王魁不负心》一本。

《封鄂遇上元》一本。

《玉盒记》一本。（右见《正音谱》。）

　　右四种，明杨文奎撰。

　　（《太和正音谱》曰："杨文奎之词，如匡庐叠翠。"）

《黄廷道夜走流星马》一本。（见《也是园书目》。）

　　明黄元吉撰。《也是园书目》作：元明黄元吉。盖亦明初人也。

《杜子美沽酒游春》一本。

　　明王九思撰。九思，字敬夫，号漾陂，鄠县人。弘治丙辰进士，授检讨。值刘瑾乱政，翰林悉调部属，敬夫独得吏部。不数月，长文选。瑾败，降寿州同知，勒致仕。

　　（《艺苑卮言》：王敬夫将填词，以厚赏募国工。杜门学案琵琶、三弦，习诸曲，尽其技而后出之。

　　又曰：敬夫与康德涵俱以词曲名一时，其秀丽雄爽，康大不如也。评者以敬夫声价不在关汉卿、马东篱下。

　　《列朝诗集》：敬夫之再谪，以及永铟，皆长沙李西涯柄国时事。盛年屏弃，无所发怒，作为歌谣及《杜甫春游》杂剧，力诋西涯，流转腾涌，关陇之士，杂然和之。嘉靖初，纂修实录，议起敬夫，有言于朝者曰："《游春记》，李林甫固指西涯，杨国忠得非石斋，贾婆婆得非南坞耶？"吏部闻之，缩舌而止。）

《东郭先生误救中山狼》一本。

　　明康海撰。海，字德涵，号对山，武功人，弘治十五年状元，授翰林院修撰，正德中落职。

　　（《列朝诗集》：正德初，逆瑾恨李献吉代韩尚书草疏，系诏狱，必欲杀之。献吉狱急，出片纸曰："对山救我。"秦人皆言瑾恨不能致德涵，德涵往，献吉可生也。德涵曰："吾何惜一官，不救李死？"乃往谒瑾。瑾大喜，盛称德涵真状元，为关中增光。德涵曰："海何足言，今关中自有三才，古今稀少。"瑾惊问曰："何也？"德涵曰："老先生之功业，张尚书之政事，李郎中之文章。"瑾曰："李郎中非李梦阳耶？应杀无赦。"德涵曰："应则应矣？杀之，关中少一才矣！"欢饮而罢。明日，瑾奏上赦李。瑾遂欲超拜吏部侍郎。德涵力辞之。乃寝。瑾败，坐落职为民。

　　又曰：杨侍郎廷仪过浒西，德涵留饮甚欢，自起弹琵琶劝酒。杨言："家兄在内阁，殊相念，何不以尺书通问？"德涵发怒，掷琵琶撞之。杨走，追而骂之曰："吾岂效王维，假作伶人，借琵琶讨官做耶？"归田三十余年。其没也，以山人巾服敛，遗囊萧然，大小鼓却有三百副，其风致可思也。

　　朱彝尊《静志居诗话》：德涵坐援献吉，遂挂清议。归田之后，耽心词曲，其小令曰："真个是不精不细丑行藏，怪不得没头没脑受灾殃。从今后，花底朝朝醉，人间事事忘。刚方，冥落了膺和滂。荒唐，周旋了籍与康。"论者原其心而悲之。)

《花月妓双偷纳锦郎》一本。

《郑耆老义配好因缘》一本。(右见《也是园书目》。)

　右二种，明陈铎撰。铎，字大声，邳州人，官指挥使。

(《艺苑卮言》：陈大声，金陵将家子。所为散套，既多蹈袭，亦浅才情。然字句流丽，可入弦索三弄。

《列朝诗集》：陈大声以乐府名于世。所为散套，稳协流丽。审宫节羽，不差毫末。山水仿沈启南，自为诗题其上。人知大声善乐府，不知其能画，又不知其工于诗也。)

《宴清都洞天元记》一本。(见《也是园书目》。)

《兰亭会》一本。(见黄文旸《曲海目》。)

《太和记》六本。　(见《也是园书目》及《曲海目》，每本四折，凡六本。)

　右八种，明杨慎撰。慎，字用修，号升庵，新都人。官翰林院修撰，谪戍云南。

(《艺苑卮言》：杨状元慎才情盖世，所著有《洞天元记》、《陶情乐府》、《续陶情乐府》，流脍人口，而不为当家所许。盖杨本蜀人，故多川调，不甚谐南北本腔。摘句如："费长房缩不就相思地，女娲氏补不完离恨天。别泪铜壶共滴，愁肠兰焰同煎。和愁和恨，经岁经年。"又："傲霜雪，镜中紫髯；任光阴，眼前赤电；仗平安，头上青天。"皆佳句也。第它曲多剽元人乐府，如"嫩寒生花底风"，"风儿疏刺刺"诸阕，一字不改，掩为己有。盖杨多钞录秘本，不知久已流传人间矣。)

《四声猿》一本。(第一折《渔阳弄》，第二折《翠乡梦》，第三折《代父从军》，第四折《求凰得凤》。　《盛明杂剧》本、《古名家杂剧》本。)

　明徐渭撰。渭，字文清，一字文长，山阴人。

(《列朝诗集》：胡少保宗宪督师浙江，招致幕府，管书记。督府势严重，文武将吏莫敢仰视。文长戴敝乌巾，衣白布浣衣，非时直闯门入，长揖就座，奋袖纵谈。幕中有急需，召之不至，夜深开戟门以待。侦者还报，徐秀才方泥饮，大醉叫呶，不可致也。少保闻顾称善。文长知兵，好奇计，少保饵王、徐诸虏，用间钩致，皆与密议。当是时，上方崇祷事，急青词。当国者谓文长文能当上意，聘致之。文长知其与少保有郤，弗应。少保下请室，文长惧及，发狂。后坐罪，论死系狱。张宫谕元忭力救乃解。年七十三卒。）

《红线女》一本。（《盛明杂剧》本。）

《红绡》一本。

　　右二种，明梁辰鱼撰。辰鱼，字伯龙，昆山人。

　　（《静志居诗话》：伯龙雅擅词曲，所撰《江东白苎》，妙绝时人。时邑人魏良辅能喉转音声，始变弋阳、海盐为昆腔。伯龙填《浣纱记》付之。王元美诗所云："吴阊白面冶游儿，争唱梁郎雪艳词"是已。同时，又有陆九畴、郑思笠、包郎郎、戴梅川辈，更唱迭和，清词艳曲，流播人间。今已百年，传奇家曲别本，弋阳子弟，可以改调歌之，惟《浣纱》不能。故是词家老手。）

《远山戏》一本。（《盛明杂剧》本、《古名家杂剧》本。　即《张敞画眉京兆记》。）

《高唐梦》一本。（《盛明杂剧》本、《古名家杂剧》本。　即《楚襄王梦游高唐记》。）

《洛水悲》一本。（《盛明杂剧》本、《古名家杂剧》本。　即《曹植怀思洛神记》。）

《五湖游》一本。（《盛明杂剧》本、《古名家杂剧》本。　即《范蠡归泛五湖记》。）

　　右四种，明汪道昆撰。道昆，字伯玉，号南溟，歙县人，官至兵部左侍郎。

《梁状元不伏老》一本。（《盛明杂剧》本。）

　　明冯惟敏撰。惟敏，字汝行，号海浮，临朐人，官保定府通判。

　　（《艺苑卮言》：北调如李空同、王浚川、何粹夫、韩苑洛、何太华、许少华，俱有乐府，而未之尽见。予所知者：李尚宝先芳、张职方重、刘侍御时达，皆可观。近时冯通判惟敏，独为杰出，其板眼、务头、撺抢、

紧缓，无不曲尽，而才气亦足发之；止用本色过多，北音太繁，为白璧微
颣耳。

《列朝诗集》：汝行善度近体乐府，盛传于东郡。余所见《梁状元不伏
老》杂剧，当在王漾陂《杜甫春游》之上。)

《昭君出塞》一本。(《盛明杂剧》本。)

《文姬入塞》一本。(《盛明杂剧》本。)

《义犬记》一本。(《盛明杂剧》本。)

右三种，明陈与郊撰。与郊，字广野，号玉阳仙史，海宁
人，官太常寺少卿。

《昆仑奴》一本。(《盛明杂剧》本。)

明梅鼎祚撰。鼎祚，字禹金，宣城人。

(《列朝诗集》：禹金弃举子业，肆力诗文，撰述甚富。有《鹿裘》六
十五卷。好聚书，尝与焦弱侯、冯开之暨虞山赵玄度订约搜访，期三年一
会于金陵，各出其所得异书逸典，互相雠写。事虽未就，其志尚可以千
古矣。)

《红线记》一本。(见《客座赘语》。)

明胡汝嘉撰。汝嘉，字懋礼，号秋宇，金陵人。嘉靖己丑进
士，在翰林以言事忤政府，出为藩参。

(顾起元《客座赘语》：先生文雅风流，不操常律。所著小说书数种，
多奇艳间，亦有闾间之靡，人所不忍言，如《兰芽》等传者。今皆秘不
传。所著《女侠韦十一娘传记》，程德瑜云：云托以诟当事者也，其《红
线》杂剧大胜梁辰鱼。)

《独乐园司马入相》一本。(见《也是园书目》。)

明桑绍梁撰。

《郁轮袍》一本。(《盛明杂剧》本。)

《真傀儡》一本。(《盛明杂剧》本。)

《长安街》一本。

《没奈何》一本。（右见黄文旸《曲海目》。）

　　右四种，明王衡撰。衡，字辰玉，太仓人，大学士锡爵之子，官翰林院编修。

《武陵春》一本。（《盛明杂剧》本。）

《兰亭会》一本。（《盛明杂剧》本。）

《写风情》一本。（《盛明杂剧》本。）

《午日吟》一本。（《盛明杂剧》本。）

《南楼月》一本。（《盛明杂剧》本。）

《赤壁游》一本。（《盛明杂剧》本。）

《龙山宴》一本。（《盛明杂剧》本。）

《同甲会》一本。（《盛明杂剧》本。）

　　右八种，明许潮撰。潮，字时泉，靖州人。

《北邙说法》一本。（《盛明杂剧》本。）

《团花凤》一本。（《盛明杂剧》本。）

《易水寒》一本。（《盛明杂剧》本。）

《夭桃纨扇》一本。（《盛明杂剧》本。）

《碧莲绣符》一本。（《盛明杂剧》本。）

《丹桂钿盒》一本。（《盛明杂剧》本。）

《素梅玉蟾》一本。（《盛明杂剧》本。）

《灌将军使酒骂座》一本。

《金翠寒衣记》一本。（右二本，见《也是园书目》。）

　　右九种，明叶宪祖撰。宪祖，字美度，一字相攸，号桐柏，又号槲园居士，余姚人。官至工部郎中，以私议魏忠贤生祠事削籍。

《鞭歌妓》一本。（《盛明杂剧》本。）

《簪花髻》一本。（《盛明杂剧》本。）

《霸亭秋》一本。（《盛明杂剧》本。）

　　右三种，明沈自征撰。自征，字君庸，吴江人。

《虬髯翁》一本。（《盛明杂剧》本。）

《颠倒因缘》一本。（见曹寅《楝亭书目》。）

　　右二种，明凌初成撰。

《青虬记》一本。（见黄文旸《曲海目》）

　　明林章撰。章，字初文，福清人。

　　（《列朝诗集》：世宗末年，倭寇犯闽。初文年十三，上书督府，求自试行间。万历元年，以《春秋》举于乡，累上不第。尝走塞上，从戚大将军游。座上作《滦阳宴别序》，酒未三巡，诗序并就，将军持千金为寿。缘手散去，挈家侨寓金陵。性好公正发愤，南曹曲法断梗阳之狱，攘臂直之，坐系金陵狱。三年出狱。旅燕京十年。关白之乱，两上书请出海上，用奇兵剿贼，报闻而已。戊戌、己亥间，复抗疏请止矿税，兼陈立兵行盐之策。上感动，下内阁票拟举行，四明相承中人指阁其事，密揭请逮治，即日下狱，暴病而死，天下惜之。）

《有情痴》一本。（《盛明杂剧》本。）

《脱囊颖》一本。（《盛明杂剧》本。）

　　右二种，明徐元晖撰。

《广陵月》一本。（《盛明杂剧》本。）

　　明汪廷讷撰。廷讷，字昌朝，一字无如，休宁人，官盐运使。

《逍遥游》一本。（《盛明杂剧》本。）

　　明王应遴撰。应遴，字云来，礼部员外郎，绍兴山阴人。

《桃花人面》一本。（《盛明杂剧》本。）

《英雄成败》一本。（《盛明杂剧》本。）

《死里逃生》一本。（《盛明杂剧》本。）

《红颜年少》一本。

《花舫缘》一本。（右五本，见《曲海目》。然《花舫缘》恐即卓珂月作也。）

《眼儿媚》一本。（见焦循《曲考》。）

　　右六种，明孟称舜撰。称舜，字子若，又作子适，会稽人。

《花舫缘》一本。（《盛明杂剧》本。）

　　明卓人月撰。人月，字珂月，仁和人。

《红莲债》一本。（《盛明杂剧》本。）

　　明陈汝元撰。汝元，字太乙，会稽人。

《错转轮》一本。（《盛明杂剧》本。）

　　明祁元孺撰。

《蕉鹿梦》一本。（《盛明杂剧》本。）

　　明车任远撰。任远，字柅斋，上虞人。

《一文钱》一本。（《盛明杂剧》本。）

　　明徐复祚撰。复祚，字阳初，里居未详。

《络水丝》一本。（《盛明杂剧》本。）

《春波影》一本。（《盛明杂剧》本。）

　　右二种，明徐士俊撰。士俊，原名翙，字三有，号野君，仁和人。

　　（《国朝杭郡诗辑》：野君工杂剧，所撰多至六十余种，佳者欲与王、关、马、郑抗手。）

《樱桃园》一本。（《盛明杂剧》本。）

明王澹翁撰。

《饿方朔》一本。（见焦循《曲考》。）

明孙源文撰。源文，字南公，无锡人。

《西台记》一本。（见焦循《曲考》。）

明陆世廉撰。世廉，字起顽，号生公，又号晚庵，长洲人。宏光时官光禄卿，入国朝，隐居不出。

《苏园翁》一本。

《秦廷筑》一本。

《金门戟》一本。

《双合欢》一本。

《闹门神》一本。（右见焦循《曲考》。）

右五种，明茅僧昙撰。僧昙，名里不详。按《列朝诗集》云：茅维，字孝若，归安人，鹿门先生子。尝以所作杂剧属余序，已而语人曰：“虞山轻我！近舍汤临川，而远引关汉卿、马东篱，是不欲以我代临川也！”其兀傲如此。僧昙岂孝若别号欤？

《倚门》一本。

《再醮》一本。

《淫僧》一本。

《偷期》一本。

《娈童》一本。

《惧内》一本。（右见焦循《曲考》。）

右六种，李斗《扬州画舫录》引焦里堂《曲考》云：“总题《陌花轩杂剧》，黄方印撰。”案，《客座赘语》卷九云：黄上舍方儒著“陌花轩”词、小令。以轩名推之，则“方印”当作“方儒”。方儒，金陵人。

《蓝采和》一本。

《阮步兵》一本。

《铁氏女》一本。(右三本名《秋风三叠》。　见黄文旸《曲海目》。)

《挑灯剧》一本。

《碧纱笼》一本。

《女红纱》一本。(右三本见无名氏《传奇汇考》。)

　　右六种,明来集之撰。集之,号元成子,萧山人。崇祯间进士,大学士宗道之子。

《曲江春》一本。(《盛明杂剧》本。)

《鱼儿佛》一本。(《盛明杂剧》本。)

　　右二种,明僧湛然撰。湛然,一号寓山居士。

《男王后》一本。(《盛明杂剧》本。)

　　明秦楼外史撰。

《再生缘》一本。(《盛明杂剧》本。)

　　明蘅芜室撰。

《齐东绝倒》一本。(《盛明杂剧》本。)

　　明竹痴居士撰。

《相思谱》一本。(《盛明杂剧》本。)

　　明吴中情奴撰。

《鸳鸯梦》一本。

　　明女士叶小纨撰。小纨,字蕙绸,吴江人,工部郎中叶绍袁次女,适同县沈永桢。

　　(《列朝诗集》:叶仲韶少而韶令,有卫洗马、潘散骑之目。宛君年十六来归。生三女:长曰纨纨,次曰蕙绸,幼曰小鸾。小鸾年十七字昆山张

氏，将行而卒。未几，纨纨以哭妹来归，亦死。叶氏宛君神伤心死，又三
载而卒。仲韶于是集宛君之诗曰《鹂吹》，纨纨之诗曰《愁言》，小鸾之诗
曰《返生香》，及哀挽伤悼之作，都为一集，而蕙绸《鸳鸯梦》，伤姊妹而
作者，亦附见焉。总名曰《午梦堂十集》，盛行于世。）

《樱桃梦》一本。
《灵宝刀》一本。（右见《曲海目》。）
　　右二种，明商漫卿撰。字里不详。

《玉清庵错送鸳鸯被》一本。（《元曲选》本、《续古名家杂剧》本。）
《陈州粜米》一本。（《元曲选》本。）
《随何赚风魔蒯通》一本。（《元曲选》本。）
《争报恩三虎下山》一本。（《元曲选》本。）
《庞居士误放来生债》一本。（《元曲选》本。）
《朱砂担滴水浮沤记》一本。（《元曲选》本。）
《包龙图智赚合同文字》一本。（《元曲选》本。）
《冻苏秦衣锦还乡》一本。（《元曲选》本。）
《小尉迟将斗将认父归朝》一本。（《元曲选》本。）
《神奴儿大闹开封府》一本。（《元曲选》本。）
《谢金吾诈拆清风府》一本。（《元曲选》本。）
《庞涓夜走马陵道》一本。（《元曲选》本。）
《朱太守风雪渔樵记》一本。（《元曲选》本。）
《孟德耀举案齐眉》一本。（《元曲选》本。）
《李云英风送梧桐叶》一本。（《元曲选》本、《古名家杂剧》本。）
《两军师隔江斗智》一本。（《元曲选》本。）
《玎玎珰珰盆儿鬼》一本。（《元曲选》本。）
《风雨像生货郎旦》一本。（《元曲选》本。）
《萨真人夜断碧桃花》一本。（《元曲选》本。）
《冯玉兰夜月泣江舟》一本。（《元曲选》本。）
《逞风流王焕百花亭》一本。（《元曲选》本。）
《锦云堂暗定连环计》一本。（《元曲选》本、《元人杂剧选》本。）

《金水桥陈琳抱妆匣》一本。(《元曲选》本。)

《张公艺九世同居》一本。(《元人杂剧选》本。)

《赵匡义智取符金锭》一本。(《元人杂剧选》本。)

《幸上苑帝妃春游》一本。(《古名家杂剧》本。)

《泛西湖秦苏赏夏》一本。(《古名家杂剧》本。 此本恐即金仁杰之《苏东坡夜宴西湖梦》。)

《醉学士韩陶月宴》一本。(《古名家杂剧》本。 此本恐即戴善甫之《陶学士醉写风光好》。)

《忆故人戴王访雪》一本。(《古名家杂剧》本。)

《汉钟离度脱蓝采和》一本。(《续古名家杂剧》本。)

《龙济山野猿听经》一本。(《续古名家杂剧》本。)

《二郎神醉射锁魔镜》一本。(《续古名家杂剧》本。)

《诸葛亮博望烧屯》一本。

《郑月莲秋夜云窗梦》一本。(《正音谱》作《秋夜芸窗梦》。)

《忠义士豫让吞炭》一本。(疑即杨梓撰。)

《下高丽敬德不伏老》一本。(疑即杨梓撰。)

《贤达妇荆娘盗果》一本。(《正音谱》作《京娘盗果》。)

《刘千病打独角牛》一本。

《苏子瞻醉写赤壁赋》一本。

《施仁义刘宏嫁婢》一本。

《关云长千里独行》一本。

《孝顺贼鱼水白莲池》一本。

《雁门关存孝打虎》一本。

《狄青复夺衣袄车》一本。

《摩利支飞刀对箭》一本。

《行孝道郭巨埋儿》一本。(右十四本,见《太和正音谱》及《也是园书目》。)

《梦天台》一本。

《望思台》一本。

《蟠桃会》一本。

《燕山梦》一本。

《罟罟旦》一本。

《四国旦》一本。

《还牢旦》一本。

《硃砂记》一本。

《纸扇记》一本。

《贤孝牌》一本。

《升仙会》一本。

《打球会》一本。

《打陈平》一本。

《祭三王》一本。

《三贤妇》一本。

《圣姑姑》一本。

《双斗医》一本。

《桂花精》一本。

《黄花塞》一本。

《水帘寨》一本。

《销金帐》一本。

《望香亭》一本。

《霍光鬼谏》一本。（疑即杨梓撰。）

《彩扇题诗》一本。

《田单火牛》一本。

《袁觉拖笆》一本。

《继母大贤》一本。

《杨香跨虎》一本。

《田真泣树》一本。

《螺蛳末泥》一本。

《雪里报冤》一本。

《佳人写恨》一本。

《才子留情》一本。

《化胡成佛》一本。

《陶侃拿苏峻》一本。

《火烧阿房宫》一本。

《夜月杜鹃啼》一本。

《张子替杀妻》一本。

《智赚三件宝》一本。

《敬德挝怨鼓》一本。

《任千四颗头》一本。

《任贵五颗头》一本。

《智赚鬼劈口》一本。

《捶碎黄鹤楼》一本。

《卢仝七碗茶》一本。

《卓文君驾车》一本。

《刀劈史鸦霞》一本。

《策立阴皇后》一本。

《搬运太湖石》一本。

《风雪包待制》一本。

《柳成错背妻》一本。

《郭桓打官粮》一本。

《黄鲁直打到底》一本。

《张顺水里报冤》一本。

《一丈青闹元宵》一本。

《危太仆后庭花》一本。（"太仆"当作"太朴"。太朴，危素字，此本疑即素撰。）

《包待制双勘丁》一本。

《明皇村落会佳期》一本。

《哀哀怨怨后庭花》一本。

《风流娘子两相宜》一本。

《拂尘子仁义礼智信》一本。（右六十一种，见《太和正音谱》。）

《赵宗让肥》一本。（疑即秦简夫作之《赵礼让肥》。）

《鲁元公主》一本。（疑即关汉卿之《鲁元公主三唤赦》。）

《收心猿意马》一本。（疑即贾仲名之《度金童玉女》。）

《夜月荆娘墓》一本。（疑即彭伯威之《四不知夜月京娘怨》。）

《张仪冻苏秦》一本。（疑即《冻苏秦衣锦还乡》。　右五种，见《太和正音谱》，题"无名氏撰"。或五本均有次本，故附于此。）

《樊事真金篦刺目》一本。（见元雪蓑钓隐《青楼集》。）

《摔表谏》一本。

《阀阅舞射柳蕤丸记》一本。（上二本，元人作。）

《伍子胥鞭伏柳盗跖》一本。

《十八国临潼斗宝》一本。

《田穰苴伐晋兴齐》一本。

《后七国乐毅图齐》一本。

《吴起敌秦挂帅印》一本。

《守贞妇孟母三迁》一本。

《庄周半世胡蝶梦》一本。

《羊角哀鬼战荆轲》一本。

《四公子夷门元宵宴》一本。

《巫娥女醉赴阳台梦》一本。

《运机谋随何骗英布》一本。

《韩元帅暗度陈仓》一本。

《汉公卿衣锦还乡》一本。

《司马相如题桥记》一本。

《马援挝打聚兽牌》一本。

《云台聚二十八将》一本。

《汉铫期大战邳仝》一本。

《寇子翼定时捉将》一本。

《郑禹定计捉彭宠》一本。

《郅郓璋昆阳大战》一本。

《金穴富郭况游春》一本。

《施仁义岑母大贤》一本。

《十样锦诸葛论功》一本。

《曹操夜走陈仓道》一本。

《阳平关五马破曹》一本。

《走凤雏庞统掠四郡》一本。

《周公瑾得志娶小乔》一本。

《张翼德单战吕布》一本。

《莽张飞大闹石榴园》一本。

《诸葛亮挂印气张飞》一本。

《诸葛亮石伏陆逊》一本。

《老陶谦三让徐州》一本。

《寿亭侯五关斩将》一本。

《关大王月下斩貂蝉》一本。

《关云长古城聚义》一本。

《关云长单刀劈四寇》一本。

《关云长大破蚩尤》一本。

《寿亭侯怒斩关平》一本。

《张翼德三出小沛》一本。

《刘关张桃园三结义》一本。

《米伯通衣锦还乡》一本。

《张益德大破香林庄》一本。

《陶渊明东篱赏菊》一本。

《长安城四马投唐》一本。

《魏徵改诏风云会》一本。

《程咬金斧劈老君堂》一本。

《徐茂功智降秦叔宝》一本。

《尉迟恭鞭打单雄信》一本。

《十八学士登瀛洲》一本。

《唐李靖阴山破虏》一本。

《立功勋庆赏端阳》一本。

《贤达妇龙门隐秀》一本。

《众僚友喜赏浣花溪》一本。

《招凉亭贾岛破风诗》一本。

《李存孝大战葛从周》一本。

《狗家疃五虎困彦章》一本。

《朱全忠五路犯太原》一本。

《李嗣源复夺紫泥宣》一本。

《飞虎峪存孝打虎》一本。

《压关楼垒挂午时牌》一本。

《存仁心曹彬下江南》一本。

《八大王开诏救忠臣》一本。

《杨六郎调兵破天阵》一本。

《焦光赞活拿萧天祐》一本。

《赵匡胤打董达》一本。

《穆陵关下打韩通》一本。

《宋大将岳飞精忠》一本。

《十探子大闹延安府》一本。

《苏东坡误入佛游寺》一本。

《张于湖误宿女贞观》一本。

《鲁智深喜赏黄花峪》一本。

《梁山五虎大劫牢》一本。

《梁山七虎闹铜台》一本。

《宋公明排九宫八卦阵》一本。

《王矮虎大闹东平府》一本。

《小李广大闹元宵夜》一本。

《宋公明劫法场》一本。

《宋公明喜赏新春会》一本。

《周王诚斋》一本。

《奉天命三保下西洋》一本。

《保国公安边破虏》一本。

《英国公平定安南》一本。

《五学士明讲春秋》一本。

《王闰香夜月四春园》一本。

《李琼奴月夜江陵怨》一本。

《海门张仲村乐堂》一本。

《崔驴儿指腹成婚》一本。

《女姑姑说法升堂记》一本。

《清廉官长勘金环》一本。

《若耶溪渔樵问话》一本。

《雷泽遇仙记》一本。

《徐伯株贫富兴衰记》一本。

《薛包认母》一本。

《认金梳孤儿寻母》一本。

《鹁鸰亭苏娥自许嫁》一本。

《土文秀渭塘奇遇》一本。

《秦月娥误失金环记》一本。

《赛金莲花月南楼记》一本。

《风月南牢记》一本。

《庆丰门苏九淫奔记》一本。

《僧尼共犯》一本。

《释迦佛双林坐化》一本。

《观音菩萨鱼篮记》一本。

《许真人拔宅飞升》一本。

《孙真人南极登仙会》一本。

《吕翁三化邯郸店》一本。

《吕纯阳点化度黄龙》一本。

《吕洞宾戏白牡丹》一本。

《边洞元慕道升仙》一本。

《李云卿得悟升真》一本。

《王兰卿服信明真传》一本。

《证无为太平仙记》一本。

《瘸李岳诗酒玩江亭》一本。

《太乙仙夜断桃符记》一本。

《南极星度脱海棠仙》一本。

《时真人四圣锁白猿》一本。

《二郎神锁齐天大圣》一本。

《猛烈哪吒三变化》一本。

《灌口二郎斩健蛟》一本。

《宝光殿天真祝万寿》一本。（以下教坊编辑。）

《众神仙庆赏蟠桃会》一本。

《祝圣寿金母献蟠桃》一本。

《降丹墀玉圣庆长生》一本。

《众神圣庆贺元宵节》一本。

《祝圣寿万国来朝》一本。

《争玉板八仙过沧海》一本。

《庆丰年五鬼闹钟馗》一本。

《南极星金銮庆寿》一本。

《贺万寿拜舞黄金殿》一本。

《献祯祥祝延万寿》一本。

《西王母祝寿瑶池会》一本。

《紫微宫庆贺长春寿》一本。

《贺万寿五龙朝圣》一本。

《众天仙庆贺长生会》一本。

《庆冬至共享太平宴》一本。

《贺升平群仙祝寿》一本。

《庆千秋金母贺延年》一本。

《广成子祝贺齐天寿》一本。

《黄眉翁赐福上延年》一本。

《感天地朝群圣》一本。（右一百四十二本，见《也是园书目》。）

《燕孙膑用智捉袁达》一本。（钱塘丁氏善本书室藏明钞残本。）

《赶苏卿》一本。（见《雍熙乐府》及庄亲王《北词宫谱》。）

《征方腊》一本。

《诸葛平蜀》一本。

《十面埋伏》一本。

《端阳走骠骑》一本。

《割耳寄》一本。

《叔宝不伏老》一本。

《刺颜良》一本。

《子陵辞诏》一本。（右八本，见《雍熙乐府》。此书多选杂剧，此八本疑亦是也。）

《蓝关记》一本。

《跨海征东》一本。（右二本，见《北词广正谱》。）

　　　右二百六十六种，元无名氏撰。

《通天台》一本。

《临春阁》一本。

　　　右二种，国朝吴伟业撰。伟业，字骏公，太仓人，官祭酒。

《双莺传》一本。（《盛明杂剧》本。）

　　　国朝袁于令撰。于令，原名韫玉，字令昭，号箨庵，吴县人。官荆州府知府。

《空堂话》一本。（见焦循《曲考》。）

　　　国朝邹兑金撰。兑金，字叔介。

《汨罗江》一本。

《黄鹤楼》一本。

《滕王阁》一本。（右见《曲考》。）

　　　右三种，国朝郑瑜撰。瑜，西神人。

　　　（尤侗《曲腋自序》：近见西神郑瑜著《汨罗江》一剧，殊佳。但隐括《骚》经入曲，未免有聱牙之病。）

《孤鸿影》一本。

《梦幻缘》一本。（右见《曲考》。）

　　右二种，国朝周如璧撰。如璧，号芥庵，里居未详。

《续西厢》一本。（见《曲考》。）

　　国朝查继佐撰。继佐，字伊璜，号东山，海宁人。

《卫花符》一本。（见《曲考》。）

　　国朝堵庭棻撰。庭棻，字伊令，一字芬木，无锡人。顺治丁亥进士，官历城县知县。

《读离骚》一本。

《吊琵琶》一本。

《桃花源》一本。

《黑白卫》一本。

《清平调》一本。（只一折。）

　　右五种，国朝尤侗撰。侗，字同人，一字展成，号西堂，长洲人。官翰林院检讨。

　　（《西堂曲腋自序》：予所作《读离骚》，曾进御览，命教坊装演供奉。此自先帝表忠微意，非洞箫玉笛之比也。王阮亭最喜《黑白卫》，携至雄皋，付冒辟疆家伶，亲为顾曲。　阮亭《题尤展成新乐府》："南苑西风御水流，殿前无复按《梁州》。飘零法曲人间遍，谁付当年菊部头？"盖指此。）

《龙舟会》一本。（《船山遗书》本。）

　　国朝王夫之撰。夫之，字而农，号船山，衡阳人。

《祭皋陶》一本。（见黄文旸《曲海目》，题"二乡亭主人撰"。二乡亭，宋琬亭名也。）

　　国朝宋琬撰。琬，字玉叔，号荔裳，莱阳人，官四川按察使。荔裳中年为怨家告讦，逮系请室。此本殆即其系狱时作也。

《芙蓉城》一本。（见无名氏《传奇汇考》。）

国朝龙燮撰。燮，字二为，号改庵，望江人。举博学鸿词，授检讨，左迁大理寺评事。

《城南寺》一本。（见《曲考》。）

国朝黄家舒撰。家舒，字汉臣，无锡人。

《樱桃宴》一本。（见《曲考》。）

国朝张来宗撰。

《旗亭燕》一本。（见《曲考》。）

国朝张龙文撰。龙文，字掌霖，武进人。

《脱颖》一本。

《茅庐》一本。

《章台柳》一本。

《韦苏州》一本。

《申包胥》一本。（右见《曲考》。）

右五种，国朝张国寿撰。

《北门锁钥》一本。（见《曲考》。）

国朝高应玘撰。

《买花钱》一本。

《大转轮》一本。

《浮西施》一本。

《拈花笑》一本。（右见《曲海目》。）

右四种，国朝徐石麟撰。石麟，字又陵，江都人。案，《传奇汇考》载："国朝徐善，撰《大转轮》杂剧。"善，字长公，江都人，与石麟里相同，疑石麟一名善，字长公，非别一人也。

《裴航遇仙》一本。
《张旭观公孙大娘舞剑》一本。
《郁轮袍》一本。　（右见《曲海目》，题"石牧撰"。石牧，黄兆森字也。）

　　右三种，国朝黄兆森撰。兆森，字石牧，上海人。

《扬州梦》一本。
《续离骚》一本。（右见《曲海目》，题"抱犊山农撰"。）

　　右二种，国朝嵇永仁撰。永仁，字留山，号抱犊山农，无锡人。与范文贞公承谟同死耿精忠之乱。

《四婵娟》一本。（第一折《咏雪》，第二折《簪花》，第三折《斗茗》，第四折《画竹》，用《四声猿》体例，见《传奇汇考》。）

　　国朝洪昇撰。昇，字昉思，号稗畦，钱塘人。

《珊瑚珠》一本。
《舞霓裳》一本。
《藐姑仙》一本。
《青钱赚》一本。
《焚书闹》一本。
《骂东风》一本。
《三茅庵》一本。
《玉山宴》一本。（右见《曲海目》云："未刻本。"）

　　右八种，国朝万树撰。树，字花农，一字红友，宜兴人。

　　（《宜兴县志》本传：吴大司马兴祚总督两广，爱其才，延至幕，一切奏议，皆出其手。暇则制曲为新声，甫脱稿，大司马即令家伶捧笙擫，按拍高歌以侑觞。所填乐府凡二十余种；又以诗馀谱旧图，多梦乱，成《词律》二十卷，士林珍之。所著有《堆絮园集》。）

《四弦秋》一本。

《一片石》一本。

《忉利天》一本。

　　右三种，国朝蒋士铨撰。士铨，字清容，一字心馀，号苕生，铅山人，官翰林院编修。

《后四声猿》一本。

　　国朝桂馥撰。馥，字未谷，曲阜人，官永平知县。

《半臂寒》一本。

《长公妹》一本。

《中郎女》一本。（右见《曲考》。）

　　右三种，国朝南山逸史撰。

《卢从史》一本。

《老客归》一本。

《长门赋》一本。

《燕子楼》一本。（右见《曲海目》曰："锄经堂乐府。"）

　　右四种，国朝群玉山樵撰。

《义犬记》一本。

《淮阴侯》一本。

《中山狼》一本。

《蔡文姬》一本。（右见《曲海目》。）

　　右四种，国朝林于阁主人撰。

《蓦忽因缘》一本。（见《曲海目》。）

　　国朝空观主人撰。

《钿盒奇缘》一本。

《蟾蜍佳偶》一本。

《义妾存孤》一本。

《人鬼夫妻》一本。（右见《曲海目》。）

　　右四种，国朝西泠外史、无枝甫合撰。

《鲠诗谶》一本。（见《曲考》。）

　　国朝土室道人撰。

《不了缘》一本。（见《曲考》。）

　　国朝碧蕉轩主人撰。

《蓬岛琼瑶》一本。

《花木题名》一本。（右见《曲考》。）

《万家春》一本。

《万古情》一本。

《豆棚闲话》一本。（上三本，名《三幻集》。）

《勘鬼狱》一本。

《瑶池会》一本。

《翠微亭》一本。

《补天梦》一本。

《可破梦》一本。

《王维》一本。

《裴航》一本。

《杜牧》一本。

《饮中八仙》一本。（上四本，名《四才子》。　　右十二本，均见《曲海目》。）

　　右十四种，国朝无名氏撰。

卷四　传奇部（上）

《西厢》一本。（明闵刻朱墨本。）

金董解元撰。解元,《辍耕录》云:"金章宗时人,名里无考。"《毛西河词话》谓解元为"金章宗学士",《太和正音谱》谓其"仕元,初制北曲",均失考也。

（明胡应麟《少室山房笔丛》:《西厢记》虽出唐人《莺莺传》,实本金董解元。董曲今尚行世,精工巧丽,备极才情,而字字本色,言言古意,当是古今传奇鼻祖,金人一代文献尽此矣。然其曲乃优人弦索弹唱者,非搬演杂剧也。

施国祁《礼耕堂丛说》:此本为海阳黄嘉惠刻,定为《董西厢》。分上下二卷,无出名关目,行间全载宫调、引子、尾声,率填乐府,方言不采类书故实,曲多白少,不注工尺。是流传读本,与院妓刘丽华口授者不同。黄引云:解元,史失其名,时论其品,如朱汗碧蹄,神采骏逸,此又涵虚子评自所未及。）

《西厢记》一本。（《六十种曲》本。）

元王实父撰,关汉卿续。

（《艺苑卮言》:《西厢》久传为关汉卿撰,迩来乃有以为王实夫者。谓:"至邮亭而止。"又云:"至'碧云天,黄花地'而止,此后乃汉卿所补也。"初以为好事者传之妄。及阅《太和正音谱》,王实［夫］（父）十三本,以《西厢》为首,汉卿六十一本,不载《西厢》,则亦可据。　维案,《雍熙乐府》卷十九有《满庭芳·西厢千咏》,反谓汉卿撰,而实父续成之。可见明人之于《西厢》未有定论也。）

《天宝遗事》一本。

元王伯成撰。此书合诸套数而成,曲白叙事合而为一,体例略似《董西厢》。故《太和正音谱》及《北词广正谱》援引此本,皆云套数,不云传奇,然亦传奇类也。

《金滕记》一本。

明郁蓝生《曲品》题:"元乔吉撰。"黄文旸《曲海目》仍之,然不知何据。

《幽闺记》一本。（《六十种曲》本,又名《拜月亭》。）

旧云元施惠撰。惠，字里见卷二。案，此本自明王世贞、何良俊、臧懋循等，均以为君美作。然《录鬼簿》但谓君美"诗酒之暇，唯以填词和曲为事，有《古今砌话》，编成一集"。而不言其有是本，不知何、臧之言，何所据也。

（《艺苑卮言》：《琵琶记》之下，《拜月亭》是元人施君美撰，亦佳。元朗谓胜《琵琶》，则大谬也。中间虽有一二佳曲，然无词家大学问，一短也；既无风情，又无裨风教，二短也；歌演终场，不能使人堕泪，三短也。

《静志居诗话》：何元朗、臧晋叔皆精曲律。元朗评施君美《幽闺》，出高则诚《琵琶》之上，王元美目为好奇之过。晋叔笑曰：是恶知所谓《幽闺》者哉。）

《荆钗记》一本。（《六十种》本。）

明宁王权撰。明郁蓝生《曲品》题："柯丹邱撰。"黄文旸《曲海目》仍之。盖旧本，当题丹邱先生。郁蓝生不知丹邱先生为宁献王道号，故遂以为柯敬仲耳。

（《艺苑卮言》：《荆钗》近俗，而时动人。）

《琵琶记》一本。（《六十种曲》本。）

明高明撰。明，字则诚，永嘉平阳人。至正五年，张士坚榜中第，授处州录事，辟丞相掾。方谷真叛，省臣以温人知海滨事，择以自从，与幕府论事不合。谷真就抚，欲留［寘］（寘，置的异体字）幕下，即日解官，旅寓鄞之栎社。太祖闻其名，召之，以老病辞还，卒于家。有《柔克斋集》。

案，作《琵琶记》者，古人多以为高拭。蒋仲舒《尧山堂外记》谓："作《琵琶记》者，乃高拭，其字则诚。"竹垞《静志居诗话》引之，而复云：涵虚子《曲谱》，有高拭而无高明，则蒋氏之言或有所据。王元美《艺苑卮言》亦云：南曲，高拭则诚遂掩前后。是明人均以则诚为拭也。然维案，元刊张小山《北曲联乐府》三卷，前有海粟冯子振、燕山高拭题词，此即涵虚子《曲谱》中之高拭，而作《琵琶》者，自为永嘉之高明，不容混为一人也。

（明姚福《青溪暇笔》：元末，永嘉高明避世鄞之栎杜，以词曲自娱，见刘后村有"死后是非谁管得，满村听唱蔡中郎"之句，因编《琵琶记》，用雪伯喈之耻。国朝遣使征辟不就。既卒，有以其记进者，上览毕，曰："五经四书在民间，如五谷不可缺，此记如珍羞百味，富贵家其可无耶？"其见推许如此。

《艺苑卮言》：高则诚《琵琶记》，其意欲讥当时一士大夫，而托名蔡伯喈，不知其说。偶阅《说邪》所载唐人小说："牛相国僧孺之子繁，与同人蔡生邂逅文字交，寻同举进士。才蔡生，欲以女弟适之。蔡已有妻赵矣，力辞不得。后牛氏与赵处，能卑顺自将。蔡仕至节度副使。"其姓事相同，一至于此，则诚何不直举其人，而顾诬蔑贤者至此耶？

维案，此与国朝汪师韩《谈书录》所载元人周达观《诚斋杂记》之说略同。

又："谓则诚元本止《书馆相逢》，又谓《赏月》、《扫松》二阕为朱教谕所补，亦好奇之谈，非实录也。"　此驳臧晋叔之说。

"则诚所以冠绝诸剧者，不唯其琢句之工、使事之美而已，其体贴人情处，委曲必尽；描写物态，仿佛如生；问答之际，了不见扭造；所以佳耳。至于腔调偶有未谐，譬见钟、王墨迹，不得其合处，当精思以求诣，不当执末以议本也。"

《少室山房笔丛》：《西厢》主韵度风神，太白之诗也；《琵琶》主名理伦教，少陵之作也。《西厢》本金元世习，而《琵琶》特创规橅，无古无今，似尤难。至才情，虽《琵琶》大备，故当让彼一筹也。

《静志居诗话》：顾仲瑛辑元者旧诗，为《玉山雅集》，中录高则诚作，称其长才硕学，为时名流。可知则诚不专以词曲擅美也。世传《琵琶记》，为薄幸王四而作，此殆不然。陆务观诗云："斜阳古柳赵家庄，负鼓盲翁正作场。死后是非谁管得？满村听唱蔡中郎。"是南渡日，已演作小说矣。闻则诚填词，夜案烧双烛，填至《吃糠》一出，句云："糠和米本一处飞。"双烛花交为一，洵异事也。）

《杀狗记》一本。（《六十种曲》本。）

明徐畛撰。畛，字仲由，淳安人，洪武初征秀才，至藩省辞归，有《巢松集》。

（《静志居诗话》：识曲者目《荆》、《刘》、《拜》、《杀》为元四大家。

《杀狗记》则仲由所撰也。其言曰:"吾诗文未足品藻,唯传奇、词曲不多让古人。"盖自知之审矣。《叶儿乐府·满庭芳》云:"乌纱裹头,清霜篱落,黄叶林邱。渊明彭泽辞官后,不事王侯,爱的是青山旧友,喜的是绿酒新篘。相拖逗,金尊在手,烂醉菊花秋。"比于张小山、马东篱,亦未多逊。)

《五伦记》一本。

《投笔记》一本。

《举鼎记》一本。(右三本,见无名氏《传奇汇考》。)

《罗囊记》一本。(见黄文旸《曲海目》。)

  右四种,明邱濬撰。濬,字仲深,号琼山,琼州人。官至大学士,谥文庄。

  (《艺苑卮言》:《五伦》全备,是文庄元老大儒之作,不免腐烂。

  明郁蓝生《曲品》:《五伦记》内《送行》"步蹑云霄"曲,歌者习之。或谓文庄此记以盖《钟情丽集》之愆耳。 《钟情丽集》,文庄少作,纪少年遇合事也。)

《香囊记》一本。(《六十种曲》本。)

  明邵宏治撰。宏治,字文明,常州人,官给事中。

  (《艺苑卮言》:《香囊》雅而不动人。)

《金印记》一本。(见《曲品》、《传奇汇考》、《曲海目》。)

  明苏复之撰。

《连环记》一本。(见《曲品》、《传奇汇考》、《曲海目》。)

  明王济撰。济,字雨舟,浙之乌镇人,官横州通判。

《双忠记》一本。

《金丸记》一本。

《精忠记》一本。(《六十种曲》本。 右三本,见《传奇汇考》、《曲海目》。)

右三种，明姚茂良撰。茂良，字静山，武康人。

《千金记》一本。(《六十种曲》本。)

《还带记》一本。

《四节记》一本。(右三本，见《曲品》、《传奇汇考》、《曲海目》。)

右三种，明沈采撰。采，号练川，里居不详。

《银瓶记》一本。

《三元记》一本。(《六十种曲》本。)

《龙泉记》一本。

《娇红记》一本。(右四本，见《曲品》、《传奇汇考》、《曲海目》。)

右四种，明沈受先撰。受先，字寿卿，里居未详。

《五福记》一本。(见《传奇汇考》。)

明徐时勉撰。字里未详。

《宝剑记》一本。

《断发记》一本。(右见《曲品》、《传奇汇考》、《曲海目》。)

右二种，明李开先撰。开先，字伯华，号中麓，章邱人，官至太常寺少卿，罢归。

(《列朝诗集》：伯华罢归，治田产，蓄声伎，征歌度曲，为新声小令，挝弹放歌，自谓马东篱、张小山无以过也。为文一篇辄万言，诗一韵辄百首，不循格律，诙谐调笑，信手放笔。所著，词多于文，文多于诗。又改定元人传奇、乐府数百卷，搜集市井艳词、诗禅、对类之属，多流俗琐碎，士大夫所不道者。尝谓古来才士，不得乘时枋用，非以乐事系其心，往往发狂病死。今借此以坐销岁月，暗老豪杰耳。

《艺苑卮言》：北人自王、康后，推山东李伯华。伯华以百阕《傍妆台》为德涵所赏。今其辞尚存，不足道也。所为南剧《宝剑》、《登坛记》，亦是改其乡先辈之作。二记余见之，尚在《拜月》、《荆钗》之下耳，而自负不浅，一日问余，何如《琵琶记》？余谓："公辞之美，不必言。第令吴中教师十人唱过，随腔字改妥，乃可传。"李怫然不乐，罢。)

《想当然》一本。（见《传奇汇考》、《曲海目》。）

　　明卢柟撰。柟，字次楩，一字子木，大名濬县人。

　　（《列朝诗集》：柟博闻强记，落笔数千言不休，为人跅弛，好使酒骂坐。尝醉榜其役夫，旬日，役夫夜压于墙殒。令禽治柟，当柟抵坐，系狱。狱中感奋，益读其所携书，著《幽鞠放招赋》以自广。东郡谢榛，携柟赋游长安，见诸贵人，絮而泣曰："生有一卢柟，视其死而不救，乃从千古悯悯，哀沅而吊湘乎？"吴人陆光祖为濬令，平反其狱，得免死。走谒榛于邺。榛方客赵康王所，康王立召见，为上客。诸王邸以康王故，争客柟。柟酒酣耳热，骂座如故。邸中人争掩耳避之。后遍走吴会，无所遇。归益落魄，嗜酒，病三日卒。柟骚赋最为王元美所称，诗律不如茂秦之细，而才气浑放，实可以驱驾七子。幸其早死，不与时贤争名，故诸人皆久而惜之。）

《鸣凤记》一本。（《六十种曲》本。）

　　明王世贞撰。世贞，字元美，太仓人，官至刑部尚书。

　　（元美《艺苑卮言》中论曲之言，有可资参考者列举如左：

　　曲者，词之变。自金、元入中国，所用胡乐，嘈杂凄紧，缓急之间，词不能按，乃更为新声以媚之。诸君如贯酸斋、马东篱、王实甫、关汉卿、张可久、乔梦符、郑德辉、宫大用、白仁甫辈，咸富有才情，兼喜声律，以故遂擅一代之长。所谓宋词元曲，殆不虚也。但大江以北，渐染胡语，时时采择，而沈约四声遂缺其一。东南之士，未尽顾曲之周郎；逢掖之间，又稀辨挝之王应。稍稍复变新体，号为"南曲"。高拭则诚，遂掩前后。大抵北主劲切雄丽，南主清峭柔远，虽本才情，务谐俚俗。譬之同一师承，而顿、渐分教；俱为国臣，而文、武异科。今谈曲者往往合而举之，良可笑也。

　　凡曲，北字多而调促，促处见筋；南字少而调缓，缓处见眼。北则辞情多而声情少，南辞情少而声情多。北力在弦，南力在板。北宜和歌，南宜独奏。北气易粗，南气易弱。此吾论曲三昧语。）

《浣纱记》一本。（《六十种曲》本、《传奇十种》本。）

　　明梁辰鱼撰。字里见上卷。

《双烈记》一本。（见《传奇汇考》。）

《章台柳》一本。（见顾起元《客座赘语》。）

　　右二种，明张四维撰。四维，字治卿，元城人。

《玉玦记》一本。（《六十种曲》本。）

《大节记》一本。（右见《曲品》、《传奇汇考》、《曲海目》。）

《五福记》一本。（见《传奇汇考》。）

　　右三种，明郑若庸撰。若庸，字中伯，号虚舟，昆山人。

　　（《列朝诗集》：中伯，早岁以诗名吴下。赵康王闻其名，走币聘入邺，客王父子间。王父子亲逢迎接席，与交宾主之礼。于是，海内游士争担簦而之赵，以中伯与谢榛故也。中伯在邺，王为庀供张，予宫女及女乐数辈。中伯乃为著书，采掇古文奇字累千卷，名曰《类隽》。康王薨，去赵居清源，年八十余始卒。诗名《蛣蜣集》。又善度曲，有《玉玦传奇》行世，或曰，荥阳生其自寓也。

　　《曲品》：《玉玦》典雅工丽，可咏可歌，开后人骈绮之派。每折一调，每调一韵，尤为先获我心。）

《绣襦记》一本。　　（《六十种曲》本。　《曲海目》作"郑若庸撰"，误。）

　　明薛近兖撰。

　　（《传奇汇考》：虚舟作《玉玦》，旧院人恶之，共馈金求薛近兖作此，以雪其事。　语本《静志居诗话》。

　　《曲品》：尝闻《玉玦》出而曲中无宿客，及此记出而客复来。词之足以感人如此。）

《红蕖记》一本。

《埋剑记》一本。

《十孝记》一本。（《曲品》云："每事三出，似剧体，此自先生创之。"）

《分钱记》一本。

《双鱼记》一本。

《合衫记》一本。

《义侠记》一本。（《六十种曲》本、《文林阁传奇十种》本。）

《鸳衾记》一本。

《桃符记》一本。

《分柑记》一本。

《四异记》一本。

《凿井记》一本。

《珠串记》一本。

《奇节记》一本。（《曲品》云："正史中忠孝事，宜传。一帙分两卷，此变体也。"）

《结发记》一本。

《坠钗记》一本。

《博笑记》一本。（《曲品》云："体与《十孝》类。杂取《耳谈》中事谱之。"　右见《曲品》、《传奇汇考》。）

《耆英会》一本。

《翠屏山》一本。

《望湖亭》一本。

《一种情》一本。（右见高奕新《传奇品》及《曲海目》。）

　　右二十一种，明沈璟撰。璟，字伯瑛，号宁庵，世称词隐先生，吴江人，明万历间进士，官光禄寺□□。

　　（《曲品》：吾友方诸生曰："松陵具词法而让词致，临川妙词情而越词检。"善夫，可谓定品矣！光禄尝曰："宁律协而词不工，读之不成句，而讴之始叶。"奉常闻之，笑曰："彼恶知曲意哉？于意所至，不妨拗折天下人嗓子。"此可以观两贤之志趣矣！予谓二公譬如狂狷，天壤间应有两项人物。倘能守词隐先生之矩矱，而运以清远道人之才情，岂非合之两美者乎？　案，奉常、清远道人，皆谓汤若士也。）

《紫箫记》一本。（《六十种曲》本。　《曲品》：向传先生作酒、色、才、气四犯，有所讽刺，作此以掩之，仅存半本而罢。）

《紫钗记》一本。（《六十种曲》本。）

《还魂记》一本。（《六十种曲》本、《文林阁传奇十种》本、《冰丝馆》本。)

《南柯记》一本。(《六十种曲》本。)

《邯郸记》一本。(《六十种曲》本。)

右五种，明汤显祖撰。显祖，字义仍，号若士，临川人。万历癸未进士，除南太常博士，稍迁祠部郎；抗疏劾政府，谪广东徐闻典史。后迁遂昌县知县，投劾归。

(《列朝诗集》：义仍穷老蹭蹬，所居玉茗堂，文史狼藉，宾朋杂坐，鸡埘豕围，接迹庭户，萧闲咏歌，俯仰自得。为郎时，排击执政，祸且不测，贻书友人曰："乘兴偶发一疏，不知当事何以处我？"晚年师旴江而友紫柏，翛然有度世之志，胸中魁垒，陶写未尽，则发而为词曲。《四梦》之书，虽复流连风怀，激荡物态，要于洗涤情尘，销归空有，则义仍之所存，略可见矣。

义仍三子开远，好讲学。义仍卒后，取其所续《紫箫》残本及词曲未行者，悉焚弃之。

《静志居诗话》：义仍填词，妙绝一时，语虽斩新，源亦出于关、马、郑、白。其《牡丹亭》曲本，尤真挚动人。人或劝之讲学，答曰："诸公所讲者性，仆所言者情也。"世或传云刺昙阳子而作。然太仓相君，实先令家乐演之，且曰："吾老年人，近颇为此曲惆怅。"假令人言可信，相君虽盛德有容，必不反演之于家也，当日娄江女子俞二娘，酷嗜其词，断肠而死。义仍作诗哀之曰："画烛摇金阁，真珠泣绣窗。如何伤此曲，偏只在娄江。"又《七夕答友》云："玉茗堂开春翠屏，新词传唱《牡丹亭》。伤心拍遍无人会，自掐檀痕教小伶。"

明姚士粦《见只编》：汤海若先生妙于音律，酷嗜元人院本。自言箧中收藏，多世不常有，已至千种，有《太和正音谱》所不载。比问其各本佳处，一一能口诵之。)

《玉合记》一本。(《六十种曲》本。)

明梅鼎祚撰。字里见上卷。

《鹦鹉洲》一本。(见《曲品》、《传奇汇考》、《曲海目》。)

明陈与郊撰。字里见上卷。

(《曲品》：禹阳又为□长公作一剧，见未刻本。)

《明珠记》一本。（《六十种曲》本。　一名《王仙客无双传奇》。）

《南西厢》一本。（右见《曲品》、《曲海目》。）

《怀香记》一本。（《六十种曲》本。）

《椒觞记》一本。

《分鞋记》一本。（右见《曲海目》。）

右五种，明陆采撰。采，字子元，号天池，长洲人。

（《列朝诗集》：子元少为校官弟子，不屑守章句。年十九，作《王仙客无双传奇》。兄子馀助成之。曲既成，集吴门教师精音律者，逐腔改定，然后妙选梨园子弟登场教演，期尽善而后出。性豪荡不羁，困于场屋，日夜与所善客剧饮歌呼。东登泰岱，赋游仙三章，南逾岭峤，游武夷诸山。年四十而卒。　维案，《曲品》谓《明珠记》乃天池之兄给谏具草，而天池踵成之者，与《列朝诗集》之说小异。给谏名粲，字子馀，嘉靖丙戌进士，授工科给事中，因劾张桂，谪贵州都匀驿丞，稍迁永新县知县，乞归。）

《南西厢》一本。（《六十种曲》本。）

明李日华撰。日华，字君实，嘉兴人，万历壬辰进士，官至太仆寺少卿。

《乞麾记》一本。

《冬青记》一本。（见《曲品》、《传奇汇考》、《曲海目》。）

右二种，明卜世臣撰。世臣，字大匡，一字大荒，秀水人。

《红梅记》一本。（见《传奇汇考》、《曲海目》。　《传奇汇考》云："袁中郎宏道有删本。"）

明周朝俊撰。朝俊，字稊玉，吴县人。

《露绶记》一本。

《蕉帕记》一本。（《六十种曲》本、《传奇十种》本。　右见《新传奇品》、《传奇汇考》、《曲海目》。）

右二种，明单本撰。本，字槎仙，会稽人。

《锦笺记》一本。（《六十种曲》本。）

明周螺冠撰。名里俱无考。

（《曲品》：向云此记经诸名士而成，今乃知螺冠独羡其美。）

《冺廖记》一本。（见《曲品》、《传奇汇考》、《曲海目》。 《曲品》云："在张伯起之前。"）

明端鳌撰。鳌，号平川，里居不详。

《红拂记》一本。（《六十种曲》本。）

《祝发记》一本。

《窃符记》一本。

《灌园记》一本。（《六十种曲》本。）

《冺廖记》一本。

《平播记》一本。（《传奇汇考》云："总兵李应祥厚礼求作，事颇不实。" 右均见《曲品》、《传奇汇考》、《曲海目》。）

右七种，明张凤翼撰。凤翼，字伯起，长洲人。

（《列朝诗集》：伯起与其弟献翼幼于、燕翼叔贻，并有才名。吴人语曰："前有四皇，后有三张。"）

《青衫记》一本。（《六十种曲》本。）

《葛衣记》一本。

《义乳记》一本。

《风教编》一本。（《曲品》云："一记分四段，仿四节体。" 右均见《曲品》、《传奇汇考》、《曲海目》。）

右四种，明顾大典撰。大典，字道行，吴江人，官至福建提学副使。

（《列朝诗集》：副使家有谐赏园、清音阁，亭池佳胜。妙解音律，自按红牙度曲，今松陵多蓄声伎，其遗风也。）

《昙花记》一本。（《六十种曲》本。）

《修文记》一本。

《彩豪记》一本。（《六十种曲》本。　右见《曲品》、《传奇汇考》、《曲海目》。）

　　　右三种，明屠隆撰。隆，字长卿，又字纬真，号赤水，鄞县人，官至礼部主事，罢归。

　　（《明史·文苑传》：隆举万历五年进士，除颍上知县，调繁青浦。时招名士饮酒赋诗，游九峰、三泖，以仙令自许。然于吏事不废，士民皆爱戴之。迁礼部主事。西宁侯宋世恩兄事隆，宴游甚欢。刑部主事俞显卿者，险人也。尝为隆所诋，心恨之。讦隆与世恩淫纵，隆等上疏自理，乃两黜之，而停世恩俸半岁。隆归，道青浦，父老为敛田千亩，请徙居。隆不许，欢饮三日谢去。归益纵情诗酒，好宾客，卖文为活。诗文率不经意，一挥数纸。尝戏命二人对案拈二题，各赋百韵，呫嗫之间，二章并就。又与人对弈，口诵诗文，命人书之，书不逮诵也。子妇沈氏，懋学女，与隆女瑶瑟并能诗。隆有所作，两人辄和之，曰《留香草》。

　　《曲品》：赤水以宋西宁侯翾戏事罢官，故作《昙花记》，托木西来以颂之，意犹感宋德。或曰："卢相公即指吴县相公，孟豕韦即指纠之者。"才人丧检，亦常事，何必有恚心耶？

　　又曰：赤水晚修仙，为黠者所弄，文人入魔，信以为实，故作《修文记》。然以一家夫、妇、子、女，托名演之，已穷其幻妄之趣，其词固足采也。　维案，赤水为吴人孙荣祖所弄，并言其女死后为仙事，见《列朝诗集》。）

《高士记》一本。

《长生记》一本。

《天书记》一本。

《狮吼记》一本。（《六十种曲》本。）

《投桃记》一本。

《二阁记》一本。

《同升记》一本。

《三祝记》一本。

《种玉记》一本。（《六十种曲》本。　右见《曲品》、《曲海目》。）

《七国记》一本。（见《传奇汇考》。）

　　右十种。明汪廷讷撰。字里见上卷。

《蓝桥记》一本。（见《曲品》、《传奇汇考》、《曲海目》。）

　　明龙膺撰。膺，字朱陵，武陵人，官至副都御史。

《白练裙》一本。

《旗亭记》一本。

《芍药记》一本。（右见《曲品》、《传奇汇考》、《曲海目》。）

　　右三种，明郑之文撰。之文，字应尼，一字豹先，南城人，官南部郎，后出为知府。

　　（《列朝诗集》：应尼公车下第，薄游长干。曲中马湘兰与王百谷诸公为文字饮，颇不礼应尼。应尼与吴非熊辈作《白练裙》杂剧，极为讥调，聚子弟演唱，召湘兰观之，湘兰为微笑。定里傅司业清严训士，一旦召应尼跪东厢下，出衔袖一编，数之曰："举子故当为轻蛱蝶耶？"收以榎楚，久之乃遣去。应尼举进士，傅公为北祭酒，介余往谢过，公一笑而已。崇祯末，余作长歌寄之，有曰："子弟犹歌《白练裙》，行人尚酹湘兰墓。"应尼亦次均相答。　维案，吴非熊，名兆，休宁人。）

《玉麟记》一本。

《双卿记》一本。

《鸾锟记》一本。（《六十种曲》本。）

《四艳记》一本。

《金锁记》一本。（《传奇汇考》云："或云袁于合作，或云桐柏初稿，于合改定之。"　右见《曲品》、《传奇汇考》、《曲海目》。）

　　右五种，明叶宪祖撰。宪祖，字里见上卷。

《存孤记》一本。（见《曲品》、《传奇汇考》、《曲海目》。）

　　明陆弼撰。弼，字无从，江都人。

　　（《列朝诗集》：无从好博涉，多所撰述。广陵为南北孔道，请绝宾客，结纳贤豪长者。其声藉甚。尝为诗曰："匣有鱼肠堪借客，世无狗监莫论才。"何元朗激赏之。赵兰溪当事，议修正史，请征故知县王一鸣、故通判魏学礼、太学生王穉登、生员陆弼入史馆，与纂修，未上而罢。年七十余乃卒。有《正始堂集》二十四卷。

《曲品》：《存孤记》，据序文似天池旧有稿，而无从衍之者。）

《量江记》一本。（见《曲品》、《传奇汇考》、《曲海目》。）

《赐环记》一本。（《曲品》云："尚有《赐环记》，未见。"）

右二种，明余聿云撰。聿云，池州人。

《双雄记》一本。（见《曲品》、《传奇汇考》、《曲海目》。）

《万事足》一本。

《风流梦》一本。

《新灌园》一本。（右见《新传奇品》、《传奇汇考》、《曲海目》。）

右四种，明冯梦龙撰。梦龙，字犹龙，一字耳犹，吴县人，官寿宁县知县。

《青莲记》一本。

《鞦鞬记》一本。（右见《曲品》、《传奇汇考》、《曲海目》。）

右二种，明戴子晋撰。子晋，字金蟾，永嘉人。

《泰和记》一本。（《曲品》云："每出一事，似剧体。" 右见《曲品》、《传奇汇考》、《曲海目》。）

明许潮撰。字里见上卷。

《金莲记》一本。（《六十种曲》本。）

《紫环记》一本。（右见《曲品》、《传奇汇考》、《曲海目》。）

右二种，明陈汝元撰。字里见上卷。

《四梦记》一本。（内分《高唐》、《邯郸》、《南柯》、《蕉鹿》四段。）

《弹铗记》一本。（右见《曲品》、《传奇汇考》、《曲海目》。）

右二种，明车任远撰。字里见上卷。

《双珠记》一本。（《六十种曲》本。）

《分鞋记》一本。（《传奇汇考》云：亦名《易鞋记》。或云，系陆天池作。《传奇十种》本。）

《鲛绡记》一本。

《青琐记》一本。（右见《曲品》、《传奇汇考》、《曲海目》。）

    右四种，明沈鲸撰。鲸，号涅川，平湖人。

《蛟虎记》一本。（见《曲品》、《传奇汇考》、《曲海目》。）

    明黄伯羽撰。伯羽，号钓叟，上海人。

《清风亭》一本。（见《曲品》、《传奇汇考》、《曲海目》。）

    明秦鸣雷撰。鸣雷，字华峰，天台人，见《曲品》。《传奇汇考》云："华峰，姓李名宗泰，长洲人。"未识孰是。

《四喜记》一本。（《六十种曲》本。）

    明谢谠撰。谠，号海门，上虞人。

《红拂记》一本。（见《曲品》、《曲海目》。）

    明张太和撰。太和，号屏山，钱塘人。

《忠节记》一本。（见《曲品》、《传奇汇考》、《曲海目》。）

    明钱直之撰。直之，号海屋，钱塘人。

《符节记》一本。（同上。）

    明章大伦撰。大伦，字金庭，钱塘人，一作大纶，字全定。

《呼卢记》一本。（同上。）

    明金无垢撰。无垢，号逍遥，鄞县人。

《玉簪记》一本。（《六十种曲》本。）

《节孝记》一本。（《曲品》云：陶潜之《归去》，令伯之《陈情》，分上下帙，别是一体。　右二本同上。）

　　右二种，明高濂撰。濂，字深甫，号瑞南，钱塘人。

《望云记》一本。

《玉香记》一本。（右二本同上。）

　　右二种，明程文修撰。文修，字叔子，仁和人。

《题桥记》一本。（同上。）

　　明陆济之撰。济之，字利川，无锡人，《传奇汇考》作陈济之。

《惊鸿记》一本。（见《曲品》、《传奇汇考》、《曲海目》。）

　　明吴世美撰。世美，字叔华，乌程人。

《八义记》一本。（《六十种曲》本。）

　　明徐叔回撰。名里未详。

《梦磊记》一本。

《合纱记》一本。（右见《传奇汇考》、《曲海目》。）

　　右二种，明史槃撰。槃，字叔考，会稽人。

《题红记》一本。（右见《曲品》、《传奇汇考》、《曲海目》。）

　　明祝长生撰。长生，号金粟，海盐人。

《五鼎记》一本。（同上。）

　　明顾希雍撰。希雍，字懋仁，昆山人。

《椒觞记》一本。（同上。）

　　明顾仲雍撰。仲雍，字懋俭，昆山人。

《春芜记》一本。（《六十种曲》本。）
　　明汪錂撰。錂，字剑池，钱塘人。

《奇货记》一本。
《犀珮记》一本。
《三晋记》一本。（右见《曲品》、《曲海目》。）
　　右三种，明胡文焕撰。文焕，号全庵，钱塘人，著述甚富，刊有《格致丛书》。

《神镜记》一本。（右见《传奇汇考》、《曲海目》。）
　　明吕文撰。文，字天成，金华人。

《玉鱼记》一本。（右见《曲品》、《传奇汇考》、《曲海目》。）
　　明汤宾阳撰。名里无考。

《玉钗记》一本。（同上。）
　　明陆江楼撰。名字无考，杭州人。

《牡丹记》一本。（同上。）
　　明朱从龙撰。从龙，字春霖，句容人。

《绿绮记》一本。（同上。）
　　明杨柔胜撰。柔胜，字新吾，武进人。

《禁烟记》一本。（同上。）
　　明卢鹤江撰。鹤江，佚其名，无锡人。

《合璧记》一本。（同上。）

明王恒撰。恒，字贞伯，杭州人。

《玉镜台》一本。（《六十种曲》本。　同上。）
明朱鼎撰。鼎，字永怀，昆山人。

《金鱼记》一本。（同上。）
明吴鹏撰。鹏，字图南，宜兴人。

《纯孝记》一本。（同上。）
明张从怀撰。从怀，一作从德，字同谷，海宁人。

《焚香记》一本。（《六十种曲》本。　同上。）
明王玉峰撰。佚其名，松江人。

《练囊记》一本。（《传奇汇考》云："与张仲豫合作。"）
《龙剑记》一本。（右二本同上。）
右二种，明吴大震撰。大震，字东宇，号长孺，休宁人。

《龙膏记》一本。（《六十种曲》本。）
《锦带记》一本。（右二本同上。）
右二种，明杨珽撰。珽，字夷白，钱塘人。

《龙绡记》一本。（同上。）
明黄维楫撰。维楫，字说仲，天台人。

《玉丸记》一本。（同上。）
明朱期撰。期，号万山，上虞人。

《佩印记》一本。（同上。）
明顾瑾撰。瑾，字怀琳，华亭人，或云杭州人。

《玉镯记》一本。（同上。）

　　明李玉田撰。玉田，佚其名，汀州人。

《玉杵记》一本。（同上。）

　　明杨之炯撰。之炯，字星水，余姚人。

《溉园记》一本。

《画莺记》一本。（见《曲品》、《传奇汇考》。）

　　右二种，明赵于礼撰。于礼，字心云，一作心武，上虞人。

《分钗记》一本。（见《曲品》、《传奇汇考》。）

　　明张景严撰。景严，号濑滨，溧阳人。

《觅莲记》一本。（同上。）

　　明邹逢时撰。逢时，号海门，余姚人。

《指腹记》一本。（《传奇汇考》云："即今之《一种情》。" 同上。）

　　明沈祚撰。祚，字希福，溧阳人。

《丹管记》一本。（同上。）

　　明汪宗姬撰。宗姬，字师文，徽州人。

《护龙记》一本。（同上。）

　　明冯之可撰。之可，字易亭，彭泽人。

《白璧记》一本。（同上。）

　　明黄廷俸撰。廷俸，字君选，常熟人。

《狐裘记》一本。

《靖虏记》一本。（右二本同上。）

　　右二种，明谢天祐撰。天祐，号思山，杭州人。

《合钗记》一本。（同上。）

　　明吾邱瑞撰。瑞，字国璋，杭州人，元吾邱衍之后，《曲品》及《曲海目》作"邱瑞吾"，误。

《香裘记》一本。

《宝钗记》一本。

《望云记》一本。

《完福记》一本。

《妙相记》一本。

《摘星记》一本。

《绣被记》一本。

《八更记》一本。

《桃花记》一本。（右九本同上。）

　　右九种，明金怀玉撰。怀玉，字尔音，会稽人。

《红梨记》一本。（《六十种曲》本。　见《曲海目》。）

《宵光剑》一本。

《梧桐雨》一本。

《一文钱》一本。（三本见《曲考》。）

　　右四种，明徐复祚撰。字里见上卷。

《红情言》一本。

《榴巾怨》一本。

《词苑春秋》一本。

《博浪沙》一本。（右见《曲考》。）

　　右四种，明王翙撰。翙，字介人，嘉兴人，有《秋怀堂集》。

《息宰河》一本。（见《曲海目》。）

《绾春园》一本。（见《传奇汇考》、《曲考》。）

《宰戍记》一本。（见《曲考》。）

　　右三种，明沈孚中撰。孚中，字会吉，钱塘人。

《纨扇记》一本。（右见《曲品》、《传奇汇考》。）

　　明谢廷谅撰。廷谅，字九索，湖广人。

《遍地锦》一本。

《上林春》一本。

《白玉堂》一本。

《祥麟现》一本。（右见《传奇汇考》。）

　　右四种，明姚子翼撰。子翼，字襄侯，秀水人。

《弄珠楼》一本。

《百花亭》一本。

《灵犀珮》一本。（右同上。）

　　右三种，明王异撰。异，字无功，邠阳人。

《稻花初》一本。

《落花风》一本。

《再生莲》一本。

《卖愁村》一本。

《元宵闹》一本。（一云，朱佐朝作。　右同上。）

　　右五种，明李素甫撰。素甫，字位行，吴江人。

《双遇蕉》一本。（同上。）

　　明吴千顷撰。千顷，字汪度，长洲人。

《白玉楼》一本。（同上。）

明蒋麟徵撰。麟徵，字瑞书，长洲人。一作字西宿，乌程人。

《醉扬州》一本。
《闹乌江》一本。
《倒鸳鸯》一本。（右同上。）
　　右三种，明朱寄林撰。寄林，字树声，苏州人。

《软蓝桥》一本。
《情不断》一本。（右同上。）
　　右二种，明许炎南撰。炎南，字有丁，海盐人。

《双螭璧》一本。
《青虹啸》一本。（右同上。）
　　右二种，明邹玉卿撰。玉卿，字昆圃，长洲人。

《两蝶诗》一本。
《华山缘》一本。（右同上。）
　　右二种，明王紫涛撰。名里不详。

《浮邱傲》一本。（同上。）
　　明王鸣九撰。鸣九，字鹤皋，吴县人。

《八叶霜》一本。（同上。）
　　明陆世廉撰。字里见上卷。

《龙华会》一本。（同上。）
　　明王翔千撰。翔千，字起凤，太仓人。

《续精忠》一本。（同上。）

明汤子垂撰。名里不详。

《双麟瑞》一本。
《笑笑缘》一本。（右同上。）
　　右二种，明程丽先撰。丽先，字光钜，新安人。

《雪香缘》一本。（同上。）
　　明程子伟撰。子伟，字正夫，江都人。

《双忠孝》一本。
《半塘会》一本。（右同上。）
　　右二种，明刘蓝生撰。字里未详。

《读书种》一本。（同上。）
　　明陈晓江撰。名里未详。

《醉乡记》一本。（同上。）
　　明孙仁孺撰。名里未详。

《水浒记》一本。（《六十种曲》本。）
《报主记》一本。
《灵犀珮》一本。
《弄珠楼》一本。（右同上。　末二本疑即王异所撰。）
　　右四种，明许自昌撰。自昌，字元祐，吴县人。

《四大痴》一本。（同上。）
　　明李九标撰。九标，字逢时，武陵人。

《崖山烈》一本。（同上。）
　　明朱九经撰。字里无考。

《镜中花》一本。（同上。）

　　明季雨商撰。雨商，字桑林，河南人。

《锦西厢》一本。（一作《翻西厢》。　同上。）

　　明周公鲁撰。公鲁，字公望，昆山人。

《歌风记》一本。（见《曲品》、《传奇汇考》、《曲海目》。）

　　明庾庚撰。庚，字生子，杭州人。

《蓝田记》一本。（同上。）

　　明龙渠翁撰。渠翁，佚其名，安庆人。

《跃鲤记》一本。（见《传奇汇考》。）

　　明陈罴斋撰。名里无考。

《双金榜》一本。

《牟尼合》一本。

《忠孝环》一本。

《春灯谜》一本。

《燕子笺》一本。（右见《传奇汇考》、《曲海目》。）

　　右五种，明阮大铖撰。大铖，字集之，号圆海，怀宁人，官至兵部尚书。

　　（王士正《带经堂集》："秦淮杂诗，新歌细字，写冰纨小部。君王带笑，看千载秦淮呜咽，水不应仍恨。"孔都官自注："宏光时，阮司马以吴绫作朱丝阑，书《燕子笺》诸剧进宫中。"）

《雁翎甲》一本。（见《传奇汇考》。）

　　明秋堂和尚撰。

《摘金圆》一本。（同上。）

明闺秀顾采屏撰。采屏，昆山人。《历朝诗集》有："顾氏妹，昆山顾茂俭之妹，雍里方伯之女，嫁孙金宪家为妇，甚有才情。"案，方伯及茂俭兄弟均善制词曲，则采屏或即其人欤。

《三生传》一本。（同上。）
明妓马守真撰。守真，小字玄儿，又字月娇，又字湘兰，金陵人。

《锟铻记》一本。（右见《曲品》、《传奇汇考》、《曲海目》。）
明两宜居士撰。

《夺解记》一本。（同上。）
明秋阁居士撰。

《双环记》一本。（同上。）
明鹿阳外史撰。

《遇仙记》一本。（同上。）
明心一子撰。杭州人。

《合剑记》一本。（同上。）
明泰华山人撰。

《钗钏记》一本。（同上。）
明月榭主人撰。

《杖策记》一本。（右见《传奇汇考》、《曲海目》。）
明涵阳子撰。

《白兔记》一本。（《六十种曲》本。）

《玉环记》一本。(《六十种曲》本。)

《寻亲记》一本。(《六十种曲》本。)

《金雀记》一本。(《六十种曲》本。)

《东郭记》一本。(《六十种曲》本。)

《投梭记》一本。(《六十种曲》本。)

《霞笺记》一本。(《六十种曲》本。)

《节侠记》一本。(《六十种曲》本。)

《飞丸记》一本。(《六十种曲》本。)

《琴心记》一本。(《六十种曲》本。)

《四贤记》一本。(《六十种曲》本。)

《运甓记》一本。(《六十种曲》本。)

《赠书记》一本。(《六十种曲》本。)

《四美记》一本。(《传奇十种》本。)

《观音鱼篮记》一本。(《传奇十种》本。)

《汉刘秀云台记》一本。(《传奇十种》本。)

《高文举珍珠记》一本。(《传奇十种》本。)

《袁文正还魂记》一本。(《传奇十种》本。)

《牧羊记》一本。

《孤儿记》一本。

《教子记》一本。

《彩楼记》一本。

《四节记》一本。(《曲品》云：一记分四截，自此始。此以寿镇江杨相公者也。)

《百顺记》一本。

《合镜记》一本。

《四豪记》一本。

《赤松记》一本。

《双红记》一本。

《离魂记》一本。

《犀合记》一本。

《五福记》一本。（韩忠献事。）

《五福记》一本。（徐勉之事。）

《黑鲤记》一本。

《梯袍记》一本。

《镶环记》一本。

《金台记》一本。

《箜篌记》一本。（右十九本，见《曲品》。）

《鸾钗记》一本。

《千祥记》一本。

《鹣钗记》一本。

《异梦记》一本。

《四景记》一本。

《罗衫记》一本。

《双孝记》一本。

《麒麟记》一本。

《金花记》一本。

《题门记》一本。

《锦囊记》一本。

《吐绒记》一本。

《三桂记》一本。

《蟠桃记》一本。

《瑞玉记》一本。

《衣珠记》一本。

《花园记》一本。

《砟碟记》一本。

《菱花记》一本。

《江流记》一本。

《东墙记》一本。

《王焕记》一本。

《张叶记》一本。

《鸳簪记》一本。

《卧冰记》一本。

《红丝记》一本。

《南楼记》一本。（右二十七本，见《传奇汇考》。）

《玉珮记》一本。

《青楼记》一本。

《目莲救母》一本。（右三本，见《曲海目》。）

《刘盼盼》一本。

《锦香亭》一本。

《陈光蕊》一本。

《陈巡检》一本。（一名《梅岭记》。）

《韩寿》一本。（传奇，非《青琐记》。）

《朱买臣》一本。

《黄孝子》一本。

《风月亭》一本。

《刘文龙》一本。

《一夜闹》一本。

《贾云华》一本。

《唐伯亨》一本。（古曲，非《犀合记》。）

《周孝子》一本。

《王魁》一本。

《吕星哥》一本。

《风流合三十》一本。

《宝妆亭》一本。

《盗红绡》一本。

《孟姜女》一本。

《冤家债主》一本。

《玩江楼》一本。

《李勉》一本。

《陈叔文》一本。

《分镜记》一本。（古本，非《合镜记》。）

《燕子楼》一本。

《同庚会》一本。

《琼花女》一本。

《太平钱》一本。

《鬼做媒》一本。

《韩玉筝》一本。

《郭孔目》一本。

《墙头马上》一本。

《司马相如》一本。（旧本，非《琴心记》。）

《张资》一本。

《鸳鸯灯》一本。

《锦机亭》一本。

《进梅谏》一本。

《觅水记》一本。

《寻母记》一本。

《诈妮子》一本。

《复落倡》一本。

《刘孝女》一本。

《孟月梅》一本。

《生死夫妻》一本。

《李宝》一本。

《林招得》一本。

《琵琶怨》一本。

《崔护》一本。（右四十九本，见沈璟《南九宫谱》，中有与金人院本、元人杂剧名目相同者，然其下皆注传奇，又入南曲，知为明人传奇无疑矣。）

《东嘉韫玉传奇》一本。（见叶盛《菉竹堂书目》。）

《馈瓜亭》一本。（见杨慎《升庵外集》。）

《洛阳桥》一本。（秦征兰《天启宫词》自注：乙丑登高，圣驾临幸钟鼓司，掌印官执板唱《洛阳桥记》"攒眉黛锁不开"一阕，次年亦如之。见

《静志居诗话》。)

《伏虎绦》一本。(《曲海目》云：相传为元人作，说不足据。姑附于此。)

右一百二十种，明无名氏撰。

卷五　传奇部(下)

《月今承应》□本。

《法官雅奏》□本。

《九九大庆》□本。

《劝善金科》十本。

《升平宝筏》十本。(曾见内廷写本与殿本，《劝善金科》行款大小，一一相同，每本二十四折。)

《鼎峙春秋》□本。

《忠义璇图》□本。

右七种，国朝张照等奉敕撰。照，字得天，华亭人。官至刑部尚书。

(礼亲王昭梿《啸亭续录》：乾隆初，纯皇帝以海内升平，命张文敏制诸院本进呈，以备乐部演习。凡各节令皆奏演，其时典故如"屈子竞渡"、"子安题阁"诸事无不谱入，谓之《月令承应》。其于内廷诸庆事，奏演祥征瑞应者，谓之《法官雅奏》。其于万寿令节前后，奏演群仙神道添筹锡禧，以及黄童白叟含哺鼓腹者，谓之《九九大庆》。又演目莲尊者救母事，析为十本，谓之《劝善金科》，于岁暮奏之，以其鬼魅杂出，以代古人傩祓之意，演唐元奘西域取经事，谓之《升平宝筏》，于上元前后日奏之。其曲文皆文敏亲制，词藻奇丽，引用内典经卷，大为超妙。其后又命庄恪亲王谱蜀汉《三国志》典故，谓之《鼎峙春秋》。又谱宋政和间梁山诸盗，及宋、金交兵，徽、钦北狩诸事，谓之《忠义璇图》。其词皆出日华游客之手，惟能敷衍成章。又钞袭元、明《水浒》、《义侠》、《西川图》诸院本，不及文敏多矣！　案，日华游客，谓编纂《九宫大成》诸人，即周祥钰、邹金生辈也。)

《扬州梦》一本。(全集本，谱老子尹喜事。)

国朝慎郡王撰。王讳岳端，字兼山，号红兰主人，安和亲王第三子。

《秣陵春》一本。
国朝吴伟业撰。字里见卷三。

《西楼记》一本。（《六十种曲》本。 《传奇汇考》云：冯梦龙增《错梦》一出。）
《金锁记》一本。
《玉符记》一本。（杨恩寿《词馀丛话》谓韫玉谱《瑞玉记》，或即此本。）
《珍珠衫》一本。
《肃霜裘》一本。（右见《新传奇品》、《传奇汇考》。）
右五种，国朝袁于令撰。字里见卷三。
（宋荦《筠廊偶笔》：袁箨庵以《西楼》传奇得盛名，与人谈及辄有喜色。一日出饮归，月下肩舆过一大姓门。其家方燕宾，演《霸王夜宴》，舆人曰："如此良夜，何不唱《绣户传娇语》，乃演《千金记》？"箨庵狂喜，几堕舆。）

《鸣鸿度》一本。（见《莲子居词话》。）
国朝查继佐撰。字里见卷三。
（吴衡照《莲子居词话》：查东山先生（继佐），以名孝廉负盛誉于时。性耽音律，声伎登场，旦色皆以些为名，有柔些者尤妙绝。汪蛟门（楫）制《春风袅娜》以赠，曰："看先生老矣，兀自风流。围翠袖，昵红楼，羡香山携得小蛮樊素玉箫金管，到处遨游。舞爱前溪，歌怜子夜，记曲娘还数阿柔。戏罢更教弹绝调，㪉瑜端坐拨箜篌。 新制南唐院本，衣冠巾帼，抵多少优孟春秋。拖六幅，掩双钩，英雄意态，儿女娇羞。灯下红儿、真堪销恨，花前碧玉，耐可忘忧。是乡足老，任悠悠世事，烂羊作尉，屠狗封侯。"下半指先生新制《鸣鸿度》等乐府也。先生遇吴顺恪事（见钮琇《觚剩》），观其自著《敬修堂同学出处偶记》，似有出于传闻之过者，然当时已有"不羡林宗知孟敏，还同李白［脱］（识）汾阳"之语，传闻亦非尽无因也。

蒋心馀《雪中人》传奇叙事颇核，惟误其名作培继。培继，字玉望，先生族弟也。）

《画中人》一本。

《疗妒羹》一本。

《绿牡丹》一本。

《西园记》一本。（右见《传奇汇考》、《曲海目》。）

《情邮记》一本。（右见《传奇汇考》。）

　　右五种，国朝吴炳撰。炳，字石渠，宜兴人。

　　（《新传奇品》：吴石渠之词，如道子写生，须眉毕现。）

《花筵赚》一本。

《鸳鸯棒》一本。

《倩画眉》一本。

《勘皮靴》一本。

《梦花酣》一本。（右五本，见《传奇汇考》、《曲海目》。　惟《新传奇品》作"吴石渠撰"，误也。）

《花眉旦》一本。

《雌雄旦》一本。

《金明池》一本。

《欢喜冤家》一本。（右四本，见《传奇汇考》。）

　　右九种，国朝范文若撰。文若，字香令，号荀鸭，又自称吴侬，松江人。

《梅花楼》一本。（《曲海目》作《索花楼》。）

《荷花荡》一本。

《十锦塘》一本。（右见《新传奇品》、《传奇汇考》、《曲海目》。）

　　右三种，国朝马佶人撰。佶人，字更生，吴县人。

　　（《新传奇品》：马更生之词，如五陵少年，白眼调人。）

《罗衫合》一本。

《天马媒》一本。

《小桃源》一本。（右同上。）

　　右三种，国朝刘晋充撰。字里未详。

　　（《新传奇品》：刘晋充之词，如山中炮响，应声徐来。）

《书生愿》一本。

《醉月缘》一本。

《战荆轲》一本。

《芦中人》一本。

《昭君梦》一本。

《状元旗》一本。（右见《新传奇品》、《传奇汇考》、《曲海目》。）

《九龙池》一本。（右见《传奇汇考》。）

《续情灯》一本。

《长生桃》一本。

《一宵泰》一本。（右三本见《江苏诗征》。）

　　右十种，国朝薛旦撰。旦，字既扬，号诉然子，无锡人，本籍长洲。

　　（《新传奇品》：薛既扬之词，如鲛人泣泪，点滴成珠。）

《一捧雪》一本。

《人兽关》一本。

《占花魁》一本。

《永团圆》一本。

《麒麟阁》一本。

《风云会》一本。

《牛头山》一本。

《太平钱》一本。

《连城璧》一本。

《眉山秀》一本。

《昊天塔》一本。

《三生果》一本。

《千忠会》一本。

《五高风》一本。

《两须眉》一本。

《长生像》一本。

《凤云翘》一本。

《禅真会》一本。

《双龙佩》一本。

《千里舟》一本。

《洛阳桥》一本。

《武当山》一本。

《虎邱山》一本。

《清忠谱》一本。

《挂玉带》一本。

《意中缘》一本。

《万里缘》一本。

《万民安》一本。

《麒麟种》一本。

《罗天醮》一本。

《秦楼月》一本。（右见《新传奇品》、《传奇汇考》、《曲海目》。）

《埋轮亭》一本。

《一品爵》一本。（右见《传奇汇考》，与朱佐朝合撰。）

　　　　右三十三种，国朝李玉撰。玉，字玄玉，吴县人。

　　（《新传奇品》：李玄玉之词，如康衢走马，操纵自如。）

《琥珀匙》一本。

《女开科》一本。

《开口笑》一本。

《三击节》一本。

《逊国疑》一本。（即《铁冠图》。）

《英雄概》一本。

《八翼飞》一本。

《人中人》一本。（右见《新传奇品》、《传奇汇考》、《曲海目》。）

　　右八种，国朝叶稚斐撰。稚斐，字美章，吴县人。

（《新传奇品》：叶稚斐之词，如渔阳三弄，意气纵横。）

《太极奏》一本。

《玉数珠》一本。

《轩辕镜》一本。

《莲花筏》一本。

《吉庆图》一本。

《飞龙凤》一本。

《锦云裘》一本。

《瑞霓罗》一本。

《御雪豹》一本。

《石麟镜》一本。

《九莲灯》一本。

《璎珞会》一本。

《赘神龙》一本。

《万花楼》一本。

《建皇图》一本。

《乾坤啸》一本。

《艳云亭》一本。

《夺秋魁》一本。

《万寿观》一本。（《传奇汇考》。《曲海目》作《万寿冠》。）

《双和合》一本。

《寿荣华》一本。

《五代荣》一本。

《宝昙月》一本。

《牡丹图》一本。

《渔家乐》一本。（右见《新传奇品》、《传奇汇考》、《曲海目》。）

《四奇观》一本。

《清风寨》一本。

《血影石》一本。

《朝阳凤》一本。（右见《传奇汇考》。）

《一捧花》一本。（右见《曲考》。）

　　右三十种，国朝朱佐朝撰。佐朝，字良卿，吴县人。

　　（《新传奇品》：朱良卿之词，如八音纵鸣，时见节奏。）

《虎囊弹》一本。

《党人碑》一本。

《百福带》一本。

《幻缘箱》一本。

《岁寒松》一本。

《御袍恩》一本。

《闹句栏》一本。（右见《新传奇品》、《曲海目》。）

《一合相》一本。（见《传奇汇考》。）

《蜀鹃啼》一本。（见《吴梅村诗集》。）

　　右九种，国朝邱园撰。园，字屿雪，常熟人。

　　（尤侗《邱屿雪像赞》：君善顾曲梨园乐府，吾和而歌红牙画鼓。）

《振三纲》一本。

《一著先》一本。

《锦衣归》一本。

《未央天》一本。

《狻猊璧》一本。

《忠孝阄》一本。

《四圣手》一本。

《聚宝盆》一本。

《十五贯》一本。

《文星现》一本。

《龙凤钱》一本。

《瑶池宴》一本。

《朝阳凤》一本。

《全五福》一本。（右见《新传奇品》、《传奇汇考》、《曲海目》。）

《万年觞》一本。（右见《传奇汇考》、《曲海目》。）

《通天台》一本。

《大吉庆》一本。

《翡翠园》一本。（一作"缘"。右见《传奇汇考》。）

　　右十八种，国朝朱素臣撰。素臣，以字行，吴县人。

　　（《新传奇品》：朱素臣之词，如少女簪花，修容自爱。）

《红芍药》一本。

《竹叶舟》一本。

《呼卢报》一本。

《三报恩》一本。

《万人敌》一本。

《杜鹃声》一本。（右见《新传奇品》、《传奇汇考》、《曲海目》。）

　　右六种，国朝毕万侯撰。万侯，字晋卿，吴县人。

　　（《新传奇品》：毕万侯之词，如白璧南金，精彩耀目。）

《奈何天》一本。

《比目鱼》一本。

《蜃中楼》一本。

《美人香》一本。（《新传奇品》云：即《怜香伴》。然《传奇汇考》著录，既有《美人香》，又有《怜香伴》，未知孰是。）

《风筝误》一本。

《慎鸾交》一本。

《凰求凤》一本。

《巧团圆》一本。

《玉搔头》一本。（右见《新传奇品》、《传奇汇考》、《曲海目》。）

《万年欢》一本。（见《传奇汇考》。）

《意中缘》一本。

《偷甲记》一本。

《四元记》一本。

《双锤记》一本。

《鱼篮记》一本。

《万全记》一本。（右见《曲海目》。）

　　右十六种，国朝李渔撰。渔，字笠翁，兰溪人，寓居钱塘。

　　（《新传奇品》：李笠翁之词，如桃源笑傲，别有天地。）

《太白山》一本。

《竹漉篱》一本。

《八仙图》一本。

《火牛阵》一本。

《竟西厢》一本。（《传奇汇考》作《锦西厢》。）

《福星临》一本。

《指南车》一本。

《绨袍赠》一本。

《万金资》一本。

《镜中人》一本。

《金橙树》一本。

《玉鸳鸯》一本。

《后西国》一本。（右见《新传奇品》、《传奇汇考》、《曲海目》。）

《阳明洞》一本。（右见《传奇汇考》。）

　　右十四种，国朝周坦纶撰。坦纶，号果庵，里居未详。

　　（《新传奇品》：周果庵之词，如老僧谈禅，真谛妙理。）

《如是观》一本。

《醉菩提》一本。

《海潮音》一本。

《钓鱼船》一本。

《天下乐》一本。

《井中天》一本。

《快活三》一本。

《金刚凤》一本。

《獭镜缘》一本。

《芭蕉井》一本。

《喜重重》一本。

《龙华会》一本。

《双节孝》一本。

《双福寿》一本。

《读书声》一本。

《娘子军》一本。（右见《新传奇品》、《曲海目》。）

《小春秋》一本。

《天有眼》一本。

《发琅钏》一本。

《龙飞报》一本。

《吉祥兆》一本。

《痴情谱》一本。

《紫琼瑶》一本。（右见《传奇汇考》。）

　　右二十三种，国朝张大复撰。大复，字星期，一字心其，号寒山子，苏州人。

　　（《新传奇品》：张心其之词，如去病用兵，暗合孙吴。）

《春秋笔》一本。

《双奇侠》一本。

《貂裘赚》一本。

《千金笑》一本。

《聚兽牌》一本。

《锦中花》一本。

《揽香园》一本。

《古交情》一本。

《四美坊》一本。

《眉仙岭》一本。

《如意册》一本。

《风雪缘》一本。

《固哉翁》一本。

《续情楼》一本。（右见《新传奇品》、《传奇汇考》、《曲海目》。）

  右十四种，国朝高奕撰。奕，字晋音，一字太初，会稽人。

（《新传奇品》：高晋音之词，如清修洁操，不染世气。）

《人中龙》一本。

《飞龙盖》一本。

《胭脂雪》一本。

《双虬判》一本。（右同上。）

  右四种，国朝盛际时撰。际时，字昌期，吴县人。

（《新传奇品》：盛际时之词，如珍奇罗列，时发精光。）

《清风寨》一本。

《五羊皮》一本。（右同上。）

  右二种，国朝史集之撰。集之，字友益，溧阳人，一作吴县人。

（《新传奇品》：史集之之词，倜傥不羁，笑傲一世。）

《灵犀镜》一本。

《齐眉案》一本。

《照胆镜》一本。

《人中虎》一本。

《石点头》一本。

《小蓬莱》一本。

《别有天》一本。

《龙灯赚》一本。

《赤龙须》一本。

《儿孙福》一本。

《两乘龙》一本。

《万寿鼎》一本。（右同上。）

　　　右十二种，国朝朱云从撰。云从，字际飞，吴县人。

　　　（《新传奇品》：朱云从之词，如骏马嘶风，驰骤有矩。）

《双官诰》一本。

《称人心》一本。

《彩衣欢》一本。（右同上。）

　　　右三种，国朝陈二白撰。二白，字于令，长洲人。

　　　（《新传奇品》：陈二白之词，如闺女靓妆，不增娇饰。）

《三合笑》一本。

《玉殿元》一本。

《欢喜缘》一本。（右同上。）

　　　右三种，国朝陈子玉撰。子玉，字希甫，吴县人。

　　　（《新传奇品》：陈子玉之词，如盆花小景，工致自佳。）

《非非想》一本。

《黄金台》一本。（右同上。）

　　　右二种，国朝王香裔撰。名里不详。

　　　（《新传奇品》：王香裔之词，如空谷幽兰，清芬自远。）

《珊瑚鞭》一本。

《九奇缘》一本。（右见《曲海目》。）

《胭脂虎》一本。（见《曲考》。）

　　　右三种，国朝徐石麟撰。见卷三。

《玉麟记》一本。（见《曲海目》。）

国朝张世漳撰。字里未详。

《钧天乐》一本。

国朝尤侗撰。见卷三。

（《钧天乐》自序：丁酉之秋，薄游太末，阻兵未得归。逆旅无聊，漫填词为传奇，率日一出，阅月而竣，题曰《钧天乐》。家有梨园，归则授，使演焉。明年，科场弊发，有无名子编为《万金记》者。制府以闻，诏命进览，其人匿弗出，臬司某大索江南诸伶，杂治之。适山阴姜侍御还朝过吴门，函征予剧。同人宴之，申氏堂中，乐既作，观者如堵，靡不咋舌骇叹，而逻者亦杂其中，疑其事类，驰白臬司。臬司以为奇货，既檄捕优人，拷掠诬服，既得主名，将穷其狱，且征贿焉。会有从中解之者，而予已入都门，事亦得寝。）

《梅花梦》一本。（见《曲海目》。）

国朝陈贞禧撰。贞禧，字未详，宜兴人。

《忠孝福》一本。（同上。）

国朝黄兆森撰。字里见卷三。

《虎媒记》一本。（见《曲考》。）

国朝顾景星撰。景星，字赤方，号黄公，蕲春人。

《万古愁》一本。

国朝归庄撰。庄，字元恭，号恒轩，昆山人。

（全祖望题归恒轩《万古愁曲子》：世传《万古愁曲子》瑰璱恣肆，于古之圣贤君相，无不诋诃，而独痛哭流涕于桑海之际。盖《离骚》、《天问》一种手笔，但不能知其为何人所作。近人或以为"谑翁"，或以为"道隐"，或以为"石霞"，皆鲜证据。惟魏勺庭征君著其事于《恒轩寿序》，予始取而跋之。沈绎堂詹事谓：世祖章皇帝尝见此曲，大加称赏，命乐工每膳歌以侑食。古之遗民野老，记甲子哭庚申，大都潜伏于残山剩水之间，未有得播与朝之钟吕者，是又一异事也。）

《桃花笑》一本。（见《传奇汇考》。）

国朝唐宇昭撰。宇昭，字孔明，号云客，武进人。

《琼花梦》一本。（同上。）

国朝龙燮撰。字里见卷三。

《金瓶梅》一本。（同上。）

国朝郑小白撰。小白，佚其名，江都人。

《珊瑚鞭》一本。（同上。）

国朝徐善撰。善，里字见前卷三。此本《曲海》作徐石麟撰。善与石麟疑一人，说亦见前。

《秦楼月》一本。（同上。）
《啸秋风》一本。
《绣平原》一本。（右见《四库全书提要》。）
《忠愍记》一本。（见杨恩寿《词馀丛话》。）

右四种，国朝吴绮撰。绮，字园次，江都人，官湖州府知府。

（徐钒《本事诗》：园次少读书康山之麓，既而待诏金马，奉敕填词，流传宫掖，人都目为江都才子。

《词馀丛话》：吴园次奉敕谱《忠愍记》，由中书迁武选司员外郎，即以椒山原官官之，固极儒生荣遇已。）

《补天石》一本。（即《易水歌》改本，见《传奇汇考》。）

国朝汪楫撰。楫，字舟次，江都人，官至福建布政使。

《十贤记》一本。（同上。）

国朝汪祚撰。祚，字敦士，江都人。

《广寒香》一本。

《易水歌》一本。

《芙蓉楼》一本。(右见《曲考》。)

　　右三种，廕山撰。

《放偷记》一本。

《买嫁记》一本。(右同上。)

　　右二种，国朝毛奇龄撰。奇龄，一名甡，字大可，萧山人，官翰林院检讨。

《筹边楼》一本。(见《曲考》。)

《浩气吟》一本。(见《渔洋诗话》。)

　　右二种，国朝王抃撰。抃，字鹤尹，太仓人。

　　(《渔洋诗话》：娄江十子，虹友才尤高。鹤尹诗才不及，而独工金元词曲，所作《筹边楼》、《浩气吟》传奇，殆可谓词曲之董狐。

　　《曝书亭集》：太仓王君鹤尹，为文肃公曾孙。诸昆群从，多以制举业取科第，致位通显。而君独澹然于荣利，好为山水游，诗飘酒槛，肆志娱衍，与海内名流继和间倚声度曲，识者比之东篱、小山无怍也。)

《双报应》一本。(见《曲海目》。)

　　国朝嵇永仁撰。字里见卷三。

《阴阳判》一本。(同上。)

　　国朝查慎行撰。慎行，字夏重，号初白，又号他山老人，海宁人，官翰林院编修。

《正昭阳》一本。

《龙凤山》一本。

《镇仙灵》一本。(右见《传奇汇考》。)

右三种，国朝石子斐撰。子斐，字成章，绍兴人。

《丽乌媒》一本。(同上。)

国朝沈树人撰。树人，字友声，湖州人。

《珊瑚玦》一本。(同上。)

《双忠庙》一本。(见《曲海目》。)

右二种，国朝周穉廉撰。穉廉，字冰持，华亭人。

《澄海楼》一本。(见《传奇汇考》。)

国朝毛钟绅撰。钟绅，未详其字，苏州人。

《夜光球》一本。(同上。)

国朝王维新撰。维新，未详其字，平江人。

《凤鸾俦》一本。(同上。)

国朝沈名荪撰。名荪，字硐芳，号硐房，仁和人。

《升平乐》一本。(同上，一名《圆圆曲》。)

国朝陆次云撰。次云，字云士，钱塘人。

《因缘梦》一本。(同上。)

国朝石庞撰。庞，未详其字，芜湖人。

《后寻亲》一本。(同上。)

国朝姚子懿撰。子懿，未详其字，嘉兴人。

《玉楼春》一本。(同上。)

国朝谢宗锡撰。宗锡，未详其字，绍兴人。

《情梦侠》一本。（同上。）

国朝顾元标撰。元标，未详其字，绍兴人。

《蓝关度》一本。（同上。）

国朝王圣征撰。圣征，未详其字，太仓人。

《领头书》一本。（同上。）

国朝袁声撰。声，未详其字，济南人。

《芳情院》一本。（同上。）

国朝沈沐撰。沐，未详其字，仁和人。

《遗爱集》一本。（同上。　前半日"岘山碑"，后半日"虞山碑"。）

国朝陆曛、程端合撰。二人未详其字，常熟人。

《广陵仙》一本。（同上。）

国朝胡介祉撰。介祉，字循斋，号茨村，大兴人，原籍山阴，官至河南按察使。

《红莲案》一本。（同上。）

国朝吴士科撰。士科，未详其字，临川人。

《小河洲》一本。（同上。一名《双奇侠》。）

国朝李荫桂撰。荫桂，未详其字，山阴人。

《冯骦市义》一本。（同上。）

国朝周起撰。起，未详其字，萧山人。

《回文锦》一本。

《回龙院》一本。

《锦绣图》一本。

《闹高唐》一本。（右同上。）

《节孝坊》一本。

《舞霓裳》一本。

《沈香亭》一本。（右见《长生殿序例》。）

《长生殿》一本。

　　　　右八种，国朝洪昇撰。字里见卷三。

《小忽雷》一本。

《桃花扇》一本。（右见《传奇汇考》。）

　　　　右二种，国朝孔尚任撰。尚任，字季重，号东塘，曲阜人，
官户部郎中。

《南桃化扇》一本。

《后琵琶记》一本。（右同上。）

　　　　右二种，国朝顾彩撰。彩，字天石，无锡人，官内阁中书。

《风流棒》一本。

《空青石》一本。

《念八翻》一本。

《锦尘帆》一本。

《十串珠》一本。

《万金瓮》一本。

《金神凤》一本。

《资齐鉴》一本。（右见《曲海目》。）

　　　　右八种，国朝万树撰。字里见卷三。

《河阳觐》一本。（同上。）

　　　　国朝吴幌珏撰。

《风前月下》一本。（同上。）

国朝曹岩撰。

《壶中天》一本。（同上。）

国朝朱龙田撰。龙田，未详名字，华亭人。

《定蟾宫》一本。（同上。）

国朝朱确、过孟起、盛国琦三人合撰。

《两度梅》一本。

《锦香亭》一本。

《天灯记》一本。

《酒家佣》一本。（右同上。）

右四种，国朝石恂斋撰。名里未详。

《旗亭记》一本。

《玉尺楼》一本。（右同上。）

右二种，国朝卢见曾撰。见曾，字抱孙，号雅雨山人，德州人，官两淮盐运使。

《群仙祝寿》一本。

《百灵效瑞》一本。（右见《振绮堂书目》。）

右二种，国朝吴城、厉鹗同撰。城，字敦复；鹗，字太鸿，均钱塘人。乾隆二十六年南巡，演以迎驾，总名《迎銮新曲》。

《转天心》一本。

《清忠谱正案》一本。

《双钉案》一本。（原名《钓金龟》。）

《巧换缘》一本。

《三元报》一本。（四出。）

《芦花絮》一本。（四出。）

《梅龙镇》一本。（四出。）

《面缸笑》一本。（四出。）

《虞兮梦》一本。（四出。）

《英雄报》一本。（一出，改旧曲。）

《女弹词》一本。（一出，改旧曲。）

《长生殿补阙》一本。（二出。）

《十字坡》一本。（一出。　右十二种，见传刻本［名］《古柏堂传奇》。）

《笳骚》一本。（见《曲海目》。）

　　右十四种，国朝唐英撰。英，字隽公，号蜗寄居士，官九江关监督。

《梦中缘》一本。

《梅花簪》一本。

《怀沙记》一本。

《玉狮坠》一本。（右名《玉燕堂》四种，《曲海目》仅载下二种。）

　　右四种，国朝张坚撰。坚，字漱石，江宁人。

《无瑕璧》一本。

《杏花村》一本。

《瑞筊图》一本。

《广寒梯》一本。

《南阳乐》一本。

《花萼吟》一本。（右见《曲海目》。）

　　右六种，国朝夏纶撰。纶，字惺斋，钱塘人。

《玉剑缘》一本。（同上。）

　　国朝李本宣撰。本宣，字蘧门，江都人。

《拜针楼》一本。（同上。）

国朝王墅撰。墅，字北畴，芜湖人。

《东厢记》一本。（同上。）

国朝杨国宾撰。

《烟花债》一本。

《情中幻》一本。（右同上。）

右二种，国朝崔应阶撰。应阶，字拙圃，江夏人。

《雪中人》一本。

《香祖楼》一本。

《临川梦》一本。

《桂林霜》一本。

《冬青树》一本。

《空谷香》一本。（右同上。）

右六种，国朝蒋士铨撰。字里见卷三。

《富贵神仙》一本。（见《曲考》。）

国朝郑含成撰。

《崖州路》一本。

《麒麟梦》一本。

《鸳鸯榜》一本。

《黄金盆》一本。（右同上。）

右四种，国朝张异资撰，异资，未详其字，通州人。

《双泉记》一本。（见传刻本。）

国朝方成培撰。成培，字仰松，歙县人。

《红楼梦》一本。（见杨恩寿《词馀丛话》。）

　　国朝高□□撰。高，字兰墅，名里不详。

《红楼梦》一本。（见杨恩寿《词馀丛话》。）

　　国朝陈钟麟撰。钟麟，字厚甫，元和人。

《旗亭记》一本。（见李调元《曲话》。）

　　国朝金椒撰。椒，字兰皋，□□人。

《芝龛记》一本。（共六卷，见传刻本。）

　　国朝董榕撰。榕，字恒岩。号谦山，□□人，官九江府
知府。

《琵琶侠》一本。（见传刻本。）
《花月屏》一本。（见《琵琶侠》陆继辂题词。）

　　右二种，国朝董□撰。□，号定园，武进人。

《一斛珠》一本。（见《扬州画舫录》。）

　　国朝程枚撰。枚，字时斋，海州人。

《博望乘槎》一本。
《樊姬拥髻》一本。
《卓女当垆》一本。
《酉阳修月》一本。（右四种，总名《瓶笙斋修箫谱》，振绮堂刻本。）
《人面桃花》一本。

　　右五种，国朝舒位撰。位，字立人，号铁云，大兴人。

　　（陈文述《颐道堂集·舒铁云传》：铁云能吹笛、鼓琴、度曲，不失分
利。所作乐府、院本脱稿，老伶皆可按简而歌，不烦点窜。

　　陈文述《紫鸾笙谱》有：玉壶仙馆，听女郎藕雪歌铁云山人《人面桃
花》乐府《声声慢》一阕。）

《玉钗怨》一本。

《招财》一本。（右见程庭鹭《多暇录》。）

　　右二种，国朝周若霖撰。若霖，字蕙钟，嘉定人。

《六如亭》一本。（全集本。）

　　国朝张九钺撰。九钺，字度西，湘潭人，官广东知县。

《仙缘记》一本。

《海虬记》一本。

《蜀锦袍》一本。

《燕子楼》一本。

《梅喜缘》一本。（右见传刻本。）

　　右五种，国朝陈烺撰。烺，字潜翁，阳湖人。

《盂兰梦》一本。

　　国朝严保庸撰。保庸，字问樵，丹徒人，官山东知县。

《紫荆花》一本。

《胭脂鸟》一本。

《凤飞楼》一本。

《银汉槎》一本。（右见传刻本。）

　　右四种，国朝李文瀚撰。文瀚，字云生，宣城人。

《茂陵弦》一本。

《帝女花》一本。

《脊令原》一本。

《鸳鸯绦》一本。

《凌波影》一本。

《桃溪雪》一本。

《居官鉴》一本。（右名《倚晴楼七种》。）

右七种，国朝黄宪清撰。宪清，字韵珊，海盐人。

《芙蓉碣》一本。（见传刻本。）
　　国朝张云骧撰。云骧，字南湖，文安人。

《麻滩驿》一本。
《桃花源》一本。
《媲媔封》一本。
《桂枝香》一本。
《再来人》一本。
《理灵坡》一本。（右六本见传刻本。）
　　右六种，国朝杨恩寿撰。恩寿，字蓬海，长沙人。

《蕙兰芳》一本。（见《词馀丛话》。）
　　国朝曾□□撰。曾，字茶村，名里不详，官广西知县。

《犊鼻裈》一本。（见《曲考》。）
　　国朝李栋撰。栋，字吉四，兴化人。

《宴金台》一本。
《定中原》一本。
《河梁归》一本。
《琵琶语》一本。
《纫兰佩》一本。
《碎金牌》一本。
《纨如鼓》一本。
《波弋香》一本。（右见传刻本，总名《补天石》。）
　　右八种，国朝周文泉撰。文泉，自号练情子，名字、里居未详。

《织锦记》一本。（见《传奇汇考》。）

国朝顾觉宇撰。觉宇，伶人，亦元赵文敬、张国宾之流亚也。

《传灯录》一本。（一名《归元镜》，见《曲海目》。）

国朝释智达撰。

《相思砚》一本。（见《曲考》。）

国朝女史梁孟昭撰。孟昭，字夸素，钱塘人。

《芙蓉峡》一本。（同上。）

国朝女史林亚青撰。

《鉴中天》一本。（见《曲海目》。）

国朝女道士姜玉洁撰。案，《列朝诗闺集》："有姜舜玉者，号竹雪居士，明隆庆间旧院伎。"或即其人欤。

《玉符记》一本。（见《曲海目》。）

国朝吉衣道人撰。

《香草吟》一本。
《载花舲》一本。（右同上。）

右二种，国朝耶溪野老撰。

《珊瑚玦》一本。
《元宝媒》一本。（右同上。）

右二种，国朝可笑人撰。

《广寒香》一本。（同上。）

国朝苍山子撰。

《五伦镜》一本。（同上。）
　　国朝雪毡道人撰。

《翻西厢》一本。
《卖相思》一本。（右同上。）
　　右二种，国朝研雪子撰。

《醉乡记》一本。（同上。）
　　国朝白雪道人撰。

《宣和谱》一本。（同上。）
　　国朝介石逸叟撰。

《合箭记》一本。（同上。）
　　国朝荐清轩撰。

《鸳簪合》一本。（同上。）
　　国朝梦觉道人撰。

《三生错》一本。（同上。）
　　国朝西湖放人去村撰。

《月中人》一本。（同上。）
　　国朝月鉴主人撰。

《双仙记》一本。（同上。）
　　国朝研露老人撰。

《长命缕》一本。（同上。）
　　国朝胜乐道人撰。

《添绣鞋》一本。（同上。）

　　国朝离幻老人撰。

《精忠旗》一本。

《麒麟罽》一本。

《纲常记》一本。

《铁面图》一本。

《北孝烈》一本。

《义贞记》一本。

《蝴蝶梦》一本。

《纳履记》一本。

《丹忠记》一本。

《十义记》一本。

《赤壁游》一本。

《鱼水缘》一本。

《蓝桥驿》一本。

《饮中仙》一本。

《梦中缘》一本。

《石榴记》一本。

《化人游》一本。

《财神济》一本。

《双翠圆》一本。

《翠翘记》一本。

《续牡丹亭》一本。

《慈悲愿》一本。

《千忠禄》一本。（一作《千钟禄》。）

《雷峰塔》一本。（《曲海目》云：“右二十七种，原有姓名，失记。”
案，《梦中缘》，疑即张坚作也）。

《曲春衣》一本。

《烂柯山》一本。

《筹边楼》一本。

《隋唐》一本。

《寿为先》一本。

《盘陀山》一本。

《十错记》一本。(《曲考》云："即《满床笏》,龚司寇门客作。")

《后渔家乐》一本。

《十美图》一本。

《闹花灯》一本。

《倭袍记》一本。

《长生乐》一本。

《大吉庆》一本。

《杜陵花》一本。

《清风寨》一本。

《陀罗尼》一本。

《百福带》一本。

《两情合》一本。

《螭虎钏》一本。

《情中岸》一本。

《七才子》一本。

《东塔院》一本。

《一枝梅》一本。

《三奇缘》一本。

《百子图》一本。

《鸳鸯结》一本。

《锦绣旗》一本。

《黄鹤楼》一本。

《倒铜旗》一本。

《燕台筑》一本。

《上林春》一本。

《瑶池宴》一本。

《金兰谊》一本。

《逍遥乐》一本。

《文星劫》一本。

《锦衣归》一本。

《合虎符》一本。

《蟠桃会》一本。

《人生乐》一本。

《安天会》一本。

《万倍利》一本。

《元宝汤》一本。

《江天雪》一本。

《沈香亭》一本。

《花石纲》一本。

《四屏山》一本。

《翻浣纱》一本。

《蓝关道曲》一本。（皆《耍孩儿》小调。）

《平妖传》一本。

《西川图》一本。

《黎筐雪》一本。

《续寻亲》一本。

《状元香》一本。

《昭君传》一本。

《风流烙》一本。

《紫金鱼》一本。

《赘人龙》一本。

《报恩亭》一本。

《平顶山》一本。

《翻七国》一本。

《玉燕钗》一本。

《三异缘》一本。

《岁寒松》一本。

《鸾凤钗》一本。

《快活仙》一本。

《八宝箱》一本。

《补天记》一本。

《珍珠塔》一本。

《姊妹缘》一本。

《奉仙缘》一本。

《醉西湖》一本。

《三鼎爵》一本。

《英雄概》一本。

《双瑞记》一本。

《玉杵记》一本。

《后一捧雪》一本。

《定天山》一本。

《长生乐》一本。

《南楼月》一本。

《山堂词馀》一本。

《雄精剑》一本。

《还带记》一本。

《后西厢》一本。

《飞熊兆》一本。

《赐绣旗》一本。

《齐天乐》一本。

《玉麟符》一本。

《粉红阑》一本。

《喜联登》一本。

《状元旗》一本。（另一本，非薛旦撰。）

《双和合》一本。（非朱佐朝撰。）

《三笑姻缘》一本。

《碧玉燕》一本。

《九曲珠》一本。

《后绣襦》一本。

《折桂传》一本。

《飞熊镜》一本。

《白鹤图》一本。

《白罗衫》一本。

《乾坤镜》一本。

《还魂记》一本。（一名《玉龙佩》。）

《后珠球》一本。

《好逑传》一本。

《四大庆》一本。

《青蛇传》一本。

《四安山》一本。

《摘星楼》一本。

《云合奇踪》一本。

《万花楼》一本。

《醉将军》一本。

《描金凤》一本。

《吉祥兆》一本。

《续千金》一本。

《刘成美》一本。

《天缘配》一本。

《桃花寨》一本。

《沈香带》一本。

《鸳鸯幻》一本。

《三世修》一本。

《文章用》一本。

《造化图》一本。

《祝家庄》一本。

《彩楼记》一本。

《凤鸾裳》一本。

《阴功报》一本。

《福凤缘》一本。

《观星台》一本。

《督亢图》一本。

《征东传》一本。

《北海记》一本。

《三侠剑》一本。

《千秋鉴》一本。

《千里驹》一本。

《双珠凤》一本。

《十大快》一本。

《鸾钗记》一本。

《禅真逸史》一本。

《春富贵》一本。

《翻天印》一本。

《黄河阵》一本。

《古城记》一本。

《月华缘》一本。

《五虎寨》一本。

《五福传》一本。（非古本。）

《赐锦袍》一本。

《百花台》一本。

《为善最乐》一本。

《遍地锦》一本。（又一本。）

《双姻缘》一本。

《闹金钗》一本。

《三鼎甲》一本。

《鸳鸯被》一本。

《天贵图》一本。

《锟钢侠》一本。

《一匹布》一本。

《封神榜》一本。

《沧浪亭》一本。

《二龙山》一本。

《天平山》一本。

《河灯赚》一本。

《玉麒麟》一本。

《通天犀》一本。

《碧玉串》一本。

《铁弓缘》一本。

《未央天》一本。

《二十四孝》一本。

《千祥记》一本。

《佐龙飞》一本。

《顺天时》一本。

《彩衣堂》一本。

《珍珠旗》一本。

《元都观》一本。

《金花记》一本。

《后岳传》一本。

《合欢庆》一本。

《三凤缘》一本。

《太平钱》一本。（另一俗本，非李玉撰。）

《合欢图》一本。

《鸳鸯孩》一本。

《开口笑》一本。（右二百零六本，均见黄文旸《曲海目》，皆注无名氏。可考其中名目，有与上文复出者，《曲海目》两载之，必有二本也。）

《十二红》一本。

《风月亭》一本。

《庆龙归》一本。

《文武围》一本。

《月华圆》一本。

《庆有余》一本。

《雄晶剑》一本。

《旌阳剑》一本。

《锦蒲团》一本。

《状元香》一本。

《鸳鸯笑》一本。

《再生缘》一本。

《十奇缘》一本。

《天缘会》一本。

《风月仙》一本。

《千钟粟》一本。

《赤松游》一本。

《犀镜缘》一本。

《赚青衫》一本。

《褒忠谱》一本。

《天缘箭》一本。

《昙花凤》一本。

《洪都赋》一本。

《洞庭秋》一本。

《雪里梅》一本。

《摘缨会》一本。

《高唐梦》一本。

《扶龙位》一本。

《红绣鞋》一本。

《马嵬坡》一本。

《盘蛇山》一本。（疑即《曲海目》之《盘陀山》，"蛇"、"陀"必有一误。)

《琉璃塔》一本。

《锦上花》一本。

《龙虎啸》一本。

《杨枝露》一本。

《节义先》一本。

《夺昆仑》一本。

《续情灯》一本。

《义中尤》一本。

《石榴花》一本。

《出师表》一本。

《道情缘》一本。

《樱桃诗》一本。

《鹰扬会》一本。

《千门谱》一本。

《金钿盒》一本。

《卖花声》一本。

《续春秋》一本。

《珊瑚柳》一本。

《铜雀台》一本。

《绣佛阁》一本。

《鸳鸯绦》一本。

《薄情种》一本。

《尺素书》一本。

《合薇镜》一本。

《白玉蟾》一本。

《翻千金》一本。

《凡仙禄》一本。

《宝林冈》一本。

《天缘梦》一本。

《芙蓉谶》一本。

《斗镂树》一本。

《碧文犀》一本。

《斗宝蟾》一本。

《千秋节》一本。

《三星照》一本。

《片片锦》一本。

《忠义堂》一本。

《江南春》一本。

《三跨凤》一本。

《五龙祚》一本。

《二奇缘》一本。

《五色莲》一本。

《五侯封》一本。

《两坚心》一本。

《双魁元》一本。

《双金环》一本。

《八阵图》一本。

《十眉图》一本。

《杏花山》一本。

《玉蜻蜓》一本。

《紫金鞍》一本。

《照胆镜》一本。

《百凤裙》一本。

《射鹿记》一本。

《赤壁记》一本。

《百花记》一本。

《三多记》一本。（一名《庆丰年》。）

《七红宝钏记》一本。

《八黑剑丹记》一本。

《易鞋记》一本。

《寿乡记》一本。

《双熊梦》一本。

《情生文》一本。

《登楼记》一本。（右九十五本，见《传奇汇考》，均无作者名氏。）

《太平图》一本。

《昆仑索》一本。

《一诺媒》一本。

《没名花》一本。

《双蝴蝶》一本。

《玩婵娟》一本。

《双香缘》一本。

《彩衣欢》一本。

《女娲氏》一本。

《丹晶坠》一本。

《梦天台》一本。

《虎口馀生》一本。

《罗惜惜》一本。

《织锦回文》一本。

《聚英雄》一本。

《何推官》一本。

《忠孝录》一本。

《英雄谱》一本。

《百炼金》一本。

《劝善记》一本。

《摩勒传》一本。

《金串记》一本。

《风流院》一本。

《赛金莲》一本。

《巩皇图》一本。

《王妃仙》一本。

《紫霞觞》一本。

《全家庆》一本。

《绿牡丹》一本。

《双玉人》一本。

《木棉庵》一本。

《纸扇记》一本。

《晬盘记》一本。

《磨水记》一本。

《双金榜》一本。

《梅映蟾》一本。

《忠良鉴》一本。

《幻奇缘》一本。

《磨尘鉴》一本。

《广寒法曲》一本。

《柳永传奇》一本。（右四十二本，见庄亲王《九宫大成南北词宫谱》。）

《风流配》一本。

《情缘记》一本。

《全节记》一本。

《耿文远》一本。

《苏小卿》一本。

《名花榜》一本。

《检书记》一本。

《全德记》一本。

《麒麟记》一本。

《书中玉》一本。

《玉马缘》一本。

《鬼法师》一本。

《元永和》一本。

《史洪肇》一本。

《诗扇缘》一本。

《减灶记》一本。

《崔怀宝》一本。

《胭脂记》一本。

《洞庭红》一本。

《张金花》一本。

《双渐记》一本。

《白纱记》一本。

《双福寿》一本。

《李婉》一本。

《鸾刀记》一本。

《认毡笠》一本。

《闹乌江》一本。

《万寿图》一本。（右二十八本，见《南词定律》，中有明人作在内。）

《玉连环》一本。（见刘献廷《广阳杂记》。）

《五香球》一本。（见《扬州画舫录》，云：苏州顾以恭与教师张仲芳同谱。盖谱工尺非其所作也。）

《风云记》一本。（见《词馀丛话》。）

《财星照》一本。（见传钞本。）

右三百七十二种，无名氏撰。

附录

《鸳鸯绦》一本。（明海来道人撰。）

《五色石》一本。（国朝徐述夔撰。）

《广爰书》一本。（三吴居士撰。）

《喜逢春》一本。（无名氏撰。）

《编行堂杂剧》。（国朝金堡撰。）

《十种传奇》。（清笑生撰。）

右六种，见《禁书总目》。此外，尚有《太白剑》，明姚康撰；《桃笑迹》，明宫抚辰撰；《三清石》，郭良镛撰；《楚天长》，张万年撰；《香雪庵》，许如兰撰。此五种，亦似传奇名目，第书既奉禁，故附录其目于末。

卷六　杂剧传奇总集部

杂剧传奇总集部（一人所著，总集不录。）

《元曲选》一百卷。（俗名《元人百种曲》。）

　　明臧懋循编。循，字晋叔，吴兴人。万历庚辰进士，官南京国子监博士。《静志居诗话》：晋叔尝从黄州刘延伯借元人杂剧二百五十种，又购得杨廉夫《仙游》、《梦游》、《侠游》、《冥游》弹词，悉镂版以行。此书所录，亦不尽元人之作，中如王子一、谷子敬、贾仲名、杨文奎，据《太和正音谱》，皆明初人也。卷首所录，亦本《太和正音谱》。

《元人杂剧选》三十卷。

　　明万历戊戌，息机子编刻。内二十八卷与《元曲选》复出，唯罗贯中《龙虎风云会》、无名氏《符金锭》二种为《元曲选》所未刻。

《古名家杂剧》八集，《续古名家杂剧》五集，共五十二卷。

　　明陈与郊编刻。亦多与《元曲选》复出，并刊及徐渭、汪道昆之作。

《盛明杂剧》二集，共六十卷。

　　明沈泰撰。泰，字林宗，杭州人。

《六十种曲》一百二十卷。

　　明毛晋编。晋，原名凤苞，字子晋，常熟人。

小令套数部（元初名公，均有小令套数。今见于总集、曲谱者，殆人人有之。然专集之散佚，较杂剧尤甚，兹仅录元、明名家之有集名者如右。）

《云庄乐府》一卷。（见《也是园书目》。）

　　元张养浩撰。养浩，字希孟，号云庄，济南人。官至陕西省行台中丞，谥文忠。《元史》有传。

（《太和正音谱》：张云庄之词，如玉树临风。）

《诗酒馀音》（见《录鬼簿》。）

　　元曾瑞撰。瑞，字里见卷二。

《本道斋乐府小稿》（同上。）

　　元吴本撰。本，字中立，杭州人。

《金缕新声》（同上。）

　　元吴宏道撰。字里见卷二。

《醉边馀兴》（同上。）

　　元钱霖撰。霖，字子云，松江人，后为黄冠，更名抱素，号素庵。又有《渔樵谱》，杨维桢为之作序，见《铁崖文集》。

《九山乐府》（同上。）

　　元顾德润撰。德润，字君泽，松江人，以杭州路吏迁平江。

《升平乐府》（同上。）

　　元朱凯撰。凯，字里见卷二。

《月湖今乐府》（见《杨铁崖文集》。）

　　元周□□撰。周，号月湖，四明人。

《沈氏今乐府》（同上。）

　　元沈□□撰。沈，字子厚，吴兴人。

《北曲联乐府》三卷、《外集》一卷、《补遗》一卷（元刊本。）

《吴盐》一卷、《苏堤渔唱》一卷。（见《录鬼簿》。）

《张小山小令》二卷。（明李开先辑本。）

　　右张可久撰。可久，字伯远，号小山，庆元人，以路吏转首领官。

　　（《太和正音谱》："张小山之词，如瑶天笙鹤。"又云："其词清而丽，华而不艳，有不吃烟火食气。真可谓不羁之材；若披太华之仙风，招蓬莱之海月，诚词林之宗匠也。当以九方皋之眼相之。"）

《惺惺道人乐府》一卷。（明李开先刊本。）

　　元乔吉撰。字里见卷二。

《小隐馀音》一卷、《云林清赏》一卷。（见卢文弨《补辽金元三史艺文志》。）

　　元汪元亨撰。

《双溪醉隐乐府》十一册。（同上。）

　　元耶律铸撰。

《夹漈馀声乐府》一卷。（同上。）

　　元郑构次撰。构次，字子经，兴化人。

《乐府》一卷。（同上。）

　　元冯华撰。

《竹窗乐府》。（共八套，附见《竹窗词》。）

　　元沈禧撰。禧，字廷锡，吴兴人。

《诚斋乐府》七册。（见朱睦㮮《万卷堂书目》。　《振绮堂书目》作十册。）

　　明周宪王有燉撰。

《侨庵小令》一卷。（见曹寅《楝亭书目》。）

　　明李祯撰。祯，字昌祺，庐陵人，官至河南左布政。

《碧山乐府》一卷、续一卷，《洗东乐府》二卷，《和李中麓词》一卷。（前四卷见《善本书室藏书志》，后一卷见传刻本，《提要》所云五卷，或并举之。）

　　明王九思撰。字里见卷三。

　　（《艺苑卮言》：王渼陂所为《折桂令》云："望东华人乱拥，紫罗襕老尽英雄。"此是名语。又有一词云："暗想东华，五夜清霜寒驻马。寻思别驾，一天风雪晓排衙。"句特轩爽，四押亦佳，而"暗想"、"寻思"四字不称，乃知完璧之难也。）

《南峰乐府》一卷。（见王闻远《孝慈堂书目》。）

　　明杨循吉撰。循吉，字君谦，吴县人。官礼部主事，乞归。

　　（《静志居诗话》：康陵南巡，君谦为伶人臧贤所荐，冠武人冠，见帝。应制，赋《打虎曲》，称旨。恒在御前填词，与俳优杂处，乃谋于贤，请急放归。）

《陶情乐府》二卷。（见《艺苑卮言》及《善本书室藏书志》。）

《十段锦词》二册。（见《澹生堂书目》。）

　　右明杨慎撰。字里见卷三。

《西楼乐府》一卷。（见《善本书室藏书志》。）

　　明王磐撰。磐，字鸿渐，号舜耕，高邮人。

（《艺苑卮言》：舜耕词，颇警健，工题赠，善调谑，而浅于风人之致。）

《一笑散》一卷。（见《也是园书目》。）

　　明李开先撰。周亮工《赖古堂集·章邱追怀李中麓前辈诗》自注：公所著杂剧，如《园林午梦》类，总名曰《一笑散》。然《园林午梦》不似杂剧题目。又，《也是园书目》不列之杂剧中，而列之《词林摘艳》、《盛世新声》之前。此二书皆选录小令套数，则《一笑散》疑亦中麓自集录其小令套数之作也。

《海浮山堂词稿》四卷。（嘉靖丙寅刊本。）

　　明冯惟敏撰。字里见卷三。

《楼居乐府》。（见《艺苑卮言》。）

《写情集》二卷。（附正德本《常评事集》后。）

　　明常伦撰。伦，字明卿，沁水人，官大理寺评事，迁宁羌州知州。

《江东白苎》二卷、《续稿》二卷。（见《善本书室藏书志》。）

　　明梁辰鱼撰。字里见卷三。

《花影集乐府》五卷。（见传刻本。）

　　明施绍莘撰。绍莘，字子野，嘉兴人。

《清明曲》一卷。（见曹寅《楝亭书目》。）

　　明陈继儒撰。继儒，字仲醇，号眉公，华亭人。

《清江渔谱》一册。（同上。）

《杨夫人乐府》。（见《澹生堂书目》。　《明史·艺文志》有《杨夫人词曲》五卷，殆升庵妻黄氏之作也。）

《义山乐府》一卷。

《清溪乐府》一卷。

《缶歌》一卷。

《闲情杂拟》一卷。（右四种，见《也是园书目》。）

　　右六种明人撰。名氏无考。（以上专集。）

《朝野新声太平乐府》九卷。（元至正刊本。见《四库存目》。）

　　元杨朝英编。朝英，号澹斋，青城人。此书前三卷为小令，后五卷为套数。

《乐府新编阳春白雪》前集五卷，后集五卷。（元刊本。 南陵徐氏景元本。）

　　元杨朝英编。前六卷小令，后四卷套数。

《北雅》三卷。（见曹寅《楝亭书目》。）

　　明宁王权编。有具区冯梦祯序。

《雍熙乐府》二十卷。

　　《提要》云："旧本题海西广氏编。"曹寅《楝亭书目》云："明苍岩郭□辑。"今所传者有嘉靖庚子、嘉靖丙寅两刻本。庚子本前有楚愍王显榕序，丙寅本前有安肃春山序，皆不言何人所编。案，日本毛利侯《草月楼书目》有："《雍熙乐府》十六卷，明郭勋编。"案，勋，明武定侯郭英曾孙，正德初嗣侯，嘉靖十九年进翊国公，加太师，后有罪下狱死。史称其桀黠有智数，颇涉书史，则此书必其所编也。《明史》附见《郭英传》。又，明嘉靖本《草堂诗馀》末一行曰："安肃荆聚校刊。"下有印记，曰："春山居士。"则春山，乃荆聚别字。附识于此。此书前十五卷以宫调分曲，多选套数，亦入杂剧；十五卷后半至二十卷，则录南曲及只曲。《四库》著录十三卷本，未足。

《北宫词纪》六卷，《南宫词纪》六卷。（明刻本。）

　　明陈所闻编。所闻，字盖卿，金陵人。此书专选元、明人套数。

《白雪斋吴骚合编》四卷。（见《楝亭书目》。）

　　明骚隐居士张旭初序并辑。旭初，字楚叔。

《彩笔情词》六卷。（同上。）

　　明张栩序选。

《四词宗合刻》八册。（同上。）

　　明汪廷讷序，辑冯海粟、金白屿、王西楼、梁少白四家词曲。海粟，名子振，攸州人，元集贤待制。白屿，名銮明，金陵人。梁，名里见卷三。

《南北宫词》十八卷。（《南词》六卷，《北词》六卷，《北词别集》

六卷。）

　　《中州元气》十册。

　　《仙音妙选》。

　　《曲海》。

　　《百一选曲》。

　　《乐府群珠》。

　　《乐府群玉》。

　　《自然集》一卷。（皆道曲。　上九种见钱大昕《补元史·艺文志》。）

　　《乐府新声》三卷。（见常熟瞿氏《铁琴铜剑楼藏书目录》。）

　　《诸家晏燕词》三十册。

　　《戏曲大全》三册。

　　《风月锦囊》一册。

　　《选唱赚词》一册。

　　《十英曲会》二册。

　　《名贤珠玉集》一册。（上六种，见《菉竹堂书目》。）

　　《词林摘艳》十卷。

　　《盛世新声》十二卷。

　　《南北词广均选》十九卷。

　　《南北宫词纪年》一卷。（右见《也是园书目》。）

　　《明朝乐章》。

　　《词林逸响》。（右见《南词定律》。）

　　　　右二十一种，元、明无名氏撰。（以上总集。）

曲 谱 部

《乐府混成集》一百五册。（见钱大昕《补元史·艺文志》。）

　　宋修内司编。周密《齐东野语》云：《混成集》，修内司所刊本，巨帙百余，古今歌词之谱靡不备具。只大曲一类凡数百解，他可知矣。然有谱无词者居半，《霓裳》一曲共三十六段。尝闻紫霞翁云："幼日随其祖郡王曲宴禁中，太后令内人歌之，凡用三十人，每番十人，奏音极高妙。翁一日自品象管，作数声，真有驻云落木之意，要非人间曲也。"

《太和正音谱》二卷。

明宁献王权撰。《四库全书提要》之《涵虚子词品》一卷，即此书上卷。盖《提要》所著录者，即曹溶《学海类编》本，而曹本又出于《元曲选》卷首所录，盖取谱中卷首论曲之语，别为一书也。然此谱全帙，实具载明程明善《啸馀谱》中。今以李玉《北词广正谱》所引《正音谱》数十条校之《啸馀·北曲谱》，无乎不合，知《啸馀·北曲谱》之十卷及卷首，即钞取献王全书无疑矣。钱唐丁氏善本书室，有影钞洪武刊本。

《曲律》四卷。（见《也是园书目》。）

明王伯良撰。案，徐钪《本事诗》有："王骥德，字伯良，会稽人。"

《南九宫谱》二十二卷。（明文治堂本。　《啸馀谱》本。）

明沈璟撰。璟，字里见第四卷。前有大泌山人李维桢序，谓伯英此书出于陈、白二谱。又《南词定律》所引曲谱尚有杨升庵、蒋惟忠、钮少雅、谭儒卿、冯犹龙、张心其诸家，今悉无考。

《南音三籁》二卷。

《南北字辨》一卷。（右见《也是园书目》。）

《骷髅格》。（见《南词定律》。）

右四种，明无名氏撰。

《钦定曲谱》十四卷。（殿本。）

康熙五十四（年），詹事王奕清等奉敕撰。首载诸家论说及《九宫谱定论》一卷，次《北曲谱》四卷，次《南曲谱》八卷，次以《失宫犯调诸曲》别为一卷。

《北词广正谱》十八帙。（内歇指调、宫调、角调三帙，原缺。）

国朝李玉撰。玉，字里见卷五。

《曲谱大成》。（见庄亲王《九宫大成谱》所引。）

无名氏撰。

《随园曲谱》。（见《南词定律序》。）

国朝胡介祉撰。介祉，字里见卷五。

《南词定律》十三卷。（内府本。）

国朝吕士雄、杨绪、刘璜、唐尚信合撰。士雄，字子乾；璜，字子秀；尚信，字心如，均苏州人。绪，字震英，钱塘人。前有康熙五十九年“恕园主人”序；主人，当时藩邸也。

《九宫大成南北词宫谱》八十卷，闰一卷。（内府本。）

国朝庄亲王撰。乾隆七年，庄亲王奉敕编辑《律吕正义》，因成此书。编辑者周祥钰、邹金生，分纂者徐兴华、王文禄，参定者徐应龙、朱廷镠也。

《太古传宗》六卷。（内府本。）

国朝庄亲王撰。内《西厢谱》二卷、《琵琶诸宫调谱》二卷、《时剧谱》二卷，专为唱曲者作也。

《纳书楹四梦谱》八卷，又《曲谱正集》四卷，外集二卷，续集四卷，补遗四卷。（自刻本。）

国朝叶堂撰。堂，字广明，一字广平，长洲人。此书不分宫调，专注工尺，但供唱曲之用，非为制曲之用也。

曲 韵 部

《菉斐轩词林韵释》一卷。（《词学丛书》本、《粤雅堂丛书》本、南陵徐氏景宋本。）

宋无名氏撰。厉鹗《樊榭山房集》：论词绝句，欲呼南渡诸公，起韵本重雕。菉斐轩自注云：绍兴二年，菉斐轩刊本《词林韵释》，分东、红、邦、阳等十九韵，与元周德清《中原音韵》略同，以上、去、入三声配隶平声，与宋沈义父《东府指迷》相合。而江都秦恩复《词林韵释·跋》，疑此书出于元明之季，谬托南宋初年刊本。又疑专为北曲而设，或即《大晟乐府》之遗意。然今日所存宋人大曲，如王明清《王照新志》所载曾布《水调歌头》，曾慥《乐府雅词》所选董颖道《宫薄媚》，亦有四声通押者，殆为大曲而设，况有流传宋本足据也。

《中州音韵》一卷。（《啸馀谱》本。）

元卓从之撰。《啸馀韵谱》凡例云：《中州韵》，宋太祖时所编。其说无稽，兹从《也是园书目》，定为卓从之撰。

《中原音韵》一卷。(同上。)

元周德清撰。德清，字挺斋，高安人。此书分部与《中州音韵》同，而平声独分阴阳，末附务头。《正语作词起例》专论务头及作词法。

《增注中原音韵》一卷。(见《也是园书目》。)

明王文璧撰。

《合并卓周韵》一卷。(同上。)

无名氏撰。

《三声韵》一卷。(同上。)

无名氏撰。

《琼林雅韵》二卷。(见《四库全书提要》。)

明宁献王权撰。

《音韵须知》二卷。(内府刊本。)

国朝李书云、朱素臣撰。素臣，见上卷。书云，名宗孔，江都人。顺治丁亥进士，由部郎授御史，进给事中、大理寺少卿。

曲　目　部

《录鬼簿》二卷。(栋亭十二种本。)

元钟嗣成撰。嗣成，字里见卷二。此书上卷，录已死名公所制杂剧，下卷则录其相知之人所制曲；每人系以小传，且作《凌波曲》以吊之。今嗣成所撰杂剧不传，其曲之存于今者，仅《雍熙乐府》中所选一小套、《北词广正谱》中小令一阕，及此书中小令十九阕耳。然此书以录曲为主，故列于此。

《曲品》三卷。(旧钞本。)

明吕天成撰。天成，字勤之，号郁蓝生，会稽人。此书上卷分明中叶以前曲家为神品、妙品、能品、具品四等，又分别明季曲家为九等。中卷专录传奇名目。下卷则就各家所制传奇，仍从上卷所分之次序而细评之。此与《录鬼簿》均非曲目之书，以可资参考，故列于此。

《新传奇品》一卷。（旧钞本。）

国朝高奕撰。奕，字里见上卷。此书系续《曲品》而作，旧钞本误装于《曲品》中卷之下、下卷之上，余为更定。盖《曲品》作于明万历间，而奕则已入国朝矣。各人各著评语，并录其所制曲，又与《曲品》体例略殊。

《传奇汇考》十册。（无卷数，旧钞残本。）

国朝无名氏撰。此书第一册为总目录，第二册至第四册共一目，第五册至第十册共一目。二册以下皆就各曲本撮其大略，并考其与正史及他书合否，考核颇详，而见解殊陋。且分目所载亦与总目有出入，校之总目所漏尚多。或总目尽著录所知之本，而分目仅就所见之本考之欤？

《曲考》。

国朝焦循撰。循，字里堂，江都人。此书《里堂丛书》中未曾刊入，仅见李斗《扬州画舫录》征引书中所录杂剧、传奇数十种，以补黄文旸《曲海目》之所未备耳。

《曲海》二十卷。

国朝黄文旸撰。文旸，字时若，号平山，江都人。乾隆丁酉，巡盐御史伊龄阿奉旨，于扬州设局修改曲剧，凡四年，事竣。总校黄文旸，李经分校，凌廷堪、程枚、陈治、荆汝为修改。既成，文旸著有《曲海》二十卷，其序目云："乾隆辛丑间，奉旨修改古今词曲。余受盐使者聘，得与修改之列，兼总校。苏州织造进呈词曲，因得尽阅古今杂剧、传奇。追忆其盛，拟将古今作者各撮其关目大概，勒成一书。既成，为总目一卷以记其人之姓氏。然作是事者，多自隐其名，而妄作者，又多伪托名流以欺世。且其时代先后，尤难考核，即此总目之成，已非易事矣。"其目今载《扬州画舫录》中。

戏曲考源

楚词之作,《沧浪》、《凤兮》二歌先之;诗馀之兴,齐、梁小乐府先之;独戏曲一体,崛起于金、元之间,于是有疑其出自异域,而与前此之文学无关系者,此又不然。尝考其变迁之迹,皆在有宋一代;不过因金、元人音乐上之嗜好,而日益发达耳。

戏曲者,谓以歌舞演故事也。古乐府中,如《焦仲卿妻》诗、《木兰辞》、《长恨歌》等,虽咏故事,而不被之歌舞,非戏曲也。〔柘枝〕、〔菩萨蛮〕之队,虽合歌舞,而不演故事,亦非戏曲也。唯汉之角抵,于鱼龙百戏外,兼搬演古人物。张衡《西京赋》曰:"东海黄公,赤刀粤祝,冀厌白虎,卒不能救。"又曰:"总会仙倡,戏豹舞罴,白虎鼓瑟,苍龙吹箎,女娥坐而长歌,声清畅以逶蛇;洪崖立而指麾,被羽毛之襳襹。度曲未终,云起雪飞。"则所搬演之人物,且自歌舞。然所演者实仙怪之事,不得云故事也。演故事者,始于唐之大面、拨头、踏摇娘等戏。代面(即大面),出于北齐。北齐兰陵王长恭,才武而面美,常著假面以对敌。尝击周师金墉城下,勇冠三军,齐人壮之,为此舞,以效其指麾击刺之容,谓之《兰陵王入阵曲》。拨头,出西域。胡人为猛兽所噬,其子求兽杀之,为此舞以象之也。踏摇娘,生于隋末。隋末,河内有人,貌恶,而嗜酒,常自号郎中。醉归必殴其妻。其妻美色,善歌,为怨苦为辞。河朔演其曲而被之弦管,因写其夫之容,妻悲诉,每摇顿其身,故号踏摇娘(右见《旧唐书·音乐志》,《乐府杂录》及《教坊记》,所载略同)。及昭宗光化中,孙德昭之徒及刘季述,始作《樊哙排闼》剧(宋陈旸《乐书》第一百八十六卷)。唐时戏剧可考者仅此。至宋初,搬演较为任意。宋孔道辅奉使契丹，契丹宴使者，优人以文宣王为戏，道辅艴然径出（《宋史·孔道辅传》）。又祥符、天禧中，杨大年、钱文僖、晏元献、刘子仪以文章立朝，为诗皆宗李义山，后进多窃义山语句。尝内宴，优人有为义山者，衣服败裂，告人曰：吾为诸馆职掯扯至此。闻者欢笑（刘攽《中山诗话》）。至南宋时，洪迈《夷坚志》，叶绍翁《四朝闻见录》所载优伶调谑之事，尚与此相类。虽搬演古人物，然果有歌词与故事否？若有歌词，果与故事相应否？今不可考。要之，此时尚无金、元间所谓戏曲，则固可决也。

杂剧之名，始起于宋。宋制：每春秋圣节三大宴，小儿队、女弟子队，各进杂剧。队舞及杂剧之制，具见《宋史·乐志》及宋孟元老《东京梦华录》。《宋志》谓舞队之制，其名各十。小儿队凡七十二人，女弟子队凡一百五十人。每春秋圣节三大宴，其第一，皇帝升座，宰相进酒，庭中吹觱篥，以众乐和之。赐群臣酒，皆就座。宰相饮，作〔倾杯〕，百官饮，作〔三台〕。第二，皇帝再举酒，群臣立于席后，乐以歌起。第三，皇帝举酒如第二之制，以次进食。第四，百戏皆作。第五，皇帝举酒如第二之制。第六，乐工致辞，继以诗一章，谓之口号，皆述德美及中外蹈咏之情。第七，合奏大曲。第八，皇帝举酒，殿上独弹琵琶。第九，小儿队舞，亦致辞以述德美。第十，杂剧。罢，皇帝起更衣。第十一，皇帝再坐，举酒，殿上独吹笙。第十二，蹴踘。第十三，皇帝举酒，殿上独弹筝。第十四，女弟子队舞，亦致辞，如小儿队。第十五，杂剧。第十六，皇帝举酒，如第二之制。第十七，奏鼓吹曲，或用法曲，或用龟兹。第十八，皇帝举酒，如第二之制。第十九，用角抵。宴毕，而队舞制度，《东京梦华录》所载尤详。初，参军色作语，勾小儿队舞。小儿各选年十二三者，二百余人，列四行；每行队头一名，四人簇拥，并小隐士帽。著绯、绿、紫、青生色花衫，上领四契义襕，束带，各执花枝排定。先有四人，裹卷脚帕头，紫衫者，擎一彩殿子，内金贴字牌，擂鼓而进，谓之队名。牌上有一联，谓如"九韶翔彩凤，八佾舞青鸾"之句。乐部举乐，小儿队舞步进前，直叩殿陛。参军色作语问，小儿班首近前进口号。杂剧人皆打和，毕。乐作，群舞合唱。且舞且唱。又唱破子毕，小儿班首入，进致语；勾杂剧入场，一场两段。内殿杂戏，为有使人在座，不敢深作谐谑，惟用群队，装其似像，市语谓之拽串。杂戏毕，参军色作语，放小儿队。又群舞〔应天长〕曲子，出场。女弟子队舞，杂剧，与小儿略同，唯节次稍多。此徽宗圣节典礼也。若宴辽使，其典礼与三大宴同，惟无后场杂剧，及女弟子舞队。辽宴宋使，则酒一行，觱篥起歌。酒二行，歌。酒三行，歌，手伎入。酒四行，琵琶独弹，饼茶致语，食入，杂剧进（《辽史·乐志》）。由此观之，则宋之搬演李义山，辽之搬演文宣王，既在宴时，其为杂剧，无可疑也。

杂剧亦有歌词。《宋史·乐志》谓"真宗不喜郑声，而或为杂剧辞，未尝宣布于外"是也。其词如何，今不可考。唯三大宴之致辞，则由文臣为之。故宋人集中多乐语一种，又谓之致语，又谓之念语。兹录苏子瞻《兴龙节集英殿宴乐语》，如左节：

教坊致语

臣闻帝武造周，已兆兴王之迹；日符祚汉，实开受命之祥。非天私我有邦，惟圣乃作神主，仰止诞弥之庆，集于建丑之正，端玉履庭，爰讲比邻之好，虎臣在泮，复通西域之琛。式燕示慈，与人均福。恭维皇帝陛下，睿思冠古，濬哲自天，焕乎有文，日讲六经之训，述而不作，思齐累圣之仁，夷夏宅心，神人协德，卜年七百，方过历以承天，有臣三千，咸一心而戴后，彤庭振万，玉座传觞，诵干戈载戢之诗，作君臣相说之乐。斯民何幸，白首太平！臣猥以微生，亲逢盛旦，始庆猗兰之会，愿赓击壤之音。下采民言，上陈口号。

口号

凛凛重瞳日月新，四方惊喜识天人，共知若木初生旦，且种蟠桃不计春。请使黑山归属国，给扶黄发拜严宸。紫皇应在红云里，试问清都侍从臣。

勾合曲

祝尧之寿，既馨于欢谣，众舜之功，愿观于备乐。羽旄在列，笙磬同音，上奉严宸，教坊合曲。

勾小儿队

鱼龙奏技，毕陈诡异之观；髫龀成童，各效回旋之妙。嘉其尚幼，有此良心，仰奉宸慈，教坊小儿入队。

队名

"两阶陈羽籥，万国走梯航"乐队。

问小儿队

工师在列，各怀自献之能；侲子盈庭，必有可观之伎。未知来意，宜悉奏陈。

小儿致语

臣闻生民以来，未有祖宗之仁厚。上帝所眷，锡以神圣之子孙，孚佑下民，笃生我后。瞻舜瞳之日月，望尧颡之山河。若帝之初，达四聪于无外，如川方至，倾万宇以来同，恭维皇帝陛下，齐圣广渊，刚健笃实，识文武之大者，体仁孝于自然。歌诗思齐，见文王之所以圣；诵书无逸，法中宗之不敢康。诞日载临，舆情共祝，神策授万年之算，洛书开五福之祥。臣等嬉游天街，沐浴王化，欲陈舞蹈之意，不知手足之随。未敢自专，伏取进止。

勾杂剧

金奏铿鏦，既度九韶之曲；霓裳合散，又陈八佾之仪。舞缀暂停，优伶间作。再调丝竹，杂剧来欤！

放小儿队

游童率舞，逐物性之熙怡；小技毕陈，识天颜之广大。清歌既阕，叠鼓频催，再拜天街，相将归去。

勾女童队

垂鬟在列，敛袂稍前，岂知北里之微，敢献南山之寿。霓旌坌集，金奏方谐，上奉威颜，两军女童入队。

队名

"君臣千载遇，歌舞万方同"乐队。

问女童队

掺挝屡作，旌夏前临，顾游女之何能，造彤庭而献技。欲知。

来意，宜悉奏陈。

女童致语

妾闻瑞凤来祥，共纪生商之兆，群龙下集，适同浴佛之辰。佳气充庭，和声载路，辇出房而雷动，扇交翟以云开，喜动人天，春回草木。恭维皇帝陛下，凝神昭旷，受命穆清，三后在天，宜兴王之世有；四人迪哲，知享国之无穷。乃眷良辰，欲均景福，庭设九宾之礼，乐歌四牡之章。妾等幸觐昌期，获瞻文陛，虽乏流风之妙，愿输率舞之诚。未敢自专，伏候进止。

勾杂剧

清净自化，虽莫测于宸心，诙笑杂陈，示俯同于众乐。金丝再举，杂剧来欤！

放女童队

分庭久立，渐移爱日之阴；振袂再成，曲尽回风之态。龙楼却望，鼍鼓频催。再拜天阶，相将归去。

天子大宴之典如是，民间宴会之伎乐，当仿此而稍简略。故乐语一种，凡婚嫁、宴享落成时，均用之。更有于勾队、放队外，兼作舞词者，秦观、晁无咎、毛滂、郑仅等之《调笑转踏》是也。兹录郑仅之《调笑转踏》如左：

调笑转踏

良辰易失，信四者之难并；佳客相逢，实一时之盛事。用陈妙曲，上佐清欢。女伴相将，调笑入队。（此与《乐语》之勾队相当。少游作，此下尚有口号一首。）

秦楼有女字罗敷，二十未满十五余。金镮约腕携笼去，攀枝折叶城南隅。使君春思如飞絮，五马徘徊芳草路。东风吹鬓不可侵，日晚蚕饥欲归去。

归去，携笼女。南陌柔桑三月暮，使君春思如飞絮，五马徘徊频驻。蚕饥日晚空留顾，笑指秦楼归去。

石城女子名莫愁，家住石城西渡头。拾翠每寻芳草路，采莲暗过白蘋洲。五陵豪客青楼上，醉倒金壶待清唱，风高天阔白浪飞，急催艇子摇双桨。

双桨，小舟荡。唤取莫愁迎叠浪。五陵豪客青楼上，不道风
高江广。千金难买倾城样，那听绕梁清唱。

　　绣户珠帘翠幕张，主人置酒宴华堂。相如年少多才调，消得文君
暗断肠。断肠初认琴心挑，么弦暗写相思调。从来万事不关心，此度
伤心何草草。

草草，最年少。绣户银屏人窈窕。瑶琴暗写相思调，一曲关
心多少！临邛客舍成都道，若恨相逢不早。

　　湲湲流水武陵溪，洞里春长日月迟。红英满地无人扫，此度刘郎
去后迷。行行渐入清流浅，香风引到神仙馆。琼浆一饮觉身轻，玉砌
云房瑞烟暖。

烟暖，武陵晚。洞里春长花烂漫。红英满地溪流浅，渐听云
中鸡犬。刘郎迷路香风远，误到蓬莱仙馆。（此下尚有九诗、九曲，
分咏各事，以句调相同，故略之。）

放　队
　　新词宛转递相传，振袖倾鬟风露前，月落乌啼云雨散，游人陌上
拾花钿。

　　今以之与《乐语》相比较，则《乐语》但勾放舞队，而不为之
制词；而转踏不独定所搬演之人物，并作舞词。唯阕数之多少，则无
一定。如上郑仅之〔调笑〕，多至十三阕；秦、毛二家各八阕，而晁
无咎作，则仅七阕耳（秦、晁、郑三家〔调笑〕，均见《乐府雅词》，毛作
见《宋六十一家词·东堂词》中）。其但作句（按即勾，下同）队遣队辞，
而不为作歌者，亦有之，如洪适之《句降黄龙舞》及《句南吕薄
媚舞》是也（见《盘州文集》卷七十八）。然诸家〔调笑〕，虽合多曲而
成，然一曲分咏一事，非就一人一事之首尾而咏之也。惟石曼卿作
《拂霓裳转踏》，述开元天宝遗事（见王灼《碧鸡漫志》卷三），是为合
数阕咏一事之始。今其辞不传，传者惟赵德麟（令畤）之商调〔蝶恋
花〕，述《会真记》事，凡十阕，并置原文于曲前；又以一阕起，一
阕结，之视后世戏曲之格律，几于具体而微。德麟于子瞻守颍州时，

为其属官，至绍兴初尚存。其词作于何时，虽不可考，要在元祐之后，靖康之前。原词具载《侯鲭录》中，录之如左：

> 夫传奇者，唐元微之所述也。以不载于本集而出于小说，或疑其非是。今观其词，自非大手笔，孰能与于此？至今士大夫极谈幽元，访奇述异，莫不举此，以为美谈。至于倡优女子，皆能调说大略。惜乎，不比之以音律，故不能播之声乐，形之管弦。好事君子，极宴肆欢之余，愿一听其说，或举其末而忘其本，或纪其略而不及终其篇，此吾曹之所共恨者也！今因暇日，详观其文，略其烦亵，分之为十章。每章之下，属之以词。或全摭其文，或止取其意；又别为一曲，载之传前，先叙全篇之意。调曰商调，曲名〔蝶恋花〕，句句言情，篇篇见意。奉劳歌伴，先听格调，后听芜词。

丽质金娥生玉殿，谪向人间，未免凡情乱。宋玉墙东流美盼，乱花深处曾相见。　　密意浓欢方有便，不奈浮名，便遣轻分散。最恨多才情太浅，等闲不念离人怨。

> 传曰：余所善张君，性温茂，美风仪，寓于蒲之普救寺。适有崔氏孀妇，将归长安，路出于蒲，亦止兹寺。崔氏妇，郑女也。张出于郑，叙其女，乃异派之从母。是岁，丁文雅不善于军，军之徒因大扰，劫掠蒲人。崔氏之家，财产甚厚，惶骇不知所措。张与将之党有善，请吏护之，遂不及难。郑厚张之德，因饰馔以命张，谓曰："姨之孤嫠未亡，提携弱子幼女，犹君之所生也。岂可比常恩哉！今俾以仁兄之礼奉见。"乃命其子曰欢郎，女曰莺莺，出拜尔兄。崔辞以疾，郑怒曰："张兄保尔之命，宁复远嫌乎？"又久之，乃至，常服睟容，不加新饰，垂鬟浅黛，双脸桃红而已，颜色艳异，光辉动人。张惊为之礼，因坐郑旁，凝睇丽绝，若不胜其体。张问其年几？郑曰：十七岁矣。张生稍以词导之，宛不蒙对，终席而罢。奉劳歌伴，再和前声。

锦额重帘深几许，绣履弯弯，未省离朱户。强出娇羞都不语，绛绡频掩酥胸素。　　黛浅愁深妆淡注，怨绝情凝，不肯聊回顾。媚脸未匀新泪污，梅英犹带春朝露。

> 张生由是拳拳，愿致其情，无由得也。崔之侍儿曰红娘，私为之礼者数四矣。间遂道其衷。翌日，红娘复至，曰："郎之言所不敢忘。

崔之族姻，君所详知，何不因媒而求聘焉?"张曰："余始自孩提之时，性不苟合。昨日一夕间，几不自持。数日以来，行忘止，食忘饱，恐不逾旦莫! 若因媒而娶，则数月之间，索我于枯鱼之肆矣。"红娘曰："崔之贞顺自保，虽所尊不能以非语犯之，然而善属文，往往沉吟章句，怨慕者久之;君试为谕情诗以乱之，不然，无由得也。"张大喜，立缀春词二首以授之。奉劳歌伴，再和前声。

懊恼娇娘情未惯，不道看看，役得人肠断。万语千言都不管，兰房跬步如天远。　　废寝忘餐思想遍，赖有青鸾，不比凭鱼雁。密写香笺论缱绻，春词一纸芳心乱。

是夕，红娘复至，持彩笺以授张，曰："崔所命也。"题其篇曰，"明月三五夜"，其词曰："待月西厢下，临风户半开。隔墙花影动，疑是玉人来。"奉劳歌伴，再和前声。

庭院黄昏春雨霁，一缕深心，百种成牵系。青翼蓦然来报喜，花笺微谕相容意。　　待月西厢人不寐，帘影摇光，朱户犹慵闭。花动拂墙红萼坠，分明疑是情人至。

张亦微喻其旨。是岁二月十四日矣。崔之东墙，有杏花一株，攀援可逾。既望之夕，张因其所而逾焉。达于西厢，则户果半开。良久，红娘复来，连曰："至矣，至矣!"张生且喜且骇，心谓得之矣。及乎至，则端神丽容，大数张曰："兄之恩，活我家者厚矣，由是慈母以弱子幼女见依，奈何因不令之婢，致淫泆之词，始以护人之乱为义，而始掠乱以求之。是以乱易乱，其去几何! 诚欲寝其词，以保人之奸，不正;明之母，则背人之惠，不祥;是用托于短章，愿自陈启。犹惧兄之见难，故用鄙靡之词，以求必至，非礼之动，能不愧心? 特愿以礼自持，无及于乱!"言毕，翻然而逝。张自失久之，复逾而出。由是绝望矣。奉劳歌伴，再和前声。

屈指幽期惟恐误，恰到春宵，明月当三五。红影压墙花密处，花阴便是桃源路。　　不谓兰诚金石固，敛袂怡声，恣把多才数。惆怅空回谁共语? 只应化作朝云去。

后数日，张君临轩独寝，惊欬而起，则红娘敛衾携枕而至，抚张曰："至矣，至矣，睡何为哉!"并枕重衾而去。张生拭目危坐者久之，犹疑梦寐。俄而，红娘捧崔而至，娇羞融冶，力不能运肢体。向时之端丽不复同矣。是夕，旬有八日矣。斜月晶荧，幽辉半床，张生飘飘然，且疑神仙之徒，不谓从人间至也。有顷，寺钟鸣晓，红娘促去，崔氏娇啼宛转，红娘又捧而去。终夕无言。张生自疑于心曰："岂其梦耶？"所可明者，妆在臂，香在衣，泪光荧荧然，犹莹于茵席而已。奉劳歌伴，再和前声。

数夕孤眠如度岁，将谓今生，会合终无计。正是断肠凝望际，云心捧得〔常〕（嫦）娥至。玉困花柔羞抆泪，端丽妖娆，不与前时比。人去月斜疑梦寐，衣香犹在妆留臂。

此后又十数日，杳不相知。张生赋《会真诗》三十韵，未毕，而红娘至。因授之以贻崔氏。自是复容之。朝隐而出，暮隐而入，同安于向所谓西厢者一月矣。张生将往长安，先以情喻之，崔氏宛无难词，然愁怨之容动人矣。欲行之再夕，不可复见，而张生遂西。奉劳歌伴，再和前声。

一梦行云还暂阻，尽把深诚，缀作新诗句；幸有青鸾堪密付，良宵从此无虚度。　　两意相欢朝又莫，不奈郎鞭，暂指长安路。最是动人情怨处，离情盈抱终无语。

不数月，张生复游于蒲，舍于崔氏者，又累月。张生雅知崔氏善属文，求索再三，终不可见。虽待张之意甚厚，然而未尝以词继之。异时，独夜操琴，愁弄凄恻，张窃听之，求之，则不复鼓矣。张生以文调及期，又当西去；当去之夕，崔恭貌怡声，徐谓张曰："始乱之，今弃之，固其宜矣！愚不敢恨，必也君终之，亦君之惠也，又何必深感于此行！然则君既不怿，无以奉宁，君尝谓我善鼓琴，今且往矣。"既达君此诚，因命拂琴，鼓〔霓裳羽衣序〕，不数声，哀音怨乱。不复知其是曲。左右皆歔欷。崔投琴拥面泣下，趋归郑所，遂不复至。奉劳歌伴，再和前声。

碧沼鸳鸯交颈舞，正恁双栖，又遣分飞去。洒翰赠言终不许，援琴诉尽奴心素。　　曲未成声先怨慕，忍泪凝情，强作霓裳序。弹到离愁凄咽处，弦肠俱断梨花雨。

诘旦，张生遂行。明年，文战不利，遂止于京。因贻书于崔氏，缄报之词，粗载于此。曰：捧览来问，抚爱过深，并惠花胜一合，口脂五寸，致耀首膏唇之饰，虽荷多惠，谁复为容！伏承便于京中就业，于进修之道，固在便安。但恨鄙陋之人，永以遐弃。命也如此，又复何言！自去秋以来，忽忽如有所失，至于梦寐之间，亦与叙感咽离忧之思。绸缪缱绻，暂若寻常，幽会未终，惊魂已断。虽半衾如暖，而思之甚遥。昔中表相因，或同宴处，兄有援琴之挑，鄙无投梭之拒。及荐枕席，义盛恩深，愚幼之情，永谓终托，岂期既见君子，而不能以礼定情，致有自献之私，不复明侍巾帻，杀身永恨，含叹何言！倘若仁人用心，俯遂幽劣，虽死之日，犹生之年。或如达士略情，舍小从大，以先配为丑行，谓要盟为可欺，则当骨化形销，丹诚不泯，因风委露，犹托清尘。存殁之诚，言尽于此，临纸呜咽，情不能伸。千万珍重！奉劳歌伴，再和前声。

别后相思心目乱，不谓芳音，忽寄南来雁。却写花笺和泪卷，细书方寸教伊看。　　独寐良宵无计遣，梦里依稀，暂若寻常见。幽会未终魂已断，半衾如暖人犹远！

玉环一枚，是莺幼年所弄，寄充君子下体之佩。玉取其坚洁不渝，环取其终始不绝，兼致彩丝一约，文竹茶合碾子一□枚，此数者，物不足珍，意者，欲君子如玉之贞，鄙志如环不解，泪痕在竹，愁绪萦丝，因物达诚，永以为好。心迩身远，拜会无期，幽愤所钟，千里神合，千万珍重！春风多厉，强饭为佳。慎自保持，勿以鄙为深念也。奉劳歌伴，再和前声。

尺素重重封锦字，未尽幽闺，别后心中事。佩玉彩丝文竹器，愿君一见如深意。　　环欲长圆丝万系，竹上斓斑，总是相思泪。物会见郎人永弃，心驰魂去人千里。

张之友闻之，莫不耸异，而张之志固绝之矣。岁余，崔委身于人，张亦有所娶，适经其所，张求以外兄见之，已诺之，而崔终不为出。张君怨念之诚，动于颜色，崔知之，潜赋一诗寄张，曰："自从消瘦减容光，万转千回懒下床。不为旁人羞不起，为郎憔悴却羞郎。"然竟不之见。后数日，张君将行，崔又赋一诗以谢绝之，曰："弃置今何道，当时且自亲；还将旧来意，怜取眼前人。"奉劳歌伴，再和前声。

梦觉高唐云雨散，十二巫峰，隔断相思眼，不为旁人移步懒，为郎憔悴羞郎见。　　青翼不来孤凤怨，路失桃源，再会终无便。旧恨新愁那计遣，情深何以情俱浅？

逍遥子曰：乐天谓微之能道人意中语，仆于是益知乐天之语为当也。何则？夫崔之才华宛美，词彩艳丽，则于所载缄书诗章尽之矣。

如其都愉淫冶之态，则不可得而见，及见其文，飘飘然仿佛出于人目前。虽丹青摹写其形状，未知能如是工且至否？仆尝摭其意，撰成"鼓子词"十章，示余友何东白先生。先生曰：文则美矣，意犹有未尽者，胡不复为一章于其后，且具道张之于崔，既不能以理定其情，又不能合之于义。始相遇也，如是之笃，终相失也，如是之遽。必及于此，则全矣！余应之曰：先生真为文者矣。言必欲有始终箴戒而后已。大抵鄙靡之词，止歌其事之所可歌，不必如是之备。若夫聚散离合，亦人之常情，古今所同惜也，又况崔之始相得，而终至相失，岂得已哉！如崔已他适，而张诡计以求见，崔知张之意，而潜赋诗以谢之，其情盖有未能忘者矣。乐天曰："天长地久有时尽，此恨绵绵无绝期。"岂独主彼者耶？余因命此意，复成一阕，缀于传末。

镜破人离何处问，路隔银河，岁会知犹近。只道新来消瘦损，玉容不见空传信。　　弃掷前欢俱未忍，岂料盟言，陡顿无凭准。地久天长终有尽，绵绵不似无穷恨。

德麟此词，毛西河《词话》已视为戏曲之祖。然犹用通行词调，而宋人所歌，除词调外，尚有所谓大曲者。王灼《碧鸡漫志》曰："凡大曲，有散序、靸、排遍、攧、正攧、入破、虚催、实催、衮遍、歇拍、杀衮，始成一曲，谓之大遍。而〔凉州〕排遍，予曾见一本，有二十四段。后世就大曲制词者，类从简省；而管弦家，又不肯从首至尾吹弹，甚者，学不能尽。"云云。此种大曲，自唐已有之。如郭茂倩《乐府诗集》所载〔水调歌〕、〔凉州〕、〔伊州〕等，叠数多寡不等，皆借名人之诗以入曲。兹录〔水调歌〕十一叠，如左：

水 调 歌

第一

平沙落日大荒西，陇上明星高复低。孤山几处看烽火，壮士连营候鼓鼙。

第二

猛将关西意气多，能骑骏马弄雕戈。金鞍宝铰精神出，笛倚新翻水调歌。

第三

王孙别上绿珠轮，不羡名公乐此身。户外碧潭春洗马，楼前红烛夜迎人。

第四

陇头一段气长秋，举目萧条总是愁。只为征人多下泪，年年添作断肠流。

第五

双带仍分影，同心巧结香。不应须换彩，意欲媚浓妆。

入破第一

细草河边一雁飞，黄龙关里挂戎衣。为受明王恩宠甚，从事经年不复归。

第二

锦城丝管日纷纷，半入江风半入云。此曲只应天上有，人间能得几回闻？

第三

昨夜遥欢出建章，今朝缀赏度昭阳。传声莫闭黄金屋，为报先开白玉堂。

第四

日晚笳声咽戍楼，陇云漫漫水东流。行人万里向西去，满目关山空恨愁。

第五

千年一遇圣明朝，愿对君王舞细腰。乍可当熊任生死，谁能伴凤上云霄。

第六彻

闺烛无人影，罗屏有梦魂。近来音耗绝，终日望君门。

此种大曲，叠数既多，故于叙事尤便。于是咏事者，乃不用词调，而用大曲。《碧鸡漫志》谓："宣和初，普府守山东人王平，词学华瞻，自言得《夷则商霓裳羽衣谱》，取陈鸿、白乐天《长恨歌》

《传》，并乐天寄元微之《霓裳羽衣曲歌》，又杂取唐人小诗长句，及明皇太真事，终以微之《连昌宫词》，补缀成曲，刻板流传。曲十一段，起第四遍、第五遍、第六遍、正攧、入破、虚催、衮、实催、衮、歇拍、杀衮。"其词今不传，传者唯同时曾布所撰〔水调歌头〕大曲，咏冯燕事，见王明清《玉照新志》。如左：

水调歌头

排遍第一

魏豪有冯燕，年少客幽并，击球斗鸡为戏，游侠久知名。因避仇来东郡，元戎逼属中军，直气凌貔虎，须臾叱咤风云，懍懍座中生。　偶乘佳兴，轻裘锦带，东风跃马，往来寻访幽胜。游冶出东城，堤上莺花掩乱，香车宝马纵横。草软平沙稳，高楼两岸春风，笑语隔帘声。

排遍第二

袖笼鞭敲镫，无语独闲行。绿杨下，人初静，烟澹夕阳明。窈窕佳人，独立瑶阶，掷果潘郎，瞥见红颜横波盼，不胜娇软倚云屏。　曳红裳，频推朱户，半开还掩，似欲倚，伊哑声里，细诉深情。因遣林间青鸟，为言彼此心期，的的深相许。窃香解珮，绸缪相顾不胜情。

排遍第三

说良人滑将张婴，从来嗜酒，回家镇长酩酊。长醒，屋上鸣鸠空斗，梁间客燕相惊。谁与花为主？兰房从此，朝云夕雨两牵萦。　似游丝狂荡，随风无定。奈何岁华荏〔染〕（苒），欢计苦难凭，惟见新恩缱绻，连枝并翼，香闺日日为郎，谁知松萝托蔓，一比一毫轻。

排遍第四

一夕还家醉，开户起相迎。为郎引裾，相庇低首略潜形。情深无隐，欲郎乘间起佳兵。　授青萍，茫然抚弄，不忍欺心。尔能负心于彼，于我必无情。熟视花钿不足，刚肠终不能平。假手迎天意，一挥霜刃，窗间粉颈断瑶琼。

排遍第五

凤皇钗、宝玉凋零，惨然怅娇魂，怨饮泣吞声。还被凌波唤起，相将金谷同游，想见逢迎处，挪揄羞面，妆脸泪盈盈。

醉眠人，醒来晨起，血凝螓首，但惊喧，白邻里，骇我卒难明。致幽囚推究，覆盆无计哀鸣。丹笔终诬服，圜门驱拥，衔冤垂首欲临刑。

排遍第六　带花遍

向红尘里，有喧呼攘臂，转身辟众，莫遣人冤滥杀，张室忍偷生。僚吏惊呼呵叱，狂辞不变如初，投身属吏，慷慨吐丹诚。

仿佛缧绁，自疑梦中，闻者皆惊。叹为不平，割爱无心，泣对虞姬，手戮倾城宠。翻然起死，不教仇怨负冤声。

排遍第七　撷花十八

义城元靖贤相国，嘉慕英雄士，赐金缯。闻此事，频叹赏，封章归印，请赎冯燕罪，日边紫泥封诏，阖境赦深刑。　　万古三河风义在，青简上，众知名。河东注，任流水滔滔，水涸名难泯。至今乐府歌咏，流入管弦声。

此大曲之〔水调歌头〕，与词之《水调歌头》字数、韵数，均不相合。又间有平仄通押之处。稍后，有董颖者（颖字仲达，绍兴间人，尝从汪彦章、徐师川游。彦章为作《字说》，见陈振孙《书录解题》），作〔道宫·薄媚〕大曲咏西子事亦然。陈氏《乐书》谓：优伶常舞大曲，唯一工独进，但以手袖为容，蹋足为节，其妙串者，虽风骞鸟旋不逾其速矣。然大曲前缓叠不舞，至入破则羯鼓、襄鼓、大鼓与丝竹合作，句拍益急。舞者入场，投节制容，故有催拍、歇拍，姿制俯仰，百态横出（《乐书》一百八十五卷）。曾氏〔水调歌〕至排遍第七而止，故伴以舞与否，尚未可知；董氏〔薄媚〕则自排遍第八起，经入破以至杀衮。其必兼具歌舞，无可疑者。其词见曾慥《乐府雅词》，兹录之如左：

道官·薄媚

排遍第八

怒涛卷雪，巍岫布云，越襟吴带如斯。有客经游，月伴风随。值盛世，观此江山美，合放怀，何事却兴悲？不为回头，旧谷（疑国之误）天涯，为想前君事，越王嫁祸献西施，吴即中深机。　　阖庐死，有遗誓，勾践必诛夷。吴未干戈出境，仓卒越兵，投怒夫差，鼎沸鲸鲵。越遭劲敌，可怜无计脱重围！归路茫然，城郭邱墟，飘泊稽山里。旅魂暗逐战尘飞，天日惨无辉。

排遍第九

自笑平生，英气凌云，凛然万里宣威。那知此际，熊虎途穷，来伴麋鹿卑栖。既甘臣妾，犹不许，何为计？争若都燔宝器，尽诛吾妻子，径将死战决雄雌，天意恐怜之。　　偶闻太宰正擅权，贪赂市恩私。因将宝玩献诚，虽脱霜戈，石室囚系，忧嗟又经时，恨不如巢燕自由归。残月朦胧，寒雨潇潇，有〔雨〕（血）都成泪。备尝险厄反邦畿，冤愤刻肝脾。

第十撷

种陈谋，谓吴兵正炽，越勇难施；破吴策，惟妖姬。有倾城妙丽，名称（一作字）西子岁方笄。算夫差惑此，须致颠危。范蠡微行，珠贝为香饵，苎萝不钓钓深闺。吞饵果殊姿。〔青〕（素）肌纤弱，不胜罗绮。鸾镜畔，粉面淡匀，梨花一朵琼壶里。嫣然意态娇春，寸眸剪水，斜鬟松翠，人无双宜。名动君王，绣履容易，来登玉陛。

入破第一

窣湘裙，摇汉佩，步步香风起。敛双蛾，论时事，兰心巧会君意。殊珍异宝，犹自朝臣未与，妾何人，被此隆恩，虽令效死奉严旨。　　隐约龙姿忻悦，重把甘言说（悦、说二字皆韵，此为四声通押之祖）。辞俊雅（按，一作美），质娉婷，天教汝众美兼备。闻吴重色，凭汝和亲，应为靖边陲。将别金门，俄挥粉泪，净（按，一作靓）妆洗。

第二虚催

飞云驶香车，故国难回睇，芳心渐摇，迤逦吴都繁丽。忠臣子胥，预知道为邦崇，谏言先启，愿勿容其至。周亡褒姒，殷（一作商）倾妲己。　吴王却嫌胥逆耳，才经眼，便深恩爱，东风暗绽娇蕊。彩鸾翻妒伊。得取次于飞，共戏金屋，看承他官尽废。

第三衮遍

华宴夕，灯摇醉，粉菡苕，笼蟾桂。扬翠袖，含风舞，轻妙处，惊鸿态，分明是。瑶台琼树，阆苑蓬壶景，尽移此地。花绕仙步，莺随管吹。　宝帐暖，留春百和，馥郁融鸳被。银漏永，楚云浓，三竿日犹褪霞衣。宿醒轻腕嗅，宫花双带系，合同心时，波下比目，深怜到底。

第四催拍

耳盈丝竹，眼摇珠翠，迷乐事，宫闱内。争知渐国势陵夷。奸臣献佞，转恣奢淫，天谴岁屡饥。从此万姓，离心解体。　越遣使阴窥虚实，蚤夜营边备。兵未动，子胥存，虽堪伐，尚畏忠义。斯人既戮，又且严兵卷土赴黄池。观衅种蠡，方云可矣。

第五衮遍

机有神，征鼙一鼓，万马襟喉地。庭喋血，诛留守，怜屈服，罢（一作敛）兵还，危如此。当除祸本，重结人心，争奈（竟）荒迷。战骨方埋，灵旗又指。　势连败，柔荑携泣，不忍相抛弃。身在兮，心先死，宵奔兮，兵已前围。谋穷计尽，唤鹤啼猿，闻处分外悲。丹穴纵近，谁容再归？

第六歇拍

哀诚屡吐，甬东分赐，垂莫日，置荒隅，心知愧。宝锷红委，鸾存凤去，辜负恩怜，情不似虞姬。尚望论功，荣归故里。　降令曰：吴无赦汝，越与吴何异。吴正怨，越方疑，从公论合去妖类。蛾眉宛转，竟殒鲛绡，香骨委尘泥。渺渺姑苏，荒芜鹿戏。

第七煞衮

王公子，青春更才美，风流慕连理。耶溪一日，悠悠回首凝思。云鬟烟鬓，玉珮霞裾，依约露妍姿。送目惊喜，俄迁玉趾。　　　同仙骑，洞府归去，帘栊窈窕戏鱼水。正一点犀通，遽别恨何已！媚魄千载，教人属意，况当时，金殿里。

　　曲文迄于宋南渡之初，所可考见者，仅此。宋吴自牧《梦梁录》载谓：汴京教坊大使孟角球，曾做杂剧本子；葛守诚撰四十大曲。殆即此类。此后如周密《武林旧事》所载南宋官本杂剧段数，陶宗仪《辍耕录》所载金人院本名目中，其目之兼举曲调名者，犹当与曾、董大曲不甚相远也。

　　今以曾、董大曲与真戏曲相比较，则舞大曲时之动作，皆有定制，未必与所演之人物所要之动作相适合。其词亦系旁观者之言，而非所演之人物之言，故其去真戏曲尚远也。至由叙事体而变为代言体，由应节之舞蹈而变为自由之动作，北宋杂剧已进步至此否，今阙无考。以后杨诚斋之《归去来辞引》（《诚斋集》卷九十七），其为大曲，抑自度腔，均不可知。然已纯用代言体，兹录于左：

归去来兮引

　　侬家贫甚诉长饥，幼稚满庭帏。正坐瓶无储粟，漫求为吏东西。

　　偶然彭泽近邻圻，公秫滑流匙，葛巾劝我求为酒，黄菊怨冷落东篱。五斗折腰，谁能许事，归去来兮。

　　老圃半榛茨，山西欲蒺藜，念心为形役又奚悲！独惆怅前迷，不见后方追，觉今来是了，觉昨来非。

　　扁舟轻飏破朝霏，雨细漫吹衣。试问征夫前路，晨光小，恨熹微。

　　乃瞻衡宇载奔驰，迎候满荆扉。已荒三径存松菊，喜诸幼入室相携。有酒盈樽，引觞自酌，庭树遣颜怡。

　　容膝易安栖，南窗寄傲睨，更小园日涉趣尤奇。尽虽设柴门，长是闭斜晖。纵遐观矫首，短策扶持。

　　浮云出岫岂心□，鸟倦亦归飞，翳翳流光将入，孤松抚处凄其。

息交绝友蜇山溪，世与我相违，驾言复出何求者，旷千载今欲从谁？亲戚笑谈，琴书觞咏，莫遣俗人知。

〔解后〕（邂逅）又春熙，农人欲载菑，告西畴有事要耘籽。容老子舟车，取意任委蛇。历崎岖窈窕，邱壑随宜。

欣欣花木向荣滋，泉水始流澌。万物得时如许，此生休笑吾衰。

寓形宇内几何时？岂问去留为！委心任运何多虑，顾遑遑将欲何之？大化中间，乘流归尽，喜惧莫随伊。

富贵本危机，云乡不可期。趁良辰孤往恣游嬉。独临水登山，舒啸更哦诗，除乐天知命，了复奚疑。

此曲不著何调，前后凡四调，每调三叠，而十二叠通用一韵。其体于大曲为近。虽前此如东坡〔哨遍〕隐括《归去来辞》者，亦用代言体；然以数曲代一人之言，实自此始。要之，曾、董大曲开董解元之先，此曲则为元人套数杂剧之祖。故戏曲之不始于金、元，而于有宋一代中变化者，则余所能信也。若宋末之戏曲，则具于《曲录》卷一，兹不复赘。

唐宋大曲考

大曲之名，始见于蔡邕《女训》，曰：琴曲，小曲五终则止，大曲三终则止（《太平御览》卷五百五十七）。而详于《宋书·乐志》。《志》曰：清商三调，平调、清调、瑟调。下列大曲十六：一曰《东门行》，二曰《折杨柳行》，三曰《艳歌罗敷行》，四曰《西门行》，五曰《折杨柳行》，六曰《煌煌京洛行》，七曰《艳歌阿尝》（一曰《飞鹄行》），八曰《步出夏门行》，九曰《艳歌何尝行》，十曰《野田黄雀行》，十一曰《满歌行》，十二曰《步出夏门行》（一曰《陇西行》），十三曰《棹歌行》，十四曰《雁门太守行》，十五曰《白头吟》（与《棹歌》同调），十六曰《明月》。其所以名为大曲者，则有说焉。郭茂倩曰：诸调曲皆有辞有声，而大曲又有艳、有趋、有乱。辞者，其歌诗也；声者，若羊吾夷伊那何之类也。艳在曲之前，趋与乱在曲之后（《乐府诗集》卷二十六）。今考之《宋书》所载，如《艳歌罗敷行》，注曰"三解"，前有艳词，曲后有趋，则艳与趋均在此三解外矣。如《艳歌阿尝》四解，《艳歌何尝行》五解，后皆有趋，而注云：曲前有艳，则艳在曲外矣。又如魏明帝《步出夏门行》，注云：朝游上为艳，蹙迫下为趋。则艳与趋均在曲内。《白头吟》五解后复有乱。由是观之，以曲之前后又有艳、有乱、有趋，故曰大曲。《魏书·乐志》云：太宗增修百戏，撰合大曲，亦当类此。唐人以〔伊州〕、〔凉州〕，遍数多者为大曲。宋王灼云：凡大曲，有散序、靸、排遍、攧、正攧、入破、虚催、实催、衮遍、歇拍、杀衮，始成一曲，谓之大遍（《碧鸡漫志》卷三）。沈括亦云：所谓大遍者，有序、引、歌、㲿、嗺、哨、催、攧、衮、破、行、中腔、踏歌之类，凡数十解。每解有数叠者，裁截用之，谓之"摘遍"。今之大曲，皆是裁用，非大遍也（《梦溪笔谈》卷五）。然则大曲之名，自沈约至于两宋，皆以遍数多者为大曲，虽渊源不同，其义固未尝有异也。

唐时雅乐、俗乐，均有大曲。《唐六典》注云：大乐署掌教雅乐、大曲三十日成，小曲二十日，清乐大曲六十日，大文曲三十日，小曲十日。燕乐：西凉、龟兹、安国、天竺、疏勒、高昌，大曲各三十日，次曲各二十日，小曲各十日（《唐六典》卷十四"协律郎"条）。雅乐大曲，史无明文，唯仪凤二年，太常寺少卿韦万石奏云：立部伎内《破阵乐》五十二遍，修入雅乐，只有两遍，名曰《七德》。《庆善乐》七遍，修入雅乐，只有一遍，名曰《九功》。《上元舞》二十九遍，今入雅乐，一无所减（《唐会要》卷三十二及《旧唐书·音乐志》）。则雅乐固有大小曲矣。清乐大曲当与《宋书·乐志》所载者略同；而宴乐大曲则当同于《魏志》之大曲。今其目之见于崔令钦《教坊记》者凡四十有六：曰〔踏金莲〕、曰〔绿腰〕、曰〔凉州〕、曰〔薄媚〕、曰〔贺圣乐〕、曰〔伊州〕、曰〔甘州〕、曰〔泛龙舟〕、曰〔采桑〕、曰〔千秋乐〕、曰〔霓裳〕、曰〔玉树后庭花〕、曰〔伴侣〕、曰〔雨霖铃〕、曰〔柘枝〕、曰〔胡僧破〕、曰〔平翻〕、曰〔相驰逼〕、曰〔吕太后〕、曰〔突厥三台〕、曰〔大宝〕、曰〔一斗盐〕、曰〔羊头神〕、曰〔大姊〕、曰〔舞大姊〕、曰〔急月记〕、曰〔断弓弦〕、曰〔碧霄吟〕、曰〔穿心蛮〕、曰〔罗步底〕、曰〔回波乐〕、曰〔千春乐〕、曰〔龟兹乐〕、曰〔醉浑脱〕、曰〔映山鸡〕、曰〔昊破〕、曰〔四会子〕、曰〔安公子〕、曰〔舞春风〕、曰〔迎春风〕、曰〔看江波〕、曰〔寒雁子〕、曰〔又中春〕、曰〔玩中秋〕、曰〔迎仙客〕、曰〔同心结〕，皆燕乐大曲也。其词之存乎今者，有〔凉州歌〕散序三遍，排遍二遍；〔伊州歌〕排遍五遍，入破五遍（均见《乐府诗集》卷七十九）；余如〔绿腰〕、〔甘州〕、〔泛龙舟〕、〔采桑〕、〔千秋乐〕、〔雨霖铃〕、〔柘枝〕、〔突厥三台〕、〔回波乐〕，均存一遍或二遍而已。

然唐之大曲，固有未尽于令钦所记者。《旧唐书·音乐志》谓立部伎内，《破阵乐》五十二遍，《庆元乐》七遍，《上元舞》二十九遍。又贞元中，昭义节度使王虔休献《继天诞圣乐》，凡二十五遍（《唐会要》卷三十三），以宋人之名名之，谓之非大曲不可也。又如《乐府诗集》所载《水调歌》五遍，《入破》六遍，《大和》五遍，《陆州歌》三遍，《排遍》四遍，其遍数之多，与〔伊州〕、〔梁州〕无异，则亦唐之大曲也。

　　至两宋大曲，《宋史·乐志》载之綦详。《志》云：宋初置教坊，所奏凡十八调四十六曲（按四十六曲乃四十大曲之误，说见后）。一曰正宫调，其曲三，曰〔梁州〕、〔瀛府〕、〔齐天乐〕；二曰中吕宫，其曲二，曰〔万年欢〕、〔剑器〕；三曰道调宫，其曲三，曰〔梁州〕、〔薄媚〕、〔大圣乐〕；四曰南吕宫，其曲二，曰〔瀛府〕、〔薄媚〕；五曰仙吕宫，其曲三，曰〔梁州〕、〔保金枝〕、〔延寿乐〕；六曰黄钟宫，其曲三，曰〔梁州〕、〔中和乐〕、〔剑器〕；七曰越调，其曲二，曰〔伊州〕、〔石州〕；八曰大石调，其曲二，曰〔清平乐〕、〔大明乐〕；九曰双调，其曲三，曰〔降圣乐〕、〔新水调〕、〔采莲〕；十曰小石调，其曲二，曰〔胡渭州〕、〔嘉庆乐〕；十一曰歇指调，其曲三，曰〔伊州〕、〔君臣相遇乐〕、〔庆云乐〕；十二曰林钟商，其曲三，曰〔贺皇恩〕、〔泛清波〕、〔胡渭州〕；十三曰中吕调，其曲二，曰〔绿腰〕、〔道人欢〕；十四曰南吕调，其曲二，曰〔绿腰〕、〔罢金钲〕；十五曰仙吕调，其曲二，曰〔绿腰〕、〔彩云归〕；十六曰黄钟羽，其曲一，曰〔千春乐〕；十七曰般涉调，其曲二，曰〔长寿仙〕、〔满宫花〕；十八曰正平调，无大曲。小曲无定数。以上所载曲数止于四十。又正平调下，独云无大曲，则前四十曲为大曲无疑。《乐志》原文出于《文献通考》，《通考》正作四十大曲。"六"、"大"两字，字形相近，故致讹也。陈旸《乐书》谓：圣朝循用唐制，分教坊为四部；自合四部以为一，故乐工不能遍习，第以大曲四十为限（《乐书》卷一百八十八）。吴自牧谓：汴京教坊大使孟角球曾做杂剧本子，葛守诚撰四十大曲（《梦粱录》卷二十）。元人犹有"三千小令、四十大曲"之说（杨朝英《乐府新编阳春白雪》卷首），皆其确证也。至《梦粱录》又有舞四十六大曲之语（卷二十），陈振孙《书录解题》歌词类有五十大曲，十六卷；张炎《词源》有五十四大曲，而周密《齐东野语》谓《乐府混成集》所载大曲一类凡百余解（《齐东野语》卷十）；然教坊所肄止于四十。兹先考《宋志》大曲之存于今者，然后及他书耳。

〔正宫调〕

梁州　梁州亦作凉州。洪迈云：凉州今转为梁州，唐人已多误用（《容斋随笔》卷十四）。

程大昌云：凉州后遂讹为梁州（《演繁露》卷七）。《新唐书·礼乐志》云：天宝乐曲，皆以边地为名，若凉州、伊州、甘州之类，至宋犹存。王灼云：〔凉州〕排遍，余曾见一本有二十四段（《碧鸡漫志》卷三）。

晏幾道《小山词》有〔梁州令〕，二叠，五十字。欧阳修《六一词》有〔凉州令〕，二叠，一百五字。当晏词之四叠，而字句稍异。晁无咎《琴趣外篇》有〔梁州令叠韵〕，一百字，则分作四叠。均不著宫调。王灼云：凡大曲就本宫调制引、□慢、近、令，盖度曲者常态（《碧鸡漫志》卷三）。则令词亦自大曲出也。兹录晁词以备参考。

梁州令叠韵

田野间来惯，睡起初惊晓燕。樵青走挂小帘钩，南园昨夜，细雨红芳遍。　平芜一带烟花浅，过尽南归雁。俱远，凭栏送目空肠断。

好景难常占，过眼韶华如箭。莫教鶗鴂送韶华，多情杨柳，为把长条绊。　清尊满酌谁为伴，花下提壶劝。何妨醉卧花底，愁容不上春风面。（《琴趣外篇》卷一）

附：金董解元《西厢》有正宫〔梁州缠令〕，元曲正宫中有〔小梁州〕，字句略同。宋宋上交《近事会元》云：正宫中别有〔小凉州〕，亦曰〔碎宫凉州〕（《近事会元》卷四）。则宋初已有此曲，或即大曲遗声也。

正官梁州缠令

玉漏迢迢二鼓过，月上庭柯，碧天空阔镜铜磨。哑地听栊门
儿响见巫娥。　　对郎羞懒，无奈靠人，先要偎磨。宝髻拥青
螺，脸莲香传，说不得媚多。（《董西厢》卷三）

元曲南吕宫有〔梁州第七〕，必系借用他宫〔梁州〕大曲之
一遍第七者，即所谓排遍第七也。如左：

梁州第七

我虽是见宰相，如文王施礼，一头地离明妃，早宋玉悲秋。
怎禁他带天香著莫定龙衣袖。他诸余可爱，所事儿相投，消磨人
幽恨，陪伴我闲游。偏宜向梨花月底登楼，芙蓉烛下藏阄。体态
是二十年挑剔就的温柔，姻缘是五百载该拨下配偶，脸儿有一千
般说不尽的风流。寡人乞求他左右。他比那落伽山观自在无杨
柳，见一面得长寿。情系人心早晚休，则除是雨歇云收。（元马
致远《汉宫秋》杂剧）

周密《武林旧事》载南宋官本杂剧段数有《四僧梁州》、
《三索梁州》、《诗曲梁州》、《头钱梁州》、《食店梁州》、《法事
馒头梁州》、《四哮梁州》七本。

瀛府　南宋官本杂剧，有《哭骸子瀛府》、《醉县君瀛府》、《懊
骨头瀛府》、《赌钱望瀛府》四本。陶宗仪《辍耕录》载宋、金院本
名目，有《列良瀛府》一本。

齐天乐　宋词正宫有〔齐天乐〕，或大曲之一遍也。

齐天乐〔正宫〕

绿芜凋尽台城路，殊乡又逢秋晚。暮雨生寒，鸣蛩劝织，深
阁时闻裁剪。云窗静掩，叹重拂罗裀，顿疏花簟，尚有练囊露
萤，清夜照书卷。　　荆江留滞最久，故人相望处，离思何限！

渭水西风，长安乱叶，空忆诗情宛转。凭高眺远，正玉液新笴，蟹螯初荐。醉倒山翁，但愁残照敛。（周邦彦《清真集》卷下）

〔中吕宫〕

万年欢　宋词有〔万年欢〕，不著宫调；元赵孟頫有〔万年欢〕二首，均注中吕宫。其词平仄通叶，或大曲之一遍也。兹录晁无咎词，以备参考。

万 年 欢

十里环溪，记当年并游，依旧风景。彩舫红妆，重泛九秋清镜。莫叹歌台蔓草，喜相逢欢情犹胜。蘋洲畔，横玉惊鸾半天云。正愁凝。　　中秋醉魂未醒。又佳辰授衣，良会堪更。蚤岁功名，豪气尚凌汝颍。能致黄金一井，也莫负鸱夷高兴。别有个潇洒田园，醉乡天地同永。（《琴趣外篇》卷五）

南宋官本杂剧有《喝贴万年欢》、《托合万年欢》二本。宋金院本名目有《贺贴万年欢》一本。

剑器　剑器，陈旸《乐书》作剑气。宋词有〔剑气近〕，元南曲有〔剑器令〕，或借大曲之制也。

剑 气 近

夜来雨，愿情得东风吹住。海棠正妖娆处，且留取，悄庭户，试听莺啼燕语，分明共人愁绪，怕春去！　　嘉树翠阴初转午，重帘未卷，乍睡起寂寞看风絮。偷弹清泪寄烟波，见江头故人，为言憔悴如许。彩笺无数去，却寒暄到了浑无定据，断肠落日千山暮。（袁去华《宣卿词》）

剑 器 令

咱每论风标，看过了多多少少，这玉容都强别个，果然一见魂消。（见沈璟《南九宫谱》引古传奇《刘盼盼》）

〔道调宫〕

梁州　参考正宫〔梁州〕。

薄媚　本唐大曲，宋董颖有道宫〔薄媚〕大曲十遍。

道宫·薄媚（西子词）

排遍第八

怒涛卷雪，巍岫布云，越襟吴带如斯。有客经游，月伴风随，值盛世，观此江山美，合放怀，何事却兴悲？不为回头，旧谷天涯，为想前君事，越王嫁祸献西施，吴即中深机。　　阖庐死，有遗誓，勾践必诛夷。吴未干戈出境，仓卒越兵，投怒夫差，鼎沸鲸鲵。越遭劲敌，可怜无计脱重围！归路茫然，城郭邱墟，飘泊稽山里。旅魂暗逐战尘飞，天日惨无辉。

排遍第九

自笑半生，英气凌云，凛然万里宣威。那知此际，熊虎途穷，来伴麋鹿卑栖。既甘臣妾，犹不许，何为计？争若都燔宝器，尽诛吾妻子，径将死战决雄雌，天意恐怜之。　　偶闻太宰正擅权，贪赂市恩私。因将宝玩献诚，虽脱霜戈，石室囚系，忧嗟又经时，恨不如巢燕自由归。残月朦胧，寒雨潇潇，有血都成泪。备尝险厄反邦畿，冤愤刻肝脾。

第十撷

种陈谋，谓吴兵正炽，越勇难施；破吴策，唯妖姬。有倾城妙丽，名称西子岁方笄。算夫差惑此，须致颠危。范蠡微行，珠贝为香饵。苎萝不钓钓深闺。吞饵果殊姿。　　素肌纤弱，不胜罗绮，鸾镜畔，粉面淡匀，梨花一朵琼壶里。嫣然意态娇春，寸眸剪水，斜鬟松翠，人无双宜。名动君王，绣履容易，来登玉陛。

入破第一

窣湘裙，摇汉佩，步步香风起。敛双蛾，论时事，兰心巧会君意。殊珍异宝，犹是朝臣未与，妾何人，被此隆恩，虽令效死奉严旨。　　隐约龙姿忻悦，重把甘言说。辞俊雅，质娉婷，天教汝众美兼备。闻吴重色，凭汝和亲，应为靖边陲。将别金门，俄挥粉泪，靓妆洗。

第二虚催

飞云驶香车，故国难回睇，芳心渐摇，迤逦吴都繁丽。忠臣子胥，预知道为邦祟，谏言先启，愿勿容其至。周亡褒姒，殷倾妲己。　　吴王却嫌胥逆耳，才经眼，便深恩爱，东风暗绽娇蕊。彩鸾翻妒伊。得取次于飞，共戏金屋，看承他宫尽废。

第三衮遍

华晏夕，灯摇醉，粉菡苕，笼蟾桂。扬翠袖，含风舞，轻妙处，惊鸿态，分明是。瑶台琼树，阆苑蓬壶景，尽移此地。花绕仙步，莺随管吹。　　宝帐暖，留春百和，馥郁融鸳被。银漏永，楚云浓，三竿日犹褪霞衣。宿醒轻腕嗅，宫花双带系，合同心时，波下比目，深怜到底。

第四催拍

耳盈丝竹，眼摇珠翠，迷乐事，宫闱内。争知渐国势陵夷。奸臣献佞，转恣奢淫，天遣岁屡饥。从此万姓，离心解体。越遣使阴窥虚实，蚤夜营边备。兵未动，子胥存，虽堪伐，尚畏忠义。斯人既戮，又且严兵卷土赴黄池。观衅种蠡，方云可矣。

第五衮遍

机有神，征鼙一鼓，万马襟喉地。庭喋血，诛留守，怜屈伏，罢兵回，危如此。当除祸本，重结人心，争奈竟荒迷。战骨方埋，灵旗又指。　　势连败，柔荑携泣，不忍相抛弃。身在今，心先死，宵奔兮，兵已前围。谋穷计尽，唳鹤啼猿，闻处分外悲。丹穴纵近，谁容再归？

第六歇拍

哀诚屡吐，甬东分赐，垂暮日，置荒隅，心知愧。宝锷红委，鸾存凤去，辜负恩怜，情不似虞姬。尚望论功，荣归故里。降令曰：吴无赦汝，越与吴何异。吴正怨，越方疑，从公论合去妖类。蛾眉宛转，竟殒鲛绡，香骨委尘泥。渺渺姑苏，荒芜鹿戏。

第七煞衮

王公子，青春更才美，风流慕连理。耶溪一日，悠悠回首凝思。云鬟烟鬓，玉珮霞裾，依约露妍姿。送目惊喜，俄迁玉趾。同仙骑，洞府归去，帘栊窈窕戏鱼水。正一点犀通，遽别恨何已！媚魄千载，教人属意，况当时，金殿里。（曾慥《乐府雅词》卷上）

薄媚摘遍

桂香消，梧影瘦，黄菊迷深院。倚西风，看落日，长江东去如练。先生底事，有赋飘然，刚道为田园。独醒何为，持杯自劝未能免。　　休把茱萸吟玩，但管年年健。千古事，几凭阑，吾生九十强半。欢娱终日，富贵何时，一笑醉乡宽。倒载归来，回廊月又满。（见赵以夫《虚斋乐府》。比其字句，盖摘〔入破第一〕一遍为之。）

南宋官本杂剧，有《简帖薄媚》、《请客薄媚》、《错取薄媚》、《传神薄媚》、《九妆薄媚》、《木事现薄媚》、《打调薄媚》、《拜褥薄媚》、《郑生遇龙女薄媚》八本。

大圣乐　宋词有〔大圣乐〕，唯周密一阕，自注云：单煞。或即大曲之煞衮也。

大 圣 乐

娇绿迷云，倦红颦晓，嫩晴芳树。渐午阴、帘影移香燕语，梦回千点碧桃吹雨。冷落锦官人归后，记前度兰桡停翠浦。凭阑久，谩凝伫凤翘，慵听金缕。　　留春问谁最苦？奈花自无言莺自语。对画楼残照，东风吹远，天涯何许！怕折露条愁轻别，更烟暝长亭啼杜宇。垂杨晚，但罗袖暗沾飞絮。（周密《蘋洲渔笛谱》卷一）

南宋官本杂剧有《塑金刚大圣乐》、《单打大圣乐》、《柳毅大圣乐》三本。

〔南吕宫〕

瀛府

薄媚

〔仙吕宫〕

梁州

保金枝　南宋官本杂剧有《槛偌保金枝》一本。

延寿乐　南宋官本杂剧有《黄杰进延寿乐》、《义养娘延寿乐》二本。

宋、金院本名目有《扯彩延寿乐》一本。

〔黄钟宫〕

梁州

中和乐　南宋官本杂剧有《封鄷中和乐》一本。

剑器

〔越调〕

伊州　本唐大曲。宋有〔伊州〕曲，殆即大曲之一二遍也。曾季狸《艇斋诗话》："洪玉父诗：'为理伊州十二叠，缓歌声里看洪州。'"则此曲凡十二叠也。金董解元《西厢》有大石调〔伊州衮〕，必大曲之衮遍，借入大石调者也。

伊 州 曲

金鸡障下胡雏戏，乐极祸来，渔阳兵起。鸾舆幸蜀，玉环缢死，马嵬坡下尘滓，夜对行宫皓月，恨最恨春风桃李。洪都方士，念君萦系妃子，蓬莱殿里觅寻，太真宫中睡起，遥谢君意。泪流琼脸，梨花带雨，仿佛霓裳初试。寄钿合共金钗，私言徒尔。在天愿为比翼同飞，在地愿为连理双枝，天长与地久，唯此

恨无已！（陈元靓《岁时广记》卷二十七）

伊州衮

张生见了，五魂俏无主。道"不曾见恁好女，普天之下，更选两个应无"。胆狂心醉，作使得、不顾危亡便胡做。一向痴迷，不道其间，是谁住处。忒昏沈，忒粗鲁；没揣三，没思虑；可来慕古。少年做事，大抵多失心粗。手撩衣袂，大踏步走至根前欲推户。脑背后有人来，你寻思恁照顾。（《董西厢》卷一）

元曲小石调有〔伊州遍〕，亦其一遍也。

伊州遍

为忆小卿，牵肠割肚，凄惶悄然无底末，受尽平生苦。天涯海角，身心无个归著。恨冯魁〔趁〕（趂）恩夺爱，狗幸狼心，全然不怕天折挫。到如今恁地吃耽阁，禁不过，更那堪晚来，暮云深锁。　故人杳杳，长江风送，听胡笳历历声韵聒。一轮皓月朗，几处鸣榔，时复唱和渔歌。转无那，沙汀蓼岸，一点渔灯相照寂寞。古渡停画舸，双生无语泪珠落。呼仆隶，指拨水手，在意扶拖（一作㧜）。（明宁献王《太和正音谱》载元白朴散套）

南宋官本杂剧有《领伊州》、《铁指甲伊州》、《闹伍百伊州》、《裴少俊伊州》、《食店伊州》五本。宋、金院本名目有《背箱伊州》、《酒楼伊州》二本。

石州　宋词有〔石州引〕，如下：

石州引

薄雨催寒，斜照弄晴，春意空阔。长亭柳色才黄，远客一枝先折。烟横水际，映带几点归鸦，东风消尽龙沙雪。还记出门时，恰而今时节。　将发，画楼芳酒，红泪清歌，顿成轻别。已是经年，杳杳音尘都绝。欲知方寸，共有几许新愁？芭蕉不展

丁香结。枉望断天涯，两厌厌风月。(贺铸《东山寓声乐府》)

南宋官本杂剧，有《单打石州》、《和尚那石州》、《赶厥石州》三本。

〔大石调〕

清平乐　唐宋均有〔清平乐〕词，字数句法相同，似与大曲无涉，不录。

大明乐　南宋官本杂剧，有《土地大明乐》、《打球大明乐》、《三爷老大明乐》三本。

〔双调〕

降圣乐

新水调　唐有《水调歌》，宋词有《水调歌头》；又曾布有〔水调歌头〕七遍。如左：

水调歌头

明月几时有，把酒问青天，不知天上宫阙，今夕是何年！我欲乘风归去，只恐琼楼玉宇，高处不胜寒。起舞弄清影，何似在人间。　转朱阁，低绮户，照无眠，不应有恨，何事常向别时圆。人有悲欢离合，月有阴晴圆缺，此事古难全。但愿人长久，千里共婵娟。(苏轼《东坡乐府》卷上)

水调歌头

排遍第一

魏豪有冯燕，年少客幽并，击球斗鸡为戏，游侠久知名。因避仇来东郡，元戎逼属中军。直气凌貔虎，须臾叱咤风云，懔懔座中生。　偶乘佳兴，轻裘锦带，东风跃马，往来寻访幽胜。游冶出东城，堤上莺花掩乱，香车宝马纵横。草软平沙稳，高楼两岸春风，笑语隔帘声。

排遍第二

袖笼鞭敲镫，无语独闲行。绿杨下，人初静，烟澹夕阳明。窈窕佳人，独立瑶阶，掷果潘郎，瞥见红颜横波盼，不胜娇软倚云屏。　曳红裳，频推朱户，半开还掩，似欲倚，伊哑声里，细诉深情。因遣林间青鸟，为言彼此心期，的的深相许。窃香解珮，绸缪相顾不胜情。

排遍第三

说良人滑将张婴，从来嗜酒，回家镇长酩酊。长醒，屋上鸣鸠空斗，梁间客燕相惊。谁与花为主？兰房从此，朝云夕雨两牵萦。　似游丝狂荡，随风无定。奈何岁华荏［染］（苒），欢计苦难凭，惟见新恩缱绻，连枝比翼，香闺日日为郎，谁知松萝托蔓，一比一毫轻。

排遍第四

一夕还家醉，开户起相迎。为郎引裾，相庇低首略潜形。情深无隐，欲郎乘间起佳兵。　授青萍，茫然抚弄，不忍欺心。尔能负心于彼，于我必无情。熟视花钿不足，刚肠终不能平。假手迎天意，一挥霜刃，窗间粉颈断瑶琼。

排遍第五

凤皇钗、宝玉飘零，惨然怅娇魂，怨饮泣吞声。还被凌波唤起，相将金谷同游，想见逢迎处，揶揄羞面，妆脸泪盈盈。醉眠人，醒来晨起，血凝蟒首，但惊喧，白邻里，骇我卒难明。致幽囚推究，覆盆无计哀鸣。丹笔终诬服，圉门驱拥，衔冤垂首欲临刑。

排遍第六　带花遍

向红尘里，有喧呼攘臂，转身辟众，莫遣人冤滥杀，张室忍偷生。僚吏惊呼呵叱，狂辞不变如初，投身属吏，慷慨吐丹诚。　仿佛缧绁，自疑梦中，闻者皆惊。叹为不平，割爱无心，泣对虞姬，手戮倾城宠。翻然起死，不教仇怨负冤声。

排遍第七　撷花十八

义城元靖贤相国，嘉慕英雄士，赐金缯。闻此事，频叹赏，封章归印，请赎冯燕罪，日边紫泥封诏，阃境赦深刑。　　万古三河风义在，青简上，众知名。河东注，任流水滔滔，水涸名难泯。至今乐府歌咏，流入管弦声。（王明清《玉照新志》卷二）

宋词有〔新水令〕，殆就新水调中制令也。如左：

冒风连骑出金城，闻孤猿韵切，怀念亲眷。为笑徐都尉，徒夸彩绘，写出盈盈娇面，振旅阗阗，讶睹阆苑神仙，越公深羡。骤万马侵凌转盼，感先锋容放，镜收鸾鉴一半。归前阵，惨怛切，同陪元帅恣欢恋。二岁，偶尔将军，沈醉连绵，私令婢捧菱花，都市寻遍。新官听说邀郎宴，因命赋悲欢，孰敢？做人甚难，梅妆复照，傅粉重见。（宋陈元靓《岁时广记》卷十二，载宋人咏乐昌公主词。　案此词《岁时广记》作〔新水令〕，然朱翌《猗觉寮杂记》卷下云：大曲〔新水〕，歌乐昌公主与徐德言破镜复合事。则令亦即大曲也。）

元曲有〔新水令〕，亦在双调，或大曲遗声也。

双调·新水令

五方旗招展日边霞，冷清清半张銮驾。鞭倦袅，镫慵踏，回首京华，一步步放不下。（元白朴《梧桐雨》杂剧）

南宋官本杂剧有《桶担新水》、《双哮新水》、《烧花新水》三本。

采莲　宋词有〔采莲令〕，又〔采莲大曲〕延遍以下八遍，如下：

采 莲 令

月华收，云澹霜天曙。西征客，此时情苦。翠娥执手送临歧，轧轧开朱户。千娇面盈盈伫立，无言有泪，断肠争忍回顾。

一叶兰舟，便恁急桨凌波去。贪行色，岂知离绪？万般方寸，但饮恨，脉脉同谁语？更回首重城不见，寒江天外，隐隐两三烟树。(柳永《乐章集》卷中)

采莲（寿乡词）

延遍

霞霄上，有寿乡广袤无际。东极沧海，缥缈虚无，蓬莱弱水，风生屋浪，鼓楫扬舻，不许凡人得至，甚幽邃。　　试右望金枢外，西母楼阁，玉阙瑶池。万顷琉璃，双成情巧，方朔诙谐，来往徜徉，霓裳飘摇宝砌，更希奇。

撷遍

南邻丹幄宫，赤伏显符记，朱陵曜绮绣，箕翼炯，瑞光腾起。每岁秋分老人见，表皇家袭庆迎祺。　　天子当膺，无疆万岁。北窥元冥魁杓，拥佳气，长拱极终古无移。论南北东西，相直何啻千万里，信难计！

入破

璇穹层云上覆，光景如梭逝，惟此过隙缓征辔。垂象森列，昭回碧落，卓然躔度，炳曜更腾辉。永永清光烨炜，绵四野金碧为地。蕊珠宫，琼玖室，俱高峙。千种奇葩，松椿可比。暗香幽馥，岁岁长春，灵鸟何曾西委。

衮遍

遍此境，人乐康，挟难老术，悟长生理，尽阿祇僧劫，赤松王令安期。彭篯盛矣！尚为婴稚。鹤算龟龄，绛老休夸甲子。鲐背耸黄发垂髫，更童颜，长鼓腹，同游戏。真是华胥。行有歌，坐有乐，献笑都是神仙，时见群翁启齿。

实催

露华霞液，云浆椒醑，恣玉斝金罍，交酬成雅会。拼沈醉，中山千日，未为长久，今此陶陶一饮，动经万祀。　　陈果窳，皆是奇异，似瓜如斗尽备。三千岁，一熟珍味，饤座中，莹如玉，爽口流涎，三偷不枉，西真指议。

衮

有珍馔，时时馈，滑甘丰腻，紫芝荧煌，嫩菊秀媚。贮玛瑙琥珀精器，延年益寿，莫儗人间，烹饪徒费。休说龙肝凤髓，动妙乐仙音鼎沸。玉箫清，瑶瑟美，龙笛脆。杂遝飞鸾花裀上，趁拍红牙，余韵悠扬，竟海变桑田未止。

歇拍

其间有洞天侣，思游尘世，珠葆摇曳。华表真人，清江使者，相从密议：此老遨嬉，我辈应须随侍。正举步忽思同类，十八公方耸壑，宜邀致。凤驾星言，人争图绘，揭来鄞山甬水，因此崇成，四明里第。

煞衮

吾皇喜，光宠无二。玉带金鱼荣贵。或者疑之，岂识圣明，曾主斯乡，尝相与缱绻，胶漆何可相离。今日风云合契，此实天意。吾皇圣寿无极，享燕粲千载相逢，我翁亦昌炽，永作升平上瑞。（史浩《鄮峰真隐漫录》卷四十五）

南宋官本杂剧，有《唐辅采莲》、《双哮采莲》、《病和采莲》三本。

〔小石调〕

胡渭州　曲文无考。惟姜夔《醉吟商小品·序》云："石湖老人谓予云，琵琶有四曲，今不传矣。曰：《濩索梁州》、《转关绿腰》、《醉吟商胡渭州》、《历弦薄媚》也。予每念之。辛亥之夏，予谒杨廷秀丈于金陵邸中，遇琵琶工，解作《醉吟商胡渭州》；因求得品弦法，译成此谱，实双声耳。"其言如是。琵琶中之《醉吟商胡渭州》，不知视大曲之〔胡渭州〕如何？要足窥其一二也。

醉吟商小品

又正是春归，细柳暗黄千缕，暮鸦啼处，梦逐金鞍去。一点芳心休诉，琵琶解语。（姜夔《白石道人歌曲》卷二）

南宋官本杂剧，有《赶厥胡渭州》、《单番将胡渭州》、《银器胡渭州》、《看灯胡渭州》四本。

嘉庆乐　南宋官本杂剧有《老孤嘉庆乐》一本。

〔歇指调〕

伊州

君臣相遇乐　南宋官本杂剧有《裴航相遇乐》一本。

庆云乐　南宋官本杂剧有《进笔庆云乐》一本。

〔林钟商〕

贺皇恩　南宋官本杂剧有《扯篮儿贺皇恩》、《催汝贺皇恩》二本。

泛清波　宋词中尚有〔摘遍〕一遍，如左：

泛清波摘遍

催花雨，小著柳风柔，都是去年时候好。露红烟绿，尽有狂情斗春早。长安道，秋千影里，丝管声中，谁放艳阳轻过了？倦客登临暗惜花，光阴恨多少！　楚天渺，归思正如乱云，短梦未成芳草。空把吴霜鬓华，自悲清晓。帝城杏。双凤旧约全虚，孤鸿后期难到，且趁朝华夜月，翠樽频倒。（晏幾道《小山词》）

南宋官本杂剧有，《能知他泛清波》、《三钓鱼泛清波》二本。

胡渭州

〔中吕调〕

绿腰　亦作〔六么〕。宋词有〔六么令〕，如左：

六 么 令

澹烟残照，摇曳溪光碧。溪边浅桃深杏，迤逦染春色。昨夜扁舟泊处，枕底当滩碛，波声渔笛，惊回好梦，梦里欲归归不得。　展转翻成无寐，因此伤行役。思念多媚多娇，咫尺千山隔。都为深情密爱，不忍轻离拆。好天良夜，鸳帷寂静，算得也应暗相忆。(柳永《乐章集》卷下)

又吴文英有〔梦行云〕一阕，自注云：即〔六么花十八〕。则为大曲之一遍，无疑也。

梦 行 云

簟纹皱纤縠，朝炊熟，眠未足，青奴细腻，未拚真珠斛。素莲幽怨风前影，搔头斜坠玉。　画阑枕水，垂杨梳雨，青丝乱如乍沐。娇笙微韵，晚蝉乱秋曲。翠阴明月胜花夜，那堪春去速。(吴文英《梦窗丁稿》)

元曲有〔六么序〕，金《董西厢》有〔六么实催〕、〔六么遍〕，皆在仙吕宫，必系大曲原声移入他宫者也。

六 么 序

兀的不消人魂魄，绰人眼光，说神仙那的是天堂！则见脂粉馨香，环珮丁当，藕丝嫩新织仙裳，但风流都在他身上，添分毫便不停当。见他的不动情你便都休强。则除是铁石儿郎，也索恼断柔肠！(元关汉卿《玉镜台》杂剧)

六 么 实 催

情怀辗转难存济，劳心如醉。也不吟诗课赋，只凭昏昏睡。才合眼忽闻人语，哑地门开，却见薄情种，与夫人，来这里。
著他方言语，把人调戏。不道俺也识你，这般圈圆。慢长吁气，空垂泪，念向日春宵月夜，回廊下，怎时初见你。

六 么 遍

向花阴底，潜身立，渐审听多时，方见伊。端的腰儿稔腻，裙衣翡翠，料来春困，把湖山倚。偏疑，沈香亭北太真妃。

好多娇媚，诸余美，遂对月微吟，各有相怜意。幽情未已，忽睹侍婢，请伊归去，朱门闭。堪悲，只怨阿母阻佳期。（《董西厢》卷三）

　　南宋官本杂剧，有《争曲六么》、《扯拦六么》、《教声六么》、《鞭帽六么》、《衣笼六么》、《厨子六么》、《孤夺旦六么》、《王子高六么》、《崔护六么》、《骰子六么》、《照道六么》、《莺莺六么》、《大宴六么》、《驴精六么》、《女生外向六么》、《慕道六么》、《三偌慕道六么》、《双拦哮六么》、《赶厥夹六么》、《羹汤六么》二十本。

〔南吕调〕

绿腰

罢金钲　南宋官本杂剧有《牛五郎罢金钲》一本。

〔仙吕调〕

绿腰

彩云归　宋词有〔彩云归〕，入中吕调，或亦大曲之一遍移入他调者也。如左：

彩 云 归

　　蘅皋向晚舣轻航，卸云帆水驿鱼乡。当暮天霁色如晴昼，江练静，皎月飞光。那堪听远村羌管，引离人断肠。此际浪萍风梗，度岁茫茫。　堪伤，朝欢暮散，被多情赋与凄凉！别来最苦，襟袖依约，尚有余香。算得伊鸳衾凤枕，夜永争不思量！牵情处，唯有临歧，一句难忘。（柳永《乐章集》卷中）

　　南宋官本杂剧，有《梦巫山彩云归》、《青阳观碑彩云归》二本。

〔黄钟羽〕

千春乐　南宋官本杂剧有《禾打千春乐》一本。

〔般涉调〕

长寿仙　宋词有〔长寿仙促拍〕，促拍，疑大曲之催拍也。

长寿仙促拍（大母生辰）

舜德日辉光，正初冬盛期，东朝喜诞生时。向彤闱清净，均化有自然和气。长生久视，金殿熙熙宴瑶池。　袆衣俱侍玳筵启，花如锦，耀朝辉。太平际天子，天下养共瞻诚意，南山虔祝，亿万同岁。（曹勋《松隐词》卷一，又有一阕，字数不同。）

《董西厢》有〔般涉调·长寿仙衮〕，则大曲之衮遍也。

长寿仙衮

朝廷咫尺，不晓定知道。多应遣军，定把贤每征讨。不当稳便，恁时悔也应迟，贤家试自心量度。　那贼将闻斯语，心生怒恶。打脊的髡囚，怎敢把爷违拗！俺又本无心，把你僧家混耗，甚花唇儿故来相恼。（《董西厢》卷二）

赵孟頫有道宫〔长寿仙词〕，恐亦大曲之一遍，移入他宫者也。

长寿仙（道宫圣节）

瑞日当天，对绛阙蓬莱，非雾非烟；翠花覆禁苑，正淑景芳妍。彩仗和风细转，御香飘满黄金殿。万国会朝，喜千官拜舞。亿兆同欢。　福祉如山如川，应玉渚流虹，璇枢飞电。八音奏舜韶，庆玉烛调元，岁岁龙与凤辇。九重春醉蟠桃宴。天下太平，祝吾皇寿与天地齐年。（赵孟頫《松雪斋词》）

南宋官本杂剧，有《打勘长寿仙》、《偌卖旦长寿仙》、《分头子长寿仙》三本。宋、金院本名目，有《讳老长寿仙》、《抹面长寿仙》二本。

满宫花 五代词有之，宋无考。《文献通考》作〔满宫春〕。

〔**正平调**〕 无大曲。

以上十八调四十大曲中，唯〔薄媚〕十遍，〔新水调〕七遍，〔采莲〕八遍，尚具体段。余词唯〔梁州第七〕、〔大圣乐单煞〕、〔伊州衮〕、〔伊州遍〕、〔水调歌头〕、〔泛清波摘遍〕、〔六么花十八〕、〔六么序〕、〔六么实催〕、〔六么遍〕、〔长寿仙衮〕，可确证为大曲之遗。他词之与大曲同名者，亦或由大曲出。盖大曲本教坊传习，曾慥所谓九重传出（《乐府雅词》序）者也。其传于民间者，或止一二遍，故文人倚声，恒出于此。王灼谓：后世就大曲制词者，类从简省，而管弦家又不肯自首至尾，一一吹弹；甚者，学不能尽。则在当时且然，今日之残缺，固不足怪。陈旸云：今之大曲，以谱字记其声，折慢既多，尾偏又促，不可以辞配焉（《乐书》卷一百五十六）。是大曲固不尽有辞。今谱字既亡，而辞之可徵者，亦仅止于此；则虽寸玑片羽，可以旁证大曲者，安得不收拾而存之也。

然宋时大曲，实不止此。故有五十大曲、五十四大曲之目，而《乐府混成集》所载大曲，且多至百余解（此解字或以曲言，非古乐府所谓解也）。《宋史·乐志》谓太宗洞晓音律，凡制大曲十八：〔正宫·平茸破阵乐〕、〔南吕宫·平晋普天乐〕、〔中吕宫·大宋朝欢乐〕、〔黄钟宫·宇宙荷皇恩〕、〔道调宫·垂衣定八方〕、〔仙吕宫·甘露降龙庭〕、〔小石调·金枝玉叶春〕、〔林钟商·大惠帝恩宽〕、〔歇指调·大定寰中乐〕、〔双调·惠化乐尧风〕、〔越调·万国朝天乐〕、〔大石调·嘉禾生九穗〕、〔南吕调·文兴礼乐欢〕、〔仙吕调·齐天长寿乐〕、〔般涉调·君臣宴会乐〕、〔中吕调·一斛夜明珠〕、〔黄钟羽·降圣万年春〕、〔平调·金觞祝寿春〕。以十八大曲，盖无一传者。

《乐志》又载云韶部所奏大曲十三：一曰〔中吕宫·万年欢〕，

二曰〔黄钟宫·中和乐〕，三曰〔南吕宫·普天庆寿〕（此曲亦太宗所制），四曰〔正宫·梁州〕，五曰〔林钟商·泛清波〕，六曰〔双调·大定乐〕，七曰〔小石调·喜新春〕，八曰〔越调·胡渭州〕，九曰〔大石调·清平乐〕，十曰〔般涉调·长寿仙〕，十一曰〔高平调·罢金钲〕，十二曰〔中吕调·绿腰〕，十三曰〔仙吕调·彩云归〕。案上十三曲中，十曲与教坊部所奏同；唯〔普天献寿〕、〔大定乐〕、〔喜新春〕三曲，为教坊所无，均无可考。又龟兹部亦有三十六大曲，则并其曲名而亡之矣。

此外宋大曲之可考者，如左：

熙州　商调大曲（《清真集》）。洪迈云：今世所传大曲，皆出于唐，而以州名者五：伊、凉、熙、石、渭也（《容斋随笔》卷十四）。

熙州一作氐州，周邦彦《片玉词》、《清真集》有〔氐州第一〕词，毛晋所藏《清真集》作〔熙州摘遍〕，盖熙州之第一遍也。

氐州第一 (商调)

波落寒汀，村渡向晚，遥看数点帆小。乳叶翻鸦，惊风破雁，天角断云缥缈。宫柳萧疏甚，尚挂微微残照，景物关情，川途满目，顿来催老。　　渐解狂朋欢意少，奈犹被思牵情绕。座上琴心，机中锦字，最觉萦怀抱。也知人，悬望久，蔷薇谢归来一笑。欲梦高唐，未成眠霜空已晓。（《清真集》卷下）

又张先有〔熙州慢〕词如左：

熙 州 慢

武林乡，占第一湖山，咏画争巧。鹫石飞来，倚翠楼，烟霭清猿啼晓。况值禁垣师帅，惠政流入欢谣。朝暮万景，寒潮弄月，乱峰回照。　　天使寻春不早，并行乐，免有花愁花笑。持酒更听，红儿肉声长调。潇湘故人未归，但目送游云孤鸟，际天

杪，离情尽寄芳草。（鲍廷博《张子野词补遗》上）

南宋官本杂剧，有《迓鼓儿熙州》、《骆驼熙州》、《二郎熙州》三本。

降黄龙 黄钟宫大曲（《董西厢》、元周德清《中原音韵》、陶宗仪《辍耕录》皆同）。张炎云：如〔六么〕，如〔降黄龙〕，皆大曲。

又云：大曲〔降黄龙〕，花十六，当用十六拍；前衮、中衮，六字一拍，要停声待拍，取气轻巧；煞衮，则三字一拍，盖其曲将终也（《词源》卷下）。

《董西厢》及元曲均有〔降黄龙衮〕，《拜月亭》传奇有〔降黄龙〕。如左：

那相国夫人，探看了张君瑞，便假若铁石心肠应粉碎。子母每行不到窗儿西壁，只听得书舍里，一声仆地。是时三口儿转身，却往书帏内，惊见张生，掉在床脚底；赤条条的，不能收拾身起，口鼻内悄然没气。（《董西厢》卷三）

说甚么宫室门楣，寒士寻常，望若云霄。时移事迁，为地覆天翻，君去民逃。多娇，此时相遇，料应我和你姻缘非小。做夫妻相呼厮唤，怎生忘了！（《拜月亭》传奇卷下）

南宋官本杂剧，有《列女降黄龙》、《双旦降黄龙》、《柳耽上宫降黄龙》、《入寺降黄龙》、《偷标降黄龙》五本。宋、金院本名目有《捌檩降黄龙》一本。

柘枝 本唐大曲，至宋犹存。沈括云：〔柘枝〕旧曲，遍数极多，如《羯鼓录》所谓〔浑脱解〕之类，今无复此遍。寇莱公好《柘枝舞》，会客必舞《柘枝》，每舞必尽日，时谓之《柘枝》颠。今凤翔有一老尼，犹莱公时《柘枝》妓，云当时《柘枝》尚有数十遍（《梦溪笔谈》卷五）。《郧峰真隐漫录》所载《柘枝舞》，首吹〔柘枝令〕，次吹〔射雕遍〕连〔歌头〕，次吹〔朵肩遍〕，次吹〔扑蝴蝶遍］，次吹〔画眉遍〕。除〔柘枝令〕及〔歌头〕外，均有声无辞。宋词有〔扑蝴蝶〕，或即其中一遍也。〔画眉遍〕或即〔画眉序〕，方成培云：曾见米元晖自书所作〔画眉序〕词真迹，其字句音节，与今南曲〔画眉序〕无异（《香研居士词麈》卷四）。米词未见，今录南曲〔画眉序〕，亦足供参考也。

歌　头

□人奉圣□□朝□□□□主□□□□□留伊得荷云戏，幸遇文明尧阶上，太平时□□□□何不罢岁□征舞柘枝。

柘　枝　令

回头下望尘寰处，喧画堂箫鼓。整云鬟摇曳青绡，爱一曲柘枝舞。　好趁华封盛祝，笑共指南山烟雾。蟠桃仙酒醉升平，望凤楼归路。（《鄮峰真隐漫录》卷四十五大曲）

扑蝴蝶遍

分钗绾髻，洞府难分手；离肠短阕，啼痕冰舞袖。马嘶霜滑，桥横路转，人依古柳，晓色渐分星斗。　怎分剖，心儿一似，倾入离愁万千斗。垂鞭伫立，伤心还病酒。十年梦里婵娟，二月花中豆蔻，春风为谁依旧？（宋吕滨老《圣求词》）

画　眉　序

与民欢庆，赏元宵广排筵会，簪缨珠履，贵戚三千。座列著公子王孙，簇拥处娇娥粉面。太平无事人乐业，黎民尽歌欢宴。（明徐叔回《八义记》）

惜奴娇　洪迈《夷坚志》：绍兴九年，张渊道侍郎家居无锡南禅寺，其女请大仙，忽书曰"九华天仙降"。问为谁？曰："世人所谓巫山神女者是也。"赋〔惜奴娇〕大曲一篇，凡九曲，如左：

其一

瑶阙琼宫,高枕巫山十二。睹瞿塘千载,滟滟去涛沸。异景无穷,好间吟满酌金卮。忆前时,楚襄王曾来梦中相会。吾正鬓乱钗横,敛霞衣云缕,向前低揖,问我仙职。桃杏遍开,绿草萋萋铺地。燕子来时,向巫山朝朝行雨暮行云,有闲时,只凭画堂高枕(枕字失韵疑误)。

瑶台景第二

绕绕云梯,上彻青霄云外,与诸仙同饮,镇长春醉。虎啸猿吟,碧桃香异风飘细。希奇。想人间难识,这般滋味。姮娥奏乐箫韶,有仙音异品,自然清脆。遏住行云不敢飞。空凝滞,好是波澜澄湛,一溪香水。

蓬莱景第三

山染青螺,缥缈人间难涉。有珍珠光照昼夜,无休息。仙景无极,欲言时汝等何知。且修心欲观游,亦非大段容易。下俯浮生,尚自争名逐利。岂不省,来岁扰扰兵戈起。天惨云愁,念时衰,合如是。使我辈终日蓬宫下泪。

劝人第四

再启诸公,百岁还如电急,高名显宦瞬息耳。泛水轻沤,霎那间难久立,画烛当风里,安能久之。速往茅峰割爱,休名避世。等功成,须有上真相引指。放死求生,施良药,功无比。千万记,此个良方第一。

王母宫食蟠桃第五

方结实,累累,翠枝交映,蟠桃颗颗,仙味真香美。遂命双成,将灵刀,割来饵。服一粒令我延寿万岁。堪笑东方,便启私心盗饵。使宫中仙伴,递互相尤殢。无奈双成,向王母高陈之,遂指方,偷了蟠桃是你。

玉清宫第六

紫云绛霭,高拥瑶砌,□光中无限部列,肃整天仙队。又有殊音,欲举声还止。朝罢时,亦有清香飘世。玉驾才兴,高上真仙尽退。有琼花如雪,散漫飞空里。玉女金童,捧丹文,传仙海，抚诸仙，早起劳卿过耳。

扶桑宫第七

光阴奇，扶桑宫里，日月常昼，风物鲜明，可爱无阴晦。大帝频鉴，于瑶池，朱阑外乘凤飞。教主开颜命醉，宝乐齐吹，尽是琼枝天妓。每三杯，须用圣母亲来揖。异果名花，几千般，香盈袂，意欲归，却乘鸾车凤翼。

太清宫第八

显焕明霞万丈，祥云高布，望仙官衣带，曳曳临风砌。玉兽齐焚，满高穹盘龙势。大帝起，玉女金童遍侍。奉敕宣言：甚荷诸仙厚意，复回奏，感恩顿首皆躬袂。奏毕还宫，尚依然云霞密，奇更异。非我君何闻耳！

归第九

吾归矣。仙宫久离，洞户无人管之，专俟吾归。欲要开金燧，千万频修己。言讫无忘之，哩啰哩，此去无由再至。事冗难言，尔辈须能自会。汝之言，还便是如吾意，大抵方寸平平无忧耳。虽改易之愁何畏？（《夷坚乙志》卷十三）

案宋词有〔惜奴娇〕，见晁补之《琴趣外篇》诸集，此篇衍为大曲，而并无散序、排遍、入破之名，疑不知大曲者，依仿为之也。

又《高丽史·乐志》，载〔惜奴娇〕八遍，盖即大曲之遗声也。其词如左：

惜奴娇（曲破）

春早皇都，冰泮宫沼，东风布轻暖。梅粉飘香，柳带弄色，瑞霭祥烟凝浅。正值元宵，行乐同民总无间，肆情怀何惜相邀，是处里容款。

无弄仗委东君遍，有风光占五陵闲散。从把千金，五夜继赏，并彻春宵游玩。借问花灯，金琐琼瑰果曾罕。洞天里，一掠蓬瀛，第恐今宵短。

夸帝里，万灵咸集永卫。紫陌青楼，富臻既庶矣。四海升平，文武功勋盖世，赖圣主兴贤佐恁致理。　气绪凝和会景新，访雅致，列群公锡宴在迩。上元循典，胜古高超荣异。望绛霄，龙香飘飘旖旎。

景云披靡，露浥轻寒若冰，尽是游人才美。陌尘润宝沉递，笑指扬鞭，多少高门胜会。况是，只有今夕，誓无寐。

盛日凝理，羽巢可窥，阆苑金关启扉。烬连霄宁防避。暗尘随马，明月逐人无际，调戏，相歌秾李未阑已。

骋轮纵勒，翠羽花细，比织并雅同陪。共越九衢，遍尽遨逸，料峭云容，香惹风萦怀袂。遍寓目，几处瑶席绣帏。

莫如胜概，景压天街际。彩鳌举百仞耸倚。凤舞龙骧，满目红光宝翠。动霁色，余霞映散成绮。　渐灼兰膏，覆满青烟罩地，簇宫花捆荡纷委。万姓瞻仰，茸茸云龙香细。共稽首，同乐与众方纪。

楼起霄宫里，五福中天纷降瑞。弦管齐谐，清宛振逸天外，万舞低回，纷绕罗纨摇曳。顷刻转轮归去，念感激天意。　幸列熙台，洞天遥遥望圣梓。五夕华胥，鱼钥并开十二，圣景难逢无比。人间动且经岁，婉娩踌躇。再拜五云迤逦。（《高丽史》卷七十一《乐志》）

倾杯　《唐书·礼乐志》：元宗尝以马百匹，盛饰，分左右，施三重榻，舞〔倾杯〕数十曲。一曲多至数十曲，似亦唐大曲也。宋词仙吕宫、大石调、林钟商、黄钟羽、散水调，均有〔倾杯乐〕。林钟商又有〔古倾杯〕（柳永《乐章集》）。句读字数均不同。宫调既殊，自非一曲中各遍。唯陈元靓《岁时广记》所载〔倾杯序〕，共有四叠，观其体制，极似大曲；且用以叙事，尤与当时大曲为近也。

倾杯序（咏王勃事）

昔有王生，冠世文章，尝随旧游江渚。偶尔停舟，寓目遥望江祠，依依陌上闲步。恭诣殿砌，稽首瞻仰，返回归路。遇老叟，坐于矶石貌纯古。　　　因语：□子非王勃？是致生惊，询之片饷方悟。子有清才，幸对滕王高阁，可作当年词赋。汝但上舟，休虑迢迢，仗清风去。到筵中，下笔华丽如神助。　　会俊侣，面如玉，大夫久坐觉生怒。报云落霞并飞孤鹜，秋水长天，一色澄素。阎公竦然，复坐华筵，次诗引序。道鸣凤佩玉，锵锵罢歌舞。　　栋云飞过南浦，暮帘卷向西山雨。闲云潭影，淡淡悠悠，物换星移，几度寒暑。阁中帝子，悄悄垂名，在于何处，算长江俨然自东去。（《岁时广记》卷三十五）

霓裳　〔霓裳〕，唐人谓之法曲，不云大曲。所以谓之法曲者，以其隶于法曲部，而不隶于教坊故。然由其体制观之，固与大曲无异也。唐之〔霓裳〕，散序六遍，中序以下十二遍。而宋王平据所得《夷则商霓裳羽衣谱》作曲十一段，起第四遍、第五遍、第六遍、正撷、入破、虚催、衮、实催、衮、歇拍、杀衮（《碧鸡漫志》卷三），再加以散序六遍，中序前三遍，当得二十遍，与唐之十八遍异。唯姜夔于乐工故书中得商调〔霓裳曲〕十八阕（《白石道人歌曲》卷三），与《齐东野语》所记《乐府混成集》中〔霓裳〕一曲共三十六段（每遍二段，则三十六段即十八遍也），犹是开元遗曲，今唯存〔中序第一〕耳。

霓裳中序第一

　　亭皋正望极，乱落江莲归未得。多病却无气力。况纨扇渐疏，罗衣初索，流光过隙，叹杏梁双燕如客。人何在，一帘淡月，仿佛照颜色。　　幽寂，乱蛩吟壁，动庾信清愁似织。沈思年少浪迹，笛里关山，柳下坊陌，坠红无信息。漫流水涓涓溜碧。飘零久，而今何意，醉卧酒炉侧。（《白石道人歌曲》卷三）

法曲　宋词小石调有〔法曲献仙音〕，又有〔法曲第二〕。柳永《乐章集》二词同在一卷中，知非二调。又字句虽略同，而用二名，知又非一遍也，殆亦〔霓裳〕之类。

法曲献仙音

追想秦楼心事，当年便约，于飞比翼。每恨临歧处，正携手、翻成云雨离拆。念倚玉偎香，前事惯轻掷。　　惯怜惜。饶心性镇厌厌多病，柳腰花态娇无力。早是乍清减，别后忍教愁寂。记得盟言，少孜煎，剩好将息。遇佳景，临风对月事，须时恁相忆。

法曲第二

青翼传情，香径偷期，自觉当初草草。未省同衾枕，便轻许，相将平生欢笑。怎生人间好事到头少，谩悔懊。　　细追思，恨从前容易，致得恩爱成烦恼。心下事千种，尽凭音耗。以此萦牵，等伊来自家问道，泊相见喜欢存问，又还忘了。（柳永《乐章集》卷中）

南宋官本杂剧，有《碁盘法曲》、《孤和法曲》、《藏瓶儿法曲》、《车儿法曲》四本。

望瀛　道调宫法曲（《宋史·乐志》）。葛立方云：今世所传〔望瀛〕，亦十二遍（《韵语阳秋》）。则亦大曲之类也。

宋金院本名目，有《望瀛法曲》一本。

清和乐　《书录解题》云：《家宴集》五卷，末有〔清和乐〕十八章（卷二十一）。宋陈亚喜唱〔清和乐〕，知越州时，每拥骑自衙庭出，或由鉴湖，缓辔而归，必敲镫代拍，潜唱彻三十六遍然后已（吴处厚《青厢杂记》卷一）。遍数至多，亦大曲也。

此外宋词之以序、遍、中腔名者，如〔哨遍〕、〔莺啼序〕，当亦为大曲中之一遍；〔徵招调中腔〕、〔钿带长中腔〕，亦然，而〔徵招〕、〔钿带长〕，或亦大曲名也。

大曲各叠名之曰遍。遍者，变也。古乐一成为变。《周礼》：大司乐，乐有六变、八变、九变。郑《注》云：变，犹更也。乐成则更奏也。贾《疏》云：变，犹更也者。《燕礼》云：终。《尚书》

云：成。此云变是也。舞亦有变，马端临曰：舞者，每步一进，则两两以戈盾相向，一击一刺，为一伐，为一成。成，谓之变（《文献通考》卷一百四十五）。如唐之《圣寿舞》十六变而毕（同上并杜佑《通典》卷一百四十六）。而他舞如《破阵乐》五十二遍，《庆元乐》七遍，《上元舞》二十九遍（《旧唐书·乐志》）。或云变，或云遍，知此两字因音同而互用也。大曲皆舞曲，乐变而舞亦变，故以遍名各叠，非偶然也。

大曲各遍之名，唐时有散序、中序（《白氏长庆集》卷二十一《霓裳羽衣舞歌》）、排遍、入破、彻（《乐府诗集》卷七十九）。中序一名拍序，即排遍；彻即入破之末一遍也。宋大曲，则沈括谓大遍，有序、引、歌、㰡、唨、哨、催、攧、衮、破、行、中腔、踏歌之类。王灼谓大曲，有散序、靸、排遍、攧、正攧、入破、虚催、实催、衮遍、歇拍、煞衮。沈氏所列各名，与现存大曲不合，其义亦多不可解。《集韵》：㰡，悉合切；又靸，息合切。二字音同。沈氏之所谓㰡，即王氏所谓靸，义均未详。唨以宥酒得名，叶梦得云：公燕合乐，每酒行一终，伶人必唱唨酒，然后乐作。此唐人送酒之辞，本作碎音，今多为平声（《石林燕语》卷五）。程大昌云：乾道丙戌，内宴，既酌，百官酒已，乐师自殿上折槛，间抗声索乐，不言何曲，其声但云㠏酒（㠏音作素回反），朝士多莫能辨（中略）。予按：李涪《刊误》：㠏酒《三十拍》，促曲名〔三台〕。㠏合作啐，啐，驰送酒声音。啐，今讹以平声。李正义《资暇录》所言，亦与涪同。予又以《字书》验之：㠏，屈破也；啐，音苍愦反，啐呒声也。今既呼乐侑饮，则于啐呒有理，于屈破无理。则自唐至今，皆讹啐为㠏者，索乐之声，贵于发扬远闻，以平声，则便，非有他也（中略）。《名贤诗话》闲适门，载王仁裕诗："淑景即随风雨去，芳尊每命管弦唨。"后押"朝乌夜兔催"，则唨酒也，以侑酒为义，唐人熟语也。又赵鳃《交趾事迹》，唨酒逐歌。鳃，本朝人，其言唨酒，即国初犹用唐语也（《演繁露》卷十一）。《东京梦华录》、《梦粱录》谓之绥酒，亦音同之误。唨之名遍，当此。哨义未详。《宋史·乐志》：政和三年五月，旧来淫哇之声，如打断、哨笛、迓鼓之类，与其曲名悉行禁止。哨，当如哨笛之

哨，然义不可知。宋词般涉调，有〔哨遍〕，大曲无闻。催、攧、
衮、破，则现存大曲皆有之。中腔、踏歌，《武林旧事》述圣节仪，
第二盏赐御酒，歌板起中腔；第三盏歌板唱踏歌（卷一）。《梦粱录》
所载次序稍异：第一盏进御酒，歌板色一名，唱中腔，一遍，讫；至
再坐第八盏，歌板色长唱踏歌，中间间以百戏、杂剧、大曲等（卷
三）。愚意，唯、哨、中腔、踏歌，未必为大曲之一遍。沈氏殆误以
大宴时所奏各乐，均为大曲耳。惟王灼所言，胥与现存大曲合。然攧
后尚有延遍，虚催后尚有衮遍，宋无名氏《草堂诗馀》注：今乐府
诸大曲，凡数十解，于攧前则有排遍，攧后则有延遍（《草堂诗馀》卷
四东坡〔水龙吟〕注）。然史浩〔采莲〕，延遍在攧遍前，则次序固无定
矣。实催之前，尚有衮遍，董颖〔薄媚〕、史浩〔采莲〕皆然。张炎
所谓前衮是也。实催后之衮遍，则炎所谓中衮，并煞衮为三。灼记王
平〔霓裳〕亦有三衮，则虚催下必漏衮遍二字。至其名义亦不可详。
排遍或以非一遍，故谓之排。攧字，字书罕见，唯陈鹄《耆旧续闻》
云：取铜沙锣于石上攧响（卷四）。则或取攧掷之义。周密《癸辛杂
志》后集，载德寿宫舞谱《五花儿舞》，有踢、搯、刺、攧、系、搊、
捽诸名，则亦舞中之一节，因以名其遍者。入破则曲之繁声处也（宋
上交《近事会元》卷四）。虚催、实催，均指催拍言之，故董颖〔薄媚〕
实催作催拍。衮义亦未详。刘克庄《后村别调》〔贺新郎〕词云：
"笑煞街坊拍衮。"则衮则当就拍言之。排遍又谓之歌头，〔水调歌
头〕即〔新水调〕之排遍也。而大曲之遍数中，有注花十八、花十
六者，王灼云：花十八前后十八拍，又四花拍，共二十二拍；乐家者
流所谓花拍，盖非其正也（《碧鸡漫志》卷三）。张炎云：大曲〔降黄
龙〕花十六，当用十六拍。或不并花拍计之。曾布〔水调歌头〕中
有带花遍，盖亦用花拍也。顾大曲虽多至数十遍，亦只分三段：散序
为一段，排遍、攧、正攧为一段，入破以下至煞衮为一段。宋仁宗语
张文定、宋景文曰：自排遍以前，声音不相侵乱，乐之正也；自入破
以后，侵乱矣，至此郑卫也（王巩《随手杂录》）。此其证也。

　　至大曲之渊源若何？大曲之名，虽见于沈约《宋书》，然赵宋大
曲，实出于唐大曲；而唐大曲以〔伊州〕、〔凉州〕诸曲为始，实皆

自边地来也。程大昌曰：乐府所传大曲，惟〔凉州〕最先出。《会要》曰：自晋播迁内地，古乐或分散不存，苻坚灭凉，始得汉，魏清商之乐，传于前后二秦。及宋武定关中，收之入于江南。隋平陈获之，隋文曰：此华夏正声也，乃置清商署，总谓之清乐。至炀帝，乃立清乐、西凉等九部。武后朝，犹有六十三曲，如〔公莫舞〕、〔巴渝〕、〔明君〕、〔子夜〕等，皆是也。后遂讹为〔梁州〕(《演繁露》卷七)。程氏此说，实误解《唐会要》，而不知西凉非清乐，凉州又非西凉也。《隋书·音乐志》：大业中，炀帝乃定清乐、西凉、龟兹、天竺、康国、疏勒、安国、高丽、礼毕，以为九部。清乐，其始即清商三调是也。并汉来旧曲。西凉者，起苻氏之末，吕光、沮渠蒙逊等据有凉州，变龟兹声为之，号为秦汉伎。魏太武既平河西得之，谓之西凉乐；至魏、周之际，遂谓之国伎。是清乐自清乐，西凉自西凉也。西凉自为乐部总名，而〔凉州〕则为曲名。西凉乐始于吕光，而〔凉州〕则唐明皇开元六年，西凉州都督郭知运进 (宋上交《近事会元》卷四)。则西凉自西凉，凉州自凉州，亦两不相涉也。程氏之言，全无是处。若〔胡渭州〕、〔伊州〕，则天宝中西凉节度使盖嘉运进 (同上)。则唐之大曲，其始固出自边地，唯遍数甚多，与清乐中之大曲同，故名以大曲耳。实与沈约书中之大曲无涉也。此外，唐大曲如〔柘枝〕(《新唐书·西域传》曰：或曰柘支、曰柘析、曰赭时)、〔突厥三台〕、〔龟兹乐〕、〔醉浑脱〕(《宋史·乐志》、《文献通考》有〔醉胡腾队〕，疑即于阗之对音)，尤明示其所自出；余亦恐借胡乐节奏为之。姜夔《大乐议》云：大食、小食、般涉者，胡语伊州、石州、甘州 (此说误也。大食、小食，亦作大石、小石，《唐书·地理志》："西北渡拨换河中河，距思浑河北二十里，至小石城；又二十里，至于阗境之胡芦河；又六十里，至大石城，一曰于祝，曰温肃州。"大石、小石，当由此二城得名。般涉，《隋志》作般赡，又与大石、小石，均为调名。而〔伊州〕、〔石州〕、〔甘州〕，则曲名，不得混合为一也)、〔婆罗门〕者，胡曲〔绿腰诞黄龙〕(即〔降黄龙〕)，〔新水调〕者，华声而用胡乐之节奏，惟〔瀛府〕、〔献仙音〕谓之法曲，即唐之法部也。凡有催、衮者，皆胡曲耳 (《宋史·乐志》)。此足以知大曲之所自出矣。

大曲皆舞曲也。洪适《盘洲集》有《薄媚》舞、《降黄龙》舞，史浩《鄮峰真隐漫录》有《采莲舞》诸名。陈氏《乐书》，谓优伶常舞大曲，惟一工独进，但以手袖为容，蹋足为节，其妙串者，虽风骞鸟旋，不喻其速矣。然大曲前缓叠不舞，至入破，则羯鼓、襄鼓、大鼓与丝竹合作，句拍益急。舞者入场，投节制容，故有催拍、歇拍，姿制俯仰，变态百出（《乐书》卷一百八十五）。欧阳永叔所谓"入破舞腰红乱旋"者是也。然宋时舞曲，不止大曲，凡转踏之类皆是。转踏，据《乐府雅词》所载，只〔调笑〕、〔九张机〕二种。然王灼谓：世有般涉调〔拂霓裳〕，石曼卿取作传踏。而《鄮峰真隐漫录》中之《太清舞》、《花舞》、《渔父舞》，《太清舞》用〔太清歌〕，《花舞》用〔蝶恋花〕，《渔父舞》用〔渔家傲〕，均叠数曲而成，而无排遍，入破之名，此亦转踏之类。洪适之〔渔家傲〕，则有破子，其字数句法，与本词无异。毛滂《东堂词》之〔调笑〕，破子亦然。以其合数曲而成一曲，故曾慥置之于大曲之后（今《雅词》虽载在大曲前，然据慥序，则当在后）。史浩径编于大曲中，其实与大曲无涉。若《侯鲭录》之〔商调·蝶恋花〕，则又诸宫调传奇（如今之弹词）之类，并非舞曲矣。

《宋志》教坊四十六曲，既得证其为四十大曲之误，于是大曲之名，较然可数。然后知《武林旧事》、《辍耕录》所载之宋、金杂剧院本，其为大曲者，十得二三焉。又知此种杂剧与曾布之〔水调歌头〕、董颖之〔薄媚〕，不甚相远也。顾大曲动作，均有节度，与戏剧之自由动作，不能相容。而宋时戏剧，散见于小说者颇多，皆随时随地，漫作谐谑，均与歌曲无涉。然则二者如何合并？又其合并在于何时？此今日所当研究者也。

宋之大曲杂剧，用于春秋圣节三大宴。陈旸《乐书》云：宴时，皇帝四举爵，乐工道词以述德美，词毕，再拜，乃合奏大曲。五举爵，琵琶工升殿独奏大曲，曲上，引小儿舞伎，间以杂剧（《乐书》卷一百九十九）。是奏大曲与进杂剧，自为二事。《宋史·乐志》、《东京梦华录》、《武林旧事》及宋人文集中，乐语次序大略相同。故二者合并必在以大曲咏故事之后，而以大曲咏故事，见诸纪载者，以《王子高六么》为始。此曲实始于元丰以前（朱彧《萍洲可谈》卷一），曾布〔水调歌头〕与葛守诚四十大曲，皆北宋之作也。然其盛行，当在南渡后。洪适《盘洲集》中之《句降黄龙舞》、《句南吕薄媚舞》，其曲词虽不传，然就句队辞观之，不独咏故事，而抑且搬演之矣。其句词如左：

句降黄龙舞

伏以玳席接欢，杯滟东西之玉；锦茵唤舞，钗横十二之金。咸驻目于垂螺，将应声而曳茧，岂无本事，愿吐妍辞。

答

盼流席上，发〔水调〕于歌唇，色授裾边，属河东之才子。未满飞鹣之愿，已成别鹄之悲。折荷柄而愁缕无穷，翦鲛绡而泪珠难贯，因成绝唱，少相清欢。

遣

情随杯酒滴郎心，不忍重开翡翠衾，封却软绡看锦水，水痕不似泪痕深。歌罢舞停，相将好去。

句南吕薄媚舞

羽觞棋布，洽主礼于良辰；翠袖弓弯，奏女妖之艳唱。游丝可倩，本事愿闻。

答

踏软尘之陌，倾一见于月肤；会采蘋之洲，迷千娇于楚梦。虽蛾眉有伐性之戒，而狐媚无伤人之心。既吐艳于幽闺，能齐芳于节妇，果六尺之躯，不庇其伉俪；非三寸之舌，可脱于艰难。尚播遗声，得尘高会。

遣

兽质人心冰雪肤，名齐节妇古来无。纤罗不脱西州路，争得人知是艳狐！歌舞既阑，相将好去。（《盘洲集》卷七十八）

史浩之《剑器舞》亦演故事，而叙述甚详，虽非大曲全遍，亦足以资参考也。

剑 舞

二舞者，对厅立裀上，（下略）乐部唱〔剑器曲破〕，作舞一段
了。二舞者同唱〔霜天晓角〕。

莹莹巨阙，左右凝霜雪。且向玉阶掀舞，终当有用时节。唱
彻，人尽说，宝此刚不折。内使奸雄落胆，外须遣豺狼灭。

乐部唱曲子，作舞《剑器曲破》一段。舞罢，二人分立两边。别
二人汉装者出，对坐。桌上设酒果。竹竿子念：

伏以断蛇大泽，逐鹿中原，佩赤帝之真符，接苍姬之正统。皇
威既振，天命有归，量势虽盛于重瞳，度德难胜于隆准。鸿门设会，
亚父输谋，徒矜起舞之雄姿，厥有解纷之壮士。想当时之贾勇，激
烈飞扬，宣后世之效颦，回翔宛转。双鸾奏技，四座腾欢。

乐部唱曲子，舞《剑器曲破》一段。一人，左立者，上裀舞，有
欲刺右汉装者之势；又一人舞进前，翼蔽之。舞罢，两舞者并退。汉
装者亦退。复有两人唐装出，对坐，桌上设笔、砚、纸，舞者一人换
妇人装，立裀上。竹竿子念：

伏以云鬟耸苍壁，雾縠罩香肌，袖翻紫电以连轩，手握青蛇
而的皪，花影下游龙自跃，锦裀上跄凤来仪。逸态横生，瑰姿谲
起。领此入神之技，诚为骇目之观。巴女心惊，燕姬色沮。岂唯
张长史草书大进，抑亦杜工部丽句新成。称妙一时，流芳万古。
宜呈雅态，以洽浓欢。

乐部唱曲子，舞《剑器曲破》一段，作龙蛇蜿蜒曼舞之势。两人唐
装者起。二舞者，一男一女，对舞，结《剑器曲破》彻。竹竿子念：

项伯有功扶帝业，大娘驰誉满文场，合兹二妙甚奇特，欲使
嘉宾醮一觞。霍如羿射九日落，矫如群帝骖龙翔，来如雷霆收震
怒，罢如江海含晴光。歌舞既终，相将好去。

念了，二舞者出队。（《鄮峰真隐漫录》卷四十六）

大曲与杂剧二者之渐相接近，于此可见。又一曲之中演二故事，
《东京梦华录》所谓"杂剧入场，一场两段"也。惟大曲一定之动
作，终不足以表戏剧自由之动作；唯极简易之剧，始能以大曲演之。
故元初纯正之戏曲出，不能不改革之也。

录曲余谈

《东坡志林》云："八蜡，三代之戏礼也。岁终聚戏，此人情之所不能免也，因附以礼义。亦曰：不徒戏而已矣。祭必有尸，无尸曰奠，始死之奠与释奠是也。今蜡谓之祭，盖有尸也。猫虎之尸，谁当为之？非倡优而谁！葛带榛杖，以丧老物，黄冠草笠，以尊野服，皆戏之道也。子夏观蜡而不悦，孔子譬之曰：一张一弛，文武之道。盖为是也。"其言八蜡为戏礼甚当，唯不必倡优为之耳。

唐之傀儡戏，本以人演平城故事。段安节《乐府杂录》云：起于汉祖平城之围，乐家遂翻为戏，其引歌舞有郭郎者，发正秃，善优笑，闾里呼为郭郎。凡戏场，必在俳儿之首云云。故今曲调中有〔憨郭郎〕，词调中有〔郭郎儿近拍〕，皆以伶人之名名之也。宋之傀儡戏，则以傀儡演故事。吴自牧《梦粱录》所谓："傀儡敷衍烟粉、灵怪、铁骑、公案、史书、历代君臣将相故事，话本或讲史，或作杂剧"是也。周密《武林旧事》所载略同。则唐以人演傀儡，宋以傀儡演人，二者适相反。然《唐诗纪事》载明皇《傀儡吟》云："刻木牵丝作老翁，鸡皮鹤发与真同。须臾弄罢寂无事，还似人生一世中。"则唐时固已有此戏矣。

传奇一语，代异其义。唐裴铏《传奇》，乃小说家言，与戏曲无涉。《武林旧事》载诸色伎艺人，诸宫调传奇，有高郎妇、黄淑卿、王双莲、袁太道等；《梦粱录》亦云：说唱诸宫调，昨汴京有孔三传，编成传奇灵怪，入曲说唱。即王灼《碧鸡漫志》所谓"泽洲孔三传者，首唱诸宫调古传，士大夫皆能诵之者"是也。则宋之传奇，当与今之弹词相似。至元尚有诸宫调之名，如石君实、戴善甫均有

《诸宫调风月紫云亭》，钟嗣成编入杂剧中。又杨廉夫《元宫词》云：
"尸谏灵公演传奇，一朝传到九重知。奉宣赍与中书省，诸路都教唱
此词。"案《尸谏灵公》乃鲍天祐所撰杂剧，则元人以杂剧为传奇
也。明中叶以后，传奇之名，专指南剧，以与北曲之杂剧相别。则此
二字之义，凡四变矣。

陶九成《辍耕录》云："唐有传奇，宋有戏曲、唱诨、词说，
金有院本、杂剧，诸公（当作官）调（案九成此说误也。唐之传奇非戏
曲，见上条。杂剧，宋辽皆有之，不自金始。唯院本之名始于金耳）院本、
杂剧，其实一也；国朝院本、杂剧，始厘而二之。"则元之院本与
杂剧异。今元剧尚存百种，而院本则无一存，唯《水浒传》及明周
宪王《吕洞宾花月神仙会》杂剧所载二则，尚足考见大概。兹录
于左：

> 雷横径到勾栏里来，（中略）看看戏台上却做笑乐院本。院
> 本下来，只见一个老儿，裹著碣额儿头巾，穿著一领茶褐罗
> 衫，系一条皂绦，拿把扇子，上来开科，道："老汉是东京人
> 氏白玉乔的便是，如今年迈，只凭女儿秀英歌舞吹弹，普天下
> 伏侍看官。"锣声响处，那白秀英早上戏台，参拜四方，拈起
> 锣棒，如撒豆般点动；拍下一声界方，念出四句七言诗，道：
> "新鸟啾啾旧鸟归，老羊赢瘦小羊肥。人生衣食真难事，不及
> 鸳鸯处处飞。"（中略）那白秀英道："今日秀英招牌上明写著
> 这场话本，是一段风流蕴藉的格范，唤做《豫章城双渐赶苏
> 卿》。"说了开话，又唱，唱了又说。（中略）那白秀英唱到务
> 头，这白玉乔按喝道："虽无买马博金艺，要动聪明鉴事人。
> 看官喝采已过去了，我儿且下来。"这一回便是衬交鼓儿的
> 院本。

周宪王杂剧中记院本一段，盖至明初犹有存者。曰：

> ［净同捷讯、副末、末泥上，相见了，做《长寿仙献香添

寿》。院本上〕捷云：歌声才住，末泥云：丝竹暂停。净云：俺四人佳戏向前。副末云：道甚清才谢乐？捷云：今日双秀士的生日，你一人要一句添寿的诗。捷先云：桧柏青松常四时。副末云：仙鹤仙鹿献灵芝。末泥云：瑶池金母蟠桃宴，净云：都活一千八百岁。副末打云：这言语不成文章，再说。（下略）

下尚有滑稽语，且各唱〔醉太平〕一曲而毕。则院本之制，较之杂剧简甚。且尚有古代鹘打参军之遗。此外殊无可考见也。

《东京梦华录》、《武林旧事》所载大宴礼节，杂剧之外，凡弄傀儡、踢架儿，谓杂艺，亦属教坊，宴时并用之。明顾起元《客座赘语》谓："南都万历以前，大席则用教坊打院本（此谓元之杂剧），乃北曲四大套者，中间错以撮垫圈、舞观音，或百丈旗，或跳队。"可知明时此风犹有存者矣。

罗马医学大家额伦，谓人之气质有四种：一热性，二冷性，三郁性，四浮性也。我国剧中脚色之分，隐与此四种合。大抵净为热性，生为郁性，副净与丑或浮性而兼冷性，或浮性而兼热性，虽我国作戏曲者尚不知描写性格，然脚色之分则有深意义存焉。

《辍耕录》云：副净，古谓之参军。《乐府杂录》所谓黄幡绰、张野狐弄参军是也。《东京梦华录》载内宴杂剧，凡勾队、问队、遣队之事，皆参军色主之。则参军似是教坊色长之类。《梦华录》又谓参军色执竹竿子，故史浩《鄮峰真隐漫录》所载大曲，直谓之竹竿子。然副净之名，北宋固已有之，黄山谷〔鼓笛令〕词云"副靖传语木大，鼓儿里且打一和"是也。后世脚色之名，此为最古。旦之名，始见于南宋官本杂剧目及金人院本名目。末泥始见于《武林旧事》及《梦粱录》。若生、丑、外、贴，第则更为后起之名矣。

"副靖传语木大"，木大，疑亦脚色之名。金院本名目有《呆木大》，恐即《朝野佥载》所谓高崔嵬善弄痴大者也。

胡元瑞《少室山房笔丛》所考脚色甚多疏误。兹将见于古籍之脚色名目，列为一表如左：

古名	武林旧事	梦粱录	辍耕录	太和正音谱	今名
	戏头	末泥 （《梦粱录》 云末泥为长， 则末泥即戏 头也）	末泥	正末 （当场男 子也）	生
	引戏 （《太和正音 谱》云：引戏， 院本中狙也）	引戏	引戏	狙 （当场妓女 也）	旦
参军、副 靖、竹竿 子	次净	副净	副净	靓	净
苍鹘	副末	副末	副末	副末	末
		装孤	装孤	孤	
	装旦		元曲中有 搽旦，明 有外旦皆 是		花旦
				鸨 （元曲中谓 之卜儿）	老旦
				捷讥	
痴大、 木大					

元初名公，喜作小令、套数。如刘仲晦（秉忠）、杜善夫（仁杰）、杨正卿（果）、姚牧庵（燧）、卢疏斋（挚）、冯海粟（子振）、贯酸斋（小云石海涯）等，皆称擅长，然不作杂剧。士大夫之作杂剧者，唯白兰谷（朴）耳。此外杂剧大家，如关、王、马、郑等，皆名位不著，在士人与倡优之间，故其文字诚有独绝千古者，然学问之剬陋与胸襟之卑鄙，亦独绝千古。戏曲之所以不得与于文学之末者，未始不由于此。至明，而士大夫亦多染指戏曲。前之东嘉，后之临川，皆博雅君子也；至国朝孔季重、洪昉思出，始一扫数百年之芜秽，然生气亦略尽矣。

元曲家中有与同时人同姓名者，以余所知，则有三白贲，三李好古，二刘时中，二赵天锡，二马致远，二秦简夫，二张鸣善，二贾仲明。白贲，一汴人，自号决寿老人，自上世以来至其孙渊，俱以经术著名。见元好问《中州集》。一陕州人，文举（华）之兄，而仁甫（朴）之伯父也。见元遗山《善人白公墓表》。一钱唐人，字无咎，白珽之子。今白珽《湛渊遗稿》有《题子贲折枝牡丹》诗。此即制曲之白无咎也。李好古，其一保定人，或云西平人，即制《张生煮海》杂剧者，见钟嗣成《录鬼簿》。其二，皆宋末元初人，一作《碎锦词》者，一字敏仲，见赵闻礼《阳春白雪》。刘时中，一《元史·世祖本纪》，以刘时中为宣慰使，安辑大理。一号逋斋，南昌人，官至翰林学士，有散曲载杨朝英《阳春白雪》中。世祖武臣有赵天锡，冠氏人，《元史》有传。制曲之赵天锡，则汴人，《辍耕录》载宛邱赵天锡为吾邱衍买妾事，或即其人也。马致远，一大都人，即东篱。一金陵人，马琬文璧之父，见张以宁《翠屏集》。秦简夫，一名略，陵川人，与元遗山同时而辈行较长。一即制曲之秦简夫，《录鬼簿》所谓在都下擅名，晚岁来杭者也。张鸣善，一见王逢《梧溪集》，名择，平阳人，官江浙提学，谢病隐居吴江。《录鬼簿》亦有张鸣善，扬州人，宣慰司令史，则制曲者也。贾仲明，《太和正音谱》以为明初人，然吴师道《礼部诗话》云：阎子静初挟其乡人书，至京谒贾仲明，则元时又有一贾仲明矣。曲家名位不著，难以钩稽，往往如此。

曲家多限于一地。元初制杂剧者，不出燕齐晋豫四省，而燕人又占十之八九。中叶以后，则江浙人代兴，而浙人又占十之七八。即北人如郑德辉、乔梦符、曾瑞卿、秦简夫、钟丑斋辈，皆吾浙寓公也。至南曲，则为温州人所擅。宋末之《王魁》，元末之《琵琶》，皆永嘉人作也。又叶文庄《箓竹堂书目》，有《永嘉韫玉传奇》，亦元末明初人作。至明中叶以后，制传奇者，以江浙人居十之七八，而江浙人中，又以江之苏州，浙之绍兴居十之七八。此皆风习使然，不足异也。

世以南曲为始于《琵琶记》，非也。叶子奇《草木子》谓："元朝南戏盛行，及当乱，北院本特盛。"《录鬼簿》谓：南北合腔，自沈和甫始。是为元时已有南曲之证。且《南词定律》引明钮少雅《曲谱》有元传奇《林招得》、元传奇《苏小卿》、元传奇《瓦窑》等，虽明人之书，未必可据，然亦足与叶、钟二说相发明也。又祝允明《猥谈》谓："南戏出于宣政之际，南渡后谓之温州杂剧。"则未详其说所本。

戏曲之存于今者，以《西厢》为最古，亦以《西厢》为最富。宋赵德麟（令畤）始以商调《蝶恋花》十二阕，谱《会真记》事。南宋官本杂剧段数有《莺莺六么》一本，金则有董解元之《弦索西厢》，元则有王实父（甫）、关汉卿之北《西厢》，明则陆天池（采）、李君实（日华）均有南《西厢》，周公望（公鲁）有《翻西厢》，国朝则查伊璜（继佐）有《续西厢》，周果庵（坦纶）有《锦西厢》，又有研雪子之《翻西厢》，叠床架屋，殊不可解。

施愚山（闰章）《矩斋杂记》云：传奇《荆钗记》，丑诋孙汝权。按汝权，宋名进士，有文集，尚气谊，王梅溪先生好友也。梅溪劾史浩八罪，汝权怂恿之，史氏切齿，故入传奇，谬其事以污之。温州周天锡，字懋宠，尝辨其诬，见《竹懒新著》。则《荆钗》似亦出于宋人杂剧，不独《西厢》、《琵琶》然也。

胡元瑞谓韩苑洛以关汉卿比司马子长，大是词场猛诨。余谓汉卿诚不足道，然谓戏曲之体卑于史传，则不敢言。意大利人之视唐旦，英人之视狭斯丕尔，德人之视格代，较吾国人之视司马子长抑且过之。之数人曷尝非戏曲家耶！

余于元剧中得三大杰作焉。马致远之《汉宫秋》、白仁甫之《梧桐雨》、郑德辉之《倩女离魂》是也。马之雄劲，白之悲壮，郑之幽艳，可谓千古绝品。今置元人一代文学于天平之左，而置此〔二〕（三）剧于其右，恐衡将右倚矣。

汤若士《还魂记》，世或云刺昙阳子而作。昙阳子者，太仓王文肃公（锡爵）之次女，学道，不嫁而卒。王元美为作传，所谓昙阳菩萨者也。文肃，若士座主也。故蒋心余《临川梦》责若士曰："毕竟是桃李春风旧门墙，怎好将帷薄私情向笔下扬。他平生罪孽这词章。"顾不审昙阳受谤之事。嗣读彭二林《一行居集》云：世之谤昙阳者不一，捕风捉影，久成冤狱，冯子伟人夙慕仙踪，萃当时传记诗文，都为一集，又得昙阳弟衡手书，述家奴造谤始末，公案确然。然尚未审其得何谤也！近阅长沙杨恩寿《词馀丛话》详载此事（但不知采自何书），曰："昙阳子死数年，有鄞人娄姓者，以风水游吴越间，妻慧美，有艺能，且操吴音，蓄赀甚富，捕者迹之亟，度不可脱，则曰：我太仓王姓也。于是哗然谓昙阳复生矣！时文肃父子俱在朝，以族人司家事，亟召娄夫妇。族人向未见昙阳，莫能辨，有老仆谛视良久，忽省曰：汝非二爷房中某娘乎？始惶恐伏罪。当海内轰传之时，若士遽采风影之谈，填成艳曲……"云云。然余谓此说不然。若士撰此曲时，正在太仓，正为文肃而作，又在文肃家居之后，决不作此轻薄事。江熙《扫轨间谈》云：王文肃家居，闻汤义仍到娄东，流连数日，不来谒，径去，心甚异之，乃遣人暗通汤从者，以觇汤所为。汤于路日撰《牡丹亭》，从者亦窃写以报。遽成，袖以示文肃，文肃曰：吾获见久矣。又，《静志居诗话》亦云：《牡丹亭》初出，太仓相君实先令家乐演之，且云，吾老年人，近颇为此曲惆怅。合此二书观之，则刺昙阳之说，不攻自破矣。

无名氏《传奇汇考》谓：《牡丹亭》言外或别有寄寓。初，隆庆时，总督王崇古招俺答来降，封为顺义王；其妻三娘子封忠顺夫人。由是总督之缺，为时所慕。自方逢时、吴兑以后，其权愈重，称曰经略侍郎。郑洛，保定安肃人也，心欲得之；广西蒋遵箴为文选郎中，闻郑女甚美，使人谓曰：以女嫁我，经略可得也。郑以女嫁之，果得经略，而其女远别。洛妻痛哭诉洛，洛亦流涕。张江陵闻之笑曰：郑范溪（洛别字）涕出而女于吴。杜安抚者，盖指洛为经略也。岭南柳梦梅者，遵箴广西人，故曰岭南也。柳梦梅讥杜宝云"你只哄得杨妈妈退兵"者，洛等前后为经略，皆结纳三娘子，三娘子能箝制俺答，又能豹束蒙古，故以平得李半讥之也。陈最良语李全妻云："欲讨金子，皆来宋朝取用。"时吴兑以金帛结三娘子，遗百凤裙等服色甚众，洛亦可知，故云。然柳梦梅姓名中有两木字，时丁丑科状元沈懋学、庚辰科状元张懋修、癸未科榜眼李廷机，皆有两木字。柳梦梅对策言"能战而后能守，能守而后能和"，宋时虽已有此语，然其影借者高丽之役，兵部侍郎进战、守、封三策，言"能战而后能守，能守而后能封"，与此语正合也。云云。附会殊切，似属明人之言。然此记即影射时事，犹其第二义；其大旨，则义仍《牡丹亭·自序》尽之矣。

义仍应举时，拒江陵之招，甘于沈滞；登第后，又抗疏劾申时行，不肯讲学；又不附和王、李，在明之文人中，可谓特立独行之士矣。

明姚叔祥（士粦）《见只编》云：余尝见吾盐名画张纪临元人太宗强幸小周后粉本，有元人题云："江南剩得李花开，也被君王强折来；怪底金风冲地起，禁园红紫满龙堆。"盖以靖康为报也。又有宋人尝（此字疑误）后图上，有题曲云："南北惊风，汴城吹动，吹作宫花鲜董董。泼蝶狂蜂不珍重，弃雪拼香，无处著这面孔。一综儿是清风镇的样子，这将军是报粘罕的孟珙。"案孟珙克蔡时，哀宗后妃均尚在汴。汴为元师所克，无与珙事。此图此曲，必亡宋遗民所为。可谓怒于室而作色于市者矣。小周后事见龙衮《江南野史》，王铚《默记》尝引之。

世多病臧晋叔（懋循）刻《元曲选》，多所改窜；以余所见钱塘丁氏嘉惠堂所藏明初钞本郑廷玉《楚昭王疏者下船》杂剧，谬误拙劣，不及《元曲选》本远甚。盖元剧多遭伶人改窜，久失其真。晋叔所刊，出于黄州刘延伯所得御戏监本，其序已云，与今坊本不同。

后人执坊本及《雍熙乐府》所选者而议之，宜其多所抵牾矣。

元人杂剧存于今者，只《元曲选》百种，此外如《元人杂剧选》、《古名家杂剧》所刻元曲，出于《元曲选》外者，不及十种。且此二书，亦已久佚，唯《雍熙乐府》中尚存丛残折数，然有曲无白，亦难了其意义矣。所存别本，亦只《疏者下船》一种，淡生堂、也是园所藏，竟无一本留于人世者。设无晋叔校刻，今人殆不能知元剧为何物矣。

顷得《盛明杂剧》初集三十种，乃武林沈泰林宗所编，前有张元徵、程羽文二序，张序题崇祯己巳仲春，盖其书刊于是岁也。所载均明代名人之作，然已失元剧规模，间杂以南曲，亦有仅用一折者。

《雍熙乐府》提要云：旧本题海西广氏编。余所见嘉靖庚子、丙寅二本，均无编者姓名。曹楝亭《书目》则云"苍嵩郭□辑"，而失其名。今阅日本毛利侯《草月楼书目》，始知为郭勋所辑也。勋，明武定侯郭英曾孙，正德初嗣侯，嘉靖中以议大礼，功进翊国公，加太师。后坐罪下狱死。史称其桀黠有智数，颇涉书史，则此书必勋所辑也。《明史》附见《英传》。

己酉夏，得明季文林阁所刊传奇十种。中梁伯龙《浣纱记》末折，与汲古阁刻本颇异，细审之，乃借用汪伯玉（道昆）《五湖游》杂剧也。此外《易鞋记》六种，在毛刻六十种外，中有似弹词者，殆弋阳、海盐腔也。

今秋，观法人伯希和君所携敦煌石室唐人写本，伯君为言新得明汪廷讷《环翠堂十五种曲》，惜已束装，未能展视。此书已为巴黎国民图书馆所有，不知即《淡生堂书目》著录之《环翠堂乐府》否也？

《传奇汇考》，不知何人所作。去岁中秋，余于厂肆得六册。同时黄陂陈士可参事（毅）亦得四册。互相钞补，共成十册，已著之《曲录》卷六。今秋，武进董授经推丞（康）又得六巨册，殆当前此十册之三倍，均系一手所钞；叙述及考证甚详，然颇病芜陋耳。

焦里堂先生（循）《曲考》一书，见于《扬州画舫录》，闻其手稿，为日本辻君武雄所得。遗书索观后，知焦氏后人自邵伯携书至扬州，中途舟覆，死三人，而稿亦失。里堂先生于此事用力颇深，一旦湮没，深可扼腕。

元人杂剧，佚者已不可睹。今春，陈士可参事于钱唐丁氏藏书中，购得明周宪王杂剧六种：一《张天师明断辰钩月》，二《吕洞宾花月神仙会》，三《群仙庆寿蟠桃会》，四《紫阳仙三度常椿寿》，五《瑶池会八仙庆寿》，六《东华仙三度十长生》，皆宜德间刻本。宪王颇有词名，然曲文庸熟，亦如宋人寿词矣。

宪王《诚斋乐府》七册，见明朱灌甫（睦㮮）《万卷堂书目》。其所另编之《聚乐堂书目》，作十册。而吾乡汪氏《振绮堂书目》有《诚斋乐府》十册，注云元本；又云，宋杨万里撰。余案，《杨诚斋集》小词不出十余阕，决无十册之理。此十册殆即万卷堂、聚乐堂所著录者。又误视明初刻本为元本耳。

钱遵王、黄荛圃，学问胸襟嗜好，约略相似；同为吴人，又同喜搜罗词曲。遵王也是园所藏杂剧，至三百余种，多人间希见之本。复翁所居，自拟李中麓词山曲海，有学山海居之目。然其藏曲之见于题跋者，仅元本《阳春白雪》、明杨仪部《南峰乐府》数种，尚不敌其藏词之精且富也。

曲之为体既卑，为时尤近，学士大夫论之者颇少。明则王元美《曲藻》，略具鉴裁；胡元瑞《笔丛》，稍加考证。臧晋叔、何元朗虽以知音自命，然其言殊无可采。国朝唯焦里堂《籥录》，可比《少室》；融斋《艺概》，略似《弇州》。若李调元《曲话》、杨恩寿《词馀丛话》等，均所谓不知而作者也。

古剧脚色考

　　戏剧脚色之名，自宋元迄今，约分四色，曰：生、旦、净、丑，人人之所知也。然其命名之义，则说各不同。胡应麟曰：凡传奇以戏文为称也，亡往而非戏也。故其事欲谬悠而无根也，其名欲颠倒而亡实也，反是而欲求其当焉，非戏也。故曲欲熟而命以生也，妇宜夜而命以旦也，开场始事而命以末也，涂污不洁而命以净也：凡此，咸以颠倒其名也（《少室山房笔丛》卷四十）。此一说也。然胡氏前已有为此说者，故祝允明《猥谈》驳之曰：生、净、旦、末等名，有谓反其事而称，又或托之唐庄宗，皆缪云也。此本金、元阛阓谈唾，所谓"鹘伶声嗽"，今所谓市语也。生即男子，旦曰妆旦色，净曰净儿，末曰末尼，孤乃官人，即其土语，何义理之有？《太和谱》略言之（《续说郛》卷四十六）。此又一说也。国朝焦循又为之说曰：元曲无生之称，末即生也。今人名刺，或称晚生，或称晚末、眷末，或称眷生，然则生与末为元人之遗（《易余籥录》卷十七）。此又一说也。胡氏颠倒之说，似最可通。然此说可以释明脚色，而不足以释宋、元之脚色。元、明南戏，始有副末开场之例，元北剧已不然，而末泥之名，则南宋已有之矣。净之傅粉墨，明代则然，元代已不可考；而副靖之名，则北宋已有之矣。此皆不可通者也。焦氏释末，理或近之，然末之初，固称末尼。至净、丑二色，则又何说焉？三说之中，自以祝氏为稍允。但其说至简，无所证明，而《太和正音谱》、《坚瓠集》所举各解又复支离怪诞，不可究诘。今就唐、宋迄今剧中之脚色，考其渊源变化，并附以私见，但资他日之研究，不敢视为定论也。

参军 副靖 副净 净

参军之源，其说有二：《乐府杂录》云：始自后汉馆陶令石耽，耽有赃犯，和帝惜其才，免罪，每宴乐，即令衣白夹衫，命俳优弄辱之，经年乃放，后为参军。误也。《赵书》曰：石勒参军周延，为馆陶令，断官绢数万匹，下狱，以八议宥之。后每大会，使俳优著介帻、黄绢、单衣，优问：汝何官，在我辈中？曰：我本为馆陶令，斗数单衣曰：正坐取是，入汝辈中以为笑（《太平御览》卷五百六十九引）。二说未知孰是。（或谓后汉未有参军官，故段说不足信。案司马彪《续汉志》虽无参军一官，然《宋书·百官志》则谓参军，后汉官孙坚为车骑参军事是也。则和帝时，或已有此官，亦未可知。）要之，唐以前已有此戏，但戏名而非脚色名也。《杂录》又云：开元中有黄幡绰、张野狐弄参军，又有李仙鹤善此戏，明皇时授韶州同正参军，以食其禄。其为戏名或脚色名，尚未可定。惟赵璘《因话录》云：肃宗宴于宫中，女优有弄假官戏，其绿衣秉简者，谓之参军桩（卷一）。则似已为脚色之称。至五代犹然。《吴史》云：徐知训怙威骄淫，调谑王（杨隆演）无敬长之心。尝登楼狎戏，荷衣木简，自号参军，令王髽髻鹑衣为苍头以从（宋姚宽《西溪丛语》卷下引，又《五代史·吴世家》略同）。又谓之陆参军。《云溪友议》云：元稹廉访浙东，有俳优周季南、季崇及妻刘采春自淮甸而来，善弄陆参军，歌声彻云（卷九），是也。北宋则谓之参军色（《东京梦华录》），为俳优之长。又观《夷坚志》（丁集卷四）、《桯史》（卷七及卷十）、《齐东野语》（卷十三及卷二十）所载参军事，其所搬演，无非官吏，犹即唐之假官戏也。其服色，在唐以前，则或白、或黄、或绿，宋亦谓之绿衣参军（《桯史》卷十）。唐时，则手执木简，宋则手执竹竿拂子（《东京梦华录》），或执杖（《齐东野语》卷二十），故亦谓之竹竿子（史浩《鄮峰真隐漫录》卷四十五），又谓之副净。陶宗仪云：副净，古谓之参军（《辍耕录》卷二十五）。宁献王云：靓，古谓参军（《太和正音谱》卷首）。然考之北宋，已有副靖之名。黄山谷词，所谓"副靖传语木大"是也。又谓之次净（《武林旧事》卷四）。宋、元人书中，但有副净而无净。单云净者，始于《太和正音谱》

（《元曲选》有净，然恐经明人删改）。余疑净即参军之促音，参与净为双声，军与净似叠韵，参军之为净，犹勃提之为披，邾娄之为邹也。

副净之为参军，惟《辍耕录》、《太和正音谱》始言之。其说果可信否，亦在所当研究者。今以二书所云副净事，较之宋人所纪参军事，颇相符合。《辍耕录》云：鹘能击禽鸟，末可打副净。《正音谱》云：副末执磕瓜以朴靓。今案《夷坚志》（丁志卷四）云：崇宁初，伶者对御为戏，推一参军作宰相，（中略）副者举所挺杖击其背。《桯史》（卷七）云：绍兴十五年，就秦桧第赐宴。假以教坊优伶，（中略）有参军者，前褒桧功德，一伶以荷叶交倚从之，（中略）参军将就倚，忽坠其幞头，（中略）伶遽以朴击其首。《齐东野语》（卷十三）云：内宴日，参军四筵张乐，胥辈请金文书，（中略）胥击其首。由此三事，则副净之为参军，无可疑也。惟《齐东野语》（卷二十）别记一事，则适与之反。云：宣和间，徽宗与蔡攸辈在禁中，自为优戏。上作参军趋出，攸戏上曰：陛下好个神宗皇帝，上以杖鞭之云：你也好个司马丞相。岂因徽宗自作参军，臣不可击君，故变其例欤？然《容斋随笔》（卷十四）云：士之处世，视富贵利禄，当如优伶之为参军，方其据几正坐，噫呜诃箠，群优拱而听命，戏罢，则亦已矣。则参军自诃箠之事，至《东京梦华录》所云，参军色手执竹竿拂子，此当用以指挥，非用以击人。又细绎《夷坚志》所云，推参军一人作宰相，（中略）其副者举所挺杖击之，"其副者"三字，当指参军之副，即谓副净也。如此则击人者为副净，而被击者为净。副净本参军之副，故宋人亦呼为参军。此说虽属想像，或足证净为参军之促音欤。

末尼　戏头　副末　次末　苍鹘

末之名，始见于《武林旧事》（卷四）所记"杂剧三甲"，每甲各有戏头、引戏、次净、副末，或加装旦。又有单称末者，同卷载乾淳教坊乐部杂剧色，德寿宫有盖门庆，下注云末是也。《梦粱录》（卷二十）谓之末泥，曰：杂剧中，末泥为长，每一场四人或五人。（中略）末泥色主张，引戏色分付，副净色发乔，副末色打诨，或添一人，名曰装孤。《辍耕录》所载院本五人，同。以此与《武林旧事》

相比较，则四人中有末泥而无戏头，然既云末泥为长，则末泥即戏头也（案《宋史·乐志》：大乐有舞头、引舞，戏头、引戏，殆仿大乐为之）。末泥之名，不知所自出。隋龟兹部歌曲，有《善善摩尼》（《隋书·音乐志》），唐羯鼓食曲（此二字有讹阙）有《居摩尼》（南卓《羯鼓录》）。案摩尼，梵语谓珠。《翻译名义集》云：摩尼，正云末尼。末泥之名，或自曲名出。而至南宋初，始见载籍，又似后起之名矣。然《梦华录》（九）云："圣节大宴，第一盏，御酒，舞旋多是雷中庆，舞曲破擫前一遍，舞者入场，至歇拍，续一人入场，对舞数拍，前舞者退，独后舞者终其曲，谓之舞末。"此条言舞大曲，似与脚色无涉，然脚色中戏头、引戏，均出于舞头、引舞（见前），则末泥之名，亦当自"舞末"出。长言之则为末泥，短言之则为末。前疑其出于曲名者，非也。

副末之名，北宋已有之。《渔隐丛话》前集（三十）引王直方《诗话》：欧阳公《归田乐》四首，只作二篇，余令圣俞续之。又圣俞续成，欧阳公一简谢之云：正如杂剧人上名下韵不来，须副末接续。家人见诮，好时节将诗去人家厮搅，不知吾辈用以为乐云云，可证也。《武林旧事》又作次末。《辍耕录》云：副末，古谓之苍鹘。又云：鹘能击禽鸟，末可打副净。《太和正音谱》亦云。今案《李义山集》骄儿诗："忽复学参军，案声唤苍鹘。"《五代史·吴世家》云：徐氏之专政也，隆演幼懦，不能自持，而知训尤凌侮之。尝饮酒楼上，命优人高贵卿侍酒，知训为参军；隆演鹑衣髽髻为苍鹘（《西溪丛语》引《吴史》作苍头，复据《五代史》正之）。则唐五代时，与参军相对演者为苍鹘，如宋时副末之对副净也。《辍耕录》之说，殆以此二事为根据，其他则不能证之矣。

顾事有不可解者，则宋时但见副靖、次净之名，而不见有净。又多云次末、副末，而罕云末是也。窃疑净苟为参军之促音，而宋之参军色恒为俳优之长。至南宋之季，则末泥为长，职在主张，故入场搬演者，只有副净、副末，而净、末反罕闻，其故或当如此欤。

引戏　郭郎　郭秃

引戏之名，始见于《武林旧事》、《梦粱录》。然其实则唐已有之。《乐府杂录》傀儡条云："其引歌舞有郭郎者，发正秃，善优笑，闾里呼为郭郎，凡戏场必在俳儿之首。"（案《颜氏家训·书证篇》：或问俗名傀儡子为郭秃，有故实乎？答曰：《风俗通》云，诸郭皆讳秃，当是前世有姓郭而病秃者，滑稽调戏，故后人为其象，呼为郭秃，犹文康象庾亮尔。如此，则北朝已有郭郎之戏。且其人当在汉世矣。）宋之引戏即郭郎之遗否，今不可考。《太和正音谱》云：引戏，院本中狚也。考《武林旧事》，则杂剧三甲中，刘景长一甲，有引戏，又有装旦，则其说殆不可信。或此色可兼扮男女欤？

旦　姐　狚

旦、姐二名，始见于《武林旧事》、《梦粱录》。然搬弄妇女，其事颇古。《汉书·郊祀志》：紫坛伪设女乐。裴松之《三国志注》引《魏书》司马景王奏永宁宫曰：皇帝日延小优郭怀、袁信于广望观下，作辽东妖妇。而北齐《踏摇娘》戏，亦以丈夫著妇人衣为之（《教坊记》）。《隋书·音乐志》：周宣帝即位，广召杂伎，增修百戏，（中略）好令城市少年有容貌者，妇人服而歌舞相随，引入后庭，与宫人观听。又云：大业中，每岁正月，万国来朝，留至十五日，于端门外建国门内，绵亘八里，列为戏场，（中略）其歌舞者，多为妇人，服鸣环佩，饰以花毦者，殆三万人。初课京兆河南，制此衣服，而两京缯锦为之中虚。故柳彧请禁正月十五日角抵戏，曰：人戴兽面，男为女服（《柳彧传》）。讫于唐初，此风犹盛。武德元年，万年县法曹孙伏伽上书曰：百戏、散乐，本非正声，有隋之季，始见崇用，此谓淫风，不可不改。近者，太常官司于人间，借妇女裙襦五百余具，以充散乐之服云云（《唐会要》卷三十四并两《唐书·孙伏伽传》）。后谓之弄假妇人。《乐府杂录》云：咸通以来，即有范传康、上官唐卿、吕敬迁三人弄假妇人是也。则旦之实，唐以前既有之矣。至旦之名所由起，则说又不一。近人长沙杨恩寿云：自北剧兴，男曰末，女曰旦，南曲虽稍有更易，而旦之名不改。不解其义。案《辽史·乐志》：大乐有七声，谓之七旦，凡一旦司一调，（中略）此外又有四旦二十八调，（中略）所谓旦者，乃司乐之总名，金元相沿，遂命歌伎领之，后改为杂剧，不皆以倡伎充旦，则以优之少者假扮为女，渐失其真（《词馀丛话》卷一）。此说全无根据。其误解《辽志》，又大可惊异也。《辽志》所谓婆陀力旦、鸡识旦、沙识旦、沙侯加滥旦者，皆声之名，犹言宫声、商声、角声、羽声也。杨氏谓为司乐之总名，殊属杜撰。且旦之名，岂独始见于《辽志》而已，《隋书·音乐志》已有之。《隋志》云：苏祇婆父在西域，称为知音，代相传习，调有七种，以其七调，勘校七声，冥若合符。一曰婆陀力，华言平声，即宫声也。（中略）就此七调，又有五旦之名，旦作七调，以华言译之，旦者则谓均也。其声亦应黄钟、大簇、林钟、南吕、姑洗，五均已外，七律更无调声。以此观之，则《辽志》所谓旦，即《隋志》所谓声。《隋志》之旦，以律吕为经，而以宫商纬之。郑译之八十四调是也。《辽志》之旦，以宫商角羽四声为经，而以律吕纬之。隋、唐以来之燕乐二十八调是也。此点虽异，而其以旦统调则所同也。核此二解，都非司乐之名；即使旦之名果出于辽，则或由妇人之声多用四旦中之某旦，而婆陀力旦、鸡识旦之名，本为雅言，伶人所不能解，故后略称旦耳。此想象之说，或较杨说为通。要之，旦名之所本，虽不可知，然宋、金之际，必呼妇人为旦，故宋杂剧有装旦，装旦之为假妇人，犹装孤之为假官也。至于元人，犹目张奔儿为风流旦，李娇儿为温柔旦（《青楼集》），此亦旦本伎女之称之一证。若《坚瓠集》引庄子爱猵狙以为雌之说，则更无讥焉。

冲末 小末 二末 老旦 大旦 小旦 细旦
色旦 搽旦 花旦 外旦 贴旦 外贴

前论四色，乃宋、金脚色之最著者，至元剧，而末、旦二色支派弥多。正末、副末之外，有冲末、小末，而小末又名二末。旦则正旦外，有老旦、大旦、小旦、色旦、搽旦、外旦、旦儿（焦循《易馀籥录》曾从元曲钩稽出之，兹据其说），而《武林旧事》、《梦粱录》尚有细旦，《青楼集》又有软末泥、驾头、花旦之名；又云：凡妓以墨点破其面者为花旦。盖即元曲之色旦、搽旦也。元曲有外旦无外末，而又有外；外则或扮男，或扮女，外末、外旦之省为外，犹贴旦之后省为贴也。案宋制，凡直馆（史馆）、院（崇文院），则谓之馆职，以他官兼者，谓之贴职（《宋史·职官志》）；又《武林旧事》（卷四）载乾淳教坊乐部，有衙前，有和顾，而和顾人如朱和、蒋宁、王原全下，皆注云"次贴衙前"，意当与贴职之贴同，即谓非衙前而充衙前也。然则曰冲，曰外，曰贴，均系一义，谓于正色之外，又加某色以充之也。至明代传奇，但省作贴，则义不可通。幸《元曲选》尚存外旦、贴旦之名，得以考外与贴之本义。但南宋官本杂剧段数，已有《喝贴万年欢》，《辍耕录》金院本名目，有《贺贴万年欢》。贺贴、喝贴，或有他义，或宋、金已省作贴，则不可考矣。

孤

《太和正音谱》云：孤，当场装官者。证以院本名目之"孤下家门"及现存元曲，其说是也。《辍耕录》谓之孤装，而《梦粱录》则作装孤。以《武林旧事》之装旦例之，则装孤为长。孤之名或官之讹转，或以其自称孤名之也。

捷机　捷讥

《太和正音谱》角色中有捷讥，此名亦始于宋《武林旧事》（卷六）。诸色伎艺人，商谜条有捷机和尚。捷机即捷讥，盖便给有口之谓。明周宪王《吕洞宾花月神仙会》杂剧所载古院本，犹有捷讥色，所扮者为蓝采和，自号乐官，则《正音谱》所谓俳优称为乐官者是也。

痴大　木大　咸淡　婆罗　鲍老　孛老　卜儿　鸨

此外古脚色之可考者，则有痴大，有咸淡，有婆罗，皆始于唐。《朝野佥载》谓散乐高崔嵬善弄痴大，而宋亦有木大，陶谷《清异录》（二）："长沙狱掾任兴祖，拥驺吏出行，有卖药道人行吟曰：无字歌，呵呵亦呵呵，哀哀亦呵呵，不似荷叶参军子，人人与个拜，木大作厅上假阎罗。"黄山谷词："副靖传语木大，鼓儿里且打一和。"金院本名目有《呆木大》。木大，疑即唐之痴大，又与副靖对举，其为脚色无可疑也。《乐府杂录》俳优条，弄参军外，又云："武宗朝，有曹叔度、刘泉水咸淡最妙；咸通以来，即有范传康、上官唐卿、吕敬迁三人，弄假妇人。"如此二句相承，则咸淡为假妇人之始。且之音当由咸淡之淡出。若作二事解，则咸淡亦一种脚色。今宋官本杂剧有《医淡》、《论淡》二本，金院本名目有《下角瓶大医淡》、《打淡的》、《照淡》三本。淡或犹咸淡之略也。《杂录》又云：弄婆罗，大中初有康乃、李百魁、石宝山。婆罗，疑婆罗门之略。至宋初转为鲍老。杨大年《傀儡诗》云："鲍老当筵笑郭郎，笑他舞袖太郎当。若教鲍老当筵舞，转更郎当舞袖长。"（陈师道《后山诗话》）至南宋时，或作抱锣。《梦华录》（七）云：宝津楼前百戏，有假面披发，口吐狼牙烟火，如鬼神状者上场，著青帖金花短后之衣，帖金皂袴，手携大铜锣，随身步舞而进退，谓之抱锣。绕场数遭，或就地放烟火之类。抱锣即鲍老，以此际偶携锣，遂讹为抱锣耳。然舞队犹有《大小研刀鲍老》（《武林旧事》)、《倬刀鲍老》（《梦粱录》）等名，又南北曲调以"鲍老"名者殆以十数。金元之际，鲍老之名分化而为三：其扮盗贼者，谓之邦老；扮老人者，谓之孛老；扮老妇者，谓之卜儿。皆鲍老一声之转，故为异名以相别耳。《太和正音谱》之鸨，则又卜儿之略云。

俫　孛老　曳剌　酸　细酸　邦老

孛老、卜儿，皆脚色之表示年齿者。俫儿之表童子亦然。俫，始见金院本名目，及元曲，其义未详。此外脚色，又有表所扮之人之职业地位者，如曳剌、细酸、邦老是也。曳剌，本契丹语，唐人谓之曳落河。《旧唐书·房琯传》：琯临戎谓人曰：逆党曳落河虽多，岂能当我刘秩等。《辽史》作拽剌，《百官志》有拽剌军详稳司，旗鼓拽剌详稳司，千拽剌详稳司，猛拽剌详稳司。又云，走卒谓之拽剌。《武林旧事》作爷老，其所载官本杂剧，有《三爷老大明乐》、《病爷老剑器》二本，当即辽之拽剌也。元马致远《荐福碑》杂剧中尚有曳剌为胥役之名，此即《辽志》走卒谓之拽剌之证。细酸始见元曲，前单称酸。宋官本杂剧之《急慢酸》，金院本名目之《合房酸》等是也。胡氏《笔丛》（卷四十）云：世谓秀才为措大，元人以秀才为细酸，《倩女离魂》首折，末扮细酸为王文举是也。今臧刻《倩女离魂》无细酸字，当经明人删改。余所见明周宪王《张天师明断辰勾月》杂剧，犹有末扮细酸上云云，则明初犹用此语矣。邦老之名，见于元人《黄粱梦》、《合汗衫》、《硃砂担》诸剧，皆杀人贼，其所自出，当如上节所云。而金人院名目所载"邦老家门"二本，一曰之《脚言脚语》，一曰《则是便是贼》，则此语确为金、元人呼盗贼之称矣。

厥 偌 哮 郑 和

宋、金杂剧院本中，有似脚色而非脚色，且其名义不可解者，如厥，如偌，如哮，如郑，如和是也。宋官本杂剧之以厥名者，如《赶厥夹六么》、《赶厥胡渭州》、《赶厥石州》、《双厥投拜》是。其以偌名者，则宋官本杂剧有《催妆贺皇恩》，下注云"三偌"，又有《三偌慕道六么》、《偌卖旦长寿仙》、《四偌皇州》、《槛偌保金枝》、《强偌三乡题》、《三偌一赁驴》，金院本名目亦有《偌卖旦》、《恨秋风鬼点偌》、《四偌大提猴》、《三偌一卜》、《四偌贾诩》、《四偌祈雨》、《四偌抹紫粉》、《四偌劈马桩》、《偌请都子》诸本。其以哮名者，则官本杂剧《扯拦六么》下，注云"三哮"，又有《四哮梁州》、《双哮新水》、《双哮采莲》、《三哮卦铺儿》、《三哮揭榜》、《三哮上小楼》、《三哮文字儿》、《三哮好女儿》、《三哮一担脚》诸本，此外又有《双拦哮六么》、《襤哮合房》、《襤哮店休妲》、《襤哮负酸》四本，则哮殆拦哮，或襤哮之略。其以郑名者，则有《病郑逍遥乐》、《四郑舞杨花》二本。以和名者，则有《孤和法曲》、《病和采莲》二本。以《双旦降黄龙》、《病孤三乡题》诸本例之，谓厥、偌、哮、郑、和等，非脚色之名或假脚色（如爷老、邦老之类）之名不可也。至其名义，则尤晦涩。厥之为义，虽宋人亦所不解。欧阳公《六一诗话》云："陶谷尚书尝曰：尖沿帽子卑凡厮，短勒靴儿末厥兵。末厥，亦当时语，余天圣、景祐间，已闻此句，时去陶公尚未远，人皆莫晓其义。"《刘贡父诗话》云："今人呼秃尾狗为厥，衣之短后者亦曰厥。故欧公记陶尚书语末厥兵，则此兵正谓末贼耳。"李治《敬斋古今黈》（卷八）则曰："末厥，盖俗语也。犹今俚语俗言木厥云耳。木厥者，木强刁厥之谓。"刘、李二说，不同如是。余意末厥兵必三字相连为一俗语，厥之名或自此出。至偌之音则与查近，《封氏闻见记》（十）：近代流俗，呼丈夫妇人纵放不拘礼度者为查。又有百数十种语，自相通解，谓之查谈。大抵迫猥僻云云。则偌或为轻薄子之称。若哮、郑、和则其意全不可解，姑举于此，以俟后日之研究耳。

丑　　生

宋、元戏剧脚色之可举者如左。惟丑之名，虽见《元曲选》，然元以前诸书，绝不经见，或系明人羼入。然丑虽始于明，其名亦必有所本。余疑丑或由五花爨弄出。《辍耕录》云：院本又谓之五花爨弄。或曰，宋徽宗见爨国人来朝，衣装鞋履，巾裹、傅粉墨，举动皆如此，使优人效之以为戏（卷二十五）。而宋官本杂剧，金院本名目之以爨名者，不可胜数。爨与丑本双声字，又爨字笔画甚繁，故省作丑，亦意中事。其傅粉墨一事，亦恰与丑合，则此色亦宋世之遗。至明代以后，脚色除改末为生外，固不出元脚色之外矣。

余　说　一

综上文所考者观之，则隋、唐以前，虽有戏剧之萌芽，尚无所谓脚色也。参军所搬演，系石耽或周延故事。唐中叶以后，乃有参军、苍鹘，一为假官，一为假仆，但表其人社会上之地位而已。宋之脚色，亦表所搬之人之地位、职业者为多。自是以后，其变化约分三级：一表其人在剧中之地位，二表其品性之善恶，三表其气质之刚柔也。宋之脚色，以副净为主，副末次之。然宋剧之以旦、以孤名者，不一而足，知他色亦有当场者矣。元杂剧中，则当场唱者惟正末、正旦。如《气英布》、《单鞭夺槊》二剧，第四折均以探子唱，则以正末扮探子。《柳毅传书》第二折，用电母唱，则以正旦扮电母。虽剧中之主人翁，苟于此折中不唱，则亦退居他色，故元剧脚色，全以唱不唱定之。南曲既出，诸色始俱唱，然一剧之主人翁，犹必为生、旦，此皆表一人在剧中之地位，虽在今日，犹沿用之者也，至以脚色分别善恶，事亦颇古。《梦粱录》记南宋影戏曰：公忠者雕以正貌，奸邪者刻以丑形，盖亦寓褒贬于其间（卷二十）。影戏如此，真戏可知。元、明以后，戏剧之主人翁，率以末旦或生旦为之，而主人之中多美鲜恶，下流之归，悉在净丑。由是脚色之分，亦大有表示善恶之意。国朝以后，如孔尚任之《桃花扇》，于描写人物，尤所措意。其定脚色也，不以品性之善恶，而以气质之阴阳刚柔，故柳敬亭、苏昆生之人物，在此剧中，当在复社诸贤之上，而以丑、净扮之，岂不以柳素滑稽，苏颇倔强，自气质上言之当如是耶？自元迄今，脚色之命意，不外此三者，而渐有自地位而品性，自品性而气质之势，此其进步变化之大略也。

夫气质之为物，较品性为著。品性必观其人之言行而后见，气质则于容貌举止声音之间可一览而得者也。盖人之应事接物也，有刚柔之分焉，有缓急之殊焉，有轻重强弱之别焉。此出于祖、父之遗传，而根于身体之情状，可以矫正而难以变革者也。可以之善，可以之恶，而其自身非善非恶也。善人具此，则谓之刚德柔德；恶人具此，则谓之刚恶柔恶；此种特性，无以名之，名之曰气质。自气质言之，则亿兆人非有亿兆种之气质，而可以数种该之。此数种者，虽视为亿兆人气质之标本可也。吾中国之言气质者，始于《洪范》三德，宋儒亦多言气质之佳，然未有加以分类者。独近世戏剧中之脚色，隐有分类之意，虽非其本旨，然其后起之意义如是，不可诬也。脚色最终之意义，实在于此。以品性，必观其人之言行而后见，而气质则可于容貌、声音、举止间，一览而得故也。故既考其渊源，复附论之如此。

余说二（面具考）

面具之兴古矣。周官方相氏，掌蒙熊皮，黄金四目，玄衣，朱裳，执戈，扬盾，似已为面具之始。《汉书·礼乐志》：朝贺置酒为乐，有常从象人四人，秦倡象人员三人。孟康曰：象人，若今戏鱼、虾、师子者也。韦昭曰：著假面者也。张衡《西京赋》：总会仙倡，戏豹舞罴，白虎鼓瑟，苍龙吹篪。李善注曰：仙倡，伪作假形。谓如神仙、罴豹、熊虎，皆谓假头也。《颜氏家训·书证》篇：《文康》象庾亮。《隋书·音乐志》：礼毕者，出于晋太尉庾亮家。亮卒后，其伎追思亮，因假为其面，执翳，以舞象其容，取其谥以号之，谓之为《文康乐》。《旧唐书·音乐志》：代面，出于北齐。北齐兰陵王长恭，才武而面美，常著假面以对敌（《北齐书》及《北史》本传，不云假面，但云免胄示之面耳）。又云《安乐》者，周武帝平齐所作也。舞者八十人，刻木为面，狗喙兽耳，以金饰之，垂线为发，画豽皮帽，舞蹈姿制犹作羌胡状。是北朝与唐散乐中，固盛行面具矣。《宋史·狄青传》：常战安远，临敌，被发带铜面具，出入贼中。而陆游《老学庵笔记》，载政和中大傩，下桂府进面具。比到，称一副，初讶其少；乃是以八百枚为一副，老少妍丑，无一相似者，乃大惊。面具之见于载籍者，大略如此。其用诸散乐，始于汉之象人；而《文康乐》、代面戏、《安乐》踵之。宋之面具虽极盛于政和，而未闻用诸杂戏。盖由涂面既兴，遂取而代之欤？

余说三（涂面考）

涂面起于何世，今不可考。其见于载籍者，则《乐府杂录》云：后周士人苏葩，嗜酒落魄，自号中郎，每有歌场，辄入独舞。今为戏者，著绯戴帽，面正赤，盖状其醉也。《教坊记》载《踏摇娘》与此略同。但云：北齐有人姓苏，齁鼻。案《玉篇》云：齁，面疮也。盖当时演此戏者，通作赤面，故《杂录》以为状其醉，《教坊记》以为其状齁鼻也。又温庭筠《乾𦠄子》，戴陆象先为冯翊太守参军等，多名族子弟，以象先性仁厚，于是与府僚共约剧赌，（中略）一参军曰，（中略）吾能于使君厅前，墨涂其面，著碧衫子作神，舞一曲慢趋而出。（中略）便为之，象先亦如不见（《太平广记》卷四百九十六引）。则唐时舞人，固有涂面之事。至后唐庄宗，自傅粉墨称李天下（《五代史·伶官传》）则又在其后；宋时则五花爨弄，亦傅粉墨（见上）；又蔡攸侍曲宴，短衣窄袖，涂抹青红，杂倡优侏儒（《宋史·奸臣传》）：足为五采涂面之证。元则以墨点破其面者为花旦（见上）。至五采涂面，虽元时无闻，然唐、宋既行，元固不能无之矣。

余说四（男女合演考）

歌舞之事，合男女为之，其风甚古。《乐记》云：今夫新乐进俯退俯，奸声以乱，溺而不止，及优侏儒，獶杂子女。孔《疏》：獶杂，谓猕猴也，言舞戏之时，状若猕猴；间杂男子妇人。言似猕猴，男女无别也。自汉以后，殊无所闻。至隋、唐之际，歌舞之伎渐变而为戏剧，而《踏摇娘》戏，以男子著妇人服为之（《教坊记》），此男女不合演之证。《旧唐书》高宗纪：龙朔元年，皇后请禁天下妇人为俳优之戏，诏从之。盖此时男优、女伎，各自为曹，不相杂也。开元以后，声乐益盛。《旧书志》云：玄宗于听政之暇，教太常乐工子弟三百人，为丝竹之戏。（中略）号为皇帝弟子，又云梨园弟子，（中略）太常又有别教院，（中略）廪食常千人，宫中居宜春院。夫梨园弟子，既云乐工，子弟当系男子，而宜春院则尽妇人。《教坊记》云：妓女入宜春院，谓之内人，亦曰前头人，常在上前也。其家犹在教坊，谓之内人家。盖唐时乐工，率举家隶太常，故子弟入梨园，妇女入宜春院。又各家互相嫁娶。《教坊记》云：筋斗裴承恩妹，大娘善歌，兄以配竿木侯氏是也。然则梨园、宜春院人，悉系家人姻戚，合作歌舞，亦意中事。故元稹《连昌宫辞》咏念奴歌曰："飞上九天歌一声，二十五郎吹管逐。"至合演戏剧，惟上文参军条，所引《云溪友议》一则近之，此外无他证也。宋初则教坊小儿舞队与女童舞队，各自为曹，亦各有杂剧（《宋史·乐志》及《东京梦华录》）。惟《武林旧事》（卷六）载南宋杂剧色九十九人，内有慢星子、王双莲二人，注云"女流"。人数既少，不能自为一曹，则容有合演之事。然或《旧事》但举杂剧色之有名者，不必诸色尽于此也。元剧既兴，男优与女伎并行，如《青楼集》所载珠帘秀、工驾头、花旦、软末泥，又如赵偏惜、朱锦绣、燕山秀，皆云：旦末双全。女子既兼旦、末，则亦各自为曹，不相混矣。又云：宋六嫂与其夫合乐，妙入神品。盖宋善讴，其未能传其父之艺（觱栗）。则合乐亦合奏之义，非合演戏剧也。盖宋、元以后，男可装旦，女可为末，自不容有合演之事。或据宋六嫂事，谓元剧有男女合演者，殆不然矣。

《元刊杂剧三十种》序录

    《元刊杂剧三十种》，今藏上虞罗氏，旧在吴县黄荛圃丕烈家。书匣上刻荛翁楷书十二字，曰"元刻古今杂剧乙编士礼居藏"，隶书二字，曰"集部"。往见荛翁题跋，辄自夸所藏词曲之富，而怪其所跋词曲，不过数种，殊无以征其说。后见钱唐丁氏所藏元刊《乐府新编阳春白雪》，溧阳端氏所藏元刊《琵琶》、《荆钗》二记，皆荛翁故物，今复见是编《杂剧三十种》，且题曰"乙编"，则必尚有"甲编"，丙、丁以降，亦容有之，则信乎足以此自豪矣！日本京都文科大学既假此编景刊行世，流传中土者绝少；又原书次序先后舛错，因为之厘定，并书其端，曰：元杂剧之存于今者，寡矣。国初藏书家搜罗元剧者，曰虞山钱氏，江阴季氏，钱氏《也是园书目》著录元人杂剧一百四十种，①《季沧苇书目》有钞本元曲三百本，一百册。然其后均不知所归，亦未有纪及此事者，盖存佚已不可问矣。举世所见，独明长兴臧晋叔懋循之《元曲选》百种与《西厢》五剧，而臧选之中，尚有明初人作六种，则传世元剧，实尚不及百种。今此编三十种中，其十三种臧选有之，其余十七种，皆海内孤本，并有自元以来未见著录者，有明中叶后人所不得见者，于是传世元剧，骤增至一百十有六种。即与臧选复出者，体制、文字，亦大有异同，足供比勘之助。且臧选刊于明万历间，《西厢》刊本，世号最善者，亦仅明季翻刊周宪王本，故南戏尚有元刊本，而北剧则无闻焉。凡戏剧诸书，经后人写刊者，往往改易体例，增损字句。此本

---

① 著录，原误作"最录"。

虽出坊间，多讹别之字，而元剧之真面目，独赖是以见，诚可谓惊人秘笈矣。

原书本无次第及作者姓氏，曩曾为之厘定时代，考订撰人，录目如左。世之君子以览观焉。乙卯秋九月初吉。

目　次

大都新编关张双赴西蜀梦

元关汉卿撰。汉卿号已斋叟，大都人，太医院尹。案杂剧之名，已见于唐、宋时，至元时，杂剧一体，实汉卿创之。元钟嗣成《录鬼簿》著录杂剧，以汉卿为首。明宁献王《太和正音谱》，以马致远为首，然于关汉卿下，云"初为杂剧之始"，均以杂剧为汉卿所创也。汉卿时代，世无定说。杨廉夫《元宫词》云："开国遗音乐府传，白翎飞上十三弦，大金优谏关卿在，伊尹扶汤进剧编。"是以汉卿为金人也。《录鬼簿》但纪汉卿为太医院尹，而明蒋仲舒《尧山堂外纪》则云金末为太医院尹，金亡不仕。蒋氏之言，不知有据否？据陶九成《辍耕录》，则汉卿入元，至中统初尚存。而自金亡至元中统元年，凡二十有六年，则金亡时，汉卿尚少壮也。有《鬼董》一书，末有元泰定丙寅临安钱有孚跋，云：关解元之所传。世皆以解元为即汉卿。《尧山堂外纪》遂以此书为汉卿撰。钱少詹《补元史·艺文志》仍之。案蒙古灭金后，惟太宗九年，一行科举，后废而不举者七十八年，是汉卿得解，当在金世；至中统之初，固已垂老矣。由是言之，汉卿所撰杂剧六十余种，当出于金天兴与元中统二三十年之间。此剧刊板出于元季，而上冠以"大都新编"四字，盖翻刊旧本也。《录鬼簿》、《太和正音谱》并著录。

新刊关目闺怨佳人拜月亭

元关汉卿撰。此剧纪事与南曲《拜月亭记》同，皆谱金宣宗南迁时事，乃南曲所从出也。明人如何元朗、臧晋叔辈，激赏南《拜月亭》，以为在《琵琶》之上。然南曲佳处，多出此剧。盖何、臧诸氏，均未见此本也。《录鬼簿》、《正音谱》、《也是园书目》并著录。钱目作《王瑞兰私祷拜月亭》，或系别本。

古杭新刊的本关大王单刀会

元关汉卿撰。《录鬼簿》、《正音谱》、钱目并著录。钱作《关大王独赴单刀会》。

新刊关目诈妮子调风月

元关汉卿撰。《录鬼簿》、《正音谱》并著录。

新刊关目好酒赵元遇上皇

元高文秀撰。文秀，东平人，府学生，早卒。此剧《录鬼簿》、《正音谱》、钱目并著录。

大都新编楚昭王疏者下船

元郑廷玉撰。廷玉，彰德人。《录鬼簿》、《正音谱》、钱目并著录。《元曲选》乙集有刊本。

新刊关目看钱奴买冤家债主

元郑廷玉撰。《录鬼簿》、《正音谱》、钱目并著录。《元曲选》癸集有刊本。

新刊的本泰华山陈抟高卧

元马致远撰。致远号东篱，大都人，江浙行省务官。此剧《录鬼簿》、《正音谱》、钱目并著录。《元曲选》戊集有刊本。

新刊关目马丹阳三度任风子

元马致远撰。《正音谱》、钱目并著录。《元曲选》癸集有刊本。

新刊的本散家财天赐老生儿

元武汉臣撰。汉臣,济南府人。《录鬼簿》、《正音谱》、钱目并著录。《元曲选》丙集有刊本。

古杭新刊的本尉迟恭三夺[槊](槊)

元尚仲贤撰。仲贤,真定人,江浙行省务官。是剧《录鬼簿》著录。《元曲选》庚集有《尉迟恭单鞭夺槊》,与此全异。

新刊关目汉高皇濯足气英布

元尚仲贤撰。《录鬼簿》、《正音谱》、钱目并著录。《元曲选》辛集有刊本,不署撰人。

赵氏孤儿

元纪君祥撰。君祥,大都人。《录鬼簿》、《正音谱》、钱目并著录。《元曲选》壬集有刊本。《录鬼簿》、《元曲选》作《赵氏孤儿冤报冤》,钱作《赵氏孤儿大报仇》。

古杭新刊的本关目风月紫云庭

《录鬼簿》于石君宝、戴善甫下,均有《诸宫调风月紫云亭》杂剧。君宝(《正音谱》、《元曲选》、钱目均作君实),平阳人;善甫,真定人,江浙行省务官。此本未知谁作。

大都新编关目公孙汗衫记

元张国宾撰。国宾,大都人,教坊管勾。是剧《录鬼簿》、《正音谱》并著录。《元曲选》甲集有刊本,作《相国寺公孙合汗衫》。

新刊的本薛仁贵衣锦还乡(关目全)

元张国宾撰。《录鬼簿》、《正音谱》并著录。《元曲选》乙集有刊本。

新刊关目张鼎智勘魔合罗

元孟汉卿撰。汉卿，亳州人。是剧《录鬼簿》、《正音谱》、钱目并著录。《元曲选》辛集有刊本，作《张孔目智勘魔合罗》。

古杭新刊关目的本李太白贬夜郎

元王伯成撰。伯成，涿州人。《录鬼簿》、《正音谱》并著录。

新编岳孔目借铁拐李还魂

元岳伯川撰。伯川，平阳人，或云镇江人。《录鬼簿》、《正音谱》、钱目并著录。《元曲选》丙集有刊本，作《吕洞宾度铁拐李》（《录鬼簿》同），钱作《铁拐李借尸还魂》。

新编关目晋文公火烧介子推

元狄君厚撰。君厚，平阳人。《录鬼簿》、《正音谱》并著录。

大都新刊关目的本东窗事犯

《录鬼簿》载孔文卿、金仁杰所撰杂剧，均有《秦太师东窗事犯》。文卿，平阳人；仁杰，字志甫，杭州人，建康崇宁务官。此本未知谁作。《正音谱》、钱目亦著录。

古杭新刊关目霍光鬼谏

元杨梓撰。梓，海盐人。至元三十年，元师征爪哇，梓以招谕爪哇等处宣慰司官，以五百余人，船十艘，先往招谕之。大军继进，爪哇降，梓引其宰相昔刺难答吒耶等五十余人来迎（《元史·爪哇传》）。后为安抚大使，官至嘉议大夫杭州路总管。致仕卒，赠两浙都转运使，上轻车都尉宏农郡侯，谥康惠（姚桐寿《乐郊私语》及董谷《续澉水志》）。《乐郊私语》称：澉川杨氏康惠公梓，节侠风流，善音律，今杂剧中有《豫让吞炭》、《霍光鬼谏》、《敬德不伏老》，皆公自制，以寓祖父之意，第去其著作姓名耳。则是剧实梓所撰。有元一代，杂剧家皆书生小吏，名公卿为之者，惟梓一人。《正音谱》著录此剧作无名氏撰，盖未见《乐郊私语》耳。

新刊死生交范张鸡黍

元宫天挺撰。天挺，字大用，大名开州人。历学官除钓台书院山长，卒于常州。此剧《录鬼簿》、《正音谱》、钱目皆著录。《元曲选》己集有刊本。

新刊关目严子陵垂钓七里滩

元宫天挺撰。各书均未著录。惟《录鬼簿》载宫大用所撰杂剧，有《严子陵钓鱼台》，此剧文字雄劲遒丽，有健鹘摩空之致，与《范张鸡黍》定出一手，故定为大用之作。大用曾为钓台书院山长，故作是剧也。

古杭新刊关目辅成王周公摄政

元郑光祖撰。光祖字德辉，平阳襄陵人，以儒补杭州路吏。此剧《录鬼簿》、《正音谱》并著录。

新刊关目全萧何追韩信

元金仁杰撰。仁杰字里见前。《录鬼簿》、《正音谱》并著录。

新刊关目陈季卿悟道竹叶舟

元范康撰。康字子安，杭州人。《录鬼簿》、《正音谱》、钱目并著录。《元曲选》己集有刊本。

新刊关目诸葛亮博望烧屯

元无名氏撰。《正音谱》、钱目并著录。

新编足本关目张千替杀妻

元无名氏撰。《正音谱》著录，作《张子替杀妻》。

古杭新刊小张屠焚儿救母

元无名氏撰。各书均未著录。此剧纪汴梁张某，事母至孝，母病剧，与其妻遥祷东岳神，愿以子焚诸醮盆，以乞母命。后为鬼卒所救，儿得不死。案《元典章》五十七，载皇庆元年正月某日，福建廉访使承奉行台准御史台咨，承奉中书省劄付呈据：山东京西道廉访司，申本道封内有泰山（东岳），已有朝廷颁降祀典，岁时致祭，殊非细民谄渎之事，（中略）近为刘信酬愿，将伊三岁痴儿，抛投醮纸火盆，以致伤残骨肉，绝灭天理云云。则此事元时乃真有之，不过剧中易刘为张，又谬悠其事实耳。然则此剧之作，当在皇庆以后矣。

右杂剧三十种，题"大都新编"者三，"大都新刊"者一，"古杭新刊"者七；又小字二十六种，大字四种，似元人集各处刊本为一帙者。然其纸墨与板式大小，大略相同，知仍是元季一处汇刊。其署"大都新刊"或"古杭新刊"者，乃仍旧本标题耳。

附录　与缪荃孙谈《元刊杂剧三十种》书

《元刊杂剧三十种》已见过，系黄荛圃藏书。各本有"大都新刊"、"古杭新刊"字样，行款、字之大小亦不一，系杂凑而成者。唯确系元刊，非明初刊本也。其中《元曲选》所有者十三种，字句亦不同，无者十七种，可谓海内外秘笈。而此十七种中有甚可贵之品，如关汉卿之《拜月亭》、杨梓之《霍光鬼谏》（见《乐郊私语》）等在内。唯刻手不佳，其式样略如今之七字唱本。此为到东以来第一眼福也。

（1912 年 7 月 20 日）

庚辛之间读书记（选录）

《董西厢》

《董西厢》四卷，近贵池刘氏翻刻明黄嘉惠本。案此书《辍耕录》（二十七）、《录鬼簿》（下）均称为《董解元西厢记》，明人始谓之《董西厢》，又谓之《弦索西厢》。其实，北曲皆用弦索，王、关五剧亦可冠以此名，不独董词而已。其书且叙事，且代言，自为一体，与元人杂剧传奇不同。明胡元瑞、国朝焦理堂、施北研笔记中均考订此书，迄不知为何体。以国维考之，盖即宋时诸宫调也。王灼《碧鸡漫志》（二）：熙宁、元丰间，泽州孔三传始创诸宫调古传，士大夫皆能诵之。吴自牧《梦粱录》（二十）云：说唱诸宫调，昨汴京有孔三传，编成传奇灵怪，入曲说唱。孟元老《东京梦华录》（五），纪崇、观以来瓦舍伎艺，有孔三传、耍秀才诸宫调。是三传创诸宫调虽在神宗之世，至徽宗时尚存。《武林旧事》（六）载诸色伎艺人，诸宫调传奇有高郎妇等四人。则南渡后此伎亦颇盛行。《辍耕录》所载金人院本名目"拴搐艳段"中尚有《诸宫调》。《录鬼簿》亦有石君宝《诸宫调风月紫云亭》一本，戴善甫亦有此本，则金、元之际亦尚有之。至元中叶之后，渐以废佚，故陶南村谓：金章宗朝，董解元所编《西厢记》，时代未远，犹罕有能解之者，则明人及国朝人不识此体，固不足怪也！此编之为诸宫调有二证：一、本书卷一〔太平赚〕词云："俺平生情性好疏狂，疏狂的情性难拘束。一回家想么，诗魔多爱选多情曲。比前贤乐府不中听，在诸宫调里却著数。"此开卷自叙作词缘起，而自名为诸宫调，其证一也。此书体裁，求之古曲，无一相似；独王伯成《天宝遗事》，见于《雍熙乐府》、《九宫大成》所选者，大致相同。而《录鬼簿》于王伯成下，注云："有《天宝遗事》诸宫调行于世。"王词既为诸宫调，则董词为诸宫调无疑。其证二也。其所以名诸宫调者，则由北宋人叙事，只用大曲、传踏二种。大曲长者至一二十遍，然首尾同一宫调，固不待言；传踏只以一小令叠十数阕而成，其初以一阕咏一事，后乃合十余阕而咏之（如石曼卿〔拂霓裳〕、赵德麟〔蝶恋花〕之属），然同用一曲，亦同一宫调也。惟此编每一宫调，多则五六曲，少或二三曲，即易他宫调，合若干宫调以咏一事，故有诸宫调之称。词曲一道，前人视为末伎，不复搜讨，遂使一代文献之名，沈晦者且数百年，一旦考而得之，其愉快何如也！

元郑光祖《王粲登楼》杂剧

曩读此剧，见呼遣客，曰"点汤"，不解其意。后知宋以来旧俗如是。朱彧《萍洲可谈》："今世俗客至则啜茶，去则啜汤。汤取药材甘香者，屑之，或凉或温，未有不用甘草者。此俗遍天下。辽人相见，其俗先点汤，后点茶。"无名氏《南窗纪谈》亦云："客至则设茶，欲去则设汤，不知起于何时。然上自官府，下至闾里，莫之或废。"今观宋人说部所纪遣客事，如王铚《默记》纪刘潜见石曼卿，魏泰《东轩笔录》（五）纪陈升之遣胡枚，王巩《随手杂录》自纪见文潞公事，无不然。然不独宾主间有此礼也。叶梦得《石林燕语》（一）："讲读官初入皆坐赐茶，惟当讲官起，就案立讲毕，复就座，赐汤而退。侍读亦如之。盖乾兴之制也。"蔡絛《铁围山丛谈》（一）亦云："国朝仪制，天子御前殿，则群臣皆立奏事，虽丞相亦然。后殿曰延和，曰迩英，二小殿乃有赐坐仪。既坐，则宣茶，又赐汤。此客礼也。延和之赐坐而茶汤者，遇拜相，正衙宣制才罢，则其人抱白麻见天子，于延和告免礼毕，召丞相升殿是也。迩英之赐坐而茶汤者，讲筵官春秋入侍，见天子坐而赐茶，乃读，读而后讲，讲罢又赞，赐汤是也。他皆不可得矣。"然宋时臣下赐茶汤者，不独宰执讲

官，龚鼎臣《东原录》云："天禧中，真宗已不豫。一日，召知诰晏
殊坐赐茶，言曹利用与太子，太师丁谓与节度使并令出。殊曰：是欲
令臣作诰词？上颔之。殊曰：臣是知制诰，除节度使等，并须学士操
白麻，乞召学士。真宗点汤，既起，即召翰林学士钱惟演。"是朝廷
之于群臣，亦用是矣。晁说之《客语》："范纯夫每次日当进讲，是
日先讲于家，群从子弟毕集。讲终，点汤而退。"则父兄之于子弟，
亦用之矣。又宋时官署往来，以汤之有无为轻重。周必大《玉堂杂
记》（上）："淳熙三年十一月八日，必大被宣草十二日冬祀赦，黄昏
方至院。御药持御封中书门下省熟状来，系鞋迎于中门，同监门内侍
一员俱升厅。御药先以熟状授监门，共茶汤讫，先送御药出院；后与
监门升厅受熟状付吏，又点汤送监门下阶馆之门塾。至六年九月十二
日，复被宣草明堂赦。御药张安中、内侍梁襄相见，如仪，惟录事沈
模、主事李师文茶而不汤"是也。此特学士待省吏如是，其他盖无
不兼用茶汤者。今此剧以点汤为遣客，知元时尚有此俗。今送客以茶
不以汤，则同辽俗矣。

元人《隔江斗智》杂剧

　　俗传《三国演义》，胡元瑞《笔丛》以为元人罗贯中本所撰。其
实宋时此种小说颇多，如《宣和遗事》、《五代平话》等皆是，但不
如《演义》之错综变化耳。宋人小说种类颇繁，《都城纪胜》谓说话
有四家：一小说，一说经，一说参请，一讲史书。又谓：小说者，能
以一朝一代故事，顷刻间提破。则小说与讲史书，亦大略相同。其小
说人之盛，则《东京梦华录》、《武林旧事》、《梦粱录》详之。而小
说之中，又以三国事为最著。高承《事物纪原》（九）："仁宗时，市
人有能谈三国事者，或采其说，加缘饰，作影人。始为魏蜀吴三分战
争之象。"《容斋三笔》（二）："范纯礼知开封府，中旨鞫淳泽村民谋
逆事。审其故，乃尝入戏场观优，归途见匠者作桶，取而戴于首，
曰：'与刘先主如何？'遂为匠禽。"则小说之外，优戏亦演之矣。
《东坡志林》（六）："王彭尝云：'涂巷中小儿薄劣，为其家所厌苦，

辄与钱，令聚坐听说古话；至说三国事，闻刘玄德败，频眉蹙有出涕者，闻曹操败，即喜唱快。'以是知君子小人之泽，百世不斩。"由此观之，宋时不独有三国小说，且其书亦右刘而左曹，与今所传《演义》同。元无名氏《隔江斗智》、《连环计》二剧，其关目亦略似今所传《演义》，此必取诸当时小说。然则宋、元之间，必早有此种书，贯中不过取而整齐缘饰之耳。日本狩野博士（直喜）作《水浒传考》，谓水浒传前已有无数小"水浒传"，其言甚确。若《三国演义》，则尤有明证，足佐博士之说。且今所行章回小说，虽至鄙陋者，殆无不萌芽于宋、元。如《西游记》、《封神榜》、《杨家将》、《龙图公案》、《说岳》等，元曲多用为题目，或隶其事实，足征当日已有此等书。但其书体裁，当与《五代平话》及《宣和遗事》略同，不及后世之变化。始知元、明以后，章回小说大行，皆有所因袭，决非出于一时之创作也。

《盛明杂剧》初集

《盛明杂剧》三十卷，崇祯己巳钱唐沈泰林宗刊本，前有张元征、徐翙、程羽文三序。案戏曲总集，除臧懋循《元曲选》、毛晋《六十种曲》外，若《元人杂剧选》、《古名家杂剧》及此书，世人虽知其名，均在存佚之间。曩见日本内阁图书寮书目，有《盛明杂剧二集》三十卷，惊为秘笈。己酉冬日，得此书于厂肆，是为初集，而二集在日本内阁，始知世间尚有完书也。杂剧惟元人擅场，明代工此者寥寥。宣、正之间，周宪王号为作者，然规摹元人，了无生气，且多吉祥、颂祷之作，其庸恶殆与宋人寿词相等。又元人杂剧止于四折，或加楔子，惟纪君祥之《赵氏孤儿》，张时起之《赛花月秋千记》多至六折，实非通例。至于不及四折者，更未之前闻，亦无杂以南曲者。（《录鬼簿》谓："南北合腔，自沈和甫始，如《潇湘八景》、《欢喜冤家》等曲，极为工巧。"乃散套，非杂剧也。）宪王杂剧如《吕洞宾花月神仙会》，杂以南曲，殊失体裁。至明中叶后，不知北剧与南曲之分，但以长者为传奇，短者为杂剧。如此书中，汪伯玉、陈玉阳、汪

昌朝诸作，皆南曲也；且折数多至七八，少则一二，更属任意。独康
对山《中山狼》四折，确守元人家法。余如沈君庸等，虽用北曲，
而折数次第，均失元人之旧。其中文词，亦惟康对山、徐文长尚可
诵，然比之元人，已有自然、人工之别。余则等之自郐而已！元代杂
剧作者，名概不著，此编所集，如康对山（海）、徐文长（渭）、汪伯
玉（道昆）、陈玉阳（与郊）、王辰玉（衡）、叶六桐（宪祖）、沈君庸
（自征）、孟子若（称舜）、梁伯龙（辰鱼）、梅禹金（鼎祚）、卓珂月
（人月），徐野君（翔）、汪昌朝（廷讷），其姓字爵里，均在人耳目，
或且正史有传，遗著尚存，而其人之显晦如彼，曲之工拙如此。信乎
文章之事，一代自有一代之长，不能以常理论也。

东山杂记（选录）

罗振玉藏《元刊杂剧三十种》

上虞罗氏所藏元刊杂剧，凡三十种，旧藏吴门顾□，去岁日本人某购之以东，为罗君所得，乃黄荛圃故物也。荛翁题跋，屡称其所藏词曲之富。以明李中麓所居有词山曲海之名，故自名其室曰"学山海居"。其所藏词最著者，有元刊《东坡乐府》二卷、元刊《辛稼轩长短句》十二卷，后归汪氏艺芸精舍，今在杨氏海源阁，临桂王氏四印斋曾刊之。此外尚有汲古毛氏影宋本词若干种，亦见他题跋中。惟所藏元曲，世未有知其详者，其见于《士礼居题跋》者，仅《太平乐府》、《南峰乐府》二种，与□唐丁氏所藏元刊《阳春白雪》，为荛翁故物耳。不谓尚有此秘笈。此书书匣，尚为黄氏旧物，上刊荛翁手书楷十二字，曰"元刻古今杂剧乙编士礼居藏"，隶书二字，曰"集部"。此编既为乙编，则尚有甲编，今不知何在矣。此三十种中，其为《元曲选》所有者十三种，其目为《大都新编楚昭王疏者下船》（郑廷玉撰）、《新刊的本泰华山陈抟高卧》（马致远撰）、《赵氏孤儿》（纪君祥撰）、《新刊的本薛仁贵衣锦还乡》（张国宾撰）、《新刊关目陈季卿悟道竹叶舟》（范康撰）、《大都新刊关目公孙汗衫记》（张国宾撰）、《新刊关目看钱奴买冤家债主》（郑廷玉撰）、《新刊关目马丹阳三度任风子》（马致远撰）、《新刊关目张鼎智勘魔合罗》（孟汉卿撰）、《新刊死生交范张鸡黍》（宫天挺撰）、《新编岳孔目借铁拐李还魂》（岳伯川撰）、《新刊的本散家财天赐老生儿》（武汉臣撰）。此十三种，与《元曲选》本，大有异同。此外十七种，则明以后未有刊本，其目为《古杭新刊关目李太白贬夜郎》（王伯成撰）、《新刊关目严子陵垂钓七里滩》（宫天挺撰。此本撰人，本无可考，惟元钟嗣成《录鬼簿》载天挺有《严子陵钓鱼台》杂剧，此剧意极近天挺所撰《范张鸡黍》，殆即宫所撰也）、《古杭新刊尉迟恭三夺槊》（尚仲贤撰）、《古杭新刊关目风月紫云庭》（据《录鬼簿》，石君宝、戴善甫均有《诸宫调风月紫云庭》杂剧，此不知谁作）、《大都新编关张双赴西蜀梦》（关汉卿撰）、《新刊关目诈妮子调风月》（关汉卿撰）、《古杭新刊关目辅成王周公摄政》（郑光祖）、《新刊关目诸葛亮博望烧屯》（撰人无考）、《新刊关目全萧何追韩信》（金仁杰撰）、《古杭新刊的本关大王单刀会》（关汉卿撰）、《新编关目晋文公火烧介子推》（狄君厚撰）、《新刊关目闺怨佳人拜月亭》（关汉卿撰）、《大都新刊关目的本东窗事犯》（孔文卿撰）、《古杭新刊霍光鬼谏》（据元姚桐寿《乐郊私语》，乃元杨梓撰）、《新编足本关目张千替杀妻》（撰人无考）、《古杭新刊小张屠焚儿救母》（撰人无考）。原书皆不著撰人姓名，余为考订如右。惟《小张屠焚儿救母》一本，前人从未著录，盖亦元末明初人所未见也。此书大抵有曲无目，讹别之字，满纸皆是。板乐亦似今之七字唱本，然皆为元刊无疑。其中惟《范张鸡黍》、《岳孔目替》、《杀妻》、《焚儿救母》四种为大字，余为小字。其题大都或古杭新刊云云，恐著其原本所出，未必后人汇集各处本而成此书也。荛圃所藏曲，尚有元刊《琵琶记》，见于《题跋》。今贵池刘氏所藏者，不知即其书否？黄荛圃所藏元刊本《琵琶》、《荆钗》二记均归汪阆园，见《艺芸精舍宋元本书目》。后《琵琶记》为吴县潘文勤公所得，又入溧阳端忠敏家。忠敏卒后，其书在贵池刘蕙石处，内元刊《荆钗记》亦在刘氏。然据缪艺风秘监言，《荆钗记》中有制艺数篇，显系明刊。余向疑《荆钗》为明宁献王作，何以有元刊本，闻秘监言乃悟。

元刊《小张屠焚儿救母》杂剧之相关史实

元刊无名氏《小张屠焚儿救母》杂剧，元钟嗣成《录鬼簿》、明宁献王《太和正音谱》均未著录。其剧演汴梁张业屠，事母孝，母病剧，向其邻王员外贷钱购药，不允。乃与其妻遥祷东岳神，愿以其子焚诸醮盘内，以乞母命。母病果愈。至三月二十八日东岳生辰，乃携其子往泰安还愿。适王员外亦挈其子万宝奴往，神乃令鬼卒以王子易张子，而送张子还汴。初疑世不容有此种残酷事，及读《元典章》（五十七），乃知元时竟有是俗。《典章》载"皇庆元年正月某日，福建廉访［司］（使）承奉行台准御史台谘，承奉中书省札付呈据：山东京西道廉访司，申本道封内有泰山东岳，已有皇朝颁降祀典，岁时致祭，殊非细民谄渎之事。今士农工商，至于走卒相仆俳优倡伎之徒，不谙礼体，每至三月，多以祈福赛神还口愿，废弃生理，敛聚钱物、金银、器皿、鞍马、衣服、缎匹。不问远近，四方辐辏，百万余人，连日纷闹。近为刘信酬愿，将伊三载痴儿，抛投醮纸火池，以至伤残骨肉，灭绝天理，聚众别生余事。岳镇海济，圣帝明王，已蒙官破钱物，命有司岁时致祭。民间一切赛祈，并宜禁绝。得此，本台具呈照详，送刑部与礼部一同议得。（中略）今承刑部约，请到礼部郎中李朝列一同议得：岳渎名山，国家致祭，况泰山乃五岳之尊。今此下民，不知典礼，每岁孟春，延及四月，或因父母，或为己身，或称祈福以烧香，或托赛神而酬愿，拜集奔趋，近路旁午，工商技执，远近咸集，投资舍身，无所不至。愚惑之人既众，奸恶之徒岂无，不惟亵渎神灵，诚恐别生事端。以此参详，合准本道应廉访司所言，行移合属，钦依禁治，相应具呈照详，得此都省仰依上施行"云云。则□泰山焚儿还愿，元时乃真有此事，不过剧中易刘信为张屠，又谬悠其事实。元时火葬之风最盛，乃至焚及生人，迷惑之酷竟至于此。乃国家禁之，作剧者犹奖励之，是亦不可以已乎。元刊《张千替杀妻》杂剧，《太和正音谱》录作《张子替杀妻》，乃《谱》误也。其关目与《太平广记》中载唐人小说《冯燕传》略同。宋曾布曾以大曲〔水调歌头〕咏冯燕事，载于宋王明清《玉照新志》，后人或推为戏曲之祖，其实宋人此等大曲甚多，不自布始也。此剧岂翻曾布大曲为之，而易其姓命，抑元人又有此种事耶？剧后不云遇赦事，与冯燕略异，然其正名云"贤明待制翻疑狱，鲠直张千替杀妻"，则其案亦遭平反。事殆在白中，而刊本删之欤？

元刊《霍光鬼谏》杂剧之作者杨梓

　　元刊《霍光鬼谏》杂剧,《太和正音谱》著录,属之无名氏,然元姚寿桐《乐郊私语》谓:"海盐少年多善歌,乐府皆出于澉川杨氏。当康惠公梓存时,节侠风流,善音律,与武林阿里海涯之子云石交善。云石翩翩公子,无论所制乐府散套,骏逸为当行之冠,即歌声高引可彻云汉,而康惠独得其传。今杂剧中有《豫让吞炭》、《霍光鬼谏》、《敬德不伏老》,皆康惠自制,以寓祖父之意,第去其著作姓名耳。其后长公国材、次公少中,复与鲜于去矜交好,去矜亦乐府擅场。以故杨氏家僮千指,无不善南北歌词者。由是州人往往得其家法,以能歌名于浙右云。"则此剧实海盐杨梓所撰。梓,《元史》无传,惟一见于《爪哇传》中。当至元三十年征爪哇,梓以招谕爪哇等处宣慰司官,随福建行省平章政事伊克穆苏,以五百人,船十艘,先往招谕之。大军继进,爪哇降,梓引其宰相昔刺难答吒耶五十余人来迎。后官至嘉议大夫、杭州路总管致仕。卒,赠两浙都转运使、上轻车都尉,追封宏农郡侯,谥康惠。《乐郊私语》详载其历官爵谥如此。明董毅《续淮水志》,载元徐思敬《宣慰杨公斋粮记》云:"前浙西道宣用少中杨公,居海盐澉川镇,事其考安抚总使杨公,以孝闻"云云。则梓又尝为安抚总使。考元代名公如刘太保、卢疏斋等,虽多为小令、套数,未尝作杂剧。杂剧家之有事功历显要者,梓一人而已。又据《乐郊私语》记,则后世之海盐腔,元时已有之,且自梓家出。然梓所撰杂剧,则固纯为北曲也。

元刊佚剧曲文之佳者

　　前所记佚剧十七种中,曲文之佳者,当以关汉卿之《闺怨佳人拜月亭》为最。向来只传南曲《拜月亭记》,明人如何元朗、臧晋叔等均盛称之,以为在《琵琶》之上。然细比校之,其佳处均自北剧出，想何、臧辈均未见此本也。他如王伯诚之《李太白贬夜郎》、宫大用之《严子陵垂钓七里滩》，在元剧中亦当为上驷。大用为钓台〔山〕（书）院山长，《七里滩》剧当作于为山长时也。

二牖轩随录（选录）

关汉卿之时代

元人杂剧，创自何人，不见纪载。元钟嗣成《录鬼簿》著录，以关汉卿为首。明宁献王《太和正音谱》以马致远为首。然《正音谱》之评曲也，于关汉卿则云："观其词语，乃可上可下之才；盖所以取者，初为杂剧之始，故卓以前列。"盖《正音谱》诸家次第，以词之甲乙，不以时代之先后，而于初创杂剧者为关汉卿，固无异词也。汉卿时代，世无定说。杨铁崖《元宫词》云："开国遗音乐府传，白翎飞上十三弦。大金优谏关卿在，伊尹扶汤进剧编。"此关卿，当指汉卿。按《录鬼簿》所录汉卿杂剧六十本，无《伊尹扶汤》，而郑德辉所作杂剧中有之。然马致远《汉宫秋》杂剧中，有云"不说他《伊尹扶汤》，则说那《武王伐纣》"。《武王伐纣》乃赵文殷所作杂剧。则《伊尹扶汤》，亦必为杂剧之名。马氏生年，在汉卿之后，郑德辉之前，则所云《伊尹扶汤》，自必为汉卿之作，而《录鬼簿》遗之，犹其所作《蝴蝶梦》、《窦娥冤》、《鲁斋郎》等剧，钟氏亦未著录也。由是观之，则铁崖诗所谓"大金优谏"，确指汉卿，其人固逮事金源矣。

《录鬼簿》云："汉卿，大都人，大（按，即'太'，下同）医院尹。"明蒋仲舒《尧山堂外纪》则云："金末为大医院尹，金亡不仕"，则未知所据。据陶九成《辍耕录》，则汉卿入元，中统初尚存。按自金亡至元中统元年凡二十六年，若使金亡不仕，则似无元代进杂剧之理。而《金》、《元》二史《百官志》中，大医院中均无院尹一官，今亦不足定其仕元与否也。又《鬼董》一书，末有元泰定丙寅临安钱孚跋云"关解元之所传"，后人皆以关解元为即汉卿。《尧堂山外纪》遂以此书为汉卿之作。按解元之称，金人多用之，如董解元是也。《金史·选举志》："明昌元年，定制，省元直就御试，不中者许缀榜末。解元但免府试"云云。则解元固金时之通称，汉卿得解，自在金世。若元则惟太宗九年，即金亡后三年，一行科举，后废而不举者七十有八年。至仁宗延祐元年，乃复行之，遂为常制。则汉卿得解，必在金世，或蒙古太宗之九年。至中统之初，固已垂老矣。杂剧既为汉卿所创，则创作时，必在金元兴与元中统二三十年之间，不难推测也。

元剧之三期

予尝分元剧为三期：（一）蒙古时代。此自太宗取中原之后，至至元一统之初。《录鬼簿》上所著之五十七人，大都在此期中，其人皆北方产也。（二）一统时代。则自至元一统后，至至顺后、至元时。《录鬼簿》下所谓"已亡名公才人，与余相知，或不相知者"，皆在此期中。其中以南人为多，否则北人而旅居南方者也。（三）叔季时代。则顺帝至正间人，《录鬼簿》所谓"方今才人"是也。此三期中，以第一期为最盛，元剧之杰作，皆出于此期中，其剧存者亦多。至第二期，除郑光祖、乔吉二家外，殆无足观，其曲存者亦罕。至第三期则存者更罕，仅有秦简夫、萧德祥、朱士凯、王晔五剧，其视蒙古时代之剧，衰微甚矣。就元剧家之里居考之，则作杂剧者六十三人中，北人得五十，南人得十三人。又北人之中，则中书省所辖之地，即今之直隶、山东、西产者，又得四十五人。而其中大都二十人，平阳当大都之半。按《元史·太宗纪》：七年，"耶律楚材请立编修所于燕京，以经籍所于平阳，编集经史。"至世祖至元二年，始徙平阳经籍所于京师。则北方除大都外，以平阳为文物最盛之地，宜杂剧家之多出也。

杂剧之作者皆为汉人

蒙古人中有作小令、套数者；然作杂剧者，则惟汉人（中李直夫为女真人）。大臣之中有作小令、套数者；然作杂剧者，大抵布衣，否则为省掾令史之属。盖自金人重吏，自掾史出身者，其任用或反优于科目。至蒙古灭金，而科目之废，垂八十年，为唐宋以来未有之事。故文章之士，非刀笔吏无以进身；则杂剧家之多出于掾史中，不足怪也。

杂剧发达之原因

明沈德符《野获编》、臧懋循《元曲选序》，谓元初灭金时，曾以词曲取士，其说固妄诞不足道。余则谓元之废科目，却为杂剧发达之原因。盖唐、宋以来，士人竞于科目，已非一朝一夕之事，一旦废斥，彼其才力无所用，而一于杂剧发之。且金时就科目者，其业至为浅陋，观《归潜志》所载科目事可知。此种人士，一旦失其所业，固不能为学术上之事，而高文典册，又非其所素习也。适有杂剧新体出，遂多从事于此；而又有一二天才出于其间，充其才力，而元之杂剧，遂为千古独绝之文字。然则由杂剧家之时代爵里，以推元剧创造之时代，及其发达之原因，如上所陈者，固非想象之说也。

关马白郑

元代曲家，昔称关马郑白。然以时代与其所诣考之，不如称关马白郑为妥也。关汉卿一空傍倚，自铸伟词，而其词曲尽人情，字字本色，故当为元人第一。白仁甫、马致远之词，高华雄浑，情深文明。郑德辉清丽芊绵，自成馨逸，均不失为第一流。其余曲家，均不出前四家范围内。惟宫大用瘦硬通神，独树一帜，其品当在关、马之间。明人《曲品》，跻马致远于第一，而抑汉卿于后。盖元中叶以后，学马、郑者多，而学汉卿者少故也。

写定元本元杂剧四种

序

上虞罗氏所藏元刊杂剧三十种，前年由日本京都大学影刊行世，余为董校刊之役。凡元板中别字讹字，皆仍其旧，不改一字，所以存元本之真面目也，然世人恒苦其难读。盖元时别字俗体，与今不同，又其讹字，非熟于宋、元词曲者，亦无自知之。今取其最佳者，重为写定，庶足为读曲之一助欤？甲寅十二月词山识。

新刊关目严子陵垂钓七里滩（写定元本元杂剧第一）

第一折

某姓严，名光，字子陵，本贯会稽严州人也。自幼年好游玩江湖，即今在南（按，应为富）阳富春山畔七里滩，钓鱼为生。方今王新室在位，为君一十七年，灭汉宗一万五千七百余口，绝刘后患，天下把这姓刘的搜拿。有一人，春陵乡白水村姓刘，名秀，字文叔。不敢呼为刘文叔，改名为金和秀才。他常以我为兄相待。近日在下村李二公庄上，闲攀话饮酒。想汉朝以来：

〔点绛唇〕开创高皇，上天谪降，萧丞相，韩信，张良。自平帝生王莽。

〔混江龙〕自从夏桀将禹丧，独夫殷纣灭成汤。丕显〔哉〕（立）吊民伐罪，丕承守绪成康。刚四十垂拱岩廊朝彩凤，第五辈巡守湘流中淹杀昭王。自开基启运，立国安邦，坐筹帷幄，竭力疆场，百十万阵，三五千场，满身矢镞，遍体金疮，尸横草野，鸦啄人肠，未曾立两行墨迹在史书中，却早卧一丘新土在芒山上。咱人这富贵似蜗牛角半痕涎沫，功名似飞萤尾一点光芒。

〔油葫芦〕刘文叔相期何故爽？一会家自暗想，怎生来今日晚了时光？他只在渔舟揽住收罾网，酒旗摇处沽村酿，畅情时酌一壶，开怀时饮几觞。知他是暮年间身死中年丧，醉不到三万六千场。

〔天下乐〕则愿的王新室官命长。我这里斟量，有个意况，这乾坤姓王的由他姓王。他夺了呵夺了汉朝，篡了呵篡了汉邦，倒与俺闲人们留下醉乡。

〔那吒令〕则咱这醉眼觑世界，不悠悠荡荡；则咱这醉眼觑日月，不来来往往；则咱这醉眼觑富贵，不劳劳攘攘。咱醉眼宽似沧海中，咱醉眼竟高似青霄上，咱醉眼不识个宇宙洪荒。

〔鹊踏枝〕他笑咱，唱的来不依腔，舞的来煞颠狂。俺不比你们敛定眉儿，别是天堂。富汉们喝菜汤，穿粗衣泼裳，有一日泼家私，似狗幸羊肠。

〔寄生草〕我比他吃茶饭知个饥饱，我比他穿衣服知个暖凉。酒添的神气能荣旺，饭装的皮袋偏肥胖，衣穿的寒暑难侵傍。看谁人省悟是谁痴？怕不凤凰飞在梧桐上。

〔六幺序〕你将他称赏，把他赞扬，那厮则是火避苛虎、当道豺狼。咱人但晓三章，但识斟量，忠孝贤良。但似敬（按，应为但似严）光，怎肯受王新室紫绶金章。但似令鬼眼通身相，有多少马壮人强。改年建号时间旺，篡了刘家朝典，夺了汉世封疆。

〔幺〕遍端详，那厮模样，休紧休忙，等那穹苍，到那时光，汉室忠良，议论商量，引领刀枪，撞入门墙，拖下龙床，脱了衣裳，木驴牵将，闹市云阳，手脚舒长，六道长钉钉上，咱大家看一场。不争你动起刀枪，天下慌慌，正应道龙斗鱼伤。尽乾坤一片青罗网，咱人逃出、大等高张。您汉家枝叶合兴旺。见放著不，天摧地塌，国破家亡。

〔后庭花〕你道我瓦盆儿丑看相，磁瓯儿少意况，强如这惹祸患黄金盏，招灾殃碧玉觞。玉觞内、饮琼浆，耳边际、声嘹亮，绛纱笼、银烛光，列金钗、十二行，裙摇的、环珮响，步金莲、罗袜香，娇滴滴、宫样妆，玉纤纤、手内将，黄金盏、盏面上，〔巧〕（关）埋伏，暗隐藏。

〔青哥儿〕那里面暗隐著风波、风波千丈。你说波，使磁瓯的有

甚悲伤？我醉了呵，东倒西歪尽不妨。我若烂醉在村乡，著李二
公扶将，到草舍茅堂，靠瓷脯蓬窗，新苇席清凉，旧木枕边厢，
摆脱下衣裳，放散但心肠，任百事无妨，倒大来免虑忘忧，纳被
蒙头，任意翻身，强如你宰相侯王，遭断没属官象牙床，泥
金坑。

〔赚煞〕平地上窝弓，水面上张罗网，再谁相寻相访。鸿鹄志飞
腾天一方，拣深山旷野潜藏。叹行唐，蓦岭登冈，拽著个钝木
斧，系着条粗麻绳，担着条旧担杖。我则待驾孤舟荡漾，趁五湖
烟浪，望七里滩头，轻舟短棹，蓑笠纶竿，一钩香饵钓斜阳。

〔斗鹌鹑〕我把这缦笠做交游，蓑衣为伴侣。这缦笠避了些冷雾
寒烟，蓑衣遮了些斜风细雨。看红鸳戏波面千层，喜白鹭顶风丝
一缕。白日坐一襟芳草茵，晚来宿半间茅苫屋。想从前错怨天公
也，甚有安排我处！

〔紫花儿〕你道我不达时务，我是个避世严陵，钓几尾漏网的游
鱼。怎禁四蹄玉兔，三足金乌。子细踌躇，观了些成败兴亡，阅
了些今古，浪淘尽千古风流人物：昨日个虎踞在咸阳，今日早鹿
走姑苏。

〔金蕉叶〕七里滩从来是祖居，十辈儿不知祸福，常绕定滩头景
物。我若是不做官，一世儿平生愿足。

〔调笑令〕巴到日暮，看天隅，见隐隐残霞三四缕。钓的这锦鳞
来，满向篮中贮，正是收纶罢钓渔父。那的是江上晚来堪画处，
抖搜著绿蓑归去。

〔鬼三台〕休停住，疾回去，不去呵枉惹的我讹言讹语。回奏与
你汉銮舆，休著俺闲人受苦。皂朝靴紧行，拘我二足，纱幞头带
着，掐我额颅。我手执的是斑竹纶竿，怎秉得你花纹象笏。

〔秃厮儿〕你那有荣辱襕袍靴笏，不如俺无拘束新酒活鱼，青山
绿水开图画。玉带上，挂金鱼，都是嚣虚。

〔圣药王〕我则这水国居，乐有余。你问我，弃高官不做待闲
居？重呵，止不过请些俸禄，轻呵，但抹著灭了九族。不用一封

天子召贤书，回去也不是护身符。

〔麻郎〕我尽说与你肺腑，我共你銮舆，两个常绕着南阳酒庐，醉酩酊不能家去。

〔幺〕俺是酒徒，醉余，睡处，又无甚花毡绣褥。我布袍袖将他盖伏，常与我席头儿夺树。

〔络丝娘〕倒两个醉□□同眠抵足，我怎去他手里三叩头扬尘拜舞？我说来的言词你寄将去，休忘了一句。

〔尾〕说与你刘文叔有分付处别处分付，我不做官呵，有甚没发付你那襕袍靴笏？我则知十年前共饮的旧知交，谁认的甚么中兴汉光武！

右第二折

> 自从与刘文叔酌别之后，今经十年光景。他如今做了中兴皇帝，宣命我两三次，我不肯做官。您不知国家兴废。汉家公卿笑子陵，子陵还笑汉公卿。一竿七里滩头竹，钓出千秋万古名。云山苍苍，江水泱泱。贫道之风，山高水长。主人宣命我两次三番，我不肯去，则做那布衣之交时。特作一书来请命我，好一个圣明的皇帝。能绍前业谓之光，克定祸乱谓之武。休说君臣相待，则做个朋友相看，也索礼当一贺。

〔端正好〕高祖般性宽洪，文帝般心明圣，可知道汉业中兴，为我不从丹诏修书请，更道违宣命。

〔滚绣球〕严子陵，莫不忒杀逞？我是个道人家，动不如静。休！休！我今番索通个人情。便索登，远路程，怎禁他礼节相敬，岂辞劳鞍马前行。不免的手攀明月来天阙，我只索袖挽清风入帝京，怎得消停。

〔倘秀才〕来了我呵，鸥鹭在滩头失惊，不见我呵，渔父在矶台漫等，来了我呵，钓台上青苔即渐生。这其间，柴门静悄悄，茅舍冷清清，料应。

〔滚绣球〕柴门知他局也不局？人笑呵却是应也那不应？荒疏了柳荫花径，有宾朋来呵，谁人出户相迎？到初更，酒半醒，猛想起故园景，忽然感怀诗兴，对蓬窗斜月似挑灯。香馥馥暗香浮动梅摇影，疏刺刺翠色相交竹弄声。感旧伤情。

〔倘秀才〕见旗帜上日华月精，唬的些居民似速风迸，呈百般的下路潜藏无掩映。不知您，帝王情，是怎生？

〔滚绣球〕这銮驾却是应也是不应？怖民人却是惊也不惊？更做道一人有庆，汉君王真恁地将銮驾别无处施呈。他出郭迎俺旧伴等，待向我跟前显耀他帝王的权炳，和俺钓鱼人莫不两国相争。齐臻臻戈矛镫棒当头摆，明晃晃武士金瓜夹路行。我怎敢冲撞朝廷。

〔倘秀才〕他往常穿一领粗布袍，被我常扯的扁襟袒领，他如今穿着领柘黄袍，我若是轻抹着，该多大来罪名。我则似那草店上相逢时那个身命，便和您，叙交情，做咱那伴等。

〔滚绣球〕投至得帝业兴，家业成，四边安静，经了几千场虎斗龙争。则为你交契情，我口打听，到处里曾问遍庶民百姓，最显的是暮秋黄落严凝。都说你"须知后汉功臣力，不及漙沱一片冰"。端的是鬼怕神惊！

〔脱布衫〕则为你搬调人两字功名，驱策人半世浮生。一个楚霸王拔山举鼎，乌江岸剑抹了咽颈。

〔小梁州〕都则为耻向东吴再起兵，那其间算高祖功成。道贼王莽篡了龙廷，有真命，文叔再中兴。

〔幺〕贫道暗暗心内自省思，建武十三年，八月期程。王新室有百万兵，困你在昆阳阵。那其间醉魂亡半轮明月，觉来时依旧照茅亭。

〔耍孩儿〕自古兴亡成败皆前定，若是你不患难如何得太平。自从祖公公昔日陷彭城，真乃是死里逃生。不浓阴怎得真龙显？不发黑如何晓日明？虽然你心明圣，若不是云台上英雄并力，你独自个孤掌难鸣。

〔二煞〕为民的乐业在家内居，为农的欣然在垄上耕，从你为君，社稷安，盗贼息，狼烟静。九层春露都恩到，两鬓秋霜何足星。百姓们家家庆，庆道是民安国泰，法正官清。

〔三煞〕休将闲事争提，莫将席面冷，磁瓯瓦钵似南阳兴。若相逢不饮空归去，我怕听阳关第四声。你把这瓯内酒休教剩。我若不十分酩酊，怎解咱数载离情。

〔四煞〕你也不是我的君，我也不是你的卿，咱两个一樽酒罢先言定。若你万圣主今夜还朝去，我则七里滩程途明日登。又不曾更了名姓，你则是十年前沽酒刘秀，我则是七里滩垂钓严陵。

〔尾〕你每朝聚九卿，你须当起五更，去得迟呵，著这两班文武在丹墀上等。俺出家，布纳被蒙头，黑甜一枕，直睡到红日三竿犹兀自唤不的我醒。

右第三折

则想在昨郊外相见之后，便指望回俺那七里滩去来，不想今日又请我做拂尘筵席。

〔新水令〕屈央著野人心，直宣的我入官来，笑刘文叔，向我跟前是何相待。待刚来矜夸些金殿宇，显耀些玉楼台，莫过是玉殿金阶，我住的是草舍茅斋，比你不曾差夫役著万民盖。

〔乔牌儿〕辇路傍啄绿苔，猛然间那惊怪。元来是七里滩朱顶仙鹤，在碧云间将雪翅开，它直飞到皇宫探我来。为甚还闷在阑干外？是不是我的仙鹤？若是我的呵则不肯来，和它那献果的猿猱也到来。我山野的心常在。俺那里水似蓝，山如黛。不由我见景生情，睹物伤怀。

俺那七里滩，好过这景致。麋鹿啣花，野猿献果。天灯自现，乌鹊报晓。禽有禽言，兽有兽语。

〔滴滴金〕俺那里猿猱会插手，仙鹤展翅，把人情都解，非浊骨与凡胎。我在绿柳堤边，红蓼滩头，白蘋洲外，这其间鸥鹭疑猜。

〔折桂令〕疑猜我在钓鱼滩醉倒未回来。我出家儿散诞心肠，放浪形骸。我把您上下君臣，非是严光，把您花白。为君的紧打并吞伏四海，为臣的紧铺荣日转千阶。我说与你听，我不人才；有那的不染尘埃，不识兴衰，靠岭偎崖，撒网担柴，寻觅将来，则那的便是人才。

敢也不敢？中也不中？我问您咱！

〔乔牌儿〕脚紧抬，脚慢抬，一层陌，两层陌。上金阶宫女将我忙扶策，把严陵来休怪责。

〔殿前欢〕扶策的步瑶阶，心怀七里滩钓鱼台。醉醺醺摆出龙门外，似草店上般东倒西歪，把我脑撺的抢将下来。这殿阁初兴盖，你君臣休斗夸胸大。大古里是茅茨不剪，三尺冥阶。

倘或间失手打破这盏儿呵，家里有几个七里滩赔得过！

〔水仙子〕我这里轻揎袍袖手舒开，满饮琼浆落玉台，饮绝时放的稳忙加额。比俺那使磁瓯的好不自在，怎知咱草店上倒开怀。不想衡是祸患，不知衡是利害，畅好拘束人也玳瑁筵开。

〔落梅风〕我在江村里住，肚皮里饥上来，俺则有油盐半盏野菜，食鱼羹稻饭，几曾把桌器摆，几曾这般区区将将大惊小怪。

我则待回七里滩去。

〔离亭宴煞〕九经三史文书册，压着一千场国破山河改。富贵荣华，草芥尘埃。唱道禄重高官，阗是祸害，凤阁龙楼，包着成败。您那里是舜殿尧阶，严光呵，则是跳出了十万丈风波是非海！

右第四折

正名　刘文叔醉隐三家店
　　　严子陵垂钓七里滩
新刊关目《严子陵七里滩》全

右元刊本《严子陵垂钓七里滩》杂剧，不署撰人名氏。按元钟嗣成《录鬼簿》载宫大用所撰杂剧，有《严子陵钓鱼台》，大用名天挺，大名开州人，历学官。除钓鱼台书院山长。卒于常州。此剧当即《严子陵钓鱼台》，当大用为山长时作也。明宁献王评大用之词，谓为"西风雕鹗"。传于世者，惟《元曲选》中《生死交范张鸡黍》一本。此剧笔意全与相似，在元剧中实不可多得者也。

新刊关目闺怨佳人拜月亭（写定元本元杂剧第二）

（孤、夫人上，云了。）（打唤了。）（旦扮引梅香上了，见孤科。）

（孤云了。）（情理打别科。）（把盏科。旦云:）父亲年纪高大，鞍马上小心咱!（孤云了。）（做掩泪科。）

〔赏花时〕卷地狂风吹塞沙，映日疏林啼暮鸦。满满的捧流霞，相留得半霎，咫尺隔天涯。

〔幺〕行色一鞭催瘦马。（孤云了。）你直待暴骨中原如乱麻。虽是这战伐，负著天摧地塌，是必想著俺子母每早来家。（下。）

右楔子

（孤、夫人云了。）（末、小旦云了。）（旦共夫人相逐荒走，上了。）（夫人云了。）（旦云:）怎想有这场祸事!（做住了。）

〔点绛唇〕锦绣华夷，忽从西北，天兵起。觑那关口城池，马到处成平地。

〔混江龙〕许来大中都城内，各家烦恼各家知。且莫说君臣奔迸，更休提父子别离。遥想著尊父东行何日还？又随著车驾南迁甚的回？（夫人云了。）（做嗟叹科。）这青湛湛碧悠悠天也知人意，早是秋风飒飒，可更暮雨凄凄。

〔油葫芦〕分明是风雨催人辞故国!行一步一叹息，两行愁泪脸边垂。一点雨间一行凄惶泪，一阵风对一声长吁气。（做滑脚科。）啦!百忙里一步一撒!嗨!索与他一步一提!这一对绣鞋儿分不得帮和底，稠紧紧粘软软带著淤泥。

〔天下乐〕阿者!你这般没乱荒张到得那里？（夫人云了。）（做意了。）兀的般云低天欲黑，至轻的道店十数里。上面风雨下面泥水。阿者!慢慢的枉步显的你没气力。（夫人云了。）（对夫人云了。）

〔醉扶归〕阿者!我都折毁尽些新镶镔，关扭碎些旧钗篦，两付藤缠儿按的搧钿，和我那压钏通三对，都绷在我睡裹肚薄绵套里，我紧紧的著身系。

（夫人云了。）（哨马上，叫住了。）（夫人云了。）（做惨科。）（夫人云了。闪下。）（小旦上了。）（自上了，做寻夫人科。）阿者!阿者!（做叫两三科。没乱科。）（末云了。）（猛见末，打惨害羞科。）（末云了。）（做住了。）不见俺母亲，我这里寻哩!（末云了。）（做意。）（末云了。）呵!我每常几曾和个男儿一处说话来!今日到这里无奈处也，怎生呵是那？

〔后庭花〕每常我听得绰的说个女婿，我早豁离了坐位，悄地低了口颈，扑地红了面皮。如今索强支持，如何回避，藉不的那羞共耻。(末云了。)(做陪笑科。)

〔金盏儿〕你昆仲各东西，俺母子两分离，怕哥哥不嫌相辱呵权为个妹妹。(末云了。)(寻思了。)哥哥道做：军中男女若相随，有儿夫的不携掠，无家长的落便宜。(做意了。)这般者波！怕不问时权做弟兄，问著后道做夫妻。

　　(末云了。)(随着末行科。)(末云了。)(打惨科。随末见外科。)
　　(外末共正末厮认住了。)(做住了。云：)怎生这秀才却共这汉是弟
　　兄来？(做住了。)

〔醉扶归〕你道你祖上亲文墨，昆弟晓书集，从上流传直到你，辈辈儿都及第。您端的是姑舅也那叔伯也那两姨？偏怎生养下这贼兄弟！

　　(外末云了。)(末云了。)哥哥，你有此心，莫不错寻思了么？

〔金盏儿〕你心里把褐衲袄脊梁上披，强似著紫朝衣，论盆家饮酒压著诗词会。嫌这攀蟾折桂的做官迟。为那笔尖上发禄晚，见这刀刃上变钱疾，你也待风高学放火，月黑做强贼！

　　(正末云了。)(外末做住了。)本不甚吃酒了。(正末云了。)(旦
　　云：)你休吃酒也，恐酒后疏狂。(末云了。)

〔赚尾〕虽然是弟兄心，殷勤意，本酒量窄推辞少吃。乐意开怀虽怎地，也省可哩不记东西。(做扶著末科。做寻思科。)阿！我自思忆，想我那从你的行为，被这地乱天翻交我做不的伶俐。假妆些厮收拾，伴做个一家一计，且著个脱身术谩过这打家贼！(下。)

　　右第一折

　　(第二折)

　　(夫人、小旦云了。)(孤云了。)(店家云了。)(旦便扶末上了。)
　　(末卧地做住了。)(旦云：)阿！从生来谁曾受这般烦恼！(做叹科。)

〔一枝花〕干戈动地来，横祸事从天降。耶娘三不归，家国一时

亡。龙斗来鱼伤，情愿受萧疏况。怎生般不应当，脱著衣裳，感得些天行好缠仗。

〔梁州〕恰似邑邑的锥挑太阳，忽忽的火燎胃膛，身沈体重难回项，口干舌涩，声重言狂。可又别无使数，难请街坊，则我独自一个婆娘，与他无明夜过药煎汤。阿！早是俺两口儿背井离乡，咳！则央他一路上汤风打浪，嗨！谁想与他百忙里卧枕著床。内伤？外伤？怕不大倾心吐胆，尽筋截力把个牙推请，则怕小处尽是打当。只愿的依本分伤家没变症，慢慢的传授阴阳。

> （末云了。）（店家云了。）（旦做寻思科。云：）试请那大夫来，交觑咱。（大夫上，云了。）（做意了。旦云：）郎中，仔细的评这脉咱！（末共大夫云了。）（旦做称许科。）

〔牧羊关〕这大夫好，调理，的是诊候的强，这的十中九敢药病相当。阿的是五夜其高，六日向上，解利呵过了时晌，下过呵正是时光。不用那百解通神散，教吃这三一承气汤。

> （大夫裹药了。）（旦做送出来了。云：）但较些呵，郎中行别有酬劳。（孤上，云了。）（旦云：）是不吵？（做叫老孤的科。云：）阿马！认得瑞兰来？（孤云了。）

〔贺新郎〕自从都下对尊堂，走马离朝，阿马间别无恙？（孤认了。）则恁的由自常思想，可更随车驾南迁汴梁，教俺去住无门徊徨！家缘都撇漾，人口尽逃亡，闪的俺一双子母无归向！自从身体上一朝出帝辇，俺这梦魂无夜不辽阳！

> （孤云了。）（旦做打悲科。云：）从车驾起行了，倾城的百姓都走。俺随那众老少每出的中都城子来，当日天气又昏暗，刮著大风，下著大雨，早是赶不上大队，又被哨马赶上，轰散俺子母两人，不知阿者那里去了！（末云了。）（旦做著忙的科。）（孤云了。）（旦做害羞科。云：）是您女婿，不快哩。（孤云了。）（旦做说关子了。）（孤云了。）（旦做羞科。）

〔牧羊关〕您孩儿无挨靠，没依仗，深得他本人将傍。（孤云了。）（做意了。）当日目下有身亡，眼前是杀场，刀剑明晃晃，士马闹荒荒。那其间这锦绣红妆女，那里不见个银鞍白面郎？

> （孤云了。）（旦云：）是个秀才。（孤交外扯住了。）（旦做荒打惨

打悲的科。云:)阿马!你可怎生便下这般狠心!(做没乱意了。)

〔斗虾蟆〕爹爹!俺便似遭严腊,久盼望,久盼望你个东皇,望得些春光艳阳,东风和畅。好也啰!划地冻的雪上加霜!(末云了。)(旦没乱科。)无些情肠!紧揪住不把衣裳放。见个人残生丧,一命亡,世人也惭惶。你不肯哀怜悯恤,我怎不感叹悲伤!

　　(孤云了。)(旦云:)父亲息怒,宽容瑞兰一步,分付他本人三两句言语呵,咱便行波!(孤云了。)(旦云:)父亲不知,本人于您孩儿有恩处。(孤云了。)

〔哭皇天〕较了数个贼汉把我相侵倾傍,阿马想波,这恩临怎地忘?闪的他活支沙三不归,强交俺生吃扎两分张。觑着兀的般著床卧枕,叫唤声疼,撇他在个没人的店房!常言道:相逐百步,尚有徘徊。你怎生便教我眼睁睁不问当?(做分咐末了。云:)男儿呵!如今俺父亲将我去也,你好生觑当你身!(末云了。)(旦做艰难科。)男儿!兀的是俺亲爷的恶慆,休把您这妻儿怨畅。

〔乌夜啼〕天那!一霎儿把这世间愁都撮在我眉尖上,这场愁不许堤防。(末云了。)既相别此语伊休忘:怕你那,那换脉交阳,是必省可里掀扬。俺这风雹乱下的紫袍爷,不识你个云雷未至的白衣相!咱这片霎中,如天样,一时哽噎,两处凄凉。

　　(末云了。)(孤打催科。)(旦做住了。)

〔三煞〕男儿!怕你大赎药时准备春衫当,探食后堤防百物伤。(末云了。)(旦做艰难科。)这侧近的佳期休承望!直等你身体安康,来寻觅夷门街巷,恁时节再相访。你这旅店消疏病客况,我那驿路上凄惶!

〔二煞〕则明朝你索绮窗晓日闻鸡唱,我索立马西风数雁行。(末云了。)(旦云:)男儿,我交你放心末波!只愿南京有俺亲娘,我宁可独处孤孀,怕他大抑勒我别寻个家长,那话儿便休想!(末云了。)(旦云:)你见的差了也!那玉砌珠帘与画堂,我可也觑得寻常。

〔收尾〕你想我为翠屏红烛流苏帐,换了你这黄卷青灯映雪窗。(孤云了。)(末云了。)(打别科。嘱咐末科。)你心间莫□(昏)忘,你心间索记当,我言词更无妄,不须伊再审详。嗜兀的做夫妻三个月时光，你末不曾见您这歹浑家说个谎！（下。）

（第三折）

（夫人一折了。）（末一折了。）（小旦云了。）（旦便扮上了。云：）
自从俺父亲就那客店上生扭散俺夫妻两个，我不曾有片时忘的下俺那
染病的男儿，知他如今是死那活那？不知俺爷心是怎生主意，提著个
秀才便不喜，说"穷秀才几时有发迹？"要知自古及今，那个人生下
来便做大官享富贵那！（做叹息科。）

〔端正好〕我想著那受官谕，读书舍，谁不曾虎困龙蛰？信著我
父亲呵！世间人把丹桂都休折，留著手把雕弓拽。

〔滚绣球〕俺这个背会爷，听的把古书说，他便恶纷纷的脑裂，
粗豪的今古皆绝！您这些，富产业，更怕我顾恋情惹，俺自向那
笔尖上自挣揣（闒阓）得些豪奢。搊起柄夫荣妇贵三檐伞，抵
多少爷饭娘羹驷马车：两件儿浑别。

（小旦云了。）（旦）阿也！是敢大较些去也。（小旦云了。）

〔倘秀才〕阿！我甫能将残春捱彻。嗨！划地是俺愁瘦色。（小旦
云了。）（旦云：）依著妹子只波。（小旦云了。）（做意了。）恰随妹妹闲
行散闷些。到池沼，陌观绝，越交人叹嗟。

〔呆古朵〕不似这朝昏昼夜，春夏秋冬！这供愁的景物好依时节！浮
著个钱来大绿巍巍荷叶。荷叶似花子般团围，堤陡塘似镜面般莹
洁。阿！几时交我腹内无烦恼，心上无索惹？似这般青铜对面
妆，翠钿侵鬓贴！

（做害羞科。云：）早是没外人，阿的是甚末言语那！这个妹子
咱。（小旦云了。）（旦云：）你说的这话，我猜著也啰。

〔倘秀才〕休著个滥名儿将咱来引惹。啦！待不你个小鬼头春心
动也？（小旦云了。）（旦云：）放心，放心。我与你宽打周遭向父亲
行说。（小旦云了。）（旦云：）你不要呵，我要则末那？（小旦云了。）（旦
唱：）我又不风欠，不痴呆，要则甚迭？（小旦云了。）（旦云：）咱无
那女婿呵快活，有女婿呵受苦。（小旦云了。）（旦云：）你听我说波。

〔滚绣球〕女婿行但沾惹，六亲们早是说：又道是丈夫行亲热，
爷娘行特地心别。而今要衣呵满箱箧，要食呵尽餔啜，到晚来更

绣衾铺设，我这心儿里牵挂处无些些。直睡到冷清清宝鼎沉烟灭，明皎皎纱窗月影斜，有甚唇舌。

（做入房里科。）（小旦云了。）（旦云：）夜深也，妹子，你歇息去波。我也待睡也。（小旦云了。）（旦云：）梅香，安排香桌儿去，我待烧炷夜香咱。（梅香云了。）（正旦唱：）

〔伴读书〕你靠栏槛临台榭，我准备名香爇。心事悠悠凭谁说！只除向金鼎焚龙麝，与你殷勤参拜遥天月，此意也无别。

〔笑和尚〕韵悠悠比及把角品绝，碧荧荧投至那灯儿灭，薄设设衾共枕空虚设，冷清清不恁迭，闲遥遥生枝节，闷恹恹怎捱他如年夜！

（梅香云了。）（旦做烧香科。）

〔倘秀才〕天那！这一炷香，则愿削减了俺尊君狠切！这一炷香，则愿俺那抛闪下的男儿较些！那一个爷娘不间叠，不似俺忒砗嗻！劣缺！

（做拜月科。云：）愿天下心厮爱的夫妇永无分离！教俺两口儿早得团圆！（小旦云了。）（旦做羞科。）

〔叨叨令〕元来你深深的花底将身儿遮，搽搽的背后把鞋儿捻，涩涩的轻把我裙儿拽，煴煴的羞得我腮儿热。小鬼头直到撞破我也末哥，直到撞破我也末哥，我一星星的都索从头说。

（小旦云了。）（旦云：）妹子，你不知，我兵火中多得他本人气力来，我因此上忘不下他！（小旦云了。）（旦打悲了。云：）您姐夫，姓蒋，名世隆，字彦通，如今二十三岁也！（小旦打悲了。）（旦做猛问科。）

〔倘秀才〕来波！我怨感，我合哽咽！不剌！你啼哭，你为甚迭？（小旦云了。）您莫不元是俺男儿的旧妻妾？阿是，阿是！当时只争个，字儿别，我错呵了应者！

（小旦云了。）（旦云：）原来你两个是亲弟兄。（小旦云了。）（旦做欢喜科。）

〔呆古朵〕似恁的呵，咱从今后越索著疼热，休像似在先时节。你又是我妹妹、姑姑，我又是你嫂嫂、姐姐。（小旦云了。）这般者波，俺父母多宗派，您昆仲无枝叶，从今后休从俺爷娘家根脚排，只做俺儿夫家亲眷者。

　　　　（小旦云了。）（旦云:）若说著俺那相别呵，话长:

〔三煞〕他正天行汗病，换脉交阳。那其间被俺爷把我横拖倒拽出招
商舍，硬厮强扶上走马车。谁想俺舞燕啼莺，翠鸾娇凤，撞著那
猛虎狞狼，毒蝎顽蛇! 又不敢号咷悲哭，又不敢嘱咐丁宁，空则
索感叹咨嗟! 据著那凄凉惨切，则那里一霎儿似痴呆!

〔二煞〕则就那里先肝肠眉黛千千结，烟水云山万万叠。他便似
烈焰飘风，劣心猝性，怎禁那后拥前推，乱棒胡枷! 阿! 谁无个
老父? 谁无个尊君? 谁无个亲爷? 从头儿看来，都不似俺那狠
爹爹!

〔尾〕他把世间毒害收拾彻，我将天下忧愁结揽绝! （小旦云了。）
那其间，他没盘缠，在店舍，有谁人，厮抬贴? 那消疏，那凄
切，生分离，厮抛撇! 从相别，怎时节，音书无，信息绝! 我这
些时眼跳腮红耳轮热，眠梦交杂不宁贴。您哥哥暑湿风寒纵较
些，多被那烦恼忧愁上送了也! （下。）

（第四折）

　　　　（老孤、夫人、正末、外末上了。）（媒人云了。）（旦扮上了。）

　　　　（小旦云了。）（旦云:）可是由我那不那!

〔新水令〕我眼悬悬整盼了一周年，你也枉把你这不自由的姐姐
来埋怨。恰才投至我贴上这缕金钿，一霎儿向镜台旁边，媒人们
催逼了我两三遍。

　　　　（小旦云了。）（旦云:）妹子呵，你好不知福，犹古自不满意吵。
　　　　我可怎生过呵是也? （小旦云了。）（旦云:）那的是你有福如我处那!
　　　　我说与你波。

〔驻马听〕你贪著断简残编，恭俭温良好缱绻; 我贪著个轻弓短
箭，粗豪勇猛恶因缘! （小旦云了。）（旦云:）可知然是也。您的管
梦回酒醒诵诗篇，俺的敢灯昏人静夸征战。少不的向我绣帏边，
说的些磣可可落得的冤魂现。

　　　　（小旦云了。）（旦云:）这意有甚难见处那?

〔庆东原〕他则图今生贵，岂问咱凤世缘。违著孩儿心，只要遂他家愿。

则怕他夫妻百年，招了这文武两员，他家里要将相双权。不顾自家嫌，则要旁人羡。

（外云了。）（旦做住了。）（正外二末做住了。）

〔镇江回〕俺兀那姊妹儿的新郎又忒觑觑。俺这新女婿，那嘲掀，瞅的我两三番斜撆了新妆面，查查胡胡的向玑筵前。知他俺那主婚人是见也那不见？

（孤云了。）（外末把盏科。）

〔步步娇〕见他那鸭子绿衣服上圈金线，这打扮早难坐琼林宴。俺这个新状元，早难道花压得乌纱帽檐偏。把这盏许亲酒又不敢慢俄延，则索扭回头半口儿家刚刚的咽。

（孤云了。）（正末把盏科。）（旦打认末科。）

〔雁儿落〕你而今病疾儿都较痊？你而今身体儿全康健？当初咱那塌儿各间别，怎承望这答里重相见！

〔水仙子〕今日这半边鸾镜得团圆，早则一纸鱼书不更传。（末云了。）（旦云：）你说这话！（做意了。唱：）须是俺狠毒爷强匹配我成姻眷；不剌，可是谁央及你蒋状元，一投得官也接了丝鞭？我常把伊思念，你不将人挂恋，负心的上有青天！

（末云了。）（旦做分辩科。）

〔胡十八〕我便浑身上是口，待交我怎分辩？枉了我情脉脉，恨绵绵，我昼忘饮馔夜无眠。则兀那瑞莲，便是证见，怕你不信后，没人处问他一遍。

（末云了。）（旦云：）兀的不是您妹子瑞莲那！（末共小旦打认了。）（告孤科。）（末云了。）（老夫人云了。）（老孤云了。）（旦云：）你试问您那兄弟去，我劝和您姊妹去。（正末云了。）（小旦云了。）（旦云：）妹子，我和你哥哥厮认得了也！你却招取兀那武状元呵，如何？（小旦云了。）（旦云：）你便深信我子末那！（小旦云了。）

〔挂玉钩〕二百口家属笑语喧，如此般深宅院，休信我一时间在口言，便那里有冤魂现。（小旦云了。）我特故里说的别，包弹遍，不嫌此蹬弩开弓，怎说他袒臂挥拳。

〔乔牌儿〕兀的须显出我那不乐愿，量这的有甚难见？每日我绿窗前不整闲针线，不曾将眉黛展。

〔夜行船〕须是我心上斜横著这美少年，你可别无甚闷缕愁牵。便坐驷马高车，管著满门良贱，但出入唾壶掌扇。

〔幺〕但行处两行朱衣列马前。筭了个文章士发禄是何年？你想那陋巷颜渊，箪瓢原宪，你又是不曾受秀才的贫贱！

　　（外云了。）（旦云:）休，休，教他不要！咱没是只管殃及他则末？

〔殿前欢〕忒心偏，觑重裀列鼎不值钱，把黄虀淡饭相留恋，要彻老终年。招新郎更拣选，忒姻眷，不得可将人怨。可须因缘数定，则这人命关天。

　　（小旦云了。）（使命上，封外末了。）

〔沽美酒〕骤将他职位迁，中京内做行院，把虎头金牌腰内悬，见那金花诰皇帝宣，没因由得要团圆。

〔阿忽令〕咱却且尽教伴呆著休劝，请夫人更等三年。你既爱青灯黄卷，却不要随机而变。把你这眼前、厌倦、物件，分付与他别人请佃。

　　（孤云了。）（散场。）

新编关目《闺怨佳人拜月亭》终

右《闺怨佳人拜月亭》杂剧，据钟嗣成《录鬼簿》，乃元初关汉卿撰。数百年来，久无传本。明人如何元朗、王元美、臧晋叔辈，均盛称南曲《拜月亭记》，以为在《琵琶记》之上。其实南曲佳处全袭汉卿此剧。盖明人均未见此本也。此剧演金国南迁时事，犹为汉卿耳目所及见，宜其酣畅淋漓，曲尽情事如此。同时王实甫亦有《才子佳人拜月亭》杂剧，同纪此事，今不可得观矣。

古杭新刊的本尉迟恭三夺槊（写定元本元杂剧第三）

　　（疋先扮建成、元吉上，开:）咱两个欲待篡位，争待秦王跟底，有尉迟无人可敌。（元吉道:）我有一计，将美良川图献与官里，道的（尉迟）不是反臣那甚么？交坏了尉迟，哥哥便能官里做也。（驾云了。）（呈图科。）（高祖云了，大怒:）将尉迟拿下！（末扮刘文靖[按，应作静]将榆窠园图子上了。）

〔**点绛唇**〕想当日霸业图王，岂知李氏，把江山掌。虽不是外国它邦，今日做僚宰为卿相。

〔**混江龙**〕不著些宽洪海量，划地信谗言佞语损忠良。谁不曾忘生舍死？谁不曾展土开疆？不枉了截发搓绳穿断甲，征旗作带勒金疮。我与你不避金瓜下丧，直言在宝殿，苦谏在昭阳。

〔**油葫芦**〕陛下！想当日背暗投明归大唐，却须是真栋梁，划地里厮低防。比及武官砌垒个元戎将，文官挣揣头厅相，知他是几个死？知他是几处伤？今日太平也都指望请官赏，划地胡庐惹斩在云阳。

〔**天下乐**〕谁似俺出气力的功臣不气长！想当时反在晋阳，若不是唐元帅少年有纪纲，义伏了徐茂公，礼慑了褚遂良，智降了苏定方。

〔**醉扶归**〕当日都是那不主事萧丞相，更合著那没政事汉高皇，把韩元帅葫芦蹄斩在未央。今日介人都讲，若有举鼎拔山的霸王，哎，汉高呵，你怎能敢正眼儿把韩侯望。

〔**后庭花**〕陛下则将这美良川里冤恨想，却把那榆窠园里英雄忘。更做道世事云千变，敬德呵则消得功名纸半张。陛下试参详，更做道贵人多忘，咱数年间有倚仗。

〔**金盏儿**〕那敬德自归了唐，到咱行，把六十四处烟尘荡。杀得敌军胆丧，马到处不能当。苦相持一万阵，恶战九千场。全凭著竹节鞭，生并了些草头王。

〔**赏花时**〕元帅不合短箭轻弓觑它洛阳，怎想阔剑长枪埋在浅冈，映着秋草半苍黄。初间那唐元帅怎想，脑背后不低防。

〔**幺**〕呀！则见那骨刺刺征旗遮了太阳，赤力力征鼙震动上苍，那单雄信恁高强。它猛观了敌军势况，忙拨转紫丝缰。

〔**胜葫芦**〕打得匹不剌剌征骓走电光，藉不得众儿郎，过涧沿坡寻路慌。过了些乱烘烘的荆棘，密稠稠的榆柳，齐臻臻长成行。

〔**幺**〕是他气扑扑荒攒入里面藏，眼见的一身亡，将弓箭忙拈胡抵当，呀呀宝雕弓拽满，紫金鈚连发，火火都闪在两边厢。

〔**金盏儿**〕元帅却是那些儿慌，那些忙。（带云：）忙不忙，元帅也记得。把一领锦征袍扯裸得没头当。单雄信先地赶上，手捻著绿沉枪，枪尖儿看看地著脊背，又透过胸堂。那时若不是胡敬德，陛下圣鉴：谁搭救小秦王！

〔醉扶归〕索甚把自己千般奖，齐王呵！不如交别人道一声强。若共胡敬德草草的鞭斗枪，分明立了执结并文状，则他家自卖弄伶俐半晌，把一条虎眼鞭直搅头直上。

〔尾〕这厮则除了铁天灵，铜脖项，铜脑袋、石镌就的脊梁。那鞭上常有半纸血糊涂的人脑浆，则那鞭是铁头中取命的阎王。若论高强，鞭著处便不死十分地也带重伤。也是青天会对当，故交这尉迟恭磨障，磨障这弑君杀父的劣心肠！

（下。）

右第一折

（末扮秦叔宝上了。）

〔一枝花〕箭空攒白凤翎，弓闲挂乌龙角，土培损金锁甲，尘昧了锦征袍。空喂得那匹战马咆哮，劈楞间生疏却。那些儿我心越焦。我往常雄纠纠阵面上相持，恶暗暗的沙场上战讨。

〔梁州〕这些时但做梦早和敌军对垒，才合眼早不剌剌地战马相交。则听的韵悠悠的耳畔吹寒角，一回价不鬣鬣的催军鼓擂，响雷雷的助战锣敲。稀撒撒地珠帘筛日，滴溜溜的绣幕翻风，只疑是古刺刺的杂彩旗摇。那的是急煎煎心痒难揉。往常则许咱遇水叠桥，除了咱逢山开道，如今央别人跨海征辽。壮怀，怎消？近新来病体儿直然觉。我自暗约，也枉了医疗。被这秋气重金疮越发作，好教我痛苦难消！

〔贺新郎〕我欠起这病身躯，出户急相邀，你知我迭不的相迎，不吵，贼丑生！你也合早些儿通报。见齐王元吉都来到，半晌不迭手脚，我强强地曲脊低腰。怕日来喜蛛儿的溜溜在檐外垂，灵鹊儿咋咋地头直上噪，昨夜个银台上剥地灯花爆。它两个是九重天上皇太子，来探俺这半残不病旧臣僚。

〔牧羊关〕这些腌臜病，都是俺业上遭，也是俺杀人多一还一报。折倒的黄甘甘的容颜，白丝丝地鬓脚。展不开猿猱臂，撑不起虎狼腰。好羞见程咬金知心友，尉迟恭老故交。

〔隔尾〕我从二十三上早驱军校，经到四五千场恶战讨，怎想头直上轮回老来到。我喑约，慢慢的想度，嗨！刮马似三千年过去了。

〔牧羊关〕当日我和胡敬德两个初相见，正在美良川厮撞著，咱两个比并一个好弱低高。它滴溜溜著虎眼鞭彪，我吉丁地愣简架却，我得空便也难相舍，他见破绽也怎肯担饶。我不甫能卒卒地两简才彪去，他飕飕地三鞭却还报了。

〔隔尾〕那鞭却似一条玉蟒生鳞角，便是半截乌龙去了牙爪。那鞭但远望了吸吸在脑门上跳。那鞭休道十分的正著，则若轻轻地抹著，敢交你睡梦里惊急列地怕到晓。

〔斗鹌鹑〕那将军划马骑、单鞭搭，论英雄半勇跃。它立下功劳，怎肯伏低做小，倚强压弱。不用吕望《六韬》，黄公《三略》。但征敌处躁咆，相持处憋懆。那鞭若脊梁上抹著，忽地咽喉中吐血。我道来道来，它烦烦恼恼，焦焦躁躁。滴溜掿那鞭著，交你悠悠地魄散魂消。你心自量度！匹头上把他标写在凌烟阁。论著雄心力，劣牙爪，今日也合消、合消封妻荫子，禄重官高。

〔哭皇天〕交我忍不住微微地笑，我送不得把你慢慢地教。来日你若那铁幞头，红抹额，乌油甲，皂罗袍，敢交你就鞍心里惊倒！若是来日到御园中，忽地门旗开处，脱地战马相交。哎，齐王呵！这一番要把交。那鞭不比衡钢抢槊，双眸剑凿。

〔乌夜啼〕虽是没伤损难贴金疮药，敢二十年青肿难消。若不去脊梁上，敢向鼻凹里落。唬得怯怯乔乔，难画难描。我则见的溜溜立不住腿脡摇，忔扑扑地把不住心头跳。不如告休和，伏低弱，留得性命，落得躯壳。

〔尾〕可知道金风未动蝉先觉，那宝剑得来你怎消。不出君王行厮搬调，侵著眉棱，际著眼角。则若是轻轻的虎眼鞭抹著，稳情取你那天灵盖半截不见了。

（下。）

右第二折。

第三、四折曲文不佳，不录。

古杭新刊关目的本李太白贬夜郎 （写定元本元杂剧第四）

（驾上云了。）（高力士云了。）（太真云了。）（安禄山上了。）（外末宣住了。）（正末扮上，开云：）小生姓李名白，字太白。曾跨白鹤上升，吾非个中人也。

〔点绛唇〕鹤背翱翔，坦然独向，蓬山上。引九曲沧浪，助我杯中况。

〔混江龙〕忽地眼皮开放，一竿风外酒旗忙。不向竹溪翠影，决恋著花市清香。我舞袖拂开三岛路，醉魂飞上五云乡。甘心致仕，自愿归休，飞扬浩气，浇灌吟怀。不求名，不求利，虽不一箪食，一瓢饮，我比颜回隐迹只争个无深巷。叹人生碌碌，尘世忙忙。

（见驾了。）（云了。）小生却则酒肆之中，饮了几杯。

〔油葫芦〕当初不记蒙恩出建章，身跟跄，把一领锦宫袍常惹御炉香。臣觑得绿樽一点蒲萄酿，似禹门三月桃花浪。记当日设早朝，没揣的见帝王。觉来时都汗尽江湖量，急卒著甚的润枯肠？

〔天下乐〕官里御手亲调醒酒汤，闻香，不待尝，量这箸头酸怎揉我心上痒？不能勾蠡里篘，斗内量，那一回浮生空自忙。

（驾云了。）（末云：）陛下休小觑这酒，有几般好处：

〔那吒令〕这酒曾散漫却云烟浩荡，这酒曾眇小了风雷势况，这酒曾混沌了乾坤气象。想为人百岁中，得运只有十年旺，待有多少时光！

（驾云了。）

〔鹊踏枝〕欲要臣不颠狂，不荒唐，咫尺舞破中原，祸起萧墙。再整理乾坤纪纲，怎时节有个商量。

（驾云了。）（末云：）陛下道微臣在长安市上。酒肆人家，土炕上便睡。吵！那的是学士们好处！（做住了。）

〔寄生草〕休笑那通厅炕，阔矮床，臣便似玉仙高卧仙人掌，锦橙嫩擘销金帐，便似垂鞭误入平康巷。只这新丰美酒十千钱，抵多少五陵豪气三千丈。

（驾云了。）

〔幺〕舒开笺无皱，磨得墨有光。就霜毫写出凌烟像，向文场立定中军帐，就诗坛拜起元戎将。那里是樽前误草吓蛮书，便是我醉中纳了风魔状。

（驾云了。）（末云：）陛下问微臣，直到几时不吃酒？

〔六幺序〕何时静，尽日狂，但行处酒债寻常。粜尽黄粱，典尽衣裳，知他在谁家里也琴剑书箱！这酒似长江后浪，洒歌楼醉墨琳琅，笔尖儿鼓角声悲壮。驱雷霆号令，焕星斗文章。

（驾云了。）

〔幺〕直等蛮王，见了吾皇，恁时节酒态轩昂，诗兴飞扬。割舍了金銮殿上，微臣待醉一场。紫绶金章，法酒肥羊，几时填还彻这臭肉皮囊？圣朝帝王合兴旺，交这厮横枝儿燮理阴阳！肚岚耽吃得咱来胖，没些君臣义分，只有子母情肠！

〔金盏儿〕绕一百二十行，三万六千场，这酒似及时雨露从天降，宽洪海量，胜汪洋。臣那里燕莺花月影，鸥鹭水云乡。这里凤凰歌舞地，龙虎战争场。

（驾央正末写词了。）

〔醉扶归〕见娘娘捧砚将人央，不如我看剑引杯长。生把个菱花镜里妆，做了个水墨观音样。这孩儿从怀抱里看生见长，只一句道得他小鹿儿心头撞。

〔金盏儿〕只管里开宴出红妆，咫尺想像赋《高唐》。瑞云重绕金鸡帐，麝烟浓喷洗儿汤。不争玉楼巢翡翠，便是锦幄闭鸾凰。如今宫墙围野鹿，却是金殿锁鸳鸯。

（正末做脱靴科。云：）力士，你休小觑此物！

〔后庭花〕这靴曾朝踏辇路霜，暮登天子堂，软趁残红片，轻沾落絮香。我若沾危邦，这的是脱身小样，不合将足下央。

（末出朝科。）

〔尾〕那厮主置定乱宫心，酝酿著漫天谎。倚仗著强爷壮娘，全不顾白玉阶头纳表章，只信著被窝儿里顿首诚惶。我绕著利名场，伴做个风狂，指点银瓶索酒尝。尽教谗臣们数量，至尊把我屈央，休想楚三闾肯跳汨罗江。

（下。）

右第一折

（驾云。）（外末进宝了。）（驾、旦、外一行了。）（外做宣末科。）（正末扮上了，引仆童上了。云：）嗨！对着此景，却不快活！（做交小童斟酒了。云：）小童，此处无事，你自回去。如见朝野里官人们，你在这里。（仆童下。）（末做住。）

〔端正好〕满长安，花无数，霎时间暮景桑榆。偏得你醉乡中闭塞定贤门路，偏俺不合殢杯中物。

〔滚绣球〕这酒寻芳踏雪沽，弃琴留剑与。便〔大〕（待）交我睁睁死生无路，未不仕途中买我胡突。对着山河壮帝居，乾坤一草庐，便是我画堂深处。那吓蛮船似酒面上浮蛆。不恋着眼九间天子常朝殿，曾如三尺黄公旧酒垆。但行处挈榼提壶。

（力士云了。笼马上了。做寻末科。）（见住了。）（力士云了。）

（末云：）你道是我在此处无好处？

〔倘秀才〕我直吃的芳草展花茵绣褥，直吃的明月上银台画烛。自有春风醉后扶。怎和那儿女辈，泼无徒，做伴侣？

（力士云了。）（末云：）你朝野里不如我这里。

〔滚绣球〕禁庭中受用处，止不过皓齿歌，细腰舞，闹吵吵不知其数，这其间众公卿似有如无。奏梨园乐章曲，按广寒羽衣谱，一叠声不叶音律，倒不如小槽边酒滴真珠。你那里四时开宴充肥鹿，我这里万里摇船捉醉鱼，胸卷江湖。

（力士交末上马了。）（末云：）我醉也，恐怕去不的！（上马了。）

〔脱布衫〕花梢惊燕子莺雏，锦鞯荡蝶翅蜂须，玉〔围〕（辔）迎桃蹊杏坞，金镫挑落花飞絮。

〔醉太平〕不比趁雕轮绣毂，游月巷云衢；又不比荔枝千里赴皇都。止不过上天街御路，全不似数声啼鸟留人住。他只待一鞭行色催人去，我怎肯满身花影倩人扶。一言既出。

　　　（正末、外末了。）（驾、旦上了。）（末骑马上了。）

〔倘秀才〕恰离了光灿灿花丛锦簇，又来到闹吵吵车尘马足，抵
多少白日明窗过隙驹。胜急价，更疾如，狂风骤雨。

　　　（末跪马了。）（旦惊了。）（驾怒了。）（末见驾了。云：）陛下，
不干臣事，是陛下马的不是。

〔叨叨令〕凤城有似溪桥路，落红乱点莎茵缘，淡烟深锁垂杨
树，因此上玉聪错认西湖路。委实勒不住也末哥，委实勒不住也
末哥，便似跳龙门及第思乡去。

　　　（等云了。）（末饮酒科。）（驾赐衣服了。）

〔喜春来〕又不是风流天宝新人物，子是个落托长安旧酒徒。怎
消得，明圣主，赐一领溅酒护身符。

〔尧民歌〕也不宜幞头象笏，玉带金鱼，金貂绣袄，真紫朝服。
臣再洪饮天之美禄，倘或间少下青凫。也强如凤城春色典琴沽，
白马红缨富之余。披一襟瑞霭出天衢，携两袖天香下蓬壶。须
臾，须臾，行过长安市上去，便是臣衣锦还乡处。

　　　（末带醉出朝科。云：）古人尚然如此！

〔四煞〕想着刘伶数尺坟头土，谁恋架上三封天子书？那酒更压
著救旱恩泽，洗心甘露，止渴青梅，灌顶醍醐。怕我先尝后买，
散打零兜，高价宽沽。月明南浦，春醉酒巾漉。

　　　（太真、禄山送末了。）（出朝科。末云了。）

〔三煞〕娘娘甚酒中贞洁真贤妇？禄山甚财上分明大丈夫？止不
过盏号温凉，布名火浣，瓶置玻璃，树长珊瑚，犀澄分水，裙织
绫绢，帘卷虾须；真珠琥珀，红玛瑙，紫砗磲。

〔二煞〕这个曾手扶万丈擎天柱，这个曾口吐千年照殿珠。只消
的一管霜毫，数张白纸，写万古清风，不够一醉工夫！怕我连真
带草，一划数黑论黄，写紫描朱，从头至尾，依本画葫芦。

〔尾〕那是禄山义子心头怒，这是杨贵妃贼儿胆底虚。似这般忒
自由，没拘束，猛轩腾，但发露，交近南蛮，至北隅，接西边，
去东鲁，一年多，半载余，那里景凄凉，地凄楚。臂袖垂肩仕女
图，似秋草人情日日疏，待寄萧娘一纸书，天北天南一雁无。忽

地兴兵起士卒，大势长驱入帝都，一战功成四海枯，传手如还入宫宇，一就无毒不丈夫，玉殿珠楼尽交付，抵多少竹帛烟消帝业虚，十万里江山共宝物，和那花朵儿浑家做不得主！

（下。）

右第二折

（一行上。）（禄山、旦云了。）（外宣末了。）（正末扮带酒上了。）

〔粉蝶儿〕只被宿酒禁持，轰腾杀浩然之气。几曾明白见一个乌兔西飞？今日醉乡中，如混沌，初分天地。恰辨得个南北东西，被子规声唤回春睡。

〔醉春风〕一壁恰烘得锦袍干，又酒淹得衫袖湿。半醒时犹透顶门香，不吃时怎由得你！你！耽搁得半世无成，非是我一心偏好，只为你满朝皆醉。

〔迎仙客〕比及沾雨露，恨不得吐虹霓，沧海倒倾和月吸。向翠红乡，图画里，不设著歌舞筵席，辜负了迟日江山丽。

〔醉高歌〕脚趔趄登辇路花基，神恍惚步瑶阶玉砌。吐了口中涎，按捺定心头气，勉强山呼万岁。

（正末失惊了。）

〔石榴花〕疑怪翠盘人用锦重围，不听得月殿乐声齐。往常恐东风吹与外人知，怎想这里，泄漏天机？知他那塌儿醉倒唐皇帝？空有聚温泉一派香池。又无落花轻泛波纹细，怎生误走到武陵溪？

（外末、旦做住了。）（外末同旦与正末礼了。）（末云：）不想如此！

〔斗鹌鹑〕恰才个倚翠偎红，揣与论黄数黑。只他行怕行羞，和我也面红面赤。谁待两白日，细看春风玉一围，却是甚所为？更做个抱子携男，末不忒回干就湿！

（力士云了。）（一同与正末把酒了。）（末笑科。）

〔普天乐〕不须你沈郎忧，萧郎难易，就未央官摆布尊罍，直吃的尽醉方归。折末藏著剑锋，承著机密，汉国公卿臻臻地，来，来，吃回吕太后筵席。稳便呵鸾交凤友！休忧波莺儿燕子！休忙波蝶使蜂媒！

　　　　（正末云了。）（外把盏科。）（末云了。）

〔干荷叶〕来的盏不曾推，有的话且休提。准备明日向君王行主意的紧支持，刁蹬的厮央及。被我连珠儿饮了两三杯，只理会酒肉摊场吃。

〔上小楼〕这孩儿何曾夜啼，无些惊气。娇的不肯离怀，懒慵挪步，怕见独立。三衙家，绕定著，亲娘扒背。兀的后宫中养军千日！

〔幺〕穿了好的，吃了好的。盛比别人，非理分外，费衣搭食。甚时曾，向人前，分明喘气，他一身儿孝当竭力！

　　　　（云：）力士，我只道宫里宣唤，谁想如此！（旦云了。）

〔满庭芳〕你心知腹知，宫中子母，村里夫妻。觑得俺唐明皇颠倒如儿戏，我不来，这其间敢锦被堆。得了买不语一官半职，做了个六证三媒。枉了闲淘气，又道我唬吓你酒食，误了你爱月夜眠迟。

　　　　（正末做出殿科。）（外末扯住了。）（外将荔子上了。外央正末吃科。）（末取物签科。云：）我待签一个来，却签著你两个。

〔快活三〕沾粘著不摘离，厮胡突不伶俐。尽压著玉枝浆，白莲酿，锦橙酪。官里更加上些忍辱波罗蜜。

〔鲍老儿〕若是忙搂定舌尖上度与吃，更压著王母蟠桃宴会。更做果木丛中占了第一，量这厮有多少甜滋味。压著商川甘蔗、鄱阳龙眼、杭地杨梅、吴江乳橘、福州橄榄，不如魏府鹅梨。

　　　　（觑旦科。）

〔哨遍〕两叶眉儿频系縻，锁青岚一带骊山翠。香霭暗宫闱，只是子孙司里酒病花医。只为个肥肌体，把锦帏绣幄，翠幕珠帘，做了张盖世界的鸳鸯被。这张纸于官不利，作云屏斜掩，雾帐低垂。那里是遮藏丑事护身符，只是张发露私情《乐章集》。看你执盏殷勤，捧砚驱驰，脱靴面皮。

　　　　（宾：）你问我哪里去？

〔耍孩儿〕一头离了莺花地，直赴俺蓬莱宴会。碧桃间拂面风吹，浩歌声聒耳如雷。平驱风月妆诗兴，倒卷江湖此酒杯，偃仰在银河内。折末冠簪颠倒，衫袖淋漓。

（云：）我知道！我知道！

〔五煞〕见没处发付咱，便彪一声宣唤你。这场误赚神仙罪。我闲来亲去朝金阙，不记谁扶下玉梯。这腌臜辈，闹中取静，醉后添悲。

〔四煞〕你亲上亲，我鬼中鬼。无用如碧澄澄绿湛湛清冷水。于民只解涤尘垢，润国何曾洗是非。水共禄山浑相类，见了些浮花浪蕊，玉骨冰肌。

〔三煞〕大古里家不和邻里欺，人贫贱也亲子离，不求金玉重重贵。你惟情之别外无想，除睡人间总不知。谎得来无巴臂！不曾三年乳哺，一划合肥。

（外末共旦云了。）（末做指禄山云了。）

〔二煞〕拈起纸笔，标是实，交千年万古传于世。看了书中有女颜如玉，路上行人口胜碑。儿曹悔之晚矣！归去来兮！

〔尾〕没遭罹李翰林，忒昏沈杨贵妃。见如今凤帏中搂抱定肥儿睡，更那里别寻个杜子美！

（下。）

右第三折

（末上。）

〔新水令〕谢你个月中人不弃我酒中仙，向浪花中死而无怨。是清风连夜饮，几曾渔火对愁眠。满眼的湖水湖烟，豁达似翰林院。

〔驻马听〕想着天子三宣，翠袖双扶不上船。不如素娥奉劝，巨瓯一饮倒垂莲。为杨妃，昧龙庭夫乃妇之天，钓风波口似钩和线。虽然在海角边，举头日近长安远。

（云：）我想此处，却不强如与他们闹闹吵吵地。

〔沉醉东风〕恰离了天子金銮殿前，又来到农家鹦鹉洲边，自休官，从遭贬，早递流水［路］（地）三千。待交我蓑笠纶竿守自然，我比姜太公多来近远？

〔沽美酒〕他被窝儿里献利便，枕头上纳谏言，义子贼臣掌重权。那里肯举善荐贤，他当家自迁转。

〔太平令〕大唐家，朝野里龙蛇不辨，禁闱中猪狗同眠。河洛间途俗皆现，日月下清浑不辨。把谪仙，盛贬，一年半年，浪淘尽尘埃满面。

（云：）小生终日与酒为念。

〔殿前欢〕酒如川，鹭鸥长聚武陵源，鸳鸯不锁黄金殿，绿蓑衣带雨和烟。酒里坐，酒里眠，红蓼岸，黄芦堰，更压著金马门，琼林宴。岸边学渊明种柳，水面学太乙浮莲。

〔甜水令〕闹闹吵吵，欢欢喜喜，张筵开宴，送到杨柳岸古堤边。正稚子妻儿，痛哭号咷，牵衣留恋，早解缆如烟。

〔折桂令〕一时间趁篷箬顺水推船，不比西出阳关，北使居延。几时得为爱青山，住东风懒著吟鞭。流落似守汨罗独醒屈原，飘零似泛浮槎没兴张骞。纳了一纸皇宣，撇下满门良贱，对十五婵娟，怎不凄然。他们向水底天心，两下里团圆。

（末虚下。）（水府龙王一齐上，坐定了。）（末上。）

〔夜行船〕画戟门开见醉仙，听龙神细说根元。向人鬼中间，轮回里面，又转生一遍。

〔川拨棹〕赴科选，跳龙门，夺状元。早命掩黄泉，鱼跳深渊。不见九五数飞龙在天，望海门潮信远。

〔七弟兄〕偶然，见面，恕生年，那里取禹门浪急桃花片，玉溪月满木兰船，锦溪露湿芙蓉面。

〔梅花酒〕他虽无帝主宣，文武双全，将相双权，銮驾齐肩。比侯门深似海，我怎敢酒量大如川。忆上元，芍药［边］（圃），牡丹园，梧桐院，海棠轩，歌舞地，绮罗筵，衫袖湿，帽檐偏，相隔著，水中原，无旅店，少人烟。龟大夫，在旁边，鳖相公，守跟前，鼋先锋，可怜见，众水族，尽皆全，摆列着，一圆圈。

〔收江南〕可甚玉簪珠履客三千，比长安市上酒家眠，兀的不气喘！月明孤枕梦难全。

〔后庭花〕翰林才显耀彻，酒家钱还报彻。酬了莺花志，补完了天地缺。寻常病无些，玉山低趄。不合把他短处劫，便将俺冤恨雪，君王行厮间迭，听谗臣耳畔说，贬离了丹凤阙。下江船不暂歇，采石渡逢令节，友人将筵会设，酒杯来一饮竭。正更阑人静也，波心中猛觑绝，见冰轮皎洁，手张狂，脚趔趄，探身躯将丹桂折。

〔柳叶儿〕因此上醉魂如灯灭，中秋夜禄尽衣绝，再相逢水底捞明月。生冤业，死离别，今番去再那里来也！

（下。）

右第四折

古杭新刊关目的本《李太白贬夜郎》

右《李太白贬夜郎》杂剧，据钟嗣成《录鬼簿》云"王伯成撰"。按：伯成，涿州人。涵虚子《词谱》称其词如红鸳戏波，然所撰杂剧，自明以来久不传，惟有《天宝遗事诸宫调》（弹词之类）时见于《雍熙乐府》及《曲谱》中，然不过数套而已。今此剧晚出，乃完全无损曲文，亦遒劲明丽，在马东篱、郑德辉之间，亦元曲中上乘也。

序　跋

元铜虎符跋

上虞罗氏藏铜牌一，上端文隐起作虎首，首下有孔，以便系佩；孔下蒙古字一行，两面同。余谓此即《元史》之虎符也。元之虎符，俗云"虎头牌"。汪元量《水云集·湖州歌》云："文武官僚多二品，还乡尽带虎头牌。"关汉卿《闺怨佳人拜月亭》杂剧云："虎头儿金牌腰内悬。"则当时本谓之牌，不谓之符。雅言谓之虎符，名虽古，制则非矣。往读《元史》，窃怪元人受虎符之赐者极多，乃无一传世者。今见此牌，并忆汪、关诗词语，可以知当时金银诸符之制矣。

《元曲选》跋

元人杂剧罕见别本，《元人杂剧选》久不可见，即以单行本言，平生仅见郑廷玉《楚昭王疏者下船》一种，乃钱唐丁氏善本书室所藏明初写本，曲文拙劣，尚在此本下，盖经优伶改窜也。此百种岿然独存。呜呼，晋叔之功大矣！晋叔，名懋循，长兴人，官南京太常博士。钱东涧、朱梅里亟称之。宣统庚戌仲春，将全书评点一过，略以《雍熙乐府》校之，不能遍也。

《汉宫秋》杂剧〔梅花酒〕"草已添黄，色早迎霜"，《雍熙乐府》作"兔起早迎霜"。案《乐府》是也。王得臣《麈史》（下）："官制时将作监簿改为承务郎，或曰：迁官则为迎霜兔矣。"观此，知作兔为合。古人淹雅，虽曲家犹如此，不可及也。

罗懋登注《拜月亭》跋

世之论传奇者，辄曰《荆》、《刘》、《拜》、《杀》，皆明初人作也。《白兔》不识何人所撰。《荆钗》出于宁献王（权），《杀狗》出于徐仲由（𤲞），《拜月亭》则元王实父、关汉卿均有杂剧，而南曲本相传出于元施君美（惠），何元朗、臧晋叔、王元美均谓如此。然元钟嗣成《录鬼簿》但谓："君美诗酒之暇，惟以填词和曲为事，有《古今砌话》，编成一集"，而不言其有此本。元、明诸家之言，① 不知何据。今案此本第四折中，有"双手劈开生死路"一句，此乃用明太祖微行时为阉豕者题春联语，可证其为明初人之作也。

《拜月亭》，明毛子晋刻入《六十种曲》，题曰《幽闺记》。今取毛刻与此本相校，则第一折中之〔缑山月〕以下五阕，毛本移入第十一折；而关目之名，亦自不同。可知此本较毛本为古。然明程明善《啸徐谱》南曲中所选〔喜迁莺〕、〔杏花天〕、〔小桃红〕三阕，此本亦无之，则此本虽古于毛本，亦经明中叶以后删改者。然在今日可云第一善本矣。宣统纪元正月三日。

译本《琵琶记》序

欲知古人，必先论其世；欲知后代，必先求诸古；欲知一国之文学，非知其国古今之情状学术不可也。近二百年来，瀛海大通，欧洲之人，讲求我国故者亦夥矣，而真知我国文学者盖鲜。则岂不以道德风俗之悬殊，而所知所感，亦因之而异欤？抑无形之情感，固较有形之事物为难知欤？要之，疆界所存，非徒在语言文字而已。以知之之艰，愈以知夫译之之艰。苟人于其所知于他国者，虽博以深，然非老于本国之文学，则外之不能喻于人，内之不能慊诸己，盖兹事之难能，久矣。如戏曲之作，于我国文学中为最晚，而其流传于他国也则

---

① 明，原误作"朗"。

颇早。法人赫特之译《赵氏孤儿》也，距今百五十年。英人大维斯之译《老生儿》，亦垂百年。嗣是以后，欧利安、拔善诸氏并事翻译。讫于今，元剧之有译本者，几居三之一焉。余虽未读其译书，然大维斯于所译《老生儿》序中，谓："元剧之曲，但以声为主，而不以义为主。"盖其所迻译者，科白而已。夫以元剧之精髓，全在曲辞；以科白取元剧，其智去买椟还珠者有几！日本与我隔神海，而士大夫能读汉籍者，亦往往而有，故译书之事，反后于欧人，而其能知我文学，固非欧人所能望也。癸丑夏日，得西村天囚君所译《琵琶记》而读之。南曲之剧，曲多于白，其曲白相生，亦较北曲为甚。故欧人所译北剧，多至三十种，而南戏则未有闻也。君之译此书，其力全注于曲。以余之不敏，未解日本文学，故于君文之趣神味韵，余未能道焉。然以君之邃于汉学，又老于本国之文学，信君之所为，必远出欧人译本之上无疑也。海宁王国维序于日本京都吉田山麓寓庐。

《杂剧十段锦》跋

《杂剧十段锦》十卷，明嘉靖戊午绍陶室刊，分甲乙丙丁十集，凡十种。内《关云长义勇辞金》、《李亚仙花酒曲江池》、《蟠桃会八仙庆寿》、《赵贞姬死后团圆》、《黑旋风仗义疏财》、《清河县继母大贤》、《豹子和尚自还俗》、《兰红诉良烟花梦》八种，见钱遵王《也是园书目》，皆明周宪王有燉撰。其《汉相如献赋题桥》、《胡仲渊贬窜雷州》二种，撰人无考。案钟继先《录鬼簿》，关汉卿、屈子敬皆有《升仙桥相如题柱》杂剧，《也是园书目》明无名氏有《司马相如题桥》。元、明杂剧，往往一题数本，此书八种，既为宪王之作，则此二种恐亦出宪王手也。宪王乐府独步明初，音调谐美，中原弦索多用之。李空同《汴中绝句》云："中山孺子倚新妆，赵女燕姬总擅场，齐唱宪王新乐府，金梁桥外月如霜。"又牛左史诗："唱彻宪王新乐府，不知明月下樊楼。"盖宣正、正嘉百年之间，风行之盛如此。然其著述传世甚稀。明朱灌甫万卷堂、聚乐堂两书目，均有宪王所撰《诚斋乐府》十册。近百年间，唯钱唐汪氏振绮堂书目，尚有此书；后归仁和朱氏结一庐。由朱氏入丰润张氏。辛丑金陵之乱，张氏之书散亡殆尽，未必尚在人间。其流传零种，平生所见，仅有黄陂陈氏所藏《张天师明断辰勾月》、《吕洞宾花月神仙会》、《紫阳仙三度常椿寿》、《东华仙三度十长生》、《群仙庆寿蟠桃会》、《蟠桃会八仙庆寿》六种。上虞罗氏所藏《洛阳风月牡丹仙》、《十美人庆赏牡丹园》、《天香圃牡丹品》三种，与此书复出者仅一种。然则此书，十中之九为海内孤本矣。卷首有钱遵王藏印，而不见于《也是》、《述古》二目，殆为晚年所得，后归朱竹垞、郁泰峰，今归武进董授经廷尉。廷尉以是书传世甚希，不自閟惜，乃用玻璃版精印百部，以广流传，而属国维书其后。窃谓廷尉好古，精鉴不减遵王，至于流通古书，嘉惠艺林，则尤有古人之风，非遵王辈所能及已。癸丑八月。

《雍熙乐府》跋

此《雍熙乐府》二十卷足本，光绪戊申冬日，得于京师。案此书明代凡经三刻：第一次刊于嘉靖辛卯，即此刻祖本，《提要》所谓旧本题海西广氏编者也；第二次刻于嘉靖庚子，有楚愍王显榕序；第三次则嘉靖丙寅本，有安肃春山序，钱唐丁氏《善本书室藏书志》著录者是也。此乃楚藩刻本，与丁氏之安肃本同为二十卷，较《四库》著录者多至七卷，是可宝也。

此书出于粤东藏书家，不知何人，将安肃春山序钞录于卷首，且改嘉靖丙寅为丙辰，不知嘉靖初无丙辰，庚子嘉靖十九年，丙寅则永陵厌代之岁也。

顷见《楝亭书目》：雍熙二十卷，明苍嵩郭□□，又与《提要》所云题广氏编者不同，并识于此。

宣统改元冬十月，见日本毛利侯《草月楼书目》，有《雍熙乐府》十六卷，明郭勋编。案勋，明武定侯郭英曾孙，正德初嗣侯，嘉靖十九年进翊国公加太师，后有罪，下狱死。史称其桀黠有智数，颇涉书史，则此书必其所编也。《明史》附见《郭英传》。

又见明嘉靖本《草堂诗馀》，末一行曰："安肃荆聚校刊"，下有印记曰"春山居士"，则春山乃荆聚别字，附识于此。宣统改元元夕前一夜。

《曲品》、《新传奇品》跋

此书误字累累，文又拙劣，然无名氏《传奇汇考》，江都黄文旸《曲目》，多取材于此。盖著录戏曲之书，除元钟丑斋《录鬼簿》、明宁献王《太和正音谱》外，以此为最古矣。内《曲品》三卷，郁蓝生撰。其《新传奇品》五页，则高奕所续成。此本误列在中卷之下，下卷之上。卷末之《新传奇品》当入《曲品》下卷。郁蓝生与陈玉阳、叶桐柏同辈，乃明万历间人。奕已入国朝，《新传奇品》序中自云高奕尔音甫，《传奇汇考》则云：奕字太初，则尔音其别字也。光绪戊申冬月，假此本手录一过，并为校补数处。

王国维手抄手校曲书题识记跋[①]

王国维先生在京都四载余（王国维归国回上海之际），罗先生又贻以复本书若干种。王先生亦以所藏词曲诸善本报之，盖兼以答此数年之厚惠也。

王国维赠罗振玉究竟哪些书，现在也不清楚。但作为其中一部分的二十五种已发现藏于日本东洋文库。这些书分别盖有罗振常读书记之印，并有罗振常署名的校记、跋文。由此确知这些书先由罗振玉处转到其弟，即在上海经营"蟫隐庐"书店的罗振常之手。1928年7月，又经文求堂归入东洋文库。当时购入价格计3532元。文求堂还为这些书编排了题为《海宁王静庵国维手抄手校词曲书目》的目录表。下面即依目录顺序抄出王国维为词曲书所作的跋文和追补。

---

① 本篇据［日本］榎一雄《王国维手抄手校词曲书二十五种——东洋文库所藏特殊本》（盛邦和译，《王国维学术研究论集》第三辑，华东师范大学出版社1990年版，第332—338页）摘录，序号和书录号为东洋文库所作的善本编号。文中六号小字都为榎一雄的案语和说明，编入本书时已作节编。此文记载和介绍的第1—20皆为词集，略。

（21）《元曲选》十集（元百种曲），明藏晋叔辑刊，王国维全部圈点，有跋。一百册。（XI-3-A-d-139）

元人杂剧罕见，别本元人杂剧选，久不可见。即以单行本言，平生仅见郑廷玉《楚昭王疏者下船》一种。乃钱塘丁氏善本书室所藏明初写本。曲文拙劣，尚在此本下。盖经优伶改窜，此百种岿然烛存，呜呼！晋叔，名懋循，长兴人，官南京太常博士。钱东涧朱梅里亟称之，维识。（王国维印记）（第一册卷首之识语）

宣统庚戌仲春，将全书评点一过。略以雍熙乐府校之，不能［徧］（遍）也，国维。

天台陶九成论曲（见《辍耕录》，唯乐章之名则钞诸《中原音韵》，与《辍耕录》不同）、燕南芸论曲（见《阳春白雪》）、高安周挺斋论（见《中原音韵》）、吴中赵子昂论曲、丹邱先生论曲、涵虚子论曲（韵见《太和正音谱》）。［书后之王国维手抄《元曲选序》（若下里人臧晋叔撰），（清秘阁红格纸二页）之第二页左空栏中记。］

此系汲古刻《六十种曲序》，不知何人误录于此。［此版本卷首抄出汲古阁本《六十种曲序》。又有王国维的注记云（山按，即上文）。序下记元百曲总目（影抄）。在序与本文（《破幽孤雁汉宫秋杂剧》）卷首之间有王国维印记。关于臧选的元曲若干为明初的作品，及这些元曲其体制文字与元代原本皆有不合，王国维于《宋元戏曲史》（第十章）《元刊杂剧三十种序录》（《古今杂剧》〈甲子—1924 年〉五月影印卷首及《观堂别集》卷三所收）皆有说明。可参照。］

（22）明七种六册。传录宣德本，有王国维跋。内《张天师明断辰钩月》、《吕洞宾花月神仙会》二种，王国维影钞。（IV-8A-34）

所收明剧有以下七种。

一、《新编吕洞宾花月神仙会》

始引《吕洞宾花月神仙会》。页末印："宣德十年十二月朔日全阳子制。"（下有兰雪轩、游戏音律、梁园凤月三印）接着有"上阳子注词云"等一页半的文字，然后换一页抄正文。

卷末记"此种乃忠愨手自影写，丁卯（1927 年）仲夏，上虞罗振常志"云（罗振常读书记印记）。

二、《新编张天师明断辰钩月》

明周宪王有燉所撰杂剧六种，均见钱遵王书目，宣统改元夏五月、从黄陂陈士可假录装毕志。王国维。（王国维印记）（卷首识语）

卷末记云："此种乃忠悫手自影写，振常志"（罗振常读书记印记）。

三、《新编瑶池会八仙庆寿》

四、《新编东华仙三度十长生》

五、《群仙庆寿蟠桃会》

六、《新编紫阳仙三度常椿寿》

《紫阳仙三度常椿寿》引（有王国维印记）。

七、《吴起敌秦挂帅印杂剧》

宣统改元夏五月，过录钱唐（二塘）丁氏善本书室明钞本。此本见钱遵王《也是园书目》，曲文恶劣，殆优伶所编。以系旧本，故钞存之。国维。（王国维印记）

（挟一签。曰:）《吴起敌秦挂帅印》杂剧一卷，明抄本。钱遵王《述古堂书目》后，附古今杂剧春秋故事，中有才一种，不著撰人姓名，当属元、明间所著。（下有王国维笔迹云:）此签在系善本书室旧钞本，系丁松老手笔也。维志。（及模写底本丁松的手迹。）

《庚辛之间读书记》载《盛明杂剧初集》一篇，可以参照。

（23）《雍熙乐府》二十卷二十册。明郭勋辑，明嘉靖十九年序刊本。王国维识语，图记。（XI－3－A－d－194）

此《雍熙乐府》二十卷足本，光绪戊申冬日，得于京师。案此书明代正、嘉五十余年间，凡经三刻。第一次刻本刊于嘉靖辛卯，即此刻祖本。《提要》所谓旧本题海西广氏编者也。第二次刻乃嘉靖庚子本，有楚愍王显榕序。第三次则嘉靖丙寅本，有安肃春山序。钱唐丁氏善本书室藏书志著录者是也。此乃楚藩刻本，与丁氏之安肃本同为二十卷。较四库著录者，多至七卷，是可宝也。宣统改元元夕前一夜。国维识。（王国维印记）

此书出于粤东藏书家，不知何人。将安肃春山序钞录于卷首，且改嘉靖丙寅为"丙辰"，不知嘉靖初无丙辰、庚子。嘉靖十九年丙寅则永陵厌代之岁也。又记。（顷见《楝亭书目》《雍熙乐府》二十卷，明苍嵩郭□辑。又与《提要》所云题广氏编者不同，并识于此。）

宣统改元冬十月，见日本毛利侯《草月楼书目》有《雍熙乐府》十六卷，明郭勋编。案勋明武定侯郭英曾孙，正德初嗣侯。嘉靖十九年，进翊国公加太师，后有罪，下狱死。史称其桀黠有智数，颇涉书史，则此书必其所编也。《明史》附见《郭英传》。国维又记。

又见明嘉靖本《草堂诗馀》，末一行曰：安肃荆聚校刊下有印记，曰春山居士。则春山乃荆聚别字，附识于此。

(24)《录鬼簿》二卷。元钟嗣成撰，王国维手抄校本，王国维跋。(Ⅳ – 7 – B – 15)

黄陂陈士可参事，新得明钞《录鬼簿》，精妙可喜，因手钞一过，七日而毕。原本间有讹字，悉为订正。此为第一善本矣。光绪戊申冬十月，国维记。（王国维印记）

此书一刻于淡生堂余苑，再刻于楝亭十二种，余苑本今不可见，楝亭本行款虽异，然亦有吴门生及觉梦子二跋，［盍］（盖）与此同一祖本也，越四月又记。

宣统庚戌（1910年），艺风先生影钞尤贞起手钞本是寄，益见此本之佳。

> 书中有罗振常藏书印、校记和跋。跋曰："丁卯（1927年）孟夏，以大云书库藏旧抄尤贞起本校一过，知艺风虽以影钞尤本寄示，观堂未及校也。罗振常记（振常手校印记）。""尤本有序而此本无，别录之。"本书卷首有尤贞起序，又有钟嗣成序。由此可见尤贞起序乃罗振常据罗振玉大云书库所藏尤贞起本所加。尤贞起序似为罗振常所写，或为影写。如属影写，则印据本为缪荃孙赠王国维本。

(25)《曲品》三卷附《新传奇品》一卷一册。《曲品》明郁蓝生撰、琅琊方诸生阅。《新传奇品》高奕撰。王国维手抄跋。(Ⅳ – 7 – B – 15)

此本从刘氏暖红室假录。原书篇第倒置讹谬滋多，并为订正。明人一代传奇，略具此书。江都黄文旸《曲海》、无名氏《传奇汇考》，均取材于此，此可宝也。宣统改元春王正月、国维识。

近见明末刊本《西厢记》，凡例云：方诸生乃王伯良别号。伯良名骥德，会稽人，见徐钆《本事诗》，著有《曲律》三卷。东海郁蓝生当为越人而徐姓者。著之俟考。（冬十月又记）（王国维印记）

吴梅编民国七年初刊《曲品·新传奇品》、《曲苑》（民国十年十月刊）所收的《新传奇品》及刘世珩编民国刊《汇刻传剧》附刊《曲品·（新）传奇品》末所载王国维跋与此不同。因为没有收入王氏全集，故录于下。

此书误字累累，文又拙劣，然无名氏《传奇汇考》、江都黄文旸《曲目》，多取材于此。盖著录戏曲之书，除元钟丑齐《录鬼簿》、明宁献王《太和正韵谱》外，以此为最古矣。内《曲品》三卷，郁蓝生撰，其《新传奇品》五页则高奕所续成。此本误编在中卷之下、下卷之上，卷末之《新传奇品》，当入《曲品》下卷。郁蓝生与陈玉阳、叶桐柏同辈，乃明万历间人，奕已入国朝。《新传奇品序》中自云：高奕尔音甫。《传奇汇考》则云：奕字太初，则尔音其别字也。光绪戊申冬月，假此本手录一过，并为校补数处。海宁王国维书。

这可能是王国维手写刘世珩暖红室所藏《曲品》、《新传奇品》抄本时，应刘氏要求于卷末所记。与前引王国维于手抄本所写第一跋相比较，先有第一跋出现，然后再有此跋。《曲录》卷六所载《曲品·新传奇品》解题可能又在此跋之后写成。王国维以上下二卷《曲品》为中卷，编入高奕《新传奇品》为上卷，并将《重订曲苑》编于此后。刘世珩加跋，反对这种编法。彼据沈伯明《南词新谱》所载《古今入谱词曲传剧总目》证郁蓝生是姚江人吕天成（字勒之、别号郁蓝生）的别号。方诸生为姚江人王伯良（骥德）别号。并指出，高奕为明末清初人。他说：

近海宁王静庵学部（国维）撰曲录，余告以从会蛰庵处钞得此本，因假去，校补数处，定为三卷。以《传奇品》为中卷而以误列下卷之上，高尔音之《新传奇品》为下（中略）。今《传奇品》五页，高尔音续郁蓝生《曲品》而作。晋音自序已明言之，非续成此品可知矣，是静庵之误也。（中略）宣统二年太岁在庚戌孟夏月朔（1910 年 5 月 9 日），贵池刘世珩识于京邸一印一砚庐。

刘氏并说明抄本为曾蛰庵（即曾习经）于书店中一览手录而成，指出王国维将《传奇品》错当成《曲品》中卷的原因。在卷末跋中，他记云：

二书俱无刻本，文词謇涩，略有讹脱。因稍谡正刊之以附余《汇刻传奇》后，使海内达者，知静庵《曲录》亦有所自更。郁蓝生之姓氏渐箸于士大夫之口，故乐为拥彗迟其退蹰。

刘世珩于跋中考证郁蓝生即吕天成。而王国维跋将方诸生证为王伯良一事，跋中却未提到。《曲录》（宣统改元夏五月序）卷六中关于《曲品》记道："《曲品》三卷，旧钞本，明吕天成撰，天成字勒之，号郁蓝生，会稽人"云云。

关于新传奇品又记云：

> 《新传奇品》一卷。旧钞本，国朝高奕撰，奕字里，见上卷。此书系续《曲品》而作，抄本误装于《曲品》中卷之下、下卷之上，余为更定。盖《曲品》作于明万历间而奕则入国朝矣。各人各著评语，并录其所制曲，又与《曲品》体例略殊。

这里，又一次对将《新传奇品》错入《曲品》之上，作了更正。

青木正儿转述王国维论明清戏曲[①]

大正十四年春，余负笈于北京之初，尝与友相约游西山，自玉泉旋出颐和园谒先生于清华园，先生问余曰："此次游学，欲专攻何物欤。"对曰："欲观戏剧，宋元之戏曲史，虽有先生名著，明以后尚无人着手，晚生欲致微力于此。"先生冷然曰："明以后无足取，元曲为活文学，明清之曲，死文学也。"余默然无以对。

---

① 摘录自青木正儿《中国近世戏曲史·序》，王古鲁译，商务印书馆1936年版。

优 语 录

　　元钱唐王晔日华，尝撰《优谏录》，杨维桢为之序，顾其书不传。余览唐宋传说，复辑优人戏语为一篇；顾辑录之意，稍与晔殊。盖优人俳语，大都出于演剧之际，故戏剧之源，与其迁变之迹，可以考焉；非徒其辞之足以裨阙失、供谐笑而已。吕本中《童蒙训》云：作杂剧，打猛诨入，却打猛诨出。吴自牧《梦粱录》谓：杂剧全托故事，务在滑稽。洪迈《夷坚志》谓：俳优侏儒，周伎之最下且贱者；然亦能因戏语而箴谏时政，世目为杂剧。然则宋之杂剧，即属此种。是录之辑，岂徒足以考古，亦以存唐、宋之戏曲也。若其囿于闻见，不遍不赅，则俟他日补之。宣统改元冬十月，海宁王国维识。

　　侍中宋璟疾负罪而妄诉不已者，悉付御史台治之。谓中丞李谨度曰："服不更诉者，出之，尚诉不已者，且系。"由是人多怨者。会天旱，有优人作魅状，戏于上前。上问："魅何为出？"对曰："奉相公处分。"又问："何故？"曰："负冤者三百余人，相公悉以系狱抑之，故魅不得不出。"明皇心以为然。（《资治通鉴》）

　　相传：元宗尝令左右，提优人黄幡绰入池水中复出，幡绰曰：向见屈原笑臣，尔遭逢圣明，何遽至此？据《朝野佥载》：散乐高崔嵬，善弄痴大，帝令没首水底，少顷，出而大笑，上问之，曰："臣见屈原谓臣云：我遇楚怀无道，汝何事亦来耶？"帝不觉惊起，赐物百段。（段成式《酉阳杂俎续集》）

　　咸通中，优人李可及者，滑稽谐戏，独出辈流，虽不能托讽匡正，然智巧敏捷，亦不可多得。尝因延庆节，缁黄讲论毕，次及倡优为戏。可及乃儒服险巾，褒衣博带，摄齐以升崇坐，自称三教《论衡》。其隔坐者问曰："既言博通三教，释迦如来是何人？"曰："是妇人。"问者惊曰："何也？"对曰："《金刚经》云：敷坐而坐。或非妇人，何烦夫坐，然后儿坐也。"上为之启齿。又问曰："太上老君何人也？"对曰："亦妇人也。"问者益所不喻。乃曰："《道德经》云：吾有大患，是吾有身，及吾无身，吾复何患。倘非妇人，何患乎有娠乎？"上大悦。又曰："文宣王何人也？"对曰："妇人也。"问者曰："何以知之？"对曰："《论语》云：沽之哉！沽之哉！吾待贾者也。向非妇人，待嫁奚为？"上意极欢，宠锡甚厚。翌日，授环卫之员外职。（高彦休《唐阙史》）

僖宗皇帝好蹴踘斗鸡为乐，自以能于步打，谓俳优石野猪曰："朕若作步打进士举，亦合得状元？"野猪对曰："或遇尧舜禹汤作礼部侍郎，陛下不免且落第。"帝笑而已。（孙光宪《北梦琐言》）

光化中，朱朴自《毛诗》博士登庸，恃其口辩，可以立致太平。由藩邸引导，闻于昭宗，遂有此拜。对扬之日，面陈时事数条。每言："臣必为陛下致之。"洎操大柄，无所施展，自是恩泽日衰，中外腾沸。内宴日，俳优穆刀陵作念经行者，至御前曰："若是朱相，即是非相。"翌日出官。（同上）

刘仁恭之军，为汴帅败于内黄。尔后汴帅攻燕，亦败于唐河。他日命使聘汴，汴帅开宴，俳优戏医病人以讥之。且问：病状内黄，以何药可瘥？其聘使谓汴帅曰："内黄，可以唐河水浸之，必愈。"宾主大笑。（同上）

天复元年，凤翔李茂贞入觐。翌日，宴于寿春殿，茂贞肩舆，衣驼褐，入金銮殿，易服赴宴，咸以为前代跋扈，未有此也。先是，茂贞入阙，焚烧京城。是宴也，俳优安辔新，号茂贞为"火龙子"，茂贞惭愓，俯首。宴罢有言："他日须斩此优！"辔新闻之，请假往凤翔求救。茂贞遥见，诟之曰："此优穷也！何为敢来？"对曰："只要起居，不为求救，近日京中，且卖麸炭，可以取济。"茂贞大笑，而厚赐赦之也。（同上）

　　唐昭宗时，财用窘乏，李茂贞令催油以佐军需。俄有司言："官油沽卖不行，多为诸门放入松明搀夺，乞行禁止。"盖民间然松明为灯故也。优人张廷范曰："此事大好。更有一例，便可并月明禁之。"茂贞大笑，松明之禁遂止。（陈耀文《天中记》引《易斋笑林》）

　　唐庄宗既好俳优，又知音，能度曲，至今汾晋之俗，往往能歌其声，谓之御制者，皆是也。其小字亚子，当时人或谓之亚次，又为优名，以自目曰李天下。自其为王，至于为天子，常身与俳优杂戏于庭。伶人由此用事，遂至于亡。皇后刘氏，素微，其父刘叟，卖药善卜，号刘山人。刘氏性悍，方与诸姬争宠，常自耻其家世，而特讳其事。庄宗乃为刘叟衣服，自负蓍囊、药簏，使其子继岌提破帽而随之，造其卧内，曰：刘山人来省女。刘氏大怒，笞继岌而逐之。宫中以此为笑乐。（《五代史·伶官传》）

　　庄宗好田猎，猎于中牟，践民田。中牟县令当马切谏，为民请。庄宗怒，叱县令去，将杀之。伶人敬新磨知其不可，乃率诸伶走追县令，擒至马前，责之曰："汝为县令，独不知吾天子好猎邪？奈何纵民稼墙，以供税赋？何不饥汝县民，而空此地，以备吾天子之驰骋。汝罪当死！"因前请亟行刑，诸伶共倡和之。庄宗大笑，县令乃得免去。庄宗尝与群优戏于庭，四顾而呼曰："李天下，李天下何在？"新磨遽前，以手批其颊。庄宗失色，左右皆恐，群伶亦大惊骇，共持新磨诘曰："汝奈何批天子颊？"新磨对曰："李天下者，一人而已，复谁呼邪？"于是左右皆笑。庄宗大喜，赐与新磨甚厚。新磨尝奏事殿中，殿中多恶犬，新磨去，犬起逐之。新磨倚柱呼曰："陛下毋纵儿女啮人。"庄宗家世夷狄，夷狄之人讳言狗，故新磨以是讥之。庄宗大怒，弯弓注矢将射之。新磨急呼曰："陛下无杀臣，臣与陛下为一体，杀之不祥。"庄宗大惊，问其故。对曰："陛下开国，改元同光，天下皆谓陛下同光帝。且同，铜也，若杀敬新磨，则同无光矣。"庄宗大笑，乃释之。然时诸伶，独新磨尤善俳，其语最著，而不闻其他过恶。（同上）

　　王延彬独据建州，称伪号，一旦大设，伶官作戏，辞云："只闻有泗州和尚，不见有五县天子。"（钱易《南部新书》）

祥符、天禧中，杨大年、钱文僖、晏元献、刘子仪以文章立朝，为诗皆宗李义山，后进多窃义山语句。尝内宴，优人有为义山者，衣服败裂，告人曰："吾为诸馆职挦扯至此。"闻者欢笑。（刘攽《中山诗话》）

仁宗时，赏花钓鱼宴，赋诗往往宿制。天圣中，永兴军进山水石，因令赋山水石歌，出于不意，多荒恶。中坐，优人入戏，各执纸笔，若吟诗状。一人忽仆入石上，曰："数日来作赏花钓鱼诗，准备应制，却被这石头擦倒。"明日降出，诗代中书铨定，内鄙恶者与外任。（《天中记》引《东斋遗事》）

潞公谓温公曰："吾留守北京，遣人入大辽侦事，回云：见辽主大宴群臣，伶人剧戏，作衣冠者，见物必攫取怀之。有从其后以梃朴之者，曰：'司马端明邪？'君实清名，在夷狄如此。"温公愧谢。（邵伯温《闻见前录》）

孔道辅奉使契丹，契丹宴使者，优人以文宣王为戏，道辅艴然径出。契丹使主客者，邀道辅还坐，且令谢之。道辅正色曰："中国与北朝通好，以礼文相接，今俳优之徒，侮慢先圣而不之禁，北朝之过也。道辅何谢！"契丹君臣默然。（《宋史·孔道辅传》）

罗衣轻，不知其乡里，滑稽通变，一时谐谑，多所规讽。兴宗败于李元昊也，单骑突出，几不得脱。先是，元昊获辽人，辄劓其鼻，有奔北者，惟恐追及，故罗衣轻止之曰："且观鼻在否。"上怒，以毳索系帐后，将杀之，太子笑曰："打诨底不是黄幡绰。"罗衣轻应声曰："用兵底亦不是唐太宗。"上闻而释之。上尝与太弟重元狎昵，宴酣，许以千秋万岁后传位，重元喜甚，骄纵不法。又因双陆，赌以居民城邑，帝屡不竞，前后已偿数城。重元既恃梁孝王之宠，又多郑叔段之过，朝臣无敢言者，道路以目。一日复赌，罗衣轻指其局曰："双陆休痴，和你都输去也。"帝始悟，不复戏。清宁间以疾卒。（《辽史·伶官传》）

熙宁初，王丞相介甫既当轴处中，而神庙方赫然一切委听。号令骤出，但于人情，适有所离合，于是故臣名士，力争其不可，且多被黜降，后来者乃寝结其舌矣。当是时，以君相之威权而不能有所帖服者，独一教坊使丁仙现耳。丁仙现，人但呼之曰丁使。丁使遇介甫法制适行，必因燕设，于戏场中乃更作为嘲诨，肆其诮难，辄为人笑传。介甫不堪，然无如何也。因触王怒，必欲斩之，神宗乃密诏二王，取丁仙现匿诸王所。二王者，神庙之两爱弟也，故一时谚语："有台官不如伶官。"（蔡絛《铁围山丛谈》）

顷有秉政者，深被眷倚，言事无不从。一日御宴，教坊杂剧：为小商，自称姓赵名氏，以瓦瓻卖沙糖。道逢故人，喜而拜之。伸足误踏瓻倒，糖流于地。小商弹采叹息曰："甜采，你即溜也，怎奈何？"左右大笑。俚语以王姓为甜采。（此恐指介甫。见王辟之《渑水燕谈录》）

元丰中，神宗仿汉原庙之制，增筑景灵宫。先于寺观，迎诸帝后御容，奉安禁中，涓日，以次备法驾羽卫前导，赴宫观者夹路，鼓吹振作。教坊使丁仙现舞，望仁宗御像，引袖障面，若挥泪者。都人父老皆泣下。呜呼，帝之德泽在人深矣。（邵伯温《闻见前录》）

东坡先生近令门人作《人不易物》赋（物为一人轻重也），或戏作一联曰："伏其几而袭其裳，岂为孔子；学其书而戴其帽，未是苏公。"（士大夫近年仿东坡桶高檐短名帽，曰："子瞻样。"）廌因言之。公笑曰："近扈从醴泉观，优人以相与自夸文章为戏者，一优丁仙现曰：'吾之文章，汝辈不可及也。'众优曰：'何也？'曰：'不见吾头上子瞻乎！'"上为解颜，顾公久之。（李廌《师友谈记》）

丁仙现自言：及见前朝老乐工，间有优诨及人所不敢言者，不徒为谐谑，往往因以达下情。故仙现亦时时效之。非为优戏，则容貌俨然如士大夫。（叶梦得《避暑录话》）

元祐中，上元，驾幸迎祥池，宴从臣。教坊伶人以先圣为戏。刑部侍郎孔宗翰（即道辅之子）奏，唐文宗时，尝有为此戏，诏斥去之。今圣君宴犒群臣，岂宜尚容有此！诏付检官置于理。或曰："此细事，何足言！"孔曰："非尔所知。天子春秋鼎盛，方且尊德乐道，而贱伎乃尔亵慢，纵而不治，岂不累圣德乎？"闻者羞惭叹服。（《渑水燕谈录》）

宣和中，童贯用兵燕蓟，败而窜。一日内宴，教坊进伎，为三四婢，首饰皆不同。其一当额为髻，曰：蔡太师家人也；其二髻偏坠，曰：郑太宰家人也；又一人满头为髻如小儿，曰：童大王家人也。问其故。蔡氏者曰："太师觐清光，此名朝天髻。"郑氏者曰："吾太宰奉祠就第，此懒梳髻。"至童氏者曰："大王方用兵，此三十六髻也。"（周密《齐东野语》）

宣和间，钧天乐部焦德者，以谐谑被遇，时借以讽谏。一日，从幸禁苑，指花竹草木，以询其名，德曰："皆芭蕉也。"上诘之，乃曰："禁苑花竹，皆取于四方，在途之远，巴至上林，则已焦矣。"上大笑。（周辉《清波杂志》）

蔡卞之妻七夫人，颇知书，能诗词。蔡每有国事，先谋之于床第，然后宣之于庙堂。时执政相语曰："吾辈今日所奉行者，皆其咳唾之余也。"蔡拜右相，家宴张乐，伶人扬言曰："右丞今日大拜，都是夫人裙带。"讥其官职自妻而致，中外传以为笑。（同上）

俳优侏儒，周伎之最下且贱者；然亦能因戏语而箴讽时政，有合于古矇诵工谏之义，世目为杂剧者是也。崇宁初，斥远元祐忠贤，禁锢学术，凡偶涉其时所为所行，无论大小，一切不得志。伶者对御为戏：推一参军作宰相，据坐，宣扬朝政之美。一僧乞给公据游方，视其戒牒，则元祐三年者，立涂毁之，而加以冠巾。道士失亡度牒，闻披载时，亦元祐也，剥其羽服，使为民。一士人以元祐五年获荐，当免举，礼部不为引用，来自言，即押送所属屏斥。已而，主管宅库者附耳语曰："今日在左藏库，请相公料钱一千贯，尽是元祐钱，合取钧旨。"其人俯首久之，曰："从后门搬入去。"副者举所梃杖其背，曰："你做到宰相，元来也只要钱！"是时，至尊亦解颜。（洪迈《夷坚志》丁集）

蔡京作宰，弟卞为元枢。卞乃王安石婿，尊崇妇翁。当孔庙释奠时，跻于配享而封舒王。优人设孔子正坐，颜、孟与安石侍侧。孔子命之坐，安石揖孟子居上，孟辞曰："天下达尊，爵居其一，轲近蒙公爵，相公贵为真王，何必谦光如此！"遂揖颜，曰："回也陋巷匹夫，平生无分毫事业，公为命世真儒，位貌有间，辞之过矣。"安石遂处其上。夫子不能安席，亦避位。安石惶惧拱手云："不敢。"往复未决。子路在外，情愤不能堪，径趋从祀堂，挽公冶长臂而出。公冶为窘迫之状，谢曰："长何罪？"乃责数之曰："汝全不救护丈人，看取别人家女婿。"其意以讥卞也。时方议升安石于孟子之右，为此而止。（同上）

又常设三辈为儒、道、释，各称颂其教。儒者曰："吾之所学，仁义礼智信，曰五常。"遂演畅其旨，皆采引经书，不杂媟语。次至道士，曰："吾之所学，金木水火土，曰五行。"亦说大意。末至僧，僧抵掌曰："二子腐生常谈，不足听；吾之所学，生老病死苦，曰五化。《藏经》渊奥，非汝等所得闻，当以现世佛菩萨法理之妙，为汝陈之。盍以次问我？"曰："敢问生？"曰："内自大学辟雍，外至下州偏县，凡秀才读书者，尽为三舍生。华屋美馔，月书季考，三岁大比，脱白挂绿，上可以为卿相。国家之于生也如此。"曰："敢问老？"曰："老而孤独贫困，必沦沟壑，今所在立孤老院，养之终身。国家之于老也如此。"曰："敢问病？"曰："不幸而有疾，家贫不能拯疗，于是有安济坊，使之存处，差医付药，责以十全之效。其于病也如此。"曰："敢问死？"曰："死者，人所不免，唯贫民无所归，则择孔隙地，为漏泽园。无以敛，则与之棺，使得葬埋；春秋享祀，恩及泉壤。其于死也如此。"曰："敢问苦？"其人瞑目不应，阳若恻悚然。促之再三，乃蹙额答曰："只是百姓一般受无量苦。"徽宗为恻然长思，弗以为罪。（同上）

崇宁二年，铸大钱，蔡元长建议，俾为折十。民间不便。优人因内宴，为买浆者，或投一大钱，饮一杯，而索偿其余。卖浆者对以方出市，未有钱，可更饮浆。乃连饮至于五六，其人鼓腹曰："使相公改作折百钱，奈何！"上为之动。法由是改。又，大农告乏时，有献廪俸减半之议。优人乃为衣冠之士，自束带衣裾，被身之物，辄除其半。众怪而问之，则曰："减半。"已而，两足共穿半袴，蹩而来前。复问之，则又曰："减半。"乃长叹曰："但知减半，岂料难行。"语传禁中，亦遂罢议。（曾敏行《独醒杂志》）

伪齐刘豫，既僭位，大飨群臣。教坊进杂剧。有处士问星翁曰："自古帝王之兴，必有受命之符，今新主有天下，抑有嘉祥美瑞以应之乎？"星翁曰："固有之。新主即位之前一日，有一星聚东井，真所谓符命也。"处士以杖击之，曰："五星，非一也，乃云聚耳。一星，又何聚焉？"星翁曰："汝固不知也。新主圣德，比汉高祖只少四星儿里。"（沈作喆《寓简》）

绍兴初，杨存中在建康，诸军之旗中有双胜交环，谓之二圣环，取两宫北还之意。因得美玉，琢成帽环，进高庙日尚御裹。偶有伶者在旁，高庙指环示之："此环杨太尉进来，名二圣环。"伶人接奏曰："可惜二圣环只放在脑后。"高宗亦为之改色。所谓"工执艺事以谏"。（张端义《贵耳集》）

秦桧以绍兴十五年四月丙子朔，赐第望仙桥；丁丑，赐银绢万匹两，钱千万，彩千缣。有诏："就第赐燕，假以教坊优伶。"宰执咸与。中席，优长诵致语，退。有参军者，前，褒桧功德，一伶以荷叶交椅从之。诙语杂至，宾欢既洽，参军方拱揖谢，将就椅，忽坠其幞头，乃总发为髻，如行伍之巾；后有大巾镮，为双叠胜。伶指而问曰："此何镮？"曰："二圣镮。"遽以朴击其首，曰："尔但坐太师交椅，请取银绢例物，此镮掉脑后可也。"一坐失色。桧怒，明日下伶于狱，有死者。于是语禁始益繁。（岳珂《桯史》）

绍兴中，李椿年行经界量田法。方事之初，郡邑奉命严急，民当其职者，颇困苦之。优者为先圣、先师，鼎足而坐。有弟子从末席起，咨叩所疑。孟子奋曰："夫仁政必自经界始。吾下世千五百年，其言乃为圣世所施用，三千之徒皆不如。"颜子默默无语。或于旁笑曰："使汝不是短命而死，也须做出一场害人事。"时秦桧主张李议，闻者畏获罪，不待此段之毕，即以谤亵圣贤，叱执送狱。明日，杖而逐出境。（《夷坚志》丁集）

壬戌省试，秦桧之子熺，侄昌时、昌龄，皆奏名。公议籍籍，而无敢辄语。至乙丑春首，优者即戏场，设为士子，赴南宫，相与推论知举官为谁。指侍从某尚书、某侍郎，当主文柄，优长者非之曰："今年必差彭越。"问者曰："朝廷之上，不闻有此官员。"曰："汉梁王也。"曰："彼是古人，死已千年，如何来得？"曰："前举是楚王韩信，信、越一等人，所以知今为彭王。"问者嗤其妄，且扣厥指，笑曰："若不是韩信，如何取得他三秦！"四座不敢领略，一哄而出。

秦亦不敢明行谴罚云。(《夷坚志》丁集)

寿皇赐宰执宴，御前杂剧，装秀才三人。首问曰："第一秀才，仙乡何处？"曰："上党人。"次问："第二秀才，仙乡何处？"曰："泽州人。"又问："第三秀才，仙乡何处？"曰："湖州人。"又问："上党秀才，汝乡出何生药？"曰："某乡出人参。"次问："泽州秀才，汝乡出甚生药？"曰："某乡出甘草。"次问："湖州出甚生药？"曰："出黄檗。""如何湖州出黄檗？""最是黄檗苦人！"当时，皇伯秀王在湖州，故有此语。寿皇即日召入，赐第，奉朝请。(《贵耳集》)

何自然中丞，上疏乞朝廷并库，寿皇从之。方且讲究未定，御前有燕，杂剧：伶人妆一卖故衣者，持裤一腰，只有一只裤口。买者得之，问："如何著？"卖者曰："两脚并做一裤口。"买者曰："裤却并了，只恐行不得。"寿皇即寝此议。(同上)

胡给事元质既新贡院，嗣岁庚子，适大比，乃侈其事，命供帐考校者，悉倍前规。鹄袍入试，茗卒馈浆，公庖继肉，坐案宽洁。执事恪敬，阍阓于于，以圂于文，士论大慊。会初场，赋题出《孟子》《舜闻善若决江河》，而以"闻善而行、沛然莫御"为韵。士既就案矣。蜀俗敬长而尚先达，每在广场，不废请益焉。晡后，忽一老儒，摘《礼部韵》示诸生，谓沛字唯十四泰有之，一为颠沛，一为沛邑。注无沛决之义。惟它有霈字，乃从雨为可疑。众曰"是"，哄然叩帘请。出题者方假寐，有少年出酬之，漫不经意，擅云："《礼部韵》注义既非，增一雨头无害也。"揖而退，如言以登于卷。坐远于帘者，或不闻知，乃仍用前字。于是试者用霈、沛各半。明日将试《论语》，籍籍传，凡用沛字者皆窘。复叩帘。出题者初不知昨夕之对，应曰如字。廷中大喧，浸不可制，噪而入曰："试官误我三年，利害不细。"帘前闱木如拱，皆折。或入于房，执考校者一人殴之。考校者惶遽，急曰："有雨头也得，无雨头也得！"或又咎其误，曰："第二场更不敢也。"盖一时祈脱之词，移时稍定。试司申：鼓噪场屋。胡以其不称于礼遇也，怒，物色为首者，尽系狱。韦布益不平。既拆号，例宴主司以劳还，毕三爵，优伶序进。有儒服立于前者，一人旁揖之，相与诧博洽，辨古今，岸然不相下。因各求挑试所诵忆。

其一问："汉名宰相凡几?"儒服以萧、曹以下，枚数之无遗。群优
咸赞其能。乃曰："汉相吾言之矣。敢问唐三百载，名将帅何人也?"
旁揖者亦诎指英、卫以及季叶，曰："张巡、许远、田万春。"儒服
奋起，争曰："巡、远之姓是也，万春之姓雷，历考史牒，未有以雷
为田者。"揖者不服，撑拄腾口。俄一绿衣参军，自称教授，前据
几，二人敬质疑，曰："是故雷姓。"揖者大诟，袒裼奋拳，教授遽
作恐惧状，曰："有雨头也得，无雨头亦得!"坐中方失色，知其讽
己也。忽优有黄衣者，持令旗跃出稠人中，曰："制置大学给事台
旨：试官在座，尔辈安得无礼!"群优亟敛下，唶曰："第二场更不
敢也。"侠阤皆笑，席客大惭。明日遁去。遂释系者。胡意其为郡士
所使，录优而诘之，杖而出诸境。(《桯史》)

　　蜀伶多能文，俳语率杂以经史，凡制帅幕府之宴集，多用之。嘉
定初，吴畏斋帅成都，从行者多选人，类以京削系念。伶知其然。一
日，为古衣冠服数人，游于庭，自称孔门弟子。交质以姓氏，或曰
常，或曰於，或曰吾。问其所莅官，则合而应曰："皆选人也。"固
请析之。居首者率然对曰：子乃不我知，《论语》所谓"常从事於斯
矣"，即某其人也。官为从事而系以姓，固理之然。问其次，曰：亦
出《论语》"於从政乎何有"，盖即某官氏之称。又问其次，曰：某
又《论语》，十七篇所谓"吾将仕"者。遂相与叹咤，以选调为淹
抑。有伀恚其旁者，曰："子之名不见于七十子，固圣门下第，盍扣
十哲而受教焉。"如其言，见颜、闵，方在堂，群而请益。子骞蹙额
曰："如之何? 何必改!"袞公应之曰："然，回也不改。"众怃然不
怡，曰："无已，质诸夫子。"如之，夫子不答，久而曰："钻遂改，
火急可已矣。"坐客皆愧而笑。闻者至今启颜。优流侮圣言，直可诛
绝。特记一时之戏语如此。(同上)

　　韩平原在庆元初，其弟仰胄为知阁门事，颇与密议，时人谓之
大、小韩，求捷径者争趋之。一日内宴，优人有为衣冠到选者，自叙
履历、材艺，应得美官，而流滞铨曹，自春徂冬，未有所拟，方徘徊
浩叹。又为日者，敝帽持扇，过其旁，遂邀之谈庚甲，问以得禄之
期。日者厉声曰："君命甚高；但于五星局中，财帛宫若有所碍。目

下若欲亨达，先见小寒；更望成事，必见大寒可也。"优盖以寒为韩。侍宴者皆缩颈匿笑。（同上）

嘉泰末年，平原恃公有扶日之功，凡事自作威福，政事皆不由内出。会内宴，伶人王公瑾曰："今日政如客人卖伞，不由里面。"宁宗恭淑后上仙，而曹氏为婕妤，平原持以为亲属，偶值真里富国进驯象至，平原语公瑾曰："不闻有真里富国。"（音如李辅国）公瑾曰："如今有假杨国忠。"平原虽憾之，而无罪加焉。（《天中记》引《白獭髓》）

韩侂胄用兵既败，为之须发俱白，闷不知所为。优伶因上赐侂胄宴，设樊迟、樊哙，旁有一人曰樊恼。又设一人，揖问迟："谁与你取名？"对以夫子所取。则拜曰："是圣门之高弟也。"又揖问哙，曰："谁名汝？"对曰："汉高祖所命。"则拜曰："真汉家之名将也。"又揖恼，曰："谁名汝？"对以"樊恼自取"。（叶绍翁《四朝闻见录》戊集）

郭倪郭果败，因赐宴，优伶以生菱进于桌上，命二人移桌，忽生菱堕，尽碎。其一人云："苦，苦，苦！坏了许多生灵，只因移果桌。"（同上）

金章宗元妃李氏，势位熏赫，与皇后侔。一日，宴宫中，优人玳瑁头者，戏于前。或问："上国有何符瑞？"优曰："汝不闻凤凰见乎？"曰："知之而未闻其详。"优曰："其飞有四，所应亦异。若向上飞，则风雨顺时；向下飞，则五谷丰登；向外飞，则四国来朝；向里飞，则加官进禄。"上笑而罢。（《金史·后妃传》）

宋端平间，真德秀应召而起，百姓仰之，若元祐之仰涑水也。继参大政，未及有所建置而卒。魏了翁师师，亦未及有所经略而罢。临安优人，装一儒生，手持一鹤；别一儒生与之邂逅，问其姓名，曰："姓钟名庸。"问所持何物，曰："大鹤也。"因倾盖欢然，呼酒对饮。其人大嚼洪吸，酒肉靡有孑遗。忽颠仆于地，群数人曳之不动。一人乃批其颊，大骂曰："说甚《中庸》、《大学》，与了许多酒食，一动也不动。"遂一笑而罢。（罗大经《鹤林玉露》。今通行十六卷本无此条。此条出《天中记》所引。）

己亥，史□之为京尹，其弟以参政督兵于淮。一日内宴，伶人衣金紫，而幞头忽脱，乃红巾也。或惊问曰："贼裹红巾，何为官亦如此？"傍一人答曰："如今做官的都是如此。"于是褫其衣冠，则有万回佛自怀中坠地。其旁者曰："他虽做贼，且看他哥哥面。"（《齐东野语》。按参政即史嵩之，其兄无考。）

女冠吴知古用事，人皆侧目。内宴日，参军四筵张乐，胥辈请金文书，参军怒曰："吾方听觱〔栗〕（篥），可少缓。"请至再三，答如前。胥击其首曰："甚事不被觱〔栗〕（篥）坏了！"盖俗呼黄冠为觱〔栗〕（篥）也。（同上）

王叔（疑有阙字）知吴门日，名其酒曰"彻底清"。锡宴日，伶人持一樽，夸于众曰："此酒名彻底清。"既而开樽，则浊醪也。旁诮之曰："汝既为彻底清，却如何如此？"答云："本是彻底清，被钱打得浑了。"（同上）

蜀伶尤能涉猎古今，援引经史，以佐口吻，资笑谈。当史丞相弥远用事，选人改官，多出其门。制阃大宴，有优为衣冠者数辈，皆称为孔门弟子，相与言吾侪皆选人。遂各言其姓。"吾为常从事"，"吾为於从政"，"吾为吾将仕"，"吾为路文学"。别有二人出，曰："吾宰予也。夫子曰：於予与改，可谓侥幸。"其一曰："吾颜回也。夫子曰，回也不改。吾为四科之首而不改，汝何为独改？"曰："吾钻故，汝何不钻？"回曰："吾非不钻，而钻弥坚耳。"曰："汝之不改宜也，何不钻弥远乎？"其离析文义，可谓侮圣言；而巧发微中，有足称言者焉。（同上）

蜀伶有袁三者，名尤著。有从官姓袁者，制蜀颇乏廉声。群优四人，分主酒、色、财、气，各夸张其好尚之乐，而余者互讥诮之。至袁优，则曰："吾所好者，财也。"因极言财之美、利，众亦讥诮之。徐以手自指曰："任你讥笑，其如袁丈好此何！"（同上）

弘治己未科会试，学士程敏政主考，仆辈假通关节，以要赂。举人唐寅辈因而夤缘，欲窃高第，为言官华昶等所发，逮赴诏狱。孝皇亲御午门，会法司官鞫问，以东宫旧官，从轻夺职。尝闻事未发，孝皇内宴，优人扮出一人，以盘捧熟豚蹄七，行且号曰："卖蹄呵。"

一人就买，问价几何？曰："一千两一个。"买者曰："何贵若是！"卖者曰："此俱熟蹄，非生蹄也。"哄堂而罢。孝皇顿悟。(明徐咸《西园杂记》)

新编《录鬼簿》校注

古汴钟嗣成　编

海宁王国维　校注

序

　　贤愚、寿夭、死生、祸福之理，固兼乎气数而言，圣贤未尝不论也。盖阴阳之诎伸，即人鬼之生死。人而知夫生死之道，顺受其正，又岂有岩墙桎梏之厄哉！虽然，人之生斯世也，但以已死者为鬼，而不知未死者亦鬼也。酒罂饭囊，或醉或梦，块然泥土者，则其人与已死之鬼何异？此固未暇论也。其或稍知义理，口发善言，而于学问之道甘于暴弃，临终之后，漠然无闻，则又不若块然之鬼为愈也。予尝见未死之鬼吊已死之鬼，未之思也，特一间耳。独不知天地开辟，亘古及今，自有不死之鬼在。何则？圣贤之君臣、忠孝之士子，小善大功，著在方册者，日月炳焕，山川流峙，及乎千万劫无穷已。是则虽鬼而不鬼者也。余因暇日，缅怀故人，门第卑微，职位不振，高才博识，俱有可录。岁月弥久，湮没无闻，遂传其本末，吊以乐章。复以前乎此者，叙其姓名，述其所作，冀乎初学之士，刻意词章，使冰寒于水，青胜于蓝，则亦幸矣。名之曰《录鬼簿》。嗟乎，余亦鬼也，使已死、未死之鬼作不死之鬼，得以传远，余又何幸焉！若夫高尚之士，性理之学，以为得罪于圣门者，吾党且喙蛤蜊，别与知味者道。

　　至顺元年龙集庚午月建甲申二十二日辛未，古汴钟嗣成序。

新编《录鬼簿》卷上

前辈已死名公，有乐府行于世者：

董解元（大金章宗时人，以其创始，故列诸首。）

太保刘公秉忠

商政叔学士（案学士名道，字正叔，见《元遗山集》三十九卷《千秋录》。）

杜善夫散人（案杜仁杰，字仲梁，又字善夫，济南长清人。）

阎仲章学士（案白兰谷《天籁集》附载僧仲璋《九日述怀·念奴娇》一阕，注云："仲璋，俗姓阎，法讳志琏，号山泉道人。"）

张子益平章

王和卿学士（案胡元瑞《笔丛》疑和卿即实父，非是。和卿，大名人；实父，大都人也。）

盍志学学士（案《太和正音谱》有阚志学，又有盍西村。）

杨西庵参政（案参政名果，字正卿，蒲阴人，《元史》有传。）

胡紫山宣尉（少凯。　案宣慰名祇遹，《元史》有传。）

卢疏斋学士（处道。　案学士名挚，涿州人。胡元瑞云："永嘉人。"）

姚牧庵参政（案参政名燧，《元史》有传。）

徐子方宪使（案宪使名琰，字子方，号容斋，又自号汶叟，东平人。至元初，荐为陕西行省郎中官，至翰林学士承旨，谥文献。）

不忽木平章（案平章一名时用，字用臣，《元史》有传。）

史中丞

张九元帅（案元帅名弘范。）

荆汉臣参政（案《太和正音谱》作荆干臣。）

陈草庵中丞

张梦符宪使

陈国宾宪使

刘中庵承旨（案承旨名敏中，《元史》有传。）

马彦良都事

赵子昂承旨

阎彦举学士（案学士名复。蒋正子《山房随笔》云：阎子静复至元间翰林学士，后廉访浙西。）

白无咎学士（案学士名贲，白珽子。）

滕玉霄应奉（案应奉名宾，一名斌，黄冈人，或云睢阳人。）

邓玉宾同知

冯海粟待制（案待制名子振，攸州人。）

贯酸斋学士（案学士名小云石海涯，《元史》有传。）

曹光辅学士

张洪范宣慰

方今名公：

郝新庵左丞（案左丞名天挺，字继先。《元史》有传，《太和正音谱》作郝新斋。）

曹以斋尚书（克明。　案尚书名鉴，宛平人。《元史》有传。）

刘时中待制（案杨朝英《阳春白雪》：刘时中，号逋斋，又云古洪刘时中，则南昌人也。　元又有二刘时中：一见《世祖本纪》，一见《遂昌杂录》，均非此人。）

萨天锡照磨（案照磨名都剌。）

李溉之学士（案学士名洞，《元史》有传。）

曹子贞学士（案学士名元用，《元史》有传。）

马昂夫总管（案元《草堂诗馀》有九皋司马昂父。）

班恕斋知州（彦功。　案知州名惟志。）

马雪芳府判

王继学中丞（案中丞名士熙，东平人，王构之子。）

右前辈公卿居要路者，皆高才重名，亦于乐府留心。盖文章、政事，一代典型，乃平日之所学，而歌曲、词章，由于和顺积中，英华自然发外。自有乐章以来，得其名者止于此。盖风流蕴藉，自天性中来，若夫村朴鄙陋，固不必论也。

前辈已死名公才人，有所编传奇行于世者：

关汉卿（大都人，太医院尹，号已斋叟。）

《关张双赴西蜀梦》

《董解元醉走柳丝亭》

《丙吉教子立宣帝》

《薄太后走马救周勃》

《太常公主认先皇》

《曹太后死哭刘夫人》

《荒坟梅竹鬼团圆》

《闺怨佳人拜月庭》（案《也是园书目》作《王瑞兰私祷拜月亭》，

《太和正音谱》亦作《拜月亭》。）

《风月状元三负心》

《没兴风雪瘸马记》

《金银交钞三告状》

《苏氏造织锦回纹》（原本"造"作"进"，从钞本。）

《介休县敬德降唐》

《升仙桥相如题柱》

《金谷园绿珠坠楼》

《汉匡衡凿壁偷光》

《刘夫人写恨万花堂》（"写恨"原本作"书写"，从钞本。）

《吕蒙正风雪破窑记》

《晏叔元风月鹧鸪天》（案晏叔元，当作"叔原"。）

《钱大尹智宠谢天香》

《姑苏台范蠡进西施》

《开封府萧王勘龙衣》

《杜蕊娘智赏金线池》

《柳花亭李婉复落娼》

《望江亭中秋切鲙旦》

《甲马营降生赵太祖》

《贤孝妇风雪双驾车》

《双提尸冤报汴河冤》

《老女婿金马玉堂春》

《宋上皇御断鸳鸯簿》（"鸳鸯"原本作"姻缘"，从钞本。）

《崔玉箫担水浇花旦》

《晋国公裴度还带》（案《也是园书目》作《山神庙裴度还带》。）

《隋炀帝牵龙舟》

《风雪狄梁公》

《屈勘宣华妃》

《月落江梅怨》

《烟月旧风尘》（案《也是园书目》、《元曲选》均作《赵盼儿风月救风尘》，《太和正音谱》作《救风尘》。）

《管宁割席》

《白衣相高凤漂麦》

《孙康映雪》

《唐明皇哭香囊》

《唐太宗哭魏徵》

《邓夫人哭存孝》

《关大王单刀会》

《温太真玉镜台》

《武则天肉醉王皇后》

《翠华妃对玉钗》（案《太和正音谱》作《对玉钏》。）

《汉元帝哭昭君》

《刘夫人救哑子》

《刘盼盼闹衡州》（案《太和正音谱》作《闹邢州》。）

《吕无双铜瓦记》（"瓦"一作"丸"。）

《风流孔目春衫记》

《萱草堂玉簪记》

《钱大尹鬼报绯衣梦》（案《也是园书目》作《钱大尹智勘绯衣梦》。）

《楚云公主酹江月》

《鲁元公主三唉赦》

《醉娘子三撇嵌》

《诈妮子调风月》

高文秀（东平人，府学，早卒。）

《黑旋风诗酒丽春园》

《黑旋风大闹牡丹园》

《黑旋风敷演刘耍和》

《老郎君养子不及父》

《黑旋风斗鸡会》

《黑旋风穷风月》

《黑旋风乔教学》

《黑旋风双献头》

《黑旋风借尸还魂》

《禹王庙霸王举鼎》

《忠义士班超投笔》

《五凤楼潘安掷果》

《好酒赵元遇上皇》

《木叉行者锁水母》

《豹子尚书谎秀才》

《豹子秀才不当差》

《豹子令史自请俸》（"自"原作"干"，钞本及《太和正音谱》均作"自"。）

《病樊哙打吕青》（案《太和正音谱》作《打吕胥》。《史记·樊哙传》"以吕后女弟吕须为妇"，"须"、"胥"由音同而误，又由"胥"而误为"青"耳。）

《刘先主襄阳会》

《穷秀才双弃瓢》

《烟月门神诉冤》

《须贾诮范睢》

《周瑜谒鲁肃》

《风月害夫人》

《伍子胥弃子走樊城》

《太液池儿女并头莲》

《郑元和风雪打瓦罐》

《醉秀才戒酒论杜康》

《相府门廉颇负荆》

《御史台赵尧辞金》

《志公和尚开哑禅》

《宣帝问张敞画眉》

郑廷玉（彰德人。）

《楚昭王疏者下船》

《齐景公驷马奔阵》（案《太和正音谱》作《驿马奔陈》。）

《采石渡渔父辞剑》

《冷脸刘斌料到底》

《布袋和尚忍字记》

《孟县宰因祸致福》

《风月郎君双教化》

《冤报冤贫儿乍富》

《宋上皇御断金凤钗》

《包待制智勘后庭花》

《吹箫女悔教凤皇儿》

《尉迟公鞭打李道焕》

《子父梦秋夜栾城驿》

《卖儿女没兴王公绰》

《一百二十行贩扬州》

《看钱奴冤家债主》

《奴杀主因福折福》

《曹伯明复勘赃》

《汉高祖哭韩信》

《萧丞相复勘赃》

《孟姜女送寒衣》

《风月七真堂》

《孙恪遇猿》

白仁甫（文举之子，名朴，真定人，号兰谷先生，赠嘉议大夫，掌礼仪院太卿。）

《秋江风月凤皇船》（案《太和正音谱》作《灯月凤皇船》。）

《鸳鸯简墙头马上》（案《元曲选》、《也是园》均作《裴少俊墙头马上》。）

《萧翼智赚兰亭记》

《唐明皇秋夜梧桐雨》

《韩翠苹御水流红叶》

《董秀英花月东墙记》

《祝英台死嫁梁山伯》

《楚庄王夜宴绝缨会》

《苏小小月夜钱塘梦》

《薛琼琼月夜银筝怨》（原本脱一"琼"字，据钞本增。）

《唐明皇游月宫》（案《太和正音谱》作《幸月宫》。）

《汉高祖斩白蛇》

《阎师道赶江》

《泗上亭长》（案《太和正音谱》作《高祖归庄》。）

《崔护谒浆》

庾吉甫（名天锡，大都人。中书省掾，除员外郎，中山府判。）

《隋炀帝江月锦帆舟》

《孟尝君鸡鸣度关》

《会稽山买臣负薪》

《薛昭误入兰昌宫》

《封骘先生骂上元》

《英烈士周处三害》

《杨太真霓裳怨》

《杨太真华清宫》

　　《常何荐马周》

　　《裴航遇云英》

　　《列女青绫台》

　　《玉女琵琶怨》

　　《秋夜凌波梦》

　　《秋月蕊珠宫》

　　《苏小卿丽春园》（"卿"原本作"春"，从钞本。）

马致远（大都人，号东篱，任江浙行省务官。）

　　《刘阮误入桃源洞》

　　《江州司马青衫泪》

　　《风雪骑驴孟浩然》

　　《太华山陈抟高卧》

　　《冻吟诗踏雪寻梅》

　　《大人先生酒德颂》

　　《吕太后人彘戚夫人》

　　《吕洞宾三醉岳阳楼》

　　《王祖师三度马丹阳》

　　《孟朝云风雪岁寒亭》

　　《吕蒙正风雪斋后钟》（"斋"原本作"饭"，从钞本。）

　　《孤雁汉宫秋》

李文蔚（真定人，江州路瑞昌县尹。）

　　《汉武帝死哭李夫人》

　　《蔡逍遥醉写石州慢》（案《太和正音谱》作《蔡萧宗》，当作"萧闲"。）

　　《卢亭亭担水浇花旦》

　　《张子房圮桥进履》

　　《报冤台燕青扑鱼》

　　《濯锦江鱼雁传情》

　　《谢安东山高卧》（赵公辅次本，盐咸韵）

　　《谢玄破苻坚》

《金水题红怨》

《秋夜芭蕉雨》

《风雪推车记》（案《太和正音谱》作《风月推车旦》。）

《燕青射雁》

李直夫（女真人，德兴府住，即蒲察李五。）

《念奴教乐府》

《武元皇帝虎头牌》（案《元曲选》作《便宜行事虎头牌》。）

《颖考叔孝谏庄公》

《邓伯道弃子留侄》

《风月郎君怕媳妇》

《尾生期女淹蓝桥》

《宦门子弟错立身》

《歹斗娘子劝丈夫》

《俏郎君占断风光好》

《谎郎君败坏尽风光好》

《晏叔原风月夕阳楼》

吴昌龄（西京人。）

《唐三藏西天取经》

《张天师夜祭辰钩月》

《浣花女抱石投江》

《那吒太子眼睛记》

《浪子回回赏黄花》

《鬼子母揭钵记》

《月夜走昭君》

《狄青扑马》

《货郎末泥》

王实甫（大都人。）

《东海郡于公高门》

《孝父母明达卖子》

《曹子建七步成章》

《才子佳人拜月亭》（"亭"原本作"庭"，从钞本。）

《韩彩云丝竹芙蓉亭》

《崔莺莺待月西厢记》

《苏小卿月夜贩茶船》（"卿"原本作"郎"，从钞本。）

《四大王歌舞丽春堂》（案《元曲选》作《四丞相歌舞丽春堂》，原本作"台"，从钞本。）

《吕蒙正风雪破窑记》

《赵光普进梅谏》

《诗酒丽春园》

《陆绩怀橘》

《双渠怨》（案都穆《南濠诗话》引此书，作《双蕖怨》。《太和正音谱》作《双题怨》误。）

《娇红记》

武汉臣（济南府人。）

《抱侄携男鲁义姑》

《虎牢关三战吕布》（郑德辉次本。）

《女元帅挂甲朝天》

《曹伯明错勘赃》（次本。）

《穷韩信登坛拜将》

《赵太子创立天子班》

《郑琼娥梅雪玉堂春》

《谢琼双千里关山怨》

《散家财天赐老生儿》

《四哥哥神助》

王仲文（大都人。）

《淮阴县韩信乞食》

《洛阳令董宣强项》

《感天地王祥卧冰》

《七星坛诸葛祭风》

《汉张良辞朝归山》

　　　《齐贤母三教王孙贾》

　　　《诸葛亮秋风五丈原》

　　　《赵太祖夜斩石守信》

　　　《救孝子贤母不认尸》

　　　《孟月梅写恨锦江亭》

　李寿卿（太原人，将仕郎，除县丞。"除"原作"徐"，从钞本改。）

　　　《说专诸伍员吹箫》

　　　《月明三度临岐柳》

　　　《船子和尚秋莲梦》

　　　《吕太后定计斩韩信》

　　　《吕太后夜镇鉴湖亭》

　　　《司马昭复夺受禅台》

　　　《鼓盆歌庄子叹骷髅》

　　　《吕太后祭浐水》

　　　《吕无双远波亭》

　　　《辜负吕无双》（与《远波亭》关目同。）

尚仲贤（真定人，江浙行省务官。）

　　　《张生煮海》

　　　《崔护谒浆》（十六曲次本。）

　　　《尉迟恭三夺槊》

　　　《陶渊明归去来辞》（案《太和正音谱》作"归去来兮"。）

　　　《凤皇坡越娘背灯》（"坡"原本作"波"，从钞本。）

　　　《洞庭湖柳毅传书》

　　　《没兴花前秉烛旦》

　　　《武成庙诸葛论功》

　　　《海神庙王魁负桂英》

　　　《汉高祖濯足气英布》

　石君宝（平阳人。案"宝"，《正音谱》作"实"。）

　　　《士女秋香怨》

　　　《吕太后醢彭越》

《柳眉儿金钱记》（"记"原作"花"，从钞本改。）

《穷觯子红绡驿》

《鲁大夫秋胡戏妻》

《东吴小乔哭周瑜》

《李亚仙诗酒曲江池》

《赵二世醉走雪香亭》

《张天师断岁寒三友》

《诸宫调风月紫云亭》

杨显之（大都人。与汉卿莫逆交，凡有珠玉，与公较之。）

《刘泉进瓜》

《黑旋风乔断案》

《丑驸马射金钱》

《临江驿潇湘夜雨》

《萧县君风雪酷寒亭》（案《元曲远》作《郑孔目风雪酷寒亭》。）

《蒲鲁忽刘屠大拜门》

《大报冤两世辨刘屠》（案《正音谱》作"小刘屠"。）

《借通县跳神师婆旦》

纪天祥（大都人，与李寿卿、郑廷玉同时。《太和正音谱》作"纪君祥"。）

《驴皮记》

《曹伯明错勘赃》

《李元真松阴记》

《赵氏孤儿冤报冤》

《韩湘子三度韩退之》

《信安王断复贩茶船》

于伯渊（平阳人。）

《白门斩吕布》

《吕太后饿刘友》

《丁香回回鬼风月》

《莽和尚复夺珍珠船》（"船"原作"旗"，从钞本；《正音谱》亦作"旗"。)

　　《尉迟公病立小秦王》

　　《狄梁公智斩武三思》

戴善甫（真定人，江浙行省务官。）

　　《伯俞泣杖》

　　《宫调风月紫云亭》

　　《关大王三捉红衣怪》

　　《陶秀宝醉写风光好》（案"宝"当作"实"，《元曲选》作《陶学士醉写风光好》。）

　　《柳耆卿诗酒玩江楼》

王廷秀（山东益都人，淘金千户。）

　　《盐客三告状》（案《太和正音谱》"三"作"双"。）

　　《秦始皇坑儒焚典》

　　《周亚夫屯细柳营》

　　《石头和尚草庵歌》

张时起（字才英，东平府学生，居长芦。）

　　《昭君出塞》

　　《赛花月秋千记》（六折。案《太和正音谱》作《秋千怨》。）

　　《霸王垓下别虞姬》

　　《沈香太子劈华山》

费唐臣（大都人，君祥之子。）

　　《斩邓通》

　　《汉丞相韦贤簌金》

　　《苏子瞻风雪贬黄州》

赵子祥

　　《崔和担土》

　　《风月害夫人》（次本。　案《太和正音谱》作"訾夫人"。）

　　《太祖夜斩石守信》（次本。）

姚守中（洛阳人，牧庵学士侄，平江路吏。）

　　《汉太守郝廉留钱》（"廉"原作"连"，从钞本改。）

《神武门逢萌挂冠》

《褚遂良扯诏立东宫》

李好古（保定人，或云西平人。）

《张生煮海》

《巨灵劈华岳》

《赵太祖镇凶宅》

赵文殷（彰德人，教坊色长。　.案《太和正音谱》作"赵文敬"。）

《渡孟津武王伐纣》

《宦门子弟错立身》（次本。）

《张果老度脱哑观音》

张国宝（大都人，即喜时营教坊勾管。　案《元曲选》、《太和正音谱》均作"张国宾"。）

《汉高祖衣锦还乡》

《薛仁贵衣锦还乡》

《相国寺公孙汗衫记》

红字李二（京兆人，教坊刘耍和婿。）

《病杨雄》

《板踏儿黑旋风》

《折担儿武松打虎》

李郎（刘耍和婿，或云张国宝作。　案《元曲选》、《太和正音谱》均作"花李郎"。）

《懒惰判官钉一钉》

《莽张飞大闹相府院》

赵天锡（汴梁人，镇江府判。）

《试汤饼何郎傅粉》

《贾爱卿金钱剪烛》（案《太和正音谱》作《金钗剪烛》。）

梁进之（大都人，警巡院判，除县尹，又除大兴府判，次除知和州，与汉卿世交。）

《赵光普进梅谏》

《东海郡于公高门》（旦本。）

王伯成（涿州人，有《天宝遗事诸宫调》行于世。）

　　《张骞泛浮槎》

　　《李太白贬夜郎》

孙仲章（大都人，或云李仲章。）

　　《卓文君白头吟》

　　《金章宗断遗留文书》

赵明道（大都人。　案《太和正音谱》作"赵明远"。）

　　《陶朱公范蠡归湖》

　　《韩湘子三赴牡丹亭》

赵公辅（平阳人，儒学提举。）

　　《晋谢安东山高卧》（汴本。）

　　《栖凤堂倩女离魂》

李子中（大都人，知事除县尹。）

　　《崔子弑齐君》

　　《贾充宅韩寿偷香》

李进取（大名人，官医大夫。　案《太和正音谱》作"李取进"。）

　　《穷解子破伞雨》

　　《神龙殿栾巴噀酒》

　　《司马昭复夺受禅台》

岳伯川（济南人，或云镇江人。）

　　《罗光远梦断杨贵妃》

　　《吕洞宾度铁拐李岳》

康进之（棣州人，一云陈进之。）

　　《黑旋风老收心》

　　《梁山泊黑旋风负荆》

顾仲清（东平人，清泉惕司令。）

　　《陵母伏剑》

　　《荥阳城火烧纪信》

石子章（大都人。）

　　《秦翛然竹坞听琴》

《黄贵娘秋夜竹窗雨》

侯正卿（真定人，号艮斋先生。）

《关盼盼春风燕子楼》

史九散人（真定人，武昌万户。　案《太和正音谱》作"史九敬先"。）

《花间四友庄周梦》

孟汉卿（亳州人。）

《张鼎智勘魔合罗》

李宽甫（大都人。刑部令史，除庐州合淝县尹。）

《汉丞相丙吉问牛喘》

李行甫（绛州人。　案《太和正音谱》、《元曲选》均作"李行道"。）

《包待制智赚灰［襕］（阑）记》

费君祥（大都人，唐臣父。与汉卿交，有《爱女论》行于世。）

《才子佳人菊花会》

江泽民（真定人。　案《太和正音谱》作"汪泽民"，误。）

《糊突包待制》

陈宁甫（大名人。　案《太和正音谱》作"陈定夫"。）

《风月两无功》

陆显之（汴梁人，有《好儿赵正》话本。）

《宋上皇碎冬凌》

狄君厚（平阳人。）

《晋文公火烧介子推》

孔文卿（平阳人。）

《秦太师东窗事犯》（一云，杨驹儿作。）

张寿卿（东平人，浙江省掾吏。）

《谢金莲诗酒红梨花》

刘唐卿（太原人，皮货所提举，在王彦博左丞席上，曾咏"博山铜细袅香风"者。）

《蔡顺摘椹养母》

《李三娘麻地捧印》

彭伯威（保定人。　案《太和正音谱》作"彭伯城"。）

《四不知月夜京娘怨》（又云"郭安道作"。）

李时中（大都人，中书省掾，除工部主事。）

《开坛阐教黄粱梦》（第一折马致远，第二折李时中，第三折花李
郎学士，第四折红字李二。）

右前辈编撰传奇名公，仅止于此，才难之云，不其然乎？余僻处
一隅，闻见浅陋，散在天下，何地无才？盖闻则必达，见则必知，姑
叙其姓名于右。其所编撰，余友陆君仲良，得之于兄斋先生吴公，然
亦未尽其详。余生也晚，不得预几席之末，不知出处，故不敢作传以
吊云。

新编《录鬼簿》卷下

方今已亡名公才人，余相知者，为之作传，以《凌波曲》吊之：

宫天挺

天挺，字大用，大名开州人。历学官，除钓台书院山长。为权豪
所中，事获辨明，亦不见用。卒于常州。先君与之莫逆交，故余常得
侍坐，见其吟咏。文章笔力，人莫能敌。乐章歌曲，特余事耳。

《严子陵钓鱼台》

《会稽山越王尝胆》

《死生交范张鸡黍》

《济饥民汲黯开仓》

《宋仁宗御览托公书》

《宋上皇御赏凤凰楼》

豁然胸次扫尘埃，久矣声名播省台。先生志在乾坤外，敢嫌天地
窄。更词章，压倒元、白。凭公（原作"心"，据钞本改）地，据手策，
数当今，无此（原作"比"，据钞本改）英才。

郑光祖

光祖，字德辉，平阳襄陵人。以儒补杭州路吏。为人方直，不安

与人交，故诸公多鄙之，久则见其情厚，而他人莫之及也。病卒，火葬于西湖之灵芝寺，诸吊送客（原作"各"，据钞本改）有诗文。公之所作，不待备述，名闻（原作"香"，据钞本改）天下，声振闺阁。伶伦辈称"郑老先生"，皆知其为德辉也。惜乎！所作贪于俳谐，未免多于斧凿，此又别论焉。

《紫云娘》

《齐景公哭晏婴》

《周亚夫细柳营》

《李太白醉写秦楼月》

《丑齐后无盐破连环》

《陈后主玉树后庭花》

《三落水鬼泛采莲船》

《王太后摔印哭孺子》

《放太甲伊尹扶汤》

《秦赵高指鹿为马》

《㑇梅香翰林风月》

《醉思乡王粲登楼》

《周公辅成王摄政》

《迷青琐倩女离魂》

《虎牢关三战吕布》（末旦头折次本。）

《谢阿蛮梨园乐府》（案《太和正音谱》作《梁园乐府》。）

《崔怀宝月夜闻筝》

乾坤膏馥润肌肤，锦绣文章满肺腑，笔端写出惊人句。解（原无"解"字，从钞本增）番腾今共古，占词场，老将伏输。翰林风月，梨园乐府，端的是，曾下工夫。

金仁杰

仁杰，字志甫，杭州人。余自幼时闻公之名，未得与之见也。公小试钱谷，给由江浙，遂一见如平生欢，交往二十年如一日。天历元年戊辰冬，授建康崇宁务官。明年己巳正月叙别。三月，其二子护柩来杭，知公气中而卒。呜呼，惜哉！所述虽不骈丽，而其大概，多有可取焉。

《蔡琰还朝》（次本。）

《秦太师东窗事犯》

《周公旦抱子设朝》（喜春来按。）

《萧何月夜追韩信》

《长孙皇后鼎镬谏》

《玉津园智斩韩太师》

《苏东坡夜宴西湖梦》

心交元不问亲疏，契饮那能较有无。谁知一上金陵路，叹亡之，命矣夫！梦西湖，何不归欤？魂来处，返故居，比梅花，想更清癯。

范康

康，字子安，杭州人。明性理，善讲解，能词章，通音律。因王伯成有《李太白贬夜郎》，乃编《杜子美游曲江》，一下笔即新奇，盖天资卓异，人不可及也。

《曲江池杜甫游春》

《陈季卿悟道竹叶舟》

诗题雁塔写秋空，酒满舣船棹晚风，诗筹酒令闲吟咏。占文场，第一功，扫千军，笔阵元戎。龙蛇梦，狐兔踪，半生来，弹指声中。

曾瑞

瑞，字瑞卿，大兴人。自北来南，喜江浙人才之多，羡钱塘景物之盛，因而家焉。神采卓异，衣冠整肃，优游于市井，洒然如神仙中人。志不屈物，故不愿仕，自号褐夫。江淮之达者，岁时馈送不绝，遂得以徜徉卒岁。临终之日，诣门吊者以千数。余尝接音容，获承言话，勉励之语，润益良多。善丹青，能隐语；小曲有《诗酒馀音》行于世。

《才子佳人误元宵》

江湖儒士慕高名，市井儿童诵瑞卿，衣冠济楚人钦敬。更心无宠辱惊，乐幽闲，不解趋承。身如在，死若生，想音容，犹见丹青。

沈和

和，字和甫，杭州人。能词翰，善谈谑，天性风流，兼明音律，以南北调合腔，自和甫始。如《潇湘八景》、《欢喜冤家》等曲，极为工巧。后居江州，近年方卒。江西称为"蛮子关汉卿"者是也。

《祈甘雨货郎朱蛇记》

《徐驸马乐昌分镜记》

《郑玉娥燕山逢故人》

《闹法场郭兴阿扬》（原作"何扬"，《太和正音谱》与钞本均作"阿扬"。）

《欢喜冤家》（钞本无。）

五言尝写和陶诗，一曲能传冠柳词，半生书法欺颜字。占风流，独我师。是梨园，南北分司。当时事，子细思，细思量，不似当时。

鲍天祐

天祐，字吉甫，杭州人。初业儒，长事吏。簿书之役，非其志也。跬步之间，惟务搜奇索古而已。故其编撰，多使人感动咏叹。余与之谈论节要，至今得其良法。才高命薄，今犹古也，竟止昆山州吏而卒（"卒"原本作"止"，从钞本）。

《王妙妙死哭秦少游》

《史鱼尸谏卫灵公》

《忠义士班超投笔》

《贪财汉为富不仁》

《摘星楼比干剖腹》

《英雄士杨震辞金》

《汉丞相宋弘不谐》

《孝烈女曹娥泣江》

平生词翰在宫商，两字推敲付锦囊，耸吟肩，有似风魔状。苦劳心，呕断肠，视荣华，总是干忙。谈音律，论教坊，唯先生，占断排场。

陈以仁

以仁，字存甫，杭州人。以家务雍容，不求闻达，日与南北士大夫交游。僮仆辈以茶汤酒果为厌，公未尝有难色。然其名因是而愈重。能博古，善讴歌。其乐章间出一二，俱有骈丽之句。

《锦堂风月》

《十八骑误入长安》

钱塘风物尽飘零，赖有斯人尚老成。为朝元，恐负虚皇命。凤箫寒，鹤梦惊。驾天风，直上蓬瀛。芝堂静，蕙帐清，照虚梁，落月空明。

范居中

居中，字子正，冰壶其号也，杭州人。父玉壶，前辈名儒。假卜术为业，居杭之三元楼前。每岁元夕，必以时事题于纸灯之上，杭人聚观，远近皆知父子之名。公精神秀异，学问该博，尝出大言矜肆，以为笔不停思，文不阁笔。诸公知其有才，不敢难也。善操琴，能书法。其妹亦有文名，大德年间被旨赴都，公亦北行，以才高不见遇，卒于家。有乐府及南北腔行于世。

向、歆传业振家声，羲、献临池播令名。操焦桐，只许知音听。售千金，价未轻，有谁如父子才能？冰如玉，玉似冰，暎壶天，表里澄清。

施惠（一云姓沈）

惠，字君美，杭州人。居吴山城隍庙前，以坐贾为业。公巨目美髯，好谈笑。余尝与赵君卿、陈彦宝（原作"实"，据钞本改）、颜君常至其家。每承接款，多有高论。诗酒之暇，惟以填词、和曲为事。有

《古今砌话》，亦成一集，其好事也如此。

道心清净绝无尘，和气雍容自有春，吴山风月收拾尽。一篇篇，字字新，但思君，赋尽《停云》。三生梦，百岁身，到头来，衰草荒坟。

黄天泽

天泽，字德润，杭州人。和甫沈公同母弟也。风流酝藉，不减其兄。幼年屑就簿书，先在漕司，后居省府，郁郁不得志。昆山听补州吏，又不获用，咄咄书空而已，然亦竟不归而终。公有乐府，播于世人耳目，无贤愚皆称赏焉。

一心似水道为邻，四体如春德润身，风流才调真英俊。轶前车，继后尘，谩苍天，委任斯文。岐山凤，鲁甸鳞，时有亨屯。

沈拱

拱，字拱之，杭州人。天资颖悟，文质彬彬。然惟不能俯仰，故不愿仕。所编乐府最多。以老无后，病无所归，存甫馆于家，不旬日而亡。存甫殡送之，重友谊也。

掀髯得句细推敲，举笔为文善解嘲，天生才艺藏怀抱。奈玉石，相混淆，更多逢，世事嵚崎（原作"咬嘏"，据钞本改），蜂为市，燕有巢，吊斜阳，缓走西郊。

赵良弼

良弼，字君卿，东平人。总角时，与余同里闬，同发蒙，同师邓善之、曹克明、刘声之三先生，又于省府同笔砚。公经史问难，诗文酬唱，及乐章、小曲，隐语、传奇，无不究竟。所编《梨花雨》，其辞甚丽。后补嘉兴路吏，迁调杭州。天历元年冬，卒于家。公之风流酝藉、开怀待客，人所不及，然亦以此见废。能裁字，善丹青，但以末技，故不备录。

《春夜梨花雨》

闲中袖手刻新词，醉后挥毫写旧诗，两般总是龙蛇字。不风流，难会此，更文才，宿世天资。感夜雨，梨花梦，叹秋风，两鬓丝，住人间，能有多时？

陈无妄

无妄，字彦实，东平人。与余及君卿同舍。性资沈重，事不苟简，以苛刻为务，讦直为忠，与人寡合，人亦难之。公于乐府、隐语，无不用心。补衢州路吏，后迁婺州。升浙东宪吏，调福建道。天历二年三月，以忧卒，其弟彦正殡葬之。乐府甚多，惜乎其不甚传也。

府垣几月露忠肝，宪幕冰霜岂汗（原作"汗"，据钞本改）颜。薏苡生谗间，甘心愿就闲。转回头，梦入槐安。后会何时再，英灵甚日还？望东南，翘首三山。

廖毅

毅，字弘道，建康人。泰定三年丙寅春，因余友周仲彬与之会，即叙平生欢。时出一二旧作，皆不凡俗，如越调《一点灵光》，借灯为喻。〔仙吕·赚煞〕曰："因王魁浅情，将桂英薄幸，致令得泼烟花，不重俺俏书生。"发越新鲜，皆非蹈袭。天历二年春抱疾，丧于友人江汉卿家。汉卿与黄焕章买棺具殓，召其亲来，火葬城外寺中。公能书，善行文，不幸早卒（原误作"草率"，据钞本改）。题伍王庙壁，有〔折桂令〕一曲，及绝句云（原作"及有绝句"，据钞本改）："浩浩凌云志，巍巍报国心。忠魂与潮汐，万古不消沉。"其感慨激烈，徒憎怅怏。噫！天之生物也，裁成辅相，以左右民，奈何如是之偏戾也？人犹有所憾者，良以此夫。

人间未得注金瓯，天上先教记玉楼。恨苍穹，不与斯人寿。未成名，一土丘，叹平生，壮志难酬。朝还暮，春又秋，为思君，泪满鹔裘。

乔吉甫

吉甫，字梦符，太原人。号笙鹤翁，又号惺惺道人。美容仪，能词章，以威严自饬，人敬畏之。居杭州太乙宫前，有《题西湖》〔梧叶儿〕百篇，名公为之序。江湖间四十年，欲刊所作，竟无成事者。至正五年二月，病卒于家。

《怨风月娇云认玉钗》

《杜牧之诗酒扬州梦》

《玉箫女两世姻缘》

《死生交托妻寄子》

《马光祖勘风尘》（案《太和正音谱》作《勘风情》。）

《荆公遣妾》

《唐明皇御断金钱记》

《节妇牌》

《贤孝妇》

《九龙庙》

《燕乐毅黄金台》

平生湖海少知音，几曲宫商大用心，百年光景还争甚？空赢得，雪鬓侵。跨仙禽，路绕云深。欲挂坟前剑，重听膝上琴，漫携琴，载酒相寻。

睢景臣

景臣，后字景贤。大德七年，公自维扬来杭州，余与之识。自幼读书，以水沃面，双眸红赤，不能远视。心性聪明，酷嗜音律。维扬诸公，俱作《高祖还乡》套数，惟公〔哨遍〕制作新奇，皆出其下。又有〔南吕·一枝花〕《题情》云：“人间燕子楼，被冷鸳鸯锦。酒空鹦鹉盏，钗折凤凰金。”亦为工巧，人所不及也。

《千里投人》

《莺莺牡丹记》

《楚大夫屈原投江》

吟髭撚断为诗魔，醉眼慵开为酒酡。半生才便作三闾，些叹番成《薤露歌》。等闲间，苍鬓成（抄本无“成”字）旛。功名事，岁月过，又待如何?

吴本世

本世,字中立,为杭州人("人"字原脱,据钞本补)。天资明敏,好为词章、隐语、乐府,有《本道斋乐府小稿》,及诗谜数千篇。以贫病不得志而卒,呜呼,惜哉!

语言辩利扫千兵,心性聪明误半生。来芜穷,又染维摩病。想天公,忒世("世"字原脱,据钞本补)情,使英雄,遗恨难平。寒泉净,碧藻馨,敢荐幽冥。

周文质

文质,字仲彬。其先建德人,后居杭州,因而家焉("焉"字原脱,据钞本补)。体貌清癯,学问该博,资性工巧,文笔新奇。家世儒业,俯就路吏。善丹青,能歌舞,明曲调,谐音律。性尚豪侠,好事敬客。余与之交二十年,未尝跬步离也。元统二年六月,余自吴江回,公已抱病,盛暑中,止以为痛疟之毒,而不经意也。医足踵门,病及五月,而无瞑眩之药。十一月五日,卒于正寝。呜呼,痛("痛"字原脱,据钞本补)哉!始余编此集,公及见之,题其名姓于未死鬼之列。尝与论及亡友,未尝不握手痛惋,而公亦中年而殁,则余辈衰老萎惫者,又可("又可"二字原脱,据钞本补)以久于人世也欤?噫,往者不可追,来者不可期。已而,已而,此余深有感于公也!

《孙武子教女兵》
《春风杜韦娘》
《持汉节苏武还乡》
《敬新磨戏谏唐庄宗》

丹墀木叩玉楼宣,黄土应埋白骨冤,羊肠曲折云千变。料人生,亦惘然。叹孤坟,落日寒烟。竹下泉声细,梅边月影圆,因思君,歌舞十全。

已死才人不相知者：

胡正臣

正臣，杭州人（"人"字原脱，据钞本补）。与志甫、存甫及诸公交游。董解元《西厢记》自"吾皇德化"至于终篇，悉能歌之。至于古之乐府、慢词、李霜涯赚令，无不周知。辞世已三十年矣，士大夫想其风流酝藉，尚在目前。其子存善，能继其志。小山《乐府》、仁卿《金缕新声》、瑞卿《诗酒馀音》，至于《群玉丛珠》，裒集诸公所作，编次有伦。及将古本□□，直取潭州易氏印行，元文□读无讹，尽于书坊刊行，亦士林之翘楚也。余尝言之："人孰无死，死而有子；人孰无子，如胡公之嗣，若敖氏之鬼不馁矣。"

李显卿

显卿，东平人。以父为浙省掾，因居杭焉。自幼粗涉书史，酷嗜隐语，遂通词章。作〔赚煞〕成□□篇，总而计之四百；乐章称是。至正辛巳，以荫父职钱谷官，由台州经庆元会余，别后遂无闻，久之不禄矣。

王思顺

思顺有《题包巾》及《镜儿缕带》等套数。

苏彦文

彦文有《地冷天寒》越调及诸乐府。

屈彦英

彦英，字英甫，编《一百二十行》及《看钱奴》院本等。

李齐贤

齐贤与余同窗友，后不相闻，亦有乐府。

李用之

用之，淞江人。有戏谑乐府极多。

刘宣子

宣子，字叔昭。与余同窗，后不相会，故不知其详。所编乐府甚多。补淮甫宪司书吏卒。

顾廷玉

廷玉，淞江人。有乐府。

俞仁夫

仁夫，杭州人。有乐府。

张以仁

以仁，湖州人。有乐府。

右所录，若以读书万卷，作三场文，占夺巍科，首登甲第者，世不乏人。其或甘心岩壑，乐道守志者，亦多有之。但于学问之余、事务之暇，心机灵变，世法通疏，移宫换羽，搜奇索怪，而以文章为戏玩者，诚绝无而仅有者也。此哀诔之所以不得不作也，观者幸无诮焉。

方今才人相知者，纪其姓名、行实并所编：

黄公望

公望，字子久，乃陆神堂（"堂"原作"童"，据钞本改）之次弟也，系姑苏琴川子游巷居。髫龀时，螟蛉温州黄氏为嗣，因而姓焉。其父年九旬时方立嗣，见子久乃云："黄公望子久矣！"先充浙西宪令，以事论经理田粮获直，后在京为权豪所中，改号一峰。原居淞江，以卜术闲居自命（"自命"原作"目今"，据钞本改）。弃人间事，易姓名为苦行净竖，又号大痴翁。公望之学问，不待文饰。至于天下之事，无所不知，下至薄技小艺，无所不能，长词短曲，落笔即成。人皆师尊之。尤能作画。

吴仁卿

仁卿，字弘道，号克斋先生。历仕府判致仕。有《金缕新声》行于世，亦有所编传奇。

《子房货剑》

《火烧正阳门》

《醉游阿房宫》

《楚大夫屈原投江》

秦简夫

见在都下擅名，近岁来杭回。

《东堂老劝破家子弟》

《天寿太子邢台记》

《玉溪馆》

《义士死赵礼让肥》

《陶贤母剪发待宾》

赵善庆

善庆，字文贤，饶州乐平人。善卜术，任阴阳学正。又别作赵文宝，名孟庆。

《孙武子教女兵》

《唐太宗骊山七德舞》

《醉写满庭芳》

《村学堂》

《烧樊城糜竺收资》

张可久

可久，字小山，庆元人。以路吏转首领官。有乐府盛行于世，又有《吴盐》、《苏堤渔唱》等曲，编于隐语中。

钱霖

霖，字子云，淞江人。弃俗为黄冠，更名抱素，号素庵。类诸公所作，曰《江湖清思集》。其自作乐府，有《醉边馀兴》，词语极工巧。

徐再思

再思，字德可，嘉兴人。好食甘饴，故号甜斋。有乐府行于世。其子善长，颇能继其家声。

顾德润

德润，字君泽，道号九山，淞江人。以杭州路吏，迁平江。自刊《九山乐府》、《诗隐》二集，售于市肆。

曹明善

明善，衢州路吏。甘于自适，今在都下。有乐府，华丽自然，不在小山之下，即赋《长门柳》二词者。

汪勉之

勉之，庆元人，由学官历浙东帅府令史。鲍吉甫所编《曹娥泣江》，公作二折。乐府亦多。

屈子敬

子敬，英甫之侄，与余同窗。有乐府，所编有《田单复齐》等套数。以学官除路教而卒。乐章华丽，不亚于小山。

《田单复齐》

《孟宗哭竹》

《敬德扑马》

《升仙桥相如题柱》

《宋上皇三恨李师师》

高克礼

克礼，字敬德，号秋泉，见任县尹。小曲、乐府，极为工巧，人所不及。

王庸

庸，字守中。历芦花场司令。其制作，清雅不俗，难以形容其妙趣，知音者服其才焉。

萧德祥

德祥，杭州人。以医为业，号复斋。凡古文俱隐括为南曲，街市盛行。又有南曲戏文等。

《四春园》

《小孙屠》

《王翛然断杀狗劝夫》（原本无"然"字，据钞本增。）

《四大王歌舞丽春园》

《包待制三勘蝴蝶梦》

陆登善（一云姓陈。）

登善，字仲良。祖父维扬人，江淮改浙江，其父以典掾来杭，因而家焉。为人沈重简默，能词、能讴，有乐府、隐语。

《开仓籴米》

《张鼎勘头巾》

朱凯

凯，字士凯。自幼孑立不俗，与人寡合。小曲极多，所编《升平乐府》，及隐语《包罗天地》、《谜韵》，皆余作序。

《孟良盗骨殖》

《黄鹤楼》

王晔

晔，字日华，杭州人。体丰肥而善滑稽。能词章、乐府，临风对月之际，所制工巧。有与朱士凯题《双渐小卿问答》，人多称赏。

《卧龙冈》

《双卖华》

《破阴阳八卦桃花女》

王仲元

仲元，杭州人。与余交有年矣，所编《于公高门》等。

《东海郡于公高门》

《袁盎却坐》

《私下三关》

吴朴

朴，字纯卿，平江人。余至姑苏，与公相识。所作工巧，平江之自是者好贬人，故不多出，恐受小人之谤也。

孙子羽

子羽，仪真人。

《杜秋娘月夜紫鸾箫》

张鸣善

鸣善，扬州人。宣慰司令史。

《包待制判断烟花鬼》

《党金莲夜月瑶琴怨》

右当今名公，才调制作，不相上下，盖继乎前辈者，半为地下修文郎矣！其声名藉藉乎当今者，后学之士，可不敛衽而敬慕焉！岁不我与，急为勉旃。虽然，其或词藻虽工，而不欲出示，或妄意穿凿，而亟欲传梓，政犹匿税之物，不经批验者，其何以行之哉？故有名而不录。

方今才人，闻名而不相知者：

高可通

有小曲行于世者极多。

董君瑞

真定冀州人，隐语、乐府，多传于江南。

李邦杰

有隐语、乐府，人多传之。

高安道

有《御史归庄》南吕小曲。

已上有闻者止如此。盖有一乡之士、一国之士、天下之士，名誉昭然者，自乡及国，可及天下矣，故无闻者不及录。

宣统改元，冬十二月小除夕，以明季精钞本对勘一过。国维。

钞本亦有梦觉子跋，与此本同出一源。二本各有佳处。钞本上卷有脱落，然此本下卷已改易体例。字之异同，亦以钞本为长。校勘既竟，并以《太和正音谱》、《元曲选》覆校一过，居然善本矣。除夕又记。

宣统二年八月，复影钞得江阴缪氏藏国初尤贞起手钞本。知此本即从尤钞出，而易其行款，殊非佳刻。若尤钞与明季钞本，则各有佳处，不能相掩也。冬十一月，病眼无聊，记此。

后　序

文以纪传，曲以吊古，使往者复生，来者力学，《鬼簿》之作，非无用之事也。大梁钟君，名嗣成，字继先，号丑斋，善之邓祭酒、克明曹尚书之高弟。累试于有司，命不克遇。从吏则有司不能辟，亦不屑就。故其胸中耿耿者，借此为喻，实为己而发也。乐府小曲，大篇长什，传之于人，每不遗稿，故未能就编焉。如《冯煖收券》、《诈游云梦》、《钱神论》、《斩陈馀》、《章台柳》、《郑庄公》、《蟠桃会》等，皆在他处按行，故近者不知，人皆易之。君之德业辉光，文行泡润，后辈之士，奚能及焉。噫，后之视今，亦犹今之视昔也。日居月诸，可不勉旃。

至顺元年九月吉日朱士凯序

余僻居慈溪小县，每叹孤陋。侧聆继先钟先生大名久矣，莫遂荆识。丁丑孟秋一日，邂近于东皋精舍，忽忽东之郓城。至中秋复回溪上，示予以亲编《录鬼簿》，皆本朝显宦名公词章行于世者，恐后湮没姓名，故编排类集，记其出处才能于其前，度以音律乐章于其后。千万载之下，知其为何人，直欲俾其为不死之鬼也。先生之用心，诚可嘉尚。于其行，遂歌〔湘妃曲〕以赠：

高山流水少人知，几拟黄金铸子期。继先既解其中意，恨相逢，何太迟！示佳篇，古怪新奇。想达士，无他事，录名公，半是鬼，叹人生，不死何归？

慈溪邵元长德善顿首

想开元朝士无多，触目江山，日月如梭。上苑繁华，西湖富贵，总付高歌。麒麟冢，衣冠坎坷；凤凰台，人物蹉跎。生待如何，死待如何？纸上清名，万古难磨。

右〔折桂令〕　　　　　　　　　　　　　　周语题

何人千古风骚，如意珊瑚，弱水鲸鳌。纸上功名，曲中恩怨，话里渔樵。叹雾阁云窗梦杳，想风魂月魄谁招？裹骊珠，泪冷鲛绡；续鹍弦，指冻鸾胶。传芳名，玉兔挥毫；谱遗音，彩凤衔箫。

至正庚子七月八日，西清道士朱经仲义题

余自幼性好抄录书字，虽不端楷，然见一奇书异典，务必求假而录之，虽太寒暑中，亦不惮劳。此本昔见于核庵王老先生处，即就假录焉，藏之书箧，以见前辈之风流雅趣耳。近一友人借去，至于取索，则再四不肯相复。余谓斯行，实非君子之所为，其得罪于圣贤，玷累于德行多矣！第不欲显其姓字耳。今偶得乡人太常陈生藏本，又重录之。假书君子，当以《颜氏家训》为戒，毋学斯人之行也欤。

洪武戊寅岁端阳越三日吴门生识

余雅欲观元人传奇词曲，偶得是帙，中多载其名目，不计妍丑，聊为录之。间有不成语处，几欲辍笔，为所录且半，遂卒业焉。牛溲马浡，医者不弃，亦窃附此义云。

万历甲申阳月甲子梦觉子漫识

周锡山 编校

王国维集

第一册

中国社会科学出版社

图书在版编目(CIP)数据

王国维集／周锡山编校 . —北京：中国社会科学出版社，2008. 12
(2012. 8 重印)

ISBN 978 - 7 - 5004 - 6777 - 9

Ⅰ. 王…　Ⅱ. 周…　Ⅲ. 王国维(1877—1927)—文集　Ⅳ. C53

中国版本图书馆 CIP 数据核字 (2008) 第 020742 号

出 版 人	赵剑英
选题策划	郭沂纹
责任编辑	史慕鸿
责任校对	刘　俊
责任印制	张汉林

出　　版	中国社会科学出版社
社　　址	北京鼓楼西大街甲 158 号（邮编 100720）
网　　址	http://www.csspw.com.cn
	中文域名：中国社科网　　010 - 64070619
发 行 部	010 - 84083685
门 市 部	010 - 84029450
经　　销	新华书店及其他书店

印　　刷	北京君升印刷有限公司
装　　订	廊坊市广阳区广增装订厂
版　　次	2008 年 12 月第 1 版
印　　次	2012 年 8 月第 2 次印刷

开　　本	960 × 640　1/16
印　　张	120.75
插　　页	8
字　　数	1796 千字
定　　价	198.00 元

序

徐中玉

　　周锡山研究员是我多年熟知，在 20 世纪 70 年代第一批古代文论研究生班中勤奋坚持学术研究工作，先后已发表出版论文专著多种的学人。他对 20 世纪我国文史哲多方面大师王国维先生的著作，从事学习研究、资料搜集的工程，一直不遗余力。包括清华大学举办的纪念王先生的大会在内，同类会议他几乎全曾参加，发表意见，或作专题报告，颇有贡献。

　　王先生的全部著作、译作和各种科研成果，当有六百万字左右。其中著述三百多万字，另有译文、为前人原著注释等，受到学术界同人重视，都认为是优秀成果，值得珍存，一并流传，以供参考。锡山不仅非常敬佩王先生的成果，还已撰文发表了不少研究文字，认真分析介绍王先生的卓见，及其研究的意义和方法。

　　王先生的全部著作和各种成果，由于迄今还未搜集完整，正式出版，虽然大部分已经先后有大小不一，篇幅有异，繁简亦有差别的零本刊行，但不少较好的本子目前已很难买到。目前研究学者大量增加，急要阅读王先生的著作，十分迫切。锡山经几年注意，特选编出四册代表性的著作，即第一册的中国文学、美学、哲学研究；第二册的西方文学、美学、哲学研究，诗词创作和文化学研究；第三册的戏曲学研究；第四册的教育学、古文字、历史学研究。除选有王先生本文外，书前还有锡山的"前言"，对王先生的崇高学术地位、成就总评、著作总貌与本书编写宗旨与范围，以及王先生的学术总貌、根底、治学方法、重大学术观点新介，有所论述。认为王先生的著作，对创造目前我国新文化仍有积极意义。都可供读者们讨论、参考。

　　因此，我相信锡山化数年之力，编选出这几本王先生全部著作的有一定代表性的读本，一定会受到广大读者欢迎。

二〇〇七年十一月八日

序

戴家祥

今年是先师王静安先生百二十岁的纪念，也是他逝世的七十周年。

记得 1927 年 6 月 2 日（农历五月三日），清华大学的浙江籍师生，假座工字厅聚餐。饭后，有人向会长——曹云祥校长倡议，今晚可用我们的名义，发一个通电，呼吁蒋介石放下屠刀，完成北伐大业。

曹校长字庆五，浙江嘉兴人。他十分谦逊地答道：我们的声望，起不了什么作用的。要搞呢，还得邀请在京的知名人士领个衔。例如：

孙慕老（孙宝琦，字慕寒），

汪伯老（汪大燮，字伯涵），

某某老，

一位旧制留美预备生蓦地抢着唱一名：

"吴其老！"

引起哄堂大笑。吴其昌（子馨）也被逗得前俯后仰，笑个不停，工字厅里闹得气氛热乎乎的。

忽然李济的助手王庸（以中）进来与人窃窃私语，刘节（子植）笑着说："不会的，不会的。"我便跑去问他笑什么？刘节答道：有人说"王先生到颐和园自杀去，我说不会的"。因为前一天有人在日本人办的《顺天时报》上造谣，说"北伐军明天即来北京"。北伐军杀掉过湖南著名学者叶德辉，但王先生说："他（指叶德辉）在地方上名声不好。动乱时好人多不出来，出来的多为投机分子。"那天，山西人卫聚贤劝王先生"到山西去避避"。王先生说："这些书怎么办？"刘节认为，清华园在郊区，不是怕军队，而是怕土匪，想办法到城里避避。所以刘节说："王先生可能到城里去了。"但我总是放心不下，去王家，想问个究竟。半路上碰着王先生的助手赵万里，我问先生到颐和园去，真的吗？赵万里答"是真的"时，我两腿一软，昏倒过去。吴其昌遥远地看见，知道情况不妙，大哭起来。赵万里扶我起来，刘节拉着吴其昌到校门口，校长曹云祥也来了。我们分乘两部卡车，开到颐和园，但门岗不让进去。清华园警署的派出所所长上去交涉。门岗请示上级，只准一人进去。吴其昌吵起来，骂门岗，曹校长批评了吴其昌。

王先生那天是乘黄包车去的。那个车夫一直等在颐和园门外，门岗问他："游人都走光了，等谁？"他说等一位老先生，留有辫子。门岗一听，就说里面有人跳水自杀，你去看看是否是他。车夫进去一看，果真是王先生，就跑回清华园西院十八号王宅来报信。

那天王先生跳进水里，园林工人听到声音，马上过来，抓住他撩在后面的衣服拉上去，背上衣服还没湿。可见时间不长，如有急救医生还不会死。

当晚天已黑，遗体暂留园中。第二天请法院验尸。下午一点多钟，一位穿灰色长袍的检察官才来。摆起桌凳，坐在上面。清华园警署派出所所长代表家属，请求免验。他问王先生的儿子王贞明："平时有没有精神病，家里有没有受过刺激？"王贞明答："没有。"又问："为什么自杀？"王贞明回答："不好讲。"检察官说："可以说么，有什么不好讲！"王贞明说："时局的关系。"检察官补充说："忧时。"又说："统统不验不行。既是有地位的人，只脱上身的衣服。"查后说："没有别的伤，不是被杀。"衣服解开时，发现有三块银圆和一份遗书。

王先生是溺死的，我们看到他嘴里流出血来。

那天，我们将王先生的遗体领回来，由四个工人抬着。抬到庙里装棺材。这时他家做了多年的老妈子，叩头先哭了，并为他重梳辫子。曹校长要大家鞠躬，陈寅恪说："我要叩头。"大家鞠躬后，陈寅恪跪下叩头，我和其他学生也都跪下叩头。

王先生去世的当晚，我们从颐和园回来，到赵万里家帮他写报丧的信封，赵万里拟好一个给罗振玉的电报云："师今晨在颐和园自沉，请代奏。"我说："为什么不打电话呢？"赵万里说："电话更慢，有一次，八小时才打通。"我便把他的电报送到清华园邮局发出去。罗振玉于是伪造了所谓临终遗折，称为清室尽忠而死。按大清则律，凡是内阁大臣，官至六部九卿者，死后可加赠一级。王先生在辛亥革命之后，任南书房行走，官仅五品，死后再加一级，也不过奉政大夫，怎么可称"公"呢。

王先生身边的遗书说："义无再辱。"前辱是指 1924 年冯玉祥将废帝溥仪从故宫中赶出。

徐中舒说："王先生进故宫当南书房行走，并非感到光荣，而只是去看'看不到的东西'。"

王先生去世后，挽诗挽联很多。我记忆最深的是梁启超的挽联："其学以通方知类为宗，不独奇字译鞮，创通龟契；一死明行己有耻之义，莫将凡情恩怨，猜似鹓雏。"这副挽联不仅高度评价了王先生的学术价值，而且充分理解王先生自沉一举所包含的道德伦理观，批驳了一些凡夫俗子的闲言碎语。

我是先从书本上认识王先生的。那还是在温州读中学时，我看到罗振玉编的《齐鲁封泥集存》，罗振玉序中说到王先生用"王徵君"的称号。因为当时教育部曾聘他做官，但他不肯去上任。"封泥"是古代竹简文书封口上的印章。竹简文书往往用绳扎紧，在绳的结头处用一块泥封牢，再在上面加盖官印。王先生对汉代封泥很熟，于是请他按照《汉书》百官公卿表分门别类，加以校订。这是一件了不起的学问。因此，陈燕甫先生说他是真正的古文家。

我早年读到王先生的另一部著作是《观堂集林》。《观堂集林》是王先生在仓圣明智大学时的著作。仓圣明智大学在哈同花园（现上海展览馆）内，当时只有树木、山石。哈同夫人罗迦陵，咸水妹出身，咸水妹是专门服侍洋人的妓女。基督教徒姬觉弥看中哈同的遗产，巴结罗迦陵，二人出面办了所民办性质的大学。王国维先生住在文义路、大通路，有空就去蒋孟苹（字伯斧）家看书，帮助蒋孟苹编《密云楼藏书志》，蒋孟苹就出资帮助王先生出版自己的学术论文《观堂集林》。我就托熟人以八块银圆的代价在上海买到一部。

拜读王先生的著作后，愈感到王先生学问之深厚博大，对王先生的敬仰之情也日益增长。

1925 年，我的同乡王季思从南京寄来一份剪报，说清华大学办了国学研究院，导师有王国维、梁启超、赵元任、陈寅恪等，约我一起去应试。那年上海发生五卅惨案，奉系军阀乘机南下，交通受阻，没有赶上应试。1926 年秋季，总算实现我的愿望。而王季思却承受不了川资没有去。

当时清华大学有一部分留美学生，当时快结束。所以由一些全国第一流的教授、学者办起国学研究院。有王国维、梁启超、陈寅恪、赵元任四位名教授。月薪四百银圆。对王先生来讲，这是一生中待遇最高的时期。梁启超自退出政界后，认为五四运动对旧的传统文化否定的太多，可能会后继无人，因此，愿意出山执教，工资无所谓。

这四位教授讲课、做学问各有各的特点。梁启超的课程是中国历史研究法、儒家哲学，计划性很强。他自己不写，由上届留下来的周传儒做笔记，事后整理成文。梁先生自己每月拿出工钱三十元给他。梁先生在燕京大学讲古史真伪及其年代，每周讲一次，月薪一百元，他自己每月拿出三十元，叫姚名达记笔记。王国维先生不让人代写，都是自己亲自动笔。陈寅恪先生知识面广。但讲课太多、太乱，学生都记不下来。第一年讲的题目是"西洋人之东方学的目录学"。梁启超认为题目很好。后又讲《金刚经》，由高僧传译而成，因语法颠倒，根本就听不懂。

梁任公很健谈，到他家里去，光听他一个人说。王先生则很少讲话，主要听你讲，也很少表态。如你讲得好，他就说一句："那倒很有意思。"到陈寅恪先生那里，他讲一半，学生讲一半。赵元任那里，学生去的比较少。

研究院的教务主任也是四百银圆一月。有大学部教务长张彭春、研究院筹备主任吴宓等人。张彭春认为只要一个人就够了，如要他做，二百元工资就够了。因而其他人感到有压力。校长就做他工作，认为"你的意见是好，但其他人接受不了"。结果张的意见没被采纳，一气之下，离开了清华。学生当时倒都要留他。

当时留美处的教务主任是庄泽宣，训育主任是余日宣，加上吴宓共三人。后又找了物理系教授梅贻琦做教务主任。我在南开大学时还碰到过张彭春，谈起往事，他说："年轻时太好强么。要自我表现，这是缺点。"

国学研究院第一届招生三十人，息县刘盼遂名列第一，海宁吴其昌第二。第二届招生二十名，安阳谢国桢名列第一，永嘉刘节名列第二。第三届只招十名，有蒋天枢等。第四届只招两名。我们当时都以有这样的导师指导而自豪。王门弟子除我们以外，当然还有许多通过其他途径向王先生求教的弟子和私淑。至今还常听到一些知名学者以王门弟子自夸。足见王先生在学术界威望之高，影响之大。

锡山君研究王学多年，著述多种，乃学界后起之秀。近年又精心编就《王国维集》。嘱我题签并作序，故重拾清华园的一些轶事旧闻，告祭先师之英灵。

一九九七年六月二日，时年九十有二

前　言

　　王国维（1877—1927），字静安、静庵，号观堂、永观、人间，浙江海宁人。晚年先后任北京大学国学门通讯导师（因胡适等人的极力推荐，北京大学四次敦请他出任教授，皆为其所拒绝）、清华大学（时称清华学校）国学院研究院导师，是 20 世纪国学的第一大学者。2006 年由中国人民大学国学院发动、有 120 万人参与的海内外网上推举"20 世纪十大国学家"的活动中，王国维以遥遥领先的票数被推举为第二，则显示了读者层面众望所归的推选结果。

　　鲁迅对王国维的评价极高，认为要讲国学，"他（指王国维）才可以算一个研究国学的人物"（《热风·不懂的音译》）。郭沫若认为王国维的著作"领导着百万后学"（《历史人物·鲁迅与王国维》）。缪钺的评价更为具体："海宁王静安先生为近世中国学术史上之奇才。学无专师，自辟户牖，生平治经史，古文字，古器物之学，兼及文学史，文学批评，均有深诣创获，而能开新风气，诗词骈散文亦无不精工，其心中如具灵光，各种学术，经此灵光所照，即生异彩。论其方面之广博，识解之莹彻，方法之谨密，文辞之精洁，一人而兼具数美，求诸近三百年，殆罕其匹。"（《诗词散论·王静安与叔本华》）而陈寅恪先生对王国维著作的重大历史意义阐发得最充分，他因王国维说过"学术之发达，存乎其独立而已"的名言并终身实践，在《清华大学王观堂先生纪念碑铭》中说："来世不可知者也。先生之著述，或有时而不章。先生之学说，或有时而可商。惟此独立之精神，自由之思想，历千万祀，与天壤而同久，共三光而永光。"这些都是对王国维作出至为精当的总体评价，成为权威性的意见。

我在《论王国维的伟大学术成就对当代世界的价值》中言及，已故国学大师姜亮夫曾赞美："陈寅恪先生广博深邃的学问使我一辈子也摸探不着他的底。"（《忆清华国学研究院》）而学界泰斗陈寅恪则赞美："（王国维）先生之学，博矣精矣，几若无涯岸之可望，辙迹之可寻。"其遗书"为吾国近代学术界最重要之产物也"（《王静安先生遗书序》）。陈寅恪在王国维挽词里讲："风义平生师友间"，在学问上将他作为师长看待。姜、陈的评价都是恰当的，由此可见王国维在 20 世纪学术界至高无上的地位。

王国维学贯古今、融会中西、博大精深，在中国文学、哲学、美学、艺术学、文化学、古文字学、历史学、教育学、敦煌学、文献学、图书馆学等多种学科取得领先性的成就，王国维之学问和著作深广精新兼备，因此，王国维是 20 世纪中国现代学术最重要的开辟人和奠基者之一。他还是个成果颇多的翻译家和成就卓越的诗词创作家，取得独创性的成就。

王国维的众多学术成果不仅是 20 世纪学术成果的典范，而且其重要成果至今领先于国内外学术界，对 21 世纪的学者和读者也有着巨大的指导作用。对于爱好文史哲美的青年读者更是经典的教材和参考读物。

海内外至今尚未出版过收罗齐全的《王国维全集》。王国维逝世后罗振玉编校、出版的《王忠悫公遗书》（1927）和赵万里编校、出版的《王静安先生遗书》（1940），以及后来台湾出版的两种"全集"，实际上都不全，王国维的多种著作包括本书中的一些重要篇章，以上诸书都未收入。

鉴于以上原因，笔者特编选本书，以满足学术界和广大读者的需要。

王国维的全部著作、译作和科研成果约有 600 万字，其著作约370 万字（包括专著、论文、评论、序跋、记叙文章、札记、诗词、书信、日记等，和他所注释的前人名著的原作如两种《竹书纪年》与《长春真人西游记》等），其中他的学术著作和诗词创作约 320 万字；另有科研成果《水经注校》47 万字，译文约 140 万字。本书篇幅约 160 万字，约为王国维全部学术著作的二分之一。本书选入王国维著作中适合当今学者、读者反复学习和研究的全部精华，是王国维选编诸书中，最为齐备的一种，编选的宗旨如下：

一、王国维著作中的热门和优秀作品全部收入，总结性地显示了这位中国现代学术奠基人罕与伦比的杰出成果。

二、适合最广泛的读者阅读、学习的王国维有关文学、美学、哲学、文化学的全部著作（包括散文和诗词创作）都已全部收入，总结性地显示了这位 20 世纪新文化运动先行者和指导者领先超前的优秀成果。

三、所收录的篇目全面、完整，提供了王国维"足以转移一时之风气，而示来者之轨则"（陈寅恪《王静安先生遗书序》）的典范的读书方法和研究方法：中西融合法、二重证据法、以诗补史法、原典细读法和论题精研法。

四、所选录的王国维史学著作和与之相关的古文字学著作，完整地反映了王国维对于中国历史最重要的阶段（即中华民族形成和走向统一的最重要的阶段）——自商周至两汉，兼及魏晋至唐宋——的历史观和他所撰写的自商周至元代的相当完整的北方民族史，兼及先秦两汉至宋代、清代学者的史学研究成果的再研究，显示了这位举世公认的 20 世纪中国"新史学开山"（郭沫若《鲁迅与王国维》）业绩的全貌，可以作为典范的历史学教材。

经过阅读和对比，我认为：王国维与陈寅恪在中国史学的研究领域，形成了自然而默契的衔接——王国维着重研究先秦两汉史兼及魏晋至隋唐，上古至元蒙的北方民族史，以及与之相关的商周秦汉古文字学。他的后辈学者陈寅恪谦称"寅恪平生不能读先秦之书"（《刘叔雅庄子补正序》，《金明馆丛稿二编》）。后又曾说："寅恪不敢观三代两汉之书，而喜谈中古以降民族文化之史"（《陈垣元西域人华化考序》，《金明馆丛稿二编》）。他着重研究的是两汉以后的魏晋南北朝至隋唐的政治、经济、文化史和北方民族史，兼及明末清初史（结合才女柳如是和陈端生的研究）。他首创的以诗证史、以文证史的读书和研究方法也运用了王国维首创的中西融合法、二重证据法、以诗补史法。王国维和陈寅恪两人所创的读书和研究方法是可以互补的。王国维研究的重点是最为困难艰深的商周秦汉这一段历史，成果累累，至为不易。例如他通过甲骨文研究，明了了商朝历代君王的确切称名和世系，从而证实了《史记》关于商朝的记载的可靠性，使商朝的历史成为举世公认的信史，又使学界以此推论而信任《史记》对夏朝的记载也是正确的。

本书在王国维著作中，选录历史学、古文字学的精华作品，没有什么遗漏；另有一些过于冷门、专门而且艰深、枯燥的研究文章，虽也是王国维的名著，如极其冷僻的古字和音韵研究（《六朝人韵书分部说》）、古尺和唐尺研究的多篇论文、东汉洛阳古经的碑刻研究（《魏石经考》）、金代的北方边界研究（《金界壕考》）、关于古书的专门性的版本研究和记录等，其知识点与当今学者和读者的关系太远，故而一律不收，以省篇幅。

一

对于本书辑编的内容，结合王国维所取得的巨大学术成就，今按本书的分册，简要介绍如下。

（一）中国文学、美学、哲学研究

本书第一册收齐王国维中国文学、美学、哲学的全部论著。王国维在文学、美学学科的三大名著《红楼梦评论》、《人间词话》和《宋元戏曲考》，都是领先于20世纪中国和世界学术界的划时代之作（其中《宋元戏曲考》，本书编入第三册戏曲学中）。

在中国文学研究方面，《红楼梦评论》是20世纪中国文学史和美学史的划时代的宏文。

王国维于1904年发表的《红楼梦评论》是我国文学批评史上第一篇运用西方美学与文艺理论和近代科学方法来评论文学名著的论文，由于此文的倡导，20世纪至今的中国文坛流行着用西方理论研究中国文艺作品的方法；此文用老子、亚里士多德、叔本华等巨匠的著名理论作为研究的指导，并把《红楼梦》与歌德惨淡经营 60 年的巨著《浮士德》作对照研究，因而是我国第一篇成功运用比较文学方法研究作品的论著，开创了 20 世纪中国的比较文学学科；在红学史上它又是第一篇系统的研究专论，从真善美兼顾的审美角度，给《红楼梦》以最高，也是最正确的评价，他指出：《红楼梦》是世界文学史和文化史上的优美与壮美相结合、以壮美为主的天才之作，是悲剧中之悲剧，宇宙之大著述，因此，此文又是开创 20 世纪新红学的一代宏论，具有划时代的意义。

与他相比较，不仅蔡元培等人堕入索隐派迷雾，胡适全盘否定《红楼梦》的艺术成就，就连鲁迅也在王国维已取得的成就面前反而倒退了。鲁迅说："高尔基很惊服巴尔札克小说里写对话的巧妙，以为并不描写人物的模样，却能使读者看了对话，便好像目睹了说话的那些人。中国还没有那样好手段的小说家，但《水浒》和《红楼梦》的有些地方，是能使读者由说话看出人来的。其实，这也并非什么奇特的事情，在上海的弄堂里，租一间小房子住着的人，就时时可以体验到。他和周围的住户，是不一定见过面的，但只隔一层薄板壁，所以有些人家的眷属和客人的谈话，尤其是高声的谈话，都大略可以听到，久而久之，就知道那里有那些人，而且仿佛觉得那些人是怎样的人了。"（《花边文学·看书琐记》）鲁迅以巴尔扎克为例，给西方文学的经典作家以极高评价，而对中国的经典作家则评价不高："中国还没有那样好手段的小说家"，这句话，充分表达了鲁迅对中国古典小说远低于西方的基本评价，也表达了他在世界文学史范围内对《红楼梦》的不高的评价。王国维则认定《红楼梦》与《浮士德》一样，不仅是世界文学史上的最伟大作品之一，而且也是世界文化史上的最伟大作品之一。

《文学小言》是中国文学和美学研究的名文，在此文中他提出中国诗人中，以屈原、陶潜、杜甫和苏轼为成就和地位最高的观点，又极度肯定忠于艺术的创作态度，反对为了名利而创作，反对将文学作为谋取生活经济来源的手段，为金钱所左右。主张天才作家"又须济之以学问，帅之以德性，始能产真正之大文学"，"其人格亦自足千古",糅和中国古代文论"诗品决定于人品"的著名论艺原则,补充了康德和西方"天才论"的不足。

《屈子文学之精神》和《清真先生遗事》评论了王国维评价最高的诗人屈原和词人周邦彦。在前文中,王国维分析了北方文学和南方文学的两种风格和各自的优点,在这个基础上认识屈原的创作成就和特点,这比鲁迅的北人与南人区别的分析更深入地探讨了中国文化南北差异的本质,并精辟地指出当时"南方学派之思想,本与当时封建贵族制度不能相容"。"而大诗歌之出,必须俟北方人之感情,与南方人之想象合而为一,即必通南北之驿骑而后可,斯即屈子其人也。"

王国维是敦煌学的创始人和权威学者之一,本书收录的《敦煌新发见唐朝之通俗诗及通俗小说》、《宋刊〈大唐三藏取经诗话〉跋》、《唐写本韦庄〈秦妇吟〉跋》、《唐写本〈云谣集杂曲子〉跋》诸文都是研究在敦煌发现的重要文学资料的领先性的研究文章。

王国维的其他文章也多有启示性的独创性成就。如《书〈宋旧宫人诗词〉、〈湖山类稿〉、〈水云集〉后》介绍和分析宋末诗人汪水云陪伴投降的南宋皇室一起北上前后充溢悲凉凄切的情感而又优美生动的诗作。由于他精切描绘降敌前后的京城临安:"淮襄州郡尽归降,鼙鼓喧天入古杭。国母已无心听政,书生空有泪成行。"写出兵临城下、强敌汹涌的恐怖景况,以至于"乱点连声杀六更,荧荧庭燎待天明。侍臣已写归降表,臣妾签名谢道清"。执政太后谢道清彻夜不眠、侍臣急写降表的宫中竟然"乱点连声杀六更",于是"六宫宫女泪涟涟,事至谁知不尽年。太后传宣许降国,伯颜丞相到帘前"。用史诗的笔法写出史书阙如的栩栩如生的历史性的重大和重要场面,这样凄惨的血泪之诗,千载以后依旧令人感叹万分。汪诗又具体记叙宋室君臣、后妃作为降虏在塞外的生活场景和精神面貌,王国维说:"南宋帝后北狩前后事,《宋史》记载不详,惟汪水云《湖山类稿》尚纪一二,足补史乘之阙。"此语提出了"以诗补史"法。此文又对这位被押往塞外并被迫在元朝任职、获准南返后又从事抗元活动的爱国诗人和作品作出极为精当、深刻的评价,对 21 世纪全面、准确、深刻的历史观的建立具有典范的指导意义，是王国维运用他自己所创立的"以诗补史"的研究方法的典范篇章。

《东山杂记》、《二牖轩随录》和《阅古漫录》是王国维在 20 世纪 20 年代作为连载文章刊登于冷门报刊的学术札记。其中少数文章是根据他已经发表的学术论著和论文中摘录或略作改写的，大多则是首次发表的学术札记和笔记。今将其中文学类和与文学有关的艺术类的文章选辑于本册（关于戏曲的文章则编入第三册）。为免分割过碎，个别历史、文字、音韵、艺术类的文章也收罗于此，而不再另立分类或编入本书的相应各类之中，使以上三书的面目相对集中，便于读者和学者学习和研究。个别已经发表过的论文，由于作者在改写时增补新的内容，本书也予选录，供读者参考，以便学习大师的写作方法和修订方法。

在中国美学研究方面，《哲学家与美术家之天职》和《古雅之在美学上之位置》是两篇著名论文。前文高屋建瓴地以中国和世界学术史和文化史的广阔背景，指出：哲学与美术（指文学艺术）是"天下最神圣、最尊贵"的事业，而"无与于当世之用者"。这是因为，哲学与文学所追求的是真理，是天下万世的真理，而不是一时一国的真理；发现真理的哲学家与"以记号表之"的文学家的功绩是天下万世的功绩，而不是一时一国的功绩。唯其如此，哲学与文学的真理便"不能尽与一时一国之利益合，且有时不能相容"。可以认定，不为时空所囿的神圣与表现为政治的功利是一对永恒的矛盾。可是"政治家及实业家之事业，其及于五世十世者希（稀）矣"，"政治上之势力有形的也，及身的也；而哲学美术上之势力，无形的也，身后的也。故非旷世之豪杰，鲜有不为一时之势力所诱惑者矣"。但学者探索真理所产生的巨大的幸福感却是常人所无法知晓和理解的："今夫人积年月之研究，而一旦豁然悟宇宙人生之真理，或以胸中惝恍不可捉摸之意境一旦表诸文字、绘画、雕刻之上，此固彼天赋之能力之发展，而此时之快乐，绝非南面王之所能易者也。"帝王的高位也远不及探索真理、研究学问、艺术创造的乐趣，真是探本之论。《古雅之在美学上之位置》建立了王国维美学体系中独特的古雅说，以补充中西方天才说之不足。

本书收集的其他美学论著和文章也都时有新见和精义，而专著《人间词话》则是20世纪中国名声最大、成就最高的一部美学名著。本书的《人间词话》是收集资料最为齐全的集成版本，不仅收齐全部原始资料，而且辑入王国维本人的重要口头论述，并附有我所编订的《人间词话》手稿与本编、通行本条目次序对照表和两种稀见的早期版本的序言。

在中国哲学研究方面，王国维梳理孔子、子思、孟子、荀子、老子、列子、墨子之学和周秦诸子之名学，颇为全面、完整地介绍了先秦最主要的儒、道、墨三家的学说，可作为青年学子学习先秦哲学的优秀教材。《周濂溪之哲学说》和《国朝汉学派戴阮二家之哲学说》介绍、评论了宋代理学名家和清代著名哲学家的哲学理论；他参照西方哲学观点解释和论述性、理、命这三个中国哲学的核心概念的论文，具有异样的研究深度，在学术上颇多创造性，作出了超越前人的探索。

由于王国维对中国哲学尤其是美学的研究全面、精深，成绩巨大，所以冯友兰的《中国哲学史新编》第六册第六十九章"中国近代美学的奠基人——王国维"，专门研究王国维。冯友兰是20世纪中国最杰出的哲学史家和哲学家之一，他于本章前言说："王国维学问广博，著述宏富，对于历史学、文学、哲学、美学都有深刻的研究，但他在文学、美学、哲学等方面的成就为其历史学所掩。"冯史第六册，除自序、绪论外，凡十一章约十五万字。其中有九章专论清代九家，最后一家即为王国维。此章篇幅近一万八千字，约占全书八分之一。可见冯友兰这部权威著作对王国维哲学、美学研究的重视。

（二）西方文学、美学、哲学研究，诗词创作和文化学研究

本书第二册收齐王国维关于西方文学、美学、哲学和文化学研究方面的全部文章，以及他诗词创作的全部作品。

王国维是第一位引进西方哲学、美学的学者兼翻译家和创作家。20世纪前十年的上海《教育世界》杂志，成了发表他研究和翻译作品的园地。

王国维在西方文学的介绍方面，主要介绍了处于西方领先地位的英、德、俄三国的文学大家和著名诗人。在西方哲学、美学研究方面，王国维介绍和评论了古希腊苏格拉底、柏拉图、亚里士多德这三位西方最重要的哲学、美学祖师；德国康德、叔本华与尼采这三位西方哲学、美学影响最大的巨匠。也介绍了英国培根、霍布斯、洛克、休谟，荷兰的斯宾诺莎，法国的卢梭等人，还介绍了托尔斯泰之近世科学评论和霍恩的美育说。本书除收入了这些文章之外，还选入《叔本华氏之遗传说》（原附于王文之后）和《哥罗宰氏之游戏论》的译文之摘录，此因其内容颇为有用，并能让读者领略王国维理论著作译文的风格之一斑。

王国维精通英文、日文，通过英译本和日译本学习和研究德国文德尔班《哲学史教程》等西方哲学史名著和亚里士多德、康德、叔本华、尼采的原著，全面、完整、深入地掌握了西方哲学史和美学史，尤醉心于德国的康、叔、尼三家，对亚里士多德的《诗学》、康德的三大批判、叔本华的《作为意志和表象的世界》这五部巨著的研究最深。

冯友兰指出："西方近代哲学主要分为英国经验派和大陆理性派，严复是经验派的介绍者，王国维是理性派的宣传人。"（《中国哲学史新编》）他的王国维章第一节的标目"王国维对于康德的推崇"，即抓住了王国维整个学术思想和学术成就的一个根本：王国维于西学中，受康德的影响最大最深，康德哲学、美学为王国维的主要学术根底之一。冯史说康德是"西方近代最大的理性主义者"。康德上承古希腊哲学，下开西方哲学之新纪元，是西方近现代哲学之祖师。王国维目光正确，冯史大段引录王国维自叙学习康德之过程，又指出"王国维认为他（指康德）的主要贡献是：'观外于空（空间），观内于时（时间），诸果粲然，厥因之随。凡此数者，知物之式，存于能知，不存于物。'"并作了三点结论：一、"王国维研究哲学始于康德，终于康德，中间他放弃康德而研究叔本华，又从叔本华'上窥'康德。经过这几次反复，他研究康德的'窒碍之处，'越来越少，最后他才于康德哲学全通了。"二、"王国维是懂得康德的，他抓住了康德哲学的要点，他用了极高的赞誉，但不是乱赞，他赞得中肯。"三、他对于康德哲学"虽然还有一些'窒碍之处'，但是这些很少的'窒碍之处'并不是由于他不懂康德，而是由于康德哲学本身的错误"。"说明王国维对于康德研究得比较透，理解得比较深。凡研究一家哲学，总要到能看出这一家哲学的不到之处，才算是真懂得这一家。王国维对于康德自以为做到这一步了。"王国维又在《红楼梦评论》中发现叔本华哲学的"绝大的疑问"，可见王国维也的确真正读懂读通了叔本华。

又需注意的是，王国维当年介绍和评论尼采和托尔斯泰等人时，他们有的还在世，有的刚去世，其学说和作品正风行于西方，可见王国维对西方哲学、美学、文学的研究是与当时西方学界的进程同步的。

从王国维本人的论著看，王国维在建立自己的美学体系时，其中最重要的天才说、壮美和优美说等，都是继承康德并作了发展的产物。

本书收入了王国维的全部诗词创作。钱锺书《谈艺录·王静安诗》赞美其诗意的极为曲折，并评论王诗的哲理性说："老辈惟王静安，少作时时流露西学义谛，庶几水中之盐味，而非眼里之金屑。""七律多二字标题，比兴以寄天人之玄感，申悲智之胜义，是治西洋哲学人本色语。"并举例赞赏，如《杂感》"此非柏拉图之理想，而参以浪漫主义之企羡乎"。《出门》"此非普罗太哥拉斯之人本论，而用之于哲学家所谓主观时间……然静安标出'真幻'两字，则哲学家舍主观时间而立客观时间，牛顿所谓'绝对真实数学时间'者也。句如'人生过后惟存悔，知识增时转益疑'亦皆西洋哲学常语"。王国维诗的长处当然不止于此，如"千古壮观君知否，黑海东头望大秦"（《读史》二十首之十二），其气势之雄浑，以其罕于伦比的史识为底气。而"四时可爱唯春日，一事能狂便少年"（《晓步》）显现了他内心的炽热和赤诚。

其词既善抒情，又能写景，幽悠杳妙，境界独深，别开生面。如

《浣溪沙》前半："天末同云黯四垂，失行孤雁逆风飞，江湖寥落尔安归？"写出失败者的孤独和艰难。《蝶恋花》："辛苦钱塘江上水，日日西流，日日东趋海。终古越山潨洞里，可能消得英雄气。"刻画江流的气势却能夹裹着历史的沧桑和苍凉。"人间孤愤最难平，消得几回潮落又潮生。"（《虞美人》）则表露他对世间万物的执著。

王国维的文化学研究也成果累累。《自序》（又称《三十自序》）、《自序二》和《静安文集自序》，自叙学习和研究的经历、经验和认识，对后学者很有启发。

《论近年之学术界》和《论新学语之输入》阐发学习、引进西方先进思想与学术以及新学语的必要和意义。《人间嗜好之研究》提出"最高尚之嗜好，如文学、美术（指艺术）是医治空虚的痛苦的最好良药"。《去毒篇》主张用美术（指文学艺术）替代宗教，给痛苦的人生以慰藉，"而美术之慰藉中，尤以文学为最大"。《〈国学丛刊〉序》针对当时的争论，明确表示：余正告天下曰："学无新旧也，无中西也，无有用无用也。凡立此名者，均不学之徒，即学焉而未尝知学者也。"关键是钻研学问的目的在于探索宇宙人生的真理。凡此种种，至今都能启人神智。

《长春真人西游记校注》是涉及历史、地理、民族、民俗、宗教等多门学科的文化名著。全书用生动的文笔描绘了中国西北和中亚的地理风貌、山水景色、居民的生活状况和当时全真教（道教的一个支派）的宗教活动。王国维在序文中评价此书"文采斐然"，"文约事丰，求之外典，惟释家《慈恩传》可与抗衡，三洞之中，未有是作也"。评价非常高，故而做了精心的校注，成为此书的著名版本。

（三）戏曲学研究

本书第三册收齐王国维戏曲学研究的全部论著。

《宋元戏曲考》是王国维为中国学术界建立戏曲学和戏曲史研究学科的奠基之作，郭沫若将此书与鲁迅《中国小说史略》并誉为"双璧"。此书不仅比鲁迅的《中国小说史略》早15年，而且一空依傍，学术成就要大得多。此书不仅将中国戏曲的萌芽、发展、成熟和取得辉煌成就的历史作了精当的材料梳理和理论描绘，而且在《人间词话》的基础上，进一步阐发了意境说。王国维作为戏曲学这门学科的创立者，做了许多坚实的准备工作。他花费大量时间，收集和摘录了大量的原始材料，先后撰写了《曲录》、《录曲馀谈》、《戏曲考源》、《唐宋大曲考》、《古剧脚色考》、《元刊杂剧三十种序录》、《新编〈录鬼簿〉校注》和《优语录》等基础性和考证性的著作，阅读大量戏曲原作，写下读书记、札记、杂记，甚至还作了四部元杂剧的写定本，这些书、文本身都是当时的领先之作，他在这样的扎实的基础上才撰写《宋元戏曲考》这部体全思精的中国戏曲史首部专著。

本册收入了《东山杂记》、《二牖轩随录》中关于戏曲的杂记、王国维收藏的戏曲善本书上的题跋和评语，都是稀见的材料，还有史学考证文章《元铜虎符跋》，介绍他目验的元杂剧名著中写到的稀见文物，这些文章至今不为众多戏曲研究家所知。

因此，本书第三册汇集了王国维关于戏曲学的全部论著，是收集最为齐全的"王国维戏曲论著集"，完整体现了王国维作为戏曲学学科的创立者的全部科研成果。

（四）教育学、古文字学、历史学研究

第四册收录了王国维关于教育学、古文字学和历史学研究的经典论文和重要文章。另有三篇重要序文，作为附录。

王国维早年任教于通州（今南通）和江苏师范学校（在苏州），晚年任教于清华国学院，是一个优秀的教育家。同时他也是一个优秀的教育学家，他主编上海《教育世界》多年，并在该刊发表了多篇教育学论文，除收录于《静庵文集》和《静安文集续编》之外，另有《孔子之美育主义》和多篇介绍西方教育家的文章（为方便阅读，皆已编入本书第二册西方哲美学部分）。

《论教育之宗旨》首创人才的德智体美四全的全面发展观，这个观点至今仍有重要的指导意义。他在《文学与教育》（《〈教育杂感〉四则之四》）中提出："生百政治家，不如生一大文学家。何则？政

治家与国民以物质上之利益，而文学家与以精神上之利益。夫精神之
于物质，二者孰重？且物质上之利益，一时的也；精神上之利益，永
久的也。前人政治上所经营者，后人得一旦而坏之，而古今之大著
述，苟其著述一日存，则其遗泽且及于千百世而未沫。”同时认为，
如希腊之荷马，英国之莎士比亚，德国之歌德，皆“足以代表全国
民之精神”，这不仅在一个世纪之前是王国维作为首先提倡美育（文
学与艺术教育）的教育家兼教育理论家发出的振聋发聩的声音，即
使在今日也是需要重新强调的重要观点。

　　《奏定经学科大学文学科大学章程书后》深入论述大学文科教育
的重要性、必要性，并以精当的分类方法开列文科各专业本科阶段的
必修课程的全目。这个课程设置除当时尚无电脑，故而没有信息学之
外，其他所列课程至今还是完整、全面、恰当的。《教育小言十三
则》和《教育小言十则》则就教育的重要问题畅叙已见，尤其是对
官本位及其危害的揭示和批判，与今日状况及其所受到的批评何其相
似乃尔，读了令人感慨。

　　本册收录的古文字学和史学单篇文章，全部选自《观堂集林》。
李学勤先生说：“《观堂集林》是王国维先生的一部自选文集，是他
后半生学术的积累和小结，反映了他在学术上多方面的卓越成就，被
公认为中国学术史中的不朽之作。蒋汝藻序说：‘窃谓君书才厚数
寸，在近世诸家中著书不为多，然新得之多，未有如君书者也。’这
是极恰当的评价。《集林》所有各篇，以现今的标准来说，都算不上
长文，有些简直是一条札记，然而其内涵之丰富精深，绝非一般习见
的那种空言无物的长篇巨制可比。《观堂集林》凸显出来的王国维先
生的‘深湛之思、创造之力’，固然不是我辈后学所易企及，却总是
应该景慕向往的。”（《观堂集林·前言》）

　　《观堂集林》涉及的学科领域十分宽广。其《艺林》系遵《汉
书·艺文志》所设《六艺略》，指经学，包括《书》、《诗》、《礼》、
《乐》、《春秋》、《论语》、《尔雅》，以及小学，小学又分文字、音
韵。《史林》首列殷周史，继以地理（包括《水经注》研究）、西北
民族史地，然后有简牍文书、金石、敦煌卷子、版本目录等研究。

《缀林》则为诗词作品。如此繁多丰富，又博大精深的著作，一般读者和学者要遍览和全部读懂是不可能的，因而选择重要的篇章，作为重点学习和参考，是极有必要的。至于《观堂集林》中多篇论及文学、美学的文章，本书已经编入第一册。

除《观堂集林》的选文之外，本册还收录了王国维的史学名著《耶律文正公年谱》和他研究史学名著的名作《古本竹书纪年辑校》和《今本竹书纪年疏证》。

在古文字研究领域，主要选录了金文（钟鼎文）的重要研究文章，甲骨文的研究文章大多与史学研究相结合，故而多已归入本册史学类。另有研究先秦文字的系列论文，则完整反映了王国维的一个重要观点：《说文》古文是战国时代的六国文字，籀文则是秦国文字。本书编入了多篇论述这个观点的重要文章。其中1926年撰写的《桐乡徐氏印谱序》是他晚年精心之作。1926年6月出版的《古史辨》第一册中钱玄同《论〈说文〉及"壁中古文经"书》反对王国维所主张的秦用籀文六国用古文之说，认为《说文》古文为汉人伪造，更进而断定孔壁古文经为伪造。王国维深感有辩驳的必要。王国维因长子之丧，奔丧来上海时，浙江桐乡人徐安曾敦请王国维为其古印谱作序。由于古玺文字是研究六国古文的重要资料，他决定借此序来替代他准备写的关于古文的文章，论述六国玺印、货币、兵器、陶器（与《说文》之古文为同类文字）并当时通行文字，再次抒发和论证自己的这个重要观点。

王国维的甲骨文研究处于学界的前列，是著名"四堂"中的佼佼者。他的甲骨文研究是结合古文字和历史学而进行的。其中《古史新证》是他晚年在清华国学研究院担任导师时撰写的讲课教材，也是用甲骨文和金文研究与论述上古、夏商历史的总结性的权威著作。

在第一章"总论"中，王国维针对当时因五四彻底反传统的思潮而大得其势的"疑古派"否定中国古代史书的真实性，从而对彻底否定中国上古和夏商历史的思潮提出了强烈的批评，并提出了他自己首创的以"地下之新材料"（主要指甲骨卜辞和金文）印证"纸上之材料"（指古书记载）的"二重证据法"。他自信而坚定地说：

"吾辈生于今日，幸于纸上之材料外更得地下之新材料。由此种材料，我辈固得据以补正纸上之材料，亦得证明古书之某部分全为实录，即百家不雅驯之言（指《山海经》、屈原《天问》和《竹书纪年》等）亦不无表示一面之事实。此二重证据法惟在今日始得为之。虽古书之未得证明者不能加以否定，而其已得证明者不能不加以肯定可断言也。"在第四章之后，王国维又根据第三章和第四章"商诸臣"的内容，写了如下一段案语："右商之先公先王及先正见于卜辞者大率如此，而名字之不见于古书者不与焉。由此观之，则《史记》所述商一代世系，以卜辞证之，虽不免小有舛驳而大致不误。可知《史记》所据之《世本》全是实录。而由殷周世系之确实，因之推想夏后氏世系之确实，此又当然之事也。又虽谬悠缘饰之书如《山海经》、《楚辞·天问》，成于后世之书如《晏子春秋》、《墨子》、《吕氏春秋》，晚出之书如《竹书纪年》，其所言古事亦有一部分之确实性。然则经典所记上古之事，今日虽有未得二重证明者，固未可以完全抹杀也。"这和"总论"前后呼应，高度肯定了自己的研究贡献，成为高于信古派和疑古派的"释古派"的理论宣言。

《殷卜辞中所见先公先王考》和《殷卜辞中所见先公先王续考》是王国维研究甲骨文和商殷史的名作。正是通过这两篇论文的精当研究，证明了《史记·殷本纪》的准确可靠和商朝历史的真实存在，并因此而读通屈原《天问》，搞清屈原此文对商朝历史的记载。两文改写后作为《古史新证》的重要章节，本书重复收录是让读者、学者通过两者比较，学习大学者将自己的重要科研成果用于教育实践的精当方法。

《殷周制度论》论证殷商的兄弟继承制度之弊病，和西周嫡长制度的建立及其重大的历史意义和深远影响。此文成就卓著，影响巨大。但史学界至今没有注意到关于西周首创嫡长继承制度的评论，首先是魏徵提出的。《旧唐书·魏徵传》："太宗曰：'国家所以立太子者，拟以为君也。然则人之修短，不在老少，设无太子，则母弟次立。以此而言，安得轻我子耶？'徵曰：'殷家尚质，有兄终弟及之义；自周以降，立嫡必长，所以绝庶孽之窥觎，塞祸乱之源本，有国者之所深慎。'"此论在王国维之前，而王国维此文则竟未提及。按照王国维一贯尊重前人的成果，不掠美、不重复前人的研究风格，他如果受这条史料的启发，必定会明确说明。王国维没有引用这段史料，可能他没有掌握这个史料，这是一个缺失。尽管有此不足，此文详尽论证和阐发这个重大的历史命题，是非常有必要的，也是很为精到的。

王国维对周、秦、两汉史的研究也精密而细微，本书收录了多篇精彩的论文，其中如《汉魏博士考》，研究秦汉魏的博士制度，都具有开创性的意义。

《〈聚珍本戴校水经注〉跋》对戴震这部权威著作的著作权提出了疑问，并分析学者的性格对学问形成和发展的深刻影响。20 世纪90 年代，金克木先生撰文作出发人深省的分析评论，回答了王国维的重大疑问，读者可以参看（《戴震梦告"剽窃"之冤》，金克木著，周锡山编《文化卮言》，上海文艺出版社 1996、1997 年版，中国人民大学出版社 2006 年版）。

王国维的古代民族史研究也取得了巨大的成就，他将中国北方少数民族中最重要的匈奴、胡和鞑靼、蒙古的历史作了精当的考证和研究，根据能够掌握的全部史料，勾勒出这几个民族的历史发展的线索。

《鬼方昆夷猃狁考》是久负盛名的研究匈奴的论文。此文是继《史记·匈奴列传》之后，研究匈奴早期历史的最重要的文章。此文肯定《史记》"唐虞以上，有山戎、猃允、荤粥，居于北蛮"（《史记·匈奴列传》），"自三代以来，匈奴常为中国患害"（《史记·太史公自序》）的重要论点，理清商周时期的匈奴史的现存史料，论证匈奴在商时称为鬼方，周时则称戎狄的史实，弥补《史记》的不足。对于王国维此论及其所理解的《史记·匈奴列传》和有关的记载，持支持态度的有梁启超、陈寅恪、吕思勉、方壮猷、钱穆等一流史家，另有王钟翰主编《中国民族史》（中国社会科学院民族学和人类学研究所专家著，国家社会科学七五规划重点项目，中国社会科学出版社 1988、1999 年版）、白寿彝总主编《中国通史》（全国众多高校的专家合著，国家社会科学六五至八五重点项目，上海人民出版社1994—1999 年版）、林幹《匈奴通史》（中华书局 1986 年版）等专著，史学界极大多数的学者赞同此说。另有《匈奴相邦印跋》、《西胡考》（上、下）、《西胡续考》等文，都是研究北方民族史的权威之作。其中论证胡人相貌及其所引用的史料，十分有趣。

西北地区木简的发现，是 20 世纪考古的重大事件，王国维撰写了多篇文章，本书收录的《〈流沙坠简〉序》、《〈流沙坠简〉后序》和《敦煌所出汉简跋》等文，精彩考证和论述了两汉魏晋时期的边境状况，并介绍了丰富的历史知识，弥补了正史的不足。例如《匈奴相邦印跋》一文让我们了解先秦没有相国，只有乡邦，为避刘邦之名讳，汉以后皆改称相国云云。

王国维是蒙古史研究的权威学者，论著多而影响大。《鞑靼考》、《萌古考》是其中最重要的两篇。

《胡服考》从浩瀚的史书中，汲取点滴史料，连缀成篇，清晰叙述北方少数民族的服装传入中原的历史和影响。《摩尼教流行中国考》将史书中的有关资料全部钩稽出来，经过排比和梳理，较为全面地叙述了摩尼教引进和流行中国的史实。王国维善于从浩瀚的史书中汲取点滴细微的材料，甚至片言只语，围绕特定的论题连缀排比成为宏大精深的论文，用这种文本细读法和论题精研法作出的科研成果，是学术史上罕见的典范。

《太史公行年考》是研究司马迁和《史记》的著名成果。而《耶律文正公年谱》是王国维带着很大的歌颂热情，为这位在元初保护中原知识分子及其所承载的中国传统文化和百姓生机尽力而为的卓有才华的名臣树碑立传的力作。

本书选入的《竹书纪年》两种是重要的古代史书，对研究者也极有参考价值。

《竹书纪年》出土于晋武帝太康二年（公元 281 年）汲郡（治所在今河南汲县西南）的一座战国古墓。原书按年编次，与《春秋》近似，因为写在竹简上，故而称为《竹书纪年》。当时的汲郡，战国时属于魏国，竹简所记讫于“今王”二十年，西晋初年整理时据此断定："今王"为魏襄王,《竹书纪年》是战国时魏国的史书。《竹书纪年》原简收藏在晋王朝宫廷藏书的"秘府",可能于西晋末年的"永嘉之乱"时亡佚,此后晋代学者荀勖、和峤、束皙等人所作的释文也逐渐失传。北宋时据残本重编了此书,后世称为"今本",但此后又湮没无闻了。明代后期,这部今本突然出现,并竞相刊刻。进入清代,从雍正间孙之騄的《考定竹书》以后,更掀起了一股《竹书纪年》的研究热,学者根据散落在各种古书中的零星资料,辑录为古本《竹书纪年》。

《竹书纪年》与其他典籍互证,用以证经或考史,可有许多新的发现。清代雷学淇所作《考订竹书纪年》,"考订者凡三百余事","以之推验古事,凡书在秦火以前者,无不符合"。他又进而撰述了《竹书纪年义证》,"凡正经史之旧义、旧说之违误者,又五百余事",断定《纪年》是"信史"(雷学淇《竹书纪年义证·序》)。嘉庆间,朱右曾将古籍所征引的《纪年》,一一加以辑录,"标明所出",并恢复古本的排列。今本全部据周王编年,雷学淇《竹书纪年义证》和朱右曾《考订竹书纪年》改从晋、魏纪年。王国维《古本竹书纪年辑校》题为"嘉定朱右曾辑录,海宁王国维校补",就是以前者为基础,加以"补正"的(王国维《古本竹书纪年辑校·序》)。在恢复古本《竹书纪年》的原貌上,"取地下之实物与纸上之遗文互相释证",即用"两重证据法""补正"原书的不足之处。

王国维认为今本《竹书纪年》是伪作,断然加以否定,实际上此书在北宋期间辑编时,古本的残书俱在,重编者首先以此为据,再从古注、类书中搜辑佚文,重新加以编辑。因此,今本《竹书纪年》是重编本,具有不可替代的史料价值。而王国维本人在撰写《殷卜辞中所见先公先王考》时,对"王亥"事迹的考证,既采用郭璞《山海经》注所引的古本,又采用今本的"帝泄十二年,殷侯子亥宾于有易,有易杀而放之","十六年,殷侯微以河伯之师伐有易,杀其君绵臣"两条,在"王恒"事迹的考证中,他又引用了今本的"帝芒三十三年,商侯迁于殷"一条,认为"其时商侯即王亥也,《山海经》注所引真本《竹书》亦称王亥为'殷王子亥',称'殷'

不称'商'，则今本《纪年》此条，古本想亦有之"。证明了今本的重要史料价值。因此，王国维的今本疏证的史料价值也是很大的。

冯友兰先生早在《古史辨》第六册的序言中分析当时史学界有信古、疑古及释古三种趋势时，指出："疑古一派的人，所作的工夫即是审查史料。释古一派的人所作的工夫，即是将史料融会贯通。"总结20世纪的中国史学的发展，无疑以王国维创始人、为代表的释古派的成就最大。而疑古派主将顾颉刚在王国维生前逝后多次由衷地表达了他对王国维的极度敬佩，认为王国维"成为中国学术界中的唯一重镇"，对他"十年来如一日"地充满着"恋慕之情"，还于1924年写信给王国维本人表达了待到"学业稍进时，便当追随杖履，为始终受学之一人"的热忱愿望（赵景深主编《文学周报·王国维逝世纪念专辑·顾颉刚〈悼王静安先生〉》）。

本书所选录的王国维作为新史学的开山祖的史学著作，充分显示了他的杰出业绩和卓著成果。王国维的学术实践与巨大成果，对我国现代学术界产生了巨大、深远、有益的影响。

二

以上因限于篇幅，我仅以最重要的著作为例，略作说明。下面我将王国维学术的总貌、研究方法和学术界至今尚未了解和重视的最重要的观点做简单的总结，有的内容上篇已经谈过，就不再重复。

（一）王国维学术的总貌

王国维先生是20世纪中国最杰出的文史学者，全面深入地继承了中西文化，又将中西文化之精粹完美结合，从而取得罕与伦比的辉煌成就。

王国维的治学根底和治学目标都以世界的广度和历史的高度为追求，故而他的治学眼光高远宏深。他强调"异日发明广大我国之学术者，必在兼通世界学术之人"（《奏定经学科大学文学科大学章程书后》），王国维在中国和世界学术史上，首先提出"世界学术"这一宏伟目标，具有划时代的意义。这比人所称道的歌德首创的"世界文学"的眼界更为深入和宽广，因为无论是创作和研究，文学都必须有多种学科的支撑。

王国维所继承、发展和总结的意境说理论是世界上唯一的以中为主、三美（中国、印度、西方美学）皆具的美学理论体系，取得领先的学术地位，并适用于西方文艺名著的评论和研究。

（二）王国维的学术根底

王国维的治学根底，以中学来说，读通了"四书"（《论语》、《孟子》、《大学》、《中庸》）和《十三经注疏》，二十四史和《资治通鉴》，尤精熟《史记》、《汉书》、《后汉书》、《三国志》，即"前四史"，在这个基础上再上溯甲骨文、金文，并研读《说文解字》等古汉语经典著作。同时，读了大量文学著作。此外他又鉴赏了罗振玉所藏的古器物、拓片，研究了被盗至西方的敦煌珍品或其复制品等，而儿时又受过颇通金石书画的父亲的艺术熏陶。在传统经典著作中，他仅对《周易》体会不深，重视不够。他在《与友人论〈诗〉〈书〉中成语书》中自述说："《诗》《书》为人人诵习之书，然于六艺中最难读。以弟之愚暗，于《书》所不能解者殆十之五，于《诗》亦十之一二。此非独弟所不能解也，汉、魏以来诸大师未尝不强为之说，然其说终不可通，以是知先儒亦不能解也。"他尽管如此再三声明《尚书》有许多地方"不能解"，学界却依旧认为"国维先生对《尚书》有深入的研究和创造性的贡献。他的论文集《观堂集林》，开卷《生霸死霸考》、《高宗肜日说》、《洛诰解》，一直到《〈书〉顾命同瑁说》等好多篇，都是关于《尚书》的，可说达到了这方面研究的最高水平"（李学勤《王国维的"阙疑"精神》，《中华读书报》2005 年 4 月 25 日）。

王国维的西学根底，建立于 1898 年至 1907 年，用了实足 10 年的工夫。最初学习日语、英语和数、理课程。后来以攻读康德和叔本华为主。他的西学根底，是以"最高之学术"哲学及美学为主，全面地掌握包括逻辑学、伦理学、心理学等现代科学的全部学科；在完整深入掌握自古希腊至 20 世纪初的全部西方哲学史之基础上，重点读通柏拉图、亚里士多德、康德、叔本华和尼采五家。关于柏拉图，冯友兰认为"王国维是从叔本华上接柏拉图"，他的论著中运用了"柏拉图哲学中的一个中心思想"，即"理念"，而且"在《人间词话》中，他从叔本华上窥柏拉图，倒是相当明显的"。学有根底的学者一般在全面学习的基础上精读一位大家以掌握典范，而王国维则精研了康、叔两家，其西方哲学和美学根底之深厚，便罕与伦比了。

（三）经典性的治学方法

王国维的治学方法也具有经典性。他在赞美段玉裁研究《说文解字》的杰出成果时赞叹说："大家读书眼光直透纸背"，他本人也达到这个境界，且超越前人，原因除了他学问渊博之外，还在于他摸索到多个有效的治学方法。20 世纪的诸多研究家对王国维的治学方法作过很多的研究和探讨。其中最著名的是陈寅恪于《王静安先生遗书·序》中所总结的三大方法：

一曰取地下之实物与纸上之遗文互相释证，凡属于考古学及上古史之作，如《殷卜辞中所见先公先王考》及《鬼方昆吾猃狁考》等是也。二曰取异族之故书与吾国之旧籍互相补证，凡属辽、金、元史事及边疆地理之作，如《萌古考》及《元朝秘史之主因亦儿坚考》等是也。三曰取外来之观念与固有之材料互相参证，凡属于文艺批评及小说戏曲之作，如《红楼梦评论》及《宋元戏曲考》等是也。

他还以王国维为典型，指出："昔大师巨子，其关系于民族盛衰、学术兴废者，不仅在能承续先哲将坠之业，为其托命之人。而尤在能开拓学术之区宇，补前修之未逮。故其著作，可以转移一时之风气，而示来者之轨则也。先生之学，博矣精矣，凡若无涯岸之可望，辙迹之可寻。"而王国维的著作"要皆足以转移一时之风气，而示来者之轨则。吾国他日文史考据之学，范围纵广，途径纵多，恐亦无以远出三类之外。此先生之遗书所以为吾国近代学术界最重要之产物也"。

饶宗颐则将"取异族之故书与吾国之旧籍互相补证",与"取地下之实物与纸上之遗文互相释证"合成为"三重证据法"(1997·清华大学·纪念王国维先生诞辰 120 周年学术研讨会开幕式上的发言)。

王国维先生本人对自己的治学方法也有精到的介绍或总结,收集起来,我将其归纳为以下六个方面。

1. 治学既要有目的,又要"无目的"。王国维明确自己的研究方向和课题,他又指导学生:"治《史记》仍可用寻源工夫。或无目的的精读,俟有心得,然后自拟题目,亦一法也。大抵学问常不悬目的,而自生目的。有大志者,未必成功;而慢慢努力者,反有意外之创获。"(姚名达《哀馀断忆》)此论与鲁迅随便写写反易成功的所见略同。

2. 博、约,疑、信的深入过程。他以罗振玉之名义撰写的《观堂集林·序》说:先生的学问"实由文字、声音以考古代之制度、文物,并其立制之所以然。其术皆由博以反约,由疑而得信,务在不悖不惑,当于理而止"。其于古人之学说亦然。

3. 新学问出于新材料。王国维指出:"古来新学问起,大都由于新发现。"而"今日之时代,可谓之发现时代,自来未能比者也"。(《最近二三十年中国新发见之学问》)"吾辈生于今日,幸于纸上之材料外,更得地下之新材料。""此二重证据法,惟在今日始得为之。"(《古史新证》)

4. 循环研究法。殷南《我所知道的王静安先生》转述王国维对治学方法的一个体会:他研究学问,常常循环地更换,他说:"研究一样东西,等到感觉沉闷的时候,就应该暂时搁开,作别样的工作,等到过一些时,再拿起来去作,那时就可以得到一种新见解,新发明。否则单调的往一条路上走去,就会钻进牛角尖里去,永远钻不出来的。"

5. 态度公正而老实。王国维"平生谨言慎行,不好臧否人物,但与雪堂公信里却无话不谈"(罗继祖《观堂书札三跋》)。他对自己则知之为知之,诲人不倦;不知为不知,老实承认自己的不足。蔡尚思《王国维在学术上的独特地位》转述王国维的话："做学问的头一件事就是老实，知之为知之，不知为不知，是知也。不好对不知道的也装做知道。自有注释经书以来几千年了，可是被大家认为很容易懂的《论语》，还有一些地方我不完全懂得。至于《易经》我不敢断定的，那就更多了。"蔡感慨："以一个大学问家而肯讲出这老实话，就是他很了不起的地方。"

6. 掌握每天治学的时间规则。王国维对吴宓谈起："人的精神每天是从朝气落到暮气，所以上午宜读经典考据书，午后宜读史传，晚间读诗词杂记等软性的东西，已习以为常。"（毕树棠《忆王静安先生》）当然，在现代社会中，要掌握自己的生活钟，才能确定自己最佳的学习、工作和创造的时间。

我给王国维总结的方法是：中西融合法、两重证据法、原典细读法和论题精研法。上文多已论及，而中西融合法，我认为其要点为：

1. 眼光敏锐准确。他选择康德作为自己西学的第一根底，抓住了西学的关键。

2. 选择内容准确。他引进康德的天才说、壮美优美说，席勒的游戏说和亚里士多德与叔本华的悲剧论等，都是西方先进的理论，对中国文化的发展有重要的借鉴作用。

3. 方法明确正确。他在学习西方时，根本不是迷信、照搬西方理论的蹩脚贩运者，而是采取吸收与研究、引进与改进双重结合的高明理论家兼创作家。且其吸收和研究相结合，也有其双重性：吸收西方理论并加以研究，这是第一个结合；吸收西方理论，用来研究中国文学，这是第二个结合。引进和改进相结合，也有其双重性：引进西方理论，对其本身进行改进，这是第一个结合；引进西方理论，和中国传统理论相结合，从而给中、西理论都予以改进和提高，取得辉煌的成就。

4. 目的明确正确：创立领先于世界学术界的重大科研成果，发展20世纪中国的新文化。以美学为例来说，建立了领先于20世纪世界学术界的意境说美学理论体系。

（四）重大学术观点简介

王国维有多个重大的学术观点，对我们学习和研究传统文化和作出新的文化创造很有启示，却至今尚未引起学术界足够的注意，今因篇幅所限，仅举数例如下：

王国维对中国文化史总体认识中，有一个重要的观点，即认为中国文化在宋代达到最高峰，他说："宋代学术，方面最多，进步亦最著。其在哲学，始则有刘敞、欧阳修等，脱汉、唐旧注之桎梏，以新意说经，后乃有周（敦颐）、程（颢）、程（颐）、张（载）、邵（雍）、朱（熹）诸大家，蔚为有宋一代之哲学。其在科学，则有沈括、李诫等，于历数、物理、工艺，均有发明。在史学，则有司马光、洪迈、袁枢等，各有庞大之著述。绘画则董源以降，始变唐人画工之画而为士大夫之画。在诗歌，则兼尚技术之美，与唐人尚自然之美者，蹊径迥殊。考证之学，亦至宋而大盛。故天水一朝，人智之活动，与文化之多方面，前之汉、唐，后之元、明，皆所不逮也。近世学术，多发端于宋。"（《宋代之金石学》）这个论点，至今只有陈寅恪一人有同感。陈寅恪说："华夏民族之文化，历数千年之演进，造极于赵宋之世。"（《金明馆丛稿二编·邓广铭宋史职官志考证序》）此后，邓广铭先生也曾说："宋代文化的发展，在中国封建社会历史时期之内达于顶峰，不但超越了前代，也为其后的元、明之所不能及。"漆侠先生也持相同的看法。但除了研究宋史、宋代文学、文化的专家和少数几位学者外，这个观点在学术界并未引起充分的注意。

在中国语言发展方面，王国维认为：楚辞、佛经、元曲是中国语言三次新的伟大创造（《宋元戏曲考》）。

对于文学创作，王国维所标立的大诗人大作家应有悲天悯人式的真挚态度，甚至"担荷人类罪恶之意"的胸怀，极有深意，对当今作家也有很大的指导意义。

在史学领域，对于历史人物的气节问题，他也有自己独特的看法。王国维本人非常讲气节，他最后为殉清而自杀。但是他指出耶律楚材作为金臣，降为元臣，乃有功于世，为他精心撰写了年谱。又在

《耶律文正公年谱·余录》中评论元好问说："元遗山以金源遗臣，
金亡后上耶律中言书（《遗山集》卷三十）荐士至数十人，昔人恒以
为诟病。然观其书则云：'以阁下之力，使脱指使之辱，奔走之役，
聚养之分，处之学馆之奉，不必尽具饘粥足以糊口、布絮足以蔽体，
无甚大费'云云。盖此数十人中皆蒙古之驱口也，不但求免为民，
而必求聚养之分友之者，则金亡之后，河朔为墟，即使免驱为良，亦
无所得食，终必馁死故也。遗山此书，诚仁人之用心，足知论人者不
可不论其世也。"他认为以气节自任的元好问金亡后，投书耶律楚材，
是为了拯救中国文化，拯救中国文化的传承者——当时的知识分子，
为了不让他们饿死，被杀戮，有保存中国文化血脉的深意。

　　他又评论随着南宋小王朝一起投降元朝的汪元量说："汪水云以
宋室小臣，国亡北徙，侍三宫于燕邸，从幼主于龙荒，其时大臣如留
梦炎等当为愧死，后世多以完人目之，然中间亦为元官，且供奉翰
林，其诗俱在，不必讳也。"汪"在元颇为贵显，故得囊留官俸，衣
带御香，即黄官之请，亦非羁旅小臣所能，后世乃以宋遗民称之，与
谢翱、方凤等同列，殊为失实。然水云本以琴师出入宫禁，乃倡优卜
祝之流，与委质为臣者有别，其仕元亦别有用意，与方、谢诸贤迹异
心同，有宋近臣，一人而已"（《书〈宋旧宫人诗词〉》、〈湖山类稿〉、
〈水云集〉后》）。

　　如果别人这么说，容易遭人非议，也没有说服力。而王国维本人
为气节而自杀，他来为元好问、汪元量这样的为了有所作为而"降
敌"者辩护，就能避免后人的某种指责。

　　王国维对于古代史的卓越史识和成就，已为举世所公认，他对中
国20世纪的历史发展趋势也有令人赞叹的英明预见。他于1917年目
睹当时中国的乱世，观察苏俄革命的成功，认为苏俄革命的燎原之势
"祸将及我"，即于致友人信中精辟预言："观中国近状，恐以共和
始，而以共产终。"（罗振玉《王忠悫公遗书·序》引）尽管他本人
反对革命，尽管当时中国连共产党还尚未成立，但作为学者观世，作
此预见，其对历史趋势分析的准确性，充分体现了一代历史学家的远
见卓识。

对于中国文化的伟大意义，在当时全盘否定传统文化、道德和崇洋媚外思潮弥漫的情势下，他于五四运动的第二年，即1920年，在致日本友人、著名汉学家狩野直喜的信中预言："世界新潮澒洞澎湃，恐遂至天倾地折。然西方数百年功利之弊非是不足一扫荡，东方道德政治或将大行于天下，此不足为浅见者道也。"（《王国维全集·书信》第311页，中华书局1984年版）此可见王国维学习西方，却从不崇洋媚外，他的学习目的是发展中国文化和推进世界学术。他认为中国文化在不远的将来必定会给世界各国带来美好的前景。

后来，钱穆认为"此下世界文化之归结，恐必将以中国传统文化为主"（季羡林《"天人合一"新解》引，《传统文化与现代化》1990年创刊号）。"我们在目前这危急存亡的时候。只有乞灵于东方的中国伦理道德思想……只有东方的哲学思想能够救人类。"（季羡林《"天人合一"方能拯救人类》引，《东方》1993年创刊号）英国著名历史学家汤因比也认为：

> 我所预见的和平统一，一定是以地理和文化主轴为中心，不断结晶扩大起来的。我预感到这个主轴不在美国、欧洲和苏联，而是在东亚。
>
> 就中国人来说，几千年来，比世界任何民族都成功地把几亿民众，从政治文化上团结起来。他们显示出这种在政治、文化上统一的本领，具有无与伦比的成功经验。这样的统一正是今天世界的绝对要求。中国人和东亚各民族合作，在被人们认为是不可缺少和不可避免的人类统一的过程中，可能要发挥主导作用，其理由就在这里。
>
> 将来统一世界的人……要具有世界主义思想。同时也要达到最终目的所需的干练才能。世界统一是避免人类集体自杀之路。在这点上，现在各民族中具有最充分准备的，是两千年来培育了独特思维方法的中华民族。[1]

---

[1] 《展望二十一世纪——汤因比与池田大作对话录》，国际文化出版公司1985年版，第294页。

季羡林在 20 世纪 90 年代前期也发表："三十年河西，三十年河东"为"人类社会进化的规律"。西方文化导致全球生态环境恶化。目前西方文化已经衰落，因此必须"彻底改恶向善，彻底改弦更张"，"以东方文化的综合思维模式济西方分析思维模式之穷"。他还引用并赞同钱穆的上述观点。季羡林此论发表之时即引发争议。

季羡林和英国的汤因比在中国经济腾飞震动世界、世界汉语热产生之前就看好 21 世纪中国文化发展的前景，所以当时还被有些中国学者讥笑为自作多情的"东方文化救世论"。

我认为，他们的预言如能实现，必须有多种条件，最重要的是中国学者必须负起以下重要责任：其一，我们必须克服一百多年来否定中国传统文化、崇洋媚外的思潮，深入研究和有效继承自己的优秀传统文化；其二，我们必须坚持中国文化中善于学习、吸收外来文化的优秀传统；同时善于鉴别外来文化的偏颇和谬误之处；其三，在最大限度地继承中国传统文化的精华，保持、强化和发扬中国文化的特色的基础上，在充分学习和融合外来文化的基础上，创造无愧于前人的新的文化，为世界文化的发展作出应有的贡献。

现在汉语热开始弥漫世界，以儒道佛三家融合的东方和谐哲学和以仁义为核心的民本政治理念初步得到并将继续得到公正评价和推崇。回想王国维发此高论之时，中国积贫积弱，正当中国知识分子、文化精英和朝野一致对中国的传统道德和文化痛心疾首，极度崇拜西方制度、西方文化之时，虽有少数知识精英还在维护中国文化的尊严，但只有他，竟能清醒洞察西方弊病（其功利之弊尤其反映在屠杀南北美洲和大洋洲土著，掠夺其土地建立起自己的国家和欺凌、掠夺亚非人民的殖民主义的滔天罪恶），作此振聋发聩的雄狮之吼！而作为一介书生，其发此雄论之底气何在？研读本书，即可了然。

总　目

2 总　目

目　录

一　中国文学研究

二　中国美学研究

三　中国哲学研究

一　中国文学研究

《红楼梦》评论

第一章　人生及美术之概观

老子曰："人之大患，在我有身。"庄子曰："大块载我以形，劳我以生。"忧患与劳苦之与生相对待也久矣。夫生者，人人之所欲；忧患与劳苦者，人人之所恶也。然则，讵不人人欲其所恶，而恶其所欲欤？将其所恶者，固不能不欲，而其所欲者，终非可欲之物欤？人有生矣，则思所以奉其生。饥而欲食，渴而欲饮，寒而欲衣，露处而欲宫室，此皆所以维持一人之生活者也。然一人之生，少则数十年，多则百年而止耳。而吾人欲生之心，必以是为不足。于是于数十年百年之生活外，更进而图永远之生活：时则有牝牡之欲家室之累，进而育子女矣，则有保抱扶持饮食教诲之责，婚嫁之务。百年之间，早作而夕思，穷老而不知所终，问有出于此保存自己及种姓之生活之外者乎？无有也。百年之后，观吾人之成绩，其有逾于此保存自己及种姓之生活之外者乎？无有也。又人人知侵害自己及种姓之生活者之非一端也。于是相集而成一群，相约束而立一国，择其贤且智者以为之君。为之立法律以治之，建学校以教之，为之警察以防内奸，为之陆海军以御外患，使人人各遂其生活之欲而不相侵害：凡此皆欲生之心之所为也。夫人之于生活也，欲之如此其切也，用力如此其勤也，设计如此其周且至也，固亦有其真可欲者存欤？吾人之忧患劳苦，固亦有所以偿之者欤？则吾人不得不就生活之本质，熟思而审考之也。

生活之本质何？"欲"而已矣。欲之为性无厌，而其原生于不足。不足之状态，苦痛是也。既偿一欲，则此欲以终。然欲之被偿者一，而不偿者什伯。一欲既终，他欲随之。故究竟之慰籍，终不可得也。即使吾人之欲悉偿，而更无所欲之对象，倦厌之情即起而乘之。于是吾人自己之生活，若负之而不胜其重。故人生者，如钟表之摆，实往复于痛苦与倦厌之间者也，夫倦厌固可视为苦痛之一种。有能除去此二者，吾人谓之曰快乐。然当其求快乐也，吾人于固有之苦痛外，又不得不加以努力，而努力亦苦痛之一也。且快乐之后，其感苦痛也弥深。故苦痛而无回复之快乐者有之矣，未有快乐而不先之或继之以苦痛者也。又此苦痛与世界之文化俱增，而不由之而减，何则？文化愈进，其知识弥广，其所欲弥多，又其感苦痛亦弥甚故也。然则人生之所欲，既无以逾于生活，而生活之性质，又不外乎苦痛，故欲与生活，与苦痛，三者一而已矣。

吾人生活之性质，既如斯矣，故吾人之知识，遂无往而不与生活之欲相关系，即与吾人之利害相关系。就其实而言之，则知识者，固生于此欲，而示此欲以我与外界之关系，使之趋利而避害者也。常人之知识，止知我与物之关系，易言以明之，止知物之与我相关系者，而于此物中，又不过知其与我相关系之部分而已。及人知渐进，于是始知欲知此物与我之关系，不可不研究此物与彼物之关系。知愈大者，其研究逾远焉。自是而生各种之科学：如欲知空间之一部之与我相关系者，不可不知空间全体之关系，于是几何学兴焉（按西洋几何学 Geometry 之本义系量地之意，可知古代视为应用之科学，而不视为纯粹之科学也）。欲知力之一部之与我相关系者，不可不知力之全体之关系，于是力学兴焉。吾人既知一物之全体之关系，又知此物与彼物之全体之关系，而立一法则焉，以应用之。于是物之现于吾前者，其与我之关系，及其与他物之关系，粲然陈于目前而无所遁。夫然后吾人得以利用此物，有其利而无其害，以使吾人生活之欲，增进于无穷。此科学之功效也。故科学上之成功，虽若层楼杰观，高严巨丽，然其基址则筑乎生活之欲之上，与政治上之系统，立于生活之欲之上无以异。然则吾人理论与实际之二方面，皆此生活之欲之结果也。

由是观之，吾人之知识与实践之二方面，无往而不与生活之欲相关系，即与苦痛相关系。有兹一物焉，使吾人超然于利害之外，而忘物与我之关系。此时也，吾人之心，无希望，无恐怖，非复欲之我，而但知之我也。此犹积阴弥月，而旭日杲杲也；犹覆舟大海之中，浮沉上下，而飘著于故乡之海岸也；犹阵云惨淡，而插翅之天使，赍平和之福音而来者也；犹鱼之脱于罾网，鸟之自樊笼出而游于山林江海也。然物之能使吾人超然于利害之外者，必其物之于吾人无利害之关系而后可，易言以明之，必其物非实物而后可。然则，非美术何足以当之乎？夫自然界之物，无不与吾人有利害之关系；纵非直接，亦必间接相关者也。苟吾人而能忘物与我之关系而观物，则夫自然界之山明水媚，鸟飞花落，固无往而非华胥之国，极乐之土也。岂独自然界而已？人类之言语动作，悲欢啼笑，孰非美之对象乎？然此物既与吾人有利害之关系，而吾人欲强离其关系而观之，自非天才，岂易及此？于是天才者出，以其所观于自然人生中者复现之于美术中，而使中智以下之人，亦因其物之与己无关系，而超然于利害之外。是故观物无方，因人而变：濠上之鱼，庄、惠之所乐也，而渔父袭之以网罟；舞雩之木，孔、曾之所憩也，而樵者继之以斤斧。若物非有形，心无所住，则虽殉财之夫，贵私之子，宁有对曹霸、韩幹之马，而计驰骋之乐，见毕宏、韦偃之松，而思栋梁之用；求好逑于雅典之偶，思税驾于金字之塔者哉？故美术之为物，欲者不观，观者不欲；而艺术之美所以优于自然之美者，全存于使人易忘物我之关系也。

而美之为物有二种：一曰优美，一曰壮美。苟一物焉，与吾人无利害之关系，而吾人之观之也，不观其关系，而但观其物；或吾人之心中，无丝毫生活之欲存，而其观物也，不视为与我有关系之物，而但视为外物，则今之所观者，非昔之所观者也。此时吾心宁静之状态，名之曰优美之情，而谓此物曰优美。若此物大不利于吾人，而吾人生活之意志为之破裂，因之意志遁去，而知力得为独立之作用，以深观其物，吾人谓此物曰壮美，而谓其感情曰壮美之情。普通之美，皆属前种。至于地狱变相之图，决斗垂死之像，《庐江小吏》之诗，《雁门尚书》之曲，其人固氓庶之所共怜，其遇虽戾夫为之流涕，讵有子颓乐祸之心，宁无尼父反袂之戚，而吾人观之，不厌千复。格代之诗曰：

What in life doth only grieve us.

That in art we gladly see.

（凡人生中足以使人悲者，于美术中则吾人乐而观之。）

此之谓也。此即所谓壮美之情。而其快乐存于使人忘物我之关系则固与优美无以异也。

至美术中之与二者相反者，名之曰眩惑。夫优美与壮美，皆使吾人离生活之欲，而入于纯粹之知识者。若美术中而有眩惑之原质乎，则又使吾人自纯粹之知识出，而复归于生活之欲。如粗粝蜜饵，《招魂》、《七发》之所陈；玉体横陈，周昉、仇英之所绘；《西厢记》之《酬柬》、《牡丹亭》之《惊梦》、伶元之传飞燕，杨慎之赝《秘辛》：徒讽一而劝百，欲止沸而益薪。所以子云有"靡靡"之诮，法秀有"绮语"之诃。虽则梦幻泡影，可作如是观，而拔舌地狱，专为斯人设者矣。故眩惑之于美，如甘之于辛，火之于水，不相并立者也。吾人欲以眩惑之快乐，医人世之苦痛，是犹欲航断港而至海，入幽谷而求明，岂徒无益，而又增之。则岂不以其不能使人忘生活之欲，及此欲与物之关系，而反鼓舞之也哉！眩惑之与优美及壮美相反对，其故实存于此。

今既述人生与美术之概略如左。吾人且持此标准，以观我国之美术。而美术中以诗歌、戏曲、小说为其顶点，以其目的在描写人生故。吾人于是得一绝大著作曰《红楼梦》。

第二章 《红楼梦》之精神

衷伽尔之诗曰：

Ye wise men, highly deeply learned,

Who think it out and know,

How, when and where do all things pair?

Why do they kiss and love?

Ye men of lofty wisdom say

what happened to me then,

Search out and tell me where, how, when,

And why it happened thus.

　　嗟汝哲人，靡所不知，靡所不学，既深且跻。粲粲生物，罔不匹俦，各齿厥唇，而相厥攸。匪汝哲人，孰知其故？自何时始，来自何处？嗟汝哲人，渊渊其知。相彼百昌，奚而熙熙？愿言哲人，诏余其故。自何时始，来自何处？（译文）

　　哀伽尔之问题，人人所有之问题，而人人未解决之大问题也。人有恒言曰："饮食男女，人之大欲存焉。"然人七日不食则死，一日不再食则饥。若男女之欲，则于一人之生活上，宁有害无利者也，而吾人之欲之也如此，何哉？吾人自少壮以后，其过半之光阴，过半之事业，所计画、所勤动者为何事？汉之成、哀，曷为而丧其生？殷辛、周幽，曷为而亡其国？励精如唐玄宗，英武如后唐庄宗，曷为而不善其终？且人生苟为数十年之生活计，则其维持此生活，亦易易耳，曷为而其忧劳之度，倍蓰而未有已？记曰："人不婚宦，情欲失半。"人苟能解此问题，则于人生之知识，思过半矣。而蚩蚩者乃日用而不知，岂不可哀也欤！其自哲学上解此问题者，则二千年间，仅有叔本华之《男女之爱之形而上学》耳。诗歌小说之描写此事者，通古今东西，殆不能悉数，然能解决之者鲜矣。《红楼梦》一书，非徒提出此问题，又解决之者也。彼于开卷即下男女之爱之神话的解释。其叙此书之主人公贾宝玉之来历曰：

　　　　却说女娲氏炼石补天之时，于大荒山无稽崖，炼成高十二丈，见方二十四丈大的顽石三万六千五百零一块。那娲皇只用了三万六千五百块，单单剩下一块未用，弃在青埂峰下。谁知此石自经锻炼之后，灵性已通，自去自来，可大可小。因见众石俱得补天，独自己无才，不得入选，遂自怨自艾，日夜悲哀。（第一回）

　　此可知生活之欲之先人生而存在，而人生不过此欲之发现也。此可知吾人之堕落，由吾人之所欲，而意志自由之罪恶也。夫顽钝者既不幸而为此石矣，又幸而不见用，则何不游于广莫之野，无何有之乡，以自适其适，而必欲入此忧患劳苦之世界，不可谓非此石之大误也。由此一念之误，而遂造出十九年之历史，与百二十回之事实，与茫茫大士、渺渺真人何与？又于第百十七回中，述宝玉与和尚之谈论曰：

> 弟子请问师父，可是从太虚幻境而来？那和尚道："什么幻境！不过是来处来，去处去罢了。我是送还你的玉来的。我且问你，那玉是从那里来的？"宝玉一时对答不来。那和尚笑道："你的来路还不知，便来问我！"宝玉本来颖悟，又经点化，早把红尘看破，只是自己的底里未知；一闻那僧问起玉来，好像当头一棒，便说："你也不用银子了，我把那玉还你罢。"那僧笑道："早该还我了！"

所谓"自己的底里未知"者，未知其生活乃自己之一念之误，而此念之所自造也。及一闻和尚之言，始知此不幸之生活，由自己之所欲，而其拒绝之也，亦不得由自己，是以有还玉之言。所谓玉者，不过生活之欲之代表而已矣。故携入红尘者，非彼二人之所为，顽石自己而已；引登彼岸者，亦非二人之力，顽石自己而已。此岂独宝玉一人然哉？人类之堕落与解脱，亦视其意志而已。而此生活之意志，其于永远之生活，比个人之生活为尤切；易言以明之，则男女之欲，尤强于饮食之欲。何则？前者无尽的，后者有限的也；前者形而上的，后者形而下的也。又如上章所说生活之于苦痛，二者一而非二，而苦痛之度，与主张生活之欲之度为比例。是故前者之苦痛，尤倍蓰于后者之苦痛。而《红楼梦》一书，实示此生活此苦痛之由于自造，又示其解脱之道，不可不由自己求之者也。

而解脱之道，存于出世，而不存于自杀。出世者，拒绝一切生活之欲者也。彼知生活之无所逃于苦痛，而求入于无生之域。当其终也，恒干虽存，固已形如槁木，而心如死灰矣。若生活之欲如故，但不满于现在之生活，而求主张之于异日，则死于此者，固不得不复生于彼，而苦海之流，又将与生活之欲而无穷。故金钏之堕井也，司棋之触墙也，尤三姐、潘又安之自刎也，非解脱也，求偿其欲而不得者也。彼等之所不欲者，其特别之生活，而对生活之为物，则固欲之而不疑也。故此书中真正之解脱，仅贾宝玉、惜春、紫鹃三人耳。而柳湘莲之入道，有似潘又安；芳官之出家，略同于金钏。故苟有生活之欲存乎，则虽出世而无与于解脱；苟无此欲，则自杀亦未始非解脱之一者也。如鸳鸯之死，彼固有不得已之境遇在；不然，则惜春、紫鹃之事，固亦其所优为者也。

而解脱之中，又自有二种之别：一存于观他人之苦痛，一存于觉自己之苦痛。然前者之解脱，唯非常之人为能，其高百倍于后者，而其难亦百倍。但由其成功观之，则二者一也。通常之人，其解脱由于苦痛之阅历，而不由于苦痛之知识。唯非常之人，由非常之知力，而洞观宇宙人生之本质，始知生活与苦痛之不能相离，由是求绝其生活之欲，而得解脱之道。然于解脱之途中，彼之生活之欲，犹时时起而与之相抗，而生种种之幻影。所谓恶魔者，不过此等幻影之人物化而已矣。故通常之解脱，存于自己之苦痛，彼之生活之欲，因不得其满足而愈烈，又因愈烈而愈不得其满足，如此循环，而陷于失望之境遇，遂悟宇宙人生之真相，遽而求其息肩之所。彼全变其气质，而超出乎苦乐之外，举昔之所执著者，一旦而舍之。彼以生活为炉，苦痛为炭，而铸其解脱之鼎。彼以疲于生活之欲故，故其生活之欲，不能复起而为之幻影。此通常之人解脱之状态也。前者之解脱，如惜春、紫鹃；后者之解脱，如宝玉。前者之解脱，超自然的也，神明的也；后者之解脱，自然的也，人类的也。前者之解脱，宗教的也；后者美术的也。前者平和的也；后者悲感的也，壮美的也，故文学的也，诗歌的也，小说的也。此《红楼梦》之主人公，所以非惜春、紫鹃，而为贾宝玉者也。

呜呼，宇宙一生活之欲而已！而此生活之欲之罪过，即以生活之苦痛罚之：此即宇宙之永远的正义也。自犯罪，自加罚，自忏悔，自解脱。美术之务，在描写人生之苦痛与其解脱之道，而使吾侪冯生之徒，于此桎梏之世界中，离此生活之欲之争斗，而得其暂时之平和，此一切美术之目的也。夫欧洲近世之文学中，所以推格代之《法斯德》为第一者，以其描写博士法斯德之苦痛，及其解脱之途径，最为精切故也。若《红楼梦》之写宝玉，又岂有以异于彼乎？彼于缠陷最深之中，而已伏解脱之种子：故听《寄生草》之曲，而悟立足之境，读《胠箧》之篇，而作焚花散麝之想，所以未能者，则以黛玉尚在耳。至黛玉死而其志渐决，然尚屡失于宝钗，几败于五儿，屡蹶屡振，而终获最后之胜利。读者观自九十八回以至百二十回之事实，其解脱之行程，精进之历史，明瞭精切何如哉！且法斯德之苦痛，天才之苦痛；宝玉之苦痛，人人所有之苦痛也。其存于人之根柢者为独深，而其希救济也为尤切。作者一一掇拾而发挥之。我辈之读此书者，宜如何表满足感谢之意哉！而吾人于作者之姓名，尚未有确实之知识，岂徒吾侪寡学之羞，亦足以见二百余年来吾人之祖先，对此宇宙之大著述，如何冷淡遇之也。谁使此大著述之作者，不敢自署其名？此可知此书之精神，大背于吾国人之性质，及吾人之沈溺于生活之欲，而乏美术之知识，有如此也。然则予之为此论，亦自知有罪也矣。

第三章 《红楼梦》之美学上之价值

如上章之说，吾国人之精神，世间的也，乐天的也，故代表其精神之戏曲小说，无往而不著此乐天之色彩：始于悲者终于欢，始于离者终于合，始于困者终于亨；非是而欲餍阅者之心，难矣！若《牡丹亭》之返魂，《长生殿》之重圆，其最著之一例也。《西厢记》之以《惊梦》终也，未成之作也，此书若成，吾乌知其不为《续西厢》之浅陋也？有《水浒传》矣，曷为而又有《荡寇志》？有《桃花扇》矣，曷为而又有《南桃花扇》？有《红楼梦》矣，彼《红楼复梦》、《补红楼梦》、《续红楼梦》者，曷为而作也？又曷为而有反对《红楼梦》之《儿女英雄传》？故吾国之文学中，其具厌世解脱之精神者，仅有《桃花扇》与《红楼梦》耳。而《桃花扇》之解脱，非真解脱也：沧桑之变，目击之而身历之，不能自悟，而悟于张道士之一言；且以历数千里，冒不测之险，投缧绁之中，所索之女子，才得一面，而以道士之言，一朝而舍之，自非三尺童子，其谁信之哉？故《桃花扇》之解脱，他律的也；而《红楼梦》之解脱，自律的也。且《桃花扇》之作者，但借侯、李之事，以写故国之戚，而非以描写人生为事。故《桃花扇》，政治的也，国民的也，历史的也；《红楼梦》，哲学的也，宇宙的也，文学的也。此《红楼梦》之所以大背于吾国人之精神，而其价值亦即存乎此。彼《南桃花扇》、《红楼复梦》等，正代表吾国人乐天之精神者也。

　　《红楼梦》一书，与一切喜剧相反，彻头彻尾之悲剧也。其大宗旨如上章之所述，读者既知之矣。除主人公不计外，凡此书中之人有与生活之欲相关系者，无不与苦痛相终始，以视宝琴、岫烟、李纹、李绮等，若藐姑射神人，夐乎不可及矣。夫此数人者，曷尝无生活之欲，曷尝无苦痛？而书中既不及写其生活之欲，则其苦痛自不得而写之；足以见二者如骖之靳，而永远的正义，无往不逞其权力也。又吾国之文学，以挟乐天的精神故，故往往说诗歌的正义，善人必令其终，而恶人必离其罚：此亦吾国戏曲小说之特质也。《红楼梦》则不然：赵姨、凤姐之死，非鬼神之罚，彼良心自己之苦痛也。若李纨之受封，彼于《红楼梦》十四曲中，固已明说之曰：

　　〔**晚韶华**〕镜里恩情，更那堪梦里功名！那美韶华去之何迅。再休题绣帐鸳衾；只这戴珠冠，披凤袄，也抵不了无常性命。虽说是人生莫受老来贫，也须要阴〔隲〕（骘）积儿孙。气昂昂头戴簪缨，光灿灿胸悬金印，威赫赫爵禄高登，昏惨惨黄泉路近。问古来将相可还存？也只是虚名儿与后人钦敬。（第五回）

此足以知其非诗歌的正义，而既有世界人生以上，无非永远的正义之所统辖也。故曰《红楼梦》一书，彻头彻尾的悲剧也。

　　由叔本华之说，悲剧之中，又有三种之别：第一种之悲剧，由极恶之人，极其所有之能力，以交构之者。第二种，由于盲目的运命者。第三种之悲剧，由于剧中之人物之位置及关系而不得不然者；非必有蛇蝎之性质，与意外之变故也，但由普通之人物，普通之境遇，逼之不得不如是；彼等明知其害，交施之而交受之，各加以力而各不任其咎，此种悲剧，其感人贤于前二者远甚。何则？彼示人生最大之不幸，非例外之事，而人生之所固有故也。若前二种之悲剧，吾人对蛇蝎之人物，与盲目之命运，未尝不悚然战栗；然以其罕见之故，犹幸吾生之可以免，而不必求息肩之地也。但在第三种，则见此非常之势力，足以破坏人生之福祉者，无时而不可坠于吾前；且此等惨酷之行，不但时时可受诸己而或可以加诸人；躬丁其酷，而无不平之可鸣：此可谓天下之至惨也。若《红楼梦》，则正第三种之悲剧也。兹就宝玉、黛玉之事言之：贾母爱宝钗之婉〔愻〕（嫟），而惩黛玉之孤僻，又信金玉之邪说，而思压宝玉之病；王夫人固亲于薛氏；凤姐以持家之故，忌黛玉之才，而虞其不便于己也；袭人惩尤二姐、香菱之事，闻黛玉"不是东风压西风，就是西风压东风"之语（第八十二回），惧祸之及，而自同于凤姐，亦自然之势也。宝玉之于黛玉，信誓旦旦，而不能言之于最爱之之祖母，则普通之道德使然；况黛玉一女子哉！由此种种原因，而金玉以之合，木石以之离，又岂有蛇蝎之人物，非常之变故，行于其间哉？不过通常之道德，通常之人情，通常之境遇为之而已。由此观之，《红楼梦》者，可谓悲剧中之悲剧也。

由此之故，此书中壮美之部分，较多于优美之部分，而眩惑之原质殆绝焉。作者于开卷即申明之曰：

> 更有一种风月笔墨，其淫秽污臭，最易坏人子弟。至于才子佳人等书，则又开口文君，满篇子建，千部一腔，千人一面，且终不能不涉淫滥。在作者不过欲写出自己两首情诗艳赋来，故假捏出男女二人名姓，又必旁添一小人拨乱其间，如戏中小丑一般。（此又上节所言之一证）

兹举其最壮美者之一例，即宝玉与黛玉最后之相见一节曰：

> 那黛玉听著傻大姐说宝玉娶宝钗的话，此时心里竟是油儿酱儿糖儿醋儿倒在一处的一般，甜苦酸咸，竟说不上什么味儿来

了。……自己转身，要回潇湘馆去，那身子竟有千百斤重的，两只脚却像踏著棉花一般，早已软了。只得一步一步慢慢的走将下来。走了半天，还没到沁芳桥畔，脚下愈加软了。走的慢，且又迷迷痴痴，信著脚从那边绕过来，更添了两箭地路。这时刚到沁芳桥畔，却又不知不觉的顺著堤往回里走起来。紫鹃取了绢子来，却不见黛玉。正在那里看时，只见黛玉颜色雪白，身子恍恍荡荡的，眼睛也直直的，在那里东转西转……只得赶过来轻轻的问道："姑娘怎么又回去？是要往那里去？"黛玉也只模糊听见，随口答道："我问问宝玉去。"……紫鹃只得挽他进去。那黛玉却又奇怪了，这时不似先前那样软了，也不用紫鹃打帘子，自己掀起帘子进来。……见宝玉在那里坐着，也不起来让坐，只瞧著嘻嘻的呆笑。黛玉自己坐下，却也瞧着宝玉笑。两个也不问好，也不说话，也无推让，只管对着脸呆笑起来。忽然听着黛玉说道："宝玉！你为什么病了？"宝玉笑道："我为林姑娘病了。"袭人、紫鹃两个，吓得面目改色，连忙用言语来岔。两个却又不答言，仍旧呆笑起来。……紫鹃挽起黛玉，那黛玉也就站起来，瞧着宝玉，只管笑，只管点头儿。紫鹃又催道："姑娘回家去歇歇罢。"黛玉道："可不是，我这就是回去的时候儿了！"说着，便回身笑着出来了。仍旧不用丫头们搀扶，自己却走得比往常飞快。（第九十六回）

如此之文，此书中随处有之，其动吾人之感情何如！凡稍有审美的嗜好者，无人不经验之也。

《红楼梦》之为悲剧也如此。昔雅里大德勒于《诗论》中，谓悲剧者，所以感发人之情绪而高上之，殊如恐惧与悲悯之二者，为悲剧中固有之物，由此感发，而人之精神于焉洗涤。故其目的，伦理学上之目的也。叔本华置诗歌于美术之顶点，又置悲剧于诗歌之顶点；而于悲剧之中，又特重第三种，以其示人生之真相，又示解脱之不可已故。故美学上最终之目的，与伦理学上最终之目的合。由是《红楼梦》之美学上之价值，亦与其伦理学上之价值相联络也。

第四章 《红楼梦》之伦理学上之价值

自上章观之，《红楼梦》者，悲剧中之悲剧也。其美学上之价值，即存乎此。然使无伦理学上之价值以继之，则其于美术上之价值，尚未可知也。今使为宝玉者，于黛玉既死之后，或感愤而自杀，或放废以终其身，则虽谓此书一无价值可也。何则？欲达解脱之域者，固不可不尝人世之忧患，然所贵乎忧患者，以其为解脱之手段故，非重忧患自身之价值也。今使人日日居忧患言忧患，而无希求解脱之勇气，则天国与地狱，彼两失之；其所领之境界，除阴云蔽天，沮洳弥望外，固无所获焉。黄仲则《绮怀》诗曰：

> 如此星辰非昨夜，为谁风露立中宵。

又其卒章曰：

> 结束铅华归少作，屏除丝竹入中年；茫茫来日愁如海，寄语羲和快着鞭。

其一例也。《红楼梦》则不然，其精神之存于解脱，如前二章所说，兹固不俟喋喋也。

然则解脱者，果足为伦理学上最高之理想否乎？自通常之道德观之，夫人知其不可也。夫宝玉者，固世俗所谓绝父子、弃人伦、不忠不孝之罪人也。然自太虚中有今日之世界，自世界中有今日之人类，乃不得不有普通之道德，以为人类之法则。顺之者安，逆之者危；顺之者存，逆之者亡。于今日之人类中，吾固不能不认普通之道德之价值也。然所以有世界人生者，果有合理的根据欤？抑出于盲目的动作，而别无意义存乎其间欤？使世界人生之存在，而有合理的根据，则人生中所有普通之道德，谓之绝对的道德可也。然吾人从各方面观之，则世界人生之所以存在，实由吾人类之祖先一时之误谬。诗人之所悲歌，哲学者之所瞑想，与夫古代诸国民之传说，若出一揆。若第二章所引《红楼梦》第一回之神话的解释，亦于无意识中暗示此理，较之《创世记》所述人类犯罪之历史，尤为有味者也。夫人之有生，既为鼻祖之误谬矣，则夫吾人之同胞，凡为此鼻祖之子孙者，苟有一人焉，未入解脱之域，则鼻祖之罪，终无时而赎，而一时之误谬，反覆至数千万年而未有已也。则夫绝弃人伦如宝玉其人者，自普通之道德言之，固无所辞其不忠不孝之罪；若开天眼而观之，则彼固可谓干父之蛊者也。知祖父之误谬，而不忍反覆之以重其罪，顾得谓之不孝哉？然则宝玉"一子出家，七祖升天"之说，诚有见乎所谓孝者在此不在彼，非徒自辩护而已。

然则举世界之人类，而尽入于解脱之域，则所谓宇宙者，不诚无物也欤？然有无之说，盖难言之矣。夫以人生之无常，而知识之不可恃，安知吾人之所谓有非所谓真有者乎？则自其反而言之，又安知吾人之所谓无非所谓真无者乎？即真无矣，而使吾人自空乏与满足，希望与恐怖之中出，而获永远息肩之所，不犹愈于世之所谓有者乎！然则吾人之畏无也，与小儿之畏暗黑何以异？自已解脱者观之，安知解脱之后，山川之美，日月之华，不有过于今日之世界者乎？读《飞鸟各投林》之曲，所谓"一片白茫茫大地真干净"者，有欤无欤，吾人且勿问，但立乎今日之人生而观之，彼诚有味乎其言之也。

难者又曰：人苟无生，则宇宙间最可宝贵之美术，不亦废欤？曰：美术之价值，对现在之世界人生而起者，非有绝对的价值也。其材料取诸人生，其理想亦视人生之缺陷逼仄，而趋于其反对之方面。如此之美术，唯于如此之世界，如此之人生中，始有价值耳。今设有人焉，自无始以来，无生死，无苦乐，无人世之挂碍而唯有永远之知识，则吾人所宝为无上之美术，自彼视之，不过蛙鸣蝉噪而已。何则？美术上之理想，固彼之所自有，而其材料，又彼之所未尝经验故也。又设有人焉，备尝人世之苦痛，而已入于解脱之域，则美术之于彼也，亦无价值。何则？美术之价值，存于使人离生活之欲，而入于纯粹之知识。彼既无生活之欲矣，而复进之以美术，是犹馈壮夫以药石，多见其不知量而已矣。然而超今日之世界人生以外者，于美术之存亡，固自可不必问也。

夫然，故世界之大宗教，如印度之婆罗门教及佛教，希伯来之基督教，皆以解脱为唯一之宗旨。哲学家如古代希腊之〔拍〕（柏）拉图，近世德意志之叔本华，其最高之理想，亦存于解脱。殊如叔本华之说，由其深邃之知识论，伟大之形而上学出，一扫宗教之神话的面具，而易以名学之论法，其真挚之感情，与巧妙之文字，又足以济之：故其说精密确实，非如古代之宗教及哲学说，徒属想像而已。然事不厌其求详，姑以生平所疑者商榷焉：夫由叔氏之哲学说，则一切人类及万物之根本，一也。故充叔氏拒绝意志之说，非一切人类及万物，各拒绝其生活之意志，则一人之意志，亦不可得而拒绝。何则？生活之意志之存于我者，不过其一最小部分，而其大部分之存于一切人类及万物者，皆与我之意志同。而此物我之差别，仅由于吾人知力之形式，故离此知力之形式，而反其根本而观之，则一切人类及万物之意志，皆我之意志也。然则拒绝吾一人之意志，而姝姝自悦曰解脱，是何异决蹄跧之水，而注之沟壑，而曰天下皆得平土而居之哉！佛之言曰："若不尽度众生，誓不成佛。"其言犹若有能之而不欲之意。然自吾人观之，此岂徒能之而不欲哉！将毋欲之而不能也。故如叔本华之言一人之解脱，而未言世界之解脱，实与其意志同一之说，不能两立者也。叔氏无意识中亦触此疑问，故于其《意志及观念之世界》之第四编之末，力护其说曰：

> 人之意志，于男女之欲，其发现也为最著。故完全之贞操，乃拒绝意志，即解脱之第一步也。夫自然中之法则，固自最确实者。使人人而行此格言，则人类之灭绝，自可立而待。至人类以降之动物，其解脱与堕落，亦当视人类以为准。《吠〔陁〕（陀）》之经典曰："一切众生之待圣人，如饥儿之待慈父母也。"基督教中亦有此思想。珊列休斯于其《人持一切物归于上帝》之小诗中曰："嗟汝万物灵，有生皆爱汝。总总环汝旁，如儿索母乳。携之适天国，惟汝力是怙！"德意志之神秘学者马斯太哀克赫德亦云：《约翰福音》云：'余之离世界也，将引万物而与

我俱。基督岂欺我哉！’夫善人，固将持万物而归之于上帝，即其所从出之本者也。今夫一切生物，皆为人而造，又各自相为用；牛羊之于水草，鱼之于水，鸟之于空气，野兽之于林莽，皆是也。一切生物皆上帝所造，以供善人之用，而善人携之以归上帝。”彼意盖谓人之所以有用动物之权利者，实以能救济之之故也。

于佛教之经典中，亦说明此真理。方佛之尚为菩提萨埵也，自王宫逸出而入深林时，彼策其马而歌曰：“汝久疲于生死兮，今将息此任载。负余躬以退举兮，继今日而无再。苟彼岸其余达兮，余将徘徊以汝待！”（《佛国记》）此之谓也。（英译《意志及观念之世界》第一册第四百九十二页）

然叔氏之说，徒引据经典，非有理论的根据也。试问释迦示寂以后，基督尸十字架以来，人类及万物之欲生奚若？其痛苦又奚若？吾知其不异于昔也。然则所谓持万物而归之上帝者，其尚有所待欤？抑徒沾沾自喜之说，而不能见诸实事者欤？果如后说，则释迦、基督自身之解脱与否，亦尚在不可知之数也。往者作一律曰：

生平颇忆掣虚敖，东过蓬莱浴海涛。何处云中闻犬吠，至今湖畔尚乌号。人间地狱真无间，死后泥洹枉自豪。终古众生无度日，世尊祇合老尘嚣。

何则？小宇宙之解脱，视大宇宙之解脱以为准故也。赫尔德曼人类涅槃之说，所以起而补叔氏之缺点者以此。要之，解脱之足以为伦理学上最高之理想与否，实存于解脱之可能与否。若夫普通之论难，则固如楚楚蜉蝣，不足以撼十围之大树也。

今使解脱之事，终不可能，然一切伦理学上之理想，果皆可能也欤？今夫与此无生主义相反者，生生主义也。夫世界有限，而生人无穷；以无穷之人，生有限之世界，必有不得遂其生者矣。世界之内，有一人不得遂其生者，固生生主义之理想之所不许也。故由生生主义之理想，则欲使世界生活之量，达于极大限，则人人生活之度，不得不达于极小限。盖度与量二者，实为一精密之反比例，所谓最大多数之最大福祉者，亦仅归于伦理学者之梦想而已。夫以极大之生活量，而居于极小之生活度，则生活之意志之拒绝也奚若？此生生主义与无生主义相同之点也。苟无此理想，则世界之内，弱之肉，强之食，一任诸天然之法则耳，奚以伦理为哉？然世人日言生生主义，而此理想之达于何时，则尚在不可知之数。要之，理想者可近而不可即，亦终古不过一理想而已矣。人知无生主义之理想之不可能，而自忘其主义之理想之何若？此则大不可解脱者也。

夫如是，则《红楼梦》之以解脱为理想者，果可菲薄也欤？夫以人生忧患之如彼，而劳苦之如此，苟有血气者，未有不渴慕救济者也；不求之于实行，犹将求之于美术。独《红楼梦》者，同时与吾人以二者之救济。人而自绝于救济则已耳；不然，则对此宇宙之大著述，宜如何企踵而欢迎之也！

第五章　余论

自我朝考证之学盛行，而读小说者，亦以考证之眼读之。于是评《红楼梦》者，纷然索此书之主人公之为谁，此又甚不可解者也。夫美术之所写者，非个人之性质，而人类全体之性质也。惟美术之特质，贵具体而不贵抽象。于是举人类全体之性质，置诸个人之名字之下。譬诸"副墨之子"，"洛诵之孙"，亦随吾人之所好，名之而已。善于观物者，能就个人之事实，而发见人类全体之性质；今对人类之全体，而必规规焉求个人以实之，人之知力相越，岂不远哉！故《红楼梦》之主人公，谓之贾宝玉可，谓之"子虚""乌有"先生可，即谓之纳兰容若，谓之曹雪芹，亦无不可也。

综观评此书者之说，约有二种：一谓述他人之事，一谓作者自写其生平也。第一说中，大抵以贾宝玉为即纳兰性德。其说要非无所本。案性德《饮水诗集别意》六首之三曰：

独拥余香冷不胜，残更数尽思腾腾。今宵便有随风梦，知在红楼第几层？

又《饮水》词中《於中好》一阕云：

别绪如丝睡不成，那堪孤枕梦边城。因听紫塞三更雨，却忆红楼半夜灯。

又《减字木兰花》一阕咏新月云：

莫教星替，守取团圆终必遂。此夜红楼，天上人间一样愁。

“红楼”之字凡三见，而云“梦红楼”者一。又其亡妇忌日作《金缕曲》一阕，其首三句云：

此恨何时已，滴空阶寒更雨歇，葬花天气。

“葬花”二字，始出于此。然则《饮水集》与《红楼梦》之间，稍有文字之关系，世人以宝玉为即纳兰侍卫者，殆由于此。然诗人与小说家之用语，其偶合者固不少。苟执此例以求《红楼梦》之主人公，吾恐其可以傅合者，断不止容若一人而已。若夫作者之姓名（遍考各书，未见曹雪芹何名），与作书之年月，其为读此书者所当知，似更比主人公之姓名为尤要。顾无一人为之考证者，此则大不可解者也。

至谓《红楼梦》一书，为作者自道其生平者。其说本于此书第一回“竟不如我亲见亲闻的几个女子”一语。信如此说，则唐旦之《天国喜剧》，可谓无独有偶者矣。然所谓亲见亲闻者，亦可自旁观者之口言之，未必躬为剧中之人物。如谓书中种种境界，种种人物，非局中人不能道，则是《水浒传》之作者，必为大盗，《三国演义》之作者，必为兵家，此又大不然之说也。且此问题，实为（应为“与”）美术之渊源之问题相关系。如谓美术上之事，非局中人不能道，则其渊源必全存于经验而后可。夫美术之源，出于先天，抑由于经验，此西洋美学上至大之问题也。叔本华之论此问题也，最为透辟。兹援其说，以结此论。其言（此论本为绘画及雕刻发，然可通之于诗歌小说）曰：

> 人类之美之产于自然中者，必由下文解释之：即意志于其客观化之最高级（人类）中，由自己之力与种种之情况，而打胜下级（自然力）之抵抗，以占领其物质。且意志之发现于高等之阶级也，其形式必复杂：即以一树言之，乃无数之细胞，合而成一系统者也。其阶级愈高，其结合愈复杂。人类之身体，乃最复杂之系统也：各部分各有一特别之生活，其对全体也，则为隶属；其互相对也，则为同僚；互相调和，以为其全体之说明；不能增也，不能减也。能如此者，则谓之美。此自然中不得多见者也。顾美之于自然中如此，于美术中则何如？或有以美术家为模仿自然者。然彼苟无美之预想存于经验之前，则安从取自然中完全之物而模仿之，又以之与不完全者相区别哉？且自然亦安得时时生一人焉，于其各部分皆完全无缺哉？或又谓美术家必先于人之肢体中，观美丽之各部分，而由之以构成美丽之全体。此又大愚不灵之说也。即令如此，彼又何自知美丽之在此部分而非彼部分哉？故美之知识，断非自经验的得之，即非后天的，而常为先天的；即不然，亦必其一部分常为先天的也。吾人于观人类之美后，始认其美；但在真正之美术家，其认识之也，极其明速之度，而其表出之也，胜乎自然之为。此由吾人之自身即意志，而于此所判断及发见者，乃意志于最高级之完全之客观化也。唯如是，吾人斯得有美之预想。而在真正之天才，于美之预想外，更伴以非常之巧力。彼于特别之物中，认全体之理念，遂解自然之嗫嚅之言语而代言之；即以自然所百计而不能产出之美，现之于绘画及雕刻中，而若语自然曰："此即汝之所欲言而不得者也。"苟有判断之能力者，必将应之曰："是。"唯如是，故希腊之天才，能发见人类之美之形式，而永为万世雕刻家之模范。唯如

是，故吾人对自然于特别之境遇中所偶然成功者，而得认其美。此美之预想，乃自先天中所知者，即理想的也，比其现于美术也，则为实际的。何则？此与后天中所与之自然物相合故也。如此，美术家先天中有美之预想，而批评家于后天中认识之，此由美术家及批评家，乃自然之自身之一部，而意志于此客观化者也。哀姆攀独克尔曰："同者唯同者知之。"故唯自然能知自然，唯自然能言自然，则美术家有自然之美之预想，固自不足怪也。

芝诺芬述苏格拉底之言曰："希腊人之发见人类之美之理想也，由于经验。即集合种种美丽之部分，而于此发见一膝，于彼发见一臂。"此大谬之说也。不幸而此说又蔓延于诗歌中。即以狭斯丕尔言之，谓其戏曲中所描写之种种之人物，乃其一生之经验中所观察者，而极其全力以模写之者也。然诗人由人性之预想而作戏曲小说，与美术家之由美之预想而作绘画及雕刻无以异。唯两者于其创造之途中，必须有经验以为之补助。夫然，故其先天中所已知者，得唤起而入于明晰之意识，而后表出之事，乃可得而能也。（叔氏《意志及观念之世界》第一册第二百八十五页至八十九页）

由此观之，则谓《红楼梦》中所有种种之人物，种种之境遇，必本于作者之经验，则雕刻与绘画家之写人之美也，必此取一膝，彼取一臂而后可，其是与非，不待知者而决矣。读者苟玩前数章之说，而知《红楼梦》之精神，与其美学伦理学上之价值，则此种议论，自可不生。苟知美术之大有造于人生，而《红楼梦》自足为我国美术上之唯一大著述，则其作者之姓名，与其著书之年月，固当为唯一考证之题目。而我国人之所聚讼者，乃不在此而在彼；此足以见吾国人之对此书之兴味之所在，自在彼而不在此也，故为破其惑如此。

文学小言

（一）

昔司马迁推本汉武时学术之盛，以为利禄之途使然。余谓一切学问皆能以利禄劝，独哲学与文学不然。何则？科学之事业，皆直接间接以厚生利用为旨，故未有与政治及社会上之兴味相刺谬者也。至一新世界观与新人生观出，则往往与政治及社会上之兴味不能相容。若哲学家而以政治及社会之兴味为兴味，而不顾真理之如何，则又决非真正之哲学。此欧洲中世哲学之以辨护宗教为务者，所以蒙极大之污辱，而叔本华所以痛斥德意志大学之哲学者也。文学亦然；餔餟的文学，决非真正之文学也。

（二）

文学者，游戏的事业也。人之势力用于生存竞争而有余，于是发而为游戏。婉娈之儿，有父母以衣食之，以卵翼之，无所谓争存之事也。其势力无所发泄，于是作种种之游戏。逮争存之事亟，而游戏之道息矣。唯精神上之势力独优，而又不必以生事为急者，然后终身得保其游戏之性质。而成人以后，又不能以小儿之游戏为满足，于是对其自己之感情及所观察之事物而摹写之，咏叹之，以发泄所储蓄之势力。故民族文化之发达，非达一定之程度，则不能有文学；而个人之汲汲于争存者，决无文学家之资格也。

（三）

人亦有言，名者利之宾也。故文绣的文学之不足为真文学也，与
饣餔饣歠的文学同。古代文学之所以有不朽之价值者，岂不以无名之见者
存乎？至文学之名起，于是有因之以为名者，而真正文学乃复托于不
重于世之文体以自见。逮此体流行之后，则又为虚玄矣。故模仿之文
学，是文绣的文学与饣餔饣歠的文学之记号也。

（四）

文学中有二原质焉：曰景，曰情。前者以描写自然及人生之事实
为主，后者则吾人对此种事实之精神的态度也。故前者客观的，后者
主观的也；前者知识的，后者感情的也。自一方面言之，则必吾人之
胸中洞然无物，而后其观物也深，而其体物也切；即客观的知识，实
与主观的感情为反比例。自他方面言之，则激烈之感情，亦得为直观
之对象、文学之材料；而观物与其描写之也，亦有无限之快乐伴之。
要之，文学者，不外知识与感情交代之结果而已。苟无锐敏之知识与
深邃之感情者，不足与于文学之事。此其所以但为天才游戏之事业，
而不能以他道劝者也。

（五）

古今之成大事业大学问者，不可不历三种之阶级："昨夜西风凋
碧树，独上高楼，望尽天涯路。"（晏同叔《蝶恋花》）此第一阶级也。
"衣带渐宽终不悔，为伊消得人憔悴。"（欧阳永叔《蝶恋花》）此第二
阶级也。"众里寻他千百度，回头蓦见，那人正在灯火阑珊处。"（辛
幼安《青玉案》）此第三阶级也。未有不阅第一第二阶级，而能遽跻第
三阶级者。文学亦然。此有文学上之天才者，所以又需莫大之修养
也。

（六）

三代以下之诗人，无过于屈子、渊明、子美、子瞻者。此四子者苟无文学之天才，其人格亦自足千古。故无高尚伟大之人格，而有高尚伟大之文学者，殆未之有也。

（七）

天才者，或数十年而一出，或数百年而一出，而又须济之以学问，帅之以德性，始能产真正之大文学。此屈子、渊明、子美、子瞻等所以旷世而不一遇也。

（八）

"燕燕于飞，差池其羽。""燕燕于飞，颉之颃之。""睍睆黄鸟，载好其音。""昔我往矣，杨柳依依。"诗人体物之妙，侔于造化，然皆出于离人孽子征夫之口，故知感情真者，其观物亦真。

（九）

"驾彼四牡，四牡项领。我瞻四方，蹙蹙靡所骋。"以《离骚》、《远游》数千言言之而不足者，独以十七字尽之，岂不诡哉！然以讥屈子之文胜，则亦非知言者也。

（十）

屈子感自己之感，言自己之言者也。宋玉、景差感屈子之所感，而言其所言；然亲见屈子之境遇，与屈子之人格，故其所言，亦殆与言自己之言无异。贾谊、刘向其遇略与屈子同，而才则逊矣。王叔师以下，但袭其貌而无真情以济之。此后人之所以不复为楚人之词者也。

（十一）

屈子之后，文学上之雄者，渊明其尤也。韦、柳之视渊明，其如贾、刘之视屈子乎！彼感他人之所感，而言他人之所言，宜其不如李、杜也。

（十二）

宋以后之能感自己之感，言自己之言者，其唯东坡乎！山谷可谓能言其言矣，未可谓能感所感也。遗山以下亦然。若国朝之新城，岂徒言一人之言已哉？所谓"莺偷百鸟声"者也。

（十三）

诗至唐中叶以后，殆为羔雁之具矣。故五季、北宋之诗（除一二大家外），无可观者，而词则独为其全盛时代。其诗词兼擅如永叔、少游者，皆诗不如词远甚。以其写之于诗者，不若写之于词者之真也。至南宋以后，词亦为羔雁之具，而词亦替矣（除稼轩一人外）。观此足以知文学盛衰之故矣。

（十四）

上之所论，皆就抒情的文学言之（《离骚》、诗词皆是）。至叙事的文学（谓叙事诗、诗史、戏曲等，非谓散文也），则我国尚在幼稚之时代。元人杂剧，辞则美矣，然不知描写人格为何事。至国朝之《桃花扇》，则有人格矣，然他戏曲则殊不称是。要之，不过稍有系统之词，而并失词之性质者也。以东方古文学之国，而最高之文学无一足以与西欧匹者，此则后此文学家之责矣。

（十五）

抒情之诗，不待专门之诗人而后能之也。若夫叙事，则其所需之时日长，而其所取之材料富。非天才而又有暇日者不能。此诗家之数之所以不可更仆数，而叙事文学家殆不能及百分之一也。

（十六）

《三国演义》无纯文学之资格，然其叙关壮缪之释曹操，则非大文学家不办。《水浒传》之写鲁智深，《桃花扇》之写柳敬亭、苏昆生，彼其所为，固毫无意义。然以其不顾一己之利害，故犹使吾人生无限之兴味，发无限之尊敬，况于观壮缪之矫矫者乎？若此者，岂真如汗德所云，实践理性为宇宙人生之根本欤？抑与现在利己之世界相比较，而益使吾人兴无涯之感也？则选择戏曲小说之题目者，亦可以知所去取矣。

（十七）

吾人谓戏曲小说家为专门之诗人，非谓其以文学为职业也。以文学为职业，饣鬼餟的文学也。职业的文学家，以文学为生活；专门之文学家，为文学而生活。今饣鬼餟的文学之途，盖已开矣。吾宁闻征夫思妇之声，而不屑使此等文学嚣然污吾耳也。

屈子文学之精神

　　我国春秋以前，道德政治上之思想，可分之为二派：一帝王派，一非帝王派。前者称道尧、舜、禹、汤、文、武，后者则称其学出于上古之隐君子（如庄周所称广成子之类），或托之于上古之帝王。前者近古学派，后者远古学派也。前者贵族派，后者平民派也。前者入世派，后者遁世派（非真遁世派，知其主义之终不能行于世，而遁焉者也）也。前者热性派，后者冷性派也。前者国家派，后者个人派也。前者大成于孔子、墨子，而后者大成于老子（老子，楚人，在孔子后，与孔子问礼之老聃系二人。说见汪容甫《述学·老子考异》）。故前者北方派，后者南方派也。此二派者，其主义常相反对，而不能相调和。观孔子与接舆、长沮、桀溺、荷蓧丈人之关系，可知之矣。战国后之诸学派，无不直接出于此二派，或出于混合此二派。故虽谓吾国固有之思想，不外此二者，可也。

　　夫然，故吾国之文学，亦不外发表二种之思想。然南方学派则仅有散文的文学，如老子、庄、列是已。至诗歌的文学，则为北方学派之所专有。《诗》三百篇，大抵表北方学派之思想者也。虽其中如《考槃》、《衡门》等篇，略近南方之思想。然北方学者所谓“用之则行，舍之则藏”，“有道则见，无道则隐”者，亦岂有异于是哉？故此等谓之南北公共之思想则可，必非南方思想之特质也。然则诗歌的文学，所以独出于北方之学派中者，又何故乎？

　　诗歌者，描写人生者也（用德国大诗人希尔列尔之定义）。此定义未免太狭，今更广之曰“描写自然及人生”，可乎？然人类之兴味，实先人生，而后自然。故纯粹之模山范水，流连光景之作，自建安以前，殆未之见。而诗歌之题目，皆以描写自己之感情为主。其写景物也，亦必以自己深邃之感情为之素地，而始得于特别之境遇中，用特别之眼观之。故古代之诗，所描写者，特人生之主观的方面；而对人生之客观的方面，及纯处于客观界之自然，断不能以全力注之也。故对古代之诗，前之定义，宁苦其广，而不苦其隘也。

诗之为道，既以描写人生为事，而人生者，非孤立之生活，而在家族、国家及社会中之生活也。北方派之理想，置于当日之社会中，南方派之理想，则树于当日之社会外。易言以明之，北方派之理想，在改作旧社会；南方派之理想，在创造新社会。然改作与创造，皆当日社会之所不许也。南方之人，以长于思辨，而短于实行，故知实践之不可能，而即于其理想中求其安慰之地，故有遁世无闷，嚣然自得以没齿者矣。若北方之人，则往往以坚忍之志，强毅之气，持其改作之理想，以与当日之社会争；而社会之仇视之也，亦与其仇视南方学者无异，或有甚焉。故彼之视社会也，一时以为寇，一时以为亲，如此循环，而遂生欧穆亚（Humour）之人生观。《小雅》中之杰作，皆此种竞争之产物也。且北方之人，不为离世绝俗之举，而日周旋于君臣父子夫妇之间，此等在在畀以诗歌之题目，与以作诗之动机。此诗歌的文学，所以独产于北方学派中，而无与于南方学派者也。

然南方文学中，又非无诗歌的原质也。南人想象力之伟大丰富，胜于北人远甚。彼等巧于比类，而善于滑稽：故言大则有若北溟之鱼，语小则有若蜗角之国；语久则大椿冥灵，语短则蟪蛄朝菌；至于襄城之野，七圣皆迷；汾水之阳，四子独往：此种想象决不能于北方文学中发见之。故庄、列书中之某部分，即谓之散文诗，无不可也。夫儿童想象力之活泼，此人人公认之事实也。国民文化发达之初期亦然，古代印度及希腊之壮丽之神话，皆此等想象之产物。以我中国论，则南方之文化发达较后于北方，则南人之富于想象，亦自然之势也。此南方文学中之诗歌的特质之优于北方文学者也。

由此观之，北方人之感情，诗歌的也，以不得想象之助，故其所作遂止于小篇。南方人之想象，亦诗歌的也，以无深邃之感情之后援，故其想象亦散漫而无所丽，是以无纯粹之诗歌。而大诗歌之出，必须俟北方人之感情，与南方人之想象合而为一，即必通南北之驿骑而后可，斯即屈子其人也。

屈子南人而学北方之学者也。南方学派之思想，本与当时封建贵族之制度不能相容。故虽南方之贵族，亦常奉北方之思想焉。观屈子之文，可以征之。其所称之圣王，则有若高辛、尧、舜、禹、汤、少康、武丁、文、武，贤人则有若皋陶、挚说、彭、咸（谓彭祖、巫咸，商之贤臣也，与"巫咸将夕降兮"之巫咸，自是二人，《列子》所谓"郑有神巫，名季咸"者也）、比干、伯夷、吕望、宁戚、百里、介推、子胥，暴君则有若夏启、羿、浞、桀、纣，皆北方学者之所常称道，而于南方学者所称黄帝、广成等不一及焉。虽《远游》一篇，似专述南方之思想，然此实屈子愤激之词，如孔子之居夷浮海，非其志也。《离骚》之卒章，其旨亦与《远游》同。然卒曰："陟升皇之赫戏兮，忽临睨夫旧乡。仆夫悲余马怀兮，蜷局顾而不行。"《九章》中之《怀沙》，乃其绝笔，然犹称重华、汤、禹，足知屈子固彻头彻尾抱北方之思想，虽欲为南方之学者，而终有所不慊者也。

屈子之自赞曰："廉贞。"余谓屈子之性格，此二字尽之矣。其廉固南方学者之所优为，其贞则其所不屑为，亦不能为者也。女嬃之詈，巫咸之占，渔父之歌，皆代表南方学者之思想，然皆不足以动屈子。而知屈子者，唯詹尹一人。盖屈子之于楚，亲则肺腑，尊则大夫，又尝管内政外交上之大事矣，其于国家既同累世之休戚，其于怀王又有一日之知遇，一疏再放，而终不能易其志，于是其性格与境遇相得，而使之成一种之欧穆亚。《离骚》以下诸作，实此欧穆亚所发表者也。使南方之学者处此，则贾谊（《吊屈原文》）扬雄（《反离骚》）是，而屈子非矣。此屈子之文学，所负于北方学派者也。

然就屈子文学之形式言之，则所负于南方学派者，抑又不少。彼之丰富之想象力，实与庄、列为近。《天问》、《远游》凿空之谈，求女谬悠之语，庄语之不足，而继之以谐，于是思想之游戏，更为自由矣。变《三百篇》之体，而为长句，变短什而为长篇，于是感情之发表，更为宛转矣。此皆古代北方文学之所未有，而其端自屈子开之。然所以驱使想象而成此大文学者，实由其北方之肫挚的性格。此庄周等之所以仅为哲学家，而周、秦间之大诗人，不能不独数屈子也。

　　要之，诗歌者，感情的产物也。虽其中之想象的原质（即知力的原质），亦须有肫挚之感情，为之素地，而后此原质乃显。故诗歌者，实北方文学之产物，而非儇薄冷淡之夫所能托也。观后世之诗人，若渊明，若子美，无非受北方学派之影响者。岂独一屈子然哉！岂独一屈子然哉！

清真先生遗事

事　迹　一

　　周邦彦字美成，钱塘人。疏隽少检，不为州里推重，而博涉百家之书。元丰初，游京师，献《汴都赋》万余言。神宗异之，命侍臣读于迩英殿，召赴政事堂，自大学诸生一命为正。居五岁不迁，益尽力于辞章。出教授庐州，知溧水县，还为国子主簿。哲宗召对，使诵前赋，除秘书省正字。历校书郎、考功员外郎、卫尉宗正少卿、兼议礼局检讨，以直龙图阁，知河中府。徽宗欲使毕礼书，留之逾年，乃知龙德府（当作隆德府）。徙明州，入拜秘书监，进徽猷阁待制，提举大晟府。未几，知顺昌府，徙处州。卒年六十六，赠宣奉大夫。邦彦好音乐，能自度曲。制乐府长短句，词韵清蔚，传于世（《宋史·文苑传》）。

　　案：先生献赋之岁，本传及《挥麈馀话》皆云在元丰初。《馀话》所载先生《重进汴都赋表》，则云元丰元年七月。（《汲古》《照旷》二本皆同。）而近时钱塘丁氏《武林先哲遗书》中，重刊明单刻本《汴都赋》，前有《重进赋表》，则作六年七月。《直斋书录解题》又作元丰七年。余案：元年当为六年之误。赋中所陈有疏汴、洛改官制、修景灵宫三事。案《宋史·河渠志》，元丰二年三月，以宋用臣提举导洛通汴。《神宗纪》：元丰二年六月甲寅，清汴成。三年六月丙午，诏中书省详定官制，五年夏四月癸酉，官制成。三年九月乙酉，诏即景灵宫作十一殿，以时王礼祀祖宗。五年十一月，景灵宫成，告迁祖宗神御。此三事皆在元年之后，此一证也。楼攻媿《清真先生文集序》云："未及三十作《汴都赋》。"时先生方二十八岁。若在元年，则才二十三岁。当云年逾二十，不得云未及三十，此二证也。楼《序》、《咸淳志》、《直斋书录》皆云："赋奏，命左丞李清臣读于迩英殿。"案：清臣官至门下侍郎，此云左丞，非称其最后之官，乃以读赋时之官称之。而《神宗纪》及《宰辅表》，清臣以元丰六年八月辛卯自吏部尚书除尚书右丞，至元祐初，乃迁左丞。则左丞当为右丞之误。献赋在七月，而读赋则在八月以后，亦与事实合，此三证也。若直斋所云七年，则又因六年七月而误也。

周邦彦，字美成，钱塘人也。性落魄不羁，涉猎书史。元丰中，献《汴都赋》，神宗异之，自诸生命为太学正。绍圣中，除秘书省正字。徽宗即位，为校书郎，迁考功员外郎、卫尉宗正少卿，又迁卫尉卿，出知隆德府，徙明州，召为秘书监，擢徽猷阁待制，提举大晟府。未几，知真定，改顺昌府，提举洞霄宫。卒年六十六。邦彦能文章，世特传其词调云（《东都事略·文艺传》）。

周邦彦，字美成。少涉猎书史，游太学，有俊声。元丰中，献《汴都赋》七千言，多古文奇字。神宗嗟异，命左丞李清臣读于迩英阁。多以边旁言之，不尽悉也。徽宗即位，为校书郎，累迁卫尉卿，出知隆德府，徙明州，以秘书监召赐对崇政殿。上问《汴都赋》其辞云何，对以岁月久，不能省忆。用表进，帝览表称善。除徽猷阁待制，提举大晟府，知真定府，改顺昌府，提举洞霄宫。卒年六十六。邦彦能文章，妙解音律，名其堂曰顾曲。乐府盛行于世。人谓之落魄不羁。其提举大晟，亦由此。然其文，识者谓有工力深到处，磐镜乌几之铭，有郑圃、漆园之风，祷神之文，仿《送穷》、《乞巧》之作，不但词调而已。自号清真居士，有集二十四卷（《咸淳临安志·人物传》以《东都事略》本传、王明清《挥麈录》、楼钥《清真集序》、陈直斋《书录解题》修）。

案：此以重进《汴都赋》在官秘书监后，本《挥麈馀

话》。误，辨见后条。提举洞霄宫当从《玉照新志》王铚所
手记者为正，乃南京鸿庆宫，非杭州洞霄也。楼钥《文集
叙》称其旅死，亦合。

　　周美成邦彦，元丰初，以太学生进《汴都赋》。神宗命之以官，
除太学录。其后流落不偶，浮沉州县三十余年。蔡元长用事，
美成献《生日》诗，略云："化行禹贡山川内，人在周公礼乐中。"元长大
喜，即以秘书少监召，又复荐之。上殿契合，诏再取其本来进。表
云："六月十八日赐对崇政殿，问臣为诸生时所进先帝《汴都赋》，
其辞云何？臣言曰：赋语猥繁，岁月持久，不能省忆，即敕以本来进
者。雕虫末技，已玷国恩，刍狗陈言，再干睿览，事超所望，忧过于
荣。窃惟汉、晋以来，才士辈出，咸有颂述，为国光华。两京天临，
三国鼎峙，奇伟之作，行于无穷。恭惟神宗皇帝，盛德大业，卓高古
初。积害悉平，百废再举。朝廷郊庙，罔不崇饰。仓廪府库，罔不充
仞。经术学校，罔不兴作。礼乐制度，罔不厘正。攘狄斥地，罔不流
行。理财禁非，动协成算。以至鬼神怀，鸟兽若，搢绅之所诵习，载
籍之所编记，三五以降，莫之与京，未闻承学之臣，有所歌咏，于今
无传，视古为愧。臣于斯时，自惟徒费学廪，无益治世万分之一，不
揣所堪，裒集盛事，铺陈为赋，冒死进投。先帝哀其狂愚，赐以首
领，特从官使，以劝四方。臣命薄数奇，旋遭时变，不能俯仰取容，
自触罢废。漂零不偶，积年于兹。臣孤愤莫伸，大恩未报，每抱旧
藁，涕泗横流。不图于今，得望天表，亲奉圣训，命录旧文。退省荒
芜，恨其少作，忧惧惶惑，不知所为。伏惟陛下，执道御有，本于生
知，出言成章，匪由学习。而臣也，欲晞云汉之丽，自呈绘画之工，
唐突不量，诛死何恨。陛下德侔覆焘，恩浃飞沉，致绝异之祥光，出
久幽之神玺。丰年屡应，瑞物毕臻，方将泥金泰山，鸣玉梁父，一代
方策，可无述焉？如使臣殚竭精神，驰骋笔墨，方于兹赋，尚有靡者
焉。其元丰元年七月所进《汴都赋》并书共二册，谨随表上进以
闻。"表入，乙览称善，除次对内祠（《挥麈馀话》一）。

案：此条所记抵牾最甚。"太学录"当依《宋史》、《东都事略》诸书，作太学正。浮沉州县三十余年，亦无此事。其重进《汴都赋》，参考诸书，当在哲宗元符之初，而不在蔡元长用事之后。征之表文，事甚明白。《寿蔡元长》诗云："化行禹贡山川内，人在周公礼乐中。"必作于崇宁大观制作礼乐之后。时先生已位列卿，若于此时进赋，不得云"漂零不偶，积年于兹"，一也。表文又云："陛下德侔覆焘，恩浃飞沉，致绝异之祥光，出久幽之神玺。"此正哲宗元符事。案：咸阳段义得玉玺，《宋史·哲宗纪》云："在元符元年正月。"《舆服志》谓："在绍圣三年四年上之。"志说较是。志又云："元符元年三月，翰林学士蔡京，及讲议官十三员奏按所献玉玺云：'今得玺于咸阳，其玉乃蓝田之色，其篆与李斯小篆体合。饰以龙凤鸟鱼，乃虫书鸟迹之法，于今所传古书，莫可比拟，非汉以后所作明矣。今陛下嗣守祖宗大宝，而神玺自出。其文曰："受命于天，既寿永昌。"则天之所畀，乌可忽哉！汉、晋以来，得宝鼎瑞物，犹告庙改元，肆青上寿，况传国之器乎？'遂以五月朔御大庆殿，降坐受宝。群臣上寿称贺。"所谓"出久幽之神玺"，正指此事。若徽宗崇宁五年，虽得玉印，然未尝以为神玺，则重进《汴都赋》，明在哲宗时，二也。若《重进赋表》作于徽宗时，不应不及哲宗朝诵赋之事，三也。明清通习宋时掌故，不知何以疏漏若此。《咸淳志》亦仍其误，幸有《宋史》及表文可证耳。楼攻媿《清真先生文集序》云："哲宗始置之文馆，徽宗又列之郎曹，皆以受知先帝之故，以一赋而得三朝之眷"云云，则先生非由元长进用，亦可知。至云"表入，乙览称善，除次对内祠"，则又并前后数事为一事。又后日提举鸿庆宫，亦外祠而非内祠，其纰缪不待论也。

周邦彦待制，尝为刘昺之祖作埋铭，以白金数十斤为润笔，不受。昺无以报之，因除户部尚书，荐以自代。后刘缘坐王采讦言事得罪，美成亦落职，罢知顺昌府宫祠。周笑谓人曰："世有门生累举主

者多矣，独邦彦乃为举主所累，亦异事也。"（庄绰《鸡肋编》中）

　　案：《挥麈后录》三云："王、刘既诛窜，适郑达夫与蔡元长交恶，郑知蔡之尝荐二人也，忽降旨，应刘昺所荐，并令吏部具姓名以闻。当议降黜，宰执既对，左丞薛昂进曰：'刘昺臣尝荐之矣，今昺所荐尚当坐，而臣荐昺，何以逃罪？'京即进曰（中略）。上笑而止，由是不直达夫。即再降旨，刘昺所荐并不问。"则先生此时但外转，并未落职，亦未奉祠。季裕所记但一时之言，故王铚记先生晚年事，犹云："以待制提举南京鸿庆宫也。"

　　道君幸李师师家，偶周邦彦先在焉。知道君至，遂匿于床下。道君自携新橙一颗，云："江南初进来。"遂与师师谑语，邦彦悉闻之，隐括成《少年游》云："并刀如水，吴盐胜雪，纤手破新橙。"后云："城上已三更，马滑霜浓，不如休去，直是少人行。"李师师因歌此词。道君问："谁作？"李师师奏云："周邦彦词。"道君大怒，坐朝谕蔡京云："开封府有监税周邦彦者，闻课额不登，如何京尹不案发来！"蔡京罔知所以，奏云："容臣退朝呼京尹叩问，续得覆奏。"京尹至，蔡以御前圣旨谕之。京尹云："惟周邦彦课额增羡。"蔡云："上意如此，只得迁就将上。"得旨："周邦彦职事废弛，可日下押出国门。"隔一二日，道君复幸李师师家，不见李师师。问其家，知送周监税。道君方以邦彦出国门为喜，既至，不遇。坐久，至更初，李始归。愁眉泪睫，憔悴可掬。道君大怒，云："尔往那里去？"李奏："臣妾万死。知周邦彦得罪，押出国门，略致一杯相别，不知官家来。"道君问："曾有词否？"李奏云："有《兰陵王》词。今'柳阴直'者是也。"道君云："唱一遍看。"李奏云："容臣妾奉一杯歌此词，为官家寿。"曲终，道君大喜，复召为大晟乐正。后官至大晟乐乐府待制。邦彦以词行，当时皆称美成词。殊不知美成文笔，大有可观。作《汴都赋》，如笺奏杂著，皆是杰作，可惜以词掩其他文也。当时李师师家有二邦彦：一周美成，一李士美，皆为道君狎客。士美

因而为宰相。吁！君臣遇合于倡优下贱之家，国之安危治乱，可想而知矣！（张端义《贵耳集》下）

案：此条所言，尤失实。《宋史·徽宗纪》："宣和元年十二月，帝数微行，正字曹辅上书极论之，编管郴州。"又《曹辅传》："自政和后，帝多微行，乘小轿子，数内臣导从，置行幸局。局中以帝出日，谓之'有排当'。次日未还，则传旨，称疮痍不坐朝。始，民间犹未知，及蔡京谢表，有'轻车小辇，七赐临幸'。自是邸报闻四方。"是徽宗微行，始于政和，而极于宣和。政和元年，先生已五十六岁，官至列卿，应无冶游之事。所云开封府监税，亦非卿监侍从所为。至大晟乐正，与大晟乐府待制，宋时亦无此官也。

宣和中，李师师以能歌舞称。时周邦彦为太学生，每游其家。一夕，值祐陵临幸，仓猝隐去。既而赋小词，所谓"并刀如水，吴盐胜雪"者，盖纪此夕事也。未几，李被宣唤，遂歌于上前。问谁所为，则以邦彦对。于是遂与解褐，自此通显。既而朝廷赐酺，师师又歌《大酺》、《六丑》二解。上顾教坊使袁绹问，绹曰："此起居舍人新知潞州周邦彦作也。"问《六丑》之义，莫能对。急召邦彦问之，对曰："此犯六调，皆声之美者，然绝难歌。昔高阳氏有子六人，才而丑，故以比之。"上喜，意将留行。且以近者祥瑞沓至，将使播之乐府，命蔡元长微叩之。邦彦云："某老矣，颇悔少作。"会起居郎张果与之不咸，廉知邦彦尝于亲王席上，作小词赠舞鬟云："歌席上，无赖是横波。宝髻玲珑欹玉燕，绣巾柔腻掩香罗。何况会婆娑。无个事、因甚敛双蛾。浅淡梳妆疑是画，惺忪言语胜闻歌。好处是情多。"为蔡道其事。上知之，由是得罪。师师后入中，封瀛国夫人。朱希真有诗云："解唱《阳关》别调声，前朝惟有李夫人。"即其人也（周密《浩然斋雅谈》下）。

案：此条失实，与《贵耳集》同。云"宣和中"先生"尚

为太学生"，则事已距四十余年。且苟以少年致通显，不应复以
《忆江南》词得罪。其所自记；亦相抵牾也。师师未尝入宫，见
《三朝北盟会编》。

　　周美成晚归钱塘乡里，梦中得《瑞鹤仙》一阕："悄郊原带郭，
行路永、客去车尘漠漠。斜阳映山落。敛余红、犹恋孤城阑角。凌波
步弱。过短亭，何用素约？有流莺劝我，重解绣鞍，缓引春酌。
不计归时早暮，上马谁扶，醉眠朱阁。惊飙动幕。犹残醉、绕红药。
叹西园，已是花深无地，东风何事又恶？任流光过却，归来洞天自
乐。"未几，方腊盗起，自桐庐拥兵入杭。时美成方会客，闻之，仓
皇出奔，趋西湖之坟庵，次郊外。适际残腊，落日在山，忽见故人之
妾，徒步，亦为逃避计。约下马小饮于道旁，闻莺声于木杪分背。少
焉，抵庵中，尚有余醺，困卧小阁之上，恍如词中。逾月，贼平入
城，则故居皆遭蹂践。旋营缉而处，继而得请提举杭州洞霄宫，遂老
焉，悉符前作。美成尝自记甚详，今偶失其本，姑记其略，而书于编
（《挥麈馀话》二）。
　　明清《挥麈馀话》记周美成《瑞鹤仙》事，近于故箧中，得先
人所叙，特为详备，今具载之。美成以待制提举南京鸿庆宫，自杭徙
居睦州，梦中作长短句《瑞鹤仙》一阕。既觉犹能全记，了不详其
所谓也。未几，青溪贼方腊起，逮其鸱张，方还杭州旧居，而道路兵
戈已满，仅得脱死，始得入钱塘门，但见杭人仓皇奔避，如蜂屯蚁
沸。视落日，半在鼓角楼檐间，即词中所云："斜阳映山落。敛余
晖、犹恋孤城阑角"者应矣。当是时，天下承平日久，吴、越享安
闲之乐。而狂寇啸聚，径自睦州直捣苏、杭，声言遂踞二浙。浙人传
闻，内外响应，求死不暇。美成旧居既不可住，是日无处得食，饥
甚。忽于稠人中，有呼待制何往者，视之，乡人之侍儿，素所识者
也。且曰："日昃未必食，能舍车过酒家乎？"美成从之。惊遽间，
连引数杯散去，腹枵顿解，乃词中所谓"凌波步弱。过短亭，何用
素约？有流莺劝我，重解绣鞍，缓引春酌"。之句验矣。饮罢，觉微
醉，便耳目惶惑，不敢少留，径出城北。江涨桥诸寺，士女已盈满，

不能驻足。独一小寺经阁，偶无人，遂宿其上。即词中所谓"上马
谁扶，醉眠朱阁"。又应矣。既见两浙处处奔避，遂绝江居扬州。未
及息肩，而传闻方贼已尽据二浙，将涉江之淮、泗。因自计，方领南
京鸿庆宫，有斋厅可居，乃挈家往焉。则词中所谓"念西园，已是
花深无路，东风又恶"。之语应矣。至鸿庆，未几以疾卒，则"任流
光过了，归来洞天自乐"。又应于身后矣。美成生平好作乐府，将死
之际，梦中得句，而字字俱应，卒章又应于身后，岂偶然哉！美成之
守颍上，与仆相知。其至南京，又以此词见寄。尚不知此词之言，待
其死，乃竟验如此（《玉照新志》二）。

案：此二条，当以《玉照新志》明清父铚所手记者为正。

周美成初在姑苏，与营妓岳七、楚云者游甚久。后归自京师，首
访之，则已从人矣。明日，饮于太守蔡峦子高坐上。见其妹，作
《点绛唇》曲寄之云："辽鹤归来，故乡多少伤心事。短书不寄，鱼
浪空千里。　凭仗桃根，说与相思意。愁何际，旧时衣袂，犹有东
风泪。"（王灼《碧鸡漫志》二）

案：《吴郡志》自元丰至宣和，苏州太守并无蔡峦其人，仅
崇宁间有蔡渭耳。渭，故相蔡确之子，后改名懋，与峦字不类，
义亦与子高之字不相应。以他书所记先生事观之，则此说疑亦附
会也。

周美成为江宁府溧水令，主簿之室，有色而慧，美成常款洽于尊
席之间。世所传《风流子》词，盖所寓意焉（中略）。词中"新绿"、
"待月"，皆簿厅亭轩之名也。俞义仲云（《挥麈馀话》二）。

案：明清记美成事，前后抵牾者甚多。此条疑亦好事者为之
也。《御选历代诗馀》词话，引此条作"主簿之姬"，疑所见别
有善本也。

著 述 二

《清真集》十一卷（《宋史·艺文志》）

《清真先生文集》二十四卷（《攻媿集》、《郡斋读书志》同。《直斋书录解题》作《清真集》二十四卷）

楼钥《清真先生文集序》：班孟坚之赋两都，张平子之赋二京，不独为五经鼓吹，直足以佐大汉之光明。诚千载之杰作也。国家定都大梁，虽仍前世之旧，当四通五达之会，贡赋地均，不特险阻，真得国家有德易以王之意。祖宗仁泽深厚，承平百年，高掩千古，异才间出，曾未有继班、张之作者。神宗稽古有为，鼎新百度，文物彬彬，号为盛际。钱塘周公，少负庠校隽声。未及三十，作《汴都赋》，凡七千言。富哉！壮哉！铺张扬厉之工，期月而成，无十稔之劳，指陈事实，无夸诩之过。赋奏，天子嗟异之，命近臣读于迩英阁，由诸生擢为学官，声名一日震耀海内，而皇朝太平之盛观备矣。未几，神宗上宾，公亦低徊不自表襮。哲宗始置之文馆，徽宗又列之郎曹，皆以受知先帝之故，以一赋而得三朝之眷，儒生之荣莫加焉。公之殁，距今八十余载，世之能诵公赋者盖寡，而乐府之词，盛行于世，莫知公为何等人也。公尝守四明，而诸孙又寓居于此。尝访其家集而读之，参以他本，间见手薰，又得京本《文选》，与公之曾孙铸裒为二十四卷。中更兵火，散坠已多，然足以不朽矣。公壮年气锐，以布衣自结于明主，又当全盛之时，宜乎立取贵显。而考其岁月，仕宦殊为流落，更就铨部试远邑，虽归班于朝，坐视捷径，不一趋焉。三绾州麾，仅登松班，而旅死矣。盖其学道退然，委顺知命，人望之如木鸡，自以为喜，此又世所未知者。乐府传播，风流自命，又性好音律，如古之妙解，"顾曲"名堂，不能自已，人必以为豪放飘逸高视古人，非攻苦力学以寸进者。及详味其辞，经史百家之言，盘屈于笔下，若自己出，一何用功之深，而致力之精耶！故见所上献赋之书，然后知一赋之机杼；见《续秋兴赋后序》，然后知平生之所安。磐镜乌几之铭，可与郑圃、漆园相周旋，而祷神之文，则《送穷》、《乞巧》之流亚也。骤以此语人，未必遽信，惟能细读之者，始知斯言之不为溢美耳。居闲养疴，为之校雠三数过，犹未敢以为尽。方淇水李左丞读赋上前，多以偏旁言之，因为考之群书，略为音释，阙其所未知者，以俟博雅之君子，非敢自比张载、刘逵为《三都》之训诂也。钥先世与公家有事契，且尝受廛焉。公之诗文，幸不泯没，钥之愿也。公讳邦彦，字美成，清真其自号。历官详见志铭云。制使待制陈公，政事之余，既刊曾祖贤良都官家集，又以清真之文并传，以慰邦人之思。君子谓是举也，加于人数等，类非文吏之所能为也。

晁公武《郡斋读书志》：《清真先生文集》，二十四卷。右周邦彦字美成之文也。神宗时，尝奏《汴都赋》七千言，上命近臣读于迩英阁，由诸生为学官。哲宗置之文馆，徽宗列之郎曹，尝守四明。故楼忠简公钥序而刻之。

陈振孙《直斋书录解题》集部别集类：《清真集》，二十四卷，徽猷阁待制钱塘周邦彦撰。元丰七年进《汴都赋》，自诸生命为太学正。邦彦博文多能，尤长于长短句，自度曲。其提举大晟府，亦由此，而他文未传。嘉泰中，四明楼钥始为之序，而太守陈杞刊之，盖其子孙家居四明故也。《汴都赋》已载《文鉴》。世传赋初奏，御诏李清臣读之，多古文奇字，清臣诵之如素所习熟者，乃以偏旁取之耳。钥为音释，附之卷末。

案：杞曾刻其曾祖舜俞《都官集》三十卷。《都官集》为先生叔邠所编。邠为舜俞女夫，见蒋之奇《都官集序》，故并及先生集耳。

《清真杂著》三卷

《书录解题》集部别集类：邦彦尝为溧水令，故邑有词集。

其后有好事者，取其在邑所作文记诗歌并刻之。

《操缦集》五卷

　　《书录解题》集部别集类：周邦彦撰。亦有前集中所无者。

　　国维案：右诗文集四种，今皆不传。《宋志》、《文集》仅十一卷，疑即楼《序》中所谓家集，而二十四卷本，则宋世通行之本也。今遗文尚存者，则有《汴都赋》（《宋文鉴》）、《重进汴都赋表》（《挥麈馀话》）、《敕赐唐二高僧师号记》（《严陵集》）。遗诗则钱塘丁立中重刻《汴都赋》附录。除录《宋诗纪事》外，尚有补辑。其目为：《过羊角哀左伯桃墓》一首、《凤凰台》一首、《仙杏山》一首（出《景定建康志》）、《曝日》一首（出《齐东野语》）、《天赐白》一首（出陈郁《藏一话腴》）、《春帖子》一首（出《合璧事类》）、《春雨》一首（出后村《千家诗》）、《赠常熟贺公叔隐士一首》（出《琴川志》）、《竹城》一首（出《江宁志》）、《投子山》一首、《宿灵仙观》一首、《芝术歌》一首（均出《茅山志》）。

　　而陈元靓《岁时广记》中，尚有《内制》、《春帖子》诗二断句，为丁氏所未录。又《宝真斋法书赞》（卷十八）、《郁氏书画题跋记》（卷一）各有一帖，浭阳端制军（方）藏有先生手迹，亦未见。至遗文，则《圣宋文海》、《播芳文粹》尚有之，未及检也。

《清真词》二卷、《续集》一卷

　　《书录解题》集部歌词类：周美成邦彦撰。多用唐人诗语鬻括入律，浑然天成。长调尤善铺叙，富艳精工，词人之甲乙也。

《注清真词》二卷

同上歌词类，曹杓季中注，自称一壶居士。

《片玉词》二卷

晋阳强焕序：文章政事，初非两途。学之优者，发而为政，必有可观；政有其暇，其游艺于咏歌者，必其才有余刃者也。溧水为负山之邑，官赋浩穰，民讼纷沓，似不可以弦歌为政。而待制周公，元祐癸酉春中为邑长于斯。其政敬简，民到于今称之者，固有余爱。而其尤可称者，于拨烦治剧之中，不妨舒啸，一觞一咏，句中有眼。脍炙人口者，又有余声，洋洋乎在耳，则其政有不亡者存。余慕周公之才名有年于兹，不谓于八十余载之后，踵公旧踪，既喜而且愧。故自到任以来，访其政事，于所治后圃，得其遗致，有亭曰"姑射"，有堂曰"萧闲"，皆取神仙中事。揭而明之，可以想像其襟抱之不凡。而又睹"新绿"之池，"隔浦"之莲，依然在目，抑又思公之词，其模写物态，曲尽其妙，方思有以发扬其声之不可忘者而未能。及乎暇日，从容式燕嘉宾，歌者在上，果以公之词为首唱，夫然后知邑人爱其词，乃所以不忘其政也。今欲广邑人爱之之意，故裒公之词，旁搜远绍，仅得百八十有二章，厘为上下卷。乃辍俸余，鸠工锓木，以寿其传，非惟慰邑人之思，亦蕲传之有所托，俾人声其歌者，足以知其才之优于为邑如此，故冠之以序，而述其意云。公讳邦彦，字美成，钱塘人也。淳熙岁在上章困敦孟陬月彊圉赤奋若。晋阳强焕序。

明毛晋跋：美成于徽宗时提举大晟乐府，故其词盛行于世。余家藏凡三本：一名《清真集》，一名《美成长短句》，皆不满百阕，最后得宋刻《片玉集》二卷，计词一百八十有奇，晋阳强焕为序。余见评注庞杂，一一削去，理其讹谬，间有兹集不载，错见清真诸本者，附补遗一卷。美成庶无遗憾云。若乃诸名家之甲乙，久著人间，无待予备述也。湖南毛晋识。

《四库全书总目》集部·词曲类：《片玉集》二卷，补遗一卷，宋周邦彦撰。邦彦字美成，钱塘人。元丰中，献《汴都赋》，召为太学正。徽宗朝，仕至徽猷阁待制，出知顺昌府，徙处州，卒。自号清真居士。《宋史·文苑传》称邦彦"疏隽少检，不为州里推重。好音乐，能自度曲，制乐府长短句，词韵清蔚"。《艺文志》载《清真居士集》十一卷，盖其诗文全集，久已散佚。其附载诗馀与否，不可复考。陈振孙《书录解题》载其词有《清真集》（当作《清真词》）二卷，后集一卷。此编名曰《片玉》，据毛晋跋，称为宋时刊本所题。原作二卷，其补遗一卷，则晋采各选本成之。疑旧本二卷，即所谓《清真集》，晋所掇拾，乃其后集所载也。卷首有强焕序，与《书录解题》所传合。其词多用唐人诗句隐括入调，浑然天成，长篇尤富艳精工，善于铺叙。陈郁《藏一话腴》谓其"以乐府独步，贵人学士市侩妓女，皆知其词为可爱"。非溢美也（下略）。

　　案：此疑旧本二卷，为直斋著录之《清真词》。"晋所掇拾，乃其后集。"误，辨见下。

《清真诗馀》（见郑瑶《景定严州续志》、黄昇花庵《绝妙词选》）
《圈法美成词》（张炎《词源》卷下）
《详注周美成片玉集》十卷

　　漳江陈元龙少章注。
　　刘肃序：辞不轻措，辞之工也。阅辞必详其所以措，工于阅者也。措之非轻，而阅之非详，工于阅而不工于措，胥失矣，亦奚望焉？是知雌霓之诵，方脱诸口，而见谓知音白题，八滑之事既陈，而当世之疑已释。楛矢萍实，苟非推其所从，则是物也，弃物耳，谁钦能知？触物而不明其原，睹事而莫征所自，与冥行何别？故曰：无张华之博，则孰知五色之珍；乏雷焕之识，则孰辨冲斗之灵？况措辞之工，岂不有待于阅者之笺释耶！周美成以旁搜远绍之才，寄情长短句，缜密典丽，流风可仰。其征辞引类，推古夸今。或借字用意，言言皆有来历，真足冠冕词林。欢筵歌席，率知崇爱，知其故实者几何人斯？殆犹属目于雾中花、云中月，虽意其美，而皎然识其所以美，则未也。漳江陈少章家世以学问文章，为庐陵望族。涵泳经籍之暇，阅其辞，病旧注之简略，遂详而疏之，俾歌之者究其事、达其意，则美成之美益彰。犹获昆山之片珍，琢其质而彰其文，岂不快夫人之心目也。因命之曰《片玉集》云。庐陵刘肃必钦序。

阮元《四库未收书提要》：《详注周美成片玉集》十卷。周邦彦所撰《片玉词》二卷《四库全书》已著录。此宋陈元龙注释本。元龙字少章，庐陵人。是书分春夏秋冬四景及单题杂赋诸体为十卷。元龙以美成词借字用意，言言俱有来历，乃广为考证详加笺注焉。

《清真集》二卷

明无名氏跋：隆庆庚午用复所司李藏元人巾箱本，命胥鲁颂照录讫。盟鸥园主人记。

王鹏运跋：右影元巾箱本《清真集》二卷，附《集外词》一卷。案：美成词传世者，以汲古毛氏《片玉词》为最著。近仁和丁氏《西泠词萃》所刻，即汲古本。此本二卷，百二十七阕，为余家所藏。末有盟鸥主人志语，盖明钞元本也。编次体例，与《片玉词》迥别，而调名字句，亦多不同。陈振孙《书录解题》云："《清真集》二卷，后集一卷。"又毛子晋《片玉词》跋："《美成词》一名《清真集》，一名《美成长短句》，皆不满百阕。"与此均不合。久欲刊行，以旧钞剥蚀过甚，无本可校而止。去年从孙驾航京兆丈，假得元刻庐陵陈元龙《片玉词》注本，编次体例与钞本正同，特分卷与题号异耳。爰据陈注校订，依式影写，付诸手民。其集中所无，而见于毛刻者，共五十四阕，为《集外词》一卷附后。毛本强序，陈注刘序，钞本不载，今皆补入。《美成词》又名《片玉词》，据序，即刘必钦改题也。光绪丙申春三月十有三日，临桂王鹏运鹜翁记。

　　案：先生词集，行于世者，今惟毛刻《片玉词》二卷；王刻《清真集》二卷，陈注《片玉集》十卷，则元刻仅存。又见仁和劳舻卿手钞振绮堂藏《片玉集》十卷，目录之下，略有注释，词中注多已削去，殆亦从陈本出。其古本，则见于《景定严州续志》、《花庵词选》者，曰《清真诗馀》；见于《词源》者，曰《圈法美成词》；见于《直斋书录》者，曰《清真词》、曰曹杓注《清真词》，又与方千里、杨泽民《和清真词》合刻者，曰《三英集》（见毛晋、方千里《和清真词跋》）。子晋所藏《清真集》与王刊元本不同，其《氏州第一》一首作《熙州摘遍》，此宋人语，非元以后人所知，则其源亦出宋本。加以溧水本，是宋时已有七本。而陈注《片玉集》十卷、王刻《清真集》二卷，则为元本。毛跋之《美成长短句》，不识编于何时。别本之多，为古今词家所未有。溧水本编于淳熙庚子，故阕数虽多，颇有伪词。陈注十卷与王刻二卷，编次均同。方千里、杨泽民《和词》，既不据溧水本，又题《和清真词》，则必据《清真词》。今其次序，与陈注本王刊本正同，则此二本疑即出于直斋著录之《清真词》三卷。今以此数本比较观之，方、杨《和词》均至《满路花》而止（陈注本卷八之末，王刊本卷二第五十三阕），而陈注本、王刊本尚有《绮寮怨》以下三十一阕。疑宋本《清真词》二卷，当至《满路花》止，而《绮寮怨》以下即所谓后集。王刊元本以后集一卷合于下卷，而陈本则分前集为八卷，后集为二卷，虽皆出于《清真词》，然皆非《清真词》之旧矣。由此观之，则《清真词》三卷之编次，亦复不难推测。至毛刊《片玉词》，子晋谓出宋本，或据陈注本刘必钦序谓"片玉"之名，乃必钦所改题，溧水旧本，不应先有此名。然此本编次既与他本绝异，而所增词甚多，其中伪作间出，而其佳者，又绝非清真不办，且陈允平《西麓继周集》全从此本次第，足证宋末已有此本。又子晋未见陈注本，则亦无从改题为"片玉"，余疑刘序乃释"片玉"二字，特措辞不伦，此又元、明人常态，无足怪也。又疑《清真词》三卷，篇篇精粹，虽非先生手定，要为最先之本。考王灼《碧鸡漫志》，成于绍兴己巳，而书中已有"美成集中多新声"一语，则先生词集，绍兴间已盛行矣。《片玉》本强焕所编，又益以未收诸词，既编于数十年后，羼入他作，自不能免。惟子晋宋本之说，固无可疑也。

《大观礼书宾军等四礼》五百五卷，《看详》十二卷

《大观新编礼书吉礼》二百三十二卷、《看详》十七卷（均见《宋史·艺文志》）

《祭服制度》十六卷（大观三年成，见《礼志》）

《五礼》四百七十七卷（政和元年成，见《礼志》。此四种，疑即《五礼新仪》之长编也）

《政和五礼新仪》二百四十卷（政和三年成，见《礼志》、《艺文志》）

《徽宗御序》（题政和新元三月一日。文烦不录）

《尚书省牒议礼院知枢密院事郑居中等札子》奏：窃以礼有五经，而威仪至于三千。事为节文，物有防范，本数末度，形名比详。遭秦变古，书缺简脱。远则开元所纪，多袭隋余；近则开宝之传，间存唐旧。在昔神考，跻时极治，新美宪章，是正郊庙，缉熙先猷，实在今日。恭惟陛下，德备明圣，观时会通，考古验今，沿情称事，断之圣学，付之有司，因革纲要，既为礼书，纤悉科条。又载仪注，勒成一代之典，跨越三王之隆。臣等备员参订，复更岁月，悉禀训持，靡所建明。谨编成《政和五礼新仪》并序例，总二百二十卷，目录六卷，共一百二十六册。辨疑正讹，推本六经，朝著官称，一遵近制。上之御府，仰尘乙览，恭候宸笔裁定，其以治神人以辨上下。从事新书，其自今

始，若夫搜补阙遗，讲明稀阔，告成功而示德意，则臣等顾虽匪材，犹当时顺圣意而成之。取进止牒，奉敕宜颁降牒至，准敕故牒。政和三年四月二十九日牒。

《书录解题》：《政和五礼新仪》二百四十卷，目录五卷，议礼局官知枢密院郑居中，尚书白时中、慕容彦逢，学士强渊明等撰。首卷祐陵御制序，次九卷御笔指挥，次十卷御制冠礼，余二百二十卷，局官所修也。

案：《宋史·职官志》："议礼局，大观元年，诏于尚书省置，以执政兼领详议官二员，以两制充应，凡礼制本末，皆议定取旨。政和三年《五礼仪注》成，罢局。"今案《政和五礼新仪》卷首，尚书省牒后修书官衔名，则检讨官有郭熙、丁彬、王俣、莫俦、李邦彦、叶著、苏恒七人。详议官有宇文粹中、张漴、刘焕、强渊明、慕容彦逢五人。详定官白时中一人，而郑居中则不署局中何官，盖总领局事也。中无先生衔名，盖时已出知隆德府，不在经进之列。《新仪》前诸札子中，尚有检讨官俞昂（亦见《宋史·舆服志》）、张邦光（政和元年）二人，详议官薛昂（大观二年）一人，均未列衔，当同是例。此外如刘昺尝领局事，先生尝为检讨官，则仅见《宋史》本传。史谓先生出知河中府，徽宗欲使毕礼书，留之，固在秉笔之列。而及《太常礼》就，大署欧阳，《六典注》成，但书林甫，虽进书之例宜然，亦后人所当考核者矣。局中成书千余卷，至宋末仅存《五礼新仪》（见《宋史·礼志》）。今日传本，除阁本外，常熟瞿氏、归安陆氏、仁和丁氏、江阴缪氏，均有钞帙，中阙二十卷，各家相同。国维见汪钝翁家钞本，钝翁曾以传是楼宋本《校正后记》云："宋本所缺者，无从校补。"则此书残阙久矣。

尚　论　三

先生家世钱塘，自祖父以上，均不可考。有名邠者，乃先生之从父。《咸淳志》云:"邠字开祖,嘉祐八年登进士第。熙宁间苏轼倅杭,多与酬唱,所谓周长官者是也。轼后自密州改除河中府,过潍州,邠时为乐清令,以《雁荡图》寄轼,有诗,轼和韵有"西湖三载与君同"之句。后轼知湖州,以诗得罪,邠亦坐罚金。元祐初,邠知管城县,乞复管城为郑州,有兴废补败之力。由是通判寿春府,见苏辙所行告词。后知吉州,官至朝请大夫、上轻车都尉。其丘墓在南荡山。邠系元符末上书人,崇宁初第,为上书邪等。政和五年,又为僧怀显序《钱唐胜迹记》。盖历五朝云。侄邦彦(《咸淳临安志·人物传》以《九朝通略》、《东坡年谱》及《乾道志》修)。案:《茅山志》载先生《芝术歌序》云:"道士卢至恭得芝一本于术间,邦彦请乞于卢持寿叔父。"中有句云:"庐陵太守蕴仙风。"邠尝知吉州,故云"庐陵太守"。然则邠乃先生叔父也。《咸淳志·人物》尚有周邦式,字南伯,著名钱唐,中元丰二年进士,官至提点江东刑狱,知宿州、滑州,皆不赴,提举南京鸿庆宫。十二年,起知处州,不行。积官中大夫。其传即在先生传后。盖先生兄弟行,而亦知处州,亦提举南京鸿庆宫,可谓盛事。

先生子姓无考。《四库全书总目》:"《清波杂志》十二卷,《别志》三卷,宋周辉撰。辉字昭礼,邦彦之子。"案:辉书中载其父事,至绍兴中尚存,又事绝不与先生类,决非一人也。

先生有孙,与岳倦翁相知。《宝真斋法书赞》云:"嘉泰甲子十二月,舟过吴门,遇公之孙某,同上兰省。"但名字官阶,均不可考。曾孙铸,则嘉泰中与楼忠简共编定先生文集者也。案:《桯史》云:"辛稼轩守南徐,予来箧仕委吏。时以乙丑南宫试,岁前莅事,仅两旬即谒告去"云云。则倦翁于甲子十二月过吴门,实应乙丑省试。时先生之孙尚赴南宫,而曾孙已与攻媿编定先生文集。可知先生有数孙也。

先生冢墓在杭南荡山(《咸淳志》、《梦梁录》均同),故后裔自明州复徙于此。《咸淳志》云:"子孙今居定山之北乡"是也。

先生卒年,《宋史》、《东都事略》、《咸淳志》皆云"年六十六",而据《玉照新志》,则先生实以宣和三年辛丑卒。以此上推,则当生于仁宗嘉祐二年也。

宋太学生额，熙宁初九百人，后稍增至千人。至元丰二年，诏增太学生舍为八十斋，斋三十人，外舍生二千人，内舍生三百人，上舍生百人（《宋史·选举志》）。先生入都为太学生，当在此时。词中《西平乐序》："元丰初，予以布衣西上，过天长道中。"亦足证也。

先生所历之官，为太学正、国子主簿、秘书省正字、校书郎、考工员外郎、卫尉少卿、宗正少卿、卫尉卿秘书监，所带之职则为直龙图阁、徽猷阁待制。所任之差遣，则在朝为议礼局检讨官，提举大晟府；在外则教授庐州、知溧水县、知河中府、知隆德府、知明州、知真定府、知顺昌府、知处州。河中真定、处州，均未之官。故楼攻媿序但云"三绾州麾"。至《挥麈馀话》谓先生尝为"秘书少监"，《浩然斋雅谈》谓"尝为起居舍人"，均不足信。胡仔《渔隐丛话》、王楙《野客丛书》称先生为周侍郎，亦误也。

先生交游殊不易考，其见于遗诗者，则有蔡天启、贺公叔。《片玉词》下《鬓云松令》一阕"送傅国华奉使三韩"。案：《宋史·高丽传》："宣和四年高丽王俣卒，诏给事中路允迪、中书舍人傅墨卿奠慰，留二年而归。"（徐兢《宣和奉使高丽国经序》同）国华当即墨卿字，时为中书舍人，故词中有"凤阁鸾坡，看即飞腾去"之句。时先生已卒，即未卒，亦不应复入京师，此词必系他人之作。又《片玉词》上有《水调歌头》一阕"中秋寄李伯纪大观文"。案：忠定初罢宣抚使，除观文殿学士，知扬州，在靖康元年九月，其罢左仆射为观文殿大学士，在建炎元年八月，十月[①]落职，至绍兴二年，复拜观文殿学士、湖广宣抚使，均在先生卒后。且忠定为观文殿大学士仅历两月，其词亦不似建炎侘傺时之作，其伪无疑。则先生与二人有交际否，殊不可考。其在议礼局，则上官同僚有郑居中等十数人。其提举大晟府，则僚属有徐伸幹臣（典乐）、田为不伐（初为制撰官，后为典乐大司乐）、姚公立（协律郎）、晁冲之叔用（大晟府丞。然大晟府官制无丞，

疑即是大乐令。官与太常寺丞同）、江汉朝宗，万俟咏雅言，晁端礼次膺（均制撰官，次膺后为协律郎）。其在顺昌，则与王性之相知。交游可考者，如此而已（徐伸见《挥麈馀话》，田为见《宋史·乐志》、《方伎·魏汉津传》，姚公立见《直斋录》，晁冲之见《独醒杂志》。江汉诸人见《铁围山丛谈》、《碧鸡漫志》。唯徐伸、晁冲之官大晟府在政和初，未必与先生提举同时耳）。

先生于熙宁、元祐两党，均无依附。其于东坡，为故人子弟。哲宗初，东坡起谪籍，掌两制，时先生尚留京师，不闻有往复之迹。其赋汴都也，颇颂新法，然绍圣之中，不因是以求进。晚年稍显达，亦循资格得之。其于蔡氏，亦非绝无交际。盖文人脱略，于权势无所趋避，然终与强渊明、刘昺诸人，由蔡氏以跻要路者不同。此则强焕政事之目，或属谀词，攻愧委顺之言，殆为笃论者已。徽宗时，士人以言大乐，颂符瑞进者甚多。楼序、《潜志》，均谓先生妙解音律，其提举大晟府以此。然当大观、崇宁制作之际，先生绝不言乐。至政和末，蔡攸提举大晟府，力主田为而排任宗尧（事见《宋史·乐志》及《方伎·魏汉津传》）。先生提举，适当其后，不闻有所建议，集中又无一颂圣贡谀之作。然则弁阳翁所记颇悔少作之对，当得其实，不得以他事失实，而并疑之也。

先生少年，曾客荆州。《片玉词》上有《少年游》"南都石黛扫晴山"一阕注云："荆州作。"（《片玉集》无此注）又《渡江云》词云："晴岚低楚甸。"《风流子》词云："楚客惨将归。"均此时作也。其时当在教授庐州之后，知溧水之前。集中《齐天乐》"绿芜凋尽台城路"一首，作于金陵，当在知溧水前后，而其换头云："荆江留滞最久，故人相望处，离思何限。"此其证也。又《琐窗寒》词云："似楚江暝宿，风灯零乱，少年羁旅。"时先生方三十余岁，虽云"少年"可也。

先生《友议帖》（见《宝真斋法书赞》）："罪逆不死，奄及祥除，食贫所驱，未免禄仕。此月挈家归钱唐，展省坟域，季春远当西迈。"此帖岁月虽不可考，味"西迈"一语，或即在客荆州之际。果尔，则在荆州，亦当任教授等职。

先生游踪，或至关中，故有《西河》"长安道"一阕。惟此词真伪，尚不可定，又无他词足证。至《苏幕遮》词所云："家在吴门，久作长安旅。"则以汴都为长安也。

先生出知隆德府，当在政和二三年之交，《五礼新仪》进于政和三年四月二十九日。书中不列衔，盖已莅潞州矣。至五年，徙知明州，则在潞州盖及二年以上。

先生以直龙图阁知明州，在政和五年。其次年即以显谟阁待制毛友代之，见乾道《四明图经》，《太守题名记》（《宝庆》、《延祐》，二志同）则其入为秘书监，即在次年也。

先生出知顺昌府，据《鸡肋编》，在王寀、刘昺获罪之后。而《挥麈后录》载开封尹盛章命其子并释昺《和寀诗》有"来年庚子"之语，则必在宣和己亥（元年）以前。又案：《昺传》："昺免死，长流琼州，乃刑部尚书范致虚为请。"考致虚于重和元年九月自刑部尚书为尚书右丞，则寀、昺获罪必在重和元年九月前。先生出外，亦在是岁矣。

先生晚年，自杭徙居睦州，故《严陵集》有先生《敕赐唐二高僧师号记》。景定《严州续志》载州校书板有《清真集》、《清真诗馀》。以此，集中《一寸金》词恐亦在睦州时改定也。

宋时钱唐词人以先生与潘阆为最著，而二人身后毁誉，适得其反，可谓有幸有不幸矣。逍遥获罪之事，宋人所记亦不一，谓"太宗晚年烧炼丹药，潘阆尝献方书，惧诛，匿舒州潜山寺为行"者，《刘贡父诗话》之说也。谓"阆为秦王记室参军，王坐罪下狱，捕阆急，阆自髡其发，后编置信上"者，叶绍翁《四朝闻见录》之说也。谓"坐卢多逊党，追捕，变姓名，僧服入中条山"者，沈括《梦溪笔谈》之说也。谓"太宗大渐时，阆与内侍王继恩等，谋立太祖之孙惟吉，寻悉诛窜"者，《挥麈馀话》之说也。《宋史·王继恩传》言阆与继恩交通状，而不及易储事。《吕端传》言继恩等谋立楚王元佐，而不及太祖孙惟吉（案：元佐亦字惟吉，疑即一事）。参考诸说，知阆曳裾王门，纳交宦侍，至以布衣与人家国事，决非高蹈之士。徒以东坡盛称其诗，陆子适跋《逍遥集》，遂以杨朴、魏野比之，殊为失实。先生立身颇有本末，而为乐府所累，遂使人间异事皆附苏秦，海内奇言尽归方朔。廓而清之，亦后人之责矣。

先生《汴都赋》变《二京》、《三都》之形貌，而得其意，无十年一纪之研炼，而有其工。壮采飞腾，奇文绮错。二刘博奥，乏此波澜；两苏汪洋，逊其典则。至令同时硕学，只诵偏旁；异世通儒，或穷音释。然在先生，犹为少作已！

《重进汴都赋表》，高华古质，语重味深，极似荆公制诰表启之文。末段仿退之《潮州谢上表》，在宋四六中，颇为罕觏。进《五礼新仪札子》，语尤简古，又与《重进（汴都）赋表》同一机杼。时先生虽已在外，疑亦出其手也。

先生诗之存者，一鳞片爪，俱有足观。至如《曝日》诗云："冬曦如村酿，微温只须臾。行行正须此，恋恋忽已无。"语极自然，而言外有北风雨雪之意，在东坡和陶诗中犹为上乘，惜仅存四句也。

陈元靓《岁时广记》有先生内制《春帖子》三断句。案：宋制，《春帖子》词，均翰林学士为之，先生未任此官，殆为人代作耶？

先生诗文之外，兼擅书法。岳倦翁《法书赞》称其"体具态全"。董史《皇宋书录》谓其"正行皆善"。又石刻铺叙《凤墅堂帖》第二十卷中刻有周清真书。古人能事之多，自不可测也。

先生于诗文，无所不工，然尚未尽脱古人蹊径。平生著述，自以乐府为第一。词人甲乙，宋人早有定论，惟张叔夏病其意趣不高远。然北宋人如欧、苏、秦、黄，高则高矣，至精工博大，殊不逮先生。故以宋词比唐诗，则东坡似太白，欧、秦似摩诘，耆卿似乐天，方回、叔原，则大历十子之流。南宋惟一稼轩，可比昌黎。而词中老杜，则非先生不可。昔人以耆卿比少陵，犹为未当也。

先生之词，陈直斋谓其"多用唐人诗句檃括入律，浑然天成"。张玉田谓其"善于融化诗句"。然此不过一端，不如强焕云："模写物态，曲尽其妙。"为知言也。

　　山谷云："天下清景，不择贤愚而与之，然吾特疑端为我辈设。"诚哉是言，抑岂独清景而已。一切境界，无不为诗人设，世无诗人，即无此种境界。夫境界之呈于吾心，而见于外物者，皆须臾之物，惟诗人能以此须臾之物，镌诸不朽之文字，使读者自得之，遂觉诗人之言，字字为我心中所欲言，而又非我之所能自言。此大诗人之秘妙也。境界有二：有诗人之境界，有常人之境界。诗人之境界，惟诗人能感之，而能写之，故读其诗者，亦高举远慕，有遗世之意，而亦有得有不得。且得之者亦各有深浅焉。若夫悲欢离合，羁旅行役之感，常人皆能感之，而惟诗人能写之。故其入于人者至深，而行于世也尤广。先生之词，属于第二种为多。故宋时别本之多，他无与匹。又和者三家，注者二家（强焕本亦有注，见毛跋）。自士大夫以至妇人女子，莫不知有清真，而种种无稽之言，亦由此以起。然非入人之深，乌能如是耶？

　　楼忠简谓先生"妙解音律"，惟王晦叔《碧鸡漫志》谓："江南某氏者，解音律，时时度曲。周美成与有瓜葛，每得一解，即为制词。故周集中多新声。"则集中新曲，非尽自度。然"顾曲"名堂，不能自已，固非不知音者。故先生之词，文字之外，须兼味其音律。惟词中所注宫调，不出"教坊十八调"之外。则其音非大晟乐府之新声，而为隋、唐以来之燕乐，固可知也。今其声虽亡，读其词者，犹觉拗怒之中，自饶和婉。曼声促节，繁会相宜；清浊抑扬，辘轳交往。两宋之间，一人而已。

　　先生逸词，除毛氏所录《草堂》数阕外，罕有所见。只《乐府雅词拾遗》下有《南歌子》一首，《能改斋漫录》载先生增王晋卿"烛影摇红"半阕耳。惟伪词最多，强焕本所增，强半皆是。如《片玉词》上《青玉案》"良夜灯光簇红豆"一阕，乃改山谷《忆帝京》词为之者，决非先生作，不独《送傅国华》、《寄李伯纪》二首，岁月不合也。

年 表 四

纪 年		时 事	出 处
仁宗嘉祐 二年丁酉	一岁		
英宗治平 元年甲辰	八岁		
神宗熙宁 元年戊申	十三岁		
元丰元年戊午	二十三岁		
二年己未	二十四岁	增太学生千人为二千四百人。清汴成。	入都为太学生当在是岁。
三年庚申	二十五岁		
四年辛酉	二十六岁		
五年壬戌	二十七岁	四月官制成。九月景灵宫成。	
六年癸亥	二十八岁		七月进《汴都赋》，自诸生一命为太学正。
七年甲子	二十九岁		
八年乙丑	三十岁		
哲宗元祐 元年丙寅	三十一岁	诏齐、庐、宿、常等州各置教授一员。	
二年丁卯	三十二岁		教授庐州。
三年戊辰	三十三岁		
四年己巳	三十四岁		
五年庚午	三十五岁		
六年辛未	三十六岁		

续表

纪　年		时　事	出　处
七年壬申	三十七岁		以上数年当在荆州。
八年癸酉	三十八岁		春知溧水县。
绍圣元年甲戌	三十九岁		
二年乙亥	四十岁		
三年丙子	四十一岁		尚在溧水任，作《插竹亭记》。
四年丁丑	四十二岁	咸阳人段义上玉玺。	还为国子主簿当在此数年。
元符元年戊寅	四十三岁		六月十八日召对崇政殿，重进《汴都赋》，除秘书省正字。
二年己卯	四十四岁		
三年庚辰	四十五岁		
徽宗建中靖国元年辛巳	四十六岁		迁校书郎。
崇宁元年壬午	四十七岁		
二年癸未	四十八岁		
三年甲申	四十九岁		
四年乙酉	五十岁	八月置大晟府。	
五年丙戌①	五十一岁		
大观元年丁亥	五十二岁	置议礼局于尚书省，命详议检讨官具礼制，本未议定，请旨。	历考功员外郎、卫尉、宗正少卿兼议礼局检讨，当在此数年。

①　原作"午"，误，应为"戌"。

续表

纪　年		时　事	出　处
二年戊子	五十三岁		
三年己丑	五十四岁	议礼局成《吉礼》二百三十一卷，《祭服制度》十六卷。	
四年庚寅	五十五岁		
政和元年辛卯	五十六岁	议礼局分秩《五礼》成书四百七十卷。帝始微行。	迁卫尉卿，又以直龙图阁知河中府，帝留之，当在此年。
二年壬辰	五十七岁		出知隆德府，当在此年。
三年癸巳	五十八岁	议礼局成《五礼新仪》二百廿卷，罢局。	
四年甲午	五十九岁	以大晟乐颁天下。	
五年乙未	六十岁		徙知明州。刘昺迁户部尚书，荐先生自代，不用。
六年丙申	六十一岁		入为秘书监，进徽猷阁待制，提举大晟府。
七年丁酉	六十二岁		
重和元年戊戌	六十三岁	刘昺获罪，长流琼州。①	出知真定府，改顺昌府。
宣和元年己亥	六十四岁		

① 原作"刘琼昺获罪，长流州"。误。罗本亦作如是误。参见本书第51页："《昺传》：昺免死，长流琼州。"

续表

纪　　年		时　事	出　　处
二年庚子	六十五岁	方腊反。罢大晟府。	徙知处州，旋罢官。提举南京鸿庆宫当在前年或此年。是岁居睦州，适方腊反，还杭州，又绝江居扬州。
三年辛丑	六十六岁		正月遇天长至南京，卒天鸿庆宫斋厅。

敦煌发见唐朝之通俗诗及通俗小说[①]

敦煌唐写本书籍，为英国斯坦因博士携归伦敦者，有韦庄《秦妇吟》一卷，前后残阙，尚近千字。此诗，韦庄《浣花集》十卷中不载，唐写本亦无书题及撰人姓名。然孙光宪《北梦琐言》，谓蜀相韦庄应举时，遇黄寇犯阙，著《秦妇吟》一篇，云："内库烧为锦绣灰，天街踏尽公卿骨。"今敦煌残卷中有此二句，其为韦诗审矣。诗为长庆体，叙述黄巢"焚掠"，借陷"贼"妇人口中述之，语极沈痛详尽，其词复明浅易解，故当时人人喜诵之，至制为障子。《北梦琐言》谓庄贵后讳此诗为己作，至撰家戒，不许垂《秦妇吟》障子，则其风行一时可知矣。其诗曰：

（上阙）南邻走入北邻藏，东邻走向西邻避。北邻诸妇咸相凑，户外奔腾如走兽。轰轰焜焜乾坤动，万马雷声从地涌；火迸金星上九天，十二官街烟烘炯。日轮西下寒光白，上帝无言空脉脉。阴云晕气若重围，□者流星如血色。紫气潜随帝座移，妖光暗射□星析。家家流血如泉沸，处处冤声声动地。舞伎歌姬尽黯然，婴儿稚女皆生弃。东邻有女眉新画，倾国倾城不知价；长戈拥得上戎车，回首香闺泪盈把。旋抽金线学缝旗，才上雕鞍教走马。有时马上见良人，不敢回眸空泪下。西邻有女真仙子，一寸横波翦秋水，妆成只对镜中春，年幼不知门外事；一夫跳跃上金阶，斜袒半臂欲相耻；牵衣不肯出朱门，红粉香脂刀下死。南邻

① 本文刊于上海《东方杂志》1920 年第 17 卷第 8 号，《王国维遗书》未收。

有女不记姓，昨日良媒新纳聘，琉璃阶上不闻声，翡翠帘前空见影；忽惊庭际刀刃鸣，身首分离在俄顷；仰天掩面哭一声，女弟女兄同入井。北邻少妇行相促，旋拆云鬟拭眉绿，已闻击托坏高门，不觉攀缘上重屋，须臾四门火光来，欲下危梯梯又摧，烟中大声犹求救，梁上悬尸已作灰。妾身幸得全刀锯，不敢踟蹰久回顾，旋梳云鬟逐军行，强展蛾眉出门去。旧里从兹不得归，六亲自此无寻处。一从陷贼经三岁，终日忧惊心肝碎；夜卧千重剑戟围，朝餐一味人肝脍。鸳帏纵入岂成欢，宝货虽多非所爱。蓬头面垢眉犹赤，几转横波看不得。衣裳颠倒语言异，面上夸功雕作字。柏台多士尽狐精，兰省诸郎皆鬼魅。还将短发戴华簪，不脱朝衣缠绣被。翻持象笏作三公，倒佩金鱼为两制。朝闻奏对入朝堂，暮见喧呼来酒市。一声五鼓人惊起，声啸喧争如窃议。夜来探马入黄城，昨日官军收赤水。赤水去城一百里，朝若发兮暮应至。凶徒马上暗吞声，女伴闺中潜生喜；皆言冤情此日销，必谓妖徒今日死。逡巡走马传声急，又道军前全阵入；大台小台相顾忧，三郎四郎抱鞍泣。泛泛数日无消息，必谓军前已衔璧，簸旗掉剑却来归，又道官军屡败绩。四面从兹多厄束，一斗黄金一斗粟；尚让厨中食木皮，黄巢机上刲人肉。东南断绝无粮道，沟壑渐平人渐少；六军门外倚僵尸，七架营中填饿莩。长安寂寂今何有，废市荒街麦苗秀；采樵斫尽杏园花，修寨诛残御沟柳，华轩绣毂皆消散，甲第朱门无一半；含元殿上狐兔行，花萼楼前荆棘满。昔时繁盛皆埋没，举目凄凉无故物；内库烧为锦绣灰，天街踏尽公卿骨。来时晓出城东陌，城上风烟如塞色。路旁时见游奕军，坡下绝无迎送客。霸陵东望人烟绝，树锁鹂山金翠灭。大道俱成棘子林，行人夜宿长□月。明朝晓至三峰路，百万人家无一户；破落田园但有蒿，摧残竹树皆无主。路旁试问金天神，金天无语愁于人；庙前古柏有残折，殿上金炉生暗尘。一从狂寇陷中国，天地晦盲风雨黑；案前神水咒不成，壁上阴兵驱不得，闲日徒歆□乡思，危时不助神通力；我今愧恧拙为神，且向山中深壁匿。寰中箫管不曾闻，筵上牺牲无处觅。旋教魔（下阙）

此诗前后皆阙，尚存九百六十余字，当为晚唐诗中最长者。又才气俊发，自非才人不能作。惟语取易解，有类俳优，故其弟蔼编《浣花集》时，不以入集。不谓千百年后，乃于荒徼中发见之。当时敦煌写有数本，此藏于英伦者如此。巴黎国民图书馆书目有"《秦妇吟》一卷，右补阙韦庄撰"，既有书名及撰人姓名，当较此为完好，他日当访求之也。

伦敦博物馆有《季布歌》，前后皆阙，尚存三千余字，纪汉季布亡命事，以七言韵语述之，语更浅俗，似后世七字唱本。又有《孝子董永传》，亦系七言，其词略曰：

> 人生在世审思量，暂□□□有何妨。大众志心须静听，先须孝顺阿爷娘。好事恶事皆钞录，善恶童子每钞将。孝感先贤说董永，年登十五二亲亡；自叹福薄无兄弟，夜中流泪每千行。为缘多生□姊妹，亦无知识及亲房。家里贫穷无钱物，所买当身殡爷娘。

云云。实当时所作劝善诗之一种，江右某氏所藏敦煌书中，有《目连救母》、《李陵降虏》二种，则纯粹七字唱本云。

伦敦博物馆又藏唐人小说一种，全用俗语，为宋以后通俗小说之祖。其书亦前后皆阙，仅存中间一段云：

> 判官愯恶，不敢道名字。帝曰："卿近前来，轻道，姓崔名子玉，朕当识。"言讫，使人引皇帝至院门。使人奏曰："伏维陛下，且立在此，容臣入报判官速来。"言讫，使者到厅前拜了，启判官："奉大王处太宗是生魂到领，判官推勘，见在门外，未敢引。"判官闻言，惊忙起立。（下阙）

此小说记唐太宗入冥事，今传世《西游演义》中有之。《太平广记》引唐张鷟《朝野佥载》，已有此事，但未著判官姓名云：

唐太宗极康豫，太史令李淳风见上，流泪无言。上问之。对曰："陛下夕当晏驾。"太宗曰："人生有命，亦何忧也。"留淳风宿，太宗至夜半奄然入定，见一人云："陛下暂合来，还即去也。"帝问："君是何人？"对曰："臣是生人判冥事。"太宗入见，判官问六月四日事（即太宗杀太子建成、齐王元吉之日），即令还。向见者又迎送引导出。淳风即观乾象，不许哭泣。须臾乃瘥，至曙，求昨所见者，令所司与一官，遂注蜀道一丞。

近代郑愐撰《崔府君祠录》，引《滏阳神异录》一事，与《金载》同，且以冥判为崔府君。曰：

一日，府君忽奉东岳圣帝旨，敕断隐、巢等狱。府君令二青衣引太宗至。时魏徵已卒，迎太宗，属曰："隐、巢等冤诉，不可与辨，帝功大，但称述，神必祐也。"帝领之，及对质，帝惟以功上陈，不与辨。府君判曰："帝治世安民之功甚伟。"（中略）敕二青衣送帝回，隐、巢等惶恐去。帝行，复与府君别。府君曰："毋泄也。"后帝令传府君像，与判狱神无异。

云云。今观唐人所撰小说，已云冥判姓崔名子玉。故宋仁宗景祐二年，加崔府君封号诏，有"惠存滏邑，恩结蒲人，生著令猷，没司幽府"等语。可见传世杂说，其所由来远矣。又伦敦所藏，尚有《伍员入吴》小说，亦用俗语，与太宗入冥小说同。

唐代不独有俗体诗文，即所著书籍，亦有平浅易解者，如《太公家教》是也。《太公家教》一书，见于《李习之文集》，至与文中子《中说》并称。宋王明清《玉照新志》亦称其书。顾世久无传本，近世敦煌所出凡数本，英法图书馆皆有之。上虞罗氏亦藏一本。观其书多用俗语，而文极芜杂无次序，盖唐时乡学究之所作也。其首数行，自叙作书缘起云："□□□□代长值危时，望（亡之讹）乡失土，波迸流离。只欲隐山居住，不能忍冻受饥；只欲扬名后代，复无晏婴之机。才轻德薄，不堪人师，徒消人食，浪费人衣。随缘信业，且逐时之随。辄以讨其坟典，简择诗书，依经傍史，约礼时宜，为书一卷，助幼童儿"云云。则其作书之人与作书之旨，均可知矣。书全用韵语，多集当时俗谚格言，有至今尚在人口者。辄举其要者如左：

得人一牛，还人一马，往而不来，非成礼也。知恩报恩，风流儒雅。

一日为师，终身为父；一日为君，终身为主。

他篱莫越，他事莫知，他贫莫笑，他病莫欺，他财莫取，他色莫侵，他疆莫触，他弱莫欺，他弓莫挽，他马莫骑；弓折马死，偿他无疑。

罹网之鸟，悔不高飞；吞钩之鱼，悔不忍饥。

男年长大，莫听好酒；女年长大，莫听游走。

含血噀人，先污其口；十言九中，不语者胜。

款客不贫，古今实语。

近朱者赤，近墨者黑；蓬生麻中，不扶自直。

凡人不可貌相，海水不可斗量。

勤是无价之宝，学是明月之珠。积财千万，不如明解一经；良田千顷，不如薄艺随躯。

香饵之下，必有悬钩之鱼；重赏之家，必有勇夫。

以上诸条，或见古书，或尚存于今日俗语中。张淏《云谷杂记》谓杜荀鹤《唐风集》中诗极低下，如"要知前路事，不及在家时"，"不觉裹头成大汉，初看骑马作儿童"，前辈方之《太公家教》。是唐人用此种文体，惟有《太公家教》一书，故独举此以比杜荀鹤诗，当时亦甚轻视之，观其所就，决不能与唐人他种文学比矣。

敦煌所出《春秋后语》，卷纸背有唐人词三首，其二为《西江月》。其词云：

天上月，遥望似一团银；夜久更阑风渐紧；为（原作以）奴吹却月边云，照见负（原作附）心人。

五梁台上月，一片玉无瑕（原作眼）；迤逦（原作以里）看归西海去，横云出来不敢遮，嗳嗳绕天涯。

又有《菩萨蛮》一首云：

自从宇内光戈戟，狼烟处处熏天黑；早晚竖金鸡，休磨战马蹄。　　淼淼三江水，半是离人泪；老尚逐今财，问龙门何日开。

又伦敦博物馆藏唐人书写《云谣集》杂曲子共三十首，中有《凤归云》二首。其一云：

征夫数岁，萍寄他邦。去便无消息，累换星霜。愁听砧杵，疑塞雁行。孤眠鸾帐里，枉劳魂梦，夜夜飞扬。　　想君薄行，更不思量。谁为传书与妾表衷肠？倚牖无言垂血泪，暗祝三光。万般无那处，一炉香尽，又更添香。

其二云：

怨绿窗独坐，修得为君书。征衣裁缝了，远寄边塞；想得为君贪苦战，不惮崎岖。终朝沙里口，冯三尺勇战奸愚。　　岂知红粉泪如珠？枉把金钗卜，卦口皆虚。魂梦天涯无暂歇，枕上虚待公卿，回日容颜憔悴，彼此何如。

又有《天仙子》一首云：

燕语莺啼三月半，烟蘸柳条金线乱。五陵原上有仙娥，携歌扇，香烂漫，留住九华云一片。　　犀玉满头花满面，负妾一双偷泪眼。泪珠若得似真珠，拈不散，知何限，串向红丝应百万。

此一首，情词宛转深刻，不让温飞卿、韦端己，当是文人之笔。其余诸章，语颇质俚，殆皆当时歌唱脚本也。

唐写本《季布歌》《孝子董永传》残卷跋

　　二残卷皆用七言叙故事。《季布歌》与《史》、《汉》本传合，《巴黎书目》亦有之。《董永传》与《御览》四百十一所引刘向《孝子传》合。

唐写本回文诗跋

右回文诗，由中心至边旁读之，得五言八句。

唐写本韦庄《秦妇吟》跋

　　此诗前后残阙，无篇题及撰人姓名。亦英伦博物馆所藏，狩野博士所录。案《北梦琐言》："蜀相韦庄应举时，遇黄寇犯阙，著《秦妇吟》一篇，云：'内库烧为锦绣灰，天街踏尽公卿骨。'"此诗中有此二语，则为韦庄《秦妇吟》审矣。《琐言》又云："尔后公卿颇多垂讶，庄乃讳之。时人号为《秦妇吟》秀才。他日撰《家戒》，内不许垂《秦妇吟》障子，以此止谤，亦无及也。"云云。是庄贵后讳言此诗，故弟蔼编《浣花集》，不以入集，遂不传于世。然此诗当时制为障子，则风行一时可知。伯希和教授巴黎国民图书馆《敦煌书目》，亦有《秦妇吟》，下署"右补阙韦庄"，彼本有前题，殆较此为完善欤？

又　跋

　　余曩考日本狩野博士所录伦敦博物馆残本，据《北梦琐言》定为韦庄《秦妇吟》。后阅巴黎国民图书馆《敦煌书目》，有《秦妇吟》一卷，署"右补阙韦庄撰"，因移书伯希和教授，属为写寄。甲子正月，教授手录巴黎所藏天复五年张龟写本以至，复以伦敦别藏梁贞明五年安友盛写本校之。二本并首尾完具，凡千三百八十六字。其首云"中和癸卯春三月"，则此诗乃中和三年所作。其末云："适闻有客金陵至，见说江南风景异。"又云："愿君举棹东复东，咏此长歌献相公。"则此诗乃上江南某帅者。考是时，周宝以镇海军节度使同平章事镇润州，则相公盖谓周宝也。庄遇黄寇之乱，初居洛中，旋客江南。《浣花集》四有《江上逢史馆李学士》诗云："关河自此为征累，城阙于今陷战鏖。"自注云："时巢寇未平。"则中和三年三月，庄已由洛渡江。其后有《陪金陵府相中堂夜宴》诗，《观浙西府相畋游》诗。又有《官庄》诗，自注云："江南富民悉以犯酒没家产，因以此诗讽之，浙帅遂改酒法，不入财产。"是庄曾为周宝客，此诗当即其初至江南贽宝之作矣。此时庄尚未第，其署右补阙者，乃庄在唐所终之官。考庄自巢乱后，自洛而吴而越而赣而楚，至景福二年癸丑始还京应举，其《投寄旧知》诗，所谓"万里有家留百越，十年无路到三秦"者也。是年下第，至次年乾宁改元，始成进士。其入蜀之岁，则弟蔼作《浣花集序》云："庚申（光化三年）夏以中谏□□□□，辛酉（天复元年）春，应聘为蜀奏记。"而《浣花集》十有《过樊川旧居》诗，自注云："时在华州驾前奉使入蜀作。"考昭宗以乾宁三年丙辰七月幸叶州，至光化元年戊午八月始还京师，则庄奉使入蜀，当在丙、丁、戊三年中，而《唐书·隐逸陆龟蒙传》云："光化中，韦庄表龟蒙及孟郊等十人皆赠右补阙。"（《北梦琐言》记此事在光化元年。《容斋三笔》卷七谓在光化三年十二月）则庄使蜀后仍自还朝，至庚申乃复入蜀，辛酉始委质王氏，则庚申之中谏（唐人呼拾遗、补阙二官为"中谏"，见《北梦琐言》八），乃其在唐所终之官也。《琐言》载右补阙韦庄为陆龟蒙诔文，与此诗结衔，均以其在唐最后一官称之，而此诗书于天复五年，尤宜书此官也。甲子二月。

唐写本《云谣集杂曲子》跋

　　此卷首题《云谣集杂曲子》共三十首，其目为《凤归云》四首，《天仙子》二首，《竹枝子》、《洞仙歌》、《破阵子》、《浣溪沙》、《柳青娘》、《倾杯乐》则不著首数。其词为狩野博士录出者，《凤归云》二首、《天仙子》一首而已。案此八调名，均见崔令钦《教坊记》所载曲名中，《唐书·宰相世系表》有国子司业崔令钦，为隋宏农太守宣度之五世孙，则其人当生玄、肃二宗时。《教坊记》记事迄于开元，亦足推其时代，则此八曲固开元教坊旧物矣。郭茂倩《乐府诗集》近代曲辞中有滕潜《凤归云》二首，皆七言绝句，此则为长短句。此犹唐人乐府见于各家文集、乐府诗集者多近体诗，而同调之见于《花间》、《尊前》者则多为长短句，盖诗家务尊其体，而乐家只倚其声，故不同也。《天仙子》，唐人皇甫松所作者不叠，此则有二叠，《凤归云》二首句法与用韵各自不同，然大体相似，可见唐人词律之宽。《天仙子》词特深峭隐秀，堪与飞卿、端己抗行，惜其余二十余篇不可见也。（癸亥冬，罗叔言参事寄巴黎写本至，存十八首，惟《倾杯乐》有目而佚。其词三十首中，但佚十二首耳。）

唐写本《春秋后语背记》跋

　　上虞罗氏藏唐写本《春秋后语》有背记凡八条，中有西番书一行，余汉字，七条皆以木笔书之，内有咸通皇帝判官王文珣语，盖唐咸通间人所书。末有词三阕，前二阕不著调名，观其句法，知为《望江南》，后一阕则《菩萨蛮》也。案段安节《乐府杂录》云："《望江南》始自朱崖李太尉镇浙西日，为亡伎谢秋娘所撰。本名《谢秋娘》，后改此名，亦曰《梦江南》。"考德裕镇浙西在长庆四年，至太和三年入朝，凡六年，嗣是白居易、刘禹锡、温庭筠、皇甫松并为此词（白词名《忆江南》，见《长庆后集》卷三，乃太和八、九年间所作。刘词有"多谢洛城人"语，必居洛阳时作，殆与白词同时作。温、皇甫二词则又在其后），前则未闻。又《菩萨蛮》，据苏鹗《杜阳杂编》，亦以为宣宗大中初制，然世所传小说《炀帝海山记》已有炀帝所作《望江南》八首。宋初所编《尊前集》及李白《古风集》（见《湘山野录》），均有白所作《菩萨蛮》词。《海山记》伪书，固不足信，白词世亦有疑之者。顾唐、宋说部所谓某调创于某时、某人者，尤多附会。崔令钦《教坊记》所载教坊曲名三百六十五中，有《望江南》、《菩萨蛮》二调。令钦时代虽不可考，然《唐书·宰相世系表》有国子司业崔令钦，乃隋恒农太守宣度之五世孙。唐高祖至玄宗五世，宣度与高祖同时，则其五世孙令钦当在玄、肃二宗之世。其书记事讫于开元，亦足略推其时代。据此则《望江南》、《菩萨蛮》二词，开元教坊固已有之。惟《望江南》因赞皇首填此词，刘、白诸公相继而作，《菩萨蛮》则因宣宗所喜，宰相令狐绹曾令温庭筠撰，密进之（见《唐诗纪事》），故《乐府杂录》与《杜阳杂编》遂以此二词之创作，传之德裕与宣宗。语虽失实，然其风行实始于此。此背记书于咸通间，距太和末廿余年，距大中不过数年，已有此二调，虽别字声病满纸皆是，可见沙州一隅，自大中内属后，又颇接中原最新之文化也。至此背记中之与沙州时事相关者，已见于罗叔言参事所补《唐书·张义潮传》，兹不赘云。癸丑五月。

唐写本残小说跋

　　右，唐人小说断片，亦狩野博士所录英伦博物馆本。记太宗入冥事，又记判官姓名为崔子玉。狩野博士曾于《艺文》杂志中考此断片，引《太平广记》（一百四十六）所引《朝野金载》纪太宗入冥事，谓唐初已有此传说，然《金载》不著冥判姓名。近代郑烺作《崔府君祠录》引《府君神异录》正与《金载》同，惟以冥判为崔府君。考费衮《梁溪漫志》，载宋仁宗景祐二年，加崔真君封号，诏曰："惠存滏邑，恩结蒲人，生著令猷，没司幽府。"已以崔真君为司幽府之神，而楼钥《显应观碑记》言"宣和三年磁守韩景作记"，言"唐太宗尝梦得之，诏入觐，刺蒲州，河北采访使"。则径以太宗所见冥判为即真君。今观此残卷，知唐人已有此说矣。太宗入冥与崔判官事，传世《西游记演义》亦载之，其语诞妄不足诘。《朝野金载》则谓冥中问六月四日事，案太宗诛建成、元吉事，在武德九年六月四日，张鹭不言建成、元吉事者，唐人记先皇事，特微其词耳。《金载》及《府君神异录》二事，兹比录之，以备参考，可知后世传说，其所由来远矣。

　　唐太宗极康豫，太史令李淳风见上，流泪无言。上问之。对曰："陛下夕当晏驾。"太宗曰："人生有命，亦何忧也。"留淳风宿。太宗至夜半，上奄然入定，见一人云："陛下暂合来，还即去也。"帝问："君是何人？"对曰："臣是生人判冥事。"太宗入见，判官问六月四日事，即令还，向见者又迎送引导出。淳风即观乾象，不许哭泣，须臾乃寤。至曙，求昨所见者，令所司与

一官，遂注蜀道一丞。（《朝野佥载》）

　　《神异录·滏阳八事》之一曰：一日，府君忽奉东岳圣帝旨，敕断隐、巢等狱。府君令二青衣引太宗至，时魏徵已卒，迎太宗，属曰："隐、巢等冤诉，不可与辨。帝功大，但称述，神必祐也。"帝颔之。及对质，帝惟以功上陈，不与辨。府君判曰："帝治世安民之功甚伟，隐、巢等淫乱，帝诛除之，亦正家之义也。即不名正其罪恶，为擅诛促寿而已。今且君临天下，为苍生主也。"敕二青衣送帝回，隐、巢等惶恐去。帝行，复与府君别，府君曰："毋泄也。"后帝令传府君像，与判狱神无异，益信府君之德通于神明矣。（《崔府君祠录》）

书《宋旧宫人诗词》《湖山类稿》《水云集》后

　　周密《浩然斋雅谈》载南宋王夫人所作《满江红》词及文文山、邓中甫和作，其词人人能道之，独不详夫人为何如人。案世传《宋旧宫人诗词》一卷，云昭仪王清惠字冲华，汪大有《水云集》及《湖山类稿》多与昭仪酬唱之作，其人《宋史·后妃传》失载，惟《江万里传》云："帝在讲筵，每问经史疑义及古人姓名，贾似道不能对，万里从旁代对。时王夫人颇知书，帝常语夫人以为笑。"则夫人乃度宗嫔御。陈世崇《随隐漫录》云："会宁郡夫人昭仪王秋儿，顺安俞修容，新兴胡美人，资阳朱春儿，高安朱夏儿，南平朱端儿，东阳周冬儿（中略），皆上所幸也。初在东宫，以春、夏、秋、冬四夫人直书阁为最亲，王能属文为最亲，虽鹤骨癯貌，但上即位后，批答画闻，式克钦承，皆出其手。"然则王非以色事主，度皇亦悦德者也。是夫人在度宗朝已主批答，及少帝嗣位，谢后临朝，老病不能视事，夫人与闻国政，亦可想见，故入元之后，元人待遇有加。《水云集·湖州歌》云："万里修途似梦中，天家赐予意无穷。昭仪别馆香云暖，手把诗书授国公。"礼遇之隆，亚于谢、全二后。厥后，全太后为尼，昭仪亦为女道士，亦以其与宋室至亲故也。

　　宋旧宫人诗词，乃王夫人以下十四人送汪水云南归，以"劝君更尽一杯酒，西出阳关无故人"十四字分韵赋诗，其实皆伪作也。水云《湖山类稿》卷三有女道士王昭仪《仙游词》，在南归诸诗之前，则水云南归时，昭仪已死，不得作诗送之也。谢皋羽《续琴操序》谓："水云之归，旧宫人会者十八人，酾酒城隅与之别。"人数亦不与旧宫人诗词合。且十四绝句若出一手，疑元、明间人据谢皋羽《续琴操序》有旧宫人送水云事而伪撰者也。

南宋帝后北狩后事，《宋史》不详，惟汪水云《湖山类稿》尚纪一二，足补史乘之阙。《元史·世祖纪》：“至元十九年十二月乙未，中书省臣言：‘平原郡公赵与芮、瀛国公赵㬎、翰林直学士赵与票宜并居上都。’帝曰：‘与芮老矣，当留大都，余如所言。’继有旨给瀛国公衣粮发遣，惟与票不行。”案：是时谢、全二太后尚留大都，时谢太后年已七十，若中书有北遣之议，则世祖于福王、与芮尚怜其老，不容于谢后无辞，盖不在遣中，全太后为尼正智寺而终，亦当在大都。惟据《湖山类稿》，则水云与王昭仪实从少帝北行。《类稿》卷二有《出居庸关》一首、《长城外》一首、《寰州道中》一首、《李陵台》一首、《苏武洲毡房夜坐》一首、《居延》一首、《昭君墓》一首、《开平云霁》一首、《天山观雪，王昭仪相邀割驼肉》一首、《草地》一首、《开平》一首、《草地寒甚，毡帐中读杜诗》一首、《阴山观猎和赵待制回文》一首，皆塞外之作。中有“王昭仪相邀割驼肉”云云，是昭仪亦在遣中。时少帝年方十二岁，谢、全二后未行，昭仪自不能不往，观于香云别馆手授诗书，则少帝教养之职，昭仪实任之，其从少帝北行，自不待言。又水云塞外诗中有《和赵待制回文》，此赵待制即赵与票。《元史·世祖纪》谓惟与票不行，与票当是与芮之讹，世祖怜与芮年老，而于与票无言，不应反遣与芮而留与票，且其官称翰林直学士，或称待制，皆入元后之官。元阎复撰《赵与票墓志铭》云：“至元十四年，公以驿来朝，自是入翰林为待制，为直学士。”则待制、直学士皆与票所历官。又《水云集》别有《酬方塘赵待制见赠》一首，末云：“吾曹犹未化，烂醉且穹庐。”亦系塞外之作，合此数诗观之，则在上都者实为与票，福王盖未尝行也。此为至元十九年事，至二十二年而谢太后殂，二十五年而少帝学佛法于吐番，惟全太后为尼，昭仪为女道士，与福王及昭仪之卒，其时皆无可考，要皆在水云南归之前，故均有诗在集中。至水云南归则在至元二十五年，其《南归对客诗》所谓“北征十三载”是也。由是观之，不独宋旧宫人诗词为伪书，即瞿佑《归田诗话》

载少帝《送水云南归》诗，所谓"黄金台下客，底事不思家？归问林和靖，寒梅几度花？"一若少帝此时尚在大都者，可谓拙于作伪矣。

少帝入吐番后事，史无所言，惟元、明间盛传元顺帝为宋少帝之子，至国朝全谢山先生犹主此说。初疑此语乃南宋遗民不忘故国者所为，后读释念常《佛祖通载》，乃知其不然。《通载》纪至治三年四月，赐瀛国公合尊死于河西。案：元人之待南宋，较遇金人为优。少帝入元，历世祖、成宗、武宗、仁宗、英宗五世，其降元之岁为至元十三年，年六岁。十九年徙上都，年十二岁。二十五年学佛法于吐番，年始十八。至至治三年赐死于河西，年五十三，而顺帝之生适前于此三年。元人不忌之于在大都之时，而忌之于入吐番为僧之后；又不忌之于少壮之时，而忌之于衰老之后。此事均非人情，以事理推之，当由周王既取顺帝母子，藉他事杀之以灭口耳。又顺帝之母乃迈迪氏，生顺帝后亦未几而殂，其中消息可推而知。时周王以武宗嫡长，失职居边，以顺帝之生有天子瑞，因取为己子，正如魏豹取薄姬故事，亦不足怪。瀛国公之祸，正微示此事实。念常之书，谢山未见，他人亦从未提及，此事足为谢山诸人添一佐证，不独示宋室三百二十年之结局而矣。

汪水云以宋室小臣，国亡北徙，侍三宫于燕邸，从幼主于龙荒，其时大臣如留梦炎辈当为愧死，后世人多以完人目之，然中间亦为元官，且供奉翰林，其诗俱在，不必讳也。《湖山类稿》二有《万安殿夜直》诗云："金阙早朝天子圣，玉堂夜直月光寒。"《水云集》中有《送初庵传学士归田里》一首云："燕台同看雪花天，别后音书雁不传。紫阁笑谈为职长，彤闱朝谒在班前。"称严为职长，则汪亦曾为翰林院官。又有《南归后答徐雪江》一首，曰："十载高居白玉堂，陈情一表乞还乡。孤云落日渡辽水，匹马西风上太行。行橐尚留官里俸，赐衣犹带御前香。只今对客难为说，千古中原话柄长。"所云"高居白玉堂"，亦指翰苑也。又《湖山类稿·北岳降香》以下二十五首，皆水云奉敕降香途中所作。案《元史·世祖纪》，每岁以正月遣使代祀岳渎后土，惟至元二十一年所纪独详。云遣蒙古官及翰林官

各一人祠岳渎后土，则代祀例遣翰林官。严为学士，即翰林官，水云
或以属官同行，然观其诗意不似属官之词，殆是岁所遣二人皆出翰
苑，水云与严同奉使欤？故其诗曰："同居远使山头去，如朕亲行岳
顶来。"则水云在元颇为贵显，故得橐留官俸，衣带御香，即黄官之
请，亦非羁旅小臣所能，后世乃以宋遗民称之，与谢翱、方凤等同
列，殊为失实。然水云本以琴师出入宫禁，乃倡优卜祝之流，与委质
为臣者有别，其仕元亦别有用意，与方、谢诸贤迹异心同，有宋近
臣，一人而已。

宋刊《分类集注杜工部诗》跋_{（壬戌）}

　　此书所集诸家注，其名重者，率伪作也。东坡注之伪，宋洪容斋已言之。余如王原叔，仁宗时人，征引新史，犹可说也，乃引沈存中《梦溪笔谈》，岂不可笑。盖书肆中人一手所为也。观翁。

　　《杜诗须读编年本》、《分类本》，最可恨。偶阅数篇注，文离可哂。少陵名重，身后乃遭此酷，真不幸也！

蒙古刊《李贺歌诗编》跋[①]

案：赵衍[②]跋，题丙辰者，蒙古宪宗六年。双溪中书君者，耶律丞相铸也。盖蒙古刊本，非金刊本也。

又案：《元史·耶律希亮传》："宪宗尝遣铸核钱粮于燕，铸曰：'臣先世皆读儒书，儒生俱在中土，愿携诸子至燕受业。'宪宗从之，乃命希亮师事北平赵衍，时方九岁。岁丙辰，宪宗召铸还和林，希亮独留燕。"此本赵衍跋中述双溪中书君，出所藏旧本，全与希亮传年月相合，是此本为蒙古宪宗丙辰所刊无疑矣。

何义门《跋》，以龙山为刘致君号，非也。《秋涧集》（四十三）《西岩赵君文集》云："西岩崛起畎亩，从龙山吕先生学。"又云："虎岩、龙山二公，挺英迈不凡之材，挟迈往凌云之气，雅为中书令耶律公宾礼，至令其子双溪从之问学，由是赵、吕之学，自为燕、蓟一派。"《玉堂嘉话》（一）记吕逊尝谈赵著、吕鲲，以诗鸣燕、赵间。二人皆出耶律相门下。虎岩[③]每得一联一咏，即提掷其帽于九龙山，从旁谓曰："不知李、杜平时，费多少帽子。"闻者为之捧腹。是龙山乃吕鲲字，刘致君辈行较高，不得至蒙古时尚在也。乙丑夏五又记。

---

① 罗本作《四部丛刊李贺歌诗编跋》。
② 罗、赵本皆误作"行"，据四部丛刊本改。
③ 岩，原误作"严"。

元刊①《伯生诗续编》跋

　　《伯生诗续编》三卷，后至元庚辰刘氏日新堂刊。案：文靖《道园学古录》刊于至正元年，《道园遗稿》刊于至正十四年。《翰林珠玉》未详刊刻时代，然已分《在朝稿》、《归田稿》，当在《学古录》之后。现存虞诗中，以此刊为最古矣。编中诗见于《学古录》者，惟卷上《送家兄孟修还江南》，卷中《商德符幽篁古木》，卷下题《织锦回文三首》，余并未见。至虞胜伯（堪）编遗稿，始多收之，疑即据是编。然如卷上《送熊太古下第归》、《牧牛歌》、《卢峰秋夕》三首，卷中《谢人惠棕雨笠》二首之一，卷下《金丹五颂》、《题能静斋明皇出游图宫词》、《西湖景手卷偶题》，共十首，并遗稿所未载，恐胜伯别有所据，未必见是编矣。卷末附叶氏《四爱堂诗卷》并文靖序，此卷亦载《皇元风雅后集》卷四。以校是编，多太玄天师、太乙子詹、厚斋、吴月湾、彭孟圭、李纲斋、吴讷山诸人题咏，而此编《谢草庭诗》前有小序，亦《风雅》所未载，盖各从原卷选录。《风雅》虽刊于至元丙子，在此刻前四年，此却非从《风雅》抄出也。文靖一序，《学古录》亦不载，惟《饯梅野诗序》，则遗稿收之耳。此刻虽出坊肆，而字画清析，可与蒋易《国朝风雅》相伯仲，在元季刊本中，实为上驷矣。丙寅仲冬。

　　《宫词》一绝，见《萨天锡集》。杨瑀《山居新话》亦以为天锡诗，宜胜伯不收入遗稿中也。又记。

---

① 罗本"元刊"后有"本"字。

《顾亭林文集》跋

　　先生文集、诗集，皆手自编定。文集与诗集本各五卷，至第六卷，则次耕先生所增辑，故与全集体例不符，其编次亦不如前五卷之善。全谢山谓诗文集皆次耕编辑者，误也。此事至微，惟明眼人能辨之。

　　先生于康熙己未（十八年）作《春雨》诗曰："平生好修辞，著集逾十卷。"此诗文集十卷为手编之证。其云"逾十卷"者，亦约言之耳。

明太傅朱文恪公手定《册立光宗仪注稿卷》跋

　　此卷旧为朱氏家藏，今归吾友蒋孟蘋学部。案：竹垞先生《史馆上总裁第六书》及《书先太傅奏疏尺牍卷后》，并云："册立旨下仪注，皆先公预定，出诸袖中。"盖即据此文恪《手定仪注》为说也。《上总裁书》又言，公上言国朝册立东宫，无谒谢贵妃四拜之礼。宣德、嘉靖旧仪，与今有别，故《实录》特书是年，礼臣悉从裁革。今此稿中，皇太子有拜母妃、无拜皇贵妃事，则竹垞之言信矣。又稿中本有"一内侍引皇太子诣恭妃前行四拜礼"，"一内侍引□王诣皇贵妃前，□王诣端妃前，各行四拜礼"二条，文恪删之，而于末增入"一内侍引皇太子、亲王各诣母妃前行四拜礼"一条，盖时福王母已为皇贵妃，而皇太子母尚为恭妃，与端王母端妃名位不殊，言之不顺，故以"母妃"二字浑括，此等处极有用意。昔竹垞言其家有客堂，所藏文恪手迹，多至四椟，经乱尽失之。既而搜访、掇拾五十年，装界成六册，皆奏疏尺牍也。此卷既非疏稿，又系折本，当不在所装六册之内。今六册者，不知存佚，而此卷独存，足以见前代大臣之用心，是足珍已。辛酉孟冬。

《涧上草堂会合诗卷》跋

右杨潜夫、徐俟斋、贯时、朱柏庐四先生会合诗，俟斋复为之序。诗与序俱不见《居易堂集》中，盖缘少作删之。是岁俟斋居金墅墓庐，柏庐自昆山徒步诣之。贯时本居城中吴趋里第，因柏庐远来，故与潜夫俱来会也。卷中诗之先后，以齿为序。是岁潜夫年三十三，俟斋年二十八，柏庐年二十三，贯时生年虽无可考，然诗在柏庐前，当长于柏庐数岁矣。此为徐、朱被家难后第一次会合。俟斋诗云"灵均仍楚官，鲁连甘秦坑"二语，分指其父文靖及朱节孝先生。又云"胡为余小子，身重发肤轻"，则自谓乙酉冬在松陵被获髡首事也。顷上虞罗叔言参事作《俟斋先生年谱》，始及俟斋与贯时参辰之事。观于顺治戊戌俟斋大病濒死，贯时乃不闻问，则参事之言殊信。此卷前于戊戌者十年，贯时尚至山中，则其兄弟参池，当在数年以后矣。庚申夏五。

《乾隆诸贤送曾南邨守郴州诗卷》跋_{（壬戌）}

卷中竹汀先生诗十章，不载《潜研堂诗集》中。末有大昕、及之二印。及之为先生旧字，人间亦罕知者。案：先生弟大昭字晦之，则先生宜字及之也。此卷题诗，皆雍、乾老辈，其有诗集行世者，惟竹汀先生《潜研堂诗集》耳。

《南唐二主词》跋①

　　右南词本《南唐二主词》，与常熟毛氏所钞无锡侯氏所刻，同出一源，犹是南宋初辑本，殆即《直斋书录解题》所著录宋长沙书肆所刊行者也。直斋云："卷首四阕，《应天长》、《望远行》各一，《浣溪沙》二，中主所作，重光尝书之，墨迹在盱江晁氏。"今此本正同。又注中引曹功显节度、孟郡王、曾端伯诸人。案：功显，曹勋字。《宋史》勋本传："以绍兴二十九年拜昭信军节度使，孝宗朝，加太尉，提举皇城司开府仪同三司。淳熙元年卒，赠少保。"又《外戚传》："孟忠厚以绍兴七年封信安郡王，绍兴二十七年卒。"曾端伯慥。亦绍兴时人。以此数条推之，则编辑者当在绍兴之季，曹功显已拜节度之后，未加太尉之前也。且半从真迹编录，尤为可据。故如式写录，另为补遗，及校勘记附后。诸本得失，览者当自得之。宣统改元春三月。

---

① 罗本作《校补南唐二主词跋》。

《双溪诗馀》跋

　　壬子夏日，于董氏诵芬室见《双溪文集》残本（明嘉靖刊）。幸诗馀尚全，因假归令儿子潜明影写之。此集传世甚稀，竹垞纂《词综》时，未见此书。此本乃嘉靖十二年所刊，前有潘滋序。计为书十七卷，与文渊阁之二十七卷，编次不同。目录家亦罕见著录，词虽不甚工，亦一家眷属也。

《鸥梦词》跋

　　江山刘彦清先生（履芬）《鸥梦词》手稿一卷，光绪乙巳得于吴中。上有彦翁手录同时词人评骘、商榷之语，小者杜小舫（文澜），少者勒少仲（方锜）、瘦者潘瘦羊（钟瑞）也。宣统改元夏四月。

《词林万选》跋

　　此汲古阁刻《词苑英华》中一种也。《提要》疑升庵原本已佚，此为后来依托，并历举其考证之疏。然考证之疏，自是明人通病，且其中颇有与《升庵词品》印证之处，未必即为依托也。前有焦氏藏书印，乃理堂先生故物，尤可宝也。光绪戊申秋七月，积暑初退，于厂肆得此本，喜而志之。

　　张孝纯《百字令》"疏眉秀目"云云，此词见刘昌诗《卢蒲笔记》，据刘祁《归潜志》，系宇文虚作。

庚辛之间读书记（选录）

《片玉词》

曩读周清真《片玉词》《诉衷情》一阕（《片玉集》、《清真集》均不载）曰："当时选舞万人长。玉带小排方。喧传京国声价，年少最无量。"按：排方、玉带，乃宋时乘舆之服。岳倦翁《愧郯录》（十二）："国朝服带之制，乘舆东宫以玉，大臣以金，勋旧间赐以玉，其次则犀则角。"此不易之制，考之典故，玉带乘舆以排方；东宫不佩鱼，亲王佩玉鱼，大臣勋旧佩金鱼。《石林燕语》七亦云："国朝亲王皆服金带。元丰中官制行，上欲宠嘉、岐二王，乃诏赐方团玉带，著为朝仪。先是乘舆玉带皆排方，故以方团别之。二王力辞，乞宝藏于家，而不服用，不许，乃请加佩金鱼，遂诏以玉鱼赐之。亲王玉带佩玉鱼，自此始。故事，玉带皆不许施于公服，然熙宁中，收复熙河，神宗特解所系带赐王荆公，且使服以入贺。荆公力辞，久之不从，上待服而后追班，不得已受诏，次日即释去（维案：《临川集》卷十八荆公《赐玉带谢表》末云："退藏唯谨，知燕及于云来。"知"释去"之说不妄）。大观中，收复青唐，以熙河故事，复赐蔡鲁公，而用排方。时公已进太师，上以为三师礼当异，特许施于公服。辞，乃乞琢为方团，既以为未安，或诵韩退之玉带垂金鱼之礼，告以请因加佩金鱼（《铁围山丛谈》、《挥麈前录》所记略同）。则排方玉带，实乘舆之制，臣下未有敢服者也。且宋时臣下受玉带之赐者，可以指数：太祖时，则有李彝兴、符彦卿、王审琦、石保吉；英宗时，则有王守约（保吉、守约均以主婿赐）；神宗时，则有王安石，嘉、岐二王；徽宗时，则有蔡京、何执中、郑居中、王黼、蔡攸、童贯、赵仲忽；钦宗时，则有李纲（上皇所赐）。南宋得赐者，文臣则有张浚、秦桧、史浩、史弥远、郑清之、贾似道；宗室则有居广士、輗璩、伯圭、师揆、师弥；勋臣则有刘光世、张俊、杨存中、吴璘；外戚则有吴益、谢渊、杨次山（何执中以下五人赐玉带事，见《石林燕语》，史弥远、赵师揆见《四朝闻见录》，贾似道、师弥，见《癸辛杂［志］（识）》，余见《宋史》本传及《玉海》卷八十六）。此外罕闻。唯《太祖纪》载建隆元年正月，以犀玉带遍赐宰相、枢密使及诸军列校，此行佐命之赏，未可据为典要。又《梦溪笔谈》（二十二）云："丁晋公从车驾巡幸，礼成，有诏赐辅臣玉带。时辅臣八人，行在祗候库只有七带。尚衣有带，谓之'比玉'，价直数百万。上欲以赐辅臣，以足其数。"《容斋随笔》（四）驳之曰："景德元年，真宗巡幸西京。大中祥符元年，巡幸太山。四年，幸河中。丁谓皆为行在三司使，未登政府。七年，幸亳州，谓始以参知政事从。时辅臣六人：王旦、向敏中为宰相，王钦若、陈尧叟为枢密使，皆在谓上，谓之下尚有枢密副使马知节，即不与此说合，且既为玉带，而又名'比玉'，尤可笑。"洪氏之言如此。案：《宋史·真宗纪》："大中祥符二年五月癸亥，以封禅庆成，赐宗室辅臣袭衣金带器币。"不云"玉带"。《旧闻证误》（四）引某书，谓"真宗尝遍以玉带赐两府大臣"，盖亦袭《笔谈》之误。夫以乘舆御服，大臣所不得赐，宰相亲王所不敢服，僭侈如蔡京，犹必琢为方团，加以金鱼而后敢用，何物倡优，乃以此自炫于万人之中，此事诚不可解，盖尝参互而得其说焉。《宋史·舆服志》："太平兴国七年，翰林学士承旨李昉奏，奉诏详定车服制度，请从三品以上服玉带。"《旧闻证误》（四）引《庆元令》云："诸带三品以上得服玉，臣寮在京者，不得施于公服。"盖宋时便服并无禁令，故东坡曾以玉带施元长老，有诗见集中（《东坡集》十四）。其二曰："此带阅人如传舍，流传到我亦悠哉。锦袍错落真相称，乞与佯狂老万回。"味其诗意，不独东坡可服，似了元亦可服矣，至顺《镇江志》（十九）载此事云："公便服入方丈。"又云："师急呼侍者收公所许玉带。"则为便服束带之证。东坡赠陈季常《临江仙》词云："细马远驮双侍女，青巾玉带红靴。"亦其一证。陈后山《谈丛》（《后山集》十九）亦云："都市大贾赵氏，世居货宝，言玉带有刻文者，皆有疵疾，以蔽映耳，美玉盖不琢也。比岁杭、扬二州化洛石为假带，色如瑾瑜，然可辨者，以其有光也。"观此，知宋时上下便服，通用玉带，故人能辨之。漫至倡优服饰，上僭乘舆，虽云细事，亦可见哲、徽以后政刑之失矣。

曩作《清真先生遗事》，颇辨《贵耳集》、《浩然斋雅谈》记李师师事之妄。今得李师师金带一事，见于当时公牍，当为实事。案《三朝北盟会编》（三十）："靖康元年正月十五日圣旨：'应有官无官诸色人，曾经赐金带，各据前项所赐条数，自陈纳官。如敢隐蔽，许人告犯，重行断遣。'后有尚书省指挥云：'赵元奴、李师师、王仲端，曾经祗候、倡优之家，（中略）曾经赐金带者，并行陈纳。"当时名器之滥如是，则玉带排方，亦何足为怪。颇疑此词或为师师作矣。然当时制度之紊，实出意外。《老学庵笔记》（一）言："宣和间，亲王、公主及他近属戚里入宫，辄得金带关子。得者旋填姓名卖之，价五百千，虽卒伍屠酤，自一命以上，皆可得。"方腊破钱唐时，太守客次，有服金腰带者数十人，皆朱勔家奴也。时谚曰："金腰带，银腰带，赵家天下朱家坏。"然则徽宗南狩时，尽以太宗时紫云楼金带赐蔡攸、童贯等（见《铁围山丛谈》六），更不足道。以公服而犹若是，则便服之僭侈，更何待言。国家将亡，必有妖孽，殆谓是欤？

《桂翁词》

《桂翁词》六卷（后题作《玉堂徐兴》），《鸥园新曲》一卷，明刊本，不题作者姓名，实贵溪夏文愍公言所作乐府也。前有吴一鹏、费寀、□仪三序，后有皇甫涝、石迁高二跋。目录后有二行，曰："嘉靖丙寅仲夏，金陵双泉童氏梓行。"第三序缺末页，自称名曰仪，中云："壬寅岁，仪缪领霸州之命，公属词书扇以为赠言。"今卷四中有"赠杨正郎仪升霸州兵备副使"《减字木兰花》一阕，知即常熟杨梦羽作也。杨序云："元相《桂翁词》六卷，初刻于吴郡，再刻于铅山，三刻于闽中。"吴郡本据吴序、皇甫跋，刊于嘉靖戊戌；铅山本据费序，刊于辛丑；闽本不见序跋，不识刊于何年。又据大名府知府石迁高跋，则庚子岁，畿南似亦有刊本，杨序略之。杨刻最后，在文愍再召之岁，始增《鸥园新曲》。此本又覆刊杨本。是嘉靖一朝，前后三十年间已六付剞劂，古今词家未曾有也。有明一代，乐府道衰，《写情》《扣舷》，尚有宋、元遗响。仁、宣以后，兹事几绝，独文愍以魁硕之才，起而振之，豪壮典丽，与于湖、剑南为近。方其得路，入正郊庙，出扈禁跸。一词朝传，万口暮诵，同时名公皆摹拟其体格，门生故吏争相传刻。虽居势使然，抑其风采文采，自有以发之者欤？洎夫再秉钧衡，独任边事，主疑于上，谗间于下，至于白首而对狱吏，朝衣而赴东市，进无帷盖之报，退靡盘水之恩，君臣之际，斯为酷矣！帝杀其躯，天夺其胤，怙权不如介溪，而刑祸为深；文采过于钤山，而著述独晦；身后之事，又可悲矣。然没不二十年，南都坊肆，乃复梓其遗集。维时永陵倦勤，华亭当国，虽靡投鼠之忌，宁无吠尧之嫌，岂文章事业，自有公论，有不可泯灭者欤？又以知生前诸刻，非尽出于属吏之贡谀也。此本旧藏怡邸，有明善堂书画印记、安乐堂藏书记二印。

《花间集》

《花间集》十卷，明覆刊宋本。前有蜀广政三年武德军节度判官欧阳炯序，后有绍兴十八年济阳晁谦之跋。炯为孟蜀宰相，蜀亡，入宋为翰林学士。一作欧阳炳。苏易简《续翰林志》（下）谓："学士放诞，则有王著、欧阳炳。"又云："炳以伪蜀顺化，旋召入院，尝不巾不袜，见客于玉堂之上。尤善长笛，太祖尝置酒，令奏数弄。后以右貂终于西洛。"又作欧阳迥。《学士年表》："欧阳迥，乾德三年八月以左散骑常侍拜（前曰'右貂'，此云'左散骑常侍'，'左'、'右'必有一误）。开宝四年六月，以本官分司西京，罢。"则与炳自为一人。此本与聊城杨氏所藏鄂州本，均作欧阳炯，恐炯字不误，炳与迥因避太宗嫌名而追改也。集中词十八家，温助教、皇甫先辈、韦相之次，有薛侍郎昭蕴。按：《唐书·薛廷老传》："廷老子保逊，保逊子昭纬，乾宁中至礼部侍郎，性轻率，坐事贬碛州刺史。"旧书略同。
《北梦琐言》（十）："唐薛澄州昭纬，即保逊之子，恃才傲物，亦有
父风。每入朝省，弄笏而行，旁若无人。好唱《浣溪沙》词。"今此
集载昭蕴词十九首，其八首为《浣溪沙》。又称为薛侍郎，恐与昭纬
为一人。"纬"、"蕴"二字，俱从系，必有一误也。李洵，则鄂州本
作李珣，毛本亦同。《鉴诫录》（四）："李珣，字德润，本蜀中土生
波斯也。少小苦心，屡称宾贡。所吟诗句，往往动人。尹校书（鹗）
者、锦城烟月之士也，与李生常为善友。遽因戏遇嘲之，李生文章扫
地而尽。"诗曰："异域从来不乱常，李波斯强学文章。假饶折得东
堂桂，胡臭熏来也不香。"《黄休复茅亭客话》亦纪其为波斯人，以
异域之人，而所造若此，诚为异事。王灼《碧鸡漫志》屡称珣《琼
瑶集》，其所举《倒排甘州》、《河满子》、《长命女》、《喝驮子》四
首，均此集与《尊前集》所未载。则南宋之初，蜀中尚有此书，未
识佚于何时也。唐、五代人词有专集者，《南唐二主词》、《阳春集》，
均宋人所编。飞卿《金荃词》，则系赝本。《金荃词》① 一卷，虽见
顾嗣立《温飞卿诗集跋》谓有宋本，未知可信否。和凝《红叶稿》
之名，则系竹垞杜撰。《凝红药编》五卷，见于宋志者，乃制诰之文
（焦竑《国史经籍志》列之制诰类，其书竑时已亡，殆由其名定之是也），非词
集，亦非《红叶稿》也，唯珣《琼瑶集》，见于宋人所记，当为词人
专集之始矣。

《尊前集》

《尊前集》二卷，明刊本，题明嘉禾顾梧芳编次，东吴史叔成
释。前有万历壬午梧芳自序，盖其自刊本也。梧芳序云："余素爱
《花间集》，胜《草堂诗馀》，欲播传之。曩岁刻于吴兴茅氏，兼有附
补。而余斯编，第有类焉。"其意盖以为自编也。毛氏《词苑英华》
重刊此本，跋曰："雍、熙间，有集唐末五代词命名《家宴》，为其

---

① 罗本作"全荃词"，误。

可以侑觞也。又有名《尊前集》者，殆亦类此，惜其本不传。嘉禾顾梧芳氏采录名篇，厘为二卷，仍其旧名"云云。则毛氏亦以此为梧芳自编也。唯朱竹垞《曝书亭集》跋此本则云："康熙辛酉冬，余留白下，有持吴文定公手钞本告售，书法精楷，卷首识以私印。取刊本勘之，词人之先后，乐章之次第，靡有不同，始知是集为宋初人编辑。"《四库总目》亦采其说，而颇以其名不见宋人书目为疑。余按：《碧鸡漫志》《清平乐》、《麦秀两歧》二条下，均引《尊前集》，《直斋书录解题》《阳春录》条下引崔公度序云："《花间》、《尊前》，往往谬其姓氏。"则宋时固有此书矣。且《南唐二主词》为高、孝间人所辑，而《虞美人》以下八首，《蝶恋花》《菩萨蛮》二首，皆注"见《尊前集》"。今此本皆有之，惟阙《临江仙》一首（恐顾氏以有阙字删去），则南宋人所见之本，与此本略同，至编次出何人手，不见纪载。唯《历代诗馀》引《古今词话》云："赵崇祚《花间集》载温飞卿《菩萨蛮》甚多，合之吕鹏《尊前集》，不下二十阕（按：《古今词话》，一为宋杨湜撰，一为国朝沈雄撰。杨书已佚，颇散见宋人书中。此系不知杨书或沈书，然当有所本），则以此集为吕鹏作。吕鹏亦罕见纪载。黄昇《花庵词选》李白《清平乐》下注："按：唐吕鹏《遏云集》，载应制词四首，后二首无清逸气韵，疑非太白所作。"今此本所载太白应制《清平乐》有五首，则与吕鹏《遏云集》不合。又欧阳炯《花间集序》云："明皇朝有李白应制《清平乐》四首。"则唐末宋初只有四首，末首自系后人羼入，然则此本虽非梧芳所编，亦非吕鹏之旧矣。此本前有醽舫朱文长印，即竹垞旧藏。而竹垞跋此书，乃云："不著编次人姓氏。"殆作跋时，未检原书，抑欲伸其宋初人编辑之说，故没其事也，不知明人所题编次纂辑等语，全不足据。此本亦题东吴史叔成释，何尝"释"一字耶？拈出此事，可供目录家一粲也。

《草堂诗馀》

新刊《古今名贤草堂诗馀》（此疑宋人旧题）四卷，前有嘉靖己酉李谨序。序后有总目卷一标题。下有"皇明进士知歙县事四会南津李谨纂辑，歙县教谕秀州曾丙校次，歙丞、饶余、刘时济梓行"三行。卷四末有刘时济跋。李序及总目标题下，均有"三衢童子山刊行"一行。宣统己酉得于京师。按：《草堂诗馀》行世者，以毛氏《词苑英华》本为广，次则沈际飞本，次则乌程闵氏朱墨本。近四印斋刻天一阁旧钞明嘉靖间、闽沙太学生陈钟秀校刊本，世已惊为秘笈。余所见此书，别本独多：一嘉靖庚戌顾从敬刊本，一嘉靖末安肃荆聚刊本，一万历李廷机刊本，一嘉靖己酉李谨刊本，即此本也。荆聚本在唐风楼罗氏，余三本均在敝箧。综而观之，可分为二类：一分调编次者，以顾从敬本为首，李廷机、闵□□、沈际飞、毛晋诸本祖之；一分类编次者，此本与陈钟秀本、荆聚本皆是。然此三本，又自不同：陈钟秀本二卷，而此本与荆聚本则俱四卷。陈本分时令、节序、怀古、人物、人事、杂咏六类，而此本则首天时、次地理、次人物、次人事、次器用、次花鸟，亦为六类，次第亦复不同。陈本故有注，王氏重刊时已删去大半。荆聚本亦有注，讹脱殊甚。唯此本正文注文，首尾完具。故分调编次之本，以顾本为最善，分类编次之本，当以此本为最善矣。至分调与分类二种，孰先孰后，尚一疑问。顾本与此本同为四卷，均与《书录解题》卷数不合。顾本据何元朗序，谓出顾氏家藏宋本，比世所行多三十余调，近临桂王鹏运始疑为明人羼乱之本。书中题武陵顾从敬编次，似其确证。然明人所题编次纂辑等语，全不足据，已于跋《尊前集》时言之。今案：王楙《野客丛书》（二十四）云："《草堂诗馀》载张仲宗《满江红》词'蝶粉蜂黄都褪却'注：蝶粉蜂黄，唐人宫妆。"李本无此词，顾本则题周美成，在张仲宗、晁无咎二词之后。今《清真集》、《片玉集》、《片玉词》均有此词（程大昌《演繁露续集》四亦以此为美成词），自系周作。其误以为张仲宗者，殆王楙所见，已为分调编次之本，或原脱人名，或因其前后相接而误忆也。则顾本出宋本之说，自尚可信。否则，张词题为《春暮》，当入时令类，周词题为《春闺》，当入人事类，二词虽同一调，无从牵合也。至此本编次，与周邦彦《清真集》、《片玉集》，赵长卿《惜香乐府》相同，自是宋人体例。注虽芜累，分明出宋人手。如卷四东坡《水龙吟·咏笛》词"梁州初遍",注曰:"初遍,谓如今乐府诸大曲凡数十解,于攧前则有排遍,攧后则有延遍,初遍岂非排遍之首解。"云云。此数语,证以史浩《鄮峰真隐漫录》卷四十五所有大曲,无一不合,非元以后人所能知,自系宋人之注。即云此注采之他书,然傅幹注坡词,与顾禧补注东坡长短句,元时已少见,又元延祐本《东坡乐府》,亦无注解,则定为宋人所注,当无大误。要之,宋时此书,必多别本,故顾本与此本,编次绝殊,不碍其为皆出宋本。然在宋本之中,则此先彼后,自有确证。顾本每词必有一题,勘以宋人本集,往往不合。然细考之,则顾本之题,如春景、夏景、秋景、冬景、春恨、春闺、立春、元宵之属,皆此本六大目之子目,是分调之时,必据分类本,而以其子目冠于词上,踪迹甚明。此实先有分类,后有分调本之铁案也。又顾本附词话若干条,皆见此本注中,殆祖本亦有注,而顾重刊时删去欤?

《玉溪生诗年谱会笺》序

　　善哉，孟子之言诗也，曰："说《诗》者不以文害辞，不以辞害志；以意逆志，是为得之。"顾意逆在我，志在古人，果何修而能使我之所意，不失古人之志乎？此其术，孟子亦言之曰："诵其诗，读其书，不知其人，可乎？是以论其世也。"是故由其世以知其人，由其人以逆其志，则古诗虽有不能解者，寡矣。汉人传诗，皆用此法，故四家诗皆有序。序者，序所以为作者之意也。《毛序》今存，鲁诗说之见于刘向所述者，于诗事尤为详尽。及北海郑君出，乃专用孟子之法以治诗。其于诗也，有谱、有笺。谱也者，所以论古人之世也；笺也者，所以逆古人之志也。故其书虽宗毛公，而亦兼采三家，则以论世所得者然也。又《毛诗序》以《小雅》《十月之交》、《雨无正》、《小旻》、《小宛》四篇，为刺幽王作，郑君独据《国语》及《纬候》以为刺厉王之诗，于谱及笺，并加厘正。尔后王基、王肃、孙毓之徒，申难相承，洎于近世，迄无定论。逮同治间，《函皇父敦》出于关中，而毛、郑是非，乃决于百世之下（《敦》铭云："函皇父作周娟盘盉尊器敦鼎，自豕鼎降十又两罍两壶，周娟其万年子子亦孙永宝用。"周娟犹言周姜，即函皇父之女，归于周，而皇父为作媵器者。《十月之交》艳妻，《鲁诗》本作阎妻，皆此敦"函"之假借字。函者其国，或氏，娟者其姓。而幽王之后，则为姜为姒，均非娟姓。郑长于毛，即此可证）。信乎论世之不可以已也。故郑君序《诗谱》曰："欲知源流清浊之所处，则循其上下而省之；欲知风化芳臭气泽之所及，则旁行而观之。"治古诗如是，治后世诗亦何独不然？余读吾友张君孟劬《玉溪生年谱》，而益信此法之不可易也。有唐一代，惟玉溪生诗，词旨最为微晦。遗山论诗，已有"无人作郑笺"之叹。三百年来，治之者近十家，盖未尝不以论世为逆志之具。然唐自大中以后，史失其官，《武宗实录》亦亡于五季。故《新》、《旧》二书，于会昌后事，动多疏舛。后世注玉溪诗者，仅求之于二书，宜其于玉溪之志多所扞格也。君独旁搜远绍，博采唐人文集、说部及金石文字，以正刘、宋二书之失。宋次道之补亡，吴延珍之纠缪，君殆兼之而一寄于此谱。以古书例之，朱、冯诸君之书，齐、鲁、韩、毛之序也，君书则郑君之谱及笺也。其所考定者，固质诸古而无疑，其未及论定者，亦将得其证于百世之下。郑君说《小雅·十月之交》，其已事也。君尝与余论浙东、西学派，谓浙东自梨洲、季野、谢山以讫实斋，其学多长于史；浙西自亭林、定宇以及分流之皖、鲁诸派，其学多长于经。浙东博通，其失也疏；浙西专精，其失也固。君之学，固自浙西入，而渐渍于浙东者，故曩为《史微》，以史法治经、子二学，四通六辟，多发前人所未发。及为此书，则又旁疏曲证，至纤至悉，而孰知其所用者，仍先秦两汉治经之家法也。故述孟子、郑君之言，以序君书，意亦君之所首肯乎？丁巳六月。

《敬业堂文集》序

吾乡查他山先生《敬业堂文集》二册，不分卷，后有吴槎翁跋，面叶隶书十二字，亦似槎翁手书，盖源出拜经楼钞本，而吴本又传自海盐张沤舫者也。先是，他山先生家孙岩门（岐昌）辑此集，稿藏花溪倪氏六十四砚斋，陈简庄（鳣）首录一本，张沤舫从之传录，吴氏又录张本，紫溪王氏（简可）复从吴本录之。未几而倪本、吴本，俱毁于火，槎翁又从紫溪传录，有跋，见《海昌艺文志》中。此则从吴氏第一次写本出，疑即王紫溪本也。先生外曾孙陈半圭（敬璋），又从王氏录得一本，编为四卷，并撰年表冠其首。今张、吴、二陈本俱不传，则是本益足贵矣。此邑人张君渭渔藏书。当吾之世，吾宁言收藏者推渭渔。宁，固文献之邦也。康、雍之际，他山先生得树楼，与马寒中（思赞）道古楼，并以藏书著闻东南。至乾、嘉间，吴氏拜经楼，陈氏向山阁之藏，乃与吴、越诸大藏书家埒，而蒋氏生沐（光煦）之东湖草堂，寅昉（光焴）之宝彝堂，为之后劲。其余如松霭周氏（春），耕崖周氏（广业），绿窗钱氏（馥），渟溪管氏（庭芬），皆有藏书。马、吴、周、蒋诸家，亦颇旁搜金石书画，而陈受笙（均）、马古芸（锦）、胡廉石（荥）、释六舟（达受）遂以之名其家。其后诸家之藏，颇或散佚，至咸丰赭寇之乱，遂扫地以尽，其幸而存者，蒋氏宝彝堂一家而已。乱后，收藏家若钱铁江大令（保塘），若唐耑甫明经（仁寿），若孙铨伯司马（凤钧），皆宦学于外，所藏或持归，或否，世莫得而窥焉。故自余童丱以至弱冠，居乡之日，未尝见一旧本书，一金石刻，盖三百年来，文献尽矣。暨光、宣之间，始得渭渔。渭渔长余三四岁，当就傅时，书塾相望也。顾余未尝习渭渔，后颇闻渭渔弃举子业，攻金石书画。光绪乙巳，余归自吴门，渭渔访余于西城老屋，出唐解元芍药，马湘兰兰石小幅，相与把玩移晷。嗣后遂不复相闻，惟闻人言渭渔学益进，藏益富。逮丙辰春，余自海外归，欲尽览渭渔之所藏，而渭渔则死矣。初，同光之间，硖川朱苓年明经颇搜罗乡先辈遗著，其藏书，渭渔尽得之。而六舟上人所藏北齐武定玉造象，当时为构玉佛庵者，亦归于渭渔。渭渔又时往来吴、越间，所至有获，亦不复以乡邦文献自限。使天假之年，行当与查、马、吴、陈诸家抗衡，乃年甫逾四十而殁，殁后遗书、遗器及金石拓，尚塞破数屋，均未整比，斯不能不为吾邑文献惜也。辛酉春日，渭渔友人仁和姚君虞琴，将刊印是书，属余序其首。余感是书因渭渔而传，又念三百年来，吾邑收藏家，以他山先生始，以渭渔终，故略述渭渔行事，俾附以不泯焉。

《彊村校词图》序

古者，卿大夫老则归于乡里。大夫以上曰"父师"，士曰"少师"，皆称之曰"乡先生"。与于乡饮酒乡射之礼，则谓之"遵"。"遵"者，以言其尊也。席于宾主之间者，以言其亲也。乡之人尊而亲之，归者亦习而安之，故古者有去国，无去乡。后世士大夫退休者，乃或异于是。如白太傅之居东都，欧阳永叔之居颍上，王介甫之居金陵，盖有不归其乡者矣，然犹皆其平生游宦之地，乐其山川之美，而习于其士大夫之情，非欲归老其乡而不可得也。至于近世，抑又异于是。光、宣以来，士大夫流寓之地，北则天津，南则上海，其〔初〕（袿）席丰厚，耽游豫者萃焉。辛亥以后，通都小邑，桴鼓时鸣，恒不可以居。于是趋海滨者，如水之赴壑，而避世避地之贤，亦往往而在。然二地皆湫隘卑湿，又中外互市之所，土薄而俗偷，奸商傀民，鳞萃鸟集，妖言巫风，胥于是乎出，士大夫寄居者，非徒不知尊亲，又加以老侮焉。夫入非桑梓之地，出非游宦之所，内则无父老子弟谈宴之乐，外则乏名山大川奇伟之观，惟友朋文字之往复，差便于居乡。然当春秋佳日，命俦啸侣，促坐分笺，壹握为笑，伤时怨生，追往悲来之意，往往见于言表。是诚无所乐于斯土，而顾沈冥而不反者，盖风俗人心之变，由都邑而乡聚，居乡者虑有所掣曳，不能安其身与心，故隐忍而出此也。归安朱古微先生，以文学官侍郎。光绪之季，奉使粤峤，遽乞病归，往来苏、沪间，迄于近岁，居上海之日为多。丙辰秋日，先生出所绘《彊村校词图》，授简命序。彊村者，在苕水之滨，浮玉之麓，先生之故里也。先生既以词雄海内，复汇刊宋、元人词集成数百种。铅椠之役，恒在松江、歇浦间，而顾以彊村名是图，图中风物，亦作苕、霅间意，盖以志其故乡之思云尔。夫封峿之山，于《山经》为浮玉，上古群神之所守，五湖四水，拥抱其域，山川清美，古之词人张子同、子野、叶少蕴、姜尧章、周公谨之伦，胥卜居于是，千秋万岁后，其魂魄犹若可招而复也。先生少长于是，垂老而不得归，遭遇世变，惟以填词、刊词自遣，盖不独视古之乡先生矜式游燕于其乡者如天上人，即求如乐天、永叔诸先生退休之乐，亦不可复得，宜其为斯图以见意也。夫有乡而不得归者，今日士大夫之所同也，而为图以见意，自先生始，故略序此旨，且以纪世变也。

《乐庵写书图》序

　　余昔览元、明以来写本书时，时得佳处，而舛误夺落，乃比坊肆劣刻为甚。既而见六朝、唐人所写书，其佳处尤迥出诸刊本、写本上，而舛误夺落，则与元、明以来写本无异。盖古代写书，多出书手，其为学士大夫手钞如郑灼之《礼记义疏》者，百不一见也。士大夫写书之风，开于明之中叶。吴中吴原博、朱性父、姚舜咨、钱叔宝诸老，始竞为之。至国朝诸家，则校雠之功，多于迻录，乾、嘉以后，兹事几绝。独归安严悔庵居士，笃嗜旧椠，兼精校勘，尤以写书名天下。其所手写书，若宋刊吕成公《书说》、魏华父《仪礼要义》、洪景卢《夷坚志》，元刊张元德《春秋集传旧钞》、苏明允《太常因革礼》，皆庞然巨帙。《仪礼要义》后为顾千里借失，至经再写。综计前后所写书，逾三四百卷，盖士大夫之写书，未有多于居士者也。居士《夷坚志》写本，后归湘潭某氏者，余曾见之京师，略具宋本行款而已。而明季以来，世尤重影写本，其出钱遵王、毛子晋家者，特为精绝。顾皆成于写官，亦不能无误，盖书莫善于手钞，又莫精于景写。二者自古未尝得兼，今乃于吾友蒋君乐庵见之。乐庵富收藏，精赏鉴。其藏书之所，曰密韵楼者，余尝过而览焉，其美富远出严氏芳茉堂上，殆与汲古、述古抗衡矣。既又观其手影《魏鹤山大全集》一百十卷，则又张目哆唇，舌挢而不得下。盖海内藏书家如乐庵者，屈指计之，尚可得四五，至于手模宋本至百余卷之多，非独今所难能，抑亦古所未有也！且今之世，又不能与昔比，若华其黄，瞻乌靡止，世之号为才智者，皆颙颙焉为朝夕之计，苟可以博一昫之名高厚利者，虽祸其身，若其子孙，若天下后世，而无所顾藉。其谨愿者，则率为原伯之苟，赵孟之偷，其于身家之利害犹如此，况于身外之物、不急之务，其肯糜岁月、敝精神以为之也哉！乐庵写是书，率在倥扰鞅掌之中，然首尾百余万言，无一笔苟简，绵历二年，卒溃于成。夫以世之苟且而惨促也如彼，君之精勤而整暇也如此，设以悔庵居士处此，未识能为乐庵之所为否也。乐庵既属钱唐汪沤客绘《写书图》，又属余序其事。余以乐庵家乌程，于居士为后辈，又所写者皆魏氏之书，故尤乐比而论之，并以见乐庵之写书，别有其可记者存，非徒为藏书家增一故事也。己未闰七月。

东山杂记（选录）

《望江南》《菩萨蛮》风行之速

上虞罗氏藏敦煌所出唐写本《春秋后语》背记，有唐咸通间人所书《望江南》二阕、《菩萨蛮》词一阕，别字甚多，盖僧雏戏笔。此二阕，唐人最多为之。其风行实始于太和中间，不十年间，已传至边陲，可见风行之速矣。

《木兰辞》之时代

乐府《木兰辞》，人人能诵之，然罕知其为何时之作。以余考之，则唐太宗时作也。其诗云："策勋十二转，赏赐百千强。"按：隋以前，但有官品，未有勋级，唐始有之。《唐六典》："司勋郎中掌邦国官人之勋级，凡十有二等。十二转为上柱国，比正二品。"则此诗为唐（太宗）时所作无疑。又，诗中可汗与天子杂称，唐时惟太宗称天可汗，当是太宗时作。前人疑为六朝人诗，非是。

杜工部诗史

杜工部《忆昔》诗："忆昔开元全盛日，小邑犹藏万家室。稻米流脂粟米白，公私仓廪俱丰实。九州道路无豺虎，远行不劳吉日出。"此追怀开元末年事。《通典》载："开元十三年封泰山，米斗至十三文，青、齐谷斗至五文。自后天下无贵物，两京米斗不至二十文，面三十五文，绢一匹二百一十文。"正此时也。仅十余年，至天宝十四载十一月，工部自京赴奉先县，作《咏怀》诗，时渔阳反状未闻也，乃云"朱门酒肉臭，路有冻死骨"，又云："入门闻号咷，幼子饥已卒，所愧为人父，无食致夭折。生常免租税，名不隶征伐，抚迹犹酸辛，平人固骚屑。"盖此十年间，吐番云南，相继构兵，女谒贵戚，穷极奢侈，遂使安禄山得因之而起。君子读此诗，不待渔阳鼙鼓，而早知唐之必乱矣。

杜诗云："终须相就饮一斗，恰有三百青铜钱"，此至德初长安酒价也。"岂闻区绢直万钱"，此广德蜀中绢价也。"云帆转辽海，粳稻来东吴"，此天宝间渔阳海运事也。三者史所不载，而于工部诗中见之，此其所以为史诗欤？

吴梅村《清凉山赞佛诗》与董小宛无涉

吴梅村《清凉山赞佛诗》四首，咏孝献章皇后事，盖其时民间盛传世祖入五台山为僧之说。然梅村此诗第三首云："回首长安城，缁素惨不欢。房星竟未动，天降白玉棺。惜哉善财洞，未得夸迎銮。"是世祖虽有欲幸五台山之说，未果而崩也。而《读史有感》八首之一则云："弹罢警弦便薤歌，南巡翻似为湘娥。当时早命云中驾，谁哭苍梧泪点多。"其二云："重壁台前八骏蹄，歌残黄竹日轮西。君王纵有长生术，忍向瑶池不并栖。"又似真有入道之事。盖梅村时已南归，据所传闻者书之，故二诗前后异辞。即《读史有感》之第三、第八两首，亦云"九原相见尚低头"，又云"扶下君王到便房"，与前两首不合矣。

《清凉山赞佛诗》云："王母携双成，绿盖云中来。汉主坐法宫，一见光徘徊。"又云："可怜千里草，数落无颜色。"诗中明寓一董字。世祖《御制孝献皇后行状》亦称董皇后。近有妄人，谓后即冒辟疆姬人董小宛白，附会梅村《题董白小像》诗有"暮门深更阻侯门"之句；又以梅村集中此诗之次，为《题董君书扇》诗两首，又其次为《古意》六首，其末章云："掌上珊瑚怜不得，却教移作上阳花。”横相牵涉，遂以《御制行状》与辟疆《影梅庵忆语》合刻一帙。近缪艺风秘监《云自在庵笔记》中，亦载此行状，已微辨其误。按：董氏，实董鄂氏，又作栋鄂氏，为八旗著姓。世祖妃嫔中，出于董鄂氏者共四人，一即孝献皇后，内大臣郑硕之女。顺治十三年十二月己卯封皇贵妃，十七年八月壬寅薨，以皇太后旨，追封为皇后。梅村《清凉山赞佛诗》，实为后而作也。世祖贞妃，亦董鄂氏，轻车都尉巴度之女，即以世祖晏驾之日自杀。顺治十八年二月壬午谕曰：“皇考大行皇帝御宇时，妃董鄂氏赋性温良，恪共内职。当皇考上宾之日，感恩遇之素深，克尽哀痛，遂尔薨逝。芳烈难泯，典礼宜崇，特进封以昭淑，应追封为贞妃。钦此。”梅村《读史有感》八首及《古意》六首亦间为妃作。此外，妃嫔中尚有二董鄂氏，一封皇考宁谧妃，一封皇考端懿妃，皆见于纪载者。至世祖二后，则废后博而济锦氏，既降为静妃；后博尔济锦氏，即孝惠皇后，亦无宠。见于《御制孝献皇后行状》及屡次谕旨中。由此事实知不独董小宛之说荒谬不足辨，即梅村《读史》、《古意》诸诗，自可迎刃而解。其《读史》之三云：“昭阳中帐影婵娟，惭愧深思未敢前。催道汉皇天上好，从容恐杀李延年。”《古意》之四云：“玉颜憔悴几经秋，薄命无言只泪流。手把定情金合子，九原相见尚低头。”此两首则为孝献作。至《读史》之八云：“铜雀空施六尺床，玉鱼银海自茫茫。不如先拂西陵枕，扶下君王到便床。”《古意》之二云：“豆蔻梢头二月红，十三初入万年宫。可怜同望西陵哭，不在分香买履中。”此二首则为贞妃作。若《古意》之一云：“争传婺女嫁天孙，才过银河拭泪痕。但得大家千万岁，此生那得恨长门。”此首当指孝惠或静妃言之。又《读史》之七云：“上林花落在芳尊，不死铅华只死恩。金屋有人空老大，任他无事拭啼痕。”则又兼写数人事，此外各首当一一有所指，然与董小宛无涉，则可断也。

吴梅村《仿唐人本事诗》为孔四贞作

梅村《仿唐人本事诗》四首，其后三首，靳氏《集览》谓为孔有德女四贞作，是也。殊不知第一首亦然。其辞曰："聘就蛾眉未入宫，待年长罢主恩空。旌旗月落楸林冷，身在昭陵宿卫中。"按：顺治十三年六月癸卯谕礼部曰："奉圣母皇太后谕，定南武北王孔氏忠勋嫡裔，淑慎端庄，堪翊壶范，宜立为东宫皇妃。尔部即照例备办仪物，候旨行册封礼"云云。是四贞立为皇妃，已有谕旨，未及册封而世庙登遐，后遂适孙延龄，故有"待年长罢"之句。然则四首，实皆为四贞作也。

季沧苇辑《全唐诗》

钦定《全唐诗》，以明海盐胡震亨之《唐音统签》为蓝本，此人人所知也。余在京师，见泰兴季沧苇侍御振宜所辑《全唐诗》清稿，计一百六十册，中缺二册，蓝格写本，卷首有"晚翠堂嘉定钟光张氏图书"、"听秋馆扬州季南官珍藏"印。他卷又有"大江之北，御史季振宜章"、"扬州季沧苇氏珍藏"诸印。前有康熙十二年沧苇《自序》，称："集唐以来二百九十二年及五代五十余年之诗，得一千八百九十五人，得诗四万二千九百三十一首。经始于康熙三年，断手迄今十二年，正十年矣。"又云："常熟钱尚书，曾以《唐诗纪事》为根据，欲集成唐人一代之诗，事未毕。予乞其稿于尚书族孙遵王，残断过半，踵事收拾而成七百余卷"云云。其标题初曰《唐诗》，后改《全唐诗》。其诗所出之书，皆以朱文印印之（如《文苑英华》之类）。卷二百九十一《张文昌集》后，卷三百四十后均有沧苇手题。此书索值甚昂，后来归谁氏。案康熙间，《全唐诗》局开于知扬州，曹栋亭通政方为两淮盐政，实主其事。沧苇之书，近在咫尺，不容不入局中。且书成即用其名，则于胡书以外兼本季书可知。季序称其书原本出于钱东涧，涧与胡孝辕非不相知者，或闻胡氏《统签》已成，因而中止，而沧苇未见胡书，遂因而成之欤？惜胡书仅存戊、癸二签，不能一一比校，又当时书肆，索书甚急，并不及与钦定《全唐诗》一比校为憾事也。

历代官书，例多剽窃，如北齐《修文殿御览》，陈振孙疑其用梁徐僧权《编略》；宋《太平御览》，则又以《修文殿御览》、《艺文类聚》、《通典》、《文思博要》诸书为之。敦煌新出之《修文殿御览》残卷出，而更得一确证。钦定《续通考》之稿本，前年尚在厂肆，乃据明王圻《续通考》而增删之者。《全唐诗》亦然。郭元釪之《全金诗》，幸当时自行奏进，故仍题其名，否则修书之臣，又将攘为己作矣。

小说与说书

通俗小说称若干回者，实出于古之说书。所谓回者，盖说书时之一段落也。说书不知起于何时，其见于记载者，以北宋为始。高承《事物纪原》（九）云："仁宗时市人有能谈国事者，或采其说，加缘许作影人。"《东坡志林》（六）云："王彭尝云，涂巷中小儿薄劣，为其家所厌苦，辄与钱，令聚坐听说古话。至说三国事，闻刘玄德败，频眉蹙；闻曹操败，即喜唱快。"孟元老《东京梦华录》所载：崇宁大观以来，京瓦伎艺，则讲史有李慥、杨中立、张十一、徐明、赵世亨五人；小说有王颜喜、盖中宝、刘名广三人；又有"霍四究说三分，尹常卖五代史"。则北宋之末已有讲史、小说二种。说三分与卖五代史，亦讲史之类也。南渡后，总谓之说话。宋无名氏《都城纪胜》谓说话有四种：一小说，一说经，一说参请，一说史书。周密《武林旧事》、吴自牧《梦粱录》所记略同。《纪胜》与《梦粱录》并谓"小说，人能以一朝一代故事，顷刻间提破"。则小说同说史书亦无大别，然大抵敷衍烟粉灵怪，无关史事者。说经则说佛经，说参请则说宾主参禅道等事，而以小说与说史为最著。此种小说，传于今日者，有旧本《宣和遗事》二卷，钱曾《也是园书目》列之宋人词话中。钱目作四卷，误。后归黄荛圃，刻入《士礼居丛书》。荛圃以书中避宋光宗讳，定为宋本。然书中引宋末刘克庄诗，又纪二帝幽奎辱事，往往过甚，疑非宋人所为。若避宋讳，则元明人刊书，亦沿宋末旧习，不足以是定宋本也。又曹君直舍人藏元刊《五代平话》一书，中阙一二卷，体例亦与《宣和遗事》相似，前岁董授经京卿刊之鄂中，尚未竣工。吾国古小说之存者惟此二书而已。

宋刊《大唐三藏取经诗话》跋

顷于日本内藤博士处，见巾箱本《大唐三藏取经诗话》照片，版心高三寸，宽二寸许，每页十行，每行十五字，阙卷上第一页、卷中二、三两页。卷末书题后有"中瓦子张家印"一行。旧为高山寺藏书，今在东京三浦子爵所。内藤君言东京德富苏峰藏大字本题《大唐三藏取经记》云云，不知与小字本异同何如。案：中瓦子为南宋临安府街名。瓦子者，倡优、剧场所萃之地也。《梦粱录》（十九）云："杭之瓦舍，内外合计有十七处。如清泠桥熙春楼下谓之南瓦子，市南坊北三元楼前谓之中瓦子"云云；又（卷十五）（按，应为卷十三）：铺席门保佑坊前张官人诸史子文籍铺，其次即为中瓦子。前诸铺，则所为［张家］（按二字衍）张官（人）诸史子文籍铺，此书则不避宋讳，殆台犹当。此书题"中瓦子张家印"，恐即倡家说唱用本，犹为宋、元间所刊行者也。此书体例，亦与《五代平话》、《宣和遗事》略同，三卷之书，共分十五节（按，另文作十七节），亦后世小说分章回之祖。其称诗话者，则非宋士大夫间所谓诗话，以其中有诗有话，故得此名。其有词有话者，则谓之词话。《也是园书目》有宋人词话十六种，其目为《灯花婆婆》、《种瓜张老》、《紫罗盖头》、《女报怨》、《风吹轿儿》、《错斩崔宁》、《小亭儿》、《西湖三塔》、《冯玉梅团圆》、《简帖和尚》、《李焕生王陈南》、《小金钱》十二种，不著卷数。其它四种，则为《宣和遗事》四卷（实二卷），《烟粉小说》四卷，《奇闻类记》十卷，《湖海奇闻》二卷。词话二字，非遵王所能杜撰，意原本必题《灯花婆婆词话》、《种瓜张老词话》等，故遵王仍用之。若《宣和遗事》四种，亦当因其体例相似，故附于后耳。《侯鲭录》所载《商调蝶恋花》，于叙事中，间以《蝶恋花》词，乃宋人词话之尚存者。此本用诗不用词，故称诗话。皆《梦粱录》、《都城纪略》所谓说话之一种也。书中玄奘取经，均出猴行者之力，实为《西游记》小说所本。又考陶南村《辍耕录》所载院本名目，实为金人之作，中有《唐三藏》一本。《录鬼簿》所载元吴昌龄杂剧亦有《唐三藏西天取经》，其书至国初尚存。钱曾《也是园书目》有吴昌龄《西游记》四卷，曹寅《楝亭书目》有《西游记》六卷，无名氏《传奇汇考》亦有《北西游记》，云"全用北曲，元人作"，盖即昌龄所拟杂剧也。今金人院本、元人杂剧皆不传，而宋元间所刊话本，尚存于日本，且有大字、小字二种，古书之出，洵有不可思议者乎。

本书编者按：此文后又收入《观堂别集》卷三，题目中的"宋刊"改为"宋椠"，全文各段的文字各有多寡和异同。其中重要的新增和改变的文字有：

①"今在东京三浦子爵所"，改为"今在三浦将军许"。

②《梦粱录》卷十三（王国维原文都误作卷十五）介绍"张官人经史子文籍铺"后，原文：此书题"中瓦子张家印"，恐即倡家说唱用本，犹为宋元间所刊行者也。改为：此云"中瓦子张家印"，盖即《梦粱录》所谓"张官人经史子文籍铺"。南宋临安书肆，若太庙前尹家、太学前陆家、鞔鼓桥陈家所刊书籍，世多知之，中瓦子张家惟此一见而已。

③《宋椠〈大唐三藏取经诗话〉跋》末段为：

今金人院本、元人杂剧皆佚，而南宋人所撰话本尚存，岂非人间希有之秘笈乎！闻日本德富苏峰尚藏一大字本，题《大唐三藏取经记》，不知与小字本异同何如也。乙卯春。

通俗小说源出宋代

今之通俗小说，如《水浒传》、《三国演义》、《西游记》、《封神榜》诸书，大抵明人所润色，然其源皆出于宋代。《三国演义》与《西游记》，前条既言之矣。《水浒传》亦出《宣和遗事》。又《录鬼簿》所载元人杂剧，其咏水浒事者，多至十三本。其事与今书多不同，盖其祖本亦非一本。又元杂剧中《摘星楼比干剖腹》，乃演封神榜之事；《谢金吾诈拆清风府》及《昊天塔孟良盗骨殖》，乃演杨家将之事；他如《包待制三勘蝴蝶梦》、《包待制智斩鲁斋郎》、《包待制智勘后庭花》、《包待制智赚灰阑记)、《包待制智赚合同文字》、《糊突包待制》、《包待制判断烟花儿》，则《龙图公案》之祖也；《秦太师东窗事犯》，则《岳传》之祖也。《梦粱录》载南渡说史书者，或敷衍复华编中兴诸将传，则《岳传》在宋时已有小说。至戏曲小说同演一事者，孰后孰先，颇难臆断。至其文字结构，则以现存《五代平话》、《宣和遗事》、《大唐三藏取经诗话》观之，尚不及戏曲远甚，更无论后代小说。然则今之《水浒》、《西游》、《三国演义》等，实皆明人之作。宋、元间之祖本，决不能如是进步也。

周邦彦《诉衷情》一阕为李师师所作

曩撰《清真先生遗事》，颇辨《贵耳集》、《浩然斋雅谈》所载周清真与李师师事之误。然清真《片玉词》中有《诉衷情》一阕，曰："当时选舞万人长。玉带小排方。喧传京国声价，年少最无量。花阁迥，酒筵香，想难忘。而今何事，俛向人前，不认周郎。"按：玉带排方，乃宋时乘舆之服。亲王大臣赐玉带者，以方团别之，复加佩玉鱼金鱼。且有宋一代，人臣及外戚之赐玉带者，不过数十人。其便服玉带，虽上下通用，然不知倡优何以得服此，且用排方，与天子无别。颇疑此词为师师作矣。按：师师曾赐金带，见于当时公牍《三朝北盟会编》。靖康元年正月十五日圣旨："应有官无官诸色人，曾经赐金带，各据前项所赐条数，自陈纳官，如敢隐蔽，许人告犯，重行遣断。"后有尚书省指挥云："赵元奴、李师师、王仲端，曾经祗候、倡优之家，曾经赐金带者，并行陈纳。"《老学庵笔记》亦言："朱勔家奴数十人，皆服金带。"宋制亦三品以上方许服金带，乃倡优奴隶皆得此赐，则玉带排方或出内赐，亦未可知。僭滥至此，真五行传所谓服妖者矣。

赵子昂

　　文人事异姓者，易代之际往往而有，然后人责备最至者，莫如赵子昂。元僧某《题赵子昂书〈归去来辞〉》云："典午山河半已墟，褰裳胄逝望吾卢。翰林学士宋公子，好事多应醉里书。"虞堪胜伯题其《苕溪图》云："吴兴公子玉堂仙，写出苕溪似纲川。回首青山红树下，那无十亩种瓜田。"周良右题其画竹则云："中原日暮龙旗远，南国春深水殿寒。留得一枝烟雨里，又随人去报平安。"沈石田题其画马则云："隅目晶梵耳竹披，江南流落乘黄姿。千金千里无人识，笑看胡儿买去骑。"王渔洋题其画羊则云："南渡铜驼犹恋洛，西来玉马已朝周。牧羝落尽苏卿节，五字河梁万古愁。"诸家攻之不遗余力，而虞胜伯一绝，温厚深婉，尤为可诵。虽然，渊渊玉俭，彼何人哉，如赵王孙者，犹其为次也。

诏书征聘处士

　　诏书征聘处士，后汉多有之，唐宋以后颇不多见。惟宋太祖征种放一诏，见《宋史》放本传；元太祖征邱处机一诏，见《长春真人西游记》耳。顷阅明人文集，得二诏书：一杜敩《拙庵集》首，有初召敕符云："谕山西潞州壶关县儒士杜敩。昔云驭宇内者，无幸位，无遗贤，致时和而世泰。盖善备耳聪目明之道。所以士仁者乐从其游，辅之以德，间有非哲者处于民上，则幸位遗贤亦备矣。今朕才疏，远圣道之良宗，是致贤隐善匿，民未康，世未泰，今尔博学君子，齿有年矣，符到若精力有余，则策杖来朝，果可作为，加以显爵，与朕同游。故兹敕谕。"下二行中间用宝。一云寅字六十四号，一云洪武十三年五月二十九日。又附载召宋讷敕符曰："朕君天下，十有三年矣。盖野无遗贤，虽夙夜孜孜以求贤贤何弗至。今四辅官杜敩，抱忠为国，举应知宋讷，才堪任用，符到之日，有司礼送赴京，以称朕意焉。"又史鉴《西村集》首，有威化十六年八月征聘诏文，曰:"朕承丕绪,用人图治亦有年矣。永惟劳于求贤,然后成无为之治,乐于忘势,乃能致难进之英。闻尔处士沈周史鉴,沈酣经史,博洽古今,蕴经纬之远猷,抱君民之宏略,顾乃遁迹邱园,不求闻达。朕眷怀高谊,思访嘉谟。兹特遣使征尔赴用,际期同德,出宜汇征,以副朕翘企之意"云。则明代征聘,尚下诏书。其后鲁王监国九年,征贡生朱之瑜,亦尚用敕书,其书今载《舜水集》首。而《拙庵》、《西村》二集,世所罕见,故备录之。又按石田翁与史明、古涧,征《明史》本传不纪其事,今乃得之明古集中。石翁卒于正德四年,年八十四,则是时年五十一矣。

毛西河命册

十余年前,扬州骨董铺有毛西河先生命册,乃康熙戊寅年推算者,推命人为京口印天吉。先生时年七十六,生于明天启三年癸亥十月初五日戌时,其八字为癸亥、壬戌、壬戌、庚戌,后附其姬人命册,年三十三岁,为丙午正月十六日子时生,其八字为丙午、庚寅、丁酉、庚子,其人殆即曼殊也。推命者谓先生于八十八岁当卒,过是则当至九十四,先生首书其上曰:"时至即行,不须踌躇,但诸事未了,如何如何?"老年畏死,乃有甚于少壮者,殊可一哂。然先生竟以九十四岁卒,亦奇矣。

士人家蓄声伎

士人家蓄声伎,只应他人之招,其风盖始于杨铁崖。铁崖出游,以家乐自随,故时人作诗讥之曰:"如何一代杨夫子,变作江南散乐家。"明中叶后,尚有此风,如何元朗、屠长卿辈,皆有声伎,皆是也。沿及国初,此风尤盛。尤西堂《钧天乐自序》:"丁酉之秋,薄游太末,阻兵未得归。逆旅无聊,漫填词为传奇,率日一曲,阅月而竣,题曰《钧天乐》。家有梨园,归则授使演焉。适山阴姜侍御还朝,过吴门,函索予剧"云云。则此种家乐,实应外人之招。盖当时所谓名士者，其资生之道如此。此外如查伊璜等亦然。至李笠翁辈，乃更不足道矣。

《日知录》中泛论多有为而为

顾亭林先生《日知录》中泛论，亦多有为而为，如"自古以文辞欺人者莫如谢灵运"一节，为钱牧斋发也；"嵇绍不当仕晋"一则，为潘稼堂发也。

钱 牧 斋

冯巳苍《海虞妖乱志》，写明宁王大夫之诬张贪乱，几于燃犀烛牛渚，铸鼎像魑魅。实代之奇作也。书中于钱牧斋无一恕词，且不满于瞿忠宣。巳苍虽牧斋门人，然直道所见，亦不能为之讳也。顾此书，则牧斋乙未后之事，乃此固然，毫不足怪，其为众恶所归，又遭文字之禁，乃出于人心之公，非一朝之私见。尤可笑者，嘉、道间，陈云伯为常熟令，修柳夫人冢，牧斋冢在其侧，不过数十步，无过问者。时钱梅溪在云伯幕中，为集苏文忠公书五字，曰东涧老人墓，刻石立之，见者无不窃笑。又吴枚庵《国朝诗选》以明末诸人，别为二卷附录，其第一人为彭拒，字谦之，常山人。初疑无此姓名，及读其诗，皆牧斋作也。此虽缘当日有文字之禁，故出于此。然令牧斋身后，与羽素兰同科，亦谑而虐矣。

柳 如 是

顾云美苓自书所撰《河东君传》，前有《河东君初访半野堂小像》，作男子装束，亦云美所摹。墨迹藏唐风楼罗氏，世罕知其文者，故备录之。传云：

河东君者，柳氏也。名隐，更名是，字如是。为人短小，结束俏利,性机警,饶胆略,适云间孝廉为妾。孝廉能文章,工书法,教之作诗写字,婉媚绝伦。顾偏傥好奇,尤放诞,孝廉谢之去。游吴越间,词翰倾一时。嘉兴朱治涧为虞山钱宗伯称其才。宗伯心艳之,未见也。崇祯庚辰冬扁舟访宗伯。幅巾弓鞋,著男子服,口便给,神情洒落,有林下风。宗伯大喜,谓天下风流佳丽,独王修微、杨宛叔与君鼎足而三,何可使许霞城、茅止生专国士名姝之目。留连半野堂,文燕浃月。越舞吴歌,族举递奏。香奁玉台,更唱迭酬。既度岁,与为西湖之游。刻《东山酬唱集》,集中称河东君云。君至湖上,遂别去。过期不至,宗伯使客构之,乃出。定情之夕,在辛巳六月初七,君年二十有四矣。宗伯赋前七夕诗,要诸词人和之。为艺绛云楼于半野堂之后。房栊窈窕,绮疏青琐,旁龛古金石文字,宋刻书数万卷。列三代、秦、汉尊彝、环璧之属,晋、宋以来法书,官哥、定州、宣成之瓷,端溪、灵璧、大理之石,宣德之铜,果园厂之髹器,充牣其中。君于是乎俭梳靓妆,湘帘棐几,煮沈水,门旗枪,写青山,临妙墨,考异订讹,间以调谑,略如李易安在赵德甫家故事。然颇能制御宗伯,宗伯甚宠惮之。

乙酉五月之变,君劝宗伯死,宗伯谢不能。君奋身欲沈池水中,持之不得入。其奋身池上也,长洲明经沈明抡馆宗伯寓中见之,而劝宗伯死,则宗伯以语兵科给事中宝丰王之晋,之晋语余者也。是秋,宗伯北行,君留白下,宗伯寻谢病归。丁亥三月,捕宗伯亟,君契一囊,从刀头剑芒中,牧圉馈饟惟谨。事解,宗伯和苏子瞻御史台寄妻韵,赋诗美之。至云"从行赴难有贤妻",时封夫人陈氏尚无恙也。宗伯选列朝诗,君为勘定《闺秀》一集。庚寅冬,绛云楼不戒于火,延及半野堂,向之图书玩好略烬矣。宗伯失职,眷怀故旧,山川间阻,君则知子之来之,杂佩以赠之,知子之顺之,杂佩以问之。有鸡鸣之风焉。久之,不自得。生一女,既昏。癸卯秋,下发入道,宗伯赋诗云:"一蔮金刀绣佛前,裹将红泪洒诸天。三条裁制莲花服,数亩诛锄稷稗田。朝日瘦铅眉正妩,高楼点黛额犹鲜。横陈嚼蜡君能晓,已过三冬枯木禅。鹦武疏窗昼语长，又教双燕话雕梁。雨交沣浦何曾湿，风认巫山别有香。初著染衣身体涩，乍抛稠发顶门凉。萦烟飞絮三眠柳，飏尽春来未断肠。”明年五月二十四日宗伯薨，族孙钱曾等为君求金，要挟峰门，以六月二十八日自经死。宗伯子曰孙爰及婿赵管为君讼冤，邑大夫谋为君治丧葬。宗伯门人顾苓曰：“呜呼！今而后宗伯语王黄门之言，为信而有征也。”

宗伯讳谦益，字受之。学者称牧斋先生。晚年自号东涧遗老。甲辰七月七日书于真娘墓下。

后有顾苓及顾八分二印。罗叔言参事跋其后曰：“顾云美撰《柳靡传》并画象真迹，乙巳冬得之吴中。《传》载靡芜事实甚详，其劝虞山死国难，至奋身池水中以要之，凛凛有烈丈夫风，虞山竟不为感动，真所谓心死者也。吴人某所著《野语秘稿》述虞山被逮时，河东君先挈重贿入都赂当道，乃得生还，其权略尤不可及，可谓奇女子矣。《传》中记靡芜初归云间某孝廉为妾，殆先适陈卧子，为他记载所未及。其归虞山，在明亡前三年，时年二十四，至癸卯下发，年四十有六，逾年而值家难。云美此《传》，作于致命后数月，婉俪悱恻，绝似易安居士《金石录后序》，于靡芜表章甚力，而于虞山则多微词，可见公论所在，虽弟子不能讳师，深为虞山悲矣。此册传世二百余年，楮墨完好，殆靡芜之风流节概，彼苍亦不忍泯灭之耶？光绪丁未三月上虞罗振玉刖存父。”又云：“《传》载虞山言‘天下风流佳丽，独王修微、杨宛叔与君鼎足而三，何可使许霞城、茅止生专国士名姝之目’云云。考《列朝诗集》，王修微，名微，广陵人，号草衣道人，归华亭颍川君。颍川君有声谏垣，抗节罢免，修微有助焉。有《樾馆诗》数卷，又撰《名山记》数百卷，是修微才行亦靡芜之区也。颍川君即许霞城，名誉卿，东林党人，修微依之以老。杨宛叔，名宛，归茅止生而阴背之，后为盗所杀。虞山《挽茅止生》诗：‘白头寂寞父君在，泪湿芙蓉制诔词。’自注云：‘杨宛叔制《石民诔词》甚工。’又《文瑞楼书目》有杨宛《钟山献》六卷，是宛叔优于文而劣于行，有愧靡芜草衣多矣。茅止生名元仪，归安人，著书甚多，见

《明史·艺文志》。负经世大略，参孙高阳军事，客死辽东。并附记于册尾。卹存又记。"癸丑秋日，于唐风楼见此册并二跋，录之。

黄道周手书诗翰

上虞罗氏藏黄石斋先生手书诗翰六种，共近体诗二十首。
其一云：

> 熙朝真气古洪韵，十二圣人述作同。开辟自当元始运，正酬未藉圣人功。知将弓马安天下，谬采诗书慰日中。峄泗余风看不绝，明明浮磬与孤桐。

> 四百陈符陋太元，嘉园准在圣人前。斋心研几宁论月，曝背暄光不计年。入纬文梭通歧女，破董逸响上朱弦。清时顺眄成无据，裹革工夫事韦编。

> 平成何日得樵渔，塞道横流未廓如。晓警到天真欲漏，禹功着手只荷锄。稻粱尽处消凫雁，钟鼓频年送鸡鹤。不信缺祈同沐浴，备然引涕自修书。

> 梦持丹漆屡南行，洴澼依然滞管城。主圣岂资经史力，道荒聊倩古人耕。好锤玉失为瘢药，不比钟声自瓦鸣。莫诵权舆偷一叹，申辕个是鲁诸生。

> 　　　　偶对经书作，寄雪堂先生教。黄道周。

其二云：

> 精诚谁似尔，乾竭一身存。裹革虽吾志，还山却主恩。半弦开石虎，千万堕崖猿。君处能无恙，谈经且在门。

合体难分痛，剖肝非旧时。人当天不泰，家共友化离。栋压青松恨，崖倾朽石知。请看匣底剑，快于担头丝。

悟道惟顽石，离群合采真。不应惭不义，无患到无身。风气疏龙血，灯华结鬼燐。相将天等事，莫断藕丝春。

心许知无怨，途穷未倒行。晴阴随小鸟，毒痛共苍生。故事经开眼，后人别点睛。江河日月计，岂有不澄清。

　　　　江上别杨玑部太史先生。七月朔日。弟道周顿首。书于仪真舟中。

其三云：

敛著惭高乎，移薪惜热肠。冰蝇初割席，石燕乍摧床。我得舍生法，人贻入定方。弓刀动丝竹，合证古灵光。

忘鱼良足贵，丧狗欲依谁。有道平簪带，无家诉廞廞。天搜铛底饭，客寄剑头炊。醴酒传经日，行藏共此时。

癯遁能清啸，荣途见雅春。旧冠谁得度，扁带若为客。蹙国尽元免，良师恣亦松。警心非一事，早晚又秋风。

柳下昔何愧，苏门今始悬。微飔犹偃木，涓水动滔天。鹿命推车后，蟾魂破镜前。合推煅灶火，烧却祖生鞭。

　　　　江上八诗，怀玑翁道丈，时齿痛不可忍，又当换小舟入邗沟，草草见意而已。七月朔日。弟道周顿首。

其四云：

世道依稀在，名流风教会。岑牟天覆被，蒯蒉鬼提携。半塘鱼虾市，微通桃李蹊。明河敛滴雨，尽洒大江西。

岂不乐兹土，已怀礼树忧。凤衰无览下，麟怪得幽求。药里惭干禄，薪担惜反裘。到头多罪过，不在此离愁。

清昼无逃雨，遁荒岂素心。似逢开阔网，亦有失□禽。警鸟虚弦落，余鱼半壑寻。悠悠看楚水，兰芷到于今。

江湖未逼促，愧仰独吾生。主意宽青史，天心急太平。避秦迷去路，报国惜孤行。所愧莼鲈福，偏归老步兵。

　　　　江上急征，别玑部老先生，并谢初士、西珮、从之、达生诸兄正。凡并前列八首。七月朔日。弟道周顿首。

其五云：

浮云日出几时无，划却华峨天外图。身自檀弓开物始，人从细节想侏儒。屠龙已尽千金枝，弹雀未轻明月珠。垂老不资朋友力，山行聊得紫藤扶。

东南在处有柑鲈，禀信莲舟百丈齐。半榻命圆供梦鹿，一经未火足醢鸡。已翻秋水帘薜路，不借春风桃李蹊。向道匡卢松子好，避人幕府又江西。

　　　　小作奉呈足庵老先生尊鉴。漳浦黄道周。

其六云:

　　似尔人宜邱壑间,何当缒绝又扶攀。牛轭已失东西路,鸟翩未翻大小山。不信精诚轻水火,偏从楯钻觅安闲。射声诸骑休摇手,七获丈夫旧闭关。

　　七尺难停箭上弦,马头安得稳周旋。衔芦队里甘臣仆,破冢帆中识长年。闭户谁知龙正斗,幽人定与虎同眠。悬崖在处堪垂手,不独荒台北斗边。

　　　　砀山道中,遇诸悍子,身为探马,以先缇骑,偶作似士彦兄丈一粲。黄道周。

　　后有冯伯云跋曰:"余在闽中,所见石斋先生真迹甚夥,未有如是卷之绝妙者。所题年月出处,按之全集并合,又何疑耶?嘉禾后学冯登府记。"

　　按右二十首,惟《别杨玑部诗》前八首,及《砀山道中遇诸悍子》二首见集中,余皆失载。以《明史》及先生年谱考之,当为崇祯十三年就逮时所作。玑部即杨职方廷麟,集本作杨玑部。吴梅村诗亦云杨廷麟,字伯祥,别字玑部。此手迹作玑当不误,或用字异也。按:先生年谱:"崇祯十三年,江西巡抚解公学龙荐先生,而逮命遂下。先生闻报,即于五月二十三日辞幕就道,时缇骑尚在南昌。先生中夜出门,匍匐至水口,挥手以谢同人,及至南昌闻逮,诸子依依不去,欲同北上,先生毅然挥之。至砀山道中,遇警,身先缇骑得过,以七月末旬至京。"云云。此两册中《别杨玑部》十二诗,皆署七月朔日,其时正由江入邗沟,殆在就逮之时。自扬州至京二十余日,亦与旅程合也。集中《别杨玑部诗》十三首,五首与此异,《砀山道中遇警,身先缇骑得过寿张》十首,此仅书其二,皆此年作;至《浮云》、《日出》二律,当在贬江西按察使照磨之后;至《偶对经书》四律,则时代无可考矣。又据年谱,则先生虽贬江西,未尝之官,而巡抚解学龙乃以所部官荐之。及永戍广西，在途中半载，及江西境而即召还。而《明史》本传乃谓戍已经年。本传记召还奉对语，而《年谱》并不记入京，颇多抵牾，疑本传误也。

内府所藏王右军《游目帖》

内府所藏王右军《游目帖》，曾刻于《三希堂法帖》卷一，后以赐恭忠亲王。庚子之乱，为日本人安达万藏所得。今岁始于东京兰亭会见之。其纸极薄，谓六朝写经用纸，与唐人所用府纸、楮纸不同。其中唐人印记，有太宗贞观小玺、钟绍京书印二字印；宋印则有太宗福化小玺、高宗寓意小玺、绍兴半玺、内府珍藏半印、御书半印、河东薛氏印、绍彭道祖二印、唐氏妙迹半印、游远卿图书印、邕里半印，然则此帖为右军真迹与否，不敢知，要为贞观内府之藏，与十七帖中《游目帖》之祖本，则可信也。卷首有高宗纯皇帝手书"得之神功"四大字，后有魏秦马记二观款，及明郑柏录方正学跋，并徐朗白一赞一跋。《三希堂帖》仅刻方跋，而徐氏一赞一跋并未刻，然徐语较方跋尤能得此帖之要领，故亟录之。其赞曰："书法至晋，体备前规，专美大成，绝伦于义，畴能方驾，过钟迈芝，焕若神明，誉重当时。墨为世宝，并代词师，黎唐争购，博访无遗。兵火屡变，造物转移，民间剩迹，尽入宋帷。《阁帖》胪列，真伪纷披，元章刊误，始正临池。抚兹游目，别有神奇。非廓非填，枯毫脱皮，冷金古纸，松烟凤脂，行草兼挚，八法并施，龙跳虎跃，智果不欺。详考印识，薛氏长官，绍彭道祖，首尾参赞，贞观稿化，吉鉴在兹。一符半印，世远难窥，绍兴小玺，俨然四垂。宋末元初，流传阿谁？浦江陈氏，世守于斯。嗟余衰朽，何幸得窥。百计巧访，一朝得之，维彼定武，石上画锥，子固云水，性命是期。况乎真迹？出以天倪，翩翩神彩，古香盈眉，精妙既合，心乎俱夷。天下至宝，清閟首推，宝晋墨王，品定永持，神倾里鲊，气压送梨，匣逗袭灵，光怪陆离，卿云景胜，到处相随。崇祯壬午重九前，小清关主者朗白父徐守和识。"又跋云："此《游目帖》初入奁时，霾斑烂驳，掩采埋光，虽印识累累，眯目难辨。及命工装潢，洴澼浮垢，而贞观小玺，傲然在第三行都字上间，硃晕沈著，深入纸肤，隐隐不没，直唐弘文馆褚、解二学士校定真迹也。张彦远《书要录》载：唐文皇购求大王草书三千纸，□其笔迹言语相类，缀粘成卷，缘帖首有十七字，用为帖名，以贞观两字为小印印之。今此帖具有此印，则其为十七帖中之散佚，复何疑哉。夫以岁稽之，永和至唐贞观，历三百有余年，贞观至我明崇祯，又历千一百有余岁，然而古墨未脱，古纸未磨，行间叠痕犹在，则古人珍藏衣带，死生患难与之俱，虽由人证，顾莫为莫致，岂非天哉！癸未秋分，雨窗萧瑟，闭户展观，取《笔陈图》中七条之形垫，六种之体裁，合参分究，然后知善鉴者不写，非虚语也。呜呼！鉴岂易言哉。抚兹妙迹，有不可以言语形容者焉。其体正而出之以圆机，其气雄而化之以澹韵，郁龙蛇于毫末，托泉石于远游。接武钟、张，擅一时之绝调；睥睨郗、谢，开百代之师承。遂使咄咄唐慕，瞠乎其后；规规米仿，犟尔其前。则真机气焰，固足以摄伪魄哉。载贞观小玺，重为题此。岁癸未中秋后四日录出。朗翁。"崇朗白，名守和，不知何许人，收藏甚富，《三希堂法帖》所刻书，有朗翁题跋者不少。余见唐风楼罗氏所藏黄子久《江山清兴图》，浑成淡远，为元世之冠，亦系朗翁故物。然当时及后世，罕知其名者，殊可异矣。

取《游目帖》墨本，与唐拓《十七帖》刻本校，则刻本清劲有余，而中和之气，觉墨本为胜。盖当时解元辈，皆刻石巨手，兼通书法，不无以己意参入。沈子培方伯《题崔敬邕墓志》诗云"审人墨髓石入参"，不独北朝为然，则唐初亦犹是也。南唐《澄清堂帖》所刻，由重摹本上石，故稍失之瘦弱，而于笔意所得较多。若宋以后刻本，则去之远矣。

姜西溟所藏唐拓《十七帖》

姜西溟所藏唐拓《十七帖》，有吴莲洋先生题五绝句，雍容淹雅，为自来论书者所未有者。诗云："自信张芝雁陈齐，竭来野鹜与家鸡。续得过江书十纸，神明先伏庾征西。""裴业贞观入贡初，烟霏露洁状何如。外人千载犹珍重，不数严家饿隶书。""日给樱桃子一囊，山川游目乐徜徉。尚平心事谁能识，折简还留种树方。""角声洒扫已相猜，分郡行人又不材。自是将军多知足，金堂玉室待君开。""垦灵山前采紫芝，乐道沧海去无时。仙人游戏皆龙凤，多少儿孙饮墨池。"右军胸襟书法，为千古第一。此五诗能状其为人，其书亦冲雅有法度。此帖题识，共数十家，皆不俗恶。二百年前，士大夫文章墨翰，犹可想见。乾、嘉以后，学术虽盛，而翰墨不足观，况在今日？可以观世变矣。

日本小川简斋藏智永书真草《千字文》墨跋

日本小川简斋藏智永书真草《千字文》墨迹，盖当时所书八百本之一，行款与关中石本相同，其行笔全用右军家法，而往往有北朝写经遗意。盖南朝楷书真迹，今无一存，存者惟北朝写经本耳。一时风气如此，不分南北。若以稍带北派疑之，犹皮相之论也。

叶石林《避暑录话》多精语

叶石林《避暑录话》，中多精语，其论人才曰："唐自懿、僖以后，人才日削，至于五代，谓之空国无人可也。然吾观浮屠中乃有云门、临济、德山、赵州数十辈人，卓然超世，是可与扶持天下，配古名臣。然后知其散而横溃者，又有在此者也"云云。此论天下人材有定量，不出于此则出于彼，学问亦然。元、明二代，于学术盖无可言，至于诗文，亦不能出唐、宋范围，然书画大家，接武而起，国朝则学盛而艺衰，物莫能两大，亦自然之势也。古代事业，代各不同，而自后世观之，则其功力、价值往往相等。质力常住，不独物理为然，人心之用，盖亦有之。然能利用一世之心，使不耗于唐牝，则其成就，必有愈于前世者矣。

国朝学术

国朝三百年学术，启于黄、王、顾、江诸先生，而开乾、嘉以后专门之风气者，则以东原戴氏为首。东原享年不永，著述亦多未就者，然其精深博大，除汉北海郑氏外，殆未有其比。一时交游门第，亦能本其方法，光大其学，非如赵商、张逸辈但知墨守师说而已。戴氏礼学，虽无成书，然曲阜孔氏、歙县金氏、绩溪胡氏之学，皆出戴氏。其于小学亦然，书虽未就，而其转注假借之说，段氏据之以注《说文》，王、郝二氏训诂音韵之学，亦由此出。戴君《考工记图》，未为精确，歙县程氏以悬解之才，兼据实物以考古籍，其《磬折古义》、《考工创物小记》等书，精密远出戴氏其上，而《释虫小记》、《释草小记》、《九谷考》等，又于戴氏之外，自辟蹊径。程氏于东原虽称老友，然亦同东原之风而起者也。大抵国初诸老，根柢本深，规模亦大，而粗疏在所不免；乾、嘉诸儒，亦有根柢，有规模，而加之以专，行之以密，故所得独多；嘉、道以后，经则主今文，史则主辽、金、元，地理则攻西北，此数者亦学者所当有事，诸儒所攻，究不为无功，然于根柢规模，逊于前人远矣。戴氏之学，其段、王、孔、金一派，犹有继者；程氏一派，则竟绝焉。近惟吴氏大澂之学近之，然亦为官所累，不能尽其才，惟其小学，所得则又出程氏之上，亦时为之也。

兴化李审言《海上流人录》征事启

辛壬以后，天津、上海、青岛各地为士大夫流寓渊薮，兴化李审言详拟《海上流人录》，比见其征事一启，文章尔雅，录之如左。曰：

自古易姓之际，汹汹时时，久而不定，人士转徙，逃死无所。从凤之嬉，甘为邦族；秣马之歌，且恋邱墟。各有寄焉，理致非一。至于交州奔进，犹为南土之宾；辽海栖迟，不坠西山之节，抑又尚矣！若夫变起仓卒，命在飘忽，指武陵为仙源，履仇池如福地。息肩救颈，姑缓须臾，对宇连墙，相从太息。今之上海，其避世之渊薮乎！鄙意所趋，约分数类：其有金闺旧彦，草泽名儒，不赴征车，久脱朝籍。丹铅点勘，藉竹素为萱苏；金石摩沙，齐若光于崦景。伯山漆简，系肘如新；子云元经，覆瓿不恤。此其一也。亦有赐休投劾，哀郢终燕，微服轻装，近关获济，迹闶熏穴之求，智免据图之请。露车父子，恻怆横流；灵台主人，周旋洛市。又或邱壑独存，觞咏不废。泰山故守，尚事编韦；母氏家钱，日营雕造。朝夕校录，同执苦之诸生；知旧谈谐，助语林之故实。又其一也。复有幼清廉洁，探道渊元，日承长老之言，侧睹君子之论。子真岩石，隐动京师；少游款段，素高乡里。牛医马磨，自取给于佣书；禽息鸟视，迫偷生于晚岁。修龄名士之操，深拒胡奴；兴公白楼之前，能举先达。此又其一也。悬此三例，思成一书，迹彼诸贤，错如棋峙。或流冗吴会，但署侯光；或往来上党，竞传道士。东西之屋，须就访于司徒；南北之居，难遍寻于诸阮。悲夫！陈迹一移，空名遽尽，墨子不黔之突，难问比邻；宋罕犫对之墙，易迷驺卒。用是仿永嘉流人之名，录海上羁旅，略及辛、壬以还，不涉庚、己以上。谨施条目，准此缕书，异日流传，当厕乙部。不徒巷苞闬出，牵拂相招，越陌度阡，枉存至悉，取断目前，仅同耳学。其或良才不隐，改服匡时，引镜皆明，投袂而起，此自后来期会，未可预陈。须知此录，致四方廉聘之嗟，非九品论人之格也。

罗振玉《流沙坠简序》

予与罗叔言参事，考证流沙坠简，近始成书，罗君作序，其文乃类孔仲远《诸经正义序》及颜师古《汉书注序》，兹并录之。曰：

光绪戊申，予闻斯坦因博士访古于我西陲，得汉人简册，载归英伦。神物去国，恻焉疚怀。越二年，乡人有自欧归者，为言往在法都亲见沙畹博士方为考释，云且板行，则又为之色喜，企望成书有如望岁：及神州乱作，避地东土，患难余生，著书遣日，既刊定石室佚书，而两京遗文顾未寓目，爰遗书沙君求为写影。嗣得报书，谓已付手民，成有日矣。于是望之又逾年。沙君乃亟寄其手校之本以至，爰竟数夕之力，读之再周，作而叹曰：千余年来，古简策见于世，载于前籍者，凡三事焉：一曰晋之汲郡，二曰齐之襄阳，三曰宋之陕石。顾厘冢遗编，亡于今文之写定；楚邱竹简，毁于当时之炬火；天水所得，沦于金源。讨羌遗橄，仅存片羽，异世间出，渐灭随之。今则斯氏发幽潜于先，沙氏阐绝业于后，千年遗迹，顿还旧观，艺苑争传，率土咸诵。两君之功，或谓伟矣！顾以欧文撰述，东方人士不能尽窥，则犹有憾焉。因与同好王君静安分端考订，析为三类，写以邦文，校理之功，匝月而竟。乃知遗文所记，裨益至宏，如玉门之方位，烽燧之次第，西域二道之分歧，魏晋长史之治所；部尉曲侯，数有前后之殊，海头楼兰，地有东西之异；并可补职方之记载，订史氏之阙遗。若夫不觚证宣尼之叹，马夫订《墨子》之文。字体别构，拾洪丞相之遗；书迹代迁，证许祭酒之说。是亦名物艺事，考镜所资，如斯之类，偻指难罄。惟是此书之成，实赖诸贤之力，沙氏辟其蚕丛，王君通其艺术；僧雯达识，知《周官》之阙文，长睿精思，辨永初之年月。予以谫劣，滥于编摩，蠡测管窥，裨益盖鲜。尚冀博雅君子，为之绍述，补阙纠违，俾无遗憾。此固区区之望，亦两京博士及王君先后述作之初心也。

沈乙庵方伯《秋怀诗》

近时诗人如陈伯严辈，皆瓣香江西。然形貌虽具，而于诗人之旨，殊无所得。令人读之，索然共尽。顷读沈乙庵方伯《秋怀诗》三首，意境深邃而寥廓，虽使山谷、后山为之，亦不是过也。

其一曰：

秋叶脱且摇，秋虫吟复喑。秋宵无旦气，秋啸无还音。寸寸死月魄，分分析星心。天人目共眴，海客珠方沈。惇史执简稿，日车还汸深。寄声寂寞滨，乞我膏肓针。

其二曰：

> 贵已不如贱，鬼应殊胜人。搴蓬语庄叟，乘豹招灵均。荡荡
> 广莫风，悠悠野马尘。独行靡掔曳，长往无缁磷。鬼语诗必佳，
> 鬼道符乃神。道逢钟葵妹，窈窕千花春。绝倒吴道玄，貌彼抉目
> 嗔。

其三曰：

> 君为四灵诗，坚齿漱寒石。我转西江水，不能濡涸辙。道穷
> 诗亦尽，愿在世无绝。湛湛长江水，照我十年客。昔梦沧浪清，
> 今情天水碧。撒视人沈冥，忘怀阅朝夕。

于第一章，见忧时之深。第二章，虽作鬼语，乃类散仙。至第三章，
乃云"道穷诗亦尽，愿在世无绝"，又非孔孟、释迦一辈人不能道。
以山谷、后山目之，犹皮相也。

二牖轩随录(选录)

佛法入中国

佛法入中国,在汉明帝之前。明都穆《两听纪谈》:"秦时纱门室利序等至,始皇以为异,囚之。夜有金人,破户以出。"其言固不足信,然《汉书》"霍去病获休屠王祭天金人",鱼豢《魏略·西域传》"哀帝元寿元年,博士弟子秦景卢受大月氏使伊存口传浮屠经",《隋书·经籍志》"张骞使西域,盖闻有浮屠之教",皆其证也。又隋释法经《上文帝书》:"昔方朔睹昆明下灰令问西域取决。刘向校书天禄阁,已见佛经。"方知前汉之世,圣法久至。然方朔睹昆明灰事,六朝人始用之。又刘向《七略》亦无佛经,则此言亦未可轻信。至若许观《东斋记》引刘向《列仙传序》:"得仙者百四十六人,其七十四人,已见于佛经。"此非佛经取之《列仙传》,即佛家窜改《列仙传》耳。又《隋书·经籍志》言"佛书久已流布,遭秦湮没",其言不知何据。《论衡》记周昭王二十四年甲寅岁四月八日,并水溢,宫殿震,恒星不见,太史苏繇占西方圣人生。金仁山因之修入《通鉴前编》,其言颇怪诞。

至《法苑珠林》载:"秦穆公时扶风获一石佛,由余曰:'臣闻周穆王时,有化人来此土,云是佛神。'"《翻译名义集》:"周穆王时,文殊目连来化,穆王从之。"盖缘本《列子》化人之说。宋邢凯《坦斋通编》云:"列子述孔子曰'西方有圣人',佞佛者以为指释氏而言,妄矣。《国语》姜氏曰:'西方之书有之,曰:"怀与安,实疾大事。"'注云:谁将西归,西方圣人,皆谓周也。王通直指佛为西方圣人，其学可知矣。"按，此论最正。陈氏《毛诗稽古编》犹沿王通之说，非也。高氏《子略》曰："《列子》'西方之人，有圣者焉，不言而自信，不化而自行'，此及于佛，世尤疑之。夫天毒之国，纪由山海，竺乾之师，闻于柱史，此杨文公之文也。佛教已见于是，何待此时乎？"据高氏之说，亦以列子"西方之人"为指佛而言。辨之最明者，惟黄氏震，曰："《列子》词旨，所疑及于佛氏者，凡二章。一谓穆王时，西域有化人来归，于是说梦。非指佛也。一谓商太宰问圣人于孔子，孔子列举三王五帝非圣，而以圣归之西方之人，不化自行，荡荡无能名。盖亦寓言，如姑射华胥之类，亦非指佛。"此论可破群言之疑。大概中国言佛，在汉明帝前，事或有之，若泥《列子》以西方圣人释佛，则□矣。

解鸟兽语

世传公冶长解鸟语，古旧有是说。皇侃《论语义疏》曰："省一书名。《论释》云：公冶长从卫还鲁，行至二堺上，闻鸟相呼往清溪，食死人肉。须臾，见一老妪当道而哭，冶长问之。老妪曰：'儿前日出行，于今未反，当是已死亡，不知何在。'冶长曰：'向闻鸟相呼往清溪食肉，恐是妪儿也。'妪往看，即得其儿也，已死。妪即告村司。村司问妪何从得知之，妪曰：'见公冶长道如此。'村官曰：'冶长不杀人，何缘知之？'因录冶长付狱。主问冶长何以杀人，冶长曰：'解鸟语，不杀人。'主曰：'当试之，若必解鸟语，便相放也。若不解，当令偿死。'驻冶长在狱六十日。卒日有雀子缘狱栅上，相呼：'啧啧嗺嗺'，冶长含笑，史启主：'冶长笑雀语，是似解鸟语。'主教问冶长：'雀何所道而笑之。'冶长曰：'雀鸣啧啧嗺嗺，白莲水边，有车翻，覆黍粟，牡牛折角，收敛不尽，相呼往啄。'狱主未信，遣人往看，果如其言。又解猪及燕语屡验，于是得放。"唐沈佺期《燕语诗》："不如黄雀语，能免冶长灾。"白乐天《鸟鹊赠答诗序》云："余非冶长，不能通其意。"皆用此事。按：《周礼·秋官》，夷隶掌养牛马与鸟言，貉隶掌与兽言。注引介葛庐闻牛鸣为说。是古代本有解鸟兽言者。然鸟兽无言，解之者不过能通其意，及知其嗜欲耳。

皇侃所引《论释》一书，乃晋以后小说家言，本不足据。至田艺衡《留青日札》又谓公冶长知鸟语，鲁君不信，逮之狱。未几，雀复飞鸣，曰："齐人出师侵我疆。"如其言，往迹之，果然。方释之，赐爵为大夫。则更不知何据矣。

前记解鸟语事，复得数事，兹附记之。《魏志·管辂传》："辂至郭恩家，有飞鸠来在梁头，鸣甚悲。辂曰：'当有老公从东方来，携豚一头，酒一壶。主人虽喜，当有小故。'"此犹以古验知之。又言："辂至安德令刘长仁家，有鸣鹊来在阁屋上，其声甚急。辂曰：'鹊言东北有妇昨杀夫，牵引西家人夫离娄，候不过日在虞渊之际，告者至矣。'到时，果有东北同伍民来告，邻妇手杀其夫，诈言西家人与夫有嫌，来杀我婿。"则辂也解鸟语矣。又《纬略》引谢承《后汉书》云："魏尚，字文仲，高皇帝时为太史，晓鸟语。"又引《益州耆旧传》："杨宣为河内太守，行县，有群鹊鸣桑树上。宣谓吏曰：'前有覆车粟，此雀相随欲往食。'往数里，果有覆车粟。"此与皇辂所引公冶长事相类，然则知百鸟之音者，不独一秦仲矣。

至解六畜语者，古书亦间记之。《论衡》谓"广汉阳翁伟能听鸟兽之音，尝乘骞马之野，而田间有放马者，相去数里，鸣声相闻。翁伟谓其御曰：'彼放马目眇。'其御曰：'何以知之？'曰：'骂此辕中马曰骞马，骞马亦骂之曰眇马。'御者不信，往视马目，竟眇。"又《抱朴子》云："李南乘赤马行，道中逢人白马先鸣，而赤马应之。南谓从者曰，此马言汝今当见一黄马左目盲者，是我子也，可告之，快行相及。从者不信，行二里，果逢黄马而左目盲，南之马先鸣而盲者应之，其盲果白马子。"此数是固荒诞不足究，均足谈资谈助也。

冠者五六人，童子六七人

《论语》："冠者五六人，童子六七人。"以五六为三十人，六七为四十二人，合之得七十二人。此齐俳优石动筩戏语，见《太平广记》所引隋侯白《启颜录》。然皇侃《义疏》所载一说，已作是解，其言曰："冠者五六，五六三十人也。童子六七，六七四十二人也。四十二人就三十，合为七十二人也。孔门升堂七十二人也。"乃知优人诙谐，亦有所本。又按《太平御览·礼仪部》引《汉旧仪》曰："礼后稷于东南，常以八月祭，舞者七十二人，冠者五六三十人，童子六七四十二人，为民祈农报功。"则汉人已为此解，当为皇侃所引或说所自出。

古人酒令

酒令之由来旧矣。《韩诗外传》：齐侯置酒令曰，后者爵饮一经程。《后汉书》称贾逵作酒令。《南史·王规传》："湘东王绎与朝士宴集，属规为酒令。"杜工部诗："百罚深杯亦不辞"，殆亦谓酒令罚杯。《唐语林》：武宗诏扬州监军，取解酒令妓女十人进入。盖以解此为能事者。张鷟《朝野金载》："唐龙朔年以来，百姓饮酒作令曰：'子母相去离，连台拗倒。'子母者，盏与盘也；连台者，连盘拗盏倒。"《通鉴》注引曾慥《类说》云："'亚其虎膺'，谓手掌。'曲其松根'，谓指节也。'以蹲鸱间虎膺之下'，蹲鸱，大指也。'以钩戟差玉柱之旁'，钩戟，头指；玉柱，中指也。'潜虬阔玉柱三分'，潜虬，无名指也。'奇兵阔潜虬一寸'，奇兵，小指也。'死其三落'，谓鼙其腕也。'生其五峰'，通谓五指也。谓之招手令。"白乐天诗："鞍马呼教往，骰盘喝遣输。长驱波卷白，连掷采成卢。"注云："（骰盘）卷白波、莫走鞍马，皆当时酒令。"皇甫松《醉乡日月》首载《骰子令》，次改《鞍马令》，又有《旗幡令》、《闪𪮊令》、《抛打令》，今人不复晓其法矣。手打令，谓之拇阵。李肇云：麟德中邓宏庆抚平索看精四字令，至李稍而大备。李商隐杂纂唐人酒令，其杀风景一条，有十三字。宝子野载粘头续尾酒令，即今之绩麻令也。赵与时《宾退录》载司举隐君子之酒令，又云近李宝之如圭作汉法酒令，庆历锦江赵景作《饮戏助欢》三卷，元丰中窦諲撰《酒令》，知黔南县黄铸亦作《玉籤诗》，李建中作《捉卧瓮人格》。又言有击鼓射字之技。盖唐以来，酒令多矣。

《五代史补》载："田頵围钱塘，尝遣使候钱镠起居，镠与小饮。时罗隐、皮日休在座，意以頵之师无能为也，且欲讥之。日休为令，取一字被围而不失其本音。因自其字上加草为其菜，下加石为碁子，左加玉为琪，右加月为期会。罗隐取于字，上加雨为舞雩，下加皿为盘盂，左加玉为玗玉，右加邑为邘地。使者取亡字，讥钱镠必亡，亡上加草为芒，下加心为忘，右加邑为邙，左加心为忙。其令必不通，合坐皆嘻笑之，使者大惭而去。"此以酒令相讥刺，亦未足云折冲樽俎也。若《通鉴》载后汉隐帝乾祐三年，"王章制酒会诸朝贵，酒酣，为手势令，史宏肇不娴其事，客省史阎晋卿坐次宏肇，屡教之。苏逢吉戏之曰：'旁有姓阎人，何忧罚酒。'宏肇妻阎氏，本酒家倡也。意逢吉讥之，大怒。"事与《魏志》注所引吴质酒酣，因曹真性肥，使优说肥瘦，致其怒者略同。去兕觥之罚，童羖之罚，皆以正威容；纠失言，流为酒令之罚，则转以助酣耳。若苏逢吉之几成酒祸，是所谓以饮食而系狱者，不可不戒欤。

前记古人酒令，顷阅宋赵与时《宾退录》，尚有数则，择其可喜者录之。云："古灵陈述古尝作酒令，每用纸帖子，其一书司举，其二书秘阁，其三书隐君子，其余书士。令在座默探之，得司举，则司贡举；得秘阁，则助司举搜寻隐君子进于朝，搜不得，则司举并秘阁自受罚酒。后复增置新格，聘使、馆主各一员。若搜出隐君子，则此二人伴饮。二人直候隐君子出，即时自陈，不待寻问。隐君子未出之前，即不得先言。违此二条，各倍罚酒。"又云："秘阁虽同搜访隐君子，或司举不用其言，亦不得争权；或偶失之，即不得以司举不用其言而辞同罚也。司举、秘阁既探得隐君子，即各明言之，如违，先罚一觞。司举、秘阁，止得三搜，客满三十人，则五搜。余人探得帖子各默然；若妄宣言，罚巨觞，别行令。"

"《古灵集》载潘家山同章衡饮次行令，探得隐君子，为章衡搜出，赋诗云：'吾闻隐君子，大隐廛市间。道义充诸中，测度非在颜。尧舜仁且智，知人亦恐艰。勉哉二秘阁，贤行如高山。'近岁卢陵李宝之如圭，作《汉法酒》云：'汉法酒立官十，曰丞相，曰御史大夫，曰列卿，曰京兆尹，曰丞相司直，曰司隶校尉，曰侍中，曰中书令，曰酒泉太守，曰协律都尉。拜司隶校尉者，持节，职主劾。劾及中书令、酒泉太守者，令太守以佞幸、淫湎即得罪。劾及侍中，则司隶去节。劾及京兆尹，则上爱其才，事留中不下。皆别举劾。劾丞相、司直，则司直亦劾之。劾列卿，则列卿自讼，廷辨之，罪其不直者。其劾丞相、御史大夫者，亦听，须先谒而后劾。丞相、御史亦得罪。丞相得罪，则中书令、酒泉太守皆望风自劾。御史得罪，则惟酒泉太守自劾。司隶以不畏强御，后若有罪，以赎论。若泛劾而及丞相、御史大夫者，罪司隶。劾及京兆尹者，事虽留中，酒泉太守亦自劾。劾及中书令者，侍中自劾。诸被劾、自劾得罪者，皆降平原督邮，协律都尉歌以饯之。劾及协律者，下之蚕室，弦歌诗为新声以求幸。'又书其后曰：'右酒令也，戏用汉制为之。集者止九人，则缺京兆尹；八人，则缺侍中；七人，则缺御史大夫行丞相事；六人，则缺司直。当饮者皆即饮之，或未举饮者，亦可计集者之数，以为除官之数。每当饮者，予一算，除官既周，视其算为饮。齐三算者，即饮之。二算者，为与其算等者决之。一算，则留以须后律。令所不及载者，比附从事云。'""又有李建中撰《捉卧瓮人格》，以毕卓、嵇康、刘伶、阮孚、山简、阮籍、仪狄、颜回、屈原、陶潜、孔融、陶侃、张翰、李白、白居易为目，盖与陈、李之格，大同小异，特各更其名耳。"此种酒令，宋人盛行，然后世无仿为之者。

咒　禁

《唐六典》：太医署为"咒禁博士一人，从九品下。"注云："隋太医有咒禁博士二人，皇朝因之，又置咒禁师、咒禁工以佐之，教咒禁生也。"其职则"掌教咒禁生，以咒禁祓除邪魅之为厉者。"注云："有道禁，出于山居方术之士；有咒禁，出于释氏。以五法神之：一曰存思，二曰禹步，三曰营目，四曰掌决，五曰手印，皆先禁食荤血，斋戒于坛场以受焉。"按咒禁，即《周礼》郑注所云"祝由科类也"，古所本有。后则用方士及释家之法，近世以其同于师巫邪术，遂为厉禁。《北史·隐逸·张文诩传》："常有腰疾，会医者自言善禁，文诩令禁之，遂为刀所伤，至于顿伏床枕。医者叩头请罪。文诩遽遣之。"是当时亦不必效尤。元世祖至元二十八年，建白塔以居咒禁。仁宗延祐元年罢咒师。元之咒师乃西番僧，亦即唐释氏之咒禁矣。

古今最大著述

余尝数古今最大著述，不过五六种。汉则司马迁之《史记》、许慎之《说文解字》，六朝则郦道元之《水经注》，唐则杜佑之《通典》，宋则沈括之《梦溪笔谈》，皆一空倚傍，自创新体。后人著书，不过赓续之，摹拟之，注释之，改正之而已。然《史记》诸书，皆蒐辑旧闻为之，犹不过组织考核之功。惟《笔谈》皆自道其所得，其中虽杂以琐闻谐谑，与寻常杂家相等，然其精到之处，乃万劫不可磨灭，后人每无能继之者，可谓豪杰之士矣。

墨子说鬼

古书之说鬼者，莫详于《墨子》。《明鬼篇》曰："今执无鬼者言曰：'夫天下之为闻见鬼神之物者，不可胜计也。亦孰为闻见鬼神有无之物哉？'子墨子言曰：'若以众之所同见，与众之所同闻，则若昔者杜伯是也。周宣王杀其臣杜伯而不辜，杜伯曰：'吾君杀我而不辜，若以死者为无知，则止矣。若死而有知，不出三年，必使吾君知之。'其三年，周宣王合诸侯而田于圃田，车数百乘，从数千，人满野。日中，杜伯白马素车，朱衣冠，执朱弓，挟朱矢，追周宣王，射之车上，中心折脊，殪车中，伏弢而死。当是之时，周人从者莫不见，远者莫不闻，著在周之《春秋》。为君者以教其臣，为父者以警其子，曰戒之慎之，凡杀不辜者，其得不祥，鬼神之诛，若此之憯遫也。'以若书之说观之，鬼神之有，岂可疑哉。非惟若书之说为然也，昔者郑穆公当昼日中处乎庙，有神入门而左，鸟身，素服三绝，面状正方。郑穆公见之，乃恐惧，奔。神曰：'无奔。帝享女明德，使余赐汝寿十年有九，使若国家蕃昌，子孙茂，毋失。'郑穆公再拜稽首，曰：'敢问神名。'曰：'予为句芒。'若以郑穆公所见为仪，则鬼神之有，岂可疑哉。"

"昔者燕简公杀其臣庄子仪而不辜，庄子仪曰：'吾君王杀我而不辜，死人无知亦已，死人有知，不出三年，必使吾君知之。'期年，燕将驰祖。燕之有祖，当齐之社稷，宋之有桑林，楚之有云梦也，此男女之所属而观也。日中，燕简公方将驰于祖途，庄子仪荷朱杖而击之，殪之车上。当是时，燕人从者莫不见，远者莫不闻，著在燕之《春秋》。""以若书之说观之，则鬼神之有，岂可疑哉。非惟若书之说为然也，昔者宋文公鲍之时，有臣曰祏观辜，固从事于厉。祩子杖揖，出与言曰：'观辜，是何圭璧之不满度量，酒醴粢盛之不洁净也，牺牲之不全肥，春秋冬夏选失时，岂汝为之欤？抑鲍为之欤？'观辜曰：'鲍幼弱，在荷襁之中，鲍何与识焉？官臣观辜特为之。'祩子举揖而藁之，殪之坛上。当是时，宋人从者莫不见，远者莫不闻，著在宋之《春秋》。诸侯传而语之曰：'诸不敬慎祭祀者，鬼神之诛，至若此其憯遬也。'以若书之说观之，鬼神之有，岂可疑者。非惟若书之说为然也，昔者齐庄君之臣，有所谓王里国、中里徼者。此二子，讼三年而狱不断。齐君由谦杀之，恐不辜，犹谦释之，恐失有罪。乃使二人拱一羊，盟齐之盟社。于是泏洫，㧻羊而漉其血，读王里国之辞则已终矣，读中里徼之辞未半也，羊起而触之，折其脚，祧神之而藁之，殪之盟所。当是时，齐人从者莫不见，远者莫不闻，著在齐之《春秋》。诸侯传而语之曰：'诸盟矢不以其请者，鬼神之诛，至若此其憯遬。'以若书之说观之，则鬼神之有，岂可疑哉。"以上凡五引古书，文辞古茂，能尽其状，后世《搜神记》等仿之，蔑矣。

《史记》记六国事多取诸国国史

《史记》一书，虽以《左传》、《国策》诸书为本，然其记六国事，亦多取于诸国国史。所谓金匮石室之书，自刘向校书，盖已不及见矣。《赵世家》一篇，多记神怪梦幻事，行文奇纵，当本于赵之国史，非后世小说所能仿佛也。兹列举之。（一）"赵夙为将伐霍。霍公奔齐。晋大旱，卜之，曰：'霍太山为祟。'使赵夙召霍君于齐，复之，以奉霍太山之祀。"（二）"赵盾在时，梦见叔带持要而哭，甚悲；已而笑，拊手且歌。盾卜之，兆绝而复好。史援占之曰：'此梦甚恶，非君之身，乃君之子，然亦君之咎也。'"（三）"赵简子疾，五日不知人，大夫皆惧。""居二日半，简子寤。语大夫曰：'我之帝所甚乐，与百神游于钧天，广乐九奏万舞，不类三代之乐，其声动人心。有一熊，欲来援我，帝命我射之，中熊，熊死。又有一罴来，我又射，中罴，罴死。帝甚喜，赐我二笥，皆有副。吾见儿在帝侧，帝属我一翟犬，曰：'及而子之壮也以赐之。'帝告我，晋国且世衰，七世而亡，嬴姓将大败周人于范魁之西，而亦不能有也。今余思虞舜之勋，适余将以其胄女孟姚配而七世之孙。'董安于受言而书藏之。"（四）知伯攻赵。"赵襄子惧，奔保晋阳。原过从，后，至于王泽，见三人，自带以上可见，自带以下不可见。与原过竹二节，莫通。曰：'为我以是遗赵毋恤。'原过既至，以告襄子。襄子斋三日，亲自剖竹，有朱书曰：'赵毋恤，余霍泰山阳侯天使也。三月丙戌，余将使汝反灭知氏，女亦立我百邑，余将赐汝林胡之地。至于后世，且有伉王，赤黑，龙面而鸟噣鬓麋髭鬷，大膺大胸，修下而冯，左衽界乘，奄有河宗，至于休溷诸貉，南伐晋别，北灭黑姑。'襄子再拜受三神之令。"（五）武灵王十六年，"王游大陵。他日，王梦见处女鼓琴而歌诗曰：'美人荧荧兮，颜若苕之荣，命乎命乎，曾无我嬴！'异日，王饮酒乐，数言所梦，想见其状。吴广闻之，因夫人而纳其女娃嬴，孟姚也。孟姚甚有宠于王，是为惠后"。（六）孝成王四年，"王梦衣偏裻之衣，乘飞龙上天，不至而坠，见金玉之积如山。明日，王召筮史敢占之，曰：'梦衣偏裻之衣者，残也。乘飞龙上天不至而坠者，有气而无实也。见金玉之积如山者，忧也。'后三日而上党守冯亭使至，遂肇长平之祸"。此六事迷离惝恍，史公记他国事，皆不及此等事，疑皆仍列国旧史也。

诸史《五行志》所载童谣

诸史《五行志》所载童谣，有极可诵者，兹具录之。

汉成帝时童谣曰："燕燕尾涎涎，张公子，时相见。木门仓琅根，燕飞来。啄皇孙，皇孙死，燕啄矢。"其后帝为微行出游，常与富平侯张放俱称富平侯家人，过河阳主作乐，见舞者赵飞燕而幸之，故曰："燕燕尾涎涎"，美好貌也。张公子谓富平侯也。"木门仓琅根"，谓宫门铜锾，言将尊贵也。后遂立为皇后。弟昭仪贼害后宫皇子，卒皆伏辜，谓"燕飞来，啄皇孙，皇孙死，燕啄矢"者也。

成帝时歌谣又曰："邪径败良田，谗口乱善人。桂树华不实，黄爵巢其颠。故为人所羡，今为人所怜。"桂，赤色，汉家象。华不实，无继嗣也。王莽自谓黄象，黄爵巢其颠也。

以上《汉书·五行志》。

更始时，南阳有童谣曰："谐不谐，在赤眉。得不得，在河北。"后更始遂为赤眉所杀，世祖自河北兴。

世祖建武六年，蜀童谣曰："黄牛白腹，五铢当复。"是时公孙述僭号于蜀，称白帝。时人窃言王莽称黄，述欲继之，故称白。五铢，汉家货，明当复也。述遂诛灭。

王莽末，天水童谣曰："出吴门，望缇群。见一蹇人，言欲上天；令天可上，地上安得民！"时隗嚣初起兵于天水，后意稍广，欲为天子，遂破灭。嚣少病蹇。吴门，冀郭门名也。缇群，山名也。

顺帝之末，京都童谣曰："直如弦，死道旁。曲如钩，反封侯。"后大将军梁冀，杀太尉李固而封胡广、赵戒、袁汤三人为乡亭侯。

桓帝之初，天下童谣曰："小麦青青大麦枯，谁当获者妇与姑。丈夫何在西击胡，吏买马，君具车，请为诸君鼓咙胡。"

桓帝之初，京都童谣曰："城上乌，尾毕逋。公为吏，子为徒。一徒死，百乘车。车班班，入河间。河间姹女工数钱，以钱为室金为堂。石上慊慊舂黄粱。梁下有悬鼓，我欲击之丞卿怒。"车班班，入河间者,言上将崩,乘舆班班入河间迎灵帝也。河间姹女工数钱者,灵帝既立,其母永乐太后好聚金也。

桓帝之初,京都童谣曰:"游平卖印自有平,不辟豪贤及大姓。"按:延熹末,窦皇后父武,字游平,拜城门校尉。及后摄政,为大将军,与太傅陈蕃合心戮力。惟德是近,豪贤大姓,皆绝望矣。

桓帝末,京都童谣曰:"茅田一顷中有井,四方纤纤不可整,嚼复嚼,今年尚可后年硗。"

桓帝末,京都童谣曰:"白盖小车何延延,河间来合谐,河间来合谐!"后帝崩,灵帝以河间之曾孙嗣位。

灵帝末,京都童谣曰:"侯非侯,王非王,千乘万骑上北芒。"按到中平六年,史侯初登至尊,献帝未有爵号,为中常侍段珪等数十人所执,到河上,乃得还。此为非侯非王上北芒者也。

灵帝中平中,京都歌曰:"承乐世董逃,游四郭董逃,蒙天恩董逃,带金紫董逃,行谢恩董逃,整车骑董逃,乘欲发董逃,与中辞董逃,出西门董逃,瞻宫殿董逃,望京城董逃,日夜绝董逃,心摧伤董逃。"案:董,谓董卓也。

献帝践祚之初,京师童谣曰:"千里草,何青青。十日卜,不得生。"案:千里草为董,十日卜为卓。

以上《续汉书·五行志》。

献帝初,童谣曰:"燕南垂,赵北际,中央不合大如砺,惟有此中可避世。"公孙瓒以为易地当之,遂徙都焉。(《后汉书·公孙瓒传》)

魏明帝太和中,京师歌《兜铃曹子》,其唱曰:"其奈汝曹何",此诗妖也。其后曹爽见诛,曹氏遂废。

景帝初,童谣曰:"阿公阿公驾马车,不意阿公东渡河,阿公还来当奈何。"及司马懿自辽东归,至白屋,当还镇长安。会帝疾笃,急召之,乃乘追锋车东渡河,终如童谣之言。

齐王嘉平中有谣曰:"白马素羁西南驰,其谁乘者朱虎骑。"朱虎者,楚王彪小字也。王凌、令狐愚闻此谣,谋立彪。事发,凌等伏诛,彪赐死。

吴孙亮初,童谣曰:"吁汝恪,何若若。芦苇单衣篾钩络,于何相求常子阁。"常子阁者，反语石子冈也。钩络，钩带也。及诸葛恪死，果以苇席裹身，篾束其腰，投之石子冈。后听恪故吏收敛，求之此冈云。

孙亮初，公安有白鼍鸣。童谣曰："白鼍鸣，龟背平。南郡城中可长生，守死不去义无成。"明年诸葛恪败，弟融镇公安，亦见袭，融刮印龟服之而死。

钱竹汀论《诗》句中有韵

钱竹汀先生《养新录》云："《诗三白篇》，往往句中有韵，韵不必在句尾也。《周南》'于嗟麟兮'，句似无韵，实与章首'麟之趾'相应，以两'麟'字为韵也。《召南》'于嗟乎驺虞'，'乎'与'虞'韵。《秦风》'吁嗟乎不承权舆'，'乎'与'舆'韵。《鄘风》'期我乎桑中，要我乎上宫'，'中'与'宫'韵，'桑'与'上'亦韵也。《邶风》'有泧济盈，有鷕雉鸣'，'盈'与'鸣'韵，'泧'与'鷕'亦韵也。《唐风》'角枕粲兮，锦衾烂兮'，'粲'与'烂'韵，'枕'与'衾'亦韵也（余按：'角''锦'又双声字）。《大雅》'文王曰咨，咨女殷商'二句似无韵，而'文'与'殷'，'王'与'商'皆韵，'咨''咨'亦韵。韵不必在句尾也。《魏风》'父曰嗟，予子行役。母曰嗟，予季行役。兄曰嗟，予弟行役'，'子'与'已'正韵，'季'与'寐'弃韵，'弟'与'偕'死韵。此韵不在句尾之证也。"王文简《经义述闻》中复推广其说，引《诗》及诸经共百余条以证之，而谓古人"属辞之工、比音之密如此，譬之风行水上，自然成文，而非可以人力与焉者也"。愚谓古诗皆被之咏歌，凡用一声，后必使此声数起，然后谐于耳而顺于心，所谓声成文谓之音也。《诗》之用韵，及古诗之每章同一句，法皆出于此。

双声叠韵

钱氏又谓："双声亦可为韵。《小雅》'决拾既佽，弓矢既调，射夫既同，助我举柴'，'攸''柴'固韵，'调''同'双声亦韵。"予谓《卫风·君子偕老》第二章，全用双声为韵。翟、髢、瑱、揥、天、帝六字，皆舌音端透定三母中字，所谓旁双声是也。惟晳字稍异，疑当读为好人提提之提。《礼·檀弓》"吉事欲其折折尔"，折亦读若提也。以双声为韵，无如此诗之著者。钱氏又谓古人声韵之密，引《史记·滑稽传》云"瓯窭满沟"、"污邪满车"、"五谷蕃熟""穰穰满家"四句。不独车与家韵也，瓯窭与沟韵，污邪与车韵，谷与熟韵，蕃与满韵，穰穰重文亦韵，五与车家亦韵。盖无一字虚设矣。《左传》"谗鼎之铭曰'昧旦丕显，后世犹怠'"，昧与丕，旦与显，后与犹，世与怠皆韵也。

《南史·羊〔元〕（玄）保传》：羊戎好为双声。"江夏王义恭尝设斋，使戎布床，须臾王出，以床狭，乃自开床。戎曰：'官家恨狭，更广八分。'（古韵分读如奔）""文帝好与〔元〕（玄）保（戎之父）奕，尝中使至。〔元〕（玄）保曰：'今日上何召我耶？'戎曰：'金沟清泚，钢池（古读池如沱）摇飏，既佳光景，当得剧棋。'"《北史·魏收传》："博陵崔岩以双声嘲收曰：'愚魏衰收。'① 魏答曰：'颜岩腥瘦，是谁所生，羊颐狗颊，头团鼻平，饭房笒笼，著孔嘲玎。'"（案：此四字当作"著札遭钉"，于音义乃合）② 《洛阳伽蓝记》："陇西李元谦能双声语，尝经郭文远宅，问曰：'是谁宅第？'（古读宅如度，故与第为双声）婢春风曰：'郭冠军家。'元谦曰：'此婢双声。'春风曰：'狞奴慢骂。'"然则六朝人多知双声，虽妇女亦解之。唐人作诗，犹多以双声相对。宋元以后，用此者寡矣。

双声诗

古人有双声诗，始于齐王融，使口吃者读之，可发一笑也。有通首用一声者，如融诗："圆蘅眩红花，湖荷烨黄华。回鹤横淮翰，远越合云霞。"东坡《戏和正甫一字韵》诗云："故居剑阁隔锦官，柑

---

① 《北史》原句为"遇魏收衰曰愚魏"。
② 钱大昕《考异》尚有："或云'著'当作'看'。"

果姜蕨交荆营。奇孤甘挂汲古绠，侥觊敢揭钩金竿。已归耕稼供蒿
秸，公贵干蛊高巾冠。改更句格各蹇吃，姑固狡狯加闲关。"又《西
山戏题武昌王处士》诗云："江干高居坚关扃，犍耕躬稼角挂经。蒿
竿系舸菰菼隔，箛鼓过军鸡狗惊。解襟顾景如箕踞，系剑赓歌几举
觥。荆筓供脍愧搅聒，乾锅更戛甘瓜羹。"又《江行见月四言》诗
云："吟哦傲岸，仰晤岩月。遇嶷迎崖，银顽玉齕。龟鱼唅喁，雁鹅
嵲屼。卧玩我语，聱牙岌业"是也。

有五律中四句，二句一声起结，每句一声者，如温飞卿《李先
生别墅望僧舍宝刹作双声诗》云："栖息消心相，檐楹溢艳阳。帘栊
兰露落，邻里柳林凉。高阁过空谷，孤竿隔古冈。潭庭同淡阳，仿佛
复芬芳。"有一句一声者，如姚武功《洞庭葡萄架诗》："萄藤洞庭
头，引叶漾盈摇。皎洁钩高挂，玲珑影落寮。阴烟压幽屋，濛密梦冥
苗。清秋青且翠，冬到冻都凋。"东坡《戏作切语竹诗》云："隐约
安幽奥，萧稍雪薂西。交加工结构，茂密渺冥迷。引叶油云远，攒丛
聚族齐。奔鞭进壁背，脱籀吐天梯。烟篆散孙息，高竿拱桶枢。漏兰
零露落，庭度独蜗啼。扫洗修纤息，窥看诘曲溪。玲珑绿醽醴，邂逅
盍闲携。"是也。有一句用二声者，如皮日休《双声溪上思》云：
"疏衫俄通滩，冷鹭立乱浪（此句用一声）。草彩欲夷犹，云谷空淡荡"
是也。此诗皆古人戏作，读之棘口，语亦不能工，此正沈约八忌之一
也。

徐铉挽后主词至哀痛

王铚《默记》载李后主之死，祸由徐铉，然铉作后主挽词二篇，
乃至哀痛。其一云："倏忽千龄尽，冥茫万事空。青松洛阳陌，荒草
建康宫。道德遗文在，兴衰自古同。受恩无补报，反袂泣途穷。"其
二曰："士德承余烈，江南广旧恩。一朝人事变，千古信书存。哀挽
周原道，铭旌郑国门。此身虽未死，寂寞已销魂。"字字血泪，与夫
反颜若不相识者异矣。

汪水云《忆王孙》词为瀛德祐事作

汪水云《湖山类稿》中，有集句《忆王孙》词九阕，语甚凄惋，为瀛德祐事作也。

其一曰：

> 汉家宫阙动高秋，人自伤心水自流。今日晴明独上楼，恨悠悠。白尽梨园子弟头。

其二曰：

> 吴王此地有楼台，风雨谁知长绿苔。半醉闲吟独自来，小徘徊。惟见江流去不回。

其三曰：

> 长安不见使人愁，物换星移几度秋。一自佳人坠玉楼，莫淹留。远别秦城万里游。

其四曰：

> 阵前金甲受降时，园客争偷御果枝。白发宫娃不解悲，理征表。一片春帆带雨飞。

其五曰：

> 鹧鸪飞上越王台，烧接黄云惨不开。有客新从赵地回，转堪哀。岩畔古碑空绿苔。

其六曰：

> 离宫别苑草萋萋，对此如何不泪垂。满槛山川漾落晖，昔人非。惟有年年秋雁飞。

其七曰：

> 上阳宫里断肠时，春半如秋意转迷。独坐纱窗刺绣迟，泪沾衣。不见人归见雁归。

其八云：

> 华清宫树不胜秋，云物凄凉拂曙流。七夕何人望斗牛，一登楼。水远山长步步愁。

其九云：

> 五陵无树起秋风，千里黄云与断蓬。人物萧条市井空，思无穷。惟有青山似洛中。

九词均天然凑合，无集句之迹，殆可与谢任伯克家原词相颉颃。谢词云：

> 萋萋芳草忆王孙，柳外楼高空断魂。杜宇声声不忍闻，欲黄昏。雨打梨花深闭门。

实为徽、钦北狩而作，真千古绝调也。

汪水云《重过金陵》远在梦窗之上

词调中最长者，为《莺啼序》，词人为之者甚少，亦不能工。汪水云《重过金陵》一阕，悲凉委（一作凄）婉，远在吴梦窗之上。因梦窗但知堆垛，羌无意致故也。汪词曰："金陵故都最好，有朱楼迢递。嗟倦客、又此凭栏高，槛外已少佳致。更落尽梨花，飞尽杨花，春也成憔悴。问青山，三国英雄，六朝奇伟？ 麦甸葵邱，荒台废（一作败）垒，鹿豕衔枯荠。正潮打孤城。寂寞斜阳影里。听楼头，哀筛怨角，未把酒、愁心先醉。渐夜深，月满秦淮，烟笼寒水。凄凄惨惨，冷冷清清，灯火渡头市。慨商女不知兴废，隔江犹唱《庭花》，余音娓娓（一作亹亹）。伤心千古，泪痕如洗。乌衣巷口青芜路，认依稀、王谢旧邻里。临春结绮，可怜红粉成灰，萧索白杨风起。 因思畴昔，铁锁千寻，漫沈江底。挥羽扇，障西尘，便好角巾私第。清谈到底成何事？回首新亭，风景今如此。楚囚对泣何时已。叹人间、今古真儿戏。东风岁岁还来，吹入钟山，几重苍翠。"

元王学文作《摸鱼儿》一阕，送汪水云入湘。其词曰："记当年舞衫零乱，淋铃忍按新阕。杜鹃枝上东风急，点点泪痕凝血。芳信歇。念初试琵琶，曾识关山月。怨弦易绝。奈笑罢颦生，曲终愁在，谁解寸肠结。 浮云事，又作南柯梦彻。一簪聊寄。乾坤桑海无穷事，不历昆明初劫。谁共说。都付与焦桐，写入梅花叠。黄花送客，休更问湘魂，独醒何在，沈醉浩歌发。"

吴梅村《清凉山赞佛诗》

陈其年《读史杂感》云："董承娇女拜充华，别殿沈沈门钿车。一自恩波专戚里，遂令颜色擅官家。骊山戏马人如玉，虎圈当熊脸似霞。玉柙珠襦连岁事，茂陵应长并头花。"《雪桥诗话》谓此诗当与梅村《清凉山赞佛诗》同时作，并引梅村《读史有感》"君王纵有长生术，忍向瑶池不并楼"二句相况，皆咏世祖及孝献皇后。其说是也。

梅村《清凉山赞佛诗》第四首，曲终奏雅，归之讽谏，如云："乘时方救物，生民难其已。澹泊心无为，怡神在玉几。长以竞业心，了彼清净理。"可谓深知佛理者。文人慧业，衲子千百辈，不能道此语也。

梅村又有《七夕感事》一首云："天上人间总玉京，今年牛女倍分明。画图红粉深宫恨，砧杵金闺瘴海情。南国绿珠辞故主，北邙黄鸟送倾城。凭君试问雕陵鹊，一种银河风浪生。"近妄人有附会孝献皇后即董小宛者，盖因此诗。其实梅村此诗，作于京师，在孝献皇后崩御之前，不得有"黄鸟送倾城"一语。南国一联，自各咏一呈，后人合而训之，非也。

山阳鲁通甫之长庆体乃能与娄东抗手

宋、元以来诗人，为初唐长庆体者甚少，为之亦辄不工。至国初，始得吴娄东。乾、嘉以后，效吴体者渐多，大抵有肉无骨，如陈云伯辈耳。独山阳鲁通甫先生，根柢深厚，气内高骞，乃能与娄东抗手。兹录其《汉宫词》三篇，可以见其一斑。其《悲桐柏》云：

悲桐柏，桐柏亭边风萧瑟。小棺三尺无人收，万姓凄凉泪沾臆。当时金屋娇如花，主讴本出平阳家。三月三日霸桥水，千乘万骑连云起。众中一顾已承恩，翠辇迢迢入宫里。正值阿娇娇妒时，芳心那得龙颜知。已分编名归代籍，还从洒涕识皇慈。云窗夜感蛟龙梦，祝祷艳说君恩重。眼看青宫长养成，常思贵主殷勤送。可怜光彩生门户，可怜姊弟皆著还。外家气焰足熏天，绝城经营二十年。欻忽英声飞瀚海，蹉跎高冢出祁连。秋花春雪难长保，缘衣更比黄裳□。北方佳人舞袖工，河间姹女藏工巧。尚赖前星傍紫宸，鸡鸣铜辇梦中声。纵爱定陶能击鼓，还怜子晋善吹笙。无端赵虏工狐媚，犬台一见君臣契。无忌谗言伊戾心，望见宫中巫蛊气。建章杀气连西阙，万户千门夜流血。投兔谁开覆盎门，泉鸠一恸天恩绝。不闻坟地雪申生，仍将废锢同长门。伤心空舍横陈日，便是轩中得幸人。牛车一乘城南路，冷风残月埋香处。朝朝野燕下衔泥，夜夜霜乌啼绕树。天旋地转难具陈，中兴景运属曾孙。为怜遗体动深嚉，冢地重开礼数异。玉棺黄肠腐化多，千人聚上看流涕。可怜尧母亦辛酸，云阳秋草迷孤坟。闻道倾城仍配食，至今人恨霍将军。

其二《掖门怨》云：

　　呜呼！辞辇贤妃不得主，玉阶华殿无行迹。三千粉黛色如灰，一双娇燕衔风入。天生尤物那能死，陛下收归司徒子。龙漦兆祸已千年，又见人间歌啄矢。歌啄矢，悲皇孙，如花从此稀承恩。夕看穷裤重重襭，朝验丹砂的的痕。牛官有女曾当夕，明珠堕地桃花色。未闻红锦绣绷成，已见绿绨方底出。东交掖门呀然开，黄门夜半诏书来。可怜一寸中丞印，断送君恩去不还。回身掩泪看流涕，我儿正类元皇帝。兽钚鱼钥闭复闭，多少龙种此中弃。今年曹伟能，去年许美人，汝曹死耳休吞声，大家尚畏昭仪嗔。忽惊画漏停宫箭，桥山一去无人见。只有班姬黯自伤，曾将德象奉君王。缞帷歌吹延陵路，哭送宫车泪数行。

其三《长寿宫》云：

　　君不见，长寿宫，崩垣颓瓦来悲风，当时玉殿赫宏敞，只今簋食虚堂空。空堂簋食为谁有，长信宫中泣父母。忆从丙殿初承恩，玉雪佳儿字太孙。龙颜在抱欢先帝，象服宜家配至尊。沙麓门风奇女气，九侯五将轩天地。曲旃广厦武安家，洞房阿阇樊重弟。安阳谨慎曲阳春，元卿弱息尤加意。正值炎精颓百六，仲壬外内天年促。四海讴歌陈氏钟，满朝指使秦庭鹿。虎唇鸱目久睢盱，犹道忠勤盖代无。桑落边人夸阿婿，梁王曲意媚诸姑。脂田粉碓酬君孺，白璧黄金送吕须。太阿尔授他人手，抱器犹同挈瓶守。大骂豺声呼役夫，汝曹行谊同猪狗。符命纷纷铜璧文，寿宫松柏又更新。移来甲帐无人问，折到金人有泪痕。铁凤铜乌飘又飘，金床玉槛草萧萧。便殿凄凉雕几卧，宝衣狼籍奄人逃。眼看千官趋执豆，旋惊玉座鼪鼯斗。一箪麦饭莫何人，宫树苍黄斜日瘦。烹麟炮凤那能尝，六宫呜咽天颜伤。上兰秋冷龙媒老，茧馆春深豹尾凉。长御相看头总白，沧桑坐话银灯夕。何处昭台锁寂寥，几家团扇辞恩泽。社饭年年剩老身，黄羊腊酒伴凄清。重来甲馆悲同辇，怕向西风望渭陵。建章柳绿前朝色，长乐钟沈异伐声。小年安定尤嗟怨，两朝姑妇时相见。阿翁甘听凤求凰，妾身忍作离弦箭。净土一坏何处寻，斜阳暮景同悲恋。地下相逢吕娥姁，等作司晨何其愚。只余诔笔光泉壤，一代雄文莽大夫。

通甫滑稽之语可诵

通甫《题顾横波小像诗》云："彦回须髯如有神，眉娘风貌真天人。遭时变化生风云，鱼轩彩翟江南春。江南朱楼渌水滨，清歌一曲花氤氲。云窗雾阁天黄昏，红灯促骑来逡巡。归报相公公勿嗔：丈夫能死死甲申，夫人乐矣不忧君。"滑稽之语可诵也。

通甫《落叶》一首，极体物之工。云："银屏秋冷虫声歇，空阶夜静闻落叶。骚骚屑屑三两声，帘笼不卷灯微明。初疑细雨洒秋箔，一声半声犹落索。春蚕夜食蟹爬沙，枯荷万柄风吹斜。回廊曲涧飞更起，宿鸟投林船过苇。转空堕地轻更轻，软沙细草行人行。陇头孤客听不得，淮南思妇难为情。枯枝一夕飒萧爽，曈曈晓日当窗上。"又其《宋书小乐府》之一曰："江左风流相，翩翩帽帻斜。天生王仲宝，卖却妇翁家。"比古人所拟《褚渊王俭传赞》云："渊既世胄，俭亦国华。不思舅氏，遑恤妇家。"尤可笑也。

杨和甫集二李书尔雅不群

贵筑杨和甫先生调元，宣统中知陕西渭南县，殉辛亥之难。先生工小篆，专学李少温冲和娴雅，比钱献之、孙渊如殆过之。其所集二李书六百言，文亦尔雅不群，兹具录之。曰：

惟帝生人，为之立君。中天津极，无地不臣。改元袭号，登进群英。仁至义尽，乐阳礼阴。风云遇合，日月开明。既寿永昌，含章可贞。博以今古，除拜公卿。左右陪从，光我上京。相平邦国，将领戎兵。戢暴止乱，王御时辐。郡邑长史，守宰尉丞。分土而理，威惠盛行。比户可封，黔首无争。侧闻上世，制定功成。福赐穹昊，信极幽冥。龟龙在野，凤凰栖林。游园五老，受职百灵。降及霸业，专尚阴谋。本无令德，合从讨伐。争战流血，讯鼎请随。王朝之贼，直书示禁。盍绎史策，维初大始。道立于一，□□□□。造作文字，厥书惟添。篇翰引申，著述盈溢。帝制为诏，专家成集。六艺皇皇，如天无极。易主筮占，书称惠吉。损孚解缓，宽栗柔立。乐府所述，志以意逆。礼经三百，世不相袭。左氏叙述，远迈今昔。迁固宗之，后莫能及。大矣坤维，登高乃见。嵩华干云，溟海无岸。原陀冈陵，漆沮沔泸。凿石灑渠，股引脉散。水利至今，乡里咸遍。食赖土腴，害除昏垫。高城大郭，墼断坟连。平陆重林，杞梓是产。科稍蔚然，枚植橡槌。继长兹荣，异材尽献。游骑连标，群鹿食荐。神时藏鸟，平沙集雁。词客赋焉，清机盈卷。积年志学，从师讲艺。数与方名，授受等弟。自壹万至，衰小得巨。起东转南，地□势异。甲己未申，岁时之纪。单开摄提，历家所具。少长咸集，伯仲叔季。光曜五境，苍黄白碧。鼎钟琴管，璇环金玉。门第清华，瑶藏珍秘。王谢名宗，瞿韦显仕。曾闵孝友，贾卫经义。樊彭李郭，武略佐世。则古称先，无皋游戏。弱冠仕朝，莅人正己。机符朗彻，识度远举。冯翊浩穰，晋阳繁剧。刊去家猾，澌其浮瘶。莫夜所为，俦人可示。顺若流泉，动无逾纪。建康清纯，泽及后嗣。于穆不瑕，假乐君子。时有遭遇，在乎后先。说举版筑，冯老郎署。弘谢啚人，攸识魏王。朔廿万言，普才半部。暴起非宜，徐行得所。追念有虞，典崇学府。不其讲堂，泰元经簿。下士昧昏，仅能温故。尝师叔重，诵其遗著。孰解水骨，厥咎灭古。因恐野言，违道争裀。敢合冰斯，泐此篆谱。

右大书"黔南后学杨调元集字"。右共六百三十六字。昔周兴嗣集王右军书为《千字文》时,梁内府右军书迹至多,然集之仅得千字。若二李书,今日石刻存者,亦不及十,故此六百余字中,亦往往有复字,势然也。

先生又集石鼓文为联,录之盈卷,兹致佳者,五言如:

好花微雨湿,古寺夕阳多。

七言如:

□□树湿天微雨,处处禽鸣日载阳。维舟树树可人柳,出水田田君子华。水天昊昊目无极,杨柳萋萋黄河怜。方舟乐作大鱼出,射猎人来朝雉飞。夕阳古道无多柳,游女飞花共一舟。朝来微雨花潘湿,水底有天渔舫归。吴宫花底存麋鹿,蜀道雨中鸣子规。游人自乐花之寺,渔户由来水作田。

八言如:

戎人朝王献其白雉,天子简帅乐以彤弓。一代辞华柳氏有子,多识朝事王公之孖。

清词丽句,读此可见一斑。

义宁陈伯严吏部三立题杨君遗墨后五古一章云:"崩圻始一呼,黍离事如昨。衣冠从而靡,纲人付扫籥。杨侯独懔懔,守土埋铁脚。微命争几希,雄风在寥廓。遗墨重敲彝,劲正验所学。劫灰拾公子,沥血镌碧落。愿从拓万本,心死为发药。"

伯严弟子卢江陈崔柴诗亦系以诗,云:"渭南令,殉于秦,葬者谁?渭南民朱邑,桐乡古有此。杨侯挥日日不起,臣心湛湛盟止水(注:宣统辛亥九月十一日,秦军徇渭南,先生殉节于县廨井)。鸿文缪篆民宝持,中有千哀谁复知。渭河宛演吾过之,伤今慨往声以诗,令子摹榻珍鼎彝。乾州有羁扶纲维（注：谓张仁甫使君毅），王室板荡同所归。呜呼！世间乔木孟言，何时镌此二象华山颠。"又题一绝云："秦兵夜一呼，忠魄委榛芜。酒水矜游侠，吾歌韩有书。"韩有书者，渭南武进士。秦乱起，先生檄之率乡兵。逮先生殉节，韩乃率兵杀革党张士原，葬先生于渭南东门外毕家原。后秦军大至，捕韩，杀之。故崔柴诗云尔。侯官郑太夷亦题五古一章云："斯水去人远，遗迹搜麟凤。炎炎六百言，尔雅辞可诵。千文集逸少，传习世已众。孰与持此编，考古极有用。岂徒窥篆法，小学系尤重。先生历名节，死义事绝痛。何时手自书，整暇兼飞动。避俗意殊奇，合汗宁足讽。"

《雪桥诗话》二序

辽东杨子勤太守钟羲，国变后寓居沪渎，近编《雪桥诗话》十二卷，嘉兴沈乙庵方伯为之序，其辞云："圣遗居士，避世于北江之尾。陋巷湫尘，蓬藋拄径，十笏之室，圭窦彻明。时在严冬，冰雪在地，北风振叶，踵其户者，若窥袁夏甫之室，御王孝尼之车，陟匡君之卢，而见灵均之泽也。居士有书数万卷，台城之警，十存三四，然皆金匮石室之藏，功宗笃弼，魁儒硕师之述作，累朝文献之寄。昔在承明，所哀鸠以成《文经》者，环堵五版，积轴若山。居士槃薄其间，以永曛昼。偶乘鹿车，出过知好。静对移晷，容寂而思深，谘无不塞，归即披卷冥搜，钩章索句，掌录迻写。细书精敏，日可万字。曾不逾岁，积册十二，署之曰《雪桥诗话》。匪独言诗而已，其于圣贤群辅，谆诲师儒，裘带都人，英贤姓氏，莫系本牒，征事解题，昭然若亲见之，若并游盛世而闻其謦欬。昔我有先正，其言明且清，小雅之材七十二，大雅之材三十六，具于是矣。《春秋说题辞》曰：'诗之为言志也。'天文之精，星辰之度，人心之操也。在事为诗，未发为谋，恬愉为心，思虑为志。称其诗以论其事，稽其谋，度其心，虚人伦之纪，《春秋》之事，不在兹乎？余尝语圣遗，韩太傅以儒行说诗，义盖比于公、穀之说经；刘子政以故实说诗，事盖比于左氏之作传。昔孔子称商、赐可与言《诗》。古'语'通用'言'，今

'语'通用'话'。《书》曰：'自一话一言，我则末惟成德之彦，以启我后人。'《诗》曰：'其纵哲人，告之话言，顺德之行。'于籀文，'话'字作'譮'。其解曰：会合善言也。知'话'之为会合善言，则知七十子之所传，六艺诗家所之所录，曰故者为乐先，曰传者为示后，曰训者为顺考，曰说者为述教，曰托者为疏识。凡皆所以永我先王先民之言，达于事变，而怀其旧俗。竹帛之称，古今则殊，神明之感，古今一也。居士蹵然有间，蠚然而应曰：其然。他日索序，即以书遗之。太岁在昭阳赤奋若，孟冬之月，李乡寐叟沈曾植。"

又有吴兴刘翰怡承干一序云："留垞先生避地之二年，成《雪桥诗话》十有二卷，承干为之校刊。甲寅九月，工既竣，爰泚笔而为之序曰：此书之作，盖卜子夏所谓'达于事变，而怀其旧俗'者也。先生旧家辽河以东，自天聪二年隶籍，居京师者九叶，食德服畴，几三百载。家世之所传闻，师友之所讲论，自古在昔，先民有作。居史职十年，素性狷介，当官应事之外，不利走趋。日惟故书雅记之是好，辖轩之使不一预，阳城马周之科不记名，故端居之日独多。宜其网罗放失，著作斐然。顾服膺大兴朱学士'翰林以读书为职业'之言，委怀研览，自谓学问浅薄，不敢阅夭阋缃素。己亥乞外，转徙江湖间，于时世变益亟，所见所闻益日异。浮沈周星，非为军府典章奏，即领一郡，斤斤以簿书期会自效，复不暇有所述造。徘徊审慎，迄于今兹，而先生亦垂垂老矣。政教既失，不纠言妖，记事之书，如谈异域。昔者西河序诗，谓四始为王道兴丧之所由。生乎今日，由变风变雅、国异政、家殊俗之后，而上溯列祖列宗，厚人伦，美教化，以其成功告于神明之盛轨，固有芒乎其不及知，知矣而不能言，言而不能信者，岂不痛哉！先生此书，记旧闻，发潜德，具文见意。其说诗以质厚为宗，其述事以有依据为断。自以多识前言往行，于怀旧之蓄念为加详焉。后之览者，其亦有遇尘雾而振冰雪之思乎！吴兴刘承干序于歇浦之嘉业堂。"

阅古漫录（选录）

《朱竹垞先生烟雨归耕图》自赞及诸题咏

《朱竹垞先生烟雨归耕图》，康熙壬子西泠戴苍写，有竹垞自书赞及《百字令》一阕，并同时诸名士诗词。余见竹垞弟子顾中邨仲清重摹本，今备录之。

《自赞》云：

> 饁有妇子，居有环堵。舍而征衣，蓑笠是荷。为力虽微，其志则坚。粒食既足，不求逢年。咄者斯人，谁为徒者。人或尔知，百世之下。竹垞自题。

又《百字令》云：

> 菰芦深处，叹斯人枯槁，岂非穷士。剩有虚名身后策，小技文章而已。四十无闻，一邱欲卧，漂泊今如此。田园何在？白头乱发垂耳。　　空自南走羊城，西穷雁塞，更东浮淄水。一刺怀中磨灭尽，回首风尘燕市。草屦捞虾，短衣射虎，足了平生事。滔滔天下，不知知己谁是？

旧题小像，作岁在癸丑。

又书后有李秋锦良年和作云：

彼何为者，数过江门第，恨人奇士。朔雪南枝来往惯，筋力也应倦矣。弱不胜衣，狂思摇笔，垅上从无此。展图一笑，士郎聊写愁耳。　　曾记细雨青芜，双挐小艇，问桃花流水。本欲逃名名不去，行遍山林城市。子定归与，吾将作伴，摒挡西畴事。算来长策，为农今日良是。

又云间彭师度和作云：

生涯潇洒，笑披蓑荷立，可农可士。越绝文章谁尔雅，惟有朱生而已。把盏刘伶，吟诗李白，偃蹇谁堪此。农家足慕，田园此际难耳。　　漫说诸葛南阳，子真谷口，有名畬烟水。但识篝车非可视，乐道何须避市。岩壑琴樽，江关词赋，岂了丰年事。长沮桀溺，料德与子同是。

复有严荪友绳孙题五古一首云：

吾友有朱生，由来相门子。与尔复何为，相逢帝城里。风尘随短褐，踯躅荆轲市。不见古时人，清泪如铅水。或时并马还，日落月复起。荡荡十二门，谁羁我与尔。书作竹垞图，筜篛稳称体。岂伊诗书恋，徒抱风尘耻。所愿营草堂，宛在藕花沚。怀哉勿虑陈，吾亦从逝矣。

又钱田间澄七律一首云：

见说栖山未有山，一生心事此图间。每因雨后催耕起，应向溪边放水还。自去自来谁与偶，为农为士总成闲。时人欲问柴桑路，只在南湖角里湾。

纪伯紫映钟题七绝四首云：

十亩之间力所营，抛书长日事躬耕。一蓑风雨归来晚，烟火茅檐稚子迎。

陶家乐事在东畴，郑子还从谷口来。拚得朱颜仕胼胝，斯人高躅已千秋。

自把犁锄弃砚田，春风辛苦陇头眠。平生不作籊车祝，岁岁人歌大有年。

我有荒芦白下村，百年修竹老桑根。朱张纪渚同心春，归去来兮紧闭门。

潘家堂末题七律一首云：

竹垞旧隐吾频到，君去罗浮复雁门。馌妇每储春酒待，渔童还数钓竿存。京华物态从飘瓦，江海心期问大樽。便好耦耕呼伴去，蓑衣深挂□杨村。

魏叔子禧题古诗一首云：

汝笔耕而舌耘，石以为田。胡鸾跣足，衣蓑戴笠，其志则然。莘野已荒，南阳就芜。芜秽谁与治，非种谁与锄。我七日不食，谁与糜饷。春烟霏霏，春雨冥冥。衣蓑带笠，独行无人。我欲持三足耜，与汝耦耕。两手无力，足不得行。年年来书游江上，坐见膏田春草长。

程穆倩邃赞云：

器不得其用则藏，才不逢乎时则晦。腹笥笙簧手樬锄，道风廖廓兮滂沛。是曰寄迹田间，而标声人外者乎？

周青士笰云：

> 笔耕砚税，时既获之。披蓑负耒，抑又何为。古人食力，载
> 耘载籽。子真谷口，庶其企而。

僧悬崖题偈云：

> 读尽万卷诗书，好是一字不识。披蓑戴笠烟村，蹑屩荷锄永
> 息。不入有莘之野，便向南阳之宅。借问此是阿谁，携李城南朱
> 士。

又有西泠陈晋明康侯题《眼儿媚》词一阕云：

> 归去耕田白板扉，青拦绿蓑衣。尽□笔砚，不招书史，只把
> 锄犁。　几回相见相怜惜，心事两依依。图中纸上，添□相
> 伴，□子回归。

又孙豹人枝蔚题《满江红》二阕。其一云：

> 管乐肩头，长卸却，乾坤损子。怪造物，从来颠倒，英雄如
> 此。始觉敬通书可玩，只看蓑笠身难比。每遭逢，烟雨偶然间，
> 功成矣。　羞载贽，宁操耒。羞从猎，宁干耜。问先生门第，
> 云同栗里。晋室勋臣司马后，祖孙出处名齐美。想同行此路岂无
> 人，桃源里。

其二云：

> 万里曾游，尘扑满，东西南北。却走向，三家村里，披蓑戴
> 笠。携手同行人最少，北风雨雪催蹄急。访椎牛，屠狗昨贤，毫
> 无消息。　这边路，黄狐立。那边树，玄猿泣。愁独行踽踽，

如何去得。馈肉汝能麾道济，买山吾岂须于□。莫便沮溺耦而耕，今难及。

此外尚有陈祚明胤倩、秦亭张纲孙、旴江余酉子山、吴曒陆元辅翼王、杜浚于皇、山阴赵甸壁云诸题，摹本未录。嘉庆中此图归嘉兴李金澜明经，张升末解元为题三绝句纪其事云：

先生心息汉阴机，妙画通灵竟已飞。（原注：戴葭湄画本已为宦游者购去。）犹有虎头老弟子，鞭黄摹出旧蓑衣。（原注：顾仲清，字咸三，号中村，为竹垞太史入室弟子。少颖悟，于诗书画篆刻靡不精究，著有《读左》、《读庄》等书。晚年养疴山中，仿谢无逸作蝴蝶五百余首，人呼为顾蝴蝶云。）

亭子南垞重建时，短桡秋水此题诗。廿年师友今云散，惆怅潘郎鬓已丝。

画手前丁近擅场，大徐字法亦精良。（原注：梅里丁梦松为余重摹此图，徐寿臧为余摹各种题记。）耕鱼我欲摹双璧，合向珠溪问葛疆。（原注：竹垞先生《小长芦钓鱼师图》藏珠葛春屿上舍处。）

此图归李金澜后，同时名人题诗词者亦多。吴子律衡照题《百字令》，用竹垞原韵云：

曝书亭古，到于古津逮，尽成名士。梅会风流浑似昔，一老瓣香靡已。貌得平生，传来阿堵，蓑笠重逢此。归耕太早，行年四十三耳。　犹忆硖石东西，横山远近，傍死央湖水。烟雨空濛留不住，索米长安旧市。鸿馆翘才，鹤书应选，莫问田居事。李侯同调，灌圆图更奚是。（李侯谓李锦秋良年，金澜之祖也。）

王椒畦学浩题一绝句云：

一梨烟雨学耕夫，抵得烟波号钓徒。自是盛朝天子圣，不妨微士羡江湖。

又吴县张吉安题二绝句云：

刘井柯亭梦易阑，天教朱士老吟坛。吾乡雅有韩宗伯，羡杀归田七品官。（原注：长洲韩慕庐先生尝云：我不如秀水朱士，以七品官归田，犹得读数十年书。）

宜雨宜烟占一湖，荷锄人住小长芦。多情最是通家子，前辈风流认画图。

张云巢青选题五律一首云：

应诏多征士，归耕有逸民。如何簪笔者，亦作荷锄人。蓑笠平生梦，江湖自在身。闲情聊寄托，白发独伤春。

朱少仙文沼亦题一律云：

夜撤金莲烛，归田得几人。烟蓑图画旧，文苑姓名新。耕破一方砚，洒除千斛尘。十年羁海国，我亦梦秋莼。

马笙谷锦亦题《百字令》一阕，用原韵云：

翩翩博雅，共李公秋锦，一双征士。老辈同年今后辈，但抚遗编而已。次岳丹青，鸿胪笔墨，零落犹存此。谁欤好古？葫芦依样描耳。　曾记载酒江湖，无拘无束，任怡情山水。一笑风尘空踯躅，旧梦依稀燕市。蓑笠随身，犁锄入手，商略农家事。披图宛在，高风当日如是。

按：竹垞此图，作于康熙壬子，即康熙十一年。时旅食京师，后七年，乃应鸿博，入词林。后来张云巢、朱少仙诸诗，若此图作于馆选后者。盖误矣。

《朱竹垞烟雨归耕小影》又有罗雨峰摹本，髯髯有须，作倚锄仁立之状，与前顾摹本不同。盖竹垞平生不止画一图也。上有汀州伊墨卿秉绶题七古一章云：

> 云中古戍南海水，宰相世系落泥滓。馆人未识马周才，缘督为经良有以。春深夜雨田园芜，荷锄归梦鸳鸯湖。湖边潇潇万竿竹，却乏百亩驱黄犊。有田获稻一家足，无田著书千载读。儿掌谷，孙稻孙，明年携尔趋金门。金门又有江湖思，一钓长芦烟水昏。

禹之鼎《吴梅村小像》题诗

禹慎斋之鼎为吴梅村祭酒画小像，坐蒲团上，作老僧状，吴门顾元昭昶补画兰石。无锡秦澹如湘业得之，征人题咏。澹如自题四绝句云：

> 《哀江南赋》通天表，愁杀前朝侍从臣。苦被人呼吴祭酒，自题圆石作诗人。

> 湘江渺渺恨无穷，回首苍悟夕照中。生恐□根难得地，国香零落付秋风。

> 老去偏工幼妇词，请看独坐捻吟髭，鸿胪初唱面如玉，恨未貌君年少时。

> 国初诸老尽传神（原注：余家旧藏《遂园禊饮图》及新得之王麓台、汪阶父小照皆禹鸿胪笔），也为先生写此真。休笑一钱都不值，残缣足抵夜光珍。

宗子湘源瀚、薛慰农时雨各题二绝句。宗云：

> 乐府歌行气最奇，贡园秋色上吟髭。眉间无限兴亡恨，只有
> 蒲团忍草知。

> 尝向东风问画兰（梅村句），琴边清泪墨花寒。斜窥浅立姗姗
> 意，多恐飘零不忍看。

薛云：

> 祭酒风流俨若有，一丛香草伴吟魂。熙朝雨露无私泽，空谷
> 当年已受恩。

> 冷坐蒲团意可知，乞归诗在就征时。铁崖异代容私淑，合把
> 朝衫换白衣。

施太守补华题七律一首云：

> 潇湘正怜庾子山，空余词赋动江关。白衣难结渔樵侣，青琐
> 重登侍从班。吴地亲朋趋日下，淮土鸡犬望云间。滋兰树蕙无穷
> 意，憔悴聊看画里颜。

袁太守昶题七古一首云：

> 人言尧幽囚，或云舜野死，目断苍悟泪不止。先生头白发垂
> 耳，遗骨千年蜕于此。妙画尚通灵，生绡尺幅横。依然沈家令，
> 愁绝庾兰成。鸿胪写真笔，淡沱若为情。熏香供作黄金佛，添取
> 弹琴卞玉京。

又有王麟书题一律云：

　　生平爱诵梅村集，烟墨纵横老泪弹。自有文章追庾信，翻怜鸡犬别刘安。厂盆寥落空余恨，宫扇凄凉只独门。艾炙眉头瓜喷鼻，龚钱应识此心难。

清诸帝相貌

　　奉天崇谟阁中藏《太祖高皇帝实录》，以满、汉、蒙古三种文作三层书之，每层皆有图。其中太祖大王（即礼亲王代善）、四王（即太宗文皇帝）诸像，皆极魁伟丰腴，而敬典阁所藏高宗、仁宗、宣宗诸像，则皆清癯如老诸生。世传高宗为海宁陈氏子，世宗生女，适以易之。语虽不经，然此说遍天下。盖因高宗骨相，与列祖微异故也。元末盛传顺帝为宋瀛国公之子。按顺帝相貌，亦与元诸帝不类。明袁忠彻《符台外集》纪瀛国公事实云："永乐十年五月十八日，我太宗文皇帝御武英门，命内宫李谦、王吉于古今通集库取宋列帝遗像，命臣忠彻及画士百户徐英画之。上笑谓忠彻曰：'宋太祖以下，虽是胡羊鼻，其气清癯，若太医然。'十九日上复御武英门，命臣忠彻同内宫王吉看元列帝像，俱魁伟雄迈。上曰：'都吃绵羊肉者。'及观顺帝像，顾谓臣忠彻曰：'惟此何为类太医也？'忠彻斯特承命未实，俯首莫对。今蒙赐归田里，得历考宋、元史传暨元学士虞集所作第十六飞龙之诗，果符太宗文皇帝之言。感念圣鉴之明，愧当时不能对此为恨"云云。是元代亦有此种传说。然古今父子兄弟，长短肥瘦不同者甚多，况在数世以后乎？

《渔洋山人坐禅小像》题诗

　　《渔洋山人坐禅小像》，禹鸿胪之鼎画，老松藤孤鹤自舞，渔洋趺坐其间，旁置经卷，尘尾有出尘之意。题诗者若干人，皆□生门下士也。海宁查声山升云：

　　　　已为霖雨到人间，身世何因落叶干。不向灵山解了义，繁华肯作寂寥看。天上人间苏玉局，佛□弟子白尚书。文人慧业生来分，三果□杨总不如。疏钟秀塔梦生涯，稳坐蒲团即是家。直为苍生亲说法，朝衣才脱换袈裟。

查嗣庭云：

> 先生于济世，日用得五谷。出山五十载，不恋桑下宿。入火且不燃，人世何由渎。心离十八界，手妙三千牍。初从无中有，渐看生处熟。观化悟自然，迷途谢羁束。功成忽无著，印心忽已足。自了小乘终，照海一寸烛。两端随所叩，妙语兰菊肯，□似入定禅，忘形但拘束。

林吉人佶题五言、六言、七言各一绝云：

> 名高如绝斗，心清可印潭。偶然思世出，聊复学禅参。

> 空山流水向激，孤云野鹤翩跹。试□此间坐者，果然为佛为仙。

> 诗卷右丞千载后，风流玉□一人还。瓣香自供无嗟晚，只是衣传愧后山。

尚有梅庚、蒋锡仁、朱载震各题七言绝句，不录。

《吴太君小像》题跋

潘次耕耒母《吴太君小像》，服长黑衣，去地不过数寸，盖国初装束也。画者不识何人，后有徐高士枋《题吴太君画像》一文曰："天之厚庸人也，尝富贵福泽安恬逸乐以豢之；而天之厚伟人也，必穷悴困厄艰难险阻以成之；天之成奇人也，尝厄一遇穷一事以彰之；

而天之成完人也，必萃诸艰历万难以固之。虽然，人生百年，俯仰奄忽，而独得以完人称者，固其遭遇之奇为有天意。然苟非严气正性，奇迹至行，独能承造之物裁成，则无以臻此也。犹霜雪然，秋华艳药，望而萎落，而受之弥坚，经之而弥茂者，独松柏耳。苟穷粹困厄，艰难险阻，而处非其人，不变为虫沙，则腐同草木矣，安在其能卓然成立于是耶！余门人琦（此次耕初名）尝述其母吴太君之遭遇之行概，而余慨然叹其为不可及也。太君幼有异秉，读书知大义，事父母至孝，身授其稚弟书，以处姊而肩父师之任，其不凡如是。及媲于夫子为配，而前女妇，年几与母姑埒，闺庭之内，调剂为难。太君一以恩礼处之，久之而慈孝交称，中外相庆。而旋赋《柏舟》矣，时太君盛年，而琦生方六岁，家日益落，孤茕茶苦。而太君教琦以读书厉行，十余年如一日。琦方向成立，而又遭长子某之祸。太君以一嫠妇，流离颠沛，以幸全于万死。而一息暂宁，则仍课其子读书。虽极惨悴惶急中，而神气镇静，无间不时。两年来避居西山，与余居相望，余故益稔知太君之贤。间亦征之戚友，无间言，而益信琦之所述为诚然也。以太君之为女则孝，为兄弟则友，为妇则顺而有礼，为母姑则慈而能严。而又历万难，出万死，而卒能卓然有以成立，非所谓完人者耶？以丈夫犹难之，况女子乎！吾于是叹天之所以成太君者独厚，而太君亦独能不负天之所以成之也。今琦年甫弱冠，而负奇才，且天性孝谨，吾固以大器期之。琦其益早夜克厉，亦期为天下之完人，以无愧贤母之子哉，庶几千百世而下，知琦而益知太君也。丙午初夏。俟斋居士徐枋敬题。"

后有吴江吴鸣锵跋云："太君为余五世从祖姑，高祖南大司寇立齐公，曾祖大司寇忠襄公，祖广西按察司金事仰峰公，父赍之公。归邑庠生潘赠公为继室，力田翁之继母，稼堂太史之母也。太君以世家女，能读书，晓大义。既嫁，视长子如己出，教己子如严师。迨为嫠妇，又遭祸患，流离颠沛，艰苦备尝。卒能危而复安，身标清节，子作儒臣，求之巾帼中，殆无其俦。宜高士之文，赞叹推许，如是其至，惟太君以当之。高士两姊适余族，一为吏部文选郎竹亭公长子佩远公室，一为四川道监察御史亦临么次子修文公室。故太君之行事，知之甚悉。不仅与太师有师弟之谊也。余于二十年前，曾于潘氏见此卷。后鸿词诸老题跋，今皆失之，殊可惋惜。道光己酉春仲中，鸣锵敬观并跋于宝敦斋。"按：稼堂太史，本名琦，见此卷徐高士文中。高士文，作于丙午，乃康熙五年时。距力田翁夫妇罹祸，不过三四岁。太君与稼堂尚在茹痛之时，而高士乃以天降祸难，成就太君为言。奈恐为太君者，决不愿以子妇之祸，自成就其为完人也。立言之难如此。力田名柽章，吴□人，坐庄廷钺史案，死于杭州。妻连坐，遭成自杀。稼堂后易名末，应博学鸿词科，授翰林院检讨，徐高士及顾处士高弟也。

《东轩吟社图记》及题跋

钱塘汪小米远孙《东轩吟社图》，丹徒费晓楼丹旭写，黄芗泉士珣作记。记曰：

> 道光甲申，海昌吴子律衡照，假馆武林驿汪氏之东轩。东轩故汪氏先人雅集之地，因与主人小米远孙续为吟社。月一会，会不必东轩，而东轩为多。久之，孙与人同元之官永嘉，梁久竹祖恩之官始兴，子律之官金华。子律、久竹先后卒官。张仲雅云璈、姚古芬伊宪、周南卿三燮、李西斋堂，亦并殂谢。而吟社终不废，今且岁阳周矣。小米乃属乌程费晓楼丹旭图之。灌木依岩，略约横水，随负花童子渡而来者，王剑秋钺也。一童子扫花径，穿岩背，出老树下。倚石栏执葵扇者，秀水庄芝阶仲方。背侍女郎，指池荷与语者，黄芗泉士珣。池帝石壁插天，曲阑尽处，童子涤砚，坐石上填词者，项莲生鸿祚。水槛半露，二人对坐其中，女郎执拂侍者，为口鸥盟杰及小米，小米执卷若问难状。小阁相连，据案作吟社图者，晓楼自貌也。其倚案观者，高爽泉垲。以手指图若有所商榷者，诸秋士嘉乐。阁前柳阴覆地，置壶焉，坐磐石上，观童子拾矢者，吴仲云振械。持扇联坐者，夏松如之盛。童子捧壶，坐梧桐下浮大白者，汪觉所阜。据石上

捻髭吟者，胡书农敬。其弟子邹粟园志初，执诗笺立于后。展笺洛诵者，赵雪门钺。童子捧杖，坐而听者，龚闇斋丽正。小童递诗简至，二人对殿诗卷者，左为阳湖赵季田学辙，右为归安张仲甫应昌。古松潘拿，下荫怪石，坐而琴者，武进汤雨生贻汾。并坐者陈扶雅善，侧听者钱蕙綯师曾。倚松根，抚膝而听者，汪又村造孙。旁有石壁焉，童子捧砚执笔就题者，嘉兴张叔朱廷济也。茂林修竹，别成境界，二人自水石间来，持白团扇者，汪小洪迈孙。奚童捧诗卷于旁者，汪小逸秉健。飞流激湍，石梁间之童子，烹茶侍坐，而执拂谈经者，南屏释了义。旁坐，则子律遗貌也。夫人世之聚散何常，出处靡定，重以死生之别，此身若寄，图于何有。然当乎揥裳联袂，松竹有朋，同岑之谊，终不可喧。则吟社图之作，非他日东轩故事乎，于是乎书。甲午长至复芗泉黄士珣记，爽泉高垲书。

后有钱叔美杜题七古一章云：

汪君磊落古豪者，书卷横胸致潇洒，怀才未肯谒君门，爱向东轩结吟社。轩中幽处罗群贤，绿阴寂历喧风泉，诗人画史及禅客，风流如在羲皇前。兰亭回首久陈迹，觞咏胜事今千年。人生萍遇亦偶然，但能诗酒相周旋。头上不冠衣不船，便超尘壒追飞仙。我到金牛湖上住，水北楼高隔烟树。几时挂杖到君家，踏破苍苔叩门去。

海昌杨芸士文荪题五古二章云：

西泠盛坛坫，名贤远相望。诗派亦屡变，后来辄居上。杭厉复代兴，是年奉宗匠。嗟予生苦晚，弗获侍酬唱。如君淡宕人，嗜好殊俗尚。藏书甲东南，亭馆致幽旷。吟社推扶轮，老辈未多让。岂惟集裙屐，湖山亦神王。好事古所希，风流谁颉颃。他时书素传，文献待蒐访。

图中人廿七，我识十八九。旧雨今雨偕，风义共师友。诸老洵吟豪，群贤尽材薮。自惭溇落身，辞家事奔走。暂归亟遇从，招邀宴文酒。东轩与水北，觞咏岁时有。钦仰数载间，感喟屡搔首。悲欢既无端，聚散信非偶。知君有深情，留取翰墨寿。相期在千秋，主客同不朽。

胡书农学士敬亦有题此图七律二首，不在卷中，载所著《崇雅堂集》后。东武刘燕亭方伯喜海阅此图时，小米兄弟已没，因步胡韵题二律云：

一编诗集读清尊，白社风流羡尚存。重到名园愁问主（谓小米同年又村亲家），已醒春梦漫留痕。虎头妙绘分明识，鸥尾间愁伫细论。廿五年光人廿七，渐多宿草满江村（年求书农学士、叔未解元均先后谢世）。

风姿妙曼双红袖，音调凄凉一素弦。难得赏心在泉石，忍教遇眼付云烟。故山我愧猿腾笑，尘世谁能鹤记年。愿向阿师参半偈（谓僧子义），两屏深翠伴钟眠。

陆春帆中丞费（按：此字衍）**月泉**，题七古一首云：

弱龄弄柔翰，东轩坐忘旦。中年一再过，东轩时物换。灵椿萎谢玉树荣，迤逦出拜弟与兄。伯也好学人天性，丹铅善本纷纵横。二十作赋追士衡，结交老苍厨顾英。入门当轩叶虹气，就中我识延陵季（谓吴子律衡照），倾盖论文托未契。只为江湖苦死留，掷将诗卷瑶华字（子律校余诗本，题赠一律，有"可惜力官去，江湖失此人"之句）。轩中清供竹木石，险韵联吟击铜钵。碧月银灯照前席，王郎酒酣草书疾（谓王羲兰亭），我时尚厕选入籍。醉后狂歌醒时别，骑马长安踏冰雪。十年坛坫雌雄制，次公寄我清尊集。何刘沈谢工力敌，天地低昂鬼神泣。新诗千百首，传诵满人口。一代风骚杭厉后，合沓高名动南斗。欲倩画师某某，吴兴长房妙入神。集中诸老夙所亲，意匠经营为写真，清胪白发各尽态，图成主客廿七人。从此东轩书画足千古，踵事西园差可数。行吟坐啸曾几时，强半诗魂冷黄土，剩有精灵作才语。裙屐壶觞渺何许，池馆凄其夜深雨。呜呼！君家伯仲不再见，还君此图泪如霰。

末有长洲陈硕甫先生奚题字曰："余与小米昆季，交久最厚，不能吟，不入社。展图流连，书以记之。"

钱咏所藏宋拓汉经两跋

金匮钱梅溪咏所藏宋拓汉经九纸；凡《尚书·洪范》十行，《君奭》二行，《鲁诗·魏风》八行，《唐风》四行，《仪礼·大射仪》七行，《聘礼》六行，《春秋·公羊·隐四年传》三行，《论语·尧曰篇》四行，又《论语》篇末识语二行。前有梅溪藏汉石经小像，翁覃溪题。每纸后有梅溪释文，常熟翁叔平相国所藏，后归庐江刘健之观察。相国题七古一章于首云："石经残文宝汉氏，古香口臠都九纸。足骄退谷矜秋庵，孙黄所得俭于此。梅花溪上钱立群，冥心日夕笺其文。天公郑重落吾手，□瓶庐寂对忘云"云。又跋云："世传宋拓汉石经残字有三本，一为孙北海藏，一为黄小松藏，一为蔡松原藏。此本有十三纸之巨观，而世鲜称述，意梅溪居士得经后，秘不示人，故卷首藏经小景，有覃谿题眉，而后无一字，知亦未曾寓目也。覃谿且不使之见，宜同时金石家都无题记耳。惟天道忌盈，红羊之厄，由居士后人出诸劫火中，已佚去四纸，大璞不完，弥足珍事。光绪丙戌之冬，始归于余，欢喜记之。瓶庐翁同龢。"第二跋云："初不知阮氏本在何许，孙黄二本在川沙沈韵初家，南北相揆隔，又不能对勘，殊闷损也。昨吴清卿中丞自粤东来书，告余新得石经残字，即有'凶德绥绩'之本（孙退谷本）。名物无恙，为之一慰。来书中颇作自矜语，盖不知余有钱本也。己丑七月二十五灯下同龢。"末又题一绝句云："苍茫人间怕回头，尚父湖滨旧门鸥。输与梅花老亭长，一灯风雨写经楼。癸卯秋松禅老人书。"

上虞罗叔言参事跋云："汉熹平石经，海内知名者凡三本：一孙北海藏本，一黄小松藏本，一阮文达藏本。虽屡经劫火，均尚在人间。孙本归吴窓斋中丞，阮本归端忠敏，黄本归汉阳万镜涛。此三本，皆残字四段，《尚书》一，《论语》三，存字均有二十余字。而黄本《尚书》末行较孙、阮二本又少'凶德绥绩'四字。海内士夫，佥以为当日鸿都石刻，海内所存仅此而已。金匮钱氏有双勾本，《诗》、《仪礼》、《公羊》、《论语》残字，其所著《履园丛话》及王少司寇《金石萃编》等书均载之。翁氏既据以入《两汉金石记》，又刻石置南昌郡庠。顾以不知其祖本所在，致有疑为钱氏伪造者。光绪乙巳，予在吴门，忽见梅溪得之年小像立帧于肆中。颇疑但得钩本，何以画象以志得意。知其所得必为墨本。及辛亥国变，南中故家所藏，大半流入贾肆。常熟翁相国故物，亦多为好事者所得。庐江刘健之得是本，亟移书假观，则即《丛话》所记钩本之祖也。梅溪自题凡十三纸，而但存九纸。翁跋谓其后人佚去，细检之，则所佚正是《尚书》一，《论语》三。始知钱氏当日所得实墨本，而惧势家夺之，又力不能久守，乃割其诸家所有者四纸售之，而自留其九纸。此皆海内人士所未见之孤本，故但托钩本之说，以示同好。观卷中《论语》一纸，首行'以万方'，'以'字之上，割裂之迹宛然。则翁氏谓其子孙失之，不免为梅花亭长所欺矣。颇疑阮氏本，即从梅溪藏本中割出者，以纸墨与此卷正同也。江郑堂跋阮本，谓出蔡松原家。殆梅溪既售之文达，而请其勿泄，文达遂托辞以告郑堂。彼本并无蔡氏一字一款，是未必果出蔡氏之证。予既喜见此孤本，并记此一段公案，亦可喜也。"云云。余案：罗跋破梅溪之案，可谓快事。然梅溪所刊双钩本，尚有《论语·微子》篇百七十字，此亦孙、黄、阮三家所无。此本亦无之，必此本尚存十段《论语》后识语。实为二段，翁云九段。盖误其所缺者为《尚书·盘庚》，《论语·为政》、《微子》二段及《尧曰》篇上半截。今合此本与阮本，已得十二段，惟《微子》篇百七十字无有，不知尚在人间否也。

恽南田题柳绝句十二章

恽南田画柳四页并后题绝句十二章，哀感顽艳，世所希有，不独绘事之工也。

其诗曰：

何处香车紫陌尘，枝枝斜坠落花津。美人独立东风里，半为春愁翠黛颦。

乌啼江月正黄昏，风袅残烟翠带长。最是笛中听不得，白门花落旧宫墙。

弱柳风前未尽送，和烟和雨上阑干。当年歌舞销魂地，深院沈沈独自看。

飞絮游丝点客衣，高楼人辽望斜晖。伤心最是红桥路，宝马钿车乱后稀。

翠压红潮冷钓矶，杜鹃声里送斜晖。白花飞作红村雪，一夜游人减带围。

转忆柔条苑路斜，朦胧烟月带残霞。借问三眠旧人柳，于今天地属谁家。

绿池花片晓来增，欲挽东风力不胜。只为送春无几日，自将烟翠染溪藤。

数点昏鸦月一潭，绿阴桑火过春蚕。从今移入图中看，不必攀条忆汉南。

灞岸千丝定有无，隋河旧录已全芜。抽毫细染眠□□，兵气应难到画图。

梦隔春云海路长，杨花飞尽莫思乡。闽南不是无青柳，海图遥闻已种桑。

扫却砚尘来翠色，无吹玉笛乱春心。更怜紫燕风前语，可忆西湖旧绿阴。

花雨春残海上城，无心客路听莺声。诗成一笑蓬莱浅，左肘惊看卧柳生。

此图为鹤尹作。鹤尹，王姓，名抃，乃太仓王文肃曾孙也。

明雅宜山人手书借券题跋

明雅宜山人王宠手书借券一纸，并明以后诸名家诗跋，藏武进费屺怀编修家。今年复见大兴翁覃谿学士手录全卷，并所撰诗一跋一，及雅宜年谱手稿。亟录如下。券云：

立票人王履吉央文寿承作中
借到袁与之白银五十两按月
起利二分期至十二月一并纳还
不致有负恐后无凭书此为证
嘉靖七年四月　日
　　立票人王履吉（下用宠字花押）
　　作中人文寿承（下用彭字花押）

按雅宜山人，名宠，字履仁，更字履吉，吴县人。生于［宏］（弘）治七年甲寅，卒于嘉靖十二年癸巳，年四十。作此券时年三十有五。

文寿承名彭，卫山先生次子。袁与之名褒，与兄袁褧、弟袠、从兄弟衮、裘，皆以文行知名，称袁氏六俊。而雅宜尤以书名重一代。考此卷自明时已为世宝，卷中题跋，明人有归昌世、赵宧光文柟，国朝有沈德潜、徐良、王际华、孔继涑、周景柱、邵齐然、张埙、王宸、朱筠、邵晋涵等。题诗，赵嗣万七绝一首，钱大昕、钱载七古各一首，朱筠五古一首，曹文埴七律一首，季学锦五古一首，吴寿昌、宋铣七古各一首，周震荣二绝句，邵晋涵七古一首，皆名人也。

覃谿跋云：

> 雅宜手券一卷，明嘉靖七年四月，王履吉假白银五十两于袁与之，期以十二月纳还，月利二分，而文寿昌作中者，后有履吉寿承押字，元和马君翚尗所藏也。予考履吉，居洞庭三年，读书石湖之上二十年，居虞山白雀市又累年。此书券在嘉靖七年戊子，则居石湖之时也。履吉所与游者，文氏二承、袁氏六俊兄弟最为欢洽。六俊者，袁邦正、褧尚之、衮补之、褒与之、袠永之、裘绍之也。六袁并有名吴中，而补之、永之二人尤著。汪尧峰《袁氏六俊小传》云："与之与人交，不设城府，轻财好施，有以急难告者，倾橐济之无所吝。"然则与之为人，慨可见矣。履吉手书荷花荡之胜，遂赋六绝句呈览，或可当卧游耳。而其《戏简补之与之诗》云："何时共醉桃花坞，解尽春衣当酒钱。"是履吉与之交谊又如此。袁永之生于孝宗［宏］（弘）治十五年壬戌，履吉生于七年甲寅，文寿承生于十年丁己。与之，为永之兄，其生年当亦在此前数年。则履吉与之承寿三人者，皆年相若，一时文酒追随，徜徉山水，辛夷之馆，桃花之坞，互相映蔚焉。有缓急相假，而待一人焉为之居间，且仅数月之间，而必鳃鳃论息者哉！

文承寿之次子白元发，有《兰雪斋集》，中有《感昔诗》十一章，其第七章《感哀鲁仲》。鲁仲，胥台先生之子。胥台者，永之也。其诗曰："急病周贫穷，金钱散如掷。曾闻握筹生，见君几丧魄。"两家子弟，垂数十年之后，称道贤达，犹以重友谊轻财贿见之篇什，而当日卧雪庐中，乃较量称贷用货殖质剂之法。此理之必无者也。所重乎前贤者，非惟其札翰之美，惟其往来赠处之道，足以兴起后人，愧彼薄俗也。使履吉与之通财之际，果区区若世俗之为者，则其子孙将匿之去之之不暇，而何有于爱而传之哉？

昔虞永与碑版名迹，照耀人耳目，而欧阳子独赏其智永千文后所书数字不成文者，以为世南平生所书碑刻，皆莫及也。则岂非信笔不用意之作，胜于矜持精思者耶？若斯卷者，盖亦非履吉与寿承与之辈酒间随笔，戏为世俗券式以自娱已耳，岂其果尝有是事哉！归文休、赵凡夫辈，去履吉书已百年之久，不辨其事，而直以贷主目之。文瑞又题语在丙午，是万历三十四年，较归题又前十余年，亦策谓古人片纸只字，不可遗失，而不言其称贷之事。后人观此卷者，但当如欧子评赏永兴千文后数字，以信笔不用意，不成文之语视之，则得之矣。故方纲附诗于后焉，言履吉用笔之妙，而不复作券观也。

其诗曰：

山人书出文氏门，先河永兴独溯源。或云少作守篱藩，或讥草书貌骞腾。嘉靖戊子序始暄，石湖湖庄一钓艅。棹回桃花坞边村，平生心契文与袁。三桥卧雪好弟昆，酒钱定可办一尊。快说溪上瓜芋毺，鱼租农课莩殖蕃。一年取入给饔飱，俯仰无事称贷援。屈指此时城市喧，锥刀扰扰计较紧。一笑相与腹笥扪，仰而看山俯灌园。偶然得墨□汁翻，那复细大择语言。虽近章草势不奔，亦用文法无仿痕。押尾掣势尤轩轩，所以永兴笔意存。枕卧斋会纸墨昏，摹本无复寻其根。积时一帖最雄尊，又恐米老讥河豚。破邪论序态婵媛，山人临本其嫡孙。吾尝借摹勒玙璠，欲叩笔髓穷昆仑。于楷悟行要不烦，山人盖亲目击温。六十八字泄胚浑，彼学步者虱在裈。吾评虞书外笼樊，岂求中郎于虎贲。欧颜褚薛皆吐吞，贷券之事吾弗论。

乾隆四十年十一月七日。大兴翁方纲书。

明代婚书之式

古代婚书之式，自《士昏礼》之昏辞，以至杜氏《通典》、司马温公《书仪》皆载之，亦见于宋人文集中。上虞罗氏，藏明张南山尚书驳昏书一通，可见明代之式，具录如下。题为《北京遣第三子云鹤还松江毕姻与唐亲家书》，其辞曰："维时野梅呈腊，宫柳回春，共诒普国郡尊大亲家阃闳宝聚前：天锡鸿庥，日臻燕祉。乐邱园而遯迹，藉诗酒以陶情。一别星标，五更岁篡。遥切一门之眷爱，不胜千里之驰思。丹凤楼头，载笔叨依于日下；黄龙浦口，飞帆未得向江南。暑递往而寒递来，霎然过眼；男将婚而女将嫁，寔尔劳心。且小儿缪习僰夷书，滥膺冠带，而令爱素娴红女绣，宜施衿擘。言念唐子方以来，世系绵绵乎瓜瓞；张公瑾而下，家声秩秩乎冠缨。幸谐二姓之大缘，获缔百年之星眷。珠冠结凤，少陪奠雁之仪；尺素衔鱼，将遂乘龙之愿。计高明之雅度，礼虽薄而无嫌；惟远大之后图，来期速而无缓。式符至愿，顾负深恩。岂草木之无知，当琼瑶之有报。麇留是望，鉴念不宣。右礼书一通，物状别纸陈之，兹不赘。清和郡眷生张骏拜手。昼绣堂书。"此卷旧藏嘉善唐氏，有墨卿观察跋云："翰题十四世叔祖子名公明，正统时，赘松江娄县泖桥徐氏，仍唐姓，子孙蕃衍，今称谱泖桥房是也。此张南山尚书礼书手迹，当即与泖桥族人缔姻者。容斋孝廉得于吴门，壬戌冬日，持以见赠，谨受而藏之，并记岁月。嘉平朔日翰题书。"

程氏旧藏《巴隽堂小像》立幅

歙县程氏，旧藏《巴隽堂小像》立幅。隽堂名慰祖，字子安，一字予藉，歙县人，汪容甫先生中为作《巴予藉别传》者也。乾、嘉二朝诸名人题咏极多。歙县金辅之先生榜五古四首。

其一云：

衡山狂道士，不解世俗书（原注：谓汪稚川也，稚川游衡湘遂不反）。说子不去口，相与游物初。一见若旧识，高言时起予。低徊感旧游，弹指卅年余。

其二曰：

学者如牛毛，成者如麟角。六经众说郛，谁与苦孔卓。巴君治古文，高去天一握。安得辍筝琶，洗耳听雅乐。

其三曰：

鸟迹既茫昧，今惟石鼓尊。昧者纪其近，但说李少温。斯人篆籀学，如导源昆仑。兹事竟不坠，世守到儿孙。

其四曰：

由来管城子，本无食肉相。爱书兼爱客，澜漫倒家酿。维摩虽多病，意已齐得丧。彼哉腐鼠吓，乃太不自量。

款云：子安大兄属题，槃斋金榜。

吴山尊学士题七古一章云：

十年不与君往还，喜君犹在天地间。君本善病又耽古，搜奇容易凋朱颜。天要金石得所主，欧赵缺略尤须补。闻说穷愁乃著书，俾君不作侯千户。君云平生爱友生，一语投契千均轻。流水明月自今昔，俗物那足樱高情。三间老屋万山里，老与梅花作知己。繁枝乱搜古玉瓶，暗香冷浸上池水。客来忽作罗浮游，梦醒月落山东头。安得美人会歌舞，不教寒鸟徒啁啾。往者高轩践蓬室，我翁度曲君吹笛。阶前十亩荷花出，红衣舞应歌声侧。别来我翁霜鬓新，只缘长作倚阑人。寄语讯君还忆否，屋梁落屑成前尘。我忆从君邗江沚，当时宾客皆奇士。汪君（容甫同年）大叫邵君（二云先生）眙，若为古今争故纸。君今倦游归治经，我行尚作风中萍。偶然一叶到黄海，携尊重过杨云亭。仓然双鬓今如故，生面何人写缣素。好与千秋小学家，瓣香直当黄金铸。

款署：子安先生大兄大雅之教，门愚弟吴甝。

黄左田尚书七古一章云：

忆昔金陵同献赋，新安太守（江千九先生恂）座中遇。尔时君才殊可畏，辄问君名来也未。太守指言即此君，握手如遇平生亲。须臾报罢两乙等，从此汉广江复永。那知一别经八年，合并忽在黟山颠。论诗论文兼论画，又结城阳山水缘。我闲入城无所诣，香山马足常知意。有时晨谒君尚卧，直待宵归日西坠。爱君制作文房精，羡君才笔更纵横。千金赝鼎出游戏，欧赵考古徒纷纷。倦游我欲归村社，君亦秋风思跋马。已作悠悠行路人，明年谁共持杯斝。珍重临歧酒一巡，休教长路损精神。请看宴坐欢心者，岂是蓬蒿终老人。

款云：乾隆壬子六月二十六日紫阳山馆题，奉子安大兄同年教正，即以留别，时戍归芜湖，子安亦将往汉阳山。壹斋弟黄戍拜稿。

黄洙五古一章云：

峨峨千仞冈，亭亭百尺树。骨相森清癯，精神温和煦。古欢情自怡，澄观日微驻。兴来乘胜概，境迁阅佳趣。铺海郁蒸云，触石游撰雾。举头蔚蓝天，噪名五色赋。山齐江北堂，楼设竹西路。言歌广咏诗，夫非桔槔务。九万随所之，六月暂以住。濠乐诘知鱼，市趋嘻若鹜。深巷景行行，高斋旧雨雨。少作托都京，遥原浚图注。铜石剔苔藓，铅椠拂蟫蠹。幽履敦安负，坦途绰余裕。拳拳长芝主，啾啾秦韶护。室事任儿曹，老子何世故。妙理倾一尊，养生留小炷。周旋与我身，静定存吾素。平君锦线绣，范蠡黄金铸。袖手抱冲襟，飘髯爱修婢。梯儿谢隐囊，跏趺如展具。写心属化工，披图动禅悟。

乾隆壬子四月黄洙题。

此后尚有歙县程木庵诸人诗跋不录。

按汪容甫先生所作《巴予藉别传》甚能状其人。传曰："予藉故富家，生而通敏，眉目疏秀，身纤而皙。少好刻印，务穷其学，旁及钟鼎款识秦汉石刻，遂工隶书，劲险飞动，有建宁延熹遗意。又益蒐古书画器用及琢研造墨，究极精美，罗列左右，入室粲然。其文弗善也，颜之曰可惜，予藉不能改。又善交游，自通人名德胜流畸士、下至工师乐伎偏材曲艺之美，莫不一见洒然，如旧相识，周蜜款密，久而不衰。或欺绐攫夺，予惜惜不之校，他日遇之，则又如故。予藉好棋及驰马度曲，遇名山胜地，佳时令节，可喜可愕之事，未尝不身在其间。竟数十年，由是大亡其财，其日病。晚为人作书自给，数年间卖其碑刻尚三千金。然目爱之弥甚，节啬衣食，时复买之。乾隆五十八年夏，游江都卒。予藉虽贫以死，然其声名流溢士大夫间，其遗迹所在有之，皆在治生，不在好古也。是故埏埴以为器，方圆具矣，而天机不存焉。巧工引手，冥合自然，览之者终日不能穷其趣，然而不可施之以绳墨。知此者可与语予藉矣。余与予藉同岁而交深，一别五年，相距数千里。余笃疾再生，而予藉适至，所欲与谈谐者何尽，而竟不及一见而死。岂余与予藉朋友之缘，固止于是欤？悲夫！予藉，名慰祖，歙之渔梁人，卒年五十。"此文盛状予藉为人，而不及其学问。然金辅之先生题诗，极推重其小学，惜未尝著书。其遗墨在人间者，今亦寥寥，惟此象尚存。又容甫先生所撰《别传》世多能诵之者，予藉身后，差不寂寞耳。

汪容甫《宋书世系表》序

容甫先生《宋书世系表》手稿，仅存数叶。光绪戊申，见于扬州书肆，乃未成之书也。其序载《述学》中。曰："沈约《宋书》表不传，今采宋氏宗室之见纪传者辑为此篇。且序之曰：宋武帝受终晋室，自永初改元，至于升平末，凡五世六十年。本支百二十九人，其被杀者百二十有一，而骨肉自相屠害者八十。当齐初纪，彭城之刘，盖有存者。而帝之血属并长沙、临川二系斩焉。夫一兴一废，国家代有，凡在公族，休戚同之。是以商孙不亿，侯服于周；汉世王公，争言符命。当易姓之际，忍耻事仇，并为臣仆，以全生保姓者有矣；未有君临天下，傅序九君，一朝革命，覆宗绝祀，殄无遗育，如宋氏之盛者也。方其完如景平，治如元嘉，威如大明，国祚未倾，群生咸遂。而父子兄弟，日翦月屠，如恐不及，甚至举宗就戮，祸及婴儿，使幼者不得长，壮者不得育，遂致宗姓寡弱，王室陵迟，奸雄睥睨其旁，拱手以成断流之祸，岂不哀哉！或者谓武帝起自布衣，经营天下，十有余年，竟成王业。于时晋室宗亲，诛锄殆尽，而同力举义之人，罕有存者。创业垂统，取济一时，非有积德累仁之旧。娄敬、干宝之陈言，稍已迂阔而远于事情矣。昔汉、魏末世，虽见逼夺，而历年传嗣，永保元吉。下至昌邑海西，犹得尽其天年，未至公然操刃也。自平固解玺，人望未绝，武帝因之以倾桓氏。殷鉴在夏，零陵遂以不免。自是以降，禅代之君，异世同辙。而君亲杀戮之祸，相沿而莫之革，实自帝始。象人以殉，犹或无后，况乎身为戎首，祸流异代，而欲子孙令间长世，岂可得哉！当帝践阼之初，威德在人，中外帖服，所长虑郤顾，莫肯遑息者，惟故主耳。及夫撩被告殂，子孙磐石之计，虽至今存可也。曾不再稔而前事之师，继体之元子，先尝其害。岂所谓天道好还，为法自敝者乎？后嗣之陵夷，又其所矣。呜呼！无一民尺土之柄，战必胜，攻必取，总揽英才，振厉风俗，遗令诏继嗣之意，信乎人杰矣。谓祸患之来，不可逆知，务增修于德，而毋或多杀不辜，以为之备。斯三古哲士，所以祈天永命也。”

沈子培《爱日吟庐书画录》序

近平湖葛氏刊行《爱日吟庐书画录》及《续录》，其所藏书画，颇多赝本，不足当赏鉴之目。然前有嘉兴沈子培方伯一序，文极可诵读，亟录之。序曰：“昔者宝真作赞，倦翁寓感于东京；故物叙谱，裕之伤怀于北渡。九六元黄之会，火风灾难之辰。图书与钟簴俱移，雅故与衣冠并瘁。竹殿灰飞，文武之道尽今日；董逃行急，缣帛之囊括靡遗。开皇官库，烬余仅录孝源；益部名画，异世乃甄休复。至于石经三字，因移邺而不存；坛山片石，徙入燕而永绝。藏室宝书，随皇老而度月支；博士完经，驾海童而归方丈。蜗角斗争，脉望蜕化。怆我寤叹，能不涟而。然而桃源地僻，五马无惊，桑海尘扬，百地未堕。识陶安之印，季懈承家；发六一之藏，子孝录目。如吾友葛毓珊农部哲嗣稚威比部所编《爱日吟庐书画续录》，得不谓墨庄付托，足慰平生；闾史文分，兼彰国故者乎？《爱日吟庐书画录》者，农部所手编也。哀所储藏历代名迹，详略之例，准诸江村；编定之年，断自光绪。至佳新著，藉甚人间。而录成以后，续收弥富，比部继志，亦有网罗。阙焉不述，岂曰为裘；锲而不舍，乃成后集。《续录》凡八卷，自明以前名迹七十余件，本朝名迹一百九十余件，选择排比，壹如前录，又辑《别录》四卷附后。弇州书画之跋，隆、万异时；清河世系之表，枣梨一味。固继彪书，廉成察业，善则称先，署仍农部。儒风世德，兹可尚也。

嗟夫！颓龄易感，表独立于寒风；末劫多贤，乃不生于华族。芜城惨澹，乔木先摧；夜壑迁移，墨皇大去。三年以来，侨居所阅：喟郁华之秘籍，检墨未干；估江夏之珍图，题金如故。潮阳估舶，猎穷持静菁华；朱雀航头，掠剩结一签帙。云烟通眼，天地不仁，方复助不详以眩人，馨衣珠于穷子。昭陵石马，则蹢顾秦桥；僧县画龙，乃垂首建木。岂智士鸠留之国，行大舍其庄严；将天人衰相之年，遂顿亡其璎珞。既欣此善，弥轸他悲。稚威属叙斯编，吾恫以思，逾久愈久，不能抒写，职思此尔。岁在甲寅端午后二日，李乡寐叟沈曾植。”

按：后段所云郁华，谓宗室盛伯羲祭酒昱。江夏，谓武进费屺怀编修念慈。持静，谓丰顺丁雨生中丞日昌。结一，则钱唐朱修伯侍郎、子青观察父子也。朱氏之书画，归丰顺张幼樵学士佩纶。癸巳之夏，为乱兵掠夺殆尽。余三家书画，亦悉于近三年中散佚，序中提及之。方伯文行世甚少，故俱录之。

二　中国美学研究

论哲学家与美术家之天职

　　天下有最神圣、最尊贵而无与于当世之用者，哲学与美术是已。天下之人嚣然谓之曰无用，无损于哲学、美术之价值也。至为此学者自忘其神圣之位置，而求以合当世之用，于是二者之价值失。夫哲学与美术之所志者，真理也。真理者，天下万世之真理，而非一时之真理也。其有发明此真理（哲学家），或以记号表之（美术）者，天下万世之功绩，而非一时之功绩也。唯其为天下万世之真理，故不能尽与一时一国之利益合，且有时不能相容，此即其神圣之所存也。且夫世之所谓有用者，孰有过于政治家及实业家者乎？世人喜言功用，吾姑以其功用言之。夫人之所以异于禽兽者，岂不以其有纯粹之知识与微妙之感情哉。至于生活之欲，人与禽兽无以或异。后者政治家及实业家之所供给，前者之慰藉满足，非求诸哲学及美术不可。就其所贡献于人之事业言之，其性质之贵贱，固以殊矣。至就其功效之所及言之，则哲学家与美术家之事业，虽千载以下，四海以外，苟其所发明之真理，与其所表之之记号之尚存，则人类之知识感情由此而得其满足慰藉者，曾无以异于昔。而政治家及实业家之事业，其及于五世十世者希矣。此又久暂之别也。然则人而无所贡献于哲学、美术，斯亦已耳，苟为真正之哲学家、美术家，又何慊乎政治家哉。

　　披我中国之哲学史，凡哲学家无不欲兼为政治家者，斯可异已！孔子，大政治家也，墨子，大政治家也，孟、荀二子，皆抱政治上之大志者也。汉之贾、董，宋之张、程、朱、陆，明之罗、王无不然。岂独哲学家而已，诗人亦然。"自谓颇腾达，立登要路津。致君尧舜上，再使风俗淳。"非杜子美之抱负乎？"胡不上书自荐达，坐令四海如虞唐。"非韩退之之忠告乎？"寂寞已甘千古笑，驰驱犹望两河平。"非陆务观之悲愤乎？如此者，世谓之大诗人矣！至诗人之无此抱负者，与夫小说、戏曲、图画、音乐诸家，皆以俳优倡优自处，世亦以俳优倡优畜之。所谓"诗外尚有事在"，"一命为文人，便无足观"，我国人之金科玉律也。呜呼！美术之无独立之价值也久矣。此无怪历代诗人，多托于忠君爱国、劝善惩恶之意，以自解免，而纯粹美术上之著述，往往受世之迫害，而无人为之昭雪者也。此亦我国哲学美术不发达之一原因也。

夫然，故我国无纯粹之哲学，其最完备者，唯道德哲学，与政治哲学耳。至于周、秦、两宋间之形而上学，不过欲固道德哲学之根柢，其对形而上学非有固有之兴味也。其于形而上学且然，况乎美学、名学、知识论等冷淡不急之问题哉！更转而观诗歌之方面，则咏史、怀古、感事、赠人之题目，弥满充塞于诗界，而抒情叙事之作，什佰不能得一。其有美术上之价值者，仅其写自然之美之一方面耳。甚至戏曲、小说之纯文学，亦往往以惩劝为旨，其有纯粹美术上之目的者，世非惟不知贵，且加贬焉。于哲学则如彼，于美术则如此，岂独世人不具眼之罪哉，抑亦哲学家、美术家自忘其神圣之位置与独立之价值，而蒽然以听命于众故也。

至我国哲学家及诗人所以多政治上之抱负者，抑又有说。夫势力之欲，人之所生而即具者，圣贤豪杰之所不能免也。而知力愈优者，其势力之欲也愈盛。人之对哲学及美术而有兴味者，必其知力之优者也，故其势力之欲亦准之。今纯粹之哲学与纯粹之美术，既不能得势力于我国之思想界矣，则彼等势力之欲，不于政治，将于何求其满足之地乎？且政治上之势力，有形的也，及身的也；而哲学美术上之势力，无形的也，身后的也。故非旷世之豪杰，鲜有不为一时之势力所诱惑者矣。虽然，无亦其对哲学、美术之趣味有未深，而于其价值有未自觉者乎？今夫人积年月之研究，而一旦豁然悟宇宙人生之真理，或以胸中惝恍不可捉摸之意境一旦表诸文字、绘画、雕刻之上，此固彼天赋之能力之发展，而此时之快乐，决非南面王之所能易者也。且此宇宙人生而尚如故，则其所发明所表示之宇宙人生之真理之势力与价值，必仍如故。之二者，所以酬哲学家、美术家者，固已多矣。若夫忘哲学、美术之神圣，而以为道德、政治之手段者，正使其著作无价值者也。愿今后之哲学、美术家，毋忘其天职，而失其独立之位置，则幸矣！

古雅之在美学上之位置

"美术者，天才之制作也。"此自汗德以来百余年间学者之定论也。然天下之物，有决非真正之美术品，而又决非利用品者。又其制作之人，决非必为天才，而吾人之视之也，若与天才所制作之美术无异者。无以名之，名之曰"古雅"。

欲知古雅之性质，不可不知美之普遍之性质。美之性质，一言以蔽之曰：可爱玩而不可利用者是已。虽物之美者，有时亦足供吾人之利用，但人之视为美时，决不计及其可利用之点。其性质如是，故其价值亦存于美之自身，而不存乎其外。而美学上之区别美也，大率分为二种：曰优美，曰宏壮。自巴克及汗德之书出，学者殆视此为精密之分类矣。至古今学者对优美及宏壮之解释，各由其哲学系统之差别，而各不同。要而言之，则前者由一对象之形式，不关于吾人之利害，遂使吾人忘利害之念，而以精神之全力沉浸于此对象之形式中。自然及艺术中普通之美，皆此类也。后者则由一对象之形式，越乎吾人知力所能驭之范围，或其形式大不利于吾人，而又觉其非人力所能抗，于是吾人保存自己之本能，遂超越乎利害之观念外，而达观其对象之形式，如自然中之高山大川、烈风雷雨，艺术中伟大之宫室、悲惨之雕刻象，历史画、戏曲、小说等皆是也。此二者，其可爱玩而不可利用也同，若夫所谓古雅者则何如？

一切之美，皆形式之美也。就美之自身言之，则一切优美皆存于形式之对称变化及调和。至宏壮之对象，汗德虽谓之无形式，然以此种无形式之形式，能唤起宏壮之情，故谓之形式之一种，无不可也。就美术之种类言之，则建筑、雕刻、音乐之美之存于形式固不俟论，即图画、诗歌之美之兼存于材质之意义者，亦以此等材质适于唤起美情故，故亦得视为一种之形式焉。释迦与马利亚庄严圆满之相，吾人亦得离其材质之意义，而感无限之快乐，生无限之钦仰。戏曲小说之主人翁及其境遇，对文章之方面言之，则为材质；然对吾人之感情言之，则此等材质又为唤起美情之最适之形式。故除吾人之感情外，凡属于美之对象者，皆形式而非材质也。而一切形式之美，又不可无他形式以表之，惟经过此第二之形式，斯美者愈增其美，而吾人之所谓古雅，即此第二种之形式。即形式之无优美与宏壮之属性者，亦因此第二形式故，而得一种独立之价值，故古雅者，可谓之形式之美之形式之美也。

夫然，故古雅之致存于艺术而不存于自然。以自然但经过第一形式，而艺术则必就自然中固有之某形式，或所自创造之新形式，而以第二形式表出之。即同一形式也，其表之也各不同。同一曲也，而奏之者各异；同一雕刻、绘画也，而真本与摹本大殊；诗歌亦然。"夜阑更秉烛，相对如梦寐"（杜甫《羌村》诗），之于"今宵剩把银釭照，犹恐相逢是梦中"（晏几道《鹧鸪天》词），"愿言思伯，甘心首疾"（《诗·卫风·伯兮》），之于"衣带渐宽终不悔，为伊消得人憔悴"（欧阳修《蝶恋花》词），其第一形式同。而前者温厚，后者刻露者，其第二形式异也。一切艺术，无不皆然，于是有所谓雅俗之区别起。优美及宏壮必与古雅合，然后得显其固有之价值。不过优美及宏壮之原质愈显，则古雅之原质愈蔽。然吾人所以感如此之美且壮者，实以表出之之雅故，即以其美之第一形式，更以雅之第二形式表出之之故也。

虽第一形式之本不美者，得由其第二形式之美（雅），而得一种独立之价值。茅茨土阶，与夫自然中寻常琐屑之景物，以吾人之肉眼观之，举无足与于优美若宏壮之数，然一经艺术家（若绘画，若诗歌）之手，而遂觉有不可言之趣味。此等趣味，不自第一形式得之，而自第二形式得之，无疑也。绘画中之布置，属于第一形式，而使笔使墨，则属于第二形式。凡以笔墨见赏于吾人者，实赏其第二形式也。此以低度之美术（如法书等）为尤甚。三代之钟鼎，秦汉之摹印，汉、魏、六朝、唐、宋之碑帖，宋、元之书籍等，其美之大部，实存于第二形式。吾人爱石刻不如爱真迹，又其于石刻中爱翻刻不如爱原刻，亦以此也。凡吾人所加于雕刻、书画之品评，曰"神"、曰"韵"、曰"气"、曰"味"，皆就第二形式言之者多，而就第一形式言之者少。文学亦然，古雅之价值，大抵存于第二形式。西汉之匡、刘，东京之崔、蔡，其文之优美宏壮，远在贾、马、班、张之下，而吾人之嗜之也，亦无逊于彼者，以雅故也。南丰之于文，不必工于苏、王，姜夔之于词，且远逊于欧、秦，而后人亦嗜之者，以雅故也。由是观之，则古雅之原质，为优美及宏壮中不可缺之原质，且得离优美宏壮而有独立之价值，则固一不可诬之事实也。

然古雅之性质，有与优美及宏壮异者。古雅之但存于艺术，而不存于自然，既如上文所论矣，至判断古雅之力，亦与判断优美及宏壮之力不同。后者先天的，前者后天的、经验的也。优美及宏壮之判断之为先天的判断，自汗德之《判断力批评》（今译《判断力批判》）后，殆无反对之者。此等判断既为先天的，故亦普遍的、必然的也。易言以明之，即一艺术家所视为美者，一切艺术家亦必视为美。此汗德之所以于其美学中，预想一公共之感官者也。若古雅之判断则不然，由时之不同而人之判断之也各异。吾人所断为古雅者，实由吾人今日之位置断之。古代之遗物无不雅于近世之制作，古代之文学虽至拙劣，自吾人读之无不古雅者，若自古人之眼观之，殆不然矣。故古雅之判断，后天的也，经验的也，故亦特别的也，偶然的也。此由古代表出第一形式之道与近世大异，故吾人睹其遗迹，不觉有遗世之感随之，然在当日，则不能若优美及宏壮，则固无此时间上之限制也。

古雅之性质既不存于自然，而其判断亦但由于经验，于是艺术中古雅之部分，不必尽俟天才，而亦得以人力致之。苟其人格诚高，学问诚博，则虽无艺术上之天才者，其制作亦不失为古雅。而其观艺术也，虽不能喻其优美及宏壮之部分，犹能喻其古雅之部分。若夫优美及宏壮，则非天才殆不能捕攫之而表出之。今古第三流以下之艺术家，大抵能雅而不能美且壮者，职是故也。以绘画论，则有若国朝之王翚，彼固无艺术上之天才，但以用力甚深之故，故摹古则优而自运则劣，则岂不以其舍其所长之古雅，而欲以优美宏壮与人争胜也哉。

以文学论，则除前所述匡、刘诸人外，若宋之山谷，明之青邱、历下，国朝之新城等，其去文学上之天才盖远，徒以有文学上之修养故，其所作遂带一种典雅之性质。而后之无艺术上之天才者亦以其典雅故，遂与第一流之文学家等类而观之，然其制作之负于天分者十之二三，而负于人力者十之七八，则固不难分析而得之也。又虽真正之天才，其制作非必皆神来兴到之作也。以文学论，则虽最优美最宏壮之文学中，往往书有陪衬之篇，篇有陪衬之章，章有陪衬之句，句有陪衬之字。一切艺术，莫不如是。此等神兴枯涸之处，非以古雅弥缝之不可。而此等古雅之部分，又非藉修养之力不可。若优美与宏壮，则固非修养之所能为力也。

然则古雅之价值，遂远出优美及宏壮下乎？曰：不然。可爱玩而不可利用者，一切美术品之公性也。优美与宏壮然，古雅亦然。而以吾人之玩其物也，无关于利用故，遂使吾人超出乎利害之范围外，而恓恍于缥缈宁静之域。优美之形式，使人心和平；古雅之形式，使人心休息，故亦可谓之低度之优美。宏壮之形式，常以不可抵抗之势力唤起人钦仰之情，古雅之形式，则以不习于世俗之耳目故，而唤起一种之惊讶。惊讶者，钦仰之情之初步，故虽谓古雅为低度之宏壮，亦无不可也。故古雅之位置，可谓在优美与宏壮之间，而兼有此二者之性质也。至论其实践之方面，则以古雅之能力，能由修养得之，故可为美育普及之津梁。虽中智以下之人，不能创造优美及宏壮之物者，亦得由修养而有古雅之创造力；又虽不能喻优美及宏壮之价值者，亦得于优美宏壮中之古雅之原质，或于古雅之制作物中，得其直接之慰藉。故古雅之价值，自美学上观之，诚不能及优美及宏壮，然自其教育众庶之效言之，则虽谓其范围较大成效较著可也。因美学上尚未有专论古雅者，故略述其性质及位置如右。篇首之疑问，庶得由是而说明之欤。

中国名画集序

绘画之事，由来古矣。六书之字，作始于象形；五服之章，辉煌于作会。楚壁神灵，发累臣之问；宋舍众史，受元君之图。汉代黄门，亦有画者，殷纣踞妲己之图，周公负成王之象，遂乃悬诸别殿，颁之重臣。魏晋以还，盛图故事；齐梁以降，兼写佛象。爰自开、天之际，实分南北之宗。王中允之清华，李将军之刻画，人物告退，而山水方滋。下至韩马、戴牛、张松、薛鹤，一物之工，兹焉托始。荆、关崛起，董、巨代兴。天水一朝，士夫工于画苑；有元四杰，气韵溢乎典型。胜国兴朝，代有作者，莫不家抱钟山之璧，人握赤水之珠，变化拟于鬼神，矩矱通于造化。陈之列肆，非徒照乘之光；闷之巾箱，恒有冲天之气。

今夫成而必亏者，时也；往而不复者，器也。江陵末造，见玉轴之扬灰；宣和旧藏，与降幡而北去。文武之道既尽，昆明之劫方多。即或脱坠简于秦余，逸焦桐于爨下。然且天吴紫凤，坼为牧竖之衣；长康探微，辱于酒家之壁。同糅玉石，终委泥涂。又或幸遭收藏，并遭著录，而兰亭茧纸，永闷昭陵；争坐遗文，竟分安氏。中郎帐中之帙，仅与王朗同观；博士壁中之书，不许晁生转写。此则叔疑之登龙断，众议其私；阳虎之窃大弓，当书为盗者矣。

平等阁主人英英如云，醰醰好古。慨横流之瀽洞，惧名迹之榛芜。是用尽发旧藏，并征百氏。琳琅辐凑，吴越好事之家；摹写精能，欧美发明之术。八万四千之宝塔，成于崇朝；什一千百之菁英，珍兹片羽。冀以永留名墨，广被人间。

懿此一举有三美焉。夫学须才也，才须学。是以右相丹青，坐卧

僧繇之侧；率更翰墨，徘徊索靖之傍。近世画师，罕窥真迹，见华亭
而求北苑，执娄水以觅大痴，既摹仿之不知，于创作乎何有。今则摹
从手迹，集自名家，裨我后生，殆之高矩，其美一也。且夫张而必弛
者，文武之道；劳而求息者，含生之情。然走狗斗鸡，颇乖大雅；弹
棋博簺，易入机心。若夫象在而遗其形，心生而无所住，则岂有对曹
霸、韩幹（之马）① 而计驰骋之乐，见毕宏、韦偃之松而思栋梁之
用。会心之处不远，鄙吝之情聿销，诚遣日之良方，亦息肩之胜地，
其美二也。三代损益，文质殊尚；五方悬隔，嗜好不同。或以优美、
宏壮为宗；或以古雅、简易为尚。我国绘事自为一宗，绘影绘声则有
所短，一邱一壑则有所长。凡厥反唇，胥由韫椟；今则假以印刷，广
彼流传。贾舶东来，慧光西被，不使蜻蜓岛国独辉日出之光，罗马故
国专称美日之国，其美三也。

　　小有搜罗，粗谙鉴别，睹兹盛举，颇发幽情，索我弁言，贻君小
引。冀夫笔精墨妙，随江汉而长流；玉躞金题，与昆仑而永固。八
月。

---

① "之马"两字原缺，据文义补。

古画砖跋

　　人物画砖四，定海方氏所藏，乃六朝以前物。较汉武梁祠孝堂山诸画象人物，尤为工丽。女子高髻，前后高而中低，基本以缯束之，疑古所谓"缬子髻"者，《太平御览》（三百七十三）引干宝《晋纪》："初，贾后造首绗，以缯缚其髻，天下化之，名'缬子绗'也。"古韬发用缅，束发用笄，此以缯束发，疑晋时物也。

沈司马石阙朱鸟象跋（癸亥）

罗参事跋，以朱鸟为鹑，以鹑为《小雅》非鸴非鸢之鹑，其说是也。《周礼·司常识》"鸟隼为旟"，《考工记》"鸟旟七旒，以象鹑火也。"鸟隼与鹑为一，固自明白。《诗·四月》毛传"鹑，隼也"，即据《周礼》为说，《尔雅·释天》疏引《郑志》答张逸亦云："画急疾之鸟隼。"夫急疾之鸟隼，非鹑而何？孙炎注《释天》"错革鸟曰旟"云："错，置也。革，急也。画急疾之鸟于缯也。"全本毛、郑说。《诗·鄘风》与《左·僖五年传》"鹑之贲贲"，毛、郑无说，杜注以为鹑火，而陆元朗于《诗音义》乃以为鹴鹑鸟，沈存中辈遂承其误。今观此画象与汉朱鸟诸瓦，知汉人皆以鹑为鹑，非康成之创说矣。

梁虞思美造象跋 (壬戌)

　　阮文达公作《南北书派论》，世人推为创见。然世所传北人书皆碑碣，南人书多简尺，北人简尺，世无一字传者。然敦煌所出萧梁草书札，与羲、献规摹，亦不甚远。南朝碑板，则如《始兴忠武王碑》之雄劲，《瘗鹤铭》之浩逸，与北碑自是一家眷属也。此造象若不著年号地名，又谁能知为梁朝物耶？不知文达见此，又将何说也。

《甘陵相碑》跋

　　此碑额署"甘陵相"，其人必在桓帝建和元年，改清河国为甘陵之后，而立碑又在其后，当在后汉末矣。隶法健拔恣肆，已开北碑风气，不似黄初诸碑，尚有东京承平气象也。

　　前人研精书法，精诚之至，乃与古人不谋而合。如完白山人篆书，一生学汉碑额，所得乃与新出之汉太仆残碑同；吴让之、赵悲庵以北朝楷法入隶，所得乃与此碑同。邓、吴、赵均未见此二碑，而千载吻合如此，所谓鬼神通之者非耶？癸亥九月，叔平先生以此属为考证，碑中姓氏不具，又鲜事实，久之无以报命，因就其书法，略记数语。甲子花朝后一日。

周之琦《鹤塔铭手迹》跋

　　书法一道，山阴、平原，范围百化，唐、宋以后，无或逾越。完白山人夺乎千载之下，真积力久，别张一军，安吴、荆溪，此喁彼于，遂成宗派。世人争重山人篆书，不知其行楷书尤有关于百年以来风气也。山人一派，安吴书迹遍天下，而荆溪书传世甚少。今观此卷，寓骏快于顿挫，出新意于旧规，与近日所出两晋、六朝墨迹，波澜莫二。盖精诚之至，与古冥合，亦如山人篆书，与新出汉司徒袁敞碑同一机轴也。丙寅祀灶后一日。

待时轩仿古鈢印谱序①

一艺之微，风俗之盛衰见焉。今之攻艺术者，其心偷，其力弱，其气虚憍而不定，其为人也多，而其自为也少，厌常而好奇，师心而不说学。是故，于绘画，未窥王、恽之藩，而辄效清湘、八大放逸之笔；于书，则耻言赵、董，乃舍欧、虞、褚、薛，而学北朝碑工鄙别之体；于刻印，则鄙薄文、何，乃不宗秦、汉，而摹魏、晋以后镜凿之迹；其中本枵然无有，而苟且鄙倍骄吝之意，乃充塞于刀笔间，其去艺术远矣！余与上虞罗雪堂参事，深有慨乎此。参事有季子曰子期，笃嗜篆刻。其家所蓄，有秦、汉古鈢印千百钮，及近世所出古鈢印谱录数十种。子期年幼而志锐，浑浑焉，浩浩焉，日摩挲耽玩于其中。其于世之所谓高名厚利，未尝知也；世人虚憍鄙倍之作，未尝见也。其泽于古也至深，而于今也若遗，故其所作，于古人准绳规矩，无豪发遗憾，乃至并其精神意味之不可传者而传之。其伎如庖丁之解牛，痀偻丈人之承蜩，纵指之所至，无不中者，其全于天者欤？其诸不为风俗所转而能转移风俗者欤？风俗之转移，艺术之幸，抑非徒艺术之幸也？适子期以其所仿古鈢印谱见示，因书以序之。癸亥秋日。

---

① 此题罗本作《罗子期仿古鈢印谱序》。

沈乙庵先生绝笔楹联跋（壬戌）

　　东轩先生弥天四海之量，拨乱反正之志，四通六辟之识，深极研几之学，迈往不屑之韵，沈博绝丽之文，虽千载后，犹奕奕有生气，矧在形神未离之顷耶？此书作于易箦前数小时，而气象笔力如是，先生之视躯体，直是传舍耳！陟降以往，无乎不在，箕尾星耶？兜率天耶？对此遗迹，谁谓先生不在人间也？世有唱《神灭论》者，请以此难之。

墨妙亭记

　　昔宋孙莘老守湖州，尝集郡内自汉以来古文遗刻，为墨妙亭于府第之北，而东坡先生为之记。元乐善居士顾信，亦集其师松雪翁之书，刻诸其亭之壁，而名之曰“墨妙”。国朝顾湘舟（沅），又集明代诸贤小像墨迹，多至数百通，复以“墨妙”名其亭，于是兹名凡三用矣。湖郡遗刻，今无片石存者，松雪翁之书，世多有之，而顾氏所刻者尽亡，独湘舟所集古人小像，刻于吴中沧浪亭者，岿然尚存。其墨迹虽更兵燹，然其中烜赫者百余通，今归于日本久野元吉君。君又益以国朝名人墨迹，为亭储之，仍从其旧主之所以名之者，而属余为之记。昔东坡之记是亭也，假客之言，谓：“有物必归于尽”，“虽金石之坚，俄而变坏。至于功名文章，其传世垂后，犹为差久。今乃以此托于彼，是久存者反求助于速坏”。以此致疑于莘老，而自以知命者必尽人事释之。今湖州石刻，与亭俱亡，而墨妙亭之名，反藉东坡之文以传，则东坡之言信矣。夫古之有德行、政事、学问、文章者，固不藉金石翰墨以为重。苟非其人，则其金石翰墨虽存，仅足为学者考古之资，其流传之途，固已隘，而其入于人心者，固已浅矣。若是者，世固亦听其存亡，而反乐取夫德行、政事、学问、文章，其力自足以传后者之金石翰墨而宝之。何者？彼之志节度量，固与世绝殊，故其发于金石翰墨者，不因其人，亦足以自存于天壤，况其德行、政事、学问、文章，又足以垂世而行远也。久野君之所储，其人皆足以自传，其发诸翰墨者，亦皆焕乎其有文，渊乎其有味，使人得窥其树立之所以然，与夫载籍之所不能纪。虽所托者无金石之坚，吾知其精神意度，必百世不可磨灭，宜君之构斯亭以奉之也。抑乐善居士所汇刻者，松雪一人之书耳。莘老所集者稍广，亦止吴兴一郡。湘舟之藏，殆网罗有明一代之名迹，而君复以国朝人益之。以两朝人之墨迹，萃于斯亭，君之嗜古，固前无孙、顾。余也不肖，乃从东坡之后为君记斯亭，故略广东坡之意，以为君之所为，非徒尽人事而已。壬子九月。

此君轩记

竹之为物，草木中之有特操者与？群居而不倚，虚中而多节，可折而不可曲，凌寒暑而不渝其色。至于烟晨雨夕，枝捎空而叶成滴，含风弄月，形态百变，自渭川淇澳，千亩之园，以至小庭幽榭，三竿两竿，皆使人观之。其胸廓然而高，渊然而深，泠然而清，挹之而无穷，玩之而不可亵也。其超世之致，与不可屈之节，与君子为近，是以君子取焉。古之君子，其为道也盖不同，而其所以同者，则在超世之致，与不可屈之节而已。其观物也，见夫类是者而乐焉，其创物也，达夫如是者而后慊焉。如屈子之于香草，渊明之于菊，王子猷之于竹，玩赏之不足而咏叹之，咏叹之不足而斯物遂若为斯人之所专有，是岂徒有托而然哉！其于此数者，必有以相契于意言之表也。善画竹者亦然。彼独有见于其原，而直以其胸中潇洒之致，劲直之气，一寄之于画，其所写者，即其所观；其所观者，即其所畜者也。物我无间，而道艺为一，与天冥合，而不知其所以然。故古之工画竹者，亦高致直节之士为多。如宋之文与可、苏子瞻，元之吴仲圭是已。观爱竹者之胸，可以知画竹者之胸，知画竹者之胸，则爱画竹者之胸亦可知也已。日本川口国次郎君，冲澹有识度，善绘事，尤爱墨竹。尝集元吴仲圭，明夏仲昭、文徵仲诸家画竹，为室以奉之，名之曰"此君轩"。其嗜之也至笃，而搜之也至专，非其志节意度符于古君子，亦安能有契于是哉！吾闻川口君之居，在备后之国，三原之城，山海环抱，松竹之所丛生。君优游其间，远眺林木，近观图画，必有有味于余之言者。既属余为《轩记》，因书以质之，惜不获从君于其间，而日与仲圭、徵仲诸贤游，且与此君游也，壬子九月。

二田画颀记

　　日本备后三原城，有好古之士三：曰川口国次郎，曰久野元吉，曰隅田吉卫。三君者，相得也，余皆得与之游。川口君之所居，有此君轩，久野君有墨妙亭，余皆记之矣。既而隅田君以书来，曰："余有二田画颀者，以沈石田、恽南田之画名焉。君于二君之居既有文，请为我记之。"则应之曰："诺。"夫绘画之可贵者，非以其所绘之物也，必有我焉以寄于物之中。故自其外而观之，则山水、云树、竹石、花草，无往而非物也；自其内而观之，则子久也，仲圭也，元镇也，叔明也，吾见之于墙而闻其謦欬矣。且子久不能为仲圭，仲圭不能为元镇，元镇、叔明不能为子久、仲圭，则以子久之我，非仲圭之我，而仲圭、元镇、叔明三人者，亦各自有其我故也。画之高下，视其我之高下。一人之画之高下，又视其一时之我之高下。隅田君之于画，其知此矣。① 夫二田之画，至不相类也。石田之苍古，南田之秀润，皆其所谓我而不能相为者也。石田之画，荟蔚沈厚，得气之夏，其所写者，虽小草拳石，而有土厚水深之势。南田之画，融和骀荡，得气之春，其所写者，虽枯木断流，而皆有苏生旁出之意。此其不能相为者也。其于书也亦然。石田之书，瘦硬如黄山谷，南田之书，秀媚如褚登善。而二田之书，又非登善、山谷之书也，彼各有所谓我者在也。不然，如石田者，生全盛之世，康宁好德，俯仰无怍，以老寿终，宜其和平简易，无奇伟之观。南田幼遭国变，至为僮仆，为浮屠，虽返初服，而枯槁以终，上有雍端之亲，下有敬通之妇，宜其忧

---

① 原作"也"，据罗本改。

伤憔悴，无乐生之意。而其发于书画者如此，岂非所谓真我者得之于天，不以境遇易欤？二田之画，绝不相类，而君乃合而珍弄之，是必有见于其我之高且大者，而不以其迹也。故书以谂君，并质之川口、久野二君，以为何如也？壬子十月。

与罗振玉论艺书

《高昌壁画》及《石鼓考释》今晨持送乙老，渠谓此事可得数旬探索，维即请其以笔记之，不知此老能细书否耳。维疑前十二图确为六朝人画，至十三图以后有回纥字者当出唐人，因前画均无笔墨可寻，而第十三图以后则笔意生动，新旧分界当在于此。

（1916 年 9 月 9 日）

巨师画，乙老前言前半似河阳，维已疑董、巨同出右丞，巨公当有此种笔法。……维于观明以后画无丝毫把握，唯于董、巨或能知之；且如此大卷，必有惊心动魄之处，以"气象"、"墨法"二者决之，可无误也。

（1916 年 11 月 1 日）

前函言杨昇《雪山朝霁图》，写灞桥风雪意，此语大误。灞桥系平原大道，虽可望见南山，地势不得如此收缩。既非写孟浩然事，则疑其不出杨昇者误也。僧繇、探微不可得见，观其画知唐山画法已自精能（大小李虽不可见，当与赵千里辈不甚相远。惟树法犹存汉魏六朝遗意），右丞独不拘于形似，而专写物意，故为南宗第一祖。杨画实为由张、陆辈至右丞之过渡，其可贵不在《江山雪霁》下也。

（1916 年 5 月 8、9、10 日）

又有一卷雪景，树仿郭河阳，山石仿范中立，气象甚大，末有"千里伯驹"四字隶书款（款亦佳）。乍观之似马、夏一派，用笔甚粗而实有细处。向所传千里画皆金碧细皴，惟此独粗，盖内画近景与远景之不同，此恐千里真本。不观此画，不能知马、夏渊源（惟绢甚破碎）。乙（按指沈乙庵）甚赏此画，又甚以鄙言为然，谓得后乞跋之。……恐北宋流别中当以此为压卷（图中人物面皆敷朱）也。《雪山朝霁图》乃画灞桥风雪（开元中人未必画孟浩然事），恐在中唐以后，未必出杨昇手；此画实于右丞、北苑之间得一脉络。原本赋色否？

（1916 年 5 月 7 日）

昨日赴哈园，书画展览会所陈列者，廉泉之物为多。有一山水立幅，宫子行题为荆浩，傅以赭绛，气势浑沦，略似北苑。山皴皆大披麻，悬泉两道与松树云气，画法全同北苑，唯下幅近处山石间用方折，有似荆法。此画当出董、巨以后，然不失为名迹也。

（1916 年 10 月 11 日）

今日晴始出，过冰泉，已自粤归，携得北苑一卷、一幅。卷未见，立幅佳甚。幅不甚阔，系画近景，上山作粗点大笔披麻皴，并有矾头，下作四五枯树及泉水，并有小草，境界全在公所藏诸幅之外。幅上诗斗有［香］（真）光题字，略云仿李思训者。画上又有纯皇题诗一首，乃内府流出在孔氏岳雪楼者，此可谓剧迹（此幅绢极细而色较白）。其一卷盖已出外，索观不得。又一石谷临巨然《烟浮远岫》立幅，气魄雄厚，局势开张，用粗点大披麻皴，全得家法，尚想见原本神观（与《唐人诗意》幅不同，而与《万壑图》相近）。

（1917 年 1 月 5 日）

十七日过冰泉处，始见北苑《山居图》卷，令人惊心动魄。此卷与小幅在公藏器几可与《溪山行旅》、《群峰霁雪》抗衡。因绢素干净，故精神愈觉焕发。观《山居》卷，知香光得力全在此种。

（1917 年 1 月 13 日）

过程冰泉……出示诸画。有巨然二幅，大而短，乃元、明间人所为（并非高手）。惟竹一大幅大佳，其竹乃渲染而成，有竹处无墨，而以淡墨为地，此法极奇；当中竹三四竿气象雄伟，一竿竹旁倒书"此竹值黄金百两"篆书二行。冰泉谓人言宋人画录中记此事，此极荒唐，惟此画尚是宋人笔墨。

（1916 年 10 月 3 日）

昨为看巨师画预备一切，因悟北苑《群峰霁雪》卷多作蟹爪树，乃与河阳同出右丞。巨然出北苑而变为柔细，则似河阳固其宜也。惟气魄必有异人处，如公之河阳《秋山行旅》卷气象已极不同，何况巨公？

（1916 年 11 月 6 日）

巨然卷，末题"钟陵寺僧巨然"六字，略似明人学钟太傅书者，似系后加。卷长二丈有余，不及三丈，前云五丈者传闻之误也。全卷石法树法全从北苑出，树根用北苑法，石有作短笔麻皴者（因画江景故），虽不辟塞而丘壑特奇（宫室亦用董、巨法，前半仍是巨法，不似河阳。山石阴阳分晓，有宋人意，或者时已有此风亦未可知），温润处不如《唐人诗意》卷，气魄亦逊。窃谓此卷若以画法求之，则笔笔皆是董、巨，惟于真气惊人之处则比《秋山行旅》、《群峰霁雪》、《云壑飞泉》诸图皆有逊色，用墨有极黑处，当是宋人摹本，未敢遽定为真。

（1916 年 11 月 6 日）

今晨又将董、巨诸画景印本展阅一过，觉昨所观《江山秋霁》卷为宋人摹本无疑。其石法树法皆有渊源，惟于元气浑沦之点不及诸图远甚，用笔清润处亦觉不如。卷中高石皴法与《雪霁图》略同；短石作短笔麻皴，求之董、巨诸图，均所未见：似合洪谷、北苑为一家者，都不如诸立幅作大披麻皴及大雨点皴也。

（1916 年 11 月 7 日、8 日）

黄氏巨师画卷，维前所以谓为宋摹者，即以其深厚博大之处与真迹迥异，若论画法，则笔笔是董、巨，无可訾议，与公前后各书所论略同。顾崔逸所藏即《万壑图》，得公书乃恍然。窃意北苑画法备于《溪山行旅》、《群峰霁雪》二图；《万壑松风》与未见之《潇湘图》，一大一细，当另是一种笔墨，其真实本领，实于前二图见之。巨然《唐人诗意》立幅虽无确据，然非董非米，舍巨师其谁为之？其中房屋小景，用笔温润浑厚，与《溪山行旅》异曲同工。黄氏卷惟有法度尚存，气象神味皆不如诸幅远矣。海内董、巨，恐遂止此数，不知陕石一卷何如耳。

（1916 年 11 月 15 日）

今晨往谈，渠（按指沈乙庵）出一《杨妃出浴图》见示，笔墨极静穆，无痕迹。行笔极细，稍着色，而面目已娟秀，不似唐人之丰艳。

渠谓早则北宋人，迟则元、明摹本（此画渠已购得）。殆近之。

（1916 年 5 月 17 日）

十二件内之王元章梅花虽系乙老推荐，而实未见此画。维见此画有气魄而不俗，又题款数行小楷极似公所藏王叔明《柳桥渔艇》卷后元章跋（俱王卷跋兼有柳法）。而此款字较小，全作小欧体，冬心平生多学此种（画心又极干净）。此幅若真，则尚算精品，唯究不知何如？亟待公观后一印证书。

（1916 年 11 月 25 日）

景叔以五十元得一唐六如小卷（实横幅），纸本，极干净，无款，但有"唐居士印"四字，朱字牙章。其画石学李晞古笔意，颇极秀逸，如系伪品，恐亦须石谷辈乃能为此。

（1916 年 9 月 4 日）

索乙老书扇，为书近作四律索和，三日间仅能交卷，而苦无精思名句。即乙老诗亦晦涩难解，不如前此诸章也。

（1916 年 8 月 30 日）

为乙老写去年诗稿共十八页，二日半而成。其中大有杰作，一为王聘三方伯作《瞽医篇》，一为《陶然亭诗》，而去年还嘉兴诸诗议论尤佳。其《卫大夫宏演墓诗》云："亡虏幸偷生，有言皆粪土。"今日往谈，称此句，乙云："非见今日事，不能为此语。"

（1916 年 12 月 28 日）

与蒋汝藻论文书

　　昨接手书，敬审《北磵集》二册已收到。至慰。此公（按指南宋释居简）文字俊逸，在惠洪诸人之上，与参寥相俪，诚为双璧。更喜俱有宋本，可与《雪巢》、《草窗》同观也。

（1923 年 12 月 6 日）

　　叔通寄来黄晦木画幅属题。弟以其款字凡近，又墨不著绢，疑为后添；而所画亦系福禄长春寿意，绝无士夫气息；定为非真。……弟不知画，以"神气"取之，或不致误。

（1924 年 5 月 3 日）

与缪荃孙论诗书

昨奉赐书并大稿《山陵挽诗》五律二首。读至"地老鹃啼血，天悲鹤语寒"，因忆去岁除夕作"可但先人知汉腊，定闻老鹤语尧年"，竟成谶语，岂不异哉！拙作排律（按指《隆裕皇太后挽歌辞》）用通韵，法古人，似但有一二字出入。若全首通押，现未能发见其例。惟国维平生于诗最不喜用僻韵，致使一诗中有骈枝之语、不达之意，故大胆为之。且其中"髥""金"二字（以今日已无闭口声，故亦放胆用之）阑入"盐""咸"闭口韵，尤为从古所无。劳玉老（按指劳乃宣，字玉初，号韧叟）曾以是相规，心知其非而不能改也。要之，此等诗非为一时而作，但使后之读此诗者惜其落韵，斯亦足矣。诗止九十韵，亦由此故。若必敷衍成百韵，则难免无谓之语插入其间。先生以为何如？

至东以后得古今体诗二十首，中以长篇为多。现在拟以日本旧大木活字排印成册，名曰《壬癸集》。成后当呈教。

顷多阅金文，悟古代宫室之制，现草《明堂庙寝通考》一书，拟分三卷：己说为第一卷（已成），此驳古人说一卷，次图一卷。此书全根据金文、龟卜文，而以经证之无乎不合。

（1913 年 5 月 13 日）

与铃木虎雄论诗书

前从《日本及日本人》中见大著《哀情赋》，仆本拟作《东征赋》，因之搁笔。前作《颐和园词》一首，虽不敢上希白傅，庶几追步梅村。盖白傅能不使事，梅村则专以使事为工。然梅村自有雄气骏骨，遇白描处尤有深味，非如陈云伯辈，但以秀缛见长，有肉无骨也。

（1912 年 5 月 31 日）

《颐和园词》称奖过实，甚愧。此词于觉罗氏一姓末路之事略具。至于全国民之运命，与其所以致病之由，及其所得之果，尚有更可悲于此者，拟为《东征赋》以发之，然手腕尚未成熟，姑俟异日。尊论梅村诗，深得中其病。至于龙跳虎卧而见起伏，鲸铿春丽而不假典故，要唯第一流之作者能之。梅村诗品，自当在上中、上下间，然有清刚之气，故不致如陈云伯辈之有肉无骨也。

（1912 年 6 月 23 日）

前日于《艺文》中得读大著《哀将军曲》，悲壮淋漓，得古乐府妙处。虽微以直率为嫌，而真气自不可掩。贵邦汉诗中实未见此作也。近作《蜀道难》一首，乃为端午桥尚书（方）作，谨以誊写板本呈上，唯祈教之。

（1912 年 12 月 19 日）

人间词话

关于《人间词话》的编校说明

《人间词话》在作者生前即已发表，内共有64条，其中63条是由作者从125条手稿中摘编出来，次序另作排列，文字略有改动，并新增一条。作者逝世后，赵万里又从手稿中挑选出49条，称为《人间词话删稿》。赵万里发表这49条时，对作者的原稿作了一些删、改。赵万里又从作者其他著述中摘出有关词的论述29条，称为《人间词话附录》一起发表。此书由徐调孚校注、王幼安校订，编入郭绍虞主编的《中国古代文学理论专著选辑》丛书中，成为海内最通行、最权威的版本。赵、徐、王先生对《人间词话》的流布和研究，做了许多重要的、卓有成效的工作。此为海内外学者之所共睹，不用赘述焉。

但是这个本子也有一些缺点。首先，赵万里未将手稿的剩下部分全部公布，还有13条没有发表，这样读者就无从窥见手稿的全貌。其次，赵万里将手稿的内容作了多次删、改，使读者无法看到手稿的原貌。另外，赵万里在发表手稿剩下内容时，用《人间词话删稿》一名，也很有些不妥。王国维先生当年将自己的手稿挑选了一些公之于世，剩下的部分我们只能称之为"未刊稿"，而不能讲是"删稿"。手稿中有12条，作者自己已删去，这才是真正的"删稿"。因此，本书就根据王国维先生的原意，分成：（一）《人间词话》，（二）《人间词话未刊稿》，（三）《人间词话删稿》。另将赵万里、陈乃乾原辑的《人间词话附录》也照旧附在后面（次序略作调动)。不过,这个《附录》一方面对读者很有用,通过它,读者可一目了然地看到作者的其他论词观点,以免翻检之劳。但另一方面,这个《附录》决不可和《人间词话》混为一谈,因为其中有些论点是作者后来的思想,与《人间词话》中的观点相比,有了很大的改变。特别是作者对周邦彦的看法,《附录》中的评论和《词话》相比竟判若两人。《人间词话》是一部严谨的学术专著,它的观点是审慎而前后统一的。如将《附录》与它混为一谈,就等于在同一本书中出现了矛盾的观点,这会引起读者的误会。就是未刊稿和删稿也决不能与《人间词话》手定本等量齐观。

本书的《人间词话》部分,以作者手定本为底本,校以朴社本、两个《遗书》本和作者的手稿。从手稿和定本的对比中,我们可以看出作者思想发展的某些脉络,以供我们研究时参考。《未刊稿》、《删稿》,为尊重原作者起见,以手稿为底本,按手稿次序排列,并补上通行本未载之 13 条;赵、徐、王的通行本影响很大,故而将其删、改部分列入校记中,以供读者参阅。为了便于读者了解《人间词话》的写作和定稿的发展过程,笔者特将《手稿》、本书和通行本的条目次序列一对照表,附在原文之后。

人间词话

(一)

词以境界为最上。有境界,则自成高格,自有名句。五代、北宋之词所以独绝者在此。

(二)

有造境,有写境,此理想与写实二派之所由分。然二者颇难分别,① 因大诗人所造之境必合乎自然,所写之境亦必邻于理想故也。②

---

① "颇难分别",手稿作"偏难区别"。
② 此句手稿无"亦"字。

（三）

　　有有我之境，有无我之境。"泪眼问花花不语，乱红飞过秋千去。""可堪孤馆闭春寒，杜鹃声里斜阳暮。"有我之境也。"采菊东篱下，悠然见南山。""寒波澹澹起，白鸟悠悠下。"无我之境也。有我之境，以我观物，① 故物皆著我之色彩。无我之境，以物观物，② 故不知何者为我，③ 何者为物。④ 古人为词，写有我之境者为多，然未始不能写无我之境，⑤ 此在豪杰之士能自树立耳。

（四）

　　无我之境，人惟于静中得之；有我之境，于由动之静时得之。故一优美，一宏壮也。

（五）

　　自然中之物，互相关系，互相限制。⑥ 然其写之于文学及美术中也，⑦ 必遗其关系、限制之处。故虽写实家，亦理想家也。又虽如何虚构之境，其材料必求之于自然，而其构造亦必从自然之法律。⑧ 故虽理想家亦写实家也。

（六）

　　境非独谓景物也，喜怒哀乐，亦人心中之一境界。⑨ 故能写真景物、真感情者，谓之有境界。否则谓之无境界。

----

　　① 手稿无"以我观物"四字。
　　② 手稿无"以物观物"四字。
　　③ 此句和前面一句，手稿皆无"故"字。
　　④ 此句后手稿尚有"此即主观诗与客观诗之所由分也"一句。
　　⑤ "未始"，手稿作"非"。
　　⑥ 此句手稿作"……互相限制，故不能有完全之美"。
　　⑦ 手稿无"及美术"三字。
　　⑧ "法律"，手稿作"法则"。
　　⑨ 此句手稿作："感情亦人心中之境界。"

（七）

"红杏枝头春意闹"，著一"闹"字而境界全出。"云破月来花弄影"，著一"弄"字而境界全出矣。

（八）

境界有大小，不以是而分优劣。"细雨鱼儿出，微风燕子斜"，何遽不若"落日照大旗，马鸣风萧萧"？"宝帘闲挂小银钩"，何遽不若"雾失楼台，月迷津渡"也？

（九）

严沧浪《诗话》谓：[①] "盛唐诸公（一作'人'）唯在兴趣，羚羊挂角，无迹可求。故其妙处，透澈（当作'彻'）玲珑，不可凑拍（当作'泊'），如空中之音，相中之色，水中之影（当作'月'），镜中之象，言有尽而意无穷。"余谓北宋以前之词亦复如是。然沧浪所谓兴趣，阮亭所谓神韵，犹不过道其面目，不若鄙人拈出"境界"二字为探其本也。

（一〇）

太白纯以气象胜。"西风残照，汉家陵阙"，寥寥八字，遂关千古登临之口。[②] 后世唯范文正之《渔家傲》，夏英公之《喜迁莺》，差足继武，[③] 然气象已不逮矣。

（一一）

张皋文谓飞卿之词"深美闳约"，余谓此四字唯冯正中足以当之。刘融斋谓飞卿"精艳（当作'妙'）绝人"，差近之耳。

---

① "谓"，手稿作"曰"。
② 此句手稿："……寥寥八字，独有千古。"
③ "足"，手稿作"堪"。

（一二）

"画屏金鹧鸪"，飞卿语也，其词品似之。"弦上黄莺语"，端己语也，其词品亦似之。正中词品，若欲于其词句中求之，[①] 则"和泪试严妆"殆近之欤。

（一三）

南唐中主词"菡萏香销翠叶残，西风愁起绿波间"，大有"众芳芜秽"，"美人迟暮"之感。乃古今独赏其"细雨梦回鸡塞远，小楼吹彻玉笙寒"，故知解人正不易得。

（一四）

温飞卿之词，句秀也。韦端己之词，骨秀也。李重光之词，神秀也。

（一五）

词至李后主而眼界始大，感慨遂深，遂变伶工之词而为士大夫之词。周介存置诸温、韦之下，可谓颠倒黑白矣。"自是人生长恨水长东"，"流水落花春去也，天上人间！"《金荃》、《浣花》能有此气象耶！[②]

（一六）

词人者，不失其赤子之心者也。故生于深宫之中，长于妇人之手，是后主为人君所短处，亦即为词人所长处。[③]

（一七）

客观之诗人，不可不多阅世，阅世愈深则材料愈丰富、愈变化，

---

① "若"字，手稿放在句首："若正中词品，欲于……"
② 手稿此句作："能有此种气象耶！"
③ 手稿此句后还有两句："故后主之词，天真之词也；他人，人工之词也。"

《水浒传》、《红楼梦》之作者是也。主观之诗人，不必多阅世，阅世愈浅则性情愈真，李后主是也。

（一八）

尼采谓："一切文学，余爱以血书者。"后主之词，真所谓"以血书者"也。宋道君皇帝《燕山亭》词亦略似之。然道君不过自道身世之戚，① 后主则俨有释迦、基督担荷人类罪恶之意，其大小固不同矣。②

（一九）

冯正中词，虽不失五代风格，而堂庑特大，开北宋一代风气。与中、后二主词皆在《花间》范围之外，宜《花间集》中不登其只字也。③

（二〇）

正中词，除《鹊踏枝》、《菩萨蛮》十数阕最煊赫外，如《醉花间》之"高树鹊衔巢，斜月明寒草"，余谓韦苏州之"流萤度高阁"，孟襄阳之"疏雨滴梧桐"，不能过也。

（二一）

欧九《浣溪沙》词"绿杨楼外出秋千"，晁补之谓只一"出"字，便后人所不能道。余谓此本于正中《上行杯》词"柳外秋千出画墙"，但欧语尤工耳。

（二二）

梅圣俞④《苏幕遮》词："落尽梨花春事（当作'又'）了，满地斜

---

① "戚"，手稿作"感"。

② "荷"，手稿作"负"。"矣"，手稿作"也"。

③ 此句手稿作："中、后二主皆未逮其精诣。《花间》于南唐人词中虽录张泌作，而独不登正中只字，岂当时文采为功名所掩耶？"

④ "梅圣俞"，手稿、朴社本、通行本皆作"梅舜俞"。

（当作‘戒’）阳，翠色和烟老。”刘融斋谓少游一生似专学此种。① 余谓冯正中《玉楼春》词：“芳菲次第长相续，自是情多无处足。尊前百计得春归，莫为伤春眉黛促。”永叔一生似专学此种。②

（二三）

人知和靖《点绛唇》，圣俞《苏幕遮》，③ 永叔《少年游》三阕为咏春草绝调，不知先有正中“细雨湿流光”五字，皆能摄春草之魂者也。④

（二四）

《诗·蒹葭》一篇最得风人深致。晏同叔之“昨夜西风凋碧树，独上高楼，望尽天涯路”意颇近之。但一洒落，一悲壮耳。

（二五）

“我瞻四方，蹙蹙靡所骋。”诗人之忧生也。“昨夜西风凋碧树，独上高楼，望尽天涯路。”似之。“终日驰车走，不见所问津。”诗人之忧世也。“百草千花寒食路，香车系在谁家树。”似之。

（二六）

古今之成大事业、大学问者，必经过三种之境界。⑤ “昨夜西风凋碧树，独上高楼，望尽天涯路。”此第一境也。⑥ “衣带渐宽终不悔，为伊消得人憔悴。”⑦ 此第二境也。“众里寻他千百度，回头蓦见（当作‘蓦然回首’），那人正（当作‘却’）在灯火阑珊处。”⑧ 此第三境也。

---

① “刘融斋”，手稿作“兴化刘氏”。
② “永叔”，手稿作“少游”。
③ “梅圣俞”，手稿，朴社本、通行本皆作“梅舜俞”。
④ “摄”，手稿作“写”。
⑤ “必”，手稿作“罔不”。
⑥ “第”，朴社本作“弟”。“境”，手稿作“境界”。下同。
⑦ 引语后手稿尚有“（欧阳永叔）”四字。
⑧ 引语后手稿尚有“（辛幼安）”三字。

此等语皆非大词人不能道。然遽以此意解释诸词，恐晏、欧诸公所不许也。①

（二七）

永叔"人间（当作'生'）自是有情痴，此恨不关风与月"，"直须看尽洛城花，始与（当作'共'）东（当作'春'）风容易别"，于豪放之中有沈著之致，所以尤高。

（二八）

冯梦华《宋六十一家词选·序例》谓："淮海、小山，古之伤心人也，其淡语皆有味，浅语皆有致。"余谓此唯淮海足以当之。小山矜贵有余，但可方驾子野、方回，未足抗衡淮海也。②

（二九）

少游词境，最为凄婉，至"可堪孤馆闭春寒，杜鹃声里斜阳暮"，则变而凄厉矣。东坡赏其后二语，犹为皮相。

（三〇）

"风雨如晦，鸡鸣不已。""山峻高以蔽日兮，下幽晦以多雨。霰雪纷其无垠兮，云霏霏而承宇。""树树皆秋色，山山尽（当作'唯'）落晖。""可堪孤馆闭春寒，杜鹃声里斜阳暮。"气象皆相似。

（三一）

昭明太子称陶渊明诗"跌宕昭彰，独超众类，抑扬爽朗，莫之与京"。王无功称薛收赋"韵趣高奇，词义晦远，嵯峨萧瑟，真不可言"。词中惜少此二种气象，前者唯东坡，后者唯白石，略得一二耳。

---

① "恐"字后，手稿尚有"为"字。
② "小山矜贵有余"后，手稿作："但稍胜方回耳。古人以秦七、黄九或小晏、秦郎并称，不图老子乃与韩非同传。"

（三二）

词之雅、郑，在神不在貌。永叔、少游虽作艳语，终有品格。方之美成，便有淑女与倡伎之别。①

（三三）

美成词，深远之致不及欧、秦，唯言情体物，穷极工巧，故不失为第一流之作者。但根创调之才多，创意之才少耳。

（三四）

词最忌用替代字。美成《解语花》之"桂华流瓦"，境界极妙，惜以"桂华"二字代"月"耳。梦窗以下，则用代字更多。其所以然者，非意不足，则语不妙也。盖意足则不暇代，语妙则不必代。②此少游之"小楼连苑"，"绣毂雕鞍"所以为东坡所讥也。

（三五）

沈伯时《乐府指迷》云："说桃不可直说破'桃'，③须用'红雨'、'刘郎'等字；说柳不可直说破'柳'，须用'章台'、'灞岸'等字。"④若唯恐人不用替代字者。果以是为工，则古今类书具在，又安用词为耶？宜其为《提要》所讥也。

（三六）

美成《青玉案》（当作"《苏幕遮》"）词："叶上初阳干宿雨，水面轻圆，一一风荷举。"此真能得荷之神理者。觉白石《念奴娇》、《惜红衣》二词犹有隔雾看花之恨。

---

① "淑女"，手稿作"贵妇人"。
② "盖"字后两句手稿倒置。
③ 手稿"说"字后缺一"破"字。
④ "字"，手稿作"事"。

（三七）

东坡《水龙吟》咏杨花，和均而似元唱；章质夫词，元唱而似和均。① 才之不可强也如是！

（三八）

咏物之词，自以东坡《水龙吟》为最工，邦卿《双双燕》次之。白石《暗香》、《疏影》，格调虽高，然无一语道著，② 视古人"江边一树垂垂发"③ 等句何如耶？

（三九）

白石写景之作，如"二十四桥仍在，波心荡，冷月无声"，"数峰清苦，商略黄昏雨"，"高树晚蝉，说西风消息"，虽格韵高绝，然如雾里看花，终隔一层。梅溪、梦窗诸家写景之病，皆在一隔字。北宋风流，渡江遂绝，④ 抑真有运（一作"风"）会存乎其间耶？⑤

（四〇）

问"隔"与"不隔"之别，曰：陶、谢之诗不隔，延年则稍隔矣；⑥ 东坡之诗不隔，山谷则稍隔矣。"池塘生春草"，"空梁落燕泥"等二句，⑦ 妙处唯在不隔。词亦如是。即以一人一词论，如欧阳公《少年游》（咏春草）上半阕云："阑干十二独凭春，晴碧远连云。二月三月，千里万里（此两句倒置），行色苦愁人。"语语都在目前，⑧

---

① 手稿此段作："东坡杨花词和韵而似元唱，章质夫词元唱而似和韵。"
② "一语"，手稿作"片语"。
③ 此句后手稿尚有引文两句"竹外一枝斜更好"，"疏影横斜水清浅"。按："格调虽高"后，手稿已删去一段："而境界极浅，情味索然，乃古今均视为名作，自玉田推为绝唱，后世遂无敢议之者，不可解也。试读林君复、梅舜俞春草诸词，工拙何如耶？"
④ "渡江"，手稿作"过江"。
⑤ "运会"，手稿作"风会"。
⑥ "陶、谢"二句，手稿作："渊明之诗不隔，韦、柳则稍隔矣。"
⑦ "二句"，手稿无"二"字。
⑧ "都在目前"，原作"可以直观"。

便是不隔。至云"谢家池上，江淹浦畔"，则隔矣。白石《翠楼吟》："此地。宜有词仙，拥素云黄鹤，与君游戏。玉梯凝望久，叹芳草、萋萋千里。"便是不隔。至"酒祓清愁，花消英气"，则隔矣。然南宋词虽不隔处，比之前人，自有浅深厚薄之别。

（四一）

"生年不满百，常怀千岁忧。昼短苦夜长，何不秉烛游？""服食求神仙，多为药所误；不如饮美酒，被服纨与素。"写情如此，方为不隔。"采菊东篱下，悠然见南山。山气日夕佳，飞鸟相与还。""天似穹庐，笼盖四野。天苍苍，野茫茫，风吹草低见牛羊。"写景如此，方为不隔。

（四二）

古今词人格调之高，无如白石。惜不于意境上用力，故觉无言外之味，弦外之响，① 终不能与于第一流之作者也。②

（四三）

南宋词人，白石有格而无情，剑南有气而乏韵，其堪与北宋人颉颃者，唯一幼安耳。近人祖南宋而桃北宋，以南宋之词可学，北宋不可学也。学南宋者，不祖白石，则祖梦窗，以白石、梦窗可学，幼安不可学也。学幼安者，率祖其粗犷、滑稽，以其粗犷、滑稽处可学，佳处不可学也。③ 幼安之佳处，在有性情、有境界；即以气象论，亦有"横素波、干青云"之概，宁后世龌龊小生所可拟耶？④

---

① 此句后手稿删去一句："终落第二手。"
② 此句手稿作："其志清峻则有之，其旨遥深则未也。"
③ 此句后手稿尚有一句："同时白石、龙洲学幼安之作且如此，况他人乎？"
④ "幼安之佳处"一段，手稿作："其实幼安词之佳者，如《摸鱼儿》、《贺新郎》（送茂嘉）、《青玉案》（元夕）、《祝英台近》等，俊伟幽咽固独有千古，其他豪放之处亦有'横素波、干青云'之概，宁梦窗辈龌龊小生所可语耶？"

（四四）

东坡之词旷，稼轩之词豪。无二人之胸襟而学其词，犹东施之效捧心也。

（四五）

读东坡、稼轩词，须观其雅量高致，有伯夷、柳下惠之风。白石虽似蝉蜕尘埃，然终不免局促辕下。①

（四六）

苏、辛词中之狂，白石犹不失为狷，若梦窗、梅溪、玉田、草窗、西麓辈，面目不同，同归于乡愿而已。②

（四七）

稼轩《中秋饮酒达旦，用〈天问〉体作〈木兰花慢〉以送月》曰：③"可怜今夜月，④ 向何处，去悠悠？是别有人间，那边才见，光景东头。"词人想象，直悟月轮绕地之理，与科学家密合，⑤ 可谓神悟。⑥

（四八）

周介存谓："梅溪词中喜用'偷'字，足以定其品格。"刘融斋谓："周旨荡而史意贪。"此二语令人解颐。

---

① 此二句手稿作："然如韦、柳之视陶公，非徒有上下床之别。"

② 此段手稿作："东坡、稼轩，词中之狂；白石，词中之狷也。梦窗、玉田、西麓、草窗之词，则乡愿而已。"

③ 此两句手稿作："稼轩中秋饮酒达旦，用《天问》体作送月词，调寄《木兰花慢》云。"

④ "夜"字，手稿作"夕"。

⑤ "科学家"，手稿作"科学上"。

⑥ 此句后手稿还有一段说明："（此词汲古阁刻《六十家词》失载。黄荛圃所藏元大德本亦阙，复属顾涧苹就汲古阁抄本中补之，今归聊城杨氏海源阁，王半塘四印斋所刻者是也。但汲古阁抄本与刻本不符，殊不可解，或子晋于刻词后始得抄本耳。）"

（四九）

介存谓梦窗词之佳者，如"水光云影，摇荡绿波，抚玩无极，追寻已远"。余览梦窗《甲乙丙丁稿》中，实无足当此者；有之，其"隔江人在雨声中，晚风菰叶生秋怨"二语乎。

（五〇）

梦窗之词，余得取其词中之一语以评之曰："映梦窗，凌（当作'零'）乱碧。"玉田之词，余得取其词中之一语以评之曰：① "玉老田荒。"

（五一）

"明月照积雪"，"大江流日夜"，② "中天悬明月"，③ "黄河落日圆"，此种境界，可谓千古壮观。④ 求之于词，唯纳兰容若塞上之作，⑤ 如《长相思》之"夜深千帐灯"，《如梦令》之"万帐穹庐人醉，星影摇摇欲坠"，差近之。

（五二）

纳兰容若以自然之眼观物，以自然之舌言情。⑥ 此由初入中原，未染汉人风气，故能真切如此。北宋以来，一人而已。⑦

（五三）

陆放翁跋《花间集》，谓"唐季、五代，⑧ 诗愈卑，而倚声者辄

---

① "余"，手稿作"亦"。
② 此句后手稿尚有："澄江净如练"，"山气日夕佳"，"落日照大旗"三句。
③ 此句后手稿尚有"大漠孤烟直"一句。
④ "此种"，手稿作"此等"。"壮观"，手稿作"壮语"。
⑤ "唯"，手稿作"则"。
⑥ 手稿此句作："以自然之笔写情。"
⑦ "北宋"两句，手稿作："同时朱、陈、王、顾诸家，便有'文胜则史'之弊。"
⑧ "唐季"，朴社、中华书局本皆作"唐宋"。

简古可爱。① 能此不能彼，未可（当作'易'）以理推也"。《提要》驳
之，谓"犹能举七十斤者，举百斤则蹶，举五十斤则运掉自如"。其
言甚辨。然谓词必易于诗，② 余未敢信。善乎陈卧子之言曰："宋人
不知诗而强作诗，故终宋之世无诗。然其欢愉愁苦（当作'怨'）之致，
动于中而不能抑者，类发于诗馀，故其所造独工。"五代词之所以独
胜，亦以此也。③

（五四）

四言敝而有楚辞，楚辞敝而有五言，五言敝而有七言，古
诗敝而有律、绝，律、绝敝而有词。盖文体通行既久，染指
遂多，自成习套。④ 豪杰之士，亦难于其中自出新意，⑤ 故遁
而作他体，⑥ 以自解脱。⑦ 一切文体所以始盛中衰者，⑧ 皆由于
此。故谓文学后不如前，⑨ 余未敢信；但就一体论，则此说固
无以易也。

（五五）

诗之《三百篇》、《十九首》，词之五代、北宋，皆无题也；非无
题也，诗词中之意不能以题尽之也。自《花庵》、《草堂》每调立题，
并古人无题之词亦为作题。⑩ 如观一幅佳山水，而即曰此某山某河，

---

① "倚声"，手稿作"倚声者"。
② "易"，手稿作"卑"。
③ "五代词"二句，手稿作："唐季、五代之词独胜，亦由此也。"
④ "习套"，手稿作"陈套"。
⑤ 手稿无"其"字。
⑥ 手稿"故"字后有"往往"二字。
⑦ 此句手稿作："以发表其思想感情。"
⑧ "中"，手稿作"终"。
⑨ "后不如前"，手稿作"今不如古"。
⑩ "亦为作题"，手稿作"亦为之作题"。又，此句后手稿尚有一句："其可笑孰甚。"
接下又有已删去之一段："诗词之题本为自然及人生。自古人误以为美刺、投赠、咏史、
怀古之用，题目既误，诗亦自不能佳。后人才不及古人，见古名、大家亦有此等作，遂遗
其独到之处而专学此种，不复知诗词之本意。于是豪杰之士不得不变其体格，如楚辞、汉
之五言诗、唐五代北宋之词皆是也。故此等文学皆无题。"

可乎？① 诗有题而诗亡，词有题而词亡。然中材之士，鲜能知此而自振拔者矣。

（五六）

大家之作，其言情也必沁人心脾，其写景也必豁人耳目，其词脱口而出，无矫揉妆束之态。以其所见者真，所知者深也。诗词皆然。② 持此以衡古今之作者，可无大误矣。③

（五七）

人能于诗词中不为美刺、投赠之篇，④ 不使隶事之句，不用粉饰之字，则于此道已过半矣。

（五八）

以《长恨歌》之壮采，而所隶之事，只"小玉双成"四字，才有余也。梅村歌行，则非隶事不办。白、吴优劣，即于此见，不独作诗为然，⑤ 填词家亦不可不知也。

（五九）

近体诗体制，以五七言绝句为最尊，律诗次之，排律最下。盖此体于寄兴言情，两无所当，殆有韵之骈体文耳。词中小令如绝句，长调似律诗，若长调之《百字令》、《沁园春》等，则近于排律矣。⑥

---

① 手稿无此数句。"某河"，朴社本和遗书本作"某水"。
② 此句手稿无。
③ "可无大误矣"，手稿作"百不失一"。此句后手稿还有一句："此余所以不免有北宋后无词之叹也。"
④ "美刺、投赠"后，手稿尚有"怀古、咏史"四字。
⑤ 此句句首手稿有"此"字。
⑥ 手稿此条与通行本差别颇大，兹全录于下："诗中体制以五言古及五、七言绝句为最尊，七古次之，五、七律又次之，五言排律为最下。盖此体于寄兴言情均不相适，殆与骈体文等耳。词中小令如五言古及绝句，长调如五、七律，若长调之《沁园春》等阕，则近于五排矣。"

（六〇）

诗人对宇宙人生，① 须入乎其内，又须出乎其外。入乎其内，故能写之；出乎其外，故能观之。入乎其内，故有生气；出乎其外，故有高致。美成能入而不能出，② 白石以降，于此二事皆未梦见。

（六一）

诗人必有轻视外物之意，故能以奴仆命风月。又必有重视外物之意，故能与花鸟共忧乐。③

（六二）

"昔为倡家女，今为荡子妇。荡子行不归，空床难独守。""何不策高足，先据要路津？无为久贫（当作'守穷'）贱，辗轲长苦辛。"可谓淫鄙之尤。然无视为淫词鄙词者，以其真也。五代、北宋之大词人亦然，非无淫词，读之者但觉其亲切动人；④ 非无鄙词，但觉其精力弥满。⑤ 可知淫词与鄙词之病，非淫与鄙之病，⑥ 而游词之病也。"岂不尔思，室是远而。"而子曰："未之思也，夫何远之有？"恶其游也。

（六三）

"枯藤老树昏鸦，小桥流水平沙，古道西风瘦马。夕阳西下，断肠人在天涯。"此元人马东篱《天净沙》小令也。寥寥数语，深得唐人绝句妙境。有元一代词家，皆不能办此也。⑦

---

① "宇宙人生"，手稿作"自然人生"。
② 手稿和遗书本作"不能出"，通行本作"不出"。
③ "共"，手稿作"同"。
④ 此句手稿作："然读之者但觉其沈挚动人。"
⑤ 手稿"但觉"前有一"然"字。
⑥ 手稿"之"字后有"为"字。下同。
⑦ 手稿无此条。

（六四）

白仁甫《秋夜梧桐雨》剧，沈雄悲壮，为元曲冠冕。然所作《天籁词》，粗浅之甚，不足为稼轩奴隶。岂创者易工而因者难巧欤？抑人各有能有不能也？读者观欧、秦之诗远不如词，足透此中消息。①

宣统庚戌九月，脱稿于京师宣武城南寓庐。国维记。

人间词话未刊稿

（一）

白石之词，余所最爱者亦仅二语，曰："淮南皓月冷千山，冥冥归去无人管。"

（二）

诗至唐中叶以后，殆为羔雁之具矣。故五代、北宋之诗，佳者绝少，而词则为其极盛时代。即诗词兼擅如永叔、少游者，亦词胜于诗远甚，② 以其写之于诗者，不若写之于词者之真也。至南宋以后，词亦为羔雁之具，而词亦替矣。此亦文学升降之一关键也。

（三）

曾纯甫中秋应制作《壶中天慢》词，自注云："是夜西兴亦闻天乐。"谓宫中乐声闻于隔岸也。毛子晋谓："天神亦不以人废言。"近冯梦华复辨其诬。不解"天乐"二字文义，殊笑人也！

---

① 手稿此条为："白仁甫《秋夜梧桐雨》剧，奇思壮采，为元曲冠冕。然其词干枯质实，但有稼轩之貌而神理索然。曲家不能为词，犹词家之不能为诗。读永叔、少游诗可悟。"

② 通行本此句句首无"亦"字。

（四）

梅溪、梦窗、中仙、① 玉田、草窗、西麓诸家，词虽不同，然同失之肤浅。虽时代使然，亦其才分有限也。近人弃周鼎而宝康瓠，实难索解。

（五）

余填词不喜作长调，尤不喜用人韵。偶尔游戏，作《水龙吟》咏杨花，用质夫、东坡倡和韵，作《齐天乐》咏蟋蟀，用白石韵，皆有"与晋代兴"之意。余之所长殊不在是，世之君子宁以他词称我。②

（六）

余友沈昕伯（纮）自巴黎寄余《蝶恋花》一阕云："帘外东风随燕到，春色东来，循我来时道。一霎围场生绿草，归迟却怨春来早。　锦绣一城春水绕，庭院笙歌，行乐多年少。著意来开孤客抱，不知名字闲花鸟。"此词当在晏氏父子间，南宋人不能道也。

（七）

樊抗夫谓余词如《浣溪沙》之"天末同云"、《蝶恋花》之"昨夜梦中"、"百尺高楼"、"春到临春"等阕，凿空而道，开词家未有之境。余自谓才不若古人，但于力争第一义处，古人亦不如我用意耳。③

（八）

叔本华曰："抒情诗，少年之作也；叙事诗及戏曲，壮年之作也。"余谓：抒情诗，国民幼稚时代之作也；叙事诗，国民盛壮时代之作也。故曲则古不如今。元曲诚多天籁，然其思想之陋劣，布置之

---

① "中仙"，手稿原已删去。
② 此条通行本未载。
③ 同上。

粗笨，千篇一律，令人喷饭。至本朝之《桃花扇》、《长生殿》诸传奇，则进矣。词则今不如古。盖一则以布局为主，一则须伫兴而成故也。①

（九）

北宋名家以方回为最次，其词如历下、新城之诗，非不华瞻，惜少真味。②

（一〇）

散文易学而难工，骈文难学而易工；近体诗易学而难工，古体诗难学而易工；小令易学而难工，长调难学而易工。

（一一）

古诗云："谁能思不歌？谁能饥不食？"诗词者，物之不得其平而鸣者也。故"欢愉之辞难工，愁苦之言易巧"。

（一二）

社会上之习惯，杀许多之善人。文学上之习惯，杀许多之天才。③

（一三）

词之为体，"要眇宜修"，能言诗之所不能言，而不能尽言诗之所能言。诗之境阔，词之言长。

（一四）

言气质，言神韵，不如言境界。有境界，本也；气质、神韵，末

---

　　① 此条通行本未载。

　　② 此句后手稿已删去一段："至宋末诸家，仅可譬之腐烂制艺，乃诸家之享重名者且数百年，始知世之幸人不独曹蜍、李志也。"

　　③ 遗书本此则后尚有"昔人论诗词，有景语情语之别，不知一切景语皆情语也"。并将二则相连。

也；有境界而二者随之矣。

(一五)

“西（当作‘秋’）风吹渭水，落日（当作‘叶’）满长安。”美成以之入词，白仁甫以之入曲。此借古人之境界为我之境界者也。然非自有境界，古人亦不为我用。

(一六)

词家多以景寓情。其专作情语而绝妙者，如牛峤之“甘（当作‘须’）作一生拚，尽君今日欢”，顾夐之“换我心，为你心，始知相忆深”，欧阳修之“衣带渐宽终不悔，为伊消得人憔悴”，美成之“许多烦恼，只为当时，一饷留情”，此等词，古今曾不多见。[1] 余《乙稿》中颇于此方面有开拓之功。[2]

(一七)

长调自以周、柳、苏、辛为最工。美成《浪淘沙慢》二词，精壮顿挫，已开北曲之先声。若屯田之《八声甘州》，玉局之《水调歌头》（中秋寄子由），[3] 则伫兴之作，格高千古，不能以常词论也。[4]

(一八)

稼轩《贺新郎》词（送茂嘉十二弟）章法绝妙，且语语有境界，此能品而几于神者。然非有意为之，故后人不能学也。

(一九)

稼轩《贺新郎》词：“柳暗凌波路，送春归猛风暴雨，一番新

---

① 遗书本“古今”为“古今人词”。

② 通行本无此句。

③ “玉局”，通行本作“东坡”。

④ “常词”，通行本作“常调”。

绿。"又,《定风波》词:"从此酒酣明月夜,耳热。""绿"、"热"二字皆作上去用,与韩玉《东浦词·贺新郎》以"玉"、"曲"叶"注"、"女",《卜算子》以"夜"、"谢"叶"食"（当作'节'）、"月",已开北曲四声通押之祖。

（二○）

谭复堂《箧中词选》谓:"蒋鹿潭《水云楼词》与成容若、项莲生二百年间分鼎三足。"然《水云楼词》小令颇有境界,长调惟存气格。《忆云词》亦精实有余,[1] 超逸不足,皆不足与容若比,然视皋文、止庵辈,则倜乎远矣。

（二一）

贺黄公（裳）《皱水轩词筌》云:"张玉田《乐府指迷》,其调叶宫商、铺张藻绘抑亦可矣,至于风流蕴藉之事,真属茫茫,如啖官厨饭者,不知牲牢之外别有甘鲜也。"此语解颐。[2]

（二二）

周保绪（济）《词辨》云:"玉田近人所最尊奉,才情诣力亦不后诸人,终觉积谷作米、把缆放船,无开阔手段。"又云:"叔夏所以不及前人处,只在字句上著功夫,不肯换意。""近人喜学玉田,亦为修饰字句易,换意难。"[3]

（二三）

词家时代之说,盛于国初。竹垞谓词至北宋而大,至南宋而深。后此词人,群奉其说,然其中亦非无具眼者。周保绪曰:"南宋下不犯北宋拙率之病,高不到北宋浑涵之诣。"又曰:"北宋词多就景叙情,故珠圆玉润,四照玲珑。至稼轩、白石,一变而为即事叙景,使

---

① 通行本无"亦"字。
② 此条通行本未载。
③ 同上。

深者反浅，曲者反直。"潘四农（德舆）曰："词滥觞于唐，畅于五代，而意格之闳深曲挚则莫盛于北宋。词之有北宋，犹诗之有盛唐；至南宋则稍衰矣。"刘融斋（熙载）曰："北宋词用密亦疏，用隐亦亮，用沉亦快，用细亦阔，用精亦浑。南宋只是掉转过来。"可知此事自有公论。虽止庵词颇浅薄，潘、刘尤甚，然其推尊北宋，① 则与明季云间诸公同一卓识，不可废也。②

（二四）

唐、五代、北宋之词，所谓③ "生香真色"。若云间诸公，则彩花耳。④ 湘真且然，况其次也者乎！

（二五）

《衍波词》之佳者，颇似贺方回。虽不及容若，要在锡鬯、其年之上。⑤

（二六）

近人词，如复堂词之深婉、彊村词之隐秀，皆在吾家半塘翁上。⑥ 彊村学梦窗而情味较梦窗反胜，盖有临川、庐陵之高华，而济之以白石之疏越者。⑦ 学人之词，斯为极则。然古人自然神妙处，尚未梦见。⑧

（二七）

宋直方⑨《蝶恋花》："新样罗衣浑弃却，犹寻旧日春衫著。"谭

---

① "其"，通行本作"甚"。
② 通行本无"不可废"三字。
③ "所谓"，通行本作"可谓"。
④ "彩花"，通行本作"綵花"，用异体字。
⑤ "锡鬯、其年"，通行本作"浙中诸子"。
⑥ "吾家半塘翁"，通行本作"半塘老人"。
⑦ 此句中通行本无第一个"之"字。
⑧ "梦见"，通行本作"见及"。又，遗书本误将此则与第二五则相连。
⑨ "直方"，手稿误作"尚木"。遗书本从手稿，亦误。

复堂《蝶恋花》:"连理枝头侬与汝,千花百草从渠许。"可谓寄兴深微。

(二八)

《半塘丁稿》和冯正中《鹊踏枝》十阕,乃《鹜翁词》之最精者。"望远愁多休纵目"等阕,郁伊惝恍,令人不能为怀。《定稿》只存六阕,殊为未允也。

(二九)

固哉,皋文之为词也!飞卿《菩萨蛮》、永叔《蝶恋花》、子瞻《卜算子》,皆兴到之作,有何命意?皆被皋文深文罗织。阮亭《花草蒙拾》谓:"坡公命宫磨蝎,生前为王珪、舒亶辈所苦,身后又硬受此差排。"由今观之,受差排者,独一坡公已耶?

(三〇)

贺黄公谓:"姜论史词,不称其'软语商量',而称(当作'赏')其'柳昏花暝',固知不免项羽学兵法之恨。"然"柳昏花暝"自是欧、秦辈句法,似属为胜。[1] 吾从白石,不能附合黄公矣。[2]

(三一)

"池塘春草谢家春,万古千秋五字新。传语闭门陈正字,可怜无补费精神。"此遗山《论诗绝句》也。美成、白石、[3] 梦窗、玉田辈当不乐闻此语。

(三二)

朱子《清邃阁论诗》谓:"古人有句,[4] 今人诗更无句,只是

一直说将去。这般一日作百首也得。"① 余谓北宋之词有句，南宋以后便无句。如玉田、草窗之词，所谓"一日作百首也得"者也。

（三三）

朱子谓："梅圣②俞诗，不是平淡，乃是枯槁。"余谓草窗、玉田之词亦然。

（三四）

"自怜诗酒瘦，难应接，许多春色。""能几番游？看花又是明年。"此等语亦算警句耶？乃值如许费力。③

（三五）

文文山词，风骨甚高，亦有境界。远在圣与、叔夏、公谨诸公之上。亦如明初诚意伯词，非季迪、孟载诸人所敢望也。

（三六）

宋《李希声诗话》曰："唐（当作'古'）人作诗，正以风调高古为主，虽意远语疏，皆为佳作。后人有切近的当、气格凡下者，终使人可憎。"余谓北宋词亦不妨疏远，若梅溪以降，正所谓"切近的当、气格凡下"者也。

（三七）

自竹垞痛贬《草堂诗馀》而推《绝妙好词》，后人群附合之。④不知《草堂》虽有亵诨之作，⑤ 然佳词恒得十之六七。《绝妙好词》

---

① "这般"，朱熹原文作"这般诗"。
② 原误作"舜"。
③ "费力"，通行本作"笔力"。
④ "附合"，通行本作"附和"。
⑤ 通行本无"之"字。

则除张、范、辛、刘诸家外，十之八九皆极无聊赖之词。甚矣，人之贵耳贱目也。①

（三八）

《提要》载："《古今词话》六卷，国朝沈雄纂。雄，字偶僧，吴江人。是编所述，上起于唐，下迄康熙中年。"然维见明嘉靖前合口本《笺注草堂诗馀》林外《洞仙歌》下引《古今词话》云："此词乃近时林外题于吴江垂虹亭。"（明刻《类编草堂诗馀》亦同。）（案：升庵《词品》云："林外，字岂尘。有《洞仙歌》书于垂虹亭畔，作道装，不告姓名，饮醉而去，人疑为吕洞宾。传入宫中，孝宗笑曰：'"云崖洞天无锁"。"锁"与"老"叶均，则"锁"音"扫"，乃闽音也。'侦问之，果闽人林外也。"《齐东野语》所载亦略同。）则《古今词话》宋时固有此书，岂雄窃此书而复益以近代事欤？又，《季沧苇书目》载《古今词话》十卷，而沈雄所纂只六卷，益证其非一书矣。②

（三九）

"君王枉（当作'忍'）把平陈业，换得（当作'只换'）雷塘数亩田。"政治家之言也。"长陵亦是闲邱陇，异日谁知与仲多？"诗人之言也。政治家之眼，域于一人一事；诗人之眼，则通古今而观之。词人观物，须用诗人之眼，不可用政治家之眼。故感事、怀古等作，当与寿词同为词家所禁也。

（四〇）

宋人小说，多不足信。如《雪舟脞语》谓：台州知府唐仲友眷官妓严蕊奴，朱晦庵系治之。及晦庵移去，提刑岳霖行部至台，蕊乞自便。岳问曰："去将安归？"蕊赋《卜算子》词云"住也如何住"云云。案：此词系仲友戚高宣教作，使蕊歌以侑觞者，见朱子《纠

---

① 手稿此句后已删去一段："古人云：'小好小惭，大好大惭。'洵非虚语。"遗书本无最后二句，而补上手稿删去的这一段。

② 此条通行本未载。

唐仲友奏牍》。则《齐东野语》所纪朱、唐公案，恐亦未可信也。

（四一）

唐、五代之词，有句而无篇。南宋名家之词，有篇而无句。有篇有句，唯李后主降宋后之作，及永叔、子瞻、少游、美成、稼轩数人而已。

（四二）

唐、五代、北宋之词家，倡优也；南宋后之词家，俗子也；二者其失相等。然词人之词，宁失之倡优，而不失之俗子。① 以俗子之可厌，较倡优为甚故也。

（四三）

《蝶恋花》（独倚危楼）一阕，见《六一词》，亦见《乐章集》。余谓：屯田，轻薄子，只能道"奶奶兰心蕙性"耳。"衣带渐宽终不悔，为伊消得人憔悴。"② 此等语，固非欧公不能道也。

（四四）

读《会真记》者，恶张生之薄幸而恕其奸非；读《水浒传》者，恕宋江之横暴而责其深险，此人人之所同也。故艳词可作，唯万不可作俍薄语。龚定庵诗云："偶赋凌云偶倦飞，偶然闲慕遂初衣。偶逢锦瑟佳人问，便说寻春为汝归。"其人凉薄无行，跃然纸墨间。余辈读耆卿、伯可词，亦有此感，视永叔、希文小词何如耶？

（四五）

词人之忠实，不独对人事宜然，即对一草一木，亦须有忠实之意；否则所谓游词也。

---

① 通行本"然"作"但"，无"而"字。
② 通行本无此二句。

（四六）

读《花间》、《尊前集》，令人回想徐陵《玉台新咏》；读《草堂诗馀》，令人回想韦縠《才调集》；读朱竹垞《词综》，张皋文、董子远①《词选》，令人回想沈德潜《三朝诗别裁集》。

（四七）

明季、国初诸老之论词，大似袁简斋之论诗，其失也纤小而轻薄。竹垞以降之论词者，大似沈归愚，其失也枯槁而庸陋。

（四八）

东坡之旷在神，白石之旷在貌。白石如王衍口不言阿堵物，而暗中为营三窟之计，此其所以可鄙也。

（四九）

"纷吾既有此内美兮，又重之以修能。"文学之事，② 于此二者不可缺一。然词乃抒情之作，故尤重内美。无内美而但有修能，则白石耳。

（五○）

诗人视一切外物，皆游戏之材料也。然其游戏，则以热心为之。故诙谐与严重二性质，亦不可缺一也。

人间词话删稿

（一）

双声、叠韵之论盛于六朝，唐人犹多用之，至宋以后则渐不讲，并不知二者为何物。乾、嘉间，吾乡周松霭先生（春）著

---

① "子远"，手稿误作"晋卿"。
② "文学"，通行本作"文字"。

《杜诗双声叠韵谱括略》，正千余年之误，可谓有功文苑者矣。其言曰："两字同母，谓之双声，两字同韵，谓之叠韵。"余按：用今日各国文法通用之语表之，则两字同一子音者谓之双声（如《南史·羊［元］（玄）保传》之"官家恨狭，更广八分"，官、家、更、广四字，皆从 k 得声。《洛阳伽蓝记》之"狞奴慢骂"，狞、奴二字皆从 n 得声，慢、骂二字皆从 m 得声是也[1]）。两字同一母音者，谓之叠韵（如梁武帝之"后牖有朽柳"，后、牖、有三字，双声而兼叠韵，有、朽、柳三字，其母音皆为 u。刘孝绰之"梁皇长康强"，梁、长、强三字，其母音皆为 ang 也）。自李淑《诗苑》伪造沈约之说，以双声叠韵为诗中八病之二，后世诗家多废而不讲，亦不复用之于词。余谓苟于词之荡漾处用叠韵，[2] 促节处用双声，则其铿锵可诵必有过于前人者。惜世之专讲音律者，尚未悟此也。

（二）

昔人但知双声之不拘四声，不知叠韵亦不拘平、上、去三声。凡字之同母者，虽平仄有殊，皆叠韵也。

（三）

昔人论诗词，有景语、情语之别，不知一切景语皆情语也。

（四）

"岂不尔思，室是远而。"孔子讥之。故知孔门而用词，则牛峤之"甘（当作'须'）作一生拚，尽君今日欢"等作，必不在见删之数。[3]

（五）

"暮雨潇潇郎不归"，当是古词，未必即白傅所作。故白诗云：

---

① 通行本无"是"字。
② "用"，通行本作"多用"。
③ 此条通行本未载。

"吴娘夜（当作'暮'）雨潇潇曲，自别苏州（当作'江南'）更不闻"也。

（六）

　　和凝《长命女》词："天欲晓，宫漏穿花声缭绕，窗里星光少。冷霞寒侵帐额，残月光沈树杪。梦断锦闱空悄悄，强起愁眉小。"此词前半，不减夏英公《喜迁莺》也。此词见《乐府雅词》，《历代诗馀》选之。①

（七）

　　《提要》："王明清《挥麈录》载曾布《冯燕歌》，已成套数，与词律殊途。"

　　毛西河《词话》谓："赵德麟令畤作《商调鼓子词》谱《西厢》传奇，为杂剧之祖。"然《乐府雅词》卷首所载秦少游、晁补之、郑彦能（名仅）《调笑转踏》首有"致语"，末有"放队"，每调之前有口号诗，甚似曲本体例。无名氏《九张机》亦然。至董颖《道宫薄媚》大曲咏西子事，凡十只曲，皆平仄通押，竟是套曲，此可与《弦索西厢》同为曲家之荜路。曾氏置诸《雅词》卷首，所以别之于词也。颖字仲达，绍兴初人，从汪彦章、徐师川游。彦章为作《字说》，见《书录解题》。②

（八）

　　宋人遇令节、朝贺、宴会、落成等事，有"致语"一种，亦谓之"乐语"，亦谓之"念语"。宋人如宋子京、欧阳永叔、苏子瞻、陈师道皆有之。《啸馀谱》列之于词曲之间。其式：先"教坊致语"（四六文），次"口号"（诗），次"勾合曲"（四六文），次"勾小儿队"（四六文），次"队名"（诗二句），次"问小儿"、"小儿致语"，次"勾杂剧"（皆四六文），次"放队"（或诗或四六文）。若有女弟子队，则勾女弟子队如前。其所歌之词曲与所演之剧，

―――――――――――

　　① "此词见……"二句通行本无。
　　② 此条通行本未载。

则自伶人定之。少游、补之之《调笑》乃并为之作词。元人杂剧乃以曲代之。曲中楔子、科白、上下场诗，犹是致语、口号、勾队、放队之遗也，此程明善《啸馀谱》所以列"致语"于词曲之间者也。①

（九）

明顾梧芳刻《尊前集》二卷，自为之引，并云："明嘉禾顾梧芳编次。"毛子晋《词苑英华》疑为梧芳所辑。朱竹垞跋称，吴下得吴宽手钞本，取顾本勘之，靡有不同，因定为宋初人编辑。《提要》两存其说。案《古今词话》云："赵崇祚《花间集》载温飞卿《菩萨蛮》甚多，合之吕鹏《尊前集》，不下二十阕。"今考顾刻所载飞卿《菩萨蛮》五首，除"咏泪"一首外，皆《花间》所有，知顾刻虽非自编，亦非复吕鹏所编之旧矣。《提要》又云："张炎《乐府指迷》虽云唐人有《尊前》、《花间集》，然《乐府指迷》真出张炎与否，盖未可定。陈直斋《书录解题》'歌词类'以《花间集》为首，注曰：此近世倚声填词之祖，而无《尊前集》之名。不应张炎见之，而陈振孙不见。"然《书录解题·阳春集》条下，引高邮崔公度语曰："《尊前》、《花间》往往谬其姓氏。"公度，公（当作"元"）祐间人，《宋史》有传。北宋固有，则此书不过直斋未见耳。

又案：黄昇《花庵词选》李白《清平乐》下注云："翰林应制。"又云："案：唐吕鹏《遏云集》载应制词四首，以后二首无清逸气韵，疑非太白所作。"云云。今《尊前集》所载太白《清平乐》有五首，岂《尊前集》一名《遏云集》，而四首五首之不同，乃花庵所见之本略异欤？又，欧阳炯《花间集序》谓："明皇朝有李太白应制《清平乐》四首。"则唐末时只有四首，岂末一首为梧芳所羼入，非吕鹏之旧欤？②

---

① 此条通行本已删。
② 此条通行本未载。

（一○）

楚辞之体，非屈子所创也，《沧浪》、《凤兮》之歌已与《三百篇》异。然至屈子而最工。五七律始于齐、梁而盛于唐，词源于唐而大成于北宋。故最工之文学，非徒善创，亦且善因。①

（一一）

《沧浪》、《凤兮》二歌，已开楚辞体格。然楚词之最工者，推屈原、宋玉，而后此王褒、刘向之词不与焉。五古之最工者，实推阮嗣宗、左太冲、郭景纯、陶渊明，而前此曹、刘，后此陈子昂、李太白不与焉。词之最工者，实推后主、正中、永叔、少游、美成，而前此温、韦，后此姜、吴，皆不与焉。②

（一二）

金郎甫作《〈词选〉后序》，分词为淫词、鄙词、游词三种，词之弊，尽是矣。五代、北宋之词，其失也淫；辛、刘之词，其失也鄙；姜、张之词，其失也游。③

人间词话附录

（一）

蕙风词小令似叔原，长调亦在清真、梅溪间，而沈痛过之。彊村虽富丽精工，犹逊其真挚也。天以百凶成就一词人，果何为哉！

（赵万里录自《蕙风琴趣》评语）

（二）

蕙风《洞仙歌》（秋日游某氏园）及《苏武慢》（寒夜闻角）二阕，

---

① 此条通行本未载。
② 通行本此二句作"而后此南宋诸公不与焉"。
③ 此条通行本未载。

境似清真，集中他作，不能过之。

（出处同上）

（三）

彊村词，余最赏其《浣溪沙》"独鸟冲波去意闲"二阕，笔力峭拔，非他词可能过之。

（赵万里自《丙寅日记》所记先生论学语中摘出）

（四）

蕙风"听歌"诸作，自以《满路花》为最佳。至《题香南雅集图》诸词，殊觉泛泛，无一言道著。

（出处同上）

（五）

（皇甫松）词，黄叔旸称其《摘得新》，二首为有达观之见。余谓不若《忆江南》二阕，情味深长，在乐天、梦得上也。

（自此条至第十三条皆录自王国维自辑本《唐五代二十一家词辑》）

（六）

端己词情深语秀，虽规模不及后主、正中，要在飞卿之上。观昔人颜、谢优劣论可知矣。

（七）

（毛文锡）词比牛、薛诸人殊为不及。叶梦得谓："文锡词以质直为情致，殊不知流于率露。诸人评庸陋词者，必曰此仿毛文锡之《赞成功》而不及者。"其言是也。

（八）

（魏承班）词逊于薛昭蕴、牛峤，而高于毛文锡，然皆不如王衍。五代词以帝王为最工，岂不以无意于求工欤？

（九）

（顾）夐词在牛给事、毛司徒间。《浣溪沙》"春色迷人"一阕，亦见《阳春录》。与《河传》、《诉衷情》数阕，当为夐最佳之作矣。

（一〇）

（毛熙震），周密《齐东野语》称其词"新警而不为儇薄"。余尤爱其《后庭花》，不独意胜，即以调论，亦有隽上清越之致，视文锡蔑如也。

（一一）

（阎选）词唯《临江仙》第二首有轩翥之意，余尚未足与作者也。

（一二）

昔沈文悫深赏（张）泌"绿杨花扑一溪烟"为晚唐名句。然其词如"露浓香泛小庭花"，较前语似更幽艳。

（一三）

（孙光宪词）昔黄玉林赏其"一庭花（当作'疏'）雨湿春愁"为古今佳句。余以为不若"片帆烟际闪孤光"尤有境界也。

（一四）

（周清真）先生于诗文无所不工，然尚未尽脱古人蹊径。平生著述，自以乐府为第一。词人甲乙，宋人早有定论，惟张叔夏病其意趣不高远。然北宋人如欧、苏、秦、黄，高则高矣，至精工博大，殊不逮先生。故以宋词比唐诗，则东坡似太白，欧、秦似摩诘，耆卿似乐天，方回、叔原则大历十子之流，南宋惟一稼轩可比昌黎。而词中老杜，则非先生不可。昔人以耆卿比少陵，犹为未当也。

（录自《清真先生遗事·尚论三》）

（一五）

　　（清真）先生之词，陈直斋谓其多用唐人诗句櫽栝入律，浑然天成。张玉田谓其善于融化诗句。然此不过一端，不如强焕云："模写物态，曲尽其妙。"为知言也。

（出处同上）

（一六）

　　山谷云："天下清景，不择贤愚而与之，然吾特疑端为我辈设。"诚哉是言。抑岂独清景而已，一切境界，无不为诗人设，世无诗人，即无此种境界。夫境界之呈于吾心而见于外物者，皆须臾之物，惟诗人能以此须臾之物，镌诸不朽之文字，使读者自得之；遂觉诗人之言，字字为我心中所欲言，而又非我之所能自言，此大诗人之秘妙也。境界有二：有诗人之境界，有常人之境界。诗人之境界，惟诗人能感之而能写之，故读其诗者亦高举远慕，有遗世之意。而亦有得有不得，且得之者亦各有深浅焉。若夫悲欢离合、羁旅行役之感，常人皆能感之，而惟诗人能写之。故其入于人者至深，而行于世也尤广。先生（清真）之词，属于第二种为多，故宋时别本之多，他无与匹。又和者三家，注者二家（强焕本亦有注，见毛跋）。自士大夫以至妇人女子，莫不知有清真，而种种无稽之言，亦由此以起。然非入人之深，乌能如是耶？

（出处同上）

（一七）

　　楼忠简谓先生（清真）妙解音律，惟王晦叔《碧鸡漫志》谓："江南某氏者，解音律，时时度曲。周美成与有瓜葛。每得一解，即为制词。故周集中多新声。"则集中新曲，非尽自度。然顾曲名堂，不能自已，固非不知音者。故先生之词，文字之外，须兼味其音律。惟词中所注宫调，不出教坊十八调之外，则其音非大晟乐府之新声，而为隋、唐以来之燕乐，固可知也。今其声虽亡，读其词者，犹觉拗怒之中，自饶和婉。曼声促节，繁会相宣；清浊抑扬，辘轳交往。两宋之间，一人而已。

（出处同上）

（一八）

伪词最多，强焕本所增，强半皆是。如《片玉词》上《青玉案》"良夜灯光簇如豆"一阕，乃改山谷《忆帝京》词为之者，决非先生作。[①]

（出处同上）

（一九）

（《云谣集杂曲子》）《天仙子》词，特深峭隐秀，堪与飞卿、端己抗行。

（录自《观堂集林·唐写本云谣集杂曲子跋》）

（二〇）

有明一代，乐府道衰，《写情》、《扣舷》，尚有宋、元遗响，仁、宣以后，兹事几绝。独文愍（夏言）以魁硕之才，起而振之，豪壮典丽，与于湖、剑南为近。

（录自《观堂外集·庚辛之间读书记·桂翁词跋》）

（二一）

欧公《蝶恋花》"面旋落花"云云，字字沈响，殊不可及。

（陈乃乾录自王国维旧藏《六一词》眉间批语）

（二二）

温飞卿《菩萨蛮》"雨后却斜阳，杏花零落香"，少游之"雨余

---

① 通行本将此条作为注文，而其正文内容系由陈乃乾录王国维旧藏《片玉词》眉间批语："《片玉词》'良夜灯光簇如豆'一首乃改山谷《忆帝京》词为之者，似屯田最下之作，非美成所宜有也。"

芳草斜阳，杏花零落（当作'乱'）燕泥香"，虽自此脱胎，而实有出蓝之妙。

（陈乃乾录自王国维旧藏《词辨》眉间批语）

（二三）

白石尚有骨，玉田则一乞人耳。

（出处同上）

（二四）

美成词多作态，故不是大家气象。若同叔、永叔，虽不作态，而"一笑百媚生"矣。此天才与人力之别也。

（出处同上）

（二五）

周介存谓："白石以诗法入词，门径浅狭，如孙过庭书，但便后人模仿。"予谓近人所以崇拜玉田，亦由于此。

（出处同上）

（二六）

予于词，五代喜李后主、冯正中，而不喜《花间》。宋喜同叔、永叔、子瞻、少游，而不喜美成。南宋只爱稼轩一人，而最恶梦窗、玉田。介存《词辨》所选词，颇多不当人意，而其论词则多独到之语。始知天下固有具眼人，非予一人之私见也。

（出处同上）

（二七）

（朱希真）《满路花·风情》无限风情，令人玩索。

（陈鸿祥从王国维旧藏《草堂诗馀》眉批录出）

（二八）

朱竹垞《蝶恋花·重游晋祠题壁》，其"天涯芳草"二句，南宋后即不多见，无论近人。

（罗振常录自王国维旧藏《箧中词》批语）

（二九）

王君静安将刊其所为《人间词》，诒书告余曰："知我词者莫如子，叙之亦莫如子宜。"余与君处十年矣，比年以来，君颇以词自娱。余虽不能词，然喜读词，每夜漏始下，一灯荧然，玩古人之作，未尝不与君共。君成一阕，易一字，未尝不以讯余。既而暌离，苟有所作，未尝不邮以示余也。然则余于君之词，又乌可以无言乎？夫自南宋以后，斯道之不振久矣。元、明及国初诸老，非无警句也，然不免乎局促者，气困于雕琢也。嘉、道以后之词，非不谐美也，然无救于浅薄者，意竭于摹拟也。君之于词，于五代喜李后主、冯中正，于北宋喜永叔、子瞻、少游、美成，于南宋除稼轩、白石外，所嗜盖鲜矣。尤痛诋梦窗、玉田，谓梦窗砌字，玉田垒句，一雕琢，一敷衍，其病不同，而同归于浅薄。六百年来词之不振，实自此始。其持论如此。及读君自所为词，则诚往复幽咽，动摇人心，快而沈，直而能曲。不屑屑于言词之末，而名句间出，殆往往度越前人。至其言近而指远，意决而辞婉，自永叔以后，殆未有工如君者也。君始为词时，亦不自意其至此，而卒至此者，天也，非人之所能为也。若夫观物之微，托兴之深，则又君诗词之特色，求之古代作者，罕有伦比。呜乎！不胜古人，不足以与古人并，君其知之矣。世有疑余言者乎，则何不取古人之词与君词比类而观之也？光绪丙午三月，山阴樊志厚叙。

（录自《海宁王静安先生遗书·苕华词》）

（三十）

去岁夏，王君静安集其所为词，得六十余阕，名曰《人间词甲稿》，余既叙而行之矣。今冬，复汇所作词为《乙稿》，丐余为之叙。余其敢辞，乃称曰：文学之事，其内足以摅己而外足以感人者，意与境二者而已。上焉者意与境浑，其次或以境胜，或以意胜，苟缺其一，不足以言文学。原夫文学之所以有意境者，以其能观也。出于观我者，意余于境；而出于观物者，境多于意。然非物无以见我，而观我之时，又自有我在。故二者常互相错综，能有所偏重，而不能有所偏废也。文学之工不工，亦视其意境之有无与其深浅而已。自夫人不能观古人之所观，而徒学古人之所作，于是始有伪文学。学者便之，相尚以辞，相习以模拟，遂不复知意境之为何物，岂不悲哉！苟持此以观古今人之词，则其得失，可得而言焉。温、韦之精艳，所以不如正中者，意境有深浅也。珠玉所以逊六一，小山所以愧淮海者，意境异也。美成晚出，始以辞采擅长，然终不失为北宋人之词者，有意境也。南宋词人之有意境者，唯一稼轩，然亦若不欲以意境胜。白石之词，气体雅健耳，至于意境，则去北宋人远甚。及梦窗、玉田出，并不求诸气体，而惟文字之是务，于是词之道熄矣。自元迄明，益以不振。至于国朝，而纳兰侍卫以天赋之才，崛起于方兴之族，其所为词，悲凉顽艳，独有得于意境之深，可谓豪杰之士奋乎百世之下者矣。同时朱、陈，既非劲敌；后世项、蒋，尤难鼎足。至乾、嘉以降，审乎体格韵律之间者愈微，而意味之溢于字句之表者愈浅。岂非拘泥文字，而不求诸意境之失欤？抑观我观物之事自有天在，固难期诸流俗欤？余与静安，均夙持此论。静安之为词，真能以意境胜，夫古今词人以意胜者，莫若欧阳公；以境胜者，莫若秦少游；至意、境两浑，则惟太白、后主、正中数人足以当之。静安之词，大抵意深于欧，而境次于秦。至其合作，如《甲稿·浣溪沙》之"天末同云"、《蝶恋花》之"昨夜梦中"，《乙稿·蝶恋花》之"百尺朱楼"等阕，皆意境两忘，物我一体；高蹈乎八荒之表，而抗心乎千秋之间；骎骎乎两汉之疆域，广于三代、贞观之政治，隆于武德矣。方之侍卫，岂徒伯仲。此固君所得于天者独深，抑岂非致力于意境之效也。至君词之体裁，亦与五代、北宋为近，然君词之所以为五代、北宋之词者，以其有意境在。若以其体裁故，而至遽指为五代、北宋，此又君之不任受，固当与梦窗、玉田之徒，专事摹拟者，同类而笑之也。光绪三十三年十月，山阴樊志厚叙。

（出处同上）

附　录

《人间词话》手稿与本编、通行本条目次序对照表

手稿	本编	通行本	手稿	本编	通行本
1	二四	24	21	未三	删5
2	二六	26	22	四二	42
3	一〇	10	23	未四	删35
4	一一	11	24	未五	未载
5	一三	13	25	未六	删36
6	一九	19	26	未七	未载
7	五六	56	27	三七	37
8	三三	33	28	未八	未载
9	三四	34	29	未九	删6
10	三五	35	30	未一〇	删7
11	四三	43	31	一	1
12	四九	49	32	二	2
13	未一	删1	33	三	3
14	五〇	50	34	未一一	删8
15	删一	删2	35	六	6
16	删二	删3	36	四	4
17	未二	删4	37	五	5
18	二〇	20	38	未一二	删9
19	二一	21	39	五五	55
20	三六	36	40	二八	28

41	五七	57	73	四八	48
42	五八	58	74	未三〇	删26
43	未一三	删12	75	三八	38
44	五一	51	76	三九	39
45	未一四	删13	77	四〇	40
46	七	7	78	二九	29
47	未一五	删14	79	九	9
48	八	8	80	四一	41
49	删三	删10	81	未三一	删27
50	删四	未载	82	六四	64
51	未一六	删11	83	未三二	删28
52	二二	22	84	未三三	删29
53	二三	23	85	未三四	删30
54	五九	59	86	未三五	删31
55	未一七	删15	87	删六	删32
56	未一八	删16	88	未三六	删33
57	一二	12	89	删七	未载
58	删五	未载	90	删八	未载
59	未一九	删17	91	未三七	删34
60	四七	47	92	删九	未载
61	未二〇	删18	93	未三八	未载
62	三一	31	94	五三	53
63	三二	32	95	未三九	删37
64	未二一	未载	96	未四〇	删38
65	未二二	未载	97	未四一	删40
66	未二三	删29	98	未四二	删41
67	未二四	删20	99	四五	45
68	未二五	删21	100	四六	46
69	未二六	删22	101	未四三	删42
70	未二七	删23	102	未四四	删43
71	未二八	删24	103	未四五	删44
72	未二九	删25	104	一四	14

105	一五	15
106	一六	16
107	一七	17
108	一八	18
109	删一〇	未载
110	三〇	30
111	删一一	删39
112	未四六	删45
113	未四七	删46
114	四四	44
115	未四八	删47

116	二七	27
117	六〇	60
118	二五	25
119	未四九	删48
120	六一	61
121	未五〇	删49
122	删一二	未载
123	六二	62
124	五二	52
125	五四	54
无	六三	63

蒲菁转述王国维自论三种境界说[①]

江津吴碧柳芳吉曩教于西北大学，某举此节问之，碧柳未能对。嗣入都因请于先生。先生谓第一境即所谓世无明王，栖栖皇皇者。第二境是知其不可而为之。第三境非归与归与之叹与。《湘山野录》："李后主神骨秀异，骈齿，一目有重瞳。笃信佛法。殆国势危削，叹曰：'天下无周公仲尼，吾道不可行。'著杂说百篇以见志。"然则具周思孔情乃为大词人。余持此说，亦恐晏、欧诸公所不许也。

《人间词话》重印序（俞平伯）
（北京朴社一九二六年印）

作文艺批评，一在能体会，二在能超脱。必须身居局中，局中人知甘苦；又须身处局外，局外人有公论。此书论诗人之素养，以为"入乎其内，故能写之；出乎其外，故能观之"。吾于论文艺批评亦云然。

自来诗话虽多，能兼此二妙者寥寥；此重刊《人间词话》之意义也。虽只薄薄的三十页，而此中所蓄几全是深辨甘苦惬心贵当之

---

① 据靳德峻笺证、蒲菁补笺《人间词话》第二十六则"古今之成大事业大学问者，必经过三种之境界"补笺，北京文化学社1928年印本，四川人民出版社1981年重印本。

言，固非胸罗万卷者不能道。读者宜深加玩味，不以少而忽之。

其实书中所暗示的端绪，如引而申之，正可成一庞然巨帙，特其耐人寻味之力或顿减耳。明珠翠羽，俯拾即是，莫非瑰宝，装成七宝楼台，反添蛇足矣。此日记短札各体之所以为人爱重，不因世间曾有masterpieces，而遂销声匿迹也。

作者论词标举"境界"，更辨词境有隔不隔之别；而谓南宋逊于北宋，可与颉颃者惟辛幼安一人耳……凡此等评衡论断之处，俱持平入妙，铢两悉称，良无间然。颇思得暇引申其义，却恐"佛头著粪"，遂终于不为；而缀此短序以介绍于读者。

一九二六，二，四，平伯记。

《人间词话》补笺序（戚法仁）
（北京文化学社 1928 印）

词者，曲子词之省称。其乐则燕乐二十八调，其体则肇自盛唐，初为民间歌谣，即《云谣集》杂曲子是也。中唐之世，刘、白试作，寥寥短章，体格未备。及晚唐五季，作手实繁，《握兰》、《金荃》，衰然成帙。降而两宋，此体大盛，苏、辛为豪放之祖，周、秦开婉约之宗，轶先越后，蔚为绝学；而论词之书，亦推宋人最精。张玉田《词源》二卷，艺林推重，珍逾南金，其书精研律吕，剖析毫芒，后人继作，万难企及；惟论词之处，则支离殊少条贯，且门户太狭，专主清空，失之偏宕。厥后元、明二代，若陆辅《词旨》、杨升庵《词品》外，作者尚众；然皆疏略，少所发明。清人论述，《白雨斋》及《蕙风词话》，最为时人推重。然求其推究文心，尽极精微，且本末赅备，条贯厘然者，海宁王氏《人间词话》一编，尤有所长，论词主境界，不为虚无要渺之谈。其书旧有注本；然而诠释弗精，义蕴不显。于是成都蒲仲山先生为之补笺，取王氏之说而引申之，诠解详尽，妙达词心，斯实艺苑之南针，匪特有功王氏一家之书也。惟海宁治词，功力悉在小令，故《词话》之作，于南宋诸家深致诋诃。然俞仲茆云："唐诗三变愈下。"宋词殊不然，欧、苏、秦、黄，足当高、岑、王、李，南渡以后，矫矫陡健，即不得称中宋晚宋也。尝试论之：梅溪思路隽爽，用笔轻灵，快剪风樯，了无滞迹，持救平钝之病，诚为良剂。梦窗以丽赡之才，吐沉雄之思，其开阖顿挫，潜气内转，正与美成同法。草窗、玉田，功力并胜，且身茹亡国之痛，凄怆悲吟，不能自已，其词《一萼红·登蓬莱阁》、《高阳台·西湖春感》，类有寄托，非同泛响。今一例抹煞，诋为乡愿，平情而论，实失之苛。至于《清真》一集，极沈郁顿挫之观，两宋之世，一人而已。王氏少之。及后更著《清真先生遗事》，乃尽反前说，殆亦悔其少作。今备论其得失如此，俾读斯编者知所去取云尔。宿迁戚法仁序。

三　中国哲学研究

哲学辨惑[①]

甚矣名之不可以不正也！观去岁南皮尚书（按，张之洞）之陈学务折，及管学大臣张尚书（按，张百熙）之复奏折：一虞哲学之有流弊，一以名学易哲学，于是海内之士颇有以哲学为诟病者。夫哲学者，犹中国所谓理学云尔。艾儒略《西学（发）凡》有"费禄琐非亚"之语，而未译其义。"哲学"之语实自日本始。日本称自然科学曰"理学"，故不译"费禄琐非亚"曰理学，而译曰"哲学"。我国人士骇于其名，而不察其实，遂以哲学为诟病，则名之不正之过也。

今辨其惑如下：

（一）哲学非有害之学

今之诟病哲学者，岂不曰自由平等民权之说由哲学出，今弃绝哲学，则此等邪说可以熄乎？夫此等说之当否，姑置不论。夫哲学中亦非无如此之说，然此等思想于哲学中不占重要之位置。霍布士（按，1588—1679，英国哲学家）之绝对国权论，与福禄特尔（今译伏尔泰，1694—1778，法国哲学家）、卢骚（按，1712—1778，法国哲学家）之绝对民权论，皆为哲学说之一。今以福禄特尔、卢骚之故而废哲学，何不一思霍布士之说乎？且古之时有倡言民权者矣，孟子是也。今若举天下之言民权，而归罪于孟子，废孟子而不立诸学官，斯

---

① 本篇刊于 1903 年 7 月《教育世界》55 号。

亦过矣！欲废哲学者何以异于是！且今之言自由平等、言革命者，果皆自哲学上之研究出欤？抑但习闻他人之说而称道之欤？夫周秦与宋代，中国哲学最盛之时也。而君主之威权不因之而稍替。明祖之兴，而李自成、洪秀全之乱，宁皆有哲学家说以鼓舞之欤？故不研究哲学则已，苟研究哲学则必博稽众说而唯真理之是从。其视今日浅薄之革命家，方鄙弃之不暇，而又奚惑焉！则竟以此归狱于哲学者非也。且自由平等说非哲学之原理，乃法学、政治学之原理也。今不以此等说废法学、政治学，何独至于哲学而废之？此余所不解者一也。

（二）哲学非无益之学

于是说者曰：哲学即令无害，决非有益，非叩虚课寂之谈，即骛广志荒之论。此说不独我国为然，虽东西洋亦有之。夫彼所谓无益者，岂不以哲学之于人生日用之生活无关系乎？夫但就人生日用之生活言，则岂徒哲学为无益，物理学、化学、博物学，凡所谓纯粹科学，皆与吾人日用之生活无丝毫之关系。其有实用于人者，不过医、工、农等学而已。然人之所以为人者，岂徒饮食男女，芸芸以生，厌厌以死云尔哉！饮食男女，人与禽兽之所同，其所以异于禽兽者，则岂不以理性乎哉！宇宙之变化，人事之错综，日夜相迫于前，而要求吾人之解释，不得其解，则心不宁。叔本华（按，1788—1860，德国哲学家）谓人为形而上学之动物，洵不诬也。哲学实对此要求而与吾人以解释。夫有益于身者与有益于心者之孰轩孰轾，固未易论定者。巴尔善（今译泡尔生，1846—1909，德国哲学家）曰："人心一日存，则哲学一日不亡。"使说者而非人，则已；说者而为人，则已于冥冥之中，认哲学之必要，而犹必诋之为无用，此其不可解者二也。

（三）中国现时研究哲学之必要

尤可异者，则我国上下，日日言教育，而不喜言哲学。夫既言教育，则不得不言教育学；教育学者实不过心理学、伦理学、美学之应用。心理学之为自然科学而与哲学分离，仅曩日之事耳；若伦理学与美学则尚俨然为哲学中之二大部。今夫人之心意，有知力，有意志，有感情。此三者之理想，曰真曰善曰美。哲学实综合此三者而论其原理者也。教育之宗旨亦不外造就真善美之人物，故谓教育学上之理想即哲学上之理想，无不可也。试读西洋之哲学史、教育学史。哲学者而非教育学者有之矣，未有教育学者而不通哲学者也。不通哲学而言教育，与不通物理化学而言工学，不通生理学解剖学而言医学，何以异？今日日言教育、言伦理，而独欲废哲学，此其不可解者三也。

（四）哲学为中国固有之学

今之欲废哲学者，实坐不知哲学为中国固有之学故。今姑舍诸子不论，独就六经与宋儒之说言之。夫六经与宋儒之说，非著于功令而当时所奉为正学者乎？周子"太极"之说，张子"正蒙"之论，邵子之《皇极经世》，皆深入哲学之问题。此岂独宋儒之说为然，六经亦有之。《易》之"太极"，《书》之"降衷"，《礼》之"中庸"，自说者言之，谓之非虚非寂，得乎？今欲废哲学，则六经及宋学皆在所当废，此其所不解者四也。

（五）研究西洋哲学之必要

于是说者曰：哲学既为中国所固有，则研究中国之哲学足矣，奚以西洋哲学为？此又不然。余非谓西洋哲学之必胜于中国，然吾国古书大率繁散而无纪，残缺而不完，虽有真理，不易寻绎，以视西洋哲学之系统灿然，步伐严整者，其形式上之孰优孰劣，固自不可掩也。且今之言教育学者，将用《论语》、《学记》作课本乎？抑将博采西洋之教育学以充之也？于教育学然，于哲学何独不然？且欲通中国哲学，又非通西洋之哲学不易明也。近世中国哲学之不振，其原因虽繁，然古书之难解，未始非其一端也。苟通西洋之哲学以治吾中国之哲学，则其所得当不止此。异日昌大吾国固有之哲学者，必在深通西洋哲学之人，无疑也。今欲治中国哲学，而废西洋哲学，其不可解者五也。

余非欲使人人为哲学家，又非欲使人人研究哲学，但专门教育中，哲学一科必与诸学科并立，而欲养成教育家，则此科尤为要。吾国人士所以诟病哲学者，实坐不知哲学之性质之故，苟易其名曰"理学"，则庶可以息此争论哉！庶可以息此争论哉！

论　　性

　　今吾人对一事物，虽互相反对之议论，皆得持之而有故，言之而成理，则其事物必非吾人所能知者也。"二加二为四"，"二点之间只可引一直线"，无论何人，未有能反对之者也。因果之相嬗，质力之不灭，无论何人，未有能反对之者也。数学及物理学之所以为最确实之知识者，岂不以此矣乎？今《孟子》之言曰："人之性善。"《荀子》之言曰："人之性恶。"二者皆互相反对之说也，然皆持之而有故，言之而成理，然则吾人之于人性，固有不可知者在欤？孔子之所以罕言性与命者，固非无故欤？且于人性论中，不但得容反对之说而已，于一人之说中，亦不得不自相矛盾。《孟子》曰："人之性善，在求其放心而已。"然使之放其心者谁欤？《荀子》曰"人之性恶，其善者伪（人为）也。"然所以能伪者何故欤？汗德（今译康德）曰："道德之于人心，无上之命令也。"何以未几而又有根恶之说欤？叔本华曰："吾人之根本，生活之欲也。"然所谓拒绝生活之欲者，又何自来欤？古今东西之论性，未有不自相矛盾者。使性之为物，如数及空间之性质然，吾人之知之也既确，而其言之也无不同，则吾人虽昌言有论人性之权利可也。试问吾人果有此权利否乎？今论人性者之反对矛盾如此，则性之为物，固不能不视为超乎吾人之知识外也。

　　今夫吾人之所可得而知者，一先天的知识，一后天的知识也。先天的知识，如空间时间之形式，及悟性之范畴，此不待经验而生，而经验之所由以成立者，自汗德之知识论出后，今日殆为定论矣。后天的知识，乃经验上之所教我者，凡一切可以经验之物皆是也。二者之知识皆有确实性，但前者有普遍性及必然性，后者则不然，然其确实则无以异也。今试问性之为物，果得从先天中或后天中知之乎？先天中所能知者，知识之形式，而不及于知识之材质，而性固一知识之材质也，若谓于后天中知之，则所知者又非性。何则？吾人经验上所知之性，其受遗传与外部之影响者不少，则其非性之本来面目，固已久矣。故断言之曰：性之为物，超乎吾人之知识外也。

人性之超乎吾人之知识外，既如斯矣，于是欲论人性者，非驰于空想之域，势不得不从经验上推论之。夫经验上之所谓性，固非性之本，然苟执经验上之性以为性，则必先有善恶二元论起焉。何则？善恶之相对立，吾人经验上之事实也，反对之事实，而非相对之事实也。相对之事实，如寒热、厚薄等是。大热曰"热"，小热曰"寒"。大厚曰"厚"，稍厚曰"薄"。善恶则不然。大善曰"善"，小善非"恶"；大恶曰"恶"，小恶亦非"善"。又积极之事实，而非消极之事实也。有光曰"明"，无光曰"暗"。有有曰"有"，无有曰"无"。善恶则不然。有善曰"善"，无善犹"非恶"；有恶曰"恶"，无恶犹"非善"。惟其为反对之事实，故善恶二者，不能由其一说明之，唯其为积极之事实，故不能举其一而遗其他。故从经验上立论，不得不盘旋于善恶二元论之胯下，然吾人之知识，必求其说明之统一，而决不以此善恶二元论为满足也。于是性善论、性恶论，及超绝的一元论（即性无善无不善说，及可以为善可以为不善说），接武而起。夫立于经验之上以言性，虽所论者非真性，然尚不至于矛盾也。至超乎经验之外，而求其说明之统一，则虽反对之说，吾人得持其一，然不至自相矛盾不止。何则？超乎经验之外，吾人固有言论之自由，然至欲说明经验上之事实时，则又不得不自圆其说，而复反于二元论。故古今言性者之自相矛盾，必然之理也。今略述古人论性之说，而暴露其矛盾，世之学者，可以观焉：

我国之言性者古矣。尧之命舜曰："人心唯危，道心唯微。"仲虺之诰汤曰："唯天生民，有欲无主乃乱，唯天生聪明时乂。"《汤诰》则云："惟皇上帝，降衷于下民。若有恒性，克绥厥猷唯后。"此二说，互相发明，而与霍布士之说若合符节，然人性苟恶而不可以为善，虽聪明之君主，亦无以乂之。而聪明之君主，亦天之所生也，又苟有善之恒性，则岂待君主之绥乂之乎？然则二者非互相豫想，皆不能持其说，且仲虺之于汤，固所谓见而知之者，不应其说之矛盾如此也。二《诰》之说，不过举其一面而遗其他面耳。嗣是以后，人又有唱一元之论者。《诗》曰："天生烝民，有物有则。民之秉彝，好是懿德。"刘康公所谓"民受天地之中以生"者，亦不外《汤诰》之意。至孔子而始唱超绝（对）的一元论，曰："性相近也，习相远也。"又曰："唯上知与下愚不移。"此但从经验上推论之，故以之说明经验上之事实，自无所矛盾也。

　　告子本孔子之人性论，而曰："生之谓性，性无善无不善也。"又曰："性犹湍水也，决诸东方则东流，决诸西方则西流。"此说虽为孟子所驳，然实孔子之真意。所谓"湍水"者，性相近之说也。"决诸东方则东流，决诸西方则西流"者，习相远之说也。孟子虽攻击之，而主性善论，然其说，则有未能贯通者。其山木之喻，曰："牛山之木尝美矣……是岂山之性也哉？虽存乎人者，岂无仁义之心哉！其所以放其良心者，亦犹斧斤之于木也，旦旦而伐之，可以为美乎？其昼夜之所息，平旦之气，其好恶与人相近也者几希，则其旦昼之所为，有梏亡之矣。梏之反覆，则其夜气不足以存……此岂人之情也哉！"然则所谓"旦旦伐之"者何欤？所谓"梏亡之"者何欤？无以名之，名之曰"欲"，故曰"养心莫善于寡欲"。然则所谓"欲"者，何自来欤？若自性出，何为而与性相矛盾欤？孟子于是以小体大体说明之曰："耳目之官，不思而蔽于物，物交物，则引之而已矣。心之官则思，思则得之，不思则不得也，此天之所以与我者。"顾以心为天之所与，则耳目二者，独非天之所与欤？孟子主性善，故不言耳目之欲之出于性，然其意则正如此，故孟子之性论之为二元论，昭然无疑矣。

　　至荀子反对孟子之说而唱性恶论，曰："礼义法度，是生于圣人之伪，非故生于人之性也。若夫目好色、耳好声、口好味、心好利、骨体肤理好愉佚，是皆生于人之情性者也。感而自然，不待事而后生之者也。夫感而不能然，必且待事而后然者，谓之生于伪，是性伪之所生，其不同之征也。故圣人化性而起伪。"又曰："古者圣人以人之性恶，以为偏险而不正，悖乱而不治，故为之立君上之势以临之，明礼义以化之，起法政以治之，重刑罚以禁之，使天下皆出于治，合于善。此圣王之治，而礼义之化也。今试去君上之势，无礼义之化；去法政之治，无刑罚之禁，倚而观天下人民之相与也。若是，则夫强者害弱而夺之，众者暴寡而哗之，天下之悖乱而相亡，不待顷矣。然则人之性恶明矣，其善者伪也。"（《性恶篇》）吾人且进而评其说之矛盾，其最显著者，区别人与圣人为二是也。且夫圣人独非人也欤哉！常人待圣人出礼义兴，而后出于治，合于善，则夫最初之圣人，即制作礼义者，又安所待欤？彼说礼之所由起，曰："人生而有欲，欲而不得则不能无求，求而无度量分界则争，争则乱，乱则穷。先王恶其乱也，故制礼义以分之，以养人之欲，给人之求，此礼之所由起也。"（《礼论篇》）则所谓礼义者，亦可由欲推演之，然则胡不曰"人恶其乱也，故作礼义以分之"，而必曰"先王"何哉？又其论礼之渊源时，亦含矛盾之说。曰："今人之性，饥而欲饱，寒而欲暖，劳而欲休，此人之情也。今人饥，见长而不敢先食者，将有所让也，劳而不敢求息者，将有所代也。夫子之让乎父，弟之让乎兄，子之代乎父，弟之代乎兄，此二行者，皆反于性而悖于情也。"（《性恶篇》）然又以三年之丧为称情而立文，曰："凡生乎天地之间者，有血气之属，必有知；有知之属，莫不爱其类。今夫大鸟兽，则失亡其群匹，越月逾时，则必反沿，过故乡则必徘徊焉，鸣号焉，蹢躅焉，踟蹰焉，然后能去之也。小者是燕爵，犹有啁噍之顷焉，然后能去之。故有血气之属，莫知于人，故人之于亲也，至死无穷。"故曰："说豫娩泽，忧患萃恶，是吉凶忧愉之情之发于颜色者也。……"（《［理］（礼）论篇》）此与《孟子》所谓"孩提之童，无不知爱其亲，及所以告夷之"者何异，非所谓感于自然，不待事而后然者欤？则其非"反于性而悖于情"，明矣。于是荀子性恶之一元论，由自己破灭之。

　　人性之论，唯盛于儒教之哲学中，至同时之他学派则无之。约而言之，老、庄主性善，故崇自然，申、韩主性恶，故尚刑名。然在此诸派中，并无争论及之者。至汉而《淮南子》奉老子之说，而唱性善论，其言曰："清净恬愉，人之性也。"（《人间训》）故曰："乘舟而惑者，不知东西，见斗极则寤矣。夫性，亦人之斗极也。有以自见也，则不失物之情；无以自见也，则动而惑营。"又曰："人之性无邪，久湛于俗则易，易而忘本，合于若性。故日月欲明，浮云盖之；河水欲清，沙石涉之。人性欲平，嗜欲害之。"（《齐俗训》）于是《淮南子》之性善论与《孟子》同，终破裂而为性欲二元论。

同时董仲舒亦论人性曰："性之名非生欤？如其生之自然之资之谓性，性者，质也。诘性之质于善之名，能中之与？既不能中矣，而尚谓之质善，何哉？""故性比于禾，善比于米。米出禾中，而禾未可全为米也；善出性中，而性未可全为善也。善与米，人之所继天而成于外，非在天之所为之内也。"（《春秋繁露·深察名号篇》）其论法全似《荀子》，而其意则与告子同。然董子亦非能久持此超绝的一元论者。夫彼之形而上学，固阴阳二元论也。其言曰："阳天之德，阴天之刑，阳常居实位，而行于盛；阴常居空虚，而行于末。"（同，《阳尊阴卑篇》）故曰："天〔雨〕（两）有阴阳之施，人〔雨〕（两）亦有贪仁之性。"（《深察名号篇》）由此二元论，而一面主性恶之说曰："民之为言瞑也，弗扶将颠陷猖狂，安能善？"（《深察名号篇》）刘向谓"仲舒作书美荀卿，非无据也"。然一面又谓"天覆育万物，既化而生之，有养而成之"。"察于天之意无穷极之仁也。人之受命于天也，取仁于天而仁也。"（《王道通三篇》）又曰："阴之行不得〔于〕（干）春夏，而月之魄常厌于日光，乍全乍伤，天之禁阴如此，安得不损其欲而辍其情以应天？"（《深察名号篇》）夫人受命于天，取仁于天，捐情辍欲，乃合天道，则又近于性善之说。要之，仲舒之说，欲调和孟、荀二家，而不免以苟且灭裂终者也。至扬雄出，遂唱性善恶混之二元论。至唐之中叶，伦理学上后提起人性论之问题。韩愈之《原性》，李翱之《复性书》，皆有名于世。愈区别性与情为二，翱虽谓情由性出，而又以为性善而情恶。其根据薄弱实无足言者。至宋之王安石，复绍述告子之说。其《性情论》曰："性情一也。七情之未发于外，而存于心者，性也。七情之发于外者，情也。性者，情之本；情者，性之用也。故性情一也。"又曰："君子之所以为君子者，无非情；小人之所以为小人者，无非情；情而当于理，则圣贤也；不当于理，则小人也。"同时苏轼亦批评韩愈之说，而唱超绝的一元论，又下善之界说。其《扬雄论》曰："性者，果泊然而无所为耶？则不当复有善恶之说。苟性之有善恶也，则夫所谓情者，乃吾所谓性也。人生而莫不有饥寒之患，牝牡之欲，今告于人曰：饥而食，渴而饮，男女之欲，不出于人之性也，可乎？是天下知其不可也。圣人无是，无由以为圣；而小人无是，无由以为恶。圣人以其喜、怒、哀、惧、爱、恶、欲七者御之，而之乎善，小人以是七者御之，而之乎恶。由是观之，善恶者，性之所能之，而非性所能有也。且夫言性又安以其善恶为哉？虽然，扬雄之论，则固已近之，曰：'人之性，善恶混。修其善则为善人，修其恶则为恶人。'此其所以为异者。唯其不知性之不能以有善恶，而以为善恶之皆出于性已。夫太古之初，本非有善恶之论，唯天下之所同安者，圣人指以为善，而一人之所独乐者，则名以为恶。天下之人，固将即其所乐而行之，孰知圣人唯以其一人之所独乐，不能胜天下之所同安，是以有善恶之辨也。"（《东坡全集》卷四十七）苏、王二子，盖知性之不能赋以善恶之名，故遁而为此超绝的一元论也。

综观以上之人性论，除董仲舒外，皆就性论性，而不涉于形而上学之问题。至宋代哲学兴（苏、王二氏，虽宋人，然于周、张之思想全不相涉），而各由其形而上学以建设人性论。周子之语，最为广漠。且《太极图说》曰："无极而太极。太极动而生阳，动极而静，静则生阴，静极复动。一动一静，互为其根，分阴分阳，两仪立焉。阳变阴合，而生水火木金土；五气顺布，四时行焉。""无极之真，二五之精，妙合而凝，乾道成男，坤道成女。二气交感，化生万物，万物生生，而变化无穷焉。唯人也，得其秀而最灵。形既生矣，神发知矣。五性感动，而善恶分，万物出矣。"又曰："诚无为，几善恶。"（《通书·诚几德》章）几者动之微，诚者即前所谓太极也。太极动而后有阴阳，人性动而后有善恶。当其未动时，初无善恶之可言。所谓秀而最灵者，以才言之，而非以善恶言之也。此实超绝的一元论，与苏氏所谓"善恶者，性之所能之，而非性所能有者"无异。然周子又谓："诚者，圣人之本，纯粹至善者也。"（《通书·诚》上）然人之本体既善，则其动也，何以有善恶之区别乎？周子未尝说明之。故其性善之论，实由其乐天之性质与尊崇道德之念出，而非有名学上必然之根据也。

横渠张子，亦由其形而上学而演绎人性论。其言曰："太虚无形，气之本体，其聚其散，变化之客形尔。至静无感，性之渊源，有识有知，物交之客感尔。"（《正蒙·太和篇》）即谓人之性与太虚同体，善恶之名无自而加之。此张子之本意也。又曰："气本之虚，则湛而无形；感而生，则聚而有象。有象斯有对，对必反其为；有反斯有仇，仇必和而解。"（同，《太和篇》）此即海额尔（今译黑格尔）之辨证法所谓"由正生反，由反生合"者也。"象"者，海氏之所谓"正"，"对"者，"反"也，和解者，正反之合也。故曰："太虚为清，清则无碍。无碍故神，反清为浊，浊则碍，碍则形。"（同，《太和篇》）"形而后有气质之善性，反之，则天地之性存焉。故气质之性，君子有所不性焉。"（同，《诚明篇》）又曰："湛一，气之本，攻取，气之欲。"（同上）由是观之，彼于形而上学，立太虚之一元，而于其发现也，分为形、神之二元。善出于神，恶出于形，而形又出于神、合于神，故二者之中，神其本体，而形其客形也。故曰："一物两：体、气也。一故神，两故化。"（同，《参两篇》）然形既从神出，则气质之性，何以与天地之性相反欤？又气质之性，何以不得谓之性欤？此又张子所不能说明也。

至明道《程子之说》曰："'生生之谓易'，此天之所以为道也。天只是以生为道，继此生理者，只是善，便有一个元的意思。'元者善之长'，万物皆有春意便是。'继之者善也'，'成之者性也'。却待他万物自成其性须得。"（《二程全书》卷二）又曰："论性不论气不备，论气不论性不明，二之则不是。"（同上）由是观之，明道之所谓"性"，兼"气"而言之。其所谓"善"，乃生生之意，即广义之善，而非孟子所谓"性善"之"善"也。故曰："生之谓性，性即气，气即性，生之谓也。人生气禀，理有善恶，然不是性中元有此两物相对而生。有自幼而恶，有自幼而善，气禀有然也。善固性也，然恶亦不可不谓之性。盖生之谓性，'人生而静'，以上不容说。才说性时，便已不是性也。"（《二程全书》卷二）按明道于此，语意未明。盖既以生为性，而性中非有善恶二者相对，则当云"善固出于性也，而恶亦不可不谓之出于性"。又当云"'人生而静'以上不容说善恶，才说善恶，便不是性"。然明道不敢反对孟子，故为此暧昧之语，然其真意，则正与告子同。然明道他日又混视广义之善与狭义之善，而反覆性善之说。故明道之性论，于宋儒中最为薄弱者也。

至伊川纠正明道之说，分性与气为二，而唱性善论曰："性出于天，才出于气。气清则才清，气浊则才浊。才则有善有不善，性则无不善。"（《近思录·道体类》）又曰："性无不善，而有善有不善者，才也。性即是理，理则自尧、舜至于途人，一也。才禀于气，气有清浊，禀其清者为贤，禀其浊者为愚。"（《二程全书》卷十九）盖欲主张性善之说，则气质之性之易趋于恶，此说之一大障碍也。于是非置气于性之外，则不能持其说。故伊川之说，离气而言性，则得持其性善之一元论。若置气于性中，则纯然空间的善恶二元论也。

朱子继伊川之说，而主张理气之二元论。其形而上学之见解曰："天地之间有理有气。理者，形而上之道也，生物之本也。气者，形而下之器也，生物之具也。是以人物之生，必禀此理，然后有性，必禀此气然后有形。"（《学的》上）又曰："天下未有无理之气，亦未有无气之理。"（《语类》一）而此理，伊川已言之曰："离阴阳则无道。阴阳，气也，形而下也。道，太虚也，形而上也。"（《性理会通》卷二十六）但于人性上伊川所目为气者，朱子直谓之性。即性之纯乎理者，谓之天地之性。其杂乎气者，谓之气质之性。而二者又非可离而为二也，故曰："性非气质，则无所寄。气非天性，则无所成。"（《语类》卷四）又曰："论天地之性，则专主理，论气质之性，则以理与气杂而言之。"（《学的》上）而性如水然，气则盛水之器也。故曰："水皆清也，以净器盛之则清，以不净器盛之则臭，以淤泥之器盛之则浊。"（《语类》卷四）故由朱子之说，理无不善，而气则有善有不善。故朱子之性论，与伊川同，不得不谓之二元论也。

朱子又自其理气二元论，而演绎其理欲二元论曰："有个天理，便有个人欲。盖缘这个天理，须有个安顿处。才安顿得不恰好，便有人欲出来。"（《性理会通》卷五十）象山陆子起而驳之曰："天理人欲之分，语极有病。自《礼记》有此言，而后人袭之。《记》曰：'人生而静，天之性也。感于物而动，性之欲也。'若是，则动亦是，静亦是，岂有天理物欲之分；动若不是，则静亦不是，岂有动静之间哉！"（《全集》三十五）又驳人心道心之说曰："心，一也，安得有二心？"（《全集》三十四）此全立于告子之地位，而为超绝的一元论也。然此非象山之真意，象山固绝对的性善论者也。其告学者曰："汝耳自聪，目自明，事父自能孝，事兄自能弟。"（《全集》三十四）故曰："人生皆善，其不善者，迁于物也。"（同，三十二）然试问人之所以迁于物者如何，象山亦归之于气质。曰："气质偏弱，则耳目之官不思而蔽于物。物交物，则引之而已。"（同上）故陆子之意，与伊川同，别气于性，而以性为善。若合性与气而言之，则亦为二元论。阳明王子亦承象山之说而言性善，然以格去物欲为致良知之第一大事业。故古今之持性善论，而不蹈于孟子之矛盾者，殆未之有也。

　　呜呼！善恶之相对立，吾人经验上之事实也。自生民以来至于今，世界之事变，孰非此善恶二性之争斗乎？政治与道德，宗教与哲学，孰非由此而起乎？故世界之宗教，无不著二神教之色彩。野蛮之神，虽多至不可稽，然不外二种，即有爱而祀之者，有畏而祀之者，即善神与恶神是已。至文明国之宗教，于上帝之外，其不豫想恶魔者殆稀也。在印度之婆罗门教，则造世界之神谓之"梵天"（Brahma），维持世界者谓之"吠舍那"（Aishnu），而破坏之者谓之"湿婆"（Siva）。以为今日乃湿婆之治世，梵天与吠舍那之治世已过去矣。其后乃有三位一体之说，此则犹论理学之由二元论而变为超绝的一元论也。迤印度以西，则波斯之火教，立阿尔穆兹（Orrnuzd）与阿利曼（Ahriman）之二神。阿尔穆兹，善神也，光明之神也，平和之神也。阿利曼，则主恶与暗黑及争斗。犹太教之耶和华（Jehovah）与撒旦（Satan），实自此出者也。希腊神语中之亚波罗（Apolo）与地哇尼速斯（Dionysus）之关系，亦颇似之。嗣是以后，基督教之理知派，亦承此思想，谓世界万物之形式为神，而其物质则堕落之魔鬼也。暗黑且恶之魔鬼，与光明且善之神相对抗，而各欲加其势力于人，现在之世界，即神与魔鬼之战地也。夫所谓神者，非吾人善性之写象乎？所谓魔鬼者，非吾人恶性之小影乎？他如犹太基督二教之堕落之说，佛教及基督教之忏悔之说，皆示善恶二性之争斗。盖人性苟善，则堕落之说为妄，既恶矣，又安知堕落之为恶乎？善则无事于忏悔，恶而知所以忏悔，则其善端之存在，又不可诬也。夫岂独宗教而已，历史之所纪述，诗人之所悲歌，又孰非此善恶二性之争斗乎？但前者主纪外界之争，后者主述内界之争，过此以往，则吾不知其区别也。吾人之经验上善恶二性之相对立如此，故由经验以推论人性者，虽不知与性果有当与否，然尚不与经验相矛盾，故得而持其说也。超绝的一元论，亦务与经验上之事实相调和，故亦不见有显著之矛盾。至执性善性恶之一元论者，当其就性言性时，以性为吾人不可经验之一物故，故皆得而持其说。然欲以之说明经验，或应用于修身之事业，则矛盾即随之而起。余故表而出之，使后之学者勿徒为此无益之议论也。

释　　理

　　昔阮文达公作《塔性说》，谓"翻译者但用典中'性'字以当佛经无得而称之物，而唐人更以经中'性'字当之"。力言翻译者遇一新义为古语中所无者，必新造一字，而不得袭用似是而非之古语。是固然矣，然文义之变迁，岂独在输入外国新义之后哉！吾人对种种之事物，而发见其公共之处，遂抽象之而为一概念，又从而命之以名。用之既久，遂视此概念为一特别之事物，而忘其所从出。如"理"之概念，即其一也。吾国语中"理"字之意义之变化，与西洋"理"字之意义之变化，若出一辙。今略述之如左：

　　（一）理字之语源。《说文解字》第一篇："理，治玉也，从玉，里声。"段氏玉裁注："《战国策》：郑人谓玉之未理者为璞，是理为剖析也。"由此类推，而种种分析作用，皆得谓之曰理。郑玄《乐记》注："理者，分也。"《中庸》所谓"文理密察"，即指此作用也。由此而分析作用之对象，即物之可分析而粲然有系统者，亦皆谓之理。《逸论语》曰："孔子曰：美哉璠玙！远而望之，奂若也；近而视之，瑟若也。""一则理胜，一则孚胜。"此从"理"之本义之动词，而变为名词者也。更推之而言他物，则曰"地理"（《易·系词传》），曰"腠理"（《韩非子》），曰"色理"，曰"蚕理"，曰"箴理"（《荀子》），就一切物而言之曰"条理"（《孟子》）。然则所谓"理"者，不过谓吾心分析之作用，及物之可分析者而已矣。

　　其在西洋各国语中，则英语之"Reason"，与我国今日"理"字之义大略相同，而与法国语之"Raison"，其语源同出于拉丁语之"Ratio"。此语又自动词"Retus"（思索之意）而变为名词者也。英语又谓推理之能力曰"Discourse"，同时又用为言语之义。此又与意大利语之"Discorso"同出于拉丁语之"Discursus"，与希腊语之"Logos"皆有言语及理性之两义者也。其在德意志语，则其表理性也曰"Vernunft"，此由"Vernehmen"之语出。此语非但听字之抽象名词，而实谓知言语所传之思想者也。由此观之，古代二大国语及近世三大国语，皆以思索（分合概念之力）之能力，及言语之能力，即他动物之所无而为人类之独有者，谓之曰：理性、Logos（希）、Ratio（拉）、Vernunft（德）、Raison（法）、Reason（英）。而从吾人理性之思索之径路，则下一判断，必不可无其理由。于是拉丁语之 Ratio、法语之 Raison、英语之 Reason 等，于理性外，又有理由之意义。至德语之 Vernunft，则但指理性，而理由则别以"Grunde"之语表之。吾国之"理"字，其义则与前者为近，兼有理性与理由之二义，于是"理"之解释，不得不分为广义的及狭义的二种。

（二）"理"之广义的解释。"理"之广义的解释，即所谓"理由"是也。天下之物，绝无无理由而存在者。其存在也，必有所以存在之故，此即物之充足理由也。在知识界，则既有所与之前提，必有所与之结论随之。在自然界，则既有所与之原因，必有所与之结果随之。然吾人若就外界之认识，而皆以判断表之，则一切自然界中之原因，即知识上之前提，一切结果，即其结论也。若视知识为自然之一部，则前提与结论之关系，亦得视为因果律之一种。故欧洲上古及中世之哲学，皆不区别此二者，而视为一物。至近世之拉衣白尼志始分晰之，而总名之曰充足理由之原则，于其《单子论》之小诗中，括之为公式曰："由此原则，则苟无必然，或不得不然之充足理由，则一切事实不能存在，而一切判断不能成立。"汗德亦从其说而立形式的原则与物质的原则之区别。前者之公式曰："一切命题，必有其论据。"后者之公式曰："一切事物，必有其原因。"其学派中之克珊范台尔更明言之曰："知识上之理由（论据）必不可与事实上之理由（原因）相混。前者属名学，后者属形而上学，前者思想之根本原则，后者经验之根本原则也。原因对实物而言，论据则专就吾人之表象言也。"至叔本华而复就充足理由之原则，为深邃之研究，曰："此原则就客观上言之，为世界普遍之法则；就主观上言之，乃吾人之知力普遍之形式也。"世界各事物，无不入此形式者，而此形式，可分为四种：一、名学上之形式。即从知识之根据之原则者，曰既有前提，必有结论。二、物理学上之形式。即从变化之根据之原则者，曰既有原因，必有结果。三、数学上之形式。此从实在之根据之原则者，曰一切关系，由几何学上之定理定之者，其计算之成绩不能有误。四、实践上之形式。曰动机既现，则人类及动物，不能不应其固有之气质，而为惟一之动作。此四者，总名之曰"充足理由之原则"。此四分法中，第四种得列诸第二种之形式之下，但前者就内界之经验言之，后者就外界之经验言之，此其所以异也。要知第一种之充足理由之原则，乃吾人理性之形式，第二种悟性之形式，第三种感性之形式也。此三种之公共之性质，在就一切事物而证明其所以然，及其不得不然。即吾人就所与之结局观之，必有其所以然之理由；就所与之理由观之，必有不得不然之结局。此世界中最普遍之法则也。而此原则所以为世界最普遍之法则者，则以其为吾人之知力之最普遍之形式故。陈北溪（淳）曰："理有确然不易的意。"临川吴氏（澄）曰："凡物必有所以然之故，亦必有所当然之则。所以然者理也，所当然者义也。"征之吾人日日之用语，所谓"万万无此理"，"理不应尔"者，皆指理由而言也。

　　（三）"理"之狭义的解释。"理"之广义的解释外，又有狭义的解释，即所谓"理性"是也。夫吾人之知识，分为二种：一、直观的知识；一、概念的知识也。直观的知识，自吾人之感性及悟性得之；而概念之知识，则理性之作用也。直观的知识，人与动物共之；概念之知识，则惟人类所独有。古人所以称人类为理性的动物，或合理的动物者，为此故也。人之所以异于动物，而其势力与忧患且百倍之者，全由于此。动物生活于现在，人则亦生活于过去及未来。动物但求偿其一时之欲，人则为十年百年之计。动物之动作，由一时之感觉决定之，人之动作，则决之于抽象的概念。夫然，故彼之动作，从豫定之计画而不为外界所动，不为一时之利害所摇，彼张目敛手，而为死后之豫备，彼藏其心于不可测度之地，而持之以归于邱墓。且对种种之动机而选择之者，亦惟人为能。何则？吾人惟有概念的知识，故将有为也，将有行也，必先使一切远近之动机，表之以概念，而悉现于意识，然后吾人得递验其力之强弱，而择其强者而从之。动物则不然，彼等所能觉者，现在之印象耳。惟现在之苦痛之恐怖心，足以束缚其情欲，逮此恐怖心久而成为习惯，遂永远决定其行为，谓之曰"驯扰"。故感与觉，人与物之所同；思与知，则人之所独也。动物以振动表其感情及性质，人则以言语传其思想，或以言语掩盖之，故言语者，乃理性第一之产物，亦其必要之器官也。此希腊及意大利语中所以以一语表理性及言语者也。此人类特别之知力，通古今东西皆谓之曰"理性"，即指吾人自直观之观念中，造抽象之概念，及分合概念之作用。自希腊之〔拍〕（柏）拉图、雅里大德勒（今译亚里士多德），至近世之洛克、拉衣白尼志，皆同此意。其始混用之者，则汗德（今译康德）也。汗德以理性之批评，为其哲学上之最大事业，而其对理性之概念，则有甚暧昧者。彼首分理性为纯粹及实践二种，纯粹理性，指知力之全体，殆与知性之意义无异。彼于《纯粹理性批评》之《绪论》中曰："理性者，吾人知先天的原理的能力是也。"实践理性，则谓合理的意志之自律。自是"理性"二字，始有特别之意义，而其所谓纯粹理性中，又有狭义之理性。其下狭义理性之定义也，亦互相矛盾。彼于理性与悟性之别，实不能深知，故于《先天辨证论》中曰："理性者，吾人推理之能力。"（《纯理批评》第五版三百八十六页）又曰："单纯判断，则悟性之所为也。"（同，九十四页）叔本华于《汗德哲学之批评》中曰："由汗德之意，谓若有一判断，而有经验的、先天的，或超名学的根据，则其判断乃悟性之所为；如其根据而为名学的，如名学上之推理式等，则理性之所为也。"此外尚有种种之定义，其义各不同，其对悟性也，亦然。要之，汗德以通常所谓理性者谓之悟性，而与理性以特别之意义，谓吾人于空间及时间中，结合感觉以成直观者，感性之事；而结合直观而为自然界之经验者，悟性之事；至结合经验之判断，以为形而上学之知识者，理性之事也。自此特别之解释，而汗德以后之哲学家，遂以理性为吾人超感觉之能力，而能直知本体之世界及其关系者也。特如希哀林（今译谢林）、海额尔（今译黑格尔）之徒，乘云驭风而组织理性之系统。然于吾人之知力中果有此能力否？本体之世界果能由此能力知之否？均非所问也。至叔本华出，始严立悟性与理性之区别。彼于《充足理由之论文》中，证明直观中已有悟性之作用存。吾人有悟性之作用，斯有直观之世界，有理性之作用而始有概念之世界。故所谓理性者，不过制造概念及分合之之作用而已。由此作用，吾人之事业，已足以远胜于动物。至超感觉之能力，则吾人所未尝经验也。彼于其《意志及观念之世界》及《充足理由之论文》中辨之累千万言，然后"理性之概念"灿然复明于世。《孟子》曰："心之所同然者何也？谓理也，义也。"程子曰："性即理也。"其对理之概念，虽于名学的价值外更赋以伦理学的价值，然就其视理为心之作用时观之，固指理性而言者也。

（四）"理"之客观的假定。由上文观之，"理"之解释，有广狭二义。广义之理是为理由，狭义之理则理性也。充足理由之原则，为吾人知力之普遍之形式，理性则知力作用之一种。故二者皆主观的而非客观的也。然古代心理上之分析未明，往往视理为客观上之物，即以为离吾人之知力而独立，而有绝对的实在性者也。如希腊古代之额拉吉来图，谓天下之物，无不生灭变化，独生灭循环之法则，乃永远不变者。额氏谓之曰"天运"，曰"天秩"，又曰"天理"（Logos）。至斯多噶派，更绍述此思想，而以指宇宙之本体，谓生产宇宙及构造宇宙之神，即普遍之理也。一面生宇宙之实质，而一面赋以形式，故神者，自其有机的作用言之，则谓之创造及指导之理；自其对个物言之，则谓之统辖一切之命；自其以普遍决定特别言之，则谓之序；自其有必然性言之，则谓之运。近世希腊哲学史家灾尔列尔之言曰，由斯多噶派之意，则所谓天心、天理、天命、天运、天然、天则，皆一物也。故其所谓"理"，兼有理、法、命、运四义，与额拉吉来图同。但于开辟论之意义外，兼有实体论之意义，此其相异者也。希腊末期之斐洛，与近世之初之马尔白兰休，亦皆有此"理即神也"之思想。此理之自主观的意义，而变为客观的意义者也。更返而观吾中国之哲学，则理之有客观的意义，实自宋人始。《易·说卦传》曰："将以顺性命之理。"固以"理"为性中之物。《孟子》

亦既明言"理"为心之所同然矣。而程子则曰:"在物为理。"又曰:"万物各具一理,而万理同出一原。"此"原"之为心为物,程子不言,至朱子直言之曰:"盖人心之灵,莫不有知,而天下之物,莫不有理。惟于理有未穷,故其知有不尽。"至万物之有理,存于人心之有知,此种思想,固朱子所未尝梦见也。于是理之渊源,不得求诸外物,于是谓:"天地之间,有理有气。理也者,形而上之道也,生物之本也。气也者,形而下之器也,生物之具也。是以人物之生,必禀此理,然后有性;必禀此气,然后有形。"又曰:"天以阴阳五行化生万物,气以成形,而理亦附焉。"于是对周子之"太极"而与以内容曰:"'太极'不过一个'理'字。"万物之理,皆自此客观的大理出,故曰:"物物各具此理,而物物各异其用,然莫非理之流行也。"又《语类》云:"问天与命,性与理四者之别,天则就其自然者言之,命则就其流行而赋于物者言之,性则就其全体而万物所得以为生者言之,理则就其事事物物各有其则者言之。到得合而言之,则天即理也,命即性也,性即理也。是如此否?曰:'然。'"故朱子之所谓"理",与希腊斯多噶派之所谓"理",皆预想一客观的理,存于生天、生地、生人之前,而吾心之理,不过其一部分而已。于是理之概念,自物理学上之意义出,至宋以后,而遂得形而上学之意义。

　　(五)"理"之主观的性质。如上所述,"理"者,主观上之物也。故对朱子之实在论,而有所谓观念论者起焉。夫孟子既以"理"为心之所同,然至王文成则明说之曰:"夫物理不外于吾心,外吾心而求物理,无物理矣。遗物理而求吾心,吾心又何物?"我国人之说"理"者,未有深切著明如此者也。其在西洋,则额拉吉来图及斯多噶派之理说,固为今日学者所不道。即充足理由原则之一种,即所谓因果律者,自雅里大德勒之范畴说以来,久视为客观上之原则。然希腊之怀疑派驳之于先,休蒙(今译休谟)论之于后,至汗德、叔本华,而因果律之有主观的性质,遂为不可动之定论。休蒙谓因果之关系,吾人不能直观之,又不能证明之者也。凡吾人之五官所得直观者,乃时间上之关系,即一事物之续他事物而起之事实是也。吾人解此连续之事物为因果之关系,此但存于吾人之思索中,而不存于事物。何则？吾人于原因之观念中，不能从名学上之法则而演绎结果之观念，又结果之观念中，亦不含原因之观念，故因果之关系，决非分析所能得也。其所以有因果之观念者，实由观念联合之法则而生，即由观念之互相连续者，屡反复于吾心，于是吾人始感其间有必然之关系，遂疑此关系亦存于客观上之外物。易言以明之，即自主观上之必然的关系，转而视为客观上之必然的关系，此因果之观念之所由起也。汗德力拒此说，而以因果律为悟性先天之范畴，而非得于观念联合之习惯。然谓宇宙不能赋吾心以法则，而吾心实与宇宙以法则，则其视此律为主观的而非客观的，实与休蒙同也。此说至叔本华而更精密证明之。叔氏谓吾人直观时，已有悟性（即自果推因之作用）之作用行乎其间。当一物之呈于吾前也，吾人所直接感之者，五官中之感觉耳。由此主观上之感觉，进而求其因于客观上之外物，于是感觉遂变而为直观，此因果律之最初之作用也。由此主观与客观间之因果之关系，而视客观上之外物，其间亦皆有因果之关系，此于先天中预定之者也。而此先天中之所预定，所以能于后天中证明之者，则以此因果律乃吾人悟性之形式，而物之现于后天中者，无不入此形式故。其《充足理由论文》之所陈述，实较之汗德之说更为精密完备也。夫以充足理由原则中之因果律，即事实上之理由，独全属吾人主观之作用，况知识上之理由，及吾人知力之一种之理性乎。要之，以理为有形而上学之意义者，与《周易》及毕达哥拉斯派以数为有形而上学之意义同，自今日视之，不过一幻影而已矣。

　　由是观之，则所谓"理"者，不过"理性"、"理由"二义，而二者皆主观上之物也。然则古今东西之言"理"者，何以附以客观的意义乎？曰：此亦有所自。盖人类以有概念之知识故，有动物所不能者之利益，而亦陷于动物不能陷之误谬。夫动物所知者，个物耳。就个物之观念，但有全偏明昧之别，而无正误之别。人则以有概念，故，从此犬彼马之个物之观念中，抽象之而得"犬"与"马"之观念；更从犬、马、牛、羊及一切跂行喙息之观念中，抽象之而得"动物"之观念；更合之植物、矿物而得"物"之观念。夫所谓"物"，皆有形质可衡量者也。而此外尚有不可衡量之精神作用，而

人之抽象力进而不已，必求一语以赅括之，无以名之，强名之曰
"有"。然离心与物之外，非别有所谓"有"也。离动、植、矿物以
外，非别有所谓"物"也。离犬、马、牛、羊及一切跂行喙息之属
外，非别有所谓"动物"也。离此犬彼马之外，非别有所谓"犬"
与"马"也。所谓"马"者，非此马即彼马，非白马，即黄马、骊
马，如谓个物之外，别有所谓"马"者，非此非彼非黄非骊非他色，
而但有马之公共之性质，此亦三尺童子之所不能信也。故所谓"马"
者，非实物也，概念而已矣。而概念之不甚普遍者，其离实物也不
远，故其生误解也不多。至最普遍之概念，其初固亦自实物抽象而
得，逮用之既久，遂忘其所自出，而视为表特别之一物，如上所述
"有"之概念是也。夫离心物二界，别无所谓"有"，然古今东西之
哲学，往往以"有"为有一种之实在性。在我中国，则谓之曰"太
极"，曰"玄"，曰"道"，在西洋则谓之曰"神"。及传衍愈久，遂
以为一自证之事实，而若无待根究者，此正柏庚（今译培根）所谓"种
落之偶像"，汗德所谓"先天之幻影"。人而不求真理则已，人而唯
真理之是求，则此等谬误，不可不深察而明辨之也。"理"之概念，
亦岂异于此。其在中国语中，初不过自物之可分析而有系统者，抽象
而得此概念，辗转相借，而遂成朱子之理，即太极说。其在西洋，本
但有理由及理性之二义，辗转相借，而前者生斯多噶派之宇宙大理
说，后者生汗德以降之超感的理性说，所谓由灯而之檠，由烛而之
钥，其去理之本义，固已远矣。此无他，以理之一语为不能直观之概
念，故种种误谬，得附此而生也。而所谓"太极"，所谓"宇宙大
理"，所谓"超感的理性"，不能别作一字，而必借"理"字以表之
者，则又足以证此等观念之不存于直观之世界，而惟寄生于广漠暗昧
之概念中。易言以明之，不过一幻影而已矣。故为之考其语源，并其
变迁之迹，且辨其性质之为主观的而非客观的，世之好学深思之君
子，其亦有取于此欤？

　　由上文观之，则"理"之意义，以理由而言，为吾人知识之普
遍之形式；以理性而言，则为吾人构造概念及定概念间之关系之作
用，而知力之一种也。故"理"之为物，但有主观的意义，而无客

观的意义。易言以明之，即但有心理学上之意义，而无形而上学上之意义也。然以理性之作用，为吾人知力作用中之最高者，又为动物之所无，而人之所独有。于是但有心理学上之意义者，于前所述形而上学之意义外，又有伦理学上之意义。此又中外伦理学之所同，而不可不深察而明辨之者也。

"理"之有伦理学上之意义，自《乐记》始。《记》曰："人生而静，天之性也。感于物而动，性之欲也。物至知知，然后好恶形焉。好恶无节于内，知诱于外，不能反躬，天理灭矣。夫物之感人无穷，而人之好恶无节，则是物至而人化物也。人化物也者，灭天理而穷人欲者也。"此天理对人欲而言，确有伦理上之意义。然则所谓"天理"果何物欤？案《乐记》之意，与《孟子》小体大体之说极相似。今援《孟子》之说以解之曰："耳目之官不思，而蔽于物，物交物，则引之而已矣。心之官则思，思则得之，不思则不得也。此天之所以与我者，先立乎其大者，则其小者不能夺也。"由此观之，人所以引于物者，乃由不思之故。而思（定概念之关系）者，正理性之作用也。然则《乐记》之所谓"天理"，固指理性言之，然理性者，知力之一种。故理性之作用，但关于真伪，而不关于善恶。然在古代，真与善之二概念之不相区别，故无足怪也。至宋以降，而理欲二者，遂为伦理学上反对之二大概念。程子曰："人心莫不有知，蔽于人欲，则亡天理矣。"上蔡谢氏曰："天理与人欲相对，有一分人欲，即灭却一分天理，存一分天理，即胜得一分人欲。"于是"理"之一字，于形而上学之价值（实在）外，兼有伦理学上之价值（善）。其间惟朱子与国朝婺源戴氏之说，颇有可味者。朱子曰："有个天理，便有个人欲。盖缘这个天理，须有个安顿处，才安顿得不恰好，便有人欲出来。"又曰："天理人欲，分数有多少。天理本多，人欲也便是天理里面做出来。虽是人欲，人欲中自有天理。"戴东原氏之意与朱子同，而颠倒其次序而言之曰："理也者，情之不爽失也。"又曰："天理云者，言乎自然之分理也。自然之分理，以我之情，絜人之情，而无不得其平是也。"朱子所谓"安顿得好"，与戴氏所谓"絜人之情而无不得其平"者，则其视理也，殆以"义"字、"正"字、

"恕"字解之。于是"理"之一语，又有伦理学上之价值。其所异者，惟朱子以理为人所本有，而安顿之不恰好者，则谓之欲；戴氏以欲为人所本有，而安顿之使无爽失者理也。

其在西洋之伦理学中亦然。柏拉图分人性为三品：一曰嗜欲，二曰血气，三曰理性。而以节制嗜欲与血气，而成克己与勇毅二德为理性之任。谓理性者，知识与道德所税驾之地也。厥后斯多噶派亦以人性有理性及感性之二原质，而德之为物，只在依理而克欲。故理性之语，亦大染伦理学之色彩。至近世汗德而遂有实践理性之说，叔本华于其《汗德哲学批评》中，极论之曰："汗德以爱建筑上之配偶，故其说纯粹理性也，必求其匹偶。"而说实践理性，而雅里大德勒之"Nous praktikos"与烦琐哲学之"Intellectus practicus"（皆实践知力之义）二语，已为此语之先导，然其意与二者大异。彼以理性为人类动作之伦理的价值之所由生，谓一切人之德性，及高尚神圣之行，皆由此出，而无待于其他。故由彼之意，则合理之动作，与高尚神圣之动作为一，而私利惨酷卑陋之动作，但不合理之动作而已。然不问时之古今、地之东西，一切国语皆区别此二语（理性与德性）。即在今日，除少数之德意志学者社会外，全世界之人，犹执此区别。夫欧洲全土所视为一切德性之模范者，非基督教之开祖之生活乎？如谓彼之生活为人类最合理之生活，彼之教训示人以合理的生活之道，则人未有不议其大不敬者也。今有人焉，从基督之教训，而不计己己之生活，举其所有以拯无告之穷民，而不求其报，如此者，人固无不引而重之，然孰敢谓其行为为合理的乎？或如阿诺尔特以无上之勇，亲受敌人之刃，以图其国民之胜利者，孰得谓之合理的行为乎？又自他方面观之，今有一人焉，自幼时以来，深思远虑，求财产与名誉，以保其一身及妻子之福祉。彼舍目前之快乐，而忍社会之耻辱，不寄其心于美学及哲学等无用之事业，不费其日于不急之旅行，而以精确之方法，实现其身世之目的，彼之生涯，虽无害于世，然终其身无一可褒之点。然孰不谓此种俗子，有非常之推理力乎？又设有一恶人焉，以卑劣之策猎取富贵，甚或盗国家而有之，然后以种种诡计，蚕食其邻国，而为世界之主。彼其为此也，坚忍果戾而不夺于正义及仁爱之念，有妨彼之计画者，翦之、除之、屠之、刈之，而无所顾，驱亿万之民于刀锯缧绁而无所恫，然且厚酬其党类及助己者而无所吝，以达其最大之目的。孰不谓彼之举动，全由理性出者乎？当其设此计画也，必须有最大之悟性，然执行此计画，必由理性之力。此所谓实践理性者非欤？将谨慎与精密，深虑与先见，马启万里所以描写君主者，果不合理的欤？夫人知其不然也，要知大恶之所由成，不由于其乏理性，而反由与理性同盟之故。故汗德以前之作者，皆以良心为伦理的冲动之源，以与理性相对立。卢梭于其《哀美耳》中，既述二者之区别，即雅里大德勒亦谓德性之根源，不存于人性之合理的部分，而存于其非理的部分。基开礑所谓理性者，罪恶必要之手段，其意亦谓此也。何则？理性者，吾人构造概念之能力也。而概念者，乃一种普遍而不可直观之观念，而以言语为之记号，此所以使人异于禽犬，而使于圆球上占最优之位置者也。盖禽犬常为现在之奴隶，而人类则以有理性之故，能合人生及世界之过去未来而统计之，故能不役于现在，而作有计划有系统之事业，可以之为善，亦可以之为恶。而理性之关于行为者，谓之实践理性，故所谓实践理性者，实与拉丁语之"Prudentra"（谨慎小心）相似，而与伦理学上之善，无丝毫之关系者也。

　　吾国语中之"理"字，自宋以后，久有伦理学上之意义，故骤闻叔本华之说，固有未易首肯者。然"理"之为义，除理由、理性以外，更无他解。若以理由言，则伦理学之理由，所谓动机是也。一切行为，无不有一物焉为之机括，此机括或为具体的直观，或为抽象的概念，而其为此行为之理由，则一也。由动机之正否，而行为有善恶，故动机虚位也，非定名也。善亦一动机，恶亦一动机，理性亦然。理性者，推理之能力也。为善由理性，为恶亦由理性，则理性之但为行为之形式，而不足为行为之标准，昭昭然矣。惟理性之能力，为动物之所无，而人类之所独有，故世人遂以形而上学之所谓真，与伦理学之所谓善，尽归诸理之属性。不知理性者，不过吾人知力之作用，以造概念，以定概念之关系，除为行为之手段外，毫无关于伦理上之价值。其所以有此误解者，由"理"之一字，乃一普遍之概念故。此又前篇之所极论，而无待赘述者也。

原　命

　　我国哲学上之议论，集于"性"与"理"二字，次之者"命"也。"命"有二义：通常之所谓"命"，《论语》所谓"死生有命"是也；哲学上之所谓"命"，《中庸》所谓"天命之谓性"是也。命之有二义，其来已古，西洋哲学上亦有此二问题。其言祸福寿夭之有命者，谓之定命论（Fatalism）；其言善恶贤不肖之有命，而一切动作皆由前定者，谓之定业论（Determinism）。而定业论与意志自由论之争，尤为西洋哲学上重大之事实，延至今日，而尚未得最终之解决。我国之哲学家除墨子外，皆定命论者也。然遽谓之定业论者，则甚不然。古代之哲学家中，今举孟子以代表之。孟子之为持定命论者，而兼亦持意志自由论，得由下二章窥之。其曰：

　　　　求则得之，舍则失之，是求有益于得也，求在我者也。求之有道，得之有命，是求无益于得也，求在外者也。

又曰：

　　　　口之于味也，目之于色也，耳之于声也，鼻之于臭也，四肢之于安佚也，性也，有命焉，君子弗谓性也。仁之于父子也，义之于君臣也，礼之于宾主也，智之于贤者也，圣人之于天道也，命也，有性焉，君子弗谓命也。

　　前章之所谓"命"，即"死生有命"之"命"，后章之"命"，与"天命之谓性"之"命"略同，而专指气质之清浊而言之。其曰"命也，有性焉，君子不谓命也"，则孟子之非定业论者，昭昭然矣。至宋儒亦继承此思想，今举张横渠之言以代表之。张子曰：

> 形而后有气质之性，善反之，则天地之性存焉。故气质之性，君子有弗性焉。（《正蒙·诚明篇》）

通观我国哲学上，实无一人持定业论者，故其昌言意志自由论者，亦不数数觏也。然我国伦理学无不预想此论者，此论之果确实与否，正吾人今日所欲研究者也。

我国之言命者，不外定命论与非定命论二种。二者于哲学上非有重大之兴味，故可不论。又我国哲学上无持定业论者，其他经典中所谓命，又与性字、与理字之义相近。朱子所谓："天则就其自然者言之，命则就其流行而赋于物者言之，性则就其全体而万物所得以为生者言之，理则就其事事物物各有其则者言之。到得合而言之，则天即理也，命即性也，性即理也。"而二者之说，已见于余之《释理》、《论性》二篇，故亦可不论。今转而论西洋哲学上与此相似之问题，即定业论与自由意志论之争，及其解决之道，庶于吾国之性命论上，亦不无因之明晰云尔。

定业论者之说曰：吾人之行为，皆为动机所决定。虽吾人有时于二行为间，或二动机间，若能选择其一者，然就实际言之，不过动机之强者，制动机之弱者，而己之选择作用无与焉。故吾人行为之善恶，皆必然的。因之吾人品性之善恶，亦必然的，而非吾人自由所为也。意志自由论反是，谓吾人于二动机间，有自由之选择力，而为一事与否，一存于吾人之自由，故吾人对自己之行为及品性，不能不自负其责任。此二者之争，自希腊以来，永为哲学上之题目。汗德《纯理批评》之第三《安梯诺朱》中所示正理及反理之对立，实明示此争论者也。

此二论之争论而不决者，盖有由矣。盖从定业论之说，则吾人对自己之行为，无丝毫之责任，善人不足敬，而恶人有辞矣。从意志自由论之说，则最普遍最必然之因果律，为之破灭，此又爱真理者之所不任受也。于是汗德始起而综合此二说曰："在现象之世界中，一切事物，必有他事物以为其原因，而此原因复有他原因以为之原因，如此递衍，以至于无穷，无往而不发见因果之关系。故吾人之经验的品性中，在在为因果律所决定，故必然而非自由也。此则定业论之说，真也。然现象之世界外，尚有本体之世界，故吾人经验的品性外，亦尚有睿智的品性，而空间时间及因果律，只能应用于现象之世界，本体之世界则立于此等知识之形式外。故吾人之睿智的品性，自由的非必然的也。此则意志自由论之说，亦真也。故同一事实，自现象之方面言之，则可谓之必然，而自本体之方面言之，则可谓之自由。而自由之结果，得现于现象之世界中，所谓无上命法是也。即吾人之处一事也，无论实际上能如此与否，必有当如此不当如彼之感，他人亦不问我能如此否。苟不如此，必加以呵责，使意志而不自由，则吾人不能感其当然，他人亦不能加以责备也。今有一妄言者于此，自其经验的品性言之，则其原因存于不良之教育，腐败之社会，或本有不德之性质，或缺羞恶之感情，又有妄言所得之利益之观念，为其目前之动机，以决定此行为。而吾人之研究妄言之原因也，亦得与研究自然中之结果之原因同。然吾人决不因其固有之性质故，决不因其现在之境遇故，亦决不因前此之生活状态故，而不加以责备，其视此等原因，若不存在者。然而以此行为为彼之所自造，何则？吾人之实践理性，实离一切经验的条件而独立，以于吾人之动作中生一新方向。故妄言之罪，自其经验的品性言之，虽为必然的，然睿智的品性，不能不负其责任也。"此汗德之调停说之大略也。

汗德于是下自由之定义。其消极之定义曰："意志之离感性的冲动而独立。"其积极之定义则曰："纯粹理性之能现于实践也。"然意志之离冲动而独立，与纯粹理性之现于实践，更无原因以决定之欤？汗德亦应之曰："有理性之势力即是也。"故汗德以自由为因果之一种。但自由之因果，与自然之因果，其性质异耳。然既有原因以决定之矣，则虽欲谓之自由，不可得也。其所以谓之自由者，则以其原因在我，而不在外物，即在理性而不在外界之势力，故此又大不然者也。吾人所以从理性之命令，而离身体上之冲动而独立者，必有种种之原因。此原因不存于现在，必存于过去；不存于个人之精神，必存于民族之精神。而此等表面的自由，不过不可见之原因战胜可见之原因耳。其为原因所决定，仍与自然界之事变无以异也。

叔本华亦绍述汗德之说，而稍正其误，谓动机律之在人事界，与因果律之在自然界同。故意志之既入经验界，而现于个人之品性以后，则无往而不为动机所决定，惟意志之自己拒绝或自己主张，其结果虽现于经验上，然属意志之自由。然其谓意志之拒绝自己，本于物我一体之知识，则此知识，非即拒绝意志之动机乎？则自由二字，意志之本体，果有此性质否？吾不能知。然其在经验之世界中，不过一空虚之概念，终不能有实在之内容也。

然则吾人之行为，既为必然的而非自由的，则责任之观念，又何自起乎？曰：一切行为，必有外界及内界之原因。此原因不存于现在，必存于过去；不存于意识，必存于无意识。而此种原因，又必有其原因，而吾人对此等原因，但为其所决定，而不能加以选择。如汗德所引妄言之例，固半出于教育及社会之影响，而吾人之入如此之社会，受如此之教育，亦有他原因以决定之。而此等原因，往往为吾人所不及觉。现在之行为之不适于人生之目的也，一若当时全可以自由者，于是有责任及悔恨之感情起。而此等感情，以为心理上一种之势力故，故足为决定后日行为之原因。此责任之感情之实践上之价值也。故吾人责任之感情，仅足以影响后此之行为，而不足以推前此之行为之自由也。余以此二论之争，与命之问题相联络，故批评之于此，又使世人知责任之观念，自有实在上之价值，不必藉意志自由论为羽翼也。

《经学概论》总论[1]

　　孔子以前，有《易》、《书》、《诗》、《礼》、《乐》、《春秋》诸书，而未有经名。《礼记》有《经解篇》，其所举之经凡六，曰："温柔敦厚，《诗》教也；疏通知远，《书》教也；广博易良，《乐》教也；絜静精微，《易》教也；恭俭庄敬，《礼》教也；属辞比事，《春秋》教也。"此篇《记》以为孔子之言，虽未必然，要不失为七十子后学之说。《庄子·天下篇》亦云："《诗》以道志，《书》以道事，《礼》以道行，《乐》以道和，《易》以道阴阳，《春秋》以道名分。"其所述者，盖儒家之恒言。是战国时，"六经"之名，固已确立矣。此"六经"中，《诗》、《书》、《礼》、《乐》皆古代之遗文。百家诸子，多称《诗》、《书》，《礼》、《乐》独为儒家所传。荀子屡云："隆《礼》、《乐》，而杀《诗》、《书》。"庄子云："其在《诗》、《书》、《礼》、《乐》者，邹鲁之士，缙绅先生，多能明之。"《易》为卜筮之书，《春秋》为鲁国史，孔子以前，其行世不及《诗》、《书》、《礼》、《乐》之广。儒家以孔子赞《易》，修《春秋》，遂尊之为经。故《诗》、《书》、《礼》、《乐》者，古代之公学，亦儒家之外学也。《易》、《春秋》者，儒家之专学，亦其内学也。其尊之为"经"者，以皆孔子手定之故。儒家谓孔子删《诗》、《书》，定《礼》、《乐》，赞《周易》，修《春秋》，以经圣人手定，故谓之"经"。"六经"亦谓之"六艺"。汉初，《乐经》先亡，故又称"五经"。古所谓"经"，皆不出此六者。其余孔子之言，为门人所记者，

　　① 录自孙常叙（晓野）《经学概论笺证》，1936 年排印本。陈鸿祥《王国维年谱》（齐鲁书社，1991 年）认为原著约撰于 1920 年。

如《论语》、《孝经》，均不在"六经"数，二书汉人皆谓之"传"。《尔雅》为释经之书，亦传之一也。《孟子》则与《荀子》并在诸子之列。其后《周官》、《礼记》，以附于《礼》而称经。《左传》、《公羊》、《榖梁》传，以附于《春秋》而称经。唐以后，遂有"九经"之目，而《论语》、《孝经》、《尔雅》则谓之"三传"，盖犹承汉人之旧。宋儒自《礼记》中别出《大学》、《中庸》，与《论语》、《孟子》并称"四书"，亦犹汉人呼《论语》、《孝经》为传之意。然汉人于石经未刊《论语》。唐石经中并刊《论语》、《孝经》、《尔雅》，蜀人补刊蜀石经，并及《孟子》。宋、元以后，又有"十二经"、"十三经"之目。于是古人所谓"传"，皆得"经"名。然其初，本谓孔子手定之书，不可不知也。其所以谓之"经"者：经者，常也，谓可为后世常法者也。故诸子百家目其先师之书，亦谓之"经"。如墨家，有《墨经》；道家，谓老子之书为《道德经》；医家，谓《神农本草》为《本草经》，《黄帝素问》为《内经》。其余小小方技，如相牛，相马之属，亦各有经。甚至茶谱谓之《茶经》，酒谱谓之《酒经》，皆谓其先师之书，足以常为后世程式者，其与儒家称孔子之书为"经"之意，固不相远。故今可得下"经"之定义曰："经者，孔子手定之书，足为后世常法也。"今当就"经"之次序，分别论之。

孔子之学说[①]

叙　论

伦理学者，就人之行为以研究道德之观念、道德之判断等之一学科也。为人间立标准，定价值，命令之，禁止之，以求意志之轨范，以知人间究竟之目的，即如何而可至最善之域是也。故此学乃研究道德之学理者，知的而非实践的也。知与实行有别，知学理者不必能实践之，不知学理者或能实践之。盖以学理为知，实践关于意志故也。伦理学与实践道德之殊别如此。然若云伦理学纯为知的，故不能实践，是语亦未免太过。何则？由纯正之智识，知完全之学理，则可为实行之指导，达所欲至之目的地，其裨益岂浅鲜哉？故学理与实践当相伴而不相离，实践之先不可不研究学理也。

泰西之伦理，皆出自科学，惟务理论，不问实行之如何。泰东之伦理，则重修德之实行，不问理论之如何。此为实行的，彼为思辨的也。是由于东西地理及人种关系之异，又其道德思想之根本与道德的生活之状态亦异，故有此差别也。夫中国一切学问中，实以伦理学为最重，而其伦理学又倾于实践，故理论之一面不免索莫。然吾人欲就东洋伦理根本之儒教，完全第一流之道德家孔子之说，于知识上研究之，亦非全不可能也。然儒家之伦理说以行为主，即最实践者，故欲以科学之方法研究之，自极困难。但欲为此种研究，不得不先述中国先秦之二大思潮焉。

---

① 本篇刊于 1907 年 11 月至 1908 年 1 月《教育世界》161—165 号。

周末时之二大思潮，可分为南北二派。北派气局雄大，意志强健，不偏于理论而专为实行。南派反之，气象幽玄，理想高超，不涉于实践而专为思辨。是盖地理之影响使然也。今吾人欲求其例，则于楚人有老子，思辨之代表也；于鲁人有孔子，实践之代表也。孔子之思想，社会的也；老子之思想，非社会的也。老子离现实而论自然之大道，彼之"道"超于相对之域而绝对不变，虽存于客观，然无得而名之。老子以此"道"为宇宙一切万象之根本原理。故其思辨也，使一切之现象界皆为于相对的矛盾的之物而反转之。如"知其雄，守其雌""知其白，守其黑""知其荣，守其辱"；或云"有"，或云"无"，或云"盈"，或云"虚"，或云"强"，或云"弱"：皆为相对之矛盾观念，常保消极以预想积极者也。故其伦理及政治思想专为消极主义，慕太古敦朴之政，而任人性之自然，以恬淡而无为为善。若自其厌世的立脚地观之，则由激于周季之时势，愤而作此激越非社会的之言者也。孔子则反之，综合尧舜三代先王之道而组织之，即欲依客观之礼以经纶社会也。至其根本原理则信天命，自天道绎之而得"仁"，即从"天人合一"观以立人间行为之规矩准绳。故孔子者北方雄健之意志家也，老子者南方幽玄之理想家也。

继彼幽玄之理想者为列子，列子之后有庄子。发挥此雄健之意志者有子思、孟子、荀子。要之，儒与道之二大分派，对立于先秦之时，而传其二大思潮于后世。此外尚有墨翟唱"兼爱"功利之说，似儒家；杨朱唱利己快乐说，似道家；鹖冠子为折衷派；韩非子为法家等。诸子百家之说，纵横如云，灿然如星，周末之文华极一时之炳耀。是盖因成周封建政体之坏颓，唤起各人思想界之自由，洵可谓之为希世之壮观也！

老庄之说通行于两汉，至魏晋而大盛，其弊流于清谈，以任放旷达自喜，或作为神仙说，经六朝至唐时复大盛，至追谥老子为太上玄元皇帝。然而当汉之末也，佛教侵入，经三国至六朝之际，至于梁而最盛。其势力之伟大渐驾儒道而上之。入隋，遂有唱三教一致论者。其后复大盛于唐，经宋元明至今焉。

儒教因汉武帝之奖励，出董仲舒，而继先秦之思潮，回复秦火之厄。至西汉之末有扬雄者，合儒与道，立一家言。六朝之际，儒为佛老所抑。至隋有王通，用之作策论。有唐一代，唯韩愈一人维持之。经五代至宋，复勃然而兴，几有凌先秦儒家而上之之势。即北宋时二程子唱"性命穷理"说，南宋时经朱子手而大成，作"理气"论。同时有陆象山之"心即理"说。入明，而为王阳明之"知行合一"说。其后至国朝，考证学大行。故中国亘古今而有最大势力者，实为儒教。国家亦历代采用之。何则？儒教贵实践躬行，而以养成完全之道德政治家为目的，而有为之人才亦皆笼罩于此中故也。

孔子者，"述而不作，信而好古"（按，《论语·还而》），实践躬行之学者也。上至三皇五帝，下至夏殷周诸圣贤之学说，尤不集合而组织之，以大成儒教。其圆满之德，如春，深渊之智，如海。又多才艺，至其感化力之伟大，人格之完全，古今东西，未见其比。其说主好古、实践，故欲研究之者，当先研究夫子所研究之《诗》、《书》、《易》、《礼》等古书，及夫子之遗书《大学》、《论语》、《孝经》，子思之《中庸》，《孟子》之书等，以考察其说。夫子晚年所最研钻者为《易》，读之"韦编三绝"。虽有谓《易·十翼》非孔子之作者，然余欲述孔子之形而上学，姑引用而论断之。

第一编　形而上学

第一章　天道及天命

儒家"天道"、"天命"之天之观念，其意义有数种，今分之为有形之天，无象之天二者，更分无象之天（为）主宰之天、自然之理法、宇宙之本原及命四者。"天道"云者，乃自然理法宇宙本原之活泼流行之原动力也；"命"者，则其实现以分诸人者也。

第一节　有形之天

苍苍者天，茫茫者天，悠悠者天，无涯无际，日月星辰森然罗列，以运行焉，以代谢焉。岳岳者地，漠漠者地，草木繁荣，禽兽滋殖，其广也载华岳而不重，其厚也振河海而不泄。天地上下之间，风霜雨露，一阴一阳以为消长，一寒一暑以为往来，参差交错，变化而无穷者，是形体之天也。

> 《诗》曰："悠悠苍天"，"彼苍者天"，"谓天盖高，不敢不局；谓地盖厚，不敢不蹐"，"倬彼云汉，昭回于天"，"鸢飞戾天"等。（按，《黍离》、《黄鸟》、《正月》、《云汉》、《旱麓》）
> 《论语》："巍巍乎唯天为大。"（按，《泰伯》）
> 《易》上《象》传："日月丽乎天。"下《象》："日月得天而能久照。"《系辞》："天尊地卑，乾坤定矣。""在天成象，在地成形。"

是皆言形体之天也。

第二节　无象之天
一、主宰之天

前所言有形之天，惟为形体者；今所言无象之天，则为思索者，故最不可不研究之。

主宰者，谓一神灵之物，管理命令一切万物之义也。如上帝、皇天、神、造物主等，皆为神秘不可知者也。

当太古蒙昧之时，人人概为感想的，而智识尚未发达。故现象界有变化，见风雨、电雷、日月蚀、星异、地震等时，忽生恐惧之念，遂以为天有一种人间以上之不可思议之灵力，因畏之敬之，至欲避之。其弊遂陷怪诞迷罔，至惴惴然以礼拜形体。盖知天之神秘，实自天地之形体始。故古人之神秘感想，至此遂将无象之主宰力，与形体同一视之，此所以崇拜形体之天者也。无论何国之民，其原始时代莫不如是。今吾先论天之观念，然后再论自然之理法、宇宙之本原等。主宰之天之证如左：

> 《书经·益稷》："禹曰：'安止汝，惟几惟康，其弼直，惟动丕应徯志，以昭受上帝，天其申命用休。'"

又，《［秦］（泰）誓》："惟天地，万物父母。"

又："敢用玄牡，敢昭于上天神后。"（按，《汤诰》）

《［大］（太）甲》"先王顾諟天之明命，以承上下神祇，社稷宗庙。"

又："皇天眷佑有商，使嗣王克终厥德。"

《金縢》："秋，大熟，未获，天大雷电以风，禾则（按，此字衍）尽偃，大木斯拔，邦人大恐。"

《易》："自天佑之，吉，无不利。"（按，《大有》）

主宰之例证甚多，散见于《书》、《易》等古书中。至有灵感想之天，则散见于《尚书》中。自然［理］（法）的之天，则尤多见于《周易》中。

孔子对是等感想的感念，于知识上思惟之，此孔子伦理说之渊源，且其观念之所以高远者也。

二、自然之理法与宇宙之本原

浩浩乎无涯无际之天地间，气化生生流行不息，一切之现象界，皆被时间空间之二形式，与原因结果之律此三者所管理者也。

时间者，谓统一切现象之变化，而一切现象于其中，自一状态而变为他状态，能无限分截之延长之之谓也。空间者，谓一切现象物于其中，常在及继在且俱在者，亦可以无限分截之延长之。至是二者之异，则空间为俱在，时间唯继起。今若唯有时间而无空间，则物之俱在，决不得证明之。何则？盖空间离俱在，即不能存在；既无俱在，则无常在、继在之理；常在、继在而不存在，则无充塞时间中之物，故时间自身亦不能自进行经过也。若反之，唯有空间而无时间，则物之继起，决不能证明之。既无继起，则物之俱在不得而知之。何则？盖客观之常在，对于俱在之中之变化而言之，即与继在俱在相对者也。因继起之变化，乃知常在之不变化；因常在之不变化，乃知继起之变化。无继起之变化，即不能知常在之不变化；无常在之不变化，则不能知继起之变化。要知此二者，吾人自思想上之论理见之，见虽相同一，然若继起之时间既消灭，则物象变化之思想亦消灭，现象界毕竟归于虚无。空间不能据自身证其俱在也。故时间之继起，空间之俱在，其特性虽大相异，然皆不能相离，若相分离，则现象界之事尽虚无迷妄，遂不可解。故知两者之相关，直不可须臾离也。此两者合而为一，即为吾人之悟性，以应用原因结果之律，是彼叔本华氏之卓论也。吾人今当更进一步，以考察因果律之如何。

在客观界经验之实体，呈错综之状态。其状态决非始终不动者，而或生或灭，彼等因其生灭之状态相连络，不问如何，必无有单独自存者。盖彼等悉因其前后之事实，以受规定，互相倚赖。今若于客观界中生一状态，则先之者必有他状态，然后新状态始生。又若其前之状态尚存，则次生之新状态必不能起。此新旧相继之现象，是曰继起。故此等状态，因继续而生者，皆有相互之关系。其始生之状态，吾人名之曰"原因"，后起者名之曰"结果"。故结果者决不能存在于其生来以前，纯然为一新状态。盖结果之名，即由此前之原因而始生。故结果之生，变化也。所谓结果原因之规律者，则即关于此变化之规则，即所以管理之之理法也。此律之唯一应用之范围，唯在变化。此而有一结果，则已示变化之存在；此而有一变化，则已示原因。而凡一切原因，又不可无共于其原因之原因，盖于时间继起之原因结果，相连续而发生，是谓之连锁。

既如上说，则因果律者，乃一状态变而为他状态时必然之理法也。因时间上之异，而名前者为原因，后者为结果。而吾人当论自然之理法之天道时，所得于叔本华氏者，岂浅鲜哉！

夫一切之生灭变化恍惚无常者，皆吾人经验之客观现象界所在之状态也。因果律之继起存在，虽前已详言之，然而因果律虽为行于现象界之法则，然应用此律之原理究如何乎？康德氏之说曰："吾人之知识，惟存于现象界中，不能入本体界也。"彼于《纯理二律相背论》中云："宇宙不可无第一原因，又第一原因非实在。"盖一论现象界，而一预想现象界以外之物者也。叔本华氏之意与之同，以为无第一原因。然叔氏谓存于现（象）界之变化外者，尚有"物质"与"物力"。物质者，为一切变化发生之根本，不为变化所侵，不增不减者也。物力者，已不变化，而能使一切变化，不增不减者也。是二者超然于时间空间以外。此外，叔氏又说世界之本体之"意志"是盲目的冲动，而使现象界发现之根本力，又超绝时间、空间、因果律，而为绝对无差别之物也。要之，物质与物力乃生原因结果之原子，而意志则统一切万有，而使之发现之大活力，即世界之本体也。

孔子亦以宇宙间一切现象，自时间、空间、因果律三者规定之，是实千古之卓识，而与叔本华氏稍相合也。

仰视茫茫之宇宙，则见一切之现象界，皆以一定不易之法则行于其间。如日月之代谢，[尽]（昼）夜之[昼]（变）迁，四时之推移，风雨霜露云雾雷电等皆然也。又如禽兽虫鱼草木人类等之有雌雄二性者，无一非相对的法则之消长。是法则即《易》所云之"阴阳二气"。阴阳二气进动，则于时间中生万物；其静止也，则于空间中见物象。自其进动之方面，即自时间上观之，时必不可无变化，是即因果律之所由生也。故孔子以一切现象世界为阴阳二气之流行，即阳动而阴静，以为盈虚消长，新陈代谢，变化无穷，因果律即自行于其中。统括是等之原理，即为"天道"即"理"。"理"为充满宇宙之生生活泼的本原，超绝一切之现象界，而管理流行于一切现象间之阴阳二气等，而亘永久而不变不灭者也，若自流行于一切之现象界观之，是名"天道"，即自然之理法。自其超绝一切现象界，统括管理此等之力观之，即名"天理"，即宇宙之本原。故《易》曰：

"易有太极，是生两仪，两仪生四象。"（按，《系辞》上）

《彖》辞曰："大哉乾元！万物资始，乃统天，云行雨施，品物流形。"（按，《乾》）

"天行健，君子以自强不息。"（按，《乾》）

"一阴一阳之谓道。"（按，《系辞》上）

"生生之谓易。"（按，《系辞》上）

"太极"谓无差别的始原也。"乾元"谓天之原理。"云行雨施","一阴一阳","生生"等，谓之自然。所谓"天行健"者，合自然之理法与宇宙之本原相言之也。又《论语》曰：

> 逝者斯如夫，不舍昼夜！（按，《子罕》）

言自然之理法生生而无间也。

> 《论语》："子贡曰：'子如不言，则小子何述焉？'子曰：'天何言哉！四时行焉，百物生焉，天何言哉！'"（按，《阳货》）
>
> 《礼记·哀公问》："哀公曰：'敢问君子何贵乎天道也？'孔子曰：'贵其不已，如日月东西相从而不已也，是天道也。无为而成，是天道也。已成而明，是天道也。'"

是等皆言自然与原理者也。

> 《中庸》："诚者，天之道也。诚之者，人之道也。诚者不勉而中，不思而得，从容中道，圣人也。诚之者，择善而固执之者也。"

子思自孔子之说出，故更进一步，以"诚"为宇宙万有之根本的原理，而宇宙之万有则自此本体所发现之现象也。万有从本体发现为"高明""博厚"二形式。高明为天，有继起性，即时间的也。博厚为地，有延长性，即空间的也。合而为一，则无限无穷，经"悠久"而不已。

今以《易》理、叔本华氏之说互相比较，则其原理虽大有径庭，然叔氏之物质、物力与《易》之阴阳二气，皆使物变化之本质或动力，在其变化以外，则二者之说相似也。此外，因果律为伴一切变化之法则，故有变化即有因果律。孔子虽不说此，然儒之"天理"，子思之"诚"，叔本华之"意志"，皆为宇宙之本原，发现万有之一大活动力，固不甚相异也。

若夫老子之"道"为"恍兮惚兮"、"窈兮冥兮"，绝对的自然之道，与斯披诺若（今译斯宾诺莎）之一元的"理"相似。若自彼所云"有物浑成，先天地生"观之，则万物开发之本体，皆恒久不变者。故曰："名"，无可名。"无名，天地之始；有名，万物之母"（按，《老子》一章）也。何则？若云"无"，则已与"有"相对，故曰此道无可名，而静寂自然，绝对无差别的也。一切之规定皆法此静寂自然之化。《易》哲理反之，以"生生"为活泼进动的，一切之人间行为则之，是实其大异之所存也。

以上自然之理法皆依据于《易》者。是书孔子尝极力研究之，故得视为夫子之思想。然孔子为实践躬行者，故据最可凭信之《论语》观之，则可以明道德为人之先天的自然。故于下"有命说"中当引《论语》为证。

三、有命说

于上章既略论孔子以前之"天"之观念，孔子于《易》，但言"天道"，但其实在本人性之自然以立"人道"，故略说人道之本源之天道耳。故《论语》曰："子罕言利，与命，与仁。"（按，《子罕》）又曰："夫子之言性与天道，不可得而闻也。"（按，《公冶长》）则其置重人道，而不详言高远之天道可知。"命"者何？自然之理之实现，而分配于人之运命也。孔子以此"命"为知的，情的。"知的"务主言自然之理，"情的"兼理法与主宰而言之。二者易混，欲详细别之，至难也。今引二三例以示其别。

> 《论语·为政》："四十而不惑，五十而知天命。"
> 《尧曰》："不知命，无以为君子也。"
> 《里仁》："朝闻道，夕死可矣。"

观此诸说，则命由于智识，而为自然之理也。（是言道德观念之本原为天，而天即自然也。）又从情上观之如左：

《论语·雍也》："伯牛有疾，子问之，自牖执其手，曰：'亡之！命矣夫！'"

《先进》："颜渊死，子曰：'噫！天丧予！天丧予！'"

《宪问》："公伯寮诉子路于季孙"节："道之将行也与，命也！道之将废也与，命也！公伯寮其如命何！"

《雍也》："子见南子，子路不说。夫子矢之曰：'予所否者，天厌之！天厌之！'"

《述而》："天生德于予，桓魋其如予何！"

《子罕》："子畏于匡，曰：'文王既没，文不在兹乎！天之将丧斯文也，后死者不得与于斯文也！天之未丧斯文也，匡人其如予何！'"

《八佾》："获罪于天，无所祷也。"

《季氏》："君子畏天命，小人不畏天命。"

此等其中皆含有感激悲愤之意，故知为情也。然元本为理，而发为情，故决非迷妄的感想。征彼之"不语怪力乱神"（按，《述而》），则孔子之遵道理明矣。但信念本为感情的，故在自然之理法中，亦与主宰的之思想相混同。

盖孔子由知，究理，依情，立信念。既立之后，以刚健之意志守之，即"知""情""意"融合，以为安心立命之地，以达"仁"之观念。盖"仁"与"天"即"理"，同为一物。故孔子既合理与情，即知道，知体道，又信之以刚健之意志，保持行动之，是以于人间之运命，死生穷达吉凶祸福等，漠然视之，无忧无惧，悠然安之，唯道是从，利害得丧，不能撄其心，不能夺其志。是即儒教之观念所以高洁远大，东洋之伦理之所以美备也。

《论语·雍也》："谁能出不由户？何莫由斯道也？"

又《里仁》："富与贵，是人之所欲也，不以其道得之，不处也。贫与贱，是人之所恶也，不以其道得之，不去也。"

《述而》："富而可求也，虽执鞭之士，吾亦为之；如不可求，从吾所好。"

《学而》："子贡曰：'贫而无谄，富而无骄，何如？'子曰：
'可也，未若贫而乐，富而好礼者也。'"

《里仁》："不仁者不可以久处约，不可以长处乐。仁者安
仁，知者利仁。"

《述而》："子曰：'饭疏食饮水，曲肱而枕之，乐亦在其中
矣。不义而富且贵，于我如浮云。'"

《子罕》："岁寒，然后知松柏之后凋也。"

《颜渊》："爱之欲其生，恶之欲其死。既欲其生，又欲其
死，是惑也。"

《[子路]（宪问）》："子曰：'不怨天，不尤人，下学而上
达，知我者其天乎！'"

不为显荣利达所束缚，知斯道，安斯道，乐天知命，故其胸襟如光风
霁月，其德行则圆满潇洒也。

要之，理想与实际，往往冲突龃龉，而人间之运命，又有善恶。
故人言善人不必得幸福之运命，恶人不必得悲惨之运命，行德者不必
得福，不德者不必罹祸。实亦不然。须视其时代境遇如何，不能一定
也。如孔、孟之坎坷穷厄，苏格拉底、基督之惨死，颜渊之夭，盗跖
之寿，始皇之暴戾，曹孟德、司马昭之逆，克林威尔之悖理，或如楠
正成，或如足利尊氏等，征诸古今之例，有大德之人尝悲惨，大不德
之人常侥幸，成败利[达]（钝），洵不可以一定也哉！

人本来有自由意志，故人间之运命，皆因人为之如何而如何耳。
盖运命者，皆因其时代之趋潮，其人之门阀、境地、才识、技俩等以
为变迁者也。若时有大豪杰出，虽能自造运命，然自然之因果律常干
涉之，终至不得伸张其自由意志也。盖有一原因，必有一结果，一结
果后，或为他原因而复生他结果。故社会之事，复杂错综，个人之力
终不得不受一制限。故前所述时代、身干、境地、才识等数者相一
致，则得幸运。若此中有不一致之处，则不免于不幸。是实运命之所
以不定者也。故于某度意志得以自由，至此以上，亦不得不遵自然之

理法。故孔子欲遵道理，即顺自然之理法，实行吾意志之可成则为善，不可能则守其分，可以进则进，可以退则退，可以行则行，可以止则止，可以取则取，可以舍则舍，一切如道理而行之。此孔子之"任天主义"也。

盖孔子明知道德为善，遵之行之，人人必受幸福。然世有盛衰，社会有污隆，行道德者不必获福，故依道德以立命安心。此孔子所以执"自由意志说"与"宿命论"之中庸，即所谓"有命说"是也。

自由意志论者，以人间意志本自由，不受如运命之规定之限制，唯由人力主张之者也。宿命论反之，以宇宙万物一切皆天之所命，而皆受其限制，虽人间之意志，决不能自由。人间之运命既定于先天，而人力之所无如何者也，故不如各安其分。是最极端之说，而与今日进化之理法决不相容者也。若一切从宿命说，则流于保守退步，志气委靡，遂不能转其境地。《论语》：子夏谕司马牛曰："商闻之：死生有命，富贵在天。"（按，《颜渊》）往往有解为极端之宿命说者，然是决非孔子之意。顺当生之道而生，顺当死之道而死，是自然也。顺道而得富贵则善，不得则从吾所好而安命，是亦自然也。孔子之有命说，当如此解。然若从宿命说，死生既于先天中定之，富贵亦从先天中定之，毕竟后天之人力归于无用，不得不陷于委靡也。

人间自由意志论，虽为今日最有力之进取的说，但失之极端，亦非无弊也。其弊则以意志能自由，为善亦能自由，为恶亦自由。故至争名趋势以陷于变诈虚妄，而不能安于吾之素位，龌龊卑鄙，逐世之潮流以为浮沉，是洵不知自己之力欲造运命而却漂没于世之潮流者，故青年血气之人，不可不反省也。

比较前所言，则孔子之说，既非极端之宿命说，亦非极端之自由说，盖居于此二者之间，尽吾人力，即顺自然理法之道以行动云为者也。即可进则进，若不能则已，安吾素以乐吾道，极平和之说也。然而后世腐儒等，不能知生生的进化，唯以保守的解释之，亦非夫子之旨也。

不知儒教有一种之功名的活气。《论语》云："去仁，恶乎成名？"（按，《里仁》）又云："君子疾没世而名不称焉。"（按，《卫灵公》）据此即足以知彼现实功名的之意志矣。

要之，孔子之命，即任天主义。深信自然之理，养绝对之观念，遵一切道理之动静，不问死生、穷达、荣枯、盛衰等，纯反于愦愦之功利快乐主义，故于道德实践上大有价值也。

第三节　"天人合一"与"仁"之观念

吾人于前章既略解"天"之观念，自《易》之哲学说，明自然之理法，今当述"天人合一"与"仁"之观念。

据《易》之说，则基天地之二大法则，以立人道，而说仁义之道德律。

> 《说卦》曰："昔者圣人之作《易》也，将以顺性命之理。是以立天之道，曰阴与阳；立地之道，曰柔与刚；立人之道，曰仁与义。兼三才而两之。"
>
> 又，《系辞》："《易》之为书也，广大悉备：有天道焉，有人道焉，有地道焉。"

由是等观之，仁配阴柔，义合阳刚，准据天地之自然的法则以立人道，即仁义。然从此说，则仁义毕竟为客观的，他律的。故当更进一步如左：

> 一阴一阳之谓道，继之者善也，成之者性也。仁者见之谓之仁，知者见之谓之知。（按，《系辞》上）

阴阳为天地间自然流行之气，化万物成其性，在人则成男女性，自然有道德的性故。

> 《序卦》："有天地然后有万物，有万物然后有男女，有男女然后有夫妇，有夫妇然后有父子，有父子然后有君臣，有君臣然后有上下，有上下然后礼义有所错。"

即言从自然之作用以生成道德，而为客观之次序。

> 《系辞》："天地设位，而《易》行乎其中矣，成性存存，道义之门。"
> 又，《说卦》："和顺于道德而理于义，穷理尽性以至于命。"
> 《文言》："夫大人者，与天地合其德，与日月合其明，与四时合其序，与鬼神合其吉凶，先天而天弗违，后天而奉天时。天且不违，而况于人乎？况于鬼神乎？"

天地间自然之气化流行，生生化化，行于其间，成自然之性。性之根原即天。究理则知性，知性即知天，是为宋儒性命穷理说之渊源。天人合其德，至此成所谓《易》之"天人合一"观。今再进一步，论他书中之合一观。

> 《诗》："天生烝民，有物有则。民之秉彝，好此懿德。"（按，《大雅·烝民》）
> 《中庸》："天之生物，必因其材而笃焉。"
> 又："诚者，天之道也；诚之者，人之道也。'诚'者，不勉而中，不思而得，从容中道，圣人也。'诚之'者，择善而固执之者也。"

《诗》言德性为先天的。《中庸》之"诚"即天人合一之观念，而宇宙之根本的活动力也。子思演绎之曰：

> "天命之谓性，率性之谓道，修道之谓教。"
> 又："自诚明，谓之性；自明诚，谓之教。诚则明矣，明则诚矣。唯天下至诚为能尽其性；能尽其性则能尽人之性，能尽人之性则能尽物之性，能尽物之性则可以赞天地之化育，可以赞天地之化育，则可以与天地参矣。"

吾人之道德性自先天有之，决非后天者也。故宇宙之根本原理之
［纯］（绝）对的"诚"，能合天人为一。天道流行而成人性，人性
生仁义。仁义在客观则为法则，在主观则为吾性情。故性归于天，与
理相合。天道即诚，生生不息，宇宙之本体也。至此儒教之天人合一
观始大成。吾人从此可得见仁之观念矣。

> 《系辞》："天地之大德曰生。"
> 又："生生之谓易。"

夫"仁"为平等、圆满、生生、绝对的之观念。自客观的观之，即
为天道，即自然理也，实在也。自主观的解之，即具于吾性中者也。
其解虽有异，至究竟则必须此两者合而为一，始能至无差别绝对之
域。故仁之观念为生生的理，普遍于万物，不能为之立定义也。

> 《论语》："天何言哉！四时行焉，百物生焉，天何言哉！"
> （按，《阳货》）

言自然的即无意识的理法之活动也。又云：

> 吾道一以贯之。（按，《里仁》）

融合天人，以"仁"贯之。其欲达之之方法则为"忠恕"。忠尽我
心，恕及于人之道，是为社会的仁之发现。能超然解脱，悠然乐者，
即得达此仁之理想之人，安心立命之地，皆自此理想把持之。

> 《论语》："'莫春者，春服既成，冠者五六人，童子六七人，
> 浴乎沂，风乎舞雩。咏而归。'夫子喟然叹曰：'吾与点也！'"
> （按，《先进》）

顺应自然之理法，笃信天命，不为利害所乱，无窒无碍，绰绰裕裕，
浑然圆满，其言如春风和气。吾人至此，能不言夫子"仁"之观念

为最高尚远大者乎！

　　孔子知致物格，经五十年而后始"知天命"，以达此绝对的"仁"之观念。抑绝对者，何谓也？绝对云者，超乎相对或差别之境，以抵不变不灭之域，必无我自然，始能至之。此理想的天，即仁之观念。达此境地时，中心浩瀚，无所为而行者（无）不合于道。

　　　　《子罕》："颜渊喟然叹曰：'仰之弥高，钻之弥坚。瞻之在前，忽焉在后。……欲罢不能，既竭吾才，如有所立，卓尔，虽欲从之，末由也已！'"
　　　　《述而》："子谓颜渊曰：'用之则行，舍之则藏，惟我与尔有是夫！'"

　　其理想之高远，能因用舍行藏之时，权变自在，斯可谓智德圆满无碍，而行为亦无凝滞也矣。孟子曰："可欲之谓善，有诸于（按，此字衍）己者（按，此字衍）之谓信，充实之谓美，充实而有光辉之谓大，大而化之之谓圣，圣而不可知之（之）谓神"（按，《孟子·尽心》)，即是也。

　　以上综合主宰、自然本原等天之观念，与天人合一，与仁之观念言之。而孔子之形而上学根本观念既终，今更进一步，而于下章论孔子之伦理说。

第二编　伦理说

第二章　道德之标准

第一节　社会之仁

　　人之生于此世也，各依其目的而动。惟其目的有大小，小者为大者所包括，大者又为更大者所包（括）由此递进，其究竟之目的果何在乎？

　　人本社交的动物，自有道德的本性，与其他互相倚赖关系以立社会，故其行亦互有影响。自己意志受社会意志之制裁，以生个人与社会、社会与国家、君臣父子夫妇长幼朋友男女贵贱亲疏等错杂之关系。于是遂有道德律以规定人间之行为，而达正确圆满之目的地者，惟道德能之。行为之合于道德则善，反于道德则恶。故人间究竟之目的，在据纯正之道理，而修德以为一完全之人。既为完全之人，则又当己立立人，己达达人，人己并立，而求圆满之幸福。所谓人生之目的不过如是而已。

就人间行为之判断，于西洋有动机论、结果论二派。动机论者，行为之善惟在动机之纯正耳，结果之如何，非所顾也。结果论者，曰日行为之结果善，则其行为亦善，动机之如何，可不问也。前者为直觉派，后者为功利派。儒学直觉派也。然自今日之伦理学上观之，则前二说皆有所偏倚，即非动机、结果二者皆善，不足为完全无缺之行为。然东洋之伦理说，惟取动机不顾结果之处亦不少，如"杀身成仁"等是也。

孔子自天之观念演绎而得"仁"，以达平等圆满绝对无差别之理想为终极之目的。至其绝对的仁，则非聪明睿知之圣人，不易达此境。欲进此境，必先实践社会的仁。社会的仁，忠恕是也。故欲进绝对之境，不可不自差别之境进也。故仁自其内包观之，则为心之德，而包括一切诸德；然自其外延观之，则抽象的概念而普［通］（遍）的形式也。此形式虽不变，其内容则因时与处而殊。故自特别观之，则名特别之仁；自普遍观之，则名普遍之仁。普遍之仁，为平等之观念，包括其他之礼义智信等。特别之仁为特别的狭义之仁，如"智仁勇"之仁是也。仁于主观，则为吾性情；仁于客观，则发现于社会，为礼义之法则。

一、普遍（之仁）

普遍之仁乃博大之观念为之，如忠恕，如博爱等，有总括社会广泛之意义，而礼义智孝弟忠信等皆包于此中。当其实现于社会上，则为礼为义为智为孝为弟为忠为信，仁之别也。曰孝曰弟者，事吾父兄尊长之仁也；曰忠曰信者，社交之仁。故爱先自吾家族以及他家族。观《论语》言孝弟"为仁之本"（按，《学而》），可知即其根本自亲以及疏之义也。此仁之差别义也。

> 《中庸》曰："天下之达道五，所以行之者三。曰：君臣也，父子也，夫妇也，昆弟也，朋友之交也。五者，天下之达道也。知仁勇三者，天下之达德也。所以行之者一也。"

是为孔子所述之五伦，曰：君臣之义，父子之亲，夫妇之礼，昆弟之序，朋友之信。知此五者，所谓"知"也；知此五者而体之，"仁"也；体此五者而行之，"勇"也。此五者又为仁义礼智信之五常。是等尽为仁之内容，而自其差别的方面观之。若普遍之仁则总括是等一切者也。

> 《论语·里仁》："'吾道一以贯之。'曾子曰：'夫子之道，忠恕而已矣。'"
> 又，《雍也》："夫仁者，已欲立而立人，已欲达而达人。"
> 《卫灵公》："子曰：'其恕乎！己所不欲，勿施于人。'"
> 《颜渊》："子曰：爱人。"
> 《学而》："泛爱众，而亲仁。"
> 《公冶长》："子曰：'老者安之，朋友信之，信（按，此字衍）少［老］（者）怀之。'"

是皆说普遍之仁者也。

要之，孔子仁之观念，若自普遍言之，则为高远之理想；若自实际言之，则为有义礼智孝弟忠信等之别，以为应用之具。故能全达此等之义礼智孝弟忠信等，即为普遍之仁。

至达仁之法则，孔子因弟子之才力而作种种之说。于颜渊，则为"克己复礼"（按，《颜渊》）；仲弓，则曰："出门如见大宾，使民如承大祭。已所不欲，勿施于人。在邦无怨，在家无怨"等（按，同上）；司马牛，则曰："仁者，其言也讱。'曰：'其言也讱，斯谓之仁已乎？'子曰：'为之难，言之得无讱乎！'"（按，同上）樊迟，则曰："仁者先难而后获，可谓仁矣。"（按，《雍也》）皆自其人与时地而变化者。由是观之，则仁之内容毕竟非可一定言之明矣。故"子曰：可与共学，未可与适道；可与适道，未可与立；可与立，未可与权"（按，《子罕》）。

或人以孔子之仁爱，似英国之"爱他"说，是语吾人尚不可全以为然。如彼英人阿当斯密斯氏（今译亚当·斯密，1723—1790，英国经济学家、伦理学家）之"同情"，哈提孙氏（今译哈奇生，1694—1746，英国哲学家）之"情操"，巴特拉氏（今译巴特勒，1692—1752，英国伦理学家）之"良心"说等，均视为"爱他"之根原出于天性，遂以此为行为之标准，与孟子之"良心"说稍相类似。然孔子不明言人性之善恶，其仁之观念则从高大之天之观念出，其爱又复如前章所述，因普遍而生差别。故其根柢上已大相异。惟孔子重感情之处稍与彼说相似。今若必欲论孔子，则孔子为唱理性之直觉论者，自其克己严肃处观之，实与希腊斯特亚学派（今译斯多噶派）及德之康德之说有所符合。盖孔子之说为合乎情、入乎理之圆满说也，其伦理之价值即在于此。

二、特别之仁
即狭义之仁论，达普遍之一部，或普遍之仁之方法者。如：

> 《论语·宪问》："仁者必有勇，勇者不必有仁。"
> 又："仁者不忧，知者不惑，勇者不惧。"
> 《雍也》："知者乐水，仁者乐山。知者动，仁者静。知者乐，仁者寿。"
> 《中庸》："知仁勇三者，天下之达德也。"

等将知仁勇分为三者，各相对立，则非"普遍"可知。其言仁者安静，知者流动，勇者敢为，已异其用。故自知仁由知、行仁由勇观之，则仁究不属于知勇二者，故自差别之方面狭义解说之，为特别仁。

三、至善

孔子大理想之仁，非容易达之。欲达之者，宜先自卑近之差别渐进；欲自卑近渐进，当就个人之行为判别善恶；判别善恶；在致知格物。

《大学》曰："欲修其身者，先正其心；欲正其心者，先诚其意；欲诚其意者，先致其知；致知在格物。"

又："物有本末，事有终始，知所先后，则近道矣。"

就致知格物而言之，朱子曰："欲致吾之知，在即物而穷其理也。盖人心之灵，莫不有知，而天下之物，莫不有理。惟于理有未穷，故其知有不尽也。是以大学始教，必使学者即凡天下之物，莫不因其已知之理而益穷之，以求至乎其极。至于用力之久，而一旦豁然贯通焉，则众物之表里精粗无不到也（按，此字衍），而吾心之全体大用无不明矣。此之谓格物，此之谓知之至也。"是二者谓心有知悉万里之灵能，即理性，故穷客观的之物理，以扩大其知，以判别善恶。王阳明曰："致知者，致吾良知之所知。格物者，就吾意所发之事物，去其不正，而归于正。诚意者，良知与意念相一也。"要之，王阳明说良知判断善恶，纯为主观的；朱熹穷客观的物理以扩吾理性而判断善恶；即一行而一知，一简易而一繁衍是也。故各持一理，一基良心，一唱理性，是以其说之分离而不相入也。

从孔子之重行贵知处思之，则致知格物，可谓会此二说而一者。故自知之一面观（之），则朱子之说是；自行之一面观之，则阳明之说近也。

人生究竟之目的，在遵道理以求完全圆满之幸福，故《大学》言究竟之目的，在"止于至善"。

知止而后有定，定而后能静，静而后能安，安而后能虑，虑而后能得。

"至善"即绝对善。"止至善"则定、静而安，是为终极之理想，即"仁"也。故仁为完全圆满之目的地。欲达此境域者，即以致知格物诚意修身为根本。故知孔子贵理性。

孔子以至善为终极标准，故一切之事之违仁者，皆为不善。是以——

　　《里仁》："子曰：不仁者不可以久处约，不可以长处乐。"
　　又曰："我未见好仁者，恶不仁者。好仁者无以尚之；恶不仁者，其为仁矣，不使不仁者加乎其身。"

不仁，恶也，不时发动以破坏仁者也。故欲向仁，务避不仁之行动，是以致知格物修身诚意之必要也。

吾人可据是分孔子之说，为直觉、中庸、克己、忠恕等，而细论之。

（一）直觉说

吾人于前章说孔子之天人合一观，兹当论孔子之为直觉派。如前所论，孔子既说知与行之相关，又兼重理与情。后之学者往往自见解之如何而互相分离。今先就孔子之人性问题论。

孔子不就人性问题而论善恶，唯就行为而论善善恶恶。

　　《论语·阳货》："性相近也，习相远也。"

是言谓人性本无善恶，唯因其习惯之如何，而为善为恶至相隔绝耳。又

　　《卫灵公》："子曰：有教无类。"

谓人之善恶之别者，皆以习惯之故，有教育即可有善而无恶矣。又

　　《季氏》："子曰：生而知之者，上也；学而知之者，次也；困而学之，又其次也。困而不学，民斯为下矣。"

谓人性有四品，故程、朱即此而分为气质之性，及理义之天性。孔子又论情之方面，

　　《诗》（曰）："天生烝民，有物有则，民之秉彝，好此懿德。"孔子读之曰："为此诗者，其知道乎！"（按，《孟子·告子》）

谓人性好善，是为孟子性善论之根原。孔子于人性问题，不精细研究，故不言善恶。唯自其天人合一观而曰：

　　诚者，天之道也。诚之者，人之道也。

二者乃道德人中所自有者。又

　　"子曰：道不远人。人之为道而远人，不可为道。"（按，《中庸》）
　　《论语·卫（灵）公》："人能弘道，非道弘人。"

是则无论何人，皆有先天的能性。更进一步，则《季氏》"生而知之者上也"，《雍也》"人之生也直，而（按，此字衍）罔之生也幸而免"之说，皆可以证明。

　　第一（条），备言人能直觉辨别是非善恶；但是非谓常人，谓睿智之圣人也。第二条，程子解"直"为"理"，而杨龟山以之为"情"。但孔子以为理与情并重，又因时与地而异。其"直"之解释，如"斯民也，三代之所以直道而行也"（按，《卫灵公》）之解"直"为理，答叶公之问之"直"，则情也。故"人之生也直"之（直），解之为"理"，或稍妥也。以上可知孔子为"贵理性之直觉派"也。

　　故孔子恰如康德为动机论者，动机纯正则其结果之善恶如何可不

顾。故《论语》曰：

> "志士仁人，无求生以害仁，有杀身以成仁。"（按，《卫灵公》）
> 又："殷有三仁。"（按，《微子》）

仁，动机也。苟能行仁，则其结果如何可不顾。是所以谓直觉说也。孔子就人之行为以言情与理之当调和。

> 《子路》："叶公［谓］（语）孔子曰：'吾党有直躬者，其父攘羊，而子证之。'孔子曰：'吾党之直者异于是，父为子隐，子为父隐，直在其中矣。'"

自情解之，则理纵令公平，但不适于情时，则不得以之为善。

> 《宪问》："曰：'以德报怨，何如？'子曰：'何以报德？以直报怨，以德报德。'"

"以德报怨"者，去差别之平等仁也。故《礼记》夫子言宽身之仁。"以直报怨"者，有差别的义也，理也。情与理二者以调和为务。此孔子之说所以最酝藉最稳当者也。

（二）中庸说

孔子恐人之行为之走于极端，因言执中即义，养中庸的良心。然欲达此标准，其事至难。故孔子自曰："天下国家可均也，爵禄可辞也，白刃可蹈也，中庸不可能也！"（按，《中庸》）中庸之德，希腊之阿里士多德氏亦尝言之，其说曰：勇在粗暴与怯懦之中间。言其本质、关系、分量，及时与地等，然后能之。盖人之行动云为皆由于知情意之合同关系。故中庸当视其本质、关系、分量、时地等，若是等均不得其宜，则决不能中庸。故——

《中庸》曰："道之不行也，我知之矣：知者过之，愚者不及也。道之不明也，我知之矣：贤者过之，不肖者不及也。"

《论语·先进》："子曰：师也过，商也不及。"

又："子曰：过犹不及。"

《子路》："不得中行而与之，必也狂狷乎！狂者进取，狷者有所不为也。"

《雍也》："中庸之为德，其至矣乎！民鲜能（按，此字衍）（久）矣。"

据此观，则中庸者，无知行之过不及，并立而调和者也。此中庸又因时与地而变化，是实至难之事，所谓"可与立，未可与权"是也。

德者，中庸的良心之我完备之状态也。道者，对于他而行之也。故德者主观的，道者客观的。要之，此中庸的良心，非所谓先天的良心之情，乃因理性而治成之情，换言之，即理与情融合适宜，而行之以公正之意志是也。

中庸的良心，虽为主观的，但制中庸，则为客观的之礼。故通社会国家上下贵贱皆须普遍的或差别的之法，此法即礼是也。礼之本质为情，形式为文，此本质与形式相合而为礼。恭敬辞逊之心之所动者，情也；动容周旋之现于外形者，文也。弃本质而尚形式，是为虚礼；弃形式而守本质，是为素朴。故——

《雍也》："质胜文则野，文胜质则史。文质彬彬，然后君子。"

文与质整然中和，此中庸。君子尚难之。故孔子忧失其本，于《八佾》言曰：

"礼，与其奢也宁俭。丧，与其易也宁戚。"

又："绘事后素。曰：'礼后乎？'子曰：'起予者，商也！始可与言《诗》已矣！'"

前者言礼之本质为情，故曰与其走于形式，不若守本质。后者言礼之本质，［别］（虽）为情，然无文饰之之形式，则难名之为礼。于是比较上虽若以情为重，但此二者若不中和，则究不得名之为真礼。故——

《礼记·仲尼燕居》："子曰：师也（按，此字衍），尔过；而商也不及。""夫礼，所以制中也。"

如此之礼，虽自主观的本质与客观的形式相合而成，但当实际行之也，则当据义以断之。义为判别事物之知力，故为行礼必然之要素。

《卫灵（公）》："子曰：君子义以为质，礼以行之。"

义与礼之异同：礼主敬，义知敬，是其相似处；义为判别，即知也，礼为文饰，即形式的，是其异处。孟子曰："义，路也。礼，门也。"（按，《万章》下）实则此二者互相关联而不可离者也。礼为体，而其内容中有义为之用。欲行义，则礼必从之。故礼兼义而义亦兼礼。礼与义分离，则礼为恭敬辞让玉帛交际等，义为辞受取予死生去就等。

　　至此，礼之本质即情，其形式即文，与义相合。其体虽整然，然用之不得，失于严酷，宜流动贯通，情意相和。

《学而》："有子曰：礼之用，和为贵。"

但若过于流动，一任于情，则又失礼之谨严。故又曰：

有所不行，知和而和，不以礼节之，亦不可行也。

此礼谓谨严之体也。

　　吾人至此于礼之为何物，当了然矣。盖孔子实以此礼为中正之客观的法则，以经纬社会国家者也。

　　《礼记·经［界］（解）》："（礼）之于正国也，犹衡之于轻重也，绳墨之于曲直也，规矩之于方圆也。故衡诚悬，不可欺也（按，此字衍）以轻重；绳墨诚陈（按，原误作'诚陈绳墨'）不可欺以曲直；规矩［陈］（诚）设，不可欺以方圆。君子审礼（按，原误作'审礼君子'），不可诬以奸诈。是故隆礼由礼，谓之有方之士；不隆礼不由礼，谓之无方之民。敬让之道也。故以奉宗庙则敬；以入朝廷，则贵（贱）有位；以处家室，则父子亲，兄弟和；以处乡里，则长幼有序。孔子曰：'安上治民，莫善于礼。'此之谓也。"

礼如衡、绳墨、规矩等之规定轻重（按，原误作"轻重规定"）、曲直、方圆以错杂之。社会国家中之一切行动云为，人从之者善，背之者恶。此礼所以为中庸的，又客观之法则也。《礼记》立人之十伦，曰：

　　　　事鬼神之道，君臣之义，父子之伦，贵贱之等，亲疏之杀，爵赏之施，夫妇之别，政事之均，长幼之序，上下之际。

是［我］（均）社会的秩序也，又其为中庸的：

　　　　《论语·泰伯》："恭而无礼则劳，慎而无礼则葸，勇而无礼则乱，直而无礼则绞。"

（三）克己说

　　孔子之学，即欲达其理想之仁，先当励精克己，屏己之私欲。既克则当［傅］（博）学明理，以锻成刚健正大之意志。既锻成刚［建］（健）正大之意志，始能处道而实行之。其说虽稍偏于情之一面，但于个人之严肃端庄，于伦理实践上有非常之价值。

　　　　《子罕》："子绝四：毋意、毋必、毋固、毋我也。"
　　　　《卫灵公》："子曰：君子求诸己，小人求诸人。""躬自厚而薄责于人，则远怨矣。"

　　又曰："不曰如之何如之何者，吾（末）如之何也已矣！"

　　《宪问》："不患人之不己知，患其不能也。"

是谓修克励精自德，为之己而非有待于他也。

　　《公冶长》："颜渊曰：'愿无伐善，无施劳。'"

谓修养温厚克己之德以推及于人也。

　　克己、修德、博学、明理，若不实行，往往陷极端之弊害。故——

　　《阳货》：子六言六蔽说，曰："好仁不好学，其蔽也愚。好知不好学，其蔽也荡。好信不好学，其蔽也贼。好直不好学，其蔽也绞。好勇不好学，其蔽也乱。好刚不好学，其蔽也狂。"

于希腊有西尼克派，即（犬）儒派之极端克己说，及斯特亚学派之克己说，德国有康德之严肃主义等，皆此说也。而其中如斯特亚学派，为重自然，安天命，贵理性，以实践励行为目的，最似儒教。然孔子之克己说，非若他说尽绝诸情，不过从实践励行上立此说。故其归着为中庸，为复礼。

　　《论语·颜渊》："颜渊问仁，子曰：'克己复礼为仁。一日克己复礼，天下归仁焉。为仁由己，而由人乎哉？'颜渊曰：'请问其目？'子曰：'非礼勿视，非礼勿听，非礼勿言，非礼勿动。'"

是言为仁之法在克我私欲，复中庸之礼，使一切之视听言动，皆顺于礼，始为实行仁也。

　　要之，此说在励精苦学，修吾之行，以练习刚健不屈之意志而实践之。至其归著，则仍在复中庸之礼，以达于仁。夫一切克己说，皆在严肃端正，锻炼个人，虽于道德实行之点，迥非俗所能比拟，然于情之一面，弃而不顾，故往往不免失之过甚，如西尼克则此弊尤甚，独孔子能以中庸防此弊耳。

（四）忠恕说

吾人于前章中，既详论直觉、中庸、克己诸说，今当论其最广大最主要之忠恕说。

忠，尽吾心也；恕，推己以及人也。自普遍上观之，则为社会上之博爱，洵足以一贯诸说，以达于完全圆满之仁之理想。故——

> 《论语·里仁》："子曰：'参乎！吾道一以贯之。'"
>
> 又："曾子曰：夫子之道，忠恕而已矣。"
>
> 《卫灵公》："子贡问曰：'有一言而可以终身行之者乎？子曰：'其恕乎！己所不欲，勿施于人。'"
>
> 又："'赐（也）！女以予为多学而识之者与？'对曰：'然，非与？'曰：'非也，予一以贯之。'"
>
> 又《雍也》："夫仁者，己欲立而立人，己欲达而达人。"

是盖谓用此以包括其他一切之语言，使之一贯，使之普遍，而为必不可不行之道。但忠恕究何故不可不行乎？则自孔子之天人合一观观之，则以在人之理性为先天的，即以人为有道德性之社交的动物。故

> 《论语》："人之生也直。"（按，《雍也》）
>
> 《序卦》："有天地然后有万物，有万物然后有男女，有男女然后有夫妇，有夫妇然后有父子，有父子然后有君臣，有君臣然后有上下，有上下然后礼义有所错。"

即谓人道乃自然顺人之道德的能性以生成者，即礼义之（所）由生。盖以人本为社交的动物。故曰："仁者，人也，亲亲为大。"（按，《中庸》）故吾人不可不据己之性情以行仁。其故以道德本为自律的，仁

又为人性之所本有，开发之即为人道故也。仁，差别的也：自亲而疏，自近而远；普遍的也：欲推己及人，则当以己心为标准。其途有二种：一，正面的：

> 夫仁者，己欲立而立人，己欲达而达人。（按，《雍也》）

是为希望他人与己同一发达，故合于是者，仁也，善也。一，反面的：

> 己所不欲，勿施于人。

是为禁止之言，背此者，不仁也，恶也。

故此忠恕说，为网罗君臣父子夫妇兄弟朋友贵贱亲疏等一切社会上国家上之差别，而施之以平等之诚与爱之道，即达普遍一贯之仁之道。

> 《公冶长》："子曰：'老者安之，朋友信之，少者怀之。'"

自老者、朋友、少者三者而观之，虽似有差别，然而自总合是等一切社会而观之，则普遍之仁也。

要之，忠恕者，在达己达人，即以己与人共立于圆满为目的。故是非个人的，乃社会的。是实此说所以凌驾一切诸说，亦其意义之所以广泛也。

第三章　德

第一节　德之意义与仁之内容

德有二意：一，伦理的感觉，照之于理性，以养高尚之情操，由意志而实现习练之，则吾性可善，即所谓道德的德是也。一，为关于研究真理，或以之教人等知的德也。于东洋之德，仅有前者。虽孔子亦尝言知，然非独立，而但为道德上之知也。

　　韩愈曰："博爱之谓仁，行而宜之之谓义，由是而之焉之谓道，足（乎）已于（按，此字衍）无待于外之谓德。"道者，必不可不行之法则也，是为客观的。德者，谓吾心得是道而行之之（按，此字衍），[生]（是）主观的状态也。

　　吾人既于前章论孔子之仁，为包容其他一切诸德之普遍之德，即对己之德，与对家族及社会国家等之德，皆存于此中。但先以家族间之德为根本，然后渐逐推及社会国家。故以孝弟为本，而综合忠信义礼智等诸德，即普遍之仁。故仁为德之全称，其他不过为其一部分而已。

　　孔子何故因时与地，应其人而言抽象之仁，而不与之以具体的定义乎？是为吾人最不可不注意者。盖孔子明知进化之理：今日之人之德，不必即为后世之德；后世之德，不必即为今日之德。其故因德乃随各时代以进化，与政体风俗人情等有种种之关系，而生种种之差别者也。故孔子以为，于未来之世，或生大学问家，或生大德行家，此等学问家德行家之德之行，反胜于今日，亦未可知。故于《子罕》曰：

　　　　后生可畏，焉知来者之不如今也。

是语谓未来之进化，不可预想。知是语就人物一面观之，因为生生的进化，但其意义不惟止于人物，虽德亦然。

　　　　又曰："由！知德者鲜矣。"（按，《卫灵公》）
　　　　又："中庸之为德，其至矣乎！民鲜能（按，此字衍）久矣！"

是盖谓得德之难也。

　　以此之故，孔子于"仁""德"，不与一定之意义，惟抽象普遍形容之。至其内容，诸德则因时与地与人以为变更，是实为科学的分解之所难，亦为孔子之说明巧处。孔子之德，分解列举之虽甚难，但今亦不能不举其大要于左，以研究其种类：

第二节   德之种类

德表

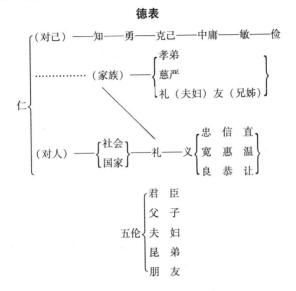

仁   仁，前已再三论之，为普遍的之仁。表中一切诸德，莫不为其所网罗包容，即博爱、忠恕、一贯的之仁是也。但于殊别之时，则为慈惠或爱等。

表中知、勇、克己、中庸、敏、俭，皆对己之德。对人之德分两端：一为家族，一为社会及国家。

关于家族之德，曰：孝弟、慈严、夫妇之礼、友爱等，而尤以孝弟为百行之本。关于社会及国家之德，曰：忠、信、直、宽、惠、温、良、恭、让等，而尤以礼为普遍，又为社会上之秩序，又义亦普遍而差别的。

今将对己之德以及对他之德略解之于下。

（甲）对己

知   知者，知也，含有智慧之意；若扩大其意，则为智识。故欲得真智识，必不可不学。盖学非为人也，为我也。孔子已尝明言为自己之德矣。其注重在研究一切学问以明智，则当事物而无疑惑。故孔子曰："［智］（知）者不惑。"（按，《宪问》）但此知乃欲行道之本，即王阳明所言之"知行合一"，乃与行相关者也。

　　勇　勇为决行吾意志之力，虽属于己，而不受仁与义之指择。故曰："见义不为，无勇也。"（按，《为政》）又曰："仁者必有勇。"曰："勇者不惧。"（按，《宪问》）但勇与知有密接之关系，不可或离。故曰："好勇不好学，其蔽也乱。"其义即非道德之智识所生之勇，则不得为德。要之，知与勇实际上为合成其他诸德所生者，故不可分离。知者知道德，勇者实行之。

　　克己　克己前章已论之，兹不再详言，约而论之，为抑自己之私欲而克之，刻苦励精以达于道，是为自己之德，勤勉等属之是也。

　　中庸　中庸前章亦论之，兹惟撮其要曰：中庸者无过不及之中庸的良心，是亦为自己德，客观的礼、主观的节制等皆属之。

　　敏　敏，敏捷也，对事务而言。故曰："敏则有功。"（按，《阳货》）顺于道而敏捷处事，自己之德也。

　　俭　俭，节俭也，节省冗费以俟他日之利用。"与其奢也宁俭"之类，是亦为属自己之德，然与其他有关系。

　　（乙）对人

　　家族的

　　孝　孝之为德，为德行之根本，人伦之第一，事亲能尽爱敬之谓也。孝者，子对于亲之纯粹爱情，即人之天性也。

> 《论语》曰：孝弟"为仁之本"。
>
> 《孝经》曰："子曰：夫孝，德之本也，教之所由生也。"
>
> 又曰："夫孝，天之经也。"又曰："天地之性，人为贵。人之行莫大于孝。"

而孝以爱与敬为主。故——

> 《孝经》曰："子曰：爱亲者不敢恶于人，敬亲者不敢慢于人。爱敬尽于事亲，而德教加于百姓，刑于四海。盖天子之孝也。"

又曰:"资于事父以事母而爱同,资于事父以事君而敬同。故母取其爱,君取其敬,兼之者父也。"

又曰:"教民亲爱,莫善于孝。"

又曰:"君子之事亲孝,故忠可移于君。"

自家族的爱敬进推及天下,以孝为治国家之根本。

《论语》:"孟懿子问孝。子曰:无违。""子曰:生事之以礼,死葬之以礼,祭之以礼。"(按,《为政》)

《孝经》:"身体发肤,受之父母,不敢毁伤,孝之始也。立身行道,扬名于后世,以显父母,孝之终也。夫孝始于事亲,中于事君,终于立身。"

前者谓终亲之生,勿违于理,惟以礼将其爱敬而事之,既殁则终以葬祭之礼。后者谓事亲又以事亲之道事君,而终之以立身,是孝为最大者也。此外孔子应弟子之问,而从多方面言之者:

《[谓](论)语》:"孟武伯问孝。子曰:'父母唯其疾之忧。'子游问孝。子曰:'今之孝者,是谓能养,至于犬马,皆能有养,不敬,何以别乎?'子夏问孝。子曰:'色难。有事,弟子服其劳,有酒食,先生馔,曾是以为孝乎!'"(按,《为政》)(此句本于《礼记》:"孝子之有深爱者,必有和气;有和气者,必有愉色;有愉色者,必有婉容。"言事亲之际,惟色为难耳。)

以上之说,皆以情即诚实为本,而节以礼。故孔子以孝德为重大可知。

弟 弟,事兄顺长之德也,姊妹间亦同,在家族中与孝相关系,而发而为敬为义,然后推及社会。故——

《孝经》:"以[弟](敬)事长则曰(按,此字衍)顺。"

又："事兄弟，故顺可移于长。"

"教民礼顺，莫善于弟。"

又："教以弟，所以敬天下之为人兄者也。"

又："长幼顺故上下治。"

"孝弟之至，通于神明，光于四海，无所不暨。"

弟者，谓对长者敬而从顺之也，是为家族的关系之本，扩之即可以治社会国家。故孝弟为一切德行之起原。又孝在社会国家则为仁，弟在社会国家则为义，故为人伦大本也。而不孝不弟，即为乱伦。

慈与严：东洋风行家长制度，故论卑对尊之道则甚详，论尊对于卑之道则甚疏。然亦有论及者。

慈　慈为父母对子之纯粹爱情，即慈爱。孔子于此德，未显言之，惟曰："父子之道，天性也。"又："曾子曰：若夫慈爱恭敬，安亲扬名，既闻命矣。"（按，《孝经》）此德与孝俱为先天所有的，而根本的为最纯美之情也。无此情，则亲子之道不立。盖孝弟者卑对尊之德，此则尊对卑之德也。

严　严用以救溺爱者，《孝经》所谓严亲严兄是也，是为家长所专有。

孔子于夫妇间惟曰"礼"，不明言"爱"。又兄姊对于弟妹之友爱，亦未详言之。然而《左传》十礼中尝言君令、父慈、兄爱、夫和、姑慈，皆尊对卑之德也。

礼　夫妇为人伦之根本，为五伦之一。孔子惟于《中庸》述之，惟夫妇间但规之以礼，而不言情。其故以夫妇之爱情本出于男女相爱之天性，有最大势力，人之原始，皆在于此。但男女之爱，往往失之极端，致乱大伦。故复云礼以节制爱，是亦自东洋家长制度之严肃出者也。然夫妇之爱，为根本上纯美之情，以爱为根本，而纪纲之以礼，其庶乎可矣。

友　为兄姊对于弟妹之友爱，亦纯美之情，但孔子之说不详。然孔子抽象的之仁，其内容含有许多差别之爱，故此等之爱，皆包括于仁中，不可忘也。

社会及国家的

礼　礼，如前章所说，中庸之显于客观之形式也。然此实通家族社会国家而维持其秩序，故能于主观上知之行之，实为最大之德。故云："克己复礼"，"为仁由己"（按，《论语·颜渊》）。而以礼裁制君臣父子夫妇兄弟朋友丧祭冠婚等一切国家及社会之事。

义　义，前章中已与礼略论其义，是为差别的仁，乃道也，非德也。然自主观上之得于心而观之，则亦为德；自差别处观之，则知的即理也。故——

　　《论语》曰："君子之于天下也，无适也，无莫也，义之与比。"

　　又："君子喻（于）义，小人喻（于）利"（按，《里仁》）等。

是谓遵道理而行之义，一切社会国家家族道德上之裁断，莫不由之，而与礼相表里者也。有君臣之义、家族之义、国家之义、人对人之义等，即所谓人道之正义也。得之我心而践行之，是为正义之德，是为诸德中之最大者。

忠　忠，对人而尽我心之谓也。孔子以忠信相连而论之，于社会上曰"言忠信，行笃敬"（按，《卫灵公》）等。忠必笃实而行之，所谓诚是也。国家君臣之际，与义合是为忠义，为人伦之重大者，加恕则为仁。

信　信，为社交的，为人交际上不可缺之德，与忠相联，而不能离，为朋友间最切实之德。故孔子能去"兵"去"食"，而独不去"信"（按，《颜渊》），即无信则不立。盖无信则社会国家必致虚伪浮薄，不能完全成立。故又曰："信则民任焉。"（按，《尧曰》）是社会与国家相通之德也。

直　直，即正直，或刚直等之德。孔子尝屡屡言之，曰"直哉史鱼！"（按，《卫灵公》）曰"直道"（按，《微子》），曰"举直"（按，《为政》）等，要之，不外为公正无私从理而已。又有时从情之方面言之，参照前章。

　　宽　宽，宽弘也。《论语·阳货》举仁之内容曰："恭宽信敏惠"，而以宽为此中最大之德。故曰："宽则得众"，是为君子之德。

　　惠　惠，恩惠也，惠则足以使人，又为君德。孔子名此二者为君人之德。虽宽弘恩惠，为社会上之德，然若敷衍之，则大有裨益。

　　温　温，温厚也。"温良恭俭让"五者之一，谓接人宜稳和笃实。

　　良　良，良直也，又善良，谓对人无偏心，无邪心，方正之德也。

　　恭　恭，恭敬也。礼义之根本，敬为其主，恭表出之故也。得恭则不侮，是为人人交际上不可少之德。

　　让　让，谦逊也，亦与恭敬等同为交际上之美德。

　　盖礼与义，家族社会国家共之。忠信宽惠，社会国家共之。独直温良恭让，但为社会的德耳。

　　以上诸德，均为仁之差别的内容，总括之即为普遍之仁。

　　此外于女子之德，则言贞操从顺等。

　　德虽因时代政体与国民等而生差异，然而以上诸德，则为东洋之特德，至今日犹用之。于今日若自社会国家上论之，则道德的德为公共心、慈善心、爱国心等。对于自己，则为自重、热心、洁白、清洁、活泼、顺序等。见于知力上，为精密、熟虑、慎重、智慧等。于家族，为尊对卑之慈爱亲切等。于妇德，为慈爱、贞淑、端正、柔和、公平等诸德。

第四章　教育

第一节　人格之完成　德之修养

　　孔子教育之目的，可从二方面观察之：一、修己之德以锻成意志，而为完全之人物，以达高尚之仁；一、锻炼意志修德而治平天下。故前为纯粹之道德家，后为道德的政事家。以修身为第一义，治人为第二义。故——

　　《大学》曰："古之欲明明德于天下者，先治其国；欲治其国者，先齐其家；欲齐其家者，先修其身；欲修其身者，先正其心；欲正其心者，先诚其意；欲诚其意者，先致其知；致知在格物。"

致知格物说于前至善之章已论之，今惟论孔子之如何完成人格，如何修养德性于下。

孔子之主眼在德行，即德育是也。故所言之学问，即知育，不过修先王之道而修德耳。故既知之，则当行之，阳明所谓之知行一致是也。孔子自身，以绝对之智力而理会天道。其教育法则，能为实践的，自近而远，自卑而高。先教弟子以日常起居、饮食、洒扫、应对等，渐进而教之修心。其所教之书，即《诗》、《书》、《礼》；其所教之艺，则文行忠信，礼乐射御书数等六艺。射御，体育也。弟子通六艺者七十二人。"德行：颜渊、闵子骞、冉伯牛、仲弓。言语：宰我、子贡。政事：冉有、季路。文学：子游、子夏。"（按，《先进》）其他曾参、有若、子张等，一时人材郁然。其教授法各应其力，因其人之高下而为多方面的。凡问答，使弟子各以己力发明之，勉学之。故孔子之教授法，可名之为开发心性之法也。故——

《述而》曰："子曰：不愤不启，不悱不发，举一隅不以三隅反，则不复也。"

德不可得而学。故学问不过欲得智识耳，从此智识以陶冶吾之情与意，始能得善良之品性，即德是也。孔子欲完成人格以使之有德，故于欲知情意融和之前，先涵养美情，渐与知情合而锻炼意志，以造作品性。于是始知所立，和气蔼然，其乐无极，是即达仁之理想，而人格完成矣。故——

《泰伯》曰："兴于诗，立于礼，成于乐。"

诗，动美感的；礼，知的又意志的；乐，则所以融和此二者。苟今若

无礼以为节制，一任情之放任，则纵有美感，亦往往动摇，逸于法度
之外。然若惟泥于礼，则失之严重而不适于用。故调和此二者，则在
于乎。

　　既锻成圆满之人物后，无论在朝在野，其行动云为，皆无窒碍，
且可为学问之法。

　　　　《述而》曰："志于道，据于德，依于仁，游于艺。"

是谓先立志讲道，习练之而得于心，愈修养而至于仁。仁，完全之德
也。既得此德后，更从容习礼乐射御书数等日用实践之事，"游于
艺"者，此之谓也。

　　修德之先，必不可不先有完全之智识，苟无完全之智识，则不知
其德为何物。故于《阳货》篇言六言六蔽：

　　　　"好仁不好学，其蔽也愚。好知不好学，其蔽也荡。好信不
　　好学，其蔽也贼。好直不好学，其蔽也绞。好勇不好学，其蔽也
　　乱。好刚不好学，其蔽也狂。"
　　　　又《为政》曰："学而不思则罔，思而不学则殆。"

即谓无智识则暗昧，而不能知完全之德。

　　然又恐惟于智识一面而不能言行一致，于是复说以下各条：

　　　　《宪问》："有德者必有言，有言者不必有德。"
　　　　又："君子耻其言而过其行。"
　　　　《雍也》："君子博学于文，约之以礼。"
　　　　《子张》："子夏曰：博学而笃志，［问切］（切问）而近思，
　　仁在其中矣。"

此一切所言，皆谓德行为本；智识不足知之。再进一步，则如：

《雍也》："知之者不如好之者，好之者不如乐之者。"

知道德者不及好道德者，好道德者又不及乐道德者，是为形容入道德之深。要之，欲养德必就圣贤之书学之，先得道德的智识，以陶冶性情，使成强健之意志，更于行为上反复习练之，遂为自我之品性。是为孔子教学之要领也。

第二节 政事家

能修得以上一切完全之德，即所谓仁者，亦可以之治平天下国家，是为孔子之第二目的。至此，道德与政治遂合，而非完全之道德家矣。既可以之治国家，故君主必应具此德。故——

《大学》曰："物格而后知至，知至而后意诚，意诚而后心正，心正而后身修，身修而后家齐，家齐而后国治，国治而后天下平。"

又《论语·宪问》曰："修己以安百姓。"

《[季氏]（颜渊）》："君子之德风，小人之德草，草上之风必偃。"

《为政》："为政以德，譬如北辰，居其所，而众星共之。"

谓政事家必具完全之德，以行道德的政治。然在治国，则一切当遵先王之制度、礼乐刑政等，次所记者是也。

第五章 政治

第一节 道德的政治 先王之道 礼乐刑政

孔子之伦理说，前章既已论之，今当论其政治说。惟孔子之政治，本为道德政治，故惟评其梗概。

孔子者，君主封建制之政治家，欲祖述尧舜、夏殷周三代先王之道，由斯道而治天下。故言君主有大威德统御诸侯，亦能治其民服从其君主。是则承认君权之无上，而以道德一贯上下之间者也。

故于——

> 《泰伯》曰:"民可使由之,不可使知之。"
> 《颜渊》:"君君,臣臣,父父,子子。"

前者专制主义也;后者以人道一贯上下者也。

孔子参酌尧舜三代制度而取舍之,欲施完全之封建政治。故答颜渊问为邦曰:

> 行夏之时,乘殷之辂,服周之冕,乐则《韶》舞,放郑声,远佞人。郑声淫,佞人殆。(按,《卫灵公》)

是谓用夏之历法,从殷之质素之道,行周之华美之礼制,去淫声,远恶人,奏舜之音乐:是盖欲采尧舜三代政之所长,而折衷之者也。

故知孔子者,虽崇拜其理想中之人物如尧舜者,然实则不过阳崇拜之耳。又孔子之理想在周,故曰:"周监于二代,郁郁乎文哉!吾从周。"(按,《八佾》)又曰:"[予](吾)不复梦见周公。"(按,《述而》)又曰:"如有用我者,吾其为东周乎!"(按,《阳货》)盖孔子之政治思想纯在周代,不难想像也。

经礼三百,曲礼三千,是为孔子治人之具。礼乐用以陶冶人心,而政刑则以法制禁令刑罚治民。前者为道德,在修人心;后者为政法,在律人身。虽此二者相合,然后成为政治,但其所最重者,则在礼乐。故于——

> 《为政》:"道之以政,齐之以刑,民免而无耻。道之以德,齐之以礼,有耻且格。"
> 《子路》:"名不正,则言不顺;言不顺,则事不成;事不成,则礼乐不兴;礼乐不兴,则刑罚不中;刑罚不中,则民无所[措](错)手足。"

盖以道德为先务，而刑罚惟治不从之具耳。

《里仁》："能以礼让，为国乎何有！不能以礼让为国，如礼何！"

《子路》："上好礼，则民莫敢不敬；上好义，则民莫敢不服；上好信，则民莫敢不用情。夫如是，则四方之民，襁负其子而至矣。"

此外答子贡之问，有去"兵"去"食"犹取"信"之言，又"举直[措]（错）诸枉，能使枉者直"（按，《颜渊》）等语，欲一切皆从道德以完成己之人格，又举贤才以治国安天下也。概而言之，则孔子政治思想，一遵先王之道，为君主封建专制主义，专尚保守，又恐君悖理暴行，致民心离叛，因复以道德贯通上下以规律之。因此德与政遂相混同。又孔子最慕盛周时之文华，故一切典章制度，皆以周公遗法为则，参夏殷二代之制，去其不善者。在今日观之，虽无精论之价值，然在当时则为最完全之政治，是实由于时代之进化使然。故若以今评古，无异于未来之评今也。要之，孔子之说，其可取者，不在其政治上，而在其道德上。孔子之道德，能经二千余年管理东方大半之人心者，实其道德之严正，且能实践故也。

第三编　结论

吾人于前数章既论述孔子之伦理说，今当综合其要领而以终此篇。

孔子于研究《易》哲学时，因阴阳二气之于时间上变化继起，遂知左右现象界之自然的理法，于是遂悟天道为生生的，为宇宙之根本原理，而说其理想上之天。故天自"理"之一面观之，乃无意识的理法之活动；自"情"之一面观之，则有意志而管辖一切万有者也。夫子实混此两方面而言之。故于知识上言之，则现象界有因果律以规定一切，是为自然之理法。又宇宙之根原虽为天道，然人间之意志亦不能完全自由。故自感情上言之，则所谓［王］（天）者不过一种之命法。然苟遵道而行，而为所当为，不为其所不当为，则于道德自身中有一种之快乐。故当顺道理，尽人力，若不可能，则安其分。是以知孔子非自由意志论者，又非执极端之宿命说者，而为执其中庸之有命说，所谓任天主义是也。

孔子"天"之观念如此。又主能（按，此字衍）人间理性之为先天的物，即自客观上观之则为天道，而自主观上言之，则吾理性也。自致知格物而穷物理，广修自己心以去私欲，而道遥于无我、自然、绝对、无差别之理想界，是为其天人合一之观念，即绝对的仁是也。是实为孔子伦理说之渊源。欲达此境，必积长年月之修养，非有大理会力与大德行者不能达也。故不详言此高远之学理，而但说人人所能行之实践道德也。

孔子从"天"之观念演绎而得"仁"，其发现于社会的为忠恕。一贯普遍之仁，其内容有义礼［孝智］（智孝）弟忠信等，又知仁勇等狭义之仁，亦为此一部分。普遍之仁，为包括一切诸德之全称抽象的大概念也。故此德虽不变，至其内容则因时与地与人而异其德，是亦为孔子明进化之理，故不与"仁"以一定之定义之证，亦为孔子说法之机变巧妙之处也。

孔子以达其大理想之仁，即"止于至善"为目的，然而不能人人达之，故先说达之之法，即直觉、中庸、克己、忠恕等是也。

直觉说乃（不）据理性而判断者，然孔子具之。中庸说则以情为本，以理调和之，养成无过不及之中庸的良心。其表出于社会也，则为礼，一切行动云为皆以是为标准。毕竟所谓中行、中庸者皆谓知行之融和也。又说［自］（因）时地与人，而道德有权变，故不能于数量上论断之。夫子之温和浑厚，而其行无不中节，职由斯说。克己说为克私欲以复礼，而至于仁之励精严肃主义。忠恕说则由博爱及同情以达普遍之仁者也。

是社会的仁而包括一切诸［说］（德）者也，此绝对的之［观］（仁）之德。而特别之仁，则为知、勇、克己、中庸、敏、俭等。对于家族，则为孝弟、慈严、夫妇之礼、兄姊之友爱等。对于社会国家，则为礼、义、忠、信、直、宽、惠、温、良、恭、让等。礼义亦通于家族，为此数者中最大者。又此中最重者，为关于家族、君臣、朋友之德，换言之，即君臣、父子、夫妇、昆弟、朋友五伦，而孝弟又为是一切之根本。对自己之德与对他人之德，相关而并行之。是即孔子之形而上学与伦理说之大要也。

孔子教育之目的有二：一，锻炼道德的意志，以完全人格，即道德当一以身体之。[道]（一），又当为有为之政治家，出而治平国家。故一以道（德）为目的，一以政治为目的。孔子之观此二者，毫无差异。故曰："天下有道则见，无道则隐。"（按，《泰伯》）其教授法因人材之高下以为问答，使以自己之力勉学，是即开发教授也。而其教育之宗旨，德育最重，知育不过供给成德之智识。至于体育，则使弟子学习射御各科是也。

政治，在参酌先王之制度，以礼乐治天下，是为德教政治。政与刑则所以处治破坏德育者。政体，为君主封建制。君主独有大权，然须备至仁之德以统御一切，举贤能而使当治国之任，以礼保持社会国家之秩序。臣当守义，服事于君。在家，则为父子、夫妇、兄弟；在社会，则为朋友：皆当修德。自家族以及天下，此所谓德教政治也。

孔子之人生观，在明道理、尽吾力，而躬践道德，至其终极，则以信天命为安心之地，故超然不为生死穷达富贵利害得丧所羁束。是主义虽甚高洁，然一不慎，则流于保守、退步、极端之宿命说，此则于今日进化之理法上决不能许者也。

东方伦理之缺点，在详言卑对于尊之道，而不详言尊对于卑之道，以是足知家长制度之严峻专制，而其抑制女子则尤甚。故女子之德多有压制过酷者。此实由于男尊女卑，封建专制之习惯使然也，而今日不得不改正之也。

以上全论述孔子之学说，今当就孔子人物一言以结之。

吾人所最惊叹者，则为孔子感化之力伟大，及其说法之巧妙也。盖夫子之德，圆满无缺。其言为春风和气，蔼然可亲，故虽疏野傲慢之人，亦无不被其感化，而化为沈著温厚者，如子路是也。

孔子人物之伟大，道德之完全，虽更无待细说，然孔子又忠实之尊王、爱国、慷慨家也。孔子见周末封建政体之败坏紊乱,诸侯之僭乱悖逆,蔑视君上,杀伐攻略无有宁日,乃与其徒游说四方,期再兴王室,一复西周之盛。故孔子政治的思想常在周公,故曰:"我不复梦见周公。"又曰:"如有用我者,吾其为东周乎!"等语。又曰:"天下有道,则礼乐征伐自天子出。天下无道,则礼乐征伐自诸侯出。"(按,《季氏》)其忠愤热诚溢于言表。惟以时运衰颓,究非人力所及,故虽大圣如孔子,亦终不能达其意,终身流离困厄,备尝艰苦,不能行其德。故其激越之言曰:"道不行,乘桴浮于海。"(按,《公冶长》)又曰:"女奚不曰:其为人也,发愤忘食,乐以忘忧,不知老之将至?"(按,《述而》)

呜呼!是何等悲壮感愤乎!天何以不眷此大圣人?何故不用大圣人以整理国家?天乎!人乎!吾人不得不怪人间之命运果无定也。嗟时代之衰微,叹人心之腐败,乱臣贼子横行于世,滔滔者天下皆是也。于是既不能以个人之力挽回天运,退而作《春秋》,大义炳耀,使千秋万岁乱臣贼子肝胆俱寒。又为学不厌,教人不倦,谆谆熏陶子弟,悠然有余裕。信命而任天,故不怨天,不尤人,以终其天年。故孟轲赞夫子曰:"自生民以来,未有如(按,此字衍)夫子!"(按,《孟子·公孙丑》)非溢美之言也。

子思之学说[①]

第一章　传及其著书

孔子年十九，娶于宋之亓官氏，一岁而生伯鱼。伯鱼之生也，鲁昭公以鲤赐孔子，荣君之贶，故名之曰"鲤"，字伯鱼。伯鱼年五十，先孔子卒。即伯鱼之卒，当孔子六十九岁也。《论语》(按，《先进》)曰：

> 颜渊死，颜路请子之车以为之椁。子曰："［材］（才）不［材］（才），亦各言其子也。鲤也死，有棺而无椁。吾不徒行以为之椁，以吾从大夫之后，不可徒行也。"

以此观之，伯鱼之卒在颜渊之前，而又在孔子在鲁之时，即当在孔子年六十八岁返鲁以后也。不然，则当在孔子五十五岁以前。而子思之生亦当在孔子五十岁前后也。然据《孟子》、《檀弓》、《汉书·艺文志》皆云子思晚年为鲁穆公之师。穆公即位在周威烈王十九年。如子思之生在孔子五十前后，则此时当年九十明矣，其说难信。故若以伯鱼之死在孔子返鲁以后，而子思之生略前于此，则子思之为穆公师时，年七十七八，是尚可信也。《困学纪闻》之说亦如此，则《孔子家语》谓伯鱼年五十而死，是也。

子思生于孔子之晚年，伯鱼之子也。孔子不甚注意于其子之教

① 本篇刊于 1905 年 7 月《教育世界》104 号。

育，观陈亢问伯鱼之语，而曰："闻君子之远其子"（按，《论语·季氏》），可以见已。又伯鱼似非甚明哲之人。孔子就颜渊之死，而曰："［材］（才）不［材］（才），亦各言其子也。"则颜渊与伯鱼，其贤明之度之相去明矣。就伯鱼之事，史传无一言之者。

　　子思之事迹，史传不详。《孔丛子》谓子思被围于宋，然其书不可信。刘向《说苑》曰：子思在卫甚苦，田子方赠以狐白裘，不受。孟子亦言其居卫之事。又其晚年为鲁穆公之师，出于《孟子》、《檀弓》、《艺文志》。由此观之，子思之年当至八十岁，而经过孔子学派全盛之时代者也。

　　子思不知学于何人，意七十子之徒皆其师乎？唯韩愈《送王埙序》曰："子思之学盖出曾子。"此不过想象之说，故以"盖"字疑之。伊川信之，至朱子遂去"盖"之一字。观《檀弓》：曾子谓子思曰："伋"，汝云云，语气虽似师弟，然观其下文所述，乃敌体之问答，不能以《檀弓》之词而遂断为曾子之门人也。

　　孔子之学说之根柢，仁也。仁者不可名状，又人之所以不可不仁，不能由理论证明之，譬诸无基础之宫室，此其缺点也。比之老子自宇宙之根本说来者，甚为薄弱。老子之说出，孔子之说危，此必然之势也。于是子思乃从宇宙说起，以证人伦之为宇宙必然之法则。《中庸》之本意即在于此。曾子，孔子之徒也，故用社会上之文字而谓之曰"忠恕"。然子思用更普遍之文字而谓之曰"诚"。前者社会问题，后者宇宙问题也。此二者虽不必相矛盾，决不可同类视之也。故吾人以《中庸》为反于孔子之正传，乃孔子学派对老子而欲保其独立之位置而作者也。然《中庸》实儒教哲学之渊源，通孟子而至宋代，遂成伟大之哲学者也。

第二章　本论

第一节　形而上学

　　孔子之"仁"，伦理的概念也，圣人之本能也。曾子窥破此本能，而谓之曰"忠恕"。忠恕所以维持人类社会者，而子思以"诚"

之一字形容之，更进而以"诚"为各人之本性。苟人率其性而行，则行而无不正。故曰："天命之谓性，率性之谓道。"（按，《中庸》）是以彝伦存于人之天性中。后世儒教哲学之根本全在于此。然《中庸》于思索之涂径，不止于此。以为人之性质之动而合于彝伦也，恰如鸢之飞，鱼之跃，此等皆自然而能然者。寻其所以然之源，则由于"诚"之发现。故一切万物，"诚"而已矣，故曰："诚者物之终始，不诚无物。"而"诚"者是一而非二，有性而无量。自其为万物之根本观之，与叔本华之"意志"相似，故曰："洋洋乎发育万物，峻极于天。"而诚又非盲目的活动，而有智力的成分者也，故曰："至诚之道，可以前知。国家将兴，必有祯祥；国家将亡，必有妖孽。见乎蓍龟，动乎四体，祸福将至，善必先知之，不善必先知之，故至诚如神。"诚，绝对也，不变也，无始终也，常活动也，故曰："故至诚无息，不息则久，久则征，征则悠远，悠远则博厚，博厚则高明。"而诚者一切万物之本性，又人之本性也。

由此观之，子思以有伦理的意义之诚，为宇宙之根本主义，因之为各物之本性。故自子思目中观之，伦理的法则与物理的法则、生理的法则，皆同一也。自其发现之方面言之，虽千差万别，然求其根本，则无出于诚之外者。故曰："天地之道可一言而尽也。其为物不贰，则其生物不测。"而人之能返于诚者与自然无异，即与天地合体者也。故曰："唯天下至诚为能尽其性，能尽其性则能尽人之性，能尽人之性则能尽物之性，能尽物之性则可以赞天地之化育，可以赞天地之化育则可以与天地参矣。"（按，以上引文均见《中庸》）

如此，以"诚"为宇宙之根本主义，为人类之本性，故彝伦者人性先天中所有者也。其驳击蔑视社会、排斥伦理之徒，可谓十分用意。今不问其论据之是非，如此飘然而涉宇宙问题，孔子之所梦想不到也。孔子平时之所说者，社会内耳，人情上耳，诗书执礼耳，与子思之说，其大小、广狭、精粗之差，果何如乎？宜哉荀卿洞察之，曰："略法先王而不知其统，犹然而材剧志大，闻见杂博。案往旧造说，谓之五行，甚僻违而无类，幽隐而无说，闭约而无解。案饰其辞而祗敬之曰：此真先君子之言也。子思唱之，孟轲和之。"（按，《非十二子》篇）

第二节　伦理学

若夫一切之事，一切之物，而皆为诚之发现，则人率其性，自无不合于道，教育之事可废矣。子思欲救此失，于是谓人性诚也，然其知之与行也，人各不同。知有种种之阶级：其上者"生而知之"，其次"学而知之"，其下"困而知之"。行亦有"安"、"利"、"勉强"之别。故人之本性虽为诚，然有不知其诚者，于是有教育之必要；有知之而不能行者，于是有训练之必要。果然，则知与行可谓妨碍诚之发现者也；即妨之者非知与行，然必有妨碍之者明矣。至此而子思所建设之一元论，不得不破而为二元论，即一面"诚"有伦理的实现性，一面有妨碍之者是也。

其所以有矛盾者，由"诚"有二义：一，伦理上之意义；一，实在之意义也。子思混而一之以证人性之诚。其说宇宙之法则时，只有实在之意义；而其说人性也，又有伦理上之意义，而不悟其与事实相矛盾。于是至孟子，而不得不唱"性""欲"二元论，亦自然之势也。

孟子之学说[①]

第一章　传及其著书

孟子之生卒年月，古来诸说纷纷不定。第一，以孟子自言"君子之泽五世而斩，小人之泽五世而斩，予未得为孔子徒也，予私淑诸人也"（按，《离娄》下）观之，则其不及子思之门可知。《史记》列传曰"受业于子思之门人"是也。蔡孔炘《孟子年谱》定孟子之生年月日，为周烈王四年己酉四月二日，即去孔子之卒一百零七年也。

孟子驺人也，名轲，字子舆。幼受母教，长而受业于子思之门人。道既通，适魏，惠王不能用。事齐宣王，位在三卿之中，说宣王以仁政王天下。时天下方合从连横，以攻伐为贤，孟子乃述唐虞三代之德，人皆以为迂远而阔于事情，不遇而去。曰："夫天未欲平治天下也，如欲平治天下，当今之世，舍我其谁也！"（按，《公孙丑》下）访滕文公，文公当世之贤君，其信孟子亦最笃，然以国小，不能行其志。

孟子与苏、张同时游于诸侯之间，而其所说则冰炭不相容，视苏、张之徒如豚犬耳。"景春曰：'公孙衍、张仪岂不诚大丈夫哉！一怒而诸侯惧，安居而天下息。'孟子曰：'是焉得为大丈夫乎！子未学礼乎？丈夫之冠也，父命之。女子之嫁也，母命之，往送之门，戒之曰："往之女家，必敬必戒，无违夫子！"以顺为正者，妾妇之道也。居天下之广居，立天下之正位，行天下之大道，得志，与民由之，不得志，独行其道。富贵不能淫，贫贱不能移，威武不能屈：此

---

① 本篇刊于 1905 年 7 月《教育世界》104 号。

之谓大丈夫！'"（按，《滕文公》下）当天下混乱之时，以正自持，屹然
而不动，足以想见其有豪杰之风。孟子之名声既洽于诸侯，四方之士
相与谈论者颇多。淳于髡责孟子以"援天下"，与告子论性尤盛。孟
子既不遇时，往来宋、鲁，滕、薛之间，不得行道之地，乃以阐明孔
子之教、排斥杨、墨之徒为己任，曰："能言距杨、墨者，圣人之徒
也。"（按，《滕文公》下）孟子之卒，一曰周赧王二十六年正月十五日，
然则距烈王四年之生，八十四年矣。

第二章　本论

第一节　人之性善也

（一）孟子之继承子思之学说，决无可疑者。孟子曰："悦亲有
道，反身不诚，不悦乎亲矣。诚身有道，不明乎善，不诚其身矣。是
故诚者天之道也；思诚者人之道也。至诚而不动者，未之有也；不诚
未有能动者也。"（按，《离娄》上）此与《中庸》之文正同。《中庸》第
二十章，曰："顺乎亲有道，反诸身不诚，不顺乎亲矣。诚身有道，
不明乎善，不诚乎身矣。诚者，天之道也；诚之者，人之道也。"孟
子又曰："尽其心者，知其性也，知其性则知天矣。存其心，养其
性，所以事天也。"（按，《尽心》上）又曰："万物皆备于我矣，反身而
诚，乐莫大焉。"（按，《尽心》上）皆谓人之性即天之性也。而《中庸》
亦云："唯天下至诚为能尽其性，能尽其性则能尽人之性；能尽人之
性则能尽物之性；能尽物之性则可以赞天地之化育；可以赞天地之化
育，则可以与天地参矣。"亦谓天之性与人之性一，即与孟子之言，
其所归，一也。孟子曰："动容周旋中礼者，盛德之至也。"（按，《尽
心》下）此与《中庸》所谓"诚者不勉而中，不思而得，从容中道，
圣人也"，其意正同。由是观之，则《史记》谓孟子"受业于子思之
门人"，非无据之言也。即孟子与子思同以"诚"为人之性。然
"诚"者何？毕竟谓伦理的法则之渊源耳。伦理的法则，社会之所谓
善也，故孟子从师说而断人性为善。

（二）孟子不但用演绎法以证人性之善，又以归纳法证明之，即于

经验上证人性之善，曰："今人乍见孺子将入于井，皆有怵惕恻隐之心，非所以内交于孺子之父母也，非所以要誉于乡党朋友也，非恶其声而然也。由是观之，无恻隐之心非人也，无羞恶之心非人也，无辞让之心非人也，无是非之心非人也。"此世俗之所谓人情，而孟子名之曰："不忍人之心。"更进而论之曰："恻隐之心，仁之端也；羞恶之心，义之端也；辞让之心，礼之端也；是非之心，智之端也。人之有是四端也，犹其有四体也。"（按，《公孙丑》上）即谓仁义礼智四者，人先天中所具有也。故曰："万物皆备于我矣。""物"者非谓具体的物象，而谓伦理的法则也。高诱《淮南子》注曰："物，犹事也。"即孟子先天良心论者也。曰："人之所不学而能者其良能也，所不虑而知者其良知也。孩提之童无不知爱其亲者，及其长也，无不知敬其兄也。亲亲，仁也；敬长，义也。无他，达之天下也。"（按，《尽心》上）

第二节 欲

如此立论，于是孟子之说又不得不与子思生同一之矛盾。夫人性固善，然人类日常之行动，何以往往逸于伦理之轨范乎？天下之变乱纷纷不已，非证明此事实乎？若此等变化之根柢不在吾人之心性上，则社会的现象何以有此方面乎？孟子亦认之，曰："山径之蹊间，介然用之而成路，为间不用，则茅塞之矣。"（按，《尽心》下）其意以为人性虽善，然有蔽之者，则不能发挥其善。然则所以蔽之者何？曰：欲也。故曰："养心莫善于寡欲。其为人也寡欲，虽有不存焉者寡矣；其为人也多欲，虽有存焉者寡矣。"（按，《尽心》下）然孟子自其先天良心论观之，（一）以欲为比良心，非根本的。（二）以欲虽有蔽善之消极的性质，而无现于行动之积极的性质者也。荀子则不然，以欲为积极的性质，而伦理之法则不过制抑之之消极的作用耳。

第三节 修身论

至此，吾人得知修为之为何。吾人之修为毕竟在发挥我本心之善耳。苟能发挥之，则凡人化而为圣人。此发挥之之方法，在养"浩然之气"。所谓"浩然之气"，善化之意志也。能陶冶意志而与性之善融合，则谓之曰"浩然之气"。然性绝对、无限也，故此气亦不可不绝对、无限。故曰："其为气也，至大至刚，以直养而无害，则塞于天地之间。其为气也，配义与道，无是，馁也。是集义所生者，非义袭而取之也。行有不慊于心，则馁矣。"（按，《公孙丑》上）孟子又用牛山之喻，曰：

> 牛山之木尝美矣。……此岂山之性也哉？虽存乎人者，岂无仁义之心哉？其所以放其良心者，亦犹斧斤之于木也。旦旦而伐之，可以为美乎？其日夜之所息，平旦之气，其好恶与人相近也者几希。则其旦昼之所为，有梏亡之矣。梏之反复，则其夜气不足以存。夜气不足以存，则其违禽兽不远矣。人见其禽兽也，而以为未尝有才焉者，是岂人之情也哉！（按，《告子》上）

此言本心之自发的活动者，以为人心之向善，如木之萌蘖，待时而出。然若多行不善，则不能发之。虽不能发，然其势滋生而不已。何以知之？曰：今人睡醒，目未见恶色，耳未闻恶声，恍然独坐，当是时，精神洒落如冰释，所谓"夜气"也。扩而充之，则自无不善。故曰："苟得其养，无物不长；苟失其养，无物不消。"孟子又认发挥本心之困难，故曰："一日暴之，十日寒之，未有能生者也。"（按，同上）要之，其全体之说皆立于性、欲二元论之上者也。

第四节　政治论

个人之精神，社会现象之渊源也。然个人之精神之焦点则在其生活之欲望，衣食住之欲望即是也。人类为满足此欲望而活动者也，不达此欲，则如伦理何？管子曰："仓廪食而知礼节，衣食足而知荣辱。"故希求衣食之欲，与尊重伦理之念，人间精神之两极端也。两者之中不能全其一而禁其他。孟子曰："无恒产而有恒心者，惟士为能。若民则无恒产，因无恒心。"（按，《梁惠王》上）而欲使有恒心，必先制民之产，故又曰："是故明君制民之产，必使仰足以事父母，俯足以畜妻子，乐岁终身饱，凶年免于死亡，然后驱而之善，故民之从之也轻。"

然则"制民之产"之道如何？举其主要者如左：（一）勿夺民时；（二）设数罟斧斤之禁；（三）应人口而颁土地；（四）轻赋敛。此其大纲也。然孟子又知行政机关之运转，必不可不征相当之租税，故白圭欲二十而取一，孟子以为非尧舜之道：

> ……孟子曰："子之道，貉道也。万室之国，一人陶，则可乎？"曰："不可，器不足用也。"曰："夫貉，五谷不生，惟黍生之，无城郭宫室宗庙祭祀之礼，无诸侯币帛饔飧，无百官有司：故二十取一而足也。今居中国，去人伦，无君子，如之何其可也！"（按，《告子》下）

而所以行如此之政治者，不忍人之心之发现也。曰："人皆有不忍人之心。先王有不忍人之心，斯有不忍人之政矣。以不忍人之心行不忍人之政，治天下可运［诸］（之）掌上。"（按，《公孙丑》上）故孟子之政治说得约之如左：（一）不忍人之心；（二）不忍人之政。［右］（盖）以人类生活之欲为根柢而出发者，于此生欲之满足后，始修礼讲乐，以发挥彝伦，以复其本心之善也。

第三章　结论

以上所论述，孟子所极力主张者，所谓孟子之本领也。于一面主张人性之善，一面主张生欲之必然。甲，伦理上之假定；乙，政治上之假定也。此外有所谓欲者，乃与善性相对立，而妨碍其发现。"生欲"与"欲"：一必然的，一偶然的也。偶然之欲可制，必然之生欲不可制。故生欲之横溢者即欲也。故善与欲可视为心理上之二元。生欲之胜者常人，而善性之胜者士人也。此孟子学说之系统也。

孟子之伦理思想一斑[①]

今就孟子之伦理思想中，论其属于直觉论的方面者，如次。

在孟子之伦理思想中，其最要之根本观念，为仁义礼智，更约言之，则仁义二者是也。王子垫章曰："何谓尚志？曰：仁义而已矣。杀一无罪，非仁也；非其有而取之，非义也。居恶在？仁是也。路恶在？义是也。居仁由义，大人之事［毕］（备）矣。"（按，《尽心》上）即谓舍"仁义"二字外，无可为理想者也。今按：以仁为德，则当以义为义务。孟子之所谓义，含有公正之意，即反对一切不公平之行为之意。然自广义言之，则又含有正义公道之意，即一切道德上法则或义务之意也。孔子惟说"仁"，至孟子始加以"义"之一字。《孟子》七篇中，其说正义之尊严性者不一而足，是即孟子伦理思想之特色，而亦由社会风纪变迁，不得不设为严峻之客观的法则，以防当时恣肆之倾向耳。孟子以义为直觉的，即离却一切理由条件，而绝对的督责吾人之命令。以此点言，则孟子之于伦理上似有直觉论派之面目焉。曰："行一不义，杀一不辜，而得天下，皆不为也。"（按，《公孙丑》上）"古之人未尝不欲仕也，又恶不由其道，不由其道而［住］（往）者，与钻穴隙之类也。"（按，《滕文公》下）"非礼之礼，非义之义，大人弗为。"（按，《离娄》下）"大匠诲人，必以规矩，学者亦必以规矩。"（按，《告子》上）"御者且羞与射者比，比而得禽兽，虽若丘陵，弗为也。如枉道而从彼，何也？且子过矣，枉己者未有能直人者也。"（按，《滕文公》下）"非其义也，非其道也，禄之以天下，弗顾也；

①　本篇刊于 1906 年 8 月《教育世界》130 号。

系马千驷，弗视也。非其义也，非其道也，一介不以与人，一介不以取诸人。"（按，《万章》上）"大人者，言不必行，行不必果，惟义所在。"（按，《离娄》下）由此等思想考之，则孟子之所谓"义"，其视为直觉的，绝对的，而强人以实行之之道德上规则或义务，益昭然无可疑已。

虽然，孟子之于义，亦非谓不论何时何地皆毫不可破灭者也。彼亦以为义有大小轻重之别，轻而小之义有时不能不让重而大之义，即于一种定规外，许有例外之义是也。举其一例，"淳于髡曰：'男女授受不亲，礼与？'孟子曰：'礼也。'曰：'嫂溺，则援之以手乎？'曰：'嫂溺不援，是豺狼也。男女授受不亲，礼也；嫂溺，援之以手者，权也。'"（按，《离娄》上）所谓"权"者即指例外之义言。然则为全大义而破小义者，亦孟子之所是认者也。其后继之曰："今天下溺矣，夫子之不援，何也？'曰：'天下溺，援之以道；嫂溺，援之以手。子欲手援天下乎？'"在孟子意中，以为救济天下者，舍仁义之正道外，无有他策，固宜其为此言。但其为是言者，以天下之溺与嫂之溺，异其轻重耳。假使天下之溺与嫂之溺同，则如何？舍权道外，别无救济天下之道。而救济天下又为义之重大者，则如何？吾人自理论上推之，则知孟子既是认前者，其于后者，亦不得不是认之者也。且孟子亦尝承认义之有融通性，可援一二例证之，曰："'以礼食，则饥而死；不以礼食，则得食：必以礼乎？亲迎则（不）得妻，不亲迎则得妻：必亲迎乎？'"（按，《告子》下）孟子于此，谓礼食、亲迎是礼之轻者；饥死灭性，无妻灭人伦，是食色之重者。弃前者而全后者，固理之所当然。然又设辞以辨之曰："绐兄之臂而夺之食，则得食；不绐则不得食：则将绐之乎？逾东家之墙而搂其处子，则得妻；不搂则不得妻：则将搂之乎？"（按，同上）此谓有重大于食色之义在，即不得不弃食色而全义也。是明明谓义之有融通性也。此外又有一例："万章问曰：'《诗》云："娶妻如之何？必告父母。"信斯言也，宜莫如舜。舜之不告而娶，何也？'孟子曰：'不（按，当衍）告则不得娶。男女居室，人之大伦也。如告，则废人之大伦，以怼父母，是以不告也。'"（按，《万章》上）由此观之，是孟子于伦理上，实立一种系统观，而谓个人之义务，皆各有相当之位置阶级，遇有不得已之时，亦可为其重者大者，而破灭其轻者小者也。从此思想，则与所谓"非礼之礼，非义之义，大人弗为"之言，明明相异。然则孟子于实际上，殆未尝不以一种"非礼之礼，非义之义"，即所谓"权"者，认为正当之行为也。吾人欲解孟子之真意，不得不设为一言，以解决此问题，曰：人得以比较种种义务而通融于其间者，就特殊义务之自身言之，即被统摄于"仁义礼智"或"孝弟忠信"等通则之下之个个的义务耳；谓义务有大小轻重者，惟同在一通则内之种种义务间，乃有大小轻重耳。如孝，一通则也，而其中有以口腹之养为孝者，有以心志之养为孝者，前者重（按，当为"轻"）而后者轻（按，当为"重"），故若二者相冲突，则当舍前者而取后者。若夫忠孝仁义等通则之自身，则皆有个个独立之绝对的权威，其间不应有大小轻重之别，故不能以其一为其他之手段。孟子所谓不枉己、不破义，毕竟指此等通则言，非指个个特殊之义务言也。解此则孟子之真意，其庶乎得之矣。

虽然，自他方面观之，则夫谓一切义务间有轻重之关系，而有一最终之标准者，孟子于此说，似未尝不承认之。究令如前之说，孟子乃以仁义忠孝等为个个独立之直觉原理，然遇有相互冲突之际，即如欲忠则不能孝，欲孝则不能忠之际，彼将若何判断之乎？当是之时，取其一而舍其他乎？抑诉诸更高之标准，而两者兼全乎？此等问题非超出乎直觉说之立脚地外，决无解释之道。而孟子于此，究取何种见解，则吾人莫由知之，惟由次举一例以略窥其意见耳。

> 桃应问曰："舜为天子，皋陶为士，瞽瞍杀人，则如之何？"孟子曰："执之而已矣。""然则舜不禁与？"曰："夫舜恶得而禁之？夫有所受之也。""然则舜如之何？"曰："舜视弃天下犹弃敝屣也。窃负而逃，遵海滨而处，终身欣然，乐而忘天下。"（按，《尽心》上）

是即假设"义"与"孝"相冲突之例，欲进而解决之者也。大体上以直觉说为立脚地之孟子，于此似〔于〕（已）穷于为答。法者受之于古，虽天子不得私之，然行法于其亲，如孝道何？曰："窃负而逃"，此不既属遁辞耶？且孟子之意，或以为如是者，义与孝可两全，然吾人不得不谓之曰：彼实舍义而取孝者也。何则？负有罪之父而逃，是仍破法蔑义之为也。设有以是语孟子者，彼必应之曰："是非蔑义，惟不得已而出于权耳。"参诸"嫂溺"之例，则孟子或有此思想欤？然如此持论，则又越于直觉说之立脚地，不以义与孝为相并而立之绝对的标准，而既于二者之间，与以轻重之别矣。由舜之大孝推之，则为亲而弃天下，宁有其事；然若舜弃天下，而天下大乱，生民涂炭，则舜如之何？孟子苟设想及此，而与以明答，则吾人于孟子说之立脚地当更明了，而惜其未有之也。

要之，孟子于大体上似属直觉说，然亦稍加以立极论之思想。（立极论者谓立一究竟之标准以为一切义务之根据。）彼以不杀人为仁，然有时亦以杀人为合于天理者，则彼之非严义之直觉论者，不可争也。

今谓仁义礼智（姑从孟子大体之见言之）不以自身以外之理由为根据，而为直觉的道德上之法则及观念，然如此道德上之直觉的（法则）及观念，吾人如何而有之乎？自内乎？将自外乎？先天的乎？将经验的乎？又以之为自内者、为先天的者矣，然将如固有论者之言，谓人之有生，即既以明了之观念，而存于心中乎？抑将如发达论者之言，谓其始不过为一朦胧之冲动，惟由经验，以徐徐发展之，而后能为明了之意识乎？解此点者，属孟子伦理说中之心理论、性理论方面。按：孟子始研究心理、性理之问题，而以之为其伦理说或德育之基础。此为中国伦理史上极当注意之事。彼宋儒一派之性理论毕竟渊源于此耳。然则孟子于道德上之观念，果谓其起原何自乎？吾人以为彼之思想一面似属固有论，他面又似属发达论，曰：

> 人之所不学而能者，其良能也；所不虑而知者，其良知也。孩提之童无不知爱其亲者；及其长也，无不知敬其兄也。亲亲，仁也；敬长，义也。（按，《尽心》上）

此非谓无经验无教育之小儿，亦尚有仁义之德及观念乎？然孟子又以为人皆有不忍人之心，见孺子入井，则人皆欲救之。此恻隐之心非有所求于他，特自然流露之冲动耳。曰："无恻隐之心，非人也；无羞恶之心，非人也；无辞让之心，非人也；无是非之心，非人也。恻隐之心，仁之端也；羞恶之心，义之端也；辞让之心，礼之端也；是非之心，智之端也。……凡有四端于我者，知皆扩而充之矣，若火之始然，泉之始达。苟能充之，足以保四海；苟不充之，不足以事父母。"（按，《公孙丑》上）由是观之，则孟子意中似又谓吾人之生而既有者，非仁义礼智之德，惟既有其冲动感情，而适宜扩充之，则足以达于仁义礼智之德或观念云尔。曰"不学而［知］（能）""不虑而［能］（知）"，即无论何人皆有此四端冲动之意也。曰"孩提之童"无不知"爱亲""敬长"者，其所谓"知"，盖非（知）爱敬之合理，非知其为道德上之善，易言以明之，即非有所谓仁义之知识观念，惟既有爱敬之心（心即情），以为其自然之冲动而已。彼于"敬兄"之上，特加"及长"一语，此最宜注意者也。以此为解，则不但适合心理上事实，且于孟子之本意为不背矣。然则在常人生来之状态，果可曰，"四端"之外，未有仁义礼智之观念及德乎？孟子以为诚然。然吾人之性实亦有仁义礼智在，曰："仁义礼智非由外铄也，我固有之也。"（按，《告子》上）是孟子于既发之性与未发之性，即已在现实之状态之性与尚在将有或可有之状态之性，亦明明区别之，而于可有而未发之性，则视人为皆有仁义礼智之德者，此即吾人现实之性所当求而达之之目的也。论者或谓孟子之学本无已发未发之说，其言诚是，吾人亦知孟子之所谓性，非搀入佛老思想之宋儒之所谓性也。彼对性之见解乃经验的，即非离却既发之情之超经验的性，而宁含于情之中之性也。其曰"仁义礼智我固有之"者，即谓其未发达之萌芽，为吾人所固有者云耳。但彼之意中实亦别性为二：即一为理想之性，但发展其萌芽，即可现完全之德；一为含于情中之性，虽现实而未完全，而前者即为后者所当达之之目的，斯固不可争之事实也。吾人谓孟子区别既发未发之性，意盖如此，与宋儒之思想固不可混视也。

　　谓吾人于理想之性本有仁义之德，此即孟子性善论之根据。吾人于此，谓孟子实发孔子、子思所未发之思想，而明取性善论者之地位，可也。当时之性论，有性无别说，曰"性无善无不善"。有性无定说，曰"性犹湍水也"，可以为善，可以为不善。有性有品说，曰性有善有不善。又有性本能说，曰食色性也。孟子则反对诸说而标榜其一己之意见，曰性善也。且证之曰："《诗》云：'天生烝民，有物有则。民之秉［夷］（彝），好是懿德。'孔子曰：为此诗者，其知道乎！故有物必有则，民之秉［彝］（彝）也，故好是懿德。'"（按，《告子》上）然则何由而知未发之性之为善乎？孟子曰："乃若其情，则可以为善矣，乃所谓善也。"（按，同上）盖从孟子之意，则性之为善，乃就其既发之迹，即"四端"之情而知之，情善也，故性亦善。世无不有"四端"者，知"四端"之情之既善，则由是而出之性，其为善也，自不难推见矣。

　　抑尚有一问题焉。性也者固由情以推见之，然可以情而推见性之全体乎？由情之善，而遂谓性之全体亦善，不近于独断乎？即会能由己发之情而判定未发之性之全体，然吾人之情不必皆善，而常混之以恶，此征之实验而明，即孟子亦自承认之者也。然则孟子何故惟由情善之事实而推论性善乎？何故不由情恶之事实而推论性恶乎？又何故不由善恶相混之事实而推论性之善恶相混乎？彼盖以为情有不善者，非性之罪。吾人之心，非惟其性发动也，性以外，又有相异之原理动作其间，此恶之所以生耳。性以外之原理何？物欲（情欲）是也。曰："富岁，子弟多赖；凶岁，子弟多暴。非天之降才尔殊也，其所以陷溺其心者然也。今夫麰麦，播种而耰之。其地同，树之时又同，浡然而生，至于日至之时，皆熟矣。虽有不同，则地有肥硗，雨露之养，人事之不齐也。"（按，《告子》上）又曰："从其大体为大人，从其小体为小人。……耳目之官不思而蔽于物，物交物，则引之而已矣。心之官则思，思则得之，不思则不得也。"（按，同上）即谓心之作用见妨于耳目之官，而为物欲所蔽，是即不善之所由生。要之，谓性有不善，非性之罪，而物欲使之然故也。孟子于此，盖取伦理上二元论之立脚地者也。

　　以下请略述孟子之修养论，以终此篇。一言以蔽之，孟子之修养

论实立于彼之心理论、性理论的根据之上。彼之性善论毕竟欲以之为
德育上之根据或假定，而始立是说耳。彼引颜渊之言曰："舜何人
也，予何人也，有为者亦若是。"（按，《滕文公》上）盖谓禀性相同，故
人皆可为尧舜，是即孟子修养论之根本的主张也。然则吾人如何而能
为尧舜乎？如何而培其仁义礼智之德，以构成完全之品性乎？吾人于
孟子之修德方法论，可别为积极消极二方面观之。消极的方法，谓勿
使吾人之心陷于不善之方面，且刈除其原因者是也。曰："学问之道
无他，求其放心而已矣。"（按，《告子》上）又曰："养心莫善于寡欲。"
（按，《尽心》下）即消极的修养论也。然孟子虽唱寡欲论，而谓恶之原
因在于物欲，然非一概禁绝物欲之谓。其对物欲之见解，与后儒
（就中如宋儒之无欲论）之严峻的，迥不相同。其视欲为恶者，惟指
妨害人性之消极的之欲，而非谓一切之欲皆为不善之原因。如某欲，
即生存上之欲，彼宁以使之适当满足为善，曰："无恒产［则］（者）
无恒心。"（按，《滕文公》上）是即以衣食及一切物质之欲，为修德上最
要之条件，而不可不求其适宜满足者也。

　　次就修德之积极的方法言之，则谓人有自然好慕理义之心（"理
义之悦我心，犹刍豢之悦我口"）（按，《告子》上），故此心当助长而存养
之。而存养之一法则在求"夜气"之盛。求夜气之盛者，谓吾人本
性之善，于夜间不接外物之时，发露滋长。故必于夜间，盛其清明之
气，使昼间接外物时所生不善之气为之而制遏是也。其夜气存养之
外，尚有一最要之功夫，则养"浩然之气"是。公孙丑问何谓"浩
然之气"，孟子答之曰：

　　　　难言也！其为气也，至大至刚，以直养而无害，则塞于天地
　　之间。其为气也，配义与道，无是馁也，是集义所生者，非义袭
　　而取之也。行有不慊于心则馁矣。（按，《公孙丑》上）

此节盖孟子本自身之实验体察而出，实深切而有力之训辞也。彼对世
俗所谓血气之勇、智谋之勇，而特以"浩然之气"一语，表明道德
上之真勇。以为此浩然之气不能恃一朝一夕之道义的行为，自外部袭

取之，乃因多年之积善"集义"，以自锻炼其心，而自然充实心中、迫塞天地之正大之气也。一有不慊于心之行为，则气即空虚，而如斯道德上之大勇不能得而有之矣。更仿孟子之语而说明之，则帅于志之气（"志，气之帅也；气，体之充也。"）（按，《公孙丑》上），是即浩然之气，而道德上之大勇。"志"者心之所之，即今语之所谓"理想"，"气"以实行之，即今语之所谓"意志"也。有理想而无意志则空，有意志而无理想则盲。志与气，理想与意志，目的与努力，常密接而合体，则后者永从前者之指挥，而真正之大勇于是乎在矣。谓夜气之存养为修德之寂静的方法，则谓浩然之气之存养为修德之能动的方法可也。

　　要之，由以上消极（寡欲）积极（存养）二法之实行，而吾人始能完其本质之性焉。孟子称此曰"反性"（"尧舜，性者也；汤武，反之也"）（按，《尽心》下），反性之思想发自孟子，诚如程子所言。彼宋儒"复性"说之一部分殆即渊源于此。然宋儒之人性观，实既受佛教之影响，而有抽象的形而上学的之面目。其所谓"复性"与孟子之所谓"反性"，迥然不同，此又不可不知也。

荀子之学说①

第一章　传及其著书

荀卿名况，赵人也，后孟子数十年。年十五，始游学于齐。当是时，齐田骈之属皆已死。齐襄王之时，荀卿最为老师。先是齐（致）天下之士于稷下，淳于髡、邹奭、田骈之徒皆来，齐王以为列大夫，置第康庄之衢，尊宠之。齐修列大夫之缺，而荀卿三为祭酒焉。齐人或谗荀卿，荀卿乃适楚，春申君以为兰陵令。复去适赵。游秦，说秦昭王，不能用。春申君复，固谢荀卿，乃行，复为兰陵令。春申君废，乃述仲尼之意，论礼义之治，卑五伯之业，阐明微理，排击异学，著书三十三篇。叹曰：

> 嗟我何人，独不遇时当乱世。欲衷对，言不从，恐为子胥身离凶，进谏不听，刭而独鹿弃之江。观往事，以自戒，治乱是非亦可识，托于成相以［寓］（喻）意。（按，《成相》）

第二章　伦理论

第一节　人之性恶也

既如孟子学说中所论，性恶之论以生欲为根柢而立论者也。荀子谓："今人之性生而有好利焉，顺是，故争夺生而辞让亡焉；生而有

---

① 本篇刊于 1905 年 7 月《教育世界》104 号。

疾恶焉，顺是，故残贼生而忠信亡焉；生而有耳目之欲，有好声色焉，顺是，故淫乱生而礼义文理亡焉。然则从人之性，顺人之情，必出于争夺。……然则人之性恶明矣。"（按，《性恶》）又曰："今人饥，见长而不敢先食者，将有所让也；劳而不敢求息者，将有所代也。夫子之让乎父，弟之让乎兄，子之代乎父，弟之代乎兄：此二行者皆反于性而悖于情也。……故顺情性则不辞让矣，辞让则悖于情性矣。用此观之，然则人之性恶明矣，其善者伪也。"（按，同上）此求人性之所以恶者于生活之欲，易言以明之，人若放任其性，则各逞啮噬之欲，社会在生存竞争之里者也。

荀子又以为性者，抽象普遍的名称也，不可无具体的方面。此具体的方面，荀子以为生活之欲也。然则其抽象的方面有如何之意义乎？荀子曰："凡性者，天之就也，不可学，不可事。"（按，同上）又曰："性者吾所不能为也。"又曰："生之所以然者谓之性。"又曰："不事而自然谓之性。"（按，《正名》）故自其抽象的方面观之，则生之自然，无善不善之可言。若自具体的方面观之，则生活之欲常破坏社会之调和，故断言性恶也。

第二节　礼

人性既恶，则社会之自然的状态，生存竞争之状态也。而檃栝此人性之活动，不使有争乱之患者，礼是也。苟行礼，小足以治身，大足以治天下，此礼之二用也。

然礼自外束缚人者也，故人之所视为苦痛，而非自然的也，故名之曰"伪"，伪者人为之义也。圣人，伪之成功者也。荀子曰：伪积而化之谓圣。圣人积伪之所化，然则圣人与凡人之别，只程度之差而非性质之差也。

抑修为之问题，自子思、孟子之立脚地观之，到底不能视为必要，即令认之，亦不过有消极的意味耳。然及荀子，始认积极的修为之必要。

礼者修为之唯一工夫也。是不独于个人为然，国家亦有之。故曰："隆礼贵义者其国治，简礼贱义者其国乱。"（按，《议兵》篇）又曰："礼者，治辨之极也，强国之本也，威行之道也，功名之总也，王公由之所以得天下也，不由所以陨社稷也。故坚甲利兵不足以为胜，高城深池不足以为固，严令繁刑不足以为威，由其道则行，不由其道则废。"（按，同上）所谓社会者，人民之簇聚也。社会之调和与否，则治乱之所以分也。故曰："天行有常，不为尧存，不为桀亡。应之以治则吉，应之以乱则凶。强本而节用，则天不能贫；养备而动时，则天不能病；修道而不贰，则天不能祸。"（按，《天论》篇）此与墨子之"非命"，其意相同。以上实自人性上论礼之必要者也。更进而自社会生存上论之，曰："人力不若牛，走不若马，而牛马为用，何也？曰：人能群，彼不能群也。人何以能群？曰：分。分何以能行？曰：义。故义以分则和，和则一，一则多力，多力则强，强则胜物，故宫室可得而居也。故序四时，裁万物，兼利天下，无他故也［焉］，得之分义也。"（按，《王制》篇）荀子以礼为治天下之大法，痛击墨子之非乐、节葬、节用之说，以使果如此说，则使天下贫弱，且震荡人心者也，曰："我以墨子之非乐也，则使天下乱；墨子之节用也，则使天下贫。非将堕之也，说不免焉。墨子大有天下，小有一国，将蹙然衣粗食恶，忧戚而非乐。若是则瘠，瘠则不足欲，不足欲则赏不行。墨子大有天下，小有一国，将少人徒，省官职，上功劳苦，与百姓均事业，齐功劳，若是则不威，不威则罚不行。"（按，《富国》篇）荀子虽未知墨子之真意，然于《正论》篇非难当今之骄奢，又与墨子同意也。

第三节　礼之所本

人性恶也，礼外也，然则礼何所本乎？此当研究之问题也。然荀子对此问题，非有积密之解答，唯曰："人生而有欲。欲而不得则不能无求，求而无度量分界则不能不争，争则乱，乱则穷。先王恶其乱也，故制礼义以分之，以养人之欲，给人之求。使欲必不穷乎物，物必不屈于欲，两者相持而长，是礼之所起也。"（按，《礼论》）然先王之制礼果何所本乎？《礼论》篇曰："天地者，生之本也；先祖者，类之本也；君师者，治之本也。无天地，恶生？无先祖，恶出？无君师，恶治？三者偏亡，焉无安人。故礼，上事天，下事地，尊先祖而隆君师：是礼之三本也。"然此所谓"本"者乃报本追远之意，而非谓礼之所自出。考荀子之真意，宁以为（礼）生乎人情，故曰："称情而立文。"又曰："三年之丧，称情而立文，所以为至痛之极也。"（按，《礼论》）荀子之礼论至此不得不与其性恶论相矛盾，盖其所谓"称情而立文"者实预想善良之人情故也。

第三章　政治论

第一节　国家系统

人民之归往者谓之王。王者即德之所在，故大功德之后，非必常为王。王非位也，故天子无禅让放伐。尧舜皆有德之人也。尧以有德之故而为天子，人民不以尧之人而以其德也。然舜之德又与尧无异。尧之死也，舜继而为天子，是以尧代尧也，以德代德也。人虽有尧舜之别，而德则无异，同为人民之所归往，何禅让之有？故曰："天下厌然，与乡无以异也，以尧易尧，夫又何变之有矣！"桀纣失其德，邦家分崩，人民离散，是已无天下矣。汤武修其道，行其义，兴天下之同利，除天下之同害，而天下归之。故汤武非夺天下，而桀纣非被夺。故曰："天下归之之谓王，天下去之之谓亡。故桀纣无天下，而汤武不弑君，由此效之也。"（按，《正论》）盖以为天［下］（子）非位也，非自人而授之，而自己得之者也。身无功德者不能为天子，曰："以桀纣为常有天下之籍则然，亲有天下之籍则不然。"（按，同上）是亦与孟子"一夫纣"之意同也。

诸侯则不然。诸侯位也，避诸侯之位与否，在天子之命。故诸侯之本质，非德而在命。天子命甲为诸侯，及致仕，更命乙为诸侯：此与天子异者也。故曰："诸侯有老，天子无老。有擅国，无擅天下，古今一也。"（按，《正论》）此之谓也。

第二节　政治术

"君子之德风，小人之德草，草上之风必偃。"（按，《论语·颜渊》）

是孔子政治论之主意也。以身先天下，则天下无不化。《大学》之言治国平天下本于修身，可谓善得其意也。故此派之政治非政治术，而自己之人格为政治之中心。荀子亦谓政治在以身先天下，曰："主者，民之唱也；上者，下之仪也。彼将听唱而应，视仪而动。唱默则民无应也，仪隐则下无动也。……故上者下之本也；上宣明则下治辨矣，上端诚则下愿悫矣，上公正则下易直矣。"（按，《正论》）所谓政治术者道也，曰："道者古今之正权也。"（按，《正名》）道者何？礼乐刑政是也。荀子以礼乐为致治平唯一之道，如上所论，并用刑政，先王然也，孔子亦然，唯欲其刑之中耳。荀子亦曰："刑称罪则治，不称罪则乱。"（按，《正论》）

然荀子亦斥小惠而主信赏必罚，曰："人或触罪矣，而直轻其刑，然则是杀人者不死，而伤人者不刑也。罪至重而刑至轻，庸人不知恶矣，乱莫大焉。"（按，同上）荀子又信法所以制之于既发之末，而严刑所以束民心，曰："凡刑人之本，禁暴恶恶，且惩其［末］（未）也。"（按，同上）又曰："故治则刑重，乱则刑轻。"（按，同上）

第三节　正名

惠施公孙龙之徒，驰辩弄文以混乱真伪。荀子疾之而作《正名》篇，曰："王者之制名，名定而实辨。"先就人类述"性、情、虑、伪、为、事、行、（知）、智、能、病、命"等字之定义。次言名实之乱，使思想混杂，事务纷错。更进而谓人之辨同异，由于天官。天官者何？耳目口鼻心体是也。此六官各有所［思］（司），而各有别、辨别。同者同名，别者别名。

第四章　结论

荀子之非子思、孟子也，曰："犹然而材剧志大……幽隐而无说，闭约而无解。"（按，《非十二子》）于是关穷理之事，则唾而不顾，唯先王之礼是由。其言曰："其于天地万物也，不务说其所以然，而致善用其材。"其主义可见也。又曰："道不过三代，法不贰后王。"（按，《王制》）故其所言，止于经验界，且但关于礼耳。是故责荀子以哲学，非得其正鹄者也。然其思想之精密正确，实从来儒家中所未尝有，而开韩非子法家之论者也。

老子之学说[①]

第一章　传及著书

老子名儋，周之太史也，或云楚人。其出盖不可得而详云。江都汪氏中《老子考异》曰：

《史记·孔子世家》云：南宫敬叔与孔子俱"适周问礼，盖见老子云"。《老庄申韩列传》云："孔子适周，（将）问礼于老子。"按，老子言行，今见于《曾子问》者凡四，是孔子之所从学者，可信也。夫助葬而遇日食，（然）且以见星为嫌，止柩以听变，其谨于礼也如是；至其书，则曰："礼者，忠信之薄而乱之首也。"下殇之葬，称引周召、史佚，共尊信前哲也如是；而其书则曰："圣人不死，大盗不止。"彼此乖违甚矣！故郑注谓古寿考者之称。黄东发《日钞》亦疑之，而皆无以辅其说。其疑一也。本传云："老子，楚苦县厉乡曲仁里人也。"又云："周守藏室之史也。"按，周室既东，辛有入晋（《左传》昭二十年），司马适秦（《太史公自序》），史角在鲁（《吕氏春秋·当染》篇）。王官之族或流播于四方。列国之产，惟晋悼尝仕于周，其他固无闻焉。况楚之于周，声教中阻，又非鲁郑之比。且古之典籍旧闻，惟在瞽史，其人并世官宿业，羁旅无所置其身。其疑二也。本传又云："老子，隐君子也。"身为王官，不可谓"隐"。其疑三

① 本篇刊于 1906 年 4 月《教育世界》122 号。

也。今按《列子·黄帝》《说符》二篇，凡三载列子与关尹子[问答]（答问）之语，而列子与郑子阳同时，见于本书。《六国表》："郑杀其相驷子阳"，在韩列侯二年，上距孔子之没，凡八十二年。关尹子之年世既可考而知，则为关尹著书之老子，其年世亦从可知矣。《文子·精诚》篇引《老子》曰："秦楚燕魏之[乐]（歌），异传而皆乐。"按：燕，终春秋之世，不通盟会。《精诚》篇称：燕自文侯之后，始与冠带之国。文公元年，上距孔子之没，凡百二十六年。老子以"燕"与秦楚魏并称，则老子已及见文公之始强矣。又，魏之建国，上距孔子之没，凡七十五年。而老子以之与三国齿，则老子已及见其侯矣。《列子·[杨朱]（黄帝）》篇载老子教杨朱事。《杨朱》篇："禽子曰：'以子之言问老聃、关尹，则子言当矣；以吾言问大禹墨翟，则吾言当矣。"然则朱固，老子之弟子也。又云："端木叔者子贡之世也。"又云："其死也，无瘗埋之资。"又云："禽滑厘曰：'端木叔狂人也，辱其祖矣！'""段干生曰：'端木叔达人也，德过其祖矣！'"朱为老子之弟子，而及见子贡之孙之死，则朱所师之老子不得与孔子同时也。《说[葬]（苑）·政理》篇："杨朱见梁王，言治天下如运诸掌。"梁之称王，自惠王始。惠王元年，上距孔子之没，凡百十八年，杨朱已及见其王，则朱所师事之老子，其年世可知矣。……由是言之，孔子所问礼者，聃也。其人为周守藏室之史，言与行，则《曾子问》所载者是也。周太史儋见《秦献公本纪》，在献公十一年，去魏文侯之没十三年。而老子之子宗为魏将，封于段干。（《魏世家》：安釐王四年，魏将段干子请予秦南阳以和。《国策》：华阳（军）之战，魏不胜秦。明年，将使段干崇割地而讲。《六国表》：秦昭王三十四年，白起击魏华阳军。按：是时上距孔子之卒凡二百[二]（一）十年。）则为儋之子无疑。而言道德之意五千（余）言者，儋也。其入秦见献公，即去周至关之事。本传云："或曰，儋即老子。"其言韪矣。至孔子称老莱子，今见于太傅礼《卫将军文子》篇。《史记·仲尼弟子列传》亦载其说，而所云"贫而乐"者与"隐君子"之文正合。

老莱子之为楚人，又见《汉书·艺文志》，盖即"苦县厉乡曲仁里"人（按，此字衍）也。而老［儋］（聃）之为楚人，则又因老莱子而误。故本传：老子语孔子："去子之骄［色］（气）与多欲，态［心］（色）与淫志。"而《庄子·外物》篇则曰，老莱子谓孔子："去汝躬矜与汝容知。"《国策》载老莱子教孔子语，《孔丛子·抗志》篇以为老莱子语子思，而《说苑·敬慎》篇则以为常枞教老子。然则老莱子之称老子（也）旧矣。实则三人不相蒙也。若《庄子》载老聃之言，率原于道德之意，而《天道》篇载"孔子西藏书于周室"，尤误后人。"寓言十九"，固已自揭之矣。

其与汪氏之说相反对者，则有仪征阮氏（元）之说，谓老子本深于礼，以《曾子问》及《史记》"孔子问礼"观之，可知。其所以厌弃礼法者，则由暮年心理上之反动而然耳。此说虽属可通，然出于想象，不如汪氏之说之本于事实，为不可动也。

《老子》之书分上下二卷。自思想上观之，则此种思想，经列子、庄子，一用于韩非，而再行于汉初，故其书之为古书，无可疑也。自文字上观之：（一）以书中多叶韵，足证其为古书；（二）以其并称"仁义"，似属孟子以后之作。然据《大戴记》、《左传》，则曾子、左邱明已说"仁义"，不自孟子始。老子之生年距曾子、左邱明不远，则其兼称"仁义"，固其所也。又，此书文体简短纯一，为后人所插入者甚少，其为战国初期之书，当无疑义也。

第二章　形而上学

孔子于《论语》二十篇中，无一语及于形而上学者，其所谓"天"，不过用通俗之语。墨子之称"天志"，亦不过欲巩固道德政治之根柢耳，其"天"与"鬼"之说，未足精密谓之形而上学也。其说宇宙之根本为何物者，始于老子。其言曰：

> 有物混成，先天地生。寂兮寥兮！独立而不改，周行而不殆，可以为天下母。吾不知其名，字之曰"道"。(《老子》二十五章)

> 道冲而用之或不盈。渊兮似万物之宗。挫其锐，解其纷，和其光，同其尘。湛兮似或存。吾不知谁之子，象帝之先。(四章)

此于现在之宇宙外，进而求宇宙之根本，而谓之曰"道"。是乃孔墨二家之所无，而我中国真正之哲学，不可云不始于老子也。而试问此宇宙之根本之性质如何？老子答之曰：

> 道之为物，惟恍惟惚。惚兮恍兮，其中有象；恍兮惚兮，其中有物。窈兮冥兮，其中有精。其精甚真，其中有信。(二十一章)

又曰：

> 致虚极，守静笃。万物并作，吾以观复。夫物芸芸，各复归其根。归根曰静，静曰复命。复命曰常。(十六章)

以此观之，则老子之所（谓）"道"：惚也，恍也，虚也，静也，皆消极的性质，而不能以现在世界之积极的性质形容之。而恍惚虚静之道，非但宇宙万物之根本，又一切道德政治之根本也。曰：

> 昔之得一者：天得一以清，地得一以宁，神得一以灵，谷得一以盈，万物得一以生，侯王得一以为天下贞。其致之，一也。

（按，末二字别本无）(第三十九章)

第三章 伦理政治论

宇宙万物无不相对者：天与地对，日与月对，寒与暑对，人与物对，皆相对的也。道者，宇宙万物之根本，无一物足与之相对者，故绝对的也。此老子所以称道为"一"者也。不独宇宙万物而已，人事亦然：有恶斯有善，有丑斯有美。故曰：

> 上德不德，是以有德。下德不失德，是以无德。（三十八章）

又曰：

> 天下皆知美之为美，斯恶已；皆知善之为善，斯不善已。（第二章）

又曰：

> 大道废，有仁义。慧智出，有大伪。六亲不和有孝慈，国家昏乱有忠臣。（第十八章）

又曰：

> 唯之与阿，相去几何？美之与恶，相去何若？（第二十章）

故道德政治上之理想，在超绝自然界及人事界之相对，而反于道之绝对。故曰：

> 绝圣弃智，民利百倍。绝仁去义，民复孝慈。绝巧去利，盗贼无有。此三者以为文不足。故令有所属。见素抱朴。少私寡欲。（第十九章）

又曰：

> 不尚贤，使民不争。不贵难得之货，使民不为盗。不见可

欲，使民心不乱。(第三章)

其论有道者之极致，曰：

> 众人熙熙，(如享太牢)，如登春台。我独泊兮其未兆。如婴儿之未孩。儽儽兮若无所归。众人皆有余，而我独若遗。我愚人之心也哉！沌沌兮！众人昭昭，我独昏昏。众人察察，我独闷闷。澹兮其若海。〔飏〕(飂)兮若无止。众人皆有以，而我独顽似鄙。我独异于人而贵食母。(第二十章)

若人人之道德达此境界，则天下大治。曰：

> 小国寡民。使民有什伯之器而不用，使民重死而不远徙。虽有舟舆，无所乘之；虽有甲兵，无所陈之；使民复结绳而用之。甘其食，美其服，安其居，乐其俗。邻国相望，鸡犬之声相闻，民至老死不相往来。(八十章)

此老子政治上之理想也。其道德政治上之理论，不问其是〔否〕(非)如何，甚为高尚。然及其论处世治国之术也，则又入于权诈，而往往与其根本主义相矛盾。其论处世术也，曰：

> 坚强者死之徒，柔弱者生之徒。(七十六章)

其论治国也，曰：

> 将欲歙之，必固张之；将欲弱之，必固强之；将欲废之，必固兴之；将欲夺之，必固与之。是谓微明。柔弱胜刚强。鱼不可脱于渊，国之利器不可以示人。(三十六章)

又曰：

古之善为道者，非以明民，将以愚之。民之难治，以其智多。故以智治国国之贼，不以智治国国之福。（六十五章）

又曰：

以正治国，以奇用兵，以无事取天下。（五十七章）

程伊川谓："老子书，其言自不相入处，如冰炭。其初意欲谈道之极元妙处，后来却做入权诈上去。"可谓知言者矣。

列子之学说①

列子以关尹子、壶丘子林、老商等为师，而三子之学俱由老子之学而出，则列子之为老子学派之后继者，自不待言。张处度序之曰：

> 其书大略明群有以至虚为宗，万品以终灭为验，神惠以凝寂常全，想念以著物自丧，生觉与化梦等情，巨细不限一域，穷达无假智力，治身贵于肆任，顺性则所之皆适，水火可蹈，忘怀则无幽不照：此其旨也。然所明往往与佛经相参，大归同于老庄，属辞引类，特与庄子相似。（按，张湛《列子序》）

可谓能举是书之大体者矣。一言以蔽之，列子之根本思想不外袭老子之自然说、虚静说。然老子之自然说，非纯全之无为自然说也；其虚静说，非纯全之虚无寂静说也。绎其本旨所在，别有一种真面目之理想或主张。然列子之说则实取老子之自然说、虚静说，充之于极端之地，而于老子之隐微的积极的一面竟抹杀之，故面目似同实异。易言以明之，则列子之学说不过取老子之根本思想，以游戏的娱乐的扩充之，而其结果所在，遂与佛教之厌世的寂静说，与庄子无止无界之思想相近云尔。又，老子之书多以简洁有力之格言体发表其思想，而列子则多以叙事的寓言的表现之，是亦其相异之一端也。以下就列子若何袭老子之根本思想，又若何推之于极端之处，一详述之。

列子于《天瑞》篇，先论天地之实体及其与万物之关系，曰：

---

① 本篇刊于 1906 年 8 月《教育世界》131、132 号。

　　有生不生，有化不化。不生者能生生，不化者能化化。生者不能不生，化者不能不化，故常生常化。常生常化者，无时不生，无时不化，阴阳尔，四时尔。不生者疑独，不化者往复，其际不可终，疑独其道不可穷。《黄帝书》曰："谷神不死，是谓玄牝。玄牝之门是谓天地之根，绵绵若存，用之不勤。"故生物者不生，化物者不化。自生自化，自形自色，自智自力，自消自息。谓之生化形色智力消息者非也。

　　此列子以生生化化之"现象"，与不自生生化化而为一切生生化化之根本之"实体"，区别为二也。至谓生生化化非有主宰者使然，乃实体所具之自然妙用使然，极与老子相似。其谓实体（即彼之所谓"疑独"或"往复"）之无终无际，与老子所谓"独立不改，周行而不殆"，殆若合符节已。列子以为万有者流转变化，而无已时，曰："故物损于彼者盈于此，成于此者亏于彼。"（按，《天瑞》篇）盖谓生生死死，虽无穷极，而实体之自身则毫无增减损益。非保此冥一常恒之实体，则亦不得为一切万有之根据也。

　　列子进而论天地开辟之状况，与万物生成之次第，曰：

　　夫有形者生于无形，则天地安从生？故曰：有太易，有太初，有太始，有太素。太易者，未见气也；太初者，气之始也；太始者，形之始也；太素者，质之始也。气、形、质具而未相离，故曰浑沦，浑沦者，言万物相浑沦而未相离也。视之不见，听之不闻，循之不得，故曰易也。易无形埒。易变而为一，一变而为七，七变而为九。九变者究也，乃复变而为一。一者形变之始也。清轻者上为天，浊重者下为地，冲和气者为人。故天地含精，万物化生。（《天瑞》篇）

　　列子之所谓"太易"或"浑沦"，与《易·系辞》之"太极"，老子之"道"与"浑成"，实同一物，与前所谓"疑独""往复"者，皆指天地万有之实体而言。即谓其为物：冥一而不变，不可以视，不可以名，不具形质，而浑然概括一切形质者是也。其论由"浑沦"而生万有之次第也（借斯宾塞［按，1820—1903，英国哲学家］之语表之，则由同质之状生异质之物是），则谓由"太易"而生"太初"，由"太初"而生"太始"，由"太始"而生"太素"，然后天地万有森然而生焉。列子于一实体与个个物体之间，置许多阶段，而说其发展之次第。此与《易》及老子之说、新柏拉图派之分出论的思想，恰同一辙。然尚有宜注意者，列子所指实体，全属于物质的，与老子之"道"之稍含精神的意义者不同，又与新柏拉图派之"神"之以睿智的精神的属性胜者亦不同，宁与希腊初代哲学家雅克讷希曼多罗（今译阿那克西曼德，公元前 610 年至前 546 年）之"脱雅摆伦"（按，意为"无限定"，指不固定的、无限的物质）相似。观于"太易者，未见气也"一语，则其物虽在浑然未剖之姿，然其不免为一物质的，则究不可争也。

以上即列子之实体论及天地开辟论之一斑，毕竟取老子之思想而更详述之者，但其思索之法，较老子更合于论理的而已。而列子一切学说皆建设于此一种实体论、开辟论之上，亦与老子无异。详而言之，则所谓"道"，乃虚静自然而能生生一切之物之根本思想，亦为其人生观之中枢。彼以为色声香味等，有生者，即有生之者，而其生之者乃无声无色无味无臭者也。惟其无也，故为万变之主宰。《天瑞》篇曰：

> 生之所生者死矣，而生生者未尝终；形之所形者实矣，而形形者未尝有；声之所声者闻矣，而声声者未尝发；色之所色者彰矣，而色色者未尝显；味之所味者尝矣，而味味者未尝呈：皆无为之职也。能阴能阳，能柔能刚，能短能长，能圆能方，能生能死，能暑能凉，能浮能沉，能宫能商，能出能没，能玄能黄，能甘能苦，能膻能香。无知也，无能也，而无不知也，而无不能也。

观此，则列子思想之同于老子益信，但较之详明耳。其曰"无为之职"，与曰"无知也，无能也，而无不知也，而无不能也"，即老子所谓"无为之（有）为"耳。此外如——

> 至言去言，至为无为。（《黄帝》篇）
> 争鱼者濡，逐兽者趋，非乐之也。故至言去言，至为无为。
> （《说符》篇）
> 知而忘情，能而不为，真知真能也。（《仲尼》篇）
> 静也虚也，得其居矣；取也［舍］（与）也，失其所矣。胜
> （按，此字衍）事之破砍，而后有舞仁义者，弗能复也。（《天瑞》
> 篇）
> 天下有常胜之道，有常不胜之道。常胜之道曰柔，常不胜之
> 道曰强。（《黄帝》篇）

凡此者不过就"无为之有为"之一思想，以种种言语表之，置之老
子书中，殆难以猝别也。但老、列二家大体之根本思想虽同，而其实
尚有差别。老子虽说"无为之有为"，而仍注重于有为之一面（但与
列子较则然；若与邹鲁学者较，则老子固置重无为者也）。然列子则宁注重
于无为之一面。此种差别，大而观之，殆不可得，然欲研究二家之学
派，则此点最不可忽过也。老子说无为而常着眼于由无为而来之有
为；列子亦说有为，而其说之所趋，竟全归于无为。老子于其无为自
然说之中，尚寓积极的理想；而列子则消极的也，无理想的也。老子
多忧时慨世之精神；列子多厌世遁俗之思想。故老子多说反言的真
理，教人以处世之道；列子惟一意以求解脱而已。在老子，则现在社
会尚为一关心之对境，其矫激之言，毕竟由以道济世之诚而出；而列
子绝不注意于社会之救济问题，以现世为梦幻之一境，以解脱为惟一
之目的而已。固知老子之思想中亦非无梦幻观、厌世观，然固不如列
子之为甚也。要之，谓列子乃推衍老子之无为自然说，而达于极端
者，此说殆不可争也。

列子于知识论上抱一种怀疑论，而以一种巧妙之笔，抹杀万物之
差别，与《庄子·齐物论》同。彼以为物之有大小、巨细、长短、
迟速者，以吾人随意立为标准，与以制限，是人为之差别，非物之本

有差别也。《汤问》篇曰：

> 荆之南有冥灵者，以五百岁为春，五百岁为秋。上古有大椿者，以八千岁为春，八千岁为秋。朽壤之上有菌芝者，生于朝，死于晦。春夏之月有蠓蚋者，因雨而生，见阳而死。终〔发〕（按，此字衍）北之北，有溟海者，天池也。有鱼焉，其广数千里，其长称焉，其名为鲲。有鸟焉，其名为鹏，翼若垂天之云，其体称焉。世岂知有此物哉？（大）禹行而见之，伯益知而名之，夷坚闻而志之。江浦之间生么虫，其名曰焦螟，群飞而集于蚊睫，弗相触也，栖宿去来，蚊弗觉也。离朱、子羽方昼拭眦，扬眉而望之，弗见其形；觚俞、师旷方夜擿耳，俯首而听之，弗闻其声。唯黄帝与容成子居空峒之上，同斋三月，心死形废，徐以神视，块然见之，若嵩山之阿；徐以气听，砰然闻之，若雷霆之声。

此即谓小者不必小，大者不必大，短者不必短，长者不必长。其有大小长短之别者，由吾人与以随意之限制，又持一不自然之标准而比较之耳。去此随意之限制与不自然之标准，则小亦为无限之大，大亦为无限之小，巨细长短相杀，荡荡然入于无差别之域矣。吾人之知识究不能识万物大小长短之别，故吾人不可不舍此无用之辨也。

列子更以此种怀疑论推之于伦理道德，欲举是非善恶之差别而悉灭之。以为是非善恶之辨，皆出于人心之迷，即不过持一人之私见造此无用之名词者耳，非有客观的根据存乎其间也。故曰："心将迷者，先识是非。"（《仲尼》篇）虽然，是非同一迷矣，而是非之辨实际对立于世间者，何也？从列子意，则由迷之多寡而生，众寡相倾，则是非之辨成矣。《周穆王》篇曰：

> 秦人逢氏有子，少而惠，及壮而有迷罔之疾：闻歌以为哭，视白以为黑，飨香以为朽，尝甘以为苦，行非以为是，意之所之，天地四方，水火寒暑，无不倒错者焉。杨氏告其父曰："鲁

之君子多术艺，将能已乎，汝奚不访焉？"其父之鲁，过陈，遇老聃，因告其子之证。老聃曰："汝庸知汝子之迷乎？今天下之人皆惑于是非，昏于利害，同疾者多，固莫有觉者。且一身之迷不足倾一家，一家之迷不足倾一乡，一乡之迷不足倾一国，一国之迷不足倾天下，天下尽迷，孰倾之哉！向使天下之人，其心尽如汝子，汝则反迷矣！哀乐、声色、臭味、是非，孰能正之？且吾之言未必非迷；而况鲁之君子，迷之邮者，焉能解人之迷哉？荣汝之粮，不若遄归也。"

观此寓言，则虽谓列子意中，谓真理之根据乃从多数以为决者，可也。即谓一切真理非有所以为真理之客观的根据，究令有之，亦不能以吾人之知识决之，是即于知识论上取一种怀疑说之见地者也。其曰："吾言未必非迷，而况鲁之君子"云云，则于怀疑说之论理的结论，已不惮明言以揭之矣。夫绝对的怀疑说，不能不终于自杀，对一切而怀疑矣，则此所怀之疑，亦遂失其成立之根据，列子于知识论上正陷于此自杀的怀疑论者之地位者也。而吾人于此，益见列子之说，实一面发展老子之根本思想，而得其当然之论理的结果，又一面超过老子之外，而具一种特殊之面目焉（前述之寓言乃列子假托老子之口，而自表其思想者也）。固知老子之思想中亦有关于知识论者，其曰"道可道，非常道；名可名，非常名"者，是即谓世间仁义是非之名目或知识，究不能得道之真相也。谓此与知识论上之怀疑论相近，亦何不可？惟是老子虽疑世俗所谓是非善恶之根据，欲举一切人为者不自然者而泯灭之，然一面亦超越此等差别，而认识其知识之对象。何者？"道"或"自然"是也。彼纵以世俗之是非善恶之知识为迷罔，为无根据，然彼之视"道"，则惟一而真实之知识也，善也。欲排斥世间一切知识，毕竟为欲立一真知识耳。由此言之，则老子之于知识论上自非绝对的怀疑论者，宁唱道真实之知识者耳。吾人故曰：列、老二家，其关于知识论之思想，虽大致略同，然其于结论上固明明相异也。

　　列子于知识论上既取绝对的怀疑说矣，则彼之于人生观，其带一

种厌世的倾向，而近于佛教，亦奚足怪？若老子，虽亦有厌世的思想
(《老子》曰："吾所以有大患者，为吾有身，及吾无身，吾有何患。"是亦其厌
世思想之一斑也)，然固不若列子之为甚矣。列子之厌世思想，于其死
生观最足见之。其书说死生之处，不一而足，试备引之：

精神者天之分，骨骸者地之分，属天清而散，属地浊而聚。
精神离形，各归其真，故谓之鬼。鬼，归也，归其真宅。……人
自生至终，大化有四：婴孩也，少壮也，老耄也，死亡也。其在
婴孩，气专志一，和之至也，物不伤焉，德莫加焉。其在少壮，
则血气飘溢，欲虑充起，物所攻焉，德故衰焉。其在老耄，则欲
虑柔焉，体将休焉，物莫先焉，虽未及婴孩之全，方于少壮间
矣。其在死亡也，则之于息焉，反其极矣。……死之与生，一往
一反。故死于是者，安知不生于彼？故吾知其不相若矣。吾又安
知营营而求生，非惑乎？亦又安知吾今之死，不愈于昔之生
乎？……子贡倦于学，告仲尼曰："愿有所息。"仲尼曰："生无
所息。"子贡曰："然则赐息无所乎？"仲尼曰："有焉耳。望其
圹，睪如也，宰如也，坟如也，鬲如也，则知所息矣！"子贡
曰："大哉死乎！君子息焉，小人伏焉。"仲尼曰："赐！汝知之
矣。人胥知生之乐，未知生之苦；知老之惫，未知老之佚；知死
之恶，未知死之息也。"晏子曰："善哉！古之有死也！仁者息
焉，不仁者伏焉，死也者，德之徼也。古者谓死人为归人，夫言
死人为归人，则生人为行人矣。行而不知归，失家者也。一人失
家，一世非之；天下失家，莫知非焉。有人去乡土，离六亲，废
家业，游于四方而不归者，何人哉？世必谓之为狂荡之人矣。又
有人钟贤世，矜巧能，修名誉，夸张于世而不知已者，亦何人
哉？世必以为智谋之士。此二者胥失者也，而世与一不与一。唯
圣人知所与，知所去。"(《天瑞》篇，"孔子"、"子贡"、"晏子"，皆
假托之词)

观此则列子之炽于厌世思想，实远过于老氏，而与佛家之寂灭为乐

说，其意相近，无待论也。吾人谓列子承老子之思想而更推而极之，至具一特殊之面目者，此非其一证欤？

其此厌世思想之列子，其不置重于社会国家之救济，而宁置重于个人之安心或解脱，斯固自然之倾向耳。个人的解脱之思想，在老子似亦未尝无之，然至列子，则更推之于极端。似以为得解脱者有一种神通力。《黄帝》篇曰：

> 赵襄子率徒十万，狩于中山，藉芿燔林，扇赫百里。有一人从石壁中出，随烟烬上下。众谓鬼物，火过，徐行而出，若无所经涉者。襄子怪而留之，徐而察之：形色七窍，人也；气息音声，人也。问：奚道而处石？奚道而入火？其人曰："奚物而谓石？奚物而谓火？"襄子曰："而向之所出者，石也；而向之所涉者，火也。"其人曰："不知也。"

此等怪诞之例所引尚多。然则列子意中殆亦信解脱之极，真能有此神通自在之一境欤？至吾人如何而得此神通自在之力，列子亦说及之，彼归之于无心自在之德。曰：

> 列子问关尹曰："至人潜行不空，蹈火不热，行乎万物之上而不栗。请问何以至于此？"关尹曰："是纯气之守也，非智巧果敢之列。……壹其性，养其气，含其德，以通乎物之所造。夫若是者，其天守全，其神无郤，物奚自入焉？夫醉者之坠于车也，虽疾不死，骨节与人同，而犯害与人异，其神全也。乘亦弗知也，坠亦弗知也。死生惊惧不入乎其胸，是故逆物而不慑。彼得全于酒，而犹若是，而况得全于天乎！圣人藏于天，故物莫之能伤也。"（《黄帝》篇）

其曰"纯气之守"，曰"其天守全"，曰"其神无郤"，曰"得天全"者，即无心而顺自然之谓耳。抑守此无心之德以达于解脱之域者，其径路如何？列子更述其次序阶段，曰：

自吾之事夫子友若人也（夫子谓老商，若人谓伯高），三年之
后，心不敢念是非，口不敢言利害，始得夫子一晒而已。五年之
后，心庚念是非，口庚言利害（"庚"当作"更"），夫子始一解颜
而笑。七年之后，从心之所念，庚无是非，从口之所言，庚无利
害，夫子始一引吾并席而坐。九年之后，横心之所念，横口之所
言，亦不知我之是非利害欤？亦不知彼之是非利害欤？亦不知夫
子之为我师，若人之为我友，内外进矣。而后眼如耳，耳如鼻，
鼻如口，无不同也。心凝神释，骨肉都融，不觉形之所倚，足之
所履，随风东西，犹木叶干壳，竟不知风乘我耶？我乘风乎？
（《黄帝》篇）

彼新柏拉图一派之神秘哲学者，谓吾人能绝一一切差别对待之意识，
而返还于无我绝对之境。尝就其恍惚之状态以词表之。列子此言殆有
与之相似者。此等之说，苟善解之，原未可斥为无稽之想。彼禅家与
婆鲁芝诺（今译普罗提诺，204—270，希腊哲学家，属新柏拉图学派）等，亦自就
悟道之事，述其一种神秘的实验矣。但列子之于神秘的实验，不以精
神的描之，而以形体的描之，不免贻荒诞之讥耳。

　　要之，列子之述解脱之旨趣、内容、方法、次序等，实较老子为
精，而两家学派之显异，亦于此益信也。老子亦说解脱，然其所以为
理想者"圣人"也。老子之所谓圣人，体无为自然之德，而非与世
俗全绝者也。若列子之所以为理想者则"神人"耳。如前所述，老
子之贵无为者，欲因之大有所为；其排斥"常名"、"常善"者，为
欲实现其真善（即"道"）之理想。彼以为圣人好处无为之地、守
阴性之所者，毕竟欲由所谓反转之理，以收有为积极之效果；而又本
其反转之理，就处世上，设为利己的自虑的之训言：故老子乃一真面
目之理想家也。至列子，则于现实理想之努力及其意识皆抛弃之，惟
以寂然解脱为至人之面目。故曰：列子之学说实偏于个人的解脱者
也。彼不但于知识论上，以怀疑的泯一切有无之辨，即于实践上道德
上，亦偏于无依傍主义者也。彼不云乎？——

得意者无言，进知者亦无言。用无言为言亦言，无知为知亦知。无言与不言，无知与不知，亦言亦知。亦无所不言，亦无所不知，亦无所言，亦无所知。（《仲尼》篇）

盖谓吾虽无为、无言、无知，然若稍有意识，稍有目的，存乎其间，则［既］（即）非无为、无言、无知。故必忘一切，且并其所谓"忘一切"之"忘"，而亦忘之也。由是观之，是列子于行为之境，亦不外一种绝对的怀疑论，其结论之所趋，归于寂灭而已矣。谓列子承老子之根本思想，而更推而极之，至具一特殊之面目，此非又其一证欤？

彼列子之伦理思想，其偏于个人的解脱也如此。然彼政治上之意见似未尝无之也，政治上之意见全与老子相似。《仲尼》篇曰：

位之者无知，使之者无能，而知之与能，为之使焉。

意谓为人君者，不自居于知能之地，而但守无为自然之德，故群才争为之用也。又假钓者之辞，以论为政之道。《汤问》篇曰：

当臣之临河持竿，心无杂虑，唯鱼之念，投纶沉钩，手无轻重，物莫能乱。鱼见臣之钩饵，犹沉埃聚沫，吞之不疑，所以能以弱制强，以轻致重也。大王治国，诚能若此，则天下可运于一握，将亦奚事哉！

是亦谓治国之道在乎自然主义，放任主义，与老子之治国论固无别也。此外涉及政治之语，散见于各处，然究是枝叶之论，未可视为列子之政治思想。盖彼之根本思想究在于个人的解脱，而于社会国家之救济问题，非彼所措意者也。

列子本其个人的解脱之思想，而以为有一种空想国存焉，且累辞以形容其状态。《黄帝》篇曰：

华胥氏之国在弇州之西，台州之北，不知斯齐国几千万里，盖非舟车足力之所及，神游而已。其国无帅长，自然而已；其民无嗜欲，自然而已。不知乐生，不知恶死，故无夭殇；不知亲己，不知疏物，故无爱憎；不知背逆，不知向顺，故无利害。都无所爱惜，都无所畏忌。入水不溺，入火不热，斫挞无伤痛，指摘无痟痒。乘空如履实，寝虚若处床。云雾不硋其视，雷霆不乱其听，美恶不滑其心，山谷不踬其步，神行而已。

又曰：

列姑射山，在海河洲中。山上有神人焉，吸风饮露，不食五谷，心如渊泉，形如处女。不偎不爱，仙圣为之臣；不畏不怒，愿悫为之使。不施不惠，而物自足；不聚不敛，而己无愆。阴阳常调，日月常明，四时常若，风雨常均，字育常时，年谷常丰。而土无札伤，人无夭恶，物无疵厉，鬼无灵响焉。

吾人读此，辄忆及老子所谓理想社会之一段，且于此益见列子之思想实有超过乎老子之思想，而达于极端者。老子于其理想社会，惟描写一种自然人之状态。列子则更进一步，而描写仙乡、神境者也。

列子之思想中则最足注意者，其对天道或天命之思想也。老子似谓天道与人道之间 [则] （有）一种道德感应上作用，由其"天道无亲，[惟]（常）与善人"（按，《老子》七十九章）一语，可以推之。而列子之思想则与此全然反对也。（固知老子之福德报应之思想，与三代时通俗之意义不同，或谓有一种随德而至之精神的报应耳。然即此种意义之福德报应，亦列子所不取也。）所谓惟德动天之思想信仰，彼固明明排斥之。《力命》篇曰：

力谓命曰："若之功奚若我哉！"命曰："汝奚功于物，而欲比朕？"力曰："寿夭、穷达、贵贱、贫富，我力之所能也。"命曰："彭祖之智不出尧舜之上，而寿八百；颜渊之才不出众人之

下，而寿四八；仲尼之德不出诸侯之下，而困于陈蔡；殷纣之行
不出三仁之上，而居君位。季札无爵于吴，田恒专有齐国，夷齐
饿于首阳，季氏富于展禽。若是汝力之所能，奈何寿彼而夭此，
穷圣而达逆，贱贤而贵愚，贫善而富恶耶？"力曰："若如若言，
我固无功于物，而物若此耶？此则若之所制耶？"命曰："既谓之
命，奈何有制之者耶？朕直而推之，曲而任之，自寿自夭，自穷
自达，自贵自贱，自富自贫。朕岂能识之哉！朕岂能识之哉！"

是即谓智德与天命（或幸福）之间，往往不相合，而备引故事以证实
之。以为凡如此者，皆自然之天命，非吾人之知力德力所得而左右之
者也。当三代时，所谓福德合一实为中国民族之通有思想，对之有特
殊之见解者，殆列子一人而已。且列子之天命主义，不但就自然上之
事实（即寿夭穷达富贵贫贱等）言之，更于知力上、道德上、精神上，
及一切人间之事，皆赅括而言之。《力命》篇曰："鲍叔非能举贤，
不得不举贤（按，此字衍）；小白非能用［贤］（仇），不［能］（得）
不用。"然则列子之思想，不得不谓之曰：实取一种宿命说、必至
说、定业说之见地者也。彼不承认吾人之自力与吾人之自由，谓凡事
由天命而定，吾人决无变更之力。故吾人之对自然或天命，当处于绝
对的服从之地位。毕竟彼之天命主义即其冷眼主义耳。固知孟荀诸子
与斯多噶派，非不于伦理上唱一种冷眼主义，然其实与列子不同。彼
等概区别天道与人道（或自然界与道德界），而谓寿夭穷达富贵贫贱等
皆人力莫可如何之事（孟子之所谓"在外者"，斯多噶派之所谓"外善"），
故其有无得失，无关于为人之价值。然属于人道或道德界之事（孟子
之所谓"在我者"，斯多噶派之所谓"理性之动作"），得以吾人之自力与意
志自由致之。人之价值专系乎此。而列子则不然。彼于自然界与道德
界之间，不设严密之区别，谓不但自然界之事实为然，即吾人之智识
德行，亦非意志与自力之所关，而皆天命所使然。故彼之于道德界仅
见有必然的，而不见所谓当然的。彼不惟于知识上挟一种怀疑的思
想，又于道德上亦有一种不可知的思想者也。从彼之意，则吾人以无
心无为为贵，凡事任诸自然而已。彼所恃为安心立命之根据者即在于

此。而其为是说者，毕竟由其全体之立脚地而来，无足异也。吾人于此，觉当时之思想界实有两极端之对峙。邹鲁学派之努力主义、人为主义，由荀子而发展至于极端。荀子重自力，殆谓吾人之智力心力，亦可制天命而利用之。而列子则取荆楚学派之自然主义、无为主义，而推之于极端者也。

列子虽为黄老思想之继续者，然亦推尊孔墨，其于孔子亦然。观其《仲尼》一篇专述仲尼之言行，可以见也。他如《说符》篇之：

> 桀纣唯重利而轻道，是以亡。……人而无义，唯食而已，是鸡狗也。强食靡角，胜者为制，是禽兽也。为鸡狗禽兽矣，而欲人之尊己，不可得也。人不尊己，则危辱及之矣。

又《天瑞》篇之：

> 圣人之教，非仁则义。

皆特述仁义之语。然则列子于邹鲁学者之思想，固未尝冷视之或明攻之也。但彼之述孔子之言行也，不皆能传孔子之真意，宁取孔子之思想混合于自己思想之中，不过借孔子之言行以表现己之根本思想耳。《仲尼》篇曰：

> 仲尼闲居，子贡入侍，而有忧色。子贡不敢问，出告颜回。颜回援琴而歌。孔子闻之，果召回入问曰："若奚独乐？"回曰："夫子奚独忧？"孔子曰："先言尔志。"曰："吾昔闻之夫子曰：'乐天知命故不忧，回所以乐也。'"孔子愀然有间曰："有是言哉！汝之意失矣！此吾昔日之言尔，请以今言为正也。汝徒知乐天知命之无忧，未知乐天知命有忧之大也。今告若其实。修一身，任穷达，知去来之非我，亡变乱于心虑：尔之所谓乐天知命之无忧也。曩吾修诗书，正礼乐，将以治天下，遗来世，非但修一身治鲁国而已。而鲁之君臣日失其序，仁义益衰，情性益薄。

此道不行一国与当年，其如天下与来世矣！吾始知诗书礼乐无救于治乱，而未知所以革之之方：此乐天知命者之所忧。"

观此，则列子固揣摩孔子之真意而寄与同情者也。然其下更转一语曰：

> 虽然，吾得之矣。夫乐而知者非古人之谓所乐知也。无乐无知，是真乐真知，故无所不乐，无所不知，无所不忧，无所不为。诗书礼乐，何弃之有？革之何为？

若是说者，与谓为孔子之言，宁谓为列子自身之言耳。何则？是即无为主义也，是仍列子之根本思想也。

列子于"梦"之现象具有一种超卓之见解，以为世人常别梦与觉，而以一为妄，以一为实，然二者之间实无所谓差别也。彼述一趣语曰：

> 周之尹氏大治产，其下趣役者，侵晨昏而弗息。有老役夫筋力竭矣，而使之弥勤，昼则呻呼而即事，夜则昏惫而熟寐，精神荒散，昔昔梦为国君，居人民之上，总一国之事，游燕宫观，恣意所欲，其乐无比，觉则复役。人有慰喻其勤者，役夫曰："人生百年，昼夜各分。吾昼为仆虏，苦则苦矣；夜为人君，其乐无比，何所怨哉！"尹氏心营世事，虑钟家业，心形俱疲，夜亦昏惫而寐，昔昔梦为人仆，趋走作役，无不为也，数骂杖挞，无不至也，眼中啼呓呻呼，彻旦息焉。尹氏病之，以访其友。友曰："若位足荣身，资财有余，胜人远矣。夜梦为仆，苦逸之复，数之常也。若欲觉梦兼之，岂可得耶！"尹氏闻其友言，宽其役夫之程，减己思虑之事，疾并少闲。(按，《周穆王》篇)

吾人每读此章，辄忆及法国哲学家巴什迦尔 (今译巴斯噶，1623—1662) 之言。巴氏言：有乞儿夜夜梦为王侯者，又有王侯夜夜梦为乞儿者：之二人者果孰为幸福之身乎？此其与列子之言泃若合符节已。吾人于

梦之意识常轻视之，然如每夜同梦，则梦于吾人之意识生活上所占位
置，固甚重大矣。如列子与巴什迦尔所言，其人之孰苦孰乐孰幸孰
否，固未易判定也。

抑列子尚有一超卓之见解焉，是亦由其平等主义或宿命主义之根
本思想而来者。《说符》篇曰：

> 齐田氏祖于庭，食客千人。中座有献鱼雁者，田氏视之，乃
> 叹曰："天之于民厚矣！殖五谷，生鱼鸟，以为之用。"众客和
> 之如响。鲍氏之子，年十二，预于次，进曰："不如君言。天地
> 万物与我并生，类也。类无贵贱。徒以小大智力而相制，迭相
> 食，非相为而生之。人取可食者而食之，岂天本为人生之？且蚊
> 蚋嘬肤，虎狼食肉，非天本为蚊蚋生人、虎狼生肉者哉！"

此与近世所谓弱肉强食，生存竞争，优胜劣败，即生物进化论之思
想，隐隐相通。在当时观之，不可谓非一卓见也。此种思想以较儒教
之以人为中心，而观天地万物者，又基督教之一派或西洋哲学之一派
之目的观、意匠观，即谓为适人类之要求而造成天地万物者，固不失
为别开生面之见地矣。

综而论之，其怀疑论也，无差别论也，虚静主义也，冷眼主义
也，宿命主义也，绝对的服从主义也，厌世思想也，非社会的倾向
也，存养论也，解脱观也，无一不由老子之根本思想而来，而皆较老
子更达于极点。但其偏于出世的个人的消极的态度一面，故谓为伦理
主义，究亦有所未安。且列子亦非如释迦、耶稣等常抱一种热诚，欲
以己所体得之解脱观救济一切众生也。彼于其主义思想，又于其性行
态度，要皆偏于个人的。虽然，列子之学说，与谓为伦理说，宁谓为
一种神秘哲学或悟道观，而于东洋思想史上放一异彩者也。若夫其言
论之洒脱轻妙，其解悟之缥缈空灵，其解脱方法论之详密，其存养工
夫之亲切，能使读其书者怡乎离现实之世界，而入理想之天地焉矣。

墨子之学说[①]

第一章　传及其著书

《史记·孟荀列传》曰："墨翟，宋大夫，或曰：并孔子时；或曰：在其后。"今《墨子·耕柱》篇有墨子与子夏之徒问答之语，则墨子之生年当与七十子略同。汪氏中《墨子序》曰：

按：《耕柱》、《鲁问》二篇，墨子于鲁阳文子多所陈说。《楚语》："惠王以梁与鲁阳文子"，韦昭注曰："文子，平王之孙，司马子期之子。"其言实出《世本》。故《贵义》篇："墨子南游于楚，见献惠王，献惠王以老辞。"献惠王之为惠王，犹顷襄王之为襄王。由是言之，墨子实与楚惠王同时，其仕宋，当景公、昭公之世。其年于孔子差后，或犹及见孔子矣。《艺文志》以为在孔子后者，是也。《非攻》中篇言智伯以好战亡，事在春秋后二十七年；又言蔡亡，则为楚惠王四十二年，墨子并当时及见其事。《非攻》下篇言"今天下好战之国：齐、晋、楚、越"，又言"唐叔、吕尚邦齐、晋"，今与楚、越"四分天下"。《节葬》下篇言"诸侯力征，南有楚越之王，北有齐晋之君"，明在句践称霸之后（《鲁问》篇：越王"请裂吴故地方五百里，以封墨子"，亦一证）。秦献公未得志之前，全晋之时，三家未分，齐未为陈氏也。《檀弓》下："季康子之母死"，公输般"请以机

---

①　本篇刊于 1906 年 3 月《教育世界》121 号。

封"，此事不得其年。季康子之卒在哀公二十七年。楚惠王以哀公七年即位，般固逮事惠王。[《公输》]（《鲁问》)篇："楚人与越人舟战于江。""公输子自鲁南游楚"，"作钩强"以备越，亦吴亡后，楚与越为邻国事。惠王在位五十七年，本书既载其以老辞墨子，则墨子亦寿考人欤！

其考墨子之生世，可谓最详核者矣。

《汉书·艺文志》："《墨子》七十一篇。"今所存者五十三篇，其为墨子自撰与否，今不可考，然非一人之作，则甚明也。汪氏中谓"《所染》篇亦见《吕氏春秋》。其言宋康染于唐鞅、田不礼。宋康之灭，在楚惠王卒后一百五十七年。《亲士》篇末'言吴起之裂'，起之裂以楚悼王二十一年，亦非墨子所及知也"（《墨子序》)。则《墨子》一书当在战国时为墨子之学者所编纂也。

就墨子之学之所从出，则有三说：一以为出于夏礼，一以为出于史佚。主张第一说者为阳湖孙氏（星衍)，其言曰：

　　墨子与孔异者，其学出于夏礼。司马迁称其善守御，为节用。班固称其贵俭、兼爱、上贤、明鬼、非命、上同，此其所长。而皆不知墨学之所出。淮南王知之，其作《要略训》云："墨子学儒者之业，受孔子之术。以为其礼烦扰而不说，厚葬靡财而贫民，服伤生而害事，故背周道而用夏政。"其识过于迁、固。古人不虚作，诸子之教或本夏，或本殷，故韩非著书亦载弃灰之法。墨子有节用，节用，禹之教也。孔子曰："禹菲饮食，恶衣服，卑宫室，吾无间然。"又曰："礼，与其奢宁俭。"又曰："道千乘之国，节用。"是孔子未尝非之。又有《明鬼》，是致孝鬼神之义，《兼爱》是尽力沟洫之义。孟子称墨子摩顶放踵，利天下为之。庄子称禹亲自操橐耜而杂天下之山（按，此字当衍)川，腓无胈，胫无毛，沐甚风，栉甚雨。列子称禹身体偏枯，手足胼胝。吕不[伟]（韦）称禹忧其黔首，颜色黎黑，窍藏不通，步不相过：皆与《书》、《传》所云"予弗子，惟荒度土功”，“三过其门而不入，思天下有溺者犹己溺之”同。其节葬，亦禹法也。尸子称禹之丧法："死于陵者葬于陵，死于泽者葬于泽，桐棺三寸，制丧三日（当为'月'）。"见《后汉书》注。《淮南子·要略》称禹之时，天下大水，死陵者葬陵，死泽者葬泽，故节财、薄葬、闲服生焉。又，《齐俗》称三月之服，是绝哀而迫切之性也。高诱注云："三月之服是夏后氏之礼。"《韩非子·显学》称墨者之葬也，冬日冬服，夏日夏服，桐棺三寸，服丧三月。而此书《公孟》篇：墨子谓公孟曰："子法周而未法夏也，子之古非古也。"又，公孟谓（子）墨子曰："子以三年之丧（为非），子之三日（当为'月'）之丧亦非也"云云，然则三月之丧，夏有是制，墨始法之矣。（《墨子（注）后序》）

同时江都汪氏驳之曰：

季仇谓墨子之学出于禹，其论伟矣！非独禽滑厘有是言也，庄周之书则亦道之，曰："不以自苦为极者，非禹之道。"是皆谓墨之道与禹同耳，非谓其出于禹也。昔在成周，礼器大备，凡古之道术皆设官以掌之。官失其业，九流以兴，于是各执一术以为学。讳其所［自］（从）出，而托于上古神圣，以为名高，不曰"神农"，则曰"黄帝"。墨子质实，未尝援人以自重。其则古昔，称先王，言"尧舜禹汤文武"者六，言"禹汤文武"者四，言"文王"者三，而未尝专及"禹"。墨子固非儒而不非周也，又不言其学之出于禹也。公孟［言］（谓）君子必古言服然后仁，墨子既非之，而曰："子法周而未法夏，则子之古非古也。"此因其所好而激之，且属之"言服"，甚明而易晓。然则谓墨子背周而从夏者，非也。惟夫墨离为三，取舍相反，倍谲不同，自谓别墨，然后托于禹以自尊其术，而淮南著之书尔。虽然，谓墨子之学出于禹，未害也。谓禹制三月之丧，则尸子之误也。……故其《节葬》曰："圣王制为节葬之法。"又曰："墨子制为节葬之法。"则谓墨子自制者是也。故（曰）"墨之治丧也

（按，此字当衍），以薄为其道。"（按，《孟子·滕文公》篇）曰："墨子生不歌，死不服，桐棺三寸而无椁，以为法式。"（《［墨］（庄）子·天下》篇）曰："墨者之葬也，冬日冬服，夏日夏服，桐棺三寸，服丧三月。"（《韩非子·显学》篇）使夏后氏有是制，三子者不以（之）蔽墨子矣。（按，《墨子后序》）

其言是也。

主张第二说者则为江都汪氏中。其言曰：

周太史尹佚实为文王所访（《晋语》），克商营洛，祝笑迁鼎，有劳于王室（《周书·克殷解》、《书·洛诰》）。成王听朝，与周、召、太公，同为四辅（《贾谊新书·保傅》篇），数有论谏（《淮南子·主术训》、《史记·晋世家》）。身没而言立。（东迁以后），鲁季文子（《春秋传》成四年）、惠伯（文十五年）、晋荀偃（襄十［五］（四）年）、叔向（《国语》）、秦子桑（僖十五年）、后子（昭元年）、及左邱明（宣十二年），并见引重。遗书十二篇，刘向校书，列诸墨六家之首。《说苑·政理》篇亦载其文。庄［子］（周）述墨［者］（家）之学而原其始，曰："不侈于后世，不靡于万物，不晖于数度，以绳墨自矫而备世之急，古之道术有在于是者。"（《天下》篇）可谓知言矣。古之史官实秉礼经以成国典，其学皆有所受。鲁惠公请郊庙之礼于天子，桓王使史角往，惠公止之，其后在于鲁，墨子学焉（《吕氏春秋·当染》篇）。其渊源所渐，（固）可考而知也。刘向以为出于清庙之守。夫有事于庙者，非巫则史，史佚史角皆其人也。史佚之书至汉具存，而夏之礼在周已不足征，则庄周、禽滑厘傅之禹者（《庄子·天下》篇、《列子·杨朱》篇），非也。（《墨子序》）

以上孙、汪二说各有所本。然余则以墨子为孔子之徒，特持论稍异耳。《淮南子·要略训》曰："墨子学儒者之业，受孔子之术，以为其礼烦扰而不说"云云，是墨子虽未必躬受业于孔子，其曾与孔子之徒相讲习，明矣。今比较儒墨二家之说：则孔子说"仁"，墨子说"爱"，其根本主义同；其称述尧舜禹汤文武也同；其游说诸侯思以其道易天下也同。其所不同者，只墨子之较孔子，更近于功利主义耳。决非如老子之说与孔子全相反对者也。善夫江都汪氏之言曰：

> 儒之绌墨子（者），孟氏，荀氏。荀之《礼论》、《乐论》，为王者治定功成盛德之事，而墨之节葬、非乐，所以救衰世之敝，其意相反而相成也。若夫兼爱，特墨之一端，然其所谓兼者，欲国家慎其封守，而无虐其邻之人民畜产也，虽昔先王制为聘问吊恤之礼，以睦诸侯之邦交者，岂有异哉？彼且以兼爱教天下之为人子者，使以孝其亲，而谓之"无父"，斯已［过］（枉）矣！……至其述尧舜、陈仁义、禁攻暴、止淫用，感王者之不作，而哀生人之长勤，百世［而］（之）下如见其心焉。《诗》所谓"凡民有丧，匍匐救之"之仁人也！（按，《墨子序》）

可谓知言者矣。

第二章　形而上学＝天与鬼

墨子之学说限于道德政治之范围，与孔子同，然其求道德政治之原理于天之意志，则孔子之所未尝及也。其《法仪》篇云：

> 天下从事者不可以无法仪，无法仪而其事能成者无有也。虽至士之为将相者，皆有法；虽至百工从事者，亦皆有法。百工为方以矩，为圆以规，直以绳，正以悬。无巧工不巧工，皆以此五者为法。巧者能中之，不巧者虽不能中，放依以从事，犹逾己。故百工从事皆有法所度。今大者治天下，其次治大国，而无法所度，此不若百工辩也。
> 然则奚以为治法而可？当皆法其父母奚若？天下之为父母者众，而仁者寡，若皆法其父母，此法不仁也。法不仁，不可以为

法。当皆法其学奚若？天下之为学者众，而仁者寡，若皆法其学，此法不仁也。法不仁，不可以为法。当皆法其君奚若？天下之为君者众，而仁者寡，若皆法其君，此法不仁也。法不仁不可以为法。故父母、学、君三者，莫可以为治法。

然则奚以为治法而可？故曰莫若法天。天之行广而无私，其施厚而不德，其明久而不衰，故圣王法之。既以天为法，动作有为必度于天，天之所欲则为之，天所不欲则止。然而天何欲何恶者也？天必欲人之相爱相利，而不欲人之相恶相贼也。奚以知天之欲人之相爱相利，而不欲人之相恶相贼也？以其兼而爱之，兼而利之也。奚以知天兼而爱之、兼而利之也？以其兼而有之，兼而食之也。今天下无大小国，皆天之邑也。人无幼长贵贱，皆天之臣也。此以莫不刍羊、豢犬猪，絜为酒醴粢盛，以敬事天，此不为兼而有之、兼而食之耶？天苟兼而有食之，夫奚说以不欲人之相爱相利也！故曰爱人利人者，天必福之；恶人贼人者，天必祸之。曰杀不辜者，得不祥焉。夫奚说人为其相杀而天与祸乎！是以知天欲人相爱相利，而不欲人相恶相贼也。

昔之圣王禹汤文武，兼爱天下之百姓，率以尊天事鬼，其利人多，故天福之，使立为天子，天下诸侯皆宾事之。暴王桀纣幽厉，兼恶天下之百姓，率以诟天侮鬼，其贼人多，故天祸之，使遂失其国家，身死为僇于天下，后世子孙毁之，至今不息。故为不善以得祸者，桀纣幽厉是也；爱人利人以得福者，禹汤文武是也。爱人利人以得福者有矣，恶人贼人以得祸者亦有矣。

其《天志》三篇亦不外此篇之意，曰："天为贵，天为知。"是可知其以天为全知全能者也。

墨子于信天之外，又信鬼神。其证鬼神之存在：（一）主由经验上立论，殊由历史上证明之，曰：

是与天下所以察知有与无之道者，必以众之耳目之实知有与无为仪者也。……若是，何以尝入一乡一里而问之，自古以及今，生民以来者，亦有尝见鬼神之物，闻鬼神之声，则鬼神可〔何〕谓无乎？……若以众之所同见，与众之所同闻，则若昔者杜伯是也。(按，《明鬼》下)

除杜伯一事外，又杂引郑、燕、宋、齐诸国之史以明之，以断定无鬼论之非。

（二）墨子又以若以众人之耳目为不足信，则请征之于圣王。"武王之（攻殷）诛纣也，使诸侯分其祭，曰：'使亲者受内祀，疏者受外祀。'故武王必以鬼神为有。"他圣王亦然。"其赏也必于祖，其〔罚〕（僇）也必于社"，其始建国也，必立宗庙社稷，故古圣〔人〕（王）必皆以鬼神为有也。故《诗》云："文王陟降，在帝左右。"《书》曰："赏于祖而〔罚〕（僇）于社。"由此观之，执无鬼论者，可谓之"反圣王之务"也 (按，《明鬼》下)。

然墨子之"明鬼"非真信鬼神之存在，特自道德政治二方面观之，则以为不信鬼神，其道德政治之说均归于无效也。故曰：

> 逮至昔三代圣王既没，天下失义，诸侯力正，是以存夫为人君臣上下者之不惠忠也，父子弟兄之不慈孝弟长贞良也，正长之不强于听治，贱人之不强于从事也，民之为淫暴寇乱盗贼，以兵刃毒药水火，退无罪人乎道路率径，夺人车马衣裘以自利者并作，由此始，是以天下乱。此其故何以然也？则皆以疑惑鬼神之有与无之别，不明乎鬼神之能赏贤而罚暴也。今若使天下之人，偕若信鬼神之能赏贤而罚暴也，则夫天下岂乱哉！今执无鬼论者曰："鬼神者，固无有。"旦暮以为教诲乎天下，疑天下之众，使天下之众皆疑惑乎鬼神有无之别，是以天下乱。(《明鬼》下)

此墨子之明鬼，全从道德政治之立脚地出者，其尊天之意亦不外此。故"子墨子置立天之 (当作'志')，以为仪法"(《天志》下)。则其天与鬼之说，为政治道德上整理的原理，而非形而上学建设的原理，甚明也。

第三章　伦理学＝爱与利

墨子既以天之意志在兼爱兼利，故人自不可不法天之兼爱兼利。此不独个人宜然，国家尤甚。其《兼爱》篇上曰：

圣人以治天下为事者也，必知乱之所自起，焉能治之。不知乱之所自起，则不能治。譬之如医之攻人之疾者然，必知疾之所自起，焉能攻之；不知疾之所自起，则弗能攻。治乱者何独不然，必知乱之所自起，焉能治之；不知乱之所自起，则弗能治。

圣人以治天下为事者也，不可不察乱之所自起，当察乱何自起？起不相爱。臣子之不孝君父，所谓乱也。子自爱不爱父，故亏父而自利；弟自爱不爱兄，故亏兄而自利；臣自爱不爱君，故亏君而自利：此所谓乱也。虽父之不慈子，兄之不慈弟，君之不慈臣：此亦天下之所谓乱也。父自爱也不爱子，故亏子而自利；兄自爱也不爱弟，故亏弟而自利；君自爱也不爱臣，故亏臣而自利。是何也？皆起不相爱。虽至天下之为盗贼者亦然，盗爱其室不爱其异室，故窃异室以利其室；贼爱其身不爱人，故贼人以利其身。此何也？皆起不相爱，虽至大夫之相乱家，诸侯之相攻国者亦然。大夫各爱其家，不爱异家，故乱异家以利其家；诸侯各爱其国，不爱异国，故攻异国以利其国。天下之乱物具此而已矣。察此何自起？皆起不相爱。

若使天下兼相爱，爱人若爱其身，犹有不孝者乎？视父兄与君若其身，恶施不孝？犹有不慈者乎？视子弟与臣若其身，恶施不慈？故不孝不慈亡有。犹有盗贼乎？故视人之室若其室，谁窃？视人身若其身，谁贼？故盗贼亡有。犹有大夫之相乱家、诸侯之相攻国者乎？视人家若其家，谁乱？视人国若其国，谁攻？故大夫之相乱家、诸侯之相攻国者亡有。若使天下兼相爱，国与国不相攻，家与家不相乱，盗贼无有。君臣父子皆能孝慈，若此则天下治。故圣人以治天下为事者，恶得不禁恶而劝爱？故天下兼相爱则治，交相恶则乱，故子墨子曰：不可以不劝爱人者，此也。

墨子所谓"爱"与儒家之所谓"仁"，其意不甚相异，然必加以"兼"之一字者，以人之爱其身家，亦得谓之爱，故爱他人之事，必以"兼"字冠之也。其但爱其身家者，谓之曰"别"。故曰："别非而兼是。"（《兼爱》下）墨子以当时社会之偷薄，凡爱人之事，不患其过，而但患其不及，故矫枉而过其直耳。然墨子亦非主张无差别之爱者，曰：

> 吾不识孝子之为亲度者，亦欲人（爱）利其爱（按，此字当衍）亲与？意欲人之恶贼其亲与？以说观之，即欲人之爱利其亲也。然即吾恶先从事即得此？若我先从事乎爱利人之亲，然后人报我以爱利吾亲乎？意我先从事乎恶人之亲，然后人报我以爱利吾亲乎？即必吾先从事乎爱利人之亲，然后人报我以爱利吾亲也。（《兼爱》下）

此虽属墨子辩论之一法，而其兼爱之说亦未必自爱亲之概念推演之。然观夷之所云："爱无差等，施由亲始。"（按，《孟子·滕文公》上）又观《亲士》、《尚贤》二篇，则不但主张先后之别，亦主张厚薄之别，固不可诬也。

墨子每以爱与利并举，然"利"者无他，不过"爱"之结果耳。自其发于吾心者言之，则谓之"爱"，自其及于他人者言之，则谓之"利"。然则爱与利二者，墨子果何所重乎？自一方面言之，墨子自重人心之爱，而主张动机论者之说，曰：

> 巫马子谓子墨子曰："子兼爱天下，未云利也；我不爱天下，未云贼也。功皆未至，子何独自是而非我哉？"子墨子曰："今有燎者于此，一人奉水将灌之，一人掺火将益之，功皆未至，子何贵于二人？"巫马子曰："我是彼奉水者之意，而非夫

掺火者之意。"子墨子曰："吾亦是吾意，而非子之意也。"（《耕柱》篇）

然从他方面观之，墨子之明兼爱，实以有利于人故，而主张结果论者也。

> 公输子削竹木以为鹊，成而飞之，三日不下。公输子自以为至巧。子墨子谓公输子曰："子之为鹊也，不如匠之为车辖。须臾刘三尺之木，而任五十石之重。故所为功，利于人谓之巧，不利于人谓之拙。"（《鲁问》）

墨子以"利"之一概念为其道德政治上之根本主义。于是从此概念而演绎非攻、节葬、节用、非乐之说。其非攻、节用二者与儒家之说无异，故不论。独略述其节葬、非乐之说。其说节葬曰：

> 意亦使法其言，用其谋，计厚葬久丧，诚可以富贫众寡、定危治乱乎？则仁也，义也，孝子之事也，为人谋者不可不劝也。意亦使法其言，用其谋，若人厚葬久丧，实不可以富贫众寡，定危治乱乎？则非仁也，非义也，非孝子之事也，为人谋者不可不沮也。是故求以富国家，甚得贫焉；欲以众人民，甚得寡焉；欲以治刑政，甚得乱焉；求以禁止大国之攻小国也，而既已不可矣；欲以干上帝鬼神之福，又得祸焉。……若以此观，则厚葬久丧其非圣王之道也。（《节葬》下）

此全从功利上立论，与孔子之从人情上立论者大异。然其《修身》篇曰："丧虽有礼，而哀为本焉。"则墨子固非薄于亲者，特言其厚之之道，不在厚葬久丧耳。曰："以［臧］（葬）为其亲也而爱之，非爱其亲也；以臧为其亲（也）而利之，非利其亲也。"（《大取》篇）孔子曰："丧，与其易也，宁戚。"亦同（此）意也。

其非乐之说曰：

今惟毋在乎王公大人说乐而听之，即必不能蚤朝晏退，听狱治政，是故国家乱而社稷危矣。……士君子说乐而听之，即必不能竭股肱之力，亶其思虑之智，内治官府，外收敛关市、山林、泽梁之利，以实仓廪府库。……农夫说乐而听之，即必不能蚤出暮入，耕稼树艺，多聚叔粟，是故叔粟不足。……妇人说乐而听之，即必不能夙兴夜寐，纺绩织纴，多治麻丝葛绪细布缪，是故布缪不兴。……将欲求兴天下之利，除天下之害，当在乐之为物，将不可不禁而止也。（《非乐》上）

此皆鉴当时社会之弊，而从利害上计算者，故曰："凡入国，必择务而从事焉。国家昏乱，则语之尚贤、尚同；国家贫，则语之节用、节葬；国家憙音沉湎，则语之非乐、非命；国家淫僻无礼，则语之尊天、事鬼；国家务夺侵凌，则语之兼爱、（非攻）。"（《鲁问》）其真意之所在，盖可见矣。

第四章　名学＝概念论＝推理论

墨子之形而上学及伦理学之根本思想，与儒家不甚相异，唯其条目则大不同。于是欲辩护自己之说，不得不研究辩论之法。此我中国之名学所以始于墨家中发见之也。墨子之名学说，见于《经》上下、《经说》上下、《大取》、《小取》六篇中。《经》下、《经说》上下三篇，其属辞引例皆当时熟语故事，又多夺句误字，今不可解。可全解者，唯《经》上及《小取》二篇耳。而《经》上但下"名"之定义，而不论下定义之法则，故可不论。《大取》篇亦多不可解，除一节外，余略与《小取》篇同意。此节论概念与个物之区别，实重要之断简也，曰：

小圜之圜与大圜之圜同。方至尺之不至也，与不至锺之至不异。其不至同者，远近之谓也。是璜也，非（按，本作"是"，疑静安校改）玉也；意楹非意木也。

盖"圆"者仅与以概念，而无大小之别；其有大小之别，唯个物为
然。意"楹"非意"木"者，"楹"者个物，而"木"者概念。即
公孙龙"白马非马"之说所从出也。

《小取》一篇列举推理之真妄，而亦不论推理之法则，然其述谬
妄之种类，颇有可观者，以为一切谬妄皆起于比类。故曰：

> 夫物有以同而不，率遂同，辞之侔也。有所至而正，其然
> 也，有所以然也。（其然也）同。（句）其所以然也（按，此字衍）
> 不必同。其取之也，有（所）以取之。其取之也同。（句）其所
> 以取之不必同。是故辟、侔、援、推之辞，行而异，转而危，远
> 而失，流而离本，则不可不审也。

由是而分推理为是而然、是而不然、一害而一不害、一是而一不是四
者。第一种，如：

> 白马，马也；乘白马，乘马也。骊马，马也；乘骊马，乘马
> 也。获，人也；爱获，爱人也。臧，人也；爱臧，爱人也。此乃
> "是而然"者也。

然应用此法于他处，则生种种之谬妄。如：

> 获之视（毕注云：当为"事"。愚按：当作"亲"），人也；获事
> 其亲，非事人也。
> 其弟，美人也；爱弟，非爱美人也。

由名学上言之，前者言辞暧昧之谬妄，后者偶然性之谬妄也。又如：
车，木也；乘车，非乘木（也）。船，木也；人船（愚按，疑"入船"
之误），非人木也。盗，人也；多盗，非多人也；无盗，非无人也。
奚以明之？恶多盗，非恶多人也；欲无盗，非欲无人也。……此乃
"是而不然"者也。

此由我国言语中无全称、特称之区别，故多有谬妄。而前提中之所谓"人"与结论中之所谓"人"，其范围之广狭异焉，故也。盖前提中之人指人之一小部分，而结论中之人则指人类之全体故也。但自形式上观之，则与"白马，马也；乘白马，乘马也"之推理，无以或异。故应用此形式而不考事实之如何，其不陷于此谬妄者鲜矣。至所谓"一害而一不害"、"一是而一不是"者，亦由比类而起。曰：

爱人，待周爱人，而后为爱人。不爱人，不待周不爱人，不（愚按，此字衍）失周爱，因为不爱人矣。乘马，待周乘马（愚按，当作"不待周乘马"），（然后为乘马也）；有乘于马，因为乘马矣。逮至不乘马，待周不乘马，而后（为）不乘马。而后不乘马（愚按，此五字衍）此"一周而一不周"者也。（愚按，此墨子自主张其兼爱说。爱人指无人不爱；而不爱人，指不兼爱者，非指兼爱者也，乘马之例反是。乘马不待其人全乘于马上，然后谓之乘马。不乘马，必俟其下马后，方可谓之不乘马。此由一家之学说与一时之习惯立论，非纯由名学上观察者也。）居于国，则为居国；有一宅于国，而不为有国。桃之实，桃也；棘之实，非棘也。问人之病，问人也；恶人之病，非恶人也。人之鬼，非人也；兄之鬼，兄也。祭人之鬼，非祭人也；祭兄之鬼，乃祭兄也。之马之目盼，则为（毕注：当作"谓"）之马盼；之马之目大，而不谓之马大。之牛之毛黄，则谓之牛黄；之牛之毛众，而不谓之牛众。一马，马也；二马，马也。马四足者，一马而四足也，非两马而四足也。一马，马也。马或白者，二马而或白也，非一马而或白（此亦由吾国言语，无全称、特称、单称之别，故有此谬妄）。此乃"一是而一非"也。

然墨子非谓推理中有"是而然"、"是而不然"、"一害而一不害"、"一是而一不是"之四种也，不过前二节分之，后二节合而论之耳。而不是之源，由于见一推理之形式之有时而真，而遂应用之于他处。一切谬妄皆由此起。然墨子虽列举事实，而不能发见抽象之法则，以视雅里大德勒（今译亚里士多德）之推论，遂不免如鲁、卫之于秦、晋也。

要之，墨子之名学实自其欲攻儒家之说以伸己说始，与希腊哀列亚派之芝诺，欲证明物之不变化不运动，而发明辩证论者相同。然希腊之名学自芝诺（按，约公元前490年至前430年，希腊哲学家）以后，经诡辩学者之手，至雅里大德勒，而遂成一完全之科学。而墨子之后，如惠施、公孙龙等，徒驰骋诡辩，而不能发挥其推理论，遂使名学史上殆无我中国人可占之位置，是则可惜者也。

周秦诸子之名学[①]

　　学问之发达其必自争论始矣，况学术之为争论之武器者乎？其在印度，则自数论声论之争，而因明之学起。在希腊，则哀利亚派之芝诺（Zeno）因驳额拉吉来图（Heraclitus）（今译赫拉克利特，约公元前530年至前470年）之万物流转说，而创辩证论。至诡辩学派起，而希腊学术上之争论益烈，不三四传，遂成雅里大德勒（Aristotle）完备之名学。我国名学之祖是为墨子。墨子之所以研究名学，亦因欲持其兼爱、节葬、非乐之说，以反对儒家故也（见《大取》篇）。荀子疾邓、惠之诡辩，淑孔子之遗言，而作《正名》一篇，中国之名学于斯为盛。暴秦燔书，学问之途绝。至汉武之世，罢斥百家，而天下之学术定于一尊，学术之争绝于此矣。辩论之事绝，而欲求辩论之术之发达，是欲购今日之巨炮坚舰于华胥之国，夫固不可得已。然勿以吾国名学发达之止于此，而遂谓此数子者无研究之价值也。如《墨子》《经》上下之论定义（Definition），《大取》《小取》二篇之论推理之谬妄（Fallacy of Reasoning），荀子及公孙龙子之论概念（Conception），虽不足以比雅里大德勒，固吾国古典中最可宝贵之一部，亦名学史上最有兴味之事实也。今特比而论之，世之学者以览观焉。

　　墨子之名学说，见于《经》上、下，《经说》上、下，《大取》，《小取》六篇。《经》下、《经说》上、下及《大取》篇，其属辞引类，皆当时熟语故事，又多夺句、误字，今不可解。可解者唯《经》上及《小取》二篇耳。而《经》上但下"名"之定义，而不论下定

　　①　本篇刊于1905年4月至5月《教育世界》98、100号。

义之法则，故可不论。《小取》一篇列举推理之真妄，而亦不论推理之法则，然其述谬妄之种类，颇有足观者。以为一切谬妄皆起于比类（Analogy），故曰：

> 夫物有以同而不，率遂同，辞之侔也。有所至而正，其然也，有所以然也。（其然也）同。（句）其所以然也（按，此字衍）不必同。其取之也，有所以取之。其取之也同。（句）其所以取之不必同。是故辟、侔、援、推之辞，行而异，转而危，远而失，流而离本，则不可不审也。（《小取》）

由是而分推理为"是而然"、"是而不然"、"一害而一不害"、"一是而一不是"四者。第一种如：

> 白马，马也；乘白马，乘马也。骊马，马也；乘骊马，乘马也。获，人也；爱获，爱人也。臧，人也；爱臧，爱人也。此乃"是而然"者也。

然应用此法于他处，则生种种之谬妄。如：

> 获之视（毕注云：当为"事"。愚按：当作"亲"），人也；获事其亲，非事人也。
> 其弟，美人也；爱弟，非爱美人也。

由名学上言之，前者言辞暧昧之谬妄（Fallacy of Equivocation），后者偶然性之谬妄（Fallacy of Accident）也。又如：车，木也；乘车，非乘木也。船，木也；人船（愚按：疑"入船"之误），非人木也。盗，人也；多盗，非多人也；无盗，非无人也。奚以明之？恶多盗，非恶多人也；欲无盗，非欲无人也。……此乃"是而不然"者也。

此背名学上之规则，而前提（Premise）中所未定之辞，至结论（Conclusion）中而忽一定，即雅里大德勒所谓 Fallacy of illicit Process of major term（按，大项不当周延的错误）者也。盖前提中之"人"，指人之一小部分，而结论中之"人"则指人类之全体故也。而但自形式上观之，则与"白马，马也；乘白马，乘马也"等之推理，无甚差别。故应用此形式，而不考事实之如何，其不陷于此谬妄者鲜矣。至所谓"一害而一不害"、"一是而一不是"者，亦由此类而起。曰：

> 爱人，待周爱人，而后为爱人。不爱人，不待周不爱人，不（愚按，此字当衍）失周爱，因为不爱人矣。乘马，待周乘马（愚按，当作"不待周乘马"），然后为乘马也；有乘于马，因为乘马矣。逮至不乘马，待周不乘马，而后（为）不乘马，而后不乘马（愚按，此五字当衍）。此"一周而一不周"者也。（愚按，此墨子自主张其兼爱说："爱人"指无人不爱。而"不爱人"指不兼爱者，非指兼爱者也。"乘马"之例反是。乘马不待其人全乘于马上，然后谓之乘马。"不乘马"必俟其下马后，方可谓之不乘马。此由一家之学说及一时之习惯立论，非纯由名学上观察者也。）居于国，则为居国；有一宅于国，而不为有国。桃之实，桃也；棘之实，非棘也。问人之病，问人也；恶人之病，非恶人也。人之鬼，非人也；兄之鬼，兄也。祭人之鬼，非祭人也；祭兄之鬼，乃祭兄也。之马之目盼，则为（毕注：当作"谓"）之马盼；之马之目大，而不谓之马大。之牛之毛黄，则谓之牛黄；之牛之毛众，而不谓之牛众。一马，马也；二马，马也。马四足者，一马而四足也，非两马而四足也。一马，马也。马或白者，二马而或白也，非一马而或白（原按：此由吾国言语中无全称特称之区别，故有此谬）。此乃"一是而一非"者也。

然墨子非谓推理中有"是而然"、"是而不然"、"一害而一不害"、"一是而一不是"之四种也。不过前二节分之，后二节合而论之耳。而不是之源，由于见一推理之形式之有时而真，而遂应用之于他处，一切谬妄皆由此而起。然墨子虽列举事实，而不能发见抽象之法则，以视雅里大德勒之谬妄论，遂不免鲁卫之于秦晋，是则可惜者也。

墨子之定义论、推理论，虽不遍不赅，不精不详，毛举事实而不能发见抽象之法则，然可谓我国名学之祖，而其在名学上之位置，略近于西洋之芝诺者也。然名学之发达，不在墨家，而在儒家之荀子。荀子之《正名》篇虽于推理论一方面不能发展墨子之说，然由常识经验之立脚地，以建设其概念论，其说之稳健精确，实我国名学上空前绝后之作也。岂唯我国，即在西洋古代，除雅里大德勒之奥尔额诺恩（Organon）（按，理则学）外，孰与之比肩者乎？兹录其首章而释之如左：

> 后王之成名，刑名从商，爵名从周，文名从礼，散名之加于万物者，则从诸夏之成俗曲期；远方异俗之乡，则因之以为通。

此谓名之与物非有必然的关系，但沿习既久，而既有一定之意义，则从之因之而已。

> 散名之在人者：生之所以然者谓之性。性之和所生，精合感应，不事而自然谓之性。性之好、恶、喜、怒、哀、乐谓之情。情然而心为之择谓之虑。心虑而能为之动谓之伪。虑积焉能习焉而后成谓之伪。[原按：荀子此处所下心理学上学语之定义，最为精确。"性"者，人心之抽象的名称。"情"字于感情外兼有冲动（impules）之意。而"虑"则与英语之 Deliberation 相当，即意志本部（Will Proper）之作用也。下"伪"字，行为（Conduct）之义；下"伪"字，品性（Character）之义，与今日心理学伦理学家之说全合。] 正利而为谓之事，正义而为谓之行，所以知之在人者谓之知。知有所合谓之智。智所以能之在人者谓之能。能有所合谓之能。性伤谓之病。节遇谓之命。是散名之在人者也，是后王之成名也。

此皆沿习既久，而有一定之意义，后王所当因袭之者也。但就性情等言之，举一例耳。

故王者之制名，名定而实辨，道行而志通，则慎率民而一焉。故析辞、擅作名以乱正名，使民疑惑，人多辨讼，则谓之大奸；其罪犹为符节、度量之罪也。故其民莫敢托为奇辞以乱正名，故其民悫。悫则易使，易使则公。其民莫敢托为奇辞以乱正名，故壹于道法而谨于循令矣，如是则其迹长矣。迹长功成，治之极也，是谨于守名约之功也。今圣王没，名守慢，奇辞起，名实乱，是非之形不明，则虽守法之吏，诵数之儒，亦皆乱也。若有王者起，必将有循于旧名，有作于新名。

此以正名为治天下之道，与孔子所谓"名不正则言不顺，言不顺则事不成，事不成则礼乐不兴，礼乐不兴则刑罚不中，刑罚不中则民无所措手足"，墨子所谓"夫辩者将以明是非之分，审治乱之纪，明同异之处，察名实之理，处利害，决嫌疑焉"，公孙龙子所谓"至矣哉，古之明王！审其名实，慎其所谓。至矣哉，古之明王！"意相同，盖当时一般之思想也。希腊苏格拉底（Socrates）之所以汲汲于明概念、正定义者，岂不以当时诡辩学派说真理之不可知，道德之无根据，而人人以自己为万物之标准，故发愤而起欤？

荀子更进而论制名之目的，与名之缘起及标准，曰：

然则所为有名，（与）所缘［有］（以）同异，与制名之枢要，不可不察也。异形离心交喻，异物名实玄纽，贵贱不明，同异不别。如是，则志必有不喻之患，而事必有困废之祸。故知者为之分别制名以指实，上以明贵贱，下以辨同异。贵贱明，同异别，如是，则志无不喻之患，事无困废之祸。此所为有名也。

此谓制名之目的，在区别同异以交通思想。然则同异何缘以别之乎？此自"名"之问题而入"知"之问题，易言以明之，则自名学上之问题而转入知识论上之问题者也。荀子曰：

然则何缘而以同异？曰：缘天官。凡同类同情者，其天官之

意物也同，故比方之疑似而通。是所以共其约名以相期也。形
体、色、理，以目异；声音清浊，调竽奇声，以耳异；甘苦、咸
淡、辛酸、奇味，以口异；香、臭、芬、郁、腥、臊、洒、酸、
奇臭，以鼻异；疾、养、沧、热、滑、铍、轻、重，以形体异；
说、故、喜、怒、哀、乐、爱、恶、欲，以心异。

所谓"天官"者即耳目口鼻体与心也。前五者外官，而心，内官也。
凡有相同之感觉者，天官视其感觉之原因之物之相同，而以同名名
之。而心者，非徒自己为一天官，又立于他天官之上而统一之者也。
故曰：

> 心有征知。征知，则缘耳而知声可也，缘目而知形可也。然
> 而征知必待夫天官之当簿其类然后可也。五官簿之而不知，心征
> 之而无说，则人莫不然谓之不知。此所缘而以同异也。

按荀子此节之言，非于知识论上有深邃之知识者不能道也。自西洋古
代哲学家以至近世之汗德（Kant），皆以直观（Perception）但为感性
（Sensibility）之作用而无悟性（Understanding）之作用存乎其间。易
言以明之，但为五官之作用，而非心之作用也。唯叔本华（Schopen-
hauer）于其充足理由之论文中，证明直观中之有睿知的性质（Intel-
lectual character）。曰："贫哉感觉（Sensation）！即其最高尚者（如
视觉）亦不过人体中所起一种特别之感应耳。故感觉，主观的，绝
不似直观之为客观的也。盖感觉之作用行于吾人之体内，而决不能超
乎其外。感觉有愉快有不愉快，但表其与吾人意志之关系，而无关于
客观的外物。唯悟性之作用起，而主观的感觉始变而为客观的直观，
即悟性以其因果律之先天的形式，而视五官之感觉为一果，而必欲进
而求其因，同时空间之形式助之，遂超吾人之身体外，而置此原因于
客观的外物，经验之世界由此起也。于此作用中，悟性利用感觉中所
供给之材料，而构其因于空间中，故五官但供我以材料，而由之以构
成客观的世界者，则悟性也。故无悟性之助，则直观不得而起也。"

此叔本华所自矜为空前绝后之大发明，复征诸生理、心理上之事实以证明之。然要之，其《充足理由论文》第二十一章之全文，不过《荀子》此节之注脚而已。又其所谓"五官簿之而不知，心征之而无说"者，岂不令吾人唤起汗德所谓"无内容之思想，空虚也；无概念之直觉（谓感觉），盲瞽也"乎？则荀子之知识论的名学上之价值如何，自可推而知也。

　　然后随而命之：同则同之，异则异之；单足以喻则单，单不足以喻则兼；单与兼无所相避则共，虽共，不为害矣。

杨倞注曰："单，物之单名；兼，复名也。喻，晓也。谓若止喻其物，则谓之马；喻其毛色，则谓之白马、黄马之比也。"由此观之，则与名学中所谓单纯名辞（Simple term）、复杂名辞（Conpound term）相当，即单名但表一概念，而复名则表二概念以上者也。然有时但着眼各物之公共点，而不必问其特别之状态时，则单用一单名或一兼名表之，亦无不可。故曰："单与兼无所相避则共，虽共不为害矣。"然荀子固深重同异之别，虽说共名，犹以异质而同名者为不可，故继之曰：

　　知异实者之异名也，故使异实者莫不异名也，不可乱也，犹使［异］（同）实者莫不同名也。（杨注：或曰"异实"当为"同实"。）故万物虽众，有时而欲遍举之，故谓之"物"。"物"也者，大共名也。推而共之，共则有共，至于无共然后止。有时而欲偏举之，故谓之"鸟兽"。"鸟兽"也者，大别名也。推而别之，别则有别，至于无别然后止。

共名与别名即西洋名学上类概念（Genus）与种概念（Species）之区别。然以"鸟兽"为别名，实其疏漏之处，吾人亦不能为之讳饰也。

　　名无固宜，约之以命，约定俗成谓之宜，异于约谓之不宜。

> 名无固实，约之以命实，约定俗成谓之实名。名有固善，径易而
> 不拂，则（按，此字当衍）谓之善名。

此分名为"宜名"、"实名"、"善名"三者，谓名本无宜不宜之别，唯合于古今沿用之习惯者谓之宜名，不合者谓之不宜名。又本无实不实之别，唯指外界实在之事物，而有事物以为之内容者，谓之实名。若有名而无实当之外界之事物，或不尽与事物相副，则不过一空虚之概念而已。柏庚（今译培根）（Bacon）所谓"市场之偶像"，汗德所谓"先天之幻影"，皆指此也。而实名之呼其名而即晓其意者，又谓之善名。此名之价值之分也。

> 物有同状而异所者，有异状而同所者，可别也。状同而为异
> 所者，虽可合，谓之二实。状变而实无别而为异者，谓之化。有
> 化而无别，谓之一实。此事之所以稽实定数也。此制名之枢要
> 也。

"同状异所"，杨倞注谓"若两马同状，各在一处之类"。"异状同所"，注"谓如蚕蛾之类"。窃谓杨倞所引例稍有未妥。前例如驴、马，后例如蚕蛾。前者"二实"，而后者"一实"也。可见荀子论制名之标准，全立于经验论之上，而与公孙龙、惠施之徒逞诡辩者，全相异也。

周濂溪之哲学说^①

周子之哲学的意见，发表于《通书》、《太极图》与其附属之《太极图说》。《太极图》及《太极图说》，由宇宙根源之本体始，以演绎的推论人之心性及人伦五常。《通书》则由人之心性及人伦五常始，以归纳的溯论宇宙根源之本体。

周子以宇宙为 Makrokosmos（按，大宇宙），以人为 Mikrokosmos（按，小宇宙）。谓既就宇宙有所断定，则可以同一之形式，就人而断定之。又就人而有所究明者，扩而大之，即宇宙之真理也。所谓"无极而太极"，及"阴阳一太极也，太极本无极也"之原理，恰如赫尔德曼（按，1842—1906，德国哲学家）所谓"无意识"（Das Unbewusste）之原理，以示其非 Abstrakter Monismus（按，抽象的一元论），而为 konkreter Monismus（按，具体的一元论）者也；而亦其以（按，当作"以其"）太极为阴阳二气之内含，如赫氏之 Immanenter Dualismus（按，内在的二元论）。赫氏之所谓无意识，非仅抽象的，而内含"意志"与"观念"之具体的原理也。周子之所谓"无极"亦非仅抽象的，而内含阴阳二气，以为万化之原之具体的原理也。周子恐但言"无极"，则人或误认为虚无抽象，故加以"太极"之字耳。抑吾人以周子之"无极"为"无意识"，非仅就类似上言之也，宋儒注释中已明言之。游九言论周子哲学曰："人肖天地。试以吾心验之：方其寂然无思，万善未发，是无极也；虽云未发，而此心昭然，灵源不昧，是太极也。欲知太极，先识吾心，澄神端虑而见焉。"是即由吾人之心而推之，以"无极"

① 本篇刊于 1906 年 9 月《教育世界》133 号。

为"无意识"者也。彼赫尔德曼先就人心研究"无意识"之存在，认其为人心之根本，而后验之万有，遂名宇宙之原理为"无意识"，非与此若合符节哉！《太极图说》中，自"无极而太极"以下，至"大哉《易》也！斯其至矣！"凡二百二十八字，是实伊洛关闽之渊源，太极性理之学之开拓者，而千古不磨之作也。彼以为"无极"即为"太极"之"理"而存焉者，"阴阳"即为"太极"之"气"而发表者。既有阴阳二气，互相推移消长，乃由其配合之度如何，而成"五行"，以遂万化，以现万有。此与赫氏立"意志"与"观念"，而以之为"无意识"之内含的属性，为万化之原理者，何以异耶？

至周子谓："五行，一阴阳也；阴阳，一太极也；太极，本无极也。五行之生也，各一其性。"（《太极图说》）又谓"是万为一"（《通书·理性命篇》）。盖以为一切之物皆具无极之性。朱注所谓"五行具，则造化发育之具无不备矣，故可即此而推本之，以明其浑然一体，莫非无极之妙，而无极之妙亦未尝不各具于一物之中也"是也。是即张子之所谓"一万物"（《张子全书·太和篇》末有"一万物之妙者与"句），赫尔德曼之所谓 All-Ein（按，万物一体）耳。

"惟人也，得其秀而最灵"（《太极图说》）以下，以太极之说为验于人者，是则应用"太极"之理于"人极"（Mikrokosmos）者也。

自"圣人定之以中正仁义，而主静立人极焉"以下，则示彼伦理说之纲领，明太极原理之所必至。以为圣人之性与天地日月之德合一，而示此理者，《易》也，故称《易》为至大。彼伦理说之所主者，在"主静"，在"未发之中"，在"无欲"（《通书》参照）。彼以为"五性感动而善恶分"，方其未感动以前，即本来之"诚"，所谓"未发之中"是。然方其发也，则由其机（按，当作"几"）之如何，而善恶分焉。故最宜用心者在发动之际。圣人即以"中正仁义"之道德主义与"主静"工夫，以使人无过者也。

周子著《太极图》、《太极图说》及《通书》四十种（按，当为"章"），而发表独想之哲学，前言之矣。其于《太极图》及《太极图说》，则说"天"而验之于"人"；于《通书》，则说"人"而征之于"天"，亦既言之矣。所以为主者，虽一在天，一在人，然精而察之，则《太极图》及《太极图说》乃彼哲学之纲，而《通书》则取其意义精而衍之者也。今欲专就《通书》以阐明其哲学之深义，而为谋略说之便，分"本体论"与"道义论"述之。

周子之本体论（即性理论）

周子所谓宇宙本体，等于赫尔德曼之"无意识"；其谓"无极而太极"，"太极"而"两仪"，等于赫氏之 Konkreter Monismus，此于上文详之矣。周子直以此本体论说人之性理。自彼视之，则本体论即性理论也，不过以他名目代"无极"、"太极"、"阴阳"、"五行"等名目而已。观"太极"、"人极"之语，既足示之而有余。今举两名目之相符者于左：

无极＝无为或无思（即"无意识"）

太极＝诚

气之阴阳＝几之善恶

五行＝五德

彼以"太极"为根本原理，犹之以"诚"为人之根本原理也。以"太极"为"理"而观之，则有"无极"之名；以"太极"为"气"而观之，则有"两仪"之内含。犹之以"诚"为"理"而观之，则有"无为"或"无思"；以"诚"为"气"而观之，则有"几"。其义一也。《诚几德第三》曰："诚，无为；几，善恶；德：爱曰仁，宜曰义，理曰礼，通曰智，守曰信。"此所谓"诚，无为"，非即"太极本无极"之义乎？又所谓"几，善恶"，非即"分阴分阳，两仪立焉"之义乎？周子之说"几"也，曰："动而未形，有无之间者，几也。"（《圣第四》）是明明彼所谓"气"之意义也。有象而未为形，是即"气"也。非有形之"五行"，亦非"无意识"之"无"，而存于"有无之间"，为万化之元气者，是即"气"之本质也，活动之端绪也。观此益见"气"之与"几"，意义相合。然则彼视"几"之有善恶，等于"气"之有阴阳，无可疑也。

周子之说"诚"也，曰："诚者，圣人之本……纯粹至善者也。"

(《诚上第一》）"圣，诚而已矣。诚，五常之本，百行之源也。"（《诚下第二》）盖以此示"诚"之"人极"，有"诚"为绝对的之善，而非如"几"之善之对恶而言者也。故与其谓之曰"善"，不如谓为"至性"之为蔽（按，疑当作"愈"）。张子曰："养其气，反其本而不偏，则尽性而天矣。性未成，善恶混。……恶尽去，则善因以亡，故舍曰'善'，而曰：'成之者性'。"（《诚明篇》）可谓能得周子之意者矣。

周子就"理"之方面，即体之方面（对用而言），而说"诚"之"无为"、"无思"，曰："寂然不动者，诚也"（《圣第四》）；"无思，本也"（《思第九》）；"诚，无为"（《诚几德第三》）；"故诚，则无事矣"（《诚下第二》）。是即述"无（意）识"之原理者也。彼又就"气"之方面，即用之方面，而说"诚"之神化，曰："无思，本也；思通，用也。几动于彼，诚动于此。无思而无不通为圣人。"（《思第九》）"感而遂通者，神也；动而未形，有无之间者，几也。"（《圣第四》）"发微不可见，充周不可穷之谓神。"（《诚几德第三》）是皆谓"几"为发动之端，而为"诚"之神妙的活动者也。以为"理"以为体观之，则静；以为"气"以为用观之，则动：一无而一有也。然虽一静一动，一无一有如此，然静之内自有动焉，动之内自有静焉。若夫静则无动、动则无静者，此普通有限的事物之动静，非可适用于"诚"（即"太极"）之绝对的原理者也。周子说之曰："动而无静，静而无动，物也。动而无动，静而无静，神也。动而无动，静而无静，非不动不静也。"（《动静第十六》）即此可知"诚"之为诚，乃至动而兼至静，至静而兼至动者。无无静之动，无无动之静。于是朱子所谓"天下未有无理之气，亦未有无气之理"，可见其意义之深。而周子所谓"无极而太极"之语，益可以玩味矣。

周子又阐明其所谓"五行一阴阳，阴阳一太极，太极本无极"，"五行之生，各一其性"之义，曰："二气（五）行，化生万物。五殊二实，二本则一。是万为一，一实万分。万一各正。"（《理性命第二十二》）此与张子"一万物"之语，非皆说明 All-Ein 之真理者乎？彼之本体论之形而上学，大略如此。彼以"诚"为"人极"之本体。观其"理"的方面，则为"无为"、"无思"之至性，即彼之所谓

"纯粹至善"者也。而一旦"几"动，则善恶以立，于是本然之性去，而气质之性生，或贤或狂，或智或愚，其现象千差万别，遂不可殚诘矣。然其本源既为至性之"诚"，故其宜复归于至性，自无待论。又为人者，须琢磨其天赋秀灵之素，而归复于乡国者也。其说复归于"诚"之道者，则道义论是。

周子之道义论

谓本然之至性，完全圆满，无际无别，此非海格尔（今译黑格尔，1770—1831，德国哲学家）所谓 Gott Vor der Schöpfung der Welt（按，创造世界之神）乎？其一旦由"几"之动而发为现象的状态也，则所谓"诚"者，演神化之通，而极无穷之变。周子曰："元、亨，'诚'之通。"（《诚上第一》）即"诚"之发现，而成有象的世界者也。此非与海格尔视现象为 Offenbarung Gottes（按，上帝的启示，神之外现）者，恰相符合乎？其在现象世界，善恶立焉，正邪别焉，矛盾存焉，及调和此等矛盾而再得本来之天德，即复归于"太极"。此非海格尔所谓元始之状态，即复归于神者乎？而其复归也，仍由我固有之力而来，即"诚"之至德之所自焕发者也。曰："利、贞，'诚'之复。"（《诚上第一》）称其德也。抑周子于本来之"诚"，与既入现象的万化，而后复归本源之诚，似有区别之意。究令不然，亦以本无搅乱而安然居于本有之德者，与方在搅乱中而务欲复于至性之德者，截然别之为二，曰："性焉安焉之谓圣，复焉执焉之谓贤。"（《诚几德第三》）盖其一即本来之"诚"；其一则欲复归于"诚"，而努力向上者也。此与佛教所说"本觉"与"始觉"，何其相似耶？吾人欲由气质之性而达于本然之至性，则当努力勤勉，以效贤者之所为。若夫吾人之果得为圣人乎，此勿待多问者。何则？吾人之本体既为圣人也，苟方法之得宜，则复圣亦易易耳。故曰："'圣可学乎？'曰：'可。'曰：'有要乎？'曰：'有。''请问焉？'曰：'一为要，一者无欲也。'"（《圣学第二十》）此谓复圣之道，在无欲而得其中正也，彼于《太极图说》曰："故圣人定之以中正仁义而主静"，即不外"无欲"之工夫耳。惟中庸而保正，始可以得"无欲"之德。此"中"实至性之天气也。故曰：

"〔性〕（惟）中也者，和也，中节也，天下之达道也，圣人之事也。"（《师第七》）又曰："圣人之道，仁义中正而已。守之贵，行之利，廓之配天地。"（《道第六》）此所谓"道"与"德"者何？周子说之曰："动而正曰道，用而和曰德。"（按，《慎动第五》）盖谓能"正"而"和"，则道以成、德以全也。然而欲得其正与和，则不可不慎动。凡正邪善恶之所由歧，无不在"几"〔德〕（动）之际，故圣人最慎动。周子曰："'吉、凶、悔、吝'生乎动。（噫！）'吉'，一而已，动可不慎乎！"（《乾损益〔道〕（动）第三十一》）又曰："君子慎动。"（《慎动第五》）即此可见周子之伦理主义专在慎动，而程朱所以以"敬"之一字为修身第一义者，其渊源所自，盖不难恍然矣。

国朝汉学派戴阮二家之哲学说

　　近世哲学之流，其胶浅枯涸，有甚于国朝三百年间者哉！国初承明之后，新安、姚江二派，尚相对垒，然各抱一先生之言，姝姝自悦，未有能发明光大之者也。雍、乾以后，汉学大行，凡不手许慎、不口郑玄者，不足以与于学问之事。于是昔之谈程、朱、陆、王者，屏息敛足，不敢出一语。至乾、嘉之间，而国朝学术与东汉比隆矣。然其中之巨子，亦悟其说之庞杂破碎，无当于学，遂出汉学固有之范围外，而取宋学之途径。于是孟子以来所提出之人性论，复为争论之问题。其中之最有价值者，如戴东原之《原善》、《孟子字义疏证》，阮文达之《性命古训》等，皆由三代、秦、汉之说，以建设其心理学及伦理学。其说之幽玄高妙，自不及宋人远甚。然一方复活先秦之古学，一方又加以新解释，此我国最近哲学上唯一有兴味之事，亦唯一可纪之事也。兹略述二氏之说如左：

　　戴氏之学说，详于《原善》及《孟子字义疏证》，然其说之系统，具于《读易系辞论性》一篇。兹录其全文于左，由此而读二书，则思过半矣。

　　《易》曰："一阴一阳之谓道，继之者善也，成之者性也。"一阴一阳，盖言天地之化不已也，道也。一阴一阳，其生生乎？其生生而条理乎？以是见天地之顺，故曰"一阴一阳之谓道"。生生，仁也。未有生生而不条理者。条理之秩然，礼至著也。条理之截然，义至著也。以是见天地之常，三者咸得。天下之至善也，人物之常也，故曰"继之者善也"。言乎人物之生，其善则与天地继承不隔者也。有天地，然后有人物；有人物，于是有人物之性。人与物同有欲，欲也者，性之事也。人与物同有觉，觉也者，性之能也。事能无有失，则协于天地之德，协于天地之德，理至正也。理也者，性之德也。言乎自然之谓顺，言乎必然之谓常，言乎本然之谓德。天下之道尽于顺，天下之教一于常，天下之性同之于德。性之事，配阴阳五行；① 性之能，配鬼神；性之德，配天地之德。所谓血气，心知之性，发于事能者是也。所谓天之性者，事能之无有失是也。为夫不知德者别言之也。人与物同有欲，而得之以生也各殊。人与物同有觉，而喻大者大，喻小者小也各殊。人与物之中正同协于天地之德，而存乎其得之以生，存乎喻大喻小之明昧也各殊。此之谓阴阳五行②以成性，故曰"成之者性也"。善，以言乎天下之大共也。性，言乎成于人人之举凡自为。性，其本也。所谓善，无他焉，天地之化，性之事能，可以知善矣。君子之教也，以天下之大共正人之所自为。性之事能，合之则中正，违之则邪僻，以天地之常，俾人咸知由其常也。明乎天地之顺者，可与语道。察乎天地之常者，可与语善。通乎天地之德者，可与语性。（《戴东原集》卷八）

宋儒之言性也，以性为即理。又虽分别理义之性，与气质之性，然以欲为出于气质之性，而其所谓性，概指义理之性言之。（朱子《论语》"性相近也"章注引程子曰："此言气质之性，非性之本也。若言其本，则性即是理，理无不善，孟子之言性善是也，何相近之有哉！"又《孟子》"生之谓性"章，注："告子不知性之为理，而以所为气者当之。"）故由宋儒之说，欲者，性以外之物，又义理者，欲以外之物也。戴氏则以欲在性中，而义理即在欲中。曰："欲也者，性之事也。事无有失，则协于天地之德，协于天地之德，理至正也。理也者，性之德也。"（见上）又曰："欲不流于私则仁，不溺而为慝则义，情发而中节则和，如是之谓天理。情欲未动，湛然无失，是为天性。非天性自天性，情欲自情欲，天理自天理也。"（《答彭进士书》）又曰："理也者，情之不爽失也。"（《孟子字义疏证》卷上）又曰："无过情、无不及情之谓性。"（同上）此所谓情兼欲而言之，兹将其论情及欲二条对照之可知：

> 问：古人之言天理，何谓也？曰：理也者，情之不爽失也，未有情不得而理得者也。凡有所施于人，反躬而静思之："人以此施于我，能受之乎？"凡有所责于人，反躬而静思之："人以此责于我，能尽之乎？"以我絜之人则理明。天理云者，言乎自然之分理也；自然之分理，以我之情，絜人之情，而无不得其平是也。《乐记》曰："人生而静，天之性也；感于物而动，性之欲也。物至知知，然后好恶形焉；好恶无节于内，知诱于外，不能反躬，天理灭矣。"[①] "夫物之感人无穷，而人之好恶无节，则是物至而人化物也。人化物也者，灭天理而穷人欲者也。于是有悖逆诈伪之心，有淫佚作乱之事；是故强者胁弱，众者暴寡，知者诈愚，勇者苦怯，疾病不养，老幼孤独不得其所。此大乱之道也。"诚以弱寡愚怯，与夫疾病、老幼、孤独，反躬而思其情，人岂异于我！盖方其静也，未感与物，其血气心知，湛然无有失，故曰"天之性"；及其感而动，则欲出于性；一人之欲，天下人之所同欲也，故曰"性之欲"。好恶既形，遂己之好恶，忘人之好恶，往往贼人以逞欲。反躬者，以人逞其欲，思身受之之情也。情得其平，是为好恶之节，是为依乎天理。古人所谓天性，[②] 未有如后儒所谓天理者矣。（《孟子字义疏证》卷上）

又曰：

> 问：《乐记》言"灭天理，而穷人欲"，其言有似以理欲为正邪之别，何也？曰：性，譬则水也；欲，譬则水之流也。节而不过，则为依乎"天理"，为相生相养之道，譬则水由地中行

---

① 此漏去"灭者，灭没不见也。又曰："两句。
② 戴氏原本"性"作"理"，是。

也；"穷人欲"而至于有悖逆诈伪之心，有淫佚作乱之事，譬则洪水横流，泛滥于中国也。圣人教之反躬，以己之加于人，设人如是加于己，而思躬受之之情，譬则禹之行水，行其所无事，非恶泛滥而塞其流也。恶泛滥而塞其流，其立说之工者直绝其源，是遏欲无欲之喻也。"口之于味也，目之于色也，耳之于声也，鼻之于臭也，四肢之于安佚也"，此后儒视为人欲之私者，而孟子曰"性也"，继之曰"有命焉"。命者，限制之名，如命之东则不得而西，言性之欲之不可无节也。节而不过，则依乎天理；非以天理为正、人欲为邪也。天理者，节其欲而不穷人欲也。是故欲不可穷，非不可有，有而节之，使无过情，无不及情，可谓之非天理乎！（同上）

由此观之，上之所谓情，即此之所谓欲也。其与彭进士（绍升）书所谓"情者，有亲疏长幼尊卑，而发于自然"；又曰"欲患其过，而情患其不及"者，则狭义之情，而非此所谓"情"也。此所谓"情"者，欲而已矣。而欲之得其平，得其节者，即谓之理。又引《中庸》之"文理"、《乐记》之"伦理"、《孟子》之"条理"、《庄子》之"天理"（《养生主》）、《韩非子》之"腠理"之训，以为理者，非具于物之先，而存于物之中，物之条分缕析者即是也。盖生生者，天地之性，由是而有阴阳五行，由是而有山川原隰，由是而有飞潜动植。所谓生生而条理者也，此天地之理也。人之性感于物而动，于是乎有欲，天下之人，各得遂其欲而无所偏，此人之理也。而使吾人之欲，在在依乎天理，其道在行孔子之所谓"恕"，大学所谓"絜矩之道"。所谓"理"者，自客观上言之；所谓"恕"与"絜矩之道"者，自主观上言之。所谓"理"者，自其究竟言之；所谓"恕"与"絜矩之道"者，自其手段言之。其实则一而已矣。

　　然则使吾人节人欲而依乎天理者何欤？使吾人以己之情絜人之情，而无不得其平者何欤？夫戴氏之所谓性，固兼心知与血气言之，则所以使吾人如此者，其为心知必矣。故曰：

　　凡血气之属，皆有精爽。其心之精爽，巨细不同。如火光之
照物，光小者，其照也近，所照者不谬也，所不照者疑谬承之，
不谬之谓得理；其光大者，其照也远，得理多而失理少。且不特
远近也，光之及又有明暗，故于物有察有不察；察者尽其实，不
察斯疑谬承之，疑谬之谓失理。失理者，限于质之昧，所谓愚
也。惟学可以增益其不足而进于智，益之不已，至乎其极，如
"日月有明，容光必照"，则圣人矣。（《孟子字义疏证》卷上）

然则，如戴氏之说，则非理之行，存于知之失，而不存于欲之失，故
驳周子无欲之说。又曰：

　　朱子亦屡言"人欲所蔽"，皆以为无欲则无蔽，非《中庸》
"虽愚必明"之道也。有生而愚者，虽无欲亦愚也；凡出于欲，
无非相生相养①之事。欲之失为私，不为蔽。……私生于欲之
失，蔽生于知之失。（同上）

然由戴氏之说推之，则必欲之失根于知之失而后可，必私与蔽相因而
后可。不然，则理者，情欲之不爽失之谓，知之失，安得即谓之非
理？今乃曰："欲之失为私不为蔽"，一若私与蔽全为二物者，自其
哲学之全体观之，不可谓之非矛盾也。

　　厥后阮文达又推阐戴氏之说，而作《性命古训》（《揅经室一集》
卷十），复括其意作《节性斋主人小像跋》一篇（《揅经室再续集》卷
一）。其文曰：

　　余讲学不敢似学案立宗旨，惟知言性则溯始《召诰》之
"节性"，迄于《孟子》之"性善"，不立空谈，不生异说而已。
性字之造，于周召之前。从心则包仁、义、礼、智等在内，从生
则包味、臭、色、声等在内。是故周召之时，解性字者，朴实不

────────────

① "相生相养"，戴氏原本作"以生以养"。

乱。何也？字如此实造，事亦如此实讲。周召知性中有欲，必须
节之。节者如有所节制，使不逾尺寸也。以节字制天下后世之
性，此圣人万世可行，得中庸之道也。中庸之"率性"（率同
帅），犹《召诰》之"节性"也。……至于各义，已详余《性命
古训》篇。

　　"虞夏书"内无性字，性字始见于《书·西伯戡黎》（天
性）、《召诰》（节性）、《诗·卷阿》（弥性）；古性字之义，包于
命字之中。其字乃商、周挚生之字，非仓颉所造。从心则包仁义
等事（人非仁义，无以为生），从生则包食色等事（人非食色，无以生
生）。《孟子》曰："动心忍性。"若性但须复，何必言忍？忍即
节也。

　　故阮氏之说，全祖戴氏，其所增益者，不过引《书·召诰》、
《诗·卷阿》之说，为戴氏之未及，又分析"性"之字义而已。二氏
之意，在申三代、秦、汉之古义，以攻击唐、宋以后杂于老、佛之新
学。戴氏于《孟子字义疏证》外，其攻击新学，尤详于《答彭进士
书》。其弟子段若膺氏，谓此书"以六经、孔、孟之旨，还之六经、
孔、孟；以程、朱之旨，远之程、朱；以陆、王、佛氏之旨，还之
陆、王、佛氏"。诚哉此言也，阮氏于《性命古训》中。亦力攻李翱
复性之说。又作《塔性说》（《揅经室续集》卷三）以为翻译者，但用
典中"性"字，以当佛经无得而称之物，而唐人更以经中"性"字
当之。其说与唐、宋以来千余年之说，其优劣如何，暂置勿论。要
之，以宋儒之说还宋儒，以三代之说还三代，而使吾人得明认三代与
唐、宋以后之说之所以异，其功固不可没也。

　　盖吾中国之哲学，皆有实际的性质，而此性质于北方之学派中为
尤著。古代北方之学派中，非无深邃统一之哲学，然皆以实用为宗
旨。《易》之旨在于前民用，《洪范》之志在于叙彝伦，故生生主义
者，北方哲学之唯一大宗旨也。苟无当于生生之事者，北方学者之所
不道。故孔、墨之徒，皆汲汲以用世为事，惟老、庄之徒生于南方
（庄子楚人。虽生于宋，而钓于濮水。陆德明《经典释文》曰："陈地，水也。"

此时陈已为楚灭，则亦楚地也。故楚王欲以为相），遁世而不悔，其所说虽不出实用之宗旨，然其言性与道，颇有出于北方学者之外者。盖北方土地硗瘠，人民图生事之不暇，奚暇谈空理？其偏于实际，亦自然之势也。至江、淮以南，富水利，多鱼盐，其为生也较易，故有思索之余暇。《史记·货殖列传》曰：

> 总之，吴①越之地，地广人稀，饭稻羹鱼，或火耕而水耨，果隋蠃蛤，不待贾而足，地势饶食，无饥馑之患，以故呰窳偷生，无积聚而多贫。是故江、淮以南，无冻饿之人，亦无千金之家。沂、泗水以北，宜五谷桑麻六畜，地小人众，数被水旱之害。……

理论哲学之起于南方，岂不以此也乎？此外古代幽深玄远之哲学，所以起于印度、希腊者，其原因亦存于此。至魏、晋以后，南方之哲学，与印度哲学之一部，代兴于中国。然以不合于我国人实际之性质，故我国北方之学者，亦自觉其理论之不如彼也。三者混合，而成宋、元、明三朝之学术，至国朝而三者之说俱微矣。自汉学盛行，而学者以其考证之眼，转而攻究古代之性命、道德之说，于是古代北方之哲学复明，而有复活之态。度戴、阮二氏之说，实代表国朝汉学派一般之思想，亦代表吾国人一般之思想者也。此足以见理论哲学之不适于吾国人之性质，而我国人之性质，其彻头彻尾实际的有如是也。至数者是非优劣之问题，则不具论于此。

---

① "吴"，《史记》原文为"楚"。

书辜氏汤生英译《中庸》后

古之儒家，初无所谓哲学也。孔子教人，言道德，言政治，而无一语及于哲学。其言性与天道，虽高第弟子如子贡，犹以为不可得而闻，则虽断为未尝言焉可也。儒家之有哲学，自《易》之《系辞》、《说卦》二传及《中庸》始。《易传》之为何人所作，古今学者，尚未有定论。然除传中所引孔子语若干条外，其非孔子之作，则可断也。后世祖述《易》学者，除扬雄之《太元经》、[1] 邵子之《皇极经世》外，亦曾无几家。而此数家之书，亦不多为人所读，故儒家中此派之哲学，未可谓有大势力也。独《中庸》一书，《史记》既明言为子思所作，故至于宋代，此书遂为诸儒哲学之根柢。周子之言"太极"，张子之言"太虚"，程子、朱子之言"理"，皆视为宇宙人生之根本，与《中庸》之言诚无异，故亦特尊此书，跻诸《论》、《孟》之例。故此书不独如《系辞》等传表儒家古代之哲学，亦古今儒家哲学之渊源也。然则辜氏之先译此书，亦可谓知务者矣。

然则孔子不言哲学，若《中庸》者又何自作乎？曰《中庸》之作，子思所不得已也。当是时略后孔子而生，而于孔子之说外，别树一帜者老氏（老氏之非老聃，说见汪中《述学》补遗）、墨氏。老氏、墨氏亦言道德，言政治，然其说皆归本于哲学。夫老氏道德政治之原理，可以二语蔽之曰："虚"与"静"是已。今执老子而问以人何以当虚当静，则彼将应之曰：天道如是，故人道不可不如是，故曰："致虚极，守静笃，万物并作。"（《老子》十二章）此虚且静者，老子

---

① 玄，原作"元"，元、玄同义，清人为避康熙名（玄烨）讳，而改"玄"为"元"。下同。

谓之曰"道"，曰："有物混成，先天地生，寂兮寥兮，独立不改，（中略）吾不知其名，字之曰道。"（二十五章）由是其道德政治之说，不为无据矣。墨子道德政治上之原理，可以二语蔽之曰："爱"也，"利"也。今试执墨子而问以人何以当爱当利，则彼将应之曰：天道如是，故人道不可不如是。故曰："天兼而爱之，兼而利之。"又曰："天必欲人之相爱相利，而不欲人之相恶相贼。"（《墨子·法仪篇》）则其道德政治之说，不为无据矣。虽老子之说虚静，求诸天之本体，而墨子之说爱利，求诸天之意志，其间微有不同，然其所以自固其说者，则一也。孔子亦说仁说义，又说种种之德矣。今试问孔子以人何以当仁当义，孔子固将由人事上解释之。若求其解释于人事以外，岂独由孔子之立脚地所不能哉，抑亦其所不欲也。若子思则生老子、墨子后，比较他家之说，而惧乃祖之教之无根据也，遂进而说哲学以固孔子道德政治之说。今使问子思以人何以当诚其身，则彼将应之曰：天道如是，故人道不可不如是，故曰："诚者物之终始，不诚无物。"其所以为此说者，岂有他哉，亦欲以防御孔子之说，以敌二氏而已。其或生二子之后，濡染一时思辨之风气，而为此说，均不可知。然其方法之异于孔子，与其所以异之原因，不出于此二者，则固可决也。

　　然《中庸》虽为一种之哲学，虽视诚为宇宙人生之根本，然与西洋近世之哲学，固不相同。子思所谓诚，固非如裴希脱（今译费希特）（Fichte）之 Ego，解林（今译谢林）（Schelling）之 Absolute，海格尔（今译黑格尔）（Hegel）之 Idea，叔本华（Schopenhauer）之 Will，哈德曼（Hartmann）之 Unconscious 也。其于思索，未必悉皆精密，而其议论，亦未必尽有界限。如执近世之哲学，以述古人之说，谓之弥缝古人之说则可，谓之忠于古人，则恐未也。夫古人之说，固未必悉有条理也，往往一篇之中，时而说天道，时而说人事。岂独一篇中而已，一章之中，亦复如此。幸而其所用之语，意义甚为广漠，无论说天说人时，皆可用此语，故不觉其不贯串耳。若译之为他国语，则他国语之与此语相当者，其意义不必若是之广，即令其意义等于此语，或广于此语，然其所得应用之处，不必尽同，故不贯串不统一之病，自不能免。而欲求其贯串统一，势不能不用意义更广之语，然语意愈广者，其语愈虚。于是古人之说之特质渐不可见，所存者其肤廓耳。译古书之难，全在于是。如辜氏此书中之译"中"为"Our true self"，"和"为"Moral order"，其最著者也。余如以"性"为"Law of our being"，以"道"为"Moral law"，亦出于求统一之弊。以吾人观之，则"道"与其谓之"Moral law"，宁谓之"Moral order"。至"性"之为"Law of our being"，则"law"之一字，除与"Moral law"之"law"字相对照外，于本义上固毫不需此，故不如译为"Essence of our being" or "Our true nature"之妥也。此外如此类者，尚不可计。要之，辜氏此书，如为解释《中庸》之书，则吾无间然，且必谓我国之能知《中庸》之真意者，殆未有过于辜氏者也。若视为翻译之书，而以辜氏之言即子思之言，则未敢信以为善本也。其他种之弊，则在以西洋之哲学解释《中庸》。其最著者，如"诚则形，形则著"数语，兹录其文如左：

Where there is truth, there is substance. Where there is substance, there is reality. Where there is reality, there is intelligence. Where there is intelligence, there is power. Where there is power, there is influence. Where there is influence, there is creation.

此等明明但就人事说，郑注与朱注大概相同，而忽易以"Substance"、"reality"等许多形而上学上之语（Metaphysical Terms），岂非以西洋哲学解释此书之过哉。至"至诚无息"一节之前半，亦但说人事，而无"息久征悠远博厚高明"等字，亦皆以形而上学之语译之，其病亦与前同。读者苟平心察之，当知余言之不谬也。

上所述二项，乃此书中之病之大者，然亦不能尽为译者咎也。中国语之不能译为外国语者，何可胜道！如《中庸》之第一句，无论何人，不能精密译之。外国语中之无我国"天"字之相当字，与我国语中之无"God"之相当字无以异。吾国之所谓"天"，非苍苍者之谓，又非天帝之谓，实介二者之间，而以苍苍之物质具天帝之精神者也。"性"之字亦然。故辜氏所译之语，尚不失为适也。若夫译

"中"为"Our true Self or Moral order"，是亦不可以已乎。里雅各（James Legge）之译"中"为"Mean"，固无以解"中也者天下之大本"之"中"，今辜氏译"中"为"Our true Self"，又何以解"君子而时中"之"中"乎！吾宁以里雅各氏之译"中"为"Mean"，犹得《中庸》一部之真意者也。夫"中"（Mean）之思想，乃中国古代相传之思想。自尧云"执中"，而皋陶乃衍为"九德"之说，皋陶不以宽为一德，栗为一德，而以二者之中之宽而栗为一德，否则当言十八德，不当言九德矣。《洪范》"三德"之意亦然。此书中《尊德性》一节，及《问强》、《索隐》二章，尤在发明此义。此亦本书中最大思想之一，宁能以"Our true self or Our central self"空虚之语当之乎？又岂得以类于雅里士多德（Aristotle）之《中说》而唾弃之乎？余所以谓失古人之说之特质，而存其肤廓者，为此故也。辜氏自谓涵泳此书者且二十年，而其"涵泳"之结果如此，此余所不能解也。余如"和"之译为"Moral order"也，"仁"之译为"Moral sense"也，皆同此病。要之，皆过于求古人之说之统一之病也。至全以西洋之形而上学释此书，其病反是。前病失之于减古书之意义，而后者失之于增古书之意义。吾人之译古书如其量而止则可矣，或失之减，或失之增，虽为病不同，同一不忠于古人而已矣。辜氏译本之病，其大者不越上二条，至其以己意释经之小误，尚有若干条。兹列举之如左：

（一）"是以君子戒慎乎其所不睹，恐惧乎其所不闻。"辜氏译为：

> Wherefore it is that the moral man watches diligently over what his eyes cannot see and is in fear and awe of what his ears can not hear.

其于"其"字一字之训，则得矣，然中庸之本意，则亦言不自欺之事。郑［元］（玄）注曰：

> 小人闲居为不善，无所不至也。君子则不然，虽视之无人，听之无声，犹戒慎恐惧自修，正是其不须臾离道。

朱注所谓"虽不见闻，亦不敢忽"。虽用模棱之语，然其释"独"字也曰：

> 独者，人所不知而己所独知之地也。

则知朱子之说，仍无以异于康成，而辜氏之译语，其于"其"字虽妥然涵泳全节之意义，固不如旧注之得也。

（二）"隐恶而扬善。"辜氏译之曰：

> He looked upon evil merely as something negative, and he recognised only what was good as having positive existence.

此又以西洋哲学解释古书，而忘此节之不能有此意也。夫以"恶"为"Negative"，"善"为"Positive"，此乃希腊以来哲学上一种之思想。自斯多噶派（Stoics）及新柏拉图派（Neo Platonism）之辨神论（Theodicy），以至近世之莱布尼兹（Leibnitz）皆持此说，不独如辜氏注中所言大诗人沙士比亚（Shakespeare）及葛德（今译歌德）（Goethe）二氏之见解而已。然此种人生观，虽与《中庸》之思想非不能相容，然与好问察言之事，有何关系乎？如此断章取义以读书，吾窃为辜氏不取也。且辜氏亦闻《孟子》之语乎？《孟子》曰：

> 大舜有大焉，善与人同。舍己从人，乐取于人以为善。

此即好问二句之真注脚。至其译"执其两端，用其中于民"，乃曰：

> Taking the two extremes of positive and negative, he applied the mean between the two extremes in his judgement, employment and

dealings with people.

夫云 "to take the two extremes of good and evil"（执善恶之中），已不可解，况云 "taking the two extremes of positive and negative" 乎？且如辜氏之意，亦必二者皆 "positive"，而后有 "extremes" 之可言。以 "positive" 及 "negative" 为 "two extremes"，可谓支离之极矣。今取朱注以比较之曰：

> 然于其言之未善者，则隐而不宣，其善者则播而不匿。（中略）于善之中，又执其两端，而量度以取中，然后用之。

此二解之孰得孰失，不待知者而决矣。

（三）"天下国家可均也。" 辜氏译为：

> A man may be able to renounce the possesion of Kingdoms and Empire.

而复注之曰：

> The word 均 in text above, literally "even, equally divided" is here used as a verb "to be indifferent to" （平视），hence to renounce.

然试问 "均" 字果有 "to be indifferent to"（漠视）之训否乎？岂独 "均" 字无此训而已，即 "平视" 二字（出《魏志·刘桢传》注），亦曷尝训此。且即令有此训，亦必有二不相等之物，而后可言均之平之。孟子曰："舜视弃天下犹弃敝屣也。" 故若云天下敝屣可均，则辜氏之说当矣。今但云 "天下国家可均"，则果如辜氏之说，将均天下国家于何物者哉。至 "to be indifferent to"，不过外国语之偶有均字表面之意者，以此释 "均"，苟稍知中国语者，当无人能首肯之也。

（四）"君子之道，造端乎夫妇。及其至也，察乎天地。"郑注曰：

> 夫妇谓匹夫匹妇之所知所行。

其言最为精确。朱子注此节曰"结上文"，亦即郑意。乃辜氏则译其上句曰：

> The moral law takes its rise in relation between man and woman.

而复引葛德《浮斯德》戏曲（Faust）中之一节以证之，实则此处并无此意，不如旧注之得其真意也。

（五）辜氏于第十五章以下，即译《哀公问政》章（朱注本之第二十章），而继以《舜其大孝》、《无忧》、《达孝》三章，又移《鬼神之为德》一章于此下，然后继以《自诚明》章。此等章句之更定，不独有独断之病，自本书之意义观之，亦决非必要也。

（六）辜氏置《鬼神》章于《自诚明》章之上，当必以此章中有一"诚"字故也。然辜氏之译"诚"之不可掩也，乃曰：

> Such is evidence of things invisible that it is impossible to doubt the spirtual nature of man.

不言"诚"字，而以鬼神代之，尤不可解。夫此章之意，本谓鬼神之为物，亦诚之发现，而乃译之如此。辜氏于此际，何独不为此书思想之统一计也。

（七）"身不失天下之显名，尊为天子，富有四海之内，宗庙享之，子孙保之。"此数者，皆指武王言之。朱注："此言武王之事是也。"乃辜氏则以此五句别为一节，而属之文王，不顾文义之灭裂，甚矣其好怪也！辜氏独断之力如此，则更无怪其以武王未受命，为文王未受命，及周公成文、武之德，为周公以周之王成于文、武之德也。

（八）"礼所生也"之下"居下位"三句，自为错简，故朱子亦从郑注。乃辜氏不认此处有错简，而意译之曰：

> For unless social inequalities have a true and moral basis, government of the people is an impossibility.

复于注中直译之曰：

> Unless the lower orders are satisfied with those above them, government of the people is an impossibility.

复于下节译之曰：

> If those in authority have not the Confidence of those under them, government of the people is an impossibility.

按"不获乎上"之意，当与《孟子》"是故得乎邱民而为天子，得乎天子为诸侯，得乎诸侯为大夫"，及"不得乎君则热中"之"得"字相同。如辜氏之解，则经当云"在上位不获乎下"，不当云"在下位不获乎上"矣。但辜氏之所以为此解者，亦自有故。以若从字句解释，则与上文所云"为天下国家"，下文所云"民不可得而治"不相容也。然"在下位"以下，自当如郑注别为一节，而"在下位者"既云"在位"，则自有治民之责，其间固无矛盾也，况《孟子》引此语亦云"居下位而不获于上，民不可得而治也"乎。要之此种穿凿，亦由求古人之说之统一之过也。

（九）"王天下有三重焉，其寡过矣乎。"辜氏译之曰：

> To attain to the sovereignty of the world, there are three important things necessary; they may perhaps be summed up in one: blame lessness of lire.

以三重归于一重，而即以"寡过"当之，殊属非是。朱子解为"人得寡过"固非，如辜氏之解，更属穿凿。愚按：此当谓王天下者，重视仪礼、制度、考文三者，则能寡过也。

（十）"上焉者，虽善无征，无征不信，不信民弗从。下焉虽善不尊，不尊不信，不信民弗从。"此一节承上章而言，"无征"之"征"即"夏礼、殷礼不足征"之"征"。故《朱子章句》解为"虽善而皆不可考"是也。乃辜氏译首二句曰：

However excellent a system of moral truth appealing to Supernatural authority may be, it is not verifiable by experience.

以"appealing to supernatural authority"释"上"字，穿凿殊甚。不知我国古代固无求道德之根本于神意者，就令有之，要非此际子思之所论者也。

至辜氏之解释之善者，如解"凡为天下国家有九经，所以行之者一也"之"一"为"豫"，此从郑注而善者，实较朱注更为直截。此书之不可没者，唯此一条耳。

吾人更有所不慊者，则辜氏之译此书，并不述此书之位置如何，及其与《论语》诸书相异之处，如余于此文首页之所论。其是否如何，尚待大雅之是正，然此等问题，为译述及注释此书者所不可不研究，明矣。其尤可异者，则通此书无一语及于著书者之姓名，而但冠之曰孔氏书。以此处《大学》则可矣，若《中庸》之为子思所作，明见于《史记》，又从子思再传弟子孟子书中，犹得见《中庸》中之思想文字，则虽欲没其姓名，岂可得也！又译者苟不信《中庸》为子思所作，亦当明言之，乃全书中无一语及此，何耶？要之，辜氏之译此书，谓之全无历史上之见地可也。唯无历史上之见地，遂误视子思与孔子之思想全不相异；唯无历史上之见地，故在在期古人之说之统一；唯无历史上之见地，故译子思之语以西洋哲学上不相干涉之语。幸而译者所读者，西洋文学上之书为多，其于哲学所入不深耳。使译者而深于哲学，则此书之直变为柏拉图之《语录》、康德之《实践理性批评》，或变为裴希脱、解林之书，亦意中事。又不幸而译者不深于哲学，故译本中虽时时见康德之《知识论》，及伦理学上之思想，然以不能深知康德之《知识论》，故遂使西洋形而上学中空虚广莫之语，充塞于译本中。吾人虽承认中庸为儒家之形而上学，然其不似译本之空廓，则固可断也。又译本中为发明原书故，多引西洋文学家之说。然其所引证者，亦不必适合。若再自哲学上引此等例，固当什伯千万于此。吾人又不能信译者于哲学上之知识狭隘如此，宁信译者以西洋通俗哲学为一蓝本，而以中庸之思想附会之，故务避哲学家之说，而多引文学家之说，以使人不能发见其真藏之所在。此又一说也。由前之说，则失之固陋；由后之说，则失之欺罔。固陋与欺罔，其病虽不同，然其不忠于古人，则一也。故列论其失，世之君子或不以余言为谬乎。

此文作于光绪丙午，曾登载于上海《教育世界》杂志。此志当日不行于世，故鲜知之者。越二十年，乙丑夏日，检理旧箧，始得之。《学衡》杂志编者请转载，因复览一过。此文对辜君批评颇酷，少年习气，殊堪自哂。案辜君雄文卓识，世间久有定论，此文所指摘者，不过其一二小疵。读者若以此而抹杀辜君，则不独非鄙人今日之意，亦非二十年前作此文之旨也。国维附记。

周锡山 编校

王国维集

第二册

中国社会科学出版社

目　录

四　西方文学研究

五　西方美学研究

六　西方哲学研究

七　诗词创作汇编

八　文化学研究

四　西方文学研究

莎士比(亚)传[①]

维廉·莎士比 William Shakespeare（今译莎士比亚，1564—1616，英国剧作家、大诗人），以一五六四年四月二十三日（?）生于卫伊克州爱浑河侧斯特拉特村。其父名约翰·莎士比，母名马利亚丁，均中等社会以下人也。莎士比幼时诸事，人无知之者，惟据传说，则彼不过于斯特拉特某学校中尝受初等教育。同时剧诗家约翰孙评之曰："彼不甚解拉丁语，然所解之希腊语则更少。"然约翰孙虽为当时有数之博学家，但好自尊而贬人，故彼虽贬莎士比为浅学，然莎士比果浅学与否，殊不敢断。据近人之所考，则莎士比学识之博大，足以其所通之诸国语证之。至其所用之语数，通例虽以为一万五千言，然霍尔顿则以为二万四千言。今姑不论其为一万五千言或二万四千言，要之皆较密尔登（今译弥尔顿）多数千言（密尔登所用之语数或云八千言或言一万七千言）。据此则莎士比学识之宏大可知矣。

莎士比于十九岁时完婚，其妇名安哈查，长于莎氏七岁，娶后七月产一女。尔后一二年中，在斯特拉特，或云是时莎氏助其父从事于羊毛商。后莎氏迫于生事，兼欲营独立之计，故始至首都伦敦。按，一千五百八十五年，莎氏既至伦敦，据云最初执贱业于梨园，或云习作俳优，均不详。其后数年，莎氏之名渐显，为俳优中不可少之人物，与当时名作家格林（按，1558—1592）、马罗（今译马娄，1564—1593）等相抗衡。其所交游为爱查克斯、塞姆布顿、卡路克等，或为权门贵绅，或为文坛名士。据最近所考，则莎氏当与此诸人交游时，不独为

---

① 本篇刊于 1907 年 10 月《教育世界》159 号。

诸人所尊敬，且为诸人所深爱。如彼约翰孙氏于莎氏身后评莎氏曰：
"予之爱彼，至今犹然。彼才既跌宕，又思想深微，想像浓郁，词藻
温文，更助以敏妙之笔，于是其文遂如长江大河，一泻千里，不可抑
制。盖彼之机才，实彼之性命，若稍加以抑制，与夺其性命无异。若
以其所长补其所短，亦复充足而有余也。"云云。又，当时人士之尊
莎氏也，至称 Gentle Shakespeare，则莎氏性情之温厚闲雅，可想
而知。

一五九三年，莎氏之初作 *Venus and Adonis*（今译《维纳斯与阿都尼》）
出版，翌年 *Lucrese*（今译《鲁克丽丝受辱记》）出。自是以往，续出不已，
至其死后，计有三十七篇之多。莎氏因此致富，为数剧部主。一五九
七年，复于斯特拉特购别庄，名曰纽布赖斯，未几即移居其中，或云
在一六一二年时。莎氏移居后十二年，即一六一六年四月二十三日，
遂殁，享年五十四。有子三人，男一女二。

莎氏之诸作，当莎氏生时，多未经其允许，遂出版，故其中错误
舛谬，在在俱是，几不堪卒读。今日所传诸版中，则以福利亚版为最
佳。福利亚版为莎氏殁后七年，其友人等所校正之版，故诸版中是版
最可信。其后一六三二年第二福利亚版出，一六六四年第三福利亚版
出，一六八五年第四福利亚版出，然而均不若第一福利亚版善。例如
第二福利亚版所订证之莎氏生平，多半臆测。第三福利亚版，除原有
诸作外，更附载七［编］（篇）。其中除 *Pericles* 略似莎氏所作外，其
余诸篇之真伪，至今尚无定论。七篇之名曰 *Pericles*、《伦敦奢人》、
《大麦斯传》、《沙约翰传》、《清净教寡妇》、《洛克林悲剧》、《约夏
悲剧》是也。

莎氏专意著作之时期，自一五九〇年（或云一五八八年）至一六一
二年之间，凡二十余年。自一六〇〇年以后，专意著悲剧，置史剧喜
剧等不作。故莎氏之著作可分前后二大期，更分为四小期。第一期自
一千五百九十年至一千五百九十六年，是所谓修业期。第二期自一千
五百九十五、六年，至一千六百年或一千六百〇一年，是为作史剧及
喜剧之时也。第三期自一千六百〇一年至一千六百〇八年，为作深刻
之喜剧及宏大之悲剧时。第四期自一千六百〇八年至一千六百十一、

二年，是期专作悲喜调和之传奇剧。

第一期时，作者始习作剧，年约二十四五，其进步极速，实令人可惊。是时所作多主翻案改作，纯以轻妙胜。

第一期中之诸作，作者尚未谙世故时之作也，故与实际隔膜，偏于理想，而不甚自然。至第二期时，作者渐谙世故，知人情，其想象亦届实际。是时专作史剧，依其经验之结果，故不自理想界而自实际界，得许多剧诗之材料。是期中所作，大抵雄浑劲拔也。

第二期之末，莎氏因自身之经验，人生之不幸，盖莎氏是时既失其儿，复丧其父，于是将胸中所郁，尽泄诸文字中，始离人生表面，而一探人生之究竟。故是时之作，均沈痛悲激。

其后沈痛悲激之波，至第四期而渐定。作者经此波澜后，大有所悟，其胸襟更阔大而沈著。于是一面与世相接，一面超然世外，即自理想之光明，知世间哀欢之无别，又立于理想界之绝顶，以静观人海之荣辱波澜。故第四期诸作，足觇作者之人生观。是等诸作均诲人以养成坚忍不拔之精神，以保持心之平和，见人之过误则宽容之，恕宥之；于己之过误，则严责之，悔改之，更向圆满之境界中而精进不息。是时之莎氏，宛如彼所作之传奇剧《飓引》（今译《暴风雨》）中之泡司柏鲁其人也。盖莎氏晚年诸作，均含有一种不可思议之魔力，以左右人世。今将所作列表于下。

剧诗

Titus Andronicus（今译《泰特斯·安德洛尼克斯》）自一五八八年至一五九〇年之间

Henry VI 1.（今译《亨利六世》一）自一五九〇年至一五九三年之间
以上为改作时代之作

Love's Labour's Lost（今译《爱的徒劳》）一五九〇年

Comedy of Errors 闽县林纾译作《孪误》（今译《错误的喜剧》）一五九一年

Two Gentlemen of Verona 林译《情惑》（今译《维洛那二绅士》）自一五九二年至一五九三年之间

Midsummer-night's Dream 林译《仙狯》（今译《仲夏夜之梦》）自一五

九〇年至一五九四年之间

以上为初年之喜剧

Henry VI 2. 3. （今译《亨利六世》二、三）自一五九一年至一五九六年
之间

Richard III（今译《理查三世》）一五九三年

以上为初年之史剧

Romeo and Juliet 林译《铸情》（今译《罗密欧与朱丽叶》）一五九一年
或云自一五九六年至一五九七年之间

以上为初年之悲剧

Richard II（今译《理查二世》）一五九四年

King John（今译《约翰王》）一五九五年

是为中年之史剧

（*The*）*Merchant of Venice* 林译《肉券》（今译《威尼斯商人》）一五九
六年

是为中年之喜剧

Henry IV 1. 2.（今译《亨利四世》一、二）自一五九七年至一五九八年
之间

Henry V（今译《亨利五世》）一五九九年

以上为晚年之史剧

（*The*）*Taming of the Shrew* 林译《驯悍》（今译《驯悍记》）一五九七
年

（*The*）*Merry Wives of Windsor*（今译《温莎的风流娘儿们》）一五九八年

Much Ado about Nothing 林译《礼哄》（今译《无事生非》）一五九
八年

As you like it 林译《林集》（今译《皆大欢喜》）一五九九年

Twelfth Night 林译《婚诡》（今译《第十二夜》）自一六〇〇年至一六
〇一年之间

All's Well that Ends Well 林译《医谐》（今译《终成眷属》）自一六〇
一年至一六〇二年之间

Measure for Measure 林译《狱配》（今译《一报还一报》）一六〇三年

Troilus and Cressida (今译《特洛伊罗斯与克瑞西达》) 一六〇三年或云一六〇七年改订

以上为晚年之喜剧

Julius Caesar (今译《尤利乌斯·恺撒》) 一六〇一年

Hamlet 林译《鬼诏》 (今译《哈姆莱特》) 一六〇二年

以上为中年之悲剧

Othello 林译《黑瞀》 (今译《奥瑟罗》) 一六〇四年

King Lear 林译《女变》 (今译《李尔王》) 一六〇五年

Macbeth 林译《蛊征》 (今译《麦克白》) 一六〇六年

Antony and Cleopatra (今译《安东尼与克莉奥佩特拉》) 一六〇七年

Coriolanus (今译《科利奥兰纳斯》) 一六〇八年

Timon of Athens 林译《仇金》 (今译《雅典的泰门》) 自一六〇七年至一六〇八年之间

以上为晚年之悲剧

Pericles 林译《神合》 (今译《泰尔亲王佩里克利斯》) 一六〇八年

Cymbeline 林译《环证》 (今译《辛白林》) 一六〇九年

(The) Tempest 林译《飓引》 (今译《暴风雨》) 一六一〇年

(The) Winter's Tale 林译《珠还》 (今译《冬天的故事》) 自一六一〇年至一六一一年之间

以上为传奇剧

Two Noble Ringmen (今译《两个高贵的亲戚》) 一六一二年

Henry VIII (今译《亨利八世》) 自一六一二年至一六一三年之间

以上断篇

叙事及抒情之诗

Venus and Adonis (今译《维纳斯与阿都尼》) 一五九二年 (?)

Lucrese (今译《鲁克丽丝受辱记》) 自一五九三年至一五九四年之间

Sonnets (短歌集) (今译《十四行诗》) 自一五九五年至一六〇五年之间

是表中之《鬼诏》、《黑瞀》、《蛊征》、《女变》等四篇，通例称为"四大悲剧"。此外至少尚有十篇左右，均为莎氏杰作。盖惟此四篇实不足以窥此大诗人之蕴奥。如巴德森氏之评《鬼诏》曰:"人知此篇者极多,而读此篇者极少。"莎氏之一切著作,无一不可作如是观也。彼略读莎氏著作者,岂能知莎氏乎?盖莎氏之文字,愈咀嚼,则其味愈深,愈觉其幽微玄妙。又加拉儿氏曰:"人十岁而嗜莎士比,至七十岁而其趣味犹不衰。"盖莎士比文字,犹如江海,愈求之,愈觉深广。故凡自彼壮年所作之短歌集,以求其真意者,或据一二口碑以求莎氏之为人,或据一己之见以解释其著作,皆失败也。当知莎氏与彼主观的诗人不同,其所著作,皆描写客观之自然与客观之人间,以超绝之思,无我之笔,而写世界之一切事物者也。所作虽仅三十余篇,然而世界中所有之离合悲欢,恐怖烦恼,以及种种性格等,殆无不包诸其中。故莎士比者,可谓为"第二之自然"、"第二之造物"也。

英国大诗人白衣龙（拜伦）小传^①

　　白衣龙 G. G. L. Byron（今译拜伦），以一千七百八十八年生于英京伦敦。父名约翰，尝诱人之妇偕亡，后复虐遇之，夺其资，终客死异地，盖一无赖子也。母名加查林戈登，禀性奇矫，不下于夫，执拗多感，爱憎无常，激之则若发狂，尝寸裂己之衣履。后为夫所弃，因抱子走阿斑丁州。自是以往，数年间所入仅足维持其母子之命。白衣龙即育诸其母之手者，故其闲雅端丽之姿，与不羁多感之性，亦略似其母。又其母子间亦常不相能。其母盛怒时，不论何物，凡在手侧者，皆取以掷子。子愤极，每以小刀自拟其喉。故每当争论后，母子互相疑惧，均私走药肆中，问有来购毒药者否。其幼时之景况，盖如此也。

　　白衣龙十一岁时，其伯父乔琦因与亲族争一酒寮时，死于非命，于是白衣龙于意外得其遗产，并袭男爵。当白衣龙在小学校时，即此时也。白衣龙自幼性即亢傲，不肯居人下。故在小学中，一意读书，且好交游，不惜为友劳苦伤财。其后彼游意大利时，每岁用费四千镑，其中一千镑，专为友人费去。又其为人与唐旦（今译但丁，1265—1321，意大利诗人）相等，自幼即知恋爱，八岁时尝慕一少女，十二岁时慕其中表妹，至不能寝食云。

　　白氏在康伯利大学时，放纵不羁，蔑视校规，滥读书籍，而尤嗜东方历史及游记等书。一千八百七年，白衣龙年十九岁，将其在学校中所作之小诗，缀为一册，公于世。题之曰《闲日月》（*Hours of*

---

① 本篇刊于 1907 年 11 月《教育世界》162 号。

ldleness)。既出版后，爱丁堡之杂志曰《爱丁堡评论》者，评之过酷。白衣龙于是大怒，于一千八百九年著一书，曰《英格兰之诗人与苏格兰之批评家》，嘲詈爱丁堡杂志之记者及当时之文士。是年思漫游大陆，欲一观西班牙、希腊、土耳其及东方各国之风俗山水奇事异闻人情等，以为著《查哀尔特·哈罗德漫游记》（今译《恰尔德·哈罗德游记》）（*Childe Harold's Pilgrimage*）之预备，是篇为其一生中最鸿大之著作。其后果漫游大陆，但仍不忘其失恋之苦痛，于是厌世之心与愤世之念渐生。哈罗德漫游中之主人，盖隐然一白衣龙之小影也。一千八百十一年归国，《哈罗德漫游记》之首二篇出版，世人始知其才，竞艳称之，于是白衣龙之诗名大振，一跃而为伦敦骚坛之山斗。虽当时之诗宗如司葛德者，亦几瞠乎其后矣。

白衣龙既占骚坛之首席，于交际场中，亦大擅盛名，如是者凡三年。其时曾被举为上议院议员，综计前后三年中，彼在上议院中仅仅演说三次，余时皆酒色征逐，般乐以遨，卜昼不足，继以夜月，且往往通宵不寐，惟以痛饮为事。是时著《不信者》（今译《异教徒》）（*The Giaour*）、《阿彼得之新妇》（*The Bride of Abydos*）、《海贼》（*The Corsair*）、《赖拉》（*Lara*）等篇。一千八百十五年，年二十五岁，始娶妇。妇惊其行为无律，以为狂人，因召医士诊之，无疾，愈惊，遂请去，于是离婚。是时去其结婚时适一年也。既离婚后，白衣龙大受世议，多詈之为无行小人，盖不知离婚之故，在妇而不在白衣龙也。白衣龙既为世所轻，愤甚，乃著《苛林斯之围》（*The Siege of Carinth*）、《巴黎［人］（西纳）》（*Parisina*）等篇。复去伦敦，漫游大陆，至瑞士、希腊、意大利等诸邦，复肆口痛詈英国之宗教道德政治等之卑劣，以泄其郁怒。是时渐耽酒色，悖理之行渐多。当居于塞纳亚时，复著《哈罗德漫游记》第三篇，于是《哈罗德漫游记》全卷终。此外更著有《芝龙之囚人》（*The Prisoner of Chillon*）、《曼夫雷特》（*Manfred*）等。一千八百十八年至一千八百二十一年，此数年往来于塞纳亚、雅典二地，其行愈荡佚，著《丹鸠恩》（今译《唐璜》）（*Don Juan*）之前五篇及悲剧数篇。

白衣龙文思素捷，其著《海贼》也，十日而脱稿，著《阿彼得之新妇》也，四日而告成。当时文士罕有能与比伦者。然彼素不喜诗歌，轻视美文，诋毁文士，即于其己之所作亦然。彼之言曰："若天假吾以十年，吾必令世人见吾作诗以外之本领。"未几，希腊独立军起，白衣龙大喜，航海投之，竭力助其事。未几，病痁，遂卒，未竟其志，亦可哀也！卒时年方三十七岁，其亡日为一千八百二十四年四月十九日也。后归葬于故里。

　　白衣龙之为人，实一纯粹之抒情诗人，即所谓"主观的诗人"是也。其胸襟甚狭，无忍耐力自制力，每有所愤，辄将其所郁之于心者泄之于诗。故阿恼德（今译阿诺德，1822—1888，英国诗人）评之曰："白氏之诗非如他人之诗，先生种子于腹中，而渐渐成长，乃非成一全体而发生者也。故于此点尚缺美术家之资格。彼又素乏自制之能力，其诗皆为免胸中之苦痛而作者，故其郁勃之气，悲激之情，能栩栩于诗歌中。"此评实能得白衣龙之真像。盖白衣龙非文弱诗人，而热血男子也，既不慊于世，于是厌世怨世，继之以詈世；既詈世矣，世复报复之，于是愈激愈怒，愈怒愈激，以一身与世界战。夫强于情者，为主观诗人之常态，但若是之甚者，白衣龙一人而已。盖白衣龙处此之时，欲笑不能，乃化为哭，欲哭不得，乃变为怒，愈怒愈滥，愈滥愈甚，此白衣龙强情过甚之所致也。实则其情为无智之情，其智复不足以统属其情而已耳。格代（今译歌德）之言曰："彼愚殊甚，其反省力适如婴儿。"盖谓其无分别力也。彼与世之冲突非理想与实在之冲突，乃己意与世习之冲突。又其嗜好亦甚杂复。少年时喜圣书，不喜可信之《新约》，而爱怪诞之《旧约》。其多情不过为情欲之情，毫无高尚之审美情及宗教情。然其热诚则不可诬，故其言虽如狂如痴，实则皆自其心肺中流露出者也。又阿恼德之言曰："白衣龙无技术家连缀事件发展性格之技俩，惟能将其身历目睹者笔之于书耳。"是则极言其无创作力，惟能敷衍其见闻而已。观诸白衣龙自己之言则益信，其言曰："予若无经验为基础，则何物亦不能作。"故彼之著作中人物，无论何人，皆同一性格，不能出其阅历之范围者也。

英国小说家斯提逢孙(斯蒂文森)传①

　　过南洋极端之萨摩阿岛，有阿皮阿山，赫然高耸。登其顶，则远望太平洋之浩渺，水天一色之际，遥闻海潮之乐音；近而有椰子之深林，掩蔽天日，中藏一墓，华表尚新。呜呼！是为谁？是非罗巴脱·路易·斯提逢孙（今译斯蒂文森，1850—1894）之永眠地耶？

　　斯提逢孙（B. R. L. Stevenson），英国近代小说家中之最有特色者也。以一八五〇年生于爱丁巴拉（今译爱丁堡）。父脱马士·斯［低］（提）逢孙，有名之机关师也。斯氏生而羸弱，病而濒死者屡。既卒业爱丁巴拉大学，暂助父业，后修法律。然每感物激情，耽艺术而厌俗事，慕古人之称雄于文坛，窃自期许。年二十三四，初作论文数首，虽辞旨稍散漫，然飘逸之气，清新之笔，自不凡矣。

　　常多疾苦，无以自遣，乃从事漫游。先至苏格兰，睹明媚之山水，以洗诗肠，更越海峡，入法兰西，逍遥于芬丁普罗之森林，其地距巴黎南十里，乔木蔽空，幽邃无比。斯氏于此养疴，偶觏一粲者，眷之，是为阿斯本夫人，美国女子也。既而病渐可。乃执笔作 *An Island Voyage*（今译《内河航程》）（一八七八），又续作 *Travels with a Donkey*（今译《驴背旅程》）（一八七九），以精细之笔，写［研］（妍）妙之思。每读一过，如观巧妙田园画家之妙笔也。后者为 *Cóvennes* 之谈。斯氏每观事物，全用哲学者之眼，而以滑稽流出之，如山间之涌出清泉，毫无不自然之处也。

　　时其文名犹未甚高。既归故乡，眷怀彼美，不堪其情。一八七九

---

①　本篇刊于 1907 年 5 月《教育世界》149 号。

年夏，病方未痊，且远涉大西洋，向加尔福尼，途次，留于桑港旅邸，病颇危笃。翌春大愈，乃与阿斯本夫人结婚。一八八一年，集所作之论文出版：一曰 *Virginibus Puerisque*，一曰 *Familiar Studies of Men and Books*。前者乃论少年子女之事；后者则为随笔，记由哥之小说，诗人邦斯之容貌，及霍脱曼吉田松荫之事等。时其病已成慢性，乃避世，放浪于江湖者数年。其间日与笔墨为伍，遂成 *New Arabian Nights*（今译《新天方夜谭》）（一八八二），*Treasure Islands*（今译《金银岛》）（一八八三），诗集 *Child's Garden of Verses*（今译《儿童诗园》），*Prince Otto*，*The Dynamiter*（一八八五），*Dr. Jekyll and Mr. Hyde*（今译《化身博士》），*Kidnapped*（今译《绑架》）（一八八六），及 *The Merry Men*；诗集 *Underwoods*，*Memories and Portraits*（一八八七）等。名篇杰作，层出不穷，而斯氏之名遂大噪于文坛矣。此诸作中，以 *Treasure Islands* 为其得名之第一著作，青年之读物恐无出其右者。*Child's Garden* 为童蒙之诗，可与斐特来列之作比美。*New Arabian Nights* 则梦幻缥缈之神仙谈也，其续编曰 *The Dynamiter*，则为其夫妇之合作。

一八八七年，父没，斯氏乃携家，辞故国，移居纽约，息影萨巴那克湖畔，由是足不再踏阿比雍之滨。居二年，去美洲，浮太平洋，航游诸岛。是年（一八八八）*The Black Arrow*（今译《黑箭》）成，实其平生第一杰作也。其材取之中古历史，即描写蔷薇战争之事实者。全篇分五章。其叙述之始，谓某年之暮春，唐斯脱尔之村中，忽闻号钟乱鸣，村人乃各自田间来集，盖冒脱家将起兵也。诸勇士方话集时，忽有一矢自空飞来，中一老勇士阿普亚特之肩。一少年曰赛尔敦，为拔其矢，矢附黑羽，众以为不吉，盖以黑为丧服色也云云。其名 *Black Arrow*，职是故也。其所写如白衣覆面之人，如赛尔敦怒达尼尔之无节义，与之绝交，如萧阿比之战，森林之夜等，皆笔势有力，而辞句优美，情景如画，不可端倪也。

斯氏由此更航南洋，居布哇之火奴鲁鲁，成 *Master of Ballantrac*（今译《巴伦特雷的少爷》）及 *Wrong Box* 二书（一八八九）。前者为一种优美小说，后者则与阿斯本夫人合作，以想像之丰富著名。又去布哇，移摩洛开，终乃定居萨摩阿岛之阿皮阿山侧，卜法伊利马之地，建宏大居宅。暇则干涉岛中之政治，土人敬之如父。此时所作，论文则有 *Across the Plains*（一八九二），传奇则有 *Catricna*（今译《卡特林娜》），乃前举 *Kidnapped* 之后篇，有名作也。

此传奇前篇所述，谓克拉门傍爱脱利克之森林间，有一姓，兄弟二人。兄曰阿历山德巴福尔，弟曰普列奈查巴福尔，共眷一女子。终以是女寄心于兄，兄取之，弟则得其财产。阿历山德夫妇去故地，移居爱生几因之里，后生一子，曰迭非脱，即是书中之主人也。迭后失怙恃，栖身无所，乃从父之遗言，往依其叔父普列奈查。普卖之为奴。迭当乘船往加罗利那时，遭破船难，幸遇绅士曰斯求瓦特者，救之，二人遂相契，爰赴阿宾。途中几经辛苦，或漂流孤岛，或仿徨海岸，颇动人冒险思想，是前篇之梗概也。后篇则更饶兴味，历叙迭之种种冒险谈。当时批评家有谓斯科特（今译司各特）以来无此历史小说者。此外又有 *Island Nights' Entertainments*（今译《岛上夜谭》）（一八九三），中载太平洋之怪谈三篇。其他著作甚夥。

一八九四年十二月三日，日甫衔山，斯氏方登露台之上，携爱妻而眺暮景，喁喁相语，乃卒然倒地而卒。年仅四十五，遗言葬于阿皮阿之山巅。

以上乃其事实之一斑，兹更就其文艺论之。斯氏行文，极奇拔，极巧妙，极清新，诚独创之才，不许他人模效者也。彼最重文体，不轻下笔，篇中无一朦胧之句，下笔必雄浑华丽，字字生动，读之未有不击节者。所尤难者，彼能不藉女性之事物以为点染。自来作家惟恐其书之枯燥无味，必藉言情之事实，绮靡之文句，以挑拨读者之热情。斯氏不然，其文之动人也，全由其文章自然势力使然，可谓尽脱恒蹊矣。

其每作一书，想象甚高，着眼极锐，尤善变化无复笔。其自言曰："欲读者称快不绝，不勉试以种种之变化，不可得也。"故其所作，无不各有新性质。人方把卷时，皆作规则思想，及接读之，乃生例外，且例外之中更有例外，令人应接不遑焉。如结茅于山巅，开轩四望，则有海有峰，有花有木，忽朝忽夜，忽雨忽岚。又如观影灯之戏，忽火忽水，忽人忽屋，忽化而为风，忽消而为烟，令见者茫然自失。试观其 *Dr. Jekyll and Mr. Hyde* 与 *Treasure Islands*，曾有稍雷同乎？又观 *Virginibus Puerisque* 与 *The New Arabian Nights*，曾有一复笔乎？更读 *Child's Garden of Verses*，又安知其与 *Prince Otto* 为同出一手者耶？

世之作者，有专饰文字而理想平凡者，斯氏异是。文字之鲜艳华美，虽其天才之要素，然只足鼓舞人之优美感情而已，其价值不全在此。盖彼更能观察人生之全面，于人世悲忧之情，体贴最至。其一度下笔，能深入人间之胸奥，故其文字不独外形之美，且能穷人生真相，以唤起读者之同情，正如深夜中蜡炬之光，可照彻目前之万象也。

斯氏最注重之人生为少年时代，描写少年时爱情之真直，乃其最得意之笔也。哲姆斯氏曰：斯氏之所作，皆对少年为真挚之辩解者也。彼以简净高华之笔，写少年之热情，判断之，计量之，或观自外部，或怀之心中，竭所有之经验方法然后记载。一言以蔽之，彼于此点，实达极度之浑成艺术家也。

试就其诗集 *Child's Garden （of Verses）* 观之，实可谓充分写幼儿之能力，描幼儿性格者矣。其见地全为乳母所具之人生观，天真烂漫，无一毫矜炫之气。全卷生气泼泼，强与印象。若使幼儿能执笔作文，则必与斯氏所作无二致。盖其观察之水平线，不出乳母部屋板床之上，而儿童之身长恰及此床故也。

斯氏既寄同情于少年，亦复尊敬女性，然其书中则决不写。其所著之三十余篇中，有女子者，只某某二种而已，余则无之。其所以不写女性之故，盖以妇人无刚健之风，且女性又无至高文学之标准故也。彼谓有人于此，既挥刀而探地中之宝玉，何取乎女子之侍前耶？少年修养之时期，何必登结婚之坛上耶？云云，此皆彼不写女性之意见也。

斯氏固爱小儿之天真，喜少年之客气，而寄兴味于正真之人生者，则家族团圆之乐，女性之美，亦必为其所喜。且彼非亦致爱恋于其夫人耶？而所作则多避此，此吾人所不解也。彼视妇人不过为生长之少女，其少异者，心无邪气而已。其于 *Island Voyage* 中，曾就此事述如次：

> A girl at school, in France, began to describe one of our regi-
> ments on parade to her French school-mates, and as she went on,
> she told me, the recollection grew so vivid, she became so proud to
> be the countrywoman of such soldiers, that her voice failed her and
> she burst into tears. I have never forgotten that girl; and I think she
> very nearly deserves a statue. To call her a young lady, with all its
> niminy associations, would be to offer her an insult. She may rest as-
> sured of one thing; although she never should marry a heroic general,
> never see any great or immediate result of her life, she will not have
> lived in vain for her native land.

彼又谓结婚者乃战争之野，而非蔷薇之床也，故不甚寄同情于
此，可谓奇特之甚。其说如次：

> There are no more bye-path meadows where you may innocently
> linger, but the road lies long and straight and dusty to the grave···
> You may think you had a conscience and believed in God; but what
> is a conscience to wife? ···To marry is to domesticate the Recording
> Angel: Once you are married, there is nothing left for you, not even
> suicide, but to be good···How then, in such an atmosphere of com-
> promise, to keep honour bright and abstain from base capitulation?
> ···The proper qualities of each sex are eternally surprising to the oth-
> er. Between the Latin and the Teuton races there are similar diver-
> gences, not to be bridged by the most liberal sympathy···It is better to
> face the fact and know, when you marry, that you take into your life
> a creature of equal if unlike frailties; whose weak, human heart beats
> no more tunefully than yours.

云云，结婚果如此耶？女性果如此耶？读者所不得不失笑者也。恐斯氏任意为此论，非其确实之判断耳。

斯氏之于斯科特（今译司各特），实后先晖映者也。当十九世纪之初，斯科特生，著若干之历史及滑稽小说。及此世纪之终，苏格兰之山水复钟灵秀，而斯提逢孙出。彼对迭肯斯（今译狄更斯，1812—1870）、哈迭（今译哈代，1840—1928）等所据写实派之坚城，独高张新罗曼派之旗帜，与木利斯（今译莫里斯，1834—1896）、布拉克木阿、哈嘎特等相呼应，而自成一代之风尚焉。

氏之著作，其与他人异处，观其生涯中有二特殊事情，可知之矣。一为其少年时代，居山水明媚之城市间（爱丁巴拉）；一则其家世世以建海岸大灯台为职是也。氏之祖父叔父均为有名之灯台建设者。其家世之名誉随宏壮之赛利法阿塔灯，共其流传。至爱丁巴拉町则素为诗歌绘画及狂热奇行所出之渊薮。斯氏生于如此之土，如此之家，故早成一完全之海兰特人矣。彼著述中记故国之事者，虽不甚多，然亦不少，长篇中之 *Kidnapped*，短篇中之 *Thrawn Janet* 皆是。要之斯氏非苏国之苏国人，乃自由解放世界之苏国人也。

彼身体虽弱，然不健全之感情，于其诸作中，毫不现之。虽其书草于病床呻吟之间，然能快活有生气，笔无滞痕，娱生喜世之趣，到处见之，宁非一大奇耶？盖彼为一种之乐天家，不独爱人生，且亦知处之之道，故其作品皆表出秀美，成一种之幻想福音，有娱人生之趣味焉。

斯氏之作小说时，有一定主义，其为彼之生命者，自由是也。彼之作品，形式极非一律，其描写之现象甚多，其构想极奔放，而置道德于度外，随其想象，而一无拘束。故其所述，无非出海、说怪、行山、入岛、涉野、语仙、见鬼、逢蛮人而已。剑光闪处，必带血腥，美人来时，多成罪恶，或探宝于绝海之涯，或发见魔窟于五都之市，皆离其现实，而使人乘空想之云而去者也。而空想所至，不免荒唐不稽，遂置道德于度外矣。小说家之爱自由者往往如此，盖不如此则易落恒蹊也。

少拉（今译左拉，1841—1902，法国文学家）虽以自然派小说家名，其实则亦罗曼奇克之一派也。彼人不外以人间本来之性情，为劣等之欲望，故欲描出之，而写现社会之类型人物，至非现代社会人物之性格，则不写之，故仍非真实之自然派也。少拉因欲为罗曼奇克派，故不得不与其所为教义相离，斯氏则不必离之。盖斯氏之个人趣味，实以罗曼奇克为主义，而将追求之保持之故也。

勇士之谈，乃最易动青年之视线者，故斯氏恒出力描写之。然如 *Doctor Jekyll* 者，则非少年之读物，*Prince Otto* 亦然。相传作者于某年之夏，读佐治迈列几斯小说，玩赏之余，乃自作此，此为其诸作中之最偏于文学者，而非自然者也。

斯氏尝谓异常之事，乃人生之最良者，凡踌躇勇气决断情热好奇辩才友情等一切之美感情，皆包其中，如此高贵异常之传说，乃永久不灭者也，云云，亦可知作者之用心矣。

Doctor Jekyll and Mr. Hyde 之一篇，乃其全集中最有真面目之作也。或谓此作含有高远寓意，乃哲学之著述，虽不必尽然，然此作实说明人间高卑部分之关系，或为恶之渊源，意见真挚，固不疑也。卷中所述，为千古不变之道德问题，详言行善之难，为恶之易，实有功名教之作也。

要之，斯氏实十九世纪罗曼派之骁将，近代自然派之所以隆盛者，皆彼之功也。氏虽传斯科特之脉，然较彼仍有更上一步者，如就 *Ballantrac* 与 *Kidnapped* 观之，其性格之描写，为所享近代写实派影响之心理分析之笔，盖非迈列几斯等中所能有也。此又读者不可忽视者。

记者曰，英国之文学，至耶里撒王朝盛已。然处女王朝，亦多足与抗衡者，如诗歌小说，尤为十九世纪文学之特长，焕灿然之光，前古无比。就小说论之。自迭肯斯、萨加列（今译萨克雷，1811—1863）以来，典丽遒劲则有名媛夏罗脱·布伦贴（今译夏洛蒂·勃朗特，1816—1855），平和优美则有肯格斯列（今译金斯利，1819—1875），此外如脱罗罗普利特（今译特罗洛普，1815—1882）、科林斯（按，1824—1889）、嘎斯开尔（今译盖凯尔，1824—1889），均各有所长。而在诸家之中，独放异彩者，则斯提逢孙是也。其文学性质，虽不敢曰推倒一世，然自为新罗曼派之第一人，其笔致之雄浑，思想之变幻，近世作者中实罕其匹。呜呼！谓非一代之奇才耶！

附：本篇两段引文的佛雏译文如下：

在法国，一位女学生曾对她的法兰西同学们，开始描述在检阅中的我们的一个团；在这当中，她告诉我，记忆变得如此生动，她为自己成为这种军队的女同胞，而感到如此骄傲，以致她的声音也窒塞了，而她的泪水一刹涌出来了。我绝不会忘记那位姑娘；而且我想，她差不多配得上一座雕像。倘若称她为年轻的女士，由于这个称呼具有复杂的涵义，那将是给了她一种侮慢。有一件事她完全可以自信：尽管她从未想到要嫁给一位英勇的将军，从未看到她的生活的任何重大或直接的成果，但为了她的祖国，她将不会虚度一生。

侧道旁并无草地供你悠然漫步，而大道却是漫长的、笔直的、尘土飞扬的一直伸向墓地。……你可以想，你有一颗良心并且信仰上帝；可是一种对妻子的良心究竟是什么呢？……结婚无非就是使得那位专司人间善恶的天使驯服下来：一旦你结了婚，你将什么都不剩，甚至自杀都不能，只有听话。……那么在如此一种妥协的气氛中，如何保持住尊严，而摆脱卑鄙的投降呢？……两性中的一性，对异性来说，其本来的性质就永远是惊异。在拉丁民族与条顿民族之间，存在着类似的差异，即使用最慷慨的同情也无法使之沟通。……最好是面对实际并且懂得，当你结婚时，你就将一个具有相同或相异缺点的动物带进你的生活中；它的孱弱的人心奏出来的调子并不比你的更和谐些。

德国文豪格代(歌德)
希尔列尔(席勒)合传[①]

　　呜呼！活国民之思潮、新邦家之命运者，其文学乎！十八世纪中叶，有二伟人降生于德意志文坛，能使四海之内，千秋之后，想象其丰采，诵读其文章，若万星攒簇，璀璨之光逼射于眼帘，又若众浪搏击，砰訇之声震荡于耳际。翳何人？翳何人？曰格代 (今译歌德)，曰希尔列尔 (今译席勒)。

　　言其年齿：则格代寿，希尔列尔夭。格代以一千七百四十九年八月二十八日，生于德国中部之弗兰克福特俺曼，以一千八百三十二年三月二十二日，卒于瓦摩尔，年八十四岁，体质康强。希尔列尔以一千七百五十九年十一月十日，生于德国南部之麦尔巴赫，一千八百五年五月九日，卒于瓦摩尔，年四十七岁，体质孱弱。

　　言其家世：则格代贵，希尔列尔贱。格代之父任宫中顾问官，其母则市长之女也。希尔列尔之父为军中外科医，其母则面肆之女也。

　　言其家庭教育：则格代之父性方严而尊秩序，其嫉恶也如鹰鹯；希尔列尔之父性豪迈而善决断，其赴义也如战士。格代之母性活泼，多才多艺，欢悦常满其胸襟；希尔列尔之母性温良，寡笑寡言，忧郁时溢于词色。

　　言乎身世：则格代一生，以平和与幸福联锁之，如高山之木，虽枝叶挫折而其根则蟠结坚固，匪风雨之能移；希尔列尔一生，以痛苦与危险环绕之，如深潭之水，虽波面澄莹，而其下则澎湃奔腾，任蛟

---

　　①　本篇刊于 1904 年 3 月《教育世界》70 号。

龙之相斗。

格代得名早，希尔列尔得名迟。格代二十六岁既卒业于大学，公卿倒屣而相迎，妇孺闻名而知羡；希尔列尔年二十六岁，犹羁迟于旅舍，恃友以为衣食，逢人犹匿姓名。

格代之游踪几遍欧洲，常以瑞士、义大利之风月，供陶写性情之资；希尔列尔之足迹不出德国，独以突林根之山川，为凭吊形影之地。

格代先习法律，而后为诗人，其所好者为自然科学；希尔列尔先习医术而后为诗人，其所好者为历史及哲学。

格代，诗之大者也！如春回大地，冶万象于洪炉。读其诗者，恍见飞仙弄剑，天马脱衔。希尔列尔，诗之高者也！如身在高峰，等五洲于一点。读其诗者，但觉苍海龙吟，碧山猿啸。论其博大清超，希不如格；论其沈痛豪放，格不如希。

格代，感情的之人也，以抒情之作冠乎古今；希尔列尔，意志的之人也，以悲愤之篇鸣于宇宙。格代贵自然，希尔列尔重理想。格代长于咏女子之衷情，希尔列尔善于写男子之性格。格代则世界的，希尔列尔则国民的。格代之诗，诗人之诗也；希尔列尔之诗，预言者之诗也。

咄咄！二大诗人，其境遇，其阅历，其思想，其天分，乃各各不同如此！

英雄并世，常不相容，故格代、希尔列尔始为仇雠。一千七百八十九年，希尔列尔始至瓦摩尔，以《阴谋与恋爱》及《彤加罗斯》（今译《堂卡洛斯》）之作，得名于时。诗人温兰德、海的尔之徒，盛礼以款接之。其时格代游义大利未归也。是年八月，格代诞辰，同人觞于其家之后园，以遥祝焉。希尔列尔亦致诗为贺，诗中虽盛赞格代，而实自鸣其抱负，隐然有"江东无我，卿当独步"之意。越月，希尔列尔游于卢德斯达特（地在瓦摩尔之南），适格代亦归乡，同人介之，见于波鲁威芝之宅。论者以为惟才人爱才人，二子之亲交必自此一见始矣。不图格代顾盼自豪，但纵谈游迹，而无一词及希尔列尔；希尔列尔亦意气自得，但巍坐一隅，而无一言语格代。其后希尔列尔应厄讷大学史学教习之聘，尝语于人曰："予之于格代，正如普路武斯之于该撒（今译恺撒，公元前101—前44，古罗马大将），格代欲不憎予而不能，予亦欲不嫉格代而不得。"

臭味相投，自然契合，故格代、希尔列尔终为良友。一千七百九十四年，希尔列尔谋诸同志，将刊行一杂志，其妻固与格代相识者，劝希就商于格。希果致格一书，情词郑重，格亦厚礼以答之。是年七月，格游厄讷，往访希尔列尔夫妇，始真知希尔列尔之人物，相见恨晚。而希从格言，徙居于瓦摩尔。自是以后，倾心讲学，抵掌谈诗，相敬相亲，终其身如一日。后有斫为二人握手之像者，纪实也。

嗟嗟！瓦摩尔之山，千载苍苍！莱因河之水，终古洋洋！惟二子之灵，常往来其间，与星［贝］（月）争光！胡为乎，文豪不诞生于我东邦！

格代（歌德）之家庭[①]

　　古今伟人哲士，匪惟天才使然，亦半由外界之力有以陶铸之。十八世纪格代（今译歌德，下同）以文学鸣于欧洲，当世仰之若天人，金曰：此才旷世不易得。虽然，苟一观其幼年事，则又未尝不叹家庭教育之功用至宏且远也。

　　格代之母曰佳大丽娜，弗兰克福特邑侯戴克斯忒之女也。一千七百三十一年生，年十七，嫁于嘉什巴格代，时其夫年既三十八矣。夫人美姿容，幼即以聪慧闻，性诚挚，尚朴素，胸襟高洁，忌俗若浼。尝语人曰："无贵贱老幼，苟既为人，则毋抱不足之念。姜之爱怜世人，自心中流露而出，只见其长，不见其短，此所以常欲然，不知所谓恚恨也。"一日，新佣一仆，谓之曰："事有可怖者，可虑者，不快于心者，必勿以语予。微论事起于吾家，起于比邻，或起于本村，予悉不欲闻之。既与吾身无涉，闻之奚益？纵令里有火灾，而第令吾身幸免，他非所过问矣。"以故格代病笃时，戚友知夫人素性者，皆不敢语及其事。格代后年，著《海尔曼叙事诗》（今译《赫尔曼与窦绿台》）亦曾假逆旅主人夫妇之口，以彰阐其母性情焉。说者谓格代生平乏公共之心情，玩人生之责任，皆自乃母熏染而来，其言洵非无因也。

　　夫人容止娴雅，饶于艺术之趣味，嗜诗歌音乐，如其生命然。偶握管为文，则词句之清丽，书法之劲逸，盎然露于行间，望而知为长于创作之才者。又最善词令，与人言，条畅而多隽味，虽当世雄辩

_____

　　① 本篇刊于 1904 年 8—9 月《教育世界》80、82 号。

家，愧弗及。故其假造神奇事迹以语儿辈也，构局之奇，设想之妙，若抽丝乙乙，若贯珠累累，又若清泉百斛，滚滚不绝。能令闻者如躬遭其境，如目睹其状，如游神化外，不知我身之所在；又如初入洞天福地，胜境无穷，不穷奇尽幽而不止。彼格代诗才之高，寓言之妙，与想象力之丰富，谓非传自乃母，安可得乎？有不信者，盍观夫人语亚尼谟之言。

夫人语其友亚尼谟曰："吾儿之听吾言，久而不倦；余之语吾儿，亦乐而忘劳。余举宇宙万象，若风水火土之属，一一幻之为神人，饰之以庄严宏美之气象，而后语之。时而身栖星界，时而魂入太虚，时而遇月府之仙姬，时而见幽谷之妖魅，乍起乍落，忽喜忽惊，任心所之，尽言勿隐。恐世间为其儿女讲谈古话逸事者，热心殆莫余若矣！余或语一事未终，而次夕有人招饮，则吾儿深厌忘之，其乐闻予言也可想。余既约以讲某事，则吾儿手舞足蹈，移几坐余前，圆睁黑眼，延颈倾耳，若饿猫待食然。及闻其心所爱好之人，遭际不幸，则额筋暴涨，泪荧荧欲堕，不待余言终，哑哑问曰：此后若何？余故靳之，予彼以推测之余地，故每至切要关键处；即戛然而止，约次夕始毕其说。吾儿退后，必自就其事始末，往复寻绎，须臾不能忘，往往有别抒己见，以助余想象所不及者。及次夕，余故累昨日所言，迎彼意之所之而导之，且叩之曰：'汝知之否？'彼或闻余所言，与所见适合，则私心自负。呜呼！吾儿此时，其心脏之鼓动，果奚若哉！彼尝诣祖家，以余所语彼故事，质所见于祖母。余母密以告余，余故得窥彼之希望何在，以巧为操纵之。彼犹不悟构斯境界者，即出于彼之身，而反惊余言之奇巧，不亦大可笑乎！然余善谈故事之名，亦由是渐著，无老若幼，遂多相约来听者。至于今，回溯当年乐境，此情犹勃勃不已也。"观夫人此言，其教法之善，真有合于教育家所言者。吾辈对此贤母，宜如何馨香尸祝之！

格代诗才之敏赡，得自乃母，可由其自叙传中所载《述梦》一篇，以推见之。《述梦》为格代童时所作。篇中所纪，若殿阁之崔巍，花木之蓊锁，仙姝之曼丽，天乐之嘹亮，第觉胜境无穷，心迷目眩。迄今读者，犹栩栩然有羽化之感。以垂髫之子，能有此幻化无方之想象力，蕴蓄其脑际，伊谁之力欤？

　　格代曰："余丰裁之峭厉，面目之真挚，禀自父教；而性情之活泼，与酷嗜寓言神话，则自予母得之。"斯言也，可谓有自知之明者已。格代之父，向为法律家，兼好科学、文学、艺术，自信甚厚，而自律亦极严。故性之所趋，究不免有自负之心，与真率而峻厉之行。格代父母性情相反若是，是故裁制与自由，快活与严切，恐惧与爱慕，两两相辅，以为陶冶之资。噫！此格代之所以为格代也乎！

　　嘉什巴格代夫妻相敬爱如宾，然年齿之差既二十一，求如少年伉俪之谊情敦笃，盖不可得矣。天性活泼若夫人，固不能一日不为乐者，故不求其乐于琴瑟之间，而惟日聚诸儿，与之依依相话。彼于诸儿中，尤爱格代。谓夫人毕世光阴，强半消磨于长儿之身可也。

　　格代惮于父教之严，故常遁依其母膝下，恳为讲演古事。夫人语人曰："格代爱其父，不如爱余之笃者，或以余母子年相近，异于渠之于父耳。"其后格代远游异邦，而恋母之情犹不异于总角之日，阅时无几，必归省一次。夫人闻其儿之归也，亦悦而迓之，谆谆训诫。世间母子相爱之笃，如夫人与格代者，恐罕矣！

　　格代著《海尔曼》叙事诗，即隐述其家庭情事者。"海尔曼"为格代之化身，海母即其母之写照也。其诗言海尔曼之父，误解其儿性质，时时叱责之，而其母则深知海尔曼为人，挟满腔之情爱，以阴护其儿。读至后文一段，见海尔曼遇母于紫葡萄阜，坐梨树下相语，觉一种缠绵悱恻之情，令人心脾凄恻。而况格代固现身说法者，宜哉其回诵旧作，未尝不泣下沾襟也。

　　嘉什巴故后，夫人仍居弗兰克福特，日赖诸少女环绕身旁，以为慰藉。其女可奈丽亚，适休罗瑟，后亦孀居，夫人节衣缩食以抚恤之。盖其笃于骨肉之谊有然也。一千八百八年九月十三日，无疾而逝，年七十有七。将卒之前一夕，闻邻家有合奏音乐者，悦之，为之歌曰："胡仙乐之琅琅兮，导神魂以飞扬。吾将逐遗响而任所之，归我白云之故乡！"

　　游日耳曼之弗兰克福特，驱车而过希尔修克拉崩街，见旧宅一所焉。室无居人，危栋飞甍，竦出云表。壁间绿萝十丈，纷纠蟠结，微风动之,如帘波晃漾。阶以外,旷地一区,短草若织,宜于步履。拾级登楼,至于其顶,则万象在目,莽莽平原,宛然与庭园相接。翳谁氏之庐耶?胡令后人过其门者,景仰流连至于若是!曰:"此世界大诗人格代所尝读于斯,息于斯,寝食于斯者也。"门侧立石,署曰:"一千七百四十九年八月二十八日格代诞生于此宅。"楼分五层,其第三层,格代与乃母之寝室也。第四层则读书室也。其后一室,格代之肖像及其墨迹在焉。盖国人慕其遗风不能衰,相与永保护之也。呜呼!回想当年,斯楼之主人,对此景物,俯仰徘徊,所以陶淑其性灵,开拓其胸襟者,宜若何高大深远哉!允矣,其为一代之文豪也!

古今诗人,幼年多胆怯者,盖想象之力实自是而得之,格代亦然。父嘉什巴虑其儿之性质葸懦也,欲有以练其果敢之气,幼而命之独宿。每值风雨之夕,一灯荧荧,居幽室中,则以为树声帘影皆鬼魅也。夜半作恶梦,耸惧不安,或推枕潜起,避入弟妹之室。其父知之,故蒙假面伪为妖魅,尾其后而追之。格代战栗欲泣而不敢声张也。日久知为乃父所为,迷信之心一朝顿破,转由是常耽幻想矣。

嘉什巴长于其妻二十一岁,故视妻如其子女,彼又好以己所知者传诸他人,故尝聚妻女于前,教以义大利(今译意大利)语。格代因得从旁习之。有时母子偕居一室,如同学然。彼则伏案而书,或操缦而歌;此则温习地理或拉丁古文学,其乐喁喁如也。格代之父性方严,偶出一言,举家遵为法律,弗敢违忤,格代惮之甚。稍长,能自读书,其父亦因公私多冗,不遑督课诸儿。格代一旦脱乃父之束缚,窃慰悦不禁,辄出其既得之知识,以攻究己所欲学者。其父书室中藏典籍至夥,若拉丁文学,罗马古传记,义大利名家诗集,纪游集,各国辞典,与夫关涉法律、算术法律(按,二字疑衍)之书,卷帙纵横,不可数计。格代日入此室,纵观架上,有合其嗜好者,辄任意抽取而读之,以是为无上之乐。年未八岁,既通日耳曼、法兰西、义大利、希腊、拉丁五国言语,至令其父为之卷舌惊叹。邻里戚友皆曰:此儿非常人也!十二岁,更谙英语。是时虑所学易忘,尝试作一短篇文字,托言有兄妹六七人者,分寓异邦,各以所居之国之文互通音信,见者不能知为童年手笔也。彼不甚嗜数学,又虽信仰宗教,然不以神为可感者，而以为可畏者。

格代之嗜美术，自幼已然。是时为弗兰克福特邑侯者亦性好斯事，招致名画家与雕刻师多人，来居是邦。故格代尝造彼等之庐而叩之。盖嘉什巴夙喜绘画，其游义大利而归也，携来画轴极多，悬诸室中，以为斯游之纪念。格代日徜徉其间，故深解美术之趣味，且其父亦曾授以描线之法也。

加达里讷（今译佳大丽娜）最以观剧为乐。一千七百五十九年，格（代）年十岁时，弗兰克福特为法军所踞。法人侨寓者至众，于是建梨园，聘名优，以谋地方之殷旺。此间约一年有半，格代常随乃母出入剧场，由是遂好作院本。

格代之于科学，亦深于兴味者。儿时屡摘花朵，剖视其花瓣蕊萼之形状；时或取捕雏鸟，验羽毛所由生。虽曰游戏之为，而举动俨与成人无异。

十六岁时，以父命辞家而赴来普其玺（今译莱比锡），入其地大学。乃父性节俭，家人所衣之衣，率用敝料，命仆妇婢女随意缝缀之，且皆数十年前旧式。格代衣之而往，漫步于来普其玺街中，徜徉自若。路人见其形状恢诡，相与目而笑之。格代不悟，以为时人侮己也，怏怏不乐。及往观剧，而此异形之装束，与场上俳优遥遥相对，观客益喷饭，万千视线群聚于彼一人之身。至是始自觉观瞻不雅，急归逆旅，谋诸主妇，尽售其故衣，而易之以新制者。

格代之初在来普其玺大学也，约三年许，其间所学以美学为主，尝学绘画于哀瑟尔，学雕刻于司脱克。是二人者，皆专门大家也。他如哲学、法学、历史、论理学之属，亦兼攻之，而尤以论理学为其所最好探求者。虽然，才气横溢之士，未可以规制羁勒之。彼于学校课程意存蔑视，时时辍而弗习，惟日耽游乐，为樗蒲戏。又常出入于酒家，酒家有女曰安奈特，肥而艳，与格代相慕悦。安奈特之宅时为青年诸生聚会处，后来之文学大家多在此中。格代因是获与诸人订交。

一千七百六十八年之夏，患咯血症甚笃，不得已遄归故里，为摄养计，中间废读者多日。及病势稍痊，复研究冶金术，凡威林格、巴腊色斯、汪海们特、法仑廷等之书，涉猎无遗。越三年，体躯大健，再赴来普其玺大学肄业。此次所习者，以法学为主，从乃父意旨也。法学而外，遇讲授医学、博物学时，亦尝殷然往听。其所引为津津有味者，则解剖学、化学、产科学等也。暇日则习击剑、骑射，又自以不能舞蹈，交际上多不便，故就法人某习之。

博士萨尔曼，奇格代之才，为延誉于大众，由是结纳日广。彼之识海格尔（今译黑格尔），盖亦在是时。海格尔长于格代五岁，而敬惮格代如名宿，始以希伯来诗集及鄂谟尔（今译荷马）、索克士比亚（今译莎士比亚）、葛德斯密（今译哥尔斯密）之书，劝彼读之。自是弥留意文学，如葛德斯密之《荒村牧师》（即本报所译《姊妹花》）（今译《威克菲牧师传》）为格代生平所最爱读者，亦从海格尔言，初获见之。或谓其所作《野蔷薇曲》多导自海格尔之思想云。

明斯达之大教堂高耸天际，实斯脱拉斯堡之第一伟观也。格代日对此塔，而崇高畏敬之念不觉油然以生。因有感于日耳曼古代建筑术之精巧，故此间复研究建筑学。其研究之所得曾散见于大著《法斯德》（今译《浮士德》）中，他日又尝以余力专为一书以明之。

翌年之夏毕业，为法学士，年二十三岁。归里后，以辩护士为职，然不过藉是榜其门而已，彼终日之光阴仍消磨于诗歌文字也。

教育家之希尔列尔(席勒)①

希尔列尔(今译席勒,下同),世界的文豪也。以其伟大之性格,深远之热情,发之诗歌戏曲,而为文学界之明星皓月,此固尽人知之矣。自教育之见地观之,则世界之读其著作者,实受其深远广博之感化,谓彼与格代(今译歌德)相并,而为教育史上之伟人,非拟诸不伦也。

希尔列尔以为真之与善,实赅于美之中。美术文学非徒慰藉人生之具,而宣布人生最深之意义之艺术也。一切学问,一切思想,皆以此为极点。人之感情惟由是而满足而超脱,人之行为惟由是而纯洁而高尚。其解美术文学也如此。故谓教人以为人之道者,不可不留意于美育。一千七百九十三年,即其三十四岁时,曾以书简之体裁著一美育论。其书大旨,谓不施美育则德育无自完全,此与希腊人所谓"人之精神不取径于美,不能达于善"者,意义相同。然希腊人之所谓美育,第就个人之修养言,若夫由人道之发展上而主张美育者,不得不推此世界大诗人矣。

希尔列尔之美育论,盖鉴于当时之弊而发。十八世纪,宗教之抑情的教育犹跋扈于时。彼等不谋性情之圆满发达,而徒造成偏颇不自然之人物,其弊一也。一般学者惟智力之是尚,欲批评一切事实而破坏之,其弊二也。当时德国人民偏于实用的利己的,趣味甚卑,目光甚短,其弊三也。知此,则读彼之美育论者,思过半矣。

希氏所作莫不含有道德的教育的旨趣者。其二十五岁时著一论,谓剧场教育之势力不亚于学校。所著九种曲，今各国中学之教德语者，俱取为教科书。是盖以爱人道、爱正义、爱自由、爱国家社会之精神，灌输于后世少年者也。就中如《瑞士义民传》，德国学生莫不熟读暗记。一千八百十三年，普国所以起自由军而抗法兰西者，实此戏曲鼓舞人民爱国之心，有以使然耳。

希尔列尔不但为广义之教育家也，三十岁时，尝于厄讷大学教授史学，为学生所敬慕。又尝研究汗德之哲学，世称"哲学诗人"。生平笃于友谊，严于自治，故虽谓为实际之教育家亦可。其诗集中，有足窥见彼之教育意见者一节：

Glücklicher Säugling！die ist ein unendlicher
Raum moch，die
Werden Mann，und die wird eng die unendliche wiege，
Welt.
翳摇篮之局促兮，
于婴儿则广居。
恐他时置身世界兮，
或跼躇而滋戚。

戏曲大家海别尔（黑贝尔、赫勃尔）①

德［意］（国）文学，自奈新格（今译莱辛）始立国民之基础，由是而入格代（今译歌德）与希尔列尔（今译席勒）之黄金时代，迭产出世界之大杰作。至克来斯脱（今译克莱斯特，1777—1811），而完全性格之剧曲于以出焉。自斯厥后，暂时蒙"罗曼齐克"之影响，而陷入"运命剧"之歧途。既而有"少年派"之跋扈，文学界从风而靡，戏曲之机运亦大衰。至三四十年代德国文学有日就卑污之势。于斯时也，北德忽崛起二大家，挥只手以挽狂澜，一曰路德维（今译鲁德维希，1813—1865，德国文学家），工小说；一曰海别尔（今译黑贝尔、赫勃尔），则戏曲作家也。前者当世知者多，而后者则较少，用述此篇，介绍于世，俾得窥其文学之一斑云。

佛利特利·海别尔（Friedrich Hebbel）（一八一三至一八六三）霍秀吞之人也，以戏曲言，则直薄克来斯脱之垒；以诗歌言，则与海迭林（今译荷尔德林，1770—1843，德国文学家）相颉颃。其对纯美之感情，仿佛海氏，而欲别抉人生之生活及性情之真相以描出之，其思想之深又仿佛克氏也。彼以文艺之根本问题为意识，且伦理观又极严密，此其与罗曼齐克之末流相异者也。其艺术观之真面非常深远，其空想力及诗之形成力非常伟大，不独为十［八］（九）世纪中叶之首屈，抑亦全德文学史上之伟人也。

今就海氏悲剧观之大意述之。海氏以为戏曲乃表人生之处置者，人生处置者非人生之本物，实个人生活行为之葛藤也。故彼之对罪科

及悲剧想（按，此字疑衍）之观念，皆从此点着眼。盖谓戏曲之罪科不在人间之欲望中，而直接在其意志中也。故主人公为秀拔之努力与否，于戏曲初无损益。欲望之为物，乃一罪恶。盖个我之陷于迷蒙，由于世界者少，而由于欲望者多，而罪恶之成立，亦须个我。故真正之悲剧想（按，此字疑衍），亦个我行事物（按，疑衍）之完成。既完成时，遂没却个我之一点者也，云云。此其所持之大旨也。故从前悲剧观仅注意于人间精神之外面，而海氏则就人间内面心之实在地位注目，故其剧曲皆属于心理者。其曲中人物皆具特殊之深面目，永与读者以强盛之印象。盖能擒捉复杂之心之实在，而为戏曲推移之动机者也。此岂平凡戏曲家所得望其肩背耶？其所著戏曲甚多，兹记其名目及出版年如下：

曲名　　　　　　出版期

Judith（《由低脱》，《犹滴》）一千八百四十一年

Genoveva（《格陆斐法》）一千八百四十三年

Maria Magdalene（按，《玛丽亚·玛格达莱娜》）一千八百四十四年

Der Diamant 一千八百四十七年

Julia 一千八百五十一年

Trauerspiel in Sizilien 一千八百五十一年

Herodes und Mallamne 一千八百五十年

Der Rubin 一千八百五十一年

Michelangelo 一千八百五十五年

Agnes Bernauer（《阿格妮斯·贝尔瑙厄》）一千八百五十五年

Gyges und sein Ring（《吉格斯和他的指环》）一千八百五十六年

Die Nibelelungen（《尼贝龙根三部曲》）一千八百六十二年

以上之戏曲皆为名著，不及一一说明。兹第就其青年时代之三戏曲，述之如次，以见一斑。

（一）《由低脱》

海氏之为著述，多在冬期，盛夏之时则文兴索然，亦一种之特性也。彼之欲作戏曲之念，实起于一八三七年一月。是年十一月，偶游米雍亨画廊，见罗玛劳所绘之由低脱像，有感于中，遂决定以为诗

材。顾此像为传说拟古之作,固不能指示戏曲动作之推移者。然海奈 (今译海涅,1797—1856,德国文学家) 氏于一八三一年曾题爱尔奈所绘由低脱之像曰:"此妙龄之美妇,颜稍带昙,实与观者以甘美之感,其亲切之表情带一种之阴郁气,又稍含怒意,其目中宿残酷之光,同时似又希复仇之快乐者然。"云云。海氏之作此戏曲,似读此题语而有感者。其始着手在三十九年一月,而成于四十年之春。是年六月六日始演于柏灵 (今译柏林) 之宫廷剧场,出版则在其次年云。

此故实原出于《圣经》。由低脱者,乃别脱林国之一寡妇也。时该国为异教徒军所围攻,敌将霍罗斐尔奈斯极勇敢,城破在旦夕。此妇忧之,乃突围出,至敌营,侍其宴,以貌美,敌将惑之,因伺其睡,刜〔殊〕(诛)之于床,携首以归祖国。国民欢迎之,赞以诗歌,陆续飨之,过三阅月云。

就此事实观之,由低脱不过一勇敢之妇,以之为戏曲材料,似犹不足。海氏乃出以深奥之理想,与个人心理之必然性,以曲曲写出之,足令人神往焉。据其所演,则由低脱者,乃一寡妇,其前夫曰马那赛,结婚之夕,觌一种奇现象,由是六阅月间,初未与新妇一同枕席,故该妇犹为处女,诸人敬之,皆呼之为"圣女"云。其祈祷之语曰:"吾之祷,乃沉于神之中者也。绝望之人则跃入于深渊,我则永远跃身于神之中耳"云云,可见海氏纸上之由低脱,较之《圣经》中之由低脱之人格为甚高也。

霍罗斐尔奈斯者,一暴戾之勇夫也。今率大军而来,包围别脱林。女以祖国之危机,在一发间,奋起欲救之,乃断食祈祷三昼夜,豁然开朗,得强大之信念,其身如具神之全能者然。于是着美服,靓妆如新妇,与侍女米尔查相将入敌营。敌将惑其美,为之颠倒。其对由低脱也,除情欲之发动以外,别无他种精神之要素,以为彼国一女子耳,故无尊敬、无恐怖、亦无真面目,恰如吾人之见小犬然者。虽由低脱告以行将杀汝,在彼视之,亦不过如笼中之鸟,啄其主人之指头,亦何伤哉!彼女既处此暴力之下,无术抗之,竟破处女之操,其肉体及精神蒙垢莫大,因此侮辱之感情,与自我之没却,遂令彼女生反动力,而如猛狮之击敌,奋勇直前矣。

此际读者当注意者，则彼瞬间之挟刃蹶起，初非由神之命令，亦非出于爱国心，乃以人毁损一己之品位，而起复仇心也。时见霍方酣眠，女挟刃于手，不得不暂时踌躇，忽见霍梦中作笑靥，似得欢乐之梦，而预想情欲之满足者。女乃不少待，直前而刿其头。吾人读此节，当知《圣经》所述，谓女全感信仰于神而出此，而海氏则不取此旨也。

既达其目的，女乃弛厥心意，怅惘而归，众人虽欢迎之，然非其本意。彼谓妾身既辱于敌，愿国人速杀我可也。观其言曰："妾之身中可留敌将之胤乎？若不幸而妊娠，则祈我神，使之为不生女（不生子之女）也。"其言亦何痛乎！

海氏述此女刺敌将之直接动机，与《圣经》不同。观其论希尔列尔之戏曲可见矣。希氏戏曲中有曰《奥尔量小女》（今译《奥尔良姑娘》）者，海氏读之，亦着（按，此字疑衍）著笔及此，因纾其意曰："神若为成就大目的而行其作用于一人，虽必使之果其使命，然不过以之为器械耳。至其目的完成，此物亦不免灭却矣"云云。

由是观之，由低脱者，亦完成自己之动作，共其灭却者也。夫霍之见杀于一少妇，或为神之摄理，女之敢入敌营而杀敌将，亦或为神之使命，然不过神完成其目的之手段，至摄理实现以后，则此手段物亦不可不灭亡。此海氏之所信仰也。《圣经》全以为神之使命，而海氏则以个人之倾向出之。盖此女虽奉神之使命，然果此使命之时，则以个人之原因为直接动机也。因特别之个人动机而成普遍之大事业者，其例不乏。观希尔列尔之《台尔》（今译《威廉·退尔》），可以知之。夫台之以救祖国为使命，固不待言，然欲完成其使命而发为实现事业时，则非借射落林檎之惨事不可。海氏此篇亦犹是例。其主人公所以借用女子者，盖欲于心理之径路收得伟大效果也。

然则彼写主人公为处女又何故乎？如希尔列尔，固亦写玉寒娜为永贞处女者，然海氏则与之大异其趣。希氏之意，谓惟纯粹贞洁之处女乃得成大事业，故特笔写此，实中古之平凡思想，用以为戏曲之契机，不免落套。海氏为近世作家，故力脱窠臼。其自言曰："破操之苦痛，处女感之尤较寡妇为甚。由低脱既为处女，则其遭敌将之强暴，污其身体及名誉，必痛增仇恶之念，而其强烈之杀机自然诱起矣。"其思想之精透远过希氏，亦可见德国戏曲之发达矣。

敌将霍罗斐尔奈斯决非如（亚）历山大王之英雄，惟形式上之一巨人而已。其欲他人崇拜一己为神，则其特殊之性格也。而海之所以取此极端傲慢人物入戏曲者，乃对其少年时所受侮辱一种之反抗耳。盖海氏亦非如霍之好以一己之本性示人者，彼此固大相反对也。

霍罗斐尔奈斯者力之权化也。而曲中表此性格之处太多，颇嫌繁冗，故评家讥之。盖借曲中人物之口，以自道其性质，俾吾人易下判断，此作家之惯态。故布脱好普特评之曰："描写性格之冗蔓如此，虽足杀观者之兴，是亦自作者之个人性中涌出之缺点也。然实际欲以他种方法描出霍之人物，而与以感兴，亦不易耳。"

霍虽不过一暴物，然亦不愧为通常之勇者。作者欲表其伟大，故别以一人衬出之，即爱夫来姆是也。爱虽为恋由低脱之人，然其温和厚静之人格为彼女所不喜。观其所言，可知男子之怯懦而乏精力无勇气者，决不许之。其报爱也，谓如能入敌阵而杀敌将，乃可从其所请。爱欲达其目的，非不愿之，然单身而入敌阵，实如飞蛾之投焰，断无生理。其所以奋往者，欲将遂其恋爱也。生命既失，恋爱何有？明知故蹈，岂为得策。此其所以不得不踌躇也。女见其状，乃痛詈其惬怯。爱为所激，始悟欲得其爱，必先鼓勇，乃奋身入营，事果失败。时女亦既在营中目睹其恋人之遭耻辱，因欲自刎，然此时女之心中，既见爱之懦弱，又见霍之尊大态度，具男性之极致，两两相形，其私萌尊敬之念所不免也。故其祷神曰："吾乃尊敬可憎之敌，此心何迷惘耶！"由此可见，由低脱心理之多方面矣。

此剧曲性格之成功者，仅一敌将与一女子。如爱夫来姆，不过烘衬人物，其余如侍女米尔［槎］（查），如阿利西亚之上长官，如马比台尔之上长官等，皆非悲剧进行时之重要人物也。观其以二三主人公负担全曲动作，似与希腊悲剧相类，然其剧曲之内容、精神、性格、契机、动机等，则全然近世作，与琐士比亚（今译莎士比亚）之剧曲无异，所谓传人生之真相者也。琐氏曲中之人物，无论为宫人，为兵士，其所写出之人格，皆世间可得发见者，无神奇荒诞之谈也。其思想、行为、苦乐，皆有特殊之个性，故能跃然纸上。又琐氏曲中之群众，非仅为西班牙流装之饰，而为包戏曲之进行一个之境遇。此境遇至后虽分写实派及自由派而用至极端，然其所滥觞，则在格代与希尔列尔。其戏曲中之所谓民〔术〕（众）大势之场即是也。又克来斯脱之剧曲，民众大势之场已得充分使用之。然欲使读者之注意，离人物心理之葛藤，以移于周围之外境，则自海氏始也。海氏于由低脱曲中即以此旨使用民众之场，此非无味之饾饤补缀也，实本有力之理由为之，即就别脱林国水源为敌所绝，而极力写其苦渴之状是也。写此种惨淡光景者决非衬笔，盖必如此情景，乃足促彼女之决心也。此一场，其人物之明确，动作之活泼，乃读者所惊叹不置者也。

此剧曲之用语，乃豪快之散文，动作之进行，亦可谓急速大胆。其形式之谨严，文体之统一，虽有经验作者，未易与比肩也。诗人海奈大赏斯剧，尝叹曰："当此时代而出此作，不可谓不奇，谓其较琐士比亚、克来斯脱、格拉别诸氏，为尤精进可也。"

（二）《格陆斐法》

历史中丑陋阴怪之事实，而为文艺创作之对象者，近世文艺之一特征也。其理由虽多，然其最重要者，则通例，知为恶人之性格，惹起心理派之兴趣是也。盖在善人，每有型式一定之倾向，而异分子多综合之际，所生之明确个人性格，则宁存于恶人身中而不存于善人也。

此曲中之事迹，即西洋普通流传所谓格陆斐法之故实是也。格为一女子，其夫曰几格夫利特，当从十字军时，托其妻与其家扶〔于〕高罗。高涎其美，欲通之，妇固贞烈，拒不可。高大恚，遂谗之于其夫，夫信之，妇与其子遂皆得罪，当处死刑。当行刑日，送之于森林，执刑者不忍杀，因与女约，令终生不得出森林一步，而私纵之。后高之罪状既明，乃杀之于加斯哈尔。妇负其子居岩穴中，哺以山羊之乳。既七年，几格夫利特出猎，途次入此森林，偶觑旧妻，知其无罪，赦之。乃未几，而其妇竟死。

海氏者，固以发挥个人性为天职者也。其所以取物语中之人物为戏曲之人物者，盖以看破格之不与高罗所致，以为高罗胸中之葛藤，即作彼之罪科者也。在国民丛书中，高虽为丑恶人物，海氏则变化之，以最大之肉欲热情，为其罪业之动机，而列作戏曲之人物焉。曲中之高罗，乃一渴于官能欲之青年，要之，不外于作者（海氏）之反省的性格而已。彼亦如海氏，苦于一己之相矛盾，一方有高洁之精神，一方则又抱情欲，不啻一手与天使把握，一手又与恶魔相携也。既有高洁之精神，故虽微细之罪恶皆感知之，而生炽烈之后悔。高罗者，即海别尔之血（中）之血也。彼既乏克己之心，又无酬得爱恋之力。海氏"善恶随时代为区别"之思想，彼亦有之，所谓罪恶从肉体之同情过强而生者是也。

要之，高罗绝非低性格之人，既非无天禀，亦非无教育，其所以陷于灭亡者，全在其情质之优柔而已。当于其篱间见格时，未尝不动热情，但其时尚知立于圣像之前而犯罪，则厥罪二重。至见格与其夫诀别时，情绪缠绵之状，爱恋遂勃然而兴，不可抑制矣。于是格一痛而晕，其夫乃属之于高，使凭于其腕，而自出阵。此时高密与接吻，是实其第一次之罪科也。此时高亦自知之，不观其祈之于神乎？曰："吾试往高塔之外侧，而取其鸟巢。若神罪之，则颠；不颠，则神不之咎也。"云云。

以心理上言之，凡人既犯罪恶一次，必不惮更为之，且其程度累积愈大。其第一罪恶不啻与为第二罪恶之权利。其每前一罪恶对后一罪恶之间，俨有发达史之关系者然。高既犯一次之罪，果益欲使其恋情满足，而续续为之。此亦人间之自然理法，不足怪耳。

高之恋爱乃肉欲之恋爱，亦目中之恋爱也。其观见格之肖像，而起爱情可以证之。此间消息，与海氏自身之性格阅历，颇有相通之处。彼为有专制精神之人，其名誉心与自负心，常较爱乐之情为盛。其最高之快乐，在存美于直观之智力的享乐之中。盖肉情而同时又有审美之情热，此海氏之特征，抑亦近世人之性质也。

格之受动道德，多不足为戏曲发展之资，故曲中不能演大役割。盖彼妇之道德乃忍耐之德也，纯粹之德也，非人间之伟大作用。其性格之可见者，因貌美而被他之作用，由受动之反抗，而与周围以小反动而已。其可生戏曲之葛藤者，殊不多也。

此乃读体戏曲，非为演之舞台上者。然一八五四年，曾一演之于维也纳剧场，大博佳评云。

就全体观之，则此作者非进步之剧曲也。其美不在全部统一，而在零星之部分。其韵文之美，实足令读者处处留情。惟以"格陆斐法"为题，不如径称为"高罗之热情史"，为正当耳。

德人之以此事实用为剧曲材料者甚多。当海氏以前，罗曼奇克派之骁将提伊克，有同名之作，又米由列尔亦有此作。然海氏痛诋米作，谓其全无价值。海之作此曲，着手于一八四〇年之春，次年完成，一八四三年出版，续篇成于五一年，五二年出版于《欧罗巴》中。

（三）《玛丽亚·马格达奈那》

本篇乃家庭悲剧，为悲剧中之最无遗憾者。剧曲名作中之可与抗衡者，仅奈新格（今译莱辛）之《爱米利亚》（今译《爱米丽雅·迦洛蒂》）而已。此外如法之低导罗（今译狄德罗，1713—1784，法国哲学家、文学家），及其后继者之作，皆不足与比肩者也。本篇纯为近世作，故与《爱米利［阿］（亚）》不同，不独发挥地方之光彩，且所谓地方之情绪，亦相应发其光彩焉。

其材料事实颇极简单，乃一少女与一青年相爱，后疑此青年，舍之，而契他男子，乃又为此男子所弃，遂自杀以脱其苦痛云。此本市井一小事件，而经海氏之椽笔演之，遂成妙文。作中诸人物之性格，皆自小市民社会之生活困难状况发展而来，而于性格之个性化，尽心理之委曲，有令人惊讶不置者焉。

作中女主人公，曰克拉拉。其父曰安敦，木器师也，甚朴茂，因生活困难之故，遂成一种执拗性质。彼甚重家族之名誉，而其一大重负，则营生是也。既为生存而苦斗，故其性格之坚韧如革，对一己周围之人，皆存敌视，殆成一厌世家云。

女既受此严父之教育，而日处于狭隘社会之中，其性情向生活之一方发达，其为善良之处女，不待言也。由是养成一种卑屈之习惯，若无论何时，皆当从事逊顺，既放弃一己之趣味，更拒绝一己之正当感情。而此种习惯，遂不异第二之天性焉。

　　女自幼即与一青年相爱，其人曰佛利特利，既卒大学业，音问渺然，不知所之。女盼之切，久而益寂，不得已，从母之劝，又与一书记曰列雍哈脱者订婚约。母亦普通善良之人，列为人虽轻俊伶俐，然颇谲诈，好弄小术，女之与列订婚，一从母劝，一则愤旧人之无情也。盖此时女之心中，方以为正当之处置耳。

　　未几，彼之青年忽归故乡，为市府之书记。女闻之，方旁皇无措，讵列知之，恐有变更，因嫉妒与肉欲之奋兴乃求欢于女。女非猥贱辈，即有情欲之感，亦得以其克己之心抑之。顾女虽无情欲，然窃念己既许身于列，则此之要求，亦为其应有权利，而亦一己应尽之义务也，不得已，乃委身焉。然一方与旧时之恋人不能全忘，而一己之义务又不能不尽，感情与义务不克两全，亦不能两舍，此女之所大不堪者耳。然其委身于列，初非两相欢爱，特视为必然之命令，不得已而为之耳。其交列也，以形不以神，所谓无心之肉交耳。

　　海氏之写克拉拉破操之一事，读者颇讥议之，以为如女之谨直，当无此举，又剧台之上有此事实，亦有不合云。虽知名之评家某氏，亦谓此事与克拉拉之性格不合，然就文学之大势考之，固亦无妨。女之为此，虽不足赏，然其为此之动机，实本于义务之念、克己之情而出。其事虽疏，其情可谅。以此言之，殆亦并无不合耳。又一八四四年一月二十三日作者曾致一书与女优克列林格，以辨其事曰：

　　　　（前略）法唔斯特中之格奈奇因，非亦妊娠之女主人公乎？此妊娠之事实，实全剧之一大关纽。若无此，则法唔斯特之剧曲皆不足观。以此曲演之于剧场，亦初无人怪之，亦何独于鄙作而目为不然乎？

是可谓卓见。故以理想上言之，似彼少女无为此误举之理，若其有之，必出于情欲之炽烈无疑，彼法唔斯特中之格奈奇因，即此类也。然现代文艺所重，不在作一定之理想形式，而在描出人间心理之个性。海氏此作即本其旨。盖克拉拉女实由精神之葛藤，即彼之性格之特性，而陷于此误者也。故两者不能齐观。格奈奇因为一种之类型，克拉拉则一种之个性也。

以上所述，乃戏曲前记。本篇之动作，则起笔于克拉拉肉交可悲之结果，今述其概略如次。

第一幕：为礼拜日之事。时女之母患重病初愈，本日着嫁时之裳，而赴教会。女独居家，列雍哈脱访之。女自二星期以来，忧愁不去怀，其对列也，初无情思，第冷淡处之而已。列近受登用试验而及第，故来报女，冀博其欢。顾其及第之由，颇不正当。盖列本不应及第，因用谲计而使竞争试验者醉倒，己乃得售。其告女也，自己［衿］（矜）其机敏，言次有得色。女以其行为卑劣，唾之。正纷扰间，而其母归。列方持一新闻纸读之，［登］（发）现其中所载一事，谓某商家之宝玉为人所盗去。女之兄加尔，近放荡无赖，父安敦忧之，颇疑此物为其子所窃。果也，少顷，有裁判所之吏员若干人来，搜索其家宅，求宝玉之赃，且告以已逮其子于狱。盖此等吏员因安尝与忤，将借此以泄愤也。

女之母病后甚弱。又闻其子之得罪，一惊而绝。父虽悲其妻之死，然其视子之被辱，尤为苦痛。海氏写其此时之情绪，凄恻逼人，不愧灵笔。其稍可议者，则女拥其母之尸而为誓，未免落普通戏曲常套耳。女遭家难如此，其心绪之劣，所不待言。斯时最快意者则列雍哈脱是也。列固与女兄无怨，然彼之娶［列］（女），在欲得金，乃不可得，方以女为无用长物，欲舍之而苦无辞。今得此隙，则与绝婚不为无由，盖以妻兄作此事为辱彼也。维彼狡童，可谓曲中最成功人物之一。

第二幕：女当母死兄逮之日，已自痛伤，而又得列书，宣言与之绝婚，其苦痛绝望殆难名状。此时女之愿，宁一己抱罪恶而死，耻见其父也。

既而兄被鞫，既辨其诬，女稍慰，而旧情人佛利特利，竟来访之。久别初逢，彼此各具一种心迹。女觑之，惊喜惭悚，一时交迫，不能如昔日之欢乐，只以泪迎之而已。虽隐约自诉其悲痛，而［夫］（佛）初不知其事，仍认为己妻。于是女如颠如狂，似嘲似笑，而示以列之绝婚书。佛见之，以为彼既绝婚，良缘决不中断，喜极而抱女。女益发悲痛之声，而谓此身不复可为君所有，以明其被污。〔夫〕(佛)乃渐明真相，至此盖不得不舍女而去矣。此间所写极为悲惨生动，得未曾有。

第三幕：则傲慢之列雍哈脱已与市长之侄女新订婚约。女虽与开谈判，而为其峻拒，涕泣而归。后佛利特利向列雍哈脱要求决斗。女绝望已极，遂自尽。此间所写，悲惨已极。第三幕虽最简索，而以感情真挚，故得收最高之悲剧效果焉。二人既决斗，列即死，佛则负伤后死，所留者，一安敦而已。

此戏曲之缺点，则死者太多是也。凡死者，必有当然之理，且有意味，足动人之感情，乃足称重。克拉拉无论，即佛利特利之死，亦可谓完青春丰丽婉美之性格者，若列之死殊非正当。盖如彼之狡狯，必能遁此危险，其死也，不足起人之同情，殊无谓耳。至加尔者，乃一快乐之劳动者，除生活欢乐以外，殆不知其他。然彼自有一种之冒险性质，颇不惯于其家之局促生活。故彼虽能当大任，而日常之义务转不能尽，亦一不羁之人也。彼在曲中虽居副位，然在作者亦极力描写其性格。观其酒后侈肆之光景，与忧闷刻骨克拉拉之独白，互相对比，则现一种凄怆之妙。故加尔亦殊有近代之精神者，惟无多感性而已。

此剧曲，作者原拟名《克拉拉》，脱稿后乃改今名。然克拉拉与《福音书》中之罪女，实无何等可比较之点，故转不如用克拉拉之名为当也。本篇于一八四三年十二月四日完成，大部分则成于巴黎。四十六年，初演于来普奇希，由是在江湖间声名藉〔盛〕(甚)。

一八三六至三九年之间，海氏居南德米雍亨时，其邻有木器师，曰安敦休瓦尔兹。其子曾有被逮之事，有一女曰别皮，其性正直轻躁，海氏爱之。剧曲之材料盖取于此。然克拉拉之性格与别皮大异，绝非取材于彼者。海氏居汉堡时，其情人爱利赛林金格则颇与克拉拉类，彼或借此写其小影耳。

脱尔斯泰(托尔斯泰)传①

绪论第一

俄罗斯,一专制之强国也。法令繁于牛毛(俄律万五千篇,犹岁有增补),警察密于蛛网(每四户约置警吏一,侦民间琐事,录之簿。有外人某初至俄,访一友,越日忘其住址。或告以往询警察,某斥为诞妄,以劝之笃,姑往询之,警吏果举其友住址告,并前日某与友问答之词,亦能记忆),集会有禁,著书立说有限制,议论国事者,放窜之,刑随之,邮局设检察官,拆视民间往来信牍,虽王公亦不得免(威第长度支部时,得人书,行间多被涂抹。俄国报纸中以黑墨抹去数行者,常事也)。其所以如是者,无他,虑革命之祸,防刺杀之举也。然如此极端专制之国,而乃有一绝对自由之民,彼公然詈政府,诋国教,议法律政令之苛严,嘲备兵拓土之愚昧,而政府无如彼何,法律无如彼何,警吏无如彼何。彼所倡导之无拒主义,若转为国家对彼言之,其势力伟大若是。噫!异矣哉!繄何人斯?则脱尔斯泰(今译托尔斯泰,1828—1910)也。脱尔斯泰者,非俄国之人物,而世界之人物也;非一时之豪杰,而千古不朽之豪杰也。以之为文学家,则惟琐斯披亚(今译莎士比亚)、唐旦(但丁)、格代等可与颉颃。以之为宗教家,则惟路得可与肩伍(或曰耶教由基督莳种,路得耘耨之,至脱尔斯泰而结实。言虽过夸,然时人之崇拜脱氏,即此可见)。今搜其言行,述其事迹,为是传,词略且陋,未能状其万一矣。

---

① 本篇刊于 1907 年 2、3 月《教育世界》143、144 号。

家世第二

脱尔斯泰名立我·尼哥来 (今译列夫·尼古拉)，以一千八百二十八年八月二十八日生。其祖名比特儿·安德烈维，事彼得帝，待之如良友，以功赠伯爵 [伯爵受彼得命，质于土耳其。每俄土有违言，土皇辄幽伯(爵)于圣突尔城，故脱家所用器物，多镂城垒图于上，以垂记念云]。父名尼古拉士义里，投身行伍间，一千八百十二年，与法兰西构兵见房，后官至陆军中佐，罢归田里。母贵族韦坤士喀耶拿之女，以淑德闻，生脱尔斯泰兄弟五人：长曰尼古拉伊，次曰德弥多利，三曰瑟尔格，四为女，曰玛丽亚，脱尔斯泰其最幼者也。家于耶斯讷亚波连拿 (俄语为含笑林之义，地在莫斯科西南二百英里，距图拉市十五俄里)，一村落也 (村之面积约二千五百亥克尔)。昔俄女皇嘉撒陵以其地赠脱先人，遂世袭其业焉。村中乔木阴森，峰峦参错，以胜地见称。脱家门前，有一菩提树，乃数百年前物。盖脱之远祖鄂尔坤士克公爵所手植者，今以有脱尔斯泰故，他日睹此树者，将拟之于召伯之甘棠矣。

脱尔斯泰虽贵家子，而幼年遭际坎坷，三岁失恃，九岁失怙，遂与诸兄弟同寄养于萨铿伯爵夫人之家，徙居莫斯科。夫人，其姑也。三年后，不幸姑氏亦弃世，复经母家之戚曰培腊噶阿夫人者，抚养之。是时诸兄已入大学，惟脱最幼，与姊氏俱从培夫人居加萨恩。以阀阅之后，世食采邑，故生计尚无不足之虞。然以童稚之年，流离转徙，亦可谓极人生之不幸也。

脱虽早失怙恃。而于其父母性行，尚能约略记忆。彼于所著《幼年篇》与《青年篇》中言及之，意若曰：予父性豪爽而真率，笃于自信，军人也，亦事业家也。生平颇耽行乐，嗜博，好与妇女辈交游，巨万资财，自得之而自失之，不复介意。言其容貌，则凛然有度，时时耸肩徐步，成一习惯，眼细似常含笑，鼻隆如鹰啄，头秃无发，唇微缺，发音不全。予今犹仿佛忆之 (或云脱所著《和平与战争》中有罗斯达福者，即乃翁之化身也)。又《少年篇》中，怀母氏之语曰：予失母早，今强忆吾母之形容，已不可复得矣。所犹能忆者，吾母眼作鸢色，亲爱之情，宛自眼中而溢出。颈后有黑痣，时以柔而白之手，抚摩予身。其微笑时，若有光照耀其身旁，得其一笑，不啻永忘人世之悲哀也。

脱儿时颇顽劣，举动常出人意表，诸长辈之引为疾首者屡矣。然心情之优美而真挚，亦时时流露于外。每追念亡父母，而悲怀不释。其幼年之光阴，盖大半葬于沈郁苦痛之中者也（《幼年》、《少年》、《青年》三篇，虽小说家言，非其精确之自传，然读此，则脱氏儿时思想可窥一斑）。据《幼年篇》之第十九章，则脱十五岁顷，［既］（即）为人生命运、未来世界、灵魂不灭诸问题，萦绕其胸际，而当时之意见，则以为人生之罪恶苦痛，亦非难于救济者也。是时既作日记，预定课程表，分修己、接人、事神三项，期恪守其义务。噫！以十余岁之少年，而其修养若是，其思想若是，则他日之为伟大人物，岂无以哉！

脱幼年有一逸事。某日，自欲练其忍耐艰苦之力，以字典一厚册压腕际，经五分时不动。又一日，自挞其肌肤，至痛极而泣。然其翌日，则转自念曰：是何为也？人非一日一时一分一秒向死而驰者乎？自是偃卧床间，读小说以取乐，索甘旨而食，如是者殆三日乃已。

修学第三

一千八百四十三年，脱始入加萨恩（今译喀山）大学（是年十五岁）。此时即耽嗜书籍，凡哲学、宗教、艺术之作，皆涉猎及之，而当时之革命论、无神论，尤其所甚服膺者也。顾于学校之正课，不甚用心。又其求学之旨归，未能一定，时而数学，时而法律，时而医学，时而东洋语，彷徨莫所适从，故成绩极劣，屡试辄黜（在文科时，曾与拉丁语教师争论见斥，是年落第。改习法科，二年仍落第，为之懊丧不已）。由来天才卓越者，其思想活泼自由，强投以枯寂无味之科学，则不能容纳焉，今观于脱尔斯泰而益信也。

脱于诸学友中，有矫然不群之概，平日沉默严肃，罕与人亲近。每有聚会之举，辄辞不赴，众咸目以怪物，或加以"大哲学家"、"大思想家"之诨名焉。

脱怀抱若是,故于世俗所谓学问,颇鄙夷之。嘲学科,嘲教授,嘲试验,嘲大学制度,往往奇语惊人。某日竟公然于教师之前,撕毁题纸,不待许可,昂然退出教室云。

脱在加萨恩大学三年,始终未卒业,即退学,归而闭户自修。一千八百四十八年,诣圣彼得堡,应帝都大学之试,及第赐学士(后一千八百七十一年,被举为学士院之会员)。旋归耶斯讷亚波连拿。自是至二十三岁,先后三年间,或家居经理田园,谋改良农奴之制,或游历、[独](狩)猎,读英雄传、法人小说之类以自遣,亦尝与贵族少年游,不无好奢斗靡之习。然时时抚心自疚,彼所著《青年时代》中,盖自白之矣。

脱于学生时代,虽多沉郁懊丧之心情,然其孜孜努力以抵抗外界,而求达于道德圆满之域者,固一日未已也。后一千八百七十九年,脱有《自忏录》之作,而生涯一变,性质亦一变。时人颇异之,而不知其修德之念,早于少年植之基,固未足为异也。

军人时代第四

一千八百五十一年(时二十四岁)。以长兄汲引,得为炮兵大队之候补少尉,与兄同居一营。其屯戍之所,则高加索之山麓,台列克之河畔山。故是役也,于脱之文学生涯,实有莫大之影响焉。高加索地方,本可谓俄国文学之产地。其间雪山蜿蜒,积白万里;海波泱漭,湛碧千尺;朔风匹马,只闻肃杀之声;落日大旗,都作凄凉之色。凡在深情之少年,豪气之武夫,睹兹风物,犹足移情,而况天才磅礴,思想超妙,如脱尔斯泰者乎?噫!脱之得为世界文豪,虽谓为高加索地方之赠可也。

脱在军中,曾有一冒险事。一日,有友曰琐德者,新得一良马,约与脱易乘,作远游计,脱诺之,有炮兵亦请与俱。时伏莽未清,脱等所欲至之地,又为土番巢窟,长官虑而止之,不听。既行五俄里,果有土番二十人许,冲骑自林间出。炮兵二人中,一见虏,一见杀。脱与琐德幸返辔早,未及于难。距其地一里外,有官军戍焉,二人拟驰往依之，误入歧道。琐德所乘马颇劣，远在脱后，脱回顾失琐德，大惊，复回马，往救之。至则追骑已及。二人舍命格斗，夺路而逃，渐遇他兵，号召哥萨克一队来援，脱等始得安然归营。琐德之免祸，实脱之力也。后一夕，脱与人博，大负，书券约期偿之。懊恼之余，偃卧榻间。俄一卒至，呈琐德书，启视则为自书之借券，已裂之矣，琐德盖以是酬其德也（脱未从军前，亦嗜博，一夕大负不能偿，乃遁至一村落，节衣缩食，月仅用五元，数月后，乃得之债）。

一千八百五十四年，克里米唵一役，脱与焉。初战于希利斯滔及巴拉克伯，以勇敢称。是年十一月至翌年八月，困于瑟法斯德堡，脱坚守第四垒，防战尤力，众惊其勇。事定论功，自谓必得圣佐治宝星，然上官中有以私意憎脱者，卒不及赏。由是愤恚辞职，其时官至陆军中尉。

脱在军，尝从事歌咏，与朋辈谈笑，诙谐百出，固不失为活泼豪爽之人物。然某时胸有所触，则烦闷万状，至无端曳友人手，而忏悔己罪，曰："我，斯世之大罪人也！"不解其意者，辄以狂人目之。盖彼于军人时代，血气方刚，所〔谓〕（为）庸有不合者，故严肃之良心时时自责，而不禁抱此忧郁之感也。然彼之所谓罪恶，自时俗视之，固以为无足轻重者耳。

文学时代第五

脱之著作，以《回想录》为嚆矢（书分三篇，本以《幼年时代》等命名，然合之可为一卷，故以此名之）。其首篇《幼年时代》，以一千八百五十二年，寄刊于俄京之某杂志，不署名。见者奇其才，佥曰："此人他日，必以小说家名世矣。"越二岁，其次篇《少年时代》嗣出，此书实即脱之自叙传，特托名贵公子伊台勒夫为书中主人，且假设人物以点缀之，故亦小说家言也。此书描写儿时之生活与思想，而穿凿入微，恰有少年批评大人之观。俄之批评名家披利萨甫所著《教育论》，即根据此书立言，则其内容若何，可想见已。

自一千八百五十二年后五年间（即从军时代），尚有小说数种，如

《入寇记》，如《瑟法斯德堡所见录》（前后共三篇，成于瑟法斯德堡围解后，其书于自己及全堡人民之生活思想，俱精写之），如《樵者传》，如《农话》（此书略叙一青年，富有田产，忽抱解放农奴之志，各假以耕具及资本，又欲进而教之，然卒无成效。盖脱家田产甚广，其去加萨恩大学而归乡里也，目睹农民生活之惨，欲改良之，不得遂志，故托之此书。农为世奴，俄国之俗也），皆其最著者也。故脱在军中，文名已大震。俄帝尼古拉士爱其才，至传命于统将曰：“脱尔斯泰，才人也！宜善视之，毋俾陷危地。”（又按《哥萨克笔记》，亦起稿于一千八百五十二年，而成于游历欧洲之际者）脱不惯作诗歌，或言渠在瑟法斯德堡被围时，曾戏仿军歌体，咏巴克拉伯之败，讽主帅指挥失宜，然未署名，亦未付印，厥后不知若何喧传人口。但果否出脱手笔，无由知之矣。

辞军籍后，游于圣彼得堡，公卿士夫艳其名，争相倒屣。一时文学家，如宰格蒲夫（今译屠格涅夫，1818—1883）、巩察乐（今译冈察洛夫，1812—1891）、斯额里葛禄威第等，亦与之倾心结交。时脱年甫二十八（一千八百五十六年），而既于俄国文坛隐然执牛耳矣。居俄京六阅月，日为文酒之会，履舄交错，每痛饮达旦，名士结习，盖亦未免。然脱性本沉静，究不耐此。未几，心鄙都人士之浮薄虚伪，归故里。其明年（即一千八百五十七年），乃有欧洲之游，与长兄尼古拉士俱。

自一千八百五十七年后六年间，所著短篇小说尚有数种：一曰《雪中游》（纪一旅客冒风雪彷徨于中俄大平原之事），一曰《双骑士》（假骑士二人，巧摹两种时代之生活），一曰《三死》寓言（以贵妇人、桦树、驹三者，较其死，盖自述其人生观者，笔致轻妙，殆散文之诗也），一曰《妹与背》，一曰《波利克希加》，诸篇皆简短幽峭，殆其技巧之极品者也。又《回想录》之三篇《青年时代》，以此际续成之（此篇言主人公伊台勒甫，既十六岁与人生问题相触，日彷徨于理想之背影，心情十分烦闷，与其至友奈克里窦，常互语道德上之理想。于是二人相约忏悔，力图前进云）稍后而《全家乐》出，《哥萨克所闻录》亦出（此书所叙事迹，系一女子，名马莲者，美姿容，而性情端淑，少年争慕之。有贵公子鄂烈林，百计求女欢，顾女先已属意宰禄休嘉，弗为动。宰，哥萨克勇士也，性豪爽真挚，故女悦之。会宰他适，鄂乘间益以甘言诱女，女渐不能拒，颇相缱绻。宰归，愤女无情，面责之，女悔恨泣下。是夜适村中有寇来劫，宰奋身拒敌，不幸及于难，女嘉其勇，益哀之。鄂闻宰死，自谓良缘已谐，诣女，以贵公子口吻，侈陈一切，是时女既心变，斥曰："懦夫！"以是为收束)。后者与《回想录》及《农话》二种，虽皆小说体，然亦可谓脱自传之一。盖自责其旧日奢侈浮靡之习，观其以自然之生活与不自然之生活，隐隐对写，则虽谓之受影响于卢骚可也。至篇中精写哥萨克风景，趣味深长，引人入胜，知其受感化于境遇者大矣。脱在欧洲，漫游有年，益深掬自由主义之泉源。及归，颇以解放农奴建立学校为志（事迹见后），皆无成效。一千八百六十二年，与莫斯科人斐尔斯博士之女结婚，家于图拉别墅，由是专意著述。嗣后十五年间，谓即此大文学家月圆潮满之时代亦可。是时观察益深，阅历益富，构思益妙，运笔益熟，如《名马》寓言、如《台瑞谟伯利斯德》、如《高加索囚徒记》等名篇，不及备述。而三杰作中《和平与战争》（今译《战争与和平》）及《俺讷小传》（今译《安娜·卡列尼娜》）亦成于是时。此二篇与后年所作《再生记》（今译《复活》），实千古不朽之作，海内文坛，交相推重，与格代之《法斯德》（今译《浮士德》）、琐士披亚（今译莎士比亚）之戏曲、唐旦（今译但丁）之《神曲》，价值相等云。

《和平与战争》（今译《战争与和平》）一书起稿于一千八百六十四年，陆续揭载于报［知］（纸）新闻，阅六年始告成，都四卷，每卷各七百页，盖巨帙也。初，脱欲著历史小说，名曰《十二月党》（此盖俄国党人名），甫成第一章，意不惬。偶忆拿破仑率师攻俄之事，因假之为材料，叙当时俄人之家庭生活，兼写战场景况，以和平与战斗两舞台，相间夹写，局势变化，烘染渲明，令读者有应接不暇之概，所说人物以百计，而面目各异，自非奇才，不易办此（如写罗斯达福之马，与铁尼沙之马，亦迥然有别，其工细若此）。此书虽亦历史小说，然笔致稍不同，论其实，则战争哲学也。非深入人心，以窥见其战斗之波澜者，殆莫能解其真意。自此书出，而俄国人民之战争观为之一变。俄土一役，从军记者之通信，无敢作浅陋而惨酷之功名谈者，则此书影响之大可知已。

《俺讷小传》（今译《安娜·卡列尼娜》）起稿于一千八百七十四年，四载而竣事，篇幅甚巨。盖本其四十年来之阅历，以描写俄国上流社会之内幕者也。观其书名，虽似以俺讷为主人，实则就正邪二面两两对写，以明其结果之祸福，又以见姻缘之美满，家庭之和乐，尚非人生究竟之目的。篇中所写烈文之精神烦闷，盖著者自道也。观烈文之为人，勇毅而沉默，正真而强拗，虽谓脱氏性质，已隐然现于纸上可矣。

自《俺讷小传》出版后，旋有《自忏录》之作，于是忽由［名］（文）学家时代，一转而入宗教家时代。此后虽稍有短篇数种陆续问世，然于氏之著作中，尚未可推为压卷。至一千八百九十九年《再生记》（今译《复活》）出，乃与《战争两面观》（今译《战争与和平》）及《俺讷小传》，襄然以三杰作见称焉。

先是，脱闻其友哥尼语一实事，谓有一处女，为无行之男子所乱，后弃之，女流为娼，遂陷于罪恶之深渊，至犯窃盗谋杀之重辟云。脱闻之，悲愤不胜，欲执笔叙述其事，会有故未果。迨一千八百九十五年，左霍波俺教徒，以抗征兵之命，为俄政府所虐待，戮窜羁禁，备极惨毒，其妻孥等流离漂泊，死亡累累。脱悲之，因忆前事，著为是书，以唤醒世人之良心，且以售书所得金，赈恤教徒遗族。此书实捕捉十九世纪之政治问题、社会问题，而以深远有味之笔，现之于纸上者也。法国某批评家谓《再生记》之作，乃对十九世纪人间之良心，为当头一棒喝！可谓知言。故即令脱氏生平，无他杰作，而仅此一篇，亦足执世界文坛之牛耳矣。

三杰作之外，其他名篇杰构，不可备举，如《烛说》、《三叟传》、《黑暗世界》、（戏曲）《四十年》、《克罗宰尔琐达纳传》等，要皆各有价值，因隘于篇幅，不能详述之矣。

　　《战争两面观》事略：有襃特尔伯爵者，年少而富。其戚斐希公爵，俗物也，慕襃之富，强以女海伦嫁之。顾夫妇不相得，襃疑妻与士官德禄额有染，与德禄额血斗，自是夫妇析居。旋有志于慈善事业，赴某地，途与旧友安德烈相值，互道所志，各有不同，一主为人，一主为己。安德烈者，亦青年贵族也，抱负伟大，有俯视一切之概。迨俄法构衅，投身行伍间，血战负伤，为

法军所虏。其父濮坤士克公爵不得其子消息者二月。一夕，安德
烈归来，安妻方以难产而卒，不及与夫谋一面，安痛之切，勇气
沮丧，誓不复为军人。遂拟结庐山中，抚幼子以终隐焉，其遇褒
特尔，即在此时也。既而一千八百八十年，俄法和议成，安德烈
以偶然之机会，志向一转，复出而为改革军政员。其间遂与女子
讷达夏相爱，讷之兄尼古拉士，先年亦从军，安之故友也。顾安
父濮坤士克，性方严而执拗，谓将命安游历，俟一年后方议婚。
安临行，往与讷达夏作别曰："卿有欲言，语褒特尔可也。"其
间讷家计日贫，女偕其父鲁史特往谒濮坤士克，濮窘辱之，讷惭
愤，以为与安德烈之婚约终无望矣。斐希公爵之子曰哀拿托，浪
子也，见讷之色而悦之，讷颇为所惑。然未几，哀拿托又负之。
女痛极仰药，遇救获免，病中忆及安德烈临别之言，往商于褒特
尔，属为己谢罪。褒每见讷，爱慕之心殊切。会拿破仑再举北伐
之师，俄国大乱，褒为爱国之念所驱，复从军。将行，其妻海伦
请与之离婚，许之。褒在军中，为敌所虏，无何，遇救归，及遇
海伦，痛责其不贞之罪。海伦恚，仰药自戕，褒之主我性质自是
一变，遂全以平等普遍之爱为主义矣。是时安德烈之父以中风
卒。安之妹玛丽亚贤而能爱抚兄子，遘兵乱，赖讷达夏之兄尼古
拉士相助，始得避难乡间。二人相见，遂寄情焉。安德烈时亦在
阵前。波罗的之役，受创倒于地，其侧有一伤兵，垂毙矣，询
之，则为哀拿托，仇家也，然以死生呼吸，遂释宿怨相怜惜。适
玛丽亚与讷达夏不期而至，讷见安大惭，谢过，安喜而恕之。安
与哀拿托伤重，卒死于是。玛与讷结为姊妹，而玛则嫁于尼古拉
士，讷则嫁于褒特尔。尼古拉士初时生计颇窘，后以勤俭故，产
业增拓，过七年，家道蒸蒸日上。安德烈之遗孤既十五岁，居然
为有望之少年矣。褒特尔以不平于时势，更约同志，立为十二月
党。讷自适褒，以贤内助称，生子四人。一日，有尼之友台尼沙
斐者来访，客于讷达夏，先年亦尝有恋慕之意，至是相见一笑，
而全书即于是结穴。

《俺讷小传》事略：俺讷者，活泼优美之女子也。嫁于嘉立

拿已八载,生一子矣。嘉年长头秃,性方严,与妻迥异,故伉俪殆不相得。俺讷之兄史剔维娶妇德丽,亦不睦,常相口角,因作书招俺讷至莫斯科属为和劝。俺至莫斯科后,一夕,赴某家夜会,与少年韦伦斯克偕舞,慕之。俺归京,韦亦乘汽车尾其后。先是韦曾慕一女子名客奇,往乞婚焉。客奇本寄心于烈文,烈文者,方正之士也,常耽冥想,恶都会之浮奢,而隐居田里,慕客奇甚切。顾客奇之母屡劝客拒烈文,客亦以韦伦斯克之甘言诱惑,颇为所动。洎烈文至都乞婚,忽为客所绝,郁郁而归。一夕,某家夜会,客奇靓装而往,意是夕与韦对舞,将令满座妒煞矣,及见韦竟移情于俺讷,茫然含泪而出。旋驰往田间,诣烈文谢罪,烈许之,卒结为夫妇。俺讷既有外遇,憎夫之念益切,后与韦私生一子,堕产,势已殆矣。韦访之,值嘉烈拿于病榻之前,俺讷以死期既迫,自陈罪状于夫,且伏枕忏悔。嘉烈拿终宥韦罪,与之握手。韦惭悔,以手枪自杀,未及死。既而俺及韦俱愈,复犯奸。嘉烈拿怒而出其妻,俺乃嫁韦。然未几,即相反目,情谊日恶。俺既为神人所不容,又见弃于夫,恚甚,潜往莫斯科车站,投身轨间而死。盖与韦初晤面处也。烈文既娶客奇,伉俪甚笃,然无何,精神烦闷如故。著者于此,实自抒怀抱,隐以见人生之究竟目的,不仅在家庭和乐一端也。

《再生记》事略:有少年公爵名奈克留窦,肄业大学时,寄居于伯母之家。其家有女婢名麦绿娃,貌美而性柔顺,奈爱之,两小无猜,初未有越礼之行也。后三年,奈既为军人,以血气方盛,渐习于放浪。后过伯母家,以力污麦绿娃,给纸币百卢布而去。麦绿娃成孕,不能适人,乃流为娼。十年后,有商人毙于院中,麦绿娃犯谋财杀人之嫌,对簿公庭。陪审诸员中,有奈克留窦在焉。麦不识奈,而奈则识麦,目睹所爱之人缧绁加身,惨然不忍。继念彼亦淑女耳,陷之于此,皆吾过也,惭恨交迫,思必出其罪而纳之为妻,以赎前愆。时奈已寄情于某家女,女美而富,婚约将成矣,至是遂毅然辞之。已而麦绿娃以罪状不实,官判流配西比利亚。奈为之一再控诉,仍不得直,因弃官爵财产,易农民装，乘下等车，尾麦之后，而往配所。乃见麦绿娃，白前意，麦惊曰："妾贱人，安敢辱贵介，君已矣！请绝此念！"麦识一国事犯希孟森，遂嫁之以示自绝于奈。奈不惟不嫉不怨，且哀麦之志，而喜其所适之得人也。见希孟森，复以善视此女相托。时有英国绅士访罪囚于西比利亚者，授奈以《圣经》一卷。奈读之，大有所感，自是一意向善，谓身沐基督之光，而得为再生之子云。

宗教时代第六

脱于宗教上之疑义，盖自幼年时，既蟠屈郁积于胸中矣，自《俺讷小传》出版后，志向一变而无限烦闷之精神，遂如烈火之始然，如泉源之初奔矣。一千八百七十九年，著《自忏录》一书，而文学家之脱尔斯泰，遂一易而为宗教家之脱尔斯泰焉。是书之甫出也，其友宰尔格蒲夫病方笃，贻书规之曰："吾为文坛惜其失此一人。呜呼！吾友盍归乎来！"脱得书，一笑置之而已（后一千八百九十八年，脱著《何为艺术》一篇，至诋戏曲小说等为恶魔，文学家皆深惜之）。

脱于人生之疑问，如何烦闷，与如何而求解脱之道，于《自忏录》一书俱详之，今意译其大要焉：

　　吾之生也，受希腊正教会之洗礼，从国俗也。然吾身五十年来，未尝有信仰，惟持一种虚无主义耳。吾为学生时，颇附和无神论，好读卢骚、濮尔台（今译伏尔泰）之书，强列于教会仪式，而心则侮之也。年十五，吾自觉我身之无信仰，遂绝迹于教会。然有神耶？无神耶？吾未能明言之，未能反驳之。然人生之可达于完全之域，吾终信之，而自谓宜努力以赴之者也。只以客气相乘，情欲纷扰，陷吾于罪恶之中者不一而足。吾于军中则杀人矣；吾以愤怒故，约人决斗矣；吾好博而负债矣，竭农民之脂膏而得之财货，吾浪费之，而且严罚彼等矣；吾尝与败德之妇女子，淫乐晏笑；尝为夸诈之言以欺人矣；吾又尝从事著述，而实则为名誉为利益为骄慢之心而为之也。著述之业出于何故之疑问，未能予以明答也。而吾犹不悟，自为之辩曰："吾为谋文明之进步而著述也。"问当如何而改革其生活乎？则亦自答之曰："吾为进步而生活也。"呜呼！吾当时其如舟子乎！棹扁舟而浮沉于暴风怒涛之中，［间］（问）以何往，而不知其所也。自外国归，遁居田里，乃欲为农民设学校，以为教育之事，较诸文学家，可离脱虚伪之精神，而适于我躬也。虽然，吾自不知何物为必要而有益，又安能以必要而有益之教育施诸他人，则亦自笑其为无益而已矣。吾又尝从事于治家政理产业矣，然吾人窃然自疑曰："使吾有腴田万顷，良马千匹，则吾遂如何？"某时吾又以教育子女为志矣，则亦窃然自疑曰："是何为也？"所以增长人民幸福之法，吾亦尝讲求之矣，然突然自问曰："果于我有何关系乎！"吾每念吾之负文名，又默然自语曰："使吾与琐斯披亚（今译莎士比亚）、普希铿（今译普希金，1799—1837，俄国文学家）等齐名，非不甚善，虽然，是果何为也？"吾以种种疑问蟠踞吾之胸中，欲自戕者屡矣。予书室之隅，悬一绳焉，每脱衣就寝时，烦闷之极，辄欲就缢。其后遂取此绳藏之，又不使枪炮近身，诚恐吾之不能自保其生命也。……人何故而生乎？此问题非科学之所关，哲学虽承认此问题，而亦无解答之资格也。然则如琐罗门（今译所罗门，见《圣经》）、苏格拉底、叔本华等，以肉体之生活为罪恶，以生命之终为恩惠之始，其说果真理乎？吾于是舍知识而求诸人焉。观我上流社会之多数人类，其解释此问题也如何？是可略别为四类：一、无智，二、求乐，三、悟人生之背理而为祸，乃自戕其生，四、薄志弱行，虽悟之而犹甘苟活者。如吾身者，其属于第四类者耶？虽然，予未为绝望也，欲悟人生之真义，其转而求之蠢蠢众生之间乎？彼等贫也、愚也、纯朴也，然前举四类之中，彼未尝属之焉。吾不能以彼为不解人生问题者，彼不独明提出此问题，又知所以明答者也。吾不能以彼为快乐主义者，彼实以刻苦与节欲为生涯者也。又不能以彼为反抗其理性而甘为无义之生活者，彼之行为，彼之生死，实由彼等而后得说明之也。若夫自杀，则彼等且以之为人生最大之罪恶，而憎之拒之矣。噫嘻！吾于是始知吾向所轻视之人生问题，实别有真义存焉矣。约言之，即人生之真意，实筑基址于智识以上者也。据学者贤人之智识，虽谓人生终于无意义，而人类之大部分固明明出其理性以外之智识，而诏我以人生之真义也。理性以外之智识何？信仰是也。惜哉！众庶之信仰有失于不条理之信仰者矣。曰"三位一体"说，曰"天地创造"说，使吾尚未病狂，终未能承认之也。吾欲求理性所不拒绝之信仰，而求之于种种宗教，皆不得满足，则又不得不复归于次举之疑问：曰"吾将继续无意义之生活乎？抑放弃理性有委身于迷信乎"，虽然，吾终以为人于推理的智识之外，别有一种智识（即信仰）以主宰人生焉。斯固无所用其疑也。……曰"无限之神明"，曰"灵魂之神性"，曰"人神之关系"，曰"精神之一"，而实曰"关道德上之善恶之观念"，凡如是者，皆由人类无限之劳心，而始得达之之观念也。无此等观念，则亦无生命，且人亦自不得生存矣。然以吾之不敏，竟轻视此世界人类劳役之结果，而妄欲以一己浅薄之见，欲再解释此问题，其愚不几与小儿等乎！……吾于是持谦慎之心，以求信仰，但令其不悖理而毋自欺，则不问其信仰之为何，即欲安之。顾求之于种种宗教，而失望如故也。牧师教士之徒，安所谓信仰乎？虚伪耳。夫自欺的信仰，是亦营不道德之生活者也。虽然，吾又转而观我多数人民之间，则卒由失望而进于慰悦矣。就令彼等之间，含有迷信之分子，然其所为迷信者，实彼等生存之一要素，殆离却迷信即不能着想彼身之存在也。彼等以劳动与满足终其一身，与吾辈上流社会之怠惰而徒求悦乐者，何其适相反乎？彼等虽遇疾病忧患，而以是为天之至善之摄理，怡然自足，与吾辈之怨天尤人，而不能稍耐艰难者，何其适相反乎？人之死生观，由彼等而得透彻矣。人生之非虚妄，由彼等而得解悟矣。反观吾身，其不能与彼等持同一之信仰者，究何故哉？嘻！吾知之矣！吾之误，不在思想上，而在信仰上也，非吾思想之误，而吾生涯之误也。吾欲谓我五十年来之贵族的生涯，直寄生的生涯耳。……此有一物焉，居吾人与宇宙之生命之上，而以其不可思议之力监督之，世界之生命皆从其意志而进行者也。吾人而欲悟其意志之为何，则于其意志之所命令者，所要求者，先不可不实行之。能行神命者，能知神意者也。

以上即脱尔斯泰《自忏录》之大意也。观此则脱之所以舍贵族而为农民，抛笔砚而荷耒耜者，洵有所为而然尔。

一千八百八十四年，脱公其《我宗教》于世，誉之者曰：此脱所以惠赐世界之新福音也。此书脱稿后，为俄皇亚历山大第三所见，欲改篡数语，脱曰："愿陛下以一平民自视，而后读我书，如是而犹有戾陛下之意者，请断我右臂！"

脱以为宜屏一切祈祷仪式与信仰规条，而求基督教之真髓，以《马太传》中"勿敌恶"一语，为足阐明基督精神之关键。彼谓《四福音书》之中，明明有五戒律存焉。五者何？一曰勿怒，二曰勿淫，三曰勿誓，四曰勿敌恶，五曰宜爱敌。此五者，非虚空的理想，而今世所能实行者。且欲建天国于地上，尤非由吾人之努力以奉行此五戒律，即莫自而实现之。要之，脱氏之教，实行的基督教也。彼谓其实行之也，决非难事。因设譬以明之曰：一戏场不戒于火，人人争欲外逃，至拥塞其门，不得出。众中有大声疾呼者曰："暂退！暂退！匪是则不得救。"众闻其言，未之信也。然吾闻之而信之，则不待踌躇而从之后退，且助之呼他人，虽为众所践而毙，不顾也。何者？以可救之道，惟此一法也。夫基督之救济，实即此真正之救济耳。

《我宗教》一书，于五戒律之下，分系以说，而痛诋今世之所谓文明。如军政、警察、裁判等制度，皆欲自根本上倾覆之。其持论之奇警，足令小儒咋舌。脱所以为现世界之大思想家大革命家者，须藉此书窥见之。欲知脱氏之真面目者，俟诸他日之别译专书矣。

农事意见第七

脱氏著作中，殆无不有关于农事者。如《博克里希加记》，如

《主奴篇》，如《人地篇》，如《骏者传》，要皆悲农民之境遇，而说
农业之神圣焉。所著有《农话》，假一贵公子为主，言其人谋改良农
事，赈救农奴，而卒无效。意谓救农民者，当救其精神，若物质的之
救助，不惟无益，而反陷之于卑屈也。又《黑暗世界篇》，则描写农
民堕落之状，刻画深露，盖以是警之也。

脱不惟好言农事，自亦好为农事，躯干强健，且有膂力，乍睹
之，俨然一负耒荷锸之流也。一日，脱偕友散步郊外，见多人方刈
草，趋往观焉，其一人疲甚，乃执其镰而代刈之。顾谓偕行者曰：
"吾侪筋肉非不发达，然使刈草，至一星期，必劳顿不能耐矣。伊等
农民，食则粗粝，居则卑湿，而能为吾侪所不能为。吾侪对之，得毋
有愧色乎！"

又一日，有衰病之农夫，贷木于脱，言将以备筑仓之用。脱慨允
之，自携斧斤，入山林伐木数株，斩去其枝叶，然后曳而载之车，农
夫欣然受之而去。其不辞劳瘁若是，谁复忆彼之为名士为贵胄乎？

平日起居饮食，亦与农民无异。食必蔬菜，寝用革枕，不用华软
之衾褥，衣以棉布，或粗麻为之，如俄国乡农所服者。冬亦袭裘，然
仅为御寒计，仍用本国式，不取欧式。其俭德有为他人所弗能及者。

脱氏家中，每日宾客满座。上至名臣巨儒，下至学生兵士，皆与
焉。其中尤多者，则为农夫，盖脱尤好与此辈亲近也。但有告贷者，
必晓以利害，尝曰："以金钱助人，是辱人也。"（夫人培尔斯，乐善怜
贫，年中必投三四千金，为赈济之用。）

脱之长子于学校卒业后，请于脱，问"他日当执何业？"则曰：
"汝宜力农。"其重视农业之意，即此可知已。

教育意见第八

脱尔斯泰，世界人类之大教育家也。彼之著述，彼之人格，不独
为今世之模范，苟人类一日尚存，即其教训一日不泯。以狭义之教育
观脱，浅之乎视脱矣。然彼之关教育之意见，亦有不得不系以一
言者。

脱之教育思想，大受影响于卢骚之《爱弥耳》。《爱弥耳》曰，凡慈母不可不自哺育其子。故脱夫妇确守此训焉。又以卢骚主义之最广行者为英国，故聘女子教师于英国，以三岁至八九岁之儿辈，托其教管之。

脱谓欲使儿童常与自然一致，则必培养其爱好自然物之心，勿使对之怀恐怖之念。尝诫幼者曰："以人间之力，较自然之力，则其弱为何如乎？"又谓欲儿童之体会真理，当出以自然的娱乐的，然见有言行虚伪者，亦不惮严罚之。但于进步迟钝者，不亟呵责；于稍有进步者，宁加以奖励焉。是则以己之幼年，亦学力迟钝故也。要之，严禁强迫的注入，而一从儿童之所好，以选择学科。斯义也，虽谓即脱氏之教育意见可也。

脱甚爱幼儿，其对之也，隐然有一种魔力，如以小儿心中之键，握诸掌中然。虽未一谋面者，闻脱一言出口，则儿等恐怯之念悉泯，不惮与之恳恳接谈矣。

尝欲于乡里立一师范学校，招农家子弟，肄业其中，而自监督之。意在养成理想的教员，以为改进农民生活之预备。然其议为政府所驳，遂不果。此外亦尝著初等教科书、童谣之类。一千八百六十二年，刊行一《小学杂志》，揭载有关教育之理论，及稗史小说等。然一辈顽固之思想家，颇交口诋之也。

上书第九

正教会之于俄国，势力最大，有背其教规者，虽国君亦不能安其位。俄之严刑酷罚，虽不一端，而人民意中，则尤以破门之罪名为可畏。罹此罚者，引为莫大奇辱，虽至友亦与之绝交焉。而一千九百一年，此破门之罪名忽加诸脱尔斯泰之身。以脱人格之伟大，如彼破门之罚，曾何能损其毫末，然俄国人民则固引为骇怪之举矣。其所以致此者，固由脱氏平日反对正教会之仪式教义，而直接之原因则在上书一事。

先是脱忧时念切，上一书于俄帝尼古拉士第二，述改革国政之意见。其文略曰：悲哉！今吾国中行刺之谋，骚乱之祸，犹日出而未有已也。临之以胁迫，则人民之憎恶益深；施之以压制，则人民之抵抗益甚。循此而更进，则上下之相仇视，其将何所底止乎？陛下勿谓此等革命运动，易以政府之兵力警察力镇压之也。就令陛下之军人警吏力足以压服人民，而同胞相残，宁非大不名誉之事！况彼等军人警吏之中，保无有睹同胞之冤惨，遭良心之呵责，转而抗政府之命令者乎？谓能以兵力警察力划除革命运动之根柢者，谬见也。吾惟见其潜伏之势力，益甚于前耳矣。故今者敢于陛下及执政诸臣之前，略贡一得之愚。……夫俄国之政治方针，二十年来无稍更易，其与社会之进步，国民之现况，既大相背驰矣，而政府犹懵然不悟，墨守旧习，显违舆望。呜呼！是即革命运动之最大原因，其咎在政府而不在人民可知也。夫争斗与敌视，人人之所恶，和平与亲爱人人之所欲。彼等革命党甘牺牲一己之生命与幸福，岂戏为之哉？亦不得已也。愿我政府，去其褊狭之眼界，捐其私利之心情，然后上下合一之实，可得而举矣。鉴俄国今日之情势，窃以为亟宜改革者，有四大端：第一，优待农民，必使彼等与其他阶级享有同等之权利。其实行之法则如次：一、禁地主不得为非法之行。二、向来佣主与受佣者，别有一种悖理之法，今宜废之，而使受治于普通国法。三、向来农有赡养兵士、备车辆以运军需及担任地方警察费等义务。至为烦苛，今宜一律豁免之。四、废负债连坐之律。且所纳土地解除金，俟既符土地之实价时，则中止之。五、对农民等不得加以蛮野之体罚。凡此诸端，皆所以优待农民也。第二，废治安警察之制。以有此制，故遂令现行各法失其效力，而与官吏以纵恣残暴之口实。观于施行此法之地方，死罪渐增，严刑益惨，可以知其弊矣。第三，除教育障害，即不拘何种阶级，悉施以同等之教育是也。第四，许信教自由，即有背国教者，亦不必以国法处分之。凡此四端，匪独予一己之希望，实全国人民之所切盼也。诸弊皆革，则所谓革命运动，不待镇压而自泯灭于无痕矣。抑又闻之，人类社会者，利害相共，苦乐相关之一连锁也。为求一小部分之幸福与满足，而夺多数人民之乐利与平和，不得不谓之为悖谬。真正之平和幸福，不在一部少数之上流社会，而宁在最大多数之劳动社会。陛下而欲望真正之和平幸福乎？则刍荛之言，幸采择焉！

书上，尼古拉士第二深韪其说，激赏不置。然诸顽固大臣，则悻悻不平。就中教务院长濮背德诺斯采怒尤甚，乃传檄于正教会徒，开临时会议，议处分脱尔斯泰之策。濮背德诺斯采者，性强悍而残酷，不惟于宗教界有无上之权威，即于政治界亦具莫大之势力。其人虽为俄皇所不悦，然无力以黜之也。会议之日，由僧正安布罗久为控诉者，鸣脱之罪于众曰："脱尔斯泰伪善者也，以一己之臆断变更圣经之意义，污我国教，危我邦家。今者诐辞邪说，蔓延于国中矣，非严惩之，后患不堪设想。幸我正教，宣告其破门，俾永堕地狱，闻者悉赞成之。"议定，濮背德诺斯采上奏于俄皇，且曰："非全智全能之神，不能翻此铁案。"俄皇虽意不谓然，而无如之何也。

破门之通牒一传，举国中物议纷腾。如大学生，如劳动者，如市民、兵士等。皆裂眦扼腕，至有欲掷炸弹以毁寺院者，有欲刺杀濮氏者。即欧美国民亦纷纷驰书慰问。至教会中之冥顽不灵者，则扬波助澜，诋脱尤力。或贻书相诮曰："汝死后，其永久堕落矣！"或扬言于众，政府何不禁此伧于寺院？虽然，政府不能除之，吾必有法，使之永钳其口。或遇之于途，则指之为恶魔，至欲殴之。虽然，爝火焉足以蔽日月，蜉蝣焉足以撼大树！自脱视之，则列籍教会与否，[因]（固）何足介意哉！亦坚其所信，求其所安，坦然于敝庐之中而已矣。

家庭第十

脱自幼年时，即梦想家庭生活之幸福，尝曰："医人生一切苦痛者，家庭耳。"一千八百六十二年九月二十三日，娶夫人琐翡亚，时脱年三十四，而夫人年十八。夫人性慈良，工绘事，嗜文墨，尤长于治家。使脱得耽心于著述，而无复内顾之忧者，夫人之力也。其著《和战两面观》(今译《战争与和平》)也，时阅八年，书成六卷，而易稿至三次，缮校之劳，皆夫人一手任之。其他断篇零简，亦尝以删润之役，属夫人云。

脱有子女十三人，夭亡者五，不佣乳媪，皆其母自哺育之。夫人每日课儿辈学业，未尝间断。又十岁以下者，其衣服皆手缝之，其勤俭若是。

某时，脱尝著贱者之衣，与工人辈为伍。有以锯木为业者曰瑟们，贫甚，一日见乞丐衰且老，瑟们哀之，畀以金三戈倍克。脱见之，忽自念曰：予愧不如瑟们矣！彼之财产仅六卢布三戈倍克耳，而以三戈倍克赠诸乞食者。予有家产六十万卢布，援彼之例，不当以数千卢布惠贫人乎？脱由是更悟私有财产之罪恶，欲倾其产以分给贫乏。夫人泣而谏之曰："独不为子孙计乎！"脱不得已，约以著述权而外，其他财产当悉委诸夫人。其后卒以己之著作权，与其所欲与者。而夫人名下之财产，则日积月累，多至百万弗以上。因欧美各国有译述脱之著作者，皆不待要求，而遗以巨额之印税故也。

脱家以晨饮牛乳时，为一日中最愉快之境。其时家人会于一堂，脱则随意谐谑或杂谈是日应为之事。然一启口曰："时至矣！"则一手持加非杯，亟入书室。其在书室时，即夫人亦不许入内。一家之中，其获有出入自由之特权者，惟其长女耳。

脱性恶喧嚣，而有时聚集家人，欢然言笑，亦引为至乐焉。每年之夏，聚族人而宴之。其时脱笑语风生，绝不似道貌岸然之辈也。又尝聚族中儿辈七十五人，与之为儿戏，驰驱距跃，天真盎然，竟使人忘其为名震全球之一老翁矣。

脱不好远离家庭，每旅行，或狩猎归来，即亟亟问家人安否，途中所见，事无巨细，必以语家人以博其欢。又优待奴仆，凡受佣于脱家者，独得自由，故敬爱主人之念綦切。其家人等，与脱之志，不必皆同，脱亦任其自由，不以己之所信者强之也。其长男即与脱意见全反，而从母之志以整理家产。次男则行父之道，卒业中学后，不复入学校，二十二岁结婚，夫妇偕营农业。三男亦然。往者萨马拉地方苦饥，特往设放赈局于各村，多至二百处。且贷农民以燕麦之种，全活者至一万二千人。与脱尤表同情者，其次女也，终身确守父说，仅食蔬菜，萨马拉之灾，亦躬往放赈，为饥民等任炊事之劳，且以衣履马匹粮食等分给贫民云。

脱家有一乳媪曰阿额萨者，年百岁矣。其先世为农奴，七十八年前，即佣于脱家，为脱哺乳。迄今日，媪之对此老儒，犹宛然以监督者自居，见客，每絮絮语脱幼时事，有自矜之色，曰：“渠固可儿，然驾驭之，殊不易。”人或以脱之主义与理想语媪，媪不解，亦不答，冷然一笑而已。噫！此媪之于脱，何其与俄政府之于脱相同乎？

脱家于幽径之间，门不设扉，而有巨石柱一。门以内，则旷地一方，不植树木。惟厅事侧有老榆一株，浓郁合抱。脱自以贫民之树名之。其屋为俄国旧式，类一长方形之箱。室内毫无装饰，其上不设藻井，其下不敷华茵。书室中，悬一铁环，本以之系熏豚，后乃装运动机械于其际，镰锄锯凿之属，纷然悬于四壁焉。粗木之长几一，类乡农所用者，不谓千古不朽之著述，即于此几上为之，海内名人贵客，各以得坐此几侧为荣幸也。

丰采第十一

脱之容貌，于威严中，别含一种和蔼气象。每衣农民之服而出，长襟博袖，使见者如见《旧约》书中之插画人物焉。英人某之游记中，记脱之容貌曰：“一千八百九十二年冬，予至莫斯科。初至之日，即偕某友入肆啜茗。邻座有数客方评论脱尔斯泰之著作。予因窃听之，其时瑞雪霏霏，虚白盈室。忽有一状如老农者，自外入。其人甚瘦，而身不甚长，披羊裘，蹑长大之革舄。既入，脱毡笠与众为礼。时予坐，距户较远，故未能明视之。而吾友忽起立，谛视客面，若有惊讶之色。邻坐者亦默然忘我。肆之主妇忽作笑容，曼声而言曰：‘脱尔斯泰君，请来此！’予于是始知客之即脱尔斯泰也。因谛视其貌，则见君广颡，浓眉，隆准，肤黝黑如剥岩，筋肉显露。行步时躯干挺直，而足甚短，若跃行于冰上者然。时方冒寒而来，故呼吸颇疾，灰色之发，蓬蓬然覆于肩，雪花宛在也。揣其年，则似六十余岁人。其态度，则豁达而粗率，纯然一乡农也。尤引人注意者，则其深陷之双目，炯炯有光，脱之人格盖全已表现于此中矣。”

交游及论人第十二

与脱最相契者，宰尔格蒲夫也。宰年长于脱，先脱而得名，初不识脱，及睹《少年时代》之作，叹曰："是第一流之才人，予则过渡时代之一作家耳！"遂与之订交。其后宰所著小说中，有说私生子之事者，脱竟面众而嘲之，宰怒，殆欲与之决斗，然未几意解，交谊转密。绍介其《战争两面观》于法国文坛者，宰之力为多。及脱著《自忏录》时，宰已病危，犹贻书劝之，盖爱之切也。

脱游欧洲时，尤倾心于叔本华之哲学。时叔本华年七十，往谒之于弗兰克福特。脱所著《三死》寓言，实受感化于叔氏之厌世主义也。

今俄皇与脱未谋一面，而神交极密，帝最爱读其书，与侍臣语及脱，则喜形于色。尝欲以脱所著曲本，命国立戏场演之，会为教务院所沮，不果。脱夫人至俄京时，帝特召见之。脱所贻俄帝书，至称之以爱弟云。

脱于各文学家，尝评论之。其论普希铿也，曰："彼之笔虽致密，而过于纤巧，且用意肤浅，乏于变化，往往令读者难解。予之为文，虽求描写精密，然必期令人易解。是彼我之所由异也。"

其论若拉（今译左拉）也，曰："彼之写实主义，不过显事物之真相，非其正久艺术也。人与人之感情交通，又人生之何者无价值，何者为永久，不可不区别之。此艺术家对人类之义务也。"若拉为脱雷斐大尉之［宽］（冤）狱，愤懑不平，劾法国政府，遂见逐。脱闻之曰："是犹小事耳，亦奚必劾之？英美诸邦，其所为罪业有什百于是者矣！"

其论葛尔格（今译果戈理，1809—1852，俄国作家）也，曰："彼之小说，仅写人类之黑暗方面，而不知人人心中，各有美质存焉，助之得宜，皆可与为善也。葛氏昧于此，其未知所以教人自重之道乎！"

其论琐斯披亚也，曰："琐氏实艺术大家，然世人之崇拜之者，通称扬其短处耳。有一问题焉，求解答于彼之著作中，非不能得。

其问题何？即吾等何为而生是也。"

脱之感情思想及其精力，颇似拉斯铿，故甚推崇之，尝曰："予窃怪英人之称扬格兰士登而不已也，英国有拉斯铿，其足夸美，不更甚于格兰士登乎！"

有以英人亚诺特（今译阿诺德）之诗集赠脱者，读竟，跋其尾曰："诗诚佳，若以散文出之，则尤愈。"盖脱不好韵文，以为韵文者，束缚于无益之法律，而反损其真趣也。

政论家之为脱所推服者，美之亨利佐治。盖亨利佐治之主张废奴隶，与脱之主张解放农奴，其义一也。亨所著《进步与贫困》，脱最爱读之，尝欲取其单税主义，施之于俄国云。

脱薄视新闻记者与批评家，曰："此辈实文界之劣驷也！其所评论，无一瞥之价值。"然于史老霍之评语，则亦赞其公平确切焉。

脱于中国哲学中，最爱读《老子》，尝欲据欧洲译本之《道德经》，译为俄文。

脱与卢骚相去几百年，而其爱自然，憎文明，则甚相似。幼年时，尝以基督与卢骚之肖像佩于胸前，以志仰慕之怀云。

佚事第十三

脱诋今日之文明为伪物，故亦恶医术，谓此即伪文明之产物也，故有病不好服药。不得已而延医，则心为之不怿者累日。

又恶铁道，其著作中亦时时言及之。自言予每乘汽车，辄数日不快。故出外每徒步，即有时乘之，亦必不乘一二等车。但旅行中，亦好与同伴者殷勤相接，莫知其为名震全球之人物也。

凡近世发明之器械，亦痛恶之。谓适增虚伪文明之势力。所不恶之者，惟农家所用牛车耳。

其所嗜者为音乐，且亦工其事。执笔之前，辄抚琴奏一曲，以鼓文兴。

初时亦好狩猎，尝以野猎故，为熊伤其一腕，几濒于危。后忽悔之，不复猎，曰："如是残忍之行，而予乃引之为乐，是何故耶？"

其著作，多于冬期为之。尝终日终［衣］（夜）不辍笔，曰"怠惰者，人间恶德之尤也"。《战争两面观》脱稿后，年五十一矣，忽有志于古典学，遂习希腊语，未三月而于史家哀罗特之书，已能自读。虽精于此学者，叹弗及也。

有馈以自由车者，以为是奢侈之品，婉辞谢之。某年以养病赴巴西基里亚，见土人所畜一马，颇褒美之。主者即以马献，脱感其厚意，亦谢而受之，笑曰："归后必以他物为报也。"

脱谓以金钱助人者，与侮人无异。然萨马拉地方苦饥时，亦躬往调查，为一文缕述灾民之状，且自捐金百元，送之《莫斯科新闻》之编辑局。读其文者，咸为酸鼻，遂各踊跃输将云。其著《再生记》也，亦为抚恤教徒遗族起见。脱向谓以文字易金钱，为文人之耻，故不登录著作权。无论何国何人，皆许其自由翻刻。独此次新闻之主人麦克斯，请脱稍破成例，谓若于全篇登竣后，禁转载者数星期，则当酬以三万卢布，不尔，则仅酬其十分之四。脱初不欲，以麦克斯之迫请，乃广告其理由于众，曰："愿公等为灾民计，不亟亟转载此稿也。"又俄日之役，脱以所著书多种，托书肆售之，以所得利益抚恤军士之遗族焉。

脱于著《自忏录》后，尝至莫斯科，组织一慈善事业委员会，屡于公会堂演说其本意，众以平生尊脱故，解囊者颇多。既以所得款，经营有益各事业，然尚余金三十七卢布。欲以之悉与贫民，既而睹贫民之多不德，乃叹曰："以资财为慈善，是无益于人而反害之也。"卒以金还诸原捐者。

脱之勤德，尤为人所难及。其每日就浴也，必自运水，自焚火，盥漱所需之水，亦手汲之。又如整理书室，亦躬自为之。食时不使仆人在其侧。一日之间，罕有召唤仆辈之事也。脱恪守《圣经》中所谓"勿审"之戒律，然曾以州会之公选，一为治安裁判所之名誉判事。一日出其文牒以示人，笑曰："谁料脱尔斯泰亦曾为裁判官乎？"

平日不好居都会，偶以家人之累，暂僦居于都会，则意倦神疲，动辄生怒云。

脱力守烟酒之戒，且不肉食。以为肉食者，一使人之情欲盛旺，一使人之性质残忍也。其家人之信斯说者，惟其次女一人。其夫人则谓菜食有害滋养，易陷人于贫血等症，极力反对之。有英国少年某诘之曰："君之菜食主义，乃不能行于一家乎？"盖讽之也。脱答曰："置灯火于升斗之下，则其光不明。今社会之不免于谬误者，以其尚幼稚也。虽然，终不能为谬误之社会屈我一己之信仰。但知罄能力之所及，以求理想上之结果而已。"

尝散步于莫斯科之城门外，见一行乞者，饥且疲，请于脱曰："愿君以基督之名，一行方便。"语次，适一警吏至，乞者仓皇遁。脱谓警吏曰："子曾读《圣经》乎？"警吏不知为脱，然睹其容仪，知非常人。谨对曰："读之。"曰："然则'食汝饥者'为基督之命令，子应知之矣！"警吏初莫能答，忽反问于脱曰："君曾见警察法乎？"曰："见之。"曰："然则行乞于途之干警例，君应知之矣！"语罢，扬扬自去。脱记此事于《我宗教》之中，以明《圣经》与国法之大相矛盾焉。

有称辩之势力于脱者，脱曰："然。虽然，雄辩者使人失理性之判断力，大可危也。"

脱于所著《何谓艺术》之中，谓粗浅之俚谣优于高尚之歌曲。然至近日，则并歌谣二者而斥之为愚。就中如军歌，尤易助长人间之罪恶，其性与酒同。虽歌谣者人人之所好，然不难由锻炼意志之力而远之也。

某年，值脱之生日，世界各国，无贵贱上下，争寄贺柬。而俄罗斯帝国图书馆所上祝词，尤为新颖，曰："馆中所藏君之著作，不惟用本国文者已也，又译为世界各国文字者，无一不备，此亦吾馆之荣也。"俄人某，作一表，记脱氏著作之已译为他国文字者，则德文二百十八种，英文百七十五种，基奇文百三十种，巴尔干安文八十种，塞尔维安文百种。此外有希伯来文，有波斯文，有暹罗文，有华文，有东文，又有以近年发明之世界通用文（哀斯培兰脱文）译之者。

俄国一新闻，属人投票，举其所最爱读之书。及检点票数，脱得六百九十一票，而大文学家如葛尔格、宰尔格琲夫等，皆仅得百票以下。即此益见脱于文学界之价值已。

五　西方美学研究

霍恩氏之美育说[①]

霍恩 (1874—1946，美国教育哲学家) 于所著《教育之哲学》中论之曰："罗惹克兰支及斯宾塞等之研究教育理论也，于美育一事，弃而不顾，此不得不谓为缺憾。今于教育之新哲学中，其思所以弥之者矣。"由是观之，霍氏之于教育原理中，明明以美育为重，可知也。然氏于此书，却未详说美育之事，读者引为遗憾。或谓霍氏此书，别无独得之见，惟其取前说而排比之，能秩序整然，故足多尔。

厥后霍氏复著一书题曰：《教育之心理学的原理》。其第三篇为"情育论"，中有"审美教育"一章。此章之说极新，霍氏殆自以为独得之见乎？今先述其说之内容，而试加以品评焉。

审美教育之性质

感情生活之发展之最高者，美之理想也。审美教育者何？培养其趣味而发展其美之感觉也。趣味者何？美术价值之知识的辨别，与对美术制作物之情操的感受也。审美教育之最初目的，关于壮大之自然及人间，在能教育儿童，使知以美术物供其娱乐之用而已。其次，则贵能评量美术的价值。氏引拉斯铿 (今译罗斯金，1819—1900，英国文艺批评家) 之言以明之曰："凡对少年之士及非专门家之学子，不在使之自得其技术，知品评他人之技术而得其正鹄，斯为要尔。"是故为教员者，但能养成儿童俾知以智识的赏玩美术，则既足矣，其余之事非所

① 本篇刊于 1907 年 6 月《教育世界》151 号。

关也。

审美教育所以为人忽视之故

以审美教育与体育、智育、德育等比较观之，则美育之为世人所忽视，亦固其宜。此其理由有三焉：（一）以其属情育之一部，故美育之于近世教育中，不能占独立之地步。如海尔巴德，即于智力及意志外，不予感情以独立之价值。此外，叔本华然也，巴尔善亦然也。要之皆以审美的感觉赅括于情操之下，而于意志论中述之矣。（二）以学科课目中所含审美的教材，以较智识的教材、道德的教材，所占范围绝小。（三）巧妙而有势力之议论，能使人于技术（按，此指艺术，下同）之重要，转至淡焉若忘。如罗惹克兰支之《教育之哲学》，于健康真理宗教道德之理想，谆谆论之；而于美之理想，则不置一辞。又如斯宾塞之《教育论》，其被影响于教育界也，殆五十年之久，而彼于审美的兴味，等闲视之，一若以文学技术为无益之举。其言曰："文学技术占生涯之余暇之部分，故当属教育以外之事耳。"方功利主义风靡一时之秋，则美育之为其人所忽视，又奚足怪哉！

卢骚之审美教育说

卢骚之著《爱弥耳》也，其教育之一般目的，未可谓为高远。彼非欲得笃实坚固委身徇道之人物，欲学者得平和闲雅之境遇耳；非欲其进取的之计画，欲其以受动的享娱乐之生涯耳。卢氏教育之目的如此，诚未可言高远。虽然，彼于审美教育之价值，则能认见之矣。卢骚曰："使爱弥耳就一切事物感其为美而爱之，是所以固定其爱情，保持其趣味也；所以遏其自然之欲望，而使之不至堕落也；所以防其卑劣之心情，而不至以财帛为幸福也。"移卢氏此言以观今日社会之况，则诚有所见矣。

柏拉图之审美教育说

上而溯柏拉图之审美教育说，可见其较斯氏之说为更高远矣。斯氏言使吾人遂完全之生活者乃教育之所任。斯说也与柏拉图同。然所谓完全之生活，意义迥异。何则？前者仅指物质的现象，后者则于灵魂之无穷之运命亦赅而言之也。实则希腊思想所远觊于近时世界者，即所谓"美"是已。柏拉图于《理想的国家》中，有言曰："使吾人之守护者，于缺损道德的调和之幻梦中，成长为人，吾人之所不好也。愿使我技术家有天禀之能力而能辨别'美'与'雅'之真性质，则彼辈青年庶得托足于健全之境遇耳。"以言高尚之训练，殆未有逾此者也。

"健全之精神宿于健全之身体"，罗马人之理想也；而"美之精神宿于美之身体"，则希腊人之理想。吾人既欲实现前者之理想，亦愿实现后者之理想。

审美教育之重要

由上之说，则开拓儿童之美的感觉，果如何重要乎？今欲就四项详说之：（一）审美之休养的价值。（二）社会的价值。（三）心理的价值。（四）伦理的价值。

美育之休养的价值

凡人于日日为事时，不可无休养。审美的教育即为此之故，而于人间之智的生活中，诱导游戏之分子，而保持之者也。审美的感动即对美之观念之快感。而常能诱起其感情者，不外美术的建筑物、雕刻、绘画、诗歌、音乐或自然景色之类。吾人之心意，常由此等而进于幸福之冥想。而其所为冥想也，决非为吾人之利用厚生，惟归于吾人生活之完全耳。故此等诸端，实为吾人自身供娱乐之用者。一切技术决无期满足于未来之性质，惟于现在之时、现在之处，供给吾人以满足而已。是故为自身而与以快感者，即审美的快感。以此义言，则吾人即于日常之业务，亦得发见审美的要素于其中。同一事也，以审美的企图之，则感为快，不然则感为苦。吾人之灵魂，得由审美的技术而脱离苦痛。斯义也，叔本华之哲学中既言之，学者所共稔也。吾人于纷纭万状之生涯中，而得技术以维持其游戏之分子，此所以增人间之悦乐，而因之占人类生存之胜利耳。故虽谓人类之绝对的利益，全出审美教育之赐，亦何不可之有？

美育之社会学的价值

以社会学见地观之，则审美教育者，所以于完全之人类的境遇，调和人间者也。人类以科学、历史、技术为世世相遗之产业。故教育之责，即在以是等遗产传诸新时代，而期其合宜焉尔。教育者苟忽视美育，非既与教育之本义大相刺谬耶？吾人之灵魂，未达于审美的醒觉，则不〔能〕（具）感受之灵性。故其灵魂惟往来于科学的事实、历史的事实之范围中，欲以达人类之理想之境遇，奚其可？

美育之心理学的价值

以心理学的见地观之，则个人意识之完全发达，亦以美育为必要。意识者，不但有知的意的性质，又一面有情的性质。而美之感觉，实吾人感情生活中最高尚之部分也。偏于智识则冷静，偏于实际则褊狭，知所谓美而爱之，则冷者温，狭者广矣。人之灵魂，对偏于智识者而告之曰："汝亦知智识而外，尚有不能以知识记载者乎？"又对偏于实际者而告之曰："汝知人世所谓有益者之外，尚有有价值者乎？"真理之智识使人能辨别事物，而不能使之爱好事物。善良之意志足以匡正人心，而不足以感动人心。欲使人间生活进于完全，则尚有一义焉，曰：真知其为美而爱之者是已。

美育之伦理的价值

吾人于审美教育中，又见其有伦理的价值。欲彰斯义，诚难求详。然知其为恶德，则觉有丑劣不堪之象横于目前；知其为美德，则恍有美艳夺人之色，炫于胸中。是说也，其诸人人所皆首肯者乎？固知所谓恶德，亦有时以虚饰而惑人；所谓美德，亦有时以严酷而逆物。然见恶德而觉其丑恶时，吾之审美的灵性必斥之；见美德而觉其美丽时，吾之审美的灵性必与之：斯固无容疑议者也。不论何时何地。人间之行为常与道德的基本一致，故其内容可谓之为正。然至实现其行为之动机，则与云道德的，宁谓为审美的。要之，人间之行为，于其内容则道德的也，于其计画则审美的也。是故不为美而仅为正义之行为，终不能有伦理的价值也。

审美教育之实际问题

由前之说而知审美教育之重要矣。于是遂生一实际问题焉，曰：学校于美育一事，宜如何而后可？从吾人之要求，则亦无他，修养美的感觉，获得美的意识是已。美之感觉何以修养？曰：惟吾之耳目与灵魂，对人间及自然之事业，而觉悟其为完全之时，可以得之。譬如睹精巧之雕刻物，观神妙之绘画，闻抑扬宛转之音乐，读深邃高远之文学，山川日月，草木万物，贶我以和平之心情，畀我以昂藏之意气。于斯时也，吾人对耳目所接触者，感其物之完全，而悦乐生焉，则美之感觉克受修养之益矣。如此审美的经验，即以吾人感情的感触其所爱好之事物，而人类经验中最高尚之形式也。若于此外更求高尚之经验，其惟宗教的感情乎？然而宗教的感情，亦不外完全之美的要素，既人格化，而人间以意识的而结合之者耳。

宜利用境遇之感化

然则于学校中，开拓美之感觉，当何如乎？窃以为其最要者，在利用境遇之感化，使家庭学校之一切要素，悉为审美的，则儿童日处其中，所受感化必大矣。

宜推广技能之学科课程

今世虽以文学为美术（按，此指艺术）之一，于学科课程中颇占相宜之地位，然其余技术似不应下于文学，窃谓自今以往，亦宜注重。如唱歌，如玩奏乐器，皆宜加意肄习。如木工、金工、抟土等，宜于实用的外，更加以审美的。如于图画及其他学科，宜教以形色之要素是也。

宜改良技能科之教法

自然研究之教授法，不可仅如今日之为科学的。于读书教授法则，此后宜留意于趣味一面。初等国文科之教材，亦宜多采单简之叙事诗或神话的要素，不可过列近时之作。如是，庶可避今世言语学的文法的之弊，而于文学的形式及其理想，乃能玩味之矣。又如劝诱儿童，频往来于教育博物馆或美术陈列所，是亦其一端也。

宜创造审美的之校风

以此义言，必有自由安适及德行优秀诸点，而后可谓之为美。

宜培养审美的之教师

教师为儿童之表率，故欲举美育之功，则教者自身不可不先为审美的。故教室中之行为及日常之举动，其风采容仪不可不慎。捐时力财力之几分，肄习诗歌音乐书画之类，以为自己修养之资，斯固为教师者所不可少之要义也。

霍恩之美育说大略如右。其说平淡无精义，名高如霍氏，而其立说仅如此，似不足副吾辈之宿望。且彼自谓近人之忽视美育，一以置美育于情育之中故，而彼反自蹈其弊。又谓美育之不振，由学科课程中含美的要素者少，然美育之于学科课程中，其位置宜若何，其分量宜若何？亦未切实言之，未可谓为得也。虽然，以趣味枯索如今日之教育界，而得霍氏之热心鼓吹，一促时人之反省，其为功也固亦伟矣！今是以介绍其学说，亦窃愿今世学者知美育之重要，而相与从事研究云尔。

哥罗宰(谷鲁斯)氏之游戏论(译文节录)[①]

第一章　自心理学上解释游戏

（一）游戏者何

希尔列尔（今译席勒）所著《人类美的教育之书牍集》（著于一千七百九十五年），袭汗德（今译康德）之先例，而以游戏之动向为美之所由产出者。其第十五篇有曰："人唯以美为游戏者也。何则？以某义言，人类即一游戏，真面目之人类，唯能于游戏中见之耳。"……予（指哥罗宰，一译谷鲁斯，19世纪德国美学家）所谓游戏之义则浅近而单纯矣。游戏者何？谓现存生物，以某状态，而发表其不可抑遏之动向之一切活动也。又谓活动之专向于快乐之方面者也。……

吾人亦欲从斯宾塞之说，以审美的感情为来自游戏之动向者。……斯宾塞《心理学原理》第二卷……曰："吾人所谓为游戏之活动实与审美的活动有共同点。何则？两者于人生之实际进行上俱无裨益也。"

（二）游戏之起源

（希尔列尔）谓对吾人之性质及需要，可以一瞬而直达者，为吾人所不悦；而迁远者，反渴望之。是故剩余之势力无益于生命之保存者也。由此剩余之势力而生游戏之动向，由此游戏之动向而生美，而吾人乃以之为乐。其《书牍集》之第二十七篇有曰：自然既为无理

---

① 本篇刊于1905年7月至1906年1月《教育世界》104—106、110、115、116号。此处仅节录其首章。

性者，与以生活上之必要品矣，又为幽暗之动物的生活，而与以自由之光明矣。今使狮虎之类已不为饥所迫，而无争夺之必要，则所余之强力一时无用，将于何所泄之乎？故使彼等或咆哮于山谷，或奔走于平原，以泄其余力而自乐。此即自然之妙用也。昆虫之回翔于日中也，飞鸟之歌啭于林间也，此其活动之动机，亦有出自欲望之缺乏者，然大都为充溢之生活所刺激而为是嬉戏耳。……

斯宾塞曰："游戏者，于吾人势力未有自然的表现之际，而代以人为的表现者也。人之势力有时不耗之于现实的行动，而用之于假现的行动，是之谓游戏。"

多蒙德《苦乐论》曰："游戏与业务之关系，如奢侈与资本然。奢侈者，因财产过多，而用之于无生产之途。游戏者亦因势力有余而用之于无益之途者也。"

显弗烈于所著《社会之生活及体制》论共同生活之历史的发达，与游戏之历史的发达，又美术与娱乐，为并行而立者。……以为高等生活之形式的进步，不外出自一因，即势力之积蓄过多与收得之过多是也。而游戏及美术之所由以起，有一必要之条件，即吾人为求快乐，而消耗一定之势力是。……

德密尼希斯（曰）："欲说明游戏者，亦不能外乎进化之法则。游戏者，不惟人类有之，动物亦有之。又动物之益高等者，游戏亦最多。故游戏者由所余势力之量，而异其多少者也。"

（三）游戏与贮蓄资本

若夫有生者既得一定之势力矣，而其使用势力也，不用以满足其要求，又不为个体与（种）属，而用以保存其内外之关系之均衡，此外更无他法以泄之，则惟有用之于适意者及快乐者耳。是故游戏者，为欲表现快乐而消耗其所积蓄之势力者也。要之，游戏即潜势力之变形者，即由潜势力变为活势力，而以种种状态表出之者也。凡以快乐为目的而表之为游戏者，必与前所积蓄之势力之量，其值相等。今假嘉玛克斯之言以明之，则可曰："游戏者，所剩势力之表出者云尔。"……

（四）游戏及心之活动

……

游戏之由来，盖于势力剩余之外，又不可无稍近高尚之心的活动。若忽视此二方面，则立说或近夸诞，将有如希尔列尔所言者矣。希尔列尔推衍自己之原理，至谓植物界亦有游戏。其《书牍集》之第二十七篇，有曰："以实质的意义言，则虽无精神之生物，亦有殆可谓为游戏者。树之发幼芽也无数，而中途大半枯瘁。如此者，与谓为保存个体与种属之用，宁为营养多量故，而用以发育其根蒂枝叶耳。夫不以剩余之势力补营养之缺乏，而移作他用，则虽谓树木亦好为愉快之运动，何不可之有？"希氏之言如此。彼殆未知游戏之要素又有待于心的活动，故不免措词过当尔。

游戏之成立必以一定程度之知能、意识、感情、运动，为必不可少之要素。此事固易说明之。试观人类以下之生物则可以恍然矣。动物之阶级愈下，其心的活动愈少，则其游戏的现象亦愈少，此吾人所可得而证明者也。

……

（罗摩奈斯《动物睿知论》中引马克可克语：）

予以某晨，洁治书斋，敞窗扉以通空气，因移蚁垤于邻室之炉旁。蚁以受暖故，忽若元气活泼，四出行动，盆中所养丛草，几为所覆。其既攀登草穗也，如术人之弄绳技然，时时以后足倒垂，或以前足作盥洗状，或骈体以弄他蚁云。

罗氏之书又有专记蚁之游戏者……曰：

蚁之生活不独勤于执业，又时有闲暇者也。褒希奈尔于所著《动物之精神的生活》，尝引休培尔之言为据。休氏曰："予尝见野蚁群聚于巢之表，为种种游戏：有立前足于后足之上，斜向而滑倒者，有以触须或胫及颚，相抱为戏者。其为此也，殆举行祝典而相谋行乐欤?"……

(五) 高等动物之游戏

……

鸟之鸣也,匪但欲以娱人,实亦欲自娱耳。达尔文曰:"鸟于爱情发生之时,巧啭不已者,是欲自炫以求牝也。至平时之善鸣,则全为修饰故,由好斗之癖而来。"又曰:"鸟非求牝而仍善鸣者,此为求一己之悦乐耳,未足为异也。"

鸟能模他鸟或他动物之声,而自感其乐,且尝与雏鸟共为之。洛曼谓彼尝闻伯劳,巧拟燕、雀、金翅雀等之鸣声,且纵于固有之鸣声中,间以他种肖声,亦复悠扬可听。葛尔琪伯爵亦言,彼尝饲一小鹪,能拟莺、燕、金翅雀、白头翁等之鸣声,又能拟犬吠声云。此种模拟之力,尤以一种模声鸟为最。此鸟常拟猫声、马嘶声、雄鸡牝鸡声、啄木鸟声、雕声,且十分逼肖,闻者殆不能别其真伪。由前诸例,而鸟有模拟之才,能以模拟为游戏,无可疑已。

鹦鹉、椋鸟之属,性至驯静,然于困苦无聊之际,亦尝游戏于地上。洛曼言:彼饲一椋鸟,常与他鸟共翱翔于广室中。一日,忽寸裂其友鸟之巢,而掷其卵,蹴其雏,以为自娱云。萨维者,博物学大家也,尝饲一雪鸦。此鸦好居雪中,又得火则大乐,但见火器,则跃跃其旁,索碎纸布屑之类投其中,而痴立以视其烟焰。又有一种鸦,其嘴作角状,普烈姆曾饲之,谓此鸟常追逐红鹤属之鸟,或以奇怪之法疾走庭中,为种种恶戏,又以头作种种异状。达尔文亦引奥德明之言,谓其家饲一夜鸦,屡与猫为戏。初匿其身,不使猫见,继则蓦然飞出,大声而鸣,使猫惊避。此外又有一种鸳鸟,产于西南非洲,烈维哀兰名之曰"非洲鸳",以此鸟之飞鸣于空中,不为求营养,而为求愉快,与鹫类相同也,烈维哀兰又言:尝有一鸢,翩然飞下,合其双翼,使见者疑为翼受害而坠地者,旋振羽飞去,盖亦故为游戏也。

(六) 人类游戏之心的要素

……

人之初生,其游戏之动向尚未发现。凡儿童之至能游戏也,其生理上心理上必既发达至某程度。游戏之可能性实与身心之发达并行而进者也。故若心理之发达上或有障碍，则终不知游戏为何物。无原因则无结果，理势之固然也。……野蛮人虽耽于游戏，然与其身体上、精神上、经济上、社会上，无一不相关系也。又，文明人亦然。凡人所蓄之剩余势力若益强大，则其于游戏也，范围益广，程度〔亦〕（益）著。何则？游戏即势力之表出者，尝与所蓄剩余势力之量相等也。

（七）游戏与势力剩余

由前以观，可见游戏之为事，遍存于动物界人类界，又足见无剩余之势力则游戏不能成立之理矣。是故游戏者毕竟表示其生存竞争以外之剩余势力也。……

蚁之司劳动者不与于游戏之列，无他，以彼等如奴隶然，或营垒，或采饵，或传命，不能不时时劳动，且又有保育子孙之重任，则其无暇游戏也固宜。

疲劳以往，不能游戏。……

儿童以身体不健，因而辍其游戏。……然则儿童之执业过劳者与逸居无忧者，其游戏之动向必有差异，昭昭然矣。世传穆勒早慧，三岁而学希腊语，八岁而能读海罗笃斯与芝诺芬之书，故其幼年不知游戏为何物。达明作《穆勒传》，有曰："穆幼年不好游戏，故不与群儿往来，所与交游者惟哀斯本丹与利嘉窦。是二人者，一年六十五，一年四十矣！"……

大抵境遇贫穷者，势力微弱者，未受教育者，其人必不甚好游戏，甚则有终身不游戏者。

……

（八）幼时皆好游戏

凡幼小者，未有不好游戏者，动物与人类皆然。达尔文于其所著《人类起原》之第二章，以人与动物，比较其精神力，曰："观于小犬、小猫、小羊等之相戏为乐，如小儿然。此时快乐之感情盖最昭著者也。"……

廖伯亚尔第著《田园杂兴》诗，描写村童嬉戏之状，不遗余力，其结句之意若曰：

> 嗟汝垂髫子，人世此佳期。
> 晴空比皓洁，春花拟娇姿。
> 忧患在前途，行乐须及时。
> 安得驻童颜，长为田间儿。

（九）游戏之分类

以游戏之分类言，则昔人既由种种方面而观察研究之。弗烈培分游戏为三种：第一，模拟现实之生活。第二，以所得于学校者应用之。第三，就一切事物之关系而创造之表显之是也。后者卓越乎前二者之上。盖儿童于此，必从游戏之对象及其实质所含法则，不然，则必从思考及感情之法则也。

弗烈培又自他方面分游戏为三类：第一，为身体的游戏，谓由势力及机巧之演习而成立者，或仅以表示其生活上之欢悦者是也。第二为感觉的游戏，如由迷藏以完其听觉，由抛球以完其视觉是也。第三，为精神的游戏。则如猜谜斗牌之类，但此种娱乐与实际目的及儿童所要求者，不相宜也。

希戈尔斯格分游戏为三种：第一种，范围最广，与抽象的思考之发达上，有相互的关系。盖能对判断力或推理力隐与以补助之益者也。第二，与所谓我之意识之成立发达，颇有关系。第三，则演习其再生之印象及表象者是也。

　　……

汗德亦尝论及游戏，彼于所著《审美理性批判》（今译《判断力批判》）中论美术曰："人以是为游戏，而自视为快乐之作业。"此外就自由而多方之感情的游戏，亦尝论之，而分之为三种：一、关于胜负者。二、关于音乐者。三、关于思考者。汗德本未就游戏之全体特别研究，故其分类自未完全。然今援举之，亦非无价值之说也。

　　吾人分类之基础：……自科学上言之，宁以游戏者之活动为分类之立脚地。何则？儿童之活动，益发达而多方，则游戏之范围益扩张而进化。必由主观的分类，而后能包括无遗也。

　　吾人于此，欲从鲍尔罕所以定性格之典型之主义，而谓游戏之分类必就身体的要素与心理的要素，联结而研究之，此等要素以各种形态而存。故欲以游戏之一系列与他系列区别，不可不据彼此之势力与心理的要素以为断。游戏之种种形态，毕竟是势力之特殊者，与种种要素（观念感情等）、种种活动（筋肉力、记忆、注意、悟性、欲望、意志等）之价量也。申言之，即由此等之共同作用，而现为种种形态者也。所以构成人格之多量要素，有种种之结合，故其各团簇中，常有一观念活动或倾向，是即要素之最优势者也，其他要素之母也。如此而对各种游戏之成立，以探讨其要因，则所为分类者，庶几适合事实乎！

　　……

（十）　游戏与模拟

　　……

　　不问动物界人类界，凡模拟者普通的现象也，又元始的现象也。此精神的能力究由知觉而出，其精神的能力益增，则模拟之事益减。故模拟与创意及高等之精神的能力，其关系相反。……幼儿最早即能模拟。生后一月，则模拟的运动显增。而儿童之于模拟，亦若深感愉快。此事于蛮人亦然。由此观之，则模拟之能力为精神发达上第一级之目标，殆无可疑者矣。

　　……

（十一）　游戏与遗传

　　……

　　为游戏之原因者不止模拟一端也，遗传的倾向与有机的性质，是亦游戏之第二原因，以种种形态而现出者。如达尔文所谓生存竞争，海额尔所谓迫于生存之必然的制约之争斗，亦有时表现于游戏之上。

盖其时以他种关系故，无由实现其竞争之本性，而藉游戏以泄之也。耦约氏述斯宾塞之美的感情说，而谓游戏之所以愉快者，由于自胜而人负故。好胜之心与胜之自身，皆为生物之生存上条件，而其间适乏于求胜之地，遂不得不以游戏代之。博弈之类亦出自好胜之遗传的倾向耳。吾人惟有竞争之必要，此俱乐部之目的完善者，所以不废胜负的游戏也。亦惟竞争为游戏之根本的基础，此所以动物之间亦有以齿爪戏相搏者，又半开化民之游戏无不关涉竞争者也。

……

（十二）　想象与游戏

吾人之精神生活，非但始终反复者也，及渐进步，则又有一能力现焉。此能力何？即现实事物之心象，或变更其复现者之力是也。其形变化无方，往往创出新奇之界。吾人名此心理的活动曰"创造的想象"。以想象力之发达言，则必经种种阶段而后得种种产物。其初不过就所既知者，或扩而大之，或缩而小之耳。然及其后，则以多方的手段，使聚集之经验材料，一变而为复合的活动，遂由是以创新奇之境矣。

儿童种种游戏之成立，与想象之种种阶段相关。儿童之得玩具也，以种种状态排列之。此时而察其注意之如何，则观察儿童者所必要也。同一物也，而儿童顾而乐之，数日不厌者，以彼之想象力能贻其物以新奇之境界耳。

想象而得之乐，常活泼而新奇。盖儿童觅得活动之机会，即耽想象也。奈凯尔女史精究儿童之生活，而谓想象之活动益增，其乐益进。良然。儿童对实际所见者，辄好表示其相异之点，而以我心所创造者为可乐。故惟自创之游戏彼最喜为之。有时亦热心拟造实物，而不久即措置不顾者，盖其初动于惊叹之一念，欲保持之，而其后转以求拟造之精密，阻止其想象，故不与儿童以娱乐也。……

（十三）　游戏之戏曲的活动

……福休尔女史曰："小儿之生活莫不有戏曲的性质。彼俨然于舞台之设备，俳优之配合，戏曲之组织，不惮时力而发明之，而变化之，彼实真正之戏曲家也。凡诗人之所歌，神话之所述，举人生一切迷信，实早存乎儿童性质之内矣。"……

儿童之年龄稍长，且常有戏曲之活动者，常拟玩具以生物，衣之食之，与彼相谈而抚爱之。然儿童之为此，非必有实际之观念也，非不知泥偶之为泥偶也，故逞其想象而已。纵令彼所遭事物宛肖生物，而彼亦不信其为生物也。设有泥偶真能咬人，则儿童之惊骇必不异于吾辈成人矣。要之，彼惟为势力之闲佚无用，而托于戏曲的活动以表之，故不择其为人类、为动物，悉取之为脚色。若其时适无生物，则遂以无生物代之耳。其所演事实本出自假托者尤然。且不独限于儿童也，推诸动物亦然。犬之见棒也，攫之，啮之，是故为狩猎之戏也，非疑其为生物也。若疑其为生物，则早既狂吠不已矣。斯（宾塞）氏社会学之所言如此，予亦以为然耳。

（十四） 游戏之喜剧的性质

……

史玛琪采培恩之说，而谓人类之生活上、性质上及人事关系上，大抵严肃之与滑稽，二者对立。活泼者安佚、自由、适于无强迫无忧虑之状态。而于操作业务时，抵抗妨害时，或为自然生活及社会所强制之时，则严肃之态度见焉。故其由严肃的方面而移于活泼的方面，未有不引为快意者也。由此言之，即谓吾辈成人中，无不常有滑稽的或近于滑稽的者表现于外，亦无不可。何则？滑稽为快乐之泉源，又由是而忘却实际之生活者也。然则儿童之于此种感情，其为自发的，为普［通］（遍）的，又何待多言哉！盖儿童之于生活，自然的也，无意识的也。

儿童之以口目手足演为滑稽的举动也，不惟好自笑，又好得他人之笑。鲍尔鲁瑟洛亦言：儿童于游戏时，自整理其衣裳，为种种运动姿势，盖欲以博旁观之悦乐也。惟儿童皆有滑稽谈笑之感情，故见旁观者之滑稽，或自为滑稽，均甚好之。或曰：儿童中亦往往有为悲哀的举止者矣，然是不过其最初之假象，大都由滑稽的感情与悲哀的形式相结合而存在故也。

儿童之为滑稽的及悲哀的举动也，惟于为人所见之时，故此种现象之（所）由生，实以社会为要素。是不但感其为共同的，而滑稽之愉快因之增进也；又以滑稽实构成娱乐者，而孤独的娱乐非自然的，且不易发现也。鲁瑟洛于此外，更加入一原因，谓彼等能自认识其滑稽时及知觉滑稽时之知识云。

（十五）　游戏时之感情

游戏之成立，以感情为至要。培烈谓游戏之原因、目的，其初无不立乎快乐之中。此说洵然。……培烈曰："儿童之游戏常由强势而多方之感情要素，以隐隐启导之。此感情之要素较之生理的要素，尤有势力。"……予所主张者，则谓感情之分化对游戏之分化，有直感接的原因的之关系。凡多数多方之游戏，实由审美的感情及社会的情而生者也。社会的要〔因〕（素）之于游戏，其势力颇大，虽谓为本质的必然的之要素，亦无不可。法国百科全书中，述"游戏"之义曰："游戏为契约之一种，由二人或多人之同意，而决其胜败。其决胜败也，有得〔以〕（自）巧妙者，有出自偶然者，又有介于此二者之间者。"即此观之，无社会的要〔因〕（素），游戏果何由成立乎？……

（十六）　游戏与审美的感情

审美的感情非与儿童或高等动物全无相关者。此感情发达至一定之强度，则自求满足。故美术的表出之最初，大都为游戏之状态。

澳洲有一种鸟，筑巢如叶状，而自徘徊于其下，形状令人轩渠。又据葛尔德所记，则此鸟之对色彩及形态，能有美的感情。彼之巢殆可谓彼之园亭，常以各种彩色之物装饰之。

蛮人对装饰之快乐亦颇强烈。斯宾塞之论知育、德育、体育也，曰："以装饰品，较必要品，则反占上等地位，故蛮人之对装饰，亦有活泼之同情者也。"法尔兹亦曰："人无论如何穷困，犹好装饰己身，以求快乐。故欧洲古代民族曾有于所居洞窟中，陈列珍丽之品，而自以为适意者。"

　　儿童对彩色而感愉快，即彼等初知游戏之时矣。何则？是即其感情生活之发端也。彼既有审美的感情，以为快乐之泉源，故知有游戏也。然今之所指者，非谓彼等赏玩花鸟之美，而感为快乐也，就游戏时言之耳。培烈自言：其幼时好以花为游戏，尝与诸女伴折花瓣，投诸空中而祝之曰："花其上天乎！天使求汝矣！"及见花之缤纷下坠，铺于肩际，则欣欣大喜。是即寓审美的感情于游戏之中者也。对事物形态之审美的感情，与对装饰之愉快的感情，皆导儿童以游戏。故儿童之于游戏也，或自拟贵人，或假装新妇，又往往好为兵士，佩刀剑之类，以纸为冠。盖彼等对装饰上别有一种愉快之情故也。普来耶儿谓至幼之儿亦知注意于装饰。有年仅一岁半者，能以碎饰垂于肩，而徘徊眺望云。

（十七）游戏与音乐的感情

　　单纯之音乐上感情既起，则游戏亦因之而现。但此种游戏不过以满足其感情，非真正之音乐的表示也。必复音之稍有律动及正调者，始可谓为音乐的表示耳。动物界亦有此活动，且颇发达。征之歌禽，可以了然。至高等哺乳动物，闻反复之单音，亦自生单纯之快乐。非洲所产猩猩，常群集森林中，奏一种芜杂之音乐，手携树枝，击断株，其声橐橐然。又有某种猿，每至盛暑，苦闷不已，则朝夕啸于林间，雄者居先，雌者和之，一如人间之音乐会然。冷格尔谓猿啸之特因何在，虽不可明，然大抵由音乐而得快乐，且有互竞优劣之心也。东印度之长臂猿亦好自歌鸣为乐，曾于伦敦见之，其例今不备举。

　　动物且如此，然则儿童之由音调而感快乐，无足异矣。儿童产后，甫一星期者，其母或歌于摇篮之旁，亦欣然而笑。至能以手保持其所自好者，则每以其物击发音之物。予有侄年仅一岁者即然。方啼哭时，有人以锤击壁间所悬铜瓶之类，则啼声忽止，且笑而顾予矣。又如贫家之儿多以石为玩具者，盖以石相击成声，则亦闻之而乐也。

　　人类发达之初期，所用乐器与儿童所用乐器，大都一致，是亦一可异之事也。最古之乐器不外以物击物。据武德、狄克森、福烈斯德、穆希斯等之报告，则珊德威治、敦果达、普累噶尼阿、瑟奈额尔、新希伯来等岛中，今犹有大鼓存焉。又乐器中有为儿童与蛮人所同好者，则拍板是。拍板者，以象牙或坚木作贝形，二板相合，缀纽其一端，而挂之大指，以中指拨而鸣之者也。

儿童稍长，至能拟种种音调，则排列多数乐器，以得意之色，高唱俗调。其有大鼓、喇叭与其他音乐的游具者，殆可谓儿童之幸福。无此者，则有取木片之类代之者矣。

予尝见儿童围坐阶前，为音乐之戏。其中一儿，年较长，似对音乐有特别之倾向者，则指挥一切。余人则以口及手，作种种吟弄状，恰如真奏乐器然。有仿操琴状而口唱谱调者，有十指频动拟为弄箫笛之状者，有拟为翼琴三弦之音调者，无不姿势得宜，动作巧妙。其最幼者，则拟为击鼗鼓、弄铙钹之状，以是等运动与声音，最简易故也。（下略）

六 西方哲学研究

述近世教育思想与哲学之关系[①]

古来学者多欲就自然人类及社会等疑问而解决之，如人所以为人之价值，存于何点乎？人何为而生斯世乎？心与物体之关系如何乎？人何由而得认识外界乎？又真伪之判决于何求之乎？凡此之类皆是也。而由此等疑问，遂生所以教人之目的方法之疑问。此乃势所必至，谓后者之解决，专待诸前者之解决可也。然吾人之于自然于人类，其未能明了者尚复不少。往往有一代所信为正确者，至他时代，复以为虚伪而舍之。殊如理想上之问题，乃随吾人之进步而变迁无穷者，决不能见最后之决定。此哲学上之研究所以终无穷期，而教育思想之所以不能固定也。人或以无确实不动之教育说，引为慨叹。虽然，亦奚足慨叹哉！教育不能离历史的条件。人类之发展促教育之进步，而教育之进步又助人类之发展。二者循环相俟，而无限发达。此理之固然耳。以下约略述之，以见近世教育变迁之次第，无不本于哲学的思想之影响者。

在近代之教育界，其初虽以模仿古人言文，为教授上最要之练习，然尚实主义起而反对之，一以实事实物之知识为贵，遂于十七八世纪之教育界大擅势力。此倾向之起原，固由于时势之变化，然柏庚（今译培根，1561—1626，英国哲学家）之经验主义，实亦大与有力也。柏庚对眩惑上古文学之徒，以现在三字警告之，大声疾呼曰：汝勿盲信传来之说，而躬就自然研究之。向来之科学，不使自然发言，特以任意构成之观念，加诸自然界，而由之以成虚伪之思想。不观于旧来

① 本篇刊于 1906 年 7 月《教育世界》128、129 号。

之论理乎？其推测式由命题而成，其命题由言词而成，而言词则概念之符牒也。然若此根据之概念，出自任意构成，而并不正确，则筑于此基础上者，何以保其坚实乎？故吾人一线之希望，在真正之归纳法。惟由此法，而后可得正当之概念耳。此法由感觉的知觉，由具体物，而抽出定理，且由渐近完全之进步，而达于最普遍之域。向来就自然界之思考，不过预定云耳。然以事实为基础，而成立于正确之次序之结论，则可视为自然界之说明焉。是故无根据而预定之之虚伪的概念，必一扫而空之，使吾人之悟性得全脱其束缚。柏庚又谓虚伪的概念之所由生，有四端焉：一、欲以己之感觉为准，己之性质为基，而考察事物之一般倾向。二、由气质、教育、习惯等而出之个人特性。三、人于日常交际，以言词表事物，后则竟忘原物，而惟保持其符号。四、传来之种种独断说，犹存于哲学系统及虚伪的论理故也。反而言之，则构成正当概念之道非他，心常止于物之本身，而受纳其形象，如在其真。且也，不依赖教权，而尽舍得自传授之意见，一以无垢无邪之心，考察世界是已。居今之日，物质界天体界既扩张无量矣，而于知识界，犹限于古代之狭区域，人类之辱也。故必以立于观察及实行上之经验，为研究之唯一方法。又曰：人为自然之从属者，又为其说明者，其所能知、所能行，限于能由观察与思索以知之者耳。人之知识技能决不能超越之。夫知识者，力也。原因之不能认知者，则不能见结果。自然者，惟由顺从而后得征服之耳。要之，尚实重理之倾向，独立的研究及多方的知识之要求，于柏庚著作中往往见之。

在教育界，直接受柏庚之影响者，廓美纽司（今译夸美纽斯，1592—1670，捷克教育家）也。廓氏虽有强固之宗教的倾向，然以为人性非腐败，而具有知德及信仰之种子者，欲发展之，俾得登天国。此其准备，可求之于现在世。氏以为教人之法，首在观察自然界，而从其化育万物之法则。如曰：自然以春季为动植生育之时期，故一生之教授始于幼，一日之教授始于晨。自然先实而后形，故教授亦体之，必先认识而后记忆。自然以普遍为基础，而后进于特殊，故必定学术之一般的基础，而后移于特殊之教授。自然必有次序，故教授亦不可躐等而进。自然必有根底，故教授不当求知识于书籍，而当求之于实物云云是也。

实学之倾向，于十七世纪之教育界，其势力既渐强，于是持宗教主义者，不但不能防止之，又自服从之。观于佛兰楷（按，1663—1727，德国教育家）之学校，多授实科，以练习实用的技能，及其后信念派之创立实科学校，可以证也。但此种新倾向，非仅受柏庚一人之影响，亦由物理、天文、地理上之新研究，促人生观世界观之变化，有以致之。其在法国，则拉普烈既谓教授者以得自实地观察之知识为必要，又如孟德尼（今译蒙泰涅，1533—1592，法国伦理学家）、夏尔伦，亦力斥注入知识徒劳记忆之教授法。故教育及教授界，既机轴一新，特经柏庚、廓美纽司之鼓吹，而其势力更隆盛尔。至于重理贵法之倾向，所由发达，则吾人不得不归之特嘉尔德（今译笛卡儿，1596—1650，法国哲学家）。

法国学术界之怀疑的精神，于孟德尼、夏尔伦既表见之，至特嘉尔德而尤著。孟德尼以为一切科学，有不能利于人生行为者，宜排斥之。吾人非为科学而学科学也，为欲完理性、正思想而利用之也。脑之善锻炼者，优于脑之充满者远矣。夏尔伦亦谓［科］（博）学之与知能，不但相异，且不相容。富于智者无学，长于学者无智。人之价值，不在记忆丰富，知识赅博也。知自己，从自然，能保持一身之自由，而于道德上发见真正之满足，有此智能，则价值存焉矣。导儿童者宜善诱其好奇心，常活动其耳目作用，以为培养心力之用。且勿仅由依赖之情，及敬慕之意，不择何事，而盲信之。必凭一己之理性，以探究一切事物，而自选择之。不能选择，则以使之怀疑为得。要之，谓疑惑宁优于盲信是也。特嘉尔德之说，与是略同，谓向之所信者，宜尽疑之，且凡为疑之对象者，宜尽除之。曰：感觉屡欺人，故吾人不得信赖之；即理性，吾人亦不能以无条件而信用之也。何则？难保其不陷谬误也。醒觉时之思考与梦寐中之思考，其区别果何在？以前者为正确，其理由究何在乎？从氏之说，则使向之所信为确定者，悉退而立于不确定之地位。然特氏又谓此不确定者之中，却有一确实不可动者，即怀疑益深，则此怀疑之我之存在，益不得不确实。疑也者，不外思考之一形式。故可曰："我以思考故而存在也。"是吾人以单简之直觉，于疑问自身所得之真理也。我虽疑一切，然其思考之不止，明甚；思考若止，则纵令其他一切存在而我之存在与否，未可信矣。故当知吾人之本体，在思考之上。自我确实，则为一切认识之根据。吾人所明确认知，恰如我身之存在之事，斯可谓之为真耳。氏从此根本思想，而于方法论中，谓知觉理解之力，人皆同等，其所以区别之原因，则由养成之法不同。又谓人各有自由思考之权利，人之所信者即其所自决者，故学习上最宜重个人之自由。至方法上之规定有四：一曰，明确之法则。即明确认知者外，不可采以为真是也。二曰，分解之法则。即处置难事时，剖大为小，逐次分之，至分无可分而已是也。三曰，总合之法则。即从由简渐繁之次序，以导思考之绪是也。四曰，包括之检查。即广而计之，期于确无遗漏是也。由是观之，特氏于排盲信而贵自思之一点，与柏庚同，又于重实事实物之知识，亦略与柏氏近。惟特氏不置重实质的知识之自身，则与柏庚迥异。氏盖以实质的知识，为增进心力之手段，以使人能达于自求真理之域，为其主要之目的。教育论者之置重形式的陶冶即此义也。

卜尔罗怀尔之学风及教育，明由特嘉尔德之思想而出。此派一反蔼瑞脱派教会偏重古语之弊，而本由既知及未知之原则，取普通经验上之事实为题，先以国语讲谈之，以国文记述之，而后使之学拉丁语，期养成其恰当之判断力。又其使之学古语也，其旨归不在偏于形式，而专以模仿为事，特欲从古学者之例，善能发表其正确之判断与适切之思想而已。如弗理约利、斐奈伦、罗尔兰之徒，皆从特嘉尔德之思想者。弗理约利曰：在文艺复兴时代，有委其一身以学习希腊拉丁语，至仅为言语故而泛览一切学子之书者，斯诚可谓奇人矣。若辈以为欲利用古学者，在谙诵古人文字，如其所言而言之，是实误甚。古之人择适切彼等之事实，而以正确愉快之方法，善表之于言语。吾人亦当择适切吾人之事实，如古人之法，而以吾人之言语叙述之。此即善学古人者也。〔萧〕（弗）理约利此言，实足表示新人文主义之根本思想。故特嘉尔德之思想不但助成近世之实学的合理的倾向，即谓人文主义亦由是而得改造之根据可也。

方法之过重，此新教育家之一般倾向也。拉德楷（今译拉德克，1571—1653，德国教育家）既谓各种言语，当以同一之方法处理之，廓美纽司亦谓一切科学及言语，当以同一之方法教授之，至欲编定教科书，使教者奉为定范。今谓此倾向之增进，亦承特嘉尔德之思想而来，非臆说也。至是，论者竟以为不问教师优劣，但同用一书籍，同一方法，即可同获成效。如贝斯达禄奇（今译裴斯泰洛齐，1746—1827，瑞士教育家），谓良善之教法，惟一而已，简易其教法，则凡为母者皆可以教其子云云，即此义也。要之，轻视教师之人格技能，与生徒之个性，而循严密之方法而进，则不问养成何等生徒，皆可如愿以偿。此合理主义之教育家所均谓然也。

以感觉为高尚之心的发展之基础，更说实地的观察感觉的经验之必要，且稍加以功利思想者，洛克（按，1632—1705，英国哲学家）也。洛克否认天赋的观念之存在，以一切知识为获得者。虽人人所一致认定者，然非自始而存于精神。又即矛盾法、相同法等，为论理上之根本定理，然人非自始而有之。观于儿童及无意识者之绝无意识，可以知也。个人及国民间，其道德心、宗教心，不相一致，然则有何理由，可信为先天的存在者乎？要之，人心之初，如一幅洁白之纸，其有观念及其思考之材料，惟由对外界事物及内界活动之观察而得之。故人知之根源非他，一则感觉，一则内省。由是以得单独之观念，及其合之也，而后全体思考及知识系统，乃以成立。此与结合字母而组织为言语，无以异也。

洛克本此思想，而述教育上之注意，曰：满足儿童之求知心，此最必要。人惟有此心故，而后能知世界。故吾人对幼者之发问，宜本亲切之情，与以正确之答。又必语以他人求知之法，以刺激之。又曰：凡学习，不宜以之为课业，而宜以为名誉、娱乐、休养上之事，俾为对他活动之赏励。如此，则儿童欲自进而受教矣，游戏之际，以使之多学自然为善，如刻字母于骰，俾幼儿弄之，则自然记忆字母，兼知拼法是也。至见读书力之发生，则与以简易而有味之书籍，又务择其有插画者。物之观念，由实物或其写象而得之，非由言词而得之也。洛克于言语教授，谓宜以国语为先，至外国语，则宜先法语而后

拉丁语。又谓言语教授上，须注意其内容之价值，既养其言语之能
力，兼界以科学之知识。如就无益之知识技能，而徒劳记忆者，不可
也。是故彼谓图画一事，当由实用的见地而练习之。又以诗歌音乐为
无用，曰：诗歌与放荡同行，苟不欲其儿放荡者，决不可使之为诗
人。若夫欲就音乐而得普通之技能，则不独多耗实力，又其练习之
上，有导儿童于恶社会之危险。要之，吾人之生活也甚短，事物之获
得也甚难，而吾人之精神又非能永劳无间者，故不可不节其时与力，
以向最有益之事物，而于最捷最易之道，以求得之也。

　　卢骚之教育思想，其由洛克而出，明甚。彼于《爱弥耳》中，
首重实物之知识，以先学其符号为不可，曰：必使于十二岁前，不知
书籍为何物，而惟就自然之书籍读之。夫然，故卢氏亦重感觉之练
习，曰：一切能力，其发生最早且成育最先者，感觉也。故不［可］
（不）及早完成之，仅练习儿童之活力者，未为足也。宜利用各感
觉，使由一感觉而得之印象，更由他感觉以试验之，测算之，比较
之。吾人认识之广延，关于观念之数，其悟性之正确，则以观念之纯
粹且明了也。比较观念之技能，称之曰理性。感觉的理性，乃由种种
感觉之相合，而构成简单的观念者。而真正之理性，则由许多之简单
的观念，构成复合观念者。欲后者之发达，则不可不先求前者之进
步。又曰：儿童自其身之四周，而得感觉的印象，须育成之，俾至于
为观念。然由感觉的事物，突然而移于悟性的事项，则不可。智力最
初之活动，在感觉指导之下，故舍世界外无书籍，舍事实外无教授
也。儿童不可仅习言语，其知某事之为何事者，非由汝以之语彼，而
彼之自了解之也。不可使彼学习科学，而宜使彼发见之。若汝不与彼
以根据，但使之由威权而生信仰，则彼既不能自思，终为他人思想之
玩弄物而已。

　　洛克、卢骚之思想，经泛爱派之手，而感动于德国教育界。至由
此思想，而有何种倾向之发生，以下试陈述之。

　　感觉主义也（以感觉经验为重），合理主义也（以自由之思考、独立
之判断为重），自然主义也（排斥人工的方法，循自然之进路），此三者，
至十八世纪，令德意志之精神界为之大动，而"哲学时代"或"启

蒙时代"之名生焉。伏尔夫（今译沃尔夫，1679—1754，德国哲学家），其最初之代表者也。伏氏以自然之法则有神圣之起原，且由吾人之理性而始得发见，始得理会者也。凡事实中，有难构成明了的概念者，勿就而论之。苟无证明，则何事亦不可信。惟有永远的一般的价值者，乃有纯粹、真实、健全之质。其他一切，皆无价值而不必要也。彼又谓宗教之为宗教，必于理性上无矛盾点，不问何时何处，皆可认为真实，又不问何人，皆得而信仰之者。彼以理性为知识及生活一切范围之最高判决者，又最高主宰者云。此种思想，在当时之宗教界，大招非议。各大学于伏氏哲学，皆痛斥之，旋逐氏出普国境。及弗礼特力大王即位，始召还，仍为大学教授。于是启蒙的倾向之胜利，乃由之确实矣。

　　启蒙时代之第一特点，在力戒盲信盲从，而务于一切范围内，以求赅括一般之理论。其于教育界也，则有芝拉普氏，著《教育学试成》，以期一般的教育理论之成立。彼谓独立之考察，及良心之自由，最有势力。若不待证明，而遽采传来之意见与信仰判断者，则偏见以生，而心镜为之晦矣。泛爱派之教育，盖皆由此思想而出也。又启蒙时代之第二特点，在个人主义。即对寺院、社会、国家之制限及区别，而维持个人之权利。以国家诸制度，为束缚个人者。是故启蒙时代，自然倾于世界主义。又由个人的倾向之关系，遂生自己保存及自己幸福之希望，曰：世界之存，为吾人之生存与幸福故，凡足助利益之增进者，即其为道义的者也。是故泛爱派之教育家，专以增进生徒之最大幸福，为教育之目的。排斥严酷之教法，而专以友爱之情，接近生徒，务令为学于愉快之中。又于卫生体育上，注意周密。为欲应实地生活之必要也，则置重近世语，教授实科，使练习实用的技能，以拓利用厚生之道焉。至置重感觉经验之意见，于启蒙时代亦甚著。如泛爱派，即主张自然的教法者，谓宜从儿童自然发育之次序，以排列教材，由易及难，由近及远，且须预立一定之方案云。至于缺感觉之基础之概念，超出经验之世界之理想，为美术之本体之理想界，则彼等轻视之。以为人之天性，皆能发展，而其发展之也，以善于培养故。教授学术者，须足以扩充其识见，丰富其记忆力，锐敏其判断力，若仅刺激其想像力，则危险矣。巴瑟德（今译巴西多，1723—1793，德国教育家）于其学校之宗教科，唯统括诸宗派一致之点，而用之，名以自然的宗教。又谓构造的童话优于事实的谈话，而对诗歌文学美术则淡然视之。当时之倾向如何，从可知已。

泛爱派之意见，其接触于卢骚之思想者甚多。巴瑟德于其初步教科书，既多引《爱弥耳》之说矣，但竟谓泛爱派全自卢骚思想之结果而生，亦不可。班罗希论两者之关系曰：由卢骚之《爱弥耳》，而使十八世纪之德国教育界生伟大之事业。但人谓此书之价值，在其发表之理论。予谓不然。彼之理论，不足使永续的教育系统因之成立，于法国然，于德国亦然也。惟其时独断的宗教，既经德国哲学者加以激烈而巧妙之攻击，且于精神界，经伏尔夫、莱马克（今译拉马克，1774—1829，法国生物学家）一辈之手，而宗教的宽容思想，既有所准备于前，此书适乘其后而出，所以大有价值也。要之，《爱弥耳》真正之效果，在以既存在既有力之见解，移向教育方面之一点耳。顾仅仅如此，未足促实地教育上之改良也。欲从合理的思想，而一反当代之所为，别立教育组织，必有富于计划之人，始能为功。其人必有胆力，敢辩护其改革的理论；有伎俩，能使君相士庶，皆赞成其新奇之企图；又有确信，能实行其思想，而不至中途挫折。如巴瑟德，即其人也。

一时大擅势力之实学的合理的倾向，至十八世纪末，复渐减其势力，即于哲学界，于美术界，亦对之而生反动焉。向视为认识的能力之理性，今则加以限制，从理法而出之造作，今则加以轻视，而谓内部之有机的发展，自有可贵重者在。盖合理主义，专于有用无用之程度，计事物之价值。其所常致问者，曰：此于增进幸福之上，果有几何效力是也。彼等于国家、权利、科学、技术、哲学、宗教等，皆由此标准考察之。然新思想则异是，彼以事物自身之有价值者，为最高者，而不置利益于目的中。因以为吾人之价值，非以其知其能故，亦非以其为人类之行为，而实际有所作为故，惟以其存在故耳。申言之，即以人之自身，本有目的，故贵重之也。而使人于其自身，所以得有价值者，一以为在于道德，一以为在于人类的天性之发展。前者于汗德（今译康德，1724—1804，德国哲学家）之严肃道德主义发表之，后者于新人文派之思想显示之。

汗德以为人常进步而不已，今日开化之人类，其在太古时代，生活与动物同。一切心的能力，今视为人类所固有者，实则经时渐获者耳。而如此发展，即吾人自身活动之结果，非出诸神秘也。人既有动物的禀性，兼有天赋的理性。由其发动，而人类价值之存在，始表现焉。氏又以为人之完成无限，故其发展无终局，个人自身，虽不得遂完全之发展，然于人类的种族或于社会的团体，得进于改善之道。但人类进步之度已高，而个人之初生也，犹存粗野之状态。故人类有待于教育之力也。

以汗德为一教育论者观之，则彼力主教育势力之大，曰：生物中有以教育为必要者，惟人而已。人惟由教育而始得为人。故教育之事，宜时时谋其改善，必使时代各有进步，以谋人类之完成。又曰：教育之背后，有完全人性之秘密。设能由教育之助，使人性常善发展，至有适于人类之形式，则愉快为何如哉！望人类的种族之未来幸福者，以是为其筦钥矣。汗德既于一方面，最重个人意志之自发的活动；又于他方面，含有今日所谓社会的教育之思想，以为教育之目的有四：一、在调和人之动物性，以抑制其自然的粗野之倾向。二、在增进其才能，俾有足赴一切目的之能力。三、在培养其智识，俾能应时处世，而为自己之目的，使用他人。四、使知人为道德的，由是而达其最高之目的。最后一端，则汗德所最注重者也。从彼之伦理说，则道德云者，非由利益幸福等客观的标准，而当求之于意志之自身，曰：有能应种种目的之才能，未为已也，又必有选择善目的之意志。而所谓目的之善者，即既为各人所承认，又可为各人之目的者是也。

汗德于其哲学，由二方面以观人类，于其教育也亦同。即一，以人为现象，为从自然之法则者。二，以其具一定能力即实地的理性。而以之为睿知的，为立于自然法则之上，而离脱自然的强迫者。人之预定理想，为实现其理想而活动，此当视为实地的理性之活动。人于此点，盖全在自由之状态者也。故氏之论教育之理也，区为"自然的教育"与"实地的教育"二面。于前者中，以人为从自然之法则者，于后者中，则以之为自由之本体。而氏于自然的教育一面，所述养护及训练上之注意，实采卢骚及泛爱派之思想。彼就心的能力中，以悟性、判断性、理性为最高尚者，而感觉、记忆、思想等能力，则为此高尚性之发展之补助。又以为吾人之心，一面为受动的本体，一面为自动的本体。而即以此哲学的心理的意见，适用于其教授论之上，曰：外物虽生种种感应，然附以整理之条件者，心之自动力为之也。其条件，乃心之先天的所有者，而种种表现由悟性而联关之之形式，亦吾人之先天的所有也。汗德由此思考，故惟承认教授之形式的价值，而以苏格拉底之教授法为最适当，曰：汝勿徒授知识，而当用意于所以开发之术。

汗德之视理性也，一以为理论的能力，一以为实地的能力。前者虽限于现象界，而后者则向他世界，而决定人之意志行动。官能的人类，由愉快或不快之情，而导之于动物的冲动与偏性等，因而倾于利己，使己与他生物不能相容。如斯状态，与本为理性的本体之人类之运命，至相冲突。故人于意志行动，必有一必然的且具普遍的价值之要素，以保持人类之一致。要素何？实地的理性是也。此理性，与官能的冲动反对，由无上之命令，使人排自爱及幸福之动机，而纯然欲善。故吾人之意志，不由经验的事物决之，乃超越自然界之法则，而脱离其制限者也。如是思想，虽使道德益进于尊严，然欲由是解决德育问题，则不免甚难。谓为道德之基础之意志，有超绝的自由之性，而不从经验之法则，不受外界之影响者，则品性果如何陶冶乎？所谓教育势力，能使道德的性格以次发展云云，不几成无意义之言乎？汗德屡以德育为至难解决之一问题，又谓人之改善，以其心情之突然变动，而生更新之状态故。由是观之，汗德实自觉其哲学的心理的思想之结果之困难者也。然氏于他方面，亦深信德育之可能，以为道德的陶冶，当使之从道德的规范而行。不从道德的规范而出之习惯，经年渐失。然道德的规范，足以规定其心性。若吾人之行为，从其所信为正当者而进，则是既有坚确之品性者也。故教育者，于教授道德的规范，最宜致力焉。

汗德谓当时之教育说，仅与人以实地上之忠告，为大不可，欲变机械的教育术为一科学，而以学术的研究之。故纵令彼之所论，与其哲学思想往往不免冲突，然于其心理的伦理的根据，则固能保持勿失也。况当汗德哲学风靡一世之秋，诸家之欲本其思想以组织教育学者，一时辈出。如尼爱摩尔、休怀尔兹其最著者也。即至现代，而新汗德派，尚不惟于哲学界伦理界见之，于教育界亦见之焉。

由合理的实利的倾向之反动，更进而见诗的倾向之勃兴。此倾向一以自由为主，置自然于法则以上，谓世界有不可以理解之者，且于其不可解之点，有真可贵重者在。如威凯尔曼（今译文克尔曼，1717—1768，德国美学家）、兰馨（今译莱辛，1729—1781，德国美学家）以为美术非从法则而造作者，乃由内部而生育者，天才者出，自能以正确之步武，发见正道。如海尔台尔，就自由之人类的性质，说其尊严与美。又如格代（今译歌德，1749—1832，德国大诗人）谓诗的造作，非由勤劳而得，亦非由理法而立。凡此皆是也。此时之人，于论国民的生活，亦谓为大国民者，非生活于勤劳及理法之中，美术之于人，虽无直接的必要，然实其生活上所必不可缺者也。此倾向与启蒙时代之关系，巴尔善论之最详。

巴尔善曰：启蒙时代，与海尔台尔、格代时代，有根本的区别，称前者为机械的，则可称后者为有机的。在启蒙的精神，以合理的且机械的思考之，而其起原，则在数学的物理学。由格里辽（今译伽利略，1564—1642，意大利科学家）、霍布士、特嘉尔德、斯披洛若（今译斯宾诺莎，1632—1677，荷兰哲学家）而发之新萌芽，经洛克、拉依白尼志（今译莱布尼茨，1646—1716，德国哲学家）、伏尔夫而发展，遂至见启蒙的精神之成立。以为人若视世界，为建筑家之工作，则是先由神明，案出实在，次则由其全能之意志，而使之成立者也。彼于历史的世界，亦以合理的机械的说明之，谓言语、宗教、法律、国家，皆由悟性而案出者，造作者，即美术的制作，亦不外就目的及方面之合理的研究而已。而是时实地教授之状况，亦颇适应其理论。大学及高等学校有教授官，教人以作诗建筑绘画之法，举示其有用之材料及方便，且使生徒等，自为技术的练习焉。然至于次时代，则于一切范围皆舍此工作的思想而不顾矣。海尔台尔、格代与罗曼的克及推究哲学，皆谓从目的之制作，非真知实在之法式。彼为造作之原之自然及人心，有非工作家之计量之考察之且实行之者，所得而比拟焉。曰"有机的成立及生育"，曰"内部的开发"，此即所以观人类的历史界及神明之世界之法式。想象上真正之务作，非以人力为之者，由天才而受胎、而产出者也。若夫以工作的考察之、成就之者，则小细工之类耳。……因判定事物价值上之变化，而理论上美术上之思想亦随之而变焉。至新时期，既不由必要上评量物之价值，谓作业不过为某目的之方便故，不足以决定人之价值，其决之者，吾人闲暇时之自由游戏也。此与雅里大德勒（今译亚里士多德，公元前384—前322，希腊哲学家）重闲暇之作业，命意相同。此时之人，于哲学、诗歌、技术、宗教，皆以使人心力自由活动之一点，视为心的生活之最高内容，即自身本有价值之内容，而谓此内容不能由利益以计之，亦不因之而生何等利益，故附加一属性焉，即谓最高者之本体，乃无用者是也。……此时代，以为人类心的天性之十分发展，自有绝对的价值，吾人本体之完全的构成，于其美之精神认见之，而由质素之自然的风气，与智情意之最高尚最自由之陶冶，两相结合，而始得之者也。如是思想，尝于希腊时代一表现之。从希腊国民之人生观，则自由之人，非目的之方便也，非职业之奴隶也，不可为仪式及规约所束缚，亦不可为信仰之形式与修学之强迫所制限也。以我为自由之我，与世俗对立，而以存在内部之完全形象印于其生活及本体之上，是即真可谓为人者也。此等人物，可于希腊伟人中求之，政治家之培里格烈斯、诗人之琐福克烈斯（今译索福克勒斯，公元前496？—前406）、哲学家之柏拉图（按，公元前427—前347），是皆受最高之陶冶，而有自然的圆满性之人物也。由斯以观，则人道的陶冶，实即以希腊为模范焉耳。

　　此新思想，由兰馨、海尔台尔、格代、希尔列尔（今译席勒，1759—1895，德国大诗人）、芬博德之徒，而鼓吹于时，于是"人道教育"一语遂为教育之理想矣。古语、诗歌、哲学、历史、地理，遂为一重要之学科矣。彼等谓上古世界（就中如希腊）实立人类心的发育之基础，而于其精确完熟之嗜好，及使用言语之最美技能，足为永久之模范。故吾人之考察上及言语方法上，须仿此模范而构成之。于是视古代书籍为美学之真源，为永久之纪念矣。启蒙时代，以人为合理的生物，惟以时地之关系，而偶然相隔相分者。然新人文主义则反之，以一国民为一特殊之有机的本体，于其一切活动，可认见固有生活法之贯通，如言语、宗教、诗歌、风俗习惯及人生观，俱有国民的之特别倾向。故直以他国民之生活移植于本国者，有害也。故其所置重者，不徒在模仿古人。如霍禄邱士（今译贺拉斯，公元前65—前8，罗马诗人）之歌而歌，如基开禄（今译西塞罗，公元前106—前43，罗马演说家）之言而言，不足以为名誉也。应现代之时势，从国民之思想，而以今世言语记述其事，使见之者以为基开禄辈复生，亦必如此，斯真足贵重矣！是故在此时代，其教上古文学技术（指艺术）也，欲发扬人道，而使人得人之理想也。其教历史也，为明人类开化之迹，使人知敬爱其所当敬爱者，与憎恶其所当憎恶者而已也。其教地理也，亦然，欲示地球与其国民之教化及风俗习惯，互有关系故也。

新人文派之思想，对彼启蒙的实利的之人生观，实为一有力之反动，而二者之争执，迄于今日，犹未已也。至人文的倾向之直接的效果，不亟及于中等以下之教育者，是以其性质为贵重之学科，故在所不免。当时之格母拿吉姆及大学，虽既从新倾向而决定教育之方针，然于普通国民之教育及教授上，犹未显见变化者，良有以也。然其后人道教育之精神，亦既以渐推广，不仅擅势力于社会之一隅。故于普通教育上，已有本是为理想者，如贝斯达禄奇，即是从此倾向，而谋实地教育之改良者也。

以上所述，不过教育思想与哲学之关系之一端。至最近世，因哲学思想之发达，而其关系益复杂，有未易殚述者矣。

希腊圣人苏格拉底传[①]

苏格拉底事迹，散见其门人柏拉图之《问答篇》，与芝诺芬（今译色诺芬，约公元前430—前354）之《纪念录》（今译《回忆苏格拉底》）。顾二书所载间有不同。如柏拉图言，则苏格拉底重思想者也，理想的之人物也；如芝诺芬言，则苏格拉底重实事者也，平民的之道德家也。柏拉图常自以其理想，假其师之名而出之，故其说或不如芝诺芬之得真。然芝诺芬历史家也，非哲学家也，故亦有不善解其师说者，未可尽为训。今以芝书为主，以柏书为助，而略传苏氏梗概，其庶无大误乎！若夫苏氏一生之性行学问，固非读全书不足以尽之矣。

苏格拉底，希腊之雅典人，纪元前四百六十八年生，或云纪元前四百七十年生。父曰锁福罗尼斯哥，业雕刻术，为人诚实，颇有贤声于时。母曰法讷烈底，业产婆。家贫。苏格拉底幼时，受普通教育于家庭，亦尝学雕刻术，冀绍父业，然非其所好，稍习即弃去。其学哲学也，说者不一，或言曾师事巴穆尼底（今译巴门尼德，约公元前540—前470）。巴穆尼底者，以转变之理说万物者也。然苏氏似仅读巴氏之书，未尝亲受业于其门。又当时诡辩派诸名儒，如普罗达哥拉斯（今译普罗塔哥拉，约公元前481—前411，希腊哲学家）、葛高斯、普罗底戈等，苏氏亦未尝师事之。苏之所以为学，实恃一己之力所得之者也。大抵苏氏幼年曾学自然哲学，然以其说之不完全，遂辍而不讲。斯说固信而有征者矣。

苏娶克商琪培为妻。克商琪培性悍，而苏善忍受之。一日，其妻

① 本篇刊于1904年12月《教育世界》83号。

盛怒，倾水泼苏，自顶至踵俱湿。苏坦然语曰："迅雷之后，必有急雨。"其天性之温和盖如此。或问苏："何故娶悍妇?"曰："御马者先御悍马，然后善其术。吾欲御人，是以娶之也。能忍而御其妻，则亦处世而无怨尤矣。"

苏格拉底壮年尝三从军（纪元前四百三十一年波奇达亚之役，纪元前四百二十二年狄里匈之役，纪元前四百二十四年安福婆利之役），以武勇著。体坚实，善耐劳苦，他人叹弗及。军中粮绝，经日不食，不自知其饥渴也。严寒之日，他人非袭重裘，以毛蔽踝，未敢外出，而苏则单衣跣足，行于疾风大雪之中，见者至自愧无勇。其居军中也，多异闻逸事。一日盛暑，苏自朝立于庭中，若有所沉思，自作问答状；及午，兵卒有携枕簟眠于树阴者，见苏仍鹄立不动，窃异之，曰："苏格拉底非自晨既立于此者乎?"如是至暮不去，入［衣］（夜）亦不去，及其去也，朝暾已在林间矣。有少年曰阿克毕第者，苏之友而后年之门弟子也，尝负伤，苏救之。阿克毕第感其义，及论功，为言于上官，乞赏苏格拉底，苏辞不受，卒归功于阿克毕第。其后七年，雅典军败，退向狄里匈，苏格拉底殿，毅然不稍却。柏拉图假阿克毕第之言以记其事曰："其时予（阿克毕第自谓）为骑兵，而苏为步兵。及退军，予犹见彼，与为礼，观其从容指挥，慎思周虑，觉英迈之色转有过于临战者。"

苏格拉底之勇毅匪独于战阵见之也，其为评议官、为司法官，亦持正不阿，守义不屈，所言者必躬行之，所既行者，虽强之而不改。纪元前四百六年，为元老院议长时，曾以事与众议全忤，卒不为之下。其丰裁之峻厉可想见矣。

苏氏中年以后，始集弟子讲学。雅典之人闻之，相引以为异，观者如堵。盖苏氏面目奇陋，鼻低而上向，睛凸唇厚，腹大如五石瓠。见者辄目笑之，故居民争欲瞻其丑状也。然苏氏貌虽不扬，而其思想之高尚，其行为之坚固，其辞令之明达而条理，实有出人意表者，此所以［趁］（趋）聆其教者若水之就壑欤？苏氏教人不索酬，故犹有议其所教为无足取者。

苏格拉底有子三人，其恃何者以资生，今不可考。然观于苏之居家日少，又观于其妻权势之强，则意者衣食之费皆其妻任之。苏氏所自以为职者，［破］（则）在力破当时学者之妄，而教导后进，纳之于智德之轨耳。一言以蔽之，曰：意在改良雅典之道德是也。

苏格拉底巧于立言，故有误以诡辩派目之者。虽然，苏格拉底非诡辩派，且当时之诡辩派正彼之所深恶而痛绝之者也。初，诡辩派之肇兴也，本以崇尚德义为旨，教后进以持身涉世之道。其所讲者，道德也，哲学也，雄辩学与修辞法也。其所以增长人知而为功于希腊者，良非浅鲜。然以承其流者之不善，至苏格拉底时，而名实已相远矣。若辈以口给自夸，以修饰自喜，以好名射利为主义，党同伐异，傲然往来于雅典之市，此所谓俗儒也。苏格拉底独以救时济世为怀抱，乐育英才，匡扶真理，至以身殉之。视彼诡辩派，夫固日月之于爝火，江河之于沟浍矣！

苏格拉底之教人也，和易可亲，不示人以矜岸之概，其所言者又皆切实易行之事，浅近可解之理。微论男女老幼贫富贵贱，有愿学者，未尝拒之也。阛阓之中，通衢之间，皆其设教之地也。其所教者有宗教，有教育，有政治，有军事，有美术，有论辩法，有处世之术、摄生之方，要在使国民得为国民之道而已。其教法纯以问答出之，大抵先消极法而继以积极法。其始也，佯为不知而诘之；其既答也，则迎而导之，转其向而叩之；及言者悟所说之矛盾，则虚骄之气以挫，而自耻其无学；知耻则知奋，知奋则向学殷；于斯时也，醒之以知识，有心悦诚服以去者矣。人以苏氏之母之术喻苏氏之教法，曰"产婆法"。盖不自外而注之，而自内而导之，其助人以生产思想，与助孕妇之产子无异也。苏格拉底以一种实验论为主义者，故其法纯用归纳。苏氏之归纳法固不如后世柏庚（今译培根）之精确，且其范围亦专于人事而不及于自然，虽然，未可以是咎二千余年前之先哲也。

苏氏诰诫门人之言多新颖可喜者，试举一二事以见例焉。一日，苏格拉底与门人欧几第穆论判断正邪之法。苏曰："人能无诈乎？"欧曰："人固多诈。"曰："行诈者正乎？"曰："不正。"曰："为恶而害人者正乎？"曰："不正。"曰："鬻公民为奴隶则如何？"曰："是亦不正。"曰："为大将者攻敌国而取其土地，虏其人民，则如何?"曰:"是则正也。"曰:"为将者而欺敌,正乎?"曰:"正。"
曰:"蹂躏敌军,掠粮糒牲畜,亦可谓之正乎?"曰:"是亦正,然加
之于朋友则为恶。"曰:"然,吾知之矣! 行为之正者,亦有时而不
正。正邪之所以变,由于对敌人与对朋友之不同也。且问子:'假如
师败气馁,而为将者诈称寇至以鼓舞军心,正乎?'"曰:"正。"曰:
"婴儿畏药,其父母欺之,以为羹也,然服之而疾愈。其亲之伪言,
正乎?"曰:"正。"曰:"有友患而欲自戕者,夺其刀,俾不至于死,
正乎?"曰:"是亦正。"曰:"吾子自思之,从子之论,则人之交友,
不必常守直道。而有时可用诈术。"于是欧几第穆颇自觉其说之不安
也,心为之皇惑。苏格拉底更问之曰: "以故意欺人者与无意欺人
者,孰最不正?"欧几第穆惊所问之出于意表,谢不能答。苏格拉底
晓之曰:"吾子数易其意见,此所以自穷也。今有教人以真理者而前
后殊其词,子谓之何? 告迷途者而既曰'之东',又曰'之西',子
谓之何?"曰:"此愚妄无知之徒也。""愚妄无知"是欧几第穆之自
白也。

　　格罗坤者有为之士也,而性轻躁,年未弱冠,欲以一己之力左右
雅典政府,所至演说,痛诋政府,意气逼人。有以持重之说谏者,勿
听也。苏格拉底惜其才,而谆谆教之,卒以悛其行。问于格罗坤曰:
"吾子有统治雅典共和国之意乎?"曰:"有之。"曰:"子所志远矣大
矣! 他日功成,则令名且遍于国中而及于海外。"格罗坤闻之,适中
其自负之心,则岸然以喜也。苏格拉底继语之曰:"欲见敬于众者必
不可不有利于国,吾子欲有利于国,将谓以(何)事始?"格罗坤默
思有顷,未及答。苏谓之曰:"非欲富其国乎?"曰:"然。"曰:"国
何以富? 其增岁入之谓乎?"曰:"然。"曰:"然则吾国之岁入几何?
其取之也何自? 物价之骤变,操何道〔之〕(以)救之? 吾子其究心
有年矣,盍以语我?"曰:"未能知也。"曰:"子向主节流说者,然
则岁出之额必知之。"曰:"亦未能知也。"曰:"不知岁出入者,是
未可与言富国之术也。"曰:"富国亦自有术矣,不如灭人之国而夺
其利。"曰:"是固善也;虽然,必其强于敌而后能之,不然,则未
有所得而反有所失。今欲用兵,必较两国之兵力,而决胜负进退之

·谋。盍语我以吾国海陆兵士之数?"曰:"是不能答。"曰:"忘之乎?平日必为表以记之,且视之。"曰:"未有也。"曰:"不知国之兵力者,是未可与言用兵也。且不与子言战而言守。今吾国之堡垒孰扼形胜耶? 守卒几何人耶? 其有待于增设者耶?"曰:"不然,余欲毁其垒而尽去其兵,是假口国防而徒剥削土地者也。"曰:"寇至何以御之? 且子谓其剥削土地,目击之耶?"曰:"想当然耳。"曰:"想当然者未可据以立论,俟精察而得之,而后言之政府未晚也。"又转语而诘格罗坤曰:"吾意子必未尝身至银矿,故不知产银所由以减之故,然乎?"曰:"然。"曰:"银矿之间不宜摄生,故吾子不得往,不然,必既勘究之矣。虽然,若谷食,则吾子之所知也。今雅典之产谷以供民食,盈绌若何? 苟欲储所盈者以备干潦,则其数若何而后足一年之食?"曰:"至其时自知之,今无暇留意及此。"曰:"不知供求之率者,不能治一家也。吾雅典之民万有余家,一旦而留意察之,诚不易易。虽然,子之叔父,其家业非日就衰敝欤? 是正吾子觇试长才之日也,不能治一家者何以治一国? 而子顾欲握雅典之政权,岂未能任舆薪之载者而能举千钧之重欤?"曰:"使吾叔父从吾言,则家政既治矣,其如彼不从何?"曰:"子不能见信于其叔,而谓欲见信于国民欤? 吾子善思之! 愿大而力不逮,则人蔑视之;己所不知,不如不言;轻举妄动贻后世羞者,古今比比然也。子之欲尽瘁于国家则善矣,然不可不有实力,有实力则功成名遂矣。"

苏格拉底之教法如此。是以能使辩者口塞,慢者气沮。故其时名流硕士殆无不与辩论,而未有能胜之者。然苏氏非徒以攻击他人为旨,其折人也,亦非徒以善词令故。盖其意诚而情笃有以使之然也。阿克毕第尝赞其师于宴会之际,时苏亦在座。阿曰:

　　吾欲赞苏格拉底,而若无以拟之,则以雕像拟之。苏格拉底其将以吾言为谑也。苏格拉底,其市所鬻之瑟立洛耶? 瑟立洛者滑稽之像也,而神也;其弄笛之玛西亚耶? 玛西亚者半人半兽之像也,其弄笛也,天地为之动容,万物为之变色。苏格拉底所为笛,则言语而非器械也。闻其声者,或不自闻而得自他人者,皆若醉若狂，若自快若不自快。吾尝欲充耳而去其前矣，而其言语之吸力制我而不使动也。吾闻言而内疚，忽忽焉若此身之自九天而坠九渊。然攻其说，而不自知己为其说之奴隶也。吾一日不见苏格拉底，则人世功名之念淖然兴焉，故吾不欲见苏格拉底，见则欲遁。吾不能从其命而为之，故见之则神志瞀乱也。吾尝闻辩论于培里噶利之徒矣，然感动之力至微。培里噶利，可拟之霸斯特安德诺耳。伯刺希达，可拟之亚希列武耳。若苏格拉底，则人无得而拟焉，拟之者惟瑟立洛与玛西亚也。

　　从苏格拉底讲学者，其人不一：有老者幼者，有工有商有兵，有文士，有处女。其性行亦不一：有气骄者，有志决者，有严谨自持者，有放诞行乐者，有热心时事者，有冲淡寡营者，有天真烂漫如婴儿者。其中如柏拉图，则孔门之有颜渊也。今略举诸弟子事实，亦以见苏格拉底之伟大已。

　　欧克勒的者，美加拿人，性好哲学，诸家之书多所流览。慕苏格拉底之名，将负笈而从游焉。会雅典与美加拿不睦，禁美加拿人至雅典，违者锢之终身。欧克勒的不以禁令为畏，伪为女装，日跋涉二十英里之遥而叩苏氏之门。及有所得，归而思之，遂创美加拿学派。后苏格拉底遇难后，诸弟子多避难美加拿者，欧克勒的厚遇之，盖以报之也。又有阿里斯奇博者，富人也，性躁急，其学说以求乐为旨归，世称克猊列奈学派。克猊列奈（即埃及）者，阿里斯奇博之故里也。苏格拉底戒之曰："吾辈教育少年，而欲其成就伟业，则莫如授之以艰难辛苦，以养其坚忍克己之性质。吾闻诸海希鄂德（按，公元前8—前7世纪，希腊哲学家）矣，曰：'为恶之道，近而平坦，故人多就之。为善之道，高而远，故非劳其力者不能至，非造其极者不得食报。此天之所定也。'又尝闻诸哀比赫穆矣，曰：'神视下民苦劳之度，以定其赏之厚薄。'"

　　安齐斯迭鼐者，初师事葛高斯，后设帐授徒。及闻苏氏之名，遂撤皋比，自请为弟子，又命其门人亦从学焉。安齐斯迭鼐之为学，主于坚苦自克，其初谒苏氏也，衣敝衣，有自矜色。苏讽之曰："吾自汝衣之破绽中，而窥见汝之好伪矣！"安齐斯迭萧之弟子中，有曰狄鄂格奈者，奇人也，尝白昼携灯，徘徊于市；又尝蹲踞盆中，傲然与亚历山〔德〕（大）大王相语。一日为海寇所房，将鬻为奴。寇问何能，曰："吾能治人。如鬻我，必择诸欲得主人之家。"柏拉图招之饮，则昂然入室，以污足践华裀，曰："吾以足压柏拉图之骄慢也。"柏拉图曰："子之骄慢乃倍于我。"其人天性诡异如此，后亦从安齐斯迭萧而受业于苏。

芝诺芬未师事苏氏时，一浊世美少年也。偶近苏氏于途，苏问之曰："欲沽美食，于何求之？"芝告以其所。又曰："欲为善人，于何求之？"芝踌躇不能答。曰："然则从我而学耳。"于是芝诺芬遂执贽请业焉。

苏格拉底主知德合一之说，其言曰："夫人未有不欲其身之善者。人之欲善，无异其好乐而恶苦也。人惟欲善，是以能善；既曰能之，则可求而得之。故欲实行道德者，在知道德之于人之为善。其为不善者，以不知善之为善也。"或问于苏格拉底曰："何以有明知善恶而行戾于言者？"曰："是未可谓真知。知己之利，而不求其利，吾未见其人也。"虽然，自今世言之，则苏氏此言，义犹有未尽者。夫道德上之所谓善，与人身之所谓善，不必同。人非必知道德之善而好之乐之也。故有知之而不能行之者矣。必道德上之善与人身之善一致，而后能如苏氏之言耳（原按：苏格拉底之知德合一论与阳明之知行合一论，似同实异）。

"知己"一语，苏格拉底格言中之最置重者也。欧几第穆问苏格拉底以善知事物之道，苏移地福义神社之榜语以告之，曰："在知我。"且曰："知我者，非仅仅自知姓氏之谓也，返求诸身，而知其宜于何事，夫如是之谓知己。知己则知所以利己者，而推己及人，则又知所以利人者。己利人利而功成矣。治国者亦然，不自知其国力者，自亡之道也。"

苏格拉底信神者也，以意匠论证明神之存在。尝谓雅里斯德第穆曰："谁为子所赞美者？"雅举诗家鄂谟尔（今译荷马）、雕刻家濮留克立特、画家瑞武格希以对。曰："子谓技术（按，指艺术）中何者价值最贵？其能造无精神无动作之雕像者乎？抑有能造有精神有智力有运动之动物者乎？"曰："不待言而知其为后者也。"又问曰："于此有不知目的而为之者，与能合目的而为利于人世者，孰为偶然之结果？而孰为睿智之结果乎？"曰："亦不待言而为后者也。"曰："始作人者，授之以五官，又随其目的而备物以应其求，是故目有可得而视之色，耳有可得而闻之声，皆与人为利焉。此非为人世谋，而出意匠以作之者乎？"

苏格拉底尝说天地万物之善美，与人间身体之构造，而推论造物主宰。又尝说其善与爱，然所以为证明者固不完全，仅由事实之半面立论，而与世间事物之矛盾、冲突、害恶等，未思及之也。苏格拉底信灵魂不死之说，又以为世有一种灵体，不可见，不可闻，不可思议，名之曰："太蒙。""太蒙"者所以呵止不善之言行之声也。

苏格拉底之说固亦近于宗教，虽然，非欲攻事物之深奥，而窥宇宙之秘密也。彼嘲当时之理学家，目之为狂，曰："研究自然现象者，岂其能行云施雨变化气候乎？"要之，苏氏所究者人事，所尚者道德，是故希腊哲学之向以探讨外象为主者，至苏氏一变而求诸内，遂以开柏拉图及雅里大德勒（今译亚里士多德）之先声，而为希腊哲学之祖。基开禄论之曰："若苏格拉底者，是挈天上之哲学而致之地上，以分馈于人者也。"

苏格拉底之学主在实用，故尝教人以孝弟友义。为其长子兰普禄克烈谆谆说事亲之道。有兄弟不睦者，苏氏和解之，告以兄弟为不可求之宝。又尝说益友之义。其待人也诚挚，过则规之，善则劝之，有不幸者慰藉之。其教人也，重体育，以为勇健之精神必栖于强壮之身体，曰："由运动以强其身者，对国家之本务也。"苏每晨必散策于外，或至运动场习体操。天性活泼，五十岁，犹舞蹈以自娱。又常学琴（雅典名琴曰："利拉"）于昆洛云。

或问苏格拉底："奚不为政？"曰："吾之责既重于为政矣，教导少年自尽其责，非所以致力于国家乎？"教育家之自任为自重，盖当如此。虽然，苏氏非有卑视为政之意也，观其与小培里噶利所言，多涉军旅之事，治民之道，知其悲祖国之陵迟，而忧时济世之怀，有未尝一日去者矣。

方是时，雅典国政日非，奸党专恣，怒苏格拉底之直言攻讦也，遂诬以乱俗惑众，且指其倡导"太蒙"之说为倾覆国教者，拘之，论以死罪。苏格拉底昂然立于大廷，自明所说之为真理，不肯枉意求免，谓人曰：

> 呜呼！邦人兄弟！吾实爱汝敬汝。虽然，吾与其从时人之命，毋宁从神之命，一息尚存，吾必昌言吾说，而不懈其实行也。且夫我雅典，文明之邦而智识之渊薮也。居是邦者乃徒锢心于名利，不顾真理，不求知识与精神之进步，岂不以为耻辱乎！邦人兄弟！德义者不可以财帛求之，而公私诸善之源泉也。吾之教人如是。说者必以是为败坏人心之道，则余滋罪矣！呜呼！邦人兄弟！尽汝辈以阿纽德斯等之所欲，待我苦我，骨碎肌裂，而我不枉正道也。死亦何所畏！苟无未来世界则已，有之，则我至其间，得与古之英雄握手对语，其快也奚若哉！神必不舍善人，吾深知死之优于生，故"太蒙"不阻我之死也。吾所望于诸君者，苟吾子孙不遵吾教，不尚德义，而惟贪黩与虚伪之是事，则邦人其以罪我者罪之。今也，余与诸君永诀之时至矣！死生异路，孰优孰劣，惟神知之。

观于苏氏此言，其伟大而不可逾，坚卓而不可拔，虽千载以下，犹觉万丈光芒，直射人目也！

苏格拉底定罪之翌日，律当行刑，会翌日为埕罗斯祭期，须停刑三十日，故苏格拉底系狱以待死。此三十日中举止如常，神情静肃，其谆谆劝戒他人，未尝倦也。距行刑之前二日，克里敦劝其脱狱，且云："易为计。"克里敦者盖苏之老友，又其门人也。苏不纳，曰："未得许于雅典人而逃狱者，可谓之为正乎？以为正，则从命；不然，则死于此耳。昨日以前，犹自谓循真理，一朝背道而驰，所不忍也。克里敦君！今将示子以真理之不变矣！"至行刑日，其友人与弟子等皆入狱吊之，独柏拉图以病不能至。及妻孥来与之永诀，涕泣不能仰，苏嘱人劝之归。盖以是强制情怀，不愿见家人之悲痛也。是时苏格拉底既脱桎梏，心身畅然，抚创痕而说乐生于苦之理。其次更论德义、讲哲学，无异于平日。克里敦问家人后事，苏答之曰："吾子善守德义，如顷所语于子者，而身体力行之，则所以惠于吾与吾家人者多矣。若夫悖德义之道，则其他非所望于子也。"

已而狱吏告时至，以毒进。苏格拉底神色自若，举药一饮而尽。诸客各以衣掩面，哭失声，举室营扰。苏格拉底徐谓客曰："公等何为如是？将德义之谓何！始吾命妻孥归家，正虑此耳！吾闻之，神命人以从容就死，故当从其言。愿公等勿作妇女子态！"自是未几，渐觉体不能支，以布掩面而卧。忽复揭布谓克里敦曰："吾鬻一鸡于阿士克列比俄神社，未偿其值，愿子为偿之，勿忘！"语次，目瞑。时则纪元前三百九十九年某日之夕也，年七十二岁。

芝诺芬曰："世有以坚确不拔之精神，为真理而死，如吾师苏格拉底者乎！吾师死，而其名垂于天壤，争光于两曜矣！然则吾师之死，其幸也夫！"芝氏《纪念录》之终篇又论之曰："苏格拉底敬天［威］（畏）神者也，非神所命者不为；义人也，故不利于人者不为之；仁人也，故利于人者无不为之；勇者也，故能自制而屏嗜欲；智者也，故不假人力而别善恶。处事则断，知人则明，劝善规过，数十年不稍辍。是故苏格拉底实诸德具备之人物也。故吾谓苏格拉底，人世之最有幸福者也！谓予阿所好，盍以他人之行较之。"

希腊大哲学家柏拉图传[①]

柏拉图，雅典人。父曰雅里斯敦，母曰培利克却奈。或谓其世系出自濮瑟敦之神，经葛德洛、美兰特斯等若干世，而及于柏。其母则立法家梭伦之后，亦濮瑟敦神之远裔也。先世有名人，若克礼底亚，号为三十专制家之一，亦于柏为同族云。传者又谓其母培利克却奈感于亚波罗之神而生柏，斯则古史家言，荒唐不可信者矣。柏以纪元前四百二十九年生于雅喀拿，一说则谓纪元前四百二十七年生。原名雅里斯脱各烈，柏拉图其浑名也。希腊语谓"阔"为柏拉图，是或以肩与额之阔而得名欤？抑以其见识之广大而得名欤？柏氏有兄弟二人：曰亚底曼德，曰格罗坤；有姊妹一人曰卜德骗。

柏拉图幼年受教完善，颇究心于体育。其体术之精，至能与褒的俄斯及地峡之擅长游戏者相争竞。盖希腊人之风尚使然也。然心鄙时人之只尚武勇，而他无所知，故于诗歌、音乐、修辞术亦潜心研究。旋自恨所作叙事诗不逮鄂谟尔（今译荷马），悉毁其稿。泊识苏格拉[第]（底）后，叹戏曲为无用，更举旧作诣狄俄纽沙神社焚之，由是终身不复言戏曲。

年二十，始受业于苏格拉底之门，嗣后十年间皆师事苏氏。及苏遇害系狱，诣法庭辩其冤，乞许其师纳锾赎罪，而自与同门诸子为之证人，审官不容其说。

苏格拉底卒后，柏氏乃从学于海拉克勒德（今译赫拉克利特）派之哲学家克拉邱陆与巴穆尼底派之哲学家谐谟格奈。旋与同门诸友访欧

① 本篇刊于 1904 年 12 月《教育世界》89 号。

克勒的于美加拿。自是遂至非洲之克猷列奈，而学于数学家第奥多禄；又至义大利（今译意大利）而学于毕达拉哥拉斯（今译毕达哥拉斯，约公元前580—前500）派之弗禄老斯及欧留德。一说则谓柏氏此时尝偕欧利毕第入埃及，就学于预言者。然观于柏氏之书，未一述及埃及事，则斯说固在疑信之间矣。

柏氏既遍游名山大川，恢拓其眼界，又获与诸宿儒交游，聆其言论，而造诣日精，不独于苏氏之学深有心得，又参以新义而大成之。然要其为学之大体，则恪守苏氏之说，未敢有以渝也。会亚细亚乱事起，道途梗阻，不得已归雅典。于是四方志士皆不远千里，风从云集，请业于柏氏之门，至有女子伪男装而至者。柏氏欲竟其师之宿志，以委身教育为任，设学校于海考第模之森林，名其校曰"阿考第密"。来学者概不索酬。今欧洲之专门学校犹称"阿考特密"，盖肇称于是。校之四周皆植枫及橄榄树，苍翠蔽空。其间有神社，有塑像；极观瞻之美。清泉一泓，环流校外，细响潺潺，盖最宜于静思冥想之地。是以〔十〕（千）载而下，诗人学者访古至海考第〔穆〕（模）之森林，未尝不仰溯前徽，而悠然神往也。

闻阿考第密风景之幽邃，读柏拉图《问答篇》而见其文字之优美，几疑柏氏设教，第专就哲学问题而骋雄词、表空想已耳。不知其所讲论者真理也，非虚饰也；研究也，非娱乐也；论理的也，非文学的也。柏氏尝榜其门曰："非已通几何学者不得入。"

柏氏三至细细利。其初适也，年既四十岁，曾往眺厄特讷火山而归。时君临休克萨拉者，曰德俄纽削斯一世，以专制为政，于希腊诸邦中最擅势力。王问于柏曰："今之最膺幸福者谁欤？"意欲柏氏之谀己也。柏氏答曰："莫如苏格拉底。"王不怿，曰："政治家所宜为者何事？"曰："在善其国民。"曰："其次为何？君谓听讼公平者为小事耶？"盖王固以善听讼称于时者。曰："然，小事耳。听讼公平者如治衣而补其缺。所谓政治家固自有远者大者在。"又问："专制之君其可谓勇者耶？"曰："否！是怯懦之尤者也，日虑人戕其生，虽剃刀之微亦惮之。"由是更以进德修身勿顾私利之义谏于王，王怒曰："子之言，老耄者之言耳。"柏不屈曰："王之言，暴君之言耳！"

王怒，将杀之。王之义弟曰第奥恩者，哲学家而柏之弟子也，说王免其罪。适斯巴达使臣卜里斯来，王遂以柏氏交卜，卜将鬻之为奴，为克猷列奈人安尼凯黎所知，购而归诸柏之友。友集金以酬安，安不受曰：“思柏拉图者，非仅其友也。”德俄纽削斯闻柏氏无恙归雅典，心窃不安，命人致言于柏，勿声其罪。柏漠然答曰：“安有暇与德俄纽削斯计较者！”

柏氏之再至休克萨拉，则在德俄纽削斯一世故后。盖柏氏于著作中自抒政治法律之创见，为德俄纽削斯二世所悦，允假以殖民地，俾实施而试验之也。假地之约甫成，而第奥恩谋叛，柏以师弟之谊，致受嫌疑。幸德俄纽削斯二世敬其人，获返雅典。后柏氏三至休克萨拉，则为第奥恩与德俄纽削斯二世调解衅隙，然其说不行，几濒危难，遂决意归国。

柏既归雅典，乃屏居阿考第密，专以陶育后进为志，不复他为。讲授之余，则从事著述，如《问答篇》一书尤其晚年所恃为娱乐者也。年八十三，卒于飨宴之席，或云实八十四岁，亦有谓为八十一岁、八十二岁者，不可考矣。雅典人以至尊之礼，葬之于阿考第密，铭其墓曰：

> 惟亚克斯烈比与柏拉图，皆亚波罗神之子孙：一则救世人之形骸，一则疗吾辈之灵魂！

柏氏之学传于雅里大德勒（今译亚里士多德）。雅里大德勒之于柏，犹柏之于苏格拉底也。柏氏故后，其侄司别武希波继为阿考第密之长，司亦柏之弟子也。

柏氏之书今传于世者共三十余种，或云四十余种。其间有确出柏氏手笔，毫无疑义者，亦有明系伪书者，有真伪不可辨者。近世批评家或更指向之所谓真书，亦为赝所（混）。彼等或比较其生平之著作，而以优者为真，劣者为伪；或以其思想之矛盾，而指其远于己所想象者为伪；或以其不合于苏格拉底之说者为伪；或又以雅里大德勒中所未载者为伪：然是皆臆断之说，其不足信凭，无论也。

希腊大哲学家雅里大德勒（亚里士多德）传[①]

雅里大德勒（今译亚里士多德）以西历纪元前三百八十四年，生于斯塔忌拉。斯塔忌拉者，希腊斯德拉穆尼克湾之一良港也，希腊人多[植]（殖）民于此。其地距马基顿（今译马其顿）国境不远，又近马基顿王阿门塔斯之首府彼尔拉。故此地之民多往来于马基顿及其首府者。雅氏所生之地虽不在希腊国内，然其家族实纯粹之希腊人，常贱他国之风俗，而重本国之思想，守本国之礼仪，其意常见于雅氏之著书中。某学者以雅氏之文体，其优美远不及柏拉图，谓此实受他国之影响之证也。然雅氏之文体之缺点实不以此故，即（一）氏富于科学的精神，而柏拉图之精神则诗歌的也；（二）今日所传雅氏之著书，皆其遗稿，而非成于一人之手者也。

雅氏之父名尼哥麦克斯，马基顿国王阿门塔斯之侍医也。故其幼时常与父出入宫中，受王子斐利白之知遇，二人者年相若也。雅氏少时即自父受动植物学及种种格物上之知识。至纪元前三百六十七年，氏年十七岁，其父尼哥麦克斯没。父友某为雅氏之保护者，监督其教育，使雅氏往当时学问之中心之雅典府，以卒其业。雅氏从之，直入柏拉图之学舍，研究学术，二十年如一日。氏所以得专心于学，而无生事之忧者，实以其父之遗产颇富故也。以勤学故，同门呼之为"读书家"，其师柏拉图呼之曰："学舍之精神"，又足以知其智力之卓绝也。相传氏夜间读书，必手握一球，而置铜盂于其下，若睡则球

① 本篇刊于 1904 年 6 月《教育世界》77 号。

坠于皿中，戞然有声，醒而复读如故。及纪元前三百四十七年，柏拉图没，氏与学友名芝诺拉底者，去雅典而适小亚细亚之阿台尔尼斯，此即其父友所常居，又其学友海尔米亚斯之属地也。

抑雅氏于柏拉图之死后，所以即去雅典府者，以氏于柏拉图在时，已不尽服柏氏之学说，且时时批评之，故不能代柏氏而为同学派之首领。又，代柏氏而为其派之首领者，柏氏之甥斯彼西仆斯（今译司别武希波）也，其学识断非雅氏之匹，故不利于雅氏之在雅典。此后居阿尔台斯（按据上文，应为"阿台尔尼斯"）者凡三年，与学友海尔米亚斯王之侄（或云其妹）名普地亚斯者结婚。未几，海尔米亚斯王为波斯人所杀，不得久于其地，乃与友人芝诺拉底归雅典府，又与其妻移居亩梯列奈之地。居二三年，马基顿王斐利白招氏为其王子阿历山大之傅，此即后日之阿历山大王，时年才十三岁也。至纪元前三百三十四年，斐利白王被弑，阿历山大即位时，凡五年间，从事于其职。阿历山大之受教于氏也，其性质上大得雅氏之影响。至其明年，阿历山大热心于东方远征之准备，无受教之余暇，雅氏乃复归雅典府，专从事于学理之研究。此时得阿历山大王之厚遇，于雅典府设雅氏之雕像，且赠以研究学术之资八百他伦德（约值金货百万圆）。此说固不足尽信，若果有之，可谓古今无类之奖学金也。雅氏归雅典时，前柏拉图之学舍尚存，然其首领斯彼西仆斯既没，友人芝诺拉底代之而为同学派之首领。其学舍在雅典西部阿克特穆斯之森林中，故时人称其学派曰"阿克特美亚"。雅氏乃立学舍于雅典之东部亚波罗祠宇之侧，与柏拉图学舍相对，而开哲学之讲筵。以氏常讲学于此地之逍遥所，故时人呼其弟子曰"逍遥学徒"；或云雅氏讲学时，常好逍遥步行，故有此名，未知孰是也。雅氏流寓雅典，既非此府之公民，故不关系于府内之政治，十三年间，但以研究学术为务。今日所传雅氏之著书，大抵此时之作也。或谓雅氏此时曾赍书于东方远征中之阿历山大王，然其说颇无证据。而王之远征也，颇自矜其功，又习东方专制之风，其气质一变而为残忍放恣，与雅氏之交日疏。雅氏之甥喀尔利台奈斯在王军中，一日王以小愤杀之，足以知大王与雅氏之交非前日之比已。然雅典府民不知此事，尚以雅氏为大王之所亲厚者，又大王之暴政皆雅氏之所与闻也，苦大王之暴政者，恒向雅氏鸣其不平。雅典府民之视氏为马基顿党，非一日矣。纪元前三百二十三年夏，阿历山大王没于东方军中。府民闻之大喜，府内之排马基顿党大得势力，遂代马基顿党而执政权。于是雅氏一身之安全不能自保。且自［能］（诡）辩家衣蒲格拉底及其徒党与柏拉图派之学者，素不满于雅氏之批评，遂乘此机而肆攻击之锋。雅氏终受对国家大不敬之控告，遂于纠问之前一日，去雅典而往欧维亚之喀尔吉斯。盖以当时雅典之法律，先纠问日而他去者免其纠问。雅氏又恐蹈苏格拉底之故辙，不得不急去。至氏所以往喀尔吉斯者，因其祖先尝居于此，颇多氏之属地，又为马基顿军队之屯驻处故也。氏虽暂居此地，然欲待马基顿党之再得势，复归雅典，而从事于学术之研究，故以其藏书及家具，委之高第弟子台哇甫拉图斯。然于纪元前三百二十三年，即去雅典之后一年，没于喀尔吉斯，永为不归之客，享年六十三岁。雅氏之死，或以为服毒药自杀，然不可信；或以为氏夙有胃疾，至是以夙疾死，较为近之。雅氏之遗产凡金货二万五千圆，遗言尽传诸亲族云。氏有子女各一。女与其母同名，名普地亚斯。子后妻贵女侯彼利斯之所生，［多］（名）尼哥麦克斯。妻与子得其遗产之大半。生前之妇仆，各与以自由，其未成丁者，至成丁时解放之。皆雅氏之遗令所载者也。就雅氏之容貌风采，有种种之传说：或谓氏目小而股痹长，大声而嘶，皆无确证；或谓其常好美服，嗜美味，又壮年之时品行不方正，皆全无根据之传说也。

突尔列尔氏就雅氏之性行断之如左：

古来政治上或学术上与雅氏之意见异者，往往非刺其品性。然就其著书考之，则决不然，氏之为品性高尚之人物，明白而无可疑也。

又，雅氏之学问之特色，在其学殖之该博，判断之独立，观察之锐敏，思辨之阔大，议论之齐整，古今学者中殆无与之比肩者，独近世德国之拉衣白尼志（今译莱布尼茨），于此等处稍近似之耳。

此论可谓得其真者也。

就雅氏之著述，其传于今日者，其目录如左：

（一）名学上之著书（凡六种）；

（二）自然科学之书（兼博物学书、心理学书等）；

（三）实践哲学之书（伦理学及政治学）；

（四）形而上学书；

（五）文学之书（诗歌论及修辞论）。

以上各书之外，雅氏之著作甚多，然不传于今日。于西历纪元前二百年，距雅氏之没百年之时，阿历山大利亚图书馆所编纂之书目，凡书百四十六种，皆标以雅里大德勒之著作，然此等书无一传于今日者。雅氏之他书所以传于今日者，实哲学史上之一大轶事。兹述其经历之大略如左：

雅里大德勒之生涯得分为三大期。第一期自十八岁至三十八岁，此二十年间，雅氏在雅典之柏拉图学舍研究之时代也。第二期自三十八岁至五十岁，即居于府外之时代。第三期自五十岁至六十三岁，再居于雅典之十三年间是也。第一期为雅氏学术准备之时代，然此期所著论文批评等颇多，列记于阿历山大利亚图书馆之目录者，大抵此期之著作也。第二期乃欲构成哲学之系统而搜集材料之时代，非著［手］（乎）于著作之时代也。第三期则雅氏构造自己哲学系统之时代，世所传雅氏之书皆此期中之所作也。顾雅氏之书，其文体上与他缺点颇多，又无一完结者。此当由雅氏仓卒出雅典府以后，不能续其著作，而此等书皆不过其草稿故也。此不完全之草稿与其藏书，雅氏没后，皆由其高弟台哇甫拉图斯监督之。于是台氏与其同门校订其遗稿，而编雅氏之全集，然其目的非欲梓而公诸世，但欲保存其著作耳。其后殆三十五年，台氏临死，以雅氏之藏书及遗稿付诸亲爱之弟子奈留斯。奈氏携归其故乡小亚细亚之斯开普西斯。适俾尔额穆斯国王设王室之图书馆，发令征民间之藏书，奈留斯恐雅氏之遗稿之为所夺也，与他书共藏之于土室。由是此遗稿隐于土室者凡百五十年。然其后雅氏学派中之雅典人名阿彼林肯者，购访土室中之遗稿，持之而归雅典，实纪元前百年之顷也。未几，雅典为罗马人所占领，于是遂入罗马之图书馆。当是时，驻罗马之希腊学者，如基开禄之友体兰尼哇及禄毒斯之安特禄尼克斯者，得政府之许可，而校订其原稿，以出版雅氏之哲学书。今世所传雅氏之书大抵据安氏之所校订者也。由今日学者之所论定，其真属氏之著作如左：

（一）名学（凡五种）；

（二）形而上学；

（三）物理学（凡五种）；

（四）伦理学；

（五）政治学；

（六）雄辩学及诗学。

德国哲学大家汗德(康德)传[①]

自来哲学家，其一生行事大抵寥寥无可特纪者，汗德（今译康德）尤然。终其身，足未越凯尼格斯堡一步，受普通教育者于是，受高等教育者于是，为大学教授者亦于是。自幼至老死，与书籍共起居，未尝一驰心于学问之外，宜其无甚事迹授后世史家以纪载之便也。然自汗德建设批评学派以来，使欧洲十九世纪之思潮为之震荡奔腾，邪说卮言一时尽熄。近代硕儒辈出，而视其所学，殆未有不汲彼余流者。故汗德之于他哲学家，譬之于水则海，而他人河也；譬之于木则干，而他人枝也。夫人于伟人杰士，景仰之情殷，则于其一言一行之微，以知之为快，不惮征引而表彰之。汗德传之作，乌可以已乎？且汗德不惟以学问有功于世也，其为人也，性格高尚，守正而笃实，尚质朴，食则蔬粝，居则斗室。严于自治，定读书作事之规条，日日奉行之，不稍间懈。方其为大学教授之时，天未明而兴，以二小时读书，二小时著讲义，既毕仍读书，午则食于肆。不论晴雨，食后必运动一小时，然后以二小时准备次日讲义，以余时杂读各书。入夜九时而寝。三十年间，无日不如是。尝语人曰："有告予过者，虽濒死必谢之。"其砥行力德若此，则夫读其传者可由之以得观摩兴感之益矣。

汗德名伊默尼哀（今译伊曼努尔），一千七百二十四年生。其先世自苏格兰来，今苏格兰多有以汗德为氏者，其一族也。汗德之父以售鞍辔之属为业，始徙家于凯尼格斯堡。初生三子皆早殇，汗德其

---

① 本篇刊于 1906 年 3 月《教育世界》120 号。

第四子也。凯尼格斯堡之乡人奉耶教而自为一宗派。其派之人，多温厚和蔼，解宗教真义者。汗德之母，及后所师事之休尔兹，皆属此派。汗德之性行笃实，盖受感化于是者多也。年十岁，入高等学校肄业，初有研究神学之志，且欲专攻古典，嗜读拉丁书籍，常试作拉丁文字，第于希腊文则逊之。一千七百四十年，入本乡之大学，于数学、物理学，为所最好。其间亦尝听神学讲义，自说教者二三次，然固不欲以宣教师为职也。居大学日，尝于学业之暇，教授私人，以助学费。一千七百四十六年，其父［殇］（殁）后，又尝受近地富家之聘，为塾师者八九载。然迫于境遇，非所志也。一千七百五十五年，以友之荐，得为无给讲师，初专讲物理学，后乃兼讲哲学。未几，膺监理图书馆之聘。一千七百七十七年，进为哲学教授。其为讲义也，义奥词玄，闻者骤不易解，且语音低，殆不易听取。然时亦以明辨称，且间以谐语，令人忍俊。一千七百八十［七］（一）年，所著《纯粹理性批判》上梓，初以词旨未明显，且多用新字，评者颇诋之。逮书出后十二年，而各大学乃争用之为讲义。学生负笈来游其门者络绎不绝，誉之者至推为古今哲学家之冠。然汗德不自以为荣，修德力学，淡泊如故也。时或言汗德所说道德与路得教会之教旨抵牾，因是见非于政府。此间尝著一书，论宗教与哲学之关系，其前卷载在柏林杂志，后卷为政府所禁。汗德请于大学之神学部，卒获许刊行其书焉。政府滋不悦。普王斐礼特力威廉二世与之为约，谓嗣后讲学，勿涉宗教。汗德大恚，而［未］（末）如之何也。由是只主讲哲学及物理学。一千七百九十七年，遂辞教授职。是时体渐羸，智力亦衰，健忘，有所著述，亦无甚新义。一千八百四年卒，年八十。

汗德躯短小，体质脆弱，而生平未遭重疾，卒享遐龄，善摄生则然也。终身鳏居，性冷淡，不嗜音乐游戏等事，以笃于好学，少习成性故也。其为学也，非必专于哲学，若天文，若物理，若历史舆地之书，莫不涉猎及之。亦尝攻古典，读新闻杂志，谈政治，则皆为慰藉计也。著作至夥，不可备举，而《纯粹理性批判》、《实践理性批判》、《判断力批判》等，则今世海内哲学家所相与奉为宝典者也。

论曰：古今学者，其行为不检，往往而有。柏庚（今译培根）以得
赂见罪；卢骚（今译卢梭）幼窃物，中年有浪人之名：论者重其言，未
尝不心非其人也。若夫言与人并足重，为百世之下所敬慕称道者，于
汗德见之矣。然其生前犹有毁沮之者，至使不能安于教授之位。及其
殁也，真价乃莫能掩焉，则甚矣舆论之不足言也！

汗德 (康德) 像赞

　　人之最灵，厥维天官；外以接物，内用反观。小知闲闲，敝帚是享；群言淆乱，孰正其柱。大疑潭潭，是粪是除；中道而反，丧其故居。笃生哲人，凯尼之堡；息彼众喙，示我大道。观外于空，观内于时；诸果粲然，厥因之随。凡此数者，知物之式；存于能知，不存于物。匪言之艰，证之维艰；云霾解驳，秋山巉巉。赤日中天，烛彼穷阴；丹凤在霄，百鸟皆暗。谷可如陵，山可为薮；万岁千秋，公名不朽。光绪二十九年八月。

汗德（康德）之事实及其著书[①]

汗德名依麦纽哀尔（今译伊曼努尔），其先为苏格兰人，后徙于普鲁士之凯尼斯堡。父某，鞍辔匠。汗德生于一千七百二十四年四月二十二日。于千七百四十年，入凯尼斯堡大学，研究神学，特好自然科学及哲学。卒业后，为家庭教师者凡十一年。千七百五十五年之秋，始于凯尼斯堡大学之哲学部，为私讲师。至千七百七十年，始为该校之教授。彼素持严肃之人生观，又力践自己之义务，其好学不厌，诲人不倦，及其持躬之正直，皆出于尊重义务之心者也。彼晚年获至高之名誉，而仍不改其质素及冷淡之生活。彼惚惚焉送其无事及平稳之一生。唯至暮年，其学说为基督教所妒嫉，于是普王斐力威廉第二命其停止讲义。千八百四年二月，以疾卒，年八十一岁。

自千七百六十年以后，彼始以著述家名。于其批评哲学未出以前，著书亦不少。其文明哲优美，一望而知为精深之思想家也。其晚年之著述，稍涉形式之弊，而减其文字之优美。然其深邃之思想与忠实之热心，自足以倾动一世云。

拉衣白尼志（今译莱布尼茨）与伏尔夫之形而上学，与奈端之自然哲学之反对，于汗德思想之发达，大有力者也。彼于大学中受拉、伏二氏之形而上学，而闻奈端之说于台斯开氏（Teske）。彼酷好自然科学，而一时专攻之。其自然科学上最初之著述，名曰《微斯微伐（Visviva）之真正计算法》（千七百四十七年出版）。此特嘉尔（Descartes）（今译笛卡儿）派及拉衣白尼志派之物理学者所常争论者也。又其《天

体自然史》（即创星云说者）乃自然科学上第一流之著述（千七百五十五年出版）。且彼不独为自然科学之著述家，其晚年又为此学之教师，而尤以地文学及人类学名。

汗德于纯粹哲学上，亦屡变其立脚地。彼于其《物理的元子论》（千七百五十六年出版）中，思由本体（形而上学所知者）及现象（物理学所研究者）之区别，调和拉衣白尼志及奈端二氏空间论之反对。至千七百六十年以后，渐知纯理论之形而上学，为不可持之说，而谓哲学与数学其方法必不相同。哲学乃所与之物之经验的知识，不能超越于经验之范围外者也。然未几闻福禄特尔与卢骚之自然感情说，复欲由拉衣白尼志之《悟性新论》（今译《人类理智新论》），以改良形而上学之方法，遂于其就职论文（千七百七十年）中，发表其半神秘半独断的系统。

汗德之由此等思想出而入于批评哲学也，其程途不甚明晰，而常为后人所聚讼。其读休蒙之书而受其影响也，在于何年？其后所取之方向如何？实非今日所能想象也。自此等原因之交错，于是［十］（千）七百八十一年，其不朽之大作《纯粹理性批评》（今译《纯粹理性批判》）始出于世。但于第二版中，其增损之处不少。

其批评时代之著述，除《纯理批评》外，举之如下：《哲学叙说》（千七百八十三年）、《道德之形而上学》（千七百八十五年）、《自然科学之形而上学的基础》（同年）、《实践理性批评》（今译《实践理性批判》）（千七百八十八年）、《判断力批评》（今译《判断力批判》）（千七百［八十五］（九十）年）、《于理性之范围内之宗教论》（千七百九十三年）、《平和论》（千七百九十五年）、《伦理及权利之形而上学的基础》（千七百九十七年）、《政治学原理》（千七百九十八年）等。

汗德（康德）之哲学说[①]

凯尼斯堡之大哲人汗德（Immanuel Kant）（今译康德）之位置，所以超绝于众者，在其包容启蒙期哲学（谓十八世纪之哲学）之思想，而又加以哲学之新问题及新方法也。彼夙修伏尔夫（Wolff）之形而上学，及德国之通俗哲学，又潜心于休蒙（Hume）（今译休谟，1711—1776，英国哲学家）之经验论，卢骚（Rousseau）之自然论。此外如奈端（Newton）（今译牛顿，1642—1727，英国科学家）之自然哲学，英国心理学中之人之知（情）意之分析论，法国启蒙期之自由论，及自托兰（Toland）（按，1670—1722，英国哲学家）至福禄特尔（Voltaire）（今译伏尔泰）之理神论，此皆启蒙期哲学之最著者，而各占汗德思想之一部分者也。

然汗德哲学之特质，则在其提出知识之问题也。彼夙信形而上学，而欲于此要求道德及宗教之科学的说明。然由多年之研究，知往日之纯理论不能偿此要求，又由心理学之方法，知经验论之哲学亦有界限。比研究休蒙之说，此意益强。遂翻然欲由拉衣白尼志（今译莱布尼茨）（Leibnitz）之《悟性新论》（今译《人类理智新论》），而再建形而上学。然不满于其本有观念之说。于是由千七百七十年至千七百八十年间之长研究，遂于其所著《纯粹理性批评》中得知识论上之结论。

此书之特质，在示心理学上之方法之不足解哲学上之问题，及区别人之理性之渊源之问题与其价值之问题为二是也。彼之研究之端绪，不求诸物，而求诸理性，与启蒙期之哲学者同。然谓理性中之普

遍的判断，而超越一切之经验者，其确实性不能由经验论及本有论说明之。而谓哲学之事业，亦示人类理性之作用，即由此等判断之内容及关系，而于理性之生活（即由此等判断所决定者）中，定其权能（谓由此等判断所知者）及其界限（谓其所不能知者）也。

汗德名此事业曰"理性之批评"，其方法谓之"批评的"、"先天的"方法，而此方法之对象，即"先天的综合判断之可能性"是也。

（原注）汗德于《纯粹理性批评》之绪论中，论综合判断与分析判断之区别，曰：于一判断中，其客语之概念已含于主语中者，谓之曰分析判断。[加]（如）云"空间有延长性"，此分析判断也。何则？延长性之概念已含于空间之概念中故也。综合判断则反是，客语之概念不含于主语中，而由他处得之。如云"物体有重量"，此综合判断也。何则？重量之概念不含于物体之概念中，而必由经验知之故也。此等综合判断，自经验上得之者，谓之后天的综合判断。先天的综合判断，则不俟经验而自得者，数学上之命题是也。如云"12 = 7 + 5"，此先天的综合判断也。何则？"十二"之数之概念中，非有"七"与"五"之二数之概念，而其发见之也，又不俟经验故也。而汗德之所谓"先天的"者，非有时间上之意义，而但有知识论上之意义，即非谓先经验而存在，而但谓其普遍性及必然性，超越一切经验，而非可由经验论证之者也。

而此理性之原则之确实性，与其现于经验的意识时之状态，全无关系者也。古代之哲学，或以为此等原则出于感觉中之原质，或由形而上学之假定，而以为本有者，皆独断的哲学也。批评哲学或先天的哲学则不然。必先检此等原则发现之形式，及其于经验上所有之普遍性及必然性，此汗德哲学之特色也。

汗德于是就理性之作用，为系统的研究，以立其原则，而检其效力。即批评之方法先自知识论始，渐及其他。而当时心理学上之分类法，为彼之哲学问题分类之根据，即谓理性现于知、情、意三大形式中。而理性之批评亦必从此分类。故汗德之哲学分为三部：即理论的（论智力）、实践的（论意志）、审美的（论感情）。其主要之著述亦分为三：即《纯粹理性批评》、《实践理性批评》及《判断力批评》是也。

汗德（康德）之知识论[①]

汗德（今译康德）之知识论，乃近世唯名论之结论也。彼夙奉伏尔夫派之素朴实在论，而谓名学上之必然性，与自然界之实在性，一物也。后渐知纯粹理性，即名学上之推论及概念，不能决定实物之存在及其因果之关系，而谓形而上学家乃空中楼阁之工人，而其建筑与实物毫无关系者也。于是进而求其关系于经验所得之概念中，而谓此等概念之与实在相关系，乃最明晰之事实。及闻休蒙（今译休谟）之说，一旦自独断之梦中蹶起。即休氏首证吾人对实在之概念之形式，如因果律等，非知觉中所固有而由联想而得者，不能证其与实在有何关系，则实在不能由所与之概念知之明矣。于是更欲由拉衣白尼志（今译莱布尼茨）之本有观念论，及神之预定调和说，以解"思想与实在之关系"之问题。此其就职论文之大旨也。然彼之冷静之知识，未几即知预定调和说乃形而上学之假定，非可论证，而又不能支持哲学之科学的解释。于是经验论与纯理论，皆不足以解知识及其对象之根本问题。

（一）汗德对此问题之解释，即其《纯粹理性批评》一书是也。其此书之系统的形式之说明，见于哲学序说中，谓彼之批评论，由"先天的综合判断"之见于三种纯粹科学中之事实出发，即此等判断之存于数学、纯粹自然科学及形而上学是也。而检察此等判断，有普遍及必然之确实性否，乃其一贯之主义也。

此组织法由理性之能力之性质出，而理性能力之性质可以"综

---

① 本篇刊于 1904 年 5 月《教育世界》74 号。

合"二字括之，即合复杂而为单一是也。而此综合之概念，乃纯理批评中之新元质，而与就职论文相区别。即汗德于此概念中，发见感性之形式与悟性之形式中公共之原质，而于就职论文中则谓此二性之特质，一为受动，一为自动，而全不相合故也。于是纯理批评中，说纯粹理性之综合，自三阶级而成。即 1. 由空间及时间之形式，而结合感觉以成知觉。2. 由悟性之概念，而结合知觉以为自然界之经验。3. 由理念之力，而结合经验之判断，以得形而上学之知识。此智力之三阶级，皆综合之特别形式，而下级之综合形式为上级之综合形式之内容。而理性批评之责任，在定各综合形式，而检其普遍及必然之确实性也。

（二）就数学论之，则就职论文之见地，大抵可适用于理性之批评。盖数学上之判断皆综合的也。此等判断皆于纯粹之知觉中构造之，而又有普遍性及必然性，此决不能由经验得之者，则必有知觉之先天的原理存于其根柢，无可疑也。汗德于是谓时间及空间之二观念，即一切算术及几何学所关系者，乃知觉之纯粹形式，或先天之知觉也。盖 1. 唯一无限之空间与唯一无限之时间之观念，决非由经验上之有限之空间时间所得者。而吾人于经验上谓物之并立或相续时，全空间与全时间之观念已含于此特别之空间与特别之时间之观念中，而早视之为全空间与全时间之一部分也。2. 时间空间非概念也。何则？彼等之对象乃无限之综合，而其对有限之空间时间，非如类之对种（名学上概念外延之广者谓之"类"，狭者谓之"种"。如"马"与"白马"之二概念，白马之概念属于马之概念中。故"马"之概念为"类"，"白马"之概念为"种"。《荀子·正名》篇谓之大共名、小共名），而实如全体之对其部分也。3. 如时间空间乃纯粹之知觉，即非由经验之知觉所得者，而存于经验之知觉之根柢，则此二者，乃必然的也。故吾人之思想能离他物而思空间时间，而不能离空间时间而思他物，故此等乃不可离之知觉形式也，关系之法则也。吾人所以得统一一切之感觉，实存于此。而空间者外感之形式，时间者内感之形式。一切诸官之对象皆带空间的性质，一切反观之对象，皆存于时间中者也。

如空间时间二者，为吾人感性之不变之形式，则知识之但由二者决定，而无经验的元质杂于其间者，其对吾人之一切经验也，有普遍及必然之确实性。即由先天感觉论所说，于感性之范围内，其先天的知识之唯一之对象，乃综合一切感觉之形式，即于空间及时间中排列之法则也。但此知识之有普遍性及必然性，实由空间及时间乃吾人知觉之形式之故。如此二者有实在性，而能离吾人知觉之作用而独立乎，则数学之先天的特质必不存。如空间及时间而为一物乎？或为物之性质或其关系乎，则吾人非由经验断不能知之，因之，断不能有普遍及必然之知识也。其有普遍及必然之知识者，必彼等非他物，而但为吾人知觉之形式，而一切知觉中之物，必于此形式中现出故也。由此观之，"先天的"与"现象的"，实同意之语也。即人知中有普遍性及必然性者，惟物之必不能离之形式。如此，纯理论唯限于形式之方面，而又代以形式之观念性，始得持此说也。

（三）汗德既以知觉之对象之空间及时间的关系，全为心之形式，而与物之本体之实在性，必非一物，同时又谓此二者之观念性，与感官之主观性不同。特嘉尔与洛克（Locke）既证明感觉之属于主观，汗德亦承此说，但谓空间时间二者，虽似有主观性，而实为现象之根据也。自普禄达固拉斯（Protagoras）（今译普罗塔哥拉，公元前481—前411，希腊哲学家）及德谟吉利图（Democritus）（今译德谟克里特，约公元前460—前370，希腊哲学家）以来，既由色声香味等之于人也，人人不同，而证明其主观性，汗德则由空间及时间之形式，人人所同，而演绎其观念性。盖自彼观之，感官之性质，乃我心之观物时一偏及偶然之状态，而空间及时间之形式，则吾心之普遍及必然之状态，而万物皆于此中显出者也。故一切知觉中所含蓄者，非物之本体，而但其现象也。即前者但为个象之状态，而后者乃一切知觉之客观的形式也。汗德于此，谓由自然科学上言之，则改一切感觉之性质之区别，而为分量之区别。易言以明之，即视自然科学与数学同，而冀发见其普遍性及必然性，如古代德谟吉利图及近世格里辽（Galileo）（今译伽利略）之所期，固无不可；然从哲学上言之，则以数学说明自然，虽有此确实性，然其为现象仍无以异于昔也。即感觉但与人以个象，而数学之理论空间及时间与人以有普遍性及必然性之知觉。但二者不过现象之二方面，而物之本体仍不可知。故空间及时间应用于一切知觉之对象，无不妥也，然不能超越之，即虽有经验的实在性，而不脱先天的观念性者也。

（四）《纯粹理性批评》所以较就职论文进一步者，在推扩感性之形式（空间时间）之说，而应用之于悟性之形式，而研究其知识论上之价值是也。盖于自然科学中，除数学的基础外，其论物之关系也，尚有许多之原则，如自果推因之原则，乃综合的，而又不自经验上得之，然得应用于一切之经验。此种原则古人亦偶道及之，然发见此等原则之系统者，则自批评哲学始。若无此等原则为自然界知识之基础，则其知识断不能有必然性及普遍性。盖自然之为物，非但空间时间的形式，及物体与其运动之集合体，而实为吾人由感官所知觉，及同时由概念所思惟之联络的系统也。而综合知觉之复杂而思惟之之作用，名之曰悟性。悟性之综合之形式，名之曰范畴，或曰悟性之纯粹概念，却如空间及时间，为知觉之综合形式也。

如自然界为外物之联络的系统，而无关于吾人理性之作用，则吾人之知之也，必不可不由经验，而决非先天的也。但吾人自然之知识乃普遍及必然之知识，则自然之自身必由吾人之概念决定之而后可，明矣。如自然界而与吾人之悟性以法则乎，则吾人不过有后天之知识。自然之先天的知识，必须吾人之悟性与自然界以法则，而非自然界与吾人以法则而后可。但吾人悟性之决定自然界也，不能及于物之本体，但限于现于吾人之思惟中者耳，即先天的知识但限于吾人之观念即现象而已。

（五）欲持此论，批评哲学不可不对悟性之综合形式，而定其完全之系统。而形式名学之分析的法则，即自矛盾之原理出者，不适于此目的，明矣。盖形式名学之法则，不过从概念中固有之内容，而定诸概念之关系，至若定原因与结果、本体与属性之关系，不能由此种之分析法。汗德于是于形式的名学外，更发明"先天的名学"，即悟性之综合的形式，与其分析的形式相并立。而一切知觉之所以得为概念的知识之对象者，实由于此。夫感觉（之）像之并立于空间中及变迁于时间中者，惟由范畴上思之，乃得为知识之对象。而自范畴所示之关系，分析感觉时不能得之。故于形式的名学之分析中，以思惟为存于其对象；而于先天的名学之综合中，则视悟性为有创造之作用，即由知觉而造思惟之对象者也。

形式的名学与先天的名学之区别如此。于是汗德与希腊之知识论间，起一大反对。即希腊人以为对象离思惟而独立，而吾人之智力则存于对象；汗德则谓思惟之对象即思惟自己之生产物。此理性之自动性，乃彼之先天观念论之中心也。

如此，汗德之综合名学，与雅里大德勒（Aristotle）（今译亚里士多德）之分析名学相对立，然二者中亦有公共之处，即判断论是也。于判断中主语与宾语之关系，有客观的确实性，即一切客观的思惟，乃判断也。故若视范畴为综合之形式，而对象由此而生，则范畴之数当与判断之种数相等，而各范畴乃结合其同种之判断中之主语及宾语者也。

汗德于是由判断之表，而演绎范畴之表。彼先分判断为四纲：分量、性质、关系及法式是也。而四纲中又各有三目：即分量中有全称、特称、单称三目；性质中断定、否定、不定；关系中定言、假言、选言；法式中或然、正然、必然是也。由此而有十二范畴，曰：单一性、复杂性、全体性、实在性、绝无性、制限性、永存性、因果性、交互性、可能性、现在性、必然性。此表之出于人为，而不尽合于事实，及判断与范畴不必有如此之关系，又范畴之价值亦自有高下，皆明晰之事实。然汗德坚持此说，以立后日彼之一切研究之基础。

（六）纯理批评中最艰涩之部分，即"悟性之纯粹概念之先天的演绎"篇中，证明范畴如何而造经验之对象之说是也。而此书中不明晰之点，得于哲学序说中解之。汗德于序说中立知觉之判断与经验之判断之别，谓前者但示感觉之空时的关系，于个人之意识中；后者视此种关系有客观上之确实性。即后者要范畴之作用，而前者不然。今以例明之，今有二种之感觉相续而起，必视前起者为后起者之原因时，始得有客观上之确实性（此因果性之一，范畴之作用也）。一切外物必由悟性之法则结合之，而始得为对象。如此，而主观之表象作用，始得客观上之联络。盖于表象作用中，不过就个个之感觉，而排列分合之；而客观之思索（由悟性之法则结合者），则无往而不确实，由概念统辖之，而成一整齐之全体者也。

然一切外感之现象，皆现于内感之形式中，即空间上之现象，无不现于时间。汗德于是欲说明范畴与时间之特别形式之关系，而得所谓图形论。此乃应用悟性之形式于感觉之像者，而各特别之范畴，各有与时间之特别形式相当之图形。但于经验的知识中，吾人由此图形论，而以相当之范畴，说明所经验之时间的关系（如以因果性说明规则之继续现象）。于先天哲学反之，谓范畴乃与相当之时间的关系以合理之基础者，而由此事实，以证此方法之不误。

要之，于个人之意识中，有表象与经验之别。前者除对个物以外，无确实性，后者无往而不确实者也。而后者之所以确实，由有范畴之作用行乎其间。然于个人之意识中，却不自知有此种之作用，而但得其作用之结果，即客观的世界也。即客观之生产地不存于个人之意识，而存于其意识之根柢，故不可不预想一高等公共之意识。而此意识之入于经验的意识也，不以其作用，而以其结果。汗德于哲学序说中，谓之"一般意识"；于纯理批评中，谓之"先天的统觉"，或谓之"我"。

故经验者乃现象之系统，而以悟性之法则决定感觉之空间时间上之综合者也。故现象之自然，乃先天的知识之对象，而范畴之所以得应用于一切经验者，因一切经验皆自彼决定故也。

（七）范畴之普遍性及必然性，于"纯粹悟性之法则"篇说明之。此种法则，即范畴由图形之媒介，而自发展者也。汗德于此中，殊重视其第三类。即第一，自分量之范畴，而生知觉之公理，曰：一切现象皆有外延。二，由性质之范畴而生知觉之预想，曰：一切感觉之对象，皆有内包。曰：由法式之范畴而生经验的思惟之假定，而可能、现实、必然之定义实基于此。第三，由关系之范畴，而生经验之类推，其中又分三目：一曰，自然之本体不变也，其分量不能增减。二曰，一切变化从因果之法则而现。三曰，一切本体互相影响也。

此等法则，乃一切自然科学之前提，不俟经验之证明，而有普遍性及必然性者也，谓之自然之形而上学。其应用之于自然界也，不可不发见数学上之公式。何则？自然者，乃吾人感觉之全体，由空间时间之形式知觉之，又由范畴整理之者也。又自然中一切变化，皆可归之于运动，故运动之概念实为此论之介绍。盖一切运动，皆可以数学说明之，而吾人对自然之知识，亦仅限于数学所能说明者，故汗德谓当时之化学及心理学，不得入自然科学中，但不过记述之学而已。彼于《自然科学之形而上学的基础》一书中，由范畴及数学，而推演运动之法则。而其自然哲学中之最重要之说，物质之力学说也。昔《天体自然史》中所谓空中运动之本体，乃引力及斥力之和者，汗德今日，遂于纯理批评悟性之法则中演绎之。

（八）但由汗德之说，则上所述自然之形而上学，不过现象之形而上学耳，除现象以外不能进一步。何则？一切范畴不过外物与吾心关系之形式，而其自身空虚无物也。唯由知觉之介绍，而范畴始得其内容，又因吾人之知觉必现于空间时间内故也，故人类知识之唯一之对象，经验耳，现象耳。故自柏拉图以来，区别知识之对象为现象及本体二者，甚无谓也。

然则本体之概念，果全无意义乎？若谓吾人知识之对象限于现象，则其知识不亦太无意义乎？对此问题，汗德之思想于是乎一转。由上文之说，则所谓对象者，其一部分为感觉，而其他部分为感性及悟性之综合之形式。故除吾人个人之意识外，其真正存在者不过一般之意识，即先天的统觉而已。然汗德又不拒绝外物之实在性，然则此物果如何？

本体之概念，在《纯理批评》中，非有积极之意义。此虽不得为知识之对象，但思之时毫不觉矛盾，即此假说其实在性不能定其有，又不能遽言其无，不过一问题耳。人类之知识限于经验之对象。何则？应用范畴时所需之知觉，不过空间时间中之受纳的知觉故也。今设为他种之对象故，而有他种之知觉，其排列感觉之法，与吾人异，然苟其必待所与之感觉而后起者，则此知觉之对象仍不过现象。欲知觉之对象非现象而为物之本体，必知觉不但制造其形式，兼制造其内容而后可。此可谓之智力的知觉，即感性及悟性之融合也。但人类之知识中，感性与悟性二者常相分离，惟神或有此能力。故此种能力，不能言其有，亦不敢断其必无。即本体之概念，但有消极之意义，即得思为非感官的知觉之对象，即经验之界限概念耳。

然此概念又不能视为或然的概念？何则？苟拒绝本体之实在性，则必谓一切物皆归于现象，而除物之现于吾人之意识者外，并无一物，然此亦无证据之言也。先天观念论不然，以为本体之为物，但可思而不可知，故吾人之所能知者唯现象耳。

（九）至是而入于《纯理批评》之第三部，即"先天辩证论"。汗德于此篇中，证明不能经验之形而上学，即超感觉之形而上学，不可也。特举拉衣白尼志及伏尔夫之合理的心理学、宇宙论及神学，为其一例，而批评之。谓此等事，虽不可经验及不可知识之，然不能不思之，谓之"先天的幻影"，而古今之思想家以其不能不思之之故，遂视为知识之对象。

欲主张此论，则感性与悟性之反对，不可不知也。唯由感性之助，而悟性始得造客观之知识。盖吾人之思惟中，由范畴之作用，而使感性之材料互相关系，即如（一）现象必由他现象限制之，而悟性欲完全思一现象时，必不可不知其限制者之全体，而此特别之现象实由此而决定，而始得与吾人全体之经验相联络。然现象之世界，于其空间及时间之关系无限也，故欲知其限制者之全体，实非易易。盖范畴者，乃一切现象相关系之原理。而欲知各现象之限制之性质，不可不由他现象，而此他现象复由他现象限制之，如此互相限制，以至于无穷。故悟性欲知其限制者之全体，而感性示其不可能，于是吾人之知识中，生必要且不可解之问题，汗德谓之曰"理念"，而其应之之能力，谓之狭义之理性。

理性若解此问题，则其所求之限制者之全体，不可不视为无限制之物，即其自身为一切现象之限制者，而不复限制于他者也。所谓"理念"，即此无限制之物之代表，虽不能为知识之对象，然吾人不能不思之，于是形而上学遂陷于先天的幻影中。而此等理念有三：灵魂、世界及上帝是也。

（十）其合理的心理学之批评，见于"纯粹理性之逆理论"章。

谓普通之灵魂论，其误谬存于视名学的主语与实在的本质为一，此之谓四语之逆理论。而本质之概念，与空间相关系，即限于外感之域。今"灵魂"之理念，乃内感之诸现象之统一，既不可拒绝，然又不可证明之，但可视为精神之研究上之探求的原理耳。

于"理性之理想"章中，以同一之论法，论"神"之理念。汗德驳有神论之诸证明：谓于本体论之证明中，由概念而推论神之存在者，谬也；于宇宙论之证明中，求一切偶然物之第一原因于绝对的必然的本体，乃要求原理之误谬也；于物理的神学之证明中，由世界之美善，而想像全善全能之造物主，不过古代之遗想耳。然彼亦谓主无神论者，乃立于经验的知识之外，其不能证明，与有神论无异。吾人宁信有神，庶几各现象之经验的研究，益不得不努力也。

此先天辩证论之特色，尤显于"纯粹理性之二律反对"章。此论"世界"之理念者也，谓欲使宇宙全体为吾人知识之对象，则反对之二原理皆得持其说。兹先举其正理凡四：一曰，世界之于空间时间中有始终；二曰，其本体之可分性有限界；三曰，事变之原乃自由而非因果的也；四曰，事变之原始，存于绝对的必然的本质，即神也。而此四正理各有相应之反理。故欲持其一理不得不破其他，其结果甚为纷杂也。以上四条之二律反对中，前二者谓之数学的，示欲以宇宙为知识之对象，则不容中项之原理，必失其确实性。后二者谓之力学的，示自由及神之概念不能于现象界中论断之者也。

汗德（康德）之伦理学及宗教论①

汗德（今译康德）之《纯粹理性批评》（今译《纯粹理性批判》）使吾人陷于绝对之怀疑论。何则？彼于此书中廓清古今之形而上学，而以科学的方法证之也。然遽谓汗德为怀疑论者则大不然。怀疑论不过汗德哲学之枝叶，而非其根本。以此罪汗德，全不知其哲学之精神与其批评之本旨也。汗德之本旨决非有害于道德上之信仰及其超绝的对象（神）也。彼贬理性之价值而置诸第二位，名之曰"整理的原理"，以与"建设的原理"相区别。其根本思想之贯注于全书者，曰：吾人及万物之根本，非理性而意志也。故理性之作用常陷于不可知之矛盾，而使人回惑。至意志则常与信仰同盟，而道德宗教之源皆出于此，且从而保护之。且汗德亦说"物之自身"矣，其驳灵魂及上帝也，非谓其不存在，谓不能以理论证其存在也。彼非难独断唯心论矣，然此等非难亦得加之于唯物论。彼虽攻击有神论，然亦同时攻击无神论。彼尽褫纯粹理性之形而上学的能力，而以之归于实践理性即意志。譬之一物，以右手与人，而旋以左手取之。此其思辨之特色，断不可与他人之怀疑论同类而观之也。

汗德谓意志，与悟性，同，有自己之特质，有固有之形式，有特别之法度，此法度，康德谓之"实践理性"。而纯理批评之态度至此方面而一转：理论上之怀疑变而为实践上之确实。彼谓道德上之法律与物理上之法律，其根本相异。物理上之法律，必然的也；道德上之法律非自外迫我，而我自不能不从之，易言以明之，即自由的也。虽

---

① 本篇刊于 1906 年 5 月《教育世界》123 号。标题下自注："《汗德之知识论》见前年本志，故不及。"

自由之概念，悟性不能证明之，而在意志之方面，则深信其自由而不疑。何则？此乃实践理性之规矩，而道德的意识中之一事实故也。

至是有一大疑问起焉。夫纯粹理性之视一切宇宙现象也，皆视为必然之结果，即视现象之世界但为因果律之所辖。然则实践理性上之自由论，如何而能与纯粹理性上之定业论相调和乎？而汗德之信自由意志也，与其爱真理无异，决不欲物理上之必然性与道德上之自由性，二者互为冲突。彼谓二者之冲突乃表面上之事，至调和二者而使知识及意志之权利两无所损害，则固非不可能之事也。

如纯理批评中，全斥自由之观念，则此问题终不能解释也。然就实际言之，则唯于现象之世界中不得云自由耳。至睿智之世界即本体之世界中，吾人虽不能证其自由，然其不自由亦不得而证之。纯粹理性谓自由之为物，虽不能发见于现象之世界，而或能发见于本体之世界。实践理性则进而断定之。故知识与意志之间实无所谓矛盾也。吾人之行为，自其现于空间时间中言之，则为一必然之结果，而毫末不能自由；然由其所从出之根柢观之，则离时间空间之形式而独立，其为自由固无可疑者也。然吾人若视时间空间有客观的实在性，则此问题终不能解释。由此见地，斯披诺若（今译斯宾诺莎）之斥自由论而唱定业论固其所也。然吾人苟从汗德之批评哲学，而谓时间空间二者乃吾人观物之形式，而无与于物之自身，则定业论亦不过理性所赋〔于〕（予）物一种之解释，而非说明物之真性质者也。

如人之灵魂即其睿智的品性而不存于空间及时间中乎？如灵魂而非现象乎？则因果之范畴自不能于此应用之。何则？范畴之为物但应用于现象而不能应用之于本体故也。如是，灵魂既非一原因（凡原因必更有他原因以为其原因），必为一自由之原因，无疑也。单一之范畴亦然。何则？以不存于空间时间故，则已非个物，而不得与他个物相区别，故普遍的也，永远的也，无限的也。斐希台（今译费希特，1762—1814，德国哲学家）绝对的"自我"之说实自汗德之前提出。然汗德自己却不视此为其说之正当之结论。彼于实践理性中往往预想个人之灵魂不死，而视为道德之条件，又说与我相离之上帝之存在，而视为道德之秩序及善人之胜利之保证。然汗德之神学不过其伦理之附录，不甚重视之，即非复如中世之视为诸学之女王，而但为伦理学之仆隶而已。此人格的上帝实理性批评中之所假定者。吾人得因之以回想约各皮（今译雅科比，1743—1819，德国哲学家）之说，曰："如宇宙而无上帝，吾人亦当进而发明之。"其意相似。要之，汗德意中真正之上帝乃实现理想之自由力，即善意是也。

此种见解，于其说实践理性，即说意志为吾人精神之根本时，既明示之。彼谓纯粹理性与实践理性，二者虽有时自相矛盾，然无损于道德、宗教之价值。前者虽视"灵魂、自由、上帝"等为一种之观念，而无客观的实在性；后者则深信此三者之为真实。如纯粹理性与实践理性而立相等之地位乎？或实践理性而附属于纯粹理性乎？则此二元论之结果必不能无危险。然汗德则以纯粹理性附属于实践理性，故意志之自由、灵魂之不死、上帝之存在，吾人始得而确信之也。

自他方面言之，则纯粹理性及实践理性之二元，于吾人颇有便利之处。如上帝、自由及灵魂不死等为自明之真理，而得由理论上证明之，则吾人之为善不过缴将来之福耳。如此，则吾人之意志不由于"自律"，而其行为即不得谓之道德。盖除良心之命令外，一切动机皆使意志不由自律而由"他律"，而夺去其行为之道德上之价值。故真正之宗教必与道德合一。存于理性中之宗教，但由道德构成之。基督教之真髓乃永久之道德。宗教之目的乃人类正行之胜利也。如宗教而于此外有他目的，则已失宗教之本义矣。

汗德对宗教之见解，得于其《在理性范围内之宗教》一书窥之。此书之根本思想，即欲约宗教于道德中是也。夫道德与宗教之关系有二说：或视道德建设于宗教上，或视宗教建设于道德上是也。如吾人视道德为建于宗教上乎？则希望与恐怖二者当为道德的行为之原则。然行为之自希望及恐怖出者，即不得谓之道德。故自以第二说为正也。夫说道德者自不得不导入于宗教。何则？最高之善乃道德上必然之理想，而此理想，唯由上帝之观念，决不能为道德之动机故也。故从汗德之意，真正之宗教在视吾人一切义务为上帝之命令。唯天启之宗教必先知上帝之命令，而后定何为吾人之义务。而在自然宗教，则吾人之义务外，别无上帝之命令。故教会者乃道德的团体，而其目的在实行道德的命令，即以团体之力以禁恶而进于善者也。教会之不能为经验上之对象，谓之无形的教会，即正直之人在上帝之统治下之一团体也。至有形的教会则不过人间之天国，而人力所能达之者。而此有形教会所必要之特质如下：（一）就分量上言之，不可不为普遍的。虽教会之宗旨不能归于一致，然苟立于前所述之原理上者，必可结合而为一教会。（二）就性质上言之，不可不为纯粹的。即道德之外，不知有他动机，而不杂以迷信及狂热之原质。（三）就关系言之，则教会中各员间之关系，必置诸自由之原理之下。即教会者，自由的国家，非贵族及民主政体，而一有意的普遍的精神的结合也。（四）就方式言之，则教会之制度必为不可变者。即其偶然之排列法，虽有变之之权利，然其法律则终古不变。夫普遍的教会所以成立者，无他，理性所示之道德的信仰也。各人之信仰不外此信仰之分派。但就人类之缺点观之，不能常使教会立于此信仰之上。何则？以行善为上帝之命令，此理性往往为人所不易解，而常从传说之见解，以服事上帝为一特别之（义）务故也。

如是，故一教会之成立也，必求其信仰于历史之事实。故各教会中各有二种之原质：一、道德的原质，即所谓理性之信仰；二、历史的原质，所谓教会之信仰是也。教会之有价值与否，全视此二原质之关系。历史的原质但为道德的原质之囊橐。如视此原质为教会独立之目的，则教会于以腐败。如道德的原质盛行，则其境界渐近于天国。吾人之所以区别宗教与僧正者，实以此也。教条之价值亦视其道德的内容如何。故"三位一体"之说，如自文字观之，其所贡献于道德者几何？如教会所以指导吾人之行为者不异，则神人之为一，为十百，有何区别乎？圣典之为物，亦必由道德上解释之。关天启之纪传亦必解之以理性之宗教。故理性者圣典唯一之解释者也。吾人所当为者，只在褫圣典之神话的衣冠，而保存其合理之意义。历史的原质于圣典中全不足重轻之物也。理性愈发达，则教育愈重道德的方面，而愈远于历史的方面。故自教会之仪式而入纯粹之信仰，乃向天国之径路。而天国之实现，乃世界之目的而历史之止境也。

汗德之宗教论如此，故大受当时教会之攻击。普王威廉二世所以禁之，使不复论宗教上之事者，岂无故欤！

德国哲学大家叔本华传[①]

叔本华以千七百八十八年生于德之唐栖克（今为波兰的但泽），其人意志刚强，性质略近执拗，盖有精神病而遗传于其外戚者。父母俱豪商所出，一千七百七十八年，其父四十岁而娶，时其母甫二十岁也。新婚后，尝拟偕游欧洲各土，以妇病，不果。及叔本华生，父名之曰"亚撒"（按，Arthar，今按德语之音译，为阿图尔），以此名为德英法各国所通用也。有妹一人，性情肖乃母，善记忆，耽文学，而亦有偏戾之质。叔本华五岁以前，随母居于鄂利法别墅，地在唐栖克之西约四里。饮食教诲皆其母一人任之，父惟以休沐日一归家而已。一千七百九十三年，徙家汉堡，先后居十二年。九岁时曾随父一游法国，二载而后归，故操法语至熟，几并本国语而忘之。归汉堡后之四年，佚居无事。年十五，始有志于为学，以请于父。父生平轻视儒者，故不好奖励学术，命于游历与就学两事中自择其一为之，则以愿游历对。一千八百三年以后，遍历荷兰、法兰西、奥地利，其间勾留于英国者六阅月。以英人过严谨，不适其嗜好，仍归里。一千八百五年，曾受佣于某商廛，三月而辞去。会其父发狂自杀，母乃留叔本华于汉堡，而挈其妹别往法麦尔。至是，叔本华嗜好文学之性情乃大著，交游日广，与格代（今译歌德）诸人日相往来。然以孑身独处为苦，心常怏怏。又以无父母约束故，时有浮躁之行。母不得已，仍召归身旁，而托友人某教以希腊及拉丁语。二年余，尽通其义。一千八百九年，母乃割其父遗产三之一以与之，由是获拥巨资。入格庆肯大学肄业，专攻哲

① 本篇刊于 1904 年 10 月《教育世界》84 号。

学，尤好汗德（今译康德）、柏拉图之书，昕夕不去手。然时时感慨人生，隐抱厌世之思想。后二年，赴柏林，搜讨各种学术。初于哲学一种，喜听斐希台休来哀摩谐之讲义，心诚服之。然未几，忽反对其说，转加蔑视。见当时之柏林实为无裨学问之地，故郁郁不适。屡赴病院，以讲求人世之道德及身体之健否，为自慰计。其时举国上下方以抗拒拿破仑为说，故叔本华亦为所动，曾欲投效充义兵，然不久复寝其志，竟归法麦尔附近。著论一篇，呈之厄讷大学，以学位为请，遂得受博士之称。是即《充足理由论》，盖叔本华生平第一次著述也。

　一千八百十三年，再至法麦尔，与母氏同居者二三月。母子性质相殊，故颇不和，此后遂终身不复与母相见。此次叔本华之寓居法麦尔也，实为其学问上一大转变之时。一日，与朋辈谈及印度哲学，始立意研究之。此后去法麦尔而徙居德烈斯丁，遂终日以著述哲学为事，兼讨求美术（按，指艺术）。一千八百十八年春，著述告成，与某书肆订约付梓，以细故争执而止。是年之冬，始别与他肆约。书既梓成，爰游义大利（今译意大利），义国各地足迹几遍。旋得其妹来书，知经商不利，致己身之财产全失，乃怅然失望，愤其妹之措理不当。其后十余年间竟与之绝音问，第其后仍稍稍收回财产云。

　斯时叔本华以家业尽隳，颇有欲为大学教授之志。先后谋诸哈迭堡（今译海德堡）、格庆肯、柏林诸大学，终于柏林大学应试中程。遂就教职，与海额尔（今译黑格尔）一时并立。其讲义痛斥海氏哲学，不遗余力。然叔本华生性躁急，不耐精剖详说，故卒无成功。一千八百二十二年辞职。再游义大利，途次罹病，愈后而右耳为之聋，行旅不便，仍归柏林。柏林为其事业失败之地，故虽栖迟客馆中，而终日抑郁，有触辄怒。一日，自他所归，见一妇立于己之居室前，厌见之，迫逆旅主人遂之去，告以后勿复尔。他日归，则妇立室前如故，大怒，推妇倒地。妇负伤，控之有司，有司判为有罪，责令此后十五年间养赡该妇。盖自一千八百二十五年至一千八百三十一年，实叔本华生平最不得志之时也。此间亦尝欲恢张其哲学之势力，然时人方动于海额尔之说，举世靡然相推重，故己之哲学终无刮目相视者，以是弥增厌世之感。一千八百三十一年，柏林疫疠盛起，卜居夫兰克福德（今译法兰克福）以避之。自是遂不复他徙。时闻母妹在波恩市，境遇殊窘，始贻书相问慰。叔本华固生而有贵族思想者，高自位置，菲薄常人，兼以己之哲学不见重于时，诸事又皆失败，故殆视时人如仇敌，不与人交往，人亦无与之亲近者。

一千八百三十九年，脑威（今译挪威）学士会征文，题曰：《人之自由意志能由自觉以证之否》，叔本华著一论答之，见者惊服，畀上等赏，遂推为该国学士会员。是年丹麦学士会亦以《道德之基础》命题征文，然于叔本华所著不甚称赏，且斥黜之。叔本华大怒，以为皆海额尔派为之也，益攻击海氏不已。直至一千八百四十三年，时人始稍稍读其书，其诸著作中已有至于再版者，英人复译印之，颂扬者日众。故叔本华晚年以往，亦稍能自制其感情而优游安居矣。

叔本华生平至以卫生为重。冬夏之间，晨兴以七八时，既兴，则先拭体盥目，自制咖啡而饮。饮后则读书。午后辄游王家图书馆，纵览群籍。夜则食于市肆。读书甚迟缓，而常好希腊拉丁等古典，与印度哲学，及一切文学之书。且好读原文，必原文不能解者，始手译文。读书而外，喜观剧，或自弄笛以为乐。亦时携所蓄犬，散策于郊外。壮岁，品性颇不修，曾有欲娶女优为室之事。只以性情异于常人，不为妇女拭所爱悦，故转而嫉视女子，至谓女子者特为生活所必需，而非有可尊敬之价值，竟鳏居一世以终。生平多寄宿于逆旅，无所谓家室。年近五十岁，始稍稍购家具以饰其居室。居夫兰克福特时，曾徙易旅店者数次。室中列小几，几上一侧供释迦像，旁置拉丁译本之《优婆尼沙土》经文，时时讽诵；又一侧则设汗德像：盖其所最景仰者也。

叔本华颇长于言语之才，音朗而词快。年七十，犹矍铄如少壮。其时戚友多致祝词者，自亦大喜。不图一千八百六十年，俄然罹病，呼吸维艰，遂成不治之症。二十一日，犹强起朝食，及医师来诊，则凭几而气绝矣。遗言以其财产赠诸柏林之恤贫会，又以遗稿之版权畀门人弗罗蔼列斯大德。著述甚多，不能备举，举最要者有五：（一）《充足理由原则论》（一千八百十三年）；（二）《意志及观念之世界》（一千八百十七年）；（三）《自然中之意志论》（一千八百三十六年）；（四）《伦理学之二大根本问题》（一千八百四十一年）；（五）《随笔录》（一千八百五十一年）。

叔本华像赞①

人知如轮，大道如轨；东海西海，此心此理。

在昔身毒，群圣所都；《吠陀》之教，施于佛屠。

亦越柏氏，雅典之哲；悼兹众愚，观影于穴。

汗德晚出，独辟扃涂；铸彼现象，出我洪炉。

觥觥先生，集其大成；载厚其址，以筑百城。

刻楠飞甍，俯视星斗。

懦夫骇马，流汗却走。

天眼所观，万物一身；搜源去欲，倾海量仁（但指其学说言）。

嗟予冥行，百无一可；欲生之戚，公既诏我。

公虽云亡，公书则存；愿言千复，奉以终身。

---

① 本篇刊于 1904 年 6 月《教育世界》77 号。

叔本华之哲学及其教育学说

　　自十九世纪以降，教育学蔚然而成一科之学。溯其原始，则由德意志哲学之发达是已。当十八世纪之末叶，汗德（今译康德）始由其严肃论之伦理学而说教育学，然尚未有完全之系统。厥后海尔巴德始由自己之哲学，而组织完全之教育学。同时德国有名之哲学家，往往就教育学有所研究，而各由其哲学系统以创立自己之教育学。裴奈楷然也，海额尔（今译黑格尔）派之左右翼亦然也。此外专门之教育学家，其窃取希哀林（今译谢林）及休来哀尔、马黑尔之说以构其学说者亦不少，独无敢由叔本华之哲学，以组织教育学者。何则？彼非大学教授也，其生前之于学界之位置，与门弟子之数，决非两海氏之比。其性行之乖僻，使人人视之若蛇蝎，然彼终其身索居于法兰克福特，非有一亲爱之朋友也，殊如其哲学之精神与时代之精神相反对，而与教育学之以增进现代之文明为宗旨者，俨然有持方〔柄〕（柄）入圆凿之势。然叔氏之学说，果与现代之文明不相并立欤？即令如是，而此外叔氏所贡献于教育学者，竟不足以成一家之说欤？抑真理之战胜必待于后世，而旷世之天才不容于同时，如叔本华自己之所说欤？至十九世纪之末，腓力特·尼采始公一著述曰《教育家之叔本华》。然尼采之学说，为世人所诟病，亦无以异于昔日之叔本华，故其说于普通之学界中，亦非有伟大之势力也。尼氏此书，余未得见，不揣不敏，试由叔氏之哲学说以推绎其教育上之意见。其条目之详细，或不如海、裴诸氏，至其立脚地之坚固确实，用语之精审明晰，自有哲学以来殆未有及叔氏者也。呜呼！《充足原理》之出版已九十有一年，《意志及观念之世界》之出版八十有七年，《伦理学之二大问题》之出版亦六十有五年矣。而教育学上无奉叔氏之说者，海氏以降之逆理说，力弥满充塞于教育界，譬之歌白尼既出，而犹奉多禄某之天文学，生达维之后，而犹言斯他尔之化学，不亦可哀也欤！夫哲学，教育学之母也。彼等之哲学，既鲜确实之基础，欲求其教育学之确实，又乌可得乎！兹略述叔氏之哲学说，与其说之及于教育学之影响，世之言教育学可以观焉。

哲学者，世界最古之学问之一，亦世界进步最迟之学问之一也。自希腊以来，至于汗德之生，二千余年，哲学上之进步几何？自汗德以降，至于今百有余年，哲学上之进步几何？其有绍述汗德之说，而正其误谬，以组织完全之哲学系统者，叔本华一人而已矣。而汗德之学说，仅破坏的，而非建设的。彼憬然于形而上学之不可能，而欲以知识论易形而上学，故其说仅可谓之哲学之批评，未可谓之真正之哲学也。叔氏始由汗德之知识论出而建设形而上学，复与美学伦理学以完全之系统，然则视叔氏为汗德之后继者，宁视汗德为叔氏之前驱者为妥也。兹举叔氏哲学之特质如下：

汗德以前之哲学家，除其最少数外，就知识之本质之问题，皆奉素朴实在论，即视外物为先知识而存在，而知识由经验外物而起者也。故于知识之本质之问题上，奉实在论者，于其渊源之问题上，不得不奉经验论，其有反对此说者，亦未有言之有故，持之成理者也。汗德独谓吾人知物时，必于空间及时间中，而由因果性（汗德举此等性，其数凡十二，叔本华仅取此性）整理之。然空间时间者，吾人感性之形式，而因果性者，吾人悟性之形式，此数者皆不待经验而存，而构成吾人之经验者也。故经验之世界，乃外物之入于吾人感性悟性之形式中者，与物之自身异。物之自身，虽可得而思之，终不可得而知之，故吾人所知者，唯现象而已。此与休蒙（今译休谟）之说，其差只在程度，而不在性质。即休蒙以因果性等出于经验，而非有普遍性及必然性，汗德以为本于先天，而具此二性，至于对物之自身，则皆不能赞一词。故如以休蒙为怀疑论者乎，则汗德之说，虽欲不谓之怀疑论不可得也。叔本华于知识论上奉汗德之说曰："世界者，吾人之观念也。"一切万物，皆由充足理由之原理决定之，而此原理，吾人智力之形式也。物之为吾人所知者，不得不入此形式，故吾人所知之物，决非物之自身，而但现象而已。易言以明之，吾人之观念而已。然则物之自身，吾人终不得而知之乎？叔氏曰："否。"他物则吾不可知，若我之为我，则为物之自身之一部，昭昭然矣。而我之为我，其现于直观中时，则块然空间及时间中之一物，与万物无异。然其现于反观时，则吾人谓之意志而不疑也。而吾人反观时，无智力之形式行乎其间，故反观时之我，我之自身也。然则我之自身，意志也。而意志与身体，吾人实视为一物，故身体者，可谓之意志之客观化，即意志之入于智力之形式中者也。吾人观我时，得由此二方面，而观物时，只由一方面，即唯由智力之形式中观之，故物之自身，遂不得而知。然由观我之例推之，则一切物之自身，皆意志也。叔本华由此以救汗德批评论之失，而再建形而上学。于是汗德矫休蒙之失，而谓经验的世界，有超绝的观念性与经验的实在性者，至叔本华而一转，即一切事物，由叔本华氏观之，实有经验的观念性而有超绝的实在性者也，故叔本华之知识论，自一方面观之，则为观念论，自他方面观之，则又为实在论。而彼之实在论，与昔之素朴实在论异，又昭然若揭矣。

古今之言形而上学及心理学者，皆偏重于智力之方面。以为世界及人之本体，智力也。自柏拉图以降，至于近世之拉衣白尼志（今译莱布尼茨），皆于形而上学中持此主知论。其间虽有若圣奥额斯汀谓一切物之倾向与吾人之意志同，有若汗德于其《实理批评》中说意志之价值，然尚未得为学界之定论。海尔巴德复由主知论以述系统之心理学，而由观念及各观念之关系以说明一切意识中之状态。至叔本华出而唱主意论，彼既由吾人之自觉，而发见意志为吾人之本质，因之以推论世界万物之本质矣。至是复由经验上证明之，谓吾人苟旷观生物界与吾人精神发达之次序，则意志为精神中之第一原质，而智力为其第二原质，自不难知也。植物上逐日光，下趋土浆，此明明意志之作用，然其知识安在？下等动物之于饮食男女，好乐而恶苦也，与吾人同。此明明意志之作用，然其知识安在？即吾人之坠地也，初不见有知识之迹，然且呱呱而啼饥，瞿瞿而索母，意志之作用，早行乎其间。若就智力上言之，弥月而始能视，于是始见有悟性之作用。三岁而后能言，于是始见有理性之作用。智力之发达，后于意志也。如此就实际言之，则知识者，实生于意志之需要。一切生物，其阶级愈高，其需要愈增，而其所需要之物亦愈精，而愈不易得，而其智力亦不得不应之而愈发达。故智力者，意志之奴隶也。由意志生，而还为意志用者也。植物所需者，空气与水耳。之二者，无乎不在，得自来而自取之，故虽无知识可也。动物之食物，存乎植物及他动物；又各动物各有特别之嗜好，不得不由己力求之，于是悟性之作用生焉。至人类所需，则其分量愈多，其性质愈贵，其数愈杂。悟性之作用，不足应其需，始生理性之作用，于是智力与意志二者始相区别。至天才出，而智力遂不复为意志之奴隶，而为独立之作用。然人之智力之所由发达由于需要之增，与他动物固无以异也，则主知说之心理学，不足以持其说，不待论也。心理学然，形而上学亦然。而叔氏之他学说，虽不慊于今人，然于形而上学心理学，渐有趋于主意论之势，此则叔氏之大有造于斯二学者也。

于是叔氏更由形而上学进而说美学。夫吾人之本质，既为意志矣，而意志之所以为意志，有一大特质焉：曰生活之欲。何则？生活者非他，不过自吾人之知识中所观之意志也。吾人之本质，既为生活之欲矣，故保存生活之事，为人生之唯一大事业。且百年者，寿之大齐。过此以往，吾人所不能暨也。于是向之图个人之生活者，更进而图种姓之生活，一切事业，皆起于此。吾人之意志，志此而已；吾人之知识，知此而已。既志此矣，既知此矣，于是满足与空乏希望与恐怖，数者如环无端，而不知其所终；目之所观，耳之所闻，手足所触，心之所思，无往而不与吾人之利害相关，终身仆仆而不知所税驾者，天下皆是也。然则，此利害之念，竟无时或息欤？吾人于此桎梏之世界中，竟不获一时救济欤？曰：有。唯美之为物，不与吾人之利害相关系，而吾人观美时，亦不知有一己之利害。何则？美之对象，非特别之物，而此物之种类之形式，又观之之我，非特别之我，而纯粹无欲之我也。夫空间时间，既为吾人直观之形式；物之现于空间皆并立，现于时间者皆相续，故现于空间时间者，皆特别之物也。既视为特别之物矣，则此物与我利害之关系，欲其不生于心，不可得也。若不视此物为与我有利害之关系，而但观其物，则此物已非特别之物，而代表其物之全种。叔氏谓之曰"实念"。故美之知识，实念之知识也。而美之中，又有优美与壮美之别。今有一物，令人忘利害之关系，而玩之而不厌者，谓之曰优美之感情。若其物直接不利于吾人之意志，而意志为之破裂，唯由知识冥想其理念者，谓之曰壮美之感情。然此二者之感吾人也，因人而不同；其智力弥高，其感之也弥深。独天才者，由其智力之伟大，而全离意志之关系，故其观物也，视他人为深，而其创作之也，与自然为一。故美者，实可谓天才之特许物也。若夫终身局于利害之桎梏中，而不知美之为何物者，则滔滔皆是。且美之对吾人也，仅一时之救济，而非永远之救济，此其伦理学上之拒绝意志之说，所以不得已也。

　　吾人于此，可进而窥叔氏之伦理学。从叔氏之形而上学，则人类于万物同一意志之发现也，其所以视吾人为一个人，而与他人物相区别者，实由智力之蔽。夫吾人之智力，既以空间时间为其形式矣，故凡现于智力中者，不得不复杂。既复杂矣，不得不分彼我。然就实际言之，实同一意志之客观化也。易言以明之，即意志之入于观念中者，而非意志之本质也。意志之本质，一而已矣，故空间时间二者，用婆罗门及佛教之语言之，则曰"摩耶之网"，用中世哲学之语言之，则曰"个物化之原理"也。自此原理，而人之视他人及物也，常若与我无毫发之关系。苟可以主张我生活之欲者，则虽牺牲他人之生活之欲以达之，而不之恤，斯之谓"过"。其甚者，无此利己之目的，而惟以他人之苦痛为自己之快乐，斯为之"恶"。若一旦超越此个物化之原理，而认人与己皆此同一之意志，知己所弗欲者，人亦弗欲之，各主张其生活之欲，而不相侵害，于是有正义之德。更进而以他人之快乐，为己之快乐，他人之苦痛，为己之苦痛，于是有博爱之德。于正义之德中，己之生活之欲已加以限制，至博爱，则其限制又加甚焉。故善恶之别，全视拒绝生活之欲之程度以为断：其但主张自己之生活之欲，而拒绝他人之生活之欲者，是为"过"与"恶"；主张自己，亦不拒绝他人者，谓之"正义"；稍拒绝自己之欲，以主张他人者，谓之"博爱"。然世界之根本，以存于生活之欲之故，故以苦痛与罪恶充之。而在主张生活之欲以上者，无往而非罪恶。故最高之善，存于灭绝自己生活之欲，且使一切生物皆灭绝此欲，而同入于涅槃之境。此叔氏伦理学上最高之理想也。此绝对的博爱主义与克己主义，虽若有严肃论之观，然其说之根柢，存于意志之同一之说，由是而以永远之正义，说明为恶之苦与为善之乐。故其说，自他方面言之，亦可谓立于快乐论及利己主义之上者也。

叔氏于其伦理学之他方面，更调和昔之自由意志论及定业论，谓意志自身，绝对的自由也。此自由之意志，苟一旦有所决而发见于人生及其动作也，则必为外物所决定，而毫末不能自由。即吾人有所与之品性，对所与之动机，必有所与之动作随之。若吾人对所与之动机，而欲不为之动乎？抑动矣，而欲自异于所与之动作乎？是犹却走而恶影，击鼓而欲其作金声也，必不可得之数也。盖动机律之决定吾人之动作也，与因果律之决定物理界之现象无异，此普遍之法则也，必然之秩序也。故同一之品性，对同一之动机，必不能不为同一之动作，故吾人之动作，不过品性与动机二者感应之结果而已。更自他方面观之，则同一之品性，对种种之动机，其动作虽殊，仍不能稍变其同一之方向，故德性之不可以言语教也与美术（按，指艺术）同。苟伦理学而可以养成有德之人物，然则大诗人及大美术家，亦可以美学养成之欤？有人于此，而有贪戾之品性乎？其为匹夫，则御人于国门之外可也。浸假而为君主，则掷千万人之膏血，以征服宇宙可也。浸假而受宗教之感化，则摩顶放踵，弃其生命国土，以求死后之快乐可也。此数者，其动作不同，而其品性则绝不稍异，此岂独他人不能变更之哉！即彼自己，亦有时痛心疾首而无可如何者也。故自由之意志，苟一度自决，而现于人生之品性以上，则其动作之必然，无可讳也。仁之不能化而为暴，暴之不能化而为仁，与鼓之不能作金声，钟之不能作石声无以异，然则吾人之品性遂不能变化乎？叔氏曰："否。"吾人之意志，苟欲此生活而现于品性以上，则其动作有绝对的必然性，然意志之欲此与否，或不欲此而欲彼，则有绝对的自由性者也。吾人苟有此品性，则其种种之动作，必与其品性相应，然此气质非他，吾人之所欲而自决定之者也，然欲之与否，则存于吾人之自由。于是吾人有变化品性之义务，虽变化品性者，古今曾无几人，然品性之所以能变化，即意志自由之征也。然此变化，仅限于超绝的品性，而不及于经验的品性。由此观之，叔氏于伦理学上持经验的定业论，与超绝的自由论，与其于知识论上持经验的观念论，与超绝的实在论无异，此亦自汗德之伦理学出，而又加以系统的说明者也。由是叔氏之批评善恶也，亦带形式论之性质，即谓品性苟善，则其动作之结果如何，不必问也。若有不善之品性，则其动作之结果，虽或有益无害，然于伦理学上，实非有丝毫之价值者也。

　　至叔氏哲学全体之特质，亦有可言者。其最重要者，叔氏之出发点在直观（即知觉），而不在概念是也。盖自中世以降之哲学，往往从最普遍之概念立论，不知概念之为物，本由种种之直观抽象而得者。故其内容，不能有直观以外之物，而直观既为概念，以后亦稍变其形，而不能如直观自身之完全明晰。一切谬妄，皆生于此。而概念之愈普遍者，其离直观愈远，其生谬妄愈易。故吾人欲深知一概念，必实现之于直观，而以直观代表之而后可。若直观之知识，乃最确实之知识，而概念者，仅为知识之记忆传达之用，不能由此而得新知识。真正之新知识，必不可不由直观之知识，即经验之知识中得之。然古今之哲学家往往由概念立论，汗德且不免此，况他人乎！特如希哀林（今译谢林）、海额尔（今译黑格尔）之徒，专以概念为哲学上唯一之材料，而不复求之于直观，故其所说，非不庄严宏丽，然如蜃楼海市，非吾人所可驻足者也。叔氏谓彼等之哲学曰"言语之游戏"，宁为过欤？叔氏之哲学则不然，其形而上学之系统，实本于一生之直观所得者，其言语之明晰，与材料之丰富，皆存于此。且彼之美学、伦理学中，亦重直观的知识，而谓于此二学中，概念的知识无效也。故其言曰："哲学者，存于概念而非出于概念，即以其研究之成绩，载

之于言语（概念之记号）中，而非由概念出发者也。"叔氏之哲学所以
凌轹古今者，其渊源实存于此。彼以天才之眼，观宇宙人生之事实，
而于婆罗门佛教之经典及柏拉图、汗德之哲学中，发见其观察之不
谬，而乐于称道之。然其所以构成彼之伟大之哲学系统者，非此等经
典及哲学，而人人耳中目中之宇宙人生即是也。易言以明之，此等经
典哲学，乃彼之宇宙观及人生观之注脚，而其宇宙观及人生观，非由
此等经典哲学出者也。

　　更有可注意者，叔氏一生之生活是也。彼生于富豪之家，虽中更
衰落，尚得维持其索居之生活。彼送其一生于哲学之考察，虽一为大
学讲师，然未几即罢，又非以著述为生活者也。故其著书之数，于近
世哲学家中为最少，然书之价值之贵重，有如彼者乎！彼等日日为讲
义，日日作杂志之论文（殊如希哀林、海额尔等），其为哲学上真正之
考察之时殆希也。独叔氏送其一生于宇宙人生上之考察，与审美上之
瞑想，其妨此考察者，独彼之强烈之意志之苦痛耳。而此意志上之苦
痛，又还为哲学上之材料，故彼之学说与行为，虽往往自相矛盾，然
其所谓"为哲学而生，而非以哲学为生"者，则诚夫子之自道也。

　　至是，吾人可知叔氏之在哲学上之位置。其在古代，则有希腊之
柏拉图，在近世，则有德意志之汗德；此二人，固叔氏平生所最服
膺，而亦以之自命者也。然柏氏之学说中，其所说之真理，往往被以
神话之面具。汗德之知识论，固为旷古之绝识，然如上文所述，乃破
坏的而非建设的，故仅如陈胜、吴广，帝王之驱除而已。更观叔氏以
降之哲学，如翻希奈尔、芬德、赫尔德曼等，无不受叔氏学说之影
响，特如尼采，由叔氏之学说出，浸假而趋于叔氏之反对点，然其超
人之理想，其所负于叔氏之天才论者亦不少。其影响如彼，其学说如
此，则叔氏与海尔巴脱等之学说，孰真孰妄，孰优孰绌，固不俟知者
而决也。

　　吾人既略述叔本华之哲学，更进而观其及于教育学说。彼之哲学
如上文所述，既以直观为唯一之根据矣，故其教育学之议论，亦皆以
直观为本。今将其重要之学说，述之如左：

　　叔氏谓直观者，乃一切真理之根本，唯直接间接与此相联络者，

斯得为真理。而去直观愈近者，其理逾真，若有概念杂乎其间，则欲
其不罹于虚妄，难矣。如吾人持此论以观数学，则欧几里得之方法，
二千年间所风行者，欲不谓之乖谬，不可得也。夫一切名学上之证
明，吾人往往反而求其源于直观。若数学，固不外空间时间之直观，
而此直观，非后天的直观，而先天的直观也，易言以明之，非经验的
直观，而纯粹的直观也。即数学之根据，存于直观，而不俟证明，又
不能证明者也。今若于数学中，舍其固有之直观，而代以名学上之证
明，与人自断其足而俟辇而行者何异？于彼《充足之理由之原理》
之论文中，述知识之根据（谓名学上之根据），与实在之根据（谓数学上
之根据）之差异，数学之根据惟存于实在之根据，而知识之根据，则
与之全不相涉。何则？知识之根据，但能说物之如此如彼，而不能说
何以如此如彼，而欧几里得则全用从此根据以说数学。今以例证之。
当其说三角形也，固宜首说各角与各边之互相关系。且其互相关系
也，正如理由与结论之关系，而合于充足理由之原理之形式。而此形
式之在空间中，与在他方面无异，常有必然之性质，即一物所以如
此，实由他物之异于此物者如此故也。欧氏则不用此方法以说明三角
形之性质，仅与一切命题以名学上之根据，而由矛盾之原理，以委曲
证明之。故吾人不能得空间之关系之完全之知识，而仅得其结论，如
观鱼龙之戏，但示吾人以器械之种种作用，而其内部之联络及构造，
则终未之示也。吾人由矛盾之原理，不得不认欧氏之所证明者为真
实，然其何以真实，则吾人不能知之，故虽读欧氏之全书，不能真知
空间之法则，而但记法则之某结论耳。此种非科学的知识，与医生之
但知某病与其治疗之法，而不知二者之关系无异。然于某学问中舍其
固有之证明，而求之于他，其结果自不得不如是也。

　　叔氏又进而求其用此方法之原因。盖自希腊之哀利梯克派首立所
观及所思之差别及其冲突，美额利克派、诡辩派、新阿克特美派及怀
疑派等继之。夫吾人之知识中，其受外界之感动者，五官；而变五官
所受之材料为直观者，悟性也。吾人由理性之作用，而知五官及悟
性，固有时而欺吾人，如夜中视朽索而以为蛇，水中置一棒而折为
二：所谓幻影者是也。彼等但注意于此，以经验的直观为不足恃，而

以为真理唯存于理性之思索，即名学上之思索。此唯理论，与前之经
验论相反对。欧几里得于是由此论之立脚地，以组织其数学，彼不得
已而于直观上发见其公理，但一切定理，皆由此推演之，而不复求之
于直观。然彼之方法之所以风行后世者，由纯粹的直观与经验的直观
之区别未明于世。故迨汗德之说出，欧洲国民之思想与行动，皆为之
一变，则数学之不能不变，亦自然之势也。盖从汗德之说，则空间与
时间之直观，全与一切经验的直观异。此能离感觉而独立，又限制感
觉，而不为感觉所限制者也。易言以明之，即先天的直观也，故不陷
于五官之幻影。吾人由此始知欧氏之数学用名学之方法，全无谓之小
心也，是犹夜行之人，视大道为水，趍趋于其旁之草棘中，而惧其失
足也。始知几何学之图中，吾人所视为必然者，非存于纸上之图，又
非存于抽象的概念，而唯存于吾人先天所知之一切知识之形式也。此
乃充足理由之原理所辖者，而此实在之根据之原理，其明晰与确实，
与知识之根据之原理无异，故吾人不必离数学固有之范围，而独信任
名学之方法。如吾人立于数学固有之范围内，不但能得数学上当然之
知识，并能得其所以然之知识，其贤于名学上之方法远矣。欧氏之方
法，则全分当然之知识与所以然之知识为二，但使吾人知其前者，而
不知其后者，此其蔽也。吾人于物理学中，必当然之知识与所以然之
知识为一，而后得完全之知识，故但知托利珊利管中之水银其高三十
英寸，而不知由空气之重量支持之，尚不足为合理的知识也。然则吾
人于数学中，独能以但知其当然，而不知其所以然为满足乎？如毕达
哥拉斯之命题，但示吾人以直角三角形之有如是之性质，而欧氏之证
明法，使吾人不能求其所以然。然一简易之图，使吾人一望而知其必
然及其所以然。且其性质所以如此者，明明存于其一角为直角之故。
岂独此命题为然，一切几何学上之真理，皆能由直观中证之。何则？
此等真理，原由直观中发见之者，而名学上之证明，不过以后之附加
物耳。叔氏几何学上之见地如此，厥后哥萨克氏由叔氏之说以教授几
何学，然其书亦见弃于世，而世之授几何学者，仍用欧氏之方法，积
重之难返，固若是哉！

　　叔氏于数学上重直观而不重理性也如此，然叔氏于教育之全体，

无所往而不重直观，故其教育上之意见，重经验而不重书籍。彼谓概念者，其材料自直观出，故吾人思索之世界，全立于直观之世界上者也。从概念之广狭，而其离直观也有远近，然一切概念，无一不有直观为之根柢。此等直观与一切思索，以其内容，若吾人之思索，而无直观为之内容乎，则直空言耳，非概念也。故吾人之智力，如一银行然，必备若干之金币以应钞票之取求，而直观如金钱，概念如钞票也。故直观可名为第一观念，而概念可名为第二观念，而书籍之为物，但供给第二种之观念。苟不直观一物，而但知其概念，不过得大概之知识，若欲深知一物及其关系，必直观之而后可，决非言语之所能为力也。以言语解言语，以概念比较概念，极其能事，不过达一结论而已。但结论之所得者，非新知识，不过以吾人之知识中所固有者，应用之于特别之物耳。若观各物与其间之新关系，而贮之于概念中，则能得种种之新知识。故以概念比较概念，则人人之所能，至能以概念比较直观者，则希矣。真正之知识，唯存于直观，即思索（比较概念之作用）时，亦不得不藉想像之助，故抽象之思索，而无直观为之根柢者，如空中楼阁，终非实在之物也。即文字与语言，其究竟之宗旨，在使读者反于作者所得之具体的知识，苟无此宗旨，则其著述不足贵也。故观察实物与诵读，其间之差别不可以道里计。一切真理唯存于具体的物中，与黄金之唯存于矿石中无异。其难只在搜寻之。书籍则不然，吾人即于此得真理，亦不过其小影耳，况又不能得哉！故书籍之不能代经验，犹博学之不能代天才，其根本存于抽象的知识，不能取具体的知识而代之也。书籍上之知识，抽象的知识也，死也；经验的知识，具体的知识也，则常有生气。人苟乏经验之知识，则虽富书籍上之知识，犹一银行而出十倍其金钱之钞票，亦终必倒闭而已矣。且人苟过用其诵读之能力，则直观之能力必因之而衰弱，而自然之光明反为书籍之光所掩蔽，且注入他人之思想，必压倒自己之思想，久之，他人之思想遂寄生于自己之精神中，而不能自思一物，故不断之诵读，其有害于精神也必矣。况精神之为物非奴隶，必其所欲为者乃能有成，若强以所不欲学之事，或已疲而犹用之，则损人之脑髓，与在月光中读书其有损于人之眼无异也。而此病殊以少时为甚，故学者之通病，往往在自七岁至十二岁间习希腊、拉丁之文法，彼等蠢愚之根本实存于此，吾人之所深信而不疑也。夫吾人之所食，非尽变为吾人之血肉，其变为血肉者，必其所能消化者也。苟所食而过于其所能消化之分量，则岂徒无益，而反以害之，吾人之读书，岂有以异于此乎？额拉吉来图曰："博学非知识。"此之谓也。故学问之为物如重甲胄然，勇者得之，固益有不可御之势，而施之于弱者，则亦倒于地而已矣。叔氏于知育上之重直观也如此，与卢骚、贝斯德、禄奇之说如何相近，自不难知也。

而美术（艺术，下同）之知识，全为直观之知识，而无概念杂乎其间，故叔氏之视美术也，尤重于科学。盖科学之源，虽存于直观，而既成一科学以后，则必有整然之系统，必就天下之物分其不相类者，而合其相类者，以排列之于一概念之下，而此概念复与相类之他概念排列于更广之他概念之下。故科学上之所表者，概念而已矣。美术上之所表者，则非概念，又非个象，而以个象代表其物之一种之全体，即上所谓实念者是也，故在在得直观之。如建筑、雕刻、图画、音乐等，皆呈于吾人之耳目者，唯诗歌（并戏剧小说言之）一道，虽藉概念之助，以唤起吾人之直观，然其价值全存于其能直观与否。诗之所以多用比兴者，其源全由于此也。由是，叔氏于教育上甚蔑视历史，谓历史之对象，非概念，非实念，而但个象也。诗歌之所写者，人生之实念，故吾人于诗歌中，可得人生完全之知识。故诗歌之所写者，人及其动作而已，而历史之所述，非此人即彼人，非此动作即彼动作，其数虽巧历不能计也。然此等事实，不过同一生活之欲之发现，故吾人欲知人生之为何物，则读诗歌贤于历史远矣。然叔氏虽轻视历史，亦视历史有一种之价值。盖国民之有历史，犹个人之有理性，个人有理性，而能有过去未来之知识，故与动物之但知现在者异。国民有历史，而有自己之过去之知识，故与蛮民之但知及身之事实者异。故历史者，可视为人类之合理的意识，而其于人类也，如理性之于个人，而人类由之以成一全体者也。历史之价值，唯存于此，此叔氏就历史上之意见也。

叔氏之重直观的知识，不独于知育美育上然也，于德育上亦然。

彼谓道德之理论，对吾人之动作无丝毫之效。何则？以其不能为吾人之动作之机括故也。苟道德之理论，而得为吾人动作之机括乎，必动其利己之心而后可，然动作之由利己之心发者，于道德上无丝毫之价值者也。故真正之德性，不能由道德之理论，即抽象之知识出，而唯出于人己一体之直观的知识，故德性之为物，不能以言语传者也。基开禄所谓德性非可教者，此之谓也。何则？抽象的教训，对吾人之德性，即品性之善，无甚势力。苟吾人之品性而善欤，则虚伪之教训，不能沮害之，真实之教训，亦不能助之也。教训之势力，只及于表面之动作，风俗与模范亦然。但品性自身，不能由此道变更之。一切抽象的知识，但与吾人以动机，而动机但能变吾人意志之方向，而不能变意志之本质。易言以明之，彼但变其所用之手段，而不变所志之目的。今以例证之。苟人欲于未来受十倍之报酬，而施大惠于贫民，与望将来之大利，而购不售之股票者，自道德上之价值考之，二者固无以异也。故彼之为正教之故，而处异端以火刑者，与杀越人〔于〕（越）货者何所择？盖一求天国之乐，一求现在之乐，其根柢皆归于利己主义故也。所谓德性不可教者，此之谓也。故真正之善，必不自抽象的知识出，而但出于直观的知识。唯超越个物化之原理，而视己与人皆同一之意志之发现，而不容厚此而薄彼，此知识不得由思索而失之，亦不能由思索得之。且此知识，以非抽象的知识，故不能得于他人，而唯由自己之直观得之，故其完全之发现，不由言语，而唯由动作。正义、博爱、解脱之诸德，皆由此起也。

然则美术、德性，均不可教，则教育之事废欤？曰："否。"教育者，非徒以书籍教之之谓，即非徒与以抽象的知识之谓，苟时时与以直观之机会，使之于美术人生上得完全之知识，此亦属于教育之范围者也。自然科学之教授，观察与实验往往与科学之理论相并而行，人未有但以科学之理论为教授，而以观察实验为非教授者，何独于美育及德育而疑？然则叔氏之所谓德性不可教者，非真不可教也，但不可以抽象的知识导之使为善耳。现今伯林大学之教授巴尔善氏，于其所著《伦理学系统》中首驳叔氏德性不可教之说，然其所说，全从利己主义上计算者，此正叔氏之所谓谨慎，而于道德上无丝毫之价值者也。其所以为此说，岂不以如叔氏之说，则伦理学为无效，而教育之事将全废哉？不知由教育之广义言之，则导人于直观而使之得道德之真知识，固亦教育上之事，然则此说之对教育有危险与否，固不待知者而决也。由此观之，则叔氏之教育主义全与其哲学上之方法同，无往而非直观主义也。

书叔本华遗传说后

　　叔本华之《遗传说》，由其哲学演绎而出，又从历史及经验上归纳而证之，然其说非其哲学固有之结论也。何则？据叔氏之哲学，则意志者，吾人之根荄，而知力其属附物也；意志其本性，而知力其偶性也。易言以明之，意志居乎形体之先而限制形体，知力居乎形体之后而为形体所限制。自意志欲调和形体之与外界之关系，于是所谓脑髓者以生，而吾人始有知力之作用，故脑髓之为欲知之意志所发现，与吾人之形体之为欲生之意志所发现无异。其《意志及观念之世界》及《自然中之意志》两书中所证明，固已南山可移，此案不可动矣。然则吾人之意志，既自父遗传矣，则所谓欲知之意志，又何为而不得自父得之乎？吾人之欲知之意志，与此知力之程度，既得之母矣，则他种之意志，何为而不得自母遗传乎？彼以意志属之父，以知力属之母，若建筑上之配置，然举彼平昔所以力诋汗德者，躬蹈之而不自知，故形式之弊，一般德国学者之所不能免也。要之，吾人之形体，由父母二人遗传，此人之公认之事实，不可拒也，则为形体之根荄之意志，与为形体一部之作用之知力，皆得自两亲而不能有所分属，叔氏哲学之正当之结论，固宜如此也。

　　至其《遗传说》之证据，则存于经验及历史。然经验之为物，固非有普遍及必然之确实性者也。天下大矣，人类众矣，其为吾人所经验者，不过亿兆中之一耳。即吾人经验之中，其熟知其父母及其人之性质知力者，又不过数十人中之一耳。历史亦然。自有史以来，人之姓氏之纪于历史上者几何人，又历史上之人物，其性质知力及其父母子弟之性质知力，为吾人所知者几何人？即其人之性质知力与其父母子弟之性质知力，为吾人所知矣，然历史上之事实，果传信否？又吾人之判断果不错误否？皆不可不注意也。以区区不偏不赅不精不详之事实，而遽断定众人公共之原理，吾知其难也，且历史之事之背于此者，亦复不少。吾人愧乏西洋历史之知识，姑就吾国历史上其事实之与叔氏之说相反对者，述之如左：

叔氏所谓母之好尚及情欲，决不能传之于子者，吾人所不能信也。乐正后夔，决非贪欲之人也，以娶有仍氏之故，生封豕之伯封，而夔以不祀。周昭王承成、康之后，未有失德，而其后房后实有爽德，协于丹朱，卒生穆王，肆其心以游天下，而周室以衰。至父子兄弟性质之相反者，历史上更不胜枚举。黄帝之子二十五宗，唯青阳与苍林氏同于黄帝。颛顼氏有才子八人，而又有梼杌。瞽瞍前妻之子为舜，而后妻则生傲象。尧有丹朱，舜有商均，帝乙之贤否，无闻于后世，而微子与纣，以异母之故，仁暴之相去乃若天壤。鲁之隐、桓同出于惠公，以异母之故，而一让一弑。晋献荒淫无道，贼弑公族，而有太子申生之仁。夷吾忮刻，乃肖厥父。晋之羊舌氏，三世济美，伯华、叔向，一母所生，并有令德，而叔虎以异母之故，嬖于栾盈，而卒以杀其身。至叔向之子食我，而亡羊舌氏，其母则又夏姬之所出也。秦之始皇，至暴抗也，而有太子扶苏之仁孝。汉之文帝，恭俭仁恕，而景帝惨纰，颇似窦后。景帝之子十四人，大抵荒淫残酷，无有人理，而栗姬二子临江王荣以无罪死，为父老所思，河间献王德被服道术，造次必于儒者，非同父异母之事实，其奚以解释之乎？至圣母之子之有名德者，史册上尤不可胜举。曾文正公之太夫人江氏，实有刚毅之性质，文正自谓"我兄弟皆禀母气"，此事犹在人耳目者也。故在吾国，"非此母不生此子"（大概指性质而言，非谓知力也）之谚，与西洋"母之知慧"之谚，殆有同一之普遍性，故叔氏之说，不能谓之不背于事实也。

至其谓父之知力不能遗传于子者，此尤与事实大反对者也。兹就文学家言之：以司马迁、班固之史才，而有司马谈、班彪为之父；以枚乘之能文，而有枚皋为之子。且班氏一家，男则有班伯、班叔等，女则前有倢伃，后有曹大家，此决非偶然之事也。以王逸之辞赋，而有子延寿，其《鲁灵光殿赋》，且驾班、张而上之。以蔡邕之逸才，而有女文姬；而曹大家及文姬之子反不闻于后世，则又何也？魏武雄才大略，诗文雄杰，亦称其人，文帝、陈思，因不愧乃父矣，而幼子邓哀王仓舒，以八龄之弱，而发明物理学上比重之理（《魏志·邓哀王传》注），至高贵乡公髦，犹有先祖之余烈，其幸太学之问，使博士不能置对（《魏志》），又善绘事，所绘《卞庄刺虎图》，为宋代宣和内府书画之冠（《铁围山丛谈》），又孰谓知力之不能自祖、父遗传乎？至帝王家文学之足与曹氏媲美者，厥惟萧氏。梁武帝特妙于文学，虽不如魏武，固亦六代之儁也。昭明继起，可拟五官。至简文帝、元帝，而诗文之富，度越父兄矣。邵陵王纶、武陵王纪，亦工书记，独豫章王综，自疑为齐东昏之子，宫甲未动，遽然北窜，然其《钟鸣落叶》之曲，读者未始不可见乃父之遗风焉。此后南唐李氏父子，亦颇近之。至于杨雄之子，九年而与《玄》文；孔融之儿，七岁而知家祸，融固所谓"小时了了"者也。隋之河汾王氏，宋之眉山苏氏，亦皆父子兄弟回翔文苑。苏过《斜川集》之作，虽不若而翁，固不愧名父之子也。至一家父子之以文学名者，历史上尤不可胜举，则知力之自父遗传，固自不可拒也。

　　兹更就美术（按，指艺术）家言之：书家则晋有王氏之羲、献，以至于智永，唐则自太宗经高宗、睿宗，以至玄宗，及欧阳氏父子，皆人人所知者也。画家则唐尉迟乙僧画佛之妙，冠绝古今，而有父跋质那，有兄甲僧，并善此技（《唐朝名画录》）。与尉迟齐名者，唯阎立本，而其父毗，在隋以丹青得名，兄立德亦承家学，故曰"大安、博陵，难兄难弟"，谓立德、立本也（《唐画录》）。李思训，世所谓北派之祖也，其子昭道变父之势，妙又过之，故时号曰大李将军、小李将军（《画鉴》）。宋徽宗天纵游艺，论者谓其画兼有顾、陆、曹、吴、荆、关、李、范之长，高宗亦善绘事，同时米家父子，亦接踵画苑，极君臣之遇合矣。赵文敏书画独步元初，而有兄孟坚，子雍奕，又其甥王蒙，且与黄公望、倪瓒、吴镇并称元四大画家。夫文敏之有子，固得以管夫人为之母解之，然上所述之诸家，则将何所藉口耶？至明以后，以书画世其家者尤不胜数。明之长洲文氏，国朝之娄东二王氏，武进恽氏，近者二三世，远者五六世，而流风未沬。此种事实，叔氏其何以解之？夫文学家与美术家，固天才之所为，非纯粹知力之作用耶？而父子兄弟祖孙相继如此，则知力不传自父之说，其不可持，固不待论也。

要之，叔氏此说非由其哲学演绎而出，亦非由历史上归纳而得之者也，此说之根据，存于其家乘上之事实。叔氏之父素有脑疾，晚年以堕楼死，彼之郁忧厌世之性质，自其父得之者也。其母叔本华·约翰，则有名之小说家，而大诗人格代（今译歌德）之友也。彼自信其知力得自母，而性质得自父，彼深爱其父，而颇不快于其母。幼时父令其习商业，素所不喜也，迨父死后，尚居其职二年，以示不死其父之意。后因处理财产之事，与母相怨，又自愤其哲学之不得势力，而名反出其母下也，每恶人谓己曰："彼叔本华·约翰之子也。"彼生平以恶妇人之故，甚蔑视妇人，谓女子除服从外无他德，遂以形而上学上本质之意志属诸男子，偶性之知力属诸女子。故曰：其遗传说实由其自己之经验与性质出，非由其哲学演绎，亦非由历史上归纳而得之者也。

且叔氏之说之不足持，不特与历史上之事实相反对而已。今夫父母之于子，其爱之有甚于其身者，则以其为未来之我，而与我有意志之关系也。若仅以知力之关系论，则夫师弟朋友之间，其知识之关系且胜于父子，奚论母子？故仅有知识之关系者，其间爱情不得而存也。而母之爱子也，不减于父，或且过之者，则当不以母子间非徒有知力之关系，且有意志之关系哉？故母之于子，无形体之关系则已，苟有形体之关系，则欲其意志之不遗传，不可得也（由叔氏之说，意志与形体为一物，而从知力之形式中所观之意志也）。父之于子也亦然，苟无形体之关系则已，苟有形体之关系，则形体之一部分之脑，与其作用之知力，又何故不得传诸其子乎？至意志得受诸父，与知力得受诸母，此说则余固无间然矣。

(附)叔本华氏之遗传说

　　人之生也，不但传其种族之特性，并传其父母个人之特性，此经验上之事实也。此事于身体上为最著，至其精神（指心理上之事实言）则何如？即父母之精神，亦遗传于子姓否？此屡起之问题，而人人所认者也。更进而问子姓之精神中，何者属父，何者属母，能区别之否？此问题则更难以解释。然从余之形而上学，则意志者，吾人之根核，而知力其附属物也，意志其本性，而知力其偶性也。故主此生育者（即父）与吾人以其根核（即意志），而孕此生育者（即母）与吾人以其偶性（即知力）。易言以明之，即吾人之性质好尚，自父得之，而知力之种类及程度，自母得之，自不难于经验之前预定之也。而此预定之说，实与经验上得其证据，唯此经验不能用物理学上之实验，但可由数十年之观察与历史证之耳。

　　今先就吾人自己之经验论之。其所短者在其范围过狭，而事实非人人之所皆知，然有完全之确实性，此其所长也。今使人深察自己，而以其自己之好尚情欲，及其特别之德义与不德义，悉现于自己之目前，又使彼更思其父如何，则彼之一切特性，不难于其父认之，若其母之性质，则往往与之全不相同，即有相同者，亦不过其母之性质与其父偶同耳。使彼对其自己之性质，与其父母之性质精密考察之，则可知意志自父传而不自母传之说不诬也。今以例证之。不信之过，兄弟往往同蹈之，此实由其父遗传者。故《利亚父子》之喜剧，于心理上实为正确也。但研究此事时，有二界限，若不注意于此，则其研究之成迹，有时而不合，学者不可不知也。其一，父之真伪是也。唯形体之真似其父者，其性质能似其父，稍似者不然。何则？再婚之子女，或微似其故夫，而奸生之子，亦往往微似其本夫故也。此事实于禽兽为尤著。第二之界限，父之性质，虽见于子姓，然子姓往往因受特别之知力，而变其性质之形。故研究者不可不熟察之也。而此性质变化之大小，与知力之差为比例，然不能全灭而不见，盖人苟由其母之知力，而有卓越之理性，则父所遗传之情欲，得由反省及思考之力束缚之，而且蔽匿之。而其父所以不能制其情欲者，以其知力稍弱之故，于是父子间性质之差别以起。至父之情欲弱，而子之情欲强者，亦由此理。至其母之好尚及情欲，决不遗传之于子姓也。

至历史之事实，其所以优于私人之事实者，在其事实之人人知之，而其所短，则以此等事实，往往杂以传说，不足尽信。且此等事实，关系于政治者多，而关系于个人之生涯者少，故无由详知其人之性质何如也。今欲证余之说，姑少引历史上之事实，若专攻历史者，于此类之事实，不难加至倍蓰也。

古代罗马之历史中，往往有以爱国及勇武世其家者，如法皮亚家（Gens Fabia）及法白利西亚家（Gens Fabria）是已。而亚历山大王（Alexander the Great）其好势力及战胜也，与其父斐利白（Philip）无异。又据罗马史家休托尼（Suetonius）之说，则帝皇尼禄（Nero）之暴戾，固非无所本，盖克禄地亚家（Gens Claudia）之兴于罗马垂六百年，其人皆果敢狠戾，经体培留斯帝（Tiberius）、喀利仇拉帝（Caligula）（二人尼禄之祖及父也），至尼禄而达其极。而尼禄之所以以极暴名者，则半由彼之位置使然，半由其母拔克羌德（Bacchante）之愚蠢不能传以知力，以束缚其情欲故也。其在他方面，则如以米里体兹（Mithridates）之勇敢，而有西蒙（Cimon，雅典之名将）为之子，以汉尼拔（Hannibal）之将略，而有赫米尔喀（Hamilcar）为之父，而西丕哇族（Scipios），其全家皆英迈而爱国者也。反是，如教皇亚历山大第六（Alexander VI）之子薄尔伽亚（Borgia），乃彼凶恶之小像，而阿白拉（Abla）公爵之子，其惨酷残恶，亦如其父。法兰西王斐利白第四（Philip IV）杀宗教武士时，以惨酷闻，其女依萨培拉（Isabella）即英王爱德华德第二（Edward II）之后，亦幽囚其夫，迨彼既签辞位之约，遂弑之于狱，其惨淡之状，殆人所不忍言。英王亨利第［三］（八）（Henry［Ⅲ］

（Ⅷ））素以嗜杀称，其初婚所生之女主美利（Queen Mary）酷似其父，焚杀异教徒无算，是以有"血美利"之称。其再婚所生之女袁利若培斯（Elizabeth，亦英国女主）（今译伊丽莎白）自其母后得高尚之知力，故其父之性质不甚著，然于杀苏格兰女主美利一事，亦足以知其性质之未泯也。苏格兰之国，有其父因为盗且食人，而处焚杀之罪者，其女才一岁，为他人所保育，迨其长也，亦犯食人之罪，乃生瘵之。法国之奥培省，有一女子送二童子至医院者，杀之而取其金，逃至巴黎，遇其父于途，其父复取其金而沉之于河。此等事之见于新闻纸者，不一而足。一千八百三十六年，匈牙利有一死囚，杀官吏，又重伤其自己之亲属，其兄于数年前，曾弑其亲，而其父亦曾犯杀人之罪。其后一年，其弟又以枪击其家之管理财产者，唯未中耳。一千八百五十七年，巴黎报中载巨盗兰麻尔（Lemaire）及其党羽处死刑之事，且书其后曰："犯罪之事，若自家族中遗传者，彼等之家族，其死于断头台上者，实不少也。"此实引柏拉图（Plato）《法律篇》之说。可知当日希腊人已知此事实。试披犯罪之统计表，此例尤不可胜举。至自杀之出于遗传，尤其彰明较著者也。

若夫以罗马皇帝安敦（Marcus Aurelius Antonius）之仁爱，而有阴恶之康穆都斯（Commodus）为之子，此实意外之事也，然此事亦不难解。何则？安敦之后福斯体那（Faustina）素有不贞之名故也。凡事之类此者，皆可由此解释之。故罗马暴帝图弥体安（Domitian），吾人决不能信其为体土斯帝（Titus）之弟，而范斯巴襄帝（Vespasian），实不过其假父耳。

若夫第二之真理，即知力自母遗传之说，比第一之真理更为易解。古谚中所谓"母之智慧"者，早示此理，而人之知力之大小，与其母之知力为比例，此经验上所明示也。若父之知力，决不遗传之于其子，故名父之子之庸愚者，其例甚夥，即子有高尚之知力，而其父之知力平平者，亦比比是也。若英相彼德（Pitt）之有父加塔姆（Lord Chatham），此实例外之事，然在大政治家，于高尚之知力外，又不可无高尚之性质，与强毅之意志，此实自父遗传者，故政治家之父子济美，实不足怪也。其在他方面，如艺术家、哲学家及大诗人，此等事业皆天才之所为，故不能见此例。拉飞尔（Raphael，意大利之画家）之父，亦画师也，而非大画师。毛差德（Mozart，德国之大音乐家）（今译莫扎特）之父若子，亦音乐家也，然皆不如毛氏远甚。夫以二人享年之如是促（拉年三十八岁，毛三十七岁而殁），而贡献于美术者如此之大，则天或欲成其不朽之大名，而使生长于美术之家，此亦一说也。至各种科学，诚有世其家者。然科学上之研究，以热心坚忍熟练为主，苟有此性质，虽通常之知力，亦能为之。故以科学世其业者，非由遗传祖、父之知力，而实由祖、父之导夫先路，与寻常之职业无异。于是有父子兄弟相继而有大功绩于科学者，如斯喀利伽（Scaligers，法之言语学家），培尔诺利（Benoulis，瑞士之数学家），喀西尼（Cassinis，法之天文学家）及侯失勒（Herschels）等是也。

今使妇人之位置与男子相等，而其知识得表白之于公众，则知力自母遗传之证据，必倍蓰于吾人之所知。不幸妇人之位置如此，而其聪明才力，仅为家乘上之事实，而非历史上之事实，故吾人不能完全引证之也。且妇人以性质柔弱于男子之故，其知力之发达之度常不如其子，非由知力不同，而实由发达之度不同也。故此真理之证据，仅如下：约瑟第二（Joseph II，德皇名），马利亚台勒西亚（Maria Teresia）之子也。卢骚（Rousseau）之母，聪慧之妇人也，彼于其《忏悔录》第二卷，述其母之知慧及其诗数章。褒丰（Buffoon，法国之大文学家）（今译布封）亦然。若母子之性质之冲突，则往往有之。故狭斯丕尔（英之大戏曲家，Shakespeare）（今译莎士比亚）于《哇垒斯德》（Orestes）及《汉垒德》（Hamlet）（今译《哈姆雷特》）之二戏曲中，描写母子之冲突，而视其子为父之性质之代表者，且复仇者也。若夫其子而为母之性质之代表，对其父而复母之仇，则宇宙间所未曾有。盖性质之关系，唯存于父子之间，而母子之间仅有知力之关系，且此关系，亦为性质所限制故也。故母子之间，有德性之反对，而父子之间仅有知力之反对。由此观之，则萨利克（Salic，古代法兰克中之一族）之法律中所谓"妇人不能维持种族者"，洵不诬也。休蒙（Hume，英之大哲学者）（今译休谟）于其自叙传中言母之明智；汗德（Kant）（今译康德）之母，据其子之判断乃有极大之理解力者，当是时女子之教育未兴，彼独受特别之教育，其后又自修不息。其与汗德散步时，常使注意于天然之现象，而由上帝之力解释之。至格代（Goethe，德国之大诗人）之母之学识，则固人人之所知，而文学上时时称道之，若其父，则绝无人道及者，即格代自己，亦谓其知力无以逾于常人。希尔列尔（Schiller，亦德国大诗人）（今译席勒）之母好读诗，而亦自作之，其断篇见于舒华伯（Schwab）之《希氏事略》。袁伽尔（Burger），真正之天才，而格代以后第一流之诗人也，读彼之谣曲，觉希尔列尔之作未免冷淡而费力。其友医生阿尔托夫（Althof），于其传中，述其父有当时流行之知识，亦善良之人也，其母虽未受教育，而有非常之知力，故袁氏虽有时非议其母之性质，然谓其母若受适宜之教育，则当为女子中极有名之人物。彼自信其知力，得之于母，而其德性，则似其父。瓦尔塔·斯格德（Walter Scott，英国之大诗人）之母，亦一女诗人也，其诗见于白络克华斯所编纂之《母之知慧》中。此书搜集古今贤母之事实，余于兹取其二条。一、培根（Bacon）之母，言语学者也，其所撰译之书颇多。二、包海甫（Boerhave，荷兰之医兼哲学家）之母，以医学著名。若母之知力弱者，其子亦然。故狂易之疾，得自父者较得于母者为多，即有自父遗传者，亦由其父之性质易致此疾使然，而非由知力上之关系也。

故由上文之说，则由理论上言之，同母之子其知力必相等，此固有之，如寇维（Cuvier，英之解剖学家）、休烈额尔（Schlegel，德之文学家）（今译施莱格尔）兄弟等皆是也。顾有足异者，汗德之弟，块然一庸夫耳。然得由天才之生理上之状态解之。盖天才之人，其需非常发达与完全之脑髓（得自母者），固不待言，亦须活泼之心脏，以鼓舞之（得自父者）。但此活泼之状态，唯父之盛壮时为然。故旷世之逸才，常钟于长子。而汗德之弟，其弱于汗德者十有一岁，则其知力之差绝，固不足怪也。

世有天才卓越之人，而其母之知力不甚显著者。此亦非无故，盖此母之父，其性质必冷淡。彼由其父遗传此性质，其异常之脑髓，不得循环系鼓舞之助，遂不能发达。然此脑髓若遗诸其子，而又自其父得强烈之性质与活泼之心脏，则所谓天才者，乃可得而见。如白衣龙（Byron，英国之大诗人）（今译拜伦）其一例也。凡事之类此者，皆可由此解之。

世之意志强毅而知力衰弱，或知力明晰而意志薄弱者，吾人之所见亦不罕，然从余之学说，则此知意二原质之不调和，固无足怪。何则？其意志传自父，而知力传自母故也。故世人或以脑见长，或以心见长（叔本华之说，谓心与意志一物也）。又有若干人，其长存于脑与心之调和，而二者互相适合，互相助长，由前说观之，则必其父母之伴合得宜之结果也。

于经验及历史上，人之性质传自父而知力传自母之说，其证据如此。又由余平日之说，则性质与知力二者，绝非一物，而二者又皆有绝对之不变性，则知改良人种之道，当求诸内，而不求其外，即与其从事于教育及文化，宁于婚姻上加之意也而已。柏拉图夙有见于此，彼与《共和篇》之第五卷，对改良兵士之事，述奇异之政策，曰："今使吾人得尽枡国中之恶汉，而幽闭无知之女子于寺院中，唯许伟人及慧女得相为婚姻，则第二世之人物，其胜于攀利克尔（Pericle）之时代（即雅典文学及美术之黄金时代），固自不待论也。"今姑不述此乌托邦之政策，然古代之国民中，亦多行之，此亦可注意者也。在支那之古代，［官］（宫）刑下死罪一等，英国古时，亦欲以此刑科窃盗。此刑虽酷，然不害其后日之执业。苟窃盗而为遗传之疾乎？抑此法律果能实行乎，则外户不闭之风，自可企而待也。北日耳曼之小邦中，其女子多有以首荷重物而行者，此有害于脑髓无可疑也，抑岂但有害女子之脑而已，其影响之及于后日男子之知力者，至重且大。故此等习惯之不可不除，乃余之学理之应用上必然之结果也。

今离此特别之应用，而反于吾人之立脚地，即自形而上学与伦理学之见地观之，则其结果如下：此虽超越一切经验，而实有经验上之证据者也。即同一之性质或同一之意志，存于一族之各人中，此自远祖以来，迄于今日，此族中之代表者无以异也。但各人于此同一之意志外，各有特别之知力，即知识之程度及其种类，视其得于母者以为准。于是各人之观人生也，各由其特别之目力，而人生之于各人，亦现其特别之方面，而各人各得人生之新见解与新教训。由此意志亦受特别之倾向，而或主张其生活之欲，或拒绝之意志与知力之结合，屡变不居如此，此乃人类生殖之必然之排列法，而解脱之根柢，即存于此。盖由此排列法，而人生常示其新方面于同一之意志，又加以影响，而使于主张生活之欲或拒绝之之二途中，必择其一。今夫由上文之所说，则对同一之意志，而附以种种不同之知力，乃时与以宇宙之新见解，而开其解脱之道者，又因知力必得诸母，古今万国所以禁同产为婚者，职是故也。盖同产相婚之子，惟同一之意志与同一之知力互相结合，而不能对同一之意志与以特别之知力故也。

至种种性质之不同之根源，其理由如何，此于吾人之研究上所不可知之事实也。古代身毒人及佛教之解此问题也，以为出于前生之业果，此解释最古，又最可通。然此生之性质，既为前生之果，而前生之事业，又不可无其因，推而上之，实不可究极。但此外亦更无满足之解释。由余之见地观之，则意志者，物之本体也。充足理由之原则，乃现象界之形式，而决不能应用之于意志。而意志之由何故存，及自何处来，吾人所不得问也。其绝对之自由，即存于此。此种自由，惟存于物之本体，而此本体不外意志，故就发现于其现象界言之，虽有必然性，而就其自身言之，实有自由性者也。故一切理由与论结之说明，至此而穷，而吾人对种种之性质，不能说一语，但谓之意志之真，自由之发现耳。唯本体也，故自由；唯自由也，故吾人不得进而求其故。何则？吾人之理解力，存于充足理由之原则，又不过此原则之应用故也。

叔本华与尼采

　　十九世纪中，德意志之哲学界有二大伟人焉：曰叔本华（Scho-penhauer），曰尼采（Nietzsche）。二人者，以旷世之文才，鼓吹其学说也同；其说之风靡一世，而毁誉各半也同；就其学说言之，则其以意志为人性之根本也同。然一则以意志之灭绝，为其伦理学上之理想，一则反是；一则由意志同一之假说，而唱绝对之博爱主义，一则唱绝对之个人主义。夫尼采之学说，本自叔本华出，曷为而其终乃反对若是？岂尼采之背师固若是其甚欤？抑叔本华之学说中，自有以启之者欤？自吾人观之，尼采之学说全本于叔氏。其第一期之说，即美术时代之说，其全负于叔氏，固可勿论。第二期之说，亦不过发挥叔氏之直观主义。其末期之说，虽若与叔氏相反对，然要之不外以叔氏之美学上之天才论，应用于伦理学而已。兹比较二人之说，好学之君子以览观焉。

　　叔本华由锐利之直观与深邃之研究，而证吾人之本质为意志，而其伦理学上之理想，则又在意志之寂灭。然意志之寂灭之可能与否，一不可解之疑问也（其批评见《红楼梦评论》第四章）。尼采亦以意志为人之本质，而独疑叔氏伦理学之寂灭说，谓欲寂灭此意志者，亦一意志也。于是由叔氏之伦理学出而趋于其反对之方向，又幸而于叔氏之伦理学上所不满足者，于其美学中发见其可模仿之点，即其天才论与知力的贵族主义，实可为超人说之标本者也。要之，尼采之说，乃彻头彻尾发展其美学上之见解，而应用之于伦理学，犹赫尔德曼之无意识哲学，发展其伦理学之见解者也。

　　叔氏谓吾人之知识，无不从充足理由之原则者，独美术之知识不然。其言曰：

一切科学，无不从充足理由原则之某形式者。科学之题目，但现象耳，现象之变化及关系耳。今有一物焉，超乎一切变化关系之外，而为现象之内容，无以名之，名之曰“实念”。问此实念之知识为何？曰：“美术是已。”夫美术者，实以静观中所得之实念，寓诸一物焉而再现之。由其所寓之物之区别，而或谓之雕刻，或谓之绘画，或谓之诗歌、音乐，然其惟一之渊源，则存于实念之知识，而又以传播此知识为其惟一之目的也。一切科学，皆从充足理由之形式。当其得一结论之理由也，此理由又不可无他物以为之理由，他理由亦然。譬诸混混长流，永无淳潴之日；譬诸旅行者，数周地球，而曾不得见天之有涯、地之有角。美术则不然，固无往而不得其息肩之所也。彼由理由结论之长流中，拾其静观之对象而使之孤立于吾前，而此特别之对象，其在科学中也，则蔼然全体之一部分耳。而在美术中，则遽而代表其物之种族之全体，空间时间之形式对此而失其效，关系之法则至此而穷于用，故此时之对象，非个物而但其实念也。吾人于是得下美术之定义曰：美术者，离充足理由之原则，而观物之道也。此正与由此原则观物者相反对。后者如地平线，前者如垂直线；后者之延长虽无限，而前者得于某点割之；后者合理之方法也，惟应用于生活及科学；前者天才之方法也，惟应用于美术；后者雅里大德勒（今译亚里士多德）之方法，前者柏拉图之方法也，后者如终风暴雨，震撼万物，而无始终，无目的；前者如朝日漏于阴云之罅，金光直射，而不为风雨所摇；后者如瀑布之水，瞬息变易，而不舍昼夜，前者如涧畔之虹，立于鞈鞳澎湃之中，而不改其色彩。（英译《意志及观念之世界》第一百三十八页至百四十页）

夫充足理由之原则，吾人知力最普遍之形式也。而天才之观美也，乃不沾沾于此。此说虽本于希尔列尔（Schiller）（今译席勒）之游戏冲动说，然其为叔氏美学上重要之思想，无可疑也。尼采乃推之于实践上，而以道德律之于超人，与充足理由原则之于天才一也。由叔本华之说，则充足理由之原则非徒无益于天才，其所以为天才者，正在离之而观物耳。由尼采之说，则道德律非徒无益于超人，超道德而行动，超人之特质也。由叔本华之说，最大之知识，在超绝知识之法则。由尼采之说，最大之道德，在超绝道德之法则。天才存于知之无所限制，而超人存于意之无所限制。而限制吾人之知力者，充足理由之原则；限制吾人之意志者，道德律也。于是尼采由知之无限制说，转而唱意之无限制说。其《察拉图斯德拉》第一篇中之首章，述灵魂三变之说曰：

察拉图斯德拉说法于五色牛之村曰：吾为汝等说灵魂之三变，灵魂如何而变为骆驼，又由骆驼而变为狮，由狮而变为赤子乎。于此有重荷焉，强力之骆驼负之而趋，重之又重以至于无可增，彼固以此为荣且乐也。此重物何？此最重之物何？此非使彼卑弱而污其高严之衮冕者乎？此非使彼炫其愚而匿其知者乎？此非使彼拾知识之橡栗而冻饿以殉真理者乎？此非使彼离亲爱之慈母而与聋瞽为侣者乎？世有真理之水，使彼入水而友蛙黾者，非此乎？使彼爱敌而与狞恶之神握手者，非此乎？凡此数者，灵魂苟视其力之所能及，无不负也。如骆驼之行于沙漠，视其力之所能及，无不负也。既而风高日黯，沙飞石走，昔日柔顺之骆驼，变为猛恶之狮子，尽弃其荷，而自为沙漠主，索其敌之大龙而战之。于是昔日之主，今日之敌；昔日之神，今日之魔也。此龙何名？谓之"汝宜"。狮子何名？谓之"我欲"。邦人兄弟，汝等必为狮子，毋为骆驼，岂汝等任载之日尚短，而负担尚未重欤？汝等其破坏旧价值（道德）而创作新价值，狮子乎？言乎破坏则足矣，言乎创作则未也。然使人有创作之自由者，非彼之力欤？汝等胡不为狮子？邦人兄弟，狮子之变为赤子也何故？狮子之所不能为，而赤子能之者何？赤子若狂也，若忘也，万事之源泉也，游戏之状态也，自转之轮也，第一之运动也，神圣之自尊也。邦人兄弟，灵魂之为骆驼，骆驼之变而为狮，狮之变而为赤

子，余既诏汝矣。（英译《察拉图斯德拉》二十五至二十八页）

其赤子之说，又使吾人回想叔本华之天才论曰：

　　天才者，不失其赤子之心者也。盖人生至七年后，知识之机关即脑之质与量已达完全之域，而生殖之机关尚未发达，故赤子能感也，能思也，能教也。其爱知识也，较成人为深，而其受知识也，亦视成人为易。一言以蔽之曰：彼之知力盛于意志而已。即彼之知力之作用，远过于意志之所需要而已。故自某方面观之，凡赤子皆天才也。又凡天才，自某点观之，皆赤子也。昔海尔台尔（Herder）谓格代（Goethe）曰："巨孩。"音乐大家穆差德（Mozart）（今译莫扎特）亦终生不脱孩气，休利希台额路尔谓彼曰："彼于音乐，幼而惊其长老，然于一切他事，则壮而常有童心者也。"（英译《意志及观念之世界》第三册六十一页至六十三页）

　　至尼采之说超人与众生之别，君主道德与奴隶道德之别，读者未有不惊其与叔氏伦理学上之平等博爱主义相反对者。然叔氏于其伦理学及形而上学所视为同一意志之发现者，于知识论及美学上，则分之为种种之阶级，故古今之崇拜天才者，殆未有如叔氏之甚者也。彼于其大著述第一书之补遗中，说知力上之贵族主义曰：

　　知力之拙者，常也；其优者，变也；天才者，神之示现也。不然？则宁有以八百兆之人民，经六千年之岁月，而所待于后人之发明思索者，尚如斯其众耶！夫大智者，固天之所吝，天之所吝，人之幸也。何则？小智于极狭之范围内，测极简之关系，比大智之瞑想宇宙人生者，其事逸而且易。昆虫之在树也，其视盈尺以内，较吾人为精密，而不能见人于五步之外。故通常之知力，仅足以维持实际之生活耳。而对实际之生活，则通常之知力，固亦已胜任而愉快，若以天才处之，是犹用天文镜以观优，非徒无益，而又蔽之。故由知力上言之，人类真贵族的也，阶级的也。此知力之阶级，较贵贱贫富之阶级为尤著。其相似者，则民万而始有诸侯一，民兆而始有天子一，民京垓而始有天才一耳。故有天才者，往往不胜孤寂之感。白衣龙（Byron）（今译拜伦）于其《唐旦之预言诗》中咏之曰：

> To feel me in the solitude of kings.
>
> Without the power that make them bear a crown.
>
> 予岑寂而无友兮，羌独处乎帝之庭。冠玉冕之崔巍兮，夫固踽踽而不能胜。（略译其大旨）

此之谓也。（同前书，第二册三百四十二页）

此知力的贵族与平民之区别外，更进而立大人与小人之区别曰：

> 一切俗子因其知力为意志所束缚，故但适于一身之目的。由此目的出，于是有俗滥之画，冷淡之诗，阿世媚俗之哲学。何则？彼等自己之价值，但存于其一身一家之福祉，而不存于真理故也。惟知力之最高者，其真正之价值，不存于实际，而存于理论，不存于主观，而存于客观，崭崭焉力索宇宙之真理而再现之。于是彼之价值，超乎个人之外，与人类自然之性质异。如彼者，果非自然的欤？宁超自然的也。而其人之所以大，亦即存乎此。故图画也，诗歌也，思索也，在彼则为目的，而在他人则为手段也。彼牺牲其一生之福祉，以殉其客观上之目的，虽欲少改焉而不能。何则？彼之真正之价值，实在此而不在彼故也。他人反是，故众人皆小，彼独大也。（前书第三册第一百四十九页至一百五十页）

叔氏之崇拜天才也如是，由是对一切非天才而加以种种之恶谥：曰俗子（Philistine），曰庸夫（Populase），曰庶民（Mob），曰舆台（Rabble），曰合死者（Mortal）。尼采则更进而谓之曰众生（Herd），曰众庶（Far-too-many）。其所以异者，惟叔本华谓知力上之阶级惟由道德联结之，尼采则谓此阶级于知力道德皆绝对的，而不可调和者也。

　　叔氏以持知力的贵族主义，故于其伦理学上虽奖卑屈（Humility）之行，而于其美学上大非谦逊（Modesty）之德曰：

　　　人之观物之浅深明暗之度不一，故诗人之阶级亦不一。当其描写所观也，人人殆自以为握灵蛇之珠，抱荆山之玉矣。何则？彼于大诗人之诗中，不见其所描写者或逾于自己。非大诗人之诗之果然也，彼之肉眼之所及，实止于此，故其观美术也，亦如其观自然，不能越此一步也。惟大诗人见他人之见解之肤浅，而此外尚多描写之余地，始知己能见人之所不能见，而言人之所不能言。故彼之著作不足以悦时人，只以自赏而已。若以谦逊为教，则将并其自赏者而亦夺之乎。然人之有功绩者，不能揜其自知之明。譬诸高八尺者暂而过市，则肩背昂然齐于众人之首矣。千仞之山，自巅而视其麓也，与自麓而视其巅等。霍兰士（Horace）（今译贺拉斯）、鲁克来鸠斯（Lucletius）、屋维特（Ovid）（今译奥维德）及一切古代之诗人，其自述也，莫不有矜贵之色。唐旦（Dante）（今译但丁）然也，狭斯丕尔（Shakespeare）（今译莎士比亚）然也，柏庚（Bacon）（今译培根）亦然也。故大人而不自见其大者，殆采之有，惟细人者自顾其一生之空无所有，而聊托于谦逊以自慰，不然则彼惟有蹈海而死耳。某英人尝言曰："功绩（Merit）与谦逊（Modest），除二字之第一字母外，别无公共之点。"格代亦云："惟一无所长者乃谦逊耳。"特如以谦逊教人责人者，则格代之言，尤不我欺也。（同前书第三册二百零二页）

吾人且述尼采之《小人之德》一篇中之数节以比较之。其言曰：

　　　察拉图斯德拉远游而归，至于国门，则眇焉若狗窦匍匐而后能入。既而览乎民居，粲焉若傀儡之箱，鳞次而栉比，叹曰："夫造物者，宁将以彼为此拘拘也。吾知之矣，使彼等藐焉若此者，非所谓德性之教耶？彼等好谦逊，好节制，何则？彼等乐其平易故也。夫以平易而言，则诚无以逾乎谦逊之德者矣。彼等尝

学步矣，然非能步也，躄也。彼且躄且顾，且顾且躄，彼之足
与目，不我欺也。彼等之小半能欲也，而其大半被欲也。其小
半，本然之动作者也，其大半反是。彼等皆不随意之动作者也，
无意识之动作者也，其能为自发之动作者希矣。其丈夫既藐焉若
此，于是女子亦皆以男子自处。惟男子之得全其男子者，得使女
子之位置复归于女子。其最不幸者，命令之君主，亦不得不从服
役之奴隶之道德。"我役、汝役、彼役"，此道德之所命令者也。
哀哉！乃使最高之君主，为最高之奴隶乎？哀哉！其仁愈大，其
弱愈大；其义愈大，其弱愈大。此道德之根柢，可以一言蔽之
曰："毋害一人。"噫！道德乎？卑怯耳！然则彼等所视为道德
者，即使彼等谦逊驯扰者也，是使狼为羊，使人为人之最驯之家
畜者也。（《察拉图斯德拉》第二百四十八页至二百四十九页）

尼采之恶谦逊也亦若此，其应用叔氏美学之说于伦理学上昭然可
睹。夫叔氏由其形而上学之结论，而谓一切无生物生物，与吾人皆同
一意志之发现。故其伦理学上之博爱主义，不推而放之于禽兽草木不
止，然自知力上观之，不独禽兽与人异焉而已，即天才与众人间，男
子与女子间，皆有斠然不可逾之界限。但其与尼采异者，一专以知力
言，一推而论之于意志，然其为贵族主义则一也。又叔本华亦力攻基
督教曰："今日之基督教，非基督之本意，乃复活之犹太教耳。"其
所以与尼采异者，一则攻击其乐天主义，一则并其厌世主义而亦攻
之，然其为无神论则一也。叔本华说涅槃，尼采则说转灭。一则欲一
灭而不复生，一则以灭为生超人之手段，其说之所归虽不同，然其欲
破坏旧文化而创造新文化则一也。况其超人说之于天才说，又历历有
模仿之迹乎。然则吾人之视尼采，与其视为叔氏之反对者，宁视为叔
氏之后继者也。

又叔本华与尼采二人之相似，非独学说而已，古今哲学家性行之
相似，亦无若彼二人者。巴尔善之《伦理学系统》，与文特尔朋《哲
学史》中，其述二人学说与性行之关系，甚有兴味。兹援以比较之。
巴尔善曰：

　　叔本华之学说，与其生活实无一调和之处。彼之学说，在脱
屣世界与拒绝一切生活之意志，然其性行则不然。彼之生活，非
婆罗门教、佛教之克己的，而宁伊壁鸠鲁之快乐的也。彼自离柏
林后，权度一切之利害，而于法兰克福特及曼亨姆之间，定其隐
居之地。彼虽于学说上深美悲悯之德，然彼自己则无之。古今之
攻击学问上之敌者，殆未有酷于彼者也。虽彼之酷于攻击，或得
以辩护真理自解乎。然何不观其对母与妹之关系也？彼之母、
妹，斩焉陷于破产之境遇，而彼独保其自己之财产。彼终其身，
惴惴焉惟恐分有他人之损失，及他人之苦痛。要之，彼之性行之
冷酷，无可讳也，然则彼之人生观，果欺人之语欤？曰："否。"
彼虽不实践其理想上之生活，固深知此生活之价值者也。人性之
二元中，理欲二者，为反对之两极，而二者以彼之一生为其激战
之地。彼自其父遗传忧郁之性质，而其视物也，恒以小为大，以
常为奇，方寸之心，充以弥天之欲，忧患、劳苦、损失、疾病迭
起互伏，而为其恐怖之对象，其视天下人无一可信赖者。凡此数
者，有一于此，固足以疲其生活而有余矣。此彼之生活之一方面
也，其在他方面，则彼大知也，天才也，富于直观之力，而饶于
知识之乐，视古之思想家，有过之无不及。当此时也，彼远离希
望与恐怖，而追求其纯粹之思索，此彼之生活中最慰藉之顷也。
逮其情欲再现，则畴昔之平和破，而其生活复以忧患恐惧充之。
彼明知其失而无如之何，故彼每曰："知意志之过失，而不能改
之，此可疑而不可疑之事实也。"故彼之伦理说，实可谓其罪恶
之自白也。（巴尔善《伦理学系统》第三百十一页至三百十二页）

　　巴氏之说固自无误，然不悟其学说中于知力之元质外，尚有意志
之元质（见下文）。然其叙述叔氏知意之反对甚为有味。吾人更述文
特尔朋之论尼采者比较之曰：

　　彼之性质中争斗之二元质，尼采自谓之曰"地哇尼苏斯"
（Dionysus），曰"亚波罗"（Apollo）。前者主意论，后者主知论也。

前者叔本华之意志，后者海额尔（今译黑格尔）之理念也。彼之知力的修养与审美的创造力，皆达最高之程度，彼深观历史与人生，而以诗人之手腕再现之。然其性质之根柢，充以无疆之大欲，故科学与美术不足以拯之，其志则专制之君主也，其身则大学之教授也。于是彼之理想，实往复于知力之快乐与意志之势力之间，彼俄焉委其一身于审美的直观与艺术的制作，俄焉而欲展其意志、展其本能、展其情绪，举昔之所珍赏者一朝而舍之。夫由其人格之高尚纯洁观之，则耳目之欲于彼固一无价值也。彼所求之快乐，非知识的，即势力的也。彼之一生疲于二者之争斗，迫其暮年，知识美术道德等一切，非个人及超个人之价值不足以厌彼，彼翻然而欲于实践之生活中，发展其个人之无限之势力。于是此战争之胜利者，非亚波罗而地哇尼苏斯也，非过去之传说而未来之希望也。一言以蔽之：非理性而意志也。（文特尔朋《哲学史》第六百七十九页）

由此观之，则二人之性行，何其相似之甚欤！其强于意志，相似也；其富知力，相似也；其喜自由，相似也。其所以不相似而相似，相似而又不相似者，何欤？

呜呼！天才者，天之所靳，而人之不幸也。蚩蚩之民，饥而食，渴而饮，老身长子，以遂其生活之欲，斯已耳。彼之苦痛，生活之苦痛而已；彼之快乐，生活之快乐而已。过此以往，虽有大疑大患，不足以撄其心。人之永保此蚩蚩之状态者，固其人之福祉，而天之所独厚者也。若夫天才，彼之所缺陷者与人同，而独能洞见其缺陷之处。彼与蚩蚩者俱生，而独疑其所以生。一言以蔽之：彼之生活也与人同，而其以生活为一问题也与人异；彼之生于世界也与人同，而其以世界为一问题也与人异。然使此等问题，彼自命之，而自解之，则亦何不幸之有。然彼亦一人耳，志驰乎六合之外，而身局乎七尺之内，因果之法则与空间时间之形式束缚其知力于外，无限之动机与民族之道德压迫其意志于内，而彼之知力意志非犹夫人之知力意志也？彼知人之所不能知，而欲人之所不敢欲，然其被束缚压迫也与人同。夫天才之大小，与其知力意志之大小为比例，故苦痛之大小，亦与天才之大小为比例。彼之痛苦既深，必求所以慰藉之道，而人世有限之快乐，其不足慰藉彼也明矣。于是彼之慰藉，不得不反而求诸自己。其视自己也，如君王，如帝天；其视他人也，如蝼蚁，如粪土。彼故自然之子也，而常欲为其母，又自然之奴隶也，而常欲为其主。举自然所以束缚彼之知意者，毁之、裂之、焚之、弃之、草薙而兽狝之。彼非能行之也，姑妄言之而已；亦非欲言诸人也，聊以自娱而已。何则？以彼知意之如此，而苦痛之如彼，其所以自慰藉之道，固不得不出于此也。

　　叔本华与尼采，所谓旷世之天才非欤？二人者，知力之伟大相似，意志之强烈相似。以极强烈之意志，而辅以极伟大之知力，其高掌远蹠于精神界，固秦皇、汉武之所北面，而成吉思汗、拿破仑之所望而却走者也。九万里之地球与六千年之文化，举不足以厌其无疆之欲。其在叔本华，则幸而有汗德者为其陈胜、吴广，为其李密、窦建德，以先驱属路。于是于世界现象之方面，则穷汗德之知识论之结论，而曰"世界者，吾之观念也"。于本体之方面，则曰"世界万物，其本体皆与吾人之意志同，而吾人与世界万物，皆同一意志之发见也"。自他方面言之："世界万物之意志，皆吾之意志也。"于是我所有之世界，自现象之方面而扩于本体之方面，而世界之在我自知力之方面而扩于意志之方面。然彼犹以有今日之世界为不足，更进而求最完全之世界，故其说虽以灭绝意志为归，而于其大著第四篇之末，仍反覆灭不终灭、寂不终寂之说。彼之说"博爱"也，非爱世界也，爱其自己之世界而已。其说"灭绝"也，非真欲灭绝也，不满足于今日之世界而已。由彼之说，岂独如释迦所云"天上地下，惟我独尊而已哉"，必谓"天上地下，惟我独存而后快"。当是时，彼之自视，若担荷大地之阿德拉斯（Atlas）也，孕育宇宙之婆罗麦（Brahma）也。彼之形而上学之需要在此，终身之慰藉在此，故古今之主张意志者，殆未有过于叔氏者也，不过于其美学之天才论中，偶露其真面目之说耳。若夫尼采，以奉实证哲学，故不满于形而上学之空想。而其势力炎炎之欲，失之于彼岸者，欲恢复之于此岸；失之于精神者，欲恢复之于物质。于是叔本华之美学，占领其第一期之思想

者，至其暮年，不识不知，而为其伦理学之模范。彼效叔本华之天才
而说超人，效叔本华之放弃充足理由之原则而放弃道德，高视阔步而
恣其意志之游戏。宇宙之内有知意之优于彼，或足以束缚彼之知意
者，彼之所不喜也。故彼二人者，其执无神论同也，其唱意志自由论
同也。譬之一树，叔本华之说，其根柢之盘错于地下，而尼采之说，
则其枝叶之干青云而直上者也。尼采之说，如太华三峰，高与天际，
而叔本华之说，则其山麓之花冈石也；其所趋虽殊，而性质则一。彼
等所以为此说者，无他，亦聊以自慰而已。

要之，叔本华之自慰藉之道，不独存于其美学，而亦存于其形而
上学。彼于此学中，发见其意志之无乎不在，而不惜以其七尺之我，
殉其宇宙之我，故与古代之道德尚无矛盾之处。而其个人主义之失之
于枝叶者，于根柢取偿之。何则？以世界之意志，皆彼之意志故也。
若推意志同一之说，而谓世界之知力皆彼之知力，则反以俗人知力上
之缺点加诸天才，则非彼之光荣，而宁彼之耻辱也，非彼之慰藉，而
宁彼之苦痛也。其于知力上所以持贵族主义，而与其伦理学相矛盾者
以此。《列子》曰：

> 周之尹氏大治产，其下趣役者侵晨昏而弗息。有老役夫筋力
> 竭矣，而使之弥勤，昼则呻吟而即事，夜则昏惫而熟寐，昔昔梦
> 为国君，居人民之上，总一国之事，游燕宫观，恣意所欲，觉则
> 复役。（《周穆王》篇）

叔氏之天才之苦痛，其役夫之昼也；美学上之贵族主义，与形而
上学之意志同一论，其国君之夜也。尼采则不然。彼有叔本华之天
才，而无其形而上学之信仰，昼亦一役夫，夜亦一役夫，醒亦一役
夫，梦亦一役夫，于是不得不弛其负担，而图一切价值之颠覆。举叔
氏梦中所以自慰者，而欲于昼日实现之，此叔本华之说所以尚不反于
普通之道德，而尼采则肆其叛逆而不惮者也。此无他，彼之自慰藉之
道，固不得不出于此也。世人多以尼采暮年之说与叔本华相反对者，
故特举其相似之点及其所以相似而不相似者如此。

德国文化大改革家尼采传[①]

十九世纪末之德国之大哲学家兼文学家尼采，名腓力特威廉，一千八百四十四年十月十日生于留镇附近之兰铿。父某，田舍之牧师，有恭敬温顺之德。尼采生日，与德皇腓力特威廉同日，故名之曰腓力特威廉，为纪念也。

尼采之（先）世，故波兰之贵族也，谓之尼芝开。尼采常自云波兰人，而非德意志人。有兄弟三人，其一早死，其一即尼采之妹哀利萨倍德，与尼采共作亲睦之家者也。

尼采之家故多不幸。一千八百四十九年，尼采才六岁，其父以脑病死。后育于祖母及后母之手，故尼采幼时，家中唯妇人而已。其一家之权力萃于严肃之祖母、温顺之母妹、恳切之叔母之间。尼采生长于是，故能洞见女子之缺点，他年轻蔑女子，或本于此，然其然否亦不能定也。

一千八百五十年，尼采迁居于那温堡，入其地之小学校，以被教于老成之祖母与叔母之手，故常有大人之风。一千八百五十八年，入波尔塔之中学校，渐有放纵自尊之气概，不喜与普通之人受同一之待遇。在寄宿舍时，亦罕与人交，唯与保罗德意生（今为印度哲学之大家）及地斯尔德尔甫男爵亲善。以勤学故，遂为此校之特待生。然未几渐不满于学校之课业，厌规则，嫌束缚，终舍学业而沉溺于音乐。故卒业试验时，数学之成绩甚为不良，惟优于希腊拉丁之语学，遂以"怜悯及第"之特典予以卒业。可知尼采于中学校时代已现文学上之

① 本篇刊于 1904 年 6 月《教育世界》76 号。

天才者也。此时与友朋等开研究会，以研究文学为主，又随意多读古典及文学，又研究音乐。时适有俄土之战，尼采表同情于俄人，作诗以颂之，尊强者之意见已现于此时矣。其卒业之论文，书希腊诗人地哇额尼斯（今译狄奥尼修斯，公元前？—前8，希腊诗人、历史学家）之说，地氏固唱贵族主义之道德，谓贵贱之别即善恶之别。尼采晚年之思想实本于此。此时尼采与德意生之交情甚为亲密云。

　　一千八百六十四年，尼采卒中学校之业，入仆恩（今译波恩）大学，研究言语学及神学。未几，专从事于言语学，尤笃嗜音乐。入大学时，与普通之学生同入学生总会，然以众学生多饮麦酒，好佚游，尼采厌此"麦酒唯物主义"之恶习，遂断然脱学生总会之籍。此亦半由其议论过激，不见容于同学故也。尼采后追忆此时之事，谓少年若嗜麦酒与烟草，则德意志之国民不能发达，则其恶当时学生之风气，可揣而知也。

　　未几，其师利采尔去仆恩，而为拉衣白地希之大学教授，尼采亦从之。居二年，就兵役，入炮兵联队，不废学业，军事之暇，常研究所好之古典。时人谓之"天马伏枥"，非溢美也。然尼采之自由之精神常苦军中之严肃。未几，复除兵役而反就学。

　　一千八百六十八年，再归拉衣白地希，不入大学而独习。此时尼采之思想渐倾于哲学。一日，偶于旧书肆，得叔本华之《意志及观念之世界》一书，灯下读之，大叫绝，遂为叔本华之崇拜家。此时有致德意生书，谓虽大苦痛之中，读叔氏之书，亦得慰藉云云。明年，尼采自其师利采尔之推荐，为瑞士之白隋尔大学教授，时年二十五岁，亦未得学位，实未有之奇遇也。五月，自拉衣白地希大学赠博士之学位。未几，即进为正教授。此时尼采之得意，可由其书翰知之。

　　尼采虽以盛年为教授，然以勤于其职故，人人颂之。然一则为福，一则为终生之不幸，彼以勤劳大损其身体。至一千八百六十九年，普奥战争之起也，有从军之志，然以瑞士为中立国，不得已而为视疾扶伤之事，益害其身体。又归而就教授之职。未几，尼采始公其第一之著述，此即《由音乐之精神所产之悲剧》一书是也。此书一出，其奇拔之见解与卓越之思想，大振于学界。然其研究法与从来言语学者之研究异，大受学者之非议，遂有禁学生至白隋尔大学听尼采之讲义者。然尼采不屈，犹唱导自己之研究法。千八百七十三年，更著《非时势的观察》一书，攻击当时流行之学者斯德拉斯氏等，又非难当时之文明，极崇美术与文艺。要之，悲剧论称扬"美术的文明"，而斯德拉斯论贬斥有害之"学究的文明"者也。二论皆识见警拔，笔锋锐利，昔之攻击之声，渐变而为赞颂。于是尼采始自觉自己之天才。尼氏既自负其能，又不慊于当时之学者，欲罢教授之职而从事于著述者数矣，为友人所劝，卒不果。至一千八百七十六年，更续《非时势的观察》之书，论历史，颂叔本华，崇拜音乐家滑额奈尔（今译瓦格纳，1813—1883，德国音乐家）。尼采始闻滑氏之音乐，大感服之，及为白隋尔教授，近滑氏之居，遂为亲友。

一千八百七十七、八年以来，尼采之思想全移于正反对之位置，即称颂前所极口诋骂之学究，而贬美术家。此亦由交友之关系使然也。初，尼氏感叹滑额奈尔之音乐，以为发挥最上之美术者，谓德国之文明，因学者故而卑劣，故不解高尚之美术，使滑氏亦遂见弃于世。及音乐渐发达，世人对滑氏之关系一变，尼采遂疑滑氏忘美术固有之本分，而取媚于世。至滑氏以宗教的趣味引入音乐，又大诋毁之。滑氏亦不屈，二人之交遂不终。读尼采后日所著之《尼采之于滑额奈尔》，可以知其概矣。

尼采之友，除滑额奈尔外，则保罗利、伽瓦尔格、白兰地斯、克龙、德意生等是也。尼采与彼等之交际，不似与滑氏之变动。保罗利夙奉英国之经验哲学，尼采由保氏而窥英国学说，遂一变其思想，此时与保氏极亲善。后弃英国流（行）之主义，其交亦疏。白兰地斯之于尼采，但为书翰上之交际。克龙，尼采之弟子，大崇拜尼采，佐其出版事业者也。德意生性情温顺，与尼采虽有时不和，然以亲善终。

尼采之思想自一千八百七十八年以来起一大变化后，因病数休大学之讲义，养病于意大利等国。其明年遂辞教授之职，距尼采之就职殆十年矣。辞职后，居那温堡，每遇四时之变，辄移居于温和之地。

一千八百八十二年，病少闲，力疾从事于著述，至是尼采之思想又起一大变化，著书数种。以积劳之故，又损其体。至一千八百八十九年正月，全为精神病者，受母与妹亲切之视疾，终不能恢复旧时之精神。至一千九百年八月二十五日卒，年五十六岁。尼采之病之渐剧也，一日，方出，卒倒于多林道上，医断之为非常之麻痹。自是尼采不能自觉，虽母与妹，亦不能知其意。一日，其友德意生访之，见其呼母为伧父，又不能认总角之友。德氏于是执手而述当年所话叔本华之事，彼唯解其一语曰："叔本华生于唐栖克。"德氏又述当年与尼采游西班牙之事，尼采曰："咄！西班牙！当年彼德意生常游此。"德氏即曰："我即德意生也。"尼采早不解其意，但相对凝视而已。至千八百九十四年十月十五日，德意生持花环往祝尼采之生日，彼暂置于手，即弃而不顾，此尼采与德意生之最后之相会也。

尼采之罹精神病，其原因如何，颇有异说。据诺尔陶之说，则尼采之著述皆在精神病室时之所作也，即谓尼采素有精神病。此实与事实相反。据崔尔克之说，则其著述不必限有精神病时之作，然其思想之内已有精神病之原质。萨禄美之说则反是，谓尼采旷世之天才，彼愤世人之不能解彼，遂退隐而发精神病。公平论之，则尼采之病当在此两极端说之中，即尼采虽久病，然精神如故，此明白之事实。尼采亦自惊罹如此病，而精神及知力全无异状，其言虽不足尽信，然不能视为全误也。

然则尼采精神病之由来如何？或疑其父以脑病死，而视为遗传者。然其父之脑病乃偶然之结果，非遗传症，又兄弟一族皆无此疾，故未足信也。由额斯德之说，尼采先有不眠症，渐入神经病。夫此病固本于气质，而气质固自得诸遗传，且尼采之平日多病，亦未始非精神病之一因也。

然则尼采自何时得此病欤？梯列尔曾由尼采之著述研究之，谓其文章思想完备而有秩序者，乃康健时之作；其文失秩序与含极端之议论，又文章前后之关系不明者，病时之作也。从此标准，则一千八百八十四年所著《可悦之科学》之第四篇，条理甚备，至千八百八十五年之第五篇，已有精神异常之迹。又一千八百八十五年所著《善恶之彼岸》，条理紊乱，思想错杂，已有病之征兆。由此观之，则自一千八百八十二年至八十五年之间，视为已有病兆，似非不稳当也。

再就尼采之病源，又有一说。即由利尔之所言，尼采从战役时，有目疾甚剧，其妹在前，亦不能见之。此目疾可视为脑病之一征候，则又似本有此病者也。

尼采之著述虽不容于当时之学界，然亦有大赏叹之者。其友德意生之同僚，有一少年讲师，一日，问尼采之近状，德意生告以其家计之不裕。此讲师曰："我等力所能及者，当补助之。"德意生赞之，然疑其以一讲师之身，未必有此力。居二日，其人致德氏书及二千马克，嘱匿名而赠尼采，此实德意生所不及料也。尼采得此知遇，大喜，不欲以此金投之家计，更以此为他书之出版费。然此书广售于世，偿其出版费且有羡，遂以此金反某讲师，某讲师拒之，乃以制尼采之油画，悬之尼采文库，盖可谓文坛之美事云。

尼采氏之教育观[①]

　　呜呼！十九世纪之思潮，以画一为尊，以平等为贵，拘繁缛之末节，泥虚饰之惯习，遂令今日元气屏息，天才凋落，殆将举世界与人类化为一索然无味之木石！当是之时，忽有攘臂而起，大声疾呼，欲破坏现代之文明而倡一最斩新，最活泼，最合自然之新文化，以振荡世人，以摇撼学界者：繄何人斯？则弗礼特力·尼采也。守旧之徒，尊视现代文化，故诋氏为狂人，为恶魔。言新之子，不慊于现代文化，故称氏为伟人，为天才。毁誉之声久交哄于论坛矣。要之，谓今日欧洲之文艺学术，下至人民生活，无不略受影响于尼氏者，非过论也。至氏之教育上思想，世罕言及。兹编就赫奈氏所著，点窜而叙述之，言教育者，倘亦乐闻之乎？

尼氏在学界之位置

　　尼氏常借斩新之熟语，与流丽之文章，发表其奇拔无匹之哲学思想。故世人或目之为哲学家，或指之为文学家。虽然，氏决非寻常学士文人所可同日而语者，实乃惊天地震古今最诚实最热心之一预言者也！氏之思想，可谓为承自前贤，亦可谓为创自心得，其系统不明确，其组织亦不整饬，然言乎著想之高，实不愧为思索家；言乎文笔之美，亦不失为艺术家。

　　抑氏之思想，常盘旋于一问题之下，曰："近代之文化，当若何

①　本篇刊于 1904 年 3 月《教育世界》71 号。

改造乎?"曰:"近代之人类,当若何教育乎?"氏以为解决此问题者,实哲学家之任。哲学者即文化之命令者也,立法者也,未来之指导也。故批评家又称氏为文化之哲学家。虽然,举人生一切文化,无不预想教育者。故氏之思想与教育问题常有密切之关系,其论著之涉及教育者亦较其他哲学家为多。自此点以言之,则即谓氏为"教育的哲学者",亦无不可。

教化之范围

民以为教化(Bildung)范围不在凡民,而在一二天才卓越之人物。故曰:少数之伟人居高远之上以统御众庶。而此等众庶惟当以忠实与服从以俯首听命于伟人之前。此则知识界中自然之阶级也,神圣之秩序也。是以一般国民教育之义,似为氏所不解。彼指世之所谓国民教育为多方的强迫的之初等教授。其言曰:欲令国民涵养真正之宗教的本性,得以保存其道德法律乡土言语,如是区域,惟由破坏的权势可以达之。而国民教育者,反所以防此破坏的权势,以维持国民之无意识状态者也。

新自然主义

昔阿拉伯人曰厄本特斐尔者,曾倡自然教育主义,其后廓美尼司更创为模仿自然作用之教授法。然其识见崭拔、义理新颖,足以痛陈时弊、耸动世人者,则莫如卢骚氏之自然教育说。至尼采氏亦尚自然主义者,其下语之新奇,行文之激越,虽谓为十九世纪末之第二卢骚,殆无不可。氏谓今日之文化无所裨益,而徒紊自然。其意见正与卢骚同。然尼氏之所谓自然状态,恰与卢氏相反。卢氏厌阶级社会之弊,悯当时压制之苦,故常以无制裁之平等自由,设想于心中,以为人类之在自然状态也,皆平等,皆自由,无贵贱之差,无贫富之别。故其教育主义,一在迫诸自然。至尼氏之所谓自然状态,乃绝不平等者。彼谓大地之上,惟有少数之君主(Herren)与多数之奴隶

（Knechte）生活其间而已。而两者之间，自根本而差异，如深沟之不可逾越，非仅仅阶级之差之谓也，种属之差之谓也。

卢骚以平等状态为愉快幸福之所在，而尼采则以自然状态为君主与奴隶之战斗的状态。卢骚谓完全幸福之人类，经近世之所谓开化，而后堕落。尼采亦谓有今日之文化，而后人类腐败。是故从卢骚之说，人类欲脱自然状态之努力，即开化上之一种罪恶也。而尼氏则反是，以为人之欲脱自然状态之努力，乃人类之妄谋，而其事必全归失败者也。其言曰：尔等盍舍现代之文化乎！除此非常之迷误，而返诸自然，乃可以达于最高尚最自由最有效之自然状态。

自 然 人（Der Naturmensch）

然则尼氏所谓自然状态之人类，其特色如何？氏以彼等为严酷、猛烈、好权、尚势，且其性有稍近于猛禽毒兽者。而此喜争好斗之性质，常使之自求向上的生活，以保有其活力；一旦除此敌抗的本能，则必致一般活力为之衰减。盖向上的生活之本能乃天所以赋诸人者，决不止于原始的状态，亦无复还其状态者也。虽然，尼氏所谓自然主义，亦非欲破弃一切开化，而使太古之野蛮社会再现于今日也，特就所谓自然人之根本问题，求其刚强之特色，以描出人类之新性状，欲宏其自然的价值更精练之，而进于精神的，乃因之以作高尚人类之模型也。故氏之返诸自然一语，与谓返诸强健、快活、少壮，德义者命意正同。又言苟今日人类之内部尚有原始的活力，未至为旧文化所驯染，所渐灭，而尚留自然的状态之痕迹，则必也，新文化以是为发轫之始矣。易言以明之，在使个人与个人间之差别，君主与奴隶间之差别，益扩大而显著是也。若夫欲灭此差别之努力，即近代之平等说，则皆古代文化之产物，徒使人类益堕深渊而已矣。

新文化国

如尼氏之设想，则新文化国必有二种全异之人类模型。其一，即少数之伟人（或曰君主）是也。彼等之特质在自尊，在冒险，在刚勇，在利己，又有一种坚固之信仰，以为宇宙间之某物，必不可不从属他物，故不能不为他物而牺牲其身，是故惟知有己，不知有他，视伟人之支配众庶为理之所当，义之所安，无所谓报偿之本能，亦无所谓仁慈之概念。彼谓社会者，非为社会而存，乃为二三伟人而作其发扬事业之舞台也。尼氏于此等伟人，属望甚切，曰：为未来而播种者，非斯人无与归也。氏又言此等伟人之中，更有一种高尚而特别之人物，无以名之，名之曰"超人"（Übermensch）。按"超人"之新名词，非创自尼氏者，昔格代（今译歌德）诗中亦道及之，第经尼氏极力倡导，始脍炙于人口耳。尼氏尝劝戒世人，勿信仰上帝而信仰超人，曰：上帝，死者也；吾人宜望此超人之生存。又曰：超人在上，兽类在下，人类则所以结合此两者之绳索也。

尼氏又名众庶为兽人（Herdenmensch），曰：此等兽人只以三种关系而有待于考察之价值：一、兽人为伟人之稿本；二、为伟人之反照；三、为伟人所用之器具。氏之视国民也如此，则其于今日之社会问题，劳动问题，有何见地，自不难了然矣。氏曰：世人对卑陋自安之人物，而加以教养，欲进诸高等之阶级，果何故哉？使彼等而有理性，教之诚宜，虽然，其如无益何！为劳工而与以军事教育，或予以选举权，奚见其有效乎？氏又谓平民政治不但为政治之害，且所以致人类之堕落，阻伟人之发生。其言曰：世谓社会有群畜而无牧人，必获幸福，此谬说也。社会有大差等，斯正社会之大利耳。又氏于判定人类之行为上，亦别有一见解，谓既有二种相异之人类，即当有二种道德与二种宗教。二种道德者何？君主道德（Herrenmoral）、奴隶道德（Sklavenmoral）是也。二种宗教者何？一则授治人者以方便，俾得破治于人者之抵抗而支配之之宗教也；一则使治于人者效忠勤于治人者，且令之安其位地、快其心情、共其苦乐之宗教也。

新 教 化（Die Neue Bildung）

尼氏之观察国民也如此，则其谓享受教化为君主之特权，自属应有之义矣。氏言一切文化不独为伟人而存，亦且为伟人所创造。伟人之影响存于国民之宗教、道德、法律以内，使群众崇拜之。然今日之教化，则是导人类于迷途，非改良也，恶化也：所以驱生性刚烈之兽人，柔弱无能，等于家畜也；所以使支配众庶之自然人，沉沦堕落，至有现代也。从氏之说，则苏格拉第、柏拉图诸人实为希腊国民退化之模型，为希腊文化腐败之代表。曰：犯罪学家谓罪人之貌多怪丑，如苏格拉第即状貌怪丑者，故彼实下等社会之人物也。

氏又力诋耶稣教，曰：人类不论在何时代，常欲改良人类，而反于此改良名义之下，举人类本性之千状万态而忘却之，自有耶稣教以来，兹事其尤甚者也。驱彼刚强猛烈之自然的兽人而驯养之，而训练之，谓以是为改良，为进化，岂不可哂之至乎！借曰其然，则将豢动物于园中，加之以恐怖，窘之以饥饿，令其气息奄奄，萎靡柔脆，而亦谓之曰改良、进化矣。中古以来之耶稣教，此类是也。是故耶稣教不免有破坏世界文明之责任。

尼氏谓真正之教化，限于最少数之人之身。至一般庶民，则为欲生可受真正教化之人物而后施之以教化，此特为教化之器械耳。谓宜普及教化于无数人类者，悖理之甚者也。

尼氏曰：近代教化之本义，非真教化也，为欲施与教化之一种知识也。本来之知识决非产自教化。受今世之教化者，不过能为活字典，或为关涉国家、教会、艺术之博言家与博物家耳。今日之人，生于教化，而受教于无教化，岂不可悲矣乎！

又曰：近代教化之特征在于力图普及，然如是者，适使教化之为教化，自减其价值。究厥原因，肇自今日经济的国家之臆说，误谓多授知识于人民者必多得幸福也。今日之教育惟以实利为目的，教人能储蓄资财而已矣。欲化一切学术为卑近，以普及于下类社会，乃令高尚之学术堕其地位，是近世教育之一大缺点也。氏詈新闻记者为精神界之佣工，曰：世人欲以浅薄之说绍介于众，故记者之业一时勃兴，虽然，彼等实难辞堕落文化之责者也。

氏又攻击德国文化之现状及高等教育。曰：德意志国民近百年来自进而求愚钝。欧洲有二麻醉药：酒与耶稣教是也。而误用之者，实莫若德意志国民之甚。又曰：今世高等学校，欲以仅少之岁月造就无数之少年，以利用之于国家之要务，可谓背理之尤也。曰高等教育，曰无数少年，两义原难并存。高者、大者、美者必不可以施之普通。以求名利谋生计为宗旨之教化，非真正之教化，而第为生存竞争之准备耳。故彼等惟以近世国语、地理及自然科学为重。又曰：吾人为生活故，自应学习许多事物，然岂得以是为教化哉？真正之教化，惟不涉生活之上流社会，乃可得而言之。

氏论教师之资格。曰：今日中学大学之教师，人所仰以造就青年者，犹粗谙学问之农夫耳，实不足以当教育之任。真正之教育家必其身先受教育，不愧为慎重而高尚之人物。不然，必贻人以不可磨灭之恶影响矣，己未受教，安能教其他乎？

又论教授之方法。曰：今日青年之知识皆非由直接之直观而得者，惟以昔人所贻之间接知识，结为概念，而填充其脑际耳。现代学者乃概念与言语之制造家，徒以怪怪奇奇之言语材料，堆积于少年头上，遂谓能事已毕。故今之人已多中言语之毒矣。

氏既谓现代文化未臻完全，则其谓根本改革之方，在高等人类之教育，又理所必至也。彼名人类之未来曰"少年国"。所论高等人类之教育，则不但从教育立论，又从结婚、家族、高等人类三端，以推究之。

今教育家谓生徒慧钝不齐，宜以材质中庸者为之准，而尼氏则力诋之。彼谓对鲁钝者之同情，对虚弱者之同感，为教育上所最忌。盖氏于道德上，于伦理上，俱以同情为能阻人类之进步，增世界之不幸者。故曰：汝与其寄同情于他人，盍返观汝之身。汝自为完全之人格，置一切最高最善者于目中，则其效有过于同情者矣。弱者去之，倾者覆之，勿为不可治者而徒耗其心力。夫吾人之生活本一严且难之事，纵令少年时代与外力抗争，以锻炼其一己之势力，亦不为妨害也。然而临之以顾虑，遇之以同情，则适以造柔弱之种属，转难耐人生之危险矣。氏固主张有我无人之利己说者，其为此言，亦其宜也。

尼氏亦重视体育。谓吾人之文化必有所以托之之所，就国民言之然，就个人言之亦然。而其托之之所，非精神也，身体也。故生理与卫生所以见重于教育之上，人必神圣视其身，以徐致一切天性之开发而后可。

氏之论教授也，谓宜令生徒先知三事：曰视，曰思，曰言与写。习于视者，能使吾人之目惯于忍耐，练于判断，对一事一物而自多方面以体会之，此精神作用之第一步。有正当之直观，而后有正当之思考。今日诸学校知有空虚的概念，而忽于感觉的直观，不可谓为宜也。

思考者，精神作用之第二步也。氏曰：与用古代之教授而于直观上了无所得，何如用现代之活动的事物，以代之。吾人于日常之生活，于朝夕之庶务，皆有无数问题横亘其间以待解决。故宜就儿童周围之事物，与之有乡土的关系者，以为教授之始基，而后得直观之作用。直观作用既终，乃能诱起思考，至能认识因果之关系，乃达于学而悦之之境，是则教授之目的也。氏又于其他教授，谓宜养儿童之势力与忍耐力、推理力，然不置重于材料之同化，而独重其由材料以得之之精神修练，则与海尔巴脱（1776—1841，德国教育家）之兴味论，贝斯达禄奇之能力修练论有相类者。

尼氏亦以言语之教授为重，然又谓今日高等学校，其教授外国语未为妥协。博言学家多以希腊语为基础，教人以支离灭裂之研究法耳。又言诸学校之教授国语，如待遇死语然，不授生徒以活用之方，惟欲强其语感，俾知高尚之发表法，而为历史的研究，夫安见其有用也。

其论宗教教授也，曰：君主的人类与神无臣属之关系，而反相对立。故其间既有神之活动，即无人类之自由；既有人类之自由，则神已为古代之遗物。氏谓宗教仅关赏罚，而赏罚非即教育手段也。何则？高等人类原不解所谓善恶之义，彼实立于善恶之外者也。

氏亦注意于历史之教授，然又谓历史者不过养慕古之偏情，且恐卑弱其人格而失人类生活之弹力，故亦诋今世教育之过重历史。

要之，尼氏之哲学观置重于人类之活动性，而以今代文化为衰灭人类之活动性者，故力诋之。其所主者绝对的利己主义也。彼谓社会之间惟有伟人与众庶，两两峙立。而前者有创造文明之本领，有享受教化之特权；后者则为伟人而存，为伟人所用，故宜使彼等冥然罔觉，恬然服从，不知教化之为何物。此与我孔子所谓"民可使由之，不可使知之"之义，颇相近似，而于近世思想大相刺谬者也。虽然，古今各民族诚不可无一二伟人，以改造其国文化。而此等伟人决非无端而独生者，必有足以产此伟人之社会，然后产此伟人。孱弱之母不产健儿，理有然也。故利尔氏之言曰："国民之水准高，则伟人之模型益高，犹诸脚柱高者［卓］（桌）面益高也。"而尼氏谓教化之施，专在伟人而不在众庶，得非偏矫之见乎！至其论现代教化多属名言。彼谓教育家宜有学识俱崇之人格，是殆其身为大学教授时所经验而得者也。曰：今之人惟利用教育为国家竞争之器械，而偏重于实利主义。曰：学者徒为言语上之争论，而滥造名词以窘少年之头脑。曰：妄刊书籍杂志以传播浅陋之见于社会，最有毒害。是皆言教育者所宜注意及之也。

尼采之与格代、卢骚，皆一代天才之士。然天才犹悍马，任其驰驱则速，而御之甚难。格代能矫其野性，故得自由。然卢、尼二家遂以天才辖治其精神，迨郁勃蟠结之野性，一既发展，遂自忘我之为我，欲脱一切羁绊而勇往直前，不达其极，必不自已，是其思想所以常陷于偏激，而评论者亦毁誉交半也。虽然，如尼氏者，其观察锐敏，其用语新颖，其立想奇拔，其行文痛快，实足以发挥其天才而有余。吾曹对此十九世纪末叶之思想家，宁赞扬之，倾心而崇拜之。

倍根(培根)小传①

　　法朗西斯倍根（Francis Bacon）(今译弗兰西斯·培根)，以一千五百六十一年正月二十二日，生于英京伦敦。父名尼格拉士倍根，时为掌玺官，士爵也。倍根十三岁，入康伯利大学，夙有颖誉，时批评阿里士多德(今译亚里士多德)之学说，曰："阿里士多德之哲学，不过教人以空论耳。固毫无益于人生也。"在大学三年，后随驻法公使为随员，至法京巴黎。是时巴黎为豪奢荡逸之地，游者多化之，独倍然物外，一无所染，留彼三年，仍讲学不怠。后因父丧，匆遽归国，乃著《欧洲现势论》，其初作也。当倍根幼时，女皇伊利沙伯屡幸其家，爱其聪颖，至呼之为小掌玺官。是时首相巴赖息尔为其伯父行，倍根可阶以仕进，然因触巴赖息尔忌，故求官不得。因暂不仕，修法学，为副律师。又以素好哲学，故每得暇辄研究之。是时其平生第一大著《学风革新论》，始起稿焉。

　　一千五百八十二年，始出法庭。八十五年为墨尔根国会议员，其名乃彰。惟以性好奢华，享用多逾分，故负债山积，进退维谷。幸受知于权门爱萨克伯，欲借伯斡旋之力，得大律师位，又为巴赖息尔所阻，遂不果。倍根大失望，伯欲慰之，因举己之别庄特伊铿罕相赠，其值约一千八百镑。综计倍根所受于伯者，尚不止此。后伯有异志，为倍根所觉，力谏不从，遂绝交。至伊利沙伯女皇晚年时，世人渐重倍根，初举为密德萨克斯国会议员，随被举为女皇顾问官。时爱萨克伯国事犯事件起，女皇震怒，倍根虽为之斡旋无

　　① 本篇刊于 1907 年 10 月《教育世界》160 号

效，终处死刑。至宣告伯悖逆之文，亦成自倍根手，盖倍根受女皇之命而作者也。

是时倍根所作小品论文，积至十篇，因集为一册，以一千五百九十五年刊行于世，即今日所流传之文集 *Essays* （今译《培根论说文集》）一部分（一千六百十二年，复加若干篇于其中，罢官后更增补修正之，是即今日所流传之 *Essays* 也）。一千六百零六年，倍根年四十五岁，与豪商及夫沙之［好］（女）阿河利斯巴安汉结婚。前此伊利沙伯女皇崩，查姆斯第一即位，大信用倍，始授倍根以士爵，继命为检事总长 Solicitor-General，为大律师，为掌玺官，为大司法官。一千六百十八年，叙拜龙男爵。后三年，复晋为圣阿尔班子爵。是时其毕生鸿著之《新机关论》（今译《新工具》）始上梓，即一千六百二十年也，是篇易稿凡十二次。时有嫉倍根之名誉威权者，举其阴事发之，凡受贿之罪二十三条，于是为贵族院所劾。倍根不能辩，既伏其罪，因褫职。时一千六百二十一年（莎士比殁后五年）也。褫职后更科以四万镑罚金，且下狱。惟以王故，得免罚金，居狱二日，即释出。

其后倍根遂退居特伊铿罕别庄中，一意从事读书著述，以及实验科学等。将其旧著之《亨利七世纪》及 *The New Atlantis* （《新大西岛》）、《学风革新论》中《自然史》之一卷，大加改削，是一千六百二十六年事也。

倍根之巨著《学风革新论》（"Instauration Magna" or *Great Institution of Grue Philosophy*）共六篇。其第四、五、六三篇，皆断篇未成章。第一篇本名曰"Portitiones Scientiarum"，专论当时学问之状况，及其衰颓之原因，于一千六百零五年，改名为《学问发达论》（*The proficiency and Advancement of Learning*），以英文出版。其后复增补订正，以一千六百二十年出版，更易其名为拉丁文曰 De Augments Scientiarum。第二篇即《新机关论》（*Novum Organum*），专论演绎论理法之谬，及归纳论理法之重要。且解明其原理，曰："人类者，自然之臣仆也，自然之解释者也。故自然界之法则及秩序，苟非己所能动作及己所能瞑想及观察者外，不能知也，不能行也。"又曰："从来人类皆欲由自己之观念造宇宙，且于自己之胸中求其造之之材料。然若不专以经验与观察为基础，则必流于空论，终无由得左右物质之大法"云云，是殆刺粗卤之演绎论理法之弊者也。

按倍根之归纳论理法，乃英国实验科学之大本，而其所著《新机关论》，其著书中最要之部分也。被于是篇中，不惟规定归纳法之诸法则，且详论论者之所以易陷于误谬之由，并言其矫正之法。虽阿里士多德曾规定论式，设三段论法之准则，以预防似是实非之推论，然至倍根，则更进一步，而发见论理误谬之原因，不独在言语上，且论者之胸中亦有之。而详言其原因者，即有名之"四偶像论"是也。虽其解不一，然据某氏之说，则其目如左：一，墨守一家一族之习惯，重无稽之传说，而不顾其他，以是之故，遂生谬见。其二，执某政党或某宗旨，又或拘于己所得意之书，以批评、观察某事，以是之故，遂生谬见。其三，因己之境遇或职业，即胶执己之专门，而不能知以外尚有世界，以是之故，遂生谬见。其四，死守一学派或一学说，更不信其他，以是之故，遂生谬见。

第三篇为"Phoenonena Universi"，是篇专在搜集事实与经验，且教人以整理分类之法。盖事实与经验者，乃归纳法之主也。是篇中之"风之由来"及"生死之由来"，均为拉丁文，自然史 Sylvarum 为英文。其全书之第四篇 Scola Intellectus，第五篇 Prodromi，皆未成篇。第六篇 Philosophia Secunda 则纯未下笔，今无需详言。

倍根因始定归纳论法，乃倡导学风革新，故大博盛誉，且得若干实利。实则彼之说，太偏于实用，彼盖纯以厚生利用为诸学问之目的者也。彼之言曰："知识者，实力也。"（今译"知识就是力量"）是一语最能表其所持之意见。彼之意盖以为知自然（即造化）之理，即得利用之力者也。戴鲁氏评之曰：

> 倍根之为人，气度极宏，识力极大，常以实践实利为心，称阿里士多德之才，而谓其哲学无益于人世之进步。盖倍根者，爱实用之人也，非爱思索之人也，其目向地而不向天，向实在之事物而不向虚无之事物。故彼于其己之哲学，称之为"新机关"，则彼眼中视一切学问，均为改造人间之器具可知。

　　据此评，则倍根非大思想家也，乃大应用家也，大修辞家也。彼之论说，殆皆以绝妙之词，表白极大之常识者也。至其学识之博大精核，虽一代之巨子亦不能与之争。今尊之为英国经验学派之先导，当亦无人能驳之也。

　　倍根崇敬拉丁古文学殊甚，其卑近世之国语，至曰："是等近世语，早晚必随书籍以共亡。"是以彼每著一书，必译之为拉丁文，盖恐英语亡后，其书亦随之湮没也。然而彼之拉丁文若著，除《新机关论》外，其余虽多，近世殆无人读之。

　　要之，倍根之所以为后世俗人所重，皆由于彼之 Essays 之故，是书总计五十八篇，极有文章家之真价值，义即"随笔"是也。然与近世所谓之 Essay（论文）迥异其趣，与我国所谓随笔，亦迥不相同。盖我国所谓随笔，乃随笔书之，无所谓秩序者也。是篇则字字精炼，语语圆熟，条理整然不紊，在在可称之为散文之诗。至其词藻之美，比喻之巧，无一字之冗，极简净之致，犹其次也。故有人曰："倍根语语皆格言也，敷衍彼一句，即可成为一大篇。"是语诚然。

　　倍根之文，可代表当时秾丽散文之极致，虽以彼之冷静圆熟，犹不免有几分美文之病，是可见当时诗的时世影响之大矣。

英国哲学大家霍布士（霍布斯）传①

　　霍布士（今译霍布斯），名脱摩斯，与父同名。英国威德遐省之玛姆斯佩烈人，时称"玛姆斯佩烈先生"。父脱摩斯为牧师于蔡尔顿及惠斯脱波德，性躁易怒，传言尝与人斗，为所辱，遂远遁不知所终云。其叔名法朗西者，以制手套为业，官市长，脱摩斯亡失后，袭惠斯脱波德牧师之职。法朗西无子，钟爱小脱摩斯，抚育之如己出，惊其资禀颖异，叹曰："是儿他日必为名儒，宜善教之。"小脱摩斯之母，系出农家，其性行传者不详，一千五百八十八年四月五日，或言五月五日，生小脱摩斯。时西班牙方率海军攻英，英败，全国大乱，其母惊愕，故早产。霍布士自传有曰："予母实孪生，予与恐怖是也。"故霍布士生平，遇事多恐，恶闻征伐之事，畏死。尝自言曰："脱世界为予所属，而有延予一日之命，以易予之世界者，予宁舍世界而求生。"

　　霍布士幼慧，四岁既能读书、作文字、解算术。六岁，习拉丁、希腊文，初学于教会学校。八岁时，从拉其玛游。拉其玛精希腊语，奇霍之才，特聚二三俊秀之儿，开夜塾以教之。霍年十四，［既］（即）能以奥理毕德之诗译为拉丁韵文，见者称叹，不能辨为童年之作也。明年，其叔供资斧，俾学于鄂克斯福大学（今译牛津大学）。时烦琐派哲学甚盛，心焉慊之，既有矫正学风之志。一千六百八年卒业，受文学士学位。以学长威克孙之荐，获知于贵族嘉文第希，礼致其家，俾督教长子威廉。嘉文第希者即后年之第冯夏尔伯爵也，笃信霍

①　本篇刊于 1906 年 2 月《教育世界》119 号。

之为人，始终无间言，会计之事亦使主持之。霍于威廉，谊则师弟，情则朋友，以和蔼相处，不严持礼节，虽讲学亦必在乐趣盎然之余。霍居嘉文第希之邸二十年，后虽暂去复归，而终身亲交如故。自言其生平之幸运，莫此二十年间若。盖事务闲暇，得自研究学术，且嘉文第希家富藏书，可资流览。霍此时最嗜读古文学及历史，每言政治之与历史至有关系，欲谙政治，必通晓古今盛衰兴亡之故。其持论如是。盖隐受感化于嘉文第希者多矣。逮其数游欧陆，与大陆学者交游，而思想为之屡变。一千六百十年，伴威廉初游法、德、义（按，指意大利）诸国。当时习尚，谓贵家子弟非从名人游历，不足增拓知识。嘉文第希故以是托之。及其归也，仍为嘉氏执事。一千六百二十八年，嘉文第希伯爵殇。无何，其子亦相继殇。伯爵遗嘱，岁赠八十镑酬之。旋有克里弗敦者亦贵族，耳其名，聘霍为师，偕其子游巴黎，居一年有半，始归。是为再游欧陆。

一日，得欧几里得之几何而读之，投卷叹曰："研究学术之法，莫正确于几何学者。"自是始研究数学，欲移其法以攻法政之理，务在阐真去伪。几何学之于霍，实与物动说相并。而为其学说之根柢者也。

嘉文第希有幼子，年十三，自霍去，其夫人改延他人课读之，见不胜任，追忆霍不置。一千六百三十一年，复招霍主其家。居三年，伴嘉氏幼子游历法、义等国。是为三游欧陆。此行获与格里辽（今译伽利略）、额生地（今译伽桑狄，1592—1655，法国哲学家）、美尔生奈（今译梅森，1588—1648，法国数学家、哲学家）之徒相知，益动嗜好自然科学之念。其初谒格里辽也，叩之曰："仆欲移几何学之研究法，以攻政治道德之说，能有效否？"格深赞之。美尔生奈语人曰："霍布士可畏，当代第一之哲学家也。"一千六百三十六年冬，归国。嘉氏幼子以继产事，与母有违言。或谮于其母，实霍唆之。霍不得已讼诸有司，以白无他。霍既去嘉文第希家，而师弟之间情谊不解。是时年五十有余矣。以置身闲暇，弥得研钻学术，时与美尔生奈之徒驰书辩议。从友人纽迦斯尔之请，欲为一书，公其哲学思想于世。会有内乱，不果。且身被嫌疑，不得已去之巴黎。是为四游欧陆。居巴黎日，续著前书，以自娱遣。其书分三部：一、物体论，二、人类论，三、国家论。中以知觉说视觉说，为其思想之中坚，而物动说则其基础也。物动说者，谓若外物皆静，或有动无变，则亦不能有感觉。感觉者由物体之运动而生，辨别之因，必求之于运动之差异。传言，先是嘉文第希在日，尝与客讲学，偶问及感觉，座客莫能确答者。霍以为世人自命哲学家，而于切身之感觉不知为何物，耻莫过焉。由是一意思索，自言其游历法、义时，车辙马迹之间，未尝一日不冥想此事者。其所以攻究数学、自然科学，亦欲阐明物动之理也。

一千六百四十七年，皇子查尔斯第二召为侍讲。或言霍之著书立说，有害宗教及国家，王怒，黜之。一千六百六十六年，下议院有谗霍为倡导无神论者，将加以罪。幸有持正之士排解而免，实则霍之一生固笃信国教者也。

一千六百七十九年，罹中风症，卒于嘉文第希家，年九十二岁，终身不娶。

其全集，后至一千八百四十五年，由莫烈斯俄校订上梓，都十六卷，计英文十一卷，拉丁文五卷。霍布士与柏庚（今译培根）齐名，二人交最莫逆。世故谓霍氏之说多受感化于柏庚。夫霍布士以柏庚用于格物学之研究法，用之于伦理学、政治学，其为学也诚相近。然柏庚长于归纳，霍布士长于演绎；柏庚长于思虑大事，而性卞急，未底于成，辄弃去之；霍布士性和缓而善忍耐，其思想狭，常欲以一主义贯彻万端：其性情相异如是，必谓霍布士之思想皆导自柏庚，未尽信之说也。

英国教育大家洛克传[①]

　　约翰·洛克以一千六百三十二年生于英国普勒斯滔邻境之威灵顿。父为法律家，或言军人，夙奉新教。洛克幼学于家庭，稍长，始入惠斯特明斯达学校。年二十岁，至鄂克斯福大学（今译牛津大学）肄业。当时烦琐派之哲学尚盛于时，洛克不满其说，后得特嘉尔德之书读之，大悦，由是始有志于哲学。此间如额森特（按，疑即伽桑狄）及霍布士之著作，亦其所好研究者也。一千六百六十年，为鄂克斯福基督教会之教师，教希腊语及哲学、修辞学。其初颇欲为宗教家，嗣以王权复兴，旧教势炽，始罢其志。又以体羸弱，欲为医，故于医学、化学亦攻究及之。一千六百六十五年，奥泰文奉使柏兰丁堡（日耳曼列邦之一），洛克以书记官随往。逾年，归鄂克斯福。适嘎弗培利侯爵延之治疾，因与侯相识，其后交谊日密，遂馆于侯家，督课其子弟，兼为侍医。且侯常以政治之事咨询之。一千六百六十八年，随诺尔森巴兰德侯爵游历法、义（按，指意大利）诸邦。洎嘎弗培利侯为政府，乃擢用之。一千六百七十三年，侯罢相，洛克亦去位。二年后，至法兰西养疴。一千六百七十九年，嘎弗培利侯再入内阁，召洛克归。未几，侯又遭贬。一千六百八十三年，侯避难亡国，洛克从之，更名姓，遁居荷兰，借著述自娱。此间曾以拉丁文之书翰体，著《信教自由论》第一册，一千六百八十五年出版，其二三册则归国后之作也。一千六百八十九年，英人迎奥连治侯威廉即王位。其次年，王召洛克，重用之。当时之政策与英国立宪政体之基础所由巩固，实洛克

---

footnote
　　① 本篇刊于 1904 年 12 月《教育世界》89 号。

之力居多。是年所著《政治论》出版。其明年《智力论》亦出版，此书盖其自表哲学上之见地者也，先是一千六百七十年顷，侨寓法兰西时，既从事著作，一千六百八十七年竣事。其全书要领曾译以法文而载诸某杂志，至是始刊行之。一千六百九十三年，更著《教育意见》。一千六百九十五年，著《基督教合理论》。洛克之宗教说既为当代神学家所诋，遂于其哲学亦攻击之，甚至鄂克斯福大学禁阅《智力论》云。

洛克终身不娶，晚年寄居其友美显谟之家。一千七百四年十月二十八日卒，年七十三岁。其论教育也，重在养成人品，以为习惯良善，知德兼备，立身斯世而能自尽其义务者，此所谓品性完全之士，而教育之目的即在造成此类人物而已。故其于德育，置重自治，以为学者贵能由判断善恶之能力，以自立其身。此笞罚之所以必禁，而名誉之欲，羞恶之心，所以不可不培养也。其于体育，则主锻练主义。所著《教育意见》，于衣服饮食起居动作之末，悉详示所宜，盖多本其医学上之见解而言之者。此书序文中，首引罗马人邱培纳之名言曰："康健之精神必宿于康健之身体。"盖深明体育之为重也。其于知育，则尚实用主义。盖既言教育之目的在培养有益社会之人物，则非足裨生活之智识，不当接受，亦自然之结论也。洛克以为儿童所当学习者：一、图画；二、读书作文习字；三、地理；四、数学；五、天文；六、几何；七、历史；八、伦理及普通法律；九、自然科学；十、手工及商业。若夫音乐、诗歌与希腊、拉丁古语，无当于世用，而世人方苦心攻究之，可谓演滑稽之技者矣。又以为智识之本，自直观而来，必凭借实物以指示之，又必引起自动力，俾学者之进步可不假扶助而得之，故尝痛诋强记之弊。其论施教之区，则谓公共教育不如家庭教育之得力。惟下流子弟当别立职业学校教之，以资他日谋生之道。此盖自其崇尚实用之见地而来者，而后世之实业学校实滥觞于是矣。

英国哲学大家休蒙(休谟)传①

　　休蒙（今译休谟），名的辟德，以一千七百十一年四月二十六日生。父曰休蒙约瑟福。母曰嘉撒林，慧敏而淑，法库奈尔之女也。初，约瑟福偕其妻侨寓苏格兰之厄丁波罗，生的辟德于是。后袭其父领地，遂家于白尔威克舍，以门外有山泉，故名其邸曰南威尔斯。居室朴陋，望之若田家。约瑟福早没。遗子女三人，的辟德其次者。时嘉撒林尚年幼，独以教养子女自任，训迪有方。休蒙他时之立名成学，实得力于乃母也。

　　休蒙年十二岁，肄业于厄丁波罗（今译爱丁堡）大学。无何，以故，不及卒业而退。自是数岁间，仍居南威尔斯旧宅，杜门读书，矻矻穷年，自以为乐。一千七百二十七年七月，曾驰书其友曰："仆欲为一哲学家以终。迩者得维尔喀留斯（今译维吉尔，公元前70—前19，古罗马诗人）及基开禄之著作，如原文而读之，觉爱不忍释也。"时年才十六耳。其间尝以母命，研究法律。休蒙固天才超异者，借令终为政治家法律家，亦必功成名遂。然自知于天性不合，为时未几，遂辍业，曰："必于哲学上昌明一真理，乃偿吾志。"寻以运思失度，一千七百二十九年九月顷，体大羸弱，幸摄养得宜，阅六载，始健壮如初。嗣后三年间，专攻英、法、拉丁之文学，寻习义大利语，遍涉猎哲学之书。

　　当弱冠时，既尝为文自敷其思想，然虑早岁著述之未安，故暂已。拟游历各国，借经商以资历练，因为贾于普利斯滔之市，顾非善

　　① 本篇刊于 1906 年 2 月《教育世界》118 号。

懋迁者，卒损失。又方患体弱，而其地不宜卫生，决计隐于法国村里，屏绝俗冗，委身学术。一千七百三十四年秋，取道巴黎，卜居于兰穆。无何，徙居拉弗烈凯，滞居者二载。寓法之日，著《人性论》二卷。一千七百三十七年，谋付剞劂，携归英伦，就商于友。二年后，友为梓行之，而匿著者名，酬休蒙以金五十镑、书十二册。初，休蒙意此书出后，必为士论所诋，不意毁誉无闻。间有评骘者，亦仅泛语，以是怅然失望。然志不为屈，续撰后篇，托之他肆刊行。一千七百四十一二年间，屡为文，论有关政治道德之事，载在周报，复都为一集刊之。由是嗜读者渐众，令名大振，而谤声亦作。一千七百四十四年秋，厄丁波罗大学以教授心理学伦理学一席，需人承乏，休蒙托友课之，而时人既目为异端，朋辈中亦多訾毁之者，故不遂。其明年有侯爵某，读休蒙之文而重之，招致其家，为座上客，岁酬厚币。侯凤患病，或言非易地安居不可。休蒙劝之出游，而与之偕。侯之执事者以不利于己，憎休蒙多言，加无礼焉。恚而辞去。其寄迹于侯爵之家，未逾岁也。会以友荐，为军法裁判所之辩护士。有友曰圣克烈亚者，受职大使，将赴欧洲大陆，要与俱。休蒙辞辩护士之职，而从之。是役也，考察各国内情，多有所得。至德意志，慨然叹曰：其人勤奋诚直，善相联合，他日必为新兴之国。后世史家服其卓见云。中途闻母丧，奔归南威尔斯故里，时一千七百四十九年也。其归也，国人多思瞻其新著，爰取前日匿名之作，易署己名。一千七百五十一年，所著《道德原理论》上梓，休蒙自谓为得意之作，而见者反淡漠视。翌年，刊行有关政治之著作，则誉美之辞遍于境中。异国如法兰西亦移译之。方一千七百五十一年，曾著《天然宗教问答篇》。又一千七百五十七年，亦为文议论宗教，以友人谏，不及付梓，虑触时忌也。顾休蒙为人，性磊落而温蔼，虽其哲学上之议论，主持怀疑说，力非宗教，而其与交游者则不乏宗教中人，皆终其身无违言。一千七百五十二年顷，格拉斯哥大学将聘入主教伦理学，休蒙有志应之，以为宗教家抵排，复不果。旋得为大学法律科之图书馆长，岁食俸四十镑。馆庋书籍仅三万余卷，而实苏格兰图书馆之规模最大者。中以历史书为富，休蒙因是得攻究之，复为史学家之著述。一千七百五十四年，其第一卷上梓，世罕道其名者，阅岁，仅售四十五册而已。或慰之，谓勿沮丧，更撰第二卷。久之，果渐风行。至第三卷以下，则遝迟争购，赞其文辞之雄杰者不绝口。最后二卷，至有以金一千四百镑易其原稿去者。

一千七百六十三年，侯爵海特霍尔德为法国公使，延休蒙掌记室，许之。休蒙天性质朴，雅不好法人之轻佻，而法人则重其名，多与之结纳，一辈哲学家尤倾折。贵胄中至有能背诵其书者。已而海特霍尔德有故归国，以休蒙权摄公使事。休蒙虽儒者，而长于治事之才，措理要政，罔弗得当。后海特霍尔德将言之英廷，擢膺显秩，辞不受。一千七百六十六年，归厄丁波罗。其间尝以修改史稿事，一赴伦敦。无何，仍返故居。

英王嘉其有功于学术，赐金劳之。至是休蒙家计既丰，年岁亦迈，故不复出。惟家居以教育兄子辈为事。一千七百七十五年罹疾，伏处养疴，而手不释卷如故。逾岁病卒不瘳，卒年六十六岁。遗嘱举其家产分赠兄、妹及兄之子。以百镑充乡中建桥费，以二百镑谢计学大家亚丹斯密，而以刊行遗稿事托之。休蒙生平慷慨助人，有质疑问难者，或告贷者，皆厚意待之。虽持论夙与己不合者，闻其著书，则喜而读之，仁厚之士也！故后，搜刊其全集者至夥，而以格林及克罗斯二人所手订者，为最可信云。

近代英国哲学大家斯宾塞传[①]

　　一千九百三年十二月八日，英国名儒斯宾塞逝，年八十有四。学界之光一时暗然，海内闻者扼腕太息。斯罹病久，其前年八月，既卧床不能兴，畏闻音乐，不好与人言语。凡阅览书报，脑力皆不胜，惟使人读而闻之。盖精神羸弱所致也。

　　今译斯宾塞名赫巴特，一千八百二十年四月二十七日生于达比市。父，威廉佐治为小学教师。斯幼禀庭训，未能入学校肆业。后依伯氏脱摩斯家，伯氏监督甚严。年十七，习为土木事，工作之暇，辄旁究社会哲学之问题。又以当时思潮注重于科学上进步，故从而探讨之。一千八百四十二年，著一论，题曰：《政府之固有范围》，寄刊《伦坤福密斯脱报》，见者击节叹赏，由是名大噪。二年后，敷衍前说，成三小册，梓行于世。其文谓社会势力之潮流，与其社会进步之状态，皆当准据法则，故不可不从科学的研究之。迨四十年后，著《个人对国家论》，所说犹与前日同，可见其执念之坚定也。斯知己之于文学，能力不必逊他人，故舍土木之事弗为，欲以思想家及新闻记者终其身。旋徙寓伦敦。一千八百四十八年后，入《经济学报》社，佐理编辑事，六年而辞去。一千八百五十一年，著《社会静学》。后四年，著《心理学原理》。一千八百七十年再版时，大加改订，以列诸"哲学丛书"内。一千八百六十年，著《综合哲学》，欲萃厥精力，以组织哲学系统。谓凡各种学问，苟研究之，其真理必相一致。宇宙间常有一种永久进步之定则，人患不知之耳。《综合哲

　　① 本篇刊于 1904 年 7 月《教育世界》79 号。

学》之发刊也，预举总纲告于众，计：《第一原理》一卷，《生物学原理》二卷，《心理学原理》二卷，《社会学原理》三卷，《道德原理》二卷。如此宏篇巨制，常人所望而却步者，而斯独矢大愿，发大力，虽有资财之窘迫，体躯之疲惫，相为扞格，而毅然不挠，卒以三十六年之岁月全部告成。其志之决，功之伟，求之古今学人中，讵可多得哉！

斯固非富有之家，刊行巨帙自非易事，因用按月偿价之法，招徕购者。又以其友美国人某君，出资为助，始克遂其志。厥后声价日增，购者踊跃，遂无复艰阻之虞。其《第一原理》成于一千八百六十三年，盖以论形而上学及科学之根本原理者。斯氏自言曰："凡对一现象，而见其为真理者，推之其他现象，亦莫不为真理，故谓此书为研究其余科学之序言可也。"《生物学原理》成于一千八百六十四年。越七年，始将《心理学原理》改正重梓。至《社会学原理》首卷则成于一千八百七十四年。旋以精神过劳，不能执笔，故拟缓刊后卷，而变其出书之次序。先著《道德原理》前卷，以一千八百七十九年公于世，名曰：《伦理学前提》。至一千八百八十五年，而《社会学原理》第二卷成。此后四年精力顿减，患慢性神经病十八阅月之久，不能为一事。旋退隐于布利敦。病愈后，为摄养计，以每日执事三小时为限。故余书出版较迟。一千八百九十一年，乃复从事著述。二年后，梓《道德原理》第二卷。又三年，即一千八百九十六年秋，而《社会学原理》第三卷蒇事。

于是全书告成，自为之序曰：

余之濡笔以著《综合哲学》也，三十六年于兹。回顾当时，敢于为此难事，不得不窃自惊叹；至于今而竟成厥志，则又不得不引以为异也。余家计不逾中人，乃以兹事故，丧失资财殆尽，加以病疴相寻，其间作辍者再。时人见之，必讥余立计之左。虽然，有志者事竟成，冒险之行，不必其终于失败也。余老矣，犹见此书之成，则虽有百千不幸以窘余身，而此心已欣慰有余矣！

　　书成之日，国中学者联名而上祝辞。英相格拉斯敦亦赞之曰：
"若斯宾塞者，可谓有过人之材，而自制力最强者也。"

　　斯氏之论教育，世称实利派，与人文主义相反，盖以养成实用人
物为宗旨者也。其论智育也，以为智识之当求者五：一、生理卫生之
知识，所以助身体之强健也。二、读书、算术、理化、博物、工艺、
社会学之知识，所以为营生之资助也。三、生理心理之知识，乃为父
母者所必需。四、历史、法制之知识，乃为国民者所不可少。五、关
涉美术（按，指艺术）之知识，则所以使人享高尚之乐也。其论德育
也，则曰：凡行事足以助社会之进化者是为道德，故宜假自然之赏
罚，使儿童知因果报应之理，自不敢为不德之行已。斯氏置重实际若
是，故学者或窃窃议之。然其言实足以矫正时弊，所裨益于英国教育
界者，［厥］（决）非浅鲜。斯氏未曾一入学校之门，诸大学赠以学
位，皆辞不受。终身不娶妻。暇惟击球为戏。论者尤服其有恬淡之
风云。

荷兰哲学大家斯披洛若（斯宾诺莎）传^①

斯披洛若（今译斯宾诺莎），以一千六百三十二年生于荷兰。其先世为犹太人，家于西班牙，后避罗马教之难出奔。当时荷兰不禁异教，因家焉。斯初受业于莫泰来。莫泰来，犹太教之法师也。斯从之研究犹太教及犹太文学，尤以中世以来犹太人所著哲学为主。其学盖取犹太教之思想，与自雅里大德勒（今译亚里士多德）而来之思想，熔合为一者也。当时学者通用拉丁语，而莫泰来不谙拉丁语，斯因就医者恩底学之，无何，辄精其业，且由是稍通自然科学。传言恩底有女，工音乐，精拉丁语，乃父他适，辄代父教斯。斯颇［睧］（媚）女，后以他少年馈女珍饰，至夺其爱云。斯说未足为信。考恩女与人结婚，时已二十七岁，事在一千六百七十一年，而斯之去荷京，在一千六百五十七年，其时恩女仅十一二岁，而所谓某少年者更幼于斯七岁，谓与斯同时眷恩女，断无其理。且证以斯之为人，则前说尤诬甚矣。

初，斯疑犹太教旨之不合，既解拉丁语，得纵读近世哲学科学之书，益滋惑焉。犹太之教士学者等，以斯好攻异端，一日遣人诣斯之居，与论神学，因执其言为据，召而尤之。若辈知斯他日必成名儒，可为其教之光，故不欲深究，谓之曰："若但偶莅教会，伪为信吾教者，且保护若，不尔，则罚以严刑。"斯固恶为不义事者，坚拒之。一千六百五十七年，犹太教人遣一壮汉，深夜入其家，拔剑相向，迫之去荷京，而后以除教籍宣示。斯乃避难于荷京之近郊，居友人雷丁之宅者凡五载。友为荷兰某宗派之基督教人，其同

---

① 本篇刊于1906年4月《教育世界》122号。

派者胥方正质朴之士，故斯甚敬重之。自是易原名巴尔孚为培奈的克斯，二者同义，前犹太语，后拉丁语也。自是潜心力学，尝摘发特嘉尔德哲学之短，欲自出意见，成一家言。荷兰之学者重其名，争诣其门，与论特嘉尔德之哲学，及闻斯之说，益惊服。富家子某怜斯之贫，欲资以金，辞不受。后某壮岁而夭，谓家人曰："必举我遗产赠斯先生。"其弟以言于斯，斯不能却，然仅受金少许，其廉介不苟如是。

一千六百六十一年，从〔兰〕（雷）丁徙居，越二年，又徙居海格镇之近傍，则以其地多交游也。此间殚力著述。将公其学说于世。一千六百六十五年夏，一游荷京，谋付之梓，以匿名干例，不果。后复著一书，论神学，阅四载而书成。大意谓宗教之仪式，中有关国民之道德者，国家必监督之，以保国之秩序；至宗教之思想，宜任各人自由，则兼利国家，兼裨宗教矣。书以一千六百七十年出版，不署作者名。明年，政府禁售其书。罗马教中人亦群起攻之。一千六百〔九〕（七）十三年，自海格镇附近移居于镇，侨寓一画师之家。一千六百七十三年，哈迭堡大学敦词厚礼，聘之为哲学教授，以体羸弱而不谐教法辞，盖恐一旦居教职，易召宗教上之争端，且无暇研究学术也。

一千六百七十五年，复一赴荷京，谋刊著述，而谣诼烦兴，斥之为蔑视神明者，惧祸，复携稿归，叹曰："予生前，其葬此书于敝箧矣！"自是肺疾渐增，一千六百七十七年二月二十五日卒，年四十四岁。斯生平未一受事于他人，惟以制透镜为生，技精，故理化学家争购其物，且多借是纳交于斯。顾所入微薄，赖俭约自奉，仅免冻馁，居恒敝衣粝食，见者弗能辨其为学子也。性温蔼，寡言笑，终身惟一次发怒。为学专精，尝三月不外出，寝食俱于书室云。

论曰：自世有视学问为职业者，以为学成名立，则利禄之道在是焉，此学者之所以为时人所贱也。夫为学一事，治生又一事，二者皆人生当尽之务也。各学其所学，而各治其生，则社会安，文化日进矣。不然则谓学者之为业，用力逸而得酬厚，天下之人必皆乐为学者，不将令举世为游惰之民乎？抑闻之，职业之最尚者，必其独立而不依傍人者也。若受事于人，则不得不牵于势，而或至枉其本意。斯披洛若以积学之儒，而下伍工师，皭然独立，不以贫为虑。呜呼！其操行之高洁，可以风已！

法国教育大家卢骚传[①]

　　江·嘎克·卢骚,法国人,一千七百十二年六月二十八日生于瑞士之瑟奈乏,制时表者之子也。幼失恃,其父又性情放逸,夙尚共和主义,不以教育子弟为事。故六岁顷,得尽读其母所遗小说,猥劣淫靡之作亦不免及之。论者谓卢骚他日品性不纯,实坐此害。其力诋少年读书不慎之弊,亦正由阅历中来也。卢骚自幼深于感情,尝观悲剧,至泣下,终身遂不入剧场云。十岁顷,其父以事离瑟奈乏,因寄养于叔氏家。以患贫故,尝受佣于寺院,又尝为辩护士司记室。寻改习印刷之技,因盗食师家林檎,又迟归受惩,惧而遁。由是流浪四方,与下流伍,时有作奸犯科之行。偶至安奈的邑,邑有孀妇曰瓦凌希者怜之,招寓其家,旋从之赴突林。由是改入新教,是时年十有六矣。入教会学校肄业,不惯羁束,未久辄辍。再习印刷术,又不成。[仕](依)于哥文伯爵。一千七百三十二年,仍归瓦凌希家,与瓦共居察恩巴利者六年。此间潜心向学,讲求音乐、文学等,又尝读洛克、拉衣白尼兹(今译莱布尼茨)、特嘉尔德(今译笛卡儿)之哲学书,思想日进。然以性乖僻,渐为瓦凌希夫人所不悦,将谢之去,乃荐为毛理家之塾师,辞不允。旋别瓦凌希而独游巴黎,时则一千七百四十一年也。

　　初至巴黎,以所著喜剧院本,才华绝代,为见者所激赏,一时文人学士多折节与交。逾年,从孟达克为秘书官,使范尼斯(今译威尼斯),驻一载有半,与孟不洽,再归巴黎。卢骚为旷代天才,固宜其

　　① 本篇刊于 1904 年 12 月《教育世界》89 号。

跡弛不羁，而所如辄阻若是。一千七百四十九年，第约翰专门学校悬赏征文，题为《学艺日新能否有裨于道德》。卢骚著一文以应，曰：如今世之学艺，非惟无益于世道人心，又从而害之，学艺日进，适使道德日退耳。阅者以其说新颖而精当，击节叹赏，如约酬之。自此文出，卢骚之名大噪，而訾议之声亦起矣。一千七百五十二年，疾笃，几自揣不复起。病愈，又遭窃，益困顿，至衣食几不能给。是时卢骚已无复用世之念，故户部巴尔克征之，不应。惟偶著戏曲，为自遣计。一千七百五十三年，铁仞大学悬赏征文，卢骚又著一论，痛言人类之不平等，而谓宜返诸自然。恶者目为邪说诐辞，攻击不遗余力。奥台尔曰："如卢骚者，可谓竭一身之力以陷世人于禽兽者也，闻其言者必好两翼飞而四足走矣！"卢骚既见忌于时人若此，故不能容身巴黎，遁归瑟奈乏故里。里人重其名，欣然迓之。寻闻奥台尔亦来瑞士，去所居不远，思避之，得其友哀比讷夫人之助，结庐于深林而居。逾年，再至城市，其《忏悔录》、《民约论》、《新豪杰》、《爱弥儿》诸书，盖先后成于是时。《忏悔录》述一生言行思想，而自下褒贬，不稍讳饰也。《民约论》则力攻君主政体，而他年法国革命之导火线也。《新豪杰》为一小说，意在指斥快乐，而实多不道德之说，然穿凿人情隐微，精妙绝致。《爱弥儿》亦一小说，假一人为主，而自述其教育之法者也。诸书皆着想奇拔，善剔抉当时弊根所在，而文笔之纵横排奡，又足以达之。故其说浸灌人心，直有劲风靡草、怒涛决堤之概。及其归巴黎也，向之诋之者益愤怒不相容，法国议院亟下令捕之。教会亦逐其出教，盖卢骚此时既去新教而入旧教也。卢骚惧祸，遁往瑞京。而瑞京似亦深恶之，迫令出境，且遣吏搜得其《爱弥儿》原稿，付之一炬。于是之普鲁士，普王谓其倡导异教，逐之。又之彼得岛，欲研究农学、博物学，以力耕自给，然未几又为岛人所不容。更之英吉利，英儒休蒙夙与相善，颇厚遇之，然其后仍相忤。时巴黎故友有驰书召之者，因潜返巴黎，以匿名著书为事。友谋以资助之，拒不受，遂与绝交。其后往依支拉颠侯爵，侯爵待之善，自是不复他徙。时年既衰，以忧愤，得狂疾，厌见宾客。一千七百七十八年六月三日，俄卒，或误传为服毒死。后年法国革命，人民迎其遗骸，归藏凡典院中以荣之。

卢骚少时，与巴黎酒家婢太丽飒烈狎。太丽飒烈性呆，卢骚耻以为妻，惟矢誓终身不相弃。举子五人，皆不自育而送之救贫院，后悔而求之，则仅余一子，他不知所终。越二十三年，终娶太丽飒烈为妻云。

卢骚之教育意见大都自洛克而来，而充之以自然主义者。以为人性本善，其陷于恶者，外界为之也，故教之之道在置诸自然之境遇，屏绝外缘，任其自然发展。后世如巴瑟德，如贝斯达禄奇，如弗烈培 (今译福禄培尔，1782—1852，德国教育家)，所以为教育大家者，实亦由《爱弥儿》一书有以激成之。汗德 (康德) 读书散步，日有定时，及得读《爱弥儿》，则爱不释手，至数日未外出，亦可以想见此书声价之重矣。

脱尔斯泰（托尔斯泰）伯爵之近世科学评[①]

　　脱尔斯泰（今译托尔斯泰，1828—1910）伯爵，俄国之大文学家，又今世之大思想家也。尝就嘉本达氏之《近世科学论》，为文以批评之。谓今日之科学，若持此不变，则无益而有害。盖伯爵之意，欲世人知注意于道德，而勿徒醉心于物质的文明也。立论新奇，足令小儒咋舌。兹节译之，至说之是非，则在读者自审矣。

　　世有一种科学崇拜者，诩诩然曰：欲增进人生之幸福，莫如奖励实验科学之为得。一切精神的欲求，但以科学的知识应之，足矣。若夫宗教的智识，道德的智识，非切要之务也。怀抱此等迷信者，举世皆然，而俄国尤甚。予以为此科学的迷信，其能贻恶果于道德，殆不下于宗教的迷信。故审实验科学之效果及研究法，而评定其真价，以破时人之迷信，此予所热心企望者也，而嘉本达氏先我为之矣。

　　嘉本达氏证明之曰：不问于星学、于物理学、于化学、于生物学、于社会学，决不能予吾人以有关实事之真智识也。由是等科学而发明之法则，不过一概括之说耳，严其义以绳之，则只可谓为近似的法则耳。何则？于概括以外之事，未尝知之，亦未尝思之也。只以此等法则，于时间，于空间，皆与实事相远隔，而莫由比较，故竟以为真正之法则云尔。

　　嘉本达氏又曰：从今世之科学的研究法，则吾人须由远而无

　　①　本篇刊于 1904 年 12 月《教育世界》89 号。

要之现象，以说明近而必要之现象。此非虚伪之方法，而永不能达其所企望者乎？今之科学家，尝尽理势所能及，欲以高深而复杂之问题，约之为低浅而单纯之形体。于是于伦理学，则化为功利及遗传的经验之问题矣；于经济学，则慈善、情爱、公共心等，概置不问，而约以自利之一因子矣；于生物学，则动植人类之个性，概置不问，而彼等之学问，乃踯躅于所谓亲和力，所谓元形质之范围中矣。岂不曰：吾如是，则可由低浅而单简之形体，以说明高深而复杂之问题也哉？虽然，亦未思之甚矣！姑勿论其说明之不能完全，就令能之，而既自高而下，自必要而移于非要，则所谓科学，已涉于无关人类之域，而切近人生之大问题，彼终无自解决之也。

设有人大言曰：欲攻究某物体之性质，可不必接触之，自诸方面审度之，但置诸远隔之所，不必辨其形色，知其凸凹，而自能详知其物体。则其说之妄，宁待智者而知之乎？而科学家欲以浅近而单简之形体，说明高远而复杂之问题，其妄也何以异于是！

是故科学的知识者，既于一方面，确含自相矛盾之性质；又于他方面，欲由浅近而单简之现象，推论高远而复杂之现象，故不能达吾人之希望也。

科学于切近人生之重大问题，能与以正当之解释否，今姑勿论。吾人所不得不疑者，曰：实验科学自身之运命，果能对真正之人生之要求，而永胜其任乎？人既有生矣，则不能不知其生活之法。此生活之法，自昔之人既研究之，谓为学问，应其知识之度，而生活焉，而进步焉。研究人如何而生活之问题，此实科学中之科学。孔子也，摩西（古犹太人领袖，见《圣经》）也，锁伦（今译梭伦，公元前 630—前 560，雅典政治家，诗人）也，皆视此为唯一之学问也。而至于今世，则不以此问题为科学矣，以为真正之科学，不外以数学始以社会学终之实验科学而已矣。谬说之日出，其又奚足怪乎！

假有劳动者执科学家之手而谓之曰：尔辈之衣食取给于我

辈，则何以酬我者？其教我以伦常道德之旨也耶？教我以持身涉世之方也耶？科学家于此，将何以应之？若乃喋喋告人曰：太阳若何，地球若何，新元素若何，哀格斯光线若何，则劳动者必掩耳疾走矣，曰：此非我所欲知也，所欲知者，若何善其生活之道耳。

科学家或强颜以自解曰：是社会学家之所当言，于我无与也；今欲解此问题，则不能不知动物学、植物学、生理学之疑义，而其先又不得不自物理学、化学始。斯说也，惟彼待人而食、待负而走之徒，或能欠伸而坐待耳。若夫食人者，负人者，即大多数之人民，不能待之也，曰：人寿几何，尔谓人生大问题，必俟数世纪以后始能解决，则予身何由及知之乎？

科学家又将觍然以责人矣，曰：尔辈何蠢蠢！所谓科学，本不必措意于实用，有可以研究者则研究之，而不问其研究之目的何在，此科学之所以为科学也。故彼等之钻研琐末，而苦思无益之举也，则以为非我好择此等问题，科学之特质使然耳。然而劳动者恐未易受其欺矣，曰：嘻！岂科学之特质哉，学者之特质耳！涓滴之流，江河视之，此今世学人之通弊也。

科学家之言曰：科学者，不择何事何物，而皆研究之。然而宇宙大矣，事物多矣，必一一研究之，岂人力之所能及？灯之照物也，见其一面，而不能见其各面，近则明焉，而远则暗焉。是故科学家于未经研究之材料与彼等所指为无关重要者，懵如也。人生以何者为必要，何者为不必要，欲决定之，不外以人类通有之感触的悟性为之标准，是则宗教之责任也。而科学家既诋毁一切宗教矣，故孰则必要，孰则不必要，彼自不能判定之。于是强持一说以自袒，曰：科学为科学而设，非仅研究人生必要之事物，而研究一切者也。

其曰：不择何事何物而皆研究之者，非欲尽研究一切事物也，亦非谓研究之材料必多取诸最有益于人生者，而其次者缓之，其全无用者省之也，不过曰：研究之题目之范围，未能定耳。今之所谓科学家皆身居社会之上流，故有裨于自己之福祉者则研究之，又以无生命之物易于研究，则研究之。以便于己而易研究之学问，谓为真正之学问，其谁欺？自欺乎！是故世之相与崇拜科学也，非欲谋人生之良善与幸福也，改纂书籍，而自为书籍之奴隶焉耳。

若夫宗教与伦理学、社会学，以谋人生之良善与幸福为目的者，则不能与今世有势力之科学相伍。而此等问题，遂委诸神学家、哲学家、法学家、史学家、经济学家之手。此辈学者亦托言科学的研究法，以维持现状为言，曰：今社会之生活状态，宜放任之，勿俟改良，如经济学家言，其例之尤著者也。

实则人生之行动，益背正鹄，且自负心益高，则未有不益堕落者。今世科学实沉沦于此状态者也。真正之学问不为社会所欢迎，而反遭逆遇，亦固其所。盖直斥世人谬误，而教以其所不惯之行为，自夫擅势力于社会者观之，能无以为不便乎？

今之科学家，不独于改良社会之道，漠然旁观也，宁有迎合时人嗜好之想，惟诩诩然自白技能，以求凡夫俗子之惊喜，而满足其无益之好奇心耳。而真正之伟人学者，依然守沉默，重谦逊，固宜其湮没弗彰，不为时人所尊重也。且今世科学家又不仅自炫自赞也，更痛诋昔人之学问，曰：是虚伪耳，诈术耳，琐事耳！如我之科学始足为真正之学问矣。近百年间，科学进步之速率，大于已往数百年间者数倍。循此而进，则宇宙一切疑问必能解决，而人生一切福祉可望满足矣。故吾辈科学家，于今日世界中实最占重要之地位者也。噫！是真呓语耳！试一觇彼等之真相，古今万国之一切学问，有卑下浅近如今世科学者乎？

平心论之，则今世科学之本分，不出二端：其一，则矫正已存之现象，而谓改良社会增进幸福之能事尽在于是；其一，则欲迎合安闲之人之好奇心，而以析难决疑为义务。斯言也，科学家闻之，其必以为侮谤乎？彼将曰：谁谓我迎合时人之好奇心哉？蒸气然耶？电气然耶？其他文明的工业然耶？征服自然，而利用之，吾之伟效，昭昭在人耳目也。虽然，使劳动者对之，亦自有说矣，曰：古来之制御自然者，其实效吾见之矣，制造有害人类之物,而殄灭人道,增长其奢侈放纵已耳。征服自然,岂所以利人生哉?正所以害之也。

若社会之组织不善,而以少数人抑压多数人者,则所谓文明利器,适足以长少数人之势力,而增其抑压之程度。今我俄国是也。呜呼!今之科学,既不以改良社会增进幸福为目的,而鳃鳃然论当世之现象,则言论虽新奇,著述虽浩瀚,曾何有秋毫之益乎!则将有为科学家辩者,曰:盍观之医学乎?种痘术之功效若何,外科医术之进步若何,得谓非人生之幸福乎?其说诚无以易矣。虽然,是亦思其功而未思其罪也。生民休息一二十年,而战事辄起,至戕杀生灵数十万,不以为异,予以为是当归罪于科学也。何则?科学家于一面排斥宗教伦理等,又于一面维持社会之现状,不思改良,而使人日益堕落,又何怪战争之惨祸,未有已时乎!

呜呼!君辈科学家,钻研琐屑之事,惟日不足,其心亦苦,其力亦劳矣,盍移此心力以从事于真正之宗教道德及社会的事业乎!其所以为益于人类者,当非疗治疾病之功所可同日语矣。医学家动以病院制度之善为言,然所谓病院者,设备奢侈,享其利者少数之人民耳。世固有重大于是,而能被利益于全体人民者,奈何度外视之?

要之,欲使今世科学有益无害,则不可不亟改其研究之法,勿谓社会现状,既能满吾人之意,而不图改进也。嘉本达氏之著《近世科学论》,实为时人痛下针砭,可谓先获我心者矣。

七　诗词创作汇编

静庵诗稿①

杂　诗 (戊戌四月)

飘风自北来，吹我中庭树。乌鸟覆其巢，② 响晦归何处？西山扬颓光，须臾复霾雾。翛翛长夜间，漫漫不知曙。旨蓄既以罄，桑土又云腐。欲从鸿鹄翔，铩羽不能遽。阴阳陶万汇，温溧固有数。亮无未雨谋，苍苍何喜怒。

美人如桃李，灼灼照我颜。贻我绝代宝，昆山青琅玕。一朝各千里，执手涕泛澜。我身局斗室，我魂驰关山。神光互离合，咫尺不得攀。惜哉此璀宝，久弃巾箱间。日月如矢激，倏忽鬓毛斑。我诵《唐棣》诗，愧恶当奚言。

豫章生七年，③ 荏染不成株。其上蠹梗楠，郁郁干云衢。匠石忽惊视，谓与凡材殊。诘朝事斤斧，浃辰涂丹朱。明堂高且严，佚荡天人居。虹梁抗日月，菡萏纷扶敷。顾此豫章苗，谓为中橧栌。付彼拙工辈，刻削失其初。柯干未云坚，不如栎与樗。中道失所养，幽怨当何如。

嘉兴道中 (己亥)

舟入嘉兴郭，清光拂客衣。朝阳承月上，远树与星稀。岁富多新

---

①　赵本原附于《静安文集》后，罗本编入《观堂外集》卷二，并题"丙午以前诗"。
②　原作"鸟乌"，据罗本改。
③　此诗罗本无。

筑，潮平露旧矶。如闻迎大府，河上有旌旗。

八月十五夜月①

一餐灵药便长生，眼见山河几变更。留得当年好颜色，嫦娥底事太无情？

红豆词

南国秋深可奈何，手持红豆几摩挲。累累本是无情物，谁把闲愁付与他？

门外青骢郭外舟，人生无奈是离愁。不辞苦向东风祝，到处人间作石尤。

别浦盈盈水又波，凭栏渺渺思如何？纵教踏破江南种，只恐春来苗更多。

匀圆万颗争相似，暗数千回不厌痴。留取他年银烛下，拈来细与话相思。

题梅花画筐

梦中恐怖诸天堕，眼底尘埃百斛强。苦忆罗浮山下住，万梅花里一胡床。

题友人三十小像

劝君惜取镜中姿，三十光阴隙里驰。四海一身原偶寄，千金三致岂前期。论才君自轻侪辈，学道余犹半黠痴。差喜平生同一癖，宵深爱诵剑南诗。

---

① 此诗罗本无。

几看昆池累劫灰，俄惊沧海又楼台。早知世界由心造，无奈悲欢触绪来。翁埠潮回千顷月，超山雪尽万株梅。卜邻莫忘他年约，同醉中山酒一杯。

杂　感

侧身天地苦拘挛，姑射神人未可攀。云若无心常淡淡，川如不竞岂潺潺。驰怀敷水条山里，托意开元武德间。终古诗人太无赖，苦求乐土向尘寰。

书古书中故纸（癸卯）

昨夜书中得故纸，今朝随意写新诗。长捐箧底终无恙，比入怀中便足奇。黯淡谁能知汝恨，沾涂亦自笑余痴。书成付与炉中火，了却人间是与非。

端　居

端居多暇日，自与尘世疏。处处得幽赏，时时读异书。高吟惊户牖，清谈霏琼琚。有时作儿戏，距跃绕庭除。角力不耻北，说隐自忘愚。虽惭云中鹤，终胜辕下驹。如此复不乐，问君意何如？

阳春煦万物，嘉树自敷荣。枳棘茁其旁，既锄还复生。我生三十载，役役苦不平。如何万物长，自作牺与牲？安得吾丧我，表里洞澄莹。纤云归大壑，皓月行太清。不然苍苍者，褫我聪与明。冥然逐嗜欲，如蛾赴寒檠。何为方寸地，矛戟森纵横？闻道既未得，逐物又未能。衮衮百年内，持此欲何成！

孟夏天气柔，草木日夕长。远山入吾庐，顾影自骀荡。晴川带芳甸，十里平如掌。时与二三子，披草越林莽。清旷淡人虑，幽蒨遗世网。归来倚小阁，坐待新月上。渔火散微星，暮钟发疏响。高谈达夜分，往往入遐想。咏此聊自娱，亦以示吾党。

嘲杜鹃

去国千年万事非，蜀山回首梦依稀。自家惯作他乡客，犹自朝朝劝客归。

干卿何事苦依依，尘世由来爱别离。岁岁天涯啼血尽，不知催得几人归？

五月十五夜坐雨赋此

积雨经旬烟满湖，先生小疾未全苏。水声粗悍如骄将，天色凄凉似病夫。江上痴云犹易散，胸中妄念苦难除。何当直上千峰顶，看取金波涌太虚。

游通州湖心亭

扁舟出西郭，言访湖中寺。野鸟困樊笼，奋然思展翅。入门缘亭坳，尘劳始一憩。方愁亭午热，清风飒然至。新荷三两翻，葭菼去无际。湖光槛底明，山色樽前坠。人生苦局促，俯仰多悲悸。山川非吾故，纷然独相媚。嗟尔不能言，安得同把臂。

六月二十七日宿硖石

新秋一夜蚊如市，唤起劳人使自思。试问何乡堪著我，欲求大道况多歧。人生过处唯存悔，知识增时只益疑。欲语此怀谁与共，鼾声四起斗离离。

秋夜即事

萧然饭罢步鱼矶，东寺疏钟度夕霏。一百八声亲数彻，不知清露湿人衣。

偶成二首

我身即我敌，外物非所虞。人生免襁褓，役物固有余。网罟一朝作，鱼鸟失宁居。① 矫矫骅与骝，垂耳服我车。玉女粲然笑，照我读奇书。嗟汝矜智巧，坐此还自屠。一日战百虑，兹事与生俱。膏明兰自烧，古语良非虚。

蠕蠕茧中蛹，自缚还自钻。解铃虎颔下，只待系者还。大患固在我，他求宁非漫。所以古达人，独求心所安。翩然鸿鹄举，山水恣汗漫。奇花散硐谷，嗜嗜鸣鹇鸾。悠然七尺外，独得我所观。至人更卓绝，古井浩无澜。中夜搏嗜欲，甲裳朱且殷。凯歌唱明发，筋力亦云单。蝉蜕人间世，兀然入泥洹。此语闻自昔，践之良独难。厥途果奚从，吾欲问瞿昙。

拚 飞

拚飞懒逐九秋雕，孤耿真成八月蜩。偶作山游难尽兴，独寻僧话亦无聊。欢场只自增萧瑟，人海何由慰寂寥。不有言愁诗句在，闲愁那得暂时消。

重游狼山寺

不过招提半载余，秋高重访素师居。羯来桑下还三宿，便拟山中构一庐。此地果容成小隐，百年那厌读奇书。君看岭外嚣尘上，讵有吾侪息影区。

---

① 罗本与赵本原文"罟""宁"两字错简，于文理不通。

尘 劳

迢迢征雁过东皋，谡谡长松卷怒涛。苦觉秋风欺病骨，不堪宵梦续尘劳。至今呵壁天无语，终古埋忧地不牢。投阁沉渊争一闲，子云何事《反离骚》？

来日二首

来日滔滔来，去日滔滔去。适然百年内，与此七尺遇。尔从何处来，行将徂何处？扶服径幽谷，途远日又暮。霅然一罅开，熹微知天曙。便欲从此逝，荆棘窘余步。税驾知何所，漫漫就前路。常恐一掷中，失此黄金注。我力既云痡，哲人倘见度。瞻望弗可及，求之缣与素。

宇宙何寥廓，吾知则有涯。面墙见人影，真面固难知。箾箾半在水，本末互参池。持刀剡作矢，劲直固无亏。耳目不足凭，何况胸所思？人生一大梦，未审觉何时。相逢梦中人，谁为析余疑。吾侪皆肉眼，何用试金箆？

登狼山支云塔

数峰明媚互招寻，孤塔嶙峋试一临。槛底江流仍日夜，岩间海草未销沉。蓬莱自合今时浅，哀乐偏于我辈深。局促百年何足道，沧桑回首亦骎骎。

病中即事 (甲辰)

滴残春雨住无期，开尽园花卧不知。因病废书增寂寞，强颜入世苦支离。拟随桑户游方外，未免扬朱泣路歧。闻道南山薇蕨美，膏车径去莫迟疑。

暮 春

晨翻书帙鸟无哗，晚步郊原草正芽。院落春深新著燕，池塘雨过乱鸣蛙。心闲差许观身世，病起粗能玩物华。但使猖狂过百岁，不嫌孤负此生涯。

冯 生

众庶冯生自足悲，真人何事困馈饫。家贫且贷河侯粟，行苦终思牧女麋。溟海巨鹏将徙日，雪山大道未成时。生平不索长生药，但索丹方可忍饥。

晓 步

兴来随意步南阡，夹道垂杨相带妍。万木沉酣新雨后，百昌苏醒晓风前。四时可爱唯春日，一事能狂便少年。我与野鸥申后约，不辞旦旦冒寒烟。

蚕

余家浙水滨，栽桑径百里。年年三四月，春蚕盈筐筐。蠕蠕食复息，蠢蠢眠又起。口腹虽累人，操作终自己。丝尽口卒屠，织就鸳鸯被。一朝毛羽成，委之如敝屣。崀崀索其偶，如马遭鞭箠。呴濡视遗卵，怡然即泥滓。明年二三月，儦儦长孙子。茫茫千万载，辗转周复始。嗟汝竟何为，草草阅生死。岂伊悦此生，抑由天所畀。畀者固不仁，悦者长已矣。劝君歌少息，人生亦如此。

平 生

平生苦忆挈卢敖，东过蓬莱浴海涛。何处云中闻犬吠，至今湖畔

尚乌号。人间地狱真无间，死后泥洹枉自豪。终古众生无度日，世尊
只合老尘嚣。

秀 州

看月不知清夜长，归桡渐入秀州乡。天边远树山千叠，风里垂杨
态万方。一自名园窜狐兔，至今渌水少鸳鸯。不须为唱梅村曲，芳草
萋萋自断肠。

偶 成

文章千古事，亦与时荣枯。并世盛作者，人握灵蛇珠。朝菌媚初
日，容色非不腴。飘风夕以至，零落委泥涂。且复舍之去，周流观石
渠。蔽亏东观籍，繁会南郭竽。譬如贰负尸，桎梏南山隅。恒干块犹
存，精气荡无余。小子懵无状，亦复事操觚。自忘宿瘤质，揽镜学施
朱。东家与西舍，假得紫罗襦。主者虽不索，跬步终趔趄。且当养毛
羽，勿作南溟图。

九日游留园

朝朝吴市踏红尘，日日萧斋兀欠伸。到眼名园初属我，出城山色
便迎人。奇峰颇欲作人立，乔木居然阅世新。忍放良辰等闲过，不辞
归路雨沾巾。

天 寒

天寒木落冻云铺，万点城头未定乌。只分杨朱叹歧路，不应阮籍
哭穷途。穷途回驾原非失，歧路亡羊信可吁。驾得灵槎三十丈，空携
片石访成都。

欲 觅

欲觅吾心已自难，更从何处把心安？诗缘病辍弥无赖，忧与生来讵有端。起看月中霜万瓦，卧闻风里竹千竿。沧浪亭北君迁树，何限栖雅噪暮寒。

出 门

出门惘惘知奚适，白日昭昭未易昏。但解购书那计读，且消今日敢论旬。百年顿尽追怀里，一夜难为怨别人。我欲乘龙问羲叔，两般谁幻又谁真？

过 石 门

我行迫季冬，及此风雨夕。狂飙掠舷过，声声如裂帛。后船窘呼号，似闻楼橹折。孤怀不能寐，高枕听渐沥。须臾风雨止，微光漏舷隙。悠然发清兴，起坐岸我帻。片月挂东林，垂垂两岸白。小松如人长，离立四五尺。老桑最丑怪，亦复可怡悦。疏竹带轻飔，摇摇正秀绝。生平几见汝，对面若不识。今夕独何夕，著意媚孤客。非徒豁双眸，直欲奋六翮。此顷能百年，岂惜长行役。

留园玉兰花（乙巳）

庭中新种玉兰树，枝长干短花无数。灿如幼女冠六珈，踯躅墙阴不能步。今朝送客城西隅，留园名花天下无。拔地扶疏三四丈，倚天绰约百余株。我上东楼频目极，楼西花海花西日。海上银涛突兀来，日边瑶阙参差出。南圃辛夷亦已花，雪山缺处露朝霞。闲凭危槛久徙倚，眼底层层生绛纱。窈窕吴娘自矜许，却来花底羞无语。直令椒麝黯无香，坐使红颜色消沮。将归小住更凝眸，暝色催人不可留。归来径卧添愁怅，万花倒插藻井上。

坐 致

坐致虞唐亦太痴，许身稷契更奚为？谁能妄把平成业，换却平生万首诗。

五月二十三夜出阊门驱车至觅渡桥

小斋竟日兀营营，忽试霜蹄四马轻。萤火时从风里堕，雉垣偏向电边明。静中观我原无碍，忙里哦诗却易成。归路不妨冒雷雨，兹游快绝冠平生。

将理归装，得马湘兰画幅，喜而赋此

旧苑风流独擅场，土苴当日睨侯王。书生归舸真奇绝，载得金陵马四娘。

小石丛兰别样清，朱丝细字亦精神。君家宰相成何事？羞杀千秋冯玉英。（马士英善绘事，其遗墨流传人间者，世人丑之，往往改其名为冯玉英云。）

《观堂集林》卷二十四

颐和园词 (壬子)

汉家七叶钟阳九，颍泂风埃昏九有。南国潢池正弄兵，北沽门户仍飞牡。仓皇万乘向金微，一去宫车不复归。提挈嗣皇绥旧服，万几从此出宫闱。东朝渊塞曾无匹，西宫才略称第一。恩泽何曾逮外家，咨谋往往闻温室。亲王辅政最称贤，诸将专征捷奏先。迅扫欃枪回日月，八荒重睹中兴年。联翩方召升朝右，北门独付西平手。因治楼船凿汉池，别营台沼追文囿。西直门西柳色青，玉泉山下水流清。新锡山名呼万寿，旧疏湖水号昆明。昆明万寿佳山水，中间宫殿排云起。拂水回廊千步深，冠山杰阁三层峙。隧道盘纡凌紫烟，上方宝殿放祈年。更栽火树千花发，不数明珠彻夜悬。是时朝野多丰豫，年年三月迎鸾驭。长乐深严苦敞神，甘泉爽垲宜清暑。高秋风日重阳，佳节坤成启未央。丹陛大陈三部伎，玉卮亲举万年觞。嗣皇上寿称臣子，本朝家法严无比。问膳曾无赐坐时，从游罕讲家人礼。东平小女最承恩，远嫁归来奉紫宸。卧起每偕荣寿主，丹青差喜缪夫人。尊号珠联十六字，太官加豆依前制。别启琼林贮羡余，更营玉府搜珍异。月殿云阶敞上方，宫中习静夜焚香。但祝时平边塞静，千秋万岁未渠央。五十年间天下母，后来无继前无偶。却因清暇话平生，万事何堪重回首？忆昔先皇幸朔方，属车恩幸故难量。内批教写清舒馆，小印新镌同道堂。一朝铸鼎降龙驭，后宫髶绝不能去。北渚何堪帝子愁，南衙复遘丞卿怒。手夷端肃反京师，永念冲人未有知。为简儒臣严谕教，别求名族正宫闱。可怜白日西南驶，一纪恩勤付流水。甲观曾无世嫡

孙，后宫并乏才人子。提携犹子付黄图，劬苦还如同治初。又见法宫
冯玉几，更劳武帐坐珠襦。国事中间几翻覆，近年最忆怀来辱。草地
间关短毂车，邮亭仓卒芜蒌粥。上相留都树大牙，东南诸将奉王家。
坐令佳气腾金阙，复道都人望翠华。自古忠良能活国，于今母子仍玉
食。九庙重闻钟鼓声，离宫不改池台色。一自官家静摄频，含饴无冀
弄诸孙。但看腰脚今犹健，莫道伤心迹已陈。两宫一旦同绵惙，天柱
偏先地维折。高武子孙复几人，哀平国统仍三绝。是时长乐正弥留，
茹痛还为社稷谋。已遣伯禽承大统，更扳公旦觐诸侯。别有重臣升御
榻，紫枢元老开黄阁。安世忠勤自始终，本初才气尤腾踔。复数同时
奉话言，诸王刘泽号亲贤。独总百官居冢宰，共扶孺子济艰难。社稷
有灵邦有主，今朝地下告文祖。坐见弥天戢玉棺，独留末命书盟府。
原庙丹青俨若神，镜奁遗物尚如新。那知此日新朝主，便是当年顾命
臣。离宫一闭经三载，渌水青山不曾改。雨洗苍苔石兽间，风摇朱户
铜螭在。云韶散乐久无声，甲帐珠帘取次倾。岂谓先朝营楚殿，翻教
今日恨尧城。宣室遗言犹在耳，山河盟誓期终始。寡妇孤儿要易欺，
讴歌狱讼终何是。深宫母子独凄然，却似滦阳游幸年。昔去会逢天下
养，今来劣受厉人怜。虎鼠龙鱼无定态，唐侯已在虞宾位。且语王孙
慎勿疏，相期黄发终无艾。定陵松柏郁青青，应为兴亡一抚膺。却忆
年年寒食节，朱侯亲上十三陵。

读史二绝句

楚汉龙争元自可，师昭狐媚竟如何。阮生广武原头泪，应比回车
痛哭多。

当涂典午长儿孙，新室成家且自尊。只怪常山赵延寿，赭袍龙凤
向中原。

送日本狩野博士游欧洲

君山博士今儒宗，亭亭崛起东海东。平生未拟媚邹鲁，胙豆每与

沂泗通。自言读书知求是，但有心印无雷同。我亦半生苦泛滥，异同
坚白随所攻。多更忧患阅陵谷，始知斯道齐衡嵩。夜阑促坐闻君语，
使人气结回心胸。颇忆长安昔相见，当时朝野同欢宴。百僚师师学奔
走，大官诺诺竞圆转。庙堂已见纲纪弛，城阙还看士风变。食肉偏云
马肝美，取鱼坐觉熊蹯贱。观书韩起宁无感，闻乐延陵应所叹。巾车
相送南城隅，岁琯甫更市朝换。嬴蹶俄然似土崩，梁亡自古称鱼烂。
干戈满眼西风凉，众雏得意稚且狂。人生兵死亦由命，可怜杜口心烦
伤。四方蹙蹙终安骋，幡然鼓棹来扶桑。扶桑风物由来美，旧雨相逢
各欢喜。卜居爱住春明坊，择邻且近鹿门子。商量旧学加邃密，倾倒
新知无穷已。幸免仲叔累猪肝，颇觉幼安惭龙尾。谈深相与话兴衰，
回首神州剧可哀。汉土由来贵忠节，至今文谢安在哉！履霜坚冰所由
渐，麋鹿早上姑苏台。兴亡原非一姓事，可怜慄慄京与垓。此邦瞳瞳
如晓日，国体宇内称第一。微闻近时尚功利，复云小吏乏风节。疲民
往往困鲁税，学子稍稍出燕说。良医我是九折肱，忧时君为三太息。
半年会合平安城，只君又作西欧行。石室绌书自能事，缟带论交亦故
情。离朱要能搜赤水，楚国岂但夸白珩。坐待归来振疲俗，毋令后世
羞儒生。勿携此诗西渡海，此中恐有蛟龙惊。

蜀 道 难

　　对案辍食惨不欢，请为君歌《蜀道难》。蜀江委蛇几千折，峰峦
十二烟云间。中有千愁与万冤，南山北山啼杜鹃。借问谁化此，幽愤
古莫比。云是江南开府魂，非复当年蜀天子。开府河朔生名门，文章
政事颇绝伦。早岁才名揭曼硕，中年书札赵王孙。簪笔翩翩趋郎署，
绣衣一著飞腾去。十年持节偏西南，万里皇华光道路。幕府山头幕府
开，黄金台畔起金台。主人朱毕多时誉，宾客孙洪尽上才。奉使山陵
绝驰道，幸缘薄谴归田早。宝华庵中足百城，更将何地堪娱老。呜
呼！乾嘉以还盛文物，器车争为明时出。士夫好事过欧赵，学子考文
陋王薛。近来山左数吴陈，江左潘吴亦绝伦。开府好古生最后，搜罗
颇出诸家右。匋斋著录苦未尽，请述一二遗八九。玉刀三尺光芒静，

宝鸡铜禁尤完整。孤本精严华岳碑，千言谟训毛公鼎。河朔穿碑多辇致，中余六代朱文字。丹青一卷顾长康，唐宋纷纷等自郐。开府此外无他娱，到处琳琅载后车。颇怪长沙储木屑，不愁新息谤明珠。比来辇毂多闲暇，倦眼摩挲穷日夜。自谓青山老向禽，那知白首随王贾。铁官将作议纷纶，诏付经营起重臣。又报烽烟昏玉垒，便移旌节上荆门。玉垒荆门路几许，可怜偏地生榛莽。木落秋经滟滪堆，风高暮宿彭亡聚。提兵苦少贼苦多，纵使兵多且奈何。戏下自翻汉家帜，帐中骤听楚人歌。楚人三千公旧部，数月巴渝共辛苦。朝趋武帐呼元戎，暮扣辕门诉索虏。彻侯万户金千斤，首级还须赠故人。此意公私君莫问，此时恩怨两难论。爱弟相随同玉碎，赠官赐谥终何济。铜鼓聊当蒿里歌，铁笼便是东园器。杀胡林中作帝杷，蜀盐几斛相交加。留取使君生面在，顺流直下长风沙。南楼到日人人识，犹忆使君曾驻节。将军置卫为周防，父老遥看暗呜咽。昔闻暴抗汉与明，规摹还使后人惊。和州有庙祠余阙，西楚何亲葬谷城。即今鱼邸悬头久，枯骨犹闻老兵守。白狄谁归先轸元，朱场空请王琳首。玉轴牙签尽作尘，兰亭殉葬更无因。颇闻纪甗归齐国，复道龙文委水滨。首在荆南身在蜀，归魂日夜西山麓。千里空驰江上心，一时已抉城门目。可怜萧瑟满江潭，无限江南与汉南。莫问翠微旧山色，西风落木归来庵。

观红叶一绝句

漫山填谷涨红霞，点缀残秋意太奢。若问蓬莱好风景，为言枫叶胜樱花。

壬子岁除即事

又向殊方阅岁阑，梦华旧事记应难。缁尘京洛浑如昨，风雪山城特地寒。可但先人知汉腊，定谁军府问南冠。屠苏后饮吾何憾，追往伤来自寡欢。

咏　史（癸丑）

六龙时御天，肇迹元黄战。牧野始开周，垓下遂造汉。洛阳缚二竖，唐鼎初云奠。赵宋号屠王，神开耀淮甸。棱威既旁薄，大号乃涣汗。六合始搏心，群丑亦革面。令行政自举，病去利乃见。游士复庠序，征夫归陇畔。百年开太平，一日资涂炭。自非舜禹功，漫侈唐虞禅。

先王号圣贤，后王称英雄。英雄与圣贤，心异术则同。非仁民弗亲，非义士莫从。智勇纵自天，饥溺思在躬。要令天下肥，始觉一身崇。百世十世量，早在缔构中。黄屋何足娱，所娱以其功。成家与仲家，奄忽随飘风。所以曹孟德，犹以汉相终。

典午师曹公，世亦师典午。赫赫荀贾辈，所计在门户。师尹既多辟，庶政乃无度。季伦名家子，文采照区宇。堂堂南州牧，乃劫西域贾。祖逖出东塘，戴渊踞淮浦。虎狼在堂室，徙戎复何补？神州遂陆沈，百年委榛莽。寄语桓元子，莫罪王夷甫。

塞北引弓士，塞南冠带民。耕牧既殊俗，言语亦异伦。三王大一统，乃以禹迹言。大幕空度汉，长城已筑秦。古来制漠北，独有唐与元。元氏储祥地，唐家累叶婚。神尧出独孤，官氏北地尊。英英文皇帝，母后黑獭孙。用兹代北武，纬以江左文。婉娈服弓马，潇洒出经纶。蕃将在阃外，公主过河源。所以天可汗，古今唯一人。

少读陶杜诗，往往说饥寒。自来夸毗子，焉知生事艰？子云美笔札，遨游五侯间。孔璋檄豫州，矢在袁氏弦。魏台一朝建，书记又翩翩。文章诚无用，用亦未为贤。青春弄鹦武，素秋纵鹰鹯。咄咄扬子云，今为人所怜。

昔　游

端居爱山水，懒性怯游观。同游畏俗客，独游兴易阑。行役半九州，所历多名山。舟车有程期，筋力愁跻攀。穷幽岂不快，资想讵足欢。亦思追昔游，揽笔空汗颜。

我本江南人，能说江南美。家家门系船，往往阁临水。兴来即命棹，归去辄隐几。远浦见萦回，通川流浼弥。春融弄驺荡，秋爽呈清沚。微风葭葵外，明月荇藻底。波暖散凫鹥，渊深跃鳏鲤。枯槎渔网挂，别浦菱歌起。何处无此境，吴会三千里。

西湖天下胜，春日四序最。我行直暮春，山路雨初霁、言从金沙港，步至云林寺。山川气苏醒，卉木昼融泄。老干缀新绿，丛篁积深翠。林际荡湖光，石根漱寒濑。新莺破寂寥，时出高柳外。兹游犹在眼，流水十年事！

二年客吴郡，所爱郡西山。买舟出西郭，清光照我颜。东风开垂柳，一一露烟鬟。远望殊无厌，近揽信可餐。天平石尤胜，巧匠穷雕镌。想当洪濛初，此地朝群仙。尽将白玉笋，插在苍崖巅。仰跻隥道绝，俯视邱壑妍。谷中颇夷旷，有庐有田园。玉兰数百树，烂漫向晴天。淹留逮日暮，坐见飞鸟还。题名墨尚在，试觅白云间。

大江下岷峨，直走东海畔。我行指夏口，所见多平远。振奇始豫章，往往成壮观。马当若连屏，石脚插江岸。窈窕小姑山，微茫湖口县。回首香炉峰，飞瀑挂天半。玉龙升紫霄，头角没云汉。昏旦变光景，阴晴殊隐现。几时步东林，真见庐山面。

京师厌尘土，终日常掩关。西山朝暮见，五载未一攀。却忆军都游，发兴亦偶然。我来自南口，步步增高寒。两崖积铁立，一径羊肠穿。行人入智井，羸马蹴流泉。左转弹琴峡，流水声潺潺。夕阳在峰顶，万杏明倚天。暮宿青龙桥，关上月正圆。溶溶银海中，历历群峰巅。我欲从驼纲，北去问居延。明朝入修门，依旧尘埃间。

隆裕皇太后挽歌辞九十韵

先帝将亲政，旁求内助贤。宗臣躬奉册，天子自临轩。长女爱迎渭，元妃凤号嫄。未央新受玺，长乐故承欢。问寝趋西苑，从游在北园。太官分玉食，女史进银镮。璧月临华沼，明河界掖垣。铜龙宵咽漏，香兽晓喷烟。礼数元殊绝，恩波自不偏。螽斯宜揖揖，瓜瓞望绵绵。就馆终无日，专房抑有缘。齐纨虽暂弃，汉剑固难捐。家国频多事，君王企改弦。亲臣用安石，旧学重甘盘。调护终思皓，危疑伫得韩。东朝仍薄怒，左卫且流言。玉几陈朝右，珠襦出殿前。求医晨下诏，训政暮追班。宣室从今罢，长门自昔闲。事虽西掖秘，语已内家传。闻疾然疑作，瞻天去住难。翻因朝鹤禁，暂得对龙颜。憔悴凭谁问，忧虞只自怜。妾身甘薄命，官里愿加餐。别殿春巢燕，离宫夏听蝉。王家犹阢杌，国步遂迍邅。象魏妖氛逼，钩陈杀气躔。轻装同涕出，下殿但衣牵。豆粥芜亭畔，柴车易水边。终然随玉辇，幸免折金鞭。去国诚多感，回銮更永叹。乾坤重缔造，母子尚防闲。梦去瀛台近，愁来渤海宽。枯桐根半死，古井水长寒。掩抑长生祝，仓皇末命宣。鹤归寒有语，龙去回难攀。先后同危惙，升真各后先。委裘迎济北，负扆仗河间。孺子垂裳日，亲王摄政年。谦冲如昨日，悲感每无端。泪与湘流竭，恩唯鞠子单。起居调甲观，游幸罢甘泉。篝火俄张楚，传烽忽到燕。大臣唯束手，小吏或弹冠。阃外无卢植，山中有谢安。庙谟先立帅，廷议尽推袁。洒落捐前隙，低徊忆后艰。方令调鼎鼐，不独总师干。反斾从江浒，衔恩入上兰。君臣同涕泪，殿陛尽潺湲。礼自群僚绝，权教一相专。坐令成羽翼，不觉变寒暄。鄂渚宽穷寇，金陵撤外援。虚张江表势，都散水衡钱。国论归操纵，军心任控抟。嗣宗因劝进，祭仲自行权。大内更筹转，中宵禅草颁。琅琅宣德令，草草载书编。帝制仍平日，官僚俨备员。鹭飞今作客，龙亢昔乘乾。城阙罘罳坏，园陵草露沔。黄图余禁籞，赤子剩中涓。寂寞看冲主，欷歔对讲官。晓音缘室毁，忍死为巢完。属者逢天寿，佳辰近上元。诸王仍入内，故相愿交欢。燀赫生辰使，凄凉上寿筵。陪臣称上客，拜表易通笺。御殿心如噎，移宫议又喧。长春才受贺，宁寿遽升仙。侧听弥留耗，传从丙夜阑。嗣皇居膝下，太保到帘前。母子恩无极，君臣分俨然。指天明寄托，视日但汍澜。前殿繁霜重，西垣落月圆。寺人缠玉柎，园匠奉金棺。畴昔悲时命，中间值播迁。一身元溆落，九庙幸安全。地轴俄翻覆，天关倏转旋。腐心看夏社，张目指虞渊。此去朝先帝，相将诉昊天。秋荼知苦味，精卫晓沉冤。道路传乌喙，宫廷讳马肝。生原虚似寄，死要重于山。举世嫌濡足，何人识仔肩。补天愁石破,逐日恨泉干。心事今逾白,精诚本自丹。山河虽已异,名节固难刊。诔德词臣少,流言秽史繁。千秋彤管在,试与诵斯篇。

癸丑三月三日京都兰亭会诗

大挠以还几癸丑,纪年唯说永和九。人间上巳何岁无,独数山阴暮春初。尔来荏苒经几年,岁星百三十周天。会稽山水何岑寂,竭来异国会群贤。东邦风物留都美,延阁沉沉连云起。翻砌非无芍药花,绕门恰有流觞水。此会非将禊事修,却缘禊序催清游。信知风俗与时易,唯有翰墨足千秋。忆昔山阴典郡日,郡中流寓多簪绂。会稽山水固无双,内史风流复第一。兰亭修禊序且书,书成自谓绝代无。一朝茧纸闷幽宅,人间从此无真迹。后来并失唐人摹,近世犹传宋时石。此邦士夫多好事,古今名拓争罗致。我来所见皆瑰奇,二十八行三百字。开皇响搨殊未工,犹是当年河朔风。后代正宗推定武,同时摹本重神龙。南渡家家置一石,流传此日犹珍惜。偏旁考校徒区区,神采照人殊奕奕。行书斯帖称墨皇,况有真草相辉光。小楷几通越州帖,草书三卷澄清堂。古来书圣推内史,但有赞扬绝言议。我今重与三摩挲,请为世人阐真秘。昔人论书以势名,古文篆隶各异型。千年四体相嬗代,唯尽其势体乃成。汉魏之间变古隶,体虽解散势犹未。波磔尚存八分法,茂密依稀两京制。《墓田》数帖意独殊,流传仍出山阴摹。永和变法创新意,世间始有真行书。由体生势势生笔,书成乃觉体势一。相斯小篆中郎隶,后得右军称三绝。小楷法度尽《黄庭》,行书斯帖具典刑。草书尺牍尚百数,何曾一一学伯英。后来鲁公知此意,平生盘礴多奇气。大书往往爱摩崖,小字《麻姑》但游戏。真行巨细无间然,先后变法王与颜。坐令千载嗟神妙,当日只自全其天。我论书法重感喟,今年此地开高会。文物千秋有废兴,江河万古仍滂沛。君不见兰亭曲水埋荒烟,当年人物不复还。野人牵牛亭下过,但道今是牛儿年。

游　仙（乙卯）

金册除书道赐秦，西垂仁见霸图新。已缘获石祠陈宝，更喜吹箫得上真。鹑首山河归版籍，风台歌吹接星辰。谁知一觉钧天梦，寂寞祈年馆下人。

十赍文成九锡如，三千剑履从云车。临轩自佩黄神印，受箓教披素女书。金检赤文供劾召，云窗露（一作"雾"）阁榜清虚。诙谐叵奈东方朔，苦为虚皇注起居。

劫后穷桑号赤明，眼看天柱向西倾。经霜琪树春前槁，得水神鱼地上行。尽有三山沉北极，可无七圣厄襄城。蓬莱清浅寻常事，银汉何年风浪生。

附：伏日杂诗简静安　　　　　　　　　　　　　　　　　寐叟

伏伏今年雨，湫湫后夜凉。芸生三有业，缺月一分光。象意籀重识，虫生患未央。微风蘋末起，平旦更商量。

天河低案户，星气烂如云。巧拙时难定，婵媛夕有亲。福缘祈上将，绮语属词人。中夜危楼影，披云望北辰。

寂寞王居士，江乡乐（一作"寄"）考槃。论宜资圣证，道不变贞观。鸥鸟忘机喻，鹪枝适性安。善来寻蒋径，何处有田盘？

远书兼旧事，理尽独情悲。著蔡言终验，笃心贯不移。药炉修病行，讲树立枯枝。万里罗含宅，弥襟太息时。

和巽斋老人《伏日杂诗》四章[1]（丙辰）

春心不可掬，秋思更难量。雨蚁仍争垤，风萤倏过墙。视天殊澶漫，观化苦微茫。《演雅》谁能续，吾将起豫章。

风露危楼角，凭阑思浩然。南流河属地，西柄斗垂天。匡卫中宫斥，梧枪复道缠。为寻甘石问：失纪自何年？

---

[1]　一作《和子培方伯〈伏日杂诗〉四律，兼呈雪堂先生》。

平生子沈子，迟莫得情亲。冥坐皇初意，楼居定后身。精微存口说，顽献付时论。近枉秦州作，篇篇妙入神。

清浅蓬莱水，从君跂一望。无由参玉箓，尚记咏《霓裳》。度世原无术，登真或有方。近传羡门信，双鬓已秋霜。

　　附：静庵和诗四章，辞意深美，而格制清远，非魏晋后人语也。适会新秋，赋此以答　　　　　　　　　　　　寐叟

木落归根水顺流，老翁无感长年秋。荣桐叶有先雕警，腐草光成即炤游。吟比鱼山闻梵入，身依鸽寺怖情收。王筠沈约今焉向，判作琅书脉望休。

再酬巽斋老人

八月炎蒸三伏雨，今年颠倒作寒温。人喧古渡潮平岸，灯暗幽坊月到门。迥野蟋蛄多切响，高楼腐草有游魂。眼前凡楚存亡意，待与蒙庄子细论。

游　仙①（丁巳）

如盖（一作"荡荡"）青天倚杵低，方流（一作"溶溶"）玉水旋成泥。五山峙海根无著，七圣同车路总迷。员峤自（一作"顿"）沈穷发（一作"方丈"）北，若华还在邓林西。含生总作微禽化，玄鹤飞鹑自不齐。（唐写《修文殿御览》残卷引《纪年》："穆王南征，君子为鹤，小人为飞鹑。"）

海上送日本内藤博士②

安期先生来何许，赤松洪厓为伴侣。蹴踏鹿卢龙与虎，西来长揖

---

　　① 诗内异文据作者丁巳八月八日致罗振玉书中所附诗。
　　② 诗前作者有短序曰：湖南先生北游赤县，自齐鲁来，访余海上，出赠唐写古文《尚书》景本，赋诗志谢，并送其北行。

八神主。翩然游戏始齐鲁，陟登泰山睨梁父。摩挲泰碑溯三五，上有无怀所封土。七十二王文字古，横厉泗水拜尼甫。千年礼器今在不，雷洗觞觚爵鹿粗。豆笾锤磬瑟琴鼓，何所当年矍相圃。南下彭城过梁楚，飙轮直邸黄歇浦。回车陋巷叩蓬户，袖中一卷巨如股。《尚书》源出晋秘府，天宝改字笑莽卤。媵以《玉篇》廿三部，初唐书迹凤鸾翥。玉案金刀安足数，何以报之愧郑纻。送君西行极汉浒，游目洞庭见娥女。北辕易水修且阻，困民之国因殷土。商侯治河此胥宇，洒沈澹灾功微禹。王亥嗣作殷高祖，服牛千载德施普。击床何怒逢牧竖，河伯终为上甲辅。中兴大业迈乘杜，三十六叶承天序。有易不宁终安补，我读《天问》识其语。《竹书》谰言付一炬，多君前后相邪许。太丘沦鼎一朝举，君今渡河绝漳滏。眼见殷民常鬴冟，归去便将阙史补。明岁寻君道山府，如瓜大枣傥乞与，我所思兮衡漳渚。

海日楼歌寿东轩先生七十 (戊午)

海日高楼俯晴空，若华夜半光熊熊。九衢四照纷玲珑，下枝扶疏上枝童。阳乌爱集此其宫，扈从八神骖六龙。步自太平径太蒙，我有不见彼或逢。悲泉蒙谷次则穷，桑榆西即榑木东。斯楼突兀星座通，银涛涌见金芙蓉。谁与主者东轩翁，楼居十年朝海童。西行偶蹑夸父踪，拄杖不化邓林松。归来礼日东轩中，咸池佳气瞻郁葱。在昔庞眉汉阳公，手扶赤日升玄穹。问年九九时登庸，翁今尚弱一星终。猿鹤那必非夔龙，剽翁余事靡不综。儒林丈人诗派宗，小鸣大鸣随扣钟。九天珠玉戛枪镦，狐裘笠带都士容。永嘉末见正始风，典刑文献森在躬。德机自杜符自充，工歌南山笙邱崇，翁年会与海日同。诗家包丘伯，道家浮丘公，列仙名在儒林中。平生幸挹天衣袖，自办申辕九十翁。

戊午日短至

常雨常阴闼下都，佳辰犹自感睽孤。天行未必愆终始，云物因谁纪有无。万里玄黄龙战野，一车寇嬛鬼张弧。烬灰拨尽寒无奈，愁看街头戏泼胡。

静安录示短至诗和韵奉教　　　　　　　　　　　寐叟

月当头夕影模糊，万里云罗雁孳孤。欲叩天关藏九雏，自斟玄酒礼三无。神丛箫鼓迎诸布，雨妾缠绵脱后弧。独有泽农忧岁苦，麦塍谁与鼓咙胡。

夜久朝元到紫都，钧天散后客星孤。壬辰降岁犹迟待，大乙神光乍有无。北晓暝燃龙伯烛，南星秋合老人弧。低徊五百年间事，散尽娲沙问老胡。

东轩老人两和前韵再叠一章

缁撮黄裘望彼都，报章稠叠慰羁孤。蹉跎白日看时运，骆驿升云半有无。抟土定知非妙戏，射妖何意失阴弧。国中总和元规乐，谁信文康是老胡。

哭富冈君扻

摇落孤生本易伤，穷冬急景去堂堂。亲知聚散随流水，文献凋残到异方。豪气未应浇酒去，奇书须遣凿楹藏。海西一老同垂涕，千载唐音待报章。（去岁，君游海上，东轩老人属访日本所传唐代乐谱。昨闻君讣，为之太息。）

题蕺山先生遗像（己未）

山阴别子亢姚宗，儒效分明浩气中。封事万言多慷慨，过江一死转从容。僧祇（一作"大千"）劫去留人谱，风义衰时（一作"三百年来"）拜鬼雄。我是祝（开美）陈（乾初）乡后辈，披图莫讶涕无从。

题敦煌所出唐人杂书六绝句

吏黠民冥自古然，牛毛法令弄尤便。千秋仁政君知否，不课丁男只课田。(唐沙州敦煌县大历四年户籍)

女主新符出阿师，寻寻遗法付阇黎。大云两译分明在，莫认牟尼作末尼。(《大云经疏》)

虚声乐府擅缤纷，妙悟新安迥出群。茂倩漫收双绝句，教坊原有《凤归云》。(《云谣集》杂曲子)

劫后衣冠感慨深，新词字字动人心。贵家障子僧家壁，写遍韦郎《秦妇吟》。(韦庄《秦妇吟》)

圣德神功古所难，千秋郅治想贞观。不知六月庚申事，梦里如何对判官。(《太宗入冥》小说)

赐姓当年编属蕃，圣天译语有根源。大金玉国天公主，莫作唐家支派论。(于阗国天公主李氏施画地藏菩萨像)

赠太子少保特谥文忠梁公挽歌词

海内论忠孝，无如耆绝伦。盛年忧国是，苦口出词臣。屡困屠鲸手，终休饰豸身。平生肝胆在，临老故轮囷。

汉历中衰日，昌陵覆篑余。敷天思复土，一老独驰书。奉檄豚鱼泣，程功象鸟俱。凄凉弘演意，千载为欷歔。

来从鼎胡观，入直承明宫。任重忘衰疾，恩深饰始终。赠官如故事，谏德冠群公。臣意终何慕，西京渡仲翁。

冬夜读《山海经》感赋

兵祸肇蚩尤，本出庶人雄。肆其贪饕心，造作兵与戎。帝受玄女符，始筑肩髀封。龙驾俄上仙，颛顼方童蒙。康回怒争帝，立号为共工。首触天柱折，乃与西北通。坐令赤县民，当彼不周风。尔臣何人号相繇，蛇身九首食九州。蕰草则死蕰木枯，欸尼万里成泽湖。神禹杀之其血腥，臭不可以生五谷，湮之三仞土三蒩。峨峨群帝台，南瞰昆仑虚。伟哉万世功，微禹吾其鱼。黄帝治涿鹿，共工处幽都。古来朔易地，中土同膏腴。如何君与民，仍世恣毒痡。帝降洪水一荡涤，千年刚卤地无肤。唐尧乃嗟咨，南就冀州居。所以禹任土，不及幽并区。吁嗟乎！敦薨之海涸不波，乐池灰比昆池多。高岸为谷谷为阿，将由人事匪有它。断鳌炼石今则那，奈汝共工相繇何。

小除夕东轩老人饷水仙钓钟花赋谢

逼仄复逼仄，海壖受一廛。庭除确无土，井谷深无天。抵顶眠群儿，积薪庋陈编。欹枕何所见，皑皑白盛鲜。登楼何所见，蠹蠹万灶烟。校雅辨芳荼，识篆得鼃黾。兴来阅画障，却看江南山。云气荡东海，嘉树森西园。衣带绕北江，芳草被南阡。市楼一回合，苍翠空无端。峨峨故纸堆，兀兀文字禅。荒荒时运尽，迈迈我生观。幽谷掣岩电，回照群动前。短智蹳天后，深忧居人先。雨水告岁遒，檐溜鸣潺潺。穷阴增积惨，逝水悲徂年。时晏孰华余，长者忽有颁。便娟花数丛，烂漫珠一箪。儿倾储粟瓶，妇彻荐新盘。僮媪纷灌溉，新井汲寒泉。未能插晴昊，亦足媚幽闲。徙倚温雒神，杂佩来姗姗。王母下乐池，玉胜黄琅玕。何期周饶国，一昔会群仙。苏魂聚窅香，忘忧北堂萱。零陵恶可辟，合欢忿且蠲。相期游汗漫，复此得迈宽。公诗天下宣，揖让苏与韩。我惭籍湜辈，来厕晁张间。冀以寸筳细，一叩洪钟雄。诘朝唱侲子，政可殴神奸。赋诗答嘉贶，定致《风伯》篇。

张小帆中丞索咏南皮张氏二烈女诗（庚申）

中丞教作烈女歌，五年宿诺嗟蹉跎。去岁养疴北海上，督责乃枉高轩过。我生恨识前辈晚，相国精魂箕尾远。昔随书局趋东阁，顷以部民谒南阮。朱颜白发韬英姿，想见手夷征侧时。十载江湖瞻北阙，一门忠孝数南皮。烈女同出南皮张，清门迥与高门望。孰云部娄无松柏，郁郁双干蟠穹苍。陵谷推移名节变，昔人所尊今则贱。画墁居然傲国工，戚施乍可呼邦媛。谁与赋诗陈彝伦，濡染大笔劳山人。群公题咏吾能记，若有人兮水竹村。村人皤然一诗叟，趣取大物亦何有。末流那解盗圣智，异俗何时还淳厚。吁嗟乎！箕斗之间析木津，间气终然钟妇人。两条恒卫东流去，万古巍巍二女坟。

梦得东轩老人书，醒而有作，时老人下世半岁矣① （癸亥②）

弥天海日翁，驭气归混茫。天上信差乐，且莫睊旧乡。峨峨帝释宫，瀯瀯修罗场。人事日溃渍，蒿目无乃创。平生忧世泪，定溢瑶池航。幽明绝行理，有命那得将。昨宵忽见梦，发函粲琳琅。细书知意密，一牍逾十行。古意备张索，近势杂倪黄。且喜得翁书，遑问人在亡。傥有诇谟告，不假诏巫阳。仓皇未卒读，邻鸡鸣东墙，攲枕至天曙，涕泗下沾裳。

杨留垞六十寿诗

北扉新命忝同除，南滋经年亿卜居。久叹道存温雪子，复惊文似汉相如。日躔龙尾春方永，夕课蝇头眼未疏。《诗话》《文经》无恙在，天教野史作官书。

退食东华日又斜，意园重过一咨嗟。征文访献都陈迹，昭德春明几旧家。垂老复温铜辇梦，及时且看洛阳花。与君努力崇明德，墙角西山粲晚霞。

题濩斋少保《独立苍茫自咏诗图》卷

森爽高原汉乐游，都人宴赏日无休。城南车马知多少，谁会苍茫

---

① 以下各诗，赵本编入《观堂集林》卷二十四，而罗本编入《观堂别集》中。
② "癸亥"两字罗本无。

一段愁。

许身稷契庸非拙，到眼开天感不胜。惟有司勋知此意，竭来原上望昭陵。

题贡王朵颜卫景卷（甲子①）

濡水南来千里长，卢龙东走塞云黄。豪端底怪风云满，目断黄图写故乡。

杼首终葵百仞顽，锤峰今见画图闲，郦亭石梃形容妙，未记河西双塔山。

千岩峉嶭锡伯邸，万木沈酣武列源。谁分江南兵火里，赤山招得董源魂。

玉溪诗得少陵魂，向晚高歌武帝孙。解道英灵殊未已，不须惆怅近黄昏。②

罗雪堂参事六十寿诗（乙丑）

卅载云龙会合常，半年濡呴更难忘。昏灯履道坊中雨，羸马慈恩院外霜。事去死生无上策，智穷江汉有回肠。毗蓝风里山河碎，痛定为君举一觞。

事到艰危誓致身，云雷屯处见经纶。庭墙雀立难存楚，关塞鸡鸣已脱秦。独赞至尊成勇决，可知高庙有威神。百年知遇君无负，惭愧同为侍从臣。

---

① "甲子"两字罗本无。
② 罗本此诗后有"以上癸亥稿"数字。

《观堂别集》卷四

张母桂太夫人真赞① (壬戌四月)

洪范九畴五星极，日逎好德锡之福。吾党张仲最孝友，有母八旬仁者寿。寿富康宁五福偕，芝兰玉树罗庭阶。应身解化亦偶然，归处应是兜率天。

定居京都奉答铃木豹轩枉赠之作，并柬君山湖南君挈诸君子 (辛亥)

海外雄都领百城，周家洛邑宋西京。龙门伊阙争奇秀，昭德春明有典刑。闾里尚存唐旧俗，桥门仍习汉遗经。故人不乏朝衡在，四海相看竟弟兄。

莽莽神州入战图，中原文献问何如。苦思十载窥三馆，且喜扁舟尚五车。烈火幸逃将尽劫，神山况有未焚书。他年第一难忘事，秘阁西头是敝庐。

平生邱壑意相关，此日尘劳暂得闲。近市一廛仍远俗，登楼四面许看山。书声只在潺湲里，病骨全苏紫翠间。赁庑佣书吾辈事，北窗聊为一开颜。

三山西去阵云稠，虎据龙争讫未休。邂逅喜来君子国，登临还望帝王州。市朝言论鸡三足，今古兴亡貉一邱。犹有故园松菊在，可能

---

① 以下五首诗罗本未收。

无赋仲宣楼。

题沈乙庵方伯所藏赵千里《云麓早行图》①(丙辰)

华原石法河阳树，都入王孙盘薄中。千载只传金碧画，谁知衣钵是南宗。

同时刘李并精能，马夏终嫌笔有棱。一种高华严冷意，百年嫡嗣在吴兴。

残缣风雪凌竞处，几度高斋拂拭看。至竟装潢无圣手，却将明丽变荒寒。(重装洗涤，古意稍失，先生甚为惋惜。)

题徐积余观察《随庵勘书图》(丁巳季冬②)

漫乙卢黄甲戴钱，③ 北江戏语费衡铨。世间尽有洪崖骨，不遇金丹不得仙。

朝访残碑夕④勘书，君家故事有新图。衣冠全盛江南日，儒吏风流总不如。

前有随轩后随庵，二徐焜耀天东南。海滨投老得至乐，石墨琅书共一龛。

姚子梁观察母濮太夫人九十寿诗(戊午⑤)

班家才学左家齐，白发委佗称副笄。尹吉西都君子女，蘋蘩南国大夫妻。栽桑海畔都成实，蕴玉川流不受泥。说与慈颜应一笑，金堂石室在河西。

---

① 以下各诗罗本编入《观堂外集》卷三，并总标"丙辰以后诗"。
② 罗本"丁巳季冬"作"戊午"。
③ 此句罗本作"未必卢黄逊戴钱"。
④ 罗本"夕"作"暮"。
⑤ "戊午"两字罗本无。

麻姑原是地行仙，东过蓬莱阅海田。褖饰母犹司服旧，斑衣儿况老莱年。相看人瑞非今世，要见河清诧后贤。我愧奚斯能颂鲁，十年伫赋《閟宫》篇。

题某君竹刻小象

铸金象范蠡，买丝绣平原。图形甘泉宫，刻石孝堂山。于事岂不伟，适性非所便。江南有君子，人在夷惠间。爱画兼爱竹，孤情与云间。自貌岩壑姿，镌之青琅玕。画理得简易，竹性同贞坚。朗朗浮玉山，娟娟下若川。高风寄简毕，永与金石传。

题况蕙风太守北齐无量佛造象画卷[①]

湖海声名四十年，词人老去例逃禅。凭君持此归何处，石楈茶烟一惘然。

不思议光无量佛，人天何处有亏成。蟪蛄十里违山耳，不听频伽只听经。

题刘翰怡小象(己未)

早岁除书识姓名，中间述作走寰瀛。相逢海上惊年少，亟语尊前觉道宏。汲古不嫌孤阁迥，赋诗还夺玉山清。隐湖盛业千秋在，不数前朝顾阿瑛。

题族祖母蒋夫人画兰(庚申)

鹎鵊先鸣草不春，天教翠墨与精神。且将东海栽桑手，来作幽花写照人。新坂校知邻小筑，管公楼傥梦前身。白头二老婆娑处，可许

---

① 此两诗罗本无。

吴兴拜路尘。

高欣木舍人得明季汪然明所刊柳如是尺牍三十一通并己卯《湖上草》为题三绝句

羊公谢傅衣冠有（一作"少"），道广性峻风尘稀。纤郎名字吾能忆，合是扬州（一作"广陵"）王草衣。（《尺牍》廿五云：承谕出处，备见剀切，特道广性峻，所志各偏。久以此事推纤郎，行自愧也。纤郎疑即王修微，字修微，一号草衣道人，广陵人。后归许霞城给事。）

华亭非无桑下恋，海虞初有蜡屐踪。汪伦老去风情在，出处商量最恼公。（《草中赠陆处士》诗有"我是华亭旧时客"句。顾云美《河东君传》云"君初适云间孝廉为妾"，故有华亭旧客之句。又君初访半野堂在庚辰之冬，《尺牍》中第三十、第三十一皆及之。）

幅巾道服自权奇，兄弟相呼竟不疑。莫怪女儿太唐突，蓟门朝士几须眉。（顾云美《摹河东君初访半野堂小象》作"男子服"，此《尺牍》与汪然明者，皆自称曰"弟"。）[1]

题汉人草隶砖[2]

草隶三行文廿四，谁将令适作书材。全章六十三言在，如见敦煌笔札来。（敦煌所出汉人手书木简有《急就篇》百余字，惟首章独全。）

不教非种生我土，要使良苗得藉根。蔡葵胜之书总逸，农家言向纺专存。

汉人草隶《急就》、《稀稷》二专，其一藏吾邑邹景叔大令家，其一不知藏谁氏。雪堂以拓本见遗，装成，漫题二绝句。时辛酉季冬醉司命日，严寒，永观堂炙砚书。

---

[1] 另稿诗后有注："庚申季夏，野侯先生归自虞山，得此秘帙，假读一过，漫赋三章。观堂"按高欣木，名时显，字野侯。
[2] 罗本下尚有"一"字。

梁溪高仲均兄弟以其先德古愚
先生事实属题为书一绝(壬戌)

学成名母今比之，方识高家兄弟贤。珍重东林旧家世，惠山长有在山泉。

题《西泠印社图》

踏弩飞云事事新，行都社事记纷纶。如今百技都销歇，管领湖山属印人。

把臂龙泓共入林，缶翁图像写倭金。何由更复吾邱魄？湖水西泠深复深。

题御笔《双鹳鹆》(癸亥)

百种能言数穴禽，竭来枝上语秋深。一从栖息丹山后，学得轩台鸾凤音。

题绍越千太保《先德梦迹图》

富平公子逐星槎，兰省仙郎走传车。尽历缘边知阸塞，更便剧郡理纷挐。时清右辅多殊政，事去东京感梦华。好作《雪鸿图记》看，未容佳话擅东家。

万石温温父子同，牧邱最小作三公。补天事业崎岖后，忧国情怀鬓发中。恩泽一门今自厚，承平百态昔偏丰。披图漫作华胥感，会见扶阳继祖风。

题御笔《牡丹》

大钧造物无时节，画出姚黄历岁寒。不数城南崇效寺，一年一度倚阑看。

摩罗西域竞时妆，东海樱花侈国香。阅尽大千春世界，牡丹终古是花王。

欲步元舆赋牡丹，品题国色本来难。众仙舞罢《霓裳曲》，倦倚东风白玉阑。

唐人竞买洛城阛，篱护泥封得几旬。一自天工施点染，画堂长作四时春。

扶疏碧荫护琼姿，不怕风狂雨妒时。俗谚总归天冶铸，牡丹多仗叶扶持。

红梅未吐蜡梅陈，数朵琼云点染新。天与人间真富贵，来迎甲子岁朝春。

俯者如思仰者悦，古人体物有余工。不须更诵元舆赋，尽在丹青造化中。

天香国色世无伦，富贵前人品来真。欲识和平丰乐意，玉阶看取此花身。

履端瑞雪兆丰年，甲子贞余又起元。天上偶然闲涉笔，都将康乐付垓埏。

题御笔《花卉》四幅

妙绝葩经一字秾，悬知体物古来工。倚天照海春无限，尽在丹青造化中。（碧桃）

万种秾华著意开，纷纷桃李尽舆台。俯思仰悦饶姿态，总被层霄雨露来。（牡丹）

叶密花繁意不胜，诸天缨络挂层层。可知青李来禽种，未抵天南日给藤。（藤萝）

小山丛桂东篱菊，更写幽花著海棠。天上原无秋气感，横汾词句似宣房。（桂菊海棠）

南书房太监朱义方索题所
藏陈子砺学使内直时画册

《东莞五忠》书甫就，南州一老鬓成丝。干戈满眼江湖迥，应忆挥豪朵殿时。

题镇海李太夫人《八徽图》（甲子）

鸡鸣趋寝门，左箴左线纩。我诵寐叟诗，妇智敬无旷。（侍栉箴纫）
灭烛见奇谋，坠楼奋壮节。中有古兵机，实虚虚者实。（急智靖变）
徙像全宗祐，舆姑出险峨。下堂须保傅，笑杀宋共姬。（遇火整眼）
门前揭竿徒，半饱君家粟。报怨竟以德，为善日不足。（振廪捍侮）
善交存久敬，大孝在永慕。二年药炉间，夫子知吾素。（病榻服劳）
一朝卖作奴，终身为非民。伟哉李太君，独拯五百人。（手援众溺）
麻姑向东海，手种万树桑。冠带遍一郡，童童浃浦旁。（创学惠乡）
上有紫竹林，下有蛟鼍窟。波涛万艨艟，稽首定光佛。（然灯照海）

为马叔平题三体石经墨本[1]（乙丑）

千载何人知拓墨，二经全帙溯萧梁。开元零落十三纸，皇祐丛残百数行。（《隶续》所录宋皇祐间洛阳苏望刻石，予以行款求之，得一百十二行，实止八百一十九字。）岂谓风流仍正始，直将眼福傲欧黄。尚余《君奭》篇题在，梅本渊源待细商。

袁中舟侍讲五十生日寿诗[2]（丙寅）

螭首簪豪迹已陈，虎门端委事犹新。琼楼已自归无地，寒谷那知

---

[1]　此诗罗本无。
[2]　此诗罗本编入《观堂别集》。

岁有春。不分道销同甲戌，且留身在奉君亲。酒阑误作承平看，云汉昭回在北辰。

题《澈山检书图》①

曙邨画得南楼意，醇士图随碧血亡。若论风流略名位，秀州何必逊钱唐。

作记同时邵与钱，庚申重跋倍凄然。三家子弟都无恙，回首沧桑七十年。

题邓颃白《梅石居小象》②

潇洒衣冠全盛日，联翩题咏中兴时，万方鼓角穷冬夜，剪烛披图有所思。

---

① 罗本题下有"丙寅"两字。
② 罗本题下有"同上"两字。

集 外 诗

读史二十首

一

回首西陲势渺茫，东迁种族几星霜。何当踏破双芒屐，却向昆仑望故乡。

二

两条云岭摩天出，九曲黄河绕地回。自是当年游牧地，有人曾号伏羲来。

三

懵懵生存起竞争，流传神话使人惊。铜头铁额今安在？始信轩皇苦用兵。

四

澶漫江淮万里春，九黎才格又苗民。即今魋髻穷山里，此是江南旧主人。

五

二帝精魂死不孤，嵇山陵庙似苍梧。耄年未罢征苗旅，神武如斯旷代无。

六

铜刀岁岁战东欧，石弩年年出挹娄。毕竟中原开化早，已闻镠铁贡梁州。

七

谁向钧天听乐过，秦中自古鬼神多。即今《诅楚文》犹在，才告巫咸又亚驼。

八

《春秋》谜语苦难诠，历史开山数腐迁。前后固应无此作，一书上下二千年。

九

汉作（一作"凿"）昆池始见煤，当年资力信雄哉。于今莫笑胡僧妄，本是洪荒劫后灰。

十

挥戈大启汉山河，武帝雄材世讵多。轻骑今朝绝大漠，楼船明日下牂牁。

十一

慧光东照日炎炎，河陇降王正款边。不是金人先入汉，永平谁证梦中缘？

十二

西域纵横尽百城，张陈远略逊甘英。千秋壮观君知否，黑海东头望大秦。

十三

三方并帝古未有，两贤相厄我所闻。何来洒落樽前语，天下英雄惟使君。

十四

北临洛水拜陵园，奉表迁都大义存。纵使暮年终作贼，江东那更有桓温。

十五

江南天子皆词客，河北诸王尽将才。乍歌乐府《兰陵曲》，又见湘东玉轴灰。

十六

晋阳蜿蜿起飞龙，北面倾心事犬戎。亲出渭桥擒颉利，文皇端不愧英雄！

十七

南海商船来大食，西京祆寺建波斯。远人尽有如归乐，知是唐家全盛时。

十八

五国风霜惨不支，崖山波浪浩无涯。当年国势陵迟甚，争怪诸贤唱攘夷。

十九

黑水金山启伯图，长驱远蹠世间无。至今碧眼黄须客，犹自惊魂说拔都。

二十

东海人奴盖世雄，卷舒八道势如风。碧蹄倘得擒渠反，大憝何由起蛰龙。

戏效季英作口号诗

一

舟过瞿塘东复东，竹枝声里杜鹃红。白云低渡沧江去，巫峡冥冥十二峰。

二

朱楼高出五云间，落日凭栏翠袖寒。寄语塞鸿休北度，明朝飞雪满关山。

三

夜深微雨洒帘栊，惆怅西园满地红。侬李夭桃元自落，人间未免怨东风。

四

双阙凌霄不可攀，明河流向阙中间。银灯一队经驰道，道是君王夜宴还。

五

雨后山泉百道飞，冥冥江树子规啼。蜀山此去无多路，要为催人不得归。

六

十年肠断寄征衣，雪满天山未解围。却听邻娃谈故事，封侯大婿黑头归。

题《殷虚书契考释》

不关意气尚青春，风雨相看如（一作"各"）怆神。南沈北柯俱老病，先生华发鬓边新。

咏东坡[①]

　　两山、君扨两先生招集东山左阿弥旅馆，作坡公生日，愧无佳语，因录古人成句。

　　堂堂复堂堂，子瞻出峨嵋。少读范滂传，晚和渊明诗。

---

　　①　此诗为集句，作于 1916 年，收入《王忠悫公遗墨》。

苕华词

人间词甲稿

序（略，已收入本书《人间词话·附录》中）

《〈人间词甲稿〉序》跋①

樊少泉茂才（炳清），与人间同肄业东文学校，交甚契。顾体羸多病，怠于进取，尝自憾志行薄弱，遂更名志厚，字抗甫。故序后所署如此（其后仍用原名）。时，人间在吴门师范学校授文学。先期来书谓：词稿将写定，丐樊作序。樊应之，延不属稿。一日，词稿邮至。余与樊君开缄共读，而前已有序。来书云：序未署名，试猜度为何人作，宜署何人名，则署之。樊读竟大笑，遂援笔书己名。盖知樊性懒，此序未可以岁月期，遂代为之也。前尘历历如昨，而樊君墓草亦宿，忆此为之怅然。振常附记。

时，人间方究哲学，静观人生哀乐，感慨系之。而《甲稿》词中"人间"字凡十余见，故以名其词云。又记。

---

① 《〈人间词甲稿〉序》跋，罗振常撰，从罗氏所辑《观堂诗词汇编》录出。此序作于王、樊相继去世以后。据樊氏后人在 20 世纪 80 年代初书告陈鸿祥先生：王氏去世 (1927) 二三年后，樊氏亦病故，其卒时当在 30 年代初。跋云"樊君墓草亦宿"，则罗作此跋，已及其晚年，当在 30 年代末至 40 年代初（陈鸿祥：《人间词话　人间词注评》，江苏古籍出版社 2002 年版，第 360 页）。

如梦令

点滴空阶疏雨，迢递严城更鼓。睡浅梦初成，又被东风吹去。无据，无据，斜汉垂垂欲曙。

浣溪沙

路转峰回出画塘，一山枫叶背残阳，看来浑不似秋光。　隔座听歌人似玉，六街归骑月如霜，客中行乐只寻常。

临江仙

过眼韶华何处也？萧萧又是秋声！极天衰草暮云平，斜阳漏处，一塔枕孤城。　独立荒寒谁语？蓦回头宫阙峥嵘。红墙隔雾未分明，依依残照，独拥最高层。

浣溪沙

草偃云低渐合围，雕弓声急马如飞，笑呼从骑载禽归。　万事不如身手好，一生须惜少年时，那能白首下书帷。

又

霜落千林木叶丹，远山如在有无间，经秋何事亦屡颜？　且向田家拚泥饮，聊从卜肆憩征鞍，只应游戏在尘寰。

好事近

夜起倚危楼，楼角玉绳低亚。唯有月明霜冷，浸万家鸳瓦。

人间何苦又悲秋，正是伤春罢。却向春风亭畔，数梧桐叶下。

又

愁展翠罗衾，半是余温半泪。不辨坠欢新恨，是人间滋味。几年相守郁金堂，草草浑闲事。独向西风林下，望红尘一骑。

采桑子

高城鼓动兰釭灺，睡也还醒，醉也还醒，忽听孤鸿三两声。人生只似风前絮，欢也零星，悲也零星，都作连江点点萍。

西河

垂柳里，兰舟当日曾系。千帆过尽，只伊人不随书至。怪渠道著我侬心，一般思妇游子。　　昨宵梦、分明记，几回飞渡烟水？西风吹断，伴灯花摇摇欲坠。宵深待到凤凰山，声声啼鴂催起。　　锦书宛在怀袖底，人迢迢紫塞千里，算是不曾相忆。倘有情早合归来，休寄一纸，无聊相思字。

摸鱼儿 秋柳

问断肠、江南江北，年时如许春色。碧阑干外无边柳，舞落迟迟红日。沙岸①直，又道是、连朝寒雨送行客。烟笼数驿，剩今日天涯，衰条折尽，月落晓风急。　　金城路，多少人间行役，当年风度曾识。北征司马今头白，唯有攀条霑臆。君莫折，②君不见、舞衣寸寸填沟洫。细腰谁惜？算只有多情，昏鸦点点，攒向断枝立。

---

① "沙岸"一作"长堤"。
② "君莫折"一作"都狼藉"。

蝶恋花

谁道江南秋已尽，① 衰柳氄氄，尚弄鹅黄影。落日疏林光炯炯，不辞立尽西楼暝。　　万点栖鸦浑未定，潋滟金波，又幂青松顶。何处江南无此景，只愁没个闲人领。

鹧鸪天

列炬归来酒未醒，六街人静马蹄轻。月中薄雾漫漫白，桥外渔灯点点青。　　从醉里，忆平生，可怜心事太峥嵘。更堪此夜西楼梦，摘得星辰满袖行。

点绛唇

万顷蓬壶，梦中昨夜扁舟去。萦回岛屿，中有舟行路。　　波上楼台，波底层层俯。何人住，断崖如锯，不见停桡处。

又

高峡流云，人随飞鸟穿云去。数峰著雨，相对青无语。　　岭上金光，岭下苍烟沍。人间曙，疏林平楚，历历来时路。

踏莎行

绝顶无云，昨宵有雨，我来此地闻天语。疏钟暝直乱峰回，孤僧晓度寒溪去。　　是处青山，前生俦侣，招邀尽入闲庭户。朝朝含笑复含颦，人间相媚争如许。

---

① "江南"一作"人间"。

清 平 乐

樱桃花底，相见颓云髻。的的银缸①无限意，消得和衣浓睡。当时草草西窗，都成别后思量。料得②天涯异日，应③思今夜凄凉。

浣 溪 沙

月底栖雅当叶看，推窗跕跕坠枝间，霜高风定独凭栏。　　觅句心肝终复在，掩书涕泪苦无端，④ 可怜衣带为谁宽？

青 玉 案

姑苏台上乌啼曙，剩霸业，今如许。醉后不堪仍吊古，月中杨柳，水边楼阁，犹自教歌舞。　　野花开遍真娘墓，绝代红颜委朝露。算是人生赢得处，千秋诗料，一抔黄土，十里寒螀语。

满 庭 芳

水抱孤城，雪开远戍，垂柳点点栖鸦。晚潮初落，残日漾平沙。白鸟悠悠自去，汀州外、无限兼葭。西风起、飞花如雪，冉冉去帆斜。　　天涯还忆旧，香尘随马，明月窥车。渐秋风镜里，暗换年华。纵使长条无恙，重来处、攀折堪嗟。人何许，朱楼一角，寂寞倚残霞。

---

① 罗本作"釭"。
② "料得"一作"遮莫"。
③ "应"一作"转"。
④ 两句一作"为制新词匮尽断，偶听悲剧泪无端"。

蝶恋花

阅尽天涯离别苦，不道归来，零落花如许。花底相看无一语，绿窗春与天俱莫。　　待把相思灯下诉，一缕新欢，旧恨千千缕。最是人间留不住，朱颜辞镜花辞树。

玉楼春

今年花事垂垂过，明岁开应更舛？看花终古少年多，只恐少年非属我。　　劝君莫厌尊罍大，醉倒且拚花底卧。君看今日树头花，不是去年枝上朵。

阮郎归

女贞花白草迷离，江南梅雨时，阴阴帘幙万家垂，穿帘双燕飞。朱阁外，碧窗西，行人一舸归。清溪转处柳阴底，① 当窗人画眉。

浣溪沙

天末同云黯四垂，失行孤雁逆风飞，江湖寥落尔安归？　　陌上金丸看落羽，闺中素手试调醯，② 今朝③欢宴胜平时。

又

山寺微茫背夕曛，鸟飞不到半山昏，上方孤磬定行云。　　试上高峰窥皓月，偶开天眼觑红尘，可怜身是眼中人。

---

① 罗本作"低"。
② 两句一作"陌上挟丸公子笑，座中调醯丽人嬉"。
③ "朝"一作"宵"。

青玉案

　　江南秋色垂垂暮，算幽事，浑无数。日日沧浪亭畔路；西风林下，夕阳水际，独自寻诗去。　　可怜愁与闲俱赴，待把尘劳截愁住。灯影幢幢天欲曙。闲中心事，忙中情味，并入西楼雨。

浣溪沙

　　昨夜新看北固山，今朝又上广陵船，金焦在眼苦难攀。　　猛雨自随汀雁落，湿云常与暮鸦寒，人天相对作愁颜。

鹊桥仙

　　沈沈戍鼓，萧萧厩马，起视霜华满地。猛然记得别伊时，正今日邮亭天气。　　北征车辙，南征归梦，知是调停无计。人间事事不堪凭，但除却无凭两字。

又

　　绣衾初展，银釭旋剔，不尽灯前欢语。人间岁岁似今宵，便胜却貂蝉无数。　　霎时送远，经年怨别，镜里朱颜难驻。封侯觅得也寻常，何况是封侯无据！

减字木兰花

　　皋兰被径，月底栏干闲独凭。修竹娟娟，风里时闻响佩环。　　蓦然深省，起踏中庭千个影。依尽人间，一梦钧天只惘然。

鹧鸪天

阁道风飘五丈旗，层楼突兀与云齐。空余明月连钱列，不照红葩倒井披。　　频摸索，且攀跻，千门万户是耶非？人间总是堪疑处，惟有兹疑不可疑。

浣溪沙

夜永衾寒梦不成，当轩减尽半天星，带霜宫阙日初升。　　客里欢娱和睡减，年来哀乐与词增，更缘何物遣孤灯？

又

画舫离筵乐①未停，潇潇暮雨阖闾城，那堪还向曲中听。　　只恨当时形影密，不关今日②别离轻，梦回酒醒忆平生。

又

才过苕溪又雪溪，短松疏竹媚朝辉，去年此际远人归。　　烧后更无千里草，雾中不隔万家鸡，风光浑异去年时。

贺新郎

月落飞鸟鹊；更声声、暗催残岁，城头寒柝。曾记年时游冶处，偏反一栏红药。和士女、盈盈欢谑。眼底春光何处也？只极天、野烧明山郭，侧身望，天地窄。　　遣愁何计频商略，恨今宵、书城空拥，愁城难落。陋室风多青灯灺，中有千秋魂魄。似诉尽人间纷浊，

---

① "乐"一作"手"。
② 原本作"朝"，据罗本改。

七尺微躯百年里，那能消、今古闲哀乐，与蝴蝶，遽然觉。

人月圆 梅

天公应自嫌寥落，随意著幽花。月中霜里，数枝临水，水底横斜。　萧然四顾，疏林远①渚，寂寞天涯。一声鹤唳，殷勤唤起，大地清华。

卜算子 水仙

罗袜悄无尘，金屋浑难贮。月底溪边一晌看，便恐凌波去。独自惜幽芳，不敢矜迟莫。却笑孤山万树梅，狼藉花如许。

八声甘州

直青山缺处是孤城，②　倒悬③浸明湖。森千帆影里，④　参差宫阙，风展旌旂。向晚棹声渐急，⑤　萧瑟杂菰蒲。列炬⑥严城去，灯火千衢。　不道繁华如许，又万家爆竹，隔院笙竽。叹沈沈人海，不与慰羁孤！剩终朝襟裾相对，纵委蛇、人已厌狂疏。呼灯且觅朱家去，痛饮屠苏。

浣溪沙

曾识卢家玳瑁梁，觅巢新燕屡回翔，不堪重问郁金堂。　今雨相看非旧雨，故乡罕乐况他乡，人间何地著疏狂。

---

① "远"一作"绕"。
② "是孤城"一作"倚东南"。
③ "倒悬"一作"万堞"。
④ 此句一作"看片帆指处"。
⑤ 一作"向晚橹声渐数"。
⑥ "列炬"一作"一骑"。

踏莎行 元夕

绰约衣裳，凄迷香麝，华灯素面光交射。天公倍放月婵娟，人间解与春游冶。　　乌鹊无声，鱼龙不夜，九衢忙杀闲车马。归来落月挂西窗，邻鸡四起兰釭炧。

蝶恋花

急景流年真一箭，残雪声中，省识东风面。风里垂杨千万线，昨宵染就鹅黄浅。　　又是廉纤春雨暗，倚遍危楼，高处人难见。已恨平芜随雁远，暝烟更界平芜断。

又

窣地重帘围画省，帘外红墙，高与银河①并。开尽隔墙桃与杏，人间望眼何由骋。　　举首忽惊明月冷，月里依稀，认得山河影。问取常娥浑未肯，②相携素手层城③顶。

又

独向沧浪亭外路，六曲栏干，曲曲垂杨树。展尽鹅黄千万缕，月中并作濛濛雾。　　一片流云无觅处，云里疏星，不共云流去。闭置小窗真自误，人间夜色还如许。

浣溪沙

舟逐清溪弯复弯，垂杨开处见青山，毵毵绿发覆烟鬟。　　夹岸

---

① "银河"一作"青天"。
② 常娥，《甲稿》作"嫦娥"。
③ "层城"一作"阆风"。

莺花迟日里，归船箫鼓夕阳间，一生难得是春闲。

临江仙

闻说金微郎戍处，昨宵梦向金微。不知今又过辽西，千屯沙上暗，万骑月中嘶。　　郎似梅花侬似叶，竭来手抚空枝。可怜开谢不同时，漫言花落早，只是叶生迟。

南歌子

又是乌西匿，初看雁北翔。好与报檀郎：春来宵渐短，莫思量！

荷叶杯 戏效花间体

手把金尊酒满，相劝。情极不能羞，乍调筝处又回眸。留摩留，留摩留。

又

矮纸数行草草，书到。总道苦相思，朱颜今日未应非。归摩归，归摩归。

又

无赖灯花又结，照别。休作一生拚，明朝此际客舟寒。欢摩欢，欢摩欢。

又

谁道闲愁如海，零碎。雨过一池沤，时时飞絮上帘钩。愁摩愁，愁摩愁。

又

昨夜绣衾孤拥，幽梦。一霎钿车尘，道旁依约见天人。真摩真，真摩真。

又

隐隐轻雷何处？将曙。隔牖见疏星，一庭芳树乱啼莺。醒摩醒，醒摩醒。

蝶恋花

窈窕燕姬年十五，惯曳长裾，不作纤纤步。众里嫣然通一顾，人间颜色如尘土。　　一树亭亭花乍①吐，除却天然，欲赠浑无语。当面吴娘夸善舞，可怜总被腰肢误。

玉楼春

西园花落深堪扫，过眼韶华真草草。开时寂寂尚无人，今日偏嗔摇落早。　　昨朝却走西山道，花事山中浑未了，数峰和雨对斜阳，十里杜鹃红似烧。

蝶恋花

辛苦钱塘江上水，日日西流，日日东趋海。两岸②越山浈洞里，可能销得英雄气。　　说与江潮应不至，潮落潮生，几换人间世。千

---

① "乍"一作"下"。
② "两岸"一作"终古"。

载荒台麋鹿死，灵胥抱愤终何是。

又

谁道江南春事了，废苑朱藤，开尽无人到。高柳数行临古道，一藤红遍千枝杪。　　冉冉赤云将绿绕，回首林间，无限斜阳好。若是春归归合早，余春只搅人怀抱。

水龙吟 杨花，用章质夫、苏子瞻唱和均

开时不与人看，如何一霎濛濛坠。日长无绪，回廊小立，迷离情思。细雨池塘，斜阳院落，重门深闭。正参差欲住，轻衫掠处，又特地、因风起。　　花事阑珊到汝，更休寻、满枝琼缀。算来只合，人间哀乐，者般零碎。一样飘零，宁为尘土，勿随流水。怕盈盈一片春江，都贮得离人泪。

点 绛 唇

暗里追凉，扁舟径掠垂杨过。湿萤火大，一一风前堕。　　坐觉西南，紫电排云破。严城锁，高歌无和，万舫沈沈卧。

蝶 恋 花

莫斗婵娟弓样月，只坐蛾眉，消得千谣诼。臂上宫砂那不灭，古来积毁能销骨。　　手把齐纨相诀绝，懒祝西①风，再使人间热。镜里朱颜犹未歇，不辞自媚朝和夕。②

---

① "西"一作"秋"。
② "夕"一作"月"。

人间词乙稿

序（略，已编入本书《人间词话·附录》）

浣溪沙

　　七月西风动地吹，黄埃和叶满城飞，征人一日换缁衣。　　金马岂真堪避世？海鸥应是未忘机？故人今有问归期。

又

　　城郭秋生一夜凉，独骑瘦马傍宫墙，参差霜阙带朝阳。　　旋解冻痕生绿雾，倒涵高树作金光，人间夜色尚苍苍。

扫花游

　　疏林挂日，正雾淡烟收，苍然平楚。绕林细路、听沈沈落叶，玉骢踏去。背日丹枫，到眼秋光如许。正延伫，便一片飞来，说与迟暮。　　欢事难再溯！是载酒携柑，旧曾游处。清歌未住，又黄鹂趁拍，飞花入俎。今日重来，除是斜晖如故。隐高树，有寒鸦相呼俦侣。

祝英台近

　　月初残，门小掩，看上大堤去。徒御喧阗，行子黯无语。为谁收拾离颜？一腔红泪，待留向孤衾偷注。　　马蹄驻，但觉怨慕悲凉，条风过平楚。树上啼鹃，又诉岁华暮。思量只有，人间年年征路，纵有恨，都无蹄处。

浣溪沙

乍向西邻斗草过，药栏红日尚婆娑，一春只遣睡消磨。　　发为沈酣从委枕，脸缘微笑暂生涡，这回好梦莫惊他。

虞美人

犀比六博消长昼，五白惊呼骤，不须辛苦问亏成，一霎尊前了了见浮生。　　笙歌散后人微倦，归路风吹面。西窗落月荡花枝，又是人间酒醒梦回时。

减字木兰花

乱山四倚，人马崎岖行井底。路逐峰旋，斜日杏花明一山。销沈就里，终古兴亡离别意。依旧年年，迤逦骡纲①度上关。

蝶恋花

连岭去天知几尺？岭上秦关，关上元时阕。谁信京华尘里客，独来绝塞看明月。　　如此高寒真欲绝，眼底千山，一半溶溶白。小立西风吹索帻，人间几度生华发。

又

帘幙深深香雾重，四照朱颜，银烛光浮动。一霎新欢千万种，人间今夜浑如梦。　　小语灯前和目送，密意芳心，不放罗帏空。看取博山闲袅凤，濛濛一气双烟共。

---

① 一作"网"。

又

手剔银灯惊灺短，拥髻无言，脉脉生清怨。此恨今宵争得浅？思量旧日深恩遍！　　月影移帘风过院，待到归来，传尽中宫箭。[①] 故拥绣衾遮素面，赚他醉里频频唤。

浣溪沙

似水轻纱不隔香，金波初转小回廊，离离丛菊已深黄。　　尽撤华灯招素月，更缘人面发花光，人间何处有严霜？

蝶恋花

落日千山啼杜宇，送得归人，不遣居人住。[②] 自是精魂先魄去，凄凉病榻无多语。　　往事悠悠容细数，见说他生，又恐他生误。[③]纵使兹盟终不负，那时能记今生否？

菩萨蛮

高楼直挽银河住，当时曾笑牵牛处。今夕渡河津，牵牛应笑人。桐梢垂露脚，梢上惊乌掠。灯焰不成青，绿窗纱半明。

应天长

紫骝却照春波绿，波上荡舟人似玉。似相知，羞相逐，一晌低

---

① 此三句一作"花影一帘和月转，直怼凄凉，此境何曾惯？"
② 三句一作"冉冉蘅皋春又暮，千里生还，一诀成终古！"
③ 两句一作"见说来生，只恐来生误"。

头犹送目。　　鬈云敧，眉黛蹙，应恨这番匆促。恼（乱）一时心曲，① 手中双桨速。

菩 萨 蛮

红楼遥隔帘纤雨，沈沈暝色笼高树。树影到侬窗，君家灯火光。风枝和影弄，似妾西窗梦。梦醒即天涯，打窗闻落花。

又

玉盘寸断葱芽嫩，鸾刀细割羊肩进。不敢厌腥臊，缘君亲手调。红炉颊素面，醉把貂裘缓。归路有余狂，天街宵踏霜。

鹧 鸪 天

楼外秋千索尚悬，霜高素月慢②流天。倾残玉椀③难成醉，滴尽铜壶不解眠。　　人寂寂，夜厌厌，北窗情味似枯禅。不缘此夜金闺梦，那信人间尚少年。

浣 溪 沙

　花影闲窗压几重，连环新解玉玲珑，日长无事等匆匆。④　　静听斑骓深巷里，坐看飞鸟镜屏中，乍梳云髻那时松。

---

① 诸本皆无"乱"字，此句缺一字便不合词律，今据陈乃文辑本《静安词》补。
② "慢"一作"正"。
③ "椀"一作"碗"。
④ "匆匆"一作"悤悤"。

又

爱棹①扁舟傍岸行，红妆素萼斗轻盈，脸边舷外晚霞明。　为惜花香停短棹，②戏窥鬓影拨流萍，玉钗斜立小蜻蜓。

蝶恋花

忆挂孤帆东海畔，咫尺神山，海上年年见。几度天风吹棹转，望中楼阁阴晴变。　金阙荒凉瑶草短，到得蓬莱，又值蓬莱浅。只恐飞尘③沧海满，④人间精卫知何限？

喜迁莺

秋雨霁，晚烟拖，宫阙与云摩。片云流月入明河，鸩鹊散金波。　宜春院，披香殿，雾里梧桐一片，华灯簇处动笙歌，复道属车过。

蝶恋花

翠幌轻寒无著处，好梦初回，⑤枕上惺忪语。残夜小楼浑欲曙，四山积雪明如许。　莫遣良辰闲过去，起瀹龙团，对雪烹肥荠。此景人间殊不负，檐前冻雀还知否？

---

① "棹"一作"櫂"。
② "棹"一作"櫂"。
③ "飞尘"一作"尘扬"。
④ "满"一作"遍"。
⑤ "回"一作"还"。

虞美人

金鞭珠弹嬉春日，① 门户初相识。未能羞涩但娇痴，却立风前散发衬凝脂。　　近来瞥见都无语，但觉双眉聚。不知何日始工愁，记取那回花下一低头。

齐天乐 蟋蟀，用姜石帚原韵

天涯已自悲秋极，② 何须更闻虫语，乍响瑶阶，旋穿绣闼，更入画屏深处。喁喁似诉，有几许哀丝，佐伊机杼。一夜东堂，暗抽离恨万千绪。　　空庭相③和秋雨，又南城罢柝，西院停杵。试问王孙，苍茫岁晚，那有闲愁无④数？宵深谩与，怕梦隐春酣，万家儿女。不识孤吟，劳人床下苦。

点 绛 唇

波逐流云，棹⑤歌袅袅⑥凌波去。数声和橹，远入蒹葭浦。落日中流，几点闲鸥鹭。低飞处，菰蒲无数，瑟瑟风前语。

蝶 恋 花

春到临春花正妩，迟日阑干，蜂蝶飞无数。谁遣一春抛却去？马蹄日日章台路。　　几度寻春春不遇，不见春来，那识春归处？斜日晚风杨柳渚，马头何处无飞絮。

---

① 此句一作"弄梅骑竹嬉游日"。
② "秋"一作"愁"。
③ "相"一作"桐"。
④ "无"一作"此"。
⑤ "棹"一作"櫂"。
⑥ "袅袅"一作"缓缓"。

集 外 词

菩 萨 蛮

西风水上摇征梦，舟轻不碍孤帆重。江阔树冥冥，荒鸡叫雾醒。
舟穿妆阁底，楼上佳人起。蓦入欲通辞，数声柔舻枝。

蝶 恋 花

落落盘根真得地，涧畔双松，相背呈奇态。势欲拚飞终复坠，苍
龙下饮东溪水。　　溪上平岗千叠翠，万树亭亭，争作拏云势。总为
自家生意遂，人间爱道为渠媚。

醉 落 魄

柳烟淡薄，月中闲杀秋千索。踏青挑菜都过却，陡忆今朝，又失
湔裙约。　　落红一阵飘帘幕，隔帘错怨东风恶。披衣小立阑干角，
摇荡花枝，哑哑南飞鹊。

虞 美 人

杜鹃千里啼春晚，故国春心断。海门空阔月皑皑，依旧素车白马
夜潮来。　　山川城郭都非故，恩怨须臾误。人间孤愤最难平，消得
几回潮落又潮生。

鹧鸪天　庚申除夕和吴伯宛舍人

绛蜡红梅竞作花，客中惊又度年华。离离长柄垂天斗，隐隐轻雷

隔巷车。　　斟醁醑，和尖叉，新词飞寄舍人家。可将平日丝纶手，系取今宵赴壑蛇。

百字令 题孙隘庵《南窗寄傲图》（戊午）

楚灵均后数柴桑，第一伤心人物。招屈亭前千古水，流向浔阳百折。夷叔西陵，山阳下国，此恨那堪说。寂寥千载，有人同此伊郁。

堪叹招隐图成，赤明龙汉，小劫须臾阅。试与披图寻甲子，尚记义熙年月，归鸟心期，孤云身世，容易成华发，乔松无恙，素心还问霜杰。

霜花腴 用梦窗韵，补寿彊村侍郎（己未）

海湄倦客，是赤明延康，旧日衣冠，坡老黎村，冬郎闽峤，中年陶写应难。醉乡尽宽，更紫英、黄菊尊前。剩沧江、梦绕觚棱，斗边槎外恨高寒。　　回首凤城花事，便玉河烟柳，总带栖蝉。写艳霜边，疏芳篱下，消磨十样蛮笺。载将画船，荡素波，凉月娟娟。倩郦泉、与驻秋容，重来扶醉看。

清平乐 况夔笙太守索题《香南雅集图》（庚申）

蕙兰同畹，著意风光转。劫后芳华仍畹晚，得似凤城初见。旧人惟有何戡，玉宸宫调曾谙。肠断杜陵诗句，落花时节江南。

长短句（乙巳至己酉）

少 年 游

垂杨门外，疏灯影里，上马帽檐斜。紫陌霜浓，青松月冷，炬火散林鸦。　　酒醒起看①西窗上，翠竹影交加。跌宕歌词，纵横书卷，不与遣年华。

阮 郎 归

美人消息隔重关，川途弯复弯。沈沈空翠压征鞍，马前山复山。浓泼黛、缓拖鬟，当年看复看。只余眉样在人间，相逢艰复艰。

蝶 恋 花

昨夜梦中多少恨，细马香车，两两行相近。对面似怜人瘦损，众中不惜搴帷问。　　陌上轻雷听隐辚。②梦里难从，觉后那堪讯。蜡泪窗前堆一寸，人间只有相思分！

---

① 四字一作"归来惊看"。
② "隐辚"一作"渐稳"。

虞美人

碧苔深锁长门路①，总为蛾眉误。自来积毁骨能销，何况真红一点臂砂娇②。　妾身但使分明在，肯把朱颜悔。从今不复梦承恩，且自簪花③坐赏镜中人。

浣溪沙

六郡良家最少年，戎装骏马照山川，闲抛金弹落飞鸢。　何处高楼无可醉？谁家红袖不相怜？人间那信有华颠。

点绛唇

厚地高天，侧身颇觉平生左。小斋如舸，自许回旋可。　聊复浮生，得此须臾我。乾坤大，霜林独坐，红叶纷纷堕。

蝶恋花

满地霜华浓似雪，人语西风，瘦马嘶残月。一曲《阳关》浑未彻，车声渐共歌声咽。　换尽天涯芳草色，陌上深深，依旧年时辙。自是浮生无可说，人间第一耽离别。

又

斗④觉宵来情绪恶，新月生时，黯黯伤离索。此夜清光浑似昨，

---

① 此句一作"纷纷谣诼何须数？"
② 两句一作"世间白骨尚能销，何况玉肌一点守宫娇！"
③ "簪花"一作"开奁"。
④ 一作"陡"。

不辞自下深深幕。　　何物尊前哀与乐？已坠前欢，无据他年约！几度烛花开又落，人间须信思量错。

又

百尺朱楼临大道，楼外轻雷，不间昏和晓。独倚阑干人窈窕，闲中数尽行人小。　　一霎车尘生树杪，陌上楼头，都向尘中老。薄晚西风吹雨到，明朝又是伤流潦。

又

黯淡灯花开又落，此夜云踪，知向谁边著？频弄玉钗思旧约，知君未忍浑抛却。　　妾意苦专君苦博，君似朝阳，妾似倾阳藿。但与百花相斗作，君恩妾命原非薄。

浣溪沙

掩卷平生有百端，饱更忧患转冥顽，偶听啼鸩怨春残。　　坐觉无①何消白日，更缘随例弄丹铅，闲愁无分况清欢。

清平乐

垂杨深②院，院落双飞③燕。翠幕④银灯春不浅，记得那时初见。　　眼波酺⑤晕微流，尊前却按《凉州》。⑥拚取一生肠断，消他几度回眸。

---

① "无"一作"亡"。
② "深"一作"小"。
③ "飞"一作"归"。
④ "幕"一作"幎"。
⑤ "酺"一作"脸"。
⑥ "凉州"一作"梁州"。

浣 溪 沙

漫作年时别泪看，西窗蜡炬尚泛澜，不堪重梦十年间。 斗柄又垂天直北，官书坐会①岁将阑，更无人解忆长安。

谒 金 门

孤檠②侧，诉尽十年踪迹。残夜银钉无气力，绿窗寒恻恻。落叶瑶阶狼籍，高树露华凝碧。露点声疏人语密，旧欢无处觅。

苏 幕 遮

倦凭阑，低拥髻，丰颊秀③眉，犹是年时意。昨夜西窗残梦里，一霎幽欢，不似人间世。 恨来迟，防醒易，梦里惊疑，何况醒时际？凉月满窗人不寐，香印成灰，总作回肠字。

浣 溪 沙

本事新词定有无，斜行小草字模糊，④ 灯前肠断为谁书？ 隐几窥君新制作，背灯数妾旧欢娱，区区情事总难符。

蝶 恋 花

袅袅鞭丝冲落絮，归去临春，试问春何许？小阁重帘天易暮，⑤

---

① 四字一作"客愁坐逼"。
② "檠"一作"灯"。
③ "秀"一作"修"。
④ 此句一作"这般绮语太胡卢"。
⑤ "暮"一作"暑"。

隔帘阵阵飞红雨。　　刻意伤春谁与诉,① 闷拥罗衾, 动作经旬度。②已恨年华留不住, 争③知恨里年华去!

又

窗外绿阴添几许, 剩有朱樱, 尚系残红住。老尽莺雏无一语, 飞来衔得樱桃去。　　坐看画梁双燕乳, 燕语呢喃, 似惜人迟暮。自是思量渠不与, 人间总被思量误。

点绛唇

屏却相思, 近来知道都无益。不成抛掷, 梦里终相觅。　　醒后楼台, 与梦俱明灭。西窗白, 纷纷凉月, 一院丁香雪。

清平乐

斜行淡墨, 袖得伊书迹。满纸相思容易说, 只爱年年离别。罗衾独拥黄昏, 春来几点啼痕? 厚薄不④关妾命, 浅深只问君恩!

浣溪沙

已落芙蓉并叶凋, 半枯萧艾过墙高, 日斜孤馆易魂销。　　坐觉清秋归荡荡, 眼看白日去昭昭, 人间争度渐长宵。

蝶恋花

月到东南秋正半, 双阙中间, 浩荡流银汉。谁起水精帘下看, 风

---

① "谁与诉" 一作 "无说处"。
② "度" 一作 "卧"。
③ "争" 一作 "那"。
④ "不" 一作 "只"。

前隐隐闻箫管。　　凉露湿衣风拂面，坐爱清光，分照恩和怨。苑柳宫槐浑一片，长门西去昭阳殿。

菩 萨 蛮

回廊小立秋将半，婆娑树影当阶乱。高树是东家，月华笼露华。碧阑干十二，都作回肠字。独有倚阑人，断肠君不闻。

（原载《观堂集林》卷二十四）

八　文化学研究

自　序^①

　　岁月不居，时节如流，犬马之齿，已过三十。志学以来，十有余年，体素羸弱，不能锐进于学。进无师友之助，退有生事之累，故十年所造，遂如今日而已。然此十年间进步之迹，有可言焉。夫怀旧之感，恒笃于暮年；进取之方，不容于反顾。余年甫壮，而学未成，冀一篑以为山，行百里而未半。然举前十年之进步，以为后此十年二十年进步之券，非敢自喜，抑亦自策励之一道也。余家在海宁，故中人产也，一岁所入，略足以给衣食。家有书五六簏，除《十三经注疏》为儿时所不喜外，其余晚自塾归，每泛览焉。十六岁，见友人读《汉书》而悦之，乃以幼时所储蓄之岁朝钱万，购《前四史》于杭州，是为平生读书之始。时方治举子业，又以其闲学骈文散文，用力不专，略能形似而已。未几而有甲午之役，始知世尚有所谓（新）学者。家贫不能以资供游学，居恒怏怏，亦不能专力于是矣。二十二岁正月，始至上海，主时务报馆，任书记校雠之役。二月而上虞罗君振玉等私立之东文学社成，请于馆主汪君康年，日以午后三小时往学焉。汪君许之，然馆事颇剧，无自习之暇，故半年中之进步，不如同学诸子远甚。夏六月，又以病足归里，数月而愈。愈而复至沪，则时务报馆已闭，罗君乃使治社之庶务，而免其学资。是时社中教师为日本文学士藤田丰八、田冈佐代治二君。二君故治哲学，余一日见田冈君之文集中，有引汗德（今译康德）、叔本华之哲学者，心甚喜之。顾文字暌隔，自以为终身无

---

① 一作《三十自序》。

读二氏之书之日矣。次年社中兼授数学、物理、化学、英文等，其时担任数学者，即藤田君。君以文学者而授数学，亦未尝不自笑也。顾君勤于教授，其时所用藤泽博士之算术、代数两教科书，问题殆以万计，同学三四人者，无一问题不解，君亦无一不校阅也。又一年，而值庚子之变，学社解散。盖余之学于东文学社也，二年有半，而其学英文亦一年有半。时方毕第三读本，乃购第四、第五读本，归里自习之。日尽一二课，必以能解为度，不解者且置之。而北乱稍定，罗君乃助以资，使游学于日本。亦从藤田君之劝，拟专修理学。故抵日本后，昼习英文，夜至物理学校习数学。留东京四五月而病作，遂以是夏归国。自是以后，遂为独学之时代矣。体素羸弱，性复忧郁，人生之问题，日往复于吾前。自是始决从事于哲学，而此时为余读书之指导者，亦即藤田君也。次岁春，始读翻尔彭之《社会学》，及文之《名学》、海甫定《心理学》之半。而所购哲学之书亦至，于是暂辍心理学而读巴尔善之《哲学概论》、文特尔彭之《哲学史》（今译文德而班《哲学史教程》）。当时之读此等书，固与前日之读英文读本之道无异，幸而已得读日文，则与日文之此类书参照而观之，遂得通其大略。既卒《哲学概论》、《哲学史》，次年始读汗德之《纯理批评》（今译《纯粹理性批判》）。至《先天分析论》几全不可解，更辍不读，而读叔本华之《意志及表象之世界》（今译《作为意志和表象的世界》）一书。叔氏之书，思精而笔锐。是岁前后读二过，次及于其《充足理由之原则论》、《自然中之意志论》，及其文集等。尤以其《意志及表象之世界》中《汗德哲学之批评》一篇，为通汗德哲学关键。至二十九岁，更返而读汗德之书，则非复前日之窒碍矣。嗣是于汗德之《纯理批评》外，兼及其伦理学及美学。至今年从事第四次之研究，则窒碍更少，而觉其窒碍之处，大抵其说之不可持处而已。此则当日志学之初所不及料，而在今日亦得以自慰藉者也。此外如洛克、休蒙之书，亦时涉猎及之。近数年来为学之大略如此。顾此五六年间，亦非能终日治学问，其为生活故而治他人之事，日少则二三时，多或三四时，其所用以读书者，日多不逾四时，少不过二时。过此以往则精神涣散，非与朋友谈论，则涉猎杂书。唯此二三时间之读书，则非有大故，不稍间断而已。夫以余境之贫薄，而体之屡弱也，又每日为学时间之寡也，持之以恒，尚能小有所就，况财力精力之倍于余者，循序而进，其所造岂有量哉！故书十年间之进步，非徒以为责他日进步之券，亦将以励今之人使不自馁也。若夫余之哲学上及文学上之撰述，其见识文采亦诚有过人者，此则汪氏中所谓"斯有天致，非由人力，虽情苟曩哲，未足多矜"者，固不暇为世告焉。

自 序 二

前篇既述数年间为学之事，兹复就为学之结果述之：

余疲于哲学有日矣。哲学上之说，大都可爱者不可信，可信者不可爱。余知真理，而余又爱其谬误。伟大之形而上学，高严之伦理学，与纯粹之美学，此吾人所酷嗜也。然求其可信者，则宁在知识论上之实证论，伦理学上之快乐论，与美学上之经验论。知其可信而不能爱，觉其可爱而不能信，此近二三年中最大之烦闷，而近日之嗜好，所以渐由哲学而移于文学，而欲于其中求直接之慰藉者也。要之，余之性质，欲为哲学家则感情苦多，而智力苦寡；欲为诗人，则又苦感情寡而理性多。诗歌乎？哲学乎？他日以何者终吾身，所不敢知，抑在二者之间乎？

今日之哲学界，自赫尔德曼以后，未有敢立一家系统者也。居今日而欲自立一新系统，自创一新哲学，非愚则狂也。近二十年之哲学家，如德之芬德，英之斯宾塞尔，但搜集科学之结果，或古人之说而综合之、修正之耳。此皆第二流之作者，又皆所谓可信而不可爱者也。此外所谓哲学家，则实哲学史家耳。以余之力，加之以学问，以研究哲学史，或可操成功之券。然为哲学家，则不能；为哲学史，则又不喜，此亦疲于哲学之一原因也。

近年嗜好之移于文学，亦有由焉，则填词之成功是也。余之于词，虽所作尚不及百阕，然自南宋以后，除一二人外，尚未有能及余者，则平日之所自信也。虽比之五代、北宋之大词人，余愧有所不如，然此等词人，亦未始无不及余之处。因词之成功，而有志于戏曲，此亦近日之奢愿也。然词之于戏曲，一抒情，一叙事，其性质既异，其难易又殊。又何敢因前者之成功，而遽冀后者乎？但余所以有志于戏曲者，又自有故。吾中国文学之最不振者，莫戏曲若。元之杂剧，明之传奇，存于今日者，尚以百数。其中之文字，虽有佳者，然其理想及结构，虽欲不谓至幼稚，至拙劣，不可得也。国朝之作者，虽略有进步，然比诸西洋之名剧，相去尚不能以道里计。此余所以自忘其不敏，而独有志乎是也。然目与手不相谋，志与力不相副，此又后人之通病。故他日能为之与否，所不敢知，至为之而能成功与否，则愈不敢知矣。

虽然，以余今日研究之日浅，而修养之力乏，而遽绝望于哲学及文学，毋乃太早计乎！苟积毕生之力，安知于哲学上不有所得，而于文学上不终有成功之一日乎？即今一无成功，而得于局促之生活中，以思索玩赏为消遣之法，以自逭于声色货利之域，其益固已多矣。诗云：“且以喜乐，且以永日。”此吾辈才弱者之所有事也。若夫深湛之思，创造之力，苟一日集于余躬，则俟诸天之所为欤！俟诸天之所为欤！

《静庵文集》自序

　　余之研究哲学，始于辛、壬之间。癸卯春，始读汗德（今译康德）之《纯理批评》，苦其不可解，读几半而辍。嗣读叔本华之书而大好之。自癸卯之夏，以至甲辰之冬，皆与叔本华之书为伴侣之时代也。其所尤惬心者，则在叔本华之《知识论》，汗德之说得因之以上窥。然于其人生哲学观，其观察之精锐，与议论之犀利，亦未尝不心怡神释也。后渐觉其有矛盾之处，去夏所作《红楼梦评论》，其立论虽全在叔氏之立脚地，然于第四章内已提出绝大之疑问。旋悟叔氏之说，半出于其主观的气质，而无关于客观的知识。此意于《叔本华及尼采》一文中始畅发之。今岁之春，复返而读汗德之书，嗣今以后，将以数年之力，研究汗德。他日稍有所进，取前说而读之，亦一快也。故并诸杂文，刊而行之，以存此二三年间思想上之陈迹云尔。

　　光绪三十一年秋八月，海宁王国维自序。

论近年之学术界

外界之势力之影响于学术，岂不大哉！自周之衰，文王、周公势力之瓦解也，国民之智力成熟于内，政治之纷乱乘之于外，上无统一之制度，下迫于社会之要求，于是诸子九流各创其学说，于道德、政治、文学上，灿然放万丈之光焰，此为中国思想之能动时代。自汉以后，天下太平，武帝复以孔子之说统一之。其时新遭秦火，儒家唯以抱残守缺为事，其为诸子之学者，亦但守其师说，无创作之思想，学界稍稍停滞矣。佛教之东，适值吾国思想凋敝之后，当此之时，学者见之，如饥者之得食，渴者之得饮，担簦访道者，接武于葱岭之道，翻经译论者，云集于南北之都，自六朝至于唐室，而佛陀之教极千古之盛矣。此为吾国思想受动之时代。然当是时，吾国固有之思想与印度之思想互相并行而不相化合，至宋儒出而一调和之，此又由受动之时代出而稍带能动之性质者也。自宋以后以至本朝，思想之停滞略同于两汉，至今日而第二之佛教又见告矣，西洋之思想是也。

今置宗教之方面勿论，但论西洋之学术。元时罗马教皇以希腊以来所谓七术（文法、修辞、名学、音乐、算术、几何学、天文学）遗世祖，然其书不传。至明末，而数学与历学，与基督教俱入中国，遂为国家所采用。然此等学术，皆形下之学，与我国思想上无丝毫之关系也。咸、同以来，上海、天津所译书，大率此类。唯近七八年前，侯官严氏（复）所译之赫胥黎《天演论》（赫氏原书名《进化论与伦理学》，译义不全）出，一新世人之耳目，比之佛典，其殆摄摩腾之《四十二章经》乎。嗣是以后，达尔文、斯宾塞之名，腾于众人之口，物竞天择之语，见于通俗之文。顾严氏所奉者，英吉利之功利论及进化论之哲学耳，其兴味之所存，不存于纯粹哲学，而存于哲学之各分科。如经济、社会等学，其所最好者也。故严氏之学风，非哲学的，而宁科学的也，此其所以不能感动吾国之思想界者也。近三四年，法国十八世纪之自然主义，由日本之介绍，而入于中国，一时学海波涛沸渭矣。然附和此说者，非出于知识，而出于情意。彼等于自然主义之根本思想，固懵无所知，聊借其枝叶之语，以图遂其政治上之目的耳。由学术之方面观之，谓之无价值可也。其有蒙西洋学说之影响，而改造古代之学说，于吾国思想界上占一时之势力者，则有南海□□□（按，康有为）之《孔子改制考》、《春秋董氏学》，浏阳□□□（按，谭嗣同）之《仁学》。□（康）氏以元统天之说，大有泛神论之臭味，其崇拜孔子也，颇模仿基督教，其以预言者自居，又居然抱穆罕默德之野心者也。其震人耳目之处，在脱数千年思想之束缚，而易之以西洋已失势力之迷信，此其学问上之事业不得不与其政治上之企图同归于失败者也。然□（康）氏之于学术，非有固有之兴味，不过以之为政治上之手段，《荀子》所谓"今之学者以为禽犊者也"。□（谭）氏之说，则出于上海教会中所译之治心免病法，其形而上学之以太说，半唯物论、半神秘论也。人之读此书者，其兴味不在此等幼稚之形而上学，而在其政治上之意见。□（谭）氏此书之目的，亦在此而不在彼，固与南海□（康）氏同也。庚、辛以还，各种杂志接踵而起，其执笔者，非喜事之学生，则亡命之逋臣也。此等杂志，本不知学问为何物，而但有政治上之目的，虽时有学术上之议论，不但剿窃灭裂而已。如《新民丛报》中之《汗德哲学》，其纰缪十且八九也。其稍有一顾之价值者，则《浙江潮》中某氏之《续无鬼论》，作者忘其科学家之本分，而闯入形而上学，以鼓吹其素朴浅薄之唯物论，其科学上之引证亦甚疏略，然其唯有学术上之目的，则固有可褒者。又观近数年之文学，亦不重文学自己之价值，而唯视为政治教育之手段，与哲学无异。如此者，其亵渎哲学与文学之神圣之罪，固不可逭，欲求其学说之有价值，安可得也！故欲学术之发达，必视学术为目的，而不视为手段而后可。汗德《伦理学》之格言曰："当视人人为一目的，不可视为手段。"岂特人之对人当如是而已乎，对学术亦何独不然。然则彼等言政治，则言政治已耳，而必欲渎哲学、文学之神圣，此则大不可解者也。

近时之著译与杂志既如斯矣，至学校则何如？中等学校以下，但授国民必要之知识，其无与于思想上之事，固不俟论。京师大学之本科，尚无设立之日，即令设立，而据南皮张尚书之计画，仅足以养成呫哔之俗儒耳。此外私立学校，亦无足以当专门之资格者。唯上海之震旦学校，有丹徒马氏（良）之哲学讲义，虽未知其内容若何，然由其课程观之，则依然三百年前特嘉尔之独断哲学耳。国中之学校如此，则海外之留学界如何？夫同治及光绪初年之留学欧美者，皆以海军制造为主，其次法律而已，以纯粹科学专其家者，独无所闻。其稍有哲学之兴味如严复氏者，亦只以余力及之，其能接欧人深邃伟大之思想者，吾决其必无也。即令有之，亦其无表出之之能力，又可决也。况近数年之留学界，或抱政治之野心，或怀实利之目的，其肯研究冷淡干燥无益于世之思想问题哉！即有其人，然现在之思想界，未受其戈戈之影响，则又可不言而决也。

由此观之，则近数年之思想界，岂特无能动之力而已乎，即谓之未尝受动，亦无不可也。夫西洋思想之入我中国为时无几，诚不能与六朝、唐室之于印度较，然西洋之思想与我中国之思想，同为入世间的，非如印度之出世间的思想，为我国古所未有也。且重洋交通，非有身热头痛之险，文字易学，非如佉卢之难也，则我国思想之受动，宜较昔日为易，而顾如上所述者何哉？盖佛教之入中国，帝王奉之，士夫敬之，蚩蚩之氓，膜拜而顶礼之，且唐、宋以前，孔子之一尊未定，道统之说未起，学者尚未有入主出奴之见也，故其学易盛，其说易行。今则大学分科不列哲学，士夫谈论，动诋异端，国家以政治上之骚动，而疑西洋之思想皆酿乱之麹蘖；小民以宗教上之嫌忌，而视欧、美之学术皆两约之悬谈。且非常之说，黎民之所惧；难知之道，下士之所笑：此苏格拉底之所以仰药，婆鲁诺之所以焚身，斯披诺若之所以破门，汗德之所以解职也。其在本国且如此，况乎在风俗文物殊异之国哉！则西洋之思想之不能骤输入我中国，亦自然之势也。况中国之民，固实际的而非理论的，即令一时输入，非与我中国固有之思想相化，决不能保其势力。观夫三藏之书已束于高阁，两宋之说犹习于学官，前事之不忘，来者可知矣。

　　然由上文之说，而遂疑思想上之事，中国自中国，西洋自西洋者，此又不然。何则？智力人人之所同有，宇宙人生之问题，人人之所不得解也。其有能解释此问题之一部分者，无论其出于本国或出于外国，其偿我知识上之要求而慰我怀疑之苦痛者，则一也。同此宇宙，同此人生，而其观宇宙人生也，则各不同。以其不同之故，而遂生彼此之见，此大不然者也，学术之所争，只有是非真伪之别耳。于是非真伪之别外，而以国家、人种、宗教之见杂之，则以学术为一手段，而非以为一目的也。未有不视学术为一目的而能发达者，学术之发达，存于其独立而已。然则吾国今日之学术界，一面当破中外之见，而一面毋以为政论之手段，则庶可有发达之日欤？

论新学语之输入

近年文学上有一最著之现象，则新语之输入是已。夫言语者，代表国民之思想者也，思想之精粗广狭，视言语之精粗广狭以为准，观其言语，而其国民之思想可知矣。周、秦之言语，至翻译佛典之时代而苦其不足；近世之言语，至翻译西籍时而又苦其不足，是非独两国民之言语间有广狭精粗之异焉而已，国民之性质各有所特长，其思想所造之处各异故。其言语或繁于此而简于彼，或精于甲而疏于乙，此在文化相若之国犹然，况其稍有轩轾者乎？抑我国人之特质，实际的也，通俗的也；西洋人之特质，思辨的也，科学的也，长于抽象而精于分类，对世界一切有形无形之事物，无往而不用综括（Generalization）及分析（Specification）之二法，故言语之多，自然之理也。吾国人之所长，宁在于实践之方面，而于理论之方面则以具体的知识为满足，至分类之事，则除迫于实际之需要外，殆不欲穷究之也。夫战国议论之盛，不下于印度六哲学派及希腊诡辩学派之时代。然在印度，则足目出，而从数论、声论之辨论中抽象之而作因明学，陈那继之，其学遂定。希腊则有雅里大德勒（今译亚里士多德）自哀利亚派诡辩学派之辨论中抽象之而作名学。而在中国则惠施、公孙龙等所谓名家者流，徒骋诡辩耳，其于辨论思想之法则，固彼等之所不论，而亦其所不欲论者也。故我中国有辩论而无名学，有文学而无文法，足以见抽象与分类二者，皆我国人之所不长，而我国学术尚未达自觉（Selfconsciousness）之地位也。况于我国夙无之学，言语之不足用，岂待论哉。夫抽象之过，往往泥于名而远于实，此欧洲中世学术之一大弊，而今世之学者犹或不免焉。乏抽象之力者，则用其实而不知其名，其实亦遂漠然无所依，而不能为吾人研究之对象。何则？在自然之世界中，名生于实，而在吾人概念之世界中，实反依名而存故也。事物之无名者，实不便于吾人之思索，故我国学术而欲进步乎，则虽在闭关独立之时代犹不得不造新名，况西洋之学术骎骎而入中国，则言语之不足用，固自然之势也。

如上文所说，言语者，思想之代表也，故新思想之输入，即新言语输入之意味也。十年以前，西洋学术之输入，限于形而下学之方面，故虽有新字新语，于文学上尚未有显著之影响也。数年以来，形上之学渐入于中国，而又有一日本焉，为之中间之驿骑，于是日本所造译西语之汉文，以混混之势，而侵入我国之文学界。好奇者滥用之，泥古者唾弃之，二者皆非。夫普通之文字中，固无事于新奇之语也，至于讲一学，治一艺，则非增新语不可。而日本之学者既先我而定之矣，则沿而用之何不可之有，故非甚不妥者，吾人固无以创造为也。侯官严氏，今日以创造学语名者也。严氏造语之工者固多，而其不当者亦复不少。兹笔其最著者如"Evolution"之为"天演"也，"Sympathy"之为"善相感"也。而"天演"之于"进化"，"善相感"之于"同情"，其对"Evolution"与"Sympathy"之本义，孰得孰失，孰明孰昧，凡稍有外国语之知识者，宁俟终朝而决哉。又西洋之新名，往往喜以不适当之古语表之。如译"Space"（空间）为"宇"，"Time"（时间）为"宙"是已。夫谓"Infinite Space"（无限之空间）"Infinite time"（无限之时间）曰"宇"曰"宙"可矣，至于一孔之隙，一弹指之间，何莫非空间、时间乎？空间时间之概念，足以该宇宙，而宇宙之概念，不足以该空间时间。以"宇宙"表"Space time"，是举其部分而遗其全体（自概念上论）也。以外类此者，不可胜举。夫以严氏之博雅而犹若是，况在他人也哉！且日人之定名，亦非苟焉而已，经专门数十家之考究，数十年之改正，以有今日者也。窃谓节取日人之译语，有数便焉：因袭之易，不如创造之难，一也；两国学术有交通之便，无扞格之虞，二也。（叔本华讥德国学者，于一切学语不用拉丁语，而用本国语，谓"如英法学者，亦如德人之愚，则吾侪学一专门之学语，必学四五度而后可"。其言颇可味也。）有此二便，而无二难，又何嫌何疑而不用哉？

虽然，余非谓日人之译语必皆精确者也。试以吾心之现象言之，如“Idea”为“观念”，“Intuition”之为“直观”，其一例也。夫“Intuition”者，谓吾心直觉五官之感觉，故听嗅尝触，苟于五官之作用外，加以心之作用，皆谓之“Intuition”，不独目之所观而已。“观念”亦然。观念者，谓直观之事物。其物既去，而其象留于心者，则但谓之观，亦有未妥，然在原语亦有此病，不独译语而已。“Intuition”之语，源出于拉丁之“In”及“tuitus”二语。“tuitus”者，观之意味也，盖观之作用，于五官中为最要，故悉取由他官之知觉，而以其最要之名名之也。“Idea”之语，源出于希腊语之“Idea”及“Idein”，亦观之意也。以其源来自五官，故谓之观；以其所观之物既去而象尚存，故谓之念。或有谓之“想念”者，然考张湛《列子注序》所谓“想念以著物自丧”者，则“想念”二字，乃伦理学上之语，而非心理学上之语，其劣于观念也审矣。至“Conception”之为“概念”，苟用中国古语，则谓之“共名”亦可（《荀子》《正名篇》）。然一为名学上之语，一为文法上之语，苟混此二者，此灭名学与文法之区别也。由上文所引之例观之，则日人所定之语，虽有未精确者，而创造之新语，卒无以加于彼，则其不用之也谓何？要之，处今日而讲学，已有不能不增新语之势，而人既造之，我沿用之，其势无便于此者矣。

然近人之唾弃新名词，抑有由焉，则译者能力之不完全是也。今之译者（指译日本书籍者言），其有解日文之能力者，十无一二焉，其有国文之素养者，十无三四焉，其能兼通西文，深知一学之真意者，以余见闻之狭，殆未见其人也。彼等之著译，但以罔一时之利耳，传知识之思想，彼等先天中所未有也，故其所作，皆粗漏庞杂，佶屈而不可读。然因此而遂欲废日本已定之学语，此又大不然者也。若谓用日本已定之语，不如中国古语之易解，然如侯官严氏所译之《名学》，古则古矣，其如意义之不能了然，何以吾辈稍知外国语者观之，毋宁手穆勒《原书》之为快也。余虽不敢谓用日本已定之语必贤于创造，然其精密则固创造者之所不能逮（日本人多用双字，其不能通者，则更用四字以表之。中国则习用单字，精密不精密之分，全在于此）。而创造主语之难解，其与日本已定之语，相去又几何哉！若夫粗漏佶屈之书，则固吾人之所唾弃，而不俟踌躇者也。

最近二三十年中中国新发见之学问

　　古来新学问起，大都由于新发见。有孔子壁中书出，而后有汉以来古文家之学；有赵宋古器出，而后有宋以来古器物、古文字之学。惟晋时汲冢竹简出土后，即继以永嘉之乱，故其结果不甚著。然同时杜元凯注《左传》，稍后郭璞注《山海经》，已用其说；而《纪年》所记禹、益、伊尹事，至今成为历史上之问题。然则中国纸上之学问赖于地下之学问者，固不自今日始矣。自汉以来，中国学问上之最大发现有三：一为孔子壁中书；二为汲冢书；三则今之殷虚甲骨文字，敦煌塞上及西域各处之汉、晋木简，敦煌千佛洞之六朝及唐人写本书卷，内阁大库之元、明以来书籍档册。此四者之一，已足当孔壁、汲冢所出，而各地零星发见之金石、书籍，于学术有大关系者，尚不与焉。故今日之时代，可谓之"发见时代"，自来未有能比者也。今将此二三十年发见之材料，并学者研究之结果，分五项说之。

（一）殷虚甲骨文字

　　此殷代卜时命龟之辞，刊于龟甲及牛骨上。光绪戊戌、己亥间，始出于河南彰德府西北五里之小屯。其地在洹水之南，水三面环之。《史记·项羽本纪》所谓"洹水南，殷虚上"者也。初出土后，潍县估人得其数片，以售之福山王文敏（懿荣）。文敏命秘其事，一时所出，先后皆归之。庚子，文敏殉难，其所藏皆归丹徒刘铁云（鹗）。铁云复命估人搜之河南，所藏至三四千片。光绪壬寅，刘氏选千余片影印传世，所谓《铁云藏龟》是也。丙午，上虞罗叔言参事始官京师，复令佑人大搜之，于是丙丁以后所出，多归罗氏。自丙午至辛亥，所得约二三万片。而彰德长老会牧师明义士（T. M. Menzies）所得亦五六千片。其余散在各家者尚近万片。近十年中乃不复出。其著录此类文字之书，则《铁云藏龟》外，有罗氏之《殷虚书契前编》、《殷虚书契后编》、《殷虚书契菁华》、《铁云藏龟之余》，日本林泰辅博士之《龟甲兽骨文字》，明义士之《殷虚卜辞》（The Oracle Records of the Waste of Yin），哈同氏之《戬寿堂所藏殷虚文字》，凡八种。而研究其文字者，则瑞安孙仲容比部，始于光绪甲辰撰《契文举例》。罗氏于宣统庚戌撰《殷商贞卜文字考》，嗣撰《殷虚书契考释》、《殷虚书契待问编》等。商承祚氏之《殷虚文字类编》，复取材于罗氏改定之稿。而《戬寿堂所藏殷虚文字》，余亦有考释。此外，孙氏之《名原》亦颇审释骨甲文字，然与其《契文举例》皆仅据《铁云藏龟》为之，故其说不无武断。审释文字自以罗氏为第一，其考定小屯之为故殷虚，及审释殷帝王名号，皆由罗氏发之。余复据此种材料作《殷卜辞中所见先公先王考》，以证《世本》、《史记》之为实录；作《殷周制度论》以比较二代之文化。然此学中所可研究发明之处尚多，不能不有待于后此之努力也。

（二）敦煌塞上及西域各地之简牍

汉人木简，宋徽宗时已于陕右发见之，靖康之祸，为金人索之而去。当光绪中叶，英印度政府所派遣之匈牙利人斯坦因博士（M. Aurel Stein），访古于我和阗（Khotan），于尼雅河下流废址，得魏、晋间人所书木简数十枚。嗣于光绪季年，先后于罗布淖尔东北故城，得晋初人书木简百余枚，于敦煌汉长城故址，得两汉人所书木简数百枚，皆经法人沙畹教授（Ed. Chavannes）考释。其第一次所得，印于斯氏《和阗故迹》（Sand-buried Ruins of Khotan）中。第二次所得，别为专书，于癸丑、甲寅间出版。此项木简中有古书、历日、方书，而其大半皆屯戍簿录，于史、地二学关系极大。癸丑冬日，沙畹教授寄其校订未印成之本于罗叔言参事，罗氏与余重加考订，并斯氏在和阗所得者，景印行世，所谓《流沙坠简》是也。

（三）敦煌千佛洞之六朝唐人所书卷轴

　　汉、晋牍简，斯氏均由人工发掘得之，然同时又有无尽之宝藏，于无意中出世，而为斯氏及法国之伯希和教授携去大半者，则千佛洞之六朝及唐、五代、宋初人所书之卷子本是也。千佛洞本为佛寺，今为道士所居。当光绪中叶，道观壁坏，始发见古代藏书之窟室。其中书籍居大半，而画幅及佛家所用幡幢等，亦杂其中。余见溧阳端氏所藏敦煌出开宝八年灵修寺尼画观音像，乃光绪己亥所得。又，乌程蒋氏所藏沙州曹氏二画像，乃光绪甲辰以前叶鞠裳学使（昌炽）视学甘肃时所收。然中州人皆不知。至光绪丁未，斯坦因氏与伯希和氏（Paul Pelliot）先后至敦煌，各得六朝人及唐人所写卷子本书数千卷，及古梵文、古波斯文及突厥、回鹘诸国文字无算。我国人始稍稍知之，乃取其余约万卷，置诸学部所立之京师图书馆。前后复经盗窃，散归私家者亦当不下数千卷。其中佛典居百分之九五。其四部书为我国宋以后所久佚者：经部有未改字《古文尚书》孔氏《传》、未改字《尚书》释文、糜信《春秋穀梁传》解释、《论语》郑氏《注》、陆法言《切韵》等；史部则有孔衍《春秋后语》、唐西州沙州诸图经、慧超《往五天竺国传》等（以上并在法国）；子部则有《老子化胡经》、摩尼教《经》、景教《经》；集部有唐人词曲及通俗诗、小说各若干种。

　　己酉冬日，上虞罗氏就伯氏所寄景本写为《敦煌石室遗书》，排印行世。越一年，复印其景本为《石室秘宝》十五种。又五年癸丑，复刊行《鸣沙石室逸书》十八种。又五年戊午，刊行《鸣沙石室古籍丛残》三十种，皆巴黎国民图书馆之物。而英伦所藏，则武进董授经（康）、日本狩野博士（直喜）、羽田博士（亨）、内藤博士（虎次郎），虽各抄录景照若干种，然未有出版之日也。

（四）内阁大库之书籍档案

内阁大库在旧内阁衙门之东，临东华门内通路，素为典籍厅所掌。其所藏，书籍居十之三，档案居十之七。其书籍多明文渊阁之遗，其档案则有历朝政府所奉之硃谕、臣工缴进之敕谕、批折、黄本、题本、奏本、外藩属国之表章、历科殿试之大卷。宣统元年，大库屋坏，有司缮完，乃暂移于文华殿之两庑，然露积库垣内尚半。时南皮张文襄（之洞）管学部事，乃奏请以阁中所藏四朝书籍，设京师图书馆，其档案则置诸国子监之南学，试卷等置诸学部大堂之后楼。辛、壬以后，学部及南学之藏复移于午门楼上之历史博物馆。越十年，馆中复以档案四之三售诸故纸商，其数凡九千麻袋，将以造还魂纸。为罗叔言所闻，三倍其价购之商人，移贮于彰义门之善果寺。而历史博物馆之剩余，亦为北京大学取去，渐行整理，其目在大学日刊中。罗氏所得，以分量太多，仅整理其十分之一，取其要者，汇刊为《史料丛刊》十册，其余，今归德化李氏。

（五）中国境内之古外族遗文

中国境内古今所居外族甚多。古代匈奴、鲜卑、突厥、回纥、契丹、西夏诸国，均立国于中国北陲，其遗物颇有存者，然世罕知之。惟元时耶律铸，见突厥阙特勤碑及辽太祖碑。当光绪己丑，俄人拉特禄夫访古于蒙古，于元和林故城北，访得突厥阙特勤碑、苾伽可汗碑、回鹘九姓可汗三碑。突厥二碑皆有中国、突厥二种文字，回鹘碑并有粟特文字。及光绪之季，英、法、德、俄四国探险队入新疆，所得外族文字写本尤夥。其中除梵文、佉卢文、回鹘文外，更有三种不可识之文字，旋发见其一种为粟特语，而他二种，则西人假名之曰"第一言语"、"第二言语"，后亦渐知为吐火罗语及东伊兰语。此正与玄奘《西域记》所记三种语言相合：粟特语即玄奘之所谓"窣利"，吐火罗即玄奘之"睹货逻"，其东伊兰语，则其所谓葱岭以东诸国语也。当时粟特、吐火罗人多出入于我新疆，故今日犹有其遗物。惜我国人尚未有研究此种古代语者，而欲研究之，势不可不求之英法德诸国。惟宣统庚戌，俄人柯智禄夫大佐于甘州古塔，得西夏文字书。而元时所刻河西文《大藏经》，后亦出于京师。上虞罗福苌乃始通西夏文之读。今苏俄使馆参赞伊凤阁博士（Ivanoff），更为西夏语音之研究，其结果尚未发表也。

此外，近三十年中，中国古金石、古器物之发见，殆无岁无之。其于学术上之关系，亦未必让于上五项，然以零星分散故，不能一一缕举。惟此五者分量最多，又为近三十年中特有之发见，故比而述之。然此等发见物，合世界学者之全力研究之，其所阐发尚未及其半，况后此之发见亦正自无穷，此不能不有待少年之努力也。

研究发题^①（致沈兼士）

兼士先生有道：

前日辱手教，并属提出研究题目，兹就一时鄙见所及，提出四条。惟《古字母》及《共和以前年代》二条，其事甚为烦重，非数年之力所能毕事，姑提出以备一说而已。

前日寄上新作《书式古堂书画汇考中所录唐韵后》一篇，由叔平兄转交，想蒙察人。

题目四纸附上呈政。专肃，敬候

起居不尽

王国维顿首　十一，十，二十

研究发题

（一）《诗》《书》中成语之研究

说明　古今言语文章，无不根据于前世之言语。今之言语中，有元、明之成语；元、明言语中，有唐、宋之成语；唐、宋言语中，看汉、魏、六朝之成语；汉、魏言语中，有三代之成语。凡此成语，率为复语，与当时分别之单语，意义颇异，必于较古之言语中求之。今之成语，我辈得求之于元、明以上之言语中；汉、魏、六朝之成语，我辈得求之于三代言语中。若夫《诗》、《书》为三代言语，其中必有三代以上之成语，然今日所存言语，无更古于三代者，其源既不可

---

① 此文作于 1922 年 12 月 8 日，曾发表于《国学季刊》一卷三号，后收入吴泽主编《王国维全集·书信》（刘寅生、袁英光编，中华书局 1984 年版）。

求，其语亦遂不可解，然犹可参互求之。

今略举数例，如：《诗·鄘风》"子之不淑，云如之何"。《传》、《笺》均以"善"训"淑"。不知"不淑"乃古成语。《杂记》载诸侯相吊辞曰："寡君闻君之丧，寡君使某，如何不淑。"《左·庄十一年传》，鲁吊宋辞曰："天作淫雨，害于粢盛，若之何不吊。"《襄十四年传》，鲁吊魏辞曰："寡君使瘠闻君不抚社稷，而越在他境，若之何不吊。"古"吊""淑"同字，若之何"不吊"即如何"不淑"也。是"如何不淑"一语，乃古吊死唁生之通语。"不淑"犹言不幸也；"子之不淑，云如之何"者，言夫人当与君子偕老，而宣公早卒，则子之不幸，将如之何矣。《王风》"遇人之不淑"，亦犹言遇人之不幸，与遇人之艰难同意也。又"陟降"一语，亦古之成语；其义为"陟"，或为"降"，不必相兼。《大雅》"文王陟降，在帝左右"，是陟而连言降者也。《周颂》"陟降厥士，日监在兹"，是降而连言陟者也。《尚书》多言降格，格之本字为各，其字从久，与降字形、声、义三者皆相近，故陟降一语又转为"陟各"。《左·昭七年传》"叔父陟恪，在我先王之左右"，正用《诗》语。恪即各之借字，"陟各"即"陟降"也。古"陟""登"声相近，故又转为"登假"。《曲礼》告丧曰："天王登假"；《庄子·养生主》"彼且择日而登假"；《大宗师》"是智之能登假于道也"；若此"登假"，亦即"陟降"。《书·文侯之命》言"昭登于上"（《史记·晋世家》引今文），《诗·大雅》言"昭假于下"；登假相对为文，是"登假"即"陟降"之证也。又转而为"登遐"。《墨子·节葬篇》"秦之西有义渠之国者，其亲戚死，聚柴薪而焚之燻上，则谓之登遐"。"登遐"，亦却"陟降"也。上所举"陟恪"、"登假"、"登遐"诸语，皆举其一端言之；则《诗》之"陟降"，于《大雅》义当为"陟"，于《周颂》义当为"降"；然则古之成语不能以分别之单语解之，断可知矣（《传》以文王上接天下接人解"文王陟降"，《笺》以天上其事解"陟降厥士"，皆坐分别解之之误）。又如《大雅》"帝命不时"，"不时"即"丕时"。《书·君奭》"在让后人于丕时"，即用此语。永言配命，与永言孝思，句法不同；"孝思"、"配命"，皆为成语。《诗》"孝思维则",毛公鼎铭"不巩,先王配命",亦其一证。《诗》、《书》中如此类,其数颇多,自来注家均以雅训分别释之,殊不可通。凡此类语,能荟萃而求其源委欤?其或不能,则列举之而阙所不知,或亦治经者所当有事欤?

(二) 古字母之研究

说明 一字之音,有母有韵。古韵之学,创于宋人,至近世而极盛。古字母之学,创于嘉定钱氏,同时休宁戴氏亦作《转语》二十章,而其书不传,其流亦微。惟番禺陈氏作《切韵考》,始据《广韵》中反切,以求中古字母之系统;其所得,与等韵家之三十六字母不同。至于古音中之字母,则尚未有论其全体者,此亦音韵学上一阙点也。此问题不待说明;所当说者,材料与方法耳。

今举其委,约有五端:一、经传异文。如《尚书》古今文,《春秋》、《三传》,实同名异,往往遇之;汉儒注中,某读为某,亦其类也。二、汉人音读。古注中某读如某,某读若某是也。三、音训。如仁人、义宜之类。《释名》一书,所用以相释者,什八九皆同母字也。四、双声字,如玄黄、鬈发、栗烈之类,皆同母字也。五、反切。孙炎以下,至于徐邈、李轨之音,见古书注及《经典释文》者是也。苟以此数者参互相求,但顺材以求合,而不为合以验材,仿顾氏《唐韵正》之例,勒为一书,庶几古字母部目或睹其全,不让古韵之学专美欤!

(三) 古文学中联绵字之研究

说明 联绵字,合二字而成一语,其实犹一字也。前人《骈雅》、《别雅》诸书,颇以义类部居联绵字,然不以声为之纲领;其书盖去类书无几耳。此等复语,其变化不可胜穷,然皆有其公共之源。如风曰鬈发,泉曰鬈沸,跋扈曰畔援,广大曰伴奂,分散曰判奂;字虽不同,其声与义各有其相通之处。又如雨之小者曰霢霂,草之小者曰蘪芜,曰绵马,木之柔者曰木髦,虫之小者曰蠛蠓,状草木之细密曰觙髦,状鸟之小者曰绵蛮;殆皆与微字之音义相关。辞赋既兴，道语尤夥，乃至重叠用之，如离骚、须臾、相羊，见于一简之中；《上林赋》"福测泌泭，谺呀豁閜"，叠于一句之内，其实为一语之变化也。若集此类之字，经之以声，而纬之以义，以穷其变化，而观其会通，岂徒为文学之助，抑亦小学上未有之事业欤！

（四）共和以前年代之研究

说明　《史记》年表起于共和，厉王以前，年祀无考。《鲁世家》别据鲁历，上讫考公；而伯禽一代未著年数，则未能上关周初也。其诸公羊数，亦刘歆《三统历》所纪，互有异同。《汲冢纪年》虽有夏、商年纪，此太史公所谓"不同，乘异，不足取信者"，今兹所传，又非原本，自皇甫谧以下向壁虚造者，更无论已。然《周书》、《武成》、《召诰》、《顾命》诸篇，颇具年月；如能以黄帝、颛顼、夏、殷、周、鲁六历，各上推四五百年，各著其分至，朔望之甲子，以与《尚书》及古器物之月日相参证，虽宗周诸王在位之年数，无从臆说，然武王克殷之年，周公营洛之岁，与成王在位年数，或可得定欤？

附志：黄帝等六历，及历法，及积年，见《开元占经》卷一百五，并参考汪曰桢《古今推步诸术考》。

人间嗜好之研究

　　活动之不能以须臾息者，其唯人心乎。夫人心本以活动为生活者也。心得其活动之地，则感一种之快乐，反是，则感一种之苦痛。此种苦痛，非积极的苦痛，而消极的苦痛也。易言以明之，即空虚的苦痛也。空虚的苦痛，比积极的苦痛尤为人所难堪。何则？积极的苦痛，犹为心之活动之一种，故亦含快乐之原质，而空虚的苦痛，则并此原质而无之故也。人与其无生也，不如恶生；与其不活动也，不如恶活动。此生理学及心理学上之二大原理，不可诬也。人欲医此苦痛，于是用种种之方法，在西人名之曰"To kill time"，而在我中国，则名之曰"消遣"。其用语之确当，均无以易，一切嗜好由此起也。

　　然人心之活动亦夥矣。食色之欲，所以保存个人及其种姓之生活者，实存于人心之根柢，而时时要求其满足。然满足此欲，固非易易也，于是或劳心，或劳力，戚戚睊睊，以求其生活之道。如此者，吾人谓之曰"工作"。工作之为一种积极的苦痛，吾人之所经验也。且人固不能终日从事于工作，岁有闲月，月有闲日，日有闲时，殊如生活之道不苦者。其工作愈简，其闲暇愈多，此时虽乏积极的苦痛，然以空虚之消极的苦痛代之，故苟足以供其心之活动者，虽无益于生活之事业，亦鹜而趋之。如此者，吾人谓之曰"嗜好"。虽嗜好之高尚卑劣，万有不齐，然其所以慰空虚之苦痛，而与人心以活动者，其揆一也。

　　嗜好之为物，本所以医空虚的苦痛者，故皆与生活无直接之关系，然若谓其与生活之欲无关系，则甚不然者也。人类之于生活，既竞争而得胜矣，于是此根本之欲复变而为势力之欲，而务使其物质上

与精神上之生活，超于他人之生活之上。此势力之欲，即谓之生活之
欲之苗裔，无不可也。人之一生，唯由此二欲以策其智力及体力，而
使之活动。其直接为生活故而活动时，谓之曰"工作"，或其势力有
余，而唯为活动故而活动时，谓之曰"嗜好"。故嗜好之为物，虽非
表直接之势力，亦必为势力之小影，或足以遂其势力之欲者，始足以
动人心，而医其空虚的苦痛。不然，欲其嗜之也难矣。今吾人当进而
研究种种之嗜好，且示其与生活及势力之欲之关系焉。

嗜好中之烟酒二者，其令人心休息之方面多，而活动之方面少。
易言以明之，此二者之效，宁在医积极的苦痛，而不在医消极的苦
痛。又此二者，于心理上之结果外，兼有生理上之结果，而吾人对此
二者之经验亦甚少，故不具论。今先论博弈。夫人生者，竞争之生活
也。苟吾人竞争之势力无所施于实际，或实际上既竞争而胜矣，则其
剩余之势力仍不能不求发泄之地。博弈之事，正于抽象上表出竞争之
世界，而使吾人于此满足其势力之欲者也。且博弈以但表普遍的抽象
的竞争，而不表所竞争者之为某物（故为金钱而赌博者不在此例）。故吾
人竞争之本能，遂于此以无嫌疑、无忌惮之态度发表之，于是得窥人
类极端之利己主义。至实际之人生中，人类之竞争虽无异于博弈，然
能如是之磊磊落落者鲜矣。且博与弈之性质，亦自有辨。此二者虽皆
世界竞争之小影，而博又为运命之小影。人以执著于生活故，故其智
力常明于无望之福，而暗于无望之祸。而于赌博之中，此无望之福时
时有可能性，在以博之胜负，人力与运命二者决之，而弈之胜负，则
全由人力决之故也。又但就人力言，则博者，悟性上之竞争，而弈
者，理性上之竞争也。长于悟性者，其嗜博也甚于弈，长于理性者，
其嗜弈也愈于博。嗜博者之性格，机警也，脆弱也，依赖也。嗜弈者
之性格，谨慎也，坚忍也，独立也。譬之治生，前者如朱公居陶，居
与时逐；后者如任氏之折节为俭，尽力田畜，亦致千金。人亦各随其
性之所近，而欲于竞争之中，发见其势力之优胜之快乐耳。吾人对博
弈之嗜好，殆非此，无以解释之也。

若夫宫室、车马、衣服之嗜好，其适用之部分属于生活之欲，而
其妆饰之部分则属于势力之欲。驰骋、田猎、跳舞之嗜好，亦此势力

之欲之所发表也。常人之对书画、古物也亦然。彼之爱书籍，非必爱其所含之真理也；爱书画古玩，非必爱其形式之优美古雅也。以多相炫，以精相炫，以物之稀而难得也相炫。读书者亦然，以博相炫。一言以蔽之，炫其势力之胜于他人而已矣。常人对戏剧之嗜好，亦由势力之欲出。先以喜剧（即滑稽剧）言之。夫能笑人者，必其势力强于被笑者也，故笑者实吾人一种势力之发表。然人于实际之生活中，虽遇可笑之事，然非其人为我所素狎者，或其位置远在吾人之下者，则不敢笑。独于滑稽剧中，以其非事实故，不独使人能笑，而且使人敢笑，此即对喜剧之快乐之所存也。悲剧亦然。霍雷士曰："人生者，自观之者言之，则为一喜剧；自感之者言之，则又为一悲剧也。"自吾人思之，则人生之运命固无以异于悲剧，然人当演此悲剧时，亦俯首杜口，或故示整暇，汶汶而过耳。欲如悲剧中之主人公，且演且歌以诉其胸中之苦痛者，又谁听之，而谁怜之乎！夫悲剧中之人物之无势力之可言，固不待论。然敢鸣其苦痛者与不敢鸣其痛苦者之间，其势力之大小必有辨矣。夫人生中固无独语之事，而戏曲则以许独语故，故人生中久压抑之势力，独于其中筐倾而箧倒之，故虽不解美术（按，指艺术）上之趣味者，亦于此中得一种势力之快乐。普通之人之对戏曲之嗜好，亦非此不足以解释之矣。

　　若夫最高尚之嗜好，如文学、美术，亦不外势力之欲之发表。希尔列尔（今译席勒）既谓儿童之游戏，存于用剩余之势力矣，文学美术亦不过成人之精神的游戏。故其渊源之存于剩余之势力，无可疑也。且吾人内界之思想感情，平时不能语诸人，或不能以庄语表之者，于文学中以无人与我一定之关系故，故得倾倒而出之。易言以明之，吾人之势力所不能于实际表出者，得以游戏表出之是也。若夫真正之大诗人，则又以人类之感情为其一己之感情。彼其势力充实，不可以已，遂不以发表自己之感情为满足，更进而欲发表人类全体之感情。彼之著作，实为人类全体之喉舌，而读者于此得闻其悲欢啼笑之声，遂觉自己之势力亦为之发扬而不能自已。故自文学言之，创作与赏鉴之二方面，亦皆以此势力之欲为之根柢也。文学既然，他美术何独不然？岂独美术而已，哲学与科学亦然。柏庚（今译培根）有言曰："知识即势力也。"（今译"知识就是力量"）则一切知识之欲，虽谓之即势力之欲，亦无不可。彼等以其势力卓越于常人故，故不满足于现在之势力，而欲得永远之势力。虽其所用以得势力之手段不同，然其目的固无以异。夫然，始足以活动人心而医其空虚的苦痛。以人心之根柢实为一生活之欲，若势力之欲，故苟不足以遂其生活或势力者，决不能使之活动。以是观之，则一切嗜好，虽有高卑优劣之差，固无非势力之欲之所为也。

然余之为此论，固非使文学美术之价值下齐于博弈也。不过自心理学言之，则此数者之根柢，皆存于势力之欲，而其作用，皆在使人心活动，以疗其空虚之苦痛。以此所论者，乃事实之问题，而非价值之问题故也。若欲抑制卑劣之嗜好，不可不易之以高尚之嗜好，不然，则必有溃决之一日。此又从人心活动之原理出，有教育之责，及欲教育自己者，不可不知所注意焉。

去毒篇（雅片烟之根本治疗法及将来教育上之注意）

人之谨疾也，必审夫疾之所由起。起居之不时，饮食之无节，侈于嗜欲而啬于运动，此数者，致病之大源也。不治其源，而俟其病而谨之，虽旋病旋愈，未为善卫生也。医之治疾也亦然。不告以摄生之道，而惟标之是治，虽百试百效，未为良医也。此不独个人身体上之疾病然也，国民之精神上之疾病，其治之之道，亦无异于是也。

今试问中国之国民，曷为而独为雅片的国民乎？夫中国之衰弱极矣，然就国民之资格言之，固无以劣于他国民。谓知识之缺乏欤？则受新教育而罹此癖者，吾见亦夥矣。谓道德之腐败欤？则有此癖者不尽恶人，而他国民之道德，亦未必大胜于我国也。要之，此事虽非与知识道德绝不相关系，然其最终之原因，则由于国民之无希望，无慰藉。一言以蔽之：其原因存于感情上而已。

人之有生，以欲望生也。欲望之将达也，有希望之快乐；不得达，则有失望之苦痛。然欲望之能达者一，而不能达者什佰，故人生之苦痛亦多矣。若胸中偶然无一欲望，则又有空虚之感乘之。此空虚之感，尤人生所难堪，人所以图种种遣日之方法者，无非欲祛此感而已。彼雅片者，固遣日之一方法，而我国民幸而于数百年前发见之，则其鹜而趋之固不足怪，顾独我国民之笃嗜之也，其故如何？

古人之疾，饮酒田猎，今人之疾，雅片赌博。西人之疾在酒，中人之疾雅片。前者阳疾，后者阴疾也；前者少壮的疾病，后者老耄的疾病也；前者强国的疾病，后者亡国的疾病也；前者欲望的疾病，后者空虚的疾病也。然则我国民今日之有此疾病也，何故？吾人进而求其原因，则自国家之方面言之，必其政治之不修也，教育之不溥及也；自国民之方面言之，必其苦痛及空虚之感深于他国民，而除雅片外，别无所以慰藉之之术也。此二者中，后者尤其最要之原因。苟不去此原因，则虽尽焚二十一省之罂粟种，严杜印度、南洋之输入品，吾知我国民必求所以代雅片之物，而其害与雅片无以异，则固可决也。

故禁雅片之根本之道，除修明政治，大兴教育，以养成国民之知识及道德外，尤不可不于国民之感情加之意焉。其道安在？则宗教与美术二者是。前者适于下流社会，后者适于上等社会；前者所以鼓国民之希望，后者所以供国民之慰藉。兹二者，尤我国今日所最缺乏，亦其所最需要者也。

宗教之说，今世士大夫所斥为迷信者也。自知识上言之，则神之存在灵魂之不灭，固无人得而证之，然亦不能证其反对之说。何则？以此等问题，超乎吾人之知识外故也。今不必问其知识上之价值如何，而其对感情之效，则有可言焉。今夫蚩蚩之氓，终岁勤动，与牛马均劳逸，以其血汗，易其衣食，犹不免于冻馁，人世之快乐，终其身无斯须之分，百年之后，奄归土壤。自彼观之，则彼之生活果有何意义乎！而幸而有宗教家者，教之以上帝之存在，灵魂之不灭，使知暗黑局促之生活外，尚有光明永久之生活；而在此生活中，无论知愚、贫富、王公、编氓，一切平等，而皆处同一之地位，享同一之快乐，今世之事业，不过求其足以当此生活而不愧而已。此说之对富贵者之效如何，吾不敢知，然其对劳苦无告之民，其易听受也，必矣。彼于是偿现世之失望，以来世之希望，慰此岸之苦痛，以彼岸之快乐。宗教之所以不可废者，以此故也。人苟无此希望，无此慰藉，则于劳苦之暇，厌倦之余，不归于雅片，而又奚归乎？余非不知今日之佛教已达腐败之极点，而基督教之一部，且以扩充势力、干涉政治为事，然苟有本其教主度世之本意，而能造国民之希望与慰藉者，则其贡献于国民之功绩，虽吾侪之不信宗教者，亦固宜尸祝而社稷之者也。

吾人之奖励宗教，为下流社会言之，此由其性质及位置上有不得不如是者。何则？国家固不能令人人受高等之教育，即令能之，其如国民之智力不尽适何？若夫上流社会，则其知识既广，其希望亦较多，故宗教之对彼，其势力不能如对下流社会之大，而彼等之慰藉，不得不求诸美术。美术者，上流社会之宗教也。彼等苦痛之感无以异于下流社会，而空虚之感则又过之。此等感情上之疾病，固非干燥的科学与严肃的道德之所能疗也。感情上之疾病，非以感情治之不可。必使其闲暇之时心有所寄，而后能得以自遣。夫人之心力，不寄于此则寄于彼；不寄于高尚之嗜好，则卑劣之嗜好所不能免矣。而雕刻、绘画、音乐、文学等，彼等果有解之之能力，则所以慰藉彼者，世固无以过之。何则？吾人对宗教之兴味，存于未来，而对美术之兴味，存于现在。故宗教之慰藉，理想的，而美术之慰藉，现实的也。而美术之慰藉中，尤以文学为尤大。何则？雕刻、图画等，其物既不易得，而好之之误，则留意于物之弊，固所不能免也。若文学者，则求之书籍而已无不足，其普遍便利，决非他美术所能及也。故此后中学校以上，宜大用力于古典一科，虽美术上之天才不能由此养成之，然使有解文学之能力，爱文学之嗜好，则其所以慰空虚之苦痛而防卑劣之嗜好者，其益固已多矣。此言教育者，所不可不大注意者也。

以上所述，不过就大略言之，非谓上流社会不能有宗教上之信仰，下等社会不许有美术之嗜好也。雅片之根本治疗法，不出于此二者，若不留意于此，而惟禁之之务，则虽以完全之警察、严酷之刑罚随其后，亦必归于无效，就令有效，不过横溢而为他嗜好而已耳。防民之口，甚于防川，况民之感情乎！今政府有禁雅片之议，而民间亦渐有自知戒绝者，特不就根本上下手，则恐如庸医之治标，终无勿药之一日。故略抒所见，为社会告焉。

《国学丛刊》序

　　学之义，不明于天下久矣！今之言学者，有新旧之争，有中西之争，有有用之学与无用之学之争。余正告天下曰：学无新旧也，无中西也，无有用无用也。凡立此名者，均不学之徒，即学焉而未尝知学者也。

　　学之义，广矣。古人所谓"学"，兼知行言之。今专以知言，则学有三大类：曰科学也，史学也，文学也。凡记述事物而求其原因，定其理法者，谓之科学；求事物变迁之迹，而明其因果者，谓之史学；至出入二者间，而兼有玩物适情之效者，谓之文学。然各科学有各科学之沿革，而史学又有史学之科学（如刘知幾《史通》之类），若夫文学，则有文学之学（如《文心雕龙》之类）焉，有文学之史（如各史文苑传）焉。而科学、史学之杰作，亦即文学之杰作。故三者非斠然有疆界，而学术之蕃变，书籍之浩瀚，得以此三者括之焉。凡事物必尽其真，而道理必求其是，此科学之所有事也；而欲求知识之真与道理之是者，不可不知事物道理之所以存在之由，与其变迁之故，此史学之所有事也。若夫知识道理之不能表以议论，而但可表以情感者，与夫不能求诸实地，而但可求诸想像者，此则文学之所有事。古今东西之为学，均不能出此三者，惟一国之民，性质有所毗，境遇有所限，故或长于此学，而短于彼学；承学之子，资力有偏颇，岁月有涯涘，故不能不主此学而从彼学；且于一学之中，又择其一部而从事焉。此不独治一学当如是，自学问之性质言之，亦固宜然。然为一学，无不有待于一切他学，亦无不有造于一切他学，故是丹而非素，主入而奴出，昔之学者或有之，今日之真知学、真为学者，可信其无是也。

夫然，故吾所谓学无新旧、无中西、无有用无用之说，可得而详
焉。何以言学无新旧也？夫天下之事物，自科学上观之，与自史学上
观之，其立论各不同。自科学上观之，则事物必尽其真，而道理必求
其是，凡吾智之不能通，而吾心之所不能安者，虽圣贤言之，有所不
信焉；虽圣贤行之，有所不慊焉。何则？圣贤所以别真伪也，真伪非
由圣贤出也；所以明是非也，是非非由圣贤立也。自史学上观之，则
不独事理之真与是者，足资研究而已，即今日所视为不真之学说，不
是之制度风俗，必有所以成立之由，与其所以适于一时之故。其因存
于邃古，而其果及于方来，故材料之足资参考者，虽至纤悉，不敢弃
焉。故物理学之历史，谬说居其半焉；哲学之历史，空想居其半焉；
制度风俗之历史，弁髦居其半焉；而史学家弗弃也。此二学之异也。
然治科学者，必有待于史学上之材料，而治史学者，亦不可无科学上
之知识。今之君子，非一切蔑古，即一切尚古。蔑古者出于科学上之
见地，而不知有史学；尚古者出于史学上之见地，而不知有科学；即
为调停之说者，亦未能知取舍之所以然。此所以有古今新旧之说也。

何以言学无中西也？世界学问，不出科学、史学、文学。故中国
之学，西国类皆有之，西国之学，我国亦类皆有之；所异者，广狭疏
密耳。即从俗说，而姑存中学西学之名，则夫虑西学之盛之妨中学，
与虑中学之盛之妨西学者，均不根之说也。中国今日，实无学之患，
而非中学西学偏重之患。京师号学问渊薮，而通达诚笃之旧学家，屈
十指以计之，不能满也；其治西学者，不过为羔雁禽犊之资，其能贯
串精博，终身以之如旧学家者，更难举其一二。风会否塞，习尚荒
落，非一日矣。余谓中西二学，盛则俱盛，衰则俱衰，风气既开，互
相推助。且居今日之世，讲今日之学，未有西学不兴，而中学能兴
者；亦未有中学不兴，而西学能兴者。特余所谓中学，非世之君子所
谓中学；所谓西学，非今日学校所授之西学而已。治《毛诗》、《尔
雅》者，不能不通天文、博物诸学，而治博物学者，苟质以《诗》、
《骚》草木之名状而不知焉，则于此学固未为善。必如西人之推算日
食，证梁虞�、唐一行之说，以明《竹书纪年》之非伪；由《大唐

西域记》，以发见释迦之支墓，斯为得矣。故一学既兴，他学自从之，此由学问之事，本无中西。彼鳃鳃焉虑二者之不能并立者，真不知世间有学问事者矣！

顾新旧中西之争，世之通人率知其不然，惟有用无用之论，则比前二说为有力。余谓凡学皆无用也，皆有用也。欧洲近世农工商业之进步，固由于物理化学之兴，然物理化学高深普遍之部，与蒸气电信有何关系乎？动植物之学，所关于树艺畜牧者几何？天文之学，所关于航海授时者几何？心理社会之学，其得应用于政治教育者亦尠。以科学而犹若是，而况于史学、文学乎？然自他面言之，则一切艺术，悉由一切学问出，古人所谓"不学无术"，非虚语也。夫天下之事物，非由全不足以知曲，非致曲不足以知全，虽一物之解释，一事之决断，非深知宇宙人生之真相者，不能为也。而欲知宇宙人生者，虽宇宙中之一现象，历史上之一事实，亦未始无所贡献。故深湛幽渺之思，学者有所不避焉；迂远繁琐之讥，学者有所不辞焉。事物无大小，无远近，苟思之得其真，纪之得其实，极其会归，皆有裨于人类之生存福祉。己不竟其绪，他人当能竟之；今不获其用，后世当能用之。此非苟且玩愒之徒所与知也！学问之所以为古今中西所崇敬者，实由于此。凡生民之先觉，政治教育之指导，利用厚生之渊源，胥由此出，非徒一国之名誉与光辉而已。世之君子，可谓知有用之用，而不知无用之用者矣。

以上三说，其理至浅，其事至明。此在他国所不必言，而世之君子，犹或疑之，不意至今日而犹使余为此哓哓也。适同人将刊行国学杂志，敢以此言序其耑，此志之刊，虽以中学为主，然不敢蹈世人之争论。此则同人所自信，而亦不能不自白于天下者也。

《国学丛刊》序(代罗叔言参事)

宣统辛亥，某始创《国学丛刊》于京师，遭遇国变，中道而辍。今年春，海上友人乞赓续之，亟允其请，编类既竟，乃书其端曰：秦、汉以还，迄于近世，学术兴替，可得而言。自九流之学，并起衰周，六艺之传，独出孔氏。战国以为迂阔，强秦燔其诗书。而诸儒偃蹇戎马之间，崛强刀锯之下，鲋、腾父子，藏其家书，高、赤师弟，嬗其口说。犹闻制氏之乐，不废徐生之容。偶语之诛不能加，挟书之律无所用。暨乎中阳受命，王路小亨，柱下御史，独明律历，咸阳博士，还定朝仪。乃孝武之表章，兼河间之好古。古文间出，绝学方兴。山岩甫出之书，遽登秘府；太常未立之学，或在民间。旋校中秘之文，并增博士之数，此一盛也。建武以降，群籍颇具。子春笃老，始通《周官》之读；康成晚出，爰综六艺之文。赵、张问难于生前，孙、王辨证于身后，此又一盛也。黄初君臣，雅擅词翰；正始贵胄，颇尚清谈。洎于六朝，此风犹盛，竭神思于五言，馨辨论于二氏。然而崔、皇特起于江南，徐、熊并驰于河北，二刘金声于隋代，孔、贾玉振于唐初。综七经而定正义，历两朝而著功令，此又一盛也。先秦学术，萃于六经，炎汉以还，爰始分道。则有若子长述史，成一家之言；叔重考文，发六书之旨。善长山川之说，君卿制度之书，并自附庸，蔚为大国。义兼于述作，体绝于古今，此又旷世之鸿裁，难语一时之风会者矣。爰逮晚唐，兹音不嗣，天水肇建，文物鼎兴。原父小传，别启说经之途；次道二书，聿新方志之体。长睿余论，存中笔谈，并示考古之准绳，穷格物之能事。至于欧、赵之集金石，宣和之图彝器，南仲释吉金之文，鄱阳录汉碑之字，旨趣既博，户涂大开。

洎于元、明，流风稍坠，天道剥复，钟美本朝。顾、阎濬其源，江、戴拓其宇。小学之奥，启于金坛；名物之赜，理于通艺。根柢既固，枝叶遂繁。爰自乾、嘉以还，迄于同、光之际，大师间出，余裔方滋。专门若西京之师，博综继东都之业，规摹跨唐代之大，派别衍宋人之多。伊古以来，斯为极盛矣！昫昫先畴，巍巍遗构，高曾之所耕获，祖父之所经营，绵延不替，施于今日。保世滋大，责在后人。自顷孟陬失纪，海水横流，大道多岐，《小雅》尽废。番番良士，劣免儒硎，莘莘胄子，翻从城阙。或乃舍我熊掌，食彼马肝，土苴百王，粃糠三古。闵父知其将落，宣圣谓之不祥，非无道尽之悲，弥切天崩之惧。然而问诸故府，方策如新，瞻彼前修，典刑未沬。重以地不爱宝，天启之心。殷官太卜之所藏，周礼盟府之所载，两汉塞上之牍，有唐壁中之书，并出尘埃，丽诸日月。芒、洛古冢，齐、秦故墟，丝竹如闻，器车踵出。上世礼器之制，殊异乎叔孙；中古衣冠之奇，具存于明器。并昔儒所未见，幸后死之与闻。非徒兴起之资，弥见钻求之亟。至于先人底法，仅就椎轮，历代开疆，尚多瓯脱。作室俟堂构之饰，析薪资负荷之劳。功有相因，道无中止。譬诸注坡之马，造父不能制其势；建瓴之水，神禹不能回其流。观往昔之隆汙，抚今兹之际会，盛衰之数，盖可知矣。某爰始志学，颇识前闻。暨乎遁荒，益多暇日。思欲标艺林以寸草，助学海以涓流。乃因同气之求，重续春明之梦，尽发敝箧，聿求友声。聊供研悦之新知，并刊散亡之故籍。先民有作，同惊风雨之晨；来者方多，终冀昌明之日。甲寅五月。

雪堂校刊《群书叙录》序

　　近世学术之盛，不得不归诸刊书者之功。刊书之家，约分二等：一曰好事，二曰笃古。若近世吴县之黄，长塘之鲍，虞山之张，金山之钱，可谓好事者矣。若阳湖孙氏，钱唐卢氏，可谓笃古者矣。然此诸氏者，皆生国家全盛之日，物力饶裕，士大夫又崇尚学术，诸氏或席丰厚，或居官师之位，有所凭藉，其事业未可云卓绝也。若夫生无妄之世，《小雅》尽废之后，而以学术之存亡为己责，搜集之、考订之、流通之，举天下之物不足以易其尚，极天下之至艰而卒有以达其志，此于古之刊书者未之前闻，始于吾雪堂先生见之。尝譬之为人臣者，当无事之世，事圣明之主，虽有贤者，当官守法而已。至于奇节独行，与宏济之略，往往出于衰乱之世，则以一代兴亡，与万世人纪之所系，天固不惜生一二人者以维之也。学术亦然。孙、卢诸氏之于刊书，譬之人臣当官守法而已。至于神物之出，不与世相应，天既出之，固不忍听其存亡，而如先生之奇节宏略，乃出于其间，亦以学术存亡之所系，等于人纪之存亡，故天不惜生一二人者以维之也。先生校刊之书，多至数百种，于其殊尤者，皆有叙录。戊午夏日，集为二卷，别行于世。案先生之书，其有功学术最大者，曰《殷虚书契前、后编》、曰《流沙坠简》、曰《鸣沙石室古佚书》，及《鸣沙石室古籍丛残》。此四者之一，已足敌孔壁、汲冢之所出，其余所集之古器古籍，亦皆间世之神物，而大都出于先生之世。顾其初出，举世莫之知，知亦莫之重也。其或重之者，搜集一二，以供秘玩，斯已耳。其欲保存之、流传之者，鉴于事之艰巨，辄中道而废，即有其愿与力矣，而非有博识毅力如先生者，其书未必能成，成亦未必能多且速，而此间世而出之神物，或有时而毁，是虽出犹不出也。先生独以学术为性命，以此古器古籍为性命所寄之躯体，思所以寿此躯体者，与常人之视养其口腹无以异。辛亥以后，流寓海外，鬻长物以自给，而殷虚甲骨，与敦煌古简佚书，先后印行。国家与群力之所不能为者，竟以一流人之力成之。他所印书籍，亦略称是。旅食八年，印书之资以巨万计，家无旬月之蓄，而先生安之。自编次、校写、选工、监役，下至装潢之款式，纸墨之料量，诸凌杂烦辱之事，为古学人所不屑为者，而先生亲之，举力之所及，而惟传古之是务。知天生神物，复生先生于是时，固有非偶然者。《书》有之曰："功崇惟志，业广惟勤。"先生之功业，可谓崇且广矣，而其志与勤，世殆鲜知之，故书以为之序。使世人知先生所以成就此业者，固天之所启，而非好事者，及寻常笃古者所能比也。戊午六月。

传书堂记

　　乌程蒋孟苹学部落其藏书之室，颜之曰"传书堂"，盖其先德书籈先生书室之旧额也。初，道、咸之间，西吴藏书家数蒋氏。书籈先生尊人子屋先生与季父季卿先生，以兄弟相师友，专攻小学，兼精雠校，大江以南，精椠名钞，麕走其门。子屋先生藏书之居曰俪籀馆，曰茹古精舍，季卿先生之居曰求是斋，皆有声吴、越间。无何，赭寇乱作，两先生挟其书走海门，而季卿先生旋卒，书之厄于水火盗贼者几大半。比子屋先生殁，先生悉推家产于诸昆弟，而独取书籍二十箧，名其所居曰"传书之堂"，其风尚如此。孟苹即先生长子也，幼传家学，能别古书真伪。自官京师，客海上，其足迹率在南北大都会，其声气好乐，又足以奔走天下。故南北故家，若四明范氏，钱唐汪氏，泰州刘氏，泾县洪氏，贵阳陈氏之藏，流出者多归之。其于先世遗籍，求之尤勤，凡旧籍之有茹古精舍、求是斋图记者，估人恒倍蓰其直，以相要市，孟苹辄偿之。藏书家知孟苹者，间得蒋氏故书，亦颇以相赠遗。故孟苹所得先世遗书，虽经兵火、转徙之后，尚不下百种，然以视其所自搜集者，劣足当其百分之一。顾取先人旧额，以传书名其堂，余谓为子孙者，如孟苹始可谓之能传书矣。余闻之：百围之木，不生于堂密；寻丈之鱼，不产于潢污。西吴藏书，盖有端绪。自宋初沈东老父子，始以收书知名。南渡后，叶石林退居弁山，复以藏书雄东南。其后若齐斋倪氏，月河莫氏，竹帝沈氏，直斋陈氏，随斋程氏，草窗周氏，藏书多者号十万卷，少者亦三四万卷，视行都蔑如也。有明一代，若茅顺甫之白华楼，沈以安之玩月楼，姚翔卿之玩画斋，并有簿录，犹有陈、程诸氏遗风。国朝自蠹舟董氏，疏雨刘氏，芳茉严氏后，尤不易更仆数。而姚彦侍方伯之咫进斋，陆刚父观察之皕宋楼，实为之殿。光绪之末，陆氏书流出海外，姚氏之藏，亦归京师图书馆，浙西文献，为之俄空。而孟苹与其同里张石铭观察，刘翰怡京卿，崛起丧乱之际，旁搜远绍，蔚为大家。海内言藏书者推南浔，顾或举欧阳公，语谓"物聚于所好，而得于有力之彊"。① 然当世有力如三家者，无虑百数，而三家独以藏书名，则岂不以石林、直斋诸先哲之遗风所被者远，其源流清浊之所处，风化芳臭气泽之所及，固与他郡殊欤？一家之泽，犹一乡也。若孟苹者，生于藏书之乡，又生于藏书之家，其于经籍，心好之而力赴之，固非偶然。是故书有存亡，惟此传书之精神，则历千载而不亡。石林、直斋之藏，久为煨烬，而今有张、刘诸家，茹古精舍、求是斋之书，十不存一，而今有孟苹。然则蒋氏三世之精神风尚，虽传之百世可也！《诗》云："贻厥孙谋，以燕翼子。"子垕、书箴二先生以之。又云："昭兹来许，绳其祖武。"孟苹以之。余既登孟苹之堂，而览其书，乐其搜讨之勤，而又能道其先人之美也，故书而著之，俾后世知所自焉。壬戌六月。

---

① 原作"疆"，误。据罗本改。

库书楼记

　　光、宣之间，我中国新出之史料凡四：一曰殷虚之甲骨，二曰汉、晋之简牍，三曰六朝及有唐之卷轴，而内阁大库之元、明及国朝文书，实居其四。顾殷虚甲骨，当其初出世，已视为骨董之一，土人仍岁所掘，率得善价以去，幸无毁弃者。而西垂简牍、卷轴，外人至不远数万里，历寒暑、冒艰险以出之，其保藏之法尤备。独内阁文书，除宋、元刊写本书籍，入京师图书馆外，其余十三年之间，几毁者再，而卒获全者，虽曰人事，盖亦有天意焉。案内阁典籍厅大库，为大楼六间，其中书籍居十之三，案卷居十之七。其书多明文渊阁之遗，其案卷则有列朝之硃谕、敕谕，内外臣工之黄本、题本、奏本，外藩属国之表章，历科殿试之大卷；其他三百年间，档册文移，往往而在，而元、明遗物，亦间出其中。盖今之内阁，自明永乐至于国朝雍正，历两朝十有五帝，实为万几百度从出之地。雍、乾以后，政务移于军机处，而内阁尚受其成事，凡政府所奉之硃谕，臣工所缴之敕书批折，胥奉储于此，盖兼宋时宫中之龙图、天章诸阁，省中之制敕库班、簿房而一之。然三百年来，除舍人省吏循例编目外，学士大夫罕有窥其美富者。宣统元年，大库屋坏，有事缮完，乃暂移于文华殿之两庑。地隘不足容，其露积库垣内者尚半，外廷始稍稍知之。时南皮张文襄公，方以大学士军机大臣管学部事，奏请以阁中所藏四朝书籍，设学部京师图书馆，其案卷，则阁议概以旧档无用，奏请焚毁，已得俞旨矣。适上虞罗叔言参事以学部属官，赴内阁参与交割事，见库垣中文籍山积，皆奏准焚毁之物。偶抽一束观之，则官制府干贞督漕时奏折；又取观他束，则文成公阿桂征金川时所奏。皆当时岁终缴进之本，排比月日，具有次第，乃亟请于文襄，罢焚毁之举，而以其物归学部，藏诸国子监之南学，其历科殿试卷，则藏诸学部大堂之后楼。辛、壬以后，学部后楼及南学之藏，又移于午门楼上，所谓历史博物馆者。越十年，馆中资费绌，无以给升斗，乃斥其所藏四分之三，以售诸故纸商，其数以麻袋计者九千，以斤计者十有五万，得银币四千圆，时辛酉冬日也。壬戌二月，参事以事至京师，于市肆见洪文襄揭帖，及高丽国王贡物表，识为大库物，因踪迹之，得诸某纸铺，则库藏具在，将毁之以造俗所谓还魂纸者，已载数车赴西山矣。亟三倍其直偿之，称贷京、津间，得银万三千圆，遂以易之。于是此九千袋十五万斤之文书，卒归于参事。参事将筑库书楼以储之，而属余为之记。余谓此书濒毁者再，而参事再存之，其事不可谓不偶然，固非参事能存之也，国朝祖宗圣德神功之懿，典章制度声名文物之盛，先正订谟远猷之富，与夫元、明以来史事之至赜至隐，固万万无亡理，天特假手于参事以存之耳！然非笃于好古如参事者，又乌足以与于斯役也。参事夙以收藏雄海内，其天津之嘉乐里第，有殷时甲骨数万枚，古器物数千品，魏、晋以降碑志数十石，金石拓本及经籍各数万种，实三古文化学术之渊薮。今者又得此大库之收，宸翰之楼，大云之库，与斯楼鼎峙北海滨。世有张茂先，必将见有庆云休气发于汉津箕斗之间，而三垣十二次无不浴其光景者，何其祎欤！虽然，参事固不徒以收藏名家者也。其于所得之殷虚文字，固已编之、印之、考之、释之，其他若《流水坠简》，若《鸣沙石室古佚书》等，凡数十种，先后继出。传古之功，求之古今人，未见其比。今兹所得，又将以十年之力，检校编录，而择其尤重要者，次第印行。其事诚至艰且巨，然以前事征之，余信参事之必能办此也。其诸山川重秀，天地再清，举斯楼之藏，还之天府，以备石室金匮之储，至千万世，传之无穷，余又信参事之必有乐乎此也。然则斯书之归参事，盖犹非参事之志欤？壬戌七月。

《唐贤力苾伽公主墓志》跋

　　此志之首有"驸马都尉故特进兼左卫大将军云中郡开国公踏没施达干阿史德觅觅"衔名，此公主之夫也。《旧唐书·突厥传》："开元三年，默啜女婿阿史德胡禄归朝，授以特进。""胡禄"与此志之"觅觅"殆是一人，胡禄者其号（回纥可汗尊号中有胡禄字，或作合禄，皆美名也）。觅觅者，其名也。后觅觅坐事死，公主没入宫，逮毗伽可汗求和，乃许归其亲兄墨特勤私第。志所记事实止于此。文中天恩载被，礼秦晋于家凡，谓唐许毗伽可汗求和事。乃黄虎痴跋此志，谓唐以公主嫁毗伽可汗，突厥风俗虽与中国殊，亦无从兄弟为婚之法也。墨啜之号，志称"天上得果报男突厥圣天骨咄禄默啜可汗"，与《册府元龟》、《资治通鉴》所载开元二年默啜求和表文同，惟无"默啜"二字耳。癸亥长夏，记于京师履道坊北之寓庐。

于阗公主供养地藏菩萨画像跋

南林蒋氏藏敦煌千佛洞所出古画一，上画菩萨像，题曰"南无地藏菩萨"，下有四小字曰"忌日画施"。菩萨旁立武士一、僧一，题曰"五道将军"、曰"道明和尚"；下层画一女子，盛服持香炉，作顶礼状，题曰："故大朝大于阗金玉国天公主李氏供养"。余谓此于阗国王李圣天之女若女孙，嫁为敦煌曹氏妇者所作也。于阗为唐安西四镇之一，《宋史》又谓"李圣天自称唐之宗属"，则此画所云"故大朝"者，当指唐朝；"大于阗金玉国"，则李氏王于阗后所自名。《五代史·四裔附录》："晋天福三年，册李圣天为大宝于阗国王。"盖即以"宝"字代"金玉"二字，亦仍其自名，非后世大宝法王之比也。"天公主"者，本外国称唐公主之词，《五代史》谓"回鹘可汗之妻号天公主"，盖回鹘盛时，每取唐公主为可敦，后虽不娶于唐，犹号其可敦为天公主，因之，其旁小国之女亦号天公主。此大于阗金玉国天公主李氏，即圣天之女或其女孙；其所造画像出于敦煌者，此公主嫁敦煌曹氏故也。法国伯希和教授所得敦煌杂文书中有《曹夫人赞》，其述夫人将死时事云："辞天公主，嘱托偏照于孤遗，别男司空，何世再逢于玉眷。"又云："辞天公主，偏照孤孀，执司空手，永别威光。"此曹夫人即归义军节度使曹元忠之妻，延恭、延禄等之母。《续资治通鉴长编》载："太平兴国五年闰三月，归义军节度使曹元忠卒，其子延禄自称留后，遣使修贡。四月，诏赠元忠敦煌郡王，授延禄归义军节度使。"（《宋史》及《文献通考》同）然据英国伦敦博物馆藏《开宝八年归义军节度使曹延恭施舍疏》，则元忠、延禄之间，尚有延恭一世；且元忠卒于开宝以前，非太平兴国中也。

又据《乾德六年曹氏绘观音菩萨功德记》，有慈母娘子、有男司空、有小娘子阴氏。慈母娘子即曹夫人，男司空即延恭，小娘子阴氏即延恭妻。盖阴氏卒后，乃娶于阗公主，后延恭卒，其母旋卒。时延禄嗣为留后，亦称司空，故曹夫人赞曰："辞天公主，偏照孤孀，执司空手，永别威光。"天公主即此于阗公主，因延恭已卒，故曰孤孀；司空则延禄也。先诀已寡之冢妇，而次诀其嗣统之次子，于事宜然，是此公主既嫁而寡，此画云"忌日画施"，盖公主于延恭忌日施以为功德者也。又考延禄之妻亦姓李氏，亦于阗公主。千佛洞壁画题字，有"大朝大于阗国天册皇帝第三女天公主，为新授太博曹延禄姬供养"云云，《续资治通鉴长编》载"太平兴国五年，封延禄妻为陇西郡夫人"。陇西者，李氏望也。

　　于阗李氏有国始末，史无可考。当唐之初叶，尉迟氏世王于阗，贞观末，入朝于唐，改其国为毗沙都督府，即以其王兼都督。及至德初，安禄山反，于阗王尉迟胜率兵赴难，以其弟曜摄国事，后胜请留宿卫，乃以曜为王。德宗时，吐蕃攻陷安西四镇，与唐隔绝，终唐之世，遂不复知于阗事（《北梦琐言》：裴相国休，每发愿世世为国王宏护佛法，后于阗国王生一子，手文有相国姓字，闻于中朝。其子弟欲迎之彼国，敕旨不允也。案裴休卒于咸通初，是咸通后，唐与于阗有交通之迹，然迄未入贡，故其王姓氏不详）。李氏代尉迟氏王于阗，不知始于何时。考高居海使于阗，在晋天福三年，以七年归。其所记李圣天年号，为同庆二十九年，是圣天嗣位，尚在后梁之初。又圣天至宋建隆三年，尚遣使入贡，则在位几六十年，必以冲龄即位，当非开国之主。李氏有国，自在唐之季世矣。尔时回鹘实雄长西域，东自甘州，西讫龟兹，皆为其部落所据，而沙州西、于阗东之仲云族，其官有宰相、都督等，亦与回鹘同俗。疑李氏得国，本藉回鹘之助，且疑圣天亦回鹘人。圣天之名，本出译语，《册府元龟》（九百七十九）载："开元二年，突厥可汗遣使上表求婚，自称曰'乾和永清大驸马天上得果报天男突厥圣天骨咄禄可汗'。"唐贤力毗伽公主、阿史那公主《墓志》纪突厥默啜之号亦同。突厥、回鹘言语略同，则李圣天名，必回鹘语之汉译也。故圣天虽奉佛教，亦兼事摩尼。《宋史》记建隆三年，圣天遣使贡圭一、玉枕一，本国摩尼师贡玻璃瓶二、胡锦一段。国中摩尼得与国王并自通于中国，全用回鹘故事。又大中祥符以后，于阗入贡时，皆称黑汗王或黑韩王，皆可汗之异译。其贡使皆回鹘，疑李氏本出回鹘，特以于阗佛教根柢至深，又自尉迟氏以来，世效忠于唐室，故称唐族，奉象教以安集其国。百年之间，国基既定，似复其故俗，然则李氏殆回鹘之别钦？抑李氏得于阗后旋为回鹘所并？《宋史》所称黑韩王、黑汗王者，非李氏之后钦？此亦不能质言之矣。

曹夫人绘观音菩萨像跋

　　南林蒋氏藏敦煌千佛洞所出古画，上层画观世音菩萨像，下层中央写《绘像功德记》。左绘男子一，幞头、黑衣，署曰"节度行军司马（中缺）、校司空兼（中缺）曹廷（下缺）"；女子一，署曰"女小娘子□□持花一心供养"。记右绘女子二，一署曰"慈母娘子□氏一心供养"，一署曰"小娘子阴氏一心供养"。《记》末署"乾德六年岁次戊辰五月癸未朔十五日丁酉题记"。按乾德六年即开宝元年，是岁以十一月癸卯冬至改元，故五月尚称乾德六年。据《记》文，此像乃慈母娘子为男司空新妇小娘子难月而作。难月，盖谓产难之月。慈母娘子为归义军节度使曹元忠之妻，男司空则延恭也。时元忠已卒，延恭以节度行军司马知留后事，故其结衔中有"校司空"字样。司空，三公之初阶，自曹义金以检校司空为归义军节度使，元忠加至检校太傅；时元忠初卒，延恭知留后事，未受朝命，所称检校司空，实自署也。后延禄知留后时，亦假此官。《宋史》、《续资治通鉴长编》均谓元忠卒于太平兴国五年，上虞罗叔言参事作《瓜沙（原作"沙州"）曹氏年表》，始据英伦所藏《开宝八年归义军节度使曹延恭施物疏》，谓元忠已先卒。今观此画，知开宝元年延恭已知留后事。又《记》中于慈母娘子、男司空外，兼及小娘子、女小娘子、郎君等，而无一语及元忠，知元忠已卒矣。又日本西本愿寺藏《大般若波罗蜜经》卷二百七十四，末有写经记，署"乾德四年五月"，乃元忠子延晟所造。记中有"大王退寿"，"宝位坚于邱山"等语，大王亦指元忠，是此时元忠尚存。然则元忠之卒，当在乾德四年五月之后，六年五月之前；或在乾德五年矣。元忠卒年与延恭嗣位之岁，均得由此画定之。上虞罗叔言参事作《瓜沙曹氏年表》，未得元忠卒年，当由此画补之矣。

唐写本《太公家教》跋

　　宣统己酉岁，法国伯希和教授言其所得敦煌书籍，有《太公家教》一卷。其书已寄巴黎，未之见也。去岁，伯君邮寄敦煌古籍景本数百枚，亦无此书。顷于罗叔言参事唐风楼中见此卷，盖同出敦煌千佛洞，为斯坦因、伯希和二氏所遗，又石室遗书未归京师图书馆时，流出人间者也。此书，史志与宋人书目均未著录，惟李习之《答朱载言书》云："义不深不至于理，而辞句怪丽者有之矣，扬雄《美新》、王褒《僮约》是也。其理，往往有是者，而辞章不能工者有之矣，王氏《中说》，俗传《太公家教》是也。"是习之时已有此书。王明清《玉照新志》（三）亦云："世传《太公家教》，其书极浅陋鄙俚，然见之唐《李习之文集》，至以《文中子》为一律。观其中犹引周、汉以来事，当是有唐村落间老校书为之。太公者，犹曾高祖之类，非渭滨之师臣，明矣。"胡仔《渔隐丛话》（十五）引严有翼《艺苑雌黄》云："杜荀鹤《唐风集》中诗极低下，如'要知前路事，不及在家时'，'不觉裹衣成大汉，初看骑马作儿童'。前辈方之《太公家教》。"张淏《云谷杂记》（二）亦著此语。陶九成《辍耕录》（二十五）所载金人院本名目，亦有《太公家教》，盖衍此书为之。则此书至宋、元间尚存，特以浅陋鄙俚，故馆阁与私家均未著录。今观其书多作四字韵语，语多鄙俗，且失伦次，与上诸书所言一一符合；且今日俗谚犹多见其中。设非见唐人写本，必疑为后世假托矣。书为楮纸卷本，前题"存一卷"字，篇首阙五字，余均完好。共一百二十七行，每行自十八九字至廿四五字不等。行书拙率，似出中唐以后，不知视伯君所得者如何也。辛亥六月记。

卷中有云："太公未遇，钓鱼水（'水'上夺'渭'字）。相如未达，卖卜于市。□天居山，鲁连海水。孔鸣盘桓，候时而起。"书中所使古人事止此，或后人因是取"太公"二字冠其书，未必如王仲言曾高祖之说也。

明《熊忠节题稿》跋

　　宋人论汉代文书之速，举赵充国《陈兵利害书》，以六月戊申奏，七月甲寅玺书报从。按辛武贤与充国之争，所系甚巨，利害亦未易决，而自戊至甲，七日已报其奏，宜充国之有成功也。此疏上于崇祯十五年十二月二十六日，至十六年六月初九日始奉圣旨：该部知道。疏中所言士气之馁、军备之弛，皆间不容发之事，又非赵、辛议论不同之比，而迟至半年始下兵部，何其缓也！且大清兵入塞，在十五年十一月，北归在十六年夏四月，明季政事之丛脞，已可概见。此时忠节已得罪南徙，而下此疏者，思宗有悔意欤？壬戌十一月。

段懋堂手迹跋

　　平生于小学最服膺懋堂先生，以为许浻长后一人也。顾其手迹传世甚稀，往见高邮王氏藏先生《致怀祖观察》手札十许通，叹为巨观。此纸出唐栖劳氏，与乾、嘉诸名人致严修能书札同在一册中，殆严氏物耶？味蔗先生，抑修能父半塘之别号耶？辛酉长至日，付装成记。

周之琦《鹤塔铭手迹》跋

　　书法一道，山阴、平原，范围百代，唐、宋以来，无或逾越。完白山人夺乎千载之下，真积力久，别张一军，安吴、荆溪，此喝彼于，遂成宗派。世人争重山人篆书，不知其行楷书尤有关于百年以来风气也。山人一派，安吴书迹遍天下，而荆溪书传世甚少。今观此卷，寓骏快于顿挫，出新意于旧规，与近日所出两晋、六朝墨迹，波澜莫二。盖精诚之至，与古冥合，亦如山人篆书，与新出汉司徒袁敞碑同一机轴也。丙寅祀灶后一日。

《〈汉书·艺文志〉举例》后序

丙辰春，余自日本归上海，卜居松江之湄，闭户读书，自病孤陋。所从论学者，除一二老辈外，同辈惟旧友钱唐张君孟劬，又从孟劬交元和孙君益庵。二君所居，距余居半里而近，故时相过从。二君为学，皆得法于会稽章实斋先生，读书综大略，不为章句破碎之学。孟劬有《史微》，益庵有《诸子通考》，既藉甚学者间。丁巳秋，益庵复出所撰《〈汉书·艺文志〉举例》，索予一言。余谓益庵之书，精矣，密矣，其示后人以史法者，备矣。其书本为后之修史志、编目录者言，故所举各例，不惮孅悉。然如称出入、称省诸例，乃洞见刘《略》与班《志》之异同，自来读《汉志》者，均未讼言及此，窃叹世之善读书者，殆未有过于益庵者也。顾曩读《汉志》，有未达者数事，今略举之：班《志》全用《七略》，即以中秘书目为国史书目，然中秘之书，亦有不入《汉志》者。如六艺类，《尚书》有古文经四十六卷，《礼》有古经五十六卷，《春秋》有古经十二篇，《论语》有古二十一篇，《孝经》有古孔氏一篇，皆冠于诸家经之首，惟《易》无古文经。然《志》言"刘向以中《古文易经》校施、孟、梁邱经，或脱去'无咎''悔亡'，惟费氏经与古文同"。是中书确有《易》古文经，而《志》仅录施、孟、梁邱三家经各十二篇，与《书》、《礼》、《春秋》异例，此未达者一也。又《别录》、《七略》，颇有异同。《志》称刘向校书，每一书已，辄条其篇目，录而奏之。今世所传《战国策》、《晏子》、《荀子》、《列子》、《管子》，皆有刘向所撰《录》各一篇，《山海经》有刘歆所撰《录》一篇（世所传《关尹子》、《子华子》、《於陵子》，皆有刘向所撰《录》，《邓析子》有刘歆所撰《录》，均伪），所谓《别录》是也。其略出之目，乃谓之略，是《录》与《略》本不应有异同，《录》、《略》与《汉志》亦不应有异同，乃《别录》称《礼记》四十九篇（《经典释文·叙录》及《乐记》《正义》引），又称古文记二百四篇（亦《经典释文·叙录》）而《志》但著录记百三十一篇。又《山海经》，《录》称定为十八篇，而《志》仅有十三篇，是《录》、《略》篇数互异。又王逸《楚辞章句·序》云："刘向典校经书，分《楚辞》为十六卷。"旧本《楚辞》，亦题"护左都水使者、光禄大夫臣刘向集，校书郎中臣王逸章句"。此当是王逸旧题。逸去刘向未远，语当可信。乃汉《志》无《楚辞》，并无景差、东方朔赋。《东方朔传》述刘向所录朔书，亦无《七谏》，此未达者二也。据此书所举出入及省二例，知班《志》于刘《略》稍有增损。于其所入者，如《司马法》、《蹴鞠》二书，不过出此入彼。至书家之刘向《稽疑》一篇，小学家之扬雄、杜林三篇，儒家之扬雄所序三十八篇，赋家之扬雄八篇，皆班氏所新入也。然班氏所见《七略》未录之书，固不止此。如《律历志》之刘歆《钟律书》及《三统历》，《天文志》之《甘氏经》、《石氏经》、《夏氏日月传》、《星传》，《五行志》之刘歆《洪范五行传》，皆班氏修书时所据者也。叔孙通《汉仪》十一篇，又班氏所上者也。既有新入之例，而此诸书独不入，此未达者三也。此三疑者，盖久蓄于余心，求之此书所举例中，亦未得其说。既读此书，爰举以相质，以益庵之善于读书，必有以发千载之覆也。丁巳八月。

沈乙庵先生七十寿序

　　我朝三百年间，学术三变：国初一变也，乾、嘉一变也，道、咸以降一变也。顺、康之世，天造草昧，学者多胜国遗老。离丧乱之后，志在经世，故多为致用之学，求之经史，得其本原，一扫明代苟且破碎之习，而实学以兴。雍、乾以后，纪纲既张，天下大定，士大夫得肆意稽古，不复视为经世之具，而经史小学专门之业兴焉。道、咸以降，涂辙稍变，言经者及今文，考史者兼辽、金、元，治地理者逮四裔，务为前人所不为，虽承乾、嘉专门之学，然亦逆睹世变，有国初诸老经世之志。故国初之学大，乾、嘉之学精，道、咸以降之学新。窃于其间得开创者三人焉：曰昆山顾先生，曰休宁戴先生，曰嘉定钱先生。国初之学，创于亭林；乾、嘉之学，创于东原、竹汀；道、咸以降之学，乃二派之合而稍偏至者，其开创者，仍当于二派中求之焉。盖尝论之：亭林之学，经世之学也，以经世为体，以经史为用。东原、竹汀之学，经史之学也，以经史为体，而其所得，往往裨于经世。盖一为开国时之学，一为全盛时之学，其涂术不同，亦时势使之然也。道、咸以降，学者尚承乾、嘉之风，然其时政治风俗，已渐变于昔，国势亦稍稍不振，士大夫有忧之而不知所出，乃或托于先秦、西汉之学，以图变革一切，然颇不循国初及乾、嘉诸老为学之成法。其所陈夫古者，不必尽如古人之真，而其所以切今者，亦未必适中当世之弊。其言可以情感，而不能尽以理究。如龚璱人、魏默深之俦，其学在道、咸后，虽不逮国初、乾、嘉二派之盛，然为此二派之所不能摄其逸而出此者，亦时势使之然也。今者，时势又剧变矣，学术之必变，盖不待言。世之言学者，辄伥伥无所归，顾莫不推嘉兴沈先生，以为亭林、东原、竹汀者俦也。先生少年固已尽通国初及乾、嘉诸家之说，中年治辽、金、元三史，治四裔地理，又为道、咸以降之学，然一秉先正成法，无或逾越。其于人心世道之污隆，政事之利病，必穷其原委，似国初诸老。其视经史为独立之学，而益探其奥窔，拓其区宇，不让乾、嘉诸先生。至于综览百家，旁及二氏，一以治经史之法治之，则又为自来学者所未及。若夫缅想在昔，达观时变，有先知之哲，有不可解之情，知天而不任天，遗世而不忘世，如古圣哲之所感者，则仅以其一二见于歌诗。发为口说，言之不能以详，世所得而窥见者，其为学之方法而已。夫学问之品类不同，而其方法则一。国初诸老，用此以治经世之学；乾、嘉诸老，用之以治经史之学，先生复广之以治一切诸学。趣博而旨约，识高而议平，其忧世之深，有过于龚、魏，而择术之慎，不后于戴、钱。学者得其片言，具其一体，犹足以名一家，立一说。其所以继承前哲者以此，其所以开创来学者亦以此。使后之学术，变而不失其正鹄者，其必由先生之道矣。窃又闻之：国家与学术为存亡，天而未厌中国也，必不亡其学术；天不欲亡中国之学术，则于学术所寄之人，必因而笃之。世变愈亟，则所以笃之者愈至，使伏生、浮邱伯辈，天不畀以期颐之寿，则《诗》、《书》绝于秦火矣。既验于古，必验于今。其在《诗》曰："乐只君子，邦君之基；乐只君子，万寿无期。"又曰："乐只君子，邦家之光；乐只君子，万寿无疆。"若先生者，非所谓"学术所寄"者欤？非所谓"邦家之基"、"邦家之光"者欤？己未二月，先生年正七十，因书先生之学，所以继往开来者，以寿先生，并使世人知先生，自兹以往，康强寿考，永永无疆者，固可由天之不亡中国学术卜之矣！

郭春榆宫保七十寿序

国朝故事，官制有国史院，领以大学士后罢内三院，仍设馆于禁城内，置总裁、纂修、协修诸官，以词臣兼之。其书体例如《古正史通》，列朝为一书。国祚无疆，斯国史亦与之为无疆。故自设官，以讫宣统辛亥，二百六十有七年。惟十朝本纪，草稿完具，列传一类，除内官二品以上及特旨宣付臣僚奏请立传外，未尝博采。表、志二类，亦仅具梗概，盖未有成书也。惟列圣嗣服之初，每诏儒臣修先皇帝实录，其选任较精，责任较专，程限较严，议叙较优，故成书亦较完且速。今日得详我列祖列宗之圣德神功，及三百年来之事迹者，惟实录而已。洪惟我德宗景皇帝临御天下三十有四年，仁孝恭俭之德，勤政爱民之心，洽于四海。又值中外大通，事变蜂起，因革损益，经纬万端，而盛德鸿业未有记注。宣统元年六月，皇帝始命臣工恭纂实录，三年而遭辛亥之变，属稿才得十一、二。壬子四月，复奉诏纂修，时总裁官为长白世文端公续、吴县陆文端公润庠，而今太傅闽县陈侍郎宝琛、今宫保侯官郭侍郎曾炘、宗室宝侍郎熙副之，提调则裕参议隆、李侍讲经畬。总纂则钱侍读骏祥、熊侍读方燧、蓝编修钰。总校则程侍讲棫林、朱编修汝珍。纂修则袁侍讲励准、吴撰文怀清、王编修大钧、金编修兆丰、欧侍御家廉、温侍御肃、何编修国澧、张检讨书云、章检讨梫、史编修宝安、李编修湛田、黎编修湛枝、吴编修德镇、胡编修骏、龚编修元凯、郑编修家溉。草创于壬子之夏，讫事于辛酉之冬，计十年而书成，凡五百九十七卷。其正本既尊藏于皇史宬，副本之恭储于乾清宫者，亦期于甲子年缮竣，而《德宗景皇帝圣训》一百四十五卷、《国史德宗本纪》一百三十七卷亦次第蒇事。先是，己酉开馆，总裁官、副总裁官共十许人，纂修官四十人，至壬子重修，正副总裁仅五人，纂修二十一人，逮辛酉书成，总裁官与于经进之列者惟陈太傅及郭、宝二宫保。而陈太傅、宝宫保均以辛亥入馆，惟郭宫保自己酉开馆已任副总裁，始终秉笔者，宫保一人而已。宫保在承平时，历官与礼曹相终始，由庶吉士改礼部主事，洊跻至左侍郎，礼部废，又权掌典礼院，故最练于当代之典制。又直枢垣久，光绪一朝之事，巨细源委，闻见最切，卒能勒成巨典，光我圣清，藏之金匮，副在宣室，功莫盛焉！昔有宋南渡，徽、钦二宗未有实录，高宗下诏纂修。《徽录》成于绍兴二十八年，《钦录》成于孝宗乾道四年，绵历三纪，始有成书。顷者，恭纂《德宗实录》，事颇与宋南渡相类，而具稿不过十稔，虽纂修诸臣之克共厥职，抑亦总其事者忠勤之效也。皇帝嘉修书之勤，授郭公太子少保，旋晋太子太保，岁时锡赉与直内廷诸臣等，宫保亦夷险一节，数十年如一日也。自壬、癸以后，朝廷既谢政事，每元正圣节，旧臣趋朝行礼者，可屈指计，独宫保十余年来，每朝会未尝不在列，三时赏赉，未尝不亲拜赐也。甲子八月二十二日，为宫保七十生辰，上赐御笔书画及采段等物以荣之，内廷同直诸人亦谋所以寿宫保者，而属国维缀其辞。国维识宫保晚，无以扬榷盛德，第粗述宫保载笔之勤，已足见其心事之纯白，精神之强固。自兹以往，将八十、九十，以至于期颐，永承恩泽。国维亦得弭笔以从诸老之后，效张老之善颂，抒吉甫之清风。宫保闻是言，其莞尔而釂一觞乎？

诰封中宪大夫海宁陈君暨妻
邹太淑人合葬墓志铭

　　君讳镐，字子洛，浙江海宁州人。其先当宋南渡初，自汴迁于杭，世以医名。历廿七世，以至于君祖田。父宝华、生父宝荣并有潜德。君幼传家学，性尤孝友，弱冠逢寇乱，兄铉奉生母挈妻妹，避乱赴衢州，君率妻妹奉嗣母避于近乡。君遇贼被掠，未几脱归，则母妹皆已赴水死，惟妻独存。乃求母妹骸骨藁葬之，即别妻子，徒步走衢州，觅生母及兄妹。时粤寇未平，浙东、西诸县残破甚。君间关千里，至衢属之龙游，山深林密，求母兄。问不可得，日痛哭山野间。一日，遇一村叟，询知为陈氏子，导至家，出扇一、印章一示之，则兄名字具在。且令其子妇出拜，则固母婢也。因告以前年有陈氏母子三人主其家，不幸均以疫亡，指厝棺所示之。君哀恸几绝，乃负骨归龙游，人无不称陈孝子。君既归葬母兄于所居长安镇，时大乱初定，旋移居石门之洲钱镇，仍以医自给。君术既精，遇贫病者辄施医药，所全活甚众。性尤嗜书，手不释卷，读书临证所得，辄笔记之。晚年病目，则令子守训笔录，积稿至尺许。旋因子守谦官江西石城县知县，又调大庾，迎君就养。会南赣匪警，有劝君暂避者，君弗从，令守谦督兵出城防剿，而身居署，阳阳如平常。事毕，始归里。以子守谦官，覃恩封中宪大夫。宣统元年七月，卒于家，年七十有三。配邹氏，诰封太淑人，后君十一年卒，年八十有厶。子守训，候选州同，出为兄后。守谦，候选知府，江西石城县知县。女三人，孙二人，孙女三人。守谦将以甲子厶月，葬君于长安镇厶厶之原。属其友王国维铭其墓铭曰：

　　昔称纯孝，黄子向坚。万里寻亲，十年生还。历载三百，丹青焕然。懿封君之笃行，知前修之匪艰。道崎岖于丧乱，身契苦于俭难。空山阒其少人，枯骨嘿其无言。卒征信于篆印，反千里之三棺。铭潜德于幽壤，庶万代而不刊。

补家谱忠壮公传

公讳禀，字正臣（据《旧谱》引宋《海昌图经》），开封人（据王明清《挥麈三录》及《海昌图经》）。大父珪（据《海昌图经》），官至泾原路行营都监。庆历初，与大将任福征西夏，战没于好水川，赠金州观察使。

《宋史·王珪传》：王珪，开封人也。少拳勇，善骑射，能用铁杵、铁鞭。年十九，隶亲从官，累迁殿前第一班押班，擢礼宾副使、泾州驻泊都监。康定初，元昊寇镇戎军，珪将三千骑为策先锋。自瓦亭至师子堡，敌围之数重。珪奋击披靡，获首级为多。叩镇戎城，请益兵，不许，城中惟缒糇粮予之。师既饱，因语其下曰："兵法：以寡击众必在暮。我兵少，乘其暮击之，可得志也。"复驰入。有骁将持白帜植枪以詈曰："谁敢与我敌者！"枪直珪胸而伤右臂，珪左手以杵碎其脑。继又一将，复以枪进，珪挟其枪，以鞭击杀之。一军大惊，遂引去。珪亦以马中箭而还。仁宗特遣使抚谕之，然以其下死伤亦多，止赐名马一匹，黄金三十两，裹创绢百匹。诏暴其功塞下，以厉诸将。是岁，改泾原路都监。明年，为本路行营都监。勒金字处置牌赐之，使得专诛杀。寻至黑山，焚敌族帐，获首级、马驼甚众。会敌大入，以兵五千从任福，屯好水川。连战三日，诸将皆败，任福陷围中。望见麾帜犹在，珪欲援出之，军校有顾望不前者斩以徇，乃东望再拜曰："非臣负国，臣力不能也，独有死报耳。"乃复入战，杀数十百人，鞭铁挠曲，手掌尽烈，奋击自若。马中镞，凡三易，犹击杀数十人。矢中目，乃还。夜中卒。珪少通阴阳术数之学，始出战，谓其家人曰："我前后大小二十余战，杀敌多矣，今恐不得还。我死，可速去此，毋为敌所雠也。"及敌攻瓦亭购，甚急，果如所料。镇戎之战，以所得二枪植山上。其后，边人即其处为立祠。赠金州观察使，追封其妻为安康郡君，录其子光祖为西头供奉官、阁门祗候，后为东上阁门使；光世，西头供奉官；光嗣，左侍禁。

父光祖，以梓夔钤辖平西南夷，御吐蕃有功，历官泾原河东定州路副总管。

　　《宋史·王光祖传》：王光祖，字君俞，开封人。父珪，为泾原勇将，号"王铁鞭"，战死好水川，录光祖为供奉官、阁门祗候。熙宁中，同提点河北刑狱，改沿边安抚都监，进副使，界河巡检赵用扰北边，契丹以兵数万压境，造浮桥，如欲渡者。光世在舟中，对其众尽彻户牖，或谓："契丹方盛（一作'阵'），而以单舟临之，如不测何？"光祖曰："彼所顾者，信誓也。其来，欲得赵用耳。避之则势张，我死不足塞责。"已而，契丹欲相与言，光祖即命子襄往。兵刃四合，然语惟在用，襄随机折塞之。其将萧禧遽挥兵去，且邀襄食，付所戴青罗泥金笠以为信。即上之。时已有诏罢光祖矣。吴充曰："向非光祖以身对垒，又使其子冒白刃取从约，则事未可知，宜赏而黜，何以示惩劝？"乃除真定钤辖，徙梓夔。渝獠叛，诏熊本安抚，而命内藏库使杨万、成都钤辖贾昌言、梓夔都监王宣，与光祖俱致讨，皆受本节度。本疑光祖不为用，分三道进师，使光祖将后军，出黄沙坎。比发，日已暮，士卒以杖索涂，相挽而前，夜半，抵绝顶。质明，獠望见，大骇，一鼓而溃。万等困于松溪，又亟往援。出石门，欼其险促，黔兵先登袭贼，贼舍去。光祖夜泊松岭上，旦始遇万等，与俱还。本愧谢，上其功第一。吐蕃围茂州，光世（按，中华书局版《宋史》作"光祖"）领兵三千，会王中正，破鸡宗关（按，中华书局版此句作"会王中正破鸡宗关")。贼据石鼓村，扼其半道。中正召诸将问计，光祖独请行。既抵石鼓，择锐兵分袭吐蕃背，出其不意，皆惊遁。遂会中正于茂。泸夷乞弟杀王宣，诏从韩存宝讨之。军于梅岭，夷数万众出，驻落个栈，欲老我师。霖雨不止，光祖劝存宝早决战，不听。林广至，复从征，荡其巢窟，积功至四方馆使、知泸州，置泸州安抚使。俾专领，边事听颛决。迁客省使、嘉州刺史，历泾原、河东、定州路副总管，卒（《东都事略·忠义传》云：卒年六十七）。

案旧谱记忠壮公祖珪、父光祖，而所引《海昌图经·人物志》，则但记大父珪，而不云父为谁某。又《宋史·王光祖传》有子襄，旧谱无襄名，而云"光祖子二：亶、禀"。禀即忠壮也。初疑谱或不可信，然《宋史》本不纪光祖子若干人，其襄之名，乃因事而偶见，故旧谱无襄，可据《宋史》补之，而其有亶与禀，不得执《宋史》以疑之也。（往疑《旧谱》有忠壮祖父，或出附会。然所引《海昌图经》，乃宋嘉定二年括苍潘景夔撰。其《人物志》公传已云公大父珪，其时闻见尚近，殆必有据。）又案光祖官界河巡检与契丹折冲事，据本传，当在吴充入枢府（熙宁三年九月）之后，熊本措置渝夷（熙宁六年五月）之前，即在熙宁四、五年间。时子襄已能与契丹折冲，年虽少，亦当在弱冠左右。迨靖康元年，忠壮致命之岁，年当七十余，殆为忠壮长兄矣。旧谱不载，盖以早世，或无后遗之。又《宋史·苏轼传》："轼出知定州，会春大阅，命举旧典帅常服出帐中，将吏戎服，执事副总管王光祖自谓老将耻之，称疾不至。"案轼出知定州，在元祐八年九月。至春大阅，则在绍圣元年。《光祖传》称终于定州路副总管，又此时自谓老将，则其卒当在此数年中。光祖卒时年六十七，公为其少子，时亦当二三十岁。而自绍圣元年至靖康元年，又三十有三年，然则忠壮致命之年，当在六十左右。因记公兄事，而泛论及之。

宣和二年十月丁酉，方腊反于睦州青溪县帮源洞。十二月丁亥，诏保宁军承宣使谭稹提举措置捕捉。公时为步军都虞候，往制置之。

《续资治通鉴长编》：宣和二年十月丁酉，睦州青溪县有洞曰帮源，深广四十余里，群不逞，往往囊橐其间。方腊者，因以妖贼诱之，凶党稍集。是月丙子，杀里正方有常，纵火大掠，还处帮源，遣其党四出侵扰，鼓扇星云神怪之说，以眩惑众听，从之几万人。十二月丁亥，通侍大夫保宁军承宣使直睿思殿在京神霄玉清万寿宫，提刑同知入内，内侍省事谭稹提举措置捕捉睦州青溪县贼，改威武军承宣使婺州观察使步军都虞候王禀前去节制（案此条原题三年正月七日，据《十朝纲要》改列二年十二月）。

三年正月甲子，公破贼于秀州城下，秀州平。二月癸未，克杭州。三月丙申，贼再犯杭州，公与战于城外，败之。壬子，复富阳县。戊午，至桐庐，夺溪桥。翌日，复之。壬戌，克复睦州。四月乙丑，败贼于睦州南门外对溪岸。翌日，又败之。己卯，败贼于建德寿昌境，夺其粮舟。癸未，复青溪县。戊子，公领中军围帮源洞，以奇兵斩贼五千四十六级。庚寅，与辛兴宗、杨惟忠生擒方腊于帮源山，振旅赴杭州宣抚司。

《续资治通鉴长编》：宣和三年正月甲子，王禀等破贼于秀州城下，斩首数千级，秀州平。二月癸未，王禀等克杭州。三月丙申（《十朝纲要》作三月丙戌朔，误。是月乃丙申朔），贼再犯杭州，王禀等战于城外，斩首五百级。壬子（《十朝纲要》作丙辰）王禀等复富阳县。戊午，至桐庐桐州港遇贼，以战舰攻之，夺溪桥。翌日，复桐庐县，凡获一千五百余级。壬戌，王禀克复睦州。四月乙丑，王禀等于睦州南门外对溪岸，斩贼一百九十级。丙寅，王禀等又斩贼九百六十七级，于睦州南门外对溪岸。己卯，王禀兵至建德寿昌县境白沙渡，斩贼九百一十五级，夺其粮舟百余。癸未，王禀等复青溪县。戊子，初，童贯与王禀、刘镇两路预约，会于睦、歙间，分兵四围，包帮源洞于中。同日，进师至是，王禀等已复睦州，将至洞前，刘显等已复歙州，驻军洞后，且密谕之：尅日既定，当纵火为号，见焚燎烟升，则表里夹攻，仍面缚伪囚上副御笔，四围生禽之。策刘镇将中军，杨可世将后军，王涣统领，马公直并裨将赵明、赵许、宋江既次洞后，而门岭崖，壁峭、坂险、径危，贼数万据之。刘镇等率劲兵从间道掩击，夺门岭，斩贼六百余级。是日，平旦入洞后，且战且进，鸣镝纵火，焚其庐舍。禀等自洞前望燎烟而进。禀领中军，辛兴宗领前军，杨［维中］（惟忠）领后军，总裨将王渊、黄迪、刘光弼等与刘镇合围夹攻之。贼二十余万众，腹背抗拒，转战至晚，凶徒糜烂，流血丹地，火其庐万间。王禀以奇兵斩贼五千四十六级，刘镇等兵斩五千七百八十余级，生禽四百九十七人，胁从老稚数万计，并释之，而未得伪酋方腊。翌日，搜山。庚寅，王禀、辛兴宗、杨惟忠生禽方腊于帮源山东北隅石洞中，并其妻孥、兄弟、伪相、侯王三十九人，振旅赴杭州宣抚司。

累迁武泰军承宣使。四年，童贯出为陕西、河东、河北路宣抚使，欲与金人夹击辽，复燕云故地。以种师道为宣抚司都统制，而公与华州观察使杨可世副之。师道出东路，别令辛兴宗出西路。

《三朝北盟会编》：宣和四年四月十日，童贯以环卫军为中军，述古殿学士刘鞈为行军参议保静军节度使，种师道为都统制武泰军承宣使，王禀华州观察使，杨可世副之。是日，上微行出斋宫端圣园，以观出师。

又：五月，童贯至河间府，分雄州、广信军为东、西路，以种师道总东路之兵，屯白沟；王禀将前军，杨惟忠将左军，种师中将右军，王坪将后军，赵明、杨志将选锋军。辛兴宗总西路之众，屯范村；杨可世、王渊将前军，焦安节将左军，刘光国、冀景将右军，曲奇、王育将后军，吴子厚、刘光世将选锋军，并听刘延庆节制。

公不果行，会师道与兴宗皆败退。

> 《宋史·徽宗纪》：宣和四年五月，童贯至雄州，令都统制
> 种师道等，分道进兵。癸未，辽人击败前军杨可世于兰沟甸。丙
> 戌，可世与辽将萧干战于白沟，败绩。丁亥，辛兴宗败于范村。
> 六月己丑，种师道保退雄州，辽人追击至城下。
>
> 　　案公初与杨可世俱副种师道，及至河间分军时，又将东
> 路前军，自当与于白沟之役。然《宋史》与《北盟会编》
> 纪诸将败绩事甚详，而无一语及公胜败，此事甚异。以前后
> 事度之，公实未尝在行间也。盖公以承宣使副种师道，在初
> 发京师时，其将东路前军在分兵河间时，而童贯总兵，政令
> 无常。及至雄州议进兵，杨可世与知雄州，和诜议不合，贯
> 即以诜副师道，以可世为前军统制。（见《北盟会编》"童贯次雄
> 州议进兵"条下。此前军当指东路前军，《北盟会编》于兰沟甸之役，称师道
> 裨将杨可世，又于白沟之役，言和诜劾师道，斩前军统制杨可世。是可世确隶
> 师道，不隶辛兴宗。又本屯白沟，不屯范村也。而"河间府分军"条下乃云，
> 辛兴宗总西路之众屯范村，杨可世、王渊将前军。又于白沟之役，载辛兴宗遣
> 中部将杨可世援王渊。是可世一人，既在东路，又在西路，必无此理。恐西路
> 之杨，乃可世兄弟行。当时种、刘、辛、折诸氏，往往父子兄弟同在军中，可
> 证也。）是可世已代公将前军矣。公之不与于白沟之役，盖以
> 诸将尽出，贯驻雄州，留以自卫，故不与战事，亦无胜败可
> 纪。厥后，童贯再出太原，亦以公自随，可以知其故矣。

七年，童贯再出，宣抚河东，北以索云中地。公复以宣抚司统
制，与贯驻太原。会隆德府义胜军叛，公击走之。

> 《三朝北盟会编》：会隆德府义胜军叛，王禀、耿守忠追击，
> 其三千人奔大金国，具言中国虚实。

而金人败盟，粘罕自云中窥河东，斡离不自平州趋燕山，童贯闻之，
遽弃太原遁，而留公以侍卫。亲军马军副都指挥使领河东路马步军副

总管与河东宣抚使知太原府张孝纯守之。十二月，粘罕陷忻、代等州，遂至太原，知朔宁府孙翊、知府州折可求、知晋宁罗称与延安刘光世等入援翊，称战死，光世走，可求军亦溃。

《三朝北盟会编》：宣和七年十二月十八日乙卯，粘罕兵至太原，知朔宁府孙翊来援，战败被杀。

又：粘罕屯太原北陈村，既败朔州守将孙翊于太原城下，又败府州守臣折可求于交城。

又引《封氏编年》曰：知府州折可求并军马使韩权、知晋宁罗称、延安府路援兵刘光世，与金人粘罕大战于太原之交城，自朝至日中，胜负相当，而我师各据分地。隔至日中，金人忽自可求寨后开生山而出，劫其家计寨。刘光世望风而奔，可求乃溃，罗称、韩权死于阵，自是河外兵将，十丧八九分。

时公所部仅捷胜军三千人（见《靖康要录》）。粘罕始至，公辄领轻骑出城，马上运大刀，径造敌营左右转战，得首级百十，方徐引归，日以为常（见《挥麈三录》载《无名氏奏议》）。粘罕怒，益治攻具，公随机折之，寇不得逞。

《三朝北盟会编》：张孝纯与男灏，书粘罕攻城之具，曰炮石、洞子、鹅车、偏桥、云梯、火梯，凡有数千。每攻城，先列炮三十坐，凡举一炮，听鼓声，齐发炮。炮石入城者，大过于斗，楼橹中炮，无不坏者。赖总管王禀先设虚栅，下又置粗糠布袋，楼橹虽为所坏，即时复成。粘罕填濠之法，先用洞子，下置车轮，上安巨木，状如屋形，以生牛皮幔上，又以铁叶裹之，人在其内，推而行之，节次相续，凡五十余两，运土木薪柴于中。粘罕填壕，先用大板薪柴，次以荐覆，然后置土在上，增覆如初。王禀每见填壕，即先穿壁为窍，置大鞴在内，俟其薪多，即便放灯于水中，其灯下水，寻木能燃湿薪，火既渐盛，令人鼓鞴，其焰巨天，致令不能填壕。其鹅车，一如鹅形，下亦用车轮，冒之以皮铁，使数十百人推行，欲上城楼。王禀于城亦设跳楼，亦如鹅形，使士在内迎敌。又先以索络巨石，置彼鹅车上，又令人在下，以搭钩及绳曳之，其车前倒，又不能进。其云梯、火梯悉用车轮，其高一如城楼，悉为王禀随机应变，终不能攻我。又尝内起重城，虑外壁之坏。无何，人众粮乏，三军先食牛马骡驴，次烹弓弩筋甲，百姓煮浮萍、树皮、糠秕、草荄以充腹。非王公之功，则太原不旬月即失矣。

乃筑长围以困之，

> 《三朝北盟会编》引《传信录》：粘罕之师至太原城下，太原亦坚壁固守，粘罕屯兵围之，悉破诸县，为锁城法以困太原。锁城法者，于城外矢石不到之处，筑垒环绕，分人防守，内外不相通。
>
> 又引《林泉野记》：靖康初，粘罕来攻，先筑夹城于外，期于必取，百道进攻。

时斡离不已取燕山路，陷河北诸州，长驱逼京师。朝廷许割太原、中山、河间三镇以和，时靖康元年正月也。二月，遣签书枢密院事路允迪宣谕太原交割。

> 《三朝北盟会编》：靖康元年二月十日，下割三镇之诏，差路允迪宣谕守臣，诏曰："敕太原府守臣应中山、河间、太原并属县镇及以北州军，已于誓书内议定，合交割于大金事。昨者，大金以朝廷招纳叛亡，有渝盟誓，因举大兵，直至京畿。朕以宗庙社稷所系甚大，遂割三镇，以寻欢盟，庶销兵革之忧，以固两朝之好。其犬牙不齐去处，并两平兑易，合照誓书施行。如有州军未便听从，仰将此诏书遍行告谕遵怀，毋或拒违，自取涂炭。两朝封疆接畛，义同一家，各安尔居，用保信睦。其中山、河间、太原府并属县镇及以北州军，见任寄居职官，不系本土，及

从内地差去，不在交割之限。今差朝散大夫充资政殿学士签书枢密院事路允迪赍诏宣谕咨，尔等守臣，体予至意。故兹诏示，想宜知悉。春暄卿等，各比平安好否，遣书指不多及。"（此诏亦见《大金吊伐录》）

公与孝纯不奉诏。

　　《大金吊伐录》：粘罕与南宋书："三月十七日，大金固伦尼伊拉齐贝勒谨致书于大宋皇帝阙下：近准签书枢密院事路允迪赍书前来，称河北路军前讲和了当，议定割太原、中山、河间三府，允迪奉差交割太原界。至今月初四日，重兵将回，以道路隘窄，住滞计会。允迪、宋彦通、滕茂实同当府差下官员，先赴太原交割施行。今月十七日，师次南关，比有路允迪使臣谈某何伟来到军前，称太原府以今来所降诏书与先奉指挥不同，不肯出迎诏书，不伏交割，申议合交界至，未见了绝，见于太原府并左右州县，逐有草料屯驻。幸无疑惑，律正暄和，愿膺多福，今因人使，请奉书陈达，不宣。谨白。"
　　《三朝北盟会编》引《宣和录》：粘罕因太原未下，分兵守之。义胜军引粘罕陷威胜军及隆德府，欲寇泽州。逢朝廷议和官，乃还太原，遣人入城，谕之曰："朝廷已割太原矣。"孝纯并副总管王禀曰："朝廷使汝交割太原，但奏朝廷云：'某等不肯，坚守如初。'"金人大怒，无如之何，留兵数万守之。

夏，粘罕归云中，留银术可围太原。

　　《三朝北盟会编》引《宣和录》：其酋归云中贼众于太原城下，植木环其城，厚数里，中为小径，往来纵犬警之。是时天气已热，贼兵各休于林樾之下，而分食于太原十邑，其守益固。

孝纯视城之危，一日，会监司食，谋欲降金。公知之，率刀手五百人，谒孝纯，列刀手于前。起问曰："借如汝辈流中有言降者，当如何？"群卒举刀曰："愿以此戮之。"又曰："如禀言降，当如何？"群卒曰："亦乞以此戮之。"又曰："宣抚使与众监使言降，当如何？"卒曰："亦乞以此戮之。"孝纯自后绝口不敢复言降事（见《挥麈三录》所载《无名氏奏议》）。

《宋史·忠义传》：刘士英，靖康初通判太原府。金人入境，帅臣张孝纯欲避之。士英率通判方笈、将官王禀力止孝纯。

案《无名氏奏议》以为孝纯欲降在城危时，《宋史》则以为在金人入境时。案孝纯曾力止童贯避敌，似无于金人入境时欲避之事，今从奏议。

时前后诏种师道、师中、姚古等赴援，皆不得达。师中战死。钦宗嘉太原城守功，以孝纯为武当军节度使，公为建武军节度使。

《三朝北盟会编》：靖康元年六月八日，制曰："门下奋干戈之卫，烈士之所以愿忠，图疆场之名，明主之所以经武，眷予宿将涣以殊恩。侍卫亲军马军副都指挥使镇西军承宣使武安县开国侯食邑五百户王禀性质沈雄，智谋深静，便弓剑之习，负劲气于山西，贯韬钤之奇，走雄名于塞北，久率戎伍，夙著战功。比总师屯往护，并晋属金寇之背，诞窥边堠，以陆梁城之受攻，自冬及夏，协王师之策，饬备惟严，厉兵民之心，致命无二。精意可动于众志，声威能折于奸锋。欲示劝于茂勋，顾何害于异数，高牙大纛，超授于价藩，贡食爰田，并加于上赋。於戏！赏不逾月，矧已厚于念功；至欲及时，尚益坚于许国。畅我武节，勉示显庸，可特授建武军节度使，进封太原郡开国侯，加食邑五百户，实封二百户。"

复诏解潜、刘韐、李纲等解太原围，皆不能进。而粘罕又悉起云中之兵以至，九月丙寅（初三日），城陷，时被围二百五十日矣。公率羸兵与金人巷战，身被数十创（见《北盟会编·张孝纯与男灏书》），遂入原庙中，负太宗御容，与子阁门祗候荀，赴汾水死。

《宋史·钦宗纪》：靖康元年九月丙寅，金人陷太原，执安抚使张孝纯，副都总管王禀、通判方笈，皆死之。

又《忠义传》：靖康初，刘士英通判太原府，金人入境，帅臣张孝纯欲避之，士英率通判方笈、将官王禀，力止孝纯。及城陷，禀赴火死，士英持短兵接战死之。笈在金，因讲和，使附书言二人死节，后刻石于衢、温二州。

《三朝北盟会编》：靖康元年九月三日丙寅，粘罕陷太原，河东安抚使张孝纯被执，马步军副总管王禀死之，运判王棐、提举单孝忠皆被杀，通判王逸自焚死。

又引《遗史》：金人攻太原，筑长城围其外，用云梯、炮石、鹅车、洞子城头，并力攻冲，张孝纯与王禀死守。朝廷遥加孝纯检校少保武当军节度使。姚古、种师中、解潜、张灏以兵赴援，解潜两败绩，师中、灏一败绩。太原以粮尽而援兵不至，军兵多饿死。禀知太原不可守，乃走入统平殿，取檀香御像，以匹练系于其背，缒城投溪而死。

又引《金虏节要》曰：王禀系宣抚司统制官，自童贯弃太原入觐，留禀守太原。太原守御，禀功为多。至城陷，禀引疲乏之兵欲出西门，无何西门插版索断，不能出。虏骑已入城，仓皇之间，士卒皆溃。左右劝禀降，禀叹曰："城陷，士无斗志，且又门阻，乃天亡禀也。禀岂惜死违天命而负朝廷哉！"遂自尽。后粘罕得其尸，令孝纯验之，既实，粘罕向尸躯大骂，率众酋执兵同践之，而暴于野。

又引《靖康小雅》曰：王公讳禀，塞上警报至，童贯留公为太原副帅，因总宣抚司之兵屯之。粘罕攻太原，公时总守御之职，以死拒寇，城中食尽，至煮弓弩、马甲筋皮充粮。粘罕尽锐攻之，自十二月至七月，不能支。诸道援兵，如姚古、折可求、刘光世、种师中、刘韐、张灏、解潜等军，四面俱至，贼分兵摧之。九月初九日（当作初三日。又《靖康要录》载太原之陷为七月十日，与诸书皆违异，恐不可从），城遂不守，帅臣检校少保张孝纯不能死，为贼所擒。独公率麾下决战，突围而出，而胡骑追之，力战不懈，部曲尽亡，遂负太原庙中太宗御容，赴汾水而死。

又引《靖康小录》：太原城破，守臣张孝纯持刀欲自尽，左右侍兵抱持夺去，为番人擒虏。惟通判王禀，誓不屈贼，登阁抱太宗御容，令人纵火而死。

案公死事，诸书所记不同。《北盟会编》所引《遗史》、《靖康小雅》二书，皆云"赴水死"，而《宋史·忠义传》、《挥麈三录》及《靖康小录》则皆云"赴火死"。然据《北盟会编》，则自焚死者，乃通判王逸，盖时当误以逸事为公事。《靖康小录》所云"通判王禀"，必"通判王逸"之讹也。《宋史·钦宗纪》作"通判方笈"，而《忠义传》又云方笈在金附书言"公与刘士英二人死节"，则笈似又未死。又据《忠义传》，则通判已有刘士英、方笈二人，而《会编》死难者又有通判王逸、运判王毖，官职姓名，动多差错，当时南北暌隔，故传闻异辞，今无由考定矣。又案太原城陷之日，《宋史》及《三朝北盟会编》皆云："九月三日丙寅"，而吾邑公祠，岁以九月十三日祀公，云"公殉节之日"，家谱亦载公以九月十三日薨。盖当时南北暌隔，子孙所传公忌日得诸传闻，不如官书之翔实也。

高宗南渡，追封公安化郡王，赐谥忠壮（宋《赵不诊墓志》："母王氏，太原死节，追封安化郡王，谥忠壮，讳禀之女。"是公本谥忠壮，《海昌图经》引《谥议》作忠肃，或改谥也），赠子荀为右武大夫恩州刺史（见《旧谱》引《海昌图经》云，事见《谥议》及《挥麈录》。今《挥麈录》但纪公追封郡王，而不及赐谥及子荀赠官，盖出《谥议》也），子忠训郎庄擢枢密院属官［见《挥麈录》，但云擢其子为枢密院属官，而不著其名。案《系年要录》（一百七），禀守太原，死节，流寓贵州，前是枢密院言其忠，召庄至行在，以为枢密院准备差遣，知其名庄]，**子巗仕至浙西总辖**（《旧谱》公二子荀、荃。《赵不汾墓志》："妻王氏，安化郡王之孙，浙西总辖王巗之女。"是公子又有名巗者，与《谱》不合）。**绍兴六年，诏赐建康田十顷，银五百两，以旌其功**（《系年要录》卷百七）。

裔孙国维曰：公之勋绩忠烈，具于载籍者如此。乃《宋史》不为公立传，仅于《忠义传·刘士英》下附见公死事，又事颇舛午，故掇诸书所纪事迹，汇而书之。当宣、靖之间，斡离不以全胜之师，长驱逼京师，势已无宋矣。然卒媾和以去者，以太原未下，粘罕之军顿于坚城，不能会师城下故也。河东既陷，汴京亦以不守，然则靖康之局，所以得支一年者，公延之也。呜呼！处无望之地，用必死之兵，当蚩尤之攻，为墨翟之守，粮尽援绝，父子殉之，公之忠可谓盛矣。书而箸之，非徒家门之光，亦欲使后之读史者，有所考焉。

罗君楚传

　　君楚名福苌，浙江上虞人。祖树勋，江苏候补县丞。父振玉，学部参事官。君楚幼而通敏，年十岁，能读父书。其于绝代语释，别国方言，强记县解，盖天授也。年未冠，既博通远西诸国文学，于法朗西（今译法兰西）、日耳曼语，所造尤深。继乃治东方诸国古文字学。当光绪之季，我国古文字、古器物大出，其荦荦大者，若安阳之甲骨，敦煌塞上之简牍，莫高窟之卷轴。参事实始为之搜集、编类、考订、流通，有功于学问甚巨。而塞内外诸古国，若西夏，若突厥，若回鹘，远之若修利，若兜佉罗，若身毒，其文字器物，亦多出于我西北二垂，胥与我国闻相涉，而梵天文字，则又我李唐之旧学也。我老师宿儒，以文字之不同，瞠目束手，无如之何。惟君楚实首治梵文，又创通西夏文字之读，将以次有事于突厥、回鹘、修利诸文字。故海内二三巨儒，谓他日理董绝国方言，一如参事之理董国闻者，必君楚其人也。有唐之季，拓跋氏割据夏州，及宋初而滋大，拓地数千里，传世三百年，自制文字，行于其国，迄蒙古中叶，社稷虽墟，河西陇右，尚用其文字。然近世所传，不过二三金石刻，且举世莫能名焉。光绪末，俄人某于甘州古塔中，得西夏译经数箧，中有汉夏对译字书，名《掌中珠》者，君楚得其景本数叶，以读西夏石刻《感通塔记》，及法属河内所藏西夏文《法华经》残卷，旁通四达，遂通其读，成《西夏国书略说》一卷。嗣后，元初所刊《河西字藏经》，又颇出于京师，君楚治之益力，撰《华严经》释文厶卷未成。由是西夏文字，所识十逾八九矣。又尝从日本榊教授亮受梵文学，二年而升其堂，凡日本所传中土古梵学书，若梁真谛《翻梵语》，唐义净《梵唐千字文》以下若干种，一一为之叙录，奥博精审，簿录家所未有也。君楚体素弱，重以力学，年二十二而病。疡生于胸，仍岁不瘳，二十六而夭，时辛酉九月也。所著书多未就，以欧文记者，尤丛杂不可理。今可写定者，《梦轩琐录》三卷，即古梵学书序录，及攻梵语之作也；《西夏国书略说》一卷；《宋史·西夏传注》一卷；译沙畹、伯希和二氏所注《摩尼教经》一卷；《古外国传记辑存》一卷；《大唐西域记》所载《伽蓝名目表》一卷；《敦煌古写经原跋录存》一卷；《伦敦博物馆敦煌书目》一卷；《巴黎图书馆敦煌书目》一卷。余初见君楚时，君楚方六七岁。盖亲见其自幼而少，而长，而劬学，而著书。君楚为学，有异闻必以语余，余亦时以所得告之。余作《西胡考》，君楚为余征内典中故事。君楚所释《华严经》刻本，今于其殁后数月，始得考定为元初杭州所刊河西字《大藏经》之一，恨不得以语君楚，然则余亦安得复有闻于君楚耶？将突厥、回鹘、修利诸史料，不能及今世而理董耶？即异日有继君楚之业者，如君楚之高才力学，又岂易得也！君楚没，海内知参事及君楚者，无不痛惜。嘉兴沈乙庵先生与余言君楚，辄涕泗不能禁。然则君楚之死，其为学术之不幸何如也！君楚之葬也，沈先生为铭其墓。妻汪氏割臂以疗君楚，寻以毁卒，余亦铭之。无子，有女子子一，卒之次年。弟福葆生子承祖，参事命为之后。余既哀君楚之亡，乃掇其学问之大要为之传，使后世知君楚不愧为参事子焉。

罗君楚妻汪孺人墓碣铭

孺人姓汪氏，讳寿保，江苏仪征人。父昌颐，分省候补知县，母罗氏。孺人生而徇通，幼而淑慎。毁齿之岁，丧其怙恃，哀动行路，礼绝成人。舅氏上虞罗叔言参事，闵其孤露，迎致京邸。别肥泉而永叹，见渭阳而如存，贞惠之操，见于此矣。比长，参事爱其端淑，聘以为中子福苌君楚妇。参虚之出，仍俪晋襄；刘氏之孤，言归温峤，中表为婚，从故俗也。君楚博究方言，溺苦旧籍，劝学几死，贞疾弥年，孺人服勤无方，积忧成痗。辛酉之冬，遽同危惙，犹刲臂肉以疗所天，昊穹不仁，琴瑟告彻，昼哭无时，水浆久绝。舅姑谕以礼制，勉从馆粥，犹躬朝夕之奠，不甘草木之滋。藐是孤生，终于灭性，皦日之信，匪石不回，指西海以为期，皋北辰而弗复。以壬戌正月二日卒，春秋二十有五，距君楚没未百日也。刲臂之初，都人交叹。闽县陈太傅（宝琛）入侍讲幄，从容上闻。帝有嘉焉，褒以御书"至情奇行"，其文凡四。昔宋公表女宗之里，秦皇筑怀清之台，方之于今，非云异数。其年六月，遣车南旋，将窆于江苏山阳县七里塘之原。参事贻书，索铭幽壤。夫思亲有《竹竿》之美，宜家备《桃夭》之德，事生迈《茉莒》之仁，之死同《柏舟》之节，风人所叹，异世同辙。宜刊玄石，式扬芳烈。其辞曰：

国有与立，曰纲曰维。谁其张之？罗氏之妻。奇节庸行，殊涂同归。声闻于帝，帝曰汝嘉，天章焕烂，绰楔嵯峨。我铭此石，万代不磨。

《长春真人西游记》校注

序

　　《长春真人西游记》，二卷，题门人真常子李志常述。按志常，字浩然，道号通玄大师。长春将殁，命门人宋道安提举教门事，尹志平副之；未几，道安以教门事付志平。太宗十年戊戌，志平年七十，又举志常自代。宪宗即位，以志常领道教事，戊午岁卒，凡主全真教事者二十有一年。至元间，释祥迈撰《辨伪录》，载志常掌教时，侵占各路寺院四百八十二处，又令令狐璋、史志经筹集《老子化胡成佛经》及《八十一化图》，谤讪佛教。少林裕长老以闻宪宗，召少林及志常，廷辨于和林万安阁下。志常论诎，遂令毁化胡等经，及将所占寺院三十七处还付释家。志常因此忿恚而卒。考此《录》，本为僧徒攻全真教而作，于长春师弟颇极丑诋，所记全真家占居僧寺一节，诚为事实；然自金贞祐以来，河朔为墟，巨刹精蓝，鞠为茂草；缁衣杖锡，百不一存。乱定之后，革律为禅者，不可胜数。全真之徒亦遂因而葺之，以居其人，坐以寇攘，未免过当。虽长春晚节以后，颇凭藉世权以张其教，尹、李承之，颇乖重阳创教之旨；然视当世僧徒如杨琏真伽辈，则有间矣。然则祥迈所记，亦仇敌诬谤之言，安可尽信哉！此记作于长春没后，前有孙锡序，署戊子秋后二日，正当睿宗拖雷监国之岁；而卷末有庚寅七月大葬仙师事，盖书成后所加入。考全真之为道，本兼儒释，自重阳以下，丹阳、长春并善诗颂，志常尤文采斐然。其为是记，文约事尽；求之外典，惟释家《慈恩传》可与抗衡；三洞之中未尝有是作也。乾隆之季，嘉定钱竹汀先生读《道藏》于苏州元（玄）妙观，始表章此书，为之跋尾；阮文达遂写以进秘府。道光间，徐星伯、程春庐、沈子敦诸先生迭有考订，灵石杨氏因刊入《连筠簃丛书》。由是此书非复丙库之附庸，而为乙部之要籍矣。光绪中叶，吴县洪文卿侍郎创为之注，嘉兴沈乙庵先生亦有笺记，而均未刊布。国维于乙丑夏日始治此书，时以所见疏于书眉；于其中地理、人物亦复偶有创获。积一年许，共得若干条，遂尽一月之力，补缀以成此注。盖病洪、沈二家书之不传，聊以自便检寻云尔。因略论作者事迹，弁于其首云。丙寅孟夏，海宁王国维。

《长春真人西游记》序（此行据藏本补）

长春真人，盖有道之士。中年以来，意此老人，固已飞升变化，侣云将而友洪濛久矣，恨其不可得而见也。己卯之冬，流闻师在海上，被安车之征。明年春，果次于燕，驻车玉虚观，始得一识其面。尸居而柴立，雷动而风行，真异人也。与之言，又知博物洽闻，于书无所不读，由是日益敬（藏本敬下有"闻"字）其风，而愿执弟子礼者，不可胜计。自二三遗老，且乐与之游，其余可知也。居无何，有龙阳之行，及使者再至，始启途而西。将别，道众请还期，语以三载，时辛巳夹钟之月也。迨甲申孟陬，师至自西域，果如其旨，识者叹异之。自是月七日入居燕京大天长观，从疏请也。噫！今人将事行役，出门徬徨，有离别可怜之色。师之是行也，崎岖数万里之远际，版图之所不载，雨露之所弗濡，虽其所以礼遇之者，不为不厚，然劳悫亦甚矣。所至辄徜徉容与，以乐山水之胜，赋诗谈笑，视死生若寒暑，于其胸中，曾不芥蒂（藏本作"蒂芥"），非有道者，而能如是乎？门人李志常，从行者也。掇其所历，而为之记。凡山川道里之险易，水土风气之差殊，与夫衣服、饮食、百果、草木、禽虫之别，粲然靡不毕载，目之曰"西游"，而征序于仆。夫以四海之大，万物之广，耳目未接，虽大智犹不能遍知而尽识也，况四海之外者乎！所可考者，传记而已。仆谓是集之行，不独新好事者之闻见，又以见至人之出处，无可无不可，随时之义云。戊子秋後（藏本作"后"）二日，西溪居士孙锡序。

《长春真人西游记》注

卷　上

父师真人长春子，姓邱氏，名处机，字通密。登州栖霞人。未冠出家，师事重阳真人。

> 金完颜璹《全真教祖碑》："重阳子王先生，名嚞，字知明。应现于咸阳大魏村。"又云："有登州栖霞县邱哥者，幼亡父母，未尝读书，来礼先生，使掌文翰。自后日记千言，亦善吟咏。训名处机，号长春子者是也。"陈大任《磻溪集序》："长春子邱公，世居登之栖霞。未冠一年，游昆嵛山，遇重阳子王害风，一言而道合，遂师事之。"案《辍耕录》"长春生于金皇统戊辰"，则始事重阳，在大定六年。

既而住磻溪龙门十有三年。

> 《遗山先生文集》（三十五）《清真观记》："大定初，邱自东莱西入关，隐于磻溪十数年不出。"陈大任《磻溪集序》："惟公乐秦陇之风，居磻溪庙六年，龙门山七年。"案序系此于重阳子服除后，重阳之殁在大定十年，则此十三年，当自大定十三年后起算。

真积力久，学道乃成，暮年还海上。

> 《磻溪集》（三）《世宗挽词》引"臣处机以大定戊申（二十八年）春二月，自终南召赴阙下，中秋以他事得旨许放还山。逮己酉春，途经陕州，遽承哀诏"。是长春于己酉岁复入关中。又卷一途中作序："明昌二年十月，余到栖霞。三年五月，蓬莱道

友相邀度夏，自后数年，为例五月相邀耳。"则长春归海上，在明昌二年，时年四十四。

戊寅岁之前，师在登州，河南屡欲遣使征聘，事有龃龉，遂已。明年，住莱州昊天观。

《辍耕录》（十）："丙子复召不起，己卯居莱州。"

夏四月，河南提控边鄙使至，邀师同往。师不可，使者携所书诗颂归。既而复有使自大梁来，道闻山东为宋人所据，乃还。

《宋史·李全传》："嘉定十二年六月，金元帅张林以青、莒、密、登、莱、潍、淄、滨、棣、宁、海、济南十二州来归。"

其年八月，江南大帅李公（全）彭公（义斌）来请，不赴（藏本无李、彭二人名）。

彭义斌事，《宋史》附见《李全传》。

尔后随处往往邀请，莱之主者难其事，师曰："我之行止，天也，非若辈所及知，当有留不住时去也。"居无何，成吉思皇帝遣侍臣刘仲禄

仲禄姓名，他书未见，惟《元史·河渠志》载"太宗七年，岁乙未八月敕：'近刘冲禄言，率水工二百余人，已依期筑闭卢沟河元破牙梳口'"云云，即此记之刘仲禄也。足本《西游录》："昔刘姓而温名者，以医术进。渠谓邱公行年三百，有保养长生之秘术，乃奏举之。"《至元辨伪录》（三）："道士邱处机，继唱全真，本无道术，有刘温字仲禄者，以作鸣镝，幸于太祖。首信

僻说，阿意甘言，以医药进于上。言邱公行年三百余岁，有保养长生之术，乃奏举之。"是仲禄名温，以字行。

县虎头金牌，其文曰："如朕亲行，便宜行事。"

《蒙鞑备录》："第一等带两虎相向，曰虎斗金牌。用汉字，曰'天赐成吉思皇帝圣旨，当便宜行事。'其次素金牌，其次银牌。"案蒙古金牌，上作虎头，无作两虎相向者，《备录》所云虎斗金牌乃虎头金牌之音讹，因生两虎相向之说耳。关汉卿《拜月亭》杂剧"虎头儿金牌腰内悬"，汪元量《水云集·湖州歌》："文武官僚多二品，还乡尽带虎头牌。"金、元二史谓之金虎符，实非符也。

及蒙古人二十辈，传旨敦请。

《辍耕录》（十）载诏书曰："天厌中原，骄华太极之性；朕居北野，嗜欲莫生之情。反朴还淳，去奢从俭，每一衣一食，与牛竖马圉，共敝同飨。视民如赤子，养士若兄弟。谋素和，恩素蓄。练万众以身人之先，临百阵无念我之后。七载之中成帝业，六合之内为一统。非朕之行有德，盖金之政无恒。是以受天之祐，获承至尊。南连赵宋，北接回纥，东夏西夷，悉称臣妾。念我单于国千载百世以来未之有也。然而任大守，重治平，犹惧有阙。且夫刳舟剡楫，将欲济江河也，聘贤选佐，将以安天下也。朕践阼以来，勤心庶政，而三九之位，未见其人。访闻邱师先生，体真履规，博物洽闻，探赜穷理，道冲德著，怀古君子之肃风，抱真上人之雅操。久栖岩谷，藏身隐形，阐祖宗之遗化。坐致有道之士，云集仙径，莫可称数。自干戈而后，伏知先生犹隐山东旧境，朕心仰怀无已。岂不闻渭水同车，茅庐三顾之事？奈何山川悬隔，有失躬迎之礼。朕但（避位）侧身，斋戒沐浴，选差近侍官刘仲禄，备轻骑素车，不远千里，谨邀先生暂屈仙步，不以沙漠悠远为念，或以忧民当世之务，或以恤朕保身之术，朕亲侍仙座，钦惟先生将咳唾之余，但授一言斯可矣。今者，聊发朕之微意万一，明于诏章。诚望先生既著大道之端要，善无不应，亦岂违苍生之愿哉？故兹诏示，惟宜知悉。五月初一日笔。"

师踌躇间，仲禄曰："师名重四海，皇帝特诏仲禄，逾越山海，不限岁月，期必致之。"师曰："兵革以来，此疆彼界，公冒险至此，可谓劳矣！"仲禄曰："钦奉君命，敢不竭力。"仲禄今年五月，在乃满国兀里朵

> 通作斡耳朵。《辽史》国语解斡鲁朵，宫也。乃满国兀里朵，谓乃蛮太阳可汗之故宫，当在金山左右。是岁，帝亲征西域，至也儿的石河住夏，故五月初在乃满国兀里朵也。耶律楚材《湛然居士文集》（九）《和张敏之学士七十韵述西征事》云："仲春辞北望，初夏过西凉。"可知起师尚在二月也。

得旨。六月，至白登北威宁，得羽客常真谕。七月，至德兴，以居庸路梗，燕京发士卒来迎。八月，抵京城。道众皆曰：师之有无，未可必也。过中山，历真定，风闻师在东莱。又得益都府安抚司官吴燕、蒋元，始得其详。

> 《金史·地理志》："山东东路为京东东路，治益都。"是岁张林降宋，为京东安抚使治此。

欲以兵五千迎师。燕等曰："京东之人闻两朝议和，众心稍安。

> 是岁，京东已为宋有。《元朝秘史续集》（一）："成吉思差使臣主不罕通好于宋，被金家阻当了。"《蒙鞑备录》："近者入聘于我副使速不罕者，乃白鞑靼也。"案《备录》作于宁宗嘉定

十四年辛巳，是辛巳以前蒙古已有信使至宋，疑即在此年，所谓
两朝议和者指此。

今忽提兵以入，必皆据险自固，师亦将乘桴海上矣。诚欲事济，不必
尔也。"从之，乃募自愿者得二十骑以行。将抵益都，使燕、元驰报
其师张林。林以甲士万，郊迎仲禄，笑曰："所以过此者，为求访长
春真人，君何以甲士为林？"于是散其卒，相与案辔而入，所历皆以
是语之，人无骇。谋林复给以驿（藏本作"驲"）骑。至（藏本作
"次"）潍州，得尹公。

　　　　谓长春大弟子清和大师尹志平也。王恽《秋涧先生文集》
　　　（五十六）《尹公道行碑》："大元己卯岁，太祖圣武皇帝遣便宜刘
　　　仲禄，起长春于宁海之昆嵛山。闻师为其上足，假道于潍以见
　　　之，遂同宣诏旨。先是，金、宋交聘，公坚卧不起。至是师请
　　　曰：'开化度人，今其时矣。'长春为肯首，决意北觐。"

冬十有二月，同至东莱，传皇帝所以宣召之旨。师知不可辞，徐
谓仲禄曰："此中艰食，公等且往益都俟我，上元醮竟当遣十五骑
来，十八日即行。"于是，宣使

　　　　《蒙鞑备录》："彼奉使曰宣差。"

与众西人益都（藏本"都"下有"师"字），预选门弟子十有九人，

　　　　卷下及附录只载十八人姓名。

以俟其来。如期骑至，与之俱行，由潍阳至青社，宣使已行矣。闻
（藏本作"问"）之，张林言："正月七日，

　　　　是岁太祖十五年庚辰。

有骑四百，军于临淄，青民大骇，宣使逆而止之，今未闻所在。"师寻过长山及邹平，二月初，届济阳，士庶奉香火，迎拜于其邑南。羽客长吟前导，饭于养素庵。会众佥曰："先月十八日，有鹤十余，自西北来，飞鸣云间，俱东南去。翌日辰巳间，又有数鹤，来自西南，继而千百焉，或颉或颃，独一鹤拂庵盘桓乃去。今乃知鹤见之日，即师启行之辰也。"皆以手加额。留数日，二月上旬，宣使遣骑来报，已驻军将陵，舣舟以待。明日遂行。十三日，宣使以军来迓。师曰："来何暮？"对以"道路榛梗，特往燕京会兵，东备信安，西备常山。

　　　　刘因《静修先生文集》（十六）《怀孟万户刘公先茔碑铭》："当金主贞祐弃河朔，徙都汴时，有张甫者据信安，武仙者据真定、易定之间，大为所扰。时武仙虽失真定，尚据西山抱犊诸砦，故以兵防之。"

仲禄亲提军，取深州，下武邑以辟（藏本作"闢"）路，构桥于滹沱，括舟于将陵，是以迟"。师曰："此事非公不克办。"次日，绝滹沱而北。二十二日，至卢（藏本作"泸"）沟，京官、士、庶、僧、道郊迎。是日，由丽泽门入，

　　　　《金史·地理志》："中都府城门十三，西曰丽泽，曰颢华，曰彰义。"

道士具威仪，长吟其前。行省石抹公

　　　　《元史·石抹明安传》："丙子以疾卒子，咸得不袭职，为燕京行省。"彭大雅《黑鞑事略》："明安契丹人，今燕京大哥行省憨塔卜，其子也。"憨塔卜，即咸得不。

馆师于玉虚观。自尔求颂乞名者，日盈门。凡士马所至，奉道弟子以师与之名，往往脱欲兵之祸，师之道荫及人如此。

姚燧《牧庵集》(十一)《长春宫碑》:"癸未至燕,年七十六矣,而河之北南已残,而首鼠未平,鼎鱼方亟,乃大辟元门,遣人招求俘杀于战伐之际。或一戴黄冠,而持其署牒,奴者必民,死赖以生者,无虑二三钜万人"云云。据此记,则长春于庚辰入燕,已为此事,不待癸巳也。孙锡序:"己卯之冬,流闻师在海上,被安车之征。明年春,果次于燕。(中略)由是日益敬其风,而愿执弟子礼者,不可胜计。自二三遗老,且乐与之游,其余可知也。"此记中欲兵之祸,用伯夷事,盖亦谓诸遗老也。

宣抚王巨川楫上诗,

　　《元史》本传:"王檝,字巨川,凤翔虢县人。甲戌授宣抚使。"

师答云:"旌旗猎猎马萧萧,北望燕师(藏本作'山')渡石桥。万里欲行沙漠外,三春遽别海山遥。良朋出塞同归雁,破帽经霜更续貂。一自玄元西去后,到今无似北庭招。"师闻行宫渐西,春秋已高,

　　是岁长春年七十三。

倦冒风沙,欲待驾回朝谒。又仲禄欲以选处女偕行,师难之曰:"齐人献女乐,孔子去鲁。余虽山野,岂与处女(藏本作'子')同行哉。"仲禄乃令曷剌

　　附录特旨蒙古四人,从师护持。中有喝剌八海,即此曷剌也。

驰奏,师亦遣人奉表。

《辍耕录》（十）载《陈情表》云："登州栖霞县志道邱处机，近奉宣旨，远召不才。海上居民，心皆恍惚。处机自念谋生太拙，学道无成，辛苦万端，老而不死。名虽播于诸国，道不加于众人。内顾自伤，衷情谁恻？前者南京及宋国屡召不从，今者龙庭一呼即至，何也？伏闻皇帝天赐勇智，今古绝伦，道协威灵，华夷率服。是故便欲投山窜海，不忍相违，且当冒雪冲霜，图其一见。盖闻车驾只在桓抚之北，及到燕京，听得车驾遥远，不知其几千里。风尘颅洞，天气苍黄，老弱不堪，窃恐中途不能到得。假之皇帝所，则军国之事，非己所能，道德之心，令人戒欲，殊为难事。遂与宣差刘仲禄商议，不若且在燕京德兴府等处，盘桓住坐，先令人前去奏知。其刘仲禄不从，故不免自纳奏帖。念处机肯来归命，远冒风霜，伏望皇帝早下宽大之诏，许其可否。兼同时四人出家，三人得道，惟处机虚得其名，颜色憔悴，形容枯槁，伏望圣裁。龙儿年三月　日奏。"

一日，有人求跋阎立本《太上过关图》，题："蜀郡西游日，函关东别时。群胡皆稽首，大道复开基。"又以二偈示众，其一云："离（藏本作'杂'）乱朝还暮，轻狂古到今。空华空寂念，若有若无心。"其二云："触情常决烈，非道莫参差。忍辱调猿马，安闲度岁时。"四月上旬，会众请望日斋醮于天长，师以行辞，众请益力，曰："今兹兵革未息，遗民有幸得一睹真人，蒙道荫者多矣。独死者冥冥长夜，未沐荐拔，遗恨不无耳。"师许之。时方大旱十有四日，既启醮事，雨大降，众且以行礼为忧。师于午后赴坛将事，俄而开霁，众喜而叹曰："一雨一晴，随人所欲，非道高德厚者，能（藏本无'能'字）感应若是乎？"明日，师登宝玄堂传戒。时有数鹤自西北来，人皆仰之。焚简之际，一简飞空而灭，且有五鹤翔舞其上。士大夫咸谓："师之至诚动天地。"南塘老人张天度子真，作赋美其事，诸公皆有诗。

　　《湛然居士文集》（六）《寄南塘老人张子真》诗："知来何

假灵龟兆，作赋能陈瑞鹤祥。"谓此赋也。又《寄巨川宣抚诗序》云："今观瑞应鹤诗，巨川首唱焉。"又有《观〈瑞鹤诗卷〉，独子进治书无诗》，诗云："只贪殢酒长安市，不肯题诗瑞应图。"盖长春有《瑞鹤图卷》，燕京士大夫皆有题咏，后携至西域，故文正见之。文正素不喜全真，目为老氏之邪，故于王巨川首唱则讥之，于李子进无诗则美之。后此卷仍藏长春宫，文正子铸，有《题长春宫瑞应鹤诗》七律二首。

醮竟，宣使刘公从师北行，道出居庸，夜遇群盗于其北，皆稽颡以退，且曰："无惊父师！"五月，师至德兴龙阳观度夏，以诗寄燕京士大夫曰："登真何在泛灵槎（藏本作'楂'），南北东西自有嘉。碧落云峰（原作'封'，藏本作'峰'）天景致，沧波海市雨生涯。神游八极空虽远，道合三清路不差。弱水纵过三十万，腾身顷刻到仙家。"时京城吾道孙周楚卿、

　　《湛然居士文集》（八）《寄赵元帅书》："京城楚卿、子进、
　　秀玉辈，此数君子皆端人也。"

杨彪仲文、

　　《蒙鞑备录》又有"杨彪者，为吏部尚书"。

师谞才卿、李士谦子进、刘中用之、

　　《元史·太宗纪》："二年冬十一月，始置十路征收课税使，
　　以刘中、刘桓使宣德。九年秋八月，命术虎乃、刘中试诸路
　　儒士。"

陈时可秀玉、

鲜于枢《困学斋杂录》："通寂老人陈时可，字秀玉，燕人。金翰林学士，仕国朝为燕京路课税所官。"

吴章德明、

李庭《寓庵集》（二）《挽吴德明》诗注云："公太原石州人，承安初，中乙科，崇庆末，始赴召南渡。丙午春，捐馆。"

赵中立正卿、王锐威卿、赵昉德辉、

《金史·宣宗纪》："上决意南迁，诏告国内。太学生赵昉等上章，极论和害。"《元史·太宗纪》："置十路课税使，以陈时可、赵昉使燕京，张瑜、王锐，使东平。"《耶律楚材传》："奏立燕京等十路征收课税使，凡长贰悉用士人。如陈时可、赵昉等，皆宽厚长者，极天下之选。"

孙锡天锡，此数君子，师寓玉虚日所与唱和者也。王覩逢辰、王直哉清甫，亦与其游。

《湛然居士集》（六）《西域寄中州禅老士大夫一十五首》中有《观瑞鹤诗卷，独子进治书无诗》一首、《寄德明》一首、《才卿外郎五年止惠一书》一首、《寄清溪居士秀玉》一首、《戏秀玉》一首、《寄用之侍郎》一首、《和正卿待制》一首、《寄仲文尚书》一首、《谢王清甫》一首，均辛巳年长春抵西域后所作。盖长春西行时，燕京士大夫多托其致书于湛然，或湛然见《瑞鹤卷》中有其人题诗，故作诗寄之耳。诸题中，除仲文尚书外，如子进治书、才卿外郎、用之侍郎、正卿待制，皆称其金时故官。《黑鞑事略》："尔外有亡金之大夫，混于杂役，堕于屠沽，去为黄冠，皆尚称旧官。王宣抚家有推车数人，呼运使，呼侍郎。长春宫多有亡金朝士，既免跋焦，免赋役，又得衣食，真令人惨伤也。”

观居禅房山之阳,

《元史·刘敏传》:"年十二,从父母避地德兴禅房山。"

其山多洞府,常有学道修真之士栖焉。师因挈众以游,初入峡门,有诗曰:"入峡清游分外嘉,群峰列岫戟查牙。蓬莱未到神仙境,洞府先观道士家。松塔倒悬秋雨露,石楼斜照晚云霞。却思旧日终南地,梦断西山不见涯。"其地爽垲,势倾东南,一望三百余里。观之东,数里平地,有涌泉清泠(藏本作"冷")可爱,师往来其间,有诗云:"午后迎风背日行,遥山极目乱云横。万家酷暑熏肠热,一派寒泉入骨清。北地往来时有信,东皋游戏俗无争(耕夫牧竖,堤阴让坐)。溪边浴罢林间坐,散发披襟畅道情。"中元日,本观醮,午后,授符传戒(藏本作"传符授戒"),老幼露坐热甚,悉苦之。须臾,有云覆其上,状如圆盖,移时不散。众皆喜跃赞叹。又观中井水,可给百众,至是逾千人,执事者谋他汲。前后三日,井泉忽溢,用之不竭,是皆善缘天助之也。醮后题诗云:"太上弘慈救万灵,众生荐福藉群经。三田保护精神气,万象钦崇日月星。自揣肉身潜有漏,难逃科教入无形。且遵北斗斋仪法(南斗北斗,皆论斋醮),渐陟南宫火链庭。"八月初,应宣德州元帅移剌公请,

移剌公,谓耶律秃花也。《黑鞑事略》:"秃花,即阿海之弟。元在宣德州。"宋子贞《中书令耶律公神道碑》:"宣德路长官太傅秃花,失陷官粮万余石。"《元史》本传失载其驻宣德事。

遂居朝元观。中秋(藏本"秋"下有"夜"字),有《贺圣朝》二曲,其一云:"断云归岫,长空凝翠,宝鉴初圆。大光明、宏照亘流沙外,直过西天。人间是处,梦魂沉醉,歌舞华筵。道家门、别是一般清朗,开悟心田。"其二云:"洞天深处,良朋高会,逸兴无边。上

丹霄、飞至广寒宫悄，掷下金钱。灵虚晃耀，睡魔奔迸，玉兔婵娟。坐忘机、观透本来真性，法界周旋。"

《遗山先生文集》（三十一）《紫虚大师于公墓碑》："全真家禁睡眠，谓之炼阴魔。向上诸人，有胁不沾席数十年者。"《秋涧先生文集》（五十六）《尹公道行碑》："师诲人曰：修行之害，食、睡、色三欲为重。多食即多睡，睡多情欲所由生。人莫不知，少能行之者。必欲制之，先减睡欲，日就月将，则清明在躬，昏浊之气，自将不生"云云。此词云"睡魔奔迸"，后有诗云"夜半三更强不眠"，又云："身闲无俗念，鸟宿至鸡鸣。一眼不能睡，寸心何所萦。"并足证元、王二家之说。

是后天气清肃，静夜安闲，复作二绝，云："长河耿耿夜深深，寂寞寒窗万虑沈。天下是非俱不到，安闲一片道人心。"其二云："清夜沈沈月向高，山河大地绝纤豪。惟余道德浑沦性，上下三天一万遭。"（藏本"遭"下有"朝元"二字）观据州之乾隅，功德主元帅移剌公因师欲北行，创构堂殿，奉安尊像，前后云房洞室皆一新之。十月间，方绘祖师堂壁，画史以其寒，将止之。师不许，曰："邹律尚且回春，况圣贤阴有所扶持耶？"是月，果天气温和如春，绝无风沙。由是画史得毕其功。有诗云："季秋边朔苦寒同，走石吹沙振大风。旅雁翅垂南去急，行人心倦北途穷。我来十月霜犹薄，人讶千山水尚通。不是小春和气暖，天教成就画堂功。"会（藏本作"寻"）阿里鲜

卷下作通事阿里鲜，又注云河西人，即《金史·宣宗纪》之乙里只，《元朝秘史续集》（二）之阿剌浅也。近人屠敬山（寄）撰《蒙兀儿史记》以《元史》札八儿火者及《邱处机传》，并有命札八儿聘处机事，遂以阿里鲜与札八儿为一人。又以《札八儿传》有饮班朱尼河水事，乃又并《秘史》（六）之回回人阿三为一人。胶州柯学士《新元史》亦从其说，其实非也。

案《金史·宣宗纪》贞祐元年九月，大元遣乙里只来。十月辛丑，大元乙里只来。二年二月丙申朔，大元乙里只、札八来。壬戌，大元乙里只复来。三月甲申，大元乙里只、札八来。六月癸丑，大元乙里只来。凡四称乙里只，两称乙里只、札八，明四次乙里只一人奉使，其两次则乙里只与札八两人奉使也。《元史·太祖纪》："十年秋七月，遣乙职里往谕金主，以河北山东未下诸城，来献乙职里。"疑亦乙里职之倒误。要之，乙里只、乙里职者，即《秘史》之阿剌浅，此记之阿里鲜札八者。《元史》之札八儿火者，《黑鞑事略》之札八、此记之宣差札八相公也。此记阿里鲜，与宣差札八相公截然二人。《黑鞑事略》作于太祖辛巳，云次曰札八者，回鹘人，已老，亦在燕京同任事，与《札八儿传》言卒年一百一十八岁可相参证。而阿里鲜则于癸未自西域送长春东归，七月十三日至云中，九月二十四日又于行在面奉圣旨。以百岁左右之人，两月之中奔驰万里，殆非人情，此亦阿里鲜非札八之一证。

至自斡辰大王帐下，

> 《元史·宗室世系表》烈祖神元皇帝五子，次四铁木哥斡赤斤，所谓皇太弟国王斡嗔那颜者也。《秘史续集》（一）："兔儿年太祖去征回回，命弟斡惕赤斤居守。"

使来请师。继而宣抚王公巨川亦至，曰："承大王钧旨；如师西行，请过我。"师首肯之。是月，北游望山，曷剌进表回，有诏曰：成吉思皇帝敕真人邱师。又曰：惟师道逾三子，德重多方。

> 《长春表》云："兼同时四人出家，三人得道，惟处机虚得其名。"此云道逾三子，即答表语三子者马钰、谭处端、刘处玄。密国公璹《全真教祖碑》云此四子者，世所谓邱、刘、谭、马也。

其终曰:"云轩既发于蓬莱,鹤驭可游于天竺。达摩东迈,元印法以传心;老子(藏本作'氏')西行,或化胡而成道。顾川途之虽阔,瞻几杖以非遥。爰答来章,可明朕意。秋暑,师比平安好,指不多及。"其见重如此。

诏书全文载附录中。案此诏耶律文正笔也。《西游录》:"丘公表既上朝廷,以丘公惮于北行,命仆草诏,温言答之,欲其速致也。"《至元辨伪录》(三)云:"戊寅中,邱公应诏北行,倦于跋涉,闻上西征表,求待回使。中书湛然,温诏召之,邱公遂行。"《蒙鞑备录》:"燕京现有移剌晋卿者,契丹人,登第,现为内翰掌文书。"足证此诏出文正手。

又敕刘仲禄云:"无使真人饥且劳,可扶持缓缓来。"师与宣使议曰:"前去已寒,沙路绵远。道众所须未备,可往龙阳,乘春起发。"宣使从之。十八日,南往龙阳,道友送别多泣下。师以诗示众曰:"生前暂别犹然可,死后长离更不堪。天下是非心不定,轮回生死苦难甘。"翌日,到龙阳观过冬。十一月十有四日,赴龙岩寺斋,

耶律铸《双溪醉隐集》卷三有《游奉圣州龙岩寺》一律,又卷五有《游龙岩寺》二绝。案《元史·世祖纪》:至元四年冬十月,降德兴府为奉圣州。则双溪所游,即此寺也。

以诗题殿西庑云:"杖藜欲访山中客,清夜(藏本作'空山')沈沈淡无色。夜来飞雪映岩阿,今日山光映天白。天高日下松风清,神游八极腾虚明。欲写山家本来面,道人活计无能名。"十二月,以诗寄燕京道友云:"此行真不易,此别话应长。北蹈野狐岭,西穷天马乡。阴山无海市,白草有沙场。自叹非元圣,如何历大荒。"又云:"京都若有钱行诗,早寄龙阳出塞时。昔有上床鞋履别,今无发轸梦魂思。"复寄燕京道友云:"十年兵火万民愁,千万中无一二留。去岁幸逢慈诏下,今年须合冒寒游。不辞岭北三千里(皇帝旧兀里多),仍

念山东二百州。穷急漏诛残喘在，早教身命得消忧。"辛巳之上元，醮于宣德州朝元观，以颂示众云："生下一团腥臭物，种成三界是非魔。连枝带叶无穷势，跨古腾今不奈何。"以二月八日启行，时天气晴霁，道友饯行于西郊，遮马首以泣曰："父师去万里外，何时复获瞻礼？"师曰："但若辈道心坚固，会有日矣。"众复泣请果何时耶？师曰："行止非人所能为也，兼远涉异域，其道合与不合，未可必也。"众曰："师岂不知？愿预告弟子（藏本'子'下有'等'字）。"度不获已，乃重言曰："三载归，三载归。"十日，宿翠嶭（藏本作岍）口。

> 《方舆纪要》："翠屏山在万全右卫北三里，两峡高百余丈，望之如屏。"

明日，北度野狐岭。登高南望，俯视太行诸山，晴岚可爱。北顾但寒烟衰草，中原之风，自此隔绝矣。

> 张德辉《纪行》："至宣德州，复西北行。过沙岭子口，及宣平县驿，出得胜口，抵挒胡岭。由岭而上，则东北行，始见氋幕毡车，逐水草畜牧，非复中原风土。"案野狐、挒胡，一声之转。

道人之心无所（藏本作"适"）不可，宋德方辈（"辈"字据藏本增）指战场白骨曰："我归当荐以金箓，此亦余北行中因缘一端（藏本作'一端因缘'）耳。"

> 《元史·木华黎传》："金兵四十万，陈野狐岭北。木华黎率敢死士，策马横戈大呼，陷陈帝麾。诸军并进，大败金兵，追至浍河，僵尸百里。"

北过抚州，十五日，东北过盖里泊，尽邱垤咸卤地，始见人烟二十余家。南有盐池池（藏本无下"池"字），迤逦东北去。

> 《金史·地理志》：抚州丰利县有盖里泊。《黑鞑事略》："霆出居庸关，过野狐岭更千余里，入草地，曰界里泊，其水暮沃而夜成盐。客人以米来易，岁至数千石。"据徐霆说，泊与盐池为一，据此记，则泊与盐池为二。案盖里泊在抚州东北，当即今太仆寺牧场东之克勒湖。其南却无迤逦东北去之盐池，疑此记误也。自出塞至此，始见人烟，则抚州无人可知。张德辉《纪行》亦云："北过抚州，惟荒城在焉。"

自此无河，多凿沙井以汲。南北数千里，亦无大山。马行五日，出明昌界，

> 谓金章宗明昌中所筑堡障也。张德辉《纪行》："昌州之北行百里，有故垒隐然，连亘山谷。南有小废城，问之居者，云：此前朝所筑堡障也。城有戍者之所居。"王恽《秋涧先生文集》中堂事记新桓州西南十里外，南北界壕尚宛然也，距旧桓州三十里。案长春自盖里泊北行，则所经界壕，当在桓州之西，昌州之东北，与张、王二人所见，正为一物。此记目之为明昌界，则张氏所记鱼儿泺西北四驿之外堡，当是世宗大定中所筑也。

以诗纪实云："坡陀折叠路弯环，到处盐场死水湾。尽日不逢人过往，经年惟有马回还。地无木植惟荒草，天产邱陵没大山。五谷不成资乳酪，皮裘毡帐亦开颜。"又行六七日，忽入大沙陀。

> 《双溪醉隐集》（一）《涿邪山》诗注：即"今华夏犹呼沙漠为沙陀"。

其碛有矮榆，大者合抱。东北行千里外，无沙处绝无树木。

张德辉《纪行》："自保障西行四驿，始入沙陀际。陀所及
无块石寸壤，远而望之，若冈岭邱阜，既至则皆积沙也。所宜之
木，榆柳而已，又皆樗散而丛生。"

三月朔，出沙陀，至鱼儿泺，

《纪行》："凡经六驿而出陀，复西北行一驿，始过鱼儿泊。
泊有二焉，周广百余里，中有陆道，达于南北。泊之东涯，有公
主离宫。"案鱼儿泊即今达里泊，张氏谓泊有二，正与今达里泊
及冈爱泊形势同。又中有陆道，达于南北，正与今驿路出二泊之
间者同。又谓泊之东涯，有公主离宫。考《元史·特薛禅传》：
"甲戌，太祖在迭蔑可儿，谕案陈曰：可木儿温都儿、答儿脑儿
迭蔑可儿之地，汝则居之。"又："至元七年，斡罗陈万户及其
妃囊加真公主请于朝曰：'本藩所受农土，在上都东北三百里答
儿海子是实。本藩驻夏之地，可建城邑以居。'帝从之，遂名其
地为应昌"云云。案答儿脑儿、答儿海子即达里泊，太祖以之
封弘吉剌氏。弘吉剌氏世尚公主，故泊之东涯有公主离宫。是鱼
儿泺，即今达里泊，更不容疑。近人乃或以《秘史》之捕鱼儿
海子今之贝尔湖当之，度以地望，殊不然也。

始有人烟聚落，多以耕钓（原误作"钓"，据藏本改）为业。

《蒙古游牧记》："达里诺尔产鱼最盛，诺尔之利，盖克什克
腾、阿巴噶、阿巴哈纳尔三部蒙古共享之。所产滑子鱼，每三四
月间，自达里诺尔溯流而进，填塞河渠，殆无空隙，人马皆不能
渡。"然则鱼儿泊之名，盖本于此。

时已清明，春色渺然，凝冰未泮。有诗云："北陆祁寒自古称，
沙陀三月尚凝冰。更寻若士为黄鹄，要识修鲲化大鹏。苏武北迁愁欲
死，李陵南望去无凭。我今返学卢敖志，六合穷观最上乘。"

　　　《湛然居士文集》(五)《过间居河》四律即用此诗韵,文正
　　辛壬间所追作也。

　　三月五日,起之东北,四旁远有人烟,皆黑车白帐,随水草放
牧。尽原隰之地,无复寸木,四望惟黄云白草。行不改涂(藏本作
"途"),又二十余日,方见一沙河,西北流入陆局河。

　　　《辽史》作胪朐河,《金史》作龙驹河,或作龙居河,《元
　　史》作胪朐河,或怯绿连河。《湛然居士集》作间居河。张耀卿
　　《纪行》云:"自外堡行一十五驿,抵一河,深广约什滹沱之三,
　　北语云翕陆连,汉言驴驹河也。"《金史·地理志》:"龙驹河,
　　国言曰喝必剌。"必剌之言水也,喝即翕陆连之略。

水濡马腹,旁多丛柳。渡河北行三日,入小沙陀。四月朔,至斡辰大
王帐下,冰始泮水微萌矣。时有婚嫁之会,五百里内首领皆载马湩助
之,皁车毡帐,成列数千。七日,见大王,问以延生事,师谓"须
斋戒而后可闻",约以望日授受(原脱"受"字,据藏本补)。至日,雪
大作,遂已。大王复曰:"上遣使万里,请师问道,我曷敢先焉?"
且谕阿里鲜,见毕东还,须奉师过此。十七日,大王以牛马百数、车
十乘送行。马首西北,二十二日,抵陆局河,积水成海,周数百里。

　　　沈子敦垕以此海为杜勒鄂谟,则前流入陆局河之沙河,乃鄂
　　尔顺河也。近仁和丁谦以此海为呼伦湖,则前沙河乃海剌尔河
　　也。以上文自鱼儿泺东北行二十余日,至沙河及此周数百里之文
　　观之,则丁氏之说近之。斡辰大王卓帐之地,亦可由此推知矣。
　　　张德辉《纪行》:"自鱼儿泊西北行四驿,有长城颓址,望
　　之绵延不尽,亦前朝所筑之外堡也。自外堡行一十五驿,抵一
　　河,深广约什滹沱之三,北语云翕陆连,汉言驴驹河也。"张氏
　　自鱼儿泊抵驴驹河凡行十九驿,此行二十余日,里数殆相等,但
　　张氏自鱼儿河西北行,此东北行,固不能视为一途耳。

风浪漂出大鱼，蒙古人各得数尾。并河南岸西行，时有野鼍得食。五月朔亭午，日有食之，既，众星乃见，须臾复明。时在河南岸（蚀自西南，生自东北），其地朝凉而暮热，草多黄花。水流东北，两岸多高柳，蒙古人取之，以造庐帐。

《黑鞑事略》："穹庐有二样，草地之制，以柳木织成硬圈，径用毡挞定，不可卷舒。"

行十有六日，河势绕西北山去，不得穷其源。

《水道提纲》："克鲁伦河自源西南，流四百余数十里，折而东南流。"长春自东来，至河曲，距河源尚四百余里，故云然。

其西南接鱼儿泺驿路，

沈子敦曰："驿路本由鱼儿泺西北行，径抵胪朐河曲，当黑山之阳，张参议所行是也。真人以赴斡辰之请，改向东北行，由王帐下西至胪朐河曲，方与鱼儿泺驿路合，故记云然。自河曲以西，与参议行程合矣。"

蒙古人喜曰："前年已闻父师来，因献黍米石有五斗。"师以斗枣酬之，渠喜曰："未尝见此物。"因舞谢而去。又行十日，夏至，量日影三尺六七寸，渐见大山峭拔。

沈子敦曰："《纪行》言西南行九驿，抵浑独剌河。"记言驿路行十日，夏至，量日影三尺六七寸，渐见大山峭拔，而不言有河。董方立跋推校日影，而断其地"在土拉河之南，喀鲁哈河之东，近今喀尔喀土谢图汗中右旗地"。语最精确。盖真人与参议所行，实是一涂，语有详略耳。大山峭拔者，即土拉河南岸喀鲁哈河东岸之山也。

从此以西，渐有山阜人烟颇众，亦皆以黑车白帐为家。其俗牧且
猎，衣以韦毳，食以肉酪。男子结发垂两耳，

> 《蒙鞑备录》："上自成吉思，下及国人，皆剃婆焦，如中国
> 小儿留三札头在囟门者。稍长，则剪之。在两下者，总小角，垂
> 于肩上。"郑所南《心史大义略叙》："三搭者，环剃去顶上一弯
> 头发，留当前发，剪短散垂，却析两旁发，垂绾两髻，悬加左右
> 肩衣袄上，曰不狼儿。言左右垂髻，碍于回视，不能狼顾。或合
> 辫为一，直拖垂衣背"云云。余见乌程蒋氏藏元无名氏羽猎图，
> 人皆垂两辫，与二书合。

妇人冠以桦皮，高二尺许，往往以皁褐笼之，富者以红绡，其末如鹅
鸭，名曰"故故"，大忌人触，出入庐帐，须低徊。

> 《蒙鞑备录》："凡诸酋之妻，则有顾姑冠，用铁丝结成形，
> 如竹夫人，长三尺许，用红青锦绣或珠金饰之其上，又有杖一
> 枝，以红青绒饰之。"《黑鞑事略》："霆见故姑之制，用画木为
> 骨，包以红绡金帛。顶之上用四直尺长柳枝，或铁打成杖，包以
> 青毡。其向上人，则用我朝翠花或五彩帛饰之，令其飞动。以下
> 人则用野鸡毛。"杨允孚《滦京杂咏》："香车七宝固姑袍，旋摘
> 修翎付女曹。"自注："凡车中戴固姑，其上羽毛又尺许，拔付
> 女侍，手持对坐车中，虽后妃驭象亦然。"是元末虽后妃亦用雉
> 尾，与《事略》所纪元初之制异矣。

俗无文籍，或约之以言，或刻木为契。

> 《蒙鞑备录》："鞑之始起，并无文书，凡发命令，遣使往
> 来，止是刻指以记之。为使者，虽一字不敢增损，彼国俗也。"
> 《黑鞑事略》："鞑人本无字书，行于本国者，则止用小木长三四
> 寸，刻之四角。且如差十马，则刻十角，大率只刻其数。"

遇食同享，难则争赴，有命则不辞，有言则不易，有上古之遗风焉。以诗叙其实云：“极目山川无尽头，风烟不断水长流。如何造物开天地，到此令人放马牛。饮血茹毛同上古，峨冠结发异中州。圣贤不得垂文化，历代纵横只自由。”

《湛然居士文集》（五）《感事四首》用此诗韵。

又四程，西北渡河。其旁山川皆秀丽，水草且丰美。东西有故城，基址若新，街衢巷陌可辨，制作类中州。岁月无碑刻可考，或云契丹所建。既而地中得古瓦，上有契丹字，盖辽亡，士马不降者，西行所建城邑也。

张德辉《纪行》：“遵浑独剌河而西，行一驿，有契丹所筑故城，可方三里，背山面水，自此水北流矣。由故城西北行三驿，过毕里纥都，乃弓匠积养之地。又经一驿，过大泽泊，周广约六七十里，水极澄澈，北语谓吾误竭脑儿。自泊之南而西，分道入和林城，相去约百余里。泊之正西，有小故城，亦契丹所筑也”云云。案此记之契丹东西二故城，与《纪行》之二故城，殆未可遽视为一。此记东西有故城一语，紧接于西北渡河之后。河者，喀鲁哈河。则所谓东西者，当指喀鲁哈河之东西。拉特禄夫《蒙古图志》：“喀鲁哈河右有二废城，隔河相望。”殆谓是矣。至张氏所经之东故城，则尚在其东。张云“遵河（浑独剌河）而西行一驿，有契丹所筑故城，背山面水，自此水北流”。是张氏所经故城，在土拉河西流北折之处，殆辽时防、维二州城之一。沈子敦据俗本《纪行》，讹遵河而西为过河而西，遂置此城于土拉河及喀鲁哈河之西。不知由驿路西行，不必过土拉河。若既渡土拉河，则所云自此水北流者，又指何水乎？故张记之东故城，实在土拉河曲之南，而此记之东故城，则在喀鲁哈河东南岸。此两书之东故城，不能遽视为一者也。至二西故城，则此记之西故城，以记文叙次言之，当东距喀鲁哈河不远，而纪行之西故城，则远在鄂尔昆河岸。《纪行》谓吾误竭脑儿之正西有小故城，案吾误竭脑儿，即今之额归泊。今泊西有湖名 Tsaidam 者，其旁有废城，苾伽可汗及阙特勤二碑，皆在其左右。张氏所称，殆谓是城，沈子敦并为一谈，非是。

又言：西南至寻思干城（原无"城"字，据藏本增）万里外，回纥国最佳处，契丹都焉，历七帝。

此因契丹故城而旁记之，旧史不记西辽都寻思干事。然下文云邪迷思干大城，大石有国时，名为河中府。《湛然居士文集》(四)《再用韵纪西游事》诗注："西域寻思干城，西辽目为河中府。"考契丹旧制，惟五京始有府名，寻斯干称河中府，则大石未都虎思斡耳朵时，必先都寻斯干，后因建为陪都耳。又《辽史·天祚纪》："大石传子，至孙而亡。"加以两女主，亦仅五帝。此云历七帝，乃传闻之误。

六月十三日，至长松岭后宿，松栝森森，干云蔽日，多生山阴涧道间，山阳极少。十四日，过山，渡浅河，

即鄂尔昆河。丁氏谦引《元史国语解》："鄂尔昆，浅也。"

天极寒，虽壮者不可当。是夕，宿平地。十五日，晓起，环帐皆薄冰。十七日，宿岭西。时初伏矣，朝莫亦有冰，霜已三降。河水有澌，冷如严冬。土人云："常年五六月有雪，今岁幸晴暖。"师易其名曰"大寒岭"。凡遇雨，多雹。山路盘曲，西北约（藏本作"且"）百余里，既而复西北，始见平地。有石河，长五十余里。

当即博尔哈尔台河。

岸深十余丈，其水清泠可爱，声如鸣玉。峭壁之间，有大葱，高三四

尺。涧上有松，高十余丈。西山连延，上有乔松郁然。行五六日，峰回路转，林峦秀茂，下有溪水注焉。平地皆松桦杂木，若有人烟状。寻登高岭，势若长虹，壁立千仞，俯视海子，渊深恐人。

此海子，疑即集尔玛台河相连之察罕泊也。《双溪醉隐集》（五）《金莲花甸》诗注："和林西百余里，有金莲花甸，金河界其中，东汇为龙涡。阴岩千尺，松石蹇叠，俯视龙涡，环绕平野，是仆平时游息渔猎之所也。"按金河疑指集尔马台河上源，龙涡疑即海子。

二十八日，泊窝里朵之东。宣使先往奏禀皇后，奉旨，请师渡河。其水东北流，弥漫没轴，绝流以济。

此河疑即察罕鄂伦河也。张德辉《纪行》："自和林川之西北，行一驿，过马头山复西南行，过忽兰赤斤东北，又经一驿，过石堠。自堠之西南，行三驿，过一河曰唐古，以其源出于西夏故也。其水亦西北流，水之西有峻岭。岭之石，皆铁如也。岭之阴，多松林，岭之阳，帐殿在焉，乃避夏之所也。"今案此记窝里朵，正与张记避夏之所地望道里相合，盖定宗时避夏之所，与太祖时略同矣。惟张云此河名唐古，又云源出西夏，皆非事实。

入营，驻车南岸。

案既云河水东北流，则济河之后，不得驻车南岸也。此恐有误。

车帐千百，日以醍醐湩酪为供，汉、夏公主，皆送寒具等食，

《金史·宣宗纪》："贞祐二年三月，奉卫绍王公主归于大元太祖皇帝。"是为公主皇后，即此记之汉公主也。《元朝秘史续

集》（一）："成吉思自那里征合申种，其主不儿罕降，将女子名
察哈的献与成吉思。"察哈即此记之夏公主也。

黍米斗白金十两，满五十两可易面八十斤。盖面出阴山之后

　　　　阴山，古今皆谓之天山，元人独呼阴山，而却呼塞北之阴山
　　　为天山。

二千余里，西域贾胡以橐驼负至也。中伏，帐房无蝇。窝里朵，汉言
（藏本作"语"）行宫也。其车舆亭帐，望之俨然，古之大单于未有若
是（藏本作"此"）之盛也。七月九日，同宣使西南行五六日，屡见山
上有雪，山下往往有坟墓，及升高陵，又有祀神之迹。又三二日，历
一山，高峰如削，松杉郁茂，西（原误作"而"，从藏本改）有海子，
南出大峡，则一水西流，杂木丛映于山之阳，韭茂如芳草，夹道连数
十里。北有故城曰曷剌肖。

　　　　曷剌肖地望正与乌里雅苏台合，疑乌里雅苏台即曷剌肖之转
　　　语。上文所谓一水西流者，当亦指乌里雅苏台河也。

　　西南过沙场二十里许，水草极少，始见回纥决渠灌麦。又五六
日，逾岭而南，至蒙古营，宿。
　　拂旦行，迤逦南山，望之有雪，因以诗纪其行："当时悉达悟空
晴，发轸初来燕子城（抚州是也）。

　　　　今案《金史·地理志》：抚州"柔远（县）倚。大定十年置
　　　于燕子城"。

北至大河三月数（即陆局河也。四月尽到，约二千余里），西临积雪半年
程（谓此地也，山常有雪，东至陆局河约五千里，七月尽到）。不能隐地回
风坐（道法有回风隐地攀斗藏天之术），却使弥天逐日行。行到水穷山尽

处，斜阳依旧向西倾。"邮人告曰："此雪山北，是田镇海八剌喝
孙也。"

《元史·镇海传》："怯烈台氏，太祖命屯田于阿鲁欢，立镇
海城，戍守之。"

八剌喝孙，汉语为城，中有仓廪，故又呼曰仓头。七月二十五
日，有汉民工匠，络绎来迎，悉皆欢呼归礼，以彩幡、华盖、香花前
导。又有章宗二妃，曰徒单氏，曰夹谷氏，及汉公主母钦圣夫人袁
氏，号泣相迎，

《金史·百官志》：章宗五妃位，有真妃徒单氏、丽妃徒单
氏、昭仪夹谷氏。又《捻抹尽忠传》："中都妃嫔，闻尽忠出奔，
皆装束至通玄门。尽忠谓之曰：'我当先出，与诸妃启涂。'乃
与爱妾及所亲者先出城，不复顾矣，中都遂不守。后徒单吾典告
尽忠谋反，上怃然曰：'朕何负彖多，彼弃中都？凡祖宗御容，
及道陵诸妃，皆不顾，独与其妾偕来，是固有罪。'遂诛之。"
尹志平《葆光集》（中）《临江仙词序》："袁夫人住沙漠十
年，后出家回都，作词以赠之。词云：'十载饱谙沙漠景，一朝
复到都门。如今一想一伤魂，休看苏武传，莫说汉昭君。　过
去未来都拨去，真师幸遇长春。知君道念日添新，皇天宁负德，
后土岂亏人。'"

顾谓师曰："昔日稔闻师（监本无'师'字）道德高风，恨不一见，不
意此地有缘也。"翌日，阿不罕山北

即《元史·镇海传》之阿鲁欢，疑即今乌里雅苏台西南之
阿尔洪山也。（《元史·食货志》勋臣有兀里羊罕千户。兀里羊罕，亦即
兀里羊，欢罕之言山也，则阿鲁欢为今阿尔洪山无疑。）阎复《驸马高
唐忠献王碑》："中统初，衅起阋墙，爱不花败，叛将阔不花，

于桉檀、火尔欢获其属镇海。"案案坛即阿尔泰山，火尔欢即阿鲁欢。镇海据碑文，虽似人名，疑亦指此镇海城也（许有壬《右丞相怯烈公神道碑》："承命辟兀里羊欢地为屯田，且城之因公名其地，曰镇海，又曰称海，俾公守焉。局所俘万余口居作，后以其半不能寒者移弘州。"此镇海为城名之证）。此作阿不罕山，疑是阿尔罕之讹。然《秋涧先生文集》（五十一）《卫辉路监郡塔必公神道碑》："王父押脱玉伦，太祖时授阿不罕部工匠总管。"记言此地有汉民工匠，则此地自有阿不罕之名，或又名阿鲁欢也。此地西距金山不远，屠敬山以喀老哈河西之阿巴汉山当之，甚误。

镇海来谒，师与之语曰："吾寿已高，以皇帝二诏丁宁，不免远行数千里，方临治下。沙漠中多不以耕耘为务，喜见此间秋稼已成，余欲于此过冬，以待銮舆之回，何如？"宣使曰："父师既有法旨，仲禄不敢可否，惟镇海相公度之。"公曰："近有敕诸处官员，如遇真人经过，无得稽其行（监本无'行'字）程，盖欲速见之也。父师若需于此，则罪在镇海矣。愿亲从行，凡师之所用，敢不备。"师曰："因缘如此，当卜日行。"公曰："前有大山高峻，广泽沮陷，非车行地，宜减车从，轻骑以进。"用其言，留弟子宋道安辈九人，选地为观。人不召而至，壮者效其力，匠者效其技，富者施其财。圣堂方丈，东厨西庑，左右云房（无瓦皆土木），不一月落成，榜曰："栖霞观。"时稷黍在地，八月初霜降，居人促收麦霜故也。大风傍北山西来，黄沙蔽天，不相物色，师以诗自叹曰："某也东西南北人，从来失道走风尘。不堪白发垂垂老，又踏黄沙远远巡。未死且令观世界，残生无分乐天真。四山五岳多游遍，八表飞腾后入神。"八日，携门人虚静先生赵九古辈十人，从以二车，蒙古驿骑二十余，傍大山西行。宣使刘公、镇海相公，又百骑李家奴，镇海从者也。因曰："前此，山下精截我脑后发，我甚恐。"镇海亦云："乃满国王亦曾在此为山精所惑，食以佳馔。"师默而不答。西南约行三日，复东南过大山，经大峡。中秋日，抵金山东北，少驻复南行。其山高大，深谷长坂，车不可行，三太子出军，始辟其路。

《元史·宗室世系表》：太祖皇帝六子，次三太宗皇帝。

乃命百骑，挽绳县辕以上，缚轮以下。约行四程，连度五（监本五作三）岭，南出山前，临河止泊。

此河当是乌伦古河，刘郁《西使记》所谓龙骨河也。

从官连幕为营，因水草便，以待铺牛驿骑，数日乃行。有诗三绝云："八月凉风爽气清，那堪日暮碧天晴。欲吟胜概无才思，空对金山皓月明。"其二云："金山南面大河流，河曲盘桓赏素秋。秋水暮天山月上，清吟独啸夜光球。"其三云："金山虽大不孤高，四面长挖拽脚牢。横截大山心腹树，干云蔽日竞呼号。"

耶律文正《湛然居士集》（七）有《过金山和人韵》三首："金山突兀翠霞高，清赏浑如享太牢。半夜穹庐伏枕卧，乱云深处野猿号。""金山前畔水西流，一片晴山万里秋。萝月团团上东嶂，翠屏高挂水晶球。""金山万壑斗声清，山气空濛弄晚晴。我爱长天汉家月，照人依旧一轮明。"均和此三诗韵，而次序不同。

渡河而南，前经小山，石杂五色，其旁草木不生。首尾七十里，复有二红山当路。又三十里，咸卤地中有一小沙井，因驻程挹水为食。傍有青草，多为羊马践履。宣使与镇海议曰："此地最难行处，相公如何则可？"公曰："此地（原本无此二字，据监本补）我知之久矣，同往咨师。"公曰："前至白骨甸，

《双溪醉隐集》（一）《战城南》诗注："白骨甸，在唐烛龙军地。有西僧智全者，该通汉字，曰：'父老相传白骨甸，从汉时有此名。'"

地皆黑石。约行二百余里，达沙陀北边，颇有水草。更涉大沙陀百余里，东西广袤，不知其几千里，及回纥城，方得水草。"师曰："何谓白骨甸？"公曰："古之战场，凡疲兵至此，十无一还，死地也。顷者，乃满大势亦败。于是，

> 《元朝秘史》（八）鼠儿年，成吉思自去追袭脱黑脱阿，到金山，住过冬。明年春，逾阿来岭去，适乃蛮古出鲁克，与脱黑脱阿相合了。于额儿的失不黑都儿麻地面，整治军马，成吉思至其地，与他厮杀。脱黑脱阿中乱箭死，人马败走，渡额儿的失河，溺死者过半，余亦皆散亡。于是乃蛮古出鲁克，过委兀合儿鲁种，去至回回地面，垂河行，与合剌乞塔种人古儿罕相合了。"案额儿的失河，在白骨甸之北，或乃蛮古出鲁克，奔委兀时经此甸耳。

遇天晴昼行，人马往往困毙，惟暮起夜度，可过其半。明日向午，得及水草矣。少憩，俟晡时即行，当度沙岭百余，若舟行巨浪然。又明日辰巳间，得达彼城矣。夜行（原作'深'，据监本改）良便，但恐天气黯黑，魑魅罔两为祟，我辈当涂血马首以厌之。"师乃笑曰："邪精妖鬼，逢正人远避。书传所载，其孰不知？道人家何忧此事。"日暮，遂行，牛乏，皆道弃之，驭以六马，自尔不复用牛矣。初在沙陀北，南望天际若银霞，问之（本无此二字，据藏本补）左右，皆未详。师曰："多是阴山。"翌日，过沙陀，遇樵者再问之，皆曰："然。"于是，途中作诗云："高如云气白如沙，远望那知是眼花。渐见山头堆玉屑，远观日脚射银霞。横空一字长千里，照地连城及万家。从古至今常不坏，吟诗写向直南夸。"

> 《湛然居士文集》（二）《过阴山和人韵》其三："八月阴山雪满沙，清光凝目炫生花。插天绝壁喷晴月，擎海层峦吸翠霞。松桧丛中疏畎亩，藤罗深处有人家。横空千里雄西域，江左名山不足夸。"即用此诗韵。

八月二十七日，抵阴山后，回纥郊迎。至小城北（本无"北"字，据藏本补），酋长设蒲萄酒，及名果、大饼、浑葱，裂波斯布，

即下文秃鹿麻，详下注。

人一尺，乃言曰："此阴山前三百里，和州也。其地大热，蒲萄至夥。"

耶律文正《西游录》："别石把南五百里有和州，即唐之高昌。"《明史·西域传》："火州在柳城西七十里，土鲁番东三十里，即汉车师前王地，隋时为高昌国，宋时回鹘居之，元名火州。"

翌日，沿川西行，历二小城，

此记抵阴山后，鳖思马大城东有三小城。案《元和郡县志》："庭州下郝遮镇，在蒲类东北四十里，当回鹘路。盐泉镇在蒲类东北二百里，当回鹘路。特罗堡子在蒲类东北二百余里，四面有碛。置堡子处，周回约二十里，有好水草，即往回鹘之东路"云云。案长春所行之道，正唐时由回鹘往庭州之道，则记中之三小城，当即《元和志》之一堡二镇也。《元史·哈剌亦哈赤北鲁传》："哈剌亦哈赤北鲁从帝西征，至别失八里东独山，见城无人，帝问：'此何城也？'对曰：'独山城。往岁大饥，民皆流移之它所，然此地当北来要冲，宜耕种以为备。臣昔在唆里迷国时，有户六十，愿移居此。'帝曰：'善。'遣其子月朵失野讷，佩金符往取之，父子皆留居焉。后六年，太祖西征，还见田野垦辟，民物繁庶，问哈剌亦哈赤北鲁，则已死矣。乃赐月朵失野讷都督印章，兼独山城达鲁花赤。"然则此三小城之一，元时名独山城也。

皆有居人。时禾麦初熟，皆赖泉水浇灌，得有秋，少雨故也。西即鳖思马大城，

> 《元史·地理志》西北地附录有别失八里。《西游录》金山南有回鹘城，名别石把。《双溪醉隐集》（五）《庭州》诗注："庭州，北庭都护府也，轮台隶焉。后汉车师后王故庭有五城，俗号五城之地，今即其俗谓之伯什巴里，盖突厥语也。伯十，华言五也，巴里，华言城也。"欧阳玄《高昌偰氏家传》："北庭者，今别失八城。"此鳖思马，即别失八里、别石把、伯什巴里之异译。

王、官、士、庶、僧、道数百，具威仪远迎。僧皆赭衣，道士衣冠与中国特异。泊于城西蒲萄园之上阁，时回纥王部族供（监本作"劝"）蒲萄酒，

> 时畏兀儿王亦都护巴，而木阿而忒的斤从太祖征西域，故止有部族在。

供以异花、杂果、名香，且列侏儒伎乐，皆中州人。士庶日益敬，侍坐者有僧、道、儒，因问风俗。乃曰："此大唐时北庭端府，

> 徐星伯曰：端府，即都护府之合音。

景龙三年，杨公何为大都护，有德政，诸夷心服，惠及后人，于今赖之。"有龙兴、西寺二石刻在，

> 《佛说十地经》首题大唐国僧法界，从中印度持此梵本，请于阗三藏沙门尸罗达摩，于北庭龙兴寺译。

功德焕然可观。寺有佛书一藏，唐之边城，往往尚存。其东数百里，

有府曰西凉。其西三百余里，有县曰轮台。

> 《元和郡县志》："轮台县在庭州西四十二里。"《太平寰宇记》："轮台县东至州四百二十里。"以《元和志》及《唐志》庭州至清海军之道里差之，《寰宇记》是也。此云三百余里，《西游录》云别失巴城西二百余里有轮台县，盖约略言之。

师问曰："更几时得至行在？"皆曰："西南更行万余里即是。"其夜风雨作，园外有大树，复出一篇示众云："夜宿阴山下，阴山夜寂寥。长空云黯黯，大树叶萧萧。万里程涂（监本作涂程）远，三冬气候韶。全身都放下，一任断蓬飘。"

> 《湛然居士集》（二）《过阴山和人韵》其二云："羸马阴山道，悠然远思辽。青峦云霭霭，黄叶两萧萧。未可行周礼，谁能和舜韶。嗟吾浮海粟，何碍八风飘。"即用此诗韵。

九月二日，西行。四日，宿轮台之东，迭屑头目来迎。

> 《至元辨伪录》（卷三）："帝对诸师曰：'释、道两路，各不相妨。今先生言道门最高，秀才人言儒门第一。迭屑人奉弥失诃，言得生天；达失蛮叫空，谢天赐与。细思根本，皆难与佛齐。'"案《大唐景教流行中国碑》云："我三一分身景尊弥施诃。"唐写本《景教三威蒙度赞》云："应身皇子弥施诃。"此弥失诃，即弥施诃。迭屑人奉弥失诃，则迭屑头目乃景教之长老也。

南望阴山，三峰突兀倚天。因述诗赠书生李伯祥，生相人。诗云："三峰并起插云寒，四壁横陈绕涧盘。雪岭届天人不到，冰池耀日俗难观（人云：向此冰池之间观看，则神识昏昧）。岩深可避刀兵害（其岩险固，逢乱世坚守，则得免其难），水众能滋稼穑干（下有泉源，可以灌溉田禾，每岁秋成）。名镇北方为第一，无人写向画图看。"

　　《湛然居士文集》（一）《过金山用人韵》一律，即用此
　诗韵。

又历二城，重九日，至回纥昌八剌城。

　　《元史》西北地附录作彰八里，八里之言城堡也。《唐书·
　地理志》：轮台县西百五十里，有张堡城守捉。疑即此城。

其王畏午儿，与镇海有旧，率众部族及回纥僧，皆远迎。既入，斋于
台上，泊其夫人劝蒲萄酒，且献西瓜。其重及秤，甘瓜如枕许，其香
味盖中国未有也。园蔬同中区。有僧来侍坐，使译者问："看何经
典？"僧云："剃度受戒，礼佛为师。"盖此以东昔属唐，故西去无僧
（监本"僧"下有"道"字），回纥但礼西方耳。翌日，傍阴山而西约十
程，又度沙场。其沙细，遇风则流，状如惊涛，乍聚乍散，寸草不
萌。车陷马滞，一昼夜方出，盖白骨甸大沙分流也。南际阴山之麓，
逾沙，又五日，宿阴山北。诘朝，南行，长坂七八十里，抵暮乃宿。
天甚寒，又无水，晨起，西南行约二十里，忽有大池，方圆几二百
里，雪峰环之，倒影池中，师名之曰"天池"。

　　今赛里木泊。《西游录》："阴山东西千里，南北二百里，山
　顶有池，周围七八十里，树阴荟翳，不露日色。"

沿池正南下，左右峰峦峭拔，松桦阴森，高逾百尺，自巅及麓，
何啻万株。

　　今松树头，金、元间谓之松关。《湛然居士集》（三）《过夏
　国新安县》诗："昔年今日度松关（自注：西域阴山有松关），车马
　崎岖行路难。瀚海潮喷千浪白，天山风吼万林丹。"

众流入峡，奔腾汹涌，曲折弯环，可六七（监本七下有"十"字）里。
二太子扈从西征，

《元史·宗室世系表》：太祖皇帝六子，次二察合台太子。

始凿石理道，刊木为四十八桥，桥可并车。薄暮宿峡中，翌日，方
出。入东西大川，水草盈秀，天气似春，稍有桑、枣。次及一程，九
月二十七日，至阿里马城。

《元史·地理志》西北地附录作阿力麻里。《西游录》："出
阴山，有阿里马城。西人目林檎为阿里马，附郭皆林檎园，故以
名。"案此城在伊犁河东，以地望度之，当即《唐书·地理志》
注之弓月城。

铺速满国王，

洪侍郎钧引多桑书，有阿力麻里王，雪格那克的斤，即此王
也。铺速满，《元史》作木速儿蛮，《西游录》作谋速鲁蛮，《西
使记》作没速鲁蛮，义为回教徒。此云铺速满国王，盖阿里马
以西诸国，并奉回教，上云"西去无僧"是也。

暨蒙古塔剌忽只，

达鲁花赤之异译。

领诸部人来迎。宿于西果园，土人呼果为阿里马，盖多果实，以是名
其城。其地出帛，目曰"秃鹿麻"，

《翻译名义集》（七）："兜罗绵，或云妒罗绵，树名。"绵从
树生，因而立称，如柳絮也。亦翻"杨华"，或称"兜罗毦"

者，毛，氄也。《诸蕃志》（卷上）：南毗国产诸色番布"兜罗绵"。又（卷下）："吉贝以之为布，最坚厚者，谓之兜罗绵，次曰番布，次曰木棉，又次曰吉布。"此秃鹿麻，卷下又作秃鹿马，即兜罗绵之异译也。

盖俗所谓种羊毛织成者。

　　《史记·大宛列传》正义引宋膺《异物志》："大秦之北，附庸小邑有羊羔，自然生于土中，候其欲萌，筑墙绕之，恐为兽所食。其脐与地连，割绝则死，击物惊之遂绝，则逐水草为群。"新、旧《唐书·佛菻传》及《唐会要》均袭其说。刘郁《西使记》："垅种羊出西海，羊脐种土中，溉以水，闻雷而生，脐系地中。及长，惊以木，脐断，啮草，至秋可食，脐内复有种。"亦与《异物志》说略同。然《湛然居士文集》（六）《西域河中杂咏》云："无衣垅种羊。"又（十二）《赠高善长一百韵》云："西方好风土，大率无蚕桑。家家植木绵，是为垅种羊。"是垅种羊，乃木棉别名。《西使记》之说，因袭故记，实不足据。刘祁《北使记》云："其衣衾茵幞，悉羊氄也，其氄植于地。"其误与《西使记》同。

时得七束，为御寒衣。其毛类中国柳花，鲜洁细软，可为线，为绳，为帛，为绵。农业者亦决渠灌田，土人惟以瓶取水，戴而归。及见中原汲器，喜曰："桃花石诸事皆巧。"桃花石，谓汉人也。

　　《元史译文证补·西域传》注："西域人呼契丹为唐喀氏。"乃《辽史》大贺氏之转，此桃花石亦然。案唐喀氏一语，为漠北西域呼中国人之通称，已见于《阙特勤碑》之突厥文中。东西诸国学者，注释纷如，近日本桑原博士以为汉语唐家子之音释，说最近之。江少虞《皇朝类苑》（七十七）引《倦游录》云："至今广州胡人，呼中国为唐家，华言为唐言。"

　　师自金山至此，以诗纪其行云："金山东畔阴山西，千岩万壑攒深溪。溪边乱石当道卧，古今不许通轮蹄。前年军兴二太子（三太子修金山，二太子修阴山），修道架桥彻溪水。今年吾道欲西行，车马喧阗复经此。银山铁壁千万重，争头竞角夸清雄。日出下观沧海近，月明上与天河通。参天松如笔管直，森林动有百余尺。万株相倚郁苍苍，一鸟不鸣空寂寂。羊肠孟门压太行，比斯大略犹寻常。双车上下苦顿撷，百骑前后多惊惶。天池海在山头上，百里镜空含万象。县车束马西下山，四十八桥低万丈。河南海北山无穷，千变万化规模同。未若兹山太奇绝，磊落峭拔如神功。我来时当八九月，半山已上纯为雪。山前草木暖如春，山后衣衾冷如铁。"

　　《湛然居士文集》（二）《过阴山和人韵》："阴山千里横东西，秋声浩浩鸣秋溪。猿猱鸿鹄不敢过，天兵百万驰霜蹄。万顷松风落松子，郁郁苍苍映流水。六丁何事夸神威，天台罗浮移到此。云霞掩映山重重，峰峦突兀何雄雄。古来天险阻西域，人烟不与中原通。细路萦纡斜复直，山角摩天不盈尺。溪风萧萧溪水寒，花落空山人影寂。四十八桥横雁行，胜游奇观真非常。临高俯视千万仞，令人凛凛生恐惶。百里镜湖山顶上，旦暮云烟浮气象。山南山北多幽绝，几派飞泉练千丈。大河西注波无穷，千溪万壑皆会同。君成绮语壮奇诞，造物缩手神无功。山高四更才吐月，八月山峰半埋雪。遥思山外屯边兵，西风冷彻征衣铁。"又有《再用前韵》一首，《复用前韵唱玄》一首，《用前韵送王君玉西征》二首，《用前韵感事》二首，并用此诗韵，皆在西域时作。

连日所供胜前。又西行四日，至答剌速没辇（没辇，河也），

　　徐星伯曰：答剌速没辇，今伊犁河。程春庐曰：答剌速没辇，与塔剌斯音近，然距阿里马仅四日程，则星伯谓即伊犁河者，近是。若今塔剌斯河，远在吹河之西，未必四程能达。今案

徐、程二说是也。《西游录》："阿里马城西有大河，曰亦列。"
《唐书·西域传》作伊列河。

水势深阔，抵西北流，从东来，截断阴山，河南复是雪山。十月二
日，乘舟以济，南下至一大山，山北有一小城。又西行，五日，宣使
以师奉诏来，去行在渐迩，先往驰奏，独镇海公从师西行。七日，度
西南一山，逢东夏使回，礼师于帐前。

> 东夏使者，屠敬山以为即金使乌古孙仲端。以仲端回程考
> 之，岁月固合，然记中前称金为河南，此称东夏，殆不近情，当
> 是蒲鲜万奴之使者也。《元史·太祖纪》："十年冬十月，金宣抚
> 蒲鲜万奴据辽东，僭称天王，国号大真，改元天泰。十一年冬十
> 月，蒲鲜万奴降，以其子帖哥入侍。既而复叛，僭称东夏。"
> (《亲征录》作僭称东夏王) 自是讫于太宗癸巳万奴之擒，纪传均不
> 见有万奴事。然郑麟趾《高丽史·高宗世家》："五年戊寅 (元太
> 祖十三年) 十二月己亥朔，蒙古元帅哈真及札剌率兵一万，与东
> 真万奴所遣完颜子渊兵二万，声言讨丹贼，攻和、猛、顺、德四
> 城，破之，直指江东城。"嗣是己、庚、辛三年，蒙古使者到高
> 丽，辄与东真使俱是己、庚、辛间，万奴方与蒙古共讨契丹，故
> 有使者至西域。盖万奴虽自立名号，然尚羁事蒙古，未尝叛也。
> 至甲申年，东真移牒高丽，始有"与蒙古已绝旧好"之语，然
> 未几又降于蒙古。耶律文正《湛然居士文集》(四)《用拚霄韵
> 代水陆疏文》云："东夏再降烽火灭，西门一战塞烟沉。颙观颁
> 朔施仁政，伫待更元布德音。"此诗作于太宗未即位时，知东夏
> 叛服，非一次矣。

因问："来自何时？"使者曰："自七月十二日辞朝，帝将兵追算
端汗至印度。"

> 《元圣武亲征录》："壬午夏，避暑于答里寒寨高原。时西域

速里坛札兰丁遁去，遂命哲别为前锋追之，再遣速不台拔都为
继，又遣脱忽察儿殿其后。哲别至蔑里可汗城，不犯而过，速不
台拔都亦如之。脱忽察儿至，与其外军战。蔑里可汗惧，弃城
走，忽都忽那颜闻之，率兵进袭。时蔑里可汗与札兰丁合就战，
我不利，遂遣使以闻。上自塔里寒寨率精锐亲击之，追及辛目连
河，获蔑里可汗，屠其众。札兰丁脱身入河，泳水而逸，遂遣八
剌那颜将兵急追之，不获，因大掳忻都人民之半而还。"案此实
辛巳年事，《亲征录》及《元史》系于壬午年，并误，语详《亲
征录校注》。

明日，遇大雪。至回纥小城，雪盈尺，日出即消。十有六日，西
南过板桥，渡河，晚至南山下，即大石林牙（大石学士，林牙小名）。

　　今案《辽史·天祚纪》："耶律大石，世号为西辽大石，字
重德，太祖八代孙也。擢翰林应奉，寻升承旨。"辽以学士为林
牙，故称大石林牙。此大石林牙，即以人名名其都城，后又简称
大石，如云"大石东过二十程"，又云"西过大石半年居"是
也。其地在今吹河之南，阿历山大岭之北。余有《西辽都城
考》，今录于后：西辽建都之地，《辽史·天祚纪》作虎思干耳
朵，《金史·忠义粘割韩奴传》作骨斯讹鲁朵，《元史·曷斯麦
里传》作谷则斡儿朵，《郭宝玉传》作古徐儿国讹夷朵，元遗山
《大丞相刘氏先茔神道碑》作古续儿国讹夷朵，刘郁撰《常德西
使记》作亦堵（亦堵者，讹夷朵之略也），《长春真人西游记》谓之
大石林牙（亦略称大石，则又以人名名其国都），而拉施特哀丁《蒙
古史》则谓之八喇沙衮。案《元史·地理志》西北地附录有八
里茫一地，经世大典图亦著此地图，在阿力麻里之西南，柯耳鲁
（即葛逻禄）亦剌八里之南，倭赤（今乌什）之西北。武进屠氏谓
八里茫乃八里沙之讹，即以拉氏书中之八喇沙衮当之。案屠说是
也。余意虎思斡耳朵者，契丹之新名，其名行于东方。八喇沙衮
者，突厥之旧名，早行于东西二土。八喇沙衮，即《唐书·地

理志》裴罗将军城之对音也。考《资治通鉴考异》（二）引《唐玄宗实录》，突厥葛逻禄首领有裴罗达干，《唐书·突厥传》突骑施黑姓可汗有阿多裴罗，《回鹘传》骨咄禄毗伽阙可汗之名为骨力裴罗，又有将军鼻施吐拨裴罗。《大唐会要》（九十八）有回纥演者裴罗，《册府元龟》（九五五）纪突厥首领有采施裴罗，又（九七一）及（九七二）纪回纥使臣有近支伽裴罗。阿德俱裴罗、裴罗达干等，是"裴罗"者突厥种族中之人名也。将军之称，突厥、回鹘亦已有之，是裴罗将军一城，当是西突厥或唐之故名，迄辽、金间西域人犹以此名呼之，谓之八喇沙衮，元人又略称八里沙，此地名源流之可寻者也。更由地理上言，则有三证：一、《唐志》引贾耽《皇华四达记》云："至热海后百八十里出谷，至裴罗将军城。又西四十里至碎叶城，北有碎叶水，北四十里有羯丹山，十姓可汗每立君长于此。"案热海者，今之特穆尔图泊碎叶水，今之吹河。是裴罗将军城在吹河之南。而《元朝秘史》（五）云："王罕又走去回回地面垂河，行入合剌乞塔种古儿皇帝处。"（卷六蒙文同）又卷八云："乃蛮古出鲁克，过委兀合儿鲁种处，至回回地面垂河行，与合剌乞塔种人古儿罕相合了。"案垂河，即吹河。合剌乞塔，即黑契丹，蒙古人以之呼西辽古儿皇帝。古儿罕，即耶律大石自号之葛儿罕（《辽史·天祚纪》）、若阔儿罕（《元史·曷思麦里传》）者也。是西辽都城，地滨吹河。《西游记》言"西南过板桥渡河，晚至南山下，即大石林牙"。此河亦谓吹河。《西使记》："契丹故居有河，曰亦（句），运流汹汹东注。"亦河即叶河，亦即碎叶河之略，此一证也。今吹河之南，亦天山山脉，西人谓之阿历山大岭，《西游记》之南山即谓此山。《西使记》云："两山间土平民夥，沟洫映带。"则兼南山与水北之羯丹山而言，此二证也。《唐志》："自裴罗将军城至呾罗斯之距离，凡三百五十里。"据《大唐西域记》及《慈恩法师传》，则五百八九十里。（两书无裴罗将军城，今以自素叶水城至呾逻私之里数，加四十里计之。）大抵贾耽所记里数，率较玄奘为短，当由计里之单位或方法不同。征之元人所记，则邱长春自大石林牙西行七八日，始见一石城。（此即呾罗斯。以长春前此沿山向西行，而至此山忽南去，乃并西南山行，与《西域记》自素叶至呾逻私皆西行，至呾逻私后方西南行者密合。）常德以二月二十四日过亦堵，二十八日过塔赖寺。塔赖寺，即长春所见之石城，所以有迟速者，长春以车行，常德以马行，故迟速不同。即如自呾罗斯至塞蓝，长春行五日，常德仅三日。自赛蓝至寻斯干，长春行十四日，常德行八日。以比例求之，则常德五日之行程，正当长春七八日。是二书所记自西辽都城至呾罗斯之行程，正与唐人所记自裴罗将军城至呾罗斯之里数相应，此三证也。虽此种证明，亦得适用于碎叶城，然八喇沙衮之名，与裴罗将军四字对音最密，自不得不舍彼取此矣。考隋唐以来热海以西诸城，碎叶为大，突厥盛时，已为一大都会。《慈恩传》言至素叶水城，逢突厥可汗方事畋游，军马甚盛。及唐高宗既灭贺鲁，移安西都护府于龟兹，以碎叶备四镇之一（《唐书·西域传》）。调露中，都护王方翼筑碎叶城，四面十二门，为屈曲隐伏之状（《唐书·地理志》及《王方翼传》），后突骑施乌质勒屯碎叶西北，稍攻得碎叶城，因徙居之（同《突厥传》）。开元十年，十姓可汗请居碎叶城，安西节度使汤嘉惠表以焉耆备四镇（同《西域传》），嗣后突骑施别种苏禄子吐火仙复居之（同《突厥传》）。天宝七年，始为北庭节度使王正见所毁（《通典》一九三引杜环《经行记》）。后葛禄复据其地，唐中叶以后，与西域隔绝，其地遂无所闻。及耶律大石既平西域，思复契丹故地，乃东徙于此。然不都碎叶，而居其东南四十里之裴罗将军城者，盖唐时碎叶故城，已毁坏无余故也。而《金史·忠义传》言"契丹所居屯营，乘马行，自旦至日中，始周匝"，则其广大当远过于唐之碎叶，更无论裴罗将军城矣。据《辽史·天祚纪》，自大石都此，讫直鲁古之亡，凡七十有八年。其未东徙时，则都于寻思干。此事虽不见于《辽史》，然谓"班师东归，马行二十日得善地"，正与长春寻斯干诗所谓"大石东过二十程"者相合。故西辽名寻斯干，为河中府东徙之后，仍建为陪都。《西游记》云"西南至寻思干，万里外回纥最佳处，契丹都焉"，即以其西都言之。耶律文正《湛然集》（二）《和裴子法见寄》云："扈从出天山，从客游大石。"此大石谓寻斯干，盖寻斯干与虎思斡耳朵，为契丹东西二京，故并得大石之名耳。西辽都城，自来未有真切言之者，故卿发其概焉。

其国王，辽后也。自金师破辽，大石林牙领众数千，走西北，移徙十余年，方至此地。其风土、气候，与金山以北不同。平地颇多，以农桑为务，酿蒲萄为酒，果实与中国同。惟经夏秋无雨，皆疏河灌溉，百谷用成。

《通典》（一九三）："从碎叶川至西海，自三月至九月，天无云雨，皆以雪水种田。宜大麦、小麦、稻禾、豌豆、毕豆，饮蒲萄酒、麇酒、醋乳。"

东北西南，左山右川，延袤万里。传国几百年，乃满失国，依大石，士马复振，盗据其土。继而算端西削其地，天兵至，乃满寻灭，算端亦亡。

《辽史·天祚纪》：仁宗次子直鲁古即位，改元天禧，在位三十四年。时秋出猎，乃蛮屈出律以伏兵八千擒之，而据其位。《元史译文证补·太祖本纪》："龙年，乃蛮太阳汗古出鲁克西奔哈剌乞觯，古儿汗收抚之为义子，嫁以女。鼠年，哲别逐古出鲁克至巴达克山撒里黑库尔之地，杀之。先是，古出鲁克知古儿汗无能，东方属部皆叛从蒙兀，西域亦叛。又闻其父败残，旧部尚在藏匿，思得其众，以夺国土，言于古儿汗曰：'我离旧地已久，今蒙兀儿往征乞觯，乘今之时，我往叶密里哈押立克别失八里，招集溃卒，众必来从，可藉其力，以卫本国。'古儿汗信之。既东行，乃蛮旧众果来附，复遇货勒自弥之使，欲共谋古儿汗，即约东西夹攻。议既定，古出鲁克即进八喇沙衮，古儿汗与战，败之。古出鲁克退而集众，而货勒自弥与撒马尔干之兵已至塔剌思，古出鲁克乘机再进，获古儿汗。阳为尊崇，实则篡国。
越二载，古儿汗以忧恚卒。古出鲁克既得位，谕令民间奉佛，不
得奉谟罕默德。帝闻之，遣哲别往征。古出鲁克在喀什噶尔，军
未至，先遁。沿路居民，皆不容纳，将入巴达克山，而哲别追
及，于撒里黑库尔山径窄隘处，杀之。"

又闻前路多阻，适坏一车，遂留之。十有八日，沿山而西。七八
日，山忽南去，一石城当路，石色尽赤。

即呾罗斯城。《大唐西域记》"自素叶水城，至呾逻私，皆
西行。自呾逻私以往，乃西南行"，正与此合。

有驻军古迹。西有大冢，若斗星相联。又渡石桥，并西南山行五程，
至塞蓝城，有小塔。回纥王来迎入馆。

刘郁《西使记》："二十八日过塔赖寺，三月一日过赛蓝城，
有浮图，诸回纥祈拜之所。"《明史·西域传》赛蓝在达失干之
东，西去撒马儿罕千余里，有城郭，周三四里。案此城名，未见
古书。《大唐西域记》："呾逻私西南行二百余里，至白水城。又
行二百余里，至恭御城。从此南行四五十里，至笯赤建国。"又
云："笯赤建国周千余里，从此西行二百余里，至赭时国。"（唐
言石国）以此记及《西使记》所记赛蓝地望定之，正与唐初之笯
赤建国相当，且其国有王，乃国名，非城名之证。

十一月初，连日雨大作。四日，土人以为年，旁午相贺。是日，
虚静先生赵九古语尹公曰："我随师在宣德时，觉有长往之兆，颇倦
行役。尝蒙师训：道人不以死生动心，不以苦乐介怀，所适无不可。
今归期将至，公等善事父师。"数日，示疾而逝，盖十一月五日也。
师命门弟子葬九古于郭东原上，即行。西南复三日，至一城其王亦
回纥，

案即今塔什干城，古石国也。《西域记》："从笯赤建国西行二百余里，至赭时国，唐言石国。"

年已耄矣，备迎送礼，供以汤饼。明日，又历一城。

《西使记》："三月一日，过赛蓝城。三日，过别失兰，诸回纥贸易如上巳节。四日，过忽章河。"此一城，即别失兰，亦即拉施特书之白讷克特也。

复行二日，有河，是为霍阐没辇。

今锡尔河其南有霍阐城，故称霍阐没辇。《西使记》及《元史·郭宝玉传》作忽章河，《明史·西域传》作火站河。《唐书·西域传》"石国南二百里所俱战提"，《西游录》"塔剌思城西南四百余里，有苦盏城"，即此霍阐也。

由浮桥渡，泊于西岸。河桥官献鱼于田相公，巨口无鳞。其河源出东南二大雪山间，色浑而流急，深数丈，势倾西北，不知其几千里。河之西南，绝无水草者二百余里。即夜行，复南，望大雪山而西，山形与邪米思干之南山相首尾。复有诗云："造物峥嵘不可名，东西罗列自天成。南横玉峤连峰峻，北压金沙带野平。下枕泉源无极润，上通霄汉有余清。我行万里慵开口，到此狂吟不胜情。"

《湛然居士文集》（二）《过阴山和人韵》之四，即用此诗韵。

又至一城，得接水草。

今乌剌塔白城，古东曹国也。《唐书·西域传》："东曹或曰率都沙那、苏对沙那劫、布呾那、苏教识匿，凡四名。东北距俱战提（霍阐）二百里，北至石，西至康（邪米思干），东北宁远，皆四百里。《大唐西域记》："窣堵利瑟那国，西北入大沙碛，绝无水草。"又云："从此至飒秣建国，五百余里。"均与此城位置合。

复经一城，回纥头目远迎，饭于城南，献葡萄酒，且使小儿为缘竿舞刀之戏。再经二城，山行半日，入南北平川。宿大桑树下，其树可荫百人。前至一城，临道一井，深逾百尺，有回纥叟，驱一牛，挽辘轳汲水，以饮渴者。初，帝之西征也，见而异之，命蠲其赋役。仲冬十有八日，过大河，至邪米思干大城之北。

邪米思干，前作寻思干，《元史·地理志》作撒马耳干，古康国也。《隋书·西域传》："康国，都于萨宝水上阿禄迪城。"《唐书·西域传》："康者，一曰萨末鞬，亦曰飒末建，元魏所谓悉万斤者，在那密水南。"上文所过之大河，即萨宝水。那密水，今萨剌夫商河。

太师移剌国公，

《元史·耶律阿海传》：阿海以功拜太师，从帝攻西域，下蒲华寻斯干等城。留监寻斯干，专任抚绥之责。

及蒙古、回纥帅首，载酒郊迎，大设帷幄，因驻车焉。宣使刘公以路梗留，座中白师曰："顷知千里外有大河，以舟梁渡，

谓阿母河。

土寇坏之。况复已及深冬，父师似宜来春朝见。"师从之。少焉，由东北门入。其城因沟岸为之，秋、夏常无雨，国人疏二河入城，分绕巷陌，比户得用。方算端氏之未败也，城中常十万余户，国破

而来，存者四之一。其中大率多回纥人，田园不能自主，须附汉人及契丹、河西等，其官长亦以诸色人为之，汉人工匠杂处城中。有冈高十余丈，算端氏之新宫据焉。太师先居之，以回纥艰食，盗贼多有，恐其变，出居于（本无"于"字，从藏本补）水北。师乃住宫，叹曰："道人任运逍遥，以度岁月。白刃临头，犹不畏惧，况盗贼未至，复预忧乎？且善恶两途，决不相害。"从者安之。太师作斋，献金段十，师辞不受，遂月奉米面、盐油、果菜等物，日益尊敬。公见师饮少，请以蒲萄百斤作新酿。师曰："何必酒耶？但如其数得之，待宾客足矣。"其蒲萄经冬不坏。又见孔雀、大象，皆东南数千里印度国物。师因暇日出诗一篇云："二月经行十月终，西临回纥大城堭。塔高不见十三级（以砖刻，刻镂玲珑，外无层级，内可通行），山厚已过千万重。秋日在郊犹放象，夏云无雨不从龙。嘉蔬麦饭蒲萄酒，饱食安眠养素慵。"

《湛然居士文集》（五）《河中春游有感》五首，即用此诗韵。

师既住冬，宣使泊相公镇海，遣曷剌等，同一行使臣，领甲兵数百，前路侦伺。汉人往往来归依，时有算历者在旁，师因问五月朔日食事，其人曰："此中辰时食，至（此二字据藏本补）六分止。"师曰："前在陆局河，午刻见其食。既又西南至金山，人言巳时食至七分。此三处所见各不同。"案孔颖达《春秋疏》"月体映日则日食"。以今料之，盖当其下，则（藏本作"即"）见其食。既在旁者，则千里渐殊耳，正如以扇翳灯，扇影所及，无复光明，其旁渐远，则灯光渐多矣。师一日至故宫中，遂书《凤栖梧》二词于壁，其一云："一点灵明潜启悟，天上人间，不见行藏处。四海八荒惟独步，不空不有谁能睹。瞬目扬眉全体露，混混茫茫，法界超然去。万劫轮回遭一遇，九元齐上三清路。"其二云："日月循环无定止，春去秋来，多少荣枯事。五帝三王千百祀，一兴一废长如此。死去生来生复死，生死轮回，变化何时已。不到无心休歇地，不能清净超于彼。"又诗二首，其一云:"东海西秦数十年,精思道德究重玄。日中一食那求饱,夜半三更强不眠。实迹未谐霄汉举,虚名空播朔方传。直教大国垂明诏,万里风沙走极边。"其二云:"弱冠寻(本作'奉',据藏本改)真傍海涛,中年遁迹陇山高。河南一别升黄鹄,塞北重宣钓巨鳌。无极山川行不尽,有为心迹动成劳。也和六合三千界,不得神通未可逃。"是岁闰十二月将终,侦骑回,同宣使来白父师,言:二太子发军,复整舟梁,土冠已灭。曷剌等诣营谒太子,言:"师欲朝帝所,复承命云:上驻跸大雪山之东南,

时太祖在辛目连河,即印度河。

今则雪积山门百余里,深不可行,此正其路尔。为我请师来此,听候良便。来时当就彼城中遣蒙古兵(藏本作'军')护送。"师谓宣差曰:"闻河以南千里,绝无种养,吾食须米面、蔬菜,可回报太子帐下。"壬午之春正月,杷榄始华,类小桃,俟秋采其实食之,味如胡桃。

《曲洧旧闻》(四):"巴榄子如杏核,色白,褊而长,产自西蕃。比年,近畿人种之,亦生树,似樱桃,枝小而极低。惟前马元忠家,开花结实,后移入禁籞。予尝游其圃,有诗云:'花到上林开。'"即谓此也。

二月二日春分,杏花已落,司天台判李公辈

《元史·百官志》:"中统元年,因金人旧制,立司天台。"是太祖时尚未有司天台官,然虽无其名,实有其职。太祖西征时,日卜筮之官皆从。耶律文正在太祖时亦任此职,其进《西征庚午元历表》云:"钦承皇旨,待罪清台。"清台者,汉上林中候气之所也。又于太宗初年《谢非熊召饭诗》:"圣世因时行夏正,愚臣嗜数愧春官。"是文正未拜中书令时,尚任此职也。此云台判,盖以其职称之。

请师游郭。西宣使泊诸官，载蒲萄酒以从。是日，天气晴霁，花木鲜
明，随处有台池楼阁，间以蔬圃，

> 《西游录》："寻思干，环城数十里皆园林，飞渠走泉，方池
> 员沼，花木连延，诚为胜槩。"

憩则藉草，人皆乐之。谈玄论道，时复引觞，日昃方归。作诗云：
"阴山西下五千里，大石东过二十程。两霁雪山遥惨淡，春分河府近
清明（邪迷思干大城，大石有国时，名为河中府）。园林寂寂鸟无语（花木
虽茂，并无飞禽），风日迟迟花有情。同志暂来间睥睨，高吟归去待
升平。"

> 《湛然居士文集》（五）《壬午河中春游十首》即用此诗韵。
> 其一云："幽人呼我出东城（本作城东，据藏本改），信马寻芳莫问
> 程。春色未如华藏富，湖光不似道心明。土床设馔谈玄旨，石鼎
> 烹茶唱道情。世路崎岖太尖险，随高逐下坦然平。"是文正此日
> 亦与其游。

望日，乃一百五旦太上真元节也，

> 《遗山先生文集》（三十五）《忻州天庆观重修功德记》："每
> 岁二月望，道家以为真元节，云是玄元诞弥之日。"

时僚属请师复游郭西，园林相接百余里，虽中原莫能过，但寂无鸟声
耳。遂成二篇，以示同游。其一云："二月中分百五期，玄元下降日
迟迟。正当月白风清夜，更好云收雨霁时。帀地园林行不尽，际天花
木坐观奇。未能绝粒成嘉遁，且向无为乐有为。"其二云："深蕃古
迹尚横陈，大汉良朋欲遍巡。旧日亭台随处列，向年花卉逐时新。风
光甚解流连客，夕照那堪断送人。窃念世间酬短景，何如天外饮
长春。"

《湛然居士文集》（五）《游河中西园和王君玉韵四首》实用此第一首韵，兹录其一云："万里东皇不失期，园林春晚我来迟。漫天柳絮将飞日，遍地梨花半谢时。异域风光特秀丽，幽人佳句自清奇。临风畅饮题玄语，方信无为无不为。"又《河中游西园四首》用第二首韵，录其一云："河中春晚我邀宾，诗满云笺酒满巡。对景怕看红日暮，临池羞照白头新。柳添翠色侵凌草，花落余香著莫人。且著新诗与芳酒，西园佳处送残春。"案二月二日之游，李公辈为主，所谓"幽人呼我出东城"也。望日之游，文正为主，所谓"河中春晚我邀宾"也。文正与长春同游，并和其诗，乃集中绝不著长春之名，而托云"和王君玉韵"，则以二人道不同不相为谋故也。《至元辨伪录》（卷三）谓"长春问湛然中书《观音赞》意，中书轻而不答。有识闻之，莫不绝倒"。又谓"湛然居士《西游录》备明邱公十谬"。卷五又载《西游录》一则，极论全真教人占居佛寺之非。今我国《西游录》全书虽佚，而日本图书寮尚藏足本，其攻击长春处甚多。且文正集中《西游录序》已明斥全真为老氏之邪，又《和刘子中韵诗序》惜其幼依全真，有"择术不可不慎"之语，则文正不满于长春可知。又文正集中，诗用长春韵者，凡四十四首，至此二首而止，此下诸诗，遂不复和。盖文正于此会后，不复与长春相晤矣。此为释、道二家一重公案，故附著之。

三月上旬，阿里鲜至自行宫，传旨曰："真人来自日出之地，跋涉山川，勤劳至矣。今朕已回，亟欲闻道，无倦迎我。"次谕宣使仲禄曰："尔持诏征聘，能副朕心，他日当置汝善地。"复谕镇海曰："汝护送真人来甚勤，余惟汝嘉。"仍敕万户播鲁只，

即博尔术也。《元史·博尔术传》：以博尔术及木华黎为左右万户。

以甲士千人，卫过铁门关（藏本无"关"字）。师问阿里鲜以途程事，

对曰："春正月十有三日，自此初发，驰三日，东南过铁门。又五日，过大河。

《大唐西域记》（一）："出铁门，至睹货逻国，其地南北千余里，东西三千余里，东阨葱岭，西接波剌斯，南大雪山，北据铁门。缚刍大河中境西流。"

二月初吉，东南过大雪山。积雪甚高，马上举鞭测之，犹未及其半。下所踏者，复五尺许。南行三日，至行宫矣。

阿里鲜于渡阿母河后十四日，至行宫。案此行宫，盖即辛巳年避暑之塔里寒寨。《马哥波罗纪行》谓："塔里寒距班勒纥十二日程，而自河桥至班勒纥城不及一日程。"则自阿母河至塔里寒，当得十三日程。阿里鲜行十四日者，或因积雪难行故也。至长春四月中所至之行宫，则渡河后五日即达，非阿里鲜正月中所至者矣。

且师至，次第奏讫，上悦，留数日方回。"师遂留门人尹公志平辈三人于馆，以侍行五六人同宣使辈，三月十有五日启行。四日，过碣石城。

《明史·西域传》："渴石在撒马儿罕西南三百六十里。"案此西域古国也，《北史·西域传》："伽色尼国，都伽色尼城，在悉万斤南。"《唐书·西域传》："史或曰佉沙，或曰羯霜那，隋大业中筑乞史城。"《大唐西域记》："从飒秣建国西南行三百余，至羯霜那国、唐言史国。"

预传圣旨，令万户播鲁只，领蒙古、回纥军一千护送。过铁门，东南度山，山势高大，乱石纵横，众军挽车，两日方至山前。

《大唐西域记》："从羯霜那西南行二百余里，入山，山路崎岖，蹊径危险。既绝人里，又少水草。东南山行三百余里，入铁门。铁门者，左右带山，山极峭峻，虽有狭径，加之险阻，两旁石壁，其色如铁，既设门扉，又以铁局，多有铁铃，悬诸户扇。因其险固，遂以为名。"

沿流南行，军即北入大山，剿（藏本无"剿"字）破贼。五日，至小河，亦船渡，两岸林木茂盛。七日，舟济大河，即阿母没辇也。

即《史记·大宛传》之妫水，《大唐西域记》之缚刍河。

乃东南行，晚泊古渠上。渠边芦苇满地，不类中原所有。其大者，经冬叶青而不凋，因取以为杖，夜横辕下，辕覆不折。其小者，叶枯春换。少南，山中有大实心竹，士卒以为戈戟。

《湛然居士文集》（六）《西域河中杂咏强策浑心竹》。

又见蜥蜴，皆长三尺许，色青黑。

《北使记》："蛇有四跗。"《西使记》："过立讫儿城，所产蛇皆四跗，长五尺余，首黑身黄，皮如鲨鱼，口吐紫焰。"

时三月二十九日也，因作诗曰："志道既无成，天魔深有惧。东辞海上来，西望日边去。鸡犬不闻声，马牛更递铺。千山及万水，不知是何处。"又四日，得达行在，

距阿母河四五日程。

上遣大臣喝剌播得来迎，时四月五日也。馆舍定，即入见。上劳之曰："他国征聘皆不应，今远逾万里而来，朕甚嘉焉。"对曰："山野

奉诏而赴者，天也。"上悦，赐坐。食次，问："真人远来，有何长生之药以资朕乎？"师曰："有卫生之道，而无长生之药。"上嘉其诚（藏本"诚"下有"实"字），设二帐于御幄之东以居焉。译者问曰："人呼师为腾吃利蒙古孔（译语谓天人也），自谓之耶？人称之耶？"师曰："山野非自称，人呼之耳。"译者再至，曰："旧奚呼？"奏以"山野四人，事重阳学道，三子羽化矣，惟山野处世，人呼以先生。"上问镇海曰："真人当何号？"镇海奏曰："有人尊之曰师父者、真人者（藏本此下有'曰'字）、神仙者。"上曰："自今以往，可呼神仙。"时适炎热，从车驾庐于雪山避暑。

《圣武亲征录》："癸未夏，上避暑于八鲁湾川。"《录》记太祖征西域事，皆后一年，则此实壬午年事，则此雪山即八鲁湾也。八鲁湾川，《秘史》作巴鲁安客额儿。客额儿，本野甸之义。

上约四月十四日问道，外使田镇海、刘仲禄、阿里鲜记之，内使近侍三人记之。将及期，有报回纥山贼指斥者，上欲亲征，因改卜十月吉。师乞还旧馆，上曰："再来不亦劳乎？"师曰："两旬可矣。"上又曰："无护送者。"师曰："有宣差杨阿狗。"又三日，命阿狗督回纥酋长，以千余骑从行，由他路回。遂历大山，山有石门，望如削蜡，有巨石横其上，若桥焉。其流甚急，骑士策其驴以涉，驴遂溺死，水边尚多横尸。此地盖关口，新为兵所破。出硖，复有诗二篇。其一云："水北铁门犹自可，水南石峡太堪惊。两崖绝壁摣天耸，一涧寒波滚地倾。夹道横尸人掩鼻，溺溪长耳我伤情。十年万里干戈动，早晚回军望太平。"其二云："雪岭皑皑上倚天，晨光灿灿下临川。仰观峭壁人横度，俯视危崖柏倒县。五月严风吹面冷，三焦热病当时痊。我来演道空回首，更卜良辰待下元。"始，师来觐，三月竟，草木敏盛，羊马皆肥。及奉诏而回，四月终矣，百草悉枯。又作诗云："外国深蕃事莫穷，阴阳气候特无从。才经四月阴魔尽（春冬霖雨，四月纯阳，绝无雨），却早弥天旱魃凶。浸润百川当九夏（以水溉田），摧残万草若三冬。我行往复三千里（三月去，五月回），不见行人带雨容。"

《北使记》："其回纥国，地广袤际，西不见疆畛。四五月，百草枯如冬。其山，暑伏有积雪，日出而燠，日入而寒。至六月，裘犹绵。夏不雨，迫秋而雨，百草始萌。及冬，川野如春，卉木再华。"

路逢征西人回，多获珊瑚。有从官以白金二镒易之，近五十株，高者尺余，以其得之马上，不能完也。继日，乘凉宵征，五六日，达邪米思干城（大石名河中府）。诸官迎师入馆，即重午日也。

卷　下

宣差李公东迈，以诗寄东方道众云："当时发轫海边城，海上干戈尚未平。道德欲兴千里外，风尘不惮九夷行。初从西北登高岭（即野狐岭），渐转东南指上京（陆局河畔东，东南望上京也）。迤逦直西南下去（西南四千里，到兀里朵，又西南二千里，到阴山），阴山之外不知名（阴山西南，一重大山，一重小水，数千里到邪米思干大城。师馆于故宫。）"师既还馆，馆据北崖，俯清溪十余丈，溪水自雪山来，甚寒。仲夏炎热，就北轩风卧，夜则寝屋颠之台。六月极暑，浴池中。师之在绝域，自适如此。河中壤地，宜百谷，惟无荞麦、大豆。四月中麦熟，土俗收之，乱堆于地，遇用即碾，六月斯（藏本作"始"）毕。

《湛然居士文集》（六）《西域河中杂咏》："冲风磨旧麦。"自注云："西人作磨，风动机轴以磨麦。"

太师府提控李公，献瓜田五亩，味极甘香，中国所无，间有大如斗者。六月中（藏本作"间"），二太子回，刘仲禄乞瓜献之，十枚可重一担。果菜甚赡，所欠者芋栗耳。茄实若粗指，而色紫黑。男女皆编发，男冠则或如远山，帽饰以杂彩，刺以云物，络之以缨。自酋长以下，在位者冠之，庶人则以白么斯（布属）六尺许，盘于其首。

　　尹志平《葆光集》（上）："师适有他往，而云水高人踵门
者，日无一二，唯太守家李提控，日逐一过。"
　　《辍耕录》（二十八）"嘲回回"条："氆丝脱兮尘土昏，头袖
碎兮珠翠黯。压倒象鼻塌，不见猫睛亮。"注：氆丝、头袖、象
鼻、猫睛，其饰也。案氆丝即此么斯，头袖即下文之衬衣也。

　　酋豪之妇，缠头以罗，或皂或紫，或绣花卉。织物象，长六七
尺。发皆垂，有袋之以绵者，或素，或杂色，或以布帛为之者，不梳
髻，以布帛蒙之，若比邱尼状，庶人妇女之首饰也。衣则或用白毡，
缝如注袋，窄上宽下，缀以袖，谓之衬衣，男女通用。

　　《北使记》："其俗衣缟素，衽无左右。"

　　车舟农器，制度颇异中原。国人皆以鍮石铜为器皿，间以磁，
有若中原定磁者。酒器则纯用琉璃，兵器则以镔。市用金钱，无轮
孔，两面凿回纥字。

　　《湛然居士文集》（六）《西域河中杂咏》："难穿无眼钱。"
注："其金铜牙钱，无孔郭。"

　　其人多魁梧，有膂力，能负戴重物，不以担。妇人出嫁，夫贫则
再嫁。远行逾三月者，则亦听他适。异者，或有须髯。

　　《湛然居士文集》（五）《赠蒲察元帅碧髯官妓拨胡琴》。又
（十二）《赠高善长一百韵》："佳人多碧髯，皎皎白衣裳。"又
（六）《戏作二首》："歌姬窈窕髯遮口。"《北使记》："回纥妇人
间有髯者。"

国中有称大石马者，识其国字，专掌簿籍。

《元史·世祖纪》三月"己未，括木速蛮、畏吾儿、也里可温、答失蛮等户丁为兵"。又：至元元年正月癸卯，"命儒、释、道也里可温、达失蛮等户，旧免租税，今并征之"。以后本纪屡见此。大石马，即答失蛮、达失蛮之异译，谓回回教僧侣也。

遇季冬。设斋一月。比暮，其长自刲羊为食，与席者同享，自夜及旦。余月，则设六斋。又于危舍上跳出大木，如飞檐，长阔丈余，上构虚亭，四垂璎珞。每朝夕，其长登之，礼西方，谓之告天。不奉佛，不奉道，大呼吟于其上，丁男女闻之，皆趋拜其下，举国皆然。不尔，则弃市。衣与国人同，其首则盘以细么斯，长三丈二尺，骨以竹。师异其俗，作诗以纪其事云："回纥邱墟万里疆，河中城大最为强。满城铜器如金器，一市戎装似道装。蒡簇黄金为货赂，裁缝白氎作衣裳。灵瓜素椹非凡物，赤县何人构得尝。"当暑，雪山寒甚（藏本作"甚寒"），烟云惨淡，师乃作绝句云："东山日夜气洪蒙，晚（藏本作'晓'）色弥天万丈红。明月夜来飞出海，金光射透碧霄空。"师在馆，宾客甚少，以经书游戏。复有绝句云："北出阴山万里余，西过大石半年居。遐荒鄙俗难论道，静室幽岩且看书。"七月，哉生魄，遣阿里鲜奉表诣行在（藏本作"官"）禀论道日期。八月七日，得上所批答。八日，即行，太师相送数十里。师乃曰："回纥城东新叛者二千户，夜夜火光照城，人心不安，太师可回安抚。"太师曰："在路万一有不虞，奈何？"师曰："岂关太师事？"乃回。十有二日，过碣石城。十有三日，得护送步卒千人，甲骑三百，入大山中，即铁门外别路也。涉红水涧，有峻峰，高数里。谷东南行，山根有盐泉流出，见日即为白盐，因收二斗，随行日用。又东南上分水岭，西望高涧若冰，乃盐耳。山上有红盐如石，亲尝见之。东方惟下地生盐，此方山间亦出盐。

《隋书·西域传》："伽色尼国在悉万斤南，土出赤盐，多五果。"此地极肥，山亦出盐《北使记》："回纥其盐出于山。"

回纥多饼食，且嗜盐，渴则饮水。冬寒，贫者尚负瓶售之。十有四日，至铁门西南之麓，将出山。其山门险峻，左崖崩下，涧水伏流一里许。中秋，抵河上（谓阿母河），其势若黄河，流西北。乘舟以济，宿其南岸。西有山寨，名团八剌（藏本无小注"谓阿母河"四字），

《西游录》："又西滨大河，有班城。又西有砖城。"案班城即下班里城，则砖城即此团八剌也。八剌即八里，华言城。

山势险固。三太子之医官郑公

案郑公即郑景贤。《湛然居士文集》（三）《和郑景贤韵》云："托身医隐君谋妙。"又云："龙冈医隐本知机。"又（十四）《报景贤诗序》云："余爱客，多设鹿尾浆。今年上猎于秋山，龙冈托以鹿尾可入药，得数十枚，悉以遗余。"是景贤，实以医事太宗。此三太子之医官郑公，必景贤也。郑公其字景贤，其号龙冈，而名则无考。鲜于伯机《困学斋杂录》记京师名琴，有郑太医家琴雷霄斲，盖伯机已不能举其名矣。姚燧《牧庵集》（三）有《郑龙岗先生挽诗序》云："今年来关中，公孙有文示吾友江西行省郎中高道凝所撰埋铭，而得见公大节有三：一曰廉。太宗赐银五万两，辞；今上赐钞二千缗偿责，辞。二曰让。太宗再富以地，比诸侯王，再辞；贵以上相，位两中书右，又辞。三曰仁。金以蹙国，汴都尚城守，太宗怒其后服拔，将甘心，公怫逆曲折陈解，城赖不屠，所全母虑数十万人。"云云。据此，则太宗之于景贤，恩礼至笃。所谓"贵以上相，位两中书右"者，盖太宗本欲以处耶律文正者处之，而汴京之得不屠，亦文正之所力争而始得者，实由景贤之助。然则文正之相，与其得君行政之专，且久恐亦景贤调护之力。文正在西域，即友景贤，至于暮年，交谊尤笃。《湛然集》中与景贤唱和之作，多至

七十五首，可见二公相与之深。虽名字黰如，其人品概功绩，固
不在文正下也。

途中相见，以诗赠云："自古中秋月最明，凉风届候夜弥清。一天气
象沈银汉，四海鱼龙耀水精。吴、越楼台歌吹满，燕、秦部曲酒肴
盈。我之帝所临河上，欲罢干戈致太平。"沂河东南行三十里，乃无
水。即夜行过班里城，甚大，其众新叛去，尚闻犬吠。

班里城，《圣武亲征录》及《元史·太祖纪》作班勒纥城，
《元史·地理志》西北地附录作巴里，《黑察罕传》作板勒纥城，
即《大唐西域记》之缚喝国也。案《亲征录》：太祖辛巳，上亲
克迭尔密城。又克班勒纥城（此《元史》所本）。拉施特书："蛇
年春，至巴而黑，绅民馈礼物。查阅户口，令民出城，分于各
军，既而尽杀之，平毁民居。"而程文海《雪楼文集》（十八）
《河东郡公伯德那神道碑铭》云："公讳伯德那，西域班勒纥人。
国初，岁在庚辰，大兵西征班勒纥，平。"《元史·察罕传》亦
云："西域板勒纥人。父伯德那，庚辰岁，国兵下西域，举族来
归。"则又以为庚辰年事。案太祖初克是城，自是庚辰年事，若
屠城之事，则在壬午之秋。此云"其众新叛去，尚闻犬吠"，则
距屠城不过数日间事。拉施特书误合二事为一，且系之蛇年，而
核其文义，又似马年春事。洪侍郎译拉氏书，因改蛇年为马年，
胥失之矣。

黎明，饭毕，东行数十里，有水北流，马仅能渡，东岸憩宿。二
十二日，田镇海来迎。及行宫，上复遣镇海问曰："便欲见耶？且少
憩耶？"师曰："入见是望。"且道人从来见帝，无跪拜礼，入帐，折
身叉手而已。既见，赐湩酪竟，乃辞。上因问："所居城内支供足
乎？"师对："从来蒙古、回纥，太师支给。迩者食用稍难，太师独
办。"翌日，又遣近侍官合住传旨曰："真人每日来就食，可乎？"师
曰："山野修道之人，惟好静处。"上令从便。二十七日，车驾北回，

在路屡赐蒲萄酒、瓜、菜（藏本作"茶"）食。九月朔，渡航桥而北。师奏："话期将至，可召太师阿海。"其月望，上设幄斋庄，退侍女、左右，灯烛炜煌，惟阇利必镇海、

《元史·镇海传》："壬申，佩金虎符为阇里必。"

宣差仲禄，侍于外。师与太师阿海、阿里鲜入帐坐，奏曰："仲禄万里周旋，镇海数千里远送，亦可入帐，与闻道话。"于是，召二人入。师有所说，即令太师阿海，以蒙古语译奏，颇惬圣怀。十有九日，清夜，再召师论道，上大悦。二十有三日，又宣师入幄，礼如初。上温颜以听，令左右录之，仍敕志以汉字，意示不忘。谓左右曰："神仙三说养生之道，我甚入心，使勿泄于外。"自是（藏本作"尔"）扈从而东，时敷奏道化。

《至元辨伪录》（三）："壬午八月后旬，邱公复至行宫。凡有所对，皆平平之语，无可采听。问其年甲多少，伪云不知。考问神仙之要，惟论固精养气，出神入梦，以为道之极致。美林灵素之神游，爱王害风之入梦。又举马丹阳，恒云圣贤提奖真性，遨游异域。又非禅家多恶梦境，盖由福薄，不能致好梦也。"又（四）云："初，邱公西行，壬午年中见太祖时，有七十四五。至于迁化，才近八十。而刘温谄诈太祖，言邱公有三百余岁。及太祖问以年甲，伪云不知。故湛然居士编此语在《西游录》中，标其罔主。"

又数日，至邪米思干大城西南三十里。十月朔，奏告先还旧居，从之。上驻跸于城之东二十里，是月六日，暨太师阿海入见。上曰："左右不去如何？"师曰："不妨。"遂令太师阿海奏曰："山野学道有年矣，常乐静处行坐。御帐前军马杂遝，精神不爽。自此或在先，或在后，任意而行，山野受赐多矣。"上从之。既出，上使人追问曰："要秃鹿马否？"师曰："无用。"于时微雨始作，青草复生，仲冬过

半，则雨雪渐多，地脉方透。自师之至斯城也，有余粮则惠饥民，又时时设粥，活者甚众。二十有六日，即行。十二月二十三日，雪寒，在路牛马多冻死者。又三日，东过霍阐没辇（大河也），至行在，闻其航桥中夜断散，盖二十八日也。帝问以震雷事，对曰："山野闻国人夏不浴于河，

　　《多桑》书云："成吉思之法，春夏浴流水者，处以死刑。一日，察哈台与窝阔台出猎，见一回人方浴，察哈台欲斩之，窝阔台窃投金钱于河，教之曰：'汝但言入水求钱，则可赦矣。'"

不浣衣，不造毡。野有菌，则禁其采（藏本'采'下有'者'字），畏天威也。此非奉天之道也（本无'也'字，据藏本补）。尝闻三千之罪，莫大于不孝者，天故以是警之。今闻国俗多不孝父母，帝乘威德，可戒其众。"上悦曰："神仙是言，正合朕心。"敕左右记以回纥字。师请遍谕国人，上从之。又集太子、诸王、大臣曰："汉人尊重神仙，犹汝等敬天。我今愈信真天人也。"乃以师前后奏对语谕之，且云："天俾神仙为朕言此，汝辈各铭诸心。"师辞退。逮正旦，将帅、医卜等官贺师。十有一日，马首遂东，西望邪米思干千余里，驻大果园中。十有九日，父师诞日，众官炷香为寿。二十八日，太师府提控李公别去，师谓曰："再相见也无？"李公曰："三月相见。"（本无此二字，据藏本补）师曰："汝不知天理，二三月即（藏本作'决'）东归矣。"二十一日，东迁一程，至一大川，东北去赛蓝约三程，水草丰茂，可饱牛马，因盘桓马。二月上七日，师入见，奏曰："山野离海上，约三年回，今兹三年，复得归山，固所愿也。"上曰："朕已东矣，同途可乎？"对曰："得先行便。来时，汉人问山野以还期，尝答云三岁。今上所咨访、敷奏讫，因复固辞。"上曰："少俟三五日，太子来，前来道话有所（藏本作'所有'）未解者，朕悟，即行。"八日，上猎东山下，射一大豕，马踣失驭，豕旁立，不敢前。左右进马，遂罢猎，还行宫。师闻之入谏曰："天道好生。今圣寿已高，宜少出猎。坠马，天戒也，豕不敢前，天护之也。"上曰："朕已深省，

神仙劝我良是。我蒙古人，骑射少所习，未能遽已。虽然，神仙之言在衷焉。"上顾谓吉息利答剌汗曰：

《元史·哈剌哈孙传》："曾祖启昔礼始事王可汗，王可汗与太祖约为兄弟。及太祖得志，阴忌之，谋害太祖。启昔礼以其谋来告太祖，乃与二千余人，一夕遁去。诸部闻者多归之，还攻灭王可汗，并其众。擢启昔礼为千户，赐号答剌罕，从平河西、西域诸国。"案吉息利、启昔礼，《元秘史》作乞失里黑，《圣武亲征录》及《元史·太祖纪》作乞力失，乃乞失力之误。

"但神仙劝我语，以后都依也。"自后两月，不出猎。二十有四日，再辞朝，上曰："神仙将去，当与何物，朕将思之，更少待几日。"师知不可遽辞，回翔以待。三月七日，又辞，上赐牛马等物，师皆不受，曰："只得驿骑足矣。"上闻通事阿里鲜曰："汉地神仙弟子多少？"对曰："甚众。神仙来时，德兴府龙阳观中，尝见官司催督差发。"上曰："应于门下人，悉令蠲免。"仍赐圣旨文字一通，且用御宝。

圣旨见附录。

因命阿里鲜（河西人也）为宣差，以蒙古带

附录作蒙古打。

喝剌八海副之，护师东还。十日，辞朝行。自答剌汗以下，皆携蒲萄酒、珍果，相送数十里。临别，众皆挥涕。三日，至赛蓝大城之东南山，有蛇两头，长二尺许，土人往往见之。望日，门人出郊，致奠于虚静先生赵公之墓。众议欲负其骨归，师曰："四大假躯，终为朽（藏本作'弃'）物。一灵真性，自在无拘。"众议乃息。师明日遂行。二十有三日，宣差阿狗，上作杨阿狗，盖阿狗其本名，杨则其所加之汉姓也。《双溪醉隐集》(一)《凯歌凯乐词》自注："辛巳岁，宋遣苟梦玉通好乞和，太祖皇帝许之，敕宣差噶哈护送还其国。"噶哈，即阿狗之对音，李侍郎以阿海当之，误也。

追饯师于吹没辇之南岸。又十日，至阿里马城西百余里济大河。四月五日，至阿里马城之东园，二太子之大匠张公

疑即张荣也。《元史·张荣传》："戊寅，领军匠，从太祖征西域诸国。庚辰八月，至西域莫兰河，不能涉。太祖召问济河之策，荣请造舟，乃督工匠造船百艘，遂济河。"案莫兰河，即阿梅沐涟之略，即阿母河。是阿母河航桥，本荣所造。此记上言千里外有大河，以舟梁渡，土寇坏之。又言二太子发兵，复整舟梁，土寇已灭。亦谓阿母河航桥，当二太子复整舟梁时，荣亦必与其役，自是盖常在二太子军中，故此云"二太子之大匠张公也"。

固请曰："弟子所居营三坛四百余人，晨参暮礼，未尝懈怠。且预接数日，伏愿仙慈渡河，俾坛众得以请教，幸甚！"师辞曰："南方因缘已近，不能迂路以行。"复坚请，师曰："若无他事，即当往焉。"翌日，师所乘马突东北去，从者不能挽。于是，张公等悲泣而言曰："我辈无缘，天不许其行矣。"晚，抵阴山前宿。又明日，复度四十八桥，缘溪上（本无"上"字，据监本补）五十里，至天池海。东北过阴山后，行二日，方接原历金山南大河驿路，

徐星伯曰："长春过赛喇木淖尔后，不复东折，而东北行，其分路处，在干珠罕卡伦地。东北山行，由沁达兰至阿鲁沁兰，入塔尔巴哈台界，以至原历之金山大河驿，其途径较直。然计自阿里马城至金山，亦不下二千里，而记言'至天池海，过阴山后，行二日，方接原历金山南大河驿'。山路崎岖，必不能速进

如此。且'方接'云者，久词也，盖二字下脱十字。"案长春归途，盖取《西使记》常德西行之道。

复经金山南东（藏本作"东南"），北傍山行。四月二十八日，大雨雪。翌日，满山皆白。又东北并山行，三日，至阿不罕山前。门人宋道安辈九人，同长春、玉华会众、宣差郭德全辈，远迎入栖霞观。师下车时，雨再降。人相贺曰："从来此地，经夏少雨，纵有雷雨，多于南北两山之间。今日沾足，皆我师道荫所致也。"居人常岁疏河灌田园（藏本作"圃"），至八月，矿麦始熟，终不及天雨。秋成则地鼠为害，鼠多白者。此地寒多，物晚结实。五月，河岸土深尺余，其下坚冰亦尺许，斋后日，使人取之。南望高岭积雪，盛暑不消，多有异事。少西海子傍有风冢，其上土白垩多粉裂，其上二三月中即风起，南山岩穴先鸣，盖先驱也。风自冢间出，初旋动如羊角者百千数，少焉，合为一风，飞沙走石，发木拔屋（藏本作"发屋拔木"），势震百川，息于巽隅。又东南涧后有水磨三四，至平地，则水渐微而绝，山出石炭。又东有二泉，三冬暴涨，如江湖，复潜行地中，俄而突出，鱼虾随之，或漂没居民。仲春渐消，地乃陷。西北千余里俭俭州，

　　《元史·地理志》西北地附录："谦州亦以河为名，去大都九千里，在吉利吉思东南，谦河西南，唐麓岭之北。居民数千家，悉蒙古、回纥人，有工匠数局，盖国初所徙汉人也。地沃衍宜稼，夏种秋成，不烦耘耔。"案谦州，《世祖纪》及《贾塔剌海传》作谦谦州，《良吏传》作欠欠州，即此俭俭州也。

出良铁，多青鼠，亦收矿麦。汉匠千百人居之，织绫罗锦绮。

　　《元史·地理志》："谦州有工匠数局，皆国初所行徙汉人。"又《世祖纪》："至元二年，敕选镇海百里八、谦谦州诸色匠户于中都。"

道院西南望金山，其山多雨雹。五六月间，或有大雪，深丈余。北（藏本作"此"）地间有沙陀，生肉苁蓉，国人呼曰"唆眼"。

《癸辛杂识》："鞑靼野地有野马，与蛟龙合，所遗精于地，遇春时，则勃然如笋，出地中，大者如猫儿头。笋上丰下俭，其形不雅，亦有鳞甲筋脉，其名曰'锁阳'，即所谓肉苁蓉之类也。"此云"唆眼"，即锁阳之音转。

水曰"兀速"，草曰"爱不速"。

《华夷译语》（上）：水曰兀孙，草曰额别孙。《秘史》蒙文作额别速。

深入阴山（藏本作"山阴"），松皆十丈许。会众白师曰："此地深蕃，太古以来，不闻正教，惟山精鬼魅惑人。自师立观，叠设醮筵，旦望作会，人多以杀生为戒。若非道化，何以得然？"先是壬午年（本无"年"字，据藏本补）道众为不善人妒害，众不安。宋公道安昼寝方丈，忽于天窗中见虚静先生赵公曰："有书至。"道安问："从何来？"曰："天上来。"受而视之，止见太清二字，忽隐去。翌日，师有书至，魔事渐销。又医者罗生，横生非毁，一日坠马观前，折其胫，即自悔曰："我之过也。"对道众服罪。师东行，书教语一篇，示众云："万里乘官马，三年别故人。干戈犹未息，道德偶然陈。论气当秋夜（对上谕养生事故云），还乡及暮春。思归无限众，不得下情伸。"阿里鲜等白师曰："南路饶沙石，鲜水草，使客甚繁，马甚苦，恐留滞。"师曰："分三班以进，吾徒无患矣。"五月七日，令宋道安、夏志诚、宋德方、孟志温、何志坚、潘德冲六人先行。十有四日，师挈尹志平、王志明、于志可、鞠志圆、杨志静、綦志清六人次之。饯行者夹谷妃、郭宣差、李万户等数十人，送二十里，皆下马再拜泣别，师策马亟进。十有八日，张志素、孙志坚、郑志修、张志远、李志常五人，又次之。师东行十六日，过大山，山上有雪甚寒，易骑于拂庐。十七日，师不食，但时时饮汤。东南过大沙场，有草木，其间多蚊虻。夜宿河东。又数日，师或乘车，尹志平辈咨师曰："奚疾？"师曰："余疾非医可测，圣贤琢磨故也。卒未能愈，汝辈勿虑。"众愀然不释。是夕，尹志平梦神人（藏本脱"神人"）曰："师之疾，公辈勿忧，至汉地当自愈。"行又经沙路三百余里，水草绝少，马夜进不息。再宿乃出，地临夏人之北陲，庐帐渐广，马亦易得，后行者乃及师。六月二十一日，宿渔阳关，

> 《辽史·天祚纪》："上率诸军出夹山，下渔阳岭，取天德、东胜、宁边、云内等州。"案《金史·地理志》云内州柔服县下注：夹山，在城北六十里。则渔阳关亦当在柔服境。

师尚未食。明日，度关而东五十余里至丰州，元帅以下来迎。宣差俞公请泊其家，奉以汤饼，是日辄饱食。既而设斋，饮食乃如故。道众相谓曰："清和前日之梦（藏本'梦'下有'验'字）不虚矣。"时已季夏，北轩凉风入座，俞公以茧纸求书，师书之曰："身闲无俗念，乌宿至鸡鸣。一眼不能睡，寸心何所萦。云收溪月白，气爽谷神清。不是朝昏坐，行动扭捏成。"七月朔，复起。三日，至下水，

> 《辽史·天祚纪》："南下武州，遇金人，战于奄遏下水。"《三朝北盟会编》（十）引《燕云奉使录》，作"昂阿下水"。

元帅夹谷公，

> 《李庭寓庵集》（六）《夹谷公墓志铭》："公居西京下水镇深井村，父灰邰伯通住。会天兵起，朔方相与归命。太祖承吉嗣皇帝，因擢通住为千夫长，灰邰副焉。令将兵攻西京，连战破之，太祖大悦，锡通住金符，加招讨使。益分兵数万人，因并力南下，徇城邑之未附者。既而累立大功，太祖愈加奖重，擢通住为山西路行省，兼兵马都元帅。"案此夹谷公，即通住也。

出郭来迎。馆于所居，来瞻礼者，无虑千人，元帅日益敬。有鸡、雁三七夕日，师游郭外，放之海子中。少焉，翔戏于风涛之间，容与自得。赋诗曰："养尔存心欲荐疱，适吾善念不为肴。扁舟送在鲸波里，会待三秋长六梢。"又云："两两三三好弟兄，秋来羽翼未能成。放归碧海深沉处，浩荡波澜快野情。"翌日遂行。是月九日，至云中，宣差总管阿不合，与道众出郭，以步辇迎归于第。楼居二十余日，总管以下，晨参暮礼。云中士大夫，日来请教，以诗赠之曰："得旨还乡少，乘春造物多。三阳初变化，一气自冲和。驿马程程送，云山处处罗。京城一万里，重到即如何。"十有三日，宣差阿里鲜欲往山东招谕，恳求与门弟子尹志平行。师曰："天意未许，虽往何益？"阿里鲜再拜曰："若国主（藏本作'王'）临以大军，生灵必遭杀戮，愿父师一言垂慈。"师良久曰："虽救之不得，犹愈于坐视其死也。"乃令清和同往，即付招谕书二副。又闻宣德以南，诸方道众来参者多，恐随庵困于接待，令尹公约束，付亲笔云："长行万里，一去三年。多少道人，纵横无赖者，尹公到日，一面施行，勿使教门有妨道化。众生福薄，容易转流，上山即难，下坡省力耳。"宣德元帅移剌公遣专使持书至云中，以所乘马奉师。八月初，东迈杨河，历白登、天城、怀安，渡浑河，凡十有二日。至宣德，元帅具威仪，出郭西远迎。师入居州之朝玄（藏本作"元"）观，道友敬奉，遂书四十字云："万里游生界，三年别故乡。回头身已老，过眼梦何长。浩浩天空阔，纷纷事杳茫。江南及塞北，从古至今常。"道众且云："去冬有见虚静先生赵公，牵马自门入者，众为之出迎，忽而（藏本无'而'字）不见。"又德兴安定，亦有人见之。河朔州府、王官、将帅，及一切士庶，争以书疏来请，若辐凑然，止回答数字而已。有云："王室未宁，道门先畅，开度有缘，恢宏无量。群方帅首，志心归向，恨不化身，分酬众望。"十月朔，作醮于龙门川。望日，醮于本州朝玄（藏本作"元"）观。十一月望，宋德方等以向日过野狐岭，见白骨，所发愿心，乃同太君尹千亿，醮于德兴之龙阳观，济渡孤魂。前数日稍寒，及设醮，二夜三日有如春。醮毕，元帅贾昌至自行在传旨："神仙自春及夏，道途非易，所得食物、驿骑好否？

到宣德等处，有司在意馆谷否？招谕在下人户得来否？朕常念神仙，神仙无忘朕。"十二月既望，醮于蔚州三馆。师于龙阳住冬，旦夕常往龙冈闲步。下视德兴，以兵革之后，村落萧条，作诗以写其意云："昔年乔木参天合，今日村坊遍地开。无限苍生临白刃，几多华屋变青灰。"又云："豪杰痛吟千万首，古今能有几多人？研穷物外闲中趣，得脱轮回泉下尘。"甲申之春二月朔，醮于缙山之秋阳观。

> 《秋涧先生文集》（五十六）《尹公道行碑》："癸未，长春还燕，主太极官，师雅志闲适，退居缙云秋阳观。"

观在大翮山之阳，山川明秀，松萝烟月，道家之地也。以诗题其概云："秋阳观后碧岩深，万顷烟霞插翠岑。一径桃花春水急，弯环流出洞天心。"又云："群山一带碧嵯峨，上有群仙日夜过。洞府深沈人不到，时闻岩壑（藏本作'壁'）洞仙歌。"燕京行省金紫石抹公、宣差便宜刘公

> 谓刘敏。《元史》本传："癸未，授安抚使，便宜行事，兼燕京路征收税课、漕运盐场、僧道司天等事。给以西域工匠千余户，及山东山西兵士，立两军，戍燕。置二总管府，以敏从子二人，佩金符为二府长。命敏总其役，赐玉印，仙金虎符。"

以下诸官，遣使者持疏，

> 疏文见附录。

恳请师住大天长观，许之。既而以驿召，乃度居庸而南，燕京道友来迎于南口神游观。明旦，四远父老士女，以香花导师入京，瞻礼者塞路。初，师之西行也，众请还期，师曰："三载归，三载归。"至是，果如其言。以上七日入天长观，斋者日千人。望日，会众请赴玉虚观。是月二十二（藏本作"五"）日，喝剌至自行宫，传旨："神仙至

汉地，以清净道化人，每日与朕诵经祝寿甚好。教神仙好田地内爱住处住，道与阿里鲜：神仙寿高，善为护持。神仙无忘朕旧言。"仲夏，行省金紫石抹公、便宜刘公，再三持疏请师主持大天长观。是月二十有二日，赴其请。空中有数鹤前导，傃西北而去。自师寓玉虚，或就人家斋，尝有三五鹤飞鸣其上。北方从来奉道者鲜，至是，圣贤欲使人归向，以此显化耳。八会之众，皆稽首拜跪，作道家礼，时俗一变。玉虚井水旧咸苦，甲申乙酉年，西来道众甚多，水味变甘，亦善缘所致也。季夏望日，宣差相公劄八传旨：

　　《蒙鞑备录》："劄八者，乃回鹘人，已老，亦在燕京同任事。"《元史·札八儿火者传》："札八儿火者，西域赛夷人，因以为氏。火者，其官称也。太祖留札八儿与诸将守中都，授黄河以北、铁门以南，天下都达鲁花赤。有邱真人者，有道之士也，隐居昆嵛山中。太祖闻其名，命札八儿往聘之。邱语札八儿曰：'我尝识公。'札八儿曰：'我亦尝见真人。'他日偶坐，问札八儿曰：'公欲极一身贵显乎？欲子孙繁衍乎？'札八儿曰：'百岁之后，富贵何在？子孙无恙，以承宗祀足矣。'邱曰：'闻命矣。'后果如所愿"云。《方外邱处机传》亦云："岁己卯，太祖自奈曼遣近臣札八儿、刘仲禄，持诏求之。"案此记劄八之名，至此始见，而聘邱诏书中，但有刘仲禄，而无札八儿，《元史》盖误。屠敬山以阿里鲜当之，亦非，辨见卷上。

"自神仙去，朕未尝一日忘神仙，神仙无忘朕。朕所有之地，爱愿处即住。门人恒为朕诵经祝寿则佳（藏本作'嘉'）。"自师之复来，诸方道侣云集，邪说日寝，京人翕然归慕，若户晓家谕。教门四辟，百倍往昔，乃建八会于天长，曰平等，曰长春，曰灵宝，曰长生，曰明真，曰平安，曰消灾，曰万莲。师既归天长，远方道人继来求法名者，日益众。尝以四颂示之，其一曰："世情无断灭，法界有消磨。好恶萦心曲，漂沦奈尔何。"其二曰："有物先天贵，无名不自生。人心常隐伏，法界任纵横。"其三曰："徇物双眸眩，劳生四大穷。

世间浑是假，心上不知空。"其四云："昨日念无踪，今朝事亦同。不如齐放下，度日且空空。"每斋毕，出游故苑琼华之上，

《金史·地理志》："西园有琼华岛。"

从者六七人，宴坐松阴，或自赋诗，相次属和。闲因茶罢，命从者歌游仙曲数阕，夕阳在山，澹然忘归。于是行省及宣差劄八相公，以北宫园池，并其近地数十顷为献，且请为道院。师辞不受，请至于再，始受之。既又为颁文榜以禁樵采，遂安置道侣，日益修葺。后具表以闻，上可其奏。自尔佳时胜日，师未尝不往来乎其间。寒食日，作《春游》诗二首，其一云："十顷方池间御园，森森松柏罩清烟。亭台万事都归梦，花柳三春却属仙。岛外更无清绝地，人间惟有广寒天。深知造物安排定，乞与官民种福田。"其二云："清明时节杏花开，万户千门日往来。岛外茫茫春水阔，松间猎猎暖风回。游人共叹斜阳逼，达士犹嗟短景催。安得大丹冥换骨，化身飞上郁罗台。"乙酉四月，宣抚王公巨川，请师致斋于其第。公关右人也，因话咸阳、终南竹木之胜（本作"盛"，从藏本改），请师看庭竹。师曰："此竹殊秀，兵火而后，盖不可多得也。我昔居于磻溪，茂林修竹，真天下之奇观也（本无'也'字，从藏本增），思之如梦。今老矣，归期将至，当分我数十竿，植宝玄之北轩，聊以遮眼。"宣抚曰："天下兵革未息，民甚倒悬。主上方尊师重道，赖师真道力，保护生灵，何遽出此言耶？愿垂大慈，以救世为念。"师以杖叩地，笑而言曰："天命已定，由人乎哉！"众莫测其意，夏五月终，师登寿乐山颠，四顾园林若张幄，行人（藏本作"者"）休息其下，不知暑气之甚也。因赋五言律诗云："地土临边塞，城池压古今。虽多坏宫阙，犹有好园林。绿树攒攒密，清风阵阵深。日游仙岛上，高视八纮吟。"一日，师自琼岛回，陈公秀玉来见，师出示七言律诗云："苍山突兀倚天孤，翠柏阴森绕殿扶。万顷烟霞常自有，一川风月等闲无。乔松挺拔来深涧，异石嵌空出太湖。尽是长生闲活计，修真荐福迈京都。"九月初吉，宣抚王公以荧惑犯尾宿，主燕境灾，将请师作醮，问所费几何，师

曰："一物失所，尚怀不忍，况阖境乎！比年以来，民苦征役，公私交罄，我当以观中常住物给之。但令京官斋戒，以待行礼足矣，余无所用也。"于是约作醮两昼夜，师不惮其老，亲祷于玄坛。醮竟之夕，宣抚喜而贺之曰："荧惑已退数舍，我辈无复忧矣。师之德感，一何速哉！"师曰："余有何德？祈祷之事，自古有之，但恐不诚耳。古人云'至诚动天地'，此之谓也。"重九日，远方道众咸集，或以菊为献，师作词一阕，寓声《恨欢迟》云："一种灵苗体性殊，待秋风冷透根株。散花开百亿黄金嫩，照天地清虚。九日持来满座隅，坐中观眼界如如。类长生久视无凋谢，称作伴闲居。"继而有奉道者，持茧纸大轴，来求亲笔，以《凤栖梧》词书之云："得好休来休便是，赢取逍遥，免把身心使。多少聪明英烈士，忙忙虚负平生志。造物推移无定止，昨日欢歌，今日愁烦至。今日不知明日事，区区著甚劳神思。"一日，或有质是非于其前者，师但漠然不应，以道义释之，复示之以颂曰："拂拂拂，拂尽心头无一物。无物心头是好人，好人便是神仙佛。"其人闻之，自愧而退。丙戌正月，盘山请师黄箓，醮三昼夜。

《至元辨伪录》（三）："邱后至京师，使道徒王伯平，驺从数十，县牌出入，驰驿诸州，便欲通管僧尼。邱公自往蓟州，特开圣旨，抑欲追摄甘泉本无玄和尚，望其屈节，竟不能行。"案盘山在蓟州，长春自往蓟州开圣旨，即在此时。又《录》云："初盘山中盘法兴寺，亥子年间天兵始过，罕有僧人。海山本无老师之嗣，振公长老，首居上方，橡栗充粮，以度朝夕。全真之徒挟邱公之力，谋占中盘，乃就振公，假言借住。振公以为道人栖宿，犹胜荒凉，且令权止。占居既久，遂规永定王道政、陈知观、吴先生等，乃改拆殿宇，打毁佛像，又冒奏国母太后娘娘，立碑改额为栖霞观。"

姬志《真云山集》（七）《盘山栖云观碑》："渔阳西北之山，本名四正。古有田盘先生者，栖迟此山，人因名此山为盘山焉。兹山之颜紫峰之下，怀抱爽垲，明秀端整，号曰中盘，缥缈云霞之洞府也。累经劫代，为浮屠氏所居。会金天失驭，劫火流行，陵谷推迁，物更人换，复为茂林丰草，豺虎之所据焉。长春真人门下有栖云子者，密通玄奥，颇喜林泉飞鸟择地。其徒有张志格等，庚辰岁，预及此山，薙荒辟径，披寻故址，巧与心会，遂营卜筑。辛巳春，承本州同知许公议，请栖云真人住持此山。丙戌，疏请长春真人作黄箓醮事，真人因题其额曰'栖云观'焉。"

又（卷八）《开州神清观记》："闻栖云王老师，开道盘山。"是栖云王姓，殆即《至元辨伪录》之王道政也。

是日，天气晴霁，人心悦怿，寒谷生春。将事之夕，以诗示众云："诘曲乱山深，山高快客心。群峰争挺拔，巨壑太萧森。似有飞仙至，殊无宿鸟吟。黄寇三日醮，素服万家临。"五月，京师大旱，农不下种，人以为忧。有司移市立坛，前后数旬，无应。行省差官赍疏请师为祈雨。醮三日两夜，当设醮请圣之夕，云气四合，斯须雨降，自夜半及食时未止。行省委官奉香火来谢曰："京师久旱，四野欲然，五谷未种，民不聊生。赖我师道力，感通上真，以降甘澍，百姓皆（藏本作'金'）曰神仙雨也。"师答曰："相公至诚所感，上圣垂慈，以活生灵，吾何与焉？"使者出，复遣使来告曰："雨则既降，奈久旱，未沾足，何更得滂沱大作，此旱可解。愿我师慈悲。"师曰："无虑。人以至诚感上真，上真必以诚报人，大雨必至。"斋未竟，雨势海立。是岁，有秋，名公硕儒，皆以诗来贺。一日，有吴大卿德明者，以四绝句来，师复次韵答之，其一曰："燕国蟾公即此州，

《磻溪集》（一）《岭北西京留守夹谷清神索诗》："直须早作彭城计，燕国家声自不隤。"自注：彭城，乃海蟾公也。

超凡入圣洞宾俦。一时鹤驾归蓬岛，万劫仙乡出土邱。"其二云："我本深山独自居，谁知天下众人誉。轩辕道士来相访，不解言谈世

俗书。"其三云："莫把闲人作等闲，闲人无欲近仙班。不于此日开心地，更待何时到宝山？"其四云："混沌开基得自然，灵明翻小大椿年。出生入死常无我，跨古腾今自在仙。"又题支仲元画得一、元保、玄素三仙图云："得道真仙世莫穷，三仙何代显灵踪。直教御府相传授，阅向人间类赤松。"又奉道者求颂，以七言绝句示之云："朝昏忽忽急相催，暗换浮生两鬓丝。造物戏人俱是梦，是非向日又何为？"师自受行省已下（二字据藏本增）众官疏以来，闵天长之圣位殿阁，常住堂宇，皆上颓下圮，至于窗户阶砌，毁撤殆尽。乃命其徒，日益修茸，罅漏者补之，倾斜者正之。断手于丙戌，皆一新之。又创建寮舍四十余间，不假外缘，皆常住自给也。凡遇夏月，令诸斋舍不张灯，至季秋稍亲之，所以豫火备也。十月，下宝玄，居方壶，每日，召众师德以次坐，高谈清论，或通宵不寐。仲冬十有三日夜半，振衣而起，步于中庭。既还坐，以五言律诗示众云："万象弥天阔，三更坐地劳。参横西岭下，斗转北辰高。大势无由遏，长空不可韬。循环诸主宰，亿劫自坚牢。"丁亥，自春及夏又旱，有司祈祷屡矣（二字从藏本增），少不获应。京师奉道会众，一日，谒（藏本作"请"）师为祈雨醮，既而消灾等会，亦请作醮，师徐谓曰："吾方留意醮事，公等亦建此议，所谓好事不约而同也。公等两家，但当殷勤。"遂约以五月一日为祈雨醮，初三日为贺雨醮。三日中有雨，名"瑞应雨"，过三日，虽得，非醮家雨也。或曰："天意未可知，师对众出此语，万一失期，得无招小人之訾耶？"师曰："非尔所知也。"及醮，竟日雨乃作，翌日，盈尺，越三日，四天廓清以终谢雨醮事，果如其言。时暑气烦燠，元帅张资允（藏本作"胤"）者，请师游西山，再三过观（藏本作"勤"，疑"劝"之讹），师赴之。翌日斋罢，雨后游东山庵，师与客坐于林间。日夕将还，以绝句示众云："西山爽气清，过雨白云轻。有客林中坐，无心道自成。"既还，元帅第楼居数日，来听道话者，竟夕不寐。又应大谷庵请，次日清梦庵请。其夕，大雨自北来，雷电怒合，东西震耀。师曰："此道之用也。得道之人，威光烜赫，无乎不在，雷电莫能匹也。"夜深客散，师偃息草堂，须臾，风雨骇至，怒霆一震，窗户几裂。少焉收声，人皆异之，或曰:"霹雳当洊至,何一举而息耶?"有应者曰:"无乃至人在兹,雷师为之霁威乎?"既还,五月二十有五日,道人王志明至自秦州,传旨:

> 案是岁春,太祖自西夏入金境,故王志明自秦州来传旨也。

"改北宫仙岛为万安宫,天长观为长春宫,诏天下出家善人皆隶焉,且赐以金虎牌。

> 《西游录》:"道徒以驰驿故,告给牌符。王道人者,驺从数十人,悬牌驰骋于诸州。(中略)客曰:'予闻诸路之人云,其乞牌符事,亦非邱意。'居士曰:'若果非邱意,王道人既归,宜将牌符封还。若果为驰驿事而请,遇遣使时,便当悬带。'传闻王道人驺从数十人,横行诸州中,又安知非邱之意乎?"

道家事,一仰神仙处置。"小暑后,大雨屡至,暑气愈炽,以七言诗示众曰:"溽暑熏天万里遥,洪波拍海大川潮。嘉禾已见三秋熟,旱魃仍闻五月消(本作'潮',从监本改)。百姓共忻生有望,三军不待令方调。实由道化行无外,暗赐丰年助圣朝。"自琼岛为道院,樵薪捕鱼者绝迹数年,园池中禽鱼蕃育,岁时游人往来不绝。

> 《遗山先生文集》(九)《出都诗》注:"寿宁宫有琼华岛,绝顶广寒殿,近为黄冠辈所撤。"此诗作于壬寅、癸卯间,则撤殿事或在长春死后也。

斋余,师乘马,日凡一往。六月二十有一日,因疾不出,浴于宫之东溪。二十有三日,人报巳、午间,雷雨大作,太液池之南岸崩裂,水入东湖,声闻数十里。鼋鼍鱼鳖尽去,池遂枯涸,北口山亦摧。师闻之,初无言,良久笑曰:"山摧池枯,吾将与之俱乎?"七月四日,师谓门人曰:"昔丹阳常授记于余云:'吾没之后,教门当大兴，四方往往化为道乡，公正当其时也。道院皆敕赐名号，又当住持大宫观，仍有使者，佩符乘传，勾当教门事，此时乃公功成名遂、归休之时也。'丹阳之言一一皆验，若合符契。况教门中勾当人内外悉具，吾归无遗恨矣。"师既示疾于宝玄，一日数如匽中，门弟子止之，师曰："吾不欲劳人，汝等犹有分别在，且匽寝奚异哉？"七月七日，门人复请曰："每日斋会，善人甚众，愿垂大慈还堂上，以慰瞻礼。"师曰："吾九日上堂去也。"是日午后，留颂云："生死朝昏事一般，幻泡出没水长间。微光见处跳乌兔，玄量开时纳海山。挥斥八纮如咫尺，吹嘘万有似机关。狂辞落笔成尘垢，寄在时人妄听间。"遂登葆玄（藏本作"光"）堂归真焉。异香满室，

　　案《辍耕录》（十）："长春生于金皇统戊辰，至是年八十。"《西游录》："邱公顺世之际，据厕而终，其徒饰辞以为祈福。"《至元辨伪录》（三）："邱后毒痢发作，卧于厕中，经停七日，弟子移之而不肯动，疲困羸极，乃诈之曰：'且匽之与寝何异哉？'又经二日，竟据厕而卒。而门弟子外诳人云：'师父求福'。编《邱公录》者（李浩然集来）即曰：'登葆元而化，异香满室。'此皆人人具知，尚变其说，余不公者，例皆如此。故当时之人，为之语曰：'一把形骸瘦骨头，长春一旦变为秋。和滩带屎亡圈厕，一道流来两道流。'斯良证也。"（大道四祖之语也）

门人捻香拜别。众欲哭临，侍者张志素、武志摅等（"等"字据藏本增），遽止众曰："真人适有遗语，令门人宋道安提举教门事，尹志平副之，张志松又其次，王志明依旧勾当，宋德方、李志常等同议教门事。"遂复举示遗世颂毕，提举宋道安等再拜而受。黎明，具麻服行丧礼，奔走赴丧者万计。宣差刘仲禄闻之，愕然叹曰："真人朝见以来，君臣道合。离阙之后，上意眷慕，未尝少忘。今师既升去，速当奏闻。"首七之后，四方道俗，远来赴丧，哀恸如丧考妣。于是，求训法名者日益众。一日，提举宋公谓志常曰："今月上七日，公暨我同受师旨，法名之事，尔其代书，止用吾手字印。此事已行，姑沿袭

之。"既而清和大师尹公至自德兴,行祀事。既终七,提举宋公谓清和曰:"吾老矣,不能维持教门,君可代吾领之也。"让至于再,清和受其托,远近奉道,会中善众,不减往昔(本作"者",从藏本改)。戊子春三月朔,清和建议为师构堂于白云观。或曰:"工力浩大,粮储鲜少,恐难成功。"清和曰:"凡事要人前思,夫众可与乐成,不可与虑始。但事不私己,教门竭力,何为而不办?况仙(藏本作'先')师遗德在人,四方孰不瞻仰?可不劳行化,自有人赞助此缘,公等勿疑。更或不然,常住之物,费用净尽,各操一瓢,乃所愿也。"宣差便宜刘公闻而喜(二字从藏本增)之,力赞其事,遂举鞠志圆等董其役。自四月上丁除地建址,历戊己庚,俄有平阳、太原、坚代、蔚应等群道人二百余,赍粮助力,肯构是堂。四月告成,其间同结兹缘者,不能备记。议者以为缔构之勤,虽由人力,亦圣贤阴有以扶持也。期以七月九日大葬仙师,六月间,霖雨不止,皆虑有妨葬事。既七月初吉,遽报晴霁,人心翕然和悦。前一日,将事之初,乃炷香设席,以严其祀。及启枢,师容色俨然如生。远近王官、士庶、僧尼、善众,观者凡三日,日万人,皆以手加额,叹其神异焉。既而喧布四方,倾心归向,来奉香火者,不可胜计。本宫建奉安道场三昼夜,预告斋旬日。八日辰时,玄鹤自西南来,寻有白鹤继至,人皆仰而异之。九日子时,设灵宝清醮三百六十分位。醮礼终,藏仙蜕于堂,异香芬馥,移时不散。临午致斋,黄冠羽服与坐者数千人,奉道之众又复万余。既宁神,翌日大雨复降,人皆叹曰:"天道人事,上下和应,了此一大事,非我师道德纯备,通于天地,达于神明,畴克如此!(藏本'此'下有'乎'字)谅非人力所能致也!"权省宣抚王公巨川,咸阳巨族也,素慕玄风,近岁又与父师相会于燕,雅怀照映,道同气合,尊仰之诚,更甚畴昔,故会兹葬事,自为主盟。京城内外,屯以甲兵,备其不虞,罢散之日,略无惊扰。于是亲榜其室曰"处顺",其观曰"白云"焉。师为文,未始起稿,临纸肆笔而成。后复有求者,复辄自增损,故两存之。尝夜话,谓门弟子曰:"古之得道人,见于书传者,略而不传,失其传者,可胜言哉!余屡对汝众举近世得道之士,皆耳目所亲接者,其行事甚详,其谈道甚明,暇日当集全真大传，以贻后人。"师既没，虽尝口传其概，而后之学者，尚未见其成书，惜哉！

附　录

诏　书

　　成吉思皇帝敕真人邱师：省所奏应诏而来者，备悉。惟师：道逾三子，德重多方。命臣奉厥玄缥，驰传访诸沧海。时与愿适，天不人违。两朝屡诏而弗行，单使一邀而肯起。谓朕天启，所以身归。不辞暴露于风霜，自愿跋涉于沙碛。书章来上，喜慰何言？军国之事，非朕所期；道德之心，诚云可尚。朕以彼酋不逊，我伐用张。军旅试临，边陲底定。来从去背，实力率之故然；久逸暂劳，冀心服而后已。是用载扬威德，略驻车徒。重念云轩既发于蓬莱，鹤驭可游于天竺。达磨东迈，元印法以传心；老氏西行，或化胡而成道。顾川途之虽阔，瞻几杖以非遥。爰答来章，可明朕意。秋暑，师比平安好，指不多及。

圣　旨

　　成吉思皇帝圣旨道与诸处官员每：邱神仙应有底修行底院舍等，系逐日念诵经文告天底人每，与　皇帝祝寿万万岁者，所据大小差发赋税都休教著者。据邱神仙底应系出家门人等随处院舍，都教免了差发税赋者，其外诈推出家，隐占差发底人每，告到官司，治罪断案主者，

　　　　《黑鞑事略》："或甲之奴盗乙之物，或盗乙之奴物，皆没甲与奴之妻子畜产，而杀其奴及甲，谓之断案主。"

奉到如此，不得违错，须至给付照用者，右付邱（监本无邱字）神仙门下收执。

照使所据：神仙应系出家门人，精严住持院子底人，并免差发税赋。准此。

癸未羊儿年三月（御宝）日。

宣差阿里鲜面奉　成吉思皇帝圣旨：邱神仙奏知来底公事，也瞇是（监本"是"字在"公事"下）好。我前时已有圣旨文字与你来，教你天下应有底出家善人都管著者，好的歹的，邱神仙你就便理会。只你识者，奉到如此。癸未九月二十四日。

宣差都元帅贾昌传奉　成吉思皇帝圣旨：邱神仙，你春月行程别来至夏日，路上炎热艰难来，沿路好底铺马得骑来么？路里饮食广多不少来么？你到宣德州等，官员好觑你来么？下头百姓得来么？你身起心里好么？我这里常思量著神仙你，我不曾忘了你，你休忘了我者。癸未年十一月十五日。

请　疏

燕京行尚书省石抹公，谨请仙人长春公住持天长观者：窃以必有至人，而后可以启个中机；必有仙阙，而后可以待方外士。天长观者：人间紫府，天上福田。若非真神仙人，谁称此道场地？仰维长春上人：识超群品，道悟长生。舌根有花木香，胸襟无尘土气。实人天之眼目，乃世俗之津梁。向也乘青牛而西迈，不惮朝天；今也奉紫诏而南回，正堪（藏本作"当"）传道。幸无多让，早赐光临。谨疏。癸未八月　日。

宣抚使、御史大夫王，敦请真人师父住持燕京十方大天长观者：窃以应变神龙，非蹄涔所能止；无心野鹤，亦何天不可飞？故蒙庄出游，漆园增价；陈抟归隐，云台生光。不到若辈人，了难了如此事。伏维真人师父：气清而粹，道大而高。已书绛阙之名，暂被玉壶之谪。以千载为旦暮，以八极为门庭。振柱史之宗风，提全真之法印。昔也三朝之教主，今兹万乘之国师。几年应　诏北行，本拟借安于海内；一旦回辕南迈，可能独善于山东？维太极之故宫，实大燕之宏构。国家元辰之所在，远近取则之所先。必欲立接人之基，莫如宅首善之地。敢辄伸于管见，冀少驻于霓旌。万里云飞（藏本作"披"）式副人

天之望；四方风动，举闻道德之音（藏本作"香"）。谨疏。癸未年八
月　日。

　　燕京尚书省石抹公，谨请邱神仙久住天长观者（藏本无"者"
字）：窃以时止时行，虽圣人不凝滞于物；爱居爱处，而君子有恒久
之心。于此两端，存乎大致。长春真人：重阳高弟，四海重名。为帝
者之尊师，亦天下之教父。昔年应聘，还自万里寻思干；今日接人，
久住十方天长观。上以祝　皇王之圣寿，下以荐生灵之福田。顷因讥
察于细人，非敢动摇于仙仗。不图大老，遂有退心。况京师者，诸夏
之本根，而远近取此乎法则。如或（"或"原作"谓"，据藏本改）舍此
而就彼，是谓下乔而入幽。辄敢坚留，幸不易动。休休莫莫，无为深
山穷谷之行；永永长长，而作太极琼华之主。丙戌年八月　日。

　　侍行门人：

　　　　虚静先生赵道坚，冲虚大师宋道安，
　　　　清和大师尹志平，虚寂大师孙志坚，
　　　　清贞真人夏志诚，清虚大师宋德方，
　　　　葆光大师王志明，冲虚大师于志可，
　　　　崇道大师张志素，通真大师鞠志圆，
　　　　通玄大师李志常，颐真大师郑志修，
　　　　玄真大师张志远，悟真大师孟志稳（卷下作孟志温），
　　　　清真大师綦志清，保真大师何志清（卷下有何志坚，无何志清），
　　　　通玄大师杨志静，冲和大师潘德冲。

　　特旨蒙古四人从师护持：

　　　　蒙古打，喝剌，八海，
　　　　宣差阿里鲜，
　　　　宣差便宜使刘仲禄。

　　　　　　　　丁卯正月，据正统道藏本校一过，观翁。

跋

　　《长春真人西游记》二卷，其弟子李志常所编。于西域道里风俗，多可资考证者，而世鲜传本，予始从道藏钞得之。村俗小说演唐玄奘故事，亦称《西游记》，乃明人所作。萧山毛大可据《辍耕录》，以为出处机之手，真郢书燕说矣！记云："辛巳岁十月，至塞蓝城，回纥王来迎入馆。十一月四日，土人以为年，旁午相贺。"考回回术，有太阳年（彼中谓之官分），有太阴年（彼中谓之月分），而其斋期，则以太阴年为准。又不在第一月，而在第九月，满斋一月，至第十月一日，则相贺如正旦焉。其所谓月一日者，又不在朔，而以见新月为准。其命日又起午正，而不起子正。故有"十一月四日，土人旁午相贺"之语。然回回术有闰日无闰月，与中国不同，故每年相贺之期，无一定也。其云斡辰大王者，皇弟斡赤斤也。太师移剌国公者，阿海也。燕京行省石抹公者，明安之子咸得不也。吉思利答剌罕者，哈剌哈孙之曾大父启昔礼也。乙卯闰二月辛亥，晦竹汀居士钱大昕书。

　　邱长春以丁亥七月卒，而元太祖之殂，亦即在是月。此事之可异者，当拈出之，竹汀居士记。

　　　忆昔与竹汀游元妙观，阅道藏，竹汀借此钞讫，而为之跋。今转瞬已十年，竹汀于今岁十月二十归道山矣。甲子十一月十八日，砚北居士段玉裁识。

　　长春真人之经西域也，取道于金山，为科布多之阿里泰山。记云金山南面有大河，渡河而南，是今额尔齐斯河。金山东北，与乌鲁木齐，属之古城，南北相直。今自科布多赴新疆，驿路直南抵古城，近古城之鄂伦布拉克台、苏吉台、噶顺台，皆沙碛，是即白骨甸也。博克达山三峰高峙，去古城北数日程即见之，故记云："涉大沙陀，南望阴山，若天际银霞。诗云'三峰并起插云寒'也。"云："阴山前三百里和州”者，谓博克达山。南吐鲁番为古火州地，讹火为和耳。唐北庭大都护府治，在今济木萨之北府，建于长安二年。记言“杨何为大都护”，足补《新唐书·方镇表》之阙。端府者，端即都护字之合音。轮台县亦长安二年置，县治约在今阜康县西五六十里。据《新唐书·地理志》，自庭州西延城西至，轮台县二百二十里。塞外沙碛，难以计程，记云三百余里，盖约言之。《元和郡县志》以为轮台在州西四十二里者，误轮台东为阜康县，县治在博克达山阴，故南望阴山。九月十日，并阴山而西约十程，度沙场，又六日至天池海。沙场者，晶河城东至托多克，积沙成山，浮涩难行。东距阜康县一千一百里，故曰十余程。其间乱流而过，当有洛克伦河、呼图壁河、玛纳斯河、乌兰乌苏河，记不显言。塞外之水，山雪所融，夏日盛涨，过时则涸。九月正水竭之时，盖不知有河也。自托多克过晶河，山行五百五十里，至赛喇木淖尔东岸。淖尔正圆，周百余里，雪山环之。所谓天池海，并淖尔南行五十里，入塔勒奇山峡，谚曰“果子沟”。沟水南流，势甚湍急，架木桥以度车马。峡长六十里，今为四十二桥，即四十八桥遗址。记云：出峡入东西大川，次及一程，至阿里马城。今出塔勒奇山口，南行一百七十里，至惠远城。阿里马城者，即今西阿里玛图河，在拱宸城东北，出塔勒奇山口，西南至阿里玛图河，仅百里。记云：又西行四日，至答剌速没辇，水势深阔，抵西北流，乘舟以济。原注云：没辇，河也。答剌速没辇，是今伊犁河。以西行四日计之，当在今察林渡之西渡河。南下至一大山，疑今铅厂诸山。又西行十二日，度西南一山，当是善塔斯岭。又沿山而西，有驻军古迹，大冢若斗星相联，是今特默尔图淖尔南岸地，多古翁仲。记云：又西南行六日，有霍阐没辇，由浮桥渡，色浑流急，深数丈，势倾西北。霍阐没辇者，今之那林河。自渡伊犁河以南，所经之程，即今伊犁戍喀什噶尔兵往来之路。出鄂尔果珠勒卡伦，傍特默尔图淖尔，东南经布鲁特游牧，以至回疆，此长春真人赴行在时所经也。其归程，则渡那林河而直北，由特默尔图淖尔之西，以达吹河之南，乃转而东北，渡伊犁河。其渡处在察林渡之东，故百余里即至阿里马城。自阿里马城出塔勒奇山口，经赛喇木淖尔，与往时程同。过赛喇木潬尔，不复东折，而东北行，其分路处在干珠罕卡伦地。东北山行，由沁达兰至阿鲁沁达兰，入塔尔巴哈台界，以至原历之金山大河驿。其途径较直，然计自阿里马城至金山，亦不下二千里，而记言至天池海过阴山后，行二日，方接元历金山南大河驿。山路崎岖，必不能速进如此。且"方接"云者，久词也。盖二字下脱十字。真人以四月初六日自阿里马城行，凡二十日至金山，为是月二十五日。下文云：并山行，四月二十八日，大雨雪。二十八日，尚未出金山。则谓二十五日至金山无疑矣。适从龚定庵假读此记，西域余所素经，识其相合者如此。道光二年四月，大兴徐松跋。距长春真人归抵金山之岁，凡十一壬午矣。

《长春西游记》二卷，为元邱长春弟子真常子李志常所述。《宪宗纪》"元年以道士李真常掌道教事"，即其人也。前有孙锡序，作于戊子二月，盖睿宗监国之岁也。长春以太祖辛巳二月八日，发轫宣德州，赴太祖西域之召，至癸未七月回至云中，往返二年余。真常实从，山川道里，皆其亲历。且系元初之书，译文得其本音，非为世祖以后文人著述，则往往窒阂不能通者有之。此册为叶云素给谏所赠，龚定庵尝借钞，既而徐星伯复欲钞于定庵，而为之跋，他日以示余。星伯居伊犁者数年，于时松湘浦先生帅新疆，南北两路属。星伯周咨彼中舆地，驰驱几遍。今跋中疏证处，皆其得之目验。其中尤有得于余心者，谓天池海即今赛喇木潬尔，证以自晶河山行至赛喇木潬尔东岸，潬尔正圆，周百余里。并潬尔南行五十里，入塔勒奇山峡，水势南流湍急，架木桥以度车马。峡长六十里，今为四十二桥，即四十八桥遗址也。今昔情形，如合符节，此为其他书籍之所不载，非星伯身至其所，乌能得之！又谓：长春回时，自天池海东北行，至原历金山南大河前驿路，于二字之下脱去十字。此有里程可稽，其为传写遗误无疑。至白骨甸，即今古城北之沙碛。阴山三峰，即今博克达山。端府之端，为都护之合音。霍阐没辇，即今那林河。皆确不可易，余亟录存记尾。星伯谓余：凡记中所述，在今新疆者，既粗具矣。其金山以东，那林河以西，则俟余补足之。噫！星伯所疏证，精核乃尔，余何能为役？顾余于记中地理，皆尝一一考之，惟足迹所未至，不过穿穴于故纸堆中，旁参互证，以为庶几得之耳。今具列于左，不独以塞星伯之诺责，亦将求是正于星伯也。长春之行也，二月十一日度野狐岭，即《太祖纪》败金将定薛于野狐岭者也，在今张家口外。十五日东北过盖里泊。《金史》："抚州之丰利县有盖里泊。"今在张家口北百里。三月朔，出沙陀，至鱼儿泺。鱼儿泺，元时又曰答儿脑儿。太祖甲戌年赐弘吉刺，按陈作分地。张德辉《纪行》云：昌州以北入沙陀，凡六驿。而出沙陀，又一驿，过鱼儿泊。与此正同。今为达儿海子，在克什克腾部落北沙河，西北流入陆局河。四月朔，至斡辰大王帐下。陆局河者，元时怯鲁连河，亦曰胪朐河。陆局，胪朐之转也。今为喀鲁伦河。斡辰大王，太祖第四弟铁木哥斡赤斤，所谓国王斡嗔那颜者也。时太祖西征，斡嗔居守。五月十六日，河势绕西北山去，不得穷其源。喀鲁伦河，发源肯特山，南流及平地，始转东流。长春由河南岸泝河西行，故不见其北来之源也。自此以下，至窝里朵，数千里中，俱无地名，惟长松岭又系汉名，不知蒙古呼为何山。然以长春行程考之，自陆局河西南泝驿路，至六月二十八日泊窝里朵之东，计行四十二日。窝里朵者，帐殿也。《地理志》："太祖于十五年迁都和林。"于时，皇后窝里朵当在和林，盖必先审和林之所在，然后可以稽其驿程之所经。和林自太祖作都，至宪宗四朝，皆都于此。然《和林志》，前明已无其书，《元一统志》，近亦求之不得。明《一统志》，于和宁城，惟言西有哈喇和林河而已，而于哈喇和林河所在，则又不详。明《广舆图》，据元朱思本图为蓝本，而于北方地理，疏漏殊甚，以昔令哥为流入斡难河，则其他不足问矣。齐次风先生《水道提纲》于和林河，亦两岐其说。盖《提纲》专据康熙中《皇舆图》，《皇舆图》于色勒格河之北，有小河南流入色勒格河者，曰喀喇乌伦河，其音与哈喇和林相近，不能不疑当日都城或在此河之东，实则不然。欧阳圭斋《高昌偰氏家传》："和林有三水焉，一并城南山东北流，曰斡耳汗；一经城西北流，曰和林河；一发西北东流，曰忽尔班达弥尔。三水距城北三十里，合流曰偰辇杰河。"元人指述和林，未有如圭斋之明晰者。斡耳汗，今鄂尔浑河也。忽尔班达弥尔，今塔米尔河也。偰辇杰，今色勒格河也。然则和林在色勒格河以南明矣。其经和林城西而北流者，正今之哈瑞河也。当为元时，和林河、哈瑞河、入色勒格河，其合流处，当在和林北三十里。非三水俱合流也，若鄂尔浑合于色勒格，盖在和林东北千余里矣。记云：泊窝里朵之东，宣使往奏禀皇后，奉旨，请师渡河。其水东北流，弥漫没轴，绝流以济。此水乃今呼纳伊河，及哈瑞之支流也。其所谓"长松岭，盛夏有冰雪，逾岭百余里有石河，长五十里"者，即今鄂尔浑河。东流将会喀拉河处，河经山峡，故曰石河。雍正中，西北距准噶尔，其时黑龙江至鄂尔坤军营者，过汗山，即西北渡土拉河。西北行，逾喀里呀拉山，乃济鄂尔浑河。以长春行程推之，当亦经此长松岭或即喀里呀拉山，已在北极出地四十九度处，是以寒甚欤。然则，先自西南泝驿路四程，西北渡河者，土拉河也。六月十四日，过山，渡浅河者，博罗河也。其曰西山连延者，乃鄂尔浑河以西之山，故曰西山。长春于此渡河，可见山行五六日，峰回路转，岭势若长虹，壁立千仞，俯视海子，渊深恐人，则已在厄勒墨河之侧矣。阿不罕山，在金山东北，今阿集尔罕山也。《镇海传》：太祖命屯田于阿鲁欢，立镇海城。阿鲁欢者，亦即阿集尔罕山也。八月八日，自阿不罕山前傍大山西行，又西南约行三日，复东南过大山，经大峡。中秋日，抵金山东北，少驻，复南行。其山高大，深谷长坂，车不可行，乃命百骑挽绳悬辕以上，缚轮以下，约行四程，连度五岭，南出山前，临河止泊。长春由阿集尔罕山前西行，傍大山者，即傍阿尔泰山之东大干，今乌兰古木中。过青吉斯海子之北，乃向西南行，当取道于今科布多。再西南，乃科布多河。额尔齐斯河发源处，为阿尔泰最高之脊，所谓"东南过大山，经大峡，中秋日抵金山"者，当谓此。又行四程，连度五岭，南出山，临大河，以地约之，则大河应为乌陇古河。刘郁《西使记》所谓"龙骨河，与别失八里南北相直，近五百里"者也。渡河行沙碛中，经北庭而西，星伯跋中详之。阴山后鳖思为大城，问侍坐者，乃曰此唐时北庭。案鳖思，即别失。欧阳圭斋曰：北庭，今别失八里也。则元时别失八里，正在于此。重九日，至回纥昌八剌城。《地理志》西北地附录有彰八里，当即此。《耶律希亮传》："中统元年，阿里不哥反，希亮逾天山，至北庭都护府。二年，至昌八里城。夏，逾马纳思河。"则昌八里在今玛纳斯河之东也。自鳖思以西，惟昌八剌阿里马为大城。星伯谓：阿里马在今拱宸城北，阿里玛图河。余案：元初译作阿里马者，惟此记及《湛然集》。有《从容庵录序》，末题曰："移剌楚才晋卿序于西域阿里马城。"其他见于《元史》者，或作阿力麻里，或作叶密立，或作叶密里，皆即此城。窃谓阿里马，本回纥所称。自蒙古人称之，则音异矣。再以汉文译之，则又异矣。明时哈密以西，付之茫昧，阿里马先为别失八里国所有，后为瓦剌所有。我朝乾隆十九年以前，为准噶尔大酋之庭，称曰伊犁，亦称其河为伊犁河。伊犁恐即叶密立之转。唐时虽有伊列河之名，有元一代，绝无称述，盖已无知之者。准人不解载籍，粗有托忒文字，但能记籍帐耳，何从远稽突厥名称邪？瓦剌即额鲁特，逐水草迁徙，无城郭。所谓阿里马城者，久已平毁。至乾隆二十九年，乃即伊犁河北建惠远城，今曰伊犁城。非依故址，则阿里马所在，固无以知之，或即在阿里玛图河侧邪？答剌速没辇，与塔剌斯音近，然距阿里马四日程，以远近约之，则星伯谓即伊犁河者为近。或伊犁河在元时有是称。若今塔剌斯河，远在吹河之西，未必四程能达也。大石林牙，辽宗姓，于辽亡后率众西行，间关万里，建国西土，是为西辽。太祖灭乃蛮，杀太阳罕。其子屈出律，奔契丹。既而袭执其罕，尊为太上皇，据其位有之，仍契丹之号，亦称乃蛮，事在戊辰、己巳之间。阅十余年，太祖征西域，灭之。刘仲禄持敕召长春，云在乃蛮奉诏者，此也。赛兰城，据《西使记》，在塔剌寺西四日程。塔剌寺者，今塔剌斯河也。《明史·外国传》有赛兰，在塔失干之东。塔失干，今塔什干城也，在锡林河之北，南距那林河犹远。元时往西域之道，必由赛兰。盖从塔剌斯西行，过赛兰，乃西南行，渡霍阐河。长春自十一月五日发赛兰，阅六日，渡霍阐河。又阅十一日，过大河，至邪米思干。此大河，应指城东之河，北流入那林河者。邪米思干，亦曰寻思干。"寻"即"邪迷"之合音。耶律晋卿，又谓之"寻罳虔"，译曰"寻罳肥"也。虔城也，今谓之赛玛尔罕。盖自北庭至此，大率西行，过此，则大率南行，最为西征扼要之地，故于此宿兵，而以耶律楚材驻焉。碣石，地理志作柯伤，《明史·外国传》作渴石，云"南有大山屹立，出峡口，有石门，色似铁"，即记所谓铁门也。《新唐书》："吐火罗有铁门山。"其来旧矣。《大唐西域记》曰："出铁门，至睹货逻国。其地东阨葱岭，西接波剌斯，南抵大雪山，北据铁门。"过雪山为滥波国，即在北印度境。于时追若弗乂算端，南逾雪山，故谓之印度。太祖旋师后，复遣将追至忻都，穷及申河，算端死，乃返。则在印度国中矣。阿里鲜所言："正月十三日，自邪米思干初发。三日，东南过铁门。又五日，过大河。二月初吉，东南过大雪山。南行三日，至行宫。"盖阿里鲜先赴行在，正太祖追算端至印度时，故逾雪山后，又三日乃达。长春于四月五日达行在，则已回至雪山避暑。故长春过铁门后，行十二日，抵雪山而止。所渡之阿母河，《元史》见他处者，亦作暗木河，亦作阿木河。《元秘史》作阿梅河，即佛书之缚刍河也，其水今西北流入腾吉斯海。大雪山，今为和罗三托山，自东而西，绵亘千里。长春之再见也，其行由铁门外别路，山根有盐泉流出，见日即为白盐。东南上分水岭，西望高涧若冰，乃盐耳。盖在铁门山之西，其西北即大盐池，《郭宝玉传》"太祖封大盐池为惠济王"者也。《西使记》："二十六日，过纳商城。二十九日，山皆盐，如水晶状。"纳商，乃渴石之转。长春亦于十二日过碣石城，十四至铁门西南之麓，正同。出山，抵河上，其势若黄河，西北流者，其水即流入大盐池者也。葱岭西流之水，皆会于此，故其势汹涌。九月朔，渡河桥而北者，即此河。盖长春既见帝，遂扈从北行矣。余读《元史》，尝疑《太祖纪》"十九年甲申，帝至东印度国，角端见，班师"。《耶律楚材传》亦云："甲申，帝至东印度，驻铁门关，有一角兽，作人言，谓侍卫曰：'汝主宜早还。'帝以问楚材，对曰：'此名角端，能言四方语，好生恶杀。天降符以告陛下也。'帝即日班师。"盖本于宋子贞所作神道碑，极以归美文正，然非实录也。《唐书》："东天竺际海，与扶南林邑接。"太祖西征，无由至彼。角端能言，书契所无，晋卿何自知之？读《湛然集》，晋卿在西域十年，惟及寻思干止耳，未尝出铁门也。今读此记，则太祖追算端，惟过大雪山数程，其地应为北印度。晋卿实未从征，无由备顾问。且颁师为壬午之春，非甲申也。《元史》芜漏特甚，有元载籍，有关史学者亦少矣，此记岂可因其为道家言，而略之。道光壬午秋七月，桐乡程同文。

徐星伯先生出示《长春真人西游记》，且询记中日食事。案元太祖辛巳，当宋嘉定之十四年，金兴定之五年。前一年庚辰，耶律楚材进西征庚午元术。以本术推之，辛巳年，天正朔丙戌，以里差进一日，得丁亥。至五月朔，得甲申。与宋、金二史《天文志》所书合。日食之异，在里差，记言见食在陆局河南岸。陆局，即胪朐，张德辉记谓之胪朐连，今曰克鲁伦河。自发源南流，折而东北行，其曲处偏于京师西五度许。记以四月二十二日抵河南岸，行十六日，河势绕西北山去。则见食之地，距河曲六七程，偏西约二度，北极出地约四十七度。金山当今科布多之阿尔泰山，极高约四十八度，偏西约二十九度。邪米思干城，即撒马儿罕，其地极高四十三度，偏西五十度。以今时宪书步交食术约略上推，是时月在正交日躔小满后八度奇，值毕十度，与《宋志》所书日在毕合。陆局河南见食在正午，其食甚实，纬在北二十五分奇，日晷高六十四度余，南北差约二十五六分，则月心正当日心。且其时，日近最高，月近最卑，日径三十一分奇，月径三十二分奇。日小月大，故见食既。金山偏于陆局河西约二十七度，子时当蚤七刻奇，日晷当高五十三度余，南北差约三十五六分，月心当日心南约十分以减，并径三十二分，与日径三十一分相比，约得七分，故金山于巳刻见食七分也。邪米思干城，偏于陆局河西约四十八度，于时当早十三刻，日晷当高四十三度余，南北差约四十分，月心当日心南约十五六分以减，并径与日径相比，得五分强、六分弱，故邪米思干于辰刻见食六分也。虽视行随地不同，则食甚时刻及食分亦异，然所差不远，已足见其大略。里差之说，《素问》、《周髀》已言之，元代疆域愈远，故其理愈显。欧逻巴人诩为独得，陋矣。记又言：“自陆局河西南行，夏至日影三尺六七寸。”古人揆日，皆以八尺表。是地夏至日晷，约高六十六度，北极出地约四十六七度，盖当土拉河之南，喀噜哈河之东，近今喀尔喀土谢图汗中右旗地。记又言

"辛巳十一月四日，塞蓝城土人以为年，傍午相贺"。钱詹事《潜研堂集》云："回回斋期，以太阴年为准。第九月满斋一月，至第十月则相庆贺如正旦。其所谓月一日者，以见新月为准，其命日又起午正，故每年相贺之期，无一定。"詹事之说，本宣城梅氏。今校回回术，太阳宫分年百二十八年，闰三十一日。太阴月分年三十年，闰十一日。开皇己未春正前，日入太阴年三百三十一日。以此推开皇己未，至元太祖辛巳，太阳年积六百二十二，太阴年积六百四十一。辛巳白羊宫入太阴年之第一月，而中土之十一月，为彼中之第十月，贝琳七政推步例谓之答亦月，正回俗所言大节。其俗既以见新月之明日为月之一日，又以午初四刻属前日，则是年十一月四日傍午，适当彼中之正旦。詹事之说信矣。并书卷末，以质之先生。道光二年六月十三日，阳湖董祐诚跋。

周锡山 编校

王国维集

第四册

中国社会科学出版社

周锡山 编校

王国维集

第四册

中国社会科学出版社

目　录

一〇　教育学研究

一一　古文字研究

一二　历史学研究

附　录

一〇　教育学研究

孔子之美育主义[①]

诗云："世短意常多，斯人乐久生。"（按，陶渊明《九日闲居》）岂不悲哉！人之所以朝夕营营者，安归乎？归于一己之利害而已。人有生矣，则不能无欲；有欲矣，则不能无求；有求矣，不能无生得失；得则淫，失则戚：此人人之所同也。世之所谓道德者，有不为此嗜欲之羽翼者乎？所谓聪明者，有不为嗜欲之耳目者乎？避苦而就乐，喜得而恶丧，怯让而勇争：此又人人之所同也。于是，内之发于人心也，则为苦痛；外之见于社会也，则为罪恶。然世终无可以除此利害之念，而泯人已之别者欤？将社会之罪恶固不可以稍减，而人心之苦痛遂长此终古欤？曰：有，所谓"美"者是已。

美之为物，不关于吾人之利害者也。吾人观美时，亦不知有一己之利害。德意志之大哲人汗德（今译康德），以美之快乐为不关利害之快乐（Disinterested Pleasure）。至叔本华而分析观美之状态为二原质：（一）被观之对象，非特别之物，而此物之种类之形式；（二）观者之意识，非特别之我，而纯粹无欲之我也（《意志及观念之世界》第一册，二百五十三页。按，指英译本）。何则？由叔氏之说，人之根本在生活之欲，而欲常起于空乏。既偿此欲，则此欲以终；然欲之被偿者一，而不偿者十百；一欲既终，他欲随之：故究竟之慰藉终不可得。苟吾人之意识而充以嗜欲乎？吾人而为嗜欲之我乎？则亦长此辗转于空乏、希望与恐怖之中而已，欲求福祉与宁静，岂可得哉！然吾人一旦因他故，而脱此嗜欲之网，则吾人之知识已不为嗜欲之奴隶，于是得

① 本篇刊于 1904 年 2 月上海《教育世界》69 号。

所谓无欲之我。无欲故无空乏，无希望，无恐怖；其视外物也，不以
为与我有利害之关系，而但视为纯粹之外物。此境界唯观美时有之。
苏子瞻所谓"寓意于物"（《宝绘堂记》）；邵子曰："圣人所以能一万
物之情者，谓其能反观也。所以谓之反观者，不以我观物也。不以我
观物者，以物观物之谓也。既能以物观物，又安有有（按，此字衍）我
于其间哉？"（《皇极经世·观物内篇》七）此之谓也。其咏之于诗者，
则如陶渊明云："采菊东篱下，悠然见南山。山气日夕佳，飞鸟相与
还。此中有真意，欲辨已忘言。"谢灵运云："昏旦变气候，山水含
清晖。清晖能娱人，游子澹忘归。"或如白伊龙（今译拜伦，1788—1824，
英国诗人）云：

> I live not in myself, but I become
> Portion of that around me; and to me
> High mountains are a feeling.

> （按："我不是生活于我自身，而我成为围绕着我的一切中的一份，对
> 于我高高的山峰乃是一种感情。"）

皆善咏此者也。

夫岂独天然之美而已，人工之美亦有之。宫观之瑰杰，雕刻之优
美雄丽，图画之简淡冲远，诗歌音乐之直诉人之肺腑，皆使人达于无
欲之境界。故泰西自雅里大德勒（今译亚里士多德）以后，皆以美育为
德育之助。至近世，谑夫志培利（今译夏夫兹伯里，Shaftesbury，1671—1713，
英国美学家）、赫启孙（今译哈奇生，1694—1747，英国美学家）等皆从之。乃德
意志之大诗人希尔列尔（今译席勒）出，而大成其说，谓人曰与美相
接，则其感情日益高，而暴慢鄙倍之心自益远。故美术（按指艺术）
者，科学与道德之生产地也。又谓审美之境界乃不关利害之境界，故
气质之欲灭，而道德之欲得由之以生。故审美之境界乃物质之境界与
道德之境界之津梁也。于物质之境界中，人受制于天然之势力；于审
美之境界则远离之；于道德之境界则统御之（希氏《论人类美育之书
简》）。由上所说，则审美之位置犹居于道德之次。然希氏后日更进而

说美之无上之价值，曰："如人必以道德之欲克制气质之欲，则人性之两部犹未能调和也。于物质之境界及道德之境界中，人性之一部，必克制之以扩充其他部；然人之所以为人，在息此内界之争斗，而使卑劣之感跻于高尚之感觉。如汗德之严肃论中气质与义务对立，犹非道德上最高之理想也。最高之理想存于美丽之心（Beautiful Soul），其为性质也，高尚纯洁，不知有内界之争斗，而唯乐于守道德之法则，此性质唯可由美育得之。"（芬特尔朋《哲学史》第六百页）此希氏最后之说也（实指席勒《审美教育书简》的最后一封书简）。顾无论美之与善，其位置孰为高下，而美育与德育之不可离，昭昭然矣。

今转而观我孔子之学说。其审美学上之理论虽不可得而知，然其教人也，则始于美育，终于美育。《论语》曰："小子何莫学夫诗。诗可以兴，可以观，可以群，可以怨。迩之事父，远之事君。多识于鸟兽草木之名。"（按，《阳货》）又曰："兴于诗，立于礼，成于乐。"（按，《泰伯》）其在古昔，则胄子之教，典于后夔（按，《书·舜典》）；大学之事，董于乐正（《周礼·大司乐》、《礼记·王制》）。然则以音乐为教育之一科，不自孔子始矣。荀子说其效曰："乐者，圣人之所乐也，而可以善民心。其感人深，其移风易俗。……故乐行而志清，礼修而行成，耳目聪明，血气和平，移风易俗，天下皆宁。"（《乐论》）此之谓也。故"子在齐闻《韶》"，则"三月不知肉味"（按，《述而》）。而《韶》乐之作，虽絜壶之童子，其视精，其行端。音乐之感人，其效有如此者。

且孔子之教人，于诗乐外，尤使人玩天然之美。故习礼于树下，言志于农山，游于舞雩，叹于川上，使门弟子言志，独与曾点。点之言曰："莫春者，春服既成，冠者五六人，童子六七人，浴乎沂，风乎舞雩，咏而归。"（按，《论语·先进》）由此观之，则平日所以涵养其审美之情者可知矣。之人也，之境也，固将磅礴万物以为一，我即宇宙，宇宙即我也。光风霁月不足以喻其明，泰山华岳不足以语其高，南溟渤澥不足以比其大。邵子所谓"反观"者非欤？叔本华所谓"无欲之我"、希尔列尔所谓"美丽之心"者非欤？此时之境界：无希望，无恐怖，无内界之争斗，无利无害，无人无我，不随绳墨而自合于道德之法则。一人如此，则优入圣域；社会如此，则成华胥之国。孔子所谓"安而行之"（按，《中庸》），与希尔列尔所谓"乐于守道德之法则"者，舍美育无由矣。

呜呼！我中国非美术（艺术）之国也！一切学业，以利用之大宗旨贯注之。治一学，必质其有用与否；为一事，必问其有益与否。美之为物，为世人所不顾久矣！故我国建筑、雕刻之术，无可言者。至图画一技，宋、元以后，生面特开，其淡远幽雅实有非西人所能梦见者。诗词亦代有作者。而世之贱儒辄援"玩物丧志"之说相诋。故一切美术皆不能达完全之域。美之为物，为世人所不顾久矣！庸讵知无用之用，有胜于有用之用者乎？以我国人审美之趣味之缺乏如此，则其朝夕营营，逐一己之利害而不知返者，安足怪哉！安足怪哉！庸讵知吾国所尊为"大圣"者，其教育固异于彼贱儒之所为乎？故备举孔子美育之说，且诠其所以然之理。世之言教育者，可以观焉。

论教育之宗旨①

　　教育之宗旨何在？在使人为完全之人物而已。何谓完全之人物？谓人之能力无不发达且调和是也。人之能力分为内外二者：一曰身体之能力，一曰精神之能力。发达其身体而萎缩其精神，或发达其精神而罢敝其身体，皆非所谓完全者也。完全之人物，精神与身体必不可不为调和之发达。而精神之中又分为三部：知力、感情及意志是也。对此三者而有真美善之理想："真"者知力之理想，"美"者感情之理想，"善"者意志之理想也。完全之人物不可不备真美善之三德，欲达此理想，于是教育之事起。教育之事亦分为三部：智育、德育（即意育）、美育（即情育）是也。如佛教之一派，及希腊罗马之斯多噶派，抑压人之感情而使其能力专发达于意志之方面；又如近世斯宾塞尔之专重智育，虽非不切中一时之利弊，皆非完全之教育也。完全之教育，不可不备此三者，今试言其大略。

　　一、智育　人苟欲为完全之人物，不可无内界及外界之知识，而知识之程度之广狭，应时地不同。古代之知识至近代而觉其不足，闭关自守时之知识，至万国交通时而觉其不足。故居今之世者，不可无今世之知识。知识又分为理论与实际二种；溯其发达之次序，则实际之知识常先于理论之知识，然理论之知识发达后，又为实际之知识之根本也。一科学如数学、物理学、化学、博物学等，皆所谓理论之知识。至应用物理、化学于农工学，应用生理学于医学，应用数学于测绘等，谓之实际之知识。理论之知识乃人人天性上所要求者，实际之

　　①　本篇刊于 1903 年 8 月上海《教育世界》56 号。

知识则所以供社会之要求，而维持一生之生活。故知识之教育，实必不可缺者也。

二、德育　然有知识而无道德，则无以得一生之福祉，而保社会之安宁，未得为完全之人物也。夫人之生也，为动作也，非为知识也。古今中外之哲人无不以道德为重于知识者，故古今中外之教育无不以道德为中心点。盖人人至高之要求，在于福祉，而道德与福祉实有不可离之关系。爱人者人恒爱之；敬人者人恒敬之。不爱敬人者反是。如影之随形，响之随声，其效不可得而诬也。《书》云："惠迪，吉；从逆，凶。"（按，《大禹谟》）希腊古贤所唱福德合一论，固无古今中外之公理也。而道德之本原又由内界出而非外铄我者。张皇而发挥之，此又教育之任也。

三、美育　德育与智育之必要，人人知之，至于美育有不得不一言者。盖人心之动，无不束缚于一己之利害；独美之为物，使人忘一己之利害而入高尚纯洁之域，此最纯粹之快乐也。孔子言志，独与曾点（按，《论语·先进》）；又谓"兴于诗"，"成于乐"（按，《论语·泰伯》）。希腊古代之以音乐为普通学之一科，及近世希痕林（今译谢林，1775—1854，德国哲学家）、希尔列尔（今译席勒）等之重美育学，实非偶然也。要之，美育者一面使人之感情发达，以达完美之域；一面又为德育与智育之手段，此又教育者所不可不留意也。

然人心之知情意三者，非各自独立，而互相交错者。如人为一事时，知其当为者"知"也，欲为之者"意"也，而当其为之前（后）又有苦乐之"情"伴之：此三者不可分离而论之也。故教育之时，亦不能加以区别。有一科而兼德育智育者，有一科而兼美育德育者，又有一科而兼此三者。三者并行而得渐达真善美之理想，又加以身体之训练，斯得为完全之人物，而教育之能事毕矣。

$$\text{教育之宗旨}\begin{cases} \text{体育} \\ \text{心育}\begin{cases} \text{知育} \\ \text{德育} \\ \text{美育} \end{cases}\text{完全之人物} \end{cases}$$

文学与教育

生百政治家，不如生一大文学家。何则？政治家与国民以物质上之利益，而文学家与以精神上之利益。夫精神之于物质，二者孰重？且物质上之利益，一时的也；精神上之利益，永久的也。前人政治上所经营者，后人得一旦而坏之，至古今之大著述，苟其著述一日存，则其遗泽且及于千百世而未沫。故希腊之有鄂谟尔（今译荷马）也，意大利之有唐旦（今译但丁）也，英吉利之有狭斯丕尔（今译莎士比亚）也，德意志之有格代（今译歌德）也，皆其国人人之所尸而祝之社而稷之者，而政治家无与焉。何则？彼等诚与国民以精神上之慰藉，而国民之所恃以为生命者，若政治家之遗泽，决不能如此广且远也。

今之混混然输入于我中国者，非泰西物质的文明乎？政治家与教育家，坎然自知其不彼若，毅然法之。法之诚是也，然回顾我国民之精神界则奚若？试问我国之大文学家，有足以代表全国民之精神，如希腊之鄂谟尔、英之狭斯丕尔、德之格代者乎？吾人所不能答也。其所以不能答者，殆无其人欤？抑有之而吾人不能举其人以实之欤？二者必居一焉。由前之说，则我国之文学不如泰西；由后之说，则我国之重文学不如泰西。前说我所不知，至后说，则事实较然，无可讳也。我国人对文学之趣味如此，则于何处得其精神之慰藉乎？求之于宗教欤？则我国无固有之宗教，印度之佛教亦久失其生气。求之于美术欤？美术之匮乏，亦未有如我中国者也。则夫蚩蚩之氓，除饮食男女外，非雅片赌博之归而奚归乎！故我国人之嗜雅片也，有心理的必然性，与西人之细腰、中人之缠足，有美学的必然性无以异。不改服制而禁缠足，与不培养国民之趣味而禁雅片，必不可得之数也。夫吾国人对文学之趣味既如此，况西洋物质的文明，又有滔滔而入中国，则其压倒文学，亦自然之势也。夫物质的文明，取诸他国，不数十年而具矣，独至精神上之趣味，非千百年之培养，与一二天才之出，不及此。而言教育者，不为之谋，此又愚所大惑不解者也。

（《教育杂感》四则之四）

奏定经学科大学文学科大学章程书后

　　今日之《奏定学校章程》草创之者黄陂陈君毅，而南皮张尚书实成之。其小学中学诸章程中，亦有不合于教育之理法者，以世多能知之，能言之，余故勿论。今分科大学之立有日矣，且论大学。大学中若医、法、理、工、农、商诸科，但袭日本大学之旧，不知中国现在之情形有当否，以非予之专门，亦不具论，但论经学科、文学科大学。

　　分科大学章程中之最宜改善者，经学、文学二科是已。余谓此张尚书最得意之作也。尚书素以硕学名海内，又于政事之暇不废稽古。观此二科之章程内详定教授之细目及其研究法，肫肫焉不惜数千言，为国家名誉最高、学问最深之大学教授言之，而于中学小学国家所宜详定教授之范围及其细目者，反无闻焉。吾人不能不服尚书之重视此二科，又于其学术上所素娴者，不惮忠实陈其意见也。且尚书不独以经术文章名海内，又公忠体国，以扶翼世道为己任者也。故惧邪说之横流，国粹之丧失之意，在在溢于言表，于此二章程中，尤情见乎辞矣。吾人固推重尚书之学问，而于其扶翼世道人心之处，尤不能不再三倾倒也。虽然，尚书之志则善矣，然所以图国家学术之发达者，则固有所未尽焉。今不暇细论其误，特就其根本之处言之如左，以俟当局者采择焉。

　　其根本之误何在？曰在缺哲学一科而已。夫欧洲各国大学无不以神、哲、医、法四学为分科之基本。日本大学虽易哲学科以文科之名，然其文科之九科中，则哲学科岿然居首，而余八科无不以哲学概论、哲学史为其基本学科者。今经学科大学中虽附设理学一门，然其范围限于宋以后之哲学，又其宗旨在贵实践而忌空谈（《学务纲要》第三十条），则夫《太极图说·正蒙》等必在摈斥之例。则就宋人哲学中言之，又不过其一部分而已。吾人且不论哲学之不可不特置一科，又不论经学、文学二科中之必不可不讲哲学，且质南皮尚书之所以必废此科之理由如何：

（一）必以哲学为有害之学也。夫言哲学之害，必自其及于政治上者始矣。数年前，海内自由革命之说，虽与欧洲十八世纪哲学上之自然主义稍有关系，然此等说宁属于政治、法律之方面，而不属于哲学之方面。今不以此说之故，而废直接之政治、法律，何独于间接之哲学科而废之。且吾信昔之唱此说以号召天下者，不独于哲学上之自然主义懵无所知，且亦不知政治、法律为何物者也。不逞之徒，何地蔑有？昔之洪、杨，今之孙、陈，宁皆哲学家哉！且自然主义不过哲学中之一家言，与之反对者何可胜道。余谓不研究哲学则已，苟有研究之者，则必博稽众说而唯真理之从。其有奉此说者，虽学问之自由独立上所不禁，然理论之与实行，其间必有辨矣。今者，政体将改，上下一心，反侧既安，莠言自泯，则疑此学为酿乱之麴蘖者，可谓全无根据之说也。

（二）必以哲学为无用之学也。虽余辈之研究哲学者，亦必昌言此学为无用之学也。何则？以功用论哲学，则哲学之价值失。哲学之所以有价值者，正以其超出乎利用之范围故也。且夫人类岂徒为利用而生活者哉，人于生活之欲外，有知识焉，有感情焉。感情之最高之满足，必求之文学、美术；知识之最高之满足，必求诸哲学。叔本华所以称人为形而上学的动物而有形而上学的需要者，为此故也。故无论古今东西，其国民之文化苟达一定之程度者，无不有一种之哲学。而所谓哲学家者，亦无不受国民之尊敬，而国民亦以是为轻重。光英吉利之历史者，非威灵吞、纳尔孙，而培根、洛克也。大德意志之名誉者，非俾思麦、毛奇，而汪德、叔本华也。即在世界所号为最实际之国民如我中国者，于《易》之太极，《洪范》之五行，《周子》之无极，伊川、晦庵之理气等，每为历代学者研究之题目，足以见形而上学之需要之存在。而人类一日存，此学即不能一日亡也。而中国之有此数人，其为历史上之光，宁他事所可比哉！今若以功用为学问之标准，则经学、文学等之无用亦与哲学等，必当在废斥之列。而大学之所授者，非限于物质的应用的科学不可，坐令国家最高之学府与工场阛阓等，此必非国家振兴学术之意也。夫就哲学家言之，固无待于国家之保护。哲学家而仰国家之保护，哲学家之大辱也。又国家即不保护此学，亦无碍于此学之发达。然就国家言之，则提倡最高之学术，国家最大之名誉也。有腓立大王为之君，有崔特里兹为之相，而后汗德之《纯理批评》（今译《纯粹理性批判》）得出版而无所惮。故学者之名誉，君与相实共之。今以国家最高之学府，而置此学而不讲，断非所以示世界也。况哲学自直接言之，固不能辞其为无用之学，而自间接言之，则世所号为最有用之学如教育学等，非有哲学之预备，殆不能解其真意。即令一无所用，亦断无废之之理，况乎其有无用之用哉。

（三）必以外国之哲学与中国古来之学术不相容也。吾谓张尚书之意，岂独对外国哲学为然哉，其对我国之哲学，亦未尝不有戒心焉。故周、秦诸子之学，皆在所摈弃，而宋儒之理学，独限于其道德哲学之范围内研究之。然此又大谬不然者也。《易》不言太极，则无以明其生生之旨，《周子》不言无极，则无以固其主静之说，伊川、晦庵若不言理与气，则其存养省察之说为无根柢。故欲离其形而上学而研究其道德哲学，全不可能之事也。至周、秦诸子之说，虽若时与儒家相反对，然欲知儒家之价值，亦非尽知其反对诸家之说不可，况乎其各言之有故，持之成理者哉。今日之时代，已人研究自由之时代，而非教权专制之时代。苟儒家之说而有价值也，则因研究诸子之学而益明其无价值也，虽罢斥百家，适足滋世人之疑惑耳。吾窃叹尚书之知之与杞人等也！昔日杞人有忧天堕而压己者，尚书之忧道，无乃类是。若夫西洋哲学之于中国哲学，其关系亦与诸子哲学之于儒教哲学等。今即不论西洋哲学自己之价值，而欲完全知此土之哲学，势不可不研究彼土之哲学。异日发明光大我国之学术者，必在兼通世界学术之人，而不在一孔之陋儒固可决也。然则尚书之远虑及此，亦不免三思而惑者矣。

尚书所以废哲学科之理由，当不外此三者。此恐不独尚书一人之意见为然，吾国士大夫之大半，当无不怀此疑虑者也。而其不足疑虑也，既如上所述，则尚书之废此科，虽欲不谓之无理由，不可得也。若不改此根本之谬误，则他日此二科中所养成之人才，其优于占毕帖括之学者几何，而我国之经学、文学，不至坠于地不已。此余所为不能默尔而息者也。

由上文所述观之，不但尚书之废哲学一科为无理由，而哲学之不可不特立一科，又经学科中之不可不授哲学，其故可睹矣。至文学与哲学之关系，其密切亦不下于经学。今夫吾国文学上之最可宝贵者，孰过于周、秦以前之古典乎？《系辞》《上下传》实与《孟子》、《戴记》等为儒家最粹之文学，若自其思想言之，则又纯粹之哲学也。今不解其思想，而但玩其文辞，则其文学上之价值已失其大半。此外周、秦诸子、亦何莫不然。自宋以后，哲学渐与文学离，然如《太极图说》、《通书》、《正蒙》、《皇极经世》等，自文辞上观之，虽欲不谓之工，岂可得哉。此外如朱子之于南宋，阳明之于明，非独以哲学鸣，言其文学，亦断非同时龙川、水心及前后七子等之所能及也。凡此诸子之书，亦哲学，亦文学。今舍其哲学，而徒研究其文学，欲其完全解释，安可得也！西洋之文学亦然。柏拉图之《问答篇》，鲁克来谛斯之《物性赋》，皆具哲学、文学二者之资格。特如文学中之诗歌一门，尤与哲学有同一之性质。其所欲解释者，皆宇宙人生上根本之问题。不过其解释之方法，一直观的，一思考的；一顿悟的，一合理的耳。读者观格代、希尔列尔之戏曲，所负于斯披诺若（今译斯宾诺莎）、汗德者如何，则思过半矣。今文学科大学中，既授外国文学矣，不解外国哲学之大意而欲全解其文学，是犹却行而求前，南辕而北其辙，必不可得之数也。且定美之标准与文学上之原理者，亦唯可于哲学之一分科之美学中求之。虽有文学上之天才者，无俟此学之教训，而无才者亦不能以此等抽象之学问养成之。然以有此等学故，得使旷世之才稍省其劳力，而中智之人不惑于歧途，其功固不可没也。故哲学之重要，自经学上言之则如彼，自文学上言之则如此，是故不冀经学、文学之发达则已，苟谋其发达进步，则此二科之章程，不可不自根本上改善之也。

除此根本之大谬外，特将其枝叶之谬，论之如左：

一、经学科大学与文学科大学之不可分而为二也。经学家之言曰："六经，天下之至文。"文学家之言曰："约六经之旨以成文。"二者尚书岂不知之，而顾别经学科于文学科中者，则出于尊经之意，不欲使孔、孟之书与外国文学等侏离之言为伍也。夫尊孔、孟之道，莫若发明光大之，而发明光大之之道，又莫若兼究外国之学说。今徒于形式上置经学于各分科大学之首，而不问内容之关系如何，断非所以尊之也。且果由尚书之道以尊孔、孟，曷为不废外国文学也？貌为尊孔以自附于圣人之徒，或貌为崇拜外国以取媚于时势，二者均窃为尚书不取也。为尚书辩者曰：西洋大学之神学科皆为独立之分科，则经学之为一独立之分科，何所不可？曰：西洋大学之神学科，为识者所诟病久矣。何则？宗教者，信仰之事，而非研究之事。研究宗教是失宗教之信仰也，若为信仰之故而研究，则又失研究之本义。西洋之神学，所谓为信仰之故而研究者也。故与为研究之故而研究之哲学，不能并立于一科中。若我孔、孟之说，则固非宗教而学说也，与一切他学均以研究而益明，而必欲独立一科，以与极有关系之文学相隔绝，此则余所不解也。若为尊经之故，则置文学科于大学之首可耳，何必效西洋之神学科，以自外于学问者哉。

一、群经之不可分科也。夫"不通诸经，不能解一经"，此古人至精之言也。以尚书之邃于经学，岂不知此义，而顾分经学至十一科者，则以既别经学于文学，则经学科大学中之各科，未免较他科大学相形见少故也。今若合经学科于文学科大学中，则此科为文学科大学之一科，自不必分之至析。夫我国自西汉博士既废以后，所谓经师，无不博综群经者。国朝诸老亦然。且大学者，虽为国家最高之专门学校，然所授者，亦不过专门中之普通学，与以毕生研究之预备而已。故今日所最亟者，在授世界最进步之学问之大略，使知研究之方法。至于研究专门中之专门，则又毕生之事业，而不能不俟诸卒业以后也。

一、地理学科不必设也。文学科大学中之有地理科，斯最可异者已。夫今日之世界，人迹所不到之地殆少，故自地理学之材料上言之，殆无可云进步矣。其尚可研究之方面，则在地文、地质二学。然此二学之性质属于格致科，而不属于文学科。今格致科大学中既有地质科矣，则地理学之事可附于此科中研究之，若别置一科，不免有重复之弊矣。

由余之意，则可合经学科大学于文学科大学中，而定文学科大学之各科为五：一、经学科；二、理学科；三、史学科；四、中国文学科；五、外国文学科（此科可先置英、德、法三国，以后再及各国）。而定各科所当授之科目如左：

一、经学科科目：（一）哲学概论；（二）中国哲学史；（三）西洋哲学史；（四）心理学；（五）伦理学；（六）名学；（七）美学；（八）社会学；（九）教育学；（十）外国文。

二、理学科科目：（一）哲学概论；（二）中国哲学史；（三）印度哲学史；（四）西洋哲学史；（五）心理学；（六）伦理学；（七）名学；（八）美学；（九）社会学；（十）教育学；（十一）外国文。

三、史学科科目：（一）中国史；（二）东洋史；（三）西洋史；（四）哲学概论；（五）历史哲学；（六）年代学；（七）比较言语学；（八）比较神话学；（九）社会学；（十）人类学；（十一）教育学；（十二）外国文。

四、中国文学科科目：（一）哲学概论；（二）中国哲学史；（三）西洋哲学史；（四）中国文学史；（五）西洋文学史；（六）心理学；（七）名学；（八）美学；（九）中国史；（十）教育学；（十一）外国文。

五、外国文学科科目：（一）哲学概论；（二）中国哲学史；（三）西洋哲学史；（四）中国文学史；（五）西洋文学史；（六）□国文学史；（七）心理学；（八）名学；（九）美学；（十）教育学；（十一）外国文。

论小学校唱歌科之材料

今日教育上有一可喜之现象，则音乐研究之勃兴是也。二三年来，学校唱歌集之出版者，以数十计。大都会之小学校，亦往往设唱歌一科。至夏期音乐研究会等，时有所闻焉。然就唱歌集之材料观之，则吾人不能不谓提倡音乐研究。音乐者之大半，于此科之价值，实尚未尽晓也。夫音乐之形而上学的意义（如古代希腊毕达哥拉斯及近世叔本华之音乐说），姑不具论，但就小学校所以设此科之本意言之，则：（一）调和其感情，（二）陶冶其意志，（三）练习其聪明官及发声器是也。一与三为唱歌科自己之事业，而二则为修身科与唱歌科公共之事业。故唱歌科之目的，自以前者为重；即就后者言之，则唱歌科之补助修身科，亦在形式而不在内容（歌词）。虽有声无词之音乐，自有陶冶品性，使之高尚和平之力，固不必用修身科之材料为唱歌科之材料也。故选择歌词之标准，宁从前者而不从后者。若徒以干燥拙劣之辞，述道德上之教训，恐第二目的未达，而已失其第一之目的矣。欲达第一目的，则于声音之美外，自当益以歌词之美。而就歌词之美言之，则今日作者之自制曲，其不如古人之名作审矣。或谓古人之名作，不必合于小学教育之目的与程度，然古诗中之咏自然之美及古迹者，亦正不乏此等材料。以有具体的性质，而可以呈于儿童之直观故，故较之道德上抽象之教训，反为易解，且可与历史、地理及理科中之材料相联络。而其对修身科之联络，则宁与体操科等，盖一在养其感情，一在强其意志；其关系乃普遍关系，而不关于材质之意义也。循此标准，则唱歌科庶不致为修身科之奴隶，而得保其独立之位置欤。

教育小言十三则

（一）

今有一厂主，集群职工而谕之曰：汝等各勤汝职，数年后，余将使汝治会计，事少而偿多，足以剂汝今日之劳矣。汝等虽不娴，余不汝责也。群职工大喜，日夜以希主人之所以许之者，事益不治。呜呼！如斯厂者，为职工计，诚得矣；其如一厂之资本何？余以为，今之以官爵奖励人才者，实无以异于此也。

（二）

今之世界，分业之世界也。一切学问、一切职事，无往而不需特别之技能、特别之教育，一习其事，终身以之。治一学者之不能使治他学，任一职者之不能使任他职，犹金工之不能使为木工，矢人之不能使为函人也。

（三）

今之用人行政者，则殊异乎是。夫天下之事至繁赜也，所需之人才至纷沓也，而上所以驭之者至简；始则以"洋服"二字括之，继则以"新学"或"新政"二字括之。其所以奔走之者尤简，则以"官"之一字括之。

（四）

夫治官之事而以官奔走之，犹可言也，然必须所与之官与其所治之事相合，然后在上者能收其用，而在下者能尽其职。今则不然，师范生服务期满，则与以官矣；高等教育之卒业者，亦与以官矣。

（五）

夫官之名，至广莫也；种类，至复杂也。以能任一事之才，而与以至广漠之名，使之他日治不可知之事，比之厂主之使职工治会计者，其智之相越，盖不远矣。

（六）

且官之为物，兼劳动与报酬二义。其所受之报酬，即所以偿其同时之劳动，非可以为奖励之具也。如以是为奖励，则人之得之者，必但注意于报酬之一面，而忘其劳动之一面，不然，则奖励之谓何矣。且师范生服务期限止于五年，以五年之劳动而于相当之报酬外，又得终身之报酬，为劳动者计则得矣。上之所以报之者，独不虑有所不给乎？

（七）

吾国下等社会之嗜好，集中于"利"之一字上；中社会之嗜好，亦集中于此；而以"官"为利之代表故，又集中于"官"之一字。夫欲以一二人之力拂社会全体之嗜好，以成一事，吾知其难也。知拂之之不可，而忘夫奖励之之尤不可，此谓能见秋毫之末，而不能见泰山者矣。

（八）

教育者，神圣之事业也。日本之不以教员待教员，而以官待教员，吾人之素所不喜也。然以今日我国上下之趋势观之，则知彼国之以教员为一官职，而即于其中迁转者，真可谓斟酌于教育之独立与社会人心之趋向之间，而得其平者矣。

（九）

夫教员、医生、政治家、法律家、工学家之学，固职业的学问也。对此等学问家，而以其职业上相当之官与之，则上得以收其用，而下得以尽其长，固非徒奖励之为而已。但美其名曰奖励，曰报酬，而浑其报酬之之物曰官，则于用人之目的已失，而其手段又误，如上文之所批评，其理固人人之所易解也。以职业的学问而犹若是，况于非职业的学问乎？

（十）

非职业的学问何？科学、哲学、文学、美术（按，指艺术）四者，是已。治职业者，苟心乎职业外之某物（官），则已不能平心于其职，况乎对非职业的学问家，而与以某种之职业（官）乎？故以官奖励职业，是旷废职业也；以官奖励学问，是剿灭学问也。今以官与服务期满之师范生，非所谓以官奖励职业者乎？以官之媒介之举人进士，予卒业生，非所谓以官奖励学问者乎？上之所以奖励之者如此，无怪举天下不知有职业学问？而惟官之是知也。

（十一）

日本当明治七年间，日人谓其大学校曰：官吏制造所。试问我国之制造官吏者，独一大学而已乎？以大学为未足，而又制造之于优级、初级师范学校矣；以国内为未足，而又制造之于国外矣。

（十二）

今之人士之大半，殆舍官以外无他好焉。其表面之嗜好，集中于官之一途，而其里面之意义，则今日道德、学问、实业等皆无价值之证据也。夫至道德、学问、实业等皆无价值，而惟官有价值，则国势之危险何如矣！社会之趋势既已如此，就令政府以全力补救之，犹恐不及，况复益其薪而推其波乎？

（十三）

故为今日计，政府不可不执消极及积极之二方法。消极之法，则不以官为奖励之具是已；积极之法，则必使道德、学问、实业等有独立之价值，然后足以旋转社会之趋势。然用第二方法而一不慎，则世且有以道德、学问、实业为手段而求官者，失之毫厘，差以千里。此又不可不注意也。

教育小言十则

（一）

学术之绝，久矣。昔孔子以老者不教、少者不学，为国之不祥；闵子马以原伯鲁之不悦学，而卜原氏之亡。今举天下之人而不悦学几何？不胥人人为不祥之人，而胥天下而亡也。

（二）

或曰："今日上之人，日言奖励学术；下之人，日言研究学术；子曷言其不悦学也？"曰："上之奖励之者，以其名也，否则以其可致用也；其为学术自己故，而尊之者几何？下之研究之者，亦以其名也，否则以其可得利禄也，否则以其可致用也；其为学术自己故，而研究之者，吾知其不及千分之一也。"

（三）

夫然，故今之学者，其治艺者多，而治学者少。即号称治学者，其能知学与艺之区别，而不视学为艺者，又几人矣。故其学苟可以得利禄，苟略可以致用，则遂嚣然自足，或以筌蹄视之。彼等于学问，固无固有之兴味，则其中道而止，固不足怪也。

(四)

治新学者既若是矣，治旧学者又何如？十年以前，士大夫尚有闭户著书者，今虽不敢谓其绝无，然亦如凤毛麟角矣。夫今日欲求真悦学者，宁于旧学中求之。以研究新学者之真为学问欤？抑以学问为羔雁欤？吾人所不易知，不如深研见弃之旧学者，吾人能断其出于好学之真意故也。然今则何如？

(五)

德清俞氏之殁，几半年矣。俞氏之于学问，固非有所心得，然其为学之敏与著书之勤，至耄而不衰，固今日学者之好模范也。然于其死也，社会上无铺张之者，亦无致哀悼之词者，计其价值乃不如以脑病蹈海之留学生。吾国人对学问之兴味如何，亦可于此观之矣！

(六)

然吾人亦非谓今之学者绝不悦学也，即有悦之者，亦无坚忍之志、永久之注意。若是者，其为口耳之学，则可矣；若夫绵密之科学，深邃之哲学，伟大之文学，则固非此等学者所能有事也。

(七)

日之暮也，人之心力已耗，行将就床；此时不适于为学，非与人闲话，则但可读杂记、小说耳。人之老也，精力已耗，行将就木；此时亦不适于为学，非枯坐终日，亦但可读杂记、小说耳。今奈何一国之学者而无朝气，无注意力也，其将就睡欤？抑将就木欤？吾不得而知之。吾但祈孔子与闵子马之言之不验而已矣。

（八）

要之，我国人废学之病，实原于意志之薄弱。而意志薄弱之结果，于废学外，又生三种之疾病：曰运动狂，曰嗜欲狂，曰自杀狂。

（九）

前二者之为意志薄弱之结果，人皆知之。至自杀之事，吾人姑不论其善恶如何，但自心理学上观之，则非力不足以副其志而入于绝望之域，必其意志之力不能制其一时之感情，而后出此也。而意志薄弱之社会反以美名加之，吾人虽不欲科以杀人之罪，其可得乎？

（十）

然则，今日之言教育者，宜如何讲求陶冶意志之道乎？然教育家中，其有强毅之意志者有几？《诗》曰："螟蛉有子，〔果赢〕（蜾赢）负之。教诲尔子，式穀似之。"此大可为社会前途虑者也。

一一　古文字研究

释　史

《说文解字》："史，记事者也。从又持中。中，正也。其字古文、篆文并作█，从中。"（秦泰山刻石"御史大夫"之史，《说文》大、小徐二本皆如此作。）案：古文中正之字作█████诸形，而伯仲之仲作█，无作█者，唯篆文始作█。且中正，无形之物德，非可手持，然则史所从之中，果何物乎？吴氏大澂曰："史，象手执简形。"然█与简形殊不类。江氏永《周礼疑义举要》云："凡官府簿书谓之中，故诸官言'治中'、'受中'，《小司寇》'断庶民狱讼之中'，皆谓簿书，犹今之案卷也。此中字之本义，故掌文书者谓之史，其字从又从中。又者，右手，以手持簿书也。吏字、事字皆有中字。天有司中星，后世有治中之官，皆取此义。"江氏以中为簿书，较吴氏以中为简者得之（简为一简，簿书则需众简）。顾簿书何以云中？亦不能得其说。案《周礼·大史职》："凡射事，饰中、舍筭。"《大射仪》："司射命释获者设中，大史释获。小臣师执中，先首坐设之，东面，退。大史实八筭于中，横委其余于中西。又，释获者坐取中之八筭，改实八筭兴执而俟，乃射。若中，则释获者每一个释一筭。上射于右，下射于左，若有余筭，则反委之。又取中之八筭，改实八筭于中，兴执而俟。"云云。此即《大史职》所云饰中舍筭之事。是中者，盛筭之器也。中之制度，《乡射记》云："鹿中髤，前足跪，凿背容八筭，释获者奉之，先首。"又云："君国中射则皮树中，于郊则闾中，于竟则虎中，大夫兕中，士鹿中。"是周时中制皆作兽形，有首有足，凿背容八筭，亦与█字形不类。余疑中作兽形者，乃周末弥文之制，其初当如█形，而于█之上横，凿空以立筭，达于下横；其中央一直，乃所以持之，且可建之于他器者也。考古者简与筹为一物。古之简策，最长者二尺四寸；其次二分取一，为一尺二寸；其次三分取一，为八寸；其次四分取一，为六寸（详见余《简牍检署考》）。筹之制，亦有一尺二寸与六寸二种。射时所释之筹，长尺二寸，投壶筹长尺有二寸。《乡射记》："箭筹八十，长尺有握，握素。"注："箭，筭也。筹，筭也。握，本所持处也。素，谓刊之也。刊本一肤。"贾疏云："长尺复云有握。"则握在一尺之外，则此筹尺四寸矣。云刊本一肤者，《公羊传》僖三十一年："肤寸而合。"何休云："侧手为肤。"又《投壶》"室中五扶"，注云："铺四指曰扶（案《文选》应休琏《与从弟君苗君胄书》注引《尚书大传》曰："扶寸而合，不崇朝而雨天下。"郑玄曰："四指为扶。"是扶、肤一字）。一指案寸，皆谓布四指，一指一寸，四指则四寸，引之者，证握、肤为一，谓刊四寸也。所纪筹之长短，与《投壶》不同。疑《乡射记》以周八寸尺言，故为尺四寸，《投壶》以周十寸尺言，故为尺有二寸，犹《盐铁论》言"二尺四寸之律"，而《史记·酷吏传》言"三尺法"，《汉书·朱博传》言"三尺律令"，皆由于八寸尺与十寸尺之不同，其实一也。计历数之算则长六寸，《汉书·律历志》："筹法用竹径一分长六寸。"《说文解字》："筹长六寸。"计历数者尺二寸与六寸，皆与简策同制，故古筹、筭二字往往互用。《既夕礼》："主人之史，请读赗，执筭，从枢东。"注："古文筭皆作筹。"《老子》："善计者不用筹策。"意谓不用筹筭也。《史记·五帝本纪》："迎日推筹。"《集解》引晋灼曰："筹，数也，迎数之也。"案：筹无数义，惟《说文解字》云："算，数也。"则晋灼时本当作"迎日推筹"，又假筹为算也。汉荡阴令张迁碑："八月筹民。"案《后汉书·皇后纪》："汉法，常以八月算人。"是八月筹民，即八月算民，亦以筹为算，是古筹、筭同物之证也。射时舍筹，既为史事，而他事用筹者，亦史之所掌。（《周礼·马相氏》、《保章氏》皆大史属官。《月令》乃命大史守典奉法，司天日月星辰之行，是计历数者，史之事也。又古者筮多用筹以代著。《易·系辞传》言乾之策、坤之策，《士冠礼》："筮我执筹"。又周、秦诸书多言龟策，罕言著龟，筹、筭实一字，而古者卜筮亦史掌之。《少牢馈食礼》筮者为史，《左氏传》亦有筮史，是筮亦史事。）筹与简策本是一物，又皆为史之所执，则盛筹之中，盖亦用以盛简。简之多者，自当编之为篇。若数在十简左右者，盛之于中，其用较便。《逸周书·尝麦解》："宰乃承王中，升自客阶。作笑、执笑，从中，宰坐尊中于大正之前。"是中、笑二物相将，其为盛笑之器无疑。故当时簿书亦谓之中，《周礼·天府》："凡官府、乡州及都鄙之治中，受而藏之。"《小司寇》："以三刺断民狱讼之中"，又"登中于天府，乡士、遂士、方士狱讼成，士师受中。"《楚语》："左执鬼中。"盖均谓此物也。然则史字从又持中，义为持书之人，与尹之从又持丨（象笔形）者同意矣。

然则谓中为盛笑之器，史之义不取诸持筹而取诸持笑，亦有说乎？曰：有。持筹为史事者，正由持笑为史事故也。古者，书、笑皆史掌之。《书·金縢》："史乃册祝。"《洛诰》："王命作册，逸祝册。"又，"作册逸诰"。《顾命》："大史秉书，由宾阶陈，御王册命。"《周礼》大史："掌建邦之六典，掌法掌则。凡邦国都鄙及万民之有约剂者藏之，以贰六官。六官之所登，大祭祀，戒及宿之日，与群执事读礼书而协事。祭之日，执书以次位常。大会同朝觐，以书协礼事，及将币之日，执书以诏王。大师抱天时，与大师同车。大迁国抱法以前，大丧执法以莅劝妨。遣之日，读诔。"小史："掌邦国之志，奠系世，辨昭穆。若有事，则诏王之忌讳。大祭，读礼法，史以书辨昭穆之俎簋。卿大夫令之贰，以考政事，以逆会计。凡命诸侯及公卿大夫则册命之。凡四方之事书，内史读之。王制禄，则赞为之，以方出之。"内史："掌书王命，遂贰之。"外史："掌书外令，掌四方之志，掌三皇五帝之书，掌达书名于四方。若以书使于四方，则书其令。"御史："掌赞书。"女史："掌书内令。"《聘礼》："夕币，史读书展币。"又："誓于其竟，史读书。"《觐礼》："诸公奉箧服，加命书于其上，升自西阶，东面。大史是右，侯氏升、西面立，大史述命。"（注：读王命书也。）《既夕礼》："主人之史请读赗。"又："公史自西方东面，读遣卒命。"《曲礼》："史载笔。"《王制》："大史典礼，执简记奉讳恶。"《玉藻》："动则左史书之，言则右史书之。"《祭统》："史由君右执策命之。"《毛诗·静女传》："古者后夫人必有女史彤管之法，史不记过其罪之丧赐谥读诔。内史掌王之八枋之法，以诏王治执国法杀之。"又，周六官之属，掌文书者，亦皆谓之史，则史之职专以藏书、读书、作书为事，其字所以从之中，自当为盛筭之器，此得由其职掌证之也。

史为掌书之官，自古为要职。殷商以前，其官之尊卑虽不可知，然大小官名及职事之名，多由史出，则史之位尊地要可知矣。《说文解字》："事，职也，从史，屮省声。"又："吏，治人者也。从一，从史，史亦声。"然殷人卜辞皆以史为事，是尚无事字。周初之器，如毛公鼎、番生敦二器，卿事作事，大史作史，始别为二字。然毛公鼎之事作𠺟，小子师敦之卿事作𠼦，师衰敦之啬事作𠼦，从中，上有斿，又持之，亦史之繁文。或者作𠼦，皆所以微与史之本字相别，其实犹是一字也。古之官名多由史出，殷、周间王室执政之官，经传作卿士。（《书·牧誓》："是以为大夫卿士。"《洪范》："谋及卿士。"又："卿士惟月。"《顾命》："卿士邦君。"《诗·商颂》："降予卿士。"是殷周间已有卿士之称。）而毛公鼎、小子师敦、番生敦作卿事，殷虚卜辞作卿史（《殷虚书契》前编卷二第二十三叶，又卷四第二十一叶），是卿士本名史也。又，天子诸侯之执政，通称御事，（《书·牧誓》："我友邦冢君，御事。"《大诰》："大诰猷尔多邦，越尔御事。"又："肆余告我友邦君，越尹氏、庶士、御事。"《酒诰》："厥诰毖庶邦庶士，越少正、御事。"又："我西土棐，徂邦君御事、小子。"《梓材》："王其效邦君，越御事。"《召诰》："诰告庶殷，越自乃御事。"又："王先服殷御事，比介于我有周御事。"《洛诰》："予旦以多子，越御事。"《文侯之命》："即我御事，罔或耆寿。俊在厥服。"多以邦君、御事并称，盖谓诸侯之执政者也。）而殷虚卜辞则称御史，（《殷虚书契前编》卷四第二十八叶）是御事亦名史也。又古之六卿，《书·甘誓》谓之六事。司徒、司马、司空，《诗·小雅》谓之三事，又谓之三有事，《春秋左氏传》谓之三吏，此皆大官之称事，若吏即称史者也。《书·酒诰》："有正有事。"又："兹乃允惟王正事之臣。"《立政》："立政立事"，正与事对文，长官谓之正，若政，庶官谓之事，此庶官之称事，即称史者也。史之本义，为持书之人，引申而为大官及庶官之称，又引申而为职事之称。其后，三者各需专字，于是史、吏、事三字，于小篆中截然有别：持书者谓之史，治人者谓之吏，职事谓之事。此盖出于秦汉之际，而《诗》、《书》之文尚不甚区别，由上文所征引者知之矣。

　　殷以前，史之尊卑虽不可考，然卿事、御事均以史名，则史官之秩，亦略可知。《曲礼》："天子建天官，先六大，曰：大宰、大宗、大史、大祝、大士、大卜，典司六典。"注："此盖殷时制，大史与大宰同掌天官，固当在卿位矣。"《左传·桓十七年》："天子有日官，诸侯有日御，日官居卿以底日。"以日官为卿，或亦殷制。周则据《春官·序官》："大史，下大夫二人，上士四人。小史，中士八人，下士十有六人。内史，中大夫一人，下大夫二人，上士四人，中士八人，下士十有六人。外史，上士四人，中士八人，下士十有六人。御史，中士八人，下士十有六人。"其中，官以大史为长（郑注：大史，史官之长，或疑《书·酒诰》称大史友、内史友。《大戴礼记·盛德》篇云："大史、内史，左右手也。"似大史、内史，各自为寮，不相统属。且内史官在大史上，尤不得为大史之属。然毛公鼎云：御事寮、大史寮。番生敦云：御事大夫寮。不言内史。盖析言之，则大史、内史为二寮；合言之则为大史一寮。又周官长贰，不问官之尊卑，如乡老以公，乡大夫以卿，而为大司徒之属；世妇以卿，而为大宗伯之属，皆是。则内史为大史之属，亦不嫌也），秩以内史为尊；内史之官员在卿下，然其职之机要，除冢宰外，实为他卿所不及。自《诗》、《书》、彝器观之，内史实执政之一人，其职与后汉以后之尚书令、唐宋之中书舍人、翰林学士、明之大学士相当，盖枢要之任也。此官，周初谓之作册，其长谓之尹氏。尹字从又持丨，象笔形。《说文》所载尹之古文作⿱，虽传写讹舛，未可尽信，然其下犹为聿形，可互证也。持中为史，持笔为尹，作册之名，亦与此意相会。试详证之。《书·洛诰》："王命作册，逸祝册。"又："作册逸告。"作册二字，伪《孔传》以王为册书释之。《顾命》："命作册度"，传亦以命史为册书法度释之。孙氏诒让《周官正义》始云"尹逸盖为内史，以其所掌职事言之，谓之作册，（《古籀拾遗·宂卣跋》略同。）始以作册为内史之异名，余以古书及古器证之，孙说是也。案《书·毕命序》："康王命作册毕，分居里，成周东郊，作《毕命》。"（《史记·周本纪》作"康王命作册毕公"，盖不知作册为官名，毕为人名，而以毕公当之，为伪古文《毕命》之所本。）《汉书·律历志》引逸《毕命》、《丰刑》曰："王命作册丰刑。"《逸周书·尝麦解》亦有作筴，此皆作册一官之见于古书者。其见于古器者，则癸亥父己鼎云："王赏作册丰贝。"景卣云："王姜命作册景安夷。"伯吴尊盖云："宰朏右作册吴入门。"皆以作册二字冠于人名上，与《书》同例。而吴尊盖之"作册吴"，虎敦、牧敦皆作"内史吴"，是作册即内史之明证也，亦称"作册内史"。师馀敦："王呼作册内史册命师馀。"尤盂："王在周，命作册内史锡尤卤□□。"亦称作命内史。剌鼎："王呼作命内史册命剌"是也。内史之长曰内史尹，亦曰作册尹。师兑敦："王呼内史尹册命兑。"师晨鼎："王呼作册尹册命师晨。"尤敦："王受作册尹者（假为诸字），俾册命尤"是也。亦单称尹氏。《诗·大雅》："王谓尹氏，命程伯休父。"颂鼎、寰盘："尹氏受王命书。"克鼎："王呼尹氏册命克。"师𣆪敦："王呼尹氏册命师𣆪"是也。或称命尹。（古命、令同字，命尹即令尹。楚正卿令尹之名，盖出于此。）伊敦："王呼命尹㭉册命伊"是也。作册尹氏，皆《周礼》内史之职，而尹氏为其长，其职在书王命与制禄、命官，与大师同秉国政，故《诗·小雅》曰："赫赫师尹，民具尔瞻。"又曰："赫赫师尹，不平谓何？"又曰："尹氏大师，维周之氏，秉国之钧。"诗人不欲斥王，故呼二执政者而告之。师与尹乃二官，与《洪范》之"师尹惟日"，《鲁语》"百官之政事师尹"同，非谓一人而师其官，尹其氏也。《书·大诰》："肆予告我友邦君，越尹氏，庶士，御事。"《多方》："诰尔四国多方，越尔殷侯尹民。""民"当为"氏"字之误也。尹氏在邦君、殷侯之次，乃侯国之正卿，殷周之间已有此语。说《诗》者乃以《诗》之尹氏为大师之氏，以《春秋》之尹氏当之，不亦过乎！且《春秋》之尹氏，亦世掌其官，因以为氏耳，然则尹氏之号，本于内史，《书》之庶尹百尹，盖推内史之名以名之，与卿事、御事之推史之名以名之者同。然则前古官名多从史出，可以觇古时史之地位矣。

与友人论《诗》《书》中成语书(一)

　　《诗》、《书》为人人诵习之书，然于六艺中最难读。以弟之愚暗，于《书》所不能解者殆十之五，于《诗》亦十之一二。此非独弟所不能解也，汉、魏以来诸大师未尝不强为之说，然其说终不可通，以是知先儒亦不能解也。其难解之故有三：讹阙，一也（此以《尚书》为甚）；古语与今语不同，二也；古人颇用成语，其成语之意义，与其中单语分别之意义又不同，三也。唐、宋之成语，吾得由汉、魏、六朝人书解之；汉、魏之成语，吾得由周、秦人书解之。至于《诗》、《书》，则书更无古于是者。其成语之数数见者，得比校之而求其相沿之意义，否则不能赞一辞。若但合其中之单语解之，未有不龃龉者。试举一二例言之。如"不淑"一语，其本意谓不善也。不善或以性行言，或以遭际言，而"不淑"，古多用为遭际不善之专名。《杂记》记诸侯相吊辞，相者请事，客曰："寡君使某，如何不淑。"致命曰："寡君闻君之丧，寡君使某，如何不淑。"《曲礼》注云："相传有吊辞云：'皇天降灾，子遭罹之，如何不淑。'如何不淑者，谓遭此不幸，将如之何也。"《左·庄十（一）年传》："宋大水，公使吊焉。曰：'天作淫雨，害于粢盛，若之何不吊！'"又《襄十四年传》："公使厚成叔吊于卫，曰：'寡君使瘠，闻君不抚社稷而越在他竟，若之何不吊！'"古"吊"、"淑"同字，"若之何不吊"，亦即"如何不淑"也。是"如何不淑"者，古之成语，于吊死唁生皆用之。《诗·鄘风》："子之不淑，云如之何！"正用此语，意谓宣姜本宜与君子偕老，而宣公先卒，则"子之不淑，云如之何"矣。不斥宣姜之失德，而但言其遭际之不幸，诗人之厚也。《王风》："遇

人之不淑"，亦犹言遇人之艰难，不责其夫之见弃，而但言其遭际之
不幸，亦诗人之厚也。诗人所用，皆当时成语，有相沿之意义。毛、
郑胥以"不善"释之，失其旨矣。古又有"陟降"一语。古人言陟
降，犹今人言往来，不必兼陟与降二义。《周颂》："念兹皇祖，陟降
庭止。""陟降厥士，日监在兹。"意以降为主，而兼言陟者也。《大
雅》："文王陟降，在帝左右。"此以陟为主，而兼言降者也。故"陟
降"者，古之成语也。"陟降"亦作"陟恪"。《左·昭七年传》：
"叔父陟恪，在我先王之左右。"正用《大雅》语。恪者，各之借字，
是陟各即陟降也。古"陟"、"登"声相近，"各"、"格"，假字又相
通，故"陟各"又作"登假"。《曲礼·告丧》曰："天王登假"，
《庄子·德充符》："彼且择日而登假"，《大宗师》："是知之能登假
于道也若此。"登假亦即陟降也。又作"登遐"。《墨子·节葬篇》：
"秦之西有仪渠之国者，其亲戚死，聚柴薪而焚之，熏上则谓之登
遐。"登遐亦即陟降也。"登假"、"登遐"，后世用为崩、薨之专语；
而通语之陟降，别以登降、升降二语代之。然四语所从出之源，尚历
历可指。《书·文侯之命》言"昭登于上"（今《书》作"昭升。于上"，
然《史记·晋世家》、《典引》蔡邕注皆引《书》"昭登于上"，盖今文如是），
《诗·大雅》言"昭假于下"。"登"与"假"相对为文，是登假即
陟降之证也。《左传》之"陟恪"，《典礼》之"登假"，《墨子》之
"登遐"，皆谓"登"而不谓"降"，此又《大雅》之"陟降"不当
分释为上、下二义之证也。《诗》、《书》中语，此类者颇多，姑举其
一二可知者，知字义之有转移，又知古代已有成语，则读古书者，可
无以文害辞、以辞害志之失矣。

与友人论《诗》《书》中成语书（二）

古之成语，有可由《诗》、《书》本文比校知之者，如高邮王氏之释《书》"猷裕"、《诗》"靡监"，瑞安孙氏之释《书》"棐忱"、"棐彝"、《诗》"不殄"、"不瑕"，皆是也。今尚有可说者，如《书·康诰》云："汝陈时臬司。"《孔传》读"司"字下属。案下文云"汝陈时臬事"，古"司"、"事"通用（《诗·小雅》"择三有事"，毛公鼎云"粤三有嗣"），则"臬司"即"臬事"，孔读失之。又云："我时其惟殷先哲王德，用康乂民作求。"传说未了。案《诗·大雅》："王配于京，世德作求。"求者，仇之假借字；仇，匹也。作求，犹《书》言"作匹"、"作配"，《诗》言"作对"也。《康诰》言与殷先王之德能安治民者为仇匹，《大雅》言与先世之有德者为仇匹，故同用此语。郑《笺》训"求"为"终"者，亦失之。《酒诰》云："惟天降命，肇我民。""天降命"，正与下文"天降威"相对为文，《多方》云："天大降显休命于成汤"是也。《传》以为天下教令者，失之。天降命于君，谓付以天下；君降命于民，则谓全其生命。《多士》云："昔朕来自奄，予大降尔四国民命。"《多方》云："予惟大降尔命，尔罔不知。"又云："我惟大降尔四国民命。"又云："乃有不用我降尔命，我乃其大罚殛之。"盖四国之民与武庚为乱，成王不杀而迁之，是重予以性命也。《传》以民命为四国君，以降为杀，大失经旨矣。《酒诰》云"汝劼毖殷献臣"，"劼毖"义不可通。案：上文"厥诰毖庶邦庶士"，"劼毖"殆"诰毖"之讹。又云："汝典听朕毖"，亦与上其"尔典听朕教"文例正同，则毖与诰、教同义。《传》释"劼"为"固"，释

“毖”为“慎”，亦大失经旨矣。《梓材》云：“庶邦享，作兄弟方来。”兄弟方，与《易》之“不宁方”、《诗》之“不庭方”，皆三字为句。方，犹国也。《传》于兄弟句绝，又以方为万方，亦失经旨。《鲁颂》“鲁邦是常”，《笺》云：“常，守也。”《商颂》曰“商是常”，《笺》云：“成汤之时，乃氐羌远夷之国来献来见，曰是我常君也。”实则“常”，当读为“尚”。《大雅》：“肆皇天弗尚。”《墨子·非命下》引《去发》曰：“谓人有命，谓敬不可行，谓祭无益，谓暴无伤，上帝不常，九有以亡。”上帝不常，即上帝弗尚。陈侯因資敦“永为典尚”，“典尚”即“典常”。古常、尚二字通用，尚之言右也。此皆可由《诗》、《书》比校知之者也。其余《诗》、《书》中语，不经见于本书，而旁见彝器者，亦得比校而定其意义。如《书·金縢》云“敷佑四方”，《传》云：“布其德教以佑助四方。”案盂鼎云“匍有四方”，知“佑”为“有”之假借，非佑助之谓矣。《多方》云：“越惟有胥伯小大多正，尔罔不克臬。”胥伯，《尚书·大传》作“胥赋”。案：毛公鼎云：“执小大楚赋。”楚、胥皆以疋为声，是《大传》作“胥赋”为长，而“小大多正”，当亦指布缕、粟米、力役诸征，非《孔传》“伯长正官”之谓矣。《诗·羔裘》云“舍命不渝”，《笺》云：“是子处命不变，谓守死善道，见危授命之等。”案：克鼎云：“王使善夫克舍命于成周”，毛公鼎云：“厥非先告父厝，父厝舍命，毋有敢蠢，尃命于外。”是“舍命”与“尃命”同意。舍命不渝，谓如晋解扬之致其君命，非处命之谓也。《楚茨》云“先祖是皇，神保是飨”，又云“神保是格”，又云“鼓钟送尸，神保聿归”。《传》、《笺》皆训保为安，不以神保为一语。朱子始引《楚辞》“灵宝”以正之。今案：克鼎云“巠念厥圣保祖师桒父”，是神保、圣保皆祖考之异名。《诗》之“先祖是皇，神保是飨”、“皇尸载起”、“神保聿归”，皆相互为文，非安飨、安归之谓也。《文王》：“永言配命，自求多福。”传云：“永，长。言，我也。我长配天命而行。”案：毛公鼎：“皇天弘厌厥德。配我有周，膺受大命。”又云：“丕巩先王配命。”配命，谓天所畀之命，亦一成语。永言配命，犹云永我畀命，非我长配天命之谓也。《思齐》云："不显亦临，无射亦保。"《传》云："以显临之，保安无厌也。"《笺》云："临，视也。保，犹居也。文王之在辟雍也，有贤才之质而不明者，亦得观于礼；于六艺无射才者，亦得居于位。"说尤迂曲。案：毛公鼎云："肆皇天无射，临保我有周。"师虘敦云："肆皇帝无斁，临保我有周。"则临犹保也。《大明》云："上师临女。"《云汉》云："上帝不临。"上帝不临，犹《书·多士》云"上帝不保"也。然则《诗·思齐》盖临、保互文，又知上云"雝雝在宫，肃肃在庙"，亦宫、庙互文，非辟雍宫之谓也。《卷阿》云："俾尔弥尔性"，传云："弥，终也。"案：龚姞敦云："用蕲眉寿，绾绰永命，弥厥生。"齐子仲姜镈云："用求考命弥生"，是弥性即弥生，犹言永命矣。《韩奕》"榦不庭方"，《传》云："庭，直也。"《笺》云："当与不直，违失法度之方，作贞榦。"案：毛公鼎云"率怀不廷方"，《左·隐十年传》"以王命讨不庭"，则不庭方谓不朝之国，非不直之谓也。《江汉》云"肇敏戎公"，《传》云："戎，大也；公，事也。"《笺》云："戎，犹女也。"案：不娶敦云："女肇海于戎工。"虢季子白盘云："庸武于戎工。"皆谓兵事，训大、训汝皆失之。《商颂·殷武》云"天命降监，下民有严。"《传》云："严，敬也。"《笺》云："天乃下视下民有严明之君。"案有严一语，古人多以之斥神祇祖考。齐侯镈钟云："虩虩成唐，有严在帝所。"宗周钟云："先王其严在上，熊熊数数，降余多福。"虢叔旅钟云："皇考严在上，翼在下。"番生敦云："不显皇祖考严在上，广启厥孙子于下。"是"天命降监，下民有严"者，意谓天命有严，降监下民，句或倒者，以就韵耳。《笺》以为"下视下民有严明之君"者，失之。又《康诰》："要囚服念五六日，至于旬时，丕蔽要囚。"《多方》："要囚殄戮多罪。"又："我惟时其战要囚之。"《传》云："要囚，谓察其要辞以断狱。"案：要囚即幽囚，古要、幽同音，《诗·豳风》"四月秀葽"，《夏小正》作"四月秀幽"。《楚辞·湘君》、《远游》之要眇，《韩非子》(七)之"要妙"，亦即幽眇、幽妙也。《传》以为"察要辞者"，失之。《书·君奭》云

"在让后人于丕时"，《诗·大雅》云"帝命不时"，《周颂》云"裒时之对"。丕时、不时、裒时，当是一语。《洛诰》云"叙弗其绝厥若"，《立政》云"我其克灼知厥若"，《康王之诰》云"用奉恤厥若"。厥若亦当是成语。此等成语，无不有相沿之意义在，今日固无以知之。学者姑从盖阙可矣。

《史籀篇疏证》序①

叙曰：《史籀》十五篇，古之遗书，战国以前未见称述。爰逮秦世，李、赵、胡毋本之以作《苍颉》诸篇，刘向校书，始著于录。建武之世，亡其六篇，章帝时，王育为作解说。许慎纂《说文》，复据所存九篇，存其异文，所谓籀文者是也。其书亦谓之《史篇》，即《史籀篇》之略称。《说文》于丽、缶、女三部三引《史篇》，盖存其字，谓之籀文；举其书，谓之《史篇》，其实一也。《史篇》为字书之祖，故《苍颉》以下亦蒙其名。《汉书·平帝纪》："征天下通知小学《史篇》者。"《王莽传》："征天下《史篇》文字。"《扬雄传》："《史篇》莫善于《苍颉》，作训纂。"扬子《法言》：或欲学《苍颉》、《史篇》。皆以《史篇》为字书之通名，犹汉时闾里书师呼《爰历》、《博学》二篇为《苍颉》，魏、晋以后并呼扬雄、班固、贾鲂之书为《三苍》，六朝以后呼《字林》为《说文》也。然其名固自《史籀》篇出，唐元度谓此篇废于晋世，而自许君以后，马、郑诸儒即不复征引，盖自《三苍》盛行，此书之微久矣。历城马氏国翰，旧有辑本，颇多违失。阳湖庄氏述祖，作《说文古籀疏证》，自为一家言，专辄尤甚。最近瑞安孙氏诒让《古籀拾遗》，吴县吴氏大澂《说文古籀补》，但多记古器异文，不以铨释籀文为主。② 今就《说文》③ 所存遗字，疏通证明之，而论其最要于篇首，览者详之。一，史籀为人名之疑问也。自班《志》、许《序》以史籀为周宣王太

---

① 遗书本文题作《史籀篇证序》。
② "历城马氏国翰"以下至此段，遗书本无。
③ 遗书本作"诸文"。

史，其说盖出刘向父子，而班、许从之，二千年来无异论。余顾窃有疑者，《说文》云："籀，读也。"（《方言》："抽，读也。"）又云："读，籀书也。"（《毛诗·鄘风》传云："读，抽也。"）古籀、读二字同音同义。又古者读书皆史事，《周礼·春官·大史职》："大祭祀，戒及宿之日，与群执事读礼书而协事；大丧，遣之日读诔。"《小史职》："大祭祀读礼法，史以书叙昭穆之俎簋，卿大夫之丧，赐谥读诔。"《内史职》："凡命诸侯及公、卿、大夫，则册命之（谓读册书）。凡四方之事书，内史读之。"《聘礼》："夕币，史读书展币。"《士丧礼》："主人之史读赗，公史读遣。"是古之书皆史读之。《逸周书·世俘解》："乃俾史佚繇书于天号。"《尝麦解》："作笑许诺，乃北向繇书于两楹之间。"（作笑即《书·洛诰》之作册，乃内史之异名也。）繇即籀字，《春秋左氏传》之"卜繇"，《说文解字》引作"卜籀"，知《左氏》古文繇本作籀，《逸周书》之繇书亦当作籀书矣。籀书为史之专职，昔人作字书者，其首句盖云"大史籀书"，以目下文。后人因取句中①"史籀"二字以名其篇（《诗》、《书》及周秦诸子，大抵以首二字名篇，此古代书名之通例，字书亦然。《苍颉》篇首句虽不可考，然《流沙坠简》卷二第十八简上有汉人学书字，中有"苍颉作"三字，疑是《苍颉》篇首句中语，故学书者书之。其全句当云"苍颉作书"，句法正仿"大史籀书"。《爰历》、《博学》、《凡将》诸篇，当亦以首二字名篇，今《急就篇》尚存，可证也），大史籀书，犹言大史读书。《太史公自序》言"绌石室金匮之书"，犹用此语。刘、班诸氏不审，乃以史籀为著此书者②之人，其官为大史，其生当宣王之世，是亦不足怪。李斯作《苍颉》，其时去汉甚近，学士大夫类能言之，然俗儒犹以为古帝之所作，以《苍颉》篇为苍颉所作，毋惑乎以《史籀》篇为史籀所作矣。不知"大史籀书"乃周世之成语，以首句名篇，又古书之通例，而猥云"有大史名籀者作此书"。此可疑者一也。一，《史籀》篇时代之疑问也。史籀之为人名既③可疑，则其时代亦愈可疑。《史篇》文字，就其见于许书者观之，固有与殷、周间古文同

---

① "句中"，遗书本作"首句"。

② 遗书本无"者"字。

③ 遗书本无"既"字。

者，然其作法大抵左右均一，稍涉繁复。象形、象事之意少而规旋矩折之意多。推其体势，实上承石鼓文，下启秦刻石，与篆文极近。至其文字，出于《说文》者，仅①二百二十余，然班固谓《苍颉》、《爰历》、《博学》三篇文字多取诸《史籀》篇，许慎谓其"皆取《史籀》、大篆，或颇省改"。"或之"者，疑之；"颇之"者，少之也。《史籀》十五篇，文成数千，而《说文》仅出二百二十余字，其不出者，必与篆文同者也。考战国时秦之文字，如传世秦大良造鞅铜量，乃孝公十六年作，其文字全同篆文，大良造鞅戟亦然。新郪虎符作于秦并天下以前，其符凡四十字，而同于篆文者三十六字。《诅楚文》摹刻②本文字亦多同篆文，而"森、敃、多、劓、愆"五字则同籀文。篆文固多出于籀文，则李斯以前，秦之文字，谓之用篆文可也，谓之用籀文亦可也。则《史籀》篇③文字、秦之文字，即周、秦间西土之文字也。至许书所出古文，即孔子壁中书，其体与籀文、篆文颇不相近，六国遗器亦然。壁中古文者，周、秦间东土之文字也。然则《史籀》一书，殆出宗周文胜之后，春秋、战国之间，秦人作之以教学童，而不行于东方诸国，故齐、鲁间文字，作法体势与之殊异；诸儒著书口说，亦未有及之者。惟秦人作字书，乃独取其文字，用其体例，是《史篇》独行于秦之一证。若谓其字颇或同于殷、周古文，当为古书，则篆文之同于殷、周古文者亦多矣，且秦处宗周故地，其文字自当多仍周旧，未可因此遽定为宗周（时）之书，此可疑者二也。其可得而断定者又有三事：一，籀文非书体之名。世莫不以古、籀、篆为三体，谓籀文变古文，篆文又变籀文。不知自其变者而④观之，则文字殆无往而不变，故有一篇⑤之书而前后异文，一人之作而器盖殊字；自其不变者而观之，则文字之形与势皆以渐变。凡既有文字之国，未有能以一人之力创造一体者。许君谓《史籀》、大

---

① 遗书本作"才"。
② 遗书本无"刻"字。
③ 应为《史篇》。
④ 遗书本无"而"字。
⑤ "篇"，遗书本作"卷"。

篆与古文或异，则固有不异者；且所谓异者，亦由后人观之，在作书时亦只用当世通行之字，有所取舍，而无所谓创作及增省也。罗叔言参事《殷商贞卜文字考》，谓："《史籀》一篇，亦犹《苍颉》、《爰历》、《凡将》、《急就》等篇，取当世用字，编纂章句，以便诵习。"其识卓矣！此可断定者一也。一，《史篇》字数，张怀瓘《书断》① 谓籀文凡九千字，《说文》字数与此适合，先民谓即取此而释之。近世孙氏星衍序所刊《说文解字》，犹用其说，此盖误读《说文叙》也。《说文叙》引"汉尉律讽籀书九千字"，"讽籀"即"讽读"，《汉书·艺文志》所引无"籀"字可证。且《苍颉》二篇② 仅三千五百字，加以扬雄《训纂》，亦仅五千三百四十字，不应《史籀》篇反有九千字，此可断定者二也。至《史篇》文体，段氏玉裁据《说文》所引三事（爽下云：此燕召公名，《史篇》名丑。匋下云：《史篇》读与缶同。姚下云：《史篇》以为姚易也），以为亦有说解，又疑即王育解说中语。然据此三事，不能定其即有说解，凡此三者，亦得由其文义知之。苟篇中有周旦、召丑语，便可知丑为召公之名，苟假匋为缶，便可知匋字之读苟；姚、易二字连言，便可知其以姚为姚易字，不为女姓矣。若以此三事为王育说《史篇》语，则《说文》引《苍颉》、《训纂》、《苍颉故》等书，但称扬雄说、杜林说，不称"苍颉"，则其引《史篇》解说语，亦当如为秃、无诸字下径称王育说，不得云《史篇》。故《史篇》文体，决非如《尔雅》、《说文》，而当如秦之《苍颉》篇。《苍颉》篇，据许氏《说文序》、郭氏《尔雅注》所引，皆四字为句；又据近时敦煌所出木简，③ 又知四字为句，二句一韵。《苍颉》文字既取诸《史篇》，文体亦当仿之，又观于其墙二文，知篇中之有复字，观④秃、姚诸字，知用字之多假借，皆与《苍颉》篇同，此可断定者三也。此二疑三断，关于全书之宏旨，故书以弁其首，世有达者，董而教之。若文字之变化正误，则散见于各条下，兹不赘云。丙辰二月。

---

① 遗书本无《书断》书名。
② 遗书本作"三篇"。
③ 近时，遗书本作"近日"。木简，遗书本作"残简"。
④ 遗书本无"观"字。

校松江本《急就篇》序

　　古字书，自《史籀》、《苍颉》、《凡将》三书既佚，存者以《急就》为最古。自颜注行，而魏、晋以来旧本微；王氏补注出，而唐、宋旧本亦微。颜监所见，有钟繇、皇象、卫夫人、王羲之所书，崔浩、刘芳所注，然宋代存者仅钟、皇、索靖三本。宋末王深宁所见，则惟皇象碑本而已。明正统初，吉水杨政得叶石林所摹皇象章草本，刊石于松江，又以宋仲温所摹者补其阙字，明季《类帖》亦翻刊之，顾三百年来小学家都未之见。乾隆中，内府始以赵子昂章草本，及俞紫芝释文，刊于《三希堂法帖》。嘉庆初，阳湖孙伯渊得《类贴》本，刊之《岱南阁丛书》中。道光中叶，三山陈雪峰复刊松江本，摹写不工，但具形似而已。光绪中，遵义黎莼斋星使刊日本旧写本于《古佚丛书》，元和建霞学使亦得钮非石所录赵子昂正书本，刊于湘中。学者始知颜、王二注外，尚有他本。岁在甲寅，上虞罗叔言参事刊行敦煌所出木简，中有汉人隶书《急就》百余字，去岁复景印旧拓松江本于《吉石庵丛书》。予亦得新拓本，己未秋，复见日本遣唐僧空海临晋人草书本，于是，所见《急就》遂逾十本。综此十本，实分三类：明季《类帖》与三山陈氏本同出松江石本；"岱南阁"本虽号出索靖，然孙氏所举存字之数，正与明刊叶本合，赵氏真、草二本存字较多，然亦与叶本同源；惟颜本及宋太宗本、空海本与叶本大异，即三本亦自相异。尝细考之，则叶本实出皇象，宋太宗本出于钟繇，空海本出于卫夫人或王羲之，而颜本则兼综诸本者也。叶跋称《急就》二千二十三字，摹张邓公家本，相传为吴皇象书。今考其章数文字，均与王氏所引皇象碑本合，是叶本出皇，殆属可信。宋太宗本虽不著所出，然王氏引《太宗实录》云："先是（垂拱二年前），下诏求先贤墨迹，有以钟繇书《急就》章为献，字多踦驳。上亲草书一本，仍刻石分赐近臣。"云云。是太宗所书本出元常，特易其踦驳之字耳。其本比皇象本多第七、第卅三、第卅四三章，末二章王深宁定为后汉人作，别出于后。今检其中有"饮马漳邺"及"清河辽东滨西上平冈"二语，乃纪魏武平冀州破乌桓事，当作于建安十二年之后；末又云"汉土兴隆中国康"，则又在魏代汉之前。此二章足证其出于繇书，盖即繇所续也。空海临本，首章"冯汉彊"作"冯晋彊"，为崔浩改"汉彊"为代"彊"之所本，而有齐国给献以下二章，与宋太宗本同，盖亦出于钟元常，而为晋人所书者。颜监所称卫夫人、王羲之本，必居其一矣。颜注《自序》，称"旧得皇象、钟繇、卫夫人、王羲之等篇本，备加详核，足以审定，凡三十二章，究其真实"，云云。是颜氏遍校诸家，定著三十二章，章之首不冠以第一、第二等字，从晋人本；其无第卅三、卅四两章，盖从皇本；而增第七章，则从钟本。然此章有"续增"、"纪遗失余"二句，明谓此章遗失而自续增之，盖亦出后汉人手。敦煌所出残简，铜钟鼎铻销匜铫章上署第十二，与皇本章次正同，知史游原本固无此章也。就此三本互勘，则颜本章数与文字，实居钟、皇二本间（颜本异于皇本者一百六十六字，宋太宗本异于皇本者至二百六十七字），知颜氏详核诸本之说不诬，要其所归，与钟本为近。故以章论，皇本尚存先汉之旧，钟、颜则有窜入之章；以文字言，则皇本屡经传摹，自不能无讹，钟、颜二本亦有改字之失，各有优劣，不能偏废也。敦煌汉简不过百余字，皇本在今日犹为足本中之最古者。兹以叶摹皇本为主，合诸本以校之，并略定其得失，虽不敢视为定本，庶几有所折中焉。戊午秋九月。

《毛公鼎考释》序

　　三代重器存于今日者，器以盂鼎、克鼎为最巨；文以毛公鼎为最多。此三器皆出道光、咸丰间，而毛公鼎首归潍县陈氏，其打本、摹本亦最先出，一时学者竞相考订。嘉兴徐寿臧明经（同柏）、海丰吴子苾阁学（式芬）、瑞安孙仲颂比部（诒让）、吴县吴清卿中丞（大澂），先后有作。明经首释是器，有凿空之功；阁学矜慎，比部闳通，中丞于古文尤有县解，于是此器文字可读者十且八九。顾自周初讫今垂三千年，其讫秦汉亦且千年。此千年中，文字之变化脉络，不尽可寻，故古器文字有不可尽识者，势也。古代文字假借至多，自周至汉，音亦屡变，假借之字不能一一求其本字，故古器文义有不可强通者，亦势也。自来释古器者，欲求无一字之不识，无一义之不通，而穿凿附会之说以生。穿凿附会者，非也；谓其字之不可识、义之不可通而遂置之者，亦非也。文无古今，未有不文从字顺者。今日通行文字，人人能读之、能解之，《诗》、《书》、彝器，亦古之通行文字，今日所以难读者，由今人之知古代，不如知现代之深故也。苟考之史事与制度文物，以知其时代之情状；本之《诗》、《书》，以求其文之义例；考之古音，以通其义之假借；参之彝器，以验其文字之变化，由此而之彼，即甲以推乙，则于字之不可释、义之不可通者，必间有获焉。然后阙其不可知者，以俟后之君子，则庶乎其近之矣。孙、吴诸家之释此器，亦大都本此方法，惟用之有疏密，故得失亦准之。今为此释，于前人之是者证之，未备者补之，其有所疑，则姑阙焉。虽于诸家外所得无多，然可知古代文字，自有其可识者与可通者，亦有其不可识与不可强通者，而非如世俗之所云云也。丙辰四月。

《周代金石文韵读》序

　　自汉以后，学术之盛，莫过于近三百年。此三百年中，经学、史学，皆足以陵驾前代，然其尤卓绝者，则曰小学。小学之中，如高邮王氏、栖霞郝氏之于训故，歙县程氏之于名物，金坛段氏之于《说文》，皆足以上掩前哲。然其尤卓绝者，则为韵学。古韵之学，自昆山顾氏而婺源江氏，而休宁戴氏，而金坛段氏，而曲阜孔氏，而高邮王氏，而歙县江氏，作者不过七人，然古音廿二部之目，遂令后世无可增损。故训故、名物、文字之学，有待于将来者甚多，至古韵之学，谓之前无古人、后无来者可也。原斯学所以能完密至此者，以其材料不过群经、诸子及汉魏有韵之文，其方法则皆因乎古人用韵之自然，而不容以后说私意参乎其间，其道至简，而其事有涯，以至简入有涯，故不数传而遂臻其极也。余读诸家韵书，窃叹言韵至王、江二氏，已无遗憾。惟音分阴、阳二类，当从戴、孔。而阳类有平无上、去、入，段氏《六书音韵表》已微及之。前哲所言，既已包举靡遗，故不复有所论述。惟昔人于有周一代韵文，除群经、诸子、《楚辞》外，所见无多。余更搜其见金石刻者，得四十余篇，其时代则自宗周以讫战国之初；其国别如杞、邹、邾、娄、徐、许等，并出《国风》十五之外。然求其用韵，与《三百篇》无乎不合。故即王、江二家部目，谱而读之，非徒补诸家古韵书之所未详，亦以证国朝古韵之学之精确无以易也。丁巳八月。

《宋代金文著录表》序

　　古器之出，盖无代而蔑有。隋、唐以前，其出于郡国山川者，虽颇见于史，然以识之者寡，而记之者复不详，故其文之略存于今者，惟美阳、仲山父二鼎与秦权、莽量而已。赵宋以后，古器愈出，秘阁太常既多藏器，士大夫如刘原父、欧阳永叔辈，亦复搜罗古器，征求墨本；复有杨南仲辈为之考释，古文之学勃焉中兴，伯时与叔复图而释之。政、宣之间，流风益煽，籀史所载，著录金文之书至三十余家，南渡后，诸家之书犹多不与焉，可谓盛矣。今就诸书之存者论之，其别有三：与叔考古之图，宣和博古之录，既写其形，复摹其款，此一类也；《啸堂集录》、薛氏《法帖》，但以录文为主，不以图谱为名，此二类也；欧、赵金石之目，才甫古器之评，长睿东观之论，彦远广川之跋，虽无关图谱，而颇存名目，此三类也。国朝乾、嘉以后，古文之学复兴，辄鄙薄宋人之书，以为不屑道。窃谓《考古》、《博古》二图，摹写形制，考订名物，用力颇钜，所得亦多，乃至出土之地，藏器之家，苟有所知，无不毕记。后世著录家当奉为准则。至于考释文字，宋人亦有凿空之功，国朝阮、吴诸家不能出其范围；若其穿凿纰缪，诚若有可讥者，然亦国朝诸老之所不能免也。今错综诸书，列为一表，器以类聚，名从主人，其有异同，分条于下。诸书所录古器有文字者，胥具于是。惟《博古》所图钱镜，《啸堂》所集古印，较近世所出，厥数甚尠，姑阙焉。以供省览之便云耳。至于厘订名称，是正文字，则非此表之所有事矣。甲寅五月。

《国朝金文著录表》序

　　古器物及古文字之学，一盛于宋，而中衰于元、明。我朝开国百年之间，海内承平，文化溥洽。乾隆初，始命儒臣录内府藏器，放《宣和博古图》，为《西清古鉴》。海内士夫闻风承流，相与购致古器，搜集拓本。其集诸家器为专书者，则始于阮文达之《集古斋钟鼎彝器款识》，而莫富于吴子苾阁学之《攈古录金文》。其著录一家藏器者，则始于钱献之别驾之《十六长乐堂古器款识》，而讫于端忠敏之《陶斋吉金录》，著录之器殆四倍于宋人焉。数十年来，古器滋出。其新出土者，与以前散在人间未经著录者，又略得著录者之半。光绪间，宗室伯羲祭酒广搜墨本，拟续阮、吴诸家之书。时郁华阁金文拓本之富，号海内第一，然仅排比拓本，未及成书也。稍后，罗叔言参事亦从事于此，其所搜集者又较祭酒为多。辛亥国变后，祭酒遗书散出，所谓郁华阁金文者，亦归于参事。合两家之藏，其富过于阮、吴诸家远甚。汰其重复，犹得二千通，可谓盛矣。国维东渡后，从参事问古文字之学。因得尽阅所藏拓本。参事属分别其已著录者与未著录者，将以次编类印行，又属通诸家之书列为一表。自甲寅孟夏讫于仲秋，经涉五月，乃始毕事。书成，都六卷。长夏酷暑，墨本堆案，或一器而数名，或一文而数器；其间比勘一器，往往检书至十余种，阅拓本至若干册，穷日之力，不过尽数十器而已。既具稿，复质之参事，略加检定。然著录之器既以千计，拓本之数亦复准之，文字同异不过豪厘之间，摹拓先后又有工拙之别。虽再三覆勘，期于无误，然复重遗漏，固自不免，庶竺古君子董而教之。甲寅八月。

桐乡徐氏印谱序

　　自许叔重序《说文》，以刻符、摹印、署书、殳书与大、小篆、虫书、隶书，并为"秦之八体"，于是后世颇疑秦时刻符、摹印等各自为体，并大、小篆、虫书、隶书而八。然大篆、小篆、虫书、隶书者，以言乎其体也；刻符、摹印、署书、殳书者，以言乎其用也。秦之署书不可考，而新郪、阳陵二虎符，字在大、小篆之间；相邦吕不韦戈与秦公私诸玺，文字皆同小篆，知刻符、摹印、殳书，皆以其用言而不以其体言，犹《周官·太师》之六诗，赋比兴与风雅颂相错综。《保氏》之六书，指事、象形诸字皆足以供转注、假借之用者也。秦书如是，秦以前书亦何独不然！三代文字，殷商有甲骨及彝器，宗周及春秋诸国并有彝器传世。独战国以后，彝器传世者，唯有田齐二敦一簠及大梁上官诸鼎，寥寥不过数器。幸而任器之流传，乃比殷、周为富。近世所出，如六国兵器，数几逾百；其余若货币、若玺印、若陶器，其数乃以千计；而魏石经及《说文解字》所出之壁中古文，亦为当时齐、鲁间书。此数种文字皆自相似，然并讹别简率，上不合殷、周古文，下不合小篆，不能以六书求之，而同时秦之文字则颇与之异。传世秦器作于此时者，若大良造鞅铜量（秦孝公十八年作）、若大良造鞅戟、若新郪虎符（秦昭王五十四年以后所作）、若相邦吕不韦戈（秦始皇五年作）；石刻若《诅楚文》（宋王厚之考为秦惠王后十二年作），皆秦未并天下时所作。其文字之什九与篆文同，其什一与籀文同；其去殷、周古文，较之六国文字为近。余曩作《史籀篇疏证序》，谓战国时秦用籀文，六国用古文，即以此也。

世人见六国文字，上与殷、周古文，中与秦文，下与小篆不合，遂疑近世所出兵器、陶器、玺印、货币诸文字并自为一体，与六国通行文字不同；又疑魏石经、《说文》所出之壁中古文为汉人伪作，此则惑之甚者也。夫兵器、陶器、玺印、货币，当时通行之器也；壁中书者，当时儒家通行之书也。通行之器与通行之书，固当以通行文字书之；且同时所作大梁、上官诸鼎，字体亦复如是，而此外更不见有他体。舍是数者，而别求六国之通行文字，多见其纷纷也。况秦之刻符、摹印、殳书，并用通行文字，则何独于六国而疑之？其上不合殷、周古文，下不合秦篆者，时不同也；中不合秦文者，地不同也。其讹别草率，亦如北朝文字，上与魏、晋，下与隋、唐，中与江左不同；其中玺印、陶器，可比北朝碑碣；兵器、货币，则几与魏、齐小铜造像之凿款矣。若是者，谓其书体之讹别也可，谓其非当时通行文字则不可；若谓之为伪，则尤不可也。余谓欲治壁中古文，不当绳以殷、周古文；而当于同时之兵器、陶器、玺印、货币求之。惜此数种文字，世尚未有专攻之者。以余之不敏，又所见实物、谱录至为狭陋，然就所见者言之，已足知此四种文字自为一系，又与昔人所传之壁中书为一系。姑以壁中古文之同于四者言之，如石经古文弗作弗，今上虞罗氏所藏断剑有"镞铖"字，正从弗；朝作朝，而陈侯因资敦（齐威王作）及子朝命钅之朝字正并作朝；游作游，古钅有军游钅，正作游；迷作迷，亡麋钅正作麋；上作上，而上明、上敬、上信诸钅正作上；下作下，而下宫矛正作下；信作信，而辟大夫信节作信，古钅亦作信、信诸体，又左司徒信钅作信，王臧信钅作信，则与《说文》信之古文𨐎字相近（信字本从言人声，千字亦人声，故亦得从千声）。又率作率，与十三年上官鼎同；陈作陈，与田齐诸器及楚陈爰锊金同；公作公，与古钅及陶器同；秦作秦，与秦匽钅及胄秦钅同；宰作宰，与宰公钅同；丁作丁，与丁盾钅同。又《说文》正之古文作正，刚之古文作信，豆之古文作豆，续之古文作续，五之古文作×，并与陶文同。又如事之作事，侯之作侯，时之作时，明之作明，容之作容，吴之作吴，恒之作恒，封之作封，禹之作禹，并与钅文同。而自作自，爽作爽，则陶文与鉨文并同。又量作□，见于大梁鼎，户作□，见于吴县潘氏所藏六国不知名铜器。其小异大同者，如《说文》古文中作□，而鉨文作□；君作□，而鉨文作□；后作□，而陶文作□；共作□，而鉨文作□、□；革作□，而鉨文作□；丹作□，而鉨文及币文并有□字；仓作□，而陶文有□字；期作□，而陶文有□字，鉨文有□字；屋作□、握作□，而鉨文有□字；履作□，而鉨文有□字；州作□，而鉨文有□；酱作□，而鉨文有□字，陶文有□字。又如碣之古文为□，其文至为奇诡，然孙渴鉨之渴作□，牛阎鉨之阎作□，知曷之为□，当时自有此作法也。以上所举诸例，类不合于殷、周古文及小篆，而与六国遗器文字则血脉相通。汉人传写之文，与今日出土之器，斠若剖符之复合，谓非当日通行此种文字，其谁信之？虽陶器、玺印、货币文字止纪人、地名，兵器文字亦有一定之文例，故不能以尽证壁中之书；而壁中简策，当时亦不无摩灭断折；今之所存，亦不无汉人肊造之字，故不能尽合，然其合者固已如斯矣。

　　然则兵器、陶器、玺印、货币四者，正今日研究六国文字之惟一材料，其为重要，实与甲骨、彝器同。而玺印一类，其文字、制度尤为精整，其数亦较富。然今世谱录，不过上虞罗氏、皖江黄氏、钱唐陈氏数家。罗氏所藏，屡聚屡散；黄氏物亡于肰箧；而陈氏之藏则归于桐乡徐君缬斋。[①] 缬斋复汰而益之，丙寅秋日，出其所为新谱，索序于余。余读而叹其精善，如上所举，证容履、碣、瘄诸古文并出此谱。缬斋之于古器物、古文字之学，可谓知所先务矣。余近于六国文字及玺印之学，颇有所论述，因书以弁其首，世之治文字学者以鉴观焉。

---

① 遗书本作"楙斋"。

战国时秦用籀文六国用古文说

余前作《史籀篇疏证序》，疑战国时，秦用籀文，六国用古文，并以秦时古器遗文证之。后反覆汉人书，益知此说之不可易也。班孟坚言："《苍颉》、《爰历》、《博学》三篇文字，多取诸《史籀》篇，而字体复颇异，所谓秦篆者也。"许叔重言："秦始皇帝初兼天下，丞相李斯乃奏同文字，罢其不与秦文合者。斯作《仓颉》篇，中车府令赵高作《爰历》篇，太史令胡毋敬作《博学》篇，皆取史籀大篆，或颇省改，所谓小篆者也。"是秦之小篆本出大篆，而《仓颉》三篇未出大篆，未省改以前，所谓秦文，即籀文也。司马子长曰"秦拨去古文"，扬子云曰"秦剗灭古文"，许叔重曰"古文由秦绝"。案：秦灭古文，史无明文，有之，惟一文字与焚《诗》、《书》二事。六艺之书行于齐、鲁，爰及赵、魏，而罕流布于秦（犹《史籀》篇之不行于东方诸国），其书皆以东方文字书之。汉人以其用以书六艺，谓之古文。而秦人所罢之文与所焚之书，皆此种文字，是六国文字即古文也。观秦书八体中，有大篆，无古文，而孔子壁中书与《春秋左氏传》，凡东土之书，用古文，不用大篆，是可识矣。故古文、籀文者，乃战国时东西二土文字之异名，其源皆出于殷、周古文，而秦居宗周故地，其文字犹有丰镐之遗，故籀文与自籀文出之篆文，其去殷、周古文反较东方文字（即汉世所谓古文）为近。自秦灭六国，席百战之威，行严峻之法，以同一文字。凡六国文字之存于古籍者，已焚烧剗灭，而民间日用文字，又非秦文不得行用。观传世秦权量等，始皇廿六年诏后，多刻二世元年诏，虽亡国一二年中，而秦法之行如此。则当日同文字之效可知矣。故自秦灭六国，以至楚汉之际，十余年间，六国文字遂遏而不行。汉人以六艺之书，皆用此种文字，又其文字为当日所已废，故谓之古文。此语承用既久，遂若六国之古文即殷、周古文，而籀、篆皆在其后，如许叔重《说文·序》所云者，盖循名而失其实矣。

《史记》所谓古文说

　　自秦并天下，同一文字，于是篆、隶行而古文、籀文废。然汉初，古文、籀文之书未尝绝也。《史记·张丞相列传》：张丞相苍"好书律历，秦时为御史，典柱下方书"。而许氏《说文·序》言："北平侯张苍献《春秋左氏传》"，盖即"柱下方书"之一。是秦柱下之书，至汉初未亡也。《太史公自序》言："秦拨去古文，焚灭《诗》、《书》，故明堂石室金匮玉版图籍散乱。"而武帝元封三年，司马迁为太史令，绅史记石室金匮之书。是秦石室金匮之书，至武帝时未亡也。故太史公修《史记》时所据古书，若《五帝德》、若《帝系姓》、若《谍记》、若《春秋历谱谍》、若《国语》、若《春秋左氏传》、若《孔氏弟子籍》，凡先秦六国遗书，非当时写本者，皆谓之古文。《五帝本纪》云："孔氏所传宰予《五帝德》及《帝系姓》，儒者或不传。余尝西至崆峒，北过涿鹿，东渐于海，南浮江淮矣。至长老皆各各称黄帝、尧、舜之处，风教固殊焉。总之不离古文者近是。"《索隐》云："古文，谓《帝德》、《帝系》二书也。"是《五帝德》及《帝系姓》二篇本古文也。《三代世表》云："余读《谍记》，黄帝以来皆有年数，稽其《历谱谍》、《终始五德之传》，古文悉不同乖异。"是《谍记》与《终始五德传》（褚先生补《三代世表》引《黄帝终始传》，是《终始五德传》亦书名）亦古文也。《十二诸侯年表》云："太史公读《春秋历谱谍》。"又云："《谱谍》独记世谥，其辞略，欲一观诸要难。于是谱十二诸侯，自共和始，讫孔子，表见《春秋》、《国语》，学者所讥盛衰大指，著于篇，为成学治古文者要删焉。"由是言之，太史公作《十二诸侯年表》，实为《春秋》、《国语》作目录，故云"为成学治古文者要删。"是《春秋》、《国语》皆古文也。《吴太伯世家》云："余读《春秋》古文，乃知中国之虞与荆蛮句吴兄弟也。"此即据《左氏传》宫之奇所云"太伯、虞仲、太王之昭者"以为说，而谓之《春秋》古文，是太史公所见《春秋左氏传》亦古文也。《七十二弟子列传》云："《弟子籍》，出孔氏古文近是。"此孔氏古文非谓壁中书，乃谓孔氏所传旧籍，而谓之古文，是《孔氏弟子籍》亦古文也。然则太史公所谓古文，皆先秦写本旧书，其文字虽已废不用，然当时尚非难识，故《太史公自序》云："年十岁则诵古文。"太史公自父谈时已掌天官，其家宜有此种旧籍也。惟六艺之书为秦所焚，故古写本较少，然汉中秘有《易》古文经，河间献王有古文先秦旧书《周官》、《尚书》、《礼》、《礼记》。固不独孔壁书然。至孔壁书出，于是《尚书》、《礼》、《春秋》、《论语》、《孝经》皆有古文。孔壁书之可贵，以其为古文经故，非徒以其文字为古文故也。盖汉景、武间，距用古文之战国时代，不及百年，其识古文当较今日之识篆、隶为易，乃《论衡·正说篇》谓"鲁恭王得百篇《尚书》于屋壁中，使使者取视，莫能读者"。作伪孔安国《尚书序》者仍之，谓"科斗书废已久，时人莫能知"。卫恒《四体书势》亦云："汉武时，鲁恭王坏孔子宅，得《尚书》、《春秋》、《论语》、《孝经》，时人已不复知有古文，谓之科斗书。是亦疏矣。"求之《史记》，但云"孔氏有古文《尚书》，而安国以今文读之，因以起其家。《逸书》得十余篇"。此数语，自来读者多失其解，王氏念孙《读书杂志》用其子伯申氏之说，曰："当读'因以起其家'为句，'逸书'二字连下读。起，兴起也；家，家法也。汉世《尚书》多用今文，自孔氏治古文经，读之，说之，传以教人，其后遂有古文家。是古文家法自孔氏兴起也，故曰'因以起其家'。"（又云：《汉书·艺文志》曰："凡书九家。"谓孔氏《古文》、伏生《大传》，欧阳、大、小夏侯说，及刘向《五行传记》、许商《五行传记》、《逸周书》、《石渠议奏》也。《刘歆传》曰："数家之事，皆先帝所亲论，今上所考视"，谓《逸礼》、古文《尚书》、《春秋左氏》也。是古文《尚书》自为一家之证。《书序正义》引刘向《别录》曰："武帝末，民间有得《秦誓》，献之。与博士，使读说之。数月皆起。"《后汉书·桓郁传》注引《华峤书》："明帝问郁曰：'子几人能传学?'郁曰:'臣子皆未能传学。孤兄子一人,学方起。'帝曰:'努力教之。有起者即白之。'"是"起",谓其学兴起也。)盖古文《尚书》初出,其本与伏生所传颇有异同,而尚无章句训诂。安国因以今文定其章句,通其假借,读而传之。是谓"以今文读之"。其所谓"读",与班孟坚所谓"齐人能正《苍颉》读",马季长所谓"杜子春始通《周官》读"之"读",无以异也。然则,安国之于古文《尚书》,其事业在读之、起之,至于文字,盖非当世所不复知,如王仲任辈所云也。自武、昭以后,先秦古书传世益少,其存者往往归于秘府,于是古文之名渐为壁中书所专有。然秘府古文之书,学者亦类能读之,如刘向以中古文《易经》校施、孟、梁邱经及费氏经,以中古文《尚书》校欧阳、大、小夏侯三家经文。又谓《礼》古经与十七篇文多相似,多三十九篇。谓《孝经》诸家说不安处,古文字读皆异。刘歆校秘书,见古文《春秋左氏传》,大好之。子政父子皆未闻受古文字学,而均能读其书,是古文讫西京之末,尚非难识如王仲任辈所云也。嗣是讫后汉,如杜伯山、卫敬仲、徐巡、班孟坚、贾景伯、马季长、郑康成之徒,皆亲见壁中书或其传写之本,然未有苦其难读者。是古文难读之说,起于王仲任辈未见壁中书者。其说至魏、晋间而大盛,不知汉人初未尝有是事也。

《汉书》所谓古文说

后汉之初，所谓古文者，专指孔子壁中书。盖自前汉末亦然。《说文·叙》记亡新六书："一曰古文，孔子壁中书也；二曰奇字，即古文而异者也。"《汉书·艺文志》所录经籍，冠以古文二字，若古字者，惟《尚书古文经》四十六卷（为五十七篇），《礼古经》五十六卷，《春秋古经》十二篇，《论语古》二十一篇，《孝经古孔氏》一篇，皆孔子壁中书也（惟《礼古经》有淹中及孔壁二本）。然中秘古文之书，固不止此。司马子长作《史记》时，所据石室金匮之书，当时未必尽存，固亦不能尽亡。如《六艺略》所录《孔子徒人图法》二卷，未必非太史公所谓《弟子籍》；《数术略》所录《帝王诸侯世谱》二十卷，《古来帝王年谱》五卷，未必非太史公所谓《谍记》及《春秋历谱谍》。而《志》于诸经外书皆不著"古"、"今"字，盖诸经之冠以"古"字者，所以别其家数，非徒以其文字也。六艺于书籍中为最尊，而古文于六艺中又自为一派，于是"古文"二字遂由书体之名，而变为学派之名。故《地理志》于古文《尚书》家说亦单谓之"古文"，如右扶风汧县下云："吴山在西，古文以为汧山。"又武功下云："太壹山，古文以为终南。垂山，古文以为敦物。皆在县东。"颍川郡崇高下云："古文以崇高为外方山。"江夏郡竟陵下云："章山在东，古文以为内方山。"又安陆下云："横尾山在北，古文以为陪尾山。"东海郡下邳下云："葛绎山，古文以为峄阳。"会稽郡吴县下云："具区泽在西扬州薮，古文以为震泽。"豫章郡历陵下云："傅易山、傅易川在南，古文以为敷浅原。"武威郡武威下云："休屠泽在东北，古文以为猪壄泽。"张掖郡居延下云："居延泽在东

北，古文以为流沙。"凡汧山、终南、敦物、外方、内方、陪尾诸
名，欧阳、大、小夏侯三家经文用字或异，而名称皆同。而《地理
志》独云"古文以为"者，盖古文《尚书》家如王璜（《儒林传》作
王璜，《沟洫志》作王横）、桑钦、杜林等说《禹贡》，以右扶风汧县之
吴山，为《禹贡》之汧山；以武功之太壹、垂山，为《禹贡》之终
南、敦物。是《地理志》所谓古文，非以文字言，以学派言也。其
以文字言者，则亦谓之古文，或谓之古文字。《郊祀志》言"张敞好
古文字"，又载敞美阳得鼎，议曰："臣愚不足以迹古文。"是孔壁书
外之彝器文字亦谓之古文，与许叔重谓鼎彝之铭皆前代之古文同。然
后汉以降，凡言古文者，大抵指壁中书，故许叔重言"古文者，孔
子壁中书"，又云"孔氏古文"也。

汉时古文诸经有转写本说

　　上既述汉时诸经传古文本矣，夫今文学家诸经，当秦、汉之际，其著于竹帛者，固无非古文。然至文、景之世，已全易为今文。于是鲁国与河间所得者，遂专有古文之名矣。古文家经如《尚书》、《毛诗》、《逸礼》、《周官》、《春秋左氏传》、《论语》、《孝经》，本皆古文，而《毛诗》、《周官》，后汉已无原书，惟孔壁之《尚书》、《礼经》、《春秋》、《论语》、《孝经》及张苍所献之《春秋左氏传》尚存，于是孔壁之书遂专有古文之名矣。然汉时古文经传盖已有传写本，虽无确证，然可得而悬度也。《河间献王传》言："献王从民得善书，必为好写与之，留其真"，此就真本可得者言之。若真本不可得，则必降而求写本矣。《传》记献王所得古文旧书，有《尚书》、《礼》，此二书者，皆出孔壁，或出淹中，未必同时更有别本出。而献王与鲁恭王本系昆弟，献王之薨，仅前于恭王二年，则恭王得书之时，献王尚存，不难求其副本，故河间之《尚书》及《礼》，颇疑即孔壁之传写本。此可悬拟者一也。又鲁恭王得孔壁书，当在景、武之际，而孔安国家献古文《尚书》，乃在天汉之后（《汉书·刘歆传》及荀悦《汉纪》），鲁国三老献古文《孝经》，更在昭帝时（许冲《上说文解字表》）。安国虽读古文以今文，未必不别为好写藏之，而后献诸朝，其迟之又久而始献者，亦未必不因写书之故。此可悬拟者二也。杜林于西州得漆书古文《尚书》一卷，此卷由来，迄无可考。虽后汉之初，秘府古文《尚书》已亡《武成》一篇，然杜林所得，未必即秘府所亡。又西州荒裔，非齐鲁比，则此卷又不能视为西州所出。疑亦孔壁之传写本。此可悬拟者三也。两汉古文《尚书》及《春秋左氏传》，人间均有传业，《后汉书·贾逵传》："帝令逵自选《公羊》严、颜诸生高才者二十人，教以《左氏》，与简纸经传各一通。"是当时授业皆有经本，且其经本犹当为古文。观汉代古学家如张敞、杜林、卫宏、徐巡、贾逵、许慎等，皆以小学名家，盖以传古学者，均须研究古文字故。此可悬拟者四也。后汉古文学家如卫宏、贾逵、许慎、马融，或给事中，或领秘书，或校书东观，故得见中秘古文。然如郑玄平生未尝窥中秘，而其注《尚书》、《周官》颇引逸书，又其注《礼经》也，不独以古文校今文，且其所据之古文亦非一本，如《聘礼》"缫三采"注云："古文缫或作藻，今文作璪。"《公食大夫礼》"设洗如飨"，又"皆如飨拜"，注："皆云古文飨或作乡。"《士丧礼》"设决丽于掔"，注云："古文丽亦为连。"《既夕礼》"夷床輁轴"注云："古文輁或作拱。"《士虞礼》"祝入尸谡"注云："古文谡或为休。"又"明日以其班祔"注云："古文班或为辨。"又"中月而禫"注云："古文禫或为导。"凡言"某古文或为某"者八，是其所据古文必非一本，且皆非中秘之本。夫两汉人未闻有传古文《礼》者，而传世之古文《礼》尚有数本，则古文《尚书》、《左氏传》等民间本有是学者，其有别本可知，此可悬拟者五也。卫恒《四体书势》言"魏初传古文者出于邯郸淳，恒祖敬侯尝写淳《尚书》以示淳，而淳不别"。是淳有古文《尚书》写本。《隋书·经籍志》亦言"晋秘府有古文《尚书》经文"。此种既不能视为壁中原本，当系由壁中本转写。此可悬拟者六也。立此六义，则汉时古文经皆有别本甚明。由是观之，不独魏三体石经之古文具有渊源，即梅赜之伪书，其古字亦非全出杜撰也。

两汉古文学家多小学家说 （序引、结论）

　　《后汉书·卢植传》：植上疏言"古文科斗，近于为实，而厌抑流俗，降在小学。中兴以来，通儒达士班固、贾逵、郑兴父子，并敦悦之。今《毛诗》、《左氏》、《周礼》各有传记，其与《春秋》共相表里，宜置博士，为立学官。"循子幹疏意，古文科斗实目下《毛诗》、《左氏》、《周礼》三家，三家皆经，而当时抑之于小学。是后汉之末，视古文学家与小学家为一。然此事自先汉已然。观两汉小学家，皆出古学家中，盖可识矣，原古（文）学家之所以兼小学家者，当缘所传经本多用古文，其解经须得小学之助，其异字亦足供小学之资，故小学家多出其中。比而录之，亦学术沟通之林也。

　　由此观之，两汉古文学家与小学家实有不可分之势，此足证其所传经本多为古文。至改用隶定之本，当在贾、马、郑以后，而非两汉间之事实矣。

科斗文字说

"科斗文字"之名，先汉无有也。惟汉末卢植上书，有"古文科斗，近于为实"之语，而其下所言，乃《毛诗》、《左传》、《周官》，不及壁中书。郑康成《书》赞云："《书》初出屋壁，皆周时象形文字，今所谓科斗书。"始以《古文尚书》为科斗书。然卢、郑以前未尝有此名也。卫恒《四体书势》始云："鲁恭王坏孔子宅，得《尚书》、《春秋》、《论语》、《孝经》。时人已不复知有古文，谓之科斗书。汉世秘藏，希得见之。"伪《孔安国尚书序》亦云："鲁〔共〕（恭）王坏孔子旧宅，于其壁中得先人所藏古文虞夏商周之书，皆科斗文字。"始以科斗之名为先汉所已有，然实则此语盛行于魏、晋以后。杜预《春秋经传集解·后序》云："汲郡汲县有发其界内旧冢者，大得古书，皆简编科斗文字。"王隐《晋书·束晳传》亦云："太康元年，汲郡民盗发魏安釐王冢，得竹书柒字科斗之文。科斗文字者，周时古文也。其头粗尾细，似科斗之虫，故俗名之焉。"（《春秋正义》引）今《晋书·束晳传》亦云：汲冢书皆科斗书。是科斗书之名起于后汉，而大行于魏、晋以后。且不独古文谓之科斗书，且篆书亦蒙此名。《束晳传》又云："有人于嵩高山下得竹简一枚，上两行科斗书。……司空张华以问晳，晳曰：'此汉明帝显节陵中策文也。'检验果然。"夫汉代册文皆用篆，不用古文（见《独断》及《通典》），而谓之科斗书，则魏、晋间凡异于通行隶书者，皆谓之科斗书。其意义又一变矣。又，汉末所以始名古文为科斗文字者，果目验古文体势而名之乎？抑当时传古文者所书或如是乎？是不可知。然魏三体石经中古文，卫恒所谓"因科斗之名，遂效其形"者，今残石存字，皆丰中锐末，与科斗之头粗尾细者略近；而恒谓"转失淳法"，则邯郸淳所传之古文，体势不如是矣。邯郸淳所传古文不如是，则淳所祖之孔壁古文体势亦必不如是矣。卫恒谓"汲县人盗发魏襄王冢，得策书十余万言"。案敬侯所书，犹有仿佛，敬侯者，恒之祖卫觊，其书法出于邯郸淳，则汲冢书体亦当与邯郸淳所传古文书法同，必不作科斗形矣。然则魏、晋之间，所谓科斗文，犹汉人所谓古文。若泥其名以求之，斯失之矣。

《殷虚书契考释》序

　　商遗先生《殷虚书契考释》成，余读而叹曰：自三代以后，言古文字者未尝有是书也。炎汉以来，古文间出，孔壁、汲冢与今之殷虚而三。壁中所得简策殊多，《尚书》、《礼经》颇增篇数，而淹中五十六卷，同于后氏者十七，孔氏四十五篇，见于今文者廿九。因所已知，通彼未见，事有可藉，功非至难。而太常所肄，不出曲台之书；临淮所传，同济南之数。虽师说之重，在汉殊然，将通读之方，自古不易。至于误"廝"作"序"，以"袗"为"袧"，"文人"之作"宁人"，"大邑"之书"天邑"，古今异文而同缪，伏孔殊师而沿讹。言乎释文，盖未尽善。晋世中经定于荀、束，今之存者，《穆传》而已。读其写定之书，间存隶古之字，偏旁缔构，颇异古文。随疑分释，徒存虚语。校之汉人，又其次矣。其余郡国山川，颇出彝器，始自天水，迄于本朝。吕、薛编集于前，阮、吴考释于后。恒轩晚出，尤称绝伦。顾于创通，条例开拓，阃奥概乎，其未有闻也。夫以壁经、冢史，皆先秦之文。姬、嬴、汉、晋，非绝远之世。彝器多出两周，考释已更数代。而校其所得，不过如此，况乎宣圣之所无征，史佚之所未见。去古滋远，为助滋寡者哉。殷虚书契者，殷王室命龟之辞，而太卜之所典守也。其辞或契于龟，或刻诸骨。大自祭祀、征伐，次则行幸、畋渔，下至牢圈之数，风雨之占，莫不畛于鬼神。比其书命，爰自光绪之季，出于洹水之虚。先生既网罗以归，秘藏摹印以公天下，复于暇日，撰为斯编。余受而读之，观其学足以指实，识足以洞微。发轸南阁之书，假途苍姬之器，会合偏旁之文，剖析孳乳之字，参伍以穷其变，比校以发其凡。悟一形繁简之殊，起两字并书之例。上池既饮，遂洞垣之一方；高矩攸陈，斯举隅而三反。颜黄门所谓"隐括有条例，剖析穷根源"者，斯书之谓矣。由是太乙、卜丙，正传写之讹文；入商、宅殷，辨国邑之殊号。至于诹日、卜牲之典，王宾、有祟之名，橚燎、薶沈之用，牛羊、犬豕之数，损益之事，羌难问于周京，文献之传，夙无征于商邑。凡诸放逸，尽在敷陈。驭烛龙而照幽都，拊彗星而扫荒翳。以视安国之所隶定，广微之所撰次者，事之难易，功之多寡，区以别矣。是知效灵者地，复开宛委之藏；弘道惟人，终伫召陵之说。后有作者，视此知津。甲寅冬。

《殷虚书契考释》后序

　　余为商遗先生书《殷虚（书契）考释》竟，作而叹曰：此三百年来小学之一结束也。夫先生之于书契文字，其搜集流通之功，盖不在考释下。即以考释言，其有功于经史诸学者，盖不让于小学，以小学言，其有功于篆文者，亦不让于古文。然以考释之根柢在文字，书契之文字为古文故，姑就古文言之。我朝学术所以超绝前代者，小学而已。顺、康之间，昆山顾亭林先生实始为《说文》、音韵之学。《说文》之学，至金坛段氏而洞其奥。古韵之学经江、戴诸氏至曲阜孔氏、高邮王氏而尽其微。而王氏父子与栖霞郝氏，复运用之，于是诂训之学大明。使世无所谓古文者，谓小学至此观止焉可矣。古文之学，萌芽于乾、嘉之际，其时大师宿儒，或疽谢，或笃老，未遑从事斯业。仪征一书，亦第祖述宋人，略加铨次而已。而俗儒鄙夫，不通字例、未习旧艺者，辄以古文所托者高，知之者鲜，利荆棘之未开，谓鬼魅之易画，遂乃肆其私臆，无所忌惮。至庄葆琛、龚定庵、陈颂南之徒，而古文之厄极矣！近惟瑞安孙氏颇守矩矱，吴县吴氏独具县解。顾未有创通条例、开发奥窔，如段君之于《说文》，戴、段、王、郝诸君之于声音训诂者。余尝恨以段君之邃于文字，而不及多见古文；以吴君之才识，不后于段君，而累于一官，不获如段君之优游寿考，以竟其学，遂使我朝古文之学不能与诂训、《说文》、古韵三者方驾，岂不惜哉！先生早岁即治文字故训，继乃博综群籍，多识古器，其才与识，固段、吴二君之俦。至于从容问学，厌饫坟典，则吴君之所有志而未逮者也。而此书契文字者，又段、吴二君之所不及见也。物既需人，人亦需物。书契之出，适当先生之世，天其欲昌我朝古文之学，使与诂训、《说文》、古韵匹，抑又可知也。余从先生游久，时时得闻绪论；比草此书，又承写官之乏，颇得窥知大体，扬搉细目。窃叹先生此书，［铨］（诠）释文字，恒得之于意言之表，而根源脉络，一一可寻。其择思也至审，而收效也至宏。盖于此事，自有神诣。至于分别部目，创立义例，使后人治古文者于此得其指归，而治《说文》之学者亦不能不探源于此。窃谓我朝三百年之小学，开之者顾先生，而成之者先生也。昔顾先生音学书成，山阳张力臣为之校写。余今者亦得写先生之书，作书拙劣，何敢方力臣？而先生之书足以弥缝旧阙，津逮来学者，固不在顾书下也。甲寅冬。

一二　历史学研究

古史新证[①]

第一章　总论

　　研究中国古史，为最纠纷之问题。上古之事，传说与史实混而不分。史实之中，固不免有所缘饰，与传说无异；而传说之中，亦往往有史实为之素地：二者不易区别，此世界各国之所同也。在中国古代已注意此事。孔子曰："信而好古。"又曰："君子于其不知，盖阙如也。"故于夏、殷之礼，曰："吾能言之，杞……宋不足征也，文献不足故也。"孟子于古事之可存疑者，则曰："于传有之。"于不足信者，曰："好事者为之。"太史公作《五帝本纪》，取孔子所传《五帝德》及《帝系姓》，而斥不雅驯之百家言。于《三代世表》，取《世本》，而斥黄帝以来皆有年数之《谍记》。其术至为谨慎。然好事之徒，世多有之。故《尚书》于今、古文外，在汉有张霸之《百两篇》，在魏、晋有伪孔安国之《书》。《百两》虽斥于汉，而伪孔《书》则六朝以降行用、迄于今日。又汲冢所出《竹书纪年》，自夏以来，皆有年数，亦《谍记》之流亚。皇甫谧作《帝王世纪》，亦为五帝三王尽加年数。后人乃复取以补太史公书。此信古之过也。至于近世，乃知孔安国本《尚书》之伪，《纪年》之不可信。而疑古之过，乃并尧、舜、禹之人物而亦疑之。其于怀疑之态度及批评之精

---

　　① 本文是王国维在清华研究院的讲稿，有清华研究院油印讲义本（1994 年出版影印本，列为"清华文丛"之五），又于 1926 年发表于《国学月报》第二卷，第八、九、十号合刊"王静安先生专号"。

神，不无可取。然惜于古史材料，未尝为充分之处理也。吾辈生于今日，幸于纸上之材料外，更得地下之新材料。由此种材料，我辈固得据以补正纸上之材料，亦得证明古书之某部分全为实录，即百家不雅驯之言，亦不无表示一面之事实。此二重证据法，惟在今日始得为之。虽古书之未得证明者，不能加以否定，而其已得证明者，不能不加以肯定，可断言也。

所谓纸上之史料，兹从时代先后述之：

（一）《尚书》（《虞夏书》中如《尧典》、《皋陶谟》、《禹贡》、《甘誓》，《商书》中如《汤誓》，文字稍平易简洁，或系后世重编，然至少亦必为周初人所作。至《商书》中之《盘庚》、《高宗肜日》、《西伯戡黎》、《微子》，《周书》之《牧誓》、《洪范》、《金縢》、《大诰》、《康诰》、《酒诰》、《梓材》、《召诰》、《洛诰》、《多士》、《无逸》、《君奭》、《多方》、《立政》、《顾命》、《康王之诰》、《吕刑》、《文侯之命》、《费誓》、《秦誓》诸篇，皆当时所作也。）

（二）《诗》（自周初迄春秋初所作。《商颂》五篇，疑亦宗周时宋人所作也。）

（三）《易》（《卦辞》、《爻辞》，周初作；《十翼》，相传为孔子作，至少亦七十子后学所述也。）

（四）《五帝德》及《帝系姓》（太史公谓："孔子所传。《帝系》一篇与《世本》同。"此二篇后并入《大戴礼》。）

（五）《春秋》（鲁国史，孔子重修之。）

（六）《左氏传》、《国语》（春秋后、战国初作，至汉始行世。）

（七）《世本》（今不传，有重辑本，汉初人作，然多取古代材料。）

（八）《竹书纪年》（战国时魏人作，今书非原本。）

（九）《战国策》及周秦诸子

（十）《史记》

地下之材料，仅有二种：

（一）甲骨文字（殷时物，自盘庚迁殷后，迄帝乙时。）

（二）金文（殷、周二代。）

今兹所讲，乃就此二种材料中，可以证明诸书，或补足纠正之者，一一述之。

第二章 禹

鼏宅禹賣（秦公敦）。

尞尞成唐……处禹之堵（齐侯镈钟）。

秦公敦铭有"十有二公在帝之矿"语，与宋内府所藏秦盄和钟同。欧阳公《集古录·跋盄和钟》云："太史公于《秦本纪》云：'襄公始列为诸侯'，于《诸侯年表》以秦仲为始。今据《年表》，始秦仲，则至康公为十二公，此钟为共公时作也。据《本纪》，自襄公始，则至桓公为十二公，而铭钟者，当为景公也。"近儒或以为秦之立国，始非子，当从非子起算，则钟当作于宣公、成公之世。要之，无论何说，皆春秋时器也。齐侯镈钟，以字体定之，亦春秋时器。秦敦之"禹賣"；即《大雅》之"维禹之绩"，《商颂》之"设都于禹之蹟。""禹賣"言"宅"，则"賣"当是"蹟"（"迹"的繁体字）之借字。齐镈言"尞尞成唐（即成汤，说见下），有敢（即'严'字）在帝所，博受天命，□咸有九州，处禹之堵。""堵"，《博古图·释都》："处禹之堵"，亦犹《鲁颂》言"缵禹之绪"也。夫自《尧典》、《皋陶谟》、《禹贡》皆纪禹事，下至《周书·吕刑》亦以禹为三后之一，《诗》言禹者尤不可胜数，固不待藉他证据。然近人乃复疑之，故举此二器，知春秋之世，东西二大国，无不信禹为古之帝王，且先汤而有天下也。[1]

---

[1] 锡山按：关于第二章禹，王国维在讲课时补充说道：

商祖宗名氏，全可由卜辞中证出，而尧舜则金石甲骨文字中，丝毫无见，但不能即谓并无其人；因金文本为私人所铸，故各纪一人之事，并非纪史，吾人今日目为史料尔。至于禹则金文中曾一见于周时《秦公敦》，其字作鼏。此器近十年中出于甘肃秦州，其文云："鼏在禹賣"，"賣"字，即蹟（迹的繁体字）。《商颂》云："天命多辟，设都于禹之绩。"又《大雅》云："丰水东注，维禹之绩。"《大雅》之绩，尚可作功解。《商颂》之绩，必当作蹟解。然则禹賣，当即禹蹟也。

又有一器，见《宣和博古图》，名《齐侯镈钟》。其文有云："虩虩成唐，有严（敢）在帝所，専受天命。……或有九州，处禹之堵。"（此韵文所堵皆协韵）虩虩，即赫赫之转音，成唐，即成汤（此说甲骨文字都有，又见《太平御览》）。禹之堵。谊与禹之賣近。此器在春秋初（春秋末齐器文字多不守成法，而此器则否）。上器略与之同时，去夏尚未远也。（吴其昌《王静安先生〈古史新证〉讲授记·禹》，《清华周刊》第三百七十四期，1926年4月9日）

第三章 殷之先公先王

（一）夒

贞夒于𒀭（《殷虚书契前编》卷六第十八叶）。

夒于𒀭□牢（同上）。

夒于𒀭六牛（同上，卷七第二十叶）。

于𒀭夒牛六（罗氏拓本）。

贞米年于𒀭九牛（同上）。

癸巳贞于高祖𒀭（下阙，同上）。

又于𒀭（《后编》卷上第十四叶）。

案𒀭二形，象人首手足之形。《说文》夊部："夒，贪兽也，一曰母猴，似人，从页、巳、止，夊其手足。"毛公鼎"我弗作先王羞"之羞作𒀭，克鼎"柔远能迩"之柔作𒀭，番生敦作𒀭，而《博古图》、《薛氏款识·盉和钟》之"柔燮百邦"，晋姜鼎之"用康柔绥怀远廷"，柔并作𒀭，皆是字也。"夒"、"羞"、"柔"三字，古音同部，故互相通假。此称高祖夒，案卜辞惟王亥称高祖王亥（《后编》卷上第二十二叶），或高祖亥（《戬寿堂所藏殷虚文字》第一叶），大乙称高祖乙（《后编》上第三叶），则夒必为殷先祖之最显赫者，以声类求之，盖即帝喾也。帝喾之名，已见《逸书》、《书序》。自契至于成汤，八迁，汤始居亳，从先王居，作帝告。《史记·殷本纪》"告"作"诰"，《索隐》曰："一作俈。"案《史记·三代世表》、《封禅书》、《管子·侈靡》篇，皆以"俈"为"喾"。伪《孔传》亦云："契父帝喾，都亳。汤自商丘迁亳，故曰，从先王居。"若《书序》之说可信，则帝喾之名已见商初之书矣。诸书作"喾"或"俈"者，与"夒"字声相近；其或作"夋"者，则又"夒"字之讹也。《史记·五帝本纪》索隐引皇甫谧曰："帝喾名夋。"《初学记》（九）引《帝王世纪》曰："帝喾生而神灵，自言其名曰夋。"《太平御览》（八十）引作"逡"，《史记正义》引作"岌"；"逡"为异文，"岌"则讹字也。《山海经》屡称帝俊（凡十二见），郭璞注于《大荒西经》"帝俊生后稷"下云："俊宜为喾。"馀皆以为帝舜之假借。然《大荒东经》曰"帝俊生仲容"，《南经》曰"帝俊生季釐"，是即《左氏传》之仲熊季貍，所谓高辛氏之才子也。《海内经》曰："帝俊有子八人，实始为歌舞"，即《左氏传》所谓有才子八人也。《大荒西经》"帝俊妻常羲生月十有二"，又传记所云："帝喾次妃诹訾氏女曰常仪，生帝挚"者也。（案《诗·大雅·生民》疏引《大戴礼·帝系》篇曰："帝喾下妃娵訾之女曰常仪，生挚。"《家语世本》其文亦然。《檀弓》正义引同，而作"娵氏之女曰常宜"。然今本《大戴礼》及《艺文类聚》十五，《太平御览》一百三十五所引《世本》但云"次妃曰娵訾氏，产帝挚"，无"曰常仪"三字。以上文"有邰氏之女曰姜嫄，有娀氏之女曰简狄"例之，当有"曰常仪"三字。）三占从二，知郭璞以帝俊为帝舜，不如皇甫谧以夋为帝喾名之当矣。《祭法》："殷人禘喾。"《鲁语》作"殷人禘舜"，舜亦当作夋。喾为契父，为商人所自出之帝，故商人禘之。卜辞称高祖夒乃与王亥、大乙同称，疑非喾不足以当之矣。

（二）土

贞亵于 Ω 三小牢卯一牛沈十牛（《前编》卷一第廿四叶，又重见卷七第廿五叶）。

贞米年于 Ω 九牛（《铁云藏龟》第二百十六叶）。

贞 Ω 亵于 Ω（同上，第二百二十八叶）。

贞于 Ω 求（《前编》第五、第一叶）。

癸亥卜又 Ω 亵羊一小牢圉（《戬寿堂所藏殷虚文字》第一叶）。

其亵于 Ω（同上）。

案，Ω 即土字。盂鼎"受民受疆土"之"土"作"土"。卜辞用刀锲，不能作肥笔，故空其中，作 Ω。犹"火"之作"火"，"■"之作"口"矣。土，疑即相土。《史记·殷本纪》："契卒，子昭明立。昭明卒，子相土立。"相土之名，见于《诗·商颂》、《春秋左氏传》、《世本·帝系篇》。《周礼·校人》注引《世本·作篇》曰："相土作乘马。"而《荀子·解蔽》篇云："乘杜作乘马。"《吕览·勿躬》篇云："乘雅作驾。"注："雅一作持。"案"持"、"杜"声相近。杨倞注《荀子》云："以其作乘马，故谓之乘杜。"是乘本非名相土，或单名土，又假用杜也。然则卜辞之土或即相土与。

（三）季

辛亥卜□贞，季□求王（《前编》卷五第四十叶两见）。

癸巳卜之于季（同上，卷七第四十一叶）。

贞之于季（《后编》上第九叶）。

季亦殷之先公，即冥是也。《史记·殷本纪》："相土卒，子昌若立。昌若卒，子曹圉立。曹圉卒，子冥立。冥卒，子振立。"振，《索隐》云："《〔世〕（系）本》作核。"卜辞谓之王亥。《楚辞·天问》云："该秉季德，厥父是臧。"又曰："恒秉季德。"则该与恒皆季之子。该即王亥，恒即王恒，皆见于卜辞；则卜辞之季，亦当王亥之父冥矣。

（四）王亥

贞，奠于王亥（《前编》卷一第四十九叶）。

贞之于王亥，卌牛，辛亥用（同上，卷四第八叶）。

贞于王亥求年（《后编》卷上第一叶）。

乙巳卜□贞之于王亥十（下阙。同上，第十二叶）。

贞奠于王亥（同上，第十九叶）。

奠于王亥（同上，第二十三叶）。

癸卯卜□贞，□□高祖王亥，□□□（同上，第二十一叶）。

甲辰卜□贞，来辛亥奠于王亥，卌牛，十二月（同上，第二十三叶）。

贞，登王亥羊（同上，第二十六叶）。

贞之于王亥，□三百牛（同上，第十八叶）。

贞，奠于王亥，五牛（《龟甲兽骨》卷一第九叶）。

庚□□□贞，于王亥米年（《戬寿堂》一叶）。

高祖亥（上下阙。同上）。

案，卜辞中王亥称高祖；又其牲用五牛、三十牛、四十牛，乃至三百牛，乃祭礼之最隆者：必殷之先公先王无疑。案《史记·殷本纪》及《三代世表》，殷先祖无王亥，惟云："冥卒，子振立；振卒，子微立。"《索隐》："振，《系本》作核。"《汉书·古今人表》作"垓"。然则《史记》之"振"当为"核"或"垓"之讹也。《大荒东经》曰："有困民国句姓而食，有人曰王亥，两手操鸟，方食其头。王亥托于有易，河伯仆牛，有易杀王亥，取服牛。"郭璞注引《竹书》曰："殷王子亥宾于有易丽淫焉，有易之君绵臣杀而放之。是故殷主甲微假师于河伯以伐有易，克之，遂杀其君绵臣也。"（此《纪年》真本郭氏隐括之如此。）今本《纪年》："帝泄十二年，殷侯子亥宾于有易，有易杀而放之。十六年，殷侯微以河伯之师伐有易，杀其君绵臣。"是《山海经》之王亥，古本《纪年》作殷王子亥，今本作殷侯子亥，又前于上甲微者一世，则为殷之先祖，冥之子，微之父，无疑。卜辞作王亥，正与《山海经》同。又祭王亥皆以亥日，则亥乃其正字。《〔世〕（系）本》作核，《古今人表》作垓，皆其通假字。《史记》作振，则因与核、垓二字形近而讹，夫《山海经》一书，其文不雅驯，其中人物，世亦以"子虚"、"乌有"视之；《纪年》一书，亦非可尽信者：而王亥之名，竟于卜辞见之。其事虽未必尽然，而其人则确非虚构。可知古代传说，存于周、秦之间，非绝无根据也。

　　王亥之名及其事迹，非徒见于《山海经》、《竹书》，周、秦间人著书多能道之。《吕览·勿躬》篇："王冰作服牛。"案，篆文"冰"作"仌"，与"亥"字相似。王仌亦王亥之讹。《世本·作篇》："胲作服牛。"（《初学记》卷二十引。又《御览》八百九十九引《世本》"鲧作服牛"，"鲧"亦"胲"之讹。《路史》注引《世本》"胲为黄帝马医"，疑是宋衷注。《御览》引宋注曰："胲，黄帝臣也，能驾牛。"又云："少昊时人。"皆汉人说，不足据。实则《作篇》之胲即《帝系》篇之核也。）其证也。服牛即《大荒东经》之仆牛，古"服"、"仆"音近也。《楚辞·天问》："该秉季德，厥父是臧，胡终弊于有扈，牧夫牛羊。"又曰："恒秉季德，焉得夫朴牛？"该即胲，有扈即有易（说见下），朴牛亦即仆牛、服牛。是《山海经》、《天问》、《吕览》、《世本》皆以王亥为始作服牛之人，盖古之车或尚以人挽之，至相土作乘马，王亥作服牛，而车之用始备。《管子·轻重戊》云："殷人之王立帛牢，服牛马以为民利，而天下化之。"盖古之有天下者，其先皆有大功德于民：禹抑洪水，稷降嘉种，爰启夏、周。商之相土、王亥，盖亦其俦。然则王亥祀典之隆，亦以其为制作之圣人，非徒以其为先祖。周、秦间王亥之传说，胥由此起也。

卜辞记王亥事者凡十馀见，其二有祭日，皆用辛亥，与祭大乙用乙日，祭大甲用甲日同例。是王亥确为殷人以辰为名之始，犹上甲微之为以日为名之始也。然观殷人之名，即不用日辰者，亦取于时为多，自契以下，若昭明，若昌若，若冥，皆含"朝"、"莫"、"明"、"晦"之意；而王恒之名亦取象于月弦。是以时为名或号，乃殷俗也。夏后氏之以日为名者，有孔甲，有履癸，要在王亥及上甲之后矣。

（五）王恒

贞之于王亙（《铁云藏龟》第一百九十九叶及《书契后编》卷上第九叶）。

贞，𡥀之于王亙（《后编》卷下第七叶）。

贞，王𢁓（下阙。《前编》卷七第十一叶）。

案，亙即"恒"字。《说文解字》二部："恒，常也。从心，从舟，在二之间；上下一心，以舟施恒也。𢘍，古文恒，从月。诗曰：'如月之恒。'"案，许君既云："古文恒从月"，复引《诗》以释从月之意，而今本古文乃作𢘍，盖传写之讹字，当作亙，又《说文》木部："桓，竟也，从木，恒声；𣏵，古文桓。"案，古从月之字，后或变而从舟。殷虚卜辞朝暮之"朝"，作"𦥒"（《后编》下第三叶），从日月在茻间，与莫字从日在茻间同意；而篆文作𩏑，不从月而从舟。以此例之，"𣏵"本当作"亘"。智鼎有𢙸字，从心，从亘，与篆文之恒从𢗓者同，即恒之初字。可知亘亙一字。卜辞亙字从二，从月，其为亘字或恒字之省无疑。其作𢁓者，《诗·小雅》"如月之恒"，《毛传》："恒，弦也。"弦本弓上物，故字又从弓。然则亙、𢁓二字，确为恒字。王恒之为殷先祖，惟见于《楚辞·天问》。《天问》自"简狄在台营何宜"以下二十韵皆述商事（前夏事，后周事），其问王亥以下数世事曰："该秉季德，厥父是臧。何终弊于有扈，牧夫牛羊？干协时舞，何以怀之？平胁曼肤，何以肥之？有扈牧竖，云何而逢？击床先出，其命何从？恒秉季德，焉得夫朴牛？何往营班禄，不但还来？昏微遵迹，有狄不宁。何繁鸟萃棘，负子肆情？眩弟并淫，危害厥兄。何变化以作诈，后嗣而逢长？"此十二韵，以《大荒东经》及郭注所引《竹书》参证之，实纪王亥、王恒及上甲微三世之事。而《山海经》、《竹书》之有易，《天问》作有扈，乃字之误。盖后人多见有扈，少见有易，又同是夏时事故，改"易"为"扈"。下文又云："昏微遵迹，有狄不宁。"昏微即上甲微，有狄亦即有易也。古"狄"、"易"二字同音，故互相通假。《说文》扈部："遏之古文作遪。"《牧誓》："遏矣西土之人。"《尔雅》郭注引作"遪矣西土之人"。《书·多士》"离遏尔土"，《诗·大雅》"用遪蛮方，"《鲁颂》"狄彼东南"，曾伯霏簠"克狄淮夷"，毕狄钟"毕狄不龚"，此"遏"、"遪"、"狄"三字，异文同义。《史记·殷本纪》之"简狄"，《索隐》云"旧本作'易'"，《汉书·古今人表》作"遏"，《白虎通·礼乐》篇"狄者，易也"。是古"狄"、"易"二字通，有狄即有易。上甲遵迹而有易不宁，是王亥弊于有易，非弊于有扈，故曰"扈"当为"易"也。"狄"、"易"二字，不知孰正孰借。其国当在大河之北，或在易水左右（孙氏之骈说）。盖商之先，自冥治河王亥迁殷（今本《纪年》："帝芒三十三年，商侯迁于殷。"其时商侯即王亥也。《山海经》注所引真本《纪年》亦称王亥为殷王子亥，称殷不称商；则今本此条，古本想亦有之。殷在河北，说见后），已由商邱越大河而北，故游牧于有易高爽之地。服牛之利，即发见于此。有易之人乃杀王亥，取服牛，所谓"胡终弊于有扈，牧夫牛羊"者也。其云"有扈牧竖，云何而逢？击床先出，其命何从"者，似记王亥被杀之事。云："恒秉季德，焉得夫朴牛？"恒盖该弟，与该同秉季德，复得该所失服牛也。云"昏微遵迹，有狄不宁"者，谓上甲微能率循其先人之迹，有易与之有杀父之仇，故不宁也。"繁鸟萃棘"以下，亦当指上甲事。书阙有间，不敢妄为之说。要之，《天问》所说，当与《山海经》、《竹书》

同出一源。而《天问》就壁画发问，所记尤详。恒之一人，并为诸书所未载。卜辞之王恒与王亥同以王称，其时代自当相接；而《天问》之该与恒适与之相当，前后所陈又皆商家故事，则中间十二韵自当述王亥、王恒、上甲微三世之事：然则王亥与上甲微之间，又当有王恒一世。以《世本》、《史记》所未载，《山经》、《竹书》所不详，而今于卜辞得之。《天问》之辞，千古不能通其解者，而今由卜辞通之。此治史学与文学当同声称快也。

（六）上甲

□□自大方又⌒在小宗自⊖田□□月（《后编》下第四十二叶）。

庚辰卜，□贞，翌辛巳三酒肜□自二田衣至于多后亡它（明义士《殷虚卜辞》第二十九叶）。

（上阙）□贞，翌甲子三酒□自⊖田衣至于后（同上，第四十一叶）。

（上阙）三（阙）畐（阙）于（阙）它（同上，第一百十八叶）。

癸丑卜，□贞，王宾□自田至于多后衣亡□（《前编》二第二十五叶）。

□亥卜，贞，王宾权自田至于多后衣亡扩（同上）。

□酉王卜，贞，今（阙）曰自田至于多后（阙）眹王占：曰大吉，在四月（同上）。

辛子卜，贞，王宾田权至于多后衣亡扩（同上）。

（上阙）田至于多后（下阙。同上）。

癸未王卜，贞，酌肜月自田至于多后衣亡它自眹，在四月佳王二祀（卷三第二十七页）。

（上阙）王卜，贞，今□□□□其酌肜日（阙）至于多后衣亡它眹在（阙）王田曰大吉佳王二祀（同上，第二十八叶）。

（上阙）贞，酌翌日自田至多后（阙）自眹在九月佳王五祀（同上）。

甲寅酌翌日（阙）田王廿祀（同上）。

丁酉卜，贞，王宾□自田至于武乙衣亡扩（《后编》上第二十叶）。

癸卯王卜，贞，酹翌日自田至多后衣亡它自畎在九月隹王五
□（同上）。

辛巳卜，大贞之，自田元示三牛二示一牛十三月（《前编》卷三第
二十二叶）。

乙未贞，其米自田十示有三牛，小示羊（《后编》上第二十八叶）。

丁卯贞，来，乙亥告自田（同上，第二十九叶）。

乙亥卜，宾贞，□大御自田（同上，卷下第六叶）。

贞，御自田𣏾大示十二月（《前编》卷三第十二叶）。

贞，翌甲□𥰨自田（《后编》第三十四叶）。

米于田五十牛（《龟甲兽骨》卷二第二十四叶）。

癸卯卜，酹米贞，乙巳自田廿示一牛，二示羊，A 夀三示豩牢，
四示犬（《戬寿堂所藏殷虚文字》第一叶）。

《殷本纪》："振卒，子微立。"《鲁语》："上甲微能帅契者也，
商人报焉。"是商人祭上甲微，而卜辞不见。上甲，郭璞《大荒东
经》注引《竹书》作主甲微，而卜辞亦不见主甲。余由卜辞中有𠃊
𠃌𠃍三人名，其乙、丙、丁三字皆在𠃊或𠃌中，而悟卜辞中数十见之
田即上甲也。卜辞中凡田狩之田字，其囗中横直二笔皆与其四旁相
接，而人名之田则其中横直二笔或其直笔必与其四旁不接，与田字区
别较然。"田"中"十"字，即古"甲"字。甲在囗中，与乙、丙、
丁三字在𠃊或𠃌中同意。（今甲盘有田字，其名为⊕，其字为伯吉父。吉，有
始义，古人谓月朔为吉月，谓月之上旬八日为初吉是也。甲为十日之首，故名
甲字吉父。魏三体石经《无逸》"祖甲"字，古文作⊽。《说文》木部，枏之古
文作屮，而《汗简》及《古文四声韵》皆引《说文》作田，亦田之讹。今《说
文》甲字作中，不从古文甲。然秦新郪、阳陵二虎符及三字石经篆文之"甲"
均作中，即此田字之变形。隶书甲字，尤为近之。）卜辞中亦有横直二笔与
四旁接而与田狩字无别者，则上加"一"，作"田"以别之。上加一
者，古六书中指事之法，"一"在"田"上，与"二"字（古文上）
之"一"在"一"上同意，去上甲之义尤近。罗雪堂参事闻余此说，
乃于《殷虚书契后编》中发见"𤰒"字，始知"田"即"𤰒"之省。
嗣余于英人明义士之《殷虚卜辞》中检出𤰒字三科，亦足证明余说。

又案：上所列诸条，皆云"自田至于多后"，或云"自田衣"，衣者，殷祭也，则田实居先公先王之首。又殷之祭先祖率以所名之日祭之：祭名甲者用甲日，名乙者用乙日，此卜辞之通例也。今卜辞中，凡专祭田者，皆用甲日，如曰："在三月甲子，□祭田。"（《前编》卷四第十八叶）又曰："在十月又一（即十有一月）甲申，酌祭田。"（《后编》卷下第二十叶）又曰："癸卯卜翌甲辰之田牛，吉。"（同上，第二十七叶）又曰："甲辰卜贞来，甲寅又伐田羊五，卯牛一。"（同上，第二十一叶）此四事祭田有日者，皆用甲日。又曰："在正月□□，祭大甲▨田。"（同上，第二十一叶）此条虽无祭日，然与大甲同日祭，则亦用甲日矣。是故田之名甲，可以祭日用甲证之。田字从十在□中，可以▨▨▨三名乙丙丁在匚中证之，而此甲之即上甲，可以其居先王先公之首证之。观后所列田▨▨▨示壬示癸大丁大甲一骨，更可以知此说之不误矣。

（七）报乙、报丙、报丁

乙丑（阙）王（阙）匸（阙）亡（下阙）（《后编》上第八叶）。

乙丑卜▨真王宾匸祭（下阙）（同上）。

真于匸告匸方（同上）。

（上阙）贞，王宾▨▨一牛亡▨（《龟甲兽骨》卷下第十叶）。

乙未卜，贞，王宾▨▨日亡▨（同上）。

（上阙）下贞王宾▨▨日亡▨（同上）。

丙申卜，贞，王宾▨□日亡▨（同上）。

丙寅卜，贞，王宾匸▨日亡▨（后编上第八叶）。

丙申旅贞，王宾▨彰亡田（《后编》上第八叶）。

丁亥卜，贞，王宾□彡日亡▨（同上）。

丁（阙）王宾▨▨亡▨（同上）。

丁丑卜，□贞，王宾▨彡亡▨（《戬寿堂所藏殷虚文字》第二叶）。

壬□卜，贞，王宾示壬翌日亡▨（《前编》卷一第一叶）。

癸酉卜，贞，王宾示癸彡亡▨在十月（同上，第二叶。　示壬、示癸，卜辞中所见当多，兹各举其一例）。

《史记·殷本纪》："微卒，子报丁立。报丁卒，子报乙立。报乙卒，子报丙立。报丙卒，子主壬立。主壬卒，子主癸立。"卜辞中绝未见此五人，曩罗参事颇疑卜辞之刁、冚、曰即报乙、报丙、报丁，示壬、示癸即主壬、主癸，而未得确证，余于《殷卜辞中所见先公先王考》始为疏通证明之。未几，检理英伦某氏所得之刘铁云旧藏甲骨，于一骨中发见田、刁示癸诸名，与《书契后编》所载一骨上有冚曰诸名者文例及字体皆相似；取而合之，乃知一骨折为二者；合读其文，则商之先公先王自田至太甲皆在焉。其次：首田，次刁，次冚，次曰，次示壬，次示癸，次大丁，次大甲，世数全与《殷本纪》及《三代世表》同；所异者，刖在冚后：此又可正《史记》之误也。由此骨观之，则田之为上甲，刁、冚、刖之为报乙、报丙、报丁，示壬、示癸之为主壬、主癸，已成铁案。推其字从甲在□

（《戬寿堂所藏殷虚文字》第一叶及《后编》上第八叶）

中，乙丙丁在□中，实不可解。《鲁语》称"商人报上甲微，（能帅契者也，商人报焉。）"《孔丛子》引《逸书》惟高宗报上甲微（此魏晋间伪《书》之未采入梅本者，今本《竹书纪年》"武丁十二年报祀上甲微"，即本诸此）。而报乙、报丙、报丁亦冠以"报"字，义亦取于"报上甲"之"报"，自非本名如此。又郭璞引真本《纪年》"上甲作主甲"；而主壬、主癸亦冠以"主"字，意坛墠及郊宗石室之制，殷人已有行之者欤。

（八）大乙—唐

乙丑卜，贞，王宾大乙濩亡大（《前编》卷一第三叶。　大乙屡见，今举此为例）。

壬寅卜，㱿贞之于唐一牛其之曰（下阙，《前编》卷一第四十七叶）。

癸卯卜，ㄓ贞之月告于唐亡它十二月（同上）。

贞ㄓ告于唐（同上）。

贞于唐告（同上）。

贞，田龢罘唐（同上，卷二第四十五叶）。

（上阙）卜田唐大丁大甲（《铁云藏龟》第二百十四叶）。

贞于唐告凸方　贞于大甲告　贞于大丁告凸（《后编》上第二十九叶，三辞在一骨上）。

《史记·殷本纪》："主癸卒，子天乙立，是为成汤。"天乙之名，已见于《荀子·成相》篇及《世本》（《书·汤誓释文》引），而《史记》仍之。然卜辞有大乙，无天乙，罗参事谓天乙为大乙之讹。观于大戊，卜辞亦作天戊（《前编》卷四第二十六叶）；《周书·多士》之天邑商，卜辞作大邑商：盖"天"、"大"二字形近，故互讹也。且商初叶诸帝，如大丁，如大甲，如大庚，如大戊，皆冠以"大"，则汤自当称大乙。又卜辞曰："癸巳卜，贞，又彡伐于伊其×大乙肜日。"（《后编》卷上第二十二叶）又曰："癸酉卜，贞，大乙伊其。"（下阙，同上）伊即伊尹；以大乙伊尹并言，尤大乙即天乙之确证矣。

卜辞又屡见"唐"字，如上末二条"唐"与"大丁"、"大甲"连文而又居其首，知"唐"即"汤"之本字。《说文》口部：喝，古文唐，从口、昜，与"汤"字形相近。《博古图》所载齐侯镈钟铭曰："虩虩成唐，有严在帝所，尃受天命。"又曰："咸有九州，处禹之都。"夫"受天命"，"有九州"，非汤其孰能当之！《太平御览》（八十二及九百十二）引《归藏》曰："昔者，桀筮伐唐而枚占荧惑，曰：'不吉。'"《博物志》（六）亦载此事。案，唐即汤，卜辞之"唐"必"汤"之本字，后转作"喝"，遂通作"汤"矣。

（九）外丙　外壬

乙酉卜，贞，王宾卜丙肜日亡㞢（《前编》卷一第五叶）。

丙辰卜，贞，王宾卜丙㓹日亡㞢（同上）。

壬寅卜，贞，王宾卜壬翌日亡㞢（同上第九叶）。

壬寅卜，贞，王宾卜壬肜□亡大（同上）。

壬午卜，贞，王宾卜壬翌日亡大（同上）。

壬戌卜，贞，王宾卜壬肜日亡大（同上）。

《殷本纪》："汤子有外丙，仲丁之弟有外壬。"然卜辞有卜丙、卜壬而无外丙、外壬，罗参事以卜丙、卜壬即外丙、外壬，殆是也。卜辞所载与典籍无异者，不复一一详之。

（十）中宗祖乙

（上阙）中宗祖乙牛告（《戬寿堂所藏殷虚文字》第三叶）。

此辞称祖乙为中宗，全与古来《尚书》家之说违异。惟《太平御览》（八十三）引《竹书纪年》曰："祖乙滕即位，是为中宗，居庇。"（今本《纪年》注云："祖乙之世，商道复兴，号为中宗。"本此。）今由此断片，知《纪年》是而古今《尚书》家说非也。《史记·殷本纪》以大甲为大宗，大戊为中宗，武丁为高宗，此本《尚书》今文家说。今征之卜辞，则大甲、祖乙往往并祭，而大戊不与焉。卜辞曰："□亥卜贞三示御大乙大甲祖乙五牢。"（罗氏拓本）又曰："癸丑卜，□贞粜年于大甲十牢，祖乙十牢。"（《后编》上第二十七叶）又曰："丁亥卜，□贞昔乙酉服□御（阙）大丁、大甲、祖乙百鬯、百羊、卯三百牛。"（下阙。同上第二十八叶）大乙、大甲之后，独举祖乙而不及大戊，亦中宗是祖乙非大戊之一证。《晏子春秋·内篇谏上》云："夫汤、大甲、武丁、祖乙，天下之盛王也。"亦以祖乙与大甲、武丁并称。

（十一）羊甲

卜辞有羊甲，无阳甲。罗参事证以古"乐阳"作"乐羊"，"欧阳"作"欧羊"，谓"羊甲"即"阳甲"。今案卜辞有云："曰南庚，曰羊甲。"（《前编》卷一第四十二叶）羊甲在南庚之次，其即阳甲审矣。

（十二）康丁—康祖丁

辛巳卜，贞，王宾康丁奭妣辛（阙），亡（下阙，《后编》上第四叶)。

丁卯卜，贞，王宾康祖丁肜日亡尤（同上）。

口□卜，贞，王宾康祖丁祭亡尤（前编卷一第二十四叶）。

丙子卜，贞，康祖丁丁其牢羍兹用（同上第十叶）。

丙辰卜，贞，康祖丁丁其牢兹用（同上第二十一叶）。

甲辰卜，贞，王宾羍祖乙、祖丁、祖甲、康祖丁、武乙衣亡尤（后编上第二十叶）。

《殷本纪》："帝廪辛崩，弟庚丁立。"卜辞无庚丁，而有康丁，及康祖丁，罗参事以为即庚丁，盖商人以日为名，断无用庚丁两日者，罗说是也。末条祖乙、祖丁、祖甲、康祖丁、武乙乃合祭小乙、武丁、祖甲、庚丁、武乙五世，尤康丁、康祖丁即庚丁之证矣。

（十三）后祖乙

乙丑卜，□，贞王宾后祖乙□亡尤（《戬寿堂殷虚文字》第三叶）。

丁酉卜，即贞后祖乙古十年四月（同上）。

贞，后祖乙古物四月（同上）。

乙卯卜，即贞，王宾后祖乙父丁臣亡尤（同上）。

甲□□，贞，翌乙□酒肜日于后祖乙（后编上第二十叶）。

咸后祖乙（《前编》卷五第五叶）。

右第四条以后祖乙、父丁连文。考盘庚以后，父名乙，子名丁者，惟小乙、武丁与武乙、文丁。而小乙，卜辞称小祖乙（《戬寿堂殷虚文字》第五叶），则后祖乙必武乙矣。卜辞多见武乙及武祖乙，而又云后祖乙者，盖异号也。商诸帝中，名乙者六。卜辞除帝乙外，皆有祖乙之称。是故高祖乙者，谓大乙也；中宗祖乙者，谓祖乙也；小祖乙者，谓小乙也；武祖乙、后祖乙者，谓武乙也；小乙以后，不得更以大小相别，乃称为"后"矣。古"后"、"後"一字。

（十四）文武丁

丁酉卜，贞，王宾文武丁伐十人卯六牢鬯六卣亡尤（《前编》卷一第十八叶）。

丙午卜，贞，文武丁𡗥丁其牢（同上）。

丙申卜，贞，文武丁其（下阙，同上）。

《殷本纪》："武乙震死，子大丁立。"《竹书纪年》大丁作文丁。案，大丁与汤子大甲父同名，且此丁于丁为最后，不得称"大"，《纪年》是也。此文武丁，罗参事以为即文丁。

（十五）祖某　父某　兄某

右所论次，皆商先公先王之名，与古书小异者。其馀先王，若大丁，若大甲，若大庚，若小甲，若大戊，若中丁，若祖辛，若祖丁，若南庚，若盘庚，若小辛，若小乙，若武丁，若祖庚，若祖甲，若武乙，无一不见于卜辞。故有商一代，三十帝，[1] 其未见于卜辞者，仲壬、沃丁、雍己、河亶甲、沃甲、廪辛、帝乙、帝辛八帝也。而卜辞出于殷虚，乃盘庚至帝乙时所刻辞，其先王中自当无帝乙、帝辛之名。则不见于卜辞者，二十八帝中仅六帝耳。又卜辞中人名，若𤔲甲（《前编》卷一第十六叶、《后编》卷上第三叶），若祖丙（《前编》卷一第二十二叶），若小丁（同上），若祖戊（同上，第二十三叶），若祖乙（同上），若中己（《后编》卷上第八叶），若南壬（《前编》卷一第四十五叶），若小癸（《龟甲兽骨文字》卷二第二十五叶），其名号与祀之之礼，皆与先王同，而史无其人。又卜辞所见父甲、兄乙等人名颇众，求之迁殷以后诸帝之父兄，或无其人。曩颇疑《世本》及《史记》于有商一代帝系不无遗漏；今由种种研究，知卜辞中所未见之诸帝，或名亡而实存；至卜辞所有而《史记》所无者，与父某、兄某等等，史无其人以当之者，皆诸帝兄弟之未立而殂者，或诸帝之异名也。试详论之：

一事：商之继统法，以弟及为主，而以子继辅之，无弟然后传子。自汤至于帝辛二十九帝中，以弟继兄者，凡十四帝（此据《史记·殷本纪》。若据《三代世表》及《汉书·古今人表》，则得十五帝）；其传子者，亦多传弟之子，而罕传兄之子。盖周时以嫡庶长幼分贵贱

---

① 在早先所著的《殷卜辞中所见先公先王考》中，为二十九帝。见本书第108页。

之制，商无有也。故兄弟之中，有未立而死者，其祀之也，与已立者同。王亥之弟王恒，其立否不可考，而亦在祀典。且卜辞于王亥、王恒外，又有王夨（《前编》卷一第三十五叶两见，又卷四第三十三叶及《后编》卷下第四叶各一见），亦在祀典，疑亦王亥兄弟也。逮有天下后，亦然。孟子称大丁未立，今观其祀礼，与大乙、大甲同。又卜辞有一节曰："癸酉卜贞王宾（此字原夺，以他辞例之，此处当有宾字），父丁岁三牛，罪兄己一牛，兄庚□□（此二字残阙，当是'一牛'两字），亡□。"（《后编》上第十九叶）又曰："癸亥卜贞兄庚□罪兄己□。"（同上，第八叶）又曰："贞兄庚□罪兄己其牛。"（同上）考商世诸帝中，凡丁之子无己庚二人相继在位者。惟武丁之子有孝己（《战国》秦、燕二《策》，《庄子·外物》篇，《荀子·性恶》、《大略》二篇，《汉书·古今人表》等），有祖庚，有祖甲；则此三条乃祖甲时所卜，父丁即武丁，兄己、兄庚即孝己及祖庚也。孝己未立，故不见于《世本》及《史记》，而其祀典乃与祖庚同。此不独王朝之制，即诸侯亦然。近易州出句兵三。其一铭曰："太祖日己，祖日丁，祖日乙，祖日庚，祖日丁，祖日己，祖日己。"其二曰："祖日乙，大父日癸，大父日癸，中父日癸，父日癸，父日辛，父日己。"其三曰："大兄日乙，兄日戊，兄日壬，兄日癸，兄日癸，兄日丙。"此当是殷时北方侯国勒祖父兄之名于兵器以纪功者，而三世兄弟之名，先后骈列，无贵贱之分。然则上所举夒甲、祖丙、小丁诸人名与礼，视先王无异者，非诸帝之异名，必诸帝兄弟之未立者矣。周初之制，犹与之同。《逸周书·克殷解》曰："王烈祖、太王、太伯、王季、虞公、文王、邑考，以列升。"太伯、虞公、邑考皆未立而与三王同升，盖周公未制礼以前，殷礼固如斯矣。

二事：卜辞于诸先王本名之外，或称帝某，或称祖某，或称父某、兄某。罗参事曰："有商一代帝王，以甲名者六，以乙名者五，以丁名者六，以庚辛名者四，以壬名者二，惟以丙及戊己名者各一。其称大甲、小甲、大乙、小乙、大丁、中丁者，殆后来加之以示别。然在嗣位之君，径称其父为父甲，其兄为兄乙，当时已自了然。故疑所称父某、兄某者，即太乙以下诸帝矣。"余案参事说是也。非独父

某、兄某为然，其所云帝与祖者，亦诸帝之通称。卜辞云："己卯卜
贞帝甲□□其罘祖丁。"（《后编》卷上第四叶）案，祖丁之前一帝为沃
甲，则帝甲即沃甲，非《周语》"帝甲乱之"之帝甲也。又曰："祖
辛一牛，祖甲一牛祖丁一牛。"（同上，第二十六叶）案，祖辛、祖丁之
间，惟有沃甲，则祖甲亦即沃甲，非武丁之子祖甲也。又曰："甲辰
卜贞王宾罘祖乙祖丁祖甲康祖丁武乙衣亡尤。"（同上，第二十叶）案，
武乙以前四世，为小乙、武丁、祖甲、庚丁，则祖乙即小乙，祖丁即
武丁，非河亶甲之子祖乙，亦非祖辛之子祖丁也。又此五世之中，名
丁者有二，故于庚丁云康祖丁以别之，否则亦但云"祖"而已。然
则商人自王父以上皆称曰祖，其不须区别而自明者，不必举其本号，
但云祖某足矣。即须加区别时，亦有不举其本号而但以数别之者。如
云"□□于三祖庚"（《前编》卷一第十九叶）。案，商诸帝以庚名者，
大庚第一，南庚第二，盘庚第三，祖庚第四，则三祖庚即盘庚也。又
有称四祖丁者（《后编》卷上第三叶凡三见），案，商诸帝以丁名者，大
丁第一，沃丁第二，中丁第三，祖丁第四，则四祖丁乃《史记》之
祖丁也。以名庚者，皆可称祖庚；名丁者，皆可称祖丁：故加三、四
等字以别之，否则赘矣。由是推之，则卜辞之祖丙或即外丙，祖戊或
即大戊，祖己或即雍己、孝己。故祖者，王父以上诸先王之通称也。
其称父某者，亦然。父者，父与诸父之通称。卜辞曰："父甲一牡，
父庚一牡，父辛一牡。"（《后编》卷上第二十五叶）此当为武丁时所卜，
父甲、父庚、父辛即阳甲、盘庚、小辛，皆小乙之兄而武丁之诸父也
（罗参事说）。又卜辞凡单称父某者，有父甲（《前编》卷一第二十四叶），
有父乙（同上，第二十五叶及二十六叶），有父丁（同上，第二十六叶），有
父己（同上，第二十七叶及卷三第二十三叶及《后编》卷上第六第七叶），有
父庚（《前编》卷一第二十六及二十七叶），有父辛（同上，第二十七叶）。
今于盘庚以后诸帝之父及诸父中求之，则武丁之于阳甲，庚丁之于祖
甲，皆得称父甲；武丁之于小乙，文丁之于武乙，帝辛之于帝乙，皆
得称父乙；廪辛、庚丁之于孝己，皆得称父己；馀如父庚当为盘庚或
祖庚，父辛当为小辛或廪辛：他皆仿此。其称兄某者亦然。案，卜辞
有兄甲（《前编》卷一第三十八叶），有兄丁（同上，第三十九叶，又《后

编》卷上第七叶），有兄戊（《前编》卷一第四十叶），有兄己（同上，第四十及四十一叶《后编》，卷上第七叶），有兄庚（《前编》卷一第四十一叶，《后编》卷上第七叶及第十九叶），有兄辛（《后编》卷上第七叶），有兄壬（同上），有兄癸（同上）。今于盘庚以后诸帝之兄求之，则兄甲当为盘庚、小辛、小乙之称阳甲；兄己当为祖庚、祖甲之称孝己；兄庚当为小辛、小乙之称盘庚，或祖甲之称祖庚；兄辛当为小乙之称小辛，或庚丁之称廪辛；而丁戊、壬癸则盘庚以后诸帝之兄在位者，初无其人，自是未立而殂者，与孝己同矣。由是观之，则卜辞中所未见之雍己、沃甲、廪辛等名，虽亡而实或存。其史家所不载之羌甲、祖丙、小丁、祖戊、祖己、中己、南壬、小癸等，或为诸帝之异名，或为诸帝兄弟之未立者，于是卜辞与《世本》、《史记》间，毫无抵牾之处矣。

（十六）商先王世数

《史记·殷本纪》、《三代世表》及《汉书·古今人表》所记殷君数同，而世数则互相违异。据《本纪》则商三十一帝（除大丁为三十帝），共十七世。《世表》以小甲、雍己、大戊为大庚弟（《殷本纪》大庚子），则为十六世。《人表》以中丁、外壬、河亶甲为大戊弟（《殷本纪》大戊子），祖乙为河亶甲弟（《殷本纪》河亶甲子），小辛为盘庚子（《殷本纪》盘庚弟），则增一世，减二世，亦为十六世。今由卜辞证之，则以《殷本纪》所记为近。案，殷人祭祀中，有特祭其所自出之先王，而非所自出之先王不与者。前所举求祖乙（小乙）、祖丁（武丁）、祖甲、康祖丁（庚丁）、武乙衣，其一例也。今检卜辞中又有一断片，其文曰："（上阙）大甲大庚（阙）丁祖乙祖（阙）一羊一牛南。"（下阙。　共二行，左读，见《后编》上第五叶）。此片虽残阙，然于大甲、大庚之间不数沃丁、中丁（"中"字直笔尚存），祖乙之间不数外壬、河亶甲，而一世之中仅举一帝，盖与前所举者同例。又其上下所缺，得以意补足之如右：

由此观之，此片当为盘庚、小辛、小乙三帝时之物。自大丁至祖丁，皆其所自出之先王。以《殷本纪》世数差之，并以行款求之，其文当如是也。惟据《殷本纪》，则祖乙乃河亶甲子，而非中丁子，今此片中有中丁而无河亶甲，则祖乙自当为中丁子，《史记》盖误也。且据此，则大甲之后有大庚，则大戊自当为大庚子，其兄小甲、雍己亦然，知《世表》以小甲、雍己、大戊为大庚弟者非矣。大戊之后有中丁，中丁之后有祖乙，则中丁、外壬、河亶甲自当为大戊子，祖乙自当为中丁子，知《人表》以中丁、外壬、河亶甲、祖乙皆为大戊弟者非矣。卜辞又云："父甲一牡，父庚一牡，父辛一牡。"（《后编》卷上第二十五叶）甲为阳甲，庚则盘庚，辛则小辛，皆武丁之诸父，故曰父甲、父庚、父辛，则《人表》以小辛为盘庚子者非矣。凡此诸证，皆与《殷本纪》合而与《世表》、《人表》不合。是故殷自小乙以上之世数，可由此二断片证之。小乙以下之世数，可由祖乙、祖丁、祖甲、康祖丁、武乙一条证之。考古者得此，可以无遗憾矣。

附殷世数异同表

帝名	《殷本纪》	《三代世表》	《古今人表》	《卜辞》	
汤	主癸子	主癸子	主癸子	主癸子	（一世）
大丁	汤子	汤子	汤子	汤子	（二世）
外丙	大丁弟	大丁弟	大丁弟		
中壬	外丙弟	外丙弟	外丙弟		
大甲	大丁子	大丁子	大丁子	大丁子	（三世）
沃丁	大甲子	大甲子	大甲子		
大庚	沃丁弟	沃丁弟	沃丁弟	大甲子	（四世）
小甲	大庚子	大庚弟	大庚子		
雍己	小甲弟	小甲弟	小甲弟		

续表

帝名	《殷本纪》	《三代世表》	《古今人表》	《卜辞》	
大戊	雍己弟	雍己弟	雍己弟	大庚子	（五世）
中丁	大戊子	大戊子	大戊弟	大戊子	（六世）
外壬	中丁弟	中丁弟	中丁弟		
河亶甲	外壬弟	外壬弟	外壬弟		
祖乙	河亶甲子	河亶甲子	河亶甲弟	中丁子	（七世）
祖辛	祖乙子	祖乙子	祖乙子	祖乙子	（八世）
沃甲	祖辛弟	祖辛弟	祖辛弟		
祖丁	祖辛子	祖辛子	祖辛子	祖辛子	（九世）
南庚	沃甲子	沃甲子	沃甲子		
阳甲	祖丁子	祖丁子	祖丁子	祖丁子	（十世）
盘庚	阳甲弟	阳甲弟	阳甲弟	阳甲弟	（十世）
小辛	盘庚弟	盘庚弟	盘庚子	盘庚弟	（十世）
小乙	小辛弟	小辛弟	小辛弟	小辛弟	（十世）
武丁	小乙子	小乙子	小乙子	小乙子	（十一世）
祖庚	武丁子	武丁子	武丁子	武丁子	（十二世）
祖甲	祖庚弟	祖庚弟	祖庚弟	祖庚弟	（十二世）
廪辛	祖甲子	祖甲子	祖甲子		
庚丁	廪辛弟	廪辛弟	廪辛弟	祖甲子	（十三世）
武乙	庚丁子	庚丁子	庚丁子	庚丁子	（十四世）
大丁	武乙子	武乙子	武乙子		
帝乙	大丁子	大丁子	大丁子		
帝辛	帝乙子	帝乙子	帝乙子		

第四章　商诸臣

（一）伊尹

祭巳卜，来，（阙）伊尹（《前编》卷八第一叶）。

癸丑子卜，来，丁彭伊尹（《书契菁华》第十一叶）。

丙寅贞又彡𦥑于伊尹二牢（《后编》卷上第二十二叶）。

癸巳卜，又从伐于伊其□大乙肜（下阙。同上）。

癸酉卜，贞，大乙伊其（下阙。同上）。

其射三牢叀伊（《戬寿堂殷虚文字》第九叶）。

己未王（阙）贞伊（阙）羊，罘牛（阙）日（同上）。

癸酉卜，右伊五示（罗氏拓木）。

虩虩成唐，有严在帝所，博受天命，□伐頣同敱，厥灵师，伊小臣惟輔，咸有九州，处禹之堵（齐侯镈钟）。

卜辞有尹伊，亦单称伊。齐侯镈钟述成汤事，而“伊小臣惟輔”。孙氏诒让曰：“古书多称伊尹为小臣。”《墨子·尚贤下》：“汤有小臣。”《楚辞·天问》：“成汤东巡，有莘爰极，何乞彼小臣，而吉妃是得？”王逸注：“小臣，谓伊尹也。”《吕氏春秋·尊师篇》：“汤师小臣。”高诱注：“小臣，谓伊尹。”齐钟称伊小臣，其为伊尹无疑。是伊尹可单称伊也。又卜辞人名中屡见“寅尹”。古读“寅”亦如“伊”，故陆法言《切韵》“寅”兼“脂”、“真”二韵，而《唐韵》以降仍之，疑亦谓伊尹也。

（二）咸戊

贞之于咸戊（《前编》卷一第四十三叶）。

咸戊（同上）。

癸酉卜之于咸六月（同上，第四十四叶）。

乙亥卜，[illegible]贞[illegible]于咸十牛（同上）。

庚辰卜，命□于咸（同上）。

贞之[illegible]自咸牢（《后编》第九叶）。

《周书·君奭》：“在大戊时，则有若伊陟、臣扈，格于上帝，巫咸乂王家。”《白虎通·姓名》篇：殷家“于臣民（中华书局校点本作民臣）亦得以生日名子何？不使亦不止也。以《尚书》道殷臣有巫咸，有祖己也。”王氏引之据此谓“今文《尚书》巫咸当作巫戊”。今卜辞无巫咸，有咸戊，疑今文当作咸戊，《书序》“作咸乂四篇”亦或当作“咸戊作《咸戊》四篇”，犹序言作“臣扈作伊陟”也。

右，商之先公先王及先正见于卜辞者，大率如此，而名字之不见于古书者不与焉。由此观之，则《史记》所述商一代世系，以卜辞证之，虽不免小有舛驳，而大致不误，可知《史记》所据之《世本》，全是实录。而由殷周世系之确实，因之推想夏后氏世系之确实，此又当然之事也。又虽谬悠缘饰之书，如《山海经》、《楚辞·天问》，成于后世之书，如《晏子春秋》、《墨子》、《吕氏春秋》，晚出之书，如《竹书纪年》，其所言古事亦有一部分之确实性。然则经典所记上古之事，今日虽有未得二重证明者，固未可以完全抹杀也。

第五章　商之诸侯及都邑

（一）殷

　　商之都邑见于卜辞者，曰商，曰亳。商、亳二地，余曩从古书考定之，然卜辞中固未有所指示也。殷字始见于周初之盂鼎（成王二十三祀作），而不见于卜辞。然卜辞所出之地，为今彰德西五里之小屯，正在洹水之南。《史记·项羽本纪》所谓洹水南故殷墟者也。《集解》及《索隐》均引汲冢古文曰：“盘庚自奄迁于北冢（即蒙字，北蒙对河南之蒙亳言），曰殷虚，南去邺三十里（虚字因正文而误加，《书》疏所引无虚字。“南去邺三十里”六字，盖《纪年》旧注）。是殷固在河北，亦非朝歌。而《史记·殷本纪》则云：“帝盘庚之时，殷已居河北。盘庚渡河，复居成汤之故居。”又云：“帝武乙立，殷复去亳，徙河北。”是以殷为亳地，在河南。求其纠纷之由，则由于《尚书序》误字。《书序》：“盘庚五迁，将治亳殷。”束皙谓孔子壁中《尚书》作“将始宅殷”，孔《疏》谓“亳字摩灭，容或为宅。壁内之书，安国先得，治皆作乱，其字与始不类，无缘误作始字。”段氏《古文尚书撰异》谓：“治之作乱，乃伪古文。束广微当晋初未经永嘉之乱，或孔壁原文尚存秘府，所说殆不虚。”按《隋书·经籍志》晋世秘府所存，有《古文尚书》经文，束皙所见，自当不诬。且亳殷二字，未见古籍。《诗·商颂》言“宅殷土茫茫”，《周书·召诰》言“宅新邑”；“宅殷”连言，于义为长。且殷之于亳，截然二地。《楚语》白公子张曰：“昔殷武丁能耸其德，至于神明，以入于河，自河徂亳。”

盖用《逸书·说命》之文（今伪古文《说命》袭其语）。《书·无逸》称
"高宗旧劳于外"，当指此事。然则小乙之时，必都河北之殷，故武
丁徂亳，必先入河，此其证也。《史记》既以盘庚所迁为亳，殷在河
南，而帝辛之亡又都河北，乃不得不以去亳徙河北，归之武乙。今本
《纪年》袭之。然《史记》正义引古本《竹书纪年》云："自盘庚徙
殷，至纣之灭，七百七十三年（《集解》引《纪年》'汤灭夏，以至于受，
二十九王，用岁四百九十六年'，则盘庚至纣，不能有七百七十三年，此有误
字），更不迁都。"此虽不似《纪年》原文，必隐括本书为之。乃今
本《纪年》于武乙三年书"自殷迁于河北"，又于十五年书"自河北
迁于沫"，则又剿《史记》及《帝王世纪》之说，必非汲冢古文也。
今龟甲兽骨所出之地，正在邺西，与古《纪年》说合。而卜辞中若
"父甲一牡，父庚一牡，父辛一牡"（《后编》上第二十五叶）一骨，乃
武丁时所卜。又卜辞中所祀帝王，讫于武乙、文丁，则知盘庚以后、
帝乙以前，皆宅殷虚。知《纪年》所载，独得其实。故卜辞中虽不
见殷字，而殷之在河北，不在河南，则可断也。此外，卜辞中多纪巡
幸田猎之地，其名盖以百数，然其字大都不可识，其可知者，多在大
河左右数百里间。据今日研究之所得，尚未有巨大之结论也。

（二）邶鄘卫

郑氏《诗谱》曰："邶、鄘、卫者，商纣畿内方千里之地。自纣
城而北谓之邶，南谓之鄘，东谓之卫，以邶为近畿之地。"《续汉
书·郡国志》径于河内郡朝歌下曰："北有邶国"，则以邶为在朝歌
境内矣。彝器中多北伯北子器，不知出于何所。光绪庚寅，直隶涞水
县张家窪又出北伯器数种，余所见拓本有鼎一，卣一。鼎文云："北
伯作尊。"卣文云："北伯戏作宝尊彝。"北即古之邶也。此北伯诸
器，与易州所出祖父兄三戈，足征涞易之间，尚为商邦畿之地；而其
制度文物，全与商同。观于周初箕子朝鲜之封，成王肃慎之命，知商
之声灵固远及东北。则邶之为国，自当远在殷北，不能于朝歌左右求
之矣。邶既远在殷北，则鄘亦不当求诸殷之境内。余谓"鄘"与
"奄"声相近。《书·洛诰》"无若火始焰焰"，《汉书·梅福传》引

作"毋若火始庸庸",《左·文十八年传》"阎职",《史记·齐太公世家》、《说苑·复恩》篇并作"庸职"。"奄"之为"鄘",犹"焰"、"阎"之为"庸"矣。奄地在鲁。《左·襄二十五年》,齐鲁之间有夆中,汉初古文《礼经》出于鲁淹中,皆其证。邶、鄘去殷虽稍远,然皆殷之故地。《大荒东经》言王亥托于有易,而泰山之下亦有相土之东都,自殷未有天下时已入封域。又《尚书》疏及《史记》集解、索隐,皆引汲冢古文,盘庚自奄迁于殷,则奄又尝为殷都,故其后皆为大国。武庚之叛,奄助之尤力。及成王克殷践奄,乃封康叔于卫,周公子伯禽于鲁,召公子于燕。而太师采诗之目,尚仍其故名,谓之邶、鄘,然皆有目无诗。季札观鲁乐,为之歌邶鄘卫,时尚未分为三。后人以卫诗独多,遂分隶之于邶、鄘,因于殷之左右求邶、鄘二国,斯失之矣。

殷卜辞中所见先公先王考

　　甲寅岁莫，上虞罗叔言参事撰《殷虚书契考释》，始于卜辞中发见"王亥"之名。嗣余读《山海经》、《竹书纪年》，乃知王亥为殷之先公。并与《世本·作篇》之胲、《帝系篇》之核、《楚辞·天问》之该、《吕氏春秋》之王冰、《史记·殷本纪》及《三代世表》之振、《汉书·古今人表》之垓，实系一人。尝以此语参事及日本内藤博士（虎次郎），参事复博搜甲骨中纪王亥事者，得七八条，载之《殷虚书契后编》。博士亦采余说，旁加考证，作《王亥》一篇，载诸《艺文杂志》，并谓：自契以降，诸先公之名，苟后此尚得于卜辞中发见之，则有裨于古史学者当尤巨。余感博士言，复就卜辞有所攻究，复于王亥之外，得王恒一人。案《楚辞·天问》云："该秉季德，厥父是臧。"又云："恒秉季德。"王亥即该则王恒即恒，而卜辞之季之即冥（罗参事说），至是始得其证矣。又观卜辞中数十见之田字，从甲在囗中（十古甲字）。及通观诸卜辞，而知田即上甲微。于是参事前疑卜辞之𠄌、𠃑、𠃊（即乙、丙、丁三字之在匚或匸中者，与田字甲在囗中同意。）即报乙、报丙、报丁者，至是亦得其证矣。又卜辞自上甲以降皆称曰"示"，则参事谓卜辞之示壬、示癸即主壬、主癸，亦信而有征。又观卜辞王恒之祀与王亥同，太丁之祀与太乙、太甲同，孝己之祀与祖庚同，知商人兄弟，无论长幼与已立未立，其名号典礼，盖无差别。于是卜辞中人物，其名与礼，皆类先王而史无其人者，与夫"父甲"、"兄乙"等名称之浩繁求诸帝系而不可通者，至是亦理顺冰释。而《世本》、《史记》之为实录，且得于今日证之。又卜辞人名中有🔣字，疑即帝喾之名。又有"土"字，或亦相土之略。此二事虽未能遽定，然容有可证明之日。由是有商一代先公先王之名，不见于卜辞者殆鲜。乃为此考以质诸博士及参事，并使世人知殷虚遗物之有裨于经、史二学者有如斯也。丁巳二月。

夋

卜辞有🔣字，其文曰"贞燎（古燎字）于🔣"（《殷虚书契前编》卷六第十八叶），又曰"燎于🔣□牢"（同上）。又曰"燎于🔣六牛"（同上，卷七第二十叶）。又曰"于🔣燎牛六"。又曰"贞求年于🔣九牛"（两见以上，皆罗氏拓本）。又曰（上阙）"又于🔣"（《殷虚书契后编》卷上第十四叶）。案🔣、🔣二形，象人首手足之形。《说文》戈部："夒，贪兽也，一曰母猴，似人从页，巳止夊其手足。"毛公鼎"我弗作先王羞"之羞作🔣，克鼎"柔远能迩"之柔作🔣，番生敦作🔣，而《博古图》、《薛氏款识》、盠和钟之"柔燮百邦"、晋姜鼎之"用康柔绥怀远廷"，柔并作🔣，皆是字也。夒、羞、柔三字，古音同部，故互相通借。此称"高祖夒"，案：卜辞惟王亥称"高祖王亥"（《后编》卷上第廿二叶），或"高祖亥"（《戬寿堂所藏殷虚文字》第一叶），大乙称"高祖乙"（《后编》卷上第三叶），则夒必为殷先祖之最显赫者。以声类求之，盖即帝喾也。帝喾之名，已见《逸书》。《书序》："自契至于成汤八迁，汤始居亳，从先王居，作帝告。"《史记·殷本纪》"告"作"诰"，《索隐》曰"一作俈"。案《史记·三代世表》、《封禅书》、《管子·侈靡》篇皆以"俈"为"喾"。伪《孔传》亦云："契父帝喾都亳，汤自商丘迁亳，故曰从先王居。"若《书序》之说可信，则帝喾之名，已见商初之书矣。诸书作喾或俈者，与夒字声相近。其或作夋者，则又夒字之讹也。《史记·五帝本纪》索隐引皇甫谧曰"帝喾名夋"，《初学记》九引《帝王世纪》口："帝喾生而神灵，自言其名曰夋。"《太平御览》八十引作"逡"，《史记正义》引作"岌"。逡为异文，岌则讹字也。《山海经》屡称"帝俊"（凡十二见）。郭璞注于《大荒西经》"帝俊生后稷"下云:"俊宜为誉，余皆以为帝舜之假借。"然《大荒东经》曰"帝俊生仲容"，《南经》曰"帝俊生季厘"，是即《左氏传》之"仲熊季狸"，所谓"高辛氏之才子"也。《海内经》曰"帝俊有子八人，实始为歌舞"，即《左氏传》所谓"有才子八人"也。《大荒西经》"帝俊妻常羲生月十有二"，又传记所云:"帝喾次妃诹訾氏女曰常仪，生帝挚者也。"（案《诗·大雅·生民》疏引《大戴礼·帝系》篇曰：帝喾下妃娵訾之女曰常仪，生挚。《家语》、《世本》其文亦然。《檀弓》正义引同，而作"娵氏之女曰常宜"。然今本《大戴礼》及《艺文类聚》十五、《太平御览》一百三十五所引《世本》，但云"次妃曰娵訾氏，产帝挚"，无"曰常仪"三字。以上文"有邰氏之女曰姜嫄"、"有娀氏之女曰简狄"例之，当有曰常仪三字。）三占从二，知郭璞以帝俊为帝舜，不如皇甫以夋为帝喾名之当矣。《祭法》"殷人禘喾"，《鲁语》作"殷人禘舜"，舜亦当作夋，喾为契父，为商人所自出之帝，故商人禘之，卜辞称"高祖夔"，乃与王亥、大乙同称，疑非喾不足以当之矣。

相　土

殷虚卜辞有⟁字，其文曰"贞褎于⟁，三小牢，卯一牛"（《书契前编》卷一第二十四叶，又重见卷七第二十五叶），又曰"贞求年于⟁，九牛"（《铁云藏龟》第二百十六叶），又曰"贞⟁褎于⟁"（同上，第二百二十八叶），又曰"贞于⟁求"（《前编》卷五第一叶）。⟁即"土"字，盂鼎"受民受疆土"之土作⟁，卜辞用刀契，不能作肥笔，故空其中作⟁，犹㐭之作丶、■之作□矣。土疑即相土，《史记·殷本纪》"契卒，子昭明立。昭明卒，子相土立"。相土之字，《诗·商颂》、《春秋左氏传》、《世本·帝系》篇皆作土，而《周礼·校人》注引《世本·作篇》"相土作乘马"作"士"（杨倞《荀子注》引《世本》此条作土）。而《荀子·解蔽》篇曰"乘杜作乘马"，《吕览·勿躬》篇曰"乘雅作驾"，注:"雅，一作持"。持、杜声相近，则土是、士非。杨倞注《荀子》曰:"以其作乘马，故谓之乘杜。"是乘本非名，相土或单名土，又假用杜也。然则卜辞之⟁，当即相土。曩以卜辞有㞢⟁（《前编》

卷四第十七叶）。字即"邦社"，假土为社，疑诸土字皆社之假借字。今观卜辞中殷之先公有季、有王亥、有王恒，又自上甲至于主癸，无一不见于卜辞，则此土亦当为相土，而非社矣。

季

卜辞人名中又有季，其文曰"辛亥卜□贞，季□求王"（《前编》卷五第四十叶两见），又曰"癸巳卜之于季"（同上，卷七第四十一叶），又曰"贞之于季"（《后编》卷上第九叶）。季亦殷之先公，即冥是也。《楚辞·天问》曰"该秉季德，厥父是臧"，又曰"恒秉季德"，则该与恒皆季之子，该即王亥，恒即王恒，皆见于卜辞。则卜辞之季，亦当是王亥之父冥矣。

王 亥

卜辞多记祭王亥事。《殷虚书契前编》有二事，曰"贞，袤于王亥"（卷一第四十九叶），曰"贞之于王亥，卅牛，辛亥用"（卷四第八叶）。《后编》，中又有七事，曰"贞于王亥求年"（卷上第一叶），曰"乙巳卜□贞之于王亥十"（下阙。同上，第十二叶），曰"贞袤于王亥"（同上，第十九叶），曰"袤于王亥"（同上，第二十三叶），曰"癸卯□贞，□□高祖王亥，□□□"（同上，第二十一叶），曰"甲辰卜□贞，来辛亥袤于王亥，卅牛，十二月"（同上，第二十三叶），曰"贞，登王亥羊"（同上，第二十六叶），曰"贞之于王亥，□三百牛"（同上，第二十八叶）。《龟甲兽骨文字》有一事曰"贞：袤于王亥，五牛"（卷一第九叶）。观其祭日用辛亥，其牲用五牛、三十牛、四十牛乃至三百牛，乃祭礼之最隆者，必为商之先王先公无疑。案《史记·殷本纪》及《三代世表》，商先祖中无王亥，惟云："冥卒，子振立。振卒，子微立。"《索隐》："振，《系本》作核"。《汉书·古今人表》作垓。然则《史记》之振，当为"核"，或为"垓"字之讹也。《大荒东经》曰："有困民国，句姓而食。有人曰王亥，两手操鸟，方食其头。王

亥托于有易河伯仆牛，有易杀王亥，取仆牛。"郭璞注引《竹书》
曰："殷王子亥，宾于有易而淫焉。有易之君绵臣杀而放之，是故殷
主甲微假师于河伯，以伐有易，克之，遂杀其君绵臣也（此《竹书纪
年》真本，郭氏隐括之如此）。今本《竹书纪年》："帝泄十二年，殷侯
子亥宾于有易，有易杀而放之。十六年，殷侯微以河伯之师伐有易，
杀其君绵臣。"是《山海经》之王亥，古本《纪年》作"殷王子
亥"，今本作"殷侯子亥"。又前于上甲微者一世，则为殷之先祖冥
之子、微之父无疑。卜辞作"王亥"，正与《山海经》同。又祭王亥
皆以亥日，则亥乃其正字，《世本》作"核"，《古今人表》作
"垓"，皆其通假字。《史记》作"振"，则因与核或垓二字形近而
讹。夫《山海经》一书，其文不雅驯，其中人物，世亦以子虚乌有
视之。《纪年》一书，亦非可尽信者，而王亥之名，竟于卜辞见之，
其事虽未必尽然，而其人则确非虚构。可知古代传说存于周、秦之间
者，非绝无根据也。

王亥之名及其事迹，非徒见于《山海经》、《竹书》，周、秦间人
著书多能道之。《吕览·勿躬》篇："王冰作服牛。"案：篆文"冰"
作仌，与亥字相似，王仌亦王亥之讹。《世本·作》篇："胲作服
牛。"（《初学记》卷二十九引。又《御览》八百九十九引《世本》"鲧作服
牛"，鲧亦胲之讹，《路史》注引《世本》"胲为黄帝马医，常医龙"，疑引宋衷
注。《御览》引宋注曰"胲，黄帝臣也，能驾牛"，又云"少昊时人，始驾牛"，
皆汉人说，不足据。实则《作篇》之胲，即《帝系》篇之核也。）其证也。服
牛者，即《大荒东经》之"仆牛"，古服、仆同音，《楚辞·天问》：
"该秉季德，厥父是臧，胡终弊于有扈，牧夫牛羊"。又曰："恒秉季
德，焉得夫朴牛。"该即胲，有扈即有易（说见下），朴牛亦即服牛，
是《山海经》、《天问》、《吕览》、《世本》皆以王亥为始作服牛之
人。盖夏初奚仲作车，或尚以人挽之。至相土作乘马，王亥作服牛，
而车之用益广。《管子·轻重戊》云"殷人之王，立帛牢，服牛马，
以为民利，而天下化之。"盖古之有天下者，其先皆有大功德于天
下，禹抑鸿水，稷降嘉种，爰启夏、周；商之相土、王亥，盖亦其
俦。然则王亥祀典之隆，亦以其为制作之圣人，非徒以其为先祖。

周、秦间王亥之传说，胥由是起也。

卜辞言王亥者九，其二有祭日，皆以辛亥，与祭大乙用乙日、祭大甲用甲日同例。是王亥确为殷人以辰为名之始，犹上甲微之为以日为名之始也。然观殷人之名，即不用日辰者，亦取于时为多。自契以下，若昭明、若昌若、若冥，皆含"朝"、"莫"、"明"、"晦"之意，而王恒之名亦取象于月弦，是以时为名或号者，乃殷俗也。夏后氏之以日为名者，有孔甲、有履癸，要在王亥及上甲之后矣。

王 恒

卜辞人名，于王亥外又有王𧻓，其文曰"贞之于王𧻓"（《铁云藏龟》第一百九十九叶，及《书契后编》卷上第九叶），又曰"贞，𣲵之于王𧻓"（《后编》卷下第七叶），又作"王𩵋"，曰"贞，王𩵋□"（下阙。《前编》卷七第十一叶）。案𧻓即"恒"字。《说文解字》二部"恒，常也，从心，从舟，在二之间，上下心以舟施，恒也。𠄭，古文恒，从月。《诗》曰：'如月之恒。'"案：许君既云古文恒从月，复引《诗》以释从月之意，而今本古文乃作𠄬，从二，从古文外，盖传写之讹，字当作𠄭。又《说文》木部"楅，竟也，从木，恒声。𣏗，古文楅。"案古从月之字，后或变而从舟，殷虚卜辞朝莫之朝作𦩻（《后编》卷下第三叶），从日月在茻间，与莫字从日在茻间同意，而篆文作𦩻，不从月而从舟。以此例之，𠄭本当作𠄭，智鼎有𣄚字，从心、从𠄭，与篆文之恒从𠄭者同，即恒之初字。可知𠄭、𠄭一字，卜辞𧻓字从二、从𐆑（卜辞月字或作𐆑，或作𐆑），其为𠄭、𠄭二字或恒字之省无疑。其作𩵋者，《诗·小雅》"如月之恒"，毛传："恒，弦也。"弦本弓上物，故字又从弓，然则𧻓、𩵋二字确为恒字。王恒之为殷先祖，惟见于《楚辞·天问》，《天问》自"简狄在台，喾何宜"以下二十韵，皆述商事（前夏事，后周事）。其问王亥以下数世事曰："该秉季德，厥父是臧，胡终弊于有扈，牧夫牛羊？干协时舞，何以怀之？平胁曼肤，何以肥之？有扈牧竖，云何而逢？

击床先出，其命何从？恒秉季德，焉得夫朴牛？何往营班禄，不但还来？昏微遵迹，有狄不宁，何繁鸟萃棘，负子肆情？眩弟并淫，危害厥兄，何变化以作诈，后嗣而逢长"。此十二韵，以《大荒东经》及郭注所引《竹书》参证之，实纪王亥、王恒及上甲微三世之事。而《山海经》、《竹书》之"有易"，《天问》作"有扈"，乃字之误。盖后人多见有扈，少见有易，又同是夏时事，故改易为扈。下文又云"昏微遵迹，有狄不宁"，昏微即上甲微，有狄亦即有易也。古狄、易二字同音，故互相通假。《说文解字》辵部逖之古文作"逷"。《书·牧誓》"逖矣西土之人"，《尔雅》郭注引作"逷矣西土之人"。《书·多士》"离逖尔土"、《诗·大雅》"用逷蛮方"、《鲁颂》"狄彼东南"、毕狄钟"毕狄不龚"，此逖、逷、狄三字异文同义。《史记·殷本纪》之"简狄"，《索隐》曰"旧本作易"，《汉书·古今人表》作"简逷"，《白虎通·礼乐》篇"狄者，易也"，是古狄、易二字通，有狄即有易。上甲遵迹而有易不宁，是王亥弊于有易，非弊于有扈，故曰扈当为易字之误也。狄、易二字，不知孰正孰借，其国当在大河之北，或在易水左右（孙氏之臆说）。盖商之先，自冥治河，王亥迁殷（今本《竹书纪年》：帝芒三十三年，商侯迁于殷。其时商侯即王亥也。《山海经》注所引本《竹书》，亦称王亥为殷王子亥。称殷、不称商，则今本《纪年》此条，古本想亦有之。殷在河北，非亳殷。见余撰《三代地理小记》），已由商邱越大河而北，故游牧于有易高爽之地，服牛之利，即发见于此。有易之人乃杀王亥，取服牛，所谓"胡终弊于有扈，牧夫牛羊"者也。其云"有扈牧竖，云何而逢，击床先出，其命何从"者，似记王亥被杀之事。其云"恒秉季德，焉得夫朴牛"者，恒盖该弟，与该同秉季德，复得该所失服牛也。所云"昏微遵迹，有狄不宁"者，谓上甲微能率循其先人之迹，有易与之有杀父之仇，故为之不宁也。"繁鸟萃棘"以下，当亦记上甲事，书阙有间，不敢妄为之说。然非如王逸《章句》所说解居父及象事，固自显然。要之，《天问》所说，当与《山海经》及《竹书纪年》同出一源。而《天问》就壁画发问，所记尤详。恒之一人，并为诸书所未载。卜辞之王恒与王亥，同以王称，其时代自当相接。而《天问》之该与恒，适与之相当。前后所陈又皆商家故事，则中间十二韵自系述王亥、王恒、上甲微三世之事。然则王亥与上甲微之间，又当有王恒一世。以《世本》、《史记》所未载，《山经》、《竹书》所不详，而今于卜辞得之；《天问》之辞，千古不能通其说者，而今由卜辞通之，此治史学与文学者所当同声称快者也。

上 甲

《鲁语》："上甲微能帅契者也，商人报焉。"是商人祭上甲微，而卜辞不见上甲。郭璞《大荒东经》注引《竹书》作"主甲微"，而卜辞亦不见主甲。余由卜辞有𠃊、𠨘、𠃠三人名，其乙、丙、丁三字皆在匸或匚中，而悟卜辞中凡数十见之⊞（或作田），即上甲也。卜辞中凡田狩之田字，其囗中横直二笔皆与其四旁相接，而人名之⊞，则其中横直二笔或其直笔必与四旁不接，与田字区别较然。⊞中十字，即古甲字（卜辞与古金文皆同）。甲在囗中，与𠃊、𠨘、𠃠之乙、丙、丁三字在匸或匚中同意，亦有囗中横直二笔与四旁接而与田狩字无别者，则上加"一"作田，以别之。上加一者，古六书中指事之法，一在田上，与二字（古文上字）之一在一上同意，去上甲之义尤近。细观卜辞中记⊞或田者数十条，亦惟上甲微始足当之。卜辞中云"自⊞（或作田）至于多后衣"者五（《书契前编》卷二第二十五叶三见，又卷三第二十七、《后编》卷上第二十叶各一见），其断片云"自田至于多后"者三（《前编》卷二第二十五叶两见，又卷三第二十八页一见），云"自田至于武乙衣"者一（《后编》卷上第二十叶）。衣者，古殷祭之名。又卜辞曰"丁卯贞，来，乙亥告自田"（《后编》卷上第二十八叶），又曰"乙亥卜，宾贞，囗大御自田"（同上，卷下第六叶），又曰"（上阙）贞：翌甲囗𢆶自田"（同上，第三十四叶）。凡祭告皆曰"自田"，是田实居先公先王之首也。又曰"辛巳卜，大贞，之自田元示三牛，二示一牛，十三月"（《前编》卷三第二十二叶），又云"乙未贞，其求自田，十又三示牛，小示羊"（《后编》卷上第二十八叶）。是田为元示及十有三示之首。殷之先公称示，主壬、主癸，卜辞，称示壬、示癸，则田又居先公之首也。商之先人王亥，始以辰名，上甲以降，皆以日名，是商人数先公当自上甲始，且田之为上甲，又有可征证者。殷之祭先，率以其所名之日祭之。祭名甲者，用甲日；祭名乙者，用乙日，此卜辞之通例也。今卜辞中凡专祭田者皆用甲日，如曰"在三月甲子□祭田"（《前编》卷四第十八叶），又曰"在十月又一（即十有一月）甲申□酌祭田"（《后编》卷下第二十叶），又曰"癸卯卜，翌，甲辰之田牛，吉"（同上，第二十七叶），又曰"甲辰卜，贞，来，甲寅又伐田，羊五，卯牛一"（同上，第二十一叶）。此四事，祭田有日者，皆用甲日。又云"在正月□□（此二字阙）祭大甲、丝、田"（同上，第二十一叶），此条虽无祭日，然与大甲同日祭，则亦用甲日矣。即与诸先王先公合祭时，其有日可考者，亦用甲日。如曰"贞，翌甲□丝自田"（同上），又曰"癸巳卜，贞：酌肜日自田至于多后衣，亡它，自□，在四月，惟王二祀"（《前编》卷三第二十七叶），又曰"癸卯王卜，贞，酌翌日自田至多后衣，亡它，在□，在九月，惟王五祀"（《后编》卷上第二十叶）。此二条以癸巳及癸卯卜，则其所云之"肜日"、"翌日"，皆甲日也。是故田之名甲，可以祭日用甲证之。田字为十（古甲字），在□中，可以𠃊、司、𠃊三名乙、丙、丁在𠃊中证之。而此甲之即上甲，又可以其居先公先王之首证之。此说虽若穿凿，然恐殷人复起，亦无易之矣。《鲁语》称商人"报上甲微"，《孔丛子》引《逸书》"惟高宗报上甲微"（此魏晋间伪书之未采入梅本者。今本《竹书纪年》武丁十二年报祀上甲微，即本诸此），报者，盖非常祭。今卜辞于上甲有合祭、有专祭，皆常祭也。又商人于先公皆祭，非独上甲，可知周人言殷礼已多失实，此孔子所以有文献不足之叹与！

报丁　报丙　报乙

自上甲至汤，《史记·殷本纪》、《三代世表》、《汉书·古今人表》有报丁、报丙、报乙、主壬、主癸五世，盖皆出于《世本》。

案：卜辞有ß、冏、叵三人，其文曰"乙丑卜，□贞，王宾ß祭"（下阙，见《书契后编》卷上第八叶，又断片二），又曰"丙申卜，旅贞，王宾冏□亡固"（同上），又曰"丁亥卜，贞，王宾曰肜日亡□"（同上）。其乙、丙、丁三字皆在匸或彐中，又称之曰"王宾"，与他先王同。罗参事疑即报乙、报丙、报丁，而苦无以证之。余案：参事说是也。卜辞又有一条曰"丁酉彭絲（中阙）冏三、曰三、示（中阙）大丁十、大"（下阙，见《后编》卷上第八叶），此文残阙，然"示"字下所阙，当为"壬"字，又自报丁经示壬。示癸、大乙而后及大丁、大甲，则其下又当阙"示癸"、"大乙"诸字。又所谓"冏三、曰三、大丁十"者，当谓牲牢之数，据此，则冏、曰在大丁之前，又在示壬、示癸之前，非报丙、报丁奚属矣。冏、曰既为报丙、报丁，则ß亦当即报乙。惟卜辞冏、曰之后即继以示字，盖谓示壬，殆以匸、冏、彐为次，与《史记》诸书不合。然何必《史记》诸书是而卜辞非乎？又报乙、报丙、报丁称报者，殆亦取"报上甲微"之报以为义，自是后世追号，非殷人本称。当时但称ß、冏、曰而已。上甲之甲字在囗中，报乙、报丙、报丁之乙、丙、丁三字在匸或彐中，自是一例，意坛墠或郊宗石室之制，殷人已有行之者与？

主壬　主癸

卜辞屡见示壬、示癸，罗参事谓即《史记》之主壬、主癸，其说至确，而证之至难。今既知田为上甲，则示壬、示癸之即主壬、主癸亦可证之。卜辞曰："辛巳卜，大贞，之自田元示三牛，二示一牛"（《前编》卷三第二十二叶），又曰"乙未贞，其求自田十又三示牛，小示羊"（《后编》卷上第二十八叶）。是自上甲以降，均谓之"示"，则主壬、主癸宜称示壬、示癸。又卜辞有示丁（《殷虚书契菁华》第九叶），盖亦即报丁。报丁既作曰，又作示丁，则自上甲至示癸，皆卜辞所谓元示也。又卜辞称自田十有三示，而《史记》诸书自上甲至主癸，历六世，而仅得六君，疑其间当有兄弟相及而史失其名者：如王亥与王恒疑亦兄弟相及，而《史记》诸书皆不载。盖商之先公，其世数虽传而君数已不可考。又商人于先王、先公之未立者，祀之与已立者同（见后），故多至十有三示也。

大　乙

汤名天乙，见于《世本》（《书·汤誓》释文引）及《荀子·成相》篇，而《史记》仍之。卜辞有大乙，无天乙，罗参事谓天乙为大乙之讹。观于大戊，卜辞亦作天戊（《前编》卷四第二十六叶）。卜辞之"大邑商"，《周书·多士》作"天邑商"。盖天、大二字形近，故互讹也。且商初叶诸帝，如大丁，如大甲，如大庚，如大戊，皆冠以"大"字，则汤自当称"大乙"。又卜辞曰"癸巳贞，又彳于伊，其口大乙彡日"（《后编》卷上第二十二叶），又曰"癸酉卜，贞，大乙伊其"（下阙，见同上），伊即伊尹，以大乙与伊尹并言，尤大乙即天乙之证矣。

唐

卜辞又屡见"唐"字，亦人名。其一条有唐、大丁、大甲三人相连，而下文不具（《铁云藏龟》第二百十四叶）。又一骨上有卜辞三：一曰"贞于唐，告𡰥方"，二曰"贞于大甲，告"，三曰"贞于大丁，告𡰥"（《书契后编》卷上第二十九叶）。三辞在一骨上，自系一时所卜。据此，则唐与大丁、大甲连文，而又居其首，疑即汤也。《说文》口部"𣉘，古文唐，从口、昜。"与湯（汤的繁体字）字形相近。《博古图》所载齐侯镈钟铭曰："虩虩成唐，有严在帝所，尃受天命。"又曰："奄有九州，处禹之都。"夫受天命，有九州，非成汤其孰能当之？《太平御览》八十二及九百一十二引《归藏》曰："昔者桀筮伐唐，而枚占荧惑，曰不吉。"《博物志》六亦云"案：唐亦即汤也"。卜辞之唐，必汤之本字，后转作𣉘，遂通作汤。然卜辞于汤之专祭必曰"王宾大乙"，惟告祭等乃称"唐"，未知其故。

羊 甲

卜辞有"羊甲"无"阳甲",罗参事证以古"乐阳"作"乐羊"、"欧阳"作"欧羊",谓"羊甲"即"阳甲"。今案:卜辞有"曰南庚,曰羊甲"六字(《前编》卷上第四十二叶),羊甲在南庚之次,则其即阳甲审矣。

祖某　父某　兄某

有商一代二十九帝①,其未见卜辞者,仲壬、沃丁、雍己、河亶甲、沃甲、廪辛、帝乙、帝辛八帝也。而卜辞出于殷虚,乃自盘庚至帝乙时所刻辞,自当无帝乙、帝辛之名,则名不见于卜辞者,于二十七帝中实六帝耳。又卜辞中人名,若𢀖甲(《前编》卷一第十六叶,《后编》卷上第八叶)、若祖丙(《前编》卷一第二十二叶),若小丁(同上)、若祖戊(同上,第二十三叶)、若祖己(同上)、若中己(《后编》卷上第八叶)、若南壬(《前编》卷一第四十五叶)、若小癸(《龟甲兽骨文字》卷二第廿五叶),其名号与祀之之礼皆与先王同,而史无其人。又卜辞所见父甲、兄乙等人名颇众,求之迁殷以后诸帝之父兄,或无其人。襄颇疑《世本》及《史记》于有商一代帝系不无遗漏。今由种种研究,知卜辞中所未见之诸帝,或名亡而实存。至卜辞所有,而史所无者,与夫父某、兄某等之史无其人以当之者,皆诸帝兄弟之未立而殂者,或诸帝之异名也。试详证之。一事:商之继统法,以弟及为主,而以子继辅之,无弟然后传子。自汤至于帝辛二十九帝中,以弟继兄者凡十四帝(此据《史记·殷本纪》。若据《三代世表》及《汉书·古今人表》,则得十五帝),其传子者亦多传弟之子,而罕传兄之子,盖周时以嫡庶长幼为贵贱之制,商无有也。故兄弟之中有未立而死者,其祀之也与已立者同。王亥之弟王恒,其立否不可考,而亦在祀典。且卜辞于王

---

① 在《古史新证》中,已改为三十帝,见本书第87页。

亥、王恒外又有王夨（《前编》卷一第三十五叶两见，又卷四第三十三叶及《后编》卷下第四叶各一见），亦在祀典，疑亦王亥兄弟也。又自上甲至于示癸，《史记》仅有六君，而卜辞称自田十有三示，又或称九示、十示，盖亦并诸先公兄弟之立与未立者数之。逮有天下后亦然。《孟子》称大丁未立，今观其祀礼则与大乙、大甲同。卜辞有一节曰"癸酉卜，贞，王宾（此字原夺，以他文例之，此处当有宾字）父丁旦三牛，罟兄己一牛，兄庚□□（此二字残阙，疑亦是'一牛'二字），亡□"（《后编》卷上第十九叶），又曰"癸亥卜，贞，兄庚□罟兄己□"（同上，第八叶），又曰"贞，兄庚□，罟兄己其牛"（同上）。考商时诸帝中，凡丁之子，无己、庚二人相继在位者，惟武丁之子有孝己（《战国》秦、燕二《策》，《庄子·外物》篇，《荀子·性恶》、《大略》二篇，《汉书·古今人表》均有孝己。《家语·弟子解》云："高宗以后妻杀孝己。"则孝己，武丁子也），有祖庚，有祖甲，则此条乃祖甲时所卜，父丁即武丁，兄己、兄庚即孝己及祖庚也。孝己未立，故不见于《世本》及《史记》，而其祀典乃与祖庚同，然则上所举祖丙、小丁诸人名，与礼视先王无异者，非诸帝之异名，必诸帝兄弟之未立者矣。周初之制，犹与之同。《逸周书·克殷解》曰："王烈祖太王、太伯、王季、虞公、文王、邑考以列升。"盖周公未制礼以前，殷礼固如斯矣。

　　二事：卜辞于诸先王本名之外，或称"帝某"，或称"祖某"，或称"父某"、"兄某"。罗参事曰："有商一代帝王，以甲名者六，以乙名者五，以丁名者六，以庚、辛名者四，以壬名者二，惟以丙及戊、己名者各一。其称大甲、小甲、大乙、小乙、大丁、中丁者，殆后来加之以示别。然在嗣位之君，则径称其父为父甲、其兄为兄乙。当时已自了然。故疑所称父某、兄某者，即大乙以下诸帝矣。"余案参事说是也。非独父某、兄某为然，其云"帝"与"祖"者，亦诸帝之通称。卜辞曰"己卯卜，贞，帝甲□（中阙二字），其罟祖丁"（《后编》卷上第四叶），案祖丁之前一帝为沃甲，则帝甲即沃甲，非《周语》"帝甲乱之"之帝甲也。又曰"祖辛一牛，祖甲一牛，祖丁一牛"（同上，第二十六叶），案祖辛、祖丁之间，惟有沃甲，则祖甲亦即沃甲，非武丁之子祖甲也。又曰"甲辰卜，贞，王宾求祖乙、祖丁、祖甲、康祖丁、武乙衣，亡□"（同上，第二十叶），案武乙以前四世为小乙、武丁、祖甲、庚丁（罗参事以庚丁为康丁之讹，是也），则祖乙即小乙，祖丁即武丁，非河亶甲之子祖乙，亦非祖辛之子祖丁也。又此五世中，名丁者有二，故于庚丁（实康丁）云"康祖丁"以别之，否则亦直云"祖"而已。然则商人自大父以上皆称曰"祖"，其不须区别而自明者，不必举其本号，但云"祖某"足矣。即须加区别时，亦有不举其本号而但以数别之者，如云"□□于三祖庚"（《前编》卷一第十九叶），案商诸帝以"庚"名者，大庚弟一，南庚弟二，盘庚弟三，祖庚弟四，则三祖庚即盘庚也。又有称"四祖丁"者（《后编》卷上第三叶，凡三见），案商诸帝以"丁"名者，大丁弟一，沃丁弟二，中丁弟三，祖丁弟四，则四祖丁即《史记》之祖丁也。以名庚者皆可称"祖庚"，名丁者皆可称"祖丁"，故加"三"、"四"等字以别之，否则赘矣。由是推之，则卜辞之祖丙或即外丙，祖戊或即大戊，祖己或即雍己、孝己（此祖己，非《书·高宗肜日》之祖己。卜辞称"卜贞，王宾祖己"，与先王同，而伊尹、巫咸皆无此称，固宜别是一人。且商时云祖某者，皆先王之名，非臣子可袭用，疑《尚书》误），故祖者，大父以上诸先王之通称也。其称"父某"者亦然。父者，父与诸父之通称。卜辞曰"父甲一牡，父庚一牡，父辛一牡（《后编》卷上第二十五叶）。此当为武丁时所卜，父甲、父庚、父辛，即阳甲、盘庚、小辛，皆小乙之兄，而武丁之诸父也（罗参事说）。又卜辞凡单称"父某"者，有父甲（《前编》卷一第二十四叶），有父乙（同上，第二十五及第二十六叶），有父丁（同上，第二十六叶），有父己（同上，第二十七叶及卷三第二十三叶，《后编》卷上第六、第七叶），有父庚（《前编》卷一第二十六及第二十七叶），有父辛（同上，第二十七叶）。今于盘庚以后诸帝之父及诸父中求之，则武丁之于阳甲，庚丁之于祖甲，皆得称父甲；武丁之于小乙，文丁之于武乙，帝辛之于帝乙，皆得称父乙；廪辛、庚丁之于孝己，皆得称父己。余如父庚当为盘庚或祖庚，父辛当为小辛或廪辛，他皆放此。其称"兄某"者亦然。案卜辞云"兄某"者，有兄甲（《前编》卷一第三十八叶），有兄丁（同上，卷一第三十九叶，又《后编》卷上第七叶），有兄戊（《前编》卷一第四十叶），有兄己（《前编》

卷一第四十及第四十一叶,《后编》卷上第七叶),有兄庚(《前编》卷一第四十一叶,《后编》卷上第七叶及第十九叶),有兄辛(《后编》卷上第七叶),有兄壬(同上),有兄癸(同上)。今于盘庚以后诸帝之兄求之,则兄甲当为盘庚、小辛、小乙之称阳甲;兄己当为祖庚、祖甲之称孝己;兄庚当为小辛、小乙之称盘庚,或祖甲之称祖庚;兄辛当为小乙之称小辛,或庚丁之称廪辛;而丁、戊、壬、癸则盘庚以后诸帝之兄在位者,初无其人,自是未立而殂者,与孝己同矣。由是观之,则卜辞中所未见之雍己、沃甲、廪辛等,名虽亡而实或存。其史家所不载之祖丙、小丁(此疑即沃丁或武丁,对大丁或祖丁言,则沃丁与武丁自当称小丁,犹大甲之后有小甲,祖乙之后有小乙,祖辛之后有小辛矣)、祖戊、祖己、中己、南壬等,或为诸帝之异称,或为诸帝兄弟之未立者,于是卜辞与《世本》、《史记》间毫无抵牾之处矣。

附罗叔言参事二书

　　昨日下午,邮局送到大稿,灯下读一过,忻快无似。弟自去冬病胃,闷损已数月,披览来编,积疴若失。忆自卜辞初出洹阴,弟一见以为奇宝,而考释之事未敢自任。研究十年,始稍稍能贯通。往者写定考释,尚未能自慊,固知继我有作者,必在先生,不谓捷悟遂至此也。上甲之释,无可疑者。弟意田字即小篆甲字所从出。卜辞田字十外加□,固以示别,与𠂤、𠂤、囗同例,然疑亦用以别于数名之十,周人尚用此字,兮伯吉父盘之"兮田"即"兮甲"也。小篆复改作甲者,初以十嫌于数名之十(古七字)而加□作田;既又嫌于田畴之田而稍变之。秦阳陵虎符"甲兵"之字作甲,变□为⌒,更讹⌒为⌒,讹十为丅,如《说文》甲字,而初形全失,反不如隶书甲字,尚存古文面目也。弟因考卜辞,知今隶颇存古文,此亦其一矣。又田或作田者,弟以为即"上甲"二字合文。许书"帝"古文作𥅿,注:"古文诸丄字皆从一,篆文皆从二。二,古文上字。"考之卜辞及古金文,帝、示诸文,或从二,或从一,知古文二亦省作一。田者，上甲也。许君之注当改正为"古文诸上字，或从一，或从二，一与二皆古文上。"或洨长原文本如此，后人转写失之耳。尊稿当已写定，可不必改正。或以弟此书写附大著之后。奉读大稿，弟为忻快累日。此书寄到，公亦当揽纸首肯也。（第一札）

　　前书与公论田即上甲二字合书，想公必谓然。今日补拓以前未选入之龟甲兽骨，得一骨上有𫞩字，则竟作上田，为之狂喜。已而检《书契后编》，见卷下第四十二叶上甲字已有作𫞩者（英人明义士所摹《殷虚卜辞》第二十九叶并一百十八叶亦两见𫞩字），又为之失笑，不独弟忽之，公亦忽之，何耶？卜辞"上"字多作凵，"下"字作冖，下字无所嫌，二作凵者，所以别于数名之二也。此𫞩字两见，皆作凵。又上帝字作凵帝，其为上字无疑。田为𫞩字之省，亦无可疑。不仅可为弟前说之证，亦足证尊说之精确。至今隶"甲"字全与田同，但长其直画，想公于此益信今隶源流之古矣。（第二札）

　　丁巳二月，参事闻余考卜辞中殷先公先王，索稿甚亟。既写定，即以草稿寄之。复书两通，为余证成"上甲"二字之释。第一札作于闰二月之望，第二札则二十日也。余适以展墓反浙，至沪读此二书，开缄狂喜，亟录附于后。越七日，国维记。

殷卜辞中所见先公先王续考

丁巳二月，余作《殷卜辞中所见先公先王考》。时所据者，《铁云藏龟》及《殷虚书契前后编》诸书耳。逾月，得见英伦哈同氏《戬寿堂所藏殷虚文字》拓本，凡八百纸。又逾月，上虞罗叔言参事以养疴来海上，行装中有新拓之书契文字约千纸，余尽得见之。二家拓本中足以补证余前说者颇多，乃复写为一编，以质世之治古文及古史者。闰二月下旬，海宁王国维。

高祖夋

前考以卜辞之𝒢及𝒣为夋，即帝喾之名，但就字形定之，无他证也。今见罗氏拓本中有一条曰"癸巳贞于高祖𝒣"（下阙）。案：卜辞中惟王亥称"高祖王亥"（《书契后编》卷上第二十二叶），或"高祖亥"（哈氏拓本）；大乙称"高祖乙"（《后编》卷上第三叶），今𝒣亦称"高祖"，斯为𝒢、𝒣即夋之确证，亦为夋即帝喾之确证矣。

上甲 报乙 报丙 报丁 主壬 主癸

前考据《书契后编》上第八叶一条，证司、口即报丙、报丁。又据此知卜辞以报丙、报丁为次，与《史记·殷本纪》及《三代世表》不同。比观哈氏拓本中有一片，有田、夕、示癸等字，而彼片有司、口等字，疑本一骨折为二者。乃以二拓本合之，其断痕若合符节，文辞亦连续可诵，凡殷先公先王自上甲至于大甲，其名皆在焉。其文三行，左行，其辞曰"乙未，酒𢦙𠀷𐓇田十、乙三、囚三、卫三、示壬三、示癸三、大丁十、大甲十。"（下阙）此中曰"十"、曰"三"者，盖谓牲牢之数。上甲、大丁、大甲十而其余皆三者，以上甲为先

公之首，大丁、大甲又先王而非先公，故殊其数也。示癸、大丁之间无大乙者，大乙为大祖，先公先王或均合食于大祖故也。据此一文之中，先公之名具在，不独田即上甲，乙、囚、卫即报乙、报丙、报丁，示壬、示癸即主壬、主癸，胥得确证，且足证上甲以后诸先公之次，当为报乙、报丙、报丁、主壬、主癸，而《史记》以报丁、报乙、报丙为次，乃违事实。又据此次序，则首甲、次乙、次丙、次丁，而终于壬、癸，与十日之次全同。疑商人以日为名号，乃成汤以后之事，其先世诸公生卒之日，至汤有天下

后，定祀典名号时，已不可知，乃即用十日之次序以追名之，故先公之次乃适与十日之次同，否则不应如此巧合也。兹摹二骨之形状及文字如左。

多　后

卜辞屡云"自田至于多𢦏衣"（见前考），曩疑"多𢦏"亦先公或先王之名。今观《戬寿堂所藏殷虚文字》，乃知其不然。其辞曰"乙丑卜，贞，王宾害祖乙□，亡尤"，又曰"乙卯卜，即贞，王宾害祖乙、父丁𢆶，亡尤"，又曰"贞害祖乙古十牛，四月"，又曰"贞害祖乙古十物牛，四月"（以上出《戬寿堂所藏殷虚文字》），又曰"咸害祖乙"（《书契前编》卷五第五叶），又曰"甲□□贞，翌乙□酒肜日于害祖乙，亡它"（《后编》卷上第二十叶），则害亦作害。卜辞又曰"□丑之于五害"（《前编》卷一第三十叶）。合此诸文观之，则"多害"殆非人名。案卜辞害字异文颇多，或作𤔔（《前编》卷六第二十七叶），或作害（同上，卷二第二十五叶），或作害、作害、作害（均同上），或作害（同上，二十五叶），或作害

（《后编》卷上第二十叶）。字皆从女、从㫐（倒子），或从母从㫐，象产子之形。其从丿丶、刂刂、⼌者，则象产子之有水液也。或从乁者，与从女、从母同意，故以字形言，此字即《说文》"育"之或体"毓"字。毓从每、从㐬（倒古文子），与此正同。吕中仆尊曰"吕中仆作𫘝子宝尊彝"，𫘝子即"毓子"。毓，稚也。《书》今文《尧典》"教育子"，《诗·豳风》"鬻子之闵斯"，《书·康诰》"兄亦不念鞠子哀"，《康王之诰》"无遗鞠子羞"。育、鬻、鞠三字通。然卜辞假此为"后"字。古者育、胄、后声相近，谊亦相通。《说文解字》："后，继体君也，象人之形，施令以告四方，故厂之，从一口。"是后从人，厂当即乁之讹变，一口亦㫐之讹变也。后字之谊，本从"毓"义引申，其后毓字专用毓、育二形，后字专用𪿈，又讹为后，遂成二字。卜辞𫘝又作⼱（《后编》卷下第二十二叶），与𪿈、𪿈诸形皆象倒子在人后，故"先後"之後古亦作后，盖毓、后、後三字实本一字也。商人称先王为"后"，《书·盘庚》曰"古我前后"，又曰"女曷不念我古后之闻"，又曰"予念我先神后之劳尔先"，又曰"高后丕乃崇降罪疾"，又曰"先后丕降与汝罪疾"。《诗·商颂》曰"商之先后"，是商人称其先人为后。是故"多后"者，犹《书》言"多子"、"多士"、"多方"也。五后者，犹《诗》、《书》言"三后在天"、"三后成功"也。其与祖乙连言者，又假为"後"字，"後祖乙"谓武乙也。卜辞以𪿈祖乙、父丁连文。考殷诸帝中父名乙、子名丁者，盘庚以后，惟小乙、武丁及武乙、文丁，而小乙卜辞称小祖乙（《戬寿堂所藏殷虚文字》），则𪿈祖乙必武乙矣。商诸帝名乙者六，除帝乙外，皆有祖乙之称，而各加字以别之。是故高祖乙者谓大乙也，中宗祖乙者谓祖乙也，小祖乙者谓小乙也，武祖乙、后祖乙者谓武乙也。卜辞"君后"之后与"先後"之後，均用𫘝或𪿈，知毓、后、後三字之古为一字矣。

中宗祖乙

《戬寿堂所藏殷虚文字》中，有断片，存字六，曰"中宗祖乙牛，吉"，称祖乙为"中宗"，全与古来《尚书》学家之说违异。惟《太平御览》（八十三）引《竹书纪年》曰："祖乙滕即位，是为中宗，居庇。"（今本《纪年》注亦云"祖乙之世，商道复兴，号为中宗"，即本此）今由此断片，知《纪年》是，而古今《尚书》家说非也。《史记·殷本纪》以大甲为大宗，大戊为中宗，武丁为高宗，此本《尚书》今文家说。今征之卜辞，则大甲、祖乙往往并祭，而大戊不与焉。卜辞曰："□亥卜，贞，三示御：大乙、大甲、祖乙五牢。"（罗氏拓本）又曰："癸丑卜，□贞，求年于大甲十牢，祖乙十牢。"（《后编》上第二十七叶）又曰："丁亥卜，□贞，昔乙酉服御（中阙）大丁、大甲、祖乙百鬯、百羊，卯三百牛。"（下阙。同上，第二十八叶）大乙、大甲之后，独举祖乙，亦中宗是祖乙、非大戊之一证（《晏子春秋·内篇谏上》："夫汤、大甲、武丁、祖乙，天下之盛君也。"亦以祖乙与大甲、武丁并称）。

大示　二示　三示　四示

《戬寿堂所藏殷虚文字》中有一条，其文曰："癸卯卜，彭，求贞：乙巳自田廿示一牛、二示羊夆奭、三示虤牢、四示犬。"前考以示为先公之专称，故因卜辞"十有三示"一语，疑商先公之数不止如《史记》所纪。今此条称"自田廿示"，又与彼云"十有三示"不同。盖"示"者，先公先王之通称。卜辞云："□亥卜，贞，三示御：大乙、大甲、祖乙五牢。"（见前）以大乙、大甲、祖乙为三示，是先王亦称示矣。其有大示（亦云元示）、二示、三示、四示之别者，盖商人祀其先自有差等，上甲之祀与报乙以下不同；大乙、大甲、祖乙之祀又与他先王不同。又诸臣亦称"示"，卜辞云："癸酉卜，右伊五示。"（罗氏拓本）伊谓伊尹。故有大示、二示、三示、四示之名，卜辞又有小示，盖即谓二示以下。小者，对大示言之也。

商先王世数

《史记·殷本纪》、《三代世表》及《汉书·古今人表》所记殷君数同，而于世数则互相违异。据《殷本纪》，则商三十一帝（除大

丁为三十帝），共十七世。《三代世表》以小甲、雍己、大戊为大庚弟
（《殷本纪》大庚子），则为十六世。《古今人表》以中丁、外壬、河亶
甲为大戊弟（《殷本纪》大戊子），祖乙为河亶甲弟（《殷本纪》河亶甲
子），小辛为盘庚子（《殷本纪》盘庚弟），则增一世，减二世，亦为十
六世。今由卜辞证之，则以《殷本纪》所记为近。案：殷人祭祀中，
有特祭其所自出之先王、而非所自出之先王不与者。前考所举"求
祖乙（小乙）、祖丁（武丁）、祖甲、康祖丁（庚丁）、武乙衣"，其一
例也。今检卜辞中又有一断片，其文曰"（上阙）大甲、大庚（中阙）、
丁、祖乙、祖（中阙）一、羊一、南"（下阙。共三行，左读。见《后编》
卷上第五叶）。此片虽残阙，然于大甲、大庚之间不数沃丁，中丁（中
字直笔尚存）、祖乙之间不数外壬、河亶甲，而一世之中仅举一帝，盖
亦与前所举者同例。又其上下所阙，得以意补之如左：

由此观之，则此片当为盘庚、小辛、小乙三帝
时之物。自大丁至祖丁，皆其所自出之先王。以
《殷本纪》世数次之，并以行款求之，其文当如是
也。惟据《殷本纪》，则祖乙乃河亶甲子，而非中丁
子。今此片中有中丁而无河亶甲，则祖乙自当为中
丁子，《史记》盖误也。且据此，则大甲之后有大
庚，则大戊自当为大庚子，其兄小甲、雍己亦然。
知《三代世表》以小甲、雍己、大戊为大庚弟者非
矣。大戊之后有中丁，中丁之后有祖乙，则中丁、
外壬、河亶甲自当为大戊子，祖乙自当为中丁子。
知《人表》以中丁、外壬、河亶甲、祖乙皆为大戊
弟者非矣。卜辞又云"父甲一牡、父庚一牡、父辛
一牡"（《后编》卷上第二十五叶），甲为阳甲，庚则盘

庚，辛则小辛，皆武丁之诸父，故曰"父甲"、"父庚"、"父辛"，则
《人表》以小辛为盘庚子者非矣。凡此诸证，皆与《殷本纪》合，而与
《世表》、《人表》不合。是故殷自小乙以上之世数，可由此二片证之；
小乙以下之世数，可由祖乙、祖丁、祖甲、康祖丁、武乙一条证之。考
古者得此，可以无遗憾矣。

附殷世数异同表

帝名	《殷本纪》	《三代世表》	《古今人表》	《卜辞》
汤	主癸子	主癸子	主癸子	（主癸子）（一世）
大丁	汤子	汤子	汤子	汤子（二世）
外丙	大丁弟	大丁弟	大丁弟	
中壬	外丙弟	外丙弟	外丙弟	
大甲	大丁子	大丁子	大丁子	大丁子（三世）
沃丁	大甲子	大甲子	大甲子	
大庚	沃丁弟	沃丁弟	沃丁弟	大甲子（四世）
小甲	大庚子	大庚弟	大庚子	
雍己	小甲弟	小甲弟	小甲弟	
大戊	雍己弟	雍己弟	雍己弟	大庚子（五世）
中丁	大戊子	大戊子	大戊弟	大戊子（六世）
外壬	中丁弟	中丁弟	中丁弟	
河亶甲	外壬弟	外壬弟	外壬弟	
祖乙	河亶甲子	河亶甲子	河亶甲弟	中丁子（七世）
祖辛	祖乙子	祖乙子	祖乙子	祖乙子（八世）
沃甲	祖辛弟	祖辛弟	祖辛弟	
祖丁	祖辛子	祖辛子	祖辛子	祖辛子（九世）
南庚	沃甲子	沃甲子	沃甲子	
阳甲	祖丁子	祖丁子	祖丁子	祖丁子（十世）
盘庚	阳甲弟	阳甲弟	阳甲弟	阳甲弟（十世）
小辛	盘庚弟	盘庚弟	盘庚子	盘庚弟（十世）
小乙	小辛弟	小辛弟	小辛弟	小辛弟（十世）
武丁	小乙子	小乙子	小乙子	小乙子（十一世）
祖庚	武丁子	武丁子	武丁子	武丁子（十二世）
祖甲	祖庚弟	祖庚弟	祖庚弟	祖庚弟（十二世）
廪辛	祖甲子	祖甲子	祖甲子	
庚丁	廪辛弟	廪辛弟	廪辛弟	祖甲子（十三世）
武乙	庚丁子	庚丁子	庚丁子	庚丁子（十四世）
大丁	武乙子	武乙子	武乙子	
帝乙	大丁子	大丁子	大丁子	
帝辛	帝乙子	帝乙子	帝乙子	

说自契至于成汤八迁

　　《尚书·序》"自契至于成汤八迁"，《正义》仅举其三。今考之古籍，则《世本·居篇》云："契居蕃。"（见《水经注·渭水》篇。《通鉴·地理通释》引《世本》作"番"，疑即《汉志》鲁国之番县。观相土之都在东岳下可知）。契本帝喾之子，实本居亳，今居于蕃，是一迁也。《世本》又云："昭明居砥五。"（《书·正义》引）由蕃迁于砥石，是二迁也。《荀子·成相篇》云："契玄王，生昭明，居于砥石，迁于商。"是昭明又由砥石迁商，是三迁也。《左氏·襄九年传》云："陶唐氏之火正阏伯居商邱，祀大火而火纪时焉。相土因之，故商主大火。"是以商邱为昭明子相土所迁。又《定九年传》，祝鲍论周封康叔曰："取于相土之东都，以会王之东搜。"则相土之时，曾有二都，康叔取其东都以会王之东搜，则当在东岳之下，盖如泰山之祊为郑有者。此为东都，则商邱乃其西都矣。疑昭明迁商后，相土又东徙泰山下，后复归商邱，是四迁、五迁也。今本《竹书纪年》云："帝芬三十三年，商侯迁于殷。"（《山海经》郭璞注引真本《纪年》有殷王子亥、殷主甲微，称殷不称商。则今本《纪年》此事或可信）是六迁也。又"孔甲九年，殷侯复归于商邱"，是七迁也。至"汤始居亳，从先王居"，则为八迁。汤王盘庚五迁，《书·序》纪其四，而前之八迁，古未有说。虽上古之事若存若亡，《世本》、《纪年》亦未可尽信，然要不失为古之经说也（梁氏玉绳《史记志疑》引《路史·国名纪》"上甲居邺"，以当一迁，不知邺即殷也）。

说　商

商之国号，本于地名。《史记·殷本纪》云："契封于商。"郑玄、皇甫谧以为上雒之商，盖非也。古之宋国，实名商邱。邱者，虚也。（《说文解字》：虚，大丘也。昆仑丘谓之昆仑虚。又云：丘谓之虚，从丘，虍声。）宋之称商邱，犹洹水南之称殷墟。是商在宋地。《左传·昭元年》："后帝不臧，迁阏伯于商邱，主辰，商人是因，故辰为商星。"又《襄九年传》："陶唐氏之火正阏伯居商邱，祀大火而火纪时焉。相土因之，故商主大火。"又《昭十七年传》："宋，大辰之虚也。"大火谓之大辰，则宋之国都，确为昭明、相土故地。杜预《春秋释地》以商邱为梁国睢阳（今河南归德府商邱县），又云："宋、商、商邱，三名一地。"其说是也。始以地名为国号，继以为有天下之号。其后虽不常厥居，而王都所在，仍称［大］（天）邑商，迄于失天下而不改。罗参事《殷虚书契考释序》云："史称盘庚以后，商改称殷，而遍搜卜辞，既不见殷字，又屡言入商。田游所至，曰往曰出，商独言入，可知文丁、帝乙之世，虽居河北，国尚号商。"其说是也。且《周书·多士》云："肆予敢求尔于天邑商。"是帝辛、武庚之居，犹称商也。至微子之封，国号未改，且处之商邱，又复其先世之地，故国谓之宋，亦谓之商。顾氏《日知录》引《左氏传》：孝惠娶于商（《哀二十四年》），天之弃商久矣（《僖二十二年》），利以伐姜，不利于商（《哀九年》），以证宋之得为商。阎百诗《潜邱札记》驳之，其说甚辨，然不悟周时多谓宋为商。《左氏·襄九年传》：士弱曰："商人阅其祸败之衅，必始于火。"此答晋侯宋知天道之问。商人，谓宋人也。《昭八年传》："大搜于红，自根牟至于商、卫，革车千乘。"商、卫，谓宋、卫也。《吴语》："阙为深沟，通于商、鲁之间。"谓宋、鲁之间也。《乐记》："师乙谓子贡：商者，五帝之遗音也，商人识之，故谓之商；齐者，三王之遗音也，齐人识之，故谓之齐。"子贡之时，有齐人，无商人。商人，即宋人也。余疑"宋"与"商"声相近，初本名商，后人欲以别于有天下之商，故谓之宋耳。然则商之名，起于昭明，讫于宋国，盖于宋地终始矣。

说　殷

　　殷之为洹水南之殷虚，盖不待言。然自《史记》以降，皆以殷为亳，其误始于今文《尚书·书序》讹字，而太史公仍之。《书序》："盘庚五迁，将治亳殷。"（马、郑本古文同）束皙谓孔子壁中《尚书》作将"始宅殷"，孔疏谓"亳字摩灭，容或为宅"。壁内之书，安国先得，治皆作乱，其字与始不类，无缘误作始字。段氏《古文尚书撰异》，谓治之作乱，乃伪古文。束广微当晋初，未经永嘉之乱，或孔壁原文尚存秘府，所说殆不虚。按《隋书·经籍志》，晋世秘府所存，有古文《尚书》经文。束皙所见，自当不诬。且亳、殷二字，未见古籍。《商颂》言"宅殷土茫茫"，《周书·召诰》言"宅新邑"，宅、殷连言，于义为长。且殷之于亳，截然二地。《书·疏》引《汲冢古文》云："盘庚自奄迁于殷，在邺南三十里。"（《史记索隐》引《汲郡古文》："盘庚自奄迁于北冢曰殷虚，去邺三十里。"今本《纪年》作"自奄迁于北冢曰殷"，无"在邺南三十里"六字）束皙以《汉书·项羽传》之"洹水南殷虚"释之。（见《书》孔疏）今龟甲兽骨出土，皆在此地，盖即盘庚以来殷之旧都。《楚语》：白公子张曰："昔殷武丁，能耸其德。至于神明，以入于河，自河徂亳。"盖用《逸书·说命》之文（今伪古文《说命》袭其语）。《书·无逸》称高宗旧劳于外，当指此事。然则小乙之时，必都河北之殷，故武丁徂亳，必先入河，此其证也。《史记》既以盘庚所迁为亳殷，在河南，而受辛之亡，又都河北，乃不得不以去亳徙河北归之武乙。今本《纪年》袭之。然《史记正义》引古本《竹书纪年》云："自盘庚徙殷，至纣之亡，七百七十三年，更不迁都。"虽不似《竹书》原文，必檃括本书为之，较得事实。乃今本《纪年》，于武乙三年，书“自殷迁于河北”，又于十五年，书“自河北迁于沫”，则又勦《史记》及《帝王世纪》之说，非汲冢本文也。要之，盘庚迁殷，经无亳字。武丁阻亳，先入于河。洹水之虚，存于秦世。此三事已足正《书序》及《史记》之误，而殷虚卜辞中所祀帝王，讫于康祖丁、武祖乙、文祖丁，罗参事以康祖丁为庚丁，武祖乙为武乙，文祖丁为文丁，其说至不可易（见《殷虚书契考释》)，则帝乙之世尚宅殷虚，《史记正义》所引《竹书》，独得其实。如是，则商居殷最久，故亦称殷。《诗》、《书》之文，皆殷、商互言，或兼称殷、商，然其名起于地名之殷，而殷地之在河北，不在河南，则可断也。

殷周制度论

　　中国政治与文化之变革，莫剧于殷、周之际。都邑者，政治与文化之标征也。自上古以来，帝王之都，皆在东方：太皞之虚在陈，大庭氏之库在鲁，黄帝邑于涿鹿之阿；少皞与颛顼之虚，皆在鲁、卫；帝喾居亳。惟史言：尧都平阳，舜都蒲坂，禹都安邑，俱僻在西北，与古帝宅京之处不同。然尧号陶唐氏，而冢在定陶之成阳；舜号有虞氏，而子孙封于梁国之虞县。《孟子》称舜生卒之地皆在东夷，盖洪水之灾，兖州当其下游，一时或有迁都之事，非定居于西北也。禹时都邑，虽无可考，然夏自太康以后，以迄后桀，其都邑及他地名之见于经典者，率在东土，与商人错处河、济间盖数百岁。商有天下，不常厥邑，而前后五迁，不出邦畿千里之内。故自五帝以来，政治文物所自出之都邑，皆在东方。惟周独崛起西土，武王克纣之后，立武庚、置三监而去，未能抚有东土也。逮武庚之乱，始以兵力平定东方，克商践奄，灭国五十，乃建康叔于卫、伯禽于鲁、太公望于齐、召公之子于燕，其余蔡、郕、郜、雍、曹、滕、凡、蒋、邢、茅诸国，棋置于殷之畿内及其侯甸。而齐、鲁、卫三国，以王室懿亲，并有勋伐，居蒲姑、商奄故地，为诸侯长。又作雒邑为东都，以临东诸侯，而天子仍居丰、镐者凡十一世。自五帝以来，都邑之自东方而移于西方，盖自周始。故以族类言之，则虞、夏皆颛顼后，殷、周皆帝喾后，宜殷、周为亲。以地理言之，则虞、夏、商皆居东土，周独起于西方，故夏、商二代文化略同，《洪范》"九畴"，帝之所以锡禹者，而箕子传之矣；夏之季世，若胤甲，若孔甲，若履癸，始以日为名，而殷人承之矣。文化既尔，政治亦然。周之克殷，灭国五十；又其遗民，或迁之洛邑，或分之鲁、卫诸国，而殷人所伐，不过韦、顾、昆吾。且豕韦之后，仍为商伯；昆吾虽亡，而己姓之国仍存于商、周之世。《书·多士》曰："夏迪简在王庭，有服在百僚。"当属事实。故夏、殷间政治与文物之变革，不似殷、周间之剧烈矣。殷、周间之大变革，自其表言之，不过一姓一家之兴亡与都邑之移转；自其里言之，则旧制度废而新制度兴，旧文化废而新文化兴。又自其表言之，则古圣人之所以取天下及所以守之者，若无以异于后世之帝王；而自其里言之，则其制度文物与其立制之本意，乃出于万世治安之大计。其心术与规摹，迥非后世帝王所能梦见也。

欲观周之所以定天下，必自其制度始矣。周人制度之大异于商者：一曰立子立嫡之制，由是而生宗法及丧服之制，并由是而有封建子弟之制、君天子臣诸侯之制。二曰庙数之制。三曰同姓不婚之制。此数者，皆周之所以纲纪天下，其旨则在纳上下于道德，而合天子、诸侯、卿、大夫、士、庶民以成一道德之团体。周公制作之本意，实在于此。此非穿凿附会之言也，兹篇所论，皆有事实为之根据。试略述之。

殷以前无嫡庶之制。黄帝之崩，其二子昌意、玄嚣之后，代有天下。颛顼者，昌意之子；帝喾者，玄嚣之子也。厥后虞、夏皆颛顼后，殷、周皆帝喾后。有天下者，但为黄帝之子孙，不必为黄帝之嫡。世动言尧、舜禅让，汤、武征诛，若其传天下与受天下有大不同者。然以帝系言之，尧、舜之禅天下，以舜、禹之功，然舜、禹皆颛顼后，本可以有天下者也；汤、武之代夏、商，固以其功与德，然汤、武皆帝喾后，亦本可以有天下者也。以颛顼以来诸朝相继之次言之，固已无嫡庶之别矣。一朝之中，其嗣位者亦然。特如商之继统法，以弟及为主而以子继辅之，无弟然后传子。自成汤至于帝辛，三十帝中，以弟继兄者凡十四帝（外丙、中壬、大庚、雍己、大戊、外壬、河亶甲、沃甲、南庚、盘庚、大辛、小乙、祖甲、庚丁）；其以子继父者，亦非兄之子，而多为弟之子（小甲、中丁、祖辛、武丁、祖庚、廪辛、武乙）。惟沃甲崩，祖辛之子祖丁立；祖丁崩，沃甲之子南庚立；南庚崩，祖丁之子阳甲立：此三事，独与商人继统法不合，此盖《史记

·殷本纪》所谓"中丁以后九世之乱",其间当有争立之事,而不可考矣。故商人祀其先王,兄弟同礼;即先王兄弟之未立者,其礼亦同:是未尝有嫡庶之别也。此不独王朝之制,诸侯以下亦然。近保定南乡出句兵三,皆有铭,其一曰:"大祖日己、祖日丁、祖日乙、祖日庚、祖日丁、祖日己、祖日己。"其二曰:"祖日乙、大父日癸、大父日癸、中父日癸、父日癸、父日辛、父日己。"其三曰:"大兄日乙、兄日戊、兄日壬、兄日癸、兄日癸、兄日丙。"此当是殷时北方侯国勒祖、父、兄之名于兵器以纪功者。而三世兄弟之名,先后骈列,无上下贵贱之别,是故大王之立王季也,文王舍伯邑考而立武王也,周公之继武王而摄政称王也,自殷制言之,皆正也(殷自武乙以后,四世传子。又,《孟子》谓:"以纣为兄之子,且以为君,而有微子启、王子比干。"《吕氏春秋·当务》篇云:"纣之同母三人:其长子曰微之启,其次曰仲衍,其次曰受德。受德乃纣也,甚少矣。纣母之生微之启与仲衍也,尚为妾;已而为妻而生纣。纣之父、纣之母欲置微子启以为大子,大史据法而争之曰:'有妻之子,而不可置妾之子。'纣故为后。"《史记·殷本纪》则云:"帝乙长子为微子启,启母贱,不得嗣。少子辛,辛母正后,故立辛为嗣。"此三说虽不同,似商末已有嫡之制。然三说已自互异,恐即以周代之制拟之,未敢信为事实也)。舍弟传子之法,实自周始。当武王之崩,天下未定,国赖长君,周公既相武王克殷胜纣,勋劳最高,以德以长,以历代之制,则继武王而自立,固其所矣。而周公乃立成王而己摄之,后又反政焉。摄政者,所以济变也;立成王者,所以居正也。自是以后,子继之法,遂为百王不易之制矣。

由传子之制而嫡庶之制生焉。夫舍弟而传子者,所以息争也。兄弟之亲本不如父子,而兄之尊又不如父,故兄弟间常不免有争位之事。特如传弟既尽之后,则嗣立者当为兄之子欤?弟之子欤?以理论言之,自当立兄之子;以事实言之,则所立者往往为弟之子。此商人所以有中丁以后九世之乱,而周人传子之制正为救此弊而设也。然使于诸子中可以任择一人而立之,而此子又可任立其欲立者,则其争益甚,反不如商之兄弟以长幼相及者犹有次第矣。故有传子之法,而嫡庶之法亦与之俱生。其条例,则《春秋左氏传》之说曰:"太子死,有母弟则立之,无则立长;年钧,择贤;义钧,则卜。"《公羊》家之说曰："礼：嫡夫人无子，立右媵；右媵无子，立左媵；左媵无子，立嫡侄娣；嫡侄娣无子，立右媵侄娣；右媵侄娣无子，立左媵侄娣。质家亲亲，先立娣；文家尊尊，先令侄。嫡子有孙而死，质家亲亲，先立弟；文家尊尊；先立孙。其双生也，质家据现在，立先生，文家据本意，立后生。"此二说中，后说尤为详密，顾皆后儒充类之说；当立法之初，未必穷其变至此。然所谓立子以贵不以长，立适以长不以贤者，乃传子法之精髓；当时虽未必有此语，固已用此意矣。盖天下之大利莫如定，其大害莫如争。任天者定，任人者争；定之以天，争乃不生。故天子诸侯之传世也，继统法之立子与立嫡也，后世用人之以资格也，皆任天而不参以人，所以求定而息争也。古人非不知官天下之名美于家天下，立贤之利过于立嫡，人才之用优于资格，而终不以此易彼者，盖惧夫名之可藉而争之易生，其敝将不可胜穷，而民将无时或息也。故衡利而取重，絜害而取轻，而定为立子立嫡之法，以利天下后世。而此制实自周公定之。是周人改制之最大者，可由殷制比较得之。有周一代礼制，大抵由是出也。

　　是故由嫡庶之制而宗法与服术二者生焉。商人无嫡庶之制，故不能有宗法；藉曰有之，不过合一族之人奉其族之贵且贤者而宗之。其所宗之人，固非一定而不可易，如周之大宗、小宗也。周人嫡庶之制，本为天子、诸侯继统法而设，复以此制通之大夫以下，则不为君统而为宗统，于是宗法生焉。周初宗法虽不可考，其见于七十子后学所述者，则《丧服小记》曰："别子为祖，继别为宗，继祢者为小宗。有五世而迁之宗，其继高祖者也。是故，祖迁于上，宗易于下，敬宗所以尊祖祢也。"《大传》曰："别子为祖，继别为宗，继祢者为小宗。有百世不迁之宗，有五世则迁之宗。百世不迁者，别子之后也；宗其继别子（之所自出）者，百世不迁者也；宗其继高祖者，五世则迁者也。尊祖故敬宗，敬宗，尊祖之义也。"是故，有继别之大宗，有继高祖之宗，有继曾祖之宗，有继祖之宗，有继祢之宗，是为五宗。其所宗者皆嫡也，宗之者皆庶也。此制为大夫以下设，而不上及天子、诸侯。郑康成于《丧服小记》注曰："别子，诸侯之庶子，别为后世为始祖者也。谓之别子者，公子不得祢先君也。"又于

《大传》注曰："公子不得宗君。"是天子诸侯虽本世嫡，于事实当统无数之大宗，然以尊故，无宗名。其庶子不得祢先君，又不得宗今君，故自为别子，而其子乃为继别之大宗。言礼者嫌别子之世近于无宗也，故《大传》说之曰："有大宗而无小宗者，有小宗而无大宗者（按，中华书局校点本此两句倒乙），有无宗亦莫之宗者，公子是也。公子有宗道，公子之公，为其士大夫之庶者，宗其士大夫之適者。"注曰："公子不得宗君，君命適昆弟为之宗，使之宗之。"此《传》所谓"有大宗而无小宗"也。又若无適昆弟，则使庶昆弟一人为之宗，而诸庶兄弟事之如小宗，此《传》所谓"有小宗而无大宗"也。《大传》此说，颇与《小记》及其自说违异。盖宗必有所继，我之所以宗之者，以其继别若继高祖以下故也。君之嫡昆弟、庶昆弟皆不得继先君，又何所据以为众兄弟之宗乎？或云：立此宗子者，所以合族也。若然，则所合者一公之子耳；至此公之子与先公之子若孙间，仍无合之之道。是大夫、士以下皆有族，而天子、诸侯之子，于其族曾祖父母、从祖祖父母、世父母、叔父母以下，服之所及者，乃无缀属之法，是非先王教人亲亲之意也。故由尊之统言，则天子诸侯绝宗，王子公子无宗可也；由亲之统言，则天子诸侯之子，身为别子而其后世为大宗者，无不奉天子诸侯以为最大之大宗。特以尊卑既殊，不敢加以"宗"名，而其实则仍在也。故《大传》曰："君有合族之道。"其在《诗·小雅》之《常棣·序》曰："燕兄弟也。"其诗曰："傧尔笾豆，饮酒之饫。兄弟既具，和乐且孺。"《大雅》之《行苇·序》曰："周家能内睦九族也。"其诗曰："戚戚兄弟，莫远具迩。或肆之筵，或授之几。"是即《周礼·大宗伯》所谓"以饮食之礼亲宗族兄弟"者，是天子之收族也。《文王世子》曰："公与族人燕则以齿。"又曰："公与族人燕，则异姓为宾。"是诸侯之收族也。夫收族者，大宗之事也。又在《小雅》之《楚茨》曰："诸父兄弟，备言燕私。"此言天子诸侯祭毕而与族人燕也。《尚书大传》曰："宗室有事，族人皆侍终日。大宗已侍于宾奠，然后燕私。燕私者何也？祭已而与族人饮也。"是祭毕而燕族人者，亦大宗之事也。是故天子、诸侯，虽无大宗之名，而有大宗之实。《笃公刘》之诗曰："食之饮之，君之宗之。"《传》曰："为之君，为之大宗也。"《板》之诗曰："大宗维翰。"《传》曰："王者，天下之大宗。"又曰："宗子维城。"《笺》曰："王者之嫡子，谓之宗子。"是礼家之大宗限于大夫以下者，诗人直以称天子诸侯，惟在天子、诸侯，则宗统与君统合，故不必以宗名。大夫、士以下，皆以贤才进，不必身是嫡子，故宗法乃成一独立之统系。是以《丧服》有为宗子及其母、妻之服皆齐衰三月，与庶人为国君、曾孙为曾祖父母之服同。適子、庶子祇事宗子，宗妇虽贵富，不敢以贵富入于宗子之家。子弟犹归器，祭则具二牲，献其贤者于宗子，夫妇皆齐而宗敬焉，终事而敢私祭。是故大夫以下，君统之外复戴宗统，此由嫡庶之制自然而生者也。

　　其次则为丧服之制。丧服之大纲四：曰亲亲，曰尊尊，曰长长，曰男女有别。无嫡庶，则有亲而无尊，有恩而无义，而丧服之统紊矣。故殷以前之服制，就令成一统系，其不能如周礼服之完密，则可断也。丧服中之自嫡庶之制出者，如父为长子，三年；为众子，期。庶子不得为长子三年；母为长子，三年；为众子，期。公为適子之长殇、中殇，大功；为庶子之长殇、中殇，无服。大夫为適子之长殇、中殇，大功；为庶子之长殇，小功。適妇，大功；庶妇，小功。適孙，期；庶孙，小功。大夫为嫡孙为士者，期；庶孙，小功。出妻之子为母，期；为父后者，则为出母，无服。为父后者，为其母，缌。大夫之適子为妻，期；庶子为妻，小功。大夫之庶子为適昆弟，期；为庶昆弟，大功。为適昆弟之长殇、中殇、大功；为庶昆弟之长殇、小功。为適昆弟之下殇，小功；为庶昆弟之下殇，无服。女子子适人者，为其昆弟之为父后者，期；为众昆弟，大功。凡此皆出于嫡庶之制；无嫡庶之世，其不适用此制明矣。又，无嫡庶则无宗法，故为宗子与宗子之母妻之服无所施。无嫡庶、无宗法，则无为人后者，故为人后者为其所后及为其父母、昆弟之服亦无所用。故《丧服》一篇，其条理至精密纤悉者，乃出于嫡庶之制既行以后，自殷以前，决不能有此制度也。

　　为人后者为之子，此亦由嫡庶之制生者也。商之诸帝，以弟继兄者，但后其父而不后其兄，故称其所继者仍曰兄甲、兄乙；既不为之子，斯亦不得云为之后矣。又商之诸帝，有专祭其所自出之帝，而不及非所自出者。《卜辞》有一条曰："大丁、大甲、大庚、大戊、中丁、祖乙、祖辛、祖丁，牛一羊一。"（《殷虚书契后编》卷上第五叶，及拙撰《殷卜辞中所见先公先王续考》）其于大甲、大庚之间不数沃丁，是大庚但后其父大甲，而不为其兄沃丁后也。中丁、祖乙之间不数外壬、河亶甲，是祖乙但后其父中丁，而不为其兄外壬、河亶甲后也。又一条曰："□祖乙（小乙）、祖丁（武丁）、祖甲、康祖丁（庚丁）、武乙，衣。"（《书契后编》卷上第二十叶，并拙撰《殷卜辞中所见先公先王考》）于祖甲前不数祖庚，康祖丁前不数廪辛，是亦祖甲本不后其兄祖庚，庚丁不后其兄廪辛。故后世之帝，于合祭之一种中乃废其祀（其特祭仍不废），是商无"为人后者为之子"之制也。周则兄弟之相继者，非为其父后而实为所继之兄弟后。以春秋时之制言之，《春秋经》文二年书："八月丁卯，大事于大庙，跻僖公。"《公羊传》曰："讥何？讥尔逆祀也。其逆祀奈何？先祢而后祖也。"夫僖本闵兄，而《传》乃以闵为祖，僖为祢，是僖公以兄为帝闵公后，即为闵公子也。又《经》于成十五年书："三月乙巳，仲婴齐卒。"《传》曰："仲婴齐者，公孙婴齐也。公孙婴齐则曷为谓之仲婴齐？为兄后也。为兄后则曷为谓之仲婴齐？为人后者为之子也。为人后者为之子，则其称'仲'何？孙以王父字为氏也。然则婴齐孰后？后归父也。"夫婴齐为归父弟，以为归父后，故祖其父仲遂而以其字为氏。是春秋时为人后者无不即为其子。此事于周初虽无可考，然由嫡庶之制推之，固当如是也。

又与嫡庶之制相辅者，分封子弟之制是也。商人兄弟相及，凡一帝之子，无嫡庶长幼，皆为未来之储贰，故自开国之初，已无封建之事，矧在后世？惟商末之微子、箕子，先儒以微、箕为二国名，然比干亦王子而无封，则微、箕之为国名，亦未可遽定也。是以殷之亡，仅有一微子以存商祀，而中原除宋以外，更无一子姓之国。以商人兄弟相及之制推之，其效固应如是也。周人既立嫡长，则天位素定，其余嫡子庶子，皆视其贵贱贤否，畴以国邑。开国之初，建兄弟之国十五，姬姓之国四十，大抵在邦畿之外；后王之子弟，亦皆使食畿内之邑。故殷之诸侯皆异姓，而周则同姓异姓各半，此与政治文物之施行甚有关系，而天子、诸侯、君臣之分，亦由是而确定者也。

自殷以前，天子、诸侯，君臣之分未定也，故当夏后之世，而殷之王亥、王恒，累叶称王；汤未放桀之时，亦已称王。当商之末，而周之文、武亦称王。盖诸侯之于天子，犹后世诸侯之于盟主，未有君臣之分也。周初亦然，于《牧誓》、《大诰》，皆称诸侯曰"友邦君"，是君臣之分亦未全定也。逮克殷践奄，灭国数十，而新建之国皆其功臣、昆弟、甥舅，本周之臣子，而鲁、卫、晋、齐四国，又以王室至亲，为东方大藩，夏、殷以来古国，方之蔑矣。由是天子之尊，非复诸侯之长而为诸侯之君；其在《丧服》，则诸侯为天子斩衰三年，与子为父、臣为君同。盖天子、诸侯、君臣之分始定于此。此周初大一统之规模，实与其大居正之制度相待而成者也。

嫡庶者，尊尊之统也，由是而有宗法、有服术。其效及于政治者，则为天位之前定，同姓诸侯之封建，天子之尊严。然周之制度，亦有用亲亲之统者，则祭法是已。商人祭法，见于《卜辞》所纪者，至为繁复。自帝喾以下，至于先公、先王、先妣，皆有专祭；祭各以其名之日，无亲疏远迩之殊也。先公先王之昆弟，在位者与不在位者，祀典略同，无尊卑之差也。其合祭也，则或自上甲至于大甲九世，或自上甲至于武乙二十世，或自大丁至于祖丁八世，或自大庚至于中丁三世，或自帝甲至于祖丁二世，或自小乙至于武乙五世，或自武丁至于武乙四世。又数言：自上甲至于多后，衣。此于《卜辞》屡见，必非周人三年一祫、五年一禘之大祭，是无毁庙之制也。虽《吕览》引《商书》言"五世之庙，可以观怪"，而《卜辞》所纪事实，乃全不与之合，是殷人祭其先，无定制也。周人祭法，《诗》、《书》、《礼》经皆无明文。据《礼》家言，乃有七庙、四庙之说。此虽不可视为宗周旧制，然《礼》家所言庙制，必已萌芽于周初，固无可疑也。古人言周制尚文者，盖兼综数义而不专主一义之谓。商人继统之法，不合尊尊之义；其祭法又无远迩尊卑之分，则于亲亲、尊尊二义，皆无当也。周人以尊尊之义经亲亲之义，而立嫡庶之制；

又以亲亲之义经尊尊之义，而立庙制：此其所以为"文"也。说庙制者，有七庙、四庙之殊，然其实不异。《王制》、《礼器》、《祭法》、《春秋穀梁传》，皆言"天子七庙，诸侯五"。《曾子问》言"当七庙、五庙无虚主"。《荀子·礼论》篇亦言："有天下者事七世，有一国者事五世。"惟《丧服小记》独言："王者禘其祖之所自出，以其祖配之，而立四庙。"郑注："高祖以下也，与始祖而五也。"如郑说，是四庙实五庙也。《汉书·韦玄成传》："玄成等奏：《祭义》曰：'王者禘其祖之所自出，以其祖配之。而立四庙。'言始受命而王，祭天以其祖配，而不为立庙，亲尽也。立亲庙四，亲亲也。亲尽而迭毁；亲疏之杀，示有终（也）。周之所以七庙者，以后稷始封，文王、武王受命而王，是以三庙不毁，与亲庙四而七。"《公羊·宣六年传》何注云："礼，天子诸侯立五庙。周家祖有功，宗有德，立后稷、文、武庙，至于子孙，自高祖以下而七庙。"《王制》郑注亦云："七者，太祖及文武之祧，与亲庙四。"则周之七庙，仍不外四庙之制。刘歆独引《王制》说之曰："天子三昭、三穆，与太祖之庙而七。七者，其正法，不可常数者也，宗不在此数中，宗变也。"是谓七庙之中，不数文、武，则有亲庙六。以礼意言之，刘说非也。盖礼有尊之统，有亲之统。以尊之统言之，祖愈远则愈尊，则如殷人之制，遍祀先公先王可也。庙之有制也，出于亲之统；由亲之统言之，则亲亲以三为五，以五为九，上杀、下杀、旁杀而亲毕矣。亲，上不过高祖，下不过玄孙。故宗法、服术，皆以五为节。《丧服》有"曾祖父母服而无高祖父母服，曾祖父母之服不过齐衰三月"。若夫玄孙之生，殆未有及见高祖父母之死者；就令有之，其服亦不过袒免而止。此亲亲之界也，过是，则亲属竭矣，故遂无服。服之所不及，祭亦不敢及。此礼服家所以有天子四庙之说也。刘歆又云："天子七日而殡，七月而葬；诸侯五日而殡，五月而葬。"此丧事尊卑之序也，与庙数相应。《春秋左氏传》曰："名位不同，礼亦异数"，"自上以下，降杀以两，礼也"。虽然，言岂一端而已。礼有以多为贵者，有以少为贵者，有无贵贱一者。车服之节，殡葬之期，此有等衰者也。至于亲亲之事，则贵贱无以异。以三为五，大夫以下用之；以五为九，虽天子不能过也。既有不毁之庙以存尊统，复有四亲庙以存亲统，此周礼之至文者也。宗周之初，虽无四庙明文，然祭之一种限于四世，则有据矣。《逸周书·世俘解》："王克殷，格于庙。王烈祖，自大王、大伯、王季、虞公、文王、邑考，以列升。"此太伯、虞公、邑考与三王并升，犹用殷礼，然所祀者四世也。《中庸》言："周公成文、武之德，追王大王、王季、上祀先公以天子之礼。"于先公之中追王二代，与文、武而四，则成王、周公时庙数虽不必限于四王，然追王者与不追王者之祭，固当有别矣。《书·顾命》所设几筵，乃成王崩、召公摄成王册命康王时依神之席（见拙撰《周书·顾命考》及《顾命后考》)，而其席则牖间、西序、东序与西夹凡四，此亦为大王、王季、文王、武王设。是周初所立，即立不止四庙，其于高祖以下，固与他先公不同。其后遂为四亲庙之制，又加以后稷、文、武，遂为七庙。是故遍祀先公先王者，殷制也；七庙四庙者，七十子后学之说也。周初制度，自当在此二者间。虽不敢以七十子后学之说上拟宗周制度，然其不如殷人之遍祀其先，固可由其他制度知之矣。

以上诸制，皆由尊尊、亲亲二义出，然尊尊、亲亲、贤贤，此三者治天下之通义也。周人以尊尊、亲亲二义，上治祖祢，下治子孙，旁治昆弟，而以贤贤之义治官。故天子、诸侯世，而天子、诸侯之卿，大夫，士皆不世。盖天子、诸侯者，有土之君也。有土之君，不传子、不立嫡，则无以弭天下之争。卿、大夫、士者，图事之臣也，不任贤，无以治天下之事。以事实证之：周初三公，惟周公为武王母弟，召公则疏远之族兄弟，而太公又异姓也。成、康之际，其六卿为：召公、芮伯、彤伯、毕公、卫侯、毛公，而召、毕、毛三公又以卿兼三公，周公、太公之子不与焉。王朝如是，侯国亦然，故《春秋》讥世卿。世卿者，后世之乱制也。礼有大夫为宗子之服，若如春秋以后世卿之制，则宗子世为大夫，而支子不得与，又何大夫为宗子服之有矣！此卿、大夫、士不世之制，当自殷已然，非属周制。虑后人疑传子立嫡之制通乎大夫以下，故附著之。

男女之别，周亦较前代为严。男子称氏，女子称姓，此周之通制也。上古女无称姓者，有之，惟一姜嫄。姜嫄者，周之妣，而其名出于周人之口者也。传言黄帝之子为十二姓，祝融之后为八姓；又言虞为姚姓，夏为姒姓，商为子姓。凡此纪录，皆出周世。据殷人文字，则帝王之姊与母，皆以日名，与先王同。诸侯以下之姊亦然（传世商人彝器多有"妣甲"、"妣乙"诸文）。虽不敢谓殷以前无女姓之制，然女子不以姓称，固事实也（《晋语》："殷辛伐有苏氏，有苏氏以妲己女焉。"案苏国，己姓，其女称妲己，似已为女子称姓之始，然恐亦周人追名之）。而周则大姜、大任、大姒、邑姜，皆以姓著。自是迄于春秋之末，无不称姓之女子。《大传》曰："四世而缌，服之穷也；五世袒免，杀同姓也；六世亲属竭矣。其庶姓别于上而戚单于下，婚姻可以通乎？"又曰："系之以姓而弗别，缀之以食而弗殊，虽百世而婚姻不通者，周道然也。"然则，商人六世以后，或可通婚；而同姓不婚之制，实自周始；女子称姓，亦自周人始矣。

是故有立子之制，而君位定；有封建子弟之制，而异姓之势弱，天子之位尊；有嫡庶之制，于是有宗法、有服术，而自国以至天下合为一家；有卿、大夫不世之制，而贤才得以进；有同姓不婚之制，而男女之别严。且异姓之国，非宗法之所能统者，以婚媾甥舅之谊通之。于是天下之国，大都王之兄弟甥舅；而诸国之间，亦皆有兄弟甥舅之亲。周人一统之策，实存于是。此种制度，因亦由时势之所趋，然手定此者，实惟周公。原周公所以能定此制者，以公于旧制本有可以为天子之道，其时又躬握天下之权，而顾不嗣位而居摄，又由居摄而致政，其无利天下之心，昭昭然为天下所共见，故其所设施，人人知为安国家、定民人之大计，一切制度，遂推行而无所阻矣。

由是制度，乃生典礼，则《经礼》三百、《曲礼》三千是也。凡制度典礼所及者，除宗法、丧服数大端外，上自天子、诸侯，下至大夫、士止，民无与焉，所谓"礼不下庶人"是也。若然，则周之政治，但为天子、诸侯、卿、大夫、士设，而不为民设乎？曰：非也。凡有天子、诸侯、卿、大夫、士者，以为民也，有制度典礼以治。天子、诸侯、卿、大夫、士，使有恩以相洽，有义以相分，而国家之基定，争夺之祸泯焉。民之所求者，莫先于此矣。且古之所谓国家者，非徒政治之枢机，亦道德之枢机也。使天子、诸侯、（卿、）大夫、士各奉其所制度典礼，以亲亲、尊尊、贤贤，明男女之别于上，而民风化于下，此之谓治，反是则谓之乱。是故天子、诸侯、卿、大夫、士者，民之表也；制度典礼者，道德之器也。周人为政之精髓，实存于此。此非无征之说也，以经证之：《礼经》，言治之迹者，但言天子、诸侯、卿、大夫、士；而《尚书》，言治之意者，则惟言庶民。《康诰》以下九篇，周之经纶天下之道胥在焉，其书皆以民为言。《召诰》一篇，言之尤为反覆详尽，曰命、曰天、曰民、曰德，四者一以贯之。其言曰："天亦哀于四方民，其眷命用懋，王其疾敬德。"又曰："今天其命哲，命吉凶，命历年。知今我初服，宅新邑，肆惟王其疾敬德。王其德之用，祈天永命。"又曰："欲王以小民受天永命。"且其所谓"德"者，又非徒仁民之谓，必天子自纳于德而使民则之。故曰："其惟王勿以小民淫用非彝。"又曰："其惟王位在德元，小民乃惟刑用于天下，越王显。"充此言以治天下，可云至治之极轨，自来言政治者，未能有高焉者也。古之圣人，亦岂无一姓福祚之念存于其心，然深知夫一姓之福祚与万姓之福祚是一非二，又知一姓万姓之福祚与其道德是一非二，故其所以"祈天永命"者，乃在"德"与"民"二字。此篇乃召公之言，而史佚书之以诰天下（《洛诰》云："作册逸诰"，是史逸所作《召诰》与《洛诰》，日月相承，乃一篇分为二者，故亦史佚作也），文、武、周公所以治天下之精义大法，胥在于此。故知周之制度典礼，实皆为道德而设，而制度典礼之专及大夫、士以上者，亦未始不为民而设也。

周之制度、典礼，乃道德之器械，而尊尊、亲亲、贤贤、男女有别四者之结体也。此之谓"民彝"。其有不由此者，谓之"非彝"。《康诰》曰："勿用非谋非彝。"《召诰》曰："其惟王勿以小民淫用非彝。""非彝"者，礼之所去，刑之所加也。《康诰》曰："凡民自得罪，寇攘奸宄，杀越人于货，暋不畏死，罔弗憝。"又曰："元恶大憝，矧惟不孝不友。子弗祗服厥父事，大伤厥考心；于父不能字厥子，乃疾厥子。于弟弗念天显，乃弗克恭厥兄，兄亦不念鞠子哀，大不友于弟。惟吊兹，不于我政人得罪，天惟与我民彝大泯乱。曰：乃其速由文王作罚，刑兹无赦。"此周公诰康叔治殷民之道。殷人之刑惟"寇攘奸宄"，而周人之刑则并及"不孝、不友"，故曰："惟吊兹，不于我政人得罪。"又曰："乃其速由文王作罚。"其重民彝也如此。是周制刑之意，亦本于德治、礼治之大经，其所以致太平与刑措者，盖可睹矣。

夫商之季世，纪纲之废、道德之隳，极矣！周人数商之罪，于《牧誓》曰："今商王受，惟妇言是用，昏弃厥肆祀弗答，昏弃厥遗王父母弟弗迪，乃惟四方之多罪逋逃，是崇是长，是信是使，是以为大夫、卿、士，以暴虐于百姓，以奸宄于商邑。"于《多士》曰："在今后嗣王……诞淫厥泆，罔顾于天、显民祇。"于《多方》曰："乃惟尔辟，以尔多方，大淫图天之命，屑有辞。"于《酒诰》曰："在今后嗣王酗身，厥命罔显于民祇，保越怨不易。诞惟厥纵淫泆于非彝，用燕丧威仪，民罔不盡伤心。惟荒腆于酒，不惟自息乃逸。厥心疾很，不克畏死。辜在商邑，越殷国灭无罹。弗惟德馨香，祀登闻于天，诞惟民怨。庶群自酒，腥闻在上。故天降丧于殷，罔爱于殷，惟逸。天非虐，惟民自速辜。"由前三者之说，则失德在一人；由后之说，殷之臣民，其渐于亡国之俗久矣。此非敌国诬谤之言也，殷人亦屡言之。《西伯戡黎》曰："惟王淫戏用自绝。"《微子》曰："我用沈酗于酒，用乱败厥德于下。殷罔不小大，好草窃奸宄。卿士师师非度，凡有辜罪，乃罔恒获。小民方兴，相为敌雠。"又曰："天毒降灾荒殷邦，方兴沈酗于酒，乃罔畏畏，咈其耇长，旧有位人。今殷民，乃攘窃神祇之牺牷牲，用以容，将食，无灾。"夫商道尚鬼，乃至窃神祇之牺牲。卿士浊乱于上，而法令隳废于下，举国上下，惟奸宄敌雠之是务，固不待孟津之会、牧野之誓，而其亡已决矣！而周自大王以后，世载其德。自西土邦君，御事小子，皆克用文王教；至于庶民，亦聪听祖考之彝训。是殷、周之兴亡，乃有德与无德之兴亡。故克殷之后，尤兢兢以德治为务。《召诰》曰："我不可不监于有夏，亦不可不监于有殷。我不敢知，曰：有夏受天命，惟有历年。我不敢知，曰：不其延，惟不敬厥德，乃早坠厥命。我不敢知，曰：有殷受天命，惟有历年。我不敢知，曰：不其延，惟不敬厥德，乃早坠厥命。今王嗣受厥命，我亦惟兹二国命，嗣若功。王乃初服。"周之君臣，于其嗣服之初，反覆教戒也如是，则知所以驱"草窃奸宄"、"相为敌雠"之民，而跻之仁寿之域者，其经纶固大有在。欲知周公之圣，与周之所以王，必于是乎观之矣。

周开国年表

文王元祀。

《书·酒诰》："乃穆考文王，肇国在西土。厥诰毖庶邦庶士，越少正、御事，朝夕曰：'祀兹酒。'惟天降命，肇我民，惟元祀。"

案：元祀之义，《尚书》古今文说皆不传。伪《孔传》云："惟天下教命，始令我民知作酒者惟为祭祀。"江氏声《尚书集注》、孙氏星衍《尚书古今文注疏》（按，中华书局本作《尚书公古文注疏》）均袭其说。余由经文决之，知其说不然。降命之命，即谓天命，自人言之，谓之受命；自天言之，谓之降命。惟天降命者，犹《康诰》曰："天乃大命文王。"《毛公鼎》云："惟天庸集乃命矣。"下云："天降威我民，用大乱丧，亦罔非酒惟行，越大邦用丧，亦罔非酒惟辜。"又曰："群庶自酒，闻腥在上，故天降丧于殷。"降威、降丧，正降命之反也。又曰："我西土棐徂邦君御事，小子尚克用文王教，不腆于酒，故我至于今克受殷之命。"其义一也。天之降命如何？"肇我民，惟元祀"是也。元祀者，受命称王、配天改元之谓，《洛诰》曰："王，肇称殷礼，祀于新邑，咸秩无文。"又曰："惇宗将礼，称秩元祀，咸秩无文。"又曰："记功，宗以功，作元祀。"是为成王初平天下后之元祀。而《酒诰》之"肇我民，惟元祀"，是为文王受命之元祀。武王即位克商，未尝改元。《洪范》称"惟十有三祀，王访于箕子"。十有三祀者，文王受命之十三祀，武王克殷后之二年也。自克商后计之，则为第二年。故《金縢》曰"既克商二年"，称年不称祀者，克殷之时未尝改元故也。成王即位、周公摄政之初，亦未尝改元。《洛诰》曰"惟七年"，是岁为文王受命之十八祀，武王克商后之七年。成王嗣位，于兹五岁，始祀于新邑，称秩元祀。《经》乃云"惟七年"，而不云"惟十有八祀"、"惟元祀"者，盖欲书文王十有八祀，则是岁已改元祀，欲书元祀，则《经》已两见，不烦复举，故改书惟七年。七年者，武王克商后之七年，举其近者言之。且以见成王之元祀，即克商后之七年，书法亦至密矣。周初称祀、称年之例，与其年数皆著于《经》。而《尚书大传》、《史记》所系事亦往往与《经》合。乃一乱于刘歆之《三统历》，再乱于郑玄之《尚书注》，三乱于伪古文《尚书》，遂使有周开国岁月，终古茫昧，岂不痛哉！今先揭其旨要于首，其证则俟诸后焉。

《尚书大传》："文王受命一年，断虞、芮之质。"

《史记·周本纪》："诗人道西伯，盖受命之年称王，而断虞、芮之讼。"

二祀。

《尚书大传》："文王受命二年，伐于。"

《史记·周本纪》："明年，伐犬戎。"

三祀。

《尚书大传》："三年，伐密须。"《周本纪》同。

四祀。

《尚书大传》:"四年,伐畎夷。"《周本纪》作:"明年,败
耆国。"

五祀。

《尚书大传》:"五年,伐耆。"《周本纪》作:"明年,伐
邘。"

六祀。

《尚书大传》:"六年,伐崇。"《周本纪》同。

七祀。

《尚书大传》:"七年,而崩。"《周本纪》同。

案:《孟子·公孙丑》言"文王之德百年而后崩",此
百年谓文王生卒之年。《无逸》言"文王受命惟中身,厥享
国五十年"。谓文王在位之年。《大传》、《史记》言"文王
受命七年而崩",则谓其称王后之年也。

八祀。武王即位元年。
九祀。武王二年。

《史记·周本纪》:"九年,武王上祭于毕(《大传》作:惟四
月,太子发上祭于毕)。东观兵,至于盟津。"

十祀。武王三年。
十一祀。武王四年。

《书·多方》:"天惟五年,须夏之子孙,诞作民主,罔可念

听。"

《尚书序》："惟十有一年，武王伐殷。一月戊午，师渡孟津，作《泰誓》（三篇）。"

《史记·周本纪》："十一年十二月（戊午），师毕渡盟津。""二月甲子昧爽，武王朝至于商郊牧野。"又《齐太公世家》：武王"十一年正月甲子，誓于牧野，伐商纣"。又《鲁周公世家》：武王"十一年，伐纣，至牧野"。

《汉书·律历志》引《周书·武成》篇："唯一月壬辰，旁死霸（《逸周书·世俘解》作：惟一月丙辰旁生魄，若翼日丁巳），若翌日癸巳，（武）王朝步自周，于征伐纣。""粤若来二月（中华书局本作三）既死霸，粤五日甲子，咸刘商王纣。"

案《史记》系月与《武成》及《书序》不同。师渡盟津，《书序》系之一月，《武成》言"惟一月壬辰，旁死霸"，则戊午为一月之二十八日，唯《史记》系之十二月，殊不可解。疑"十二"两字乃"一"字之误。若史公意果为十一年十二月，则下"二月甲子"上当书"十二年"或"明年"，以清眉目。又"二月"又当改作"一月"，以十二月有戊午，则甲子不得在二月故也。"十二"两字，明出后世传写之误。

十二祀。武王五年，既克商一年。
十三祀。武王六年，既克商二年。

《书·洪范》："唯十有三祀，王访于箕子。"

《书·金縢》："既克商二年，王有疾，弗豫（中略）。武王既丧。"（下略）

《史记·周本纪》："武王既（中华书局本作已）克殷，后二年，问箕子殷所以亡，箕子不忍言殷恶，以存亡国宜告。武王亦丑，故问以天道。武王病。天下未集，群公惧，穆卜，周公乃袚斋，自为质，欲代武王，武王有瘳。后而崩。"

又《封禅书》："武王克殷二年，天下未宁而崩。"

案《史记》所记武王伐纣及崩年，根据最古。《金縢》于武王之疾书年，于其丧也不书年，明武王之崩即在是年。《史记》云"武王有瘳。后而崩"，可谓隐括经文而得其要旨矣。其伐殷之年本于《书序》，文王崩之年本于《尚书大传》，皆有师说可据。然此事当先秦时已有异说。《吕氏春秋·首时》篇"武王不忘王门之辱，立十二年而成甲子之事"，则以克殷为在武王十二年。《逸周书·作雒解》以武王崩在克殷之年。《管子·七主》、《七臣》篇以为在克殷七年。刘歆《三统历》则以文王崩在受命九年，后四年克殷，后七年武王崩，与经文及《史记》皆大不合，后世说经者皆从刘歆说。原歆之所以为此说者，则由过信后世传记，而不求之于古也。歆之言曰："文王十五而生武王，受命九年而崩。崩后四年而武王克殷，克殷之岁八十六矣。后七岁而崩，故《礼记·文王世子》曰：'文王九十七而（中华书局本作乃）终，武王九十三而终。'"观此数语，则知《三统历》所系年，全从《文王世子》立说。盖从《金縢》及《史记》之说，则文、武之崩相距才六年。若文王崩年九十七，武王崩年九十三，则文王崩时武王年巳九十，必文王七岁生武王而后可。故于文王在位之年加二，武王在位之年加五，以求合于《文王世子》。于是文王崩年与克殷之年均后二岁，武王崩年乃后七岁，与《经》及《尚书》家师说均不合矣。然文王十五生武王，武王八十一生成王，与《文王世子》所云武王崩年，俱为周、秦以后不根之说。文王之年，据《书·无逸》及《孟子》，自当至九十余。至武王之年，则明见于《史记》。《史记》载："武王克殷至于周，自夜不寐。告周公曰'惟天不飨殷，自发未生，于今六十年，麋鹿在牧，蜚鸿满野。"《周书·度邑解》具有其文（徐广以为亦见《随巢子》。随巢子，墨子弟子，亦战国初年书也）。此篇渊懿古奥，类宗周以前之书，与《文王世子》等秦、汉间之书，文体大异，自为实录。据此，则克殷之前六十年，武王尚未生，又二年而崩，年当近六十（《路史》引真本《竹书纪年》，谓武王崩年五十四，事较近之）。以此差之，则文王生武王，武王生成王，均当在四十岁左右，与事理相合。后儒人人读《史记》，无据此以驳正《文王世子》者，殊不可解。歆之根据既破，则其所克殷及文、武崩年，皆不足信，固不待论也。

十四祀。既克商三年，成王元年。
十五祀。既克商四年，成王二年。
十六祀。既克商五年，成王三年。

《尚书大传》："周公摄政，一年救乱。"

十七祀。既克商六年，成王四年。

《书·金縢》："周公居东二年，则罪人斯得。"
《尚书大传》："二年克殷。"

十八祀。既克商七年，成王五年。

《诗·豳风》："我徂东山，自我不见，于今三年。"
《孟子》："伐奄，三年讨其君。"
《尚书大传》："三年，践奄。"

十九祀。既克商八年，成王六年。

《尚书大传》："四年，建侯卫。"

成王元祀。既克商九年。

《书·召诰》："惟太保先周公相宅。越若来三月，惟丙午朏，越三日戊申，太保朝至于洛，卜宅。厥既得卜，则经营（中略）。乙卯，周公朝至于洛（中略）。甲子，周公乃朝用书，命庶殷侯、甸、男邦伯。厥既命殷庶，庶殷丕作。"

《洛诰》："王，肇称殷礼，祀于新邑，咸秩无文。"

又："今王即命曰：记宗功，以功作元祀。"（按，应作："记功，宗以功作元祀。"）

又："惇宗将礼，称秩元祀，咸秩无文。"

又："戊辰，王在新邑，烝，祭岁，文王骍牛一，武王骍牛一。王命作册，逸祝册，唯告周公其后，王宾，杀禋咸格，王入太（中华书局本作'大'）室，祼。王命周公后，作册逸诰，在十有二月。惟周公诞保文武受命，惟七年。"

《尚书大传》："五年，营成周。"

案是年为成王元祀，见于《洛诰》。而据《洛诰》，则营成周事亦在是年。《洛诰》年月，伏生、刘歆、郑玄说各不同。今据《经》文，则全篇记成王、周公问答之语，自在成王至新邑之后。案周公至洛，在三月乙卯（十二日）。成王至洛，《召诰》与《洛诰》均不书。然周公告成王云："予惟乙卯，朝至于洛师。"乙卯不月，则成王至洛当在五月乙卯以前。周公曰："伻来以图及献卜。"成王曰："公既定宅，伻来来视，予卜休恒吉，我二人共贞。"伻者，俾也。伻来谓俾成王来共定宅，故又曰"我二人共贞"，贞谓贞卜也。

古诸侯称王说

世疑文王受命称王，不知古诸侯于境内称王，与称君、称公无异。《诗》与《周语》、《楚辞》称契为玄王，其六世孙亦称王亥（《山海经》作王亥，郭璞注引古本《竹书纪年》作殷王子亥。今殷虚卜辞中屡见王亥，是《山海经》称名不误。《吕氏春秋》王氷作服牛；氷乃古文亥字之误），此犹可曰后世追王也。汤伐桀，誓师时已称王。《史记》又云"汤自立为武王"，此亦可云史家追纪也。然观古彝器铭识，则诸侯称王者，颇不止一、二觏。徐楚之器无论已。《矢王鼎》云"矢王作宝尊"，《散氏盘》云："乃为图矢王于豆新宫东廷"，而《矢伯彝》则称矢伯，是矢以伯而称王者也。《录伯戒敦盖》云："王若曰：录伯戒□自乃祖考有劳于周邦。"又云："戒拜手稽首，对扬天子丕显休，用作朕皇考釐王宝尊敦。"此釐王者，录伯之父。录伯祖考有劳于周邦，则其父釐王非周之僖王可知。是亦以伯而称王者也。《㳂伯敦》云："王命仲到归㳂伯裘。王若曰：㳂伯，朕丕显祖玟珷膺受大命，乃祖克□先生翼自他邦，有□于大命，我亦弗望（假为忘字）享邦，锡女□裘。㳂伯拜手稽首，天子休，弗望小□邦归夆，敢对扬天子丕显鲁休，用作朕皇考武㳂几王尊敦。"㳂伯之祖，自文、武时已为周属，则亦非周之支庶，其父武㳂几王，亦以伯而称王者也。而录伯、㳂伯二器，皆纪天子锡命以为宗器，则非不臣之国。盖古时天泽之分未严，诸侯在其国自有称王之俗，即徐楚吴楚之称王者，亦沿周初旧习，不得尽以僭窃目之。苟知此，则无怪乎文王受命称王，而仍服事殷矣。

秦都邑考

秦之祖先，起于戎狄。当殷之末，有中潏者，已居西垂。大骆、非子以后，始有世系可纪，事迹亦较有据。其历世所居之地，曰西垂，曰犬邱，曰秦，曰渭汧之会，曰平阳，曰雍，曰泾阳，曰栎阳，曰咸阳，此九地中，惟西垂一地，名义不定。犬邱、泾阳二地，有异实而同名者，后人误甲为乙，遂使一代崛起之地，与其经略之迹，不能尽知，世亦无正其误者。案：西垂之义，本谓西界。《史记·秦本纪》："中潏，在西戎，保西垂。"又："申侯谓（中华书局校点本作乃言）孝王曰：'昔我先郦山之女，为戎胥轩妻，生中潏，以亲故归周，保西垂，西垂以其故和睦。'"又云：庄公"为西垂大夫"。以语意观之，西垂殆泛指西土，非一地之名。然《封禅书》言："秦襄公既侯，居西垂。"《本纪》亦云"文公元年，居西垂宫"，则又似特有西垂一地。《水经·漾水注》，以汉陇西郡之西县当之，其地距秦亭不远。使西垂而系地名，则郦说无以易矣。唯犬邱一地，徐广曰："今槐里也。"案：槐里之名犬邱，班固《汉书·地理志》、宋衷《世本注》均有此说。此乃周地之犬邱，非秦大骆、非子所居之犬邱也。《本纪》云"非子居犬邱"，又云"大骆地犬邱"，夫槐里之犬邱，为懿王所都，而大骆与孝王同时，仅更一传，不容为大骆所有，此可疑者一也。又云宣公子庄公，以"其先大骆地犬邱，为西垂大夫"。若西垂泛指西界，则槐里尚在雍岐之东，不得云西垂。若以西垂为汉之西县，则槐里与西县相距甚远，此可疑者二也。且秦自襄公后始有岐西之地，厥后文公居汧渭之会，宁公居平阳，德公居雍，皆在槐里以西，无缘大骆、庄公之时已居槐里，此可疑者三也。案：《本纪》

又云"庄公居其故西犬邱",此西犬邱实对东犬邱之槐里言,《史记》之文,本自明白,但其余犬邱字上均略去"西"字。余疑犬邱、西垂本一地,自庄公居犬邱、号西垂大夫,后人因名西犬邱为西垂耳。然则大骆之起,远在陇西,非子邑秦,已稍近中国。庄公复得大骆故地,则又西徙。逮襄公伐戎至岐,文公始逾陇而居汧渭之会,其未逾陇以前,殆与诸戎无异。自徐广以犬邱为槐里,《正义》仍之,遂若秦之初起已在周畿内者,殊失实也(此稿既成,检杨氏守敬《春秋列国图》,图西犬邱于汉陇西郡西县地,其意正与余合)。

《史记》于《始皇本纪论赞》后复叙秦世系、都邑、陵墓所在,其言与《秦本纪》相出入;所纪秦先公谥号及在位年数,亦与《本纪》及《六国表》不同,盖太史公别记所闻见之异辞,未必后人羼入也。其中云"肃灵公(即《秦本纪》之灵公)居泾阳",为《秦本纪》及《六国表》所未及。泾阳一地,注家无说,余曩作《玁狁考》,曾据此及泾阳君、高陵君之封,以证《诗·六月》之泾阳,非汉安定郡之泾阳县。今更证之,考春秋之季,秦、晋不交兵者垂百年。两国间地在北方者,颇为诸戎蚕食。至秦厉共公十六年,始堑河旁,以兵二万伐大荔,取其王城,则今之陕西同州府大荔县也。二十一年,始县频阳,则今之蒲城、同官二县间地也。至灵公六年,晋城少梁,秦击之(《六国表》作"七年,与魏战少梁")。十三年城籍姑,皆今之韩城县地。然则厉共公以后,秦方东略,灵公之时,又拓地于东北,与三晋争霸,故自雍东徙泾阳。泾阳者,当在泾水之委(今之泾阳县地),决非汉安定郡之泾阳也。且此时义渠方强,绵诸未灭,安定之泾阳与秦,中隔诸戎,势不得为秦有。即令秦于西北有斗入之地,而东略之世,决无反徙西北之理。厥后灵公子献公,徙治栎阳,栎阳在今高陵县境,西距泾水入渭之处不远,则泾阳自当在高陵之西,今泾阳之境矣。余说详《玁狁考》中,然则有周一代,秦之都邑分三处,与宗周、春秋、战国三期相当,曰西垂,曰犬邱,曰秦,其地皆在陇坻以西,此宗周之世秦之本国也。曰汧渭之会,曰平阳,曰雍,皆在汉右扶风境,此周室东迁、秦得岐西地后之都邑也。曰泾阳,曰栎阳,曰咸阳,皆在泾、渭下游,此战国以后秦东略时之都邑也。观其都邑，而其国势从可知矣。

又案：《秦本纪》，于献公即位前说："秦以往者数易君，君臣乖乱，故晋复强，夺（秦）河西地。"孝公元年，下令国中，亦曰"会往者厉、躁、简公、出子之不宁，国家内忧，未遑外事，三晋攻夺我先君河西地，诸国卑秦，丑莫大焉。献公即位，镇抚边疆，徙治栎阳，且欲东伐"云云。似灵公之世，国势颇蹙，又未尝东徙。《秦始皇本纪》后虽云"灵公居泾阳"，然于其陵墓，则云"葬悼公西"，悼公葬雍，则灵公亦葬雍。厥后，简公、出子亦葬于雍，是灵公虽居泾阳，未尝定都也。然以其经营东北观之，则其居泾阳之事，殆无可疑。河西之失，亦非尽事实。《本纪》书简公六年"堑洛城重泉"，而灵公之子献公未立时，亦居河西，则河西仍为秦有，不过疆场之事，一彼一此，时有之耳。孝公下令，欲激发国人，故张大其辞，观《本纪》、《六国表》所纪灵公时事，可知矣。

秦阳陵虎符跋

　　阳陵铜虎符，藏上虞罗氏。长，汉建初尺四寸许，左右二符，胶固为一。金错篆书，文各十二，曰："甲兵之符，右在皇帝，左在阳陵。"实秦虎符也。案《汉书·景帝纪》：葬阳陵。《地理志》：左冯翊阳陵县，故弋阳，景帝更名。或据此以为汉景、武以后之物。然与汉符不合者有五：一、《史记》及《汉书·文帝纪》：二年九月，初与郡国守相为铜虎符、竹使符。今传世汉虎符，其文皆云：与某郡守（或太守）为虎符。与此符，文绝不同。又阳陵乃县名，非郡国名，无与为虎符之理。此与汉制不合者一也。汉符之数，应劭云：铜虎符第一至第五。今传世汉符，肋下皆有"某郡左几、某国右几"字，皆记数字。此符无之，与汉制不合者二也。汉符传世者，其文刻于脊上，合之而后可读，如《周官》傅别之制。此符左右文同，皆在脊左右，如周官质剂之制。此其不合者三也。《史记正义》引崔豹《古今注》云：铜虎符，银错书之（今《古今注》无此条）。今传世汉符皆系银错，此符独用金错，此其不合者四也。此符字画颇肥，而所错之金极薄，几与以泥金书者相等。若汉世金错器，如莽币一刀平五千之"一刀"二字，则字细而金厚，他器如安昌车饰等亦然。此其不合者五也。若云秦符，则有四证焉。《汉志》，阳陵虽云景帝所置，然《史记·高祖功臣侯年表》有阳陵侯，《傅宽列传》亦同。《索隐》云：阳陵，《楚汉春秋》作阴陵。然潍县郭氏有阳陵邑丞封泥；邑丞者，侯国之丞。足证傅宽所封为阳陵而非阴陵，是高帝时已有阳陵，其因秦故名，盖无可疑。此一证也。此符字数左右各十二字，共二十四字，皆为六之倍数。案《史记·秦始皇本纪》称数以六为纪，故秦一代刻石有韵之文，皆用六之倍数，此符亦同。此二证也。文字谨严宽博，骨劲肉丰，与泰山琅琊台刻石大小虽异，而体势正同，非汉人所能仿佛。此三证也。若云秦符，则其左右二符合并之故，亦可得而言焉。案秦、汉虎符，右常在内，左常在外，不相合并。《秦始皇本纪》及《高祖本纪》皆云：秦王子婴奉天子玺符，降轵道旁。盖子婴于降汉之时，敛左符而并献之。秦玺入汉，既为传国之宝；此符虽不复用，亦必藏之故府，为国重器。合置既久，中生锈涩，遂不可开。否则右符既不常在外，左符亦无入京师之理，二符无自胶固矣。此四证也。或又谓此符长短与《始皇本纪》所云"符法冠皆六寸"者不合。然六寸之符，谓竹使符；汉竹使符亦长六寸，同于秦制。若虎符，则发兵之事，贵于慎密，短则易藏而难见，故长仅四寸许。此又求之事理而可通者也。

李斯书存于今者，仅泰山十字耳。琅琊台刻石，则破碎不复成字，即以拓本言，泰山刻石亦仅存二十九字，琅琊台虽有八十五字，而漫漶过半。此符乃秦重器，必相斯所书，而二十四字，字字清晰，谨严浑厚，径不过数分，而有寻丈之势，当为秦书之冠。惜系错金为之，不能拓墨耳。

此符甲字作甲，从古文甲；在字作十，亦犹用古文，不用小篆。而会稽刻石"数动甲兵"之甲；峄山刻石"维初在昔"之在，皆与今小篆同。殆两刻皆在同一文字之后，此符之作尚在其前也。

行文平阙之式，古金文中无有也。惟琅琊台残石，则遇始皇帝成功盛德及制曰"可"等字，皆顶格书，此为平阙之始。此符左右各十二字，分为二行，皇帝二字适在第二行首，可知平阙之制，自秦以来然矣。

古代文字，极难作伪。如峄山刻石文，虽不见于《史记》，然一读其文，可决其为嬴氏物也。此符虽寥寥十二言，然如"右在皇帝"四字，岂汉以后人所能作耶！

浙 江 考

浙江之名，始见于《山海经》、《史记》、《汉书》、《越绝书》、《吴越春秋》诸书，而《汉书·地理志》及《水经》，皆有渐江水，无浙江水。《说文解字》于江、沱二字下出浙字，曰："江水至会稽山阴入海，为浙江。"其后又出渐字，曰："渐水，出丹阳、黟南蛮中，东入海。"乾、嘉以来言水地者，率祖《说文》之说，分浙、渐为二水，以今之钱唐江当渐水，以《汉志》之分江水或南江当浙水。是惑于班、许、《水经》之言，而不悟先秦、西汉之所谓浙江，固指今之钱唐江也。《海内东经》之说出汉人手，姑置勿论，试以《史记》定之。《史记》"浙江"凡六见。《秦始皇本纪》："过丹阳至钱唐，临浙江。水波恶，乃西百二十里从狭中渡。"《项羽本纪》："秦始皇帝游会稽，渡浙江。"若谓此浙江即分江水，则自丹阳至钱唐，当先渡浙江，不得云"至钱唐，临浙江"也；若以浙江为《汉志》之南江，则自钱唐至山阴，不须渡浙江；又钱唐之西百二十里不得复有浙江也。则《本纪》之浙江，正谓钱唐之江也（其言水波恶，亦惟其钱唐江为然）。又《高祖功臣侯表》"堂邑侯陈婴下"云："定豫章浙江，都折。"（《汉书·侯表》作渐）"费侯陈贺"下云："定会稽、浙江、湖阳。"（《汉·表》作湖陵）盖汉之定江南也，陈婴之兵自豫章至浙江之上游，定太末、黟、歙诸县；陈贺之兵自会稽（时会稽郡治吴），至浙江之下游，定钱唐、余暨、山阴诸县。陈婴所都之地，《史记》作折，《汉书》作渐，盖即《汉·志》、《说文》、《水经》所谓蛮夷中地，非以水名地，即以地名水，尤浙、渐为一之明证矣。湖阳，《汉·表》作湖陵，即《越绝书》及《吴志·孙静传》之固陵

（即今西兴）。固陵之为湖陵，犹"姑孰"之为"湖孰"矣。《越绝书》言"浙江西路固陵城者，范蠡敦兵城也"。其陵固可守，谓之固陵，汉初为楚守者，盖亦据此城以拒汉，故陈贺定浙江后，即至湖陵，则《侯表》中之浙江，亦谓今之钱唐江也。《越王句践世家》："楚尽取故吴之地，至浙江北。"《货殖传》："浙江南则越。"即《论衡》所谓"余暨以南属越，钱唐以北属吴"，钱唐之江，两国界也。是实战国以后楚、越之界，与春秋吴、越之界未必相合，而以山川大势分之，最为易晓。故移以言吴、越之界，是《世家》、《列传》中之浙江，亦谓今之钱唐江也。史迁亲上会稽，吴、越诸水，皆所经历，所记不容有误；且始皇经行，皆有记注，彻侯功伐，亦书故府，其言当有所本。是秦、汉之间，已以今钱唐江为浙江，不自《史记》始。厥后袁康、赵晔、王充、朱育、韦昭等，凡南人所云浙江，无不与《史记》合，许叔重之说，自不能无误。乾、嘉诸儒过信其说，不复质之古书，是末师而非往古，重传说而轻目验，吾不能从之矣。

汉会稽东部都尉治所考

《汉书·地理志》"会稽郡钱唐"下云"西部都尉治","回浦"下云"南部都尉治"。《太平御览》一百七十一引《汉志》，"南部"作"东部"。古书所纪，亦但有会稽东部都尉，无南部都尉，则作东部者是也。《吴志·虞翻传》注引《会稽典录》：朱育对濮阳兴曰："元鼎五年，除东越，因以其地为治（乃治之讹），（并属于此，）而立东部都尉，后徙章安。阳朔元年，又行治鄞。或有寇害，复徙句章。"此较《汉·志》所纪沿革殊详。考章安即回浦，《续汉·志》无回浦，有章安。刘昭注引《太康地记》曰：章安"本鄞县南之回浦乡"。盖光武初年，省县为乡，后复立县，因更其名也。惟班《志》言回浦南部都尉治，为平帝元始二年事（班氏《地理志》用元始二年版籍），而朱育言阳朔元年已徙治鄞，二说不同，疑朱育之对，于事实无误，而于年代则未必尽合。尝熟考之，知都尉之治冶与回浦，乃前汉事；其徙鄞与句章，则后汉事也。据《汉·志》，都尉当前汉之末，尚治回浦，后汉时改回浦为章安，时都尉之治如故。朱育云"后徙章安"，从其后名也。《后汉书·顺帝纪》：阳嘉元年"二月，海贼曾旌等寇会稽，杀句章、鄞、鄮三县长，攻会稽东部都尉"。颇疑都尉徙鄞，实在是年。朱育所云"阳朔元年"，乃"阳嘉元年"之误也。至徙治句章，则更在其后。如此，则班、朱二说，均可得而通。至三国吴时，东部都尉复治章安。《吴志·孙亮传》太平二年，以"会稽东部为临海郡"是也。又立南部都尉，治建安。《贺齐传》言，"齐进兵建安，立都尉府"。自是建安为南部都尉常治。《孙休传》永安三年，"以会稽南部为建安郡"是也。然则汉之东部都尉，由冶徙于章安，吴则于章安置东部，于冶置南部。《汉·志》之讹东部为南部，或因吴地而误欤？

后汉会稽郡东部候官考

　　《续汉书·郡国志》"会稽郡"下有"东部候国"，乃"东部候官"之讹。惠氏栋《后汉书补注》、钱氏大昕《廿二史考异》并已正之。此实《汉书·地理志》之冶县也。汉初名东冶，见《史记·东越传》。嗣后《后汉书·郑弘传》、《魏志·王朗传》、《吴志·孙策贺齐、吕岱传》亦作"东冶"，《汉书·严助传》及《吴志·蒋钦传》则单作"冶"。《严助传》注引苏林曰："冶，山名也。今名东冶，属会稽郡。"苏林，魏人，而曰"今名东冶"，是后汉及三国亦尚呼其故名。晋《太康地理志》云："东冶，后改为东候官。"（《后汉书·郑弘传》注引）《宋书·州郡志》云："候官，汉曰东候官。"此不知何时改。《吴志·虞翻传》作东部候官，与《续汉·志》合，而《孙亮全夫人》及《贺齐传》但作候官，已略东字。要之东冶与冶者，其故名；东部候官若东候官者，其新名，而候官则又新名之略也。余谓因此一名，得确知冶县为前汉会稽东部都尉治所。何则？候官者，都尉之属也。《汉书·地理志》敦煌郡"敦煌"下云："中部都尉治步广候官。"《续汉书·郡国志》"张掖属国都尉"下亦有候官。又据近日敦煌塞上所出汉木简，知敦煌中部都尉下有步广、平望两候官，玉门都尉下有玉门、大煎都两候官。其候官或与都尉同治，或分治。都尉下之有候官，犹校尉下之有军候。《续汉书·百官志》："部校尉一人，比二千石；部下有曲，曲有军候一人，比六百石。"都尉秩同校尉，候官之于都尉，当视军候之属校尉矣。扬雄云："东南一尉，西北一候。尉谓都尉，候则候官。"此候官之名义也。窃意武帝初置会稽东部都尉，本治冶县，如朱育之说，后徙回浦，尚留一候官于此。以其地为东部都尉下候官所治，故后汉时谓之东部候官，或但谓之候官，因以为县名，而东冶之名转废。《晋书·地理志》乃谓后汉改东冶为候官都尉，《通典》仍之。候官、都尉四字连言，不辞甚矣。

汉魏博士考

博士一官，盖置于六国之末，而秦因之。

　　《汉书·百官公卿表序》："博士，秦官。"

　　《宋书·百官志》："博士，班固云秦官。史臣案：六国时往往有博士。"

　　　　案：班、沈二说不同。考《史记·循吏传》："公仪休，鲁博士也。"褚先生补《龟策传》："宋有博士卫平。"《汉书·贾山传》："祖（父）祛，故魏王时博士弟子也。"沈约所谓"六国时往往有博士"者指此。公仪休，即《孟子》之公仪子，缪公时为鲁相，时在战国之初。卫平，在宋元王时，亦与孟子同时。疑当时未必置博士一官；《史记》所云博士者，犹言儒生云尔。惟贾祛为魏王博士弟子，则六国末确有此官，且教授弟子，与秦、汉博士同矣。至秦之博士则有定员。《史记·秦始皇本纪》："始皇置酒咸阳宫，博士七十人前为寿。"又："侯生、卢生相与谋曰：博士虽七十人，特备员不（中华书局校点本作弗）用。"是秦博士员多至七十人。其姓名可考者，博士仆射有周青臣（《汉书·百官公卿表》：仆射，秦官。自侍中、尚书、博士郎皆有。《始皇本纪》上言"博士七十人前为寿"，下言"仆射周青臣进颂"，是青臣实博士仆射也）。博士有淳于越（齐人，《史记·秦始皇本纪》），有伏生（济南人，《史记·儒林传》），有叔孔道（薛人，《史记》本传），有羊子（《汉书·艺文志》：儒家《羊子》四篇，自注：百章，故秦博士），

有黄疵（同上，法家，《黄公》四篇，自注，名疵，为秦博士），有
正先（《汉书·京房传》，昔秦时赵高用事，有正先者，非刺高而死。
孟康曰：姓正名先，秦博士也），有鲍白令之（《说苑·至公篇》）。
仅七人。其中盖不尽经术之士，如《黄公》之书，《七略》
列于法家，而《秦始皇本纪》云：使博士仙真人诗；又有
占梦博士。殆诸子、诗赋、术数、方伎，皆立博士，非徒六
艺而已。又《始皇本纪》有诸生，《叔孙通传》则连言博士
诸生，是秦博士亦置弟子。又始皇二十六年议帝号，丞相绾
等奏，"臣等谨与博士议"云云。是秦博士亦议典礼政事，
与汉制同矣。

汉兴，因秦制，员至数十人。

《汉书·百官公卿表序》："博士，秦官。掌通古今，（秩比六百
石，）员多至数十人。"

《汉官仪》（《大唐六典》卷二十二《国子博士》注引）："文帝博士七
十余人。"

案：此汉初之制，未置五经博士前事也，员数与秦略
同。亦不尽用通经之士，如高帝二年即以叔孙通为博士，通
非专经之士也。又文帝时，齐人公孙臣上书，陈《终始五
德传》，文帝召以为博士，臣亦非专经之士也。盖犹袭秦时
诸子百家各立博士之制。

文帝始置一经博士，

《后汉书·翟酺传》："孝文皇帝始置一经博士。"（案：北宋景祐、南
宋嘉定本作"一经"，何焯校宋本作"五经"。）

案：《汉书·武帝纪》及《百官公卿表》皆云：武帝始
置五经博士。翟酺乃言孝文皇帝始置一经博士者，盖为经置
博士，始于文帝；而限以五经，则自武帝建元五年始也。考

文、景时博士，如张生，如晁错，乃《书》博士；如申公，如辕固，如韩婴，皆《诗》博士；如胡母生，如董仲舒，乃《春秋》博士；是专经博士，文、景时已有之，但未备五经。而复有传记博士，故班固言置五经博士自武帝始也。

并立传记。

《汉书·刘歆传》："至孝文皇帝，始使掌故晁（中华书局校点本作朝）错从伏生受《尚书》。""《诗》始萌芽。天下众书往往颇出，皆诸子传记（中华书局校点本作说），犹广立于学官，为置博士。"

赵岐《孟子题辞》："孝文皇帝欲广游学之路，《论语》、《孝经》、《孟子》、《尔雅》皆置博士。"

武帝始罢黜百家，专立五经，而博士之员大减。

《汉书·武帝纪》：建元五年春，置五经博士（《百官公卿表序》同）。

赵岐《孟子题辞》，后罢传记博士，独立五经而已。

案：文、景时已有《诗》、《书》、《春秋》博士，则武帝所新置者，《易》与《礼》而已。《易》之有博士，始于田王孙，在武帝时。《礼》之有博士，可考者始于后苍，在昭、宣二帝之世，而苍又兼传《齐诗》，不知为《齐诗》博士与？《礼》博士与？疑武帝时，《礼》博士或阙而未补，或以他经博士兼之，未能详也。

又案：传记博士之罢，钱氏大昕以为即在置五经博士时，其说盖信。然《论语》、《孝经》、《孟子》、《尔雅》虽同时并罢，其罢之之意则不同。《孟子》，以其为诸子而罢之也；至《论语》、《孝经》，则以受经与不受经者皆诵习之，不宜限于博士而罢之者也。刘向父子作《七略》，六艺一百三家，于《易》、《书》、《诗》、《礼》、《乐》、《春秋》之后，附以《论语》、《孝经》（《尔雅》附）、小学三目，六艺与此三者，皆汉时学校诵习之书；以后世之制明之：小学诸书者，汉小学之科目；《论语》、《孝经》者，汉中学之科目；而六艺，则大学之科目也。武帝罢传记博士，专立五经，乃除中学科目于大学之中，非遂废中小学也。汉时教初学之所，名曰书馆，其师名曰书师，其书用《仓颉》、《凡将》、《急就》、《元尚》诸篇，其旨在使学童识字习字。《论衡·自纪》篇："充八岁，出于书馆，书馆小僮百人以上，皆以过失袒谪，或以书丑得鞭。充书日进，又无过失。"《后汉书·皇后纪》：邓皇后"六岁能《史书》，十二通《诗》、《论语》"。梁皇后"少善女工，好《史书》，九岁能诵《论语》"。是汉人就学，首学书法，其业成者，得试为吏，此一级也。其进则授《尔雅》、《孝经》、《论语》，有以一师专授者，亦有由经师兼授者。《汉书·平帝纪》：元始三年，立"学官，郡国曰学，县、道、邑、侯国曰校。校、学置经师一人。乡曰庠，聚曰序，序、庠置《孝经》师一人"。《魏志·邴原传》注引《原别传》："邻有书舍，原遂就书。一冬之间，诵《孝经》、《论语》。"此由一师专授者也。《平帝纪》：元始四（按，应为五）年，征天下以一经"《论语》、《孝经》、《尔雅》教授者"。此由经师兼授者也。且汉时但有受《论语》、《孝经》、小学而不受一经者，无受一经而不先受《论语》、《孝经》者，《汉书·昭帝纪》：诏曰：朕"通《保傅传》、《孝经》、《论语》、《尚书》，未云有明"。《宣帝纪》：霍光议奏曰："孝武皇帝曾孙病已，有诏掖庭养视，（至今年十八，）师受《诗》、《论语》、《孝经》。"《景十三王传》：广川王去，"师受《易》、《论语》、《孝经》，皆通"。《疏广传》："皇太子年十二岁，通《论语》、《孝经》。"《后汉书·范升传》："九岁通《论语》、《孝经》，及长，受（中华书局校点本作习）《梁邱易》"，皆通。是通经之前，皆通《论语》、《孝经》。亦有但云《论语》者。《汉书·王尊传》："受（中华书局本作治）《尚书》、《论语》。"《后汉书·邓皇后纪》："十二通《诗》、《论语》。"
《梁皇后纪》："九岁能诵《论语》，治韩《诗》。"《马严
传》：子续，"七岁能（通）《论语》，十三明《尚书》"。
《荀爽传》："年十二，（能）通《春秋》、《论语》。"《论
衡·自纪》篇："充手书既成，辞师受《论语》、《尚书》。"
此数事，或举《论语》以该《孝经》，或但受《论语》而
不及《孝经》，均不可考。要之，无不受《论语》者（汉人
受书次第：首小学，次《孝经》、《论语》，次一经。此事甚明。诸书
或倒言之，乃以书之尊卑为次，不以受书之先后为次。受书时，由卑
及尊，乃其所也）。《汉官仪》所载博士举状，于五经外必兼
《孝经》、《论语》，故汉人传《论语》、《孝经》者，皆他经
大师，无以此二书专门名家者。如传《齐论》者，有王吉
父子、宋畸、贡禹、五鹿充宗、胶东庸生。中惟宋畸无考，
王吉则传韩《诗》，王骏及五鹿充宗传《梁邱易》，贡禹传
《公羊春秋》，庸生传《古文尚书》。传《鲁论》者有龚奋、
夏侯胜、韦贤、鲁扶卿、萧望之，张禹、朱云。奋与扶卿无
考，夏侯胜则传《尚书》，韦贤传《鲁诗》，萧望之传《齐
诗》，张禹传《施氏易》，朱云传《孟氏易》。传《孝经》
者有长孙、江翁、后苍（仓）、翼奉、张禹。长孙氏无考，
江翁则传《鲁诗》与《穀梁春秋》，后苍（仓）、翼奉传
《齐诗》，苍（仓）又传《礼》。盖经师授经，亦兼授《孝
经》、《论语》，犹今日大学之或有豫备科矣。然则汉时《论
语》、《孝经》之传，实广于五经，不以博士之废置为盛衰
也。

宣帝之末，增员至十二人。

《汉书·宣帝纪》：甘露三年，"立《梁邱易》、大小夏侯《尚
书》、《穀梁春秋》博士"。

又《百官公卿表序》：博士，"宣帝黄龙元年（稍）增员〔至〕
十二人"。

又《艺文志》:《易》"讫于宣、元,有施孟、梁邱、京氏立(中华书局校点本作列)于学官"。《书》"讫孝宣(世),有欧阳、大、小夏侯氏,立于学官"。《诗》鲁、齐、韩"三家,皆立(中华书局校点本作列)于学官"。《礼》"讫孝宣世,后仓最明,戴德、戴圣、庆普皆其弟子,三家皆立于学官"。《春秋》"四家之中,《公羊》、《穀梁》立于学官"。

又,《刘歆传》:"往者,博士,《书》有欧阳,《春秋》公羊,《易》则施、孟,然孝宣皇帝犹复广立《穀梁春秋》、《梁邱易》、大小夏侯《尚书》。"

又,《儒林传赞》:"初,《书》惟有欧阳,《礼》后,《易》杨,《春秋》公羊而已。至孝宣世,复立《大小夏侯尚书》,《大小戴礼》,《施》、《孟》、《梁邱易》,《穀梁春秋》。"

《后汉书·章帝纪》:建初四年十一月壬戌,诏曰:"汉承秦后(中华书局校点本作暴秦),褒显儒术,建立五经,为置博士"。"孝宣皇帝以为去圣久远,学不厌博,故遂立《大小夏侯尚书》。"

案:宣帝增置博士事,《纪》、《表》、《志》、《传》所纪互异。《纪》系于甘露三年,《表》系于黄龙元年,一不同也;《纪》与《刘歆传》均言立《梁邱易》、《大、小夏侯尚书》、《穀梁春秋》,而《儒林传赞》复数《大、小戴礼》,《艺文志》复数《庆氏礼》,二不同也。又博士员数,《表》与《传》亦不同。据《刘歆传》,则合新旧仅得八人;如《儒林传赞》,则合新旧得十二人,似与《表》合矣。然二《传》皆不数《诗》博士。案:申公、韩婴均于孝文时为博士,辕固于孝景时为博士,则文、景之世,鲁、齐、韩三家《诗》已立博士,特孝宣时于《诗》无所增置,故刘歆略之。《儒林传赞》综计宣帝以前立博士之经,而独遗《诗》鲁、齐、韩三家,则疏漏甚矣。又宣帝于《礼》博士亦无所增置,《儒林传赞》乃谓宣帝立《大、小戴礼》,不知戴圣虽于宣帝时为博士,实为《后氏礼》博士,尚未自名其家，与大戴分立也。《艺文志》谓庆氏亦立学官者，误与此同。今参伍考之，则宣帝末所有博士，《易》则施孟、梁邱，《书》则欧阳、大小夏侯，《诗》则齐、鲁、韩，《礼》则后氏，《春秋》公羊、榖梁，适得十二人。《儒林传赞》遗《诗》三家，因刘歆之言而误。《赞》又数《大、小戴礼》，《艺文志》并数庆氏《礼》，则又因后汉所立而误也。又宣帝增置博士之年，《纪》、《表》虽不同，然皆以为在论石渠之后。然《儒林传》言欧阳高、孙地余为博士，论石渠。又，林尊事欧阳高为博士，论石渠。张山拊事小夏侯建，为博士，论石渠。则论石渠时，似欧阳有二博士，小夏侯亦已有博士，与《纪》、《传》均不合。盖所纪历官，时代有错误也。又《易》施、孟二博士，亦宣帝所立（但在甘露、黄龙前），则《儒林传赞》所言是也。

元帝复立《京氏易》博士，未几而废。

《汉书·儒林传赞》："至元帝世，复立《京氏易》。"

《后汉书·范升传》："先帝前世，有疑于此，故《京氏》虽立，辄复见废。"

平帝复立《古文尚书》、《毛诗》、《逸礼》、《乐经》、《左氏春秋》，增员至三十人。

《汉书·儒林传赞》："平帝时，又立《左氏春秋》、《毛诗》、《逸礼》、《古文尚书》。"

又《王莽传》：元始四年"立《乐经》，益博士员，经各五人"。

又《艺文志》："《周官经》六篇，王莽（时）刘歆置博士。"

《三辅黄图》："六经三十博士。"

案：平帝时增五经为六经，博士经各五人，则六经三十
人。然综计当时所立之学不及三十家，盖一家博士不止一员
也。

后汉初，博士共十四人。

《续汉书·百官志》："博士十四人。"本注曰："《易》四：施、
孟、梁邱、京氏；《尚书》三：欧阳、大、小夏侯氏；《诗》三：鲁、
齐、韩氏；《礼》二：大、小戴氏；《春秋》二：公羊、严颜氏。"

《后汉书·儒林传序》："光武中兴，爱好儒术"，"立五经博士，
各以家法教授：《易》有施、孟、梁邱、京氏；《尚书》，欧阳、大、
小夏侯；《诗》齐、鲁、韩、毛（此字衍）；《礼》大、小戴；《春秋》
严、颜，凡十四博士"。

案：后汉初，曾置《庆氏礼》。当时为礼博士者，如曹
充、如曹褒、如董钧，皆传《庆氏礼》者也。传二戴《礼》
而为博士者，史反无闻。疑当时《礼》有庆、大、小戴三
氏，故班氏《艺文志》谓"《礼》三家皆立于学官"，盖误
以后汉之制本于前汉也。后庆氏学微，博士亦中废，至后汉
末，《礼》博士只有大、小戴二家，故司马彪、范晔均遗之
耳。

后立《春秋》左氏、穀梁博士，未几而罢。

《后汉书·陈元传》："时议欲立《左氏传》博士"，范升与
元相辨难，凡十余上。"帝卒立《左氏》学，太常选博士四人，
元为第一。帝以元新忿争，乃用其次司隶从事李封。于是诸儒以
《左氏》之立，议论讙哗，自公卿以下，数廷争之，会封病卒，
《左氏》复废。"

又《贾逵传》："至光武皇帝，奋独见之明，兴立《左氏》、
《穀梁》，会二家先师不晓图谶，故令中道而废。"

自是讫后汉之末，无所增损。至魏立《穀梁春秋》、《礼记》，而古文家经如《费易》、《古文尚书》、《毛诗》、《周礼》、《左氏春秋》，遂并立于学官。博士亦增于汉矣。

《魏志·文帝纪》：黄初五年，"立太学，制五经课试之法，置《春秋穀梁》博士"。

又《高贵乡公纪》：甘露元年夏四月"丙辰，帝幸太学"，云云。

又《王肃传》：肃"为《尚书》、《诗》、《论语》。三《礼》、《左氏》解，乃撰定父朗所作《易传》，皆列于学官"。

《魏略·儒宗传》（《后汉书·儒林传》注、《魏志·杜畿传》注引）：乐详，"黄初中征拜博士，于时太学初立，有博士十余人"。

《宋书·百官志》：博士，"魏及晋西朝置十九人，江左初减为九人，皆不知掌何经"。

案：汉世所立十四博士，皆今文学也；古文诸经，终汉之世未得立于学官。惟后汉中叶后，博士之选不如先汉之严，故周防以治《古文尚书》为博士，卢植本事马融，兼通今古学，亦为博士。又中平五年所征博士十四人，若荀爽，若郑元，若陈纪，亦古文学家。爽等三人虽征而不至，若周防、卢植，固尝任职矣，而当时实未立古文学。此三人者，盖以古文学家为今文学博士，犹孔安国虽传《古文尚书》而实为《今文尚书》博士（观安国之学传为兒宽，宽之传为欧阳高可知），胡常、翟方进虽兼传《左氏》，而实为《穀梁》博士也。古文学之立于学官，盖在黄初之际。自董卓之乱，京洛为墟，献帝托命曹氏，未遑庠序之事，博士失其官守，垂三十年。今文学日微，而民间古文之学乃日兴月盛。逮魏初复立太学博士，已无复昔人，其所以传授课试者，亦绝非曩时之学，盖不必有废置明文。而汉家四百年学官，今文之统已为古文家取而代之矣。试取魏时诸博士考之：邯郸淳传《古文尚书》者也，乐详、周生烈传《左氏春秋》者也，宋均、田琼皆亲受业于郑［元］（玄），张融、马照亦私淑郑氏者也，苏林、张揖通古今字指，则亦古文学家也；余如高堂隆上书，述《古文尚书》、《周官》、《左氏春秋》，赵怡、淳于［峻］（俊）、庾峻等亦称述郑学。其可考者如此，则无考者可知。又以高贵乡公幸太学问答考之，所问之《易》则郑注也，所讲之《书》则贾逵、马融、郑［元］（玄）、王肃之注也，所问之礼则小戴《记》，盖亦郑［元］（玄）、王肃注也。《王肃传》明言其所注诸经皆列于学官，则郑注五经亦列于学官可知。然则魏时所立诸经，已非汉代之今文学，而为贾、马、郑、王之古文学矣。《晋书·荀崧传》：崧上疏言晋初"太学有石经古文先儒典训。贾、马、郑、杜、服、孔、王、何、颜、尹之徒，章句传注众家之学，置博士十九人"。（《宋书·礼志》文同）《宋书·百官志》以为魏博士员数亦与之同，其说虽未可尽信，然大略不甚相远。今以荀崧所举家数，与沈约所纪魏博士员数差次之，魏时除《左传》杜注未成、《尚书》孔传未出外（荀崧言：晋初章句传注有孔氏，盖谓孔安国《书传》。晋初已立孔传与否，虽不可考，然魏时确未立孔传。何以证之？孔传释《尧典》"曰若稽古"为"顺考古道"，与贾、马、王肃同，而庾峻对高贵乡公问，仅言贾、马及肃皆以为"顺考古道"，不及孔安国。是魏时未立《尚书》孔传之证也），《易》有郑氏、王氏；《书》有贾、马、郑、王氏；《诗》及三《礼》，郑氏、王氏；《春秋左传》，服氏、王氏；《公羊》，颜氏、何氏；《穀梁》，尹氏，适得十九家，与博士十九人之数相当。沈约之说，虽他无所征，盖略近之矣。此十九博士中，惟《礼记》、《公》、《穀》三家为今学，余皆古学，于是西京施、孟、梁邱、京氏之《易》，欧阳、大、小夏侯之《书》，齐、鲁、韩之《诗》，庆氏、大戴之《礼》，严氏之《春秋》，皆废于此数十年之间，不待永嘉之乱而其亡可决矣。学术变迁之在上者，莫剧于三国之际，而自来无能质言之者，此可异也。

蜀汉与吴亦置博士，虽员数无考，而风尚略同。

> 《蜀志·许慈传》：慈"事刘熙，善郑氏学，治《易》、《尚书》、三《礼》、《毛诗》、《论语》。（中略）先主定蜀，承丧乱历纪，学业衰废，乃鸠合典籍，沙汰众学"，慈为博士。

> 又《尹默传》："益部多贵今文而不崇章句，默知其不博，乃远游荆州，就（中华书局本作从）司马德操、宋仲子等受古学。皆通诸经史，又专精于《左氏春秋》，自刘歆条例，郑众、贾逵父子、陈元方、服虔注说，咸略诵述，不复案（中华书局本作按）本。""子宗传其业，为博士。"

> 《晋书·儒林传》：文立，"蜀时游太学，专《毛诗》、三《礼》"（《华阳国志》同）。

> 《虞翻别传》（《吴志·虞翻传》注引）：翻奏郑玄解《尚书》违失事曰（中华书局本作目）："宜命学官定此三事。"又曰："又玄所注《五经》，违义尤甚者百六十七事，不可不正。行乎学校，传乎将来，臣窃耻之。"

> 案：蜀、吴学校均行古学，蜀之博士皆古学家，既有征矣。吴虞翻所上奏在孙权世，时尚未立五经博士（孙休永安元年始立五经博士），而翻言郑注行乎学校，盖指民间教授言之。后立博士，韦昭实为祭酒，韦亦古文学家也。然则蜀、吴所立博士，当与魏略同，盖可识矣。

博士自六国、秦时已有弟子，汉兴仍之。

> 《汉书·贾山传》："祖（父）祛，故魏王时博士弟子也。"

> 《史记·叔孙通传》：陈胜起，"二世召博士、诸儒生问曰：'（楚戍卒攻蕲入陈，）于公［何如］（如何）？'博士诸生三十余人对（中华书局本作前）曰"，云云。

> 《汉书·循吏传》：文翁，"景帝末，为蜀郡守"，"选郡县小吏

开敏有材者张叔等十余人（亲自饬厉），遣诣京师，受业博士"。

武帝特为博士置弟子五十人，

《汉书·武帝纪》：元朔〔四〕（五）年"夏六月，诏曰：
'盖闻导民以礼，风之以乐。今礼坏乐崩，朕甚闵焉。故详延天
下方闻之士，咸荐诸朝，其令礼官劝学，讲议洽闻，举遗兴礼，
以为天下先。太常其议予博士弟子，崇乡党之化，以厉贤材
焉。'丞相弘请为博士置弟子员，学者益广"。

又《儒林传》："丞相、御史言：'请为博士官置弟子五十
人，复其身。太常择民年十八以上，仪状端正者，补博士弟子。
郡国县官有好文学，敬长上，肃政教，顺乡里，出入不悖，所
闻，令相长丞上所属二千石。二千石谨察可者，常与计偕，诣太
常，得受业如弟子。'"

其后大增员数。

《汉书·儒林传》："昭帝时增弟子员满百人，宣帝时（中华书
局本作末）增倍之。元帝好儒，能通一经者，皆复。数年，以用度
不足，更为设员千人。……成帝末，或言孔子布衣养徒三千人，
今天子太学弟子少，于是增弟子员三千人，岁余，复如故。平帝
时，王莽秉政，增元士之子，得受业如弟子，勿以为员。"

《后汉书·党锢传》："太学诸生三万余人。"

又《儒林传》："本初元年，梁太后诏曰：'大将军下及（中华书局
本作至）六百石，悉遣子就学。……'自是游学增盛，至三万余生。"

《魏略·儒宗传序》（《魏志·王肃传》注引）："（至）黄初元
年之后，新主乃复，始扫除太学之灰炭，补旧石经（中华书局本作
碑）之缺坏，备博士之员录。依汉甲乙以考课。申告州郡，有欲
学者，皆遣诣太学。太学始开，有弟子数百人。至太和、青龙
中，中外多事，人怀避就，虽性非解学，多求请（中华书局本作诣）

太学，太学诸生有千数。"

博士之于弟子，职在教授及课试，

《汉书·儒林传》：博士弟子，"一岁皆辄课。能通一艺以上，补文学掌故缺，（其）高（第）可以为郎中。太常籍奏，即有秀才异等，辄以名闻；若下材不能通一艺，辄罢之，而请诸能称者"。

又，"岁课甲科四十人为郎中，乙科二十人为太子舍人，丙科四十人补文学掌故云"。

《后汉书·徐防传》：永元十四年，防"上疏曰：'……伏见太学试博士弟子，皆以意说，不修家法，私相容隐，开生奸路。每有策试，辄兴诤讼，议论纷错，互相是非。"臣以为博士及甲乙策试，宜从其家章句，开五十难以试之，解释多者为上第，引文明者为高说。若不依先师，义有所伐，皆正以为非。五经各取上第六人，《论语》不宜射策。虽所失或久，差可矫革。'诏书下公卿，皆从防言"。

又《顺帝纪》：阳嘉元年秋七月"丙辰，以太学新成，试明经下第者补弟子，增甲、乙科员各十人"。

又《质帝纪》：本初元年"夏四月（庚辰），令郡国举明经，年五十以上、七十以下诣太学。自大将军至六百石，皆遣子受业，岁满课试，以高第五人补郎中，次五人太子舍人"。

《通典》（十三）："桓帝建和初，诏诸学生年十六比郡国明经试，次第上名。高第五十人、上第十六人为郎中，中第十七人为太子舍人，下第十七人为王家郎。"

同上："永寿二年，诏复课试诸生，补郎舍人。"

《后汉书·宦者传》："诸博士试甲乙科，争第高下，更相告讼，亦有私行金货（中华书局本作'更相告言，至有行赂'），定兰台漆书经字，以合其私文。"

《魏志·文帝纪》：黄初五年"夏四月，立太学，制五经课试之法"。

《通典》（五十三）："魏文帝黄初五年，立太学于洛阳。时慕者始请太学为门人，满二岁，试通一经者称弟子；不通一经者罢遣。弟子满二岁，试通二经者补文学掌故；不通二经者听须后辈试，试通二经亦得补掌故。掌故满二岁，试通三经者擢高第，为太子舍人；不第者随后辈试，试通亦为太子舍人。舍人满二岁，试通四经者擢其高第，为郎中；不通者随后辈复试，试通亦为郎中。郎中满二岁，能通五经者擢高第，随才叙用；不通者随后辈复试，试通亦叙用。"

案：此即《魏志·文帝纪》所谓"五经课试之法"也。《通典》卷十三"选举门"，系此事于桓帝永寿二年之后，而"吉礼门"则以为魏黄初五年事。又《北堂书钞》六十七并《太平御览》五百三十四杂引此中文句，谓出挚虞《决疑要注》，亦以为魏时事，且与汉制不类。疑"吉礼门"所纪是也。

《魏略·儒宗传序》（《魏志·王肃传》注引）：黄初中，"备博士之员录，依汉甲乙以考课。（申）告州郡，有欲学者，皆遣诣太学。太学始开，有弟子数百人。至太和、青龙中，中外多事，人怀避就，虽性不解学，皆求请（一作诣）太学，太学诸生有千数。……（弟子）本亦避役，竟无能竟（中华书局本作习）学，冬来春去，岁岁如是。又虽有精者，而台阁举格太高，加不念统其大义，而问字指、墨法、贴注之间，百人同试，度者未十"。

《魏志·明帝纪》："太和四年春二月壬午，诏曰：'……其郎吏明经（中华书局本作学通一经），才任牧民，博士课试，擢其高第者，亟用；其浮华不务道本者，皆罢去（中华书局本作退）之。'"

后汉中叶以后，课试之法密，而教授之事轻。

《后汉书·儒林传》："自安帝览政，薄于艺文，博士倚席不讲，朋徒相视怠散。"

《通典》（五十三）："建安中，侍中鲍衡奏：今学，博士并设，表章而无所教授。"

《魏略·儒宗传》（《魏志·杜畿传》注引）：乐详，"（至）黄初中，征拜博士。于时太学初立，有博士十余人，学多偏狭，又不熟悉，略不亲教，备员而已"。

又《儒宗传序》（《魏志·王渊传》注引）：太和、青龙中，"诸博士率皆粗疏，无以教弟子；弟子本亦避役，竟无能习学"。

又，汉博士皆专经教授，魏则兼授五经；

《魏略·儒宗传》：乐"详五业并授"。

《魏志·高堂隆传》："景初中，帝以苏林、秦静等并老，恐无能传业者，乃诏。""科郎吏高才解经义者三十人，从光禄大夫隆、散骑常侍林、博士静，分受四经三《礼》，主者具为设课试之法。"

> 案：三人分授《四经》、《三礼》，是一人所授非一经也。此虽非博士教弟子之法，然博士授业亦当准之。又秦静身为博士，弟子甚多，而虑其年老无能传业，是当时博士但备员数，未尝亲授弟子也。

汉博士弟子专受一经，后汉以后则兼受五经；

后汉建初残墓砖："十五入大学受《礼》，十六受《诗》，十七受《□》，十八受《易》，十九受《春秋》。"

汉博士课试弟子，惟以一艺，后汉以后则兼试五经。

《通典》（五十三）二则，见上。

此其异也。汉博士秩卑而职尊，除教授弟子外，或奉使，

《汉书·武帝纪》：元狩六年夏，"遣博士大等六人分循行天

下"。

同上：元鼎二年夏，大水。秋，"遣博士中等分循行"。

同上《终军传》："元鼎中，博士徐偃使行风俗。"

同上《元帝纪》：建昭四年，"临遣谏大夫、博士赏等二十一人循行天下"。

同上《王尊传》："博士郑宽中使行风俗。"

同上《成帝纪》：河平四年，"遣光禄大夫、博士嘉等，行举濒河之郡，水所毁伤，贫乏不能自存者"。

同上：阳朔二年"秋，关东大水，流民欲入函谷、天井、壶口、五阮关者，勿苛留。遣谏大夫博士分行视"。

同上《孔光传》：光为博士，成帝初即位，"数使录冤狱，行风俗，赈赡流民，奉使称旨"。

同上《平当传》：当"为博士"，"使行流民幽州"。

或议政；

《汉书·贾谊传》：文帝召谊为博士，"每诏令议下，诸老先生未能言，谊尽为之对"。

同上《文帝纪》：后元年，"诏曰：'间者数年，岁（中华书局本无此字）比不登；又有水旱疾疫之灾，朕甚忧之。……其与丞相、列侯、吏二千石、博士议之，有可以佐百姓者，率意远思，无有所隐。'"

同上《武帝纪》："元朔元年冬十一月，诏曰：'朕……深诏执事，兴廉举孝。……今或阖郡而不举一人，……其与中二千石、礼官、博士议，不举者罪。'"

同上《儒林传》：元朔五年，诏太常：其议与博士、弟子、丞相、御史言，"谨与太常臧、博士平等议"云云。

《史记·三王世家》：大司马去病请定皇子位，"丞相臣青翟、御史大夫臣汤昧死言：'臣谨与列侯臣婴齐、中二千石、二千石臣贺、谏大夫博士臣安等议。'"云云。又"臣青翟等与列侯、吏二千石、谏大夫、博士臣庆等议"云云。

《汉书·张汤传》：武帝时，"匈奴求和亲，群臣议［上］前，博士狄山曰：'和亲便。'"

同上《律历志》："元封七年，（汉兴百二岁矣，）太中大夫（公孙卿）、壶遂、太史令司马迁等言：'历纪废坏，宜改正朔。'是时御史大夫兒宽明经术，上乃诏宽曰：'与博士共议。'"

同上《杜延年传》："始元四年，丞相车千秋即召中二千石、博士会公车门，议问侯史吴法。"

同上《霍光传》：昌邑王"即位，行淫乱"。光"遂召丞相、御史、将军、列侯、中二千石、大夫、博士会议未央宫"。

同上《夏侯胜传》："宣帝初即位……诏（丞相御史）曰：'孝武皇帝……功德茂盛，（不能尽宣，）而庙乐未称，朕甚悼焉。其与列侯、二千石、博士议。'"

同上《韩延寿传》：萧"望之劾延寿上潜不道，……'愿下丞相、中二千石、博士共议其罪'。"

同上《韦玄成传》："永光四年，乃下诏先议罢郡国庙，曰：'其与将军、列侯、中二千石、诸大夫、博士议、（议郎）。'"

同上："后月余，复下诏曰：'盖闻明王制礼，立亲庙四，祖宗之庙，万世不毁，所以明尊祖敬宗，著亲亲也。朕获承祖宗之重，惟大礼未备，战栗恐惧，不敢自颛。其与将军、列侯、中二千石、二千石、诸大夫、博士议。'"

同上《郊祀志》："成帝初即位，丞相衡、御史大夫谭奏言：'……甘泉泰畤、河东后土之祠，宜可徙置长安，（合于古帝王。）愿与群臣议定。'奏可。……右将军王商、博士师丹、议郎翟方进等五十人"，"以为甘泉、河东之祠非神灵所飨，宜徙就正阳大阴之处"。

同上《薛宣传》：哀帝初即位，宣子况、赇客杨明遮斫申咸官门外，事下有司。御史中丞众等奏：况、明皆弃市。"廷尉直以为'……明当以贼伤人不直，况与谋，皆爵减完为城旦'。上以问公卿（议臣），丞相孔光、大司空师丹以中丞议是，自将军以下至博士、议郎皆是廷尉。"

同上《朱博传》：左将军彭宣等劾奏博及赵玄、傅晏，请诏谒者召"诣廷尉诏狱。制曰：'将军、中二千石、二千石、诸大夫、博士、议郎议。'"

同上《王嘉传》：孔"光等请谒者召嘉诣廷尉诏狱，制曰：'票骑将军、御史大夫、中二千石、二千石、诸大夫、博士、议郎议。'"

同上《韦玄成传》："哀帝即位，丞相（孔）光、大司空（何）武奏言：'迭毁之［制］（次），宜（中华书局本作当）以时定……臣请与群臣杂议。'（奏可。）于是，光禄勋彭宣、詹事满昌、博士左咸等五十三人，皆以为继祖宗以下，五庙而迭毁"，孝武皇帝亲尽，其毁。

同上：元始五年，"大司马王莽奏：'臣谨与太师孔光、长乐少府平晏、大司农左咸、中垒校尉刘歆、大中大夫朱阳、博士薛顺、议郎国由等六十七人议，皆曰："宜如建始时丞相衡等议，复南北郊如故。"'"

中兴以后，此制渐废，专议典礼而已。

《后汉书·光武纪》：建武二年，"博士丁恭议曰：'古帝王封诸侯不过百里，故利以建侯，取法于雷，强干弱枝，所以为治也。今封诸侯四县，不合法则（中华书局本作制）。'"

《续汉书·祭祀志》："建武七年五月，诏三公曰：'汉当郊尧。其与卿、大夫、博士议。'"

同上："建武十九年，张纯、朱浮奏：'礼，为人子事大宗，降其私亲。愿下有司议先帝四庙，当代亲庙者及皇考庙事。'下公卿、博士、议郎议。"

《晋书·律历志》：黄初中，董巴议改历云云。

案：董巴，魏博士，见后。

《魏书》（《魏志·明帝纪》注引）：景初三年，"史官复著言：

宜改［正朔］。乃诏三公、特进、九卿、中郎将、大夫、博士、议郎、千石、六百石博议"。

《宋书·礼志》：明帝即位，议改正朔。博士秦静、赵怡等以为宜改。

同上："博士乐祥议：正月旦受朝贺，群臣奉贽。"

《通典》（八十一）："太和六年四月，博士乐祥议，明帝为外祖母服。"

同上（七十五）："青龙二年，博士高堂隆议执贽。"

同上（五十五）："青龙五年，博士秦静议正朔服色。"

同上（九十一）："魏明帝景初中，尚书祠部问曰：'同母异父昆弟，服应几月？'太常曹毗述、博士赵怡据子游郑注：大功九月。"

同上（一百四十七）："博士赵怡议，祀天地用宫县。"

同上（四十四）："博士秦静议蜡祭。"

同上（五十五）："博士秦静议，凉州刺史上灵命瑞图，醮告太庙。"

同上（六十九）："博士田琼议，异姓不相为后。"

同上（八十三）："蒋济奏：'吊丧去冠，非礼意。'博士杜希议"云云。

博士秩，汉初四百石，宣帝后为比六百石。

《汉书·百官公卿表（序）》：博士"秩比六百石"。

《续汉书·百官志》："博士十四人，比六百石。本注：'本四百石，宣帝增秩。'"

魏时为第五品。

《通典》（三十六）："魏官九品，第五品太学博士。"

其长，自秦以后谓之仆射，中兴后为祭酒。

《汉书·百官公卿表序》："仆射，秦官，自侍中、尚书、博士、郎皆有"，"取其领事之号"。

《续汉书·百官志》："博士祭酒一人，秩六百石。本仆射，中兴转为祭酒。"

博士任用，或征召，

《汉书·贾谊传》："文帝召以为博士。"

同上《张苍传》："文帝召公孙臣以为博士。"

同上《公孙弘、疏广、贡禹、龚舍、夏侯胜传》、《后汉书·卢植、樊英传》皆云："征为博士。"

《后汉书·曹褒、郭宪传》皆云："征拜博士。"

或荐举，

《汉书·成帝纪》：阳朔二年"诏曰：'……丞相、御史其与中二千石、二千石杂举可充博士位者，使卓然可观。'"

同上《彭宣孔光传》："举为博士。"

同上《儒林·施雠传》：梁邱"贺荐雠：'束（中华书局本作结）发事师数十年，贺不能及。'诏拜为博士"。

同上《孟喜传》："博士缺，众人荐喜。上闻喜改师法，遂不用喜。"

同上《王式传》：诸博士"皆素闻其贤，共荐式。诏除下，为博士"。

《汉官仪》（《后汉书·朱浮传》注及《通典》引）："博士举状曰：'生事爱敬，丧没如礼；通《易》、《尚书》、《诗》、《礼》、《春秋》、《孝经》、《论语》，兼综载籍，穷微阐奥；师事某官，见授门徒五十人以上；隐居乐道，不求闻达；身无金痍痼疾三十六属，不与妖恶交通，王侯赏赐；行应四科，经任博士。下言某官某甲保举。'"

《后汉书·杨震传》："先是，博士选举多不以实，震举明经名士陈留杨伦等。"

同上《儒林·周防传》："太尉张禹荐补博士。"

《魏志·张郃传》："郃虽武将，而爱乐儒士。尝荐同乡卑湛经明行修"，诏擢为博士。

《晋书·郑袤传》：袤为"太常，高贵乡公议立明堂辟雍，精选博士。袤举刘毅、刘寔、程咸、庾峻，后并至公辅大位"。

同上《张华传》："郡守鲜于嗣荐华为太常博士。"

或选试，

《汉书·张禹传》："试为博士。"

《续汉书·百官志》太常本注："每选试博士，奏其能否。"

《后汉书·朱浮传》："旧事，策试博士，必广求详选，爰自畿夏，延及四方。是以博举明经，惟贤是登；学者精励，远近同慕。伏闻诏书更试五人，惟取现在洛阳城者。臣恐自今以往，将有所失，求之密迩，容或未尽，而四方之学，无所劝乐。"

同上《伏恭传》："太常试经第一，拜博士。"

同上《陈元传》："太常选博士四人，元为第一。帝以元新忿争，乃用其次、司隶从事李封"，为博士。

又《儒林·张元（中华书局本作玄）传》："会颜氏博士缺，[元]（玄）策试第一，拜为博士。"

或以贤良、文学、明经诸科进，

《汉书·公孙弘传》："武帝初即位……以贤良征为博士。""元光五年，复举贤良文学"，"拜为博士"。

同上《平当传》："以明经为博士。"

同上《师丹传》："建［昭］（始）中，州举茂才，复补博士。"

《后汉书·赵咨传》："延熹元年，大司农陈豨（按，应为奇）举咨至孝有道，仍迁博士。"

同上《李法传》："永光（应作元）九年，应贤良方正对策，除［为］博士。"

同上《方术·郭宪传》："光武即位，求天下有道之人，乃征宪，拜博士。"

或由他官迁。

《汉书·晁错传》：错"为太子舍人，门大夫，迁博士"。

同上《翼奉传》："奉以中郎为博士。"

同上《匡衡传》："上以为郎中，迁博士。"

同上《翟方进传》："举明经，迁议郎"，河平中转为博士。

同上《儒林·欧阳生传》：欧阳地余"以太子中庶子授太子，后为博士"。

《后汉书·范升传》："建武二年，光武征诣怀宫，拜议郎，迁博士。"

博士或兼给事中。

《汉书·百官公卿表序》："给事中亦加官，所加大夫、博士、议郎，掌顾问应对，位次中常侍。"

同上《平当传》："为博士，给事中。"

同上《韦贤传》："征为博士，给事中。"

同上《匡衡传》："迁博士，给事中。"

同上《薛宣传》："哀帝初即位，博士申咸给事中。"

同上《师丹传》："给事中博士申咸、炔钦上书"云云。

《献帝传》（《魏志·文帝纪》注引）：给事中博士苏林、董巴上表云云。

《魏略》（《魏志·王粲传》注引）："黄初初，以［邯郸］淳为博士、给事中。"

同上（《魏志·刘劭传》注引）：苏林，黄初中为博士给事中。

《魏志·高堂隆传》：明帝"以隆为给事中、博士"。

其迁擢也，于内则迁中二千石、二千石，

《汉书·叔孙通传》：汉二年，"汉王拜通为博士，号稷嗣君"。七年，拜为奉常（中二千石）。

同上《公孙弘传》："拜为博士，待诏金马门。""一岁中至左内史（二千石）。"

同上《百官公卿表》："博士后苍为少府（中二千石）。"

同上《平当传》：为博士、给事中，"奉使（者）十一人为最，迁丞相司直（比二千石）"。

同上《韦贤传》："征为博士、给事中，进授昭帝《诗》，稍迁光禄大夫（比二千石）（詹事，至大鸿胪）。"

同上《夏侯胜传》："征为博士、光禄大夫。"

同上《匡衡传》："迁博士，给事中，迁为光禄大夫。"

同上《张禹传》："试为博士"，"授［皇］太子《论语》，由是迁为光禄大夫"。

同上《儒林传》："郑宽中以博士授太子，迁光禄大夫，领尚书事。"

《后汉书·桓荣传》："荣为博士"，拜博士张"佚为太子太傅（中二千石），而以荣为少傅（比二千石）"。

同上《儒林·甄宇传》："征拜博士，稍迁太子少傅。"

同上《鲁恭传》："拜为鲁《诗》博士"，"迁侍中（比二千石）"。

同上《曹褒传》："征拜博士"，又"拜（褒）侍中"。

同上《李法传》："除博士，迁侍中。"

同上《承宫传》："拜博士，迁左中郎将（比二千石）。"

同上《方术·李郃传》：父颉，"官至博士"，迁左中郎将。

（按，传中无此语。）

或迁千石及八百石：

《汉书·贾谊传》：谊为博士"超迁，岁中至太中大夫（比千石）"。

同上《疏广传》："征为博士太中大夫。"

同上《晁错传》："迁博士"，"拜（错）为太子家令（八百石）"。

同上《翼奉传》："以中郎为博士、谏大夫（比八百石）。"

同上《孔光传》："是时，博士选三科：高（第）为尚书，次为刺史，其不通政事，以久次为（中华书局本作补）诸侯王太傅。光以高第为尚书（六百石）。"

于外则为郡国守相，

《汉书·董仲舒传》：为博士，以贤良对策为江都相。

同上《萧望之传》："是岁选博士、谏大夫、通政事者，补郡国守相。"

《后汉书·卢植传》："征为博士"，出为九江太守。

同上《儒林·牟长传》："拜博士，稍迁河内太守。"

同上《儒林·周防传》："补博士，稍迁陈留太守。"

同上《儒林·伏恭传》："拜博士，迁常山太守。"

或为诸侯王太傅，

《汉书·儒林（·辕固）传》：辕固以博士为清河王太傅。

同上《彭宣传》："举为博士，迁东平太傅。"

同上《师丹传》："复［为］（补）博士，出为东平王太傅。"

《后汉书·杨伦传》："特征博士，为清河王［太］傅。"

或为部刺史、州牧，

> 《汉书·禹贡传》："征为博士，凉州刺史。"
> 同上《翟方进传》："转为博士，数年，迁朔方刺史。"
> 同上《儒林传》：胡常以明《穀梁春秋》为博士、部刺史。
> 同上《儒林（·孟卿）传》："琅邪徐良斿卿，为博士、州
> 牧、郡守。"

或为县令。

> 《汉书·朱云传》："由是为博士，迁杜陵令。"

盖清要之官，非同秩之文吏比矣。

邸 阁 考

　　古代储峙军粮之所谓之邸阁，其名始见于汉、魏之间，元李冶《敬斋古今黈》曾于《三国志》及裴松之注中举十一事。余复从《晋书》中得五事，《魏书》中得八事，《水经注》得十事，《唐书》中得一事，古印中得三事，兹并举之。《魏志·董卓传》注引《献帝纪》曰：“帝出杂缯二万匹与所卖厩马百余匹，宣赐公卿以下及贫民不能自存者。李傕曰：‘吾邸阁储峙少，乃悉置其营。’”一也。《张既传》：“酒泉苏衡反，既击破之，遂上书请治左城，筑障塞，置烽燧邸阁以备胡。”二也。《王基传》：“基别袭步协于夷陵，协闭门自守，基示以攻形，而实分兵取雄父邸阁，收米三十余万斛。”三也。又：“毋丘俭、文钦作乱，王基与司马景王会于许昌，请速据南顿。南顿有大邸阁，计足军人四十日粮。”四也。《蜀志·后主纪》：“诸葛亮使诸军运米集于斜谷，治斜谷邸阁。”五也。又《魏延传》注引《魏略》云：“横门邸阁在长安，与散民之谷足周食也。”六也。《邓芝传》：“芝为郫邸阁督，先主出至郫，与语，大奇之，擢为郫令。”七也。《吴志·孙策传》引《江表传》：“策渡江攻刘繇牛渚营，尽得邸阁粮谷战具。”八也。又《孙权传》：“赤乌四年，遣卫将军全琮略淮南，决芍陂，烧安城邸阁。”九也。又：“赤乌八年，遣校尉陈勋将屯田及作十三万人，凿句容中道，自小其至云阳西城，通会市，作邸阁。”十也。《周鲂传》：“鲂谲曹休曰：东主遣从弟奂治安陆城，修立邸阁，辇资运粮，以为军储。”十一也。以上皆李氏所举。然邸阁之名，自魏、晋至后魏皆用之，其见《晋书》者，如《文帝纪》：“蜀将姜维寇陇右，扬声欲攻狄道，帝曰：‘姜维攻羌，收其质任，聚谷作邸阁讫,而转行至此,正欲了塞外诸羌为后日之资耳。'"此为十二事。又《李含传》:"光禄差含为寿城邸阁督,司徒王戎表含曾为大臣,虽见割削,不应降为此职。"此为十三事。又《苟晞传》:"晞单骑奔高平,收邸阁。"此为十四事。《周玘传》:"钱璯至广陵,杀度支校尉,焚烧邸阁。"为十五事。《刘渊载记》:"离石大饥,迁于黎亭,以就邸阁谷。"则为十六事。此外,见于《水经注》者尚十事:一,《河水注》:"新台东有小城,崎岖颓侧,台址枕河,俗谓邸阁城,疑古关津都尉治也。"二,《济水注》:"济水又经什城北,城际水湄,故邸阁也。祝阿人孙什将家居之,以避时难,因谓之什城焉。"三,《淇水注》:"清河又东北径邸阁城东,城临侧清河,晋修县治。"四,《衡漳水注》:"衡漳又北径巨桥邸阁西,今临侧水湄,左右方一二里,中状若邱墟,盖遗困故窖处也。"五,《洧水注》:"洧水又东入汶仓城内,俗以此水为汶水,故有汶仓之名,非也。盖洧水之邸阁也。"六,《泗水注》:"泗水又径宿预城之西,又径其城南,故下邳之宿留县也。晋元皇之为安东也,督运军储而为邸阁也。"七,《淯水注》:"淯水又东南径士林东。士林,戍名也。戍有邸阁。"八,《江水注》:"公安县故侧江有大城,相承云仓储城,即邸阁也。"九,又:"巴邱山有巴陵故城,故吴之巴邱邸阁城也。晋太康元年立巴陵县于此。"十,《赣水注》:"赣水又历钧圻邸阁下,度支校尉治,太尉陶侃移置此也。"此上十事,多魏、晋间事。讫于后魏,尚有邸阁,《魏书·食货志》:"有司请于水运之处随便置仓。乃于小平、石门、白马津、漳崖、黑水、济州、陈郡、大梁凡八所,各立邸阁。"《唐书·地理志》:"湖州安吉县北三十里有邸阁池。"此亦因古邸阁得名。传世古印又有"渭城邸阁督"、"新平邸阁督"、"薛邸阁督"三印,并敬斋所举,共得三十八事。然其中亦有复重,如后魏之小平邸阁,疑即古印之新平邸阁,《魏书·序纪》:"魏皇帝登平城西山,观望地势,乃更南百里,于灅水之阳黄瓜堆筑新平城,晋人谓之小平城。"则新平与小平疑即一邸阁。又后魏之漳崖邸阁,疑即衡漳水注之巨桥;济州邸阁,疑即济水注之什城。未必真有三十八,而其未见纪载之邸阁,数固当倍于此也。以上邸阁皆临水为之,此因便于运输之故。其主邸阁者谓之"督",晋人或以度支校尉主之。其藏粟多者至三十余万石,古量甚小,人食日五升,三十万斛粟可供十万人六十日食,故王基言"南顿大邸阁可足军人四十日粮",非虚语也。此盖自秦以来已然。楚汉之战,食敖仓粟者数年,虽关中转饷,频年不绝。然其初仓粟自足支数十万人一二年之食。至隋以后,邸阁之名虽废,然隋时诸仓存谷尤多。时卫州有黎阳仓,洛州有河阳仓,陕州有常平仓,华州有广通仓,通相灌注。又令诸州各立义仓,关中大旱,文帝令农丞王亶发广通之粟三百余万石以拯之。一仓之储,其富如此,故李密一据洛口仓,而旬日之间聚众数十万。李勣袭黎阳仓,开仓恣食,一旬之间得胜兵二十万余。唐高祖入长安,亦发永丰仓以振饥民。承炀帝奢侈,生民凋弊之后,而储蓄之多尚如此,又在魏、晋、六朝邸阁上矣。

宋代之金石学 （节录）

宋代学术，方面最多，进步亦最著。其在哲学，始则有刘敞、欧阳修等，脱汉、唐旧注之桎梏，以新意说经，后乃有周（敦颐）、程（颢）、程（颐）、张（载）、邵（雍）、朱（熹）诸大家，蔚为有宋一代之哲学。其在科学，则有沈括、李诫等，于历数、物理、工艺，均有发明。在史学，则有司马光、洪迈、袁枢等，各有庞大之著述。绘画则董源以降，始变唐人画工之画而为士大夫之画。在诗歌，则兼尚技术之美，与唐人尚自然之美者，蹊径迥殊。考证之学，亦至宋而大盛。故天水一朝，人智之活动，与文化之多方面，前之汉、唐，后之元、明，皆所不逮也。近世学术，多发端于宋人。如金石学亦宋人所创学术之一。宋人治此学，其于蒐集、著录、考订、应用各方面，无不用力，不百年间，遂成一种之学问。今当就宋人对此学之功绩，一一述之。

（一）蒐集

宋初内府本有藏器，仁宗皇祐三年，诏以秘阁及太常所藏三代钟鼎器，付太乐所参校剂量，凡十又一器。至徽宗即位，始大事蒐集。《铁围山谈丛》（四）云："太上皇帝即位，宪章古始。及大观初，及效李公麟之《考古图》，作《宣和殿博古图》，凡所藏者，为大小礼器，则已五百有几。独政和间为最盛，尚方所贮，至六千余数百器。时所重者，三代之器而已。若秦、汉间，非殊特，盖亦不收。及宣和后则咸蒙贮录，且累数至万余。若岐阳宣王之石鼓，西蜀文翁礼殿之绘象，凡所知名，罔问巨细、远近，悉索入九禁。而宣和殿后，又创立保和殿者，左右有稽古、博古、尚古等阁，咸以贮古玉玺印，诸鼎、彝、法书、图画咸在此。"说徽宗一朝蒐集古器事最为详尽，然亦有夸诞失实处，如谓《宣和博古图》之名，取诸宣和殿，又谓其成书在大观之初，而不在宣和之末。其实不然，《籀史》谓"政和癸巳秋，获兕敦于长安"，而《博古图》中已著录此敦。《金石录》谓"重和戊戌，安州孝感县民耕地，得方鼎三、圆鼎二、甗一，谓之'安州六器'"，而《博古图》已著录其五。又谓："宣和五年，青州临淄县民，于齐故城耕地，得古器物数十种。期间钟十枚，尤奇。"而《博古图》已著录其五。然则此书之成，自在宣和五年之后，而图中所载古器，仅五百余，则政和六千余器、宣和万余器之说，殆不足信。或蔡氏并古玉、印玺、石刻计之，然第如《博古图》之所录，已为古今大观矣。其尤奇者，南渡以后，宣和殿器并为金人辇之而北，而绍兴内府藏器亦未尝不富，《博古图》著录之器，见于张抡《绍兴内府古器评》者，尚得十之一二。盖金人不重视此种物，而宋之君臣方以重值悬购古器，故北宋内府及故家遗物，往往萃于榷场。如刘敞旧藏张仲簠，刘炎于榷场得之。毕良史亦得古器十五种于盱眙榷场，其中八种，皆宣和殿旧物也。《建炎以来系年要录》云："绍兴十五年，以毕良史知盱眙军"，而《三朝北盟会编》谓"良史以买卖书画、古器，得幸于思陵"。良史之知盱眙，当由高宗使之访求榷场古器耳。当南渡之初，国势未定，而高宗孜孜蒐集古器如此，则宣和藏器之富，固自不足怪也。

然宋人蒐集古器之风，实自私家开之。刘敞知永兴军，得先秦古器十有一物。李公麟博物精鉴，闻一器捐千金不少靳。而《考古图》、无名氏《续考古图》、王复斋《钟鼎款识》，以及《集古》、《金石》二录跋尾，往往于各器之下，注明藏器之家，其人不下数十。虽诸家所藏不及今日私家之富，然家数之多，则反过之。观于周密《云烟过眼录》所记南方诸家藏器，知此风至宋末犹存矣。又观徽宗敕撰《宣和博古图》，实用刘敞《先秦古器图》、李公麟《考古图》体例，则徽宗之大蒐古器，受私家藏器之影响，实不少也。

宋人蒐集古器，于铜器外兼收石刻。如岐阳石鼓文，及秦《告巫咸文》，徽宗并致之宣和殿。又秦《告大沈久湫文》，在南京蔡挺家，《告亚驼文》在洛阳刘忱家，齐谢朓《海陵王墓志》在沈括家。至石刻之贵重者，虽残石亦收之。如汉石经残石，黄伯思谓"张焘龙图家有十版，张氏婿家有五六版，王晋玉家有小块"。其余碑碣，则收藏者尚少。而蒐集拓本之风，则自欧阳修后，若曾巩，若赵明诚，若洪适，若王厚之，成为一代风气。而金石之外，若瓦当，若木简，无不在当时好古家网罗之内，此宋人蒐集之大功也。

（二）传拓及著录

宋人于金石学，不徒以蒐集为能事，其最有功于此学者，则流通是也。流通之法，分为传拓与著录二种。拓墨之法，始于六朝，始用之以拓汉魏石经，继以拓秦刻石。至于唐代，此法大行。宋初遂用之以拓古器文字。皇祐三年，诏以秘阁及太常所藏三代录鼎，付太乐所参校剂量。又诏墨器繴以赐宰执。此为传拓古器之始。刘敞在长安所得古器，悉以墨本遗欧阳修。甚至上进之器，如政和三年武昌太平湖所进古钟，及安州所进六器，皆有墨本传世。则当时传拓之盛可知。然拓本流传，自不能广，于是有刊木、刊石之法。有仅摹其文字者，如王俅《啸堂集古录》、薛尚功《钟鼎彝器款识法帖》是。有并图其形制者，自《皇祐三馆古器图》、刘敞《先秦古器图》以下，不下十余种，今惟吕大临《考古图》、《宣和博古图》，及无名氏《续考古图》尚存。诸书体例，于形制、文字外，兼著其尺寸，权其轻重，乃至出土之地、藏器之家，亦复纪载。著录之法，盖已大备。至石刻一项，则欧、赵二家始作所藏石拓目录。此外，有为一地方作目录者，例如田槩《京兆金石录》；有通海内作目录者，例如陈思《宝刻丛编》；而洪适作《隶释》，则并录其文字，图其形制，又于目录之外别为一体例。而古玉、古钱、古印，又各有专书。今宋代藏器，已百不存一，石刻亦仅存十分之一，而宋人图谱、目录，尚多无恙，此其流传之功，千载不可没者也。

（三）考订及应用（略）

（四）后论

由是观之，金石之学创自宋代，不及百年已达完成之域。原其进步所以如是速者，缘宋自仁宗以后，海内无事，士大夫政事之暇，得以肆力学问。其时哲学、科学、史学、美术各有相当之进步，士大夫亦各有相当之素养，赏鉴之趣味与研究之趣味，思古之情与求新之念，互相错综。此种精神与当时之代表人物苏（轼）、沈（括）、黄（庭坚）、黄（伯思）诸人著述中，在在可以遇之。其对古金石之兴味，亦如其对书画之兴味，一面鉴赏的，一面研究的也。汉、唐、元、明时人之于古器物，绝不能有宋人之兴味，故宋人于金石书画之学，乃陵跨百代。近世金石之学复兴，然于著录、考订，皆本宋人成法，而于宋人多方面之兴味，反有所不逮。故虽谓金石学为有宋一代之学，无不可也。

聚珍本戴校《水经注》跋

　　壬戌春，余于乌程蒋氏传书堂见《永乐大典》四册，全载《水经注》"河水"至"丹水"二十卷之文，因思戴校聚珍板本出于《大典》，乃亟取以校戴本，颇怪戴本胜处，全出《大典》本外；而《大典》本胜处，戴校未能尽之。疑东原之言不实。思欲取全、赵二家本，一校戴本，未暇也。既而嘉兴沈乙庵先生以明黄省曾刊本，属余录《大典》本异同，则又知《大典》本与黄本相近。先生复劝余一校朱王孙本以备旧本异同，亦未暇也。癸亥入都，始得朱王孙本，复假江安傅氏所藏宋刊残本十一卷半，孙潜夫手校残本十五卷，校于朱本上；又校得吴琯《古今逸史》本，于是明以前旧本沿褫，得窥崖略。乃复取全、赵二家书，并取赵氏《朱笺刊误》所引诸家校本以校戴本，乃更恍然于三四百年诸家厘订之勤。盖《水经注》之有善本，非一人之力也：更正错简，则明有朱王孙，国朝有孙潜夫、黄子鸿、胡东樵；厘订经注，则明有冯开之，国朝有全谢山、赵东潜；捃补逸文，则有全、赵二氏；考证史事，则有朱王孙、何义门、沈绎旃；校定文字，则吴、朱、孙、沈、全、赵诸家，皆有不可没之功。戴东原氏成书最后，遂奄有诸家之胜，而其书又最先出，故谓郦书之有善本自戴氏始，可也。戴氏自刊郦注经，始于乾隆三十七年（见孔荭谷序），而告成则在其身后，所校官本刊于乾隆三十九年，逮五十九年赵氏书出，戴氏弟子段懋堂氏讦其与戴书同也。于是有致梁曜北二书，疑梁氏兄弟校刊赵书时，以戴改赵。道光甲辰，张石舟（穆）得谢山乡人王藊轩（梓材）所传钞全氏七校本，乃谓戴、赵皆袭全氏，而于戴书攻击尤力。至光绪中叶，薛叔耘刊全氏书于宁波，于是戴氏窃书之案，几成定谳。然全校本初刊时，校勘者已谓王梓材重录本，往往据戴改全，林晋霞（颐山）尤致不满，至诋为赝造。于是长沙王氏合校本，遂不取全本一字，然薛氏所刊全本，实取诸卢氏、林氏所藏黏缀底本及殷氏所藏清本，非专据王梓材本，未可以其晚出而疑之也。余曩以《大典》本半部，校戴校聚珍本，始知戴校并不据《大典》本，足证石舟之说（惟石舟谓《提要》所云脱简有自数十字至四百余字，此又《大典》绝无之事。今案卷十八《渭水注》中脱简一叶四百余字，《大典》实有之。张氏此说未谛）。又以孙潜夫校本及全、赵二本校之，知戴氏得见全、赵二家书之说，盖不尽诬。何以知之？赵氏本书，即曰"梁处素兄弟据戴改之"矣，然其《朱笺刊误》中所引之全说，戴氏何以多与之合也？全氏之书，即曰"王觯轩据戴改之"矣。然全本校语及所引赵氏校语，戴氏又何以多与之合也？夫书籍之据他书改者，苟所据之原书同，即令十百人校之，亦无不同，未足以为相袭之证据也。至据旧本校改，则非同见此本，不能同用此字，如柳大中本、孙潜夫本，谢山见于扬州马氏者。东潜则见谢山传校本，《渭水注》中脱简一叶，全、赵据柳、孙二本补之，戴氏自言据《大典》补之。今《大典》原本具在，戴氏所补，乃不同于《大典》本，而反同于全、赵本，谓非见全、赵之书不可矣。考全氏书未入四库馆，赵之书得著录《四库》，当在东原身后（戴校本屡云，此注内之小注与全氏说同，而赵书《题要》则驳此说，故知此篇非出东原手），而其书之入四库馆，则远在其前。案《浙江采集遗书总目》，成于乾隆三十九年，其凡例内载浙江进书凡十二次，前十次所进书目，通编为甲、乙至壬、癸十集，而第十一、第十二次所进者，则编为闰集。今考赵氏《水经注释》及沈释旐《水经注集释订讹》，其目均在戊集中，则必为第十次以前所进书，亦必前乎三十九年矣。而东原入馆在三十八年之秋，其校《水经注》成，在三十九年之冬，当时必见赵书无疑。然余疑东原见赵氏书，尚在乾隆戊子（三十五年）修《直隶河渠书》时。东原修此书，实承东潜之后，当时物力丰盛，赵氏《河渠书稿》百三十卷，戴氏《河渠书稿》百十卷，并有数写本。又赵校《水经注》，全氏双韭山房录有二部，则全氏校本，赵氏亦必有之。《水经注》为纂《河渠书》时第一要书，故全、赵二校本，局中必有写本无疑。东原见之，自必在此时矣；至厘定经注，戴氏是否本诸全、赵，殊不易定。据段氏所撰《东原年谱》，《自定水经》一卷，出于乾隆三十年乙酉，段刊《东原文集》《书水经注后》一篇，亦署乙酉秋八月。此篇虽不见于孔氏刊本，然段氏文集及年谱，均在乾隆壬子（五十七年）。其时赵书未出，赵、戴相袭之论未起也，则所署年月尚可信。而东原撰官本《提要》，所举厘定经注条例三则，至简至赅，较之全、赵二家说，尤为亲切（全说见《五校本题辞》，赵说谨附见于《朱笺刊误》卷末），则东原于此事，似非全出因袭。且金字文虚中、蔡正甫、明冯开之已发此论，固不必见全、赵书而始为之也。余颇疑东原既发见此事，遂以郦书为己一家之学，后见全、赵书与己同，不以为助，而反以为仇，故于其校定郦书也，为得此书善本计，不能不尽采全、赵之说；而对于其人其书，必泯其迹而后快。于是尽以诸本之美归诸《大典》本，尽掠诸家厘订之功以为己功。其弟子辈过尊其师，复以意气为之辩护，忿戾之气相召，遂来张石舟辈窃书之讥，亦有以自取之也。东原学问才力，固自横绝一世，然自视过高，骛名亦甚。其一生心力，专注于声音、训诂、名物、象数，而于六经大义所得颇浅。晚年欲夺朱子之席，乃撰《孟子字义疏证》等书，虽自谓"欲以孔孟之说还之孔孟，宋儒之说还之宋儒"，顾其书虽力与程、朱异，而亦未尝与孔、孟合。其著他书，亦往往述其所自得而不肯言其所自出。其平生学术，出于江慎修，故其古韵之学根于等韵，象数之学根于西法，与江氏同；而不肯公言等韵、西法，与江氏异。其于江氏，亦未尝笃在三之谊，但呼之曰"婺源老儒江慎修"而已。其治郦书也亦然。黄、胡、全、赵诸家之说，戴氏虽尽取之，而气矜之隆，雅不欲称述诸氏，是固官书体例宜然。然其自刊之本，亦同官本，则不可解也。又戴书简严，例不称引他说，然于序录中亦不著一语，则尤不可解也。以视东潜之祖述谢山，谢山之于东潜称道不绝口者，其雅量高致，固有间矣。由此气矜之过，不独厚诬《大典》本，抹杀诸家本，如张石舟之所讥，且有私改《大典》，假托他本之迹。如蒋氏所藏《大典》本第一卷，有涂改四处：《河水一》"遐记绵

遯"，"遐"、"遯"二字中惟"辶辶"二偏旁系《大典》原本，
"叚"、"貌"二文皆系刮补，乃从朱王孙笺（今官本作"经记绵襁"，当
是再改之本）。又"令河不通利"，"令"字《大典》作"今"，乃从
全、赵二本改"今"字下半作"令"。"天魔波旬"，《大典》与诸本
同，乃改"天"字首笔作"夭"，以实其校语中"夭、妖字通"之
说。《河水二》"自析支以西，滨于河首，左右居也"，《大典》与诸
本同作"在右居也"，乃从全、赵二本改"在"字为"左"（全、赵从
孙潜夫校），盖戴校既托诸《大典》本，复虑后人据《大典》以驳之
也，乃私改《大典》原本以实其说。其仅改卷首四处者，当以其不
胜改而中止也。此汉人私改兰台漆书之故智，不谓东原乃复为之。又
戴氏官本校语，除朱本及所谓近刻外，从未一引他本，独于卷三十
一、卷三十二、卷四十中，五引归有光本。今核此五条，均与全、赵
同，且归氏本久佚，惟赵清常、何义门见之，全氏曾见赵、何校本，
于此五条并不著归本如此。孙潜夫传校赵本，其卷四十尚存，亦不言
归本有此异同。以东原之厚诬《大典》观之，则所引归本，疑亦伪
托也。凡此等学问上可忌可耻之事，东原胥为之而不顾，则皆由气矜
之一念误之。至于掩他人之书以为己有，则实非其本意，而其迹则与
之相等。平生尚论古人，雅不欲因学问之事，伤及其人之品格，然东
原此书方法之错误，实与其性格相关，故纵论及之，以为学者戒。当
知学问之事，无往而不当用其忠实也。甲子二月。

鬼方昆夷猃狁考

我国古时有一强梁之外族,其族西自汧、陇,环中国而北,东及太行、常山间,中间或分或合,时入侵暴中国。其俗尚武力,而文化之度不及诸夏远甚,又本无文字,或虽有而不与中国同。是以中国之称之也,随世异名,因地殊号,至于后世,或且以丑名加之。其见于商、周间者,曰鬼方,曰混夷,曰獯鬻。其在宗周之季,则曰猃狁。入春秋后则始谓之戎,继号曰狄。战国以降,又称之曰胡,曰匈奴。综上诸称观之,则曰戎、曰狄者,皆中国人所加之名;曰鬼方、曰混夷、曰獯鬻、曰猃狁、曰胡、曰匈奴者,乃其本名。而鬼方之方、混夷之夷,亦为中国所附加。当中国呼之为戎、狄之时,彼之自称决非如此,其居边裔者,尤当仍其故号。故战国时,中国戎、狄既尽,强国辟土,与边裔接,乃复以其本名呼之。此族春秋以降之事,载籍稍具,而远古之事,则颇茫然,学者但知其名而已。今由古器物与古文字之助,始得言其崖略,倘亦史学家之所乐闻欤?

此族见于最古之书者,实为鬼方。《易·既济》爻辞曰:"高宗伐鬼方,三年克之。"《未济》爻辞曰:"震,用伐鬼方,三年有赏于大国。"《诗·大雅·荡》之篇曰:"内奰于中国,覃及鬼方。"《易》之爻辞,盖作于商、周之际;《大雅·荡》之篇,作于周厉王之世,而托为文王斥殷纣之言,盖亦谓殷时已有此族矣。后人于《易》见鬼方之克需以三年,知其为强国;于《诗》见鬼方与中国对举,知其为远方,然皆不能质言其地。有以为在北者,干宝《易》注云:"鬼方,北方国也。"(李鼎祚《周易集解》引)有以为在西者,宋衷《世本》注云:"鬼方,于汉则先零、羌是也。"(《文选》扬雄《赵充国颂》注引）有以为在南者，伪《竹书纪年》："武丁三十二年，伐鬼方，次于荆。"则以鬼方为荆以南之国。《黄氏日钞》且以为鬼方即荆楚矣。其余异说纷纭，不知所极。年代辽远，书阙无征，固自不足怪也。唯《竹书纪年》称王季伐西落鬼戎（此条见《后汉书·西羌传》及章怀太子注，乃真《纪年》之文），可知其地尚在岐周之西。今征之古器物，则宣城李氏所藏小盂鼎（今佚）与潍县陈氏所藏梁伯戈，皆有鬼方字。案大、小两盂鼎皆出陕西凤翔府郿县礼村沟岸间，其地西北接岐山县境，当为盂之封地。大盂鼎纪王遣盂就国之事，在成王二十三祀（吴氏大澂《盂鼎跋》以此鼎为成王时作。案铭中尚述殷人酗酒事，以戒盂，与《酒诰》辞意略同，吴说是也）。小盂鼎纪盂伐鬼方献俘受锡之事，在成王二十五祀。则伐鬼方事，在盂就国之后。鬼方之地，自当与盂之封地相近。而岐山郿县以东，即是丰镐，其南又限以终南、太一，唯其西汧、渭之间，乃西戎出入之道。又西逾陇坻，则为戎地，张衡所谓"陇坻之险，隔阂华戎"者也。由是观之，鬼方地在汧、陇之间，或更在其西，盖无疑义。虽游牧之族，非有定居，然殷、周间之鬼方，其一部落必在此地无疑也。然其全境，犹当环周之西、北二垂而控其东北。梁伯戈虽仅有"鬼方蛮"及"梁伯作"数字可辨，然自为梁伯伐鬼方时所铸。而梁伯之国，杜预谓在冯翊夏阳县。《史记·秦本纪》："惠文王十年，更名少梁为夏阳。"《汉志》亦云："夏阳，故少梁。"其地在今陕西西安府韩城县，又在宗周之东。其北亦为鬼方境，故有争战之事。据此二器，则鬼方之地，实由宗周之西而包其东北，与下所考昆夷、猃狁正同，此鬼方疆域之略可考者也。

至其种族之大小强弱如何，《易》称高宗伐鬼方，三年克之；《纪年》称王季伐西落鬼戎，俘其二十翟王，观此二事，鬼方之非小部落可知。而小盂鼎所纪献俘之数，尤为详悉，虽字多残阙，犹得窥大略（此鼎唯有吴氏式芬释文，尚多疏略，今取其献俘一节更释之）。其文曰："王□盂以□□伐鬼方□□□□□□□二人□鬼□□□□□鬼孚人万手八十一人孚□□□匹□车□两孚牛□百□□□牛羊廿八羊。"又曰："执兽一人□□百卅七鬼□□□□□孚□□三匹孚车两。"云云。铭中鬼方下第三字，仅存下半口字，以下文"执兽一人"在鬼前例之，当为兽字之渑。兽者，疑首之假借字，下文第九、第十两行间，尚有折兽二字，殆即《易》所云"有嘉折首"，他器所云折首、执讯矣。戜即馘字，虢季子白盘："桓桓子白，献馘于王。"其字从戈从爪，诸家或释俘，或释馘，今此字从或从爪，其为馘字无疑。兽者折首，馘者截耳也。孚即俘之本字，手则三千二字合文。兽与馘之数，虽摩灭不可知，然俘人之数至万三千有余，则兽馘之数亦可知矣。此事在宗周之初，自为大捷，而《书》阙不纪。又当成王全盛之时，而鬼方之众尚如此，则其强大亦可知。梁伯戈时代虽无可考，观其文字，当在盂鼎之后，可知宗周之世，尚有鬼方之名，不独殷、周间为然。此鬼方事实之略可考者也。

鬼方之名，《易》、《诗》作鬼，然古金文作戜，或作魁。盂鼎曰："王□盂以□□伐戜方。"（吴氏摹本戜字半渑作戜，然第八行有戜字，鬼字之首又稍磨渑。合观二字用笔位置，知确是戜字也）其字从鬼从戈。又梁伯戈云："魁方蛮（即蛮字）。"其字从鬼从攴，二字不同，皆为古文畏字。案大盂鼎："畏天畏。"二畏字，上作𢆶，下作𢂷。毛公鼎："愍天疾畏，敬念王畏。"二畏字皆作𢆶，皆从鬼从卜者。尚盘畏字作𤰇，则从甶（《说文》："甶，鬼头也。"）从攴，卜与攴同音。又攴字之所从，当为攴之省字，而或从卜，在鬼字之右；或从攴，在鬼字之左；或从攴，在鬼头之下，此古文变化之通例，不碍其为一字也。从戈之戜，亦即魁字。凡从攴从戈，皆有击意，故古文往往相通。如"薄伐玁狁"之薄，今《毛诗》作薄，薄者，迫也。而虢季子白盘之"搏伐"，从干；不娶敦之"韋戜"，从戈；师𮥯敦之"斁乃众"，则又从卜；《书》之"外薄四海"，其义亦为迫，而《释文》引一本作敷；《诗·常武》之"铺敦淮濆"，《释文》引《韩诗》铺作敷，《后汉书·冯绲传》亦引作敷敦。案敷敦即戜韋，则字亦从攴。可知从卜、从攴、从戈，皆可相通，则戜字亦畏字也。其中𢆶、戜二字，见于周初之器，为字尤古。后从卜之字，变而作魁；从戈之字，变而作威。古威字从戈、从女，邾公华、邾公牼二钟皆然。虢叔钟作𢦏𢦏，亦戈形之变。而鬼、女二字皆象人跪形，形极相似，故变而从女。上虞罗氏所藏古钤，有𢚰亡𢻬钤，亡𢻬即亡畏，此戜、威、畏三字相关之证也。魖字又变作魖，王孙遗诸钟之畏娶（即畏忌）趰趰，沇儿钟之盤于畏义（即淑于威仪）皆如此作，既从卜，又从攴，则稍赘矣。由此观之，则甗魖二字确为畏字，鬼方之名当作畏方。《毛诗传》"鬼方，远方也"。畏、远双声，故以声为训。汉人始从魖为鬼字。张平子《东京赋》"况魖甗与毕方"，薛综不识魖字，以《说文》之魖字释之，不知魖、甗用《小雅》"为鬼为蜮"语，尤为明白，决非指小儿鬼之魖。是周时畏字，汉人已用为鬼字。故《庄子·天地篇》之门无畏（《释文》门无鬼，司马本作无畏），郭象本作门无鬼；又《杂篇》之徐无鬼，亦当为徐无畏之误也（古人多以无畏、无忌为名，如《左传》之申之舟名无畏是也）。由是观之，汉人以隶书写定经籍时，改畏方为鬼方，固不足怪。此古经中一字之订正虽为细事，然由此一字，可知鬼方与后世诸夷之关系，其有裨于史学者，较裨于小学者为大也。

鬼方与昆夷、猃狁，其国名与地理上递嬗之迹，当详于下。其可特举者，则宗周之末，尚有隗国，《春秋》诸狄皆为隗姓是也。《郑语》史伯告郑桓公云："当成周者，西有虞、虢、晋、隗、霍、扬、魏、芮。"案他书不见有隗国。此隗国者，殆指晋之西北诸族，即唐叔所受之怀姓九宗。《春秋》隗姓诸狄之祖也，原其国姓之名，皆出于古之畏方，可得而征论也。案《春秋左传》凡狄女称隗氏，而见于古金文中则皆作媿（包君鼎、包君盉、郑同媿鼎、芮伯作叔媿鼎、邓公子敦五器，皆如此作），经典所以作隗字者，凡女姓之字，金文皆从女作，而先秦以后所写经传，往往省去女旁，如己姓之己，金文作改（苏卫尔鼎、苏公敦）、作妃（见番妃鬲、虢仲鬲、虢文公子敦，皆女姓，非妃匹之妃），今《左传》、《国语》、《世本》，皆作已字。庸姓之庸，金文作嫞（杜伯鬲），今《诗》"美孟庸矣"作庸字。弋姓之弋，金文作妷（南旁敦），今《诗》"姜孟弋矣"、《穀梁传》"葬我小君定弋"，皆作弋字。任姓金文作妊（苏冶妊鼎、铸公簠等），今《诗》与《左传》、《国语》、《世本》，皆作任字。然则媿字，依晚周省字之例，自当作鬼。其所以作隗者，当因古文畏作隗、隗作即，隗旁之卜与即旁之阝，所差甚微，故又误为隗。然则媿、隗二字之于畏字，声既相同，形亦极近，其出于古之畏方无疑。畏方之畏，本种族之名，后以名其国，且以为姓，理或然也。我国周后，国姓之别颇严。然在商世，则如彭祖为彭姓、姺邳之姺为姺姓，皆以国为姓。况鬼方礼俗，与中国异，或本无姓氏之制，逮入中国与诸夏通婚媾，因以国名为姓。《世本》："陆终取鬼方氏之妹，谓之女嬇。"《大戴礼·帝系》篇及《水经注》洧水条所引作女隤。《汉书·古今人表》作女溃，而《史记·楚世家》索隐与《路史·后纪》所引，皆作女嬇。鬼、贵同声，故馈字亦通作馈，则女嬇，女隤，疑亦女媿、女隗之变。鬼方之为媿姓，犹猃狁之为允姓也。虽《世本》所纪上古之事未可轻信，又上古之女亦不尽以姓为称，然后世附会之说，亦必有所依据。而嬇、隤二字其音与媿、隗绝近，其形亦与媿、隗二字变化相同，或殷、周间之鬼方已以媿为姓，作《世本》者因傅之上古欤？此鬼方姓氏及其遗裔之略可考者也。

混夷之名，亦见于周初之书。《大雅·绵》之诗曰："混夷駾矣。"《说文解字》马部引作昆夷，口部引作犬夷，而《孟子》及《毛诗·采薇序》作昆，《史记·匈奴传》作绲，《尚书大传》则作畎夷。颜师古《汉书·匈奴传》注云：畎，音工犬反。昆、混、绲并工本反，四字声皆相近（《礼记》衮亦作卷，是工本、工犬二音相通之证），余谓皆畏与鬼之阳声。又变而为荤粥（《史记·五帝本纪》及《三王世家》），为薰育（《史记·周本纪》），为獯鬻（《孟子》），又变而为猃狁，亦皆畏、鬼二音之遗。畏之为鬼，混（胡本反或胡浑反）之为昆、为绲、为畎、为犬，古喉牙同音也。畏之为混，鬼之为昆、为绲、为畎、为犬，古阴阳对转也。混、昆与荤、薰，非独同部，亦同母之字（古音喉牙不分），猃狁则荤薰之引而长者也。故鬼方、昆夷、薰育、猃狁，自系一语之变，亦即一族之称，自音韵学上证之有余矣。

然征之旧说，则颇不同。鬼方、混夷，古人无混而一之者，至混夷与獯鬻、猃狁，则又划然分而为二。《孟子》言太王事獯鬻，文王事昆夷；《诗序》言文王之时，西有昆夷之患，北有猃狁之难；《逸周书序》亦谓文王立，西距昆夷，北备猃狁。然《孟子》以獯鬻、昆夷并举，乃由行文避复之故。据《绵》诗本文，则太王所事正是混夷。此诗自一章至七章，皆言太王迁都筑室之事，八章云："柞棫拔矣，行道兑矣；混夷骏矣，维其喙矣。"亦当言太王定都之后，伐木开道，混夷畏其强而惊走也（经于第九章"虞芮质厥成"以下始言文王。郑笺以第八章系之文王，殊无所据）。太王所喙者既为混夷，则前此所事者亦当为混夷。《孟子》易以獯鬻者，以下文云文王事昆夷，故以异名同实之獯鬻代之，临文之道不得不尔也。此古书之不可泥者一也。《诗序》所言，亦由误解经语。案《出车》诗云："赫赫南仲，猃狁于襄。"又云："赫赫南仲，薄伐西戎。"既云猃狁，复云西戎。郑君注《尚书大传》据之，遂云南仲一行，并平二寇，序诗者之意，殆亦以昆夷当经之西戎，与郑君同。不知西戎即猃狁，互言之以谐韵，与《孟子》之昆夷、獯鬻错举之以成文无异也。不娶敦以猃狁与戎错举，正与《出车》诗同。此古书之不可泥者二也。然则旧说以昆夷与獯鬻、猃狁为二，盖无所据。昆夷之地，自太王之迁自北而南观之，则必从豳北入寇。又《史记》谓自陇以西有绵诸绲、戎、翟、獂之戎，杨恽亦谓安定山谷之间昆、戎旧壤，则其地又环岐周之西，与上所考鬼方疆域若合符节。而自殷之武丁，迄于周之成王，鬼方国大民众，常为西北患，不容太王、文王之时绝不为寇，而别有他族介居其间。后世猃狁所据之地，亦与昆夷略同。故自史事及地理观之，混夷之为畏夷之名，又为猃狁之祖先，盖无可疑，不独有音韵上之证据也。

獯鬻、猃狁，皆宗周以前之称，而当时书、器，均不见獯鬻二字。其见于传记者，以《孟子》为最古。《史记·五帝本纪》称黄帝北逐荤粥，《匈奴传》亦云唐虞以上有山戎、猃狁、荤粥居于北蛮。晋灼曰"尧时曰荤粥"，皆后世追纪之辞，不足为据，犹伊尹《四方令》、《周书·王会解》并有匈奴，非事实也。然以理势度之，尚当为猃狁以前之称。荤、薰之音同于混、昆，而猃字，其声虽同，其韵已变，合猃狁二字，乃得薰音，其名或当在獯鬻之后也。《诗》猃狁之猃，《释文》云："本或作玁，音险。"《史记》以降，亦多作玁狁。古金文如兮甲盘、虢季子白盘作厰狁；不娶敦作厰允，又作𤞷允，𤞷即厴之异文。《说文》厂部："厴，产也。一曰地名，从厂，敢声。"案厴、产二字连文，厴产即《穀梁传》之巖（按，即岩的繁体字）唫（僖三十八年）。《公羊传》作嶔巖，则颠倒其文。孙愐《唐韵》："厴，鱼音反。"以为厴即唫字。然则厴字之用为厴产之厴者，一变而作巖（按"岩"的繁体字，下文写作岩），再变而作险（古岩、险同字。《尚书序》及《墨子·尚贤篇》之傅岩，《史记》作傅险。《左氏传》："制，岩邑也。"《孟子》"不立乎岩墙之下"，岩即险字。《广韵》："岩，险也。"）。其用为厴允之厴者，一变作狎，再变作猃。自其最后之字，厴自当读险，不当读鱼音反、陆音是也。此字之音，与畏、混、荤、獯异部，其变化唯可于双声求之，殆先有獯音，而后有狎狁之二合音也。然则旧说之先獯鬻而后狎狁，或非无据矣。

獯鬻地理，一无可考，唯狎狁出入之地，则见于书、器者较多。其见于《诗》者，曰焦获，曰泾阳，曰镐，曰方，曰朔方，曰太原，此六者，昔儒考证至多，未有定说也。更求之于金文中，则见于不娶敦者，曰西愈、曰菁、曰高陵；见于兮甲盘者，曰畾鬳；见于虢季子白盘者，曰洛之阳，此十一地中，方与朔方，菁与洛，当为一地，故得九地。九地之中，唯泾阳与洛阳（此雍州浸之洛，非豫州之伊雒）以水得名，今尚可实指其地。而泾水自西北而东南，洛水自北而南，经流各千里，但曰泾阳，曰洛之阳，语意亦颇广莫也。欲定其地，非综此九地考之不可。案狎狁之寇周也，及泾水之北；而周之伐狎狁也，在洛水之阳，则狎狁出入，当在泾、洛之间。而泾、洛二水，其上游悬隔千里，至其下流入渭之处，乃始相近，则泾阳、洛阳皆当在二水下游。泾阳既在泾水下游，则焦获亦当在泾水下游之北（陈氏启源《毛诗稽古编》："《诗》数狎狁之恶，故先言焦获，见其纵兵深入，迫处内地，继又追本其始，自远而来，故言镐与方，纪其外侵所经也；言泾阳，纪其内侵所极也。"《正义》亦云："镐方虽在焦获之下，不必先焦获乃得镐方。"其说均是也），郭璞《尔雅注》以为在池阳瓠中者是也。不娶敦之高陵，亦当即《汉志》左冯翊之高陵县，其地西接池阳，亦在泾水之委。然先儒多以汉时泾阳县属安定郡，在泾水发源之处，疑《诗》之泾阳亦当在彼，不知秦时亦有泾阳在泾水下游。案《史记·秦始皇本纪》云"肃灵公居泾阳"。考秦自德公以降都雍，灵公始居泾阳；灵公子献公之世，又徙栎阳，则泾阳一地，当在雍与栎阳之间，而栎阳（汉之万年县）西界高陵，距泾水入渭之处不远，则灵公所居之泾阳，自当在泾水下游，决非汉安定郡之泾阳也。又《穰侯列传》云"秦昭王同母弟曰高陵君、泾阳君"，盖一封高陵、一封泾阳。二君受封之年，史所不纪，然当在昭王即位、宣太后执政之初。时义渠未灭，汉安定郡之泾阳县，介在边裔，太后决不封其爱子于此，且与高陵君同封，亦当同壤。后昭襄王十六年，封公子市（即泾阳君。《史记·秦本纪》索隐云："泾阳君，名市。"《穰侯列传》索隐乃云"名显"，误也）宛、公子悝（即高陵君）邓为诸侯。宛、邓二地相接，则前所食泾阳、高陵二地亦当相接。然则秦之泾阳当为今日之泾阳县（汉之池阳县），而非汉之泾阳。以秦之泾阳非汉之泾阳，益知周之泾阳之非汉之泾阳矣。此三地者，皆在泾北，自此而东北，则至洛水。虢季子白盘云："𤔲伐𤞤允于洛之阳。"兮甲盘（世称兮田盘）云："王初各伐𤞤允于𪍿盧。"𪍿盧亦在洛水东北。𪍿字虽不可识，然必为从冈，畾声。盧则古文鱼字，《周礼·天官》敝人，《释文》："本或作敂。"敝、敂同字，知盧、鱼亦一字矣。古鱼、吾同音，故往往假盧、敝为吾。齐子仲姜镈云"保敝兄弟、保盧子姓"，即保吾兄弟、保吾子姓也；沇儿钟云"敝以宴以喜"，即吾以宴以喜也。敦煌本隶古字《商书》："鱼家旅孙于荒。"日本古写本《周书》："鱼有民有命。"皆假鱼为吾。《史记·河渠书》："功无已时兮吾山平。"吾山亦即鱼山也。古鱼、吾同音，衙从吾声，亦读如吾。𪍿盧与《春秋》之彭衙为对音，𪍿、彭声相近，盧、衙则同母兼同部字也。《史记·秦本纪》："武公元年，伐彭戯（按，戏的繁体字）氏。"《正义》曰戎号也，盖同州彭衙故城是也。戯盖盧之讹字矣，彭衙一地，于汉为左冯翊衙县，正在洛水东北。方、镐、太原亦当于此间求之。然则宣王之用兵于猃狁也，其初在泾水之北，《六月》第三章是也。其继也在洛水之阳，《六月》四章及兮甲盘、虢季子白盘是也。而洛水东北以往即是西河，太原一地当在河东，《禹贡》："既载壶口，治梁及岐。既修太原，至于岳阳。"郑注、孔传，均以太原为汉太原郡。然禹治冀州，水实自西而东，疑壶口、梁、岐而往，至霍太山，其地皆谓之太原。《左·昭元年传》："宣汾、洮，障大泽，以处太原。"则太原之地，奄有汾、洮二水，其地当即汉之河东郡，非汉太原郡矣。疑太原之名，古代盖兼汉太原、西河、河东三郡地。而秦人置郡晋阳，诸县遂专其名，以古书所纪太原地望证之，亦无不合。《后汉书·西羌传》："穆王西伐犬戎，取其五王，王遂迁戎于太原。"此事当出真本《竹书纪年》（案范书《西羌传序》大都取材于《国语》、《史记》、《纪年》三书，此节白鹿、白狼事本《国语》、《史记》，则取五王及迁戎太原事，当出《纪年》。章怀太子注虽不引《纪年》为证，然郭璞《穆天子传注》引《纪年》取其五王以东，则迁戎太原事，必本《纪年》无疑）。穆王所迁者，盖即五王之众。郭璞引《纪年》云："取其五王以东。"则所迁之地亦当在东。《穆天子传》："天子至于雷首，犬戎胡觞天子于雷水之阿。"此亦犬戎既迁后事。案雷首山在河东蒲坂县（今蒲州），《纪年》与《穆传》所纪若果不谬，则太原在河东可知。后人或东傅之于晋阳，西傅之于平凉，皆与史事及地理不合者也。凡此八地，均在宗周东北。唯西俞一地，则在宗周之西。不娶敦云："白氏曰：不娶！驭方厰允广伐西俞，王命余羞追于西。余来归献禽。今余命女御追于箸，女以我车宕伐厰允于高陵。"盖此时玁狁从东西两道入寇，故既追于西，归而复东追于洛。时西寇虽去，而东方之寇已深入，故未及至洛而与之战于泾北之高陵也。是西俞之地，实在周西，与《尔雅》之北陵、西隃，《赵策》、《赵世家》之至分、先俞，皆不相涉。周西之地，以俞、隃、榆名者颇多，皆一字一音之偶合，讫不能指为何地。然由"羞追于西"一语，可知玁狁自宗周之东北而包其西，与鬼方、昆夷之地，全相符合也。

　　玁狁之号，始于何时，讫于何代，其侵暴中国以何时为甚，亦有可讨论者。《诗》咏伐玁狁事，有《采薇》、《出车》、《六月》三篇。《六月》之为宣王时诗，世无异论。唯《采薇》、《出车》二诗，《毛传》及《诗序》皆以为文王时诗。然其诗云："王事靡盬。"又云："王命南仲。"又云："天子命我，城彼朔方。"皆不似诸侯之诗。《序》以为文王以天子之命，命将遣戍役，故其辞如此，然三家《诗》说，殊不尽然。《汉书·匈奴传》谓懿王时戎狄交侵，诗人始作，疾而歌之曰："靡室靡家，猃狁之故。"又曰："岂不日戒，猃狁孔棘。"则班固以《采薇》为懿王时诗也。《出车》咏南仲伐猃狁之事，南仲亦见《大雅·常武》篇，其诗曰："王命卿士，南仲太祖，太师皇父。"传谓王命卿士南仲于太祖皇父为太师。《白虎通》释爵人于朝，封诸侯于庙，引《诗》曰："王命卿士，南仲太祖。"《白虎通》多用鲁诗，是鲁说亦与毛同，笺则以南仲为皇父之太祖，系文王时人。然《汉书·古今人表》系南仲于宣王时，在方叔召虎之下、仲山甫之上，而文王时别无南仲。《后汉书·庞参传》载马融上书曰："昔周宣猃狁侵镐及方，孝文匈奴亦略上郡，而宣王立中兴之功，文帝建太宗之号。非唯两主有明叡之姿，抑亦扞城有虓虎之助。是以南仲赫赫，列在周诗；亚夫赳赳，载于汉策。"是班固、马融皆以南仲为宣王时人，融且以《出车》之南仲为即《常武》之南仲矣。今焦山所藏鄦惠鼎云："司徒南中入右鄦惠。"其器称九月既望甲戌，有月日而无年，无由知其为何时之器。然其文字不类周初，而与召伯虎敦相似，则南仲自是宣王时人，《出车》亦宣王时诗也。征之古器，则凡纪猃狁事者，亦皆宣王时器。兮甲盘称惟五年三月既死霸庚寅。案《长术》宣王五年三月乙丑朔，二十六日得庚寅，此正与余既死霸之说合。虢季子白盘云："惟王十有二年正月初吉丁亥。"案宣王十二年正月乙酉朔，三日得丁亥，亦与初吉之语合。而十二年正月丁亥为铸盘之日，则伐猃狁当为十一年事矣。由是观之，则周时用兵猃狁事，其见于书、器者，大抵在宣王之世，而宣王以后，即不见有猃狁事。是猃狁之称不过在懿、宣数王间，其侵暴中国亦以厉、宣之间为最甚也。

至猃狁之后裔如何？经传所纪，自幽、平以后，至于春秋隐、桓之间，但有戎号；庄、闵以后，乃有狄号。戎与狄皆中国语，非外族之本名。戎者，兵也。《书》称"诘尔戎兵"，《诗》称"弓矢戎兵"，其字从戈、从甲，本为兵器之总称。引申之，则凡持兵器以侵盗者，亦谓之戎。狄者，远也，字本作逷。《书》称"逷矣西土之人"，《诗》称"舍尔介狄"，皆谓远也。后乃引申之，为驱除之于远方义，《鲁颂》之"狄彼东南"、靷狄钟之"靷狄不龚"、曾伯霖簠之"克狄淮夷"，皆是也。因之凡种族之本居远方而当驱除者，亦谓之狄。且其字从犬，中含贱恶之意，故《说文》有犬种之说，其非外族所自名，而为中国人所加之名，甚为明白。故宣王以后，有戎、狄而无猃狁者，非猃狁种类一旦灭绝或远徙他处之谓，反因猃狁荐食中国，为害尤甚，故不呼其本名，而以中国之名呼之。其追纪其先世也，且被以恶名，是故言昆戎则谓之犬戎，薰鬻则谓之獯鬻，厥允则谓之猃狁，盖周室东迁以后事矣。考《诗》、《书》、古器，皆无犬戎事。犬戎之名，始见于《左传》、《国语》、《山海经》、《竹书纪年》、《穆天子传》等，皆春秋、战国以后呼昆夷之称，而獯鬻、猃狁亦被此名。《后汉书·西羌传》称武乙暴虐，犬戎寇边，周古公逾梁山而迁于岐下，是以獯鬻为犬戎也。《后汉书·西羌传》引《纪年》穆王西征犬戎，取其五王，王遂迁戎于太原；又引夷王命虢公帅六师伐太原之戎；又引宣王二十七年王遣兵伐太原戎不克。而《诗》云："薄伐猃狁，至于太原。"太原一地，不容有二戎，则又以猃狁为犬戎也。由是观之，古之獯鬻、猃狁，后人皆被以犬戎之名，则攻幽王灭宗周之犬戎，亦当即宣王时之猃狁。不然猃狁当懿、宣之间，仍世为患，乃一传至幽王时绝无所见，而灭宗周者乃出于他种族，此事理之必不可信者也。然则戎中最强大之犬戎既即猃狁，其余以戎名者，如汾、晋间诸戎，当即唐叔所受之怀姓九宗。又河南、山北之阴戎、伊川之陆浑戎，皆徙自瓜州，所谓允姓之奸居于瓜州者，亦猃狁同族也。春秋庄、闵以后，戎号废而狄号兴（《春秋》所书，闵、僖以后无单称戎者，唯云某戎或某某之戎而已），而狄之姓氏见于《左传》者，实为隗姓，后世有谓赤狄隗姓、白狄厘姓者（《世本》），又有谓隗姓赤狄、媿姓白狄者（《潜夫论》）。然秦、汉以后以隗姓，皆出白狄故地。秦始皇时丞相隗状，虽不知其所出，当为秦人。汉隗嚣一族，则天水成纪人。**魏之隗禧**（见《魏志·王肃传》）亦京兆人。则赤、白二狄，疑皆隗姓，皆鬼方、猃狁后裔或同族。及春秋中叶，赤狄诸国皆灭于晋，河南、山北诸戎亦多为晋役属。白狄僻在西方，不与中国通，故戎、狄之称泯焉。尔后强国并起，外族不得逞于中国。其逃亡奔走复其故土者，或本在边裔未入中国者，战国辟土时，乃复与之相接。彼所自称，本无戎、狄之名，乃复以其本名呼之，于是胡与匈奴之名，始见于战国之际，与数百年前之獯鬻、猃狁先后相应，其为同种，当司马氏作《匈奴传》时，盖已知之矣。

匈奴相邦印跋

　　匈奴相邦玉印，藏皖中黄氏。其形制文字均类先秦古鈢，当是战国讫秦汉间之物。考六国执政者均称相邦，秦有相邦吕不韦（见戈文），魏有相邦建信侯（见剑文）。今观此印，知匈奴亦然矣。史家作相国者，盖避汉高帝讳改。《史记·大将军票骑列传》，屡言获匈奴相国、都尉等，而《匈奴列传》记匈奴官制，但著左、右贤王以下二十四长而不举其目；又言二十四长亦各自置千长、百长、十长、裨小王、相封、都尉、当户、且渠之属（《汉书》相下无封字）。相封即相邦，古邦、封二字形声并相近，易邦为封，亦避高帝讳耳。惟《匈奴传》之相封，谓左、右贤王以下所置相。匈奴诸王各有分地，大略如汉之诸侯王，其相亦当如汉之诸侯相。此匈奴相邦，则单于自置之相，略如汉之丞相矣。匈奴遗物传世者，惟汉所赐之匈奴官印，其形制、文字自当与汉印同。此印年代较古，又为匈奴所自造，而制度、文字并同先秦，可见匈奴与中国言语虽殊，尚未自制文字；即有文字，亦当在冒顿、老上以后，非初叶之事矣。

西 胡 考（上）

　　汉人谓西域诸国为西胡，本对匈奴与东胡言之。《海外东经》云："西胡白玉山在大夏东。"又云："昆仑山在西胡西。"白玉山及昆仑山，即今之喀喇昆仑。是前汉人谓葱岭以东之国曰西胡也（《山海经》此篇中多汉郡县名，是汉人所附益。然在建平元年刘歆所进十三篇中，是犹出前汉人手也）。《说文解字》玉部："琊，石之有光者"，"璧，琊也。出西胡中。"又邑部："鄯善，西胡国也。"又纟部："綢，西胡毲布也。"鄯善在葱岭东，毲布，葱岭东西皆产之，璧琊则专出葱岭以西月氏、罽宾、大秦诸国。是后汉人于葱岭东西诸国，皆谓之西胡也。魏、晋、六朝犹袭此名。《后汉书·西域传赞》云："逖矣西胡，天之奥区。"宋云《行记》云："鄯善城主，是吐谷浑第二息。宁西将军统部落三千以御西胡。"又云："惠生在乌场国二年，西胡风俗，大同小异，不能具录。"是南北朝人亦并谓葱岭东西诸国为西胡也。西胡亦单呼为胡，《汉书·西域传》："西夜与胡，异其种类。氐、羌行国，逐水草往来。"是其所谓胡，乃指西域城郭诸国，非谓游牧之匈奴。后汉以降，匈奴浸微，西域诸国，遂专是号。罗布泊畔所出之魏、晋间木简，所云胡浮窟、胡犁支者，皆西域人名。而鄯善、龟兹所产铁，谓之胡铁；所作畚头金，谓之胡畚金。又魏、晋以来，凡草木之名冠以胡字者，其实皆西域物也。六朝以后，史传、释典所用胡字，皆不以之斥北狄而以之斥西戎。释道宣《释迦方志》所谓此土，又指西蕃，例为胡国者也。隋僧彦琮始分别胡、梵（《续高僧传》一），唐人皆祖其说（道宣《释迦方志》、智广悉昙《字记》、慧琳《一切经音义》皆然）。然除印度外，凡西域诸国皆谓之胡。玄奘《大唐西域记》，又由其文字分胡为三种：其于葱岭以东诸国，但云文字语言取则印度而已，不别为之立名；至葱岭以西，分为二种：一曰窣利，自素叶水城以西至羯霜那（火国），地名窣利，人亦谓焉。文字语言，即随称矣。字源简略，本二十余言，转而相生，其流浸广。粗有书记，竖读其文。递相传授，师资无替。二曰睹货逻，此铁门以南、雪山以北之地，分为二十七国。语言去就，稍异诸国。字源二十五言，转而相生，用之备物。书以横读，自左而右。文记浸多，逾广窣利。此外如梵衍那、迦毕试、尸弃尼、商弥等国，皆云文字同睹货逻国，语言稍异，则亦睹货逻之一支。案奘师此言，盖本印度旧说。《大智度论》（二十五），谓敝生处者，安陀罗、舍婆罗（原注：裸国也）、兜佉罗（原注：小月氏）、修利、安息、大秦等。考安陀罗即《西域记》之案达罗国，与裸国俱在印度之南；安息、大秦在印度之西，则兜佉罗、修利当在印度之北。兜佉罗即睹货逻，修利即窣利，审矣。唐僧利言梵语杂名，胡之梵言，形为 Suli，声曰苏哩，苏哩亦即窣利，但利言专以苏哩为胡，玄奘则但以窣利为胡之一种，故又云"自黑岭以来并为胡俗"。则葱岭东西与妫水南北，虽非窣利，仍是胡国。慧超《行[记]（传）》与慧琳《西域记·音义》所说略同，道宣《释迦方志》并谓雪山以西，至于西海，名宝主也。偏饶异珍，而轻礼重货，是为胡国。则波斯、大秦，亦入其中。故西域诸国，自六朝人言之，则梵亦为胡；自唐人言之，则除梵皆胡，断可识矣。是故以形貌言，则《汉书》言："自宛以西至安息国，其人皆深目多须髯。"《北史》言："自高昌以西，诸国人等皆深目高鼻。"又言："康国人深目高鼻、多须髯。"颜师古《汉书注》言："乌孙人青眼赤须。"《西域记》及《唐书》皆言"疏勒护蜜人并碧瞳"，均与波斯、大秦人相似。以言语言，则《汉书》言："自宛以西至安息国，虽颇异言，然大同，自相晓知也。"又近日西人于新疆南北路，发见三种古文字：一粟特语，二睹货逻语，三东伊兰语。睹货逻语与玄奘所称名同，粟特当玄奘之所谓窣利，东伊兰语则当其所谓葱岭以东诸国语也。三者皆属阿利安语系，与印度、波斯、大秦语族类相同，而粟特语与东伊兰语，尤与波斯语近。以风俗言，则《汉书》言"自宛以西至安息国，其人善贾市，争分铢，贵女子。"《西域记》言："宝主之乡，无礼义，重财贿。短制左衽，断发长髭。有城郭之居，务货殖之利。"又言："黑岭以来莫非胡俗。大率土著，建城郭，务田畜。性重财贿，俗轻仁义，嫁娶无礼，尊卑无次，妇言是用，男位居下。吉乃素服，凶则皂衣。"亦与大秦、波斯俗尚略同。是故，言乎称号，则同被胡名；言乎形貌、言语、风俗，则虽有小异，无害大同。于是此种胡人种族之疑问起，即此种胡人果从东方往，抑从西方来之疑问是也。

西胡考 (下)

　　自来西域之地，凡征伐者自东往，贸易者自西来，此事实也。太古之事不可知，若有史以来，侵入西域者，惟古之希腊、大食，近世之俄罗斯，来自西土；其余若乌孙之徙、塞种之徙、大夏之徙、大月氏之徙、匈奴之徙、哌哒之徙、九姓昭武之徙、突厥之徙、回鹘之徙、蒙古之徙，莫不自东而西。即如玄奘所称窣利、睹货逻二种，亦有西徙之迹。玄奘谓："自素叶水城以西，至羯霜那，地名窣利。"是窣利之地，东尽康居故境，西尽九姓昭武之地。诸国之中，康为宗国，《北史》谓："康本康居之后。"又谓："其王本月氏人，旧居祁连山北昭武城。因被匈奴所破，西逾葱岭，遂有国。"支庶各分王，故康国左右诸国，并以昭武为姓。其称"九姓昭武"，亦如三姓葛禄、九姓回鹘、十姓突厥、卅姓突厥、卌姓拔悉蜜，为北方游牧人种之名称。是窣利之人，本出东方，文字竖读，尤近汉法。至睹货逻，则西徙之迹，尤历历可指。考睹货逻之名，源出大夏（嘉兴沈乙庵先生并西人马括德等，并创是说）。大夏本东方古国，《逸周书·王会解》云："禺氏騊駼，大夏兹白牛，犬戎文马。"又《伊尹献令》云："正北空桐，大夏。"空桐与禺氏（即月氏）、犬戎，皆在近塞。则大夏一国，明非远夷。《史记·封禅书》云："齐桓公西伐大夏，涉流沙。"此本《管子》佚文。《吕氏春秋·古乐》篇："伶伦自大夏之西，乃至阮隃之阴。"《汉书·律历志》、《说苑·修文》篇、《风俗通·音声》篇同纪此事，阮隃皆作昆仑。昆之为阮，声之近（《说文》自部："阮读若昆。"）；仑之为隃，字之误也。综此二说，则大夏当在流沙之内、昆仑之东，较周初王会时已稍西徙。《穆天子传》云："自宗周瀍水以西，至于河宗之邦，阳纡之山，三千又四百里。自阳纡西至于西夏氏，二千又五百里。自西夏至于珠余氏及河首，千又五百里。自河首、襄山以西，南至于舂山、珠泽、昆仑之邱，七百里。"是西夏氏西距昆仑二千又二百里，与《管子》、《吕览》所记大夏地望正合，惟《海外东经》云："国在流沙外者，大夏、竖沙、居繇、月支之国。"又云："西胡白玉山在大夏东。"与周、秦间故书不合。此出汉通西域后所附益，非其本文矣。《大唐西域记》（十二）云："于阗国尼壤城东四百余里，至睹货逻故国。国久空旷，城皆荒芜。"案于阗国姓，实为尉迟，而画家之尉迟乙僧，张彦远《历代名画记》云"于阗人"，朱景元《唐朝名画录》云"吐火罗人"，二者皆唐人所记，是于阗与吐火罗同族，亦吐火罗人曾居于阗之证。又今和阗以东大沙碛，《唐书》谓之"图伦碛"（《唐书·西域吐谷浑传》："李靖等军且末之西，伏允走图伦碛，将托于阗。"是图伦碛在且末、于阗间），今谓之"塔哈尔马干碛"，皆"睹货逻碛"之讹变。是睹货逻故国在且末、于阗间，与周、秦间书所记大夏地位，若合符节。《唐书·西域传》云："大夏即吐火罗。"其言信矣。大夏之国，自西逾葱岭后，即以音行。除《史记》、《汉书》尚仍其故号外，《后汉书》谓之兜勒（《和帝纪》及《西域传·序》），六朝译经者谓之兜佉勒（《婆沙论》卷九："世尊极知兜佉勒语，胜生兜佉勒中者。"）、兜佉罗（《大智度论》卷二十五，见上），《魏书》谓之吐呼罗，《隋书》以下谓之吐火罗，《西域记》谓之睹货逻，皆大夏之对音。其徙葱岭以西，盖秦、汉间之事。希腊地理学家斯德拉仆所著书，记西历纪元前百五十五年时，睹货逻等四蛮族，侵入希腊人所建之拔底延王国。是大夏之入妫水流域，前乎大月氏者仅二十年，故大夏居妫水南，而大月氏居其北。此其侵略先后之次序也。此事，中国、印度、希腊古籍全相符合，则睹货逻一族，与月氏同出东方，可断言矣。窜利、睹货逻既同出东方，则其同语系之种族，若印度，若波斯，若大秦，当无一不出自东方，特其迁徙，当远在有史以前。此前说之结论必归于是，又与民族西徙之事实相符合也。虽然，侵略者自东往，贸易者自西来，二者皆史实也。凡西徙之种族，于其所征服之国，不过得其政权及兵权，而自成统治者之一级，其时人民之生活仍如故也。慧超《行传》于西域诸国，屡言土人是胡，王是突厥；或言土人是胡，王及兵马俱是突厥。凡东方民族侵入西域者，殆无不然。且西域人民，以国居东西之冲，数被侵略，亦遂专心职业，不复措意政治之事。是故希腊来则臣希腊，大夏、月氏来则臣大夏、月氏，哒来则臣哒，九姓昭武来则臣九姓昭武，突厥来则臣突厥，大食来则臣大食。虽屡易其主，而人民之营其生活也如故。当时统治者与被统治者间，言语风俗，固自不同，而统治一级，人数较少，或武力虽优而文化较劣，狎居既久，往往与被治者相融合。故此土之言语、风俗，非统治者之言语、风俗，实被治者之言语、风俗也。世或以统治者之名呼其种族及言语，如大月氏人、睹货逻语之类，盖非尽当。考古书所载，此土人民，本与波斯、大秦同是一族，《汉书》言："自宛以西至安息国，虽颇异言，然大同，自相晓知也。其人皆深目多须髯，善贾市，争分铢。贵女子，女子所言，丈夫乃决正。"是其形貌、言语、风俗本同西方，自汉讫唐，蝉嫣未变。《北史》言："康国人善商贾，粟特人多诣凉土贩货，大月氏人商贩京师。"《唐书》言："康国人好利，丈夫年二十去旁国。利所在，无不至。"玄奘、慧超所记胡俗，无不同贯。又《西域记》于素叶水城及怛罗斯城，皆云"各国商胡杂居，于飒秣建及迦毕试国"，云"异方奇货，皆聚此国"。是大食未兴以前，东西贸易，悉在此种胡人之手。故自汉以来，人民颇复东向。《北史》言"高昌以西，诸国人等，皆深目高鼻"。是汉时此族，以大宛为东界者，至南北朝已越葱岭，而以高昌为其东界。虽此种人民，或于有史以前本居东土，然于有史以后自西徂东，亦为事实。故高昌以西，语言、文字与波斯、大秦同属一系。汉、魏以来，总呼为"胡"，深合事理。然则论西胡之事，当分别统治者与被治者二级观之，否则鲜不窒阂矣。

西胡续考

自《汉书·西域传》言："自宛以西至安息，其人皆深目多须髯。"后世所记胡人容貌，如《世说新语》（六）记康僧渊，《太平广记》（二百四十八）引《启颜录》记隋三藏法师，又（四百三十五）引《朝野佥载》记宋蔡事，无不如是。《北史·于阗传》言："自高昌以西诸国人等，皆深目高鼻，惟此一国（于阗）貌不甚胡。"《唐书·突厥传》言："颉利族人思摩，以貌似胡，疑非阿史那种，故但为夹毕特勒而不得为设。"是胡之容貌，显与他种不同，而其不同之处，则"深目多须"四字尽之。隋、唐以来，凡非胡人而貌类似者，亦谓之胡。《刘宾客嘉话录》言："杨国忠知吏部铨，呼选人名，引入于中庭，不问资序，短小者通道参军，胡者云湖州文学。"李匡乂《资暇录》（下）云："俗怖小儿曰'麻胡来'，不知其源者，以为多髯之神。"李商隐《骄儿》诗："或谑张飞胡，或嘲邓艾吃。"《东观奏记》（上）："宣宗问宰臣白敏中曰：'有一山陵使，胡而长，其人姓氏为谁？'敏中奏：'景陵山陵使令狐楚。'"《侯鲭录》（四）："王晋卿尝过巩、洛间，道旁有后唐庄宗庙，默念始治终乱，意斯人必胡。及观神像，两眼外皆髭也。"是中国人貌类胡人者，皆呼之曰胡，亦曰胡子。此名当六朝时本施之胡人。《艺文类聚》（三十五）载："梁简文帝、谢安、吉公主饷胡子一头，启云：'方言异俗，极有可观，山高水远，宛在其貌。'"即用《世说》所载康僧渊事，盖谓真胡人。至唐，而中国人貌类是者，亦谓之胡子。《太平广记》（二百四之五，按，应为卷第二百五十五《邵景》）引《御史台记》云：邵景、萧嵩俱授朝散大夫，二人"状貌类胡，景鼻高而嵩须多。同时服朱绂，对立于庭。韦铿帘中独窥而咏曰：'一双胡子著绯袍，一个须多一鼻高。'"
云云。又《云谿友议》载唐陆岩梦《桂州筵上赠胡子女诗》云："自
道风流不可攀，那堪蹙额更颓颜。眼睛深却湘江水，鼻孔高于华岳
山。"是自唐以来，皆呼多须或深目高鼻者为胡或胡子。此二语至今
犹存，世人呼须及多须之人皆曰胡子，俗又制髭字以代之。《北梦琐
言》（七）载蔡押衙诗云："可怜洞庭湖，却到三冬无髭须。"以其不
成湖也。是唐人已谓须为胡，岂知此语之源，本出于西域胡人之状貌
乎！且深目多须，不独西胡为然，古代专有胡名之匈奴，疑亦如是。
两汉人书虽无记匈奴形貌者，然晋时胡、羯，皆南匈奴之裔。《晋
书·石季龙载记》云："太子詹事孙珍问侍中崔约曰：'吾患目疾，
何方疗之？'约素狎珍，戏之曰：'溺中可愈。'珍曰：'目何可溺？'
约曰：'卿目䏽䏽，正耐溺中。'珍恨之，以告石宣。宣诸子中最胡
状，目深，闻之大怒，诛约父子。"又云："冉闵躬率赵人诛诸胡、
羯，无贵贱男女少长皆斩之，死者二十余万。屯据四方者，所在承闵
书诛之。于是高鼻多须至有滥死者。"《安禄山事迹》（下）云："高
鞠仁令范阳城中，杀胡者重赏。于是羯胡尽死。小儿掷于空中，以戈
承之。高鼻类胡而滥死者甚众。"事亦相类。夫安、史之众，素号杂
胡，自兼有突厥、奚、契丹诸部。晋之羯胡，则明明匈奴别部，而其
状高鼻多须，与西胡无异。则古之匈奴，盖可识矣。自后汉以来，匈
奴寝微，而东胡中之鲜卑起而代之，尽有其故地。自是迄于蠕蠕之
亡，主北垂者，皆鲜卑同族也。后魏之末，高车、突厥代兴，亦与匈
奴异种。独西域人民与匈奴形貌相似，故匈奴失国之后，此种人遂专
有胡名。顾当时所以独名为胡者，实因形貌相同之故，观《晋书·
载记》之所记，殆非偶然矣。

《流沙坠简》序

　　光绪戊申，英人斯坦因博士访古于我新疆、甘肃，得汉、晋木简千余以归，法国沙畹博士为之考释。越五年，癸丑岁暮，乃印行于伦敦。未出版，沙氏即以手校之本，寄上虞罗叔言参事。参事复与余重行考订，握椠逾月，粗具条理，乃略考简牍出土之地，弁诸篇首，以谂读是书者。

　　案古简所出，厥地凡三：一为敦煌迤北之长城，二为罗布淖尔北之古城，其三则和阗东北之尼雅城，及马咱托拉、拔拉滑史德三地也。敦煌所出，皆两汉之物；出罗布淖尔北者，其物大抵上自魏末，迄于前凉；其出和阗旁三地者，都不过二十余简，又皆无年代可考；然其最古者犹当为后汉遗物，其近者亦当在隋、唐之际也。今略考诸地古代之情状，而阙其不可知者，世之君子，以览观焉。

　　汉代简牍出于敦煌之北，其地当北纬四十度，自东经（据英国固林威志经度）九十三度十分至九十五度二十分之间；出土之地，东西绵亘一度有余。斯氏以此为汉之长城，其说是也。案秦之长城，西迄临洮；及汉武帝时，匈奴浑邪王降汉，以其地为武威、酒泉郡（元狩三年），后又分置张掖、敦煌郡（元鼎六年），始筑令居以西，列四郡、据两关焉。此汉代筑城事之见于史者，不言其迄于何地也。其见于后人纪载者，则法显《佛国记》云："敦煌有塞，东西可八十里，南北四十里。"《晋书·凉武昭王传》云："玄盛乃修敦煌旧塞东西二围（'东西'疑'东北'之讹），以防北虏之患；筑敦煌旧塞西南二围，以威南虏。"案唐《沙州图经》，则"沙州有古塞城、古长城二址。塞城周回州境，东在城东四十五里，西在城西十五里，南在州城南七里，北在州城北五里。古长城则在州北六十六里，东至阶亭烽一百八十里，入瓜州常乐县界；西至曲泽烽二百一十二里，正西入碛，接石城界"，云云。李暠所修，有东西南北四围，当即《图经》之古塞城。法显所见，仅有纵横二围，其东西行者，或即《图经》之古长城，而里数颇短。盖城在晋末当已颓废，而《图经》所纪东西三百里者，则穷其废址者也。此城遗址，《图经》谓在州北六十三里，今木简出土之地，正直其所，实唐沙州，《图经》所谓古长城也。前汉时敦煌郡所置三都尉，皆治其所。都尉之下，又各置候官。由西而东，则首玉门都尉下之大煎都候官、玉门候官（皆在汉龙勒县境），次则中部都尉所属平望候官、步广候官（汉敦煌县境），又东则宜禾都尉所属各候官（汉效谷、广至二县境。以上说均见本书《屯戍丛残·烽燧类考释》中及附录烽燧图表）；又东入酒泉郡，则有酒泉西部都尉所治之西部障，北部都尉所治之偃泉障；又东北入张掖郡，则有张掖都尉所治之遮虏障。疑皆沿长城置之。今日酒泉、张掖以北，长城遗址之有无，虽不可知，然以当日之建置言之，固宜如是也。今斯氏所探得者，敦煌迤北之长城，当《汉志》敦煌、龙勒二县之北境，尚未东及广至界。汉时简牍即出于此，实汉时屯戍之所，又由中原通西域之孔道也。

长城之说既定，玉门关之方位亦可由此决。玉门一关，《汉志》系于敦煌郡龙勒县境下。嗣是《续汉书·郡国志》及《括地志》、《元和郡县志》、两《唐书·地理志》、《太平寰宇记》、《舆地广记》，以至近代官私著述，亦皆谓汉之玉门关在今敦煌西北。惟《史记·大宛列传》云："太初二年，贰师将军李广利伐大宛，还至敦煌，请罢兵，益发而复往。天子闻之大怒，而使使遮玉门曰：'军有敢入者辄斩之！'贰师恐，因留敦煌。"沙畹博士据此以为太初二年前之玉门关，尚在敦煌之东；其徙敦煌西北，则为后日之事。其说是也。案《汉志》"酒泉郡"有玉门县，颜师古注引阚骃《十三州志》，谓"汉罢玉门关屯，徙其人于此"。余疑玉门一县，正当酒泉出敦煌之孔道，太初以前之玉门关，当置于此。阚骃徙屯之说，未必确也。嗣后关城虽徙，而县名尚仍其故，虽中更废置，讫于今日，尚名玉门，故古人有误以玉门县为玉门关者。后晋高居海《使于阗记》云："至肃州后渡金河，西百里出天门关，又西百里出玉门关。"高氏所谓玉门关，实即自汉讫今之玉门县也（唐之玉门军亦置于此，而玉门关则移于瓜州境。《元和郡县志》云："玉门关在瓜州晋昌县西二里。"而以在寿昌县西北者为玉门故关，则唐之玉门关复徙而东矣）。汉时西徙之关，则《括地志》始记其距龙勒之方向、道里曰：玉门关在县（汉之龙勒，在唐为寿昌县）西北一百十八里（《史记·大宛传》正义引）。《旧唐书·地理志》、《元和志》、《寰宇记》、《舆地广记》均袭其文。近秀水陶氏《辛卯侍行记》，记汉玉门、阳关道路，谓"自敦煌西北行六十里之大方盘城，为汉玉门关故地"。又谓"西七十里有地名西湖，有边墙遗址，及烽墩数十所"。斯氏亦于此发见关城二所，一在东经九十四度以西之小盐湖，一在东经九十三度三十分，相距二十余分，与大方盘城及西湖相去七十里之说相近。然则当九十四度稍西者，殆即陶《记》之大方盘城，当九十三度三十分者，殆即陶氏所谓西湖耶？沙畹博士疑九十四度稍西之废址，为太初以前之玉门关；而在其西者，乃其后徙处。余谓太初以前玉门关，当在酒泉郡玉门县。如在东经九十四度、北纬四十度间，则仍在敦煌西北，与《史记·大宛传》文不合。而太初以后之玉门关，以《括地志》所记方位、道里言之，则在唐寿昌县西北百一十八里。今自敦煌西南行一百四十里，有巴彦布喇泛，陶氏以为唐寿昌县故址；自此西北百一十八里讫于故塞，则适在东经九十四度、北纬四十度之交，则当九十四度稍西之废址、实为太初以后之玉门关；而当九十三度三十分者，当为玉门以西之他障塞。盖汉武伐大宛后，西至盐泽，往往起亭。又据《沙州图经》，则古长城遗址且西入大碛中，则玉门以西，亦当为汉时屯戍之所，未足据以为关城之证也。故博士二说之中，余取其一。但其地为《汉志》龙勒县之玉门关，而非《史记·大宛传》之玉门，则可信也。其西徙之年，史书不纪。今据斯氏所得木简，则有武帝大始三年，玉门都尉护众文书（《屯戍丛残》第一叶），其时关城当已西徙于此，上距太初二年不过十载，是其西徙必在李广利克大宛之后（太初四年），西起亭至盐泽之时也。又汉及新莽时，玉门都尉所有版籍，皆出于此，可为《汉志》玉门关之铁证，不独与古书所纪一一吻合而已。

　　至魏、晋木简残纸，则出于罗布淖尔涸泽北之古城稍西，于东经九十度当北纬四十度三十一分之地。光绪庚子，俄人希亭始至此地，颇获古书。后德人喀尔亨利及孔拉第二氏，据其所得遗书，定此城为古楼兰之虚。沙畹博士考证斯坦因博士所得遗物，亦从其说。余由斯氏所得简牍，及日本橘瑞超氏于此所得之西域长史李柏二书，知此地决非古楼兰。其地当前凉之世，实名海头，而《汉书·西域传》及《魏略·西戎传》之居庐仓，《水经·河水注》之龙城，皆是地也。何以知其非古楼兰也？曰：斯氏所得简牍中，其中言楼兰者凡三：一曰："帐下督薛明言。"谨按文书"前至楼兰□还守堤兵"（本书《屯戍丛残》第三叶）。此为本地部将奉使至楼兰后所上之文书，盖不待言。其二曰："八月廿八日，楼兰白，疏悝惶恐白。"（本书《简牍遗文》第四叶）其三曰："楼兰□白。"（同上）而细观他书疏之例，则或云"十月四日，具书焉耆元顿首"（同上）；或云"敦煌具书畔毗再拜"（同上第五叶），皆于姓名前著具书之地。以此推之，则所云"楼兰白、疏悝惶恐白"者，必为自楼兰所致之疏；其书既自楼兰来，则所抵之地不得为楼兰矣。此遗物中之一确证也。更求之地理上之证据，亦正不乏。《水经·河水注》云："河水东径墨山国南，又东径注宾城南，又东径楼兰城而东注。河水又东径于渤泽，即《经》所谓蒲昌海也。"云云。案河水者，今之宽车河或塔里木河；渤泽与蒲昌海者，今之罗布淖尔也。则楼兰一城，当在塔里木河入罗布淖尔处之西北，亦即在淖尔西北隅，此城则在淖尔东北隅。此其不合者一也。古楼兰国，自昭帝元凤四年徙居罗布淖尔西南之鄯善后，国号虽改，而城名尚存。《后汉书·班勇传》："议遣西域长史将五百人屯楼兰，西当焉耆、龟兹径路，南强鄯善、于阗心胆，北扞匈奴，东近敦煌。"《杨终传》亦言："远屯伊吾、楼兰、车师、戊己。"《魏略》言："过龙堆到故楼兰，皆谓罗布淖尔西北之楼兰城，故东方人之呼淖尔也，曰渤泽、曰盐泽、曰蒲昌海；而自西方来者，则呼曰牢兰海。"《水经·河水注》引释氏《西域记》："南河自于阗于东北三千里至鄯善，入牢兰海是也。"古牢、楼同音，《士丧礼》"牢中"郑注："牢读为楼。"盖自西方来，必先经楼兰城而后至罗布淖尔，故名此淖尔曰牢兰海（《史记》正义引《括地志》作穿兰海，字之误也），此又楼兰在淖尔西北之一证。此其不合二也。故曰：希、斯二氏所发现淖尔东北之古城，决非古楼兰也。然则其名可得而言之欤？曰：由橘氏所得李柏二书观之，此地当前凉之地，实名海头。李书二纸，其中所言之事同，所署之月日同，所遣之使者同，实一书之二草稿，可决其为此城中所书，而非来自他处者也。其一书曰："今奉台使来西，月二日到此。""此"字旁注"海头"二字。其二曰："诏家见遣使来慰劳诸国，月二日来到海头。"或云"此"，或云"海头"，则此地在前凉时固名海头。海头之名，诸史未见，当以居蒲昌海东头得名，未必古有此称也。求古籍中与此城相当之地，惟《水经》之龙城，足当之。《水经·河水注》："蒲昌海水积鄯善之西北，龙城之东南。龙城故姜赖之墟，胡之大国也。蒲昌海溢，荡覆其国，城基尚存而至大，晨发西门，莫达东门。"云云。其言颇夸大难信，然其所记龙城方位，正与此城相合。又据其所云姜赖之墟（郦注："此事本《凉州异物志》。"《太平御览》八百六十五引《异物志》云："姜赖之虚，今称龙城。恒溪无道，以感天廷，上帝震怒，溢海荡倾，刚卤千里。蔾藿之形，其下有盐累棋而生。"原注："姜赖，胡国名也。"郦注櫽栝其事），可以知此城汉时之名焉。按各史《西域传》，绝不闻有姜赖国，惟汉、魏时，由玉门出蒲昌海孔道以达楼兰、龟兹，中间有居庐仓一地。姜居、赖庐，皆一声之转，准以地望，亦无不合。何以言之？《汉书·西域传》：乌孙乌就屠"袭杀狂王，自立为昆弥。汉遣破羌将军辛武贤将兵万五千人至敦煌，遣使者案行表，穿卑鞮侯井以西；欲通渠转谷，积居庐仓以讨之"。孟康曰：卑鞮侯井，"大井六通渠也，下（泉）流涌出，在白龙堆东土山下"。夫井之下流在白龙堆东，而居庐仓则在井西，其地望正与此城合。《魏略·西戎传》（《魏志·乌丸传》注引）云："从玉门关西出，发都护井（此都护井，当即《汉志》之卑鞮侯井），回三陇沙北头，经居庐仓，从沙西井转西北过龙堆，到故楼兰，转西诣龟兹，为西域中道。"案今敦煌塞外大沙碛，古人或总称之曰白龙堆（《汉书·地理志》"敦煌郡"下云：正西关外有白龙堆沙。《西域传》云：楼兰当白龙堆。孟康言：卑鞮侯井在白龙堆东土山下。是敦煌以西、楼兰以东之沙碛，皆谓之白龙堆也），或总名之曰三陇沙（《广志》："流沙在玉门关外，东西二千里、南北数百里，有断石曰'三陇'。"则似以三陇沙为沙碛总名也）；而《魏略》之文"殊为分晓，其在东南者谓之曰三陇沙，而在西北者则专有白龙堆之名。今此城适在大沙碛之中间，又当玉门、楼兰间之孔道，与《魏略》之居庐仓，地望正合，则其为汉之居庐仓无疑。又观《魏略》、《水经注》所纪蒲昌海北岸之地，仅有二城：其在西者，二书均谓之楼兰；则其在东者，舍居庐、姜赖将奚属矣！然则此城之称，曰居庐、曰姜赖，乃汉时之旧名；曰海头，则魏、晋以后之新名；而龙城则又西域人所呼之异名也（《水经注》所纪出《凉州异物志》，疑亦用释氏《西域记》。观"晨发西门，莫达东门"二语，可知为西方人所记。即令为《异物志》语，恐亦本之西域贾胡也）。此地自魏、晋以后，为西域长史治所，亦有数证：橘氏所得李柏二书，既明示此事；斯氏于此所得简牍中，有书函之检署，曰：因王督致西域长史张君坐前，元言疏（《简牍遗文》第一叶）。又有出纳薄书，上署□西域长史文书事□中阑□（《屯戍丛残》第十一叶）。一为抵长史之书，一则著长史之属，则西域长史曾驻此地，盖无可疑。此二简皆无年月，不能定其为魏、晋及前凉之物，然参伍考之，则魏、晋间已置西域长史于此，不自前凉始矣。按《后汉书·西域传》："西域长史实屯柳中，以行都护之事。"（后汉之初亦放西京之制，以都护统西域，未几而罢。后班超以将兵长史平定西域，遂为都护，未几复罢。嗣是索班以行敦煌长史，出屯伊吾。索班没后，班勇建议遣西域长史屯楼兰。延光三年，卒以勇为西域长史，出屯柳中，不复置都护。自是长史遂摄行都护事矣。）故《汉书》纪西域诸国道里，以都护治所乌垒城为据，而《后汉书》所纪，则以长史所治柳中为据。逮汉末中原多事，不遑远略，敦煌旷无太守且二十载（《魏志·仓慈传》），则柳中之屯与长史之官，必废于是时矣。魏黄初元年，始置凉州刺史（《张既传》），并以伊奉为敦煌太守（《阎温传》）。三年，鄯善、龟兹、于阗各遣使贡献，西域遂通，置戊己校尉（《文帝纪》），以行敦煌长史张恭为之（《阎温传》）。而西域长史之置，不见于《纪》、《传》，惟《仓慈传》言："慈太和中迁敦煌太守，数年卒官。西域诸胡闻慈死，其会聚于戊己校尉及长吏治下发哀。""长吏"二字，语颇含混，后汉以来，西域除西域长史、戊己校尉外，别无他长吏，魏当仍之，则"长吏"二字，必"长史"之讹也。又据斯氏所得一简云："西域长史承移今初除，月廿三日当上道。从上邽至天水。"以简中所记地名考之，实为自魏至晋太康七年间之物（见《屯戍丛残考释》）。恐西域长史一官，自黄初以来，即与戊己校尉同置，惟其所治之地，不远屯柳中而近据海头。盖魏、晋间中国威力已不如两汉盛时，故近治海头，与边郡相依倚，此又时势所必然者矣。至前凉时，西域长史之官始见于史（《晋书·张骏传》），而《魏书·张骏传》则又称为西域都护。《传》言："骏分敦煌、晋昌、高昌三郡，西域都护、戊己校尉、玉门大护军三营为沙州，以西胡校尉杨宣为刺史。"（《晋书·地理志》亦引此文，错乱不可读）按张骏时，西域有长史，无都护，都护二字必长史之误。或以其职掌相同而互称之（《晋书·刘曜载记》：曜"使其大鸿胪田崧署张茂为凉州牧"，"领西域大都护，护氐羌校尉、凉王"。则西域大都护，乃凉州牧兼官，犹后此凉州牧之恒领西胡校尉也）。斯氏于此地所得一简云："今遣大侯究犁与牛诣营下受试。"（《屯戍丛残》第三叶）称长史所居为营下。又斯氏于尼雅北古城所得木简，有西域长史营写鸿胪书语（本书《补遗》）。此又《魏书·张骏传》之三营，其一当为西域长史之证也。此三营者，戊己校尉屯高昌（《晋书·张骏传》："初，戊己校尉赵贞不附于骏，至是，骏击禽之，以其地为高昌郡。"），玉门大护军屯玉门，而西域长史则屯海头，以成鼎足之势，则自魏、晋讫凉，海头为西域重地，盖不待言。张氏以后，吕光、李暠及沮渠蒙逊父子迭有其地。后魏真君之际，沮渠无讳兄弟南并鄯善，北取高昌，此城居二国之间，犹当为一重镇。逮魏灭鄯善、蠕蠕，据高昌，沮渠氏亡，此城当由是荒废。作《凉州异物志》者，乃有海水荡覆之说，而郦氏注《水经》用之。顾周、隋以前，碛道未闭，往来西域者，尚取道于此，故郦氏犹能言其大略。然倘非希、斯诸氏之探索，殆不能知为古代西域之重地矣。

其余木简，出于和阗所属尼雅城北及马咱托拉、拔拉滑史德三地者，其数颇少。尼雅废墟，斯氏以为古之精绝国。按今官书，尼雅距和阗七百十里，与《汉书·西域传》、《水经·河水注》所纪精绝去于阗道里数合，而与所纪他国去于阗之方向、道里皆不合，则斯氏说是也。《后汉书·西域传》言，光武时，"莎车王贤诛灭诸国"，贤死（明帝永平四年）之后，遂更相攻伐，小宛、精绝、戎卢、且末为鄯善所并，故范书无《精绝国传》。今尼雅所出木简十余，隶书精妙，似汉末人书迹，必在永平以后。所署之人，曰王，曰大王，曰且末夫人（盖且末王女为精绝王夫人者），盖后汉中叶以后，且末、精绝仍离鄯善而自立也。

考释既竟，爰序其出土之地，并其关于史事之荦荦大者如右。其戍役情状与言制度名物者，并具考释中，兹不赘云。甲寅正月。

《流沙坠简》后序

　　余与罗叔言参事考释流沙坠简，属稿于癸丑岁抄，及甲寅正月，粗具梗概。二月以后，从事写定，始得读斯坦因博士纪行之书，乃知沙氏书中，每简首所加符号，皆纪其出土之地。其次自西而东，自敦一、敦二讫于敦三十四，大抵具斯氏图中。思欲加入考释中，而写定已过半矣。乃为图一、表一，列燧燧之次及其所出诸简，附于书后，并举其要次。前序考定汉简出土之地，仅举汉长城至玉门关二事。又考释中所定候官燧燧次第，全据简文，今据其所出之地，知前由文字所考定者，虽十得七八，今由各地所出之简，以定其地之名，有可补正前考者若干事。一，《汉志》效谷县及鱼泽障之故址也。效谷故城，自来无考，《大清一统志》云："效谷、龙勒故城，俱在沙州卫西。"《西域图志》亦云："今日敦煌县西，逾党河，旧城基址。"不一而足。效谷、龙勒诸城遗址，疑于是乎在。近宜都杨氏《汉书·地理志图》，亦图效谷于敦煌之西，龙勒之东，惟唐写本《沙州图经》载"古效谷城在州（唐沙州即今敦煌县）东北三十里，是汉时效谷县"云云。案《汉志》：效谷县，本鱼泽障（今本此上有"师古曰"三字，然下引桑钦《记》实系班氏自注，胡朏明已驳正之，是也）。今木简中虽不见效谷县，然鱼泽之名凡两见：其一云："入西蒲书一吏马行，鱼泽尉印，十三日起诣府。永平十八年正月十四日日下铺时，扬威卒□□受□□卒赵□。"（卷二"簿书类"第六十一简）此简出于敦二十八，其地在前汉为步广候官，在新莽及后汉为万岁扬威燧。简中所谓府者，谓敦煌太守或都尉府（前汉敦煌郡置宜禾、中部、玉门、阳关四都尉，后汉惟置敦煌都尉，故鱼泽障在前汉本属宜禾都尉，至后汉则属敦煌都尉也），太守、都尉，皆治敦煌。自鱼泽诣敦煌之书，经过敦二十八，而曰入西蒲书，则鱼泽必在敦二十八（即步广）之东。又一简云："宜禾郡（简中都尉所治亦谓之郡）燧第：广汉第一，美稷第二，昆仑第三，鱼泽第四，宜禾第五。"（卷二"燧燧类"第七简）此自东而西之次第（见考释）。他简云：万岁扬威燧长许玄受宜禾临介卒张均（同上第十简）。又云：万岁扬威燧长石伋受宜禾临介卒赵时（同上第十一简）。此皆记受书簿录，而宜禾临介卒之书，传至万岁扬威燧，则万岁之东必为宜禾，宜禾之东乃为鱼泽。今据斯氏图，则敦二十八一地（即前汉步广，后汉万岁），已远在敦煌东北。如效谷县即鱼泽障，当在敦煌东北百里余，则《一统志》诸说固非，即《沙州图经》以沙州东北三十里之古城为效谷城，变未为得也。今据诸简及《汉志》，知中部都尉所辖障塞，在汉敦煌县境，其东则效谷县境，其障塞为宜禾，为鱼泽，又东则广至县境，其障塞为昆仑，为美稷，为广汉，皆宜禾都尉所辖。此敦煌以东诸地之可考者也。二，汉敦煌郡中部、玉门二都尉及四候官之治所也。前考言敦煌中部、都尉下二候官，东为万岁，西为步广。今知莫宿步广（"燧燧类"第二简）与步广燧（同上第八简）两简，均出于敦二十八，而万岁候造史（同上第一简）一简，则出于敦二十七。二地相距至近，乃知步广、万岁，乃一候官之异名，而万岁候造史一简，中有"间田"二字，乃王莽时物，则改步广候官为万岁，当属王莽时事也。至中部都尉下之弟二候官，实为平望。据"器物类"第一及二十二两简，则平望青堆燧即敦二十二乙，平望朱爵燧即敦十九，则敦二十二乙与敦十九之间，自为平望辖境。而敦二十二甲所出一简，有"候官谨□亭"等语（"燧燧类"第六简），又"簿书类"弟五十九简，亦出于敦二十二乙，其文曰："入西书二封，其一中部司马□平望候官。""官"字，前不能确定为何字，后更审谛，确系"官"字。此二简皆平望本有候官之证。又中部司马抵平望候官之书，经过敦二十二乙，而谓之入西书，则候官治所，自在敦二十二乙之西，或即敦二十二甲（斯氏书中有此名，而图中无此地）矣。此中部、都尉下二候官之可考者也。至玉门都尉下二候官，初疑玉门候官当与都尉同治，然都尉治敦十四，而其旁敦十五甲一地所出木简颇多，自系当时重地。沙氏释文弟四百五十八简（此简，沙氏书中未景印）亦出于此，其文曰"玉门候官"，则其地为玉门候官治所无疑。至都尉所属大煎都候官，则据"簿书类"第六简云："敦煌玉门都尉子光丞□年谓大煎都候"云云，此都尉告候官之书，出于敦六乙，即凌胡燧，则大煎都候官当治凌胡燧矣。此玉门都尉下二候官之可考者也。三，各燧燧之次弟也。顾由各燧燧所出之简以定其地之名，有当审慎者二：异地致书，自署地名，一也；记事之中，偶涉他地，二也。惟器物之楬所署之地，则以本地之物署本地之名，更无疑义。今以此求之，则自东徂西，首利汉燧，为斯氏图中敦三十四之地；次万岁显武燧，即敦二十六之地，而万岁扬威燧之即敦二十七，吞胡燧之即敦二十八（中部都尉治此），可由是决之矣；次平望青堆燧，即敦二十二乙之地；次平望朱爵燧，即敦十九之地；次玉门，即敦十四；次玉门候官下所属诸燧，当谷即敦十三；广新，即敦十二；显明，即敦八；又次则大煎都候官下属诸燧；凌胡燧，即敦六乙；厌胡燧，即敦六丙（以下均据"器物类"诸简所出地）；而广武之为敦五，步昌之为敦六甲，广昌之为敦六丁，亦可由是决之矣。由是沙漠中之废址，骤得而呼其名，断简上之空名，亦得而指其地，较前此凭空文考定者，依据灼然。故已著其事于表，复会其要最于编首，览者详焉。甲寅三月。

敦煌所出汉简跋

敦煌所出汉简跋(一)

制诏酒泉太守敦煌郡到戌卒二千人发酒泉郡其假□如品司马以下与将卒长吏将屯要害处属太守察地刑依阻险坚辟垒远候望母。(第一简)

(上阙)陈却适者赐黄金十斤□□元年五月辛未下。(第二简)

右二简书法相似,又自其木理观之,乃一简裂为二者。第二简斤字之半,尚在第一简末,可证也。此宣帝神爵元年所赐酒泉太守制书。《独断》云:"制书,其文曰制诏三公刺史太守相。"又云:"凡制书有印使符下远近皆玺封,尚书令重封,故汉人亦谓之玺书。"《汉书·武五子传》:"元康二年,遣使者赐山阳太守玺书,曰制诏山阳太守。"《陈遵传》:"宣帝赐陈遂玺书,曰制诏太原太守。"《赵充国传》:"上赐书曰制诏后将军,下文目为进兵玺书。"则玺书之首,例云"制诏某官"。此简云"制诏酒泉太守",则赐酒泉太守书也。案《赵充国传》:神爵元年,先零羌反,遣后将军赵充国击之(《宣帝纪》在四月)。酒泉太守辛武贤奏言:"屯兵在武威、酒泉、张掖万骑以上,皆(多)羸瘦。可益马食,以七月上旬赍三十日粮,并出张掖、酒泉,合击罕(按,应为罕)、开(按,应为开)在鲜水上者。"于是即拜武贤为破羌将军(《宣帝纪》在六月)以书敕让充国曰:"今诏破羌将军武贤将兵六千一百人,敦煌太守快将二千人,长水校尉富昌、酒泉侯奉世将婼、月氏兵四千,亡虑二千人,赍三十日粮,以七月二十二日击罕羌，入鲜水北句廉上。"云云。后从充国计，兵不果出，均与此诏情事合。但此诏下于五月辛未（二十一日）尚在武贤拜破羌将军之前，此时酒泉太守即系武贤；又，其时敦煌戍卒已至酒泉，武贤奏言屯兵在武威、张掖、酒泉万骑以上，可证也。后从武贤大举之议，故敦煌戍卒二千人，别以敦煌太守快领之；此时太守未行，故令司马以下与将卒长吏将屯要害处，受酒泉太守节度也。司马与将卒长吏，皆统兵之官，将卒长吏即将兵长史。古史、吏二字通用，《汉书·百官公卿表》："郡守有丞，边郡又有长史，掌兵马，秩皆六百石。"《续汉书·百官志》："郡当边戍者，丞为长史。"是边郡有长史，又称将兵长史。《后汉书·和帝纪》："永元十四年五月丁未，初置象郡将兵长史官。"《班超传》："建初八年，拜超为将兵长史。"（《章帝纪》称为西域长史）《班勇传》："元初六年，敦煌太守曹宗遣长史索班将千余人，屯伊吾。"盖皆敦煌郡之将兵长史也。后延光二年，以班勇为西域长史，自是讫于汉末，常置此官，以领西域各国，如都护故事，实则本敦煌郡吏，后乃独立，不属敦煌，然长史之名，犹郡吏之故号也。此诏乃神爵元年物，已有将卒长史。后汉谓卒为兵，故改称将兵长史，其实则一也。云"神爵元年五月辛未下"者，亦制诏旧式，《隶释·中常侍樊敏碑》所载诏书，末署"延熹元年八月廿四日丁酉下，魏下豫州刺史修老子庙诏"，末署"黄初三年十月十五日□子下"。木简有新莽诏，末署"始建国三年五月己丑下"，皆是也。此诏本下酒泉太守，其出于敦煌塞上者，盖由酒泉传写至此也。

敦煌汉简跋五

　　十一月壬子玉门都尉阳丞□敢言之谨写移敢言之　掾安守属贺书佐通成

　　右简为玉门都尉言事之书。"敢言之"者，下白上之辞。《汉书·王莽传》："莽进号宰衡，位上公，三公言事称'敢言之'。"

《论衡·谢短》篇："郡、言事二府，称'敢言之'。"《孔庙置百石卒史碑》："鲁相平行长史事卞守长擅叩头死罪，敢言之司徒、司空府。"此简不云"叩头死罪"，而但云"敢言之"，或系都尉与敦煌太守之书，而出于都尉治所者，盖具书之草稿也。掾安，守属贺，书佐通成，皆主文书之官。《樊毅复华下民租口算碑》表后署"掾臣条，属臣淮，书佐臣谋"。此简末亦署掾、属、书佐三人名，与彼碑同。《汉书音义》云："正曰掾，副曰属。"守属则摄行属事者也。

敦煌汉简跋十一

　　入西书二封（一封中部司马□平望候官，一封中部司马□阳关都尉府），十二月丙辰日下铺时受旅故卒张永日下铺时□□燧长张□。（第一简）

　　入西蒲书二封（其一封文德大尹章诣大使五威将莫府，一封文德长史印诣大使五威将莫府），始建国元年十月辛未日食时关啬夫受□□卒赵彭。（第二简）

　　入西蒲书一吏马行（鱼泽尉印十三日起诣府永平十八年正月十四日日中时扬威卒□□受□□卒赵仲。（第三简）

　　右三简皆记邮书之簿。"中部司马"者，敦煌中部都尉属官。"文德"，地名，不见《汉志》，据上简，文德有大尹，有长史，则为边郡矣（《续汉志》郡当边戍者丞为长史）。他简举西北边郡，有文德、酒泉、张掖、武威、天水、陇西、西海、北地八郡，举文德而无敦煌，故沙畹氏释彼简文德为王莽所改敦煌郡之初名，以此简证之，沙说是也。此简称文德，为始建国元年事。至地皇二年一简，则称敦德，与《汉志》合。然则《汉志》所载，乃其再改之名也。据《莽传》，始建国元年秋，"遣五威将王奇等十二人颁符命四十二篇于天下，外及匈奴西域。三年，又遣大使五威将王骏出西域"。此乃始建国元年事，则"大使五威将"者，乃王奇等十二人之一，其出匈奴者为王骏，出西域者，其人无可考。据上简十月辛未文德大尹长史之书，自塞上送五威将莫府，其时当已出塞矣。鱼泽尉亦障塞尉之类。诸简所云"某官诣某官"者，皆据封泥及检署之文录之。"中部司马"、"文德大尹章"、"文德长史印"、"鱼泽尉印"诸字，皆封泥上文。而"平望候官"、"阳关都尉府"、"大使五威将莫府"诸字，则检上所署之字也。余曩作《简牍检署考》，据《王莽传》哀章所作铜匦之检及刘熙《释名》，谓古人封书既用玺印，故但须署受书之人，不须自署官位姓名，此数简所记，足以证之。又第三简云"十三日起诣府"，则并署发书之日矣。此种邮书，皆自东向西之书，故曰"入西蒲书"。蒲者，簿之或作也。又诸简皆记受书日时，曰"日下铺时"，曰"日食时"，曰"日中时"，又皆燧卒致之燧长，或燧卒受之，以次传送至他燧。可见汉时邮递之制，即寓于亭燧中，而书到日时与吏卒姓名，均有记录，可见当时邮书制度之精密矣。

敦煌汉简跋十二

宜禾郡蠡第广汉第一美稷第二昆仑第三鱼泽第四宜禾第五。（第一简）

　（上缺）望步广㸐。（第二简）

　大威关蓬。（第三简）

右三简所记，凡七㸐。而或作"蠡"，或作"㸐"，或作"蓬"，皆"㸐"之别字也。《说文》："㸐隧，候表也。边有警则举火。从火，逢声。"又"䃤，塞上亭守烽火者，从䏶，遂声"。则隧以其地言，而烽以其物言，其实一也。然析言之，则烽与隧又自不同。《史记·司马相如传》"闻烽举燧燔"，《集解》引《汉书音义》曰："烽，如覆米窭县著桔槔头，有寇则举之。燧，积薪，有寇则燔然之。"《汉书·贾谊传》"斥候望烽燧不得卧"，注引文颖曰："边方备胡寇，作高土橹，橹上作桔槔，桔槔头悬兜零，以薪草置其中，常低之，有寇则火然，举之相告曰烽。又积薪，寇至即然之，以望其烟曰燧。"二说略同。则烽用火，燧用烟。夜宜用火，昼宜用烟，他简云"昼不见烟，夜不见火"是也。乃张揖（《文选·谕巴蜀檄》李善注引）、张宴（《汉书·贾谊传注》）、司马贞（《史记·周本纪》索隐）、张守节（《史记·司马相如传》正义）皆以为烽主昼，燧主夜。颜师古独于《贾谊传》注破张宴之说曰："昼则燔燧，夜乃举烽。"其识卓矣。据木简所记，则举烽燧之地或曰烽，或曰燧，而燧之名多至数十，烽则仅上三简所记而已。以理度之，则夜中之火视昼中之烟所及者远。盖古者设烽，必据高地，又烽台之高至五丈余（《太白阴经》、《通典》及木简皆云），烽干之高亦至三丈（沙畹书第六百九十简），二者合计，得八丈有奇，夜中火光，自可及数十里。若昼中之烟，较不易辨，故置燧之数宜密于置烽，此自然之理。简中诸燧，以燧数及里数差之，大率相去十里许。而烽之相距，自右简观之，则昆仑在广至县境，鱼泽在效谷县境，宜禾在效谷西界，与敦煌中部都尉之步广候官相接，则诸烽间相去颇远矣。以后世事证之，则庚阐《扬都赋》注云："烽火以置于高山头，缘江相望，或百里，或五十里，或三十里。"（《太平御览》卷三百三十五引）《唐六典·兵部》职方郎中职云："凡烽候所置，大率相去三十里。"而唐《沙州图经》纪白亭烽与长亭烽相去四十里，长亭烽与阶亭烽相去五十里。盖塞外广衍，无林麓之蔽，幕中干燥，无雾雾之虞，则置烽自不必如内地三十里之密。后世如此，汉亦宜然。然则简中所记，烽少而燧多，虽烽、燧本可互言，而多少殆为事实矣。"宜禾郡"者，汉无此郡名，殆指宜禾都尉辖境。以太守、都尉官秩略同，故其所治亦谓之郡。《汉志》"敦煌郡广至县"下"宜禾都尉治昆仑障"，此出平帝元始时版籍，其先当治鱼泽，故孝武时有鱼泽都尉（《汉志》效谷县下注引桑钦说：孝武元封六年，济南崔不意为鱼泽尉。唐《沙州图经》引作鱼泽都尉。）其后盖徙治宜禾，故又称宜禾都尉。后徙治昆仑障，仍用宜禾之号。此简中五烽，其次自东而西，广汉、美稷、昆仑三烽，皆在广至县境，鱼泽、宜禾皆在效谷县境。《汉志》云："效谷县，本鱼泽障也。"宜禾一烽又在效谷之西，西与敦煌之步广候官接界（详见《流沙坠简后序》）。然则此五烽绵亘广至、效谷二县北界，其地不下二三百里，而仅有此五烽，可见烽燧疏数之比矣。步广一烽，则属中部都尉，又在宜禾之西。至大威关烽一简，疑尚有阙字，当为玉门关之烽矣。

敦煌汉简跋十三

县承塞亭各谨候北塞燧即举表皆和尽南端亭以札署表到日时。（第一简）

七月乙丑日出二干时表一通至其夜食时苣火一通从东方来杜充见。（第二简）

右二简皆记举烽之事。"承塞亭"者，亭之最近塞者也。汉敦煌北塞，自西而东，所有亭燧皆沿塞上置之。此简乃云承塞亭及南端亭者，盖非塞上各亭燧，而谓自塞上南至郡治之亭燧也。汉制，内地十里一亭，其当孔道者，即为传烽之所矣。"表"，即《说文》所谓"烽燧，候表也"。然不云"举烽"而云"举表"者，意汉时塞上告警，烽燧之外，尚有不然之烽。晋灼《汉书音义》云："烽，如覆米薁县著桔槔头，有寇则举之。"但言举而不言然，盖浑言之，则烽表为一物；析言之，则然而举之谓之烽，不然而举之谓之表。夜则举烽，昼则举表。烽台五丈，上著烽干，举之足以代燔燧矣。《墨子·号令》篇之"垂"与《杂守》篇之"烽"，实皆谓是物也。《号令》篇云："望见寇，举一垂（孙氏诒让《閒诂》以垂为表字之讹是也）；入境，举二垂；狎郭，举三垂；入郭，举四垂；狎城，举五垂。夜以火，亦如此。"《杂守》篇云："望见寇，举一烽；入境，举二烽；射妻，举三烽；郭会，举四烽；城会，举五烽。夜以火，如此数。"或云垂，或云烽，又别烽与火为二物，明烽即表也。"表到"、"表至"者，谓见表之时。"苣"者，"炬"之本字，《说文》："苣，束苇烧也。""一通"者，古者传烽以多少为识，如《墨子·号令》、《杂守》二篇所言，皆以烽之多少示敌之远近者也。《唐兵部烽式》（《白氏六帖》引）则云："寇贼不满五百，放烽一炬；得蕃界事宜，知欲南入，放二炬；蕃贼五百骑以上，放三炬；千人放四炬；余寇万人亦四炬。"《御览》引《李卫公兵法》，语亦略同。此以烽之多少示敌之多寡者也。惟李筌《太白阴经》及《通典》则云："每晨及夜半安举一火，闻警因举二火，见烟尘举三火，见敌烧柴笼，则又以一火为报平安之烽。"汉人举烽不知用何法。然沙氏书中别录一简，释文（原简沙书未印）云："六月丁巳，丁亥第二百一十，苣火一通从东方来。"所谓"丁亥第二百一十"者，盖谓自丁亥岁首至六月丁巳所见之烽数，一百七八十日间，而烽火之数至二百一十。恐汉时每夜亦有报平安之烽，如李、杜二书所云也。此简出玉门大煎都候官所治凌胡燧，苣火一通从东方来，则来自玉门方面也。

敦煌汉简跋十四

　　出粟一斗二升以食使莎车续相如上书良家子二人八月癸卯（下阙）。（第一简）
　　出粟五石二斗二升以食使车师□君卒八十七人（下阙）。（第二简）

　　右二简，均记禀给行客之事。《汉书·功臣侯表》："承父侯续相如以使西域，发外王子弟，诛斩扶乐王首虏二千五百人侯，千百五十户，大始三年五月封。"此事不见《西域传》。使莎车与斩扶乐，殆一时事，则此简乃大始二年以前物也。"良家子二人"，乃相如所遣上书者，时过塞下，故出粟食之。汉时禀食，率日六升。《匈奴传》严尤谏王莽曰："计一人三百日食，用糒十八斛。"则百日得六斛，一日得六升，故右一斗二升者，二人一日食，五石二斗二升者，八十七人六日食也。此二简出玉门，而往反南北道之使皆过此者。案《西域传》言："自玉门阳关出西域有二道，从鄯善傍南山北波河，西行至莎车为南道，自车师前王庭随北山波河，西行至疏勒为北道。"《后书》语亦略同。《魏略·西戎传》言从玉门关入西域；前有二道，今有三道。从玉门关西出婼羌，转西越葱岭，经县度入大月氏，为南道；从玉门关西出，发都护井，回三陇沙北头，经居庐仓，从沙西井转西北，过龙堆到故楼兰，转西诣龟兹，至葱岭，为中道；从玉门关西北经横坑，避三陇沙及龙堆，出五船北，到车师界，戊己校尉所治高昌，转西与中道合，至龟兹，为新道。《北史·西域传》所记二道，其一当《魏略》之新道，其一当其中道，而皆云出玉门。《隋书·裴矩传》所言三道，亦皆与《魏略》同，而不言所从出。《元和郡县志》则言："阳关谓之南道，西趣鄯善、莎车，玉门谓之北道，西趣车师前庭及疏勒。"综上诸说观之，《汉书》记西域二道之所从出，但浑言玉门、阳关；《魏略》、《北史》专言玉门；《元和志》言"南道出阳关，北道出玉门"。今案汉时南北二道分岐，不在玉门、阳关，而当自楼兰故城始。自此以南，则从鄯善傍南山北波河西行至莎车，北则东趣车师前王庭，或西趣都护治所，皆随北山波河西行至疏勒，故二道皆出玉门。若阳关道路止于婼羌，往鄯善者绝不取此。故《西域传》言："婼羌僻在东南，不当孔道。"《汉书》纪北道自车师前王庭始，纪南道自鄯善始，当得其实。然则楼兰以东，实未分南北二道也。右简出玉门塞上，而自南道莎车还者乃经其地，益知南、北二道之分岐不在玉门、阳关，而当自故楼兰城始矣。

罗布淖尔东北古城所出晋简跋

西域长史承移今初除月廿三日当上道从上邽至天水。

　　此简乃西域长史新除，移书旧长史或属吏，告以上道日期者。承者，长史之名。此简所出之地，在罗布淖尔东北一古城，其地在前凉时谓之海头，即魏、晋西域长史治所也。按后汉、前凉皆置西域长史，见于史传；至魏、晋，此官书阙无考，惟《魏志·仓慈传》之长吏，余序此书时疑为长史之讹，以此简证之，知魏、晋间已置西域长史矣。简中有天水郡名，《晋书·地理志》："天水郡，汉武置，孝明改为汉阳，晋复为天水。"《通典》、《元和郡县志》、《太平寰宇记》皆从其说，然据陈寿书，则汉、魏之间早已复为天水。《魏志》武、文二《纪》、董卓、贾诩、庞惪诸《传》虽称汉阳，然《明帝纪》、曹真、张既、卫臻、阎温、杨阜、邓艾诸《传》，《蜀志》诸葛亮、姜维诸《传》，皆称天水，不称汉阳，则天水郡之名，恐不待晋时始复也。上邽者，天水属县，而郡治则在冀城，简所谓天水，当指冀城言之。《晋志》天水各县，以上邽为首，冀城次之，尔时郡治当已移上邽，故《水经·渭水注》于冀县故城、上邽县故城下，皆云故天水郡治也。此简时代，必在天水治冀城之时。苟在徙上邽之后，则上邽、天水即为一地，不得复云从上邽至天水也。而天水郡之徙治上邽，其时代虽无可考，然《晋志》言："泰始五年，始分凉州置秦州，治天水之冀城，太康三年罢，七年复立，徙治上邽。"晋时州郡大抵同治，则天水郡之徙治上邽，当与泰州之徙治上邽同时。此简为太康七年以前之物，亦可知也。

尼雅城北古城所出晋简跋

晋守侍中大都尉奉晋大侯亲晋鄯善焉耆龟兹疏勒。（第一简）
于窴王写下诏书到。（第二简）

右二简文义相属，书迹亦同，今定为一书之文。"晋守侍中大都尉奉晋大侯亲晋鄯善焉耆龟兹疏勒于窴王"者，析言之，当云"晋守侍中大都尉奉晋大侯亲晋鄯善王，晋守侍中大都尉奉晋大侯亲晋焉耆王"，以下［放］（仿）此。故上十三字，实此五王之公号也，不一一言之者，文例宜然也。案中国假西域诸王以官号，自后汉始。《后汉书·西域传》：光武建武五年，河西大将军窦融承制立莎车王康为汉莎车建功怀德王、西域大都尉，五十五国皆属焉。十七年，更赐以汉大将军印绶。顺帝永建二年，疏勒王臣磐遣使奉献，帝拜臣磐为与汉大都尉，其子孙至灵帝时犹称之（案《传》但言拜臣磐为汉大都尉，汉字上无与字，然下言疏勒王、与汉大都尉为其季文和得所射杀，时疏勒外非别有汉大都尉，不得言与，盖与、汉二字连读，与汉犹亲汉也）。《魏略·西戎传》："魏赐在师后部王壹多杂守魏侍中大都尉，受魏王印。"此西域诸王受中国官号之见于史者也。考汉、魏时，本无大都尉一官，求其原始，实缘都护而起。前汉时，本以骑都尉都护西域（见《汉书·百官公卿表》及甘延寿、段会宗《传》），后遂略称西域都护。新莽之后，都护败没，故窦融承制拜莎车王康为西域大都尉，使暂统西域诸国，盖不欲假以都护之名；又以西域诸国本各有左右都尉，故谓之西域大都尉，使其号若与西域都护骑都尉相埒云尔。及莎车既衰，而疏勒王称与汉大都尉，车师后部王又单称大都尉，皆不冠以西域二字，其号稍杀。此简西域五国王并有此号，以车师后部王称号观之，盖魏时已然矣。奉晋大侯亦然，以国王而受侯封，故谓之大侯，以别于西域诸国之左右侯；亦如大都尉之称，所以别于诸国之左右都尉也。亲晋某王者，亦当时诸国王之美称。考汉时西域诸王，但称汉某国王，《汉书·西域传》云："西域最凡国五十，自译长至侯王，皆佩汉印绶，凡三百七十六人。"其印文虽无传者，然《匈奴传》云："汉赐单于印，言'玺'不言'章'，又无'汉'字。诸王以下，乃有'汉'言'章'。"西域诸王虽君一国，然其土地人民，尚不如匈奴诸王，则汉所赐印，必云"汉某某王章"无疑也。后汉之初，莎车王号尚冠以汉字，中叶以后，乃有亲汉之称。《后书·西域传》："顺帝永建元年，班勇上八滑为后部亲汉侯。"然犹是侯号而非王号，惟建安中，始封鲜卑沙末汗为亲汉王。魏、晋以后，封拜四裔，皆袭此称，如《魏志·明帝纪》："大和三年，大月氏王波调遣使奉献，以调为亲魏大月氏王。"又《倭人传》："景初二年，以倭女王卑弥呼为亲魏倭王。"《晋书·王浚传》："浚表封鲜卑别部大飘滑及其弟渴末别部为大屠瓮等，皆为亲晋王。"又《段匹磾传》："匹磾父务弗尘遣兵助东海王越，征讨有功，王浚表为亲晋王、辽西郡公。"传世古印又有"亲晋羌王"。此简中五王亦然，其官号上冠以魏、晋字者，所以荣之；其王号冠以亲魏、亲晋字而不直云魏、晋者，所以示其非纯臣也。此简所举五国，西域长史所统，殆尽于此。按西域内属诸国，前汉末分至五十，后汉并为十余，至魏时仅存六七。《魏略》言"且末、小宛、精绝、楼兰，皆并属鄯善；戎卢、扜弥、皮穴（《汉书》作皮山），皆并属于阗；尉犁、危须、山王国，皆并属焉耆；始墨、温宿、尉头，皆并属龟兹；桢中、莎车、竭石、渠沙、西夜、依耐、蒲犁、亿若、榆令、捐毒、休修（《汉书》作休循），皆并属疏勒；且弥、单桓、毕陆（《汉书》作卑陆）、蒲陆（《汉书》作蒲类）、乌贪诸国，皆并属车师。"则魏时西域内属诸国，惟存鄯善、于阗、焉耆、龟兹、疏勒、车师六国而已。此简所举，又少车师一国，盖晋初车师后部，当为鲜卑所役属。《魏志·鲜卑传》注引王沈《魏书》云："鲜卑西部，西接乌孙。"《晋书·武帝纪》："咸宁元年六月，西域戊己校尉马循讨叛鲜卑，破之。二年，鲜卑阿多罗等寇边，西域戊己校尉马循讨之。"时鲜卑当据车师后部之地，故能西接乌孙，南侵戊己校尉治所矣。右简无车师王，当由于此。然则晋初长史所领者，惟上五国。此西域诸国之大势，得由右简知之者也。此简所出之地，当今尼雅城绝北，在汉为精绝国地，《后书·西域传》言"明帝时精绝为鄯善所并"，但此地所出木简，其中称谓，有大王，有王，有夫人，隶书精妙，似后汉桓、灵间书。疑精绝一国，汉末复离鄯善而独立，今此简无精绝王，而诏书乃到此者，必自鄯善或于阗传写而来，可见精绝至晋初又为他国所并。此尼雅一地之沿革，得从此简知之者也。右二简所存不及三十字，而足以裨益史事者如此，然非知此二简为一书，亦不能有所启发矣。

鞑靼考

鞑靼之名，始见于唐之中叶《阙特勤碑》之突厥文中，有三十姓鞑靼（Otuz Tatar）、九姓鞑靼（Tokuz Tatar），是为鞑靼初见纪录之始。按《阙特勤碑》立于开元二十年，则鞑靼之名古矣。李德裕《会昌一品集》卷五，有《赐回鹘嗢没斯特勒等诏书》，末云："卿及部下诸官，并左相阿波兀等部落，黑车子达怛等，平安好。"又卷八，《代刘沔与回鹘宰相颉于伽思书》云："纥扢斯专使将军踏布合祖云：发日，纥扢斯即移就合罗川，居回鹘旧国，兼已得安西、北庭、达怛等五部落。"是为鞑靼见于汉籍之始，时唐武宗会昌二年也。嗣于懿宗咸通九年，从朱邪赤心讨庞勋；僖宗中和二年，从李克用讨黄巢，并有功。至后唐、汉、周，仍世入贡，故薛、欧《五代史》及欧、宋《唐书》并记其事。而欧氏于《五代史》并为达怛立传。宋初太祖、太宗朝，尚三次入贡。后为西夏隔绝，不与中国通，而两宋人纪录中尚屡见其名。乃《辽史·营卫志》所记诸部族，《百官志》所记属国职名中，皆无鞑靼。本纪中虽三见"达旦"字，亦去其偏旁。《金史》乃并绝其迹。正史中至《明史》始复有《鞑靼传》，而《明史》之《鞑靼传》，实蒙古传也。然则辽、金三百年中，唐、宋间所谓鞑靼者，果何往乎？观宋、元人之著书，知当时固有鞑靼，其对辽、金之关系，决非浅鲜，正史中必不容没其事，而竟不概见，此读史者当发之疑问也。以余之所见，则唐、宋间之鞑靼，在辽为阻卜，在金为阻𩏬，在蒙古之初为塔塔儿，其漠南之汪古部，当时号为白达达者，亦其遗种也。

曷言乎鞑靼在辽为阻卜，在金为阻𩏬也？《辽史·圣宗纪》："开泰元年正月，达旦国兵围镇州，州军坚守，寻引去。"而《萧图玉传》云："开泰中，阻卜复叛，围图玉于可敦城，势甚张。图玉使诸军齐射却之，屯于窝鲁朵城。"按《圣宗纪》："统和二十二年，以可敦城为镇州。"《地理志》："镇州建安军节度，本古可敦城。"则《纪》、《传》所载地名既合，年岁又同，自是一事；而一称达旦，一称阻卜，是阻卜即鞑靼之证一也。《续资治通鉴长编》（卷五十五）："真宗咸平六年七月，契丹供奉官李信来归，言戎主母后萧氏有姊二人，长适齐王，王死，自称齐妃，领兵三万屯西鄙驴驹儿河，使西捍塔靼，尽降之。"按《辽史·圣宗纪》："统和十二年八月，诏皇太妃领西北路乌古等部兵及永兴宫分军抚定西边，以萧挞凛督其军事。十五年三月，皇太妃献西边捷。九月，萧挞凛奏讨阻卜捷。"而《萧挞凛传》则云："十二年，夏人梗边，皇太妃受命总乌古及永兴宫分军讨之，挞凛为阻卜都详稳。凡军中号令，太妃并委挞凛。十五年，敌烈部人杀详稳而叛，遁于西北荒，挞凛将轻骑逐之，因讨阻卜之未服者。诸蕃岁贡方物充于国，自后往来若一家焉。挞凛以诸部叛服不常，上表乞建三城以绝后患，从之。"考三城者，谓镇州及防、维二州，皆在驴驹河西南，与西夏相去绝远。是统和间太妃西征，非讨西夏，而实经营阻卜诸部，乃李信谓之西捍塔靼，是阻卜即鞑靼之证二也。而此事完全之证据，乃在《金史》。《金史·夹谷清臣传》："北阻𩍰叛，上遣责清臣，命右丞相襄代之。"又《内族·襄传》："襄代清臣，遂屯临潢，（中略）乃命支军出东道，襄由西道。而东军至龙朐河，为阻𩍰所围，三日不得出，求援甚急，（中略）襄即鸣鼓进发，（中略）向晨压敌，突击之。围中将士亦鼓噪出，大战，获舆帐牛马，众皆奔斡里札河，遣完颜安国追蹑之，众散走。会大雨，冻死者十七八，降其部长，遂勒勋九峰山石壁。"云云。今按《元朝秘史》（四）："大金因塔塔儿、篾古真薛兀勒图不从他命，教王京丞相领军来剿捕，逆著浯泐札河，将篾古真薛兀勒图袭将来。"案王京者，完颜之对音。《圣武亲征录》、《元史·太祖纪》并记此事，皆作"丞相完颜襄"。浯泐札河亦即《金史》之斡里札河（今乌尔载河）。是二书纪事并相符合。而《金史》之阻𩍰、《元秘史》谓之塔塔儿，正与

《辽史·萧图玉传》之阻卜、《圣宗纪》作达旦者，前后一揆。而塔塔儿一语，为鞑靼之对音，更不待言。故曰唐、宋之鞑靼，在辽为阻卜，在金为阻𪏰也。

更从地理上证之。唐时鞑靼住地，据《阙特勤碑》侧之突厥文，两记三十姓鞑靼，皆在黠戛斯、骨利干之后，契丹、白霤之前。日本箭内博士谓："黠戛斯在突厥西北，骨利干又在其北，契丹、白霤皆在突厥之东，则在其间之三十姓鞑靼，当居突厥东北，与金、元之塔塔儿方位全同。"其说良是。今假名此部曰东鞑靼，然此碑突厥文中，尚有九姓鞑靼，此部住地无可考。然《唐书·地理志》引贾耽《入四夷道里记》云："中受降城正北如东八十里，有呼延谷，谷南口有呼延栅，北口有归唐栅，车道也，入回鹘使所经。又五百里至鹏鹈泉，又十里入碛，经麚鹿山、鹿耳山、错甲山，八百里至山燕子井。又西北经密粟山、达旦泊、野马泊、可汗泉、横岭、绵泉、镜泊，七百里至回鹘牙帐。"此达旦泊在回鹘牙帐东南数百里，疑以鞑靼人所居得名，九姓鞑靼所居，盖当在此。今假名此部曰西鞑靼。《会昌一品集》所见达怛，其一与黑车子连称者，似与东方之三十姓鞑靼相当；其一与安西北庭连称者，似即西方之九姓鞑靼也。而唐末、五代以来，见于史籍者，只有近塞鞑靼。此族东起阴山，西逾黄河、额济纳河流域，至北宋中叶，并散居于青海附近，今假名之曰南鞑靼。欧阳公《五代史》之所传，王延德使高昌时之所经，李仁甫《续通鉴长编》之所见，皆是族也。而《辽史》所记阻卜，其分布区域，乃各与此三部鞑靼相当，李信谓辽齐妃领兵屯西鄙驴驹儿河，西捍塔靼，而《辽史·文学传》萧韩家奴之言曰："阻卜诸部，自来有之。曩时北至胪朐河，南至边境，人多散居，无所统一，惟往来抄掠。及太祖西征，至于流沙，阻卜诸部望风悉降。"是辽时边境以北至胪朐河，皆有阻卜部落，此可拟唐时之东鞑靼。又《太祖纪》云："天赞二年九月丙申朔，次古回鹘城。丙午，遣骑攻阻卜。"《萧图玉传》云："阻卜复叛，围图玉于可敦城。"《萧惠传》云："西阻卜叛，都监涅鲁古等将兵来援，遇敌于可敦城西南。"又《萧挞不也传》："阻卜酋长磨古斯绐降，挞不也逆于镇州西南沙碛间。"案古回鹘城，即今外蒙古额尔德尼昭西北之合刺八刺合孙（唐时回鹘牙帐），在鄂尔昆河西岸。可敦城即镇州，其地今虽未能考定，要当在鄂尔昆河之东，喀鲁哈河左右。而阻卜自其西南来，则其住地当在可敦城西南。唐时达旦泊正在此方面，故此部可拟唐时之西鞑靼。又《辽史·属国表》：圣宗开泰五年，书"阻卜酋长魁可来降"。《圣宗纪》作"党项魁可来"。《兵卫志》言"西夏元昊谅祚智勇过人，能使党项、阻卜掣肘大国"。此以阻卜与党项互举连言，则阻卜又南与党项相近。此种阻卜，又可拟唐末、五代之南鞑靼。故辽时阻卜分布之广，正与唐、宋人所谓鞑靼相同。至见于《金史》之阻𰀋，若北阻𰀋，则略当唐时之东鞑靼，亦即蒙古人所谓塔塔儿。此亦可由地理上证明之。《金史·宗浩传》云："内族襄以为攻破广吉刺，则阻𰀋无东顾忧。"是阻𰀋在广吉刺之西，而《元朝秘史》记翁吉刺住地云："合勒合河流入捕鱼儿海子处，有帖儿格等翁吉刺。"其记塔塔儿住地，则云："阿亦里兀惕、备鲁兀惕两种塔塔儿，在捕鱼儿海子与阔连海子中间，兀儿失温地面（今鄂尔顺河）。"又云："察阿安、阿勒赤都、塔兀惕、阿鲁孩四种塔塔儿，在兀勒灰失鲁格勒只惕地面（今乌尔浑河与色野尔集河合流处）。"皆东与在喀尔喀河流域之翁吉刺为邻。又载扯克扯儿地面（今苏克斜鲁山），有塔塔儿人，距翁吉刺之德薛禅家不远，与《金史》所载阻𰀋地望无一不合。故《辽》、《金》二史中阻卜、阻𰀋之为鞑靼，自地上证之而有余矣。

若然，辽、金之阻卜、阻𰀋，于唐、宋为鞑靼，于蒙古为塔塔儿，则阻卜、阻𰀋之名，乌从起乎？又于唐、宋以前，蒙古以后，得求此名之源流否乎？然求之前后诸史，绝不见有与阻卜或阻𰀋相类之名称，余乃不得不设一极武断、极穿凿之假说，曰：阻卜、阻𰀋者，鞑靼二字之倒误，且非无意之误而有意之误也。何以言之？曰：辽、金人文字中多言鞑靼，如史愿《亡辽录》（《北盟会编》卷二十一引）云："辽于沙漠之北，则置西北路招讨府（中略），镇摄鞑靼、蒙骨、迪烈诸国。"又，金主亮遣翰林学士韩汝嘉与宋国信使副徐嘉等宣谕公文（《北盟会编》卷二百二十九引）云："向来北边有蒙古、鞑靼等，从东昏王时数犯边境。"是辽、金时固有鞑靼，其《国史》、《实录》

亦当不讳言鞑靼；而《辽》、《金》二史中无之者，曰蒙古人讳言鞑靼故。蒙古人何以讳言鞑靼？曰：蒙人本非鞑靼，而汉人与南人辄以此名呼之，固为蒙古人所不喜；且元末修史之汉臣，已不复知鞑靼与蒙古之别，而辽、金史料中所记鞑靼事，非朝贡即寇叛，彼盖误以蒙古之先朝贡于辽、金也，虑其有损国体，故讳之尤深。当蒙古盛时，《秘史》、《亲征录》并记太祖受金官职事，初未尝以此为讳，然《宋》、《辽》、《金》三史之作，在顺帝之世，其时蒙古之势力既已坠地，故于文字之间尤多忌讳。试举实证以明之。《续资治通鉴长编》于太祖乾德四年、开宝二年，太宗太平兴国八年，并书"鞑靼入贡"，盖本于《国史》及《会要》，《建炎以来朝野杂记》（乙集十九）亦云："鞑靼于太祖、太宗朝各再入贡。"乃《宋史·本纪》于外国朝贡无一不书，独无太祖、太宗鞑靼入贡事。王延德《使高昌记》载于王明清《挥麈前录》者，中有鞑靼字凡六处，《宋史·高昌传》全录其文，惟删去有鞑靼字之处。《亡辽录》（《北盟会编》卷二十一引）："天祚于保大四年得大石林牙兵，又得阴山鞑靼、毛割石兵，自谓天助，欲出兵收复燕、云，大石林牙力谏。"云云。《东都事略·附录》（二）亦云："耶律延僖得大石林牙七千骑，又阴结鞑靼、毛褐、室韦三万骑助之。"而《辽史·天祚纪》则云："天祚既得林牙耶律大石兵，又得阴山室韦、谟葛失兵，自谓得天助，再谋出兵收复燕、云。"《辽史》此节，分明出于二书，而二书皆有鞑靼字，《辽史》独无。又《松漠纪闻》："余都父子以游猎为名，循入夏国。夏人问其兵几何？云'亲兵二三百'，遂不纳。投鞑靼，鞑靼先受悟室之命，其首领诈出迎，具食帐中，潜以兵围之。余都出敌，不胜，父子皆死。"《辽史·耶律余睹传》则云："余睹假游猎为名，遁西夏。夏人问：'汝来有兵几何？'余睹以'二三百'对，夏人不纳。卒。"此事与《纪闻》同。当出《纪闻》，而独无投鞑靼被杀事；《金史·叛臣传》亦但言"边部杀余睹及其二子，函其首以献"。《太宗纪》亦言"部族节度使土古斯捕斩余睹及其诸子"，而不明言其为何部。是数证者，谓非元人修史时有意删去鞑靼字不可也。然辽、金史料中之鞑靼，固自倍蓰于宋史料，又不必与他事并见，史臣以其不可删，且不胜删也，乃或省其偏旁作达旦字，又创为改字之法。考鞑靼之始见载籍也，其字本作达怛（《会昌一品集》及《册府元龟》），后作达靼（薛、欧《五代史》及《梦溪笔谈》），至宋南渡后，所撰所刊之书乃作鞑靼。鞑字不见于《集韵》、《类篇》，是北宋中叶尚无此字，其加革旁，实涉靼字而误。然辽、金史料中，其字当已有作鞑靼者。其倒也或作怛达，或作靼鞑，极与阻鞿二字相似。当时史料中或有一二处误作阻鞿，或省作阻卜者，史臣乃利用其误，遂并史料中之不误者而尽改之，以避一时之忌讳，其于《辽史·太祖》《圣宗纪》三处尚存达旦字者，盖史臣所未及改，抑故留此间隙，以待后人之考定者也？且《辽史》所见之达旦三处，不独省其偏旁，亦异其书法。凡史家于敌国使来则书"聘"，属国则书"贡"，此诸史之通例。《辽史》本纪惟于梁、唐、周、宋四国书"聘"，后晋、北汉、西夏之称臣或受册而书"贡"，南唐虽未称臣，亦仍书"贡"，至塞北诸部更无不书"贡"者。惟《道宗纪》"太康十年二月庚午朔，萌古国遣使来聘；三月戊午，远萌古国遣使来聘"。独书"聘"者，以示蒙古之先与辽世为敌国也。而《太祖纪》书"神册三年二月，达旦国来聘"，《圣宗纪》书"统和二十三年六月，达旦国九部遣使来聘"。亦书"聘"者，盖元代修史诸臣，已不知鞑靼与蒙古之分，误以辽史料中之鞑靼为蒙古之先，故以敌国书法书之，与《道宗纪》之书"萌古来聘"，同一用意。由此二条，可见元人修史时讳言鞑靼之隐。《金史》之中亦有类是之特笔。如西北、西南招讨司下之乣军详隐，本有十处，今《地理志》、《兵志》所载，均为九处。《地理志》有移典乣而无萌古乣，《兵志》反是。其实二者均当有之，盖萌古、萌骨之为蒙古，此人人所易知，元人必以蒙古列于金之乣军为讳，故于《地理志》删之，而于《兵志》亦删去移典乣，以与《地理志》之九处相应。然于其首大书曰："西北、西南之乣军十。"明移典、萌骨二乣皆所当有，故于二《志》互见，以使人推考得之。《兵志》部族节度使有萌骨部族，而《地理志》中无之，亦由此故。其所以删彼而存此者，缘《地理志》记各部族节度使各详稳，皆自为一行，易属人目；若《兵志》之文，则蝉联而下，非通读全文，难以觉察故也。此皆史臣之微辞。《辽》、《金》二史中之阻卜、阻𩏩，亦犹是矣。要之，吾侪既发见元人讳言鞑靼之隐，则其删剟事实，改易名目，并不足深怪，而上所陈述武断穿凿之假说，固自有可能性在也。

　　漠南鞑靼（阴山鞑靼）之见于载籍也，较漠北东、西二鞑靼（三十姓鞑靼及九姓鞑靼）为后。唐会昌初年，回鹘为黠戛斯所破，其一部南走中国近塞。时李德裕为相，筹所以防御、招抚之者甚备，具见《会昌一品集》中。而其中所记近塞蕃族，仅有沙陀、契苾、退浑、党项四部而无鞑靼。至咸通九年，鞑靼始从朱邪赤心讨庞勋，赤心时为蔚州刺史，则尔时鞑靼必已居蔚州近塞。知鞑靼之徙阴山左右，当在会昌与咸通之间。然则未徙之时，果居何地，抑称何名，自欧《史》以来颇有异说。余谓阴山鞑靼，当即三十姓鞑靼或九姓鞑靼一部之南下者。盖当时东、西二鞑靼，均有南徙之可能性，即《会昌一品集》中之达怛与黑车子连称者，余前既定为三十姓鞑靼。当唐之季，黑车子一族实已南徙幽州近塞（见拙著《书津田博士〈室韦考〉后》），则其邻部之达怛，同时亦南徙并州近塞，固非不可解之事。又九姓鞑靼住地，余前以贾耽《道里记》中之达旦泊拟之，此泊在回鹘牙帐东南，当回鹘入唐之道。回鹘既破，此部相率南徙，亦自然之势也。日本箭内博士乃据阎复《驸马高唐忠献王碑》所引《汪古氏家传》及《蒙鞑备录》，谓阴山鞑靼出于沙陀，乃突厥人种，与漠北鞑靼之属蒙古人种者全非同族。余意此二族在唐并为鞑靼，在《辽史》并为阻卜，自不能视为异种。但南徙之后，与沙陀、党项诸部杂居，故此部中颇有他种人，而其与党项之关系，尤较沙陀为密，故昔人多互称之。如折氏本党项大姓，而《册府元龟》（卷九百七十二）之"党项折文通"，同卷又称之为"达怛都督折文通"；又《辽史·属国表》有"阻卜酋长魁可"，而《圣宗纪》作"党项魁可"；《宋史·党项传》："景德二年，熟户旺家族击夏兵，擒军主一人以献。"又："大中祥符二年，夏州略去熟户旺家族首领都子等来归。"按"旺家"即白鞑靼名族"汪古"之异译，而《宋史》以为党项部族。《元史·阿剌兀思剔吉忽里传》云："阿剌兀思剔吉忽里，汪古部人。金源氏堑山为界，以限南北，阿剌兀思剔吉忽里以一军守其冲要。"

而《蒙鞑备录》则云："金章宗筑新长城，在静州之北，为唐古乣人戍之。"唐古亦即党项之异译。盖鞑靼与党项，自阴山、贺兰山以西，往往杂居，故互受通称。然若据此而遽谓阴山鞑靼出于党项，则与谓其出于沙陀者，同为无根之说也。故余对箭内博士之二元论，宁主张一元论，以唐之鞑靼、辽之阻卜名称之统一，非是无以解释之故也。

附 鞑靼年表

唐咸通九年	达靼从朱邪赤心讨庞勋（《五代史·四裔附录》）。
广明元年	李涿引大兵攻蔚州，李国昌（原作献祖）战，不利，乃率其族奔达靼部，居数月，吐浑赫连铎密遣人赂达靼，以离间国昌。国昌子克用（原作武皇）知之，（中略）谕之曰："予父子为贼臣谗间，报国无由，今闻黄巢北犯江淮，必为中原之患。一旦天子赦宥，有诏征兵，仆与公等南向而定天下，是予心也。"达靼知无留意，皆释然无间（《旧五代史》、《唐书·武皇纪》）。
中和二年	八月，李国昌自达靼部率其属归代州（同上），克用募达靼万人以从（《唐书·沙陀传》）。九月，克用率忻代蔚朔达靼之军三万五千骑，赴难于京师（《旧五代史》、《［唐书］·武皇纪》）。
辽神册三年（梁贞明四年）	二月，达旦国来聘（《辽史·太祖纪》）。
天赞二年（后唐同光元年）	九月丙午，遣骑攻阻卜（《辽史·太祖纪》）。
后唐同光二年（辽天赞三年）	二月，河西郡族折文通贡驼马（《册府

元龟》九七二）。契丹从碛北归帐，达靼
因相掩击，其首领裕悦族帐自碛北以
部族羊马三万来降（《旧（五代）史》、
《唐书·庄宗纪》）。

同光四年（辽天显元年）　正月，达怛都督折文通贡驼马（《元龟》
九七二）。

天成三年（辽天显三年）　四月，达怛遣使入贡（同上）。

天成四年（辽天显四年）　五月，党项折文通进马（同上）。十月，
达怛首领张十三朝（同上。《旧史》、《唐
书·明宗纪》云："七月丙寅，达靼来
朝。"）。

去年四月，义武军节度使王都反（《五
代史·唐本纪》），诱契丹入寇。明宗诏
达靼入契丹界以张军势，遣宿州刺史
薛敬忠以所获契丹团牌二百五十及弓
箭数百，赐云州界生达靼（《五代史·四
裔附录》）。

长兴二年（辽天显六年）　正月，达怛列六萨娘居等进马。十一
月，党项达怛阿属朱并来朝贡（《元
龟》九七二）。

长兴三年（辽天显七年）　三月，达怛尝葛苏进马十匹及方物（同
上）。六月，达靼首领颉哥以其族来附
（《五代史·唐本纪》）。十一月丁未，阻
卜贡海东青鹘三十连于辽（《辽史·太宗
纪》）。

辽天显八年（后唐长兴四年）　二月、七月、十月，阻卜入贡（《辽
史·太宗纪》、《属国表》）。

后唐清泰元年（辽天显九年）　二月，云州上言：达怛胡禄末族帐到州
界贸易（《元龟》九九九）。

八月，达怛首领没于越入朝贡羊马

（《元龟》九七二）。

辽会同二年（晋天福三年）　九月甲戌，阻卜来贡（《辽史·太宗纪》。《属国表》作十月）。

会同三年（晋天福四年）　八月，阻卜三入贡（《辽史·太宗纪》、《属国表》）。

会同四年（晋天福五年）　十一月，阻卜入贡（同上）。

会同五年（晋天福六年）　七月、八月，阻卜入贡（《太宗纪》，《属国表》在六、七二月）。

汉乾祐三年（辽天禄四年）　八月，达怛来附（《五代史·汉本纪》）。

周显德五年（辽应历八年）　四月，回鹘达靼遣使者来（《五代史·周本纪》）。

宋乾德四年（辽应历十六年）　夏六月甲寅，塔坦国天王娘子及宰相允越皆来修贡（《长编》七。原注：《国史》及《会要》俱称四年夏，因附此，新旧录无之）。

开宝二年（辽保宁元年）　塔坦国天王娘子之子策卜迪来贡（《长编》十。原注：《会要》不记其时）。

辽乾亨元年（宋太平兴国四年）　阻卜惕隐曷鲁夷离堇阿里睹来朝（《辽史·景宗纪》）。

宋太平兴国六年（辽乾亨三年）　使王延德使高昌，假道于鞑靼九族。王延德《使高昌记》（《挥麈前录》卷四引）："初自夏州历玉亭镇，次历黄羊平，其地平而产黄羊。渡沙碛，无水，行人皆载水。凡二日，至都啰啰族。汉使过者，遗以货财，谓之'打当'。次历茅家喝子族，族临黄河，以羊皮为囊，吹气实之，浮于水面；或以橐驼牵木筏而渡。次历茅女王子开道族，行入六窠沙，沙深三尺，马不能行，行者皆乘橐驼，不育五谷，沙中生草，名

'登相'，收子以食。次历楼子山，无居人，行沙碛中，以日为占，旦则背日，暮则向日，日中则止；夕行望月，亦如之。次历卧羊梁劲特族，地有都督山，唐回鹘之地。次历大虫太子族，族接契丹界，人尚衣锦绣，器用金银，马乳酿酒，饮之亦醉。次历屋地目族，盖达于于越王子之子也。次至达于于越王子族。此九族，达靼中尤尊者。次历拽利王子族，有合罗川，唐回鹘公主所居之地，城基尚在，有汤泉池。传曰：契丹旧为回纥牧羊，达靼旧为回纥牧牛，回纥徙甘州，契丹、达靼遂各争长攻战。次历阿墩族。"云云。

同上："闻有契丹使者来，谓其王曰：'闻汉遣使入达靼，而道出王境，诱王窥边，宜早送至达靼，无使久留。'"

同上："延德初至达靼之境，颇见晋末陷虏者之子孙，咸相率迎献饮食。问其乡里亲戚，咸甚凄感，留旬日不得去。"

辽乾亨四年（宋太平兴国七年）　十二月戊午，耶律速撒讨阻卜（《辽史·圣宗纪》、《属国表》）。

统和元年（宋太平兴国八年）　正月辛巳，速撒献阻卜俘（同上）。

宋太平兴国八年（辽统和元年）　塔坦国遣使唐特墨，与高昌国使安骨卢，俱入贡。骨卢复道夏州以还，特墨请道灵州，且言其国王欲观山川迂直，择便路入贡，诏许之（《长编》二十四）。

辽统和二年（宋雍熙元年）　十一月，速撒等讨阻卜，杀其酋长挞剌干（同上）。

统和四年（宋雍熙三年）	十月，阻卜遣使来贡（同上）。
统和八年（宋淳化元年）	十月，阻卜遣使来贡（同上）。
统和十二年（宋淳化五年）	九月，阻卜来贡（同上）。
统和十五年（宋至道三年）	九月，萧挞凛奏讨阻卜捷（同上）。
统和十八年（宋咸平三年）	六月，阻卜叛酋鹘碾之弟铁勒不率众来附，鹘碾无所归，遂降。诏诛之（同上）。
统和廿一年（宋咸平六年）	六月，阻卜酋长铁剌里率诸部来降。七月，来贡。八月，阻卜铁剌里来朝（《圣宗纪》。《属国表》来朝作六月）。
统和廿二年（宋景德元年）	八月，阻卜酋铁剌里来朝，并求婚，许之（《属国表》。《圣宗纪》作不许）。
统和廿三年（宋景德二年）	六月甲午，阻卜酋铁剌里遣使贺与宋和（《圣宗纪》、《属国表》）。己亥，达旦国九部遣使来聘（《圣宗纪》）。
统和廿五年（宋景德四年）	九月，西北路招讨使萧图玉讨阻卜，破之（同上）。
统和廿九年（宋大中祥符四年）	六月，诏西北路招讨使萧图玉，安抚西鄙，置阻卜诸部节度使（同上。《图玉传》："自后，节度使往往非材，部民怨而思叛。"）。
开泰元年（宋大中祥符五年）	十月，萧图玉奏：七部太师阿里底因其部民之怨，杀本部节度使霸暗，并屠其家以叛。阻卜执阿里底以献，而沿边诸郡皆叛（《圣宗纪》。《耶律化哥传》："开泰元年，伐阻卜。阻卜弃辎重遁走，俘获甚多。"）。
开泰二年（宋大中祥符六年）	正月，达旦国兵围镇州，州军坚守，寻引去（《圣宗纪》）。七月，化哥破阻卜

酋长乌八之众（《圣宗纪》、《属国表》）。
《萧图玉传》："开泰元年七月，石烈太师阿里底杀其节度使，西奔窝鲁朵城，盖古所谓龙庭单于城也。已而，阻卜复叛，围图玉于可敦城，势甚张。图玉使诸军齐射却之，屯于窝鲁朵城。明年，北院枢密使耶律化哥引兵来救，图玉使人诱诸部，皆降。"

开泰三年（宋大中祥符七年）　正月，阻卜酋长乌八来朝，封为王（《圣宗纪》、《属国表》）。

开泰四年（宋大中祥符八年）　四月，耶律世良等破阻卜，上俘获数（《圣宗纪》。《属国表》作三月）。

开泰五年（宋大中祥符九年）　二月，阻卜酋长来朝。三月，叛命阻卜酋长魁可来降（《属国表》。《圣宗纪》作党项魁可来降）。

开泰七年（宋天禧二年）　乌古敌烈部都监萧普达，遣敌烈骑卒取北阻卜名马以献（《萧普达传》）。

开泰八年（宋天禧三年）　七月，诏阻卜依旧岁贡马千七百、驼四百四十、貂鼠皮万、青鼠皮二万五千（《圣宗纪》）。

太平元年（宋天禧五年）　六月，阻卜札剌部来贡（《属国表》）。

太平六年（宋天圣四年）　三月，阻卜来侵，西北招讨使萧惠破之。八月，萧惠攻甘州，不克，师还。阻卜诸部皆叛，辽军与战，皆为所败。诏遣惕隐耶律洪古林牙化哥等将兵讨之（《圣宗纪》、《属国表》）。《萧惠传》："太平六年，讨回鹘阿萨兰部，征兵诸路，独阻卜酋长直剌后期，立斩以徇。进至甘州，攻围三日，不克而还。时直剌之子聚兵来袭，阻卜酋长乌八密以告，惠未之信。会西阻卜叛，袭三克军，都监涅鲁古、突举部节度使谐里、阿不吕等将兵三千来救，遇敌于可敦城西南，谐里、阿不吕战没，士卒溃散。惠仓卒列阵，敌出不意攻我营。众请乘时奋击，惠以我军疲敝未可用，弗听。乌八请以夜斫营，惠又不许。阻卜归，惠乃设伏兵击之，前锋始交，敌败走。惠为招讨累年，屡遭侵掠，士马疲困。"

太平七年（宋天圣五年）　六月，诏萧惠再讨阻卜（《圣宗纪》）。

太平八年（宋天圣六年）　九月癸丑，阻卜别部长胡懒来降。乙卯，阻卜长春古来降（《圣宗纪》）。

重熙六年（宋景祐四年）　十一月，阻卜酋长来贡（《兴宗纪》、《属国表》）。

重熙七年（宋景祐五年）　七月，阻卜酋长屯秃古斯来朝（同上）。

重熙十二年（宋庆历三年）　六月，阻卜大王屯秃古斯弟太尉撒葛里来朝。八月，阻卜来贡（同上）。

重熙十三年（宋庆历四年）　六月，阻卜酋长乌八遣其子执元昊求援使者窊邑改来，且乞以兵助战。从之（同上）。

重熙十四年（宋庆历五年）　六月，阻卜大王屯秃古斯率诸酋长来朝（同上）。

重熙十六年（宋庆历七年）　六月，阻卜大王屯秃古斯来朝，进方物（同上）。

重熙十七年（宋庆历八年）　六月，阻卜进马驼二万（同上）。

重熙十八年（宋皇祐元年）　六月，阻卜来贡马驼、珍玩（同上）。冬十月，北道行军都统耶律迪鲁古率阻卜诸军至贺兰山，获李元昊妻及其官僚家。遇夏人三千来战，殪之（《兴宗纪》)。

重熙十九年 （宋皇祐二年）	七月，阻卜酋长豁得刺弟斡得来朝，加太尉遣之。八月，阻卜酋长喘只葛拔里斯来朝。十一月，阻卜酋长豁得刺遣使来贡（同上）。
重熙廿二年 （宋皇祐五年）	七月，阻卜酋长屯秃古斯率诸部长献马驼（同上）。
重熙廿三年 （宋至和元年）	十一月，阻卜酋长来贡（同上）。
清宁二年 （宋嘉祐元年）	六月，阻卜酋长来朝，及贡方物（《道宗纪》、《属国表》）。
咸雍二年 （宋治平三年）	六月，阻卜酋长来贡（同上）。
咸雍五年 （宋熙宁二年）	三月，阻卜酋长叛。以南京留守晋王仁先为西北路招讨使，领禁军讨之。九月，晋王仁先遣使奏阻卜之捷（同上）。《耶律仁先传》："阻卜塔里干叛。命仁先为西北路招讨使。""仁先严斥堠，扼敌冲。""塔里干复来寇，仁先逆击，追杀八十余里。大军继至，又败之。别部把里斯、秃没等来救，见其屡挫，不敢战而降，北边遂安。"
咸雍六年 （宋熙宁三年）	二月，阻卜酋长来朝，且贡方物。四月，西北招讨使以所降阻卜酋来（同上）。六月，阻卜来朝（《道宗纪》）。七月，阻卜酋长来贡（《属国表》）。十月，西北路招讨使擒阻卜酋长来献，以所降阻卜酋长图木同刮来（《道宗纪》、《属国表》）。十一月，禁鬻生铁于回鹘、阻卜等界（《道宗纪》）。
咸雍十年 （宋熙宁七年）	二月，阻卜来贡（《道宗纪》、《属国表》）。
太康四年 （宋元丰元年）	六月，阻卜诸酋长进良马（同上。是月

又有来贡一事）。

《萧迁鲁传》："太康初，阻卜叛，迁西北路招讨都监，从都督（按，中华书局本作都统）耶律赵三征讨有功。"（此事《纪》、《表》未见，不知在何年）

太康五年（宋元丰二年）　六月，阻卜酋长来贡（《道宗纪》、《属国表》）。

太康七年（宋元丰四年）　六月，阻卜余古赧来贡（同上）。

太康八年（宋元丰五年）　六月，阻卜酋长来贡（同上）。

太康九年（宋元丰六年）　六月，阻卜酋长来贡（同上）。

太康十年（宋元丰七年）　五月，阻卜诸酋长来贡（同上）。

宋元丰七年　遣皇甫旦使达靼，不达（《续资治通鉴长编》卷三百四十六）。

辽大安二年（宋元祐元年）　六月，阻卜酋长余古赧及爱的来朝，诏燕王延禧相结为友（《道宗纪》）。

大安五年（宋元祐四年）　五月，以阻卜摩古斯为诸部长（《道宗纪》）。

大安七年（宋元祐六年）　八月，塔坦入夏国西界娄贝博监军司界，掠人户一千余户，牛羊孳畜，不知数目（《续资治通鉴长编》卷四百七十一）。

大安八年（宋元祐七年）　正月，阻卜诸酋长来降。四月，来贡（同上）。耶律何鲁扫古知西北路招讨使事，时边部耶都刮等来侵。何鲁扫古诱北阻卜酋豪磨古斯攻之，俘获甚众，以功加左仆射。复讨耶睹刮等，误击磨古斯，北阻卜由是叛（《耶律何鲁扫古传》）。十月，酋长磨古斯杀金吾秃古斯以叛，遣奚六部秃里耶律郭三发诸蕃兵讨之（《道宗纪》、《属国表》）。

大安九年 (宋元祐八年)　二月，磨古斯来侵。三月，西北路招讨使耶律阿鲁扫古追磨古斯还，都监萧张九遇贼，与战不利。二室韦、拽剌、北王府、特满群牧、宫分等军多陷于贼。十月庚戌，有司奏：磨古斯诣西北路招讨使耶律挞不也伪降，既而乘虚来袭，挞不也死之。阻卜乌古札叛。丙辰，有司奏：阻卜酋长辖底掠西路群牧。癸亥，乌古敌烈统军使萧朽哥奏讨阻卜等部捷。十一月辛巳，特末等奏讨阻卜捷（同上）。

《萧挞不也传》（按，应为《耶律仁先传》所附《（子）挞不也》传）："磨古斯之为酋长，由挞不也所荐。至是遣人诱致之。磨古斯绐降。挞不也逆于镇州西南沙碛间，禁士卒毋得妄动。敌至，裨将耶律绾（斯）徐烈见其势锐，不及战而走，遂遇害（按中华书局校点本作'被害'）。"

大安十年 (宋绍圣元年)　正月，乌古札等来降。七月，阻卜等寇倒塌岭，尽掠西路群牧马去。东北路统军使耶律石柳以兵追及，尽获所掠而还。九月，斡特剌破磨古斯。十月，西北路统军司获阻卜酋长拍撒葛蒲鲁来献。十一月，阻卜酋的烈等来降。十二月，西北路统军司奏讨磨古斯之捷（《道宗纪》、《属国表》）。

寿隆元年 (宋绍圣二年)　六月，阻卜酋长秃里底及图木葛来贡。七月庚子，阻卜酋长猛达斯来贡（同上）。甲寅，斡特剌奏讨磨古斯捷（《道宗纪》）。

寿隆二年（宋绍圣三年） 八月，阻卜来贡（《道宗纪》、《属国表》）。

寿隆三年（宋绍圣四年） 二月，阻卜酋长猛撒葛等请复旧地以贡方物。五月，斡特剌讨阻卜，破之（同上）。

寿隆四年（宋元符元年） 正月己巳，徙阻卜等贫民于山前（《道宗纪》）。

寿隆五年（宋元符二年） 六月，阻卜酋长来贡（同上）。

寿隆六年（宋元符三年） 六月，阻卜酋长来贡（同上）。

乾统二年（宋崇宁元年） 正月，斡特剌执磨古斯来献。二月，磔磨古斯于市（《道宗纪》）。六月，阻卜入寇，斡特剌等战败之（《天祚帝纪》、《属国表》）。

《萧夺剌传》：乾统元年，"复为西北路招讨使。北阻卜耶刮睹率邻部来侵，夺剌逆击，追奔数十里。二年，乘耶刮睹无备，以轻骑袭之，获马万五千匹，牛羊称是"。

乾统六年（宋崇宁五年） 七月，阻卜来贡（《天祚帝纪》、《属国表》）。

乾统十年（宋大观四年） 六月，阻卜来贡（同上）。

天庆二年（宋政和二年） 六月，阻卜酋长来贡（同上）。

天庆九年（宋宣和元年） 五月，阻卜补疏只等反（同上）。

保大二年（宋宣和四年） 耶律大石自立为王，率精骑二百宵遁，北行三日，过黑水，见白达达详稳床古儿。床古儿献马四百，驼二十，羊若干。西至可敦城，会阻卜等十八部，遂得精兵万余，立排甲具器仗（《天祚帝纪》）。

保大四年（宋宣和六年） 天祚帝以鞑靼兵南伐，兵溃被执。《亡辽录》（《三朝北盟会编》卷二十一引）：

"保大四年，天祚得大石林牙，又得阴山鞑靼毛割石兵，自谓天助，谋出兵收复燕、云。大石林牙力谏，（中略）不从，遂率诸军出夹山，下渔阳岭，取天德军、东胜、宁边、云内等州。南下武州，遇金人，战于奄遏水奔山。金司小胡房密遣人报粘罕，遣伍百骑劫迁入云中。"《马扩茅斋自序》（同上，卷二十一引）："天祚驱鞑靼众三万余骑，乘粘罕归国，山后空虚，直抵云中府袭击。兀室率蔚应奉圣州云中汉儿乡兵为前驱，女直以军马千余伏于山谷间，出鞑靼军之后，鞑靼溃乱大败，天祚南走。"

《东都事略附录》（二）："耶律延禧得大石林牙七千骑，又阴结鞑靼、毛褐室韦三万骑助之，（中略）南侵，遇金人兀室军。兀室率山西汉儿乡兵为前驱，以女真千余骑伏山间，乃出，鞑靼等顾之，大骇而溃。"

金天会五年（宋建炎元年） 鞑靼献羊于金。

傅雱《建炎通问录》（《北盟会编》卷一百十引，时在建炎元年）："当日鞑靼国献羊，黑水国献马，两国人使，同时在帅府前伺候。"

天会十年（宋建炎六年） 故辽将余都叛入鞑靼，鞑靼杀之。

《松漠纪闻》："余都父子以射猎为名，遁入夏国。夏人问有兵几何？云'亲兵二三百'，遂不纳。投达靼，达靼先受晤室之命，其首领诈出迎，具食帐中，潜以兵围之。达靼善射，无衣甲，余都出敌不胜，父子皆死。"

□□□年　塔塔儿执蒙古俺巴该汗送于金，金人杀之。

《元朝秘史》（一）："捕鱼儿海子、阔连海子、两个海子中间的河，名兀儿失温那，河边住的塔塔儿一种人（据蒙文为阿亦兀里惕、备鲁兀惕两种）。俺巴孩将女儿嫁与他，亲自送去，被塔塔儿人拿了，送与大金家。俺巴孩去时，别速氏巴剌合赤名字的人说：将回去说道。你对合不皇帝的七个儿子中间的忽图剌根前，并我十个儿子内的合答安太子根前说，我是众百姓的主人，为亲送女儿上头被人拿了，今后以我为戒，你每将五个指甲磨尽，便坏了十个指头，也与我报仇。"

大定元年（宋绍兴三十一年）　宋刘锜等传檄鞑靼诸国，讨金主亮（《三朝北盟会编》卷二百三十二）。

大定二年（宋绍兴三十二年）　蒙古伐塔塔儿。

《秘史》（一）："忽图剌做了皇帝，同合答安太子往塔塔儿处报仇，与阔湍巴剌合、札里不花两人厮杀了十三次，不曾报得仇。与塔塔儿厮杀时，也速该把阿秃儿将他帖木真木格豁里不花等掳来，那时也速该把阿秃儿的妻诃额仑正怀孕，于斡难河边迭里温孛勒答黑山下生了太祖。（中略）因掳将帖木真兀格来时生，故就名帖木真。"

大定七年（宋乾道三年）　十二月，遣武定军节度使移剌桉招谕阻鞤（《金史·世宗纪》）。

大定十年 （宋乾道六年）　　塔塔儿毒死蒙古也速该。

《秘史》（一）："也速该（自翁吉刺部）还去，到扯克扯儿地面，遇著塔塔儿每做筵席。因行得饥渴，就下马住了，不想塔塔儿每认得，说也速该乞颜来了。因记起旧日被掳的冤仇，暗地里和了毒药，与吃了。也速该上马行到路间，觉身子不好了。行了三日，到家越重了，（中略）说罢死了。"

大定十二年 （宋乾道八年）　　四月，阻鞑来贡（《金史·世宗纪》）。

明昌五年 （宋绍熙五年）　　九月甲申，命上京等九路并诸抹及乣等处，选军三万，俟来春调发，仍命诸路并北阻鞑，以六年夏会兵临潢（《金史·章宗纪》）。

明昌六年 （宋庆元元年）　　北阻鞑叛，遣右丞相完颜襄讨之。十二月，出师大盐泺，分兵攻取诸营（同上）。

《金史·夹谷清臣传》：明昌六年，清臣"受命出师。行尚书省事于临潢府。（清臣）遣人侦知虚实，以轻骑八千，令宣徽使移剌敏为都统，左卫将军充、招讨使完颜安国为左右翼，分领前队，自选精兵一万，以当后进（按，中华书局校点本为'后队'）。至合勒河，前队敏等于栲栳泺攻营十四，下之。回迎大军，属部斜出，掩其所获羊马资物以归。清臣遣人责其赕罚，北阻鞑由是叛去，大侵掠。上遣责清臣，命右丞相襄代之"。《完颜襄传》（中华书局校点本作《内族襄传》，下同）：襄"屯临潢，顷之，出师大盐泺，复遣右卫将军完颜充进军斡鲁速城，欲屯守，俟隙进兵，绘图以闻"。

承安元年（宋庆元二年）

右丞相襄大败阻𪏝于斡里札河。十月，阻𪏝复叛。

《完颜襄传》：襄"遣西北路招讨使完颜安国等趋多泉子。密诏进讨。乃令支军出东道，襄由西道。而东军至龙驹河，为阻𪏝所围，三日不得出，求援甚急。或请俟诸军集乃发，襄曰：'我军被围数日，驰救之犹恐不及，岂可后时？'即鸣鼓夜发。或请先遣人报围中，使知援至。襄曰：'所遣者傥为敌得，使知我兵寡而粮在后，则吾事败矣。'乃益疾驰。迟明距敌近，众请少憩。襄曰：'吾所以乘夜疾驰者，欲掩其不备尔，缓则不及。'向晨压敌，突击之，围中将士亦鼓噪出，大战，获舆帐牛羊。众皆奔斡里札河，遣安国追蹑之。众散走，会大雨，冻死者十八九，降其部长，遂勒勋九峰石壁。""十月，阻𪏝复叛。"

《秘史》（四）："大金因塔塔儿篾古真薛兀勒图不从他命，教王京丞相领军来剿捕。逆著浯勒札河，将篾古真薛兀勒图袭著来。太祖知了，（中略）遂与脱斡邻引军顺著浯勒札河，与王京夹攻塔塔儿。时塔塔儿在忽速秃失秃延地面（蒙文尚有'纳速秃失秃延一地'），立了寨子，被太祖脱斡邻攻破，将塔塔儿篾古真薛兀勒图杀了。金国的王京知太祖与脱斡邻将塔塔儿寨子攻破，杀了篾古真等，大欢喜了，与太祖札兀忽里的名分，脱斡邻王的名分，王京又对太祖说：'杀了篾古真，好生得你济，我回去金国皇帝行奏知，再大的名分招讨官教你做者。'说罢，自那里回去了。太祖与脱斡邻将塔塔儿共掳著，也各自回家去了。"

承安二年（宋庆元三年）　北部复叛，拜完颜襄枢密使兼平章政事，屯北京（《完颜襄传》）。

承安三年（宋庆元四年）　二月，斜出内附（《章宗纪》）。

《完颜襄传》：襄屯北京，议北讨，"奏遣同判大睦亲府事宗浩出军泰州，又请左丞衡于抚州行枢密院，出军西北路以邀阻鞯，而自帅兵出临潢。上从其策"。"其后斜出部族诣抚州降，上专使问襄。襄以为受之便。" "诏度宜穷讨。乃令士自赍粮以省挽运，进屯于沨移烈、乌满扫等山以逼之。因请就用步卒，穿濠筑障，起临潢左界北京路，以为阻塞。（中略）无何，泰州军与敌接战，宗浩督其后，杀获过于（'于'，中华书局校点本为'半'），诸部相率送款，襄纳之，自是北陲遂定。"

《内族宗浩传》："北部广吉剌者尤桀骜，屡胁诸部入塞。宗浩请乘其春暮马弱击之。时阻鞯亦叛，内族襄行省事于北京，诏议其事。襄以为若攻破广吉剌，则阻鞯无东顾忧，不若留之，以牵其势。宗浩奏：'国家以堂堂之势，不能扑灭小部，顾欲藉彼为捍乎？臣请先破广吉剌，然后提兵北灭阻𪈾。'章再上，从之。（中略）宗浩觇知合底忻与婆速火相结，广吉剌之势必分，彼既畏我见讨，而复掣肘仇敌，则理必求降，可呼致也。因遣主簿撒领军二百为先锋，戒之曰：'若广吉剌降，可（就）征其兵以图合底忻，仍侦余部所在，速使来报。大军当进，与汝［合］击，破之必矣。'合底忻者，与山只昆皆北方别部，恃强中立，无所羁属，往来阻𪈾、广吉剌间，连岁扰边，皆二部为之也。撒入敌境，广吉剌果降。遂征其兵万四千骑，驰报以待。宗浩北进，命人赍三十日粮，报撒会于移米河共击敌。而所遣人误入婆速火部，由是东军失期。时宗浩前军至忒里葛山，遇山只昆所统石鲁、浑滩两部，击走之，斩首千二百级，俘生口车畜甚众。进至呼歇水，敌势大蹙。于是合底忻部长白古带、山只昆部长胡必剌及婆速火所遣和火者皆乞降。宗浩承诏，谕而释之。胡必剌因言，所部必（中华书局校点本作'迪'，下同）列土，近在移米河，不肯偕降。乞讨之。乃移军趋移米，与必列土遇，击之，斩首三百级，赴水死者十四五，获牛羊万二千，车帐称是。合底忻等恐大军至，西渡移米，弃辎重遁去。撒与广吉剌部长忒里虎追蹑及之，于宼里不水，纵击，大破之。婆速火九部斩首、溺水死者四千五百余人，获驼马牛羊不可胜计。军还，婆速火乞内属，并请置吏。上优诏褒谕。"

泰和元年（宋嘉泰元年）　塔塔儿等十一部，共立札木合为局儿可汗，进兵攻蒙古。蒙古汗帖木真与克烈汗汪罕逆战于阔亦田，大败之。

《秘史》（四）："其后鸡儿年（案泰和元年岁在辛酉）。合塔斤等十一部落（蒙文中有合塔斤、撒只兀惕、朵儿边、塔塔儿、亦乞列思、翁吉剌、豁罗剌思、乃蛮、篾儿乞、斡亦剌惕、泰亦赤兀惕，共十一部），于阿勒灰不剌阿地面聚会商议，欲立札木合做君。于是众部落共杀马设誓讫，顺额沛古涅河至于刊沐涟河洲的地，行将札木合立做皇帝，欲攻成吉思与王罕。（中略）王罕与成吉思相合著，顺著客鲁涟河迎著札木合去。（中略）次日，成吉思军与札木合军，相接于阔亦田地面对阵。布阵间，札木合军内，不亦鲁、黑忽都合两人，有术能致风雨，欲顺风雨击成吉思军。不意风雨逆回，天地晦暗，札木合军不能进，皆坠涧中。札木合等共说：'天不护祐，所以如此。'军遂大溃。"

泰和二年（宋嘉泰二年）　秋，蒙古灭四种塔塔儿。

《秘史》（五）："其后狗儿年秋，成吉思于答阑捏木儿格思与四种塔塔儿（据蒙文，为察阿安、阿勒赤、都塔兀惕、阿鲁孩四种）对阵，（中略）战胜塔塔儿，遂

至兀勒灰河失鲁格勒只惕地面，并四种
奥鲁掳尽密与亲族共议：'在先，塔塔
儿有杀咱父亲的仇怨，如今可将他男子
似车辖大的尽诛了，余者各分做奴婢使
用。'共议已定，别勒古台出来，塔塔
儿种人也客扯连问：'今日商议何事？'
别勒古台说：'欲将你每男子但似车辖
大的尽诛了。'也客扯连传说与塔塔儿
种人，塔塔儿遂据了山寨。成吉思教打
他山寨。军多辛苦，及至打开，将塔塔
儿男子似车辖大的都杀了。初，也客扯
连既知其谋，说与众人道：'他若杀咱
每时，每人袖著一把刀，要先杀他一人
籍背却死。'至此，每人果袖一刀，将
军每多杀伤了。"

泰和四年（宋嘉泰四年）

蒙古军伐乃蛮，至斡儿寒河。太阳可汗同
篾里乞部长脱脱、克烈部长札阿绀孛阿邻
大（按，一作"太"）石斡、亦剌部长忽都花
别吉及札木合、朵鲁班、塔塔儿、哈答
斤、散只兀诸部相合，（中略）乃蛮众溃。
于是朵鲁班、塔塔儿、哈答斤、散只兀诸
部亦来降（《元圣武亲征录》）。

萌 古 考

　　余曩作《鞑靼考》，始证明元之季世讳言鞑靼，故鞑靼之名，虽已见于唐代，而《宋》、《辽》、《金》三史中乃不概见，又或记其实而没其名。其于蒙古亦然。蒙兀之名亦见于唐世，《辽史》虽两记萌古来聘事，而部族属国中并无其名；《金史·兵志》虽有萌骨部族节度使及萌骨刽详稳，而《地理志》部族节度使八处、详稳九处皆无之，知元人讳言其祖，与讳言鞑靼同。乃就书传所记蒙古上世事实，汇而考之，署曰《萌古考》。一年以来，频有增益，既别成《南宋人所传蒙古史料考》，又就前考稍有补正，因并写为此篇，以俟异日论定焉。

　　《旧唐书·北狄传》："室韦，契丹之别类也。（中略）其北大山之北，有大室韦，其部落傍望建河居。其河源出突厥东北界俱轮泊，屈曲东流，经西室韦界，又东经大室韦界，又东经蒙兀室韦之北、落俎室韦之南；又东与那河、忽汗河合，又东经南黑水靺鞨之北、北黑水靺鞨之南，东流注于海。"
　　《唐书·北狄传》："室韦直北曰纳北支部，北有大山。山外曰大室韦，濒于室建河。河出俱伦泊，迆而东；河南有蒙瓦部，其北落坦部。水东合那河、忽汗河，又东贯黑水靺鞨。故靺鞨跨水，有南、北部，而东注于海。"

　　案新、旧二《书》记室韦事大略相同，知《新书》实本《旧书》，惟望建河作室建河，蒙兀作蒙瓦，落俎作落坦，为异耳。望建河所出之俱轮泊，即今呼伦泊，《元朝秘史》之阔连海子也。今由呼伦泊东出者，惟额尔古纳河，东北流与黑龙江合；又东流与混同江合。混同江之北源为嫩江，即《魏书·失韦传》之难水，此《传》之那河，《元朝秘史》之纳浯河也，而此那河在忽汗河前。忽汗河者，今之呼尔喀河。然则此《传》之那河，非谓其下流之混同江，而谓其上流之嫩江也。然额尔古纳河与嫩江实不相通，故日本津田博士（左右吉）勿吉、渤海诸考，以此《传》所记为出传闻之误，其说是也。然则望建河只是额尔古纳河之古名，不兼黑龙江、混同江言之。蒙兀室韦亦只在额尔古纳河之下游。然后后来蒙古住地在额尔古纳河、敎嫩河流域者，始可得而说矣。

《五代史记·四裔附录》引胡峤《陷虏记》：“契丹东北至辖劫子，其人髡首，披布为衣，不鞍而骑。大弓长箭，尤善射，遇人辄杀而生食其肉，契丹诸国皆畏之。契丹五骑遇一辖劫子，则皆散走。其国三面皆室韦。”

案此辖劫子，日本箭内博士（亘）《鞑靼考》以《辽史》之梅里急、《元朝秘史》之篾儿乞惕当之。然元初篾儿乞惕住今色楞格河流域，远在契丹西北，与此记东北之说不合，其左右亦绝无室韦部落。惟《唐书》之蒙兀室韦，则西有大室韦，北有落俎室韦，东亦与兴安岭东之室韦本部相望，与“三面皆室韦”之说合。又《唐书·地理志》载贾耽《入四夷道里记》云：“俱轮泊四面皆室韦。”蒙兀室韦在出俱轮泊之望建河南，又南与契丹接，故云其国三面皆室韦矣。然则辖劫子殆即蒙兀室韦之讹转，后世所以称蒙古者，曰梅古悉、曰谟葛失、曰毛割石、曰毛揭室、曰毛揭室韦、曰萌古子、曰盲骨子、曰蒙国斯、曰蒙古斯、曰萌子、曰蒙子，皆与此辖劫子之音相关系，似不能以梅里急、篾儿乞惕当之也。

《契丹国志》（二十二）："四至邻国地理远近，正北至蒙古里国。国无君长所管，亦无耕种，以弋猎为业。不常其居，每四季出行，惟逐水草，所食惟肉酪而已。不与契丹争战，惟以牛羊、驼马、皮毳之物与契丹为交易。南至上京四千余里。"

　　案《契丹国志》系采辑诸书而成，此条今未见所本，当出赵志忠《阴山杂录》诸书。

《辽史·道宗纪》："太康十年二月庚午朔，萌古国遣使来聘。三月戊申，远萌古国遣使来聘。"

　　凡史家于敌国使来则书"聘"，属国则书"贡"，此诸史之通例也。《辽史》本纪，惟于梁、唐、周、宋四国书聘；后晋、北汉、西夏以称臣或受册而书贡；南唐虽未称臣，亦仍书贡；至漠北诸部，更无不书贡者。此于萌古及远萌古独书聘，以示蒙古之先与辽世为敌国也。又《太祖纪》："神册三年二月，达旦国来聘。"《圣宗纪》："统和二十二年六月，达旦国九部遣使来聘。"亦书聘者，缘元时修史诸臣不知蒙古与鞑靼之别，误以鞑靼为蒙古之先，故亦以敌国书法书之也。元人修三《史》时，讳言鞑靼及蒙古，余已于《鞑靼考》中详论之。此二条乃史臣删剟未尽者，然亦异其书法。蒙古入贡于辽，当不止此二次也。此区别萌古与远萌古为二，知当时实分数部。《辽史·营卫志》有"鹤剌唐古部"，《钦定辽史国语解》（三）云："蒙古语'鹤剌'，远也。"则远萌古国，其本语当云鹤剌萌古国。然此为契丹人分别之辞，而非蒙古人所自称，不待言也。

《辽史·天祚纪》："保大二年四月，金已取西京，沙漠以南部族皆降，上遂遁于讹沙烈。时北部谟葛失赆马、驼、食羊。六月，谟葛失以兵来援，为金人败于洪灰水，擒其子陀古及其属阿敌音。"

同上："保大四年春正月，上趋都督马哥军，金人来攻，弃营北遁，马哥被执。谟葛失来迎，赆马、驼、羊，又率部人防卫"，"封谟葛失为神于越王"。

同上："天祚既得大石林牙兵，又得阴山室韦谟葛失兵，自谓得天助，再谋出兵，收复（中华书局校点本作'复收'）燕、云。"

史愿《亡辽录》（《三朝北盟会编》卷二十一引）："天祚于保大四年得大石林牙兵，又得阴山鞑靼毛割石兵，自谓天助，谋出兵收复燕、云。"

《东都事略·附录》（二）："耶律延僖得大石林牙七千骑，又阴结鞑靼、毛褐室韦三万骑助之。"

《金史·太祖纪》："天辅六年（辽保大二年）五月，谟葛失遣其子菹泥格失贡方物。"

同上《太宗纪》："天会三年三月，斡鲁以谟葛失来附，请授印绶。"

　　案：谟葛失、毛割石、毛褐室韦（当作毛揭室韦，见下），上与蒙兀室韦、鞑劫子，下与萌古子、萌骨子、蒙国斯（见《三朝北盟会编》卷二百三十）、蒙古斯诸名相应，亦当指蒙古。惟《辽》、《金》二史所记谟葛失事，一若人名，非部族名者，其实不然。《续资治通鉴长编纪事本末》（卷一百四十三）："宣和五年二月，兀室杨璞到馆，谓赵良嗣等曰：'西京路疆土，又非原约当割，若我家不取，待分与河西毛揭室家，必得厚饷。'河西，谓夏国；毛揭室，谓鞑靼也。"云云。毛揭室即毛褐室韦，亦即谟葛失，是谟葛失是部名非人名之证。其云"毛揭室为鞑靼"者，缘中国人不甚分别蒙古、鞑靼故也。又《辽》、《金》二史记谟葛失若人名然者，缘蒙古之祖先受封入贡于辽、金，为元末所深讳，故变其辞如此，亦犹《亡辽录》、《东都事略》记保大四年天祚南下事，并有鞑靼，而《辽史》特删之也。且谟葛失、毛割石之为蒙古，尚有他证。赵良嗣《燕云奉使录》（《北盟会编》卷九引）载良嗣问金［史］（使）乌歇等曰："闻契丹旧酋走入夏国，借得人马过黄河，夺了西京以西州县，占了地土不少，不知来时知子细否？"使副对曰："来时听得契丹旧酋在沙漠，已曾遣人马追赶，终须捉得。兼沙漠之间是鞑靼、萌古子地分，两国君长并已降拜了本国，却走那里去?!国书中已载矣。"云云。是天祚北走时，所依乃鞑靼、蒙古二部；其所率以南下者，亦即此二部之众。其谓两国已降拜了本国者，即指天辅六年谟葛失贡方物之事也。然则视谟葛失、毛割石、毛揭室韦为蒙古之对音，与史事亦合。顾保大二年三月天祚走入夹山，则谟葛失所居，当距夹山不远，与前之蒙兀室韦、后之蒙古，住地不合。然当辽之世，蒙古人已有一部南徙阴山左右，辽西南面招讨司所属，有梅古悉部（《营卫志》：梅古悉部，圣宗以唐古户置，唐古疑本作萌古，《辽史》以忌讳改之也），金西北、西南二路之乣军，有萌骨乣详稳（见《金史·兵志》，而《地理志》详稳九处中删之），皆谓此蒙古一部之南徙者。《马哥·保罗记行》记天德军（金丰州，在今归化城附近）事云："此地，我辈呼之为 Gog 及 Magog 国，而彼等自称为汪古（Ung）及萌古（Mungul）国。当鞑靼移动（谓蒙古南征）之前，此二族早住此地，故以名之。汪古乃此地土著，萌古亦有时为鞑靼之别称。"云云。据此记事，则蒙古未兴之前，阴山左右早有蒙古人移居。此东西记事之互相符合者也。

《松漠纪闻》："盲骨子，《契丹事迹》谓之朦古国，即《唐书》所记之蒙兀部。"

同上："盲骨子，其人长七尺，捕生麋鹿食之。金人尝获数辈至燕，其目能视数十里，秋毫皆见，盖不食烟火，故眼明。与金人隔一江，尝渡江之南为寇，御之则返，无如之何。"

案：此所记者，蒙古本部事也。蒙古人不火食，事或有之，胡峤所记靺劫子杀人生食其肉之说，即由此传讹。江，盖谓克鲁伦河。

《建炎以来系年要录》（卷九十六）：“绍兴五年（金天会十三年），是冬，金主亶以蒙古叛，遣领三省事宋国王宗［盘］（磐）提兵破之。蒙古者，在女真之东北，在唐为蒙兀部。其人劲悍善战，夜中能视，以鲛鱼皮为甲，可捍流矢。”（下略。原注：以张汇《金虏节要》、洪皓《记闻》、王大观《行程录》。蒙国，《编年》谓之萌骨子，《记闻》谓之盲骨子，今从《行程录》）

同上（卷一百三十三）：“绍兴九年（金天眷二年），女真万户呼沙呼（此四库馆臣校改《大金国志》作胡沙虎，当是《要录》原文）北攻蒙古部（《国志》作盲骨子），粮尽而还。蒙古追袭之，至上京之西北，大败其众于海岭。”

同上（卷一百四十八）：“绍兴十三年（金皇统三年），三（按，应为四）月，蒙古复叛金，金主亶命将讨之。初，鲁国王昌既诛，其子星哈都（《大金国志》作胜花都）郎君者，率其父故部曲以叛，与蒙古通，蒙古由是强取二十余团寨，金人不能制。”（原注：据王大观《行程录》。按《松漠纪闻》，达赉长子大伊玛被囚，遇赦得出；次子勖，今为平章，皓以今年六月归，乃不见此事，未知孰的。今姑附见，更俟详考。）

同上（卷一百五十五）：“绍兴十六年（金皇统六年），八月，金元帅兀术之未卒也，自将中原所教神臂弓弩手八万人讨蒙古。因连年不能克，是月，领汴京行台尚书省事萧博硕诺（《大金国志》作萧保寿奴）与蒙古议和。割西平河以北二十七团寨与之；岁遗牛羊米豆，且命册其酋鄂伦贝勒（《国志》作熬罗孛极烈）为蒙古国王，蒙人不肯。”（原注：据王大观《行程录》）

同上（卷一百五十六）：“绍兴十七年（金皇统七年），三月，蒙古与金人始和，岁遗牛羊、米豆、帛绢之属甚厚。于是蒙古鄂伦贝勒乃自称祖元皇帝，改元天兴。金人用兵连年，卒不能讨，但遣精兵分割要害而还。”（原注：此据王大观《行程录》。按《录》称岁遗牛羊五十万口、米豆共五十万斛、绢三十万匹、帛三十万两，恐未必如此之多。今削去其数，第云甚厚，更俟详考。）

《旧闻证误》（卷四）：“皇统四年秋，元帅遣使报监军（原注：时监军者讨蒙古）曰：‘南宋以重兵逼胁，和约大定，除措置备御，早晚兵到矣。’至次年冬十月，元帅亲统大军十万众，水陆并集。”（原注：

出王大观《行程录》）案皇统四年甲子，本朝绍兴十四年也。前二年已分划地界矣，不知兀术何以历二年之久而后加兵于蒙古？恐必有误。

同上（卷四）："皇统七年春三月，国使还，蒙古许依所割地界，牛羊倍增。金国许赐牛羊各二十五万口，今有倍之。每岁仍赂绢三十万匹、帛三十万两，许从和约（原阙书名，《四库》本注云：当出王大观《行程录》）。案本朝岁遗北人银、绢各二十五万匹两，而北人遗蒙古乃又过之，恐未必然。"

刘时举《续宋中兴编年资治通鉴》（卷四）："绍兴五年冬，蒙国叛金。"

同上："八年，金伐蒙，为所败。"

同上："十七年，金与蒙国议和，蒙国自称祖元皇帝。"

《大金国志·熙宗纪》："天会十三年冬，皇伯宋王宗［盘］（磐）提兵攻盲骨子，败之。"

同上："天眷元年，女真万户胡沙虎北攻盲骨子，粮尽而还，为盲骨子袭之，至上京之西北，大败其众于海岭。"（下皇统六年又出此条）

同上："皇统七年，朦骨国平。初，挞懒既诛，其子胜花都郎君者，率其父故部曲以叛，与朦骨通。兀术之未死也，自将中原所教神臂弓手八万人讨之，连年不能克。皇统之六年，复遣萧保寿奴与之和，议割西平河以北二十七团寨与之，岁遗牛羊、米豆，且册其酋长熬罗孛极烈为朦辅国王，至是始和，岁遗甚厚。于是熬罗孛极烈自称祖元皇帝，改元天兴。大金用兵连年，卒不能讨，但遣精兵分据要害而还。"

《建炎以来朝野杂记》（乙集卷十九）："有蒙国者，在女真之东北，唐谓之蒙兀部，金人谓之蒙兀，亦谓之萌骨。人不火食，夜中能视，以鲛鱼皮为甲，可捍流矢。自绍兴时叛，都元帅宗弼用兵连年，卒不能讨，但分据要害，反厚贿之。其主僭称祖元皇帝，至金亮之际，并为边患，其来久矣。"

《蒙鞑备录》："旧有蒙古斯国，在金人伪天会间，亦尝扰金虏为患。金人尝与之战，后乃多与金帛和之。"案李谅《征蒙记》曰：

"蒙人尝改元天兴，自称太祖元明皇帝。今鞑人甚朴野，无制度，珙尝讨究于彼，闻蒙已残灭久矣。"

《直斋书录解题》："《征蒙记》一卷，金人明威将军登州刺史李大谅撰。建炎巨寇之子，随其父成降金者也。所记蒙人（原作'家人'，因字形相近而误）跳梁，自其全盛时已不能制矣。"

　　以上十五条，李氏所记，出于王大观《行程录》；赵珙所录，出于李大谅《征蒙记》；而刘时举、宇文懋昭又本于李氏。李氏、赵氏对《行程录》、《征蒙记》二书，本执存疑之态度。余于《南宋人所传蒙古史料考》，始证明二书皆南宋人伪作。其所记事，无一不与史实相矛盾，语已具彼考中，兹不复赘。

《宋史·洪皓传》："绍兴十二年八月，金人来取赵彬等三十人家属，诏归之。皓谓秦桧曰：'彼方困于蒙兀，始示强以尝中国。若遽从之，谓秦无人，益轻我耳。'"

　　案此出《盘洲文集》（卷七十四）《忠宣行状》，可知金皇统间，蒙古实有寇金之事，但不至如《行程录》、《征蒙记》之所载耳。

炀王《江上录》（《三朝北盟会编》二百四十三引）："正隆三年，下诏小龙虎大王镇守蒙古。"

《三朝北盟会编》（卷二百二十九）："绍兴三十一年（金正隆六年）七月廿一日，金遣翰林学士韩汝嘉与国信使副徐嚞、张抡宣谕公文云：向来北边有蒙古鞑靼等，从东昏王时，数犯边境。自朕即位，久已宁息。顷准边将屡申，此辈又复作过，比之以前，保聚尤甚，众至数十万。"（下略）

　　案：此事缘金主亮已决南伐之计，故藉北征蒙、鞑为辞，以拒宋使入境，非真有此事也。

楼钥《北行日录》(卷下)："乾道六年正月十五日，宿相州城外安阳驿，把车人言：'去年十二月，方差使一番为年时被蒙子国炒。旧时南畔用兵，尽搬兵器在南京，今却般向北边去。三月中，用牛三千头般未尽，间被黄河水涨后且休。'又云：'蒙古国作梗，太子自去边头议和，半年不决，又且归，今又遣莫都统提兵去。'"

案：蒙子即蒙古子之略，《系年要录》(卷一百九十一)："张抡问韩汝嘉曰：'萌子小邦，何烦皇帝亲行！'"是当时亦谓蒙古谓萌子、蒙子也。宋乾道六年，即金大定十年。《金史·世宗纪》："是年八月壬申，遣参知政事宗叙北巡。"又《宗叙传》："十一年，奉诏巡边。六月至军中，将战，有疾，诏以右丞相纥石烈志宁代宗叙还。"《志宁传》亦云："十一年代宗叙北征。"虽二《传》纪事并后于《本纪》一年，然此数年中，金有事于北方可知也。《金史》但言北巡、北征，而不言所征者何部，赖楼氏所记知之。若太子自去边头议和云云，则固齐东野语也。要之，《金史》于金人用兵蒙古事，往往多所忌讳，不明白书之如此，及章宗朝兵事皆是。然则蒙古故事，宋人既增其伪，而元人复汩其真，诚可谓史学之不幸也！

《蒙鞑备录》云："金虏大定间，燕京及契丹地有谣言云：'鞑靼来，鞑靼去，赶得官家没去处。'葛酋雍宛转闻之，惊曰：'是必鞑人为我国患。'乃下令极于穷荒出兵剿之，每三岁遣兵向北剿杀，谓之减丁。(中略)至伪章宗立，明昌年间不令杀戮，是以鞑人稍稍还本国，添丁长育。"案：此事正史绝无纪载，惟《世宗纪》书："大定七年闰七月甲戌，诏秘书监移剌子敬经略北边。"又，"十年八月壬申，遣参知政事宗叙北巡"。十年之役，既缘蒙古，则七年之役，当亦相同。二役相去适三年，每三岁减丁之说，殆由此传讹。然大定十年以后，《纪》不复书巡边事，惟《唐括安礼传》载"大定十七年，诏遣监察御史完颜覩古速行边"。而筑壕之议，即起于是年。可知大定之世，北边未尝无事也。

《金史·夹谷清臣传》：明昌六年，清臣"受命出师，行尚书省事于临潢府。（清臣）遣人侦知虚实，以轻骑八千，令宣徽使移剌敏为都统，左卫将军充、招讨使完颜安国为左右翼，分领前队；自选精兵一万以当后队。进至合勒河，前队敏等于栲栳泺攻营十四，下之。回迎大军，属部斜出，掩其所获羊马资物以归。清臣遣人责其赎罚。北阻䱽由是叛去"。

案《金史·章宗纪》，于明昌、承安间兵事，不书叛者主名，此传亦然。今以地理考之，合勒河者，《元朝秘史》之合勒合河，今之喀尔喀河也；栲栳泺者，《唐书》之俱轮泊，《秘史》之阔连海子，今之呼伦泊也。移剌敏等自合勒河北进，则所至者为栲栳泺东畔，此地当金、元间为蒙古合答斤、撒勒只兀惕二部所居。《圣武亲征录》：太祖责汪罕书曰："我时又如青鸡海鹘，自赤儿黑山飞越于盃而之泽，搊斑脚鸽以归君，此谁？哈答斤、散只兀、弘吉剌诸部是也。"案：此处有阙文，贝勒津译《拉施特集史》中太祖书曰："我如鹙鸟，自赤儿古山飞越捕鱼儿淖尔，擒灰色、蓝色足之鹤以致于汝。此鹤谓谁？朵儿奔、塔塔儿诸人是也。我又如蓝色之鹰，越古阑淖尔，擒蓝色足之鹤以致于汝。此鹤谓谁？哈答斤、撒儿助特、翁吉剌特是也。"（据洪侍郎钧汉译本）按捕鱼儿淖乐即贝尔泊，古阑淖尔即呼伦泊，则合答斤、撒勒只兀惕二部，正在呼伦泊之东，清臣所攻，即此二部。《内族宗浩传》所谓"连岁扰边，皆合底忻、山只昆二部为之"者，亦于此传得其证矣。

同上《内族宗浩传》："北方有警，命宗浩佩金虎符驻泰州，便宜从事。""北部广吉剌者尤桀骜，屡胁诸部入塞。宗浩请乘其春莫马弱攻之。时阻䪨亦叛，内族襄行省事于北京，诏议其事。襄以为若攻破广吉剌，则阻䪨无东顾忧，不若留之，以牵其势。宗浩奏：'国家以堂堂之势，不能扫灭小部，顾欲藉彼为捍乎?! 臣请先破广吉剌，然后提兵北灭阻䪨。'章再上，从之，诏谕宗浩曰：'将征北部，固卿之诚，更宜加意，毋致后悔。'宗浩觇合底忻与婆速火（等）相结，广吉剌之势必分；彼既畏我见讨，而复掣肘仇敌，则理必求降，可呼致也。因遣主簿撒领军（二百）为先锋，戒之曰：'若广吉剌降，可就征其兵以图合底忻，仍侦余部所在，速使来报，大军当进，与汝夹击，破之必矣。'合底忻者。与山只昆皆北方别部，恃强中立，无所羁属，往来阻䪨、广吉剌间，连岁扰边，皆二部为之也。撒入敌境，广吉剌果降，遂征其兵万四千骑，驰报以待。宗浩北进，命人赍三十日粮，报撒会于移米河共击敌，而所遣人误入婆速火部，由是东军失期。宗浩前军至忒里葛山，遇山只昆所统石鲁、浑滩两部，击走之，斩首千二百级，俘生口车畜甚众。进至呼歇水，敌势大慑，于是合底忻部长白古带、山只昆部长胡必拉及婆速火所遣和火者皆乞降。宗浩承诏，谕而释之。胡必拉（因）言：所部必（中华书局校点本作'迪'，下同）烈土，近在移米河，不肯偕降，乞讨之。乃移军趋移米，与迪烈土遇，击之，斩首三百级，赴水死者十四五，获牛马（中华书局校点本作牛羊）万二千，车帐称是。合底忻等恐大军至，西渡移米，弃辎重遁去。撒与广吉剌部长忒里虎追蹑及至（中华书局校点本作'及之，于'）窊里不水，大破之。婆速火九部斩首、溺水死者四千五百余人，获驼马牛羊不可胜计。军还，婆速火请（中华书局校点本'请'作'乞'）内属，并请置吏。上优诏褒谕，迁光禄大夫，以所获马八（中华书局校点本'八'作'六'）千置牧以处之。"

　　案此亦记金人用兵蒙古事也。广吉剌，即《辽史·天祚纪》之王纪剌，《元朝秘史》之翁吉剌，《元史》之弘吉剌也。元世瓮吉剌歹、瓮吉歹二氏，入蒙古七十二种中。（《辍耕录》一）而《金史·百官志》："光吉剌为白号姓，蒙古为黑号姓。"则广吉剌疑本非蒙古同族也。此传有广吉剌部长忒里虎，即《秘史》蒙文卷四所谓翁吉剌敦迭儿格克，卷六所谓合勒合河入捕鱼儿海子处有帖儿格等翁吉剌，《圣武亲征录》所谓弘吉剌部长帖木哥者也。婆速火则广吉剌之别部，《元史·特薛禅传》："特薛禅、孛思忽儿，弘吉剌氏。"婆速火，即孛思忽儿之异译。又婆速火所遣和火者，即特薛禅之子。案：陈那颜之弟火忽也。广吉剌与婆速火本是一族，故宗浩言合底忻与婆速火相结，广吉剌之势必分也。合底忻、山只昆二部，皆蒙古奇渥温氏。《秘史》（一）："朵奔篾儿干之子，不忽合塔吉做了合答斤姓氏，不忽秃撒勒只做了撒勒只兀惕姓氏，孛端察儿做了孛儿只斤姓氏。"此合底忻即合答斤，山只昆即撒勒只兀惕，皆孛端察儿二兄之后。《秘史》蒙文（四）有"合答斤、撒勒只兀惕相和的种"一语，知二族本自相合。若必列土、迪列土，传文前后互异，不知必、迪二字孰是。如必字不误，则必烈土当即《秘史》之别勒古讷惕，此亦与合答斤、撒勒只兀惕同出于朵奔篾儿干。或此族中微，乃为撒勒只兀惕所役属耳。传中地名，如忒里葛山，当即今之特尔根山；呼歇水，当即辉河；移米河，当即伊敏河，一名依奔河，并在呼伦泊东南，与弘吉剌、合答斤、撒勒只兀惕地望皆合，惟窊里不水无考耳。

此传所记宗浩北伐事，以《章宗纪》及《内族襄传》参校之，在承安三年。考金自明昌以后，北垂多事，《纪》、《传》于防边事岁不绝书，而不明言所防者何部。钱竹汀《金史考异》乃疑《大金国志》所记爱王事为实有其人，殊不知爱王事出金人《南迁录》，其书乃南人伪撰，宋人已有定论，绝不足据。惟此传明言"连岁扰边，皆合底忻、山只昆二部为之"。然后章宗一朝之边患，始得其主名。又案《董师中传》："明昌四年，师中上疏曰：'今边鄙不驯，反侧无定，必里哥孛瓦贪暴强悍，深为可虑。'又云：'南北两属部数十年捍边者，今为必里哥孛瓦诱胁，倾族随去。'考必里哥亦云毕勒哥、必勒格，《辽史·天祚纪》有"回鹘王毕勒哥",《秘史》俺巴孩罕之父名想昆必勒格,乃蛮太阳罕之父,称亦难察必勒格罕,是毕勒哥、必勒格,乃美名或爵名,其名当为孛瓦。孛瓦即此传之合底忻部长白古带,亦即《秘史》蒙文(四)之合答斤部长巴忽撒罗吉也。孛瓦、白古带、巴忽,相为对音,甚为明白,然则为明昌、承安间之边患者,合底忻其首也。其余诸部,惟广吉剌一败移剌睹之兵,阻鞢则本从金师北伐,后因争俘获而叛,故明昌、承安间之兵事,非对鞑靼而对蒙古也。《金史·李愈传》:愈于泰和二年上书,谓"北部侵我旧疆千有余里,不能雪耻",则当时部族之猖獗与金师之失利,可想而知。故自明昌之末,先后遣丞相夹谷清臣、内族襄行省于临潢北京,又遣尚书右丞夹谷衡行院于抚州,出重臣以临之,筑壕堑以备之。而明昌六年夹谷清臣栲栳泺之役,承安元年内族襄斡里札河之役,三年内族宗浩移米河之役,最为大举。以今考之,惟斡里札河一役,系伐鞑靼,其前后二役,皆为蒙古也。此传所云连岁扰边皆二部为之者,确为史家特笔。盖元之季年,讳言鞑靼,即蒙古寇金之事,当时亦不乐闻,故《纪》、《传》虽偶见广吉剌、合底忻、山只昆分部之名,而此诸部之总名迄不一见,但浑言北部而已。当此诸部寇金之时,成吉思汗已崛起三河之源,斡里札河一役,实与金人掎角以覆阻鞢。而此役与移米河一役,诸部受创颇巨,故泰和元年漠北十一部共立札木合为局儿可汗,翁吉剌、合答斤、撒勒只兀惕、塔塔儿皆与焉。此固对成吉思汗之同盟,亦对女真之同盟也。阔亦田之役,诸部尽为成吉思汗所败,金之边患亦以稍息。成吉思汗亦有事于克烈、乃蛮诸部,未遑南伐。逮诸部既灭,遂一举而下中都,上距移米河之役,不过十六年,亦可谓兴之暴矣。元人以章宗朝边患虽非孛儿只斤氏,而实其同族,故隐约书之。余顷考鞑靼事,知《辽》、《金》二史中有待发之覆,因汇举蒙古上世事实,疏通证明之,庶足为读史者之一助乎。丁卯四月八日重改正。

胡 服 考

胡服之入中国，始于赵武灵王。

《史记·六国表》："赵武灵王十九年，初胡服。"（《赵世家》同）

其制，冠则惠文。

蔡邕《独断》："武冠，或曰繁冠，今谓之大冠，武官服之，侍中、中常侍加黄金附蝉，貂鼠尾饰之。太傅胡公说曰：'赵武灵王效胡服，始施貂蝉之饰。秦灭赵，以其君冠赐侍中。'"

司马彪《续汉书·舆服志》："武冠，一曰武弁大冠，诸武官服之，侍中、中常侍加黄金珰，附蝉为文，貂尾为饰，谓之'赵惠文冠'（刘昭《补注》又名鵔鸃冠）。胡广说曰：'赵武灵王效胡服，以金貂饰首，前插貂尾，为贵职。秦灭赵，以其君冠赐近臣。'"

又："武冠，俗谓之大冠，环缨无蕤，以青丝为绲，加双鹖尾，为鹖冠云。（中略）鹖者，勇雉也，其斗对一死乃止，故赵武灵王以表勇士秦施安焉。"

案胡服之冠，汉世谓之武弁，又谓之繁冠。古弁字读若盘，繁读亦如之。疑或用周世之弁，若插貂蝉及鹖尾，则确出胡俗也。其插貂蝉者，谓之赵惠文冠。惠文者，赵武灵王子何之谥。武灵王服胡服，惠文王亦服之，后世失其传，因以惠文名之矣。其加双鹖尾者谓之鹖冠，亦谓之鵔鸃冠。《淮南·主术训》："赵武灵王贝带鵔鸃而朝，赵国化之。"高诱注："鵔鸃，读曰私鈚头。"两字三音，盖以为鵔鸃为带钩之师比。然《史记·佞幸传》云："孝惠时，郎中皆冠鵔鸃，贝带。"《说文解字》鸟部亦云："秦汉之初，侍中冠鵔鸃。"则《淮南》书之"鵔鸃"，确为"鵔鸃"之误，又冠名而非带钩名也。如是，胡服冠饰，既有貂蝉、鸟羽之殊，而鸟羽中又有鹖与鵔鸃之异，然用武冠则同。其插鵔鸃或貂蝉，盖无定制，恐自赵时已然。汉初侍中插鵔鸃，中叶以后易以貂蝉（《汉书·武五子传》燕王旦"郎中侍从者著貂羽，黄金附蝉，号为［中华书局本作'皆号'］侍中"。则侍臣之易貂蝉，自武帝时已然矣），而以插鵔鸃者为武臣冠，故《续汉志》分别言之。至鵔鸃与鹖，同为雉属，《说文解字》："鵔鸃，鷩也。""鷩，赤雉也。""鹖，似雉，出上党。"二者相似，故得互言之。其冠，汉时有武冠、武弁、繁冠、大冠诸名。晋、宋以后，又谓之建冠，又谓之笼冠（晋、隋二《志》），盖比余冠为高大矣。

其带具带，

《赵策》："赵武灵王赐周绍胡服衣冠，具带，黄金师比，以傅王子也。"

《淮南·主术训》："赵武灵王贝带、鵔鸃而朝。"

案具带、贝带，《国策》、《淮南》互异。《史记》及《汉书·匈奴传》皆云"黄金饰具带一"（姚宏《战国策续注》引《汉书》作贝带）。贾谊《新书·匈奴》篇云"绣衣具带"，而史、汉《佞幸传》及今本《穆天子传》均作"贝带"（《太平御览》卷六百九十六引《穆天子传》作贝带），二字形相近，故传写多讹。颜师古注《汉书·佞幸传》云："贝带，海贝饰带。"然此带本出胡制，胡地乏水，得贝綦难，且以黄金饰，不容更以贝饰，当以作"具"为是。具带者，"黄金具带"之略，犹《汉书·隽不疑传》之云"櫑具剑"，《王莽传》之云"玉具剑"也。古大带、革带皆无饰，有饰者，胡带也。后世以其饰名之，或谓之校饰革带（《吴志·诸葛恪传》），或谓之鞶饰革带（《御览》引《吴录》），或谓之金环参镂带（同引《邺中记》），或谓之金梁络带（《金楼子》），或谓之起梁带（新、旧两《唐书·舆服志》，说见后），凡此皆汉名，胡名则谓之郭洛带。高诱《淮南·主术训》注："私钑头，郭洛带系铫镝也。"颜师古《汉书·匈奴传》注引张宴曰："鲜卑郭洛带瑞兽也，东胡好服之。"鱼豢《典略》谓之廓落带（《御览》引），《吴志·诸葛恪传》谓之钩络带（《御览》引。《吴书》及《吴录》皆作钩络带），《宋书·礼志》裤褶服之络带，即郭洛带、钩络带之省也。"黄金师比"者，具带之钩，亦本胡名，《楚辞·大招》作"鲜卑"，王逸注："鲜卑，绲带头也。"《史记·匈奴传》作"胥纰"，《汉书》作"犀毗"，高诱《淮南》注作"私钑头"，皆"鲜卑"一语之转，延笃所谓胡革带钩是也。古有大带，有革带，《玉藻》记大带之制曰："并纽约用组三寸。"是大带无钩也。《左氏昭十一年传》云："衣有襘，带有结。"此不明言其为大带、革带，有结则亦无钩矣。然古革带当用钩，《左氏僖二十四年传》："齐桓公置射钩而使管仲相。"《史记·齐太公世家》云："管仲射中小白带钩。"《荀子·礼论》篇"缙绅而无钩带"。绅为大带，则钩带或指革带，皆古带用钩之证。然其制无考。其用黄金师比为带钩，当自赵武灵王始矣。

其履靴。

《广韵》八戈引《释名》："靴本胡服，赵武灵王所服。"
《太平御览》（卷六百九十八）引《释名》："靴，本胡名也，赵武灵王始服之。”

案今本《释名》云：“靴，跨也，两足各以一跨骑也。鞣释，靴之缺前壅者，胡中所名也。”无赵武灵王始服事，盖今本讹脱。《广韵》与《御览》所引亦非原文，皆隐括其意。疑赵武灵王始服之一语，《释名》本系于“鞣释，靴之缺前壅者，胡中所名也”下。

其服，上褶下袴。

《史记·赵世家》：当道者谒简子曰：“及（主）君之后嗣，且有革政而胡服。”张守节《正义》：胡服，谓“今时服也，废除裘裳也”。

案胡服之衣，《赵策》及《赵世家》皆无文，自来亦无质言之者，惟张守节《正义》以唐之时服当之。唐之时服，有常服、袴褶二种（谓日常所服者）。今定以为上褶、下袴，即以后世所谓“袴褶服”当之者，由胡服之冠带履知之也，《汉书·武五子传》：“故昌邑王衣短衣大绔，冠惠文冠。”则惠文者，袴褶服之冠也。《晋书·舆服志》、《宋书·礼志》皆云：“袴褶之服，腰有络带，以代鞶革。”络带者，具带之胡名，则具带者，袴褶服之带也。《隋书·礼仪志》：“履则诸服皆用，惟褶服以靴。”则靴者，袴褶服之履也。赵武灵王所服胡服，冠褶服之冠，束褶服之带，履褶服之履，则其服为袴褶可知。此可由制度推之者也。褶者，上衣，《士丧礼》“襚者以褶”，则必有裳，褶与裳对文言之。《释名》：“褶，袭也，覆上之言也。”又：“留幕，冀州人所名大褶，下至膝者也。”大褶至膝，则小者较膝为短矣。颜师古注《急就》篇云：“褶，重衣之最在上者也，其形若袍，短身而广袖。”皆褶为上衣之证也。（案：褶字古亦通作袭，《士丧礼》：“襚者以褶。”郑注：“古文褶为袭。”《说文解字》衣部有袭无褶，盖用《礼经》古文。然郑玄于《丧礼》之商祝袭祭服

乃袭三称，乃《聘礼》之裼袭。《乡射礼》、《大射礼》、《士丧礼》之
袒袭，诸袭字皆作袭，独于《士丧礼》襚者以褶，从今文作褶，不从
古文者，是郑以褶、袭为二字也。且郑于《礼经》诸袭字下不云今文
袭为褶，是今文本有褶、袭二字。又《丧大记》于君褶衣褶衾作褶，
于凡敛者袒迁尸者袭作袭，是今文礼家皆以褶、袭为二字也。二字音
义皆近，褶谓一衣自有表里，袭则数衣相为表里。褶为衣名，袭乃加
衣之名。然今文礼家分别用之，辨微之意也。又微论之，则褶字又有
二义。《玉藻》："禅为絅，帛为褶。"褶谓袷衣，对单衣之絅言之。
《士丧礼》："襚者以褶，则必有裳。"褶谓上衣对下衣之裳言之。汉
以后褶字亦兼二义。又古者高低谓之上下，表里亦谓之上下。《释名》
覆上之训及颜师古云重衣之最在上者，皆据二义为说也。）**袴者，**
《说文》云："绔，胫衣也。"《释名》云："袴，跨也，两
股各跨别也。" 盖特举其异于裳者言之。（案：绔、袴一字，袴
与今时裤制无异。古无异说，惟段氏玉裁《说文解字注》谓今之套
裤，古之绔也。今之满裆裤，古之裈也。盖据《说文》胫衣、《释
名》跨别之训以为言。然二书但就袴、裈言之，以别于无裆之犊鼻
裈，非必谓绔之两裈各别为一物也。《汉书·上官皇后传》："为穷绔
多其带。"服虔曰："穷绔，有前后当，不得交通也。"师古曰："穷
绔即今之绲裆绔也。"《方言》："无䙅袴，谓之䘨。"郭璞注："袴无
裆者，今之犊鼻裈也。"是汉时下衣之有前后当及无裆者，通谓之袴。
段氏以今之套裤当之，非也。）上短衣而下跨别，此古服所无
也。古之袭衣亦有襦袴，《内则》："衣不帛襦袴。"《左氏
传》"征褰与襦"，褰亦袴也。然其外必有裳。若深衣以覆
之，虽有襦袴不见于外，以袴为外服，自袴褶服始。然此服
之起，本于乘马之俗，盖古之裳衣本乘车之服，至易车而
骑，则端衣之联诸幅为裳者，与深衣之连衣裳而长且被土
者，皆不便于事。赵武灵王之易胡服，本为习骑射计，则其
服为上褶下袴之服可知。此可由事理推之者也。虽当时尚无
袴褶之名，其制必当如此，张守节废裳之说，殆不可易矣。

战国之季，他国已有效其服者。

《楚辞·大招》："小腰秀颈，若鲜卑只。"

《齐策》："田单攻狄，三月而不克之也。齐婴儿谣曰：'大冠若箕，修剑拄颐。攻狄不能，下垒枯邱。'（中略）鲁仲子曰：'今将军东有夜邑之奉，西有菑上之虞，黄金横带而驰乎淄渑之间。'"

《汉书·艺文志》："《鹖冠子》一篇"，原注："楚人居深山，以鹖为冠。"

案《大招》或云屈原所作，或云景差，二说不同。要在楚顷襄王放原江南以后，去赵武灵王之初胡服，至少且十余年，故有鲜卑之语。若田单之"大冠"、"修剑"、"黄金横带"，大冠即惠文冠。黄金横带，古服所无，即具带也。单攻狄之岁，虽不可考，然在复齐之后，则后于赵武灵王之服胡服殆三十年矣。"鹖冠子"未详何时人，其书有《赵武灵王》篇，知亦在武灵王以后，故皆用其冠带。知战国时之服胡服，不限于赵国矣。

至汉而为近臣及武士之服，或服其冠，或服其服，或并服焉。

《史记·佞幸传》："孝惠时，郎中皆冠鵔鸃，贝带。"

《汉书·景十三王传》：广［陵］（川）王去"殿门有成庆画，短衣大绔长剑，去好之，作七尺五寸剑，被服皆效焉。"

又《武五子传》："故昌邑王衣短衣大绔，冠惠文冠。"

又《盖宽饶传》："宽饶初拜为卫司马，未出殿门，断其单衣，令短离地，冠大冠，带长剑。"

《东观汉纪》（御览卷六百八十七引）："光武初兴，与诸季市弓弩、绛衣、赤帻。初，伯升之起，诸家子弟皆曰：'伯升杀我。'及见上绛衣、大冠，乃惊曰：'谨厚者亦复为之。'"

又（同上引）："诏赐段颎赤帻大冠一具。"

《独断》："武冠或曰繁冠，今谓之大冠，武官服之，侍中、中常侍加黄金附蝉，貂鼠尾饰之。"

《续汉志》："武冠，亦曰武弁、大冠，诸武官服。"

又："武冠加双鹖尾，竖左右，为鹖冠云。五官、左右中郎虎贲、羽林、五中郎将、羽林左右监皆冠鹖冠，纱縠单衣。虎贲将虎文绔，白虎文剑佩刀。虎贲武骑皆鹖冠，虎文单衣。"

案上九事，或箸胡服之冠，或但箸其服，或并箸冠服，或并箸冠带。《续汉志》言五中郎将、虎贲、武骑等皆冠鹖冠而服单衣。案汉之单衣如深衣制，则但箸其冠者，未必即服其服也。然其初冠服大抵相将，如昌邑王所服者是。盖宽饶之断其单衣者，以未出殿门，不及易服也。又如《东观记》所记光武之绛衣赤帻及赤帻大冠，虽但箸其冠及服之色，而不箸服之种类。然汉时赤帻绛衣实为袴褶之服。何以证之？《周礼·司服》郑注云："今伍伯缇衣。"（缇，赤黄色）崔豹《古今注》云："今户伯绛帻缥衣。"（缥色亦在赤黄之间，与绛相类。）伍伯者，车前导引之卒（见《释名》、《续汉志》、《古今注》），今传世汉画象，车前之卒（随家庄画像第一石，及汶上县城垣东西二石，又山东金石保存所、日本东京工科大学所藏各一石。车前皆有四人，执毕及伏前导。案《续汉志》云：车前伍伯中二千石、二千石六百石皆四人，则上五石中之军前四卒，确为伍伯无疑），皆短衣著袴。由伍伯之绛帻缥衣为袴褶之服，知光武之绛衣赤帻及赤帻大冠，不独冠胡服之冠，亦服胡服之服矣（前汉侍臣及武官之服，殆皆如此）。后汉以还，颇有变革，或以胡服之冠为武官之冠而易其服（如《续汉志》所纪中郎将等），以胡服之服为士卒之服（以汉画象证之，如孝堂山东石室东壁画象中之持弓行刑者，及持弓步行者。又西石室西壁之持戈步行者，与武梁祠第二石之怨家攻者，皆短衣著袴，知汉世士卒，皆服袴褶，伍伯亦其一也。）而去其冠，然犹用武冠之帻（如伍伯），其皆出于古之胡服，犹可得而求其踪迹也。然则后汉中叶后，袴褶之服但施于士卒，而不及武官，故崔琰《谏魏太子书》以褶为虞旅之贱服也。

汉末，军旅数起，服之者多，于是始有"袴褶"之名。

　　《江表传》(《吴志·吕范传》裴注引)："吕范自请暂领孙策都督。策曰：'子衡，卿既上大夫，加手下已有大众，立功于外，岂宜复屈小职，知军中细碎事乎？'（中略）范出，便释褠著袴褶，执鞭诣阁下，自称领都督。"

　　《魏志·崔琰传》："太祖征并州，留琰傅文帝于邺。世子仍出田猎，变易服乘，志在驱逐。琰书谏曰：'深惟储副以身为宝，而猥袭虏旅之贱服，忽驰骛而陵险，意雉兔之小娱，忘社稷之为重，斯诚有识所以恻心也。惟世子燔翳捐褶，以塞众望，不令老夫获罪于天。'世子报曰：'昨奉嘉命，惠示雅数，欲使燔翳捐褶。翳已坏矣，褶亦去矣。'"

　　　　案"袴褶"二字连文，始见《江表传》。《魏志》言"燔翳捐褶"，则袴褶之略也。由此二事，知汉末袴褶为将领之卑者及士卒之服，及魏文帝为魏太子，驰骋田猎，亦服此服。自是复通行于上下矣。

魏晋以后，至于江左，士庶服之，

　　《语林》(《北堂书钞》卷一百二十九引)："夏少明在东国，不知名，闻裴逸民名知人，乃入洛从之。日未至家，少许，见一人著黄皮袴褶，乘马将猎，即逸民也。"

　　《晋书·郭璞传》："璞中兴初行经越城，（间）遇一人，呼其姓名，因以袴褶遗之，其人辞不受。"

　　又《隐逸传》：余杭令顾飏，"以［郭］文山行或须皮衣，赠以韦袴褶一具，文不纳"。

　　《南齐书·王奂传》："上以行北诸戍士卒多繿缕，送袴褶三千具，令奂分赋之。"

百官服之，

《魏百官名》（《御览》卷六百九十引）："三公朝赐青林文绮长袖袴褶。"（案：《隋书·艺文志》有《魏晋百官名》五卷，则魏乃汉魏之魏，非后魏也。）

《晋书·舆服志》："袴褶之制，未详所起。近世凡车驾亲戎、中外戒严之服（中华书局校点本作服之），服无定色，冠黑帽，缀紫标（中华书局校点本作幖，下同），标以缯为之，长四寸，广一寸，腰有络带以代鞶革（中华书局校点本无革字）。中官紫标，外官绛标，又有纂严戒服而不缀标，行留文武悉同。其畋猎巡幸，则惟从臣（中华书局校点本作官）戎服带鞶革，文官不下缨，武官服冠。"（《宋书·礼志》标作幖，武官服冠作武官脱冠。）

《宋书·礼志》同上（末有"宋文帝元嘉中巡幸搜狩皆如之，救官庙水火亦如之"二语）。

《隋书·礼仪志》："梁天监令，袴褶，近代服以从戎，今纂严则百官文武咸服之。"（陈《天嘉令》同）

《晋书·杨济传》：济"尝从武帝校猎北邙下，与侍中王济俱著布袴褶，骑马执角弓，在辇前"。

《晋义熙起居注》（《北堂书钞》卷一百二十九，《御览》卷六百九十引）："安帝自荆州至新亭，诏曰：'诸侍官戎行之时，不备朱服。'悉令袴褶从也。"（此据《御览》所引。《书钞》引元年更服，而诸侍官不备采衣袴褶，疑有脱误。）

《宋书·文九王传》："时内外戒严，普服（中华书局校点本作著）袴褶。"

天子亦服之，

《晋书·舆服志》："袴褶，近世凡车驾亲戎、中外戒严之服。"

《宋书·后废帝纪》：帝"尝（中华书局校点本作常）著小袴褶，未尝服衣冠"。

《（南）齐书·东昏侯纪》：帝"著织成袴褶，金簿帽，执七宝缚稍，戎服急装，不变寒暑"。

又：高祖师至，"帝著乌帽袴褶，备羽仪，登南掖门临望"。

《南史·东昏侯纪》："戎服急装缚袴，上著绛衫，以为常服。"

　　案：袴褶本天子亲戎之服，若宋之苍梧，齐之东昏，以为常服，非晋、宋以来故事。故宋太皇太后令云："昱弁冠毁冕，长袭戎衣。"齐宣德皇后令云："身居元首，好是贱服，危冠短服，坐卧以之。"以是为二帝罪状也。

然但以为戎服及行旅之服而已，北朝起自戎夷，此服尤盛，

　　《赵书》（《北堂书钞》卷一百二十九引）："裴宪撰《三正东耕仪》，中书令徐光奏亲耕改服青缣袴褶。"

至施之于妇女。

　　陆翙《邺中记》："石虎时，皇后出女骑一千为卤簿，冬月皆著紫纶巾，鞕锦袴褶（《御览》卷六百九十六引），腰中著金环参镂带（同上引），皆著五采织成靴。"（同上卷六百九十八引）

后魏之初，以为常服，

　　《魏书·胡叟传》：叟"每至贵胜之门，恒乘一特牛，敝韦袴褶而已"。

又：叟于高"允馆见中书侍郎赵郡李璨，璨被服华靡，叟贫老衣褐，璨颇忽之。叟谓（之）云：'老子今若相许，脱体上袴褶衣帽，君欲作何计也。'讥其惟假盛服，璨惕然失色"。

又《[孝]（节）义传》："显祖崩，[王]元（中华书局本作玄）威立草庐于州城门外，衰裳蔬粥，哭踊无时。""至大除日，诏送白袖袴褶一具，与元威释服。"

及朝服。

> 《魏书·成淹传》："太和中，文明皇后崩，萧赜遣其散骑常
> 侍裴昭明、［朝］散侍郎谢竣等来吊，欲以朝服行事。主客执
> 之，曰（中华书局本作云）：'吊有常式，何得以朱衣入山庭！'昭明
> 等言：'本奉朝命，不容改易。'……高祖敕尚书李冲，（令）选
> 一学识者，更与论执，冲奏遣淹。……昭明言：'使人惟赍袴
> 褶，比既戎服，不可以吊，幸借缁衣帽，以申国命。'"高祖
> "敕送衣帽给昭明等"。
>
> > 案裴昭明言"使人惟赍袴褶"，是本欲以袴褶吊，而魏
> > 人谓之欲以朝服行事，是北人以袴褶为朝服也。昭明言
> > "比既戎服，不可以吊"，是南人以袴褶为戎服也。
>
> 《齐书·魏虏传》：虏主宏"诏：'季冬朝贺，典无成文，以
> 袴褶事（事字上疑夺一行字），非礼敬之谓。若置寒朝服，徒成烦
> 浊。自今罢小岁贺，岁初一贺。'"
>
> > 案《魏书·高祖纪》：太和十五年十一月丙戌，初罢小
> > 岁贺。先是，太和十年正月朔，帝始服衮冕，朝飨万国。又
> > 夏四月，始置（中华书局本作制）五等公服。至是五年，而小
> > 岁贺时百官尚无寒朝服者，盖后魏本以袴褶为朝服，相沿已
> > 久，不能遽变也。至太和十八年十二月"革衣服之制"，然
> > 后严其法制矣。

后虽复古衣冠，而此服不废。

> 《梁书·陈伯之传》："褚缉在魏，魏人欲擢用之。魏元会，
> 缉戏为诗曰：'帽上著笼冠，袴上著朱衣，不知是今是，不知非
> 昔非。'魏人怒，出为始平太守。"
>
> > 案笼冠者，武冠，亦即惠文冠（见《晋书·舆服志》、《隋
> > 书·礼仪志》）。朱衣者，袴褶之色（见上所引《魏书·成淹传》
> > 及下所引《宋书·刘怀慎传》诸条）。褚缉诗所咏，正袴褶服也。

绲与陈伯之入魏，在梁天监元年（即魏世宗景明三年）。绲作此诗时，距太和革衣服之制已近十年，而元会之时仍服袴褶，盖世宗以后，又复用代北旧俗也。惟《洛阳伽蓝记》一事与此不合，《记》谓杨元慎含水喷陈庆之曰："吴人之鬼，住居建康，小作冠帽，短制衣裳。"又谓"庆之还梁，羽仪服式，悉如魏法，江东士庶竞相模楷，褒衣博带，被及秣陵"云云。似南北衣服与上所征引者相反。然是时魏元会之服，尚用袴褶，则常服可知。其所云短小褒博者，殆不过同一衣制，南北稍有大小长短之别而已。

隋则取其冠，以为天子之戎服。

> 《隋书·礼仪志》："武弁金附蝉平巾帻，余服具服。（案：具服者，朝服，即通天冠之服。其制玉簪导，绛纱袍，深衣制，白纱内单，皂领襈襈裾，绛纱蔽膝，白假带，方心曲领。革带，玉钩䚢，鹿卢玉具剑，火珠镖首，白玉双佩，玄组，双大绶，玄黄赤白缥绿，纯玄质，长二丈四尺五，百首，广一尺。小双绶长二尺六寸，色同大绶，而首半之，间施三玉环，朱袜赤舄，舄加金饰。）讲武、出征、四时搜狩、大射、祃类、宜社、赏祖、罚社、篡严则服之。"（案北齐制略同）

武臣之朝服，

> 《隋书·礼仪志》："左右卫、左右武卫、左右武候大将军、领左右大将军，并武弁，绛朝服，带佩绶（中华书局本作剑、佩、绶）。""左右卫、左右武卫、左右武候将军、领左右将军、左右监门卫将军、太子左右卫、左右宗卫、左右内等率、左右监门郎将及诸副率，并武弁，绛朝服，剑、佩、绶。""直阁将军、直寝、直斋、太子直阁，武弁，绛朝服，剑、佩、绶。"（案：南朝武臣亦皆服武冠，见《隋志·梁天监令》、《陈天嘉令》）

取其服为天子田猎豫游之服。

《隋书·礼仪志》："乘舆黑介帻之服，紫罗褶，南布袴，玉梁带，紫丝鞋，长［靴］（勒）［袜］（靴），田猎豫游则服之。"

皇太子侍从田狩之服，

《隋书·礼仪志》：皇太子"平巾，黑帻，玉冠枝，金花饰，犀簪导，紫罗褶，南布袴，玉梁带，长［靴］（勒）［袜］（靴），侍从田狩则服之"。

上下公服。

《隋书·礼仪志》："乘舆鹿皮弁服，绯大襦，白罗裙，金乌皮履，革带，（中略）。视朝听讼则服之。凡弁服，自天子以（中华书局本作已，下同）下、内外九品以上，弁皆以乌为质，并衣袴褶。五品以上以紫，六品以下以绛。"

案：乘舆弁服，既有裙襦，是与袴褶服异。而下复云"并衣袴褶"者，盖弁服或服裙襦，或服袴褶，二者通著，犹唐之翼善冠、进德冠，或服常服，或服袴褶也。

武官侍从之服，

《隋书·礼仪志》：左右卫大将军等"侍从，则平巾帻，紫衫，大口袴褶，金玳瑁装两裆甲"。左右卫将军等侍从，则平巾帻，紫衫，大口袴，金装两裆甲。直阁将军等"侍从，则（平巾帻，）绛衫，大口袴褶，银装两裆甲"（案此两云大口袴褶，两褶字皆衍文。上所云紫衫、绛衫，衫即褶也。否则褶上加衫，又加两裆甲，亦太赘矣）。

取其带与履，以为常服。

《隋书·礼仪志》："百官常服，同于匹庶，皆著黄袍，出入殿省。高祖朝服亦如之，惟带加十三环，以为差异。"

《旧唐书·舆服志》："隋代（帝王）贵臣，多服黄文绫袍，乌纱帽，九环带，乌皮六合靴。百官常服，同于匹庶，皆著黄袍，出入殿省。高祖（中华书局校点本作'天子'）朝服亦如之，惟带加十三环，以为差异。盖取于便事。其乌纱帽渐废，贵贱通服折上巾，其制周武帝建德年所造也。"

《（新）唐书·车服志》："初，隋文帝听朝之服，以赭黄文绫袍，乌纱帽，折上巾，六合靴，与贵臣通服。惟天子之带十有三环（中华书局校点本作'镮'）。"

唐亦如之，武弁之服用其冠，

《大唐六典》："殿中省尚衣局奉御职，武弁，金附蝉，平巾帻（余服具服），讲武、出征、四时搜狩、大射、祃类、宜社、赏祖、罚社、纂严，则服之。"

《旧唐书·舆服志》："武弁，平巾帻（侍中，中书令则加貂蝉，侍左者左珥，侍右者右珥），皆武官及门下、中书、殿中、内侍省、天策上将府、诸卫领军武候监门、领左右太子诸坊诸率及镇戍流内九品服之，其诸王府佐九品以上，（亦）准此。"

平巾帻之服用其服，

《六典》："殿中省尚衣局奉御职，平巾帻，簪导冠支皆以玉，紫褶（亦白褶）白袴，玉具装真珠宝钿带，著靴，乘马则服之。翼善冠，其常服及白练裙襦通著之，若服袴褶，则与平巾帻通著。"

又："太子内直局内直郎职，平巾帻，犀簪导，紫缯白袴，玉梁珠宝钿带，著靴，乘马则服之。进德冠，九璜加金饰，其常服及白练裙襦通著之，若服袴褶，则与平巾帻通著。"

又："礼部郎中员外郎职，凡百官平巾帻之服，武官以卫官寻常公事则服之（冠及褶依本品色，并大口袴起梁带乌皮靴，若武官陪立大仗加螣蛇裲裆）。袴褶之服，朔望朝会则服之。"（五品已上通用䌷绫及罗，六品已下用小绫，应著袴褶，并起十月一日至二月三十日已前。）

案：平巾帻之服，即是袴褶，而《六典》于百官服乃分平巾帻之服与袴褶之服为二者，盖名武官所服者为平巾帻之服，文官所服者为袴褶之服，取便于称谓，其实非有异也。《旧（唐）书·舆服志》云："平巾帻，簟簪（中华书局本作'簪簟'）导冠支，五品以上紫褶，六品已下绯褶，加两裆螣蛇，并白袴，起梁带。靴，武官及卫官陪立大仗则服之。若文官乘马，亦通服之，去裲裆螣蛇。"《六典》于"平巾帻"下亦云："冠及褶依本品色，并大口袴，起梁带，乌皮靴。"而"袴褶服"下不言带履，意谓已见于上，是平巾帻之服与袴褶为一服之证也。又《新（唐）书·车服志》："开元中（中华书局本作'二十五年'），御史大夫李适之建议：'冬至、元日大礼，朝参官及六品服朱衣，六品以下通服袴褶。'天宝中，御史中丞吉温建议：'京官朔、望朝参用朱袴褶。'"此又《六典》朔望朝参用之袴褶专指文官所服者之证也。若以为二服，则失之矣。

常服用其带与履。

《旧唐书·舆服志》："（其）常服，赤黄袍衫，折上头巾，九环带，六合靴，皆起自魏、周，便于从事。自贞观以（中华书局本作已）后，非元日、冬至、受朝及大祭祀，皆常服而已。"（案：唐百官常服袍衫，用本品色带之袴，数亦随其品，余与天子同。）

唐季褶服渐废，专用常服，宋初议复之而未行，

《宋史·舆服志》："袴褶之制，乾德（中华书局本作'建隆'）四年范质与礼官议"，"故令：'文三品以上紫褶，五品以上绯褶，七品以上绿褶，九品以上碧褶，并白大口袴，起梁带，乌皮靴。'（此谓《唐》令）'今请造袴褶如令文之制，其起梁带制度（中华书局本作'形制'）检寻未是，望以革带代之。'奏可。是岁，造成而未用"。

然仪卫中尚用之。

　　《宋史·仪卫志》文繁不录。
　　《文昌杂录》"皇朝导驾官袴褶"，盖马上之服也。

又自六朝至唐，武官小吏流外多服袴褶。

　　《晋书·仪卫志》："中朝太驾卤簿，末大戟一队，九尺楯一队，刀楯一队，弓一队，弩一队，队各五十人，黑袴褶将一人。"
　　《隋书·礼仪志》：陈《天嘉令》："领军捉刃人，乌总帽、袴褶、皮带。""太子二傅骑吏，玄衣、赤帻、武冠，常行则袴褶。""案轺、小舆、持车、轺车给使，平巾帻、黄布袴褶、赤厕带。""廉帅、整阵、禁防，平巾帻、白布袴褶。鞁角五音帅、长麾，青布袴褶、岑帽、绛绞带。都伯，平巾帻、黄布袴褶。""武官问讯、将士给使，平巾帻、白布袴褶。"
　　又《音乐志》：隋制：皇帝"大鼓、长鸣工人，皂地苣文；金钲、枫鼓、小鼓、中鸣、吴横吹工人，青地苣文；凯乐工人，武弁，朱褠衣；横吹，绯地苣文。并为帽、袴褶。大角工人，平巾帻、绯衫，白布大口袴。内宫鼓乐服色，皆准此"。
　　又：皇太子"大鼓、长鸣、横吹工人，紫帽，绯袴褶。金钲、枫鼓、小鼓、中鸣工人，青帽、青袴褶。铙吹工人，武弁，朱褠衣。大角工人，平巾帻、绯衫、白布大口袴"。

又：正一品，"横吹工人，紫帽、赤布袴褶。金钲、枹鼓、小鼓、中鸣工人，青帽、青布袴褶。铙吹工人，武弁，朱褠衣。大角工人，平巾帻、绯衫、白布大口袴"。三品以上同正一品。四品，"（金钲）、枹鼓、大鼓工人，青帽、青布袴褶"。

《旧唐书·舆服志》："（自外）民任杂掌无官品者，皆平巾帻、绯衫、大口袴，朝集从事则服之。""（自外）品子任杂掌者，皆平巾帻、绯衫、大口袴，朝集从事则服之。""平巾帻、绯褶、大口袴、紫附褠，尚食局主食、典膳局主食、太官署食官署掌膳服之。平巾绿帻、青布袴褶，尚食局主膳、典膳局典食、太官署食官署供膳服之。平巾五瓣（中华书局本作'辫'）髻、青袴褶、青耳屩，羊车小史服之。总角髻、青袴褶，刻漏生、刻漏童服之。"

《（新）唐书·仪卫志》："千牛备身冠进德冠、服袴褶。"

又：皇帝仗，"指南车、记里鼓车、白鹭车、鸾旗车、辟恶车、皮轩车，皆四马"，有"驾士十四人，皆平巾帻、大口袴、绯衫"。"凡五路，皆有副。驾士皆平巾帻、大口袴，衫从路色。"大辇"主辇二百人，平巾帻、黄丝布衫、大口袴、紫诞带、紫行縢、鞋袜"。"尚乘直长二人，平巾帻、绯袴褶。"又：太皇太后、皇太后、皇后仗，"内给使百二十人，平巾帻、大口袴、绯裲裆"。

又：亲王卤簿，"幰弩一，执者平巾帻、绯袴褶，骑。次青衣十二人，平巾青帻、青布袴褶，执青布仗袋"。"次节一，夹稍一（中华书局本作二），各一人骑执，平巾帻、大口袴、绯衫。""次府佐六人，平巾帻、大口袴、绯裲裆，骑，持刀夹引。（次）象路一，驾四马，佐二人立侍，一人武弁、朱衣、革带、居左；一人绯裲裆、大口袴，持刀居右。"

案：《隋志》与《唐志》例，袴褶同色，则连言"某袴褶"，如云"绯袴褶"、"青袴褶"是也。袴褶异色，则云"某衫某色大口袴"，或但云"某衫大口袴"（凡袴皆白色，故多不言色）。《旧唐志》或云"绯衫大口袴"，或云"绯褶大口袴"，衫、褶互言，知衫即褶。然则上所云"某衫大口袴"或"大口袴某衫"者，皆袴褶服也。

此胡服行于中国之大略也。自汉以迄隋、唐，诸外国之服亦大抵相似。

《汉书·匈奴传》：中行说曰："其得汉缯絮（中华书局本作絮缯）以驰草棘中，衣袴皆裂弊，以视不如旃裘坚善也"。

    案：中国古服如端衣深衣，袴皆在内，驰草棘中不得裂弊。袴而裂弊，是匈奴之服。袴外无表，即同于袴褶服也。

《淮南·氾论训》："古者有鍪而绻领以王天下者矣。"高注："绻领，皮衣，屈而纮之，如今胡家韦袭反褶以为领也。"

    案："袭"、"褶"二字通用，然一句中用字不得互异，恐褶乃"摺"字之讹，反摺为领，所谓"屈而纮之，是匈奴衣韦褶也"。胡家对汉家言之也。

《说文解字》："鞮，草履也。胡人履连胫，谓之络鞮。"（下九字今本无，《韵会》引有之）

《魏志·扶（中华书局本作夫，下同）余传》：扶余国人，"在国衣（尚白），白布大袂，袍、袴，履革鞜"。

《吴时外国传》（《御览》卷六百九十六引）："大秦国人，皆著袴褶络带。"又："扶南人，悉著钩络带。"

《流沙坠简补遗》："（上缺）著布袴褶纻履。"

又："（上缺）五年十四，短小著布袴褶，口（下缺）。"

    案此二简出和阗东、尼雅城北，乃魏、晋间物，纪是时往来西域商胡之年名物色者也。

《梁书·诸夷传》：芮芮国"辫发，衣锦，小袖袍，小口袴"。

《魏书·蠕蠕传》：肃宗赐阿那瓌"绯纳小口袴褶一具，内中宛具；紫纳大口袴褶一具，内中宛具"。

又《高车传》：诏员外散骑侍郎可足浑使高车，赐阿伏至罗与穷奇各绣袴褶一具。

《隋书·东夷传》：高丽人"皆皮冠（《北史》作'头著折风，形如弁'），使者（《北史》作'士人'）皆（中华书局本作'加'）插鸟羽（《北史》鸟字上有'二'字），贵者冠用紫罗，饰以金银。服大袖衫，大口袴，素皮带，黄革屦"。

殆与中国胡服同源，至此服入中国后之制，代有变革。其初有冠，冠前有珰，珰以黄金为之，加貂蝉焉。

　　《独断》："武冠加黄金附蝉，貂鼠尾饰之。"
　　《续汉书·舆服志》："武冠加黄金珰，附蝉为文，貂尾为饰。"
　　　　案附蝉之制，古无明文。传世古器中多见玉蝉，或古武冠以黄金为珰，上加玉蝉，故云"附蝉"。蝉殆加于冠前。《隋志》引徐爰《舆服注》云："博山附蝉，谓之金颜。"故《续汉志》谓之黄金珰。珰者，当也，当冠之前，犹瓦当之当瓦之前矣。

貂则有左右之别。

　　《后汉书·宦者传》：汉兴，置中常侍官，"皆银珰左貂，给事殿省"。"自明帝以后，迄乎延平，委用渐大，而其员稍增"，"改以金珰右貂，兼领卿署之职"。
　　《晋书·舆服志》：武冠"插以貂毛，黄金为竿，侍中插左，常侍插右"。
　　《宋书·礼志》："侍中左貂，常侍右貂。"
　　《旧唐书·舆服志》："武弁，平巾帻，侍中、中书令则加貂蝉，侍左者左珥，侍右者右珥。"
　　　　案：《齐书·舆服志》言：应劭《汉官》"及司马彪《志》，并不见侍中与常侍有异，惟言左右珥貂而已"。然范蔚宗已言汉初中常侍银珰左貂，后汉改为金珰右貂，则侍中左貂，常侍右貂，自后汉已然矣。

汉时又于冠内加帻，是为平巾帻。

《续汉书·舆服志》："古者有冠无帻。秦雄诸侯，乃加其武将首饰，为绛帕以表贵贱。其后稍稍作颜题，至孝文乃高颜题，续之为耳，上下群臣贵贱皆服之。文者长耳，武者短耳，称其冠也。"

《独断》："元帝额有壮发，不欲使人见，始进帻服之，群臣皆随焉。然尚无巾，如今半帻而已。王莽无发，乃施巾，故语曰：'王莽秃帻施屋。'冠进贤者宜长耳，冠惠文者宜短耳，各随所宜。"

《宋书·礼志》："《汉注》曰：'冠进贤者宜长耳，今介帻也。冠惠文者宜短耳，今平巾（中华书局本作上，旧本多作中）帻也。知时各随所宜，遂因冠为别。'介帻服文吏，平上服武官也。"

后或去冠而存其帻，帻之色，或赤或黑，

《晋书·舆服志》：裤褶之制，"服无定色，冠黑帽"（《宋志》同）。

案：古者帽与帻相似，黑帽即黑帻也。赤帻已见前。

上缀紫标。

《晋书·舆服志》：裤褶之制，"冠黑帽，上缀紫标（中华书局本作'摽'，下同）（《宋志》作'标'）。标以缯为之，长四寸，广一寸"。"中官紫标，外官绛标。"（《宋志》同）

《南史·王琨传》："景和中，讨义阳王昶，六军戒严，应须紫㦰（中华书局本作'樴'，下同），左右欲营办。琨曰：'元嘉中讨

（中华书局本作'征'）谢晦，有紫襮在匣中，不须更作。'检取果得焉。"

六朝亦间用冠。

《宋书·刘怀慎传》：孝武"乘画轮车，幸太宰江夏王义恭第"，怀慎子"德愿（岸）著笼冠，短朱衣，执辔进止，甚有容状"。

《梁书·陈伯之传》："魏元会，褚［绢］（缃）戏为诗曰：'帽上著笼冠，袴上著朱衣'。"

隋唐以后则惟用平巾帻而已。袴褶之质，魏、晋、六朝杂用缣锦织成绸布皮韦为之；隋则天子及皇太子褶以罗，袴以布；唐则五品以上通用绸绫及罗，六品以下用小绫，流外小吏亦用布焉。

《隋书·礼仪志》及《大唐六典》均见前。

褶之色，汉、魏以降大抵用绛及朱，

《东观记》及《古今注》并见前。

《宋书·刘怀慎传》："德愿（岸）著笼冠，短朱衣。"

又《元凶劭传》："劭以朱衣加戎服上，乘画轮车，与萧斌同载。"

《（南）齐书·郁林王本纪》：高宗使萧谌等"率兵入云龙门，戎服，加朱衣于其上"。

《梁书·陈伯之传》、《南史·东昏侯纪》、《魏书·成淹传》并见前。

然亦无定色。

《晋书·舆服志》："袴褶之制，服无定色。"（《宋志》同）

隋则天子及皇太子以紫，百官五品以上亦以紫，六品以下用绛。

《隋书·礼仪志》见前。

唐则天子或紫或白，皇太子以紫。

《太唐六典》见前。

百官服色初与隋同，后以品差为四等。

《旧唐书·舆服志》："五品以上紫褶，六品以下绯褶。"
《（新）唐书·舆服志》："袴褶之制，三品以上紫，五品以上绯，七品以上绿，九品以上碧。"

袴皆白色，又古之袴褶大抵褒博，故有缚袴之制。

《宋书·袁淑传》：太子"劭左右引淑等袴褶，又就主衣取锦，（截）三尺为一段，又中破（截）分淑、斌及左右，使以缚袴"。

又《沈庆之传》：刘湛之"被收之夕，上开门召庆之。庆之戎服履𩍐（中华书局本作'靺'）缚袴入，上见而惊曰：'卿何意乃尔急装？'庆之曰：'夜半唤队主，不容缓服。'"

《（南）齐书·虞悰传》："郁林废，悰窃叹曰：'王、徐遂缚袴废天子，天下岂有此理耶？'"

《南史·东昏侯纪》见前。

《隋书·礼仪志》：陈《天嘉令》："袴褶，近代服以从戎，今纂严，则文武百官咸服之，车驾亲戎，则缚袴，不舒散（也）。"

隋、唐以后，行从骑马所服者颇窄小矣。

《隋书·礼仪志》：炀帝时，"师旅务殷，车驾多行幸。百官
行从，惟服袴褶，而军旅间不便。至六年后，诏从驾涉远者，文
武官等皆戎衣"。

案：袴褶即戎衣，兹别袴褶与戎衣为二者，盖自魏以
来，袴褶有大口、小口二种（《魏书·蠕蠕传》），隋时殆以广
袖大口者为袴褶，窄袖小口者为戎衣，否则无便不便之可言
矣。

《旧唐书·舆服志》：刘子玄《乘马著衣冠议》："臣伏见比
者鸾舆出幸，法驾首涂，左右侍臣皆以朝服骑马。夫冠履而出，
止可配车而行。今乘车既停，而冠履不易，可谓唯知其一而未知
其二。何者？褒衣博带，革履高冠，本非马上所施，自是车中之
服。……且长裙广袖，襜如翼如……倘马有惊逸，人从颠坠……
固已受嗤行路，有损威仪。"

案：子玄此议，以朝服之广袖长裙为不便于乘马，则唐
时乘马所服之袴，其非褒博可知。故仪卫中服袴褶者，皆云
大口袴以别之，知乘马之服，非复广袖大口矣。

其带之饰，则于革上列置金玉，名曰校具，亦谓之䩞，亦谓之环，其
初本以佩物，后但致饰而已。

《吴书》（御览卷六百九十六引）："陆逊破曹休于石亭，上脱御
金校带以赐逊。"

《吴志·诸葛恪传》："钩落者，校饰革带，世谓钩络带。"

《吴录》（御览卷六百九十六引）："钩络者，鞍饰革带也。"

《邺中记》（同上）："石虎皇后女骑，腰中著金环参镂带。"

《金楼子》："齐东昏侯自捉玉手版金梁络带。"

《周书·侯莫陈顺传》：顺破赵青雀，魏文帝"亲执顺手"，
"解所佩（中华书局本作‘服’）金镂玉梁带赐之"。

《隋书·礼仪志》：革带，"今博三寸（半），加金镂鞢，螳蜋钩，以相拘带"。

《（新）唐书·［车］（舆）服志》：袴褶服"起梁带"，"起梁带之制，三品以上，玉梁宝钿，五品以上，金梁宝钿，六品以下，金饰隐起而已"。

《朝野佥载》："巧人张崇者，能作灰画腰带铰具，每一胯大如钱，灰画烧之，见火即隐起，作鱼龙鸟兽之形，莫不悉备。"

《旧唐书·舆服志》："上元元年八月（又）制：'一品以下带手巾、算袋，仍佩刀子、砺石。武官欲带者听之。'""景云中又制，令依上元故事，带手、巾、算袋，其刀子、砺石等许不佩。武官五品以下佩鞊鞢（中华书局本作鞊韘）七事，七事为：佩刀、刀子、砺石、契苾真、哕厥、针筒、火石袋也。至开元初复罢之。"

《唐文粹》（七十七）：韦端符《李卫公故物记》，"有玉带一，首末为玉十有三，方者七，挫两隅者六，每缀环焉为附，而固者以金。传云：'环者，列佩用也。'公擒萧铣时，高祖所赐于阗献三带，其一也。又火镜二、大觿一、小觿一、算囊二、椰盂一。盖常佩于玉带环者十三，物亡其五，存者有八"。

《梦溪笔谈》（一）："中国衣冠，自北齐以来，乃全用胡服，窄袖绯绿短衣长［靿］（鞠）靴，有鞢韄带，皆胡服也。带衣所垂鞢韄，盖欲佩带弓剑帉帨算囊刀砺之类。自后虽去鞢韄，而犹存其环，环所以衔鞢韄，如马之鞦根，即今之带銙也。"

案：以上带具之名，皆取诸马鞍具。《吴录》谓络带为鞍饰革带，《吴志》及《吴书》谓之校饰革带。金校带，校者即《朝野佥载》之铰具，亦马鞍之饰也。《宋史·仪卫志》载鞍勒之制有校具。日本人源顺《倭名类聚钞》引杨氏《汉语钞》（二书之作，皆当中国唐时）云："腰带之革，未著铰具为鋌。"（即"鞓"字）又云："铰具腰带及鞍具，以铜属革也。"是铰具谓革上所施铜鞍，与带共之者也。又《金楼子》及《周》、《隋》二书，带有金梁、玉梁之名，而《初学记》有宋刘义康《谢金梁鞍启》，则梁之名，亦鞍与带共之者也。又《隋志》之䩞，唐《六典》、《新》、《旧》二书之鞢及鞊鞢，《梦溪笔谈》之鞢鞢，亦谓马鞍之饰。《说文》："鞊，鞍饰。"《玉篇》："鞊，鞍鞊也。"又"鞊鞢，鞍具也"。《宋史·仪卫志》："鞍勒之制，有鞊鞢革带之环。"《笔谈》亦以马之鞦根比之。是带上之饰，其名皆取诸鞍饰。欲知带制，必于鞍制求之矣。古者鞍有垂饰，名之曰鞲。《说文》："鞲，绥也。"盖其饰下垂如冠缨之绥，故训之以绥。《广雅》："鞲谓之鞘。"《广韵》："鞲，垂貌。"王氏念孙曰："鞘亦垂貌也，犹旗旒谓之旓矣。"《宋史·仪卫志》说鞍勒之制，"校具"下云："皆垂六鞘。"是古之鞍有垂饰之证也。且马之腹带及后鞦（即马绡，《说文》所谓纣也），皆系于鞍，故鞍上必有系鞘与鞦带之处。以理度之，则鞍之左右必缘以革，而施金于其上，以贯垂鞘及鞦带等，是为铰具。据宋制，则垂鞘有六，又加以腹带后鞦，则鞍上所施铰具，必至十余。颜延之《赭白马赋》云："宝铰星罗"，是古制已如斯矣。络带铰具，其数略等。又鞍之铰具以贯垂鞘，络带铰具以佩七事，其用亦略同，故古人谓之鞍饰革带或校饰革带也。《隋》、《唐》志之䩞或鞢，亦校具之异名。所谓玉钩䩞金钩䩞者，钩谓带钩，䩞则校具也。至沈氏《笔谈》云："带环所以衔鞢鞢，如马之鞦根。"又《宋史·西夏（按，应为夏国）传》云："金涂银束带，垂鞢鞢佩解结锥、短刀、弓矢韣"，则误以所垂之物为鞢鞢矣（《宋史·仪卫志》纪鞍上诸物，先鞊鞢，次校具，次六鞘。盖以鞍左右所缘之革为鞊鞢，此盖鞊之本义。鞊者，帖也。以革帖于木上，犹帖之帖于帛书上也。《玉篇》鞁字即鞊声之转，隋、唐之间以带鞁上所施校具为鞊。此名之转移者也。宋人犹以鞍上所帖之革为鞊，此名之未变者也）。古带校具或作环形，或校具之上更缀以环（如《李卫公故物记》所云），故其带又谓之环带。隋、唐以后，则常服之带谓之环带，袴褶服之带谓之起梁带。梁者，盖于铰具作鼻为桥梁之形，因以贯环。意者常服为燕居及执事之服，故其带须有环以佩刀砺之属。袴褶为骑马之服，故校具之制不必作环形欤。即常服之带，后亦并去其环，故唐中叶以后不谓之环，而谓之𫐓。宋时带环有笏头注面诸名，其无环可知矣。

周、隋之际，始以环数别尊卑。

《周书·李贤传》：高祖赐贤"御所服十三环金带一要"。

又《宇文孝伯传》：高祖"赐以十三环金带"。

《隋书·李穆传》：高祖作相，穆"奉十三环金带于高祖"。盖天子之服也。

又《礼仪志》："百官常服，同于匹庶，皆著黄袍，出入殿省。高祖朝服亦如之，惟带加十三环，以为差异。"

唐世因之，以为服章。

《（新）唐书·［车］（舆）服志》：腰带"一品、二品𫐓以金，六品以上以犀，九品以上以银，庶人以铁"。

又其后以紫为三品之服，金玉带𫐓十三。绯为四品之服，金带𫐓十一。浅绯为五品之服，金带𫐓十。深绿为六品之服，浅绿为七品之服，皆银带𫐓九。深青为八品之服，浅青为九品之服，皆输石带𫐓八。黄为流外官及庶人之服，铜铁带𫐓七。

履之专用靴，盖六朝以后则然。

《隋书·礼仪志》："履则诸服皆服（中华书局本作'用'），惟褶服以靴。靴，胡履也，取便于事，施于戎服。"

此胡服入中国后变革之大略也。此服通行于中国者千有余年，而沈约乃谓"袴褶之服，不详所起"。沈括知其为胡服，而又以为始于北齐，后人亦无考其源流及制度者，故备著之。

摩尼教流行中国考

志磐《佛祖统纪》（卷三十九）："延载元年，波斯国人拂多诞（西海大秦国人）持《二宗》伪经来朝。"

> 案：《二宗》，摩尼教经名，见《佛祖统纪》卷四十八。拂多诞，摩尼教僧侣之一级，见《摩尼教残经》，是为摩尼经入中国之始。

《册府元龟》（卷九百九十七）："开元七年六月，大食国、吐火罗国、南天竺国遣使朝贡。其吐火罗国支汗那王上表，献解天文人大慕阇，其人智慧幽深，问无不知。伏乞天恩，唤取慕阇。亲问臣等事意及诸教法，知其人有如此之艺能，望请令其供奉，并置一法堂，依本教供养。"

《太平寰宇记》（卷一百八十六）："开元七年，吐火罗国叶护支汗那帝赊献天文人大慕阇，请加试验。"

> 案：《九姓回鹘可汗碑》"摩尼传教师谓之慕阇"，此大慕阇，疑亦摩尼师也。

《通典》（卷四十）："开元二十年七月勅，末摩尼本是邪见，妄称佛教，诳惑黎元，宜严加禁断。以其西胡等既是乡法，当身自行，不须科罪。"《九姓回鹘爱登里啰汨没蜜施合毗伽可汗圣文神武碑》："（上阙）师将睿息等四僧入国，阐扬二祀，洞彻三际，况法师妙达明门，精通七部，才高海岳，辩若悬河，故能开正教于回鹘。
□□□□□为法立大功绩，乃□□僛悉德于时，都督、刺史、内外
宰相（中阙）。今悔前非，愿事正教，奉旨宣示。此法微妙，难可受
持，再三恳□，往者无识，谓鬼为佛，今已误真，不可复事。特望
□□□□□曰：既有至诚，任即持受，应有刻画魔形，悉令焚爇。祈
神拜鬼，并（中阙）。受明教，薰血异俗，化为蔬饭之乡。宰杀家邦，
变为劝善之国。故□□之在人，上行下效，法王闻受正法，深赞虔
□□□□德，领诸僧尼入国阐扬，自后慕阇徒众，东西往来，循环
教化。"

　　案：此记摩尼教入回鹘事。碑记于爱登里啰汩没蜜施吉
　　啜登密施合俱录毗伽可汗（即《唐书》之英义建功毗伽可汗）
　　之世，回鹘助唐灭史朝义之后事，殆在唐代宗广德二年矣。

　　《僧史略》（卷下）："大历三年六月，勅回纥置寺，宜赐额大云光
明之寺。"又："大历六年正月，又勅荆、越、洪等各置大云光明寺
一所。"

　　《祖佛统纪》（卷四十一）："大历三年，勅回纥奉末尼者建大云光
明寺。六年，回纥请于荆、扬、洪、越等州，置大云光明寺，其徒白
衣白冠。"

　　《册府元龟》（卷九百七十九）："贞元十二年，回鹘又遣摩尼人
至。"

　　《旧唐书·德宗纪》："四月丁丑，以久旱，令阴阳人法术祈雨。"

　　《唐会要》（卷四十九）："贞元十五年，以久旱，命摩尼师求雨。"

　　《资治通鉴》（卷二百三十七）：元和元年，"是岁，回鹘入贡，始
以摩尼偕来于中国，置寺处之。其法日晏乃食，食荤而不饮（一作食）
湩酪。回鹘信奉之，（可汗）或与议国事"。

　　《旧唐书·宪宗纪》：元和二年正月"庚子，回纥请于河南府、
太原府置摩尼寺，许之"。

　　《白氏文集》（卷四十，按绍兴本为卷五十七）：《与回鹘可汗书》："其

东都太原置寺，已令人勾当，事缘功德，理合精严。又有彼国师僧，不必更劳人检校，其见撚拓匆施邹达（干）等，今并放归所。所令帝德将军安庆云供养师僧，请住外宅。又令骨都禄将军充检校功德使。其安悉立请随班次，放归本国者。并依来奏，想宜知悉。今赐少（信）物，具如别录。内外宰相及判官摩尼师等，并各有赐物，至宜准数分付。内外宰相官吏师僧等，并存问之。遣书指不多及。"

《旧唐书·回纥传》：元和八年"十二月二日，宴归国回鹘摩尼八人，令至中书见宰臣。先是，回鹘请和亲，宪宗使有司计之，礼费约五百万贯。方内有诛讨，未任其费（中华书局本作'亲'）。以摩尼为回鹘信奉，故使宰臣言其不可"。

又《穆宗纪》（按，应为《回纥传》）：长庆元年"五月，回鹘宰相、都督、公主、摩尼等五百七十三人入朝（迎公主）"。

《唐国史补》（卷下）："回鹘常与摩尼议政，故京师为之立寺。其法：日晚乃食，饮水而茹荤，不饮乳酪。其大摩尼数年一易，往来中国，小者年转，江岭西市商胡囊橐，其源生于回鹘有功也。"

《唐文粹》（卷六十五）舒元舆《重岩寺碑》："国朝沿近古而有加焉，亦容杂夷，而来者有摩尼焉、大秦焉、火祆焉，合天下三夷寺，不足当吾释寺一小邑之数。"

《会昌一品集》（卷四）《论回鹘石诫直状》："石诫直是卑微一首领，岂能有所感悟。况自今夏以来，两度检点摩尼回鹘，又宠待嗢没斯至厚，恐诫直之徒必怀疑怨，此去岂止于无益，实虑生奸。"

同上（卷五）《赐回鹘书》："朕二年以来，保护可汗一国，内阻公卿之议，外遏将帅之言，朕于可汗，心亦至矣。可汗亦宜深鉴事体，早见归还，所求种粮，及安存摩尼寻勘退浑党项劫掠等事，并当应接处置，必遣得宜。"

同上（卷五）《赐回鹘可汗书》："摩尼教，天宝以前中国禁断。自累朝缘回鹘敬信，始许施行，江淮数镇，皆令阐教。近各得本处申奏，缘自闻回鹘破亡，奉法因兹懈怠，蕃僧在彼，稍似无依。吴楚水乡，人情嚣薄，信心既去，翕集至难。且佛是大师，尚随缘行教，与苍生缘尽，终不力为。朕深念异国远僧，欲其安堵，且令于两都及太原信向处行教，其江淮诸寺权停，待回鹘本土安宁，即却令如旧。"

同上（卷十八）《讨回鹘制》："其回鹘既以破灭，义在剪除。宜令诸道兵马并同进讨，河东立功将士以下，优厚给赏，续次条疏，处分应在京外宅及东都修功德回鹘，并勒冠带，各配诸道收管。其回鹘及摩尼等庄宅钱物，并委功德使与御史台京兆府，各差精强干事官点检收录，不得容诸色职掌人及坊市富人辄有影占，如有犯者，并当极法，钱物纳官。摩尼等僧委中书门下即时条疏闻奏。"

《（新）唐书·回鹘传》：回鹘"元和初，再朝献，始以摩尼至。其法：日晏始食，饮水茹荤，屏湩酪，可汗常与共国者也。摩尼至京师，岁往来西市，商贾颇与囊橐为奸"。武宗"诏回鹘营功德使在二京者，悉冠带之。有司收摩尼经（中华书局本作'书'）若象烧于道，资产（中华书局本作'产赀'）入之官"。

日本僧圆仁《入唐求法巡礼日记》（卷三）："会昌三年四月中旬，勅下令杀天下摩尼师，剃发，令著袈裟作沙门形而杀之。摩尼师即回鹘所崇重也。"

赞宁《僧史略》（卷下）："会昌三年，勅天下摩尼寺并废入官，京城女摩尼七十二人皆死，及在此国回纥诸摩尼等配流诸道，死者大半。"

《旧五代史·梁书·末帝纪》：贞明六年"冬十月，陈州妖贼母（按应为'毋'，下同）乙、董乙伏诛。陈州里俗之人，喜习左道，依浮屠氏之教，自立一宗，号曰'上乘'，不食荤茹，诱化庸民，揉杂淫秽，宵聚昼散。州县因循，遂致滋蔓。时刺史惠王友能，恃戚藩之宠，动多不法，故奸慝之徒，望风影附。母乙数辈，渐及千人，攻掠乡社，长吏不能诘。是岁秋，其众益盛，南通淮夷。朝廷累发州兵讨捕，反为贼所败，陈、颍、蔡三州大被其毒。群贼乃立母乙为天子，其余豪首，各有署（中华书局本作树）置。至是发禁军及数郡兵合势追击，贼溃，生擒母乙等首领八十余人，械送阙下，并斩于都市"。

《佛祖统记》（卷四十五）："梁贞明六年，陈州末尼聚众反，立母（按，应为'毋'，下同）乙为天子。朝廷发兵禽母乙，斩之。其徒以不茹荤饮酒，夜聚淫秽，画魔王踞坐，佛为洗足。方佛是大乘，我法乃上之乘。"

《僧史略》（卷下）："梁贞明六年，陈州末尼党类立母乙为天子，累讨未平。及贞明中，诛斩方尽。后唐、石晋时，复潜兴，推一人为主，百事禀从。或画一魔王踞坐，佛为其洗足，盖影傍佛教所谓相似道也。或有比邱为饥冻，往往随之效利。有识者尚远离之。"

《册府元龟》（卷九百七十六）："后唐天成四年八月癸亥，北京奏葬摩尼和尚。摩尼者，回鹘之佛师也。先自本国来。太原少尹李彦图者，武宗时怀化郡王李思忠之孙也。思忠本回鹘王子嗢没斯也，归国锡姓名。关中大乱之后，彦图挈其族归，太祖赐宅一区，宅边置摩尼院以居之，至是卒。"

徐铉《稽神录》："清源都将杨某，为本郡防遏营副将，有人见一鹅负纸钱入其第，俄化为双髻白发老翁，变怪遂作，二女惊病。召巫立坛召之，鬼亦立坛作法，愈甚于巫。巫惧而去，二女遂卒。后有善作魔法者，名曰'明教'，请为持经一宿，鬼乃唾骂而去。"

张君房《云笈七籤序》："臣于时尽得降到道书，并续取到苏州旧道藏经本千余卷，越州、台州旧道藏经本亦千余卷，朝廷续降到福建等州道书明使摩尼经等。"

《佛祖统纪》（卷四十八）："尝考《夷坚志》云：吃菜事魔，三山尤炽。为首者紫衣宽衫，女人黑冠白服，称为明教会，所事佛衣白。引经中所谓白佛言：世尊取《金刚经》一佛二佛三四五佛，以为第五佛又名末摩尼。采《化胡经》，乘自然光明道气，飞入西那玉界苏邻国中，诞降王宫为太子，出家称末摩尼，以自表证。其经名《二宗》、《三际》，《二宗》者，明与暗也。《三际》者，过去、未来、现在也。大中祥符兴道藏，富人林世长赂主者，使编入藏，安于亳州明道宫，复假称白乐天诗云：'静览苏邻传，摩尼道可惊。二宗陈寂默，五佛继光明。日月为资敬，乾坤认所生。若论斋洁志，释子好齐名。'以此八句表于经首。其修持者，正午一食，裸尸以葬，以七时作礼。盖黄巾之遗习也。"（原注：尝检乐天《长庆集》，无苏邻之诗。乐天知佛，岂应为此不典之辞？）

方勺《泊宅编》（卷五）："宣和二年十月，睦州青溪县埧村居人方腊，托左道以惑众。县官不即钽治。腊自号'圣公'，改元'永乐'，置偏裨将，以巾色饰为别，自红巾而上凡六等，无甲胄，惟以鬼神诡秘事相扇讠式。"

同上："后汉张角、张燕辈，托天师道陵，立祭酒治病，使人出米五斗而病随愈，谓之五斗米道。至其滋盛，则剽劫州县，无所不为。其流至今，蔬食事魔夜聚晓散者是也。凡魔拜必北向，以张角实起于北方。观其拜，足以知其所宗。原其平时，不饮酒食肉，甘枯槁，趋静默，若有志于为善者。然男女无别，不事耕织，衣食无所得，则务攘夺（按一作'散'）以挺乱，其可不早辨之乎？有以其疑似难识，欲痛绳之。恐其滋蔓，（因）置而不问，驯致祸变者有之。有舍法令一切弗问，但魔迹稍露，则使属邑尽驱之死地，务绝其本根，肃清境内。而此曹急，则据邑聚而反者有之。此风日扇（按一作'煽'），殆未易察治。如能上体国禁之严，下令愚民之无辜，迷而入于此道，不急不急，销患于冥冥之中者，良有司也。"

《建炎以来系年要录》（卷七百十六）："绍兴四年五月，起居舍人王居正言：伏见两浙州县有吃菜事魔之俗。方腊以前，法禁尚宽，而事魔之俗，犹未甚炽。方腊之后，法禁愈严，而事魔之俗，愈不可胜禁。州县之吏，平居坐视，一切不问则已，间有贪功或畏事者，稍踪迹之，则一方之地，流血积尸，至于庐舍积聚、山林鸡犬之属，焚烧杀戮，靡有孑遗。自方腊之平，至今十余年间，不幸而死者，不知几千、万人矣。所宜恻然动心而思，欲究其所以然之说也。臣闻事魔者，每乡每村有一二桀黠，谓之'魔头'，尽录乡村姓名，相与诅盟为党。凡事魔者，不肉食，而一家有事，同党之人皆出力以相赈恤。盖不肉食则费省，费省故食易足。同党则相亲，相亲故相恤，而事易济。臣以为此先王导其民，使相亲、相友、相助之意，而甘淡泊、务节俭，有古淳朴之风。今民之师帅既不能以是为政，乃为魔头者，窃取以瞽惑其党，使皆归德于魔，于是从而附益之。以邪僻害教之说，民愚无知，谓吾从魔，而食易足、事易济也。故以魔说为皆可信，而争趋归之，此所以法禁愈严，而愈不可胜禁。伏望陛下念民迷之日久，下哀矜之诏书，使人晓然，知以为不肉食则费省，故易足；同党则相亲，故相恤而事易济：此自然之理，非魔之力。至于邪僻害教，如不祭其先之类，则事魔之罪也。部责监司，郡县责守令，宣明诏旨，许以自新。又择平昔言行为乡曲所信者，家至而户晓之。其间有能至诚用心、率众归附者，优加激赏，以励其徒。庶几旧染之俗，闻风丕变，实一方生灵赤子之幸。诏诸帅宪司措置，毋得骚扰生事。"

廖刚《高峰先生文集》（卷二）《乞禁妖教劄子》："臣伏睹刑部关报，臣寮上言，乞修立吃菜事魔条禁，务从轻典。奉圣旨令刑部看详上尚书省。臣谨案《王制》曰：'执左道以乱政，杀。假于鬼神、时日、卜筮以疑众，杀。'非乐于杀人，为其邪说诡道，足以疑惑愚众，使之惟己之从，则相率为乱之阶也。今之吃菜事魔，传习妖教，正是之谓。臣访闻两浙江东西，此风方炽，创自一人，其从至于千百为群，阴结死党。犯罪，则人出千钱或五百行赇；死，则人执柴烧变，不用棺椁衣衾，无复丧葬祭祀之事。一切务减人道，则其视君臣上下复何有哉？此而不痛惩之，养成其乱，至于用兵讨除，则杀人不可胜数矣。臣闻传习事魔，为首之人盖有所利而为之，诳惑愚民，诱以祸福而取其财物，谓之教化，此最不可恕者。推究为首之人，峻法治之，自当衰息。若不分首从，概欲以不应为坐之，恐非所以戢奸弭乱也。臣谓贫穷而为盗贼，情或可恕；事魔，非迫于不得已也，故为邪僻败坏风俗之事。其措心积虑已不顺矣，是故易诱为乱也。如被诱之人尚或可以阔略，彼为首者，虽未有不顺之迹，岂可轻恕！欲望睿旨并送刑部，看详施行。"

庄季裕《鸡肋编》（按卷上）："事魔食菜，法禁甚严。有犯者，家人虽不知情，亦流于远方，以财产半给告人，余皆没官。而近时事者益众，云自福建，流至温州，遂及二浙。睦州方腊之乱，其徒处处相［扇］（煽）而起。闻其法：断荤酒，不事神佛祖先，不会宾客；死则裸葬，方敛，尽饰衣冠，其徒使二人坐于尸傍，其一问曰：'来时有冠否？'则答曰：'无。'遂去其冠，逐一去之，以至于尽；乃曰：'来时何有？'曰：'有胞衣。'则以布囊盛尸焉，云事之后致富。小人无识，不知绝酒肉、燕祭、厚葬，自能积财焉（一作'也'）。又始投其党，有甚贫者，众率财以助，积微以至于小康矣。凡出入经过，虽不识，党人皆馆谷焉。人物用之无间，谓为一家，故有无碍被之说，以是诱惑其众。其魁谓之'魔王'，（为之）佐者，谓之'魔翁'、'魔母'，各诱化人。且、望，人出四十九钱，于魔翁处烧香，翁母则聚所得缗钱，以时纳于魔王。岁获不赀云。亦诵《金刚经》，取'以色见我'为邪道，故不事神佛，但拜日月，以为真佛。其说经如'是法平等，无有高下'，则以'无'字连上句，大抵多如此解释。俗讹以'魔'为'麻'，谓其魁为麻黄，或云易魔王之称也。其初授法，设誓甚重。然以张角为祖，虽死于汤镬，终不敢言'角'字。传记（一作'云'）何执中守官台州，州获事魔之人，勘鞫久不能得。或云：'何，处州龙泉人，其乡邑多有事者，必能察其虚实。'乃委之穷究。何以杂物数件示之，能识其名则非是，而置（一）羊角其中，他皆名之，至角则不言，遂决其狱。如不事祖先、裸葬之类，固已害风俗。而又谓人生为苦，若杀之，是救其苦也，谓之度人。度多者，则可以成佛。故结集既众，乘乱而起，甘嗜杀人，最为大患。尤憎恶释氏，盖以戒杀与之为戾耳。但禁令太严，每有告者，株连既广，又当籍没，全家流放，与死为等，必协力同心，以拒官吏。州县惮之，率不敢案（一作'按'），反致增多。余谓薄其刑典，除去籍财之令，但治其魁首，则可以已（一作'弭'）也。"

同上："余既书此未一岁，而衢州开化县余五婆者，为人所告，逃于严州遂安县之白马洞缪罗家。捕之，则阻险为拒，杀害官吏。至遣官军平荡，两州被患，延及平民甚众，殊可伤［闵］（悯）。"

陆游《渭南文集》（卷五）："条对状：一，自盗贼之兴，若止因水旱饥馑，迫于寒饿，啸聚攻劫，则措置有方，便可抚定，必不能大为朝廷之忧。惟是妖幻邪人，平时诳惑良民，结连素定，待时而发，则其为害未易可测。伏缘此色人，处处皆有，淮南谓之'二桧子'，两浙谓之'牟尼教'，江东谓之'四果'，江西谓之'金刚禅'，福建谓之'明教揭谛斋'之类，名号不一。明教尤甚，至有秀才、吏人、军兵，亦相传习，其神号曰'明使'，及有'肉佛'、'骨佛'、'血佛'等号。白衣乌帽，所在成社。伪经妖像，至于刻板流布，假借政和中道官程若清等为校勘，福州知州黄裳为监雕。以祭祖考为引鬼，永绝血食，以溺为法水，用以沐浴。其他妖滥，未易概举。烧乳香则乳香为之贵，食菌蕈则菌蕈为之贵。更相结习，有同胶漆。万一窃发，可为寒心。汉之张角，晋之孙恩，近岁之方腊，皆是类也。欲乞朝廷戒敕监司守臣，常切觉察，有犯于有司者，必正典刑。毋得以习不根经教之文，例行阔略。仍多张晓示，见今传习者，限一月，听赍经像衣帽赴官自首，与原其罪，限满，重立赏，许人告捕。其经文印版，令州县根寻，目下焚毁。仍立法，凡为人图画妖像及传写刊印明教经等妖妄经文者，并从徒一年论罪，庶可阴消异时窃发之患。"

陆游《老学庵笔记》（按，卷十）："闽中有习左道者，谓之明教。亦有《明教经》，甚多刻板摹印，妄取道藏中校定官（名）衔赘其后。烧必乳香，食必红蕈，故二物皆翔贵。至有士人宗子辈，众中自言：'今日赴明教会（一作"斋"）。'予尝诘之：'此魔也，奈何与之游？'则对曰：'不然，男女无别者为魔，男女不亲授者为明教。明教，遇妇人所作食则不食。'然尝得所谓《明教经》观之，诞谩无可取，直俚俗习妖者（一作'之'）所为耳。又或指名族士大夫家曰：'此亦明教也。'不知信否。偶读徐常侍《稽神录》云'有善魔法者，名曰明教'，则明教亦久矣。"

《嘉定赤城志》（卷三十七）李守谦《戒事魔》十诗："劝尔编民莫事魔，魔成划地祸殃多。家财破荡身狼藉，看取胡忠季子和。　白衣夜会说无根，到晓奔逃各出门。此是邪魔名外道，自投刑辟害儿孙。　金针引透白莲池，此语欺人亦自欺。何似田桑家五亩，鸡豚狗彘勿违时。　莫念双宗二会经，官中条令至分明。罪流更溢三千里，白佛安能救尔生。　生儿只遣事犁锄，有智宜令早读书。莫被胡辉相引诱，此人决脊尚囚拘。　蚩蚩女妇太无知，吃菜何须自苦为？料想阿童鞭背后，心中虽悔不能追。　仙居旧有祖师堂，坐落当初白塔乡。眼见菜头头落地，今人讳说吕师囊。　贵贱家家必有尊，如何毁祖事魔神。细思父母恩难报，早转头来孝尔亲。　肉味鱼腥吃不妨，随宜茶饭守家常。朝昏但莫为诸恶，底用金炉爇乳香。　官家为是爱斯民，临遣知州诲尔谆。愿尔进知庠序教，怕嫌尔做事魔人。"

案：李谦，考志中《郡守题名》作"李兼"，以开禧三年三月三十日知台州，嘉定元年九月二十一日除宗正丞，未行卒。

《佛祖统纪》（卷三十九）引《释门正统》："良渚曰：'准国朝法令，诸以《二宗经》及非藏经所载不根经文传习惑众者，以左道论罪。'二宗者，谓男女不嫁娶，互持不语，病不服药，死则裸葬等。不根经文者，谓《佛佛吐恋师佛说啼泪》、《大小明王出世经》、《开元括地变文》、《齐天论》、《五来子曲》之类，其法不茹荤饮酒，昼寝夜兴，以香为信，阴相交结，称为善友，一旦郡邑有小隙，则冯狠作乱，如方腊、吕升辈是也。其说以天下禅人但传卢行者十二部假禅，若吾徒即是真禅。有云：'菩提子，达摩栽，心地种，透灵台。'或问终何所归？则曰：'不生天，不入地，不求佛，不涉余途，直过之也。'如此魔教，愚民皆乐为之。其徒以不杀、不饮、不荤辛为至严，沙门有行为弗谨，反遭其讥，出家守法，可不自勉。"

同上（卷四十四）："良渚曰：'白云、白莲、摩尼三宗，皆假名佛教，以诳愚俗，犹五行之有沴气也。今摩尼尚扇于三山，而白莲、白云处处有习之者，大抵不事荤酒，故易于裕足；而不杀物名，故近于为善；愚民无知，皆乐趋之。甚至第宅姬妾，为魔女所诱，入其众中，以修忏念佛为名，而实通奸秽。有识士夫，宜加禁止。'"

至正《金陵新志》（卷八）·《风俗志》陆子通除妖害记："自夫白云魔教之滋也。而雄据阡陌，豪夺民业，衔辛如毒，罔所诉理。有司一问，则群噪醵贿，白黑淆乱。弱下窭乏，困于徭征，则独傪然自肆。寸丝粒粟，不入公上，群□邑甿，或以赴诉，则赇吏鬻证，反为所诬。根深蒂固，岁月滋久，民视若禽兽，视法令无如也。（中略）岁在己卯，先疆域民之习魔教者，夺民业则正而归之，不输赋则均而取之，嚣顽之俗，革于一旦，党于之众，散于反掌。"

西山先生《真文忠公文集》（卷四十）《再守泉州劝农文》："莫习魔教，莫信邪师。"

《大明律集解附例》（卷十一）："凡妄称弥勒佛、白莲社、明尊教、白云宗等会，一应左道乱正之术，扇惑人民。为首者绞，为从者各杖一百，流三千里。"（原注：西方弥勒佛、远公白莲社、牟尼明尊教、释氏白云宗，是四样。）

　　右古书所记摩尼教事，其概如此。当宣统元年，吴县蒋伯斧郎中跋《巴黎所藏摩尼教残经卷》，附考摩尼教入中国源流，仅及唐会昌而止。后上虞罗叔言参事印行京师图书馆所藏《摩尼教经》一卷，法国伯希和教授译之，后复附《摩尼教考》，并增宋世摩尼教事实，较蒋君所考，甚为该博。伯氏书用法文，余曩曾抄撮其所引汉籍，数年以来，流览所及，颇有增益。计增日本僧圆化《求法记》一则，赞宁《僧史略》一则，方勺《泊宅编》、庄季裕《鸡肋编》各二则，《建炎以来系年要录》、《高峰先生文集》、《嘉定赤城志》、至正《金陵新志》、《真西山文集》各一则，与前所抄者汇为一编，庶唐、宋二代彼教情形，略可观览。考唐代置摩尼寺之地，北则两都、太原，南则荆、扬、洪、越诸州。会昌禁绝后，回鹘摩尼师虽绝迹于中土，然中土人传习者尚如其故。至于五季，尚有陈州母乙之乱、明教禳鬼之事。及大中祥符重修道藏，明教经典乃得因缘编入。东都盛时，其流盖微。南北之交，死灰复炽。寻其缘起，别出三山。盖海舶贾胡之传，非北陆大云之旧矣。南渡文人不能纪远，金谓出自黄巾，祖彼张角。放翁《笔记》亦仅上援《稽神录》为其滥觞。实则"二宗"、"三际"、"明使"等语，具见唐译《摩尼经》中，故唐、宋彼教，其源或殊，其实则一，观于上所抄撮，可知斯言之不误矣。

太史公行年考

公姓司马氏，名迁，字子长（案：子长之字，《史记·自序》与《汉书》本传皆不载。扬子《法言·寡见》篇："或问司马子长有言：五经，不如老子之约也。"又《君子》篇："多爱不忍，子长也。仲尼多爱，爱义也；子长多爱，爱奇也。""子长"二字之见于先汉人著述者，始此。嗣是王充《论衡·超奇》、《变动》、《须颂》、《案书》诸篇，张衡《应闲》，皆称司马子长，或单称子长。是"子长"之字，两汉人已多道之，正不必以不见《史》、《汉》为疑矣）。左冯翊夏阳人也（案《自序》：司马氏入少梁，在晋随会奔秦之岁，即鲁文公七年，周襄王之三十二年。越二百九十一年，至秦惠文王八年，而魏入少梁河西地于秦，十一年，改少梁曰夏阳。自司马氏入少梁，迄史公之生，凡四百七十五年）。《自序》云："昔在颛顼，至于夏商，重黎氏世序天地。其在周，程伯休父其后也。当周宣王时，失其守而为司马氏，司马氏世典周史。惠、襄之间，司马氏去周适晋。晋中军随会奔秦，而司马氏入少梁。自司马氏去周适晋，分散，或在卫，或在赵，或在秦。在秦者名错，与张仪争论，于是惠王使错将兵伐蜀，遂拔，因而守之。错孙靳，事武安君白起。与武安君共坑赵长平军，还而与之俱死杜邮，葬于华池（《集解》引晋灼曰："地名，在鄠县。"《索隐》云："晋灼非也。案司马迁碑在夏阳西北四里。"国维案：《水经·河水注》：陶渠水又东南迳华池、南池，方三百六十步，在夏阳城西北四里许。故司马迁碑文云："高门华池，在兹夏阳城西北、汉阳太守殷济精舍四里所。"此《索隐》所本也）。靳孙昌，昌为秦主铁官。昌生无泽（《汉书》作"毋泽"），无泽为汉市长。无泽生喜，喜为五大夫，卒，皆葬高门（《集解》引苏林曰：长安北门。瓒曰：长安城无高门。《索隐》云：苏说非也。案迁碑，高门在夏阳西北，去华池三里。国维案：《水经·河水注》：陶渠水又南迳高门原。盖层峦壅缺，故流高门之称矣。又云高门原，东去华池三里。《太平寰宇记》"同州韩城县"下，引《水经注》：高门原南，有层阜秀出云表，俗谓马门原。《正义》与《括地志》亦云：高门原，俗名马门原。盖亦本古本《水经注》。马门原，或以司马氏冢地名矣）。喜生谈，谈为太史公（说见后）。太史公学天官于唐都（《[律]（历）书》："今上即位，招致方士唐都，分其天部；而巴落下闳运算转历，然后日辰之度与夏正同。"《天官书》："自汉之为天文者，星则唐都，气则王朔。"《汉书·律历志》："元封七年造《汉历》，方士唐都、巴郡落下闳与焉。"又《公孙宏传》："论治历，则唐都、落下闳。"是唐都实与于太初改历之役。考司马谈卒于元封元年，而其所师之唐都，至七年尚存，则都亦寿考人矣），受《易》于杨何（《儒林列传》："《易》：汉兴，田何传东武人王同、子仲，子仲传菑川人杨何。何以《易》元光元年征，官至中大夫。"《汉书·儒林传》："何，字叔元。"），习道论于黄子（《集解》徐广曰：《儒林传》曰黄生，好黄老之术。案《传》云："辕固生，孝景时为博士，与黄生争论。"是黄生与司马谈时代略相当，徐说殆是也。谈既习道论，故论六家要旨，颇右道家，与史公无与，乃扬雄云："司马子长有言：五经，不如老子之约。"班彪讥公"先黄老而后六经"，是认司马谈之说为史公之说矣）。仕于建元、元封之间，有子曰迁，即公是也。

汉景帝中五年丙申，公生，一岁。

案《自序索隐》引《博物志》：太史令茂陵显武里大夫司马（此下夺"迁"字），年二十八，三年六月乙卯除六百石也（今本《博物志》无此文，当在逸篇中。又茂先此条，当本先汉记录，非魏晋人语，说见后）。案，三年者，武帝之元封三年。苟元封三年史公年二十八，则当生于建元六年。然张守节《正义》，于《自序》"为太史令五年而当太初元年"下云"案迁年四十二岁"，与《索隐》所引《博物志》差十岁。《正义》所云，亦当本《博物志》。疑今本《索隐》所引《博物志》年二十八，张守节所见本作年三十八，三讹为二，乃事之常，三讹为四，则于理为远。以此观之，则史公生年，当为孝景中五年，而非孝武建元六年矣。

又案，《自序》："迁生龙门。龙门在夏阳北。"《正义》引《括地志》云："龙门山在同州韩城县北五十里。"而华池则在韩城县西南十七里，相去七十里，似当司马谈时，公家已徙而向东北。然公自云生龙门者，以龙门之名见于《夏书》，较少梁、夏阳为古，故乐用之，未必专指龙门山下。又云"耕牧河山之阳"。则所谓龙门，固指山南河曲数十里间矣。

武帝建元元年辛丑，六岁。

五年乙巳，十岁。

案《自序》："年十岁，则诵古文。"《索隐》引刘伯庄说，谓即《左传》、《国语》、《[世]（系）本》等书是也。考司马谈仕于建元、元封间，是时当已入官，公或随父在京师，故得诵古文矣。自是以前，必已就闾里书师受小学书，故十岁而能诵古文。

元光元年丁未，十二岁。

二年戊申，十三岁。

案《汉旧仪》（《太平御览》卷二百三十五引）："司马迁父谈，世为太史。迁年十三，使乘传行天下，求古诸侯之史记。"（《西京杂记》卷六文略同。）考《自序》云："二十而南游江、淮。"则卫宏说非也。或本作二十，误倒为十二，又讹二为三与？

元朔元年癸丑，十八岁。

三年乙卯，二十岁。

案《自序》："二十而南游江、淮，上会稽，探禹穴，窥九疑，浮于沅、湘；北涉汶、泗，讲业齐、鲁之都，观孔子之遗风，乡射邹、峄；厄困鄱、薛、彭城，过梁、楚以归。"考《自序》所纪，亦不尽以游之先后为次。其次当先浮沅、湘，窥九疑，然后上会稽。自是北涉汶、泗，过楚及梁而归。否则，既东复西，又折而之东北，殆无是理。史公此行，据卫宏说，以为奉使乘传行天下，求古诸侯之史记也。然公此时尚未服官，下文云："于是迁始仕为郎中"，明此时尚未仕，则此行殆为宦学，而非奉使矣。

又案，史公游踪见于《史记》者，《五帝本纪》曰："余尝西至空同，北过涿鹿，东渐于海，南浮江淮矣。"《封禅书》曰："余从祭天地诸神名山川而封禅焉。"《河渠书》曰："余南登庐山，观禹疏九江，遂至于会稽[大]（太）湟，上姑苏，望五湖；东窥洛汭、大邳，迎河，行淮、泗、济、漯洛渠；西瞻蜀之岷山及离碓；北[至]

（自）龙门，至于朔方。"《齐太公世家》曰："吾适齐，自泰山属之琅邪，北被于海，膏壤二千里。"《魏世家》曰："吾适故大梁之墟。"《孔子世家》曰："余适鲁，观仲尼庙堂车服礼器，诸生以时习礼其家，余低徊留之不能去"云。《伯夷列传》曰："余登箕山，其上盖有许由冢"云。《孟尝君列传》曰："吾尝过薛，其俗闾里率多暴桀子弟，与邹、鲁殊。"《信陵君列传》曰："吾过大梁之墟，求问其所谓夷门。夷门者，城之东门也。"《春申君列传》曰："吾适楚，观春申君故城宫室，盛矣哉！"《屈原贾生列传》曰："余适长沙，观屈原所自沈渊。"《蒙恬列传》曰："吾适北边，自直道归，行观蒙恬所为秦筑长城亭障。堑山堙谷，通直道，固已轻百姓力矣。"《淮阴侯列传》曰："吾如淮阴，淮阴人为言：韩信虽为布衣时，其志与众异。其母死，贫无以葬，然乃行营高敞地，令其旁可置万家。余视其母冢，良然。"《樊郦滕灌列传》曰："吾适丰、沛，问其遗老，观故萧、曹、樊哙、滕公之冢。"《自序》曰："奉使西征巴、蜀以南，南略邛、笮、昆明。"是史公足迹，殆遍宇内；所未至者，朝鲜，河西、岭南诸初郡耳。此上所引，其有年可考者，仍各系之于其年下，馀大抵是岁事也。是岁所历各地，以先后次之如左：

适长沙，观屈原所自沈渊（《屈原贾生列传》）。浮于沅湘（《自序》）。窥九疑（同上）。南登庐山，观禹疏九江，遂至于会稽大湟（《河渠书》）。上会稽，探禹穴（《自序》）。上姑苏，望五湖（《河渠书》）。适楚，观春申君故城宫室（《春申君列传》。据《越绝书》，则春申君故城宫室在吴）。适淮阴（《淮阴侯列传》）。行淮、泗、济、漯（《河渠书》）。北涉汶、泗，讲业齐、鲁之都，观孔子之遗风，乡射邹、峄（《自序》）。适鲁，观仲尼庙堂车服礼器，诸生以时习礼其家（《孔子世家》）。厄困鄱、薛、彭城（《自序》）。过薛（《孟尝君列传》）。适丰、沛（《樊郦滕灌列传》）。过梁、楚以归（《自序》）。适大梁之墟（《魏世家》及《信陵君列传》）。

又案，《汉书·儒林传》："司马迁亦从孔安国问故，迁书载《尧典》、《禹贡》、《洪范》、《微子》、《金縢》诸篇，多古文说。"公从安国问古文《尚书》，其年无考。《孔子世家》但云："安国为今皇帝博士，至临淮太守，蚤卒。安国生骊，骊生卬。"既云早卒，而又及纪其孙，则安国之卒，当在武帝初叶。以《汉书·儿宽传》考之，则儿宽为博士弟子时，安国正为博士。而宽自博士弟子补廷尉文学卒史，则当张汤为廷尉。汤以元朔三年为廷尉，至元狩三年迁御史大夫，在职凡六年。宽为廷尉史，至北地视畜数年，始为汤所知，则其自博士弟子为廷尉卒史，当在汤初任廷尉时也。以此推之，则安国为博士，当在元光、元朔间。考褚大亦以此时为博士，至元狩六年犹在职。然安国既云蚤卒，则其出为临淮太守，亦当在此数年中。时史公年二十左右，其从安国问古文《尚书》，当在此时也。又史公于《自序》中述董生语，董生虽至元狩、元朔间尚存，然已家居，不在京师，则史公见董生，亦当在十七八以前。以此二事征之，知《博物志》之年二十八为太史令，"二"确为"三"之讹字也。

元狩元年己未，二十四岁。

元鼎元年乙丑，三十岁。

案《自序》云："于是迁仕为郎中。"其年无考，大抵在元朔、元鼎间。其何自为郎，亦不可考。

四年戊辰，三十三岁。

案《封禅书》："明年冬，天子郊雍，[诏]（议）曰：'今上帝朕亲郊，而后土无祀，则礼不答也。'有司与太史公、祠官宽舒议：'天地牲角茧栗。今陛下亲祠后土，（后土）宜于泽中（圜丘）为五坛，坛一黄犊太牢具，已祠尽瘗，而从祠衣上黄。'于是天子遂东，始立后土祠汾阴脽邱，如宽舒等议。"考《汉书·武帝纪》：是岁冬十月，行幸雍，祠五畤，行自夏阳，东幸汾阴。十一月甲子，立后土祠于汾阴脽上。则司马谈等议立后土，乃十月事也。谈为太史令，始见此。

五年己巳，三十四岁。

案《五帝本纪》："余尝西至空同。"考《汉书·武帝纪》：是岁冬十月，行幸雍，祠五畤，遂逾陇登空同，西临祖厉河而还。公西至空同，当是是岁十月扈从时事。

又案，《封禅书》："公卿言：'皇帝始郊见太一云阳，有司奉瑄玉嘉牲（荐飨）。是夜有美光，及昼，黄气上属天。'太史公、祠官宽舒等曰：'神灵之休，祐福兆祥，宜因此地光域，立太畤坛，以明应。令太祝领，秋及腊间祠，三岁一郊见。'"案，《汉书·武帝纪》：是岁十一月，"立太畤于甘泉，天子亲郊见"。则太史谈等议泰畤典礼，当在是月。

元封元年辛未，三十六岁。

案《自序》："奉使西征巴、蜀以南，南略邛、筰、昆明，还报命。是岁，天子始建汉家之封，而太史公留滞周南，不得与从事，故发愤且卒。而子迁适使反，见父于河、洛之间。"云云。考《汉书·武帝纪》：元鼎六年，"定西南夷，以为武都、牂柯、越隽、沈黎、文山郡"。史公奉使西南，当在置郡之后。其明年（元封元年）春正月，行幸缑氏，登崇高，遂东巡海上。夏四月癸卯还，登封泰山。复东巡海上，自碣石至辽西，历北边九原，归于甘泉。盖史公自西南还报命，当在春间，时帝已东行，故自长安赴行在。其父谈当亦扈驾至缑氏、崇高间，或因病不得从，故留滞周南。适史公使反，遂遇父于河、洛之间也。史公见父后，复从封泰山，故《封禅书》曰："余从巡祭天地诸神名山川而封禅焉。"后复从帝海上，自碣石至辽西，故《齐太公世家》曰："吾适齐，自泰山属之琅邪，北被于海。"又历北边九原，归于甘泉，故《蒙恬传》曰："吾适北边，自直道归。"直道者，自九原抵云阳（即甘泉）之道，《秦始皇本纪》所谓"除道，道九原抵云阳，堑山湮谷，直通之"者也。父谈之卒，当在是秋，或在史公扈驾之日矣。

二年壬申，三十七岁。

案《河渠书》："余从负薪塞宣房。"考《汉书·武帝纪》：是岁"春，幸缑氏，遂至东莱。夏四月，还祠泰山，至瓠子，临决河，命从臣将军以下皆负薪塞河堤，作《瓠子之歌》。"史公既从塞宣房，则亦从至缑氏、东莱、泰山矣。

三年癸酉，三十八岁。

案《自序》："太史公卒三岁，而迁为太史令，䌷史记、石室、金匮之书。"《索隐》引《博物志》："太史令茂陵显武里大夫司马迁，年二十八（当作'三十八'，说见上），三年六月乙卯除六百石也。"
考史公本夏阳人，而云茂陵显武里者，父谈以事武帝，故迁茂陵也。
大夫者，汉爵第五级也。汉人履历，辄具县里及爵。《扁鹊仓公列
传》有"安陵阪里公乘项处"；敦煌所出新莽时木简，有"敦德亭间
田东武里士伍王参"是也。或并记其年，敦煌汉简有"新望兴盛里
公乘□杀之，年卌八"。又有"□□中阳里大夫吕年，年廿八"。此
云"茂陵显武里大夫司马迁，年三十八"，与彼二简正同。乙卯者，
以颛顼历及殷历推之，均为六月二日。由此数证，知《博物志》此
条，乃本于汉时簿书，为最可信之史料矣。

又案：公官为太史令，《自序》具有明文。然全书中自称及称其
父谈，皆曰太史公。其称父为公者，颜师古及司马贞均谓"迁自尊
其父，称之曰公"。其自称公者，桓谭《新论》谓："太史公造书成，
示东方朔。朔为平定，因署其下。太史公者，皆东方朔所加之也。"
（见《孝武本纪》及《自序·索隐》引）韦昭则以为外孙杨恽所称（见
《孝武本纪·集解》）。张守节《正义》则以为迁所自称。案，东方朔卒
年虽无可考，要当在《史记》成书之前。且朔与公友也，藉令有平
定之事，不得称之为公。又秦、汉间人著书，虽有以公名者，如
《汉书·艺文志》：易家有《蔡公》二篇，阴阳家有《南公》三十一
篇，名家有《黄公》四篇、《毛公》九篇。然此或后人所加，未必其
所自称。则桓谭、张守节二说，均有所不可通。惟公书传自杨恽，公
于恽为外王父，父谈又其外曾祖父也，称之为公，于理为宜。韦昭一
说，最为近之矣。自易令为公，遂滋异说。《汉仪注》谓："太史公，
武帝置，位在丞相上。天下计书先上太史公，副上丞相，序事如古
《春秋》。迁死后，宣帝以其官为令，行太史公文书而已。"（《太史公
自序》集解，《汉书》本传注如淳说，皆引此文。《西京杂记》卷六，语略同，
亦吴均用《汉仪注》文也。）又云："太史公秩二千石，卒史皆秩二百
石。"（《自序·正义》引《汉旧仪》。案：《汉旧仪》与《汉仪注》本一书，皆
《汉旧仪注》之略称，卫宏所撰也。）臣瓒驳之曰：《百官表》无太史公，
茂陵中书司马谈以太史丞为太史令（《集解》引）。晋灼驳之曰：《百
官表》无太史公在丞相上，且卫宏所说多不实，未可以为正（《汉书》

本传注引）。虞喜《志林》又为调停之说曰："古者主天官者皆上公，自周至汉，其职转卑，然朝会坐位，犹居公上，尊天之道。其官属犹以旧名，尊而称公也。"（《自序·索隐》引）国维案：汉官皆承秦制，以丞相、太尉、御史大夫为三公，以奉常、郎中令等为九卿，中间名有更易，员有增省，而其制不变。终先汉之世，惟末置三师在丞相上，他无所闻。且太史令一官，本属奉常，与太乐、太祝、太宰、太卜、太医、五令丞联事，无独升置丞相上之理。且汉之三公，官名上均无公字，何独于太史称太史公？史公《报任安书》云："仆之先人，非有剖符丹书之功，文史星历，近乎卜祝之间，固主上所戏弄，倡优畜之，流俗之所轻也。"宋祁援此语以破卫宏，其论笃矣。且汉太史令之职，掌天时星历（《续汉志》），不掌纪事，则卫宏"序事如古《春秋》"之说，亦属不根。既不序事，自无受天下计书之理。晋灼谓卫宏所说多不实，其说是也。窃谓司马谈以太史丞为太史令，见茂陵中书。公为太史令，见于《自序》，较之卫宏所记，自可依据。至太史令之秩，《汉书·百官公卿表》无文，或以为千石。《报任安书》："乡者仆尝厕下大夫之列。"臣瓒曰："汉太史令秩千石。"故比下大夫。或以为八百石，《汉书·律历志》："太史令张寿王上书言历，有司劾寿王，吏八百石。古之大夫，服儒衣，诵不祥之辞，作妖言，欲乱制度，不道。"据此，则太史令秩八百石。或以为六百石，则《汉旧仪》（《北堂书钞》卷三十五引）、《续汉书·百官志》皆同。又据《索隐》所引《博物志》，则史公时秩亦六百石。案，史公自称"仆尝厕下大夫之列"，而《自序》又称"壶遂为上大夫"（太初元年事），据《汉书·律历志》，壶遂此时为大中大夫，而大中大夫秩千石。千石为上大夫，则八百石为中大夫，六百石为下大夫矣。汉时官秩，以古制差之，则丞相、太尉、御史大夫当古三公；中二千石、二千石、比二千石，当古上中下三卿；千石、八百石、六百石，当上中下三大夫；四百石以下至二百石，当上中下士。《续汉志》引《汉旧注》（即《汉旧仪注》），三公东西曹掾比四百石，馀掾比三百石，属比二百石，故曰公府掾比古元士三命者也。元士四百石，则下大夫六百石审矣。又《汉书·百官表》：凡吏秩比二千石以上，皆银印青绶。

比六百石以上，皆铜印墨绶。比二百石以上，皆铜印黄绶。是亦隐以比二千石以上，当古之卿；比六百石以上，当古大夫；比二百石以上，当古之士；则下大夫之为秩六百石，盖昭昭矣。臣瓒千石之说，别无他据。元凤中，太史令张寿王之秩八百石，或以他事增秩。据史公所自述，自以六百石之说为最长矣。

四年甲戌，三十九岁。

案《五帝本纪》："余北过涿鹿。"考《汉书·武帝纪》：是年"冬十月，行幸雍，祠五畤，通回中道，遂北出萧关，历独鹿、鸣泽，自代而还"。服虔曰："独鹿，山名（也）"，"在涿郡遒县北界"。今案《汉书·地理志》，涿鹿县在上谷，不在涿郡。然《五帝本纪·集解》引服虔云："涿鹿在涿郡。"是服虔固以独鹿、涿鹿为一地。史公北过涿鹿，盖是年扈跸时所经。

太初元年丁丑，四十二岁。

案《汉书·律历志》："武帝元封七年，汉兴百二岁矣。大中大夫公孙卿、壶遂、太史令司马迁等言'历纪废坏，宜改正朔'……于是乃诏御史曰：'乃者，有司言历未定，广延宣问，以考星度，未能雠也。盖闻古者黄帝合而不死，名察发敛，定清浊，起五部，建气物分数。然则上矣。书缺乐弛，朕甚难之，依违以惟，未能修明。其以七年为元年。'遂诏卿、遂、迁与侍郎尊、大典星射姓等议造《汉历》。乃定东西，立晷仪，下漏刻，以追二十八宿相距于四方，举终以定朔晦分至，躔离弦望。乃以前历上元泰初四千六百一十七岁，至于元封七年，复得阏逢摄提格之岁。中冬十一月甲子朔旦冬至，日月在建星，［大］（太）岁在子，已得太初本星度新正。姓等奏，不能为算，愿募治历者，更造密度，各自增减，以造汉《太初历》。乃选治历邓平及长乐司马可、酒泉候宜君、侍郎尊，及与民间治历者，凡二十馀人，方士唐都、巴郡落下闳与焉。都分天部，而闳运算转历。其法以律起历，曰：'律容一龠，积八十一寸，则一日之分也。与长相终，律长九寸，百七十一分而终复。三复而得甲子。夫律阴阳九六，爻象所从出也。故黄钟纪元气之谓律。律，法也，莫不取法焉。'与邓平所治同。于是皆观新星度、日月行，更以算推，如闳、平法。法，一月之日，二十九日八十一分日之四十三。先藉半日，名曰阳历；不藉，名曰阴历。所谓阳历者，先朔月生；阴历者，朔而后月乃生。平曰：'阳历朔皆先旦月生，以朝诸侯王群臣便。'乃诏迁用邓平所造八十一分律历，罢废尤疏远者十七家，复使校历律昏明。宦者淳于陵渠复覆《太初历》，晦朔弦望，皆最密，日月如合璧，五星如连珠。陵渠奏状，遂用邓平历，以平为太史丞。"云云。如是，则太初改历之议发于公，而始终总其事者亦公也。故《韩长孺列传》言："余与壶遂定律历。"《汉志》言："乃诏迁用邓平所造八十一分律历。"盖公为太史令，星历乃其专职。公孙卿、壶遂虽与此事，不过虚领而已。孔子言行夏之时，五百年后卒行于公之手，后虽历术屡变，除魏明帝、伪周武氏外，无敢复用亥、子、丑三正者。此亦公之一大事业也。

又案，《自序》："五年而当太初元年，十一月甲子朔旦冬至，天历始改，建于明堂，诸神受纪。太史公曰：'先人有言："自周公卒五百岁而有孔子。孔子卒后至于今五百岁，有能绍明世，正《易传》，继《春秋》，本《诗》、《书》、《礼》、《乐》之际？"意在斯乎！意在斯乎！小子何敢让焉。'"云云。于是论次其文。是史公作《史记》，虽受父谈遗命，然其经始则在是年。盖造历事毕，述作之功乃始也。

天汉元年辛巳，四十六岁。

三年癸未，四十八岁。

案《自序》："七年而太史公遭李陵之祸，幽于缧绁。"徐广曰："天汉三年。"《正义》亦云："案，从太初元年，至天汉三年，乃七年也。"然据《李将军》、《匈奴列传》及《汉书·武帝纪》、《李陵传》，陵降匈奴在天汉二年。盖史公以二年下吏，至三年尚在缧绁，其受腐刑亦当在三年，而不在二年也。

太始元年乙酉，五十岁。

案《汉书》本传：迁既被刑之后，为中书令，尊宠任职事，当在此数年中。《盐铁论·周秦》篇："今无行之人，一旦下蚕室，创未愈，宿卫人主，出入宫殿，得由受奉禄食太官享赐，身以尊荣，妻子获其饶。"云云。是当时下蚕室者，刑竟即任以事。史公父子素以文学登用，奉使扈从，光宠有加。一旦以言获罪，帝未尝不惜其才，中书令一官，设于武帝，或竟自公始任此官，未可知也。

又案，《汉书·百官公卿表》：少府属有中书谒者、黄门、钩盾、尚方、御府、永巷、内者、宦者八官令丞。中书令，即中书谒者令之略也。《汉旧仪》（《大唐六典》卷九引）：中书令领赞尚书出入奏事，秩千石。《汉书·佞幸传》："萧望之建白以为：'尚书百官之本，国家枢机，宜以通明公正处之。武帝游宴后庭，始用宦者，非古制也。宜罢中书宦官。'元帝不听。"《成帝纪》："建始四年春，罢中书宦官，置尚书员五人。"《续汉书·百官志》："尚书令一人，承秦所置；武帝用宦者，更为中书谒者令，成帝用士人复故。"据此，似武帝改尚书为中书，复改士人用宦者，成帝复故。然《汉书·张安世传》："安世，武帝末为尚书令。"《霍光传》："尚书令读奏。"《诸葛丰传》有尚书令尧，《京房传》中书令石显颛权，显友人五鹿充宗为尚书令：事皆在武帝之后，成帝建始之前，是武帝虽置中书，不废尚书。特于尚书外增一中书令，使之出受尚书事，入奏之于帝耳。故《盖宽饶传》与《佞幸传》亦谓之中尚书，盖谓中官之干尚书事者，以别于尚书令以下士人也。《汉旧仪》（《北堂书钞》卷五十七引）："尚书令并掌诏奏。"既置中书，掌诏诰答表，皆机密之事。盖武帝亲揽大政，丞相自公孙弘以后，如李蔡、庄青翟、赵周、石庆、公孙贺等，皆以中材备员，而政事一归尚书。霍光以后，凡秉政者，无不领尚书事。尚书为国政枢机，中书令又为尚书之枢机，本传所谓"尊宠任职"者，由是故也。

太始四年戊子，五十三岁。

案公报益州刺史任安书，在是岁十一月。《汉书·武帝纪》：是岁春三月，行幸太山，夏四月幸不其，五月还幸建章宫。《书》所云"会从上东来"者也。又冬十二月，行幸雍，祠五畤。《书》所云："今少卿抱不测之罪，涉旬月，迫季冬。仆又薄从上上雍"者也。是《报安书》作于是冬十一月无疑。或以任安下狱坐受卫太子节，当在征和二年。然是年无东巡事，又行幸雍，在次年正月，均与《报书》

不合。《田叔列传》后载褚先生所述武帝语曰："任安有当死之罪甚众，吾尝活之。"是安于征和二年前，曾坐他事。公《报安书》，自在太始末，审矣。

征和元年己丑，五十四岁。

后元元年癸巳，五十八岁。

昭帝始元元年乙未，六十岁。

案史公卒年，绝不可考。惟《汉书·宣帝纪》载："后元二年，武帝疾，往来长杨、五柞宫。望气者言长安狱中有天子气，上遣使者分条中都官狱系者，轻重皆杀之。内谒者令郭穰夜至郡邸狱，丙吉拒闭，使者不得入。"此内谒者令，师古注云：内者，署属少府，不云内谒者。二刘《汉书刊误》，因以"谒"为衍字。又案，《刘屈氂传》有内者令郭穰，在征和三年，似可为刘说之证。然《丙吉传》亦称内谒者令郭穰，与《宣纪》同。然则果《宣帝纪》与《丙吉传》衍"谒"字，抑《刘屈氂传》夺"谒"字，或郭穰于征和三年为内者令，至后元二年又转为内谒者令，均未可知也。如"谒"字非衍，则内谒者令，当即中谒者令，亦即中书谒者令。《汉书·百官公卿表》：成帝建始四年，更名中书谒者令为中谒者令。然中谒者，本汉初旧名。《樊郦滕灌列传》：汉十月，拜灌婴为中谒者。《汉书·魏相传》述高帝时有中谒者赵尧等。高后时始用宦官。《汉书·高后纪》：少帝八年，封中谒者张释卿为列侯。《史记·吕后本纪》作大中谒者张释，又称宦官令张泽，自是一人。大中谒者乃中谒者之长，犹言中谒者令也。《成帝纪》注引臣瓒曰："汉初中人有中谒者令，孝武加中谒者为中书谒者令，置仆射。"其言当有所本。《贾捐之传》，捐之言中谒者不宜受事。此即指宣帝后中书令出取封事（见《霍光传》）言之。是则中书谒者，武帝后亦兼称中谒者，不待成帝始改矣。由是言之，《宣帝纪》与《丙吉传》之内谒者令，疑本作中谒者令。隋人讳"忠"，改"中"为"内"，亦固其所。此说果中，则武帝后元二年郭穰已为中谒者令，时史公必已去官或前卒矣。要之，史公卒年虽未可遽知，然视为与武帝相终始，当无大误也。

《史记》纪事，公自谓讫于太初。班固则云讫于天汉。案史公作记，创始于太初中，故原稿纪事，以元封、太初为断。此事于诸表中踪迹最明，如《汉兴以来诸侯年表》、《建元以来王子侯者年表》，皆讫太初四年，此史公原本也。《高帝功臣年表》，则每帝一格，至末一格则云"建元元年至元封六年三十六"，又云"太初元年尽后元二年十八"。以武帝一代截而为二，明前三十六年事为史公原本，而后十八年事为后人所增入也。《惠、景间侯者年表》与《建元以来侯者年表》末太初已后一格，亦后人所增。馀如《建元以来侯者年表》，元封以前六元各占一格，而太初以后五元并为一格，尤为后人续补之证。表既如此，《书》、《传》亦宜然。故欲据《史记》纪事以定史公之卒年，尤不可恃。故据《屈原贾生列传》，则讫孝昭矣；据《楚元王世家》，则讫宣帝地节矣；据《历书》及《曹相国世家》，则讫成帝建始矣；据《司马相如列传》，则讫成、哀之际矣。凡此在今《史记》本文，而与褚先生所补无与者也。今观《史记》中最晚之记事，得信为出自公手者，唯《匈奴列传》之李广利降匈奴事（征和三年），馀皆出后人续补也。史公虽居茂陵，然冢墓尚在夏阳。《水经·河水注》：陶渠水又东南径夏阳县故城，又历高阳宫北，又东南历司马子长墓北。墓前有庙，庙前有碑。永嘉四年，汉阳太守殷济瞻仰遗文，大其功德，遂建石室，立碑树桓。《太史公自序》曰：迁生于龙门。是其坟墟所在矣（案，汉永嘉无四年，晋永嘉时又无汉阳郡。此云永嘉四年汉阳太守殷济，疑"四"字或误）。《括地志》（《正义》引）："汉司马迁墓，在韩城县南二十二里夏阳县故东南。"与《水经注》合。又云："司马迁冢在高门原上。"则误也。

　　史公子姓无考。《汉书》本传："至王莽时，求封迁后，为史通子。"是史公有后也，女适杨敞。《汉书·杨敞传》："敞子忠，忠弟恽；恽母，司马迁女也。"又云："大将军光谋欲废昌邑王更立。议既定，使大司农田延年报敞。敞惊惧，不知所言，汗出洽背，唯唯而已。延年起至更衣，敞夫人遽从东箱谓敞曰：'此国大事，今大将军议已定，使九卿来报君侯。君侯不疾应，与大将军同心，犹豫无决，先事诛矣！'延年从更衣还，敞、夫人与延年参语许诺，请奉大将军教令。遂共废昌邑王，立宣帝。"案恽为敞幼子，则《敞传》与延年参语之夫人，必公女也。废立之是非，姑置不论，以一女子而明决如此，洵不愧为公女矣。

史公交游，据《史记》所载，《屈原贾生列传》有贾嘉，《刺客列传》有公孙季功、董生，《樊郦滕灌列传》有樊它广，《郦生陆贾列传》有平原君子（朱建子），《张释之冯唐列传》有冯遂（字王孙，《赵世家》亦云"余闻之冯王孙"），《田叔列传》有田仁，《韩长孺列传》有壶遂，《卫将军票骑列传》有苏建，《自序》有董生。而公孙季功、董生（非仲舒）曾与秦夏无且游。考荆轲刺秦王之岁，下距史公之生，凡八十有三年，二人未必能及见史公道荆轲事。又樊它广及平原君子辈行，亦远在史公前。然则此三《传》所纪，史公或追纪父谈语也。自冯遂以下，皆与公同时。《汉书》所纪有临淮太守孔安国、骑都尉李陵、益州刺史任安，皇甫谧《高士传》所纪有处士挚峻。

史公所著百三十篇，后世谓之《史记》。《史记》非公所自名也。史公屡称"史记"，非自谓所著书。《周本纪》云："太史伯阳读史记。"《十二诸侯年表》云："孔子西观周室，论史记旧闻。"又云："鲁君子左邱明因孔子史记具论其语，成《左氏春秋》。"《六国表》云："秦既得意，烧天下诗书，诸侯史记尤甚，为其有所刺讥也。"又曰："史记独藏周室，以故灭。"《天官书》云："余观史记，考行事。"《孔子世家》云："乃因鲁史记，作《春秋》。"《自序》云："䌷史记、石室、金匮之书。"凡七称"史记"，皆谓古史也。古书称史记者，亦然。《逸周书》有《史记解》。《盐铁论·散不足》篇云："孔子读史记，喟然而叹。"《公羊疏》引《春秋说》（谓《春秋纬》）云"邱揽史记"，又引闵因叙云："孔子使子夏等十四人求周史记，得百二十国宝书，感精符考异邮说题辞，具有其文。"至后汉犹然。《越绝书》（十四）云，夫子作经，揽史记。《东观汉记》（《初学记》卷二十一引）云："时人有上言班固私改作史记。"（《后汉书》改"史记"为"国史"）《公羊庄七年传》何休注云："不修《春秋》，谓史记也。"是汉人所谓史记，皆泛言古史，不指太史公书，明太史公书当时未有《史记》之名。故在前汉，则著录于向、歆《七略》者，谓之《太史公百三十篇》，《杨恽传》谓之《太史公记》，《宣元六王传》谓之《太史公书》。其在后汉，则班彪《略论》，王充《论衡·超奇》、《案书》、《对作》等篇，宋忠注《世本》（《左传正义》引）亦谓之《太史公书》，应劭《风俗通》谓之《太史公记》（见卷一及卷六）。亦谓之《太史记》（见卷二）。是两汉不称《史记》之证。惟《后汉书·班彪传》称"司马迁作《史记》"，乃范晔语。《西京杂记》（卷二）称"司马迁发愤作《史记》"，则吴均语耳。称《太史公书》为《史记》，盖始于《魏志·王肃传》，乃《太史公记》之略语。晋荀勖《穆天子传序》亦称《太史公记》。《抱朴子·内篇》犹以《太史公记》与《史记》互称，可知以《史记》名书，始于魏、晋间矣。窃意史公原书，本有小题而无大题。此种著述，秦、汉间人本谓之"记"。《六国表》云："太史公读《秦记》。"《汉书·艺文志》"春秋类"：《汉著记》百九十卷。后汉班固、刘珍等在东观所作者，亦谓之《汉记》。蔡邕等所续者，谓之《后汉记》。则称史公所撰为《太史公记》，乃其所也。其略称《史记》者，犹称《汉旧仪注》为《汉旧仪》、《汉旧注》，《说文解字》为《说文》，《世说新语》为《世说》矣。

《史记》一书，传播最早。《汉书》本传："迁既死后，其书稍出。宣帝时，迁外孙平通侯杨恽祖述其书，遂宣播焉。"其所谓"宣播"者，盖上之于朝，又传写以公于世也。《七略》"春秋类"有《太史公百三十篇》。《宣元六王传》："成帝时，东平王宇来朝，上书求《太史公书》。"是汉秘府有是书也。《盐铁论·毁学篇》："大夫曰：司马子有言，天下攘攘，皆为利往。"（见《货殖列传》）此桓宽述桑宏羊语。考桑宏羊论盐铁，在昭帝始元六年，而论次之之桓宽，乃宣帝时人，此引《货殖传》语，即不出宏羊之口，亦必为宽所润色。是宣帝时，民间亦有其书。嗣是冯商、褚先生、刘向、扬雄等均见之，盖在先汉之末，传世已不止一二本矣。

汉世百三十篇，往往有写以别行者。《后汉书·窦融传》：光武赐融以太史公《五宗》、《外戚世家》、《魏其侯列传》。又《循吏传》：明帝赐王景《河渠书》，是也。

记言记事，虽古史职，然汉时太史令但掌天时星历，不掌纪载，故史公所撰书仍私史也。况成书之时，又在官中书令以后，其为私家著述甚明。故此书在公生前未必进御，乃《汉旧仪注》（《自序·集解》引）云："司马迁作《景帝本纪》，极言其短及武帝之过，帝怒而削去之。"（《西京杂记》卷六同）《魏志·王肃传》亦云："汉武帝闻迁述《史记》，取孝景及己本纪览之，于是大怒，削而投之，于今此两纪有录无书。后遭李陵事，遂下迁蚕室。"此二说最为无稽。《自序》与《报任安书》皆作于被刑之后，而《自序》最目有孝景、今上两本纪，《报任安书》亦云本纪十二，是无削去之说也。

《隋书·经籍志》"别集类"有《汉中书令司马迁集》一卷，盖后人所辑，书已久佚。今其遗文存者：《悲士不遇赋》，见《艺文类聚》卷三十；《报任安书》，见《汉书》本传及《文选》；《与挚伯陵书》，见皇甫谧《高士传》。《悲士不遇赋》，陶靖节《感士不遇赋序》及刘孝标《辨命论》俱称之，是六朝人已视为公作。然其辞义殊未足与公他文相称；若《与挚伯陵书》，则直恐是赝作耳。

《隋志》子部"五行家"载，梁有《太史公素王妙义》二卷，亡。他书所引，则作《素王妙论》。《史记·越王勾践世家·集解》、《北堂书钞》卷四十五、《太平御览》卷四百四及四百七十二，各引一条。其书似《货殖列传》，盖取《货殖传》"素封"之语，故曰"素王"，非《殷本纪》素王九主之事，亦非仲尼"素王"之"素王"，殆魏、晋人所依托也。

耶律文正公年谱（附余录）

庚戌（金章宗明昌元年）六月二十日，公生。

公讳楚材，字晋卿，辽东丹王突欲八世孙。王生燕京留守政事令娄国，留守生将军国隐，将军生太师合鲁，合鲁生太师胡笃，胡笃生定远将军内剌，定远生荣禄大夫、兴平军节度使德元，始归金朝。其弟聿鲁（案《元遗山集》二十七《尚书右丞耶律公神道碑》作族弟）生履，兴平鞠以为子，遂为之后，以文章行义受知于世宗，擢翰林待制，再迁礼部侍郎。章宗即位，有定策功，进礼部尚书、参知政事，终于尚书右丞，谥曰文献，即公之考也（《元文类》五十七宋子贞撰公《神道碑》）。始娶萧氏，辽贵族，再娶郭氏，岵山世胄之孙，三娶杨氏，名士峇之女。子三人，长曰奉国上将军、武庙署令辨才，次曰龙虎卫上将军、赠工部尚书善才（《文献神道碑》），三即公也。公以明昌元年六月二十日生。文献公通术数，尤邃《太玄》，私谓所亲曰："吾年六十而得此子，吾家千里驹也，他日必成伟器，且当为异国用。"因取《左氏》之"楚虽有材，晋实用之"以名字（《神道碑》）。

辛亥（二年），二岁。

夏六月丙午，文献公薨。戊申，权殡于都城南柳村。诏百官会丧。中使宣慰其家，赐钱一百万。秋八月辛巳，车驾临奠，宰相百官陪。赐谥曰文献，赐钱二百万，帛四百匹，重币四十端。九月庚午，葬于义州弘政县东南乡先茔之侧。诏同知临海军节度使营护丧事（《文献神道碑》。 案文献之薨，元遗山撰《神道碑》系于明昌元年，宋周臣撰公《神道碑》云公三岁而孤，则当在明昌三年，今从《金史·章宗纪》及本传。 《元史》本传及《神道碑》均不著公乡里。公子铸《双溪醉隐集·寓历亭诗》注云："予家辽上后家医无闾。"今观文献先茔在义州医无闾山，则公本义州弘政人矣）。

壬子（三年），三岁。

公生三岁，母夫人杨氏诲育备至（《神道碑》）。

癸丑（四年），**四岁**。

甲寅（五年），**五岁**。

乙卯（六年），**六岁**。

丙辰（承安元年），**七岁**。

丁巳（二年），**八岁**。

戊午（三年），**九岁**。

己未（四年），**十岁**。

庚申（五年），**十一岁**。

辛酉（泰和元年），**十二岁**。

壬戌（二年），**十三岁**。

学诗书（《文集》十二《为子铸作诗三十韵》："十三学诗书。"）。

癸亥（三年），**十四岁**。

甲子（四年），**十五岁**。

乙丑（五年），**十六岁**。

丙寅（金章宗泰和六年，蒙古太祖元年），**十七岁**。

公年十七，书无所不读，为文有作者气。金制，宰相子得赐补省掾，公不就（《神道碑》）。欲试进士科，章宗诏如旧制，问以疑狱数事。时同试者十七人，公所对独优，遂辟为掾（《元史》本传）。《文集》（十二）《为子铸作诗三十韵》云："二十应制策。"盖举成数也。

是岁，蒙古太祖称皇帝（《元史·太祖纪》）。

丁卯（七年，二年），**十八岁**。

戊辰（八年，三年），**十九岁**。

泰和末，母夫人教授禁中（《文献神道碑》）。

己巳（卫绍王大安元年，四年），**二十岁**。

庚午（二年，五年），**二十一岁**。

辛未（三年，六年），**二十二岁**。

是岁，春二月，蒙古太祖将兵伐金，败金师于野狐岭。八月，又败之于会河川。九月，拔德兴府。哲伯入居庸关，抵中都（《太祖纪》）。

壬申（崇庆元年，七年），**二十三岁**。

癸酉（至宁元年，宣宗贞祐元年，八年），**二十四岁**。

公倅开州［案本传与《神道碑》均不纪年，《文集》九《和平阳张彦升见寄诗》云："天兵出云中，一战平城破。居庸守将亡，京畿驿骑逻。有客赴澶渊（予尝倅开州），无人送临贺。奸臣兴弑逆，时君远迁播。"皆此年及次年事，则公倅开州，当在是年]。是岁秋七月，蒙古兵克宣德府，遂拔德兴，哲伯取居庸关。八月，金胡沙虎弑其主允济（《太祖纪》）。

甲戌（贞祐二年，九年），**二十五岁。**

宣宗南渡。公兄辨才、善才皆薨驾（《遗山集》二十六《龙虎卫上将军耶律公墓志铭》及二十七《奉国上将军武庙署令耶律公墓志铭》）。公留中都，丞相完颜承晖留守燕京，行尚书省事，表公为左右司员外郎（《神道碑》）。是岁，始参万松老人（《文集》八《万松老人评唱天童觉和尚颂古从容庵录序》云："予既谒万松，杜绝人迹，屏斥家务，虽祁寒大暑，无日不参，焚膏继晷，废寝忘餐者几三年。误被法恩，谬膺子印，以湛然居士从目源之。"案公得法在二十七岁，则始参当在是年）。是岁夏五月，金主迁汴。

六月，蒙古兵围中都（《太祖纪》）。

乙亥（三年，十年），**二十六岁。**

公围闭京城，绝粒六十日，守职如恒（行秀《湛然集序》）。是岁夏五月，中都陷（《太祖纪》）。

丙子（四年，十一年），**二十七岁。**

受显诀于万松老人（行秀《湛然集序》。　《文集》十二《为子铸作诗三十韵》："禅理穷毕竟，方年二十七。"）。

文：《贫乐庵记》（丙子日南至。　《文集》八）。

丁丑（兴定元年。十二年），**二十八岁。**

戊寅（二年，十三年），**二十九岁。**

春三月，蒙古太祖征诣行在（《西游录》）。入见，太祖谓公曰："辽与金为世仇，吾与汝已报之矣。"公曰："臣父祖以来皆尝北面事之，既为臣子，岂敢复怀二心，仇君父耶？"上雅重其言，处之左右（《神道碑》），呼曰"吾图撒合里"而不名。吾图撒合里，盖蒙古语长髯人也（《本传》）。

系年诗：《过阊局河四首》（案阊局河即《元史》之胪朐河，《西游记》之陆局河。公过此河，当在诣行在时。然四首《用邱长春辛巳出塞诗韵》，又有"亲见阴山冻鼠冰"语，乃辛、壬间在西域所道作也。　《文集》五）。

己卯（三年，十四年），**三十岁。**

初，西域杀蒙古使者（《太祖纪》），太祖西征，公从。祃旗之际，雨雪三尺，上恶之。公曰："玄冥之气，见于盛夏，克敌之征也。"

（《本传》）公从征，夏六月，过金山（《西游录》"道出金山，时方盛夏"）。秋九月望，过松关（《文集》三《过夏国新安县》，时丁亥九月望也，诗云"昔年今日渡松关"，注：西域阴山有松关）。

系年诗：《过金山用人韵》（《文集》一）、《过阴山和人韵》（七古）、《又》（五律）、《又》（七律）、《又》（七律）、《再用前韵》（七古）（以上《文集》二）。《过金山和人韵》三首（《文集》七。 案以上九章，皆用邱长春辛巳年所作原韵，乃辛、壬间在西域时追作）。

庚辰（四年，十五年），**三十一岁。**

春三月，太祖克蒲华城。夏五月，克寻思干城（《太祖纪》）。公皆从。冬复至蒲华（《文集》六《再过山城驿诗序》）。大雷，上以问公。公曰："梭里檀当死中野。"已而果然。梭里檀，回鹘王称也（《神道碑》）。

系年诗：《赠蒲察元帅七首》、《庚辰西域清明》（以上《文集》五），《梦中偶得》（正月。 《文集》六）。

辛巳（五年，十六年），**三十二岁。**

夏，太祖驻跸铁门关（《太祖纪》）。角端见，公奏请祭之（案此事元人纪载纷如，然年月事实，均有舛误。《神道碑》："行次东印度国铁门关，侍卫者见一兽，鹿形马尾，绿色而独角，能为人言，曰：'汝君宜早回。'上怪而问公。公曰：'此兽名角端，日行一万八千里，解四夷语，是恶杀之象，盖上天遣之以告陛下，愿承天心，宥此数国人命，实陛下无疆之福。'上即日下诏班师。"《元史》略采其语入《太祖纪》及《本传》，皆系于甲申。《癸辛杂志》亦著其说，盖亦出于《神道碑》。然近程同文跂《西游记》、魏默深撰《海国图志》，均不信其说。予案：《庶斋老学丛谈》引耶律《柳溪诗》云："角端呈瑞移御营，扼吭问罪西域平。"自注："角端日行万八千里，能言，晓四夷之语。昔我圣祖皇帝出师问罪西域，辛巳岁，驻跸铁门关。先祖中书令奏曰：'五月二十日晚，近侍人登山见异兽，二目如炬，鳞身五色，顶有一角，能人言，此角端也，当于见所，备礼祭。仍依所言□□则吉。'"云云。是角端之见，在辛巳五月，时大祖方欲南行，尚在班师之前二年。宋周臣误合为一，后人遂疑为虚妄，由未考《柳溪》之说也）。旋归寻思干。冬十一月，长春真人邱处机，应诏至寻思干，得燕京士大夫音问，公作诗寄之。闰十二月，复至蒲华城（《文集》六《再过西域山城驿诗序》）。是岁，子铸生（《文集》十二《为子铸作诗三十韵序》云："乙未为子铸寿，作是诗以遗之，铸方年十有五也。"由乙未上溯十五年为辛巳，是铸生于此年）。

系年诗：《西域寄中州禅老》（序云："恨离师太早，淘汰未精，起乳慕之念，作是诗以寄之。"）、《蒲华城梦万松老人》（序云："辛巳闰月，蒲华城梦万松老人，法语谆谆，觉而犹见其仿佛，作诗以寄。"）、《寄巨川宣抚》（序云："巨川宣抚，文武兼资，词翰俱妙，阴阳历数无所不通。尝举《法界观序》云：'此宗门之捷径也。今观《瑞应鹤诗》，巨川首唱焉。叹其多能，作是诗以美之。"案：巨川名槲，《元史》有传，时以宣抚使驻燕京，与邱长春善。瑞应鹤事，见《长春真人西游记》。公素恶全真教，此诗序云"美之"，实讥之也）、《寄南塘老人张子真》（案《西游记》："师登宝玄堂传戒，有数鹤自西北来，人皆仰之，焚简之际，一简飞空而灭，且有五鹤翔舞其上。南塘老人张天度子真，作赋美其事，诸公皆有诗。"云云）、《观瑞鹤诗卷，独子进治书无诗》（案《西游记》有李士谦子进）、《寄德明》（案《西游记》有吴章德明，又有吴德明大卿，李庭《寓庵集》二《挽吴德明诗》注云："公太原石州人，承安初中乙科。崇庆末，始赴召南渡。丙午春捐馆。"）、《才卿外郎五年止惠一书》（案《西游记》有师谓才卿）、《寄清溪居士秀玉》（案《西游记》有陈时可秀玉。《困学斋杂录》："通寂老人陈时可，字秀玉，燕人，金翰林学士，仕国朝为燕京路课税所官。"《神道碑》："乃奏立十路课税所设使副，如燕京路陈时可、宣德路刘中，天下之选。"）、《戏秀玉》、《寄张子闻》、《寄用之侍郎》（案《西游记》有刘中用之）、《和正卿待制韵》（案《西游记》有赵中立正卿）、《寄仲文尚书》（案《西游记》有杨彪仲文）、《雪轩老人邦杰久不惠书，作诗怨之》、《谢王清甫惠书》（案《西游记》有王直哉清甫。　以上诸人大率与长春相识，且于《瑞鹤卷》题诗，故寄诸人诗，当皆在长春抵西域后，或不尽是年作矣）、《再过西域山城驿》（序云："庚辰之冬，驰驿西域，过山城驿中。辛巳暮冬再过，题其驿壁。"案山城驿当在寻思干、蒲华二城之间）、《辛巳闰月西域山城值雨》、《十七日早行，始忆昨日立春》、《是日驿中作穷春盘》、《西域蒲华城赠蒲察元帅》、《乞车》、《戏作》二首（以上《文集》六）。

壬午（元光元年，十七年），三十三岁。

公居寻思干。夏至行在。五月长星见西方，上以问公。公曰："女直国当易主矣。"逾年而金主死。于是每将出征，必令公预卜吉凶。上亦烧羊髀骨以符之（《神道碑》）。秋，太祖班师。九月，至寻思干。冬十二月，驻跸霍阐没辇（《西游记》）。

系年诗：《壬午西域河中游春》十首、《游河中西园，和王君玉韵》四首（案此与邱长春《壬午游西园诗》用韵相同，盖君玉亦和长春韵也。公和长春韵诗，皆不著其名）、《河中游西园》四首（案亦用《邱长春》韵）、《河中春游有感》五首（案亦用《长春》韵）、《壬午元日》二首

（以上《文集》五）。

又，在西域所作诗无年月可考者，皆此三年中作：《复用过阴山和人韵唱玄》、《用前韵送王君玉西征》二首、《用前韵感事》二首、《思亲有感》二首、《思友人》、《赠李郡王笔》（自注云："李郡王尝为西辽执政。"又《文集》八《醉义歌序》云："及大朝之西征也，遇西辽前郡王李世昌于西域。予学辽字于李公，期岁颇习。"　以上《文集》二）、《寄移剌国宝》、《和景贤》十首、《又》一首（案他诗题或作郑景贤，末首云："龙冈医隐本知几。"即《西游记》所谓三太子之医官郑公者也。太宗即位，犹为侍医，见《文集》十四《谢龙冈遗鹿尾二绝诗序》）、《和王君玉韵》（以上《文集》三）、《乞扇》、《感事四首》（案亦用邱长春韵）、《西域家人辈酿酒，戏书屋壁》、《西域从王君玉乞茶，因和其韵》七首（以上《文集》五）、《西域河中十咏》、《西域和王君玉诗》二十首、《西域有感》、《西域元日》（以上《文集》六）、《赠辽西李郡王》、《西域尝新瓜》（以上《文集》七）、《醉义歌》（《文集》八）。

文：《进征西庚午元历表》（《文集》八。　案，太祖时公历官史无明文。表云"钦承皇旨，待罪清台"。考《大唐六典》灵台郎注：汉则杂候上林清台，后汉又作灵台，守候日月气。是清台谓司天台也。公此时当为司天台官。《文集》四《再用韵谢非熊召饭诗》云："圣世因时行夏正，愚臣嗜数愧春官。"《文集》七《和景贤七绝诗》云："龙庭十载典南讹。"亦公尝官司天台之证。又知公于太宗初年尚居是官也）。

癸未（二年，十八年），**三十四岁。**

春正月，太祖驻跸赛蓝南三程之大川（《西游记》）。

甲申（哀宗正大元年，十九年），**三十五岁。**

秋，公在西域阿里马城（《文集》八《万松老人评唱天童觉和尚颂古从容庵录序》）。

文：《万松老人评唱天童觉和尚颂古从容庵录序》（甲申中元日。《文集》八）。

乙酉（二年，二十年），**三十六岁。**

是岁春正月，太祖还行宫（《太祖纪》）。公尚留西域，冬在西域瀚海军之高昌城（《文集》八《辨邪论序》）。

文：《辨邪论序》（乙酉日南至。　《文集》八）。

案：太祖西征之年，史文舛驳，兹表列之：

源	己卯	庚辰	辛巳	壬午	癸未	甲申	乙酉
《元朝秘史》	征回回。					至额儿的石地面，过夏。	回禿剌河林旧营。
《皇元圣武亲征录》《西域史》同	以西域杀商，集各将帅，会议西域事，定军中章程。	上至也儿的石河，住夏。秋，所过城皆克。至斡罗儿城，上留二太子，三太子攻守，寻克之。脱罗儿城，四太子攻守，寻克之。	上与四太子进攻卜哈儿，薛迷思干等城，皆克之。大太子又克斡脱罗儿城，八儿真等城。上驻军于西域诸速里坛避暑之地，命忽都忽，分遣那颜为前锋。秋，三太子遣大太子、二太子攻玉龙杰赤城，又命四太子右军攻也儿的石泥沙城，围守班勒纥城。上亲克送儿忽儿城，又围薛里寨寨，四太子又克马鲁察叶可城，昔剌里思等城。	春，四太子又克也儿思蔡里城。上以暑气方隆，遣使招四太子速还。因经木剌夷国，大掠之，上方攻渡搠搠兰河，克野里等城。塔里寨命朝觐毕，并兵克之。太子克玉龙杰赤城，所遣大太子、三太子还营。是夏，避暑于塔里寨原。时西域速里坛忽都忽察别哲里至。命哲别、速不台，又遣忽都忽察儿别哲里，又遣速不台攻其后，哲别军至。薨都亦加之，不犯而过。基不台救都亦加，连脱身攻战。脱忽那颜阿之。薨里可汗城，弃兵远遁。时渡里可，又遣速不台救都，上自塔里寨率兵精锐往击之。追及辛目连河，获渡里可汗，屠其众。札兰丁遁入印度河，渡水而逃。遂遣八剌那颜将兵急迫之，不获。因大房所掠人民之半而还。	春，上率兵循字目连河而上。命三至至斯丹城，欲攻之，会隆暑将及，宜别遣将攻之。遣使来禀命。上曰：别遣将那攻之，会隆暑将及，宜别遣将攻之。夏，上避暑于八鲁湾川，俟八剌那颜，因讨近叛，悉平之。八剌那颜寨至，遂行近塞。太子亦鲁花来会。上既定西域，置达鲁花于温寨各城，遂监治之。	旋师。任冬避暑，且止且行。	春，上自西域归国，所出师西域，至此，凡七年。
《元史》甲	夏六月，西域杀使者，帝亲征，遂取讹答剌城，擒其酋哈只儿只秃。	春三月，帝克蒲华城。夏五月，克寻思干城。					

续表

	己卯	庚辰	辛巳	壬午	癸未	甲申	乙酉
《元史》乙		夏,驻跸也儿的石河。秋,攻酾脱罗儿城,克之。	春,帝攻卜哈儿、薛迷思干等城。皇子术赤、察合台、窝阔台攻养吉干、八儿真等城,下之。夏四月,帝驻跸铁门关。秋,帝攻班勒纥等城,皇子术赤、察合台、窝阔台攻玉龙杰赤等城,下之。冬十月,皇子拖雷克马鲁、察叶可、昔剌思等城。	春,皇子拖雷克徒思、匿察儿、讹迹邪等城,大掠之。还渡搠搠阑河,克也里等城,遂与帝会合兵攻塔里寒塞。西域主札阑丁出奔,与帝遇于申河,帝击之不利,遁去。摘八剌诘追之,不获。	夏,避暑八鲁湾川。皇子术赤、察合台、窝阔台会八拉忽来会。遂定西域诸城,置达鲁花赤监治之。	帝至东印度国,角端见,班师。	春,还行宫。
《西游记》	五月,刘仲禄在乃满国兀里朵里求得旨。		七月,帝至西印度端浑至忽炭坏河(即今阿母河)。十二月,太子发军复整舟楫,土寇已灭。	夏四月,邱长春从车驾庐,于雪山避暑。上约四月十四日同道。将来征,因收回纥山岖指斥者,上欲亲征,因夜米思干。八月八日,发邪米思干,过碣石城。其众新叛去,尚有两大吠。二十二日,及行官,二十七日,车驾北回。九月朔,渡航桥而北。下旬,至邪米思干大城之东二十里。十月,驻跸大城西南三十里。十二月,驻跸霍阐没辇之东。	春正月二十一日,东北一程。二月,至大川,东北去赛蓝约三程。		
《西游录》及《湛然居士文集》	《西游录》:大举西伐,道过金山。	《文集》八《上京庚午元历表》:征西庚午,圣驾驻跸寻思干城。《文集》六《再过西域山城驿诗序》:庚辰冬,驰禁西域,过山城驿。	《双溪醉隐集》一《凯歌醉乐府》注:昔我大祖皇帝出师向罪西城,辛巳岁夏,驻跸铁门关。				

丙戌（三年，二十一年），**三十七岁**。

冬十一月，灵武下。诸将争掠子女财币，公独取书数部、大黄两驼而已。既而军士病疫，唯得大黄可愈，所活几万人（《神道碑》）。

系年诗：《除戎堂》二首（序云："王师西征，贤帅贾公留后，于云内筑除戎堂于城之西阿，以练戎事。予道过青冢，公召予宴于是堂，鸿笔大手题诗，洒墨错落于楹栋间，皆赞扬公之盛德。"云云。　《文集》七）。

文：《糠蘖教民十无益论序》（丙戌重午日，题于肃州鄯善城。　《文集》十三）。

丁亥（四年，二十二年），**三十八岁**。

秋七月，太祖崩于灵州。皇四子拖雷监国。冬，公奉诏搜索经籍赴燕京（《文集》八《燕京崇寿禅院故圆通大师朗公碑铭》云："丁亥之冬，予奉诏搜索经籍，驰传来京。"）。

系年诗：《丁亥过沙井和移剌子春韵》二首（《文集》二）、《过东胜用先君文献公韵》二首、《过夏国新安县》（原注：时丁亥九月望也）、《过青冢用先君文献公韵》、《过青冢次贾抟霄韵》二首、《再用韵以美抟霄之德》、《再用韵自叹行藏》、《再用韵感古》、《再用韵唱玄》、《过云川和刘正叔韵》、《过云中和张伯坚韵》、《过云中和张仲先韵》、《过云中和王正夫韵》、《过白登和李正之韵》、《过天城和靳泽民韵》、《过武川赠僕散令人》（案《归潜志》九：元遗山权国史院编修官时，末帝召故仆散阿海女子入官，俄以人言其罪，又蒙放出，元因赋《金谷怨乐府诗》。案即集中《芳华怨》，其人至汴京破后，尚存此诗。有"班姬流落"云云，或即赠其人耶）、《过燕京和陈秀玉韵五首》、《还燕京题披云楼和诸士大夫韵》（以上《文集》三）、《扈从旋师道过东胜秦帅席上继杜受之韵》（《文集》十四）。

戊子（五年，睿宗监国元年），**三十九岁**。

公再使燕时，燕多剧贼，未夕，辄曳牛车，指富家取其财物，不与，则杀之。时睿宗以皇子监国，事闻，遣中使偕公往穷治之。公询察得其姓名，皆留后咸得卜亲属及势家子，尽捕下狱。其家赂中使，将缓之。公示以祸福。中使惧，从其言，狱具，戮十六人于市，燕民始安（《本传》、《神道碑》略同，案中使者，塔察儿也。《元史·塔察儿传》："睿宗监国，闻燕京盗贼恣意残杀，直指富庶之家，载运其物，有司不能禁。乃遣塔察儿、耶律楚材穷治其党，诛首恶十有六人，由是巨盗屏迹。"）。

系年诗：《和李德修韵》（案，诗有"历日随时建夏寅"句，与《文集》四《再用韵谢非熊召饭诗》合。 《文集》三）、《和吕飞卿韵》、《再用韵赠国华》、《谢飞卿饭》、《再用韵记西游事》、《再用韵赠抟霄》、《再用韵谢非熊召饭》、《再用韵唱玄》、《再用韵》、《和抟霄韵，代水陆疏文，因其韵为诗》十首、《寄贾抟霄乞马乳》、《谢马乳复用韵》二首、《赠抟霄笔》、《再用韵寄抟霄》二首、《再用韵别非熊》、《赠贾非熊抟霄》、《和李振之》二首、《非熊兄弟饯予之燕再用振之韵》、《和连国华》三首、《连国华饯予出天山因用韵》、《还燕和吴德明》、《和竹林一禅师韵》、《送韩浩然用马朝卿韵》（案《双溪醉隐集》三亦收此诗）、《戊子喜雨，用马朝卿韵》二首、《戊子饯非熊，仍以〈吕望磻溪图〉为赠》（以上《文集》四）、《戊子继武川刘抟霄韵》（《文集》七）。

己丑（六年，太宗元年），四十岁。

春，公在燕京。秋，太宗将即位，宗亲咸会，议犹未决，时睿宗为太宗亲弟，故公言于睿宗曰："此宗社大计，宜早定。"睿宗曰："事犹未集，别择日可乎？"公曰："过是无吉日矣。"遂定策立仪制。乃告亲王察合台曰："王虽兄，位则臣也，礼当拜。王拜，则莫敢不拜。"王深然之。及即位，王率皇族及臣僚拜帐下。既退，王抚公曰："真社稷臣也。"元代尊属有拜礼，自此始。时朝集后期，应死者众，公奏曰："陛下新即位，宜宥之。"太宗从之（《本传》）。是岁，命河北汉民，以户计出赋调，命公主之（《太宗纪》）。

系年诗：《和杨居敬二首》（有"圣主龙飞第一年"句。 《文集》二）、《释奠》（序云："王巨川能于灰烬之馀，草创宣圣庙，以己丑二月八日丁酉，率诸士大夫，释而奠之，礼也。诸儒相贺曰：'可谓吾道有光矣。'是日，众迎奉释迦遗像行城，欢声沸沸，仆皆预其礼。" 《文集》三）、《己丑过鸡鸣山》（案《金史·地理志》德兴府德兴县有"鸡鸣山，地当燕京、云中间大路"。此诗云"三年四度过鸡鸣"，谓丁亥、戊子二度奉使燕京，至己丑始返，过此凡四次也。又云"残花溅泪千程别"，则过此山，时当在春末。 《文集》四）。

文：《题恒岳飞来石》(己丑清明日)、《西游录序》(己丑元日。以上《文集》八)、《和公大禅师塔记》(己丑清明日。　《文集》十三)。

庚寅 (七年，二年)，**四十一岁**。

时中原甫定，民多误触禁纲，而国法无赦令。公议请肆宥，众以云迁。公独从容为帝言，诏自庚寅正月朔日前事勿治，且条便宜一十八事颁天下。其略言：郡宜置长吏、牧民，设万户总军，使势均力敌，以遏骄横。中原之地，财用所出，宜存恤其民。州县非奉上命，敢擅行科差者，罪之。贸易借贷官物者，罪之。蒙古、回鹘、河西诸人种地不纳税者，死。监主自盗官物者，死。应犯死罪者，具由申奏待报，然后行刑。贡献礼物，为害非轻，深宜禁断。帝悉从之，唯贡献一事不允，曰："彼自愿馈献者，宜听之。"公曰："蠹害之端，必由于此。"帝曰："凡卿所奏无不从者，卿不能从朕一事耶？"(《本传》) 秋七月，帝自将南伐，公从。拔天成等堡，遂渡河，攻凤翔 (《太宗纪》)。初，太祖之世，岁有事西域，未暇经理中原，官吏多聚敛自私，资至巨万，而官无储待。近臣别迭等言："汉人无补于国，可悉空其人，以为牧地。"公曰："陛下将南伐，军需宜有所资，诚均定中原地税、商税、盐酒、铁冶、山泽之利，岁可得银五十万两、帛八万匹、粟四十馀万石，足以供给，何谓无补哉！"帝曰："卿试为朕行之。"乃奏立燕京等十路征收课税使，凡长贰悉用士人。如陈时可、赵昉等，皆宽厚长者，极天下之选，参佐皆用省部旧人 (《本传》。　案《太宗纪》系于冬十一月)。

系年诗：《和王巨川韵》(有"圣驾徂征率百工"句。　《文集》三)、《谢王巨川惠蜡梅因用其韵》、《和王巨川题武成王庙》、《又用韵》、《又》一首、《和景贤七绝》、《又》四绝、《和景贤》二绝、《和高冲霄》二首 (以上《文集》七)。

文：《燕京崇寿禅院故圆通大师朗公碑铭》(庚寅六月望日。　《文集》八)。

辛卯 (八年，三年)，**四十二岁**。

春二月，克凤翔，攻洛阳、河中诸城，下之。夏五月，帝避暑于九十九泉。秋八月，幸云中，公皆从 (《太宗纪》)。帝至云中，十路课税使咸进廪籍及金帛，陈于廷中。帝笑谓公曰："汝不去朕左右，而能使国用充足，南国之臣，复有如卿者乎?"对曰："在彼者，皆贤于臣。臣不才，故留燕为陛下用。"帝嘉其谦，赐之酒，即日拜中书令，并以粘合重山为左丞相，镇海为右丞相，事无巨细，皆先白之（《本传》）。公奏凡州郡宜令长吏，专理民事，万户总军政课税，所掌钱谷，各不相统摄，遂为定制。权贵不能平，咸得卜激怒皇叔（斡辰大王），俾专使来奏，谓公悉用南朝旧人，且渠亲属在彼，恐有异志，不宜重用；且以朝廷所忌，诬构百端，必欲置之死地。上察见其诬，怒逐来使（《神道碑》）。冬十月，帝复亲征金，围河中。十二月己未，拔之（《太宗纪》）。

系年诗：《再过晋阳独五台开化二老不远迎》（《文集》二，又见《文集》四。 题作《赠五台长老》）、《过太原南阳镇题紫薇观壁》三首（《文集》六）、《题古并覃公秀野园》（案《牧庵集》二十八《河东检察李公墓志铭》："武仙袭太原，独交城为吾守。或谗覃帅。虽闭壁，实未尝一出决战，意视胜负谁为，以为归也。假王欲攻之。公遣人语帅，翌日当悉力与贼角，不然，屠矣。帅如其言。"又《元史·良吏传》："谭澄父资荣，金末为交城令。国兵下河朔，乃以县来附，赐金符，为元帅左都监，仍兼交城令。未几，赐虎符，行元帅府事。从攻汴有功。"此覃公当即其人）、《题昭上人松菊堂》（案《遗山文集》三十七有《太原近禅师语录引》）、《请照老住华塔》、《华塔照上人请为功德主》（有"晋阳名刹昭千区，华塔丛林冠一隅"语）、《请真老住华塔》、《请玉公住太原开化》（以上《文集》七）、《再过太原题覃公秀野园》（《文集》十。 以上皆太原作）、《和平阳王仲祥韵》（有"冰岩上新句"语。案公《文集》有《平水冰岩老人王邻序》）、《和李世荣韵》（以上《文集》一）、《题平阳君实吟醉轩》（案孟攀麟序公《文集》云：省僚王子卿、李君实、许进之、王君玉、薛正之，是君实后为中书省属官。《文集》二）、《题平阳李君实此君轩》（《文集》六）、《题平阳刘子宁玄珠堂》、《过平阳高廷英索诗强为一绝》（案《元史·太宗纪》：二年冬十一月，始置十路征收课税使，杨简、高廷英使平阳。 以上《文集》七）、《吟醉轩》（《文集》十。 以上平阳作）、《憩解州邵薛村洪福院》、《邵薛村道士陈公求诗》（以上《文集》七。 以上解州作）、《和黄华老人题献陵吴氏成趣园诗》（《文集》一。 案此上诸诗皆作于太原、平阳、解州及献陵。公去年扈驾至凤翔，及是春，由凤翔回，是冬，又扈驾攻河中，屡过此等地方，然则诸诗皆去岁或是岁所作矣）、《和移剌子春见寄》五首（《文集》三）、《和李邦瑞韵》二首（案《元史》本传："李邦瑞，字昌国，以字行，京兆临潼人。"）、《和邦瑞韵送奉使之江表》（案《元史·太宗纪》：三年夏九月，遣绰布干使宋假道。宋杀之，复遣李国昌使宋需粮。　以上《文集》四）。

壬辰（天兴元年，四年），**四十三岁。**

春，帝南征。将涉河，诏逃难之民来降者免死。或曰："此辈急则降，缓则走，徒以资敌，不可宥。"公请制旗数百，以给降民，使归田里，全活甚众（《本传》）。正月戊子，帝由白坡渡河（《太宗纪》）。公先东归，与郑景贤游济源，时围汴甚急，公长兄辨才、仲兄善才，皆在围城中。公以旨索之。金主召见二人于隆德殿，均再拜，乞留死主。幸和议可成，赐金币，固遣之。君臣相视泣下。二月十七日，善才自投内东城濠水中死，年六十一。辨才归，留寓真定（《遗山集》二十六《龙虎卫上将军耶律公墓志铭》及二十七《奉国上将军武庙署令耶律公墓志铭》）。夏四月，帝出居庸，避暑官山，留速不台围南京（《太宗纪》）。

系年诗：《王屋道中》（《文集》二）、《王屋道中》（《文集》七）、《过济源和香山居士韵》（《文集》二）、《过济源登裴公亭用闲闲老人韵》四首、《再用前韵》四首、《复用前韵》四首（以上《文集》七）、《过沁园有感》（《文集》五）、《过覃怀》二绝（《文集》七）、《过清源谢汾水禅师见访》（《文集》二，又见《文集》四，题作《过清源赠法华禅师》）。　案《秋涧先生大全集》七十二《题耶律公手书济源诗后》："故中书令耶律公当壬辰岁过济渎，留题诗翰，逮今岁龙集，适一甲子。其孙希逸，始托总尹靳荣俾刻石祠下"云云，是济源诸诗皆壬辰所作，而《王屋道中》诗云："风软却教冰泛水，寒轻还使雪成泥。行吟想像覃怀景，多少梅花坼玉溪。"又《过沁园有感》诗云："水外无心修竹古，雪中含恨瘦梅新。"是此游尚在春初，太宗钧州之役，公未尝扈驾也）、《和裴子法见寄》（案《牧庵集》二十七《安西路同州儒学正潘君阡表》：杨时、邵大用、裴子法、吕仲和诸公皆前朝名进士）、《用李德恒韵寄景贤》、《过天德和王辅之》四首、《槐安席上和张梅韵》、《过天宁寺用彦老韵》二首、《过天山周敬之席上和人韵》二首（案：敬之名未详，时为天山守。 《文集》十四《周敬之修夫子庙》云："可爱风流贤太守，天山创起仲尼居。"）、《和人韵》（以上《文集》二）、《和威宁珍上人韵》（有"南征又自大梁还"句。 《文集》三）、《寄武川摩诃院圆明老人》五首、《过天德用迁上人韵》、《武川摩诃院请为功德主》（以上《文集》七）、《和吕飞卿》（有"盟津既渡诸侯喜，亲见王舟跃白鱼"句。 《文集》九）、《过深州慈氏院》（有"今年扈从次饶沟"句。 《文集》十）。

文：《评唱天童拈古请益后录序》（壬辰重阳日序于天山。 《文集》八）。

癸巳（天兴二年，五年），**四十四岁。**

春正月，金主奔归德，金元帅崔立以南京降。夏六月，金主奔蔡（《太宗纪》）。蒙古制，凡敌人拒命，矢石一发，则杀无赦。汴京垂陷，首将速不台遣人来报，且言此城相抗日久，多杀伤士卒，意欲尽屠之。公驰入奏曰："将士暴露凡数十年，所争者地土人民耳。得地无民，将焉用之？"上疑而未决。复奏曰："凡弓矢、甲仗、金玉等匠及官民富贵之家，皆聚此城中，杀之则一无所得，是徒劳也。"上始然之。诏除完颜氏一族外，馀皆原免。时避兵在汴者，户一百四十七万，仍奏选工匠、儒释道、医卜之流散居河北，官为给赡。其后攻取淮、汉诸城，因为定例（《神道碑》）。时河南初破，俘获甚众，军还，逃者十七八。有旨居停逃民及资给者，灭其家，乡社亦连坐。由是逃者莫敢舍，多殍死道路。公从容进曰："河南既平，民皆赤子，走复何之，奈何因一殍囚，连死数十百人乎？"帝悟，命除其禁（《本传》）。金宣宗之南迁也，公兄辨才、善才皆扈驾，比公西游，公母杨太夫人与妻梁夫人亦南行，初居东平（《文集》六《思亲》二首云："老母琴书老自娱，吾山侧近结蘧庐。"吾山即鱼山，在东平。《文集》十《送侄了真行》诗云："吾兄继世禄，袭封食东平。"乃公家汤沐邑。公兄子钧北归，亦居东平，乃其一证）。后寓嵩山（《文集》五《感事》四首："山寺幽居思少室，梅花归梦绕扬州。萱堂温清十年阙，负米供亲愧仲由。"又《文集》六《思亲》之二："故园屈指八千里，老母行年六十馀。何日挂冠辞富贵，少林佳处卜新居。"曰少室曰少林，皆嵩［高］（南）事。又《文集》十《送侄了真行诗》："前岁阳翟破，道服潜偷生。"又《文集》十三《祭侄女淑卿文》："欲为尼于嵩

[高]（南）。"而公妻梁氏亦殁于河南之方城。是汴京围城之际，公家皆在嵩南，故太宗为公理索二兄，而不及其他眷属）。**公拜中书令后，太夫人尚在**（《文集》二《过天宁寺用彦老韵》："十年不得舞衣班，行尽天涯万里山。广阁伴食空皓首，苍生未济漫胡颜。"可以为证）。**逮金亡，则公妻先逝，太夫人亦已弃养**（《文集》四《邦瑞乞访亲，因用其韵》："干戈扰扰战交侵，一纸安书值万金。兄子生还愁未解，萱堂仙去恨尤深。涕零倚木西风怨，肠断闻铃夜雨淋。养老送终真有憾，号天如割望云心。"是作此诗时太夫人已卒。考李邦瑞乞访亲事，见于《元史·邦瑞传》，云："邦瑞使宋还，因奏干戈之际，宗族离散，乞归寿访。帝谕速不觖、察罕、匣剌达海等以隶诸部者悉归之。" 案邦瑞使宋，在太宗辛卯，其归当在壬辰。而速不觖统兵原在壬、癸、甲三年，察罕统兵则在乙未以后，是邦瑞乞访亲，亦当为甲、乙二年中事。公太夫人之卒当在壬辰、癸巳间矣。金亡后，公兄子钧、镛及兄女了真、淑卿皆北归，而了真、淑卿，公又赎之于俘虏中，故有"兄子生还愁未解"句）。

系年诗：《燕京大觉禅寺奥公乞经藏记既成，以诗戏之》（案：记见《文集》八，末署癸巳中秋。 《文集》九）、《扈从冬狩》（序云："癸巳，扈从冬狩，独予诵书于穹庐中，因自讥云。" 《文集》十）。

文：《司天判官张居中六壬祛惑钤序》（癸巳中秋日）、《苗彦实琴谱序》（癸巳中秋后二日）、《燕京大觉禅寺创建经藏记》（癸巳中秋日。以上《文集》八）。

甲午（天兴三年，① 六年），**四十五岁**。

春正月，蔡州陷，金主自焚死，金亡（《太宗纪》）。是岁诏括户口，以大臣忽睹虎领之。国初，方事进取，所降下者因以与之，自一社一民，各有所主，不相统属。至是始隶州县。朝臣共欲以丁为户，公独以为不可。皆曰："我朝及西域诸国，莫不以丁为户，岂可舍大朝之法，而从亡国政耶？"公曰："自古有中原者，未尝以丁为户，若果行之，可输一年之赋，随即逃散矣。"卒从公议。时诸王大臣及诸将校所得驱口，往往寄留诸郡，几居天下之半。公因奏括户口，皆籍为编民（《神道碑》）。

---

① 原作"开兴元年"，误。开兴元年是壬辰（1232）一至四月，同年四月起为天兴元年。

系年诗：《和琴士苗兰韵》（案《元史·礼乐志》太宗十六年，太常用许政所举大乐令苗兰诣东平，指授工人造琴十张。 《文集》四）《用秀玉韵》（序云："甲午之秋，秀玉殿学远以新诗寄东坡杖，因用原韵谢之。"）、《用樗轩散人韵，谢秀玉先生见惠东坡杖》、《谢西方器之赠阮杖》（序云："了然居士素蓄东坡铁杖，泊地字号阮，真绝世之宝也。天兵既克汴梁，先生携二君来燕，欲藏之，恐不能终宝。欲赠湛然，南北相去不知其几千里，虑中道浮沉，是以献诸秀玉殿学、田公奉御，欲转致于予也。甲午之秋，陈田入觐，果馈之我，乱道数语，用酬厚意。"）、《鼓琴》、《扈从羽猎》、《狼山宥猎》、《对雪鼓琴》、《和董彦才东坡铁杖诗二十韵》（以上《文集》十）、《用张道亨韵》、《题庞居士阴德图》、《和冯扬善韵》（案《遗山集》七有《送冯扬善提领关中三教》诗）、《和秀玉韵》、《示从智》、《答聂庭玉》、《继柏岩大禅师韵》、《和张善长韵》、《爱栖岩弹琴声法》二绝（《文集》八《苗彦实琴谱序》："古唐栖岩老人苗公，秀实其名，彦实其字，善于琴事，为当今第一。壬辰之冬，王师围汴梁，予奏之朝廷，索栖岩于南京，得之，达范阳而弃世。其子吾翚遗谱而来，凡四十馀曲。"）、《冬夜弹琴，颇有所得，乱道拙语三十韵，以遗犹子兰》（序云："苗兰琴事，深得栖岩之遗意。甲午之冬，予扈从羽猎，以足疾得告，凡六十日，对弹操弄五十馀曲，栖岩妙旨，于是尽得之。"）、《夜坐弹离骚》、《弹秋宵步月、秋夜步月二曲》、《弹秋水》、《弹秋思，用乐天韵二绝示景贤》、《弹广陵散终日而成，因赋诗五十韵》、《吾山吟》、《从万松老师乞玉博山》、《寄万寿润公禅师用旧韵》、《寄圣安澄公禅师》、《寄甘泉禅师谢惠书》、《送房孙重奴行》、《从龙溪乞西岩香并方》、《借琴》、《戏景贤》、《再用前韵》二首、《寄景贤》、《再用知字韵戏景贤》、《复用前韵戏呈龙岗居士兼善长诗友》二首、《慕乐天》、《弹广陵散》（以上《文集》十一）、《琴道喻五十韵，以勉忘忧进道》、《弹琴逾时，作解嘲，以呈万松老师》（以上《文集》十二）、《子铸生朝润之以诗为寿，予因继其韵以遗之》（甲午重午前三日。 《文集》十四）。

文：《楞严外解序》（甲午清明后五日）、《释氏新闻序》（甲午上元后一日。 以上《文集》十三）。

乙未（蒙古太宗七年），**四十六岁。**

朝议以回鹘人征南、汉人征西以为得计。公极言其不可，曰：

"汉地、西域相去数万里，比至敌境，人马疲乏，不堪为用，况水土异宜，必生疾疫。不若各就本土征进，似为两便。"争论十馀日，其议遂寝（《神道碑》）。

系年诗：《乙未元日》、《付从究》、《旦日遗从祖》（序云乙未旦日）、《旦日示从同仍简忘忧》（序云乙未旦日）、《元日劝忘忧讲道》（序云乙未元日）、《转灯》（序云乙未元日）、《录寄新诗呈冲宵》（有"录寄新诗三十首"句。案：自卷十一之首至此诗前，凡三十首，知即公所录示冲宵者也。　以上《文集》十一）、《赠高善长一百韵》（《文集》十三《约善长和诗战书序》云："予奉善长诗百韵，仍乞光和。渠谦抑退让，以降启见戏，予亦戏作战书以督之，聊发一笑耳。"书首云："维旃蒙协洽之岁，三月甲午朔。"）、《为子铸作诗三十韵》（序云："乙未为子铸寿，作是诗以遗之。"铸方年十有五也。　以上《文集》十二）、《云汉远寄新诗四十韵，因和而谢之》（诗末题乙未闰月上旬。　案《遗山集》十有马云汉《方镜背有飞鱼》诗，其前有《燕都送马郎中北上》诗。又《名臣事略》十二引王文康公《言行录》："公行时，故人马云汉以宣圣画像为赠。"）、《德新先生惠然见寄佳制二十韵和而谢之》（诗末题乙未闰月上休日。　案《中州集》七："王革字德新，一名著，以荫补官，碌碌筦库，垂三十年。正大中，以六赴廷试，赐出身调宜君簿，年七十八，终于云中。"又《归潜志》五：王革字德新，宏州人。北渡后居云内，后迁云中。　以上《文集》十四）。

文：《屏山居士金刚经别解序》（乙未元日，序于大碛黄石山）、《书金刚经别解后》（乙未清明日）、《约善长和诗战书》（乙未三月甲午朔）、《万松老人万寿语录序》（乙未夏四月序于和林城）、《祭侄女淑卿文》（乙未三月二十六日。　案：淑卿名舜婉，公仲兄善才之女。祭文云："吾兄按察载振于清风。"考善才两为节度使，则按察谓善才也。又云："德播人口，名达帝聪。遣使求于故乡，有诏入于深宫。守志持节，慎心饬躬，垂及知命，尚为婴童，古所未有，来者孰同。章奏久掌，名位日隆。上谓之女学士，人呼之官相公。屡有谏诤，多所弥缝，德殊辞辇之班，功胜当熊之冯。忽家亡而国破，叹势尽而途穷。果全身而不辱，示微疾而善终"云云，是淑卿曾入金掖庭，金亡之后，归于公所，逾年而卒。乃元遗山作善才墓志但云女二人，嫁士族，而不及淑卿，何耶？　以上《文集》十三）。

丙申（八年），**四十七岁。**

　　春，万安宫成（《太宗纪》），上会诸王贵臣，亲执觞以赐公曰：
"朕之所以推诚任卿者，先帝之命也。非卿则天下亦无今日。朕之所
以得高枕而卧者，卿之力也。"盖太祖晚年屡属于上曰："此人天赐
我家，汝他日国政当悉委之。"（《神道碑》）有于元者奏行交钞。公
曰："金章宗时初行交钞，与钱通行，有司以出钞为利，收钞为讳，
谓之老钞，至以万贯唯易一饼，民力困竭，国用匮乏，当为鉴戒。今
印造交钞，宜不过万锭。"从之（《本传》）。秋七月，忽睹虎以户口
来，上议割裂诸州郡，分赐诸王贵族，以为汤沐邑。公曰："尾大不
掉，易以生隙，不如多与金帛，足以为恩。"上曰："业已许之。"复
曰："若树置官吏，必自朝命，除恒赋外不令擅自征敛，差可久也。"
从之。是岁始定天下赋税，每二户出丝一斤，以供官用，五户出丝一
斤，以与所赐之家。上田每亩税三升半，中田三升，下田二升，水田
五升，商税三十分之一，盐每银一两，四十斤已上皆为永额。朝臣皆
谓太轻。公曰："将来必有以利进者，则已为重矣。"侍臣脱欢，奏
选室女，勅中书省发诏行之。公持之不下。上怒，召问其故。公曰：
"向所刷室女二十八人，尚在燕京，足备后宫使令，而脱欢传旨，又
欲遍行选刷。臣恐重扰百姓，欲覆奏陛下耳。"上良久曰："可。"遂
罢之。又欲于汉地拘刷牝马。公言汉地所有，茧丝五谷耳，非产马之
地，若今日行之，后必为例，是徒扰天下也。乃从其请（《神道碑》）。
　　系年诗：《丙申元日为景贤寿》、《丙申上元夜梦中偶得》、《送门
人刘德真征蜀》、《送门人刘复亨征蜀》、《喜和林新居落成》、《题新
居壁》、《和林建佛寺疏》（《文集》十四）。
　　文：《和林城建行宫上梁文》（《文集》十三）。

　　《文集》中诗文讫于丙申，其诗作于和林者，皆癸巳、甲午、乙
未、丙申四年中作，兹汇录之：
　　《和李世荣见寄》、《和李世荣韵》、《再用其韵》、《又索六经》、
《和移剌继先韵》三首、《和薛伯通韵》、《鹿尾》、《和裴子法韵》、
《和许昌张彦升见寄》（案《河汾诸老诗集》二，有石泉张先生，字彦升
诗）、《和南质张学士敏之见赠》七首（案《中州集》七："张本字敏之，

观津人。贞祐二年进士，工于大篆及八分。四十岁后学诗，诗殊有古意。正大九年，以翰林学士从曹王出质。客居燕京长春宫将十年，后游济南，病卒。"第七首有"今日龙庭忽见君"句，似敏之亦曾至和林)、《和张敏之鸣凤曲韵》、《和孟驾之韵》（案《元史·孟攀麟传》：字驾之，云内人）、《和陈秀玉绵梨诗韵》（案此诗作于秀玉入觐时。秀玉于甲午、乙未二年均至和林，见《文集》十《谢西方器之赠阮杖诗序》及《元史·太宗纪》）、《和冀先生韵》（以上《文集》一）、《和景贤还书韵》二首、《外道李浩求归，再用韵示景贤》（案《遗山集》三十九《癸巳岁寄中书耶律公书》："窃见南中士大夫归河朔者，在所有之，临淄人李浩，其一人也。"）、《外道李浩和景资霏字韵，予再和呈景贤》（以上《文集》二）、《和解天秀韵》、《用万松老人韵作十诗寄郑景贤》、《万松老人真赞》、《赠万松老人琴谱》、《寄曲阳戒坛会首大师》、《寄景贤》十首、《和景贤韵》三首、《和李世荣韵》（以上《文集》三）、《和王正之韵》三首（案《中州集》五：王监使特起，字正之。此别一人）、《祝忘忧居士寿》（案：集中赠忘忧诗甚多，且屡为代作。疏文又称刘润之为忘忧门下馆客，乃当时一贵人，而与公厚善者。此诗有"玉佩丁东照兰省"句。则忘忧曾入中书省，此时中书两丞相，镇海与公不咸，而粘合重山与公善，疑即粘合也)、**《蜡梅》二首**、《谢禅师口公寄间山紫玉》、《和郑寿之韵》、《寄沙井刘子春》、《和人韵》二首、《和武川严亚之见寄》五首、《邦瑞乞访亲，因用其韵》、《和李邦瑞韵》（以上《文集》四）、《用盐政姚德宽韵》、《用昭禅师韵》二首、《和薛正之见寄》（案：孟攀麟撰公《文集》序，有省僚薛正之）、《和冲霄韵》五首（案：孟攀麟撰公《文集》序，有门下士高冲霄）、《和冲霄十月桃花韵》二首、《用薛正之韵》（以上《文集》五）、《和景贤见寄》、《用刘润之乞冠韵》、《和杨彦广韵》（以上《文集》六）、《和张敏之诗七十韵》三首、《次韵黄华和同年九日诗》十首、《寄云中东堂和尚》、《谢万寿润公和尚惠书》、《寄龙溪老人乞西岩香》、《谢圣安澄公馈药》、《和王正夫韵》、《继孟云卿韵》、《次云卿见赠》、《和王正夫忆琴》、《继宋德懋韵》三首、《和平阳张彦升见寄》、《跋白乐天惺屏图》、《和请住东堂疏韵》、《寄倪公首座》（案《遗山集》三十五《寿圣禅寺功德记》："万寿长老、僧洪倪暨余，皆河东人。"）、《戏陈秀玉》（以上《文集》九。　案：卷九以上皆作于癸巳前)、《和邦瑞韵送行》、《继希安古诗韵》、《和非熊韵》、《又》、《用李君实韵》、《继崔子文韵》、《继武善夫韵》、《寄冰室散人》、《寄平杨润和尚》、《红梅》二首、《寄西庵上人用旧韵》四首、《和渔阳赵光祖》二诗（案《归潜志》十四有渔阳赵著光祖赠诗）、《自赞》、《和韩浩然韵》二首、《张汉臣因人觌索诗》（案《遗山集》二十八《归德府总管范阳张公，先德碑》范阳张公汉臣，名子良。又《元史·张子良传》：字汉臣，涿州范阳人，京东路行尚书省兼都总帅，管领宿州）、《和谢昭先韵》、《德恒将行，以诗见赠，因用元韵以见意云》、《送文叔南行》、《和冯扬善九日韵》、《示石州刘企贤》、《和刘子中韵》（序云："蓬山散人刘诩子中，颇通儒，幼依全真出家，今已还俗。"案《遗山集》十九《内翰王公墓表》：公游泰山，从事上谷刘诩子中，以严侯命，从公。是子中尝为东平从事）、《李庭训和予诗见寄，复用元韵以谢之》（案《中州集》八，李过庭字庭训，武亭人。又《遗山集》三十九《寄中书耶律公书》：南中士大夫归河朔者，秦人张徽、杨焕然、李庭训。）、《寄嵩公堂头同参》（案《遗山集》三十七有《屬和尚颂序》）、《寄移刺子春》、《寄妹夫人》（诗云："三十年前旅永安，凤箫楼上倚阑干。"注：先叔故居之楼名。　案《遗山集》二十七《（尚书右丞）耶律文献公神道碑》："初，兴平养公为子，后生子震。兴平捐馆，悉推家资予之。及震卒，妻子贫，无以为资，复收养之。"此妹夫人，盖震之女）、《送侄九龄行》（案：公群从，惟钧年最长。此诗云"而方知命正宜归"，则年与公相若，九龄殆钧字也）、《送侄了真行》（案，诗云："吾兄继世禄，袭封食东平。"盖公长兄辨才之女）、《和少林和尚英粹中山堂诗韵》（案《双溪小集》有木庵老衲性英跋。《遗山集》二《寄英禅师》诗："爱君山堂句，深靖如幽兰。"）、《和武善夫韵》、《和冯扬善韵》（以上《文集》十）、《寄东林》、《戏刘润之》、《用刘润之韵》（以上《文集》十一）、《勉景贤》、《刘润之馆于忘忧门下，作述怀诗，有"弟子二三同会食，谁曾开口问先生"之句，予感而和之》、《刘润之作诗有厌琴之句，因和之》、《怀古一百韵寄张敏之》、《示忘忧》、《和金城宝宫旭公禅师三绝》、《再和世荣二十韵寄薛玄之》、《兰仲文寄诗二十六韵，勉和以谢之》（案《归潜志》十四有金城兰光庭仲文赠诗，又《遗山集》十有《兰仲文郎中见过》诗）、《又》、《又》、《用曹桢韵》（序云："桢，金城人，字干臣。"案《遗山集》十有《送曹干臣》诗）、《怨浩然》、《从国才索闲闲煎茶赋》、《再赓仲祥韵寄之》(序云:"金城薛玄之用李世荣旧韵,寄诗于予,索拙语。已和寄,忽思冰岩,再赓仲祥元韵以寄之。")、《寄金城士大夫》、《诚之索偈》(案:诚之,刘复亨字,见《文集》十四《送刘征蜀诗》)、《遗侄淑卿香方偈》(以上《文集》十二)、《润之馆于忘忧门下,生徒乘驷,渠徒步抵和林城,有诗云:"破帽麻鞋布腿綳,强扶衰病且徒行。区区不道图他甚,一夜山妻骂到明。"予怜而和之》、《赠景贤》、《寄东林》、《寄万寿润公禅师》、《寄甘泉慧公和尚》、《龙岗以鹿尾数十枚遗予,因录近和人诗数篇以报,仍作诗二绝为引》、《和景贤赠鹿尾二绝》、《中秋召景贤饮》、《请定公住大觉疏》、《补大藏经板疏》、《武川摩诃院创建瑞像殿疏》、《请奥公住崇寿院》、《寄圣安澄老乞药》、《信之和予,酬贾非熊三字韵见寄,因再赓元韵以复之》四首(案《河汾诸老诗集》一麻信之革有《上云内帅贾君》诗,是信之曾为贾氏客,此信之当即麻革也)、《用梁斗南韵》(案《遗山集》三十九《寄中书耶律公书》:"耆旧如冯内翰叔献、梁都运斗南。")、《赠侄正卿》(诗云:"辽室东丹九叶芳,曾陪剑佩侍明昌。"案,公侄钧与公年相若,得及侍明昌,则正卿与《文集》十之侄九龄,殆一人也)、《寄张鸣道》、《送省掾郭仲仁行》、《送燕京高庆民行》(案《元史·太宗纪》:"十年秋八月,陈时可、高庆民等言诸路旱蝗,诏免今年田租,仍停旧未输纳者,俟丰岁议之。")、《和赵廷玉子赟韵》(案《遗山集》十八《礼部尚书赵公神道碑》,公讳思文,字廷玉,子赟,尚书省令史)、《赠东平主事王玉汝》(案《元史·王玉汝传》,字君璋,郓人。严实入据郓,署玉汝为掾史,稍迁至行台令史)、《周敬之修夫子庙》、《寄万寿堂头乞湖山》、《寄东林同参》、《寄简堂头》、《寄孔雀便面奉万松老师》、《答倪公故人》、《送王璘行》、《继介邱穆景华韵》、《继平陶张才美韵》、《德柔尝许作鞍玉辔,且数年矣,作诗以督之》(案:德柔,刘敏字,见《遗山集》二十八《大丞相刘氏先茔神道碑》。《元史·刘敏传》失载)、《卜邻一绝寄郑景贤》、《寄岳君索玉博山》、《云中重修宣圣庙疏》、《寄光祖》、《送德润南行》、《再和万寿润禅师书字韵》五首、《赠景贤玉涧鸣泉琴》、《景贤作诗颇有思归意,因和元韵以勉之》、《景贤召予饮,以事不果,翌日予访景贤,值出,予开樽尽醉而归,留诗戏之》、《和贤景召饮韵》、《赵州柏树颂》、《黄龙三关颂》、《和太原元大举韵》、《太原修夫子庙疏》(以上《文集》十四)。

此外，不知何时作者如左：

《和百拙禅师》、《从圣安澄老借书》、《题西庵所藏佛牙》二首、《和移剌继先韵》二首、《寄云中卧佛寺照老》、《寄平阳净名院润老》、《赠云川张道人》、《赞李俊英所藏观音像》（案《至元辨伪录》三："长春问湛然中书《观音赞》意，中书轻而不答。有识闻之，莫不绝倒。"《观音赞》殆谓此诗，则此诗亦壬午以前在西域所作欤）、《题西庵归一室》（以上《文集》二）、《西庵上人住夏禁足，以诗戏之》（《文集》四），《用刘正叔韵》（《文集》五），《和松月野衲海上人见寄二诗》、《用李德恒韵》、《松月老人寄诗因用元韵》、《和薛正之韵》（以上《文集》六）、《用李邦瑞韵》、《寄平阳净名润老》、《和郑景贤韵》、《和李茂才奇景贤韵》、《和李汉臣韵》四首、《和北京张天佐见寄》、《过天山和上人韵二绝》、《题张道人扇》二首、《题志公图》、《题黄山墨竹便面》、《请住东堂》、《请倪公》、《请岩公禅师诣天德作水陆大会》、《和贾抟霄韵二绝》、《和高丽使》三首、《梦中偶得》、《和武善夫韵》二首、《题寒江接舫图》、《题黄梅出山图》、《梦中赠圣安澄老》、《跋定僧岩》、《咏探春花，用高冲霄韵》、《寄休林老人》、《再和西庵上人韵》、《和薛伯通韵四绝》、《和松菊堂主人照老见寄三诗》、《洞山五位颂》、《大阳十六题》、《天德海上人寄诗用元韵》、《寄白云上人用旧韵》、《和房长老二绝》（以上《文集》七）。

丁酉（九年），**四十八岁。**

公奏曰："制器者必用良工，守成者必用儒臣。儒臣之事业，非积数十年，殆未易成也。"帝曰："果尔，可官其人。"公曰："请校试之。"乃命宣德州宣课使刘中，随郡考试，以经义、词赋、论，分为三科。儒人被俘为奴者，亦听就试，得士凡四千三十人，免为奴者四之一（《本传》）。始，诸王贵戚，皆得自起驿马，而使臣猥多。马悉倒乏，则豪夺民马以乘之。城郭道路所至骚动。及其到馆，则要索百端，供馈稍缓，辄被箠挞，馆人不能堪。公奏给牌剳，仍定饮食分例，其弊始革。公陈时务十策：一曰信赏罚，二曰正名分，三曰给俸禄，四曰封功臣，五曰考殿最，六曰定物力，七曰汰工匠，八曰务农桑,九曰定土贡,十曰置水运。上虽不能尽行,亦时择用焉。回鹘阿散迷阿失,告公私用官银一千锭。上召问公。公曰:"陛下试详思之,曾有旨用银否?"上曰:"朕亦忆得尝令修盖宫殿,用银一千锭。"公曰:"是也。"后数日,上坐万安殿,召阿散迷阿失诘之,遂服其诬。太原路课税使副以赃罪闻。上让公曰:"卿言孔子之教可行,儒者皆善人,何故亦有此辈?"公曰:"君父之教臣子,岂欲陷之于不义,而不义者亦时有之。三纲五常之教,有国有家者莫不由之,如天之有日月星辰也。岂可因一人之有过,使万世常行之道,独见废于我朝乎?"上意乃解(《神道碑》)。是岁十一月十一日,长兄辨才卒于真定,年六十有七(《遗山集》二十七《奉国上将军武庙署令耶律公墓志铭》)。

戊戌(十年),**四十九岁**。

秋,天下大旱蝗。上问公以御之之术。公曰:"今年租赋乞权行倚阁。"上曰:"恐国用不足。"公曰:"仓库现在可支十年。"许之。初籍天下户,得一百四万,至是逃亡者十四五,而赋仍旧,天下病之。公奏除逃户三十五万,民赖以安。燕京刘忽笃马者,阴结权贵,以银五十万两扑买天下差发;涉猎发丁者,以银二十五万两扑买天下系官、廊房、地基、水利、猪鸡;刘庭玉者,以银五万两扑买燕京酒课;又有回鹘以银一百万两扑买天下盐课,至有扑买天下河泊、桥梁、渡口者。公曰:"此皆奸人欺下罔上,为害甚大。"咸奏罢之。尝曰:"兴一利不若除一害,生一事不若减一事。人必以班超之言,盖平平耳,千古之下,自有定论。"(《神道碑》)

己亥(十一年),**五十岁**。

上素嗜酒,晚年尤甚,日与诸大臣酣饮。公数谏不听,乃持酒槽之金口曰:"此铁为酒所蚀,尚致如此,况人之五脏,有不损耶?"上悦,赐以金帛,仍敕左右日进酒三钟而止。时四方无虞,上颇怠于政事,奸邪得以乘间而入。初,公自庚寅年定课税所额,每岁银一万锭。及河南既下,户口滋息,增至二万二千锭。而回鹘译史安天合至自汴梁,倒身事公,以求进用。公虽加奖借,终不能满望,即奔诣镇海,百计行间(案《双溪醉隐集》六《瓮山茔域诗序》:"尊大夫居台省,竟为伴食所沮，曾不得行其道之万一。"伴食，亦谓镇海也），首引回鹘奥都剌合蛮扑买课税，增至四万四千锭。公曰："虽取四十四万亦可得，不过严设法禁，阴夺民利耳。民穷为盗，非国之福。"而近侍左右皆为所陷，上亦颇惑众议，欲令试行之。公反覆争论，声色俱厉。上曰："汝欲斗搏耶？"公力不能夺，乃太息曰："扑买之利既兴，必有蹑迹而篡其后者，民之穷困，将自此始。于是政出多门矣。"公正色立朝，不为少屈，欲以身殉天下，每陈国家利病，生民休戚，辞气恳切，孜孜不已。上曰："汝又欲为百姓哭耶？"然待公加重（《神道碑》）。

庚子（十二年），**五十一岁**。

国初，盗贼充斥，商贾不能行，则下令凡有失盗去处，周岁不获正贼，令本路民户代偿其物，前后积累，动以万计。又所在官吏，取借回鹘债银，其年则倍之，次年则并息又倍之，谓之羊羔利。积而不已，往往破家散族，至以妻子为质，然终不能偿。公为请于上，悉以官银代还，凡七万六千锭。仍奏定今后不以岁月远近，子本相侔，更不生息，遂为定制（《神道碑》。 案：碑系于丙申，据《元史·太宗纪》，当在此年）。

系年诗：《赠刘阳门》（跋云："庚子之冬，阳门刘满将行，索诗，以此赠之，赏其能治也。暴官猾吏岂不愧哉！"下署玉泉。此诗真迹，今藏武进袁氏）。

辛丑（十三年），**五十二岁**。

春二月，上疾笃脉绝。皇后不知所以，召公问之。公曰："今朝廷用非其人，天下罪囚必多冤枉，故天变屡见，宜大赦天下。"因引宋景公荧惑退舍之事以为证。后亟欲行之。公曰："非君命不可。"顷之，上少苏，后以为奏。上不能言，颔之而已。赦发，脉复生。冬十一月，上勿药已久，公以太一数推之，奏不宜畋猎。左右皆曰："若不骑射，何以为乐！"猎五日而崩（《神道碑》）。

壬寅（皇后乃马真氏称制元年），**五十三岁**。

癸卯（二年），**五十四岁**。

后以储嗣问公。公曰："此非外姓臣所得议，自有先帝遗诏在，遵之则社稷幸甚。"（《神道碑》）夏五月，荧惑犯房。公奏曰："当有惊扰，然讫无事。"居无何，朝廷用兵，事起仓卒，后遂令授甲选心腹，至欲西迁以避之。公曰："朝廷天下根本，根本一摇，天下将乱。臣观天道，必无患也。"后数日乃定（《本传》。　案：时皇叔斡赤斤引兵趋和林）。奥都剌合蛮方以货取朝政，执政者亦皆阿附，惟惮公沮其事，则以银五万两赂公。公不受，事有不便于民者，辄中止之。时后已称制，则以御宝空纸付奥都剌合蛮，令从意书填。公奏曰："天下，先帝之天下，典章号令，自先帝出。必欲如此，臣不敢奉诏。"寻复有旨奥都剌合蛮奏准事理，令史若不书填，则断其手。公曰："军国之事，先帝悉委老臣，令史何与焉！事若合理，自是遵行；若不合理，死且不避，况断手乎！"因厉声曰："老臣事太祖、太宗三十馀年，固不负于国家，皇后亦不能以无罪杀臣。"后虽怨其忤己，亦以先朝勋旧，曲加敬惮焉（《神道碑》）。是岁，夫人苏氏卒。

甲辰（三年），**五十五岁。**

夏五月十有四日，公薨（案《太宗纪》及《本传》，皆云甲辰夏五月薨。《神道碑》上叙癸卯年事，下即云公以其年五月十四日薨，似以公卒年在癸卯，与《元史》不合。然遗山撰《文献神道碑》曰"癸卯秋八月，中令君使谓好问"云云，则癸卯八月，公尚无恙。《汾河诸老诗集》一，麻革《中书大丞相挽词》下注甲辰五月十四日，并与公享年五十五岁合，则《元史》是，而《神道碑》误也）。蒙古诸人哭之如丧其亲戚，绝音乐者数日。天下士大夫，莫不涕泣相吊。以中统二年十月二十日，葬于玉泉东瓮山之阳，从遗命也（案《双溪醉隐集》六《瓮山茔域诗序》："尊大人领省茔域在燕都，面北一舍，西至玉泉五里，实曰瓮山，寝园居在，昊天罔极。禅寺之右正寝，去隧东北百馀步。"）。以漆水国夫人苏氏祔。先娶梁氏，以兵乱隔绝，殁于河南之方城；生子铉，监开平仓卒（案：铉卒年无考，当远在公卒后。《双溪醉隐集》三有《壬子秋日，客舍纪事，因寄家兄》诗。考壬子为宪宗二年，在公卒后八年，而开平府之名命于中统元年，则铉之卒，当在中统元年之后，至元五年以前。公卒后，以铸袭公位，领中书省，亦用蒙古重少子之俗，非其时铉已前卒也）。苏氏，东坡先生四世孙、威州刺史公弼之女，生子铸，为中书左丞相（案《元史》附公传）。孙男十一人：曰希征，曰希勃，曰希亮（《元史》有传），曰希宽，曰希素，曰希周，曰希光，曰希逸（案《元史》云淮东宣慰使），曰希□，曰希□，曰希□（案《元史》以为皆铸子。《程雪楼文集》九《秦国文靖公神道碑》："女一，适荆湖北道宣慰副使耶律希图，中书左丞相铸之子也。"是失名三人中，其一名希图）。女孙五人（《神道碑》）。

癸卯春，苏夫人卒，公使子铸奉其丧，归燕京，殡于玉泉山东五里之瓮山（案《双溪醉隐集》六，有《护先妣国夫人丧南行，奉别尊大人领省》诗云："重重门户无人到，深闭桃花一院春。"则以春杪南行也。《遗山集》四十有《中令耶律公祭先妣国夫人文》云："维大朝癸卯岁八月乙巳朔五日己酉，哀子某谨以家奠，敢昭告于先妣国夫人苏氏之灵"云云，此代文实双溪作，而题"中令耶律公"，盖后来追记。因双溪嗣公领中书省，故题云"中令"也。又案：公墓本在颐和园内，修园时徙于园门之西）。并葬伯兄辨才、仲兄善才于义州弘政县先茔。命铸招元好问至燕京，属撰《文献神道碑》并两兄墓志铭。

《耶律文正公年谱》余记[①]

《金史·耶律文献传》及遗山所撰《文献神道碑》、《元史》公传及宋周臣所撰《神道碑》，皆不著乡贯。唯公子铸《双溪醉隐集》注云："予家辽上后家医无闾。"《四库总目》据之以补史阙。案：文献及公二兄辨才、善才，皆葬义州弘政县，医无闾山正在其东北。然公家自文献以后，久居燕京，而公诗中多忆闾山之作，如《和薛伯通韵》云："闾山旧隐天涯远，梦里思归梦亦难。"（《文集》一）《送王君玉》云："安东幸有闾山月，万顷松风万山雪。"（《文集》二）《和移剌子春见寄》第五首云："他年归去无相弃，同到闾山旧隐居。"《寄景贤》第三首云："十载残躯游瀚海，积年归梦绕闾山。"（以上《文集》三）。《和人韵》第一首云："年来痛忆闾山景，月照茅亭水一围。"（《文集》四）《和冲霄韵》第四首云："无恙闾峰三百寺，遨游吟啸老馀生。"（《文集》五）《和武善夫韵》第一首云："何时致政闾山去，三径依然松菊寒。"（《文集》七）《次

---

① 《遗书》本总目为：《耶律文正公年谱一卷余录一卷》，本文篇名也为《耶律文正公年谱（附余录）》，此处则称《余记》，原书如此。

韵黄华和同年九日诗》第五首云："洛阳失金谷，闾山有别野。"(《文集》九)《谢西方器之赠阮杖》云："抱桐扶杖闾山巅，举觞笑咏秋风边。"《继武善夫韵》云："北阙欲辞新凤阁，东州元有旧闾山。"《鼓琴》云："湛然有幽居，只在闾山阴。"《送侄九龄行》云："闾山自有当年月，一舸西风赋式微。"(以上《文集》十)《信之和余酬贾非熊三字韵见寄，因再赓元韵以复之》第四首云："旧隐医闾白雪南，故山佳处好停骖。"(《文集》十四)语意皆明指辽东之医无闾。然其《继孟元卿韵》云："归轪奚待鬓双皤，无恙闾山耸嵳峨。万壑松风思仰峤，千岩烟雨忆平坡。"(《文集》九)案：仰峤、平坡，皆燕京名刹(仰峤，今仰山。平坡，即翠微山香界寺)，则闾山亦当谓西山，而谓之闾山者，当时或有所避忌，故为谩语也。公生长燕京，似无隐闾山之事，然则集中闾山，皆作西山观可也。

文献食邑东平，《金史》与《神道碑》均不载。公《送侄了真行》诗云："吾兄继世禄，袭封食东平。"(《文集》十)是东平与公家亦有因缘。东平有鱼山，亦谓之吾山，汉武《瓠子歌》所谓"功无已时兮吾山平"者也。公诗中亦多说吾山。《和移剌继先韵》云："尚记吾山旧隐居，松风萧瑟松花落。"又云："吾山佳处归休乎，麂逸平林鱼纵壑。"(《文集》一)《继刘搏霄韵》云："不得吾山卧翠霞，西行行遍海之涯。"《和武善夫韵》云："遥忆吾山归未得，故人书简怨东阳。"(以上《文集》七)。《次韵黄华和同年九日诗》第四首云："当年别吾山，曾与黄华期。"(《文集》九)又《吾山吟》云："吾山吾山予将归。"(《文集》十一)然公诗中用吾山与闾山同，意亦指西山。如《和竹林一禅师韵》云："苍生未济归何益，一见吾山一度羞。"(《文集》四)此诗编于还燕和吴德明之后，盖亦归燕京时所作，此读诗者不当以辞害志也。

契丹有大小字，与女直同。其文字借汉字偏旁，参互错综，以表契丹语，与西夏、女直文字体制相同。《金史·完颜希尹传》谓希尹依仿汉人楷字，因契丹字制度合本国语制女直字。可知女直文字即仿契丹。金制，贵胄凡女直、契丹、汉字曾学其一，即许承袭。是契丹虽亡，其文字仍与女直、汉字并行。然中叶以后，通者渐少。耶律文献素善契丹大小字，因此辟为国史院书写。世宗诏以小字译唐史成，

则别以女直字传之。文献在选中，独主其事。又张景仁谓文献藏匿
《辽史》，此《辽史》必契丹国书国史也。是文献于契丹文字殆属专
门。金源之末，此学遂绝。文正《醉义歌序》云："辽朝寺公大师
《醉义歌》，昔先人文献公尝译之。先人早逝，予恨不得一见。及大
朝西征，遇西辽前郡王李世昌于西域，予学辽字于李公。期岁颇习，
不揆狂斐，乃译是歌。"（《文集》八）是中原契丹文字已少传习，故
文正于西域习之。然则文正殆可谓通契丹文字最后之一人也。

　　蒙古初起，用辽《大明历》，此事可于文正《进征西庚午元历
表》（《文集》八）证之。逮太祖归自西域，或曾改《回回历》。太宗
嗣位，乃复用《大明历》。文正《和李德修韵》云："衣冠师古承殷
辂，历日随时建夏寅。"（《文集》三）又《谢非熊召饭》云："圣世因
时行夏正，愚臣嗜数愧春官。"（《文集》四）此二诗作于太宗初。行
秀《湛然居士集序》亦称公志天文以革西历，则太祖末年必曾用
《回回历》（回回岁首，常在古天正地正间），否则不必作是语也。此事史
所不纪，故著之（《元史·世祖纪》："至元九年，禁私鬻《回回历》。"亦元
初盛行《回回历》之证）。

　　文正师事万松老人，称嗣法弟子从源。其于禅学所得最深，然其
所用以佐蒙古安天下者，皆儒术也。公对儒者，则唱"以儒治国，
以佛治心"之说。而《寄万松老人书》（《文集》十三）则又自谓此语
为行权。然予谓致万松一书，亦未始非公之行权也。公虽洞达佛理，
而其性格实与儒家近，其毅然以天下生民为己任，古之士大夫学佛
者，绝未见有此种气象。古所谓"墨名而儒行"者，公之谓钦！

　　文正于太祖辛巳、壬午驻寻思干。长春真人邱处机，适以此时至
西域，其相晤对，自不待言。公在西域所作诗，其用长春韵者，如
《过金山用人韵》七律一首（用长春《赠书生李伯祥》诗韵。 《文集》
一）、《过阴山和人韵》七古一首、《再用前韵》七古一首、《复用前
韵唱玄》七古一首、《用前韵送王君玉西征》七古二首、《用前韵感
事》七古二首（以上用长春《自金山至阿里马城纪行》诗韵）、《过阴山和
人韵》五律一首（用长春《宿鳖思马大城》诗韵）、《又》七律一首（用
长春《过沙陀望阴山》诗韵）、《又》七律一首（用长春《渡霍阐没辇河，夜

行望大雪山》诗韵。　以上《文集》二)、《壬午西域河中游春》十首（用长春《壬午春分日，游邪米思干郭西》诗韵)、《游河中西园和王君玉韵》四首（用长春《二月望日，复游郭西》诗第一首韵)、《河中游西园》四首（用长春《二月望日，复游郭西》诗第二首韵)、《河中春游有感》五首（用长春《行抵邪米思干大城》诗韵)、《过间居河》四首（用长春《出沙陀至鱼儿泺》诗韵)、《感事》四首（用长春《由鱼儿泺驿路西行途中述风俗》诗韵。　以上《文集》五)、《过金山和人韵》七绝三首（用长春《度金山韵诗》)。　《文集》七)，凡四十五篇，皆用长春诗韵。而于过金山、过阴山则云"和人韵"，于游河中西园则云"和王君玉"韵，馀亦不著长春之名。案：公作《西游录序》（《文集》八)以全真为老氏之邪，而于《和刘子中韵诗序》（《文集》十)，惜其幼依全真，乃有"择术不可不慎"之语。又于王巨川首唱《瑞应鹤》诗，则讥之（《文集》六《寄巨川宣抚诗序》)李子进不题《瑞鹤诗》卷，则美之（《文集》六《观瑞鹤诗卷，独子进治书无诗》)。是公于长春实深致不满，故和其诗而没其人。然尚未颂言攻之者，则以全真托于老氏，非如糠［蝥］（蟊）之托于释氏故也。

　　文正以太宗辛卯领中书省，至薨，凡十四年，其得君之专，行政之久，实古今所希见。太宗用公，虽承太祖遗命，然十三年之间，君臣无丝毫之隙。余反覆公诗，而得其故焉。案：公集中投赠唱和最多者有一人，即郑景贤是也。集中呈景贤或和景贤之诗，至七十五首，占全诗十分之一（《全集》凡诗文七百七十六首)。景贤初与公同在西域，洎于暮年，交谊尤笃。细读诸诗，其人盖以医事太宗，即《长春西游记》所谓"三太子之医官郑公"者也。景贤号龙冈居士，然名与乡里均无可考。《牧庵集》三有《郑龙冈先生挽诗序》称其友高道凝，为撰埋铭而文不传。鲜于伯机《困学斋杂录》纪藏琴之家有郑太医，而不著其名字，盖伯机已不能考矣。唯牧庵纪其三大节：一曰廉，太宗赐银五万两，辞；今上赐钞二千缗偿责，辞。二曰让，太宗再富以地比诸侯王，再辞，贵以上相位两中书右，又辞。三曰仁，金以蹙国汴都尚城守，太宗怒其后服，拔将甘心，公怫逆曲折陈解，城赖不屠，所全毋虑数十万人，云云。是太宗之眷景贤，盖出公右。其上相之位固后日所以处公，而汴京之不屠，亦公之所力争而始得者。然则公之相，当由景贤，而其平日维持调护于君臣之间，使太宗任公而不疑，公得行其志而无所屈者，亦由景贤之力。不幸而史失其名，然其安天下、救生民之功，固不在公下，世有孔子，能不兴微、管之叹乎！

金亡，时汴京人口据《文正神道碑》，云户一百四十七万。《元史》本传则云凡一百四十七万人。盖以户一百四十七万，当得四五百万人，故改户为口。然《金史·哀宗纪》：天兴元年五月，"汴京大疫，凡五十日，诸门出死者，九十馀万人，贫不能葬者，不在[此]（是）数"。又《崔立传》："人人窃相谓曰：'攻城之后，七八日之中，诸门出葬者，开封府计之凡百馀万人。'"则汴京人口其庶可知。盖此时河南北被兵，又盗贼蜂起，故金之民人，皆萃于汴京，则一百四十七万户之说，当非尽诬。

《文正集》为中书省都事宗仲亨所集，癸巳岁始刊于平阳（有平水王郤及襄山孟攀鳞序。攀鳞亦流寓平阳）。次岁，万松老人又为之序。其集凡九卷，古律诗杂文五百馀首。今本十四卷，凡古律诗杂文七百七十六首。盖前九卷癸巳所刊，后四卷则甲午以后续增也。然亦至丙申而止。自丁酉至甲辰（公薨之年），凡八年，诗文无一篇存者，盖今之十四卷未为足本也。

《湛然集》中律诗以入声作平声者，凡数十见。此决非讹字，亦非拗体，盖公习用方言，不自觉其为声病也。公为诗在三十以后，及官既高，人亦无以此告公者，遂有此病。

蒙古之制，凡攻城而抗拒者屠之。故蒙古入中原所屠名城，不可胜计。又金国南迁以后，威令不出国门，故山东、河北盗贼蜂起，其祸比蒙古尤烈。刘静修《武强尉孙君墓铭》："金崇庆末，河朔大乱，凡二十馀年，数千里间，人民杀戮殆尽，其存者以户口计千百不馀一。"又《易州太守郭君墓铭》："金贞祐主南迁，而元军北还，是时河朔为墟，荡然无统，强焉弱凌，众焉寡暴，故其遗民自相吞噬殆尽。"加以蒙古入主中夏，武人专横，其君臣又绝不知有治民之术，若此时无文正人之类，正有不知其何如者。宋周臣之言，非门弟子之私言，乃天下之公言也。

《皇元圣武亲征录》纪太祖庚辰、辛巳、壬午、癸未四年之事，皆递后一年，而《元史·太祖纪》因之。

元遗山以金源遗臣，金亡后《上耶律中书书》(《遗山集》三十九)荐士至数十人。昔人恒以为诟病，然观其书则云："以阁下之力，使脱指使之辱，息奔走之役，聚养之，分处之；学馆之奉不必尽具，饘粥足以糊口，布絮足以蔽体，无甚大费"云云。盖此数十人中皆蒙古之驱口也。不但求免为民，而必求"聚养之，分处之"者，则金亡之后，河朔为墟，即使免驱为良，亦无所得食，终必馁死故也。遗山此书，诚仁人之用心，是知论人者不可不论其世也。

古本竹书纪年辑校

嘉定朱右曾辑录
海宁王国维校补

自　序①

　　《汲冢竹书纪年》，佚于两宋之际。《今本》两卷，② 乃后人蒐辑，复杂采《史记》、《通鉴外纪》、《路史》诸书成之，非汲冢原书。然以世无别本，故三百年来，学人治之甚勤，而临海洪氏颐煊、栖霞郝氏懿行、闽县林氏春溥三校本尤为雅驯。最后嘉定朱氏右曾复专辑古书所引《纪年》，为《汲冢纪年存真》二卷。顾其书传世颇希，余前在上虞罗氏大云书库假读之，独犁然有当于心。丁巳二月，余既作《殷先公先王考》毕，思治此书，乃取《今本纪年》一一条其出处，注于书眉。既又假得朱氏辑本，病其尚未详备，又所出诸书异同亦未尽列，至其去取亦不能无得失，乃取朱书为本，而以余所校注者补正之，凡增删改正若干事。至于余读此书，有所考证，当别为札记，将继是而写定焉。

五　帝

　　昌意降居若水，产帝乾荒。（《山海经·海内经》注）
　　帝王之崩曰陟。（《韩昌黎集·黄陵庙碑》）

---

　① 遗书本《古本竹书纪年辑校》无自序，自序收入《观堂别集》第四卷。
　② 《观堂别集》本作二卷。

国维案：此昌黎隐括本书之语，非原文如是。

黄帝既仙去，其臣有左彻者，削木为黄帝之像，帅诸侯朝奉之。（《太平御览》七十九引《抱朴子》曰："汲郡中竹书"云云。今《抱朴子》无此文。）

黄帝死七年，其臣左彻乃立颛顼。（《路史·后纪》六）

颛顼产伯鲧，是维若阳，居天穆之阳。（《山海经·大荒西经》注）

帝尧元年丙子。（《隋书·律历志》引，"丙"作"景"，避唐讳。《路史·后记》十引，无帝字。）

后稷放帝朱于丹水。（《山海经·海内南经》注。《史记·高祖本纪》正义引："后稷放帝子丹朱于丹水。"《五帝本纪》正义引："后稷放帝子丹朱。"）

命咎陶作刑。（《北堂书钞》十七）

三苗将亡，天雨血，夏有冰，地坼及泉，青龙生于庙，日夜出，昼日不出。（《通鉴外纪》一注引《随巢子》、《汲冢纪年》。《路史·后纪》十二注云《纪年》、《墨子》言"龙生广，夏冰，雨血，地坼及泉，日夜出，昼不见"，与《外纪》所引小异。）

夏后氏

禹

居阳城。（《汉书·地理志》注、《续汉书·郡国志》注。）

黄帝至禹，为世三十。（《路史·发挥》三）

国维案：此亦罗长源隐括本书之语，非原文。

禹立四十五年。（《太平御览》八十二）

启

启曰会。（《路史·后纪》十三"启曰会"，注：见《纪年》。）

益干启位，启杀之。（《晋书·束皙传》。《史通·疑古》篇《杂说》篇两引"益为后启所诛"。）

九年，舞九韶。（《路史·后纪》十三注引"启登后九年，舞九韶"。《大荒西经》注引"夏后开舞九招也"。）

二十五年，征西河。（《北堂书钞》十三引"启征西河"四字。《路史·

后纪》十三云"既征西河",注:"《纪年》在二十五年。")

即位三十九年亡,年七十八。(《真诰》十五。 《路史·后纪》十三注引作"二十九年,年九十八"。)

国维案:《太平御览》八十二引《帝王世纪》:"启升后十年,舞九韶。三十五年,征河西。"而《通鉴外纪》引皇甫谧曰:"启在位十年。"则《世纪》不得有"启三十五年"之文,疑本《纪年》而误题《世纪》也。此与《真诰》所引"启三十九年亡"符同。《路史》注既引《纪年》启在位二十九年,故征西河亦云在二十五年矣。未知孰是。

大康

大康居斟鄩。(《水经·巨洋水注》、《汉书·地理志》注、《史记·夏本纪》正义引傅瓒曰:"《汲冢古文》大康居斟鄩,羿亦居之,桀亦居之。")

乃失邦。(《路史·后纪》十三注)

(羿居斟鄩。)(《水经·巨洋水注》、《汉书·地理志》注、《史记·夏本纪》正义。)

仲康

相

后相即位,居商丘。(《太平御览》八十二)

国维案:《通鉴外纪》"相失国,居商丘",盖亦本《纪年》。《通鉴地理通释》(四)云:"商丘当作帝丘。"

元年,征淮夷、畎夷。(《后汉书·西羌传》引"后相即位元年,乃征畎夷"。《太平御览》八十二引"元年征淮夷"。《路史·后纪》十三"征淮、畎",注:"淮夷、畎夷,《纪年》云元年。")

二年,征风夷及黄夷。(《太平御览》八十二。 《路史·后纪》十三"二年征风、黄夷",注:"并《纪年》。"《后汉书·东夷传》注及《通鉴外纪》二均引"二年征黄夷"。)

七年,于夷来宾。(《后汉书·东夷传》注,《路史·后纪》十三注。《通鉴外纪》二引"于"作"干"。)

相居斟灌。(《水经·巨洋水注》、《汉书·地理志》注、《路史·后纪》十三引臣瓒所述《汲冢古文》。)

少康

少康即位,方夷来宾。(《后汉书·东夷传》注。 《路史·后纪》十三注引此下有"献其乐舞"四字，疑涉帝发时事而误。）

杼

帝宁居原，自原迁于老丘。（《太平御览》八十二、《路史·后纪》十三注。　《御览》作"自迁于老丘"。《路史》注"宁"作"予"，"丘"作"王"。）

柏杼子征于东海，及三寿，得一狐九尾。（《山海经·海外东经》注。　《太平御览》九百九引"夏伯杼子东征，获狐九尾"。《路史·后纪》十三："帝杼五岁，征东海，伐三寿。"注："本作王寿。"《纪年》云："夏伯杼子之东征，获狐九尾。"又《国名纪》己云："后杼征东海，伐王寿。"）

芬

后芬即位，三年，九夷来御。（《后汉书·东夷传》注、《太平御览》七百八十、《通鉴外纪》二、《路史·后纪》十三。　《御览》"芬"作"方"，又此下有"曰畎夷、于夷、方夷、黄夷、白夷、赤夷、玄夷、风夷、阳夷"十九字，郝懿行曰："疑本注文，误入正文也。"）

后芬立四十四年。（《太平御览》八十二、《路史·后纪》十三注。）

荒

后荒即位，元年，以玄珪宾于河，命九东狩于海，获大鸟。（《北堂书钞》八十九。　《初学记》十三引"珪"作"璧"，"鸟"作"鱼"，无"命九东"三字。《太平御览》八十二引"荒"作"芒"，"鸟"作"鱼"，无"命九"二字。国维案："九"字下或夺"夷"字，疑谓后芬时来御之九夷。）

后芒陟位，五十八年。（《太平御览》八十二。　《路史·后纪》十三注引作"后芒陟，年五十八"。）

泄

后泄二十一年，命畎夷、白夷、赤夷、玄夷、风夷、阳夷。（《后汉书·东夷传》注。　《通鉴外纪》二引"帝泄二十一年如畎夷等爵命"。《路史·后纪》十三注引下有"繇是服从"四字。）

二十一年（陟）。（《路史·后纪》十三注）

不降

不降即位，六年，伐九苑。（《太平御览》八十二、《路史·后纪》十三注。）

六十九年，其弟立，是为帝扃。（《太平御览》八十二。《路史·后纪》十三注云："《纪年》云六十九陟。"）

扃

厪

帝厪，一名胤甲。（《太平御览》八十二）

胤甲即位，居西河。（《山海经·海外东经》注、《太平御览》八十二、《通鉴外纪》二。　《开元占经》六引作"胤甲居西河"，《御览》四引作"胤甲居于河西"。）

天有妖孽，十日并出，其年胤甲陟。（《山海经·海外东经》注、《开元占经》六、《太平御览》四及八十二引上二句。　《山海经》注无"天"字，《占经》无"妖""十"二字。《通鉴外纪》二引"十日并出，其年胤甲陟"。《路史·后纪》十三："胤甲在位四十岁，后居西河，天有妖孽，十日并照于东阳，其年胤甲陟。"注云："以上《纪年》。"　案《路史》此条或有增字。又《御览》四引"十日并出"下有"又言本有十日，迭次而运照无穷"十三字，则恐是注文也。）

孔甲

昊

后昊立三年。（《太平御览》八十二）

发

后发一名后敬，或曰发。（《太平御览》八十二。　《路史·后纪》十三："帝敬发，一曰惠。"注曰："见《纪年》。"）

后发即位，元年，诸夷宾于王门，再保庸会于上池，诸夷入舞。（《北堂书钞》八十二。　《后汉书·东夷传》注、《御览》七百八十引均无"再保庸"以下七字，《通鉴外纪》二、《路史·后纪》十三引亦同。《外纪》末句作"献其乐舞"乃改本书句，《路史》仍之。）

其子立为桀。（《太平御览》八十二）

桀

（居斟鄩。）（《水经·巨洋水注》、《汉书·地理志》注、《史记·夏本纪》正义。）

（畎夷入居邠岐之间。）（《后汉书·西羌传》。　案《西羌传》三代事多本《汲冢纪年》，而语有增损。）

后桀伐岷山，进女于桀二人，曰琬，曰琰。桀受二女，无子，刻其名于苕华之玉，苕是琬，华是琰，而弃其元妃于洛，曰末喜氏。末喜氏以与伊尹交，遂以间夏。（《太平御览》一百三十五。　《艺文类聚》八十三引无末四句，《御览》八十二引无末二句。"后桀伐岷山"，《御览》八十二引作"后桀命扁伐山民，进女于桀二人"，《类聚》引作"岷山庄王女于桀二人"，《御览》八十二引作"山民女于桀二人，桀受二女"，《御览》八十二作"桀爱二人"。"琰"，《御览》引皆作"玉"。"刻其名"，《类聚》及《御览》八十二引皆作"斲其名"，《北堂书钞》二十二亦引"斲若华"三字。）

筑倾宫，饰瑶台。（《文选·吴都赋》注。　《文选·东京赋》注引作"夏桀作琼宫、瑶台，殚百姓之财"，《太平御览》八十二引"桀倾宫，饰瑶台，作琼室，立玉门"。）

夏桀末年，社坼裂，其年为汤所放。（《太平御览》八百八十。《路史·后纪》十三注引"桀末年社震裂"六字。）

汤遂灭夏，桀逃南巢氏。（《太平御览》八十二）

自禹至桀十七世，有王与无王，用岁四百七十一年。（《太平御览》八十二。　《文选·六代论》注引"凡夏自禹至于桀，十七王"十字，《史记·夏本纪》集解引末二句，《通鉴外纪》二引"四百七十一年"六字，《路史·后纪》十三注："《纪年》并穷、寒四百七十二年。"）

商

汤

汤有七名而九征。（《太平御览》八十三）

外丙

外丙胜即位，居亳。（《太平御览》八十三）

仲壬

仲壬即位，居亳，命卿士伊尹。（《春秋经传集解·后序》。　《尚书·咸有一德》疏、《通鉴外纪》三引《纪年》，《太平御览》八十三引杜《后序》，均作"其卿士伊尹"。）

仲壬崩，伊尹放大甲于桐，乃自立。（《春秋经传集解·后序》。《尚书·咸有一德》疏、《通鉴外纪》三。　《太平御览》八十三引《汲冢琐语》同，但无"于桐"二字，又"立"下有"四年"二字。）

大甲

伊尹即位，放大甲。七年，大甲潜出自桐，杀伊尹，乃立其子伊陟、伊奋，命复其父之田宅而中分之。（《春秋经传集解·后序》、《尚书·咸有一德》疏、《通鉴外纪》三。　《外纪》"放大甲"作"于大甲"。《文选·豪士赋序》注引"大甲既出自桐杀伊尹"九字。）

（十二年陟。）（《史记·鲁世家》索隐："《纪年》大甲惟得十二年。"）

沃丁

沃丁绚即位，居亳。（《太平御览》八十三）

小庚

小庚辨即位，居亳。（《太平御览》八十三）

小甲

小甲高即位，居亳。（《太平御览》八十三）

雍己

雍己伷即位，居亳。（《太平御览》八十三）

大戊

仲丁

仲丁即位，元年，自亳迁于嚣。（《太平御览》八十三）

征于蓝夷。（《后汉书·东夷传》注、《太平御览》七百八十）

外壬

外壬居嚣。（《太平御览》八十三）

河亶甲

河亶甲整即位，自嚣迁于相。（《太平御览》八十三）

征蓝夷，再征班方。（《太平御览》八十三）

祖乙

祖乙滕即位，是为中宗，居庇。（《太平御览》八十三。　《路史·国名纪》丁引"滕"作"胜"。）

祖辛

开甲

帝开甲踰即位，居庇。（《太平御览》八十三）

祖丁

祖丁即位，居庇。（《太平御览》八十三）

南庚

南庚更自庇迁于奄。（《太平御览》八十三、《路史·国名纪》丁）

阳甲

阳甲即位，居奄。（《太平御览》八十三）

盘庚

盘庚旬自奄迁于北蒙，曰殷。（《太平御览》八十三。　《水经·洹水注》引无"旬"字，《史记·项羽本纪》索隐、《殷本纪》正义均引作"盘庚自奄迁于北冢，曰殷虚"，《尚书·盘庚》疏引"盘庚自奄迁于殷"七字，《路史·国名纪》丁引"旬"下有"即位"二字。）

殷在邺南三十里。（《尚书·盘庚》疏。　《史记·项羽本纪》索隐引作"南去邺三十里"，《殷本纪》正义引作"南去邺四十里"。）

　　国维案：此七字乃注文。

自盘庚徙殷，至纣之灭，七百七十三年，更不徙都。（《史记·殷本纪》正义。　案："七百"朱辑本改作"二百"，又下有"纣时稍大其邑，南距朝歌，北据邯郸及沙丘，皆为离宫别馆"二十三字，盖误以张守节释《史记》语为《纪年》本文也。）

　　国维案：此亦注文，或张守节隐括本书之语。

小辛

小辛颂即位，居殷。（《太平御览》八十三）

小乙

小乙敛居殷。（《太平御览》八十三）

武丁

祖庚

祖庚曜居殷。（《太平御览》八十三）

祖甲

帝祖甲载居殷。（《太平御览》八十三）

和甲西征，得一丹山。（《山海经·大荒北经》注）

　　国维案："和"、"祖"二字形相近，今本《纪年》系之阳甲，乃有阳甲名和之说矣。

冯辛

冯辛先居殷。（《太平御览》八十三）

庚丁

庚丁居殷。（《太平御览》八十三）

武乙

武乙即位，居殷。(《太平御览》八十三)

三十四年，周王季历来朝，王赐地三十里，玉十珏，① 马八匹。(《太平御览》八十三)

三十五年，周王季伐西落鬼戎，俘二十翟王。(《后汉书·西羌传》注。 《通鉴外纪》二引"武乙三十五年，周俘狄王"十字。)

大丁

大丁二年，周人伐燕京之戎，周师大败。(《后汉书·西羌传》注。《通鉴外纪》二"周人"作"周公季"。)

三年，洹水一日三绝。(《太平御览》八十三)

四年，周人伐余无之戎，克之，周王季命为殷牧师。(《后汉书·西羌传》注。 《文选·典引》注引"武乙即位，周王季命为牧师"，与此异。)

七年，周人伐始呼之戎，克之。(《后汉书·西羌传》注)

十一年，周人伐翳徒之戎，捷其三大夫。(《后汉书·西羌传》注)

文丁杀季历。(《晋书·束皙传》、《史通·疑古》篇《杂说》篇。《北堂书钞》四十一引《纪年》云"文丁杀周王"云云。)

帝乙

帝乙居殷。(《太平御览》八十三)

二年，周人伐商。(《太平御览》八十三)

帝辛

帝辛受居殷。(《太平御览》八十三)

六年，周文王初禴于毕。(《通鉴前编》。 《唐书·历志》"纣六祀，周文王初禴于毕"，虽不著所出，当本《纪年》。)

毕西于丰三十里。(《汉书·刘向传》注)

　　　国维案：此亦注文。

殷纣作琼室，立玉门。(《文选·东京赋》注及《吴都赋》注)

天大曀。(《开元占经》一百一引"帝辛受时天大曀"。)

汤灭夏，以至于受，二十九王，用岁四百九十六年。(《史记·殷

---

① 珏，遗书本作"瑴"。

本纪》集解。　《文选·六代论》注引"殷自成汤灭夏，以至于受，二十九王"十四字，《通鉴外纪》二引"二十九王，四百九十六年"十字。）

周

武王

十一年庚寅，周始伐商。（《唐书·历志》）

王率西夷诸侯伐殷，败之于坶野。（《水经·清水注》）

王亲禽帝受辛于南单之台，遂分天之明。（《水经·淇水注》。《初学记》二十四引"周武王亲禽受于南单之台"十一字。）

武王年五十四。（《路史·发挥》四）

成王
康王

康王六年，齐太公望卒。（《大公吕望墓表》）

晋侯作宫而美，康王使让之。（《北堂书钞》十八）

成康之世，天下安宁，刑措四十年不用。（《文选·贤良诏》注。《太平御览》八十四引"十"下有"余"字。）

昭王

昭王十六年，伐楚荆，涉汉，遇大兕。（《初学记》七）

十九年，天大曀，雉兔皆震，丧六师于汉。（《初学记》七。　《开元占经》一百一、《太平御览》九百七引无末句。）

昭王末年，夜清，五色光贯紫微。其年，王南巡不反。（《太平御览》八百七十四。　《路史·发挥》三注引"清"作"有"。）

穆王

穆王元年，筑祗宫于南郑。（《穆天子传》注）

自周受命，至穆王百年。（《晋书·束晳传》）

穆王以下都于西郑。（《汉书·地理志》注臣瓒曰云云，不言出何书，然其下所云郑桓公灭郐居郑事，皆出《纪年》，则此亦宜然。）

　　国维案：上二条皆束晳、臣瓒隐括本书之语。据第二条，则《纪年》穆王、共王、懿王元年，均当书"王即位居西郑"矣。

穆王所居郑宫、春宫。（《太平御览》一百七十三。　《初学记》二十四引下四字。)

北唐之君来见，以一骊马，是生绿耳。(《穆天子传》注、《史记·秦本纪》集解。 "骊马"集解引作"骝马"。)

穆王北征，行流沙千里，积羽千里。(《山海经·大荒北经》注。《穆天子传》注引"穆王北征，行积羽千里"九字。)

(西征犬戎，) 取其五王以东，(王遂迁戎于太原。) (《穆天子传》注引"取其五王以东"六字，《后汉书·西羌传》："王乃西征犬戎，获其五王，王遂迁戎于太原。"考《西羌传》前后文皆用《纪年》，此亦当隐括《纪年》语。)

十三年，西征，至于青鸟之所憩。(《艺文类聚》九十一。 《山海经·西次三经》注引"穆王西征，至于青鸟所解"十字。)

十七年，西征昆仑丘，见西王母，西王母止之曰："有鸟𩾎人。"(《穆天子传》注。 《艺文类聚》七引至"西王母止之"，《史记·周本纪》集解、《太平御览》三十八引至"见西王母"，又二书"西征"下均有"至"字。)

西王母来见，宾于昭宫。(《山海经·西次三经》注、《穆天子传》注。《山海经》注引作"穆王五十七年"，然《穆传》注引"其年来见"，其年即承上文十七年，则《山海经》注所引衍一"五"字。)

三十七年，伐越，大起九师，东至于九江，叱鼋、鼍以为梁。(《文选·恨赋》注。 "三十七年"，《文选·江赋》注、《艺文类聚》九、《初学记》七、《太平御览》九百三十二、《通鉴外纪》三引同《御览》三百五、《路史·国名纪》己，均引作"四十七年"，《广韵》二十二元引作"十七年"，《御览》七十三引作"七年，伐越"，《北堂书钞》一百十四引作"伐大越"，《类聚》九、《外纪》三引作"伐楚"，《御览》三百五引作"伐纣"，《路史·国名纪》己作"伐纣"，"纣"乃"纡"之讹。"叱"，《类聚》、《初学记》均引作"比"，《书钞》引作"驾"，《御览》七十三及三百五均引作"架"，《文选·江赋》注引作"叱"，与此同。)

穆王南征，君子为鹤，小人为飞鸮。(敦煌唐写本《修文殿御览》残卷)

穆王东征天下二亿二千五百里，西征亿有九万里，南征亿有七百三里，北征二亿七里。(《开元占经》四。 《穆天子传》注引"穆王西征还里天下亿有九万里"十三字。)

共王

懿王

懿王元年，天再旦于郑。（《太平御览》二、《事类赋注》一。　《开元占经》三引"懿王元年，天再启"。）

孝王

孝王七年冬，大雨雹，牛马死，江、汉俱冻。（《太平御览》八百七十八引《史记》。　案《史记》无此事，殆《纪年》文也。）

夷王

夷王二年，蜀人、吕人来献琼玉，宾于河，用介珪。（《北堂书钞》三十一、《太平御览》八十四）

三年，王致诸侯，烹齐哀公于鼎。（《太平御览》八十四。　《史记·周本纪》正义引作"三年，致诸侯，醢齐哀公鼎"。）

猎于桂林，得一犀牛。（《太平御览》八百九十）

命虢公率六师，伐太原之戎，至于俞泉，获马千匹。（《后汉书·西羌传》注见《纪年》）

七年，冬雨雹，大如砺。（《初学记》二，《太平御览》十四）

厉王

淮夷入寇，王命虢仲征之，不克。（《后汉书·东夷传》。　案此条章怀太子注不云出《纪年》，然范史《四裔传》三代事皆用《史记》及《纪年》修之，此条不见《史记》，当出《纪年》也。）

共伯和干王位。（《史记·周本纪》索隐。　《庄子·让王篇》释文引作"共伯和即于王位"。）

共和十四年，大旱，火焚其屋，伯和篡位立，秋，又大旱。其年周厉王死，宣王立。（《太平御览》八百九十七引《史记》，然《史记》无此文，当出《纪年》。）

宣王

四年，使秦仲伐西戎，为戎所杀。（《后汉书·西羌传》）

秦无历数，周世陪臣，自秦仲之前，初无年世之纪。（《广弘明集》十一）

　　　　国维案：此亦注文。

王召秦仲子庄襄公，与兵七千人，伐戎破之。（《后汉书·西羌传》）

三十年，有兔舞镐。（《太平御览》九百七。　《初学记》二十九引作

"宣王三年,有兔舞镐",《通鉴外纪》三作"三十年,有兔舞于镐京"。)

（三十一年，）王师伐太原之戎，不克。（《后汉书·西羌传》）

三十三年，有马化为狐。（《开元占经》一百十九。 《占经》作"周灵王三十三年"，"宣"、"灵"形相近，字之误也。《御览》八百八十七、《广韵》四十祸均引"周宣王时，马化为狐"，《御览》九百九引"宣王时乌化为狐"，"乌"亦字误。）

（三十六年，）王伐条戎、奔戎，王师败绩。（《后汉书·西羌传》）

（三十八年，）晋人败北戎于汾、隰。（《后汉书·西羌传》）

戎人灭姜侯之邑。（《后汉书·西羌传》）

（三十九年，）王征申戎，破之。（《后汉书·西羌传》）

晋

殇叔

（《春秋经传集解·后序》："《纪年》无诸国别，惟特记晋国，起自殇叔，次文侯、昭侯，以至曲沃庄伯。庄伯之十一年十一月，鲁隐公之元年正月也，皆用夏正，建寅之月为岁首，编年相次。晋国灭，独纪魏事。"案殇叔在位四年，其元年为周宣王四十四年，其四年为幽王元年，然则《竹书》以晋纪年，当自殇叔四年始。）

文侯

（元年，周）幽王命伯士伐六济之戎，军败，伯士死焉。（《后汉书·西羌传》）

二年，同惠王子多父伐郐，克之，乃居郑父之丘，名之曰郑，是曰桓公。（《水经·洧水注》。 案"同惠"疑"周厉"之讹。又《汉书·地理志》注引臣瓒曰："郑桓公寄〔奴〕（帑）与财于虢、会之间，幽王既败，二年而灭会，四年而灭虢，居于郑公之邱，是以为郑。"傅瓒亲校《竹书》，其言又与《洧水注》所引《纪年》略同，盖亦本《纪年》。然臣瓒以伐郐为在幽王既败二年，《水经注》以为晋文侯二年，未知孰是。）

（七年，）幽王立褒姒之子伯服以为太子。（《太平御览》八十四。《御览》一百四十七引"幽王"下有"八年"二字，《左传·昭二十六年》疏引"平王奔西申而立伯盘以为太子"，"服"作"盘"。）

平王奔西申。（《左传·昭二十六年》疏）

（九年，）幽王十年，九月，桃杏实。（《太平御览》九百六十八）

（十年，）伯盘与幽王俱死于戏。先是申侯、鲁侯及许文公立平王于申，幽王既死，而虢公翰又立王子余臣于携，周二王并立。（《左传·昭二十六年》疏）

自武王灭殷，以至幽王，凡二百五十七年。（《史记·周本纪》集解。　《通鉴外纪》三引《汲冢纪年》"西周二百五十七年"。）

二十一年，携王为晋文公所杀。（《左传·昭二十六年》疏）

昭侯

孝侯

曲沃庄伯

晋庄伯元年，不雨雪。（《太平御览》八百七十九引《史记》。　案《史记》无此语，又不以庄伯纪元，当出《纪年》也。）

二年，翟人俄伐翼，至于晋郊。（《太平御览》八百七十九引《史记》）

八年，无云而雷。十月，庄伯以曲沃叛。（《太平御览》八百七十六引《史记》）

庄伯以曲沃叛，伐翼，公子万救翼，荀叔轸追之，至于家谷。（《水经·浍水注》。　《水经注》引此条不系年，然首句与上条《御览》所引《史记》同，知在是年，又足证《御览》所引《史记》实《纪年》也。）

十二年，翼侯焚曲沃之禾而还。作为文公。（《水经·浍水注》）

鲁隐公及邾庄公盟于姑蔑。（《春秋经传集解·后序》。　据《后序》在庄伯十二年正月。）

武公

晋武公元年，尚一军。芮人乘京，荀人、董伯皆叛。（《水经·河水注》）

翼侯伐曲沃，大捷。武公请成于翼，至桐庭乃返。（《水经·涑水注》）

七年，芮伯万之母芮姜逐万，万出奔魏。（《水经·河水注》、《路史·国名纪》戊）

八年，周师、虢师围魏，取芮伯万而东之。（《水经·河水注》、《路史·国名纪》戊）

九年，戎人逆芮伯万于郊。（《水经·河水注》。 《路史·国名纪》戊注引作"九年，戎人逆之郊"。）

（十三年，）楚及巴灭邓。（《路史·国名纪》戊引"桓王十七年"云云。）

（二十三年，）齐襄公灭纪邢、鄑、郜。（《史记·秦始皇本纪》正义）

三十九年，齐人歼于遂。（《唐书·刘贶传》）

武公灭荀，以赐大夫原氏黯，是为荀叔。（《水经·汾水注》、《汉书·地理志》注。 《文选·北征赋》注引"荀"作"郇"，"原氏黯"作"原点"。）

献公

献公二年，周惠王居于郑。郑人入王府，多取玉焉，玉化为蜮，射人。（《开元占经》一百二十、《太平御览》九百五十）

（十七年，）卫懿公及赤翟战于泽洞。（《春秋经传集解·后序》。《后序》云"洞"，当为"洞"。）

郑弃其师。（《唐书·刘贶传》）

十九年，献公会虞师伐虢，灭下阳。虢公丑奔卫，公命瑕父、吕甥邑于虢都。（《水经·河水注》、《路史·国名纪》戊注。 《春秋后序》引"晋献公会虞师伐虢，灭下阳"十一字，"下阳"《路史》注作"夏阳"。）

（二十一年，）重耳出奔。（《史通·疑古》篇）

二十五年正月，翟人伐晋。周有白兔舞于市。（《水经·涑水注》）

惠公

晋惠公二年，雨金。（《太平御览》八百七十七引《史记》）

秦穆公（十二年，）取灵丘。（《古文苑》注一引王顺伯《诅楚文跋》）

六年，秦穆公涉河伐晋。（《太平御览》八百七十七引《史记》）

惠公见获。（《史通·疑古》篇）

（十一月，）陨石于宋五。（《史通·惑经》篇）

十五年，秦穆公帅师送公子重耳，涉自河曲。（《水经·河水注》）

围令狐、桑泉、臼衰，皆降于秦师。狐毛与先轸御秦，至于庐柳，乃谓秦穆公使公子絷来与师言，退舍，次于郇，盟于军。（《水经·涑水注》）

文公

（五年，）周襄王会诸侯于河阳。（《春秋经传集解·后序》）

文公城荀。（《汉书·地理志》注。　《文选·北征赋》注引作"郇"。）

襄公

晋襄公六年，洛绝于泂。（《水经·洛水注》）

灵公

成公

景公

（十一年，）齐国佐来献玉磬、纪公之甗。（《春秋经传集解·后序》）

厉公

悼公

平公

昭公

晋昭公元年，河水赤于龙门三里。（《水经·河水注》）

六年十二月。桃杏华。（《太平御览》九百六十八）

顷公

定公

晋定公六年，汉不见于天。（《太平御览》八百七十五）

十八年，青虹见。（《太平御览》十四）

淇绝于旧卫。（《水经·淇水注》）

（燕简公卒，次孝公立。）（《史记·燕世家》索隐："王邵案《纪年》，简公后，次孝公，无献公。"据《史记·十二诸侯年表》，简公卒在是年。）

二十年，洛绝于周。（《水经·洛水注》）

二十五年，西山女子化为丈夫，与之妻，能生子。其年，郑一女而生四十人。（《开元占经》一百十三）

三十一年，城顿丘。（《水经·淇水注》）

（三十五年，）宋杀其大夫皇瑗于丹水之上。（《水经·获水注》）

出公

晋出公五年，浍绝于梁。（《水经·浍水注》）

丹水三日绝不流。（《水经·沁水注》）

六年，齐、郑伐卫。(《水经·济水注》)

荀瑶城宅阳。(《水经·济水注》)

宅阳一名北宅。(《史记·穰侯列传》正义)

国维案：此亦注文。

十年十一月，於粤子句践卒，是为鼫与，次鹿郢立。(《史记·越世家》索隐)

卫悼公卒于越。(《史记·卫康叔世家》"悼公五年卒"，索隐引《纪年》云："四年卒于越。"据《左氏·哀二十六年传》，悼公四年，当晋出公十年。)

十二年，河绝于扈。(《水经·河水注》)

十三年，智伯瑶城高梁。(《水经·汾水注》)

(十六年，於粤子鹿郢卒，次不寿立。)(《史记·越世家》索隐引《纪年》"鹿郢立六年卒"。)

荀瑶伐中山，取穷鱼之丘。(《水经·巨马水注》、《初学记》八、《太平御览》六十四)

十九年，晋韩庞取卢氏城。(《水经·洛水注》)

(燕孝公卒，次成侯载立。)(《史记·燕世家》："孝公十二年，韩、赵、魏灭智伯。十五年，孝公卒。"索隐曰："《纪年》智伯灭在成公三年。"又曰："案《纪年》成侯名载。"今据此补。)

(二十二年，赵襄子、韩康子、魏桓子共杀智伯，尽并其地。)(《史记·晋世家》："哀公四年，赵襄子、韩康子、魏桓子共杀智伯，尽并其地。"索隐："如《纪年》之说，乃出公二十二年事。"今据补。)

二十三年，出公奔楚，乃立昭公之孙，是为敬公。(《史记·晋世家》索隐)

敬公

(三年，)於粤子不寿(立十年)见杀，是谓盲姑。次朱句立。(《史记·越世家》索隐)

六年，魏文侯初立。(《史记·晋世家》索隐引"敬公十八年，魏文侯初立。" 案《魏世家》索隐引《纪年》，文侯五十年卒，武侯二十六年卒。由武侯卒年上推之，则文侯初立当在敬公六年。《索隐》作十八年，"十八"二字乃"六"字误离为二也。)

(十一年，)田庄子卒。(《史记·田敬仲世家》索隐引《纪年》："齐宣公十二年，田庄子卒。"　案宣公十二年，当晋敬十一年。)

（十二年，）田悼子立。(《史记·田敬仲世家》索隐)

燕成公（十六年，）卒，燕文公立。(《史记·晋世家》索隐)

幽公

幽公三年，鲁季孙会晋幽公于楚丘，取葭密，遂城之。(《水经·济水注》。　《太平寰宇记》曹州乘氏县下引作"幽公十三年"。)

七年，大旱，地长生盐。(《北堂书钞》一百四十六)

九年，丹水出，相反击。(《水经·沁水注》)

十年九月，桃杏实。(《太平御览》九百六十八)

十二年，无云而雷。(《太平御览》八百七十六引《史记》)

（十四年，）於粤子朱句（三十四年）灭滕。(《史记·越世家》索隐)

燕文公（二十四年）卒，简公立。(《史记·燕世家》索隐)

（十五年，）於粤子朱句（三十五年）灭郯(《史记·越世家》索隐)，以郯子鸪归。(《水经·沂水注》。　《水经注》引作："晋烈公四年，於越子朱句伐郯，以郯子鸪归。"系年与《索隐》不合。)

（秦灵公卒。）(《史记·秦始皇本纪》"肃灵公"，索隐曰:《纪年》及《系本》无'肃'字，立十年。")

（十七年，）於粤子朱句（三十七年）卒。(《史记·越世家》索隐)

十八年，晋夫人秦嬴贼公于高寝之上。(《史记·晋世家》索隐)

烈公

晋烈公元年，赵简子城泫氏。(《水经·沁水注》)

韩武子都平阳。(《水经·汾水注》)

三年，楚人伐我南鄙，至于上洛。(《水经·丹水注》、《路史·国名纪》己)

四年，赵城平邑。(《水经·河水注》、《初学记》八。)

五年，田公子居思伐邯郸，围平邑。(《水经·河水注》)

　　国维案：田居思即《战国策》之田期思，《史记·田敬仲世家》之田臣思（巨思之讹）。《水经·济水注》引《纪年》作田期，《史记·田敬仲世家》引《纪年》谓之徐州子期。而据《济水注》，"齐田期伐我东鄙"在惠成王十七年，距此凡五十三年，且此时三家尚未分晋，赵不得有邯郸之称，疑《河水注》所引

"晋烈公五年"或有误字也。

（六年，）秦简公（九年）卒，次敬公立。（《史记·秦本纪》索隐）

（九年，）三晋命邑为诸侯。（《史记·燕世家》索隐）

十年，齐田［肣］（朌）及邯郸韩举战于平邑，邯郸之师败逋，（遂）获韩举，取平邑新城。（《水经·河水注》）

十一年，田悼子卒。（次田和立。）田布杀其大夫公孙孙，公孙会以廪丘叛于赵。田布围廪丘，翟角、赵孔屑、韩师救廪丘，及田布战于龙泽，田布败逋。（《水经·瓠子水注》。　《史记·田敬仲世家》索隐引"齐宣公五十一年，公孙会以廪丘叛于赵"十五字，"次田和立"四字，亦据索隐补。）

十二月，齐宣公薨。（《史记·田敬仲世家》索隐）

十二年，王命韩景子、赵烈子、翟员伐齐，入长城。（《水经·汶水注》）

景子名虔。（《史记·韩世家》索隐）

　　国维案：此司马贞据《纪年》为说，非原文。

（十五年，）魏文侯（五十年）卒。（《史记·魏世家》索隐）

（十六年，）（齐康公五年。）田侯午生。（《史记·田敬仲世家》索隐）

（十八年，）秦敬公（十二年）卒。乃立惠公。（《史记·秦本纪》索隐）

二十二年，国大风，昼昏，自旦至中。明年，太子喜出奔。（《太平御览》八百七十九引《史记》。今《史记》无此文，当出《纪年》。）

　　国维案：《史记·晋世家》索隐引《纪年》，魏武侯以晋桓公十九年卒。以武侯卒年推之，则烈公当卒于是年。烈公既卒，明年太子喜出奔，立桓公，后二十年为三家所迁。是当时以桓公为未成君，故《纪年》用晋纪元，盖讫烈公。明年桓公元年，即魏武侯之八年，则以魏纪元矣。《御览》引晋烈公二十二年，知《纪年》用晋纪元讫于烈公之卒。《史记》索隐引魏武侯十一年、二十二年、二十三年、二十六年而无七年以前年数，知《纪年》以魏纪元自武侯八年后始矣。至《魏世家》索隐引武侯元年封公子缓，则惠成王元年之误也。说见后。

魏

武侯

武侯十一年，城洛阳及安邑、王垣。（《史记·魏世家》索隐）

宋悼公（十八年）卒。（《史记·宋世家》索隐）

（十七年，）於粤子翳（三十三年）迁于吴。（《史记·越世家》索隐）

（十八年，）（齐康公二十二年）田侯郯立。（《史记·田敬仲世家》索隐）

（二十年）（於粤子翳三十六年）七月，於粤太子诸咎弑其君翳。十月，粤杀诸咎。粤滑，吴人立子错枝为君。（《史记·越世家》索隐）

（二十一年，）於粤大夫寺区定粤乱，立无余之。（《史记·越世家》索隐）

齐田午弑其君及孺子喜，而为公。（《史记·田敬仲世家》索隐）

　　国维案：《史记·田敬仲世家》索隐："《纪年》齐康公五年，田侯午生，二十二年，田侯郯立，后十年，齐田午弑其君及孺子喜而为公。"又据索隐引《纪年》，齐宣公薨与公孙会之叛同年。而据《水经·瓠子水注》引，则公孙会之叛在晋烈公十一年，宣公于是年卒，则康公元年当为晋烈公十二年，二十二年当为魏武侯十八年，此事又后十年，当为梁惠成王二年。然索隐又引梁惠王十三年当齐桓公十八年，后威王始见（又案《魏世家》索隐引齐幽公之十八年而成王立，幽公或桓公之讹），则桓公（即田午）十八年当惠成王十三年，其自立当在是年矣。年代参错，未知孰是。

韩灭郑，哀侯入于郑。（《史记·韩世家》索隐）

二十二年，晋桓公邑哀侯于郑，韩山坚贼其君哀侯，而韩若山立。（《史记·韩世家》索隐。　《晋世家》索隐引"晋桓公十五年，韩哀侯卒"。）

赵敬侯卒。（《史记·晋世家》索隐引"晋桓公十五年，赵敬侯卒"。）

二十六年，武侯卒。（《史记·魏世家》索隐）

燕简公（四十五年）卒。（《史记·燕世家》索隐）

梁惠成王

元年，韩共侯、赵成侯迁晋桓公于屯留。（《水经·浊漳水注》、《史记·晋世家》索隐）

昼晦。（《开元占经》一百一）

封公子缓、赵侯种、韩懿侯伐我取蔡，而惠成王伐赵，围浊阳。（《史记·魏世家》："初，武侯卒也，子䓨与公中缓争为太子。"索隐引《纪年》曰："武侯元年，封公子缓。赵侯种、韩懿侯伐我取蔡，而惠成王伐赵围浊阳。七年，公子缓如邯郸以作难"云云。案武侯元年，当作惠成王元年，据本文自明。《水经·沁水注》引"梁惠成王元年，赵成侯偃、韩懿侯若伐我葵"，《路史·国名纪》己引同，惟"葵"作"郏"，索隐引作"蔡"，乃字之误。）

郑师败邯郸之师于平阳。（《水经·浊漳水注》）

二年，齐田寿帅师伐我，围观，观降。（《水经·河水注》）

魏大夫王错出奔韩。（《史记·魏世家》集解）

三年，郑城邢丘。（《水经·河水注》）

秦子向命为蓝君。（《水经·渭水注》。 《太平寰宇记》雍州蓝田县引"惠王命秦子向为蓝田君"，《长安志》引作"梁惠成王命太子向为蓝田君"。）

四年，河水赤于龙门三日。（《水经·河水注》）

五年，公子景贾帅师伐郑，韩明战于阳，我师败逋。（《水经·济水注》）

六年四月甲寅，徙都于大梁。（《水经·渠水注》。 《汉书·高帝纪》注臣瓒曰："《汲冢古文》惠王之六年自安邑迁于大梁。"《史记·魏世家》集解、《孟子》正义皆引"梁惠成王九年四月甲寅，徙都大梁"。）

於粤寺区弟〔思〕（忠）弑其君莽安，次无颛立。（《史记·越世家》索隐）

七年，公子缓如邯郸以作难。（《史记·魏世家》索隐）

雨碧于郢。（《太平御览》八百九、《广韵》二十二昔、《路史·发挥》一注。）

地忽长十丈有余，高半尺。（《太平御览》八百八十）

八年，惠成王伐邯郸，取列人，伐邯郸，取肥。（《水经·浊漳水注》）

雨黍于齐。(《太平御览》八百四十二引"惠成王八年雨黍"七字，又八百七十七引全文，作《史记》。)

雨骨于赤髀。(《路史·发挥》一注)

齐桓公（十一年）弑其君母。(《史记·田敬仲世家》案隐)

九年，与邯郸榆次、阳邑。(《水经·洞涡水注》)

晋取泫氏。(《太平御览》一百六十三、《太平寰宇记》泽州高平县条、《路史·国名纪》己注。)

王会郑釐侯于巫沙。(《水经·济水注》)

十年，入河水于甫田。又为大沟而引甫水。(《水经·渠水注》)

瑕阳人自秦导岷山青衣水来归。(《水经·青衣水注》)

十一年，郑釐侯使许息来致地，平丘、户牖、首垣诸邑及郑驰道。我取［轵］（枳）道，与郑鹿。(《水经·河水注》)

东周惠公杰薨。(《史记·六国表》集解)

十二年，龙贾帅师筑长城于西边。(《水经·济水注》)

楚师出河水，以水长垣之外。(《水经·河水注》)

郑取屯留、尚子、涅。(《水经·浊漳水注》。　《太平寰宇记》潞州长子县下引"郑取屯留、长子"六字。)

十三年，王及郑釐侯盟于巫沙，以释宅阳之围，归釐于郑。(《水经·济水注》)

齐威王立。(《史记·魏世家》索隐引"齐幽公之十八年而威王立"，又《田敬仲世家》引"梁惠王十三年，当齐桓公十八年，后威王始见"，今据补。)

十四年，鲁共侯、宋桓侯、卫成侯、郑釐侯来朝。(《史记·魏世家》索隐)

於粤子无颛（八年）薨，是为菼［慺］（蠋）卯。(《史记·越世家》索隐)

十五年，鲁共侯来朝。(《史记·六国表》集解)

邯郸成侯会燕成侯于安邑。(《史记·六国表》集解)

遣将龙贾筑阳池以备秦。(《太平寰宇记》郑州原武县下)

郑筑长城自亥谷以南。(《水经·济水注》："自亥谷以南，郑所城矣。《竹书》曰：梁惠成王十五年筑也。")

十六年，秦公孙壮帅师伐郑，围焦城，不克。(《水经·渠水注》)

秦公孙壮帅师城上枳、安陵、山〔氏〕（民）。（《水经·渠水注》）

邯郸伐卫，取漆富丘，城之。（《水经·济水注》）

齐师及燕战于洵水，齐师遁。（《水经·鲍丘水注》）

邯郸四曀，室坏多死。（《开元占经》一百一引作周显王四年。）

十七年，宋景敫、卫公孙仓会齐师，围我襄陵。（《水经·淮水注》）

齐田期伐我东鄙，战于桂阳，我师败逋。（《水经·济水注》。《史记·孙子吴起列传》索隐："王劭案《纪年》梁惠王十七年齐田忌败我桂陵。"与此文异。又《田敬仲世家》"田臣思"索隐："《战国策》作田期思。"《纪年》谓之徐州子期。）

东周与郑高都、利。（《水经·伊水注》）

郑釐侯来朝中阳。（《水经·渠水注》）

有一鹤三翔于郢市。（敦煌唐写本《修文殿御览》残卷）

十八年，王以韩师败诸侯师于襄陵。（《水经·淮水注》）

齐侯使楚景舍来求成。（《水经·淮水注》）

王会齐、宋之围。（《水经·淮水注》）

赵败魏桂陵。（《史记·魏世家》索隐）

十九年，晋取玄武、濩泽。（《水经·沁水注》）

二十年，齐筑防以为长城。（《水经·汶水注》。《史记·苏秦传》正义引"齐"下有"湣王"二字。）

（二十四年，）楚伐徐州。（《史记·越世家》索隐）

二十五年，绛中地坼，西绝于汾。（《水经·汾水注》）

二十六年，败韩马陵。（《史记·魏世家》索隐）

二十七年十二月，齐田朌败梁马陵。（《史记·孙子吴起列传》索隐。案《魏世家》索隐引"二十八年，与齐田朌战于马陵"。二十七年十二月在周正为二十八年二月，是《魏世家》索隐已改算为周正也。《田敬仲世家》索隐引齐"威王十四年，田朌伐梁，战马陵"。考《纪年》，齐威王以梁惠王十三年立，至此正得十四年。）

二十八年，穰苴帅师及郑孔夜战于梁赫，郑师败逋。（《水经·渠水注》）

二十九年五月，齐田朌及宋人伐我东鄙。围平阳。（《水经·泗水注》。　《史记·魏世家》索隐引作"二十九年五月，齐田朌伐我东鄙"。）

九月，秦卫鞅伐我西鄙。（《史记·魏世家》索隐。　《商君列传》索隐引无月。）

十月，邯郸伐我北鄙。（《史记·魏世家》索隐）

王攻卫鞅，我师败绩。（《史记·魏世家》索隐）

（秦孝公会诸侯于）逢泽。（《史记·六国》惠王二十九年，秦孝公二十年，会诸侯于泽，徐广曰："《纪年》作逢泽。"《水经·渠水注》引徐说略同。）

三十年城济阳。（《水经·济水注》）

秦封卫鞅于邬，故名曰商。（《水经·浊漳水注》、《路史·国名纪》己。　《后汉书·光武帝纪》注引作"卫鞅封于鄅"。）

三十一年三月，为大沟于北郛，以行圃田之水。（《水经·渠水注》）

邳迁于薛，改名徐州。（《水经·泗水注》。　《史记·鲁世家》索隐引"梁惠王三十一年下邳迁于薛"，《孟尝君列传》正义引"梁惠王三十年，下邳迁于薛，改名徐州"，"三十"下夺"一"字。）

（三十二年，）与秦战岸门。（《史记·秦本纪》索隐。　此年据《史记·六国表》补。）

三十六年。（《春秋经传集解·后序》："惠王三十六年，改元从一年始，至十六年而称惠成王卒。"）

一年。（《春秋经传集解·后序》）

（二年，）郑昭侯武薨，次威侯立。（《史记·韩世家》索隐）

（九年，郑）威侯（七年）与邯郸围襄陵。五月，梁惠王会威侯于巫沙。十月，郑宣王朝梁。（《史记·韩世家》索隐）

（十年，）齐田朌及邯郸韩举战于平邑，邯郸之师败逋，（遂）获韩举，取平邑、新城。（《水经·河水注》）

　　朱氏右曾曰：此事《水经注》引作晋烈公十年，索隐云《纪年》败韩举当韩威王八年，计相距七十八岁，不应有两田朌、两韩举。考《赵世家》云："肃侯二十三年，韩举与齐、魏战，死于桑丘。"肃侯元年当梁惠王二十二年，下逮后元十年，为肃侯之二十五年，盖《赵世家》误"五"为"三"，《水经注》误"惠成后元十年"为"晋烈公十年"也。至《韩世家》以韩举为韩将，则更舛矣。

十一年，（会韩威侯、齐威王于）平阿。（《史记·孟尝君列传》："田婴与韩昭侯、魏惠王会齐宣王东阿南，盟而去。"索隐曰："《纪年》当惠王之后元十一年，作平阿。但齐之威、宣二王，文舛互不同也。"　案韩昭侯《纪年》亦当作韩威侯。）

十三年，会齐威王于甄。（《史记·孟尝君列传》索隐）

四月，齐威王封田婴于薛。十月，齐城薛。（《史记·孟尝君列传》索隐）

婴初封彭城。（《史记·孟尝君列传》索隐）

国维案：此司马贞据《纪年》为说，非本文。

十四年，薛子婴来朝。（《史记·孟尝君列传》索隐）

十五年，齐威王薨。（《史记·孟尝君列传》索隐）

十六年，惠成王卒。（《春秋经传集解·后序》）

今王

（四年，）郑侯使韩辰归晋阳及向。二月，城阳、向，更名阳为河雍，向为高平。（《水经·济水注》引无年，《史记·赵世家》集解："徐广曰：《纪年》云魏襄王四年改河阳曰河雍，向曰高平。"据此补。又《秦本纪》集解："徐广曰：《汲冢纪年》云魏哀王二十四年改宜阳曰河雍，向曰高平。"案《纪年》终于今王二十年，不得有二十四年，"二十"字衍。）

碧阳君之诸御产二龙。（《开元占经》一百十三）

（五年，）燕子之杀公子平。（《史记·燕世家》索隐）

齐人禽子之而醢其身。（《史记·燕世家》集解）

赵立燕公子职。（《史记·六国表》集解。　《赵世家》："赵召燕公子职于韩，立以为燕王，使乐池送之。"集解："徐广曰：《纪年》亦云尔。"）

六年，秦取我焦。（《路史·国名纪》己。）

齐地暴长，长丈余，高一尺。（《太平御览》八百八十引作"周隐王二年"。）

七年，韩明帅师伐襄丘。（《水经·济水注》）

秦王来见于蒲坂关。（《水经·河水注》）

四月，越王使公孙隅来献乘舟，始罔及舟三百，箭五百万，犀

角、象齿。(《水经·河水注》)

齐宣王(八年)杀其王后。(《史记·田敬仲世家》索隐)

楚景翠围雍氏。(《史记·韩世家》集解)

秦助韩,共败楚屈[勾](丐)。(《史记·韩世家》集解)

韩宣王卒。(《史记·韩世家》集解)

齐、宋围煮枣。(《史记·韩世家》集解)

八年,翟章伐卫。(《史记·魏世家》索隐)

秦樗里疾围蒲,不克,而秦惠王薨。(《史记·樗里子列传》索隐。本不系年,以秦惠王薨年考之,列此。)

九年,洛入成周,山水大出。(《水经·洛水注》)

五月,张仪卒。(《史记·韩世家》及《张仪传》索隐。)

楚庶章帅师来会我,次于襄丘。(《水经·济水注》)

十年十月,大霖雨,疾风,河水溢酸枣郛。(《水经·济水注》)

十二年,秦公孙爰帅师伐我,围皮氏,翟章帅师救皮氏围,疾西风。(《水经·汾水注》)

十三年,城皮氏。(《水经·汾水注》)

(十四年,)秦内乱,杀其太后及公子雍、公子壮。(《史记·穰侯传》索隐)

(十六年,秦拔我蒲坂、)晋阳、封谷。(《史记·魏世家》:"哀王十六年,秦拔我蒲坂、阳晋、封陵。"索隐曰:"《纪年》作晋阳、封谷。")

十七年,邯郸命吏大夫奴迁于九原。又命将军、大夫、适子、戍吏皆貉服。(《水经·河水注》)

十九年,薛侯来,会王于釜丘。(《水经·济水注》)

楚入雍氏,楚人败。(《史记·韩世家》集解)

二十年。(《春秋经传集解·后序》:"今王终二十年。")

附无年世可系者

洛伯用与河伯冯夷斗。(《水经·洛水注》)

殷王子亥宾于有易而淫焉,有易之君绵臣杀而放之,故殷主甲微

假帅于河伯以伐有易，灭之，遂杀其君绵臣。（《山海经·大荒东经》注）

河伯仆牛。（《山海经·大荒东经》注："河伯、仆牛，皆人姓名，见《纪年》。"）

不窋之舅孙。（《尔雅·释亲》注）

应。（《水经·滍水注》、《汉书·地理志》注引臣瓒曰："《汲冢古文》殷时已有应国。"）

留昆。（《穆天子传》注："留昆国，见《纪年》。"）

盟于大室。（《北堂书钞》二十二）

执我行人。（《史通·惑经》篇）

楚共王会宋平公于湖阳。（《水经·沘水注》）

宋大水，丹水壅不流。（《水经·获水注》

子南弥牟。（《史记·周本纪》集解、《水经·汝水注》、《汉书·武帝纪》注皆引臣瓒曰："《汲冢古文》谓卫将军文子为子南弥牟。"）

子南劲朝于卫，后惠成王如卫，命子甫为侯。（《史记·周本纪》集解、《水经·汝水注》、《汉书·武帝纪》注）

梁惠王废逢忌之薮以赐民。（《左传·哀十一年》疏。　《汉书·地理志》注引"废"作"发"。）

齐师逐郑太子齿奔张城、南郑。（《水经·涑水注》）

秦师伐郑，次于怀城、殷。（《水经·沁水注》、《路史·国名纪》丁。《太平寰宇记》怀州下引"秦师伐郑，至于怀、殷"。）

宋桓侯璧兵。（《史记·宋世家》"辟公辟兵"，索隐曰："《纪年》作'桓侯璧兵。'"）

宋［剔成肝］（易城盱）废其君［璧］（辟）而自立。（《史记·宋世家》索隐）

纺子。（《太平寰宇记》赵州高邑县下："《史记》云'赵敬肃侯救燕，燕与中山公战于房子，惠文王四年城之'是也，《竹书纪年》作纺子。"）

卫孝襄侯。（《史记·卫康叔世家》索隐："乐资据《纪年》以嗣君即孝襄侯。"）

魏殷臣、赵公孙裒伐燕，还取夏屋，城曲逆。（《水经·滱水注》）

燕人伐赵，围浊鹿。赵武灵王及代人救浊鹿，败燕师于勺梁。

（《水经·滱水注》）

壬寅，孙何侵楚，入三户郛。（《水经·丹水注》）

孙何取灊阳。（《水经·颍水注》）

楚吾得帅师及秦伐郑，取纶氏。（《水经·伊水注》、《后汉书·黄琼传》注、《路史·后纪》十三）

秦胡苏帅师伐郑，韩襄败秦胡苏于酸水。（《水经·济水注》）

翟章救郑，次于南屈。（《水经·河水注》、《汉书·地理志》注）

魏章帅师及郑师伐楚，取上蔡。（《水经·汝水注》）

齐师伐赵东鄙，围中牟。（《水经·渠水注》、《左传·定九年》疏）

救山塞，集胥口。（《史记·苏秦传》集解）

今本竹书纪年疏证

自　序

　　昔元和惠定宇征君作《古文尚书考》，始取伪《古文尚书》之事实文句，一一疏其所出，而梅书之伪益明。仁和孙颐谷侍御复用其法，作《家语疏证》，吾乡陈仲鱼孝廉叙之曰："是犹捕盗者之获得真赃。"诚哉是言也！余治《竹书纪年》，既成《古本辑校》一卷，复怪《今本纪年》为后人搜辑，其迹甚著，乃近三百年学者疑之者固多，信之者亦且过半。乃复用惠、孙二家法，一一求其所出，始知今本所载，殆无一不袭他书。其不见他书者，不过百分之一，又率空洞无事实，所增加者，年月而已。且其所出，本非一源，古今杂陈，矛盾斯起。既有违异，乃生调停，纷纠之因，皆可剖析。夫事实既具他书，则此书为无用，年月又多杜撰，则其说为无征。无用无征，则废此书可，又此《疏证》亦不作可也。然余惧后世复有陈逢衡辈为是纷纷也，故写而刊之，[①] 俾与《古本辑校》并行焉。丁巳孟夏，海宁王国维。[②]

卷　上

黄帝轩辕氏。（杜预《春秋经传集解·后序》云："《纪年》篇起自夏、殷、周。"《晋书·束皙传》云："《纪年》十三篇，记夏以来。"惟《史记·魏

---

　　① 《观堂别集》本作"理而写之"。
　　② 《观堂别集》本无"海宁王国维"署名。

世家》集解引和峤云："《纪年》起自黄帝。"）

　　母曰附宝，见大电绕北斗枢星，光照郊野，感而孕，二十五月而生帝于寿丘。弱而能言，龙颜，有圣德，劾百神朝而使之。应龙攻蚩尤，战虎豹熊罴四兽之力，以女魃止淫雨。天下既定，圣德光被，群瑞毕臻。有屈轶之草生于庭，佞人入朝，则草指之，是以佞人不敢进。（以上出《宋书·符瑞志》。　案《宋志》此节杂采《大戴·五帝德》、《春秋元命苞》、《山海经》、《史记·五帝本纪》、《帝王世纪》诸书为之，但伪为附志者，实袭《宋志》，故但引《宋志》证之，不复旁及他书，以下仿此。）

元年，帝即位，居有熊。（《白虎通·爵篇》："黄帝有天下，号为有熊。"《史记·五帝本纪》集解："谯周曰：黄帝，有熊国君，少典之子也。"）

初制冕服。（《易·系辞传》："黄帝、尧、舜，垂衣裳而天下治。"《士冠礼》疏引《世本》："黄帝作冕旒。"）

二十年，景云见。（《艺文类聚》一、《太平御览》七十一引《春秋演孔图》："黄帝将兴，黄云升于堂上。"《左传·昭十七年》疏引服虔曰："黄帝将兴，有景云之瑞。"）

以云纪官。（《左氏·昭十七年传》："昔者黄帝氏以云纪，故为云师而云名。"）

　　有景云之瑞，赤方气与青方气相连。赤方中有两星，青方中有一星，凡三星，皆黄色，以天清明时见于摄提，名曰景星。帝黄服斋于宫中，坐于〔元〕（玄）扈、洛水之上。有凤凰集，不食生虫，不履生草，或止帝之东园，或巢于阿阁，或鸣于庭，其雄自歌，其雌自舞，麒麟在囿，神鸟来仪。有大蝼如羊，大蚓如虹。帝以土气胜，遂以土德王。（《宋书·符瑞志》）

五十年秋七月庚申，凤鸟至，帝祭于洛水。（《宋书·符瑞志》："五十年秋七月庚申，天雾三日三夜"云云，均见附注。此条即隐括为之。）

　　庚申，天雾三日三夜，昼昏。帝问天老、力牧、容成曰："于公何如？"天老曰："臣闻之：国安，其主好文，则凤凰居之；国乱，其主好武，则凤凰去之。今凤凰翔于东郊而乐之，其鸣音中夷则，与天相副。以是观之，天有严教以赐帝，帝勿犯也。"召史卜之，龟燋，史曰："臣不能占也，其问之圣人。"帝曰："已问天老、力牧、容成矣。"史北面再拜，曰："龟不违圣智，故燋。"雾既降，游于洛水之上，见大鱼，杀五牲以醮之。天乃甚雨，七日七夜，鱼流于海，得图书焉。《龙图》出河，《龟书》出洛，赤文篆字，以授轩辕，接万神于明庭，今塞门谷口是也。（《宋书·符瑞志》）

五十九年，贯胸氏来宾。　长股氏来宾。（《山海经·海外南经》注引《尸子》曰："四夷之民，有贯胸者，有深目者，有长肱者，黄帝之德常致之。"《路史·后纪》五注引"长肱"作"长股"，乃此条所本。）

七十七年，昌意降若居水，产帝乾荒。（《海内经》注引《古本纪年》，无年数。）

一百年，地裂。（《开元占经》四引《尚书说》："黄帝将亡则地裂。"）

帝陟。（《戴记·五帝德》："黄帝生而人得其利百年。"《史记·五帝本纪》集解、《类聚》十一、《御览》七十九引《帝王世纪》："黄帝在位百年而崩。"）

　　帝王之崩皆曰陟。（《韩昌黎集·黄陵庙碑》引《纪年》"帝王之崩曰陟"，不云出注中。）《书》称"新陟王"，谓新崩也。帝以土德王，应地裂而陟。葬，群臣有左彻者，感思帝德，取衣冠几杖而庙飨之，诸侯大夫岁时朝焉。（《御览》七十九引《抱朴子》："汲郡冢中《竹书》言黄帝既仙去，其臣有左彻者，削木为黄帝之象，帅诸侯朝奉之。故司空张茂先撰《博物志》，亦云黄帝仙去，其臣思恋罔极，或刻木立像而朝之，或取其衣冠而葬之，或立庙而四时祀之。"上注即本此。）

帝挚少昊氏

　　约案：帝挚少昊氏，（《左氏·昭十七年传》："我高祖少皞挚之立也。"）母曰女节，见星如虹，下流华渚。既而梦接意感，生少昊。登帝位，有凤凰之瑞。（出《宋书·符瑞志》或曰：名清，不居帝位，帅鸟师居西方，以鸟纪官。《逸周书·尝麦解》："黄帝乃命少皞清司马鸟师，以正五帝之官，故名曰质。"《汉书·律历志》引《帝考德》曰："少昊曰清。"）

帝颛顼高阳氏

　　母曰女枢，见瑶光之星，贯月如虹，感己于幽房之宫，生颛顼于若水。首戴干戈，有圣德，生十年而佐少昊氏，二十而登帝位。（《宋书·符瑞志》）

元年，帝即位，居濮。（《左·昭十七年传》："卫，颛顼之虚也，故曰帝丘。"注:"卫,今濮阳县。"《史记·五帝本纪》集解引皇甫谧曰:"颛顼都帝丘,今东郡濮阳是也。")

十三年,初作历象。(《汉书·艺文志》:《颛顼历》二十一卷。)

二十一年,作《承云》之乐。(《吕氏春秋·古乐》篇:"颛顼乃命飞龙作效八风之音,命之曰《承云》。")

三十年,帝产伯鲧,居天穆之阳。(《大荒西经》注引《竹书》曰:"颛顼产伯鲧,是维若阳,居天穆之阳。"无年。)

七十八年,帝陟。(《史记·五帝本纪》集解、《类聚》九、《御览》七十九引《帝王世纪》:"颛顼在位七十八年。")

术器作乱,辛侯灭之。(《海内经》:"共工生术器,术器首方颠,是复土壤,以处江水。"《周语》注:"贾侍中云:'共工,诸侯,炎帝之后,姜姓也。颛顼氏衰,共工氏侵陵诸侯,与高辛氏争而王也。'或云:'共工,尧时诸侯,为高辛所灭。'昭谓言为高辛所灭,安得为尧诸侯,又尧时共工,与此异也。"

维案:此条实据《海内经》与《周语》注为之。)

帝喾高辛氏

生而骈齿,有圣德。初封辛侯,代高阳氏王天下。使瞽人拊鞞鼓,击钟磬,凤凰鼓翼而舞。(出《宋书·符瑞志》,惟志无"初封辛侯"四字。)

元年,帝即位,居亳。(《尚书序》:"汤始居亳,从先王居。"孔传:"契父帝喾,都亳。"《水经·穀水注》引皇甫谧曰:"帝喾,作都于亳。")

十六年,帝使重帅师灭有郐。(《逸周书·史记解》:"昔有郐君啬俭灭爵,损禄群臣,卑让上下,不临后□小弱,禁罚不行。重氏伐之,郐君以亡。"

案:重氏,盖国名,作伪者删"氏"字,以为重黎之"重",遂系之帝喾时。)

四十五年,帝锡唐侯命。

六十三年,陟。(《御览》八十引陶宏景云:"帝喾在位六十三年。"《路史·后纪》九亦云:"帝六十有三载,崩。"此条本之。《史记》集解、《类聚》九引《帝王世纪》则云:"帝喾在位七十年。"《御览》八十引又作"七十五年"。)

帝子挚立,九年而废。(《史记》索隐引卫宏云:"挚立九年。"正义及《御览》八十引《帝王世纪》亦云:"挚在位九年。")

帝尧陶唐氏

母曰庆都，生于斗维之野，常有黄云覆其上，及长，观于三河，常有龙随之。一旦龙负图而至，其文要曰："亦受天佑。"眉八采，须发长七尺二寸，面锐上丰下，足履翼宿。既而阴风四合，赤龙感之，孕十四月而生尧于丹陵，其状如图。及长，身长十尺，有圣德，封于唐，梦攀天而上。高辛氏衰，天下归之。（出《宋书·符瑞志》）

元年丙子。（《隋书·律历志》、《路史·后纪》十注引《古本纪年》）

帝即位，居冀。（《左氏·哀六年传》引《夏书》："惟彼陶唐，帅彼天常，有此冀方。"伪《书·五子之歌》同。）

命羲和历象。（《书·尧典》："乃命羲和，钦若昊天，历象日月星辰。"）

五年，初巡狩四岳。（《书·舜典》："五载一巡狩。"此盖据《舜典》推之。）

七年，有麟。（《路史·后纪》十："尧在位七年，麒麟游于薮泽。"　案《拾遗记》一："尧在位七十年，有鸾雏岁岁来集，麒麟游于薮泽。"《路史》本之，而讹"七十年"为"七年"，伪《纪年》遂云"七年有麟"矣。）

十二年，初治兵。

十六年，渠搜氏来宾。（《书·禹贡》："织皮、昆仑、析枝、渠搜，西戎即叙。"）

十九年，命共工治河。（《书·尧典》："共工方鸠僝功。"郑注："共工，水官名。"《周语》："昔共工弃是道也，虞于湛乐，淫失其身，欲壅防百川，堕高堙庳，以害天下。"是共工本是水官，又曾治水，故遂有先鲧治河之说。）

二十九年春，僬侥氏来朝，贡没羽。（《类聚》十一、《御览》八十引《帝王世纪》："尧时，僬侥氏来贡没羽。"）

四十二年，景星出于翼。（《初学记》九、《御览》八十、又八百七十二、八百九十三引《尚书中候》："帝尧即政七十载，景星出翼。"《论衡·是应》篇引作"尧时，景星见于轸。"《公羊传·宣二年》疏引《春秋感精符》："灭苍者，翼也。"彼注云："尧，翼星之精，在南方，其色赤。"）

五十年，帝游于首山。（《文选·宣德皇后令》注、《御览》八十、《路史·余论》七引《论语比考谶》："尧率舜游首山。"）

乘素车玄驹。（《文选·辩命论》注、《初学记》九、又二十四、《御览》八十引《尸子》："君天下者，麒麟、青龙，而尧素车玄驹。"《五帝德》："尧丹车白马。"《五帝本纪》："尧彤车，乘白马。"）

五十三年，帝祭于洛。（《初学记》六、又九引《尚书中候》："尧率群臣，东沈璧于洛。"）

五十八年，帝使后稷放帝子朱于丹水。（《海内南经》注引《古本纪年》："后稷放帝朱于丹水。"《史记·五帝本纪》及《高祖本纪》正义引"后稷放帝子丹朱"。）

六十一年，命崇伯鲧治河。（《周语》："其在有虞，有崇伯鲧，播其淫心，称遂共工之过。"）

六十九年，黜崇伯鲧。（《书·尧典》："帝曰：'咨！四岳，汤汤洪水方割，荡荡怀山襄陵，浩浩滔天。下民其咨，有能俾乂？'佥曰：'於，鲧哉！'……帝曰：'往，钦哉！'九载绩用弗成。"是鲧治水凡九载，但此实以六十九年，则妄矣。）

七十年春正月，帝使四岳锡虞舜命。（《书·尧典》："帝曰：'朕在位七十载，汝能庸命，巽朕位。'岳曰：'否德忝帝位。'曰：'明明扬侧陋。'师锡帝曰：'有鳏在下，曰虞（舜）。'"）

帝在位七十年，景星出翼，凤凰在庭，朱草生，嘉禾秀，甘露润，醴泉出，日月如合璧，五星如连珠。厨中自生肉，其薄如箑，摇动则风生，食物寒而不臭，名曰"箑脯"。又有草夹阶而生，月朔始生一荚，月半而生十五荚，十六日以后日落一荚，及晦而尽，月小则一荚焦而不落，名曰"蓂荚"，一曰"历荚"。洪水既平，归功于舜，将以天下禅之，乃洁斋修坛场于河、洛，择良日，率舜等升首山，遵河渚。有五老游焉，盖五星之精也。相谓曰："《河图》将来，告帝以期，知我者重瞳黄姚。"五老因飞为流星，上入昴。二月辛丑昧明，礼备，至于日昃，荣光出河，休气四塞，白云起，回风摇，乃有龙马衔甲，赤文绿色，缘坛而上，吐《甲图》而去。甲似龟，背广九尺。其图以白玉为检，赤土为柙，泥以黄金，约以青绳。检文曰："闿色授帝舜。"言虞夏当受天命。帝乃写其言，藏于东序。后二年二月仲辛，率群臣东沈璧于洛。礼毕，退俟，至于下昃，赤光起，［元］（玄）龟负书而出，背甲赤文成字，止于坛。其书言："当禅舜。"遂让舜。（出《宋书·符瑞志》）

七十一年，帝命二女嫔于舜。(《书·尧典》："厘降二女于妫汭，嫔于虞。")

七十三年春正月，舜受终于文祖。(《书·舜典》："帝曰：'格汝舜，询事考言，乃言厎可绩，三载，汝陟帝位。'舜让于德，弗嗣。正月上日，受终于文祖。")

七十四年，虞舜初巡狩四岳。(《尚书大传》："维元祀，巡狩四岳八伯。"郑注："祀，年也。元年，谓月正元日，舜假于文祖之年也。"此以为受终文祖之后一年。)

七十五年，司空禹治河。(《书·舜典》："伯禹作司空。")

七十六年，司空伐曹魏之戎。克之。(《吕氏春秋·召类》篇："禹攻曹魏、屈骜、有扈，以行其教。")

八十六年，司空入觐，贽用玄圭。(《书·禹贡》："禹锡玄圭，告厥成功。"《史记·河渠书》引《夏书》："禹抑洪水十三年。"此司空禹治河在七十五年，入觐在八十六年，盖本之。)

八十七年，初建十有二州。(《书·舜典》："肇十有二州。")

八十九年，作游宫于陶。(《史记·货殖传》："昔尧作游成阳。"如淳曰："作，起也。成阳在定陶。")

九十年，帝游居于陶。(《史记·五帝本纪》："尧立七十年得舜，二十年而老。")

九十七年，司空巡十有二州。(《吴越春秋》四："尧号禹曰伯禹，官曰司空，领统州伯，以巡十二部。")

一百年，帝陟于陶。(案《史记·五帝本纪》、《论衡·气寿》篇、《帝王世纪》皆云："尧在位九十八年。"然据《虞书》云："朕在位七十载。"此尧举舜之岁。又云："询事考言，乃言厎可绩，三载，汝陟帝位。"此舜摄政之岁。又云："二十有八载，帝乃殂落。"此尧崩之岁。前后得一百一年。孔传与王肃注以尧得舜试舜共在一年，故尧在位百年。此从之。)

　　帝子丹朱，避舜于房陵。舜让，不克，承朱遂封于房，为虞宾。三年，舜即天子之位。(《路史·后纪》十："帝崩，虞氏国之于房，为房侯。")

帝舜有虞氏

　　母曰握登，见大虹意感，而生舜于姚墟。目重瞳子，故名重华。龙颜大口，黑色，身长六尺一寸。舜父母憎舜，使其涂廪，自下焚之，舜服鸟工衣服飞去。又使浚井，自上填之以石，舜服龙工衣自傍而出。耕于历，梦眉长与发等，遂登庸。（出《宋书·符瑞志》，但志无末三字。）

元年己未，帝即位，居冀。（《左传·哀六年》注："唐虞及夏，皆都冀方。"）

作《大韶》之乐。（《书·益稷》："《箫韶》九成。"《类聚》十一、《御览》八十引《帝王世纪》："乃作《大韶》之乐。"）

即帝位，蓂荚生于阶，凤凰巢于庭，击石拊石，以歌《九韶》，百兽率舞，景星出于房，地出乘黄之马。（出《宋书·符瑞志》）

三年，命咎陶作刑。（《北堂书钞》十七引《纪年》："命咎陶作刑"，不系年世。）

九年，西王母来朝。（《大戴礼·少间》篇："昔舜以天德嗣尧，西王母来献其白琯。"《类聚》十一、《御览》八十引《雒书灵准听》："舜受终，西王母授益地图。"《中论·爵禄》篇："舜受终于文祖，称曰余一人，则西王母来献白环。"）

西王母之来朝，献白环、玉玦。（出《宋书·符瑞志》，但志无"之来朝"三字。）

十四年，卿云见，命禹代虞事。（此隐括下附注为说，附注出《宋书·符瑞志》，而《宋志》实本《尚书大传》文。《书钞》一百六十、《路史·发挥》五杂引《宋志》所引《大传》中语，首句皆云"惟十有四祀"。）

在位十有四年，奏钟石笙筦未罢，而天大雷雨，疾风发屋拔木，桴鼓播地，钟磬乱行，舞人顿伏，乐正狂走。舜乃磬堵持衡而笑曰："明哉！天下非一人之天下也，亦乃见于钟石笙筦乎？"乃荐禹于天，使行天子事也。于是和气普应，庆云兴焉，若烟非烟，若云非云，郁郁纷纷，萧索轮囷，百工相和而歌卿云。帝乃倡之曰："庆云烂兮，糺（中华书局校点本作'纠'）缦缦兮，日月光华，旦复旦兮。"群臣咸进，稽首曰："明明上天，烂然星陈，日月光华，弘于一人。"帝乃再歌曰："日月有常，星辰有行，四时从经，万姓允诚，于予论乐，配天之灵，迁于圣贤，莫不咸听，鼗乎鼓之，轩乎舞之，精华已竭，褰裳去之。"于是八风循通，庆云丛集，蟠龙奋迅于其藏，蛟鱼踊跃于其渊，龟鳖咸出其穴，迁虞而事夏。舜乃设坛于河，依尧故事，至于下昃，荣光休（气）至，黄龙负《图》，长三十二尺，广九尺，出于坛畔，赤文绿错，其文言当禅禹。（出《宋书·符瑞志》）

十五年，帝命夏后有事于太室。（《考工记·匠人》："夏后氏世室。"）

十七年春二月，入学初用万。（《夏小正》："二月丁亥，万舞入学。"）

二十五年，息慎氏来朝，贡弓矢。

二十九年，帝命子义钧封于商。（案此仿《古本纪年》"放帝子朱于丹水"句为之。）

三十年，葬后育于渭。（《汉书·地理志》："右扶风陈仓有黄帝孙舜妻盲冢祠。" 案"盲""育"字形相近。）

三十二年，帝命夏后总师。（伪《书·大禹谟》："帝曰：'格汝禹，朕宅帝位三十有三载，耄期倦于勤，汝惟不怠，总朕师。'"）

遂陟方岳。

三十三年春正月，夏后受命于神宗。（伪《书·大禹谟》："正月朔旦，受命于神宗。"）

遂复九州。（《汉书·地理志》："尧遭洪水，天下分绝为十二州，禹平水土，更置九州。"）

三十五年，帝命夏后征有苗，有苗氏来朝。 （伪《书·大禹谟》："帝曰：'咨禹，惟时有苗弗率，汝徂征。'三旬，苗民逆命。七旬，有苗格。"）

四十二年，玄都氏来朝。贡宝玉。（《逸周书·史记解》有玄都氏。）

四十七年冬，陨霜，不杀草木。（《吕氏春秋·应同》篇："禹之时，天先见草木，秋冬不杀。"）

四十九年，帝居于鸣条。（《孟子·离娄下》："舜卒于鸣条。"）

五十年，帝陟。（《书·舜典》："五十载，陟方乃死。"）

　　义钧封于商，是谓商均。后育，娥皇也。鸣条有苍梧之山，帝崩，遂葬焉，今海州。（案《隋书·地理志》："东海郡，梁置南、北二青州，东魏改为海州。"此附注如出沈约，不当有"今海州"语。考《困学纪闻》五云："苍梧山在海州界。"此作伪者所本。）

帝禹夏后氏

　　母曰修己，出行见流星贯昴，梦接意感，既而吞神珠。修己背剖，而生禹于石纽。虎鼻大口，两耳参镂，首戴钩铃，胸有玉斗，足文履已，故名文命。长有圣德。长九尺九寸。梦自洗于河，取水饮之，又有白狐九尾之瑞。当尧之时，舜举之。禹观于河，有长人白面鱼身，出曰："吾河精也。"呼禹曰："文命治水。"言讫授禹《河图》，言治水之事，乃退入于渊。禹治水既毕，天锡玄珪，以告成功。夏道将兴，草木畅茂，青龙止于郊，祝融之神，降于崇山。乃受舜禅，即天子之位。洛出龟书，是为《洪范》。（以上出《宋书·符瑞志》）三年丧毕，都于阳城。（《孟子·万章上》："舜崩，三年之丧毕，禹避舜之子于阳城。"）

元年壬子，帝即位，居冀。（《汉书·地理志》"颍川郡阳翟"下臣瓒曰："《世本》'禹都阳城'，《汲郡古文》亦云'居之'。"是《古本纪年》不云"居冀"也。《今本》于尧、舜、禹皆云"居冀"者，盖以《左传·哀六年》杜预注云"唐、虞及夏皆都冀方"故云然。）

颁夏时于邦国。（《戴记·礼运》："吾得夏时焉。"《史记·夏本纪》："孔子正夏时，学者多传《夏小正》云。"）

二年，咎陶薨。（《史记·夏本纪》："帝禹立而举皋陶荐之，且授政焉，而皋陶卒。"）

五年。巡狩，会诸侯于涂山。（《左氏·哀七年传》："禹合诸侯于涂山。"）

南巡狩，济江，中流有二黄龙负舟，舟人皆惧。禹笑曰："吾受命于天，屈力以养人。生，性也；死，命也。奚忧龙哉！"龙于是曳尾而逝。（出《宋书·符瑞志》）

八年春，会诸侯于会稽，杀防风氏。（《鲁语》："昔禹致群神于会稽之山，防风氏后至，禹杀而戮之。"）

夏六月，雨金于夏邑。（《述异记》下："先儒说夏禹时天雨金三日。"）

秋八月，帝陟于会稽。（《史记·夏本纪》："十年，帝东巡狩，至于会稽而崩。"）

禹立四十五年。（《御览》八十二引《古本纪年》如此，《今本》既云"八年帝陟"，又云"禹立四十五年"，足见杂综诸书，未加修正。）

禹荐益于天，七年禹崩，三年丧毕，天下归启。（出《孟子·万章上》）

帝启

元年癸亥，帝即位于夏邑。

大飨诸侯于钧台。（《左氏·昭四年传》："夏启有钧台之享。"）

诸侯从帝归于冀都。

大飨诸侯于璿台。（《文选·王元长曲水诗序》："至如夏后，二龙载驱璿台之上。"注引《易归藏》曰："昔者，夏后启筮享神于晋之墟，作为璿台于水之阳。"）

二年，费侯伯益出就国。（《晋书·束晳传》引《纪年》："益干启位，启杀之。"《史通·疑古》篇、《杂说》篇两引"益为后启所诛"。此独云"二年，费侯伯益出就国"，盖故与古本立异。观后附注于"伊尹自立"云"误以摄政为真"，于"太甲杀伊尹"云"文与前后不类"。此则易其本文，彼则加以案语，盖正文与注出于一人所搜集也。）

王帅师伐有扈，大战于甘。（原注：有扈在始平鄠县。　《尚书序》："启与有扈氏战于甘之野，作《甘誓》。"《甘誓》："大战于甘。"原注七字《左传·昭元年》注文。）

六年，伯益薨，祠之。（《越绝书》："益死之后，启岁善牺牲以祠之。"）

八年，帝使孟涂如巴涖讼。（《海内南经》："夏后启之臣曰孟涂，是司神于巴，巴人请讼于孟涂之所。"）

十年，帝巡狩，舞《九韶》于大穆之野。（《海外西经》："大乐之野，夏后启于此舞《九代》。一曰大遗之野。"郭注："《大荒经》云'天穆之野'。"《大荒西经》："夏后开上三嫔于天，得《九辨》与《九歌》以下，此大穆之野，高二千仞，开焉得始歌《九招》。"郭注："《竹书》曰：'夏后开儛《九韶》也'。"《御览》八十二引《帝王世纪》："启升后十年，舞《九韶》。"）

十一年，放王季子武观于西河。（原注：武观即五观也。观国，今顿丘卫县。　《楚语》："启有五观。"韦注："五观，启子，太康昆弟也。"《墨子·非乐下》"于《武观》曰：'启乃淫溢康乐，野于饮食'"云云，是《武观》乃书篇名，非人名。此以"五观"为"武观"，乃杂采二书为之。观国，今顿丘卫县，亦《左传·昭元年》注文。）

十五年，武观以西河叛。（《汉书·地理志》东郡有畔观县。　案本畔、观二县，自来本以下，皆误以为一县，联缀不分。）

彭伯寿帅师征西河，武观来归。（《书钞》十三引《纪年》："启征西河。"《路史·后纪》十三："既征西河。"注：《纪年》在二十五年，《御览》八十二引《帝王世纪》"启三十五年征河西"，此系之十五年者，以此既依《路史》启十六年陟，则不得有二十五年、三十五年也。《逸周书·尝麦解》："其在殷之五子，忘伯禹之命，假国无正，用胥兴作乱，遂亡厥国，皇天哀禹，赐彭寿思正夏略。"）

十六年，陟。（《路史·后纪》十三："启在位十有六岁，年九十一。"此本之。《真诰》十五引《竹书》："启即位三十九年亡，年七十八。"《路史》注引《纪年》："启二十九年，年九十八。"与今本迥异。《御览》八十二引《帝王世纪》："启在位九年。"《通鉴外纪》："启在位九年。"又引皇甫谧曰"十年"。）

帝太康

元年癸未，帝即位，居斟寻。（《水经·巨洋水注》、《汉书·地理志》注、《史记·夏本纪》正义引臣瓒曰："《汲冢古文》：'太康居斟寻。'"）

畋于洛表。（伪《书·五子之歌》："畋于有洛之表。"）

羿入居斟寻。（《水经·巨洋水注》、《汉书·地理志》注、《史记·夏本纪》正义引臣瓒曰："《汲冢古文》：'太康居斟寻，羿亦居之。'"）

四年，陟。（《帝王世纪》、《通鉴外纪》皆云"在位二十九年"，《路史·后纪》十三云"在位盖十有九岁，失政，又十岁而死"，并与此异。）

帝仲康

元年己丑，帝即位，居斟寻。

五年秋九月庚戌朔，日有食之。（《新唐书·历志》："张说《历议》：新历，仲康五年癸巳岁九月庚戌朔，日蚀在房二度。"）

命胤侯帅师征羲和。（伪《书·胤征》："惟仲康肇位四海，胤侯命掌六师，羲和废厥德，酒荒于厥邑，胤后承王命徂征。"）

六年，锡昆吾命作伯。（《郑语》："昆吾为夏伯矣。"）

七年，陟。（《通鉴外纪》："仲康在位十三年。"《路史》注引《绍运图》同。《年代历》："二十六年。"《路史·后纪》："仲康十有八岁崩。"均与此互异。）

世子相出居商丘，依邳侯。（原注：一作"依同姓诸侯斟灌、斟寻。"《御览》八十二引《帝王世纪》："乃徙商丘，依同姓诸侯斟灌氏、斟寻氏。"）

帝相

元年戊戌，帝即位，居商。（《御览》八十二引《纪年》："帝相即位，处商丘。")

征淮夷。(《御览》八十二引《纪年》:"元年征淮夷。"《路史·后纪》十三"征淮、畎"注:"淮夷、畎夷。《纪年》云元年。"《后汉书·西羌传》:"后相即位,乃征畎夷。"此仅采《御览》所引。)

二年,征风及黄夷。(《御览》八十二及《后汉书·东夷传》注引《纪年》:"二年,征风夷及黄夷。"《通鉴外纪》引:"二年,征黄夷。")

七年,于夷来宾。(《后汉书·东夷传》注、《外纪》注、《路史·后纪》十三注均引《纪年》:"七年,于夷来宾。")

八年,寒浞杀羿,使其子浇居过。(见《左·襄四年传》,但《左传》杀羿封浇非一年事。)

九年,相居于斟灌。(《水经·巨洋水注》、《汉书·地理志》注、《路史·后纪》十三引臣瓒曰:"《汲冢古文》'相居斟灌'。")

十五年,商侯相土作乘马。(《周礼·校人》注、《荀子·解蔽》篇注引《世本》:"相土作乘马。")

遂迁于商丘。(《左氏·襄九年传》:"昔陶唐之火正阏伯居商丘,相土因之。")

二十年,寒浞灭戈。(《左·襄四年传》:"寒浞处浇于戈。")

二十六年,寒浞使其子帅师灭斟灌。(《左·襄四年传》:"使浇用师灭斟灌及斟寻氏。")

二十七年,浇伐斟鄩,大战于潍。覆其舟,灭之。(《楚辞·天问》:"覆舟斟寻,何道取之。")

二十八年,寒浞使其子浇弑帝。后缗归于有仍。(《左·哀元年传》:"昔有过浇杀斟灌以伐斟寻,灭夏后相。后缗方娠,逃出自窦,归于有仍,生少康焉。")

伯靡出奔鬲。(《左·襄四年传》:"靡奔有鬲氏。"但《传》次在家众杀羿之后。)

斟灌之墟,是为帝丘。后缗方娠,逃出自窦,归于有仍。(三句见上)伯靡奔有鬲氏。(见上)

夏世子少康生。(原注:丙寅年。 《左·哀元年传》:"后缗方娠,逃出自窦,归于有仍,生少康焉。")

少康自有仍奔虞。(原注:乙酉年。 《左·哀元年传》:"少康为仍牧正,浇使椒求之,逃奔有虞。")

伯靡自鬲帅斟鄩、斟灌之师以伐浞。（《左·襄四年传》："靡自有鬲氏收二国之烬以灭浞，而立少康。"）

世子少康使汝艾伐过杀浇。（原注：甲辰年。　《左·襄四年传》："少康灭浇于过。"又《哀元年传》："使女艾谍浇。"）

伯子杼帅师灭戈。（《左·襄四年传》："后杼灭豷于戈。"又《哀元年传》："使季杼诱豷。"）

伯靡杀寒浞。（见上）

少康自纶归于夏邑。（原注：乙巳年。　《左·哀元年传》："虞思于是妻之以二姚，而邑诸纶。"　案原本小注："寒浞自丙寅至乙巳，凡四十年。"《通鉴外纪》："羿八年，浞三十二年，亦四十年。"而此书附注云："夏有王与无王，用岁四百七十一年。"去寒浞四十，得四百三十一年，与《易纬稽览图》云"禹四百三十一年"合，盖即据《稽览图》以定寒浞之年也。）

明年，后缗生少康。既长，为仍牧正，惎浇，能戒之。浇使椒求之，将至仍，少康逃奔有虞，为之庖正，以除其害。虞思于是妻之以二姚，而邑诸纶。有田一成，有众一旅，能布其德，而兆其谋，以收夏众，抚其官职。（以上出《左·哀元年传》）夏之遗臣伯靡，自有鬲氏收二斟以伐浞。（见上）浞恃浇皆康娱，日忘其恶，而不为备。（出《楚辞·离骚》）少康使汝艾谍浇。（见上）初，浞娶纯狐氏，有子早死，其妇曰女歧，寡居，浇强圉，往至其户，阳有所求，女歧为之缝裳，共舍而宿。汝艾夜使人袭断其首，乃女歧也。浇既多力，又善走，艾乃畋猎，放犬逐兽，因嗾浇颠陨，乃斩浇以归于少康。（出《楚辞·天问》，而又为之辞。）于是夏众灭浞，奉少康归于夏邑。诸侯始闻之，立为天子，祀夏配天，不失旧物。（末二语出《左·哀元年传》）

帝少康

元年丙午，帝即位，诸侯来朝，宾虞公。

二年，方夷来宾。（《后汉书·东夷传》注引《纪年》："少康即位，方夷来宾。"《路史·后纪》十三注同。）

三年，复田稷。（《周语》："昔我先王世后稷以服事虞夏。及夏之衰，弃稷弗务，我先王不窋用失其官，而自窜于戎狄之间。"）

后稷之后不窋失官，至是而复。（见上）

十一年，使商侯冥治河。（《鲁语》及《祭法》："冥勤其官。"郑氏《祭法》注："冥，契六世之孙也，其官玄冥，水官也。"）

十八年，迁于原。（此因《御览》引《纪年》有"帝宁居原"之文，故云。）

二十一年，陟。（《通鉴外纪》："少康在位二十一年。"《路史·后纪》十三："在位四十有六岁。"）

帝杼

元年己巳，帝即位，居原。（《御览》八十二引《纪年》："帝宁居原。"《路史·后纪》十三注引："帝予居原。"）

五年，自原迁于老丘。（《御览》八十二引《纪年》："自迁于老丘。"《路史·后纪》十三注引作："自原迁于老王。"）

八年，征于东海及三寿，得一狐九尾。（《海外东经》注引《汲郡竹书》："柏杼子征于东海及三寿，得一狐九尾。"）

十三年，商侯冥死于河。（《鲁语》及《祭法》："冥勤其官而水死。"）

十七年，陟。（《御览》八十二引《帝王世纪》："帝宁在位十七年。"《通鉴外纪》从之。《路史·后纪》："二十有七岁陟。"）

　　　　杼或作帝宁，一曰伯杼。（均见上）杼能帅禹者也，故夏后氏报焉。（出《鲁语》）

帝芬

元年戊子，帝即位。

三年，九夷来御。（《后汉书·东夷传》注引《纪年》："后芬即位，三年，九夷来御。"《外纪》、《路史·后纪》引并同。）

十六年，洛伯用与河伯冯夷斗。（《水经·洛水注》引《纪年》："洛伯用与河伯冯夷斗。"不云何年。）

三十三年，封昆吾氏子于有苏。（《郑语》："己姓：昆吾、苏、顾、温、董。"《唐书·宰相世系表》："昆吾之子封于苏。"）

三十六年，作圜土。

四十四年，陟。（《御览》八十二引《纪年》："后芬立四十四年。"又引《帝王世纪》："芬在位二十六年。"《外纪》从之。《路史·后纪》十三："二十有六岁陟。"注："《世纪》二十八年，《纪年》四十四年，非。"）

　　芬，或曰芬发。

帝芒

元年壬申，帝即位，以玄珪宾于河。（《书钞》八十九、《初学记》十三、《御览》八十二引《纪年》："后荒即位，元年，以玄珪宾于河。"《初学记》"珪"作"璧"，《御览》"荒"作"芒"。）

十三年，东狩于海，获大鱼。（《书钞》、《初学记》、《御览》引《纪年》与"玄珪宾河"为一年事，《书钞》"鱼"作"鸟"。）

三十三年，商侯迁于殷。（此因《山海经》引《纪年》有"殷王子亥"，故设迁殷一事。）

五十八年，陟。（《御览》八十二引《纪年》："后芒陟位，五十八年。"《路史·后纪》十三注引："后芒陟，年五十八。"《外纪》："在位十八年。"又引《帝王本纪》云："十三年。"《路史》从《外纪》。）

　　芒，或曰帝荒。（见上）

帝泄

元年辛未，帝即位。

十二年，殷侯子亥宾于有易，有易杀而放之。（《大荒东经》注引《竹书》："殷王子亥宾于有易而淫焉，有易之君绵臣杀而放之。是故殷主甲微假师于河伯以伐有易，灭之，遂杀其君绵臣也。"）

十六年，殷侯微以河伯之师伐有易，杀其君绵臣。（见上）

　　殷侯子亥宾于有易而淫焉，有易之君绵臣杀而放之。故殷上甲微，假师于河伯，以伐有易，灭之，遂杀其君绵臣。（见上）中叶衰而上甲微复兴，故商人报焉。（出《鲁语》）

二十一年，命畎夷、白夷、玄夷、风夷、赤夷、黄夷。（《后汉书·东夷传》注引《纪年》："后泄二十一年，命畎夷、白夷、赤夷、玄夷、风夷、阳夷。"《外纪》及《路史·后纪》十三所引略同。）

二十五年，陟。（《路史·后纪》十三注引《纪年》作"二十一"。《御览》八十二引《帝王世纪》："帝泄在位十六年。"《外纪》从之。《路史·后纪》："帝泄二十六岁陟。"注："《世纪》同，《年代历》十六年，《纪年》二十一，皆非。"）

帝不降

元年己亥，帝即位。

六年，伐九苑。（《御览》八十二引《纪年》："不降即位，六年，伐九苑。"《路史》引同。)

三十五年，殷灭皮氏。（《逸周书·史记解》："信不行，义不立，则哲士凌君政，禁而生乱，皮氏以亡。"）

五十九年，逊位于弟扃。（《御览》八十二引《纪年》："六十九年，其弟立，是为帝扃。"《外纪》："帝不降在位五十九年。"《路史·后纪》："五十九岁陟。"注："《世纪》、《年代历》同，《纪年》六十九。"）

帝扃

元年戊戌，帝即位。

十年，帝不降陟。（见上）

三代之世内禅，惟不降实有圣德。

十八年，陟。（《御览》八十二引《帝王世纪》："帝扃在位二十一年。"《外纪》、《路史》从之。）

帝廑

一名胤甲。（《御览》八十二引《纪年》："帝廑一名胤甲。"）

元年己未，帝即位，居西河。（《海外东经》注、《通鉴外纪》、《路史·后纪》注、《御览》八十二引《纪年》："胤甲即位，居西河。"《御览》四引"胤甲居于河西"。）

四年，作西音。（《吕氏春秋·音初》篇："殷整甲徙宅西河，犹思故处，实始作为西音。"此系之夏胤甲，失之。）

昆吾氏迁于许。（原注：己姓，名樊，封于卫，夏衰为伯，迁于旧许。《左·昭十二年传》："昔我皇祖伯父昆吾，旧许是宅。"盖谓陆终之子昆吾，不得在胤甲时。）

八年，天有妖孽，十日并出，其年陟。（《海外东经》注、《通鉴外纪》、《路史·后纪》注引《纪年》："天有妖孽，十日并出，其年胤甲陟。"不著何年。《御览》八十二引《帝王世纪》："帝廑在位二十年。"《外纪》、《路史》皆从之。）

帝孔甲

元年乙巳，帝即位，居西河。

废豕韦氏，使刘累豢龙。（《左·昭二十九年传》："陶唐氏既衰，其后有刘累，学扰龙于豢龙氏，以事孔甲，能饮食之，夏后嘉之，赐氏曰御龙，以更豕韦之后。"）

三年，王畋于萯山。（《吕氏春秋·音初》篇："夏后孔甲畋于东阳萯山。")

五年，作东音。（《吕氏春秋·音初》篇："孔甲乃作《破斧》之歌，实始为东音。"）

七年，刘累迁于鲁阳。（《左·昭二十九年传》："龙一雌死，潜醢以食夏后，既而使求之，惧而迁于鲁阳。"杜注："鲁县，今鲁阳也。"）

王好事鬼神，肆行淫乱，诸侯化之，夏政始衰。（略本《史记·夏本纪》）田于东阳荙山，天大风晦盲，孔甲迷惑，入于民室。主人方乳，或曰："后来见，良日也，之子必大吉。"或又曰："不胜也，之子必有殃。"孔甲闻之曰："以为余一人子，夫谁殃之？"乃取其子以归。既长，为斧所戕，乃作《破斧》之歌，是为东音。（《吕氏春秋·音初》篇）刘累所畜龙一雌死，潜醢以食夏后，夏后飨之，既而使求之，惧而迁于鲁阳，其后为范氏。（《左·昭二十九年传》）

九年，陟。（《通鉴外纪》："孔甲在位三十一年。"《路史》注引《年代历》同。《路史》以胤甲、孔甲为一人，云"在位四十岁"。）

殷侯复归于商丘。

帝昊

昊一作皋。（《左·僖三十三年传》："其北陵，夏后皋之墓也。"）

元年庚辰，帝即位。

使豕韦氏复国。（原注：夏衰，昆吾、豕韦相继为伯。　此因帝孔甲时废豕韦氏，故云然。）

三年，陟。（《御览》八十二引《纪年》："后昊立三年。"《通鉴外纪》、《路史·后纪》皆云"十一年"。）

帝发

一名后敬，或曰发惠。（《御览》八十二引《纪年》："后发一名后敬，或曰发。"《路史·后纪》："帝敬发，一曰惠。"注："见《纪年》。"）

元年乙酉，帝即位。

诸侯宾于王门，再保墉会于上池，诸夷入舞。（《书钞》八十二引《纪年》："后发即位，元年，诸侯宾于王门，再保墉会于上池，诸夷入舞。"又《后汉书·东夷传》注、《御览》七百八十、《通鉴外纪》、《路史·后纪》分引。）

七年，陟。(《通鉴外纪》："发在位十三年。"又引《帝王本纪》云"十二年"。《路史》同。)

泰山震。(《述异记》上："桀时泰山走，山石泣。先儒说桀之将亡，泰山三日泣。")

帝癸

一名桀。

元年壬辰，帝即位，居斟𬜯。(《水经·巨洋水注》、《汉书·地理志》注、《史记·夏本纪》正义引臣瓒曰："太康居斟寻，桀亦居之。")

三年，筑倾宫。(《文选·吴都赋》注引《纪年》："桀筑倾宫。")

毁容台。(《御览》八十二引《尸子》："昔夏桀之时，容台振而掩覆。"亦见《淮南·览冥训》。)

畎夷入于岐以叛。(《后汉书·西羌传》："后桀之乱，畎夷入居邠、岐之间。")

六年，歧踵戎来宾。(《吕氏春秋·当染篇》："桀染于羊辛、跂踵戎。")

十年，五星错行，夜中，星陨如雨。

地震。

伊洛竭。(《周语》："昔伊洛竭而夏亡。")

十一年，会诸侯于仍，有缗氏逃归，遂灭有缗。(《左·昭四年传》："夏桀为仍之会，有缗叛之。")

十三年，迁于河南。(《史记·吴起列传》："夏桀之居，伊阙在其南，羊肠在其北。"瓒曰："今河南城为直之。")

初作辇。(《后汉书·井丹传》："桀乘人车。"《通典》六十六："夏氏末代制辇。")

十四年，扁帅师伐岷山。(原注：一作山民。 《艺文类聚》八十三、《御览》一百三十五引《纪年》："桀伐岷山。"《御览》八十二引作"山民"。)

癸命扁伐山民，山民女于桀二人，曰琬，曰琰。后爱二人，女无子焉。斫其名于苕华之玉，苕是琬，华是琰。而弃其元妃于洛，曰妹喜，于倾宫饰瑶台居之。(出《御览》八十二引《纪年》)

十五年，商侯履迁于亳。(原注：成汤元年。 《尚书序》："汤始居亳。")

十七年，商使伊尹来朝。(《孟子·告子下》："五就汤、五就桀者，伊尹也。"）

二十年，伊尹归于商，及汝鸠、汝方，会于北门。（《尚书序》："伊尹去亳适夏，既丑有夏，复归于亳，入自北门，乃遇汝鸠、汝方，作《汝鸠》、《汝方》。"）

二十一年，商师征有洛，克之。（《逸周书·史记解》："昔者有洛氏宫室无常，池圃广大，工功日进，以后更前，民不得休，农失其时，饥馑无食，成商伐之，有洛以亡。"）

遂征荆，荆降。（《越绝书》三："汤行仁义，敬鬼神，天下皆一心归之。当是时，荆伯未从也，汤于是乃饰牺牛以事荆伯，乃委其诚心。"）

二十二年，商侯履来朝，命囚履于夏台。（《史记·夏本纪》："桀乃召汤而囚之于夏台。"）

二十三年，释商侯履，诸侯遂宾于商。（《书钞》十引《尚书大传》："桀无道，囚汤，后释之，诸侯八译来朝者六国。"）

二十六年，商灭温。（《郑语》："己姓：昆吾、苏、顾、温、董，则夏灭之矣。"）

二十八年，昆吾氏伐商。

商会诸侯于景亳。（《昭四年左传》："商汤有景亳之命。"）

遂征韦，商师取韦，遂征顾。（《诗·商颂》："韦顾既伐。"）

太史令终古出奔商。（《吕氏春秋·先识》篇："夏桀迷惑，暴乱愈甚，太史令终古乃出奔如商。"《淮南·氾论训》："太史令终古即奔商，三年而桀亡。"此系之二十八年，本之。）

二十九年，商师取顾。

三日并出。（《开元占经》六引《尚书考灵耀》："黑帝之亡，三日并照。"又引《孝经纬》："夏时二日并出，谶曰：桀无道，两日照。"）

费伯昌出奔商。（《博物志》十："夏桀之时，费昌之河上，见二日，在东者烂烂将起，在西者沈沈将灭，若疾雷之声。昌问于冯夷曰：'何者为殷，何者为夏？'冯夷曰：'西夏，东殷。'于是费昌徙族归殷。"）

冬十月，凿山穿陵，以通于河。（《御览》八十二引《六韬》："桀时有瞿山之地，十月凿山陵，通之于河。"）

三十年，瞿山崩。（《御览》引《六韬》："桀时有瞿山之地。""地"字疑本作"崩"。）

杀其大夫关龙逢。（《庄子·人间世》："昔者桀杀关龙逢。"）

商师征昆吾。(《诗·商颂》:"韦顾既伐,昆吾夏桀。")

冬,聆隧灾。(《周语》:"夏之亡也,回禄信于聆隧。")

三十一年,商自陑征夏邑。(《尚书序》:"伊尹相汤伐桀,升自陑。")

克昆吾。(《诗·商颂》笺:"昆吾、夏桀,同时诛也。"详孔疏。)

大雷雨,战于鸣条。(《尚书序》:"遂与桀战于鸣条之野。")

夏师败绩,桀出奔三朡,商师征三朡。(《尚书序》:"夏师败绩,汤遂从之,遂伐三朡。")

战于郕。(《吕氏春秋·简选》篇:"以戊子战于郕。")

获桀于焦门。(《淮南·主术训》:"擒之焦门。")

放之于南巢。(《御览》八十三引《纪年》:"汤遂灭夏,桀逃南巢氏。"伪《书·仲虺之诰》:"成汤放桀于南巢。")

自禹至桀十七世,有王与无王,用岁四百七十一年。(原注:始壬子终壬戌。 《御览》八十二引《纪年》、《文选·六代论》注、《史记·夏本纪》集解分引。《路史·后纪》注引《纪年》:"并穷、寒四百七十二年。")

(案:此都数与上诸帝在位之年数不合。综计上诸帝在位年数,则禹八年,启十六年,太康四年,仲康七年,相二十八年,少康二十一年,杼十七年,芬四十四年,芒五十八年,泄二十五年,不降五十九年,扃十八年,廑八年,孔甲九年,昊三年,发七年,癸三十一年,凡三百七十三年。必无王之世有九十八年,然可得四百七十一年之数,则少康陟时年已百二十岁,事难征信。又本书诸帝即位之年,各著岁名。以岁名核之,则夏后氏始壬子,终壬戌,凡四百三十一年,而寒浞四十年亦在其中。考昔人所以定寒浞为四十年者,以《古本纪年》云"夏四百七十一年",而《汉书·律历志》云"四百三十二岁",《易纬·稽览图》云"禹四百三十一年",差四十,遂以此四十年为无王之世,以调停之。盖古言历者有此说,故《通鉴外纪》云羿八年,浞三十二年,共四十年。然《外纪》用《汉志》说,以夏为四百三十二年。此书用《稽览图》说,以夏为四百三十一年,而无王之年仍入此中,遂与《古纪年》四百七十一年之都数不能相应。至诸帝在位年数,复与此四百三十一年之都数不合者,因作伪者复假设丧毕即位之说。故启在位年数以岁名差之,得十九年，而本书云十六年陟，则禹崩翳①三年始即位。太康在位年数以岁名差之，当得八年，而本书云太康四年陟，则启崩翳②四年始即位。其余放此。然如芒、扃、桀三帝，又皆翳③年即位，其参差无例亦甚矣。）

殷商成汤

名履。

汤有七名而九征。（《御览》八十三引《纪年》）放桀于南巢而还，诸侯八译而朝者千八百国，奇肱氏以车至，乃同尊天乙履为天子，三让，遂即天子之位。初高辛氏之世妃曰简狄，以春分玄鸟至之日，从帝祀郊禖，与其妹浴于玄郊之水。有玄鸟衔卵而坠之，五色甚好，二人竞取，覆以玉筐。简狄先得而吞之，遂孕，胸剖而生契。长为尧司徒，成功于民，受封于商。后十三世，生主癸。主癸之妃曰扶都，见白气贯月，意感，以乙日生汤，号天乙。丰下锐上，皙而有髯，句身而扬声，长九尺，臂有四肘，是为成汤。汤在亳，能修其德。伊挚将应汤命，梦乘船过日月之傍。汤乃东至于洛，观帝尧之坛，沈璧退立，黄鱼双踊，黑鸟随之，止于坛，化为黑玉。又有黑龟，并赤文成字，言"夏桀无道，成汤遂当代之"。梼杌之神，④ 见于邳山。有神牵白狼，衔钩而入商朝。金德将盛，银自山溢，汤将奉天命放桀。梦及天而舐之，遂有天下。商人后改天下之号曰殷。（出《宋书·符瑞志》）

十八年癸亥，王即位，居亳。（《唐书·历志》张说《五星议》："成汤伐桀，岁在壬戌。其明年，汤始建国为元祀。"）

始屋夏社。（《尚书序》："汤既胜夏，欲迁其社，不可，作《夏社》。"《郊特牲》："是故丧国之社屋之。"）

十九年，大旱。

氐羌来宾。（《诗·商颂》："昔有成汤，自彼氐羌，莫敢不来享，莫敢不

---

① 遗书本作"踰"。
② 遗书本作"踰"。
③ 同上。
④ 遗书本作"兽"。

来王。")

二十年，大旱。

夏桀卒于亭山。(《荀子·解蔽》篇:"桀死于亭山。")

禁弦歌舞。(《书钞》九、《类聚》八十二、《初学记》九、《御览》三十五等引《尸子》:"汤之救旱也，弦歌鼓舞者禁之。")

二十一年，大旱。

铸金币。(《管子·轻重》八:"汤以庄山之金铸币，而赎民之无糧卖子者。")

二十二年，大旱。

二十三年，大旱。

二十四年，大旱。

王祷于桑林，雨。(《吕氏春秋·顺民》篇:"汤克夏而正天下，天大旱，五年不收。汤乃以身祷于桑林，雨乃大至"云云。上五年连书大旱，亦本此。)

二十五年，作《大濩》乐。(《吕氏春秋·古乐》篇:"汤乃命伊尹作为《大濩》。")

初巡狩，定献令。(《逸周书·王会解》:"汤问伊尹曰:其为四方献令。")

二十七年，迁九鼎于商邑。(《左·宣三年传》:"桀有昏德，鼎迁于商。")

二十九年，陟。(《御览》八十三引《韩诗内传》:"汤为天子十三年，百岁而崩。"《汉书·律历志》:"成汤方即世崩没之时，为天子用事十三年矣。商十二月乙丑朔冬至，故《书序》曰:'成汤既没，太甲元年，使伊尹作《伊训》。'《伊训》曰:'惟太甲元年十有二月乙丑朔。'"据此，则自汤元年至太甲元年为十三年，汤在天子位凡十二年。)

外丙

　名胜。(《御览》八十三引《纪年》:"外丙胜居亳。")

元年乙亥，王即位，居亳。(见上)

命卿士伊尹。

二年，陟。(《孟子·万章上》:"外丙二年。"《史记》同。)

仲壬

名庸。

元年丁丑，王即位，居亳，命卿士伊尹。（《春秋经传集解·后序》引《纪年》："仲壬即位，居亳，命卿士伊尹。"《书·咸有一德》疏、《通鉴外纪》引"命"作"其"。）

四年，陟。（《孟子·万章上》："仲壬四年。"《史记》同。）

太甲

名至。

元年辛巳，王即位，居亳，命卿士伊尹。

伊尹放太甲于桐，乃自立。（《春秋·后序》、《书》疏、《外纪》引《纪年》："仲壬崩，伊尹放太甲于桐，乃自立。"）

约案：伊尹自立，盖误以摄政为真尔。

七年，王潜出自桐，杀伊尹，天大雾三日，乃立其子伊陟、伊奋，命复其父之田宅而中分之。（《春秋·后序》、《书》疏、《外纪》引《纪年》："伊尹即位，放太甲。七年，太甲潜出自桐，杀伊尹，乃立其子伊陟、伊奋，命复其父之田宅而中分之。"又《书》疏及《初学记》二引《帝王世纪》："伊尹卒，年百有余岁，大雾三日。"）

约案：此文与前后不类，盖后世所益。

十年，大飨于太庙。（《书·盘庚》："兹予大享于先王。"）

初祀方明。（《汉书·律历志》："《伊训篇》：'维太甲元年十有二月乙丑朔，伊尹祀于先王，诞资有牧方明。'"是本元年事，此乃系之十年。）

十二年，陟。（《史记·鲁周公世家》索隐："案《纪年》，太甲惟得十二年。"）

沃丁

名绚。（《御览》八十三引《纪年》："沃丁绚即位，居亳。"）

元年癸巳，王即位，居亳。（见上）

命卿士咎单。（《尚书序》："沃丁既葬伊尹于亳，咎单遂训伊尹事，作《沃丁》。"）

八年，祠保衡。（《尚书》疏、《初学记》二引《帝王世纪》："沃丁八年，伊尹卒，年百有余岁，大雾三日。沃丁葬以天子之礼，祀以太牢，亲自临丧三年，以报大德。"）

十九年，陟。（《通鉴外纪》："沃丁在位二十九年。"）

小庚（约案：《史记》作"太庚"。）

　　名辨。（《御览》八十三引《纪年》："小庚辨即位，居亳。"）

元年壬子，王即位，居亳。（见上）

五年，陟。（《御览》八十三引《史记》："帝太庚在位二十五年崩。"《外纪》从之。　案《史记》商诸帝无在位年数，盖采他书补之，后仿①此。）

　小甲

　　名高。（《御览》八十三引《纪年》："小甲高即位，居亳。"）

元年丁巳，王即位，居亳。（见上）

十七年，陟。（《御览》八十三引《史记》："帝小甲在位十七年。"《外纪》："在位三十六年。"又引《帝王本纪》云"五十七年"。）

　雍己

　　名伷。（《御览》八十三引《纪年》："雍己伷即位，居亳。"）

元年甲戌，王即位，居亳。（见上）

十二年，陟。（《御览》八十三引《史记》："帝雍己在位十二年，崩。"《外纪》："十三年。"）

　大戊

　　名密。

元年丙戌，王即位，居亳。（见上）

命卿士伊陟、臣扈。（《书·君奭》："在大戊时则有若伊陟、臣扈，格于上帝。"）

七年，有桑、穀生于朝。（《尚书序》："伊陟相大戊，亳有祥，桑穀共生于朝。"）

十一年，命巫咸祷于山川。

二十六年，西戎来宾，王使王孟聘西戎。（《海外西经》注："殷帝大戊使王孟采药，从西王母。"）

三十一年，命费侯中衍为车正。（《史记·秦本纪》："大费玄孙曰孟戏中衍，鸟身人言，帝太戊闻而卜之使御吉，遂致使御而妻之。"）

三十五年，作寅车。（《诗·小雅·六月》传："殷曰寅车，先疾也。"）

四十六年，大有年。

---

　① 遗书本作"放"。

五十八年，城蒲姑。

六十一年，东九夷来宾。

七十五年，陟。（《书·无逸》："肆中宗之享国七十有五年。"《御览》八十三引《史记》："中宗在位七十有五年崩。"）

　　　大戊遇祥桑，侧身修行。三年之后，远方慕明德重译而至者七十六国。商道复兴，庙为中宗。（原注：《竹书》作"太宗"。　案《史记·殷本纪》以太甲为太宗，太戊为中宗。《御览》八十三引《纪年》以祖乙为中宗，则大戊或有称太宗之理。然作此注者固不能见汲冢原书，或见他书所引《纪年》有此说与？）

仲丁

　　名庄。

元年辛丑，王即位，自亳迁于嚣，于河上。（《御览》八十三引《纪年》："仲丁即位，元年，自亳迁于嚣。"）

六年，征蓝夷。（《后汉书·东夷传》注引《纪年》："仲丁即位，征于蓝夷。"）

九年，陟。（《御览》八十三引《纪年》："帝仲丁在位十一年。"《外纪》同。）

外壬

　　名发。

元年庚戌，王即位，居嚣。（《御览》八十三引《纪年》："外壬居嚣。"）

邳人、侁人叛。（《左·昭元年传》："商有姺、邳。"）

十年，陟。（《御览》八十三引《史记》："帝外壬在位一十五年。"《外纪》同。）

河亶甲

　　名整。（《御览》八十三引《纪年》："河亶甲整即位。"）

元年庚申，王即位，自嚣迁于相。（《御览》八十三引《纪年》："河亶甲整即位，自嚣迁于相。"）

三年，彭伯克邳。（《郑语》："大彭、豕韦，为商伯矣。"）

四年，征蓝夷。（《御览》八十三引《纪年》："河亶甲征蓝夷。"）

五年，侁人入于班方。彭伯、韦伯伐班方，侁人来宾。（《御览》

八十三引《纪年》："河亶甲再征班方。"）

九年，陟。（《御览》八十三引《史记》："河亶甲在位九年。"《外纪》同。）

祖乙

名滕。（《御览》八十三引《纪年》："祖乙滕即位。"）

元年己巳，王即位，自相迁于耿。

命彭伯、韦伯。（见上）

二年，圮于耿。（《尚书序》："祖乙圮于耿，作《祖乙》。"）

自耿迁于庇。（《御览》八十三引《纪年》："祖乙滕即位，是为中宗，居庇。"）

三年，命卿士巫贤。（《书·君奭》："在祖乙时，则有若巫贤。"）

八年，城庇。

十五年，命邠侯高圉。

十九年，陟。（《御览》八十三引《史记》："祖乙在位十九年。"《外纪》同。）

祖乙之世，商道复兴，庙为中宗。（原注：《史记》与《无逸》皆无之。 案《御览》引《纪年》："祖乙滕即位，是为中宗。"）

祖辛

名旦。

元年戊子，王即位，居庇。

十四年，陟。（《御览》八十三引《史记》："祖辛在位十六年。"《外纪》同。）

开甲（原注：《史记》作沃甲。 《史记》索隐："沃甲，《系本》作开甲也。"）

名踰。（《御览》八十三引《纪年》："帝开甲踰即位，居庇。"）

元年壬寅，王即位，居庇。（见上）

五年，陟。（《御览》八十三引《史记》："沃甲在位二十五年。"《外纪》："在位二十年。"）

祖丁

名新。

元年丁未，王即位，居庇。（《御览》八十三引《纪年》："祖丁即位，居庇。")

九年，陟。(《御览》八十三引《史记》："祖丁在位三十二年。"《外纪》同。)

南庚

名更。(《御览》八十三引《纪年》："南庚更。")

元年丙辰，王即位，居庇。

三年，迁于奄。(《御览》八十三引《纪年》："南庚更自庇迁于奄。")

六年，陟。(《御览》八十三引《史记》："南庚在位二十九年。"《外纪》同。)

阳甲 (原注：一名和甲。)

名和。

元年壬戌，王即位，居奄。(《御览》八十三引《纪年》："阳甲即位，居奄。")

三年，西征丹山戎。(《大荒北经》注引《竹书》曰："和甲西征，得一丹山。" 案：隶书"和""祖"二字形相近，"和甲"疑"祖甲"之讹。此据郭注讹字，乃有阳甲名和之说矣。)

四年，陟。(《御览》八十三引《史记》："阳甲在位十七年。"《外纪》"七年"。又引《帝王本纪》云"十七年"。)

盘庚

名旬。(《御览》八十三引《纪年》："盘庚旬。")

元年丙寅，王即位，居奄。

七年，应侯来朝。(《水经·滍水注》、《汉书·地理志》注引臣瓒曰："《汲冢古文》殷时已自有应。")

十四年，自奄迁于北蒙，曰殷。(《御览》八十三引《纪年》："盘庚旬自奄迁于北蒙，曰殷。"余见《古本纪年辑校》。)

十五年，营殷邑。

十九年，命邠侯亚圉。

二十八年，陟。(《御览》八十三引《史记》："盘庚在位二十八年。"《外纪》同。)

小辛

名颂。(《御览》八十三引《纪年》："小辛颂即位，居殷。")

元年甲午，王即位，居殷。（见上。）

三年，陟。（《御览》八十三引《史记》："盘庚在位二十一年。"《外纪》同。）

小乙

名敛。（《御览》八十三引《纪年》："小乙敛即位，居殷。"）

元年丁酉，王即位，居殷。（见上）

六年，命世子武丁居于河，学于甘盘。（《书·无逸》："其在高宗，旧劳于外。"伪《书·说命》："余小子旧学于甘盘，既乃遁于荒野，入宅于河。"）

十年，陟。（《御览》八十三引《史记》："小乙在位二十八年。"《外纪》"二十一年"。）

武丁

名昭。

元年丁未，王即位，居殷。

命卿士甘盘。（《书·君奭》："在武丁时，则有若甘盘。"）

三年，梦求傅说得之。（《尚书序》："高宗梦得说。"伪《书·说命》："王宅忧，亮阴三祀，既免丧，其惟弗言，曰：梦帝赉予良弼，其代予言。"）

六年，命卿士傅说。

视学养老。（《王制》："凡养老，殷人以食礼。"又："殷人养国老于右学，养庶老于左学。"又："殷人缟衣而养老。"）

十二年，报祀上甲微。（《鲁语》："上甲微能师契者也，商人报焉。"《孔丛子·论书》篇："《书》曰：惟高宗报上甲微。"）

二十五年，王子孝巳卒于野。（《尸子》："殷高宗之子曰孝巳，其母早死，高宗惑后妻言，放之而死。"）

二十九年，肜祭太庙，有雉来。（《尚书序》："高宗祭成汤，有飞雉升鼎耳而雊，祖己训诸王，作《高宗肜日》。"）

三十二年，伐鬼方。（《易·下经》："高宗伐鬼方。"）

次于荆。（《诗·商颂》："挞彼殷武，奋伐荆楚。"）

三十四年，师克鬼方。（《易·下经》："高宗伐鬼方，三年克之。"）

氐、羌来宾。

四十三年，王师灭大彭。（《郑语》："彭姓：彭祖、豕韦、诸稽，则商灭之矣。")

五十年，征豕韦，克之。（见上）

五十九年，陟。（《古文尚书·无逸》："肆高宗之享国五十有九年。"《御览》八十三引《帝王世纪》："武丁在位五十九年。"此从之。《隶释》录《汉石经》："肆高宗之享国百年。"）

王，殷之大仁也，（《汉书·贾捐之传》）力行王道，不敢荒宁，嘉靖殷邦，至于小大，无时或怨。（四语出《书·无逸》）是时舆地东不过江、黄，西不过氐、羌，南不过荆蛮，北不过朔方，而颂声作。（《汉书·贾捐之传》）礼废而复起。庙号高宗。

祖庚

名曜。（《御览》八十三引《纪年》："祖庚曜居殷。"）

元年丙午，王即位，居殷，作高宗之训。（见上）

十一年，陟。（《御览》八十三引《史记》："祖庚在位七年。"《外纪》同。）

祖甲（原注：《国语》作"帝甲"。）

名载。（《御览》八十三引《纪年》："帝祖甲载居殷。"）

元年丁巳，王即位，居殷。（见上）

十二年，征西戎。

冬，王返自西戎。（原注：祖甲西征，得一丹山。　案：此《大荒北经》注引《竹书》，"祖甲"原注作"和甲"。）

十三年，西戎来宾。

命邠侯组绀。

二十四年，重作汤刑。（《左·昭五年传》："商有乱政，而作汤刑。"）

二十七年，命王子嚣、王子良。（《西京杂记》："霍将军妻产二子，疑所为兄弟，霍光闻之，答书曰：'昔殷王祖甲，一产二子，曰嚣，曰良。'"）

三十三年，陟。（《书·无逸》："肆祖甲之享国三十有三年。"　案：昔人多以祖甲为太甲，郑玄以为武丁子帝甲。《御览》八十三引《史记》："祖甲在位十六年。"《外纪》同。）

王旧在野，及即位，知小人之依，能保惠庶民，不侮鳏寡。（《书·无逸》）洎其末也，繁刑以携远，殷道复衰。（原注：《国语》曰："玄王勤商，十有四世，帝甲乱之，七世而陨。"）

冯辛（原注：《史记》作廪辛。 《汉书·古今人表》亦作冯辛。）

名先。（《御览》八十三引《纪年》："冯辛先居殷。"）

元年庚寅，王即位，居殷。（见上）

四年，陟。（《御览》八十三引《史记》："廪辛在位六年。"《外纪》同。）

庚丁

名嚣。

元年甲午，王即位，居殷。（《御览》八十三引《纪年》："庚丁居殷。"）

八年，陟。（《御览》八十四引《史记》："庚丁在位三十一年。"《外纪》："六年。"又《帝王本纪》云："二十三年。"）

武乙

名瞿。

元年壬寅，王即位，居殷。（《御览》八十三引《纪年》："武乙即位，居殷。"）

邠迁于岐周。（《孟子·梁惠王下》："太王去邠，逾梁山，邑于岐山之下居焉。"）

三年，自殷迁于河北。（《史记·殷本纪》："武乙立，殷复去亳迁河北。" 案正义引《纪年》："自盘庚迁殷，至纣之灭，更不迁都。"此妄取《史记》乱之。）

命周公亶父赐以岐邑。

十五年，自河北迁于沫。（《史记·周本纪》正义引《帝王世纪》："帝乙复济河，北徙朝歌。"）

二十一年，周公亶父薨。

二十四年，周师伐程，战于毕，克之。（《逸周书·史记解》："昔有毕程氏，损禄增爵，群臣貌匮，比而戾民，毕程氏以亡。"）

三十年，周师伐义渠，乃获其君以归。（《逸周书·史记解》："昔者义渠氏有两子，异母皆重，君疾，大臣分党而争，义渠以亡。"）

三十四年，周公季历来朝，王赐地三十里，玉十珏，[1] 马十四。

---

① 遗书本作"觳"。

（《御览》八十三引《纪年》："武乙三十四年，周王季历来朝，武乙赐地三十里，玉十珏，① 马十匹。"）

三十五年，周公季历伐西落鬼戎。（《后汉书·西羌传》注引《纪年》："武乙三十五年，周王季伐西落鬼戎，俘其二十翟王。"）

王畋于河、渭，暴雷震死。（《史记·殷本纪》："武乙猎于河、渭之间，暴雷震死。"《外纪》："武乙在位三年。"又云："《竹书纪年》'武乙三十五年，周俘狄王'。"与《帝王本纪》不同。然则三年者，《帝王本纪》说也。）

文丁（原注：《史记》作大丁，非。　案：《后汉书·西羌传》注、《太平御览》、《通鉴外纪》引《纪年》皆作大丁，惟《北堂书钞》四十一引《纪年》作"文丁"，《御览》八十三引《帝王世纪》："文丁，一曰大丁。"）

名托。

元年丁丑，王即位，居殷。（原注：自沬归殷邑。）

二年，周公季历伐燕京之戎，败绩。（《后汉书·西羌传》注引《纪年》："太丁三年，周人伐燕京之戎，周师大败。"）

三年，洹水一日三绝。（《御览》八十三引《纪年》："太丁三年，洹水一日三绝。"）

四年，周公季历伐余无之戎，克之，命为牧师。（《后汉书·西羌传》注引《纪年》："太丁四年，周人伐余无之戎，克之，周王季命为殷牧师。"）

五年，周作程邑。（《路史·国名纪》："程，王季之居。"）

七年，周公季历伐始呼之戎，克之。（《后汉书·西羌传》注引《纪年》："太丁七年，周人伐始呼之戎，克之。"）

十一年，周公季历伐翳徒之戎，获其三大夫，来献捷。（《后汉书·西羌传》注引《纪年》："十一年，周人伐翳徒之戎，捷其三大夫。"《外纪》引作"十三年"。）

王杀季历。（《晋书·束晢传》、《史通·疑古》篇、《杂说》篇引《纪年》："文丁杀季历。"《书钞》四十一引"文丁杀周王"云云。）

　　王嘉季历之功，锡之圭瓒、秬鬯，九命为伯。既而执诸塞库，季历困而死，因谓文丁杀季历。（原注：执王季于塞库，羁文王于玉门，郁尼之情，辞以作歌，其传久矣。　案：庾信《齐王宪碑》："囚

────────

① 遗书本作"彀"。

箕子于塞库，羁文王于玉门。"）

十二年，（原注：周文王元年）有凤集于岐山。（《周语》："周之兴也，鸑鷟鸣于岐山。"）

十三年，陟。（《御览》八十三引《史记》："太丁在位三年。"《外纪》同。）

帝乙

名羡。

元年庚寅，王即位，居殷。（《御览》八十三引《纪年》："帝乙居殷。"）

三年，王命南仲，西拒昆夷，城朔方。（《诗·小雅》："王命南仲，往城于方。"传："王，殷王也。"）

夏六月，周地震。（《吕氏春秋·制乐》篇："周文王立国八年，岁六月，文王寝疾，五日而地动，东西南北，不出国郊。"）

九年，陟。（《御览》八十三引《帝王世纪》"帝乙在位三十七年。"《外纪》同。）

帝辛

名受。（原注：即纣也，曰受辛。）

元年己亥，王即位，居殷。（《御览》八十三引《纪年》："帝辛受居殷。"）

命九侯、周侯、邘侯。（原注：周侯为西伯昌。《史记·殷本纪》："以西伯、九侯、鄂侯为三公。"徐广曰："'鄂'一作'邘'。"）

三年，有雀生鹯。（《说苑·敬慎》篇："昔者殷王帝辛之时，爵生乌于城之隅。"）

四年，大蒐于黎。（《左·昭四年传》："商纣为黎之蒐，东夷叛之。"）

作炮烙之刑。（《史记·殷本纪》："乃重辟刑，有炮烙之法。"）

五年夏，筑南单之台。

雨土于亳。（《墨子·非攻下》："还至〔于〕（乎）商王纣，天不序其德，祀用失时，兼夜中，十日，雨土于薄。"）

六年，西伯初禴于毕。（《唐书·历志》："至纣六祀，周文王初禴于毕。"）

九年，王师伐有苏，获妲己以归。（《晋语》："殷辛伐有苏，有苏氏以妲己女焉。")

作琼室，立玉门。(《文选·东京赋》、《吴都赋》注引《纪年》："殷纣作琼室，立玉门。")

十年夏六月，王畋于西郊。(《御览》八十三引《帝王世纪》："纣六月，发民猎于西土。")

十七年，西伯伐翟。

冬，王游于淇。(《水经·淇水注》："老人晨将渡淇，而沈吟难济。纣问其故，左右曰：'老者髓不实，故晨寒也。'纣乃于此斩胫而视髓也。")

二十一年春正月，诸侯朝周。

伯夷、叔齐自孤竹归于周。(《史记·伯夷列传》："伯夷、叔齐闻西伯昌善养老，盍往归焉。")

二十二年冬，大蒐于渭。

二十三年，囚西伯于羑里。(《史记·殷本纪》："纣囚西伯羑里。")

二十九年，释西伯，诸侯逆西伯归于程。(《左·襄二十一年》："纣囚文王七年，诸侯皆从之囚，纣于是乎惧而归之。"《逸周书·程寤解》："文王去商在程。")

三十年春三月，西伯率诸侯入贡。(《左·襄四年传》："文王率商之叛国以事纣。")

三十一年，西伯治兵于毕，得吕尚以为师。(《史记·齐太公世家》："西伯猎，遇太公望于渭之阳，立为师。")

三十二年，五星聚于房。(《文选·始出尚书省诗》注、《褚渊碑》注、《安陆昭王碑》注、《类聚》十、《御览》五引《春秋元命苞》："殷纣之时，五星聚于房。")

有赤乌集于周社。(《墨子·非攻下》："赤乌衔珪，降周之岐社，曰：'天命周文王，伐殷有国。'")

密人侵阮，西伯帅师伐密。(《诗·大雅》："密人不恭，敢拒大邦，侵阮徂共，王赫斯怒，爰整其旅，以遏徂旅。")

三十三年，密人降于周师，遂迁于程。(《逸周书·大匡解》："惟周王宅程。")

王锡命西伯，得专征伐。(《史记·殷本纪》："乃赦西伯，赐之弓矢、斧钺，得专征伐。")

　约案：文王受命九年，大统未集，盖得专征伐，受命自此年始。

三十四年，周师取耆及邘，遂伐崇，崇人降。（《史记·周本纪》：
"受命，明年伐犬戎，明年伐密须，明年败耆国，明年伐邘，明年伐崇侯虎，而
作丰邑。明年西伯崩。"《左·襄三十一年》正义："《尚书大传》：文王一年质
虞、芮，二年伐于，三年伐密须，四年伐畎夷，纣乃囚之。"《文王世子》正义
引《大传》："五年文王出，则克耆，六年伐崇，则称王。"二说不同，此本
《大传》及《史记》，而系年又异。）

冬十二月，昆夷侵周。（《诗·采薇》正义引《帝王世纪》："文王受命
四年春正月丙子，昆夷侵周，一日三至周之东门。"此在受命三年冬十二月，盖
以殷正差之也。）

三十五年，周大饥。（《逸周书·大匡解》："惟周王宅程三年，遭天之
大荒。"）

西伯自程迁于丰。（《诗·大雅》："既伐于崇，作邑于丰。"）

三十六年春正月，诸侯朝于周，遂伐昆夷。（《尚书大传》："四年伐
畎夷。"）

西伯使世子发营镐。（《诗·大雅》："考卜维王，宅是镐京，维龟正之，
武王成之。"）

三十七年，周作辟雍。（《诗·大雅》："镐京辟雍。"）

三十九年，大夫辛甲出奔周。（《史记·周本纪》："辛甲大夫之徒，皆
往归焉。"）

四十年，周作灵台。（《诗·大雅》："经始灵台。"）

王使胶鬲求玉于周。（《韩非子·喻老》："周有玉版，纣令胶鬲索之，
文王不与。"）

四十一年春三月，西伯昌薨。（原注：周文王葬毕，毕西于丰三十里。
《汉书·刘向传》："文王、周公葬于毕。"注："臣瓒曰：'《汲郡古文》：毕
西于丰三十里。'"）

四十二年，（原注：周武王元年）西伯发受丹书于吕尚。（《大戴礼
记》："武王践阼三日，召师尚父而问焉，曰：'昔黄帝、颛顼之道存乎？'师尚
父曰：'在丹书。'"）

有女子化为丈夫。（《墨子·非攻下》："时有女为男。"）

四十三年，春大阅。

崤山崩。（《淮南·俶真训》："逮至殷纣，崤山崩，三川涸。"又《览冥

训》：“峗山崩而薄落之水涸。”)

四十四年，西伯发伐黎。(《书·西伯戡黎》。)

四十七年，内史向挚出奔周。(《吕氏春秋·先识览》：“殷内史向挚见纣之愈乱迷惑也，于是载其图法，出亡之周。”)

四十八年，夷羊见。(《周语》：“商之亡也，夷羊在牧。”)

二日并出。(《通鉴外纪》：“纣即位以来，两日见。”)

五十一年冬十一月戊子，周师渡孟津而还。(《尚书序》：“惟十有一年，武王伐殷，一月戊午，师渡孟津。”)

王囚箕子，杀王子比干，微子出奔。(《论语》：“微子去之，箕子为之奴，比干谏而死。”)

五十二年庚寅，周始伐殷。(《唐书·历志》引《纪年》：“武王十一年庚寅，周始伐商。”)

秋，周师次于鲜原。(《逸周书·和寤解》：“王乃出图商，至于鲜原。”)

冬十有二月，周师有事于上帝，庸、蜀、羌、髳、微、卢、彭、濮，从周师伐殷。(原注：伐殷至邢丘，更名邢丘曰怀。　伪《书·武成》：“底商之罪，告于皇天后土。”《书·牧誓》：“及庸、蜀、羌、髳、微、卢、彭、濮人。”原注：十六字见《韩诗外传》三。)

汤灭夏，以至于受，二十九王，用岁四百九十六年。(原注：始癸亥，终戊寅。　《史记·殷本纪》集解引《纪年》、《文选·六代论》注、《通鉴外纪》分引。原注“戊寅”乃“庚寅”之讹。　案：自癸亥至庚寅，实五百八年，而以诸帝积年计之亦同，并与都数不合。盖以汤元年为癸亥，本于《唐书·历志》张说《历议》，而以周始伐商为庚寅，则本《历议》所引《纪年》。二者本不同源，无怪与《古纪年》积年不合也。原注见其不合，乃改为“戊寅”，然不免与本书诸帝积年及岁名相龃龉。盖书与注亦非尽出一人之手，或虽出一手而前后未照也。《古纪年》用岁四百九十六年，与《易纬稽览图》同。)

卷　下

周武王

名发。初，高辛氏之世，妃曰姜嫄，助祭郊禖，见大人迹履之，当时歆如有人道感己，遂有身而生男。以为不祥，弃之阨巷，羊牛避而不践；又送之山林之中，会伐林者〔荐覆之〕；又取而置寒冰上，大鸟以一翼藉覆之。姜嫄以为异，乃收养焉，名之曰弃。枝颐有异相，长为尧稷官，有功于民。后稷之孙曰公刘，有德，诸侯皆以天子之礼待之。初，黄帝之世谶言曰："西北为王，期在甲子，昌制命，发行诛，旦行道。"及公刘之后，十三世而生季历。季历之十年，飞龙盈于殷之牧野，此盖圣人在下位将起之符也，季历之妃曰太任，梦长人感己，溲于豕牢而生昌，是为周文王，龙颜虎肩，身长十尺，胸有四乳。太王曰："吾世当有兴者，其在昌乎！"季历之兄曰太伯，知天命在昌，适越终身不反，弟仲雍从之，故季历为嗣以及昌。昌为西伯，作邑于丰。文王之妃曰太姒，梦商庭生棘，太子发植梓树于阙间，比为松柏棫柞，以告文王，文王币率群臣，与发并拜吉梦。季秋之甲子，赤爵衔书及丰，置于昌户，昌拜稽首受。其文要曰："姬昌苍帝子，亡殷者纣王。"将畋，史编卜之曰："将大获，非熊非罴，天遣太师以佐昌，臣太祖史畴为禹卜畋，得皋陶，其兆类此。"至于磻溪之水，吕尚钓于涯，王下趋拜曰："望公七年，乃今见光景于斯。"尚立变名答曰："望钓得玉璜，其文要曰：'姬受命，昌来提，撰尔洛钤报在齐。'"尚出游，见赤人自洛出，授尚书："命曰吕，佐昌者子。"文王梦日月著其身，又鸑鷟鸣于岐山。孟春六旬，五纬聚房。后有凤凰衔书，游文王之都，书又曰："殷帝无道，虐乱天下，星命已移，不得复久，灵祇远离，百神吹去，五星聚房，昭理四海。"文王既没，太子发代立，是为武王，武王骈齿望羊。将伐纣，至于孟津，八百诸侯不期而会，咸曰："纣可伐矣！"武王不从。及纣杀比干，囚箕子，微子去之，乃伐纣。渡孟津，中流，白鱼跃入王舟，王俯取鱼，长三尺，目下有赤文成字，言纣可伐，王写以世字，鱼文消，燔鱼以告天。有火自天止于王屋，流为赤乌，乌衔谷焉，谷者，纪后稷之德；火者，燔鱼以告天，天火流下，应以告也。遂东伐纣，胜于牧野，兵不血刃，而天下归之。乃封吕尚于齐。周德既隆，草木茂盛，蒿堪为宫室，因名蒿室（中华书局校点本作蒿宫），既有天下，遂都于镐。（以上除首二字、末八字，皆出《宋书·符瑞志》。）

十二年辛卯，王率西夷诸侯伐殷，败之坶野。(《水经·清水注》引《纪年》："王率西夷诸侯伐殷，败之于坶野。")

王亲禽受于南单之台，遂分天之明。(《水经·淇水注》引《纪年》："王亲禽帝受辛于南单之台，遂分天之明。"《初学记》二十四引："王亲禽受于南单之台。")

立受子禄父，是为武庚。(《史记·殷本纪》："封纣子武庚禄父，以续殷祀。")

夏四月，王归于丰，飨于太庙。(《汉书·律历志》："《逸书·武成》：'惟四月既旁生霸，粤六日庚戌，武王燎于周庙。'"伪《书·武成》："厥四月哉生明，王来自商，至于丰，丁未祀于周庙。")

命监殷。(《逸周书·作雒解》："武王克殷，乃立王子禄父，俾守商祀，建管叔于东，建蔡叔、霍叔于殷，俾监殷臣。")

遂狩于管。(《逸周书·大匡解》又《文政解》："惟十有三祀，王在管。")

作《大武》乐。(《吕氏春秋·古乐》篇："武王乃命周公作为《大武》。")

十三年，巢伯来宾。(《尚书序》："巢伯来朝，芮伯作《旅巢命》。")

荐殷于太庙。(《逸周书·世俘解》："辛亥，荐俘殷王鼎。癸丑，荐殷俘王士百人。"　案：此是克殷年事。)

遂大封诸侯。(《尚书序》："武王既胜殷，邦诸侯。")

秋，大有年。(《诗·周颂》："绥万邦，屡丰年。")

十四年，王有疾，周文公祷于坛墠，作《金縢》。(《书·金縢》："既克商二年，王有疾，弗豫。"序："周公作《金縢》。")

十五年，肃慎氏来宾。(《鲁语》："昔武王克商，通道于九夷八蛮，肃慎氏贡楛矢、石砮。")

初狩方岳，诰于沫邑。(《书·酒诰》："王若曰：明大命于妹邦。")

冬，迁九鼎于洛。(《左·桓二年传》："武王克商，迁九鼎于洛邑。")

十六年，箕子来朝。(《史记·宋微子世家》："其后箕子朝周。")

秋，王师灭蒲姑。(《左·昭九年传》："及武王克商，蒲姑、商、奄，吾东土也。")

十七年，命王世子诵于东宫。(《逸周书·武儆解》："惟十有二祀四月，王告梦。丙辰，出金枝郊宝开和细书，命〔召〕(诏)周公旦立后嗣，属小子诵文及宝典。")

冬十有二月，王陟，年九十四。(《史记·周本纪》集解："皇甫谧曰：

武王定位元年，岁在乙酉，六年庚寅崩。"《逸周书·作雒解》："武王克殷既归，乃岁十二月崩镐。"《御览》八十四引《帝王世纪》："十年冬，王崩于镐，时年九十三岁。"《路史·发挥》四："案《竹书纪年》，武王年五十四。"）

成王

名诵。（《逸周书·武儆解》："属小子诵。"《史记·周本纪》："武王崩，太子诵代立。"）

元年丁酉春正月，王即位，命冢宰周文公总百官。（《史记·周本纪》："成王少，周公乃摄行政当国。"）

庚午，周公诰诸侯于皇门。（《逸周书·皇门解》："惟正月庚午，周公格左闳门，会群臣。"）

夏六月，葬武王于毕。（《逸周书·作雒解》："元年夏六月，葬武王于毕。"）

秋，王加元服。（《大戴礼记·公冠篇》："成王冠。"）

武庚以殷叛。（《史记·周本纪》："周公乃摄行政当国，管叔、蔡叔群弟疑周公，与武庚作乱畔周。"）

周文公出居于东。（《书·金縢》："周公居东。"）

二年，奄人、徐人及淮夷入于邶以叛。（《逸周书·作雒解》："周公立相天子，三叔及殷东徐、奄及熊盈以略。"）

秋，大雷电以风，王逆周文公于郊。（《书·金縢》："秋大熟，未获，天大雷电以风，王曰：'今天动威以彰周公之德，惟朕小子其新逆。'王出郊。"）

遂伐殷。（《尚书序》："周公相成王，将黜殷，作《大诰》。"）

三年，王师灭殷，杀武庚禄父。（《逸周书·作雒解》："二年，又作师旅，临卫政殷。殷大震溃，降辟三叔，王子禄父北奔。"）

迁殷民于卫。（《尚书序》："成王以殷余民封康叔。"《左·定四年传》："分康叔以殷民七族。"）

遂伐奄。（《孟子·滕文公下》："伐奄，三年讨其君。"）

灭蒲姑。（原注：姑与四国作乱，故周文公伐之。 《汉书·地理志》："薄姑氏与四国共作乱，成王灭之。"）

四年春正月，初朝于庙。（《诗序》："《闵予小子》，嗣王朝于庙也。"）

夏四月，初尝麦。（《逸周书·尝麦解》："惟四年孟夏，王乃尝麦于大祖。"）

王师伐淮夷，遂入奄。（《尚书序》："成王东伐淮夷，遂践奄，作《成王政》。"）

五年春正月，王在奄，迁其君于蒲姑。（《尚书序》："成王既践奄，将迁其君于蒲姑。"）

夏五月，王至自奄。（《书·多方》："惟五月丁亥，王来自奄，至于宗周。"）

迁殷民于洛邑。（《尚书序》："成周既成，迁殷顽民。"）

遂营成周。（《尚书大传》："五年营成周。"）

六年，大蒐于岐阳。（《左·昭四年传》："成有岐阳之蒐。"）

七年，周公复政于王。（《明堂位》："七年，致政于成王。"《尚书大传》："七年，致政成王。"）

春二月，王如丰。（《书·召诰》："惟二月既望，越六日乙未，王朝步自周，则至于丰。"）

三月，召康公如洛度邑。（《书·召诰》："越若来三月，惟丙午朏，越三日戊申，太保朝至于洛汭，卜宅，厥既得卜，则经营。"）

甲子，周文公诰多士于成周，遂城东都。（《书·召诰》："甲子，周公乃朝用书命庶殷：侯、甸、男、邦伯。厥既命殷庶，庶殷丕作。"又《多士》："惟三月，周公初于新邑洛，用告商王士。"）

王如东都，诸侯来朝。（《书·洛诰》："孺子来相宅。"又云："汝其敬识百辟享。"）

冬，王归自东都。（《书·洛诰》："戊辰，王在新邑。""在十有二月，惟周公诞保文武受命，惟七年。"历家皆以戊辰为十二月晦，此云"冬王归自东都"者，盖伪此书者以《古纪年》用夏正，故云尔也。）

立高圉庙。（《鲁语》："高圉、大王，能帅稷者也，周人报焉。"）

八年春正月，王初莅阼亲政。（《文王世子》："成王幼，不能莅阼。"）

命鲁侯禽父、齐侯伋迁庶殷于鲁。（《左·定四年传》："分鲁公以殷民六族。"）

作《象舞》。（《吕氏春秋·古乐》篇："商人服象，为虐于东夷，周公遂以师逐之，至于江南，乃为《三象》，以彰其德。"）

冬十月，王师灭唐，迁其民于杜。（《左·襄二十四年传》："在周为唐杜氏。"又《昭元年传》："及成王灭唐。"）

九年春正月，有事于太庙，初用《勺》。（《春秋繁露·三代改制质文》篇："周公辅成王，作《汋乐》以奉天。"）

肃慎氏来朝，王使荣伯锡肃慎氏命。（《尚书序》："成王既伐东夷，息慎来贺，王俾荣伯作《贿息慎之命》。"）

十年，王命唐叔虞为侯。（《左·昭元年传》："及成王灭唐，而封大叔焉。"）

越裳氏来朝。（《尚书大传》："成王之时，越裳重译而来朝。"）

周文公出居于丰。（《通鉴外纪》："周公归政三年之后，老于丰。"）

十一年春正月，王如丰。

唐叔献嘉禾，王命唐叔归禾于周文公。（《尚书序》："唐叔得禾，异亩同颖，献诸天子。王命唐叔归周公于东，作《归禾》。周公既得命禾，旅天子之命，作《嘉禾》。"）

王命周平公治东都。（《尚书序》："周公既没，命君陈分正东郊成周，作《君陈》。"）

　　约按：周平公即君陈，周公之子，伯禽之弟。

十二年，王师、燕师城韩。（《诗·大雅》："溥彼韩城，燕师所完。"）

王锡韩侯命。（《左·僖二十四年传》："邘、晋、应、韩，武之穆也。"）

十三年，王师会齐侯、鲁侯伐戎。

夏六月，鲁大禘于周公庙。（《明堂位》："季夏六月，以禘礼祀周公于太庙。"）

十四年，秦师围曲城，克之。（"秦"，孙之騄本作"齐"。《晏子春秋·内篇·谏下第二》："丁公伐曲沃，胜之。"《类聚》二十四引作"丁公伐曲城"。）

冬，洛邑告成。

十八年春正月，王如洛邑，定鼎。（《左·宣三年传》："成王定鼎于郏鄏。"）

凤凰见，遂育事于河。（《宋书·符瑞志》，见下附注。）

　　武王没，成王少，周公旦摄政七年，制礼作乐，神鸟凤凰见，蓂荚生。乃与成王观于河、洛，沈璧。礼毕，王退俟，至于日昃，荣光并出幕河，青云浮至，青龙临坛，衔玄甲之图，坐之而去。礼于洛，亦如之，玄龟、青龙、苍光止于坛，背甲刻书，赤文成字，周公援笔以世文写之，书成文消，龟随甲而去。其言自周公讫于秦、汉盛衰之符。麒麟游苑，凤凰翔庭，成王援琴而歌曰："凤凰翔兮于紫庭，余何德兮以感灵。赖先王兮恩泽臻，于胥乐兮民以宁。"（出《宋书·符瑞志》）

十九年，王巡狩侯、甸、方岳，召康公从。（《周礼·大行人》："十有二岁，王巡狩殷国。"作伪者以成王亲政，至①是十有二年，故为此语。）

归于宗周，遂正百官。（伪《书·周官》："惟周王抚万邦，巡侯、甸，归于宗周，董正治官。"）

黜丰侯。（《说文解字·丰部》："乡饮酒有丰侯者。"阮谌《三礼图》："丰，国名也，坐酒亡国。"崔骃《酒箴》："丰侯沈湎，荷罂抱缶，自戕于世，图形戒后。"）

二十一年，除治象。（《周礼·太宰》："乃县治象之法于象魏。"）

周文公薨于丰。（《尚书序》："周公在丰，将没，欲葬成周。公薨，成王葬于毕。"）

二十二年，葬周文公于毕。（见上。）

二十四年，於越来宾。

二十五年，王大会诸侯于东都，四夷来宾。（《逸周书·王会解》，文繁不具。）

冬十月，归自东都，大事于太庙。

三十年，离戎来宾。（《逸周书·史记解》："昔者林氏召离戎之君而朝之，至而不礼，留而不亲。离戎逃而去之，林氏伐之，天下叛林氏。"）

　　约按：离戎，骊山之戎也。为林氏所伐，告于成王。

三十三年，王游于卷阿，召康公从。（《诗序》："《卷阿》，召康公戒成王也。"）

归于宗周。

命世子钊如房逆女，房伯祈归于宗周。（《周语》："昭王娶于房，曰房后。"此以为康王，殆涉昭王而误。）

三十四年，雨金于咸阳。（《述异记》下："周成王时，咸阳雨金。"）

　　约案：咸阳天雨金，三年，国有大丧。

---

① 遗书本作"自"。

三十七年夏四月乙丑，王陟。（《书·顾命》："惟四月哉生魄，王不怿。乙丑，王崩。"《汉书·律历志》："成王三十年四月庚戌朔，十五日甲子哉生霸，故《顾命》曰：'惟四月哉生霸，王有疾，不豫。甲子，王乃洮沫水'，作《顾命》。翌日乙丑，成王崩。"《通鉴外纪》："成王在位三十年，通周公摄政，三十七年。"）

康王

名钊。（见《书·顾命》、《康王之诰》。《史记·周本纪》："成王崩，太子钊立。"）

元年甲戌春正月，王即位，命冢宰召康公总百官。

诸侯期于丰宫。（《左·昭四年传》："康有丰宫之朝。"）

三年，定乐歌。

吉禘于先王。

申戒农官，告于庙。（《诗序》："《臣工》，诸侯助祭，遣于庙（也）。"朱子《集传》："此戒农官之诗也。"）

六年，齐太公薨。（《太公吕望表》引《纪年》："康王六年，齐太公望卒。"）

九年，唐迁于晋，作宫而美，王使人让之。（《书钞》十八引《纪年》："晋侯作宫而美，康王使让之。"）

十二年夏六月壬申，王如丰，锡毕公命。（《汉书·律历志》："康王十二年六月戊辰朔，三日庚午，故《毕命丰刑》曰：'惟十有二年六月庚午朏，王命作册《丰刑》。'"伪《书·毕命》："惟十有二年六月庚午朏，越三日壬申，王朝步自宗周，至于丰，以成周之众命毕公保厘东郊。"）

秋，毛懿公薨。

十六年，锡齐侯伋命。

王南巡狩，至九江、庐山。（《御览》五十四引《寻阳记》："庐山西南，有康王谷。"）

十九年，鲁侯禽父薨。（《汉书·律历志》："成王元年，此命伯禽俾侯于鲁之岁也。鲁公伯禽推即位四十六年，至康王十六年而薨。"此作十九年。案：下"二十一年，鲁作茅阙门"，乃炀公时事，二十一年炀公已即位，前此尚有考公四年，则此书亦当从《汉志》说，以鲁公薨在康王十六年也。"十九年"三字疑衍。）

二十一年，鲁筑茅阙门。（《史记·鲁周公世家》："鲁公伯禽卒，子考公酋立。考公四年卒，立弟熙，是为炀公。炀公筑茅阙门。"以《汉志》伯禽薨年推之，此岁为炀公元年。）

二十四年，召康公薨。

二十六年秋九月己未，王陟。（《御览》八十四引《帝王世纪》："康王在位二十六年崩。"《外纪》同。）

昭王

名瑕。（《史记·周本纪》："康王崩，子昭王瑕立。"）

元年庚子春正月，王即位，复设象魏。（案：前于成王二十一年云"除治象"，至此复设象魏，凡四十三年。盖作伪者见《文选》注及《御览》引《纪年》"成康之世，天下安宁，刑措四十馀年不用"，乃书此以影射之也。）

六年，王锡郇伯命。（《诗·曹风》："四国有王，郇伯劳之。"）

冬十二月，桃李华。

十四年夏四月，恒星不见，（《广宏明集》十一释法琳引《周书异记》："周昭王即位二十四年甲寅岁四月八日，江河泉池忽然泛涨，井泉并皆溢出，宫殿人舍，山川大地悉皆震动。其夜五色光气入贯紫微，遍于西方，尽作青红色，周昭王问太史苏由曰：'此何祥也？'由对曰：'有大圣人生于西方，故现此瑞。'"）

秋七月，鲁人弑其君宰。（《史记·鲁世家》："炀公六年卒，子幽公宰立。幽公十四年，幽公弟溃杀幽公而自立。"）

十六年，伐楚，涉汉，遇大兕。（《初学记》七引《纪年》："周昭王十六年，伐楚荆，涉汉，遇大兕。"）

十九年春，有星孛于紫微。（《御览》八百七十四引《纪年》："周昭王末年，夜清，五色光贯紫微。其年王南巡不返。"）

祭公、辛伯从王伐楚。（《吕氏春秋·音初》篇："周昭王将亲征荆蛮，辛余靡长且多力，为王右，还反及汉，梁败，王及祭公陨于汉中，辛余靡振王北济，反振祭公，周乃侯之于西翟。"）

天大曀，雉兔皆震，丧六师于汉。（《初学记》七引《纪年》："周昭王十九年，天大曀，雉兔皆震，丧六师于汉。"《开元占经》一百一、《御览》九百七引上二句。）

王陟。（《御览》八十四引《帝王世纪》："昭王在位五十一年。"《外纪》同，又引皇甫谧曰："在位二年。"）

穆王

名满。(《史记·周本纪》:"立昭王子满,是为穆王。")

元年己未春正月,王即位,作昭宫。

命辛伯余靡。(《吕氏春秋·音初》篇语,见上。)

冬十月,筑祇宫于南郑。(《穆天子传》注引《纪年》:"穆王元年,筑祇宫于南郑。")

自武王至穆王,享国百年。(《晋书·束皙传》引《纪年》)穆王以下都于西郑。(《汉书·地理志》注)

六年春,徐子诞来朝,锡命为伯。(《后汉书·东夷传》:"穆王分东方诸侯,命徐偃王主之。")

八年,北唐来宾,献一骊马,是生骐耳。(《穆天子传》注引《纪年》:"北唐之君来见,以一骊马,是生骐耳。"《史记·秦本纪》集解引"骊"作"骊"。)

九年,筑春宫。(原注:王所居有春宫、郑宫。)(《御览》一百七十三引《纪年》:"穆王所居春宫、郑宫。")

十一年,王命卿士祭公谋父。

十二年,毛公班、井公利、逢公固帅师从王伐犬戎。(《穆天子传》:"命毛班、逢固先至于周,又乃命井利、梁固聿将六师。")

冬十月,王北巡狩,遂征犬戎。(《穆天子传》:"天子北征于犬戎。")

十三年春,祭公帅师从王西征,次于阳纡。(《类聚》九十一引《纪年》:"穆王十三年,西征,至于青鸟之所憩。"《穆天子传》:"天子西征,鹜行至于阳纡之山,河宗柏天先白□,天子使郊父受之。")

秋七月,西戎来宾。

徐戎侵洛。(《后汉书·东夷传》:"徐夷僭号,乃率九夷,以伐宗周,西至河上。")

冬十月,造父御王,入于宗周。(《史记·秦本纪》:"造父以善御幸于周缪王,得赤骥、温骊、骅骝、骝耳之驷,西巡狩,乐而忘归。徐偃王作乱,造父为缪王御,长驱归周,一日千里以救乱。")

十四年,王帅楚子伐徐戎,克之。(《后汉书·东夷传》:"穆王后得骥騄之乘,乃使造父御 [之](以) 告楚,令伐徐,一日而至,于是楚文王大举兵而灭之。")

夏四月，王畋于军丘。（《穆天子传》："□辰，天子次于军丘，以畋于薮□。"）

五月，作范宫。（《穆天子传》："甲寅，天子作居范宫。"）

秋九月，翟人侵毕。（《穆天子传》："季秋，□乃宿于房，毕人告戎曰：'陵翟来侵。'"）

冬，蒐于萍泽。（《穆天子传》："季冬丙辰，天子筮猎苹泽。"）

作虎牢。（《穆天子传》："有虎在于葭中，天子将至，七萃之士高奔戎，请生捕虎，必全之。乃生捕虎而献之，天子命之为柙，而畜之东虞，是为虎牢。"）

十五年春正月，留昆氏来宾。（《穆天子传》："留昆归玉百枚。"注："留昆国见《纪年》。"）

作重璧台。（《穆天子传》："天子乃为之台，是曰重璧之台。"）

冬，王观于盐泽。（原注：一作"王幸安邑，观盐池"，非是。　《穆天子传》："仲冬戊子，至于鹽。"注："鹽，盐池。"）

十六年，霍侯旧薨。（《穆天子传》："霍侯旧告薨。"）

王命造父封于赵。（《史记·秦本纪》："缪王以赵城封造父。"）

十七年，王西征昆仑丘，见西王母。其年，西王母来朝，宾于昭宫。（《穆天子传》注引《纪年》："穆王十七年，西征昆仑丘，见西王母。其年来见，宾于昭宫。"《西次三经》注引："穆王五十七年，西王母来见，宾于昭宫。"）

秋八月，迁戎于太原。（《汉书·西羌传》："王乃西征犬戎，获其五王，遂迁戎于太原。"）

王北征，行流沙千里，积羽千里，（《大荒北经》注引《纪年》）征犬戎，取其五王以东。（《穆天子传》注引《纪年》）西征，至于青鸟所解。（原注：三危山。　《西次三经》注引《纪年》。）西征还里，天下亿有九万里。（《穆天子传》注引《纪年》）

十八年春正月，王居祇宫，诸侯来朝。

二十一年，祭文公薨。（《逸周书·祭公解》："谋父疾维不瘳。"）

二十四年，王命左史戎夫作记。（《逸周书·史记解》："维正月，王在成周，昧爽，召三公左史戎夫曰：'今夕朕寤，遂事惊予，乃取遂事之要戒，俾戎夫主之，朔望以闻。'"）

三十五年，荆人入徐，毛伯迁帅师败荆人于泲。

三十七年，大起九师，东至于九江，架鼋鼍以为梁，遂伐越，至于纡。（《文选·恨赋》注引《纪年》："穆王三十七年伐越，大起九师，东至于九江，叱鼋鼍以为梁。"《路史·国名纪》："纡，穆王伐之，大起九师，东至九江，蚖蝉为梁。"亦本《纪年》。此兼取二书，遂云"伐越至于纡"矣。）

荆人来贡。（《类聚》九引《纪年》："穆王三十七年，伐楚。"）

三十九年，王会诸侯于涂山。（《左·昭四年传》："穆有涂山之会。"）

四十五年，鲁侯渍薨。（《史记·周鲁公世家》："幽公弟渍杀幽公而自立，是为魏公。魏公五十年卒。"）

五十一年，作《吕刑》，命甫侯于丰。（《书·吕刑》："惟吕命王享国百年，耄荒，度作刑以诘四方。" 案：《史记·周本纪》言"穆王即位，春秋已五十矣"，《吕刑》云"王享国百年"，故系之于五十一年。）

五十五年，王陟于［祇］（祇）宫。（《御览》八十四引《史记》："穆王在位五十五年。"《帝王世纪》同。《左·昭十二年传》："王是以获没于［祇］（祇）宫。"）

共王

　　名繄扈。（《史记·周本纪》："穆王崩，子共王繄扈立。"索隐："《世本》作'伊扈'。"）

元年甲寅春正月，王即位。

四年，王师灭密。（《周语》："共王游于泾上，密康公从。有三女奔之，康王弗献，一年王灭密。"）

九年春正月丁亥，王使内史良锡毛伯迁命。（《考古图·邿敦铭》："惟二年正月初吉，王在周邵宫。丁亥，王格于宣射。毛伯内门立中庭，右祝郱，王呼内史册命鄨。""鄨"从"舅"，即"迁"字，前人当有释为"迁"字者，乃伪为此条。不知敦铭中毛伯与鄨，实二人，非一人也。）

十二年，王陟。（《御览》八十四引《帝王世纪》："共王在位二十年。"《外纪》："在位十年。"又引皇甫谧曰："在位二十五年。"）

懿王

　　名坚。（《史记·周本纪》："共王崩，子懿王囏立。"索隐："《世本》作'坚'。"）

元年丙寅春正月，王即位。

天再旦于郑。(《事类赋》注、《御览》二引《纪年》:"懿王元年,天再旦于郑。")

七年,西戎侵镐。(见下)

十三年,翟人侵岐。(《汉书·匈奴传》:"至穆王之孙懿王时,王室遂衰,戎狄交侵,暴虐中国。"此与上条,即据《汉书》为之。)

十五年,王自宗周迁于槐里。(《汉书·地理志》:"右扶风槐里,周曰犬丘,懿王都之。")

十七年,鲁厉公擢嬛。(《史记·鲁周公世家》:"魏公卒,子厉公擢立。厉公三十七年卒。")

二十一年,虢公帅师北伐犬戎,败逋。

二十五年,王陟。(《御览》八十四引《史记》:"懿王在位二十五年。"《外纪》同。)

懿王之世,兴起无节,号令不时,挈壶氏不能共其职,于是诸侯携德。

孝王

名辟方。(《史记·周本纪》:"懿王崩,共王弟辟方立,是为孝王。")

元年辛卯春正月,王即位。

命申侯伐西戎。(《史记·秦本纪》:"申侯之女为大骆妻,生子成,为适。申侯乃言孝王曰:'昔我先骊山之女为戎胥轩妻,生中潏,以亲故归周,保西垂,西垂以其故和睦。今我复与大骆妻,生适子成,申、骆重婚,西戎皆服,所以为王。'")

五年,西戎来献马。

七年冬,大雨电,江、汉水。(原注:牛马死,是年厉王生。　《御览》八十四引《史记》:"周孝王七年,厉王生。冬,大雨雹,牛马死,江、汉俱冻。")

八年初,牧于汧、渭。(《史记·秦本纪》:"非子居犬丘,周孝王召使主马于汧、渭之间。")

九年,王陟。(《御览》八十四引《史记》:"孝王在位十五年。"《外纪》同。)

夷王

名燮。（《史记·周本纪》："孝王崩，诸侯复立懿王太子燮，是为夷王。"）

元年庚子春正月，王即位。

二年，蜀人、吕人来献琼玉，宾于河，用介珪。（《书钞》三十一、《御览》八十四引《纪年》："夷王二年，蜀人、吕人来献琼玉，宾于河，用介珪。"）

三年，王致诸侯，烹齐哀公于鼎。（《御览》八十四引《纪年》："三年，王致诸侯，烹齐哀公于鼎。"《史记》正义引作"鬻齐哀公鼎"。）

六年，王猎于社林，获犀牛一以归。（《御览》八百九十引《纪年》："（夷）王猎于桂林，得一犀牛。"）

七年，虢公帅师伐太原之戎，至于俞泉，获马千匹。（《后汉书·西羌传》："夷王衰弱，荒服不朝，乃命虢公率六师伐太原之戎，至于俞泉，获马千匹。"注见《竹书纪年》。）

冬，雨雹，大如砺。（《初学记》二、《御览》十四引《纪年》："夷王七年冬，雨雹，大如砺。"）

楚子熊渠伐庸，至于鄂。（《史记·楚世家》："当周夷王之时，熊渠甚得江、汉间民心，乃兴兵伐庸、杨粤，至于鄂。"）

八年，王有疾，诸侯祈于山川。（《左·昭二十六年传》："至于夷王，王愆于厥躬，① 诸侯莫不并走其望，以祈王身。"）

王陟。（《史记》正义、《御览》八十四引《帝王世纪》："十六年王崩。"《外纪》十五年。）

厉王

名胡。（原注：居彘，有汾水焉，故又曰汾王。　《史记·周本纪》："夷王崩，子厉王胡立。"）

元年戊申春正月，王即位，作夷宫。（《周语》："宣王命鲁孝公于夷宫。"）

命卿士荣夷公落。（《周语》："厉王说荣夷公，既荣公为卿士。"）

楚人来献龟贝。

三年，淮夷侵洛，王命虢公长父征之，不克。（《后汉书·东夷传》：

---

① 躬，一作"身"。

"厉王无道，淮夷入寇，王命虢仲征之，不克。"《吕氏春秋·当染》篇："厉王染于虢公长父、荣夷终。"）

齐献公山莸。（《史记·齐太公世家》："周夷王之时，哀公之同母少弟山杀胡公而自立，是为献公。九年，献公卒，子武公寿立。武公九年，周厉王出奔居彘。"）

六年，楚子延卒。（《史记·楚世家》："熊延生熊勇，熊勇六年而周人作乱，攻厉王，厉王出奔彘。"）

八年，初监谤。（《周语》："厉王得卫巫使监谤者。"）

芮良夫戒百官于朝。（《逸周书序》："芮伯稽古作训，纳王于善，暨执政小臣咸省厥躬，作《芮良夫》。"）

十一年，西戎入于犬丘。（《史记·秦本纪》："周厉王无道，诸侯或叛之，西戎反王室，灭大骆犬丘之族。"）

十二年，王亡奔彘。（《周语》："监谤后三年，乃流王于彘。"）

国人围王宫，执召穆公之子杀之。（《周语》："彘之乱，宣王在召公之官，国人围之，乃以其子代宣王。"）

十三年，王在彘，共伯和摄行天子事。（原注：号为共和。　《庄子·让王》篇释文引《纪年》："共伯和即干王位。"《史记》索隐引："共伯和〔即〕干王位。"）

十四年，猃狁侵宗周西鄙。

召穆公帅师追荆蛮，至于洛。

十六年，蔡武侯莸。（《史记·管蔡世家》："武侯之时，周厉王失国。"《十二诸侯年表》：蔡武侯尽共和四年。）

楚子勇卒。（《史记·楚世家》："熊勇六年，厉王出奔彘，十年卒。"《十二诸侯年表》：楚熊勇尽共和四年。）

十九年，曹夷伯莸。（《史记·曹叔世家》："夷伯喜二十三年，厉王奔彘，三十年卒。"《十二诸侯年表》：曹夷伯尽共和七年。）

二十二年，大旱。

陈幽公莸。（《史记·陈杞世家》："幽公十二年，周厉王奔于彘，二十三年幽公卒。"《十二诸侯年表》：陈幽公尽共和十年。）

二十三年，大旱。

宋〔僖〕（釐）公莸。（《史记·宋微子世家》："釐公十七年，周厉王出奔彘。二十八年，釐公卒。"《十二诸侯年表》：宋釐公尽共和十一年。）

二十四年，大旱。

杞武公薨。（《史记·陈杞世家》："谋娶公当周厉王时，谋娶公生武公，武公立四十七年卒。"）

二十五年，大旱。

楚子严卒。（《史记·楚世家》："熊勇卒，弟熊严为后，熊严十年卒。"《十二诸侯年表》同。楚熊严尽共和十四年，此较前一年。）

二十六年，大旱，王陟于彘。（《御览》八百七十九引《史记》："共和十四年，大旱，火焚其屋，伯和篡位立。其年周厉王流彘而死，立宣王。"）

周定公、召穆公立太子靖为王。（《史记·周本纪》："召公、周公二相行政，号曰'共和'。共和十四年，厉王死于彘。大子静长于召公之家，二相乃共立之为王。"）

共伯和归其国，遂大雨。（《庄子·让王》篇："共伯得乎丘首。"《吕氏春秋·慎人》篇："共伯得乎共首。"）

大旱既久，庐舍俱焚，会汾王崩，卜于大阳。兆曰："厉王为祟。"周公、召公乃立太子靖，共和遂归国。和有至德，尊之不喜，废之不怒，逍遥得志①于共山之首。

宣王

名靖。（《史记·周本纪》作"静"，正义引《鲁连子》作"靖"。）

元年甲戌春正月，王即位，周定公、召穆公辅政。（《史记·十二诸侯年表》："宣王元年甲戌"。又《周本纪》："宣王即位，二相辅之。"）

复田赋。

作戎车。（《诗·小雅》："六月栖栖，戎车既饬。"又："元戎十乘，以先启行。"传："周曰元戎，先良也。"）

燕惠侯薨。（《史记·燕召公世家》："共和之时，惠侯卒，子釐侯立。是岁，周宣王初即位。"《十二诸侯年表》：燕惠侯尽宣王元年。）

二年，锡太师皇父、司马休父命。（《诗·大雅》："赫赫明明，王命卿士，南仲太祖，太师皇父。"又："王谓尹氏，命程伯休父，左右陈行，戒我师旅。"）

---

① 遗书本作"自得"。

鲁慎公薨。(《史记·鲁周公世家》:"真公二十九年,宣王即位。三十年,真公卒。"《十二诸侯年表》鲁真公尽宣王二年。"真公",《汉书·律历志》作"慎公"。)

曹公子苏弑其君幽伯疆。(《史记·曹叔世家》:"幽伯疆九年,弟苏杀幽伯代立,是为戴伯。戴伯元年,周宣王已立三岁。"《十二诸侯年表》:"曹幽伯尽宣王二年。")

三年,王命大夫仲伐西戎。(《史记·秦本纪》:"周宣王即位,乃以秦仲为大夫,诛西戎。"《后汉书·西羌传》:"及宣王立四年,使秦仲伐戎。")

齐武公寿薨。(《史记·齐太公世家》:"武公寿二十四年,宣王立,二十六年武公卒。"《十二诸侯年表》:"齐武公尽宣王三年。")

四年,王命蹶父如韩,韩侯来朝。(《诗·大雅》:"蹶父孔武,靡国不到,为韩姞相攸,莫如韩乐。"又:"韩侯入觐。")

五年夏六月,尹吉甫帅师伐玁狁,至于太原。(《诗·小雅》:"六月栖栖,戎车既饬。"又:"文武吉甫,万邦为宪。"又:"薄伐玁狁,至于太原。")

秋八月,方叔帅师伐荆蛮。(《诗·小雅》:"蠢尔蛮荆,大邦为雠,方叔元老,克壮其犹。")

六年,召穆公帅师伐淮夷。(《诗序》:"《江汉》,尹吉甫美宣王也,能兴衰拨乱,命召公平淮夷。")

王帅师伐徐戎,皇父、休父从王伐徐戎,次于淮。(《诗·大雅》:"王奋厥武。"又:"王命卿士,南仲太祖,太师皇父,整我六师,以修我戎。"又:"王谓尹氏,命程伯休父,左右陈行,戒我师旅,率彼淮浦,省此徐土。")

王归自伐徐。(《诗·大雅》:"徐方不回,王曰还归。")

锡召穆公命。(《诗·大雅》:"王命召虎,来旬来宣。"又:"肇敏戎公,用锡尔祉,釐尔圭瓒,秬鬯一卣,告于文人,锡山土田。")

西戎杀秦仲。(《史记·秦本纪》:"宣王乃以秦仲为大夫,诛西戎,西戎杀秦仲。"《十二诸侯年表》:秦仲尽宣王六年。)

楚子霜卒。(《史记·楚世家》:"熊霜元年,周宣王初立,熊霜六年卒。"《十二诸侯年表》:楚熊霜尽宣王六年。)

七年,王锡申伯命。(《诗序》:"《崧高》,尹吉甫美宣王也。天下复平,能建国亲诸侯,褒赏申伯焉。")

王命樊侯仲山甫城齐。(《诗·大雅》:"王命仲山甫,城彼东方。"又:"仲山甫徂齐。")

八年，初考室。（《诗序》："《斯干》，宣王考室也。"）

鲁武公来朝，锡鲁世子戏命。（《周语》："鲁武公以括与戏见王，王立戏。"《史记·周本纪》鲁武公来朝在十二年，《鲁世家》在武公九年，即宣王十一年。）

九年，王会诸侯于东都，遂狩于甫。（《诗序》："《车攻》，宣王复古也。宣王能内修政事，外攘夷狄，复会诸侯于东都。"又《诗》曰："东有甫草，驾言行狩。"）

十二年，鲁武公薨。（《史记·鲁周公世家》："武公九年夏卒。"《十二诸侯年表》：武公尽十年。正当宣王十二年。）

齐人弑其君厉公无忌，立公子赤。（《史记·齐太公世家》："武公卒，子厉公无忌立。厉公暴虐，齐人攻杀厉公，乃立厉公子赤，是为文公。"《十二诸侯年表》：厉公尽宣王十二年。）

十五年，卫釐侯薨。（《史记·卫康叔世家》："釐侯二十八年，周宣王立。四十二年，釐侯卒。"《十二诸侯年表》：卫釐侯尽宣王十五年。）

王锡虢文公命。（《周语》："宣王即位，不藉千亩，虢文公谏"云云。）

十六年，晋迁于绛。（《诗谱》："晋成侯孙穆侯又徙于绛。" 案《十二诸侯年表》，是岁晋穆侯初立。《通鉴外纪》："宣王十六年，晋献侯薨。子穆侯弗生立，自曲沃徙都绛。"）

十八年，蔡夷侯薨。（《史记·管蔡世家》："夷侯十一年，周宣王即位。二十八年，夷侯卒。"《十二诸侯年表》：蔡夷侯尽宣王十八年。）

二十一年，鲁公子伯御弑其君懿公戏。（《史记·鲁周公世家》："懿公九年，懿公兄括之子伯御与鲁人攻杀懿公而自立。"《十二诸侯年表》：鲁懿公尽宣王二十一年。）

二十二年，王锡王子多父命居洛。（《史记·郑世家》："宣王立二十二年，初封友于郑。"）

二十四年，齐文公赤薨。（《史记·齐太公世家》："文公十二年卒。"《十二诸侯年表》：齐文公尽宣王二十四年。）

二十五年，大旱，王祷于郊庙，遂雨。（《诗·大雅》："旱既太甚，蕴隆虫虫，不殄禋祀，自郊徂宫。"）

二十七年，宋惠公覵薨。（《史记·宋微子世家》："惠公四年，周宣王即位。三十年惠公卒。"《十二诸侯年表》：宣王二十八年宋惠公薨。）

二十八年，楚子徇卒。（《史记·楚世家》："熊徇十六年，郑文公初封于郑。二十二年卒。"《十二诸侯年表》：楚熊狗尽宣王二十八年。）

二十九年，初不藉千亩。（《周语》："宣王即位，不藉千亩。"）

三十年，有兔舞于镐京。（《御览》九百七引《纪年》："宣王三十年，有兔舞镐。"《初学记》二十九引作"三年"。）

三十二年，王师伐鲁，杀伯御。（《周语》："三十二年春，宣王伐鲁，立孝公。"）

命孝公称于夷宫。（《周语》："宣王欲得国子之能导训诸侯者，樊穆仲曰：'鲁侯孝。'乃命鲁孝公于夷宫。"）

陈［僖］（釐）公孝薨。（《史记·陈杞世家》："釐公孝六年，周宣王即位。三十六年，釐公卒。"《十二诸侯年表》：陈釐侯尽宣王三十二年。）

有马化为人。（《通鉴外纪》："宣王三十年，有马化为人。"）

三十三年，齐成公薨。（《史记·齐太公世家》："成公脱立，九年卒。"《十二诸侯年表》：齐成公尽宣王三十三年。）

王师伐太原之戎，不克。（《后汉书·西羌传》："宣王立四年，使秦仲伐戎。后二十七年，王遣兵伐太原戎，不克。"）

三十七年，有马化为狐。（《开元占经》一百十八引《纪年》："周宣王三十三年，有马化为狐。"《外纪》亦系之三十三年。）

燕［僖］（釐）侯薨。（《史记·燕召公世家》："惠侯卒，子釐侯立，是岁周宣王初即位。三十六年，釐侯卒。"《十二诸侯年表》：燕釐侯尽宣王三十七年。）

楚子鄂卒。（《史记·楚世家》："熊狗卒，子熊鄂立。熊鄂九年卒。"《十二诸侯年表》：楚熊鄂尽宣王三十七年。）

三十八年，王师及晋穆侯伐条戎、奔戎，王师败逋。（《后汉书·西羌传》："王遣兵伐太原戎。后五年，王伐条戎、奔戎，王师败绩。"《左·桓二年传》："晋穆侯之夫人姜氏，以条之役生太子。"）

三十九年，王师伐姜戎，战于千亩，王师败逋。（《周语》："宣王三十九年，战于千亩，王师败绩于姜氏之戎。"）

四十年，料民于太原。（《周语》："宣王既丧南国之师，乃料民于太原。"）

戎人灭姜邑。（《后汉书·西羌传》："后二年，晋人败北戎于汾隰，戎人灭姜侯之邑。"）

晋人败北戎于汾隰。（见上）

四十一年，王师败于申。(《后汉书·西羌传》："明年，王征申戎，破之。")

四十三年，王杀大夫杜伯。(《墨子·明鬼下》："周宣王杀其臣杜伯而不辜。")

其子隰叔出奔晋。(《晋语》："昔隰叔子违周难，奔于晋。"注："隰叔，杜伯之子，宣王杀杜伯，隰叔避害适晋。")

晋穆侯费生薨，弟殇叔自立，世子仇出奔。(《史记·十二诸侯年表》："宣王四十三年，晋穆侯卒，弟殇叔自立，太子仇出奔。")

四十四年。(原注：晋殇叔元年丁巳。 《春秋经传集解·后序》："《纪年》无诸国别，惟特记晋国，起自殇叔。"《史记·十二诸侯年表》：宣王四十四年，晋殇叔元年。)

四十六年，王陟。(《史记·周本纪》："四十六年，宣王崩。")

幽王

名涅。(《史记·周本纪》："宣王崩，子幽王官涅立。")

元年庚申春正月，王即位。

晋世子仇归于晋，杀殇叔。晋人立仇，是为文侯。(《史记·晋世家》："殇叔三年，周宣王崩。四年，穆侯太子仇率其徒袭殇叔而立，是为文侯。")

王锡太师尹氏皇父命。(《诗序》："《节南山》，家父刺幽王也。"其诗曰："尹氏太师。""《十月之交》，大夫刺幽王也。"其诗曰："皇父卿士。")

二年。(原注：辛酉，晋文侯元年。 《史记·十二诸侯年表》：幽王二年，晋文侯仇元年。)

泾、渭、洛竭，岐山崩。(《周语》："幽王二年，西周三川皆震，是岁三川竭，岐山崩。"注："三川，泾、渭、汭。")

初增赋。

晋文侯同王子多父伐郐，克之，乃居郑父之丘，是为郑桓公。(《水经·洧水注》引《纪年》："晋文侯二年，同惠王子多父伐郐，克之，乃居郑父之丘，名之曰郑，是为桓公。"说见《古本纪年辑校》。)

三年，王嬖褒姒。(《史记·周本纪》："三年，幽王嬖爱褒姒。")

冬，大震电。(《诗·小雅》："晔晔震电。")

四年，秦人伐西戎。(《史记·秦本纪》："庄公生子三人，其长男世父。

世父曰：'戎杀我大父仲，我非杀戎王，则不敢入邑。'遂将击戎，让其弟襄公。"　案《年表》襄公立在次年。)

夏六月，陨霜。(《诗·小雅》："正月繁霜。"传："正月，夏之四月。"则周六月也。《古纪年》用夏正，而此从周正，殊为未照。)

陈夷公薨。(《史记·陈杞世家》："武公卒，子夷公说立，是岁周幽王即位，夷公三年卒。"《十二诸侯年表》：陈夷公尽幽王三年。)

五年，王世子宜臼出奔申。(《史记·周本纪》："幽王得襃姒，爱之，欲废申后，并去太子宜臼。")

皇父作都于向。(《诗·小雅》："皇父孔圣，作都于向。")

六年，王命伯士帅师伐六济之戎，王师败逋。(《后汉书·西羌传》："王破申戎，后十年，幽王命伯士伐六济之戎，军败，伯士死焉。"注并见《竹书纪年》。)

西戎灭盖。(《后汉书·西羌传》："其年，戎围犬丘，虏秦襄公之兄伯父。"此云"灭盖"，乃"犬丘"二字讹合为"盖"字耳。)

冬十月辛卯朔，日有食之。(《诗·小雅》："十月之交，朔日辛卯，日有食之，亦孔之丑。"《序》："《十月之交》，大夫刺幽王也。"《唐书·历志》："张说《日蚀议》：'《小雅》：十月之交，朔日辛卯。虞门以历推之，在幽王六年。'")

七年，虢人灭焦。(《水经·河水注》："陕东城，即虢邑之上阳也，虢仲之所都，为南虢。其大城中有小城，故焦国也。")

八年，王锡司徒郑伯多父命。(《郑语》："幽王八年，而桓公为司徒。")

王立襃姒之子曰伯服，以为太子。(《御览》一百四十七引《纪年》："幽王八年，立襃姒之子伯服以为太子。"《左传·昭二十六年》疏引："平王奔西申，而立伯盘以为太子。")

九年，申侯聘西戎及鄫。(《郑语》："申、缯、西戎方强。")

十年春，王及诸侯盟于太室。(《书钞》二十二引《纪年》："盟于太室"四字，《左·昭四年传》："周幽为太室之盟，戎狄叛之。")

秋九月，桃杏实。(《御览》九百六十八引《纪年》："幽王十年九月，桃杏实。")

王师伐申。(《郑语》："王欲杀太子以成伯服，必求之申，申人弗畀，必伐之。")

十一年春正月，日晕。（《通鉴外纪》："幽王之末，日晕再重。"）

申人、鄫人及犬戎入宗周，弑王及郑桓公。（《史记·周本纪》："申侯与缯、西夷、犬戎攻幽王，遂杀幽王骊山下。"《郑世家》："犬戎杀幽王于骊山下，并杀桓公。"）

犬戎杀王子伯服。（《左传·昭二十六年》疏引《纪年》："伯盘与幽王俱死于戏。"）

执褒姒以归。（《史记·周本纪》："虏褒姒而去。"）

申侯、鲁侯、许男、郑子立宜臼于申，虢公翰立王子余臣于携。（原注：是为携王，二王并立。　《左传·昭二十六年》疏引《纪年》："先是，申侯、鲁侯、许文公立平王于申，以本太子，故称天王。幽王既死，而虢公翰又立王子余臣于携，周二王并立。二十一年，携王为晋文公所杀。以本非適，故称携王。"）

　　武王灭殷，岁在庚寅。二十四年，岁在甲寅，定鼎洛邑，至幽王二百五十七年，共二百八十一年。自武王元年己卯，至幽王庚午，二百九十二年。（《史记·周本纪》集解引《纪年》："自武王灭殷以至幽王，凡二百五十七年。"《通鉴外纪》引《汲冢纪年》："西周二百五十七年。"此"二百八十一年"与《古纪年》不合，乃自幽王十一年逆数，至其前二百五十七年，以此为成王定鼎之岁，以与《古纪年》之积年相调停。盖既从《唐志》所引《纪年》，以武王伐殷之岁为庚寅，而共和以后之岁名又从《史记》，无怪其格格不入也。余疑《隋志》所引尧元年丙子，《唐志》所引武王十一年庚寅，皆历家追名之，非《纪年》本文，盖虽《古纪年》中，亦多羼入之说也。）

平王（原注：名宜臼。　《史记》作"宜咎"。）

　　自东迁以后，始纪晋事，王即位皆不书。（《春秋经传集解·后序》："纪年无诸国别，惟特记晋国。晋国灭，独纪魏事。"）

元年辛未，王东徙洛邑。（《史记·周本纪》："平王立，东迁于雒邑。"）

锡文侯命。（《尚书序》："平王锡晋文侯秬鬯圭瓒，作《文侯之命》。"）

晋侯会卫侯、郑伯、秦伯，以师从王入于成周。（《史记·卫康叔世家》："犬戎杀周幽王，武公将兵往，佐周平戎甚有功。"又《秦本纪》："襄公以兵送周平王。"）

二年，秦作西畤。（《史记·十二诸侯年表》："平王元年，秦初立西畤，祠白帝。")

鲁孝公薨。(《史记·鲁周公世家》:"孝公立二十七年卒。"《十二诸侯年表》:"鲁孝公尽平王二年。")

赐秦、晋以邠、岐之田。(《史记·秦本纪》:"襄公以兵送周平王,平王命襄公为诸侯,赐之岐以西之地,曰:'戎无道,侵夺我岐、丰之地。秦能攻逐戎,即有其地。'与誓封爵之。")

三年,齐人灭祝。

王锡司徒郑伯命。(《诗·郑风序》:"《缁衣》,美武公也。父子并为周司徒。")

四年,燕顷侯卒。(《史记·燕召公世家》:"顷侯二十年,周幽王为犬戎所杀。二十四年,顷侯卒。"《十二诸侯年表》:燕顷侯尽平王四年。)

郑人灭虢。(《汉书·地理志》注:臣瓒曰:"郑桓公寄奴与贿于虢、会之间,幽王既败,二年而灭会,四年而灭虢。")

五年,秦襄公帅师伐戎,卒于师。(《史记·十二诸侯年表》:平王五年,秦襄公伐戎,至岐而死。)

宋戴公薨。(《史记·宋微子世家》:"戴公二十九年,周幽王为犬戎所杀。三十四年,戴公卒。"《十二诸侯年表》:宋戴公尽平王五年。)

六年,燕哀侯卒。(《史记·燕召公世家》:"哀侯二年卒。"《十二诸侯年表》:燕哀侯尽平王六年。)

郑迁于溱、洧。(《诗谱》:"幽王为犬戎所杀,桓公死之。其子武公与晋文侯定平王于东都王城,卒取史伯所云十邑之地,左洛右济,前华后河,食溱、洧焉。")

七年,楚子仪卒。(《史记·楚世家》:"熊咢卒,子熊仪立,是为若敖。若敖二十年,周幽王为犬戎所杀。二十七年,若敖卒。"《十二诸侯年表》:楚若敖尽平王七年。)

八年,郑杀其大夫关其思。(《韩非子·说难》:"郑武公欲伐胡,先以其女妻胡君,因问于群臣:'吾欲用兵,谁可伐者?'大夫关其思曰:'胡可伐。'武公怒而戮之。")

十年,秦迁于汧、渭。(《史记·秦本纪》:"文公三年,以兵七百人东猎。四年,至渭、汧之会,即营邑之。")

十三年,卫武公薨。(《史记·卫康叔世家》:"武公五十五年卒。"《十二诸侯年表》:卫武公尽平王十三年。)

十四年，晋人灭韩。(《诗·大雅·韩弈序》笺："韩，姬姓之国也，后为晋所灭。")

十八年，秦文公大败戎师于岐，来归岐东之田。(《史记·秦本纪》："十六年，文公以兵伐戎，戎败走，于是文公遂收周余民有之地，至岐，岐以东献之周。" 案文公十六年当平王二十一年。)

二十一年，晋文侯杀王子余臣于携。(《左传·昭二十六年》疏引《纪年》："二十一年，携王为晋文公所杀。")

二十三年，宋武公薨。(《史记·宋微子世家》："武公立十八年卒。"《十二诸侯年表》：宋武公尽平王二十三年。)

二十四年，秦作陈宝祠。(《史记·秦本纪》："文公十九年，得陈宝。"《封禅书》："文公获若石云，于陈仓北坂城祠之，号曰陈宝。")

二十五年，晋文侯薨。(《史记·晋世家》："三十五年，文侯仇卒。"《十二诸侯年表》：晋文侯尽平王二十五年。)

秦初用族刑。(《史记·秦本纪》："文公二十年，法初有三族之罪。")

二十六年。(原注：丙申，晋昭侯元年。 《史记·十二诸侯年表》：平王二十六年，晋昭侯元年。)

晋封其弟成师于曲沃。(《左·桓二年传》："惠之二十四年，晋始乱，故封桓叔于曲沃。"《史记·晋世家》："昭侯元年，封文侯弟成师于曲沃。")

三十二年，晋潘父弑其君昭侯，纳成师，不克，立昭侯之子孝侯。晋人杀潘父。(《左·桓二年传》："惠之三十年，潘父弑昭侯而纳桓叔，不克，晋人立孝侯。"《史记·晋世家》："七年，晋大臣潘父弑其君昭侯，而迎曲沃桓叔。晋人发兵攻桓叔，共立昭侯子平为君，是为孝侯，诛潘父。")

三十三年。(原注：癸卯，晋孝侯元年。 《史记·十二诸侯年表》：平王三十三年，晋孝侯二年。案：昭侯上年被杀，是年当为孝侯元年。)

楚人侵申。(《诗·王风·扬之水序》笺："申国在陈、郑之南，迫近强楚，王室微弱，而数见侵伐。")

三十六年，卫庄公卒。(《史记·卫康叔世家》："庄公二十三年卒。"《十二诸侯年表》：卫庄公尽平王三十六年。)

王人戍申。(《诗·王风》："彼其之子，不与我戍申。")

四十年，齐庄公卒。(《史记·齐太公世家》："庄公二十四年，周始徙雒。六十四年，庄公卒。"《十二诸侯年表》：齐庄公尽平王四十年。)

晋曲沃桓叔成师卒，子鳝立，是为庄伯。(原注：自是晋侯在翼，称翼侯。 《史记·晋世家》："孝侯八年，曲沃桓叔卒，子鱓代桓叔，是为曲沃庄伯。"）

四十一年（原注：辛亥，庄伯元年。）春，大雨雪。（《御览》八百七十九引《史记》："晋庄伯元年，[不]（大）雨雪。"）

四十二年，狄人伐翼，至于晋郊。（《御览》八百七十九引《史记》："庄伯二年，翟人俄伐翼，至于晋郊。"）

宋宣公薨。（《史记·宋微子世家》："武公卒，子宣公力立。十九年，宣公卒。"《十二诸侯年表》：平王四十二年宣公卒。）

鲁惠公使宰让请郊庙之礼，王使史角如鲁，谕止之。（《吕氏春秋·当染》篇："鲁惠公使宰让请郊庙之礼于天子，桓王使史角往，惠公止之。"）

四十七年，晋曲沃庄伯入翼，弒孝侯，晋人逐之，立孝侯子郤，是为鄂侯。（《左·桓二年传》：惠之四十五年，"曲沃庄伯伐翼，弒孝侯，翼人立其弟鄂侯"。《史记·十二诸侯年表》：平王四十七年，曲沃庄伯杀孝侯，晋人立孝侯子郤为鄂侯。）

四十八年。（原注：戊午，晋鄂侯郤元年。 《史记·十二诸侯年表》：平王四十八年，晋鄂侯郤元年。）

无云而雷。（《御览》八百七十六引《史记》："晋庄伯八年，无云而雷。"《通鉴外纪》："平王四十八年，晋无云而雷。"）

鲁惠公卒。（《史记·鲁周公世家》："惠公立四十六年卒。"《十二诸侯年表》：鲁惠公尽平王四十八年。）

四十九年。（原注：己未，鲁隐公元年，《春秋》始此。 《史记·十二诸侯年表》：平王四十九年，鲁隐公息姑元年。）

鲁隐公及邾庄公盟于姑蔑。（《春秋经传集解·后序》引《纪年》："鲁隐公及邾庄公盟于姑蔑。"）

五十一年春二月乙巳，日有食之。（《春秋经·隐三年》："春王二月乙巳，日有食之。"）

三月庚戌，王陟。（《春秋经·隐三年》："三月庚戌，天王崩。"）

桓王（原注：名林。 《史记·周本纪》："平王崩，太子洩父早死，立其子林，是为桓王。"）

元年壬戌十月，庄伯以曲沃叛，伐翼。公子万救翼，荀叔轸追之，至于家谷。（《御览》八百七十六引《史记》："晋庄公八年，无云而雷。

十月，庄伯以曲沃叛。"（《水经·浍水注》引《纪年》："庄伯以曲沃叛，伐翼，公子万救翼，荀叔轸追之，至于家谷。"据《御览》，此事当在平王四十九年。）

翼侯焚曲沃之禾而还。（《水经·浍水注》引《纪年》："晋庄伯十二年，翼侯焚曲沃之禾而还，作为文公。"）

翼侯伐曲沃，大捷。武公请成于翼，至相而还。（原注："相"一作"桐"。 《水经·涑水注》引《纪年》："翼侯伐曲沃，大捷，武公请成于翼，至桐庭乃返。"）

二年，王使虢公伐晋之曲沃。晋鄂侯卒，曲沃庄伯复攻晋，晋立鄂侯子光，是为哀侯。（《左·隐五年传》："曲沃叛王，秋，王命虢公伐曲沃，而立哀侯于翼。"《史记·晋世家》："鄂侯六年卒，曲沃庄伯闻鄂侯卒，乃兴兵伐晋。周平王使虢公将兵伐曲沃庄伯，庄伯走保曲沃，晋人共立鄂侯子光，是为哀侯。"）

公子万救翼，荀叔轸追之，至于家谷。（重出）

三年甲子。（原注：晋哀侯光元年。 《史记·十二诸侯年表》：甲子，桓王三年，晋哀侯光元年。）

四年，曲沃庄伯卒，子称立，是为武公，尚一军。（《史记·晋世家》："哀侯二年，曲沃庄伯卒，子称代庄伯立，是为曲沃武公。"《水经·河水注》引《纪年》："晋武公元年，尚一军。"）

五年，（原注：曲沃武公元年。）芮人乘京，荀人、董伯皆叛曲沃。（《水经·河水注》引《纪年》："晋武公元年，芮人乘京，荀人、董伯皆叛。" 案《左·桓九年传》："虢仲、芮伯、梁伯、荀侯、贾伯伐曲沃。"殆是一事，与此差十二年。）

十一年。（原注：晋小子侯元年。 《史记·十二诸侯年表》：桓王十一年，晋小子侯元年。）

曲沃获晋哀侯。（《左·桓三年传》："曲沃武公伐翼，逐翼侯于汾隰，骖绁而止，夜获之。"）

晋人立哀侯子为小子侯。（《史记·晋世家》："哀侯九年，曲沃武公伐晋，于汾旁虏哀侯。晋人乃立哀侯子小子为君，是为小子侯。"）

芮伯万出奔魏。（《水经·河水注》引《纪年》："晋武公七年，芮伯万之母芮姜逐万，万出奔魏。"）

十二年，王师、秦师围魏，取芮伯万而东之。（《左·桓四年传》："王师、秦师围魏，执芮伯以归。"《水经·河水注》引《纪年》："晋武公八年，周师、虢师围魏，取芮伯万而东之。"《路史·国名纪》引《纪年》："桓王十二年冬，王师、秦师围魏，取芮伯万而东之。"）

十三年冬，曲沃伯诱晋小子侯杀之。（《左·桓七年传》："冬，曲沃伯诱晋小子侯杀之。"此较前二年。《史记·十二诸侯年表》、《晋世家》皆云："小子侯四年，曲沃武公杀之。"此较前一年。）

晋曲沃灭荀，以其地赐大夫原氏黯，是为荀叔。（《水经·汾水注》、《汉书·地理志》注引《纪年》："晋武公灭荀，以赐大夫原氏黯，是为荀叔。"）

戎人逆芮伯万于郊。（《水经·河水注》引《纪年》："晋武公九年，戎人逆芮伯万于郊。"《路史·国名纪》引"郊"作"郏"。）

十四年，王命虢仲伐曲沃，立晋哀侯弟缗于翼，为晋侯。（《左·桓八年传》："冬，王命虢仲立晋哀侯弟缗于晋。"此较前二年。）

十五年。（原注：晋侯缗元年。 案《史记·十二诸侯年表》以桓王十四年为晋侯缗元年。）

十六年春，灭翼。（《左·桓八年传》："春，灭翼。"）

十九年，郑庄公卒。（《春秋经·桓十有一年》："夏五月癸未，郑伯寤生卒。秋七月，葬郑庄公。"《史记·十二诸侯年表》：郑庄公尽桓王十九年。）

二十三年三月乙未，王陟。（《春秋经·桓十有五年》："三月乙未，天王崩。"《史记·周本纪》："二十三年，桓王崩。"）

庄王（原注：名佗。 《史记·周本纪》："桓王崩，子庄王佗立。"）

元年乙酉，曲沃尚一军，异于晋。（《水经·河水注》引《纪年》："晋武公元年，尚一军。"）

六年五月，葬桓王。（《春秋经·桓三年》："五月，葬桓王。"）

十五年，王陟。（《史记·周本纪》："十五年，庄王崩。"）

釐王（原注：名胡齐。 《史记·周本纪》："庄王崩，子釐王胡齐立。"）

元年庚子春。齐桓公会诸侯于北杏，以平宋乱。（《春秋经·庄十有三年》："齐侯、宋人、陈人、蔡人、邾人、会于北杏。"《传》："会于北杏，以平宋乱。"）

三年，曲沃武公灭晋侯缗，以宝献王，王命武公以一军为晋侯。（《史记·十二诸侯年表》：釐王三年，曲沃武公灭晋侯缗，以宝献周，周命武公为晋君。《左·庄十六年传》："王使虢公命曲沃伯以一军为晋侯。"较后一年，此本《史记》。）

四年。(原注：晋武公二十八年。 《史记·十二诸侯年表》：釐王四年，晋武公称并晋，已立二十八年，不更元。)

晋犹不与齐桓公之盟。(原注：《左传》注：晋侯缗是年灭。 案杜注无是语，疏约言之。)

五年，晋武公卒，子诡诸立为献公。(《史记·十二诸侯年表》："釐王五年，晋武公二十九年，武公卒，子诡诸立为献公。")

王陟。(《史记·周本纪》："五年，釐王崩。")

惠王 (原注：名阆。 《史记·周本纪》："釐王崩，子惠王阆立。")

元年乙巳。(原注：晋献公元年。 《史记·十二诸侯年表》：惠王元年，晋献公诡诸元年。)

晋献公朝王，如成周。(《左·庄十八年传》"虢公、晋侯朝王。")

周阳白兔舞于市。(《水经·涑水注》引《纪年》："晋献公二十五年，翟人伐晋，周有白兔舞于市。")

二年，王子颓乱。(《左·庄十九年传》："五大夫奉子颓以伐王，冬，立子颓。")

王居于郑，郑人入王府，多取玉。玉化为蜮，射人。(《开元占经》一百二十、《御览》九百五十引《纪年》："晋献公二年，周惠王居于郑，郑人入王府，多取玉焉。玉化为蜮，射人。")

九年，晋城绛。(《左·庄二十六年传》："晋士蒍为大司空。夏，士蒍城绛，以深其宫。")

十六年，晋献公作二军，灭耿，以赐大夫赵凤，灭魏，以赐大夫毕万。(原注：晋灭于大夫韩、赵、魏，始于此。 《左·闵元年传》："晋侯作二军，以灭耿，灭霍，灭魏。赐赵凤耿，赐毕万魏，以为大夫。")

十七年，卫懿公及赤翟战于洞泽。(原注："洞"当作"泂"。 《春秋经传集解·后序》：《纪年》又称："卫懿公及赤翟战于洞泽。"疑"洞"当为"泂"，即《左传》所谓荧泽也。)

十九年，晋献公会虞师伐虢，灭下阳。虢公丑奔卫，公命瑕父、吕甥邑于国都。(《水经·河水注》引《纪年》："晋献公十九年，献公会虞师伐虢，灭下阳，虢公丑奔卫。公命瑕父、吕甥邑于虢都。")

二十五年春正月，狄人伐晋。(《水经·涑水注》引《纪年》："晋献公二十五年正月，翟人伐晋。"此误以为惠王二十五年。)

王陟。(《春秋经·僖八年》:"冬十有二月丁未,天王崩。"《史记·周本纪》:"二十五年,惠王崩。")

襄王(原注:名郑。 《史记·周本纪》:"惠王崩,子襄王郑立。")

元年庚午,晋献公卒,立奚齐,里克杀之,及卓子,立夷吾。(《史记·十二诸侯年表》:襄王元年,晋献公卒,立奚齐,里克杀之,及卓子,立夷吾。)

二年。(原注:辛未,晋惠公元年。 《史记·十二诸侯年表》:襄王二年,晋惠公夷吾元年。)

晋杀里克。(《春秋经·僖十年》:"晋杀其大夫里克。")

三年,雨金于晋。(《御览》八百七十七引《史记》:"晋惠公二年,雨金。")

七年,秦伯涉河伐晋。(《御览》八百七十七引《史记》:"惠公六年,秦伯涉河伐晋。")

十五年,晋惠公卒,子怀公圉立。(《史记·晋世家》:"惠公十四年九月卒,太子圉立,是为怀公。"《十二诸侯年表》:襄王十五年,圉立为怀公。)

秦穆公帅师送公子重耳,围令狐、桑泉、臼衰,皆降于秦师。狐毛与先轸御秦,至于庐柳,乃谓秦穆公使公子絷来与师言,次于郇,盟于军。(《水经·涑水注》引《纪年》:"晋惠公十有五年,秦穆公帅师送公子重耳,围令狐、桑泉、臼衰,皆降于秦师。狐毛与先轸御秦师,至于庐柳,乃谓秦穆公使公子絷来与师言,退舍,次于郇,盟于军。")

公子重耳涉自河曲。(《水经·河水注》引《纪年》:"晋惠公十五年,秦穆公帅师送公子重耳,涉自河曲。")

十六年。(原注:乙酉,晋文公元年。 《史记·十二诸侯年表》:襄王十六年,晋文公元年。)

晋杀子圉。(《史记·十二诸侯年表》:晋文公元年,诛子圉。)

十七年,晋城荀。(《汉书·地理志》注引《纪年》:"文公城荀。"《文选·北征赋》注引作"郇"。)

二十年,周襄王会诸侯于河阳。(《春秋经传集解·后序》引《纪年》:"周襄王会诸侯于河阳。")

二十二年,齐师逐郑太子齿奔张城、南郑。(《水经·涑水注》引《纪年》:"齐师逐郑太子齿奔张城、南郑。"不云何年。)

二十四年，晋文公卒。(《史记·十二诸侯年表》：襄王二十四年，晋文公薨。)

二十五年。(原注：甲午，晋襄公驩元年。　《史记·十二诸侯年表》甲午，襄王二十五年，晋襄公驩元年。)

三十年，洛绝于泂。(《水经·洛水注》引《纪年》："晋襄公六年，洛绝于泂。")

三十一年，晋襄公卒。(《史记·十二诸侯年表》襄王三十一年，晋襄公卒。)

三十二年。(原注：辛丑，晋灵夷皋元年。　《史记·十二诸侯年表》襄王三十二年，晋灵公夷皋元年。)

三十三年，王陟。(《史记·周本纪》："三十三年，襄王崩。")

顷王 (《史记·周本纪》："襄王崩，子顷王壬臣立。")

元年癸卯。

六年，彗星入北斗。(《春秋经·文十四年》："秋七月，有星孛入于北斗。")

王陟。(《史记·周本纪》："顷王六年崩。")

匡王 (《史记·周本纪》："顷王崩，子匡王班立。")

元年己酉。

六年，王陟。(《左·宣二年传》："冬十月乙亥，天王崩。"《史记·周本纪》："匡王六年崩。")

晋灵公为赵穿所杀，赵盾使穿迎公子黑臀于周，立之。(《左·宣二年传》："赵穿攻灵公于桃园。宣子使赵穿迎公子黑臀于周而立之。")

定王 (《史记·周本纪》："匡王崩，弟瑜立，是为定王。")

元年己卯。(原注：晋成公元年。　《史记·十二诸侯年表》：定王元年，晋成公黑臀元年。)

六年，晋成公与狄伐秦，获秦谍，杀之绛市，六日而苏。(《左·宣八年传》："春，白狄及晋平。夏，会晋伐秦，晋人获秦谍，杀诸绛市，六日而苏。")

七年，晋成公卒于扈。(《春秋经·宣九年》："晋侯黑臀卒于扈。"《史记·十二诸侯年表》：定王七年，晋成公薨。)

八年。(原注：壬戌，晋景公元年。　《史记·十二诸侯年表》：定王八年，晋景公据元年。）

十八年，齐国佐来献玉磬、纪公之甗。（《春秋经传集解·后序》引《纪年》：“齐国佐来献玉磬、纪公之甗。”）

二十一年，王陟。（《春秋经·成五年》：“十一月己酉，天王崩。”《史记·周本纪》：“二十一年，定王崩。”）

简王（《史记·周本纪》：“定王崩，子简王夷立。”）

元年丙子。

五年，晋景公卒。（《春秋经·成十年》：“晋侯獳卒。”《史记·晋世家》：“十九年，景公卒。”《史记·十二诸侯年表》：晋景公尽简王五年。）

六年。（原注：辛巳，晋厉公元年。 《史记·十二诸侯年表》：简王六年，晋厉公寿曼元年。）

十三年，晋厉公卒。（《春秋经·成十八年》：“晋弑其君州蒲。”《十二诸侯年表》：简王十三年，“栾书、中行偃弑厉公。”）

楚共王会宋平公于湖阳。（《水经·沘水注》引《纪年》：“楚共王会宋平公于湖阳。”不云何年。）

十四年。（原注：己丑，晋悼公元年。 《史记·十二诸侯年表》：简王十四年，晋悼公元年。）

王陟。（《春秋经·襄元年》：“九月辛酉，天王崩。”《史记·周本纪》：“十四年，简王崩。”）

灵王（《史记·周本纪》：“简王崩，子灵王泄心立。”）

元年庚寅。

十四年，晋悼公卒。（《史记·十二诸侯年表》：灵王十四年，晋悼公薨。）

十五年。（原注：甲辰，晋平公元年。 《史记·十二诸侯年表》：甲辰，灵王十五年，晋平公彪元年。）

二十七年，王陟。（《春秋经·襄二十有八年》：“十有二月甲寅，天王崩。”《史记·周本纪》：“二十七年，灵王崩。”）

景王（《史记·周本纪》：“灵王崩，子景王贵立。”）

元年丁巳。

十三年春，有星出婺女。（《左·昭十年传》：“春王正月，有星出于婺女。”）

十月，晋平公卒。（《春秋经·昭十年》："秋七月戊子，晋侯彪卒。"《史记·十二诸侯年表》：景王十三年春，有星出婺女，十月，晋平公卒。）

十四年。（原注：庚午，晋昭公元年。　《史记·十二诸侯年表》：景王十四年，晋昭公夷元年。）

河水赤于龙门三里。（《水经·河水注》引《纪年》："晋昭公元年，河水赤于龙门三里。"）

十九年，晋昭公卒。（《史记·十二诸侯年表》：景王十九年，晋昭公卒。）

冬十二月，桃杏华。（《御览》九百六十八引《纪年》："昭公六年十二月，桃杏华。"）

二十年。（原注：丙子，晋顷公元年。　《史记·十二诸侯年表》：景王二十年，晋顷公弃疾元年。）

二十五年，晋顷公平王室乱，立敬王。（《史记·十二诸侯年表》：景王二十五年，周室乱，顷公平乱，立敬王。）

敬王（《史记·周本纪》："晋人立丐，是为敬王。"）

元年壬午。

八年，晋顷公卒。（《史记·十二诸侯年表》：敬王八年，晋顷公薨。）

九年。（原注：庚寅，晋定公元年。　《史记·十二诸侯年表》：敬王九年，晋定公午元年。）

十四年，汉不见于天。（《御览》八百七十五引《纪年》"晋定公六年，汉不见于天。"）

二十六年，晋青虹见。（《御览》十四引《纪年》："晋定公十八年，青虹见。"）

二十八年，洛绝于周。（《水经·洛水注》引《纪年》："晋定公二十年，洛绝于周。"）

三十六年，淇绝于旧卫。（《水经·淇水注》引《纪年》："晋定公二十八年，淇绝于旧卫。"一作"十八年"。）

三十九年，晋城顿丘。（《水经·淇水注》引《纪年》："晋定公三十一年，城顿丘。"）

四十三年，宋杀其大夫皇瑗于丹水之上，丹水壅不流。（《水经·获水注》引《纪年》曰："宋杀其大夫皇瑗于丹水之上。"又曰："宋大水，丹

水壅不流。”本是二事，此误合为一。又本不系年，此据《左·哀十七年传》定
之。)

四十四年，王陟。(《史记·周本纪》：“四十二年，敬王崩。”《十二诸
侯年表》：敬王四十三年甲子崩。惟《周本纪》集解引皇甫谧曰：“敬王四十四
年，元己卯，崩壬戌。”此元壬午、崩乙丑，盖在位之年，从皇甫谧，而岁名则
从《史记》也。)

元王(《史记·周本纪》：“敬王崩，子元王仁立。”)

元年丙寅，晋定公卒。(《史记·六国表》：元王二年，晋定公卒，岁在
丙寅。此以元王元年为丙寅，故以下皆递差一年。)

二年。(原注：晋出公元年。　《史记·六国表》：元王三年，晋出公错
元年。)

四年，於越灭吴。(《史记·六国表》：元王四年，越灭吴。)

六年，晋浍绝于梁。(《水经·浍水注》引《纪年》：“晋出公五年，浍
绝于梁。”)

丹水三日绝不流。(《水经·沁水注》引《纪年》：“晋出公五年，丹水
三日绝不流。”)

七年，齐人、郑人伐卫。(《水经·济水注》引《纪年》：“晋出公六
年，齐、郑伐卫。”)

王陟。(《史记·周本纪》：“元王八年崩。”《六国表》同。此于敬王增一
年，故元王减一年。)

贞定王(《史记·周本纪》：“元王崩，子定王介立。”集解引皇甫谧《帝
王世纪》作“贞定王”。)

元年癸酉，於越徙都琅琊。(《吴越春秋》六：“勾践二十五年，霸于
关东，从琅琊起观台，周七里，以望东海。”)

四年十一月，於越子句践卒，是为菼执，次鹿郢立。(《史记·越
王句践世家》索隐引《纪年》：“晋出公十年十一月，於粤子句践卒，是为菼
执。”又引：“次鹿郢立，六年卒。”)

六年，晋河绝于扈。(《水经·河水注》引《纪年》：“晋出公十二年，
河绝于扈。”)

七年，晋荀瑶城南梁。(原注：一本“晋出公二十年”。　《水经·汾
水注》：“晋出公三十年，知伯瑶城高梁。”　案：出公无三十年，据伪此书者所
见之本，当作“十三年”。)

十年，於越子鹿郢卒，不寿立。（《史记·越王句践世家》索隐引《纪年》："句践卒，次鹿郢立，六年卒。"又云："不寿立。"）

十一年，晋出公出奔齐。（《史记·晋世家》："出公十七年，奔齐。道死。"）

十二年，河水赤三日。（《通鉴外纪》："定王十二年，晋河水赤三日。"）

荀瑶伐中山，取穷鱼之丘。（《水经·巨马水注》、《初学记》八、《御览》六十四引《纪年》："荀瑶伐中山，取穷鱼之丘。"皆不云何年。）

十三年，晋韩庞取秦武城。（《水经·洛水注》引《纪年》："晋出公十九年，晋韩庞取卢氏城。"）

十六年。（原注：晋出公二十二年。）

十七年，晋出公薨，乃立昭公之孙，是为敬公。（《史记·晋世家》索隐引《纪年》："出公二十三年，奔楚，乃立昭公之孙，是为敬公。"）

十八年。（原注：己丑，晋敬公元年。）

二十年，於越子不寿见杀，是为盲姑，次朱句立。（《史记·越王句践世家》索隐引《纪年》："不寿立十年见杀，是为盲姑，次朱句立。"）

二十二年，楚灭蔡。（《史记·六国表》："定王二十二年，楚灭蔡。"）

二十四年，楚灭杞。（《史记·六国表》："定王二十四年，楚灭杞。"）

二十八年。（原注：晋敬公十一年。）

王陟。（《史记·周本纪》："二十八年，元王崩。"）

考王（《史记·周本纪》："定王崩，哀王立。三月，思王立。五月，少弟嵬立，是为考王。"）

元年。（原注：晋敬公十八年。　案："十八年"当作"十二年"。）

魏文侯立。（《史记·晋世家》索隐："《纪年》魏文侯初立，在敬公十八年。"　案"十八年"乃"六年"之讹，说见《古本纪年辑校》。）

十年，楚灭莒。（《史记·六国表》：考王十年，楚灭莒。）

十一年，晋敬公卒。（案：据此，敬公在位二十二年。　《史记·十二诸侯年表》晋出公错十八年，晋哀公忌二年，晋懿公骄十七年，[此据《史记》正义说，今本并夺懿公。]《晋世家》出公十七年，哀公骄十八年，以懿公为哀公，皆无敬公。"）

十二年。（原注：晋幽公柳元年。　《史记·六国表》：考王四年，晋幽公柳元年。)

鲁悼公卒。(《史记·六国表》：考王十二年，鲁悼公卒。)

十四年，鲁季孙会晋幽公于楚丘。(《水经·济水注》引《纪年》："晋幽公三年，鲁季孙会晋幽公于楚丘，取葭密，遂城之。"《太平寰宇记》引作"幽公十三年"。)

十五年，王陟。(《史记·周本纪》："考王十五年崩。")

威烈王(《史记·周本纪》："考王崩，子威烈王午立。")

元年丙辰。(《史记·十二诸侯年表》威烈王元年，集解："徐广曰：丙辰。")

三年，晋大旱，地生盐。(《书钞》一百四十六引《纪年》："晋幽公七年，大旱，地长生盐。")

五年，晋丹水出，反击。(《水经·沁水注》引《纪年》："晋幽公九年，丹水出，相反击。")

六年，晋大夫秦嬴贼幽公于高寝之上，魏文侯立幽公子止。(《史记·六国表》："威烈王六年，盗杀幽公。"《晋世家》索隐引《纪年》："夫人秦嬴贼公于高寝之上。"《晋世家》："十八年，盗杀幽公，魏文侯以兵诛晋乱，立幽公子止，是为烈公。" 案：《史记》幽公在位十八年，此仅十年，盖缩幽公之年以为敬公之年。如"丹水出，相反击"，《水经注》引《古纪年》以为幽公九年事，而《通鉴外纪》系之考王十年，据此，则刘恕所见《纪年》敬公仅得十二年，此以敬公为在位二十二年，乃不得不减幽公以补之矣。)

七年。(原注：壬戌，晋烈公元年。 《史记·六国表》：威烈王七年，晋烈公元年。)

赵献子城泫氏。(《水经·沁水注》引《纪年》："晋烈公元年，赵献子城泫氏。")

韩武子都平阳。(《水经·汾水注》引《纪年》："晋烈公元年，韩武子都平阳。")

八年，赵城平邑。(《水经·河水注》、《初学记》八引《纪年》："晋烈公四年，赵城平邑。")

九年，楚人伐我南鄙，至于上洛。(《水经·丹水注》、《路史·国名纪》引《纪年》："晋烈公三年，楚人伐我南鄙，至于上洛。")

十一年，田公子居思伐邯郸，围平邑。(《水经·河水注》引《纪年》："晋烈公五年，田公子居思伐邯郸，围平邑。"说见《古本纪年辑校》。)

於越灭滕。(《史记·越王句践世家》索隐引《纪年》"於粤子朱句三十四年灭滕。"《路史·国名纪》引作"朱句三十年"。)

十二年，於越子朱句伐郯，以郯子鸪归。(《水经·沂水注》引《纪年》："晋烈公四年，於越子朱句伐郯，以郯子鸪归。"《史记》索隐引"朱句三十五年灭郯"。)

十四年，於越子朱句卒，子翳立。(《史记·越王句践世家》引《纪年》："朱句三十七年卒。")

十六年，齐田［盼］（肦）及邯郸韩举战于平邑，邯郸之师败逋，遂获韩举，取平邑、新城。(《水经·河水注》引《纪年》："晋烈公十年，齐田［肦］（肦）及邯郸韩举战于平邑，邯郸之师败逋，遂获韩举，取平邑、新城。"说见《古本纪年辑校》。)

十七年，魏文侯伐秦，至郑。还，筑汾阴、郃阳。(《史记·魏世家》："魏文侯十七年，西攻秦至郑而还，筑雒阴、合阳。"《六国表》略同，皆在威烈王十八年。惟《水经·河水注》云："周威烈王之十七年，魏文侯伐秦，至郑还，筑汾阴、郃阳。"此本之。)

田悼子卒，田布杀其大夫公孙孙，公孙会以廪丘叛于赵。田布围廪丘，翟角、赵孔屑、韩氏救廪丘，及田布战于龙泽，田师败逋。(《水经·瓠子水注》引《纪年》："晋烈公十一年，田悼子卒，田布杀其大夫公孙孙，公孙会以廪丘叛于赵。田布围廪丘，翟角、赵孔屑、韩师救廪丘，及田布战于龙泽，田师败逋。")

十八年，王命韩景子、赵烈子及我师伐齐，入长垣。(《水经·汶水注》引《纪年》："晋烈公十二年，王命韩景子、赵烈子及翟员伐齐，入长城。")

二十三年，王命晋卿魏氏、赵氏、韩氏为诸侯。(《史记·周本纪》："威烈王二十三年，命韩、魏、赵为诸侯。")

二十四年，王陟。(《史记·周本纪》："威烈王二十四年崩。")

安王(《史记·周本纪》："威烈王崩，子安王骄立。")

元年庚辰。(《史记·六国表》安王元年，集解：徐广曰："庚辰。")

九年，晋烈公卒，子桓公立。(原注：《韩非子》作"桓侯"。《史记·晋世家》："二十年，烈公卒，子孝公顷立。"索隐："《纪年》以孝公为桓公，故《韩子》有晋桓侯。")

十年己丑。(原注：晋桓公顷元年。《史记·六国表》：安王十年，晋孝侯倾元年。)

十五年，魏文侯卒。(原注：在位五十年。　《史记·六国表》安王十六年为魏武侯元年，是文侯卒于十五年，计在位三十八年。然《古纪年》载文侯、武侯在位年数，均与《史记》不同。《史记·魏世家》索隐引《纪年》云："文侯五十年卒，武侯二十六年卒。"以惠成王元年逆推之，文侯之卒当在安王五年。)

大风，昼昏。(见下)

晋太子喜出奔。(《御览》八百七十九引《史记》："烈公二十二年，国大风，昼昏，自旦至中。明年，太子喜出奔。")

十六年。(原注：乙未，魏武侯击元年。　《史记·六国表》：安王十六年，魏武侯元年。)

封公子缓。(《史记·魏世家》索隐引《纪年》："魏武侯元年，封公子缓。"说见《古本纪年辑校》。)

二十一年，韩灭郑，哀侯入于郑。(《史记·韩世家》索隐引《纪年》："魏武侯二十一年，韩灭郑，哀侯入于郑。"此以为安王二十一年，误。)

二十三年，於越迁于吴。(《史记·越王句践世家》索隐引《纪年》："翳三十三年，迁于吴。")

三十六年，王陟。(《史记·周本纪》："安王立二十六年崩。")

魏城洛阳及安邑、王垣。(《史记·魏世家》索隐引《纪年》："魏武侯十一年，城洛阳及安邑、王垣。")

七月，於越太子诸咎弑其君翳。十月，越人杀诸咎越滑，吴人立孚错枝为君。(《史记·越王句践世家》索隐引《纪年》："翳三十六年七月，太子诸咎弑其君翳。十月，粤杀诸咎越滑，吴人立孚错枝为君。")

烈王 (《史记·周本纪》："安王崩，子烈王喜立。")

元年丙午。(《史记·六国表》烈王元年，集解："徐广曰：丙午。")

魏公子缓如邯郸以作难。(《史记·魏世家》索隐引《纪年》："惠成王七年，公子缓如邯郸以作难。")

於越大夫寺区定越乱，立初无余，是为莽安。(《史记·越王句践世家》索隐引《纪年》："明年，大夫寺区定粤乱，立无余之。")

二年，秦胡苏帅师伐韩，韩将韩襄败胡苏于酸水。(《水经·济水注》引《纪年》："秦胡苏帅师伐郑，韩襄败秦胡苏于酸水。"不云何年。)

魏觞诸侯于范台。(《魏策》："梁主魏婴觞诸侯于范台。")

晋桓公邑哀侯于郑，韩山坚贼其君哀侯。（《史记·韩世家》索隐引《纪年》："魏武侯二十二年，晋桓公邑哀侯于郑，韩山坚贼其君哀侯。"）

六年。（原注：辛亥，梁惠成王元年。 《史记·六国表》：烈王六年，魏惠王元年。）

韩共侯、赵成侯迁晋桓公于屯留。（原注：以后更无晋事。 《史记·晋世家》索隐引《纪年》："桓公二十年，赵成侯、韩共侯迁桓公于屯留。"《水经·浊漳水注》引："梁惠成王元年，韩共侯、赵成侯迁晋桓公于屯留。"索隐云："以后更无晋事。"）

赵成侯偃、韩懿侯若伐我葵。（《水经·沁水注》引《纪年》："梁惠成王元年，赵成侯偃、韩懿侯若伐我葵。"《史记》索隐引："武侯元年，封公子缓。赵侯种、韩懿侯伐我，取蔡。"年与人地名俱讹。）

七年，王陟。（《史记·周本纪》："七年，烈王崩。"）

我师伐赵，围蜀阳。（《史记·魏世家》索隐引《纪年》："惠成王伐赵，围浊阳。"）

齐田寿帅师伐我，围观，观降。（《水经·河水注》引《纪年》："梁惠成王三年，齐田寿帅师伐我，围观，观降。"）

魏大夫王错出奔韩。（《史记·魏世家》集解引《纪年》："惠王二年，魏大夫王错出奔韩。"）

显王。（《史记·周本纪》："烈王崩，弟扁立，是为显王。"）

元年癸丑。（《史记·六国表》显王元年，集解："徐广曰：癸丑。"）

郑城邢丘。（原注：自此，韩改称曰郑。 《水经·河水注》引《纪年》："梁惠成王三年，郑城邢丘。"）

秦子向命为蓝君。（《水经·渭水注》引《纪年》："梁惠成王三年，秦子向命为蓝君。"）

二年，河水赤于龙门三日。（《水经·河水注》引《纪年》："梁惠成王四年，河水赤于龙门三日。"）

三年，公子景贾帅师伐郑，韩明战于韩，我师败逋。（《水经·济水注》引《纪年》："惠成王五年，公子景贾帅师伐郑，韩明战于阳，我师败逋。"）

四年夏四月甲寅，徙邦于大梁。（《水经·渠水注》引《纪年》："梁惠成王六年四月甲寅，徙都于大梁。"《汉书·高帝纪》注引亦作"六年"，《史记·魏世家》集解、《孟子》正义引皆作"九年"。）

王发逢忌之薮以赐民。(《汉书·地理志》注臣瓒引《纪年》："梁惠王发逢忌之薮以赐民。"《左·哀十一年》疏引"发"作"废"。)

於越寺区弟思弑其君莽安，次无颛立。(《史记·越王句践世家》索隐："无余之十二年，寺区弟思弑其君莽安，次无颛立。")

五年，雨碧于郢。(《御览》八百九、《广韵》二十二皆引《纪年》："惠成王七年，雨碧于郢。")

地忽长十丈有余，高尺半。(《御览》八百八十引《纪年》："梁惠成王七年，地忽长十丈有余，高尺半。")

六年，我师伐邯郸，取列人；我师伐邯郸，取肥。(《水经·浊漳水注》引《纪年》："梁惠成王八年，惠成王伐邯郸，取列人；伐邯郸，取肥。")

雨黍于齐。(《御览》八百七十七引《史记》："梁惠成王八年，雨黍于齐。")

七年，我与邯郸赵榆次、阳邑。(《水经·洞涡水注》引《纪年》："梁惠成王九年，与邯郸榆次、阳邑。")

王会郑釐侯于巫沙。(《水经·济水注》引《纪年》："梁惠成王九年，王会郑釐侯于巫沙。")

八年，入河水于圃田，又为大沟而引圃水。(《水经·渠水注》引《纪年》："梁惠成王十年，入河水于甫田，又为大沟而引甫水。")

瑕阳人自秦导岷山青衣水来归。(《水经·青衣水注》引《纪年》："梁惠成王十年，瑕阳人自秦导岷山青衣水来归。")

九年，秦师伐郑，次于怀，城殷。(《水经·沁水注》引《纪年》："秦师伐郑，次于怀，城殷。"不云何年。)

十年，楚师出河水以水长垣之外。(《水经·河水注》引《纪年》："梁惠成王十二年，楚师出河水以水长垣之外。")

龙贾帅师筑长城于西边。(《水经·济水注》引《纪年》："梁惠成王十二年，龙贾帅师筑长城于西边。")

郑取屯留、尚子。(《水经·浊漳水注》、《御览》一百六十三引《纪年》："梁惠成王十二年，郑取屯留、尚子、涅。")

十一年，郑釐侯使许息来致地平丘、户牖、首垣诸邑，及郑驰地。我取枳道，与郑鹿。(《水经·河水注》引《纪年》："梁惠成王十一年，郑釐侯使许息来致地，平丘、户牖、首垣诸邑及郑驰道。我取枳道，与郑鹿。")

此误为显王十一年事。)

王及郑釐侯盟于巫沙，以释宅阳之围，归釐于郑。（《水经·济水注》引《纪年》：“梁惠成王十三年，王及郑釐侯盟于巫沙，以释宅阳之围，归釐于郑。”）

十二年，鲁恭侯、宋桓侯、卫成侯、郑釐侯来朝。（《史记·魏世家》索隐引《纪年》：“梁惠成王十四年，鲁恭侯、宋桓侯、卫成侯、郑釐侯来朝。”）

於越子无颛卒，是为菼蠋卯，次无［疆］（彊）立。（《史记·越王句践世家》索隐引《纪年》：“无颛八年薨，是为菼［懀］（蠋）卯。”）

十三年，邯郸成侯会燕成侯于安邑。（《史记·六国表》集解引《纪年》：“惠王十五年，邯郸成侯会燕成侯于安邑。”）

十四年，秦公孙壮伐郑，围焦城，不克。（《水经·渠水注》引《纪年》：“梁惠成王十六年，秦公孙壮伐郑，围焦城，不克。”）

秦公孙壮帅师城上枳、安陵、山民。（《水经·渠水注》引《纪年》：“梁惠成王十六年，秦公孙壮帅师城上枳、安陵、山［氏］（民）。”）

邯郸伐卫，取漆富丘，城之。（《水经·济水注》引《纪年》：“梁惠成王十六年，邯郸伐卫，取漆富丘，城之。”）

齐师及燕战于泃水，齐师遁。（《水经·鲍邱水注》引《纪年》：“梁惠成王十六年，齐师及燕战于泃水，齐师遁。”）

十五年，齐田期伐我东鄙，战于桂阳，我师败逋。（《水经·济水注》引《纪年》：“梁惠成王十七年，齐田期伐我东鄙，战于桂阳，我师败逋。”）

东周与郑高都。（《水经·伊水注》引《纪年》：“梁惠成王十七年，东周与郑高都、利。”）

郑釐侯来朝中阳。（《水经·渠水注》引《纪年》：“梁惠成王十七年，郑釐侯来朝中阳。”）

宋景鼓、卫公孙仓会师，围我襄陵。（《水经·淮水注》引《纪年》：“梁惠成王十七年，宋景［斁］（鼓）、卫公孙仓，会齐师，围我襄陵。”）

十六年，王以韩师、诸侯师，县于襄陵。（《水经·淮水注》引《纪年》：“梁惠成王十八年，王以韩败诸侯师于襄陵。”）

齐侯使楚景舍来求成。（《水经·淮水注》引《纪年》：“齐侯使楚景舍来求成。”与前事同年。）

邯郸之师败我师于桂陵。（原注：秦伐韩阀与，惠成王使赵灵破之，不知是何年。　《史记·魏世家》索隐："梁惠成王十八年，赵又败魏桂陵。"）

十七年，燕伐赵，围浊鹿。赵灵王及代人救浊鹿，败燕师于勺。（《水经·滱水注》引《纪年》："燕人伐赵，围浊鹿。赵武灵王及代人救浊鹿，败燕师于勺梁。"不云何年。）

晋取［元］（玄）武、濩泽。（原注：即雷泽，舜渔处。　《水经·沁水注》引《纪年》："梁惠成王十九年，晋取［元］（玄）武、濩泽。"）

十八年，齐筑防以为长城。（《水经·汶水注》引《纪年》："梁惠成王二十年，齐筑防以为长城。"）

十九年，王如卫，命公子南为侯。（《水经·汝水注》、《史记·周本纪》集解、《汉书·武帝纪》注引《纪年》："子南劲朝于魏，后惠成王如卫，命子南为侯。"不云何年。）

二十年。

二十一年，魏殷臣、赵公孙哀伐燕，还取夏屋，城曲逆。（《水经·滱水注》引《纪年》："魏殷臣、赵公孙哀伐燕，还取夏屋，城曲逆。"不云何年。）

二十二年壬寅，孙何侵楚，入三户郛。（《水经·丹水注》引《纪年》："壬寅，孙何侵楚，入三户郛。"不云何年。）

楚伐徐州。（《史记·越王句践世家》索隐引《纪年》："越子无颛薨，后十年，楚伐徐州。"）

二十三年，魏章帅师及郑师伐楚，取上蔡。（《水经·汝水注》引《纪年》："魏章率师及郑师伐楚，取上蔡。"不云何年。）

孙何取澦阳。（《水经·颖水注》引《纪年》："孙何取澦阳。"不云何年。）

秦孝公会诸侯于逢泽。（《史记·六国表》：显王二十七年，秦孝公会诸侯于泽。集解："徐广曰：《纪年》作逢泽。"《水经·渠水注》同。）

绛中地墹，西绝于汾。（《水经·汾水注》引《纪年》："梁惠成王二十五年，绛中地坼，西绝于汾。"）

二十四年，魏败韩马陵。（《史记·魏世家》索隐引《纪年》："惠成王二十六年，败韩马陵。"）

二十五年。

二十六年，穰［庇］（苴）帅师及郑孔，夜战于梁赫，郑师败逋。（《水经·渠水注》引《纪年》：“梁惠成王二十八年，穰苴帅师及郑孔，夜战于梁赫，郑师败逋。”）

与齐田［朌］（肦）战于马陵。（《史记·魏世家》索隐引《纪年》：“二十八年，与齐田［朌］（肦）战于马陵。”《孙子吴起列传》索隐引作“惠成王二十七年十二月”，乃《纪年》本文。《魏世家》索隐作“二十八年”，则改从周正。）

二十七年五月，齐田［朌］（肦）及宋人伐我东鄙，围平阳。（《水经·泗水注》引《纪年》：“梁惠成王二十九年五月，齐田［朌］（肦）及宋人伐我东鄙，围平阳。”）

九月，秦卫鞅伐我西鄙。（《史记·魏世家》索隐引《纪年》：“梁惠成王二十九年五月，齐田［朌］（肦）伐我东鄙。九月，秦卫鞅伐我西鄙。十月，邯郸伐我北鄙。王攻卫鞅，我师败绩。”）

十月，邯郸伐我北鄙。（见上）

王攻卫鞅，我师败逋。（见上）

二十八年，城济阳。（《水经·济水注》引《纪年》：“梁惠成王三十年，城济阳。”）

秦封卫鞅于邬，改名曰尚。（《水经·浊漳水注》、《路史·国名纪》引《纪年》：“梁惠成王三十年，秦封卫鞅于邬，改名曰商。”）

二十九年，邳迁于薛。（《水经·泗水注》引《纪年》：“梁惠成王三十一年，邳迁于薛。”《史记》索隐引同。正义引作“三十年”。）

三月，为大沟于北郛，以行圃田之水。（《水经·渠水注》引《纪年》：“梁惠成王三十一年三月，为大沟于北郛，以行圃田之水。”）

三十年。

三十一年，秦苏胡帅师伐郑，韩襄败秦苏胡于酸水。（原注：不知何年，附此。 重出。）

三十二年。

三十三年，郑威侯与邯郸围襄陵。（《史记·韩世家》索隐引《纪年》：“威侯七年，与邯郸围襄陵。”当在显王四十二年。）

三十四年，魏惠成王三十六年，改元称一年。（《春秋经传集解·后序》：“惠王三十六年改元，从一年始，至十六年而称惠成王卒。”《史记·魏世家》集解：“今案《古文》：‘惠成王三十六年，改元称一年，改元后十七年卒。’”）

王与诸侯会于徐州。（《史记·六国表》：魏襄王元年，与诸侯会徐州以相王。）

於越子无疆伐楚。（《史记·越王句践世家》："越遂释齐而伐楚。"）

三十五年，楚吾得帅师及秦伐郑，围纶氏。（原注：不知何年，附此。　《水经·伊水注》、《后汉书·黄琼传》注、《路史·后纪》十三引《纪年》："楚吾得帅师及秦伐郑，围纶氏。"皆不云何年。）

三十六年，楚围齐于徐州，遂伐於越，杀无疆。（《史记·六国表》："显王三十六年，楚围齐于徐州。"《越王句践世家》："楚大败越，杀王无疆，尽取吴故地，至浙江，北破齐于徐州。"徐广曰："周显王之四十六年。"案《六国表》，"四十六年"乃"三十六年"之讹，此本《表》言之。）

三十七年。

三十八年，龙贾及秦师战于雕阴，我师败逋。（《史记·魏世家》："襄王五年，秦败我龙贾军四万五千于雕阴。"）

王会郑威侯于巫沙。（《史记·韩世家》索隐引《纪年》："成侯七年，王会郑威侯于巫沙。"此较前四年。）

三十九年，秦取我汾阴、皮氏。（《史记·六国表》："显王四十年，魏襄王六年，秦取我汾阴、皮氏。"）

四十年。

四十一年，秦归我焦、曲沃。（《史记·六国表》："显王四十年，魏襄王八年，秦归我焦、曲沃。"）

四十二年，九鼎沦泗，没于渊。（《史记·封禅书》："或曰：宋太丘社亡，而九鼎没于泗水彭城下，其后百一十五年而秦并天下。"　案此距秦并天下一百五年。）

四十三年。

四十四年。

四十五年，楚败我襄陵。（《史记·六国表》："显王四十六年，楚败魏襄陵。"）

四十六年。

四十七年。

四十八年，王陟。（《史记·周本纪》："四十八年，显王崩。"）

慎靓王（《史记·周本纪》："显王崩，子慎靓王定立。"）

元年辛丑。(《史记·六国表》慎靓王元年，集解："徐广曰：辛丑。")

秦取我曲沃、平周。(《史记·六国表》显王四十七年，魏襄王十三年，秦取曲沃、平周。此较后二年。)

二年，魏惠成王薨。(《春秋经传集解·后序》："《纪年》：'惠王三十六年，改元从一年始，至十六年而称惠成王卒。'"《史记》集解谓："惠成王三十六年，改元称一年，改元后十七年卒。"此从集解说。)

三年，今王元年。(《史记·六国表》慎靓王三年，魏哀王元年。)

四年。

五年。

六年，郑侯使韩辰归晋阳及向。二月，城阳、向，更名阳为河雍，向为高平。(《水经·济水注》引《纪年》："郑侯使韩辰归晋阳及向。二月，城阳、向，更名阳为河雍，向为高平。"不云何年。《史记·赵世家》集解引末二句，作"魏襄王四年"，此从之。)

隐王(原注：《史记》作赧王，名延，盖"赧""隐"声相近。《史记·周本纪》："慎靓王立六年崩，子赧王延立。")

元年丁未。(《史记·六国表》周赧王元年，集解："徐广曰：丁未。")

十月，郑宣王来朝梁。(《史记·韩世家》索隐引《纪年》："威侯七年十月，郑宣王朝梁。"系此误。)

燕子之杀公子平，不克。齐师杀子之，醢其身。(《史记·燕召公世家》索隐引《纪年》："子之杀公子平。"集解引："齐人禽子之而醢其身。"据《六国表》，事在此年。)

二年，齐地暴长，长丈余，高一尺。(《御览》八百八十引《纪年》："周隐王二年，齐地暴长，长丈余，高一尺。")

魏以张仪为相。(《史记·六国表》赧王二年，张仪来相楚。此误以为相魏。)

三年，韩明帅师伐襄丘。(《水经·济水注》引《纪年》："魏襄王七年，韩明帅师伐襄丘。")

秦王来见于蒲坂关。(《水经·河水注》引《纪年》："魏襄王七年，秦王来见于蒲坂关。")

四月，越王使公师隅来献舟三百，箭五百万，及犀角、象齿。(《水经·河水注》："魏襄王七年四月，越王使公师隅来献乘舟，始罔及舟三百，箭五百万，犀角、象齿焉。"）

五月，张仪卒。（《史记·张仪传》索隐引《纪年》："梁哀王九年五月卒。"）

四年，翟章伐卫。（《史记·魏世家》索隐引《纪年》："梁哀王八年，翟章伐卫。"）

魏败赵将韩举。（《史记·韩世家》索隐引《纪年》，败韩举在威侯八年，说见《古本纪年辑校》。）

五年，洛入成周，山水大出。（《水经·洛水注》引《纪年》："魏襄王九年，洛入成周，山水大出。"）

六年十月，大霖雨，疾风，河水酸枣。（《水经·济水注》引《纪年》："魏襄王十年十月，大霖雨，疾风，河水溢酸枣郭。"）

楚庶章帅师来会我，次于襄丘。（《水经·济水注》引《纪年》："魏襄王九年，楚庶章帅师来会我，次于襄丘。"）

七年，翟章救郑，次于南屈。（原注：此年未的。　《水经·河水注》、《汉书·地理志》注引《纪年》："翟章救郑，次于南屈。"不云何年。）

八年，秦公孙爰帅师伐我皮氏，翟章帅师救皮氏围，疾西风。（《水经·汾水注》引《纪年》："魏襄王十二年，秦公孙爰帅师伐我，围皮氏，翟章帅师救皮氏围，疾西风。"）

九年，城皮氏。（《水经·汾水注》引《纪年》："魏襄王十三年，城皮氏。"）

十年。

十一年。

十二年，秦拔我蒲坂、晋阳、封谷。（《史记·魏世家》"哀王十六年，秦拔我蒲坂、阳晋、封陵。"索隐云："《纪年》作晋阳、封谷。"）

十三年，邯郸命吏大夫奴迁于九原，将军、大夫、适子、代史皆貉服。（《水经·河水注》引《纪年》："魏襄王十七年，邯郸命吏大夫奴迁于九原，又命将军、大夫、适子、戍吏皆貉服。"）

十四年。

十五年，薛侯来，会王于釜丘。（《水经·济水注》引《纪年》："魏襄王十九年，薛侯来，会王于釜丘。"）

楚入雍氏，楚人败。（《史记·韩世家》集解："《周本纪》赧王八年之后云：'楚围雍氏。'此当韩襄王十二年，魏哀王十九年。《纪年》于此亦说：'楚入雍氏，楚人败。'"）

　　十六年，王与齐王会于韩。（《史记·六国表》赧王十六年，魏哀王二十年，魏王与齐王会于韩。）

　　今王终二十年。（《春秋经传集解·后序》："《纪年》：今王终二十年。"《史记·魏世家》索隐："《汲冢纪年》终于哀王二十年。"）

重刻《支那通史》序①

临百里之地，于其境之贤士大夫、奸宄败类之数罔不知，民之疾苦利病罔不悉，则可谓良吏焉矣。临天下之众，于其国之盛衰，民之智愚、贫富、彊弱罔不探其所由然，而知所以治之之术，则可谓良君相焉矣。若夫上下数千年而究其一群之盛衰，与其智愚、贫富、强弱之所由然，探赜索隐，举幽渺而张皇之，则非所谓良史者哉。故所贵乎史者，非特褒善贬恶，传信后世而已。固将使读其书者，知夫一群之智愚、贫富、强弱之所由然；所贵于读史者，非特考得失、鉴成败而已，又将博究夫其时之政治、风俗、学术，以知一群之智愚、贫富、强弱之所由然。近百年来，民智日进，新理日出，承学之士，持今世之识，以读古书，故其所作提要钩元，而于政治、风俗、学术之间，尤三致意。吾友东傅藤田学士之言曰：自进化之论出，学子益重历史，岂不然哉，岂不然哉！振玉窃持此义，以求诸古史氏，则唯司马子长氏近之，此外二十余代载［藉］（籍）如海，欲藉此以知一时之政治、风俗、学术，譬诸石层千仞，所存殰石，不遇一二。其他卷帙纷纶，只为帝王将相大事实作谱系，信如斯宾塞氏"东家产猫"之喻，事非不实，其不关体要，亦已甚矣。《支那通史》者，日本那珂通世之所作也，都若干卷，取精于诸史，而复纵横上下于二千余年之书，以究吾国政治、风俗、学术之流迁，简而赅，质而雅，而后吾族之盛衰与其强弱、智愚、贫富之所由然可知也。此非所谓良史者欤？所谓持之今世之识，以读古书者欤？以校诸吾土之作者，吾未见

---

① 《支那通史》，中国通史的首部著作，日本那珂通世撰。上海东文学社光绪二十五年（己亥，1899）石印本之罗振玉序，为王国维代作。

其比也。岂今人之果胜于古人哉，抑时使然欤？呜呼！以吾国之史，吾人不能作，而他人作之，是可耻也。不耻不能作，而耻读他人所作之书，其为可耻，孰过是也！故序而重刊之，世之君子以览观焉。光绪己亥三月上虞罗振玉序。

《东洋史要》序①

　　同学山阴樊君炳清，译日本桑原隲藏君之《东洋史要》既成，刊有日矣。吾师藤田学士乃论述此书之大恉，而命国维书其端曰：自近世历史为一科学，故事实之间不可无系统。抑无论何学，苟无系统之［智］（知）识者，不可谓之科学。中国之所谓"历史"，殆无有系统者，不过集合社会中散见之事实，单可称史料而已，不得云历史。历史有二：有国史，有世界史。国史者，述关系于一国之事实。世界史者，述世界诸国历史上互相关系之事实。二者其界斠然，然其不可无系统则一也。抑古来西洋各国，自为一历史团体，以为今日西洋之文化。我东洋诸国，亦自为一历史团体，以为东方数千年来固有之文化。至二者相受相拒，有密接之关系，不过最近世事耳。故欲为完全之世界史，今日尚不能。于是大别世界史为东洋史、西洋史之二者，皆主研究历史上诸国相关系之事实，而与国史异其宗旨者也。又曩之所谓"西洋史"者，亦大抵不过西洋各国国史之集合者，不得称西洋史。其称东洋史、西洋史者，必自国史杂沓之事实中，取其影响及他国之事变，以说明现时之历史团体者也。抑我东方诸国相影响之事变，不胜枚举：如释迦生于印度，其教自支那、朝鲜入日本；汉以攘匈奴而通西域；唐之盛也，西逾葱岭，南庵有交趾支那，以与波斯、大食海陆相通；元之成吉思汗，兵威振于中亚，及西方亚细亚，至其子孙，席卷支那、朝鲜，余势及于日本；又如日本之倭寇，及丰臣秀吉，其关系于朝鲜及明之兴亡者不少。然则东方诸国，所以有现

---

　　①　录自上海东文学堂排印本《东洋史要》，光绪二十六年（1900）版。

时之社会状态者，皆一一有其所由然，不可不察也。故欲解释现时之社会状态，则研究东洋史其要也。桑原君之为此书，于中国及塞外之事，多据中国正史。其印度及中央亚细亚主事，多采自西书。虽间有一二歧误，然［间］（简）而赅，博而要，以视集合无系统之事实者，其高下得失，识者自能辨之。余尤愿读是书者，就历史上诸般之关系，以解释东方诸国现时之社会状态，使毋失为科学之研究，乃可贵耳！

　　光绪二十五年十一月，海宁王国维述。

《欧罗巴通史》序

　　凡学问之事，其可称科学以上者，必不可无系统。系统者何？立一系以分类是已。分类之法，以系统而异：有人种学上之分类，有地理学上之分类，有历史上之分类。二者画然不向谋已。比较言语，钩稽神话，考其同异之故，迹其迁徙之实，或山河悠隔，而初乃兄弟；或疆土相望，而元为异族。是以合匈牙利于蒙古，入印度、波斯于额利亚，是为人种学上之分类。本自然之疆界，顺山川之形势，但睹外界，不问内容，是以鲁突跨两洲，而欧亚之界自若。英领遍四海，而华离之形弥章，是为地理学上之分类。一区之内，错然交通，其势力足以相突，文化足以相发，不问人种、宗教、洲域之异同，但取历史上之关系，兼容并包，联为一体，是以印度与欧人同祖，仍为东洋史之国民；撒拉孙、突厥，与欧人异族，不害为西洋史之要素，是为历史上之分类。历史上之分类，大别为二，即东洋史与西洋史是已。此两史上之邦国，各为一群，以遂其文化之发达。以西洋史言之，波斯以西诸国，若巴比伦，若西里亚，若希伯来，若阿剌伯，虽国于亚洲，然其事实，关系于东洋史者绝少，从历史上观之，盖纯然西洋史上之民族也。其可为两史上公共之材料者，除蒙古之西侵，与近世欧人之东略外，数千年中，殆无可指之事实。故历史之分东西，亦所不得已也。日本理学士箕作元八及峰岸米造二君所著《西洋史纲》，盖模德人兰克（Ranke）氏之作，以供中学教材之用者，虽不越二百页，而数千年来西洋诸国之所以盛衰，文明之所以递嬗，若掌指而棋置，盖彼中最善之作也。同学徐君有成等，既译此书，易名《欧罗巴通史》，索国维言，以冠其首。国维幸此书之得传于吾国也，故忘其固陋，而序之。光绪二十六年十二月。

附　录

《观堂集林》序

罗振玉[1]

海宁王静安征君，裒其前后考证经史之作，并诗文若干篇，为《观堂集林》二十四卷。乌程蒋孟蘋学部为之校刊，成书有日矣。征君来书，索余文弁其首。余谓征君之学，于国朝二百余年中，最近歙县程易畴先生及吴县吴愙斋中丞。程君之书，以精识胜，而以目验辅之。其时，古文字、古器物尚未大出，故启途虽启，而运用未宏。吴君之书，全据近出之文字、器物以立言，其源出于程君，而精博则逊之。征君具程君之学识，步吴君之轨躅，又当古文字、古器物大出之世，故其规模大于程君，而精博过于吴君。海内新旧学者咸推重君书无异辞，然则余于君书，其又何言？虽然，余交君二十有六年，于君学问之变化，知之为最深。光绪戊戌，始与君相见于上海，时余年三十有三，君二十有二。君方治东西文字，继又治泰西哲学。逮岁丁未，君有《静庵文集》之刻。戊申以后，与君同客京师，君又治元、明以来通俗文学，时则有《曲录》之刻，而《宋元戏曲史》亦属草于此时。然君治哲学，未尝溺新说而废旧闻；其治通俗文学，亦未尝尊俚辞而薄雅故。辛亥之变，君复与余航海居日本，自是始尽弃前学，专治经史，日读注疏尽数卷，又旁治古文字、声韵之学。甲寅，君与余共考释流沙坠简。余考殷虚文字，亦颇采君说。丙辰之春，君自日本归上海，为英伦哈同氏编《学术丛刊》杂志，君之撰述乃益富。丁巳，君撰《殷卜辞中所见先公先王考》及《殷周制度论》，义据精深，方法缜密，极考证家之能事，而于周代立制之源，及成王周

① 1923年6月10日王国维致蒋汝藻信中说："敝集雪堂一序已代撰就，后由其改定数语。"可知本篇乃1923年先生代罗振玉作，载《观堂集林》卷首。

公所以治天下之意，言之尤为真切，自来说诸经大义，未有如此之贯串者。盖君之学，实由文字、声韵以考古代之制度、文物，并其立制之所以然。其术皆由博以返约，[①] 由疑而得信，务在不悖不惑，当于理而止。其于古人之学说亦然。君尝谓今之学者，于古人之制度、文物、学说无不疑，独不肯自疑其立说之根据。呜呼！味君此言，可以知君二十年中学问变化之故矣。君今年四十有七，百里之途，行尚未半。自兹以往，固将揖伏生、申公而与之同游，非徒比肩程、吴而已。癸亥二月，上虞罗振玉序于天津寓居之二万石斋。

---

① "皆"，罗本作"在"。返，原作"反"。

《王静安先生遗书》序

陈寅恪

　　王静安先生既殁，罗雪堂先生刊其遗书四集。后五年，先生之门人赵斐云教授，复采辑编校其前后已刊未刊之作，共为若干卷，刊行于世。先生之弟哲安教授，命寅恪为之序。寅恪虽不足以知先生之学，亦尝读先生之书，故受命不辞，谨以所见，质正于天下后世之同读先生之书者。自昔大师巨子，其关系于民族盛衰、学术兴废者，不仅在能承续先哲将坠之业，为其托命之人，而尤在能开拓学术之区宇，补前修所未逮。故其著作，可以转移一时之风气，而示来者以轨则也。先生之学，博矣精矣，几若无涯岸之可望，辙迹之可寻。然详绎遗书，其学术内容及治学方法，殆可举三目以概括之者：一曰取地下之实物与纸上之遗文互相释证。凡属于考古学及上古史之作，如《殷卜辞中所见先公先王考》，及《鬼方昆吾①猃狁考》等是也。二曰取异族之故书与吾国之旧籍互相补正。凡属于辽、金、元史事及边疆地理之作，如《萌古考》及《元朝秘史之主因亦儿坚考》等是也。三曰取外来之观念与固有之材料互相参证。凡属于文艺批评及小说戏曲之作，如《红楼梦评论》及《宋元戏曲考》等是也。此三类之著作，其学术性质固有异同，所用方法亦不尽符会，要皆足以转移一时之风气，而示来者以轨则。吾国他日文史考据之学，范围纵广，途径纵多，恐亦无以远出三类之外。此先生之遗书所以为吾国近代学术界最重要之产物也。今先生之书、流布于世，世之人大抵能称道其学，独于其平生之志事颇多不能解，因而有是非之论。寅恪以为，古今中

---

① 《观堂集林》本，"吾"字作"夷"。

外志士仁人，往往憔悴忧伤、继之以死。其所伤之事、所死之故，不止局于一时间一地域而已，盖别有超越时间地域之理性存焉。而此超越时间地域之理性，必非其同时间地域之众人所能共喻，然则先生之志事，多为世人所不解，因而有是非之论者，又何足怪耶？尝综揽吾国三十年来人世之剧变至异，等量而齐观之，诚庄生所谓"彼亦一是非、此亦一是非"者。若就彼此所是非者言之，则彼此终古末由共喻，以其互局于一时间一地域故也。呜呼！神州之外，更有九州，今世之后，更有来世。其间倘亦有能读先生之书者乎？如果有之，则其人于先生之书，钻味既深，神理相接，不但能想见先生之人，想见先生之世，或者更能心喻先生之奇哀遗恨于一时一地，彼此是非之表欤？一千九百三十四年六月三日，陈寅恪谨序。

《王国维文学美学论著集》序

罗继祖

　　锡山同志编王国维文学论著竟，谬以予为识途，既以稿嘱雠正且索为序。予幼时及见观堂先生，及先生殁，先祖为编刊遗集，复忝预校字，然于王先生学术未能窥其万一也，何敢为序。惟自先生殁后，厄言日出，嗣后《历史人物》、《我的前半生》等书复鼓其澜，甚尘上矣。予去年辑《永丰乡人行年录》，据事实辟之而折衷于陈寅恪先生之言，陈先生于罗、王无偏袒者，故能独见其大。嗣予又作王先生的政治思想一文，据先生遗札语，更畅言之。罗、王晚年之隙出于家庭细故，本不足计，而激于一时意气不相下，又无人焉出为转圜，事竟不解迄于先生之殁，致启人疑。实则先生心系故君行朝，惧甲子逼宫之再演，而见行朝泄沓莫为之备者，窃效古人尸谏，此所以有"经此世变，义无再辱"之遗言也。

　　大抵先生之学屡变，光绪辛丑（一九○一）、壬寅（一九○二）之间，始研究西洋哲学，醉心于尼采、叔本华之学说，一变也；先生初好为诗，至乙巳（一九○五）至丁未（一九○七）之间，弃哲学而转入文学，喜填词，二变也；是年入都，鉴于中国文学最不振者莫如戏曲，于是专攻戏曲，三变也；辛亥（一九一一）革命，避地日本京都，于是悉摒弃以前所学改而治古史、古文字及训诂音韵，四变也；乙丑（一九二五）就职清华，课余兼治西北地理及辽金元史，五变也。先生存诗始戊戌（一八九八）至己巳（一九○五）八年间仅得四十八首，壬子（一九一二）、癸丑（一九一三）两年独多，著《壬癸集》一卷。先祖尝劝先生作诗，先生答云："公前劝永（先生以永观名堂，故简称永）作诗，但作诗易费时日，一诗之成，动笔后，迟则三五日无不成者，惟以前实须酝酿，其期长短不定。壬癸间所以多作者，实缘此年与公整理书籍，其暇辄寄之空想……癸丑以后便自不同，故今年本极拟作数诗，而兴会不属，亦未敢动笔……"（见拙辑《观堂书札》）故此后先生作诗甚少，词则尤少。

锡山此集录先生诗词，间收寻常酬应之作。予谓可汰，锡山以篇什无多仍存之，以见先生虽寻常酬应亦精审不苟作如此也。锡山渴欲从予求先生遗著中涉及文艺若《人间词话》比者，予无以应。予谓《人间词话》问世以来，其"境界"、"隔与不隔"诸说，学人倾倒之至矣，视为王先生文艺观之总代表奚不可，何必更求？锡山于文艺研几有年，其亦肯吾言否耶？

> 一九八二年岁次壬戌一月二十二日罗继祖谨序于
> 长春吉林大学之后书抄阁

王国维著作全目

本表按年代排列，王国维著作的总篇幅共 600 万余字。
黑体为本书收入者，文集（部分收入）另立细目。

一、著作总目

静安文集（部分收入）（1905）

静安文集续编（部分收入）（1905）

唐五代二十一家词辑（1908）

词录（1908）

戏曲考源（1909）

唐宋大曲考（1909）

曲录（1909）

录曲余谈（1909）

后村别调补遗（1909）

优语录（1909）

新编录鬼簿校注（1909）

人间词话（1910）

清真先生遗事（1910）

庚辛之间读书记（部分收入）（1910—1911）

古剧脚色考（1912）

简牍检署考（1912）

宋元戏曲考（1913）

释币（1913）

东山杂记（部分收入）（1913—1914）

二牖轩随录（部分收入）（1914—1915）

流沙坠简（卷中）（1914）

宋代金文著录表（1914）

国朝金文著录表（1914）

阅古漫录（部分收入）（1915）

元刊杂剧三十种叙录（1915）

史籀篇疏证（1916）

殷礼征文（1916）

汉魏博士题名考（1916）

尔雅草木虫鱼鸟兽释例（1916）

古本竹书纪年辑校（1917）

今本竹书纪年疏证（1917）

戬寿堂所藏殷虚文字考释（1917）

两周金石文韵读（1917）

唐写本唐韵校记，附唐韵佚文（1918）

校松江本急就篇（1919）

重辑苍颉篇（1919）

联绵字谱（1921）

两浙古刊本考（1922）

五代两宋监本考（1922）

乾隆浙江通志考异残稿（1922）

魏正始石经残石考（1923）

观堂集林（部分收入）（1923）

观堂别集（部分收入）（1923）

传书堂藏善本书志（1923）

补高邮王氏谐声谱（1924）

耶律文正公年谱（附余录）（1925）

经学概论（1925）

古史新证（1925）

观堂古金文考释（1925）

古行记四种校录（1925）

蒙古史料四种校注（1925）

圣武亲征录校注

长春真人西游记校注

蒙鞑备录笺证

黑鞑事略笺证

两汉魏晋乡亭考

元朝秘史地名索引

水经注校

单篇文章

诗词

书信（部分收入）

日记

译文

二、文集总目

静安文集（1905）

静安文集续编（1905）

庚辛之间读书记（1910—1911）

东山杂记（1913—1914）

二牖轩随录（1914—1915）

阅古漫录（1915）

观堂集林（1923）

古史新证（1925）

三、文集分目

静安文集（1905）

论性

教育小言十则

教育普及之根本办法

论小学校唱歌科之材料

崇正讲舍碑记略

欧罗巴通史序

最近二三十年中国新发见之学问

宋代之金石学

庚辛之间读书记（1910—1911）

大唐六典

增入宋儒议论杜氏通典

岩下放言

续墨客挥犀

诚斋挥犀录

清异录

片玉词

桂翁词

花间集

尊前集

草堂诗馀

董西厢

元郑光祖王粲登楼杂剧

元人隔江斗智杂剧

盛明杂剧初集

东山杂记（1913—1914）（分卷与小标题为赵利栋所作）

卷一

乘石

设碑识景

天子诸侯三朝三门

四注屋

槛非门户之槛

阙

二牖轩随录（1914—1915）（分卷与小标题为赵利栋所作）

抽刀断丝

射覆之术

圆光之术

炼钢之始

宾退录

吴五百

印子金

化石

古气候物产之变迁

陕西石油

沈括论地理变化

古今最大著述

墨子说鬼

史记记六国事多取诸国国史

诸史五行志所载童谣

卷二

周世彝器韵文

三代册命之文多陈陈相因

铸器之日

古器七厄

书宣和博古图后

近时出土之大器

关东出钟关西出鼎

内府所藏古器

古器文字雕刻之精良

近世金文之书最著者

古器之学

端忠敏

吴清卿

知券

唐时契券

宋时图记

钞币之制

罗振玉殷墟书契序

罗振玉鸣沙石室佚书序

罗振玉殷虚书契考释序

殷虚书契考释后序

雪桥诗话二序

阅古漫录 （1915）（分卷与小标题为赵利栋所作）

朱竹垞先生烟雨归耕图自赞及诸题咏

禹之鼎吴梅村小像题诗

清诸帝相貌

渔洋山人坐禅小像题诗

吴太君小像题跋

东轩吟社图记及题跋

钱咏所藏宋拓汉经两跋

恽南田题柳绝句十二章

明雅宜山人手书借券题跋

明代婚书之式

程氏旧藏巴隽堂小像立幅

汪容甫宋书世系表序

钱武肃王投龙简跋

沈子培爱日吟庐书画录序

殷墟书契考释序

（以上三书，有赵利栋辑校《王国维学术随笔》合编本，社会科学文献出版社 2000 年版）（收入本书的有些篇目与赵编本不同，则按本书目录）

观堂集林 （1923）

观堂集林序一

观堂集林序二

卷一　艺林一

生霸死霸考

高宗肜日说

洛诰解

与林浩卿博士论洛诰书

观堂别集

虢仲簋跋

召尊跋

颂壶跋

齐侯壶跋

秉中丁卣跋

父乙卣跋

敔卣跋

旂爵跋

弜父丁角跋

兮甲盘跋

齐国差錎跋

鱼匕跋（癸亥）

印子金跋

滕侯戈跋

梁伯戈跋

古磬跋

汉南吕编磬跋

新莽一斤十二两铜权跋

古瓦灶跋

杨绍荺跋（庚申）

古画砖跋

沈司马石阙朱鸟象跋（癸亥）

梁虞思美造象跋（壬戌）

魏曹望憘造象跋

宋韶州木造象刻字跋

元次山砚跋

明拓石鼓文跋（辛酉）

与友人论石鼓书（庚申）

甘陵相碑跋

唐贤力苾伽公主墓志跋

唐吴郡朱府君墓志跋

宋赵不诊墓志跋

明瞿忠宣印跋

观堂外集

流沙访古记

观堂丙午以前诗

古史新证——王国维最后的讲义（清华大学出版社 1994 年版）

中国历代之尺度

莽量释文

散氏盘考释

盂鼎铭考释

克鼎铭考释

毛公鼎铭考释

蜀石经残拓本跋

释乐次

小盂鼎释文

兮甲盘释文

虢季子白盘释文

不娶敦释文

师宷敦释文

宗周钟释文

噩侯驭方鼎释文

白犀父卣释文

录卣释文

齐鎛释文

王孙遗诸钟释文

沇儿钟释文

邾公牼钟释文

邾公釛钟释文

虢叔旅钟释文

克钟释文

说文今叙篆文合以古籀说

史籀篇疏证序

战国时秦用籀文六国用古文说

西吴徐氏印谱序

附录

吴其昌《王静安先生古史新证讲授记》(《清华周刊》第三百七十四期, 1926年4月9日)

吴其昌《王静安先生古金文字讲授记》(《清华周刊》第三百八十三期, 1926年6月11日)

吴其昌《王观堂先生尚书讲授记》·(《国学论丛》第一卷第三号, 1928年4月)

刘盼遂《观堂学书记》(《国学论丛》第二卷第二号, 1930年12月)

吴其昌《王静安先生仪礼讲授记》(《清华周刊》第三百九十三期, 1926年12月10日)

刘盼遂《观堂学礼记》(《国学论丛》第一卷第三号, 1928年4月)

刘盼遂《说文练习笔记》(《国学论丛》第二卷第二号, 1930年12月)

四、单篇文章 (已经全部收入本书)

重刻支那通史序 (代罗振玉撰)　《支那通史》上海东文学堂石印本 1899

东洋史要序　　　　　　　　《东洋史要》上海东文学堂排印本 1899

哲学辨惑 (未署名)　　　　上海《教育世界》55 号 1903 年 7 月

论近世教育思想与哲学之关系 (未署名)

　　　　　　　　　　上海《教育世界》128、129 号 1906 年 7 月

孔子之学说 (未署名)

　　　　　　　上海《教育世界》161—165 号 1907 年 11 月—1908 年 1 月

子思之学说 (未署名)　　　　上海《教育世界》104 号 1905 年 7 月

孟子之学说 (未署名)　　　　上海《教育世界》104 号 1905 年 7 月

孟子之伦理思想一斑 (未署名)　上海《教育世界》130 号 1906 年 8 月

荀子之学说 (未署名)　　　　上海《教育世界》104 号 1905 年 7 月

老子之学说 (未署名)　　　　上海《教育世界》122 号 1906 年 4 月

列子之学说 (未署名)　　　上海《教育世界》131、132 号 1906 年 8 月

墨子之学说 (未署名)　　　　上海《教育世界》121 号 1906 年 3 月

周秦诸子之名学 (未署名)　上海《教育世界》98、100 号 1905 年 4—5 月

周濂溪之哲学说 (未署名)　　上海《教育世界》133 号 1906 年 9 月

汗德之哲学说 (未署名)　　　上海《教育世界》74 号 1904 年 5 月

汗德之知识论 (未署名)　　　上海《教育世界》74 号 1904 年 5 月

汗德之伦理学及宗教论 （未署名）

上海《教育世界》123 号 1906 年 5 月

叔本华像赞 （未署名） 上海《教育世界》77 号 1904 年 6 月

尼采氏之教育观 （未署名） 上海《教育世界》71 号 1904 年 3 月

脱尔斯泰伯爵之近世科学评 （未署名）

上海《教育世界》89 号 1904 年 12 月

希腊圣人苏格拉底传 （未署名） 上海《教育世界》88 号 1904 年 12 月

希腊大哲学家柏拉图传 （未署名）

上海《教育世界》89 号 1904 年 12 月

希腊大哲学家雅里大德勒传 （未署名）

上海《教育世界》77 号 1904 年 6 月

倍根小传 （未署名） 上海《教育世界》160 号 1907 年 10 月

英国哲学大家霍布士传 （未署名）

上海《教育世界》119 号 1906 年 2 月

英国教育大家洛克传 （未署名） 上海《教育世界》89 号 1904 年 12 月

英国哲学大家休蒙传 （未署名） 上海《教育世界》118 号 1906 年 2 月

荷兰哲学大家斯披洛若传 （未署名）

上海《教育世界》122 号 1906 年 4 月

法国教育大家卢骚传 （未署名） 上海《教育世界》89 号 1904 年 12 月

汗德之事实及其著书 （未署名） 上海《教育世界》74 号 1904 年 5 月

德国哲学大家汗德传 （未署名） 上海《教育世界》120 号 1906 年 3 月

德国哲学大家叔本华传 （未署名）

上海《教育世界》84 号 1904 年 10 月

德国文化大改革家尼采传 （未署名）

上海《教育世界》76 号 1904 年 6 月

近代英国哲学大家斯宾塞传 （未署名）

上海《教育世界》79 号 1904 年 7 月

论教育之宗旨 （未署名） 上海《教育世界》56 号 1903 年 8 月

孔子之美育主义 （未署名） 上海《教育世界》69 号 1904 年 2 月

教育家之希尔列尔 （未署名） 上海《教育世界》118 号 1906 年 2 月

霍恩氏之美育说 （未署名） 上海《教育世界》151 号 1907 年 6 月

哥罗宰氏之游戏论（未署名）

上海《教育世界》104—106、110、115、116 号 1905 年 7 月—1906 年 1 月

莎士比传（未署名）　　　　　　上海《教育世界》159 号 1907 年 10 月

英国大诗人白衣龙小传（未署名）

上海《教育世界》162 号 1907 年 11 月

英国小说家斯提逢孙传（未署名）

上海《教育世界》149 号 1907 年 5 月

德国文豪格代希尔列尔合传（未署名）

上海《教育世界》70 号 1904 年 3 月

格代之家庭（未署名）　　　上海《教育世界》80、82 号 1904 年 8—9 月

戏曲大家海别尔（未署名）

上海《教育世界》145、147 号 1907 年 3、4 月

脱尔斯泰传（未署名）　　　上海《教育世界》143—144 号 1907 年 2、3 月

经学概论总论　　　孙常叙（晓夜）《经学概论笺证》排印本 1936

（以上文章，自《哲学辨惑》至《脱尔斯泰传》，皆收入佛雏校辑《王国维哲学美学论文辑佚》，华东师范大学出版社 1993 年版）

五、译文目录

观堂译稿（二卷）

《海宁王忠悫公遗书》三集、《王静安先生遗书》第十四册

卷上

《中亚细亚探险谈》（匈牙利斯坦因）

《近日东方古言语学及史学上之发明与其结论（法国伯希和）

卷下

室韦考（东京文科大学满洲朝鲜历史地理研究所报告第一，日本津田左右吉）

辽代乌古敌烈考（东京文科大学满洲朝鲜历史地理研究所报告第二，日本津田左右吉）

鞑靼考（东京文科大学满洲朝鲜历史地理研究所报告第五，日本箭内亘）

教育学　日本文学士立花铣三郎讲述　《教育丛书》初集第三册（1901）

上海《教育世界》社单行本（1905）

法学通论　日本矶谷幸次郎讲述　光绪廿八年上海金粟译书社（1902）

哲学概论　日本桑木严翼（哲学丛书四种之一）

上海教育世界社《哲学丛书初集》1902

伦理学　日本元良勇次郎（哲学丛书四种之一）

上海教育世界社《哲学丛书初集》1902

心理学　日本元良勇次郎（哲学丛书四种之一）

上海教育世界社《哲学丛书初集》1902

西洋伦理学史要　英国西额维克　　　　上海《教育世界》1903 年 9 月

灵魂三变　德国尼采　　　　　　　　　上海《教育世界》1903 年 9 月

心理学概论　丹麦海甫定著，英国龙特（Loundes）英译，王国维转译

光绪三十三年上海商务印书馆《哲学丛书》本初版（1907），

至 1935 年共印行 10 版

教育心理学　美国禄尔克著，日本柿山藩雄、松田茂日译，王国维转译

宣统二年清学部图书编译局印行（1910）

辨学　英国器文（Jevons，今译耶方斯）

光绪三十四年清学部图书编译局排印本（1908）

叔本华氏之遗传说　德国叔本华（未署译者姓名）

上海《教育世界》1904 年 4 月

荀子之名学说　日本桑木严翼（未署译者姓名）

上海《教育世界》1904 年 6 月

尼采氏之学说　德国尼采（未署译者姓名）

上海《教育世界》1904 年 7 月

管子之伦理学说　日本高桥正雄（未署译者姓名）

上海《教育世界》1904 年 7 月

孔子之学说　日本蟹江义丸（未署译者姓名）

上海《教育世界》1904 年 8—12 月

叔本华之思索论　德国叔本华（未署译者姓名）

上海《教育世界》1905 年 3 月

伦理学概论　英国模阿海特（未署译者姓名）

上海《教育世界》1905 年 7、11、12 月

汗德详传　英国阿薄德（未署译者姓名）　上海《教育世界》1906 年 6 月

教化论　德国巴尔善（未署译者姓名）　　上海《教育世界》1906 年 6 月

悟性指导论　英国洛克（未署译者姓名）

上海《教育世界》1907 年 3—11 月

日本阳明派之哲学史　日本井上哲太次郎（未署译者姓名）

上海《教育世界》1907 年 5—11 月

世界图书馆小史　（从英国《百科全书》译出）

《学部官报》1910 年 6—10 月

编校后记

    本书是王国维著作收录较为齐全的唯一大型选本。早在1996年，中国社会科学出版社文学编辑室编辑汪民安先生即请同室资深编审季寿荣先生通过徐中玉师找到我，邀约我辑编、校点本书。我于1997年初即已完成全书的编校，徐中玉师慨允作序。当时唯一在世的清华大学国学研究院研究生、王国维在世的唯一学生、华东师范大学历史系教授、时年92岁的戴家祥（1906—1998）先生审阅了全书的篇目，对本书的选目十分赞赏，他热情地为本书撰写了序言并为书名题签。此书经过责任编辑汪民安和杨铁婴先生审定后，因出版界形势改变的原因，我应汪民安先生的要求，同意推迟出版。现在我在前稿目录的基础上，保持原来的篇幅规模，对少数篇目略做调整后重新校点，现因汪民安先生已调离出版社，今由史慕鸿老师担任责任编辑。

    王国维著作在新时期的校点出版，海内以拙编《王国维文学美学论著集》（1980年初完稿，太原：北岳文艺出版1987、1988）最早，收集其文学美学论著最为齐全，因此深受读者和学者的欢迎，20年来，王国维及其有关的研究论著，大多征引此书，至今犹然。此后出版的王国维著作的选本，如佛雏选编的《王国维学术文化随笔》（1996）、吴无忌选编的《王国维文集》（1997）等，关于王国维文学、美学、哲学和文化类的文章，大多以此书为底本，篇目上作一些增删，文字和标点也大多照样印制或略有修订，其中只有《王国维学术经典集》（干春松、孟彦弘选编，1997）在前言中明言"特别参考了"拙编王集并表示感谢，《王国维文集》（姚淦铭、王燕选编，1997））将拙编王集列入"主要参考书目"并征引拙编中的一条重要校雠成果。现应学术界和读书界的需要，我另行编选本书，收录的学科齐全，文章也更齐全，校雠更为精细，必能在更大程度上满足读者和学者的需要。

自本书编校、标点第一次完成至今，转眼已经十年，戴家祥先生已于1998年逝世，未能亲见此书的出版，我深感遗憾。早在我读研究生的20世纪80年代初，戴家祥先生就关心和支持我的王国维研究，他为我回忆自己学生时代和王国维先生逝世前后的往事，将他早年发表的王国维研究文章赠我拜读。戴家祥先生当年曾先后协助罗振玉和赵万里先生为《王国维遗书》做过校勘工作。他继承先师遗志，于晚年主编和亲自参与撰写的《金文大辞典》这部巨著，是金文研究的总结性的杰出成果。这部大辞典荣获上海市哲学社会科学优秀成果一等奖、国家辞书奖和国家图书奖提名奖（因纸张和装帧不合要求而仅获得提名奖）。1997年9月，清华大学、北京大学、香港大学、新竹清华大学联合举办"纪念王国维诞辰120周年学术研讨会"，在清华大学召开。这是一次高层次的国际会议，他因高龄，且病弱，不能赴会（当时请假的还有徐中玉师和王元化先生，他们郑重给大会致以亲笔贺信），在我的提议下，他特派其得意弟子、华东师大历史系王文耀先生作为代表，携带师生两人的论文赴会，并向母校清华大学赠送《金文大辞典》一部。我与文耀兄自上海同赴清华与会，开会时与他同在一组、同住一室，又随同王国维的长女王东明女士、孙女王令之女士及其他王家亲友，一起祭扫王国维墓，最后又同回上海。文耀兄在《戴家祥学述》（戴家祥著，王文耀整理，列入国家"九五"重点图书出版项目"当代人文社会科学名家学述"丛书）一书中回忆戴家祥先生在其人生的最后日子中为本书作序的过程说："清华会议之后，先生跟我（按指王文耀）谈的内容大多涉及王国维先生的治学和为人。锡山兄编就《王国维选集》，向家祥师求序。我就把先生的这些话整理成文，经先生自己修改后定稿，作为《选集》的戴序，《王国维选集》的题签，是先生在华东医院住院期间写的。不久都即将与读者见面。"（浙江人民出版社1999年版，第35页）

　　文耀兄是戴先生的学术传人，王国维先生的再传弟子。我在研究生时代的这位同窗好友，竟于前年9月不幸猝然去世。他是《金文大辞典》的重要作者之一，后又曾独力完成和出版《简明金文辞典》，是上海重点学科古文字研究的学术骨干和重点项目《古文字诂林》的重要作者之一，当年非常支持和关心我的王国维研究和此书的编校工作，可惜他也未及见到本书的出版，真令我深感遗憾。

　　徐中玉师是华东师范大学中文系名誉主任、北京大学中文系顾问、香港中国文化研究院顾问、中国古代文学理论学会和中国文艺学会名誉会长，今年已有93岁高龄，至今依然体健脑健，依旧撰文审稿，此为我学界所幸。我是先生的首届研究生，学习中国古代文艺理论专业；我是在他和陈谦豫师的严格教育和精心培养下，打下了治学的基础。10年前他即慨允为本书作序，今见本书即将顺利出版，深感欣慰和高兴，在著述和主编刊物（著名核心刊物《文艺理论研究》、《中国古代文学理论研究》）和大型学术集成著作的百忙中欣然拨冗作序，令我十分感激。

　　在我的王国维研究中，曾经给我以关心和帮助的有华东师大原人文学院院长齐森华教授，吉林大学罗继祖教授、王汝梅教授，著名学者、平湖葛渭君先生，我的同窗好友毛时安和于洪俊先生，山西省社会科学院院长张成德先生（原北岳文艺出版社总编辑、山西省出版局副局长），北岳文艺出版社历届副总编张仁健先生、李建华（诗人珍尔）女士，原安徽省出版局主管副局长黎洪先生，浙江教育出版社编审郑广宣先生，原上海艺术研究所所长李祥春先生与学术委员会的诸位同仁，北京邦道文化有限公司总经理汪俊先生。我对这些友人心存感激。

　　我至今十分感激和非常怀念的还有权威学者吴文祺教授（1901—1991）。约在1986年初夏，我的研究生同学于醒民先生，通过他当时任职的上海社会科学院历史研究所的同事、吴文祺先生的公子的推荐介绍，时任上海市政协副主席、《辞海》编委会副总主编和语言文字分科主编、《汉语大词典》副主编、中国社会科学院语言研究所学术委员的吴文祺先生约见了我，为将我推荐至他任职的沪上某

著名高校工作而去他府上面谈。我到他府上拜谒时，他听我谈及编辑
《王国维文学美学论著集》一书，给我以重要的指导性建议：应补入
王国维发表在《教育世界》而未收入文集的大量文章。他曾发表过
《文学革命家的先驱者——王静安先生》（1927年《小说月报》卷十
七号外）和《王国维学术思想评价》（《王国维学术研究论集》第1
辑，华东师范大学出版社1983年版）等重要王研论文。需要指出的
是，他和王国维都是浙江海宁人士。

本书在收入王国维发表在《教育世界》的单篇文章时，参考了
已故佛雏先生校辑的《王国维哲学美学论文辑佚》；选编《东山杂
记》、《二牖轩随录》、《阅古漫录》时，参考了赵利栋先生辑校的
《王国维学术随笔》。特致谢忱！

王国维先生与我的生日都是阴历十月二十九。今年12月8日将
迎来他的130周年诞辰。而今年6月则是他逝世80周年。在这个时
刻出版规模宏大的《王国维集》是很有纪念意义的。

20年来，我出席了所有的王国维学术研讨会：1987·上海—海
宁·华东师范大学与海宁市政府联合举办的"国际王国维学术研讨
会"，1997·北京·清华大学、北京大学、香港大学、台湾新竹清华
大学联合主办的"王国维120周年诞辰纪念学术研讨会"，1997·海
宁·中国艺术研究院戏曲研究所、浙江省文化厅、海宁市政府联合举
办的"王国维戏曲学术研讨会"。

今年11月10—12日，清华大学、北京大学、中国人民大学和北
京师范大学，与浙江省海宁市政府联合举办"纪念王国维诞辰130
周年暨国际学术研讨会"，我将本书前言全文以《王国维学术的伟大
成就简述》为题，提交大会，请与会学者指正。

王国维的家乡浙江省海宁市，是经济发展名列全国前茅的百强县
之一。海宁市的历届党政领导都极其重视文化建设，大力资助和精心
组织、举办本乡先哲、名人的学术研讨活动和大型学术会议，作为一
个县级市，这在国内外都是罕有伦比的。我应邀出席过在海宁召开的
王国维学术研讨会3次、金庸小说研讨会2次、王国维戏曲论坛研讨
会2次，拜谒王国维故居5次，获益良多；又与海宁文化界的众多人

士结下深厚的友谊，深感荣幸。

　　本书的出版，受到中国社会科学出版社编审季寿荣先生一贯的关心和支持，我极为感激。原责任编辑汪民安先生盛情约稿，我也深为感谢。这次重新列入出版选题，得到中国社会科学出版社领导和第一编辑室主任郭沂纹编审的大力关心和支持，责任编辑史慕鸿老师认真审读原稿、细心校阅清样，责任校对刘俊老师工作认真负责，对我帮助良多，谨表谢忱！

周锡山

2007 年 7 月于上海长宁九学斋